BIBLIOGRAPHIE BIBLIQUE

BIBLICAL BIBLIOGRAPHY

BIBLISCHE BIBLIOGRAPHIE

BIBLIOGRAFIA BIBLICA

BIBLIOGRAFÍA BÍBLICA

1930-1983

Volumes parus

Tome I : *Bibliographie biblique / Biblical Bibliography / Biblische
Bibliographie / Bibliografia biblica / Bibliografía bíblica, 1930-
1970,* XXVIII – 948 pages, 1972.

Tome II : *Bibliographie biblique / Biblical Bibliography / Biblische
Bibliographie / Bibliografia biblica / Bibliografía bíblica, 1930-
1975,* LXVIII – 1 596 pages, 1978.

Paul-Émile Langevin, S.J.
Professeur à l'Université Laval

BIBLIOGRAPHIE BIBLIQUE

BIBLICAL BIBLIOGRAPHY

BIBLISCHE BIBLIOGRAPHIE

BIBLIOGRAFIA BIBLICA

BIBLIOGRAFÍA BÍBLICA

1930-1983

LES PRESSES DE L'UNIVERSITÉ LAVAL
QUÉBEC
1985

© Les Presses de l'Université Laval 1985
Tous droits réservés. Imprimé au Canada
Dépôt légal (Québec), 4ᵉ trimestre 1985
I.S.B.N. 2-7637-7060-6

INTRODUCTION

Cet instrument de travail est destiné à ceux qui poursuivent sur la Bible des études de caractère exégétique, théologique, spirituel ou pastoral - au niveau de la recherche proprement dite ou de la vulgarisation - ou qui étudient le Proche-Orient ancien.

CONTENU

Les trois tomes de notre bibliographie couvrent maintenant les années 1930-1983 inclusivement. On y trouvera des revues et des volumes publiés dans l'une des cinq langues suivantes: français, anglais, allemand, italien, espagnol. Si toutefois une revue ou un ouvrage que nous avons choisi d'analyser comprend certains travaux rédigés dans une autre langue, nous indiquons également ces études-là. Nous laissons de côté les traductions, sauf si l'édition originale est rédigée dans une langue autre que celles que nous venons d'énumérer.

Le contenu du tome III de la bibliographie est le suivant. (1) *Ce tome met à jour les 120 revues déjà étudiées dans les tomes I et II*: il en poursuit l'analyse de 1976 à 1983 inclusivement. (2) De plus, ce tome III dépouille, toujours de manière systématique et exhaustive, *43 autres revues[1]*, soit à partir de l'année 1930, soit à partir de leur date de création postérieure à 1930. Bon nombre de ces 43 revues, telles les suivantes, touchent le Proche-Orient: *Levant, Numen, Oriens Antiquus, Orientalia, Orientalia Lovaniensia Periodica, Palestine Exploration Quarterly, Revue de l'Histoire des Religions, Syria, Tel Aviv, Ugarit-Forschungen, Zeitschrift des Deutschen Palästina-Vereins, Zeitschrift für Assyriologie und Vorderasiatische Archäologie*. Ainsi, le tome III enrichit considérablement notre documentation dans les domaines de l'archéologie, de l'épigraphie, de la géographie, de l'histoire et de la philologie. (3) Le tome III de notre bibliographie analyse chapitre par chapitre - comme on ferait d'une revue - 450 ouvrages, dont 270 sont des *Recueils, Festschriften, Studies, Mélanges, Gesammelte Studien, Essays, Ausgewählte Aufsätze, Actes de congrès*, ouvrages dont il est difficile de repérer les contributions souvent excellentes. (4) Enfin, de nombreux autres volumes particulièrement utiles ou de grande qualité sont cités.

Les ouvrages analysés chapitre par chapitre ou cités une seule fois sont pour la plupart assez récents. Nous les avons retenus à cause de leur qualité scientifique ou pédagogique, de leur originalité ou de leur utilité particulière.

RUBRIQUES

Les références sont ordonnées à l'intérieur de cinq grandes parties, sous plus de deux mille rubriques le plus précises possible. La première partie de l'ouvrage, intitulée *Introduction à la Bible*, touche maintes questions qui ont trait à l'ensemble de l'Écriture, à l'orientalisme, ou à des disciplines telles que l'archéologie, l'histoire ou la philologie. La deuxième partie porte sur l'*Ancien Testament*. Elle passe en revue, après avoir considéré certains problèmes généraux, tous les livres de l'Ancien Testament. Commentaires, analyses de textes particuliers, études portant sur la théologie ou divers autres aspects de chaque livre y sont présentés. Une troisième partie étudie de la même façon le *Nouveau Testament*. Nous consacrons la quatrième partie à la personne de *Jésus-Christ*. Enfin, la cinquième partie de cette bibliographie présente de nombreux *thèmes bibliques*.

---

1. Un astérisque indiquera ces revues dans la liste des revues dépouillées.

Pour permettre au lecteur de consulter le plus rapidement possible cette bibliographie et d'exploiter au maximum les études citées, nous n'avons pas hésité à multiplier les rubriques ni à répéter sous différentes rubriques une même référence.

À la différence des tomes I et II, le présent tome III indique seulement dans la partie *Thèmes bibliques* (cinquième partie de l'ouvrage) les études de théologie biblique qui traitent d'un *thème particulier*. Seules les *études générales* de théologie biblique qui touchent un livre biblique figurent dans les parties intitulées *Ancien Testament* et *Nouveau Testament* (deuxième et troisième parties de l'ouvrage).

Sous chaque rubrique, nous classons les études selon l'ordre chronologique de publication. À l'intérieur d'une même année, nous suivons l'ordre alphabétique des noms d'auteurs. Sous la rubrique *Archéologie*, les sites sont classés selon l'ordre alphabétique.

TABLES

L'ouvrage comprend plusieurs tables: la liste des revues et des ouvrages dépouillés, la liste des transcriptions et des sigles utilisés, la table des auteurs cités, enfin cinq tables de rubriques (françaises, anglaises, allemandes, italiennes, espagnoles). La table des *auteurs cités* ne concerne que le tome III, alors que les cinq tables de *rubriques* couvrent les trois tomes de l'ouvrage.

TRAITS PARTICULIERS DE L'OUVRAGE

Quels mérites ou quels traits originaux possède cette bibliographie? (1) Elle a d'abord le mérite de *réunir en un seul ouvrage* une masse énorme d'informations distribuées ailleurs dans une série de volumes. L'accès à une vaste littérature biblique se trouve ainsi facilité. (2) De plus, nous offrons un *dépouillement de première main*, fait sur les sources mêmes (articles et volumes). (3) *En analysant chapitre par chapitre tant d'ouvrages* (plus de 1500), nous nous proposions de rendre utilisables au maximum quantité de publications collectives et de riches monographies dont bien des sections risquaient autrement d'être peu mises à profit. (4) En outre, le *classement des références sous des milliers de rubriques* est original. Nous avons poussé aussi loin que possible la classification des études. (5) *La présentation de toutes les rubriques en cinq langues modernes* constitue encore un intérêt particulier de cette bibliographie. (6) Les *cinq tables cumulatives de rubriques* qu'on trouvera à la fin du tome III permettront au lecteur de circuler aisément *dans les trois tomes de l'ouvrage*.

INTRODUCTION

This practical tool is addressed to all who are pursuing biblical studies in the exegetical, theological or pastoral field, whether on the level of scholarly research, or on the level of the popularization of this research. It is of interest also to the students of the ancient Near East.

CONTENTS

The three volumes of our bibliography cover now the years 1930 to 1983 inclusive. They include reviews and works published in the five following languages: French, English, German, Italian, Spanish. If, however, a review or work that we have chosen to analyse comprises certain sections composed in another language, these sections are also indicated. Translations are omitted, unless the original edition is composed in a language other than the ones we have just enumerated.

Volume III of the bibliography has the following contents. (1) This volume *brings up to date the 120 reviews* already studied in Volumes I and II by the addition of *the material produced from the years 1976 to 1983 inclusive*. (2) Moreover, this Volume III analyzes systematically and exhaustively, as usual, *43 other reviews*[1] either beginning with the year 1930, or from the date of their publication after the year 1930. A good many of these 43 reviews, as the following for instance, deal with studies of the Near East: *Levant, Numen, Oriens Antiquus, Orientalia, Orientalia Lovaniensia Periodica, Palestine Exploration Quarterly, Revue de l'Histoire des Religions, Syria, Tel Aviv, Ugarit-Forschungen, Zeitschrift des Deutschen Palästina-Vereins, Zeitschrift für Assyriologie und Vorderasiastische Archäologie.* This is how Volume III enriches considerably our publication in the fields of archeology, epigraphy, geography, history and philology. (3) Volume III of our bibliography has adopted, as is usually done for a review, *to analyze chapter by chapter 450 works,* 270 of which are *Recueils, Festschriften, Studies, Mélanges, Gesammelte Studien, Essays, Ausgewählte Aufsätze, Actes de congrès.* These miscellanea are often a source of excellent contributions to the lucky discoverer of their existence. (4) *Very many other works are quoted* because of their particular usefulness or of their high quality.

Most of the works analyzed chapter by chapter or mentioned only once, are of recent date. We have decided to include them, either because of their scientific and pedagogical quality, or in view of their originality and usefulness.

HEADINGS

The references are divided into five sections, and gathered together under more than two thousand precise headings. The first section, entitled *Introduction to the Bible,* touches upon many questions which concern the Scriptures as a whole and oriental studies, or the disciplines as archeology, history or philology. The second section covers the *Old Testament.* After certain general questions, it reviews all of the books of the Old Testament. In it are found commentaries, analyses of particular texts, studies which are important for theology, or diverse other aspects of each book of the Old Testament. In like manner a third section presents the *New Testament.* We thought it would be good to devote a special section, the fourth, to the person of *Christ.* The fifth and last section of the bibliography presents numerous *Biblical Themes.*

---

1. An asterisk will indicate these reviews in the list of *Journals reviewed.*

In order to allow the reader to consult as rapidly as possible this bibliography and to use with the greatest possible profit the articles and books listed therein, we did not hesitate to multiply the headings and to repeat the same reference under different headings.

In contrast to Volume I and II, the present Volume III indicates only in the section *Biblical Themes* (fifth part of this work) those studies of Biblical Theology *which deal with one particular theme*. It is only *the general studies* of Biblical Theology touching upon a biblical book that have been included in sections entitled *Old Testament* or *New Testament* (second and third parts of this work).

Under each heading we classify the studies according to the chronological order of publication. Within the same year we follow the alphabetical order of the authors' names. Under the heading *Archeology*, sites are listed according to the alphabetical order of the geographical names.

TABLES

There are several tables included in this work: the lists of reviews and works analyzed, the list of useful signs, the table of authors quoted and finally, five tables of headings (French, English, German, Italian, Spanish). *The table of authors that are quoted* is given only for Volume III. *The tables of headings* are given for the three volumes.

CHARACTERISTICS OF THE WORK

What do we consider to be the particular merits or the original characteristics of this bibliography? (1) Our work has the advantage of *collecting in one work* a mass of information distributed elsewhere in a series of volumes. It affords an easy access to a vast field of biblical literature. (2) It offers *a first hand analysis*, made of the sources themselves (articles and books). (3) In *the chapter by chapter analysis of so many works* (more than 1500), our bibliography has the added merit of making accessible to the utmost *a large number of collective publications and rich monographies* that otherwise risk being little used. (4) *The classification of entries under thousands of headings* which we have derived from our studies of the sources is another element of originality. We have kept up our concern to make the classification of studies as thorough as possible. (5) A special feature of this bibliography is *the five cumulative tables of headings* at the end of Volume III will give the reader a rapid reference to all the topics treated in *the three volumes* of the bibliography.

Translated by Father Anis SAMAAN-HANNA, S.J.
Centre Vimont, Montréal, Qué.

EINLEITUNG

Die vorliegende Bibliographie richtet sich an alle, die die Bibel zum Gegenstand ihrer Studien gemacht haben, sei es mit exegetischem, bibeltheologischem, spirituellem oder pastoralem Interessenschwerpunkt, und gleichgültig ob es sich um wissenschaftliche Forschung im eigentlichen Sinne oder um Arbeiten handelt, die dem breiten Publikum zugedacht sind; sie richtet sich ebenfalls an den am Nahen Osten des Altertums interessierten Forscher.

INHALT

Die drei Bände unserer Bibliographie behandeln nun den Zeitraum von 1930 bis 1983 einschliesslich. Sie enthalten Zeitschriften und Bücher, die in einer der folgenden fünf Sprachen veröffentlicht sind: Französisch, English, Deutsch, Italienisch und Spanisch. Für den Fall, dass eine Zeitschrift oder ein Werk, das wir sichten, Beiträge in einer anderen als den obengenannten Sprachen enthält, so führen wir diese Beiträge ebenfalls an.

Nichtberücksichtigt sind Übersetzungen, es sei denn, der Originaltext sei in einer anderen als den obengenannten Sprachen erschienen.

Die vorliegende dritte Band unserer Bibliographie hat folgenden Inhalt. (1) Erstens führt er den Forscher bezüglich der in den Bänden I und II gesichteten *120 Zeitschriften* auf den neuesten Stand, *indem er ihre Auswertung für die Jahre 1976 bis 1983 einschliesslich weiterführt.* (2) Zweitens wertet er systematisch und vollständig *43 zusätzliche Zeitschriften* aus[1], und zwar entweder vom Jahre 1930 oder von ihrem erstmaligen Erscheinungsdatum nach 1930 an. Eine beträchtliche Anzahl von ihnen berühren den Themenkreis des Nahen Ostens, so zum Beispiel *Levant, Oriens Antiquus, Orientalia, Orientalia Lovaniensia Periodica, Palestine Exploration Quarterly, Revue de l'Histoire des Religions, Syria, Tel Aviv, Ugarit-Forschungen, Zeitschrift des Deutsche Palästina-Vereins, Zeitschrift für Assyriologie und Vorderasiatische Archäologie.* Band III bereichert also unser Werk wesentlich auf den Gebieten der Archäologie, der Epigraphie, der Geographie, der Geschichte und der Philologie. (3) Drittens werden im Band III 450 Werke kapitelweise gesichtet, wie bei einer Zeitschrift, darunter 270 *Aufsatzsammlungen, Miscellanea, Festschriften, Studies, Mélanges, Gesammelte Studien, Essays, Ausgewählte Aufsätze, Kongressakten.* Arbeiten also, deren oft ausgezeichnete Beiträge haufig schwer aufzufinden sind. (4) Viertens sind in diesem dritten Band zahlreiche andere Arbeiten aufgeführt, weil sie uns von besonderem Nutzen oder von hervorragender Qualität erschienen.

Die kapitelweise ausgewerteten und die einmalig aufgeführten Titel sind meistenteils neueren Datums. Die Auswahlkriterien waren ihre wissenschaftliche oder pädagogische Qualität, ihre Originalität oder ihre besondere Nützlichkeit.

RUBRIKEN

Die Hinweise sind in fünf Abschnitte unter mehr als zwei tausend möglichst genauen Rubriken eingeteilt. Der erste Abschnitt mit dem Titel *Einleitung in die Bibel* behandelt zahlreiche Fragen, die entweder die Heilige Schrift als Ganzes oder die Fachrichtungen der Orientalistik, der Archäologie, der Geschichte oder der Philologie betreffen. Der zweite Abschnitt behandelt das *Alte Testament.* Nach der Erwägung einiger Probleme allgemeiner Art nennt er die Literatur zu allen Büchern des Alten Testaments. Er bietet Kommentare, Analysen einzelner Textstellen und

---

1. Diese Zeitschriften sind im *Verzeichnis der durchgesehenen Zeitschriftten* durch ein * gekennzeichnet.

Studien zur Theologie oder zu verschiedenen anderen Aspekten zu jeder einzelnen atl. Schrift. Ein dritter Abschnitt behandelt in gleicher Weise das *Neue Testament*. Die vierte Abschnitt ist der Person *Jesu Christi* gewidmet. Der fünfte Abschnitt dieser Bibliographie führt schliesslich zahlreiche *biblische Themen* an.

Um dem Leser eine möglichst schnelle Konsultation dieser Bibliographie zu gestatten, und um die zitierten Artikel und Bücher mit grössten Gewinn auszunutzen, hatten wir keine Bedenken, die Rubriken zu vermehren und den gleichen Hinweis unter verschiedenen Rubriken zu wiederholen.

Im Unterschied zu den Bänden I und II bietet der vorliegende Band III nur im Abschnitt der *Biblischen Themen* (Abschnitt Fünf) solche bibeltheologischen Studien, *die ein spezielles Thema behandeln*. In den Abschnitten *zum Alten und zum Neuen Testament* (Abschnitte Zwei und Drei) sind nur diejenigen bibeltheologischen Arbeiten zu einer bestimmten Schrift der Bibel angeführt, *die eine allgemeine Themenstellung haben*.

Unter jeder Rubrik sind Abhandlungen in der Reihenfolge ihres Erscheinens aufgeführt. Innerhalb desselben Jahres folgen wir der alphabetischen Reihenfolge der Autorennamen. Unter der Rubrik *Archäologie* sind die Ortsbeschreibungen in alphabetischer Reihenfolge verzeichnet.

VERZEICHNISSE

Das Werk enthält mehrere Verzeichnisse. Neben der Liste der benützten Abkürzungen, der durchgesehenen Zeitschriften und Werke (die nur einmal erwähnten Bücher werden jedoch nicht angeführt), bieten wir das Verzeichnis der zitierten Autoren und das der verwendeten Rubriken. Dieses letzte Verzeichnis wurde in die französische, englische, deutsche, italienische und spanische Sprache übersetzt. *Das Verzeichnis der zitierten Autoren* betrifft nur Band III, während *das Verzeichnis der verwendeten Rubriken* sich auf die Bände I, II und III bezieht.

VORZÜGE UND BESONDERHEITEN DES WERKES

Unserer Ansicht nach weist diese Bibliographie folgende Vorzüge und Besonderheiten auf. (1) Sie hat zunächst den Vorzug, *in einem einzigen Werk eine ungeheuer grosse Menge an Informationen zu vereinigen*, die anderswo auf eine Reihe von Werken verteilt ist. Auf diese Weise ist der Zugang zu einem weiten Bereich der bibelwissenschaftlichen Literatur erleichtert. (2) Ausserdem bieten wir *eine Durchsicht aus erster Hand*, die an den Quellen selbst (Artikel und Monographien) orientiert ist. (3) Da *eine grosse Anzahl von Arbeiten (1544 im ganzen) kapitelweise gesichtet wurde*, hat unsere Bibliographie zudem den Vorzug, eine Menge Sammelwerke und reichhaltiger Monographien maximal nutzbar zu machen, von denen andernfalls viele Abschnitte Gefahr laufen könnten, übersehen zu werden. (4) Einmalig ist im übrigen *die Einteilung der Hinweise in mehr als zwei tausend Rubriken*. So haben wir mit besonderer Sorgfalt die Einteilung von Hinweisen verfeinert. (5) Die Bibliographie erhält durch *die Darbietung aller Rubriken in fünf modernen Sprachen* eine besondere Bedeutung. (6) *Die fünf verschiedenen Verzeichnisse der Rubriken*, die sich am Ende von Band III finden, erlauben es dem Lesaer, sich leicht *im Gesamtwerk* zurechtzufinden.

Übersetzt von Monika THOMA-PETIT
Montréal, Qué.

INTRODUZIONE

Questo è uno strumento di lavoro destinato a tutti coloro che si applicano ad uno studio della Bibbia, a carattere esegetico, teologico, spirituale o pastorale, sia ad un livello di ricerca scientifica propriamente detta, sia per simplice volgarizzazione. Esso è offerto anche a tutti coloro che s'interessano all'antico Vicino Oriente.

CONTENUTO

I tre volumi della nostra bibliografia racchiudono ora l'arco di tempo che va dal 1930 al 1983 inclusivamente. Sono state esaminate riviste ed opere pubblicate in una delle cinque lingue seguenti: francese, inglese, tedesca, italiana e spagnola. Quando però una rivista o un'opera da noi esaminata contiene dei lavori redatti in un'altra lingua, allora noi indichiamo ugualmente questi altri lavori. Per ragioni ovvie lasciamo da parte le traduzioni, eccetto il caso in cui l'edizione originale è redatta in una lingua diversa da una di quelle elencate più sopra.

Il contenuto del terzo volume della bibliografia è il seguente. (1) *Un esame aggiornato delle 120 riviste, iniziato già nei due volumi precedenti*: continuiamo cioè il nostro lavoro, estendendolo *dal 1976 al 1983 incluso.* (2) Questo terzo volume esamina inoltre, sempre in modo sistematico ed esauriente, *43 altre riviste*[1], cominciando dal 1930 o dall'anno della loro apparizione, quando essa è posteriore al 1930. Parecchie di queste 43 riviste riguardano il Vicino Oriente, quali per esempio: *Levant, Numen, Oriens Antiquus, Orientalia, Orientalia Lovaniensia Periodica, Palestine Exploration Quarterly, Revue de l'Histoire des Religions, Syria, Tel Aviv, Ugarit-Forschungen, Zeitschrift des Deutschen Palästina-Vereins, Zeitschrift für Assyriologie und Vorderasiatische Archäologie.* Sicchè con questo terzo volume la nostra opera risulta considerevolmente arricchita in materia d'archeologia, epigrafia, geografia, storia e filologia. (3) Questo terzo volume della nostra bibliografia esamina capitolo per capitolo - allo stesso modo di una rivista - 450 opere, di cui 270 sono *Miscellanea, Recueils, Festschriften, Studies, Mélanges, Gesammelte Studien, Essays, Ausgewählte Aufsätze, Actes de congrès,* opere di cui è difficile rintracciare i contributi, spesso eccellenti. (4) Infine numerose altre opere particolarmente utili o di grande qualità sono citate.

Le opere analizzate capitolo per capitolo o citate una volta sola sono per la maggior parte abbastanza recenti. Noi le abbiamo scelte a causa della loro qualità scientifica o pedagogica, della loro originalità o della loro particolare utilità.

RUBRICHE

I riferimenti sono classificati sotto oltre duemila rubriche, con la più grande accuratezza possibile, nelle cinque grandi sezioni seguenti. La prima sezione, intitolata *Introduzione alla Bibbia*, contiene molte questioni concernenti la Sacra Scrittura, come l'orientalismo o altre discipline quali l'archeologia, la storia o la filologia. La seconda sezione concerne l'*Antico Testamento* e passa in rassegna, dopo alcune questioni d'ordine generale, tutti i libri dell'Antico Testamento. Prendiamo qui in esame i commenti, le analisi di testi particolari, gli studi che interessano la teologia o diversi altri aspetti di ciascun libro. La terza sezione cataloga in ugual maniera le questioni attinenti al *Nuovo Testamento.* La quarta sezione riguarda la persona di *Gesù Cristo.* Infine la quinta sezione di questa bibliografia è riservata a numerosi *temi biblici.*

---

1. Un asterisco indicherà queste riviste nella lista delle *Riviste esaminate.*

Per dare agio di consultare il più rapidamente possibile questa bibliografia e affinchè il lettore possa servirsi col massimo profitto delle opere e degli articoli presi in esame, non abbiamo esitato a moltiplicare le rubriche, ripetendo uno stesso riferimento sotto rubriche diverse.

A differenza dei due precedenti volumi, questo terzo volume indica soltanto nella sezione *Temi biblici* (cioè nella quinta sezione dell'opera) gli studi di teologia biblica che *trattano un tema particolare. Gli studi generali di teologia biblica*, che trattano un libro biblico, continuano invece a figurare nelle sezioni intitolate *Antico Testamento* e *Nuovo Testamento* (cioè nella seconda e terza sezione dell'opera).

Abbiamo classificato gli studi sotto ogni rubrica secondo l'ordine cronologico di pubblicazione. Quando si tratta invece di studi pubblicati nello stesso anno, abbiamo seguito allora l'ordine alfabetico dei nomi degli autori. I siti, evidentemente, sono catalogati, sotto la rubrica *Archeologia*, secondo l'ordine alfabetico.

INDICI

L'opera contiene più indici: la lista delle riviste e delle opere prese in esame, l'elenco delle sigle utilizzate, l'indice degli autori citati ed infine cinque indici di rubriche (rispettivamente in francese, inglese, tedesco, italiano e spagnolo). *L'indice degli autori citati* si riferisce solo a questo terzo volume, mentre invece *gli indici delle rubriche* si riferiscono ai tre volumi dell'opera.

CARACTERISTICHE DELL'OPERA

Quali sono i meriti o le caratteristiche di questa bibliografia? Ecco: (1) Anzitutto essa ha il merito di *riunire in una sola opera* una massa enorme di informazioni che finora erano sparse qua e là in tanti volumi diversi. Con questa nostra bibliografia l'accesso alla vasta letteratura biblica è immensamente facilitato. (2) Di più, si tratta di *uno spoglio di prima mano*, fatto sulle fonti stesse (articoli e volumi). (3) Analizzando capitolo per capitolo tante opere (più di 1500), ci proponevamo di rendere utilizzabile da parte di un gran numero di studiosi *una quantità di pubblicazioni collettive e di ricche monografie*, che altrimenti avrebbero servito solo a ben pochi. (4) Inoltre è originale *la classificazione dei riferimenti sotto migliaia di rubriche*. Abbiamo allargato questa classificazione fino al limite possibile. (5) *La presentazione di tutte le rubriche in cinque lingue moderne* costituisce un'altra interessante caratteristica di questa bibliografia. (6) *I cinque indici cumulativi di rubriche*, posti alla fine del terzo volume, permetteranno al lettore di circolare con facilità *nei tre volumi dell'opera*.

Traduzione di Raffaello PIRRO,
Radio-Canada, Montréal, Qué.

INTRODUCCIÓN

Este instrumento de trabajo va destinado a quienes hacen estudios de carácter exegético, teológico, espiritual o pastoral sobre la Biblia - bien sea como investigación propiamente dicha o con fines de vulgarización - o a quienes se dedican a estudiar el antiguo Oriente Medio.

CONTENIDO

Los tres tomos de nuestra bibliografía abarcan ahora los años 1930-1983, inclusive. Incorporan revistas y obras publicadas en una de las cinco lenguas siguientes: francés, inglés, alemán, italiano y español. No obstante, si una revista u obra seleccionada comprende ciertos trabajos redactados en otra lengua, dichos estudios quedan integrados también. Dejamos de lado las traducciones, excepto si la edición original está redactada en una lengua distinta de las cinco enumeradas.

El contenido del tomo III de la bibliografía es el siguiente. (1) *Este tomo pone al día las 120 revistas ya estudiadas en los tomos I y II: continúa el análisis de 1976 a 1983, inclusive.* (2) Además, este tomo III sigue examinando, de modo sistemático y exhaustivo, *otras 43 revistas[1]*, bien a partir del año 1930, o bien a partir de la fecha de creación, cuando esta es posterior a 1930. Un número considerable de estas revistas se refiere al Oriente Medio. Por ejemplo, las siguientes: *Levant, Numen, Oriens Antiquus, Orientalia, Orientalia Lovaniensia Periodica, Palestine Exploration Quarterly, Revue de l'Histoire des Religions, Syria, Tel Aviv, Ugarit-Forschungen, Zeitschrift des Deutschen Palästina-Vereins, Zeitschrift für Assyriologie und Vorderasiatische Archäologie.* De este modo, el tomo III enriquece considerablemente nuestra obra en lo que se refiere a la arqueología, la epigrafía, la geografía, la historia y la filología. (3) El tomo III de nuestra bibliografía analiza capítulo por capítulo - como en el caso de una revista - 450 obras, de las que 270 son *Recueils, Festschriften, Studies, Mélanges, Gesammelte Studien, Essays, Ausgewählte Aufsätze, Actes de congrès,* y cuyas aportaciones, a menudo de gran calidad, son difíciles de localizar. (4) Finalmente, numerosos otros trabajos particularmente útiles o de gran importancia, son citados.

Las obras analizadas capítulo por capítulo o citadas una sola vez son, en general, bastante recientes. Las hemos seleccionado por su calidad científica o pedagógica, por su originalidad o por su particular utilidad.

RÚBRICAS

Las referencias están ordenadas en cinco grandes apartados, bajo más de dos mil rúbricas de la mayor precisión posible. La primera parte de la obra, titulada *Introducción a la Biblia,* trata de muchos aspectos relacionados con el conjunto de la Escritura, con el orientalismo o con disciplinas tales como la arqueología, la historia o la filología. La segunda parte comprende las obras referentes al *Antiguo Testamento.* Después de considerar ciertos problemas generales, abarca todos los libros del Antiguo Testamento. Se recogen en ella comentarios, análisis de textos particulares, estudios sobre teología o sobre otros diversos aspectos de cada libro. La tercera parte estudia el *Nuevo Testamento,* utilizando la misma estructura. Consagramos la cuarta parte a la persona de *Jesucristo.* Finalmente, la quinta parte de esta bibliografía ofrece numerosos *temas bíblicos.*

Para que el lector pueda consultar esta bibliografía del modo más rápido, y explotar al máximo los artículos y obras citados, no hemos dudado en multiplicar las rúbricas ni en repetir la misma referencia bajo diferentes rúbricas.

---

1. En la lista de *revistas examinadas,* señalaremos con un asterisco estas revistas.

A diferencia de los volúmenes I y II, el presente tomo III indica solamente en el apartado *Temas bíblicos* (quinta parte de la obra) los estudios de teología bíblica *que se refieren a un tema particular*. Solamente *los estudios generales* de teología bíblica que tratan de un libro bíblico, figuran en las partes tituladas *Antiguo Testamento* y *Nuevo Testamento* (segunda y tercera parte de la obra).

En cada rúbrica, clasificamos los estudios por orden cronológico de publicación. Dentro de un mismo año, seguimos el orden alfabético de los nombres de autor. En la rúbrica *Arqueología*, los recintos arqueológicos están clasificados por orden alfabético.

ÍNDICES

La bibliografía comprende varios índices: la lista de revistas y de obras analizadas, la lista de siglas utilizadas, la lista de autores citados y, por fin, cinco índices de rúbricas (franceses, ingleses, alemanes, italiano y españoles). *El índice de autores citados* no se refiere más que al tomo III, mientras que *los índices de rúbricas* comprenden los tres tomos de la obra.

RASGOS PARTICULARES DE LA OBRA

¿Qué méritos o qué rasgos originales posee esta bibliografía? (1) En primer lugar, tiene el mérito de *reunir en una sola obra* una masa enorme de informaciones distribuidas por una amplia serie de volúmenes. El acceso a una vasta literatura bíblica queda así facilitado. (2) Además, ofrecemos *un análisis de primera mano*, hecho a partir de las fuentes mismas (artículos y volúmenes). (3) *Al analizar capítulo por capítulo tantas obras* (más de 1500), queríamos maximizar la posibilidad de utilización de muchas publicaciones colectivas y de ricas monografías, muchas de cuyas secciones hubiesen sido poco empleadas de no existir nuestra *Bibliografía*. (4) Por otra parte, *la clasificación de las referencias en millares de rúbricas* es original. Hemos extremado la clasificación de los estudios hasta el límite de lo posible. (5) *La presentación de todas las rúbricas en cinco lenguas modernas* constituye también un rasgo de esta bibliografía de particular interés. (6) Los *cinco índices acumulativos de rúbricas*, que se encuentran al fin del tomo III, permitirán al lector una fácil circulación *por los tres tomos de la obra*.

Traducción del Profesor Alfredo HERMENEGILDO
Département des Études anciennes et modernes
Université de Montréal
Montréal, Qué.

REVUES DÉPOUILLÉES — JOURNALS REVIEWED
DURCHGESEHENE ZEITSCHRIFTEN
RIVISTE ESAMINATE
REVISTAS EXAMINADAS.

American Ecclesiastical Review (Washington, DC) (AmER)

Ami du Clergé (L') (Langres) (AmiCl)

Angelicum (Roma) (Ang)

**Anglican Theological Review* (Evanston, IL) (AThR)

Année Théologique (L') (Paris) (AT)

Annual of Leeds University Oriental Society (Leiden) (AnLeeds)

**Annual of the Japanese Biblical Institute* (Tokyo) (AJBI)

Annual of the Swedish Theological Institute (Leiden) (ASTI)

Antonianum (Roma) (Ant)

Assemblées du Seigneur (Bruges) (AS)

Bibbia e Oriente (Genova) (BibOr)

*Bibel und Kirche (Stuttgart) (BiKi)

Bibel und Leben (Düsseldorf) (BiLeb)

Bibel und Liturgie (Klosterneuburg bei Wien) (BiLit)

Bible et Vie Chrétienne (Paris) (BVC)

*Biblia y Fe (Madrid) (BibFe)

Biblica (Roma) (Bibl)

Biblical Archaeologist (The) (Denville, NJ) (BA)

Biblical Research (Chicago, IL) (BiRes)

Biblical Theology Bulletin (Roma) (BTB)

Biblische Zeitschrift (Paderborn) (BZ)

*Bijdragen (Nijmegen) (Bijdr.)

Bulletin de Littérature Ecclésiastique (Toulouse) (BLE)

Bulletin de Théologie Biblique (Roma) (BTBib)

Bulletin of the American Schools of Oriental Research (Denville, NJ) (BASOR)

Bulletin of the John Rylands Library (Manchester, England) (BJRL)

Bulletin of the Studiorum Novi Testamenti Societas (Cambridge, England) (SNTS Bull.)

Cahiers Évangiles (Paris) (CE)

Canadian Journal of Theology (Toronto) (CanJT)

Catholic Biblical Quarterly (Washington, DC) (CBQ)

Catholica (Münster i.W.) (Catho)

Christus (Paris) (CHR)

Civiltà Cattolica (Roma) (CC)

*Communion (Neuchâtel, Paris) (Communion)

Concilium (Tours, Paris, Roma) (Conci)

*Cultura Bíblica (Madrid) (CuBi)

Divinitas (Roma) (Div)

Eclesiástica Xaveriana (Bogota) (EXav)

Église et Théologie (Ottawa) (ET)

Ephemerides Theologicae Lovanienses (Leuven - Louvain) (ETL)

**Eranos Yearbook - Jahrbuch - Annales* (Zürich, Leiden) (ErJb)

*Eretz-Israel (Jerusalem) (ErIs)

Esprit et Vie (Langres) (EV)

Estudios Bíblicos (Madrid) (EstB)

Estudios Eclesiásticos (Madrid) (EstE)
Estudios Franciscanos (Barcelona) (EstF)
Études (Paris) (Et)
**Études Théologiques et Religieuses* (Montpellier) (ETR)
Evangelische Theologie (München) (EvT)
Expository Times (Edinburgh) (ExpTim)
Freiburger Zeitschrift für Philosophie und Theologie (Freiburg, Schweiz) (FreibZ)
Geist und Leben (Würzburg) (GeistL)
Gregorianum (Roma) (Greg)
Harvard Theological Review (Cambridge, MA) (HarvTR)
**Hebrew Annual Review* (Columbus, OH) (HebAnR)
Hebrew Union College Annual (Cincinnati, OH) (HUCA)
Heythrop Journal (London, England) (HeyJ)
*Ḥokma (Lausanne) (Hok)
*Immanuel (Jerusalem) (Immanuel)
**Internationale Katholische Zeitschrift Communio* (Rodenkirchen) (IKZCommunio)
Interpretation (Richmond, VA) (Interpr)
Irénikon (Chevetogne) (Ir)
Irish Theological Quarterly (Maynooth, Ireland) (IrThQ)
Israel Exploration Journal (Jerusalem) (IsrEJ)
Jahrbuch für Antike und Christentum (Münster i. W.) (JbAc)
Jewish Quarterly Review (Philadelphia, PA) (JQR)
**Journal for the Study of Judaism in the Persian, Hellenistic and Roman Period* (Leiden) (JStJud)
**Journal for the Study of the New Testament* (Sheffield, England) (JSNT)
**Journal for the Study of the Old Testament* (Sheffield, England) (JSOT)
Journal of Bible and Religion (Brattleboro, VT) (JBR)
Journal of Biblical Literature (Chico, CA) (JBL)
Journal of Near Eastern Studies (Chicago, IL) (JNES)
**Journal of Northwest Semitic Languages* (Leiden) (JNWSemL)
Journal of Semitic Studies (Manchester, England) (JSS)
Journal of the American Academy of Religion (Chico, CA)(JAmAcRel)
Journal for the Study of Judaism in the Persian, Hellenistic and Roman Period (Leiden) (JStJud)
Journal of Theological Studies (Oxford, London, England) (JTS)
*Kairos (Salzburg) (Kairos)
Kerygma und Dogma (Göttingen) (KerDo)
Laval Théologique et Philosophique (Québec) (LTP)
*Levant (London, England) (Levant)
Lumen Vitae (Bruxelles) (LVit)
Lumière et Vie (Saint-Albert-Leysse, Savoie) (LV)
*Maarav (Santa Monica, CA) (Maarav)
Maison-Dieu (Paris) (MD)
Manresa (Madrid) (Manr)
Mélanges de Science Religieuse (Lille) (MSR)
Münchener Theologische Zeitschrift (München) (MüTZ)
New Testament Studies (Cambridge, England) (NTS)
Nouvelle Revue Théologique (Tournai) (NRT)
Novum Testamentum (Leiden) (NT)

Numen (Leiden) (Numen)
* *Oriens Antiquus* (Roma) (OrAnt)
* *Orientalia* (Roma) (Or.)
* *Orientalia Lovaniensia Periodica* (Leuven) (OLoP)
  Oudtestamentliche Studiën (Leiden) (OTS)
* *Palestine Exploration Quarterly* (London) (PEQ)
* *Parola, Spirito e Vita* (Bologna) (ParSpV)
  Pastor Bonus (Trier) (PB)
  Razón y Fe (Madrid) (RazFe)
  Recherches de Science Religieuse (Paris) (RSR)
  Religious Studies (Cambridge, England) (RelSt)
* *Religious Studies Bulletin* (Calgary, Canada) (RelStB)
  Revista Española de Teología (Madrid) (RET)
  Revue Bénédictine (Maredsous) (RBen)
  Revue Biblique (Paris) (RB)
  Revue d'Ascétique et de Mystique (Toulouse) (RAM)
* *Revue de l'Histoire des Religions* (Paris) (RHR)
  Revue de l'Université d'Ottawa (Ottawa) (RUO)
  Revue de Qumrân (Paris) (RQum)
  Revue de Théologie et de Philosophie (Lausanne) (RTP)
  Revue d'Histoire Ecclésiastique de Louvain (Louvain - Leuven) (RHE)
  Revue d'Histoire et de Philosophie Religieuses (Strasbourg) (RHPR)
  Revue des Études Augustiniennes (Paris) (REA)
  Revue des Sciences Philosophiques et Théologiques (Paris) (RSPT)
  Revue des Sciences Religieuses (Strasbourg) (RevSR)
  Revue Théologique de Louvain (Louvain-la-Neuve) (RTL)
  Revue Thomiste (Paris) (RT)
  Rivista Biblica Italiana (Brescia) (RivB)
  Salesianum (Roma) (Sal)
  Salmanticensis (Salamanca) (Salm)
  Scholastik (Freiburg i. B., Basel, Wien) (Schol)
  Sciences Ecclésiastiques (cf. revue suivante) (Montréal) (SE).
  Science et Esprit (Montréal) (SE).
* *Scottisch Journal of Theology* (Edinburgh) (SJTh)
  Scripture (Edinburg) (SCR)
  Scripture Bulletin (London) (SB)
  Scuola Cattolica (La) (Milano) (ScuolC)
* *Second Century (The)* (Abilene, TX) (SeC)
* *Semeia* (Chico, CA) (Semeia)
* *Sémiotique et Bible* (Lyon) (SemBib)
* *Semitica* (Paris) (Sem.)
  Stimmen der Zeit (Freiburg i. B.) (StiZ)
* *Studia Biblica et Theologica* (Pasadena, CA) (SBT)
  Studia Montis Regii (Montréal) (SMR)
* *Studia Moralia* (Roma) (StMor)
  Studia Theologica (Oslo) (ST)
  Studies in Religion: Sciences Religieuses (Toronto) (SR)
  Studii Biblici Franciscani Liber Annuus (Jerusalem) (StBiFranc)
  Supplément (Le) (Paris) (Supp)

Syria (Paris, Beyrouth) (Syr.)
* *Tel Aviv* (Tel Aviv) (Tel Aviv)
* *Textus* (Jerusalem) (Textus)
  Theologica Xaveriana (Bogota) (TXav)
  Theological Studies (Washington, DC) (TS)
  Theologie und Glaube (Paderborn) (TGl)
  Theologie und Philosophie (Freiburg i. B., Basel, Wien) (ThPh)
  Theologische Literaturzeitung (Berlin) (TLZ)
  Theologische Quartalschrift (Tübingen, Stuttgart) (TQ)
  Theologische Revue (Münster) (TR)
  Theologische Rundschau (Tübingen) (TRu)
  Theologische Zeitschrift (Basel) (TZ)
  Theology Digest (St. Louis, MO) (TDig)
  Trierer Theologische Zeitschrift (Trier) (TrierTZ)
* *Ugarit-Forschungen* (Kevelaer, Neukirchen-Vluyn) (UF)
* *Verbum Caro* (Neuchâtel) (VC)
  Verbum Domini (Roma) (VD)
  Vetus Testamentum (Leiden) (VT)
  Vie Intellectuelle (La) (Paris) (VI)
  Vie Spirituelle (La) (Paris) (VS)
  Vie Spirituelle (La). Supplément (devenu *Le Supplément*) (Paris) (VSS)
  Way (The) (London) (Way)
  Worship (Collegeville, MN) (Wor)
* *Zeitschrift des Deutschen Palästina-Vereins* (Wiesbaden, Stuttgart) (ZDPV)
* *Zeitschrift für Assyriologie und Vorderasiatische Archäologie* (Berlin) (ZA)
  Zeitschrift für die Alttestamentliche Wissenschaft (Berlin) (ZAW)
  Zeitschrift für die Neutestamentliche Wissenschaft und die Kunde der Älteren Kirche (Berlin) (ZNW)
  Zeitschrift für Katholische Theologie (Innsbruck) (ZKT)
  Zeitschrift für Theologie und Kirche (Tübingen) (ZTK)

OUVRAGES DÉPOUILLÉS — WORKS REVIEWED
DURCHGESEHENE WERKE
LIBRI ESAMINATI
OBRAS EXAMINADAS

1095   En collaboration, *Abraham dans la Bible et dans la tradition juive*. Colloque de Louvain (K.U. Leuven, Faculteit der Godgeleerdheid), 24 janvier 1977 (Publications de l'Institutum Judaicum Bruxelles, 2) (Bruxelles, Institutum Iudaicum, 1977), iv-167 pp.

1096   En collaboration, *Acta Congressus Internationalis de Theologia Concilii Vaticani II* (Romae diebus 26 septembris - 1 octobris 1966 celabrati) (Ed. A. SCHÖNMETZER) (Roma, Typis Polyglottis Vaticanis, 1968), lxv-813 pp.

1097   En collaboration, *Les Actes apocryphes des apôtres*. Christianisme et monde païen (Publications de la Faculté de théologie de l'Université de Genève, 4) (Genève, Labor et Fides, 1981), 338 pp.

1098   En collaboration, *Les Actes des Apôtres*. Traditions, rédaction, théologie (Éd. J. KREMER) (BETL 48) (Gembloux, Duculot; Leuven, University Press, 1979), 590 pp.

1099   En collaboration, *Ad Hebraeos*. Essays on the Epistle to the Hebrews, *Neotestamentica* 5 (1971) (Annual Publication of Die Nuwe-Testamentiese Werkgemeenskap van Suid-Afrika), 92 pp.

1100   En collaboration, *Die Aktion Jesu und die Re-Aktion der Kirche*. Jesus von Nazareth und die Anfänge der Kirche (Hrsg. K. MÜLLER) (Würzburg, Echter Verlag, Gütersloher Verlagshaus Gerd Mohn, Tyrolia Verlag, 1972), 168 pp.

1101   En collaboration, *À la découverte de la Bible*. II. Un seul Jésus Christ, une foule de témoins. Le Nouveau Testament (Paris, Éditions ouvrières, 1980), 286 pp.

1102   En collaboration, *Das Alte Testament als geistige Heimat*. Festgabe für Hans Walter Wolff zum 70. Geburtstag (Hrsg. M. AUGUSTIN, J. KEGLER) (Europäische Hochschulschriften, Reihe xxiii, Theologie, Bd. 177) (Frankfurt am Main, Bern, Peter Lang, 1982), 135 pp.

1103   En collaboration, *L'Ancien Testament*. Approches et lectures. Des procédures de travail à la théologie (Le point théologique, 24) (Paris, Beauchesne, 1977), 207 pp.

1104   En collaboration, *Annunciare Cristo ai giovani* (A cura di A. AMATO e G. ZEVINI) (Biblioteca di Scienze Religiose, 35) (Roma, Libreria Ateneo Salesiano, 1980), 382 pp.

1105   En collaboration, *L'Apocalypse johannique et l'Apocalyptique dans le Nouveau Testament* (Éd. J. LAMBRECHT) (BETL 53) (Gembloux, Duculot; Leuven, University Press, 1980), 458 pp.

1106   En collaboration, *Apocalypticism in the Mediterranean World and the Near East*. Proceedings of the International Colloquium on Apocalypticism. Uppsala, August 12-17, 1979 (Ed. D. HELLHOLM) (Tübingen, Mohr, 1983), xi-878 pp.

1107   En collaboration, *L'apocalyptique* (Études d'histoire des religions, 3) (Paris, Paul Geuthner, 1977), 233 pp.

1108   En collaboration, *Apostolic History and the Gospel*. Biblical and Historical Essays presented to F.F. Bruce on his 60th Birthday (Ed. W.W. GASQUE, R.P. MARTIN) (Grand Rapids, Eerdmans, 1970), 378 pp.

1109   En collaboration, *Après Jésus*. Autorité et liberté dans le peuple de Dieu (Héritage et projet, 21) (Montréal, Fides, 1977), 223 pp.

1110   En collaboration, *Aspects of Religious Propaganda in Judaism and Early Christianity* (Ed. E. SCHÜSSLER FIORENZA) (University of Notre Dame Center for the Study of Judaism and Christianity in Antiquity, 2) (Notre Dame, London, University of Notre Dame Press, 1976), 195 pp.

1111   En collaboration, *Auftieg und Niedergang der römischen Welt.* Geschichte und Kultur
        Roms im Spiegel der Neueren Forschung. II. *Principat.* Neunzehnter Band: *Religion*
        (Judentum: Allgemeines; Palästinisches Judentum) (Hrsg. W. HAASE) (Berlin, New
        York, De Gruyter, 1979), 2. Bände, xv-875 pp.; viii-668 pp.

1112   En collaboration, *Aufstieg und Niedergang der römischen Welt.* Geschichte und Kultur
        Roms im Spiegel der Neueren Forschung. II. *Principat.* Einundzwanzigster Band
        (1. Halbband): *Religion* (Hellenistisches Judentum in römischer Zeit: Philon und
        Josephus) (Hrsg. W. HAASE) (Berlin, New York, De Gruyter, 1984), ix-759 pp.

1113   En collaboration, *Aufstieg und Niedergang der römischen Welt.* Geschichte und Kultur
        Roms im Spiegel der neueren Forschung. II. *Principat.* Dreiundzwanzigster Band,
        Religion (Vorkonstantinisches Christentum) (Hrsg. W. HAASE) (Berlin, New York, De
        Gruyter, 1979, 1980), ix-1557 pp.

1114   En collaboration, *Aufstieg und Niedergang der romischen Welt.* Geschichte und Kultur
        Roms im Spiegel der neueren Forschung, II. *Principat.* Fünfundzwanzigster Band
        (1. Teilband) [Vorkonstantinischen Christentum. Leben und Umwelt Jesu: Neues
        Testament (kanonische Schriften und Apokryphen) (Hrsg. W. HAASE) (Berlin, New
        York, De Gruyter, 1982), xvi-890 pp.

1115   En collaboration, *Aus Theologie und Philosophie.* Festschrift für Fritz Tillmann zum
        seinem 75. Geburtstag (Hrsg. T. STEINBÜCHEL, T. MÜNCKER) (Düsseldorf,
        Patmos, 1950), 615 pp.

1116   En collaboration, *Aux sources de la tradition chrétienne.* Mélanges offerts à M. Maurice
        Goguel à l'occasion de son soixante-dixième anniversaire (Bibliothèque théologique)
        (Neuchâtel, Paris, Delachaux & Niestlé, 1950), xvi-280 pp.

1117   En collaboration, *A Basic Bibliography for the Study of the Semitic Languages* (Ed. J.H.
        HOSPERS) (Leiden, Brill, 1973-74), t. I, xxv-401 pp.; t. II, xii-108 pp.

1118   En collaboration, *Battesimo e giustizia in Rom 6 e 8* (Seria monografica di 'Benedictina'.
        Sezione biblico-ecumenica, 2) (A cura di Lorenzo DE LORENZI) (Roma, Abbazia
        S. Paolo fuori le mura, 1974), 271 pp.

1119   En collaboration, *Bausteine biblischer Theologie.* Festgabe für G. Johannes Botterweck
        zum 60. Geburtstag dargebracht von seinen Schülern (Hrsg. H.-J. FABRY) (BBB 50)
        (Köln-Bonn, Peter Hanstein, 1977), 369 pp.

1120   En collaboration, *Beiträge zur Alttestamentlichen Theologie.* Festschrift für Walther
        Zimmerli zum 70. Geburtstag (Hrsg. H. DONNER, R. HANHART, R. SMEND)
        (Göttingen, Vandenhoeck & Ruprecht, 1977), 580 pp.

1121   En collaboration, *Bibel und Zeitgemässer Glaube.* Band II: Neues Testament (Hrsg. Josef
        SINT) (München, Klosterneuburger Buch- und Kunstverlag, 1967), 228 pp.

1122   En collaboration, *The Bible as a Document of the University* (Ed. H.D. BETZ) (Scholars
        Press, Polebridge Books, 3) (Missoula, Montana, Scholars Press, 1981), ii-78 pp.

1123   En collaboration, *La Bible au présent.* Actes du XXIIe Colloque des intellectuels juifs de
        langue française. Textes présentés par Jean HALPERIN et Georges LEVITTE (Paris,
        Gallimard, 1982), 348 pp.

1124   En collaboration, *The Bible World.* Essays in Honor of Cyrus H. Gordon (Ed.
        G. RENDBURG, R. ADLER, M. ARFA, N.H. WINTER) (New York, KTAV, 1980)
        xiii-321 pp.

1125   En collaboration, *Biblical and Near Eastern Studies* (LaSor) (Essays in Honor of William
        Sanford LaSor (Ed. G.A. TUTTLE) (Grand Rapids, Eerdmans, 1978), xii-300 pp.

1126   En collaboration, *Biblical Studies.* Essays in Honour of William Barclay (Ed. J.R.
        McKAY, J.F. MILLER) (London, Collins, 1976), 223 pp.

1127   En collaboration, *Biblical Studies in Contemporary Thought* (Ed. Miriam WARD) (Burlington, VT, Trinity College Biblical Institute; Somerville, MA, Greeno, Hadden & Company, 1975), 191 pp.

1128   En collaboration, *Biblische Theologie heute*. Einführung - Beispiele - Kontroversen (Biblisch-Theologische Studien, 1) (Neukirchen-Vluyn, Neukirchener Verlag, 1977), 124 pp.

1129   En collaboration, *La bonne nouvelle de la résurrection*. Ouvrage collectif sous la direction de R. GANTOY (Lire la Bible, 66) (Paris, Cerf, 1981), 160 pp.

1130   En collaboration, *Die Botschaft und die Boten*. Festschrift für Hans Walter Wolff zum 70. Geburtstag (Hrsg. J. JEREMIAS, L. PERLITT) (Neukirchen-Vluyn, Neukirchener Verlag, 1981), ix-426 pp.

1131   En collaboration, *The Cambridge History of Judaism* (Ed. W.D. DAVIES, L. FINKELSTEIN), Volume One: *Introduction; the Persian Period* (Cambridge, Cambridge University Press, 1984), xvi-464 pp.

1132   En collaboration, *Les chrétiens devant le fait juif*. Jalons historiques (Le Point théologique, 33) (Paris, Beauchesne, 1979), 173 pp.

1133   En collaboration, *The Christ of John*. Essays on the Christology of the Fourth Gospel. Proceedings of the Fourth Meeting of 'Die Nuwe-Testamentiese Verkgemeenskap van Suid-Afrika' (*Neotestamentica* 2, 1968) (Postchefstroom, South Africa, Pro Rege Press, 1971), 140 pp.

1134   En collaboration, *Christian Mission - Jewish Mission* (Ed. M.A. COHEN, H. CRONER) (A Stimulus Book) (Studies in Judaism and Christianity) (New York, Ramsey, Paulist Press, 1982), 216 pp.

1135   En collaboration, *Christianisme et identité africaine*. Point de vue exégétique. Actes du 1er Congrès des Biblistes Africains, Kinshasa 26-30 décembre 1978 (Éd. L. MONSENGWO-PASINYA) (Kinshasa, Zaïre, Faculté de Théologie Catholique; Aachen, Missionswissenschaftliches Institut Missio, 1980), 266 pp.

1136   En collaboration, *Christianity, Judaism and other Greco-Roman Cults*. Studies for Morton Smith at sixty (Ed. J. NEUSNER). Part One: *New Testament* (Leiden, Brill, 1975), 330 pp.

1137   En collaboration, *Colloque international sur les textes de Nag Hammadi* (Québec, 22-25 août 1978) (Éd. B. BARC) (Bibliothèque copte de Nag Hammadi. Section 'Études', 1) (Québec, Les Presses de l'Université Laval; Louvain, Peeters, 1981), xii-462 pp.

1138   En collaboration, *Congress Volume. Göttingen 1977* (SuppVT 29) (Leiden, Brill, 1978), 417 pp.

1139   En collaboration, *Congress Volume. Vienna 1980* (Ed. J.A. EMERTON) (SuppVT 32) (Leiden, Brill, 1981), xii-483 pp.

1140   En collaboration, *Conoscenza storica di Gesù*. Acquisizioni esegetiche e utilizzazioni nelle cristologie contemporanee (Biblioteca di cultura religiosa, 32) (Brescia, Paideia, 1978), 206 pp.

1141   En collaboration, *Conversion*. Perspectives on Personal and Social Transformation (Ed. W.E. CONN) (New York, Alba House, 1978), xxii-330 pp.

1142   En collaboration, *Le corps et le corps du Christ dans la première épître aux Corinthiens*. Congrès de l'Association catholique française pour l'étude de la Bible (Lectio Divina, 114) (Paris, Cerf, 1983), 300 pp.

1143   En collaboration, *Creation, Christ and Culture*. Studies in Honour of T.F. Torrance (Ed. R.W.A. McKINNEY) (Edinburgh, T. T. Clark, 1976), 321 pp.

1144   En collaboration, *La Cristologia in san Paolo* (Atti della XXIII settimana biblica. Associazione biblica italiana) (Brescia, Paideia, 1976), 392 pp.

1145   En collaboration, *Current Issues in Biblical and Patristic Interpretation*. Studies in Honor of Merrill. C. Tenney presented by his former Students (Ed. G.F. HAWTHORNE) (Grand Rapids, Eerdmans, 1975), 377 pp.

1146   En collaboration, *Diakonia Pisteos* (Biblioteca teológica granadina, 13) (Granada, Facultad Teológica, 1969), 307 pp.

1147   En collaboration, *Dieu L'a ressuscité d'entre les morts* (Les quatre fleuves, 15-16) (Paris, Beauchesne, 1982), 225 pp.

1148   En collaboration, *Dieu, parole et silence* (Essais et Recherches, Section *Religion*) (Montréal, Fides, 1978), 267 pp.

1149   En collaboration, *Dimensions de la vie chrétienne (Rm 12-13)* (Éd. Lorenzo DE LORENZI) (Série Monographique de 'Benedictina', Section Biblico-Oecuménique, 4) (Rome, Abbaye de S. Paul h.l.m., 1979), 294 pp.

1150   En collaboration, *The Divine Helmsman*. Studies on God's Control of Human Events Presented to Lou H. Silberman (Ed. J.L. CRENSHAW, S. SANDMEL) (New York, Ktav, 1980), xviii-273 pp.

1151   En collaboration, *Early Christian Literature and the Classical Intellectual Tradition*. In honorem Robert M. Grant (Ed. W.R. SCHOEDEL, R.L. WILKEN) (Theologie historique, 54) (Paris, Beauchesne, 1979), 205 pp.

1152   En collaboration, *Ecclesia a Spiritu Sancto edocta* (*Lumen Gentium*, 53). Mélanges théologiques. Hommage à Mgr Gérard Philips. Verzamelde Theologische Opstellen aangeboden aan Mgr. Gérard Philips (BETL 27) (Gembloux, Duculot, 1970), xxxvii-600 pp.

1153   En collaboration, *Écriture et prédication* (Recherches et débats du Centre Catholique des Intellectuels Français, 84) (Paris, Desclée de Brouwer, 1976), 179 pp.

1154   En collaboration, *Écriture et pratique chrétienne*. Congrès de l'ACFEB, Angers 1977 (Lectio Divina, 96) (Paris, Cerf, 1978), 265 pp.

1155   En collaboration, *Essais de sémiotique poétique* (Éd. A.J. GREIMAS) (Collection L) (Paris, Larousse, 1972), 239 pp.

1156   En collaboration, *Essays in honour of Yigael Yadin* (Ed. G. VERMES, J. NEUSNER) (Published by the Oxford Centre for Postgraduate Hebrew Studies), dans *Journal of Jewish Studies* 33 (1982) xvi-602 pp.

1157   En collaboration, *Essays on the General Epistles of the New Testament*. Neotestamentica 9 [1975 Proceedings of the Eleventh Meeting of the New Testament Society of South Africa (NTSSA)], *Neotestamentica* 9 (1975), 124 pp.

1158   En collaboration, *Essays on the Patriarchal Narratives* (Ed. A.R. MILLARD, D.J. WISEMAN) (Leicester, Inter-Varsity Press, 1980), 223 pp.

1159   En collaboration, *Études sur la première lettre de Pierre*. Congrès de l'ACFEB, Paris 1979 (Lectio Divina, 102) (Paris, Cerf, 1980), 279 pp.

1160   En collaboration, *Études théologiques*. Tricentenaire du Séminaire de Québec (Québec, Les Presses de l'Université Laval, 1963), 205 pp.

1161   En collaboration, *Evangelizare pauperibus* (Atti della XXIV settimana biblica. Associazione biblica italiana) (Brescia, Paideia, 1978), 476 pp.

1162   En collaboration, *L'Évangile de Jean*. Sources, rédaction, théologie (Éd. M. DE JONGE) (BETL 44) (Gembloux, Duculot; Leuven/Louvain, University Press, 1977), 416 pp.

1163   En collaboration, *L'Évangile selon Marc*. Tradition et rédaction (Éd. M. SABBE) (BETL 34) (Leuven/Louvain, Leuven University Press; Gembloux, Duculot, 1974), 594 pp.

1164   En collaboration, *Exil-Diaspora-Rückkehr*. Zum theologischen Gespräch zwischen Juden und Christen (Hrsg. R. MOSIS) (Schriften der Katholischen Akademie in Bayern, 81) (Düsseldorf, Patmos, 1978), 110 pp.

1165   En collaboration, *La figure de Moïse*. Écriture et relectures (Publications de la Faculté de Théologie de l'Université de Genève, 1) (Genève, Labor et Fides, 1978), 161 pp.

1166   En collaboration, *Il fine ultimo dell'uomo secondo la S. Scrittura et nel contesto del pensiero moderno*. Conferenze tenute all'VIII Convegno biblico francescano italiano, Cagliari, 22-27 Settembre 1975 (Collectio Assisiensis, 11) (Assisi, Studio teologico 'Porziuncola', 1977), 315 pp.

1167   En collaboration, *Fondamenti biblici della teologia morale* (Atti della XXII settimana biblica. Associazione biblica italiana) (Brescia, Paideia, 1973), 424 pp.

1168   En collaboration, *Die Frau im Urchristentum* (Quaestiones Disputatae, 95) (Freiburg, Herder, 1983), 358 pp.

1169   En collaboration, *From Faith to Faith*. Essays in Honor of Donald G. Miller on his Seventieth Birthday (Ed., D.Y. HADIDIAN) (Pittsburgh, PA, The Pickwick Press, 1979), xxxii-446 pp.

1170   En collaboration, *From Sabbath to Lord's Day*. A Biblical, Historical, and Theological Investigation (Ed. D.A. CARSON) (Grand Rapids, Zondervan, 1982), 444 pp.

1171   En collaboration, *Genèse et structure d'un texte du Nouveau Testament*. Études interdisciplinaire du chapitre 11 de l'évangile de Jean (Lectio Divina, 104) (Paris, Cerf; Louvain-la-Neuve, Cabay, 1981), 293 pp.

1172   En collaboration, *Gerusalemme*. Atti della XXVI settimana biblica, Associazione biblica italiana (Brescia, Paideia, 1982), xxiv-300 pp.

1173   En collaboration, *Glaube im Neuen Testament*. Studien zu Ehren von Hermann Binder anlässlich seines 70. Geburtstags (Hrsg. F. HAHN, H. KLEIN) (Biblish-Theologische Studien, 7) (Neukirchen-Vluyn, Neukirchener Verlag, 1982), 140 pp.

1174   En collaboration, *Gnosis*. Festschrift für Hans Jonas (Hrsg. Barbara ALAND) (Göttingen, Vandenhoeck & Ruprecht, 1978), 544 pp.

1175   En collaboration, *Gnosis and Gnosticism*. Papers read at the Seventh International Conference on Patristic Studies (Oxford, September 8th-13th 1975) (Nag Hammadi Studies, VIII) (Leiden, Brill, 1977), 233 pp.

1176   En collaboration, *Gnosticisme et monde hellénistique*. Les objectifs du colloque de Louvain-la-Neuve (11-14 mars 1980). Travaux préparatoires présentés par J. RIES et J.-M. SEVRIN (Louvain-la-Neuve, Institut Orientaliste, 1980), 149 pp.

1177   En collaboration, *Gospel Perspectives*. Studies of History and Tradition in the Four Gospels, Volume I (Ed. R.T. FRANCE, D. WENHAM) (Sheffield, JSOT Press, 1980), 263 pp.

1178   En collaboration, *Gospel Perspectives*. Studies of History and Tradition in the Four Gospels. Volume II (Ed. R.T. FRANCE, D.WENHAM) (Sheffield, JSOT Press, 1981), 375 pp.

1179   En collaboration, *Gospel Perspectives*. Studies in Midrash and Historiography. Volume III (Ed. R.T. FRANCE, D. WENHAM) (Sheffield, JSOT Preess, 1983), 299 pp.

1180   En collaboration, *Gott in Welt*. Festgabe für Karl Rahner (Hrsg. J.B. METZ, W. KERN, A. DARLAPP, H. VORGRIMLER) (Freiburg, Herder, 1964), I, 83*-667 pp.

1181   En collaboration, *J.J. Griesbach: Synoptic and text-critical studies 1776-1976* (Ed. B. ORCHARD, T.R.W. LONGSTAFF) (SNTS 34) (Cambridge, Cambridge University Press, 1978), 224 pp.

1182   En collaboration, *Homenaje a Juan Prado*. Miscelánea de estudios bíblicos y hebraicos (Edición a cargo de L. ALVAREZ VERDES y E.J. ALONSO HERNANDEZ) (Madrid, Consejo Superior de Investigaciones Científicas, 1975), 737 pp.

1183   En collaboration, *Humanisme et foi chrétienne*. Mélanges scientifiques du centenaire de l'Institut Catholique de Paris (Éd. C. KANNENGIESSER, Y. MARCHASSON) (Paris, Beauchesne, 1976), 662 pp.

1184   En collaboration, '*Ich will euer Gott werden.*' Beispiele biblischen Redens von Gott (SBS 100) (Stuttgart, Katholisches Bibelwerk, 1981), 226 pp.

1185   En collaboration, *Ideal Figures in Ancient Judaism*. Profiles and Paradigms (Ed. J.J. COLLINS, G.W.E. NICKELSBURG) (SBL Septuagint and Cognate Studies, 12) (Chico, CA, Scholars Press, 1980), xii-258 pp.

1186   En collaboration, *Images of Man and God*. Old Testament Short Stories in Literary Focus (Ed. D.O. LONG) (Sheffield, Almond Press, 1981), 127 pp.

1187   En collaboration, *Inerrancy and Common Sense* (Ed. R.R. NICOLE, J.F. MICHAELS) (Grand Rapids, MI, Baker Book House, 1980), 203 pp.

1188   En collaboration, *L'infaillibilité*. Son aspect philosophique et théologique. Actes du colloque organisé par le Centre international d'études humanistes et par l'Institut d'études philosophiques de Rome, Rome, 5-12 Janvier 1970 (Ed. E. CASTELLI) (Paris, Aubier, 1970), 584 pp.

1189   En collaboration, *In libertatem vocati estis*. Miscellanea Bernhard Häring (Studia Moralia, XV) (Roma, Academia Alfonsiana, 1977), 798 pp.

1190   En collaboration, *Instruction and Interpretation*. Studies in Hebrew Language, Palestinian Archaeology and Biblical Exegesis. Papers read at the Joint British-Dutch Old Testament Conference held at Louvain, 1976 (OTS 20) (Leiden, Brill, 1977), 129 pp.

1191   En collaboration, *Interpretation der Welt*. Festschrift für Romano Guardini zum achtzigsten Geburtstag (Hrsg. H. KUHN, H. KAHLEFELD, K. FORSTER in Verbindung mit der katholischen Akademie in Bayern) (Würzburg, Echter, 1965), 722 pp.

1192   En collaboration, *Interpreting the Hebrew Bible*. Essays in Honour of E.I.J. Rosenthal (Ed. J.A. EMERTON, S.C. REIF) (Cambridge, Cambridge University Press, 1982), xv-318 pp.

1193   En collaboration, *Introduction à la Bible*. Édition nouvelle. Tome III. Introduction critique au Nouveau Testament (sous la direction d'Augustin GEORGE et de Pierre GRELOT), Volume I, *Au seuil de l'ère chrétienne* (Paris, Desclée, 1976), 268 pp. - Volume II: *L'annonce de l'Évangile* (Paris, Desclée, 1976), 320 pp.

1194   En collaboration, *Israel hat dennoch Gott zum Trost*. Festschrift für Schalom Ben-Chorin (Hrsg. G. MÜLLER) (Trier, Paulinus-Verlag, 1978), 202 pp.

1195   En collaboration, *Die Israelfrage nach Röm 9-11* (Hrsg. L. DE LORENZI) (Monographische Reihe von 'Benedictina', Biblisch-ökumenische Abteilung, 3) (Rom, Abtei von St Paul vor den Mauern, 1977), 335 pp.

1196   En collaboration, *Israelite and Judaean History* (Ed. J.H. HAYES, J.M. MILLER) (Old Testament Library) (London, SCM Press, 1977), 736 pp.

1197   En collaboration, *Israelite Wisdom*. Theological and Literary Essays in Honor of Samuel Terrien (Ed. J.G. GAMMIE, W.A. BRUEGGEMANN, W. LEE HUMPHREYS, J.M. WARD) (Missoula, Montana, Scholars Press, 1978), xii-314 pp.

1198   En collaboration, *Jésus aujourd'hui*. Historiens et exégètes à Radio-Canada. Interviews révisées par les auteurs et éditées par Gilles LANGEVIN. Préface de Raphaël PIRRO (Montréal, Bellarmin, 1980), Tome I. Sources, méthodes et milieu, 140 pp.; tome II. Vie, message et personnalité, 157 pp.; tome III. Héritage, image et rayonnement, 144 pp.

1199 En collaboration, ¿*Jésus?* De l'histoire à la foi (Héritage et projet, 9) (Montréal, Fides, 1974), 220 pp.

1200 En collaboration, *Jesus und der Menschensohn.* Für Anton Vögtle (Hrsg. R. PESCH, R. SCHNACKENBURG, O. KAISER) (Freiburg, i. B., Herder, 1975), 487 pp.

1201 En collaboration, *Jesus und Paulus*[2]. Festschrift für Werner Georg Kümmel zum 70. Geburtstag (Hrsg. E.E. ELLIS, E. GRÄSSER) (Göttingen, Vandenhoeck & Ruprecht, 1975, 1978), 411 pp.

1202 En collaboration, *Jewish Expressions on Jesus.* An Anthology (Ed. T. WEISS-ROSMARIN) (New York, Ktav, 1977), xix-421 pp.

1203 En collaboration, *Jews, Greeks and Christians.* Religious Cultures in Late Antiquity. Essays in Honor of William David Davies (Ed. R. HAMERTON-KELLY, R. SCROGGS) (Leiden, Brill, 1976), 320 pp.

1204 En collaboration, *The Joint Expedition to Caesarea Maritima* (Ed. C.T. FRITSCH). Vol. I. Studies in the History of Caesarea Maritima (BASOR Supplemental Studies, 19) (Missoula, Scholars Press, 1975), 122 pp.

1205 En collaboration, *Jungfrauengeburt gestern und heute* (Hrsg. H.J. BROSCH, J. HASENFUSS) (Essen, Hans Driewer, 1969), 235 pp.

1206 En collaboration, *Kerygma und Mythos VII-1.* Glaube und Politik - Religion und Staat. Zur Entmythologisierung und Neubestimmung ihres Verhältnisses (Hrsg. F. THEUNIS) (Theologische Forschung, 63) (Hamburg-Bergstedt, Herbert Reich, Evangelischer Verlag, 1979), 207 pp.

1207 En collaboration, *Kirche.* Festschrift für Günther Bornkamm zum 75. Geburtstag (Hrsg. D. LÜHRMANN, G. STRECKER) (Tübingen, Mohr, 1980), ix-525 pp.

1208 En collaboration, *Die Kirche des Anfangs.* Für Heinz Schürmann (Hrsg. Rudolf SCHNACKENBURG, Josef ERNST, Joachim WANKE) (Freiburg, Herder, 1978), 667 pp.

1209 En collaboration, *Kirche und Bibel.* Festgabe für Bischof Eduard Schick (Herausgegeben von den Professoren der Phil.-Théol. Hochschule Fulda) (Paderborn, F. Schöningh, 1979), 502 pp.

1210 En collaboration, *Kirche und Überlieferung* (Hrsg. J. BETZ, H. FRIES) (Freiburg, Herder, 1960), 380 pp.

1211 En collaboration, *Kontinuität und Einheit.* Für Franz Mussner (Hrsg. P.-G. MÜLLER, W. STENGER) (Freiburg, Herder, 1981), 536 pp.

1212 En collaboration, *The Language of the Cross* (Ed. Aelred LACOMARA) (Chicago, Franciscan Herald Press, 1977), viii-149 pp.

1213 En collaboration, *A Light unto My Path.* Old Testament Studies in Honor of Jacob W. Myers (Ed. H.N. BREAM, R.D. HEIM, C.A. MOORE) (Gettysburg Theological Studies, IV) (Philadelphia, Temple University Press, 1974), 529 pp.

1214 En collaboration, *The Literature and Meaning of Scripture* (Ed. M.A. INCH, C.H. BULLOCK) (Grand Rapids, Baker Book House, 1981), 303 pp.

1215 En collaboration, *La littérature juive entre Tenach et Mischna.* Quelques problèmes (Recherches bibliques, 9) (Sous la rédaction de W.C. VAN UNNIK) (Leiden, Brill, 1974), 163 pp.

1216 En collaboration, *Liturgie, spiritualité, cultures.* Conférences Saint-Serge, XXIXe semaine d'études liturgiques. Paris, 29 juin - 2 juillet 1982 (Bibliotheca 'Ephemerides liturgicae'. 'Subsidia', 29) (Ed. A.M. TRIACCA, A. PISTOIA) (Roma, Edizioni Liturgiche, 1983), 420 pp.

1217   En collaboration, *Le livre de Jérémie*. Le prophète et son milieu. Les oracles et leur transmission (BETL 44) (Éd. P.-M. BOGAERT) (Leuven, Peeters, University Press, 1981), 413 pp.

1218   En collaboration, *Logia*. Les paroles de Jésus - The Sayings of Jesus. Mémorial Joseph Coppens (Éd. J. DELOBEL) (BETL 59) (Leuven, Peeters, University Press, 1982), 644 pp.

1219   En collaboration, *Loi et Évangile* (Le champ éthique, 5) (Genève, Labor et Fides, 1981), 286 pp.

1220   En collaboration, *Mary in the New Testament*. A Collaborative Assessment by Protestant and Roman Catholic Scholars (Ed. R.E. BROWN, K.P. DONFRIED, J.A. FITZMYER, J. REUMANN) (Philadelphia, Fortress Press; New York, Paulist Press, 1978), xii-323 pp.

1221   En collaboration, *Masoretic Studies* 1 (1974) [International Organization for Masoretic Studies (IOMS). Proceedings and Papers of 1972 and 1973 Meetings. Harry M. ORLINSKY] (Missoula, Montana, Society of Biblical Literature, 1974), 169 pp.

1222   En collaboration, *Mélanges André Neher* (Paris, Librairie Adrien Maisonneuve, 1975), 448 pp.

1223   En collaboration, *Mélanges bibliques et orientaux en l'honneur de M. Henri Cazelles* (Alter Orient und Altes Testament, 212) (Kevelaer, Butzon & Bercker; Neukirchen-Vluyn, Neukirchener Verlag, 1981), xii-543 pp.

1224   En collaboration, *Mélanges Dominique Barthélemy*. Études bibliques offertes à l'occasion de son 60e anniversaire (Éd. P. CASETTI, O. KEEL, A. SCHENKER) (Orbis Biblicus et Orientalis, 38) (Fribourg, Suisse, Éditions Universitaires; Göttingen, Vandenhoeck & Ruprecht, 1981), xii-720 pp.

1225   En collaboration, *Mélanges offerts à Marcel Simon: Paganisme, Judaïsme, Christianisme*. Influences et affrontements dans le monde antique (Paris, De Boccard, 1978), v-390 pp.

1226   En collaboration, *Mélanges offerts au R.P. Ferdinand Cavallera* (Toulouse, Bibliothèque de l'Institut Catholique, 1948), xvii-524 pp.

1227   En collaboration, *Memoria Jerusalem*. Freundesgabe Franz Sauer zum 70. Geburtstag (Hrsg. J.B. BAUER, J. MARBÖCK) (Graz, Akademische Druck- u. Verlagsanstalt, 1977), 238 pp.

1228   En collaboration, *Message et mission*. Recueil commémoratif du Xe anniversaire de la Faculté de Théologie (Publications de l'Université Lovanium de Kinshasa) (Louvain, Nauwelaerts; Paris, Béatrice-Nauwelaerts, 1968), 283 pp.

1229   En collaboration, *Les miracles de Jésus selon le Nouveau Testament* (sous la direction de X. LÉON-DUFOUR) (Paris, Seuil, 1977), 396 pp.

1230   En collaboration, *Miscellanea André Combes* (Cathedra Sancti Thomae Pontificiae Universitatis Lateranensis, 3-5) (Roma, Pont. Università Lateranensis; Paris, Vrin, 1967-1968), 3 vol., 393-500-575 pp.

1231   En collaboration, *Miscelánea Antonio Perez Goyena* (*Estudios Eclesiásticos*, numero extraordinario, 35) (Madrid, Fax, 1960), 478 pp.

1232   En collaboration, *Miscellanea Lateranense* (*Lateranum*, nova series, ann. XL-XLI) (Roma, Facultas Theologica Pontificiae Universitatis Lateranensis, 1974-1975), 625 pp.

1233   En collabvoration, *Miscelánea Manuel Cuervo Lopez*. Hommaje de antiguos alumnos (Dirige: H. SANTIAGO-OTERO, R. SILVA COSTOYAS) (Salamanca, s.e., 1970), 574 pp.

1234   En collaboration, *Miscellanea Neotestamentica*. Studia ad Novum Testamentum praesertim pertinentia a sociis sodalicii Batavi C.N. Studiosorum Novi Testamenti conventus anno 1976 quintum lustrum feliciter complentis suscepta) (Ed. T. BAARDA, A.F.J. KLIJN, W.C. VAN UNNIK) (SuppNT 47) (Leiden Brill, 1978), 217-227 pp.

1235   En collaboration, *Mission im Neuen Testament* (Hrsg K. KERTELGE) (Quaestiones Disputatae, 93) (Freiburg, Herder, 1982), 240 pp.

1236   En collaboration, *Die Mitte des Neuen Testaments*. Einheit und Vielfalt neutestamentlicher Theologie. Festschrift für Eduard Schweizer zum siebzigsten Geburtstag (Hrsg. U. LUC, H. WEDER) (Göttingen, Vandenhoeck & Ruprecht, 1983), xi-437 pp.

1237   En collaboration, *Mort de Jésus*. Dossier pour l'animation biblique (Essais bibliques, 8) (Genève, Labor et Fides, 1984), 140 pp.

1238   En collaboration, *Mort pour nos péchés*. Recherche pluridisciplinaire sur la signification rédemptrice de la mort du Christ (Publications des Facultés universitaires Saint-Louis, 4) (Bruxelles, Facultés universitaires Saint-Louis, 1979), 175 pp.

1239   En collaboration, *Mysterium Salutis*. Grundriss heilsgeschichtlicher Dogmatik (Hrsg. J. FEINER, M. LÖHRER) (Einsiedeln, Benziger, 1965-76), Band I: *Die Grundlagen heilsgeschichtlicher Dogmatik* (1965), 1034 pp.; Band II: *Die Heilsgeschichte vor Christus* (1967), 1196 pp.; Band III: *Das Christusereignis*, Erster Halbband (1970), 745 pp., Zweiter Halbband (1969), 668 pp.; Band IV: *Das Heilsgeschehen in der Gemeinde*, Erster Halbband (1972), 634 pp. (cf. unsere *Biblische Bibliographie*, t. II, Durchgesehene Werke, n. 413), Zweiter Halbband (1973), 1930 pp.; Band V: *Zwischenzeit und Vollendung der Heilsgeschichte* (1976), 925 pp.

1240   En collaboration, *Nag Hammadi and Gnosis*. Papers Read at the First International Congress of Coptology (Cairo, December 1976) (Ed. R. McL. WILSON) (Nag Hammadi Studies, 14) (Leiden, Brill, 1978), viii-178 pp.

1241   En collaboration, *Neues Testament und Kirche*. Für Rudolf Schnackenburg (Hrsg. J. GNILKA) (Freiburg, i.B., Herder, 1974), 580 pp.

1242   En collaboration, *New Dimensions in New Testament Study* (Ed. R.N. LONGENECKER, M.C. TENNEY) (Grand Rapids, MI, Zondervan, 1974), xiii-386 pp.

1243   En collaboration, *New Synoptic Studies*. The Cambridge Gospel Conference and Beyond (Ed. W.R. FARMER) (Macon, GA, Mercer University Press, 1983), xli-533 pp.

1244   En collaboration, *New Testament Textual Criticism*. Its Significance for Exegesis. Essays in Honour of Bruce M. Metzger (Ed. E.J. EPP, G.D. FEE) (Oxford, Clarendon Press, 1981), xxviii-410 pp.

1245   En collaboration, *No Famine in the Land*. Studies in honor of John L. McKenzie (Ed. J.W. FLANAGAN, A. WEISBROD ROBINSON) (Missoula, Scholars Press, 1975), 349 pp.

1246   En collaboration, *The Old Testament Pseudepigrapha* Volume 1: Apocalyptic Literature and Testaments (Ed. J.H. CHARLESWORTH) (Garden City, New York, Doubleday, 1983), L-995 pp.

1247   En collaboration, *Palabra y Vida*. Homenaje a Jose Alonso Diaz en su 70 cumpleaños (Ed. A. VARGAS-MACHUCA, G. RUIZ). Revista *Miscelánea Comillas* 41 (1983), n° 78-79, 455 pp.

1248   En collaboration, *Palestine in Transition*. The Emergence of Ancient Israel (Ed. D.N. FREEDMAN, D.F. GRAF) (The Social World of Biblical Antiquity Series, 2) (Sheffield, Almond Press, 1983), ix-108 pp.

1249   En collaboration, *Paolo a una chiesa divisa (1 Co 1-4)* (A cura di Lorenzo DE LORENZI) (Serie Monografica di 'Benedictina', 5) (Roma, Abbazia di S. Paolo fuori le mura, 1980), 269 pp.

1250   En collaboration, *La Pâque du Christ, mystère de salut.* Mélanges offerts au P. F.-X. Durwell pour son 70ᵉ anniversaire (Lectio Divina, 112) (Paris, Cerf, 1982), 315 pp.

1251   En collaboration, *La parabola degli invitati al banchetto.* Dagli evangelisti a Gesù (Testi e ricerche di Scienze religiose, 14) (Brescia, Paideia, 1978), 352 pp.

1252   En collaboration, *Parola e Spirito.* Studi in onore di Settimio Cipriani (A cura di Cesare Casale MARCHESELLI) (Brescia, Paideia, 1982), xlvii-1601 pp.

1253   En collaboration, *La Passion selon les quatre évangiles* (Paris, Cerf, 1981), 130 pp.

1254   En collaboration, *Paul and Paulinism.* Essays in honour of C.K. BARRETT (Ed. M.D. HOOKER, S.G. WILSON) (London, SPCK, 1982), xxvii-404 pp.

1255   En collaboration, *Paul de Tarse, apôtre de notre temps* (Éd. L. DE LORENZI) (Série monographique de 'Benedictina', Section Paulinienne, 1) (Rome, Abbaye de S. Paul h.l.m., 1979), 806 pp.

1256   En collaboration, *Die paulinische Literatur und Theologie. The Pauline Literature and Theology.* Anlässlich der 50. jährigen Gründungs-Feier der Universität von Aarhus (Hrsg. S. PEDERSEN) (Teologiske Studier, 7) (Aarhus, Forlaget Aros; Göttingen, Vandenhoeck & Ruprecht, 1980), 224 pp.

1257   En collaboration, *Paulus - Apostat oder Apostel?* Jüdische und christliche Antworten (Markus BARTH, Josef BLANK, Jochanan BLOCH, Franz MUSSNER, R.J. ZWI WERBLOWSKY) (Regensburg, Pustet, 1977), 172 pp.

1258   En collaboration, *Paulus in den neutestamentlichen Spätschriften.* Zur Paulusrezeption im Neuen Testament (Quaestiones Disputatae, 89) (Hrsg Karl KERTELGE) (Freiburg, Basel, Wien, Herder, 1981), 234 pp.

1259   En collaboration, *Perspectives on Luke-Acts* (Ed. C.H. TALBERT) (Edinburgh, T. & T. Clark, 1978), ix-269 pp.

1260   En collaboration, *Perspectives on Scripture and Tradition.* Essays by R.M. Grant, R.E. McNally, G.H. Tavard (Ed. J.F. KELLY) (Notre Dame, Indiana, Fides Publishers, 1976), 129 pp.

1261   En collaboration, *Pietas.* Festschrift für Bernhard Kötting (Hrsg. E. DASSMANN, K. SUSO FRANK) (JbAC, Ergänzungsband, 8) (Münster Westfalen, Aschendorff, 1980), xiii-593 pp.

1262   En collaboration, *Pluralisme et oecuménisme en recherches théologiques.* Mélanges offerts au R.P. Dockx (BETL 43) (Paris, Gembloux, Duculot, 1976), xvii-314 pp.

1263   En collaboration, *Political Issues in Luke-Acts* (Ed. R.J. CASSIDY, P.J. SCHARPER) (Maryknoll, New York, Orbis Books, 1983), ix-180 pp.

1264   En collaboration, *Pro Veritate.* Ein theologischer Dialog. Festgabe für Erzbischof Dr. Lorenz Jaeger und Bischof Prof. D. Dr. Wilhelm Stählin (Hrsg. E. SCHLINK, H. VOLK) (Münster, Aschendorffsche Verlagsbuchhandlung; Kassel, Johannes Stauda, 1963), 395 pp.

1265   En collaboration, *Probleme der Forschung* (Hrsg. Albert FUCHS) (SNTU Serie A, Band 3) (Wien, München, Verlag Herold, 1978), 193 pp.

1266   En collaboration, *Problemi e prospettive di teologia fondamentale* (A cura di R. LATOURELLE, G. O'COLLINS) (Brescia, Queriniana, 1980), 443 pp.

1267   En collaboration, *Proceedings of the International Colloquium on Gnosticism.* Stockholm August 20-25 1973 (Filologisk-filosofiska serien, 17) (Ed. G. WIDENGREN, D. HELLHOLM) (Stockholm, Almqvist & Wiksell International; Leiden, Brill, 1977), 180 pp.

1268   En collaboration, *Prophecy.* Essays presented to Georg Fohrer on his sixty-fifth Birthday 6 September 1980 (Ed. J.A. EMERTON) (BZAW 150) (Berlin, De Gruyter, 1980), 202 pp.

1269   En collaboration, *Proceedings of the Irish Biblical Association, 5.* Text and Interpretation edited by A.D.H. MAYES (Dublin, Irish Biblical Association Publications, 1981), 114 pp.

1270   En collaboration, *Prophètes, poètes et sages d'Israël.* Hommages à Edmond Jacob par ses amis, ses collègues et ses élèves, dans RHPR 59 (1979) 267-644.

1271   En collaboration, *Qumran and the History of the Biblical Text* (Ed. F.M. CROSS, S. TALMON (Cambridge, MA, London, England, Harvard University Press, 1975), 413 pp.

1272   En collaboration, *Qumrân. Sa piété, sa théologie et son milieu* (Éd. M. DELCOR) (BETL 46) (Paris, Gembloux, Duculot; Leuven, University Press, 1978), 427 pp.

1273   En collaboration, *The Rediscovery of Gnosticism.* Proceedings of the International Conference on Gnosticism at Yale, New Haven, CT, March 28-31, 1978. Volume One, *The School of Valentinus* (Ed. B. LAYTON) (Studies in the History of Religions, Supplements to *Numen*, XLI) (Leiden, Brill, 1980), xxiv-454 pp.

1274   En collaboration, *Religionsgeschichtliches Textbuch zum Alten Testament* (Hrsg. Walter BEYERLIN) (Grundrisse zum Alten Testament, Band 1) (Göttingen, Vandenhoeck & Ruprecht, 1975), 303 pp.

1275   En collaboration, *Remembering all the Way...* A Collection of Old Testament Studies Published on the Occasion of the Fortieth Anniversary of the Oudtestamentisch Werkgezelschap in Nederland (Leiden, Brill, 1981), 298 pp. (*Oudtestamentlische Studiën*, Deel XXI).

1276   En collaboration, *Rhetorical Criticism.* Essays in Honor of James Muilenburg (Ed. J.J. JACKSON, M. KESSLER) (Pittsburgh, PA, Pickwick Press, 1974), 287 pp.

1277   En collaboration, *La Sagesse de l'Ancien Testament* (Éd. M. GILBERT) (BETL 51) (Gembloux, Duculot; Leuven, University Press, 1979), 420 pp.

1278   En collaboration, *Sagesse et religion* [Colloque de Strasbourg (octobre 1976)] (Bibliothèque des Centres d'Études Supérieures spécialisés, Strasbourg) (Paris, Presses Universitaires de France, 1979), 233 pp.

1279   En collaboration, *San Pietro.* Atti della XIX settimana biblica. Associazione biblica italiana (Brescia, Paideia, 1967), 564 pp.

1280   En collaboration, *Sapienter ordinare.* Festgabe für Erich Kleineidam (Hrsg. F. HOFFMANN, L. SCHEFFCZYK, K. FEIERES) (Leipzig, St. Benno-Verlag, 1969), 494 pp.

1281   En collaboration, *Saved by Hope.* Essays in Honor of Richard C. Oudersluys (Ed. J.I. COOK) (Grand Rapids, Eerdmans, 1978), 188 pp.

1282   En collaboration, *Schriftauslegung dient dem Glauben* (Hrsg. H. KAHLEFELD) (Frankfurt a. M., Josef Knecht, 1979), 104 pp.

1283   En collaboration, *Scrinium Lovaniense.* Mélanges historiques / Historische opstellen Étienne van Cauwenbergh (Université de Louvain, Recueil de travaux d'histoire et de philologie, 4e Série, Fascicule 24) (Louvain, Gembloux, Duculot, 1961), 688 pp.

1284   En collaboration, *Scripture in Context.* Essays on the Comparative Method (Ed. C.D. EVANS, W.W. HALLO, J.B. WHITE) (Pittsburgh, PA, The Pickwick Press, 1980), xiv-328 pp.

1285   En collaboration, *Scripture in History & Theology.* Essays in honor of J. Coert Rylaarsdam (Ed. A.L. MERRILL, T.W. OVERHOLT) (Pittsburgh Theological Monograph Series, 17) (Pittsburgh, PA, The Pickwick Press, 1977), lx-413 pp.

1286   En collaboration, *Scripture, Tradition, and Interpretation.* Essays Presented to Everett F. Harrison by His Students and Colleagues in Honor of His Seventy-fifth Birthday (Ed. W.W. GASQUE, W.S. LASOR) (Grand Rapids, Eerdmans, 1978), 331 pp.

1287   En collaboration, *Segni e sacramenti nel vangelo di Giovanni* (A cura di P.-R. TRAGAN) (Studia Anselmiana, 66; Sacramentum, 3) (Roma, Ed. Anselmiana, 1977), 253 pp.

1288   En collaboration, *Semiology and Parables*. Exploration of the Possibilities offered by Structuralism for Exegesis (Ed. D. PATTE) (Pittsburgh, PA, The Pickwick Press, 1976), xx-384 pp.

1289   En collaboration, *Servidor de la Palabra*. Miscelánea bíblica en honor del P. Alberto Colunga, O.P. (Salamanca, Ed. San Esteban, 1979), 494 pp.

1290   En collaboration, *Sin, Salvation, and the Spirit*. Commemorating the Fiftieth Year of The Liturgical Press (Ed. D. DURKEN) (Collegeville, MN, The Liturgical Press, 1979), xv-368 pp.

1291   En collaboration, *Signes et Paraboles*. Sémiotique et texte évangélique (par le Groupe d'Entrevernes) (Paris, Seuil, 1977), 253 pp.

1292   En collaboration, *Society of Biblical Literature. 1972 Proceedings* (Ed. L.C. McGAUGHY) (Society of Biblical Literature, 1972), 607 pp.

1293   En collaboration, *Society of Biblical Literature. 1973 Seminar Papers* (Ed. G. MacRAE) (Cambridge, MA, Society of Biblical Literature, 1973), 2 vol., iv-127 pp, iv-261 pp.

1294   En collaboration, *Society of Biblical Literature. 1974 Seminar Papers* (Ed. G. MacRAE) (Cambridge, MA, Society of Biblical Literature, 1974), 2 vol., 125-113 pp.

1295   En collaboration, *Society of Biblical Literature. 1976 Seminar Papers* (SBL Seminar Papers Series, 10) (Ed. G. MacRAE) (Cambridge, MA, Society of Biblical Literature, 1976), 480 pp.

1296   En collaboration, *Society of Biblical Literature. 1977 Seminar Papers* (Ed. P.J. ACHTEMEIER) (SBL Seminar Papers Series, 11) (Missoula, Montana, Scholars Press, 1977), viii-441 pp.

1297   En collaboration, *Society of Biblical Literature. 1978 Seminar Papers* (Ed. P.J. ACHTEMEIER) (SBL Seminar Papers Series, 13, 14) (Missoula, Montana, Scholars Press, 1978), 2 vol., vii-415 pp., vi-346 pp.

1298   En collaboration, *Society of Biblical Literature. 1979 Seminar Papers* (Ed. P.J. ACHTEMEIER) (SBL Seminar Papers Series, 16, 17) (Missoula, Montana, Scholars Press, 1979), 2 vol., vii-261 pp., vi-253 pp.

1299   En collaboration, *Society of Biblical Literature. 1980 Seminar Papers* (Ed. P.J. ACHTEMEIER) (SBL Seminar Papers Series, 19) (Missoula, Montana, Scholars Press, 1980), 399 pp.

1300   En collaboration, *Society of Biblical Literature. 1981 Seminar Papers* (Ed. K.H. RICHARDS) (SBL Seminar Papers Series, 20) (Chico, CA, Scholars Press, 1981), 386 pp.

1301   En collaboration, *The Spirit of God in Christian Life* (Ed. E. MALATESTA) (New York, Ramsey, Toronto, Paulist Press, 1977), 149 pp.

1302   En collaboration, *Spirit Within Structure*. Essays in Honor of George Johnston (Ed. E.J. FURCHA) (Allison Park, PA, Pickwick Publications, 1983), xvi-199 pp.

1303   En collaboration, *Standing Before God*. Studies on Prayer in Scriptures and in Tradition with Essays. In Honor of John M. Oesterreicher (Ed. A. FINKEL, L. FRIZZELL) (New York, Ktav, 1981), 410 pp.

1304   En collaboration, *Structuralism*. An Interdisciplinary Study (Ed. E.S. WITTIG) (Pittsburgh, PA, Pickwick Press, 1975), 162 pp.

1305   En collaboration, *Studi di scienze ecclesiastiche* (Aloisiana, 1) (Napoli, Pontificia Facoltà teologica Napoletana 'S. Luigi', 1960), 352 pp.

1306   En collaboration, *Studi e Ricerche di Scienze Religiose in onore dei Santi Apostoli Pietro e Paolo* nel XIX centenario del loro martirio (*Lateranum*, n.s., anno XXXIV, n. 1-4) (Roma, Facultas Theologica Pontificiae Universitatis Lateranensis, 1968), 430 pp.

1307   En collaboration, *Studia Biblica 1978. I. Papers on Old Testament and Related Themes*. Sixth International Congress on Biblical Studies. Oxford 3-7 April 1978 (Ed. E.A. LIVINGSTONE) (JSOT Supplement Series, 11) (Sheffield, JSOT Press, 1979), 266 pp.

1308   En collaboration, *Studia Biblica 1978. II. Papers on the Gospels*. Sixth International Congress on Biblical Studies. Oxford 3-7 April 1978 (Ed. E.A. LIVINGSTONE) (JSNT Supplement Series, 2) (Sheffield, JSOT Press, The University of Sheffield, 1980), 350 pp.

1309   En collaboration, *Studia Biblica 1978. III. Papers on Paul and Other New Testament Authors*. Sixth International Congress on Biblical Studies. Oxford 3-7 April 1978 (Ed. E.A. LIVINGSTONE) (JSNT Supplement Series, 3) (Sheffield, JSOT Press, 1980), 468 pp.

1310   En collaboration, *Studia Evangelica*, Vol. VII. Papers presented to the Fifth International Congress on Biblical Studies held at Oxford, 1973 (Ed. E.A. LIVINGSTONE). With a Cumulative Index of Contributors to Studia Evangelica, Vols. I-VII (Berlin, Akademie-Verlag, 1982), xi-570 pp.

1311   En collaboration, *Studia Hierosolymitana* in onore del P. Bellarmino Bagatti. I. *Studi archeologici* (Studium Biblicum Franciscanum, Collectio Maior N. 22) (Jerusalem, Franciscan Printing Press, 1976), 381 pp.

1312   En collaboration, *Studia Patristica*, Vol. XII (TU 115) (Ed. E.A. LIVINGSTONE) (Berlin, Akademie-Verlag, 1975), 483 pp.

1313   En collaboration, *Studien zum Neuen Testament und seiner Umwelt* (SNTU) (Hrsg. A. FUCHS) (SNTU Serie A, Band 5) (Linz, Harrachstrasse 7/Austria, 1980), 190 pp.

1314   En collaboration, *Studien zum Pentateuch*. Walter Kornfeld zum 60. Geburtstag (Hrsg. Georg BRAULIK) (Wien, Herder, 1977), 272 pp.

1315   En collaboration, *Studies in Ancient Israelite Wisdom*. Selected, with a Prolegomenon, by J.L. CRENSHAW (The Library of Biblical Studies) (New York, Ktav, 1976), xvii-494 pp.

1316   En collaboration, *Studies in Egyptian Religion*. Dedicated to Professor Jan Zandee (Ed. M. HEERMA VAN VOSS, D.J. HOENS, G. MUSSIES, D. VAN DER PLAS, H. TE VELDE) (Studien in the History of Religions, Supplements to *Numen*, XLIII) (Leiden, Brill, 1982), 150 pp.

1317   En collaboration, *Studies in Jewish Legal History*. Essays in Honour of David Daube (Ed. B.S. JACKSON) (London, Jewish Chronicle Publications, 1974), 237 pp.

1318   En collaboration, *Studies in the Historical Books of the Old Testament* (Ed. J.A. EMERTON) (SuppVT 30) (Leiden, Brill, 1979), vii-278 pp.

1319   En collaboration, *Studies on the Testament of Abraham* (SBL Septuagint and Cognate Studies, 6) (Ed. George W.E. NICKELSBURG, Jr.) (Missoula, Scholars Press, 1972, 1976), x-340 pp.

1320   En collaboration, *The Study of Liturgy* (Ed. Cheslyn JONES, Geoffrey WAINWRIGHT, Edward YARNOLD) (London, SPCK, 1978), 547 pp.

1321   En collaboration, *Suffering and Martyrdom in the New Testament*. Studies presented to G.M. Styler by the Cambridge New Testament Seminar (Ed. W. HORBURY, B. McNEIL) (Cambridge, Cambridge University Press, 1981), xxi-217 pp.

1322   En collaboration, *Symposia Celebrating the Seventy-Fifth Anniversary of the Founding of the American Schools of Oriental Research (1900-1975)* (Ed. Frank Moore CROSS) (Zion

Research Foundation Occasional Publications, Vol 1-2) (Cambridge, MA, American Schools of Oriental Research, 1979), ix-183 pp. (Abbreviation: *Symposia*).

1323   En collaboration, *The Temple of Salomon*. Archaeological Fact and Medieval Tradition in Christian, Islamic and Jewish Art (Ed. Joseph GUTMANN) (American Academy of Religion, Society of Biblical Literature, Religion and the Arts, 3) (Missoula, Scholars Press, 1976), xii-198 pp.

1324   En collaboration, *Text and Interpretation*. Studies in the New Testament presented to Matthew Black (Ed. Ernest BEST, R. McL. Wilson) (Cambridge, Cambridge University Press, 1979), 268 pp.

1325   En collaboration, *Text - Wort - Glaube*. Studien zur Überlieferung, Interpretation und Autorisierung biblischer Texte Kurt Aland gewidmet (Hrsg. M. BRECHT) (Arbeiten zur Kirchengeschichte, 50) (Berlin, De Gruyter, 1980), viii-397 pp.

1326   En collaboration, *Les textes de Nag Hammadi*. Colloque du Centre d'Histoire des Religions (Strasbourg, 23-25 octobre 1974) (Éd. J.-E. MÉNARD) (Nag Hammadi Studies, 7) (Leiden, Brill, 1975), 203 pp.

1327   En collaboration, *Textgemäss*. Aufsätze und Beiträge zur Hermeneutik des Alten Testaments. Festschrift für Ernst Würthwein zum 70. Geburtstag (Göttingen, Vandenhoeck & Ruprecht, 1979), 208 pp.

1328   En collaboration, *Der Tod Jesu*. Deutungen im Neuen Testament (Hrsg. Karl KERTELGE) (Quaestiones Disputatae, 74), 234 pp.

1329   En collaboration, *Theologia Crucis - Signum Crucis*. Festschrift für Erich Dinkler zum 70. Geburtstag (Hrsg. C. ANDRESEN, G. KLEIN) (Tübingen, Mohr, 1979), viii-563 pp.

1330   En collaboration, *Theologie aus dem Norden* (Hrsg. Albert FUCHS) (SNTU Serie A, Band 2) (Linz, Studien zum Neuen Testament und Seiner Umwelt, 1977), 200 pp.

1331   En collaboration, *Theologie im Wandel*. Festschrift zum 150 jährigen bestehen des katholisch-theologischen Fakultät an der Universität Tübingen 1817-1967 (Herausgegeben von der katholisch-theologischen Fakultät an der Universität Tübingen) (Tübinger Theologische Reihe, 1) (München, Freiburg i. Br., Erich Wewel Verlag, 1967), 776 pp.

1332   En collaboration, *Theologische Berichte III*. Judentum und Kirche: Volk Gottes (Zürich, Benziger, 1974), 208 pp.

1333   En collaboration, *Tradition and Interpretation*. Essays by Members of the Society for Old Testament Study (Ed. G.W. ANDERSON) (Oxford, Clarendon Press, 1979), xxi-462 pp.

1334   En collaboration, *Traditions in Transformation*. Turning Points in Biblical Faith (Ed. B. HALPERN, J.D. LEVENSON) (Winona Lake, IN, Eisenbrauns, 1981), xiv-446 pp.

1335   En collaboration, *Travels in the World of the Old Testament*. Studies presented to Professor M.A. Beek on the occasion of his 65 birthday (Ed. M.S.H.G. HEERMA VAN VOSS, PH. H.J. HOUWINK TEN CATE, N.A. VAN UCHELEN) (Assen, Van Gorcum & Comp., 1974), 286 pp.

1336   En collaboration, *Ugarit in Retrospect*. Fifty Years of Ugarit and Ugaritic (Ed. G.D. YOUNG) (Winona, IN, Eisenbrauns, 1981), xv-238 pp.

1337   En collaboration, *Unity and Diversity in New Testament Theology*. Essays in Honor of George E. Ladd (Ed. R.A. GUELICH) (Grand Rapids, MI, Eerdmans, 1978), xv-219 pp.

1338   En collaboration, *Universitas*. Dienst an Wahrheit und Leben. Festschrift für Bischof Dr. Albert Stohr im Auftrag des katholisch-theologischen Fakultät der Johannes

Gutenberg-Universität Mainz (Hrsg L. HENHART) (Mainz, Matthias-Grünewald, 1960), 2 Bände, 494-484 pp.

1339   En collaboration, *L'uomo nella Bibbia e nelle culture ad essa contemporanee*. Atti del simposio per il XXV dell'A.B.I., Associazione biblica italiana (Brescia, Paideia, 1975), 254 pp.

1340   En collaboration, *Verkündigung und Glaube*. Festgabe für Franz X. Arnold (Hrsg. T. FILTHAUT, J.A. JUNGMANN) (Freiburg, Herder, 1958), 359 pp.

1341   En collaboration, *Versuche mehrdimensionaler Schriftauslegung*. Bericht über ein Gespräch (Stuttgart, Katholisches Verlag; München, Kaiser, 1972), 149 pp.

1342   En collaboration, *Vivarium*. Festschrift Theodor Klauser für 90. Geburtstag (JbAC Ergänzungsband, 11) (Münster Westfalen, Aschendorff, 1984), 383-37 pp.

1343   En collaboration, *Von Kanaan bis Kerala*. Festschrift für J.P.M. van der Ploeg (Hrsg. W.C. DELSMAN, J.T. NELIS, J.R.T.M. PETERS, W.H.P. RÖMER, A.S. VAN DER WOUDE) (Alter Orient und Altes Testament, 211) (Kevelaer, Butzon & Bercker; Neukirchen-Vluyn, Neukirchener Verlag, 1982), xii-567 pp.

1344   En collaboration, *Wahrheit und Verkündigung*. Michael Schmaus zum 70. Geburtstag (Hrsg. L. SCHEFFCZYK, W. DETTLOFF, R. HEINZMANN) (München, F. Schöningh, 1967), 2 Bände, 1958 pp.

1345   En collaboration, *Was haltet ihr von Jesus?* Beiträge zum Gespräch über Jesus von Nazaret (Hrsg. W. TRILLING, Inge BERNDT) (Leipzig, St. Benno-Verlag, 1975), 332 pp.

1346   En collaboration, *Werden und Wirken des Alten Testaments*. Festschrift für Claus Westermann zum 70. Geburtstag (Hrsg. R. ALBERTZ, H.P. MÜLLER, H.W. WOLFF, W. ZIMMERRLI) (Göttingen, Vandenhoeck & Ruprecht; Neukirchen-Vluyn, Neukirchener Verlag, 1980), 481 pp.

1347   En collaboration, *What about the New Testament?* Essays in Honour of Christopher Evans (Ed. M. HOOKER, C. HICKLING) (London, SCM Press, 1975), 242 pp.

1348   En collaboration, *Word and Spirit*. Essays in Honor of David Michael Stanley, S.J. on his 60th Birthday (Ed. J. PLEVNIK) (Willowdale, Regis College Press, 1975), 419 pp.

1349   En collaboration, *Wort in der Zeit*. Neutestamentliche Studien. Festgabe für Heinrich Rengstorf zum 75. Geburtstag (Hrsg. W. HAUBECK, M. BACHMANN) (Leiden, Brill, 1980), 293 pp.

1350   En collaboration, *Wort, Lied und Gottesspruch*. Beiträge zur Septuaginta. Festschrift für Joseph Ziegler (Hrsg. Josef SCHREINER) (Forschung zur Bibel, 1) (Würzburg, Echter, Katholisches Bibelwerk, 1972), 215 pp.

1351   En collaboration, *Wort, Lied und Gottesspruch*. Beiträge zu Psalmen und Propheten. Festschrift für Joseph Ziegler (Hrsg. Josef SCHREINER) (Forschung zur Bibel, 2) (Würzburg, Echter, Katholisches Bibelwerk, 1972), 260 pp.

1352   En collaboration, *Zum Thema Jungfrauengeburt* (Stuttgart, Katholisches Bibelwerk, 1970), 158 pp.

1353   En collaboration, *Zur Geschichte des Urchristentums* (Hrsg. G. DAUTZENBERG, H. MERKLEIN, K. MÜLLER) (Quaestiones Disputatae, 87) (Freiburg, Herder, 1979), 160 pp.

1354   ALONSO SCHÖKEL, *Il dinamismo della tradizione* (Biblioteca di cultura religiosa, 19) (Brescia, Paideia, 1970), 285 pp.

1355   AMMASSARI, A., *La religione dei patriarchi*. Studi biblici (Roma, Pontificia Università Urbaniana, Città Nuova Editrice, 1976), 305 pp.

1356   AMMASSARI, A., *La Resurrezione* nell'insegnamento, nella profezia, nelle apparizioni di Gesù. Seconda edizione riveduta e ampliata dall'Autore, volume I; La gloria del

Risorto nelle testimonianze ricevute dalla prima Chiesa, volume II (Roma, Città Nuova Editrice, 1976), 280-125 pp.

1357   AUNE, D.E., *Prophecy in Early Christianity and the Ancient Merditerranean World* (Grand Rapids, Eerdmans, 1983), ix-522 pp.

1358   BALY, D., *God and History in the Old Testament* (New York, Harper & Row, 1976), 234 pp.

1359   BARR, J., *Holy Scripture. Canon, Authority, Criticism* (The Sprunt Lectures delivered at Union Theological Seminary, Richmond, VA, February 1982) (Oxford, Clarendon Press, 1983), vi-182 pp.

1360   BARSTAD, H.M., *The Religious Polemics of Amos*. Studies in the Preaching of Am 2,7B-8; 4,1-13; 5,1-27; 6,4-7; 8,14 (SuppVT 34) (Leiden, Brill, 1984), 244 pp.

1361   BARTH, H., *Die Jesaja-Worte in der Josiazeit*. Israel und Assur als Thema einer produktiven Neuinterpretation der Jesajaüberlieferung (WMANT 48) (Neukirchen-Vluyn, Neukirchener Verlag, 1977), xiv-361 pp.

1362   BAUERNFEIND, O., *Kommentar und Studien zur Apostelgeschichte* (Hrsg. V. METELMANN) (Wissenschaftliche Untersuchungen zum Neuen Testament, 22) (Tübingen, Mohr, 1980), xviii-492 pp.

1363   BAUMGARTEN, J.M., *Studies in Qumran Law* (Studies in Judaism in Late Antiquity, 24) (Leiden, Brill, 1977), 209 pp.

1364   BEAUCHAMP, P., *L'un et l'autre Testament*. Essai de lecture (Coll. 'Parole de Dieu') (Paris, Seuil, 1976), 320 pp.

1365   BENOIT, P., *Exégèse et théologie*, tome IV (Paris, Cerf, 1982), 387 pp.

1366   BLANK, J., *Paulus*. Von Jesus zum Christentum. Aspekte der paulinischen Lehre und Praxis (München, Kösel, 1982), 215 pp.

1367   BONNARD, P., *Anamnesis*. Recherches sur le Nouveau Testament (Cahiers de la Revue de Théologie et de Philosophie, 3) (Genève, Lausanne, Neuchâtel, Revue de Théologie et de Philosophie, 1980), xiii-230 pp.

1368   BORGEN, P., *Paul preaches Circumcision and pleases Men* and other Essays on Christian Origins (Relieff, 8) (Trondheim, Tapir, 1983), 228 pp.

1369   BOUCHER, M., *The Mysterious Parable*. A Literary Study (CBQ Monograph Series, 6) (Washington, DC, The Catholic Biblical Association of America, 1977), 101 pp.

1370   BOVON, F., *Luc le théologien*. Vingt-cinq ans de recherches (1950-1975) (Neuchâtel, Paris, Delachaux et Niestlé, 1978), 474 pp.

1371   BRAUN, F.-M., *Jean le théologien*. III. Sa théologie. I. Le mystère de Jésus-Christ (Coll. 'Études bibliques') (Paris, Gabalda, 1966), xxii-275 pp.

1372   BROWN, R.E., *The Virginal Conception and Bodily Resurrection of Jesus* (New York, Paulist Press, 1973), 136 pp.

1373   BRUCE, F.F., *The Time is Fulfilled*. Five Aspects of the Fulfilment of the Old Testament in the New (The Moore College Lectures, 1977) (Exeter, Paternoster, 1978), 128 pp.

1374   BRUCE, F.F., *Peter, Stephen, James, and John*. Studies in Early non-Pauline Christianity (Grand Rapids, Eerdmans, 1979), 159 pp.

1375   BULTMANN, R., *Exegetica*. Aufsätze zur Erforschung des Neuen Testaments ausgewählt, eingeleitet und herausgegeben von Erich DINKLER (Tübingen, Mohr, 1967), 554 pp.

1376   BUSSE, U., *Die Wunder des Propheten Jesus*. Die Rezeption, Komposition und Interpretation der Wundertradition im Evangelium des Lukas (ForBi 24) (Stuttgart, Katholisches Bibelwerk, 1977), 512 pp.

1377   CECCHETTI, P.I., *Scritti di Monsignore Paolo Igino Cecchetti* (Lateranum, Nova
       Series, A. XXXIII, n. 1-4) (Romae, Facultas Theologica Pontificiae Universitatis
       Lateranensis, 1967), xxxviii-470 pp.

1378   CHABROL, C., MARIN, L. (Éd.), avec la collaboration de A.J. COHEN,
       C. MELLON, F. RASTIER, *Le récit évangélique* (Bibliothèque de Sciences Religieuses)
       (Paris, Aubier, Montaigne, Cerf, Delachaux et Niestlé, Desclée de Brouwer, 1974),
       254 pp.

1379   CHARLIER, C., *Le christianisme.* Essai de synthèse. I. Le témoin. Approche humaine
       de la foi (Bible et vie chrétienne, n.s.) (Paris, Lethielleux, 1979), 251 pp.

1380   CHARLIER, C., *Le christianisme.* Essai de synthèse. II. Le Fils, révélateur du Père en
       Esprit (Bible et vie chrétienne, n.s.) (Paris, Lethielleux, 1979), 280 pp.

1381   CHEVALLIER, M.-A., *Souffle de Dieu.* Le Saint-Esprit dans le Nouveau Testament (Le
       Point théologique, 26) (Paris, Beauchesne, 1978), 264 pp.

1382   CHOLEWINSKI, A., *Heiligkeitsgesetz und Deuteronomium.* Eine vergleichende Studie
       (Analecta Biblica, 66) (Rome, Biblical Institute Press, 1976), 350 pp.

1383   CHOURAQUI, A., *L'univers de la Bible* (Paris, Lidis, 1982-), Tome I (1982), 478 pp.;
       tome II (1983), 470 pp.; Tome III (1983), 573 pp.; tome IV (1983), 548 pp.

1384   CLARK, K.W., *The Gentile Bias* and other Essays selected by J.J. SHARPE III, with
       a Foreword by Hugh Anderson (SuppNT 54) (Leiden, Brill, 1980), xiv-229 pp.

1385   COHN, R.L., *The Shape of Sacred Space.* Four Biblical Studies (American Academy of
       Religion, Studies in Religion, 23) (Missoula, Montana, Scholars Press, 1981), 79 pp.

1386   COLLANGE, J.-F., *De Jésus à Paul.* L'éthique du Nouveau Testament (Le champ
       éthique, 3) (Genève, Labor et Fides, 1980), xiii-313 pp.

1387   COPE, O.L., *Matthew.* A Scribe trained for the Kingdom of Heaven (CBQ Monograph
       Series, 5) (Washington, DC, The Catholic Biblical Association of America, 1976),
       142 pp.

1388   COPPENS, J., *La relève apocalyptique du messianisme royal.* I. La royauté, le règne, le
       royaume de Dieu, cadre de la relève apocalyptique (BETL 50) (Leuven, Peeters; Leuven,
       University Press, 1979), 325 pp.

1389   COPPENS, J., *La relève apocalyptique du messianisme royal.* III. Le Fils de l'homme
       néotestamentaire (BETL 55) (Leuven, Peeters, University Press, 1981), xiv-197 pp.

1390   CRANFIELD, C.E.B., *A Critical and Exegetical Commentary on the Epistle to the
       Romans* (The International Critical Commentary) (Edinburgh, T. & T. Clark, 1979), II,
       pp. 445-927.

1391   CROSS, F.M., FREEDMAN, D.N., *Studies in Ancient Yahwistic Poetry* (SBL
       Dissertations Series, 21) (Missoula, Montana, Scholars Press, 1975), 191 pp.

1392   CUNCHILLOS, J.-L., *La Bible.* Première lecture de l'Ancien Testament - I (Le Point
       théologique, 11) (Paris, Beauchesne, 1974), 158 pp.

1393   DAHL, N.A., *Studies in Paul.* Theology for the Christian Mission (Minneapolis, MN,
       Augsburg Publishing House, 1977), x-198 pp.

1394   DAVIES, E.W., *Prophecy and Ethics.* Isaiah and the Ethics. Isaiah and the Ethical
       Traditions of Israel (JSOT Supplement Series, 16) (Sheffield, JSOT Press, 1981), 184 pp.

1395   DAVIES, W.D., *Invitation to the New Testament.* A Guide to its main Witnesses
       (Anchor Books) (Garden City, NY, Doubleday & Company, 1969), 540 pp.

1396   DE BACIOCCHI, J., *Jésus Christ dans le débat des hommes* (Coll. 'Croire et
       comprendre') (Paris, Le Centurion, 1975), 146 pp.

1397   DE LA POTTERIE, I., *La vérité dans saint Jean* (Analecta Biblica, 73 et 74), Tome I: Le
       Christ et la vérité, l'Esprit et la vérité; Tome II: Le croyant et la vérité (Rome, Biblical
       Institute Press, 1977), 1128 pp.

1398   DERRETT, J.D.M., *Studies in the New Testament* (Leiden, Brill, 1977, 1978, 1982), 220 pp.; x-230 pp.; xii-260 pp.

1399   DOCKX, S., *Chronologies néotestamentaires et Vie de l'Église primitive*. Recherches exégétiques (Gembloux, Duculot, 1976), viii-303 pp.

1400   DOLTO, F., SÉVÉRIN, G., *L'Évangile au risque de la psychanalyse*, tome I, 8ème édition (Paris, Jean-Pierre Delarge, 1977), 179 pp.

1401   DOLTO, F., SÉVÉRIN, G., *L'Évangile au risque de la psychanalyse*, Tome II, Jésus et le désir (Paris, Jean-Pierre Delarge, 1978), 183 pp.

1402   DRANE, J.W., *Paul Libertine or legalist?* A Study in the Theology of the Major Pauline Epistles (London, SPCK, 1975), xiv-194 pp.

1403   DUBARLE, A.-M., *La manifestation naturelle de Dieu d'après l'Écriture* (Lectio Divina, 91) (Paris, Cerf, 1976), 265 pp.

1404   DU BUIT, M., *En tous les temps Jésus Christ* (Mulhouse, Salvator, 1974-1977), tome I, Prologues, 264 pp.; tome II, Clés pour le Royaume, 191 pp.; tome III, Sermon sur la montagne, 189 pp.

1405   DUGANDZIC, I., *Das 'Ja' Gottes in Christus*. Eine Studie zur Bedeutung des Alten Testaments für das Christusverständnis des Paulus (Forschung zur Bibel, 26) (Würzburg, Echter, 1977), 352 pp.

1406   DUMAIS, M., *Le langage de l'évangélisation*. L'annonce missionnaire en milieu juif (Actes 13.16-41) (Coll. 'Théologie. Recherches', 16) (Paris, Tournai, Desclée & Cie; Montréal, Bellarmin, 1976), 399 pp.

1407   DUMAIS, M., *L'actualisation du Nouveau Testament* (Lectio Divina, 107) (Paris, Cerf, 1981), 177 pp.

1408   DUNN, J.D.G., *Christology in the Making*. A New Testament Inquiry Into the Origins of the Doctrine of the Incarnation (Philadelphia, The Westminster Press, 1980), xvii-443 pp.

1409   EFIRD, J.M., *Christ, the Church, and the End*. Studies in Colossians and Ephesians (Valley Forge, Judson Press, 1980), 110 pp.

1410   ELLIGER, W., *Paulus in Griechenland*. Philippi, Thessaloniki, Athen, Korinth (SBS 92/93) (Stuttgart, Katholisches Bibelwerk, 1978), 276 pp.

1411   FEUILLET, A., *Études d'exégèse et de théologie biblique*. Ancien Testament (Paris, Gabalda, 1975), 523 pp.

1412   FOHRER, G., *Die Propheten des Alten Testaments*. Band 5, *Die Propheten des ausgehenden 6. und des 5. Jahrhunderts* (Gütersloh, Gerd Mohn, 1976), 182 pp.

1413   FOHRER, G., *Studien zum Buche Hiob (1956-1979)*. Zweite, erweiterte und bearbeitete Auflage (BZAW 159) (Berlin, New York, De Gruyter, 1983), 146 pp.

1414   FOSSION, A., *Lire les Écritures*. Théorie et pratique de la lecture structurale (Coll. 'Écritures', 2) (Bruxelles, Lumen Vitae, 1980), 182 pp.

1415   FRIEDRICH, G., *Auf das Wort kommt es an*. Gesammelte Aufsätze zum 70. Geburtstag (Hrsg. J.H. FRIEDRICH) (Göttingen, Vandenhoeck & Ruprecht, 1978), 594 pp.

1416   FURNISH, V.P., *The Moral Teaching of Paul* (Nashville, Abingdon, 1979), 143 pp.

1417   GALBIATI, E., *Scritti minori* (Brescia, Paideia, 1979), 2 vol., xxxi-847 pp.

1418   GARNET, P., *Salvation and Atonement in the Qumran Scrolls* (Wissenschaftliche Untersuchungen zum Neuen Testament, 2. Reihe, 3) (Tübingen, Mohr, 1977), viii-152 pp.

1419   GEORGE, A., *Études sur l'oeuvre de Luc* (Sources bibliques) (Paris, Gabalda, 1978), 487 pp.

1420   GERHARDSSON, B., *The Ethos of the Bible*. Translated by Stephen Westerholm (London, Darton, Longman and Todd, 1982), 152 pp.

1421   GESE, H., *Zur biblischen Theologie*. Alttestamentliche Vorträge (Beiträge zur evangelischen Theologie, 78) (München, Kaiser, 1977), 239 pp.

1422   GIGUÈRE, P.-A., MARTUCCI, J., MYRE, A., *Cri de Dieu, espoir des pauvres* (Lectures Bibliques, 4) (Montréal, Éditions Paulines; Paris, Apostolat des Éditions, 1977), 136 pp.

1423   GOPPELT, L., *Theologie des Neuen Testaments* (Hrsg. J. ROLOFF) (Göttingen, Vandenhoeck & Ruprecht, 1976), Erster Teil: Jesu Wirken in seiner theologischen Bedeutung; Zweiter Teil: Vielfalt und Einheit des apostolischen Christuszeugnisses, 669 pp.

1424   GOURGUES, M., *À la droite de Dieu*. Résurrection de Jésus et actualisation du Psaume 110:1 dans le Nouveau Testament (Études Bibliques) (Paris, Gabalda, 1978), 270 pp.

1425   GOURGUES, M., *Pour que vous croyiez...* Pistes d'exploration de l'évangile de Jean (Coll. 'Initiations') (Paris, Cerf, 1982), 295 pp.

1426   GRANT, R.M., *Early Christianity and Society*. Seven Studies (New York, Harper & Row, 1977), xii-221 pp.

1427   GRELOT, P., *L'espérance juive à l'heure de Jésus* (Jésus et Jésus-Christ, 6) (Paris, Desclée, 1978), 278 pp.

1428   GRELOT, P., *Problèmes de morale fondamentale*. Un éclairage biblique (Recherches morales, 6) (Paris, Cerf, 1982), 289 pp.

1429   GUBLER, M.-L., *Die frühesten Deutungen des Todes Jesu*. Eine motivgeschichtliche Darstellung aufgrund der neueren exegetischen Forschung (Orbis Biblicus et Orientalis, 15) (Freiburg, Schweiz, Universitätsverlag; Göttingen, Vandenhoeck & Ruprecht, 1977), xv-424 pp.

1430   GUILLAUME, J.-M., *Luc interprète des anciennes traditions sur la résurrection de Jésus* (Études Bibliques) (Paris, Gabalda, 1979), 305 pp.

1431   GUILLET, J., *Les premiers mots de la foi*. De Jésus à l'Église (Coll. 'Croire et comprendre') (Paris, Le Centurion, 1977), 128 pp.

1432   GUILLET, J., MOLLAT, D., *Apprendre à prier* à l'école de saint Paul et des évangélistes (Paris, Éditions du Feu Nouveau, 1977), 139 pp.

1433   GUNNEWEG, A.H.J., *Vom Verstehen des Alten Testaments*. Eine Hermeneutik (Grundrisse zum Alten Testament. ATD Ergänzungsreihe, 5) (Göttingen, Vandenhoeck & Ruprecht, 1977), 220 pp.

1434   HAHN, F., *Christologische Hoheitstitel*. Ihrer Geschichte im frühen Christentum (FRLANT 83) (Göttingen, Vandenhoeck & Ruprecht, 1963), 442 pp.

1435   HAHN, F., KERTELGE, K., SCHNACKENBURG, R., *Einheit der Kirche*. Grundlegung im Neuen Testament (Quaestiones Disputatae, 84) (Freiburg, Herder, 1979), 132 pp.

1436   HALBE, J., *Das Privilegrecht Jahwes Ex 34,10-26*. Gestalt und Wesen, Herkunft und Wirken in vordeuteronomischer Zeit (Göttingen, Vandenhoeck & Ruprecht, 1975), 571 pp.

1437   HALTER, H., *Taufe und Ethos*. Paulinische Kriterien für das Proprium christlicher Moral (Freiburger theologische Studien, 106) (Freiburg, Herder, 1977), 735 pp.

1438   HANSON, A.T., *The Living Utterances of God*. The New Testament Exegesis of the Old (London, Darton, Longman and Todd, 1983), vi-250 pp.

1439   HANSON, P.D., *The Dawn of Apocalyptic* (Philadelphia, Fortress Press, 1975), 426 pp.

1440   HARVEY, A.E., *Jesus and the Constraints of History* (Philadelphia, The Westminster Press, 1982), viii-184 pp.

1441   HOLTZ, T., *Untersuchungen über die alttestamentlichen Zitate bei Lukas* (TU 104) (Berlin, Akademie Verlag, 1968), xiv-185 pp.

1442   HOULDEN, J.L., *Ethics and the New Testament* (London, Oxford, Mowbrays, 1973), 134 pp.

1443   HOWARD, G., *Paul: crisis in Galatia*. A Study in Early Christian Theology (SNTS Monograph Series, 35) (Cambridge, Cambridge University Press, 1979), xii-114 pp.

1444   HÜBNER, H., *Das Gesetz bei Paulus*. Ein Beitrag zum Werden der paulinischen Theologie (FRLANT 119) (Göttingen, Vandenhoeck & Ruprecht, 1978), 195 pp.

1445   HUGHES, G., *Hebrews and Hermeneutics*. The Epistle to the Hebrews as a New Testament example of biblical interpretation (SNTS Monograph Series, 36) (Cambridge, Cambridge University Press, 1979), xii-218 pp.

1446   HULTGÅRD, A., *L'eschatologie des Testaments des Douze Patriarches*. I. Interprétation des textes (Stockholm, Almqvist & Wiksell International, 1977), 396 pp.

1447   JACOBSEN, T., *Toward the Image of Tammuz and Other Essays on Mesopotamian History and Culture* (Ed. W.L. MORAN) (Harvard Semitic Series, 21) (Cambridge, MA, Harvard University Press, 1970), xii-507 pp.

1448   JENSEN, J., *The Use of tôrâ by Isaiah*. His Debate with the Wisdom Tradition (CBQ Monograph Series, 3) (Washington, The Catholic Biblical Association of America, 1973), ix-156 pp.

1449   JOBLING, D., *The Sense of Biblical Narrative*. Three Structural Analyses in the Old Testament (1 Samuel 13-31, Numbers 11-12; 1 Kings 17-18) (JSOT Supplement Series, 7) (Sheffield, The University of Sheffield, 1978), 102 pp.

1450   KAUFMANN, Y., *History of the Religion of Israel*. Volume IV: From the Babylonian Captivity to the End of Prophecy (New York, Ktav; Jerusalem, Hebrew University; Dallas, Institute for Jewish Studies, 1977), 726 pp. (Translation from Hebrew).

1451   KEEL, O., *Jahwe-Visionen und Siegelkunst*. Eine neue Deutung der Majestätsschilderungen in Jes 6, Ez 1 und 10 und Sach 4. Mit einem Beitrag von A. GUTBUB über die vier Winde in Ägypten (SBS 84-85) (Stuttgart, Katholisches Bibelwerk, 1977), 410 pp.

1452   KELLERMANN, U., *Nehemia*. Quellen, Überlieferung und Geschichte (BZAW 102) (Berlin, Töpelmann, 1967), xii-227 pp.

1453   KÜMMEL, W.G., *Römer 7 und das Bild des Menschen im Neuen Testament*. Zwei Studien (Theologische Bücherei, 53) (München, Kaiser, 1974), 234 pp.

1454   LACK, R., *Lettura strutturaliste dell'antico testamento* (Roma, Borla, 1978), 163 pp.

1455   LANG, B., *Kein Aufstand in Jerusalem*. Die Politik des Propheten Ezechiel (Stuttgarter Biblische Beiträge) (Stuttgart, Katholisches Bibelwerk, 1978), 207 pp.

1456   LATTKE, M., *Einheit im Wort*. Die Spezifische Bedeutung von 'agape', 'agapan' und 'filein' im Johannes-Evangelium (StANT 41) (München, Kösel, 1975), 279 pp.

1457   LEENHARDT, F.-J., *L'Église*. Questions aux protestants et aux catholiques (Lieux théologiques, 1) (Genève, Labor et Fides, 1978), 240 pp.

1458   LÉON-DUFOUR, X., *Face à la mort, Jésus et Paul* (Coll. 'Parole de Dieu') (Paris, Seuil, 1979), 320 pp.

1459   LÉVINAS, E., *L'au-delà du verset*. Lectures et discours talmudiques (Coll. 'Critique') (Paris, Les Éditions de Minuit, 1982), 237 pp.

1460   LICHTENBERGER, H., *Studien zum Menschenbild in Texten der Qumrangemeinde* (Studien zur Umwelt des Neuen Testaments, 15) (Göttingen, Vandenhoeck & Ruprecht, 1980), 282 pp.

1461   LONGSTAFF, T.R.W., *Evidence of Conflation in Mark?* A Study in the Synoptic Problem (Dissertation Series, 28) (Missoula, Scholars Press, 1977), 245 pp.

1462   MADDOX, R., *The Purpose of Luke-Acts* (FRLANT 126) (Göttingen, Vandenhoeck & Ruprecht, 1982), 218 pp.

1463   MARCHADOUR, A., *Un évangile à découvrir*. La lecture de la Bible hier et aujourd'hui (Coll. 'Croire et comprendre') (Paris, Le Centurion, 1978), 180 pp.

1464   MARTIN, R.P., *Worship in the Early Church* (Grand Rapids, Eerdmans, 1964), 144 pp.

1465   MARTIN, R.P., *New Testament Foundations*. A Guide for Christian Students, Vol. I, *The Four Gospels* (Grand Rapids, Eerdmans, 1975), 325 pp.

1466   MARTINI, C.M., *La parola di Dio alle origini della Chiesa* (Analecta Biblica, 93) (Rome, Biblical Institute Press, 1980), x-352 pp.

1467   McCARTHY, D.J., *Treaty and Covenant*. A Study in Form in the Ancient Oriental Documents and in the Old Testament. New edition completely rewritten (Analecta Biblica, 21A) (Rome, Biblical Institute Press, 1978), 368 pp.

1468   McL. WILSON, R., *Studies in the Gospel of Thomas* (London, Mowbray, 1960), vii-160 pp.

1469   McL. WILSON, R., *Gnosis and the New Testament* (Oxford, Blackwell, 1968), 149 pp.

1470   MEIER, J.P., *The Vision of Matthew*. Christ, Church and Morality in the First Gospel (Theological Inquiries) (New York, Paulist Press, 1979), viii-270 pp.

1471   METTINGER, T.N.D., *King and Messiah*. The Civil and Sacral Legitimation of the Israelite Kings (Conjectanea Biblica - Old Testament Series, 8) (Lund, CWK Gleerup, 1976), 342 pp.

1472   METZGER, B.M., *New Testament Studies*. Philological, Versional, and Patristic (New Testament Tools and Studies, 10) (Leiden, Brill, 1980), x-234 pp.

1473   MEYER, I., *Jeremia und die falschen Propheten* (Orbis Biblicus et Orientalis, 13) (Freiburg, Schweiz, Universitätsverlag; Göttingen, Vandenhoeck & Ruprecht, 1977), 155 pp.

1474   MILGROM, J., *Studies in Cultic Theology and Terminology* (Studies in Judaism in Late Antiquity, 36) (Leiden, Brill, 1983), xiii-172 pp.

1475   MILLER, P.D., Jr., *Genesis 1-11*. Studies in Structure & Theme (JSOT Supplement Series, 8) (Sheffield, The University of Sheffield, 1978), 50 pp.

1476   MINEAR, P.S., *To Heal and to Reveal*. The Prophetic Vocation According to Luke (New York, The Seabury Press, 1976), 179 pp.

1477   MINEAR, P.S., *To Die and to Live*. Christ's Resurrection and Christian Vocation (New York, The Seabury Press, 1977), 162 pp.

1478   MOLLAT, D., *Études johanniques* (Coll. 'Parole de Dieu') (Paris, Seuil, 1979), 188 pp.

1479   MOLLAT, D., *La Parole et l'Esprit*. Exégèse spirituelle, tome I (Coll. 'Épiphanie') (Paris, Cerf, 1980), 219 pp.

1480   MOLLAT, D., *La vie et la gloire*. Exégèse spirituelle, tome II (Coll. 'Épiphanie') (Paris, Cerf, 1980), 184 pp.

1481   MOLLAT, D., *Une lecture pour aujourd'hui: l'Apocalypse*. Textes rassemblés et présentés par B. MOLLAT (Lire la Bible, 58) (Paris, Cerf, 1982), 224 pp.

1482   MOXNES, H., *Theology in Conflict*. Studies in Paul's Understanding of God in Romans (SuppNT 53) (Leiden, Brill, 1980), 319 pp.

1483   MURPHY, R.E., *Wisdom Literature*. Job, Proverbs, Ruth, Canticles, Ecclesiastes, and Esther (The Forms of the Old Testament Literature, 13) (Grand Rapids, Eerdmans, 1981), xiii-185 pp.

1484   MUSSNER, F., *Petrus und Paulus - Pole der Einheit*. Eine Hilfe für die Kirchen (Quaestiones Disputatae, 76) (Freiburg, Herder, 1976), 143 pp.

1485   NEIRYNCK, F., avec la collaboration de J. DELOBEL, T. SNOY, G. VAN BELLE,
        F. VAN SEGBROECK, *Jean et les synoptiques* (BETL 49) (Leuven, University Press,
        1979), ix-427 pp.

1486   NEIRYNCK, F., *Evangelica*. Gospel Studies - Études d'Évangiles. Collected Essays (Ed.
        F. VAN SEGBROECK) (BETL 60) (Leuven, Peeters, University Press, 1982),
        xix-1036 pp.

1487   NELLESSEN, E., *Zeugnis für Jesus und das Wort*. Exegetische Untersuchungen zum
        lukanischen Zeugnisbegriff (BBB 43) (Köln, Peter Hanstein, 1976), 321 pp.

1488   PATTE, D., *Early Jewish Hermeneutic in Palestine* (SBL Dissertation Series, 22)
        (Missoula, Montana, Society of Biblical Literature and Scholars Press, 1975), xiii-344 pp.

1489   PEARSON, B.A., *The Pneumatikos-psychikos Terminology in 1 Corinthians*. A Study in
        the Theology of the Corinthian Opponents of Paul and Its Relation to Gnosticism (SBL
        Dissertation Series, 12) (Missoula, Montana, Scholars Press, 1973), 147 pp.

1490   PENNA, R., *Lo Spirito di Cristo*. Cristologia e pneumatologia secondo un'originale
        formulazione paolina (Supplementi alla Rivista Biblica, 7) (Brescia, Paideia, 1976),
        359 pp.

1491   PERDUE, L.G., *Wisdom and Cult*. A Critical Analysis of the Views of Cult in the
        Wisdom Literatures of Israel and the Ancient Near East (SBL Dissertation Series, 30)
        (Missoula, Scholars Press, 1977), 390 pp.

1492   PERRIN, N., *The Resurrection According to Matthew, Mark, and Luke* (Philadelphia,
        Fortress Press, 1977), 85 pp.

1493   PERROT, C., *Jésus et l'histoire* (Coll. 'Jésus et Jésus-Christ') (Paris, Desclée, 1979),
        336 pp.

1494   PESCH, R., KRATZ, R., *So liest man synoptisch*. Anleitung und Kommentar zum
        Studium der synoptischen Evangelien (Frankfurt a. M., J. Knecht, 1975ff). Fasz. I
        (1975), 96 pp. Fasz. II, *Wundergeschichten*, Teil I: *Exorzismen - Heilungen -
        Totenerweckungen* (1976), 101 pp. Fasz. III, *Wundergeschichten*, Teil II:
        Rettungswunder - Geschenkwunder - Normenwunder - Fernheilungen (1976), 99 pp.
        Fasz. IV, *Gleichnisse und Bildreden*, Teil I: Aus der dreifachen Überlieferung (1978),
        98 pp. Fasz. V, *Gleichnisse und Bildreden*, Teil II: Aus der zweifachen Überlieferung,
        77 pp. Fasz. VI, *Passionsgeschichte*, Teil I (1979), 112 pp. Fasz. VII. *Passionsgeschichte*,
        Teil II (1980), 174 pp.

1495   PIPER, J., '*Love your enemies*'. Jesus' love command in the synoptic gospels and in the
        early Christian paraenesis. A History of the tradition and interpretation of its uses (SNTS
        Monograph Series, 38) (Cambridge, Cambridge University Prss, 1979), xiv-273 pp.

1496   PRZYBYLSKI, B., *Righteousness in Matthew and his world of thought* (SNTS
        Monograph Series, 41) (Cambridge, Cambridge University Press, 1980), xiii-184 pp.

1497   ROCHAIS, G., *Les récits de résurrection des morts dans le Nouveau Testament* (SNTS
        Monograph Series, 40) (Cambridge, London, New York, Cambridge University Press,
        1981), xv-252 pp.

1498   RUCKSTUHL, E., PFAMMATTER, J., *Die Auferstehung Jesu Christi*.
        Heilsgeschichtliche Tatsache und Brennpunkt des Glaubens (Luzern, München, Rex-
        Verlag, 1968), 205 pp.

1499   RUSSELL, D.S., *Between the Testaments* (Philadelphia, Fortress Press, 1960), 176 pp.

1500   SANDERS, E.P., *Paul and Palestinian Judaism*. A Comparison of Patterns of Religion
        (Philadelphia, Fortress Press, 1977), 627 pp.

1501   SANDMEL, S., *Judaism and Christian Beginnings* (New York, Oxford University Press,
        1978), xvii-510 pp.

1502   SCHADE, H.-H., *Apokalyptische Christologie bei Paulus*. Studien zum Zusammenhang von Christologie und Eschatologie in den Paulusbriefen (Göttinger Theologische Arbeiten, 18) (Göttingen, Vandenhoeck & Ruprecht, 1981), 337 pp.

1503   SCHELKLE, K.H., *Der Geist und die Braut*. Frauen in der Bibel (Düsseldorf, Patmos, 1977), 176 pp.

1504   SCHILLEBEECKX, E., *God among us*. The Gospel Proclaimed (London, SCM Press, 1983), xi-258 pp.

1505   SCHLIER, H., *Grundzüge einer paulinischen Theologie* (Freiburg i. B., Herder, 1978), 223 pp.

1506   SCHLIER, H., *Der Geist und die Kirche*. Exegetische Aufsätze und Vorträge (Hrsg. V. KUBINA, K. LEHMANN) (Freiburg, Herder, 1980), x-310 pp.

1507   SCHLINK, E., *Ökumenische Dogmatik*. Grundzüge (Göttingen, Vandenhoeck & Ruprecht, 1983), xxi-828 pp.

1508   SCHMITHALS, W., *Die theologische Anthropologie des Paulus* (Kohlhammer Taschenbücher, 1021) Auslegung von Röm 7,17-8,39 (Stuttgart, Kohlhammer, 1980), 204 pp.

1509   SCHRAGE, W., *Ethik des Neuen Testaments* (Grundrisse zum Neuen Testament, 4) (Göttingen, Vandenhoeck & Ruprecht, 1982), 340 pp.

1510   SCHULZ, S., *Die Stunde der Botschaft*. Einführung in die Theologie der vier Evangelisten (Hamburg, Furche-Verlag, 1967), 392 pp.

1511   SCHWEIZER, E., *Heiliger Geist* (Bibliothek Themen der Theologie, Ergänzungsband) (Stuttgart, Berlin, Kreuz Verlag, 1978), 186 pp.

1512   SEGALLA, G., *Volontà di Dio e dell'uomo in Giovanni (Vangelo e Lettere)* (Associazione biblica italiana. Supplementi alla Rivista Biblica, 6) (Brescia, Paideia, 1974), 369 pp.

1513   SEGOVIA, F.F., *Love Relationships in the Johannine Tradition. Agape/Agapan* in I John and the Fourth Gospel (SBL Dissertation Series, 58) (Missoula, Montana, Scholars Press, 1982), xiii-319 pp.

1514   SHEPPARD, G.T., *Wisdom as a Hermeneutical Construct*. A Study in the Sapientializing of the Old Testament (BZAW 151) (Berlin, De Gruyter, 1980), xi-178 pp.

1515   SIMON, M., *Le Christianisme antique et son contexte religieux*. Scripta varia (Wissenschaftliche Untersuchungen zum Neuen Testament, 23) (Tübingen, Mohr, 1981), 2 vol., xx-852 pp.

1516   SOGGIN, J.A., *Old Testament and Oriental Studies* (Biblica et Orientalia, 29) (Rome, Biblical Institute Press, 1975), 256 pp.

1517   SPICQ, C., *Agapè dans le Nouveau Testament*. Analyse des textes (Études bibliques) (Paris, Gabalda, 1958-1959), 3 vol., 334-409-368 pp.

1518   SPICQ, C., *L'amour de Dieu révélé aux hommes dans les écrits de saint Jean* (Paris, Éditions du Feu Nouveau, 1978), 213 pp.

1519   STANDAERT, B.H.M.G.M., *L'évangile selon Marc*. Composition et genre littéraire (Brugge, Zevenkerken, 1978), 679 pp.

1520   STANLEY, D.M., *Jesus in Gethsemane* (New York, Ramsey, Paulist Press, 1980), 282 pp.

1521   STENDAHL, K., *Paul Among Jews and Gentiles and Other Essays* (Philadelphia, Fortress Press, 1976), 133 pp.

1522   STUHLMACHER, P., *Schriftauslegung auf dem Wege zur biblischen Theologie* (Göttingen, Vandenhoeck & Ruprecht, 1975), 187 pp.

1523   TANNEHILL, R.C., *The Sword of His Mouth* (Philadelphia, Missoula, MO, Fortress Press, 1975), 224 pp.

1524   TESTA BAPPENHEIM, L., LAMPUGNANI, F., *Bibbia e antropologia*.
        Supplementum I° di *Bibbia e Oriente* (Brescia, Bornato in Franciacorta, Bibbia e Oriente,
        1976), 383 pp.

1525   TOSATO, A., *Il Matrimonio nel Giudaismo Antico e nel Nuovo Testamento*. Appunti per
        una storia della concezione del matrimonio (Roma, Città Nuova Editrice, 1976), 118 pp.

1526   TRITES, A.A., *The New Testament Concept of Witness* (SNTS Monograph Series, 31)
        (Cambridge, Cambridge University Press, 1977), 294 pp.

1527   VAN DER MINDE, H.-J., *Schrift und Tradition bei Paulus*. Ihre Bedeutung und
        Funktion im Römerbrief (Paderborner Theologische Studien, 3) (München, Paderborn,
        Wien, F. Schöningh, 1976), 221 pp.

1528   VAN SETERS, J., *In Search of History*. Historiography in the Ancient World and the
        Origins of Biblical History (New Haven, London, Yale University Press, 1983),
        xiii-399 pp.

1529   VAN UNNIK, W.C., *Sparsa Collecta*. The collected Essays of W.C. Van Unnik. Part
        One: Evangelia, Paulina, Acta (SuppNT 29); Part Two: I Peter. Canon. Corpus
        Hellenisticum. Generalia (SuppNT 30) (Leiden, Brill, 1973, 1980), 409 pp.; viii-332 pp.

1530   VANHOYE, A., *Prêtres anciens, prêtre nouveau selon le Nouveau Testament* (Coll.
        'Parole de Dieu') (Paris, Seuil, 1980), 373 pp.

1531   VELLANICKAL, M., *The Divine Sonship of Christians in the Johannine Writings*
        (Analecta Biblica, 72) (Rome, Biblical Institute Press, 1977), xl-400 pp.

1532   VERMES, G., *The Dead Sea Scrolls*. Qumran in Perspective (London, Collins, 1977),
        238 pp.

1533   VOGT, E., *Untersuchungen zum Buch Ezechiel* (Analecta Biblica, 95) (Rome, Biblical
        Institute Press, 1981), x-180 pp.

1534   VON ALLMEN, D., *La famille de Dieu*. La symbolique familiale dans le paulinisme
        (Orbis Biblicus et Orientalis, 41) (Fribourg, Suisse, Éditions Universitaires; Göttingen,
        Vandenhoeck & Ruprecht, 1981), lxvii-330 pp.

1535   VON ALLMEN, J.-J., *Pastorale du baptême* (Cahiers oecuméniques, 12) (Fribourg,
        Suisse, Éditions Universitaires; Paris, Cerf, 1978), 197 pp.

1536   VON RAD, G., *Gottes Wirken in Israel*. Vorträge zum Alten Testament (Hrsg. Odil
        Hannes STECK) (Neukirchen-Vluyn, Neukirchener Verlag, 1974), 323 pp.

1537   WEDER, H., *Die Gle;chnisse Jesu als Metaphern*. Traditions- und
        redaktionsgeschichtliche Analysen und Interpretationen. Zweite, durchgesehene Auflage
        (FRLANT 120) (Göttingen, Vandenhoeck & Ruprecht, 1980), 312 pp.

1538   WEIMAR, P., *Untersuchungen zur Redaktionsgeschichte des Pentateuchs* (BZAW 146)
        (Berlin, New York, De Gruyter, 1977), 183 pp.

1539   WESTERMANN, C., *Die Verheissungen an die Väter*. Studien zur Vätergeschichte
        (FRLANT 116) (Göttingen, Vandenhoeck & Ruprecht, 1976), 171 pp.

1540   WESTERMANN, C., *Theologie des Alten Testaments in Grundzügen* (Grundrisse zum
        Alten Testament. ATD Ergänzungsreihe, 6) (Göttingen, Vandenhoeck & Ruprecht,
        1978), 222 pp.

1541   WHITE, R.E.O., *Biblical Ethics* (The Changing Continuity of Christian Ethics, 1)
        (Exeter, Paternoster Press, 1979), 256 pp.

1542   WILDBERGER, H., *Jahwe und sein Volk*. Gesammelte Aufsätze zum Alten Testament.
        Zu seinem 70. Geburtstag am 2. Januar 1980 (Hrsg. H.H. SCHMID, O.H. STECK)
        (Theologische Bücherei, Altes Testament, 66) (München, Kaiser, 1979), 307 pp.

1543   WILLIAMS, S.K., *Jesus' Death as Saving Event*. The Background and Origin of
        a Concept (Harvard Theological Review. Harvard Dissertations in Religion, 2)
        (Missoula, Scholars Press, 1975), 270 pp.

1544   ZEDDA, S., *L'escatologia biblica*. Vol. II: Nuovo Testamento (eccetto i Sinottici)
        (Esegesi biblica, 7) (Brescia, Paideia, 1975), 573 pp.

ABRÉVIATIONS UTILISÉES — LIST OF ABBREVIATIONS
ABKÜRZUNGSVERZEICHNIS
ELENCO DELLE SIGLE UTILIZZATE
LISTA DE LOS SIGLOS UTILIZADOS

I. Livres bibliques. Books of the Bible. Biblische Bücher. Libri biblici. Libros bíblicos.

Ab	Abdias. Obadiah. Abdias. Abdia. Abdias.
Ac	Actes des Apôtres. Acts of the Apostles. Apostelgeschichte. Atti degli Apostoli. Hechos de los Apóstoles.
Ag	Aggée. Haggai. Aggäus. Aggeo. Ageo.
Am	Amos.
Ap	Apocalypse. Johannis Offenbarung. Apocalisse. Apocalipsis.
Ba	Baruch. Baruc.
1 Ch	1er livre des Chroniques. 1 Chronicles. 1 Chronik. 1 Cronache. 1 Crónicas.
2 Ch	2e livre des Chroniques. 2 Chronicles. 2 Chronik. 2 Chronik. 2 Cronache. 2 Crónicas.
1 Co	1re épître aux Corinthiens. 1 Corinthians. 1 Korintherbrief. 1 Corinti. 1 Corintios.
2 Co	2e épître aux Corinthiens. 2 Corinthians. 2 Korintherbrief. 2 Corinti. 2 Corinthios.
Col	Épître aux Colossiens. Colossians. Kolosserbrief. Colossesi. Colosenses.
Ct	Cantique des Cantiques. Cantical of Canticals. Hoheslied. Cantico dei Cantici. Cantar de los Cantares.
Dn	Daniel. Daniele. Daniel.
Dt	Deutéronome. Deuteronomy. Deuteronomium. Deuteronomio.
Ep	Épître aux Éphésiens. Ephesians. Epheserbrief. Efesini. Efesios.
Esd	Esdras. Ezra. Esdras. Esdra. Esdras.
Est	Esther. Ester.
Ex	Exode. Exodus. Esodo. Éxodo.
Ga	Épître aux Galates. Galatians. Galaterbrief. Galati. Gálatas.
Gn	Genèse. Genesis. Genesi. Génesis.
Ha	Habaquq. Habakkuk. Habakuk. Habaquq. Habacuc.
He	Épître aux Hébreux. Hebrews. Hebräerbrief. Ebrei. Hebreos.
Is	Isaïe. Isaiah. Isaias. Isaia. Isaías.
Jb	Job. Giobbe. Job.
Jc	Épître de Jacques. James. Jakobusbrief. Giacomo. Santiago.
Jdt	Judith. Giuditta. Judit.
Jg	Livre des Juges. Judges. Richter. Giudici. Jueces.
Jl	Joël. Joel. Gioele. Joel.
Jn	Évangile selon saint Jean. John. Johannes. Giovanni. Juan.
1 Jn	1re épître de saint Jean. 1 John. 1 Johannesbrief. 1 Giovanni. 1 Juan.
2 Jn	2e épître de saint Jean. 2 John. 2 Johannesbrief. 2 Giovanni. 2 Juan.
3 Jn	3e épître de saint Jean. 3 John. 3 Johannesbrief. 3 Giovanni. 3 Juan.
Jon	Jonas. Jonah. Jonas. Giona. Jonás.
Jos	Livre de Josué. Joshua. Josue. Giosue. Josué.

Jr	Jérémie. Jeremiah. Jeremias. Geremia. Jeremías.
Jude	Épître de Jude. Jude. Judasbrief. Giuda. Judas.
Lc	Évangile selon saint Luc. Luke. Lukas. Luca. Lucas.
Lm	Lamentations. Klagelieder. Lamentazioni. Lamentaciones.
Lv	Lévitique. Leviticus. Levitikus. Levitico. Levítico.
1 M	1er livre des Maccabées. 1 Maccabees. 1 Makkabäer. 1 Maccabei. 1 Macabeos.
2 M	2e livre des Maccabées. 2 Maccabees. 2 Makkabäer. 2 Maccabei. 2 Macabeos.
Mc	Évangile selon saint Marc. Mark. Markus. Marco. Marcos.
Mi	Michée. Micah. Michäas. Michea. Miqueas.
Ml	Malachie. Malachi. Malachias. Malachia. Malaquías.
Mt	Évangile selon saint Matthieu. Matthew. Matthäus. Matteo. Mateo.
Nh	Nahum.
Nb	Nombres. Numbers. Numeri. Números.
Ne	Néhémie. Nehemiah. Nahemias. Neemia. Nehemías.
Os	Osée. Hosea. Osee. Osea. Oseas.
1 P	1re épître de saint Pierre. 1 Peter. 1 Petrusbrief. 1 Pietro. 1 Pedro.
2 P	2e épître de saint Pierre. 2 Peter. 2 Petrusbrief. 2 Pietro. 2 Pedro.
Ph	Épître aux Philippiens. Philippians. Philipperbrief. Filippesi. Filipenses.
Phm	Épître à Philémon. Philemon. Philemonbrief. Filemone. Filemón.
Pr	Proverbes. Proverbs. Sprüche. Proverbi. Proverbios.
Ps	Psaumes. Psalms. Psalmen. Salmi. Salmos.
Qo	Ecclésiaste (Qohélet). Ecclesiastes (Qohelet).
1 R	1er livre des Rois. 1 Kings. 1 Könige. 1 Re. 1 Reyes.
2 R	2e livre des Rois. 2 Kings. 2 Könige. 2 Re. 2 Reyes.
Rm	Épître aux Romains. Romans. Römerbrief. Romani. Romanos.
Rt	Ruth. Rut.
1 S	1er livre de Samuel. 1 Samuel.
2 S	2e livre de Samuel. 2 Samuel.
Sg	Sagesse. Book of Wisdom. Weisheit. Sapienza. Sabiduría.
Si	Ecclésiastique (Siracide). Ecclesiasticus. Sirach. Siracide. Ben Sira.
So	Sophonie. Zephaniah. Sophonias. Sofonia. Sofonías.
Tb	Tobie. Tobit. Tobias. Tobia. Tobit.
1 Th	1re épître aux Thessaloniciens. 1 Thessalonians. 1 Thessalonicherbrief. 1 Tessalonicesi. 1 Tesalonicenses.
2 Th	2e épître aux Thessaloniciens. 2 Thessalonians. 2 Thessalonicherbrief. 2 Tessalonicesi. 2 Tesalonicenses.
1 Tm	1re épître à Timothée. 1 Timothy. 1 Timotheusbrief. 1 Timoteo.
2 Tm	2e épître à Timothée. 2 Timothy. 2 Timotheusbrief. 2 Timoteo.
Tt	Épître à Tite. Titus. Titusbrief. Tito.
Za	Zacharie. Zechariah. Zacharias. Zaccaria. Zacarías.

II. Revues et ouvrages. Journals and Books. Zeitschriften und Werke. Riviste e opere. Reviste y obras.

AB	*The Anchor Bible* (Garden City, NY)
AJBI	*Annual of the Japanese Biblical Institute* (Tokyo)

AmER	*American Ecclesiastical Review* (Washington, DC)
AmiCl	*L'Ami du Clergé* (Langres)
Ang	*Angelicum* (Roma)
AnLeeds	*Annual of Leeds University Oriental Society* (Leiden)
Ant	*Antonianum* (Roma)
AOAT	*Alter Orient und Altes Testament* (Neukirchen-Vluyn)
AS	*Assemblées du Seigneur* (Bruges)
ASOR	*American Schools of Oriental Research* (Cambridge, MA)
ASTI	*Annual of the Swedish Theological Institute in Jerusalem* (Leiden)
AT	*L'Année Théologique* (Paris)
ATANT	*Abhandlungen zur Theologie des Alten und Neuen Testaments* (Zürich)
ATD	*Das Alte Testament Deutsch* (Göttingen)
AThR	*Anglican Theological Review* (Evanston, IL)
BA	*The Biblical Archaeologist* (Denville, NJ)
BASOR	*Bulletin of the American Schools of Oriental Research* (Denville, NJ)
BBB	*Bonner Biblische Beiträge* (Bonn)
BETL	*Bibliotheca Ephemeridum Theologicarum Lovaniensium* (Leuven/Louvain)
BEvT	*Beiträge zur evangelischen Theologie* (München)
BibFe	*Biblia y Fe* (Madrid)
Bibl	*Biblica* (Roma)
BibOr	*Bibbia e Oriente* (Genova)
Bijdr.	*Bijdragen* (Nijmegen)
BiKi	*Bibel und Kirche* (Stuttgart)
BiLeb	*Bibel und Leben* (Düsseldorf)
BiLit	*Bibel und Liturgie* (Klosterneuburg bei Wien)
BiRes	*Biblical Research* (Chicago, IL)
BiUnt	*Biblische Untersuchungen* (Regensburg)
BJ	*La Sainte Bible*, traduite en français sous la direction de l'École Biblique de Jérusalem (Paris)
BJRL	*Bulletin of the John Rylands Library* (Manchester, England)
BK.AT	*Biblischer Kommentar. Altes Testament* (Neukirchen-Vluyn)
BLE	*Bulletin de Littérature Ecclésiastique* (Toulouse)
BTB	*Biblical Theology Bulletin* (Roma)
BTBib	*Bulletin de Théologie Biblique* (Roma)
BVC	*Bible et Vie Chrétienne* (Paris)
BZ	*Biblische Zeitschrift* (Paderborn)
CanJT	*Canadian Journal of Theology* (Toronto)
Catho	*Catholica* (Münster i. W.)
CBQ	*Catholic Biblical Quarterly* (Washington, DC)
CC	*Civiltà Cattolica* (Roma)
CE	*Cahiers Évangiles* (Paris)
CHR	*Christus* (Paris)
Communion	*Communion* (Neuchâtel, Paris)
Conci	*Concilium* (Tours, Paris, Roma)
CuBi	*Cultura Bíblica* (Madrid)
Div	*Divinitas* (Roma)
DS	*Dictionnaire de Spiritualité* (Paris)
(EB)	Coll. *Études Bibliques* (Paris)

EKK	*Evangelish-Katholischer Kommentar zum Neuen Testament* (Neukirchen-Vluyn, Zürich)
ErIs	*Eretz-Israel* (Jerusalem)
ErJb	*Eranos Yearbook - Jahrbuch - Annales* (Zürich, Leiden)
EstB	*Estudios Bíblicos* (Madrid)
EstE	*Estudios Eclesiásticos* (Madrid)
EstF	*Estudios Franciscanos* (Barcelona)
Et	*Études* (Paris)
ET	*Église et Théologie* (Ottawa)
ETL	*Ephemerides Theologicae Lovanienses* (Louvain/Leuven)
ETR	*Études Théologiques et Religieuses* (Montpellier)
EV	*Esprit et Vie* (Langres)
EvT	*Evangelische Theologie* (München)
EXav	*Eclesiástica Xaveriana* (Bogota)
ExpTim	*Expository Times* (Edinburgh)
FreibZ	*Freiburger Zeitschrift für Philosophie und Theologie* (Fribourg, Schweiz)
FRLANT	*Forschungen zur Religion und Literatur des Alten und Neuen Testaments* (Göttingen)
GeistL	*Geist und Leben* (Würzburg)
Greg	*Gregorianum* (Roma)
HarvTR	*Harvard Theological Review* (Cambridge, MA)
HbAT	*Handbuch zum Alten Testament* (Tübingen)
HbNT	*Handbuch zum Neuen Testament* (Tübingen)
HebAnR	*Hebrew Annual Review* (Columbus, OH)
HerNT	*Herders Theologischer Kommentar zum Neuen Testament* (Freiburg)
HeyJ	*Heythrop Journal* (Oxford, England)
Hok	*Hokma* (Lausanne)
HUCA	*Hebrew Union College Annual* (Cincinnati, OH)
IDB	*The Interpreter's Dictionary of the Bible* (New York, Nashville)
IKZCommunio	*Internationale Katholische Zeitschrift Communio* (Rodenkirchen)
Immanuel	*Immanuel* (Jerusalem)
Interpr	*Interpretation* (Richmond, VA)
Ir	*Irénikon* (Chevetogne)
IrThQ	*Irish Theological Quarterly* (Maynooth, Ireland)
IsrEJ	*Israel Exploration Journal* (Jerusalem)
JAmAcRel	*Journal of the American Academy of Religion* (Chico, CA)
JbAC	*Jahrbuch für Antike und Christentum* (Münster i. W.)
JBC	*The Jerome Biblical Commentary* (Englewood Cliffs, NJ)
JBL	*Journal of Biblical Literature* (Chico, CA)
JBR	*Journal of Bible and Religion* (Brattleboro, VT)
JNES	*Journal of Near Eastern Studies* (Chicago, IL)
JNWSemL	*Journal of Northwest Semitic Languages* (Leiden)
JQR	*Jewish Quarterly Review* (Philadelphia, PA)
JSNT	*Journal for the Study of the New Testament* (Sheffield, England)
JSOT	*Journal for the Study of the Old Testament* (Sheffield, England)
JSS	*Journal of Semitic Studies* (Manchester, England)
JStJud	*Journal for the Study of Judaism in the Persian, Hellenistic and Roman Period* (Leiden)
JTS	*Journal of Theological Studies* (Oxford, London, England)

Kairos	*Kairos* (Salzburg)
KBo	*Keilschrifttexte aus Boghazköi* (Leipzig)
KerDo	*Kerygma und Dogma* (Göttingen)
KomAT	*Kommentar zum Alten Testament* (Gütersloh)
KUB	*Keilschrifturkunden aus Boghazköi* (Berlin)
LD	*Lectio Divina* (Paris)
Levant	*Levant* (London, England)
LTP	*Laval Théologique et Philosophique* (Québec)
LV	*Lumière et Vie* (Saint-Albert-Leysse, Savoie)
LVit	*Lumen Vitae* (Bruxelles)
Maarav	*Maarav* (Santa Monica, CA)
Manr	*Manresa* (Madrid)
MD	*Maison-Dieu* (Paris)
Meyer	*Meyers kritisch-exegetischer Kommentar über das Neue Testament* (Göttingen)
MSR	*Mélanges de Science Religieuse* (Lille)
MüTZ	*Münchener Theologische Zeitschrift* (München)
NCC	*New Catholic Commentary on Holy Scripture* (London, England)
NeuA	*Neutestamentliche Abhandlungen* (Münster i. W.)
NRT	*Nouvelle Revue Théologique* (Namur, Tournai)
NT	*Novum Testamentum* (Leiden)
NTD	*Das Neue Testament Deutsch* (Göttingen)
NTS	*New Testament Studies* (Cambridge, England)
Numen	*Numen* (Leiden)
OLoP	*Orientalia Lovaniensia Periodica* (Leuven)
Or.	*Orientalia* (Roma)
OrAnt	*Oriens Antiquus* (Roma)
OTS	*Oudtestamentliche Studiën* (Leiden)
ParSpV	*Parola, Spirito e Vita* (Bologna)
PB	*Pastor Bonus* (Trier)
PEQ	*Palestine Exploration Quarterly* (London, England)
PPB	*Pas à pas avec la Bible* (Bruges)
RAM	*Revue d'Ascétique et de Mystique* (Toulouse)
RazFe	*Razón y Fe* (Madrid)
RB	*Revue Biblique* (Paris)
RBen	*Revue Bénédictine* (Maredsous)
REA	*Revue des Études Augustiniennes* (Paris)
RegensNT	*Regensburger Neues Testament* (Regensburg)
RelSt	*Religious Studies* (Cambridge, England)
RelStB	*Religious Studies Bulletin* (Calgary, Canada)
RET	*Revista Española de Teología* (Madrid)
RevSR	*Revue des Sciences Religieuses* (Strasbourg)
RHE	*Revue d'Histoire Ecclésiastique de Louvain* (Louvain/Leuven)
RHPR	*Revue d'Histoire et de Philosophie Religieuses* (Strasbourg)
RHR	*Revue de l'Histoire des Religions* (Paris)
RivB	*Rivista Biblica Italiana* (Brescia)
RQum	*Revue de Qumrân* (Paris)
RSPT	*Revue des Sciences Philosophiques et Théologiques* (Paris)
RSR	*Recherches de Science Religieuse* (Paris)

RT	*Revue Thomiste* (Paris)
RTL	*Revue Théologique de Louvain* (Louvain-la-Neuve)
RTP	*Revue de Théologie et de Philosophie* (3ème série) (Lausanne)
RUO	*Revue de l'Université d'Ottawa* (Ottawa)
Sal	*Salesianum* (Roma)
Salm	*Salmanticensis* (Salamanca)
SB	*Scripture Bulletin* (London, England)
SBL	*Society of Bible Literature*
SBM	*Stuttgarter Biblische Monographien* (Stuttgart)
SBS	*Stuttgarter Bibelstudien* (Stuttgart)
SBT	*Studia Biblica et Theologica* (Pasadena, CA)
Schol	*Scholastik* (Freiburg i. B., Basel, Wien)
SCR	*Scripture* (Edinburg)
ScuolC	*La Scuola Cattolica* (Milano)
SDB	*Supplément au Dictionnaire de la Bible* (Paris)
SE	*Sciences Ecclésiastiques,* devenu en 1968 *Science et Esprit* (Montréal)
SeC	*Second Century (The)* (Abilene, TX)
Sem	*Semitica* (Paris)
SemBib	*Sémiotique et Bible* (Lyon)
Semeia	*Semeia* (Chico, CA)
SJTh	*Scottisch Journal of Theology* (Edinburgh)
SMR	*Studia Montis Regii* (Montréal)
SNTS	*Society for New Testament Studies,* Monograph Series (Cambridge, England)
SNTS Bull.	*Bulletin of the Studiorum Novi Testamenti Societas* (Cambridge, England)
SNTU	*Studien zum Neuen Testament und seiner Umwelt* (Linz, Austria)
SR	*Studies in Religion/Sciences Religieuses* (Toronto)
ST	*Studia Theologica* (Lund, Aarhus)
StANT	*Studien zum Alten und Neuen Testament* (München)
StBiFranc	*Studii Biblici Franciscani Liber Annuus* (Jerusalem)
StBT	*Studies in Biblical Theology* (London, England)
StiZ	*Stimmen der Zeit* (Freiburg i. B.)
StMor	*Studia Moralia* (Roma)
Supp	*Supplément (Le)* (Paris)
SuppNT	*Supplements to Novum Testamentum* (Leiden)
SuppVT	*Supplements to Vetus Testamentum* (Leiden)
Syr.	*Syria* (Paris, Beyrouth)
TDig	*Theology Digest* (St. Louis, MO)
Tel Aviv	*Tel Aviv* (Tel Aviv)
Textus	*Textus* (Jerusalem)
TGl	*Theologie und Glaube* (Paderborn)
ThB	*Theologische Bücherei* (München)
TLZ	*Theologische Literaturzeitung* (Leipzig, Berlin)
ThHkNT	*Theologischer Handkommentar zum Neuen Testament* (Berlin)
ThPh	*Theologie und Philosophie* (Freiburg i. B., Basel, Wien)
TQ	*Theologische Quartalschrift* (Tübingen, Stuttgart)
TR	*Theologische Revue* (Münster)
TrierTZ	*Trierer Theologische Zeitschrift* (Trier)
TRu	*Theologische Rundschau* (Tübingen)

TS	*Theological Studies* (Washington, DC)
TU	*Texte und Untersuchungen zur Geschichte der altchristlichen Literatur* (Leipzig, Berlin)
TWNT	*Theologisches Wörterbuch zum Neuen Testament* (Stuttgart)
TXav	*Theologica Xaveriana* (Bogota)
TZ	*Theologische Zeitschrift* (Basel)
UF	*Ugarit-Forschungen* (Kevelaer, Neukirchen-Vluyn)
VC	*Verbum Caro* (Neuchâtel)
VD	*Verbum Domini* (Roma)
VF	*Verkündigung und Forschung* (München)
VI	*La Vie Intellectuelle* (Paris)
VS	*La Vie Spirituelle* (Paris)
(VS)	Coll. *Verbum Salutis* (Paris)
VSS	*La Vie Spirituelle. Supplément* (Paris)
VT	*Vetus Testamentum* (Leiden)
Way	*The Way* (London, England)
WMANT	*Wissenschaftliche Monographien zum Alten und Neuen Testament* (Neukirchen-Vluyn)
Wor	*Worship* (Collegeville, MN)
ZA	*Zeitschrift für Assyriologie und Vorderasiatische Archäologie* (Berlin)
ZAW	*Zeitschrift für die Alttestamentliche Wissenschaft* (Berlin)
ZDMG	*Zeitschrift der Deutschen Morgenländischen Gesellschaft* (Leipzig, Wiesbaden)
ZDPV	*Zeitschrift des Deutschen Palästina-Vereins* (Wiesbaden)
ZKT	*Zeitschrift für Katholische Theologie* (Innsbruck)
ZNW	*Zeitschrift für die Neutestamentliche Wissenschaft und die Kunde der Älteren Kirche* (Berlin)
ZTK	*Zeitschrift für Theologie und Kirche* (Tübingen)

TRANSCRIPTIONS
TRANSLITERATIONS
ÜBERTRAGUNGEN
TRASCRIZIONI
TRANSCRIPCIONES

I. Hébreu. Hebrew. Hebräisch. Ebraico. Hebreo.

Aleph	'	Pe	p
Beth	b	Tsade	ts, ṣ
Gimel	g	Qoph	q
Daleth	d	Reš	r
He	h	Śin	ś
Waw	w	Šin	š
Zayin	z	Taw	t, th
Ḥeth	ḥ	Qames	ā
Ṭeth	ṭ	Pathaḥ	a
Yod	y	Tsere	ê, ē
Kaph	k	Seghol	e
Lamed	l	Ḥireq	î, i
Mem	m	Hôlem	ô, ō
Nun	n	Šûreq	û
Samech	s	Qibbûts	u
Ayin	'	Šᵉwas	aeo

II. Grec. Greek. Griechisch. Greco. Griego.

Alpha	a	Ksi	ks
Bêta	b	Omicron	o
Gamma	g	Pi	p
Delta	d	Rhô	r
Epsilon	e	Sigma	s
Zêta	z	Tau	t
Êta	ê, ē	Upsilon	u
Thêta	th	Phi	ph
Iôta	i	Psi	ps
Kappa	k	Khi	kh
Lambda	l	Ômega	ō, ô
Mu	m		
Nu	n		

RÉFÉRENCES
REFERENCES
HINWEISE
RIFERIMENTI
REFERENCIAS

PREMIÈRE PARTIE. PART ONE. ERSTER TEIL. PARTE PRIMA.
PREMERA PARTE.

INTRODUCTION À LA BIBLE.
INTRODUCTION TO THE BIBLE.
EINFÜHRUNG IN DIE HEILIGE SCHRIFT.
INTRODUZIONE ALLA BIBBIA.
INTRODUCCIÓN A LA BIBLIA.

**BIBLIOGRAPHIE. BIBLIOGRAPHY. BIBLIOGRAPHIE. BIBLIOGRAFIA.
BIBLIOGRAFÍA.**

*a*1   ROUSÉE, J.M., HAZON, A. (Éd.), *Catalogue de la Bibliothèque de l'École biblique et archéologique française. Catalogue of the Library of the French Biblical & Archeological School, Jerusalem, Israel* (Boston, Mass., G.K. Hall, 1975), 13 vol., iii-691, i-729, i-692, i-886, i-771, i-856, i-904, i-802, i-809, i-733, i-766, i-920, i-717 pp.

*a*2   SHUNAMI, S., *Bibliography of Jewish Bibliographies*. Supplement to 2nd ed. (Jerusalem, 1975), xvii-464-xvi pp.

*a*3   MARROW, S.B., *Basic Tools of Biblical Exegesis. A Student's Manual* (Subsidia Biblica, 2) (Rome, Biblical Institute Press, 1976), 91 pp.

*a*4   KARAVIDOPOULOS, J., *Ellênikê Biblikê Bibliographia 1961-1975. Greek Biblical Bibliography 1961-1975* (Aristotelian University of Thessaloniki, Yearbook of the Theological School, 21; Appendix Nr 23) (Thessaloniki, Aristotelian University, 1977), 118 pp.

*a*5   SANCHEZ BOSCH, J., CRUELLS VIÑAS, A. (Ed.), *La Biblia en el libro español* (Barcelona, Instituto Nacional del Libro Español, 1977), xx-199 pp.

*a*6   En collaboration, *Religious Books and Serials in Print 1978-1979* (New York & London, R.R. Bowker Company, 1978), 1259 pp.

*a*7   CLAASSEN, W.T. (Ed.), *OT/ANE. Permucite Index*. An exhaustive interdisciplinary indexing system for Old Testament Studies, Ancient Near Eastern Studies, Vol. I, part 1, no 1-476; part 2, no 477-681; part 3, no 682-832 (Stellenbosch, Infodex, 1978, 1979, 1980), 251-187-162 pp.

*a*8   MESSNER, F., *Théologie ou religiologie*. Les revues de religion aux USA (Recherches institutionnelles, 1) (Strasbourg, Cerdic-Publications, 1978), 227 pp.

*a*9   DAN, R., *Accumulated Index of Jewish Bibliographical Periodicals* (10,000 entries, 1858-1954) (Budapest, Akadémiai Kíadó; Leiden, Brill, 1979), 276 pp.

*a*10   GOTTCENT, J.H., *The Bible as Literature. A Selective Bibliography* (Boston, Hall, 1979), xvii-170 pp.

*a*11   WESTERMANN, C., *Abriss der Bibelkunde: Altes Testament, Neues Testament. Studienausgabe* (Stuttgart, Calwer, 1979), 216 pp.

*a*12   FITZMYER, J.A., *An Introductory Bibliography for the Study of Scripture*. Revised Edition (Subsidia Biblica, 3) (Rome, Biblical Institute Press, 1981), xi-154 pp.

*a*13   TRINQUET, J., «Revues bibliques», SDB 10 (1982) col. 618-644.

INTRODUCTIONS. EINFÜHRUNGEN. INTRODUZIONI. INTRODUCCIONES.

Volumes. Books. Bücher. Volumi. Volumenes.

*a*14   HAAG, H., «Die Buchwerdung des Wortes Gottes in der Heiligen Schrift», dans *Mysterium Salutis* (en collab.) (1965), I, 289-459.

*a*15   MARTINI, C.M., PACOMIO, L. (Ed.), *I libri di Dio*. Introduzione generale alla Sacra Scrittura (Torino, Marietti, 1975), xiv-670 pp.

*a*16   BLAIR, E.P., *Abingdon Bible Handbook* (Nashville, TN, Abingdon, 1975), 511 pp.

*a*17   GONZALEZ NUÑEZ, A., *¿Qué es la Biblia?* (Madrid, Ed. Marova, 1978), 197 pp.

*a*18   HARRINGTON, W., *The New Guide to Reading and Studying the Bible* (Wilmington, DE, Michael Glazier, 1978), xx-172 pp.

*a*19   HIERS, R.H., *Reader's Guide to the Bible Including the Apocrypha* (Nashville, Abingdon, 1978), 160 pp.

*a*20   JUEL, D., *An Introduction to New Testament Literature*, with J.S. ACKERMAN and T.S. WARSHAW (Nashville, Abingdon, 1978), 368 pp.

*a*21   THOMPSON, L.L., *Introduction to Biblical Literature. A More Fantastic Country* (Englewood Cliffs, Prentice-Hall, 1978), xvi-350 pp.

*a*22   PAUL, A., *Le fait biblique* (Lectio divina, 100) (Paris, Cerf, 1979), 228 pp.

*a*23   STACEY, W.D., *Groundwork of Biblical Studies* (London, Epworth Press, 1979), 448 pp.

*a*24   ALONSO SCHÖKEL, L., MATEOS, J., *Primera lectura de la Biblia*. Selección, introducciones y comentarios, 2a ed. (Madrid, Ediciones Cristiandad, 1980), 475 pp.

*a*25   BALDERMANN, I., *Die Bibel – Buch des Lernens*. Grundzüge biblischer Didaktik (Göttingen, Vandenhoeck & Ruprecnt, 1980), 283 pp.

*a*26   LANG, B., *Ein Buch wie kein anderes*. Einführung in die kritische Lektüre der Bibel (Biblische Basis Bücher, 3) (Kevelaer, Butzon & Bercker; Stuttgart, Katholisches Bibelwerk, 1980), 242 pp.

*a*27   WOLFF, H.W., BORNKAMM, G., *Zugang zur Bibel. Eine Einführung in die Schriften des Alten und Neuen Testaments* (Themen der Theologie. Bd. 7 und 9 als Studienausgabe) (Stuttgart, Kreuz Verlag, 1980), 353 pp.

*a*28   BALCHIN, J.F., *Understanding Scripture*. What Is the Bible and How Does It Speak? (Downers Grove, IL, InterVarsity, 1981), 96 pp.

*a*29   BURNS, P., CUMMING, J. (Eds), *The Bible Now*. Essays on its Meaning and Use for Christians Today (New York, Seabury, 1981), 208 pp.

*a*30   DUKES, H.N., *The Bible: Fact, Fiction, Fantasy, Faith* (Berkeley, CA, Lancaster-Miller Publishers, 1981), 173 pp.

*a*31   FRYE, N., *The Great Code*. The Bible and Literature (Toronto, Academic Press Canada, 1981), xxiii-261 pp.

*a*32   FUJITA, N.S., *Introducing the Bible* (New York-Ramsey, NJ, Paulist, 1981), vi-213 pp.

*a*33   GRELOT, P., *La Bible: Guide de Lecture* (Paris, Desclée, 1981), 122 pp.

*a*34   JESKE, R.L., *Understanding and Teaching the Bible* (Lead Books) (Philadelphia, Fortress, 1981), 128 pp.

*a*35   MANNUCCI, V., *Bibbia come parola di Dio*. Introduzione generale alla sacra Scrittura (Strumenti, 17) (Brescia, Queriniana, 1981), 373 pp.

*a*36   PIET, J.H., *A Path Through the Bible* (Philadelphia, Westminster, 1981), 302 pp.

*a*37   SCHARBERT, J., KNOCH, O., RADL, W., «1980 erschienene Einführungen in das Alte und Neue Testament», TR 77 (1981) 177-188.

Articles. Artikel, Articoli. Artículos.

a38   HEBERT, A.G., «The Bible in the Church», SJTh 1 (1948) 225-232.

a39   CUNLIFFE-JONES, H., «Central Perspective», Interpr 6 (1952) 27-38 (The Bible speaks of God).

a40   KOHL, K., «Gedanken zur Bibel», BiKi 9 (1954) 82-88.

a41   RICHTER, F., «Wesen und Struktur der Heiligen Schrift», BiKi 11 (1956) 34-44, 71-84.

a42   GONZALO MAESO, D., «El católico de hoy ante la Biblia», CuBi 14 (1957) 374-377.

a43   SALGUERO, J., «Cómo debemos leer hoy la Biblia», CuBi 14 (1957) 353-364.

a44   SALGUERO, J., «La Biblia don de Dios», CuBi 15 (1958) 153-157.

a45   GONZALO MAESO, D., «Las ciencias del espíritu y la Sagrada Escritura», CuBi 16 (1959) 96-99.

a46   EMERY, P.-Y., «La méditation de l'Écriture», VC no 56 (1960) 339-368.

a47   STÖGER, A., «Leben aus Gottes Wort», BiKi 15 (1960) 70-75.

a48   BOURS, J., «Hinführung zur Schriftbetrachtung», BiKi 16 (1961) 17-20, 53-56.

a49   SCHÜRMANN, H., «Die Heilige Schrift im Gemeindeleben», BiLeb 3 (1962) 149-173.

a50   BLACKMAN, E.C., «Hermeneutics: The Bible as the Vehicle of God's Word Today», CanJT 11 (1965) 238-248.

a51   HAAG, H., «Das Werden der Heiligen Schrift», dans Mysterium Salutis (en collab.) (1965), I, 357-396.

a52   DE KRUIJF, T.C., «De werking van het Schriftwoord. Vragen naar aanleiding van het Pastoraal Concilie. Die Funktionalität der Bibel», Bijdr. 31 (1970) 412-425 (Deutsche Zusammenfassung).

a53   CELADA, B., «¿Qué es la Biblia? Un planteamiento más comprensivo y vivencial», CuBi 29 (1972) 67-72.

a54   VANDERMARCK, W., «Bijbelonderzoek, analogie en theologie. - Bible Study, Analogy, and Theology», Bijdr. 35 (1974) 372-392 (English summary).

a55   STRAMARE, T., «La S. Scrittura come scienza della salvezza», dans Miscellanea Lateranense (en collab.) (1975), 275-284.

a56   BARBOUR, R.S., «The Bible - Word of God?» dans Biblical Studies (W. Barclay) (en collab.) (1976), 28-42.

a57   FORD, D.W.C., «The Inexhaustible Book», ExpTim 88 (1976) 47-49.

a58   KARPP, H., «Das Aufkommen des Begriffs 'Biblizismus'», ZTK 73 (1976) 65-91.

a59   KLEIN, J.-L., «L'Esprit et l'Écriture», ETR 51 (1976) 149-163.

a60   MILAVEC, D.A., «The Bible, the Holy Spirit, and Human Powers», SJTh 29 (1976) 215-235.

a61   NETZER, K., «La lecture littéraire de la Bible», Conci no 115 (1976) 79-87.

a62   GESE, H., Zur biblischen Theologie (1977), «Das biblische Schriftverständnis», 9-30.

a63   NOHRNBERG, J., «On literature and the Bible», TDig 25 (1977) 39-44.

a64   FORREST, R.G., «Is the Bible the Word of God?» ExpTim 90 (1978) 49-50.

a65   PASTOR, F., «Lectura de la Biblia», RazFe 198 (1978) 454-460.

a66   SANDMEL, S., Judaism and Christian Beginnings (1978), «The Role of the Bible», 9-18.

a67   AGOURIDES, S., «The Bible in the Orthodox Church. The Biblical Substance and Vision of Orthodox Worship and Spirituality», SB 10 (1979) 11-16.

a68   BOUTTIER, M., LYS, D., «Quatre-vingt-deux définitions», ETR 54 (1979) 279-288.

a69   GORRINGE, T., «In Defence of the Identification: Scripture as Word of God», SJTh 32 (1979) 303-318.

a70   PRESTON, R.H., «Need Dr Nineham be so Negative?» ExpTim 90 (1979) 275-280.

a71   RUNIA, K., «La doctrine de l'Écriture selon Karl Barth», Hok no 11 (1979) 40-51.

a72   ARTOLA, A.M., «La Biblia como libro sagrado», CuBi 37 (1980) 163-189.

a73   BROWN, R.E., «The meaning of the Bible», TDig 28 (1980) 305-320.

a74   CRAIGIE, P.C., «The Role and Relevance of Biblical Research», JSOT n⁰ 18 (1980) 19-31.

a75   DE LA CHAPELLE, M., «La *lectio divina*», VS 134 (1980) 530-545.

a76   En collaboration, «Une première approche de la Bible», CE (n.s.) n⁰ 35 (1981) 64 pp.

a77   CERBELAUD, D., «Mangez et buvez, bien-aimés!» VS 135 (1981) 4-8.

a78   EBELING, G., «The Bible as a Document of the University», dans *The Bible as a Document of the University* (en collab.) (1981), 5-23.

a79   JUNG, M.-M., «Le Verbe s'est fait chair», VS 135 (1981) 53-61.

a80   RICOEUR, P., «The Bible and the Imagination», dans *The Bible as a Document of the University* (en collab.) (1981), 49-75.

a81   KARPP, H., «Zur Geschichte der Bibel in der Kirche des 16. und 17. Jahrhunderts», TRu 48 (1983) 129-155.

COMMENTAIRES GÉNÉRAUX DE LA BIBLE.
GENERAL COMMENTARIES ON THE BIBLE.
ALLGEMEINE SCHRIFTKOMMENTARE.
COMMENTI GENERALI DELLA BIBBIA.
COMENTARIOS GENERALES DE LA BIBLIA.

a82   LOHFINK, G., «Kommentar als Gattung. Rudolf Schnackenburg zum 60. Geburtstag», BiLeb 15 (1974) 1-16.

a83   MAY, H.G., METZGER, B.M. (Ed.), *The New Oxford Annotated Bible with the Apocrypha² (New York, Oxford, 1977), xxviii-1564 pp.*

a84   NEIL, W., *The Message of the Bible*. A Commentary on the Old and New Testaments (London, Oxford, Mowbrays, 1978), 132 pp.

a85   NEUMANN, F., *Where do we Stand?* A Selective Homiletical Commentary on the Old Testament (Brooklyn, Gaus, 1978), xviii-292 pp., ix-282 pp.

a86   HOWLEY, G.C.D., BRUCE, F.F., ELLISON, H.L. (Eds.), *A Bible Commentary for Today* (London and Glasgow, Pickering & Inglis, 1979), 1712 pp.

a87   SCHENK, W., «Was ist ein Kommentar?» BZ 24 (1980) 1-20.

a88   ANDERSON, B.W., «The Problem and Promise of Commentary», Interpr 36 (1982) 341-355.

a89   GAMMIE, J.G., «A Mature and Sensitive Distillation», Interpr 36 (1982) 390-393.

a90   TAYLOR, J.R., «A Joyful Discovery», Interpr 36 (1982) 382-386.

ACTUALITÉ DE LA BIBLE. MODERN WORLD AND SCRIPTURE.
GEGENWÄRTIGE BEDEUTUNG DER BIBEL. ATTUALITÀ DELLA BIBBIA.
ACTUALIDAD DE LA BIBLIA.

a91   AALEN, L., «Les deux Testaments», ETR 23 (1948) 71-77.

a92   EICHRODT, W., «Le message social et économique de l'Ancien Testament pour le monde présent», ETR 23 (1948) 96-102.

a93   DEL CERRO CALDERON, G., «La palabra de Dios y los problemas espirituales contemporáneos», CuBi 24 (1967) 212-219.

a94   DEL CERRO CALDERON, G., «La Biblia frente a la vida del hombre actual», CuBi 25 (1968) 67-74.

a95   ALONSO SCHÖKEL, L., *Il dinamismo della tradizione*, «Il dinamismo della parola e la sua attualizzazione» (1970), 229-256.

a96   CUNCHILLOS, J.-L., *La Bible. Première lecture de l'Ancien Testament - I*, «La Bible est message de Dieu en parole humaine» (1974), 13-22.

a97   DREYFUS, F., «L'actualisation à l'intérieur de la Bible», RB 83 (1976) 161-202.

a98   MÜHLBERGER, S., «Die Bibel in der modernen Literatur», BiLit 48 (1976) 270-277.

a99   ROTH, G., «Die Bibel in der tiefenpsychologischen Literatur der Gegenwart», BiLit 49 (1976) 262-269.

a100   KUTSCH, E., «Von der Aktualität alttestamentlicher Aussagen für das Verständnis des Neuen Testaments», ZTK 74 (1977) 273-290.

a101   WEDDERBURN, A.J.M., «A New Testament Church today?» SJTh 31 (1978) 517-532.

a102   CELADA, B., «Actualización de los problemas que son generales a toda la Biblia y de los que se refieren particularmente al Antiguo Testamento. Reseña con notas críticas», CuBi 36 (1979) 83-116.

a103   DREYFUS, F., «L'actualisation de l'Écriture. I. Du texte à la vie», RB 86 (1979) 5-58.

a104   DREYFUS, F., «L'actualisation de l'Écriture. II. L'action de l'Esprit», RB 86 (1979) 161-193.

a105   REVENTLOW, H.G., *Bibelautorität und Geist der Moderne* (Forschungen zur Kirchen- und Dogmengeschichte, 30) (Göttingen, Vandenhoeck & Ruprecht, 1980), 716 pp.

APOCALYPTIQUE. APOCALYPTIC. APOKALYPTIC. APOCALITTICO. APOCALÍPTICA.

Introduction. Einführung. Introduzione. Introducción.

a106   MANSON, T.W., «Some Reflexions on Apocalyptic», dans *Aux sources de la tradition chrétienne* (en collab.) (1950), 139-145.

a107   SCHMITHALS, W., *Die Apokalyptik. Einführung und Deutung* (Göttingen, Vandenhoeck & Ruprecht, 1973), 192 pp.

a108   MÜLLER, P.-G., «Entstehen und Anliegen der Apokalyptik», BiKi 29 (1974) 110-115.

a109   ANDERSON, H., «A Future for Apocalyptic?» dans *Biblical Studies* (W. Barclay) (en collab.) (1976), 56-71.

a110   BEAUCHAMP, P., *L'un et l'autre Testament* (1976), «L'apocalyptique», 200-228.

a111   DEXINGER, F., *Henochs Zehnwochenapokalypse und offene Probleme der Apokalyptikforschung* (Studia post-biblica, 29) (Leiden, Brill, 1977), xix-203 pp.

a112   EDWARDS, G., «The Historical Background of Early Apocalyptic Thought», dans *Scripture in History & Theology* (en collab.) (1977), 193-203.

a113   BARKER, M., «Slippery Words III. Apocalyptic», ExpTim 89 (1978) 324-329.

a114   RUSSELL, D.S., *Apocalyptic: Ancient and Modern* (London, SCM Press, 1978), 86 pp.

a115   NICHOLSON, E.W., «Apocalyptic», dans *Tradition and Interpretation* (en collab.) (1979), 189-213.

a116   KOCH, K., SCHMIDT, H.M. (Hrg.), *Apokalyptik* (Wege der Forschung, 365) (Darmstadt, Wissenschaftliche Buchgesellschaft, 1982), viii-500 pp.

a117   FRUCHON, P., «Comprendre les apocalypses», LV no 160 (1982) 80-93.

a118   KIPPENBERG, H.G., «Ein Vergleich jüdischer, christlicher und gnostischer Apokalyptik», dans *Apocalypticism in the Mediterranean World and the Near East* (en collab.) (1983), 751-768.

a119   RUDOLPH, K., «Apokalyptik in der Diskussion», dans *Apocalypticism in the Mediterranean World and the Near East* (en collab.) (1983), 771-789.

*a*120   SMITH, M., «On the History of *apokaluptô* and *apokalupsis*», dans *Apocalypticism in the Mediterranean World and the Near East* (en collab.) (1983), 9-20.

2. Definition. Begriffsbestimmung. Definizione. Definición.

*a*121   COLLINS, J.J., «Apocalypse: Towards the Morphology of a Genre», dans *Society of Biblical Literature. 1977 Seminar Papers* (en collab.) (1977), 359-370.

*a*122   COPPENS, J., «L'Apocalyptique. Son dossier. Ses critères. Ses éléments constitutifs. Sa portée néotestamentaire», ETL 103 (1977) 1-23.

*a*123   RAPHAËL, F., «Esquisse d'une typologie de l'apocalypse», dans *L'Apocalyptique* (en collab.) (1977), 11-38.

*a*124   WILLI-PLEIN, I., «Das Geheimnis der Apokalyptik», VT 27 (1977) 62-81.

*a*125   BUCHANAN, G.W., «The Word of God and the Apocalyptic Vision», dans *Society of Biblical Literature. 1978 Seminar Papers* (en collab.) (1978), II, 183-192.

*a*126   COLLINS, J.J., «Introduction: Towards the Morphology of a Genre», Semeia 14 (1979) 1-20.

*a*127   GLASSON, T.F., «What is Apocalyptic?» NTS 27 (1980) 98-105.

*a*128   RAURELL, F., «Apocaliptica y Apocalipsis», EstF 81 (1980) 183-207.

*a*129   WILSON, R.R., «The Problems of Describing and Defining Apocalyptic Discourse», Semeia 21 (1981) 133-136.

*a*130   HARTMAN, L., «Survey of the Problem of Apocalyptic Genre», dans *Apocalypticism in the Mediterranean World and the Near East* (en collab.) (1983), 329-343.

*a*131   KOCH, K., «Vom profetischen zum apokalyptischen Visionsbericht», dans *Apocalypticism in the Mediterranean World and the Near East* (en collab.) (1983), 413-446.

3. Orient. Oriente.

Égypte. Egypt. Ägypten. Egitto. Egipto.

*a*132   DUNAND, F., «L'Oracle du Potier et la formation de l'apocalyptique en Égypte», dans *L'Apocalyptique* (en collab.) (1977), 41-67.

*a*133   ASSMANN, J., «Königsdogma und Heilserwartung. Politische und kultische Chaosbeschreibungen in ägyptischen Texten», dans *Apocalypticism in the Mediterranean World and the Near East* (en collab.) (1983), 345-377.

*a*134   BERGMAN, J., «Introductory Remarks on Apocalypticism in Egypt», dans *Apocalypticism in the Mediterranean World and the Near East* (en collab.) (1983), 51-60.

Grèce. Greece. Griechenland. Grecia.

*a*135   COLLINS, J.J., «Jewish Apocalyptic against its Hellenistic Near Eastern Environment», BASOR nº 220 (1976) 27-36.

*a*136   ATTRIDGE, H.W., «Greek and Latin Apocalypses», Semeia 14 (1979) 159-186.

*a*137   BETZ, H.D., «The Problem of Apocalyptic Genre in Greek and Hellenistic Literature: The Case of the Oracle of Trophonius», dans *Apocalypticism in the Mediterranean World and the Near East* (en collab.) (1983), 577-597.

*a*138   BURKERT, W., «Apokalyptik im frühen Griechentum: Impulse und Transformationen», dans *Apocalypticism in the Mediterranean World and the Near East* (en collab.) (1983), 235-254.

a139   GRIFFITHS, J.G., «Apocalyptic in the Hellenistic Era», dans *Apocalypticism in the Mediterranean World and the Near East* (en collab.) (1983), 273-293.

Perse. Persia. Persien. Persia.

a140   COLLINS, J.J., «Persian Apocalypses», Semeia 14 (1979) 207-217.
a141   HARTMAN, S.S., «Datierung der Jungavestischen Apokalyptik», dans *Apocalypticism in the Mediterranean World and the Near East* (en collab.) (1983), 61-75.
a142   HULTGÅRD, A., «Forms and Origins of Iranian Apocalypticism», dans *Apocalypticism in the Mediterranean World and the Near East* (en collab.) (1983), 387-411.
a143   OLSSON, T., «The Apocalyptic Activity. The Case of āmāsp Nāmag», dans *Apocalypticism in the Mediterranean World and the Near East* (en collab.) (1983), 21-49.
a144   WIDENGREN, G., «Leitende Ideen und Quellen der iranischen Apokalyptik», dans *Apocalypticism in the Mediterranean World and the Near East* (en collab.) (1983), 77-162.

Divers. Miscellaneous. Verschiedenes. Diversi. Diversos.

a145   BEYLOT, R., «Sur deux textes apocalyptiques éthiopiens», Sem. 30 (1980) 89-92.
a146   RINGGREN, H., «Akkadian Apocalypses», dans *Apocalypticism in the Mediterranean World and the Near East* (en collab.) (1983), 379-386.

4. Judaïsme. Judaism. Judentum. Giudaismo. Judaísmo.

a147   RUSSELL, D.S., *Between the Testaments* (1960), «The Apocalyptists», 93-118.
a148   DELCOR, M., «Le milieu d'origine et le développement de l'apocalypse juive», dans *La littérature juive entre Tenach et Mischna* (en collab.) (1974), 101-117.
a149   BARR, J., «Jewish Apocalyptic In Recent Scholarly Study», BJRL 58 (1975-76) 9-35.
a150   HANSON, P.D., *The Dawn of Apocalyptic*. The Historical and Sociological Roots of Jewish Apocalyptik Eschatology (Philadelphia, Fortress Press, 1975), xii-426 pp.
a151   PATTE, D., *Early Jewish Hermeneutic in Palestine*, «The Use of Scripture in Apocalyptic Literature» (1975), 139-208.
a152   COLLINS, J.J., «Jewish Apocalyptic against its Hellenistic Near Eastern Environment», BASOR nº 220 (1976) 27-36.
a153   SCHMIDT, J.M., *Die jüdische Apokalyptik. Die Geschichte ihrer Erforschung von den Anfängen bis zu den Textfunden von Qumran* (2., durchgesehene Auflage) (Neukirchen-Vluyn, Neukirchener Verlag, 1976), xxix-343 pp.
a154   HEINTZ, J.G., «Note sur l'origine de l'apocalypse judaïque à la lumière des 'prophéties akkadiennes'», dans *L'Apocalyptique* (en collab.) (1977), 71-87.
a155   MARTIN-ACHARD, R., «Essai d'Évaluation Théologique de l'apocalyptique Juive», dans *Beiträge zur Alttestamentlichen Theologie* (en collab.) (1977), 262-275.
a156   GRELOT, P., *L'espérance juive à l'heure de Jésus* (1978), «Les dernières apocalypses juives», 175-197.
a157   COLLINS, J.J., «The Jewish Apocalypses», Semeia 14 (1979) 21-59.
a158   SALDARINI, A.J., «Apocalypses and 'Apocalyptic' in Rabbinic Literature and Mysticism», Semeia 14 (1979) 187-205.
a159   HAUER, C., Jr., «When History Stops: Apocalypticism and Mysticism in Judaism and Christianity», dans *The Divine Helmsman* (en collab.) (1980), 207-221.
a160   THOMAS, J.D., «Jewish Apocalyptic and the Comparative Method», dans *Scripture in Context* (en collab.) (1980), 245-262

*a*161 STECK, O.H., «Überlegungen zur Eigenart der spätisraelitischen Apokalyptik», dans *Die Botschaft und die Boten* (en collab.) (1981), 301-315.

*a*162 MÜNCHOW, C., *Ethik und Eschatologie: Ein Beitrag zum Verständnis der frühjüdischen Apokalyptik mit einem Ausblick auf das Neue Testament* (Göttingen, Vandenhoeck & Ruprecht, 1981), 192 pp.

*a*163 GEYSER, A., «The Twelve Tribes in Revelation: Judean and Judeo-Christian Apocalypticism», NTS 28 (1982) 388-399.

*a*164 LACOCQUE, A., «Naissance de l'apocalyptique», LV n° 160 (1982) 4-12.

*a*165 ROWLAND, C., *The Open Heaven: A Study of the Apocalyptic in Judaism and Early Christianity* (London, SPCK, 1982), xiv-562 pp.

*a*166 SOGGIN, J.A., «Profezia e apocalittico nel giudaismo postesilico», RivB 30 (1982) 161-173.

*a*167 COLLINS, J.J., «The Genre Apocalypse in Hellenistic Judaism», dans *Apocalypticism in the Mediterranean World and the Near East* (en collab.) (1983), 531-548.

*a*168 LEBRAM, J.C.H., «The Piety of the Jewish Apocalyptists», dans *Apocalypticism in the Mediterranean World and the Near East* (en collab.) (1983), 171-210.

*a*169 NICKELSBURG, G.W.E., «Social Aspects of Palestinian Jewish Apocalypticism», dans *Apocalypticism in the Mediterranean World and the Near East* (en collab.) (1983), 641-654.

*a*170 SANDERS, E.P., «The Genre of Palestinian Jewish Apocalypses», dans *Apocalypticism in the Mediterranean World and the Near East* (en collab.) (1983), 447-459.

5. Ancien Testament. Old Testament. Altes Testament.
   Antico Testamento. Antiguo Testamento.

*a*171 AUBERT, L., «Une première apocalypse , Ésaïe 24-27», ETR 11 (1936) 279-296; 12 (1937) 54-67.

*a*172 KOCH, K., «Die mysteriösen Zahlen der judäischen Könige und die apokalyptischen Jahrwochen», VT 28 (1978) 433-441.

*a*173 CARROLL, R.P., «Twilight of Prophecy or Dawn of Apocalyptic», JSOT n° 14 (1979) 3-35.

*a*174 COPPENS, J., *La relève apocalyptique du messianisme royal*, «Prolégomènes. L'Apocalyptique. Son dossier. Ses critères. Ses éléments constitutifs. Sa portée néo-testamentaire» (1979), I, 17-39.

*a*175 WILLI-PLEIN, I., «Ursprung und Motivation der Apokalyptik im Danielbuch», TZ 35 (1979) 265-274.

*a*176 HANSON, P.D., «From Prophecy to Apocalyptic: Unresolved Issues», JSOT 15 (1980) 3-6.

*a*177 HASEL, G.F., «Resurrection in the Theology of Old Testament Apocalyptic», ZAW 92 (1980) 267-284.

*a*178 CARMIGNAC, J., «Description du phénomène de l'Apocalyptique dans l'Ancien Testament», dans *Apocalypticism in the Mediterranean World and the Near East* (en collab.) (1983), 163-170.

*a*179 GESE, H., «Die Bedeutung der Krise unter Antiochus IV. Epiphanes für die Apokalyptik des Danielbuches», ZTK 80 (1983) 373-388.

*a*180 LACOCQUE, A., *Daniel et son temps*. Recherches sur le Mouvement Apocalyptique Juif au IIe siècle avant Jésus-Christ (Le monde de la Bible) (Genève, Labor et Fides, 1983), 234 pp.

6. Qumrân.

a181 CARMIGNAC, J., «Qu'est-ce que l'Apocalyptique? Son emploi à Qumrân», RQum 10 (1979) 3-33.

a182 PHILONENKO, M., «L'Apocalyptique qoumrânienne», dans *Apocalypticism in the Mediterranean World and the Near East* (en collab.) (1983), 211-218.

a183 STEGEMANN, H., «Die Bedeutung der Qumranfunde für die Erforschung der Apokalyptik», dans *Apocalypticism in the Mediterranean World and the Near East* (en collab.) (1983), 495-530.

7. Nouveau Testament. New Testament. Neues Testament. Nuovo Testamento. Nuevo Testamento.

Études générales. General Studies. Allgemeine Studien. Studi generali. Estudios generales.

a184 BULTMANN, R., «Ist die Apokalyptik die Mutter der christlichen Theologie?» dans *Apophoreta* (en collab.) (1964), 64-69, dans *Exegetica* (1967), 476-482.

a185 BENZ, E., «Die Farbe im Erlebnisbereich der christlichen Vision», ErJb 41 (1974) 265-325.

a186 KERTELGE, K., «Apokalyptische Vorstellungs- und Begriffswelt im Neuen Testament», BiKi 29 (1974) 116-121.

a187 LAWS, S., «Can Apocalyptic be Relevant?» dans *What about the New Testament?* (en collab.) (1975), 89-102.

a188 SCHOONHEIM, P.L., «Probleme und Impulse der Neutestamentlichen Apokalyptik», dans *Miscellanea Neotestamentica* (en collab.) (1978), I, 129-145.

a189 YARBRO COLLINS, A., «The History-of-Religions Approach to Apocalypticism and the 'Angel of the Waters' (Rev 16:4-7)», CBQ 39 (1977) 367-381.

a190 YARBRO COLLINS, A., «The Early Christian Apocalypses», Semeia 14 (1979) 61-121.

a191 HELLHOLM, D., *Das Visionenbuch des Hermas als Apokalypse*. Formgeschichtliche und texttheoretische Studien zu einer literarischen Gattung. I: Methodologische Vorüberlegungen und makrostrukturelle Textanalyse (Coniectanea Biblica. New Testament Series, 13/1) (Lund, Gleerup, 1980), 211 pp.

a192 MINEAR, P.S., *New Testament Apocalyptic* (Interpreting Biblical Texts) (Nashville, TN, Abingdon, 1981), 157 pp.

a193 IONA, H., «Attente et savoir de la fin. Apocalyptique et eschatologie néotestamentaires», LV nº 160 (1982) 25-33.

a194 PAUL, A., «L'apocalyptique, source majeure du christianisme», LV nº 160 (1982) 13-24.

a195 ACHTEMEIER, P.J., «An Apocalyptic Shift in Early Christian Tradition: Reflections on Some Canonical Evidence», CBQ 45 (1983) 231-248.

a196 SCHÜSSLER FIORENZA, E., «The Phenomenon of Early Christian Apocalyptic. Some Reflections on Method», dans *Apocalypticism in the Mediterranean World and the Near East* (en collab.) (1983), 295-316.

Évangiles. Gospels. Evangelien. Vangeli. Evangelios.

a197 PERRIN, N., «Wisdom and Apocalyptic in the Message of Jesus», dans *Society of Biblical Literature. 1972 Proceedings* (en collab) (1972), 543-572.

a198 En collaboration, *Gesù et l'apocalittica: Apocalittica e Apocalisse* (Parole di vita, 25,5, 25,6) (Torino, Lleumann, Elle Di Ci, 1980), 323-480.

*a*199   KORTEWEG, T., «'You will seek me and you will not find me' (Jn 7,34). An Apocalyptic Pattern in Johannine Theology», dans *L'Apocalypse johannique et l'Apocalyptique dans le Nouveau Testament* (en collab.) (1980), 349-354.

*a*200   SABOURIN, L., «Traits apocalyptiques dans l'Évangile de Matthieu», SE 33 (1981) 357-372.

*a*201   WENHAM, D., «Paul and the Synoptic Apocalypse», dans *Gospel Perspectives* (1981) (en collab.), II, 345-375.

*a*202   PATTEN, P., «The Form and Function of Parable in select apocalyptic literature and their Significance for Parables in the Gospel of Mark», NTS 29 (1983) 246-258.

*a*203   SABOURIN, L., «Apocalyptic Traits in Matthew's Gospel», RelStB 3 (1983) 19-36.

*a*204   SCHOTTROFF, L., «Die Gegenwart in der Apokalyptik der synoptischen Evangelien», dans *Apocalypticism in the Mediterranean World and the Near East* (en collab.) (1983), 707-728.

Paul. Paulus. Paolo. Pablo.

*a*205   BAUMGARTEN, J., *Paulus und die Apokalyptik.* Die Auslegung apokalyptischer Überlieferungen in den echten Paulusbriefen (WMANT 44) (Neukirchen-Vluyn, Neukirchener Verlag, 1975), x-269 pp.

*a*206   MAYEDA, G., «Apocalyptic in the Epistle to the Romans – An Outline», dans *L'Apocalypse johannique et l'Apocalyptique dans le Nouveau Testament* (en collab.) (1980), 319-323.

*a*207   VON DER OSTEN-SACKEN, P., «Pauline apocalyptic theology», TDig 28 (1980) 245-249.

*a*208   MEEKS, W.A., «Social Functions of Apocalyptic Language in Pauline Christianity», dans *Apocalypticism in the Mediterranean World and the Near East* (en collab.) (1983), 687-705.

8. Histoire. History. Geschichte. Storia. Historia.

*a*209   EICHTER, P., «Einsicht in den Gang der Geschichte – Möglichkeiten und Grenzen einer sachgerechten Interpretation des apokalyptischen Materials», BiKi 29 (1974) 126-131.

*a*210   HARNISCH, W., «Das Geschichtsverständnis der Apokalyptik», BiKi 29 (1974) 121-125.

*a*211   DAVIES, G.I., «Apocalyptic and Historiography», JSOT no 5 (1978) 15-28.

*a*212   WENHAM, D., «Paul and the Synoptic Apocalypse», dans *Gospel Perspectives* (1981) (en collab.), II, 345-375.

*a*213   CANCIK, H., «Libri fatales, Römische Offenbarungsliteratur und Geschichtstheologie», dans *Apocalypticism in the Mediterranean World and the Near East* (en collab.) (1983), 549-576.

*a*214   GLADIGOW, B., «Aetas, aevum und saeculorum ordo. Zur Struktur zeitlicher Deutungssysteme», dans *Apocalypticism in the Mediterranean World and the Near East* (en collab.) (1983), 255-271.

9. Gnose. Gnosis. Gnosi. Gnosis.

*a*215   MÉNARD, J.-E., «Apocalyptique et gnose: leur eschatologie respective», dans *L'Apocalyptique* (en collab.) (1977), 159-177.

a216 FALLON, F.T., «The Gnostic Apocalypses», Semeia 14 (1979) 123-158.

a217 JANSSENS, Y., «Apocalypses de Nag Hammadi», dans *L'Apocalypse johannique et l'Apocalyptique dans le Nouveau Testament* (en collab.) (1980), 69-75.

a218 KRAUSE, M., «Die literarischen Gattungen der Apokalypsen von Nag Hammadi», dans *Apocalypticism in the Mediterranean World and the Near East* (en collab.) (1983), 621-637.

a219 MacRAE, G., «Apocalyptic Eschatology in Gnosticism», dans *Apocalypticism in the Mediterranean World and the Near East* (en collab.) (1983), 317-325.

10. Divers. Miscellaneous. Verschiedenes. Diversi. Diversos.

a220 BULTEAU, M.-G., «Le Fils de l'homme dans la littérature apocalyptique», dans *¿Jésus?* (en collab.) (1974), 69-81.

a221 DELCOR, M., «Le mythe de la chute des anges et de l'origine des géants comme explication du mal dans le monde, dans l'apocalyptique juive. Histoire des traditions», RHR 190 (1976) 3-53.

a222 KELLER, C.-A., «Das Problem des Bösen in Apokalyptik und Gnostik», dans *Gnosis and Gnosticism* (en collab.) (1977), 70-90.

a223 SCHWARTZ, J., «Le voyage au ciel dans la littérature apocalyptique», dans *L'Apocalyptique* (en collab.) (1977), 91-126.

a224 DE VRIES, S.J., «Observations on Quantitative and Qualitative Time in Wisdom and Apocalyptic», dans *Israelite Wisdom* (en collab.) (1978), 263-276.

a225 BERGER, K., «Hellenistisch-heidnische Prodigien und die Vorzeichen in der jüdischen und christlichen Apokalyptik», dans *Aufstieg und Niedergang der römischen Welt* (en collab.) (1980), Teil II, Band 23, 1428-1469.

APOCRYPHES A.T. APOCRYPHA O.T. APOKRYPHEN A.T. APOCRIFI A.T. APÓCRIFOS A.T.

1. Introduction. Einführung. Introduzione. Introducción.

a226 CRONBACH, A., «The Social Ideals of the Apocrypha and the Pseudepigrapha», HUCA 18 (1944) 119-156.

a227 RUSSELL, D.S., *Between the Testaments* (1960), «The Apcryphal Literature», 75-91.

a228 PATTE, D., *Early Jewish Hermeneutic in Palestine*, «The Re-writings of Scripture: Genesis Apocryphon, Book of Jubilees and Sayings of Moses» (1975), 233-236.

a229 SURBURG, R.F., *Introduction to the Intertestamental Period* (St. Louis, Concordia, 1975), 197 pp.

a230 PENNA, R., *Lo Spirito di Cristo* (1976), «Gli scritti apocrifi», 65-92.

a231 DE LANGE, N., *Apocrypha*. Jewish Literature of the Hellenistic Age (Jewish Heritage Classics Series) (New York, Viking, 1978), x-244 pp.

a232 WHITELOCKE, L.T., *An Analytical Concordance of the Books of the Apocrypha*, 2 vols (Washington, DC, University Press of America, 1978), xi-521 pp.

a233 MAYER, G., «Zur jüdisch-hellenistischen Literatur», TR 44 (1979) 197-226.

a234 HARRINGTON, D.J., «Research on the Jewish Pseudepigrapha during the 1970s», CBQ 42 (1980) 147-159.

a235 NEUSER, W., «Calvins Stellung zu den Apokryphen des Alten Testaments», dans *Text – Wort – Glaube* (en collab.) (1980), 298-323.

*a*236   SACCHI, P. (Ed.), *Apocrifi dell'Antico Testamento* (Classici delle religioni, 38) (Torino, Unione Typografo-Editrice, 1981), 1008 pp.
*a*237   NICKELSBURG, G.W.E., *Jewish Literature Between the Bible and the Mishnah*. A Historical and Literary Introduction (London, SCM Press, 1981), xx-332 pp.

2. Apocalypse d'Abraham. Apocalypse of Abraham. Apokalypse Abrahams. Apocalisse di Abramo. Apocalipsis de Abrahán.

*a*238   PHILONENKO-SAYAR, B., PHILONENKO, M., «L'Apocalypse d'Abraham. Introduction, texte slave, traduction et notes», Sem. 31 (1981) 1-119.
*a*239   PHILONENKO-SAYAR, B., PHILONENKO, M., *Die Apokalypse Abrahams* (Jüdische Schriften aus hellenistisch-römischer Zeit, V/5) (Gütersloh, Gerd Mohn, 1982), 413-60 pp.
*a*240   RUBINKIEWICZ, R., «Apocalypse of Abraham», dans *The Old Testament Pseudepigrapha* (en collab.) (1983), I, 681-705.

3. Baruch (Apocalypse de). Baruch (Apocalypse of). Baruchapokalypse. Baruch (Apocalisse di). Baruc (Apocalipsis de).

*a*241   HADOT, J., «La datation de l'Apocalypse syriaque de Baruch», Sem. 15 (1965) 79-95.
*a*242   THOMA, C., «Jüdische Apokalyptik am Ende des ersten nachchristlichen Jahrhunderts. Religionsgeschichtliche Bemerkungen zur syrischen Baruchapokalypse und zum vierten Esrabuch», Kairos 11 (1969) 134-144.
*a*243   HADOT, J., «Le problème de l'Apocalypse syriaque de Baruch d'après un ouvrage récent», Sem. 20 (1970) 59-76.
*a*244   PICARD, J.-C., «Observations sur l'Apocalypse grecque de Baruch. I. Cadre historique fictif et efficacité symbolique», Sem. 20 (1970) 77-103.
*a*245   BOGAERT, P.-M., «Le nom de Baruch dans la littérature pseudépigraphique: L'apocalypse syriaque et le livre deutérocanonique», dans *La littérature juive entre Tenach et Mischna* (en collab.) (1974), 56-72.
*a*246   JACOBSON, H., «A Note on the Greek Apocalypse of Baruch», JStJud 7 (1976) 201-203.
*a*247   BOGAERT, P.-M., «Les apocalypses contemporaines de Baruch, d'Esdras et de Jean», dans *L'Apocalypse johannique et l'Apocalyptique dans le Nouveau Testament* (en collab.) (1980), 47-68.
*a*248   RIAUD, J., «La figure de Jérémie dans les Paralipomena Jeremiae», dans *Mélanges bibliques et orientaux en l'honneur de M. Henri Cazelles* (en collab.) (1981), 373-385.
*a*249   LICHT, J., «An Analysis of Baruch's Prayer (Syr. Bar. 21)», dans *Essays in Honour of Yigael Yadin*, JJS 33 (1982) 327-331.
*a*250   MÜLLER, K., «Die Propheten sind schlafen gegangen (syrBar 85,3)», BZ 26 (1982) 179-207.
*a*251   GAYLORD, H.E., Jr., «3 (Greek Apocalypse of) Baruch», dans *The Old Testament Pseudepigrapha* (en collab.) (1983), I, 653-679.
*a*252   KLIJN, A.F.J., «2 (Syriac Apocalypse of) Baruch», dans *The Old Testament Pseudepigrapha* (en collab.) (1983), I, 615-652.

4. Apocalypse d'Élie. Apocalypse of Elijah. Elia-Apokalypse.
Apocalisse di Elia. Apocalipsis de Elías.

a253   ROSENSTIEHL, J.-M., «Un sobriquet essénien dans l'Apocalypse copte d'Élie», Sem. 15 (1965) 97-99.

a254   SCHRAGE, W., *Die Elia-Apokalypse* (Jüdische Schriften aus hellenistisch-römischer Zeit, Band V, *Apokalypsen,* Lieferung, 3) (Gütersloh, Mohn, 1980), 195-288.

a255   PIETERSMA, A., COMSTOCK, S.T., ATTRIDGE, H.W. (Eds.), *The Apocalypse of Elijah,* based on P. Chester Beatty 2018 (SBL Texts and Translations 19, Pseudepigrapha Series, 9) (Chico, CA, Scholars Press, 1981), xii-113 pp.

a256   WINTERMUTE, O.S., «Apocalypse of Elijah», dans *The Old Testament Pseudepigrapha* (en collab.) (1983), I, 721-753.

5. Autres apocalypses. Other Apocalypses. Andere Apokalypsen.
Altre Apocalissi. Otros Apocalipsis.

a257   AGOURIDES, S., «Apocalypse of Sedrach», dans *The Old Testament Pseudepigrapha* (en collab.) (1983), I, 605-613.

a258   MacRAE, G., «Apocalypse of Adam», dans *The Old Testament Pseudepigrapha* (en collab.) (1983), I, 707-719.

a259   STONE, M.E., «Greek Apocalypse of Ezra», dans *The Old Testament Pseudepigrapha* (en collab.) (1983), I, 561-579.

a260   WINTERMUTE, O.S., «Apocalypse of Zephaniah», dans *The Old Testament Pseudepigrapha* (en collab.) (1983), I, 497-515.

a261   ZERVOS, G.T., «Apocalypse of Daniel», dans *The Old Testament Pseudepigrapha* (en collab.) (1983), I, 755-770.

6. 4 Esdras. 4 Ezra. 4 Esra. 4 Esdra. 4 Esdras.

Critique textuelle. Textual Criticism. Textkritik. Critica testuale. Crítica textual.

a262   STONE, M.E., «Manuscripts and Readings of Armenian IV Ezra», Textus 6 (1968) 48-61.

a263   MUÑOZ LEON, D., «El 4.º de Esdras y el Targum Palestinense», EstB 33 (1974) 323-355; 34 (1975) 49-82.

a264   STONE, M.E., «A New Manuscript of the Syro-Arabic Version of the Fourth Book of Ezra», JStJud 8 (1977) 183-184.

a265   STONE, M.E. (Ed.), *The Armenian Version of IV Ezra* (University of Pensylvania Armenian Texts and Studies, 1) (Missoula, Scholars Press, 1979), xv-315 pp.

a266   KLIJN, A.F.J., «Textual Criticism of IV Esra: State of Affairs and Possibilities», dans *Society of Biblical Literature. 1981 Seminar Papers* (en collab.) (1981), 217-227.

a267   KLIJN, A.F.J. (Hrg.), *Der lateinische Text der Apokalypse des Esra* (Texte und Untersuchungen zur Geschichte der altchristlichen Literatur, 131) (Berlin, Akademie Verlag, 1983), 108 pp.

Textes. Texts. Texte. Testi. Textos.

a268   1-2   STANTON, G.N., «5 Ezra and Matthean Christianity in the Second Century», JTS 28 (1977) 67-83.

a269   POHLMANN, K.-F., *3. Esra-Buch* (Jüdische Schriften aus hellenistisch-römischer Zeit, Band I: Historische und legendarische Erzählungen, Lieferung, 5) (Gütersloh, Mohn, 1980), pp. 377-425 (=Esdras *B*, LXX).

a270   3,1-6,34   MUÑOZ LEON, D., «El 4.º de Esdras y el Targum Palestinense (Las dos primeras visiones: 3,1-6,34)», EstB 33 (1974) 323-355.

a271   3,1   KOCH, K., «Esras erste Vision. Weltzeiten und Weg des Höchsten», BZ 22 (1978) 46-75.

a272   3,4-27   DE VILLIERS, P.G.R., «Understanding the Way of God: Form, Function, and Message of the Historical Review in 4 Ezra 3:4-27», dans *Society of Biblical Literature. 1981 Seminar Papers* (en collab.) (1981), 357-378.

a273   4,6   STECK, O.H., «Die Aufnahme von Genesis 1 in Jubiläen 2 und 4, Esra 6», JStJud 8 (1977) 154-182.

a274   7,28-29   GERO, S., «'My Son the Messiah': A Note on 4 Esr 7,28-29», ZNW 66 (1975) 264-267.

a275   9,26-10,59   HARNISCH, W., «Die Ironie der Offenbarung: Exegetische Erwägungen zur Zionvision in 4. Buch Esra», dans *Society of Biblical Literature. 1981 Seminar Papers* (en collab.) (1981), 79-104.

a276   HARNISCH, W., «Die Ironie der Offenbarung. Exegetische Erwägungen zur Zionsvision im 4. Buch Esra», ZAW 95 (1983) 75-95.

a277   13,1-53   PHILONENKO, M., «La sixième vision de IV Esdras et les *Oracles d'Hystaspe*», dans *L'Apocalyptique* (en collab.) (1977), 129-135.

a278   13   BEALE, G.K., «The Problem of the Man from the Sea in IV Ezra 13 and its Relation to the Messianic Concept in John's Apocalypse», NT 25 (1983) 182-188.

a279   13,9-11   PENNA, R., *Lo Spirito di Cristo* (1976), «Il quarto libro di Esdra (13,9-11)», 82-83.

Divers. Miscellaneous. Verschiedenes. Diversi. Diversos.

a280   THOMA, C., «Jüdische Apokalyptik am Ende des ersten nachchristlichen Jahrhunderts. Religionsgeschichtliche Bemerkungen zur syrischen Baruchapokalypse und zum vierten Esrabuch», Kairos 11 (1969) 134-144.

a281   BOYARIN, D., «Penitential Liturgy in 4 Ezra», JStJud 3 (1972) 30-34.

a282   SCHWARTZ, J., «Sur la date de IV Esdras», dans *Mélanges André Neher* (en collab.) (1975), 191-196.

a283   LUCK, U., «Das Weltverständnis in der jüdischen Apokalyptik, dargestellt am äthiopischen Henoch und am 4. Esra», ZTK 73 (1976) 283-305.

a284   SANDERS, E.P., *Paul and Palestinian Judaism,* «Ezra» (1977), 409-418.

a285   THOMPSON, A.L., *Responsability for Evil in the Theodicy of IV Ezra.* A Study Illustrating the Significance of Form and Structure for the Meaning of the Book (SBL Dissertation Series, 29) (Scholars Press, Missoula, Montana, 1977), xv-395 pp.

a286   BRANDENBURGER, E., *Die Verborgenheit Gottes im Weltgeschehen.* Das literarische und theologische Problem des 4. Esrabuches (Abhandlungen zur Theologie des Alten und Neuen Testaments, 68) (Zürich, Theologischer Verlag, 1981), 216 pp.

a287   GRABBE, L.L., «Chronography in 4 Esra and 2 Baruch», dans *Society of Biblical Literature. 1981 Seminar Papers* (en collab.) (1981), 49-63.

a288   KEE, H.C., «'The Man' in Fourth Ezra: Growth of a Tradition», dans *Society of Biblical Literature. 1981 Seminar Papers* (en collab.) (1981), 199-208.

a289   LACOCQUE, A., «The Vision of the Eagle in 4 Esdras. A Rereading of Daniel 7 in the First Century C. E.», dans *Society of Biblical Literature. 1981 Seminar Papers* (en collab.) (1981), 237-258.

a290   MUELLER, J.R., «A Prolegomenon to the Study of the Social Function of 4 Ezra», dans *Society of Biblical Literature. 1981 Seminar Papers* (en collab.) (1981), 259-268.

a291   SCHREINER, J., *Das 4. Buch Esra* (Jüdische Schriften aus hellenistisch-römischer Zeit, Band V: *Apokalypsen*, Lieferung, 4) (Gütersloh, Mohn, 1981), pp. 291-412.

a292   KNIBB, M.A., «Apocalyptic and Wisdom in 4 Ezra», JStJud 13 (1982) 56-74.

a293   STONE, M.E., «The Metamorphosis of Ezra: Jewish Apocalypse and Medieval Vision», JST 33 (1982) 1-18.

a294   HARNISCH, W., «Der Prophet als Widerpart und Zeuge der Offenbarung. Erwägungen zur Interdependenz von Form und Sache im IV. Buch Esra», dans *Apocalypticism in the Mediterranean World and the Near East* (en collab.) (1983), 461-493.

a295   METZGER, B.M., «The Fourth Book of Ezra», dans *The Old Testament Pseudepigrapha* (en collab.) (1983), I, 517-559.

a296   STONE, M.E., «Coherence and Inconsistency in the Apocalypses: The Case of 'the End' in 4 Ezra», JBL 102 (1983) 229-243.

7. Esdras. Ezra. Esra. Esdra. Esdras.

a297   MUELLER, J.R., ROBBINS, G.A., «Vision of Ezra», dans *The Old Testament Pseudepigrapha* (en collab.) (1983), I, 581-590.

a298   FIENSY, D.A., «Revelation of Ezra», dans *The Old Testament Pseudepigrapha* (en collab.) (1983), I, 601-603.

a299   STONE, M.E., «Questions of Ezra», dans *The Old Testament Pseudepigrapha* (en collab.) (1983), I, 591-599.

8. Hénoch (Livres de). Enoch (Books of). Henochbücher.
   Enoc (Libri di). Enoc (Libros de).

1 Hénoch: Textes. Texts. Texte. Testi. Textos.

a300   1-36   COLLINS, J.J., «The Apocalyptic Technique: Setting and Function in the Book of Watchers», CBQ 44 (1982) 91-111 (I Enoch 1-36).

a301   1-5   HARTMAN, L., *Asking for a Meaning. A Study of 1 Enoch 1-5* (Coniectanea Biblica, New Testament Series, 12) (Lund, CWK Gleerup, 1979), 191 pp.

a302   1,9   OSBURN, C.D., «The Christological Use of I Enoch i.9 in Jude 14,15», NTS 23 (1977) 334-341.

a303   BAUCKHAM, R.J., «A Problem in the Greek Version of I Enoch i.9.», JTS 32 (1981) 136-138.

a304   6-19   NEWSON, C.A., «The Development of 1 *Enoch* 6-19: Cosmology and Judgment», CBQ 42 (1980) 310-329.

a305   6-16   SUTER, D., «Fallen Angel, Fallen Priest: The Problem of Family Purity in I Enoch 6-16», HUCA 50 (1979) 115-135.

a306   6-11   HANSON, P.D., «Rebellion in Heaven, Azazel, and Euhemeristic Heroes in 1 Enoch 6-11», JBL 96 (1977) 195-233.

*a*307   NICKELSBURG, G.W.E., «Apocalyptic and Myth in 1 Enoch 6-11»,
                          JBL 96 (1977) 383-405.

*a*308   COLLINS, J.J., «Methodological Issues in the Study of I Enoch:
                          Reflections on the Articles of P. D. Hanson and G.W. Nickelsburg»,
                          dans *Society of Biblical Literature. 1978 Seminar Papers* (en collab.)
                          (1978), I, 315-322 (I Enoch 6-11).

*a*309   DIMANT, D., «I Enoch 6-11: A Methodological Perspective», dans
                          Society of Biblical Literature. 1978 Seminar Papers (en collab.) (1978), I,
                          323-339.

*a*310   HANSON, P.D., «A Response to John Collins' 'Methodological Issues
                          in the Study of I Enoch'», dans *Society of Biblical Literature. 1978
                          Seminar Papers* (en collab.) (1978), I, 307-309 (I Enoch 6-11).

*a*311   NICKELSBURG, G.W.E., «Reflections Upon Reflections: A Response
                          to John Collins' 'Methodological Issues in the Study of I Enoch'», dans
                          Society of Biblical Literature. 1978 Seminar Papers (en collab.) (1978), I,
                          311-314 (I Enoch 6-11).

*a*312   6,7   BLACK, M., «The Twenty Angel Dekadarchs at I Enoch 6.7 and 69.2»,
                          dans *Essays in Honour of Yigael Yadin, JJS* 33 (1982) 227-235.

*a*313   12-16   NICKELSBURG, G.W.E., «Enoch, Levi, and Peter: Recipients of
                          Revelation in Upper Galilee», JBL 100 (1981) 575-600 (I Enoch 12-16).

*a*314   14   GRELOT, P., «Daniel 7, 9-10 et le livre d'Hénoch», Sem. 28 (1978) 59-83
                          (I Enoch 14).

*a*315   22   WACKER, M.-T., *Weltordnung und Gericht: Studien zu 1 Henoch 22*
                          (Forschung zur Bibel, 45) (Würzburg, Echter Verlag, 1982), viii-355 pp.

*a*316   37-71   CAQUOT, A., GEOLTRAIN, P., «Notes sur le texte éthiopien des
                          'Paraboles' d'Hénoch», Sem. 13 (1963) 39-54.

*a*317   HINDLEY, J.C., «Towards a Date for the Similitudes of Enoch. An
                          Historical Approach», NTS 14 (1967-68) 551-565.

*a*318   BLACK, M., «The 'Parables' of Enoch (1 En 37-71) and the 'Son of
                          Man'», ExpTim 88 (1976) 5-8.

*a*319   CASEY, M., «The Use of Term 'Son of Man' in the Similitudes of
                          Enoch», JStJud 7 (1976) 11-29 (1 Enoch 37-71).

*a*320   GREENFIELD, J.C., STONE, M.E., «The Enochic Pentateuch and the
                          Date of the Similitudes», HarvTR 70 (1977) 51-65.

*a*321   MEARNS, C.L., «The Parables of Enoch - Origin and Date», ExpTim 89
                          (1977-78) 118-119.

*a*322   GRELOT, P., *L'espérance juive à l'heure de Jésus* (1978), «L'énigme des
                          Paraboles d'Hénoch», 152-167.

*a*323   SUTER, D.W., «Apocalyptic Patterns in the Similitudes of Enoch», dans
                          Society of Biblical Literature. 1978 Seminar Papers (en collab.) (1978), I,
                          1-13 (I Enoch 37-71).

*a*324   WILSON, F.M., «The Son of Man in Jewish Apocalyptic Literature»,
                          SBT 8, 1 (1978) 28-52 (I Enoch 37-71).

*a*325   DELCOR, M., «Le livre des Paraboles d'Hénoch éthiopien. Le problème
                          de son origine à la lumière des découvertes récentes», EstB 38 (1979-80)
                          5-33 (I Enoch 37-71).

*a*326   KNIBB, M.A., «The Date of the Parables of Enoch: A Critical Review»,
                          NTS 25 (1979) 345-359.

a327   MEARNS, C.L., «Dating the Similitudes of Enoch», NTS 25 (1979)
                360-369.

a328   SUTER, D.W., *Tradition and Composition in the Parables of Enoch*
                (SBL Dissertation Series, 47) (Chico, California, Scholars Press, 1979),
                xvi-236 pp.

a329   BLACK, M., «The Composition, Character and Date of the 'Second
                Vision of Enoch'», dans *Text – Wort – Glaube* (en collab.) (1980), 19-30.

a330   COLLINS, J.J., «The Heavenly Representative: The 'Son of Man' in the
                Similitudes of Enoch», dans *Ideal Figures in Ancient Judaism* (en collab.)
                (1980), 111-133.

a331   SUTER, D.W., «*Mašal* in the Similitudes of Enoch», JBL 100 (1981)
                193-212 (I Enoch 37-71).

a332   46   COLLINS, J.J., «The Son of Man Who Has Righteousness», dans *Society
                of Biblical Literature. 1979 Seminar Papers* (en collab.) (1979), II, 1-13
                (1 Hénoch 46).

a333   46,3-4 PENNA, R., *Lo Spirito di Cristo* (1976), «Il primo libro di Enoch
                (46,3-4a; 48,4bc; 49; 61,10-11; 62,2; 91,1)», 72-81,

a334   60   CAQUOT, A., «Léviathan et Behémoth dans la troisième 'Parabole'
                d'Hénoch», Sem. 25 (1975) 111-122.

a335   69,2 BLACK, M., «The Twenty Angel Dekadarchs at I Enoch 6.7 and 69.2»,
                dans *Essays in Honour of Yigael Yadin*, JJS 33 (1982) 227-235.

a336   72-82 NEUGEBAUER, O., *The 'Astronomical' Chapters of the Ethiopic Book
                of Enoch (72-82: Translation and Commentary* (Copenhagen, Det
                Kongelige Danske Videnskabernes Selskab, 1981), 42 pp.

a337   77,3 VANDER KAM, J.C., «1 Enoch 77, 3 and a Babylonian Map of the
                World», RQum 11 (1983) 271-278.

a338   83-90 KLIJN, A.F.J., «From Creation to Noah in the second Dream-Vision of
                the Ethiopic Henoch», dans *Miscellanea Neotestamentica* (en collab.)
                (1978), I, 147-159 (I Enoch 83-90).

a339   90,38 LINDARS, B., «A Bull, a Lamb and a Word: I Enoch xc. 38», NTS 22
                (1976) 483-486.

a340   91-93 DEXINGER, F., *Henochs Zehnwochenapokalypse und offene Probleme
                der Apokalyptikforschung* (Studia Post-Biblica, 29) (Leiden, Brill, 1977),
                xix-203 pp. (I Henoch 91-93).

a341   KOCH, K., «Sabbatstruktur der Geschichte. Die sogenannte Zehn-
                Wochen-Apokalypse (1 Hen 93,1-10; 91,11-17) und das Ringen um die
                alttestamentlichen Chronologien im späten Israelitentum», ZAW 95
                (1983) 403-430 (I Enoch 91-93).

a342   92-105 NICKELSBURG, G.W.E., «The Apocalyptic Message of 1 Enoch
                92-105», CBQ 39 (1977) 309-328.

a343   NICKELSBURG, G.W.E., «Riches, the Rich, and God's Judgment in I
                Enoch 92-105 and the Gospel according to Luke», NTS 25 (1979)
                324-344.

Divers. Miscellaneous. Verschiedenes. Diversi. Diversos.

a344   BROCK, S.P., «A Fragment of Enoch in Syriac», JTS 19 (1968) 626-631.

a345   JEREMIAS, J., «Beobachtungen zu neutestamentlichen Stellen an Hand des
          neugefundenen griechischen Henoch-Textes», ZNW 38 (1939) 115-124.

a346   BLACK, M., «The New Creation in I Enoch», dans *Creation, Christ and Culture* (en collab.) (1976), 13-21.

a347   LUCK, U., «Das Weltverständnis in der jüdischen Apokalyptik, dargestellt am äthiopischen Henoch und am 4. Esra», ZTK 73 (1976) 283-305.

a348   PEARSON, B.A., «The Pierpont Morgan Fragments of a Coptic Enoch Apocryphon», dans *Studies on the Testament of Abraham* (en collab.) (1976), 227-283.

a349   SANDERS, E.P., *Paul and Palestinian Judaism*, «Enoch» (1977), 346-362.

a350   BARR, J., «Aramaic-Greek notes on the Book of Enoch», JSS 23 (1978) 184-198; 24 (1979) 179-192.

a351   COLLINS, J.J., «Methodological Issues in the Study of I Enoch: Reflections on the Articles of P. D. Hanson and G. W. Nickelsburg», dans *Society of Biblical Literature. 1978 Seminar Papers* (en collab.) (1978), I, 315-322.

a352   COUGHENOUR, R.A., «The Woe-Oracles in Ethiopic Enoch», JStJud 9 (1978) 192-197.

a353   HIMMELFARB, M., «A Report on Enoch in Rabbinic Literature», dans *Society of Biblical Literature. 1978 Seminar Papers* (en collab.) (1978), I, 259-269.

a354   KNIBB, M.A., *The Ethiopic Book of Enoch*. A New Edition in the Light of the Aramaic Dead Sea Fragments (Oxford, Oxford University Press, 1978), Vol. 1: Text and Apparatus, xvi-428 pp.; Vol. 2: Introduction, Translation and Commentary, vi-260 pp.

a355   STONE, M.E., «The Book of Enoch and Judaism in the Third Century B.C.E.», CBQ 40 (1978) 479-492.

a356   CHARLESWORTH, J.H., «The SNTS Pseudepigrapha Seminars at Tübingen and Paris on the Books of Enoch», NTS 25 (1979) 315-323.

a357   GREENFIELD, J.C., STONE, M.E., «The Books of Enoch and the traditions of Enoch», Numen 26 (1979) 89-103.

a358   BARKER, M., «Some Reflections upon the Enoch Myth», JSOT n° 15 (1980) 7-29.

a359   COUGHENOUR, R.A., «The Wisdom Stance of Enoch's Redactor», JStJud 13 (1982) 47-55.

a360   GERO, S., «Henoch und die Sibylle», ZNW 73 (1982) 148-150.

a361   LEVINE, B.A., «From the Aramaic Enoch Fragments: The Semantics of Cosmography», dans *Essays in Honour of Yigael Yadin*, JJS 33 (1982) 311-326.

a362   VANDER KAM, J.C., «Some Major Issues in the Contemporary Study of 1 Enoch: Reflections on J.T. Milik's *The Books of Enoch: Aramaic Fragments of Qumrân Cave 4*», Maarav, 3, n° 1 (1982) 85-97.

a363   ALEXANDER, P., «(Hebrew Apocalypse of) Enoch», dans *The Old Testament Pseudepigrapha* (en collab.) (1983), I, 223-315.

a364   ANDERSEN, F.I., «(Slavonic Apocalypse of) Enoch», dans *The Old Testament Pseudepigrapha* (en collab.) (1983), I, 91-221.

a365   ISAAC, E., «(Ethiopic Apocalypse of) Enoch», dans *The Old Testament Pseudepigrapha* (en collab.) (1983), I, 5-89.

9. Joseph et Aséneth. Joseph and Aseneth. Joseph und Aseneth. Giuseppe e Aseneth. Josefo y Aseneth.

a366   BURCHARD, C., *Untersuchungen zu Joseph und Aseneth* (Wissenschaftliche Untersuchungen zum Neuen Testament, 8) (Tübingen, Mohr, 1965), viii-180 pp.

a367   BURCHARD, C., «Joseph et Aséneth: Questions actuelles», dans *La littérature juive entre Tenach et Mischna* (en collab.) (1974), 77-100.

a368 PHILONENKO, M., «Joseph et Aséneth: Questions actuelles», dans *La littérature juive entre Tenach et Mischna* (en collab.) (1974), 73-76.

a369 KEE, H.C., «The Socio-Religious Setting and Aims of *Joseph and Asenath*», dans *Society of Biblical Literature, 1976 Seminar Papers* (en collab.) (1976), 183-192.

a370 PERVO, R.I., «Joseph and Asenath and the Greek Novel», dans *Society of Biblical Literature, 1976 Seminar Papers* (en collab.) (1976), 171-181.

a371 VIKAN, G., «Illustrated Manuscripts of the Romance of Joseph and Aseneth», dans *Society of Biblical Literature, 1976 Seminar Papers* (en collab.) (1976), 193-208.

a372 BURCHARD, C., «Joseph und Aseneth Neugriechisch», NTS 24 (1977-78) 68-84.

a373 DELLING, G., «Einwirkungen der Sprache der Septuaginta in *Joseph und Aseneth*», JStJud 9 (1978) 29-56.

a374 BURCHARD, C., «Joseph und Aseneth 25-29 armenisch», JStJud 10 (1979) 1-10.

a375 SÄNGER, D., «Bekehrung und Exodus. Zum jüdischen Traditionshintergrund von *Joseph und Aseneth*», JStJud 10 (1979) 11-36.

a376 SÄNGER, D., *Antikes Judentum und die Mysterien*. Religionsgeschichtliche Untersuchungen Joseph und Aseneth (Wissenschaftliche Untersuchungen zum Neuen Testament, Reihe 2/5) (Tübingen, Mohr-Siebeck, 1980), viii-274 pp.

a377 SÄNGER, D., «Jüdisch-hellenistische Missionsliteratur und die Weisheit», Kairos 23 (1981) 231-243.

a378 KEE, H.C., «The socio-cultural setting of *Joseph und Aseneth*», NTS 29 (1983) 394-413.

a379 PEREZ FERNANDEZ, M., «La apertura a los gentiles en el judaísmo intertestamentario», EstB 41 (1983) 83-116.

10. Jubilés (Livres des). Jubilees (Book of). Jubiläen (Buch der). Giubilei (Libro dei). Jubileos (Libro de los).

a380 LEVI DELLA VIDA, G., «Una traccia del Libro dei Giubilei nella letteratura araba musulmana», Or. 1 (1932) 205-212.

a381 KLEIN, S., «Palästinisches im Jubiläenbuch», ZDPV 57 (1934) 7-27.

a382 BAARS, W., ZUURMOND, R., «A New Edition of the Ethiopian Book of Jubilees», JSS 9 (1964) 67-74.

a383 VAN GOUDOEVER, J., «A Study on the Idea of Mid-Time», Bijdr. 33 (1972) 262-307.

a384 DENIS, A.-M., *Concordance latine du Liber Jubilaeorum sive Parva Genesis* (Louvain, Université Catholique, 1973), 171 pp.

a385 SANDERS, E.P., *Paul and Palestinian Judaism*, «Jubilees» (1977), 362-387.

a386 STECK, O.H., «Die Aufnahme von Genesis 1 in Jubiläen 2 und 4, Esra 6», JStJud 8 (1977) 154-182,

a387 VANDER KAM, J.C., *Textual and Historical Studies in the Book of Jubilees* (Harvard Semitic Monographs, 14) (Missoula, Montana, Scholars Press, 1977), xv-307 pp.

a388 BROCK, S.P., «Abraham and the Ravens: A Syriac Counterpart to Jubilees 11-12 and Its Implications», JStJud 9 (1978) 135-152.

a389 VANDER KAM, J.C., «Enoch Traditions in Jubilees and Other Second-Century Sources», dans *Society of Biblical Literature. 1978 Seminar Papers* (en collab.) (1978), I, 229-251.

a390 PUMMER, R., «The *Book of Jubilees* and the Samaritans», ET 10 (1979) 147-178.

a391 BERGER, K., *Das Buch der Jubiläen* (Jüdische aus hellenistisch-römischer Zeit, Band II: Unterweisung in erzählender Form, Lieferung, 3) (Gütersloh, Mohn, 1981), pp. 275-575.

*a*392   GRELOT, P., «Le Livre des Jubilés et le Testament de Lévi», dans *Mélanges Dominique Barthélemy* (en collab.) (1981), 109-133.

*a*393   VANDER KAM, J.C., «The author of the Book of Jubilees», JSS 26 (1981) 209-217.

*a*394   ALEXANDER, P.S., «Notes on the 'Imago Mundi' of the Book of Jubilees», dans *Essays in Honour of Yigael Yadin*, JJS 33 (1982) 197-213.

*a*395   RIVKIN, E., «The Book of Jubilees - An Anti-Pharisaic Pseudepigraph», ErIs 16 (1982) 193*-198*.

*a*396   GARCIA MARTINEZ, F., «Las Tablas Celestes en el Libro de los Jubileos», *Miscelánea Comillas* 41 (1983) 333-349.

*a*397   LICHTENBERGER, H., «Zu Vorkommen und Bedeutung von *yṣr* im Jubiläenbuch», JStJud 14 (1983) 1-10.

*a*398   PEREZ FERNANDEZ, M., «La apertura a los gentiles en el judaísmo inter-testamentario. Estudio sobre *El libro de los jubileos* y *José y Asenet*, tradiciones tannaíticas y targúmicas», EstB 41 (1983) 83-116.

11. 3 et 4 Maccabées. 3 and 4 Maccabees. 3. u. 4. Makkabäer. 3 et 4 Maccabei. 3 y 4 Macabeos.

*a*399   METZGER, B.M., «An early protestant Bible containing the third Book of Maccabees. With a List of Editions and Translations of Third Maccabees», dans *Text - Wort - Glaube* (en collab.) (1980), 123-133.

*a*400   BREITENSTEIN, U., *Beobachtungen zu Sprache, Stil und Gedankengut des Vierten Makkabäerbuchs* (Basel, Stuttgart, Schwabe Verlag, 1976), 212 pp.

*a*401   JOHNSON, S.E., «Greek and Jewish Heroes: Fourth Maccabees and the Gospel of Mark», dans *Early Christian Literature and the Classical Intellectual Tradition. In Honorem Robert M. Grant* (en collab.) (1979), 155-175.

12. Assomption de Moïse. Assumption of Moses. Himmelfahrt Moses. Assunzione di Mosè. Asunción de Moisés.

*a*402   LAPERROUSAZ, E.-M., «Le Testament de Moïse (généralement appelé 'Assomption de Moïse'). Traduction avec introduction et notes», Sem. 19 (1969) 3-137.

*a*403   SCHWARTZ, D.R., «The Tribes of *As. Mos.* 4:7-9», JBL 99 (1980) 217-223.

*a*404   LACHS, S.T., «Some Textual Observations on the *Apocalypsis Mosis* and the *Vita Adae et Evae*», JStJud 13 (1982) 172-176.

13. Psaumes de Salomon. Psalms of Salomon. Psalmen Salomos. Salmi di Salomone. Salmos de Salomón.

*a*405   DELCOR, M., «Psaumes de Salomon», SDB 9 (1973) col. 214-245.

*a*406   PENNA, R., *Lo Spirito di Cristo* (1976), «I Salmi di Salomone (17-18)», 65-71.

*a*407   SANDERS, E.P., *Paul and Palestinian Judaism*, «The Psalms of Solomon» (1977), 387-409.

*a*408   DAVENPORT, G.L., «The 'Anointed of the Lord' in Psalm of Solomon 17», dans *Ideal Figures in Ancient Judaism* (en collab.) (1980), 67-92.

*a*409   DIMANT, D., «A Cultic Term in the Psalms of Solomon in the Light of the Septuagint», Textus 9 (1981) 28-54, 136.

*a*410   HANN, R.R., *The Manuscript History of the Psalms of Solomon* (SBL Septuagint and Cognate Studies, 13) (Chico, California, Scholars Press, 1982), viii-158 pp.

**14. Oracles sibyllins. Sibilline Oracles. Sibyllinische Orakel.
Oracoli sibillini. Oráculos sibilinos.**

*a*411   KURFESS, A., «Das Mahngedicht des sogenannten Phokylides im zweiten Buch der Oracula Sibyllina», ZNW 38 (1939) 171-181.

*a*412   KURFESS, A., «Oracula Sibyllina I/II», ZNW 40 (1941) 151-165.

*a*413   GAGER, J.G., «Some Attempts to Label the *Oracula Sibyllina*, Book 7», HarvTR 65 (1972) 91-97.

*a*414   COLLINS, J.J., *The Sibylline Oracles of Egyptian Judaism* (SBL Dissertation Series, 13) (Missoula, Montana, Society of Biblical Literature and Scholars Press, 1974), xiii-238 pp.

*a*415   NOACK, B., «Der zeitgeschichtliche Hintergrund der Oracula Sibyllina», dans *Theologie aus dem Norden* (en collab.) (1976), 167-190.

*a*416   COOTE, R.B., «Sibyl: 'Oracle'», JNWSemL 5 (1977) 3-8.

*a*417   NOLLAND, J., «*Sib. Or.* iii. 265-94, and early Maccabean Messianic Oracle», JTS 30 (1979) 158-166.

*a*418   COLLINS, J.J., «Sibylline Oracles», dans *The Old Testament Pseudepigrapha* (en collab.) (1983), I, 317-472.

*a*419   SIMON, M., «Sur quelques aspects des Oracles Sibyllins juifs», dans *Apocalypticism in the Mediterranean World and the Near East* (en collab.) (1983), 219-233.

**15. Testaments des patriarches. Testaments of the Patriarchs. Testamente der Patriarchen.
Testamenti dei Patriarchi. Testamentos de los Patriarcas.**

Études générales. General Studies. Allgemeine Studien. Studi generali. Estudios generales.

*a*420   PHILONENKO, M., «Les Interpolations chrétiennes des *Testaments des Douze Patriarches* et les Manuscrits de Qoumrân», RHPR 38 (1958) 309-343; 39 (1959) 14-38.

*a*421   DE JONGE, M., «The Testaments of the Twelve Patriarchs and the New Testament», dans *Studia Evangelica* (TU 73) (en collab.) (1959), 546-556.

*a*422   RENGSTORF, K.H., «Herkunft und Sinn der Patriarchen-Reden in den Testamenten des zwölf Patriarchen», dans *La littérature juive entre Tenach et Mischna* (en collab.) (1974), 29-47.

*a*423   SEGALLA, G., *Volontà di Dio e dell'uomo in Giovanni,* «I Testamenti dei 12 Patriarchi» (1974), 34-40.

*a*424   DE JONGE, M., *The Testaments of the Twelve Patriarchs. A Study of their Text, Composition and Origin*² (Theologische Bibliotheek, 25) (Assen, Van Gorcum, 1975), iv-184 pp.

*a*425   DE JONGE, M. (Ed.), *Studies on the Testaments of the Twelve Patriarchs. Text and Interpretation* (Studia in Veteris Testamenti Pseudepigrapha, 3) (Leiden, Brill, 1975), ix-329 pp.

*a*426   PENNA, R., *Lo Spirito di Cristo* (1976), «I Testamenti dei 12 Patriarchi (L. 18; *Iud.* 24)», 83-92.

*a*427   CHARLESWORTH, J.H., «Reflections on the SNTS Pseudepigrapha Seminar at Duke on the Testaments of the Twelve Patriarchs», NTS 23 (1977) 296-304.

*a*428   HULTGÅRD, A., *L'eschatologie des Testaments des Douze Patriarches*. I. Interprétation des textes; II. Composition de l'ouvrage, textes et traductions (Acta Universitatis Upsaliensis, Historia Religionum, 6 et 7) (Stockholm, Almqvist & Wiksell International, 1977, 1982), 396-319 pp.

*a*429   KEE, H.C., «The Ethical Dimensions of the Testaments of the XII as a Clue to Provenance», NTS 24 (1977-78) 259-270.

*a*430   SLINGERLAND, H.D., *The Testaments of the Twelve Patriarchs.* A Critical History of Research (SBL Monograph Series, 21) (Missoula, Scholars Press, 1977), x-122 pp.

*a*431   STONE, M.E., «New Evidence for the Armenian Version of the Testaments of the Twelve Patriarchs», RB 84 (1977) 94-107.

*a*432   CHILTON, B., «A Cornucopia of Targum and Pseudepigrapha Studies from Scholars Press», JSOT nᵒ 8 (1978) 61-70.

*a*433   DE JONGE, M., *The Testaments of the Twelve Patriarchs.* A Critical Edition of the Greek Text (Pseudepigrapha Veteris Testamenti Graece, volumen primum, pars altera) (Leiden, Brill, 1978), xlv-251 pp.

*a*434   HOLLANDER, H.W., «The influence of the Testaments of the Twelve Patriarchs in the Early Church: Joseph as model in Prochorus' Acts of John», OLoP 9 (1978) 75-81.

*a*435   ROBINSON, P.A., «To Stretch out the Feet: A Formula for Death in the Testaments of the Twelve Patriarchs», JBL 97 (1978) 369-374.

*a*436   O'NEILL, J.C., «The Lamb of God in the Testaments of the Twelve Patriarchs», JSNT nᵒ 2 (1979) 2-30.

*a*437   DE JONGE, M., «The Main Issues in the Study of the Testaments of the Twelve Patriarchs», NTS 26 (1980) 508-524.

*a*438   DE JONGE, M., «Again: 'To Stretch Out the Feet' in the Testaments of the Twelve Patriarchs», JBL 99 (1980) 120-121.

*a*439   HULTGÅRD, A., «The Ideal 'Levite', the Davidic Messiah, and the Saviour Priest in the Testaments of the Twelve Patriarchs», dans *Ideal Figures in Ancient Judaism* (en collab.) (1980), 93-110.

*a*440   KEE, H.C., «Testaments of the Twelve Patriarchs», dans *The Old Testament Pseudepigrapha* (en collab.) (1983) I, 775-828.

Testament de Joseph. Testament of Joseph. Testament von Joseph.
Testamento di Giuseppe. Testamento de José.

*a*441   NICKELSBURG, G.W.E., Jr. (Ed.), *Studies on the Testament of Joseph* (Septuagint and Cognate Studies, 5) (Missoula, Montana, Scholars Press, 1975), viii-153 pp.

*a*442   STONE, M.E. (Ed.), *The Armenian Version of the Testament of Joseph.* Introduction, Critical Edition, and Translation (SBL Texts and Translations, 6; Pseudepigrapha Series, 5) (Missoula, Scholars Press, 1975), vii-57 pp.

*a*443   SLINGERLAND, H.D., «The Testament of Joseph: A Redaction-Critical Study», JBL 96 (1977) 507-516.

*a*444   HOLLANDER, H.W., *Joseph as an Ethical Model in the Testaments of the Twelve Patriarchs* (Studia in Veteris Testamenti Pseudepigrapha, 6) (Leiden, Brill, 1981), x-175 pp.

Testament de Lévi. Testament of Levi. Testament von Levi.
Testamento di Levi. Testamento de Levi.

*a*445   DE JONGE, M., «Notes on Testament of Levi II-III», dans *Travels in the World of the Old Testament* (en collab.) (1974), 132-145.

*a*446   GRELOT, P., «Quatre cent trente ans (Ex 12,40). Note sur les Testaments de Lévi et de Amram», dans *Homenaje a Juan Prado* (en collab.) (1975), 559-570.

*a*447   GREENFIELD, J.C., STONE, M.E., «Remarks on the Aramaic Testament of Levi from the Geniza», RB 86 (1979) 214-230.

*a*448   PHILONENKO, M., «Paradoxes stoïciens dans le Testament de Lévi», dans *Sagesse et religion* (en collab.) (1979), 99-104.

a449   GRELOT, P., «Le Livre des Jubilés et le Testament de Lévi», dans *Mélanges Dominique Barthélemy* (1981), 109-133.

a450   NICKELSBURG, G.W.E., «Enoch, Levi, and Peter: Recipients of Revelation in Upper Galilee», JBL 100 (1981) 575-600 (*Testament of Levi*, 2-7).

Autres Testaments. Other Testaments. Andere Testamente.
Altri Testamenti. Otros Testamentos.

Abraham. Abramo. Abrahán.

a451   TURNER, N., «The 'Testament of Abraham': Problems in Biblical Greek», NTS 1 (1954-55) 219-223.

a452   STONE, M.E., *The Testament of Abraham. The Greek Recensions* (Texts and Translations, 2; Pseudepigrapha Series, 2) (Missoula, Montana, Society of Biblical Literature, 1972), viii-89 pp.

a453   HARRINGTON, D.J., «Abraham Traditions in the Testament of Abraham and in the 'Rewritten Bible' of the Intertestamental Period», dans *Studies on the Testament of Abraham* (en collab.) (1976), 165-171.

a454   KOLENKOW, A.B., «The Genre Testament and the Testament of Abraham», dans *Studies on the Testament of Abraham* (en collab.) (1976), 139-152.

a455   KOLENKOW, A.B., «The Angelology of the Testament of Abraham», dans *Studies on the Testament of Abraham* (en collab.) (1976), 153-162.

a456   KRAFT, R.A., «Reassessing the 'Recensional Problem' in Testament of Abraham», dans *Studies on the Testament of Abraham* (en collab.) (1976), 121-137.

a457   LOEWENSTAMM, S.E., «The Testament of Abraham and the Texts Concerning the Death of Moses», dans *Studies on the Testament of Abraham* (en collab.) (1976), 219-225.

a458   MARTIN, R.A., «Syntax Criticism of the Testament of Abraham», dans *Studies on the Testament of Abraham* (en collab.) (1976), 95-120.

a459   NICKELSBURG, G.W.E., Jr., «Review of the Literature», dans *Studies on the Testament of Abraham* (en collab.) (1976), 9-22.

a460   NICKELSBURG, G.W.E., Jr., «Eschatology in the Testament of Abraham: A Study of the Judgment Scene in the Two Recensions», dans *Studies on the Testament of Abraham* (en collab.) (1976), 23-64.

a461   NICKELSBURG, G.W.E., Jr., «Structure and Message in the Testament of Abraham», dans *Studies on the Testament of Abraham* (en collab.) (1976), 85-93.

a462   NICKELSBURG, G.W.E., Jr., «Summary and Prospects for Future Work», dans *Studies on the Testament of Abraham* (en collab.) (1976), 289-298.

a463   SCHMIDT, F., «The Two Recensions of the Testament of Abraham: In which Way did the Transformation Take Place?» dans *Studies on the Testament of Abraham* (en collab.) (1976), 65-83.

a464   SANDERS, E.P., «Testament of Abraham», dans *The Old Testament Pseudepigrapha* (en collab.) (1983), I, 871-902.

Job. Hiob. Giobbe. Job.

a465   PHILONENKO, M., «Le Testament de Job et les Thérapeutes», Sem. 8 (1958) 41-53.

a466   PHILONENKO, M., «Le Testament de Job. Introduction, traduction et notes», Sem. 17 (1967) 7-75.

a467   COLLINS, J.J., «Structure and Meaning in the Testament of Job», dans *Society of Biblical Literature. 1974 Seminar Papers* (en collab.) (1974), I, 35-52.

a468   KEE, H.C., «Satan, Magic, and Salvation in the Testament of Job», dans *Society of Biblical Literature. 1974 Seminar Papers* (en collab.) (1974), I, 53-76.

a469   KRAFT, R.A. (Ed.), *The Testament of Job according to the SV Text* (Texts and Translations, 5; Pseudepigrapha Series, 4) (Society of Biblical Literature and Scholars Press, University of Montana, 1974), iii-87 pp.

a470   SCHALLER, B., *Das Testament Hiobs* (Jüdische Schriften aus hellenistisch-römischer Zeit, Band III: Unterweisung in lehrhafter Form, Lieferung, 3) (Gütersloh, Mohn, 1979), pp. 303-387.

a471   SCHALLER, B., «Das Testament Hiobs und die Septuaginta-Übersetzung des Buches Hiobs», Bibl 61 (1980) 377-406.

a472   VANDER KAM, J.C., «Intertestamental Pronouncement Stories», Semeia 20 (1981) 65-72.

Moïse. Moses. Mosé. Moisés.

a473   YARBRO COLLINS, A., «Composition and Redaction of the Testament of Moses 10», HarvTR 69 (1976) 179-186.

a474   CARLSON, D.C., «Vengeance and Angelic Mediation in Testament of Moses 9 and 10», JBL 101 (1982) 85-95.

a475   PRIEST, J., «Testament of Moses», dans *The Old Testament Pseudepigrapha* (en collab.) (1983), I, 919-934.

Divers. Miscellaneous. Verschiedenes. Diversi. Diversos.

a476   ROBINSON, S.E., «Testament of Adam», dans *The Old Testament Pseudepigrapha* (en collab.) (1983), I, 989-995.

a477   STINESPRING, W.F., «Testament of Isaac», dans *The Old Testament Pseudepigrapha* (en collab.) (1983), I, 903-911.

a478   STINESPRING, W.F., «Testament of Jacob», dans *The Old Testament Pseudepigrapha* (en collab.) (1983) I, 913-918.

a479   SPITTLER, R.P., «Testament of Job», dans *The Old Testament Pseudepigrapha* (en collab.) (1983), I, 829-868.

a480   DULING, D.C., «Testament of Solomon», dans *The Old Testament Pseudepigrapha* (en collab.) (1983), I, 935-987.

16. Autres apocryphes A.T. Other Apocrypha O.T. Sonstige Apokryphen A.T. Altri apocrifi A.T. Otros apócrifos A.T.

a481   PHILONENKO, M., «L'origine essénienne des cinq Psaumes syriaques de David», Sem. 9 (1959) 35-48.

a482   BIANCHI, U., «La Rédemption dans les livres d'Adam», Numen 18 (1971) 1-8.

a483   CAQUOT, A., «Bref commentaire du Martyre d'Isaïe», Sem. 23 (1973) 65-93.

a484   DELCOR, M., «L''Ascension d'Isaïe' à travers la prédication d'un évêque cathare en Catalogne au quatorzième siècle», RHR 185 (1974) 157-178.

a485   SKEHAN, P.W., «Again the Syriac Apocryphal Psalms», CBQ 38 (1976) 143-158.

a486   WAHL, O. (Ed.), *Apocalypsis Esdrae, Apocalypsis Sedrach, Visio Beati Esdrae* (Pseudepigrapha Veteris Testamenti Graeci, 4) (Leiden, Brill, 1977), x-61 pp.

a487   DIEBNER, B.J., «Literarkritische Probleme der Zephanja-Apokalypse», dans *Nag Hammadi and Gnosis* (en collab.) (1978), 152-167.

a488 MANNS, F., «L'origine d'une Aggadah sur la création d'Adam», Ant 55 (1980) 439-441 (Combat d'Adam et d'Ève).

a489 GRABBE, L.L., «Chronography in 4 Esra and 2 Baruch», dans *Society of Biblical Literature. 1981 Seminar Papers* (en collab.) (1981), 49-63.

a490 TURDEANU, É., *Apocryphes Slaves et Roumains de l'Ancien Testament* (Studia in Veteris Testamenti Pseudepigrapha, 5) (Leiden, Brill, 1981), xii-485 pp.

a491 CHARLESWORTH, J.H., «Treatise of Shem», dans *The Old Testament Pseudepigrapha* (en collab.) (1983), I, 473-486.

a492 MUELLER, J.R., ROBINSON, S.E., «Apocryphon of Ezekiel», dans *The Old Testament Pseudepigrapha* (en collab.) (1983), I, 487-495.

APOCRYPHES N.T. APOCRYPHA N.T. APOKRYPHEN N.T. APOCRIFI N.T. APÓCRIFOS N.T.

1. Introduction. Einführung. Introduzione. Introducción.

a493 SINT, J.A., «Am Rande der vier Evangelien. Zu den Apokryphen des Neuen Testaments», BiLeb 1 (1960) 186-192.

a494 SÖLL, G., «Haben das Heidentum und die Apokryphen die Marienverehrung illegitim beeinflusst?» dans *Jungfrauengeburt gestern und heute* (en collab.) (1969), 25-33.

a495 SEN, F., «Una literatura clave en los estudios bíblicos», CuBi 30 (1973) 229-233.

a496 DRURY, C., «Who's In, Who's Out», dans *What about the New Testament?* (en collab.) (1975), 223-233.

a497 MORALDI, L. (Ed.), *Detti segreti di Gesù* (Milano, Mondadori, 1975), 239 pp.

a498 CIGNELLI, L., «Il prototipo giudeo-cristiano degli apocrifi assunzionisti», dans *Studia Hierosolymitana (Bagatti)* (en collab.) (1976), II, 259-277.

a499 VIELHAUER, P., *Geschichte der urchristlichen Literatur.* Einleitung in das Neue Testament, die Apokryphen und die Apostolischen Vater (De Gruyter Lehrbuch) (Berlin, New York, 1978), xxii-814 pp.

a500 BAGATTI, B., GARCIA, F., *La Vida de Jesús en los Apócrifos del Nuevo Testamento* (Cuadernos de Tierra Santa, 10) (Jerusalem, Franciscan Printing Press, 1979), 112 pp.

a501 BAGATTI, B., *La chiesa primitiva apocrifa (II secolo). Saggio storico* (Alla scoperta della Bibbia, 13) (Roma, Edizioni Paoline, 1981), 127 pp.

a502 BAUCKHAM, R., «The Worship of Jesus in Apocalyptic Christianity», NTS 27 (1981) 322-341.

a503 DE SANTOS OTERO, A., *Die handschriftliche Überlieferung der altslavischen Apokryphen, II* (Patristische Texte und Studien, 23) (Berlin, New York, De Gruyter, 1981), xlvi-271 pp.

a504 JUNOD, É., «Apocryphes du Nouveau Testament?» ETR 58 (1983) 409-421.

2. Évangiles. Gospels. Evangelien. Vangeli. Evangelios.

Évangile de Pierre. Gospel of Peter. Petrusevangelium.
Vangelo di Pietro. Evangelio de Pedro.

a505 CHABROL, C., «Remarques sur deux textes apocryphes (Actes de Pilate et Évangile de Pierre)», dans CHABROL, C., MARIN, L., *Le récit évangélique* (1974), 65-75.

a506 DENKER, J., *Die theologiegeschichtliche Stellung des Petrusevangeliums. Ein Beitrag zur Frühgeschichte des Doketismus* (Europäische Hochschulschriften, Reihe XXIII: Theologie, 36) (Bern, H. Lang, 1975), 257 pp.

a507   LAMBIASI, F., «I criteri di autenticità storica dei vangeli applicati ad un apocrifo: il vangelo di Pietro», BibOr 18 (1976) 151-160.

a508   FUCHS, A., *Das Petrusevangelium* (Studien zum Neuen Testament und seiner Umwelt, 2; Die griechischen Apokryphen zum Neuen Testament, 1) (Linz, Plöchl, 1978), 144 pp.

a509   LÜHRMANN, D., «POx 2949: EvPt 3-5 in einer Handschrift des 2./3. Jahrhunderts», ZNW 72 (1981) 216-226.

Divers. Miscellaneous. Verschiedenes. Diversi. Diversos.

a510   SAINTYVES, P., «De la nature des évangiles apocryphes et de leur valeur hagiographique», RHR 106 (1932) 435-457.

a511   LINDSTRÖM, B., (Ed.), *A Late Middle English Version of The Gospel of Nicodemus edited from British Museum MS Harley 149* (Acta Universitatis Upsaliensis, Studia Anglistica Upsaliensia, 18) (Stockholm, Almqvist & Wiksell, 1974), 184 pp.

a512   DE STRYCKER, E., «Une métaphrase inédite du Protévangile de Jacques», OLoP 6/7 (1975-76) 163-184.

a513   ERBETTA, M., *Gli apocrifi del Nuovo Testamento.* Vangeli I/1: Scritti affini ai vangeli canonici. Compoosizioni gnostiche. Materiale illustrative (Torino, Marietti, 1975), viii-661 pp.

a514   DI NOLA, A.M., *Vangeli apocrifi. Natività e infanzia* (Biblioteca della Fenice, 10) (Milano, Ugo Guanda, 1977), 222 pp.

a515   FUCHS, A., *Konkordanz zum Protoevangelium des Jakobus* (Studien zum Neuen Testament und seiner Umwelt, B/3; Die griechischen Apokryphen zum Neuen Testament, 2) (Linz, SNTU, 1978), 194 pp.

a516   BERTRAND, D.A., «L'*Évangile des Ébionites*: Une Harmonie Évangélique antérieure au Diatessaron», NTS 26 (1980) 548-563.

a517   KOESTER, H., «Apocryphal and Canonical Gospels», HarvTR 73 (1980) 105-130.

a518   POMILIO, M., «Il frammento di Mar Saba: un vangelo segreto?» dans *Parola e Spirito* (en collab.) (1982), 105-118.

a519   COTHENET, É., «Le Protévangile de Jacques comme premier témoin de la piété mariale populaire», dans *Liturgie, spiritualité, cultures* (en collab.) (1983), 63-80.

3. Actes. Acts. Akten. Atti. Hechos.

Introduction. Einführung. Introduzione. Introducción.

a520   GUTHRIE, D., «Acts and Epistles in Apocryphal Writings», dans *Apostolic History and the Gospel* (en collab.) (1970), 328-345.

a521   BERGER, K., «Jüdisch-hellenistische Missionsliteratur und Apokryphe Apostelakten», Kairos 17 (1975) 232-248.

a522   KAESTLI, J.-D., «L'utilisation des Actes apocryphes des apôtres dans le manichéisme», dans *Gnosis and Gnosticism* (en collab.) (1977), 107-116.

a523   DAVIES, S.L., *The Revolt of the Widows. The Social World of the Apocryphal Acts* (Carbondale, Il, Southern Illinois University Press, 1980), x-139 pp.

a524   BOVON, F., «La vie des apôtres: traditions bibliques et narrations apocryphes», dans *Les Actes apocryphes des apôtres* (en collab.) (1981), 141-158.

a525   JUNOD, É., «Actes apocryphes et hérésies: le jugement de Photius», dans *Les Actes apocryphes des apôtres* (en collab.) (1981), 11-24.

a526   JUNOD, É., «Les Vies de philosophes et les Actes apocryphes: un dessein similaire?» dans *Les Actes apocryphes des apôtres* (en collab.) (1981), 209-219.

a527   KAESTLI, J.-D., «Les principales orientations de la recherche sur les Actes apocryphes», dans *Les Actes apocryphes des apôtres* (en collab.) (1981), 49-67.

a528   MORARD, F., «Notes sur le recueil copte des Actes Apocryphes des Apôtres», RTP 113 (1981) 403-413.

a529   POUPON, G., «Les Actes apocryphes des Apôtres de Lefèvre à Fabricius», dans *Les Actes apocryphes des apôtres* (en collab.) (1981), 25-47.

a530   TISSOT, Y., «Encratisme et Actes apocryphes», dans *Les Actes apocryphes des apôtres* (en collab.) (1981), 109-119.

a531   ZUMSTEIN, J., «Les Actes Apocryphes des Apôtres», RTP 113 (1981) 415-420.

Actes de Jean. Acts of John. Johannesakten. Atti di Giovanni. Hechos de Juan.

a532   PULVER, M., «Jesu Reigen und Kreuzigung nach den Johannes-Akten», ErJb 9 (1943) 141-177.

a533   JUNOD, É., KAESTLI, J.-D., «Les traits caractéristiques de la théologie des 'Actes de Jean'», RTP 26 (1976) 125-145.

a534   STEAD, G.C., «Conjectures on the Acts of John », JTS 32 (1981) 152-153.

a535   SCHÄFERDIEK, K., «Herkunft und Interesse der alten Johannesakten», ZNW 74 (1983) 247-267.

Actes de Pilate. Acts of Pilate. Pilatusakten. Atti di Pilato. Hechos de Pilato.

a536   CHABROL, C., «Remarques sur deux textes apocryphes (Actes de Pilate et Évangile de Pierre)», dans CHABROL, C., MARIN, L., *Le récit évangélique* (1974), 65-73.

a537   HOFFMAN, R.J., «Confluence in Early Christian and Gnostic Literature - *The Descensus Christi ad Inferos (Acta Pilati XVII-XXVII)*», JSNT nº 10 (1981) 42-60.

Actes de Thomas. Acts of Thomas. Thomasakten. Atti di Tomaso. Hechos de Tomás.

a538   CONNOLLY, R.H., «A Negative Golden Rule in the Syriac Acts of Thomas», JTS 36 (1935) 353-356.

a539   QUISPEL, G., «Das Lied von der Perle», ErJb 34 (1966) 9-32 (*Thomasakten*, c. 108-113).

a540   KÖBERT, R., «Das Perlenlied», Or. 38 (1969) 447-456 (aus den Thomasakten).

a541   CONZELMANN, H., «Zu Mythos, Mythologie und Formgeschichte, geprüft an der dritten Praxis der Thomas-Akten», ZNW 67 (1976) 111-122.

a542   ZELZER, K. (Hrg.), *Die alten lateinischen Thomasakten* (Texte und Untersuchungen, 122) (Berlin, Akademie-Verlag, 1977), lxviii-114 pp.

a543   CULIANU, I.P., «Erzählung und Mythos im *Lied von der Perle*», Kairos 21 (1979) 60-71.

a544   TISSOT, Y., «Les Actes apocryphes de Thomas: exemple de recueil composite», dans *Les Actes apocryphes des apôtres* (en collab.) (1981), 223-232.

Divers. Miscellaneous. Verschiedenes. Diversi. Diversos.

a545   LELOIR, L., «La Version Arménienne des Actes Apocryphes d'André et le Diatessaron», NTS 22 (1976) 115-139.

a546   ZUMSTEIN, J., «L'apôtre comme martyr dans les Actes de Luc», RTP 112 (1980) 371-390.

a547 PRIEUR, J.-M., «La figure de l'apôtre dans les Actes apocryphes d'André», dans *Les Actes apocryphes des apôtres* (en collab.) (1981), 121-139.

a548 RORDORF. W., «Die neronische Christenverfolgung im Spiegel der apokryphen Paulusakten», NTS 28 (1982) 365-374.

a549 PASQUATO, O., «Il Kerigma dei discorsi di Paolo in 'Acta Pauli': contenuto teologico-catechetico e significato storico», Sal 45 (1983) 275-309.

4. Odes de Salomon. Odes of Salomon. Oden Salomos. Odi di Salomone. Odas de Salomón.

a550 BAUER, W., *Die Oden Salomos* (Berlin, De Gruyter, 1933), 81 pp.

a551 PHILONENKO, M., «Conjecture sur un verset de la onzième Ode de Salomon», ZNW 53 (1962) 264.

a552 SANDERS, J.T., *The New Testament Christological Hymns* (1971), 101-120.

a553 AUNE, D.E., *The Cultic Setting of Realized Eschatology in Early Christianity*, «The Present Realization of Eschatological Salvation in the Odes of Solomon» (1972), 166-194.

a554 CHARLESWORTH, J.H., «Qumran, John and the Odes of Solomon», dans *John and Qumran* (en collab.) (1972), 107-136.

a555 CHARLESWORTH, J.H., CULPEPPER, R.A., «The Odes of Solomon and the Gospel of John», CBQ 35 (1973) 298-322.

a556 TOSATO, A., «Il battesimo di Gesù e le Odi di Salomone», BibOr 18 (1976) 261-269.

a557 CHARLESWORTH, J.H., *The Odes of Solomon: the Syriac Texts Edited with Translation and Notes* (Texts and Translations, 13; Pseudepigrapha Series, 7) (Missoula, Montana, Scholars Press, 1977), xvii-167 pp.

a558 EMERTON, J.A., «Notes on Some Passages in the Odes of Solomon», JTS 28 (1977) 507-519.

a559 KÖBERT, R., «Ode Salomons 20,6 und Sir 33,31», Bibl 58 (1977) 529-530.

a560 TOSATO, A., «Gesù e gli zeloti alla luce delle *Odi di Salomone*», BibOr 19 (1977) 145-153.

a561 VIELHAUER, P., *Geschichte der urchristlichen Literatur*. Einleitung in das Neue Testament, die Apokryphen und die Apostolischen Väter (De Gruyter Lehrbuch) (Berlin, De Gruyter, 1978), xxii-814 pp.

a562 CHARLESWORTH, J.H., «Haplography and Philology: A Study of Ode of Solomon 16:8», NTS 25 (1979) 221-227.

a563 LATTKE, M., *Die Oden Salomos in ihrer Bedeutung für Neues Testament und Gnosis,* 3 Bände. I. Ausführliche Handschriftenbeschreibung. II. Vollständige Wortkonkordanz zur handschriftlichen gr. kopt. lat. sy. Überlieferung. *Supplement*: Der syrische Text der Edition in Estrangelâ; Faksimile des griechischen Papyrus Bodmer XI (Orbis Biblicus et Orientalis, 25/1,1a.2) (Fribourg, Switzerland; Éditions Universitaires; Göttingen, Vandenhoeck & Ruprecht, 1979-80), xi-237, xv-201, 64 pp.

a564 DRIJVERS, H.J.W., «The 19th Ode of Solomon: Its Interpretation and Place in Syrian Christianity», JTS 31 (1980) 337-355.

a565 CHARLESWORTH, J.H., *Papyri and Leather Manuscripts of the Odes of Solomon* (Dickerson Series of Facsimiles, 1) (Durham, NC, International Center for the Study of Ancient Near Eastern Civilizations and Christian Origins, Duke University, 1981), vi-89 pp.

a566 EMERTON, J.A., GORDON, R.P., «A Problem in the Odes of Solomon xxiii. 20», JTS 32 (1981) 443-447.

a567   GUIRAU, J., HAMMAN, A.-G., *Les Odes de Salomon*. Quand vous prierez (Paris-Tournai, Desclée de Brouwer, 1981), 94 pp.

a568   McNEIL, B., «Suffering and martyrdom in the Odes of Solomon», dans *Suffering and Martyrdom in the New Testament* (en collab.) (1981), 136-142.

a569   AUNE, D.E., «The Odes of Solomon and Early Christian Prophecy», NTS 28 (1982) 435-460.

a570   LATTKE, M., «The Apocryphal Odes of Solomon and New Testament Writings», ZNW 73 (1982) 294-301.

a571   SCHOEDEL, W.A., «Some Readings in the Greek Ode of Solomon», JTS 33 (1982) 175-182.

5. Autres apocryphes N.T. Other Apocrypha N.T. Sonstige Apokryphen N.T.
Altri apocrifi N.T. Otros apócrifos N.T.

a572   KRAELING, C.H., «The Apocalypse of Paul and the 'Iranische Erlösungsmysterium'», HarvTR 24 (1931) 209-244.

a573   RICCIOTTI, G., «Apocalypsis Pauli syriace», Or. 2 (1933) 1-25, 120-149.

a574   PARKER, P., «The 'Second' Saying from Oxyrhynchus», AThR 22 (1940) 195-198.

a575   DAHL, N.A., «La terre où coulent le lait et le miel, selon Barnabé 6. 8-19», dans *Aux Sources de la tradition chrétienne* (en collab.) (1950), 62-70.

a576   BIANCHI, U., «Adamo e la storia della salvezza (Paolo e i 'libri di Adamo')», dans *L'uomo nella Bibbia e nelle culture ad essa contemporanee* (en collab.) (1975), 209-223.

a577   SFORZA BARCELLONA, F. (Ed.) *Epistola di Barnaba*. Introduzione, testo critico, traduzione, commento, glossario e indici (Corona Patrum, 1) (Torino, SEI, 1975), 208 pp.

a578   GUNTHER, J.J., «The Epistle of Barnabas and the Final Rebuilding of the Temple», JStJud 7 (1976) 143-151.

a579   VOIGT, S., «Une accusation apocryphe contre l'apôtre Jean et son historicité possible», dans *Studia Hierosolymitana (Bagatti)* (en collab.) (1976) (cf. *Transitus A* et *B*), II, 278-288.

a580   DE SANTOS OTERO, A., *Die handschriftliche Überlieferung der altslavischen Apokryphen* (Patristische Texte und Studien, 20, 23) (Berlin, New York, De Gruyter, 1978, 1981), xl-227 pp., xlvi-271 pp.

a581   FLUSSER, D., «An Early Jewish-Christian Document in the Tiburtine Sibyl», dans *Mélanges offerts à Marcel Simon* (en collab.) (1978), 153-183.

a582   HELDERMAN, J., «*Anapausis* in the Epistula Jacobi Apocrypha», dans *Nag Hammadi and Gnosis* (en collab.) (1978), 34-43.

a583   FOLGADO FLOREZ, S., *Teoría eclesial en el Pastor de Hermas* (Biblioteca 'La Ciudad de Dios', 1. Libros, 30) (Madrid, Real Monasterio de El Escorial, 1979), xi-137 pp.

a584   MATTIOLI, U., *Didachè. Dottrina dei dodici apostoli*. Introduzione, traduzione e note (Letture cristiane delle origini, sezione testi, 5) (3a riv. ed.) (Roma, Edizioni Paoline, 1980), 142 pp.

a585   COURT, J.M., «The Didache and St Matthew's Gospel», SJTh 34 (1981) 109-120.

a586   WEHNERT, J., «Literarkritik und Sprachanalyse. Kritische Anmerkungen zum gegenwärtigen Stand der Pseudoklementinen-Forschung», ZNW 74 (1983) 268-301.

ARCHÉOLOGIE. ARCHEOLOGY. ARCHÄOLOGIE.
ARCHEOLOGIA. ARQUEOLOGÍA.

1. Études générales. General Studies. Allgemeine Abhandlungen.
   Studi generali. Estudios generales.

*a*587   CELADA, B., «Los textos y otros hallazgos arqueológicos», CuBi 14 (1957) 307-326.
*a*588   BOTTERWECK, G.J., «Archäologie in Palästina. Zum gleichnamigen Buch von W.F. Albright», BiLeb 5 (1964) 209-215.
*a*589   PAX, E., «Archäologie und Exegese», BiLeb 5 (1964) 256-266.
*a*590   NORTH, R., «New Frames for Near East Archaeology», Or. 40 (1971) 341-354.
*a*591   PAUL, S.M., DEVER, W.G., *Biblical Archaeology* (Library of Jewish Knowledge) (Jerusalem, Keter Publishing House, 1973), xiii-290 pp.
*a*592   KING, P.J., «Archaeology at the Albright Institute», BA 38 (1975) 79-88.
*a*593   BURNEY, C., *From Village to Empire.* An Introduction to Near Eastern Archaeology (Oxford, Phaidon Press, 1977), 224 pp.
*a*594   NEGEV, A., *Archaeology in the Land of the Bible* (New York, Schocken, 1977), xxxix-131 pp.
*a*595   VOS, H.F., *Archaeology in Bible Lands* (Chicago, Moody Press, 1977), 399 pp.
*a*596   MENDENHALL, G.E., «Between Theology and Archaeology», JSOT nº 7 (1978) 28-34.
*a*597   SCHOVILLE, K.N., *Biblical Archaeology in Focus* (Grand Rapids, Baker, 1978), 511 pp.
*a*598   FINEGAN, J., *Archaeological History of the Ancient Near East* (Boulder, Colorado, Westview Press; Filkestone, England, Dawson, 1979), xxv-456 pp.
*a*599   ALBENDA, P., «Syrian-Palestinian Cities on Stone», BA 43 (1980) 222-229.
*a*600   MURPHY-O'CONNOR, J., *The Holy Land. An Archaeological Guide from Earliest Times to 1700* (Oxford, Oxford University Press, 1980), xvi-320 pp.
*a*601   FINEGAN, J., *Discovering Israel.* An Archaeological Guide to the Holy Land (Grand Rapids, Eerdmans, 1981), xii-143 pp.
*a*602   VOGEL, E.K., HOLTZCLAW, B., «Bibliography of Holy Land Sites, Part II», HUCA 52 (1981) 1-92. Cf. Part I: HUCA 42 (1971) 1-96.
*a*603   USSISHKIN, D., «Where is Israeli Archeology Going?» BA 45 (1982) 93-95.
*a*604   KING, P.J., «The Contribution of Archaeology to Biblical Studies», CBQ 45 (1983) 1-16.
*a*605   MEYERS, E., PAYNE, M., «Archaeology and the Public's Perception of the Ancient World», BA 46 (1983) 109-112.

2. Musées. Museums. Museum. Musei. Museos.

*a*606   PARROT, A., «Centenaire de la fondation du 'Musée Assyrien', au Musée du Louvre», Syr. 25 (1946-48) 173-184.
*a*607   PERROT, J., «Le Musée archéologique de Palestine, à Jérusalem», Syr. 25 (1946-48) 268-300.
*a*608   GIGNOUX, P., *Catalogue des sceaux, camées et bulles sasanides de la Bibliothèque Nationale et du Musée du Louvre. II. Les sceaux et les bulles inscrits* (Paris, Bibliothèque Nationale, 1978), 161 pp.
*a*609   KUENY, J., YOYOTTE, J., *Grenoble, Musée des Beaux-Arts, collection égyptienne* (Inventaire des collections publiques françaises, 23) (Paris, Réunion des Musées nationaux, 1979), 220 pp.
*a*610   VOLLENWEIDER, M.-L., *Catalogue raisonné des sceaux, cylindres, intailles et camées. II. Les portraits, les masques de théâtre, les symboles politiques* (Mainz, Von Zabern, 1979), xxi-536 pp.

a611   ACKERMAN, A.S., «Making Archeology Relevant: Teaching in the Museum», BA 43 (1980) 163-167.

3. Encyclopédies, atlas. Encyclopedias, Atlases. Enkyklopädien, Atlanten. Enciclopedie, atlanti. Enciclopedias, atlas.

a612   AVI-YONAH, M., (Ed.), Encyclopedia of Archaeological Excavations in the Holy Land (English Edition) (London, Oxford, University Press, 1975, 1976, 1977), 3 vol., 933 pp.

a613   FINLEY, M.I. (Ed.), Atlas of Classical Archaeology (London, Chatto & Windus, 1977), 256 pp.

a614   GALLING, K., (Hrg.), Biblisches Reallexikon, 2., neugestaltete Auflage (HbAT Erste Reihe, 1) (Tübingen, J.C.B. Mohr, 1977), xvi-388 pp.

a615   AVI-YONAH, M., STERN, E. (Ed.), Encyclopedia of Archaeological Excavations in the Holy Land Vol. 4, O-Z (Oxford, Oxford University Press, 1978), 935-1237 pp.

a616   SHERRATT, A. (Ed.), The Cambridge Encyclopedia of Archaeology (Cambridge, Cambridge University Press, 1980), 495 pp.

4. Archéologues. Archaeologists. Archäologen. Archeologi. Arqueólogos.

a617   POTTIER, E., «Gaston Migeon (1861-1930)», Syr. 11 (1930) 309-310.
a618   DUSSAUD, R., «Edmond Pottier (1855-1934)», Syr. 15 (1934) 217-221.
a619   TUFNELL, O., «James Leslie Starkey: An Appreciation», PEQ 70 (1938) 80-83.
a620   TUFNELL, O., «Flinders Petrie», PEQ 75 (1943) 5-8.
a621   ISSERLIN, B.S.J., «Obiturary: Professor E.L. Sukenik», PEQ 85 (1953) 79-80.
a622   ELATH, E., «Claude Reignier Conder», PEQ 97 (1965) 21-41.
a623   TUFNELL, O., «Excavator's Progress: Letters of F.J. Bliss, 1889-1900», PEQ 97 (1965) 112-127.
a624   XXX, «Bibliographia degli scritti di Giuseppe Botti», OrAnt 6 (1967) 3-7.
a625   WRIGHT, G.E., «Ernst Sellin * 26.5.1867, †1.1.1946», ZDPV 83 (1967) 84-85.
a626   GUZZO AMADASI, M., «Bibliografia degli scritti (di Giorgio Levi Della Vida)», OrAnt 7 (1968) 17-38.
a627   MOSCATI, S., «Ricordo Di Giorgio Levi Della Vida», OrAnt 7 (1968) 1-15.
a628   XXX, «Bibliography of W.F. Albright», ErIs 9 (1969) 1-5.
a629   CAMPBELL, E.F., Jr., «Paul W. Lapp: In Memoriam», BA 33 (1970) 60-62,
a630   KENYON, K.M., «Father Roland de Vaux, O.P.», Levant 4 (1972) V-X.
a631   KENYON, K.M., «W.F. Albright», Levant 5 (1973) vi.
a632   PRAG, K., «Nelson Glueck», Levant 5 (1973) vii-ix.
a633   WILL, E., «Henri Seyrig (10 novembre 1895 - 21 janvier 1973)», Syr. 50 (1973) 259-265.
a634   WILL, E., «Daniel Schlumberger (19 décembre 1904 - 21 octobre 1972)», Syr. 50 (1973) 267-276.
a635   BENNETT, C.-M., «Obituary of Mr. Harris Dunscombe Colt (1901-1973)», Levant 6 (1975) iii-v.
a636   KOCHAVI, M., «In memoriam: Professor Yohanan Aharoni», Immanuel 6 (1976) 9-12.
a637   KOCHAVI, M., «Professor Yohanan Aharoni - In Memoriam», Tel Aviv 3 (1976) 2-4.
a638   PARR, P.J., «Obituary of Professor G. Ernest Wright», Levant 8 (1976) iii-iv.
a639   STORME, A., «Bibliographia del P. Bellarmino Bagatti», dans Studia Hierosolymitana (Bagatti) (en collab.) (1976), I, 17-27.
a640   BACHI, G., «Bibliography of Y. Aharoni», Tel Aviv 3 (1976) 161-184; 4 (1977) 96.
a641   DONADONI, S., «Ricordo di Michela Giorgini», OrAnt 17 (1978) 299-300.

a642   BRANDES, M.A., «Heinrich Lenzen, 1900-1978», ZA 68 (1978) 161-162.
a643   CALLAWAY, J.A., «Dame Kathleen M. Kenyon (1906-1978)», BA 42 (1979) 122-125.
a644   CAMERON, G.G., «Sir Max Mallowan, 1904-78», BA 42 (1979) 180-183.
a645   CAMPBELL, E.F., Jr., MILLER, J.M., «W.F. Albright and Historical Reconstruction», BA 42 (1979) 37-47.
a646   CURTO, S., «Giovanni Battista Belzoni, antesignano dell'archeologia», OrAnt 18 (1979) 353-355.
a647   DEVER, W.G., «Kathleen Kenyon (1906-1978): A Tribute», BASOR no 232 (1979) 3-4.
a648   McCREERY, D.W., «A Tribute to Dr. James Leon Kelso», BA 42 (1979) 57-60.
a649   MOOREY, P.R.S., «Kathleen Kenyon and Palestinian Archaeology», PEQ 111 (1979) 3-10.
a650   O'BRIEN, P., «Ramsay (William Mitchell) (1851-1939)», SDB 10 (1979) col. 1113-1117.
a651   WESTERN, A.C., «Obituary of Dame Kathleen Kenyon», Levant 11 (1979) iii-iv.
a652   DEVER, W.G., «Biblical Theology and Biblical Archaeology: An Appreciation of G. Ernest Wright», HarvTR 73 (1980) 1-15.
a653   STOLPER, M.W., «George G. Cameron 1905-1979», BA 43 (1980) 183-189.
a654   TUFNELL, O., «Obituary: G.L. Harding», Levant 12 (1980) iii.
a655   WILL, E., «André Parrot (15 février 1901 - 24 août 1980)», Syr. 58 (1981) 1-6.
a656   COOGAN, M.D., «Harry Thomas Frank, In Memoriam, 1933-1980», BA 44 (1981) 178.
a657   POPE, M.H., «Millar Burrows, 1889-1980, in Memoriam», BA 44 (1981) 116-121.
a658   O'CONNELL, K., «Davis Glenn Rose. In Memoriam 1928-1981», BA 45 (1982) 54-55.
a659   GORDON, C.H., «A Scholar and a Gentleman: James Alan Montgomery», BA 46 (1983) 187-189.

5. Ancien Testament. Old Testament. Altes Testament.
   Antico Testamento. Antiguo Testamento.

a660   GARSTANG, J., «The Archaeology of Palestine and the Bible», PEQ 64 (1932) 221-230.
a661   NOTH, M., Die Welt des Alten Testaments. Einführung in die Grenzgebiete der Alttestamentlichen Wissenschaft, 4. Auflage (Sammlung Töpelmann, 2,3) (Berlin, New York, De Gruyter, 1962), xvi-355 pp.
a662   BAIER, W., «Die Hütten Jakobs gefunden?» BiKi 23 (1968) 87-89.
a663   DE GEUS, C.H.J., «The Amorites in the Archaeology of Palestine», UF 3 (1971) 41-60.
a664   YAMAUCHI, E.M., The Stones and the Scriptures (Grand Rapids, Michigan, Baker Book House, 1972), «Mari, Nuzi, and Alalakh: The Illumination of the Old Testament», 27-91.
a665   JONES, E., Discoveries and Documents. An Introduction to the Archaeology of the Old Testament (London, Epworth Press, 1974), vi-122 pp.
a666   CORNFELD, G., Archaeology of the Bible: Book by Book (London, A. & C. Black; New York, Harper and Row, 1977), viii-343 pp.
a667   KENYON, K.M., The Bible and Recent Archaeology (Atlanta, John Knox Press; London, British Museum Publications, 1978), 105 pp.
a668   FRICK, F.S., «Religion and Sociopolitical Structure in Early Israel. An Ethno-Archaeological Approach», dans Society of Biblical Literature. 1979 Seminar Papers (en collab.) (1979) II, 233-253.
a669   GRAY, J., «Recent Archaeological Discoveries and Their Bearing on the Old Testament», dans Tradition and Interpretation (en collab.) (1979), 65-95.
a670   PEARLMAN, M., Digging up the Bible. The Stories behind the Great Archaeological Discoveries in the Holy Land (London, Weidenfeld and Nicholson, 1980), 240 pp.

a671   WISEMAN, D.J., YAMAUCHI, E., *Archaeology and the Bible*. An Introductory Study (Glasgow, Pickering & Inglis, 1980), 122 pp.

a672   LANCE, H.D., *The Old Testament and the Archaeologist* (London, SPCK, 1981), xii-98 pp.

a673   GEVA, S., «Archaeological Evidence for the Trade Between Israel and Tyre?» BASOR nᵒ 248 (1982) 69-72.

6. Nouveau Testament. New Testament. Neues Testament.
Nuovo Testamento. Nuevo Testamento.

a674   YAMAUCHI, E.M., *The Stones and the Scriptures* (Grand Rapids, Michigan, Baker Book House, 1972), «Ramsay Vs. The Tübingen School: *The Confirmation of the New Testament*», 92-125.

a675   KENNEDY, C.A., «Early Christians and the Anchor», BA 38 (1975) 115-124.

a676   VAN DER MINDE, H.-J., «Bedeutung heiliger Stätten für den Christen», TG1 68 (1978) 125-138.

a677   YAMAUCHI, E.M., *The Archaeology of New Testament Cities in Western Asia Minor* (Grand Rapids, Baker Book House, 1980), 160 pp.

a678   FINEGAN, J., *The Archeology of the New Testament*. The Mediterranean World of the Early Christian Apostles (Boulder, CO, Westview Press, 1981), xxxii-250 pp.

a679   JAS, M., «Nouveau Testament et Archéologie», Hok nᵒ 16 (1981) 59-61.

a680   KLAIBER, W., «Archäologie und Neues Testament», ZNW 72 (1981) 195-215.

a681   MEYERS, E.M., STRANGE, J.F., *Archaeology. The Rabbis & Early Christianity* (London, SCM Press, 1981), 207 pp.

a682   BAGATTI, B., «Gli studi odierni sui luoghi santi di Palestina», dans *Parola e Spirito* (en collab.) (1982), 723-730.

a683   NORTH, R., «Is there a New Testament Archeology?» dans *Parola e Spirito* (en collab.) (1982), 689-721.

a684   MANNS, F., «Le prime generazioni cristiane della Palestina alla luce degli scavi archeologici e delle fonti letterarie», Ant 58 (1983) 70-84.

a685   NICCACCI, A., «L'ambiente del Nuovo Testamento e della chiesa primitiva alla luce degli scavi dello Studium Biblicum Franciscanum (Gerusalemme)», Ant 58 (1983) 6-47.

a686   STRANGE, J.F., «Diversity in Early Palestinian Christianity. Some Archaeological Evidences», AThR 65 (1983) 14-24.

7. Technique. Technik. Tecnica. Tecnología.

a687   KENYON, K.M., «Excavation Methods in Palestine», PEQ 71 (1939) 29-40.

a688   STROMMENGER, E., «Statueninschriften und ihr Datierungswert», ZA 53 (1959) 27-50.

a689   WRIGHT, G.R.H., «A Method of Excavation Common in Palestine», ZDPV 82 (1966) 113-124.

a690   WRIGHT, G.E., «Archaeological Method in Palestine - An American Interpretation», ErIs 9 (1969) 120-133.

a691   BULLARD, R.G., «Geological Studies in Field Archaeology», BA 33 (1970) 98-132.

a692   DEVER, W.G., «Archaeological Methods and Results: A Review of Two Recent Publications», Or. 40 (1971) 459-471.

a693   WRIGHT, G.E., «What Archaeology Can and Cannot Do», BA 34 (1971) 70-76.

*a*694 YAMAUCHI, E.M., *The Stones and the Scriptures* (Grand Rapids, Michigan, Baker Book House, 1972), «Fragments and Circles: *The Nature of the Evidence*», 146-166.

*a*695 AHARONI, Y., «Remarks on the 'Israeli' Method of Excavation», ErIs 11 (1973) 48-53 (English summary).

*a*696 DEVER, W.G., «Two Approaches to Archaeological Method - The Architectural and the Stratigraphic», ErIs 11 (1973) 1*-8*.

*a*697 JOHNSTON, J.O.D., «The Problems of Radiocarbon Dating», PEQ 105 (1973) 13-26.

*a*698 KELLY-BUCCELLATI, M., ELSTER, E.S., «Statistics in Archaeology and Its Application to Ancient Near Eastern Data», Or. 42 (1973) 195-211.

*a*699 WATKINS, T. (Ed.), *Radiocarbon: Calibration and Prehistory* (Edinburgh, Edinburgh University Press, 1975), vi-147 pp.

*a*700 WRIGHT, G.E., «The 'New' Archaeology», BA 38 (1975) 104-115.

*a*701 DAUPHIN, C., «A New Method of Studying Early Byzantine Mosaic Pavements (coding and computed cluster analysis) with special reference to the Levant», Levant 8 (1976) 113-149.

*a*702 FLEMING, S., *Dating in Archaeology*. A Guide to Scientific Techniques (London, J.M. Dent & Sons, 1976), 372 pp.

*a*703 FRANKEN, H.J., «The Problem of Identification in Biblical Archaeology», PEQ 108 (1976) 3-11.

*a*704 CALLAWAY, J.A., WEINSTEIN, J.M., «Radiocarbon Dating of Palestine in the Early Bronze Age», BASOR n° 225 (1977) 1-16.

*a*705 LAPERROUSAZ, E.-M., ODENT, G., «La datation d'objets provenant de Qoumrân, en particulier par la méthode utilisant les propriétés du Carbone 14», Sem. 27 (1977) 83-98.

*a*706 DEVER, W.G., LANCE, H.D. (Eds), *A Manual of Field Excavation*. Handbook for field archaeologists (Cincinati, Hebrew Union College - Jewish Institute of Religion, 1978), 240 pp.

*a*707 BOSSUET, G., «Reconnaissance archéologique du site de Ras Ibn Hani par prospection électrique», Syr. 55 (1978) 307-311.

*a*708 KEDAR, B.Z., MOOK, W.G., «Radiocarbon Dating of Mortar from the City-Wall of Ascalon», IsrEJ 28 (1978) 173-176.

*a*709 LAPERROUSAZ, E.-M., «La datation d'objets provenant de Qunrân, en particulier par la méthode utilisant les propriétés du carbone 14», dans *Qumrân. Sa piété, sa théologie et son milieu* (en collab.) (1978), 55-60.

*a*710 SCHOVILLE, K.N., *Biblical Archaeology in Focus* (Grand Rapids, Michigan, Baker Book House, 1978), 511 pp.

*a*711 CAMPBELL, E.L., Jr., MILLER, J.M., «W.F. Albright and Historical Reconstruction», BA 42 (1979) 37-47.

*a*712 CRÜSEMANN, F., «Alttestamentliche Exegese und Archäologie. Erwägungen angesichts des gegenwärtigen Methodenstreits in der Archäologie Palästinas», ZAW 91 (1979) 177-193.

*a*713 BAR-YOSEF, O., GOREN, N., «Afterthoughts Following Prehistoric Surveys in the Levant», IsrEJ 30 (1980) 1-16.

*a*714 DEVER, W.G., «Archeological Method in Israel: A Continuing Revolution», BA 43 (1980) 40-48.

*a*715 HASSAN, F.A., «Radiocarbon Chronology of Archaic Egypt», JNES 39 (1980) 203-207.

*a*716 HOURS, F., «Archéologie théorique et nouvelle archéologie», ET 352 (1980) 215-233.

*a*717 CROSS, F.M., «Alphabets and Pots: Reflections on Typological Method in the Dating of Human Artifacts», Maarav 3 (1982) 121-136.

a718   DEVER, W.G., «The Impact of the 'New Archaeology' on Syro-Palestinian Archaeology», BASOR nº 242 (1982) 15-29.

a719   DYSON, S.L., «A Classical Archaeologist's Response to the 'New Archaeology'», BASOR nº 242 (1982) 7-13.

a720   MOOREY, R., *Excavation in Palestine* (Cities of the Biblical World) (Guildford, Lutterworth Press, 1982), 128 pp.

a721   PORTUGALI, Y., «A Field Methodology for Regional Archaeology (The Jezreel Valley Survey, 1981)», Tel Aviv 9 (1982) 170-188.

a722   STRANGE, J.F., «New Developments in Greco-Roman Archaeology as a Discipline», BA 45 (1982) 85-88.

a723   TOOMBS, L.E., «The Development of Palestinian Archeology as a Discipline», BA 45 (1982) 89-91.

a724   GESSEL, W., «Christliche Archäologie. Bemerkungen zu einer problemreichen Orchideendisziplin», TR 79 (1983) 353-362.

a725   MEADOW, R.H., «BA Guide to Artifacts. The Study of Faunal Remains from Archaeological Sites», BA 46 (1983) 49-53.

8. *Périodes archéologiques. Archeological Periods. Archäologische Perioden. Archeologici periodi. Arqueológicos períodos.*

Études générales. General Studies. Allgemeine Studien. Studi generali. Estudios generales.

a726   DE VAUX, R., *Histoire ancienne d'Israël* (1971), «Périodes archéologiques», I, 621.

a727   DOTHAN, M., «The Beginning and End of Archaeological Periods at Adjacent Sites», ErIs 15 (1981) 151-153.

Paléolithique. Palaeolithic. Paläolithisch. Paleolitico. Paleolítico.

a728   FITZGERALD, G.M., «Some Stone Age Sites Recently Investigated», PEQ 62 (1930) 85-90.

a729   ZEUNER, F.E., «Stone Age Exploration in Jordan, I», PEQ 89 (1957) 17-54.

a730   STOCKTON, E.D., «Stone Age factory site at Arafa near Bethlehem», StBiFranc 15 (1964-65) 124-130.

a731   ANATI, E., HAAS, N., «A Palaeolithic Site with Pithecanthropian Remains in the Plain of Esdraelon», IsrEJ 17 (1967) 114-118.

a732   STOCKTON, E.D., «The Stone Age of Bethlehem», StBiFranc 17 (1967) 129-148.

a733   PRAUSNITZ, M.W., «The Sequence of Early to Middle Palaeolithic Flint Industries along the Galilean Littoral», IsrEJ 19 (1969) 129-136.

a734   BAR-YOSEF, O., «Habitations: Their Location and Forms in the Palaeolithic and Epi-Palaeolithic Periods», ErIs 11 (1973) 104-110 (English summary).

a735   GILEAD, D., ISRAEL, M., «An Early Palaeolithic Site at Kefar Menachem», Tel Aviv 2 (1975) 1-12.

a736   OHEL, M.Y., «Upper Acheulean Handaxes from Ruhama, Israel», Tel Aviv 3 (1976) 49-56.

a737   RONEN, A., KAUFMAN, D., «Epi-Palaeolithic Sites Near Nahal Hadera, Central Plain of Israel», Tel Aviv 3 (1976) 16-30.

a738   ARENSBURG, B., «New Upper Palaeolithic Human Remains from Israel», ErIs 13 (1977) 208*-215*.

a739   BORDES, F., «Que sont le Pré-Aurignacien et le Iabroudien?» ErIs 13 (1977) 49*-55*.

*a*740   DAVIS, S., «The Ungulate Remains from Kebara Cave», ErIs 13 (1977) 150*-163* (Mount Carmel).

*a*741   DESMOND CLARK, J., «Bone Tools of the Earlier Pleistocene», ErIs 13 (1977) 23*-37*.

*a*742   FARRAND, W.R., «Palaeo-Environment of Pleistocene Man in the Levant», ErIs 13 (1977) 1*-13*.

*a*743   GILEAD, D., «Some Metrical Studies of Acheulian Assemblages in Israel», ErIs 13 (1977) 38*-48*.

*a*744   GILEAD, D., RONEN, A., «Acheulian Industries from 'Evron on the Western Galilee Coastal Plain», ErIs 13 (1977) 56*-86*.

*a*745   HOROWITZ, A., «The Pleistocene Stratigraphy of the Jordan Valley», ErIs 13 (1977) 14*-22*.

*a*746   JELINEK, A.J., «A Preliminary Study of Flakes from the Tabun Cave, Mount Carmel», ErIs 13 (1977) 87*-96*.

*a*747   MARKS, A.E., REID FERRING, C., «Upper Palaeolithic Occupation Near 'Avdat, Central Negev, Israel», ErIs 13 (1977) 191*-207*.

*a*748   MARKS, A.E., «The Epipalaeolithic of the Central Negev», ErIs 13 (1977) 216*-228*.

*a*749   RONEN, A., «Mousterian Sites in Red Loam in the Coastal Plain of Mount Carmel», ErIs 13 (1977) 183*-190*.

*a*750   SCHICK, T., STEKELIS, M., «Mousterian Assemblages in Kebara Cave, Mount Carmel», ErIs 13 (977) 97*-149*.

*a*751   SMITH, P., ARENSBURG, B., «A Mousterian Skeleton from Kebara Cave», ErIs 13 (1977) 164*-176*.

*a*752   VANDERMEERSCH, B., TILLIER, A.-M., «Étude préliminaire d'une mandibule d'adolescent provenant des niveaux moustériens de Qafzeh, Israël», ErIs 13 (1977) 177*-182*.

*a*753   HENRY, D.O., «Palaeolithic Sites within the Ras en Naqb Basin, Southern Jordan», PEQ 111 (1979) 79-85.

*a*754   GILEAD, I., «A Middle Paleolithic Open-Air Site Near Tell Far'ah, Western Negev: Preliminary Report», IsrEJ 30 (1980) 34-62.

*a*755   RONEN, A., OHEL, M.Y. LAMDAN, M., ASSAF, A., «Acheulean Artifacts from Two Trenches at Ma'ayan Barukh», IsrEJ 30 (1980) 17-33.

*a*756   BELFER-COHEN, A., GOLDBERG, P., «An Upper Palaeolithic Site in South Central Sinai», IsrEJ 32 (1982) 185-189.

Mésolithique. Mesolithic. Mesolithisch. Mesolitico. Mesolítico. (c. 10000 B.C.)

*a*757   PERROT, J., «Les industries lithiques Palestiniennes de la fin du Mésolithique à l'Âge du Bronze», IsrEJ 2 (1952) 73-81.

*a*758   STEKELIS, M., «The Mesolithic Art of Eretz-Israel», ErIs 6 (1960) 21-24 (English summary).

*a*759   YIZRAELI, T., «Mesolithic Hunters' Industries at Ramat Matred (The Wilderness of Zin)», PEQ 99 (1967) 78-85.

*a*760   BAR-YOSEF, O., TCHERNOV, E., «The Natufian Bone Industry of ha-Yonim Cave», IsrEJ 20 (1970) 141-150.

*a*761   VALLA, F.R., *Le natoufien, une culture préhistorique en Palestine* (Cahiers de la Revue Biblique, 15) (Paris, Gabalda, 1975), 135 pp.

*a*762   FEREMBACH, D., «Les Natoufiens de Palestine», ErIs 13 (1977) 241*-252*.

*a*763   HENRY, D.O., «An Examination of the Artifactual Variability in the Natufian of Palestine», ErIs 13 (1977) 229*-240*.

a764   LECHEVALLIER, M., «Les débuts de l'architecture domestique en Palestine», ErIs 13 (1977) 253*-259*.

a765   WRESCHNER, E.E., «Sea Level Changes and Settlement Location in the Coastal Plain of Israel During the Holocene», ErIs 13 (1977) 277*-282*.

Néolithique. Neolithic. Neolithisch. Neolitico. Neolítico. (C. 7000 B.C.)

a766   DIKAIOS, P., «La Civilisation néolithique de l'île de Chypre», Syr. 17 (1936) 356-364.

a767   STEKELIS, M., «A New Neolithic Industry: The Yarmukian of Palestine», IsrEJ 1 (1950-51) 1-19.

a768   PERROT, J., «Le Néolithique d'Abou-Gosh», Syr. 29 (1952) 119-145.

a769   TZORI, N., «Neolithic and Chalcolithic Sites in the Valley of Beth-Shan», PEQ 90 (1958) 44-51.

a770   KAPLAN, J., «The Neolithic Pottery of Palestine», BASOR no 156 (1959) 15-22.

a771   SCHAEFFER, C.F.-A., «Les fondements pré- et protohistoriques de Syrie du néolithique précéramique au bronze ancien», Syr. 38 (1961) 7-22, 221-242.

a772   KIRKBRIDE, D., «Five Seasons at the Pre-Pottery Neolithic Village of Beidha in Jordan», PEQ 98 (1966) 8-72.

a773   CLUTTON-BROCK, J., «The Primary Food Animals of the Jericho Tell from the Proto-Neolithic to the Byzantine Period», Levant 3 (1971) 41-55.

a774   KIRKBRIDE, D., «A Commentary on the Pottery Neolithic of Palestine», HarvTR 64 (1971) 281-289.

a775   LECHEVALLIER, M., DOLFUSS, G., «Nouveaux sites du VIe millénaire en Haute-Galilée», ErIs 11 (1973) 9*-21*.

a776   MOORE, A.M.T., «The Late Neolithic in Palestine», Levant 5 (1973) 36-68.

a777   DE CONTENSON, H., «Aperçus sur le comportement religieux au Néolithique en Syrie occidentale», Or. 45 (1976) 77.

a778   DE CONTENSON, H., «Le néolithique de Ras Shamra V d'après les campagnes 1972-1976 dans le sondage SH», Syr. 54 (1977) 1-23.

a779   KAPLAN, J., «Neolithic and Chalcolithic Remains at Lod», ErIs 13 (1977) 57-75 (English summary).

a780   KOLB, C.C., «The Neolithic of the Near East», BASOR no 227 (1977) 70-75.

a781   NOY, T., «Neolithic Sites in the Western Coastal Plain», ErIs 13 (1977) 18-33 (English summary).

a782   OLAMI, Y., BURIAN, F., FRIEDMAN, E., «Giv'at Ha-Parsa - A Neolithic Site in the Coastal Region», ErIs 13 (1977) 34-47 (English summary).

a783   PERROT, J., «Remarques sur la préhistoire récente d'Eretz-Iaraël», ErIs 13 (1977) 283*-287*.

a784   PRAUSNITZ, M.W., «The Pottery at Newe Yam», ErIs 13 (1977) 272*-276*.

a785   WRESCHNER, E.E., «Newe Yam - A Submerged Late-Neolithic Settlement Near Mount Carmel», ErIs 13 (1977) 260*-271*.

a786   YEIVIN, E., MOZEL, I., «A *Fossil Directeur* Figurine of the Pottery Neolithic A», Tel Aviv 4 (1977) 194-200.

a787   PELTENBURG, E.J., «The Sotira Cultures: Regional Diversity and Cultural Unity in Late Neolithic Cyprus», Levant 10 (1978) 55-74.

a788   YEIVIN, E., OLAMI, Y., «Nizzanim - A Neolithic Site in Naḥal Evtah: Excavations of 1968-1970», Tel Aviv 6 (1979) 99-135.

a789   NOY, T., SCHULDENREIN, J., TCHERNOV, E., «Gilgala, A Pre-Pottery Neolithic A Site in the Lower Jordan Valley», IsrEJ 30 (1980) 63-82.

a790   PERLMAN, I., YELLIN, J., «The Provenience of Obsidian from Neolithic Sites in
        Israel», IsrEJ 30 (1980) 83-88.
a791   RAIKES, T.D., «Notes on some Neolithic and later sites in the Wadi Araba and the
        Dead Sea Valley», Levant 12 (1980) 40-60.
a792   BAR-YOSEF, O., «Neolithic Sites in Sinai», ErIs 15 (1981) 1-6.
a793   GONZALEZ-ECHEGARAY, J., «Algunos temas bíblicos de antes de la Biblia. Los
        comienzos del Neolítico en Palestina», Salm 28 (1981) 317-328.
a794   NOY, T., «The Early Neolithic Periods in the Levant», ErIs 15 (1981) 7-14.
a795   MOORE, A.M.T., «A Four-Stage Sequence for the Levantine Neolithic, ca 8500-3750
        B.C.», BASOR no 246 (1982) 1-34.

Chalcolithique. Chalcolithic. Chalcolitisch. Chalcolitico. Chalcolítico. (C. 5000 B.C.)

a796   GLUECK, N., «A Chalcolithic Settlement in the Jordan Valley», BASOR no 97 (1945)
        10-22.
a797   GLUECK, N., «Some Chalcolithic Sites in Northern Gilead», BASOR no 104 (1946)
        12-20.
a798   KALLNER-AMIRAN, R.B., «Two Notes on the Repertoire of the Chalcolithic Pottery
        of Palestine», BASOR no 130 (1953) 11-14.
a799   KAPLAN, J., «Two Chalcolithic Vessels from Palestine», PEQ 86 (1954) 97-100.
a800   AMIRAN, R.B.K., «The 'Cream Ware' of Gezer and the Beersheba Late Chalcolithic»,
        IsrEJ 5 (1955) 240-245.
a801   DE CONTENSON, H., «La céramique chalcolithique de Beersheba; étude typologique»,
        IsrEJ 6 (1956) 163-179, 226-238.
a802   STEKELIS, M., «An Obsidian Core Found at Kibbutz Kabri», ErIs 5 (1958) 35-37
        (English summary).
a803   TZORI, N., «Neolithic and Chalcolithic Sites in the Valley of Beth-Shan», PEQ 90 (1958)
        44-51.
a804   WRIGHT, G.E., «The Problem of the Transition between the Chalcolithic and Bronze
        Ages», ErIs 5 (1958) 37*-45*.
a805   KAPLAN, J., «The Connection of the Palestinian Chalcolithic Culture with Prehistoric
        Egypt», IsrEJ 9 (1959) 134-136.
a806   KAPLAN, J., «The Relation of the Chalcolithic Pottery of Palestine to Halafian Ware»,
        BASOR no 159 (1960) 32-36.
a807   MASTIN, B.A., «Chalcolithic Ossuaries and Houses for the Dead», PEQ 97 (1965)
        153-160.
a808   STEKELIS, M., «Traces of Chalcolithic Culture», ErIs 8 (1967) 88-94 (English
        summary).
a809   USSISHKIN, D., «A Chalcolithic Basalt Chalice from Tiberias», IsrEJ 18 (1968) 43-46.
a810   KAPLAN, J., «'Ein el Jarba Chalcolithic Remains in the Plain of Esdraelon», BASOR
        no 194 (1969) 2-39.
a811   BRANDT, R.W., «The Excavations at Korucutepe, Turkey, 1968-70: Preliminary
        Report. Part IV: The Chalcolithic Pottery», JNES 32 (1973) 439-444.
a812   ALON, D., «A Chalcolithic Temple at Gilath», BA 40 (1977) 63-70.
a813   AMIRAN, R., «Pottery from the Chalcolithic Site Near Tell Delhamiya and Some Notes
        on the Character of the Chalcolithic - Early Bronze I Transition», ErIs 13 (1977) 48-56
        (English summary).
a814   BEIT ARIEH, I., GOPHNA, R., «A Note on a Chalcolithic Site in Wâdi Araba», Tel
        Aviv 4 (1977) 105-109.

a815   ELLIOTT, C., «The Religious Beliefs of the Ghassulians c. 4000-3000 B.C.», PEQ 109 (1977) 3-25.

a816   EPSTEIN, C., «The Chalcolithic Culture of the Golan», BA 40 (1977) 57-62.

a817   SMITH, C.C., «The Birth of Bureaucracy», BA 40 (1977) 24-28.

a818   TSORI, N., «Bet She'an in the Chalcolithic Period», ErIs 13 (1977) 76-81 (English summary).

a819   BEALE, T.W., «Bevelled Rim Bowls and Their Implications for Change and Economic Organization in the Later Fourth Millennium B.C.», JNES 37 (1978) 289-313.

a820   ELLIOTT, C., «The Ghassulian Culture in Palestine: Origins, Influences, and Abandonment», Levant 10 (1978) 37-54.

a821   EPSTEIN, C., «A New Aspect of Chalcolithic Culture», BASOR nº 229 (1978) 27-45.

a822   BEIT ARIEH, I., «A Chalcolithic Site near Serâbît el-Khâdim», Tel Aviv 7 (1980) 45-64.

a823   FRANKEL, R., GOPHNA, R., «Chalcolithic Pottery from a Cave in Western Galilee», Tel Aviv 7 (1980) 65-69.

a824   EPSTEIN, C., «More on the Chalcolithic Culture of the Golan», ErIs 15 (1981) 15-20.

a825   OREN, E.D., GILEAD, I., «Chalcolithic Sites in Northeastern Sinai», Tel Aviv 8 (1981) 25-44.

a826   LEVY, T.E., ALON, D., «The Chalcolithic Mortuary Site near Meẓad Aluf, Northern Negev Desert: A Preliminary Study», BASOR, nº 248 (1982) 37-59.

a827   ELLIOTT, C., «Kissonerga Mylouthkia: An Outline of the Ground Stone Industry», Levant 15 (1983) 11-38.

Bronze ancien. Early Bronze. Frühe Bronzezeit.
Primitiva età del bronzo. Primitiva edad de bronce. (c. 3200 B.C.)

a828   YEIVIN, S., «The Masonry of the Early Bronze People», PEQ 66 (1934) 189-191.

a829   SCHAEFFER, C.F.-A., «Un premier jalon pour la chronologie absolue du Bronze Ancien de Chypre (2600-2100 av. J.-C.)», Syr. 21 (1940) 29-37.

a830   ALBRIGHT, W.F., KELSO, J.L., THORLEY, J.P., «Early Bronze Pottery from Bâb ed-drâ in Moab», BASOR nº 95 (1944) 3-13.

a831   NASRALLAH, J., «Tumulus de l'Âge du Bronze dans le Hauran», Syr. 27 (1950) 314-331.

a832   AMIRAN, R.B.K., «Connections between Anatolia and Palestine in the Early Bronze Age», IsrEJ 2 (1952) 89-103.

a833   TUFNELL, O., WARD, W.A., «Relations between Byblos, Egypt and Mesopotamia at the end of the third millennium B.C.», Syr. 43 (1966) 165-241.

a834   WRIGHT, G.R.H., «The Bronze Age Temple at Amman», ZAW 78 (1966) 351-357.

a835   LAPP, P.W., «Bâb edh-Dhra' Tomb A 76 and Early Bronze I in Palestine», BASOR nº 189 (1968) 12-41.

a836   WRIGHT, G.E., «The Significance of Ai in the third Millennium B.C.», dans Archäologie und Altes Testament (en collab.) (1970), 299-319.

a837   CALLAWAY, J.A., SCHOONOVER, K., «The Early Bronze Age Citadel at 'Ai (Et-Tell)», BASOR nº 207 (1972) 41-53.

a838   BEN-TOR, A., «Plans of Dwellings and Temples in Early Bronze Age Palestine», ErIs 11 (1973) 92-98 (English summary).

a839   MAZAR, B., AMIRAN, R., HAAS, N., «An Early Bronze Age II Tomb at Beth-Yerah (Kinneret)», ErIs 11 (1973) 176-193 (English summary).

a840   BEITH ARIEH, I., «An Early Bronze Age II Site at Nabi Salah in Southern Sinai», Tel Aviv 1 (1974) 144-156.

a841   MITTMANN, S., «Zwei Siegelbildscherben der frühen Bronzezeit aus dem nördlichen
        Ostjordanland», ZDPV 90 (1974) 1-13.

a842   HELMS, S.W., «Posterns in Early Bronze Age Fortifications of Palestine», PEQ 107
        (1975) 133-150.

a843   THOMPSON, T.L., The Settlement of Sinai and the Negev in the Bronze Age [Beihefte
        zum Tübinger Atlas des Vorderen Orients, Reihe B (Geisterwissenschaften), Nr. 8]
        (Wiesbaden, Reichert Verlag, 1975), xi-210 pp.

a844   YAKAR, J., «Northern Anatolia in the Early Bronze Age», Tel Aviv 2 (1975) 133-145.

a845   BEIT-ARIEH, I., GOPHNA, R., «Early Bronze Age II Sites in Wâdi el-Qudeirât
        (Kadesh-barnea)», Tel Aviv 3 (1976) 142-150.

a846   HELMS, S.W., «The Early Bronze Age Gate at Rās en-Naqūra (Rōš ha-Niqrā)», ZDPV
        92 (1976) 1-9.

a847   AMIET, P., «Bactriane proto-historique», Syr. 54 (1977) 89-121.

a848   BEN-TOR, A., «An Early Bronze Age Cylinder-Seal from Gezer», ErIs 13 (1977) 82-86
        (English summary).

a849   CRAWFORD, H., «Nomads: The Forgotten Factor», OLoP 8 (1977) 33-45.

a850   GOPHNA, R., «Fortified Settlements from the Early Bronze and Middle Bronze II at
        Tel Poran», ErIs 13 (1977) 87-90 (English summary). HELMS, S.W., «Early Bronze Age
        Fortifications at Tell Dothan», Levant 9 (1977) 101-114.

a851   KEMPINSKI, A., The Rise of an Urban Culture. The Urbanization of Palestine in the
        Early Bronze Age (Israel Exploration Society Studies, 4) (Jerusalem, Israel
        Ethnographical Society, 1978), x-80 pp.

a852   GOPHNA, R., «Two Early Bronze Age Basalta Bowls from the Vicinity of Nizzanim»,
        Tel Aviv 6 (1979) 136-137.

a853   KELLY-BUCCELLATI, M., «The Outer Fertile Crescent Culture: North Eastern
        Connections of Syria and Palestine in the Third Millennium B.C.», UF 11 (1979)
        413-430.

a854   ROSS, J.F., «Early Bronze Age Structures at Tell el-Hesi», BASOR nº 236 (1979) 11-21.

a855   RICHARD, S., «Toward a Consensus of Opinion on the End of the Early Bronze Age in
        Palestine-Transjordan», BASOR nº 237 (1980) 5-34.

a856   BEIT ARIEH, I., «A Pattern of Settlement in Southern Sinai and Southern Canaan in
        the Third Millennium B.C.», BASOR nº 243 (1981) 31-55.

a857   BEIT ARIEH, I., «An Early Bronze Age II Site near Sheikh 'Awad in Southern Sinai»,
        Tel Aviv 8 (1981) 95-127.

a858   KAPLAN, H.R., «Anatolian Elements in the EB III Culture of Palestine», ZDPV 97
        (1981) 18-35.

a859   BEIT ARIEH, I., «An Early Bronze Age II Site near the Feiran Oasis in Southern Sinai»,
        Tel Aviv 9 (1982) 146-156.

a860   DE MIROSCHEDJI, P., «Un objet en céramique du Bronze ancien à représentation
        humaine», IsrEJ 32 (1982) 190-194.

a861   KEMPINSKI, A., «Early Bronze Age Urbanization of Palestine: Some Topics in a
        Debate», IsrEJ 33 (1983) 235-241.

a862   LEONARD, A., Jr., «The Proto-Urban/Early Bronze I Utilization of the Kataret es-
        Samra Plateau», BASOR nº 251 (1983) 37-60.

a863   ROSEN, S.A., «The Canaanean Blade and the Early Bronze Age», IsrEJ 33 (1983) 15-29.

Bronze moyen. Middle Bronze. Mittelbronzezeit.
Media età del bronzo. Media edad de bronce. (c. 2100 B.C.)

a864 OTTO, H., «Studien zur Keramik der mittleren Bronzezeit in Palästina», ZDPV 61 (1938) 147-277.

a865 WRIGHT, G.E., «Chronology of Palestinian Pottery in Middle Bronze I.», BASOR nᵒ 71 (1938) 27-34.

a866 BOHL, F.M.T., «Die Sichem-Plakette. Protoalphabetische Schriftzeichen der Mittelbronzezeit vom *tell balāṭa*», ZDPV 61 (1938) 1-25; 62 (1939) 163.

a867 FREEMAN, S.E., «A Cepper Dagger of the Middle Bronze Age in Baltimore», BASOR nᵒ 90 (1943) 28-30.

a868 GLUECK, N., «A Settlement of Middle Bronze I in the Jordan Valley», BASOR nᵒ 100 (1945) 7-16.

a869 SCHAEFFER, C.F.-A., «Note sur la chronologie de la période de transition du Bronze moyen au Bronze récent (1700-1500 av. J.-C.)», Syr. 25 (1946-48) 185-198.

a870 GLUECK, N., «The Age of Abraham in the Negeb», BA 18 (1955) 2-9.

a871 AMIRAN, R., «Palestine, Syria and Cyprus in the MB I Period», ErIs 5 (1958) 25-30 (English summary).

a872 PRAUSNITZ, M.W., «Cylinder Seal Impressions in the Eastern Mediterranean Area at the End of the Third Millennium B.C.», ErIs 5 (1958) 31-34. (English summary).

a873 AMIRAN, R., «The Pottery of the Middle Bronze Age I in Palestine», IsrEJ 10 (1960) 204-225.

a874 LABAT, R., «Le rayonnement de la langue et de l'écriture akkadienne au deuxième millénaire avant notre ère», Syr. 39 (1962) 1-27.

a875 EPSTEIN, C., «An Interpretation of the Megiddo Sacred Area During Middle Bronze II», IsrEJ 15 (1965) 204-221.

a876 PARR, P.J., «The Origin of the Rampart Fortifications of Middle Bronze Age Palestine and Syria», ZDPV 84 (1968) 18-45.

a877 TZAFERIS, V., «A Middle Bronze Age I Cemetery in Tiberias», IsrEJ 18 (1968) 15-19.

a878 GOPHNA, R., «A Middle Bronze Age I Tomb with Fenestrated Axe at Ma'abarot», IsrEJ 19 (1969) 174-177.

a879 DEVER, W.G., «Vestigial Features in MB I: An Illustration of Some Principles of Ceramic Typology», BASOR nᵒ 200 (1970) 19-30.

a880 DEVER, W.G., «An MB I Tomb Group from Sinjil», BASOR nᵒ 204 (1971) 31-37.

a881 OREN, E.D., «A Middle Bronze Age I Warrior Tomb at Beth-Shan», ZDPV 87 (1971) 109-139.

a882 NEGBI, O., «Contacts between Byblos and Cyprus at the end of the Third Millennium B.C.», Levant 4 (1972) 98-110.

a883 ALBRIGHT, W.F., «The Historical Framework of Palestine Archaeology Between 2100 and 1600 B.C.», BASOR nᵒ 209 (1973) 12-18.

a884 GOPHNA, R., «The Middle Bronze Age II Fortifications at Tel Poleg», ErIs 11 (1973) 111-119 (English summary).

a885 MALLET, J., *Tell el-Far'ah*. L'installation du Moyen Bronze antérieure au rempart (Paris, Gabalda, 1973), 149 pp.

a886 TADMOR, M., «A Middle Bronze Age I Tomb-Group from the Rosh Haniqra Ridge», ErIs 11 (1973) 286-289 (English summary).

a887 AMIRAN, R., «The Painted Pottery Style of the Early Bronze II Period in Palestine», Levant 6 (1974) 65-68.

a888 PRAG, K., «The Interrmediate Early Bronze - Middle Bronze Age: An Interpretation of the Evidence from Transjordan, Syria and Lebanon», Levant 6 (1974) 69-116.

*a*889   BAHAT, D., «A Middle Bronze I Tomb-Cave at Motza», ErIs 12 (1975) 18-23 (English summary).

*a*890   DEVER, W.G., «The MB IIC Stratification In the Northwest Gate Area At Shechem», BASOR nº 216 (1975) 31-52.

*a*891   DEVER, W.G., «A Middle Bronze I Cemetery at Khirbet el-Kirmil», ErIs 12 (1975) 18*-33*.

*a*892   GITIN, S., «Middle Bronze I 'Domestic' Pottery at Jebel Qa'aqīr - A Ceramic Inventory of Cave G23», ErIs 12 (1975) 46*-62*.

*a*893   KAPLAN, J., «Further Aspects of the Middle Bronze Age II Fortifications in Palestine», ZDPV 91 (1975) 1-17.

*a*894   SEGER, J.D., «The MB II Fortifications at Shechem and Gezer - A Hyksos Retrospective», ErIs 12 (1975) 34*-45*.

*a*895   TSORI, N., «Middle Bronze I and Early Iron I Tombs Near Tel Rehov in the Beth-Shean Valley», ErIs 12 (1975) 9-17 (English summary).

*a*896   DEVER, W.G., TADMOR, M., «A Copper Hoard of the Middle Bronze Age I», IsrEJ 26 (1976) 163-169.

*a*897   BIRMINGHAM, J., «Spectrographic Analyses of Some Middle Bronze Age Metal Objects from Palestine», Levant 9 (1977) 115-120.

*a*898   GOPHNA, R., «Fortified Settlements from the Early Bronze and Middle Bronze II at Tel Poran», ErIs 13 (1977) 87-90 (English summary).

*a*899   YADIN, Y., «The Nature of Settlement in the Middle Bronze IIA and the Problem of the Apheq Fortifications», ErIs 13 (1977) 91-105 (English summary).

*a*900   BEN-TOR, A., *Cylinder Seals of Third-Millennium Palestine* (BASOR, Supplement Series, 22) (Cambridge, Mass., American School of Oriental Research, 1978), v-121 pp.

*a*901   PICCIRILLO, M., «Una tomba del Bronzo Medio ad Amman?» StBiFranc 28 (1978) 73-86.

*a*902   STERN, E., SALTZ, D.L., «Cypriote Pottery from the Middle Age Strata of Tel Mevorakh», IsrEJ 28 (1978) 137-145.

*a*903   YADIN, Y., «The Nature of the Settlements During the Middle Bronze IIA Period in Israel and the Problem of the Aphek Fortifications», ZDPV 94 (1978) 1-23.

*a*904   GEORGIOU, H., «Relations between Cyprus and the Near East in the Middle and Late Bronze Age», Levant 11 (1979) 84-100.

*a*905   GOPHNA, R., «A Middle Bronze Age II Village in the Jordan Valley», Tel Aviv 6 (1979) 28-33.

*a*906   KOCHAVI, M., BECK, P., GOPHNA, R., «Aphek-Antipatris, Tēl Pōlēg, Tēl Zarōr and Tēl Burgā: Four Fortified Sites of the Middle Bronze Age IIA in the Sharon Plain», ZDPV 95 (1979) 121-165.

*a*907   MATHIAE, P., «Princely Cemetery and Ancestors Cult at Ebla During Middle Bronze II: A Proposal of Interpretation», UF 11 (1979) 563-569.

*a*908   DEVER, W.G., «New Vistas on the EB IV (MBI) Horizon in Syria-Palestine», BASOR nº 237 (1980) 35-64.

*a*909   GERSTENBLITH, P., «A Reassessment of the Beginning of the Middle Bronze Age in Syria-Palestine», BASOR nº 237 (1980) 65-84.

*a*910   KAMP, K.A., YOFFEE, N., «Ethnicity in Ancient Western Asia During the Early Second Millennium B.C.: Archaeological Assessments and Ethnoarchaeological Prospectives», BASOR nº 237 (1980) 85-104.

*a*911   SAGONA, C., «Middle Bronze Faience Vessels from Palestine», ZDPV 96 (1980) 101-120.

a912 DEVER, W.G., «Cave G26 at Jebel Qa'aqir: A Domestic Assemblage of Middle Bronze I», ErIs 15 (1981) 22*-32*.

a913 GOPHNA, R., BECK, P., «The Rural Aspect of the Settlement Pattern of the Coastal Plain in the Middle Age II», Tel Aviv 8 (1981) 45-80.

a914 KOCHAVI, M., BECK, P., GOPHNA, R., «Aphek-Antipatris, Tel Poleg, Tel Zeror and Tel Burga: Four Fortified Sites of the Middle Bronze Age IIA in the Sharon Plain», ErIs 15 (1981) 28-61.

a915 GEVA, S., *Tell Jerishe. The Sukenik Excavations of the Middle Bronze Age Fortifications* (Qedem, Monographs of the Institute of Archaeology, The Hebrew University of Jerusalem, 15) (Jerusalem, Israel Exploration Society, 1982), x-58 pp.

a916 GOPHNA, R., AYALON, E., «A Fortified Middle Bronze Age IIA Site at 'Ain Zurekiyeh in the Poleg Basin», Tel Aviv 9 (1982) 69-78.

a917 SMITH, P., «The Physical Characteristics and Biological Affinities of the MB I Skeletal Remains from Jebel Qa'aqir», BASOR no 245 (1982) 65-73.

a918 BEIT-ARIEH, I., «Central-Southern Sinai in the Early Bronze Age II and its Relationship with Palestine», Levant 15 (1983) 39-48.

a919 KEMPINSKI, A., *Syrien und Palästina (Kanaan) in der letzten Phase der Mittelbronze IIB-Zeit* (1650-1570 v. Chr.) (Ägypten und Altes Testament, 4) (Wiesbaden, Otto Harrassowitz, 1983), x-250 pp.

a920 PENNELLS, E., «Middle Bronze Age Earthworks: A Contemporary Engineering Evaluation», BA 46 (1983) 57-61.

a921 SAPIN, J., «Quelques systèmes socio-politiques en Syrie au 2e millénaire avant J.-C. et leur évolution historique d'après des documents religieux (légendes, rituels, sanctuaires)», UF 15 (1983) 157-190.

a922 SHAY, T., «Burial Customs at Jericho in the Intermediate Bronze Age: A Componential Analysis», Tel Aviv 10 (1983) 26-37.

a923 TUBB, J.N., «The MB IIA Period in Palestine: Its Relationship with Syria and its Origin», Levant 15 (1983) 49-62.

Bronze récent. Late Bronze. Spätbronzezeit.
Recente età di bronzo. Reciente edad de bronce. (c. 1550 B.C.)

a924 ALBRIGHT, W.F., «Soundings at Ader, a Bronze Age City of Moab», BASOR no 53 (1934) 13-18.

a925 ALBRIGHT, W.F., «A Prince of Taanach in the Fifteenth Century B.C.», BASOR no 94 (1944) 12-27.

a926 ALBRIGHT, W.F., «The Late Bronze Town at Modern Djett», BASOR no 104 (1946) 25-26.

a927 KELSO, J.L., THORLEY, J.P., «A Ceramic Analysis of Late-Mycenaean and Other Late-Bronze Vases from Jett in Palestine», BASOR no 104 (1946) 21-25.

a928 BÉRARD, J., «Les Hyksos et la Légende d'Io. Recherches sur la période mycénienne», Syr. 29 (1952) 1-43.

a929 LEMAIRE, A., «Une tombe du Récent Bronze au Mont des Oliviers», StBiFranc 5 (1954-55) 261-298.

a930 GLUECK, N., «Negev Settlements of the Bronze Period», ErIs 4 (1956) 34-36 (English summary).

a931 AMIRAN, R., «A Late Bronze Age II Pottery Group from a Tomb in Jerusalem», ErIs 6 (1960) 25-37 (English summary).

a932 PRITCHARD, J.B., «A Bronze Age Necropolis at Gibeon», BA 24 (1961) 19-24.

*a*933   SALLER, P.S., «Jerusalem and its Surroundings in the Bronze Age», StBiFranc 12 (1961-62) 147-176.

*a*934   PRITCHARD, J.B., *The Bronze Age Cemetery at Gibeon* (Philadelphia, The University Museum, University of Pennsylvania, 1963), 181 pp.

*a*935   HENNESSY, J.B., «Excavation of a Bronze Age Temple at Amman», PEQ 98 (1966) 155-162.

*a*936   BOLING, R.G., «Bronze Age Buildings at the Shechem High Place: ASOR Excavations at Tananir», BA 32 (1969) 81-103.

*a*937   KENYON, K.M., «The Middle and Late Bronze Age Strata at Megiddo», Levant 1 (1969) 25-60.

*a*938   DOTHAN, T., «Anthropoid Clay Coffins from a Late Bronze Age Cemetery near Deir el-Balaḥ (Preliminary Report)», IsrEJ 22 (1972) 65-72; 23 (1973) 129-146.

*a*939   DOTHAN, M., «The End of the Late Bronze Age at Tel Mor and Ashdod», ErIs 11 (1973) 122-133 (English summary).

*a*940   FRITZ, V., «Das Ende der spätbronzezeitlichen Stadt Hazor Stratum XIII und die biblische Überlieferung in Josua 11 und Richter 4», UF 5 (1973) 123-139.

*a*941   NEGBI, O., «The Continuity of the Canaanite Bronzework of the Late Bronze Age into the Early Iron Age», Tel Aviv 1 (1974) 159-172.

*a*942   THOMPSON, T.L., *The Settlement of Sinai and the Negev in the Bronze Age* (Beihefte zum Tübinger Atlas der Vorderen Orients, Reihe B. 8) (Wiesbaden, Reichert, 1975), xi-210 pp.

*a*943   DENVER, W.G., CLARK, W.M., «Palestine in the second millennium BCE: the archaeological picture», dans *Israelite and Judaean History* (en collab.) (1977), 70-120.

*a*944   COURTOIS, J.-C., «L'architecture domestique à Ugarit au Bronze Récent», UF 11 (1979) 105-134.

*a*945   DOTHAN, M., «Ashdod at the End of the Late Bronze Age, and the Beginning of the Iron Age», dans *Symposia* (en collab.) (1979), 125-134.

*a*946   GOLDBERG, P., «Geology of Late Bronze Age Mudbrick from Tel Lachish», Tel Aviv 6 (1979) 60-67.

*a*947   SHEA, W.H., «The Inscribed Late Bronze Jar Handle from Tell Ḥalif», BASOR nᵒ 232 (1979) 78-80.

*a*948   LEONARD, A., Jr., «Kataret Es-Samra: A Late Bronze Age Cemetery in Transjordan?» BASOR nᵒ 234 (1980) 53-65.

*a*949   STIEBING, W.H., «The End of the Mycenean Age», BA 43 (1980) 7-21.

*a*950   KESTEMONT, G., «Accords internationaux relatifs aux ligues hittites (1600-1200 av. J.C.). Dossier C: Le dossier égyptien», OLoP 12 (1981) 15-79.

*a*951   TADMOR, M., «Female Relief Figurines of Late Bronze Age Canaan», ErIs 15 (1981) 79-84.

*a*952   COQUEUGNIOT, É., «Note préliminaire sur les outils de silex du bronze récent de Ras Shamra-Ougarit», Syr. 59 (1982) 193-195.

*a*953   DORNEMANN, R.H., «The Late Bronze Age Pottery Tradition at Tell Hadidi, Syria», BASOR nᵒ 241 (1982) 29-47.

*a*954   GITTLEN, B.M., «The Cultural and Chronological Implications of the Cypro-Palestinian Trade During the Late Bronze Age», BASOR nᵒ 241 (1982) 49-59.

*a*955   BUNIMOVITZ, S., «Glacis 10014 and Gezer's Late Bronze Age Fortifications», Tel Aviv 10 (1983) 61-70.

*a*956   DORNEMANN, R.H., *The Archaeology of the Transjordan in the Bronze and Iron Ages* (Wisconsin, Milwaukee Public Museum, 1983), xvi-287 pp.

Âge de fer. Iron Age. Eisenzeit.
Età del ferro. Edad de hierro. (c. 1250 B.C.)

a957   GJERSTAD, E., «Correspondence with Professor Einar Gjerstad on the Chronology of 'Chypriote' Pottery from Early Iron Levels in Palestine», BASOR n° 130 (1953) 22-26.

a958   MILIK, J.T., CROSS, F.M., «Inscribed Javelinheads from the Period of the Judges: A Recent Discovery in Palestine», BASOR n° 134 (1954) 5-15.

a959   FREE, J.P., «Radiocarbon Date of Iron Age Level at Dothan», BASOR n° 147 (1957) 36-37.

a960   WRIGHT, G.E., «Israelite Samaria and Iron Age Chronology», BASOR n° 155 (1959) 13-29.

a961   BÜLOW, S., MITCHELL, R.A., «An Iron Age II Fortress on Tel Nagila», IsrEJ 11 (1961) 101-110.

a962   AHARONI, Y., «Forerunners of the Limes: Iron Age Fortresses in the Negev», IsrEJ 17 (1967) 1-17.

a963   LOFFREDA, S., «Typological sequence of Iron Age rock-out Tombs in Palestine», StBiFranc 18 (1968) 244-287.

a964   SALLER, S., «Iron Age Remains from the site of a new school at Bethlehem», StBiFranc 18 (1968) 153-180.

a965   BIRAN, A., GOPHNA, R., «An Iron Age Burial Cave at Tel Halif», ErIs 9 (1969) 29-39.

a966   DUNAND, M., «Byblos, Sidon, Jérusalem. Monuments apparentés des temps achéménides», dans Congress Volume. Rome 1968 (en collab.) (1969), 64-70.

a967   BIRAN, A., GOPHNA, R., «An Iron Age Burial Cave at Tel Halif», IsrEJ 20 (1970) 151-169.

a968   NEUFELD, E., «Hygiene Conditions in Ancient Israel (Iron Age)», BA 34 (1971) 42-66.

a969   FRANKEN, H.J., «Ring Burnished Bowls from the 7th Century B.C. in Palestine», dans Symbolae biblicae et mesopotamicae F.M. Th. de Liagre Böhl dedicatae (en collab.) (1973), 144-148.

a970   FRANKEN, H.J.,, In Search of the Jericho Potters. Ceramics from the Iron Age and the Neolithicum (North Holland Ceramic Studies in Archaeology, I) (Amsterdam, North Holland, New York, Elsevier, 1974), 217 pp.

a971   HOMSKY, M., MOSHKOVITZ, S., «The Distribution of Different Wood Species of the Iron Age II at Tel Beer-sheba», Tel Aviv 3 (1976) 42-48.

a972   STAGER, L.E., «Farming in the Judean Desert during the Iron Age», BASOR n° 221 (1976) 145-158.

a973   MESHEL, Z., «Horvat Ritma - An Iron Age Fortress in the Negev Highlands», Tel Aviv 4 (1977) 110-135.

a974   RAST, W.E., Taanach I. Studies on the Iron Age Pottery (A.E. Glock) (ASOR Excavation Reports) (Cambridge, Mass., American Schools of Oriental Research, 1978), xvi-283 pp.

a975   SMITH, M., «East Mediterranean Law Codes of the Early Iron Age», ErIs 14 (1978) 38*-43*.

a976   SHILOH, Y., «Iron Age Sanctuaries and Cult Elements in Palestine», dans Symposia (en collab.) (1979), 147-157.

a977   MESHEL, Z., COHEN, R., «Refed and Hatira: Two Iron Age Fortresses in the Northern Negev», Tel Aviv 7 (1980) 70-81.

a978   SHILOH, Y., «The Population of Iron Age Palestine in the Light of a Sample Analysis of Urban Plans, Areas, and Population Density», BASOR n° 239 (1980) 25-35.

a979   STIEBING, W.H., «The End of the Mycenean Age», BA 43 (1980) 7-21.

*a*980   MAZAR, A., «The Excavations at Khirbet Abu et-Twein and the System of Iron Age Fortresses in Judah», ErIs 15 (1981) 229-249.

*a*981   SHILOH, Y., «The Population of Iron Age Palestine in the Light of Urban Plans, Areas and Population Density», ErIs 15 (1981) 274-282.

*a*982   MAZAR, A., «The 'Bull Site' - An Iron Age I Open Cult Place», BASOR nº 247 (1982) 27-42.

*a*983   MAZAR, A., «Iron Age Fortresses in the Judaean Hills», PEQ 114 (1982) 87-109.

*a*984   ALBENDA, P., «Western Asiatic Women in the Iron Age: Their Image Revealed», BA 46 (1983) 82-88.

*a*985   DORNEMANN, R.H., *The Archaeology of the Transjordan in the Bronze and Iron Ages* (Wisconsin, Milwaukee Public Museum, 1983), xvi-287 pp.

*a*986   FRITZ, V., «Paläste während der Bronze- und Eisenzeit in Palästina», ZDPV 99 (1983) 1-42.

Période perse. Persian Period. Persische Zeit.
Persiano periodo. Persa período. (c. 600 B.C.)

*a*987   LAPP, P.W., «The Pottery of Palestine in the Persian Period», dans KUSCHKE, A., KUTSCH, E. (Hrg.), *Archäologie und Altes Testament* (Tübingen, Mohr, 1970), 179-197.

*a*988   RAPPAPORT, U., «Gaza and Ascalon in the Persian and Hellenistic Periods in Relation to their Coins», IsrEJ 20 (1970) 75-80.

*a*989   DUMBRELL, W.J., «The Tell el-Maskhuṭa Bowls and the 'Kingdom' of Qedar in the Persian Period», BASOR nº 203 (1971) 33-44.

*a*990   STERN, E., «A Burial of the Persian Period near Hebron», IsrEJ 21 (1971) 25-30.

*a*991   STERN, E., «The archeology of Persian Palestine», dans *The Cambridge History of Judaism* (en collab.) (1984), I, 88-114.

9. Architecture. Architektur. Architettura. Arquitectura.

*a*992   SMITH, S., SCHAEFFER, C.F.-A., «Timber and Brick or Masonry Construction», PEQ 73 (1941) 5-17.

*a*993   MYRES, J.L., «King Solomon's Temple and other Buildings and Works of Art», PEQ 80 (1948) 14-41.

*a*994   NAUMANN, R., *Architektur Kleinasiens* von ihren Anfängen bis zum Ende der hethitischen Zeit (Deutsches archäologisches Institut) (Tübingen, Ernest Wasmuth, 1955), xii-439 pp.

*a*995   MAYER, L.A., «Broad-Houses in Jewish Religious Art», ErIs 5 (1958) 238-239 (English summary).

*a*996   DONALD, T., «A Sumerian Plan in the John Rylands Library», JSS 7 (1962) 184-190.

*a*997   BEEBE, H.K., «Ancient Palestinian Dwellings», BA 31 (1968) 38-58.

*a*998   BOLING, R.G., «Bronze Age Buildings at the Shechem High Place: ASOR Excavations at Tananir», BA 32 (1969) 81-103.

*a*999   THOMPSON, H.O., «Apsidal Constructions in the Ancient Near East», PEQ 101 (1969) 69-86.

*a*1000   SHILOH, Y., «The Four-Room House - The Israelite Type-House?» ErIs 11 (1973) 277-285 (English summary).

*a*1001   STERN, E., «The Architecture of Palestine in the Persian Period», ErIs 11 (1973) 265-276 (English summary).

*a*1002   LAPERROUSAZ, E.-M., «Remarques sur les pierres à bossage préhérodiennes de Palestine», Syr. 51 (1974) 105-128.

a 1003   BEEBE, H.K., «Domestic Architecture and the New Testament», BA 38 (1975) 89-104.

a 1004   SEGAL, A., «The Stages of Construction of Herodium», ErIs 12 (1975) 109-115 (English summary).

a 1005   FRANKEL, R., «The Measure of Hewn Stones», Tel Aviv 3 (1976) 74-78.

a 1006   LAPP, N.L., «Casemate Walls in Palestine and the Late Iron II Casemate at Tell el-Fûl (Gibeah)», BASOR nº 223 (1976) 25-42.

a 1007   SHILOH, Y., «New Proto-Aeolic Capitals Found in Israel», BASOR nº 222 (1976) 67-77.

a 1008   SIEGELMANN, A., «A Capital in the Form of a Papyrus Flower from Megiddo», Tel Aviv 3 (1976) 141.

a 1009   FRITZ, V., «Bestimmung und Herkunft des Pfeilerhauses in Israel», ZDPV 93 (1977) 30-45.

a 1010   GAUBE, H., «'Ammān, Ḥarāne und Qasṭal: Vier frühislamische Bauwerke in Mitteljordanien», ZDPV 93 (1977) 52-86.

a 1011   LECHEVALLLIER, M., «Les débuts de l'architecture domestique en Palestine», ErIs 13 (1977) 253*-259*.

a 1012   SHILOH, Y., «The Proto-Aeolic Capital - the Israelite 'Timorah' (Palmette) Capital», PEQ 109 (1977) 39-52.

a 1013   HARIF, A., «Coastal Buildings of Foreign Origin in Second Millennium B.C. Palestine», PEQ 110 (1978) 101-106.

a 1014   SHILOH, Y., «Elements in the Development of Town Planning in the Israelite City», IsrEJ 28 (1978) 36-51.

a 1015   CHEN, D., «A Note Pertaining to the Design of the Rotunda Anastasis in Jerusalem», ZDPV 95 (1979) 178-181.

a 1016   HARIF, A., «Common architectural features at Alalakh, Megiddo and Shechem», Levant 11 (1979) 162-167.

a 1017   KESSLER, C.M., «The Tashtimuriyya in Jerusalem in the light of a recent architectural survey», Levant 11 (1979) 138-161.

a 1018   HERZOG, Z., «A Functional Interpretation of the Broadroom and Longroom House Types», Tel Aviv 7 (1980) 82-89.

a 1019   OVADIAH, A., DE SILVA, C.G., «Supplementum to the Corpus of the Byzantine Churches in the Holy Land», Levant 13 (1981) 200-261; 14 (1982) 122-170; 16 (1984) 129-165.

a 1020   PRINGLE, R.D., «Some Approaches to the Study of Crusader Masonry Marks in Palestine», Levant 13 (1981) 173-199.

a 1021   SHEFFER, A., «The Use of Perforated Clay Balls on the Warp-Weighted Loom», Tel Aviv 8 (1981) 81-83.

a 1022   VAN BEEK, G., VAN BEEK, O., «Canaanite-Phoenician Architecture: The Development of Distributions of Two Styles», ErIs 15 (1981) 70*-78*.

a 1023   WILKINSON, J., «Architectural Procedures in Byzantine Palestine», Levant 13 (1981) 156-172.

a 1024   LAPERROUSAZ, E.-M., «Après le 'Temple de Salomon', la bamah de Tel-Dan: l'utilisation de pierres à bossage phénicien dans la Palestine préexilique», Syr. 59 (1982) 223-237.

a 1025   ABU KHALAF, M.F., «Khan Yunus and the Khans of Palestine», Levant 15 (1983) 178-186.

10. Objets. Objects. Objekte. Oggetti. Objetos.

Amulettes. Amulets. Amulette. Amuleti. Amuletos.

a1026   LIFSHITZ, B., «Einige Amulette aus Caesarea Palaestinae», ZDPV 80 (1944) 80-84.

a1027   VAN BUREN, E.D., «A Pictographic Amulet», Or. 18 (1949) 419-422.

a1028   KAPLAN, J., «A Second Samaritan Amulet from Tel Aviv», ErIs 10 (1971) 255-257 (English summary).

a1029   KAPLAN, J., «A Second Samaritan Amulet from Tel Aviv», IsrEJ 25 (1975) 157-159.

a1030   LOWY, S., «A Note on the Samaritan Amulets Yaṭ», IsrEJ 25 (1975) 250-253.

a1031   WILHELM, G., «Ein neues Lamaštu-Amulett», ZA 69 (1979) 34-40.

a1032   KAPLAN, J., «A Samaritan Amulet from Corinth», IsrEJ 30 (1980) 196-198.

a1033   MARGAIN, J., «Une nouvelle amulette samaritaine portant le texte d'Exode 38.8», Syr. 59 (1982) 117-120.

a1034   NAVEH, J., «An Ancient Amulet or a Modern Forgery?» CBQ 44 (1982) 282-284.

Bijoux. Jewels. Schmücken. Gioielli. Joyas.

a1035   BIRMINGHAM, J., «The Development of the Fibula in Cyprus and the Levant», PEQ 95 (1963) 80-112.

a1036   GALLING, K., «Zwei Salbgefässe und ein Armreif aus dem syrischen Raum», ZDPV 86 (1970) 1-9.

a1037   COCHE DE LA FERTÉ, É., «Un bracelet d'époque romaine à usage obstétrique», Syr. 51 (1974) 265-289.

a1038   PLATT, E.E., «Triangular Jewelry Plaques», BASOR n° 221 (1976) 103-111.

a1039   MANNS, F., «Gemmes de l'époque gréco-romaine provenant de Palestine», StBiFranc 28 (1978) 147-170.

a1040   MESHORER, Y., «A Ring from Gadara», IsrEJ 29 (1979) 221-222.

a1041   SAGONA, A.G., «Spiral-Headed Pins: A Further Note», Tel Aviv 8 (1981) 152-159.

Bronzes. Bronzen. Bronzi. Bronces.

a1042   ROSTOVTZEFF, M., «Dieux et chevaux. À propos de quelques bronzes d'Anatolie, de Syrie et d'Arménie», Syr. 12 (1931) 48-57.

a1043   BITTEL, K., «Ein Bronzefund aus Kleinasien», ZA 49 (1944) 1-8.

a1044   ROES, A., «Un bronze d'Asie Mineure du Musée de Leyde», Syr. 26 (1949) 117-126.

a1045   ROES, A., «Un bronze d'Asie Mineure au Musée Britannique», Syr. 27 (1950) 221-228.

a1046   POTRATZ, H., «Die Luristanbronzen des Museums für Kunst und Gewerbe in Hamburg», ZA 51 (1955) 180-224.

a1047   MARGUERON, J., «Trois vases du bronze», Syr. 45 (1968) 75-96 (Venant d'un tell du Khabur).

a1048   VOORDECKERS, E., «A Byzantine Bronze Relief in the Mayer van den Bergh Museum in Antwerp», OLoP 1 (1970) 181-193.

a1049   AMIRAN, R., «Achaemenian Bronze Objects from a Tomb at Kh. Ibsan in Lower Galilee», Levant 4 (1972) 135-138.

a1050   COLLON, D., «The Smiting God: a Study of a Bronze in the Pomerance Collection in New York [cf. Levant 5 (1973) 133]», Levant 4 (1972) 111-134.

a1051   MOOREY, P.R.S., «Some Syro-Phoenician Bronze Caryatid Stands», Levant 5 (1973) 83-90.

a1052 COLLON, D., CROUWEL, J., LITTAUER, M.A., «A Bronze Chariot Group from the Levant in Paris», Levant 8 (1976) 71-81.

a1053 DOTHAN, T., «Forked Bronze Butts from Palestine and Egypt», IsrEJ 26 (1976) 20-34.

a1054 BOEHMER, R.M., «Eine bronzene Hirschfigur aus Boğazköy», ZA 67 (1977) 73-77.

a1055 WATKINS, T., «Levantine Bronzes from the Collection of the Rev. William Greenwell, now in the British Museum», Levant 13 (1981) 119-155.

a1056 BECK, P., «The Bronze Plaque from Hazor», IsrEJ 33 (1983) 78-80.

Culte. Cult. Gottesdienst. Culto.

a1057 NARKISS, M., «Jewish Ritual Objects from Shechem (Nablus)», ErIs 2 (1953) 199-202 (Hebrew).

a1058 PARROT, A., «Acquisitions et inédits du musée du Louvre. 16. - Idole et céramique anatoliennes (pp. 213-218). 17. - Couples divins (pp. 219-225). 18. Déesse ailée (p. 226). 19. - Coupelles en pierre (pp. 227-240). 20. - Assiettes mycéniennes (pp. 241-250)», Syr. 41 (1964) 213-250.

a1059 VESTRI, L., «Altare di Geroboamo», BibOr 7 (1965) 27-31.

a1060 CAMPBELL, E.F., Jr., WRIGHT, G.E., «Tribal League Shrines in Amman and Shechem», BA 32 (1969) 104-116.

a1061 GLUECK, N., «Incense Altars», ErIs 10 (1971) 120-125 (English summary).

a1062 USSISHKIN, D., «The 'Ghassulian' Temple in Ein Gedi and the Origin of the Hoard from Naḥal Mishmar», BA 34 (1971) 23-39.

a1063 FOERSTER, G., «The Synagogues at Masada and Herodium», ErIs 11 (1973) 224-228 (English summary).

a1064 YEIVIN, S., «Temples That Were Not», ErIs 11 (1973) 163-175 (English summary).

a1065 SZOLC (SCHOLZ), P.O., «Religionswissenschaft und Archäologie», Numen 21 (1974) 1-16.

a1066 ALBRIGHT, W.F., «The Lachish Cosmetic Burner and Esther 2:12», dans *A Light unto My Path* (en collab.) (1974), 25-32.

a1067 BARASCH, M., «An Early Byzantine Relief at Ḥanita», ErIs 12 (1975) 186-190 (English summary).

a1068 ENGLE, A., «An Amphorisk of the Second Temple Period», PEQ 109 (1977) 117-122.

a1069 RAHMANI, L.Y., «Un autel funéraire romain à Césarée maritime», RB 85 (1978) 268-276.

a1070 CONRAD, D., «Einige (archäologische) Miszellen zur Kultgeschichte Judas in der Königszeit», dans *Textgemäss* (en collab.) (1979), 28-32.

a1071 AMIRAN, R., TADMOR, M., «A Female Cult Statuette from Chalcolithic Beer-sheba», IsrEJ 30 (1980) 137-139.

a1072 RAHMANI, L.Y., «Palestinian Incense Burners of the Sixth to Eighth Centuries C.E.», IsrEJ 30 (1980) 116-122.

a1073 USSISHKIN, D., «The Ghassulian Shrine at En-gedi», Tel Aviv 7 (1980) 1-44.

a1074 MEYERS, E.M., STRANGE, J.F., MEYERS, C.L., «The Ark of Nabratein - A First Glance», BA 44 (1981) 237-243.

a1075 RAHMANI, L.Y., «A Votive Stele with Proto-Aeolic Capital», ErIs 15 (1981) 306-307.

a1076 MAZAR, A., «The 'Bull Site' - An Iron Age I Open Cult Place», BASOR no 247 (1982) 27-42.

a1077 RAHMANI, L.Y., «A Votive Stele with Proto-Aeolic Capital», IsrEJ 32 (1982) 199-202.

a1078 O'DWYER SHEA, M., «The Small Cuboid Incense-burners of the Ancient Near East», Levant 15 (1983) 76-109.

Guerre. War. Krieg. Guerra.

a1079 YADIN, Y., «Hyksos Fortifications and the Battering Ram», BASOR no 137 (1955) 23-32.

a1080 GICHON, M., «The Defences of the Salomonic Kingdom», PEQ 95 (1963) 113-126.

a1081 LAMBERT, M., «Masses d'armes de pierre au nom de Naramsîn», Or. 37 (1968) 85-86.

a1082 PARR, P.J., «The Origin of the Rampart Fortifications of Middle Bronze Age Palestine and Syria», ZDPV 84 (1968) 18-45.

a1083 WRIGHT, G.R.H., «Tell el-Yehūdīyah and the Glacis», ZDPV 84 (1968) 1-17.

a1084 WRIGHT, G.R.H., «Iran and the Glacis», ZDPV 85 (1969) 24-34.

a1085 GICHON, M., «The Plan of a Roman Camp depicted upon a Lamp from Samaria», PEQ 104 (1972) 38-58.

a1086 WATKINS, T., «Two Unfinished Spearheads in the Ashmolean Museum, Oxford», Levant 6 (1974) 188-192.

a1087 KAPLAN, J., «Further Aspects of the Middle Bronze Age II Fortifications in Palestine», ZDPV 91 (1975) 1-17.

a1088 MAXWELL-HYSLOP, K.R., STECH WHEELER, T., MADDIN, R., MUHLY, J.D., «An Iron Dagger from Tomb 240 at Tell Fara South», Levant 10 (1978) 112-115.

a1089 LIEBOWITZ, H., «Military and Feast Scenes on Late Bronze Palestinian Ivories», IsrEJ 30 (1980) 162-169.

a1090 TUBB, J.N., «A Bronze Arrowhead with Engraved Mark from Gezer in the British Museum Collection», PEQ 112 (1980) 1-6.

a1091 MAZAR, A., «Iron Age Fortresses in the Judaean Hills», PEQ 114 (1982) 87-109.

a1092 PENNELLS, E., «Middle Bronze Age Earthworks: A Contemporary Engineering Evaluation», BA 46 (1983) 57-61.

Lampes. Lamps. Lampen. Lampade. Lamparas.

a1093 DAVID-WEILL, J., «Note sur deux lampes égyptiennes en terre cuite», Syr. 28 (1951) 265-268.

a1094 BRAND, J., «Indications of Jewish Vessels in the Mishnaic Period», ErIs 9 (1969) 40-41 (English summary).

a1095 RUSSELL, J., «Ancient Lamps in Vancouver», Levant 5 (1973) 91-101.

a1096 KAPLAN, E.H., KAPLAN, B., «The Diversity of Late Byzantine Lamps at Apollonia (Arsuf)», Levant 7 (1975) 150-156.

a1097 MOSS, L.W., «A Menorah Lamp from Atripalda», IsrEJ 25 (1975) 156.

a1098 SUSSMAN, V., «Decorated Jewish oil lamps from the fall of the Second Temple to the revolt of Bar Kochba», Immanuel 6 (1976) 46-49.

a1099 BOROWSKI, O., «A Corinthian Lamp at Tell Halif», BASOR no 227 (1977) 63-65.

a1100 CANIVET, M.-T., «Le reliquaire à huile de la grande église de Ḥūarte (Syrie)», Syr. 55 (1978) 153-162.

a1101 ROSENTHAL, R., SIVAN, R., *Ancient Lamps in the Schloessinger Collection* (Qedem, Monographs of the Institute of Archaeology, 8) (Jerusalem, The Hebrew University, 1978), 180 pp.

a1102 SUSSMAN, V., «Samaritan Lamps of the Third - Fourth Centuries A.D.», IsrEJ 28 (1978) 238-250.

a1103 WEINBERG, S.S., «A Two-Storey Lamp from Palestine», IsrEJ 29 (1979) 143-147.

a1104 NEIDINGER, W., «A Typology of Oil Lamps from the Mercantile Quarter of Antipatris», Tel Aviv 9 (1982) 157-169.

a1105 SUSSMAN, V., «The Samaritan Oil Lamps from Apollonia-Arsuf», Tel Aviv 10 (1983) 71-96.

Monnaie. Coins. Münze. Moneta. Moneda.

a1106 SEYRIG, H., «Antiquités syriennes. - 3. Numismatique supposée de Chalcis au Liban», Syr. 12 (1931) 323-325.

a1107 SEYRIG, H., «Antiquités syriennes. - 10. Note sur le culte de Déméter en Palestine. - 11. Sur certains tétradrachmes provinciaux de Syrie», Syr. 13 (1932) 355-360, 360-368.

a1108 REIFENBERG, A., «Rare and Unpublished Jewish Coins», PEQ 67 (1935) 79-84.

a1109 SEYRIG, H., «Antiquités syriennes. - 18. Les trouvailles de monnaies péloponésiennes en Syrie», Syr. 17 (1936) 174-176.

a1110 KIRKBRIDE, A.S., «Note on a New Type of AE Coin from Petra», PEQ 69 (1937) 256-257.

a1111 KIRKBRIDE, A.S., «Currencies in Transjordan», PEQ 71 (1939) 152-161.

a1112 BELLINGER, A., NEWELL, E.T., «Seleucid Mint at Dura-Europos», Syr. 21 (1940) 77-81.

a1113 REIFENBERG, A., «A Hebrew Shekel of the Fifth Century», PEQ 75 (1943) 100-104.

a1114 BEN-DOR, S., «Two New Coins of Nysa-Scythopolis», PEQ 77 (1945) 47-48.

a1115 KENNARD, J.S., Jr., «Syrian Coin Hoards and the Tribute Question», AThR 27 (1945) 248-252.

a1116 BEN-DOR, S., «Some New Seleucid Coins», PEQ 78 (1946) 43-48; 80 (1948) 59-63.

a1117 MONNERET DE VILLARD, U., «Le monete dei Kushana e l'impero romano», Or. 17 (1948) 205-245.

a1118 SEYRIG, H., «Antiquités syriennes. - 48. Aradus et Baetocécé. - 49. Aradus et sa Pérée sous les rois Séleucides», Syr. 28 (1951) 191-220.

a1119 ROTH, C., «The Priestly Laver as a Symbol on Ancient Jewish Coins», PEQ 84 (1952) 91-93.

a1120 SEYRIG, H., «Antiquités syriennes. - 52. Le phare de Laodicée», Syr. 29 (1952) 54-59 (monnaies).

a1121 LOEWE, R., «The Earliest Biblical Allusion to Coined Money?» PEQ 87 (1955) 141-150.

a1122 SEYRIG, H., «Antiquités syriennes. - 67. Monnaies contremarquées en Syrie», Syr. 35 (1958) 187-197.

a1123 LE RIDER, G., «Monnaies de Characène», Syr. 36 (1959) 229-253.

a1124 MEYSHAN, J., «The Symbols on the Coinage of Herod the Great and Their Meanings», PEQ 91 (1959) 109-121.

a1125 SEYRIG, H., «Antiquités syriennes. - 68. Une monnaie de Césarée du Liban. - 73. Temples, cultes et souvenirs historiques de la Décapole», Syr. 36 (1959) 38-43, 60-78.

a1126 KADMAN, L., «The Hebrew Coin Script», ErIs 6 (1960) 94-103 (English summary).

a1127 KIRSCHNER, B., «New Views in Jewish Numismatics», ErIs 6 (1960) 115-121 (English summary).

a1128 MEYSHAN, J., «Chronology of the Coins of the Herodian Dynasty», ErIs 6 (1960) 104-114 (English summary).

a1129 SPIJKERMAN, A., «Monete dalla sinagoga di Cafarnao», BibOr 2 (1960) 90-92.

a1130 TZORI, N., «On Two Rare Coins from Scythopolis (Beth-Shan)», PEQ 92 (1960) 70.

a1131 FÉVRIER, J.-G., «Bocchus le Jeune et les Sosii», Sem. 11 (1961) 9-15.

a1132 SEYRIG, H., «Antiquités syriennes. - 80. Divinités de Ptolémaïs», Syr. 39 (1962) 193-207.

a1133 LEVY, S., «A Hoard of Abbasid Coins from Caesarea», ErIs 7 (1964) 47-68 (English summary).

a1134   MEYSHAN, J., «Jewish Coins in Ancient Historiography», PEQ 96 (1964) 46-52.
a1135   RAHMANI, L.Y., «A Hoard of Alexander Coins», ErIs 7 (1964) 33-38 (English summary).
a1136   WALKER, J., «A New Katabanian Coin from South Arabia», ErIs 7 (1964) 127*.
a1137   SEYRIG, H., «Antiquités syriennes. - 87. Alexandre le Grand, fondateur de Gérasa. - 88. Deux pièces énigmatiques», Syr. 42 (1965) 25-34.
a1138   SPERBER, D., «A Note on Hasmonean Coin-Legends: Heber and Rosh-Heber», PEQ 97 (1965) 85-93.
a1139   BEN-DAVID, A., «The Standard of the Sheqel», PEQ 98 (1966) 168-169.
a1140   KINDLER, A., «The Mint of Tyre - The Major Source of Silver Coins in Ancient Palestine», ErIs 8 (1967) 318-324 (English summary).
a1141   MEYSHAN, J., «What is a Prutah?» ErIs 8 (1967) 325-326 (English summary).
a1142   SPERBER, D., «Catalogue of Coins in the Jewish Museum (London)», PEQ 99 (1967) 106-113.
a1143   NASTER, P., «Fire-Altar or Fire-Tower on the Coins of Persis?» OLoP 1 (1970) 125-129.
a1144   BEN-DAVID, A., «Jewish and Roman Bronze and Copper Coins: Their Reciprocal Relations in Mishnah and Talmud from Herod the Great to Trajan and Hadrian», PEQ 103 (1971) 109-129.
a1145   BEN-DAVID, A., «When did the Maccabees begin to Strike their First Coins?» PEQ 104 (1972) 93-103.
a1146   MILES, G.C., «Coins of the Assassins of Alamūt», OLoP 3 (1972) 155-162.
a1147   WIRGIN, W., «Maccabaean History from Coins», PEQ 104 (1972) 104-110.
a1148   MESHORER, Y., «Coins from the Excavations at Khorazin», ErIs 11 (1973) 158-162 (English summary).
a1149   WIRGIN, W., «On the Nature of Some Hasmonaean Coin Finds», PEQ 105 (1973) 141-149.
a1150   ROBIN, C., «Monnaies provenant de l'Arabie du nord-est», Sem. 24 (1974) 83-125.
a1151   SPERBER, D., Roman Palestine 200-400. Money and Prices (Bar-Ilan Studies in Near Eastern Languages and Culture) (Ramat-Gan, Bar-Ilan University, 1974), 331 pp.
a1152   FISCHER, T., «Johannes Hyrkan I. auf Tetradrachmen Antiochos' VII.? Ein Beitrag zur Deutung der Beizeichen auf hellenistischen Münzen», ZDPV 91 (1975) 191-196.
a1153   KINDLER, A., «Two Coins of the Third Legion Cyrenaica Struck under Antoninus Pius», IsrEJ 25 (1975) 144-147.
a1154   MESHORER, Y., Nabataean Coins (Qedem, Monographs of the Institute of Archaeology, 3) (Jerusalem, Hebrew University, 1975), viii-112 pp.
a1155   MESHORER, Y., «An Anonymous Coin of Nysa-Scythopolis», IsrEJ 25 (1975) 142-143.
a1156   SPIJKERMAN, A., Cafarnao, III. Catalogo delle monete della città (Publicazioni dello Studium Biblicum Franciscanum, 19) (Jerusalem, Franciscan Printing Press, 1975), 123 pp.
a1157   SPIJKERMAN, A., «A List of the Coins of Gerasa Decapoleos», StBiFranc 25 (1975) 73-84.
a1158   BARKAY, G., «A Coin of Alexander Jannaeus from Cyprus», IsrEJ 27 (1977) 119-120.
a1159   JEREMIAS, J., «Zwei Miszellen: 1. Antik-Jüdische Münzdeutungen. 2. Zur Geschichtlichkeit der Tempelreinigung», NTS 23 (1977) 177-180.
a1160   MESHORER, Y., «Another Coin of Nysa-Scythopolis», IsrEJ 27 (1977) 40-41.
a1161   SPAER, A., «Some More 'Yehud' Coins», IsrEJ 27 (1977) 200-203.
a1162   KINDLER, A., «A Ptolemaic Coin Hoard from Tel Michal», Tel Aviv 5 (1978) 159-169.
a1163   KRAAY, C.M., «Some Notes on the Abu Shusheh 'Hoard'», IsrEJ 28 (1978) 190-192.

*a*1164 BEN-DAVID, A., «The Philistine Talent from Ashdod, The Ugarit Talent from Ras Shamra, The 'PYM', and the 'N-Ṣ-P'», UF 11 (1979) 29-45.

*a*1165 SPAER, A., «A Coin of Jeroboam?» IsrEJ 29 (1979) 218.

*a*1166 HANSON, R.S., *Tyrian Influence in the Upper Galilee* (Meiron Excavation Projects, 2) (Cambridge, MA, American Schools of Oriental Research, 1980), vi-89 pp.

*a*1167 JESSELSOHN, D., «Ḥever Yehudim - A New Jewish Coin», PEQ 112 (1980) 11-17.

*a*1168 PICCIRILLO, M., «Le monete della Fortezza di Macheronte», StBiFranc 30 (1980) 403-414.

*a*1169 SHARABANI, M., «Monnaies de Qumrân au Musée Rockefeller de Jérusalem», RB 87 (1980) 274-284.

*a*1170 ARIEL, D.T., «A Survey of Coin Finds in Jerusalem (Until the End of the Byzantine Period)», StBiFranc 32 (1982) 273-326.

*a*1171 HARRISON, C.M., «Persian Names on Coins of Northern Anatolia», JNES 31 (1982) 181-194.

*a*1172 NEGEV, A., «Numismatics and Nabataean Chronology», PEQ 114 (1982) 119-128.

*a*1173 OSTER, R., «Numismatic Windows into the Social World of Early Christianity: A Methodological Inquiry», JBL 101 (1982) 195-223.

*a*1174 BEAUVERY, R., «L'Apocalypse au risque de la numismatique», RB 90 (1983) 243-260.

*a*1175 BETLYON, J.W., *The Coinage and Mints of Phoenicia*. The Pre-Alexandrine Period (Harvard Semitic Monographs, 26) (Chico, California, Scholars Press, 1983), xii-171 pp.

*a*1176 HEUTGER, N., «Münzen im Lukasevangelium», BZ 27 (1983) 97-101.

*a*1177 SPORTY, L.D., «Identifying the Curving Line on the Bar-Kokhba Temple Coin», BA 46 (1983) 121-123.

*a*1178 RAPPAPORT, U., «Numismatics», dans *The Cambridge History of Judaism* (en collab.) (1984), I, 25-59.

Mosaïque. Mosaic. Mosaik. Mosaico.

*a*1179 BARAG, D., «Brick Stamp-Impressions of the *Legio X Fretensis*», ErIs 8 (1967) 168-182 (English summary).

*a*1180 BALTY, J., «Mosaïque de Gê et des saisons à Apamée», Syr. 50 (1973) 311-347.

*a*1181 DAUPHIN, C., «Note on the Method of Laying Early Byzantine Mosaics», Levant 8 (1976) 155-158.

*a*1182 HUMPHRIES, R.L., «An Unusual Baked Clay Plaque», Levant 8 (1976) 150-155.

*a*1183 DAUPHIN, C.M., «A Roman Mosaic Pavement from Nablus», IsrEJ 29 (1979) 11-33.

*a*1184 DAUPHIN, C., «Mosaic pavements as an index of prosperity and fashion», Levant 12 (1980) 112-134.

Ossements. Bones. Totengebeine. Ossa. Huesos.

*a*1185 DUCOS, P., «Les débuts de l'élevage en Palestine», Syr. 44 (1967) 375-400.

*a*1186 ROSENTHAL, R., «Late Roman and Byzantine Bone Carvings from Palestine», IsrEJ 26 (1976) 96-103.

*a*1187 ARENSBURG, B., «New Upper Palaeolithic Human Remains from Israel», ErIs 13 (1977) 208*-215*.

*a*1188 FEREMBACH, D., «Les Natoufiens de Palestine», ErIs 13 (1977) 241*-252*.

*a*1189 LIEBOWITZ, H.A., «Bone and Ivory Inlay from Syria and Palestine», IsrEJ 27 (1977) 89-97.

*a*1190 SMITH, P., ARENSBURG, B., «A Mousterian Skeleton from Kebara Cave», ErIs 13 (1977) 164*-176*.

a1191   VANDERMEERSCH, B., TILLIER, A.-M., «Étude préliminaire d'une mandibule d'adolescent provenant des niveaux moustériens de Qafzeh, Israël», ErIs 13 (1977) 177*-182*.

a1192   PLATT, E.E., «Bone Pendants», BA 41 (1978) 23-28.

a1193   EAKINS, J.K., «Human Osteology and Archaeology», BA 43 (1980) 89-96.

a1194   DESSE, J., «Analyse d'un échantillon d'ossements provenant du site de Ras Shamra, Syrie (campagne de 1979)», Syr. 59 (1982) 196-197.

a1195   SMITH, P., «The Physical Characteristics and Biological Affinities of the MB I Skeletal Remains from Jebel Qa'aqir», BASOR nº 245 (1982) 65-73.

Outils. Tools. Werkzeuge. Utensili. Herramientas.

a1196   DUSSAUD, R., «Haches à douille de type asiatique», Syr. 11 (1930) 245-271.

a1197   DESHAYES, J., «Nouveaux outils iraniens», Syr. 42 (1965) 91-108.

a1198   WHEELER, T.S. MUHLY, J.D., MADDIN, R., «A Steel Tool of the Fourth Century B.C. from Al Mina in Syria», Levant 8 (1976) 107-112.

a1199   BORDES, F., «Que sont le Pré-Aurignacien et le Iabroudien?» ErIs 13 (1977) 49*-55*.

a1200   DESMOND CLARK, J., «Bone Tools of the Earlier Pleistocene», ErIs 13 (1977) 23*-37*.

a1201   GILEAD, D., RONEN, A., «Acheulian Industries from 'Evron on the Western Galilee Coastal Plain», ErIs 13 (1977) 56*-86*.

a1202   HENRY, D.O., «An Examination of the Artifactual Variability in the Natufian of Palestine», ErIs 13 (1977) 229*-240*.

a1203   JELINEK, A.J., «A Preliminary Study of Flakes from the Tabun Cave, Mount Carmel», ErIs 13 (1977) 87*-96*.

a1204   MARKS, A.E., REID FERRING, C., «Upper Palaeolithic Occupation Near 'Avdat, Central Negev, Israel», ErIs 13 (1977) 191*-207*.

a1205   MUHLY, J.D., WHEELER, T.S., MADDIN, R., «An Iron Adze of the Fifth-Fourth Centuries B.C. from Al Mina», Levant 9 (1977) 156-161.

a1206   GAZIT, D., MOZEL, I., «A Collection of Flint Tools from the Fayum», Tel Aviv 8 (1981) 173-186.

a1207   ROSEN, S.A., «Flint Sickle-blades of the Late Protohistoric and Early Historic Periods in Israel», Tel Aviv 9 (1982) 139-145.

a1208   ROSEN, S.A., «The Canaanean Blade and the Early Bronze Age», IsrEJ 33 (1983) 15-29.

a1209   ROSEN, S.A., «Tabular Scraper Trade: A Model of Material Cultural Dispersion», BASOR nº 249 (1983) 79-86.

Poterie. Pottery. Töpware. Stoviglie. Cerámica.

a1210   CROWFOOT, G.M., «Pots, Ancient and Modern», PEQ 64 (1932) 179-187.

a1211   DUSSAUD, R., «Motifs et symboles du IVe millénaire dans la céramique orientale», Syr. 16 (1935) 375-392.

a1212   COMFORT, H., WAAGE, F.O., «Selected Pottery from Beth Shan (Roman Date)», PEQ 68 (1936) 221-224.

a1213   CROWFOOT, G.M., «The Nabataean Ware of S'Baita», PEQ 68 (1936) 14-27.

a1214   SUKENIK, E.L., «Late Chalcolithic Pottery from 'Affuleh», PEQ 68 (1936) 150-154.

a1215   HONEYMAN, A.M., «The Pottery Vessels of the Old Testament», PEQ 71 (1939) 76-90.

a1216   STEWART, J.R., «An Imported Pot from Cyprus», PEQ 71 (1939) 162-168.

a1217   CROWFOOT, G.M., «Some Censer Types from Palestine, Israelite Period», PEQ 72 (1940) 150-153.

a1218 SUKENIK, E.L., «Note on a Pottery Vessel of the Old Testament», PEQ 72 (1940) 59-60.

a1219 WRIGHT, G.E., «The Syro-Palestinian Jar from Vounous, Cyprus», PEQ 72 (1940) 154-157.

a1220 LÉVI-STRAUSS, C., «Sur certains objets en poterie d'usage douteux provenant de la Syrie et de l'Inde», Syr. 27 (1950) 1-4.

a1221 DOTHAN, M., «High, Loop-Handled Cups and the Early Relations Between Mesopotamia, Palestine and Egypt», PEQ 85 (1953) 132-137.

a1222 VON DER OSTEN, H.H., «Die urartäische Töpferei aus Van und die Möglichkeiten ihrer Einordnung in die anatolische Keramik, II», Or. 22 (1953) 329-354.

a1223 KAPLAN, J., «Two Chalcolithic Vessels from Palestine», PEQ 86 (1954) 97-100.

a1224 PRAUSNITZ, M.W., «Abydos and Combed Ware», PEQ 86 (1954) 91-96.

a1225 AHARONI, Y., «Galilean Survey: Israelite Settlements and Their Pottery», ErIs 4 (1956) 56-64 (English summary).

a1226 AMIRAN, R., «The Millstones and the Patter's Wheel», ErIs 4 (1956) 46-49 (English summary).

a1227 BARNETT, R.D., «A Syrian Silver Vase», Syr. 34 (1957) 243-248 (Tell Qatimé).

a1228 KARAGEORGHIS, V., «Deux peintres de vases 'Mycéniens'», Syr. 34 (1957) 81-92.

a1229 AMIRAN, R., «Palestine, Syria and Cyprus in the MB I Period», ErIs 5 (1958) 25-30 (English summary).

a1230 DOTHAN, T., «Philistine Civilization in the Light of Archaeological Finds in Palestine and Egypt», ErIs 5 (1958) 55-66 (English summary).

a1231 WRIGHT, G.E., «The Problem of the Transition between the Chalcolithic and Bronze Ages», ErIs 5 (1958) 37*-45*.

a1232 AHARONI, Y., «Hebrew Jar-Stamps from Ramat Raḥel», ErIs 6 (1960) 56-60 (English summary).

a1233 AMIRAN, R., «A Late Bronze Age II Pottery Group from a Tomb in Jerusalem», ErIs 6 (1960) 25-37 (English summary).

a1234 APPLEBAUM, S., «Clay Lamps and Religious Propaganda in the Early Roman Empire», ErIs 6 (1960) 73-76 (English summary).

a1235 BENSON, J.L., «A Syrian Krater from Bamboula at Kourion», PEQ 92 (1960) 64-69.

a1236 DOTHAN, T., «Spinning Bowls», ErIs 6 (1960) 38-46 (English summary).

a1237 ERLENMEYER, M.-L., ERLENMEYER, H., «Über Philister und Kreter», Or. 29 (1960) 121-150, 241-272.

a1238 BENSON, J.L., «The White Slip Sequence at Bamboula, Kourion», PEQ 93 (1961) 61-69.

a1239 HROUDA, B., «Tell Fecherije», ZA 54 (1961) 201-239.

a1240 LUCIANI, F., «La ceramica nella Palestina antica», BibOr 3 (1961) 186-189.

a1241 BARNETT, R.D., «A South Arabian Ivory Vessel», ErIs 7 (1964) 4*-5* (Hama).

a1242 LEIBOVITCH, J., «Deux Coupes et autres Objets fayencés égyptiens dans les Collections israéliennes», ErIs 7 (1964) 56*-63*.

a1243 DUMARÇAY, J., «Eolipiles?» Syr. 42 (1965) 75-79.

a1244 EPSTEIN, C., «Bichrome Vessels in the Cross Line Style», PEQ 97 (1965) 42-53.

a1245 KAPLAN, J., «Skin Bottles and Pottery Imitations», PEQ 97 (1965) 144-152.

a1246 AMIRAN, R., EITAN, A., «Notes on the Functions of Pottery-Mending in Excavations», PEQ 98 (1966) 99-102.

a1247 PRAUSNITZ, M., «A Krater from Akhziv - The Canaanite 'Sefel'», ErIs 8 (1967) 95-98 (English summary).

a1248 TSORI, N., «On Two Pithoi from the Beth-Shean Region and the Jordan Valley», PEQ 99 (1967) 101-103.

*a*1249   CULICAN, W., «Quelques aperçus sur les ateliers phéniciens», Syr. 45 (1968) 275-293.

*a*1250   HANKEY, V., «Pottery-Making at Beit Shebab, Lebanon», PEQ 100 (1968) 27-32.

*a*1251   KEMP, B.J., «Canopic Jars in the Lady Lever Art Gallery», Or. 37 (1968) 63-74.

*a*1252   AMIRAN, R., «Canaanite Jars Depicted on Egyptian First Dynasty Wooden Labels and Ivory Inlays», ErIs 9 (1969) 119-121 (English summary).

*a*1253   GLUECK, N., «Some Ezion Geber: Elath Iron II Pottery», ErIs 9 (1969) 51-59.

*a*1254   PELTENBURG, E.J., «Al Mina Glazed Pottery and its Relations», Levant 1 (1969) 73-96.

*a*1255   CULICAN, W., «Almuñécar, Assur and Phoenician Penetration of the Western Mediterranean», Levant 2 (1970) 28-36.

*a*1256   HENDRICKX-BAUDOT, M.-P., «The Intersecting Circles as an Artistic Motif on Painted Pottery of the Ancient Near and Middle East», OLoP 1 (1970) 43-62.

*a*1257   SEYRIG, H., «Antiquités syriennes. 91. - Sur l'usage de timbrer les amphores», Syr. 47 (1970) 287-290.

*a*1258   BROWN, P.D.C., «Roman Pottery Kilns at Jericho», Levant 3 (1971) 95-96.

*a*1259   CATLING, H.W., «An Early Byzantine Pottery Factory at Dhiorios in Cyprus», Levant 4 (1972) 1-82.

*a*1260   HUOT, J.-L., DELCROIX, G., «Les fours dits 'de potier' dans l'Orient ancien», Syr. 49 (1972) 35-95.

*a*1261   WEBB, V., «A Faience Vase from the Bomford Collection», Levant 4 (1972) 150-155.

*a*1262   HAMMOND, P.C., «Pottery from Petra», PEQ 105 (1973) 27-49.

*a*1263   ROSEN-AYALON, M., «Medieval Islamic Compound Vessels», ErIs 11 (1973) 258-262 (English summary) (Pottery from Ramla).

*a*1264   AMIRAN, R., «The Painted Pottery Style of the Early Bronze II Period in Palestine», Levant 6 (1974) 65-68.

*a*1265   FRANKEL, D., *Middle Cypriot White Painted Pottery*. An analytical Study of the Decoration (Studies in Mediterranean Archaeology, XLII) (Göteborg, P. Åströms Förlag, 1974), 140 pp.

*a*1266   FRANKEN, H.J., *In Search of the Jericho Potters. Ceramics from the Iron Age and the Neolithicum* (North Holland Ceramic Studies in Archaeology, l) (Amsterdam, North Holland, New York, Elsevier, 1974), 217 pp.

*a*1267   GICHON, M., «Fine Byzantine Wares from the South of Israel», PEQ 106 (1974) 119-139.

*a*1268   HANKEY, V., «A Late Bronze Age Temple at Amman; The Aegean Pottery; Vases and Objects Made of Stone», Levant 6 (1974) 131-178.

*a*1269   LOFFREDA, S., *Cafarnao*, II. La ceramica (Pubblicazioni dello Studium Biblicum Franciscanum, 19) (Jerusalem, Franciscan Printing Press, 1974), 239 pp.

*a*1270   SKUPINSKA-LØVSET, I., «A Phoenician Face-Vase?» PEQ 106 (1974) 157-158.

*a*1271   AMIRAN, R., «A Note on the 'Gibeon Jar'», PEQ 107 (1975) 129-132.

*a*1272   ARTZY, M., ASARO. F., PERLMAN, I., «The Tel Nagila Bichrome Krater as a Cypriote Product», IsrEJ 25 (1975) 129-134.

*a*1273   BECK, P., «The Pottery of the Middle Bronze Age IIA at Tel Aphek», Tel Aviv 2 (1975) 45-85.

*a*1274   CULICAN, W., «Sidonian Bottles», Levant 7 (1975) 145-150.

*a*1275   EPSTEIN, C., «The Dolmen Problem in the Light of Recent Excavations», ErIs 12 (1975) 1-8 (English summary) (Dolmen and pottery, in Golan).

*a*1276   GLOCK, A.E., «Homo Faber: The Pot and the Potter at Taanach», BASOR nº 219 (1975) 9-28.

a1277   LOFFREDA, S., «Un lotto di ceramica da Karm er Ras presso Kafr Kanna», StBiFranc 25 (1975) 193-198.

a1278   MATTHERS, J.M., «An Inscribed Sherd from the Palestine Exploration Fund», PEQ 107 (1975) 151-153.

a1279   MERRILLEES, R.S., «Cypriote Black Slip Flasks», Levant 7 (1975) 141-145.

a1280   OREN, E.D., «The Pottery from the Achzib Defence System, Area D: 1963 and 1964 Seasons», IsrEJ 25 (1975) 211-225.

a1281   SEVERAL. M.W., «An Early Bronze Age Basalt Bowl in the Skirball Museum», Levant 7 (1975) 139-141.

a1282   AHARONI, M., AHARONI, Y., «The Stratification of Judahite Sites in the 8th and 7th Centuries B.C.E.», BASOR no 224 (1976) 73-90.

a1283   AMIRAN, R., «The Narmer Jar Fragment from Arad: An Addendum», IsrEJ 26 (1976) 45-46.

a1284   AMIRAN, R., «More about the Chalcolithic Culture of Palestine and Tepe Yahya», IsrEJ 26 (1976) 157-162.

a1285   COOTE, R.B., «The Kition Bowl», BASOR no 220 (1976) 47-50.

a1286   ELGAVISH, J., «Pottery from the Hellenistic Stratum at Shiqmona», IsrEJ 26 (1976) 65-76.

a1287   ISBELL, C.D., «Two New Aramaic Incantation Bowls», BASOR no 223 (1976) 15-23.

a1288   LOFFREDA, S., «Alcune osservazioni sulla ceramica di Magdala», dans Studia Hierosolymitana (Bagatti) (en collab.) (1976), I, 338-354.

a1289   RATHJE, A., «A Group of 'Phoenician' Faience Anthropomorphic Perfume Flasks», Levant 8 (1976) 96-106.

a1290   SAUER, J.A., «Pottery Techniques at Tell Deir 'Allā», BASOR, no 224 (1976) 91-94.

a1291   STERN, E., «Bes Vases from Palestine and Syria», IsrEJ 26 (1976) 183-187.

a1292   USSISHKIN, D., «Royal Judean Storage Jars and Private Seal Impressions», BASOR no 223 (1976) 1-13.

a1293   FRANKEL, D., «A Possible Relative of the Gilat Woman», IsrEJ 27 (1977) 38-39.

a1294   GALLING, K., «Ein bichromes Kännchen aus Palästina», ZDPV 93 (1977) 46-51.

a1295   KEMP, B.J., «An Incised Sherd from Kahun, Egypt», JNES 36 (1977) 289-292.

a1296   KUSCHKE, A., «Sidons Hinterland und der Pass von Gezzin», ZDPV 93 (1977) 178-197.

a1297   PRAUSNITZ, M.W., «The Pottery at Newe Yam», ErIs 13 (1977) 272*-276*.

a1298   SIVAN, R., «Notes on Some Nabatean Pottery Vessels», IsrEJ 27 (1977) 138-144.

a1299   SOREN, D., «The Fogg Kleophrades Vase Under the Ultraviolet Light», BASOR no 228 (1977) 29-46.

a1300   TSORI, N., «Roman Stamped Amphora Handles from Beth-Shean», IsrEJ 27 (1977) 125-126.

a1301   ARTZY, M., PERLMAN, I., ASARO, F., «Imported and Local Bichrome Ware in Megiddo», Levant 10 (1978) 99-111.

a1302   BEALE, T.W., «Bevelled Rim Bowls and Their Implications for Change and Economic Organization in the Later Fourth Millennium B.C.», JNES 37 (1978) 289-313.

a1303   BIKAI, P.M., «The Late Phoenician Pottery Complex and Chronology», BASOR, no 229 (1978) 47-56.

a1304   BIKAI, P.M., The Pottery of Tyre (Warminster, Aris & Phillips, 1978), ix-92 pp.

a1305   FATTOVICH, R., «Two Predynastic Decorated Vases from Hammamiya», OrAnt 17 (1978) 199-202.

a1306   ISBELL, C.D., «The Story of the Aramaic Magical Incantation Bowls», BA 41 (1978) 5-16.

*a*1307   LLOYD, S., *The Archaeology of Mesopotamia*. From the Old Stone Age to the Persian Conquest (London, Thames and Hudson, 1978), 252 pp.

*a*1308   MERRILLEES, R.S., «El-Lisht and Tell el-Yahudiyeh Ware in the Archaeological Museum of the American University of Beirut», Levant 10 (1978) 75-98.

*a*1309   RAST, W.E., *Taanach I*. Studies on the Iron Age Pottery (Ed. A.E. Glock) (ASOR Excavation Reports) (Cambridge, Mass., American Schools of Oriental Research, 1978), xvi-283 pp.

*a*1310   STERN, E., SALTZ, D.L., «Cypriote Pottery from the Middle Age Strata of Tel Mevorakh», IsrEJ 28 (1978) 137-145.

*a*1311   STERN, E., «New Types of Phoenician Style Decorated Pottery Vases from Palestine», PEQ 110 (1978) 11-21.

*a*1312   AHARONI, M., «The Askos: Is it the Biblical *Nēbel*?» Tel Aviv 6 (1979) 95-97.

*a*1313   AMIRAN, R., GLASS, J., «An Archaeological-Petrographical Study of 15 W-Ware Pots in the Ashmolean Museum», Tel Aviv 6 (1979) 54-59.

*a*1314   BARTOLONI, P., «Due Anfore greco-orientali di imitazione fenicia dal Sulcis», OrAnt 18 (1979) 323-327.

*a*1315   BEN-TOR, A., «Tell Qiri: A Look at Village Life», BA 42 (1979) 105-113 (12th-11th centuries B.C.E.).

*a*1316   BEN-TOR, A., PORTUGALI, Y., AVISSAR, M., «The Second Season of Excavations at Tel Yoqne'am, 1978: Preliminary Report», IsrEJ 29 (1979) 65-83.

*a*1317   CARTER, E., «Elamite Pottery, ca. 2000-1000 B.C.», JNES 38 (1979) 111-128.

*a*1318   DOTHAN, M., «An Attic Red-Figured Bell Krater from Tel 'Akko», IsrEJ 29 (1979) 148-151.

*a*1319   FARGO, V.M., «Early Bronze Age Pottery at Tell el-Ḥesi», BASOR nᵒ 236 (1979) 23-40.

*a*1320   GEVA, S., «Population Changes as Reflected in Pottery Types: A Proposal», PEQ 111 (1979) 109-112.

*a*1321   JOHNSON, B.L., «Corinthian Relief Bowls from Northern Sinai», IsrEJ 29 (1979) 171-174.

*a*1322   KALSBEEK, J., LONDON, G., «A Late Second Millennium B.C. Potting Puzzle», BASOR nᵒ 232 (1979) 47-56.

*a*1323   KELLY-BUCCELLATI, M., «The Outer Fertile Crescent Culture: North Eastern Connections of Syria and Palestine in the Third Millennium B.C.», UF 11 (1979) 413-430.

*a*1324   MERKER, G.S., «Boeotian Pottery in Collections in Jerusalem», IsrEJ 29 (1979) 160-170.

*a*1325   MOZEL, I., «A Male Partner for the Gilat Woman?» Tel Aviv 6 (1979) 26-27.

*a*1326   WEIPPERT, M., «Nabatäisch-römische Keramik aus Ḥirbet Dōr im südlichen Jordanien», ZDPV 95 (1979) 87-110.

*a*1327   ARTZY, M., «The Utilitarian 'Persian' Storejar Handles», BASOR nᵒ 238 (1980) 69-73.

*a*1328   DEVER, W.G., «New Vistas on the EB IV (MB I) Horizon in Syria-Palestine», BASOR nᵒ 237 (1980) 35-64.

*a*1329   FRANKEL, R., GOPHNA, R., «Chalcolithic Pottery from a Cave in Western Galilee», Tel Aviv 7 (1980) 65-69.

*a*1330   GERSTENBLITH, P., «A Reassessment of the Beginning of the Middle Bronze Age in Syria-Palestine», BASOR nᵒ 237 (1980) 65-84.

*a*1331   LOFFREDA, S., «Alcuni vasi ben datati della Fortezza di Macheronte», StBiFranc 30 (1980) 377-402.

a1332 ROLLER, D.W., «Hellenistic Pottery From Caesarea Maritima: A Preliminary Study», BASOR nᵒ 238 (1980) 35-42.

a1333 SAGONA, C., «Middle Bronze Faience Vessels from Palestine», ZDPV 96 (1980) 101-120.

a1334 SUSSMAN, V., «A Relief of a Bull From the Early Bronze Age», BASOR nᵒ 238 (1980) 75-77.

a1335 TUBB, J.N., «A Reconsideration of the date of the second millennium pottery from the recent excavations at Terqa», Levant 12 (1980) 61-68.

a1336 WEBB, V., «'Phoenician' Anthropomorphic Flasks: a reply», Levant 12 (1980) 77-89.

a1337 AHARONI, M., «The Pottery of Strata 12-11 of the Iron Age Citadel at Arad», ErIs 15 (1981) 181-204.

a1338 ARTZY, M., PERLMAN, I., ASARO, F., «Cypriote Pottery Imports at Ras Shamra», IsrEJ 31 (1981) 37-47.

a1339 GEVA, S., «The Painted Sherd from Ramat Raḥel», IsrEJ 31 (1981) 186-189.

a1340 HANKEY, V., «The Aegean Pottery of Khirbet Judur», ErIs 15 (1981) 33*-38*.

a1341 PICCIRILLO, M., «L'orciolo n. 7461 del Museo della Flagellazione (Studium Biblicum Franciscanum)», Salm 29 (1981) 399-401.

a1342 ROTHENBERG, B., GLASS, J., «Midianite Pottery», ErIs 15 (1981) 85-114.

a1343 SCHULMAN, A., GOPHNA, R., «An Archaic Egyptian Serekh from Tel Ma'aḥaz», IsrEJ 31 (1981) 165-167.

a1344 TYLECOTE, R.F., «From Pot Bellows to Tuyeres», Levant 13 (1981) 107-118.

a1345 UBERTI, M.L., «Ceramica greco-orientale da Tharros», OrAnt 20 (1981) 295-304.

a1346 ADAN-BAYEWITZ, D., «The Ceramics from the Synagogue of Horvat 'Ammudim and their Chronological Implications», IsrEJ 32 (1982) 13-31.

a1347 DE MIROSCHEDJI, P., «Un objet en céramique du Bronze ancien à représentation humaine», IsrEJ 32 (1982) 190-194.

a1348 DIEZ FERNANDEZ, F., «Tapadera de jarra del s. I a.C. con inscripción», EstB 40 (1982) 345-349.

a1349 DORNEMANN, R.H., «The Late Bronze Age Pottery Tradition at Tell Hadidi, Syria», BASOR nᵒ 241 (1982) 29-47.

a1350 LEONARD, A., Jr., «Considerations of Morphological Variation in the Mycenaean Pottery from the Southeastern Mediterranean», BASOR nᵒ 241 (1982) 87-101.

a1351 PRINGLE, D.A., «Some More Proto-Maiolica from 'Athlit (Pilgrims' Castle) and a discussion of its distribution in the Levant», Levant 14 (1982) 104-117.

a1352 STERN, E., «Achaemenid Clay Rhyta from Palestine», IsrEJ 32 (1982) 36-43.

a1353 STERN, E., MAGEN, I., «A Persian Period Pottery Assemblage from Qadum in the Samaria Region», ErIs 16 (1982) 182-197.

a1354 BEN-ARIEH, S., «A Mould for a Goddess Plaque», IsrEJ 33 (1983) 72-77 (Tel Qarnayim, in Beth-Shean Valley).

a1355 DIEZ FERNANDEZ, F., Cerámica común romana de la Galilea (63 a.C. - 350 d.C.). Approximaciones y diferencias con la cerámica del resto de Palestina y regiones circundantes (Madrid, Ed. Biblia y Fe - Instituto Español Bíblico y Arqueológico de Jerusalén, 1983), 248 pp.

a1356 GIBSON, S., «The Stone Vessel Industry at Ḥizma», IsrEJ 33 (1983) 176-188.

a1357 KHAIRY, N.I., «Technical Aspects of Fine Nabataean Pottery», BASOR nᵒ 250 (1983) 17-40.

a1358 PLOMMER, H., «Scythopolis, Caesarea and Vitruvius: Sounding-vessels in Ancient Theatres», Levant 15 (1983) 132-140.

a1359   RAHMANI, L.Y., «Finds from a Sixth to Seventh Centuries Site near Gaza: II. Pottery and Stone Objects», IsrEJ 33 (1983) 219-230.

a1360   WRIGHT, G.R.H., «Sausage shaped clay objects - no problem? (Lachish)», ZA 73 (1983) 121-125.

Presse-fruits. Fruit-squeezer
Fruchtpresse. Spremifrutta. Licuador.

a1361   AHLSTRÖM, G.W., «Wine Presses and Cup-Marks of the Jenin-Megiddo Survey», BASOR no 231 (1978) 19-49.

a1362   EITAM, D., «Olive Presses of the Israelite Period», Tel Aviv 6 (1979) 146-155.

a1363   HIRSCHFELD, Y., «Ancient Wine Presses in the Area of the Ayalon Park», ErIs 15 (1981) 383-390.

a1364   STAGER, L.E., WOLFF, S.R., «Production and Commerce in Temple Courtyards: An Olive Press in the Sacred Precinct at Tel Dan», BASOR no 243 (1981) 95-102.

a1365   HIRSCHFELD, Y., «Ancient Wine Presses in the Park of Aijalon», IsrEJ 33 (1983) 207-218.

Scarabées. Scarabs. Käfer. Scarabei. Escarabajos.

a1366   TUFNELL, O., «Some Scarabs with Decorated Backs», Levant 2 (1970) 95-99.

a1367   WARD, W.A., «A Phoenician Scarab with a Rare Design: a Winged Isis and Mummiform Osiris», OrAnt 9 (1970) 343-354.

a1368   MATTHIAE SCANDONE, G., «Scarabei egiziani del Museo Nazionale di Palermo», OrAnt 10 (1971) 21-51.

a1369   GIVEON, R., «A Monogram Scarab from Tel Masos», Tel Aviv 1 (1974) 75-76.

a1370   LECLANT, J., «Note sur la plaquette d'Aménophis III», Syr. 52 (1975) 19-21.

a1371   MATTHIAE SCANDONE, G., «Uno scarabeo del Secondo Periodo Intermedio da Tell Mardikh-Ebla», OrAnt 15 (1976) 179-189.

a1372   KEEL, O., «Der Bogen als Herrschaftssymbol: Einige unveröffentlichte Skarabäen aus Ägypten und Israel zum Thema 'Jagd und Krieg'», ZDPV 93 (1977) 141-177.

a1373   NICCACCI, A., «Nuovi Scarabei Hyksos», dans *Studia Hierosolymitana (Bagatti)* (en collab.) (1979), I, 29-79.

Sceaux. Seals. Siegel. Sigilli. Sellos.

a1374   REIFENBERG, A., «Some Ancient Hebrew Seals», PEQ 70 (1938) 113-116.

a1375   GALLING, K., «Beschriftete Bildsiegel des ersten Jahrtausends v. Chr. vornehmlich aus Syrien und Palästina», ZDPV 64 (1941) 121-202.

a1376   AVIGAD, N., «A Seal of a Slave-Wife (Amah)», PEQ 78 (1946) 125-132.

a1377   PORADA, E., «Suggestions for the Classification of Neo-Babylonian Seals», Or. 16 (1947) 145-165.

a1378   SCHNEIDER, N., «Schreibvarianten bei Personennamen der Urkundensiegel von Ur III», Or. 16 (1947) 303-306.

a1379   SCHNEIDER, N., «Sachvarianten der Urkundensiegel von Ur III», Or. 16 (1947) 307-311.

a1380   VAN BUREN, E.D., «A Further Note on the Dragon in Ancient Mesopotamia», Or. 16 (1947) 251-254.

a1381   GORDON, C.H., «Near East Seals in Princeton and Philadelphia», Or. 22 (1953) 242-250.

a1382   SCOTT, R.B.Y., «Another Griffin Seal from Samaria», PEQ 86 (1954) 87-90.

a1383 VAN BUREN, E.D., «Seals of the Second Half of the Layard Collection», Or. 23 (1954) 97-113.

a1384 DRIVER, G.R., «Hebrew Seals», PEQ 87 (1955) 183.

a1385 ZORI, N., «A Cylinder-seal Impression from Mount Gilboa», PEQ 87 (1955) 89-90.

a1386 VAN BUREN, E.D., «A Ritual Sequence», Or. 25 (1956) 39-41 (Seals from Warka).

a1387 ERLENMEYER, M.-L., ERLENMEYER, H., «Cervidendarstellungen auf altorientalischen und ägäischen Siegeln», Or. 25 (1956) 149-153; 26 (1957) 321-339.

a1388 HAMMOND, P.C., «A Note on Two Seal Impressions from Tell Es-Sultan», PEQ 89 (1957) 68-69.

a1389 VAN BUREN, E.D., «The Drill-Worked Jamdat Nasr Seals», Or. 26 (1957) 289-305.

a1390 PRAUSNITZ, M.W., «Cylinder Seal Impressions in the Eastern Mediterranean Area at the End of the Third Millennium B.C.», ErIs 5 (1958) 31-34 (English summary).

a1391 NOUGAYROL, J., «Documents du Ḫabur. 1. Une nouvelle tablette de Ḫana. 2. Le sceau de Daguna», Syr. 36 (1960) 205-214.

a1392 YEIVIN, S., «The Date of the Seal of 'Shema' Servant of Jeroboam'», ErIs 6 (1960) 47-52 (English summary).

a1393 GIVEON, R., «Two New Hebrew Seals and Their Iconographic Background», PEQ 93 (1961) 38-42.

a1394 MILLARD, A., «A Seal From Petra», PEQ 93 (1961) 136.

a1395 MATTHIAE, P., «Un sigillo inedito di Aleppo e l'iconografia di Amurru», OrAnt 1 (1962) 245-252.

a1396 GESE, H., «Ein Rollsiegel der späteren Mittelbronze aus Pella», ZDPV 81 (1965) 166-179.

a1397 MOORTGAT-CORRENS, U., «Ein Rollsiegel aus Arsameia», ZA 57 (1965) 6-11.

a1398 AHARONI, Y., «Seals of Royal Functionaries from Arad», ErIs 8 (1967) 101-103 (English summary).

a1399 GALLING, K., «Miscellanea Archaeologica (Steinerne Rahmenfenster - Das Löwenrelief von Bethsean - Jotham-Siegel von Tell el-Ḥlēfi - Das Salben der Mutterbrust)», ZDPV 83 (1967) 123-135.

a1400 AVIGAD, N., «A Group of Hebrew Seals», ErIs 9 (1969) 1-9 (English summary).

a1401 CROSS, F.M., Jr., «Judean Stamps», ErIs 9 (1969) 20-27.

a1402 KLENGEL-BRANDT, E., «Siegelabrollungen aus dem Babylon der Spätzeit», OrAnt 8 (1969) 329-336.

a1403 NEGEV, A., «Seal Impressions from Tomb 107 at Kurnub (Mampsis)», ErIs 9 (1969) 109-118 (English summary).

a1404 STERN, E., «Achemenid Lion-Stamps from the Satrapy of Judah», ErIs 10 (1971) 268-273 (English summary).

a1405 TUFNELL, O., «Seals in a Private Collection», Levant 3 (1971) 82-86.

a1406 YADIN, Y., «An Inscribed South-Arabian Clay Stamp from Bethel?» ErIs 10 (1971) 146-149) (English summary).

a1407 SALEM, A., «Un cachet oriental de bronze inédit portant une inscription», Sem. 22 (1972) 21-23.

a1408 BAR-ADON, P., «Rare Cylinder-Seal Impressions from Beth-Yeraḥ», ErIs 11 (1973) 99-100 (English summary).

a1409 TUFNELL, O., «The Middle Bronze Age Scarabseals from burials on the mound at Megiddo», Levant 5 (1973) 69-82.

a1410 AHARONI, Y., «Three Hebrew Seals», Tel Aviv 1 (1974) 157-158.

a1411 BORDREUIL, P., LEMAIRE, A., «Trois sceaux nord-ouest sémitiques inédits», Sem. 24 (1974) 25-34.

a1412   CULICAN, W., «A Phoenician Seal from Khaldeh», Levant 6 (1974) 195-198.

a1413   MITTMANN, S., «Zwei Siegelbildscherben der frühen Bronzezeit aus dem nördlichen Ostjordanland», ZDPV 90 (1974) 1-13.

a1414   AVIGAD, N., «The Priest of Dor», IsrEJ 25 (1975) 101-105.

a1415   AVIGAD, N., «New Names on Hebrew Seals», ErIs 12 (1975) 66-71 (English summary).

a1416   CALDWELL, D.H., «A Large Gable Seal in the Royal Scottish Museum, Edinburgh», Levant 7 (1975) 137-139.

a1417   MANNS, F., «Un sceau de la Transfiguration», StBiFranc 25 (1975) 164-170.

a1418   MEYERS, C.L., MEYERS, E.M., «Another Jewish Bread Stamp?» IsrEJ 25 (1975) 154-155.

a1419   YEIVIN, S., «Epigraphic Notes on the Seal of Ma'aseyahu/Yesha'yahu», ErIs 12 (1975) 81-82 (English summary).

a1420   AVIGAD, N., *Bullae and Seals from a Post-Exilic Judean Archive* (Qedem, 4) (Jerusalem, The Hebrew University, 1976), 52-36 pp.

a1421   AVIGAD, N., «The Governor of the City», IsrEJ 26 (1976) 178-182.

a1422   BECK, P., «The Cylinder Seal Impressions from Beth Ha'emeq», Tel Aviv 3 (1976) 120-126.

a1423   BORDREUIL, P., LEMAIRE, A., «Nouveaux sceaux hébreux, araméens et ammonites», Sem. 26 (1976) 45-63.

a1424   GIVEON, R., «New Egyptian Seals with Titles and Names from Canaan», Tel Aviv 3 (1976) 127-133.

a1425   GRAESSER, C., Jr., «The Seal of Elijah», BASOR n° 220 (1976) 63-66.

a1426   KAPLAN, M.F., «Another Slaying of Tiamat?» IsrEJ 26 (1976) 174-177.

a1427   LERNER, J.A., «Sasanian Seals in the Department of Medieval and Later Antiquities of the British Museum», JNES 35 (1976) 183-187.

a1428   LOFFREDA, S., «Stampi su terre sigillate del IV-VI secolo in Palestina», dans *Studia Hierosolymitana (Bagatti)* (en collab.) (1976), I, 177-196.

a1429   MANNS, F., «Les sceaux byzantins du Musée de la Flagellation», StBiFranc 26 (1976) 213-271.

a1430   OLESON, J.P., «An Unpublished Sassanian Seal (Cyprus)», Levant 8 (1976) 161-164.

a1431   PUECH, É., «Deux nouveaux sceaux ammonites», RB 83 (1976) 59-62.

a1432   USSISHKIN, D., «Royal Judean Storage Jars and Private Seal Impressions», BASOR n° 223 (1976) 1-13.

a1433   AVIGAD, N., «New Moabite and Ammonite Seals at the Israel Museum», ErIs 13 (1977) 108-110 (English summary).

a1434   AVIGAD, N., «Two Ammonite Seals Depicting the *Dea Nutrix*», BASOR n° 225 (1977) 63-66.

a1435   BECK, P., «A Note on a Syrian Cylinder Seal», Tel Aviv 4 (1977) 191-193.

a1436   BEN-TOR, A., «Cult Scenes on Early Bronze Age Cylinder Seal Impressions from Palestine», Levant 9 (1977) 90-100.

a1437   BEN-TOR, A., «An Early Bronze Age Cylinder-seal from Gezer», ErIs 13 (1977) 82-86 (English summary).

a1438   BOEHMER, R.M., «Siegel phrygischer Zeit» (aus Emirlu), ZA 67 (1977) 78-84.

a1439   CULICAN, W., «Syrian and Cypriot Cubical Seals», Levant 9 (1977) 162-167.

a1440   FERRARA, A.J., «A Kassite Cylinder Seal from the Arabian Gulf», BASOR n° 225 (1977) 69.

a1441   GIBSON, M., BIGGS, R.D. (Ed.), *Seals and Sealing in the Ancient Near East* (Bibliotheca Mesopotamica, 6) (Malibu, California, Undena Publications, 1977), v-160 pp.

a1442   GIVEON, R., «Egyptian Finger Rings and Seals from South of Gaza», Tel Aviv 4 (1977) 66-70.
a1443   ISRAEL, F., «Un nuovo sigillo ammonita? (Vattioni, *Sigilli ebraici*, n. 126)», BibOr 19 (1977) 167-170.
a1444   LEMAIRE, A., «Essai sur cinq sceaux phéniciens», Sem. 27 (1977) 29-40.
a1445   MALLET, J., «Tell el-Fâr'ah près de Naplouse. L'empreinte de cylindre-sceau F 3863», RB 84 (1977) 108-112.
a1446   MORA, C., «Un sigillo eteo del museo di Rothenburg o. d. T.», OrAnt 16 (1977) 177-181.
a1447   NEGAHBAN, E.O., «The Seals of Marlik Tepe», JNES 36 (1977) 81-102.
a1448   SINGER, I., «A Hittite Hieroglyphic Seal Impression from Tel Aphek», Tel Aviv 4 (1977) 178-190.
a1449   ALBENDA, P., «Of Gods, Men and Monsters on Assyrian Seals», BA 41 (1978) 17-22.
a1450   AVIGAD, N., «Baruch the Scribe and Jerahmeel the King's Son», IsrEJ 28 (1978) 52-56.
a1451   AVIGAD, N., «The Seal of Seraiah (Son of) Neriah», ErIs 14 (1978) 86-87 (English summary).
a1452   AVIGAD, N., «Gleanings from Unpublished Ancient Seals», BASOR nº 230 (1978) 67-69.
a1453   BAGATTI, B., «Un sigillo inedito della regione del Nebo», StBiFranc 28 (1978) 145-146.
a1454   BEN-TOR, A., *Cylinder Seals of Third Millennium Palestine* (BASOR, Supplement Series, 22) (Cambridge, Massachusetts, American Schools of Oriental Research, 1978), v-121 pp.
a1455   BOEHMER, R.M., «Weitere Siegel aus phrygischer Zeit», ZA 68 (1978) 284-292.
a1456   FULCO, W.J., «A *YHD* Stamp from Battir», Or. 47 (1978) 265.
a1457   LEMAIRE, A., «Le sceau *CIS*, II, 74 et sa signification historique», Sem. 28 (1978) 11-14.
a1458   OVADIAH, A., «A Greek Seal of the Early Christian Period», StBiFranc 28 (1978) 142-144.
a1459   ABBADI, S., «Ein neues ammonitisches Siegel», ZDPV 95 (1979) 36-38.
a1460   AVIGAD, N., «Baruch the Scribe and Jerahmeel the King's Son», BA 42 (1979) 114-118.
a1461   BAUDOT, M.P., «Iconographic Study of the Vessels on Archaic Near Eastern Seals», OLoP 10 (1979) 5-67.
a1462   BORDREUIL, P., LEMAIRE, A., «Nouveau groupe de sceaux hébreux, araméens et ammonites», Sem. 29 (1979) 71-84.
a1463   DOTY, L.T., «An Official Seal of the Seleucid Period», JNES 38 (1979) 195-197.
a1464   FULCO, W.J., «A Seal from Umm el Qanâfid, Jordan: g'lyhw 'bd hmlk», Or. 48 (1979) 107-108.
a1465   LEMAIRE, A., «Nouveau sceau nord-ouest sémitique avec un lion rugissant», Sem. 29 (1979) 67-69.
a1466   MAYER-OPIFICIUS, R., «Betrachtungen zur Darstellungs- und Kompositionsform einiger syrischer Rollsiegel», UF 11 (1979) 597-600.
a1467   TASYÜREK, A., «Some new urartian seals mostly from the Adana Regional Museum», OrAnt 18 (1979) 309-318.
a1468   WEIPPERT, M., «Ein Siegel von *Tell Ṣâfūṭ*», ZDPV 95 (1979) 173-177.
a1469   ZERON, A., «The Seal of 'M-B-N' and the List of David's Heroes», Tel Aviv 6 (1979) 156-157.
a1470   ZETTLER, R.L., «On the Chronological Range of Neo-Babylonian and Achaemenid Seals», JNES 38 (1979) 257-270.
a1471   AVIGAD, N., «The Chief of the Corvée», IsrEJ 30 (1980) 170-173.
a1472   GIVEON, R., «A New Hyksos King», Tel Aviv 7 (1980) 90-91.

a1473   HERR, L.G., «Paleography and the Identification of Seal Owners», BASOR n° 239 (1980) 67-70.

a1474   PICCIRILLO, M., «Un sigillo dell'abbazia di San Samuele», StBiFranc 30 (1980) 415-417.

a1475   SINGER, I., «Three Hittite Seals», Tel Aviv 7 (1980) 169-172.

a1476   AVIGAD, N., «A Hebrew Seal Depicting a Sailing Ship», BASOR n° 246 (1982) 59-62.

a1477   BUHL, M.-L., «Un sceau de Zimrilim», Syr. 59 (1982) 93-100.

a1478   GARBINI, G., «I sigilli del regno di Israele», OrAnt 21 (1982) 163-176.

a1479   LEMAIRE, A., «Cinq sceaux araméens inscrits inédits», Syr. 59 (1982) 109-116.

a1480   MORA, C., «I sigilli anatolici del Bronzo Antico», Or. 51 (1982) 204-226.

a1481   LEMAIRE, A., «Nouveaux sceaux nord-ouest sémitiques», Sem. 33 (1983) 17-31 (sceaux hébraïques, ammonites, moabites, araméens, phéniciens).

a1482   RITTIG, D., «Ein kleinasiatisches Rollsiegel mit Reitermotiv», Or. 52 (1983) 156-160.

Statuettes. Figurines. Figürchene. Statuette. Figurillas.

a1483   TZORI, N., «Cult Figurines in the Eastern Plain of Esdraelon and Beth-Shean», ErIs 5 (1958) 52-54.

a1484   PERROT, J., «Statuettes en ivoire et autres objets en ivoire et en os provenant des gisements préhistoriques de la région de Béershéba», Syr. 36 (1959) 8-19.

a1485   STROMMENGER, E., «Statueninschriften und ihr Datierungswert», ZA 53 (1959) 27-50.

a1486   CIASCA, A., «Un deposito di statuette da Tell Gat», OrAnt 2 (1963) 45-63.

a1487   AMIRAN, R., «A Note on Figurines with 'Disks'», ErIs 8 (1967) 99-100 (English summary).

a1488   MOORTGAT-CORRENS, U., «Kleiner Männerkopf aus Lapislazuli», ZA 58 (1967) 299-301.

a1489   NEGBI, O., «Dating Some Groups of Canaanite Bronze Figurines», PEQ 100 (1968) 45-55.

a1490   DOTHAN, T., «A Female Mourner Figurine from the Lachish Region», ErIs 9 (1969) 42-46 (English summary).

a1491   PARROT, A., «Figurines et céramiques anatoliennes», Syr. 46 (1969) 45-56.

a1492   MOOREY, P.R.S., «A 'Lost' Statuette from the Gilbert Collection », Levant 2 (1970) 101-102.

a1493   PELTENBURG, E.J., «A Figurine from Palestine», Levant 2 (1970) 100-101.

a1494   MOOREY, P.R.S., «A Bronze Statuette of a Bull», Levant 3 (1971) 90-91.

a1495   BÖRKER-KLÄHN, J., «Eine Bronzestatue aus Assur?» ZA 63 (1973) 272-287.

a1496   DOTHAN, T., «Another Mourning-Woman Figurine from the Lachish Region», ErIs 11 (1973) 120-121 (English summary).

a1497   WEIPPERT, M., «Zur Idzentifikation des Hamburger Orthostatenfragments Tiglathpilesers III», ZA 64 (1974) 116-122.

a1498   STERN, E., «A Deposit of Votive Figurines from the Beer-Sheba Region», ErIs 12 (1975) 91-94 (English summary).

a1499   AMIRAN, R., «The Lion Statue and the Libation Tray from Tell Beit Mirsim», BASOR n° 222 (1976) 29-40.

a1500   HOLLAND, T.A., «A Study of Palestinian Iron Age Baked Clay Figurines, with special reference to Jerusalem: Cave 1», Levant 9 (1977) 121-155.

a1501   SKUPINSKA-LØVSET, I., «Une figurine supposée scythe de Beth-Shean», RB 85 (1978) 62-65.

a1502   AMIRAN, R., TADMOR, M., «A Female Cult Statuette from Chalcolithic Beer-sheba», IsrEJ 30 (1980) 137-139.

a1503   DERFLER, S., «A Terracotta Figurine from the Hellenistic Temple at Tel Beer-sheba», IsrEJ 31 (1981) 97-99.

Tombes. Tombs. Grabe. Sepolcri. Tumbas.

a1504   SUKENIK, E.L., «A Jewish Tomb in the Kedron Valley», PEQ 69 (1937) 126-130.

a1505   DALMAN, K.O., «Über ein Felsengrab im Hinnomtale bei Jerusalem», ZDPV 62 (1939) 190-208.

a1506   GALLING, K., «Eschmunazar und der Herr der Könige», ZDPV 79 (1943) 140-151.

a1507   AVIGAD, N., «Architectural Observations on Some Rock-Cut Tombs», PEQ 79 (1947) 112-122.

a1508   SEYRIG, H., «Antiquités Syriennes. - 44. Un ex-voto damascain. - 45. Inscriptions diverses. - 46. Reconstitution d'un tombeau palmyrénien dans le musée de Damas», Syr. 27 (1950) 229-252.

a1509   SEYRIG, H., «53. Antiquités de la nécropole d'Émèse», Syr. 29 (1952) 204-250; 30 (1953) 13-24.

a1510   JOTHAM-ROTHSCHILD, J., «The Tombs of Sanhedria - II», PEQ 86 (1954) 16-22.

a1511   LACAU, P., «Égyptien et sémitique», Syr. 31 (1954) 271-306.

a1512   WILL, E., «De l'Euphrate au Rhin. Étude sur quelques motifs ornementaux», Syr. 31 (1954) 271-285.

a1513   ZEUNER, F.E., «Notes on the Bronze Age Tombs of Jericho - I», PEQ 87 (1955) 118-128.

a1514   CORNWALL, I.W., «The Pre-Pottery Neolithic Burials, Jericho», PEQ 88 (1956) 110-124.

a1515   LEROY, J., «Mosaïques funéraires d'Édesse», Syr. 24 (1957) 306-342.

a1516   SCHMID, H., «Beobachtungen zn Gräbern», ZDPV 73 (1957) 59-72.

a1517   RAHMANI, L.Y., «Roman Tombs in Shemiel Ha-Navi Street, Jerusalem», ErIs 6 (1960) 68-72 (English summary).

a1518   CALLAWAY, J.A., «The Gezer Crematorium Re-examined», PEQ 94 (1962) 104-117.

a1519   MASTIN, B.A., «Chalcolithic Ossuaries and Houses for the Dead», PEQ 97 (1965) 153-160.

a1520   AVIGAD, N., «Jewish Rock-Cut Tombs in Jerusalem and in the Judean Hill-Country», ErIs 8 (1967) 119-142 (English summary).

a1521   EITAN, A., «A Sarcophagus and an Ornamental Arch from the Mausoleum at Rosh Ha'ayin», ErIs 8 (1967) 114-118 (English summary).

a1522   PERROT, J., «Les Ossuaires de Ben Shemen», ErIs 8 (1967) 46*-49*.

a1523   RAHMANI, L.Y., «Jewish Tombs in the Romema Quarter of Jerusalem», ErIs 8 (1967) 186-192 (English summary).

a1524   ROCCATI, A., «Sulla tradizione dei sarcofagi», OrAnt 6 (1967) 169-180.

a1525   GILEAD, D., «Burial Customs and the Dolmen Problem», PEQ 100 (1968) 16-26.

a1526   LUCIANI, F., «Le tombe di Siloe», BibOr 10 (1968) 135-140.

a1527   COLPE, C., «Das samaritanische Pinehas-Grab in Awerta und die Beziehungen zwischen Ḥaḍir- und Georgslegende», ZDPV 85 (1969) 162-196.

a1528   BOUCHENAKI, L., «Note sur un type de tombe punique dans la nécropole de Tipasa», OrAnt 9 (1970) 141-159.

a1529   MEYERS, E.M., «Secondary Burials in Palestine», BA 33 (1970) 2-29.

a1530   USSISHKIN, D., «The Necropolis from the Time of the Kingdom of Judah at Silwan, Jerusalem», BA 33 (1970) 34-46.

*a*1531   ZAYADINE, F., «Une tombe nabatéenne près de Dhat-Râs (Jordanie)», Syr. 47 (1970) 117-135.

*a*1532   AVIGAD, N., «The Burial-Vault of a Nazirite Family from the Second Temple Period on Mount Scopus», ErIs 10 (1971) 41-49 (English summary).

*a*1533   FANTAR, M.H., «Nouvelles tombes puniques découvertes sur les flancs de la colline du Borj Jedid à Carthage», OrAnt 20 (1971) 313-320.

*a*1534   OREN, E.D., «A Middle Bronze Age I Warrior Tomb at Beth-Shan», ZDPV 87 (1971) 109-139.

*a*1535   BARAG, D., «A Jewish Burial-Cave on Mount Scopus», ErIs 11 (1973) 101-103 (English summary).

*a*1536   SMITH, R.H., «An Early Roman Sarcophagus of Palestine and its School», PEQ 105 (1973) 71-82.

*a*1537   TADMOR, M., «A Middle Bronze Age I Tomb-Group from the Rosh Haniqra Ridge», ErIs 11 (1973) 286-289 (English summary).

*a*1538   SMITH, R.H., «The Cross Marks on Jewish Ossuaries», PEQ 106 (1974) 53-66.

*a*1539   USSISHKIN, D., «Tombs from the Israelite Period at Tel 'Eton», Tel Aviv 1 (1974) 109-127.

*a*1540   ARENSBURG, B., RAK, Y., «Skeletal Remains of an Ancient Jewish Population from French Hill, Jerusalem», BASOR nᵒ 219 (1975) 69-71.

*a*1541   BAHAT, D., «A Middle Bronze I Tomb-Cave at Motza», ErIs 12 (1975) 18-23 (English summary).

*a*1542   PICCIRILLO, M., «Una tomba del Ferro I a Madaba (Madaba B. Moab)», StBiFranc 25 (1975) 199-224.

*a*1543   STRANGE, J.F., «Late Hellenistic and Herodian Ossuary Tombs at French Hill, Jerusalem», BASOR nᵒ 219 (1975) 39-67.

*a*1544   TSORI, N., «Middle Bronze I and Early Iron I Tombs Near Tel Reḥov in the Beth-Shean Valley», ErIs 12 (1975) 9-17 (English summary).

*a*1545   ZAYADINE, F., «Une tombe peinte de Beit-Ras (Capitolias)», dans *Studia Hierosolymitana* (en collab.) (1976), I, 285-294.

*a*1546   GATH, J., RAHMANI, L.Y., «A Roman Tomb at Manaḥat, Jerusalem», IsrEJ 27 (1977) 209-214.

*a*1547   USSISHKIN, D., «Two Lead Coffins from Cilicia», IsrEJ 27 (1977) 215-218.

*a*1548   FOERSTER, G., «Architectural Fragments from 'Jason's Tomb' Reconsidered», IsrEJ 28 (1978) 152-156.

*a*1549   LOFFREDA, S., «Una tomba romana al Monte Tabor», StBiFranc 28 (1978) 241-246.

*a*1550   PICCIRILLO, M., «Una tomba del Bronzo Medio ad Amman?» StBiFranc 28 (1978) 73-86.

*a*1551   SALLES, J.-F., «Notes sur la période Pré-urbaine en Palestine», RB 85 (1978) 66-71.

*a*1552   VOGEL, C., «Le poisson, aliment du repas funéraire chrétien?» dans *Mélanges offerts à Marcel Simon* (en collab.) (1978), 233-243.

*a*1553   DOTHAN, T., *Excavations at the Cemetery of Deir El-Balaḥ* (Qedem, Monographs of the Institute of Archaeology, 10) (Jerusalem, The Hebrew University 1979), 124 pp.

*a*1554   HACHLILI, R., «The Goliath Family in Jericho: Funerary Inscription from a First-Century A.D. Jewish Monumental Tomb», BASOR nᵒ 235 (1979) 31-66.

*a*1555   KLAKOWICZ, B.E., «Osirian Funeral Home Concept in an Etruscan Tomb», Or. 48 (1979) 332-334.

*a*1556   DASSMANN, E., «Die Szene Christus-Petrus mit dem Hahn. Zum Verhältnis von Komposition und Interpretation auf früchristlichen Sarkophagen», dans *Pietas* (en collab.) (1980), 509-527.

a1557 KHAIRY, N.I., «Al-Quweismeh Family Tomb», PEQ 112 (1980) 51-61.

a1558 KLONER, A., «A Tomb of the Second Temple Period at French Hill, Jerusalem», IsrEJ 30 (1980) 99-108.

a1559 SMITH, P., ZIAS, J., «Skeletal Remains from the Late Hellenistic French Hill Tomb», IsrEJ 30 (1980) 109-115.

a1560 STERN, E., «Achaemenian Tombs from Shechem», Levant 12 (1980) 90-111.

a1561 RAHMANI, L.Y., «Ancient Jerusalem's Funerary Customs and Tombs», BA 44 (1981) 171-177, 229-235; 45 (1982) 43-53, 109-119.

a1562 STERN, E., «Achaemenid Tombs at Shechem», ErIs 15 (1981) 312-330.

a1563 ALLEGRETTI, S., «Una tomba del primo periodo romano sul Monte Oliveto», StBiFranc 32 (1982) 335-354.

a1564 BISCONTI, F., «Sull'unità del linguaggio biblico nella pittura cimiteriale romana», dans Parola e Spirito (en collab.) (1982), 731-740.

a1565 LEVY, T.E., ALON, D., «The Chalcolithic Mortuary Site near Meẓad Aluf, Northern Negev Desert: A Preliminary Study», BASOR nº 248 (1982) 37-59.

a1566 OLLENDORFF, F., «Two Mamlūk Tomb-Chambers in Western Jerusalem», IsrEJ 32 (1982) 245-250.

a1567 PUECH, É., «Les nécropoles juives palestiniennes au tournant de notre ère», dans Dieu L'a ressuscité d'entre les morts (en collab.) (1982), 35-55.

a1568 ZIAS, J., «A Rock-Cut Tomb in Jerusalem», BASOR nº 245 (1982) 53-56.

a1569 HACHLILI, R., KILLEBREW, A., «Was the Coin-on-eye custom a jewish burial practice in the second temple period?» BA 46 (1983) 147-153.

a1570 HACHLILI, R., KILLEBREW, A., «Jewish Funerary Customs During the Second Temple Period», PEQ 115 (1983) 109-139 (Jericho).

a1571 HOUSTON SMITH, R., «Decorative geometric designs in stone - the rediscovery of a technique of roman-byzantine craftsmen», BA 46 (1983) 175-186.

Vêtement. Clothes. Kleid. Vestiti. Vestidos.

a1572 ROSTOVTZEFF, M., «Notes d'archéologie orientale: 1. Les passe-guides; 2. Les agrafes de ceintures», Syr. 13 (1932) 321-333.

a1573 DUSSAUD, R., «Ceinture en bronze du Louristan avec scènes de chasse», Syr. 15 (1934) 187-199.

a1574 CROWFOOT, G.M., «The Vertical Loom in Palestine and Syria», PEQ 73 (1941) 141-151.

a1575 CROWFOOT, G.M., «Handicrafts in Palestine: Primitive Weaving», PEQ 75 (1943) 75-88.

a1576 CROWFOOT, G.M., «Handicrafts in Palestine: Jerusalem Hammock Cradles and Hebron Rugs», PEQ 76 (1944) 121-130.

a1577 HUOT, J.-L., «La diffusion des épingles à tête à double enroulement», Syr. 46 (1969) 57-98.

a1578 SHEFFER, A., «Comparative Analysis of a 'Negev Ware' Textile Impression From Tel Masos», Tel Aviv 3 (1976) 81-88.

a1579 BAGINSKI, A., TIDHAR, A., «A Dated Silk Fragment from 'Avdat (Eboda)», IsrEJ 28 (1978) 113-115.

Divers. Miscellaneous. Verschiedenes. Diversi Diversos.

a1580 MAYER, L.A., REIFENBERG, A., «Three Ancient Jewish Reliefs», PEQ 69 (1937) 136-139.

a1581   AMANDRY, P., «Objets orientaux en Grèce et en Italie aux VIIIe et VIIe siècles avant
         Jésus-Christ (chaudrons, coquilles, etc.)», Syr. 35 (1958) 73-109.
a1582   GHIRSHMAN, R., «Anneaux destinés à tendre la corde de l'arc», Syr. 35 (1958) 61-72.
a1583   BAGATTI, B., «Un inedito piede votivo di Palestina», OrAnt 9 (1970) 113-114.
a1584   CULICAN, W., «A Palette of Umm El-Biyara Type», PEQ 102 (1970) 65-67.
a1585   GRAESSER, C.F., «Standing Stones in Ancient Palestine», BA 35 (1972) 34-63.
a1586   THOMPSON, H.O., «Cosmetic Palettes», Levant 4 (1972) 148-150.
a1587   BULL, R.J., «A Tripartite Sundial from Tell er Râs on Mt. Gerizim», BASOR nᵒ 219
         (1975) 29-37.
a1588   DE GEUS, C.H.J., «The Importance of Archaeological Research into the Palestinian
         Agricultural Terraces, with an Excursus on the Hebrew Word gbi», PEQ 107 (1975)
         65-74.
a1589   RAHMANI, L.Y., «An Ancient Cast of a Cameo», IsrEJ 28 (1978) 83-85.
a1590   GOLDBERG, P., «Geology of Late Bronze Age Mudbrick from Tel Lachish», Tel Aviv
         6 (1979) 60-67.
a1591   RAHMANI, L.Y., «A Roman Patera from Lajjun», IsrEJ 31 (1981) 190-196.
a1592   LITTAUER,M.A.,CROUWEL, J.H.,«A Bridle Bit of the Second Millennium B.C. in
         Jerusalem», Levant 14 (1982) 178.
a1593   TUBB, J.N., «A Syrian 'klepsydra' of the Third Millennium B.C.», Levant 14 (1982)
         175-177.
a1594   SCHMANDT-BESSERAT, D., «BA Guide to Artifacts. Tokens and Counting», BA 46
         (1983) 117-120.

11. Chroniques. Reports. Berichte. Cronache. Crónicas.

a1595   CROWFOOT, J.W., «Three Recent Excavations in Palestine», PEQ 62 (1930) 172-177
         (Ghassul, Beth Shemesh, Megiddo).
a1596   GREGORY, J.W., «Geological Researches in the Judean Desert», PEQ 63 (1931)
         197-202.
a1597   CLOSE, C., «Note on the Map of the Principal Excavated Sites of Palestine», PEQ 64
         (1932) 220.
a1598   KIRK, G.E., «Archaeological Exploration in the Southern Desert», PEQ 70 (1938)
         211-235.
a1599   LLOYD, S., «Recent Discoveries of the Iraq Directorate of Antiquities», PEQ 75 (1943)
         105-109.
a1600   KIRK, M.E., «Short History of Palestinian Excavation», PEQ 76 (1944) 131-144.
a1601   KIRK, G.E., «Archaeological Activities in Palestine and Transjordan since 1939», PEQ
         78 (1946) 92-102.
a1602   JOHNS, C.N., «Discoveries in Palestine since 1939», PEQ 80 (1948) 81-101.
a1603   PARROT, A., «Archéologie orientale. Fouilles de 1939 à 1948», Sem. 2 (1949) 69-72.
a1604   PERROT, J., «Nouvelles Découvertes en Israël», Syr. 29 (1952) 294-306.
a1605   XXX, «Panorama de los descubrimientos recientes en Palestina y paises bíblicos», CuBi
         14 (1957) 42-56.
a1606   CASSUTO SALZMANN, M., «Ricerche in Israele», BibOr 1 (1959) 139-142.
a1607   LOMBARDI, G., «Ricerche in Palestina», BibOr 1 (1959) 89-91.
a1608   PAX, E., «Moderne Ausgrabungen in Palästina», BiLeb 4 (1963) 260-270.
a1609   LEVI, D., «La Scuola Archeologica di Atene e le missioni in Levante», OrAnt 3 (1964)
         161-174.
a1610   MOSCATI, S., «L'archeologia italiana nel Vicino Oriente», OrAnt 3 (1964) 1-14.

a1611 MANCINI, I., «La 'ecclesia ex circumcisione'», BibOr 7 (1965) 77-87 ('Dominus Flevit', Nazareth, Ḥ. Kilkish, Bethfage).

a1612 WEIPPERT, M., «Archäologischer Jahresbericht», ZDPV 82 (1966) 274-330.

a1613 GALLING, K., «Miscellanea Archaeologica (Steinerne Rahmenfenster - Das Löwenrelief von Bethsean - Jotham-Siegel von Tell el-Ḥlēfi - Das Salben der Mutterbrust)», ZDPV 83 (1967) 123-135.

a1614 SAPIN, J., «25 ans d'archéologie en Syrie - Palestine (1946-1971). Recherches et perspectives», ETR 48 (1973) 351-369; 49 (1974) 547-577.

a1615 AHARONI, M., AHARONI, Y., «The Stratification of Judahite Sites in the 8th and 7th Centuries B.C.E.», BASOR no 224 (1976) 73-90.

a1616 XXX, «Notes and News», IsrEJ 27 (1977) 42-57.

a1617 BAR-YOSEF, O., «Fifty Years of Prehistoric Investigations in Eretz-Israel», ErIs 13 (1977) 1-17 (English summary).

a1618 JAROŠ, K., «Archäologie im Heiligen Land», BiLit 50 (1977) 158-173.

a1619 MELIA, J., «Crónica arqueológica palestina 1975-76», EstB 36 (1977) 95-111, 227-246.

a1620 PERROT, J., «Remarques sur la préhistoire récente d'Eretz-Israël», ErIs 13 (1977) 283*-287*.

a1621 WEIPPERT, M., «Kanaanäische 'Gravidenflaschen'. Zur Geschichte einer ägyptischen Gefassgattung in der asiatischen 'Provinz'», ZDPV 93 (1977) 268-282.

a1622 GOPHNA, R., «Archaeological Survey of the Central Coastal Plain, 1977. Preliminary Report», Tel Aviv 5 (1978) 136-147.

a1623 MEYERS, E.M., STRANGE, J.F., GROH, D.E., «The Meiron Excavation Project: Archeological Survey in Galilee and Golan, 1976», BASOR no 230 (1978) 1-24.

a1624 NORTH, R., «From Raamses to Ur: Excavators' Choices», Or. 47 (1978) 114-136.

a1625 XXX, «The Survey of Western Palestine, 1971-77», PEQ 111 (1979) 11-15.

a1626 COHEN, R., DEVER, W.G., «Preliminary Report of the Pilot Season of the 'Central Negev Highlands Project'», BASOR no 232 (1979) 29-45.

a1627 KINET, D., «Neue archäologische Ausgrabungen im Lande Israel», BiKi 34 (1979) 137-140 (Lachisch, Arad, Dan, Afek).

a1628 DEVER, W.G., «Retrospects and Prospects in Biblical and Syro-Palestinian Archeology», BA 45 (1982) 103-107.

a1629 LANCE, H.D., «American Biblical Archeology in Perspective», BA 45 (1982) 97-101.

a1630 PARKER, S.T., «Preliminary Report on the 1980 Season of the Central Limes Arabicus Project», BASOR, no 247 (1982) 1-26.

a1631 SABLOFF, J.A., «When the Rhetoric Fades: A Brief Appraisal of Intellectual Trends in American Archaeology During the Past Two Decades», BASOR no 242 (1982) 1-6.

12. Sites. Ortsbeschreibungen. Siti. Lugares[1].

a1632 KAPLAN, J., «The Identification of Abel - Beth-Maachah and Janoah», IsrEJ 28 (1978) 157-160.

a1633 DOTHAN, M., «Acre», RB 82 (1975) 566-571.

a1634 WEBLEY, D., «A Note on the Dolmen Field at Tell El-Adeimeh and Teleilat Ghassul», PEQ 101 (1969) 42-43.

---

1. Classés selon l'ordre alphabétique. Alphabetically classified. Nach alphabetischen Klasse ablegten. Classificati secondo l'ordine alfabetico. Clasificados en orden alfabético.—The classification ignores these words: *abd, abu (abou), 'ain, al-, biq'at, ad-, el-, es-, gebel, ha-, ḥirbet (khirbet), horvat, ibn, kfar, naḥal, qal'at, ramat, ras, rosh, sheikh, tel, teleilat, umm (oumm), wadi.*

a1635 PFLAUM, H.G., «Les Fortifications de la ville d'Adraha d'Arabie», Syr. 29 (1952) 307-330.

a1636 SUKENIK, E.L., «Late Chalcolithic Pottery from 'Affuleh», PEQ 68 (1936) 150-154.

a1637 LOZACHMEUR, H., «Sur la bilingue gréco-araméenne d'Ağcakale», Sem. 25 (1975) 97-102.

a1638 EPSTEIN, C., «Bichrome Wheel-Made Tankards from Tell El-'Ajjul», PEQ 93 (1961) 137-142.

a1639 GONEN, R., «Tell el-'Ajjul in the Late Bronze Age - City or Cemetery», ErIs 15 (1981) 69-78.

a1640 VAN BUREN, E.D., «Excavations at Atchana-Alalakh», Or. 17 (1948) 532-535.

a1641 POHL, A., «Alalaḫ», Or. 23 (1954) 237-251.

a1642 CARRE GATES, M.-H., *Alalakh Levels VI and V: A Chronological Reassessment* (Syro-Mesopotamian Studies, 4/2) (Malibu, California, Undena Publications, 1971), 40 pp.

a1643 ZACCAGNINI, C., «Notes on the Weight System at Alalaḫ VII», Or. 48 (1979) 472-475.

a1644 NA'AMAN, N., «The Ishtar Temple at Alalakh», JNES 39 (1980) 209-214.

a1645 WEINBERG, S.S., «Tel Anafa: The Hellenistic Town», IsrEJ 21 (1971) 86-109.

a1646 DUSSAUD, R., «Note additionnelle (à la deuxième campagne de 'Ay)», Syr. 16 (1935) 346-352.

a1647 MARQUET-KRAUSE, J., «La deuxième campagne de fouilles à 'Ay (1934). Rapport sommaire», Syr. 16 (1935) 325-345.

a1648 PHYTHIAN-ADAMS, W.J., «Jericho, Ai and the Occupation of Mount Ephraim», PEQ 68 (1936) 141-149.

a1649 DUSSAUD, R., «Le Nom ancien de la ville de 'Ay en Palestine», RHR 115 (1937) 125-141.

a1650 CALLAWAY, J.A., «The 1968 'Ai (Et-Tell) Excavations», PEQ 102 (1970) 42-44.

a1651 WAGNER, N.E., «Early Bronze Age House at 'Ai (et-Tell)», PEQ 104 (1972) 5-25.

a1652 CALLAWAY, J.A., WAGNER, N.E., «A Re-examination of the Lower City at Ai (Et-Tell) in 1971, 1972», PEQ 106 (1974) 147-155.

a1653 BEN-TOR, A., NETZER, E., «The Principal Architectural Remains of the Early Bronze Age at Ai», ErIs 11 (1973) 1-7 (English summary).

a1654 WRIGHT, G.E., «The Significance of Ai in the Third Millennium», dans *Biblical Studies in Contemporary Thought* (en collab.) (1975), 170-188.

a1655 CALLAWAY, J.A., «Excavating Ai (et-Tell): 1964-1972», BA 39 (1976) 18-30.

a1656 CALLAWAY, J.A., SCHOONOVER, K., ELLINGER, W.W., *The Early Bronze Age Citadel and Lower City at Ai (Et-Tell)*. A Report of the Joint Archaeological Expedition to Ai (Et-Tell): No. 2 (Cambridge, American Schools of Oriental Research, 1980), xiv-295 pp.

a1657 BERNARD, P., «Chapiteaux corinthiens hellénistiques d'Asie centrale découverts à Aï Khanoum», Syr. 45 (1968) 111-151.

a1658 LERICHE, P., THARAVAL, J., «La fontaine du rempart de l'Oxus à Aï Khanoum», Syr. 56 (1979) 171-205.

a1659 PRAUSNITZ, M., «A Krater from Akhziv - The Canaanite 'Sefel'», ErIs 8 (1967) 95-98 (English summary).

a1660 PRAUSNITZ, M., «Akhziv and Avdon: On the Planning of a Port and a Fortress-city in the Plain of Acre», ErIs 11 (1973) 219-223 (English summary).

a1661 OREN, E.D., «The Pottery from the Achzib Defence System, Area D: 1963 and 1964 Seasons», IsrEJ 25 (1975) 211-225.

a1662 PRAUSNITZ, M.W., «The Planning of the Middle Bronze Age Town at Achzib and its Defences», IsrEJ 25 (1975) 202-210.

a1663   CULICAN, W., «A Terracotta Shrine from Achzib», ZDPV 92 (1976) 47-53.

a1664   DOTHAN, M., «Tel Akko», RB 82 (1975) 84-86.

a1665   DOTHAN, M., «Akko: Interim Excavation Report First Season, 1973/4», BASOR nº 224 (1976) 1-48.

a1666   DOTHAN, M., «Akko (1976-1977)», RB 85 (1978) 92-94.

a1667   KINDLER, A., «Akko. A City of Many Names», BASOR nº 231 (1978) 51-55.

a1668   DOTHAN, M., «An Attic Red-Figured Bell Krater from Tel 'Akko», IsrEJ 29 (1979) 148-151.

a1669   DOTHAN, M., CONRAD, D., «'Akko, 1979», IsrEJ 29 (1979) 227-228.

a1670   DOTHAN, M., RABAN, A., «The Sea Gate of Ancient Akko», BA 43 (1980) 35-39.

a1671   DOTHAN, M., «Akko, 1980», IsrEJ 31 (1981) 110-112.

a1672   WISEMAN, D.J., «Some aspects of Babylonian Influence at Alalaḫ», Syr. 39 (1962) 180-187.

a1673   DIETRICH, M., LORETZ, O., «Die soziale Struktur von Alalaḫ und Ugarit (IV). Die É = bitu-Listen aus Alalaḫ IV als Quelle für die Erforschung der gesellschaftlichen Schichtung von Alalaḫ im 15. Jh. v. Chr.», ZA 60 (1970) 88-123.

a1674   MAYER-OPIFICIUS, R., «Archäologischer Kommentar zur Statue des Idrimi von Alalaḫ», UF 13 (1981) 279-290.

a1675   ÉCOCHARD, M., «Note sur un édifice chrétien d'Alep», Syr. 27 (1950) 270-283.

a1676   MOLINA FAJARDO, F., «La necropolis fenicio-punica de Almuñécar», OrAnt 21 (1982) 177-196.

a1677   ARTZY, M., PERLMAN, I., ASARO, F., «Alašiya of the Amarna Letters», JNES 35 (1976) 171-182.

a1678   HENNESSY, J.B., «Excavation of a Bronze Age Temple at Amman», PEQ 98 (1966) 155-162.

a1679   CAMPBELL, E.F., Jr., WRIGHT, G.E., «Tribal League Shrines in Amman and Shechem», BA 32 (1969) 104-116.

a1680   FRITZ, V., «Erwägungen zu dem spätbronzezeitlichen Quadratbau bei Amman», ZDPV 87 (1971) 140-152.

a1681   HANKEY, V., «A Late Bronze Age Temple at Amman; The Aegean Pottery; Vases and Objects Made of Stone», Levant 6 (1974) 131-178.

a1682   GAUBE, H., «'Ammān, Ḥarāne und Qasṭal: Vier frühislamische Bauwerke in Mitteljordanien», ZDPV 93 (1977) 52-86.

a1683   PICCIRILLO, M., «Una tomba del Bronzo Medio ad Amman?» StBiFranc 28 (1978) 73-86.

a1684   BENNETT, C.-M., «Early Islamic Amman», Levant 22 (1979) 1-8.

a1685   NORTHEDGE, A., «Survey of the Terrace area at Amman Citadel», Levant 12 (1980) 135-154.

a1686   ZAYADINE, F., «Un fascinum près de l'Odéon d'Amman-Philadelphie», ZDPV 99 (1983) 184-188.

a1687   ADAN-BAYEWITZ, D., «The Ceramics from the Synagogue of Ḥorvat 'Ammudim and their Chronological Implications», IsrEJ 32 (1982) 13-31.

a1688   LEVINE, L.I., «Excavations at the Synagogue of Ḥorvat 'Ammudim», IsrEJ 32 (1982) 1-12.

a1689   KUSCHKE, A., «Das Land Amqu: Neue Beobachtungen und Fragen», ErIs 15 (1981) 39*-45*.

a1690   BLOMME, Y., «Inscriptions grecques à Kursi et Amwas», RB 87 (1980) 404-407.

a1691   HERBERT, S.C., «Tel Anafa 1978: Preliminary Report», BASOR nº 234 (1980) 67-83.

a1692   HERBERT, S.C., «Tel Anafa, 1979, 1980», IsrEJ 31 (1981) 105-107.

a1693   ACQUARO, E., «Una faretrina votiva da Antas», OrAnt 8 (1969) 127-129.

a1694   KAPLAN, H.R., «Anatolian Elements in the EB III Culture of Palestine», ZDPV 97 (1981) 18-35.

a1695   YAKAR, J., «Subterranean Structures in Anatolia: Problem of Interpretation and Chronology», ErIs 15 (1981) 17*-21*.

a1696   BECK, P., «The Pottery of the Middle Bronze Age IIA at Tel Aphek», Tel Aviv 2 (1975) 45-85.

a1697   CANIVET, M.-T., CANIVET, P., «Sites chrétiens d'Apamène», Syr. 48 (1971) 295-321.

a1698   BALTY, J., «Mosaïque de Gê et des saisons à Apamée», Syr. 50 (1973) 311-347.

a1699   KOCHAVI, M., «The First Two Seasons of Excavations at Aphek-Antipatris, Preliminary Report», Tel Aviv 2 (1975) 17-42.

a1700   RAINEY, A.F., «Two Cuneiform Fragments from Tel Aphek», Tel Aviv 2 (1975) 125-129.

a1701   KOCHAVI, M., BECK, P., *Aphek-Antipatris 1972-1973*. Preliminary Report (Tel Aviv, Tel Aviv University Institute of Archaeology, 1976), 68 pp.

a1702   RAINEY, A.F., «A Tri-Lingual Cuneiform Fragment from Tel Aphek», Tel Aviv 3 (1976) 137-140.

a1703   SINGER, I., «A Hittite Hieroglyphic Seal Impression from Tel Aphek», Tel Aviv 4 (1977) 178-190.

a1704   YADIN, Y., «The Nature of Settlement in the Middle Bronze IIA and the Problem of the Apheq Fortifications», ErIs 13 (1977) 91-105 (English summary).

a1705   GIVEON, R., «Two Unique Egyptian Inscriptions from Tel Aphek», Tel Aviv 5 (1978) 188-191.

a1706   KOCHAVI, M., BECK, P., GOPHNA, R., «Aphek-Antipatris, Tēl Pōlēg, Tēl Zarōr and Tēl Burgā: Four Fortified Sites of the Middle Bronze Age IIA in the Sharon Plain», ZDPV 95 (1979) 121-165.

a1707   HALLO, W.W., «A Letter Fragment from Tel Aphek», Tel Aviv 8 (1981) 18-24.

a1708   KOCHAVI, M., «The History and Archeology of Aphek-Antipatris: A Biblical City in the Sharon Plain», BA 44 (1981) 75-86.

a1709   OWEN, D.I., «An Akkadian Letter from Ugarit at Tel Aphek», Tel Aviv 8 (1981) 1-17.

a1710   SUSSMAN, V., «The Samaritan Oil Lamps from Apollonia-Arsuf», Tel Aviv 10 (1983) 71-96.

a1711   VAN BUREN, E.D., «Excavations in Mesopotamia (Tell Hassuna, Tell Uqair, 'Aqar Quf)», Or. 15 (1946) 497-503.

a1712   MARKS, A.E., FERRING, C.R., MUNDAY, F., JESCHOFNIG, P., SINGLETON, N., «Prehistoric Sites near 'En-'Aqev, in the Central Negev», IsrEJ 25 (1975) 65-76.

a1713   BEIT-ARIEH, I., GOPHNA, R., «A Note on a Chalcolithic Site in Wâdi Araba», Tel Aviv 4 (1977) 105-109.

a1714   RAIKES, T.D., «Notes on some Neolithic and later sites in the Wadi Araba and the Dead Sea Valley», Levant 12 (1980) 40-60.

a1715   MAZAR, B., «The Sanctuary of Arad and the Family of Hobab the Kenite», ErIs 7 (1964) 1-5 (English summary).

a1716   XXX, «Testi ebraici su cocci da Tel Arad», BibOr 9 (1967) 116-117.

a1717   AHARONI, Y., «Arad: Its Inscriptions and Temple», BA 31 (1968) 2-32.

a1718   AHARONI, Y., «Three Hebrew Ostraca from Arad», ErIs 9 (1969) 10-21 (English summary).

a1719   AHARONI, Y., «The 'Nehemiah' Ostracon from Arad», ErIs 12 (1975) 72-76 (English summary).

a1720   AMIRAN, R., «Arad», RB 82 (1975) 247-251.

a1721 AMIRAN, R., «The Narmer Jar Fragment from Arad: An Addendum», IsrEJ 26 (1976) 45-46.

a1722 YADIN, Y., «The Historical Significance of Inscription 88 from Arad: A Suggestion», IsrEJ 26 (1976) 9-14.

a1723 CAMPBELL, J., «The Renascence Of Iron Age Arad», BA 40 (1977) 34-37.

a1724 FRITZ, V., Tempel und Zelt. Studien zum Tempelbau in Israel und zu dem Zeltheiligtum der Priesterschrift (WMANT 47) (Neukirchen-Vluyn, Neukirchener Verlag, 1977), x-208 pp.

a1725 RAINEY, A.F., AHARONI, M., «Three Additional Hebrew Ostraca from Tel Arad», Tel Aviv 4 (1977) 97-104.

a1726 AMIRAN, R., «The Date of the End of the EB II City of Arad: A Complementary Note to Early Arad, I», IsrEJ 28 (1978) 182-184.

a1727 AMIRAN, R., Early Arad. The Chalcolithic Settlement and Early Bronze Age City I. First-Fifth Seasons of Excavations, 1962-1966 (Judean Desert Studies) (Jerusalem, Israel Exploration Society, 1978), xiv-138 pp.

a1728 AMIRAN, R. and others, «The Arad Countryside», Levant 12 (1980) 22-29.

a1729 AHARONI, M., «The Pottery of Strata 12-11 of the Iron Age Citadel at Arad», ErIs 15 (1981) 181-204.

a1730 CALLAWAY, J.A., «A Review of Arad I», BASOR no 247 (1982) 71-79.

a1731 POULSEN, F., «Tête de marbre provenant d'Aradus», Syr. 17 (1936) 53-58.

a1732 SEYRIG, H., «Antiquités syriennes. - 48. Aradus et Baetocécé. - 49. Aradus et sa Pérée sous les rois Séleucides», Syr. 28 (1951) 191-220.

a1733 MARFOE, L. et al., «Arjoune 1978: Preliminary Investigation of a Prehistoric Site in the Homs Basin, Syria», Levant 13 (1981) 1-27.

a1734 FARID, A., «A Preliminary Report on the Clearance of the Temple of Monthu and Re'it-taui at Armant. Season July-August 1980», OrAnt 22 (1983) 67-72.

a1735 SADEK, A.I., «Rapport de fouilles effectuées à Armant (1972)», OrAnt 20 (1981) 223-227.

a1736 BIRAN, A., COHEN, R., «Aroër (Negev)», RB 84 (1977) 273-275.

a1737 BIRAN, A., COHEN, R., «Aroer, 1980», IsrEJ 31 (1981) 131-132.

a1738 BIRAN, A., COHEN, R., «Aroer in the Negev», ErIs 15 (1981) 250-273.

a1739 BORDREUIL, P., «Une inscription phénicienne sur jarre provenant des fouilles de Tell 'Arqa», Syr. 54 (1977) 25-30.

a1740 THALMANN, J.-P., «Tell 'Arqa (Liban Nord) campagnes I-III (1972-1974). Chantier I. Rapport préliminaire. Introduction d'Ernest Will», Syr. 55 (1978) 1-151.

a1741 NORRIS, H.T., «Arslan Tash (Rock of the Lion)», PEQ 83 (1951) 168-174.

a1742 VAN DEN BRANDEN, A., «La tavoletta magica di Arslan Tash», BibOr 3 (1961) 41-47.

a1743 SPANOS, P.Z., «Der Arslantash in Phrygien», ZA 65 (1975) 133-154.

a1744 AVISHUR, Y., «The Second Amulet Incantation from Arslan-Tash», UF 10 (1978) 29-36.

a1745 PUECH, É., «L'ivoire inscrit d'Arslan-Tash et les rois de Damas», RB 88 (1981) 544-562.

a1746 DONADONI, S., «Relazione preliminare sulla II campagna di scavo nella tomba di Šešonq all'Asasif (1971)», OrAnt 12 (1973) 19-22.

a1747 BOSTICCO, S., «Le figurazioni della camera (all'Asasif)», OrAnt 12 (1973) 65-67.

a1748 BOSTICCO, S., «Le figurazioni del cortile (Asasif)», OrAnt 15 (1976) 219-225.

a1749 DONADONI, S., «L'inquadramento archeologico (Asasif)», OrAnt 15 (1976) 209-217.

a1750 ROCCATI, A., «Una tomba dimenticata di Asiut», OrAnt 13 (1974) 41-52.

a1751 ROCCATI, A., «Il libro dei morti di Šešonq (Asasif)», OrAnt 15 (1976) 233-250.

a1752   SIST, L., «La presentazione dei sistri (Asasif)», OrAnt 15 (1976) 227-231.

a1753   SIST, L., «Le false-porte del cortile (Asasif)», OrAnt 15 (1976) 251-255.

a1754   KEDAR, B.Z., MOOK, W.G., «Radiocarbon Dating of Mortar from the City Wall of Ascalon», IsrEJ 28 (1978) 173-176.

a1755   DOTHAN, M., «Remains of Muslin Buildings at Ashdod», ErIs 7 (1964) 98-101 (English summary).

a1756   TADMOR, H., «Fragments of a Stele of Sargon II from the Excavations of Ashhod», ErIs 8 (1967) 241-245 (English summary).

a1757   KAPLAN, J., «The Stronghold of Yamani at Ashdod-Yam», ErIs 9 (1969) 130-137 (English summary).

a1758   BAR-YOSEF, O., «Prehistoric Sites Near Ashdod, Israel», PEQ 102 (1970) 52-64.

a1759   LIVERANI, M., «Il talento di Ashdod», OrAnt 11 (1972) 193-199.

a1760   DOTHAN, M., «The End of the Late Bronze Age at Tel Mor and Ashdod», ErIs 11 (1973) 122-133 (English summary).

a1761   DOTHAN, M., «The Musicians Of Ashdod», BA 40 (1977) 38-39.

a1762   DOTHAN, M., «Ashdod at the End of the Late Bronze Age, and the Beginning of the Iron Age», dans Symposia (en collab.) (1979), 125-134.

a1763   ROLLEFSON, G.O., «Two Seasons of Excavations at 'Ain el-Assad Near Azraq, Eastern Jordan, 1980-1981», BASOR nº 252 (1983) 25-34.

a1764   RAPPAPORT, U., «Gaza and Ascalon in the Persian and Hellenistic Periods in Relation to their Coins», IsrEJ 20 (1970) 75-80.

a1765   BARAG, D., «Kefar Ata - The 'Missing Fortress' of Josephus», ErIs 15 (1981) 391-395.

a1766   VON BISSING, F.W., «Ägyptische und ägyptisierende Alabastergefässe aus den Deutschen Ausgrabungen in Assur», ZA 46 (1940) 149-182.

a1767   BÖRKER-KLÄHN, J., «Der bīt ḫilāni im bit šaḫūri des Assur-Tempels», ZA 70 (1981) 258-273.

a1768   MIGLUS, P.A., «Die Stadttore in Assur - das Problem der Identifizierung», ZA 72 (1982) 266-279.

a1769   ALT, A., «Neue Erwägungen über die Lage von Mizpa, Ataroth, Beeroth und Gibeon», ZDPV 69 (1953) 1-27.

a1770   SCHAEFFER, C.F.-A., «De quelques problèmes que soulèvent les découvertes de Tell Atchana», Syr. 19 (1938) 30-37.

a1771   SIROUX, M., «Le site d'Atesh-Kouh près de Delidjan», Syr. 44 (1967) 53-71.

a1772   EISMAN, M.M., «A Tale of Three Cities», BA 41 (1978) 47-60 (Athens).

a1773   DOTHAN, T., BEN-TOR, A., «Excavations at Athienou, Cyprus, 1971-2 (Preliminary Report)», IsrEJ 22 (1972) 201-208.

a1774   PRINGLE, D.A., «Some More Proto-Maiolica from 'Athlit (Pilgrims' Castle) and a discussion of its distribution in the Levant», Levant 14 (1982) 104-117.

a1775   NEGEV, A., «Stonedressers' Marks from a Nabataean Sanctuary at 'Avdat», ErIs 7 (1964) 29-32 (English summary).

a1776   MARKS, A.E., REID FERRING, C., «Upper Palaeolithic Occupation Near 'Avdat, Central Negev, Israel», ErIs 13 (1977) 191*-207*.

a1777   BAGINSKI, A., TIDHAR, A., «A Dated Silk Fragment from 'Avdat (Eboda)», IsrEJ 28 (1978) 113-115.

a1778   NEGEV, A., «The Greek Inscriptions from 'Avdat (Oboda)», StBiFranc 28 (1978) 87-126.

a1779   ROHEN, R., «Tour de 'Ein 'Avdat (1975)», RB 85 (1978) 104.

a1780   PRAUSNITZ, M., «Akhziv and Avdon: On the Planning of a Port and a Fortress-city in the Plain of Acre», ErIs 11 (1973) 219-223 (English summary).

a1781   KAPLAN, J., «A Second Samaritan Amulet from Tel Aviv», ErIs 10 (1971) 255-257
        (English summary).
a1782   KAPLAN, J., «The Archaeology and History of Tel Aviv-Jaffa», BA 35 (1972) 66-95.
a1783   KAPLAN, J., «Tel Aviv», RB 82 (1975) 260-263.
a1784   KAPLAN, J., «A Second Samaritan Amulet from Tel-Aviv», IsrEJ 25 (1975) 157-159.
a1785   KAPLAN, J., «Ramat-Aviv», RB 84 (1977) 284-285.
a1786   DION, P.-E., PUMMER, R., «A Note on the 'Samaritan-Christian Synagogue' in
        Ramat-Aviv», JStJud 11 (1980) 217-222.
a1787   BRAUN, E., «Kh. 'Avot», IsrEJ 31 (1981) 107-108.
a1788   BEIT ARIEH, I., «An Early Bronze Age II Site near Sheikh 'Awad in Southern Sinai»,
        Tel Aviv 8 (1981) 95-127.
a1789   REICH, R., «The Persian Building at Ayyelet ha-Shaḥar - The Assyrian Palace of
        Hazor?» IsrEJ 25 (1975) 233-237.

a1790   COUPEL, P., «Travaux de restauration à Baalbek en 1933 et 1934», Syr. 17 (1936)
        321-334.
a1791   DUSSAUD, R., «Temples et cultes de la triade héliopolitaine à Ba'albeck», Syr. 23
        (1942-43) 33-77.
a1792   SEYRIG, H., «Antiquités syriennes: 57. Questions héliopolitaines», Syr. 31 (1954) 68-98.
a1793   ADAM, J.-P., «À propos du trilithon de Baalbek. Le transport et la mise en oeuvre des
        mégalithes», Syr. 54 (1977) 31-63.
a1794   REY-COQUAIS, J.-P., «Connaros le Puissant», Syr. 55 (1978) 361-370 (Temple de
        Bacchus à Baalbek).
a1795   ADOVASIO, J.M., ANDREWS, R.L., «Selected Perishable Artifacts from Bâb edh-
        Dhrâ'», BASOR nº 247 (1982) 59-69.
a1796   LEE, J.R., «Early Bronze Age Game Stones from Bab edh-Dhra, Jordan», Levant 14
        (1982) 171-174.
a1797   EISELE, P., Babylon. Die archäologische Biographie der grössten, berühmtesten und
        verrufensten Metropole des Altertums, zugleich 'Pforte der Götter' und 'Grosse Hure'
        (München, Scherz Verlag, 1980), 368 pp.
a1798   AMIET, P., «Bactriane proto-historique», Syr. 54 (1977) 89-121.
a1799   SCHLUMBERGER, D., «La prospection archéologique de Bactres (printemps 1947).
        Rapport sommaire», Syr. 26 (1949) 173-190.
a1800   LAPP, N.R.,«Pottery from Some Hellenistic Loci at Balâṭah (Shechem)»,ASOR nº 175
        (1964) 14-26.
a1801   WRIGHT, G.R.H., «The Place Name Balâṭah and the Excavations at Shechem», ZDPV
        83 (1967) 199-202.
a1802   AMIRAN, R., «A Fragment of an Ornamental Relief from Kfar Bar'am», ErIs 3 (1954)
        178-181.
a1803   GHIRSHMAN, R., «Bard-è Nechandeh. Rapport préliminaire», Syr. 41 (1964) 301-321.
a1804   GHIRSHMAN, R., «Bard-è Nechandeh. Rapport préliminaire de la seconde campagne
        (Mars 1965)», Syr. 42 (1965) 289-310.
a1805   DONADONI, S., «Due bronzi dal Gebel Barkal», OrAnt 19 (1980) 139-145.
a1806   KELM, G.L., MAZAR, A., «Tell Batash (1977)», RB 85 (1978) 94-96.
a1807   KELM, G.L., MAZAR, A., «Tel Batash (Timnah), 1979», IsrEJ 29 (1979) 241-243.
a1808   KELM, G.L., MAZAR, A., «Three Seasons of Excavations at Tel Batash - Biblical
        Timnah», BASOR nº 248 (1982) 1-36.
a1809   KAPLAN, J., «Excavations at Teluliot Batashi in the Vale of Sorek», ErIs 5 (1958) 9-24
        (English summary).

*a*1810   CROWFOOT, J.W., «An Expedition to Balu'ah», PEQ 66 (1934) 76-84.

*a*1811   COHEN, R., DEVER, W.G., «Be'er Resisim, 1979», IsrEJ 29 (1979) 254-255.

*a*1812   PERROT, J., «Statuettes en ivoire et autres objets en ivoire et en os provenant des gisements préhistoriques de la région de Béershéba», Syr. 36 (1959) 8-19.

*a*1813   PERROT, J., «La 'Vénus' de Beersheva», ErIs 9 (1969) 100-101.

*a*1814   AHARONI, Y., «Excavations at Tel Beer-sheba», BA 35 (1972) 111-127.

*a*1815   AHARONI, Y. (Ed.), *Beer Sheba*. I. Excavations at Tel Beer Sheba. 1969-71 Seasons (Publications of the Institute of Archaeology, Tel Aviv University, 2) (Tel Aviv, Tel Aviv University Institute of Archaeology, 1973), xvi-135 pp.

*a*1816   AHARONI, Y., «Excavations at Tel Beer-sheba. Preliminary Report of the Fourth Season, 1972», Tel Aviv 1 (1974) 34-42.

*a*1817   AHARONI, Y., «The Sanctuary of Beer-Sheba», Immanuel 5 (1975) 9-15.

*a*1818   AHARONI, Y., «Tel Beer-Sheba», RB 82 (1975) 92-95.

*a*1819   AHARONI, Y., «Excavations at Tel Beer-sheba. Preliminary Report of the Fifth and Sixth Seasons, 1973-1974», Tel Aviv 2 (1975) 146-168.

*a*1820   STERN, E., «A Deposit of Votive Figurines from the Beer-Sheba Region», ErIs 12 (1975) 91-94 (English summary).

*a*1821   AHARONI, Y., «Nothing early and nothing late: re-writing Israel's conquest», BA 39 (1976) 55-76 (Beer-sheba).

*a*1822   HOMSKY, M., MOSHKOVITZ, S., «The Distribution of Different Wood Species of the Iron Age II at Tel Beer-sheba», Tel Aviv 3 (1976) 42-48.

*a*1823   KENYON, K.M., «The Date of the Destruction of Iron Age Beer-Sheba», PEQ 108 (1976) 63-64.

*a*1824   YADIN, Y., «Beer-sheba: The High Place Destroyed by King Josiah», BASOR nº 222 (1976) 5-17.

*a*1825   AHARONI, M., «Some Observations on the Recent Article by Y. Yadin in *BASOR* 222», BASOR nº 225 (1977) 67-68 (On Beer-sheba).

*a*1826   HERZOG, Z., RAINEY, A.F., MOSHKOVITZ, S., «The Stratigraphy at Beer-sheba and the Location of the Sanctuary», BASOR nº 225 (1977) 49-58.

*a*1827   YADIN, Y., «Beer-sheba - The High-Place Destroyed by King Josiah», ErIs 14 (1978) 78-85 (English summary).

*a*1828   NAVEH, J., «The Aramaic Ostraca from Tel Beer-sheba (Seasons 1971-1976)», Tel Aviv 6 (1979) 182-198.

*a*1829   ALON, D., LEVY, T.E., «Preliminary Note on the Distribution of Chalcolithic Sites on the Wadi Beer-sheba - Lower Wadi Besor Drainage System», IsrEJ 30 (1980) 140-147.

*a*1830   AMIRAN, R., TADMOR, M., «A Female Cult Statuette from Chalcolithic Beer-sheba», IsrEJ 30 (1980) 137-139.

*a*1831   DERFLER, S., «A Terracotta Figurine from the Hellenistic Temple at Tel Beer-sheba», IsrEJ 31 (1981) 97-99.

*a*1832   FOWLER, M.D., «The Excavation of Tell Beer-Sheba and the Biblical Record», PEQ 114 (1982) 7-11.

*a*1833   HERZOG, Z., «Enclosed Settlements in the Negeb and the Wilderness of Beer-sheba», BASOR nº 250 (1983) 41-49.

*a*1834   ALT, A., «Neue Erwägungen über die Lage von Mizpa, Ataroth, Beeroth und Gibeon», ZDPV 69 (1953) 1-27.

*a*1835   KIRKBRIDE, D., «Five Seasons at the Pre-Pottery Neolithic Village of Beidha in Jordan», PEQ 98 (1966) 8-72.

*a*1836   KIRKBRIDE, D., «Beidha 1965: An Interim Report», PEQ 99 (1967) 5-13.

*a*1837   KIRKBRIDE, D.., «Beidha 1967: an Interim Report», PEQ 100 (1968) 90-96.

a1838   JAMME, A., «Les trois antiquités qatabanites en bronze Ja 886-888», OrAnt 2 (1963) 133-135 (Wâdî Beiḥan).

a1839   LEMAIRE, A., «Prières en temps de crise: les inscriptions de Khirbet Beit Lei», RB 83 (1976) 558-568.

a1840   ROSS, W., «Is Beitin the Bethel of Jeroboam?» PEQ 73 (1941) 22-27.

a1841   PERROT, J., «Les Ossuaires de Ben Shemen», ErIs 8 (1967) 46*-49*.

a1842   TSAFRIR, Y., HIRSCHFELD, Y., «Ḥ Berachot (Khirbet Bureikut)», RB 84 (1977) 426-428.

a1843   VESTRI, L., «Altare di Geroboamo», BibOr 7 (1965) 27-31 (Bethel).

a1844   AMIRAN, R., «The Lion Statue and the Libation Tray from Tell Beit Mirsim», BASOR nᵒ 222 (1976) 29-40.

a1845   DEVER, W.G., RICHARD, S., «A Reevaluation of Tell Beit Mirsim Stratum J», BASOR nᵒ 226 (1977) 1-14.

a1846   BECK, P., «The Cylinder Seal Impressions from Beth Haʻemeq», Tel Aviv 3 (1976) 120-126.

a1847   HARVEY, W., «The Early Basilica at Bethlehem», PEQ 68 (1936) 28-33.

a1848   CORBO, V., «Gli scavi dell'Herodium presso Betlemme», BibOr 6 (1964) 38-43.

a1849   KATSIMBINIS, C., «La grotta dei Pastori, Betlemme», StBiFranc 25 (1975) 53.

a1850   TZAFERIS, V., «The Archaeological Excavation at Shepherds Field» (East of Bethlehem), StBiFranc 25 (1975) 5-52.

a1851   LOFFREDA, S., «La fortezza asmoneo-erodiana di Mishnaqa - Macheronte (presso Betlemme)», BibOr 21 (1979) 141-150.

a1852   PICCIRILLO, M., «Un braccialetto cristiano della regione di Betlem», StBiFranc 29 (1979) 244-252.

a1853   BAGATTI, B., «Scavo ai 'Pozzi di Davide' a Betlemme», StBiFranc 30 (1980) 259-262.

a1854   SEYRIG, H., «Antiquités syriennes - 47. Antiquités de Beth-Maré», Syr. 28 (1951) 101-123.

a1855   FITZGERALD, G.M., «Excavations at Beth-Shan in 1930», PEQ 63 (1931) 59-70.

a1856   FITZGERALD, G.M., «Excavations at Beth-Shan in 1931», PEQ 64 (1932) 138-148.

a1857   FITZGERALD, G.M., «Excavations at Beth-Shan in 1933», PEQ 66 (1934) 123-134.

a1858   COMFORT, H., WAAGE, F.O., «Selected Pottery from Beth Shan (Roman Date)», PEQ 68 (1936) 221-224.

a1859   ČERNY, J., «Stela of Ramesses II from Beisan», ErIs 5 (1958) 75*-82*.

a1860   TZORI, N., «Cult Figurines om the Eastern Plain of Esdraelon and Beth-Shean», ErIs 5 (1958) 52-54.

a1861   TZORI, N., «Neolithic and Chalcolithic Sites in the Valley of Beth-Shan», PEQ 90 (1958) 44-51.

a1862   GALLING, K., «Miscellanea Archaeologica (Steinerne Rahmenfenster - Das Löwenrelief von Bethsean - Jotham-Siegel von Tell el-Ḫlēfi - Das Salben der Mutterbrust)», ZDPV 83 (1967) 123-135.

a1863   OREN, E.D., «A Middle Bronze Age I Warrior Tomb at Beth-Shan», ZDPV 87 (1971) 109-139.

a1864   TZORI, N., «Four Greek Inscriptions from the Beth-Shean Valley», ErIs 10 (1971) 240 (English summary).

a1865   TZORI, N., «The House of Kyrios Leontis at Beth-Shean», ErIs 11 (1973) 229-247 (English summary).

a1866   TSORI, N., «Middle Bronze I and Early Iron I Tombs Near Tel Reḥov in the Beth-Shean Valley», ErIs 12 (1975) 9-17 (English summary).

*a*1867 TSORI, N., «A Contribution to the Problem of the Persian Period at Beth-Shan», PEQ 109 (1977) 103-105.

*a*1868 TSORI, N., «Bet She'an in the Chalcolithic Period», ErIs 13 (1977) 76-81 (English summary).

*a*1869 SKUPINSKA-LØVSET, I., «Une figurine supposée scythe de Beth-Shean», RB 85 (1978) 62-65.

*a*1870 GEVA, S., «A Reassessment of the Chronology of Beth Shean Strata V and IV», IsrEJ 29 (1979) 6-10.

*a*1871 SEEBASS, H., «Der israelitische Name der Bucht von Bēsān und der Name Beth Schean», ZDPV 95 (1979) 166-172.

*a*1872 GEVA, S., «A Neo-Assyrian Cylinder-Seal from Beth-Shan», ErIs 15 (1981) 297-300.

*a*1873 ENGEL, H., «Abraham bei Bet-Schean», BiKi 38 (1983) 53.

*a*1874 MAISLER, B., «Beth She'arim, Gaba, and Harosheth of the Peoples», HUCA 24 (1952-53) 75-84.

*a*1875 AVIGAD, N., «The Sixth Season of Excavations at Beth She'arim, 1954», ErIs 4 (1956) 85-103 (English summary).

*a*1876 AVIGAD, N., «Excavations at Beth She'arim, 1955», ErIs 5 (1958) 171-188 (English summary).

*a*1877 SAPHRAI, S., «Beth She'arim in Talmudic Literature», ErIs 5 (1958) 206-212 (English summary).

*a*1878 AVIGAD, N., «Relics of Ancient Jewish Art in Galilee», ErIs 7 (1964) 18-23 (English summary) (Safad, Beth She'arim, Tamra).

*a*1879 AVIGAD, N., «Excavations at Beth She'arim, 1958», ErIs 6 (1960) 61-67 (English summary).

*a*1880 AVI-YONAH, M., «The Leda Coffin from Beth She'arim», ErIs 8 (1967) 143-148 (English summary).

*a*1881 MAZAR, B., *Beth She'arim*. Report on the Excavations during 1936-1940. Vol. I. Catacombs 1-4 (New Brunswick, N.J., Rutgers University Press, 1973), x-228 pp.

*a*1882 SCHWABE, M., LIFSHITZ, B., *Beth She'arim*. Volume II: The Greek Inscriptions (New Brunswick, NJ, Rutgers University, 1974), xvi-231 pp.

*a*1883 AVIGAD, N., *Beth She'arim*. Vol. III. Report on the Excavations during 1953-1958. Catacombs 12-23 (New Brunswick, N.J., Rutgers University Press, 1976), viii-289 pp.

*a*1884 KAPLAN, J., «'I, Justus, lie here': The Discovery of Beth Shearim», BA 40 (1977) 167-171.

*a*1885 BAR-ADON, P., «Sinnabra and Beth Yerah in the Light of the Sources and Archaeological Finds», ErIs 4 (1956) 50-55 (English summary).

*a*1886 BAR-ADON, P., «Rare Cylinder-Seal Impressions from Beth-Yeraḥ», ErIs 11 (1973) 99-100 (English summary).

*a*1887 MAZAR, B., AMIRAN, R., HAAS, N., «An Early Bronze Age II Tomb at Beth-Yeraḥ (Kinneret)», ErIs 11 (1973) 176-193 (English summary).

*a*1888 NEWLANDS, D.L., «Sacrificial Blood at Bethel?» PEQ 104 (1972) 155.

*a*1889 FOREST, C., FOREST, J.D., «Fouilles à la Municipalité de Beyrouth (1977)», Syr. 59 (1982) 1-26.

*a*1890 TURQUETY-PARISET, F., «Fouille de la Municipalité de Beyrouth (1977): les objets», Syr. 59 (1982) 27-76.

*a*1891 ACQUARO, E., «Uova di struzzo dipinte da Bitia», OrAnt 20 (1981) 57-65.

*a*1892 BOEHMER, R.M., «Eine bronzene Hirschfigur aus Boğazköy», ZA 67 (1977) 73-77.

*a*1893 CROWFOOT, J.W., «The Cathedral at Bosra: A Preliminary Report», PEQ 68 (1936) 7-13.

a1894 SEYRIG, H., «Antiquités syriennes. 35. Inscriptions de Bostra», Syr. 22 (1941) 44-48.

a1895 PFLAUM, H.G., «Les gouverneurs de la province romaine d'Arabie», Syr. 34 (1957) 128-144 (Bostra).

a1896 POIDEBARD, A., «Statue trouvée à Tell Braka, avril 1930», Syr. 11 (1930) 360-364.

a1897 VAN BUREN, E.D., «Excavations at Brak and Chagar Bazar», Or. 17 (1948) 248-255.

a1898 KOCHAVI, M., BECK, P., GOPHNA, R., «Aphek-Antipatris, Tēl Pōlēg, Tēl Zarōr and Tēl Burgā: Four Fortified Sites of the Middle Bronze Age IIA in the Sharon Plain», ZDPV 95 (1979) 121-165.

a1899 PRINGLE, D., LEACH, P., «A Byzantine Building at Burham, near Ramallah», StBiFranc 33 (1983) 319-326.

a1900 BENNETT, C.-M., «Excavations at Buseirah, Southern Jordan, 1971: a preliminary report», Levant 5 (1973) 1-11.

a1901 BENNETT, C.-M., «Excavations at Buseirah, Southern Jordan, 1972: Preliminary Report», Levant 6 (1974) 1-24.

a1902 BENNETT, C.-M., «Excavations at Buseirah, Southern Jordan, 1973», Levant 7 (1975) 1-19.

a1903 BENNETT, C.-M., «Excavations at Buseirah, Southern Jordan, 1974: Fourth Preliminary Report», Levant 9 (1977) 1-10.

a1904 PUECH, É., «Documents Épigraphiques de Buseirah», Levant 9 (1977) 11-20.

a1905 DUSSAUD, R., «Les quatre campagnes de fouilles de M. Pierre Montet à Byblos», Syr. 11 (1930) 164-187.

a1906 BÖRKER-KLÄHN, J., «Das sogenannte Bâtiment I in Byblos», ZA 61 (1971) 106-123.

a1907 PORADA, E., «Les cylindres de la jarre Montet», Syr. 43 (1966) 243-258 (Jarres de Byblos).

a1908 TEIXIDOR, J., «An Archaic Inscription from Byblos», BASOR no 225 (1977) 70-71.

a1909 CROSS, F.M., «A Recently Published Phoenician Inscription of the Persian Period from Byblos», IsrEJ 29 (1979) 40-44.

a1910 PETTINATO, G., «Carchemiš - Kār-Kamiš. Le prime attestazioni del III millennio», OrAnt 15 (1976) 11-15.

a1911 PICARD, C., «Carthage après Zama», Sem. 33 (1983) 41-50.

a1912 AVI-YONAH, M., «The Caesarea Inscription of the 24 Priestly Courses», ErIs 7 (1964) 24-28 (English summary).

a1913 LEVY, S., «A Hoard of Abbasid Coins from Caesarea», ErIs 7 (1964) 47-68 (English summary).

a1914 AVI-YONAH, M., «The Caesarea Porphyry Statue», ErIs 10 (1971) 50-52 (English summary).

a1915 DIPLOCK, P.R., «The Date of Askalon's Sculptured Panels and an Identification of the Caesarea Statues», PEQ 103 (1971) 13-16.

a1916 NEWMAN, T.D., «Mosaic Floors at Caesarea: An Archeological Training Ground», BA 34 (1971) 88-92.

a1917 DIPLOCK, P.R., «Further Comment on 'An Identification of the Caesarea Statues'», PEQ 105 (1973) 165-166.

a1918 BULL, R.J., «Césarée Maritime», RB 82 (1975) 278-280.

a1919 DOWNEY, G., «Caesarea and the Christian Church», dans The Joint Expedition to Caesarea Maritima (en collab.) (1975), I, 23-42.

a1920 FOERSTER, G., «The Early History of Caesarea», dans The Joint Expedition to Caesarea Maritima (en collab.) (1975), I, 9-22.

a1921   FRITSCH, C.T., (Ed.), *The Joint Expedition to Caesarea Maritima.* Volume 1: Studies in
          the History of Caesarea Maritima (BASOR, Supplemental Studies, 19) (Missoula,
          Scholars Press, 1975), vii-122 pp.

a1922   HAZARD, H.W., «Caesarea and the Crusades», dans *The Joint Expedition to Caesarea
          Maritima* (en collab.) (1975), I, 79-114.

a1923   LEVEY, I.M., «Caesarea and the Jews», dans *The Joint Expedition to Caesarea Maritima*
          (en collab.) (1975), I, 43-78.

a1924   LEVINE, L.I., *Caesarea under Roman Rule* (Studies in Judaism in Late Antiquity, 7)
          (Leiden, Brill, 1975), xvi-297 pp.

a1925   LEVINE, L.I., *Roman Caesarea.* An Archaeological-Topographical Study (Qedem,
          Monographs of the Institute of Archaeology, 2) (Jerusalem, Israel Exploration Society,
          1975), vii-56 pp.

a1926   OLAMI, J., RINGEL, J., «New Inscriptions of the Tenth Legion Fretensis from the
          High Level Aqueduct of Caesarea», IsrEJ 25 (1975) 148-150.

a1927   FLINDER, A., «A Piscina at Caesarea - A Preliminary Survey», IsrEJ 26 (1976) 77-80.

a1928   BULL, R.J., «Two Tychai from Caesarea Maritima», dans *Society of Biblical Literature.
          1977 Seminar Papers* (en collab.) (1977), 127-133.

a1929   OLAMI, Y., PELEG, Y., «The Water Supply System of Caesarea Maritima», IsrEJ 27
          (1977) 127-137.

a1930   GROH, D.E., «North Syrian Mortaria excavated at Caesarea Maritima», Levant 10
          (1978) 165-169.

a1931   KAEGI, W.E., Jr., «Some Seventh-Century Sources on Caesarea», IsrEJ 28 (1978)
          177-181.

a1932   RAHMANI, L.Y., «Un autel funéraire romain à Césarée maritime», RB 85 (1978)
          268-276.

a1933   ROLLER, D.W., «Hellenistic Pottery From Caesarea Maritima: A Preliminary Study»,
          BASOR n° 238 (1980) 35-42.

a1934   RAHMANI, L.Y., «L'autel de Césarée. Note additionnelle», RB 88 (1981) 240-244.

a1935   WIEMKEN, R.C., HOLUM, K.G., «The Joint Expedition to Caesarea Maritima: Eight
          Season, 1979», BASOR n° 244 (1981) 27-52.

a1936   ROLLER, D., «The Wilfrid Laurier University Survey of Northeastern Caesarea
          Maritima», Levant 14 (1982) 90-103.

a1937   HOHLFELDER, R.W., OLESON, J.P., RABAN, A., LINDLEY VANN, R.,
          «Sebastos, Herod's Harbor at Caesarea Maritima», BA 46 (1983) 133-143.

a1938   HOHLFELDER, R.W., «Appendix: The Caesarea Maritima Coastline Before Herod:
          Some Preliminary Observations», BASOR n° 252 (1983) 67-68.

a1939   ROLLER, D.W., «The Problem of the Location of Straton's Tower», BASOR n° 252
          (1983) 61-66 (Caesarea Maritima).

a1940   SPIJKERMAN, A., «Monete dalla sinagoga di Cafarnao», BibOr 2 (1960) 90-92.

a1941   TESTA, E., *Cafarnao.* IV. I graffiti della casa di S. Pietro (Pubblicazioni dello Studium
          Biblicum Franciscanum, 19) (Jerusalem, Franciscan Printing Press, 1972), 202 pp.

a1942   LOFFREDA, S., *Cafarnao.* II. La ceramica (Pubblicazioni dello Studium Biblicum
          Franciscanum, 19) (Jerusalem, Franciscan Printing Press, 1974), 239 pp.

a1943   CORBO, V.C., *Cafarnao.* I. Gli edifici della città (Pubblicazioni dello Studium Biblicum
          Franciscanum, 19) (Jerusalem, Franciscan Printing Press, 1975), 224 pp.

a1944   SPIJKERMAN, A., *Cafarnao III.* Catalogo delle monete della città (Pubblicazioni
          dello Studium Biblicum Franciscanum, 19) (Jerusalem, Franciscan Printing Press,
          1975), 123 pp.

a1945   CORBO, V.C., «Edifici antichi sotto la sinagoga di Cafarnao», dans *Studia Hierosolymitana (Bagatti)* (en collab.) (1976), I, 159-176.

a1946   CORBO, V.C., LOFFREDA, S., «Sarcofago e pietra miliare di Cafarnao», StBiFranc 26 (1976) 272-276.

a1947   LOFFREDA, S., *Cafarnao*. La città di Gesù (Luoghi Santi della Palestina) (Jerusalem, Franciscan Printing Press, 1976), 71 pp.

a1948   CORBO, V.C., «Il Mausoleo di Cafarnao», StBiFranc 27 (1977) 145-155.

a1949   CORBO, V.C., «Sotto la Sinagoga di Cafarnao un'insula della città», StBiFranc 27 (1977) 156-172.

a1950   NORTH, R., «Discoveries at Capernaum», Bibl 58 (1977) 424-431.

a1951   STRANGE, J.F., «The Capernaum and Herodium Publications», BASOR no 226 (1977) 65-73.

a1952   LOFFREDA, S., «Potsherds from a sealed level of the Synagogue at Capharnaum», StBiFranc 29 (1979) 215-220.

a1953   STRANGE, J.F., «The Capernaum and Herodium Publications, Part 2», BASOR no 233 (1979) 63-69.

a1954   CORBO, V.C., «Ripreso a Cafarnao lo scavo della città. Relazione preliminare alla XIV campagna», StBiFranc 32 (1982) 427-446.

a1955   LOFFREDA, S., «Documentazione preliminare degli oggetti della XIV campagna di scavi a Cafarnao», StBiFranc 32 (1982) 409-426.

a1956   CORBO, V.C., «Gli ultimi giorni di Cafarnao. Rapporto preliminare dopo la XV campagna di scavo: 6 giugno - 16 luglio 1983», StBiFranc 33 (1983) 373-390.

a1957   CORBO, V.C., «Cafarnao. La città di Gesù», Ant 58 (1983) 102-111.

a1958   LOFFREDA, S., «Nuovi contributi di Cafarnao per la ceramologia palestinese», StBiFranc 33 (1983) 347-372.

a1959   DOTHAN, M., «An Archaeological Survey of Mt. Casius and its Vicinity», ErIs 9 (1969) 47-59. (English summary).

a1960   MITTMANN, S., «Chaphargam(ala) bei Heliopolis (Ba'albek)», ZDPV 91 (1975) 69-76.

a1961   STROBEL, A., «Die Charitonhöhle in der Wüste Juda», ZDPV 83 (1967) 46-63.

a1962   GARSTANG, J., «Discoveries in Cilicia», PEQ 71 (1939) 137-143.

a1963   SCRANTON, R., SHAW, J.W., IBRAHIM, L., *Kenchreai, Eastern Port of Corinth* (Leiden, Brill, 1978), I. Topograpy and Architecture, xxii-154 pp.

a1964   KAPLAN, J., «A Samaritan Amulet from Corinth», IsrEJ 30 (1980) 196-198.

a1965   MURPHY-O'CONNOR, J., «Corinthian Bronze», RB 90 (1983) 80-93.

a1966   BARTOLONI, P., «Due anfore greco-orientali di imitazione fenicia dal Sulcis», OrAnt 18 (1979) 323-327.

a1967   DU PLAT TAYLOR, J., «Late Cypriot III: In the Light of Recent Excavations», PEQ 88 (1956) 22-37.

a1968   BIETAK, M., *Tell el-Dab'a II* (Österreichische Akademie der Wissenschaften, Denkschriften der Gesamtakademie, IV; Untersuchungen der Zweigstelle Kairo des Österreichischen Archäologischen Instituts, I) (Vienna, Verlag der Österreichischen Akademie der Wissenschaften, 1975), 236 pp.

a1969   CORBO, V., «Scavo della Chiesa 'Nemini dixeritis' a Dabburiya», StBiFranc 28 (1978) 247-251.

a1970   SAUVAGET, J., «La citadelle de Damas», Syr. 11 (1930) 59-90, 216-241.

a1971   SAUVAGET, J., «Le plan antique de Damas», Syr. 26 (1949) 314-358.

a1972   CURTO, S., «Esplorazione archeologica nella regione di Dehmit», OrAnt 1 (1962) 259-264.

a1973   FRANKEN, H.J., «The Stratigraphic Context of the Clay Tablets found at Deir 'Alla»,
         PEQ 96 (1964) 73-78.
a1974   RINALDI, G., «Balaam al suo paese» (Deir 'Alla), BibOr 20 (1978) 51-59.
a1975   KAUFMAN, S.A., «The Aramaic Texts from Deir 'Allā», BASOR nº 239 (1980) 71-74.
a1976   McCARTER, P.K., Jr., «The Balaam Texts from Deir 'Allā: The First Combination»,
         BASOR nº 239 (1980) 49-60.
a1977   SEYRIG, H., «Antiquités Syriennes. - 44. Un ex-voto damascain. - 45. Inscriptions
         diverses. - 46. Reconstitution d'un tombeau palmyrénien dans le musée de Damas», Syr.
         27 (1950) 229-252.
a1978   HENNESSY, J.B., «Preliminary Report on Excavations at the Damascus Gate, 1964-6»,
         Levant 2 (1970) 22-27.
a1979   AVIGAD, N., «An Inscribed Bowl from Dan», PEQ 100 (1968) 42-44.
a1980   BIRAN, A., «Tel Dan», RB 82 (1975) 562-566.
a1981   BIRAN, A., «Tel Dan», RB 84 (1977) 256-263.
a1982   WAPNISH, P., HESSE, B., OGILVY, A., «The 1974 Collection of Faunal Remains
         from Tell Dan», BASOR nº 227 (1977) 35-62.
a1983   BIRAN, A., «Tell Dan - Five Years Later», BA 43 (1980) 168-182.
a1984   BIRAN, A., «Two Discoveries at Tel Dan», IsrEJ 30 (1980) 89-98.
a1985   BIRAN, A., «The Discovery of the middle Bronze Age Gate at Dan», BA 44 (1981)
         139-144.
a1986   BIRAN, A., «Tel Dan, 1979, 1980», IsrEJ 31 (1981) 103-105.
a1987   STAGER, L.E., WOLFF, S.R., «Production and Commerce in Temple Courtyards: An
         Olive Press in the Sacred Precinct at Tel Dan», BASOR nº 243 (1981) 95-102.
a1988   BIRAN, A., «The Temenos at Dan», ErIs 16 (1982) 15-43.
a1989   BOROWSKI, O., «A Note on the 'Iron Age Cult Installation' at Tel Dan», IsrEJ 32
         (1982) 58.
a1990   LAPERROUSAZ, E.-M., «Après le 'Temple de Salomon', la *bamah* de Tel-Dan:
         l'utilisation de pierres à bossage phénicien dans la Palestine préexilique», Syr. 59 (1982)
         223-237.
a1991   MESHEL, Z., «The History of 'Darb el-Ghaza' - the Ancient Road to Eilat and Southern
         Sinai», ErIs 15 (1981) 358-371.
a1992   KOCHAVI, M., «Khirbet-Rabûd = Debir», Tel Aviv 1 (1974) 2-33.
a1993   SODINI, J.-P. TATE, G., BAVANT, B., BAVANT, S., BISCOP, J.-L., ORSAUD, D.,
         MORRISSON, C., POPLIN, F., WILL, E., «Déhès (Syrie du Nord). Campagnes I-III
         (1976-1978): Recherches sur l'habitat rural», Syr. 57 (1980) 1-304.
a1994   CAZELLES, H., «Deir-Alla et ses tablettes», Sem. 15 (1965) 5-21.
a1995   SAUER, J.A., «Pottery Techniques at Tell Deir 'Allā», BASOR nº 224 (1976) 91-94.
a1996   MÜLLER, H.-P., «Einige alttestamentliche Probleme zur aramäischen Inschrift von Dēr
         'Allā», ZDPV 94 (1978) 56-67.
a1997   DOTHAN, T., *Excavation at the Cemetery of Deir el-Balaḥ* (Qedem, 10) (Jerusalem,
         Institute of Archaeology, Hebrew University, 1978/9), x-114 pp.
a1998   DOTHAN, T., «Deir el-Balaḥ, 1980», IsrEJ 31 (1981) 126-130.
a1999   TOSI, M., «Documenti di Deir el-Medina», OrAnt 17 (1978) 31-34.
a2000   AMIRAN, R., «Pottery from the Chalcolithic Site Near Tell Delhamiya and Some Notes
         on the Character of the Chalcolithic - Early Bronze I Transition», ErIs 13 (1977) 48-56
         (English summary).
a2001   AMANDRY, P., «Statuette d'ivoire d'un dompteur de lion découverte à Delphes», Syr.
         24 (1944-45) 149-174.

a2002   VAN ELDEREN, B., «Some Archaeological Observations on Paul's First Missionary Journey», dans *Apostolic History and the Gospel* (en collab.) (1970), 151-161 (Derbe).

a2003   ZAYADINE, F., «Une tombe nabatéenne près de Dhat-Râs (Jordanie)», Syr. 47 (1970) 117-135.

a2004   BENNETT, C.-M., «Soundings at Dhra', Jordan», Levant 12 (1980) 30-39.

a2005   WILKINSON, T.J., MOORE, A.M.T., «A Prehistoric Site near Dibsi Faraj in Syria», Levant 10 (1978) 26-36.

a2006   LAMBERG-KARLOVSKY, C.C., «Dilmun: Gateway to Immortality», JNES 41 (1982) 45-50.

a2007   OHEL, M.Y., BRUDER, G., «Upper Dishon Basin Project: First Season 1979», IsrEJ 30 (1980) 34-51.

a2008   DOLLFUS, G., «Djaffarabad 1969-1970. Rapport préliminaire sur les deux premières campagnes de fouilles», Syr. 48 (1971) 61-84.

a2009   POIDEBARD, A., «Mission archéologioque en Haute Djézireh, 1928», Syr. 11 (1930) 33-42.

a2010   HARAN, M., «A Temple at Dor?» IsrEJ 27 (1977) 12-15.

a2011   DAUPHIN, C.M., «Byzantine Church», IsrEJ 29 (1979) 235-236.

a2012   DAUPHIN, C.M., «Dor, Byzantine Church, 1980», IsrEJ 31 (1981) 117-119.

a2013   STERN, E., «A Favissa of a Phoenician Sanctuary from Tel Dor», dans *Essays in Honour of Yigael Yadin,* JJS 33 (1982) 35-54.

a2014   STERN, E., «Excavations at Tel Dor, 1981: Preliminary Report», IsrEJ 32 (1982) 107-117.

a2015   HELMS, S.W., «Early Bronze Age Fortifications at Tell Dothan», Levant 9 (1977) 101-114.

a2016   SIGRIST, R.M., «Le trésor de Dréhem», Or. 48 (1979) 26-53.

a2017   NOTH, M., «Dura-Europos und seine Synagoge», ZDPV 75 (1959) 164-181.

a2018   MASER, P., «Der Greis unter den Sternen. Ein Beitrag zur Deutung des Bildprogramms über der Toranische in der Synagoge von Dura Europos», Kairos 18 (1976) 161-177.

a2019   LEVIT-TAWIL, D., «The Enthroned King Ahasuerus at Dura in Light of the Iconography of Kingship in Iran», BASOR no 250 (1983) 57-78.

a2020   STARKEY, J.L., «Tell Duweir», PEQ 65 (1933) 190-199.

a2021   HOOKE, S.H., «An Israelite Seal from Tell Duweir», PEQ 66 (1934) 97-98.

a2022   STARKEY, J.L., «Excavations at Tell Duweir, 1933-34», PEQ 66 (1934) 164-175.

a2023   HOOKE, S.H., «A Scarab and Sealing from Tell Duweir», PEQ 67 (1935) 195-197.

a2024   MARSTON, C., «Hebrew Potsherds from Tell Duweir», PEQ 67 (1935) 91-92.

a2025   STARKEY, J.L., «The Third Season's Work at Tell Duweir», PEQ 67 (1935) 198-207.

a2026   STARKEY, J.L., «Fourth Season's Work at Tell Duweir», PEQ 68 (1936) 178-189.

a2027   STARKEY, J.L., «Excavations at Tell ed Duweir», PEQ 69 (1937) 228-241.

a2028   INGE, C.H., «Excavations at Tell Ed-Duweir», PEQ 70 (1938) 240-256.

a2029   SUKENIK, E.L., «Note on a Jar Stamp Discovered at Tell Ed-Duweir», PEQ 74 (1942) 57.

a2030   ISSERLIN, B.S.J., TUFNELL, O., «The City Deposits at Tell Ed-Duweir: A Summary of the Stratification», PEQ 82 (1950) 81-91.

a2031   TUFNELL, O., «Excavations at Tell Ed-Duweir, Palestine, Directed by the late J.L. Starkey, 1932-1938», PEQ 82 (1950) 65-80.

a2032   MOOREY, P.R.S., «Two Middle Bronze Age Brooches from Tell ed-Duweir», Levant 1 (1969) 97-99.

a2033   BARTLETT, J.R., «The Seal of Ḥnḥ from the Neighbourhood of Tell-Ed-Duweir», PEQ 108 (1976) 59-61.

a2034   SHEA, M., MAXWELL-HYSLOP, K.R., «A Gold Earring from the Great Shaft at Tell ed-Duweir», Levant 11 (1979) 171-173.

a2035   AHLSTRÖM, G.W., «Is Tell Ed-Duweir Ancient Lachish?» PEQ 112 (1980) 7-9.

a2036   DAVIES, G.I., «Tell Ed-Duweir - Ancient Lachish: A Response to G.W. Ahlström», PEQ 114 (1982) 25-28.

a2037   AHLSTRÖM, G.W., «Was Gad the God of Tell Ed-Duweir?» PEQ 115 (1983) 47-48.

a2038   AHLSTRÖM, G.W., «Tell Ed-Duweir: Lachish or Libnah?» PEQ 115 (1983) 103-104.

a2039   LEROY, J., «Mosaïques funéraires d'Édesse», Syr, 34 (1957) 306-342.

a2040   LEROY, J., «Nouvelles découvertes archéologiques relatives à Édesse», Syr. 38 (1961) 159-169.

a2041   GLUECK, N., «Surface Finds in Edom and Moab», PEQ 71 (1939) 188-192.

a2042   GONEN, R., «Efrat», IsrEJ 31 (1981) 124-126.

a2043   NEGEV, A., «The Nabatean Necropolis at Egra», RB 83 (1976) 203-236.

a2044   BAR-YOSEF, O., BELFER, A., GOREN, A., SMITH, P., «The Nawamis near 'Ein Ḥuderah (Eastern Sinai)», IsrEJ 27 (1977) 65-88.

a2045   NEGEV, A., «Elusa», RB 82 (1975) 109-113.

a2046   TZORI, N., «An Ancient Site in Swamp Soil in the Emek (Valley of Jezreel)», PEQ 89 (1957) 82-84.

a2047   ARNAUD, D., «Les textes d'Emar et la chronologie de la fin du Bronze récent», Syr. 52 (1975) 87-92.

a2048   MARGUERON, J., «Quatre campagnes de fouilles à Emar (1972-1974): un bilan provisoire», Syr. 52 (1975) 53-85.

a2049   MARGUERON, J., «'Maquettes' architecturales de Meskene-Emar», Syr. 53 (1976) 193-232.

a2050   PALEY, S.M., PORATH, Y., «The Regional Project in 'Emeq Ḥefer, 1979», IsrEJ 29 (1979) 236-239.

a2051   BOEHMER, R.M., «Siegel phrygischer Zeit» (aus Emirlu), ZA 67 (1977) 78-84.

a2052   HIRSCHFELD, Y., «A Hydraulic Installation in the Water-Supply System of Emmaus-Nicopolis», IsrEJ 28 (1978) 86-92.

a2053   GICHON, M., «The Roman Bath at Emmaus: Excavations in 1977», IsrEJ 29 (1979) 101-110.

a2054   THOMAS, D.W., «En-Dor: A Sacred Spring», PEQ 65 (1933) 205-206.

a2055   ZORI, N., «New Light on Endor», PEQ 84 (1952) 114-117.

a2056   KALLAI, Z., «En-Dor», ErIs 16 (1982) 168-170.

a2057   TZORI, N., «New Light on En-Gannim», PEQ 104 (1972) 134-138.

a2058   USSISHKIN, D., «The Ghassulian Shrine at En-gedi», Tel Aviv 7 (1980) 1-44.

a2059   USSISHKIN, D., «The 'Ghassulian' Temple in Ein Gedi and the Origin of the Hoard from Nahal Mishmar», BA 34 (1971) 23-39.

a2060   MASSON, É., «Quelques inscriptions inédites d'Enkomi», UF 11 (1979) 559-562.

a2061   BRAUN, E., «'En Shadud», IsrEJ 29 (1979) 234-235.

a2062   SCHAEFFER, C.F.-A., «La coupe en argent incrustée d'or d'Enkomi-Alasia», Syr. 30 (1953) 51-64.

a2063   SCHAEFFER, C.F.-A., COURTOIS, J.C., LAGARCE, J., «Les fouilles d'Enkomi-Alasia dans l'île de Chypre. Campagne de 1967. Rapport préliminaire», Syr. 45 (1968) 263-274.

a2064   PELON, O., COURTOIS, J.-C., LAGARCE, É., LAGARCE, J., SCHAEFFER, C.F.-A., «Rapport sommaire sur la XXIe campagne de fouilles à Enkomi-Alasia (Chypre). Mars-Avril 1971», Syr. 48 (1971) 323-335.

a2065 LAGARCE, É., LAGARCE, J., «À propos du masque A.71.1 d'Enkomi», Syr. 50 (1973) 349-354.

a2066 PELON, O., LAGARCE, É., LAGARCE, J., «La XXIIIe campagne de fouilles à Enkomi-Alasia (Chypre). Rapport préliminaire», Syr. 50 (1973) 101-114.

a2067 KIENAST, B., «Der Feldzugsbericht des Ennadagan in literarhistorischer Sicht», OrAnt 19 (1980) 247-261.

a2068 RAHMANI, L.Y., «The Erez Mosaic», ErIs 11 (1973) 263-264 (English summary).

a2069 RAHMANI, L.Y., «The Erez Mosaic Pavement», IsrEJ 25 (1975) 21-24.

a2070 VAN BUREN, E.D., «Excavations at Eridu», Or. 17 (1948) 115-119.

a2071 VAN BUREN, E.D., «Discoveries at Eridu», Or. 18 (1949) 123-124.

a2072 COHEN, R., «Tel Esdar, Stratum IV», IsrEJ 28 (1978) 185-189.

a2073 DONNER, H., KUTSCH, E., «Archäologische Bemerkungen zu Etam», ZDPV 79 (1963) 113-126.

a2074 USSISHKIN, D., «Tombs from the Israelite Period at Tel 'Eton», Tel Aviv 1 (1974) 109-127.

a2075 GILEAD, D., RONEN, A., «Acheulian Industries from 'Evron on the Western Galilee Coastal Plain», ErIs 13 (1977) 56*-86*.

a2076 GLUECK, N., «Some Ezion Geber: Elath Iron II Pottery», ErIS 9 (1969) 51-59.

a2077 RICHMOND, J., «Khirbet Fahil», PEQ 66 (1934) 18-31.

a2078 GRAY, J., «Tell el Far'a by Nablus: A 'Mother' in Ancient Israel», PEQ 84 (1952) 110-113.

a2079 DE VAUX, R., «The Excavations at Tell El-Far'ah and the Site of Ancient Tirzah», PEQ 88 (1956) 125-140.

a2080 JOCHIMS, U., «Thirza und die Ausgrabungen auf dem tell el-fār'a», ZDPV 76 (1960) 73-96.

a2081 KNIERIM, R., «Oberflächenuntersuchungen im Wādi el-Fār'a II», ZDPV 85 (1969) 51-62.

a2082 MALLET, J., «Tell el-Fâr'ah près de Naplouse. L'empreinte de cylindre-sceau F 3863», RB 84 (1977) 108-112.

a2083 GILEAD, I., «A Middle Paleolithic Open-Air Site Near Tell Far'ah, Western Negev: Preliminary Report», IsrEJ 30 (1980) 34-62.

a2084 HROUDA, B., «Tell Fechērije», ZA 54 (1961) 201-239.

a2085 BEIT ARIEH, I., «An Early Bronze Age II Site near the Feiran Oasis in Southern Sinai», Tel Aviv 9 (1982) 146-156.

a2086 CROWFOOT, G.M., «Linen Textiles from the Cave of Ain Feshkha in the Jordan Valley», PEQ 83 (1951) 5-31.

a2087 POOLE, J.B., REED, R., «The 'Tannery' of 'Ain Feshkha», PEQ 93 (1961) 114-123.

a2088 LAPP, N.L., «Casemate Walls in Palestine and the Late Iron II Casemate at Tell el-Fûl (Gibeah)», BASOR no 223 (1976) 25-42.

a2089 MAISLER, B., «Beth She'arim, Gaba, and Harosheth of the Peoples», HUCA 24 (1952-53) 75-84.

a2090 LUX, U., «Der Mosaikfussboden eines spätantiken Bades in umm qēs», ZDPV 82 (1966) 64-70 (Gadara).

a2091 MITTMANN, S., «Die Inschriften des spätantiken Bades in umm qēs», ZDPV 82 (1966) 71-73 (Gadara).

a2092   WAGNER-LUX, U., KRUEGER, E.W., VRIEZEN, K.J.H., VRIEZEN-VAN DER
         FLIER, T., «Bericht über die Oberflächenforschung in Gadara (*Umm Qēs*) in Jordanien
         im Jahre 1974», ZDPV 94 (1978) 135-144 (Gadara).

a2093   MESHORER, Y., «A Ring from Gadara», IsrEJ 29 (1979) 221-222.

a2094   WAGNER-LUX, U., VRIEZEN, K.J.H., «Vorläufiger Bericht über die Ausgrabungen
         in Gadara (*Umm Qēs*) in Jordanien in den Jahren 1976-1978», ZDPV 96 (1980) 48-58.

a2095   WAGNER-LUX, U., VRIEZEN, K.J.H., «Vorläufiger Bericht über die Ausgrabungen
         in Gadara (*Umm Qēs*) in Jordanien im Jahre 1979», ZDPV 96 (1980) 158-162.

a2096   HIRSCHFELD, Y., SOLAR, G., «The Roman Thermae at Ḥammat Gader:
         Preliminary Report of Three Seasons of Excavations», IsrEJ 31 (1981) 197-219.

a2097   GREEN, J., TSAFRIR, Y., «Greek Inscriptions from Ḥammat Gader: A Poem by the
         Empress Eudocia and Two Building Inscriptions», IsrEJ 32 (1982) 77-96.

a2098   CINTAS, P., «Tarsis, Targessos, Gadès», Sem. 16 (1966) 5-37.

a2099   BRIEND, J., «Ramot-Galaad», SDB 10 (1979) col. 1101-1113.

a2100   CIASCA, A., «Tell Gat», OrAnt 1 (1962) 23-39.

a2101   CIASCA, A., «Un deposito di statuette da Tell Gat», OrAnt 2 (1963) 45-63.

a2102   YEIVIN, S., «Further Evidence of Narmer at 'Gat'», OrAnt 2 (1963) 205-213.

a2103   REITLER, R., «Kleinfunde aus Gaza», ZDPV 77 (1961) 87-92.

a2104   BARASCH, M., «The David Mosaic at Gaza», ErIs 10 (1971) 94-99 (English summary).

a2105   OVADIAH, A., «Les mosaïstes de Gaza dans l'antiquité chrétienne», RB 82 (1975)
         552-557.

a2106   STERN, E., «A Group of Cypriot Limestone Sculptures from the Gaza Region», Levant
         7 (1975) 104-107.

a2107   VITTO, F., «Région de Gaza», RB 82 (1975) 240-245.

a2108   OVADIAH, A., «Gaza Maiumas», RB 84 (1977) 418-422.

a2109   RAHMANI, L.Y., «Finds from a Sixth to Seventh Centuries Site near Gaza: I. The
         Toys», IsrEJ 31 (1981) 72-80.

a2110   RAHMANI, L.Y., «Finds from a Sixth to Seventh Centuries Site near Gaza: II. Pottery
         and Stone Objects», IsrEJ 33 (1983) 219-230.

a2111   PALMIERI, A., «Scavi a Gelinciktepe», OrAnt 7 (1968) 133-144.

a2112   MEEHAN, C., «An Aramaic Inscription from Ḥirbet Ğēmar», ZDPV 96 (1980) 59-66.

a2113   KNAUF, E.A., «Zwei thamudische Inschriften aus der Gegend von Geraš», ZDPV 97
         (1981) 188-192.

a2114   CROWFOOT, J.W., «The Churches of Gerasa», PEQ 62 (1930) 32-42.

a2115   SPIJKERMAN, A., «A List of the Coins of Gerasa Decapoleos», StBiFranc 25 (1975)
         73-84.

a2116   POUILLOUX, J., «Deux inscriptions au théâtre sud de Gérasa», StBiFranc 27 (1977)
         246-254.

a2117   ERKANAL-ÖRTÜ, A., «Ein Rollsiegel aus der Nähe von Gercüş», ZA 69 (1979)
         234-243.

a2118   MASTERMAN, E.W.G., «Gezer», PEQ 66 (1934) 135-140.

a2119   ROWE, A., «The 1934 Excavations at Gezer», PEQ 67 (1935) 19-33.

a2120   WRIGHT, G.E., «The Troglodytes of Gezer», PEQ 69 (1937) 67-78.

a2121   CALLAWAY, J.A., «The Gezer Crematorium Re-examined», PEQ 94 (1962) 104-117.

a2122   DEVER, W.G., «The Water Systems at Hazor and Gezer», BA 32 (1969) 71-78.

a2123   DEVER, W.G., LANCE, H.D., WRIGHT, G.E., SHAFFER, A., *Gezer I*. Preliminary
         Report of the 1964-66 Seasons (Annual of the Hebrew Union College Biblical and
         Archaeological School in Jerusalem, 1) (Jerusalem, H.U.C. Biblical and Archaeological
         School, 1970), viii-113-24-25 pp.

a2124   DEVER, W.G., LANCE, H.D., BULLARD, R.G., COLE, D.P., FURSHPAN, A.M., HOLLADAY, J.S., Jr., SEGER, J.D., WRIGHT, R.B., «Further Excavations at Gezer, 1967-71», BA 34 (1971) 94-132.

a2125   DEVER, W.G., «The Gezer Fortifications and the 'High Place': an Illustration of Stratigraphic Methods and Problems», PEQ 105 (1973) 61-70.

a2126   DEVER, W.G., LANCE, H.D., BULLARD, R.G., COLE, D.P., SEGER, J.D., *Gezer II*. Report of the 1967-70 Seasons in Fields I and II. Vol. II (Jerusalem, Hebrew Union College/Nelson Glueck School of Biblical Archaeology, 1974), ix-137 pp.

a2127   SEGER, J.D., «The MB II Fortifications at Shechem and Gezer - A Hyksos Retrospective», ErIs 12 (1975) 34*-45*.

a2128   SEGER, J.D., «Tell Gezer», RB 82 (1975) 87-92.

a2129   SEGER, J.D., «The Search For Maccabean Gezer», BA 39 (1976) 142-144.

a2130   SEGER, J.D., «Reflections on the Gold Hoard from Gezer», BASOR nº 221 (1976) 133-140.

a2131   BEN-TOR, A., «An Early Bronze Age Cylinder-seal from Gezer», ErIs 13 (1977) 82-86 (English summary).

a2132   IZRE'EL, S., «Two Notes on the Gezer-Amarna Tablets», Tel Aviv 4 (1977) 159-167.

a2133   SAUER, J.A., «A Review of Gezer II (HUC)», BASOR nº 233 (1979) 70-74.

a2134   TUBB, J.N., «A Bronze Arrowhead with Engraved Mark from Gezer in the British Museum Collection», PEQ 112 (1980) 1-6.

a2135   FINKELSTEIN, I., «The Date of Gezer's Outer Wall», Tel Aviv 8 (1981) 136-145.

a2136   REICH, R., «Archaeological Evidence of the Jewish Population at Hasmonean Gezer», IsrEJ 31 (1981) 48-52.

a2137   ZERTAL, A., «The Gates of Gezer», ErIs 15 (1981) 222-228.

a2138   DEVER, W.G., «The Late Bronze, Iron Age, and Hellenistic Defences of Gezer», dans *Essays in Honour of Yigael Yadin*, JJS 33 (1982) 19-34.

a2139   BUNIMOVITZ, S., «Glacis 10014 and Gezer's Late Bronze Age Fortifications», Tel Aviv 10 (1983) 61-70.

a2140   COURTOIS, J.-C., «Prospection archéologique dans la moyenne vallée de l'Oronte (El Ghab et Er Roudj. Syrie du Nord-Ouest)», Syr. 50 (1973) 53-99.

a2141   DUNCAN, J.G., «Père Mallon's Excavations of Teleilat Ghassul», PEQ 64 (1932) 71-77.

a2142   MALLON, A., «La civilisation du IIIe millénaire dans la vallée du Jourdain. Les fouilles de Teleilāt Ghassūl», Syr. 13 (1932) 334-344.

a2143   NORTH, R., «Scavi Palestinesi sotto bandiera pontificia», BibOr 3 (1961) 86-89 (Ghassūl).

a2144   UNGER, E., «Die Erde als Stern des Kosmos im vierten Jahrtausend am Toten Meer (telēlāt ghassūl)», ZDPV 77 (1961) 72-86.

a2145   PERROT, J., «Robert North, S.J., Ghassul 1960 Excavation Report», Or. 32 (1963) 140-147.

a2146   HENNESSY, J.B., «Preliminary Report on a First Season of Excavations at Teleilat Ghassul», Levant 1 (1969) 1-24.

a2147   WEBLEY, D., «A Note on the Dolmen Field at Tell El-Adeimeh and Teleilat Ghassul», PEQ 101 (1969) 42-43.

a2148   STOCKTON, E.D., «Non-Ghassulian Flint Elements at Teleilat Ghassul», Levant 3 (1971) 80-81.

a2149   BAR-ADON, P., «Another Settlement of the Judean Desert Sect at 'En el-Ghuweir on the Shores of the Dead Sea», BASOR nº 227 (1977) 1-25.

a2150   ALT, A., «Neue Erwägungen über die Lage von Mizpa, Ataroth, Beeroth und Gibeon», ZDPV 69 (1953) 1-27.

a2151   BAGATTI, B., «L'edificio ecclesiastico di el-Gib (Gibeon)», StBiFranc 25 (1975) 54-72.
a2152   KAPLAN, J., «A Mausoleum at Kfar Giladi», ErIs 8 (1967) 104-113 (English summary).
a2153   ALON, D., «A Chalcolithic Temple at Gilath», BA 40 (1977) 63-70.
a2154   BENNETT, B.M., Jr., «The Search for Israelite Gilgal», PEQ 104 (1972) 111-122.
a2155   NOY, T., SCHULDENREIN, J., TCHERNOV, E., «Gilgal, A Pre-Pottery Neolithic A Site in the Lower Jordan Valley», IsrEJ 30 (1980) 63-82.
a2156   MAZAR, A., «Giloh: An Early Israelite Settlement Site near Jerusalem», IsrEJ 31 (1981) 1-36.
a2157   MAZAR, A., «Three Israelite Sites in the Hills of Judah and Ephraim», BA 45 (1982) 167-178 (Giloh).
a2158   MØLLER-CHRISTENSEN, V., «Skeletal Remains from Giv'at Ha-Mivtar», IsrEJ 26 (1976) 35-38.
a2159   OLAMI, Y., BURIAN, F., FRIEDMAN, E., «Giv'at Ha-Parsa - A Neolithic Site in the Coastal Region», ErIs 13 (1977) 34-47 (English summary).
a2160   KUHN, H.-W., «Zum Gekreuzigten von Giv'at ha-Mivtar. Korrektur eines Versehens in der Erstveröffentlichung», ZNW 69 (1978) 118-122.
a2161   TAŞYÜREK, O.A., «Eine aus Giyimli stammende Weihplatte», ZA 69 (1979) 244-257.
a2162   EPSTEIN, C., «Early Bronze Age Seal Impressions from the Golan», IsrEJ 22 (1972) 209-217.
a2163   EPSTEIN, C., «Basalt Pillar Figures from the Golan», IsrEJ 25 (1975) 193-201.
a2164   EPSTEIN, C., «The Dolmen Problem in the Light of Recent Excavations», ErIs 12 (1975) 1-8 (English summary) (Dolmen and pottery, in Golan).
a2165   EPSTEIN, C., «Golan», RB 82 (1975) 77-79.
a2166   EPSTEIN, C., «The Chalcolithic Culture of the Golan», BA 40 (1977) 57-62.
a2167   DAUPHIN, C.M., «Golan Survey, 1979», IsrEJ 29 (1979) 223-225.
a2168   EPSTEIN, C., «Golan, Chalcolithic Sites, 1978», IsrEJ 29 (1979) 225-227.
a2169   EPSTEIN, C., «Golan, Chalcolithic Sites, 1979, 1980», IsrEJ 31 (1981) 112-116.
a2170   DAUPHIN, C.M., SCHONFIELD, J.J., «Settlements of the Roman and Byzantine Periods on the Golan Heights: Preliminary Report on Three Seasons of Survey (1979-1981)», IsrEJ 33 (1983) 189-206.
a2171   VAN HATTEM, W.C., «Once Again: Sodom and Gomorrah», BA 44 (1981) 87-92.
a2172   PERROT, J., «Le Néolithique d'Abou-Gosh», Syr. 29 (1952) 119-145.
a2173   DOLLFUS, G., LECHEVALLIER, M., «Les deux premières campagnes de fouilles à Abou Gosh, 1967-1968», Syr. 46 (1969) 277-292.
a2174   VITTO, F., «Gush Halav», RB 82 (1975) 277-278.
a2175   MEYERS, E.M., STRANGE, J.F., MEYERS, C.L., HANSON, R.S., «Preliminary Report on the 1977 and 1978 Seasons at Gush Ḥalav (el-Jish)», BASOR nº 233 (1979) 33-58.

a2176   EITAN, A., «A Sarcophagus and an Ornamental Arch from the Mausoleum at Rosh Ha'ayin», ErIs 8 (1967) 114-118 (English summary).
a2177   RONEN, A., KAUFMAN, D., «Epi-Palaeolithic Sites Near Nahal Hadera, Central Plain of Israel», Tel Aviv 3 (1976) 16-30.
a2178   SIEGELMANN, E., «Naḥal Ḥadera (grotte funéraire) 1977», RB 85 (1978) 103-104.
a2179   DORNEMANN, R.H., «The Late Bronze Age Pottery Tradition at Tell Hadidi, Syria», BASOR nº 241 (1982) 29-47.
a2180   AVI-YONAH, M., «The Haditha Mosaic Pavement», ErIs 11 (1973) 45-47 (English summary).

a2181　NEGEV, A., «Nabatean, Greek and Thamudic Inscriptions from the Wadi Haggag - Jebel Musa Road», IsrEJ 31 (1981) 66-75.

a2182　BAER, E., «A Silk Medallion of the Haifa Museum of Antique Art», ErIs 7 (1964) 39-46 (English summary) (Late Hellenistic Art).

a2183　THOMPSON, H.O., «The Ammonite Remains at Khirbet al-Hajjar», BASOR n° 227 (1977) 27-34.

a2184　VON OPPENHEIM, M., «Tell Halaf. La plus ancienne capitale soubaréenne de Mésopotamie», Syr. 13 (1932) 242-254.

a2185　BIRAN, A., GOPHNA, R., «An Iron Age Burial Cave at Tel Ḥalif», ErIs 9 (1969) 29-39.

a2186　BOROWSKI, O., «A Corinthian Lamp at Tell Halif», BASOR n° 227 (1977) 63-65.

a2187　SEGER, J.D., «Tell Ḥalif (Lahav)», RB 84 (1977) 393-398.

a2188　SEGER, J.D., BOROWSKI, O., «The First two Seasons at Tell Halif», BA 40 (1977) 156-166.

a2189　SEGER, J.D., «Tel Ḥalif (Lahav), 1979», IsrEJ 29 (1979) 247-249.

a2190　SHEA, W.H., «The Inscribed Late Bronze Jar Handle from Tell Ḥalif», BASOR n° 232 (1979) 78-80.

a2191　SEGER, J.D., «Investigations at Tell Halif, Israel, 1976-1980», BASOR n° 252 (1983) 1-23.

a2192　NEGEV, A., «Survey and Trial Excavations at Ḥaluza (Elusa), 1973», IsrEJ 26 (1976) 89-95.

a2193　DE MAIGRET, A., *La Cittadella Aramaica di Hama*. Attività, Funzioni e Comportamento (Orientis Antiqui Collectio, 15) (Roma, Istituto per l'Oriente, 1979), XII-92 pp.

a2194　WÄFLER, M., «Zur Datierung von Ḥamā J», UF 11 (1979) 783-798.

a2195　DOTHAN, M., «The Aramaic Inscription from the Synagogue of Severus at Hamat Tiberias», ErIs 8 (1967) 183-185.

a2196　EISSFELDT, O., «Der Zugang nach Hamath», OrAnt 10 (1971) 269-276.

a2197　FATTOVICH, R., «Two Predynastic Decorated Vases from Hammamiya», OrAnt 17 (1978) 199-202.

a2198　HIRSCHFELD, Y., SOLAR, G., «Ḥammat Gader (el-Ḥamma), Roman Thermae», IsrEJ 29 (1979) 230-234.

a2199　BLAU, J., «The Transcription of Arabic Words and Names in the Inscription of Mu'āwiya from Ḥammat Gader», IsrEJ 32 (1982) 102.

a2200　HASSON, I., «Remarques sur l'inscription de l'époque de Mu'āwiya à Ḥammat Gader», IsrEJ 32 (1982) 97-101.

a2201　BOUNNI, A., LAGARCE, É., LAGARCE, J., SALIBY, N., «Rapport préliminaire sur la première campagne de fouilles (1975) à Ibn Hani (Syrie)», Syr. 53 (1976) 233-279.

a2202　BOSSUET, G., «Reconnaissance archéologique du site de Ras Ibn Hani par prospection électrique», Syr. 55 (1978) 307-311.

a2203　BOUNNI, A., LAGARCE, É., LAGARCE, J., SALIBY, N., «Rapport préliminaire sur la deuxième campagne de fouilles (1976) à Ibn Hani (Syrie)», Syr. 55 (1978) 233-301.

a2204　LAGARCE, É., LAGARCE, J., «Nouveaux Textes du XIIIè siècle à Ras Ibn Hani (Syrie)», UF 10 (1978) 438-439.

a2205　REY-COQUAIS, J.-P., «Inscription grecque découverte à Ras Ibn Hani: stèle de mercenaires lagides sur la côte syrienne», Syr. 55 (1978) 313-325.

a2206　SANLAVILLE, P., «Note sur la géomorphologie de la presqu'île d'Ibn Hani (Syrie)», Syr. 55 (1978) 303-305.

a2207 BOUNNI, A., LAGARCE, É., LAGARCE, J., SALIBY, N., BADRE, L., «Rapport préliminaire sur la troisième campagne de fouilles (1977) à Ibn Hani (Syrie)», Syr. 56 (1979) 217-291.

a2208 BOUNNI, A., LAGARCE, J., LAGARCE, É., SALIBY, N., BADRE, L., LERICHE, P., TOUMA, M., «Ibn Hani. Rapport préliminaire sur la quatrième campagne de fouilles (1978) à Ibn Hani (Syrie)», Syr. 58 (1981) 215-297.

a2209 BARASCH, M., «An Early Byzantine Relief at Ḥanita», ErIs 12 (1975) 186-190 (English summary).

a2210 GARBINI, G., «Haram: una città minea alleata di Saba», Sem. 23 (1973) 125-133.

a2211 GAUBE, H., «'Ammān, Ḥarāne und Qasṭal: Vier frühislamische Bauwerke in Mitteljordanien», ZDPV 93 (1977) 52-86.

a2212 GORING-MORRIS, A.N., GOPHER, A., «Har-Ḥarif, 1980», IsrEJ 31 (1981) 133-134.

a2213 AHARONI, Y., «Tel Haror», ErIs 13 (1977) 106-107 (English-summary).

a2214 PRAG, K., «The 1959 Deep Sounding at Harran in Turkey», Levant 2 (1970) 63-94.

a2215 MacDONALD, B., «The Wâdī el-Ḥasā Survey 1979 and Previous Archaeological Work in Southern Jordan», BASOR nº 245 (1982) 35-52.

a2216 MESHEL, Z., COHEN, R., «Refed and Ḥatira: Two Iron Age Fortresses in the Northern Negev», Tel Aviv 7 (1980) 70-81.

a2217 CAQUOT, A., «Nouvelles inscriptions araméennes de Hatra (V)», Syr. 40 (1963) 1-16.

a2218 DOWNEY, S., «Notes sur une stèle de Hatra», Syr. 45 (1968) 105-109.

a2219 EPSTEIN, E., «Hauran: Rise and Decline», PEQ 72 (1940) 13-21.

a2220 NASRALLAH, J., «Tumulus de l'Âge du Bronze dans le Hauran», Syr. 27 (1950) 314-331.

a2221 HARIF, A., «A Mycenaean Building at Tell Abu-Hawām in Palestine», PEQ 106 (1974) 83-90.

a2222 WEINSTEIN, J.M., «Was Tell Abu-Hawam a 19th-Century Egyptian Naval Base?» BASOR nº 238 (1980) 43-46.

a2223 GERSHUNY, L., «Stratum V at Tell Abū Hawām», ZDPV 97 (1981) 36-44.

a2224 ROBIN, C., «Quelques graffites préislamiques de al-Ḥazā' in (Nord-Yémen)», Sem. 28 (1978) 103-128.

a2225 DIAZ FERNANDEZ, J.M., «Un general arqueólogo descubre Hasor», CuBi 14 (1957) 34-36.

a2226 GALLING, K., «Erwägungen zum Stelenheiligtum von Hazor», ZDPV 75 (1959) 1-13.

a2227 TUFNELL, O., «Hazor, Samaria and Lachish: A Synthesis», PEQ 91 (1959) 90-105.

a2228 DEVER, W.G., «The Water Systems at Hazor and Gezer», BA 32 (1969) 71-78.

a2229 MALAMAT, A., «Hazor and its Northern Neighbours in New Mari Documents», ErIs 9 (1969) 102-108 (English summary).

a2230 YADIN, Y., «The Fifth Season of Excavations at Hazor, 1968-1969», BA 32 (1969) 50-71.

a2231 YEIVIN, S., «Ostracon A1/382 from Hazor and its Implications», ErIs 9 (1969) 86-87 (English summary).

a2232 YADIN, Y., Hazor. The Head of all Those kingdoms, Joshua 11:10. With a Chapter on Israelite Megiddo (The Schweich Lectures of the British Academy, 1970) (London, Oxford University Press, 1972), xxiv-211 pp.

a2233 FRITZ, V., «Das Ende der spätbronzezeitlichen Stadt Hazor Stratum XIII und die biblische Überlieferung in Josua 11 und Richter 4», UF 5 (1973) 123-139.

a2234 YADIN, Y., «The 1968-1969 Seasons of Excavations at Hazor», ErIs 11 (1973) 134-143 (English summary).

a2235 BEN-TOR, A., *Two Burial Caves of the Proto-Urban Period at Azor*. The First Season of Excavations at Tell-Yarmuth, 1971 (Qedem, Monographs of the Institute of Archaeology, Hebrew University of Jerusalem, 1) (Hebrew University of Jerusalem, 1975), 87 pp.

a2236 YADIN, Y., *Hazor*. The Rediscovery of a Great Citadel of the Bible (London, Weidenfeld and Nicolson, 1975), 280 pp.

a2237 HALLO, W.W., TADMOR, H., «A Lawsuit from Hazor», IsrEJ 27 (1977) 1-11.

a2238 SALLES, J.-F., «Notes sur la période pré-urbaine en Palestine», RB 85 (1978) 66-71 (grottes de Hazor).

a2239 BECK, P., «The Bronze Plaque from Hazor», IsrEJ 33 (1983) 78-80.

a2240 JACOBSON, D.M., «The Plan of the Ancient Haram El-Khalil in Hebron», PEQ 113 (1981) 73-80.

a2241 SCHWEITZER, U., «Archäologischer Bericht aus Ägypten: Heluan», Or. 17 (1948) 119-122.

a2242 PICCIRILLO, M., «Una vasca battesimale proveniente da Henak nell'Alta Siria», StBiFranc 27 (1977) 209-212.

a2243 LOPEZ, J., «Rapport préliminaire sur les fouilles d'Hérakléopolis (1966)», OrAnt 13 (1974) 299-316.

a2244 LOPEZ, J., «Rapport préliminaire sur les fouilles d'Hérakléopolis (1968)», OrAnt 14 (1975) 57-78.

a2245 HORN, S.H., «The 1968 Heshbon Expedition», BA 32 (1969) 26-41.

a2246 BORAAS, R.S., HORN, S.H., *Heshbon 1973*. The Third Campaign at Tell Ḥesbân. A Preliminary Report (Andrews University Monographs Studies in Religion, 8) (Berrien Springs, MI, Andrews University Press, 1975), viii-170 pp.

a2247 GERATY, L.T., «Ḥesbân (Heshbon)», RB 82 (1975) 576-586.

a2248 HORN, S.H., «Tell Ḥesbân», RB 82 (1975) 100-105.

a2249 GERATY, L.T., «Ḥesbân (Heshbon)», RB 84 (1977) 404-408.

a2250 TOOMBS, L.E., «Tell El-Ḥesi, 1970-1», PEQ 106 (1974) 19-31.

a2251 WORREL, J.E., «Tell El-Ḥesi», RB 82 (1975) 268-270.

a2252 COOGAN, M.D., «A Cemetery from the Persian Period at Tell el-Ḥesi», BASOR nᵒ 220 (1976) 37-46.

a2253 ROSE, D.G., «Tell El-Ḥesi, 1973 and 1975», PEQ 108 (1976) 41-54.

a2254 O'CONNELL, K.G., «An Israelite Bulla from Tell el-Ḥesi», IsrEJ 27 (1977) 197-199.

a2255 O'CONNELL, K.G., ROSE, D.G., TOOMBS, L.E., «Tell el-Ḥesi (1977)», RB 85 (1977) 84-89.

a2256 FARGO, V.M., O'CONNELL, K.G., «Five Seasons of Excavation at Tell el-Hesi (1970-71)», BA 41 (1978) 165-182.

a2257 O'CONNELL, K.G., ROSE, D.G. TOOMBS, L.E., «Tell El-Ḥesi, 1977», PEQ 110 (1978) 75-90.

a2258 FARGO, V.M., «Early Bronze Age Pottery at Tell el-Ḥesi», BASOR nᵒ 236 (1979) 23-40.

a2259 ROSS, J.F., «Early Bronze Age Structures at Tell el-Ḥesi», BASOR nᵒ 236 (1979) 11-21.

a2260 O'CONNELL, K.G., ROSE, D.G., «Tell El-Ḥesi, 1979», PEQ 112 (1980) 73-91.

a2261 TOOMBS, L.E., «Tell El-Ḥesi, 1981», PEQ 115 (1983) 25-46.

a2262 MUDAR, K., «Early Dynastic III Animal Utilization in Lagash: A Report on the Fauna of Tell Al-Hiba», JNES 41 (1982) 23-34.

a2263 HOFFMAN, M.A., «A Rectangular Amratian House from Hierakonpolis and the Significance for Predynastic Research», JNES 39 (1980) 119-137.

a2264 GIBSON, S., «The Stone Vessel Industry at Ḥizma», IsrEJ 33 (1983) 176-188.

a2265   DAVIES, G.I., «The Significance of Deuteronomy 1.2 for the Location of Mount Horeb», PEQ 111 (1979) 87-101.

a2266   BAR-KOCHVA, B., «Sēron and Cestius at Beith Ḥoron», PEQ 108 (1976) 13-21.

a2267   WACHSMANN, S., RAVEH, K., «Underwater Salvage Excavation at ha-Ḥotrim, 1980», IsrEJ 31 (1981) 116-117.

a2268   CANIVET, M.-T., «Le reliquaire à huile de la grande église de Ḥūarte (Syrie)», Syr. 55 (1978) 153-162.

a2269   CANIVET, M.-T., CANIVET, P., «L'ensemble ecclésial de Ḥūarte d'Apamène (Syrie) (campagnes de 1973-1976)», Syr. 56 (1979) 65-98.

a2270   WASHBOURN, R., «The Percy Sladen Expedition to Lake Huleh, 1935», PEQ 68 (1936) 204-210.

a2271   MOSCATI, S., «Sulla tipologia delle figurine di Ibiza», OrAnt 19 (1980) 285-288.

a2272   AMIRAN, R., «Achaemenian Bronze Objects from a Tomb at Kh. Ibsan in Lower Galilee», Levant 4 (1972) 135-138.

a2273   ANATI, E., «Rock Engravings from the Jebel Ideid», PEQ 88 (1956) 5-13.

a2274   BÖRKER-KLÄHN, J., «Imamkulu gelesen und datiert?» ZA 67 (1977) 64-72.

a2275   HROUDA, B., KARSTENS, K., «Zur inneren Chronologie des Friedhofes 'A' in Ingharra/Chursagkalama bei Kiš», ZA 58 (1967) 256-298.

a2276   HROUDA, B., «Die Ausgrabungen in Isin 1973 und 1974», Or. 45 (1976) 116-119.

a2277   VON SODEN, W., «Einige Fragen zur Geschichte von Isin», Or. 45 (1976) 105-109.

a2278   HROUDA, B., «Zu einem Terrakotta-Relief aus Isin», ZA 68 (1978) 280-283.

a2279   GORING-MORRIS, A.N., GOPHER, A., «Naḥal Issaron: A Neolithic Settlement in the Southern Negev: Preliminary Report of the Excavations in 1980», IsrEJ 33 (1983) 149-162.

a2280   LANDAU, Y., TAZFERIS, V., «Tel Iṣṭabah, Beth Shean: The Excavations and Hellenistic Jar Handles», IsrEJ 29 (1979) 152-159.

a2281   EDHEM, H., MIGEON, G., «Les collections du vieux Seraï à Stamboul», Syr. 11 (1930) 91-102.

a2282   SAKISIAN, A.B., «L'inventaire des tapis de la mosquée Yéni-Djami de Stamboul», Syr. 12 (1931) 368-373.

a2283   KOCHAVI, M., «An Ostracon of the Period of the Judges from 'Izbet Ṣarṭah», Tel Aviv 4 (1977) 1-13.

a2284   GARSIEL, M., FINKELSTEIN, I., «The Westward Expansion of the House of Joseph in the Light of the 'Izbet Ṣarṭah Excavations», Tel Aviv 5 (1978) 192-198.

a2285   MAXWELL HYSLOP, R., DU PLAT TAYLOR, J., SETON-WILLIAMS, M.V., D'A. WAECHTER, J., «An Archaeological Survey of the Plain of Jabbul», PEQ 74 (1942) 8-40.

a2286   KAPLAN, J., «Jaffa», RB 82 (1975) 257-260.

a2287   KAPLAN, J., «Evidence of the Trajanic Period at Jaffa», ErIs 15 (1981) 412-416.

a2288   KAPLAN, J., «The Identification of Abel - Beth-Maachah and Janoah», IsrEJ 28 (1978) 157-160.

a2289   OTTO, E., «Survey-archäologische Ergebnisse zur Geschichte der früheisenzeitlichen Siedlung Janoah (Jos. 16, 6.7)», ZDPV 94 (1978) 108-118.

a2290   HELMS, S.W., «Jawa - an Early Bronze Age Fortress?» Levant 5 (1973) 127-128.

a2291   HELMS, S.W., «Jawa», RB 82 (1975) 79-80, 559-561.

a2292   HELMS, S.W., «Jawa 1973: a preliminary report», Levant 7 (1975) 20-38.

a2293   HELMS, S.W., «Jawa Excavations 1974 - a preliminary report», Levant 8 (1976) 1-35.

a2294 HELMS, S.W., «Jawa, Excavations 1975: Third Preliminary Report», Levant 9 (1977) 21-35.

a2295 BEN-ARIEH, S., «Tell Jedur», ErIs 15 (1981) 115-128.

a2296 VAN BEEK, G.W., «Tell Jemmeh», RB 82 (1975) 95-97.

a2297 VAN BEEK, G.W., «Tell Jemmeh», RB 82 (1975) 573-576.

a2298 CROWFOOT, J.W., «Recent Work Round the Fountain Court at Jerash», PEQ 63 (1931) 143-154.

a2299 NAISH, J.P., «The Excavations at Jerash», PEQ 65 (1933) 90-96.

a2300 LASSUS, J., «L'exploration de Garasa», Syr. 24 (1944-45) 206-210 (=Jérash).

a2301 HARDING, L., «Recent Work on the Jerash Forum», PEQ 81 (1949) 12-20.

a2302 GARSTANG, J., «Jericho: Sir Charles Marston's Expedition of 1930», PEQ 62 (1930) 123-134.

a2303 GARSTANG, J., «The Walls of Jericho: The Marston-Melchett Expedition of 1931», PEQ 63 (1931) 186-196.

a2304 VINCENT, L.H., GARSTANG, J., «The Chronology of Jericho», PEQ 63 (1931) 104-107.

a2305 GARSTANG, J., «A Third Season at Jericho; City and Necropolis», PEQ 64 (1932) 149-153.

a2306 GARSTANG, J., «The Fall of Bronze Age Jericho», PEQ 67 (1935) 61-69.

a2307 GARSTANG, J., «L'art néolithique à Jéricho», Syr. 16 (1935) 353-357.

a2308 PHYTHIAN-ADAMS, W.J., «Jericho, Ai and the Occupation of Mount Ephraim», PEQ 68 (1936) 141-149.

a2309 GARSTANG, J., «The Story of Jericho: Further Light on the Biblical Narrative», PEQ 73 (1941) 168-171.

a2310 KENYON, K.M., «Some Notes on the History of Jericho in the 2nd Millennium B.C.», PEQ 83 (1951) 101-138.

a2311 KENYON, K.M., «Excavations at Jericho, 1952», PEQ 84 (1952) 62-82.

a2312 KENYON, K.M., «Excavations at Jericho, 1953», PEQ 85 (1953) 81-96.

a2313 KENYON, K.M., «Excavations at Jericho, 1954», PEQ 86 (1954) 45-63.

a2314 ZEUNER, F.E., «The Neolithic-Bronze Age Gap on the Tell of Jericho», PEQ 86 (1954) 64-68.

a2315 ZEUNER, F.E., «The Goats of Early Jericho», PEQ 87 (1955) 70-86.

a2316 ZEUNER, F.E., «Notes on the Bronze Age Tombs of Jericho - I», PEQ 87 (1955) 118-128.

a2317 CORNWALL, I.W., «The Pre-Pottery Neolithic Burials, Jericho», PEQ 88 (1956) 110-124.

a2318 KENYON, K.M., «Excavations at Jericho - 1956», PEQ 88 (1956) 67-82.

a2319 KENYON, K.M., «Excavations at Jericho 1957», PEQ 89 (1957) 101-107.

a2320 SCHEDL, C., «Jericho, 10000 Jahre Menschheitsgeschichte», BiKi 13 (1958) 98-109.

a2321 ZEUNER, F.E., «Dog and Cat in the Neolithic of Jericho», PEQ 90 (1958) 52-55.

a2322 KENYON, K.M., «Excavations at Jericho, 1957-58», PEQ 92 (1960) 88-113.

a2323 KIRKBRIDE, D., «A Brief Report on the Pre-Pottery Flint Cultures of Jericho», PEQ 92 (1960) 114-119.

a2324 VILAR, V., «Las excavaciones de Jerico y el Antiguo Testamento», CuBi 18 (1961) 373-376.

a2325 BRANIGAN, K., «A Unique Juglet from Jericho», PEQ 99 (1967) 98-100.

a2326 WESTERN, A.C., «The Ecological Interpretation of Ancient Charcoals from Jericho», Levant 3 (1971) 31-40.

*a*2327   WILKINSON, J., «The Tomb of Christ: an outline of its structural history», Levant 4
           (1972) 83-97.

*a*2328   MESHEL, Z., «A New Interpretation of the Finds at Herodian Jericho», ErIs 11 (1973)
           194-196 (English summary).

*a*2329   NETZER, E., «The Hasmonean and Herodian Winter Palaces at Jericho», IsrEJ 25
           (1975) 89-100.

*a*2330   NETZER, E., «Jéricho», RB 82 (1975) 270-274.

*a*2331   WEIPPERT, H., WEIPPERT, M., «Jericho in der Eisenzeit», ZDPV 92 (1976) 105-148.

*a*2332   NETZER, E., «The Winter Palaces of the Judean Kings at Jericho at the End of the
           Second Temple Period», BASOR nᵒ 228 (1977) 1-13.

*a*2333   NETZER, E., MEYERS, E.M., «Preliminary Report on the Joint Jericho Excavation
           Project», BASOR nᵒ 228 (1977) 15-27.

*a*2334   PERROT, J., «Remarques sur la préhistoire récente d'Eretz-Israël», ErIs 13 (1977)
           283*-287*.

*a*2335   SOGGIN, J.A., «Jéricho. Anatomie d'une conquête», RHPR 57 (1977) 1-17.

*a*2336   HACHLILI, R., «A Jerusalem Family in Jericho», BASOR nᵒ 230 (1978) 45-56.

*a*2337   HACHLILI, R., «The Goliath Family in Jericho: Funerary Inscriptions from a First-
           Century A.D. Jewish Monumental Tomb», BASOR nᵒ 235 (1979) 31-66.

*a*2338   RIMON, M., «Appendix: Design of a Computer Program Establishing the Family
           Relations of Individuals Buried in the Jericho Tomb», BASOR nᵒ 235 (1979) 71-73.

*a*2339   HACHLILI, R., «The Nefeš: The Jericho Colummn-Pyramid», PEQ 113 (1981) 33-38.

*a*2340   BARTLETT, J.R., *Jericho* (Cities of the Biblical World) (Guildford, Lutterworth Press,
           1982), 128 pp.

*a*2341   ZIAS, J., «Three Trephinated Skulls from Jericho», BASOR nᵒ 246 (1982) 55-58.

*a*2342   HACHLILI, R., KILLEBREW, A., «Jewish Funerary Customs During the Second
           Temple Period», PEQ 115 (1983) 109-139 (Jericho).

*a*2343   SHAY, T., «Burial Customs at Jericho in the Intermediate Bronze Age: A Componential
           Analysis», Tel Aviv 10 (1983) 26-37.

*a*2344   KAPLAN, J., «Archaeological Survey on the left Bank of the Yarkon River», ErIs 2
           (1953) 157-160 (Hebrew).

*a*2345   GEVA, S., *Tell Jerishe*. The Sukenik Excavations of the Middle Bronze Age
           Fortifications (Qedem, Monographs of the Institute of Archaeology, The Hebrew
           University of Jerusalem, 15) (Jerusalem, Israel Exploration Society, 1982), x-58 pp.

*a*2346   CHITTY, D.J., «Excavation at the Monastery of St. Euthymus», PEQ 62 (1930) 43-47.

*a*2347   CHITTY, D.J., «Excavation at the Monastery of St. Euthymus, 1929», PEQ 62 (1930)
           150-153.

*a*2348   HAMILTON, R.W., «Note on Excavations at Bishop Gobat's School, 1933», PEQ 67
           (1935) 141-143.

*a*2349   CROWFOOT, J.W., «The Church of The Holy Sepulchre», PEQ 68 (1936) 87-92.

*a*2350   SUKENIK, E.L., «A Jewish Tomb in the Kedron Valley», PEQ 69 (1937) 126-130.

*a*2351   CLARKE, N.P., «Helena's pyramids», PEQ 70 (1938) 84-104.

*a*2352   FINN, E.A., «The Church of the Holy Sepulchre in 1862», PEQ 70 (1938) 162-164.

*a*2353   HARVEY, W., HARVEY, J.H., «The Structural Decay of the Church of the Holy
           Sepulchre», PEQ 70 (1938) 156-161.

*a*2354   DALMAN, K.O., «Über ein Felsengrab im Hinnomtale bei Jerusalem», ZDPV 62 (1939)
           190-208.

*a*2355   JOHNS, C.N., «Excavations at the Citadel, Jerusalem», PEQ 72 (1940) 36-58.

*a*2356   THOMSEN, P., «Die lateinischen und griechischen Inschriften der Stadt Jerusalem und
           ihrer nächsten Umgebung. 1. Nachtrag», ZDPV 64 (1941) 203-256.

a2357 JEREMIAS, J., SCHNEIDER, A.M., «Das westliche Südtor des herodianischen Tempels», ZDPV 65 (1942) 112-118.

a2358 ROSS, W., «The Four North Walls of Jerusalem», PEQ 74 (1942) 69-81.

a2359 CROWFOOT, J.W., «Correspondence: The Four North Walls of Jerusalem», PEQ 75 (1943) 58-60.

a2360 CLARKE, N.P., «The Four North Walls of Jerusalem», PEQ 76 (1944) 199-212.

a2361 MAURER, C., «Der Struthionteich und die Burg Antonia», ZDPV 80 (1944) 137-149.

a2362 SUKENIK, E.L., MAYER, L.A., «A New Section of the Third Wall, Jerusalem», PEQ 76 (1944) 145-151.

a2363 CROWFOOT, J.W., «Ophel Again», PEQ 77 (1945) 66-104.

a2364 NORRIS, C.T., «New Reasoning Concerning the Fortifications of Jerusalem in the First Century A.D.», PEQ 78 (1946) 19-37.

a2365 HAMILTON, R.W., «Jerusalem in the Fourth Century», PEQ 84 (1952) 83-90.

a2366 BALAGUÉ, M., «Historia del Calvario», CuBi 13 (1956) 30-33.

a2367 BALAGUÉ, M., «El Litóstrotos o Pretorio de Pilatos», CuBi 14 (1957) 390-396.

a2368 KRAUS, H.-J., «Archäologische und topographische Probleme Jerusalems im Lichte der Psalmenexegese», ZDPV 75 (1959) 125-140.

a2369 SEIDENSTICKER, P., «Ein Friedhof der Urgemeinde von Jerusalem entdeckt», BiKi 14 (1959) 13-19.

a2370 FEREMBACH, D., «Note sur deux crânes trouvés à Jérusalem dans une sépulture d'époque romaine», ErIs 6 (1960) 7*-8*.

a2371 STUTCHBURY, H.E., «Excavations in the Kidron Valley», PEQ 93 (1961) 101-113.

a2372 KENYON, K.M., «Excavations in Jerusalem, 1961», PEQ 94 (1962) 72-103.

a2373 KENYON, K.M., «Excavations in Jerusalem, 1962», PEQ 95 (1963) 7-21.

a2374 KENYON, K.M., «Excavations in Jerusalem, 1963», PEQ 96 (1964) 7-18.

a2375 LAPERROUSAZ, E.-M., «L'Hérodium, quartier général de Bar Kokhba?» Syr. 41 (1964) 347-358.

a2376 TESTINI, P., «L'Anastasis alla luce delle recenti indagini», OrAnt 3 (1964) 263-292.

a2377 KENYON, K.M., «Excavations in Jerusalem, 1964», PEQ 97 (1965) 9-20.

a2378 HUBBARD, R.P.S., «The Topography of Ancient Jerusalem», PEQ 98 (1966) 130-154.

a2379 KENYON, K.M., «Excavations in Jerusalem, 1965», PEQ 98 (1966) 73-88.

a2380 AVIGAD, N., «Jewish Rock-Cut Tombs in Jerusalem and in the Judean Hill-Country», ErIs 8 (1967) 119-142 (English summary).

a2381 KENYON, K.M., «Excavations in Jerusalem, 1966», PEQ 99 (1967) 65-73.

a2382 RAHMANI, L.Y., «Jewish Tombs in the Romema Quarter of Jerusalem», ErIs 8 (1967) 186-192 (English summary).

a2383 EVANS, L.E.L., «The Holy Sepulchre», PEQ 100 (1968) 112-136.

a2384 KENYON, K.M., «Excavations in Jerusalem, 1967», PEQ 100 (1968) 97-111.

a2385 LUCIANI, F., «Le tombe di Siloe», BibOr 10 (1968) 135-140.

a2386 MARIE ITA OF SION, Sr., «The Antonia Fortress», PEQ 100 (1968) 139-143.

a2387 MANKIN, J.H., «Survey of the Old City of Jerusalem, 1865 and 1935», PEQ 101 (1969) 37-39.

a2388 MAZAR, B., «The Excavations in the Old City of Jerusalem», ErIs 9 (1969) 161-174 (English summary).

a2389 MAZAR, B., «The Excavation South and West of the Temple Mount in Jerusalem: The Herodian Period», BA 33 (1970) 47-60.

a2390 USSISHKIN, D., «The Necropolis from the Time of the Kingdom of Judah at Silwan, Jerusalem», BA 33 (1970) 34-46.

a2391 BEN-DOV, M., «The Omayyad Structures near the Temple Mount (Preliminary Report)», ErIs 10 (1971) 35-40 (English summary).

a2392 BURGOYNE, M.H., «Some Mameluke Doorways in the Old City of Jerusalem», Levant 3 (1971) 1-30.

a2393 JONAS, R., «Titus (Flavius Vespasian) and (Flavius Claudius) Julian: Two Gem Portraits from the Jerusalem Area», PEQ 103 (1971) 9-12.

a2394 LURIE, B.-Z., «The Walls of Jerusalem at the End of the Second Temple Period», ErIs 10 (1971) 160-168 (English summary).

a2395 MAZAR, B., «The Excavations in the Old City of Jerusalem Near the Temple Mount - Second Preliminary Report, 1969-70 Seasons», ErIs 10 (1971) 1-34 (English summary).

a2396 AVIGAD, N., «Excavations in the Jewish Quarter of the Old City of Jerusalem, 1971 (Third Preliminary Report)», IsrEJ 22 (1972) 193-200.

a2397 LUX, U., «Vorläufiger Bericht über die Ausgrabung unter der Erlöserkirche im Muristan in der Altstadt von Jerusalem in den Jahren 1970 und 1971», ZDPV 88 (1972) 185-201.

a2398 XXX, Atlas of Jerusalem (Ed. The Israel Academy of Sciences and Humanities. The Israel Exploration Society. The Hebrew University of Jerusalem) (Berlin, New York, De Gruyter; Jerusalem, Massada Press, 1973), 173 pp.

a2399 AMIRAN, R., EITAN, A., «Excavations in the Citadel, Jerusalem, 1968-1969 (Preliminary Report)», ErIs 11 (1973) 213-218 (English summary).

a2400 BEN-DOV, M., «Building Techniques in the Omayyad Palace near the Temple Mount, Jerusalem», ErIs 11 (1973) 75-91 (english summary).

a2401 BURGOYNE, M., «Ṭarīq Bāb al-Ḥadīd - a Mamlūk Strett in the Old City of Jerusalem», Levant 5 (1973) 12-35.

a2402 LAPERROUSAZ, E.-M., «A-t-on dégagé l'angle Sud-Est du 'Temple de Salomon'?» Syr. 50 (1973) 355-399.

a2403 OVADIAH, A., «A Crusader Church in the Jewish Quarter of Jerusalem», ErIs 11 (1973) 208-212 (English summary).

a2404 BARAG, D., WILKINSON, J., «The Monza-Bobbio Flasks and the Holy Sepulchre», Levant 6 (1974) 179-187.

a2405 BURGOYNE, M.H., «The Continued Survey of the Ribāṭ Kurd/Madrasa Jawhariyya Complex in Ṭarīq Bāb al-Ḥadīd (Jerusalem)», Levant 6 (1974) 51-64.

a2406 COÜASNON, C., The Church of the Holy Sepulchre in Jerusalem (The Schweich Lectures of the British Academy, 1972) (London, Oxford University Press, 1974), xi-64 pp.

a2407 WALLS, A.G., «The Turbat Barakat Khān or Khalidi Library (Jerusalem)», Levant 6 (1974) 25-50.

a2408 WILKINSON, J., «Ancient Jerusalem: its Water Supply and Population», PEQ 106 (1974) 33-51.

a2409 BROSHI, M., «La population de l'ancienne Jérusalem», RB 82 (1975) 5-14.

a2410 DAOUST, J., «Sept ans de fouilles à Jérusalem», EV (doctrine) 85 (1975) 729-731.

a2411 LAPERROUSAZ, E.-M., «Angle sud-est du 'temple de Salomon' ou vestiges de l''Acra des Séleucides'? Un faux problème», Syr. 52 (1975) 241-259.

a2412 MEINARDUS, O.F.A., «A nautical Graffito outside the Chapel of the Franks», StBiFranc 25 (1975) 85-89.

a2413 MERKER, I.L., «A Greek Tariff Inscription in Jerusalem», IsrEJ 25 (1975) 238-244.

a2414 SARFATTI, G.B., «A Fragmentary Roman Inscription in the Turkish Wall of Jerusalem», IsrEJ 25 (1975) 151.

a2415 TSAFRIR, Y., «The location of the Seleucid Akra in Jerusalem», RB 82 (1975) 501-521.

a2416 WALLS, A.G., «The Mausoleum of the Amir Kilani, Jerusalem», Levant 7 (1975) 39-76.

a2417   WILKINSON, J., «The Streets of Jerusalem», Levant 7 (1975) 118-136.

a2418   YADIN, Y. (Ed.), *Jerusalem Revealed*. Archaeology of the Holy City 1968-74 (Jerusalem, The Israel Exploration Society, 1975), 136 pp.

a2419   AVIGAD, N., *Archaeological Discoveries in the Jewish Quarter of Jerusalem*. Second Temple Period (Israel Museum Catalogue, 144) (Israel Exploration Society and the Israel Museum, 1976), 23-26 pp.

a2420   BENOIT, P., «Où en est la question du 'troisième mur'?» dans *Studia Hierosolymitana (Bagatti)* (en collab.) (1976), I, 111-126.

a2421   BROCK, S.P., «The Rebuilding of the Temple under Julian: A New Source», PEQ 107 (1976) 103-107.

a2422   BROSHI, M., «Excavations on Mount Zion, 1971-1972 (Preliminary Report)», IsrEJ 26 (1976) 81-88.

a2423   FERBER, S., «The Temple of Solomon in Early Christian and Byzantine Art», dans *The Temple of Solomon* (en collab.) (1976), 21-43.

a2424   ISSAR, A., «The Evolution of the Ancient Water Supply System in the Region of Jerusalem», IsrEJ 26 (1976) 130-136.

a2425   KATSIMBINIS, C., «New Findings at Gethsemani», StBiFranc 26 (1976) 277-280.

a2426   MAZAR, A., «Iron Age Burial Caves North of the Damascus Gate, Jerusalem», IsrEJ 26 (1976) 1-8.

a2427   OUELLETTE, J., «The Basic Structure of Solomon's Temple and Archaeological Research», dans *The Temple of Solomon* (en collab.) (1976) 1-20.

a2428   PIXNER, B., «An Essene Quarter on Mount Zion?» dans *Studia Hierosolymitana (Bagatti)* (en collab.) (1976), I, 245-284.

a2429   RAHMANI, L.Y., «The Eastern Lintel of the Holy Sepulchre», IsrEJ 26 (1976) 120-129.

a2430   USSISHKIN, D., «The Original Length of the Siloan Tunnel», Levant 8 (1976) 82-95.

a2431   WALLS, A.E., «Two Minarets flanking the Church of the Holy Sepulchre», Levant 8 (1976) 159-161.

a2432   WALLS, A.E., «The Mausoleum of the Amir Kīlāni: Restored Elevations», Levant 8 (1976) 168-173.

a2433   YADIN, Y. (Ed.), *Jerusalem Revealed*. (Archaeology in the Holy City 1968-1974 (New Haven and London, Yale University Press; Israel Exploration Society, 1976), viii-140 pp.

a2434   BROSHI, M., «Along Jerusalem's Walls», BA 40 (1977) 11-17.

a2435   BROSHI, M., TSAFRIR, Y., «Excavations at the Zion Gate, Jerusalem», IsrEJ 27 (1977) 28-37.

a2436   BROSHI, M., «Standards of Street Widths in the Roman-Byzantine Period», IsrEJ 27 (1977) 232-235.

a2437   CASSUTO SALZMANN, M., «Una interessante iscrizione di Gerusalemme», BibOr 19 (1977) 27-29.

a2438   DONNER, H., «Der Felsen und der Tempel», ZDPV 93 (1977) 1-11 (Salomonische Tempel).

a2439   GATH, J., RAHMANI, L.Y., «A Roman Tomb at Manaḥat, Jerusalem», IsrEJ 27 (1977) 209-214.

a2440   HAMRICK, E.W., «The Third Wall of Agrippa I», BA 40 (1977) 18-23.

a2441   HOBERMAN, M., «A Note on the Siloam Tunnel. Hezekiah's Waterway from the Spring Gihon to the Siloam Pool», Levant 9 (1977) 174-175.

a2442   JAROŠ, K., «Grabungen unter der Erlöserkirche in Jerusalem. Aus der Arbeit des deutschen evangelischen Institutes für Altertumswissenschaft des Heiligen Landes in Jerusalem», dans *Memoria Jerusalem* (en collab.) (1977), 167-183.

*a*2443   KATSIMBINIS, C., «The Uncovering of the Eastern Side of the Hill of Calvary»,
           StBiFranc 27 (1977) 197-208.
*a*2444   SHAHEEN, N., «The Siloam End of Hezekiah's Tunnel», PEQ 109 (1977) 107-112.
*a*2445   SMITH, P., «The Human Skeletal Remains from the Abba Cave», IsrEJ 27 (1977)
           121-124 (Jerusalem).
*a*2446   STRANGE, J.F., «The Capernaum and Herodium Publications», BASOR n⁰ 226 (1977)
           65-73.
*a*2447   TSAFRIR, Y., «Muqaddasi's Gates of Jerusalem - A New Identification Based on
           Byzantine Sources», IsrEJ 27 (1977) 152-161.
*a*2448   VRIEZEN, K., «Jérusalem: Quartier du Mauristan», RB 84 (1977) 275-278.
*a*2449   BAGATTI, B., TESTA, E., *Il Golgota e la Croce*. Ricerche storico-archeologiche
           (Studium Biblicum Franciscanum, Collectio Minor, 21) (Jerusalem, Franciscan Printing
           Press, 1978), 161 pp.
*a*2450   BAHAT, D., «À propos de l'église des 'Sept-Douleurs' à Jérusalem», RB 85 (1978) 81-83.
*a*2451   BAHAT, D., SOLAR, G., «Une église croisée récemment découverte à Jérusalem», RB
           85 (1978) 72-80.
*a*2452   MAZAR, B., «Herodian Jerusalem in the Light of the Excavations South and South-
           West of the Temple Mount», IsrEJ 28 (1978) 230-237.
*a*2453   PACE, G., «Jebus sul monte e Shalem sul colle», BibOr 20 (1978) 213-224 (Jérusalem).
*a*2454   VRIEZEN, K.J.H., «Zweiter vorläufiger Bericht über die Ausgrabung unter des
           Erlöserkirche im Muristan in der Altstadt von Jerusalem (1972-74)», ZDPV 94 (1978)
           76-81.
*a*2455   WILKINSON, J., «The Pool of Siloam», Levant 10 (1978) 116-125.
*a*2456   WILKINSON, J., *Jerusalem as Jesus knew it*. Archaeology as Evidence (London,
           Thames and Hudson, 1978), 208 pp.
*a*2457   ADAN (BAYEWITZ), D., «The 'Fountain of Siloam' and 'Solomon's Pool' in First-
           Century C.E. Jerusalem», IsrEJ 29 (1979) 92-100.
*a*2458   BAGATTI, B., *Recherches sur le site du Temple de Jérusalem (Ier-VIIIe siècle)*
           (Publications du 'Studium Biblicum Franciscanum', Collectio minor, 22) (Jerusalem,
           Franciscan Printing Press, 1979), 75 pp.
*a*2459   BLOMME, Y., «Faut-il revenir sur la datation de l'arc de l''Ecce Homo'?» RB 86 (1979)
           244-271.
*a*2460   CHEN, D., «A Note Pertaining to the Design of the *Rotunda Anastasis* in Jerusalem»,
           ZDPV 95 (1979) 178-181.
*a*2461   CHEN, D., MARGALIT, S., SOLAR, G., «Jerusalem, Christian Quarter, 1977», IsrEJ
           29 (1979) 243-244.
*a*2462   COHN, E.W., «The Appendix of Antonio Rock in Jerusalem», PEQ 111 (1979) 41-52.
*a*2463   CORBO, V., «Problemi sul Santo Sepolcro di Gerusalemme in una recente
           pubblicazione», StBiFranc 29 (1979) 279-292.
*a*2464   GEVA, H., «The Western Boundary of Jerusalem at the End of the Monarchy», IsrEJ 29
           (1979) 84-91.
*a*2465   KESSLER, C.M., «The Tashtimuriyya in Jerusalem in the light of a recent architectural
           survey», Levant 11 (1979) 138-161.
*a*2466   LAPERROUSAZ, E.-M., «Encore l''Acra des Séleucides' et nouvelles remarques sur les
           pierres à bossage préhérodiennes de Palestine», Syr. 56 (1979) 99-144.
*a*2467   PIXNER, B., «Noch einmal des Prätorium. Versuch einer neuen Lösung», ZDPV 95
           (1979) 56-86.
*a*2468   SHAHEEN, N., «The Sinuous Shape of Hezekiah's Tunnel», PEQ 111 (1979) 103-108.
*a*2469   SHILOH, Y., «City of David: Excavation 1978», BA 42 (1979) 165-171.

a2470   SHILOH, Y., «Jerusalem, the City of David, 1979», IsrEJ 29 (1979) 244-246.

a2471   VAN SELMS, A., «The Origin of the Name Tyropoeon in Jerusalem», ZAW 91 (1979) 170-176.

a2472   BUSINK, T.A., *Der Tempel von Jerusalem, von Salomo bis Herodes*. Eine archäologisch-historische Studie unter Berücksichtigung des westsemitischen Tempelbaus, 2. Band, Von Ezechiel bis Middot (Leiden, Brill, 1980), xxxi und 701-1611 pp.

a2473   CHEN, D., «The Design of the Dome of the Rock in Jerusalem», PEQ 112 (1980) 41-50.

a2474   HACHLILI, R., «A Second Temple Period Jewish Necropolis in Jericho», BA 43 (1980) 235-240.

a2475   JACOBSON, D.M., «Ideas Concerning the Plan of Herod's Temple», PEQ 112 (1980) 33-40.

a2476   JACOBY, Z., «A Newly Discovered Crusader Fragment in Jerusalem», IsrEJ 30 (1980) 202-204.

a2477   JAROŠ, K., «Ein neuer lokalisierungsversuch des Praetoriums», BiLit 53 (1980) 13-22.

a2478   KARL, R., LANDMAN, S., «The Establishment of Muslim Neighbourhoods in Jerusalem, Outside the Old City, During the Late Ottoman Period», PEQ 112 (1980) 113-135.

a2479   KLONER, A., «A Tomb of the Second Temple Period at French Hill, Jerusalem», IsrEJ 30 (1980) 99-108.

a2480   SMITH, P., ZIAS, J., «Skeletal Remains from the Late Hellenistic French Hill Tomb», IsrEJ 30 (1980) 109-115.

a2481   BAHAT, D., «The Wall of Manasseh in Jerusalem», IsrEJ 31 (1981) 235-236.

a2482   BAHAT, D., «David's Tower and its Name in Second Temple Times», ErIs 15 (1981) 396-400.

a2483   CHEN, D., «On the Golden Gate in Jerusalem and the Baptistery at Emmaus-Nicopolis», ZDPV 97 (1981) 171-177.

a2484   CROSS, F.M., «An Aramaic Ostracon of the Third Century B.C.E. from Excavations in Jerusalem», ErIs 15 (1981) 67*-69*.

a2485   EDELSTEIN, G., KISLEV, M., «Mevasseret Yerushalayim: Ancient Terrace Farming», BA 44 (1981) 53-56.

a2486   GEVA, H., «The 'Tower of David' - Phasael or Hippicus?» IsrEJ 31 (1981) 57-65.

a2487   GREGO, I., «Il Golgota monte Santo dei cristiani», BibOr 23 (1981) 115-124, 221-234.

a2488   HAMRICK, E.W., «The Fourth North Wall of Jerusalem: 'A Barrier Wall' of the First Century A.D.», Levant 13 (1981) 262-266.

a2489   HAR-EL, M., «Jerusalem and Judea: Roads and Fortifications», BA 44 (1981) 8-20.

a2490   KAUFMAN, A.S., «The Eastern Wall of the Second Temple at Jerusalem Revealed», BA 44 (1981) 108-115.

a2491   KLONER, A., «Burial Caves in Ha'ari Street, Jerusalem», ErIs 15 (1981) 401-405.

a2492   NETZER, E., *Greater Herodium* (Qedem, Monographs of the Institute of Archaeology, The Hebrew University of Jerusalem, 13) (Jerusalem, Israel Exploration Society, 1981), viii-147 pp.

a2493   RAHMANI, L.Y., «Ancient Jerusalem's Funerary Customs and Tombs», BA 44 (1981) 171-177, 229-235; 45 (1982) 43-53, 109-119.

a2494   SCHEIN, B.E., «The Second Wall of Jerusalem», BA 44 (1981) 21-26.

a2495   SCHMITT, G., «Die Dritte Mauer Jerusalems», ZDPV 97 (1981) 153-170.

a2496   SHILOH, Y., «The City of David Archaeological Project: The Third Season, 1980», BA 44 (1981) 161-170.

a2497   ALLEGRETTI, S., «Una tomba del primo periodo romano sul Monte Oliveto», StBiFranc 32 (1982) 335-354.

a2498   BENOIT, P., «Les remparts de Jérusalem», *Le Monde de la Bible*, no 1, nov.-déc. 1977, 21-35, dans BENOIT, P., *Exégèse et théologie*, tome IV (1982), 293-310.

a2499   BENOIT, P., «L'Antonia d'Hérode le Grand et le forum oriental d'Aelia Capitolina», HarvTR 64 (1971) 135-137, dans BENOIT, P., *Exégèse et théologie*, tome IV (1982), 311-346.

a2500   CHEN, D., «Dating the Cardo Maximus in Jerusalem», PEQ 114 (1982) 43-45.

a2501   COHN, E.W., «Second Thoughts About the Perforated Stone on the Haram of Jerusalem», PEQ 114 (1982) 143-146.

a2502   OLLENDORFF, F., «Two Mamlūk Tomb-Chambers in Western Jerusalem», IsrEJ 32 (1982) 245-250.

a2503   PRINGLE, R.D., «Les édifices ecclésiastiques du royaume latin de Jérusalem: une liste provisoire», RB 89 (1982) 92-98.

a2504   STAGER, L.E., «The Archaeology of the East Slope of Jerusalem and the Terraces of the Kidron», JNES 41 (1982) 111-121.

a2505   ZIAS, J., «A Rock-Cut Tomb in Jerusalem», BASOR no 245 (1982) 53-56.

a2506   CORBO, V.C., «Il Santo Sepolcro di Gerusalemme», Ant 58 (1983) 123-127.

a2507   FOLDA, J., «A Fourth Capital from the Chapel of the Repose in Jerusalem», Levant 15 (1983) 194-195.

a2508   GEVA, H., «Excavations in the Citadel of Jerusalem, 1979-1980: Preliminary Report», IsrEJ 33 (1983) 55-71.

a2509   JACOBSON, D.M., «The Golden Section and the Design of the Dome of the Rock», PEQ 115 (1983) 145-147.

a2510   NETZER, E., BEN-ARIEH, S., «Remains of an Opus Reticulatum Building in Jerusalem», IsrEJ 33 (1983) 163-175.

a2511   PACE, G.M., «Il colle della città di Davide», BibOr 25 (1983) 171-182.

a2512   PRINGLE, D., «Two Medieval Villages north of Jerusalem: archaeological investigations in Al-Jib Ar-Ram», Levant 15 (1983) 141-177.

a2513   SCHAEFFER, C.F.-A., «Sondages par M. Mallowan dans les tells de la vallée du Balikh», Syr. 25 (1946-48) 199-204 (Jidle).

a2514   DE VRIES, B., «Research at Umm el-Jimal, Jordan, 1972-1977», BA 42 (1979) 49-55.

a2515   DE VRIES, B., «The Umm el-Jimal Project, 1972-1977», BASOR no 244 (1981) 53-72.

a2516   HARDING, G.L., «Recent Discoveries in Jordan», PEQ 90 (1958) 7-18.

a2517   VITA-FINZI, C., «Observations on the Late Quaternary of Jordan», PEQ 96 (1964) 19-31.

a2518   IBRAHIM, M., SAUER, J.A., YASSINE, K., «The East Jordan Valley Survey, 1975», BASOR no 222 (1976) 41-66.

a2519   COPELAND, L., VITA-FINZI, C., «Archaeological Dating of Geological Deposits in Jordan», Levant 10 (1978) 10-25.

a2520   KHAIRY, N.I., Ink-wells of the Roman Period from Jordan», Levant 12 (1980) 155-162.

a2521   PICCIRILLO, M., «Ricerca storico-archeologica in Giordania», StBiFranc 31 (1981) 323-358; 32 (1982) 461-527; 33 (1983) 391-424.

a2522   HADIDI, A. (Ed.), *Studies in the History and Archaeology of Jordan*, Vol. 1 (London, Department of Antiquities, Amman; distributed by Noonan Hurst, London, 1982), 399 pp.

a2523   SAUER, J.A., «Prospects for Archaeology in Jordan and Syria», BA 45 (1982) 73-84.

a2524   BETTS, A., «Black Desert Survey, Jordan: First Preliminary Report», Levant 15 (1983) 1-10.

a2525   HOPKINS, I.W.J., «'Captain' MacGregor and the Exploration of the Upper Jordan», PEQ 115 (1983) 55-59.

a2526 PICCIRILLO, M., «Chiese e mosaici di Giordania. Una comunità cristiana dalle origini bibliche», Ant 58 (1983) 85-101.

a2527 HENRY, D.O., HASSAN, F.A., HENRY, K.C., JONES, M., «An Investigation of the Prehistory of Southern Judah», PEQ 115 (1983) 1-24.

a2528 HANKEY, V., «The Aegean pottery of Khirbet Judur», ErIs 15 (1981) 33*-38*.

a2529 PRAUSNITZ, M.W., «The Excavations at Kabri», ErIs 9 (1969) 122-129 (English summary).

a2530 BAR-DEROMA, H., «Kadesh Barne'a», PEQ 96 (1964) 101-134.

a2531 BEIT-ARIEH, I., GOPHNA, R., «Early Bronze Age II Sites in Wâdi el-Qudeirât (Kadesh-barnea)», Tel Aviv 3 (1976) 142-150.

a2532 MEYERS, C., «Kadesh Barnea: Judah's Last Outpost», BA 39 (1976) 148-151.

a2533 DE GEUS, C.H.J., «Kadesh Barnea: Some Geographical and Historical Remarks», dans *Instruction and Interpretation* (en collab.) (1977), 56-66.

a2534 COHEN, R., «The Excavations at Kadesh-barnea (1976-78)», BA 44 (1981) 93-107.

a2535 OVERBECK, J.C., SWINY, S., *Two Cypriot Bronze Age Sites at Kafkallia (Dhali)* (Studies in Mediterranean Archaeology, XXXIII) (Göteborg, P. Åströms Förlag, 1972), 31 pp.

a2536 KEMP, B.J., «An Incised Sherd from Kahun, Egypt», JNES 36 (1977) 289-292.

a2537 CURTO, S., MARAGIOGLIO, V., RINALDI, C., BONGRANI, L., «Kalabsha», OrAnt 4 (1965) 77-120.

a2538 VAN DEN BRANDEN, A., «I cocci con iscrizioni di Kâmid el-Lôz», BibOr 18 (1976) 49-59.

a2539 LOFFREDA, S., «Un lotto di ceramica da Karm er Ras presso Kafr Kanna», StBiFranc 25 (1975) 193-198.

a2540 FINET, A., «Les temples sumériens du tell Kannâs», Syr. 52 (1975) 157-174.

a2541 TROKAY, M., «Les cônes d'argile du Tell Kannâs», Syr. 58 (1981) 149-171.

a2542 ROUX, J.-P., «Le décor animé du caravansérail de Karatay en Anatolie», Syr. 49 (1972) 371-397.

a2543 O'CALLAGHAN, R.T., «The Great Phoenician Portal Inscription from Karatepe», Or. 18 (1949) 173-205.

a2544 SEYRIG, H., «Antiquités syriennes. - 1. Les jardins de Kasr el-Heir», Syr. 12 (1931) 316-318.

a2545 SEYRIG, H., «Antiquités syriennes. - 16. Retour aux jardins de Kasr el-Heir», Syr. 15 (1934) 24-32.

a2546 MORRISON, I., WATKINS, T., «Kataliontas-Kourvellos: A Survey of an Aceramic Neolithic Site and Its Environs in Cyprus», PEQ 106 (1974) 67-75.

a2547 MERIGGI, P., «Alcuni monticoli di Kataonia», OrAnt 1 (1962) 265-278.

a2548 LEONARD, A., Jr., «Kataret Es-Samra: A Late Bronze Age Cemetery in Transjordan?» BASOR nº 234 (1980) 53-65.

a2549 DAVIS, S., «The Ungulate Remains from Kebara Cave», ErIs 13 (1977) 150*-163* (Mount Carmel).

a2550 SCHICK, T., STEKELIS, M., «Mousterian Assemblages in Kebara Cave, Mount Carmel», ErIs 13 (1977) 97*-149*.

a2551 SMITH, P., ARENSBURG, B., «A Mousterian Skeleton from Kebara Cave», ErIs 13 (1977) 164*-176*.

a2552 STERN, E., BEIT-ARIEH, I., «Excavations at Tel Kedesh (Tell Abu Qudeis)», Tel Aviv 6 (1979) 1-25.

a2553   VRIEZEN, K.J.H., «Ḫirbet Kefīre - eine Oberflächenuntersuchung», ZDPV 91 (1975) 135-158.

a2554   VRIEZEN, K., «Khirbet Kefire», RB 84 (1977) 412-416.

a2555   BRIEND, J., «Tell Keisan», RB 84 (1977) 409-412.

a2556   HUMBERT, J.-B., «Récents travaux à Tell Keisan (1979-1980)», RB 88 (1981) 373-398.

a2557   SIGRIST, R.M., «Une tablette cunéiforme de Tell Keisan», IsrEJ 32 (1982) 32-35.

a2558   PETRE, F.T., «Dolmen Necropolis near Kerazeh, Galilee», PEQ 63 (1931) 155-166.

a2559   DU MESNIL DU BUISSON, R., «Une campagne de fouilles à Khan Sheikhoun», Syr. 13 (1932) 171-188.

a2560   GIVEON, R., «Corrected Drawings of the Sahurē' and Sesostris I Inscriptions from the Wadi Kharig», BASOR n° 232 (1979) 76.

a2561   ALBRIGHT, F.P., «The Himyaritic Temple at Khor Rory (Dhofar, Oman)», Or. 22 (1953) 284-287.

a2562   MESHORER, Y., «Coins from the Excavations at Khorazin», ErIs 11 (1973) 158-162 (English summary).

a2563   YEIVIN, Z., «Excavations at Khorazin», ErIs 11 (1973) 144-157 (English summary).

a2564   GARBINI, G., «L'iscrizione fenicia di Kilamuwa e il verbo škr in semitico nordoccidentale», BibOr 19 (1977) 113-118.

a2565   NORDIO, M., «L'escatologia Giudeo-Cristiana in due steli di Khirbet Kilkis», BibOr 19 (1977) 263-272.

a2566   DEVER, W.G., «A Middle Bronze I Cemetery at Khirbet el-Kirmil», ErIs 12 (1975) 18*-33*.

a2567   ELLIOTT, C., «Kissonerga Mylouthkia: An Outline of the Ground Stone Industry», Levant 15 (1983) 11-38.

a2568   COHEN, R., «Kissufim (1977)», RB 85 (1978) 104-106.

a2569   VAN DEN BRANDEN, A., «Iscrizione fenicia su una coppa di Kition», BibOr 19 (1977) 21-26.

a2570   EISENBERG, E., «The Temples at Tell Kittan», BA 40 (1977) 77-81.

a2571   GERATY, L.T., «The Khirbet el-kôm Bilingual Ostracon», BASOR n° 220 (1976) 55-61.

a2572   MOORTGAT-CORRENS, U., «Rollsiegel und Stempel aus Kommagene», ZA 60 (1970) 143-156.

a2573   BENSON, J.L., «A Syrian Krater from Bamboula at Kourion», PEQ 92 (1960) 64-69.

a2574   EMRE, K., «Eine neue Gussform aus Kültepe», ZA 60 (1970) 134-142.

a2575   MESHEL, Z., «Kuntilet-Ajrud (Nord Sinaï)», RB 84 (1977) 270-273.

a2576   ROTHSCHILD, J.J., «Kurdaneh», PEQ 81 (1949) 58-66.

a2577   CASTELLINO, G.R., «Un mattone di Kurigalzu», OrAnt 10 (1971) 175-176.

a2578   NEGEV, A., «Seal Impressions from Tomb 107 at Kurnub (Mampsis)», ErIs 9 (1969) 109-118 (English summary).

a2579   BLOMME, Y., «Inscriptions grecques à Kursi et Amwas», RB 87 (1980) 404-407.

a2580   BLAKE, I., «El Kuseir: A Hermitage in the Wilderness of Judaea», PEQ 101 (1969) 87-93.

a2581   JACK, J.W., «The Trephined Skulls from Lachish», PEQ 69 (1937) 62-66.

a2582   DUSSAUD, R., «Le prophète Jérémie et les lettres de Lakish», Syr. 19 (1938) 256-271.

a2583   KEITH, A., «The Men of Lachish», PEQ 72 (1940) 7-12.

a2584   THOMAS, D.W., «The Site of Ancient Lachish: The Evidence of Ostrakon IV from Tell Ed-Duweir», PEQ 72 (1940) 148-149.

a2585   DIRINGER, D., «The Early Hebrew Weights found at Lachish», PEQ 74 (1942) 82-103.

a2586 TUFNELL, O., «Hazor, Samaria and Lachish: A Synthesis», PEQ 91 (1959) 90-105.

a2587 YADIN, Y., «Note on a Proto-Canaanite Inscription from Lachish», PEQ 91 (1959) 130-131.

a2588 DOTHAN, T., «A Female Mourner Figurine from the Lachish Region», ErIs 9 (1969) 42-46 (English summary).

a2589 AHARONI, Y., *Investigations at Lachish*. The Sanctuary and the Residency (Lachish V) (Tel Aviv University Publications of the Institute of Archaeology, 4) (Tel Aviv, Gateway Publishers, 1975), xi-114 pp.

a2590 GILULA, M., «An Inscription in Egyptian Hieratic from Lachish», Tel Aviv 3 (1976) 107-108.

a2591 LEMAIRE, A., «A Schoolboy's Exercise on an Ostracon at Lachish», Tel Aviv 3 (1976) 109-110.

a2592 USSISHKIN, D., «Royal Judean Storage Jars and Private Seal Impressions», BASOR nº 223 (1976) 1-13 (Lachish).

a2593 CLAMER, C., USSISHKIN, D., «A Canaanite Temple at Tell Lachish», BA 40 (1977) 71-76.

a2594 HOROWITZ, A., «Tel Lachish - A Geological Note», Tel Aviv 4 (1977) 61-65.

a2595 USSISHKIN, D., «The Destruction of Lachish by Sennacherib and the Dating of the Royal Judean Storage jars», Tel Aviv 4 (1977) 28-60.

a2596 USSISHKIN, D., «Tel Lachish», RB 84 (1977) 399-404.

a2597 USSISHKIN, D., «Excavations at Tel Lachish - 1973-1977. Preliminary Report», Tel Aviv 5 (1978) 1-97.

a2598 SHEA, W.H., «Nebuchadnezzar's Chronicle and the Date of the Destruction of Lachish III», PEQ 111 (1979) 113-116.

a2599 CLAMER, C., «A Gold Plaque from Tel Lachish», Tel Aviv 7 (1980) 152-162.

a2600 LEMAIRE, A., «A Note on Inscription XXX from Lachish», Tel Aviv 7 (1980) 92-94.

a2601 USSISHKIN, D., «The 'Lachish Reliefs' and the City of Lachish», IsrEJ 30 (1980) 174-195.

a2602 GITTLEN, B.M., «Form and Function in the New Late Bronze Age Temple at Lachish», ErIs 16 (1982) 67*-69*.

a2603 GOLDWASSER, O., «The Lachish Hieratic Bowl Once Again», Tel Aviv 9 (1982) 137-138.

a2604 HESTRIN, R., SASS, B., OPHEL, A., «The Lachish Prism Inscription - Proto-Canaanite or Egyptian?» IsrEJ 32 (1982) 103-106.

a2605 RAHMANI, L.Y., «A Roman Patera from Lajjun», IsrEJ 31 (1981) 190-196.

a2606 PARROT, A., «Les fouilles de Larsa. Deuxième et troisième campagne (1967)», Syr. 45 (1968) 205-239.

a2607 BIROT, M., «Découvertes épigraphiques à Larsa (campagnes 1967)», Syr. 45 (1968) 241-247.

a2608 MARGUERON, J., «Larsa. Rapport préliminaire sur la quatrième campagne», Syr. 47 (1970) 261-277.

a2609 ARNAUD, D., «Catalogue des textes trouvés au cours des fouilles et explorations régulières de la mission française à tell Senkereh-Larsa en 1969 et 1970», Syr. 48 (1971) 289-293.

a2610 MARGUERON, J., «Larsa. Rapport préliminaire sur la cinquième campagne», Syr. 48 (1971) 271-287.

a2611 ARNAUD, D., «Larsa. Catalogue des textes et des objets inscrits trouvés au cours de la sixième campagne», Syr. 53 (1976) 47-81.

a2612   HUOT, J.L., CALVET, Y., CHARPIN, D., CLEUZIOU, S., FOREST, J.D., «Larsa. Rapport préliminaire sur la sixième campagne», Syr. 53 (1976) 1-45.

a2613   ARNAUD, D., «Larsa. Catalogue des textes et des objets inscrits trouvés au cours de la septième campagne», Syr. 55 (1978) 225-232.

a2614   HUOT, J.-L., BACHELOT, L., BRAUN, J.-P., CALVET, Y., CLEUZIOU, S., FOREST, J.-D., SEIGNE, J., «Larsa. Rapport préliminaire sur la septième campagne à Larsa et la première campagne à tell el-'Oueili (1976)», Syr. 55 (1978) 183-223.

a2615   ARNAUD, D., CALVET, Y., HUOT, J.-L., «Ilšu-Ibnišu, orfèvre de l'*E. Babbar* de Larsa. La jarre L. 76.77 et son contenu», Syr. 56 (1979) 1-64.

a2616   HUOT, J.-L., ARNAUD, D., BACHELOT, L., BRAUN, J.P., CALVET, Y., CHEVALIER, J., COURTOIS, L., DESSE, J., FOREST, J.D., GIRARD, M., INIZAN, M.-L., SEIGNE, J., TIXIER, J., «Larsa. Rapport préliminaire sur la huitième campagne à Larsa et la deuxième campaagne à Tell el'Oueili (1978)», Syr. 58 (1981) 7-148.

a2617   NOY, T., FRIEDMAN, E., BURIAN, F., «Naḥal Lavan 108: A Pre-Pottery Neolithic. A Site in the Western Negev, Israel», PEQ 113 (1981) 81-88.

a2618   DI VITA, A., «Shadrapa e Milkʿashtart dèi patri di Leptis ed i templi del lato nord-ovest del Foro vecchio leptitano», Or. 37 (1968) 201-211.

a2619   KAPLAN, J., «Neolithic and Chalcolithic Remain at Lod», ErIs 13 (1977) 57-75 (English summary).

a2620   RONEN, A., OHEL, M.Y., LAMDAN, M., ASSAF, A., «Acheulean Artifacts from Two Trenches at Maʿayan Barukh», IsrEJ 30 (1980) 17-33.

a2621   CORBO, V.C., «La fortezza di Macheronte. Rapporto preliminare della prima campagna di scavo: 8 settembre - 28 ottobre 1978», StBiFranc 28 (1978) 217-231.

a2622   CORBO, V.C., «Macheronte. La Reggia-Fortezza Erodiana», StBiFranc 29 (1979) 315-326.

a2623   LOFFREDA, S., «La fortezza asmoneo-erodiana di Mishnaqa - Macheronte (presso Betlemme)», BibOr 21 (1979) 141-150.

a2624   CORBO, V.C., «La Fortezza di Macheronte (Al Mishnaqa). Rapporto preliminare alla terza campagna di scavo: 8 settembre - 11 ottobre 1980», StBiFranc 30 (1980) 365-376.

a2625   LOFFREDA, S., «Alcuni vasi ben datati della Fortezza di Macheronte», StBiFranc 30 (1980) 377-402.

a2626   PICCIRILLO, M., «Le monete della Fortezza di Macheronte», StBiFranc 30 (1980) 403-414.

a2627   CORBO, V.C., LOFFREDA, S., «Nuove scoperte alla Fortezza di Macheronte. Rapporto preliminare alla quarta campagna di scavo: 7 settembre - 10 ottobre 1981», StBiFranc 31 (1981) 257-286.

a2628   LOFFREDA, S., «Le terme erodiane di Macheronte», BibOr 23 (1981) 105-114.

a2629   DAOUST, J., «Nouvelles découvertes à Machéronte», EV (doctrine) 92 (1982) 605-606.

a2630   LOFFREDA, S., «La fortezza asmonea-erodiana di Macheronte dove fu decapitato Giovanni il Battista», Ant 58 (1983) 112-122.

a2631   RAINEY, A.F., «Surface Remains Pertaining to the Fall of Macherus», ErIs 10 (1971) 264-267 (English summary).

a2632   PICARD, C., «Notice sur les fouilles de la mission archéologique franco-tunisienne dans le temple de Ḥoṭer Miskar à Mactar», Sem. 22 (1972) 45-48.

a2633   DONNER, H., CÜPPERS, H., «Die Restauration und Konservierung der Mosaikkarte von Madeba», ZDPV 83 (1967) 1-33.

a2634   LUX, U., «Eine altchristliche Kirche in Madeba», ZDPV 83 (1967) 165-182.

a2635 LUX, U., «Die Apostel-Kirche in Mādeba», ZDPV 84 (1968) 106-129.

a2636 NOTH, M., «Die Mosaikinschriften der Apostel-kirche in Mādeba», ZDPV 84 (1968) 130-142.

a2637 THÜMMEL, H.G., «Zur Deutung der Mosaikkarte von Madeba», ZDPV 89 (1973) 66-79.

a2638 DAUPHIN, C., «A Note on the Church of the Virgin at Madaba, Jordan», PEQ 107 (1975) 155-157.

a2639 PICCIRILLO, M., «Una tomba del Ferro I a Madaba (Madaba B, Moab)», StBiFranc 25 (1975) 199-224.

a2640 PICCIRILLO, M., «La 'cattedrale' di Madaba», StBiFranc 31 (1981) 299-322.

a2641 PICCIRILLO, M., «La chiesa della Vergine a Madaba», StBiFranc 32 (1982) 373-408.

a2642 HAMILTON, R.W., «The Baths at Khirbat Mafjar», PEQ 81 (1949) 40-51.

a2643 HAMILTON, R.W., «Who Built Khirbat al Mafjar?» Levant 1 (1969) 61-67.

a2644 HAMILTON, R.W., «Pastimes of a Caliph: another glimpse (al-Mafjar)», Levant 4 (1972) 155-156.

a2645 HAMILTON, R.W., «Khirbat al Mafjar: The Bath Hall reconsidered», Levant 10 (1978) 125-138.

a2646 PICCIRILLO, M., «Una tomba del Ferro I a Mafraq (Giordania)», StBiFranc 26 (1976) 27-30.

a2647 CORBO, V.C., «La città romana di Magdala. Rapporto preliminare dopo la quarta campagna di scavo: 1 ottobre - 8 dicembre 1975», dans Studia Hierosolymitana (Bagatti) (en collab.) (1976), I, 355-378.

a2648 LOFFREDA, S., «Magdala - Tarichea», BibOr 18 (1976) 133-135.

a2649 CORBO, V.C., «Piazza e villa urbana a Magdala», StBiFranc 28 (1978) 232-240.

a2650 TZAFERIS, V., «Magen (1977-1978)», RB 85 (1978) 106-108.

a2651 PHILLIPS, J.L., BAR-YOSEF, O., Prehistoric Investigations in Gebel Maghara, Northern Sinai (Qedem, 7) (Jerusalem, Institute of Archaeology, Hebrew University of Jerusalem, 1977), 250 pp.

a2652 BAR-YOSEF, O., GOREN, N., «Afterthoughts Following Prehistoric Surveys in the Levant», IsrEJ 30 (1980) 1-16 (Gebel Maghara).

a2653 YEIVIN, Z., «Khirbet el-Maḥruq», RB 82 (1975) 251-254.

a2654 PICCIRILLO, M., «Al-Deir Ma'in - Madaba», dans Studia Hierosolymitana (Bagatti) (en collab.) (1976) I, 127-154.

a2655 NAVEH, J., «An Aramaic Inscription from El-Mal - A Survival of 'Seleucid Aramaic' Script», IsrEJ 25 (1975) 117-123.

a2656 PUGLISI, S.M., «Malatya - I», OrAnt 3 (1964) 91-128.

a2657 PUGLISI, S.M., «Terza campagna di scavi a Malatya», OrAnt 4 (1965) 121-125.

a2658 PUGLISI, S.M., «Missione archeologica italiana a Malatya», OrAnt 7 (1968) 127-132.

a2659 YAKAR, J., GÜRSAN-SALZMANN, A., «Archeological Survey in the Malatya and Sivas Provinces - 1977», Tel Aviv 6 (1979) 34-53.

a2660 AMIRAN, R., ARNON, C., «Small Tel Malḥata», IsrEJ 29 (1979) 255-256.

a2661 LECHEVALLIER, M., «Mallaḥa», RB 82 (1975) 70-71, 558-559.

a2662 PERROT, J., VALLA, F.R., «Mallaḥa (Eynan)», RB 84 (1977) 253-256.

a2663 DE MANNEVILLE, E., «Le sanctuaire de Hal Tarxien à Malte», Syr. 11 (1930) 343-359.

a2664 DAOUST, J., «Mambré, Hébron et temples païens d'Hérode», EV (doctrine) 92 (1982) 418-419.

a2665 KLONER, A., «Ancient Agriculture at Mamshit and the Dating of the Water-Diversion Systems in the Negev», ErIs 12 (1975) 167-170 (English summary).

a2666   AVI-YONAH, M., «The Mosaic Pavement of the Maon (Nirim) Synagogue», ErIs 6 (1960) 86-93 (English summary).

a2667   RAHMANI, L.Y., «The Maon Synagogue - The Small Finds», ErIs 6 (1960) 82-85 (English summary).

a2668   PRZEWORSKI, S., ZAKHAROV, A.A., «Antiquités de Marash à Moscou et à Tiflis», Syr. 15 (1934) 222-225.

a2669   PRZEWORSKI, S., «Quelques nouveaux monuments de Marash», Syr. 17 (1936) 32-44.

a2670   GARBINI, G., «A New Altar from Marash», Or. 28 (1959) 206-208.

a2671   VAN BEEK, G.W., «A Population Estimate for Marib: A Contemporary Tell Village in North Yemen», BASOR nº 248 (1982) 61-67.

a2672   HOROWITZ, G., «Town Planning of Hellenistic Marisa: A Reappraisal of the Excavations after Eighty Years», PEQ 112 (1980) 93-111.

a2673   MAZAR, A., «Three Israelite Sites in the Hills of Judah and Ephraim», BA 45 (1982) 167-178 (Khirbet el-Marjameh).

a2674   STRUGNELL, J., «Notes and Queries on 'The Ben Sira Scroll from Masada'», ErIs 9 (1969) 109-119.

a2675   CHEN, D., «The Design of the Ancient Synagogues in Judea: Masada and Herodium», BASOR nº 239 (1980) 37-40.

a2676   LIPHSCHITZ, N., LEV-YADUN, S., WAISEL, Y., «Dendro-archaeological Investigations in Israel (Masada)», IsrEJ 31 (1981) 230-234.

a2677   COHEN, S.J.D., «Masada: Literary Tradition, Archaeological Remains, and the Credibility of Josephus», dans Essays in Honour of Yigael Yadin, JJS 33 (1982) 385-405.

a2678   KNOX, R., MADDIN, R., MUHLY, J.D., STECH, T., «Iron Objects from Masada: Metallurgical Studies», IsrEJ 33 (1983) 97-107.

a2679   MADDIN, R., MUHLY, J.D., STECH, T., «Armour Scales from Masada: A Metallurgical Study», IsrEJ 33 (1983) 108-109.

a2680   ROTHSCHILD, J.J., «Antiquities in the Mountains of Judah. I. The Khirbet Masi», PEQ 88 (1956) 49-56.

a2681   MacDONALD, B., «Excavations at Tell el-Maskhuṭa», BA 43 (1980) 49-58.

a2682   PICCIRILLO, M., «La chiesa di Massuh e il territorio della diocesi di Esbus», StBiFranc 33 (1983) 335-346.

a2683   CHAPOUTHIER, F., «Les peintures murales d'un hypogée funéraire près de Massyal», Syr. 31 (1954) 172-211.

a2684   PERROT, J., «Les Fouilles d'Abou-Matar près de Beersheba», Syr. 34 (1957) 1-38.

a2685   YIZRAELI, T., «Mesolithic Hunters' Industries at Ramat Matred (The Wilderness of Zin)», PEQ 99 (1967) 78-85.

a2686   GORING-MORRIS, A.N., GILEAD, I., «Prehistoric Sites and Excavations at Ramat Maṭred, 1979», IsrEJ 31 (1981) 132-133.

a2687   PRAUSNITZ, M.W., «Rosh Maya - Haifa», RB 82 (1975) 591-594.

a2688   STERN, E., «Tel Meborach», RB 82 (1975) 254-257.

a2689   KHAIRY, N.I., «An Analytical Study of the Nabataean Monumental Inscriptions at Medä'in Ṣāleḥ», ZDPV 96 (1980) 163-168.

a2690   ENGBERG, R.M., SHIPTON, G.M., «Another Sumerian Seal Impression from Megiddo», PEQ 66 (1934) 90-93.

a2691   BARROIS, A.-G., «Les Installations hydrauliques de Megiddo», Syr. 18 (1937) 237-244.

a2692   DE MERTZENFELD, C., «Les ivoires de Megiddo», Syr. 19 (1938) 345-354.

a2693   CROWFOOT, J.W., «Megiddo - A Review», PEQ 72 (1940) 132-147.

a2694   SIMONS, J., «Caesurae in the history of Megiddo», OTS 1 (1942) 17-54.

a2695 DOTHAN, M., «Some Problems of the Stratigraphy in Megiddo XX», ErIs 5 (1958) 38-40 (English summary).

a2696 KENYON, K.M., «Some Notes on the Early and Middle Bronze Age Strata of Megiddo», ErIs 5 (1958) 51*-60*.

a2697 KENYON, K.M., «The Middle and Late Bronze Age Strata at Megiddo», Levant 1 (1969) 25-60.

a2698 MÜLLER, U., «Kritische Bemerkungen zu den Straten XIII - IX in Megiddo», ZDPV 86 (1970) 50-86.

a2699 THOMPSON, T.L., «The Dating of the Megiddo Temples in Strata XV-XIV», ZDPV 85 (1970) 38-49.

a2700 YADIN, Y., «Megiddo of the Kings of Israel», BA 33 (1970) 66-96.

a2701 AHARONI, Y., «The Stratification of Israelite Megiddo», ErIs 10 (1971) 53-57 (English summary).

a2702 DUNAYEVSKY, I., KEMPINSKI, A., «The Megiddo Temples», ZDPV 89 (1973) 161-187.

a2703 DUNAYEVSKY, I., KEMPINSKI, A., «The Megiddo Temples», ErIs 11 (1973) 8-29 (English summary).

a2704 EPSTEIN, C., «The Sacred Area at Megiddo in Stratum XIX», ErIs 11 (1973) 54-57 (English summary).

a2705 TUFNELL, O., «The Middle Bronze Age Scarabseals from burials on the mound at Megiddo», Levant 5 (1973) 69-82.

a2706 BORDREUIL, P., LEMAIRE, A., «Trois sceaux nord-ouest sémitiques inédits», Sem. 24 (1974) 25-34.

a2707 YADIN, Y., «The Megiddo Stables», ErIs 12 (1975) 57-62 (English summary).

a2708 GÖRG, M., «Megiddo in den Ächtungstexten?» ZAW 88 (1976) 94-96.

a2709 SHILOH, Y., «New Proto-Aeolic Capitals Found in Israel», BASOR n° 222 (1976) 67-77.

a2710 BRANDFON, F.R., «The Earliest City Wall at Megiddo», Tel Aviv 4 (1977) 79-84.

a2711 AHLSTRÖM, G.W., «Wine Presses and Cup-Marks of the Jenin-Megiddo Survey», BASOR n° 231 (1978) 19-49.

a2712 ARTZY, M., PERLMAN, I., ASARO, F., «Imported and Local Bichrome Ware in Megiddo», Levant 10 (1978) 99-111.

a2713 HARIF, A., «Middle Kingdom Architectural Elements in Middle Bronze Age Megiddo», ZDPV 94 (1978) 24-31.

a2714 SHEA, W.H., «The Conquests of Sharuḥen and Megiddo Reconsidered», IsrEJ 29 (1979) 1-5.

a2715 SHILOH, Y., «Solomon's Gate at Megiddo as recorded by its excavator, R. Lamon, Chicago», Levant 12 (1980) 69-76.

a2716 USSISHKIN, D., «Was the 'Solomonic' City Gate at Megiddo Built by King Solomon?» BASOR n° 239 (1980) 1-18.

a2717 YADIN, Y., «A Rejoinder», BASOR n° 239 (1980) 19-23. Cf. BASOR n° 239 (1980) 1-18.

a2718 WOOD, B., «The Stratigraphic Relationship of Local and Imported Bichrome Ware at Megiddo», Levant 14 (1982) 73-79.

a2719 MEYERS, E.M., «Meiron (1977)», RB 85 (1978) 109-112.

a2720 GOHARY, S.G., «Minor Rameside Works at Memphis», OrAnt 17 (1978) 193-196.

a2721 MOUSSA, A.M., «Two Decorated Columns from Memphis», Or. 51 (1982) 390.

a2722 GILEAD, D., ISRAEL, M., «An Early Palaeolithic Site at Kefar Menachem», Tel Aviv 2 (1975) 1-12.

*a*2723   GAL, Z., «An Early Iron Age Site Near Tel Menorah in the Beth-shan Valley», Tel Aviv
6 (1979) 138-145.

*a*2724   LEMAIRE, A., «L'ostracon de Meṣad Ḥashavyahu (Yavneh-Yam) replacé dans son
contexte», Sem. 21 (1971) 57-79.

*a*2725   STERN, E., «A Late Bronze Temple at Tell Mevorakh», BA 40 (1977) 89-91.

*a*2726   STERN, E., «The Excavation at Tell Mevorach and the late Phoenician Elements in the
Architecture of Palestine», BASOR n° 225 (1977) 17-27.

*a*2727   STERN, E., «Tel Mevorakh», RB 84 (1977) 263-264.

*a*2728   STERN, E., *Excavations at Tel Mevorakh (1973-1976)*. Part I. From the Iron Age to the
Roman Period (Qedem, 9) (Jerusalem, Institute of Archaeology, Hebrew University of
Jerusalem, 1978), xiv-105 pp.

*a*2729   STERN, E., SALTZ, D.L., «Cypriote Pottery from the Middle Bronze Age Strata of Tel
Mevorah», IsrEJ 28 (1978) 137-145.

*a*2730   BEYER, D. (Éd.), *Meskéné-Emar: dix ans de travaux* (Paris, Éditions Recherche sur les
civilisations, A.D.P.F., 1972-1982), 142 pp.

*a*2731   GICHON, M., «Excavations at Mezad-Tamar, 1973-1974», IsrEJ 26 (1976) 188-194.

*a*2732   BAKLER, N., «Geology of Tel Michal and the Herzliya Coast», Tel Aviv 5 (1978)
131-135.

*a*2733   HERZOG, Z., NEGBI, O., MOSHKOVITZ, S., «Excavations at Tel Michal», Tel Aviv
5 (1978) 99-130.

*a*2734   KINDLER, A., «A Ptolemaic Coin Hoard from Tel Michal», Tel Aviv 5 (1978) 159-169.

*a*2735   MOZEL, I., «A Note on the Flint Implements from Tel Michal and Naḥal Poleg», Tel
Aviv 5 (1978) 152-158.

*a*2736   SCHULMAN, A.R., «Two Scarab Impressions from Tel Michal», Tel Aviv 5 (1978)
148-151.

*a*2737   HERZOG, Z., «Excavations at Tel Michal 1978-1979», Tel Aviv 7 (1980) 111-151.

*a*2738   HERZOG, Z., «Tel Mikhal, 1979, 1980», IsrEJ 31 (1981) 119-121.

*a*2739   PELTENBURG, E.J., «Al Mina Glazed Pottery and its Relations», Levant 1 (1969)
73-96.

*a*2740   POSENER, G., «Les textes d'envoûtement de Mirgissa», Syr. 43 (1966) 277-287.

*a*2741   USSISHKIN, D., «The 'Ghassulian' Temple in Ein Gedi and the Origin of the Hoard
from Nahal Mishmar», BA 34 (1971) 23-39.

*a*2742   BAR-ADON, P., *The Cave of the Treasure*. The Finds from the Caves in Naḥal Mishmar
(Judean Desert Studies) (Jerusalem, Israel Exploration Society, 1980), xii-243 pp.

*a*2743   DU MESNIL DU BUISSON, R., «Compte rendu de la quatrième campagne de fouilles à
Mishrifé-Qatna», Syr. 11 (1930) 146-163.

*a*2744   THÜMMEL, H.G., «Das Samson-Mosaik in Misis (Mopsuhestia) und seine Inschriften»,
ZDPV 90 (1974) 69-75.

*a*2745   ALT, A., «Neue Erwägungen über die lage von Mizpa, Ataroth, Beeroth und Gibeon»,
ZDPV 69 (1953) 1-27.

*a*2746   MILLER, J.M., «Archaeological Survey of Central Moab: 1978», BASOR n° 234 (1980)
43-52.

*a*2747   WATKINS, T.F., «The Date of the Kfar Monash Hoard Again», PEQ 107 (1975) 53-63.

*a*2748   DOTHAN, M., «The End of the Late Bronze Age at Tel Mor and Ashdod», ErIs 11
(1973) 122-133 (English summary).

*a*2749   BAHAT, D., «A Middle Bronze I Tomb-Cave at Motza», ErIs 12 (1975) 18-23 (English
summary).

*a*2750   EISENBERG, E., «Motsa», RB 82 (1975) 587.

*a*2751   ROCCO, B., «L'iscrizione punica di Mozia», BibOr 9 (1967) 209-211.

ARCHÄOLOGIE. ARCHEOLOGIA. ARQUEOLOGÍA: SITES 109

a2752 MOSCATI, S., «Nuove stele di Mozia», OrAnt 6 (1967) 259-264.
a2753 TUSA CUTRONI, A., «Vaso bronzeo bifronte da Mozia», OrAnt 7 (1968) 117-122.
a2754 FRITZ, V., «Vorberiche über die Ausgrabungen auf der Ḥirbet el-Mšáš (Tel-Māśôś), 1. Kampagne 1972», ZDPV 89 (1973) 197-210.
a2755 AHARONI, Y., FRITZ, V., KEMPINSKI, A., «Excavations at Tel Masos (Khirbet el-Meshâsh), Preliminary Report on the First Season, 1972», Tel Aviv 1 (1974) 64-74.
a2756 CRÜSEMANN, F., «Überlegungen zur Identifikation der Ḥirbet el-Mšáš (Tel Māśôś)», ZDPV 89 (1973) 211-224.
a2757 GIVEON, R., «A Monogram Scarab from Tel Masos», Tel Aviv 1 (1974) 75-76 (Khirbet el-Mšaš).
a2758 AHARONI, Y., FRITZ, V., KEMPINSKI, A., «Vorbericht über die Ausgrabungen auf der Ḥirbet el-Mšáš (Tel Masos), 2. Kampagne 1974», ZDPV 91 (1975) 109-130.
a2759 AHARONI, Y., VOLKMAR, F., KEMPINSKI, A., «Excavations at Tel Masos (Khirbet el-Meshâh), Preliminary Report on the Second Season, 1974», Tel Aviv 2 (1975) 97-124.
a2760 FRITZ, V., «Erwägungen zur Siedlungsgeschichte des Negeb in der Eisen I-Zeit (1200 bis 1000 v. Chr.) im Lichte der Ausgrabungen auf der Ḥirbet el-Mšáš», ZDPV 91 (1975) 30-45.
a2761 FRITZ, V., «Ein Ostrakon aus Ḥirbet el-Mšáš», ZDPV 91 (1975) 131-134.
a2762 FRITZ, V., KEMPINSKI, A., «Vorbericht über die Ausgrabungen auf der Ḥirbet el-Mšáš (Tel Māśôś), 3. Kampagne 1975», ZDPV 92 (1976) 83-104.
a2763 SHEFFER, A., «Comparative Analysis of a 'Negev Ware' Textile Impression From Tel Masos», Tel Aviv 3 (1976) 81-88 (Khirbet el-Meshâh).
a2764 KEMPINSKI, A., FRITZ, V., «Excavations at Tel Masos (Khirbet el-Meshâsh). Preliminary Report on the Third Season, 1975», Tel Aviv 4 (1977) 136-158.
a2765 CRÜSEMANN, F., «Ein israelitisches Ritualbad aus vorexilischer Zeit», ZDPV 94 (1978) 68-75 (Ḥirbet el-Mšaš).
a2766 FRITZ, V., «Die kulturhistorische Bedeutung der früheisenzeitlichen Siedlung auf der Ḥirbet el-Mšáš und das Problem der Landnahme», ZDPV 96 (1980) 121-135.
a2767 KEMPINSKI, A., ZIMCHONI, D., GILBOA, E., RÖSEL, N., «Excavations at Tel Masos: 1972, 1974, 1975», ErIs 15 (1981) 154-180.
a2768 VOLKMAR, F., «The Israelite 'Conquest' in the Light of Recent Excavation at Khirbet el-Meshäsh», BASOR no 241 (1982) 61-73.
a2769 GLUECK, N., «Surface Finds in Edom and Moab», PEQ 71 (1939) 188-192,
a2770 GARROD, D.A.E., «Excavations at the Mugharet El-Wad, 1930», PEQ 63 (1931) 99-103.
a2771 GARROD, D.A.E., «Excavations in the Wady el-Mughara, 1931», PEQ 64 (1932) 46-51.
a2772 GARROD, D.A.E., «Excavations at the Wady Al-Mughara, 1932-3», PEQ 66 (1934) 85-89.
a2773 BEIT-ARIEH, I., «Sheikh Muḥsin», RB 82 (1975) 245-246.
a2774 DE MAIGRET, A., «Tell Munbatah: un nuovo sito della cultura 'caliciforme' nella Siria del nord», OrAnt 13 (1974) 249-297.
a2775 PERROT, J., «Les deux premières campagnes de fouilles à Munḥatta (1962-1963). Premiers résultats», Syr. 41 (1964) 323-345.
a2776 PERROT, J., «La troisième campagne de fouilles à Munḥata (1964)», Syr. 43 (1966) 49-63.
a2777 BEITH ARIEH, I., «An Early Bronze Age II Site at Nabi Salah in Southern Sinai», Tel Aviv 1 (1974) 144-156.

*a*2778   DAUPHIN, C.M., «A Roman Mosaic Pavement from Nablus», IsrEJ 29 (1979) 11-33.

*a*2779   MEYERS, E.M., STRANGE, J.F., MEYERS, C.L., «Nabratein. 1980», IsrEJ 31 (1981)
         108-110.

*a*2780   MEYERS, E.M., STRANGE, J.F., MEYERS, C.L., «Preliminary Report on the 1980
         Excavations at en-Nabratein, Israel», BASOR nᵒ 244 (1981) 1-25.

*a*2781   MEYERS, E.M., STRANGE, J.F., MEYERS, C.L., «The Ark of Nabratein - A First
         Glance», BA 44 (1981) 237-243.

*a*2782   MEYERS, E.M., STRANGE, J.F., MEYERS, C.L., «Second Preliminary Report on the
         1981 Excavations at en-Nabratein, Israel», BASOR nᵒ 246 (1982) 35-54.

*a*2783   GROSSMANN, P., «The Basilica of St. Pachomius», BA 42 (1979) 232-236 (Nag
         Hammadi).

*a*2784   VAN ELDEREN, B., «The Nag Hammadi Excavation», BA 42 (1979) 225-231.

*a*2785   DOTHAN, M., «The Sacrificial Mound at Nahariya», ErIs 4 (1956) 41-46 (English
         summary).

*a*2786   EDELSTEIN, M.G., DAUPHIN, C., «Nahariya», RB 84 (1977) 278-281.

*a*2787   FASOLA, U., «Le raffigurazioni di defunti e le scene bibliche negli affreschi delle
         Catacombe di S. Gennaro in Napoli», dans *Parola e Spirito* (en collab.) (1982), 763-776.

*a*2788   BADE, W.F., «The Tell En-Nasbeh Excavations of 1929», PEQ 62 (1930) 8-19.

*a*2789   NAISH, J.P., «Tell en-Nasbeh», PEQ 64 (1932) 204-209.

*a*2790   BEN-DOV, M., «Roman-Byzantine Dwellings at Kafr-Nassej», ErIs 12 (1975) 171-185
         (English summary).

*a*2791   FLURY, S., «La mosquée de Nayin», Syr. 11 (1930) 43-58.

*a*2792   BARASH, M., «The Nazareth Capitals», ErIs 7 (1964) 125-134 (English summary).

*a*2793   BALAGUÉ, M., «La gruta de la Anunciación», CuBi 23 (1966) 272-281 (Nazareth).

*a*2794   LOFFREDA, S., «Ceramica del Ferro I trovata a Nazaret», StBiFranc 27 (1977)
         135-144.

*a*2795   HELMS, S.W., «The Early Bronze Age Gate at Rās en-Naqūra (Rōš ha-Niqrā)», ZDPV
         92 (1976) 1-9.

*a*2796   PICCIRILLO, M., «Un quarantennio di ricerche sulla cima di Sijagha al Monte Nebo -
         Giordania. Risultati e problemi», BibOr 20 (1978) 279-302; 21 (1979) 63-72.

*a*2797   PICCIRILLO, M., «Campagna archeologica nella Basilica di Mosè profeta sul Monte
         Nebo-Siyagha», StBiFranc 26 (1976) 281-318.

*a*2798   PICCIRILLO, M., «Campagne archéologique dans la basilique du mont Nébo-Siyâgha»,
         RB 84 (1977) 246-253.

*a*2799   KIRK, G.E., «The Negev, or Southern Desert of Palestine», PEQ 73 (1941) 57-71.

*a*2800   LEWIS, N., «New Light on the Negev in Ancient Times», PEQ 80 (1948) 102-117.

*a*2801   GLUECK, N., «Negev Settlements of the Bronze Period», ErIs 4 (1956) 34-36 (English
         summary).

*a*2802   ANATI, E., «Ancient Rock Drawings in the Central Negev», PEQ 87 (1955) 49-57.

*a*2803   GLUECK, N., «The Fifth Season of Exploration in the Negeb», ErIs 5 (1958) 41-46
         (English summary).

*a*2804   LUCIANI, F., «Antichi graffiti nel Negev», BibOr 9 (1967) 115-116.

*a*2805   KLONER, A., «Dams and Reservoirs in the North-Eastern Mountains of the Negev»,
         ErIs 11 (1973) 248-257 (English summary).

*a*2806   GICHON, M., «The Sites of the *Limes* in the Negev», ErIs 12 (1975) 149-166 (English
         summary).

*a*2807   THOMPSON, T.L., «Corrections to the Coordinates in Glueck's Negev Surveys», ZDPV
         91 (1975) 77-84.

*a*2808   VOGEL, E.K., «Negev Survey of Nelson Glueck - Summary», ErIs 12 (1975) 1*-17*.

a2809 AHARONI, Y., «Nothing early and nothing late: re-writing Israel's conquest», BA 39 (1976) 55-76 (Four tells of the Negeb).

a2810 NEGEV, A., «Permanence et disparition d'anciens toponymes du Negev central», RB 83 (1976) 545-557.

a2811 MARKS, A.E., «The Epipalaeolithic of the Central Negev», ErIs 13 (1977) 216*-228*.

a2812 VALLA, F.-R., BAR-YOSEF, O., «Prospection Préhistorique (Negev Septentrional) - 1977», RB 85 (1978) 89-92.

a2813 COHEN, R., «The Negev Archaeological Emergency Project», IsrEJ 29 (1979) 250-251.

a2814 COHEN, R., «Rescue Excavations in the Negev», IsrEJ 29 (1979) 251-254.

a2815 COHEN, R., DEVER, W.G., «Preliminary Report of the Second Season of the 'Central Negev Highlands Project'», BASOR no 236 (1979) 41-60.

a2816 COHEN, R., «The Iron Age Fortresses in the Central Negev», BASOR no 236 (1979) 61-79.

a2817 KAPLAN, H.R., «Tel Aviv, A Burial Cave in the Qirya», IsrEJ 29 (1979) 241.

a2818 VALLA, F.R., GILEAD, I., BAR-YOSEF, O., «Prehistoric Survey in the Northern Negev, 1979», IsrEJ 29 (1979) 249-250.

a2819 LOFFREDA, S., «L'insediamento israelitico nel Negev alla luce dei recenti scavi», BibOr 22 (1980) 254-263.

a2820 COHEN, R., DEVER, W.G., «Preliminary Report of the Third and Final Season of the 'Central Negev Highlands Project'», BASOR no 243 (1981) 57-77.

a2821 BARON, A.G., «Adaptive Strategies in the Archaeology of the Negev», BASOR no 242 (1982) 51-81.

a2822 SIMMONS, A.H., «A Paleosubsistence Model for Early Neolithic Occupation of the Western Negev Desert», BASOR no 242 (1982) 31-49.

a2823 HERZOG, Z., «Enclosed Settlements in the Negeb and the Wilderness of Beer-sheba», BASOR no 250 (1983) 41-49.

a2824 KOB, K., «Noch einmal Netopha», ZDPV 94 (1978) 119-134.

a2825 PRAUSNITZ, M.W., «The Pottery at Newe Yam», ErIs 13 (1977) 272*-276*.

a2826 WRESCHNER, E.E., «Newe Yam - A Submerged Late-Neolithic Settlement Near Mount Carmel», ErIs 13 (1977) 260*-271*.

a2827 BISI, A.M., «Un bacino d'offerta del Museo di Nicosia», OrAnt 5 (1966) 27-58.

a2828 BARNETT, R.D., «Layard's Nimrud Bronzes and their Inscriptions», ErIs 8 (1967) 1*-6*.

a2829 YADIN, Y., «A Note on the Nimrud Bronze Bowls», ErIs 8 (1967) 6*-7*.

a2830 MITTMANN, S., «Das südliche Ostjordanland im Lichte eines neuassyrischen Keilschriftbriefes aus Nimrud», ZDPV 89 (1973) 15-25.

a2831 WEIPPERT, M., «Menahem von Israel und seine Zeitgenossen in einer Steleninschrift Tiglathpilesers III, aus dem Iran», ZDPV 89 (1973) 26-53.

a2832 PUECH, É., «Un ivoire de Bît-Guši (Arpad) à Nimrud», Syr. 55 (1978) 163-169.

a2833 NAVEH, J., «The Ostracon from Nimrud: An Ammonite Name-List», Maarav 2, no 2 (1980) 163-171.

a2834 SOBOLEWSKI, R., «The Polish Work at Nimrud: Ten Years of Excavation and Study», ZA 71 (1982) 248-273.

a2835 MARGUERON, J., «Deux nouveaux vases de Ninive V», Syr. 47 (1970) 25-35.

a2836 BEN-DOR, S., «Concerning the Era of Nysa-Scythopolis», PEQ 76 (1944) 152-156.

a2837 SZNYCER, M., «Nouveaux ostraca de Nisa», Sem. 12 (1962) 105-126.

a2838 SZNYCER, M., «Quelques observations sur les ostraca de Nisa», Sem. 13 (1963) 31-37.

a2839 BERNARD, P., «Sièges et lits en ivoire d'époque hellénistique en Asie centrale», Syr. 47 (1970) 327-343 (Nisa).

a2840   CHAUMONT, M.-L., «Études d'histoire parthe. I. Documents royaux à Nisa», Syr. 48 (1971) 143-164.

a2841   STCHOUKINE, I., «Les peintures de la Khamsah de Nizami du British Museum. Or. 6810», Syr. 27 (1950) 301-313.

a2842   GOPHNA, R., «Two Early Bronze Age Basalt Bowls from the Vicinity of Nizzanim», Tel Aviv 6 (1979) 136-137.

a2843   YEIVIN, E., OLAMI, Y., «Nizzanim - A Neolithic Site in Naḥal Evtah: Excavations of 1968-1970», Tel Aviv 6 (1979) 99-135.

a2844   EBELING, E., «Ein Brief aus Nuzi im Besitz des Athener Archäologischen Museums», Or. 22 (1953) 355-358.

a2845   SPEISER, E.A., «Nuzi Marginalia», Or. 25 (1956) 1-23.

a2846   ZACCAGNINI, C., «Notes on the Nuzi Surface Measures», UF 11 (1979) 849-856.

a2847   PELLETIER, A., «Le 'Voile' du temple de Jérusalem est-il devenu la 'Portière' du temple d'Olympie?» Syr. 32 (1955) 289-307.

a2848   FRITZ, V., «Kinneret und Ginosar: Voruntersuchung für eine Ausgrabung auf dem *Tell el-'Orēme* am See Genezareth», ZDPV 94 (1978) 32-45.

a2849   HUOT, J.-L., ARNAUD, D., BACHELOT, L., BRAUN, J.-P., CALVET, Y., CHEVALIER, J., COURTOIS, L., DESSE, J., FOREST, J.-D., GIRARD, M., INIZAN, M.-L., SEIGNE, J., TIXIER, J., «Larsa. Rapport préliminaire sur la huitième campagne à Larsa et la deuxième campagne à Tell el 'Oueili (1978)», Syr. 58 (1981) 7-148.

a2850   HUOT, J.-L., BACHELOT, L., BRAUN, J.-P., CALVET, Y., CLEUZIOU, S., FOREST, J.-D., SEIGNE, J., «Larsa. Rapport préliminaire sur la septième campagne à Larsa et la première campagne à tell el 'Oueili (1976)», Syr. 55 (1978) 183-223.

a2851   SMITH, R.H., McNICOLL, A.W., HENNESSY, J.B., «The 1980 Season at Pella of the Decapolis», BASOR nº 243 (1981) 1-30.

a2852   SMITH, R.H., McNICOLL, A.W., HENNESSY, J.B., «The 1981 Season at Pella of the Decapolis», BASOR nº 249 (1983) 45-78.

a2853   SAUVAGET, J., «Notes sur la Colonie génoise de Péra», Syr. 15 (1934) 252-275.

a2854   GODARD, A., «Persépolis. Le Tatchara», Syr. 28 (1951) 62-69.

a2855   EILERS, W., «Die Ausgrabungen in Persepolis», ZA 53 (1959) 248-260.

a2856   PARR, P.J., «Recent Discoveries at Petra», PEQ 89 (1957) 5-16.

a2857   PARR, P.J., «Rock Engravings from Petra», PEQ 91 (1959) 106-108.

a2858   PARR, P.J., «Excavations at Petra, 1958-59», PEQ 92 (1960) 124-135.

a2859   MILLARD, A., «A Seal From Petra», PEQ 93 (1961) 136.

a2860   WRIGHT, G.R.H., «Structure of the Qasr Bint Far'un: A Preliminary Review», PEQ 93 (1961) 8-37.

a2861   WRIGHT, G.R.H., «Petra - The Arched Gate, 1959-60», PEQ 93 (1961) 124-135.

a2862   PARR, P.J., «Découvertes récentes au sanctuaire du Qasr à Pétra. I. - Compte-rendu des dernières fouilles», Syr. 45 (1968) 1-24.

a2863   PARR, P.J., «The Investigation of Some 'Inaccessible' Rock-Cut Chambers at Petra», PEQ 100 (1968) 5-15.

a2864   STARCKY, J., BENNETT, C.-M., «Découvertes récentes au sanctuaire du Qasr à Pétra. III. - Les inscriptions du téménos», Syr. 45 (1968) 41-66.

a2865   WRIGHT, G.R.H., «Découvertes récentes au sanctuaire du Qasr à Pétra. II. Quelques aspects de l'architecture et de la sculpture», Syr. 45 (1968) 25-40.

a2866   WRIGHT, G.R.H., «Strabo on Funerary Customs at Petra», PEQ 101 (1969) 113-116.

a2867 WRIGHT, G.R.H., «Petra - The Arched Gate, 1959-60: Some Additional Drawings», PEQ 102 (1970) 111-115.

a2868 BENNETT, C.-M., «An Unusual Cup from Petra (Southern Jordan)», Levant 5 (1973) 131-133.

a2869 HAMMOND, P.C., «Pottery from Petra», PEQ 105 (1973) 27-49.

a2870 WRIGHT, G.R.H., «The Date of the Khaznet Fir'aun at Petra in the Light of an Iconographic Detail», PEQ 105 (1973) 83-90.

a2871 HAMMOND, P.C., «The Capitals from the 'Temple of the Winged Lions', Petra», BASOR nᵒ 226 (1977) 47-51.

a2872 CHAMPDOR, A., *Les ruines de Pétra³* (Civilisations d'hier ou d'aujourd'hui) (Paris, Librairie d'Amérique et d'Orient, Adrien Maisonneuve, 1979), 88 pp.

a2873 HAMMOND, P.C., «New Evidence for the 4th Century A.D. Destruction of Petra», BASOR nᵒ 238 (1980) 65-67.

a2874 DELEKAT, L., «Der Diskos von Phaistos. Entwurf einer Textlesung und -deutung», UF 11 (1979) 165-178.

a2875 FARAG, S., WAHBA, G., FARID, A., «Reused Blocks of Nectanebo I Found at Philae Island», OrAnt 17 (1978) 147-152.

a2876 FARAG, S., WAHBA, G., FARID, A., «Inscribed blocks of the ramesside period and of king Taharga, found at Philae», OrAnt 18 (1979) 281-289.

a2877 GOPHNA, R., «The Middle Bronze Age II Fortifications at Tel Poleg», ErIs 11 (1973) 111-119 (English summary).

a2878 MOZEL, I., «A Note on the Flint Implements from Tel Michal and Naḥal Poleg», Tel Aviv 5 (1978) 152-158.

a2879 KOCHAVI, M., BECK, P., GOPHNA, R., «*Aphek-Antipatris, Tēl Pōlēg, Tēl Zarōr* and *Tēl Burgā:* Four Fortified Sites of the Middle Bronze Age IIA in the Sharon Plain», ZDPV 95 (1979) 121-165.

a2880 GOPHNA, R., «Fortified Settlements from the Early Bronze and Middle Bronze II at Tel Poran», ErIs 13 (1977) 87-90 (English summary).

a2881 PELON, O., «Rapport préliminaire sur la première campagne de fouilles à Porsuk-Ulukişla (Turquie)», Syr. 47 (1970) 279-286.

a2882 PELON, O., «Rapport préliminaire sur la deuxième et la troisième campagne de fouilles à Porsuk-Ulukişla (Turquie) en 1970 et 1971», Syr. 49 (1972) 303-317.

a2883 LECLANT, J., «Psousennès», Or. 22 (1953) 401-415.

a2884 BETTS, A., «Prehistoric Sites at Qa'a Mejalla, Eastern Jordan», Levant 14 (1982) 1-34.

a2885 GITIN, S., «Middle Bronze I 'Domestic' Pottery at Jebel Qa'aqir - A Ceramic Inventory of Cave G23», ErIs 12 (1975) 46*-62*.

a2886 DEVER, W.G., «Cave G26 at Jebel Qa'aqir: A Domestic Assemblage of Middle Bronze I», ErIs 15 (1981) 22*-32*.

a2887 STERN, E., MAGEN, I., «A Persian Period Pottery Assemblage from Qadum in the Samaria Region», ErIs 16 (1982) 182-197.

a2888 VANDERMEERSCH, B., TILLIER, A.-M., «Étude préliminaire d'une mandibule d'adolescent provenant des niveaux moustériens de Qafzeh, Israël», ErIs 13 (1977) 177*-182*.

a2889 COURTOIS, J.-C., «Deux villes du royaume d'Ugarit dans la vallée du Nahr-el-Kébir en Syrie du Nord», Syr. 40 (1963) 261-272 (Rouesset-al-Amir; Qalaat Siriani).

a2890 COLLART, P., «La tour de Qalaat Fakra», Syr. 50 (1973) 137-161.

a2891 TCHALENKO, G., «Travaux en cours dans la Syrie du Nord. 2. La basilique de Qalblozé», Syr. 50 (1973) 128-136.

a2892 FULCO, W.J., «A Seal from Umm el Qanāfid, Jordan: *g'lyhw 'bd hmlk*», Or. 48 (1979) 107-108.

a2893 AMER, G., DISCOP, J.-L., DENTZER-FEYDY, J., SODINI, J.-P., «L'ensemble basilical de Qanawāt (Syrie du sud)», Syr. 59 (1982) 257-275.

a2894 AMER, G., «Les constructions au nord-est de l'ensemble basilical de Qanawāt», Syr. 59 (1982) 276-280.

a2895 GOLDSCHMIDT, S., «Synagogue Remains at the Mound of Kefar Qarnai», ErIs 11 (1973) 39-40 (English summary).

a2896 GAL, Z., «Tel Rekhesh and Tel Qarney Ḥittin», ErIs 15 (1981) 213-221.

a2897 BEN-TOR, A., PORTUGALI, Y., AVISSAR, M., «The First Two Seasons of Excavations at Tel Qashish, 1978-1979: Preliminary Report», IsrEJ 31 (1981) 137-164.

a2898 MAZAR, A., «Excavations at Tell Qasîle, 1973-1974», IsrEJ 25 (1975) 77-88.

a2899 MAZAR, A., «Tel Qasilé», RB 82 (1975) 263-266.

a2900 MAZAR, A., «Additional Philistine Temples at Tell Qasile», BA 40 (1977) 82-88.

a2901 MAZAR, A., *Excavations at Tell Qasile*. I. The Philistine Sanctuary: Architecture and Cult Objects (Qedem, Monographs of the Institute of Archaeology, The Hebrew University of Jerusalem, 12) (Jerusalem, Israel Exploration Society, 1980), viii-154 pp.

a2902 TSAFRIR, Y., «A New Reading of the Samaritan Inscription from Tell Qasile», IsrEJ 31 (1981) 223-226.

a2903 SCHLUMBERGER, D., «Les Fouilles de Qasr el-Heir el-Gharbi (1936-38). Rapport préliminaire», Syr. 20 (1939) 195-238, 324-373.

a2904 OREN, E.D., «Excavations at Qasrawet in North-Western Sinai: Preliminary Report», IsrEJ 32 (1982) 203-211.

a2905 TSAFRIR, Y., «Qasrawet: Its Ancient Name and Inhabitants», IsrEJ 32 (1982) 212-214.

a2906 GAUBE, H., «'*Ammān, Ḥarāne* und *Qasṭal*: Vier frühislamische Bauwerke in Mitteljordanien», ZDPV 93 (1977) 52-86.

a2907 BARNETT, R.D., «A Syrian Silver Vase», Syr. 34 (1957) 243-248 (Tell Qatimé).

a2908 TADMOR, M., «A Cult Cave of the Middle Bronze Age I near Qedesh», IsrEJ 28 (1978) 1-30.

a2909 LUX, U., «Der Mosaikfussboden eines spätantiken Bades in *umm qēs*», ZDPV 82 (1966) 64-70 (Gadara).

a2910 MEIMARIS, Y.E., «The Hermitage of St. John the Chozebite, Deir Wady el-Qilt», StBiFranc 28 (1978) 171-192.

a2911 BEN TOR, A., «Tell Qiri (1976-1977)», RB 85 (1978) 100-102.

a2912 BEN-TOR, A., «Tell Qiri: A Look at Village Life», BA 42 (1979) 105-113.

a2913 ARNON, C., AMIRAN, R., «Excavations at Tel Qishon - Preliminary Report on the 1977-1978 Seasons», ErIs 15 (1981) 205-212.

a2914 LEMAIRE, A., «Les inscriptions de Khirbet el-Qôm et l'*ashérah* de YHWH», RB 84 (1977) 595-608.

a2915 DONADONI, S., «Campagna di scavi a Qubān», OrAnt 3 (1964) 130-131.

a2916 BEIT ARIEH, I., GOPHNA, R., «The Early Bronze Age II Settlement at 'Ain el-Qudeirât (1980-1981)», Tel Aviv 8 (1981) 128-135.

a2917 KHAIRY, N.I., «Al-Quweismeh Family Tomb», PEQ 112 (1980) 51-61.

a2918 KOCHAVI, M., «Khirbet Rabûd = Debir», Tel Aviv 1 (1974) 2-33.

a2919 AHARONI, Y., «Hebrew Jar-Stamps from Ramat Raḥel», ErIs 6 (1960) 56-60 (English summary).

a2920 AHARONI, Y., «Ramat-Rachel», SDB 10 (1979) col. 1093-1101.

a2921 GEVA, S., «The Painted Sherd from Ramat Raḥel», IsrEJ 31 (1981) 186-189.

a2922 DUPONT-SOMMER, A., «Les fouilles du Ramet-el-Khalil, près d'Hébron», Syr. 11 (1930) 16-32.

a2923 OSEN-AYALON, M., «The First Mosaic Discovered in Ramla», IsrEJ 26 (1976) 104-119.

a2924 GITTON, M., «Ramsès», SDB 10 (1979) col. 1117-1121.

a2925 BULL, R.J., «The Excavation of Tell er-Ras on Mt. Gerizim», BA 31 (1968) 58-72.

a2926 MESHEL, Z., COHEN, R., «Refed and Ḥatira: Two Iron Age Fortresses in the Northern Negev», Tel Aviv 7 (1980) 70-81.

a2927 TSAFRIR, Y., «Reḥovot (Kh. Ruheibeh)», RB 84 (1977) 422-426.

a2928 GAL, Z., «Tel Rekhesh and Tel Qarney Ḥittin», ErIs 15 (1981) 213-221.

a2929 LUX, U., «Der Mosaikfussboden der Menas-Kirche in Riḥāb», ZDPV 83 (1967) 34-41.

a2930 MITTMANN, S., «Die Mosaikinschrift der Menas-Kirche in Riḥāb», ZDPV 83 (1967) 42-45.

a2931 PICCIRILLO, M., «Le antichità di Rihab dei Bene Hasan», StBiFranc 30 (1980) 317-350.

a2932 MESHEL, Z., «Ḥorvat Ritma - An Iron Age Fortress in the Negev Highlands», Tel Aviv 4 (1977) 110-135.

a2933 BRIEND, J., «Roger (Aïn)», SDB 10 (1982) col. 691-695.

a2934 ROST, H., «Die Bibel in den Katakomben», BiKi 14 (1959) 79-81 (Röm).

a2935 SNYDER, G.F., «Survey and 'New' Thesis on The Bones of Peter», BA 32 (1969) 2-24 (Rome).

a2936 BRANDENBURG, H., «Überlegungen zu Ursprung und Entstehung der Katakomben Roms», dans *Vivarium* (en collab.) (1984), 11-49.

a2937 COURTOIS, J.-C., «Prospection archéologique dans la moyenne vallée de l'Oronte (El Ghab et Er Roudj. Syrie du Nord-Ouest)», Syr. 50 (1973) 53-99.

a2938 COURTOIS, J.-C., «Deux villes du royaume d'Ugarit dans la vallée du Nahr-el-Kébir en Syrie du Nord», Syr. 40 (1963) 261-272 (Rouesset-al-Amir; Qalaat Siriani).

a2939 OHEL, M.Y., «Upper Acheulean Handaxes from Ruhama, Israel», Tel Aviv 3 (1976) 49-56.

a2940 THOMPSON, H.O., «Rujm al-Malfuf sud et Rujm al-Mekheizin», RB 82 (1975) 97-100.

a2941 PROVERA, M., «Rovine che scompaiono: la chiesa bizantina di Umm er-Ru'us», BibOr 19 (1977) 171-177.

a2942 AMIRAN, R., «Khirbet Tell er-Ruweisa in Upper Galilee», ErIs 2 (1953) 117-126 (Hebrew).

a2943 BRESCIANI, E., «La cinta muraria [Sabagura (1960)]», OrAnt 1 (1962) 81-86.

a2944 DONADONI, S., «I graffiti della Chiesa Settentrionale [Sabagura (1960)]», OrAnt 1 (1962) 93-97.

a2945 ROVERI, A.M., «I graffiti rupesti [Sabagura (1960)]», OrAnt 1 (1962) 99-128.

a2946 STENICO, A., «La città [Sabagura (1960)]», OrAnt 1 (1962) 55-79.

a2947 TORELLI, M., «Le abitazioni [Sabatura (1960)]», OrAnt 1 (1962) 87-92.

a2948 AYALON, E., «The Jar Installation of Khirbet Sabiya», IsrEJ 29 (1979) 175-181.

a2949 AVIGAD, N., «Relics of Ancient Jewish Art in Galilee», ErIs 7 (1964) 18-23 (English summary) (Safad, Beth She'arim, Tamra).

a2950 PERROT, J., «Les Ivoires de la septième Campagne de Fouilles à Safadi près de Beersheva», ErIs 7 (1964) 92*-93*.

a2951 IBRAHIM, M.M., «Siegel und Siegelabdrücke aus Saḥāb», ZDPV 99 (1983) 43-53.

a2952 EDEL, E., «A Comment on Professor Giveon's Reading of the New Sahurē' Inscription», BASOR no 232 (1979) 77-78 (Wadi Khariǧ).

*a*2953   POIDEBARD, A., «Notes sur les recherches dans le port de Saïda de 1946 à 1950», Syr. 28 (1951) 250-255.

*a*2954   WÂSIF, F.M., «Soundings on the Borders of Ancient Sais», OrAnt 13 (1974) 327-328.

*a*2955   PERNIGOTTI, S., «Stele cristiane da Sakinya nel Museo di Torino», OrAnt 14 (1975) 21-55.

*a*2956   EDZARD, D.O., «Fāra und Abu Ṣalābiḫ. Die 'Wirtschaftstexte'», ZA 66 (1976) 156-195.

*a*2957   USSISHKIN, D., «Observations on the Architecture of the 'Royal' Tombs in Salamis», PEQ 103 (1971) 93-102.

*a*2958   BALY, C., «S'baita», PEQ 67 (1935) 171-181.

*a*2959   CROWFOOT, J.W., «Work of the Joint Expedition to Samaria-Sebustiya, April and May, 1931», PEQ 63 (1931) 139-142.

*a*2960   CROWFOOT, J.W., «Excavations at Samaria, 1931», PEQ 64 (1932) 8-34.

*a*2961   CROWFOOT, J.W., «The Expedition to Samaria-Sebustiya: The Forum Threshing Floor Area», PEQ 64 (1932) 63-70.

*a*2962   CROWFOOT, J.W., «Recent Discoveries of the Joint Expedition to Samaria», PEQ 64 (1932) 132-134.

*a*2963   CROWFOOT, J.W., «The Joint Samaria Expedition, Proposals for 1933», PEQ 64 (1932) 134-137.

*a*2964   NARKISS, M., «A Dioscuri Cult in Sebustiya», PEQ 64 (1932) 210-212.

*a*2965   CROWFOOT, J.W., «The Ivories from Samaria», PEQ 65 (1933) 7-26.

*a*2966   CROWFOOT, J.W., «The Samaria Excavations - The Stadium», PEQ 65 (1933) 62-73.

*a*2967   CROWFOOT, J.W., «Samaria: Interim Report, 1933», PEQ 65 (1933) 129-136.

*a*2968   KENYON, K., «The Samaria Excavations - The Augusteum», PEQ 65 (1933) 74-87.

*a*2969   MAY, H.G., «The Ivory Inlays from Samaria», PEQ 65 (1933) 88-89.

*a*2970   SUKENIK, E.L., «Inscribed Hebrew and Aramaic Potsherds from Samaria», PEQ 65 (1933) 152-157.

*a*2971   CROWFOOT, J.W., «Report of the 1935 Samaria Excavations», PEQ 67 (1935) 182-194.

*a*2972   TUFNELL, O., «Hazor, Samaria and Lachish: A Synthesis», PEQ 91 (1959) 90-105.

*a*2973   JONAS, R., «A Diadem of the Cult of Kybele from the Neapolis Region (Samaria)», PEQ 94 (1962) 118-128.

*a*2974   HENNESSY, J.B., «Excavations at Samaria-Sebaste, 1968», Levant 2 (1970) 1-21.

*a*2975   SHILOH, Y., «New Proto-Aeolic Capitals Found in Israel», BASOR nᵒ 222 (1976) 67-77 (Samaria).

*a*2976   WALLIS, G., «Jerusalem und Samaria als Königsstädte. Auseinandersetzung mit einer These Albrecht Alts», VT 26 (1976) 480-496.

*a*2977   DAOUST, J., «À travers la Samarie», EV (doctrine) 87 (1977) 104-106.

*a*2978   APPLEBAUM, S., DAR, S., SAFRAI, Z., «The Towers of Samaria», PEQ 110 (1978) 91-100.

*a*2979   DAOUST, J., «La Samarie», EV (doctrine) 90 (1980) 568-571.

*a*2980   MESHORER, Y., «The 'Cista Mystica' and Worship of Kore-Persephone at Samaria», ErIs 15 (1981) 356-357.

*a*2981   MAZAR, A., «A Cultic Site from the Period of the Judges in the Northern Samaria Hills», ErIs 16 (1982) 135-145.

*a*2982   AVI-YONAH, M., «A Reappraisal of the Tell Sandahannah Statuette», PEQ 99 (1967) 42-44.

*a*2983   PLOIX DE ROTROU, G., SEYRIG, H., «Khirbet el-Sané», Syr. 14 (1933) 12-19.

*a*2984   JOTHAM-ROTHSCHILD, J., «The Tombs of Sanhedria - II», PEQ 86 (1954) 16-22.

*a*2985   CAHEN, C., «Note sur les Seigneurs de Saone et de Zerdana», Syr. 12 (1931) 154-159.

*a*2986   SCHWEITZER, U., «Saqqara», Or. 17 (1948) 262-268.

a2987 VON MOORSEL, P., «The Worship of the Holy Cross in Saqqara: Archaeological Evidence», dans *Theologia Crucis - Signum Crucis* (en collab.) (1979), 409-415.

a2988 FITZGERALD, G.M., «The Date Assigned to a Tomb at Sardis», PEQ 74 (1942) 54-57.

a2989 HANSEN, D.P., «L'antica Sardi cristiana», BibOr 4 (1962) 169-174.

a2990 GREENEWALT, C.H., Jr., «The Eighteenth Campaign at Sardis (1975)», BASOR nº 228 (1977) 47-59.

a2991 GREENEWALT, C.H., Jr., «The Sardis Campaign of 1976», BASOR nº 229 (1978) 57-73.

a2992 HANFMANN, G.M.A., RAMAGE, N.H., *Sculpture from Sardis.* The Finds through 1975 (Archaeological Exploration of Sardis Report, 2) (Cambridge, MA, London, Harvard University Press, 1978), xxi-322 pp.

a2993 GREENEWALT, C.H., Jr., «The Sardis Campaign of 1977», BASOR nº 233 (1979) 1-32.

a2994 GREENEWALT, C.H., Jr., STERUD, E.L., BELKNAP, D.F., «The Sardis Campaign of 1978», BASOR nº 245 (1982) 1-34.

a2995 GREENEWALT, C.H., Jr., RAMAGE, A., SULLIVAN, D.G., NAYIR, K., TULGA, A., «The Sardis Campaigns of 1979 and 1980», BASOR nº 249 (1983) 1-44.

a2996 PRITCHARD, J.B., *Recovering Sarepta, A Phoenician City.* Excavations at Sarafand, Lebanon, 1969-1974, by the University Museum of the University of Pennsylvania (Princeton, New Jersey, Princeton University Press, 1978), xvi-162 pp.

a2997 FUKS, G., «The Jews of Hellenistic and Roman Scythopolis», dans *Essays in Honour of Yigael Yadin*, JJS 33 (1982) 407-416.

a2998 FRITZ, V., «Vorbericht über die Ausgrabung des römischen Kastells auf dem *Tell es-Seba*», ZDPV 89 (1973) 54-65.

a2999 WILLIAMS, B., «Notes on Prehistoric Cache Fields of Lower Egyptian Tradition at Sedment», JNES 31 (1982) 213-221.

a3000 VAN BERCHEM, M., «Palmettes, Rosaces et Bordures dans les Décors de Sedrata», ErIs 7 (1964) 6*-16*.

a3001 TCHALENKO, G., «Travaux en cours dans la Syrie du Nord. 1. Le sanctuaire de Šeiḫ Barakāt», Syr. 50 (1973) 115-128.

a3002 AVIGAD, N., «The 'Tomb of Jacob's Daughters' near Sepphoris», ErIs 11 (1973) 41-44 (English summary).

a3003 BARROIS, A., «The Mines of Sinai», HarvTR 25 (1932) 101-121 (Serabit).

a3004 LAKE, K., «The Serabit Expedition of 1930: I. Introduction», HarvTR 25 (1932) 95-100.

a3005 ARIEH, I.B., GIVEON, R., SAAS, B., «Explorations at Serâbîṭ el-Khâdim - 1977», Tel Aviv 5 (1978) 170-187.

a3006 BEIT ARIEH, I., «A Chalcolithic Site near Serâbîṭ el-Khâdim», Tel Aviv 7 (1980) 45-64.

a3007 BEIT-ARIEH, I., «New Discoveries in Mine 'L'at Serabit el-Khadim», ErIs 15 (1981) 62-68.

a3008 BEIT-ARIEH, I., «New Discoveries at Sêrâbit el-Khâdîm», BA 45 (1982) 13-18.

a3009 KIRKBRIDE, D., «The Excavation of a Neolithic Village at Seyl Aqlat, Beidha, Near Petra», PEQ 92 (1960) 136-145.

a3010 BAHAT, D., «The Date of the Dolmens near Kibbutz Shamir», ErIs 11 (1973) 58-63 (English summary).

a3011 DE CONTENSON, H., «Les fouilles à Ras Shamra de 1971 à 1973», Or. 45 (1976) 78-79.

a3012 COURTOIS, J.-C., «Ras Shamra (Ugarit ou Ougarit). I. Archéologie», SDB 10 (1979) col. 1126-1295.

a3013 DE CONTENSON, H., «Nouvelles données sur la chronologie du Bronze Ancien de Ras Shamra», UF 11 (1979) 857-862.

*a*3014   YON, B. (Ed.), *Ras Shamra 1929-1979* (Collection Maison de l'Orient, Hors Série, 3) (Lyon, Maison de l'Orient Méditerranéen, 1979), 55 pp.

*a*3015   ARTZY, M., PERLMAN, I., ASARO, F., «Cypriote Pottery Imports at Ras Shamra», IsrEJ 31 (1981) 37-47.

*a*3016   DORNEMANN, R.H., «Excavations at Ras Shamra and Their Place in the Current Archaeological Picture of Ancient Syria», dans *Ugarit in Retrospect* (en collab.) (1981), 59-69.

*a*3017   MARGUERON, J., «Ras Shamra: Nouvelles Perspectives des Fouilles», dans *Ugarit in Retrospect* (en collab.) (1981), 71-78.

*a*3018   KOCHAVI, M., BECK, P., GOPHNA, R., «Aphek-Antipatris, Tel Poleg, Tel Zeror and Tel Burga: Four Fortified Sites of the Middle Bronze Age IIA in the Sharon Plain», ErIs 15 (1981) 28-61.

*a*3019   SHEA, W.H., «The Conquests of Sharuḥen and Megiddo Reconsidered», IsrEJ 29 (1979) 1-5.

*a*3020   HANKEY, V., «Pottery-Making at Beit Shebab, Lebanon», PEQ 100 (1968) 27-32.

*a*3021   WRIGHT, G.R.H., «Fluted Columns in the Bronze Age Temple of Baal-Berith at Shechem», PEQ 97 (1965) 66-84.

*a*3022   WRIGHT, G.R.H., «The Place Name Balāṭah and the Excavations at Shechem», ZDPV 83 (1967) 199-202.

*a*3023   BOLING, R.G., «Bronze Age Buildings at the Shechem High Place: ASOR Excavations at Tananir», BA 32 (1969) 81-103.

*a*3024   CAMPBELL, E.F., Jr., WRIGHT, G.E., «Tribal League Shrines in Amman and Shechem», BA 32 (1969) 104-116.

*a*3025   WRIGHT, G.R.H., «Another Fluted Column Fragment from Bronze Age Shechem», PEQ 101 (1969) 34-36.

*a*3026   WRIGHT, G.R.H., «Co-ordinating the Survey of Shechem over Sixty Years 1913-1973», ZDPV 89 (1973) 188-196.

*a*3027   SEGER, J.D., «The Middle Bronze IIC Date of the East Gate at Shechem», Levant 6 (1974) 117-130.

*a*3028   SEGER, J.D., «The MB II Fortifications at Shechem and Gezer - A Hyksos Retrospective», ErIs 12 (1975) 34*-45*.

*a*3029   TOOMBS, L.E., «The Stratification of Tell Balâṭah (Shechem)», BASOR nº 223 (1976) 57-59.

*a*3030   WIENCKE, M.H., «Clay Sealings from Shechem, the Sudan, and the Aegean», JNES 35 (1976) 127-130.

*a*3031   TOOMBS, L.E., «Shechem: Problems of the Early Israelite Era», dans *Symposia* (en collab.) (1979), 69-83.

*a*3032   GEVA, S., «A Fragment of a Tridacna Shell from Shechem», ZDPV 96 (1980) 41-47.

*a*3033   STERN, E., «Achaemenian Tombs from Shechem», Levant 12 (1980) 90-111.

*a*3034   STERN, E., «Achaemenid Tombs at Shechem», ErIs 15 (1981) 312-330.

*a*3035   FOWLER, M.D., «A Closer Look at the 'Temple of El-Berith' at Shechem», PEQ 115 (1983) 49-53.

*a*3036   WRIGHT, G.R.C., «An Egyptian God at Shechem», ZDPV 99 (1983) 95-110.

*a*3037   SCHULMAN, A.R., «Two Unrecognized Monuments of Shedsunefertem», JNES 39 (1980) 303-311.

*a*3038   BAKRY, H.S.K., «Psammetichus II and his Newly-Found Stela at Shellâl», OrAnt 6 (1967) 225-244.

*a*3039   DAUPHIN, C., «Shelomi», RB 84 (1977) 281-284.

*a*3040   DAUPHIN, C., «Shelomi (1977)», RB 85 (1978) 108-109.

a3041 MEYERS, E.M., KRAABEL, A.T., STRANGE, J.F., «Archaeology and Rabbinic Tradition at Khirbet Shema. 1970 and 1971 Campaigns», BA 35 (1972) 2-31.

a3042 FREEDMAN, D.N. (Ed.), *Ancient Synagogue Excavations at Khirbet Shema', Upper Galilee, Israel.* 1970-1972 (Annual of the American Schools of Oriental Research, 42) (Duke, Duke University Press, 1976), xxvii-297 pp.

a3043 GRANT, E., «Ain Shems, 1931», PEQ 63 (1931) 167-170.

a3044 ELGAVISH, J., «Shiqmona», RB 82 (1975) 587-591.

a3045 ELGAVISH, J., «Pottery from the Hellenistic Stratum at Shiqmona», IsrEJ 26 (1976) 65-76.

a3046 ELGAVISH, J., «Shikmona», RB 84 (1977) 264-266.

a3047 KJAER, H., «Shiloh: A Summary Report of the Second Danish Expedition, 1929», PEQ 63 (1931) 71-88.

a3048 BRIMER, B., «Shivta - An Aerial Photographic Interpretation», IsrEJ 31 (1981) 227-229.

a3049 FRANKEL, R., «Three Crusader Boundary Stones from Kibbutz Shomrat», IsrEJ 30 (1980) 199-201.

a3050 BAR-ADON, P., «Another Settlement of the Judean Desert Sect at 'Ain el-Shuweir on the Dead Sea», ErIs 10 (1971) 72-89 (English summary).

a3051 DENTZER, J., «À propos du temple dit de 'Dusarès' à Sî», Syr. 56 (1979) 325-332.

a3052 SELLIN, E., STECKEWEH, H., «Kurzer vorläufiger Bericht über die Ausgrabung von *balāta* (Sichem) im Herbst 1934», ZDPV 64 (1941) 1-20.

a3053 DEVER, W.G., «Sichem», RB 82 (1975) 81-83.

a3054 JAROŠ, K., *Sichem.* Eine archäologische und religionsgeschichtliche Studie mit besonderer Berücksichtigung von Jos 24 (Orbis Biblicus et Orientalis, 11) (Freiburg, Universitätsverlag; Göttingen, Vandenhoeck & Ruprecht, 1976), 280 pp.

a3055 PICARD, C., «Le dauphin au trident sur le sarcophage sidonien 'au navire'», Syr. 14 (1933) 318-321.

a3056 WILL, E., «La date du Mithréum de Sidon», Syr. 27 (1950) 261-269.

a3057 BRAIDWOOD, R.J., «Report on two sondages on the coast of Syria, south of Tartous», Syr. 21 (1940) 183-226 (Tabbat al-Hammân, Simyriam).

a3058 PHYTHIAN-ADAMS, W.J., «The Mount of God», PEQ 62 (1930) 135-149, 192-209.

a3059 RONEN, A., «Flint Implements from South Sinai», PEQ 102 (1970) 30-41.

a3060 ROTHENBERG, B., «An Archaeological Survey of South Sinai», PEQ 102 (1970) 4-29.

a3061 TSAFRIR, Y., «Dunayevsky's Drawings of St. Catherine's Monastery in Sinai», ErIs 11 (1973) 30-38 (English summary).

a3062 GIVEON, R., «Investigations in the Egyptian Mining Centres in Sinai, Preliminary Report», Tel Aviv 1 (1974) 100-108.

a3063 MESHEL, Z., «New Data about the 'Desert Kites'», Tel Aviv 1 (1974) 129-143 (Sinai).

a3064 ROTHENBERG, B., «Sinaï», RB 82 (1975) 73-77.

a3065 DAR, S., «An Egyptian Sistrum from Sinai», Tel Aviv 3 (1976) 79-80.

a3066 LIPHSCHITZ, N., WAISEL, Y., «Dendroarchaeological Investigations in Israel (St. Catherine's Monastery in Southern Sinai)», IsrEJ 26 (1976) 39-44.

a3067 MAYERSON, P., «Procopius or Eutychius on the Construction of the Monastery at Mount Sinai: Which Is the More Reliable Source?» BASOR no 230 (1978) 33-38.

a3068 TSAFRIR, Y., «St. Catherine's Monastery in Sinai: Drawings by I. Dunayevsky», IsrEJ 28 (1978) 218-229.

a3069 BEIT-ARIEH, I., «Sinai Survey, 1978-1979», IsrEJ 29 (1979) 256-257.

a3070 CHARLESWORTH, J.H., «St. Catherine's Monastery: Myths and Mysteries», BA 42 (1979) 174-179 (Sinai).

a3071   JOHNSON, B.L., «Corinthian Relief Bowls from Northern Sinai», IsrEJ 29 (1979) 171-174.

a3072   BAR-YOSEF, O., «Neolithic Sites in Sinai», ErIs 15 (1981) 1-6.

a3073   BEIT-ARIEH, I., «A Pattern of Settlement in Southern Sinai and Southern Canaan in the Third Millennium B.C.», BASOR nº 243 (1981) 31-55.

a3074   FINKELSTEIN, I., «Byzantine Prayer Niches in Southern Sinai», IsrEJ 31 (1981) 81-91.

a3075   OREN, E.D., GILEAD, I., «Chalcolithic Sites in Northeastern Sinai», Tel Aviv 8 (1981) 25-44.

a3076   BAR-YOSEF, O., «Pre-Pottery Neolithic Sites in Southern Sinai», BA 45 (1982) 9-12.

a3077   BELFER-COHEN, A., GOLDBERG, P., «An Upper Palaeolithic Site in South Central Sinai», IsrEJ 32 (1982) 185-189.

a3078   STONE, M.E., «Sinai Armenian Inscriptions», BA 45 (1982) 27-31.

a3079   BAR-YOSEF, O., HERSHKOVITZ, I., ARBEL, G., GOREN, A., «The Orientation of *Nawamis* Entrances in Southern Sinai: Expressions of Religious Belief and Seasonality?» Tel Aviv 10 (1983) 52-60.

a3080   BEIT-ARIEH, I., «Central-Southern Sinai in the Early Bronze Age II and its Relationship with Palestine», Levant 15 (1983) 39-48.

a3081   PICCIRILLO, M., «Un quarantennio di ricerche sulla cima di Sijagha al Monte Nebo - Giordania. Risultati e problemi», BiOr 20 (1978) 279-302; 21 (1979) 63-72.

a3082   BAR-ADON, P., «Sinnabra and Beth Yerah in the Light of the Sources and Archaeological Finds», ErIs 4 (1956) 50-55 (English summary).

a3083   BAGATTI, B., ALLIATA, E., «Ritrovamento archeologico sul Sion», StBiFranc 31 (1981) 249-256.

a3084   BONDI, S.F., «Una stele inedita da Monte Sirai», OrAnt 9 (1970) 355-358.

a3085   CECCHINI, S.M., «Per un'identificazione di Monte Sirai», OrAnt 20 (1971) 183-187.

a3086   BALDACCI, M., «The Ammonite text from Tell Siran and North-West Semitic philology», VT 31 (1981) 363-368.

a3087   THOMPSON, H.O., «The Tell Siran Bottle: An Additional Note», BASOR nº 249 (1983) 87-89.

a3088   SOLLBERGER, E., «A Foundation Deposit from the temple of Nanše», Syr. 52 (1975) 175-180 (Siraran).

a3089   HARLAND, J.P., «Sodom and Gomorrah», dans *The Biblical Archaeologist Reader* (Eds. D.N. FREEDMAN, G.E. WRIGHT) (Doubleday, Garden City, 1961), I, 41-75.

a3090   CULHANE, A., «Sodom and Gomorrah: Perception and Possibility», dans *Sin, Salvation, and the Spirit* (en collab.) (1979), 87-114.

a3091   VAN HATTEM, W.C., «Once Again: Sodom and Gomorrah», BA 44 (1981) 87-92.

a3092   BITTEL, K., «Der Depotfund von Soloi-Pompeiopolis», ZA 46 (1940) 183-205.

a3093   REICH, R., «On the Identification of the 'Sealed Karu of Egypt'», ErIs 15 (1981) 283-287 (on Abu Solima).

a3094   ACQUARO, E., «Appunti su una stele da Sulcis», OrAnt 8 (1969) 69-72.

a3095   VAN DEN BRANDEN, A., «L'iscrizione neopunica di Sulcis, cis. 151», BibOr 19 (1977) 273-277.

a3096   LAMM, C.J., «Les verres trouvés à Suse», Syr. 12 (1931) 358-367.

a3097   GHIRSHMAN, R., «Travaux de la Mission archéologique en Susiane en hiver 1952-1953», Syr. 30 (1953) 222-233.

a3098   AMIET, P., LAMBERT, M., «Éléments émaillés du décor architectural néo-élamite. Appendice. Shutruk-Nahunte et Shutur-Nahunte, par M. LAMBERT», Syr. 44 (1967) 27-51 (Suse).

a3099   PERROT, J., «Recherches archéologiques à Suse et en Susiane en 1969 et en 1970», Syr. 48 (1971) 21-51.

a3100   VALLAT, F., «Deux nouvelles 'chartes de fondation' d'un palais de Darius Ier à Suse», Syr. 48 (1971) 53-60.

a3101   AMIET, P., «Les ivoires achéménides de Suse», Syr. 49 (1972) 167-191, 319-337.

a3102   AMIET, P., «Quelques observations sur le Palais de Darius à Suse», Syr. 51 (1974) 65-73.

a3103   DESHAYES, J., «Cachets susiens et chronologie iranienne», Syr. 51 (1974) 253-264.

a3104   GUILLAUME, O., «Nouvelles tessères de Suse», Syr. 59 (1982) 239-256.

a3105   HOLLAND, T.A., «Preliminary Report on Excavations at Tell Sweyhat, Syria, 1973-4», Levant 8 (1976) 36-70.

a3106   HOLLAND, T.A., «Preliminary Report on Excavations at Tell es-Sweyhat, Syria, 1975», Levant 9 (1977) 36-65.

a3107   AMIRAN, R., «A Note on Pottery from Tell es-Sweyhat», Levant 15 (1983) 191-194.

a3108   SCHENKE, H.-M., «Jakobsbrunnen - Josephsgrab - Sychar. Topographische Untersuchungen und Erwägungen in der Perspektive von Joh. 4,5.6», ZDPV 84 (1968) 159-184.

a3109   SAUER, J.A., «Prospects for Archeology in Jordan and Syria», BA 45 (1982) 73-84.

a3110   LODS, M., «Autel ou réchaud? À propos du 'brûle-parfums' de Taanak», RHR 109 (1934) 129-148.

a3111   WEIPPERT, M., «Zur Lesung der alphabetischen Keilschrifttafel von Ta'annek. Nachtrag zu ZDPV 82 (1966) S. 311-328», ZDPV 83 (1967) 82-83.

a3112   GLOCK, A.E., «Homo Faber: The Pot and the Potter at Taanach», BASOR nᵒ 219 (1975) 9-28.

a3113   RAST, W.E., *Taanach I.* Studies on the Iran Iron Age Pottery (Ed. A.E. GLOCK) (ASOR Excavation Reports) (Cambridge, Mass., ASOR, 1978), xvi-283 pp.

a3114   LIPHSCHITZ, N., WAISEL, Y., «Dendroarchaeological Investigations in Israel (Taanach)», IsrEJ 30 (1980) 132-136.

a3115   BRAIDWOOD, R.J., «Report on two sondages on the coast of Syria, south of Tartous», Syr. 21 (1940) 183-226 (Sites: Tabbat al-Hammâm, Simyriam).

a3116   HOLE, F., «A Reanalysis of Basal Tabbat. Al-Hammam, Syria», Syr. 36 (1959) 149-183.

a3117   BAGATTI, B., «Una grotta bizantina sul Monte Tabor», StBiFranc 27 (1977) 119-122.

a3118   LOFFREDA, S., «Una tomba romana al Monte Tabor», StBiFranc 28 (1978) 241-246.

a3119   JELINEK, A.J., «A Preliminary Study of Flakes from the Tabun Cave, Mount Carmel», ErIs 13 (1977) 87*-96*.

a3120   AGGOULA, B., «Une inscription en graphie hatréenne provenant de Takrit», Syr. 58 (1981) 359-361.

a3121   MOSCATI, S., «Un avorio di Tas Silg», OrAnt 9 (1970) 61-64.

a3122   AVIGAD, N., «Relics of Ancient Jewish Art in Galilee», ErIs 7 (1964) 18-23 (English summary) (Safad, Beth She'arim, Tamra).

a3123   GICHON, M., «Mesad Tamar (Tamara)», RB 82 (1975) 275-276.

a3124   BOLING, R.G., «Bronze Age Buildings at the Shechem High Place: ASOR Excavations at Tananir», BA 32 (1969) 81-103.

a3125   SEYRIG, H., «Antiquités syriennes. - 90. Sur un bas-relief de Tang-i Sarvak», Syr. 47 (1970) 113-116.

a3126   HABACHI, L., «Sixth-Dynasty Discoveries in the Jabal al-Ṭārif», BA 42 (1979) 237-238.

a3127   GLUECK, N., «Nabataean Dolphins», ErIs 7 (1964) 40*-43* (Khirbet Tannur).

a3128   MAKKAY, J., «The Tartaria Tablets», Or. 37 (1968) 272-289.

a3129   CINTAS, P., «Tarsis, Targessos, Gadès», Sem. 16 (1966) 5-37.

a3130   MOSCATI, S., «Alcune colonnette di Tas Silg», OrAnt 5 (1966) 15-18.

a3131   MOSCATI, S., «Un modellino votivo di Malta», Or. 42 (1973) 212-213 (Tas Silg).

a3132   BENNETT, C.M., «A Brief Note on Excavations at Tawilan, Jordan, 1968-70», Levant 3 (1971) V-VII.

a3133   ESCOBAR, J., «Estudio de los restos arqueológicos de Tecóa», StBiFranc 26 (1976) 5-26.

a3134   NICCACCI, A., «Il messaggio di Tefnakht», StBiFranc 27 (1977) 213-228.

a3135   BECK, P., «The Drawings from Ḥorvat Teiman (Kuntillet 'Ajrud)», Tel Aviv 9 (1982) 3-68.

a3136   VAN BUREN, E.D., «A Lesson in Early History: Tepe Gawra», Or. 20 (1951) 443-452.

a3137   CONTENAU, G., GHIRSHMAN, R., «Rapport préliminaire sur les fouilles de Tépé-Giyan, près Néhavend (Perse)», Syr. 14 (1933) 1-11.

a3138   BUCCELLATI, G., KELLY-BUCCELLATI, M., *Terqa Preliminary Reports, No. 6. The Third Season, Introduction and Stratigraphic Record* (Syro-Mesopotamian Studies, vol. 2, issue 6) (Malibu, California, Undena Publications, 1978), 36 pp.

a3139   BUCCELLATI, G., *Terqa Preliminary Reports. No. 10. The Fourth Season: Introduction and Stratigraphic Record* (Bibliotheca Mesopotamica, 10) (Malibu, California, Undena Publications, 1979), 88 pp.

a3140   TUBB, J.N., «A Reconsideration of the date of the second millennium pottery from the recent excavations at Terqa», Levant 12 (1980) 61-68.

a3141   GILLET, E., GILLET, C., «Jebel Abu Thawab, Jordan», Levant 15 (1983) 187-191.

a3142   SCHWEITZER, U., «Ein koptisches Kloster auf der thebanischen Westseite», Or. 17 (1948) 387-388 (Theben).

a3143   DE MEULENAERE, H., «L'oeuvre architecturale de Tibère à Thèbes», OLoP 9 (1978) 69-73.

a3144   NYSTROM, B.P., «A Symbol of Hope from Thessalonica», HTR 74 (1981) 325-330.

a3145   LIFSHITZ, B., «Die Entdeckung einer alten Synagoge bei Tiberias», ZDPV 78 (1962) 180-184.

a3146   OVADIAH, A., «A Jewish Sarcophagus at Tiberias», IsrEJ 22 (1972) 229-232.

a3147   FOERSTER, G., «Tibériade», RB 82 (1975) 105-109.

a3148   LEVINE, L., «R. Simeon b. Yoḥai and the Purification of Tiberias: History and Tradition», HUCA 49 (1978) 143-185.

a3149   DOTHAN, M., *Hammath Tiberias. Early Synagogues and the Hellenistic and Roman Remains* (Ancient Synagogues Studies) (Jerusalem, Israel Exploration Society, University of Haifa, and Department of Antiquities and Museums, 1983), viii-88 pp.

a3150   ROTHENBERG, B., LAPU, A., «Excavations in the Early Iron Age Copper Industries at Timna (Wadi Arabah, Israel) May 1964 (Preliminary archaeological report)», ZDPV 82 (1966) 125-135.

a3151   VENTURA, R., «An Egyptian Rock Stela in Timna'», Tel Aviv 1 (1974) 60-63.

a3152   ROTHENBERG, B., «Corrections on Timna and Tel Yin'am in the *Bulletin*», BASOR nᵒ 252 (1983) 69-70.

a3153   HESTRIN, R., YEIVIN, Z., «Oil From The Presses Of Tirat-Yehuda», BA 40 (1977) 29-31.

a3154   JOCHIMS, U., «Thirza und die Ausgrabungen auf dem tell el-fār'a», ZDPV 76 (1960) 73-96.

a3155   FOWLER, M.D., «Cultic Continuity at Tirzah? A Re-Examination of the Archaeological Evidence», PEQ 113 (1981) 27-31.

a3156   WRIGHT, G.R.H., «Excavations at Tocra», PEQ 95 (1963) 22-64.

a3157   VANDIER, J., «À propos d'un dépôt de provenance asiatique trouvé à Tôd», Syr. 18 (1937) 174-182.

a3158   SEYRIG, H., «Antiquités syriennes. - 59. Notes sur le trésor de Tôd», Syr. 31 (1954) 218-224.

a3159   HARDING, G.L., «Some Objects from Transjordan», PEQ 69 (1937) 253-255.

a3160   HARDING, G.L., «Recent Discoveries in Trans-Jordan», PEQ 80 (1948) 118-120.

a3161   KIRKBRIDE, D.V.W., «Short Notes on Some Hitherto Unrecorded Prehistoric Sites in Transjordan», PEQ 91 (1959) 52-54.

a3162   DORNEMANN, R.H., *The Archaeology of the Transjordan in the Bronze and Iron Ages* (Wisconsin, Milwaukee Public Museum, 1983), xvi-287 pp.

a3163   MacLAURIN, E.C.B., «A Possible Phoenician Site Near Tripoli», PEQ 101 (1969) 40-41.

a3164   SPANOS, P.Z., «Zur absoluten Chronologie der zweiten Siedlung in Troja», ZA 67 (1977) 85-107.

a3165   DESHAYES, J., «Rapport préliminaire sur les deux premières campagnes de fouilles à Tureng Tépé», Syr. 40 (1963) 85-99.

a3166   MAZAR, A., «Khirbet Abu Twain», RB 82 (1975) 266-268.

a3167   MAZAR, A., «The Excavations at Khirbet Abu et-Twein and the System of Iron Age Fortresses in Judah», ErIs 15 (1981) 229-249.

a3168   MAZAR, A., «Three Israelite Sites in the Hills of Judah and Ephraim», BA 45 (1982) 167-178 (Khirbet Abu Et-Twein).

a3169   POIDEBARD, A., «Reconnaissances dans l'ancien port de Tyr (1934-1936)», Syr. 18 (1937) 355-368.

a3170   GROTTANELLI, C., «Il mito delle origini di Tiro: due 'versioni' duali», OrAnt 11 (1972) 49-63.

a3171   KATZENSTEIN, H.J., *The History of Tyre.* From the Beginning of the Second Millennium B.C.E. until the Fall of the Neo-Babylonian Empire in 538 B.C.E. (Jerusalem, The Shocken Institute for Jewish Research of the Jewish Theological Seminary of America, 1973), xxiii-373 pp.

a3172   BIKAI, P.M., *The Pottery of Tyre.* (Warminster, Aris & Phillips, 1978), ix-92 pp.

a3173   KATZENSTEIN, H.J., «Tyre in the Early Persian Period (539-486 B.C.E.)», BA 42 (1979) 23-34.

a3174   HANSON, R.S., *Tyrian Influence in the Upper Galilee* (Meiron Excavation Project, 2) (Cambridge, ASOR, 1980), vi-89 pp.

a3175   GEVA, S., «Archaeological Evidence of Trade Relations between Israel and Tyre?» ErIs 16 (1982) 44-46.

a3176   BAR-YOSEF, O., «'Ubeidiya», RB 82 (1975) 71-72.

a3177   KILLICK, A., «Udruh - the Frontier of an Empire: 1980 and 1981 Seasons, a Preliminary Report», Levant 15 (1983) 110-131.

a3178   VAN BUREN, E.D., «Excavations in Mesopotamia (Tell Hassuna, Tell Uqair, 'Aqar Quf)», Or. 15 (1946) 497-503.

a3179   ABÛ-L-FARAĞ AL-'UŠ, M., «Les dessins rupestres du Ğabal 'Usays», Syr. 41 (1964) 291-300.

a3180   AMIRAN, R., ARNON, C., AVNER, U., «Biq'at 'Uvda - Site 124», IsrEJ 29 (1979) 256-257.

a3181   VERCOUTTER, J., «Un Palais des 'Candaces' contemporain d'Auguste (Fouilles de Wab-ban-Naga 1958-1960)», Syr. 39 (1962) 263-299.

a3182   LENZEN, H.J., «Bericht über die XII. Warka-Kampagne», Or. 23 (1954) 436-438.

a3183   VAN BUREN, E.D., «A Ritual Sequence», Or. 25 (1956) 39-41 (Seals from Warka).

a3184   NORTH, R., «Status of the Warka Expedition», Or. 26 (1957) 185-256.

a3185   BERNARD, P., «Remarques sur le décor sculpté d'un édifice de Xanthos», Syr. 42 (1965) 261-288.

a3186   PRAG, K., «A Tell el-Yahudiyeh Style Vase in the Manchester Museum», Levant 5 (1973) 128-131.

a3187   MERRILLEES, R.S., «Some Notes on Tell el-Yahudiya Ware», Levant 6 (1974) 193-195.

a3188   PRAG, K., «A Tell el-Yahudiyeh Ware Fish Vase: an additional note», Levant 6 (1974) 192.

a3189   VIDALI, M.L., VIDALI, E., LAMBERG-KARLOVSKY, C.C., «Prehistoric Settlement Patterns Around Tepe Yahya: A Quantitative Analysis», JNES 35 (1976) 237-250.

a3190   FINKELSTEIN, I., «Israelite and Hellenistic Farms in the Foothills and in the Yarkon Basin», ErIs 15 (1981) 331-348.

a3191   PARDEE, D., «The Judicial Plea from Meṣad Hashavyahu (Yavneh-Yam): A New Philological Study», Maarav 1 (1978) 33-66.

a3192   BEN-TOR, A., Two Burial Caves of the Proto-Urban Period at Azor. The First Season of Excavations at Tell-Yarmuth, 1971 (Qedem, Monographs of the Institute of Archaeology, Hebrew University of Jerusalem, 1) (Hebrew University of Jerusalem, 1975), 87 pp.

a3193   DE MIROSCHEDJI, P., «Tel Yarmut, 1980», IsrEJ 31 (1981) 121-124.

a3194   BERAN, T., «Zum Datum der Felsreliefs von Yazilikaya», ZA 57 (1965) 258-273.

a3195   OTTEN, H., «Zur Datierung und Bedeutung des Felsheiligtums von Yazilikaya. Eine Entgegnung», ZA 58 (1967) 222-240.

a3196   WRIGHT, G.R.H., «Tell el-Yehūdīyab and the Glacis», ZDPV 84 (1968) 1-17.

a3197   INVERNIZZI, A., «Scavi della missione di Yelkhi (Hamrin Project, Iraq)», OrAnt 18 (1979) 319-321.

a3198   ORCHARD, J., «Finding the Ancient Sites in Southern Yemen», JNES 41 (1982) 1-21.

a3199   OHEL, M.Y., «The Second Season on Ramat Yiron, 1980: Test Excavations and Survey», IsrEJ 33 (1983) 1-14.

a3200   BEN TOR, A., «Tel Yoknéam (1977)», RB 85 (1978) 99-100.

a3201   BEN TOR, A., «Yoknéam et Environs (projet d'étude régionale)», RB 85 (1978) 96-98.

a3202   BEN-TOR, A., ROSENTHAL, R., «The First Season of Excavations at Tel Yoqne'am, 1977: Preliminary Report», IsrEJ 28 (1978) 57-82.

a3203   BEN-TOR, A., PORTUGALI, Y., AVISSAR, M., «The Second Season of Excavations at Tel Yoqne'am, 1978: Preliminary Report», IsrEJ 29 (1979) 65-83.

a3204   LIEBOWITZ, H., «Tel Yin'am, 1978-1979», IsrEJ 29 (1979) 229-230.

a3205   LIEBOWITZ, H., «Excavations at Tel Yin'am: The 1976 and 1977 Seasons: Preliminary Report», BASOR nᵒ 243 (1981) 79-94.

a3206   BEN-TOR, A., PORTUGALI, Y., AVISSAR, M., «The Third and Fourth Seasons of Excavations at Tel Yoqne'am, 1979 and 1980: Preliminary Report», IsrEJ 33 (1983) 30-54.

a3207   ROTHENBERG, B., «Corrections on Timna and Tel Yin'am in the Bulletin», BASOR nᵒ 252 (1983) 69-70.

a3208   MESHEL, Z., SASS, B., «Yotvata», RB 84 (1977) 266-270.

a3209   KALSBEEK, J., LONDON, G., «A Late Second Millennium B.C. Potting Puzzle», BASOR nᵒ 232 (1979) 47-56 (Site of Yatvata).

a3210 GOTO, K., «Tel Zeror», RB 82 (1975) 571-573.

a3211 KOCHAVI, M., BECK, P., GOPHNA, R., «*Aphek-Antipatris, Tēl Pōlēg, Tēl Zarōr* and *Tēl Burgā:* Four Fortified Sites of the Middle Bronze Age IIA in the Sharon Plain», ZDPV 95 (1979) 121-165.

a3212 OREN, E.D., «Ziklag: A Biblical City on the Edge of the Negev», BA 45 (1982) 155-166.

a3213 HENRY, D.O., «The Natufian Site of Rosh Zin: A Preliminary Report», PEQ 105 (1973) 129-140.

a3214 BOSSERT, H.T., «Neues von Zincirli und Maraş», Or. 27 (1958) 398-403.

a3215 GOITEIN, S.D., «A Court Record from Zoar on the Dead Sea», ErIs 12 (1975) 200-202 (English summary).

a3216 SUSSMAN, V., «A Candelabrum on a Tombstone from Zoar», IsrEJ 33 (1983) 231-234.

ART. KUNST. ARTE.

Orient. Oriente.

a3217 MEISSNER, B., «Altorientalische Teppiche», Or. 16 (1947) 166-168.

a3218 ALBRIGHT, W.F., «Was the Age of Solomon without Monumental Art?» ErIs 5 (1958) 1*-9*.

a3219 ERLENMEYER, M.-L., ERLENMEYER, H., «Über die Bildkunst im Alten Orient und in der Ägäis zu Beginn des 3. Jahrtausends», Or. 27 (1958) 351-372; 28 (1959) 163-169.

a3220 POTRATZ, J.A.H., «Das Flechtband. Eine altvorderasiatische Ligatur», OrAnt 3 (1964) 175-220.

a3221 ROSEN-AYALON, M., «The Contribution of Local Elements to Umayyad Art», ErIs 12 (1975) 194-199 (English summary).

a3222 ABOU ASSAF, A., «Untersuchungen zur ammonitischen Rundbildkunst», UF 12 (1980) 7-102.

Judaïsme. Judaism. Judentum. Giudaismo. Judaísmo.

a3223 ALBRIGHT, W.F., «Was the Age of Solomon without Monumental Art?» ErIs 5 (1958) 1*-9*.

a3224 GUTMANN, J., «The Haggadic Motif in Jewish Iconography», ErIs 6 (1960) 16*-22*.

a3225 WISCHNITZER, R., «The Moneychanger with the Balance: A Topic of Jewish Iconography», ErIs 6 (1960) 23*-25*.

a3226 KURZ, O., «Forgeries of Jewish Ritual Lavers», ErIs 7 (1964) 54*-55*.

a3227 BICKERMAN, E.J., «Sur la théologie de l'art figuratif. À propos de l'ouvrage de E.R. Goodenough», Syr. 44 (1967) 131-161.

a3228 JAFFÉ, H.L.C., «Chagall und die Bibel», dans *Travels in the World of the Old Testament* (en collab.) (1974), 108-118.

a3229 SCHUBERT, K., «Das Problem der Entstehung einer jüdischen Kunst im Lichte der literarischen Quellen des Judentums», Kairos 16 (1974) 1-13.

a3230 AVI-YONAH, M., «The Gaza School of Mosaicists in the Fifth-Sixth Centuries C.E.», ErIs 12 (1975) 191-193 (English summary).

La Bible. The Scripture. Die Bibel. La Bibbia. La Biblia.

a3231 GONZALO MAESO, D., «Excelencias y valores estéticos de la Biblia», CuBi 17 (1960) 156-169.

a3232   LEVEEN, J., *The Hebrew Bible in Art* (Schweich Lectures of the British Academy, 1939) New edition (New York, Sepher-Hermon Press, 1974), xx-142 pp.

a3233   SCHUBERT, K., «Die Miniaturen des Ashburnham Pentateuch im Lichte der rabbinischen Tradition», Kairos 18 (1976) 191-212.

a3234   MURRAY, C., «Art and the Early Church», JTS 28 (1977) 303-345.

ASTRES. STARS. STERNE. STELLE. ASTROS.

a3235   CARRINGTON, P., «Astral Mythology in the Revelation», AThR 13 (1931) 289-305.

a3236   KUGLER, F.X., SCHAUMBERGER, J., «Drei babylonische Planetentafeln der Seleukidenzeit», Or. 2 (1933) 97-116.

a3237   CUMONT, F., «Adonies et Canicule», Syr. 16 (1935) 46-50.

a3238   STEGEMANN, V., «Über Astronomisches in den koptischen Zaubertexten», Or. 4 (1935) 391-410.

a3239   SCHAUMBERGER, J., SCHOTT, A., «Die Konjunktion von Mars und Saturn im Frühjahr 669 v. Chr. nach Thompson, Reports Nr. 88 und anderen Texten», ZA 44 (1938) 271-289.

a3240   WEIDNER, E., «Ein Losbuch in Keilschrift aus der Seleukidenzeit», Syr. 33 (1956) 175-183.

a3241   TOOMER, G.J., «Notes on *al-Bīrūni on Transits*», Or. 34 (1965) 45-72.

a3242   NEUGEBAUER, O., «Notes on Ethiopic Astronomy», Or. 33 (1964) 49-71.

a3243   WÄCHTER, L., «Astrologie und Schicksalsglaube im rabbinischen Judentum», Kairos 11 (1969) 181-200.

a3244   METZGER, B.M., «Ancient Astrolgical Geography and Acts 2:9-11», dans *Apostolic History and the Gospel* (en collab.) (1970), 123-133.

a3245   MULDER, M.J., «Hat man in Ugarit die Sonnenwende begangen?» UF 4 (1972) 79-96.

a3246   RYCKMANS, J., «Une expression astrologique méconnue dans des inscriptions sabéennes», OLoP 6/7 (1975-76) 521-529.

a3247   STEPHENSON, F.R., «Astronomical Verification and Dating of Old Testament Passages Referring to Solar Eclipses», PEQ 107 (1975) 107-120.

a3248   BRAM, J.R., «Fate and Freedom: Astrology vs. Mystery Religions», dans *Society of Biblical Literature. 1976 Seminar Papers* (en collab.) (1976), 326-330.

a3249   GOLDSTEIN, B.R., «The Hebrew Astrolabe in the Adler Planetarium», JNES 35 (1976) 251-260.

a3250   BARNOUIN, M., «Les recensements du livre des Nombres et l'astronomie babylonienne», VT 27 (1977) 280-303.

a3251   CHARLESWORTH, J.H., «Jewish Astrology in the Talmud, Pseudepigrapha, the Dead Sea Scrolls, and Early Palestinian Synagogues», HarvTR 70 (1977) 183-200.

a3252   KRUPP, E.C. (Ed.), *In Search of Ancient Astronomies* (New York, Doubleday, 1977), xvii-300 pp.

a3253   PAPKE, W., «Korrespondierende Kulminationen und heliakische Aufgänge in MUL.APIN», OrAnt 19 (1980) 193-204.

AUTORITÉ DE L'ÉCRITURE. AUTHORITY OF SCRIPTURE. BIBELAUTORITÄT. AUTORITÀ DELLA BIBBIA. AUTORIDAD DE LA BIBLIA.

a3254   BACON, B.W., «The Authoress of Revelation», HarvTR 23 (1930) 235-250.

a3255   COHON, S.S., «Authority in Judaism», HUCA 11 (1936) 593-646.

a3256   BARTH, K., «Autorité et rôle de la Bible», ETR 23 (1948) 56-66.

*a*3257 BRING, R., «Autorité et rôle actuels de la Bible», ETR 23 (1948) 16-21.

*a*3258 DODD, C.H., «Autorité et rôle de la Bible», ETR 23 (1948) 11-15.

*a*3259 MACPHAIL, J.R., «The Authority of the Bible», SJTh 9 (1956) 14-30.

*a*3260 GERRISH, B.A., «Biblical Authority and the Continental Reformation», SJTh 10 (1957) 337-360.

*a*3261 JOHNSTON, G., «The Authority of the Bible», CanJT 7 (1961) 232-238.

*a*3262 GROSS, H., MUSSNER, F., «Die Autorität der Bibel heute - Fünfzehn Thesen», BiKi 26 (1971) 74-77.

*a*3263 KLINE, M.G., *The Structure of Biblical Authority* (Grand Rapids, Eerdmans, 1972), 183 pp.

*a*3264 WILES, M., «The Uses of 'Holy Scripture'», dans *What about the New Testament?* (en collab.) (1975), 155-164.

*a*3265 OGDEN, S.M., «The Authority of Scripture for Theology», Interpr 30 (1976) 242-261.

*a*3266 PRUNET, O., «Autorité de la Bible et Révélation», ETR 51 (1976) 443-464.

*a*3267 JENSON, R.W., «On the Problem(s) of Scriptural Authority», Interpr 31 (1977) 237-250.

*a*3268 PACKER, J., «L'herméneutique et l'autorité de la Bible», Hok n° 8 (1978) 2-24.

*a*3269 PITT-WATSON, I., «Why is the Bible unique and authoritative?» ExpTim 89 (1977-78) 52-53.

*a*3270 SLADE, S., «Toward a Model for Biblical Authority», SBT 7,2 (1977) 57-67.

*a*3271 BARR, J., *The Scope and Authority of the Bible* (Explorations in Theology, 7) (London, SCM, 1980), x-150 pp.

*a*3272 KÜHNE, H.-J., *Schriftautorität und Kirche*. Eine kontroverstheologische Studie zur Begründung der Schriftautorität in der neueren katholischen Theologie (Kirche und Konfession, 22) (Göttingen, Vandenhoeck & Ruprecht, 1980), 166 pp.

*a*3273 WALTON, R.C., «Heinrich Bullinger und die Autorität der Schrift», dans *Text - Wort - Glaube* (en collab.) (1980), 274-297.

*a*3274 WELLS, P.R., *James Barr and the Bible*. Critique of a new liberalism (Philippsburg, New Jersey, Presbyterian and Reformed Publishing, 1980), viii-406 pp.

*a*3275 FAZEKAŠ, L., «Kanon im Kanon», TZ 37 (1981) 19-34.

*a*3276 LOTZ, D.W., «Sola Scriptura: *Luther on Biblical Authority*», Interpr 35 (1981) 258-273.

*a*3277 NEL, P., «Authority in the Wisdom Admonitions», ZAW 93 (1981) 418-426.

*a*3278 YARNOLD, E., «Teaching with Authority», Way 21 (1981) 163-172.

*a*3279 BARR, J., *Holy Scripture. Canon, Authority, Criticism* (1983), «Biblical authority and biblical criticism in the conflict of church traditions», 23-48.

*a*3280 BOUTTIER, M., «Dix-huit propositions sur l'autorité de l'Écriture», ETR 58 (1983) 53-57.

*a*3281 GNUSE, R., «Authority of the Scriptures: Quest for a Norm», BTS 13 (1983) 59-66.

CALENDRIER. CALENDAR. KALENDER. CALENDARIO.

Orient. Oriente.

*a*3282 SCHNEIDER, N., «Die Monatskalender von Adab (Ud-nun-ki)», Or. 1 (1932) 89-90.

*a*3283 SCHNEIDER, N., «Der kultische Ursprung der Monatsnamen von Umma», Or. 1 (1932) 223-230.

*a*3284 SCHNEIDER, N., «Die Schaltjahre der Drehem- und Djoḫaurkunden», Or. 2 (1933) 150-162.

*a*3285 HENNING, W.B., «Zum soghdischen Kalender», Or. 8 (1939) 87-95.

*a*3286   VON BRANDENSTEIN, C.-G., «Zu den hethitischen Jahreszeiten», Or. 8 (1939) 68-81.

*a*3287   LEWY, H., «Le calendrier perse», Or. 10 (1941) 1-64.

*a*3288   LEWY, H., LEWY, J., «The Origin of the Week and the Oldest West Asiatic Calendar», HUCA 17 (1942-43) 1-152.

*a*3289   OLIVIER, J.P.J., «Notes on the Ugaritic Month Names», JNWSemL 1 (1971) 39-45; 2 (1972) 53-59.

*a*3290   HORSNELL, M.J.A., «The Grammar and Syntax of the Year-Names of the First Dynasty of Babylon», JNES 36 (1977) 277-285.

*a*3291   PETTINATO, G., «Il calendario semitico del 3. millennio ricostruito sulla base dei testi di Ebla», OrAnt 16 (1977) 257-285.

*a*3292   BAUSANI, A., «L'alfabeto come calendario arcaico», OrAnt 17 (1978) 131-146.

*a*3293   WHITING, R.M., «Some Observations on the Drehem Calendar», ZA 69 (1979) 6-33 (From Ur III).

*a*3294   JARRY, J., «Problèmes de datation en Syrie du Nord», Syr. 58 (1981) 379-385.

Judaïsme. Judaism. Judentum. Giudaismo. Judaísmo.

*a*3295   MORGENSTERN, J., «Supplementary Studies in the Calendars of Ancient Israel», HUCA 10 (1935) 1-148.

*a*3296   FÉVRIER, J.-G., «Remarques sur le calendrier de Gézer», Sem. 1 (1948) 33-41.

*a*3297   MORGENSTERN, J., «The Chanukkah Festival and the Calendar of Ancient Israel», HUCA 20 (1947) 1-136; 21 (1948) 365-496.

*a*3298   BOWMAN, J., «Is the Samaritan Calendar the Old Zadokite One?» PEQ 91 (1959) 23-37.

*a*3299   WIRGIN, W., «The Calendar Tablet from Gezer», ErIs 6 (1960) 9*-12*.

*a*3300   BARTINA, S., «El calendario solar judío», CuBi 18 (1961) 97-102.

*a*3301   SEGAL, J.B., «The Hebrew Festivals and the Calendar», JSS 6 (1961) 74-94.

*a*3302   SEGAL, J.B., «'yrḥ' in the Gezer 'Calendar'», JSS 7 (1962) 212-221.

*a*3303   HALLO, W.W., «New Moons and Sabbaths: A Case-study in the Contrastive Approach», HUCA 48 (1977) 1-18.

*a*3304   SANDMEL, S., *Judaism and Christian Beginnings* (1978), «The Calendar», 209-223.

*a*3305   TIGAY, J.H., «Notes on the Development of the Jewish Week», ErIs 14 (1978) 111*-121*.

*a*3306   BAILLET, M., «Le calendrier samaritain», RB 85 (1979) 481-499.

*a*3307   BECKWITH, R.T., «The earliest Enoch Literature and its Calendar: Marks of their Origin, Date and Motivation», RQum 10 (1981) 365-403.

*a*3308   VANDERKAM, J.C., «2 Maccabees 6, 7a and Calendrical Change in Jerusalem», JStJud 12 (1981) 52-74.

*a*3309   WACHOLDER, B.Z., «The Calendar of Sabbath Years During the Second Temple Era: A Response», HUCA 54 (1983) 123-133.

*a*3310   BICKERMAN, E.J., «Calendars and chronology», dans *The Cambridge History of Judaism* (en collab.) (1984), I, 60-69.

Jubilés (Livre des). Jubilees (Book of). Jubiläen (Buch der). Giubilei (Libro dei). Jubileos (Libro de los).

*a*3311   BECKWITH, R.T., «The Significance of the Calendar for Interpreting Essene Chronology and Eschatology», RQum 10 (1980) 167-202.

*a*3312   ROOK, J.T., «A twenty-eight-day month tradition in the book of Jubilees», VT 31 (1981) 83-87.

*a*3313 BAUMGARTEN, J.M., «Some problems of the Jubilees calendar in current research», VT 32 (1982) 485-489.

*a*3314 VANDERKAM, J.C., «A twenty-eight-day month tradition in the book of Jubilees», VT 32 (1982) 504-506.

*a*3315 BAUMGARTEN, J.M., «The Beginning of the Day in the Calendar of Jubilees», JBL 77 (1958) 355-360, dans *Studies in Qumran Law* (1977), 124-130.

*a*3316 BAUMGARTEN, J.M., «The Calendar of the Book of Jubilees and the Bible», dans *Studies in Qumran Law* (1977), 101-114.

Qumrân.

*a*3317 BAUMGARTEN, J.M., «4Q Halakah[a] 5, the Law of Ḥadash, and the Pentecontad Calendar», *Journal of Jewish Studies* 27 (1976) 36-46, dans *Studies in Qumran Law* (1977), 131-142.

*a*3318 DELCOR, M., «Les Calendriers», dans «Qumrân et découvertes au désert de Juda», SDB 9 (1978) col. 958-960.

*a*3319 JAUBERT, A., «Fiches de Calendrier», dans *Qumrân. Sa piété, sa théologie et son milieu* (en collab.) (1978), 305-311.

*a*3320 BURGMANN, H., «Die Interkalation in den Jahrwochen des Sonnenkalenders», RQum 10 (1979) 67-81.

*a*3321 DAVIES, P.R., «Calendrical Change and Qumran Origins: An Assessment of VanderKam's Theory», CBQ 45 (1983) 80-89.

Nouveau Testament. New Testament. Neues Testament. Nuovo Testamento. Nuevo Testamento.

*a*3322 JAUBERT, A., «Jésus et le calendrier de Qumrân», NTS 7 (1960-61) 1-30.

*a*3323 KRETSCHMAR, G., «Festkalender und Memorialstäten Jerusalems in altkirchlicher Zeit», ZDPV 87 (1971) 167-205.

*a*3324 VANDERKAM, J.C., «The Origin, Character, and Early History of the 364-Day Calendar: A Reassessment of Jaubert's Hypotheses», CBQ 41 (1979) 390-411.

*a*3325 NARDONE, R.M., «The Church of Jerusalem and the Christian Calendar», dans *Standing Before God* (en collab.) (1981), 233-254.

CANON. KANON. CANONE. CANON.

Études générales. General Studies. Allgemeine Studien. Studi generali. Estudios generales.

*a*3326 DODS, M., «Le canon des Écritures», ETR 8 (1933) 112-130.

*a*3327 VAN UNNIK, W.C., «De la règle *mête prostheinai mête aphelein* dans l'histoire du canon», dans *Vigiliae Christianae* 3 (1949) 1-36, dans VAN UNNIK, W.C., *Sparsa Collecta* (1980), II, 123-156.

*a*3328 CULLMANN, O., «Scripture and Tradition», SJTh 6 (1953) 113-135.

*a*3329 MARTIN SANCHEZ, B., «Canon del A. y del N. Testamento entre los cristianos. ¿Cómo pasó el Canon judío al uso cristiano?» CuBi 16 (1959) 29-32.

*a*3330 LODS, M., «Tradition et canon des Écritures», ETR 36 (1961) 47-59.

*a*3331 HAAG, H., «Die Bildung des Schriftkanons», dans *Mysterium Salutis* (en collab.) (1965), I, 373-386.

*a*3332 SAND, A., *Kanon*. Von den Anfängen bis zum Fragmentum Muratorianum (Handbuch der Dogmengeschichte, Band I, Fasz. 3a.1) (Freiburg, Herder, 1974), vi-90 pp.

*a*3333 BEAUCHAMP, P., *L'un et l'autre Testament* (1976), «Le livre», 136-199.

a3334   GRECH, P., «The Language of Scripture and its Interpretation: An Essay», BTB 6 (1976) 161-176.

a3335   ALETTI, J.-N., «Le canon des Écritures», CHR 24 (1977) 21-31.

a3336   CASPAR, R., «Religion du Livre», CHR 24 (1977) 43-57.

a3337   PEDERSEN, S., «Die Kanonfrage als historisches und theologisches Problem», ST 31 (1977) 83-136.

a3338   ZIEGENAUS, A., «Die Bildung des Schriftkanons als Formprinzip der Theologie», MüTZ 29 (1978) 264-283.

a3339   CHILDS, B.S., Introduction to the Old Testament as Scripture (1979), «The Hebrew Scriptures and the Christian Bible», 659-671.

a3340   CITRINI, T., «Il problema del canone biblico: un capitolo di teologia fondamentale», ScuolC 107 (1979) 549-590.

a3341   KEALY, S.P., «The Canon: An African Contribution», BTB 9 (1979) 13-26.

a3342   SANDERS, J.A., «Text and Canon: Concepts and Method», JBL 98 (1979) 5-29.

a3343   CARROLL, R.P., «Canonical Criticism: A Recent Trend in Biblical Studies?» ExpTim 92 (1980) 73-78.

a3344   PRIEST, J.F., «Canon and Criticism: A Review Article», JAmAcRel 58 (1980) 259-271.

a3345   SANDERS, J.A., «Text and Canon: Old Testament and New», dans Mélanges Dominique Barthélemy (en collab.) (1981), 373-394.

a3346   HOFFMAN, T.A., «Inspiration, Normativeness, Canonicity, and the Unique Sacred Character of the Bible», CBQ 44 (1982) 447-469.

a3347   SHEPPARD, G.T., «Canonization. Hearing the Voice of the Same God through Historically Dissimilar Traditions», Interpr 36 (1982) 21-33.

a3348   BARR, J., Holy Scripture. Canon, Authority, Criticism (1983), «The concept of canon and its modern adventures», 49-74; «Further adventures of the canon: 'canon' as the final shape of the text», 75-104; «The spiritual and intellectual basis of modern biblical research», 105-126; «Some passages relevant to the formation of the canon», 127-129; «Further thoughts on canonical criticism», 130-171.

a3349   SIMONIS, W., «Zum Problem der Kanonbildung», Catho 37 (1983) 133-139.

Ancien Testament. Old Testament. Altes Testament. Antico Testamento. Antiguo Testamento.

a3350   MARTIN, B., «El Canon Bíblico. Libros canónicos. Canonicidad e inspiración. ¿Cómo fué formado y fijado el Canon del A.T.?» CuBi 15 (1958) 338-341.

a3351   MICHAELI, F., «À propos du canon de l'Ancien Testament», ETR 36 (1961) 61-81.

a3352   SHEPPARD, G.T., «Canon Criticism: The Proposal of Brevard Childs and an Assessment for Evangelical Hermeneutics», SBT 4 (1974) 3-17.

a3353   GEISLER, N.L., «The Extent of the Old Testament Canon», dans Current Issues in Biblical and Patristic Interpretation (en collab.) (1975), 31-46.

a3354   CLEMENTS, R.E., «Covenant and Canon in the Old Testament», dans Creation, Christ and Culture (en collab.) (1976), 1-12.

a3355   BLENKINSOPP, J., Prophecy and Canon. A Contribution to the Study of Jewish Origins (University of Notre Dame Center for the Study of Judaism and Christianity in Antiquity, 3) (Notre Dame, London, University of Notre Dame Press, 1977), 206 pp.

a3356   GUNNEWEG, A.H.J., Vom Verstehen des Alten Testaments, «Das Alte Testament als Teil des christlichen Kanons» (1977), 183-198.

a3357   STEMBERGER, G., «Die sogenannte 'Synode von Jabne' und das frühe Christentum», Kairos 19 (1977) 14-21.

a3358   CHILDS, B.S., «The Canonical Shape of the Prophetic Literature», Interpr 32 (1978) 46-55.

a3359   CHILDS, B.S., «The exegetical significance of canon for the study of the Old Testament», dans *Congress Volume. Göttingen 1977* (en collab.) (1978), 66-80.

a3360   SKEHAN, P.W., «Littérature de Qumrân. - A. Textes bibliques. - II. Qumrân et le Canon de l'Ancien Testament», dans «Qumrân et découvertes au désert de Juda», SDB 9 (1978) col. 818-819.

a3361   BEAUCHAMP, P., «'Comprendre l'Ancien Testament'. Compte rendu d'un livre de A.H.J. Gunneweg», RSR 67 (1979) 45-58.

a3362   LIGHTSTONE, J.N., «The formation of the biblical canon in Judaism of late antiquity: Proleqomenon to a general reassessment», SR 8 (1979) 135-142.

a3363   PAUL, A., «Le christianisme primitif: diaspora, dissémination et exclusion», LV no 141 (1979) 5-16.

a3364   BARR, J., «Childs' *Introduction to the Old Testament as Scripture*», JSOT no 16 (1980) 12-23.

a3365   CAZELLES, H., «The Canonical Approach to Torah and Prophets», JSOT no 16 (1980) 28-31.

a3366   CHILDS, B.S., «Response to Reviewers of *Introduction to the Old Testament as Scripture*», JSOT no 16 (1980) 52-60.

a3367   HARRINGTON, D.J., «Research on the Jewish Pseudepigrapha during the 1970s», CBQ 42 (1980) 147-159.

a3368   KITTEL, B., «Brevard Childs' Development of the Canonical Approach», JSOT no 16 (1980) 2-11.

a3369   LANDES, G.M., «The Canonical Approach to Introducing the Old Testament: Prodigy and Problems», JSOT no 16 (1980) 32-39.

a3370   SMEND, R., «Questions about the Importance of the Canon in the Old Testament Introduction», JSOT no 16 (1980) 45-51.

a3371   GOODBLATT, D., «Audet's 'Hebrew-Aramaic' List of the Books of the OT Revisited», JBL 101 (1982) 75-84.

a3372   PAUL, A., «Y a-t-il vraiment une Bible juive?» dans En collaboration, *L'Ancien et le Nouveau*. Travaux de l'U.E.R. de théologie et de sciences religieuses (Paris) (Cogitatio Fidei, 111) (Paris, Cerf, 1982), 47-57.

Nouveau Testament. New Testament. Neues Testament. Nuovo Testamento. Nuevo Testamento.

a3373   HATCH, W.H.P., «The Position of Hebrews in the Canon of the New Testament», HarvTR 29 (1936) 133-151.

a3374   JOHNSON, S.E., «Marcion and the New Testament», AThR 25 (1943) 228-233.

a3375   MARTINEZ, R., «El canon del Nuevo Testamento», CuBi 14 (1957) 37-39.

a3376   MARTIN SANCHEZ, B., «El Canon del Nuevo Testamento. Formación e historia del mismo», CuBi 16 (1959) 100-103.

a3377   NIELSEN, C.M., «Polycarp, Paul and the Scriptures», ASThR 47 (1965) 199-216.

a3378   OHLIG, K.H., *Die theologische Begründung des neutestamentlichen Kanons in der alten Kirche* (Düssel;dorf, Patmos, 1972), 336 pp.

a3379   BRUCE, F.F., «New Light on the Origins of the New Testament Canon», dans *New Dimensions in New Testament Study* (en collab.) (1974), 3-18.

a3380   DRURY, C., «Who's In, Who's Out», dans *What about the New Testament?* (en collab.) (1975), 223-233.

a3381   MARIN, F., «Apostolicidad de los escritos neotestamentarios», EstE 50 (1975) 211-240.

a3382   WAINWRIGHT, G., «The New Testament as canon», SJTh 28 (1975) 551-571.

a3383   WILES, M., «The Uses of 'Holy Scripture'», dans *What about the New Testament?* (en collab.) (1975), 155-164.

a3384   DEEKS, D.G., «Papias Revisited», ExpTim 88 (1976-77) 296-301, 324-329.

a3385   COLLINS, R.F., «The Matrix of the NT Canon», BTB 7 (1977) 51-59.

a3386   MÜHLSTEIGER, J., «Zum Verfassungsrecht der Frühkirche», ZTK 99 (1977) 129-155.

a3387   MÜLLER, P.-G., «Destruktion des Kanons - Verlust der Mitte», TR 73 (1977) 177-186.

a3388   PAULSEN, H., «Zur Wissenschaft vom Urchristentum und der alten Kirche - ein methodischer Versuch», ZNW 68 (1977) 200-230.

a3389   ALETTI, J.-N., «Le Canon des Écritures. Le Nouveau Testament», Et 349 (1978) 109-124.

a3390   LEMARIÉ, J., «Saint Chromace d'Aquilée témoin du Canon de Muratori», REA 24 (1978) 101-102.

a3391   MARCHADOUR, A., Un évangile à découvrir, «La laborieuse fixation du canon» (1978), 75-82.

a3392   TAKEMORI, M., «Canon and Worship», dans Saved by Hope (en collab.) (1978), 150-163.

a3393   WEDDERBURN, A.J.M., «The New Testament as the Church's Book?» SJTh 31 (1978) 23-40.

a3394   BEST, E., «Scripture, Tradition and the Canon of the New Testament», BJRL 61 (1979) 258-289.

a3395   DUMAIS, M., «Le caractère normatif des écrits du Nouveau Testament», ET 10 (1979) 129-145, dans L'actualisation du Nouveau Testament (1981) 43-70.

a3396   HÄRING, H., «Eine Kirche, eine Schrift - ein Evangelium?» BiKi 34 (1979) 122-132.

a3397   SCHUMACHER, J., Der apostolische Abschluss der Offenbarung Gottes (Freiburger theologische Studien, 114) (Freiburg, Herder, 1979), 336 pp.

a3398   DUMAIS, M., «The normativity of the New Testament», TDig 28 (1980) 55-58.

a3399   HAHN, F., «Die Heilige Schrift als älteste christliche Tradition und als Kanon», EvT 40 (1980) 456-466.

a3400   THEUNIS, F.J., «Omtrent Kanon en Schrift - The Canon in its Relation to Scripture», Bijdr. 41 (1980) 64-87 (English Summary).

a3401   VAN UNNIK, W.C., «Ê kainê diathêkê, a Problem in the early History of the Canon», dans Studia Patristica, I, Berlin, 1961, 211-227; dans VAN UNNIK, W.C., Sparsa Collecta (1980), II, 157-174.

a3402   LEMCIO, E.E., «The Gospels and Canonical Criticism», BTB 11 (1981) 114-122.

a3403   LUHRMANN, D., «Gal 2 9 und die katholischen Briefe. Bemerkungen zum Kanon und zur regula fidei», ZNW 72 (1981) 65-87.

a3404   GRANT, R.M., «Literary Criticism and the New Testament Canon», JSNT no 16 (1982) 24-44.

a3405   SANCHEZ CARO, J.M., «El canon del Nuevo Testamento: Problemas y planteamientos», Salm 29 (1982) 309-339.

a3406   BARRETT, C.K., «The Centre of the New Testament and the Canon», dans Die mitte des Neuen Testaments (en collab.) (1983), 5-21.

a3407   BRUCE, F.F., «Some Thoughts on the Beginning of the New Testament Canon», BJRL 65 (1983) 37-60.

a3408   FULLER, R.H., «Early Catholicism. An Anglican Reaction to a German Debate», dans Die Mitte des Neuen Testaments (en collab.) (1983), 34-41.

a3409   PAUL, A., «La Torah et le Canon chrétien», RSR 71 (1983) 139-147.

CATÉCHÈSE. CATECHETICS. KATECHESE. CATECHESI. CATEQUESIS.

a3410 SOGGIN, J.A., *Old Testament and Oriental Studies,* «Cultic-Aetiological Legends and Catechesis in the Hexateuch» (1960), 72-77.

a3411 WIERTZ, R.P., «Wort Gottes im Bild für die Kinder», BiLeb 3 (1962) 285-299.

a3412 GRIN, E., «Devons-nous rendre le message du Nouveau Testament 'acceptable' à nos contemporains?» ETR 39, no 4 (1964) 1-15.

a3413 RIBER, M., «¿Cómo llevar la Biblia a la catequesis?» CuBi 21 (1964) 76-84.

a3414 THOME, A., «Biblische Gotteserkenntnis und Bibelkatechese», BiLeb 5 (1964) 198-209.

a3415 BECK, E., MILLER, G., «Bibel statt Katechismus?» BiKi 20 (1965) 120-122.

a3416 RIBER, M., «La catequesis en la Iglesia primitiva», CuBi 22 (1965) 343-350.

a3417 HUERGO FERNANDEZ, J., «Pedagogía y catequesis bíblica», CuBi 26 (1969) 86-95.

a3418 METZGER, M., «Pour une catéchèse biblique», NRT 94 (1972) 1065-1088.

a3419 VOELTZEL, R., *L'enfant et son éducation dans la Bible* (Paris, Beauchesne, 1973), 124 pp.

a3420 CUNCHILLOS, J.L., *La Biblia. Una lectura catequética del Antiguo Testamento,* Vol. I (Madrid, Ed. P.P.C., 1974), 168 pp.

a3421 BROWN, R.S., «The Impact on Catechetics of Our New Approaches to the Bible and Theology», dans *Biblical Studies in Contemporary Thought* (en collab.) (1975), 55-67.

a3422 CUNCHILLOS, J.L., *La Biblia, una lectura catequética de San Pablo,* vol. II (Madrid, Ed. P.P.C., 1975), 140 pp.

a3423 DYSON, J., «A Change of Diet?» dans *What about the New Testament?* (en collab.) (1975), 207-222.

a3424 LYS, D., «La transmission de l'évangile selon la Bible», ETR 50 (1975) 29-38.

a3425 BROWN, R.S., «The Impact on Catechetics of Our New Approches to the Bible and Theology», dans En collaboration, *Biblical Studies in Contemporary Thought* (Ed. M. WARD) (Burlington, Vermont, Trinity College Biblical Institute, 1976), 55-67.

a3426 LOIDI, F., *Mar Rojo* (Bilbao, Desclée de Brouwer, 1976), 166 pp.

a3427 BIERBAUER, J., «Bibelquiz mit Kindern», BiLit 50 (1977) 256-258.

a3428 DE CHALENDAR, X., «Lire les Évangiles», CHR 24 (1977) 96-101.

a3429 HÖSLINGER, N., «Bibelarbeit in der Gemeinde», BiLit 50 (1977) 254-256.

a3430 NOCENT, A., «Liturgicala Catechesis of the Christian Year», Wor 51 (1977) 496-505.

a3431 SALAS, A., *Catecismo bíblico para adultos* (Madrid, Biblia y Fe, 1977), 552 pp.

a3432 FOSSION, A., «Lectures structurales des Écritures en catéchèse», LVit 33 (1978) 307-330.

a3433 VAN DER PLANCKE, C., «Ouvrir la Bible avec des jeunes», LVit 33 (1978) 297-306.

a3434 XXX, «Tradition orale et mémorisation des évangiles. Une expérience en milieu traditionnel africain», MD no 140 (1979) 125-151.

a3435 BARTHOLOMÄUS, W., «Die Religionspädagogik vor dem Anspruch der Exegese», TQ 159 (1979) 55-57.

a3436 FRANKEMÖLLE, H., «Von der Exegese zur Katechese», TR 75 (1979) 89-98.

a3437 KNOCKAERT, A., VAN DER PLANCKE, C., «L'Évangile et le médium de la bande dessinée», LVit 34 (1979) 25-41.

a3438 KNOCKAERT, A., VAN DER PLANCKE, C., «Méthode d'analyse», LVit 34 (1979) 43-75.

a3439 KNOCKAERT, A., VAN DER PLANCKE, C., «Catéchèse de l'annonciation», LVit 34 (1979) 79-121.

a3440 KNOCKAERT, A., VAN DER PLANCKE, C., «Catéchèse de la tentation», LVit 34 (1979) 123-153.

a3441   KNOCKAERT, A., VAN DER PLANCKE, C., *Bandes dessinées bibliques et catéchèses* (Écritures, 1) (Bruxelles, Lumen Vitae; Paris, Office Général du Livre, 1979), 174 pp.

a3442   KREUZER, M., «Bücher zur Bibel für das Vorschulkind», BiLit 52 (1979) 266-268.

a3443   SCHULTES, J.L., «Lernprozess Bibel (zur theologischen Erwachsenenbildung)», BiLit 52 (1979) 49-53.

a3444   GEORGE, A., «La manière ou la pédagogie de Jésus», dans *Jésus aujourd'hui* (en collab.) (1980), I, 131-138.

a3445   PIETRI, C., «La religion savante et la foi du peuple de Dieu. Les premiers siècles de l'Église», *Les quatre fleuves* no 11 (1980) 9-30.

a3446   RITTGEN, P., «Schülerorientierter Bibelunterricht», TrierTZ 89 (1980) 126-141.

a3447   SCHULTES, J.L., «Moderne Methoden der Erwachsenenbildung in der Bibelarbeit», BiLit 53 (1980) 198-205.

a3448   WYBO, G., «Du texte à l'image. Vers une proposition visuelle du récit de la multiplication des pains (Mc 6,30-44)», LVit 35 (1980) 387-464.

a3449   En collaboration, «Une première approche de la Bible», CE (n.s.) no 35 (1981) 64 pp.

a3450   BAILLY, C., «La rythmo-catéchèse ou mémorisation orale rythmée de l'Évangile», LVit 36 (1981) 359-376.

a3451   DILLON, J.T., «Jésus a-t-il réussi dans sa catéchèse?» LVit 36 (1981) 205-236.

a3452   PAUKNER, G., SCHOLL, N., «Zu den neuen Bibelcomics», BiLit 54 (1981) 113-117.

a3453   ROGUET, A.-M., «Du repas au sacrifice», VS 135 (1981) 63-77 (catéchèse de l'Eucharistie).

a3454   SALAS, A., *Biblia y Catequesis: ¿cultura y fe en diálogo?* Antiguo Testamento I: De Adán a David. Nuevo Testamento III: Los evangelios (Madrid, Biblia y Fe, 1981, 1982), 400-416 pp.

a3455   WEBER, H.-R., *Experiments with Bible Study* (Geneva, World Council of Churches, 1981), ix-319 pp.

a3456   DECHAMBRE, G., «Raconter la Bible à la maternelle», LVit 37 (1982) 415-421.

a3457   KLINK, J.L., «Caontes de fées et récits bibliques», LVit 37 (1982) 377-384.

a3458   KNOCKAERT, A., VAN DER PLANCKE, C., «Le retour du conte biblique: Jonas 'à la une'», LVit 37 (1982) 367-376.

a3459   RITTER, W.H., «Bibel und Wirklichkeit im Religionsunterricht», StiZ 200 (1982) 561-569.

a3460   KNOCKAERT, A., «Bandes dessinées bibliques: du neuf et de l'original!» LVit 38 (1983) 439-448.

a3461   MAYENCE, E., «Un livre de références pour vivre en croyants aujourd'hui», LVit 38 (1983) 430-438.

CHRONOLOGIE. CHRONOLOGY. CHRONOLOGIE. CRONOLOGIA. CRONOLOGÍA.

Orient. Oriente.

a3462   DEIMEL, A., «Die Bedeutung der Keilschrift-Palaeographie für die Chronologie der ältesten babylonischen Geschichte», Or. 1 (1932) 213-222.

a3463   KRAUS, F.R., «Zur Chronologie der Könige Ur-Nammu und Sulgi von Ur», Or. 20 (1951) 385-398.

a3464   LEWY, J., «Apropos of a Recent Study in Old Assyrian Chronology», Or. 26 (1957) 12-36.

a3465 ROWE, A., «A Provisional Chronological Table of the Prehistoric and Historic Ages of Palestine», PEQ 86 (1954) 76-82; 87 (1955) 176-179.

a3466 NEGEV, A., «The Chronology of the Middle Nabatean Period», PEQ 101 (1969) 5-14.

a3467 DOTHAN, M., «The Late Chalcolithic Period in palestine - Chronology and Foreign Contacts», ErIs 10 (1971) 126-131 (English summary).

a3468 HACHMANN, R., «Assyrische Abstandsdaten und absolute Chronologie», ZDPV 93 (1977) 97-130.

a3469 READE, J.E., *Mesopotamian Guidelines for Biblical Chronology* (Syro-Mesopotamian Studies, 4/1) (Malibu, California, Undena Publications, 1981), 9 pp.

a3470 WALTON, J., «The Antediluvian Section of the Sumerian King list and Genesis 5», BA 44 (1981) 207-208.

Ancien Testament. Old Testament. Altes Testament. Antico Testamento. Antiguo Testamento.

a3471 DIRINGER, D., «The Study of the Old Testament and of Archaeology with Special Reference to Some Chronological Problems», ErIs 3 (1954) 42-45 (Hebrew).

a3472 BOLSINGER, G., «Die Entwirrung», BiKi 12 (1957) 71-77.

a3473 MILLER, J.M., *The Old Testament and the Historian* (Old Testament Series) (Philadelphia, Fortress Press, 1976), 87 pp.

a3474 THIELE, E.R., «An Additional Chronological Note on 'Yaw, Son of 'Omri'», BASOR n° 222 (1976) 19-23.

a3475 WACHOLDER, B.Z., *Essays on Jewish Chronology and Chronography* (New York, Ktav, 1976), xvii-257 pp.

a3476 XXX, «Chronology of the Israelite and Judaean kings», dans *Israelite and Judaean History* (en collab.) (1977), 678-683.

a3477 GRELOT, P., «Quatre cents trente ans (Exode 12,34): À propos de la chronologie sacerdotale du Pentateuque», dans *Studien zum Pentateuch* (en collab.) (1977), 91-98.

a3478 LEEMAN, S., «Was Bishop Ussher's Chronology Influenced by a Midrash?» Semia 8 (1977) 127-130.

a3479 SEIDL, T., «Daatierung und Wortererereignis», BZ 21 (1977) 23-44.

a3480 THIELE, E.R., *A Chronology of the Hebrew Kings* (Contemporary Evangelical Perspectives) (Grand Rapids, Michigan, Zondervan, 1977), 93 pp.

a3481 WARNER, S.M., «The Patriarchs and Extra-Biblical Sources», JSOT n° 2 (1977) 50-61.

a3482 KOCH, K., «Die mysteriösen Zahlen der jüdischen Könige und die apokalyptischen Jahrwochen», VT 28 (1978) 433-441.

a3483 WEIPPERT, M., «Jau(a) mār Ḫumri - Joram oder Jehu von Israel?» VT 28 (1978) 113-118.

a3484 BICKERMAN, E.J., «Calendars and chronology», dans *The Cambridge History of Judaism* (en collab.) (1984), I, 60-69.

a3485 GRABBE, L.L., «Chronography in Hellenistic Jewisah Historiography», dans *Society of Biblical Literature. 1979 Seminar Papers* (en collab.) (1979), II, 43-68.

a3486 BECKWITH, R.T., «The Significance of the Calendar for Interpreting Essene Chronology and Eschatology», RQum 10 (1980) 167-202.

a3487 LEMCHE, N.P., «The Chronology in the Story of the Flood», JSOT n° 18 (1980) 52-62.

a3488 BLOSSER, D., «The Sabbath Year Cycle in Josephus», HUCA 52 (1981) 129-139.

a3489 GERSHON, B., «The Formula X−ymy and yôm: Some Characteristics of Historiographical Writing in Israel», ZAW 93 (1981) 183-196.

a3490 HOLLADAY, W.L., «A Coherent Chronology of Jeremiah's Early Career», dans *Le livre de Jérémie* (en collab.) (BETL 44) (1981), 58-73.

a3491   PUECH, É., «Athalie, fille d'Achab et la chronologie des rois d'Israël et de Juda», Salm 28 (1981) 117-136.
a3492   GREEN, A.R., «The Chronology of the Last Days of Judah: Two Apparent Discrepancies», JBL 101 (1982) 57-73.
a3493   LARSSON, G., «The Chronology of the Pentateuch: A Comparison of the MT and LXX», JBL 102 (1983) 401-409.

Nouveau Testament. New Testament. Neues Testament. Nuovo Testamento. Nuevo Testamento.

a3494   GIGLIOLI, A., «L'interprete di Pietro e la cronologia della settimana santa», dans *San Pietro* (en collab.) (1967), 137-165.
a3495   BECKWITH, R.T., «St Luke, the Date of Christmas and the Priestly Courses at Qumran», RQum 9 (1977) 73-94.
a3496   BROX, N., «Probleme einer Frühdatierung römischen Primats», Kairos 17 (1976) 81-99.
a3497   DOCKX, S., *Chronologies néotestamentaires et vie de l'Église primitive*. Recherches exégétiques (Gembloux, Duculot, 1976), viii-303 pp.
a3498   FRANCE, R.T., «La chronologie de la semaine sainte», Hok nº 9 (1978) 8-16.
a3499   HENGEL, M., «Christologie und neutestamentliche Chronologie», dans *Neues Testament und Geschichte*. Historisches Geschehen und Deutung im Neuen Testament. Oscar Cullmann zum 70. Geburtstag (Hrg. H. BALTENSWEILER, Bo REICKE) (Zürich, Theologischer Verlag; Tübingen, Mohr, 1972), 43-67.
a3500   HOEHNER, H.W., «The Significance of the Year of our Lord's Crucifixion for New Testament Interpretation», dans *New Dimensions in New Testament Study* (en collab.) (1974), 115-126.
a3501   TRUMMER, P., «Die Bedeutung Jerusalem für die ntl. Chronologie», dans *Memoria Jerusalem* (en collab.) (1977), 129-142.
a3502   EDWARDS, O., «Herodian Chronology», PEQ 114 (1982) 29-42.
a3503   ERNST, J., «Datierung oder Rück-Datierung des Neuen Testamentes? Ein Bericht», TG1 72 (1982) 384-401.

CONCORDANCES. KONKORDANZEN. CONCORDANZE. CONCORDANCIAS.

a3504   BAILEY, P.C., *Topical Concordance to the Bible* (Washington, DC, Review and Herald Publishing Association, 1975), 277 pp.
a3505   CRUDEN, A., *Complete Concordance to the Old and New Testaments* (Ed. C.H. IRWIN, A.D. ADAMS, S.A. WATERS) (Guildford, london, Lutterworth, 1977), viii-784 pp.
a3506   EVEN-SHOSHAN, A. (Ed.), *A New Concordance to the Bible*. 3 vol. (Jerusalem, Kiryat Sepher, 1977, 1978, 1979), xxxvi-1856 pp.
a3507   GOODRICK, E.W., KOHLENBERGER, J.R., *The NIV Complete Concordance*. The Complete English Concordance to the New International Version (Grand Rapids, Zondervan, 1981), 10-1044 pp.
a3508   XXX, *Concordance de la Bible de Jérusalem* réalisée à partir de la banque de données bibliques de l'abbaye de Maredsous (Paris, Cerf; Tournhout, Brepols, 1982), ix-1229 pp.
a3509   PONTHOT, J., «À propos de la publication de la 'Concordance de la Bible de Jérusalem'», RTL 13 (1982) 345-348.

CRITIQUE TEXTUELLE. TEXTUAL CRITICISM. TEXTKRITIK.
CRITICA TESTUALE. CRÍTICA TEXTUAL.

a3510 ETTINGHAUSEN, R., «Yemenite Bible Manuscripts of the XVth Century», ErIs 7 (1964) 32*-39*.

a3511 KATZ, K., «Yemenite Manuscripts and an Ethiopic Manuscript Parallel», ErIs 7 (1964) 135-137 (English summary).

a3512 HAAG, H., «Die handschriftliche Überlieferung des Bibeltextes», dans *Mysterium Salutis* (en collab.) (1965), I, 367-373.

a3513 CLEMONS, J.T., «Variants for Whom? Some Proposed Classifications», dans *Society of Biblical Literature. 1974 Seminar Papers* (en collab.) (1974), II, 37-42.

a3514 DEARING, V.A., «Determining Variations by Computer», dans *Society of Biblical Literature. 1974 Seminar Papers* (en collab.) (1974), II, 14-35.

a3515 DUNCKER, P.G., «The Transmission of Divine Revelation», dans *Biblical Studies in Contemporary Thought* (en collab.) (1975), 14-26.

a3516 O'CALLAGHAN, J., «Sobre los papiros bíblicos griegos», Bibl 57 (1976) 560-567.

a3517 SOULEN, R.N., *Handbook of Biblical Criticism* (Atlanta, John Knox Press, 1976), 191 pp.

a3518 AGOURIDES, S., CHARLESWORTH, J.H., «A New Discovery of Old Manuscripts on Mt. Sinai: A Preliminary Report», BA 41 (1978) 29-31.

a3519 PATTIE, T.S., *Manuscripts of the Bible. Greek Bibles in the British Library* (London, The British Library, 1978), 37 pp.

a3520 WEITZMAN, M., «The Tradition of Manuscripts: A New Approach», HeyJ 19 (1978) 28-45.

a3521 DEARING, V.A., «Textual analysis: a consideration of some questions raised by M. P. Weitzman», VT 29 (1979) 355-359.

a3522 STUART, D., «Inerrancy and Textual Criticism», dans *Inerrancy and Common Sense* (en collab.) (1980), 97-117.

a3523 METZGER, B.M., *Manuscripts of the Greek Bible*. An Introduction to Greek Palaeography (New York, Oxford, Oxford University Press, 1981), ix-150 pp.

a3524 STRAMARE, T., «Die Neo-Vulgata», BZ 25 (1981) 67-81.

a3525 MILLARD, A.R., «In Praise of Ancient Scribes», BA 45 (1982) 143-154.

CRITIQUE LITTÉRAIRE. LITERARY CRITICISM. LITERARKRITIK.
CRITICA LETTERARIA. CRÍTICA LITERARIA.

a3526 GALBIATI, E., «Il problema della coscienza dell'agiografo nell'uso di un particolare genere letterario», ScuolC 82 (1954) 29-41, dans *Scritti minori* (1979), 61-73.

a3527 BLANCO, A., «El Antiguo y Nuevo Testamento ante la crítica contemporánea», CuBi 16 (1959) 1-9.

a3528 ELORDUY, E., «En torno al género bíblico», dans *Miscelánea Antonio Perez Goyena* (en collab.) (1960), 113-132.

a3529 ALONSO SCHÖKEL, L., «La Biblia como obra literaria», CuBi 20 (1963) 131-148.

a3530 CELADA, B., «Los libros bíblicos no exigen unidad de composición», CuBi 25 (1968) 303-304.

a3531 HUERGO FERNANDEZ, J., «Estilo literario y exegesis bíblica», CuBi 25 (1968) 25-29.

a3532 SCHNACKENBURG, R., «Biblische Sprachbarrieren», BiLeb 14 (1973) 223-231.

a3533 SEGERT, S., HALL, J.R., Jr., «A Computer Program for Analysis of Words According to Their Meaning», Or. 42 (1973) 149-157.

a3534   CAVIN, R.G., «Is Biblical Criticism Morally Permissible?» SBT 6,2 (1976) 29-32.

a3535   LONG, B.O., «Recent Field Studies in Oral Literature and the Question of *Sitz im Leben*», Semeia 5 (1976) 35-49.

a3536   SOULEN, R.N., *Handbook of Biblical Criticism* (Atlanta, John Knox Press, 1976), 191 pp.

a3537   GOLUB, I., «The Word: Biblical and Poetic», BTB 7 (1977) 168-171.

a3538   PIETRI, C., «De quelques paralogismes de la critique biblique. Questions d'un historien», dans *Les quatre fleuves* no 7 (1977) 43-67.

a3539   CROSSAN, J.D., «Waking the Bible. Biblical Hermeneutic and Literary Imagination», Interpr 32 (1978) 269-285.

a3540   HARRISON, R.K., WALTKE, B.K., GUTHRIE, D., FEE, G.D., *Biblical Criticism: Historical, Literary and Textual* (Grand Rapids, Michigan, Zondervan, 1978), 176 pp.

a3541   THEOBALD, M., «Der Primat der Synchronie vor der Diachronie als Grundaxiom der Literarkritik», BZ 22 (1978) 161-186.

a3542   CRAIGIE, P.C., «Biblical and Tamil poetry: Some further reflections», SR 8 (1979) 169-175.

a3543   MILLER, S.G., «Neglected Emphases in Biblical Criticism», dans *From Faith to Faith* (en collab.) (1979), 3-31.

a3544   BOER, H.R., *The Bible and Higher Criticism* (Grand Rapids, Eerdmans, 1981), 109 pp.

a3545   KEDAR, B., *Biblische Semantik. Eine Einführung* (Stuttgart, Kohlhammer, 1981), 214 pp.

a3546   SOULEN, R.N., *Handbook of Biblical Criticism*[2] (Atlanta, GA, John Knox, 1981), 239 pp.

a3547   NEUSNER, J., «Introduction: Metaphor and Exegesis», Semeia 27 (1983) 37-44.

a3548   VAN DYKE PARUNAK, H., «Transitional Techniques in the Bible», JBL 102 (1983) 525-548.

ENCYCLOPÉDIES. ENCYCLOPEDIAS.
ENZYKLOPÄDIEN. ENCICLOPEDIE. ENCICLOPEDIAS.

a3549   CLAVIER, H., «Le dictionnaire encyclopédique de la Bible», ETR 7 (1932) 369-376.

a3550   JONES, C.M., *Old Testament Illustrations* (The Cambridge Bible Commentary on the New English Bible) (Cambridge, Cambridge University Press, 1971), 189 pp.

a3551   TENNEY, M.C. (Ed.), *Zondervan Pictorial Encyclopedia of the Bible* (Grand Rapids, Mich., Zondervan, 1975), 5 vol.

a3552   CORNFELD, G., RINALDI, R. (Ed.), *Enciclopedia Biblica Illustrata* (Torino, Marietti, 1976), 3 vol., 373-333-318 pp.

a3553   CRIM, K. (Ed.), *The Interpreter's Dictionary of the Bible.* An Illustrated Encyclopedia. Supplementary Volume (Nashville, Abingdon, 1976), 998 pp.

a3554   BRYANT, T.A., *The New Compact Bible Dictionary* (Grand Rapids, Zondervan, 1977), 621 pp.

a3555   WIGODER, G. (Ed.), *The New Standard Jewish Encyclopedia*[5] (Garden City, NY, Doubleday, 1977), 2027 pp.

a3556   XXX, *The Lion Encyclopedia on the Bible* (Berkhamsted, Herts, Lion Publishing, 1978), 328 pp.

a3557   ALEXANDER, P. (Ed.), *Eerdman's Family Encyclopedia of the Bible* (Grand Rapids, Eerdmans, 1978), 320 pp.

a3558   KOCH, K., OTTO, E., ROLOFF, J., SCHMOLDT, H. (Hrg.), *Reclams Bibel Lexikon* (Stuttgart, Philipp Reclam jr., 1978), 581 pp.

a3559 ODELAIN, O., SÉGUINEAU, R., *Dictionnaire des noms propres de la Bible* (Paris, Cerf, Desclée de Brouwer, 1978), 492 pp.

a3560 HARTMANN, K., *Atlas-Tafel-Werk zu Bibel und Kirchengeschichte*. Karten, Tabellen, Erläuterungen (Stuttgart, Quell-Verlag, 1979), Vol. I, Altes Testament und Geschichte des Judentums bis Jesus Christus, xii-120 pp.

a3561 BROMILEY, G.W., HARRISON, E.F., HARRISON, R.K., LASOR, W.S. (Eds), *The International Standard Bible Encyclopedia*. Fully Revised. Illustrated. In Four Volumes (Grand Rapids, Eerdmans, 1979, 1982), vol. I, xxv-1006 pp; vol. II, xix-1175 pp.

a3562 ALEXANDER, P. (Ed.), *Eerdman's Concise Bible Encyclopedia* (Grand Rapids, Eerdmans, 1980), 256 pp.

a3563 DOUGLAS, J.D., HILLYER, N., *The Illustrated Bible Dictionary* (London, Inter-Varsity; Wheaton, IL., Tyndale, 1980), 3 vol., 1728 pp.

a3564 SMITH, B., *The Westminster Concise Bible Dictionary* (Philadelphia, Westminster, 1981), 172 pp.

a3565 DOUGLAS, J.D., HILLYER, N. and others (Eds), *New Bible Dictionary*[2] (Leicester, England, Inter-Varsity; Heaton, IL., Tyndale, 1982), xviii-1326 pp.

ÉPIGRAPHIE. EPIGRAPHY. INSCHRIFTENKUNDE. EPIGRAFIA. EPIGRAFÍA.

Alphabet. Alfabeto.

a3566 BOHL, F.M.T., «Die Sichem-Plakette. Protoalphabetische Schriftzeichen der Mittelbronzezeit von *tell balāṭa*», ZDPV 61 (1938) 1-25; 62 (1939) 163.

a3567 KRÜCKMANN, O., «Sethe's Buch über die Entstehung der Schrift», Or. 10 (1941) 254-271.

a3568 DUSSAUD, R., «L'Origine de l'alphabet et son évolution première, d'après les découvertes de Byblos», Syr. 25 (1946-48) 36-52.

a3569 DUNAND, M., «Remarques à propos d'un article [cf. Syr. 25 (1946-48) 36-52]», Syr. 26 (1949) 127-132.

a3570 CROSS, F.M., Jr., «The Origin and Early Evolution of the Alphabet», ErIs 8 (1967) 8*-24*.

a3571 GUARDUCCI, M., *Epigrafia greca. I. Caratteri e storia della disciplina*. La scrittura greca dalle origini all'età imperiale (Roma, Istituto paleografico dello Stato, 1967), x-580 pp.

a3572 BRON, F., ROBIN, C., «Nouvelles données sur l'ordre des lettres de l'alphabet sud-arabique», Sem. 24 (1974) 77-83.

a3573 SZNYCER, M., «Quelques remarques à propos de la formation de l'alphabet phénicien», Sem. 24 (1974) 5-12.

a3574 REVELL, E.J., «The Diacritical Dots and the Development of the Arabic Alphabet», JSS 20 (1975) 178-190.

a3575 MILLARD, A.R., «A Text in a Shorter Cuneiform Alphabet from Tell Nebi Mend (TNM 022)», UF 8 (1976) 459-460.

a3576 DEMSKY, A., «A Proto-Canaanite Abecedary Dating from the Period of the Judges and its Implications for the History of the Alphabet», Tel Aviv 4 (1977) 14-27 ('Izbet Ṣarṭah).

a3577 SCHMANDT-BESSERAT, D., *An Archaic Recording System and the Origin of Writing* (Syro-Mesopotamian Studies, vol. I, issue 2) (Malibu, California, Undena Publications, 1977), 32 pp.

a3578 BAUSANI, A., «L'alfabeto come calendario arcaico», OrAnt 17 (1978) 131-146.

a3579 GARBINI, G., «Sull'alfabetario di 'Izbet Ṣarṭah», OrAnt 17 (1978) 289-295.

*a*3580   LEMAIRE, A., «Fragment d'un alphabet ouest-sémitique du VIIIe siècle av. J.-C.», Sem. 28 (1978) 7-10.

*a*3581   CROSS, F.M., «Early Alphabetic Scripts», dans *Symposia* (en collab.) (1979), 97-123.

*a*3582   MILLARD, A.R., «The Ugaritic and Canaanite Alphabets - Some Notes», UF 11 (1979) 613-616.

*a*3583   HERR, L.G., «The Formal Scripts of Iron Age Transjordan», BASOR no 238 (1980) 21-34.

*a*3584   PUECH, É., «Abécédaire et liste alphabétique de noms hébreux du début du IIe s. A.D.», RB 87 (1980) 118-126.

*a*3585   WARNER, S., «The alphabet: an innovation and its diffusion», VT 30 (1980) 81-90.

*a*3586   TALMON, S., «The Ancient Hebrew Alphabet and Biblical Text Criticism», dans *Mélanges Dominique Barthélemy* (en collab.) (1981), 497-530.

Divers. Miscellaneous. Verschiedenes. Diversi. Diversos.

*a*3587   MARMORSTEIN, A., «Some Notes on Recent Works on Palestinian Epigraphy», PEQ 62 (1930) 154-157.

*a*3588   GASTER, T.H., «The Chronology of Palestinian Epigraphy», PEQ 67 (1935) 128-140; 69 (1937) 43-58.

*a*3589   RYCKMANS, G., «De la méthode en épigraphie. À propos d'un livre récent», Syr. 30 (1953) 279-295.

EXÉGÈSE (HISTOIRE DE L'). EXEGESIS (HISTORY OF).
EXEGESE (GESCHICHTE DER). ESEGESI (STORIA DELL').
EXÉGESIS (HISTORIA DE LA).

1. Exégèse juive. Jewish Exegesis. Jüdische Exegese. Esegesi giudaica. Exégesis judía.

*a*3590   WILES, M.F., «The Old Testament in Controversy with the Jews», SJTh 8 (1955) 113-126.

*a*3591   SALGUERO, J., «Cómo leían la Biblia los judíos y los apóstoles», CuBi 14 (1957) 80-93.

*a*3592   GONZALO MAESO, D., «Exégesis rabínica y exégesis católica», CuBi 19 (1962) 150-161.

*a*3593   SED-RAJNA, G., «Le rôle de la kabbale dans la tradition juive selon Ḥayyim Vital», RHR 167 (1965) 177-196.

*a*3594   UFFENHEIMER, B., «Some Features of Modern Jewish Bible Research», Immanuel 1 (1972) 3-14.

*a*3595   NEHER, A., «L'exégèse biblique juive face à Copernic au XVIème et au XVIIème siècles», dans *Travels in the World of the Old Testament* (en collab.) (1974), 190-196.

*a*3596   PATTE, D., *Early Jewish Hermeneutic in Palestine* (1975), «The Use of Scripture in Classical Judaism», 11-127; «The Use of Scripture in Sectarian Judaism», 131-314.

*a*3597   BAMBERGER, B.J., «Philo and the Aggadah», HUCA 48 (1977) 153-185.

*a*3598   LOWY, S., *The Principles of Samaritan Bible Exegesis* (Studia Post-Biblica, 28) (Leiden, Brill, 1977), xiv-544 pp.

*a*3599   SALDARINI, A.J., «'Form Criticism' of Rabbinic Literature», JBL 96 (1977) 257-274.

*a*3600   MANNS, F., «Vivre l'Écriture pour mieux la comprendre. Un aspect de l'herméneutique juive et judéo-chrétienne», StBiFranc 29 (1978) 45-59.

*a*3601   MARCHADOUR, A., *Un évangile à découvrir* (1978), «Pratiques juives de l'Écriture», 15-26.

a3602 MILLARD, A.R., «Text and Comment», dans *Biblical and Near Eastern Studies* (LaSor) (en collab.) (1978), 245-252.

a3603 BLUM, A., «Rashi (Rabbenu Salomon ben Isaac, dit)», SDB 10 (1979) col. 1121-1124.

a3604 KAISER, O., «Johann Salomo Semler als Bahnbrecher der modernen Bibelwissenschaft», dans *Textgemäss* (en collab.) (1979), 59-74.

a3605 LEVINAS, E., «De la lecture juive des écritures», LV nº 144 (1979) 5-23.

a3606 CUNZ, M., «Que peut apporter aux chrétiens la compréhension juive de l'Écriture?» RTP 112 (1980) 279-296.

a3607 LAPIDE, P., *Er predigte in ihren Synagogen. Jüdische Evangelienauslegung* (Gütersloher Taschenbücher Siebenstern, 1400) (Gütersloh, Mohn, 1980), 99 pp.

a3608 LAPIDE, P., «Une exégèse juive de la marche sur les eaux», Conci nº 158 (1980) 53-60.

a3609 NEUSNER, J., *Method and Meaning in Ancient Judaism*, Second Series (Brown Judaic Studies, 15) (Chico, CA, Scholars Press, 1981), viii-223 pp.

a3610 NEUSNER, J., *Method and Meaning in Ancient Judaism*. Third Series (Brown Judaic Studies, 16) (Chico, CA, Scholars Press, 1981), viii-247 pp.

a3611 GUGENHEIM, M., «Lecture juive de la Bible», dans *La Bible au présent* (en collab.) (1982), 25-47.

a3612 LEVINAS, E., *L'au-delà du verset* (1982), «De la lecture juive des Écritures», 125-142.

a3613 SIBLEY TOWNER, W., «Hermeneutical Systems of Hillel and the Tannaim: A Fresh Look», HUCA 53 (1982) 101-135.

a3614 BORGEN, P., *Paul preaches Circumcision and pleases Men* (1983), «Aristobulus – A Jewis Exegete from Alexandria», 179-190.

a3615 GREENBERG, M., «Can Modern Critical Bible Scholarship Have a Jewish Character?» Immanuel 15 (1983) 7-12.

2. Exégèse apostolique. Apostolic Exegesis. Apostolische Exegese. Esegesi apostolica. Exégesis apostólica.

a3616 SALGUERO, J., «Cómo leían la Biblia los judíos y los apóstoles», CuBi 14 (1957) 80-93.

a3617 LONGENECKER, R.N., *Biblical Exegesis in the Apostolic Period* (Grand Rapids, Michigan, Eerdmans, 1975), 246 pp.

a3618 SCHMITT, J., «Qumrân et le Nouveau Testament. D. L'exégèse apostolique», dans «Qumrân et découvertes au désert de Juda», SDB 9 (1978) col. 1011-1014.

a3619 AUF DER MAUR, H., «Übersicht über die frühchristliche Interpretationsgeschichte bis zum Anfang des 4 Jhs», Bijdr. 41 (1980) 401-418.

a3620 MARTINI, C.M., *La parola di Dio alle origini della Chiesa* (1980), «Ermeneutica, Comunità e Magistero», 45-52.

3. Exégèse patristique. Patristic Exegesis. Patristische Exegese. Esegesi patristica. Exégesis patristica.

a3621 PUECH, H.-C., «Origène et l'exégèse trinitaire du Psaume 50.12-14», dans *Aux sources de la tradition chrétienne* (en collab.) (1950), 180-194.

a3622 RÜD, A., «Origenes und die Bibel», BiKi 9 (1954) 74-76.

a3623 DE GRANADA, M., «La ascesis jeronimiana de la *lectio divina*», CuBi 24 (1967) 366-377.

a3624 DEXINGER, F., «Kontinuität zwischen moderner und traditioneller Schriftauslegung», BiLit 40 (1967) 17-26.

a3625   GREER, R.A., «The Use of Scripture in the Nestorian Controversy», SJTh 20 (1967) 413-422.

a3626   RIMOLDI, A., «Titoli petrini riguardanti il primato nelle fonti letterarie cristiane dalle origini al Concilio di Calcedonia», dans *San Pietro* (en collab.) (1967), 501-532.

a3627   WILKEN, R.L., *Judaism and the Early Christian Mind*. A Study of Cyril of Alexandria's Exegesis and Theology (Yale Publications in Religion, 15) (New Haven, London, Yale University Press, 1971), 257 pp.

a3628   SMITMANS, A., «Anfragen der Väterexegese an die historisch-kritische Methode», dans *Versuche mehrdimensionaler Schriftauslegung* (en collab.) (1972), 62-69.

a3629   SMITMANS, A., «Die Botschaft von Joh 2,1-11 nach der Auslegung der Väter», dans *Versuche mehrdimensionaler Schriftauslegung* (en collab.) (1972), 124-140.

a3630   HAGNER, D.A., *The Use of the Old and New Testaments in Clement of Rome* (SuppNT 34) (Leiden, Brill, 1973), 393 pp.

a3631   XXX, *La tradition médite le psautier chrétien* (Paris, Téqui, 1973, 1974), 2 vol., 805 pp.

a3632   DONFRIED, K.P., *The Setting of Second Clement in Early Christianity* (SuppNT 38) (Leiden, Brill, 1974), 240 pp.

a3633   KETTLER, F.-H., «Funktion und Tragweite der Historischen Kritik des Origenes an den Evangelien», Kairos 15 (1973) 36-49.

a3634   PERUMALIL, A.C., «Papias», ExpTim 85 (1974) 361-366.

a3635   REUSS, J., «Evangelien-Erklärungen vom 4. bis 9. Jahrhundert in der griechischen Kirche», dans *Neues Testament und Kirche* (en collab.) (1974), 476-496.

a3636   ALLENBACH, J. et autres, *Biblia Patristica*. Index des citations et allusions dans la littérature patristique. I. Des Origines à Clément d'Alexandrie et Tertullien (Paris, Centre National de la Recherche Scientifique, 1975), 546 pp.

a3637   CIGNELLI, L., «Giovanni 14,28 nell'esegesi di Origene», StBiFranc 25 (1975) 136-163.

a3638   CUMMINGS, J.T., «St. Jerome as Translator and as Exegete», dans *Studia Patristica*, 12 (1975) 279-282.

a3639   DES PLACES, É., «Numénius et la Bible», dans *Homenaje a Juan Prado* (en collab.) (1975), 497-502.

a3640   FASHOLE-LUKE, E., «Who is the Bridegroom? An Excursion into St. Cyprian's Use of Scripture», dans *Studia Patristica*, 12 (1975) 294-298.

a3641   FRICKEL, J., «Ein Kriterium zur Quellenscheidung innerhalb einer Paraphrase (Drei allegorische Deutungen der Paradiesflüsse Gen 2,10)», dans *Studia Patristica*, 12 (1975) 299-303.

a3642   GUILLAUMIN, M.-L., «Recherches sur l'exégèse patristique de Job», dans *Studia Patristica*, 12 (1975) 304-308.

a3643   HEIMANN, D.F., «The Polemical Application of Scripture in St. Jerome», dans *Studia Patristica*, 12 (1975) 309-316.

a3644   LASH, C.J.A., «The Scriptural Citations in the *Homiliae Cathedrales* of Severus of Antioch and the Textual Criticism of the Greek Old Testament», dans *Studia Patristica*, 12 (1975) 321-327.

a3645   METZGER, B.M., «The Practice of Textual Criticism Among the Church Fathers», dans *Studia Patristica*, 12 (1975) 340-349.

a3646   STANCLIFFE, C., «Early 'Irish' Biblical Exegesis», dans *Studia Patristica*, 12 (1975) 361-370.

a3647   ZEEGERS-VANDER VORST, N., «Les citations du Nouveau Testament dans les *Livres à Autolycus* de Théophile d'Antioche», dans *Studia Patristica*, 12 (1975) 371-382.

a3648   BARRETT, C.K., «Jews and Judaizers in the Epistles of Ignatius», dans *Jews, Greeks and Christians* (en collab.) (1976), 220-244.

a3649   CANTALAMESSA, R., «Cristo immagine di Dio. Le tradizioni patristiche su *Col.* 1,15», dans *La Cristologia in san Paolo* (en collab.) (1976), 269-287.

a3650   CHAPPUZEAU, G., «Die Auslegung des Hohenliedes durch Hippolyt von Rom», JbAC 19 (1976) 45-81.

a3651   GREGO, I., «Influssi giudeo-cristiani in alcuni scrittori ed esegeti dei primi quattro secoli», BibOr 18 (1976) 247-259.

a3652   MENESTRINA, G., «La visione di Isaia (Is. 6,1 ss.) nell'interpretazione di Girolamo», BibOr 18 (1976) 179-196.

a3653   PENNA, A., «La lettera ai Colossesi nei Dialoghi cristologici di S. Cirillo d'Alessandria», dans *La Cristologia in san Paolo* (en collab.) (1976), 289-299.

a3654   ALTERMATH, F., *Du corps psychique au corps spirituel.* Interprétation de 1 Cor. 15,35-49 par les auteurs chrétiens des quatre premiers siècles (Beiträge zur Geschichte der biblischen Exegese, 18) (Tübingen, Mohr, 1977), xi-285 pp.

a3655   ASENSIO, F., «Salmo 4: Perspectivas de la oración en la exégesis del Crisóstomo», EstB 36 (1977) 153-171.

a3656   BARCALE MUÑOZ, A., «Sobre las citas bíblicas de los *Tractatus Origenis*», RET 37 (1977) 147-151.

a3657   BEYSCHLAG, K., «Zur Geschichte der Bergpredigt in der Alten Kirche», ZTK 74 (1977) 291-322.

a3658   CIGNELLI, L., «Giovanni 14,28 nell'esegesi di S. Ireneo», StBiFranc 27 (1977) 173-196.

a3659   COURREAU, J., «L'exégèse allégorique de saint Césaire d'Arles», BLE 78 (1977) 241-268.

a3660   HARL, M., «Qu'est-ce que 'la Bible' pour l'Église ancienne? Le témoignage d'Origène», dans *Les quatre fleuves* no 7 (1977) 82-90.

a3661   LA BONNARDIÈRE, A.-M., «L'interprétation augustinienne du *magnum sacramentum* de Éphés. 5,32», dans *Recherches Augustiniennes,* Volume XII (Paris, Études Augustiniennes, 1977), 3-45.

a3662   MORGAN, R., «Great Interpreters VIII. St. Jerome», SB 8 (1977-78) 36-37.

a3663   REUSS, J., «Ein unbekannter Kommentar zum 1. Kapitel des Lukas-Evangeliums», Bibl 58 (1977) 224-230 (Niketas von Hierakleia).

a3664   RONDEAU, M.-J., «Actualité de l'exégèse patristique», dans *Les quatre fleuves* no 7 (1977) 91-99.

a3665   SIEBEN, H.-J., «Der Psalter und die Bekehrung der *voces* und *affectus*», ThPh 52 (1977) 481-497.

a3666   TIGCHELER, J., *Didyme l'Aveugle et l'exégèse allégorique.* Étude sémantique de quelques termes exégétiques importants de son commentaire sur Zacharie (Graecitas Christianorum Primaeva, 6) (Nijmegen, Dekker & Van de Vegt, 1977), xiii-196 pp.

a3667   WILLIAMS, R.B., «Origen's Interpretation of the Old Testament and Levi-Strauss' Interpretation of Myth», dans *Scripture in History & Theology* (en collab.) (1977), 279-299.

a3668   ALAND, B., «Gnosis und Kirchenväter. Ihre Auseinandersetzung um die Interpretation des Evangeliums», dans *Gnosis.* Festschrift für Hans Jonas (en collab.) (1978), 158-215.

a3669   BELLINI, E., «L'interpretazione origeniana delle parabole nel 'Commento a Matteo'», ScuolC 106 (1978) 393-413.

a3670   DASSMANN, E., «Schriftverständnis und religiöse Erkenntnis nach dem heiligen Augustinus», TrierTZ 87 (1978) 257-274.

a3671   DOIGNON, J., «Les variations des citations de l'épître aux Romains dans l'oeuvre d'Hilaire de Poitiers», RBen 88 (1978) 189-204.

a3672   HAENDLER, G., «Zur Auslegung der Psalmen in der Alten Kirche», TLZ 103 (1978) 625-632.

a3673   JASCHKE, H.-J., «Das Johannesevangelium und die Gnosis im Zeugnis des Irenäus von Lyon», MüTZ 29 (1978) 337-376.

a3674   MURRAY, R., «Der Dichter als Exeget: Der hl. Ephräm und die heutige Exegese», ZTK 100 (1978) 484-494.

a3675   STRECKER, G., «Eine Evangelienharmonie bei Justin und Pseudoklemens?» NTS 24 (1978) 297-316.

a3676   BRAY, G., «Écriture et tradition chez Tertullien», Hok no 10 (1979) 1-10.

a3677   NAUTIN, P., «La date des commentaires de Jérôme sur les épîtres pauliniennes», RHE 64 (1979) 5-12.

a3678   PELLEGRINO, M., «Appunti sull'uso della Bibbia nei Sermoni di S. Agostino», RivB 27 (1979) 7-39.

a3679   WASZINK, J.H., «Tertullian's Principles and Methods of Exegesis», dans *Early Christian Literature and the Classical, Intellectual Tradition. In Honorem Robert M. Grant* (en collab.) (1979), 17-31.

a3680   BRÄNDLE, R., «Zur Interpretation von Mt 25,31-46 im Matthäuskommentar des Origenes», TZ 36 (1980) 17-25.

a3681   CONTI, M., «La Sacra Scrittura nella predicazione di san Bernardino», Ant 55 (1980) 549-572.

a3682   DE LA BONNARDIÈRE, A.-M., «La prédication du Christ aux esprits en prison (1 P 3,18-19) d'après l'interprétation de Saint Augustin», dans *Études sur la première lettre de Pierre* (en collab.) (1980), 247-267.

a3683   DE MARGERIE, B., *Introduction à l'histoire de l'exégèse. 1. Les Pères grecs et orientaux* (Initiations) (Paris, Cerf, 1980), vii-328 pp.

a3684   DOIGNON, J., «Le dialogue de Jésus et de Paul: Actes 9,4-6. Sa 'pointe' dans l'exégèse latine la plus ancienne (Hilaire, Ambroise, Augustin)», RSPT 64 (1980) 477-489.

a3685   GALITIS, G., «Apophatismus als Prinzip der Schriftauslegung bei den griechischen Kirchenvätern», EvT 40 (1980) 25-40.

a3686   GARGANO, I., «Per un ascolto 'spirituale' delle Scritture secondo il pensiero dei padri della chiesa», dans *Parola, spirito e vita* 1 (1980) 188-205.

a3687   SCHNEEMELCHER, W., «Der Schriftgebrauch in den 'Apologien' des Athanasius», dans *Text - Wort - Glaube* (en collab.) (1980), 209-219.

a3688   VOGT, H.J., «Falsche Ergänzungen oder Korrekturen im Mattäus-Kommentar des Origenes», TQ 160 (1980) 207-212.

a3689   CROUZEL, H., «Quelques remarques concernant le texte patristique de Mt 19,9», BLE 82 (1981) 83-92.

a3690   FEUILLET, A., «Réflexions sur l'Exégèse patristique à partir d'un ouvrage de B. de Margerie», EV (doctrine) 91 (1981) 280-287.

a3691   HAMMOND BAMMEL, C.P., «Philocalia IX, Jerome, Epistle 121, and Origen's Exposition of Romans VII», JTS 32 (1981) 50-81.

a3692   LOEWEN, H.J., «The Use of Scripture in Augustine's Theology», SJTh 34 (1981) 201-224.

a3693   MURPHY, R.E., «Patristic and Medieval Exegesis - Help or Hindrance?» CBQ 43 (1981) 505-516.

a3694   DE DOLMS, E., JEAN-NESMY, C. (Ed.), *Bible Chrétienne*. T. I: Textes en parallèle; t. II: Commentaires (Beauport, Qué., Anne Sigier, 1982), 432-391 pp.

a3695   DOIGNON, J., «'J'acquiesce à la loi' (Rom. 7.16) dans l'exégèse latine ancienne», FreibZ 29 (1982) 131-139.

a3696　DOIGNON, J., «L'exégèse latine ancienne de I Thessaloniciens 4,4-5 sur la possession de notre *uas*. Schemas classiques et éclairages chrétiens», BLE 83 (1982) 163-177.

a3697　GRIBOMONT, J., «La tradition johannique chez S. Basile», dans *Parola e Spirito* (en collab.) (1982), 847-866.

a3698　HAYKIN, M.A.G., «'The Spirit of God': The Exegesis of I Cor. 2:10-12 by Origen and Athanasius», SJTh 35 (1982) 513-528.

a3699　JANSEN, J.F., «Tertullian and the New Testament», SeC 2 (1982) 191-207.

a3700　McKIBBENS, T.R., «The Exegesis of John Chrysostom: Homilies on the Gospels», ExpTim 93 (1982) 264-270.

a3701　MONAT, P., *Lactance et la Bible*. Une propédeutique latine à la lecture de la Bible dans l'Occident constantinien. Tome I, Texte; Tome II, Notes (Paris, Études augustiniennes, 1982), 288-165 pp.

a3702　ZEVINI, G., «La metodologia dell''intelligenza spirituale' della Sacra Scrittura come esegesi biblica secondo Gregorio Magno», dans *Parola e Spirito* (en collab.) (1982), 867-915.

a3703　CAÑELLAS, G., «Origen y mensage del padrenuestro», BibFe 9 (1983) 5-16.

a3704　CHARLET, J.-L., «Prudence et la Bible», dans *Recherches augustiniennes* 18 (1983) 3-149.

a3705　FERRARO, G., «L'esegesi dei testi pneumatologici nelle 'Enarrationes in Joannem' di Sant'Alberto Magno», Ang 60 (1983) 40-79.

a3706　NAUTIN, P., «L'activité littéraire de Jérôme de 387 à 392», RTP 115 (1983) 247-259.

a3707　ORIGÈNE, *Philocalie, 1-20. Sur les Écritures.* Introduction, texte, traduction et notes par M. Harl. *La lettre à Africanus sur l'histoire de Suzanne.* Introduction, texte, traduction et notes par N. DE LANGE (Sources chrétiennes, 302) (Paris, Cerf, 1983), 593 pp.

a3708　PELLAND, G., «Une exégèse de Gn 2:21-24 chez S. Hilaire (*tract. myst.* 1, 5; *tr. ps.* 52, 16)», SE 35 (1983) 53-83.

a3709　SCHNEEMELCHER, W. u.a. (Hrg.), *Internationale Patristische Bibliographie.* Bände 1-23 (1956-1982) (Berlin, New York, De Gruyter).

a3710　SAVON, H., «Saint Ambroise et saint Jérôme, lecteurs de Philon», dans *Aufstieg und Niedergang der römischen Welt,* II. *Principat,* 21.1 (1984) 731-759.

a3711　TRISOGLIO, F., «Filone Alessandrino e l'esegesi cristiana. Contributo alla conoscenza dell'influsso esercitato da Filone sul IV secolo, specificatamente in Gregorio di Nazianzo», dans *Aufstieg und Niedergang der römischen Welt,* II. *Principat,* 21.1 (1984) 588-730.

4. Exégèse médiévale. Medieval Exegesis. Mittelalterliche Exegese. Esegesi medievale. Exégesis medieval.

a3712　DE LUBAC, H., *Exégèse médiévale.* Les quatre sens de l'Écriture (Paris, Aubier, 1959-1964), 4 vol.: 386, 712, 564, 560 pp.

a3713　ROST, H., «Die Bibel in den Denkmälern der Dichtungen und Übersetzungen des Mittelalters», BiKi 14 (1959) 45-51.

a3714　SIEDL, H., «Thomas von Aquin und die moderne Exegese», ZKT 93 (1971) 29-44.

a3715　PESCH, O.H., «Gottes eigene Theologie - Thomas von Aquin als Exeget», BiKi 29 (1974) 132-135.

a3716　ARIAS, M., «Historia y Teología. La interpretación de la escritura en Santo Tomás», Salm 22 (1975) 499-526.

a3717   GASTALDELLI, F., «L'esegesi biblica secondo Goffredo di Auxerre», Sal 37 (1975) 219-250.

a3718   McNALLY, R.E., «Christian Tradition and the Early Middle Ages», dans *Perspectives on Scripture and Tradition* (en collab.) (1976), 37-59.

a3719   CORBIN, M., «Le pain de la vie. La lecture de Jean VI par S. Thomas d'Aquin», RSR 65 (1977) 107-138.

a3720   FELD, H., *Die Anfänge der modernen biblischen Hermeneutik in der spätmittelalterlichen Theologie* (Institut für Europäische Geschichte, Mainz; Vorträge, 66) (Wiesbaden, Franz Steiner Verlag, 1977), 106 pp.

a3721   MURPHY, R.E., «Patristic and Medieval Exegesis - Help or Hindrance?» CBQ 43 (1981) 505-516.

a3722   GORMAN, M.M., «The Commentary on Genesis attributed to Auxilius in MS. Monte Cassino 29», RBen 93 (1983) 302-313.

5. Exégèse moderne. Modern Exegesis. Moderne Exegese.
    Esegesi moderna. Exégesis moderna.

a3723   SCHNACKENBURG, R., «Zur Auslegung der Heiligen Schrift in unserer Zeit», BiLeb 5 (1964) 220-236.

a3724   GONZALO MAESO, D., «La nueva exégesis escrituraria», CuBi 22 (1965) 43-46.

a3725   BEILNER, W., «Verstehen des Neuen Testamentes heute», BLit 40 (1967) 27-41.

a3726   CANTO RUBIO, J., «La nueva interpretación de la Biblia», CuBi 24 (1967) 295-297.

a3727   KESSLER, M., «New directions in biblical exegesis», SJTh 24 (1971) 317-325.

a3728   GONZALO MAESO, D., «Algunos defectos de la exégesis bíblica actual», CuBi 28 (1971) 362-368.

a3729   REFOULÉ, F., «L'exégèse en question», VSS 27 (1974) 391-423.

a3730   BAIRD, J.A., «Content-Analysis and the Computer. A Case-Study in the Application of the Scientific Method to Biblical Research», JBL 95 (1976) 255-276.

a3731   GRELOT, P., «L'exégèse biblique au carrefour», NRT 98 (1976) 416-434, 481-511.

a3732   NINEHAM, D.E., *New Testament Interpretation in an Historical Age* (London, University of London, The Athlone Press, 1976), 25 pp.

a3733   BEAUCHAMP, P., «Exégèse aujourd'hui: histoire et grammaire», dans *Les quatre fleuves* no 7 (1977) 68-81.

a3734   CROSSAN, J.D., «Perspectives and Methods In Contemporary Biblical Criticism», BiRes 22 (1977) 39-49.

a3735   NINEHAM, D.E., *The Use and Abuse of the Bible*. A Study of the Bible in an Age of Rapid Cultural Change (SPCK Large Paperbacks, 33) (London, SPCK, 1978), xii-295 pp.

a3736   TROCMÉ, É., «Exégèse scientifique et idéologie: de l'école de Tubingue aux Historiens français des origines chrétiennes», NTS 24 (1978) 447-462.

a3737   BEAUCHAMP, P., «Critique et lecture: tendances actuelles de l'exégèse biblique», dans *La Bible au présent* (en collab.) (1982), 241-256.

a3738   JEFFREY, D.L., «Chaucer and Wyclif: Biblical Hermeneutic and Literary Theory in the Fourteenth Century», RUO 53 (1983) 371-402.

6. Exégèse catholique. Catholic Exegesis. Katholische Exegese. Esegesi cattolica. Exégesis católica.

a3739 SALGUERO, J., «Situación actual de los estudios bíblicos en la Iglesia Católica. Realizaciones», CuBi 16 (1959) 281-289.

a3740 SALGUERO, J., «Posiciones actuales de los exégetas católicos. Un breve esquema», CuBi 16 (1959) 350-364.

a3741 GONZALO MAESO, D., «Exégesis rabínica y exégesis católica», CuBi 19 (1962) 150-161.

a3742 LENGSFELD, P., «Katholisches und evangelisches Schriftverständnis», BiLeb 3 (1962) 120-130.

a3743 SCHULZ, S., «Die römisch-katholische Exegese zwischen historisch-kritischer Methode und lehramtlichem Machtanspruch», EvT 22 (1962) 141-155.

a3744 ZERWICK, M., «Das Päpstliche Bibelinstitut in Rom», BiLeb 3 (1962) 215-222.

a3745 BROX, N., «Die Kontinuität der Auslegung des NT im Traditionsprozess», BiLit 40 (1967) 3-26.

a3746 TRILLING, W., «'Sola scriptura' und 'Selbstauslegung der Schrift' im Lichte der Exegese», dans *Sapienter Ordinare* (en collab.) (1969), 49-72.

a3747 DREYFUS, F., «Exégèse en Sorbonne, exégèse en Église», RB 82 (1975) 321-359.

a3748 DREYFUS, F., «L'actualisation de l'Écriture. III. La place de la Tradition», RB 86 (1979) 321-384.

a3749 BEAUDE, P.-M., *L'accomplissement des Écritures*. Pour une histoire critique des systèmes de représentation du sens chrétien (Cogitatio Fidei, 104) (Paris, Cerf, 1980), 343 pp.

a3750 MOREAU, P.-F., «Écriture sainte et Contre-Réforme: la position suarézienne», RSPT 64 (1980) 349-353.

a3751 MASSAUT, J.-P., «Lefèvre d'Étaples et l'exégèse du XVIe siècle», RHE 78 (1983) 73-78.

7. Exégèse protestante. Protestant Exegesis. Protestantische Exegese. Esegesi protestante. Exégesis protestante.

a) Luther. Lutero.

a3752 BOLEWSKI, H., «Bible et Unité au point de vue luthérien», VC nº 33 (1955) 8-14.

a3753 BORNKAMM, H., «Luther et l'Écriture sainte (très particulièrement d'après les Préfaces de Luther aux livres de la Bible)», ETR 43 (1968) 101-120.

a3754 WAGNER, G., «Luther et les recherches herméneutiques actuelles», ETR 43 (1968) 87-100.

a3755 BEINTKER, H., «Die Bedeutung Rudolf Hermanns für die Lutherforschung und das Problem der Hermeneutik», TLZ 103 (1978) 1-18.

a3756 BRECHT, M., «Beobachtungen über die Anfänge von Luthers Verhältnis zur Bibel», dans *Text - Wort - Glaube* (en collab.) (1980), 234-254.

a3757 LOTZ, D.W., «Sola Scriptura: *Luther on Biblical Authority*», Interpr 35 (1981) 258-273.

a3758 GOLDINGAY, J., «Luther and the Bible», SJTh 35 (1982) 33-58.

a3759 FLENDER, H., «Luther als Schriftausleger», BiKi 38 (1983) 18-29.

a3760 FORDE, G.O., «Law and Gospel in Luther's Hermeneutic», Interpr 37 (1983) 240-252.

a3761 GRITSCH, E.W., «The Cultural Context of Luther's Interpretation», Interpr 37 (1983) 266-276.

a3762 HENDRIX, S.H., «Luther Against the Background of the History of Biblical Interpretation», Interpr 37 (1983) 229-239.

a3763   MÜLLER, H.M., «Die Bibelinterpretation Martin Luthers», BiKi 38 (1983) 11-18.
a3764   WRIGHT, D., «The Ethical Use of the Old Testament in Luther and Calvin: A Comparison», SJTh 36 (1983) 463-485.

b) Calvin. Calvino.

a3765   CLAVIER, H., «Calvin, commentateur biblique», ETR 10 (1935) 305-346.
a3766   VISCHER, W., «Calvin exégète de l'Ancien Testament», ETR 40 (1965) 213-231.
a3767   PRUST, R.C., «Was Calvin a Biblical Literalist?» SJTh 20 (1967) 312-328.
a3768   KRAUS, H.-J., «Calvin's Exegetical Principles», Interpr 31 (1977) 8-18.
a3769   GIRARDIN, B., Rhétorique et théologique. Calvin. Le Commentaire de l'Épître aux Romains (Théologie historique, 54) (Paris, Beauchesne, 1979), 395 pp.
a3770   STAUFFER, R., «Jean Calvin, l'homme et l'oeuvre», Hok no 23 (1983) 1-29.

c) Rudolf Bultmann.

a3771   SCHWEIZER, E., «Zur Interpretation des Kreuzes bei R. Bultmann», dans Aux sources de la tradition chrétienne (en collab.) (1950), 228-238.
a3772   BARR, A., «Bultmann's Estimate of Jesus», SJTh 7 (1954) 337-352.
a3773   BARTHEL, P., «Introduction aux problèmes de la démythisation du N.T.», ETR 29 (1954) 5-20.
a3774   BULTMANN, R., «Au sujet du problème de la démythisation, réponse à Jaspers», ETR 29 (1954) 76-90.
a3775   CULLMANN, O., «Le mythe dans les écrits du Nouveau Testament», Numen 1 (1954) 120-135.
a3776   JASPERS, K., «Wahrheit und Unheil der Bultmannschen Entmythologisierung. Ce qu'il y a de vrai et de fâcheux dans la démythisation bultmannienne (traduction P. Barthel)», ETR 29 (1954) 21-75.
a3777   JOHNSON, S.E., «Bultmann and the Mythology of the New Testament», AThR 36 (1954) 29-47.
a3778   BOWMAN, J.W., «De Schweitzer à Bultmann» (trad. G. Crespy), ETR 30, no 2 (1955) 3-23.
a3779   BARTH, M., «La méthode de Bultmann dans 'la Théologie du Nouveau Testament'» (Traduction E. Blancy), ETR 31, no 2 (1956) 3-25.
a3780   MARQUARDT, P.G., «Anregungen aus Bultmanns Entmythologisierungsprogramm für den katholischen Theologen», BiKi 12 (1957) 2-13.
a3781   WEDEL, T.O., «Bultmann and Next Sunday's Sermon», AThR 39 (1957) 1-8.
a3782   CRESPY, G., «Science et mythe chez Bultmann», ETR 33 (1958) 129-141.
a3783   BENNIE, A.P.B., «Bultmann and the Theological Significance of Myth», AThR 42 (1960) 316-325.
a3784   MARLÉ, R., «Bemerkungen zur Theologie des Wortes bei Bultmann», Catho 14 (1960) 23-34.
a3785   DUDDINGTON, J.W., «The Historic Jesus», AThR 43 (1961) 168-178.
a3786   THEUNIS, F., «Het apriorische openbaringsbegrip van Rudolf Bultmann. Rudolf Bultmanns apriorischer Offenbarungsbegriff», Bijdr. 23 (1962) 268-286 (Deutsche Zusammenfassung).
a3787   HAY, E.R., «Demythologizing and the Post-supernatural Era», CanJT 10 (1964) 248-257.
a3788   GIBBS, J.G., «Rudolf Bultmann and his Successors», SJTh 18 (1965) 396-410.

a3789   HASENHÜTTL, G., «Die Radikalisierung der hermeneutischen Fragestellung durch Rudolf Bultmann», dans *Mysterium Salutis* (en collab.) (1965), I, 428-440.

a3790   LADD, G.E., «The Role of Jesus in Bultmann's Theology», SJTh 18 (1965) 57-68.

a3791   DIEM, H., «Bultmanns Programm der Entmythologisierung 'Irrweg oder Lösung?'» Bijdr. 27 (1966) 391-397.

a3792   YOUNG, N.J. «Bultmann's View of the Old Testament», SJTh 19 (1966) 269-279.

a3793   BULTMANN, R., «Jesus Christ and Mythology», dans BOWDEN, J., RICHMOND, J. (Eds), *A Reader in Contemporary Theology* (London, SCM Press, 1967), 36-46.

a3794   BULTMANN, R., *Exegetica* (1967), «Veröffentlichungen von Rudolf Bultmann», 483-507.

a3795   PERRIN, N., *The Promise of Bultmann* (Philadelphia, Fortress Press, 1969), 112 pp.

a3796   THEUNIS, F.J., «Randbemerkung zur Theologie Rudolf Bultmanns», Bijdr. 32 (1971) 35-52.

a3797   BOUTIN, M., *Relationalität als Verstehensprinzip bei Rudolf Bultmann* (Beiträge zur Evangelischen Theologie, 67) (München, Kaiser, 1974), 626 pp.

a3798   VANDERMARCK, W., «Bijbelonderzoek, analogie en theologie. - *Bible Study, Analogy, and Theology*», Bijdr. 35 (1974) 372-392 (English summary).

a3799   CAMURI, G., «Storia e salvezza nel pensiero teologico di Rudolf Bultmann», ScuolC 103 (1975) 411-441.

a3800   KEYLOCK, L.R., «Bultmann's Law of Increasing Distinctness», dans *Current Issues in Biblical and Patristic Interpretation* (en collab.) (1975), 193-210.

a3801   TURNER, G., «Pre-understanding and New Testament Interpretation», SJTh 28 (1975) 227-242.

a3802   BLOCHER, H., «L'herméneutique selon R. Bultmann», Hok nº 2 (1976) 11-34.

a3803   DIECKMANN, B., «Ein neue Bultmann-Interpretation?» TGl 66 (1976) 426-437.

a3804   GOUNELLE, A., «Hommage à Bultmann», ETR 51 (1976) 435-442.

a3805   ROBERTS, R., «Rudolf Bultmann's View of Christian Ethics», SJTh 29 (1976) 115-135.

a3806   ROBERTS, R.C., *Rudolf Bultmann's Theology: A Critical Interpretation* (Grand Rapids, Eerdmans, 1976), 333 pp.

a3807   BAIRD, W., *The Quest of the Christ of Faith*. Reflections on the Bultmann Era (Waco, Texas, Word, 1977), 187 pp.

a3808   BERCIANO, M., «Heidegger's influence on Bultmann», TDig 25 (1977) 250-253.

a3809   BORNKAMM, G., «*In Memoriam* Rudolf Bultmann», NTS 23 (1977) 235-242.

a3810   CAHILL, P.J., «The Theological Significance of Rudolf Bultmann», TS 38 (1977) 231-274.

a3811   KWIRAN, M., *Index to Literature on Barth, Bonhoeffer and Bultmann* (Theologische Zeitschrift, Sonderband VII) (Basel, Friedrich Reinhardt, 1977), Section III, «Index to Literature on Rudolf Bultmann 1884-1976», 2048 Hinweise.

a3812   ROBERTS, R.C., *Rudolf Bultmann's Theology: A Critical Interpretation* (London, SPCK, 1977), 333 pp.

a3813   DIECKMANN, B., «Die theologischen Hintergründe von Bultmanns Bildfeindschaft», Catho 32 (1978) 270-298.

a3814   GOUNELLE, A., «Tillich et Bultmann», RHPR 58 (1978) 55-63.

a3815   STEGEMANN, W., *Der Denkweg Rudolf Bultmanns.* Darstellung der Entwicklung und der Grundlagen seiner Theologie (Stuttgart, Kohlhammer, 1978), 160 pp.

a3816   VAN DER NOLLE, H.C., «Bultmann's vision of God's revelation in creation», TDig 26 (1978) 160-164.

a3817   BAIRD, W., «The Problem of the Gnostic Redeemer and Bultmann's Programm of Demythologizing», dans *Theologia Crucis - Signum Crucis* (en collab.) (1979), 39-56.

a3818   PALMER, M.F., «Paul Tillich's Critique of Bultmann's Christology», HeyJ 20 (1979)
         279-289.

a3819   RUNZO, J., «Relativism and Absolutism in Bultmann's Demythologising
         Hermeneutic», SJTh 32 (1979) 401-419.

a3820   STANTON, G., «Rudolf Bultmann: Jesus and the Word», ExpTim 90 (1979) 324-328.

a3821   GUILLEMETTE, P., «La forme des récits d'exorcisme de Bultmann. Un dogme à
         reconsidérer», ET 11 (1980) 177-193.

a3822   THISELTON, A.C., The Two Horizons. New Testament hermeneutics and
         Philosophical Description with Special Reference to Heidegger, Bultmann, Gadamer,
         and Wittgenstein (Exeter, The Paternoster Press, 1980), xx-484 pp.

a3823   CAIRNS, D., «A Reappraisal of Bultmann's Theology», RelSt 17 (1981) 469-485.

a3824   MÜLLER, P.-G., «Altes Testament, Israel und das Judentum in der Theologie Rudolf
         Bultmanns», dans Kontinuität und Einheit (en collab.) (1981), 439-472.

a3825   CAHILL, P.J., «Rudolf Bultmann et l'unité de la conscience symbolique», SR 11 (1982)
         57-63.

a3826   JONAS, H., «Is Faith Still Possible? Memories of Rudolf Bultmann and Reflections on
         the Philosophical Aspects of His Work», HarvTR 75 (1982) 1-23.

d) Divers. Miscellaneous. Verschiedenes. Diversi. Diversos.

a3827   BAKHUISEN VAN DEN BRINK, J.N., «Bible and Biblical Theology in the Early
         Reformation», SJTh 14 (1961) 337-352; 15 (1962) 50-65.

a3828   JOHNSTON, G., «Scripture in the Scottish Reformation. I. Historical Statement»,
         CanJT 8 (1962) 249-257.

a3829   JOHNSTON, G., «Scripture in the Scottish Reformation. II. Scripture in the Public and
         Private Life of Church and Nation», CanJT 9 (1963) 40-49.

a3830   BEHRENS, E.K., «Sacra Scriptura Sui Ipsius Interpres. A Background Study of
         Chapter 1, article ix of the Westminster Confession of Faith», SBT 3 (1973) 32-49.

a3831   KIRSTE, R., «Massstäbe und Methoden biblischer Hermeneutik in der
         altprotestantischen Orthodoxie», Bijdr. 36 (1975) 290-301.

a3832   STUHLMACHER, P., «Evangelische Schriftauslegung heute», dans Schriftauslegung
         auf dem Wege zur biblischen Theologie (1975), 167-183.

a3833   FUNK, R.W., «The Watershed of the American Biblical Tradition: The Chicago School,
         First Phase 1892-1920», JBL 95 (1976) 4-22.

a3834   McNALLY, R.E., «Tradition at the Beginning of the Reformation», dans Perspectives on
         Scripture and Tradition (en collab.) (1976), 60-83.

a3835   GUNNEWEG, A.H.J., Vom Verstehen des Alten Testaments, «Das Alte Testament im
         Licht der Reformation und im Feuer der historischen Kritik» (1977), 42-84.

a3836   MARLÉ, R., «Il problema cristologico nell'esegesi protestante tedesca», CC 4 (1977)
         427-437.

a3837   STROH, H., «Hermeneutik im Pietismus», ZTK 74 (1977) 38-57.

a3838   FRIEDRICH, J.H., WELTEN, P., «Exegese im Spannungsfeld von Studium und
         Praxis. Tübinger Modell eines alt- und neutestamentlichen Proseminars», EvT 39 (1979)
         300-319.

a3839   WILLI, T., «Der Beitrag des Hebräischen zum Werden der Reformation in Basel», TZ 35
         (1979) 139-154.

a3840   STUHLMACHER, P., «Schriftauslegung in der Confessio Augustana», KerDo 26 (1980)
         188-214.

a3841   EBELING, G., «Wiederentdeckung der Bibel in der Reformation - Verlust der Bibel
         heute?» ZTK Beiheft 5 (1981) 1-19.

a3842 BEINTKER, H., «'Verbum Domini Manet in Aeternum'. Eine Skizze zum Schriftverständnis der Reformation», TLZ 107 (1982) 161-176.

8. Exégètes. Exegetes. Schriftausleger. Esegete. Exegetas.[1]

a3843 KÖSTER, B., UHLIG, C., «Bibliographie Kurt Aland», dans *Text - Wort - Glaube* (en collab.) (1980), 377-397.

a3844 KUNST, H., «Kurt Aland - Eine Würdigung», dans *Text - Wort - Glaube* (en collab.) (1980), 1-15.

a3845 BRUCE, F.F., *In Retrospect: Remembrance of Things Past* (Grand Rapids, Eerdmans, 1980), xii-319 pp. (J. Barr).

a3846 WELLS, P.R., *James Barr and the Bible*. Critique of a new liberalism (Philippsburg, New Jersey, Presbyterian and Reformed Publishing, 1980), viii-406 pp.

a3847 LOEWEN, H., «Karl Barth's Doctrine of Scripture», SBT 1 (1971) 33-49.

a3848 BARBOUR, R.S., «Karl Barth: The Epistle to the Romans», ExpTim 90 (1979) 264-268.

a3849 STRECKER, G., «Walter Bauer - Exeget, Philologe und Historiker», NT 20 (1978) 75-80.

a3850 BLÄSER, P., «Augustin Kardinal Bea zum Gedächtnis», BiLeb 10 (1969) 1-8.

a3851 DUNCKER, P.G., «Ricordando il Cardinale Agostino Bea, biblista e ecumenista», Ang 59 (1982) 45-58.

a3852 ZERWICK, M., «Kardinal Augustin Bea und die katholische Bibelwissenschaft», BiKi 24 (1969) 17-19.

a3853 ROGERS, J., «A Third Alternative: Scripture, Tradition, and Interpretation in the Theology of G.C. Berkouwer», dans *Scripture, Tradition, and Interpretation* (en collab.) (1978), 70-91.

a3854 WATTS, G., «G.C. Berkouwer's Methodology in *Holy Scripture*: The Centrality of the Message», SBT 10 (1980) 61-81.

a3855 GRIN, E., «Dietrich Bonhoeffer et l'interprétation non religieuse des notions bibliques», ETR 37 (1962) 115-137.

a3856 GRIN, E., «L'actualisation du message biblique chez Bonhoeffer», ETR 38, n° 2 (1963) 3-12.

a3857 WIRTH, M., «Pierre-Émile Bonnard, exégète (1920-1979)», EV (doctrine) 91 (1981) 65-76.

a3858 VEISSIÈRE, M., TARDIF, H., «L'emploi de l'Écriture sainte par G. Briçonnet, évêque de Meaux, entre 1519 et 1524», RSPT 63 (1979) 345-364.

a3859 UFFENHEIMER, B., «Cassuto as a Bible commentator», Immanuel 6 (1976) 20-29.

a3860 KIMBROUGH, S.T., Jr., *Israelite Religion in Sociological Perspective*. The Work of Antonin Causse (Studies in Oriental Religions, 4) (Wiesbaden, Otto Harrassowitz, 1978), xvii-155 pp.

a3861 CELADA, B., «Recuerdos personales para una semblanza del Padre Alberto Colunga», dans *Servidor de la Palabra* (en collab.) (1979), 93-107.

a3862 HERNANDEZ, R., «El P. Alberto Colunga. Datos y documentos para su historia», dans *Servidor de la Palabra* (en collab.) (1979), 25-92.

a3863 LUST, J., «Msgr. J. Coppens: The Old Testament Scholar», ETL 57 (1981) 241-265.

a3864 CAPLICE, R., «Mitchell J. Dahood (1922-1982)», Or. 51 (1982) i-ii.

---

1. The references are listed according to the alphabetical order of the names of the exegetes.

a3865   FREEDMAN, D.N., «Mitchell Dahood, 1922-1982, In Memoriam», BA 45 (1982) 185-187.

a3866   HAGEMEYER, O., «Franz Delitzsch - immer noch aktuell», BiLeb 14 (1973) 66-71.

a3867   ROGERSON, J.W., «Great Interpreters X - Francis Delitzsch (1813-90)», SD 11 (1980) 18-19.

a3868   COPPENS, J., «Son Excellence Mgr Albert Descamps, In Memoriam», ETL 56 (1980) 253-281.

a3869   GIBLET, J., «Mgr Albert Descamps, exégète et théologien de Louvain», RTL 12 (1981) 40-58.

a3870   REICKE, B., «W.M.L. de Wette's Contributions to Biblical Theology», NTS 29 (1983) 293-305.

a3871   SCHOLDER, K., «Otto Dibelius (1880-1980)», ZTK 78 (1981) 90-104.

a3872   DILLISTONE, F.W., *C.H. Dodd.* Interpreter of the New Testament (Grand Rapids, Eerdmans, 1977), 255 pp.

a3873   STRECKER, G., «Charles Harold Dodd», KerDo 26 (1980) 50-58.

a3874   KING, J.S., «Has D. A. Carson been fair to C.H. Dodd?» JSNT no 17 (1983) 97-102.

a3875   EMERTON, J.A., «A list of G. R. Driver's publications since 1962», VT 30 (1980) 185-191.

a3876   COPPENS, J., «Miscellanées bibliques. XCII. Érasme exégète», ETL 54 (1978) 130-133.

a3877   FURCHA, E.J., «The Paradoxon as Hermeneutical Principle: The Case of Sebastian Franck, 1499-1542», dans *Spirit Within Structure* (en collab.) (1983), 99-116.

a3878   FIGL, J., «Text, Tradition und Interpretation. Schriftliche Objektivierung als hermeneutisches Problem in Hans-Georg Gadamers 'Wahrheit und Methode'», Kairos 20 (1978) 281-292.

a3879   FELLMAN, J., «Lines on the Life and Work of Heinrich Friedrich Wilhelm Gesenius», JNWSemL 9 (1981) 33-34.

a3880   DELORME, J., «Augustin George», RSR 69 (1981) 9-22.

a3881   ETAIX, R., «Bibliographie sélective du Père Augustin George», RSR 69 (1981) 23-30.

a3882   MENOUD, P.-H., «Maurice Goguel 1880-1955», VC no 33 (1955) 1-8.

a3883   CLEMENTS, R.E., «Heinrich Graetz as Biblical Historian and Religious Apologist», dans *Interpreting the Hebrew Bible* (en collab.) (1982), 35-55.

a3884   DELLING, G., «Johann Jakob Griesbach. Seine Zeit, sein Leben, sein Werk», TZ 33 (1977) 81-99.

a3885   DELLING, G., «Johann Jakob Griesbach: his life, work and times», dans *J.J. Griesbach: Synoptic and text-critical studies 1776-1976* (en collab.) (1978), 5-21.

a3886   BRUCE, F.F., «Anthony Tyrrell Hanson: A Tribute», JSNT no 13 (1981) 3-8.

a3887   BRIN, G., «R. Judah he-Hasid: Early Bible Exegete Rediscovered», Immanuel 12 (1981) 21-31.

a3888   PELI, P., «Abraham Joshua Heschel: A Tribute», Immanuel 16 (1983) 119-125.

a3889   UFFENHEIMER, B., «Prophecy and Sympathy», Immanuel 16 (1983) 7-24 (On Abraham Joshua Heschel).

a3890   BOUTTIER, M., «Joachim Jeremias ou le scribe ami de Jésus», ETR 49 (1974) 397-400.

a3891   LOHSE, E., «Joachim Jeremias in memoriam», ZNW 70 (1979) 139-140.

a3892   COLPE, C., «Joachim Jeremias zum Gedächtnis», ZDPV 96 (1980) 88-89.

a3893   SMEND, R., «Joachim Jeremias zum Gedenken», ZNW 71 (1980) 1-2.

a3894   WIRSCHING, J., «Martin Kähler - Erbe und Auftrag. Bemerkungen zum Stande der Kähler-Forschung», TLZ 104 (1979) 161-171.

a3895   GISEL, P., «Ernst Kaesemann ou la solidarité conflictuelle de l'histoire et de la vérité», ETR 51 (1976) 21-37.

a3896 GISEL, P., «Ernst Käsemann: une théologie de l'histoire?» Hok n⁰ 18 (1981) 1-10.

a3897 SWANSTON, H.F.G., «British Interpreters, VIII: William King», SB 13 (1983) 31-34.

a3898 VIALLANEIX, N., «Kierkegaard, l'Ancien Testament et Israël», ETR 54 (1979) 547-577.

a3899 LYONNET, S., «À propos de Lefèvre d'Étaples et de son commentaire sur les épîtres de S. Paul», Bibl 62 (1981) 116-120.

a3900 GHIBERTI, G., «Xavier Léon-Dufour: 70 anni», RivB 81 (1983) 93-99.

a3901 SMEND, R., «Lessing und die Bibelwissenschaft», dans Congress Volume. Göttingen 1977 (en collab.) (1978), 298-319.

a3902 POWLEY, B.G., «The Place of R.H. Lightfoot in British New Testament Scholarship», ExpTim 93 (1981) 72-75.

a3903 UFFENHEIMER, B., «A Decade Since Jacob Liver's Untimely Passing: A Retrospect», Immanuel 10 (1980) 15-20.

a3904 MICHAÉLI, F., «Vies parallèles: Adolphe Lods et Maurice Goguel», ETR 52 (1977) 385-401.

a3905 JONES, A.H., «Great Interpreters VII. Alfred Loisy», SB 8 (1977) 15-16.

a3906 MORAN, V.G., «Loisy's Theological Development», TS 40 (1979) 411-452.

a3907 SIMON, M., «À propos de la crise moderniste: Écriture et Tradition chez Alfred Loisy», dans Text - Wort - Glaube (en collab.) (1980), 359-376.

a3908 GILBERT, M., «La Parola di Dio alle origini della Chiesa. L'opera esegetica di Mons. Carlo M. Martini», CC 1 (1981) 462-469.

a3909 FENSHAM, F.C., «Prof. Dennis J. McCarthy», JNWSemL 11 (1983) 1-2.

a3910 JACOB, E., «Le professeur Frank Michaéli (1907-1977)», ETR 52 (1977) 609-611.

a3911 MOLLAT, B., «Comme un rayon de soleil» (biographie de Donatien Mollat), dans MOLLAT, D., La Parole et l'Esprit (1980), I, 13-75.

a3912 PLÖGER, O., «Zum Gedenken an Martin Noth», ZDPV 84 (1968) 101-103.

a3913 SOGGIN, J.A., «Martin Noth, biblista ed orientalista», OrAnt 9 (1970) 235-243.

a3914 HALL, T., «The Nygren Corpus: Annotations to the Major Works of Anders Nygren», JAmAcRel 47 (1979) 269-289.

a3915 MILLER, P.E., «A Selective Bibliography of the Writings of Harry M. Orlinsky», ErIs 16 (1982) xii-xxviii.

a3916 MÜLLER, G., «Andreas Osiander und die Heilige Schrift», dans Text - Wort - Glaube (en collab.) (1980), 255-273.

a3917 DELLING, G., «Georg Pasor als Lexikograph», NT 22 (1980) 184-192.

a3918 CULLMANN, O., «Non solum in memoriam sed in intentionem, Théo Preiss, 1910-1950», VC n⁰ 16 (1950) 146-150.

a3919 BIELSCHOWSKY, A., STAUFFER, R., «Bibliographie des écrits de Théo Preiss», VC n⁰ 17 (1951) 51-55.

a3920 LIVESLEY, A.G., «E.B. Pusey as Hebrew Scholar», ExpTim 94 (1982) 43-47.

a3921 MARCHASSON, Y., «Renan (Joseph-Ernest)», SDB 10 (1981) col. 277-344.

a3922 TRINQUET, J., «Robert (André-Marie-Edmond)», SDB 10 (1982) 687-690.

a3923 McHUGH, J., «Robinson (Théodore Henry)», SDB 10 (1982) col. 690-691.

a3924 HERR, M.D., «Prof. Shimshon Rosenthal: In Memoriam», Immanuel 12 (1981) 55-59.

a3925 XXX, «Bibliography of the Publications of E.I.J. Rosenthal», dans Interpreting the Hebrew Bible (en collab.) (1982), 16-26.

a3926 REIF, S.C., «Erwin I.J. Rosenthal: A Biographical Appreciation», dans Interpreting the Hebrew Bible (en collab.) (1982), 1-15.

a3927 MERRILL, A.L., «The Two Covenants: The Thought of J. Coert Rylaarsdam», dans Scripture in History & Theology (en collab.) (1977), 1-21.

a3928   BITTEL, K., «Claude F.-A. Schaeffer», UF 11 (1979) VII-IX.

a3929   VOSTÉ, J.-M., «Essai de bibliographie du Père Jean-Vincent Scheil O.P.», Or. 11 (1942) 80-108.

a3930   LOHFINK, N., «Der Zugang des Christen zur Heiligen Schrift. Zu Franz Joseph Schierse, *Ziele und Wege christlicher Schriftauslegung*», GeistL 51 (1978) 55-68.

a3931   STUHLMACHER, P., «Adolf Schlatter's Interpretation of Scripture», NTS 24 (1978) 433-446.

a3932   GASQUE, W., «La promesse de Schlatter», Hok nº 16 (1981) 15-24.

a3933   GRABY, J.K., «Reflections on the History of the Interpretation of Schleiermacher», SJTh 21 (1968) 283-299.

a3934   TORRANCE, T.F., «Hermeneutics According to F.D.E. Schleiermacher», SJTh 21 (1968) 257-267.

a3935   DESPLAND, M., «L'herméneutique de Schleiermacher dans son contexte historique et culturel», SR 12 (1983) 35-50.

a3936   SCHNEIDER, A., *Wort Gottes und Kirche im theologischen Denken von Heinrich Schlier* (Europäische Hochschulschriften Reihe, 23: Theologie, 150) (Frankfurt/M, Bern, P.D. Lang, 1981), 347 pp.

a3937   MORGAN, R., «Great Interpreters, XIII: Karl Ludwig Schmidt (1891-1956)», SB 13 (1983) 39.

a3938   THISELTON, A.C., «Schweitzer's Interpretation of Paul», ExpTim 90 (1979) 132-137.

a3939   MORGAN, R., «Great Interpreters XI: Albert Schweitzer», SB 11 (1980) 31-32.

a3940   SWANSTON, H., «British Interpreters, VI: Walter Shirley», SB 11 (1980) 16-17.

a3941   MICHL, J., «Zum Gedächtnis an Josef Sickenberger», BiKi 5 (1950) 29-32.

a3942   DI LELLA, A.A., «Patrick William Skehan: A Tribute», CBQ 42 (1980) 435-437.

a3943   HOBERMAN, B., «BA Portrait. George Smith (1840-1876): Pioneer Assyriologist», BA 46 (1983) 41-42.

a3944   DAVIDSON, R., «George Adam Smith: Modern Criticism and the Preaching of the Old Testament», ExpTim 90 (1979) 100-104.

a3945   STAUFFER, H., «Schriftenverzeichnis Ethelbert Stauffer», JSNT 11 (1981) 21-38.

a3946   SWANSTON, H., «British Interpreters, IX: Matthew Tindal», SB 14 (1983) 4-7.

a3947   SWANSTON, H., «British Interpreters VII: John (Junius, Janus) Toland», SB 12 (1981) 11-13.

a3948   CAUBET ITURBE, F.J., «El P. L. H. Vincent», CuBi 18 (1961) 75-78.

a3949   ZIMMERMANN, H., «Ansprache beim Requiem für Professor Vogels am 7.2.1973», BiLeb 14 (1973) 217-220.

a3950   VON RAD, G., *Gottes Wirken in Israel*, «Gerhard von Rad über sich selbst» (1966), 321-323.

a3951   SCHMITHALS, W., «Johannes Weiss als Wegbereiter der Formgeschichte», ZTK 80 (1983) 389-410.

a3952   MIRRO, J.A., «Amos Niven Wilder: Theopoet», BTB 10 (1980) 118-123.

a3953   MAZAR, B., «Shmuel Yeivin - In Memoriam», Immanuel 15 (1983) 22-23.

a3954   CAVALLETTI, S., «In memoria di Eugenio Zolli», RivB 81 (1983) 69-71.

FAUNE. FAUN. FAUNA.

a3955   ROSTOVTZEFF, M., «Dieux et chevaux. À propos de quelques bronzes d'Anatolie, de Syrie et d'Arménie», Syr. 12 (1931) 48-57.

a3956   VIROLLEAUD, C., «Fragments d'un traité phénicien de thérapeutique hippologique provenant de Ras-Shamra», Syr. 15 (1934) 75-83.

a3957   VAN BUREN, E.D., «Sheep and Corn», Or. 5 (1936) 127-137.

a3958   SMITH, C.W.F., «The Horse and the Ass in the Bible», AThR 27 (1945) 86-97.

a3959   BODENHEIMER, F.S., «Rare Species of Locusts in Israel», ErIs 2 (1953) 93 (Hebrew).

a3960   HAAS, G., «On the Occurrence of the Hippopotamus in the Iron Age of the Coastal Area
         of Israel (Tell Qasileh)», BASOR n° 132 (1953) 30-34.

a3961   DRIVER, G.R., «Birds in the Old Testament: I. Birds in Law», PEQ 87 (1955) 5-20,
         129-140.

a3962   DRIVER, G.R., «Once Again: Birds in the Bible», PEQ 90 (1958) 56-58.

a3963   ZEUNER, F.E., «Dog and Cat in the Neolithic of Jericho», PEQ 90 (1958) 52-55.

a3964   FRANK, F., «Tierleben in Palästina», ZDPV 75 (1959) 83-88.

a3965   LECLANT, J., «Astarté à cheval d'après les représentations égyptiennes», Syr. 37 (1960)
         1-67.

a3966   HANFMANN, G.M.A., «A Near Eastern Horseman», Syr. 38 (1961) 243-255.

a3967   WEIPPERT, M., «Gott und Stier», ZDPV 77 (1961) 93-117.

a3968   NAGEL, W., «Frühe Tierwelt in Südwestasien», ZA 55 (1962) 169-236.

a3969   KORNFELD, W., «Reine und unreine Tiere im Alten Testament», Kairos 7 (1965)
         134-147.

a3970   OREN, E.D., «The 'Herodian Doves' in the Light of Recent Archaeological
         Discoveries», PEQ 100 (1968) 56-61.

a3971   MILLER, P.D., Jr., «Animal Names as Designations in Ugaritic and Hebrew», UF 2
         (1970) 177-186.

a3972   CLUTTON-BROCK, J., «The Primary Food Animals of the Jericho Tell from the
         Proto-Neolithic to the Byzantine Period», Levant 3 (1971) 41-55.

a3973   BOTTERWECK, G.J., «Gott und Mensch in den alttestamentlichen Löwenbildern»,
         dans Wort, Lied und Gottesspruch. Beiträge zu Psalmen und Propheten (en collab.)
         (1972), 117-128.

a3974   BERGER, R., PROTSCH, R., «The Domestication of Plants and Animals in Europe
         and the Near East», Or. 42 (1973) 214-227.

a3975   BOEHMER, R.M., «Das Auftreten des Wasserbüffels in Mesopotamien in historischer
         Zeit und seine sumerische Bezeichnung», ZA 64 (1974) 1-19.

a3976   ROSENTHAL, R., «On 'Nabataean Dolphins'», ErIs 12 (1975) 107-108 (English
         summary).

a3977   STEMBERGER, G., «Die Bedeutung des Tierkreises auf Mosaikböden spätantiker
         Synagogen», Kairos 17 (1975) 23-56.

a3978   DAOUST, J., «Agneau, Gazelle et Cerf dans la Bible», EV 86 (1976) 618-620.

a3979   ISRAEL, F., «Una varietà di gazzella menzionata in Osea 11,8», BibOr 18 (1976) 61-64.

a3980   BRIN, G., «The Firstling of Unclean Animals», JQR 68 (1977) 1-15.

a3981   MIDANT-REYNES, B., BRAUNSTEIN-SILVESTRE, F., «Le chameau en Égypte»,
         Or. 46 (1977) 337-362.

a3982   WAPNISH, P., HESSE, B., OGILVY, A., «The 1974 Collection of Faunal Remains
         from Tell Dan», BASOR n° 227 (1977) 35-62.

a3983   NEUFELD, E., «Apiculture in Ancient Palestine (Early and Middle Iron Age) within
         the Framework of the Ancient Near East», UF 10 (1978) 219-247.

a3984   PETTINATO, G., «Liste presargoniche di uccelli nella documentazione di Fara ed
         Ebla», OrAnt 17 (1978) 165-178.

a3985   WARD, W.A., «The Híw-Ass, the Híw-Serpent, and the God Seth», JNES 37 (1978)
         23-34.

a3986   FORD, J.M., «Jewish Law and Animal Symbolism», JStJud 10 (1979) 203-212.

*a*3987   GREEN, M.W., «Animal Husbandry at Uruk in the Archaic Period», JNES 39 (1980) 1-35.

*a*3988   TE VELDE, H., «A few remarks upon the religious significance of animals in ancient Egypt», Numen 27 (1980) 76-82.

*a*3989   HAAS, V., «Leopard und Biene im Kulte 'hethitischer' Göttinnen. Betrachtungen zu Kontinuität und Verbreitung altkleinasiatischer und nordsyrischer religiöser Vorstellungen», UF 13 (1981) 101-116.

*a*3990   KHLOPINA, L.I., «Das Pferd in Vorderasien», OLoP 13 (1982) 5-24.

*a*3991   MUDAR, K., «Early Dynastic III Animal Utilization in Lagash: A Report on the Fauna of Telle Al-Hiba», JNES 41 (1982) 23-34.

*a*3992   TRIOMPHE, R., «Le Lion et le Miel», RHPR 62 (1982) 113-140.

FLORE. FLORA. PFLANZENWELT. FLORA.

*a*3993   CROWFOOT, G.M., BALDENSPERGER, L., «Hyssop», PEQ 63 (1931) 89-98.

*a*3994   TREVER, J.C., «The Flora of the Bible and Biblical Scholarship», JBR 27 (1959) 45-49.

*a*3995   WESTERN, A.C., «The Identity of some Trees mentioned in the Bible», PEQ 93 (1961) 89-100.

*a*3996   SHEWELL-COOPER, W.E., *Plants and Fruits of the Bible* (London, Darton, Longmans & Todd, 1962), 173 pp.

*a*3997   DE TUYA, M., SALGUERO, J., *Introducción a la Biblia*, «La flora y la fauna de Palestina» (1967), II, 587-590.

*a*3998   ZOHARY, M., «Flora» (1968), IDB II, 284-302.

*a*3999   BERGER, R., PROTSCH, R., «The Domestication of Plants and Animals in Europe and the Near East», Or. 42 (1973) 214-227.

*a*4000   DERRETT, J.D.M., «Figtrees in the New Testament», HeyJ 14 (1973) 249-265.

*a*4001   FUJITA, S., «The Metaphor of Plant in Jewish Literature of the Intertestamental Period», JStJud 7 (1976) 30-45.

*a*4002   HOMSKY, M., MOSHKOVITZ, S., «Cypress Wood in Excavations in Eretz-Israel», Tel Aviv 4 (1977) 71-78.

*a*4003   LIVERANI, M., «Le chêne de Sherdanu», VT 27 (1977) 212-216.

*a*4004   SHEWELL-COOPER, W.E., *God Planted a Garden* (Horticulture in the Bible) (Evesham, Arthur James, 1977), 221 pp.

*a*4005   ALON, A., *The Natural History of the Land of the Bible* (New York, Doubleday, 1978), 274 pp.

*a*4006   EITAM, D., «Olive Presses of the Israelite Period», Tel Aviv 6 (1979) 146-155.

*a*4007   MERRILLEES, R.S., «Opium again in Antiquity», Levant 11 (1979) 167-171.

*a*4008   JAROŠ, K., «Die Motive der Heiligen Bäume und der Schlange in Gen 2-3», ZAW 92 (1980) 204-215.

*a*4009   LIPHSCHITZ, N., WAISEL, Y., «Dendroarchaeological Investigations in Israel (Taanach)», IsrEJ 30 (1980) 132-136.

*a*4010   NISBET, R., FEDELE, F., «Aspetti innovativi nell'archeobotanica del Mediterraneo antico», OrAnt 19 (1980) 289-293.

GÉNÉALOGIE. GENEALOGY. GESCHLECHTERKUNDE. GENEALOGIA. GENEALOGÍA.

*a*4011   VIROLLEAUD, C., «Table généalogique provenant de Ras-Shamra», Syr. 15 (1934) 244-251 (fouilles de 1933).

a4012 WILSON, R.R., *Genealogy and History in the Biblical World* (Yale Near Eastern Researches, 7) (New Haven and London, Yale University Press, 1977), xv-222 pp.

a4013 WILSON, R.R., «Between 'Azel' and 'Azel': Interpreting the Biblical Genealogies», BA 42 (1979) 11-22.

a4014 WILLIAMSON, H.G.M., «Sources and Redaction in the Chronicler's Genealogy of Judah», JBL 98 (1979) 351-359.

a4015 SASSON, J.M., «A Genealogical 'Convention' in Biblical Chronography?» ZAW 90 (1978) 171-185.

a4016 HACHLILI, R., SMITH, P., «The Genealogy of the Goliath Family», BASOR nᵒ 235 (1979) 67-70.

GÉOGRAPHIE. GEOGRAPHY. GEOGRAPHIE. GEOFRAFIA. GEOGRAFÍA.

1. Études générales. General Studies. Allgemeine Studien. Studi generali. Estudios generales

a4017 CELADA, B., «La situación geográfica», CuBi 14 (1957) 199-206.

a4018 BALY, D., *Geographical Companion to the Bible* (1963), «Land of the Bible», 9-137; «Cartography of the Bible», 139-144; «Camera and the Bible», 145-162; «Place Names of the Bible», 165-181.

a4019 SCHWARZ, J., *Descriptive Geography and Brief Historical Sketch of Palestine* (Translated from the Hebrew by I. LEESER) (New York, Hermon Press, 1970), xxiv-519 pp.

a4020 BEN-ARIEH, Y., «The Geographical Exploration of The Holy Land», PEQ 104 (1972) 81-92.

a4021 SMITH, G.A., *The Historical Geography of the Holy Land* (Magnolia, Mass., P. Smith, 1972), 515 pp.

a4022 ALEM, J.P., *Terre d'Israël* (Paris, Seuil, 1973), 319 pp.

a4023 TURNER, G.A., *Historical Geography of the Holy Land* (Grand Rapids, Baker, 1973), 368 pp.

a4024 BALY, D., *Geography of the Bible* (second and revised edition) (London, Lutterworth; New York, Harper and Row, 1974), xvi-288 pp.

a4025 BÜTTNER, M., «Religion and geography», Numen 21 (1974) 163-196.

a4026 DONNER, H., *Einführung in die biblische Landes- und Altertumskunde* (Darmstadt, Wissenschaftliche Buchgesellschaft, 1976), vi-128 pp.

a4027 AVI-YONAH, M., *The Holy Land from the Persian to the Arab Conquest* (536 B.C. - A.D. 640). A historical geography² (Baker Studies in Biblical Archaeology) (Grand Rapids, Baker, 1977), 249 pp.

a4028 BRAUDEL, F., *La Méditerranée*. I. L'espace et l'histoire. II. Les hommes et l'héritage (Paris, Arts et Métiers Graphiques, 1977-1978), 225 pp.

a4029 BURNEY, C., *The Ancient Near East* (Ithaca, Cornell University, 1977), 223 pp.

a4030 AHARONI, Y., *The Land of the Bible*. A Historical Geography, trans. A.F. Rainey (rev. ed.) (Philadelphia, Westminster, 1979), xiv-481 pp.

a4031 JOHNSON, P., *Civilisations of the Holy Land* (London, Weidenfeld, 1979), 217 pp.

a4032 SAULNIER, C., ROLLAND, B., «La Palestine au temps de Jésus», CE (n.s.) nᵒ 27 (1979) 64 pp.

a4033 AHLSTRÖM, G.W., «Where Did the Israelites Live?» JNES 41 (1982) 133-138.

a4034 BALY, D., «The geography of Palestine and the Levant in relation to its history», dans *The Cambridge History of Judaism* (en collab.) (1984), I, 1-24.

2. Atlas, cartes. Atlases, Maps.
   Atlanten, Landkarten. Atlanti, carte. Atlas, mapas.

a4035   MASTERMAN, E.W.G., «The Topography of some New Testament Sites», PEQ 67
        (1935) 93-99.
a4036   SALMON, F.J., «A Map of Palestine of the Crusades», PEQ 71 (1939) 144-151.
a4037   FISCHER, H., «Geschichte der Kartographie von Palästina», ZDPV 62 (1939) 1-111,
        169-189.
a4038   KELLNER, D.H., «Jacotin's Map of Palestine», PEQ 76 (1944) 157-163.
a4039   AMIRAN, D.H.K., «Maps of Palestine from World War I», ErIs 2 (1953) 33-40
        (Hebrew).
a4040   AVI-YONAH, M., «The Madeba Mosaic Map», ErIs 2 (1953) 129-156 (Hebrew).
a4041   ELSTER, J., «Mapping in Israel», ErIs 2 (1953) 28-30 (Hebrew).
a4042   PRAWER, J., «Historical Maps of Acre», ErIs 2 (1953) 175-184 (Hebrew).
a4043   VILNAY, Z., «Maps of Palestine in Rabbinical Literature», ErIs 2 (1953) 89-92
        (Hebrew).
a4044   DONNER, H., CÜPPERS, H., «Die Restauration und Konservierung der Mosaikkarte
        von Madeba», ZDPV 83 (1967) 1-33.
a4045   BEN-ARIEH, Y., «The First Surveyed Maps of Jerusalem», ErIs 11 (1973) 64-74
        (English summary).
a4046   PFEIFFER, C.F., *Baker's Pocket Atlas of the Bible* (Grand Rapids, Baker; London,
        Pickering, 1973), 108 pp.
a4047   THÜMMEL, H.G., «Zur Deutung der Mosaikkarte von Madeba», ZDPV 89 (1973)
        66-79.
a4048   GROLLENBERG, L.H., *Kleiner Bildatlas zur Bibel* (Gütersloher Taschenbücher, 100)
        (Gütersloh, Gerd Mohn, 1975), 192 pp.
a4049   DONNER, H., CÜPPERS, H., *Die Mosaikkarte von Madeba*. Teil I, *Tafelband*
        (Abhandlungen des Deutschen Palästinavereins) (Wiesbaden, Harrassowitz, 1977),
        xvi-169 pp.
a4050   PETTINATO, G., «L'Atlante Geografico del Vicimo Oriente Antico attestato ad Ebla et
        ad abū Ṣalābīkh (I)», Or. 47 (1978) 50-73.
a4051   FINKELSTEIN, I., «The Holy Land in the Tabula Peutingeriana: A Historical-
        Geographical Approach», PEQ 111 (1979) 27-34.
a4052   MONSON, J., *Student Map Manual*. Historical Geography of the Bible Lands
        (Jerusalem, Pictorial Archive, Near Eastern History) (Grand Rapids, Michigan,
        Zondervan, 1979), 135 pp.
a4053   NORTH, R., *A History of Biblical Map Making* (Beihefte zum Tübinger Atlas des
        Vorderer Orients, Reihe B, Nr. 32) (Wiesbaden, L. Reichert, 1979), xi-177 pp.
a4054   ANDRESEN, C., «Betrachtungen zur Madebakarte in Göttingen», dans *Pietas* (en
        collab.) (1980), 539-558.

3. Toponymie. Toponymy. Toponomastik. Toponimia.

a4055   DUNAND, M., «Kanata et Kanatha», Syr. 11 (1930) 272-279.
a4056   SIMON, J., «Le dictionnaire des noms géographiques et topographiques de l'Égypte
        gréco-romaine», Or. 6 (1937) 132-142.
a4057   NOTH, M., «Die Wege der Pharaonenheere in Palästina und Syrien III. Der Aufbau der
        Palästinaliste Thutmoses III», ZDPV 61 (1938) 26-65.
a4058   NOTH, M., «Die Geschichte des Namens Palästina», ZDPV 62 (1939) 125-144.

*a*4059 NOTH, M., «Die topographischen Angaben im Onomastikon des Eusebius», ZDPV 66 (1943) 32-63.

*a*4060 LEWY, J., «Tabor, Tibar, Atabyros», HUCA 23,1 (1950-51) 357-386.

*a*4061 DE VRIES, J., «La toponymie et l'histoire des religions», RHR 145 (1954) 207-230.

*a*4062 ALT, A., «Vorläufiges über die Ortsnamen des Landes Mukiš», ZDPV 71 (1955) 60-69.

*a*4063 ISSERLIN, B.S.J., «Hurrian and Old Anatolian Place Names in the Semitic World: Some Tentative Suggestions», PEQ 88 (1956) 141-144.

*a*4064 ISSERLIN, B.S.J., «Israelite and Pre-Israelite Place-Names in Palestine», PEQ 89 (1957) 133-144.

*a*4065 GÜTERBOCK, H.G., «Kanes and Neša: Two Forms of one Anatolian Place Name?» ErIs 5 (1958) 46*-50*.

*a*4066 NAOR, M., «Bet Dagon and Gederoth-Kidron, Eltekeh and Ekron», ErIs 5 (1958) 124-128 (English summary).

*a*4067 BERNHARDT, K.-H., «Beobachtungen zur Identifizierung moabitischer Ortslagen», ZDPV 76 (1960) 136-158.

*a*4068 TALMON, S., «The List of Cities of Simeon», ErIs 8 (1967) 265-268 (English summary).

*a*4069 LEHMANN, G.A., «Bemerkungen zu kretischen Ortsnamen in den Linear B-Texten von Knossos», UF 2 (1970) 351-354.

*a*4070 SCHMIDT, O.H., «Ortsnamen Palästinas in der Kreuzfahrerzeit (Cf. ZDPV 4-83)», ZDPV 86 (1970) 117-164.

*a*4071 NASRALLAH, J., «Couvents de la Syrie du Nord portant le nom de Siméon», Syr. 49 (1972) 127-159.

*a*4072 MILLER, J.M., «Jebus and Jerusalem: A Case of Mistaken Identity», ZDPV 90 (1974) 115-127.

*a*4073 RAINEY, A.F., «Toponymic Problems», Tel Aviv 2 (1975) 13-16; 3 (1976) 57-69; 6 (1979) 158-162; 8 (1981) 146-151; 9 (1982) 130-136; 10 (1983) 46-48.

*a*4074 BEN-DOV, M., «*Nâpâh* - A Geographical Term of Possible 'Sea People' Origin», Tel Aviv 3 (1976) 70-73.

*a*4075 XXX, *La toponymie antique*. Actes du Colloque de Strasbourg, 12-14 juin, 1975 (Leiden, Brill, 1977), 264 pp.

*a*4076 FRONZAROLI, P., «West Semitic Toponymy in Northern Syria in the Third Millennium B.C.», JSS 22 (1977) 145-166.

*a*4077 GREEN, M.W., «A Note on an Archaic Period Geographical List from Warka», JNES 36 (1977) 293-294.

*a*4078 ALTMAN, A., «Some Controversial Toponyms from the Amurru Region in the Amarna Archive», ZDPV 94 (1978) 99-107.

*a*4079 KELLERMANN, D., «Überlieferungsprobleme alttestamentlicher Ortsnamen», VT 28 (1978) 424-432.

*a*4080 RAINEY, A.F., «The Toponymies of Eretz-Israel», BASOR nº 231 (1978) 1-17.

*a*4081 SEEBASS, H., «Der israelitische Name der Bucht von Bēsān und der Name Beth Schean», ZDPV 95 (1979) 166-172.

*a*4082 VAN SELMS, A., «The Origin of the Name Tyropoeon in Jerusalem», ZAW 91 (1979) 170-176.

*a*4083 ASTOUR, M.C., «Ancient North Syrian Toponyms derived from plant names», dans *The Bible World*. Essays in Honor of Cyrus H. Gordon (en collab.) (1980), 1-8.

*a*4084 ELAYI, J., «Ba'lira'si, Rêsha, Reshba'l. Étude de toponymie historique», Syr. 58 (1981) 331-341.

*a*4085 GIVEON, R., «Three Fragments from Egyptian Geographical Lists», ErIs 15 (1981) 137-139.

a4086   MILLER, J.M., «Site Identification: A Problem Area in Contemporary Biblical Scholarship», ZDPV 99 (1983) 119-129.

4. Frontières. Boundaries. Grenzen. Confini. Fronteras.

a4087   COOK, S.A., «The Confines of Israel and Judah», PEQ 66 (1934) 60-75.
a4088   GLUECK, N., «The Boundaries of Edom», HUCA 11 (1936) 141-157.
a4089   SCHLUMBERGER, D., «Bornes frontières de la Palmyrène», Syr. 20 (1939) 43-73.
a4090   ALT, A., «Die letzte Grenzverschiebung zwischen den römischen Provinzen Arabia und Palaestina», ZDPV 65 (1942) 68-76.
a4091   REVENTLOW, H.G., «Das Ende der ammonitischen Grenzbefestigunskette?» ZDPV 79 (1943) 127-137.
a4092   LIF, Z., «The Struggle for the Boundaries of Israel», ErIs 2 (1953) 20-22 (Hebrew).
a4093   ALT, A., «Neue Untersuchungen zum *limes Palaestinae*», ZDPV 71 (1955) 82-94.
a4094   DANELIUS, E., «The Boundary of Ephraim and Manasseh in the Western Plain», PEQ 89 (1957) 55-67; 90 (1958) 32-43, 122-144.
a4095   AHARONI, Y., «The Northern Boundary of Judah», PEQ 90 (1958) 27-31.
a4096   GESE, H., «Ammonitische Grenzfestungen zwischen wādi eṣ-ṣīr und nāʿūr», ZDPV 74 (1958) 55-64.
a4097   JENNI, E., «Historisch-topographische Untersuchungen zur Grenze zwischen Ephraim und Manasse», ZDPV 74 (1958) 35-40.
a4098   HENTSCHKE, R., «Ammonitische Grenzfestungen südwestlich von ʿammān», ZDPV 76 (1960) 103-123.
a4099   ELLIGER, K., «Tribes, Territories of», IDB IV (1962) 701-710.
a4100   GICHON, M., «The Sites of the *Limes* in the Negev», ErIs 12 (1975) 149-166 (English summary).
a4101   KALLAI, Z., «The Boundaries of Canaan and the Land of Israel in the Bible», ErIs 12 (1975) 27-34 (English summary).
a4102   TIMM, S., «Die territoriale Ausdehnung des Staates Israel zur Zeit der Omriden», ZDPV 96 (1980) 20-40.
a4103   LEMAIRE, A., «Galaad et Makîr. Remarques sur la tribu de Manassé à l'est du Jourdain», VT 31 (1981) 39-61.
a4104   MEYERS, C., «Of Seasons and Soldiers: A Topological Appraisal of the Premonarchic Tribes of Galilee», BASOR nº 252 (1983) 47-59.

5. Routes. Roads. Strassen. Strade. Vías.

a4105   MOUTERDE, R., POIDEBARD, A., «La Voie antique des caravanes entre Palmyre et Hît, au IIe siècle après Jésus-Christ, d'après une inscription retrouvée au Sud-Est de Palmyre (1930)», Syr. 12 (1931) 101-115.
a4106   POIDEBARD, A., «Recherches sur le *Limes* romain (campagne d'automne 1930)», Syr. 12 (1931) 274-280.
a4107   ALT, A., «Zum römischen Strassennetz in der Moabitis», ZDPV 60 (1937) 240-244.
a4108   NOTH, M., «Die Schoschenkliste», ZDPV 61 (1938) 277-304.
a4109   SEYRIG, H., «Postes romains sur la route de Médine», Syr. 22 (1941) 218-223.
a4110   MITTMANN, S., «Die römische Strasse in der nordwestlichen Belka», ZDPV 79 (1943) 152-163.
a4111   MITTMANN, S., «Die römische Strasse von Gerasa nach Adraa», ZDPV 80 (1944) 113-136.
a4112   AHARONI, Y., «The Roman Road to Elath», ErIs 2 (1953) 113-116 (Hebrew).

*a*4113 ALT, A., «Stationen der römischen Hauptstrasse von Ägypten nach Syrien», ZDPV 70 (1954) 154-166.

*a*4114 AHARONI, Y., «Tamar and the Roads to Elath», ErIs 5 (1958) 129-134 (English summary).

*a*4115 KARMON, Y., «Geographical Influences on the Historical Routes in the Sharon Plain», PEQ 93 (1961) 43-60.

*a*4116 HUPPENBAUER, H.W., «Die römische Strasse im südlichen Gilead», ZDPV 78 (1962) 171-179.

*a*4117 KALLAI, Z., «Remains of the Roman Road Along the Mevo-Beitar Highway», IsrEJ 15 (1965) 195-203.

*a*4118 KUTSCH, E., «Ein Stück eines römischen Meilensteins in 'anǧara», ZDPV 81 (1965) 132-137.

*a*4119 AVI-YONAH, M., «A New Dating of the Roman Road from Scythopolis to Neapolis», IsrEJ 16 (1966) 75-76.

*a*4120 NEGEV, A., «The Date of the Petra-Gaza Road», PEQ 98 (1966) 89-98.

*a*4121 HAR-EL, M.,«Israelite and Roman Roads in the Judean Desert»,IsrEJ 17 (1967) 18-26.

*a*4122 ODED, B., «Darb el-Hawarneh - An Ancient Route», ErIs 10 (1971) 191-197 (English summary).

*a*4123 GALLING, K., «Der Weg der Phöniker nach Tarsis in literarischer und archäologischer Sicht», ZDPV 88 (1972) 1-18, 140-181.

*a*4124 DAR, S., APPLEBAUM, S., «The Roman Road from Antipatris to Caesarea», PEQ 105 (1973) 91-99.

*a*4125 MESHEL, Z., TSAFRIR, Y., «The Nabataean Road from 'Avdat to Sha'ar Ramon», PEQ 106 (1974) 103-118; 107 (1975) 3-21.

*a*4126 BEITZEL, B.J., «From Ḥarran to Imar Along the Old Babylonian Itinerary: The Evidence from the *Archives Royales de Mari*», dans *Biblical and Near Eastern Studies* (LaSor) (en collab.) (1978), 209-219.

*a*4127 ISAAC, B., «Milestones in Judaea, from Vespasian to Constantine», PEQ 110 (1978) 47-60.

*a*4128 DAVIES, G.I., *The Way of the Wilderness.* A Geographical Study in the Old Testament (Society for Old Testament Study, Monograph Series, 5) (Cambridge, Cambridge University Press, 1979), xii-138 pp. (Cf. Sinai region).

*a*4129 DAR, S., «Roads and Forts in the Beth Lidd Region of Sammaria», ErIs 15 (1981) 376-382.

*a*4130 FRENCH, D., *Roman Roads and Milestones of Asia Minor.* Fasc. I: The Pilgrim's Road (British Institute of Archaeology at Ankara Monograph, 3; BAR International Series, 105) (Oxford, British Archaeological Reports, 1981), 212 pp.

*a*4131 ILAN, Z., «The Route of the International Highway in N. Eretz-Israel», ErIs 15 (1981) 372-375.

*a*4132 NEEF, H.-D., «Die *mutatio* Betthar. Eine römische Strassenstation zwischen Caesarea und Antipatris», ZDPV 97 (1981) 74-80.

*a*4133 STROBEL, A., «Die alte Strasse am östlichen Gebirgsrand des Toten Meeres. Eine Streckenbeschreibung», ZDPV 97 (1981) 81-92.

*a*4134 MAYERSON, P., «The Pilgrim Routes to Mount Sinai and the Armenians», IsrEJ 32 (1982) 44-57.

*a*4135 ABU KHALAF, M.F., «Khan Yunus and the Khans of Palestine», Levant 15 (1983) 178-186.

6. Ancien Testament. Old Testament. Altes Testament. Antico Testamento. Antiguo Testamento.

a4136   SIMONS, J., «Van Jericho tot 'Aj», Bidjr. 1 (1938) 448-468 (Jos 6-8).

a4137   NOTH, M., «Jabes-Gilead. Ein Beitrag zur Methode alttestamentlicher Topographie», ZDPV 69 (1953) 28-41.

a4138   HERTZBERG, H.W., «Palästinische Bezüge im Buche Kohelet», ZDPV 73 (1957) 113-124.

a4139   BEN-ZVI, I., «The Book of Abisha», ErIs 5 (1958) 240-252 (English summary).

a4140   KRAUS, H.-J., «Archälogische und topographische Probleme Jerusalems im Lichte der Psalmenexegese», ZDPV 75 (1959) 125-140.

a4141   NOTH, M., *Die Welt des Alten Testaments*. Einführung in die Grenzgebiete der Alttestamentlichen Wissenschaft, 4. Auflage (Sammlung Töpelmann, 2,3) (Berlin, New York, De Gruyter, 1962), xvi-355 pp.

a4142   SCHUNCK, K.-D., «Bemerkungen zur Ortsliste von Benjamin (Jos. 18,21-28)», ZDPV 78 (1962) 143-158.

a4143   GARBINI, G., «Tarsis e Gen. 10,4», BibOr 7 (1965) 13-19.

a4144   KALLAI, Z., «The Biblical Geography of Flavius Josephus», ErIs 8 (1967) 269-272 (English summary).

a4145   SOGGIN, J.A., «Bemerkungen zur alttestamentlichen Topographie Sichems mit besonderem Bezug auf Jdc. 9», ZDPV 83 (1967) 183-198.

a4146   WRIGHT, G.E., «The Provinces of Solomon», ErIs 8 (1967) 58*-68*.

a4147   DONNER, H., «Der Feind aus dem Norden. Topographische und archäologische Erwägungen zu Jes. 10,27b-34», ZDPV 84 (1968) 46-54.

a4148   BÄCHLI, O., «Von der Liste zur Beschreibung. Beobachtungen und Erwägungen zu Jos. 13-19», ZDPV 89 (1973) 1-14.

a4149   SAEBØ, M., «Grenzbeschreibung und Landideal im Alten Testament: Mit besonderer Berücksichtigung der min-'ad-Formel», ZDPV 90 (1974) 14-37.

a4150   RINALDI, G., «Popoli e paesi nei Salmi», BibOr 17 (1975) 97-111.

a4151   RÖSEL, H., «Studien zur Topographie der Kriege in den Büchern Josua und Richter», ZDPV 91 (1975) 159-190; 92 (1976) 10-46.

a4152   MITTMANN, S., «Ri. 1,16f. und das Siedlungsgebiet der kenitischen Sippe Hobab», ZDPV 93 (1977) 213-235.

a4153   KELLERMANN, D., «Überlieferungsprobleme alttestamentlicher Ortsnamen», VT 28 (1978) 424-432.

a4154   DAVIES, G.I., *The Way of the Wilderness*. A Geographical Study of the Wilderness. Itineraries in the Old Testament (Society for Old Testament Study, Monograph Series, 5) (Cambridge, Cambridge University Press, 1979), xii-138 pp.

a4155   KALLAI, Z., «Territorial Patterns, Biblical Historiography and Scribal Tradition - A Programmatic Survey», ZAW 93 (1981) 427-432.

7. Nouveau Testament. New Testament. Neues Testament. Nuovo Testamento. Nuevo Testamento.

a4156   SCHILLE, G., «Die Topographie des Markusevangeliums, ihre Hintergründe und ihre Einordnung», ZDPV 73 (1957) 133-166.

a4157   WIEFEL, W., «Bethabara jenseits des Jordans (Joh. 1,28)», ZDPV 83 (1967) 72-81.

a4158   LANG, F.G., «'Über Sidon Mitten ins Gebiet der Dekapolis'. Geographie und Theologie in Markus 7,31», ZDPV 94 (1978) 145-160.

a4159   HENGEL, M., «Der Historiker Lukas und die Geographie Palästinas in der Apostelgeschichte», ZDPV 99 (1983) 147-183.

*a*4160　KOCH, D.-A., «Inhaltliche Gliederung und geographischer Aufriss im Markusevangelium», NTS 29 (1983) 145-166.

8. Histoire. History. Geschichte. Storia. Historia.

*a*4161　BIETENHARD, H., «Die Dekapolis von Pompeius bis Traian», ZDPV 79 (1943) 24-58.

*a*4162　YAKAR, J., DINÇOL, A.M., «Remarks on the Historical Geography of North-Central Anatolia during the Pre-Hittite and Hittite Periods», Tel Aviv 1 (1974) 85-99.

*a*4163　HOROWITZ, A., «Late Pleistocene Clastic Dykes and Rates of Erosion in the Galilee, Israel», Tel Aviv 2 (1975) 93-96.

*a*4164　AHARONI, Y., «The Solomonic Districts», Tel Aviv 3 (1976) 5-15.

*a*4165　AVI-YONAH, M., *The Holy Land from the Persian to the Arab Conquest (536 B.C. - A.D. 640).* A Historical geography[2] (Baker Studies in Biblical Archaeology) (Grand Rapids, Baker, 1977), 249 pp.

*a*4166　TUSHINGHAM, A.D., «The Western Hill of Jerusalem under the Monarchy», ZDPV 95 (1979) 39-55.

9. Agriculture. Landwirtschaft. Agricultura.

*a*4167　AVNIMELECH, M., «History of the Soils in the Coastal Plain of Israel», ErIs 2 (1953) 67-71 (Hebrew).

*a*4168　GLUECK, A., «Photogrammetry as an Aid in Land-improvement», ErIs 2 (1953) 31-32 (Hebrew).

*a*4169　MARMORSTEIN, E., «The Origins of Agricultural Feudalism in the Holy Land», PEQ 85 (1953) 111-117.

*a*4170　WEITZ, J., LIF, Z., «The Extent of Cultivable Land in Palestine», ErIs 2 (1953) 11-19 (Hebrew).

*a*4171　ZOHARY, D., «Ancient Agriculture in the Central Negev», ErIs 2 (1953) 94-97 (Hebrew).

*a*4172　TURKOWSKI, L., «Peasant Agriculture in the Judaean Hills», PEQ 101 (1969) 21-33, 101-112.

10. Démographie. Demography. Demographie. Demografia. Demografía.

*a*4173　NOTH, M., «Die syrisch-palästinische Bevölkerung des zweiten Jahrtausends v. Chr. im Lichte neuer Quellen», ZDPV 65 (1942) 9-67.

*a*4174　WILKINSON, J., «Ancient Jerusalem: its Water Supply and Population», PEQ 106 (1974) 33-51.

*a*4175　BROSHI, M., «La population de l'ancienne Jérusalem», RB 82 (1975) 5-14.

*a*4176　BROSHI, M., «The Population of Western Palestine in the Roman-Byzantine Period», BASOR no 236 (1979) 1-10.

*a*4177　SHILOH, Y., «The Population of Iron Age Palestine in the Light of Urban Plans, Areas and Population Density», ErIs 15 (1981) 274-282.

11. Géologie. Geology. Erdgeschichte. Geologia. Geología.

*a*4178　BLANCKENHORN, M., «Bericht über die Fortschritte der geologischen Erforschung Palästinas von 1931-1938», ZDPV 62 (1939) 22-52.

*a*4179　BENTOR, Y., «Air Photography and Geological Mapping», ErIs 2 (1953) 50-57 (Hebrew).

*a*4180　PICARD, L., «The Geology of Kfar Gil'adi», ErIs 2 (1953) 73-77 (Hebrew).

*a*4181   SCHATTER, I., «Ideas on the Physical Geography of Palestine in the Early 19th
           Century», ErIs 2 (1953) 41-49 (Hebrew).
*a*4182   VROMAN, J.A., «Geological Researches near Ein Boqeq on the Dead Sea», ErIs 2
           (1953) 72-73 (Hebrew).
*a*4183   AMIRAN, D.H.K., «Outlines of the Geomorphology of Western Palestine North of the
           Basin of Beersheba», ErIs 4 (1956) 9-24 (English summary).
*a*4184   OSBORN, G., DUFORD, J.M., «Geomorphological Processes in the Inselberg Region
           of South-Western Jordan», PEQ 113 (1981) 1-17.
*a*4185   RUSSELL, K.W., «The Earthquake of May 19, A.D. 363», BASOR n° 238 (1980) 47-64.

12. Hydrographie. Hydrography. Gewässerkunde. Idrografia. Hidrografía.

*a*4186   ARDEN-CLOSE, C.F., «The Rainfall of Palestine», PEQ 73 (1941) 122-128.
*a*4187   ROSENAN, N., «Dune Direction and Wind Direction in Sinai and Negev», ErIs 2 (1953)
           78-81 (Hebrew).
*a*4188   NOTH, M., «Der Jordan in der alten Geschichte Palästinas», ZDPV 72 (1956) 123-148.
*a*4189   FAST, T., FRANK, F., «Zwischen der südpalästinischen Wasserscheide und dem Toten
           Meer», ZDPV 75 (1959) 116-124.
*a*4190   BAR-DEROMA, H., «The River of Egypt (Naḥal Mizraim)», PEQ 92 (1960) 37-56.
*a*4191   BEN-ARIEH, Y., «The Shift of the Outlet of the Jordan at the Southern Shore of Lake
           Tiberias», PEQ 97 (1965) 54-65.
*a*4192   UNDERHILL, H.W., «Dead Sea Levels and the P.E.F. Mark», PEQ 99 (1967) 45-53.
*a*4193   DELEKAT, L., «Ein frühbyzantinischer Fischteich bei Jerusalem», ZDPV 84 (1968)
           185-186.
*a*4194   HAUDE, W., «Zur Beurteilung von Fragen des Wasserhaushaltes in Jordanien», ZDPV
           85 (1969) 117-135.
*a*4195   KHLOPIN, I.N., «Zur Lösung des Rätsels des Akes-Flusses (Herod. III, 117)», OLoP 2
           (1971) 137-152.
*a*4196   STAGER, L.E., «Climatic Conditions and Grain Storage in the Persian Period», BA 34
           (1971) 86-88.
*a*4197   HAUDE, W., «Über klimatische und menschliche Einwirkungen auf den
           Wasserhaushalt des Toten Meeres in seiner Vergangenheit», ZDPV 88 (1972) 105-139.
*a*4198   HAR-EL, M., «The Pride of the Jordan - The Jungle of the Jordan», BA 41 (1978) 65-75.

13. Forêt. Forest. Wald. Foresta. Bosque.

*a*4199   ISSERLIN, B.S.J., «Ancient Forests in Palestine: Some Archaeological Indications»,
           PEQ 87 (1955) 87-88.
*a*4200   SCHMIDT, W., «Zum Baumbestand des Garizim», ZDPV 78 (1962) 89-90.

14. Régions. Regions. Landschaften. Regioni. Regiones[1].

*a*4201   MAISLER, B., «Der antike Name von *tell 'addschūl*», ZDPV 56 (1933) 186-188.
*a*4202   WOLFF, H.W., «Die Ebene Achor», ZDPV 70 (1954) 76-81.
*a*4203   PHYTHIAN-ADAMS, W.J., «Israel in the Arabah», PEQ 65 (1933) 137-146; 66 (1934)
           181-188.

---

1. Classées selon l'ordre alphabétique. Alphabetically classified. Nach alphabetischen Klasse ablegten.
Classificati secondo l'ordine alfabètico. Clasificados en orden alfabético.

a4204   KELLERMANN, D., «'Aštarōt - 'Aštarōt Qarnayim - Qarnayim. Historisch-
         geographische Erwägungen zu Orten im nördlichen Ostjordanland», ZDPV 97 (1981)
         45-61.

a4205   HILLELSON, S., «Notes on the Bedouin Tribes of Beersheba District», PEQ 69 (1937)
         242-252; 70 (1938) 55-63, 117-126, 242-252.

a4206   KALAI-KLEINMAN, Z., «Topographical Problems in the Land of Benjamin», ErIs 2
         (1953) 108-111 (Hebrew).

a4207   BALTZER, K., CONRAD, J., REHKOPF, F., SCHMID, H.H., «Die Besiedlungsreste
         und Grabanlagen zwischen Bēt Ḥanīna und en-Nebi Samwīl», ZDPV 87 (1971) 23-41.

a4208   VON RABENAU, K., «Ammonitische Verteidigungsanlagen zwischen Ḥirbet el-Bišāra
         und el-Yādūde», ZDPV 94 (1978) 46-55.

a4209   FRANK, F., «Zur Ebene el-buḳē'a», ZDPV 71 (1955) 187.

a4210   SARTRE, M., «Le territoire de Canatha», Syr. 58 (1981) 343-357.

a4211   FARRAND, W.R., RONEN, A., «Observations on the Kurkar-Hamra Succession on
         the Carmel Coastal Plain», Tel Aviv 1 (1974) 45-54 (Carmel).

a4212   JEPSEN, A., «Karmel, eine vergessene Landschaft?» ZDPV 75 (1959) 74-75 (Carmel).

a4213   DOTHAN, M., «The Valley of the Cilicians», ErIs 2 (1953) 166-169 (Hebrew).

a4214   ROTHSCHILD, J.J., «The Fortified Zone of the Plain of Esdraelon», PEQ 70 (1938)
         41-54.

a4215   KAPPUS, S., «Oberflächenuntersuchungen im mittleren wādi el-fār'a», ZDPV 82 (1966)
         74-82.

a4216   MEYERS, E.M., «Galilean Regionalism as a Factor in Historical Reconstruction»,
         BASOR nº 221 (1976) 93-101.

a4217   AHITUV, S., «The Lebanon Galilee and Bashan in a Topographical List of Amenhotep
         III», ErIs 15 (1981) 129-136.

a4218   AHARONI, Y., «The Land of Gerar», ErIs 3 (1954) 108-111 (Hebrew).

a4219   HAAS, V., WÄFLER, M., «Zur Topographie von Hattuša und Umgebung I», OrAnt 16
         (1977) 227-238.

a4220   LEMAIRE, A., «Le 'pays de Hépher' et les 'Filles de Zelophehad' à la lumière des
         ostraca de Samarie», Sem. 22 (1972) 13-20.

a4221   BEYER, G., «Die Kreuzfahrergebiete von Jerusalem und S. Abraham (Hebron)», ZDPV
         65 (1942) 165-211.

a4222   GLUECK, N., «Biblical Settlements in the Jordan Valley», ErIs 2 (1953) 102-107
         (Hebrew).

a4223   MITTMANN, S., «Das südliche Ostjordanland im Lichte eines neuassyrischen
         Keilschriftbriefes aus Nimrud», ZDPV 89 (1973) 15-25.

a4224   LEONARD, A., Jr., «The Proto-Urban/Early Bronze I Utilization of the Kataret es-
         Samra Plateau», BASOR nº 251 (1983) 37-60.

a4225   KUTSCH, E., «Beiträge zur Siedlungsgeschichte der wādi kufrinǧi», ZDPV 81 (1965)
         113-131.

a4226   SCHOTTROFF, W., «Horonaim, Nimrim, Luhith und der Westrand des 'Landes
         Ataroth'. Ein Beitrag zu historischen Topographie des Landes Moab», ZDPV 82 (1966)
         163-208.

a4227   KUSCHKE, A., «Hononaim and Qiryathaim. Remarks on a Recent Contribution to the
         Topography of Moab», PEQ 99 (1967) 104-105.

a4228   FOHRER, G., «Eisenzeitliche Anlagen im Raume südlich von nā'ūr und die
         Südwestgrenze von Ammon», ZDPV 77 (1961) 56-71.

a4229   BEYER, G., «Neapolis (Nāblus) und sein Gebiet in der Kreuzfahrerzeit», ZDPV 63
         (1940) 155-209.

*a*4230   EPSTEIN, E., «Bedouin of the Negeb», PEQ 71 (1939) 59-73.

*a*4231   XXX, «Die Geschichte des Negev», BiKi 11 (1956) 20.

*a*4232   STEKELIS, M., «Thirty Years of Research into the Prehistory of Negev Settlements and the Neighbouring Countries», ErIs 4 (1956) 24-33 (English summary).

*a*4233   ZIMMERLI, W., «Die landwirtschaftliche Bearbeitung des Negeb im Altertum», ZDPV 75 (1959) 141-154.

*a*4234   LEMAIRE, A., «L'ostracon 'Ramat-Négeb' et la topographie historique du Négeb», Sem. 23 (1973) 11-26.

*a*4235   NA'AMAN, N., «The Inheritance of the Sons of Simeon», ZDPV 96 (1980) 136-152 (Negev).

*a*4236   SALMON, F.J., «The Modern Geography of Palestine», PEQ 69 (1937) 33-42.

*a*4237   LIF, Z., «Geographical Regions of Palestine», ErIs 2 (1953) 25-27 (Hebrew).

*a*4238   DONNER, H., «Die Palästinabeschreibung des Epiphanius Monachus Hagiopolita», ZDPV 87 (1971) 42-91.

*a*4239   HOPKINS, I.W.J., «The City Region in Roman Palestine», PEQ 112 (1980) 19-32.

*a*4240   MITTMANN, S., «Die Küste Palästinas bei Herodot», ZDPV 99 (1983) 130-140.

*a*4241   WEIPPERT, M., «Ein ugaritischer Beleg für das Land 'Qadi' der ägyptischen Texte?» ZDPV 85 (1969) 35-50.

*a*4242   BACH, R., «Zur Siedlungsgeschichte des Talkessels von Samaria», ZDPV 74 (1958) 41-54.

*a*4243   DEMSKY, A., «The Permitted Villages of Sebaste in the Rehov Mosaic», IsrEJ 29 (1979) 182-193.

*a*4244   KOCH, K., «Zur Lage von Ṣemarajim», ZDPV 78 (1962) 19-29.

*a*4245   ROLLER, D.W., «The Northern Plain of Sharon in the Hellenistic Period», BASOR nº 247 (1982) 43-52.

*a*4246   RAINEY, A.F., «The Administrative Division of the Shephelah», Tel Aviv 7 (1980) 194-202.

*a*4247   FINKELSTEIN, I., «The Shephelah of Israel», Tel Aviv 8 (1981) 84-94.

*a*4248   RAINEY, A.F., «The Biblical Shephelah of Judah», BASOR nº 251 (1983) 1-22.

*a*4249   RAIKES, R., «Sites in Wadi Shu'eib and Wadi Kufrein, Jordan», PEQ 97 (1965) 161-168.

*a*4250   KUSCHKE, A., «Sidons Hinterland und der Pass von Gezzin», ZDPV 93 (1977) 178-197 (Sidon).

*a*4251   SCHMELLER, E., «Antike Hafenanlage am Nordende des Toten Meeres?» 79 (1943) 138-139.

15. Sites. Ortbeschreibungen. Siti. Lugares[1].

*a*4252   ZOBEL, H.J., «Abel Mehola», ZDPV 82 (1966) 83-108.

*a*4253   KALLAI, Z., «Bethachōn and Abel - Beth-maacah», IsrEJ 29 (1979) 60-61 (Abel).

*a*4254   RINALDI, G., «Acco - Tolemaide - S. Giovanni d'Acri», BibOr 5 (1963) 216-220.

*a*4255   JIRKU, A., «The Problem of Alashiya», PEQ 82 (1950) 40-42.

*a*4256   SCHMITT, G., «Topographishe Probleme bei Josephus», ZDPV 91 (1975) 50-68 (Amathous).

*a*4257   DOTHAN, M., «Aphek on the Israel-Aram Border and Aphek on the Amorite Border», ErIs 12 (1975) 63-65 (English summary).

---

1. Classés selon l'ordre alphabétique. Alphabetically classified. Nach alphabetischen Klasse ablegten. Classificati secondo l'ordine alfabètico. Clasificados en orden alfabético.

a4258 FRITZ, V., «Arad in der biblischen Überlieferung und in der Liste Schoschenks I», ZDPV 82 (1966) 331-342.

a4259 MITTMANN, S., «Aroer, Minnith und Abel Keramim (Jdc. 11,33)», ZDPV 85 (1969) 63-75 (Aroer).

a4260 PRAWER, J., «The City and Duchy of Ascalon in the Crusader Period», ErIs 5 (1958) 224-237 (English summary).

a4261 ALT, A., «Augusta Libanensis», ZDPV 71 (1955) 173-186.

a4262 KALLAI-KLEINMANN, Z., «An Attempt to Determine the Location of Beeroth», ErIs 3 (1954) 111-115 (Hebrew).

a4263 ELLIGER, K., «Beeroth und Gibeon», ZDPV 73 (1957) 125-132 (Beeroth).

a4264 LAMADRID, A.G., «Belén: patria de David y de Jesús», CuBi 14 (1957) 8-13.

a4265 BRIEND, J., «Béthel et Beth-Awen», Salm 28 (1981) 65-70 (Beth-Awen).

a4266 HENKE, O., «Zur Lage von Beth Peor», ZDPV 75 (1959) 155-163.

a4267 TSAFRIR, Y., «The Levitic City of Beth-Shemesh in Juda or in Naphtali?» ErIs 12 (1975) 44-45 (English summary).

a4268 BRIEND, J., «Béthel et Beth-Awen», Salm 28 (1981) 65-70 (Béthel).

a4269 WELTEN, P., «Bezeq», ZDPV 81 (1965) 138-165.

a4270 NORTH, R., «Caleb», BibOr 8 (1966) 167-171.

a4271 BEEBE, H.K., «Caesarea Maritima: Its Strategic and Political Significance to Rome», JNES 42 (1983) 195-207.

a4272 WILL, E., «Un vieux problème de la topographie de la *Beqā'* antique: Chalcis du Liban», ZDPV 99 (1983) 141-146.

a4273 MITTMANN, S., «Danaba», ZDPV 87 (1971) 92-94.

a4274 GALLING, K., «Zur Lokalisierung von Debir», ZDPV 70 (1954) 135-141.

a4275 MAZAR, B., «Ezion-Geber and Ebronah», ErIs 12 (1975) 46-48 (English summary) (Ebronah).

a4276 MESHEL, Z., «On the Problem of Tell el-Kheleifeh, Elath and Ezion-Geber», ErIs 12 (1975) 49-56 (English summary) (Elath).

a4277 SEYRIG, H., «Caractères de l'histoire d'Émèse», Syr. 36 (1959) 184-192.

a4278 MACKOWSKI, R.M., «Where is Biblical Emmaus?» SE 32 (1980) 93-103.

a4279 BRAND, J., «Gader», ErIs 8 (1967) 280-282 (English summary).

a4280 MAZAR, B., «Ezion-Geber and Ebronah», ErIs 12 (1975) 46-48 (English summary) (Ezion-Geber).

a4281 MESHEL, Z., «On the Problem of Tell el-Kheleifeh, Elath and Ezion-Geber», ErIs 12 (1975) 49-56 (English summary) (Ezion-Geber).

a4282 ALT, A., «Die Reiterstadt Gaba», ZDPV 62 (1939) 3-21.

a4283 BAR-KOCHVA, B., «Gamla in Gaulanitis», ZDPV 92 (1976) 54-71.

a4284 PROCKSCH, O., «Gat», ZDPV 66 (1943) 174-191.

a4285 RAINEY, A.F., «The Identification of Philistine Gath», ErIs 12 (1975) 63*-76*.

a4286 SCHMITT, G., «Topographische Probleme bei Josephus», ZDPV 91 (1975) 50-68 (Gerasa).

a4287 ELLIGER, K., «Beeroth und Gibeon», ZDPV 73 (1957) 125-132 (Gibeon).

a4288 BÄCHLI, O., «Zur Lage des alten Gilal», ZDPV 83 (1967) 64-71.

a4289 NOTH, M., «Gilead und Gad», ZDPV 75 (1959) 14-73.

a4290 SCHUNCK, K.-D., «Who lag *Har Ḥeres*?», ZDPV 96 (1980) 153-157.

a4291 KIRKBRIDE, A.S., HARDING, L., «Hasma», PEQ 79 (1947) 7-26.

a4292 SARTRE, M., «Tribus et clans dans le Ḥawrān antique», Syr. 59 (1982) 77-91.

a4293 DE NICOLA, A., «L'Hermon, monte sacro», BibOr 15 (1973) 239-251.

a4294 IKEDA, Y., «Hermon, Sirion and Senir», AJBI 4 (1978) 32-44 (Hermon).

a4295   ZADOK, R., «Ḥirbet Bêt 'Enūn», IsrEJ 29 (1979) 62.

a4296   KOB, K., «Zur Lage von Hormoz, ein territorialgeschichtliches Problem der Kreuzfahrerzeit», ZDPV 83 (1967) 136-164.

a4297   RENDTORFF, R., «Zur Lage von Jaser», ZDPV 76 (1960) 124-135.

a4298   BRASLAVI (BRASLAVSKY), J., «A Topography of Jerusalem from the Cairo Genizah», ErIs 7 (1964) 69-80 (English summary).

a4299   HOPKINS, I.W.J., «The Four Quarters of Jerusalem», PEQ 103 (1971) 68-84.

a4300   TUSHINGHAM, A.D., «The Western Hill of Jerusalem under the Monarchy», ZDPV 95 (1979) 39-55.

a4301   USSISHKIN, D., «The 'Camp of the Assyrians' in Jerusalem», IsrEJ 29 (1979) 137-142.

a4302   STROBEL, A., «Zur Ortslage von Kallirrhoë», ZDPV 82 (1966) 149-162.

a4303   STROBEL, A., «Auf der Suche nach Machärus und Kallirrhoe: Selbstzeugnisse und Dokumente zu einem geographischen Problem des 19. Jahrhunderts», ZDPV 93 (1977) 247-267 (Kallirrhoe).

a4304   MESHEL, Z., «On the Problem of Tell el-Kheleifeh, Elath and Ezion-Geber», ErIs 12 (1975) 49-56 (English summary) (Tell el-Kheleifeh).

a4305   WRIGHT, G.E., «A Problem of Ancient Topography: Lachish and Eglon», BA 34 (1971) 76-86 (Lachish).

a4306   METZGER, M., «Lodebar und der tell el-mghannije», ZDPV 76 (1960) 97-102 (Lodebar).

a4307   MÜLLER, H., «Ma'lūla vor hundert Jahren. Reisebriefe von Albert Socin aus dem Jahre 1869», ZDPV 85 (1969) 1-23.

a4308   STROBEL, A., «Das römische Belagerungswerk um Machärus: Topographische Untersuchungen», ZDPV 90 (1974) 128-184.

a4309   STROBEL, A., «Auf der Suche nach Machärus und Kallirrhoe. Selbstzeugnisse und Dokumente zu einem geographischen Problem des 19. Jahrhunderts», ZDPV 93 (1977) 247-267 (Machärus).

a4310   MANNS, F., «Magdala dans les sources littéraires», dans *Studia Hierosolymitana (Bagatti)* (en collab.) (1976), I, 307-337.

a4311   ZADOK, R., «An Additional Note on Māḫazīn», Tel Aviv 7 (1980) 110.

a4312   DORSEY, D.A., «The Location of Biblical Makkedah», Tel Aviv 7 (1980) 185-193.

a4313   XXX, «Ricerche in Oriente», BibOr 1 (1959) 179-180 (Mambre).

a4314   WÄCHTER, L., «Zur Lage von Michmethath», ZDPV 84 (1968) 55-62.

a4315   MITTMANN, S., «Aroer, Minnith und Abel Keramim (Jdc. 11,33)», ZDPV 85 (1969) 63-75 (Minnith).

a4316   SCHMIDT, W., «Zwei Untersuchungen in wādi nā'ūr», ZDPV 77 (1961) 46-55.

a4317   VESTRI, L., «La tappa di Obot», BibOr 6 (1964) 86-93.

a4318   VERGER, A., «Pantelleria nell'Antichità», OrAnt 5 (1966) 249-275.

a4319   NÜBEL, H.-U., «Arabische Eigenart und Hellenismus in der Stadt Petra», ZDPV 73 (1957) 167-183.

a4320   WRIGHT, G.R.H., «Petra, some unusual Views», ZDPV 88 (1972) 182-184.

a4321   KUSCHKE, A., «Das Terrain der Schlacht bei Qadeš und die Anmarschwege Ramses' II», ZDPV 95 (1979) 7-35.

a4322   MACKOWSKI, R.M.,«Scholars' Qanah. A Reexamination of the Evidence inFavor of Khirbet-Qanah», BZ 23 (1979) 278-284.

a4323   FAVREAU-LILIE, M.-L., «Landesausbau und Burg während der Kreuzfahrerzeit: Ṣafad in Obergalilaea», ZDPV 96 (1980) 67-87.

a4324   MACKAY, C., «Salem», PEQ 80 (1948) 121-130.

a4325   WÄCHTER, L., «Salem bei Sichem», ZDPV 84 (1968) 63-72.

a4326 SCHWÖBEL, V., «Samarien. Das westpalästinische Mittelland», ZDPV 53 (1930) 1-47, 89-135.

a4327 SCHMIDT, W., «Ein 'Haus Omris' bei Samaria?» ZDPV 78 (1962) 30-33.

a4328 VAN BEEK, G.W., «Samaria», IDB IV (1962) 182-188.

a4329 NA'AMAN, N., «The Shihor of Egypt and Shur that is before Egypt», Tel Aviv 7 (1980) 95-109 (Shur).

a4330 BÜLOW, S., «Der Berg des Fluches», ZDPV 73 (1957) 100-107 (Sichem).

a4331 DELCOR, M., «Vom Sichem der hellenistischen Epoche zum Sychar des Neuen Testamentes», ZDPV 78 (1962) 34-48 (Sichem).

a4332 JOANNES, F., «La localisation de Şurru à l'époque néo-babylonienne», Sem. 32 (1982) 35-43.

a4333 DELCOR, M., «Vom Sichem der hellenistischen Epoche zum Sychar des Neuen Testamentes», ZDPV 78 (1962) 34-48 (Sychar).

a4334 WALLIS, G., «Thaanath-Silo», ZDPV 77 (1961) 38-45.

a4335 RAINEY, A.F., «The Military Camp Ground at Taanach by the Waters of Megiddo», ErIs 15 (1981) 61*-66*.

a4336 WÄFLER, M., «Zu Status und lage von Tabāl», Or. 52 (1983) 181-193.

a4337 AUER, W., «Das biblische Tharschisch», BiKi 14 (1959) 112-114.

a4338 ADINOLFI, M., «Tarso, patria di stoici», BibOr 19 (1977) 185-194.

a4339 HELCK, W., «Die Lage der Stadt Tunip», UF 5 (1973) 286-288.

a4340 MARICQ, A., «Classica et Orientalia. - 6. La province d''Assyrie' créée par Trajan. À propos de la guerre parthique de Trajan. - 7. Vologésias, l'emporium de Ctésiphon», Syr. 36 (1959) 254-276 (Vologésias).

a4341 NA'AMAN, N., «Yeno'am», Tel Aviv 4 (1977) 168-177.

16. Divers. Miscellaneous. Verschiedenes. Diversi. Diversos.

a4342 ASHBEL, D., «The Amount of Sunlight in Israel», ErIs 2 (1953) 82-88 (Hebrew).

a4343 SHALEM, N., «Karst in Israel and the Neighbouring Countries», ErIs 2 (1953) 58-66 (Hebrew).

a4344 BARTINA, S., «Geografía de Palestina y Matemáticas», CuBi 16 (1959) 335-338.

a4345 CRISLER, B.C., «The Accoustics and Crowd Capacity of Natural Theaters in Palestine», BA 39 (1976) 128-141.

a4346 HARRINGTON, D.J., «Biblical Geography in Pseudo-Philo's *Liber Antiquitatum Biblicarum*», BASOR nº 220 (1976) 67-71.

GNOSE. GNOSIS. GNOSI. GNOSIS.

1. Bibliographie. Bibliography. Bibliographie. Bibliografia. Bibliografía.

a4347 SCHOLER, D.M., «Bibliographia Gnostica: Supplementum V», NT 17 (1975) 305-336; Supplementum VI, NT 19 (1977) 293-336; Supplementum VII, NT 20 (1978) 300-331; Supplementum VIII, NT 21 (1979) 357-382; Supplementum IX, NT 22 (1980) 352-384; Supplementum X, NT 23 (1981) 361-380; Supplementum XI, NT 24 (1982) 340-368; Supplementum XII, NT 25 (1983) 356-381.

2. Études générales. General Studies. Allgemeine Studien. Studi generali. Estudios generales.

a4348 SCHENKE, H.M., «Hauptprobleme der Gnosis. Gesichtspunkte zu einer neuen Darstellung des Gesamtphänomens», Kairos 7 (1965) 114-123.

a4349   HAARDT, R., *Die Gnosis*. Wesen und Zeugnisse (Salzburg, O. Müller Verlag, 1967), 352 pp.

a4350   POKORNY, P., «Gnosis als Weltreligion und als Häresie», Numen 16 (1969) 51-62.

a4351   McL. WILSON, R., «Gnosticism in the Light of recent Research», Kairos 13 (1971) 282-288.

a4352   MÉNARD, J.-E., «Mystère et gnose», LTP 32 (1976) 131-144.

a4353   En collaboration, *Gnosis and Gnosticism*. Papers read at the Seventh International Conference on Patristic Studies (Oxford, September 8th-13th 1975) (Nag Hammadi Studies, VIII) (Leiden, Brill, 1977), 233 pp.

a4354   BIANCHI, U., «À propos de quelques discussions récentes sur la terminologie, la définition et la méthode de l'étude du gnosticisme», dans *Proceedings of the International Colloquium on Gnosticism*. Stockholm August 20-25 1973 (en collab.) (1977), 16-26.

a4355   BIANCHI, U., «Le Gnosticisme: Concept, Terminologie, Origines, Délimitation», dans *Gnosis*. Festschrift für Hans Jonas (en collab.) (1978), 33-64.

a4356   GASPARRO, G.S.,«Sur l'Histoire des Influences du Gnosticisme», dans *Gnosis*. Festschrift für Hans Jonas (en collab.) (1978), 316-350.

a4357   RUDOLPH, K., *Die Gnosis*. Wesen und Geschichte einer spätantiken Religion (Göttingen, Vandenhoeck & Ruprecht, 1978), 400 pp.

a4358   TARDIEU, M., «Le Congrès de Yale sur le Gnosticisme (28-31 mars 1978)», REA 24 (1978) 188-209.

a4359   FALLON, F.T., «The Gnostics: the Undominated Race», NT 21 (1979) 271-288.

a4360   RUDOLPH, K., «Gnosis - Weltreligion oder Sekte», Kairos 21 (1979) 255-263.

a4361   MÉNARD, J.-E., «Trente ans après Nag Hammadi: une première tentative de synthèse sur la gnose et le gnosticisme», RevSR 54 (1980) 74-77.

a4362   RUDOLPH, K., *Gnosis*. The Nature and History of Gnosticism (San Francisco, Harper & Row, 1983), xii-411 pp.

a4363   SCHENKE, H.-M., «The Problem of Gnosis», SeC 3 (1983) 73-87.

3. Origine. Origin. Ursprung. Origine. Origen.

a4364   BIANCHI, U., «Le problème des origines du gnosticisme et l'histoire des religions», Numen 12 (1965) 161-178.

a4365   POKORNY, P., «Der Ursprung der Gnosis», Kairos 9 (1967) 94-105.

a4366   VAN GRONINGEN, G., *First Century Gnosticism*. Its Origin and Motifs (Leiden, Brill, 1967), 209 pp.

a4367   KIPPENBERG, H.G., «Versuch einer soziologischen Verortung des antiken Gnostizismus», Numen 17 (1970) 211-231.

a4368   YAMAUCHI, E.M., *Pre-Christian Gnosticism*. A Survey of the Proposed Evidences (London, Tyndale, 1973), xi-208 pp.

a4369   GRANT, R.M., «Eusebius and Gnostic Origins», dans *Mélanges offerts à Marcel Simon* (en collab.) (1978), 195-205.

a4370   PÉTREMENT, S., À propos des origines du gnosticisme», dans *Gnosticisme et monde hellénistique* (1980), 93-96.

4. Manichéisme. Manichaeism. Manichäismus. Manicheismo. Maniqueísmo.

a4371   RIES, J., «Le dialogue gnostique du Salut dans les textes manichéens coptes», OLoP 6/7 (1975-76) 509-520.

a4372   KAESTLI, J.-D., «L'utilisation des Actes apocryphes des apôtres dans le manichéisme», dans *Gnosis and Gnosticism* (en collab.) (1977), 107-116.

*a*4373   RIES, J., «Commandements de la justice et vie missionnaire dans l'église de Mani», dans *Gnosis and Gnosticism* (en collab.) (1977), 93-106.

*a*4374   BÖHLIG, A., «Zur Vorstellung vom Lichtkreuz in Gnostizismus und Manichäismus», dans *Gnosis*. Festschrift für Hans Jonas (en collab.) (1978), 473-491.

*a*4375   WIDENGREN, G., «Des Manichäismus. Kurzgefasste Geschichte der Problemforschung», dans *Gnosis*. Festschrift für Hans Jonas (en collab.) (1978), 278-315.

*a*4376   BÖHLIG, A., ASMUSSEN, J.P., *Manichäische Quellen* eingeleitet, übersetzt und erläutert. *Die Gnosis III* (Die Bibliothek der Alten Welt) (Zürich, Artemis, 1980), 462 pp.

*a*4377   TARDIEU, M., *Écrits gnostiques*. Codex de Berlin (Sources Gnostiques et Manichéennes, 1) (Paris, Cerf, 1984), 518 pp.

5. Égypte. Egypt. Ägypten. Egitto. Egipto.

*a*4378   DERCHAIN, P., «L'authenticité de l'inspiration égyptienne dans le Corpus Hermeticum», RHR 161 (1962) 175-198.

*a*4379   THAUSING, G., «Altägyptische Gedanken in der Gnosis», Kairos 15 (1973) 116-122.

*a*4380   WISSE, F., «Gnosticism and Early Monasticism in Egypt», dans *Gnosis*. Festschrift für Hans Jonas (en collab.) (1978), 431-440.

*a*4381   DAUMAS, F., «Gnosticisme et pensée religieuse égyptienne», dans *Gnosticisme et monde hellénistique* (1980), 11-20.

*a*4382   THEODORIDES, A., «De l'assimilation à la divinité dans la sagesse de l'ancienne Égypte», dans *Gnosticisme et monde hellénistique* (1980) 30-33.

6. Judaïsme. Judaism. Judentum. Giudaismo. Judaísmo.

*a*4383   QUISPEL, G., «Der gnostische Anthropos und die jüdische Tradition», ErJb 1953 22 (1954) 195-234.

*a*4384   SCHUBERT, K., «Problem und Wesen der jüdischen Gnosis», Kairos 3 (1961) 2-15.

*a*4385   SCHENKE, H.M., «Das Problem der Beziehung zwischen Judentum und Gnosis. Ist die Gnosis aus dem Judentum ableitbar?» Kairos 7 (1965) 124-135.

*a*4386   RUDOLPH, K., «Randerscheinungen des Judentums und das Problem der Entstehung des Gnostizismus», Kairos 9 (1967) 105-122.

*a*4387   McL. WILSON, R., «Philo of Alexandria and Gnosticism», Kairos 14 (1972) 213-219.

*a*4388   VAN UNNIK, W.C., «Gnosis und Judentum», dans *Gnosis*. Festschrift für Hans Jonas (en collab.) (1978), 65-86.

*a*4389   AGUS, A., «Some Early Rabbinic Thinking on Gnosticism», JQR 71 (1980) 18-30.

*a*4390   TRÖGER, K.W., «The Attitude of the Gnostic Religion towards Judaism as Viewed in a Variety of Perspectives», dans *Colloque international sur les textes de Nag Hammadi* (en collab.) (1981), 86-98.

7. Hellénisme. Hellenism. Hellenismus. Ellenismo. Helenismo.

*a*4391   ALAND, B., «Gnosis und Philosophie», dans *Proceedings of the International Colloquium on Gnosticism*. Stockholm, August 20-25 1973 (en collab.) (1977), 34-73.

*a*4392   BETZ, H.D., «Observations on Some Gnosticizing Passages in Plutarch», dans *Proceedings of the International Colloquium on Gnosticism*. Stockholm, August 20-25 1973 (en collab.) (1977), 169-178.

*a*4393   ARMSTRONG, A.H., «Gnosis and Greek Philosophy», dans *Gnosis*. Festschrift für Hans Jonas (en collab.) (1978), 87-124.

*a*4394　RIES, J., SEVRIN, J.M., *Gnosticisme et monde hellénistique.* Les objectifs du Colloque de Louvain-la-Neuve (11-14 mars 1980) (Louvain-la-Neuve, Centre d'histoire des religions, 1980), 149 pp.

*a*4395　ABRAMOWSKI, L., «Marius Victorinus, Porphyrius und die römischen Gnostiker», ZNW 74 (1983) 108-128.

8. Ancien Testament. Old Testament. Altes Testament. Antico Testamento. Antiguo Testamento.

*a*4396　McL. WILSON, R., «The Gnostics and the Old Testament», dans *Proceedings of the International Colloquium on Gnosticism.* Stockholm August 20-25 1973 (en collab.) (1977), 164-168.

*a*4397　GERO, S., «The Seduction of Eve and the Trees of Paradise - A Note on a Gnostic Myth», HarvTR 71 (1978) 299-301.

*a*4398　SCHENKE, H.-M., «Die Tendenz der Weisheit zur Gnosis», dans *Gnosis.* Festschrift für Hans Jonas (en collab.) (1978), 351-372.

9. Nouveau Testament. New Testament. Neues Testament. Nuovo Testamento. Nuevo Testamento.

*a*4399　KRAMER, P.S., «The Place of Gnosticism in the History of Christian», AThR 16 (1934) 283-296.

*a*4400　HAARDT, R., «Gnosis und Neues Testament», dans *Bibel und Zeitgemässer Glaube* (en collab.) (1967), 131-158.

*a*4401　McL. WILSON, R., *Gnosis and the New Testament* (1968), «The Gnostic Heresy in the Light of Recent Research and Discovery», 1-30; «'Gnosticism' in the New Testament», 31-59; «Gnostic Use of the New Testament», 60-84.

*a*4402　QUISPEL, G., «Gnosis and the New Sayings of Jesus», ErJb 1969 38 (1972) 261-296.

*a*4403　PAGELS, E.H., *The Johannine Gospel in Gnostic Exegesis.* Heracleon's Commentary on John (SBL, Monograph Series, 17) (Nashville & New York, Abingdon Press, 1973), 128 pp.

*a*4404　QUISPEL, G., «From Mythos to Logos», ErJb 1970 39 (1973) 323-340.

*a*4405　BEYSCHLAG, M., *Simon Magus und die christliche Gnosis* (Wissenschaftliche Untersuchungen zum Neuen Testament, 16) (Tübingen, Mohr, 1974), vii-249 pp.

*a*4406　BORCHERT, G.L., «Insights Into the Gnostic Threat to Christianity as Gained Through the Gospel of Philip», dans *New Dimensions in New Testament Study* (en collab.) (1974), 79-93.

*a*4407　PERKINS, P., «Peter in Gnostic Revelation», dans *Society of Biblical Literature. 1974 Seminar Papers* (en collab.) (1974), II, 1-13.

*a*4408　YAMAUCHI, E.M., «Some Alleged Evidences for Pre-Christian Gnosticism», dans *New Dimensions in New Testament Study* (en collab.) (1974), 46-70.

*a*4409　DRANE, J.W., *Paul Libertine or Legalist?* (1975), «How Gnostic is Galatians?» 110-114; «Were Paul's Opponents Gnostics?», 115-124.

*a*4410　ORBE, A., *Cristología gnóstica* (Madrid, Ed. Católica (BAC), 1976), 595-654 pp.

*a*4411　RUDOLPH, K., «Simon - Magus oder Gnosticus?» TRu 42 (1977) 279-359.

*a*4412　ROBINSON, J.M., «Gnosticism and the New Testament», dans *Gnosis.* Festschrift für Hans Jonas (en collab.) (1978), 125-143.

*a*4413　SCHMITHALS, W., «Zur Herkunft der gnostischen Elemente in der Sprache des Paulus», dans *Gnosis.* Festschrift für Hans Jonas (en collab.) (1978), 385-414.

*a*4414　EVANS, C.A., «Current Issues in Coptic Gnosticism for New Testament Study», SBT 9 (1979) 95-129.

*a*4415　LIEU, J.M., «Gnoticism and the Gospel of John», ExpTim 90 (1979) 233-237.

a4416 McL. WILSON, R., «Simon and Gnostic Origins», dans *Les Actes des Apôtres. Traditions, rédaction, théologie* (en collab.) (1979), 485-491.

a4417 PAGELS, E., *The Gnostic Gospels* (New York, Random House, 1979), 183 pp.

a4418 ALAND, B., «Gnosis und Christentum», dans *The Rediscovery of Gnosticism* (en collab.) (1980), I, 319-350.

a4419 BIANCHI, U., «Gnosticisme et origines chrétiennes (comme aperçu introductif d'un débat)», dans *Gnosticisme et monde hellénistique* (1980), 60-63.

a4420 RIES, J., «Les Titres Néotestamentaires du Christ dans la Liturgie Gnostique de Médînet Mâdi», dans *Studia Biblica 1978* (en collab.) (1980), III, 321-336.

a4421 EVANS, C.A., «Jesus in Gnostic Literature», Bibl 62 (1981) 406-412.

a4422 PERKINS, P., «Gnostic Christologies and the New Testament», CBQ 43 (1981) 590-606.

a4423 WISSE, F., «The 'Opponents' in the New Testament in Light of the Nag Hammadi Writings», dans *Colloque international sur les textes de Nag Hammadi* (en collab.) (1981), 99-120.

a4424 MUÑOZ LEON, D., «El principio trinitario inmanente y la interpretación del Nuevo Testamento (3.ª parte)», EstB 41 (1983) 241-284.

10. Pères (témoignage des). Patristic Evidence.
Patristische Zeugnis. Testimonianze dei Padri. Testimonio patrístico.

a4425 LE BOULLUEC, A., «Y a-t-il des traces de la polémique antignostique d'Irénée dans le *Péri Archôn* d'Origène?» dans *Gnosis and Gnosticism* (en collab.) (1977), 138-147.

a4426 ALAND, B., «Gnosis und Kirchenväter. Ihre Auseinandersetzung um die Interpretation des Evangeliums», dans *Gnosis. Festschrift für Hans Jonas* (en collab.) (1978), 158-215.

a4427 JASCHKE, H.-J., «Das Johannesevangelium und die Gnosis im Zeugnis des Irenäus von Lyon», MüTZ 29 (1978) 337-376.

a4428 FOERSTER, W., HAENCHEN, E., KRAUSE, M., *Die Gnosis.* Zeugnisse der Kirchen Väter, eingeleitet, übersetzt und erläutert (Bibliothek der alten Welt) (Zürich, Artemis, 1979), 488 pp.

a4429 SÄVE-SÖDERBERGH, T., «The Pagan Elements in Early Christianity and Gnosticism», dans *Colloque international sur les textes de Nag Hammadi* (en collab.) (1981), 71-85.

11. Théologie. Theology. Theologie. Teologia. Teología.

a4430 PULVER, M., «Vom Spielraum gnostischer Mysterienpraxis», ErJb 1944 11 (1945) 277-325.

a4431 SCHOEPS, H.J., «Bemerkungen zu Reinkarnationsvorstellungen der Gnosis», Numen 4 (1957) 228-232.

a4432 ZANDEE, J., «Gnostic ideas on the fall and salvation», Numen 11 (1964) 13-74.

a4433 TARDIEU, M., «Pour un phénix gnostique», RHR 183 (1973) 117-142.

a4434 ALAND, B., «Erwählungstheologie und Menschenklassenlehre. Die Theologie des Herakleon als Schlüssel zum Verständnis der christlichen Gnosis?» dans *Gnosis and Gnosticism* (en collab.) (1977), 148-181.

a4435 KELLER, C.-A., «Das Problem des Bösen Apokalyptik und Gnostik», dans *Gnosis and Gnosticism* (en collab.) (1977), 70-90.

a4436 MÉNARD, J.-E., «Le repos, salut du gnostique», RevSR 51 (1977) 71-88.

a4437 BIANCHI, U., *La 'Doppia creazione' dell'uomo, negli Alessandrini, nei Cappadoci e nella gnosi* (Roma, Ateneo, 1978), 208 pp.

*a*4438   BIANCHI, U., «Le 'gnosticisme syrien', carrefour de fois», dans *Mélanges offerts à Marcel Simon* (en collab.) (1978), 75-90.
*a*4439   BÖHLIG, A., «Zur Struktur Gnostischen Denkens», NTS 24 (1978) 496-509.
*a*4440   BÖHLIG, A., «Zur Vorstellung vom Lichtkreuz in Gnostizismus und Manichäismus», dans *Gnosis*. Festschrift für Hans Jonas (en collab.) (1978), 473-491.
*a*4441   GARCIA BAZAN, F., *Gnosis*. La esencia del dualismo gnóstico (Estudios Filosóficos, 3) (Buenos Aires, Ediciones Castaneda, 1978), 375 pp.
*a*4442   PAGELS, E.H., «Visions, Appearances, and Apostolic Authority: Gnostic and Orthodox Traditions», dans *Gnosis*. Festschrift für Hans Jonas (en collab.) (1978), 415-430.
*a*4443   RIES, J., «Un double symbole de foi gnostique dans le *Kephalaion Un* de Médinet Mâdi», dans *Nag Hammadi and Gnosis* (en collab.) (1978), 139-148.
*a*4444   ROBILLARD, E., «Le Dieu *défiguré* de la Gnose», dans *Dieu, parole et silence* (en collab.) (1978), 129-151.
*a*4445   SMITH, M., «On the History of the 'Divine Man'», dans *Mélanges offerts à Marcel Simon* (en collab.) (1978), 335-345.
*a*4446   BAIRD, W., «The Problem of the Gnostic Redeemer and Bultmann's Program of Demythologizing», dans *Theologia Crucis - Signum Crucis* (en collab.) (1979), 39-56.
*a*4447   CULIANU, I.P., «'Démonisation du Cosmos' et dualisme gnostique», RHR 196 (1979) 3-40.
*a*4448   MATERN, G., «Die Erste grosse Herausforderung. Dualismus und Soteriologie der Gnosis bedrohen die junge Kirche in ihrer Substanz», dans *Kirche und Bibel* (en collab.) (1979), 261-290.
*a*4449   DUCHESNE-GUILLEMIN, J., «Gnosticisme et dualisme», dans *Gnosticisme et monde hellénistique* (1980), 41-43.
*a*4450   MÉNARD, J.-E., «La fonction sotériologique de la mémoire chez les Gnostiques», RevSR 54 (1980) 298-310.
*a*4451   THEODORIDES, A., «De l'assimilation à la divinité dans la sagesse de l'ancienne Égypte», dans *Gnosticisme et monde hellénistique* (1980), 30-33.
*a*4452   MÉNARD, J.-E., «Les repas 'sacrés' des Gnostiques», RevSR 55 (1981) 43-51.
*a*4453   TARDIEU, M., «'Comme à travers un tuyau'. Quelques remarques sur le mythe valentinien de la chair céleste du Christ», dans *Colloque international sur les textes de Nag Hammadi* (en collab.) (1981), 151-177.
*a*4454   MacRAE, G., «Apocalyptic Eschatology in Gnosticism», dans *Apocalypticism in the Mediterranean World and the Near East* (en collab.) (1983), 317-325.

HERMÉNEUTIQUE. HERMENEUTICS. HERMENEUTISCHES. ERMENEUTICA. HERMENÉUTICA.

1. Études générales. General Studies. Allgemeine Abhandlungen. Studi generali. Estudios generales.

*a*4455   SCHILDENBERGER, J., «Ganzheitliches Denken in der Heiligen Schrift», BiKi 4 (1949) 5-10.
*a*4456   GONZALEZ MAESO, D., «Qué es la Sagrada Escritura y cómo debe interpretarse», CuBi 18 (1961) 323-335.
*a*4457   WARNACH, V., «Was ist eine exegetische Aussage?» Catho 16 (1962) 103-130.
*a*4458   HAAG, H., «Hermeneutik», dans *Mysterium Salutis* (en collab.) (1965), I, 396-440.
*a*4459   LARREA, A., «Sobre la interpretación bíblica», CuBi 22 (1965) 351-353.

*a*4460   FENZ, A.K., «Was heisst Schriftauslegung?» BiLit 41 (1968) 176-187.

*a*4461   TRILLING, W., «'Sola scriptura' und 'Selbstauslegung der Schrift' im Lichte der Exegese», dans *Sapienter Ordinare* (en collab.) (1969), 49-72.

*a*4462   ALONSO SCHÖKEL, L., *Il dinamismo della tradizione*, «La parola rivelatrice et la sua interpretazione» (1970), 67-176.

*a*4463   GNILKA, J., «Methodik und Hermeneutik. Gedanken zur Situation der Exegese», dans *Neues Testament und Kirche* (en collab.) (1974), 458-475.

*a*4464   NEUENZEIT, P., «Auswirkungen der Exegese auf den heutigen Bibelunterricht, oder: Biblischer Minimalismus im Kommen oder Vergehen?» dans *Neues Testament und Kirche* (en collab.) (1974), 497-518.

*a*4465   REFOULÉ, F., «L'exégèse en question», VSS 27 (1974) 391-423.

*a*4466   VISCHER, W., «Remarques sur l'herméneutique», ETR 50 (1975) 203-216.

*a*4467   GRECH, P., «The Language of Scripture and its Interpretation: An Essay», BTB 6 (1976) 161-176.

*a*4468   GREISCH, J., «La Raison herméneutique», RSR 64 (1976) 5-24.

*a*4469   KIEFFER, R., «Was heisst das, einen Text zu kommentieren?» BZ 20 (1976) 212-216.

*a*4470   SCHIERSE, F.J., «Ziele und Wege christlicher Schriftauslegung», GeistL 50 (1977) 194-208.

*a*4471   CARROLL, R.P., «The Sisyphean Task of Biblical Transformation». SJTh 30 (1977) 501-521.

*a*4472   KOSAK, H., *Leitfaden biblischer Hermeneutik*. Eine Orientierungshilfe. 2. Auflage (Berlin, Evangelische Verlagsanstalt, 1977), 179 pp.

*a*4473   ONG, W.J., «*Maranatha:* Death and Life in the Text of the Book», JAmAcRel 45 (1977) 419-449.

*a*4474   SANDYS-WUNSCH, J., «On the Theory and Practice of Biblical Interpretation», JSOT nº 3 (1977) 66-74.

*a*4475   SCHIERSE, F.J., «Ziele und Wege christlicher Schriftauslegung», GeistL 50 (1977) 194-208.

*a*4476   LULL, D.J., «What is the Task of Hermeneutics?» dans *Society of Biblical Literature. 1978 Seminar Papers* (en collab.) (1978), I, 299-305.

*a*4477   SCHELLONG, D., «Hermeneutik und Kritik», EvT 38 (1978) 213-226.

*a*4478   WOOD, C.M., «Finding the Life of a Text: Notes on the Explication of Scripture», SJTh 31 (1978) 101-111.

*a*4479   BOUTIN, M., «Réponses / Responses to John C. Robertson /1», SR 8 (1979) 379-388.

*a*4480   LOCHHEAD, D.M., «Réponses / Responses to John C. Robertson /2», SR 8 (1979) 389-391.

*a*4481   MEYER, B.F., «Réponses / Responses to John C. Robertson /3», SR 8 (1979) 393-395.

*a*4482   MONDIN, B., «Hermeneutica filosofica ed ermeneutica biblica», BibOr 21 (1979) 115-128.

*a*4483   MONTAGUE, G.T., «Hermeneutics and the Teaching of Scripture», CBQ 41 (1979) 1-17.

*a*4484   PIEPER, J., «Was heisst Interpretation?» IKZCommunio 8 (1979) 167-176.

*a*4485   POYTHRESS, V.S., «Analysing a Biblical Text: What are we After?» SJTh 32 (1979) 319-331.

*a*4486   ROBERTSON, J.C., «Hermeneutics of suspicion *versus* hermeneutics of goodwill», SR 8 (1979) 365-377.

*a*4487   ROBERTSON, J.C., «A reply to the responses», SR 8 (1979) 397-399.

*a*4488   VOGT, H.J., «Exegese und Kirchengeschichte», TQ 159 (1979) 44-54.

*a*4489   WOSCHITZ, K.M., «Den Sinn entdecken», BiLit 52 (1979) 14-17.

a4490   BOUTIN, M., «Le texte biblique et la question du sens», LTP 36 (1980) 139-171.
a4491   MALHERBE, J.-F., «Approches disciplinaires et travail interdisciplinaire», dans *Genèse et structure d'un texte du Nouveau Testament* (Jn 11) (1980) (en collab.), 11-24.
a4492   MARLÉ, R., «Ermeneutica e Scrittura», dans *Problemi e prospettive di teologia fondamentale* (en collab.) (1980), 95-114.
a4493   BULLOCK, C.H., «Introduction. Interpreting the Bible», dans *The Literature and Meaning of Scripture* (en collab.) (1981), 11-19.
a4494   VIRKLER, H.A., *Hermeneutics*. Principles and Processes of Biblical Interpretation (Grand Rapids, Baker, 1981), 255 pp.
a4495   COBB, J.B., Jr., «Trajectories and Historic Routes», Semeia 24 (1982) 89-98.
a4496   MESCHONNIC, H., «Le langage dans la Bible», dans *La Bible au présent* (en collab.) (1982), 121-139.
a4497   CAHILL, P.J., «Biblical Interpretation: A Review Article», RelStB 3 (1983) 81-90.
a4498   DAVIES, J.G., «Subjectivity and Objectivity in Biblical Exegesis», BJRL 66 (1983) 44-53.
a4499   FRAME, J.M., «Dieu et le langage biblique», Hok no 22 (1983) 43-61.
a4500   GIBERT, P., «Exégèse biblique et sciences humaines», dans *Le corps et le corps du Christ dans la première épître aux Corinthiens* (en collab.) (1983), 13-26.
a4501   KASSEL, M., «Biblische Urbilder - Begegnung mit vergessenen Menschheits-Erfahrungen in der Bibel», BiKi 38 (1983) 105-112.

2. Ancien Testament. Old Testament. Altes Testament.
Antico Testamento. Antiguo Testamento.

a4502   CUNCHILLOS, J.-L., *La Bible. Première lecture de l'Ancien Testament*, I (1974), «Les trois niveaux d'expression et de lecture-interprétation de l'Écriture», 23-34; «Le circuit herméneutique de la Bible», 47-59.
a4503   GUNNEWEG, A.H.J., «Religion oder Offenbarung. Zum hermeneutischen Problem des Alten Testaments», ZTK 74 (1977) 151-178.
a4504   SPIEGEL, Y. (Hrg.), *Doppeldeutlich*. Tiefendimensionen biblischer Texte (München, Kaiser, 1978), 239 pp.
a4505   ALONSO SCHÖKEL, L., «Cuestiones de método en el A. Testamento», Salm 28 (1981) 23-36.

3. Nouveau Testament. New Testament. Neues Testament.
Nuovo Testamento. Nuevo Testamento.

a4506   BEILNER, W., «Verstehen des Neuen Testamentes heute», BiLit 40 (1967) 27-41.
a4507   STUHLMACHER, P., «Neues Testament und Hermeneutik - Versuch einer Bestandsaufnahme», ZTK 68 (1971) 121-161, dans *Schriftauslegung auf dem Wege zur biblischen Theologie*, 9-49.
a4508   TURNER, G., «Pre-understanding and New Testament Interpretation», SJTh 28 (1975) 227-242.
a4509   ZUMSTEIN, J., «L'interprétation du Nouveau Testament», RTP 28 (1978) 49-63.
a4510   STUHLMACHER, P., *Vom Verstehen des Neuen Testaments*. Eine Hermeneutik (NTD Ergänzungsreihe, 6) (Göttingen, Vandenhoeck & Ruprecht, 1979), 262 pp.
a4511   LUZ, U., «Erwägungen zur sachgemässen Interpretation neutestamentlicher Texte. Peter Stuhlmacher zum 50. Geburtstag», EvT 42 (1982) 493-518.

a4512 SCHNEIDERS, S.M., «The Paschal Imagination: Objectivity in New Testament Interpretation», TS 43 (1982) 52-68.

a4513 VERMES, G., «Jewish Literature and New Testament Exegesis: Reflections on Methodology», dans *Essays in Honour of Yigael Yadin*, JJS 33 (1982) 361-376.

a4514 THISELTON, A.C., *The Two Horizons*. New Testament Hermeneutics and Philosophical Description with Special Reference to Heidegger, Bultmann, Gadamer, and Wittgenstein (Grand Rapids, Eerdmans, 1980), xx-484 pp.

4. Théologie. Theology. Theologie. Teologia. Teología.

a4515 PEINADOR, M., «La exégesis teológica», CuBi 19 (1962) 334-341.

a4516 GALBIATI, E., «Teologia ed esegesi», BibOr 5 (1963) 181-188, dans *Scritti minori* (1979), 3-16.

a4517 MARLÉ, R., «Das theologische Problem der Hermeneutik», BiLeb 5 (1964) 95-102.

a4518 MICKELSEN, A.B., «The Metaphorical Language of Theology: Its Experiential Base - Biblical and Contemporary», dans *Current Issues in Biblical and Patristic Interpretation* (en collab.) (1975), 346-354.

a4519 STUHLMACHER, P., «Historische Kritik und theologische Schriftauslegung», dans *Schriftauslegung auf dem Wege zur biblischen Theologie* (1975), 59-127.

a4520 GADAMER, H.G., «Herméneutique et théologie», RevSR 51 (1977) 384-397.

a4521 HAHN, F., «Exegese, Theologie und Kirche», ZTK 74 (1977) 25-37.

a4522 GEFFRÉ, C., «La crise de l'herméneutique et ses conséquences pour la théologie», RevSR 52 (1978) 268-298.

a4523 BLANK, J., «Exegese als theologische Basiswissenschaft», TQ 159 (1979) 2-23.

a4524 LAFON, G., «Écriture, lecture, vérité», RTL 10 (1979) 403-412.

a4525 LANG, B., «Der Exeget zwischen historischer Distanz und theologischer Mitverantwortung», TQ 159 (1979) 40-43.

a4526 SCHÜSSLER FIORENZA, E., «'For the Sake of Our Salvation....' Biblical Interpretation as Theological Task», dans *Sin, Salvation, and the Spirit* (en collab.) (1979), 21-39.

a4527 ZASLAWSKY, D., «Analyse sémantique, philosophie critique et théologie», RTP 111 (1979) 353-372.

5. Méthodes. Methods. Methoden. Metodi. Métodos.

1. Études générales. General Studies. Allgemeine Abhandlungen. Studi generali. Estudios generales.

a4528 STUHLMACHER, P., «Thesen zur Methodologie gegenwärtiger Exegese», ZNW 63 (1972) 18-26, dans *Schriftauslegung auf dem Wege zur biblischen Theologie*, 50-58.

a4529 ADAM, G., KAISER, O., KÜMMEL, W.G., *Einführung in die exegetischen Methoden* 5., neubearbeitete Auflage (Studium Theologie, 1) (München, Kaiser Verlag, 1975), 128 pp.

a4530 SCHREINER, J. (Ed.), *Introducción a los métodos de la exégesis bíblica* (Biblioteca Herder, Sección de Sagrada Escritura, 138) (Barcelona, Herder, 1974), 416 pp.

a4531 BERGER, K., *Exegese des Neuen Testaments*. Neue Wege vom Text zur Auslegung (Uni-Taschenbücher, 658) (Heidelberg, Quelle & Meyer, 1977), 288 pp.

a4532 COLLINS, J.J., «The Meaning of Sacrifice: A Contrast of Methods», BiRes 22 (1977) 19-34.

a4533   CROSSAN, J.D., «Perspectives and Methods In Contemporary Biblical Criticism»,
         BiRes 22 (1977) 39-49.

a4534   En collaboration, *Exégesis bíblica. Textos, métodos, interpretaciones* (Madrid, Ediciones
         Paulinas, 1979), 199 pp.

a4535   BEAUDE, P.-M., *Tendances nouvelles de l'exégèse* (Tendances nouvelles) (Paris,
         Centurion, 1979), 164 pp.

a4536   DELORME, J., «Qu'est-ce qui fait courir les exégètes?» LV nº 150 (1980) 77-89.

a4537   GRAY, B.J., «Towards Better Ways of Reading the Bible», SJTh 33 (1980) 301-315.

a4538   KREMER, J., «Alte, neuere und neueste Methoden der Exegese», BiLit 53 (1980) 3-12.

a4539   BETORI, G., «Modelli interpretativi e pluralità di metodi in esegesi», Bibl 63 (1982)
         305-328.

a4540   BISSOLI, C., «Letture attuali della bibbia», dans *Parola e Spirito* (en collab.) (1982),
         11-24.

a4541   EGGER, W. (Ed.), *Per una lettura molteplice della Bibbia* (Publicazioni dell'Istituto di
         Scienze Religiose in Trento, 1) (Bologna, Dehoniane, 1981), 151 pp.

a4542   BUSMANN, C., VAN DER SLUIS, D., *Die Bibel studieren.* Einführung in die
         Methoden der Exegese (Studienbücher Theologie für Lehrer) (München, Kösel-Verlag,
         1982), 112 pp.

2. Interprétation existentielle. Existential Interpretation. Existentiale Interpretation. Interpretazione esistenziale. Interpretación existencial.

a4543   LEENHARDT, F.J., «La parabole du Samaritain. Schéma d'une exégèse existentialiste»,
         dans *Aux sources de la tradition chrétienne* (en collab.) (1950), 132-138.

a4544   RICOEUR, P., «Existence et herméneutique», dans *Interpretation der Welt* (en collab.)
         (1965), 32-51.

a4545   SCHEFFCZYK, L., «Die ontologischen und dogmatischen Vorgegebenheiten der
         existentialen Schriftinterpretation», dans *Sapienter ordinare* (en collab.) (1969), 124-144.

a4546   SAVOCA, G., *Lettura esistenziale della parola di Dio. La nuova ermeneutica biblica*
         (Naples, Edizioni Dehoniane, 1974), 126 pp.

a4547   PEUKERT, H., *Wissenschaftstheorie - Handlungstheorie - Fundamentale Theologie.*
         Analysen zu Ansatz und Status theologischer Theoriebildung (Suhrkamp Taschenbuch
         Wissenschaft, 231) (Düsseldorf, Patmos-Verlag, 1978), «Theologie als existentiale
         Interpretation (R. Bultmann)», 23-46.

3. Historico-critique. Historico-critical. Historische-kritische. Storico-critico. Histórico-crítico.

a4548   DE FRAINE, J., «De Methodiek der Formgeschichte», Bijdr. 5 (1942) 397-415.

a4549   CULLMANN, O., «La nécessité et la fonction de l'exégèse philologique et historique de
         la Bible», VC nº 9 (1949) 2-13.

a4550   FUCHS, E., «Die der Theologie durch die historisch-kritische Methode auferlegte
         Besinnung», EvT 18 (1958) 256-268.

a4551   SALGUERO, J., «Modo de interpretar la Sagrada Escritura», CuBi 18 (1961) 131-150.

a4552   MARCONCINI, B., «Validità del metodo storico-critico», BibOr 11 (1969) 251-265.

a4553   McKNIGHT, E.V., *What is Form Criticism?* (Guides to Biblical Scholarship, N.T.
         Series) (Ed. D.O. VIA, Jr.) (Philadelphia, Fortress Press, 1969), ix-80 pp.

a4554   LEROY, H., «Reflexionen zur historisch-kritischen Methode», dans *Versuche
         mehrdimensionnaler Schriftauslegung* (en collab.) (1972), 18-21.

a4555   SMITMANS, A., «Anfragen der Väterexegese an die historisch-kritische methode», dans *Versuche mehrdimensionaler Schriftauslegung* (en collab.) (1972), 62-69.

a4556   KOCH, K., «Reichen die formgeschichtlichen Methoden für die Gegenwartsaufgaben der Bibelwissenschaft zu?» TLZ 98 (1973) 801-813.

a4557   KRENTZ, E., *The Historical-Critical Method* (Philadelphia, Fortress Press, 1975), 88 pp.

a4558   GRELOT, P., «La pratique de la méthode historique en exégèse biblique», dans *Les quatre fleuves* no 7 (1977) 15-37.

a4559   BUSS, M.J., «The Idea of Sitz im Leben - History and Critique», ZAW 90 (1978) 157-170.

a4560   MARCHADOUR, A., *Un évangile à découvrir*, «Le règne de la méthode historique» (1978), 122-133.

a4561   KÜNG, H., «Historisch-kritische Exegese als Provokation für die Dogmatik», TQ 159 (1979) 24-36.

a4562   RAY, R.R., «Jacques Ellul's Innocent Notes on Hermeneutics», Interpr 33 (1979) 268-282.

a4563   HARTLICH, C., «La méthode historico-critique est-elle dépassée?» Conci no 158 (1980) 11-18.

a4564   VOGELS, W., «Les limites de la méthode historico-critique», LTP 36 (1980) 173-194.

a4565   DUMAIS, M., «Approche historico-critique d'un texte: la parabole du père et de ses deux fils (Luc 15,11-32)», SE 33 (1981) 191-214, dans *L'actualisation du Nouveau Testament* (Lectio Divina, 107) (Paris, Cerf, 1981), 63-95.

a4566   MALHERBE, J.-F., «Genèse et/ou structure? À propos de l'articulabilité des approches historico-critique et structurale», dans *Genèse et structure d'un texte du Nouveau Testament* (Jn 11) (1981) (en collab.), 151-163.

a4567   BRISEBOIS, M., *Des méthodes pour mieux lire la Bible. L'exégèse historico-critique* (De la parole à l'écriture, 1) (Montréal, SOCABI, Éditions Paulines; Paris, Médiaspaul, 1983), 63 pp.

a4568   TOINET, P., «Permanence de la foi et exégèse historico-critique», RT 81 (1981) 381-425; 82 (1982) 40-78; 83 (1983) 575-602.

a4569   DE LA POTTERIE, I., «Esegesi storico-critica e interpretazione cristiana. L'esegesi cattolica oggi», dans *Parola e Spirito* (en collab.) (1982), 3-10.

a4570   STOCK, A., «The Limits of Historical-Critical Exegesis», BTB 13 (1983) 28-31.

a4571   WHITE, L.J., «Historical and Literary Criticism: A Theological Response», BTB 13 (1983) 32-34.

4. Matérialiste. Materialistic. Materialistische. Materialista.

a4572   BELO, F., *Lecture matérialiste de l'évangile de Marc*. Récit - Pratique - Idéologie[3] (Paris, Cerf, 1976), 415 pp.

a4573   CLÉVENOT, M., *Approches matérialistes de la Bible* (Paris, Cerf, 1976), 174 pp.

a4574   GIRARDET, G. (e altri), *Dibattito sulla lettura politica del Vangelo*. Il 'Gesù' di Fernando Belo (Piccola collana moderna, Serie biblica, 29) (Torino, Claudiana, 1976), 187 pp.

a4575   MARROU, H.-I., «Belo et l'Évangile: une lecture marxiste?» dans *Les quatre fleuves* no 7 (1977) 107-110.

a4576   BELO, F., «Qu'est-ce que veut la lecture matérialiste?» Conci no 158 (1980) 29-37.

*a*4577   RUMSCHEIDT, H.M., «Liberation for Solidarity: Constructive Contributions of
           'Materialistic' Exegesis of Scripture», dans *Spirit within Structure* (en collab.) (1983),
           1-13.

5. Structurale. Structuralist. Strukturale. Strutturalista. Estructural.

a) Théorie. Theory. Theorie. Teoria. Teoría.

*a*4578   GREIMAS, A.J., *Sémantique structurale*. Recherche de méthode (Langue et langage)
           (Paris, Larousse, 1966), 262 pp.
*a*4579   DUCROT, O., TODOROV, T., SPERBER, D., SAFOUAN, M., WAHL, F., *Qu'est-ce
           que le structuralisme?* (Paris, Seuil, 1968), 446 pp.
*a*4580   PARAIN-VIAL, J., *Analyses structurales et idéologies structuralistes* (Nouvelle
           recherche) (Toulouse, Privat, 1969), 237 pp.
*a*4581   PARRET, H., «Mogelijkheden en perspectieven van het structuurdenken. *Perspectives de
           la pensée structurale*», Bijdr. 30 (1969) 154-171 (sommaire français).
*a*4582   GREIMAS, A.J., *Du sens*. Essais sémiotiques (Paris, Seuil, 1970), 317 pp.
*a*4583   LANE, M. (Ed.), *Structuralism. A Reader* (London, Jonathan Capie, 1970), 456 pp.
*a*4584   MARIN, L., *Sémiotique de la Passion*. Topiques et figures (Bibliothèque des sciences
           religieuses) (Paris, Aubier, Montaigne, 1971), 252 pp.
*a*4585   COQUET, J.-C., «Poétique et linguistique», dans *Essais de sémiotique poétique* (en
           collab.) (1972), 26-44.
*a*4586   GENINASCA, J., «Découpage conventionnel et signification», dans *Essais de sémiotique
           poétique* (en collab.) (1972), 45-62.
*a*4587   GREIMAS, A.J., «Pour une théorie du discours poétique», dans *Essais de sémiotique
           poétique* (en collab.) (1972), 5-24.
*a*4588   RASTIER, F., «Systématique des isotopies», dans *Essais de sémiotique poétique* (en
           collab.) (1972), 80-105.
*a*4589   VAN DIJK, T.A., «Aspects d'une théorie générative du texte poétique», dans *Essais de
           sémiotique poétique* (en collab.) (1972), 180-206.
*a*4590   BLANCY, A., «Structuralisme et herméneutique», ETR 48 (1973) 49-60.
*a*4591   CHABROL, C. (Éd.), *Sémiotique narrative et textuelle* (Paris, Larousse, 1973), 223 pp.
*a*4592   CRESPY, G., «De la structure à l'analyse structurale», ETR 48 (1973) 11-34.
*a*4593   GALLAND, C., «Introduction à la méthode de A.-J. Greimas», ETR 48 (1973) 35-48.
*a*4594   ROUQUETTE, J., «Études parues en français dans le domaine biblique (structuralisme):
           Panorama général», ETR 48 (1973) 81-96.
*a*4595   CHABROL, C., «De la sémiotique en question», dans CHABROL, C., MARIN, L., *Le
           récit évangélique* (1974), 193-213.
*a*4596   FUNK, R.W., «Critical Note», Semeia 1 (1974) 182-191.
*a*4597   MARIN, L., «Du corps au texte: propositions métaphysiques sur l'origine du récit», dans
           CHABROL, C., MARIN, L., *Le récit évangélique* (1974), 75-90.
*a*4598   MARIN, L., «Pour une théorie du texte parabolique», dans CHABROL, C., MARIN,
           L., *Le récit évangélique* (1974), 165-192.
*a*4599   RASTIER, F., «Négatrices et blanches», dans CHABROL, C., MARIN, L., *Le récit
           évangélique* (1974), 217-234.
*a*4600   En collaboration, «Rudiments d'analyse narrative», SemBib nᵒ 1 (1975) 2-5; nᵒ 2 (1976)
           2-5; nᵒ 3 (1976) 2-5; nᵒ 4 (1976) 3-8; nᵒ 5 (1977) 1-6; nᵒ 6 (1977) 1-4; nᵒ 7 (1977) 1-6; nᵒ 8
           (1977) 1-6; nᵒ 9 (1978) 2-9; nᵒ 10 (1978) 1-26; nᵒ 11 (1978) 1-6; nᵒ 12 (1978) 1-4; nᵒ 13
           (1979) 2-8.

*a*4601   BABCOCK-ABRAHAMS, B., «Why Frogs are Good to Think and Dirt is Good to Reflect On», dans *Structuralism* (en collab.) (1975), 23-37.

*a*4602   GALLAND, C., «La sémiotique en questions», ETR 50 (1975) 335-344.

*a*4603   JOHNSON, R.E., «Structuralism and the Reading of Contemporary Fiction», dans *Structuralism* (en collab.) (1975), 137-162.

*a*4604   NIDA, E.A., *Exploring Semantic Structures* (International Library of General Linguistics, II) (München, Wilhelm Fink, 1975), 211 pp.

*a*4605   NIDA, E.A., *Componential Analysis of Meaning: An introduction to semantic structures* (Approaches to Semiotics, 57) (The Hague, Paris, Mouton, 1975), 272 pp.

*a*4606   PACE, D., «An Exercice in Structural History: An Analysis of the Social Criticism of Claude Lévi-Strauss», dans *Structuralism* (en collab.) (1975), 38-55.

*a*4607   PATTE, D., «Structural Network in Narrative: The Good Samaritan», dans *Structuralism* (en collab.) (1975), 77-98.

*a*4608   PETIT, P., *The Concept of Structuralism*. A Critical Analysis (Berkeley, Los Angeles, University of California Press, 1975), x-118 pp.

*a*4609   ROUQUETTE, J., *Petite méthode pour l'analyse des textes avec des exemples pris dans la Bible* (Montpellier, Centre Théologique Interdiocésain, Centre Saint-Guilhem, 1975), 105 pp.

*a*4610   VIA, D.O., Jr., *Kerygma und Comedy in the New Testament*. A Structuralist Approach to Hermeneutic (Missoula, Montana, Fortress Press, 1975), xii-179 pp.

*a*4611   WATKINS, E., «Criticism and Method: Hirsch, Frye, Barthes», dans *Structuralism* (en collab.) (1975), 113-136.

*a*4612   WITTIG, S., «The Historical Development of Structuralism», dans *Structuralism* (en collab.) (1975), 1-22.

*a*4613   XXX, «Une initiation à l'analyse structurale», CE (n.s.) no 16 (1976) 60 pp.

*a*4614   GÜTTGEMANNS, E., «Introductory Remarks Concerning the Structural Study of Narrative», Semeia 6 (1976) 23-125.

*a*4615   VON RAFFLER ENGEL, W., ROBERTSON, D., «The Semiotic Endeavor: Two Responses», dans *Semiology and Parables* (en collab.) (1976), 179-188.

*a*4616   WITTIG, S., «Meaning and Modes of Signification: Toward a Semiotic of the Parable», dans *Semiology and Parables* (en collab.) (1976), 319-347.

*a*4617   XXX, «Petite chronique du travail sémiotique: 'Les portes closes'», SemBib no 7 (1977) 50-56.

*a*4618   ALMEIDA, I., «Pour une définition formelle du récit-parabole», SemBib no 6 (1977) 27-34.

*a*4619   BOUSQUET, F., «Carré logique et carré sémiotique», dans *L'Ancien Testament*. Approches et lectures (en collab.) (1977), 63-72.

*a*4620   BRUCE, G.E., «Structuralism and History: The Structure of the Narrative in Myth, Folktale and the Synoptic Gospels», dans *Scripture in History & Theology* (en collab.) (1977), 301-342.

*a*4621   DELORME, J., «Linguistique, Sémiotique, Exégèse: à propos du Séminaire de Durham (North Carolina - USA, 16-20 août 1976)», SemBib no 6 (1977) 35-59 (Luc 5,1-11; 10,25-37; 1 Co 15,1-11).

*a*4622   GREIMAS, A.J., «Postface», dans Groupe d'Entrevernes, *Signes et paraboles* (en collab.) (1977), 227-237.

*a*4623   Groupe d'Entrevernes, *Signes et paraboles* (en collab.) (1977), 253 pp.

*a*4624   LYS, D., «Analyse structurale et approche littéraire», ETR 52 (1977) 231-253.

*a*4625   ROGERSON, J., «Structuralism and biblical interpretation», TDig 25 (1977) 49-52.

*a*4626   ALMEIDA, Y., *L'opérativité sémantique des récits-paraboles.* Sémiotique narrative et textuelle. Herméneutique du discours religieux (Bibliothèque des Cahiers de l'Institut de linguistique de Louvain, 13) (Louvain, Peeters; Paris, Cerf, 1978), xiii-484 pp.

*a*4627   BREMOND, C., «The Narrative Message», Semeia 10 (1978) 5-55.

*a*4628   BRYCE, G.E., «The Structural Analysis of Didactic Texts», dans *Biblical and Near Eastern Studies* (LaSor) (en collab.) (1978), 107-121.

*a*4629   DETWEILER, R., *Story, Sign, and Self.* Phenomenology and Structuralism as Literary Critical Methods (SBL Semeia Supplements, 6) (Philadelphia, Fortress, 1978), x-224 pp.

*a*4630   KNOCKAERT, A., «Analyse structurale du texte biblique», LVit 33 (1978) 331-340.

*a*4631   KOVACS, B.W., «Philosophical Foundations for Structuralism», Semeia 10 (1978) 85-105.

*a*4632   LEATEGAN, B.D., «Structural Analysis As Basis for Further Exegetical Procedures», dans *Society of Biblical Literature. 1978 Seminar Papers* (en collab.) (1978), I, 341-360.

*a*4633   MARCHADOUR, A., *Un évangile à découvrir* (1978), «Le retour du texte: le structuralisme», 134-145.

*a*4634   McKNIGHT, E.V., *Meaning in Texts.* The Historical Shaping of a Narrative Hermeneutics (Philadelphia, Fortress, 1978), xi-332 pp.

*a*4635   PANIER, L., «Sémiotique du Commentaire: Problématiques et procédures d'analyse», RevSR 52 (1978) 201-226.

*a*4636   PANIER, L., «La citation biblique dans le discours didactique: Éléments pour une approche sémiotique», dans *Écriture et pratique chrétienne* (en collab.) (1978), 115-160.

*a*4637   PANIER, L., ALMEIDA, I., «Théologie et narrativité. - A. Ressemblance, représentations, symbole, description de trois catégories. - B. Le récit, sa fonction en théologie: questions posées. - C. Discours de l'Histoire, discours de la Théologie. - D. L'objet théologique dans le discours, la forme du récit dans le discours théologique. - E. Récit et dogme», SemBib n° 12 (1978) 5-29.

*a*4638   PATTE, D., «Universal Narrative Structures and Semantic Frameworks», Semeia 10 (1978) 123-135.

*a*4639   PATTE, D., PATTE, A., *Pour une exégèse structurale* (Coll. 'Parole de Dieu') (Paris, Seuil, 1978), 255 pp.

*a*4640   THISELTON, A.C., «Keeping up with Recent Studies II. Structuralism and Biblical Studies: Method or Ideology?» ExpTim 89 (1978) 329-335.

*a*4641   XXX, «Parcours: Mini-introduction à la sémiotique», SemBib n° 13 (1979) 22-34.

*a*4642   XXX, «L'intertextualité dans la théorie de M. Bakhtine», SemBib n° 15 (1979) 4-22.

*a*4643   XXX, «Éléments d'analyse. La dimension pragmatique et la dimension cognitive du récit», SemBib no 16 (1979) 1-7.

*a*4644   ALETTI, J.-N., «Analyse structurale et théologie», RSR 67 (1979) 517-524.

*a*4645   ALMEIDA, I., «Jeu et enjeu de la démarche sémiotique», SemBib n° 13 (1979) 35-56.

*a*4646   ALMEIDA, I., «Paysage intertextuel», SemBib n° 15 (1979) 1-3.

*a*4647   ALMEIDA, I., «Trois cas de rapports intra-textuels: la citation, la parabolisation, le commentaire», SemBib n° 15 (1979) 23-42.

*a*4648   ALMEIDA, I., «La symbolique de 'Dieu'. Énonciation de Dieu et sémiotique», RSR 67 (1979) 495-516.

*a*4649   CALLOUD, J., «A Few Comments on Structural Semiotics», Semeia 15 (1979) 51-83.

*a*4650   DELORME, J., «Le discours de l'intertextualité dans le discours exégétique», SemBib n° 15 (1979) 56-62.

*a*4651   DELORME, J., PANIER, L., «Compte rendu. Aline et Daniel Patte: *Pour une exégèse structurale*», SemBib 14 (1979) 40-46.

a4652 GENUYT, F., «Le Dieu caché ou la stratégie d'un agent secret», SemBib n° 13 (1979) 9-21.

a4653 GREIMAS, A.J., COURTES, J., *Sémiotique*. Dictionnaire raisonné de la théorie du langage (Coll. 'Langue, linguistique, communication') (Paris, Hachette, 1979), vii-424 pp.

a4654 Groupe d'Entrevernes, *Analyse sémiotique des textes*. Introduction, Théorie - pratique (Lyon, Presses Universitaires de Lyon, 1979), 208 pp.

a4655 JOHNSON, A.M. (Ed.), *Structuralism and Biblical Hermeneutics*. A Collection of Essays (Pittsburgh Theological Monograph Series, 22) (Pittsburgh, Pickwick, 1979), vi-228 pp.

a4656 KNOCKAERT, A., VAN DER PLANCKE, C., «Méthode d'analyse», LVit 34 (1979) 43-75.

a4657 KNOCKAERT, A., VAN DER PLANCKE, C., «Les fondements logiques de l'analyse textuelle», LVit 34 (1979) 157-166.

a4658 KRONENFELD, D., DECKER, H.W., «Structuralism», dans *Annual Review of Anthropology* (Eds. H.J. SIEGEL, A.R. BEALS, S.A. TYLER) (Palo Alto, California, Annual Reviews Inc., 1979), vol. 8, 503-541.

a4659 McKNIGHT, E.V., *Meaning in Texts*. The Historical Shaping of a Narrative Hermeneutics (Philadelphia, Fortress Press, 1979), xi-332 pp.

a4660 PATTE, D., «Poursuite d'un dialogue avec le Cadir», SemBib n° 16 (1979) 45-49.

a4661 VAN TILBORG, S., «Het strukturalisme binnen de exegese: een variant van het burgerlijke denken», Bijdr. 40 (1979) 364-379 (English Summary. Structuralism in exegesis: a variant of bourgeois thinking).

a4662 XXX, «Éléments d'analyse. Éléments de méthode pour l'analyse des textes de commentaires», SemBib n° 17 (1980) 1-5.

a4663 XXX, «Éléments d'analyse. L'analyse de la véridiction dans les textes», SemBib n° 18 (1980) 1-7; n° 19 (1980) 1-6.

a4664 CADIR, «Parcours pour une initiation», SemBib n° 20 (1980) 3-4.

a4665 CHAPALAIN, C., «Plan de travail», SemBib n° 20 (1980) 12-16.

a4666 FOSSION, A., *Lire les Écritures*. Théorie et pratique de la lecture structurale (Écritures, 2) (Brussels, Lumen Vitae, 1980), 182 pp.

a4667 GENEST, O., «Analyse sémiotique et Bible», LTP 36 (1980) 115-128.

a4668 GRECH, P., «Strutturalismo ed esegesi tradizionale: un bilancio», RivB 28 (1980) 337-349.

a4669 LYS, D., «Bulletin d'Ancien Testament: 5. Sémiotique», ETR 55 (1980) 279-299.

a4670 McNICHOLL, A., «Strutturalismo filosofico ed analisi strutturale», RivB 28 (1980) 351-374.

a4671 MOITEL, P., «Travailler le texte», SemBib n° 20 (1980) 17-42.

a4672 MONSARRAT, V., «La sémiotique avec des enfants», SemBib n° 20 (1980) 58-60.

a4673 PANIER, L., «De l'idéologie dans le discours», SemBib n° 19 (1980) 7-24.

a4674 PATTE, D., «Charting the Way of the Helmsman on the High Seas: Structuralism and Biblical Studies», dans *The Divine Helmsman* (en collab.) (1980), 165-190.

a4675 RIVA, R., «Analisi strutturale ed esegesi biblica», RivB 28 (1980) 243-284.

a4676 RIVA, R., «Lessico di termini dell'analisi strutturale», RivB 28 (1980) 374-379.

a4677 XXX, «Lecture et écriture: pour une utilisation pédagogique de l'analyse sémiotique», SemBib n° 21 (1981) 10-15.

a4678 XXX, «Évaluations et enjeux», SemBib n° 21 (1981) 24-47.

a4679 XXX, «Notes bibliographiques», SemBib n° 21 (1981) 49-53.

a4680 XXX, «Éléments d'analyse», SemBib n° 24 (1981) 1-7.

a4681   DAVIAU, P., «Disparition du personnage?» SemBib nº 23 (1981) 1-19.

a4682   GRECH, P., «The biblical uses of structuralism», TDig 29 (1981) 109-112.

a4683   LAFON, G., «Propositions pour une lecture sémiotique», dans *Genèse et structure d'un texte du Nouveau Testament* (Jn 11) (1981) (en collab.), 185-211.

a4684   MALHERBE, J.-F., «Remarques sur la complémentarité des approches génétique et structurale d'un texte biblique», dans *Genèse et structure d'un texte du Nouveau Testament* (Jn 11) (1981) (en collab.), 277-292.

a4685   CAHILL, J., «Structural Reading: A Review Article», RelStB 2 (1982) 55-61.

a4686   CAHILL, J., «A House Half Built», RelStB 2 (1982) 143-153.

a4687   CALLOUD, J., «Compte-rendu. A. FOSSION: *Lire les Écritures.* Théorie et pratique de la lecture structurale (Coll. 'Écritures', 2, Lumen vitae, Bruxelles, 1980)», SemBib nº 25 (1982) 51-60.

a4688   PANIER, L., «Énonciation et mise en discours. Échos d'une session du Centre Thomas More», SemBib nº 25 (1982) 43-48.

a4689   CANDELMAN, C., «Pour une vision tri-dimensionnelle du carré sémiotique: le champ sémantique du sacré», SemBib nº 30 (1983) 15-33.

a4690   CLAES, P., «Theologische Semiotiek: oosterhuis en semanet», Bijdr. 40 (1983) 166-171.

a4691   LANDOWSKI, E., «La sémiotique dans le champ des sciences sociales», SemBib nº 31 (1983) 2-13.

a4692   LUKKEN, G., DE MAAT, P., RIJKHOFF, M., TROMP, N., «Een methode van semiotische analyse», Bijdr. 44 (1983) 118-165.

a4693   PANIER, L., «Expansion figurative et sélection sémique dans le commentaire», SemBib nº 31 (1983) 43-73.

a4694   STRUTHERS MALBON, E., «Structuralism. Hermeneutics, and Contextual Meaning», JAmAcRel 51 (1983) 207-230.

a4695   VERVAECK, B., «Alle regen komt van boven. Een semantisch-praxiologische benadering van een religieuze tekst», Bijdr. 40 (1983) 172-193.

b) Textes A.T. - Texts O.T. - Texte A.T. - Testi A.T. - Textos A.T.

Pentateuque. Pentateuch. Pentateuco.

a4696   CRENSHAW, J., «Journey into Oblivion: A Structural Analysis of Gen. 22:1-19», dans *Structuralism* (en collab.) (1975), 99-112.

a4697   FOKKELMAN, J.P., *Narrative Art in Genesis.* Specimens of Stylistic and Structural Analysis (Studia Semitica Neerlandica, 17) (Assen, Van Gorcum, 1975), 244 pp.

a4698   XXX, «Abraham et Abimélech (Genèse 20)», SemBib nº 4 (1976) 24-38; nº 5 (1977) 7-28.

a4699   XXX, «Approche sémiotique de Genèse 1-11,4a (1ère partie)», SemBib nº 7 (1977) 41-49.

a4700   JOBLING, D., «A Structural Analysis of Numbers 11 and 12», dans *Society of Biblical Literature. 1977 Seminar Papers* (en collab.) (1977), 171-203.

a4701   ROTH, W., «Structural Interpretations of 'Jaccob At The Jabbok' (Genesis 32:22-32)», BiRes 22 (1977) 51-62.

a4702   JOBLING, D., «A Structural Analysis of Genesis 2:4b-3:24», dans *Society of Biblical Literature. 1978 Seminar Papers* (en collab.) (1978), I, 61-69.

a4703   PARKER, J.F., PATTE, D., «Structural Exegesis of Genesis 2 and 3», dans *Society of Biblical Literature. 1978 Seminar Papers* (en collab.) (1978), I, 141-159.

a4704   WHITE, H.C., «Direct and Third Person Discourse in the Narrative of the 'Fall'», dans *Society of Biblical Literature. 1978 Seminar Papers* (en collab.) (1978), I, 121-140.

a4705   XXX, «Le songe de Jacob: Genèse 28,10 - 29,1», SemBib nº 14 (1979) 28-39.

a4706   Groupe d'Entrevernes, *Analyse sémiotique des textes* Introduction, Théorie - Pratique
         (Lyon, Presses Universitaires de Lyon, 1979), «Analyse d'un texte (Gn 11,1-9)», 157-191.
a4707   HOWELL, M., VOGELS, W., «Parcours: Caïn et Abel», SemBib nᵒ 16 (1979) 33-35.
a4708   En collaboration, *Genesis 2 and 3.* Kaleidoscopic Structural Readings, Semeia 18 (1980)
         164 pp.
a4709   KUNTZMANN, R., «Les symboles des jumeaux et le cycle du patriarche Jacob»,
         SemBib nᵒ 19 (1980) 32-39.
a4710   L'HOUR, J., «La motivation 'Lema'an' dans le Deutéronome. Étude du fonctionnement
         du discours de finalité», SemBib nᵒ 18 (1980) 30-55.
a4711   DONALDSON, M.E., «Kingship Theory in the Patriarchal Narratives: The Case of the
         Barren Wife», JAmAcRel 49 (1981) 77-87.
a4712   RIVARD, R., «Pour une relecture d'Ex 19 et 20: analyse sémiotique d'Ex 19,1-8», SE 33
         (1981) 335-356.
a4713   VOGELS, W., «Dieu éprouva Abraham. Une analyse sémiotique de Genèse 22,1-19»,
         SemBib nᵒ 26 (1982) 25-36.
a4714   Groupe d'Entrevernes, «L'analyse de la composante discursive: Exercice pratique:
         Genèse 22», SemBib nᵒ 29 (1983) 1-10.

Livres historiques. Historical Books. Geschichtsbücher. Libri storici. Libros históricos.

a4715   ROTH, W., «You are the Man! Structural Interaction in 2 Samuel 10-12», Semeia 8
         (1977) 1-13.
a4716   JOBLING, D., *The Sense of Biblical Narrative* (1978), «Jonathan: A Structural Study in
         1 Samuel (1 S 13-31)», 4-25; «A Structural Analysis of Numbers 11-12», 26-62; «Ahab's
         Quest for Rain: Text and Context in 1 Kings 17-18», 63-88.
a4717   XXX, «Élie et la veuve de Sarepta. Analyse sémiotique de 1 Rois 17», SemBib nᵒ 14
         (1979) 2-14.
a4718   GROSS, W., «Lying Prophet and Disobedient Man of God in 1 King 13: Role Analysis»,
         Semeia 15 (1979) 97-135.
a4719   TURIOT, C., «La guérison de Naaman», SemBib nᵒ 16 (1979) 8-32.
a4720   FOSSION, A., *Lire les Écritures,* «Premier Livre des Rois, 3,16-27» (1980), 123-134.
a4721   FOKKELMAN, J.P., «A Lie, Born of Truth, Too Weak to Contain it. A Structural
         Reading of 2 Sam. i.1-16», OTS 23 (1982) 39-55.

Livres prophétiques. Prophetic Books. Die prophetischen Bücher. Libri profetici. Libros proféticos.

a4722   CAZEAUX, J., *Critique du langage chez les prophètes d'Israël* (Collection de la Maison
         de l'Orient méditerranéen ancien, 2; Série littéraire et philosophique, 1) (Paris, Centre
         National de la Recherche Scientifique, 1976), 225 pp. (analyse de Ex 32-34; Os 1-3; 1 R
         17-19; Is 6-12; Ps 147; Is 40; Ac 10-15).
a4723   XXX, «Prophétie et manipulation ou le catastrophisme optimiste», SemBib nᵒ 7 (1977)
         7-29 (analyse sémiotique du livre de Joël).
a4724   XXX, «Approche du livre de Jonas», SemBib nᵒ 7 (1977) 30-40.
a4725   BUIS, P., «Le poème d'Ariel - Isaïe 29,1-8», SemBib nᵒ 5 (1977) 46-50.
a4726   LACK, R., *Letture strutturaliste dell'antico testamento* (1978), «Il mondo dell'imagine e
         del simbolo», 9-20; «L'universo simbolico del secondo Isaia (40-55)», 38-64; «La storia di
         Giuseppe», 78-118; «Il sacrificio di Isacco», 118-128; «Osea 4-24: un universo semantico»,
         129-149; «I salmi e l'analisi strutturale», 150-161.

a4727   WITZENRATH, H., *Das Buch Jona*. Eine literaturwissenschaftliche Untersuchung
         (Arbeiten zu Text und Sprache im Alten Testament, 6) (St. Ottilien, Eos Verlag, 1978),
         viii-111 pp.
a4728   XXX, «An Approach to the Book of Jonah», Semeia 15 (1979) 85-96.
a4729   ETTORE, F., «Is. 40,1-11: una lettura strutturale», RivB 28 (1980) 285-304.
a4730   LADEGAILLERIE, F., «L'histoire de Suzanne», SemBib n° 27 (1982) 12-30.

Livres poétiques et sapientiaux. Poetical and sapiential Books. Die Lehrbücher. Libri poetici et sapienziali. Libros poéticos y sapienciales.

a4731   XXX, «Psaume 2», SemBib n° 1 (1975) 9-27.
a4732   XXX, «À propos du Psaume 2», SemBib n° 3 (1976) 26-35.
a4733   POLZIN, R.M., *Biblical Structuralism*. Method and Subjectivity in the Study of Ancient
         Texts (Semeia Supplements) (Philadelphia, Fortress Press; Missoula, Montana, Scholars
         Press, 1977), «An Attempt at Structural Analysis: The Book of Job», 54-125.
a4734   VOGELS, W., «A Structural Analysis of Psalm 1», Bibl 60 (1979) 410-416.
a4735   VOGELS, W., «Job a parlé correctement. Une approche structurale du livre de Job»,
         NRT 102 (1980) 835-852.
a4736   JACOBSON, R., «Satanic Semiotics, Jobian Jurisprudence», Semeia 19 (1981) 63-71.

Divers. Miscellaneous. Verschiedenes. Diversi. Diversos.

a4737   WHITE, H.C., «French Structuralism and OT Narrative Analysis: Roland Barthes»,
         Semeia n° 3 (1975) 99-127.
a4738   LEACH, E., AYCOCK, D.A., *Structuralist Interpretations of Biblical Myth*
         (Cambridge, Cambridge University Press, 1983), viii-132 pp.

c) Textes N.T. - Texts N.T. - Teste N.T. - Testi N.T. - Textos N.T.

Évangiles. Gospels. Evangelien. Vangeli. Evangelios.

Études générales. General Studies. Allgemeine Studien. Studi generali. Estudios generales.

a4739   CALLOUD, J., *L'analyse structurale du récit*. Quelques éléments d'une méthode.
         Tentations de Jésus au désert (Profac, Essais et recherches) (Lyon, Faculté de théologie,
         1973), 80 pp.
a4740   CHABROL, C., «Analyse du 'texte' de la Passion», dans CHABROL, C., MARIN, L.,
         Le récit évangélique (1974), 13-40.
a4741   CHABROL, C., «Structure(s) narrative(s) du texte de la Passion et de la Résurrection»,
         dans CHABROL, C., MARIN, L., *Le récit évangélique* (1974) 41-63.
a4742   CROSSAN, J.D., «The Servant Parables of Jesus», Semeia 1 (1974) 17-62.
a4743   CROSSAN, J.D., «Parable and Example in the Teaching of Jesus», Semeia 1 (1974)
         63-104.
a4744   CROSSAN, J.D., «Comments on the article of Daniel Patte, and reply to proceeding note
         II», Semeia 2 (1974) 121-128.
a4745   CROSSAN, J.D., «Structuralist Analysis and the Parables of Jesus», Semeia 1 (1974)
         192-221.
a4746   DOTY, W.G., «The Parables of Jesus. Kafka, Borges, and Others, with Structural
         Observations», Semeia 2 (1974) 152-193.
a4747   FUNK, R.W., «Structure in the Narrative Parables of Jesus», Semeia 2 (1974) 51-73.

a4748   PATTE, D., «Comments on the article of John Dominic Crossan», Semeia 2 (1974) 117-121.

a4749   TANNEHILL, R.C., «Comments on the articles of Daniel Patte and John Dominic Crossan», Semeia 2 (1974) 113-116.

a4750   VIA, D.O., Jr., «Parable and Example Story: A Litterary-Structuralist Approach», Semeia 1 (1974) 105-133.

a4751   VIA, D.O., Jr., «A Response to Crossan, Funk, and Petersen», Semeia 1 (1974) 222-235.

a4752   VIA, D.O., Jr., «Comments on Robert W. Funk's article, 'Structure in the Narrative Parables of Jesus'», Semeia 2 (1974) 129-131.

a4753   GÜTTGEMANNS, E., «Narrative Analysis of Synoptic Texts», Semeia 6 (1976) 127-179.

a4754   XXX, «Petite chronique du travail sémiotique», SemBib no 8 (1977) 42-59 (Jn 21,1-14; Mc 6,30-44; Mc 8,14-21).

a4755   CALLOUD, J., COMBET, G., DELORME, J., «Essai d'analyse sémiotique», dans Les miracles de Jésus selon le Nouveau Testament (1977), 151-181.

a4756   Groupe d'Entrevernes, Signes et paraboles, «Épilogue, pour un nouvel abord du texte évangélique» (1977), 213-226.

a4757   XXX, «Les récits de miracles dans le récit évangélique: remarques de grammaire narrative», SemBib no 10 (1978) 27-44.

a4758   FOSSION, A., Lire les Écritures (1980), «Marc 5,1-10», 88-96; «Marc 7,32-37», 97-99; «Jean 9,1-41», 106-114; «Matthieu 8,16-17», 121-123; «Jean 10,11-18», 137-143.

a4759   GEOLTRAIN, P., «Une lecture structuraliste des évangiles», dans Jésus aujourd'hui (en collab.) (1980), I, 37-46.

a4760   CROSSAN, J.D., «Kingdom and Children: A Study in the Aphoristic Tradition», Semeia 29 (1983) 75-95.

a4761   HOCK, R.F., «Comments on the Article of Vernon K. Robbins», Semeia 29 (1983) 97-101.

a4762   PATTE, D., «Jesus' Pronouncement about entering the Kingdom like a Child: A Structural Exegesis», Semeia 29 (1983) 3-42.

a4763   RIVA, F., «Metodi d'esegesi strutturale dei raconti evangelici. Confronto per una discussione», RivB 31 (1983) 293-327.

a4764   SCOTT, B.B., «The Rules of the Game: A Response to Daniel Patte», Semeia 29 (1983) 117-124.

a4765   TANNEHILL, R.C., «Response to John Dominic Crossan and Vernon K. Robbins», Semeia 29 (1983) 103-107.

Matthieu. Matthew. Matthäus. Matteo. Mateo.

a4766   MARIN, L., «Essai d'analyse structurale d'un récit-parabole: Matthieu 13/1-23», ETR 46 (1971) 35-74.

a4767   MARIN, L., «Essai d'analyse structurale d'un récit-parabole: Matthieu 13, 1-23», dans CHABROL, C., MARIN, L., Le récit évangélique (1974), 93-134.

a4768   ESCANDE, J., «La communication parabolique - Matthieu 13,1-53. II. À propos d'un préalable à l'analyse d'un texte: le problème de son extraction», SemBib no 5 (1977) 41-45.

a4769   MARÉCHAL, E., «La communication parabolique - Matthieu 13,1-53. III. La parabole: le récit et son explication», SemBib no 6 (1977) 5-9.

a4770   MARÉCHAL, E., «La communication parabolique - Matthieu 13,1-53. IV. Réflexions sur la parabole à partir de Mt. 13», SemBib no 6 (1977) 10-12.

a4771   STIKER, J., «La communication parabolique - Matthieu 13,1-53. 1. Délimitation et découpage», SemBib no 5 (1977) 29-40.

a4772   DARRAULT, I., «La communication parabolique - Matthieu 13,1-53. V. Le discours
         parabolique ou le miracle de la multiplication du sens», SemBib n° 6 (1977) 13-26.

a4773   STIRN, M., *Pour une 'sémiotique' de l'annonce.* Essai d'élaboration d'un problème
         linguistique à partir de Matthieu 19-23 (Brussels-Paris-Louvain, Nauwelaerts-
         Vanderoyez, 1979), 371 pp.

a4774   THÉRIAULT, J.-Y., «La Règle de Trois. Une lecture sémiotique de Mt 1-2», SE 34
         (1982) 57-78.

Marc. Mark. Markus. Marco. Marcos.

a4775   XXX, «Du nouveau dans le permis. Marc ch. 2, v.1 à ch. 3, v.6», SemBib n° 2 (1976) 6-15.

a4776   MALBON, E.S., «Elements of an Exegesis of the Gospel of Mark According to Lévi-
         Strauss' Methodology», dans *Society of Biblical Literature. 1977 Seminar Papers* (en
         collab.) (1977), 155-170.

a4777   XXX, «Le récit de la transfiguration selon saint Marc», SemBib n° 9 (1978) 36-58.

a4778   XXX, «Parcours. Marc 14,1-16,8», SemBib n° 11 (1978) 48-55.

a4779   ALMEIDA, J., «'Les vignerons meurtriers'. Exercice sur Marc 12», SemBib n° 11 (1978)
         26-47.

a4780   GENEST, O., *Le Christ de la Passion.* Perspective structurale. Analyse de Marc
         14,53-15,47, des parallèles bibliques et extra-bibliques (Coll. Recherches, 21. Théologie)
         (Tournai, Desclée et Cie; Montréal, Bellarmin, 1978), 220 pp.

a4781   XXX, «Marc 6,30-53», ETR 54 (1979) 444-451.

a4782   XXX, «Diversification des lectures bibliques et problème de l'intertextualité.
         Présentation typologique des lectures proposées ou possibles du *récit du possédé de
         Gérasa* (Marc 5,1-20)», SemBib n° 15 (1979) 43-55.

a4783   CALLOUD, J., «Toward a Structural Analysis of the Gospel of Mark», Semeia n° 16
         (1979) 133-165.

a4784   DELORME, J., «L'intégration des petites unités littéraires dans l'Évangile de Marc du
         point de vue de la sémiotique structurale», NTS 25 (1979) 469-491.

a4785   DELORME, J., «Rhétorique et sémiotique devant l'évangile de Marc», SemBib n° 16
         (1979) 36-44.

a4786   VIA, D.O., Jr., «Mark 10:32-52. A Structural, Literary, and Theological Evaluation»,
         dans *Society of Biblical Literature. 1979 Seminar Papers* (en collab.) (1979), II, 187-203.

a4787   ZELLER, D., «Die Handlungsstruktur der Markuspassion», TQ 159 (1979) 213-227.

a4788   Groupe d'Entrevernes, «Éléments d'analyse. La véridiction. Étude du récit du procès de
         Jésus devant le Sanhédrin (Marc 14,55-65)», SemBib n° 27 (1982) 1-11.

a4789   DELORME, J., «Marc 2,1-13 - ou l'ouverture des frontières», SemBib n° 30 (1983) 1-14.

Luc. Luke. Lukas. Luca. Lucas.

a4790   CRESPY, G., «La Parabole dite: 'Le bon Samaritain'. Recherches structurales», ETR 48
         (1973) 61-79 (Luc 10,29-37).

a4791   CRESPY, G., «The Parable of the Good Samaritan: An Essay in Structural Research
         (Translation by John Kirby of «La parabole dite: 'Le bon Samaritain': Recherches
         Structurales», ETR 48 (1973) 61-79)», Semeia 2 (1974) 27-50 (Luc 10,29-37).

a4792   CROSSAN, J.D., «The Good Samaritan: Towards a Generic Definition of Parable»,
         Semeia 2 (1974) 82-112 (Luc 10,29-37).

a4793   PATTE, D., «An Analysis of Narrative Structure and the Good Samaritan», Semeia 2
         (1974) 1-26 (Luc 10,29-37).

a4794   XXX, «Luc I-II», SemBib n° 3 (1976) 6-25.

*a*4795   PATTE, D., «Structural Analysis of the Parable of the Prodigal Son: Toward a Method», dans *Semiology and Parables* (en collab.) (1976), 71-149 (Luc 15,11-32).

*a*4796   VIA, D.O., «The Parable of the Unjust Judge: A Metaphor of the Unrealized Self», dans *Semiology and Parables* (en collab.) (1976), 1-32 (Luc 18,1-8).

*a*4797   SCOTT, B.B., «The Prodigal Son: A Structuralist Interpretation», Semeia 9 (1977) 45-73 (Luc 15,11-32).

*a*4798   GENUYT, F., «Le porche duu Royaume. Étude du chapitre 16 de l'Évangile de Luc», SemBib nᵒ 9 (1978) 10-35.

*a*4799   XXX, «Parcours - Luc 24», SemBib nᵒ 14 (1979) 15-27.

*a*4800   KIEFFER, R., «Analyse sémiotique et commentaire. Quelques réflexions à propos d'études de Luc 10.25-37», NTS 25 (1979) 454-468.

*a*4801   SCHNIDER, F., STENGER, W., «Die offene Tür und die unüberschreitbare Kluft. Strukturanalytische Überlegungen zum Gleichnis vom reichen Mann und armen Lazarus (Lk 16,19-31)», NTS 25 (1979) 273-283.

*a*4802   XXX, «Parcours: l'impôt à César (Luc 20,20-26). Étude du dispositif de la véridiction dans un récit», SemBib nᵒ 18 (1980) 8-15.

*a*4803   GUEURET, A., «Luc 1-11. Analyse sémiotique», SemBib nᵒ 25 (1982) 35-42.

*a*4804   LAUVERJAT, M., «Luc 2: une simple approche», SemBib nᵒ 27 (1982) 31-47.

*a*4805   GUEURET, A., *L'engendrement d'un récit*. L'Évangile de l'enfance selon saint Luc (Lectio Divina, 113) (Paris, Cerf, 1983), 319 pp.

*a*4806   LÉGARÉ, C., «Jésus et la pécheresse. Analyse de Luc 7,36-50», SemBib nᵒ 29 (1983) 19-45.

*a*4807   VOGELS, W., «A Semiotic Study of Luke 7:11-17», ET 14 (1983) 273-292.

Jean. John. Johannes. Giovanni. Juan.

*a*4808   XXX, «Le prologue de Jean - Essai de description sémiotique», SemBib nᵒ 4 (1976) 14-23.

*a*4809   CROSSAN, J.D., «It Is Written: A Structuralist Analysis of John 6», dans *Society of Biblical Literature. 1979 Seminar Papers* (en collab.) (1979), I, 197-213.

*a*4810   PHILLIPS, G., «'This Is a Hard Saying; Who Can Be a Listener to It?' The Creation of the Reader in John 6», dans *Society of Biblical Literature. 1979 Seminar Papers* (en collab.) (1979), I, 185-196.

*a*4811   CAZEAUX, J., «C'est Moïse qui vous condamnera...», LV nᵒ 149 (1980) 75-88 (Jn 1,19-2,11).

*a*4812   SELIS, C., «Principes et méthode d'analyse structurale appliquée à Jean 11», dans *Genèse et structure d'un texte du Nouveau Testament* (Jn 11) (1981) (en collab.), 107-122.

*a*4813   GENUYT, F., «Les deux bains. Analyse sémiotique de Jean 13», SemBib nᵒ 25 (1982) 1-21.

*a*4814   CROSSAN, J.D., «It is Written: A Structuralist Analysis of John 6», Semeia 26 (1983) 3-21.

*a*4815   GENUYT, F., «Les noces de Cana et la Purification du Temple», SemBib nᵒ 31 (1983) 14-33.

*a*4816   PHILLIPS, G.A., «'This is a Hard Saying. Who Can Be Listener to It?' Creating a Reader in John 6», Semeia 26 (1983) 23-56.

Actes des Apôtres. Acts of the Apostles. Apostelgeschichte.
Gli Atti degli Apostoli. Hechos de los Apóstoles.

*a*4817   ALMEIDA, I., «Le discours d'Étienne: ébauche d'organisation formelle», SemBib nᵒ 8 (1977) 7-41.

a4818   FILIPPINI, R., «Atti 3,1-10: Proposta di analisi del racconto», RivB 28 (1980) 305-317.

a4819   HERMAN, I.Z., «Un tentativo di analisi strutturale di Atti 2,41-4,35 secondo il metodo di A.J. Greimas», Ant 56 (1981) 467-475.

a4820   PANIER, L., «La mort de Judas. Éléments d'analyse sémiotique du récit de la Pentecôte», LV nos 153-154 (1981) 111-122.

a4821   PANIER, L., «Comprenez pourquoi vous comprenez! Analyse sémiotique des *Actes* 1,15-2,47», SemBib nº 23 (1981) 20-43.

a4822   PANIER, L., «Pour lire les Actes des apôtres, les chapitres 3 à 5», SemBib nº 29 (1983) 11-18.

a4823   PANIER, L., «Parcours: pour lire les Actes des apôtres», SemBib nº 30 (1983) 34-42; nº 32 (1983) 27-32.

Paul. Paulus. Paolo. Pablo.

a4824   SCHENK, W., «Textlinguistische Aspekte der Strukturanalyse, dargestellt am Beispiel von I Kor. xv.1-11», NTS 23 (1977) 469-477.

a4825   STENGER, W., *Der Christushymnus 1 Tim 3,16*. Ein structuranalytische Untersuchung (Regensburger Studien zur Theologie, 6) (Frankfurt/M., Peter Lang; Bern, Herbert Lang, 1977), 287 pp.

a4826   XXX, «L'épître de Paul à Philémon. Proposition de lecture présentée par un groupe de Montpellier», SemBib nº 11 (1978) 7-17.

a4827   DE GAULMYN, M.M., «L'épître de Paul à Philémon. Proposition de lecture présentée par un groupe de Lyon», SemBib nº 11 (1978) 11-25.

a4828   MALBON, E.S., «'No Need to Have Any One Write'? A Structural Exegesis of 1 Thessalonians», dans *SBL. 1980 Seminar Papers* (en collab.) (1980), 301-335.

a4829   PANIER, L., «À propos d'un commentaire de l'Épître aux Hébreux», SemBib nº 17 (1980) 6-37.

a4830   PATTE, D., «Method for a Structural Exegesis of Didactic Discourses. Analysis of 1 Thessalonians», Semeia 26 (1983) 85-129.

a4831   MALBON, E.S., «'No Need to Have Any One Write'? A Structural Exegesis of 1 Thessalonians», Semeia 26 (1983) 57-83.

Autres épîtres. Other Epistles. Andere Briefe. Altre epistole. Otras epístolas.

a4832   PRIGENT, P., «L'Apocalypse: Exégèse Historique et Analyse Structurale», NTS 26 (1979) 127-137.

a4833   XXX, «Parcours. Le chapitre 1 de l'Épître de Jacques. Compte-rendu d'une séance du séminaire 'Littérature Biblique' du C.A.D.I.R. (1979-1980)», SemBib nº 17 (1980) 38-45.

a4834   XXX, «Épître de Saint Jacques - Chapitre 2», SemBib nº 19 (1980) 25-31.

a4835   GENUYT, F., «Parcours, Épître de Jacques 4,1-5,6», SemBib nº 23 (1981) 44-56.

a4836   GENUYT, F., «Épître de Saint-Jacques, ch. 5,6-20», SemBib 24 (1981) 28-36.

a4837   SEGALLA, G., «L'impeccabilità del credente in 1 Giov. 2,29-3,10 alla luce dell'analisi strutturale», RivB 29 (1981) 331-341.

a4838   CALLOUD, J., GENUYT, F., *La première épître de Pierre*. Analyse sémiotique (Lectio Divina, 109) (Paris, Cerf, 1982), 215 pp.

d) Textes divers. Miscellaneous Texts. Verschiedene Texte. Testi diversi. Textos diversos.

a4839   ARRIVÉ, M., «Structuration et destruction du signe dans quelques textes de Jarry», dans *Essais de sémiotique poétique* (en collab.) (1972), 64-79.

a4840   DUMONT, J.-P., «Littéralement et dans tous les sens, essai d'analyse structurale d'un quatrain de Rimbaud», dans *Essais de sémiotique poétique* (en collab.) (1972), 126-139.

a4841   GUEUNIER, N., «L'Impossible de Georges Bataille, essai de description structurale», dans *Essais de sémiotique poétique* (en collab.) (1972), 107-124.

a4842   HOUDEBINE, J.-L., «Essai de lecture réflexive d'un texte de Michaux à ses différents niveaux d'énonciation», dans *Essais de sémiotique poétique* (en collab.) (1972), 155-178.

a4843   KRISTEVA, J., «Sémanalyse et production de sens, quelques problèmes de sémiotique littéraire à propos d'un texte de Mallarmé: Un coup de dés...», dans *Essais de sémiotique poétique* (en collab.) (1972), 207-234.

a4844   ZILBERBERG, C., «Un essai de lecture de Rimbaud: Bonne pensée du matin», dans *Essais de sémiotique poétique* (en collab.) (1972), 140-154.

a4845   CHABROL, C., «Remarques sur deux textes apocryphes (Actes de Pilate et Évangile de Pierre)», dans CHABROL, C., MARIN, L., *Le récit évangélique* (1974), 65-73.

a4846   XXX, «L'élixir du révérend Père Gaucher», SemBib no 2 (1976) 16-35.

a4847   CARRERA PÉREZ, A., *Los falsos manehos de los testigos de Jehová* (Bilbao, El Autor, 1976), 238 pp.

a4848   GREIMAS, A.J., *Maupassant.* La sémiotique du texte. Exercices pratiques (Paris, Seuil, 1976), 287 pp.

a4849   MARIN, L., «A Parable of Pascal», dans *Semiology and Parables* (en collab.) (1976), 189-220.

a4850   XXX, «Petite chronique du travail sémiotique», SemBib no 8 (1977) 42-59.

a4851   PROPP, V., «Structure and History in the Study of the Fairy Tale», Semeia 10 (1978) 57-83.

a4852   GREENFIELD, J.C., STONE, M.E., «The Books of Enoch and the traditions of Enoch», Numen 26 (1979) 89-103.

a4853   CADIR, «Exercices pour l'apprentissage de la sémiotique: Jeux de textes», SemBib no 20 (1980) 5-11.

a4854   GENINASCA, J., «Rêverie analytique sur un poème de René Char», SemBib no 18 (1980) 16-30.

a4855   PROVENCE, T.E., «Karl Barth's Hermeneutics: The Sovereignty of the Object», SBT 10 (1980) 45-60.

a4856   FONTANILLE, J., «Intervention sur les textes d'enfants», SemBib no 21 (1981) 2-9.

a4857   GIROUD, M.C., «La parabole du maître des jardins», SemBib no 22 (1981) 45-54.

a4858   LUKEN, G., «Le Seigneur m'a vu», SemBib no 22 (1981) 24-44.

a4859   PERRIN, A., «Approche sémiotique de prières et liturgies eucharistiques», SemBib 24 (1981) 7-27.

a4860   COHEN, N.J., «Structural Analysis of a Talmudic Story: Joseph-Who-Honors-the-Sabbaths», JQR 72 (1982) 161-177.

6. Structurelle.

a4861   GIRARD, M., «La composition structurelle des sept 'signes' dans le quatrième évangile», SR 9 (1980) 315-324.

a4862   DUSSAUT, L., *Synopse structurelle de l'épître aux Hébreux.* Approche d'Analyse Structurelle (Paris, Cerf, 1981), viii-202 pp.

a4863   GIRARD, M., «Analyse structurelle du Psaume 95», SE 33 (1981) 179-189.

a4864   GIRARD, M., «Le semblant de fils d'homme de *Daniel* 7, un personnage du monde d'en haut: approche structurelle», SE 35 (1983) 265-296.

7. Rhétorique. Rhetorical. Rhetorisch. Retorico. Retórico.

a4865   UEDING, G. u.a., *Einführung in die Rhetorik*. Geschichte, Technik, Methode (Stuttgart, J.B. Metzler, 1976), xii-352 pp.

a4866   COURTÉS, J., «Rhétorique et sémiotique: De quelques divergences et convergences», RevSR 52 (1978) 227-243.

a4867   MEYNET, R., *Quelle est donc cette Parole?* Lecture 'rhétorique' de l'évangile de Luc (1-9, 22-24) (Lectio Divina, 99) (Paris, Cerf, 1979), 212 pp.; 1 vol. de planches.

a4868   MEYNET, R., «Au coeur du texte. Analyse rhétorique de l'aveugle de Jéricho selon saint Luc», NRT 103 (1981) 696-710.

a4869   ROBBINS, V.K., «Pronouncement Stories and Jesus' Blessing of the Children: A Rhetorical Approach», Semeia 29 (1983) 43-74.

8. Comparatiste. Comparative. Vergleichende. Comparatista. Comparativo.

a4870   SIMON, M., «À propos de l'école comparatiste», dans *Jews, Greeks and Christians* (en collab.) (1976), 261-270.

a4871   TALMON, S., «The 'Navel of the Earth' and the Comparative Method», dans *Scripture in History & Theology* (en collab.) (1977), 243-268.

a4872   TALMON, S., «The 'comparative method' in biblical interpretation - principles and problems», dans *Congress Volume. Göttingen 1977* (en collab.) (1978), 320-356.

9. Psychanalyse. Psychoanalysis. Psychoanalyse. Psicanalisi. Psicoanalisis.

a4873   HARSCH, H., «Tiefenpsychologisches zur Schriftauslegung», dans *Versuche mehrdimensionaler Schriftauslegung* (en collab.) (1972), 32-41.

a4874   VERGOTE, A., «Psychanalyse et interprétation biblique», SDB 9 (1973) col. 252-260.

a4875   DOLTO, F., SÉVÉRIN, G., *L'Évangile au risque de la psychanalyse*, t. I[8]; t. II: Jésus et le désir (Paris, J.-P. Delarge, 1977, 1978), 179-183 pp.

a4876   MESLIN, M., «Une nouvelle Gnose, l'exégèse psychologique de P. Diel», dans *Les quatre fleuves* no 7 (1977) 120-123.

a4877   TOLBERT, M.A., «The Prodigal Son: An Essay in Literary Criticism from a Psychoanalytic Perspective», Semeia 9 (1977) 1-20.

a4878   ULEYN, A., «Approche psychanalytique de l'Évangile de Marc», LVit 32 (1977) 357-372.

a4879   VIA, D.O., Jr., «The Prodigal Son: A Jungian Reading», Semeia 9 (1977) 21-43.

a4880   BEAUDE, P.M., «Le Jésus de Dolto: un modèle (sur F. DOLTO, *L'Évangile au risque de la Psychanalyse)*», Supp no 125 (1978) 321-330.

a4881   HÉTU, J.-L., *Les options de Jésus*. Commentaires de l'évangile du dimanche, aspects psychologiques et politiques (Montréal, Fides, 1978), 351 pp.

a4882   ORAISON, M., «L'Écoute de la troisième oreille (sur F. DOLTO, *L'Évangile au risque de la Psychanalyse)*», Supp no 125 (1978) 311-319.

a4883   GIAVINI, G., CAGLIO, A., «Un biblista e uno psicologo di fronte alla 'psicanalisi del Vangelo' di F. Dolto e G. Séverin», ScuolC 107 (1979) 142-147.

a4884   SALES, M., «Possibilités et limites d'une lecture psychanalytique de la Bible», NRT 101 (1979) 699-723.

a4885   LANGEVIN, P.-É., «Exégèse et psychanalyse», LTP 36 (1980) 129-137.

a4886   STEIN, D., «Une lecture psychanalytique de la Bible est-elle possible?» Conci no 158 (1980) 39-50.

a4887 THÉVENOT, X., «Emmaüs, une nouvelle Genèse? Une lecture psychanalytique de *Genèse* 2-3 et *Luc* 24,13-35», MSR 37 (1980) 3-18.

a4888 GODIN, A., «Histoire d'un deuil et d'un souffle nouveau», LV nos 153-154 (1981) 123-139.

a4889 DREWERMANN, E., «Exegese und Tiefenpsychologie», BiKi 38 (1983) 91-105.

a4890 SCHMITZ, S., «Psychologische Hilfen zum Verstehen biblischer Texte?» BiKi 38 (1983) 112-118.

10. Sociologie. Sociology. Soziologie. Sociologia. Sociología.

a4891 NINEHAM, D., «A Partner for Cinderella?» dans *What about the New Testament?* (en collab.) (1975), 143-154.

a4892 WILDE, J.A., «The Social World of Mark's Gospel: A Word About Method», dans *Society of Biblical Literature. 1978 Seminar Papers* (en collab.) (1978), II, 47-70.

a4893 WORGUL, G.S., Jr., «Anthropological Consciousness and Biblical Theology», BTB 9 (1979) 3-12.

a4894 MANNS, F., «L'arrière-plan socio-économique de la Parabole des ouvriers de la onzième heure et ses limites», Ant 55 (1980) 259-268.

a4895 SCROGGS, R., «The Sociological Interpretation of the New Testament: The Present State of Research», NTS 26 (1980) 164-179.

a4896 HYNES, W.J., *Shirley Jackson Case and the Chicago School.* The Socio-Historical Method (SBL Biblical Scholarship in North America, 5) (Chico, CA, Scholars Press, 1981), xii-151 pp.

a4897 GAGER, J.G., «Shall We Marry Our Enemies? Sociology and the New Testament», Interpr 36 (1982) 256-265.

a4898 LONG, B.O., «The Social World of Ancient Israel», Interpr 36 (1982) 243-255.

a4899 MALINA, B.J., «The Social Sciences and Biblical Interpretation», Interpr 36 (1982) 229-242.

a4900 MEEKS, W.A., «The Social Context of Pauline Theology», Interpr 36 (1982) 266-277.

a4901 NORTH, R., «Social Dynamics from Saul to Jehu», BTB 12 (1982) 109-118.

a4902 BEST, T.F., «The Sociological Study of the New Testament», SJTh 36 (1983) 181-194.

a4903 EDWARDS, O.C., Jr., «Sociology as a Tool for Interpreting the New Testament», AThR 65 (1983) 431-448.

a4904 WILSON, R.R., *Sociological Approaches to the Old Testament* (Old Testament Series) (Philadelphia, Fortress Press, 1984), xi-83 pp.

11. Ricoeur (Paul)

a4905 DORNISCH, L., «Symbolic Systems and the Interpretation of Scripture: An Introduction to the Work of Paul Ricoeur», Semeia 4 (1975) 1-21.

a4906 DORNISCH, L., «Paul Ricoeur and Biblical Interpretation: A Selected Bibliography», Semeia 4 (1975) 23-26; 19 (1981) 23-29.

a4907 GISEL, P., «Paul Ricoeur», ETR 49 (1974) 31-50.

a4908 RICOEUR, P., «Outline», Semeia 4 (1975) 29-36.

a4909 RICOEUR, P., «The Narrative Form», Semeia 4 (1975) 37-73.

a4910 RICOEUR, P., «The Metaphorical Process», Semeia 4 (1975) 75-106.

a4911 RICOEUR, P., «The Specificity of Religious Language», Semeia 4 (1975) 107-148.

a4912 BLOCHER, H., «L'herméneutique selon Paul Ricoeur», Hok no 3 (1976) 11-57.

a4913   BRAUNSCHWEIGER, H., «Auf dem Weg zu einer poetischen Homiletik. Einige
         Aspekte der Hermeneutik Ricoeurs als Impuls für die Homiletik», EvT 39 (1979)
         127-143.
a4914   MUDGE, L.S., «Paul Ricoeur on biblical interpretation», BiRes 24-25 (1979-80) 38-69.
a4915   RICOEUR, P., «A response», BiRes 24-25 (1979-80) 70-80 [A response to L.S.
         MUDGE, BiRes 24-25 (1979-80) 38-69].
a4916   RICOEUR, P., «La fonction narrative», ETR 54 (1979) 209-230.
a4917   BOUCHARD, G., «Sémiologie, sémantique et herméneutique selon Paul Ricoeur», LTP
         36 (1980) 255-284.
a4918   BUCKEY, D.R., «Three Ways in Text Interpretation», Semeia 19 (1981) 91-97.
a4919   DORNISCH, L., «The Book of Job and Ricoeur's Hermeneutics», Semeia 19 (1981) 3-21.
a4920   LACOCQUE, A., «Apocalyptic Symbolism: A Ricoeurian Hermeneutical Approach»,
         BiRes 26 (1981) 6-15.
a4921   LOWE, W.J., «Cosmos and Covenant», Semeia 19 (1981) 107-112.
a4922   MIGLIASSO, S., «Dal simbolo al linguaggio simbolico», RivB 29 (1981) 187-203.
a4923   PATRIQUIN, A., «Deconstruction, Plurivocity, and Silence», Semeia 19 (1981)
         121-123.
a4924   PELLAUER, D., «Reading Ricoeur Reading Job», Semeia 19 (1981) 73-83.
a4925   RICOEUR, P., «La Bible et l'imagination», RHPR 62 (1982) 339-360.

12. Generative Poetics.

a4926   GÜTTGEMANNS, E., «What is 'Generative Poetics'? Theses and Reflections
         concerning a New Exegetical Method», Semeia 6 (1976) 1-21.
a4927   DETWEILER, R., «Generative Poetics as Science and Fiction», Semeia 10 (1978)
         137-150.
a4928   McKNIGHT, E.V., «Generative Poetics as New Testament Hermeneutics», Semeia 10
         (1978) 107-121.

13. Process Hermeneutic.

a4929   WOODBRIDGE, B.A., «Process Hermeneutic: An Approach to Biblical Texts», dans
         Society of Biblical Literature. 1977 Seminar Papers (en collab.) (1977), 79-86.
a4930   JANZEN, J.G., «Can This Marriage Be Saved?» dans Society of Biblical Literature. 1978
         Seminar Papers (en collab.) (1978), I, 287-298.
a4931   WOODBRIDGE, B.A., «An Assessment and Prospectus for a Process Hermeneutic»,
         JAmAcRel 47 (1979) 121-128.

14. Linguistique. Linguistics. Linguistik. Linguistica. Lingüística.

a4932   DE PATER, W.A., «Sprachlogisches zur Schrifauslegung», dans Versuche
         mehrdimensionaler Schriftauslegung (en collab.) (1972), 22-31.
a4933   SCHENK, W., «Die Aufgaben der Exegese und die Mittel der Linguistik», TLZ 98
         (1973) 881-894.
a4934   BROWN, S., «Biblical Philology, Linguistics and the Problem of Method», HeyJ 20
         (1979) 295-298.
a4935   POYTHRESS, V.S., «Analysing a Biblical Text: Some Important Linguistic
         Distinctions», SJTh 32 (1979) 113-137.
a4936   RIESENHUBER, K., «Hermeneutik und Sprachanalyse», ZKT 101 (1979) 374-385.

a4937   KIEFFER, R., «Deux types d'exégèse à base linguistique», Conci nº 158 (1980) 19-28 (étude de Mc 6,45-52).

a4938   SCHENK, W., «Hebr. iv 14-16. Textlinguistik als Kommentierungsprinzip», NTS 26 (1980) 242-252.

15. Fondamentalisme. Fundamentalism. Fundamentalismus. Fondamentalismo. Fundamentalismo.

a4939   HEBERT, G., Fundamentalism and the Church of God (London, SCM Press, 1957), 160 pp.

a4940   SANDEEN, E.R., The Roots of Fundamentalism. British and American Millenarianism (Chicago, Chicago University Press, 1970), xix-328 pp.

a4941   MARROW, S.B., The Words of Jesus in Our Gospels. A Catholic Response to Fundamentalism (New York, Paulist Press, 1979), 152 pp.

a4942   BARR, J., «L'interprétation fondamentaliste de l'Écriture», Conci nº 158 (1980) 103-110.

a4943   BARR, J., Fundamentalism (2nd edition) (London, SCM Press, 1981), xxii-378 pp.

a4944   VALENTIN, F., «Zum Schriftverständnis in fundamentalistischen Kreisen», BiLit 54 (1981) 35-40.

6. Divers. Miscellaneous. Verschiedenes. Diversi. Diversos.

a4945   TROCMÉ, É., «Exégèse scientifique et idéologie: de l'école de Tubingue aux historiens français des origines chrétiennes», NTS 24 (1978) 447-462.

a4946   BEARDSLEE, W.A., «Whitehead and Hermeneutics», JAmAcRel 47 (1979) 31-37.

a4947   DE MEYER, F., «The Science of Literature Method of Prof. M. Weiss in Confrontation with Form Criticism, examplified on the Basis of Ps. 49», Bijdr. 40 (1979) 152-168.

a4948   PELLA, G., «Lettre ouverte aux étudiants en théologie», Hok nº 12 (1979) 47-51.

a4949   BARNHART, J.E., «Every Context has a Context», SJTh 33 (1980) 501-513.

a4950   McKNIGHT, E.V., «A Biblical Criticism for American Biblical Scholarship», dans SBL. 1980 Seminar Papers (en collab.) (1980), 123-134.

a4951   STUHLMACHER, P., « ... in verrosteten Angeln», ZTK 77 (1980) 222-238.

a4952   WEDER, H., «Zum Problem Einer 'Christlichen Exegese'», NTS 27 (1980) 64-82.

INERRANCE. INERRANCY. IRRTÜMSLOSIGKEIT. INERRANZA. INERRANCIA.

a4953   HAAG, H., «Die Wahrheit der Schrift», dans Mysterium Salutis (en collab.) (1965), I, 357-396.

a4954   CELADA, B., «La cuestión de la verdad de la Biblia», CuBi 24 (1967) 289-292.

a4955   BENOIT, P., «De indole veritatis in Sacra Scriptura», dans Acta Congressus Internationalis de Theologia Concilii Vaticani II (en collab.) (1968), 513-523.

a4956   DEXINGER, F., «Die Darstellung des Themas Heilsgeschichte in der Konstitution über die göttliche Offenbarung», BiLit 41 (1968) 208-232.

a4957   SCHREINER, J., Aspekte heutiger Exegese, «Der Wahrheitsanspruch der Heiligen Schrift» (1968), 112-139.

a4958   SCHÜRMANN, H., «Über die geschichtliche Wahrheit der Heiligen Schrift», BiLit 41 (1968) 196-207.

a4959   TOUATI, C., «Le problème de l'inerrance prophétique dans la théologie juive du Moyen Âge», RHR 174 (1968) 169-187.

*a*4960   DAHL, N.A., *Studies in Paul,* «Contradictions in Scripture» (1969), 159-177.

*a*4961   ALONSO SCHÖKEL, L., «L'infaillibilité de l'oracle prophétique», dans *L'infaillibilité* (en collab.) (1970), 495-503.

*a*4962   VAHANIAN, G., «Écriture et infaillibilité», dans *L'infaillibilité* (en collab.) (1970), 409-422.

*a*4963   DAHL, N.A., «Widersprüche in der Bibel - ein altes hermeneutisches Problem», ST 25 (1971) 1-19.

*a*4964   LEAL, J., «Sobre la verdad de la Sagrada Escritura», CuBi 28 (1971) 86-89.

*a*4965   COLLINS, T.A., «The Truth of the Bible Debate», dans *Biblical Studies in Contemporary Thought* (en collab.) (1975), 1-13.

*a*4966   VAHANIAN, G., «Schrift und unfehlbarkeit», dans *Kerygma und Mythos,* VI-6. Aspekte der Unfehlbarkeit (en collaboration) (Hamburg-Bergstedt, H. Reich, 1975), 154-159.

*a*4967   DAVIS, S.T., *The Debate about the Bible.* Inerrancy Versus Infallibility (Philadelphia, Westminster, 1977), 149 pp.

*a*4968   FRANCE, R.T., «L'inerrance et l'exégèse du Nouveau Testament», Hok n° 8 (1978) 25-38.

*a*4969   WELLS, P., «Révélation et inspiration. Les options 'libérale' et 'fondamentaliste' sur l'Écriture: James Barr contre Benjamin B. Warfield», Hok n° 8 (1978) 39-64.

*a*4970   DAVIS, J.J., «Genesis, Inerrancy, and the Antiquity of Man», dans *Inerrancy and Common Sense* (en collab.) (1980), 137-159.

*a*4971   LOVELACE, R., «Inerrancy: Some Historical Perspectives», dans *Inerrancy and Common Sense* (en collab.) (1980), 15-47.

*a*4972   MARTINI, C.M., *La parola di Dio alle origini della Chiesa* (1980), «Parola di Dio e parola umana. Il problema dell'ispirazione e della verità biblica in prospettiva pastorale», 53-65; «Gli esegeti del tempo di Galileo», 67-76; «Galileo e la Teologia», 77-87.

*a*4973   MICHAELS, J.R., «Inerrancy or Verbal Inspiration? An Evangelical Dilemma», dans *Inerrancy and Common Sense* (en collab.) (1980), 49-70.

*a*4974   NICOLE, R., «The Nature of Inerrancy», dans *Inerrancy and Common Sense* (en collab.) (1980), 71-95.

*a*4975   SPROUL, R.C., «Biblical Interpretation and the Analogy of Faith», dans *Inerrancy and Common Sense* (en collab.) (1980), 119-135.

*a*4976   STUART, D., «Inerrancy and Textual Criticism», dans *Inerrancy and Common Sense* (en collab.) (1980), 97-117.

*a*4977   WESTBADE, D., «Benjamin B. Warfield on Inspiration and Inerrancy», SBT 10 (1980) 27-43.

*a*4978   GEISLER, N.L. (Ed.), *Biblical Errancy.* An Analysis of its Philosophical Roots (Grand Rapids, Zondervan, 1981), 270 pp.

*a*4979   GIBERT, P., «Datation et vérité des Écritures», Et 358 (1983) 845-856.

INSPIRATION. SCHRIFTINSPIRATION. ISPIRAZIONE. INSPIRACIÒN.

*a*4980   DUCROS, X., «Le dogme de l'Inspiration chez saint Éphrem d'après ses commentaires de l'Ancien Testament», dans *Mélanges offerts au R.P. Ferdinand Cavallera* (en collab.) (1948), 163-177.

*a*4981   SCHWEGLER, T., «Die Biblische Urgeschichte im Lichte der Natur- und Geistes-Wissenschaft», BiKi 6 (1951) 66-98.

*a*4982   DE FRAINE, J., «Lessius' leer over de inspiratie der H. Schrift (*L'inspiration de l'Écriture Sainte d'après Lessius*)», Bijdr. 15 (1954) 256-271 (sommaire français).

a4983 MARTIN SANCHEZ, B., «El hecho de la inspiración. Concepto de la inspiración bíblica. Razones principales por las cuales los católicos juzgamos que la Biblia es palabra de Dios», CuBi 15 (1958) 101-104.

a4984 MARTIN SANCHEZ, B., «Existen libros inspirados por Dios, pero ¿cuales son en concreto estos libros inspirados y cómo se distinguen de los no inspirados?» CuBi 15 (1958) 158-161.

a4985 SALGUERO, J., «La Biblia, palabra de Dios», CuBi 15 (1958) 77-84.

a4986 SALGUERO, J., «Principios para entender la Biblia. La Biblia obra de Dios y del hombre», CuBi 15 (1958) 321-326.

a4987 MARTIN, B., «La naturaleza de la inspiración bíblica», CuBi 16 (1959) 331-335.

a4988 ELORDUY, E., «En torno al género bíblico», dans Miscelánea Antonio Perez Goyena (en collab.) (1960), 113-132.

a4989 YOUNG, W.G., «The Holy Spirit and the Word of God», SJTh 14 (1961) 34-59.

a4990 DA SPINETOLI, O., «I due piani della Bibbia», BibOr 4 (1962) 121-127.

a4991 McKENZIE, J.L., Myths and Realities, «Inspiration and Revelation» (1963), 37-82.

a4992 HAAG, H., «Der gottmenschliche Charakter des Heiligen Schrift», dans Mysterium Salutis (en collab.) (1965), I, 289-357.

a4993 BRAUN, F.-M., Jean le Théologien. III. Sa théologie, I. Le mystère de Jésus-Christ, «Une théologie inspirée» (1966), 10-16.

a4994 MARTIN SANCHEZ, B., «Temas bíblicos. La Biblia es un libro divino», CuBi 23 (1966) 288.

a4995 SALGUERO, J., «La inspiración bíblica», CuBi 23 (1966) 67-98.

a4996 RICHARD, J., «Le processus psychologique de la Révélation prophétique», LTP 23 (1967) 42-75.

a4997 ZEDDA, C., «Alcune brevi considerazioni sull'ispirazione biblica», dans Miscellanea André Combes (en collab.) (1967), I, 25-30.

a4998 PRAGER, M., «Was lehrt die Kirche über die neue Exegese?» BiLit 41 (1968) 282-290.

a4999 ARTOLA, A.M., «La doctrina inspiracionista de Lessio a la luz de sus lecciones inéditas 'De Scriptura'», CuBi 32 (1975) 111-117.

a5000 ARTOLA, A.M., «¿Qué enseñó el P. Lessio acerca de la inspiraci/n del Libro 2.º de los Macabeos?» dans Homenaje a Juan Prado (en collab.) (1975), 245-278.

a5001 BAGET, G., «Teologia e linguistica nelle traduzioni della Bibbia», BibOr 17 (1975) 1-9.

a5002 GONZALEZ MAESO, D., «Un nuevo aspecto de la inspiración bíblica», dans Homenaje a Juan Prado (en collab.) (1975), 675-685.

a5003 SUBILIA, V., 'Sola Scriptura.' Autorità della Bibbia e libero esame (Piccola biblioteca teologica, 9) (Torino, Claudiana, 1975), 172 pp.

a5004 KLEIN, J.-L., «L'Esprit et l'Écriture», ETR 51 (1976) 149-163.

a5005 MILAVEC, D.A., «The Bible, the Holy Spirit, and Human Powers», SJTh 29 (1976) 215-235.

a5006 GRANT, R.M., «Gnostics and the Inspiration of the Old Testament», dans Scripture in History & Theology (en collab.) (1977), 269-277.

a5007 McGONIGAL, T.P., «'Every Scripture is Inspired': An Exegesis of 2 Timothy 3:16-17», SBT 8,1 (1978) 53-64.

a5008 WEIL, G.E., «Saintes Écritures ou l'E/criture de l'Alliance», RSR 66 (1978) 585-615.

a5009 WELLS, P., «Révélation et inspiration. Les options 'libérale' et 'fondamentaliste' sur l'Écriture: James Barr contre Benjamin B. Warfield», Hok nº 8 (1978) 39-64.

a5010 GORRINGE, T., «In Defence of the Identification: Scripture as Word of God», SJTh 32 (1979) 303-318.

198   ISLAM

*a*5011   MARROW, S.B., *The Words of Jesus in Our Gospels.* A Catholic Response to
          Fundamentalism (New York, Paulist Press, 1979), 152 pp.
*a*5012   ACHTEMEIER, P.J., *The Inspiration of Scripture.* Problems and Proposals (Biblical
          Perspectives on Current Issues) (Philadelphia, Westminster Press, 1980), 188 pp.
*a*5013   HOFFMAN, R.J., «The Development of Newman's Doctrine of Biblical Inspiration»,
          SBT 10 (1980) 9-26.
*a*5014   JOHNSON, S.L., *The Old Testament in the New.* An Argument for Biblical Inspiration
          (Contemporary Evangelical Perspectives) (Grand Rapids, Zondervan, 1980), 108 pp.
*a*5015   MARTINI, C.M., *La parola di Dio alle origini della Chiesa* (1980), «Parola di Dio e
          parola umana. Il problema dell'ispirazione e della verità biblica in prospettiva pastorale»,
          53-65.
*a*5016   WESTBADE, D., «Benjamin B. Warfield on Inspiration and Inerrancy», SBT 10 (1980)
          27-43.
*a*5017   AUSTIN, M.R., «How Biblical is 'The Inspiration of Scripture'?» ExpTim 93 (1981)
          75-79.
*a*5018   BROWN, R.E., «'And the Lord Said'? Biblical Reflections on Scripture as the Word of
          God», TS 42 (1981) 3-19.
*a*5019   HOFFMAN, T.A., «Inspiration, Normativeness, Canonicity, and the Unique Sacred
          Character of the Bible», CBQ 44 (1982) 447-469.
*a*5020   ARTOLA, A.M., *De la Revelación a la Inspiración.* Los origenes de la moderna teología
          católica sobre la Inspiración bíblica (Teología-Deusto, 17) (Bilbao, Universidad de
          Deusto - Mensajero, 1983), vii-260 pp.
*a*5021   HILL, R., «Chrysostom's terminology for the inspired Word», EstB 41 (1983) 367-373.

ISLAM.

*a*5022   SIDERSKY, D., «Le Caraïsme et ses doctrines», RHR 114 (1936) 197-221.
*a*5023   SAKISIAN, A., «L'exposition de miniature et d'enluminure musulmanes du
          Metropolitan Museum of Art de New-York», Syr. 15 (1934) 276-281.
*a*5024   STAUDE, W., «Le caractère turc dans l'ornementation des faïences osmanlies», Syr. 15
          (1934) 361-377.
*a*5025   WIET, G., «Tissus et Tapisseries du Musée Arabe du Caire», Syr. 16 (1935) 278-290.
*a*5026   SAKISIAN, A., «Nouveaux documents sur les tapis arméniens», Syr. 17 (1936) 177-184.
*a*5027   DALMAN, G., «Aus dem Rechtsleben und religiösen Leben der Beduinen», ZDPV 62
          (1939) 52-63.
*a*5028   CANAAN, T., «Gott im Glauben der palästinischen Araber», ZDPV 78 (1962) 1-18.
*a*5029   ROUX, J.-P., «Mosquées anatoliennes à décor figuratif sculpté», Syr. 57 (1980) 305-323.
*a*5030   SCHUBERT, K., «Das Judentum in der Welt des mittelalterlichen Islam», Kairos 11
          (1969) 105-121.
*a*5031   MONTGOMERY WATT, W., «Belief in a 'High God' in pre-Islamic Mecca», JSS 16
          (1971) 35-40.
*a*5032   ANTES, P., «Schriftverständnis im Islam», TQ 161 (1981) 179-191.
*a*5033   SAMIR, K., «Corano e Bibbia a confronto. Tre figure bibliche nel Corano», CC 3 (1981)
          238-257.
*a*5034   SAMIR, K., «Corano e Vangelo. Dio vicino e dio lontano», CC 3 (1981) 490-501.

ISRAËL. ISRAEL. ISRAELE. ISRAEL.

A. *Histoire d'Israël. History of Israel. Geschichte Israels.*
   Storia d'Israele. Historia de Israel.

1. **Études générales. General Studies.**
   Allgemeine Abhandlungen. Studi generali. Estudios generales.

a5035   KIRK, M.E., «An Outline of the Cultural History of Palestine Down to Roman Times»,
        PEQ 75 (1943) 9-49.

a5036   KIRK, M.E., «An Outline of the Ancient Cultural History of Transjordan», PEQ 76
        (1944) 180-198.

a5037   CELADA, B., «Raza semita y raza israelita», CuBi 14 (1957) 207-214.

a5038   CELADA, B., «Palestina y la historia bíblica en la perspectiva de ochenta siglos de
        historia oriental», CuBi 14 (1957) 265-306.

a5039   EISSFELDT, O., *Kleine Schriften*, «Die Schichten des Hexateuch als vornehmste Quelle
        für den Aufriss einer israelitisch-jüdischen Kulturgeschichte» (1962), I, 33-43.

a5040   NOTH, M., *Die Welt des Alten Testaments*. Einführung in die Grenzgebiete der
        Alttestamentlichen Wissenschaft, 4. Auflage (Sammlung Töpelmann, 2,3) (Berlin, New
        York, De Gruyter, 1962), xvi-355 pp.

a5041   SCHUBERT, K., *Die Kultur der Juden*. Teil I. Israel im Altertum (Handbuch der
        Kulturgeschichte, 2. Abteilung: Kulturen der Völker) (Wiesbaden, Akademische
        Verlagsgesellschaft, 1970), 263 pp.

a5042   IN DER SMITTEN, W.T., *Einführung in die alttestamentliche Geschichte Israels*
        (Europäische Hochschulschriften, XXIII/67) (Bern, Herbert Lang; Frankfurt, Peter
        Lang, 1976), 76 pp.

a5043   LASOR, W.S., *Israel. A Biblical View* (Grand Rapids, Eerdmans, 1976), 108 pp.

a5044   MILLER, J.M., *The Old Testament and the Historian* (Old Testament Series)
        (Philadelphia, Fortress Press, 1976), 87 pp.

a5045   PATAI, R., «Ethnohistory and inner History the Jewish Case», JQR 67 (1976) 1-15.

a5046   FOHRER, G., *Geschichte Israels*. Von den Anfängen bis zur Gegenwart (Uni-
        Taschenbücher, 708) (Heidelberg, Quelle & Meyer, 1977), 290 pp.

a5047   HAYES, J.H., «The History of the Study of Israelite and Judaean History», dans *Israelite
        and Judaean History* (en collab.) (1977), 1-69.

a5048   METZGER, M., *Grundriss der Geschichte Israels⁴* (Neukirchener Studienbücher, 2)
        (Neukirchen-Vluyn, Neukirchener Verlag, 1977), 249 pp.

a5049   COMAY, J., *The World's Greatest Story*. The Epic of the Jewish People in Biblical Times
        (London, Widenfeld and Nicolson, 1978), 384 pp.

a5050   DAYAN, M., *Living with the Bible* (London, Weidenfeld & Nicolson, 1978), 232 pp.

a5051   JOHNSTON, L., *A History of Israel³* (London, Sheed and Ward, 1977), vii-177 pp.

a5052   POTOK, C., *Wanderings*. Chaim Potok's History of the Jews (New York, A.A. Knopf,
        1978), 432 pp.

a5053   SOGGIN, J.A., «The History of Ancient Israel - A Study in Some Questions of Method»,
        ErIs 14 (1978) 44*-51*.

a5054   BRUEGGEMANN, W., «Trajectories in OT Literature and the Sociology of Ancient
        Israel», JBL 98 (1979) 161-185.

a5055   JOHNSON, P., *Civilizations of the Holy Land* (London, Weidenfeld & Nicolson, 1979),
        224 pp.

a5056   En collaboration, *À la découverte de la Bible*. I. Chemins d'un peuple, histoire d'un livre: l'Ancien Testament (Paris, Les Éditions ouvrières, 1980), 271 pp.

a5057   EHRLICH, E.L., *Geschichte Israels*. Von den Anfängen bis zur Zerstörung des Tempels (70 n. Chr.) (Sammlung Göschen, 2217) (Berlin, New York, De Gruyter, 1980), 158 pp.

a5058   HALLO, W.W., «Biblical History in its Near Eastern Setting: The Contextual Approach», dans *Scripture in Context* (en collab.) (1980), 1-26.

a5059   RINALDI, G., «'Territorio' e società nell'Antico Testamento», BibOr 22 (1980) 161-174.

a5060   KALLAI, Z., «Territorial Patterns, Biblical Historiography and Scribal Tradition - A Programmatic Survey», ZAW 93 (1981) 427-432.

a5061   LEMAIRE, A., *Histoire du peuple hébreu* (Coll. *Que sais-je?* 1898) (Paris, Presses Universitaires de France, 1981), 128 pp.

a5062   RAMSEY, G.W., *The Quest for the Historical Israel* (Atlanta, John Knox Press; London, SCM Press, 1981), xvi-191 pp.

a5063   En collaboration, «Julius Wellhausen and His *Prolegomena to the History of Israel*», Semeia 25 (1982) 155 pp.

a5064   JAGERSMA, H., *A History of Israel in the Old Testament Period* (London, SCM Press, 1982), xvi-304 pp.

a5065   BAUTZ, F.J. (Hrsg.), *Geschichte der Juden*. Von der biblischen Zeit bis zur Gegenwart (Beck'sche Schwarze Reihe, 268) (München, C.H. Beck, 1983), 248 pp.

a5066   MENDENHALL, G.E., «Ancient Israel's Hyphenated History», dans *Palestine in Transition* (en collab.) (1983), 91-103.

2. Préhistoire d'Israël. Prehistory of Israel.
   Vorgeschichte Israels.
   Preistoria d'Israele. Prehistoria de Israel.

a5067   GALBIATI, E., «Alle soglie della storia», dans *Secoli sul mondo* (A cura di G. Rinaldi) (en collab.) (Torino, Marietti, 1955), 91-115, dans *Scritti minori* (1979), 75-113.

a5068   ARNALDICH, L., «Palestina prehistórica y la historia bíblica de los orígenes», CuBi 20 (1963) 75-88.

a5069   MAZAR, B., «The Middle Bronze Age in Palestine», ErIs 8 (1967) 216-230 (English summary).

a5070   VALLA, F.R., *Le natoufien*. Une culture préhistorique en Palestine (Cahiers de la Revue Biblique, 15) (Paris, Gabalda, 1975), 135 pp.

a5071   STAGER, L.E., «Farming in the Judean Desert during the Iron Age», BASOR nᵒ 221 (1976) 145-158.

a5072   YAKAR, J., «Anatolia and the 'Great Movement' of Indo-Europeans, ca. 2300 B.C.E. - Another Look», Tel Aviv 3 (1976) 151-160.

a5073   BRICE, W.C. (Ed.), *The Environmental History of the Near and Middle East Since the Last Ice Age* (New York and San Francisco, Academic Press, 1978), xx-384 pp.

a5074   KELLY-BUCCELLATI, M., «The Outer Fertile Crescent Culture: North Eastern Connections of Syria and Palestine in the Third Millennium B.C.», UF 11 (1979) 413-430.

a5075   KAMP, K.A., YOFFEE, N., «Ethnicity in Ancient Western Asia During the Early Second Millennium B.C.», BASOR nᵒ 237 (1980) 85-104.

a5076   SHERRATT, A. (Ed.),«The Cambridge Encyclopedia of Archaeology *(Cambridge, Cambridge University Press, 1980), 495 pp.*

a5077   ALING, C.F., *Egypt and Bible History from Earliest Times to 1000 B.C.* (Grand Rapids, Baker Book House, 1981), 145 pp.

a5078 GONZALEZ-ECHEGARAY, J., «Algunos temas bíblicos de antes de la Biblia. Los comienzos del Neolítico en Palestina», Salm 28 (1981) 317-328.

a5079 GITTLEN, B.M., «The Cultural and Chronological Implications of the Cypro-Palestinian Trade During the Late Bronze Age», BASOR n° 241 (1982) 49-59.

a5080 MALAMAT, A., «Die Frühgeschichte Israels - eine methodologische Studie», TZ 39 (1983) 1-16.

3. Patriarches. Patriarchs. Patriarchen. Patriarchi. Patriarcas. (3000-1200)

a5081 NOTH, M., «Die Wege der Pharaonenheere in Palästina und Syrien III. Der Aufbau der Palästinaliste Thutmoses III», ZDPV 61 (1938) 26-65.

a5082 LEWY, J., «Ḫābirū and Hebrews», HUCA 14 (1939) 587-623.

a5083 JACK, J.W., «New Light on the Habiru-Hebrew Question», PEQ 72 (1940) 95-115.

a5084 ROWLEY, H.H., «Ras Shamra and the Habiru Question», PEQ 72 (1940) 90-94.

a5085 LEWY, J., «New Parallels Between Ḫābirū and Hebrew», HUCA 15 (1940) 47-58.

a5086 ROWLEY, H.H., «Ḫabiru and Hebrews», PEQ 74 (1942) 41-53.

a5087 GUILLAUME, A., «The Habiru, The Hebrews, and the Arabs», PEQ 78 (1946) 64-85.

a5088 YEIVIN, S., «The Short List of the Towns in Palestine and Syria Captured by Thutmosis III during His First Campaign», ErIs 3 (1954) 32-38 (Hebrew).

a5089 OTTEN, H., «Zwei althethitische Belege zu den Ḫapiru (SA.GAZ)», ZA 52 (1957) 216-223.

a5090 BORGER, R., «Das Problem des 'apiru (Ḫabiru)», ZDPV 74 (1958) 121-132.

a5091 CAZELLES, H., «Hébreu, Ubru, Hapiru», Syr. 35 (1958) 198-217.

a5092 GORDON, C.H., «Indo-European and Hebrew Epic», ErIs 5 (1958) 10*-15*.

a5093 DHORME, É., «Les origines d'Israël», ETR 34 (1959) 78-100.

a5094 GARCIA CORDERO, M., «Historicidad de los patriarcas», CuBi 17 (1960) 193-204.

a5095 KALLAI, Z., TADMOR, H., «Bīt Ninurta = Beth Horon. On the History of the Kingdom of Jerusalem in the Amarna Period», ErIs 9 (1969) (English summary).

a5096 NEUFELD, E., «Hygiene Conditions in Ancient Israel (Iron Age)», BA 34 (1971) 42-66.

a5097 SEVERAL, M.W., «Reconsidering the Egyptian Empire in Palestine during the Amarna Period», PEQ 104 (1972) 123-133.

a5098 GOTTWALD, N.K., «Were the Early Israelites Pastoral Nomads?» dans *Rhetorical Criticism* (en collab.) (1974), 223-255.

a5099 CELADA, B., «Interpretación de los datos arqueológicos referidos a la etapa patriarcal», CuBi 33 (1976) 29-36.

a5100 GÖRG, M., «Aram und Israel», VT 26 (1976) 499-500.

a5101 MENDENHALL, G.E., «Migration Theories vs. Culture Change as an Explanation for Early Israel», dans *Society of Biblical Literature. 1976 Seminar Papers* (en collab.) (1976), 135-143.

a5102 ROWTON, M.B., «Dimorphic Structure and the Problem of the 'Apirû-'Ibrîm», JNES 35 (1976) 13-20.

a5103 DENVER, W.G., CLARK, W.M., «Palestine in the second millennium BCE: the archaeological picture», dans *Israelite and Judaean History* (en collab.) (1977), 70-120.

a5104 LIVERANI, M., «Le chêne de Sherdanu», VT 27 (1977) 212-216.

a5105 LUKE, J.T., «Abraham and the Iron Age: Reflections on the New Patriarchal Studies», JSOT n° 4 (1977) 35-47.

a5106 MILLER, J.M., «The Patriarchs and Extra-Biblical Sources: A Response», JSOT n° 2 (1977) 62-66.

a5107   RESENHÖFFT, W., *Die Geschichte alt-Israels* (Europäische Hochschulschriften, Reihe 23, Theologie, 81-84) (Bern, Frankfurt/M., Las Vegas, 1977-1978), 328, 200, 224, 396 pp.

a5108   WARNER, S.M., «The Patriarchs and Extra-Biblical Sources», JSOT n° 2 (1977) 50-61.

a5109   HAUSER, A.J., «The Revolutionary Origins of Ancient Israel: A Response to Gottwald (JSOT 7 (1978) 37-52)», JSOT n° 8 (1978) 46-49.

a5110   THOMPSON, T.L., «The Background of the Patriarchs: A Reply to William Dever and Malcolm Clark», JSOT n° 9 (1978) 2-43.

a5111   WYATT, N., «The Problem of the 'God of the Fathers'», ZAW 90 (1978) 101-104.

a5112   ARCHI, A., «The Epigraphic Evidence from Ebla and the Old Testament», Bibl 60 (1979) 556-566.

a5113   ENGEL, H., *Die Vorfahren Israels in Ägypten*. Forschungsgeschichtlicher Überblick über die Darstellungen seit Richard Lepsius (1849) (Frankfurter Theologische Studien, 27) (Frankfurt, Josef Knecht, 1979), 253 pp.

a5114   FRICK, F.S., «Religion and Sociopolitical Structure in Early Israel: An Ethno-Archaeological Approach», dans *Society of Biblical Literature. 1979 Seminar Papers* (en collab.) (1979), II, 233-253.

a5115   ISHIDA, T., «The Structure and Historical Implications of the Lists of Pre-Israelite Nations», Bibl 60 (1979) 461-490.

a5116   LEMAIRE, A., «Les Benê Jacob. Essai d'interprétation historique d'une tradition patriarcale», RB 85 (1979) 321-337.

a5117   RESENHÖFFT, W., *Nachträge zur Textgestaltung der Geschichte alt-Israels* (Europäische Hochschulschriften, Reihe 23, Theologia, 84a) (Bern, Frankfurt/M., Las Vegas, Peter Lang, 1979), 46 pp.

a5118   TADMOR, H., «The Decline of Empires in Western Asia ca. 1200 B.C.E.», dans *Symposia* (en collab.) (1979), 1-14.

a5119   YADIN, Y., «The Transition from a Semi-Nomadic to a Sedentary Society in the Twelfth Century B.C.E.», dans *Symposia* (en collab.) (1979), 57-68.

a5120   BIMSON, J.J., «Archaeological data and the dating of the patriarchs», dans *Essays on the Patriarchal Narratives* (en collab.) (1980), 59-92.

a5121   FESTORAZZI, F., «Bilancio di un incontro», RivB 28 (1980) 111-115 (sulle origini di Israele).

a5122   KIDNER, D., «Les origines du peuple d'Israël», Hok n° 15 (1980) 36-54.

a5123   LEINEWEBER, W., *Die Patriarchen im Licht der archäologischen Entdeckungen*. Die kritische Darstellung einer Forschungsrichtung (Europäische Hochschulschriften, Reihe 23, Theologie, 27) (Frankfurt /M., Bern, Peter Lang, 1980), 289 pp.

a5124   LIVERANI, M., «Le 'origini' d'Israele progetto irrealizzabile di ricerca etnogenetica», RivB 28 (1980) 9-32.

a5125   FESTORAZZI, F., «Il problema storico e il problema teologico delle origini di Israele», RivB 29 (1981) 205-222.

a5126   FRYMER-KENSKY, T., «Patriarchal Family Relationships and Near Eastern Law», BA 44 (1981) 209-214.

a5127   MATTHEWS, V.H., «Pastoralists and Patriarchs», BA 44 (1981) 215-218.

a5128   PRATO, G.L., «Le origini dell'antico Israele nell'analisi socio-religiosa di N.K. Gottwald», Greg 62 (1981) 553-561.

a5129   RADFORD RUETHER, R., «Feminism and Patriarchal Religion: Principles of Ideological Critique of the Bible», JSOT n° 22 (1982) 54-66.

a5130   WIFALL, W.R., Jr., «Israel's Origins: Beyond Noth and Gottwald», BTB 12 (1982) 8-10.

a5131 LOHFINK, N., «Warum brauchen wir überhaupt Hypothesen über die Frühzeit Israels?» BiKi 38 (1983) 47-50.

a5132 ENGEL, H., «Abschied von den frühisraelitischen Nomaden und der Jahweamphiktyonie», BiKi 38 (1983) 43-46.

4. Exode, conquête. Exodus, Conquest. Auszug, Landnahme.
Esodo, conquista. Exodo, conquista. (c.1250-1200)

a5133 GRADMANN, R., «Palästinas Urlandschaft», ZDPV 57 (1934) 161-185.

a5134 PHYTHIAN-ADAMS, W.J., «Mirage in the Wilderness», PEQ 67 (1935) 69-78, 114-127.

a5135 JARVIS, C.S., «The Forty Years' Wanderings of the Israelites», PEQ 70 (1938) 25-40.

a5136 LUCAS, A., «The Date of the Exodus», PEQ 73 (1941) 110-121.

a5137 ROWLEY, H.H., «The Date of the Exodus», PEQ 73 (1941) 152-157.

a5138 SIMONS, J., «Two Connected Problems Relating to the Israelite Settlement in Transjordan», PEQ 79 (1947) 27-39, 87-101.

a5139 REES, L.W.B., «The Route of the Exodus. The First Stage. Ramses to Etham», PEQ 80 (1948) 48-58.

a5140 ROWTON, M.B., «The Problem of the Exodus», PEQ 85 (1953) 46-60.

a5141 KOENIG, J., «Tradition iahviste et influence babylonienne à l'aurore du judaïsme», RHR 173 (1968) 1-42, 133-172.

a5142 HARAN, M., «Methodological Observations on the Depiction of the Exodus Route in the Pentateuchal Sources», ErIs 10 (1971) 138-142 (English summary).

a5143 RÖSEL, H., «Studien zur Topographie der Kriege in den Büchern Josua und Richter», ZDPV 91 (1975) 159-190; 92 (1976) 10-46.

a5144 SOGGIN, J.A., *Old Testament and Oriental Studies*, «Literary, Archaeological, and Historical Problems Related to Israel's Settlement in Canaan and to its Kingship» (1975), 1-55.

a5145 TESTA, E., *Dall'Egitto a Canaan*. Le chiamate di Dio alla libertà (Collectio Assisiensis, 10) (Assisi, Studio Teologico 'Porziuncula', 1975), xlviii-328 pp.

a5146 COATS, G.W., «Conquest Traditions in the Wilderness Theme», JBL 95 (1976) 177-190.

a5147 GONZALEZ LUIS, J., «Antes de la instalación de los hebreos en Canaán», CuBi 33 (1976) 297-304.

a5148 MENDENHALL, G.E., «'Change And Decay In All Around I See': Conquest, Covenant, And *The Tenth Generation*», BA 39 (1976) 152-157.

a5149 SCHMIDT, W.H., «Jahwe in Ägypten. Unabgeschlosssene historische Spekulationen über Moses Bedeutung für Israels Glauben», Kairos 18 (1976) 43-54.

a5150 STROBEL, A., *Der spätbronzezeitliche Seevölkersturm*. Ein Forschungsüberblick mit Folgerungen zur biblischen Exodusthematik (BZAW 145) (Berlin, New York, De Gruyter, 1976), 291 pp.

a5151 ZUBER, B., *Vier Studien zu den Ursprüngen Israels*. Die Sinaifrage und Probleme der Volks- und Traditionsbildung (Orbis Biblicus et Orientalis, 9) (Freiburg, Switzerland, Universitätsverlag; Göttingen, Vandenhoeck & Ruprecht, 1976), 152 pp.

a5152 ASTOUR, M.C., «The Cambridge Ancient History: History of the Middle East and the Aegean Region c. 1380-1000 B.C.», BASOR nᵒ 227 (1977) 66-69.

a5153 CARROLL, R.P., «Rebellion and Dissent in Ancient Israelite Society», ZAW 89 (1977) 176-204.

a5154 MILLER, J.M., «Archaeology and the Israelite Conquest of Canaan: Some Methodological Observations», PEQ 109 (1977) 87-93.

a5155   MILLER, J.M., «The Israelite Occupation of Canaan», dans *Israelite and Judaean History* (en collab.) (1977), 213-284.

a5156   WALSH, J.T., «From Egypt to Moab: A Source Critical Analysis of the Wilderness Itinerary», CBQ 39 (1977) 20-33.

a5157   BIMSON, J.J., *Redating the Exodus and Conquest* (JSOT, Supplement Series, 5) (Sheffield, Department of Biblical Studies, University of Sheffield, 1978), 351 pp.

a5158   GÖRG, M., «Ausweisung oder Befreiung? Neue Perspektiven zum sogenannten Exodus», Kairos 20 (1978) 272-280.

a5159   GOTTWALD, N.K., «The Hypothesis of the Revolutionary Origins of Ancient Israel: A Response to Hauser and Thompson», JSOT no 7 (1978) 37-52.

a5160   HAUSER, A.J., «Israel's Conquest of Palestine: A Peasants' Rebellion?» JSOT no 7 (1978) 2-19.

a5161   HAUSER, A.J., «Response to Thompson and Mendenhall», JSOT no 7 (1978) 35-36.

a5162   THOMPSON, T.L., «Historical Notes on 'Israel's Conquest of Palestine: A Peasants' Rebellion?'» JSOT no 7 (1978) 20-27.

a5163   DIETRICH, W., *Israel und Kanaan*. Von Ringen zweier Gesellschaftssysteme (Stuttgarter Bibelstudien, 94) (Stuttgart, Verlag Katholisches Bibelwerk, 1979), 119 pp.

a5164   JAPHET, S., «Conquest and Settlement in Chronicles», JBL 98 (1979) 205-218.

a5165   LEHMANN, G.A., «Die Šikalāju - ein neues Zeugnis zu den 'Seevölkern'-Heerfahrten im späten 13. Jh. v. Chr. (RS 34.129)», UF 11 (1979) 481-494.

a5166   MALAMAT, A., «Israelite Conduct of War in the Conquest of Canaan», dans *Symposia* (en collab.) (1979), 35-55.

a5167   WEIPPERT, M., «The Israelite 'Conquest' and the Evidence from Transjordan», dans *Symposia* (en collab.) (1979), 15-34.

a5168   AHLSTRÖM, G.W., «Another Moses Tradition», JNES 39 (1980) 65-69.

a5169   JOHNSTONE, W., «The Exodus as Process», ExpTim 91 (1980) 358-363.

a5170   PRATO, G.L., «Conquista della terra ed origini della religione jahvistica», RivB 28 (1980) 5-8.

a5171   ROLLA, A., «La conquista del Canaan e l'archeologia palestinese», RivB 28 (1980) 89-96.

a5172   SOGGIN, J.A., «I testi vetero-testamentari sulla conquista della Palestina», RivB 28 (1980) 45-57.

a5173   MAZAR, B., «The Process of Israelite Settlement in the Hill-Country», ErIs 15 (1981) 145-150.

a5174   SCHARBERT, J., «Das 'Schilfmeerwunder' in den Texten des Alten Testaments», dans *Mélanges bibliques et orientaux en l'honneur de M. Henri Cazelles* (en collab.) (1981), 395-417.

a5175   TESTA, E., «La via dell'Esodo», StBiFranc 31 (1981) 9-28.

a5176   ISSERLIN, B.S.J., «The Israelite Conquest of Canaan», PEQ 115 (1982) 85-94.

a5177   MAZAR, B., «The Early Israelite Settlement in the Hill Country», BASOR no 241 (1982) 75-85.

a5178   MICHAUD, R., *De l'entrée en Canaan à l'exil à Babylone*. Histoire et théologie (Lire la Bible, 57) (Paris, Cerf, 1982), 168 pp.

a5179   VOLKMAR, F., «The Israelite 'Conquest' in the Light of Recent Excavation at Khirbet el-Meshäsh», BASOR no 241 (1982) 61-73.

a5180   GOTTWALD, N.K., «Early Israel and the Canaanite Socio-economic System», dans *Palestine in Transition* (en collab.) (1983), 25-37.

a5181   HALLIGAN, J.M., «The Role of the Peasant in the Amarna Period», dans *Palestine in Transition* (en collab.) (1983), 15-24.

a5182   KALLAI, Z., «Conquest and Settlement of Trans-Jordan. A Historiographical Study», ZDPV 99 (1983) 110-118.

a5183   KING, P.J., «Die Archäologische Forschung zur Ansiedlung der Israeliten in Palästina», BiKi 38 (1983) 72-76.

a5184   STIEBING, W.H., Jr., «The Amarna Period», dans *Palestine in Transition* (en collab.) (1983), 1-14.

a5185   TREBOLLE, J., «La liberación de Egipto y la liberación de Canaán. Sociología bíblica y teología bíblica», *Miscelánea Comillas* 41 (1983) 259-268.

5. Des Juges à Salomon. From the Judges to Salomon. Von den Richtern bis Salomo. Dai Giudici fino a Salomo. Juecez, David, Salomón. (1200-931)

a5186   GALLING, K., «Eschmunazar und der Herr der Könige», ZDPV 79 (1943) 140-151.

a5187   ABRAMSKY, S., «The Qenites», ErIs 3 (1954) 116-124 (Hebrew).

a5188   BUCCELLATI, G., «Da Saul a David. Le origini della monarchia israelitica alla luce della storiografia contemporanea», BibOr 1 (1959) 99-128.

a5189   KELLERMANN, U., «Die Listen in Nehemia 11, eine Dokumentation aus den letzten Jahren des Reiches Juda?» ZDPV 82 (1966) 209-227.

a5190   HANSON, P.D., *The Dawn of Apocalyptic* (1975), «The Origins of the Post-Exilic Hierocracy», 209-279.

a5191   TALMON, S., «In Those Days There Was No King in Israel», Immanuel 5 (1975) 27-36.

a5192   BARTLETT, J.R., «An Adversary against Solomon, Hadad the Edomite», ZAW 88 (1976) 205-226.

a5193   GOTTWALD, N.K., «Early Israel and 'The Asiatic Mode of Production' in Canaan», dans *Society of Biblical Literature. 1976 Seminar Papers* (en collab.) (1976), 145-154.

a5194   MACHINIST, P., «Literature as Politics: The Tukulti-Ninurta Epic and the Bible», CBQ 38 (1976) 455-482.

a5195   METTINGER, T.N.D., *King and Messiah.* The Civil and Sacral Legitimation of the Israelite Kings (Conjectanea Biblica - Old Testament Series, 8) (Lund, CWK Gleerup, 1976), 342 pp.

a5196   WARNER, S.M., «The Period of the Judges Within the Structure of Early Israel», HUCA 47 (1976) 57-79.

a5197   XXX, «Chronology of the Israelite and Judaean Kings», dans *Israelite and Judaean History* (en collab.) (1977), 678-683.

a5198   BALL, E., «The co-regency of David and Solomon (1 Kings 1)», VT 27 (1977) 268-279.

a5199   DONNER, H., «The Separate States of Israel and Judah», dans *Israelite and Judaean History* (en collab.) (1977), 381-434.

a5200   KALLAI, Z., «The United Monarchy of Israel - A Focal Point in Israelite Historiography», IsrEJ 27 (1977) 103-109.

a5201   KEGLER, J., *Politisches Geschehen und theologisches Verstehen.* Zum Geschichtsverständnis in der frühen israelitischen Königszeit (Calwer Theologische Monographien, 8) (Stuttgart, Calwer Verlag, 1977), 407 pp.

a5202   LEMCHE, N.P., «The Greek 'Amphictyony' - Could it be a Prototype for the Israelite Society in the Period of the Judges?» JSOT nº 4 (1977) 48-59.

a5203   MAYES, A.D.H., «The Period of the Judges and the Rise of the Monarchy», dans *Israelite and Judaean History* (en collab.) (1977), 285-331.

a5204   SOGGIN, J.A., «The Davidic-Solomonic Kingdom», dans *Israelite and Judaean History* (en collab.) (1977), 332-380.

a5205   STOEBE, H.J., «David und der Ammoniterkrieg», ZDPV 93 (1977) 236-246.

*a*5206   WEISMAN, Z., «Charismatic Leaders in the Era of the Judges», ZAW 89 (1977) 399-411.

*a*5207   WARNER, S.M., «The dating of the period of the Judges», VT 28 (1978) 455-463.

*a*5208   DIETRICH, W., *Israel und Kanaan.* Von Ringen zweier Gesellschaftssysteme (Stuttgarter Bibelstudien, 94) (Stuttgart, Verlag Katholisches Bibelwerk, 1979), 119 pp.

*a*5209   GIBERT, P., *La Bible à la naissance de l'histoire.* Au temps de Saül, David et Salomon (Paris, Fayard, 1979), 446 pp.

*a*5210   JAROŠ, K., *Geschichte und Vermächtnis des Königreiches Israel von 926 bis 722 v. Chr.* (Europäische Hochschulschriften, Reihe 23, Theologie, 136) (Bern, Peter Lang, 1979), 146 pp.

*a*5211   HAUER, C., Jr., «The Economics of National Security in Solomonic Israel», JSOT n° 18 (1980) 63-73.

*a*5212   WOOD, L.J., *Israel's United Monarchy* (Grand Rapids, Michigan, Baker Book House, 1980), 362 pp.

*a*5213   FLANAGAN, J.W., «Chiefs in Israel», JSOT no 20 (1981) 47-73.

*a*5214   HALPERN, B., «The Uneasy Compromise: Israel between League and Monarchy», dans *Traditions in Transformation* (en collab.) (1981), 59-96.

*a*5215   HALPERN, B., *The Constitution of the Monarchy in Israel* (Harvard Semitic Monographs, 25) (Chico, California, Scholars Press, 1981), xxviii-410 pp.

*a*5216   NA'AMAN, N., «Royal Estates in the Jezereel Valley in the Late Bronze Age and Under the Israelite Monarchy», ErIs 15 (1981) 140-144.

*a*5217   PAYNE, D.F., *Kingdoms of the Lord.* A History of the Hebrew Kingdoms from Saul to the Fall of Jerusalem (Exeter, Paternoster Press; Grand Rapids, Michigan, Eerdmans, 1981), xviii-310 pp.

*a*5218   RÖSEL, H.N., «Die 'Richter Israels'», BZ 25 (1981) 180-203.

*a*5219   SASSON, J.M., «On Choosing Models for Recreating Israelite Pre-Monarchic History», JSOT n° 21 (1981) 3-24.

*a*5220   DONNER, H., «Israel und Tyrus im Zeitalter Davids und Salomos», JNWSemL 10 (1982) 43-52.

*a*5221   CHANEY, M.L., «Ancient Palestinian Peasant Movements and the Formation of Premonarchic Israel», dans *Palestine in Transition* (en collab.) (1983), 39-90.

*a*5222   MALAMAT, A., *Das davidische und salomonische Königreich und seine Beziehungen zu Ägypten und Syrien.* Zur Entstehung eines Grossreichs (Sitzungsberichte der Österreichischen Akademie der Wissenschaften, Phil.-Hist. Klasse, 407) (Vienna, Verlag der Österreichischen Akademie der Wissenschaften, 1983), 42 pp.

*a*5223   YAMAUCHI, E.M., «The Scythians:Invading Hordes from the Russian Steppes», BA 46 (1983) 90-99.

6. Judas et Israël. Judah and Israel. Juda und Israel.
   Giuda e Israele. Juda y Israel. (931-721)

*a*5224   JACK, J.W., «La situation religieuse d'Israël au temps d'Achab», RHR 112 (1935) 145-168.

*a*5225   NOTH, M., «Die Wege der Pharaonenheere in Palästina und Syrien. IV. Die Schoschenkliste», ZDPV 61 (1938) 277-304.

*a*5226   MORGENSTERN, J., «The Historical Antecedents of Amos», HUCA 15 (1940) 59-304.

*a*5227   EISSFELDT, O., «Israelitisch-philistäische Grenzverschiebungen von David bis auf die Assyrerzeit», ZDPV 66 (1943) 115-128.

a5228 ALT, A., «Neue assyrische Nachrichten über Palästina und Syrien», ZDPV 67 (1944-45) 128-159.

a5229 GALLING, K., «Nachtrag zu ZDPV 79 (1943) S. 140 ff.», ZDPV 80 (1944) 99 (royaumes d'Israël et de Judah).

a5230 HERRMANN, S., «Operationen Pharao Schoschenks I. im östlichen Ephraim», ZDPV 80 (1944) 55-79.

a5231 LEUBA, J.-L., «Le dualisme Israël-Juda», VC n° 4 (1947) 172-189.

a5232 NOTH, M., «Der historische Hintergrund der Inschriften von sefire», ZDPV 77 (1961) 118-172.

a5233 YEIVIN, S., «King Yehoshaphat», ErIs 7 (1964) 6-17 (English summary).

a5234 CELADA, B., «Excitación y ansiedad en la época de los profetas», CuBi 23 (1966) 22-29.

a5235 LIVER, J., «The Wars of Mesha, King of Moab», PEQ 99 (1967) 14-31.

a5236 NORTH, R., «Jeroboam's Tragic Social-Justice Epic», dans Homenaje a Juan Prado (en collab.) (1975), 191-214.

a5237 McCLELLAN, T.L., «Towns to Fortresses: The Transformation of Urban Life in Judah from 8th to 7th Century B.C.», dans Society of Biblical Literature. 1978 Seminar Papers (en collab.) (1978), I, 277-286.

a5238 PARKER, S.B., «Revolution in Northern Israel», dans Society of Biblical Literature. 1976 Seminar Papers (en collab.) (1976), 311-321.

a5239 COMAY, J., The Hebrew Kings (London, Weidenfeld & Nicolson, 1976), viii-154 pp.

a5240 CRÜSEMANN, F., Der Widerstand gegen das Königtum. Die antiköniglichen Texte des Alten Testaments und der Kampf um den frühen israelitischen Staat (WMANT 49) (Neukirchen-Vluyn, Neukirchener Verlag, 1978), iv-257 pp.

a5241 THIELE, E.R., A Chronology of the Hebrew Kings (Contemporary Evangelical Perspectives) (Grand Rapids, Michigan, Zondervan, 1977), 93 pp.

a5242 MILLARD, A.R., «Adad-Nirari III, Aram, and Arpad», PEQ 105 (1973) 161-164.

a5243 ISHIDA, T., «The House of Ahab», IsrEJ 25 (1975) 135-137.

a5244 ISHIDA, T., «'The People of the Land' and the Political Crises in Judah», ABJI 1 (1975) 23-38.

a5245 GALBIATI, E., «Il carattere sacro della regalità nell'antico Israele», BibOr 19 (1977) 89-100.

a5246 CAZELLES, H., «The History of Israel in the Pre-exilic Period», dans Tradition and Interpretation (en collab.) (1979), 274-319.

a5247 WEIPPERT, M., «Jau(a) Mār Ḫumri - Joram oder Jehu von Israel?» VT 28 (1978) 113-118.

a5248 SHEA, W.H., «Menahem and Tiglath-pileser III», JNES 37 (1978) 43-49.

a5249 KITCHEN, K.A., «Du schisme à Manassé», Hok n° 4 (1977) 38-59.

a5250 OTZEN, B., «Israel under the Assyrians. Reflections on Imperial Policy in Palestine», ASTI 11 (1978) 96-110.

a5251 VON MUTIUS, H.-G., «König Omri in der rabbinischen Literatur», JStJud 10 (1979) 221-224.

a5252 NA'AMAN, N., «Two Notes on the Monolith Inscription of Shalmaneser III from Kurkh», Tel Aviv 3 (1976) 89-106.

a5253 CAZELLES, H., «Problèmes de la Guerre Syro-Éphraïmite», ErIs 14 (1978) 70*-78*.

a5254 SCOBIE, C.H.H., «North and South: Tension and Reconciliation in Biblical History», dans Biblical Studies (W. Barclay) (en collab.) (1976), 87-98.

a5255 WEIPPERT, M., «Menahem von Israel und seine Zeitgenossen in einer Steleninschrift Tiglathpilesers III. aus dem Iran», ZDPV 89 (1973) 26-53.

a5256   ODED, B., «The Phoenician Cities and the Assyrian Empire in the Time of Tiglath-pileser III», ZDPV 90 (1974) 38-49.

a5257   KALLAI, Z., «Judah and Israel: A Study in Israelite Historiography», IsrEJ 28 (1978) 251-261.

a5258   VOGELS, W., «Les prophètes et la division du royaume», SR 8 (1979) 15-26.

a5259   TADMOR, H., COGAN, M., «Ahaz and Tiglath-Pileser in the Book of Kings: Historiographic Considerations», Bibl 60 (1979) 491-508.

a5260   KALLAI, Z., «The Kingdom of Rehoboam», ErIs 10 (1971) 245-254 (english summary).

a5261   GREEN, A.R., «Sua and Jehu: The Boundaries of Shalmaneser's Conquest», PEQ 11 (1979) 35-39.

a5262   KOCH, K., «Die mysteriösen Zahlen der judäischen Könige und die apokalyptischen Jahrwochen», VT 28 (1978) 433-441.

a5263   PARKER, S.B., «Revolutions in Northern Israel», dans Society of Biblical Literature. 1976 Seminar Papers (en collab.) (1976), 311-321.

a5264   McCLELLAN, T.L., «Towns to Fortresses: The Transformation of Urban Life in Judah from 8th to 7th Century B.C.», dans Society of Biblical Literature. 1978 Seminar Papers (en collab.) (1978), I, 287-298.

a5265   LARREA, A., «Un general en jefe de Israel: Joab», CuBi 36 (1979) 211-217.

a5266   FLANAGAN, J.W., «The Relocation of the Davidic Capital», JAmAcRel 47 (1979) 223-244.

a5267   ALBENDA, P., «Syrian-Palestinian Cities on Stone», BA 43 (1980) 222-229.

a5268   DAOUST, J., «Damas et Israël», EV (doctrine) 92 (1982) 228-230.

a5269   DAOUST, J., «Achab, le roi maudit d'Israël», EV (doctrine) 92 (1982) 538-541.

a5270   DEARMAN, J.A., MILLER, J.M., «The Melqart Stele and the Ben Hadads of Damascus», PEQ 115 (1983) 95-101.

a5271   EPH'AL, I., The Ancient Arabs. Nomads on the Borders of the Fertile Crescent 9th-5th Centuries B.C. (Jerusalem, Magnes Press, 1982), xii-265 pp.

a5272   PIENAAR, D.N., «The Role of Fortified Cities in the Northern Kingdom during the reign of the Omride Dynasty», JNWSemL 9 (1981) 151-157.

a5273   PUECH, É., «Athalie, fille d'Achab et la chronologie des rois d'Israël et de Juda», Salm 28 (1981) 117-136.

a5274   SOGGIN, J.A., «Hosea und die Aussenpolitik Israels», dans Prophecy. Essays presented to Georg Fohrer (en collab.) (1980), 131-136.

a5275   TIMM, S., «Die territoriale Ausdehnung des Staates Israel zur Zeit der Omriden», ZDPV 96 (1980) 20-40.

a5276   TIMM, S., Die Dynastie Omri. Quellen und Untersuchungen zur Geschichte Israels im 9. Jahrhundert vor Christus (FRLANT 124) (Göttingen, Vandenhoeck & Ruprecht, 1982), 359 pp.

a5277   OLIVIER, J.P.J., «In Search of A Capital for the Northern Kingdom», JNWSemL 11 (1983) 117-132.

7. Juda. Judah. Juda. Giuda. Judá. (721-587)

a5278   MALAMAT, A., «Jeremiah and the Last Two Kings of Judah», PEQ 83 (1951) 81-87.

a5279   MAZAR-MAISLER, B., «The Campaign of Sennacherib in Judaea», ErIs 2 (1953) 170-175 (Hebrew).

a5280   MYERS, J.L., «Persia, Greece and Israel», PEQ 85 (1953) 8-22.

a5281   KATZENSTEIN, H.J., «The House of Eliakim, a Family of Royal Stewards», ErIs 5 (1958) 108-110 (English summary).

a5282 NOTH, M., «Die Einnahme von Jerusalem im Jahre 597 v. Chr.», ZDPV 74 (1958) 133-157.

a5283 TADMOR, H., «The 'Sin of Sargon'», ErIs 5 (1958) 150-163 (English summary).

a5284 BRUNET, G., «La prise de Jérusalem sous Sédécias. Les sens militaires de l'hébreu bâqa'», RHR 167 (1965) 157-176.

a5285 COGAN, M., Imperialism and Religion: Assyria, Judah and Israel in the Eighth and Seventh Centuries B.C.E. (SBL, Monograph Series, 19) (Missoula, Montana, SBL and Scholars Press, 1974), 136 pp.

a5286 MALAMAT, A., «The Historical Background of Josiah's Encounter with Necho at Megiddo», ErIs 12 (1975) 83-90 (English summary).

a5287 GREENWOOD, D.C., «On the Jewish Hope for a Restored Northern Kingdom», ZAW 88 (1976) 376-385.

a5288 LINDSAY, J., «The Babylonian Kings and Edom, 605-550 B.C.», PEQ 108 (1976) 23-39.

a5289 READE, J.E., «Sargon's Campaigns of 720, 716, and 715 B.C.: Evidence from the Sculptures», JNES 35 (1976) 95-104.

a5290 USSISHKIN, D., «The Destruction of Lachish by Sennacherib and the Dating of the Royal Judean Storage Jars», Tel Aviv 4 (1977) 28-60.

a5291 SARNA, N.M., «The Abortive Insurrection in Zedekiah's Day (Jer. 27-29)», ErIs 14 (1978) 89*-96*.

a5292 CAZELLES, H., «The History of Israel in the Pre-exilic Period», dans Tradition and Interpretation (en collab.) (1979), 274-319.

a5293 NA'AMAN, N., «Sennacherib's campaign to Judah and the date of the lmlk stamps», VT 29 (1979) 61-86.

a5294 NA'AMAN, N., «The Brook of Egypt and Assyrian Policy on the Border of Egypt», Tel Aviv 6 (1979) 68-90.

a5295 ROSENBAUM, J., «Hezekiah's Reform and the Deuteronomistic Tradition», HarvTR 72 (1979) 23-43.

a5296 BOWDER, D. (Ed.), Who Was Who in the Roman World. 753 BC - AD 476 (A Phaidon Book) (Ithace, NY, Cornell University Press, 1980), 256 pp.

a5297 EVANS, C.D., «Judah's Foreign Policy from Hezekiah to Josiah», dans Scripture in Context (en collab.) (1980), 157-178.

a5298 LUST, J., «'Gathering and Return' in Jeremiah and Ezekiel», dans Le livre de Jérémie (en collab.) (BETL 44) (1981), 119-142.

a5299 NELSON, R.D., «Josiah in the Book of Joshua», JBL 100 (1981) 531-540.

a5300 FENSHAM, F.C., «Nebudakrezzar in the Book of Jeremiah», JNWSemL 10 (1982) 53-65.

a5301 SPIECKERMANN, H., Juda unter Assur in der Sargonidenzeit (FRLANT 129) (Göttingen, Vandenhoeck & Ruprecht, 1982), 446 pp.

a5302 WILLIAMSON, H.G.M., «The death of Josiah and the continuing development of the Deuteronomic history», VT 32 (1982) 242-248.

a5303 HOLLADAY, W.L., «The Years of Jeremiah's Preaching», Interpr 37 (1983) 146-159.

8. Exil. Exile. Exil. Esilio. Destierro. (597-538)

a5304 LIVER, J., «The Return from Babylon, its Time and Scope», ErIs 5 (1958) 114-119 (English summary).

a5305 BUCCELLATI, G., «Gli Israeliti di Palestina al tempo dell'esilio», BibOr 2 (1960) 199-209.

a5306   HARRELS0N, W., «Guilt and Rites of Purification related to the Fall of Jerusalem in
         587 B.C.», Numen 15 (1968) 218-221.

a5307   McCULLOUGH, W.S., *The History and Literature of the Palestinian Jews from Cyrus to
         Herod: 550 BC to 4 BC* (Toronto, University of Toronto, 1975), xiv-252 pp.

a5308   ELLISON, H.L., *From Babylon to Bethlehem*. The Jewish People from the Exile to the
         Messiah (Exeter, UK, Paternoster, 1976), viii-136 pp.

a5309   GOWAN, D.E., *Bridge Between the Testaments*. A Reappraisal of Judaism from the
         Exile to the Birth of Christianity (Pittsburgh Theological Monograph Series, 14)
         (Pittsburgh, Pickwick, 1976), xx-514 pp.

a5310   KITCHEN, K.A., «Juda, exil et retour», Hok no 5 (1977) 48-59.

a5311   ODED, B., «Judah and the Exile», dans *Israelite and Judaean History* (en collab.) (1977),
         435-488.

a5312   GAFNI, I., «The Jewish Community of Babylonia», Immanuel 8 (1978) 58-68.

a5313   ODED, B., «Mass Deportations in the Neo-Assyrian Empire - Facts and Figures», ErIs
         14 (1978) 62-68 (English summary).

a5314   ACKROYD, P.R., «The History of Israel in the Exilic and Post-exilic Periods», dans
         Tradition and Interpretation (en collab.) (1979), 320-350.

a5315   CLEMENTS, R.E., «The Prophecies of Isaiah and the Fall of Jerusalem in 587 B.C.», VT
         30 (1980) 421-436.

a5316   DAVISON, J.M., «The Oikoumene in Ferment: A Cross-Cultural Study of the Sixth
         Century», dans *Scripture in Context* (en collab.) (1980), 197-219.

a5317   NEWSOME, J.D., Jr., *By the Waters of Babylon*. An Introduction to the History and
         Theology of the Exile (Edinburgh, T. & T. Clark, 1980), 176 pp.

a5318   BARTLETT, J.R., «Edom and the Fall of Jerusalem, 587 B.C.», PEQ 114 (1982) 13-24.

a5319   ZADOK, R., «Notes on the Early History of the Israelites and Judeans in Mesopotamia»,
         Or. 51 (1982) 391-393.

a5320   BICKERMAN, E.J., «The Babylonian captivity», dans *The Cambridge History of
         Judaism* (en collab.) (1984), I, 342-358.

9. Période perse. Persian Period. Persische Zeit.
Periodo persiano. Período persa. (538-333)

a5321   SAUER, G., «Serubbabel in der Sicht Haggais und Sacharjas», dans MAAS, F. (Hrg.),
         Das ferne und nahe Wort (BZAW 105) (Berlin, Töpelmann, 1967), 199-207.

a5322   REICKE, B., *Neutestamentliche Zeitgeschichte*. Die biblische Welt 500 v. - 100 n. Chr.
         2. Auflage (Berlin, New York, De Gruyter, 1968), viii-257 pp.

a5323   KAISER, O., «Zwischen den Fronten. Palästina in den Auseinandersetzungen zwischen
         dem Perserreich und Ägypten in der ersten Hälfte des 4. Jahrhunderts», dans *Wort, Lied
         und Gottesspruch*. Beiträge zu Psalmen und Propheten (en collab.) (1972), 197-206.

a5324   HANSON, P.D., *The Dawn of Apocalyptic* (1975), «The Origins of the Post-Exilic
         Hierocracy», 209-279.

a5325   McCULLOUCH, W.S., *The History and Literature of the Palestinian Jews from Cyrus to
         Herod, 550-4 B.C.* (Toronto, Buffalo, University of Toronto Press, 1975), xiv-252 pp.

a5326   WEINBERG, J.P., «Netînîm und 'Söhne der Sklaven Salomos' im 6. - 4.Jr. v.u.Z.», ZAW
         87 (1975) 355-371.

a5327   GOWAN, D.E., *Bridge Between the Testaments*. A Reappraisal of Judaism from the
         Exile to the Birth of Christianity (Pittsburgh Theological Monograph Series, 14)
         (Pittsburgh, Pickwick Press, 1976), xx-514 pp.

a5328   SACCHI, P., *Storia del Mondo giudaico* (Manuali universitari, 1: Per lo studio delle Scienze dell'Antichità) (Torino, Società Editrice Internazionale, 1976), xvi-327 pp.

a5329   STERN, E., «The material culture of Erets-Israel in the Persian Period, 531-332 B.C.E.», Immanuel 6 (1976) 13-16.

a5330   WIDENGREN, G., «The Persian Period», dans *Israelite and Judaean History* (en collab.) (1977), 489-538.

a5331   SAFRAI, S., *Das jüdische Volk im Zeitalter des Zweiten Tempels*, transl. Y. Amir (Information Judentum, 1) (Neukirchen-Vluyn, Neukirchener Verlag, 1978), x-153 pp.

a5332   ACKROYD, P.R., «The History of Israel in the Exilic and Post-exilic Periods», dans *Tradition and Interpretation* (en collab.) (1979), 320-350.

a5333   BARTLETT, J.R., «From Edomites to Nabataeans. A Study in Continuity», PEQ 111 (1979) 53-66.

a5334   KATZENSTEIN, H.J., «Tyre in the Early Persian Period (539-486 B.C.E.)», BA 42 (1979) 23-34.

a5335   SCHWARTZ, J., «Tension Between Palestinian Scholars and Babylonian Olim in Amoraic Palestine», JStJud 11 (1980) 78-94.

a5336   STONE, M.E., *Scriptures, Sects and Vision. A Profile of Judaism from Ezra to the Jewish Revolts* (Philadelphia, Fortress, 1980), x-150 pp.

a5337   BICKERMAN, E.J., «En marge de l'Écriture: 'La seconde année de Darius'», RB 88 (1981) 23-28.

a5338   MAIER, J., *Grundzüge der Geschichte des Judentums im Altertum* (Grundzüge, 40) (Darmstadt, Wissenschaftliche Buchgesellschaft, 1981), xii-160 pp.

a5339   McEVENUE, S.E., «The Political Structure in Judah from Cyrus to Nehemiah», CBQ 43 (1981) 353-364.

a5340   LAPERROUSAZ, E.-M., «Le régime théocratique juif a-t-il commencé à l'époque perse, ou seulement à l'époque hellénistique?» Sem. 32 (1982) 93-96.

a5341   STERN, E., *Material Culture of the Land of the Bible in the Persian Period* (Warminster, Aris & Phillips, Jerusalem, Israel Exploration Society, 1982), xx-287 pp.

a5342   KUHRT, A., «The Cyrus Cylinder and Achaemenid Imperial Policy», JSOT n⁰ 25 (1983) 83-97.

a5343   MARBÖCK, J., «Die grosse Wende - von Deuterojesaja bis Esra», BiLit 56 (1983) 187-195.

a5344   ACKROYD, P., «The Jewish community in Palestine in the Persian period», dans *The Cambridge History of Judaism* (en collab.) (1984), I, 130-161.

a5345   STERN, E., «The Persian empire and the political and social history of Palestine in the Persian period», dans *The Cambridge History of Judaism* (en collab.) (1984), I, 70-87.

10. Période hellénistique. Hellenistic Period. Hellenistische Zeit.
Periodo ellenistico. Período helenístico. (333-63 B.C.)

a5346   ALT, A., «Herren und Herrensitze Palästinas im Anfang des zweiten Jahrtausends v. Chr.», ZDPV 64 (1941) 21-39.

a5347   BEEK, M.A., «Relations entre Jérusalem et la diaspora égyptienne au 2e siècle avant J.-C.», OTS 2 (1943) 119-143.

a5348   ALT, A., «Widersprüche?» ZDPV 67 (1944-45) 71-74.

a5349   PLÖGER, O., «Hyrkan im Ostjordanland», ZDPV 71 (1955) 70-81.

a5350   PLÖGER, O., «Die makkabäischen Burgen», ZDPV 71 (1955) 141-172.

a5351   CUADRADO MASEDA, G., «Un viejo problema histórico-exegético», CuBi 14 (1957) 23-33.

a5352   PLÖGER, O., «Die Feldzüge der Seleukiden gegen den Makkabäer Judas», ZDPV 74
        (1958) 158-188.
a5353   WIBBIN, S., «Zur Topographie einzelner Schlachten des Judas Makkabäus», ZDPV 78
        (1962) 159-170.
a5354   IWRY, S., «Was There a Migration to Damascus? The Problem of šby yšr'l», ErIs 9
        (1969) 80-88 (134-63 B.C.).
a5355   EGGERMONT, P.H.L., «Alexander's Campaign in Gandhara and Ptolemy's List of
        Indo-Seythian Towns», OLoP 1 (1970) 63-123.
a5356   YADIN, Y., Bar-Kokhba. The Rediscovery of the Legendary Hero of the last Jewish
        Revolt against Imperial Rome (London, Weidenfeld and Nicolson, 1971), 271 pp.
a5357   HANHART, R., «Zum Wesen der makedonisch-hellenistischen Zeit Israels», dans Wort,
        Lied und Gottesspruch. Beiträge zur Septuaginta (en collab.) (1972), 49-58.
a5358   HENGEL, M., Judentum und Hellenismus. Studien zu ihrer Begegnung unter
        besonderer Berücksichtigung Palästinas bis zur Mitte des 2. Jhs. vor Christus, 2.,
        durchgesehene und ergänzte Auflage (Wissenschaftliche Untersuchungen zum Neuen
        Testament, 10) (Tübingen, Mohr, 1973), xl-693 pp.
a5359   AMIR, Y., «The Reaction of the Hellenistic World to Judaism», Immanuel 5 (1975)
        67-73.
a5360   FISCHER, T., «Zum jüdischen Verfassungsstreit vor Pompejus (Diodor 40,2)», ZDPV
        91 (1975) 46-49.
a5361   OVADIAH, A., «Greek Cults in Beth-Shean/Scythopolis in the Hellenistic and Roman
        Periods», ErIs 12 (1975) 116-124 (English summary).
a5362   PRÉAUX, C., «Sur le naufrage de la littérature historique de l'âge hellénistique», OLoP
        6/7 (1975-76) 455-462.
a5363   BARKOCHVA, B., The Seleucid Army. Organisation and Tactics in the Great
        Campaigns (Cambridge Classical Studies) (New York, London, Cambridge University
        Press, 1976), xii-306 pp.
a5364   CLIFFORD, R.J., «History and Myth in Daniel 10-12», BASOR nᵒ 220 (1976) 23-26.
a5365   SMALLWOOD, E.M., The Jews under Roman Rule. From Pompey to Diocletian
        (S.J.L.A., 20) (Leiden, Brill, 1976), 595 pp.
a5366   DENIS, A.-M., «L'Historien anonyme d'Eusèbe (Praep. Ev. 9,17-18) et la crise des
        Macchabées», JStJud 8 (1977) 42-49.
a5367   FELDMAN, L.H., «Hengel's Judaism and Hellenism in Retrospect», JBL 96 (1977)
        371-382.
a5368   KASHER, A., «The isopoliteia Question in Caesarea Maritima», JQR 68 (1977) 16-27.
a5369   SCHÄFER, P., «The Hellenistic and Maccabaean Periods», dans Israelite and Judaean
        History (en collab.) (1977), 539-604.
a5370   MATTHIAE, K., Chronologische Übersichten und Karten zur spätjüdischen und
        urchristlichen Zeit (Stuttgart, Calwer Verlag, 1978), 48 pp.
a5371   BUNGE, J.G., «Die sogenannte Religionsverfolgung Antiochus IV. Ephiphanes und die
        griechischen Städte», JStJud 10 (1979) 155-165.
a5372   DIEZ MERINO, L., «Fuente histórica desconocida para el período macabaico: 'Megillat
        Antiochus'», dans Servidor de la Palabra (en collab.) (1979), 127-165.
a5373   BURGMANN, H., «Das umstrittene Intersacerdotium in Jerusalem 159-152 v. Chr.»,
        JStJud 11 (1980) 135-176.
a5374   COLLINS, J.J., «The Epic of Theodotus and the Hellenism of the Hasmoneans»,
        HarvTR 73 (1980) 91-104.

a5375 FISCHER, T., *Seleukiden und Makkabäer*. Beiträge zur Seleukidengeschichte und zu den politischen Ereignissen in Judäa während der 1. Hälfte des 2. Jahrhunderts v. Chr. (Bochum, Studienverlag Dr. Norbert Brockmeyer, 1980), xvi-252 pp.

a5376 FREYNE, S., *Galilee from Alexander the Great to Hadrian, 332 B.C.E. to 135 C.E.* A Study of Second Temple Judaism (University of Notre Dame Center for the Study of Judaism and Christianity in Antiquity, 5) (Wilmington, DE, Glazier, 1980), xviii-491 pp.

a5377 JONES, B.W., «Antiochus Epiphanes and the Persecution of the Jews», dans *Scripture in Context* (en collab.) (1980), 263-290.

a5378 BAGNALL, R.S., DEROW, P., *Greek Historical Documents: the Hellenistic Period* (Sources for Biblical Study, 16) (Chico, CA, Scholars Press, 1981), xviii-270 pp.

a5379 BAR-ADON, P., «The Hasmonean Fortresses and the Status of Khirbet Qumran», ErIs 15 (1981) 349-352.

a5380 DELLING, G., «Alexander der Grosse als Bekenner des jüdischen Gottesglaubens», JStJud 12 (1981) 1-51.

a5381 FIERSTER, G., «The Conquests of John Hyrcanus I in Moab and the Identification of Samaga-Samoge», ErIs 15 (1981) 353-355.

a5382 FUKS, G., «Antiochus Son of Phallion», IsrEJ 31 (1981) 237-238.

a5383 MENDELS, D., «A Note on the Tradition of Antiochus IV's Death», IsrEJ 31 (1981) 53-56.

a5384 SCHÄFER, P., *Der Bar Kokhba-Aufstand*. Studien zum zweiten jüdischen Krieg gegen Rom (Texte und Studien zum Antiken Judentum, 1) (Tübingen, Mohr-Siebeck, 1981), xvii-271 pp.

a5385 GOODMAN, M., «The First Jewish Revolt: Social Conflict and the Problems of Debt», dans *Essays in Honour of Yigael Yadin*, JJS 33 (1982) 417-427.

a5386 SAULNIER, C., «La crise maccabéenne», CE (n.s.) nº 42 (1982) 64 pp.

a5387 BRINGMANN, K., *Hellenistische Reform und Religionsverfolgung, in Judäa*. Eine Untersuchung zur jüdisch-hellenistischen Geschichte (175-163 v. Chr.) (Abhandlungen der Akademie der Wissenschaften in Göttingen, Phil.-Hist. Klasse, III, 132) (Göttingen, Vandenhoeck & Ruprecht, 1983), 162 pp.

11. Période romaine. Roman Period. Römische Zeit.
Periodo romano. Período romano. (63 B.C....)

a5388 DONNER, H., «Kallirrhoë», ZDPV 79 (1943) 59-89.

a5389 SCHMITT, P., «Sol invictus. Betrachtungen zu spätrömischer Religion und Politik», ErJb 1943 10 (1944) 169-252.

a5390 THOMSEN, P., «Die römische Flotte in Palästina-Syrien», ZDPV 48 (1946-51) 73-89.

a5391 BAMMEL, E., «Die Bruderfolge im Hochpriestertum der herodianisch-römischen Zeit», ZDPV 70 (1954) 147-153.

a5392 FITZGERALD, G.M., «Palestine in the Roman Period 63 B.C. - A.D. 324», PEQ 88 (1956) 38-48.

a5393 AVI-YONAH, M., «The Date of the 'Limes Palestinae'», ErIs 5 (1958) 135-137 (English summary).

a5394 BRASLAVI, J., «On the Appointment of R. Abiathar as Gaon during his Father's Lifetime and on the Cave of Machpelah», ErIs 5 (1958) 220-223 (English summary).

a5395 HIRSCHBERG, H.Z., «Links between the Jews of the Maghreb and Palestine in the Period of the Geonim», ErIs 5 (1958) 213-219 (English summary).

a5396 LOHSE, E., «Die römischen Statthalter in Jerusalem», ZDPV 74 (1958) 69-78.

a5397   MEYSHAN, J., «The Legion which Reconquered Jerusalem in the War of Bar Kochba (A.D. 132-135)», PEQ 90 (1958) 19-26.

a5398   ROTH, C., «The Jewish Revolt Against the Romans (66-73) in the Light of the Dead Sea Scrolls», PEQ 90 (1958) 104-121.

a5399   BAMMEL, E., «Die Neuordnung des Pompeius und das römisch-jüdische Bündnis», ZDPV 75 (1959) 76-82.

a5400   HENGEL, M., Die Zeloten. Untersuchungen zur jüdischen Freiheitsbewegung in der Zeit von Herodes I. bis 70 n. Chr. (Arbeiten zur Geschichte des Spätjudentums und Urchristentums, 1) (Leiden, Köln, Brill, 1961), xiv-406 pp.

a5401   LIFSHITZ, B., «Der Kult des Zeus Akraios und des Zeus Bakchos in Beisan (Skythopolis)», ZDPV 77 (1961) 186-190.

a5402   HARDER, G., «Herodes-Burgen und Herodes-Städte im Jordangraben», ZDPV 78 (1962) 49-63.

a5403   ASHTOR, E., «Le Coût de la Vie en Palestine au Moyen-Âge», ErIs 7 (1964) 154*-164*.

a5404   APPLEBAUM, S., «The Agrarian Question and the Revolt of Bar Kokhba», ErIs 8 (1967) 283-287 (English summary).

a5405   BAMMEL, E., «Die Rechtsstellung des Herodes», ZDPV 84 (1968) 73-79.

a5406   THOMA, C., «Die Weltanschauung des Josephus Flavius. Dargestellt anhand seiner Schilderung des jüdischen Aufstandes gegen Rom (66-73) n. Chr.)», Kairos 11 (1969) 39-52.

a5407   DELGADO SANCHEZ, J., «Herodes el Grande, rey de Palestina al nacimiento de Cristo», CuBi 28 (1971) 139-154.

a5408   STERN, M., «The Status of Provincia Judaea and Its Governors in the Roman Empire under the Julio-Claudian Dynasty», ErIs 10 (1971) 274-282 (English summary).

a5409   SIMON, M., «La Migration à Pella - Légende ou réalité? (RSR 60, 1972, 37-54)», dans SIMON, M., Le Christianisme antique et son contexte religieux (1981), 477-494.

a5410   BYATT, A., «Josephus and Population Numbers in First Century Palestine», PEQ 105 (1973) 51-60.

a5411   BAMMEL, E., «Joasar», ZDPV 90 (1974) 61-68.

a5412   JENDORFF, B., Jesus und seine Zeit (Der Christ in der Welt, Reihe VI: Das Buch der Bücher, 10) (Aschaffenburg, Pattloch, 1974), 146 pp.

a5413   APPLEBAUM, S., «The Struggle for the Soil and the Revolt of 66-73 C.E.», ErIs 12 (1975) 125-128 (English summary).

a5414   AVI-YONAH, M., BARAS, Z. (Ed.), The Herodian Period (The World History of the Jewish People. First Series: Ancient Times, 7) (New Brunswick, NJ, Rutgers University, 1975), xxii-402 pp.

a5415   APPLEBAUM, S., Prolegomena to the Study of the Second Jewish Revolt (A.D. 132-135) (B.A.R. Supplementary Series, 7) (Oxford, British Archaeological Reports, 1976), viii-100 pp.

a5416   AVI-YONAH, M., The Jews of Palestine. A Political History from the Bar Kokhba War to the Arab Conquest (New York), Schocken, 1976), xviii-286 pp.

a5417   KASHER, A., «Les circonstances de la promulgation de l'édit de l'Empereur Claude et de sa lettre aux Alexandrins (41 ap. J.-C.)», Sem. 26 (1976) 99-108.

a5418   PAUL, A., LE DÉAUT, R., «La destruction du second temple et ses conséquences», dans Introduction à la Bible (sous la direction de A. GEORGE et P. GRELOT), tome III, volume 1, (1976), 205-228.

a5419   RHOADS, D.M., Israel in Revolution: 6-74 C.E. A Political History Based on the Writings of Josephus (Philadelphia, Fortress, 1976), viii-199 pp.

a5420 SMALLWOOD, E.M., *The Jews under Roman Rule*. From Pompey to Diocletian (Studies in Judaism in Late Antiquity, 22) (Leiden, Brill, 1976), xviii-595 pp.

a5421 GONZALEZ ECHEGARAY, J., «La guarnición romana de Judea en los tiempos del N.T.», EstB 36 (1977) 57-84.

a5422 LEANEY, A.R.C., NEUSNER, J., «The Roman Era», dans *Israelite and Judaean History* (en collab.) (1977), 605-677.

a5423 PRAUSE, G., *Herodes der Grosse*. König der Juden (Hamburg, Hoffman und Campe, 1977), 374 pp.

a5424 BILDE, P., «The Roman Emperor Gaius (Caligula)'s Attempt to Erect his Statue in the Temple of Jerusalem», ST 32 (1978) 67-93.

a5425 FREND, W.H.C., «Jews and Christians in Third Century Carthage», dans *Mélanges offerts à Marcel Simon* (en collab.) (1978), 185-194.

a5426 GRAF, D.F., «The Saracens and the Defense of the Arabian Frontier», BASOR n⁰ 229 (1978) 1-26.

a5427 ZEITLIN, S., *The Rise and Fall of the Judaean State*. A Political, Social and Religious History of the Second Commonwealth. Vol. Three: 66 C.E. - 120 C.E. (Philadelphia, Jewish Publication Society of America, 1978), xxix-527 pp.

a5428 BILDE, P., «The Causes of the Jewish War According to Josephus», JStJud 10 (1979) 179-202.

a5429 BOSWORTH, C.E., «The 'Protected Peoples' (Christians and Jews) in Medieval Egypt and Syria», BJRL 62 (1979) 11-36.

a5430 GRANT, R.M., «Eusebius, Josephus and the Fate of the Jews», dans *Society of Biblical Literature. 1979 Seminar Papers* (en collab.) (1979), II, 69-86.

a5431 SAULNIER, C., «La résistance juive», CE (n.s.) n⁰ 27 (1979) 56-62.

a5432 ALONG, G., *The Jews in their Land in the Talmudic Age (70-640 C.E.)* (Translated and edited by G. LEVI) (Vol. I.) (Jerusalem, Magnes Press, 1980), xvi-324 pp.

a5433 GICHON, M., «Cestius Gallus' Campaign in Judaea», PEQ 113 (1981) 39-62.

a5434 HORSLEY, R.A., «Ancient Jewish Banditry and the Revolt against Rome, A.D. 66-70», CBQ 43 (1981) 409-432.

a5435 LÉMONON, J.-P., *Pilate et le gouvernement de la Judée*. Textes et monuments (Études bibliques) (Paris, Gabalda, 1981), 313 pp.

a5436 FRITZ, R., «On Brandon's Rejection of the Pella Tradition», Immanuel 13 (1981) 39-43.

a5437 SAFRAI, Z., «The Administrative Structure of Judea in the Roman and Byzantine Period», Immanuel 13 (1981) 30-38.

a5438 SAULNIER, C., «Lois romaines sur les Juifs selon Flavius Josèphe», RB 88 (1981) 161-198.

a5439 SMALLWOOD, E.M., *The Jews Under Roman Rule from Pompey to Diocletian²*. A study in political relations (Studies in Judaism in Late Antiquity, 20) (Leiden, Brill, 1981), xiv-595 pp.

a5440 BAUMGARTEN, J.M., «Exclusions from the Temple: Proselytes and Agrippa», dans *Essays in Honour of Yigael Yadin*, JJS 33 (1982) 215-225.

a5441 DAN, Y., «Palaestina Salutaris (Tertia) and its Capital», IsrEJ 32 (1982) 134-137.

a5442 DAUPHIN, C., «Jewish and Christian Communities in the Roman and Byzantine *Gaulanitis*», PEQ 114 (1982) 129-142.

a5443 SAULNIER, C., «Rome et la Bible. I. La vassalisation politique de la Palestine et la tolérance religieuse à l'égard du judaïsme (63-4 a. C.). II. Les obstacles à l'intégration (4 a.C. - 66 a.D.). III. Le temps des conflits (66-135 a.D.). Épilogue. L'émancipation des chrétiens», SDB 10 (1982) col. 863-1008.

12. Tribus d'Israël. Tribes of Israel. Stämme von Israel.
Tribù d'Israele. Tribus de Israel.

a5444   ELLIGER, K., «Die Grenze zwischen Ephraim und Manasse», ZDPV 53 (1930) 265-309.

a5445   NOTH, M., «Beiträge zur Geschichte des Ostjordanlandes III: Die Nachbarn der israelitischen Stämme im Ostjordanlande», ZDPV 68 (1946-51) 1-50.

a5446   ORLINSKY,H.M., «The Tribal System of Israel and Related Groups in the Period of the Judges», OrAnt 1 (1962) 11-20.

a5447   CELADA, B., «La anfictionía de las 12 tribus de Israel. Un concepto tan discutible como repetido», CuBi 33 (1976) 139-142.

a5448   NAMAKI, K., «Reconsideration of the Twelve-Tribe System of Israel», AJBI 2 (1976) 29-59.

a5449   SPINA, F.A., «The Dan Story Historically Reconsidered», JSOT nº 4 (1977) 60-71.

a5450   SEEBASS, H., «Erwägungen zum altisraelitischen System der zwölf Stämme», ZAW 90 (1978) 196-220.

a5451   YEIVIN, S., «On the Number of the Israelite Tribes», ErIs 14 (1978) 37-38 (English summary).

a5452   LINDARS, B., «The Israelite tribes in Judges», dans *Studies in the Historical Books of the Old Testament* (en collab.) (1979), 95-112.

a5453   BRUEGGEMANN, W., «The Tribes of Yahweh: An Essay Review», JAmAcRel 48 (1980) 441-451.

a5454   GEYSER, A.S., «Some Salient New Testament Passages on the Restoration of the Twelve Tribes of Israel», dans *L'Apocalypse johannique et l'Apocalyptique dans le Nouveau Testament* (en collab.) (1980), 305-310.

a5455   KIDNER, D., «Les origines du peuple d'Israël», Hok nº 15 (1980) 36-54.

a5456   REVIV, H., «The Pattern of the Pan-Tribal Assembly in the Old Testament», JNWSemL 8 (1980) 85-94.

a5457   BRANDFON, F.R., «Norman Gottwald on the Tribes of Yahweh», JSOT nº 21 (1981) 101-110.

a5458   LEMAIRE, A., «Galaad et Makîr. Remarques sur la tribu de Manassé à l'est du Jourdain», VT 31 (1981) 39-61.

a5459   REVIV, H., «The Pattern of the Whole-Kingdom's Assembly in Israel», ErIs 15 (1981) 308-311.

a5460   GAL, Z., «The Settlement of Issachar: Some New Observations», Tel Aviv 9 (1982) 79-86.

a5461   ENGEL, H., «Grundlinien neuerer Hypothesen über die Entstehung und Gestalt der frühisraelitischen Stämmegesellschaft», BiKi 38 (1983) 50-53.

a5462   JÜNGLING, H.-W., «Die egalitäre Gesellschaft der Stämme Jahwes», BiKi 38 (1983) 59-64.

a5463   LOHFINK, N., «Die segmentären Gesellschaften Afrikas als neue Analogie für das vorstaatliche Israel», BiKi 38 (1983) 55-58.

a5464   WIFALL, W.R., «The Tribes of Yahweh: A Synchronic Study with a Diachronic Title», ZAW 95 (1983) 197-209.

13. Divers. Miscellaneous. Verschiedenes. Diversi. Diversos.

a5465   LEWIS, B., «The Ottoman Archives as a Source for the History of Palestine», ErIs 2 (1953) 185-195 (Hebrew).

a5466   MILES, J.A., Jr., «Understanding Albright: A Revolutionary Etude», HarvTR 69 (1976) 151-175.
a5467   REMAUD, M., «Réflexions sur la permanence d'Israël», NRT 99 (1977) 507-517.
a5468   AVIGAD, N., «The Chief of the Corvée», IsrEJ 30 (1980) 170-173.
a5469   SPIRO, S.J., «Who was the *Ḥaber*? A New Approach to an Ancient Institution», JStJud 11 (1980) 186-216.

B. Religion d'Israël. Religion of Israel. Religion von Israel.
Religione d'Israele. Religión de Israel.

1. Études générales. General Studies. Allgemeine Abhandlugen. Generali studi. Generales estudios.

a5470   ABÉCASSIS, A., NATAF, G. (Éds.), *Encyclopédie de la mystique juive* (Paris, Berg International, 1977), 1532 col.
a5471   GUNNEWEG, A.H.J., *Vom Verstehen des Alten Testaments* (1977), «Das Alte Testament als Dokument einer Fremdreligion», 121-145.
a5472   NEHER, A., *Clefs pour le judaïsme* (Coll. 'Clefs') (Paris, Seghers, 1977), 191 pp.
a5473   ROTH, C. WIGODER, G. (Ed.), *The New Standard Jewish Encyclopedia*[5]. Original Edition edited by Cecil ROTH and Geoffrey WIGODER (Garden City, New York, Doubleday & Company, 1977), 2027 pp.
a5474   CZECH, J. u.a., *Judentum* (Coll. Weltreligionen) (Frankfurt, Verlag Moritz Diesterweg; München, Kösel, 1978), vi-149 pp.
a5475   KIPPENBERG, H.G., *Religion und Klassenbildung im antiken Judäa*. Eine religionssoziologische Studie zum Verhältnis von Tradition und gesellschaftlicher Entwicklung (Studien zur Umwelt des Neuen Testaments, 14) (Göttingen, Vandenhoeck & Ruprecht, 1978), 186 pp.
a5476   FOHRER, G., *Glaube und Leben im Judentum* (Uni-Taschenbücher, 885) (Heidelberg, Quelle & Meyer, 1979), 173 pp.
a5477   ROGERSON, J.W., «W. Robertson Smith: Religion of the Semites», ExpTim 90 (1979) 228-233.
a5478   RUIZ, G., «Sociología e ideologías veterotestamentarias», CuBi 36 (1979) 131-140.
a5479   OTTO, E., «El und Jhwh in Jerusalem. Historische und theologische Aspekte einer Religionsintegration», VT 30 (1980) 316-329.
a5480   BOISVERT, L., *Bible et cheminement de foi* (Lectures bibliques, 13) (Montréal, Éditions Paulines & Apostolat des Éditions, 1981), 139 pp.
a5481   CAZELLES, H., «Religion d'Israël», SDB 10 (1981) col. 240-277.
a5482   WILSON, R.R., «From Prophecy to Apocalyptic: Reflections on the Shape of Israelite Religion», Semeia 21 (1981) 79-95.

2. Histoire. History. Geschichte. Storia. Historia.

a5483   BRUSTON, É., «Trois Stades religieux en Israël», ETR 5 (1930) 317-331.
a5484   DUSSAUD, R., «Israël d'après un ouvrage récent», RHR 104 (1931) 201-220.
a5485   ALT, A., «Ägyptische Tempel in Palästina und die Landnahme der Philister», ZDPV 67 (1944-45) 1-20.
a5486   DUPONT-SOMMER, A., «Le syncrétisme religieux des Juifs d'Éléphantine d'après un ostracon araméen inédit», RHR 130 (1945) 17-28.
a5487   GALLING, K., «Königliche und nichtkönigliche Stifter beim Tempel von Jerusalem», ZDPV 68 (1946-51) 134-142.

*a*5488   NORTH, C.R., «Old Testament Theology and the History of Hebrew Religion», SJTh 2 (1949) 113-126.

*a*5489   BAMMEL, E., «Die Bruderfolge im Hochpriestertum der herodianisch-römischen Zeit», ZDPV 70 (1954) 147-153.

*a*5490   CLARK, K.W., «Worship in the Jerusalem Temple after A.D. 70», NTS 6 (1959-60) 269-280, dans *The Gentile Bias* (1980), 9-20.

*a*5491   CAZELLES, H., «Mito, rituale e regalità. I piu recenti studi sulle origini religiose in Israele», BibOr 2 (1960) 121-135.

*a*5492   RENCKENS, H., «Die Religion des Alten Testaments», dans *Die biblische Welt* (en collab.) (1965), I, 555-612.

*a*5493   BOUSSET, W., *Die Religion des Judentums in späthellenistischen Zeitalter,* in dritter verbesserter Auflage (Hrg. H. GRESSMANN) (HbNT 21) (Tübingen, Mohr, 1966), xv-576 pp.

*a*5494   RENCKENS, H., «Geloof en religie in het Oude Testament. *Säkularisation und Altes Testament*», Bijdr. 27 (1966) 412-421 (Deutsche Zusammenfassung).

*a*5495   GALBIATI, E., «I segni sacri nell'Antico Testamento», *Sacra Doctrina* 45 (1967) 13-26, dans *Scritti minori* (1979), 299-319.

*a*5496   DE VAUX, R., «Sur l'Origine Kénite ou Madianite du Yahvisme», ErIs 9 (1969) 28-32.

*a*5497   FOHRER, G., *Geschichte der israelitischen Religion* (De Gruyter Lehrbuch) (Berlin, New York, De Gruyter, 1969), xvi-435 pp.

*a*5498   SCHUNCK, K.D., «Zentralheiligtum, Grenzheiligtum und 'Höhenheiligtum' in Israel», Numen 18 (1971) 132-140.

*a*5499   MAIER, J., *Geschichte der jüdischen Religion.* Von der Zeit Alexander des Grossen bis zur Aufklärung mit einem Ausblick auf das 19./20. Jahrhundert (De Gruyter Lehrbuch) (Berlin, New York, De Gruyter, 1972), xx-641 pp.

*a*5500   LARÈS, M., «Arnold J. Toynbee et la religion de l'Ancien Testament», RHR 184 (1973) 159-208.

*a*5501   MILGROM, J., «The Šôq hattĕrûmâ: A Chapter in Cultic History» (*Tarbiz* 42, 1973/3, 1-14), dans MILGROM, J., *Studies in Cultic Theology and Terminology* (1983), 159-170.

*a*5502   LORETZ, O., «Ugarit-Texte und israelitische Religionsgeschichte. Zu F.M. Cross, *Canaanite Myth and Hebrew Epic*», UF 6 (1974) 241-248.

*a*5503   JAROŠ, K., «Der Elohist in der Auseinandersetzung mit der Religion seiner Umwelt», Kairos 17 (1975) 279-283.

*a*5504   OVADIAH, A., «Greek Cults in Beth-Shean/Scythopolis in the Hellenistic and Roman Periods», ErIs 12 (1975) 116-124 (English summary).

*a*5505   LE DÉAUT, R., «La vie religieuse et sociale», dans *Introduction à la Bible* (sous la direction de A. GEORGE et P. GRELOT), tome III, volume 1 (1976), 76-106.

*a*5506   GRINTZ, J.M., «Some observations on the 'High-Place' in the history of Israel», VT 27 (1977) 111-113.

*a*5507   KAUFMANN, Y., *History of the Religion of Israel,* t. IV (1977), «The Babylonian Captivity», 1-50; «Cyrus' Permission and the Province», 183-222; «Zerubbabel and the Building of the Temple», 223-252.

*a*5508   HARAN, M., *Temples and Temple-Service in Ancient Israel.* An Inquiry into the Character of Cult Phenomena and the Historical Setting of the Priestly School (Oxford, At the Clarendon Press, 1978), xviii-394 pp.

*a*5509   KIPPENBERG, H.G., *Religion und Klassenbildung im antiken Judäa.* Eine religionssoziologische Studie zum Verhältnis von Tradition und gesellschaftlicher Entwicklung (Studien zur Umwelt des Neuen Testaments, 14) (Göttingen, Vandenhoeck & Ruprecht, 1978), 186 pp.

a5510 CONRAD, D., «Einige (archäologische) Miszellen zur Kultgeschichte Judas in der Konigszeit», dans *Textgemäss* (en collab.) (1979), 28-32.

a5511 GEORGE, P.M., DRISKILL, J.D., «Ancient Hebrew Religious Beliefs and the Evolution of Prophets», BTB 9 (1979) 66-77.

a5512 RAVEN, J.H., *The History of the Religion of Israel.* An Old Testament Theology (Twin Brooks Series) (Grand Rapids, Michigan, Baker Book House, 1979), 685 pp.

a5513 ZIMMERLI, W., «The History of Israelite Religion», dans *Tradition and Interpretation* (en collab.) (1979), 351-384.

a5514 CAZELLES, H., «Le dieu Jahvé et l'émergence de la religion jahviste», RivB 28 (1980) 33-43.

a5515 GARBINI, G., «Attestazioni epigrafiche su Jahvé e jahvismo», RivB 28 (1980) 79-88.

a5516 GOTTWALD, N.K., *The Tribes of Yahweh.* A Sociology of the Religion of Liberated Israel, 1250-1050 B.C.E. (London, S.C.M. Press, 1980), xxvi-916 pp.

a5517 SIMON, M., «La vie religieuse en Palestine», dans *Jésus aujourd'hui* (en collab.) (1980), I, 89-97.

a5518 LANG, B., «Der tanzende Leser. Die frühjüdische Buchreligion», BiKi 36 (1981) 279-285.

a5519 NEUSNER, J., «Max Weber Revisited: Religion and Society in Ancient Judaism With Special Reference to the Late First and Second Centuries», SeC 1 (1981) 61-84.

a5520 LOHFINK, N., «Die Verbindung des gesellschaftlichen Willens mit dem Jahweglauben im frühen Israel», BiKi 38 (1983) 69-72.

a5521 SMITH, M., «Jewish religious life in the Persian period», dans *The Cambridge History of Judaism* (en collab.) (1984), I, 219-278.

3. Fêtes. Feasts. Festen. Feste. Fiestas.

a5522 LEWY, J., «The Feast of the 14th Day of Adar», HUCA 14 (1939) 127-152.

a5523 ROST, L., «Weidewechsel und altisraelitischer Festkalender», ZDPV 66 (1943) 205-216.

a5524 ROSENTHAL, F., «Yôm Ṭôb», HUCA 18 (1944) 157-176.

a5525 MORGENSTERN, J., «The Chanukkah Festival and the Calendar of Ancient Israel», HUCA 20 (1947) 1-136; 21 (1948) 365-496.

a5526 MORGENSTERN, J., «Two Prophecies of the Fourth Century B.C. and the Evolution of Yom Kippur», HUCA 24 (1952-53) 1-74.

a5527 KRAUS, H.J., «Zur Geschichte des Passah-Massot-Festes im Alten Testament», EvT 18 (1958) 47-67.

a5528 CAQUOT, A., «Remarques sur la fête de la 'néoménie' dans l'ancien Israël», RHR 158 (1960) 1-18.

a5529 SEGAL, J.B., «The Hebrew Festivals and the Calendar», JSS 6 (1961) 74-94.

a5530 LEVINE, B.A., «Kippurim», ErIs 9 (1969) 88-95 (English summary).

a5531 HALBE, J., «Erwägungen zu Ursprung und Wesen des Massotfestes», ZAW 87 (1975) 324-346.

a5532 CHOLEWINSKI, A., *Heiligkeitsgesetz und Deuteronomium* (1976), 350 pp.

a5533 EATON, J.H., *Kingship and the Psalms* (StBT 2nd S., 32) (London, SCM Press, 1976), 227 pp.

a5534 WAMBACQ, B.N., «Les origines de la *Pesaḥ* israélite», Bibl 57 (1976) 206-224, 301-326.

a5535 LAAF, P., «*Ḥg šb'wth*, das Wochenfest», dans *Bausteine biblischer Theologie* (en collab.) (1977), 169-183.

a5536 MATTA-EL-MESKÏN, P., «La Pentecôte», Ir 50 (1977) 5-45.

a5537 OTTO, E., SCHRAMM, T., *Fest und Freude* (Kohlhammer Taschenbücher, 1003) (Stuttgart, Kohlhammer, 1977), 168 pp.

a5538   SAUER, G., «Israels Feste und ihr Verhältnis zum Jahweglauben», dans *Studien zum Pentateuch* (en collab.) (1977), 135-141.

a5539   BLOCH, A.P., *The Biblical and Historical Background of the Jewish Holy Days* (New York, Ktav, 1978), xii-281 pp.

a5540   WEINFELD, M., «Pentecost as a Festival of the Giving of the Law», Immanuel 8 (1978) 7-18.

a5541   AARTUN, K., «Studien zum Gesetz über den grossen Versöhnungstag Lv 16 mit Varianten. Ein ritualgeschichtlicher Beitrag», ST 34 (1980) 73-109.

a5542   BUCHANAN, G.W., «Worship, Feasts and Ceremonies in the Early Jewish-Christian Church», NTS 26 (1980) 279-297.

a5543   WAMBACQ, B.N., «Les Maṣṣôt», Bibl 61 (1980) 31-54.

a5544   WAMBACQ, B.N., «Pesaḥ - Maṣṣôt», Bibl 62 (1981) 499-518.

a5545   HALLO, W.W., «The First Purim», BA 46 (1983) 19-29.

a5546   VAN SETERS, J., «The Place of the Yahwist in the History of Passover and Massot», ZAW 95 (1983) 167-182.

4. Synagogue. Synagoge. Sinagoga.

a) Études générales. General Studies. Allgemeine Studien. Studi generali. Estudios generales.

a5547   GALLING, K., «Erwägungen zur antiken Synagoge», ZDPV 72 (1956) 163-178.

a5548   NOTH, M., «Dura-Europos und seine Synagoge», ZDPV 75 (1959) 164-181.

a5549   HEINEMANN, J., PETUCHOWSKI, J.J. (Eds.), *Literature of the Synagogue*. Edited with introduction and notes (Library of Jewish Studies) (New York, Behrman House, 1975), x-292 pp.

a5550   DE BREFFNY, B., *The Synagogue* (London, Weidenfeld & Nicolson, 1978), 215 pp.

a5551   YAHALOM, J., «Synagogue Inscriptions in Palestine. A Stylistic Classification», Immanuel 10 (1980) 47-56.

a5552   En collaboration, *Ancient Synagogues Revealed* (Jerusalem, The Israel Exploration Society, 1981), viii-200 pp.

a5553   GUTMANN, J. (Ed.), *Ancient Synagogues*. The State of Research (Brown Judaic Studies, 22) (Chico, CA, Scholars Press, 1981), x-121 pp.

b) Histoire. History. Geschichte. Storia. Historia.

a5554   ROSENAU, H., «The Synagogue and the Diaspora», PEQ 69 (1937) 196-202.

a5555   BELLINGER, A., NEWELL, E.T., «Seleucid Mint at Dura-Europos», Syr. 21 (1940) 77-81.

a5556   LAMBERT, É., «La synagogue de Doura-Europos et les origines de la mosquée», Sem. 3 (1950) 67-72.

a5557   SCHWARTZMAN, S.D., «How Well Did the Synoptic Evangelists Know the Synagogue?» HUCA 24 (1952-53) 115-132.

a5558   FOERSTER, G., «Ancient synagogues in the Judean desert and in the Jericho valley», Immanuel 6 (1976) 50-54.

a5559   DION, P.-E., «Synagogues et temples dans l'Égypte hellénistique», SE 29 (1977) 45-75.

a5560   SANDMEL, S., *Judaism and Christian Beginnings* (1978), «Synagogue Judaism and Christianity», 418-424.

a5561   VON WALDOW, H.E., «The Origin of the Synagogue Reconsidered», dans *From Faith to Faith* (en collab.) (1979), 269-284.

a5562   MAYER, R., «Der Anfang des Evangeliums in Galiläa», BiKi 36 (1981) 213-221.

a5563   BORGEN, P., «The Early Church and the Hellenistic Synagogue», ST 37 (1983) 55-78.
a5564   MEYERS, E.M., «Ancient Synagogues in Galilee: Their Religious and Cultural Setting»,
        BA 43 (1980) 97-108.
a5565   SCHUBERT, K., «Sacra Sinagoga - Zur Heiligkeit der Synagoge in der Spätantike»,
        BiLit 54 (1981), 27-34.

c) Édifice. Building. Gebäude. Edificio.

a5566   SUKENIK, E.L., «Designs of the Torah Shrine in Ancient Synagogues in Palestine»,
        PEQ 63 (1931) 22-25.
a5567   DU MESNIL DU BUISSON, R., «Le miracle de l'eau dans le désert d'après les peintures
        de la synagogue de Doura Europos», RHR 111 (1935) 110-117.
a5568   DU MESNIL DU BUISSON, R., «Un parchemin juif et la gargote de la synagogue à
        Doura-Europos», Syr. 20 (1939) 23-34.
a5569   GRABAR, A., «Le thème religieux des fresques de la synagogue de Doura (245-256
        après J.-C.)», RHR 123 (1941) 143-192.
a5570   SONNE, I., «The Paintings of the Dura Synagogue», HUCA 20 (1947) 255-362.
a5571   PINKERFELD, Y., «The 'Ha-Ghariba' Synagogue on the Island of Jerba», ErIs 4 (1956)
        222-226 (English summary).
a5572   GOITEIN, S.D., «Ambōl - The Raised Platform in the Synagogue», ErIs 6 (1960)
        162-167 (English summary).
a5573   LEVY, S., «The Ancient Synagogue at Maon (Nirim)», ErIs 6 (1960) 77-82 (English
        summary).
a5574   GOITEIN, S.D., «The Synagogue Building and its Furnishings According to the
        Records of the Cairo Genizah», ErIs 7 (1964) 81-97 (English summary).
a5575   DAVIDOVITCH, D., «The Four-Pier Synagogue in Poland», ErIs 8 (1967) 312-317
        (English summary).
a5576   HIRSCHBERG, H.Z., «The Fish in the Mosaics of the Synagogue at Naro», ErIs 8
        (1967) 305-311 (English summary).
a5577   ZORI, N., «The Ancient Synagogue at Beth-Shean», ErIs 8 (1967) 149-167 (English
        summary).
a5578   FOERSTER, G., «The Synagogues at Masada and Herodium», ErIs 11 (1973) 224-228
        (English summary).
a5579   SAFRAI, S., «The Synagogues South of Mt. Judah», Immanuel 3 (1974) 44-50.
a5580   GUTMANN, J. (Ed.), *The Synagogue: Studies in Origins, Archaeology and Architecture*
        (Library of Biblical Studies) (New York, Ktav, 1975), xxxi-359 pp.
a5581   SCHUBERT, K., «Die Bedeutung des Bildes für die Ausstattung spätantiker Synagogen
        - dargestellt am Beispiel der Toraschreinische der Synagoge von Dura Europos», Kairos
        17 (1975) 11-23.
a5582   STEMBERGER, G., «Die Bedeutung des Tierkreises auf Mosaikböden spätantiker
        Synagogen», Kairos 17 (1975) 23-56.
a5583   HACHLILI, R., «The Niche and the Ark in Ancient Synagogue», BASOR no 223 (1976)
        43-53.
a5584   MASER, P., «Der Greis unter den Sternen. Ein Beitrag zur Deutung des Bildprogramms
        über der Toranische in der Synagoge von Dura Europos», Kairos 18 (1976) 161-177.
a5585   CHEN, D., «The Design of the Ancient Synagogues in Galilee», StBiFranc 28 (1978)
        193-202; 30 (1980) 255-258.
a5586   HOPKINS, C., *The Discovery of Dura-Europos* (Ed. B. GOLDMAN) (New Haven,
        London, Yale University Press, 1979), xxiv-309 pp.

a5587   SHANKS, H., *Judaism in Stone*. The Archaeology of Ancient Synagogues (New York, Harper & Row; Washington, The Biblical Archaeology Society, 1979), 192 pp.

a5588   CHEN, D., «The Design of the Ancient Synagogues in Judea: Masada and Herodium», BASOR n° 239 (1980) 37-40.

a5589   DION, P.-E., PUMMER, R., «A Note on the 'Samaritan-Christian Synagogue' in Ramat-Aviv», JStJud 11 (1980) 217-222.

a5590   CHIAT, M.J.S., *Handbook of Synagogue Architecture* (Brown Judaic Studies, 29) (Chico, CA, Scholars Press, 1982), xii-404 pp.

a5591   TZAFERIS, V., «The Ancient Synagogue at Ma'oz Ḥayyim», IsrEJ 32 (1982) 215-244.

d) Liturgie. Liturgy. Liturgie. Liturgia.

a5592   FINESINGER, S., «The Custom of Looking at the Fingernails at the Outgoing of the Sabbath», HUCA 12-13 (1937-38) 347-365.

a5593   MORGENSTERN, J., «The Ark, the Ephod, and the Tent of Meeting», HUCA 17 (1942-43) 153-226; 18 (1944) 1-52.

a5594   KRAUS, S., «The Jewish Rite of Covering the Head», HUCA 19 (1945-46) 121-168.

a5595   NEGEV, A., «The Chronology of the Seven-Branched Menorah», ErIs 8 (1967) 193-210 (English summary).

a5596   KIPPENBERG, H.G., «Ein Gebetsbuch für den samaritanischen Synagogengottesdienst aus dem 2. Jr. n. Chr.», ZDPV 85 (1969) 76-103.

a5597   PAX, E., «Jüdische Familienliturgie in biblischchristlicher Sicht», BiLeb 13 (1972) 248-261.

a5598   WELTEN, P., «Kulthöhe und Jahwetempel», ZDPV 88 (1972) 19-37.

a5599   PERROT, C., *La lecture de la Bible dans la synagogue*. Les anciennes lectures palestiniennes du Shabbat et des fêtes (Publications de l'Institut de Recherche et d'Histoire des Textes, Section Biblique et Massorétique, Collection 'Massora', Série I: Études Classiques et Textes, 1) (Hildesheim, Gerstenberg, 1973), x-300 pp.

a5600   AVENARY, H., «Der Einfluss der jüdischen Mystik auf den Synagogengesang», Kairos 16 (1974) 80-87.

a5601   PATTE, D., *Early Jewish Hermeneutic in Palestine* (1975), «Scripture in the Synagogue: Reading Cycles and Homilies», 31-47; «Scripture at the Synagogue: Targum and Liturgy», 49-86.

a5602   ROZENBERG, M.S., «The Šofᵉṭim in the Bible», ErIs 12 (1975) 77*-86*.

a5603   PERROT, C., «La lecture de la Bible dans les synagogues au premier siècle de notre ère», MD n° 126 (1976) 24-41.

a5604   TAGLIACOZZO, M., «Formazione e sviluppo nella liturgia sinagogale», dans *Studia Hierosolymitana (Bagatti)* (en collab.) (1976), II, 180-191.

a5605   JACOBSON, H., «The Position of the Fingers during the priestly Blessing», RQum 9 (1977) 259-260.

a5606   GRELOT, P., *L'espérance juive à l'heure de Jésus* (1978), «La lecture synagogale de l'Écriture d'après les Targoums», 198-234.

a5607   HOFFMAN, L.A., *The Canonization of the Synagogue Service* (University of Notre Dame Center for the Study of Judaism and Christianity in Antiquity, 4) (Notre Dame, IN, London, University of Notre Dame Press, 1979), x-245 pp.

a5608   ROLLAND, B., «Institutions religieuses», CE (n.s.) n° 27 (1979) 24-36.

a5609   YORK, A.D., «The Targum in the Synagogue and in the School», JStJud 10 (1979) 74-86.

a5610   BEN-CHORIN, S., *Betendes Judentum*. Die Liturgie der Synagoge (Münchener Vorlesung) (Tübingen, Mohr, 1980), 225 pp.

*a*5611   BOKSER, B.M., «Ma'al and Blessings Over Food: Rabbinic Transformation of Cultic Terminology and Alternative Modes of Piety», JBL 100 (1981) 557-574.

*a*5612   GOLDBERG, A., «Service of the Heart: Liturgical Aspects of Synagogue Worship», dans *Standing Before God* (en collab.) (1981), 195-211.

*a*5613   PETUCHOWSKI, J.J., «Theology and Poetry in the Liturgy of the Synagogue», dans *Standing Before God* (en collab.) (1981), 223-232.

*a*5614   BROOTEN, B.J., *Women Leaders in the Ancient Synagogue.* Inscriptional Evidence and Background Issues (Chico, CA, Scholars Press, 1982), x-281 pp.

*a*5615   AGUA PEREZ, A., «La Sinagoga: Orígenes, ciclos de lectura y oración», EstB 41 (1983) 341-366.

*a*5616   HRUBY, K., «La liturgie synagogale face aux influences culturelles et spirituelles», dans *Liturgie, spiritualité, cultures* (en collab.) (1983), 133-151.

e) Divers. Miscellaneous. Verschiedenes. Diversi. Diversos.

*a*5617   KON, M., «The Menorah of the Arch of Titus», PEQ 82 (1950) 25-30.

*a*5618   CLARKE, E.G., «The Hebraic Spirit», CanJT 12 (1966) 153-163.

*a*5619   CHARLESWORTH, J.H., «Jewish Astrology in the Talmud, Pseudepigrapha, the Dead Sea Scrolls, and Early Palestinian Synagogues», HarvTR 70 (1977) 183-200.

*a*5620   WEIPPERT, H., «Der Ort, den Jahwe erwählen wird. Die Geschichte einer alttestamentlichen Formel», BZ 24 (1980) 76-94.

JUDAÏSME. JUDAISM. JUDENTUM. GIUDAISMO. JUDAÍSMO.

1. Études générales. General Studies. Allgemeine Studien.
Studi generali. Estudios generales.

*a*5621   CRONBACH, A., «New Studies in the Psychology of Judaism», HUCA 19 (1945-46) 205-273.

*a*5622   SCHOLEM, G., «Martin Bubers Auffassung des Judentums», ErJb 1966 35 (1967) 9-55.

*a*5623   DOMNITZ, M., *Judaism* (London, Ward Lock Educational, 1970), 63 pp.

*a*5624   LE DÉAUT, R., JAUBERT, A., HRUBY, K., *Le Judaïsme* (Dictionnaire de Spiritualité) (Paris, Beauchesne, 1975), x-170 pp.

*a*5625   LICHT, J., «A Portrait of the 'Entziqlopedia Migra'it'», Immanuel 5 (1975) 16-19.

*a*5626   ARON, R., NEHER, A., MALKA, V., *Le judaïsme, Hier-Demain* (Coll. 'Deux Milliards de Croyants') (Paris, Buchet/Chastel, 1977), 238 pp.

*a*5627   NEHER, A., *Clefs pour le judaïsme* (Coll. 'Clefs') (Paris, Seghers, 1977), 191 pp.

*a*5628   MAIER, J., SCHÄFER, P., *Kleines Lexikon des Judentums* (Stuttgart, Katholisches Bibelwerk; Konstanz, Christliche Verlagsanstalt, 1981), 332 pp.

*a*5629   AMIR, Y., «The Term *Ioudaismos*: A Study in Jewish-Hellenistic Self-Identification», Immanuel 14 (1982) 34-41.

*a*5630   BECKWITH, R.T., «The Pre-History and Relationships of the Pharisees, Sadducees and Essenes: A Tentative Reconstruction», RQum 11 (1982) 3-46.

*a*5631   PRIJS, L., *Die Welt des Judentums.* Religion, Geschichte, Lebensweise (Beck'sche Schwarze Reihe, 261) (München, C.H. Beck, 1982), 222 pp.

*a*5632   BOKSER, B.M., «Recent Developments in the Study of Judaism. 70-200 C.E.», SeC 3 (1983) 1-68.

2. Sectes. Sects. Sekten. Sette. Sectas.

a) **Études générales. General Studies. Allgemeinen Abhandlungen.**
Studi generali. Estudios generales.

a5633   SIMON, M., «Sur deux hérésies juives mentionnées par Justin Martyr» (RHPR 19, 1938, 54-58), dans SIMON, M., *Le Christianisme antique et son contexte religieux* (1981), 103-107.

a5634   SIMON, M., «Les sectes juives d'après les témoignages patristiques (*Studia Patristica,* I. Texte und Untersuchungen zur Geschichte der altchristlichen Literatur, 63, Berlin 1957, 526-539)», dans SIMON, M., *Le Christianisme antique et son contexte religieux* (1981), 205-218.

a5635   RUSSELL, D.S., *Between the Testaments* (1960), «The Torah and the Sects», 48-57.

a5636   SCHOLEM, G., «Die krypto-jüdische Sekte der Dönme (Sabbatianer) in der Türkei», Numen 7 (1960) 93-122.

a5637   DANIEL, C., «Esséniens, zélotes et sicaires et leur mention par paronomie dans le N.T.», Numen 13 (1966) 88-115.

a5638   BAUMBACH, G., *Jesus von Nazareth im Lichte der jüdischen Gruppenbildung* (Aufsätze und Vorträge zur Theologie und Religionswissenschaft, 54) (Berlin, Evangelische Verlagsanstalt, 1971), 96 pp.

a5639   SEN, F., «¿Quién sabe cuantos y cuales eran los partidos políticos-religiosos del tiempo de Cristo», CuBi 30 (1973) 26-31.

a5640   LEGAULT, A., «Les mouvements et partis politico-religieux au temps de Jésus», dans *¿Jésus?* (en collab.) (1974), 41-48.

a5641   LE DÉAUT, R., «Les groupes religieux en Palestine», dans *Introduction à la Bible* (sous la direction de A. GEORGE et P. GRELOT), tome III, volume 1 (1976), 131-142.

a5642   FREEBORN, J., «Jesus and Sectarian Judaism», dans *Studia Biblica 1978. II. Papers on the Gospels* (en collab.) (1978), 95-109.

a5643   SANDMEL, S., *Judaism and Christian Beginnings* (1978), «The Parties», 154-167.

a5644   DEXINGER, F., «Die Sektenproblematik im Judentum», Kairos 21 (1979) 273-287.

a5645   ROLLAND, B., «Groupes politico-religieux», CE (n.s.) no 27 (1979) 49-55.

a5646   RUDOLPH, K., «Wesen und Struktur der Sekte», Kairos 21 (1979) 241-254.

a5647   BECKWITH, R.T., «The Pre-History and Relationships of the Pharisees, Sadducees and Essenes: A Tentative Reconstruction», RQum 11 (1982) 3-46.

a5648   WILCOX, M., «Jesus in the Light of his Jewish Environment», dans *Aufstieg und Niedergang der römischen Welt* (en collab.), II. *Principat,* 25.1 (1982), 131-195.

b) **Pharisiens. Pharisees. Pharisäer. Farisei. Fariseos.**

a5649   EERDMANS, B.D., «The Chasidim», OTS 1 (1942) 176-257.

a5650   SCHMID, J., «Die Pharisäer», BiLeb 3 (1962) 270-275.

a5651   OSWALD, N., «Grundgedanken zu einer pharisäisch-rabbinischen Theologie», Kairos 5 (1963) 40-59.

a5652   BAUMBACH, G., «Jesus und die Pharisäer», BiLit 41 (1968) 112-131.

a5653   RIVKIN, E., «Pharisaism and the Crisis of the Individual in the Greco-Roman World», JQR 61 (1970-71) 27-53.

a5654   NEUSNER, J., *The rabbinic traditions about the Pharisees before A.D.* 1. The Masters; 2. The Houses; 3. Conclusions (Leiden, Brill, 1971), xvi-419 pp., xiv-353 pp., xvi-427 pp.

a5655   COTHENET, É., «Pureté et impureté. Dans le pharisaïsme», SDB 9 (1975) 518-527.

a5656   LAMBIASI, F., «L'Autenticità storica delle controversie con i Farisei», BibOr 18 (1976) 3-27.

a5657   COLEMAN, W.L., *Those Pharisees* (New York, Hawthorn Books, 1977), x-147 pp.

a5658   PINES, S., «A Platonistic Model for Two of Josephus' Accounts of the Doctrine of the Pharisees Concerning Providence and Man's Freedom of Action», Immanuel 7 (1977) 38-43.

a5659   ZEITLIN, S., «Jesus and the Pharisees», dans *Jewish Expressions On Jesus* (en collab.) (1977), 148-156.

a5660   BURGMANN, H., «Der Gründer der Pharisäergenossenschaft. Der Makkabäer Simon», JStJud 9 (1978) 153-191.

a5661   COOK, M.J., *Mark's Treatment of the Jewish Leaders* (SuppNT 51) (Leiden, Brill, 1978), 104 pp.

a5662   GRYGLEWICZ, F., «Die Pharisäer und die Johanneskirche», dans *Probleme der Forschung* (SNTU, Serie A, Band 3) (1978), 144-158.

a5663   MAFFUCCI, P., «Il problema storico dei Farisei prima del 70 d.C.», RivB 26 (1978) 353-399.

a5664   RIVKIN, E., «Scribes, Pharisees, Lawyers, Hypocrites: A Study in Synonymity», HUCA 49 (1978) 135-142.

a5665   ALLERHAND, J., «Der historische Hintergrund der 'Sprüche der Väter' und ihre Ethik», Kairos 21 (1979) 133-180.

a5666   BERMAN, D., «Hasidim in Rabbinic Traditions», dans *Society of Biblical Literature. 1979 Seminar Papers* (en collab.) (1979), II, 15-33.

a5667   CAEN-NISSIM, J., «Hassidisme, au coeur de la mystique juive», VS 133 (1979) 521-527.

a5668   NEUSNER, J., «Die Verwendung des späteren rabbinischen Materials für die Erforschung des Pharisäismus im 1. Jahrhundert n. Chr.», ZTK 76 (1979) 292-309.

a5669   ZIESLER, J.A., «Luke and the Pharises», NTS 25 (1979) 146-157.

a5670   DEXINGER, F., «Die Geschichte der Pharisäer», BiKi 35 (1980) 113-117.

a5671   MAYER, R., «Freude am Gebot. Einige Beobachtungen und Bemerkungen zu den Pharisäen und ihrer Freude am Gebot», BiKi 35 (1980) 122-129.

a5672   THOMA, C., «Spiritualität der Pharisäer», BiKi 35 (1980) 117-122.

a5673   CULBERTSON, P., «Changing Christian Images of the Pharisees», AThR 64 (1982) 539-561.

a5674   NEUSNER, J., «Two Pictures of the Pharisees: Philosophical Circle or Eating Club», AThR 64 (1982) 525-538.

a5675   SAENZ GALACHE, M., «Jesús ante los jerarcas instalados», BibFe 8 (1982) 217-230.

a5676   BAUMGARTEN, A.I., «The Name of the Pharisees», JBL 102 (1983) 411-428.

c) Sadducéens. Sadducees. Sadduzäer. Sadducei. Saduceos.

a5677   SCHMID, H., «Melchisedek und Abraham, Zadok und David», Kairos 7 (1965) 148-151.

a5678   BAUMBACH, G., «Das Sadduzäerverständnis bei Josephus Flavius und im Neuen Testament», Kairos 13 (1971) 17-37.

a5679   FLUSSER, D., «Josephus on the Sadducees and Menander», Immanuel 7 (1977) 61-67.

a5680   BAMMEL, E., «Sadduzäer und Sadokiden», ETL 55 (1979) 107-115.

d) Esséniens. Essenes. Essener. Esseni. Esenios.

a5681   NÖTSCHER, F., «Jüdische Mönchsgemeinde und Ursprung des Christentums nach den jüngst am Toten Meer aufgefundenen hebräischen Handschriften», BiKi 7/1 (1952) 21-38.

*a*5682   PHILENENKO, M., «La notice du Josèphe slave sur les Esséniens», Sem. 6 (1956) 69-73.

*a*5683   VAILLANT, A., «Le Josèphe slave et les Esséniens», Sem. 8 (1958) 39-40.

*a*5684   PHILONENKO, M., «L'origine essénienne des cinq Psaumes syriaques de David», Sem. 9 (1959) 35-48.

*a*5685   PHILONENKO, M., «Remarques sur un hymne essénien de caractère gnostique», Sem. 11 (1961) 43-54.

*a*5686   PHILONENKO, M., «Une tradition essénienne dans le Coran», RHR 170 (1966) 143-157.

*a*5687   LIVER, J., «The 'Sons of Zadok the Priest' in the Dead Sea Sect», ErIs 8 (1967) 71-81 (English summary).

*a*5688   SEN, F., «Los Esenios a través de la historia», CuBi 29 (1972) 283-288.

*a*5689   CARMIGNAC, J., «Les esséniens et la communauté de Qumrân», dans *Introduction à la Bible* (sous la direction de A. GEORGE et P. GRELOT), tome III, volume 1 (1976), 142-164.

*a*5690   ISSER, S., «The Conservative Essenes: A New Emendation of *Antiquities* XVIII.22», JStJud 7 (1976) 177-180.

*a*5691   BAR-ADON, P., «Another Settlement of the Judean Desert Sect at 'En el-Ghuweir on the Shores of the Dead Sea», BASOR n° 227 (1977) 1-25.

*a*5692   BURCHARD, C., «Die Essener bei Hippolyt», JStJud 8 (1977) 1-41.

*a*5693   GRAF, D., «The Pagan Witness to the Essenes», BA 40 (1977) 125-129.

*a*5694   MURPHY-O'CONNOR, J., «The Essenes in Palestine», BA 40 (1977) 100-124.

*a*5695   CASERTA, N., *Gli esseni e le origini del cristianesimo* (Napoli, La Nuova Cultura Editrice, 1978), 498 pp.

*a*5696   GORANSON, S., «On the Hypothesis that Essenes lived on Mt. Carmel», RQum 9 (1978) 563-567.

*a*5697   LAPERROUSAZ, E.-M., «La secte. - A. Histoire», dans «Qumrân et découvertes au désert de Juda», SDB 9 (1978) col. 789-798.

*a*5698   NOLLAND, J., «A Misleading Statement of the Essene Attitude to the Temple», RQum 9 (1978) 555-562.

*a*5699   MENDELS, D., «Hellenistic Utopia and the Essenes», HarvTR 72 (1979) 207-222.

*a*5700   CARMIGNAC, J., «Qumrân et le courant essénien au temps de Jésus», dans *Jésus aujourd'hui* (en collab.) (1980), I, 99-109.

*a*5701   CHARLESWORTH, J.H., «The Origin and Subsequent History of the Authors of the Dead Sea Scrolls: Four Transitional Phases among the Qumran Essenes», RQum 10 (1980) 213-233.

e) Zélotes. Zealots. Zeloten. Zelote. Zelotas.

*a*5702   CULLMANN, O., «Die Bedeutung der Zelotenbewegung im Neuen Testament», dans CULLMANN, O., *Vorträge und Aufsätze 1925-1962* (Tübingen, Mohr; Zürich, Zwingli-Verlag, 1966), 292-302.

*a*5703   DANIEL, C., «Esséniens, zélotes et sicaires et leur mention par paronomie dans le N.T.», Numen 13 (1966) 88-115.

*a*5704   SALOMONSEN, B., «Some Remarks on the Zealots with special regard to the term 'Qannaim' in Rabbinic Literature», NTS 12 (1966) 164-176.

*a*5705   BRANDON, S.G.F., *Jesus and the Zealots*. A Study of the Political Factor in Primitive Christianity (Manchester, University Press, 1967), xvi-413 pp.

*a*5706   CELADA, B., «Sicarios y zelotas», CuBi 24 (1967) 94-103.

*a*5707   BAUMBACH, G., «Die Zeloten - ihre geschichtliche und religionspolitische Bedeutung», BiLit 4 (1968) 2-25.

a5708   CULLMANN, O., *Jésus et les révolutionnaires de son temps. Culte. Societé. Politique* (Neuchâtel, Delachaux et Niestlé, 1970), 87 pp.

a5709   NIKIPROWETZKY, V., «Sicaires et Zélotes. Une reconsidération», Sem. 23 (1973) 51-64.

a5710   WEBER, H.-R., «Libérateur ou Prince de la paix?» ETR 48 (1973) 317-349.

a5711   HENGEL, M., *Die Zeloten.* Untersuchungen zur jüdischen Freiheitsbewegung in der Zeit von Herodes I. bis 70. n. Chr. (Arbeiten zur Geschichte des antiken Judentums und des Urchristentums, 1) Revised Edition (Leiden, Köln, Brill, 1976), xvi-489 pp.

a5712   TOSATO, A., «Gesù e gli zeloti alla luce delle *Odi di Salomone*», BibOr 19 (1977) 145-153.

a5713   AMEIL, M., «À propos de la traduction de la thèse de Brandon sur les Zélotes», dans *Les chrétiens devant le fait juif* (en collab.) (1979), 9-22.

a5714   LIMBECK, M., «'Stecke dein Schwert in die Scheide...!' Die Jesusbewegung im Unterschied zu den Zeloten», BiKi 37 (1982) 98-104.

a5715   MAIER, J., «Die alttestamentlich-jüdischen Voraussetzungen der Zelotenbewegungen», BiKi 37 (1982) 82-89.

f) Divers. Miscellaneous. Verschiedenes. Diversi. Diversos.

a5716   LEVISON, N., «The Proselyte in Biblical and Early Post-Biblical Times», SJTh 10 (1957) 45-56.

a5717   ISSER, S.J., *The Dositheans.* A Samaritan Sect in Late Antiquity (S.J.L.A., 17) (Leiden, Brill, 1976), x-223 pp.

a5718   RIVKIN, E., «Scribes, Pharisees, Lawyers, Hypocrites: A Study in Synonymity», HUCA 49 (1978) 135-142.

a5719   SCHEIBER, A., «New Texts from the Geniza Concerning the Proselytes», HUCA 50 (1979) 277-287.

3. Littérature juive. Jewish Literature. Jüdische Literatur.
Letteratura giudaica. Literatura judía.

a) Études générales. General Studies. Allgemeine Studien.
Studi generali. Estudios generales.

a5720   VAJDA, G., «Recherches récentes sur l'ésotérisme juif», RHR 164 (1963) 39-86, 191-212; 165 (1964) 49-78; 192 (1977) 31-55, 165-198.

a5721   GRUENWALD, I., «The Jewish Esoteric Literature in the Time of the Mishnah and Talmud», Immanuel 4 (1974) 37-46.

a5722   VAN UNNIK, W.C., «Quelques problèmes. Leçons d'ouverture», dans *La littérature juive entre Tenach et Mischna* (en collab.) (1974), 1-14.

a5723   McCULLOUGH, W.S., *The History and Literature of the Palestinian Jews from Cyrus to Herod, 550-4 B.C.* (Toronto, Buffalo, University of Toronto Press, 1975), xiv-252 pp.

a5724   GOWAN, D.E., *Bridge Between the Testaments.* A Reappraisal of Judaism from the Exile to the Birth of Christianity (Pittsburgh Theological Monograph Series, 14) (Pittsburgh, Pickwick Press, 1976), xx-514 pp.

a5725   STEMBERGER, G., *Geschichte der jüdischen Literatur.* Eine Einführung (München, C.H. Beck, 1977), 257 pp.

a5726   McL. WILSON, R., «Jewish Literary Propaganda», dans *Mélanges offerts à Marcel Simon* (en collab.) (1978), 61-71.

a5727   MAYER, G., «Zur jüdisch-hellenistischen Literatur», TRu 44 (1979) 197-266; 45 (1980)
         226-244.

a5728   NICKELSBURG, G.W.E., *Jewish Literature between the Bible and the Mishnah.*
         A Historical and Literary Introduction (London, SCM Press, 1981), xx-332 pp.

a5729   LOEWE, R.J., «The Bible in Medieval Hebrew Poetry», dans *Interpreting the Hebrew
         Bible* (en collab.) (1982), 133-155.

a5730   HOLLADAY, C.R., *Fragments from Hellenistic Jewish Authors.* Volume I: *Historians*
         (SBL, Texts and Translations, 20; Pseudepigrapha, 10) (Chico, Scholars Press, 1983),
         xiii-389 pp.

a5731   MAYER, G., «Neue Standardwerke zur jüdischhellenistischen Literatur», TR 48 (1983)
         305-319.

**b) Genres littéraires. Literary Genres. Litterarische Gattungen.
Generi letterari. Géneros literarios.**

a5732   HEINEMANN, J., «Early Halakhah in the Palestinian Targumim», dans *Studies in
         Jewish Legal History* (en collab.) (1974), 114-122.

a5733   JOHNSTON, R.M., «The Study of Rabbinic Parables: Some Preliminary Observations»,
         dans *Society of Biblical Literature. 1976 Seminar Papers* (en collab.) (1976), 337-357.

a5734   SALDARINI, A.J., «Last Words and Deathbed Scenes in Rabbinic Literature», JQR 68
         (1977) 28-45.

a5735   GARCIA MARTINEZ, F., «El pesher: interpretación profética de la Escritura», Salm
         26 (1979) 125-139.

a5736   MANNS, F., «Une source de l'aggadah juive: la littérature grecque», StBiFranc 29 (1979)
         111-144.

a5737   VON NORDHEIM, E., *Die Lehre der Alten.* I. Das Testament als Literaturgattung im
         Judentum der hellenistisch-römischen Zeit (Arbeiten zur Literatur und Geschichte des
         hellenistischen Judentums, 13) (Leiden, Brill, 1980), viii-254 pp.

a5738   ADINOLFI, M., «I mešalim di Berešit Rabbâ 1-11», RivB 29 (1981) 57-67.

a5739   PORTON, G.G., «The Pronouncement Story in Tannaitic Literature: A Review of
         Bultmann's Theory», Semeia 20 (1981) 81-99.

a5740   KRONHOLM, T., «The Portrayal of Characters in Midrash Ruth Rabbah», ASTI 12
         (1983) 13-54 (Biblical haggadah).

a5741   LIGHTSTONE, J.N., «Form as Meaning in Halakic *Midrash.* A Programmatic
         Statement», Semeia 27 (1983) 23-35.

c) Talmud.

a5742   KLEIN, Y., «Some General Results of the Separation of Gemara from Sebara in the
         Babylonian Talmud», JSS 3 (1958) 363-372.

a5743   NEUSNER, J., «Shammai and Jonathan B. 'Uzziel», Kairos 12 (1970) 309-313.

a5744   DE BRUIN, T., «Mishnaic and Talmudical Hebrew», dans *A Basic Bibliography for the
         Study of the Semitic Languages* (en collab.) (1973), I, 265-277.

a5745   GOLDMAN, E.A., «A Critical Edition of Palestinian Talmud Tractate Rosh Hashana,
         Chapter One», HUCA 46 (1975) 219-268; «Chapter Two», HUCA 47 (1976) 191-216;
         «Chapter Three», HUCA 48 (1977) 219-241; «Chapter Four», HUCA 49 (1978) 205-226.

a5746   COHEN, M., «Invitation au Talmud. À propos d'un livre récent», RHR 190 (1976)
         127-148.

a5747   GAMORAN, H., «Talmudic Usury Laws and Business Loans», JStJud 7 (1976) 129-142.

*a*5748   GOODBLATT, D., «Local Traditions in the Babylonian Talmud», HUCA 48 (1977) 187-217.

*a*5749   SEGAL, E.L., «The Terminology of Case-Citation in the Babylonian Talmud. A Study in the Limitations of Form Criticism», JStJud 9 (1978) 205-211.

*a*5750   KATSH, A.I., «Unpublished Talmudic Genizah Fragments in the Antonin Collection of the Saltykov-Shchedrin Library in Leningrad», JQR 69 (1979) 193-207.

*a*5751   LEVINAS, E., «De la lecture juive des écritures», LV nº 144 (1979) 5-23.

*a*5752   SEGAL, E.L., «The Use of the Formula *ki ha d^e* in the Citation of Cases in the Babylonian Talmud», HUCA 50 (1979) 199-218.

*a*5753   SEGAL, E.L., «Variant Traditions of Cases in the Babylonian Talmud», JQR 70 (1979) 1-27.

*a*5754   TOUATI, C., «Le Talmud», dans SDB 10 (1979) col. 1028-1032.

*a*5755   BASSER, H.W., «Allusions to Christian and Gnostic Practises in Talmudic Tradition», JStJud 12 (1981) 87-105.

*a*5756   KATSH, A.I., «A Genizah fragment of Talmud Yerushalmi in the Antonin collection of the Saltykovshchedrin Library in Leningrad», JQR 71 (1981) 181-184.

*a*5757   TAL, A. (Ed.), *The Samaritan Targum of the Pentateuch. A Critical Edition. Part II. Leviticus, Numeri, Deuteronomium* (Texts and Studies in the Hebrew Language and Related Subjects, 5) (Tel Aviv, Tel Aviv University, 1981), vi-400 pp.

*a*5758   WEWERS, G.A., *Sanhedrin. Gerichtshof* (Übersetzung des Talmud Yerushalmi, 4/4) (Tübingen, Mohr-Siebeck, 1981), xiv-341 pp.

*a*5759   STEMBERGER, G., *Der Talmud.* Einführung-Texte-Erläuterungen (München, C.H. Beck, 1982), 324 pp.

*a*5760   STRACK, H.L., STEMBERGER, G., *Einleitung in Talmud und Kidrasch* (Beck'sche Elementarbücher) (7th rev. ed.) (München, Beck, 1982), 341 pp.

*a*5761   BROOKS, R., «Shamma Friedman on b. Yebamot 88a-b», Semeia 27 (1983) 63-75.

*a*5762   BROOKS, R., DAVIS, J.M., «The Case of b. Berakot 35b», Semeia 27 (1983) 103-116.

*a*5763   GRADWOHL, R., *Was ist der Talmud?* Einführung in die 'Mündliche Tradition' Israels (Stuttgart, Calwer, 1983), 80 pp.

*a*5764   NEUSNER, J., «The Talmud of the Land of Israel and the Mishnah», Semeia 27 (1983) 117-145.

*a*5765   NEWMAN, L., «Shamma Friedman on b. Yebamot 87b-88a», Semeia 27 (1983) 53-61.

*a*5766   NEWMAN, L., «A Source-Critical Commentary to b. Yebamot 87b», Semeia 27 (1983) 93-101.

*a*5767   WEGNER, J.R., «Shamma Friedman on b. Yebamot 88b-89a», Semeia 27 (1983) 77-91.

*a*5768   WEINER, D., «Shamma Friedman's Methodological Principles», Semeia 27 (1983) 47-51.

d) Targum.

Introduction. Einführung. Introduzione. Introducción.

*a*5769   DIEZ MACHO, A., *El Targum.* Introducción a las traduciones aramaicas de la Biblia (Barcelona, Consejo Superior de Investigaciones Científicas, 1972), 120 pp.

*a*5770   McNAMARA, M., *Targum and Testament.* Aramaic Paraphrases of the Hebrew Bible: A Light on the New Testament (Shannon, Irish University Press; Grand Rapids, Eerdmans, 1972), viii-225 pp.

*a*5771   GROSSFELD, B., *A Bibliography of Targum Literature* (Bibliographica Judaica, 3 and 8) (Leiden, Brill, 1972, 1977), xxviii-132 pp., xxxii-113 pp.

*a*5772   PERROT, C., «Le Targum», ETR 52 (1977) 219-230.

a5773   CHILTON, B., «A Cornucopia of Targum and Pseudepigrapha Studies from Scholars Press», JSOT no 8 (1978) 61-70.

a5774   CHILTON, B., «Targumic Transmission and Dominical Tradition», dans *Gospel Perspectives* (en collab.) (1980), 21-45.

a5775   CLARKE, E.G., DION, P.-E. (Ed.), *Newsletter for Targumic and Cognate Studies*, 10: 1 (Toronto, Department of Near Eastern Studies, University of Toronto, 1983), 18 pp.

Textes. Texts. Texte. Testi. Textos.

a5776   WEIL, G.E., «Le Codex Neophiti I. - À propos de l'article de M.F. Martin», Textus 4 (1964) 225-229.

a5777   WEIL, G.E., «La Massorah Magna du Targum du Pentateuque: Nouveaux fragments et autres», Textus 4 (1964) 30-54.

a5778   DIEZ MACHO, A., «A Yemenite Manuscript for the Edition of Babylonian Onqelos», OrAnt 6 (1967) 215-220.

a5779   DIEZ MACHO, A., *Neophyti 1*. Targum Palestinense MS de la Biblioteca Vaticana. Tomo IV, *Numeros* (Madrid, Consejo Superior de Investigaciones Científicas, 1974), 102-707 pp.

a5780   KLEIN, M., «Notes on the Printed Edition of MS Neofiti I», JSS 19 (1974) 216-230.

a5781   MUÑOZ LEON, D., «El 4.º de Esdras y el Targum Palestinense», EstB 33 (1974) 323-355; 34 (1975) 49-82.

a5782   DIEZ MACHO, A., «Un nuevo manuscrito del Targum Fragmentario», dans *Homenaje a Juan Padro* (en collab.) (1975), 533-551.

a5783   GORDON, R.P., «Targum Onkelos to Genesis 49:4 and a Common Semitic Idiom», JQR 66 (1975-76) 224-226.

a5784   GOSHEN-GOTTSTEIN, M.H., «The 'Third Targum' on Esther and Ms. Neofiti 1», Bibl 56 (1975) 301-342.

a5785   KLEIN, M.L., «The Extant Sources of the Fragmentary Targum to the Pentateuch», HUCA 46 (1975) 115-137.

a5786   LEVEY, S.H., «The Targum to Ezekiel», HUCA 46 (1975) 139-158.

a5787   LEVINE, E., *The Aramaic Version of Jonah* (Jerusalem, Jerusalem Academic Press, 1975), 118 pp.

a5788   RINALDI, G., «Il Targum palestinese del Pentateuco», BibOr 17 (1975) 75-77.

a5789   ABERBACH, M., GROSSFELD, B., *Targum Onquelos on Genesis 49*. Translation and Analytical Commentary (SBL Aramaic Studies, 1) (Missoula, Montana, Scholars Press, 1976), xiv-84 pp.

a5790   LEVINE, E., *The Aramaic Version of Lamentations* (New York, Hermon Press, 1976), 204 pp.

a5791   MARTINEZ BOROBIO, E., «El Midrás de Neofiti Gen 44,18. Dos versiones diferentes de una hagadá», EstB 35 (1976) 79-86.

a5792   BORGER, R., «Hiob xxxix 23 nach dem Qumran-Targum», VT 27 (1977) 102-105.

a5793   FITZMYER, J.A., «The Targum of Leviticus from Qumran Cave 4», Maarav 1 (1978) 5-23.

a5794   KATSH, A.I., «Unpublished Genizah Fragments of the Tractate Shabbat in the Dropsie University Collection», JQR 69 (1978) 16-26.

a5795   KLEIN, M.L., «A Genizah Fragment of Palestinian Targum to Genesis 15:1-4», HUCA 49 (1978) 73-87.

a5796   LE DÉAUT, R., ROBERT, J. (Éd.), *Targum du Pentateuque*. Traduction des deux recensions palestiniennes complètes avec introduction, parallèles, notes et index. T. I: Genèse; t. II: Exode et Lévitique; t. III: Nombres; t. IV: Deutéronome; t. V: Index analytique des tomes I-IV (Sources chrétiennes, 245, 256, 261, 271, 282) (Paris, Cerf, 1978-81), 460-525-343-411-120 pp.

a5797   GRABBE, L.L., «The Jannes/Jambres Tradition in Targum Pseudo-Jonathan and its Date», JBL 98 (1979) 393-401.

a5798   KLEIN, M.L., «Nine Fragments of Palestinian Targum to the Pentateuch from the Cairo Genizah (Additions to MS A)», HUCA 50 (1979) 149-164.

a5799   SANCHEZ CARO, J.M., «Tradiciones del Targum palestinense a Dt 1,1», Salm 26 (1979) 109-124.

a5800   VAN ZIJL, J.N., *A Concordance to the Targum of Isaiah* (SBL Aramaic Studies, 3) (Missoula, Scholars Press, 1979), vii-207 pp.

a5801   WEISS, R., *The Aramaic Targum of Job* (Tel-Aviv University, Tel-Aviv School for Jewish Studies, 1979), xvii-344 pp.

a5802   KLEIN, M.L., *The Fragment-Targums of the Pentateuch According to their Extant Sources* (Analecta Biblica, 76) (Rome, Biblical Institute Press, 1980), Volume I: Texts, Indices and Introductory Essays, 260 pp.; Volume II: Translation, ix-199 pp.

a5803   TAL, A. (Ed.), *The Samaritan Targum of the Pentateuch. A Critical Edition. Part I: Genesis. Exodus* (Texts and Studies in the Hebrew Language and Related Subjects, 4) (Tel Aviv, Tel Aviv University, 1980), xx-399-xiii pp.

a5804   DIEZ-MACHO, A., «Nueva fuente para el Targum Palestino del dia séptimo de Pascua y primero de Pentecostés», Salm 28 (1981) 233-257.

a5805   DIEZ MERINO, L., «Los manuscritos targúmicos españoles», Salm 28 (1981) 359-386.

a5806   ABERBACH, M., GROSSFELD, B. (Ed.), *Targum Onkelos to Genesis*. A Critical Analysis together with an English Translation of the Text (Based on A. Sperber's Edition) (New York, Ktav, 1982), vii-376 pp.

a5807   GOSHEN-GOTTSTEIN, M., *Fragments of Lost Targumim*. Part I (Bar-Ilan University, Institute for the History of Jewish Bible Research, Sources and Studies, 1) (Ramat-Gan, Israel, Bar-Ilan University Press, 1983), xxiv-168 pp. (Only the *Introduction* is in English).

a5808   GRELOT, P., «Le Targum d'Isaïe, X,32-34 dans ses diverses recensions», RB 90 (1983) 202-228.

a5809   GROSSFELD, B., *The First Targum to Esther* according to the MS Paris Hebrew 110 of the Bibliothèque Nationale (New York, Sepher-Hermon Press, 1983), xiv-222 pp.

Critique littéraire. Literary Criticism. Literarkritik. Critica letteraria. Crítica literaria.

a5810   LIEBREICH, L.J., «The Benedictory Formula in the Targum to the Song of Songs», HUCA 18 (1944) 177-197.

a5811   MELAMED, E.Z., «The Targum Yehonathan and an Arabic Tafsir to the Song of Deborah», ErIs 3 (1954) 198-206 (Hebrew).

a5812   GRELOT, P., «Les Targums du Pentateuque. Étude comparative d'après Genèse IV,3-16», Sem. 9 (1959) 59-88.

a5813   FITZMAURICE MARTIN, M., «The Palaeographical Character of Codex Neofiti 1», Textus 3 (1963) 1-35.

a5814   KADARI, M.Z., «The Use of *d*- Clauses in the Language of Targum Onkelos», Textus 3 (1963) 36-59.

a5815   SHUNARY, J., «Avoidance of Anthropomorphism in the Targum of Psalms», Textus 5 (1966) 133-144.

a5816   MALFROY, J., «L'utilisation du vocabulaire sapientiel du Deutéronome dans le Targum palestinien (Codex Neofiti)», Sem. 17 (1967) 81-96.

*a*5817   KUIPER, G.J., *The Pseudo-Jonathan Targum and its Relationship to Targum Onkelos* (Studia Ephemeridis 'Augustinianum', 9) (Roma, Institutum Patristicum 'Augustinianum', 1972), 182 pp.

*a*5818   VAN ZIJL, J., «The root *prq* in Targum Isaiah», JNWSemL 2 (1972) 60-73.

*a*5819   KLEIN, M., «The Notation of *Parašot* in MS Neofiti 1», Textus 8 (1973) 175-177.

*a*5820   OKAMOTO, A.O.H., «A Geonic Phrase in Ms. Targum Yerushalmi, Codex Neofiti I», JQR 66 (1975-76) 160-167.

*a*5821   STRICKMAN, H.N., «A Note on the Text of Babylonian Talmud Giṭ 6a», JQR 66 (1975-76) 173-175.

*a*5822   KLEIN, M.L., «Converse Translation: A Targumic Technique», Bibl 57 (1976) 515-537.

*a*5823   TAL, A., «The Samaritan Targum to the Pentateuch. Its Distinctive Characteristic and its Metamorphosis», JSS 21 (1976) 26-38.

*a*5824   GRIÑO, R., «El *Meturgeman* y Neofiti I», Bibl 58 (1977) 153-188.

*a*5825   MARGAIN, J., «Les particules à sens final dans le Targum samaritain», Sem. 27 (1977) 145-152.

*a*5826   GOSHEN-GOTTSTEIN, M.H., «The Language of Targum Onqelos and Literary Diglossia in Aramaic», ErIs 14 (1978) 183-187 (English summary).

*a*5827   KLEIN, M.L., «The Messiah 'That Leadeth upon a Cloud', in the Fragment-Targum to the Pentateuch?» JTS 29 (1978) 137-139.

*a*5828   LOADER, J.A., «Onqelos Genesis 1 and the Structure of the Hebrew Text», JStJud 9 (1978) 198-204.

*a*5829   MARGAIN, J., «Le traitement de la particule hébraïque *pen* dans le Targum samaritain», Sem. 28 (1978) 85-96.

*a*5830   GRIÑO, R., «El *Meturgeman* de Elías Levita y el *'Aruk* de Natán Ben Yeḥiel como fuentes de la lexicografía targúmica», Bibl 60 (1979) 110-117.

*a*5831   KLEIN, M.L., «The Preposition *qdm* ('before'). A Pseudo-Anti-Anthropomorphism in the Targums», JTS 30 (1979) 502-507.

*a*5832   DIEZ-MACHO, A., «L'usage de la troisième personne au lieu de la première dans le Targum», dans *Mélanges Dominique Barthélemy* (en collab.) (1981), 61-89.

*a*5833   KLEIN, M.L., «The Translation of anthropomorphisms and anthropopathisms in the Targumim», dans *Congress Volume. Vienna 1980* (en collab.) (1981), 162-177.

*a*5834   KLEIN, M.L., «Associative and Complementary Translation in the Targumim», ErIs 16 (1982) 134*-140*.

Théologie. Theology. Teologie. Teologia. Teología.

*a*5835   MUÑOZ LEON, D., *Dios-Palabra*. Memrá en los targumim del Pentateuco (Institución San Jerónimo, 4) (Granada, Institución San Jerónimo, 1974), 757 pp.

*a*5836   MUÑOZ LEON, D., *Gloria de la Shekina en los Targumim del Pentateuco* (Madrid, Consejo Superior de Investigaciones Científicas, 1977), 603 pp.

*a*5837   GORDON, R.P., «The Targumists as eschatologists», dans *Congress Volume. Göttingen 1977* (en collab.) (1978), 113-130.

*a*5838   CHILTON, B.D., *The Glory of Israel*. The Theology and Provenience of the Isaiah Targum (JSOT Supplement Series, 23) (Sheffield, JSOT Press, 1983), x-178 pp.

*a*5839   COOK, J., «Anti-Heretical Traditions in Targum Pseudo-Jonathan», JNWSemL 11 (1983) 47-57.

e) Midrash.

a5840   FINKELSTEIN, L., «Fragment of an Unknown Midrash on Deuteronomy», HUCA 12-13 (1937-38) 523-557.

a5841   MANN, J., «Some Midrashic Genizah Fragments», HUCA 14 (1939) 303-358.

a5842   CANTO RUBIO, J., «El midrás o la madurez intelectual del pueblo hebreo», CuBi 23 (1966) 241-244.

a5843   ZINGER, Z., «The Bible Quotations in the Pesikta de Rav Kahana», Textus 5 (1966) 114-124.

a5844   BROWN, R., «Midrashim as Oral Traditions», HUCA 47 (1976) 181-189.

a5845   SHINAN, A., «Midrashic Parallels to Targumic Traditions», JStJud 8 (1977) 185-191.

a5846   BREGMAN, M., «Past and Present in Midrashic Literature», HebAnR 2 (1978) 45-59.

a5847   CHERNICK, M., «The Use of Ribbûyîm and Mi‘ûṭîm in the Halakic Midrash of R. Ishmel», JQR 70 (1979) 96-116.

a5848   GOTTLIEB, I.B., «Formula Comparison in Midrashic Literature», JQR 70 (1979) 28-40.

a5849   HAMMER, R., «Section 38 of Sifre Deuteronomy: An Example of the Use of Independent Sources to Create a Literary Unit», HUCA 50 (1979) 165-178.

a5850   STEMBERGER, G., «Die Datierung der Mekhilta», Kairos 21 (1979) 81-118.

a5851   CHERNUS, I., «On the History of a Pericope in the Midrash Tanḥuma», JStJud 11 (1980) 53-65.

a5852   CHERNUS, I., «The Rebellion at the Reed Sea: Observations on the Nature of Midrash», HebAnR 4 (1980) 45-52.

a5853   LIGHTSTONE, J.N., «Oral and Written Torah in the eyes of the Midrashist: New perspectives on the method and message of the Halakic Midrashim», SR 10 (1981) 187-193.

a5854   BOYARIN, D., «Review of Y. Sabar, Pašaṭ Wayayi Bašallaḥ, A Neo-Aramaic Midrash on Bašallaḥ (Exodus)», Maarav, 3, nᵒ 1 (1982) 99-114.

a5855   COHEN, N.J., «The London manuscript of midrash Pesiqta Rabbati: a key text-witness comes to light», JQR 73 (1982-83) 209-237.

a5856   COHEN, N.J., «Shekhinta ba-Galuta: A Midrashic Response to Destruction and Persecution», JStJud 13 (1982) 147-159.

a5857   LEVITTE, G., «Mythe et Midrash», dans La Bible au présent (en collab.) (1982), 275-296.

a5858   REIF, S.C., «A Midrashic Anthology from the Genizah», dans Interpreting the Hebrew Bible (en collab.) (1982), 179-225.

a5859   AMARU, B.H., «The Killing of the Prophets: Unraveling a Midrash», HUCA 54 (1983) 153-180.

a5860   FRAADE, S.D., «Sifre Deuteronomy 26 (ad Deut. 3:23): How Conscious the Composition?» HUCA 54 (1983) 245-301.

f) Mishnah.

a5861   KAHLE, P., «The Mishnah Text in Babylonia», HUCA 10 (1935) 185-222; 12-13 (1937-38) 275-325.

a5862   GUTTMANN, A., «The Problem of the Anonymous Mishna», HUCA 16 (1941) 137-155.

a5863   FRANCIS, F.O., «The Baraita of the Four Sons», dans Society of Biblical Literature. 1972 Proceedings (en collab.) (1972), 245-283.

*a*5864   NEUSNER, J., «History and Structure: The Case of Mishnah», JAmAcRel 45 (1977) 161-192.

*a*5865   NEUSNER, J., «Form and Meaning in Mishnah», JAmAcRel 45 (1977) 27-54.

*a*5866   SALDARINI, A.J., «The Uses of Apocalyptic in the Mishna and Tosepta», CBQ 39 (1977) 396-409.

*a*5867   NEUSNER, J., *A History of the Mishnaic Law of Holy Things* (Studies in Judaism in Late Antiquity, XXX) (Leiden, Brill, 1978), xx-262 pp.

*a*5868   ALLERHAND, J., «Der historische Hintergrund der *Sprüche der Väter* und ihre Ethik», Kairos 21 (1979) 133-180.

*a*5869   NEUSNER, J., «From Scripture to Mishnah: The Origins of Mishnah's Fifth Division», JBL 98 (1979) 269-283.

*a*5870   NEUSNER, J., «Redaction, Formulation, and Form: The Case of Mishnah», JQR 70 (1980) 131-152.

*a*5871   NEUSNER, J., «The Use of the Mishnah for the History of Judaism Prior to the Time of the Mishnah», JStJud 11 (1980) 177-185.

*a*5872   NEUSNER, J., «L'Écriture et la tradition dans le judaïsme: l'exemple de la Mishna», SR 9 (1980) 451-467.

*a*5873   NEUSNER, J., *Form-Analysis and Exegesis.* A Fresh Approach to the Interpretation of the Mishnah with special reference to the Mishnah-tractate Makhshirin (Minneapolis, University of Minnesota Press, 1980), xiv-215 pp.

*a*5874   NEUSNER, J., «L'Écriture et la Tradition dans le Judaïsme: l'exemple de la Mishna», RHPR 61 (1981) 3-22.

*a*5875   NEUSNER, J., «Schrift und Tradition im Judentum», Kairos 23 (1981) 51-66.

*a*5876   GIANOTTI, C.R., *The New Testament and the Mishnah.* A Cross-Reference Index (Grand Rapids, Michigan, Baker Book House, 1983), 63 pp.

g) Philon. Philo. Philone. Filón.

Introduction. Einführung. Introduzione. Introducción.

*a*5877   NIKIPROWETZKY, V., «Rébecca, Vertu de Constance et Constance de Vertu chez Philon d'Alexandrie», Sem. 26 (1976) 109-136.

*a*5878   HILGERT, E., «Central Issues in Contemporary Philo Studies», BiRes 23 (1978) 15-25.

*a*5879   WINSTON, D., «Was Philo A Mystic?» dans *Society of Biblical Literature. 1978 Seminar Papers* (en collab.) (1978), I, 161-180.

*a*5880   SANDMEL, S., *Philo of Alexandria.* An Introduction (New York, Oxford University Press, 1979), xii-204 pp.

*a*5881   BORGEN, P., «Philo of Alexandria. A Critical and Synthetical Survey of Research since World War II», dans *Aufstieg und Niedergang der römischen Welt,* II. *Principat,* 21.2 (en collab.) (1984), 98-154.

*a*5882   HILGERT, E., «Bibliographia Philoniana 1935-1981», dans *Aufstieg und Niedergang der römischen Welt,* II. *Principat,* 21.1 (en collab.) (1984), 47-97.

*a*5883   SANDMEL, S., «Philo Judaeus: An Introduction to the Man, his Writings, and his Significance», dans *Aufstieg und Niedergang der römischen Welt,* II. *Principat,* 21.1 (en collab.) (1984), 3-46.

*a*5884   SAVON, H., «Saint Ambroise et saint Jérôme, lecteurs de Philon», dans *Aufstieg und Niedergang der römischen Welt,* II. *Principat,* 21.1 (en collab.) (1984), 731-759.

Critique littéraire. Literary Criticism. Literarkritik.
Critica letteraria. Crítica literaria.

a5885   GEOLTRAIN, P., «Le traité de la vie contemplative de Philon d'Alexandrie. Introduction, traduction et notes», Sem. 10 (1960) 5-66.

a5886   PHILONENKO, M., «Remarques sur un hymne essénien de caractère gnostique», Sem. 11 (1961) 43-54.

a5887   HAMERTON-KELLY, R.G., «Some Techniques of Composition in Philo's Allegorical Commentary with Special Reference to *De Agricultura* - A Study in the Hellenistic Midrash», dans *Jews, Greeks and Christians* (en collab.) (1976), 45-56.

a5888   BAMBERGER, B.J., «Philo and the Aggadah», HUCA 48 (1977) 153-185.

a5889   BOGAERT, P.M., «Les *Antiquités bibliques* du Pseudo-Philon à la lumière des découvertes de Qumrân. Observations sur l'hymnologie et particulièrement sur le chapitre 60», dans *Qumrân. Sa piété, sa théologie et son milieu* (en collab.) (1978), 313-331.

a5890   MOEHRING, H.R., «Arithmology as an Exegetical Tool in the Writings of Philo of Alexandria», dans *Society of Biblical Literature. 1978 Seminar Papers* (en collab.) (1978), I, 191-227.

a5891   TERIAN, A., «The Implications of Philo's Dialogues on His Exegetical Works», dans *Society of Biblical Literature. 1978 Seminar Papers* (en collab.) (1978), I, 181-190.

a5892   HAY, D.M., «What Is Proof? Rhetorical Verification in Philo, Josephus, and Quintilian», dans *Society of Biblical Literature. 1979 Seminar Papers* (en collab.) (1979), II, 87-100.

a5893   MOEHRING, H.R., «Moses and Pythagoras: Arithmology as an Exegetical Tool in Philo», dans *Studia Biblica 1978. I. Papers on Old Testament* (en collab.) (1979), 205-208.

a5894   SCHALLER, B., «Zur Überlieferungsgeschichte des Ps.-philonischen *Liber Antiquitatum Biblicarum* im Mittelalter», JStJud 10 (1979) 64-73.

a5895   ZERON, A., «Erwägungen zu Pseudo-Philos Quellen und Zeit», JStJud 11 (1980) 38-52.

a5896   GREENSPOON, L., «The Pronouncement Story in Philo and Josephus», Semeia 20 (1981) 73-80.

a5897   WALTER, N., «Fragmente jüdisch-hellenistischer Epik: Philon, Theodotos», dans En collaboration, *Poetische Schriften* (Jüdische Schriften aus hellenistisch-römischer Zeit, Band IV, Lieferung 3) (Gütersloh, Gerd Mohn, 1983), 135-171.

a5898   CONLEY, T.M., «Philo's Rhetoric: Argumentation and Style», dans *Aufstieg und Niedergang der römischen Welt*, II. *Principat*, 21.1 (en collab.) (1984), 343-371.

a5899   TERIAN, A., «A Critical Introduction to Philo's Dialogues», dans *Aufstieg und Niedergang der römischen Welt*, II. *Principat*, 21.1 (en collab.) (1984), 272-294.

Théologie. Theology. Teologie. Teologia. Teología.

a5900   GOODENOUGH, E.R., «Philo's Exposition of the Law and His *De Vita Mosis*», HarvTR 26 (1933) 109-125.

a5901   PULVER, M., «Das Erlebnis des Pneuma bei Philon», ErJb 1945 13 (1946) 111-132.

a5902   NIKIPROWETZKY, V., «La spiritualisation des sacrifices et le culte sacrificiel du Temple de Jérusalem chez Philon d'Alexandrie», Sem. 17 (1967) 97-116.

a5903   DEY, L.K.K., *The Intermediary World and Patterns of Perfection in Philo and Hebrews* (S.B.L. Dissertation Series, 25) (Missoula, Montana, Scholars Press, 1975), vii-239 pp.

a5904   HORSLEY, R.A., «The Law of Nature in Philo and Cicero», HarvTR 71 (1978) 35-59.

a5905   CARSON, D.A., «Divine Sovereignty and Human Responsibility in Philo», NT 23 (1981) 148-164.

a5906   SIMON, M., «Éléments gnostiques chez Philon (*Studies in the History of Religions*, XII, Leiden, 1967, 359-376)», dans SIMON, M., *Le Christianisme antique et son contexte religieux* (1981), 336-353.

a5907   TOBIN, T.H., *The Creation of Man.* Philo and the History of Interpretation (CBQ Monograph Series, 14) (Washington, The Catholic Biblical Association of America, 1983), viii-199 pp.

a5908   PEARSON, B.A., «Philo and Gnosticism», dans *Aufstieg und Niedergang der römischen Welt*, II. *Principat*, 21.1 (en collab.) (1984), 295-342.

a5909   WINSTON, D., «Philo's Ethical Theory», dans *Aufstieg und Niedergang der römischen Welt*, II. *Principat*, 21.1 (en collab.) (1984), 372-416.

Bible. Bibel. Bibbia. Biblia.

a5910   SEGALLA, G., *Volontà di dio e dell'uomo in Giovanni* (1974), «L'ambiente giudaico-ellenistico: Filone», 45-51.

a5911   PETIT, M., À propos d'une traversée exemplaire du désert du Sinaï selon Philon (*Hypothetica* VI,2-3.8): texte biblique et apologétique concernant Moïse chez quelques écrivains juifs», Sem. 26 (1976) 137-142.

a5912   CARLSTON, C., «The Vocabulary of Perfection in Philo and Hebrews», dans *Unity and Diversity in New Testament Theology* (en collab.) (1978), 133-160.

a5913   KRAFT, R.A., «Philo (Josephus, Sirach and Wisdom of Solomon) on Enoch», dans *Society of Biblical Literature. 1978 Seminar Papers* (en collab.) (1978), I, 253-257.

a5914   STAROBINSKI-SAFRAN, E., «La prophétie de Moïse et sa portée d'après Philon», dans *La figure de Moïse* (en collab.) (1978), 67-80.

a5915   WILLIAMSON, R., «Philo and New Testament Christology», ExpTim 90 (1979) 361-365.

a5916   MOXNES, H., *Theology in Conflict*, «Philo and the promise to Abraham: encountering Greek Alexandria» (1980), 130-164.

a5917   WILLIAMSON, R., «Philo and New Testament Christology», dans *Studia Biblica 1978* (en collab.) (1980), III, 439-445.

a5918   HECHT, R., «Scripture and Commentary in Philo», dans *Society of Biblical Literature. 1981 Seminar Papers* (en collab.) (1981), 129-164.

a5919   BAUCKHAM, R., «The *Liber Antiquitatum Biblicarum* of Pseudo-Philo and the Gospels as 'Midrash'», dans *Gospel Perspectives* (en collab.) (1983), III, 33-76.

a5920   LUCIANI, F., «Le vicende di Enoc nell'interpretazione di Filone Alessandrino», RivB 81 (1983) 43-68.

a5921   CAZEAUX, J., «Philon d'Alexandrie, exégète», dans *Aufstieg und Niedergang der römischen Welt*, II. *Principat*, 21.1 (en collab.) (1984), 156-226.

a5922   MACK, B.L., «Philo Judaeus and Exegetical Traditions in Alexandria», dans *Aufstieg und Niedergang der römischen Welt*, II. *Principat*, 21.1 (en collab.) (1984), 227-271.

a5923   TRISOGLIO, F., «Filone Alessandrino e l'esegesi cristiana. Contributo alla conoscenza dell'influsso esercitato da Filone sul IV secolo, specificatamente in Gregorio di Nazianzo», dans *Aufstieg und Niedergang der römischen Welt*, II. *Principat*, 21.1 (en collab) (1984), 588-730.

Histoire. History. Geschichte. Storia. Historia.

a5924   NICKELSBURG, G.W.E., «Good and Bad Leaders in Pseudo-Philo's *Liber Antiquitatum Biblicarum*», dans *Ideal Figures in Ancient Judaism* (en collab.) (1980), 49-65.

a5925 AMIR, Y., *Die hellenistische Gestalt des Judentums bei Philon von Alexandrien* (Forschungen zum jüdisch-christlichen Dialog, 5) (Neukirchen-Vluyn, Neukirchener Verlag, 1983), vii-220 pp.

a5926 BARRACLOUGH, R., «Philo's Politics. Roman Rule and Hellenistic Judaism», dans *Aufstieg und Niedergang der römischen Welt*, II. *Principat*, 21.1 (en collab.) (1984), 417-553.

a5927 KRAUS REGGIANI, C., «I rapporti tra l'impero romano e il mondo ebraico al tempo di Caligola secondo la 'Legatio and Gaium' di Filone Alessandrino 554-586», dans *Aufstieg und Niedergang der römischen Welt*, II. *Principat*, 21.1 (1984), 554-586.

h) Flavius Josèphe. Flavius Josephus. Flavio Giuseppe. Flavio José.

Introduction. Einführung. Introduzione. Introducción.

a5928 SCHRECKENBERG, H., *Bibliographie zu Flavius Josephus* (Arbeiten zur Literatur und Geschichte des hellenistischen Judentums, 1) (Leiden, Brill, 1968), xviii-336 pp.

a5929 RENGSTORF, K.H. (Ed.), *A Complete Concordance to Flavius Josephus*. Vol. I: A-D; vol. II: E-K; vol. III: *labê-pô* (Leiden, Brill, 1973, 1975, 1979), xxvii-546, viii-549, viii-598 pp.

a5930 BARISH, D.A., «The Autobiography of Josephus and the Hypothesis of a Second Edition of his *Antiquities*», HarvTR 71 (1978) 61-75.

a5931 COHEN, S.J.D., *Josephus in Galilee and Rome*. His Vita and Development as a Historian (Columbia Studies in the Classical Tradition, 8) (Leiden, Brill, 1979), xvi-277 pp.

a5932 SCHRECKENBERG, H., *Bibliographie zu Flavius Josephus*. Supplementband mit Gesamtregister (Arbeiten zur Literatur und Geschichte des hellenistischen Judentums, 14) (Leiden, Brill, 1979), xi-242 pp.

a5933 LOHSE, E., «Vollständige Konkordanz zu Flavius Josephus», ZNW 71 (1980) 136.

a5934 RAJAK, T., *Josephus: The Historian and His Society* (Classical Life and Letters) (London, Duckworth, 1983), x-245 pp.

Critique littéraire. Literary Criticism. Literarkritik. Critica letteraria. Crítica literaria.

a5935 CREED, J.M., «The Slavonic Version of Josephus' History of the Jewish War», HarvTR 25 (1932) 277-319.

a5936 MARCUS, R., «A 16th Century Hebrew Critique of Philo», HUCA 21 (1948) 29-71.

a5937 VAILLANT, A., «Le Josèphe slave et les Esséniens», Sem. 8 (1958) 39-40.

a5938 VAILLANT, A., «Une édition nouvelle du Josèphe slave», Sem. 9 (1959) 89-93.

a5939 BELL, A.A., Jr., «Josephus the Satirist? A Clue to the Original Form of the Testimonium Flavianum», JQR 67 (1976) 16-22.

a5940 GOLDENBERG, D., «The *halakha* in Josephus and in Tannaitic Literature: A Comparative Study», JQR 67 (1976) 30-43.

a5941 VAN UNNIK, W.C., *Flavius Josephus als historischer Schriftsteller* (Franz Delitzsch Vorlesungen, Neue Folge) (Heidelberg, Lambert Schneider, 1978), 67 pp.

a5942 ARMENTI, J., «On the use of the term 'Galileans' in the writings of Josephus Flavius», JQR 72 (1981) 45-50.

a5943 BÜNKER, M., «Die rhetorische Disposition der Eleazarreden (Josephus, *Bell.* 7,323-388)», Kairos 23 (1981) 100-107.

a5944 GREENSPOON, L., «The Pronouncement Story in Philo and Josephus», Semeia 20 (1981) 73-80.

*a*5945   TOKI, K., «Der literarische Charakter des *Bell.Jud.* II,151b-153», AJBI 7 (1981) 53-69.
*a*5946   AUNE, D.E., «The Use of *prophêtês* in Josephus», JBL 101 (1982) 419-421.
*a*5947   BALCH, D.L., «Two Apologetic Encomia: Dionysius on Rome and Josephus on the Jews», JStJud 13 (1982) 102-122.
*a*5948   LADOUCEUR, D.J., «The Language of Josephus», JStJud 14 (1983) 18-38.

Bible. Bibel. Bibbia. Biblia.

*a*5949   KALLAI, Z., «The Biblical Geography of Flavius Josephus», ErIs 8 (1967) 269-272 (English summary).
*a*5950   ULRICH, E.C., Jr., *The Qumran Text of Samuel and Josephus* (Harvard Semitic Monographs, 19) (Missoula, Scholars Press, 1978), xvi-278 pp.
*a*5951   DOWNING, F.G., «Redaction Criticism: Josephus' *Antiquities* and the Synoptic Gospels», JSNT n⁰ 8 (1980) 46-65; n⁰ 9 (1980) 29-48.
*a*5952   MALINOWSKI, F.X., «Torah Tendencies in Galilean Judaism According to Flavius Josephus With Gospel Parallels», BTB 10 (1980) 30-36.
*a*5953   SCHRECKENBERG, H., «Flavius Josephus und die lukanischen Schriften», dans *Wort in der Zeit* (en collab.) (1980), 179-209.
*a*5954   DOWNING, F.G., «Common Ground with Paganism in Luke and Josephus», NTS 28 (1982) 546-559.
*a*5955   FELDMAN, L.H., «Josephus' Portrait of Saul», HUCA 53 (1982) 45-99.

Histoire. History. Geschichte. Storia. Historia.

*a*5956   THACKERAY, H.St.J., «On Josephus's Statement of the Pharisees' Doctrine of Fate (*Antiq.* xviii-1,3)», HarvTR 25 (1932) 93.
*a*5957   BIKERMAN, É., «Un document relatif à la persécution d'Antioche IV Épiphane», RHR 115 (1937) 188-223 (*Antiquités*, XII,5,5).
*a*5958   BIKERMAN, É., «Une proclamation séleucide relative au temple de Jérusalem», Syr. 25 (1946-48) 67-85.
*a*5959   THOMA, C., «Die Weltanschauung des Josephus Flavius. Dargestellt anhand seiner Schilderung des jüdischen Aufstandes gegen Rom (66-73 n. Chr.)», Kairos 11 (1969) 39-52.
*a*5960   SEN, F., «Una época agitada y difícil», CuBi 29 (1972) 289-291.
*a*5961   BYATT, A., «Josephus and Population Numbers in First Century Palestine», PEQ 105 (1973) 51-60.
*a*5962   COHEN, N.G., «Asinaeus and Anilaeus: Additional Comments to Josephus' Antiquities of the Jews», ASTI 10 (1976) 30-37.
*a*5963   FELDMAN, L.H., «Josephus as an Apologist of the Greco-Roman World: His Portrait of Solomon», dans *Aspects of Religious Propaganda in Judaism and Early Christianity* (en collab.) (1976), 68-98.
*a*5964   KASHER, A., «Les circonstances de la promulgation de l'édit de l'Empereur Claude et de sa lettre aux Alexandrins (41 ap. J.-C.)», Sem. 26 (1976) 99-108.
*a*5965   REBUFFAT, R., «Une bataille navale au VIIIe siècle (Josèphe, *Antiquités Judaïques*, IX,14)», Sem. 26 (1976) 71-79.
*a*5966   DUBARLE, A.-M., «Le témoignage de Josèphe sur Jésus d'après des publications récentes», RB 84 (1977) 38-58.
*a*5967   GAUGER, J.-D., *Beiträge zur jüdischen Apologetik.* Untersuchungen zur Authentizität von Urkunden bei Flavius Josephus und im I. Makkabäerbuch (Bonner Biblische Beiträge, 49) (Köln, Peter Hanstein Verlag, 1977), xvi-361 pp.

a5968   WILLIAMSON, H.G.M., «The Historical Value of Josephus' *Jewish Antiquities* XI.
         297-301», JTS 28 (1977) 49-66.
a5969   ALTSHULER, D., «The Treatise *Peri ethnôn kai aitiôn* 'On Customs and Causes' by
         Flavius Josephus», JQR 69 (1979) 226-232.
a5970   HAY, D.M., «What Is Proof? - Rhetorical Verification in Philo, Josephus, and
         Quintilian», dans *Society of Biblical Literature. 1979 Seminar Papers* (en collab.) (1979),
         II, 87-100.
a5971   HORSLEY, R.A., «Josephus and the Bandits», JStJud 10 (1979) 37-63.
a5972   HUBBARD, B.J., «Luke, Josephus and Rome: A Comparative Approach to the Lukan
         Sitz im Leben», dans *Society of Biblical Literature. 1979 Seminar Papers* (en collab.)
         (1979), 59-68.
a5973   PELLETIER, A., *Flavius Josèphe. Guerre des Juifs.* Tome II, Livres II et III. Texte
         établi et traduit (Collection des Universités de France) (Paris, «Les Belles Lettres», 1980),
         245 pp.
a5974   BROSHI, M., «The Credibility of Josephus», dans *Essays in Honour of Yigael Yadin,* JJS
         33 (1982) 379-384.
a5975   COHEN, S.J.D., «Masada: Literary Tradition, Archaeological Remains, and the
         Credibility of Josephus», dans *Essays in Honour of Yigael Yadin,* JJS 33 (1982) 385-405.
a5976   GAUGER, J.-D., «Zitate in der jüdischen Apologetik und die Authentizität der
         Hekataios-Passagen bei Flavius Josephus und im Ps. Aristeas-Brief», JStJud 13 (1982)
         6-46.
a5977   PELLETIER, A., *Flavius Josèphe. Guerre des Juifs.* Tome III. Livres IV et V (Collection
         des Universités de France) (Paris, «Les Belles Lettres», 1982), 269 pp.
a5978   RAJAK, T., «Josephus and the 'Archaeology' of the Jews», dans *Essays in Honour of
         Yigael Yadin,* JJS 33 (1982) 465-477.
a5979   SCHWARTZ, D.R., «*Kata touton ton kairon*: Josephus' Source on Agrippa II», JQR 72
         (1982) 241-268.
a5980   FEUILLET, A., «Flavius Josèphe, témoin des origines chrétiennes, a-t-il parlé du
         Christ?» EV (première partie) 93 (1983) 532-539.

i) Rabbinisme. Rabbinism. Rabbinisches Judentum. Rabbinismo.

a5981   BENOIT, P., «Le judaïsme rabbinique», *Bulletin du Comité des Études* (Compagnie de
         Saint-Sulpice), n° 51, oct.-déc. 1967, 8-25, dans BENOIT, P., *Exégèse et théologie,*
         tome IV (1982), 347-370.
a5982   NEUSNER, J., «The Phenomenon of the Rabbi in Late Antiquity», Numen 16 (1969)
         1-20; 17 (1970) 1-18.
a5983   NEUSNER, J., *Early Rabbinic Judaism* (Studies in Judaism in Late Antiquity, 13)
         (Leiden, Brill, 1975), 226 pp.
a5984   SALDARINI, A.J., *The Fathers according to Rabbi Nathan (Abot de Rabbi Nathan).*
         Version B. A Translation and Commentary (Studies in Judaism in Late Antiquity, 11)
         (Leiden, Brill, 1975), 333 pp.
a5985   LAPIDES, P.E., «Two Famous Rabbis», ASTI 10 (1976) 97-109 (Rabbi Jeshua of
         Nazareth; Rabbi Israel of Mezibezh).
a5986   SALDARINI, A.J., «'Form Criticism' of Rabbinic Literature», JBL 96 (1977) 257-274.
a5987   GRELOT, P., *L'espérance juive à l'heure de Jésus* (1978), «La tradition rabbinique»,
         235-258.
a5988   KUNN, P., *Gottes Trauer und Klage in der rabbinischen Überlieferung (Talmud und
         Midrasch)* (Arbeiten zur Geschichte des antiken Judentums und des Urchristentums, 13)
         (Leiden, Brill, 1978), xiv-559 pp.

a5989   SCHÄFER, P., *Studien zur Geschichte und Theologie des rabbinischen Judentums* (Arbeiten zur Geschichte des antiquen Judentums und des Urchristentums, 15) (Leiden, Brill, 1978), ix-305 pp.

a5990   SILBERMAN, L.H., «Anent the Use of Rabbinic Material», NTS 24 (1978) 415-417.

a5991   TOUATI, C., «Rabbinique (littérature)», SDB 9 (1978) col. 1019-1045.

a5992   BERMAN, D., «Hasidim in Rabbinic Traditions», dans *Society of Biblical Literature. 1979 Seminar Papers* (en collab.) (1979), II, 15-33.

a5993   KIMELMAN, R., «Problems in Late Rabbinic 'Biography': The Case of the *Amora* Rabbi Yohanan», dans *Society of Biblical Literature. 1979 Seminar Papers* (en collab.) (1979), II, 35-42.

a5994   LIGHTSTONE, J.N., *Yose the Galilean*. I: Traditions in Mishnah-Tosefta (Studies in Judaism in Late Antiquity, 31) (Leiden, Brill, 1979), xiv-198 pp.

a5995   NEUSNER, J., «New problems, new solutions: Current events in rabbinic studies», SR 8 (1979) 401-418.

a5996   PAVONCELLO, N., «La scuola di Shem e di Ever nella tradizione rabbinica», RivB 27 (1979) 325-329.

a5997   HORBURY, W., «Keeping up with Recent Studies. V. Rabbinics», ExpTim 91 (1980) 233-240.

a5998   COHEN, S.J.D., «Epigraphical Rabbis», JQR 72 (1981) 1-17.

a5999   ALEXANDER, P.S., «Rabbinic Judaism and the New Testament», ZNW 74 (1983) 237-246.

a6000   GREEN, W.S., «Reading the Writing of Rabbinism; Toward an Interpretation of Rabbinic Literature», JAmAcRel 51 (1983) 191-206.

a6001   MANNS, F., «Le judéo-christianisme dans la littérature rabbinique», Ant 58 (1983) 201-217.

a6002   NEUSNER, J., «The Case of Mishnah Tohorot 2:2-8», Semeia 27 (1983) 5-21.

a6003   STEMBERGER, G., «Rabbinische Parallelen zum Neuen Testament», BiLit 56 (1983) 8-11.

4. Théologie. Theology. Theologie. Teologia. Teología.

a6004   SERRANO, V., IONEL MIHALOVICI, M., *Fuentes del pensamiento judío* (Madrid, Ed. Studium, 1974), 170 pp.

a6005   NEUSNER, J., «Method and Substance in the History of Judaic Ideas: An Exercise», dans *Jews, Greeks and Christians* (en collab.) (1976), 89-111.

a6006   GREEN, A., «The *Zaddiq* as *Axis-Mundi* in Later Judaism», JAmAcRel 45 (1977) 327-347.

a6007   BAMBERGER, B.J., *The Search for Jewish Theology* (New York, Behrman House, Inc., 1978), 112 pp.

a6008   GOLDBERG, A., «Petiḥa und Ḥariza», JStJud 10 (1979) 213-218.

a6009   PETUCHOWSKI, J.J., «Gibt es Dogmen im Judentum?» TQ 160 (1980) 96-106.

5. Christianisme. Christianism. Christentum. Cristianismo.

a6010   ARNOLD, W.R., «The Relation of Primitive Christianity to Jewish Thought and Teaching», HarvTR 23 (1930) 161-179.

a6011   WERBLOWSKY, R.J.Z., «Hanouca et Noël ou Judaïsme et Christianisme. Note phénoménologique sur les rapports du mythe et de l'histoire», RHR 145 (1954) 30-68.

*a*6012 JACOB, W., *Christianity through Jewish Eyes.* The Quest for Common Ground (Cincinnati, Hebrew Union College Press, 1974), 284 pp.

*a*6013 DERRETT, J.D.M., «Leek-beds and Methodology», BZ 19 (1975) 101-103, dans DERRETT, J.D.M., *Studies in the New Testament* (1978) II, 1-3.

*a*6014 ECKERT, W.P., «Jesus und das heutige Judentum», dans *Was haltet ihr von Jesus?* (en collab.) (1975), 243-259.

*a*6015 MOLONEY, F.J., «The Targum on Ps. 8 and the New Testament», Sal 37 (1975) 326-336.

*a*6016 BEN-CHORIN, S., «Jesus und Paulus in jüdischer Sicht», ASTI 10 (1976) 17-29.

*a*6017 MacLEOD, C., «Bible, Judaïsme et relations judéo-chrétiennes», Conci nº 112 (1976) 93-100.

*a*6018 MATT, H., «Judaism and Christianity», TDig 24 (1976) 36-38.

*a*6019 BAUMBACH, G., «Fragen der modernen jüdischen Jesusforschung an die christliche Theologie», TLZ 102 (1977) 625-636.

*a*6020 SAND, A., «Jesus im Urteil jüdischer Autoren der Gegenwart (1930-1976)», Catho 31 (1977) 29-38.

*a*6021 SANDERS, E.P., *Paul and Palestinian Judaism.* A Comparison of Patterns of Religion (Philadelphia, Fortress Press, 1977), 627 pp.

*a*6022 ZWI WERBLOWSKY, R.J., «Paulus in jüdischer Sicht», dans *Paulus - Apostat oder Apostel?* (en collab.) (1977), 135-146.

*a*6023 MAIER, J., *Jesus von Nazareth in der talmudischen Überlieferung* (Erträge der Forschung, 82) (Darmstadt, Wissenschaftliche Buchgesellschaft, 1978), xvii-367 pp.

*a*6024 McNAMARA, M., *The New Testament and the Palestinian Targum to the Pentateuch.* Second Printing, with Supplement containing Additions and Corrections (Analecta Biblica, 27A) (Rome, Biblical Institute Press, 1978), xxiv-303 pp.

*a*6025 SANDMEL, S., *Judaism and Christian Beginnings* (1978), «The Role of the Bible», 9-18; «The Sources», 36-128; «The Divine», 168-176; «The Eminent Sages», 236-251.

*a*6026 TALMON, S., «Kritische Anfrage der jüdischen Theologie an das europäische Christentum», dans *Israel hat dennoch Gott zum Trost* (en collab.) (1978), 139-157.

*a*6027 FORESTELL, J.T., *Targumic traditions and the New Testament.* An annotated bibliography with a New Testament index (SBL Aramaica, 4) (Chico, CA, Scholars Press, 1979), xiii-127 pp.

*a*6028 FLUSSER, D., «Das Schisma zwischen Judentum und Christentum», EvT 40 (1980) 214-239.

*a*6029 GAVENTA, B.R., «Comparing Paul and Judaism: Rethinking Our Methods», BTB 10 (1980) 37-44.

*a*6030 LE DÉAUT, R., *The Message of the New Testament and the Aramaic Bible* (Targum) (Revised edition of *Liturgie juive et Nouveau Testament*, 1965) (Subsidia Biblica, 5) (Rome, Biblical Institute Press, 1982), xii-71 pp.

*a*6031 KISTER, M., «The Sayings of Jesus and the Midrash», Immanuel 15 (1983) 39-50.

*a*6032 REIM, G., «Targum und Johannesevangelium», BZ 27 (1983) 1-13.

6. Histoire. History. Geschichte. Storia. Historia.

*a*6033 NEUSNER, J., «Priestly Views of Jochanan Ben Zakkai», Kairos 11 (1969) 306-312.

*a*6034 EFRON, Y., «The Sanhedrin as an Ideal and as Reality in the Period of the Second Temple», Immanuel 2 (1973) 44-49.

*a*6035 FLUSSER, D., «Did you ever see a Lion working as a Porter?» Immanuel 3 (1974) 61-64 (Influence of Hellenism on Judaism).

*a*6036 LEVEY, I.M., «Caesarea and the Jews», dans *The Joint Expedition to Caesarea Maritima* (en collab.) (1975), I, 43-78.

*a*6037 SCHUBERT, K., «Das Judentum in der Umwelt des christlichen Mittelalters», Kairos 17 (1975) 161-217.

*a*6038 COHEN, N.G., «Jewish Names as Cultural Indicators in Antiquity», JStJud 7 (1976) 97-128.

*a*6039 DAVIES, W.D., «From Schweitzer to Scholem: Reflections on Sabbatai Svi», JBL 95 (1976) 529-558.

*a*6040 MACDONALD, J., «The Status and Role of the Na'ar in Israelite Society», JNES 35 (1976) 147-170.

*a*6041 SANDELIN, K.-G., «Zwei kurze Studien zum alexandrinischen Judentum», ST 31 (1977) 147-152.

*a*6042 WEINBERGER, L.J., «On the Provenance of Benjamin B. Samuel Quštani», JQR 68 (1977) 46-60.

*a*6043 COHEN, M.A., «'Anan Ben David and Karaite Origins», JQR 68 (1978) 129-145, 224-234.

*a*6044 RODD, C.S., «Max Weber and Ancient Judaism», SJTh 32 (1979) 457-469.

*a*6045 WITTON-DAVIES, C., «Martin Buber's Contribution to Biblical Studies», dans *Studia Biblica 1978. I. Papers on Old Testament* (en collab.) (1979), 259-266.

*a*6046 GREEN, W.S., *The Traditions of Joshua ben Hananiah*. Part One: The Early Legal Traditions (Studies in Judaism in Late Antiquity, 29) (Leiden, Brill, 1981), xviii-333 pp.

*a*6047 SNAITH, J.G., «Aphrahat and the Jews», dans *Interpreting the Hebrew Bible* (en collab.) (1982), 235-250.

*a*6048 GEVARYAHU, H.M.I., «Privathäuser als Versammlungsstätten von Meister und Jüngern», ASTI 12 (1983) 5-12.

LITURGIE. LITURGY. LITURGIE. LITURGIA.

1. Études générales. General Studies. Allgemeine Studien.
Studi generali. Estudios generales.

*a*6049 GÉLINEAU, J., «Le dialogue de l'Époux et de l'Épouse», VC nᵒ 44 (1957) 335-348.

*a*6050 MILLER, J.A., «Emmanuel», BibOr 8 (1966) 51-59.

*a*6051 ZERFASS, R., «Die Gestaltung des Wortmesse bei Schüler- und Jugendgottesdiensten», BiKi 21 (1966) 85-88.

*a*6052 JERONIMOS, M., «Introducción litúrgica. Celebración dominical y anual de la obra redentora», CuBi 27 (1970) 110-112.

*a*6053 QUESNEL, M., *Les épîtres aux Corinthiens*, «L'assemblée chrétienne (1 Co 11,2-14,40)», CE (n.s.) nᵒ 22 (1977) 48-54.

*a*6054 NOAKES, K.W., «From New Testament Times until St Cyprian», dans *The Study of Liturgy* (en collab.) (1978), 80-94.

*a*6055 WAINWRIGHT, G., «The Periods of Liturgical History», dans *The Study of Liturgy* (en collab.) (1978), 33-38.

*a*6056 HAGGENMÜLLER, O., «Wort-Gottes-Feier», BiLit 53 (1980) 71-81.

*a*6057 MOLLAT, D., *La vie et la gloire*. Exégèse spirituelle, tome II (1980), «L'année liturgique cadre de notre vie», 39-53.

*a*6058 SCHLIER, H., «Verkündigung und Sprache», dans En collaboration, *Sakrale Sprache und Kultischen Gesang - Liturgie und Mönchtum* (Leacher Hefte, 37), Maria Lach, 1965, 62-77, dans *Der Geist und die Kirche* (1980), 3-19.

*a*6059   TAFT, R., «The Liturgical Year: Studies, Prospects, Reflections», Wor 55 (1981) 2-23.

2. Bible. Bibel. Bibbia. Biblia.

Études générales. General Studies. Allgemeine Abhandlungen.
Studi generali. Estudios generales.

*a*6060   KAHLE, W., «Die Stellung der Bibel im liturgischen Weltbild», BiLit 9 (1934-35) 3-9.
*a*6061   BOPP, L., «Bibel, Liturgie und christliches Volksleben», BiKi 3 (1948) 5-14.
*a*6062   NEUNHEUSER, B., «Die Verkündigung des Wortes Gottes in der Liturgie», BiKi 15 (1960) 75-78.
*a*6063   JUNGMANN, J.A., «Wort Gottes und Wort-Gottes-Dienst», BiKi 20 (1965) 70-72.
*a*6064   MANCEBO, V., «Biblia y liturgia. Nociones y relaciones mutuas», CuBi 23 (1966) 264-271; 24 (1967) 75-82, 266-274.
*a*6065   WOODARD, D., «The Bible and the Modern Parish», SB 6 (1975-76) 28-30.
*a*6066   BÉGUERIE, P., «La Bible née de la liturgie», MD n⁰ 126 (1976) 108-116.
*a*6067   CAZELLES, H., «L'Écriture dans la liturgie», dans En collaboration, *Écriture et prédication* (Recherches et débats du Centre Catholique des Intellectuels Français, 84) (1976), 146-156.
*a*6068   HAMELINE, J.-Y., «Passage d'Écriture», MD n⁰ 126 (1976) 71-82.
*a*6069   HÖSLINGER, N., «Die biblische Predigt in der Liturgie», BiLit 49 (1976) 46-53.
*a*6070   SCHMIDT, H., «Les lectures scripturaires dans la liturgie», Conci n⁰ 112 (1976) 125-143.
*a*6071   LEPELLEY, C., «L'Écriture sainte dans la vie liturgique de l'Église orthodoxe», dans *Les quatre fleuves* no 7 (1977) 100-106.
*a*6072   LOUVEL, F., «La Bible de la liturgie», MD n⁰ 129 (1977) 139-147.
*a*6073   BAUMGARTNER, J., «Eine liturgische Bibel», BiLit 51 (1978) 36-44.
*a*6074   HÖSLINGER, N., «Wort Gottes und Gemeinde», BiLit 52 (1979) 41-48.
*a*6075   SALDARINI, G., «Dalla Bibbia alla vita attraverso la liturgia», BibOr 24 (1982) 3-14.

Ancien Testament. Old Testament. Altes Testament. Antico Testamento. Antiguo Testamento.

*a*6076   LIGHTBOURN, F., «Getting the Old Testament into the Liturgy», AThR 43 (1961) 370-374.
*a*6077   SCHULTES, J.L., *Im Anspruch Gottes.* Ein Arbeitsheft zum Buch Jesaja (Gespräche zur Bibel, 3) (Klosterneuburg, Austria, Österreichisches Katholisches Bibelwerk, 1978), 44 pp.
*a*6078   SCHULTES, J.L., *Umkehr ist immer möglich.* Ein Arbeitsheft zum Buch Jeremia (Gespräche zur Bibel, 6) (Klosterneuburg, Austria, Österreichisches Katholisches Bibelwerk, 1978), 40 pp.
*a*6079   CAZELLES, H., «La liturgie confession de foi dans l'Ancien Testament», dans En collaboration, *La liturgie, expression de la foi.* Conférence Saint-Serge, XXVe semaine d'études liturgiques, Paris, 27-30 juin 1978 (Ed. A.M. TRIACCA, A. PISTOIA) (Roma, Edizioni Liturgiche, 1979), 89-96.
*a*6080   RAITT, T.M., «Jeremiah in the Lectionary», Interpr 37 (1983) 160-173.

Nouveau Testament. New Testament. Neues Testament. Nuovo Testamento. Nuevo Testamento.

*a*6081   PARSCH, P., «Das Evangelium in der Liturgie», BiLit 9 (1934-35) 185-188.
*a*6082   TORRANCE, T.F., «Liturgie et Apocalypse», VC n⁰ 41 (1957) 28-40.

a6083   MANCEBO, V., «Biblia y Liturgia. V. Epistolas de San Pablo», CuBi 26 (1969) 201-207.
a6084   BAKER, T., «New Testament Scholarship and Liturgical Revision», dans *What about the New Testament?* (en collab.) (1975), 187-197.
a6085   DALMAIS, I.-H., «La Bible vivant dans l'Église», MD n° 126 (1976) 7-23.
a6086   CHARBEL, A., «L'uso dell'Apocalisse nella liturgia del Vaticano II», RivB 27 (1979) 159-169.
a6087   MOLLAT, D., *Une lecture pour aujourd'hui: l'Apocalypse* (1982), «Vers la grande fête: la liturgie dans l'Apocalypse», 189-204.

3. Judaïsme. Judaism. Judentum. Giudaismo. Judaísmo.

a6088   RIJK, C., «Relations judéo-chrétiennes et utilisation des Livres Saints d'autres religions dans le culte chrétien», Conci n° 112 (1976) 113-121.
a6089   LUCIANI, F., «Dai canti liturgici giudaici a quelli cristiani antichi», BibOr 19 (1977) 205-214.
a6090   BECKWITH, R.T., «The Jewish Background to Christian Worship», dans *The Study of Liturgy* (en collab.) (1978), 39-51.
a6091   MANNS, F., «Une prière judéo-chrétienne dans le Canon Romain», Ant 54 (1979) 3-9 (prière *Supra Quae* du Canon Romain).
a6092   SPINKS, B.D., «The Jewish Sources for the Sanctus», HeyJ 21 (1980) 168-179.

4. Lectionnaires. Lectionary. Lektionar. Lezionario. Leccionario.

a6093   RENNINGS, H., «Bestimmungen und Möglichkeiten der Werktagsperikopenordnung», BiKi 21 (1966) 78-84.
a6094   ŠVEDA, S., «Der Aufbau der neuen Leseordnung für die Werktage», BiKi 21 (1966) 74-77.
a6095   KNOCH, O., «Der Tisch des Wortes Gottes wird reichlicher gedeckt. Zur neuen Perikopenordnung», BiKi 24 (1969) 142-146.
a6096   DIEZINGER, W., «Erfahrungen mit der neuen Sonntage-Lese-Ordnung», BiKi 25 (1970) 79-82.
a6097   HÖSLINGER, N., «Erfahrungen mit den neuen Perikopen», BiKi 25 (1970) 82-84.
a6098   DANKER, F.W., «The Shape of Luke's Gospel in Lectionaries», Interpr 30 (1976) 339-352.
a6099   ACHTEMEIER, E., «Aids and Resources for the Interpretation of Lectionary Texts», Interpr 31 (1977) 154-164.
a6100   BAILEY, L.R., «The Lectionary in Critical Perspective», Interpr 31 (1977) 139-153.
a6101   GELSTON, A., «The Church of England Calendar and Lectionary», SB 8 (1977) 6-9.
a6102   REUMANN, J., «A History of Lectionaries. From the Synagogue at Nazareth to Post-Vatican II», Interpr 31 (1977) 116-130.
a6103   SLOYAN, G.S., «The Lectionary as a Context for Interpretation», Interpr 31 (1977) 131-138.
a6104   BURNS, Y., «The Greek Manuscripts connected by their Lection Systems with the Palestinian Syriac Gospel Lectionaries», dans *Studia Biblica 1978. II. Papers on the Gospels* (en collab.) (1980), 13-28.

5. Textes. Texts. Testi. Textos.

a) **Commentaires généraux. General Commentaries. Allgemeine Kommentare.**
Commenti generali. Comentarios generales.

*a*6105   En collaboration, «De l'Avent à la Pentecôte», ETR 23, n° 4 (1948) 82 pp.

*a*6106   En collaboration, «De la Pentecôte à la Réformation», ETR 24, nos 3-4 (1949) 103-155.

*a*6107   En collaboration, «Le Temps de l'Église: notes homilétiques et exégétiques (de la Pentecôte au 24ème dimanche après la Trinité», ETR 27, n° 2 (1952) 72 pp.

*a*6108   BECQUET, G., *Lecture d'évangiles pour les dimanches et fêtes*. Année B (Paris, Seuil, 1972), 506 pp.

*a*6109   MOTTE, G., *Homélies pour une année*. *Année B* (Mulhouse, Salvator, 1972), 311 pp.

*a*6110   GIGNAC, A., *Quand l'espoir se fait parole*. Célébrations pour l'année B (Paris, Cerf, 1975), 253 pp.

*a*6111   BRUNOT, A., *Homélies pour l'année B*. La lettre de Dieu aux hommes (Mulhouse, Salvator, 1975, 1976), 261 pp.

*a*6112   DEGEEST, A., *Paroles pour l'Eucharistie*. Homélie et partage, année B (Paris, Apostolat des Éditions, 1978), 287 pp.

*a*6113   FEDER, J., GORIUS, A., *Pour la célébration de l'eucharistie*. Dossier de l'équipe liturgique. Année B (Paris, Mame, 1978), 544 pp.

*a*6114   HÉTU, J.-L., *Les options de Jésus*. Commentaires de l'évangile du dimanche, aspects psychologiques et politiques (Montréal, Fides, 1978), 351 pp.

*a*6115   HOULLIOT, R., *Elle est vivante, la parole de Dieu*. Homélies dominicales, Année B (Paris, Mame, 1978), 280 pp.

*a*6116   SEVIN, M., *Les évangiles du dimanche de l'Avent à la Fête-Dieu* (Dossiers libres) (Paris, Cerf, 1978), 222 pp.

*a*6117   BERTHET, N., GANTOY, R., *Chaque jour, ta Parole*. Le lectionnaire de semaine: notes de lecture, textes pour la prière. 1. Temps de l'Avent et de Noël (Publications de Saint-André) (Paris, Cerf, 1979), 112 pp.

*a*6118   BERTHET, N., GANTOY, R., *Chaque jour, ta Parole*. Le lectionnaire de semaine: notes de lecture, textes pour la prière. 2. Temps du carême (94 pp.); 3. Temps de Pâques (96 pp.); 4. Temps ordinaire. Semaines 1 à 9 (124 pp.); 5. Temps ordinaire. Semaines 10 à 18 (124 pp.); 6. Temps ordinaire. Semaines 19 à 26 (110 pp.); 7. Temps ordinaire. Semaines 27 à 34 (111 pp.); 8. Les fêtes. Tables (Publications de Saint-André) (Paris, Cerf, 1980).

*a*6119   PERRON, J., *Au fil de l'année: l'Évangile*. Les dimanches de l'année A (Lire la Bible, 52) (Paris, Cerf, 1980), 318 pp.

*a*6120   PERRON, J., *Au fil de l'année: l'Évangile*. Les dimanches de l'année B (Lire la Bible, 54) (Paris, Cerf, 1981), 311 pp.

*a*6121   SEVIN, M., *Les évangiles du dimanche*. Année A. Tome II: Du deuxième dimanche de Pâques au Christ-Roi (Dossiers libres) (Paris, Cerf, 1981), 223 pp.

b) **Avent. Advent. Adventszeit. Avvento. Adviento.**

*a*6122   GRANT, F.C., «Preaching the Christian Year: V. Advent», AThR 36 (1954) 93-99.

*a*6123   SEETHALER, P., «Das erste Responsorium des 1. Adventssonntags im Lichte der Heiligen Schrift», BiKi 11 (1956) 116-121.

*a*6124   MARTIN-ACHARD, R., STOOP, F., «Notes bibliques de prédication pour les temps de l'Avent et de Noël», VC n° 52 (1959) 405-415.

a6125   CECCHETTI, P.I., *Scritti di Monsignore Paolo Igino Cecchetti*, «La grande attesa. L'Anima della Liturgia nell'Avvento. L'Avvento e l'ora presente» (1967), 209-249.

a6126   HÜLSBUSCH, W., «Der Glaube an die Verheissung. Überlegungen für eine Predigt zum 4. Adventssonntag», BiLeb 14 (1973) 276-282.

a6127   FONTAINE, G., *Paroles de Dieu pour le temps de l'Avent* (Tournai, Mame, 1979), 139 pp.

a6128   WULF, F., «'Wach auf, der du schläfst' (Eph 5,14). Weckruf zum Advent», GeistL 51 (1978) 401-406.

a6129   UNTERGASSMAIR, F.G., «Wachet auf, ruft uns die Stimme. Adventsfeier der Pfarrgemeinde», BiKi 36 (1981) 289-292.

a6130   L'EPLATTENIER, C., «Une série pour l'Avent», ETL 57 (1982) 569-582.

c) Noël. Christmas. Weihnachten. Natale. Natividad.

a6131   GRANT, F.C., «Preaching the Christian Year: II. The Christmas Message», AThR 30 (1948) 227-230.

a6132   BULTMANN, R., «Weihnachten», *Neue Zürcher Zeitung* vom 25.12.1953, dans *Glauben und Verstehen* (Tübingen, Mohr, 1960), III, 76-80.

a6133   HAGGENMÜLLER, O., «'Drei Wunder schmücken diesen heiligen Tag'. Zur Liturgie von Epiphanie», BiKi 19 (1964) 118-120.

a6134   PAX, E., «'Über dir strahlt der Herr auf'. Die Epiphanie Gottes im Neuen Bund», BiKi 19 (1964) 106-110.

a6135   BESNARD, A.-M., «Dans les marges du sermon pour l'Épiphanie», VS 130 (1976) 50-65.

a6136   TAULER, J., «Sermon pour l'Épiphanie», VS 130 (1976) 44-49.

a6137   KEHL, M., «Maria durch ein Dornwald ging. Eine Weihnachtsmeditation», GeistL 50 (1977) 468-470.

a6138   LAMBERT, W., «'Gott ist ganz gross und ganz klein!' Eine weihnachtliche Besinnung», GeistL 51 (1978) 468-473.

a6139   MOLLAND, E., «Jól et Noël: La christianisation d'une fête païenne», dans *Mélanges offerts à Marcel Simon* (en collab.) (1978), 307-314.

a6140   WULF, F., «'Wachet auf', ruft uns die Stimme. Zur Einstimmung in die Weihnachtszeit», GeistL 51 (1978) 466-468.

a6141   READ, D.H.C., «These Gaudy Kings», ExpTim 91 (1979) 80-82.

d) Carême. Lent. Fastenzeit. Quaresima. Cuaresma.

a6142   STENTA, N., «Die Psalmen in der Fastenzeit», BiLit 10 (1935-36) 220-224.

a6143   SCHWARZ, G., «Skizzen für Bibelstunden in der Fastenzeit», BiKi 4 (1949) 28-45.

a6144   DE SAUSSURE, J., «Trois prédications de carême», VC n° 31-32 (1954) 93-110.

a6145   FERNANDEZ, J.F., PEREZ, G., «Epistolas Dominicales», CuBi 13 (1956) 11-22.

a6146   REYMOND, P., HARLÉ, P.-A., «Notes bibliques de prédication pour les temps du Carême, de la Passion et de Pâques», VC n° 57 (1961) 97-115.

a6147   OÑATE, J.A., «La Santa Biblia en la predicación y meditación (Domingo III de Cuaresma)», CuBi 20 (1963) 300-308.

a6148   MASSO, R., «Domingo Quinto de Cuaresma. Ciclo C», CuBi 28 (1971) 108-112.

a6149   WEGMAN, H., «De Schriftlezingen van Goede Vrijdag in de huidige Romeinse Liturgie - *The Readings of the Scripture at Good Friday in the Roman Liturgy*», Bijdr. 38 (1977) 28-43 (English summary).

MAGISTÈRE DE L'ÉGLISE. MAGISTERIUM OF THE CHURCH. KIRCHLICHES LEHRAMT. MAGISTERO DELLA CHIESA. MAGISTERIO DE LA IGLESIA.

1. Études générales. General Studies. Allgemeine Abhandlungen. Studi generali. Estudios generales.

*a*6173   HAAG, H., «Das Denken der Kirche», dans *Mysterium Salutis* (en collab.) (1965), I, 302-306.

*a*6174   HAAG, H., «Die Schrift als Buch der Kirche», dans *Mysterium Salutis* (en collab.) (1965), I, 391-396.

*a*6175   LÖHRER, M., «Das besondere Lehramt der Kirche», dans *Mysterium Salutis* (en collab.) (1965), I, 555-586.

*a*6176   PRAGER, M., «Was lehrt die Kirche über die neue Exegese?» BiLit 41 (1968) 282-290 (Divino Afflante Spiritu; Von der Wahrheit der Evangelien; Dei Verbum).

*a*6177   RICHARDS, J.R., «The Church and the Scriptures», dans LIVINGSTONE, E.A. (Ed.), *Studia Evangelica*, VI (TU 112) (Berlin, Akademie Verlag, 1973), 444-454.

*a*6178   DESCAMPS, A.L., «Théologie et magistère», ETL 52 (1976) 82-133.

*a*6179   MacRAE, G.W., «The Gospel and the Church», TDig 24 (1976) 338-348.

*a*6180   MARCHADOUR, A., *Un évangile à découvrir*, «La régulation de l'Église» (1978), 83-91.

*a*6181   MEGIVERN, J.J. (Ed.), *Bible Interpretation*. Official Catholic Teachings (Wilmington, Consortium Books, McGrath Publishing Co., 1978), xxxvi-466 pp.

*a*6182   FRIES, H., «Das kirchliche Lehramt und die exegetische Arbeit», dans *Schriftauslegung dient dem Glauben* (en collab.) (1979), 56-90.

*a*6183   PAUL, A., «Pour l'écriture sainte», Et 351 (1979) 667-683.

*a*6184   SCHÄFER, P., «Bibel und Kirche», dans *Kirche und Bibel* (en collab.) (1979), 343-355.

*a*6185   ANDRESEN, C., «Die Bibel im konziliaren, kanonistischen und synodalen Kirchenrecht», dans *Text - Wort - Glaube* (en collab.) (1980), 169-208.

*a*6186   BLANK, J., «L'autorité de l'Église dans l'interprétation de l'Écriture», Conci nº 158 (1980) 95-101.

*a*6187   MARTINI, C.M., *La parola di Dio alle origini della Chiesa* (1980), «Ermeneutica, Comunità e Magistero», 45-52.

*a*6188   PASTOR-RAMOS, F., «El Magisterio universal y la exégesis en el último siglo», EstE 57 (1982) 307-327.

**2. Documents particuliers. Particular Documents. Dukumente.
Documenti particolari. Documentos particulares.**

a) Divino afflante Spiritu (30.10.1943).

*a*6189   MARQUARDT, G., «Anregungen für den Seelsorgeklerus aus 'Divino afflante Spiritu'», BiKi 5 (1950) 8-12.

*a*6190   HAAG, H., «25 Jahre: 'Divino afflante Spiritu'», BiKi 23 (1968) 73-75.

b) De historica Evangeliorum veritate (21.04.1964).

*a*6191   GALBIATI, E., «L'Istruzione della Commissione Biblica sul valore storico degli Vangeli», BibOr 6 (1964) 233-245, dans *Scritti minori* (1979), 45-59.

*a*6192   KNOCH, O., «Über die historische Wahrheit der Evangelien», BiKi 19 (1964) 126-130.

*a*6193   XXX, «Comisión Bíblica Pontificia. Instrucción sobre la verdad histórica de los Evangelios», CuBi 22 (1965) 3-10.

*a*6194   BEARE, F.W., «The Historical Truth of the Gospels: An Official Pronouncement of the Pontifical Biblical Commission», CanJT 11 (1965) 231-237.

*a*6195   LOSADA, J., «La verdad histórica de los Evangelios. La Instrucción de la Comisión Bíblica», CuBi 22 (1965) 11-29.

c) Vatican II. Vatikanus II. Concilio Vaticano II.

Études générales. General Studies. Allgemeine Abhandlungen. Studi generali. Estudios generales.

a6196 LOHFINK, N., «Biblische Neubesinnung in den Jahren des Konzils», BiKi 19 (1964) 70-74.

a6197 WEITMANN, A., «Der Tisch der Wortes soll reicher gedeckt werden», BiKi 19 (1964) 93-96.

a6198 CIPRIANI, S., «La 'verità' della Sacra Scrittura nell'insegnamento del concilio Vaticano II», BibOr 8 (1966) 229-235.

a6199 TRAPIELLO, J.G., «La Biblia en el Concilio Vaticano II», CuBi 23 (1966) 338-351.

a6200 CELADA, B., «O. Cullmann y la Biblia en el Vaticano II», CuBi 24 (1967) 225-232.

a6201 LANG, B., «Was sagt das Vaticanum II über das Alte Testament?» TQ 160 (1980) 39-46.

Constitutio 'De divina revelatione'

a6202 FERRIER-WELTI, M., «État du schéma 'De divina revelatione'», ETR 40 (1965) 19-22.

a6203 KASPER, W., «Die Bedeutung der Heiligen Schrift für Kirche und christliches Leben nach der dogmatischen Konstitution Über die göttliche Offenbarung», BiKi 21 (1966) 54-57.

a6204 VORGRIMLER, H., «Die Konzilskonstitution über die göttliche Offenbarung», BiLit 39 (1966) 105-110.

a6205 BETTI, U., «De sacra Traditione iuxta Constitutionem dogmaticam 'Dei verbum'», dans *Acta Congressus Internationalis de Theologia Concilii Vaticani II* (en collab.) (1968), 524-534.

a6206 COPPENS, J., «Aspectus luminosi necnon umbrosi Constitutionis 'Dei verbum'», dans *Acta Congressus Internationalis de Theologia Concilii Vaticani II* (en collab.) (1968), 540-549.

a6207 DEXINGER, F., «Die Darstellung des Themas Heilsgeschichte in der Konstitution über die göttliche Offenbarung», BiLit 41 (1968) 208-232.

a6208 GALBIATI, E., «Aspetti ecumenici della 'Dei Verbum'», dans *Ut unum sint. Rivista ecumenica* 7 (1968) 46-54, dans *Scritti minori* (1979), 707-716.

a6209 LENGSFELD, P., «De mutua interpretatione S. Scripturae et dogmatum Traditionis», dans *Acta Congressus Internationalis de Theologia Concilii Vaticani II* (en collab.) (1968), 555-561.

a6210 ALONSO SCHÖKEL, L., *Il dinamismo della tradizione* (1970), «Unità e composizione della costituzione 'Dei Verbum'», 7-15.

a6211 RAHNER, K., «Kritische Anmerkung zu Nr. 3 des dogmatischen Dekrets '*Dei Verbum*' des II. Vaticanums», dans *Neues Testament und Kirche* (en collab.) (1974), 543-549.

a6212 DUNCKER, P.G., «The Transmission of Divine Revelation», dans *Biblical Studies in Contemporary Thought* (en collab.) (1975), 14-26.

a6213 XXX, «L'ascolto della Parola nella costituzione 'Dei verbum' del concilio Vaticano II», dans *Parola, Spirito e Vita* 1 (1980) 244-254.

a6214 EBLEN, J., «The Roman Catholic Understanding of the Old Testament in the Dogmatic Constitution *Dei Verbum*», SBT 10 (1980) 83-122.

a6215 MARTINI, C.M., *La parola di Dio alle origini della Chiesa* (1980), «La Sacra Scrittura nella vita della Chiesa. Capitolo VI della 'Dei Verbum'» (1967), 3-33; «La Sacra Scrittura nutrimento e regola della predicazione e della religione (Cap. VI della 'Dei Verbum')» (1969), 35-43.

*a*6216   OCVIRK, D., «La Révélation et le savoir. À partir et en marge de la constitution *Dei Verbum*», LVit 36 (1981) 149-185.

Constitutio liturgica.

*a*6217   SCHÜRMANN, H., «Das Wort Gottes in der Konstitution des II. Vatikanischen Konzils über die heilige Liturgie», BiLeb 5 (1964) 73-79.
*a*6218   YUBERO, D., «La Biblia en la Constitución Litúrgica del Concilio Vaticano II», CuBi 27 (1970) 3-11.

MANDÉENS. MANDAEANS. MANDÄER. MANDEI. MANDEOS.

*a*6219   BAMMEL, E., «Zur Frühgeschichte der Mandäer», Or. 32 (1963) 220-225.
*a*6220   COXON, P.W., «Script Analysis and Mandaean Origins», JSS 15 (1970) 16-30.
*a*6221   MACUCH, R., «The Origins of the Mandaeans and their Script», JSS 16 (1971) 174-192.
*a*6222   SOKOLOFF, M., «Notes on Some Mandaic Magical Texts», Or. 40 (1971) 448-458.
*a*6223   CAQUOT, A., «Un phylactère mandéen en plomb», Sem. 22 (1972) 67-87.
*a*6224   SEGELBERG, E., «Zidqa Brika and the Mandaean Problem», dans *Proceedings of the International Colloquium on Gnosticism*. Stockholm August 20-25 1973 (en collab.) (1977), 27-33.
*a*6225   RUDOLPH, K., «Der Mandäismus in der neueren Gnosisforschung», dans *Gnosis. Festschrift für Hans Jonas* (en collab.) (1978), 244-277.
*a*6226   SEGELBERG, E., «The *pihta* and *mambuha* Prayers. To the question of the liturgical development among the Mandaeans», dans *Gnosis. Festschrift für Hans Jonas* (en collab.) (1978), 464-472.
*a*6227   COHN-SHERBOK, D., «The Mandaeans and Heterodox Judaism», HUCA 54 (1983) 147-151.

MARX

*a*6228   CELADA, B., «¿Marx contra la Biblia? ¿La Biblia contra Marx? (Obra de J.P. Miranda)», CuBi 32 (1975) 47-59.
*a*6229   PIKAZA, X., *Evangelio de Jesus y praxis marxista* (Madrid, Marova, 1977), 344 pp.
*a*6230   FRACZ, S., «Neomarxistisches Jesusbild», StiZ 198 (1980) 176-182.
*a*6231   MASSET, P., «Une utilisation philosophique de la Bible. 'L'athéisme dans le christianisme' d'Ernest Bloch», NRT 102 (1980) 481-496.

MÉTALLURGIE. METALLURGY. METALLURGIE. METALLURGIA. METALURGIA.

*a*6232   NEUVILLE, R., MALLON, P.-A., «Les débuts de l'âge des métaux dans les grottes du désert de Judée», Syr. 12 (1931) 24-47.
*a*6233   NORTH, R., «Metallurgy in the Ancient Near East», Or. 24 (1955) 78-88.
*a*6234   CONTENAU, G., «L'incrustation sur métal et l'orfèvrerie cloisonnée en Mésopotamie», Syr. 33 (1956) 58-62.
*a*6235   DAUMAS, F., «La valeur de l'or dans la pensée égyptienne», RHR 149 (1956) 1-17.
*a*6236   GUILLAUME, A., «Metallurgy in the Old Testament», PEQ 94 (1962) 129-132.

a6237 ROTHENBERG, B., «Ancient Copper Industries in the Western Arabah», PEQ 94 (1962) 5-71.

a6238 KIND, H.D., «Antike Kupfergewinnung zwischen Rotem und Totem Meer», ZDPV 81 (1965) 56-73.

a6239 KIND, H.D., «Nachtrag zu ZDPV 81 (1965) S. 56-73», ZDPV 82 (1966) 110.

a6240 ROTHENBERG, B., LAPU, A., «Excavations in the Early Iron Age Copper Industries at Timna (Wadi Arabah, Israel) May 1964 (Preliminary archaeological report)», ZDPV 82 (1966) 125-135.

a6241 FENSHAM, F.C., «Iron in the Ugaritic Texts», OrAnt 8 (1969) 209-213.

a6242 STOCKTON, E.D., «A Bibliography of the Flint Industries of Transjordan», Levant 1 (1969) 100-103.

a6243 ZACCAGNINI, C., «Note sulla terminologia metallurgica di Ugarit», OrAnt 9 (1970) 315-324.

a6244 ZACCAGNINI, C., «La terminologia accadica del rame e del bronzo nel I mellennio», OrAnt 10 (1971) 123-144.

a6245 LITTAUER, M.A., CROUWEL, J.H., «Early Metal Models of Wagons from the Levant», Levant 5 (1973) 102-126.

a6246 ROTHENBERG, B., «More on Dating the Mrashshash Slag Heap», IsrEJ 25 (1975) 39-41 (Near Eilat).

a6247 MADDIN, R., STECH WHEELER, T., «Metallurgical Study of Seven Bar Ingots», IsrEJ 26 (1976) 170-173.

a6248 SEGER, J.D., «Reflections on the Gold Hoard from Gezer», BASOR n⁰ 221 (1976) 133-140.

a6249 BIRMINGHAM, J., «Spectrographic Analyses of Some Middle Bronze Age Metal Objects from Palestine», Levant 9 (1977) 115-120.

a6250 HAR-EL, M., «The Valley of the Craftsmen (Ge' Haḥarašim)», PEQ 109 (1977) 75-86.

a6251 KEMPINSKI, A., KOŠAK, S., «Hittite Metal 'Inventories' (CTH 242) and their Economic Implications», Tel Aviv 4 (1977) 87-93.

a6252 DAVEY, C.J., «Some Ancient Near Eastern Pot Bellows», Levant 11 (1979) 101-111.

a6253 SIGRIST, R.M., «Le trésor de Dréhem», Or. 48 (1979) 26-53.

a6254 MUHLY, J.D., «Bronze Figurines and Near Eastern Metalwork», IsrEJ 30 (1980) 148-161.

a6255 ARTZY, M., «Arethusa of the Tin Ingot», BASOR n⁰ 250 (1983) 51-55.

a6256 MADDIN, R., MUHLY, J.D., STECH, T., «Armour Scales from Masada: A Metallurgical Study», IsrEJ 33 (1983) 108-109.

MOUVEMENT BIBLIQUE. BIBLICAL MOVEMENT. BIBELBEWEGUNG.
MOVIMENTO BIBLICO. MOVIMIENTO BÍBLICO.

a6257 PARSCH, P., «Wie bereitet sich der Seelsorger auf die Bibelstunde vor?» BiLit 9 (1934-35) 38-41.

a6258 PARSCH, P., «Die Bibelstunde», BiLit 9 (1934-35) 393-399.

a6259 BRECHT, O., «Die Bibelstunde auf dem Lande», BiKi 2 (1947) 41-48.

a6260 QUECK, J., «Das N.T. in der höheren Schule», BiKi 2 (1947) 48-52.

a6261 HERBERT, M., «Wir Katholiken und die Heilige Schrift», BiKi 1 (1948) 48-51.

a6262 GONZALO MAESO, D., «Actualidad y actividad bíblica en Alemania», CuBi 16 (1959) 221-231.

a6263 MARLÉ, R., «Die katholische Bibelbewegung in den französisch sprechenden Ländern», BiLeb 4 (1963) 142-146.

a6264 MICHAEL, J.P., «Bibel und Wiedervereinigung», BiKi 18 (1963) 81-86.

a6265 SPEIDEL, K., «Grundlinien der Geschichte katholischer deutscher Bibelbewegung», BiKi 18 (1963) 87-88.

a6266 SMALLEY, S., «Les courants actuels de la recherche néotestamentaire en Grande-Bretagne», ETR 43 (1968) 187-217.

a6267 JACOB, E., «L'état actuel des études vétérotestamentaires en Allemagne», ETR 44 (1969) 289-306.

a6268 ANDERSON, G.W., «Récents développements dans l'étude de l'Ancien Testament en Grande-Bretagne», ETR 45 (1970) 247-258.

a6269 LOHFINK, N., «Der Weg des Katholischen Bibelwerks in die Zukunft», BiKi 25 (1970) 114-118.

a6270 AMSLER, S., «Institut des sciences bibliques de l'Université de Lausanne», ETR 47 (1972) 60-62.

a6271 BENOIT, A., «Le Centre d'analyse et de documentation patristiques de la Faculté de Théologie protestante de l'Université de Strasbourg», ETR 47 (1972) 63-64.

a6272 BENOIT, P., «École biblique et archéologique française de Jérusalem», ETR 47 (1972) 50-52.

a6273 GRELOT, P., «L'Association catholique française pour l'étude de la Bible (A.C.F.E.B.)», ETR 47 (1972) 37-40.

a6274 HARAN, M., «Études bibliques à l'Université de Jérusalem», ETR 47 (1972) 47-49.

a6275 HELLER, H.L., «Institut für Neutestamentliche Textforschung der Westfaelischen Wilhelms-Universitaet Muenster», ETR 47 (1972) 55-59.

a6276 KRUSCHE, W., «Wie werden wir gruppenfähig? - Sieben Thesen zum notwendigen Dialog bei der Bibelarbeit», BiKi 27 (1972) 85-87.

a6277 MENOUD, P.-H., «Studiorum Novi Testamenti Societas (S.N.T.S.)», ETR 47 (1972) 65-67.

a6278 SMYTH-FLORENTIN, F., «Les Équipes de recherche biblique», ETR 47 (1972) 44-46.

a6279 ULLRICH, W., «Macht's mal anders! - Kurze Hinführung zur Gruppenarbeit mit Bibeltext», BiKi 27 (1972) 81-84.

a6280 VANEL, A., «La Bibliothèque oecuménique et scientifique d'Études bibliques (BOSEB)», ETR 47 (1972) 41-43.

a6281 VANHOYE, A., «L'Institut biblique pontifical», ETR 47 (1972) 53-54.

a6282 XXX, «Katholische Kirchengemeinde St. Antonius Stuttgart-Kaltental, Miteinander unterwegs - Eine Pfarrei auf den 'Spuren Jesu'», BiKi 29 (1974) 136-137.

a6283 BETZ, O., «L'Institutum Judaïcum de Tübingen», ETR 49 (1974) 53-54.

a6284 DIRKS, W., «Die Bibel und die Zeitgenossen - Vortrag, gehalten am 7. Oktober 1973 zum vierzigjährigen Bestehen des Katholischen Bibelwerks», BiLi 29 (1974) 69-75.

a6285 VAN UNNIK, W.C., «Corpus hellenisticum Novi Testamenti d'Utrecht», ETR 49 (1974) 55-56.

a6286 WEIL, G.E., «Les études bibliques à Nancy», ETR 49 (1974) 57-66.

a6287 McNAMARA, M., «The Bible in Ireland», SB 6 (1975-76) 36-39.

a6288 SPITERI, D., «The Bible Reading Movement in Malta», SB 6 (1975-76) 31-32.

a6289 EGGER, W., «Die 'zweite Unbefangenheit' des Bibellesens (Ziele und Aufgaben der praktischen Bibelarbeit)», BiLit 49 (1976) 247-255.

a6290 MAYR, H., «Die katholische Bibelarbeit aus der Sicht der Bibelgesellschaften», BiLit 49 (1976) 278-286.

a6291 MEURER, S., «Probleme der Bibelverbreitung heute», BiLit 49 (1976) 287-294.

a6292 MILES, J.A., Jr., «Understanding Albright: A Revolutionary Etude», HarvTR 69 (1976) 151-175.

a6293 DE KERGORLAY, C., «La lecture en groupe», CHR 24 (1977) 102-108.
a6294 DOIG, A., «The Bible in Scotland», SB 8 (1977) 4-5.
a6295 HÖSLINGER, N., «Bibelarbeit in der Gemeinde», BiLit 50 (1977) 254-256.
a6296 ZAMBARBIERI, A., «Un precursore della diffusione della lettura della Bibbia - Proto Zambruni e il Vangelo in famiglia all'inizio del secolo XX», ScuolC 105 (1977) 183-209.
a6297 VAN UNNIK, W.C., «The Study of the New Testament in the Netherlands, 1951-1976», dans *Miscellanea Neotestamentica* (en collab.) (1978), I, 1-21.
a6298 DIP, G., «La Biblia en la coyuntura latinoamericana», CuBi 36 (1979) 117-122.
a6299 FUETER, P., «The Bible in the Orthodox Church», SB 9 (1979) 37-38.
a6300 PAUL, A., «Pour l'écriture sainte», Et 351 (1979) 667-683.
a6301 ROOP, E.F., *Living the Biblical Story.* A New Method of Group Bible Study (Nashville, Abingdon, 1979), 142 pp.
a6302 PERRENCHIO, F., *Bibbia e Comunità di Base in Italia.* Analisi valutativa di un esperienza ecclesiale (Biblioteca di Scienze Religiose, 32) (Roma, Libreria Ateneo Salesiano, 1980), 232 pp.
a6303 VEIGEL, R., «Die Bibelkassette - ein mögliches Mittel zur Bibelverbreitung?» BiKi 35 (1980) 70-75.
a6304 ANTOINE, C., «Bible et communautés de base en Amérique», Et 355 (1981) 233-246.
a6305 CZAJKOWSKI, M., WIDLA, B., «Unter einem Wort. Die Heilige Schrift in der Volksrepublik Polen», BiKi 36 (1981) 171-179.
a6306 KNOCH, O., «Katholische Weltbibelföderation und Charismatische Erneuerung. Überlegungen zur gegenwärtigen Situation und zu den darin gegebenen Möglichkeiten für das biblische Apostolat», BiKi 36 (1981) 250-255.
a6307 L'HOUR, J., «Les nouveaux médiateurs de la Bible», LV no 155 (1981) 70-87.
a6308 MAYR, H., «130 Jahre Bibelgesellschaft in Österreich», BiLit 54 (1981) 107-112.
a6309 MOIR, J.S., *A History of Biblical Studies in Canada.* A Sense of Proportion (Centennial Publications, Society of Biblical Literature: Biblical Scholarship in North America, 7) (Chico, CA, Scholars Press, 1982), xiv-117 pp.

MUSIQUE. MUSIC. MUSIK. MUSICA. MÚSICA.

a6310 HAÏK VANTOURA, S., *La musique de la Bible révélée.* Sa notation millénaire aujourd'hui décryptée (Paris, Robert Dumas, 1976), 509 pp.
a6311 CASETTI, P., «Funktionen der Musik in der Bibel», FreibZ 24 (1977) 366-389.
a6312 AVIGAD, N., «The King's Daughter and the Lyre», IsrEJ 28 (1978) 146-151.
a6313 EATON, J.H., «Music's Place in Worship: A Contribution from the Psalms», OTS 23 (1982) 85-107.

NAG HAMMADI

1. Introduction. Einführung. Introduzione. Introducción.

a6314 McL. WILSON, R., «The Gnostic Library of Nag Hammadi», SJTh 12 (1959) 161-170.
a6315 QUECKE, H., «Koptisch-gnostische Schriften aus den Papyrus-Codices von Nag-Hamadi», Bijdr. 21 (1960) 304-309.
a6316 KRAUSE, M., «Zur Bedeutung des Handschriftenfundes von Nag Hammadi für die Koptologie», OLoP 6/7 (1975-76) 329-338.

*a*6317   ROBINSON, J.M., «On the Codicology of the Nag Hammadi Codices», dans *Les textes de Nag Hammadi* (en collab.) (1975), 15-31.

*a*6318   DART, J., *The Laughing Savior*. The Discovery and Significance of the Nag Hammadi Gnostic Library (New York, London, Harper & Row, 1976), xxii-154 pp.

*a*6319   GOLD, V., «The Gnostic Library of Chenoboskion», BA 41 (1978) 32-36.

*a*6320   MÉNARD, J.-E., «La bibliothèque copte de Nag Hammadi», dans *Nag Hammadi and Gnosis* (en collab.) (1978), 108-112.

*a*6321   KÖSTER, H., «Dialog und Spruchüberlieferung in den gnostischen Texten von Nag Hammadi», EvT 39 (1979) 532-556.

*a*6322   ROBINSON, J.M., «The Discovery of the Nag Hammadi Codices», BA 42 (1979) 206-224.

*a*6323   VAN ELDEREN, B., «The Nag Hammadi Excavation», BA 42 (1979) 225-231.

*a*6324   SIEGERT, F., «Selbstbezeichnungen der Gnostiker in den Nag-Hammadi-Texten», ZNW 71 (1980) 129-132.

*a*6325   ROBINSON, J.M., «From the Cliff to Cairo. The Story of the Discoverers and the Middlemen of the Nag Hammadi Codices», dans *Colloque international sur les textes de Nag Hammadi* (en collab.) (1981), 21-58.

2. État de la recherche. Nag Hammadi Research.
Nag Hammadi-Forschung. Ricerca su Nag Hammadi.
Investigación sobre Nag Hammadi.

*a*6326   DEHANDSCHUTTER, B., «De recente stand van het onderzoek over de koptisch-gnostische bibliotheek van Nag Hammadi», Bijdr. 34 (1973) 411-416.

*a*6327   DUBOIS, J.-D., «Les textes de Nag Hammadi en 1974. Un bilan», ETR 49 (1974) 377-390.

*a*6328   McL. WILSON, R., «Nag Hammadi: A Progress Report», ExpTim 85 (1974) 196-201.

*a*6329   McL. WILSON, R., «Twenty Years after», dans *Colloque international sur les textes de Nag Hammadi* (en collab.) (1981), 59-67.

3. Milieu culturel et religieux. Cultural and Religious Milieu.
Kulturelles und religiöses Milieu. Ambiente culturale e religioso.
Medio cultural y religioso.

*a*6330   COLPE, C., «Heidnische, jüdische und christliche Überlieferung in den Schriften aus Nag Hammadi», JbAC 15 (1972) 5-18; 16 (1973) 106-126; 17 (1974) 109-125; 18 (1975) 144-165; 19 (1976) 120-138; 20 (1977) 149-170; 21 (1978) 125-146; 22 (1979) 98-122; 23 (1980) 108-127; 25 (1982) 65-101.

*a*6331   BÖHLIG, A., «Die griechische Schule und die Bibliothek von Nag Hammadi», dans *Les textes de Nag Hammadi* (en collab.) (1975), 41-44.

*a*6332   BÖHLIG, A., WISSE, F., *Zum Hellenismus in den Schriften von Nag Hammadi* (Göttinger Orientforschungen, VI. Reihe, Hellenistica, 2) (Wiesbaden, Harrassowitz, 1975), v-86 pp.

*a*6333   QUISPEL, G., «Jewish Gnosis and Mandaean Gnosticism: Some Reflections on the Writing *Brontè*», dans *Les textes de Nag Hammadi* (en collab.) (1975), 82-122.

*a*6334   SÄVE-SÖDERBERGH, T., «Holy Scriptures or Apologetic Documentations? The 'Sitz im Leben' of the Nag Hammadi Library», dans *Les textes de Nag Hammadi* (en collab.) (1975), 3-14.

a6335 BÖHLIG, A., «Report on the Coptological Work Carried Out in the Context of the Tübingen Research Project: 'The Hellenic and Hellenistic Contribution to Syncretism in the Near East'», dans Nag Hammadi and Gnosis (en collab.) (1978), 131-138.

a6336 LABIB, P., «Egyptian Survivals in the Nag Hammadi Library», dans Nag Hammadi and Gnosis (en collab.) (1978), 149-151.

a6337 MAHÉ, J.-P., Hermès en Haute-Égypte. Les textes hermétiques de Nag Hammadi et leurs parallèles grecs et latins (Bibliothèque copte de Nag Hammadi. Section 'Textes', 3) (Québec, Les Presses de l'Université Laval, 1978), tome I, xix-171 pp.

a6338 HEDRICK, C.W., «Gnostic Proclivities in the Greek Life of Pachomius and the Sitz im Leben of the Nag Hammadi Library», NT 22 (1980) 78-94.

a6339 MAHÉ, J.-P., Hermès en Haute-Égypte. Tome II. Le fragment du Discours parfait et les Définitions hermétiques arméniennes (NH VI, 8.8a) (Bibliothèque copte de Nag Hammadi. Section 'Textes', 7) (Québec, Les Presses de l'Université Laval, 1982), L-565 pp.

4. Critique littéraire. Literary Criticism. Literarkritik. Critica letteraria. Crítica literaria.

a6340 McL. WILSON, R., «The New 'Gospels'», dans McL. WILSON, R., Gnosis and the New Testament (1968), 85-99.

a6341 MAHÉ, J.-P., «Le sens des symboles sexuels dans quelques textes herméneutiques et gnostiques», dans Les textes de Nag Hammadi (en collab.) (1975), 123-145.

a6342 ALAND, B., «Die Paraphrase als Form gnostischer Verkündigung», dans Nag Hammadi and Gnosis (en collab.) (1978), 75-90.

a6343 SCOPELLO, M., «Un rituel idéal d'intronisation dans trois textes gnostiques de Nag Hammadi», dans Nag Hammadi and Gnosis (en collab.) (1978), 91-95.

a6344 FALLON, F.T., «The Gnostic Apocalypses», Semeia 14 (1979) 123-158.

a6345 JANSSENS, Y., «Apocalypses de Nag Hammadi», dans L'Apocalypse johannique et l'Apocalyptique dans le Nouveau Testament (en collab.) (1980), 69-75.

5. Nouveau Testament. New Testament. Neues Testament. Nuovo Testamento. Nuevo Testamento.

a6346 KNOCH, O., «Die Funde von Nag Hammadi, die Gnosis und das Neue Testament», BiKi 15 (1960) 22-25.

a6347 QUECKE, H., «Zitationen von Lk 1.34 in der koptischen Literatur», dans Diakonia Pisteos (en collab.) (1969), 45-49.

a6348 MacRAE, G.W., «Nag Hammadi and the New Testament», dans Gnosis. Festschrift für Hans Jonas (en collab.) (1978), 144-157.

a6349 SELL, J., «A Note on a striking Johannine Motif found at CG VI:6,19», NT 20 (1978) 232-240.

a6350 KOSCHORKE, K., «Paulus in den Nag-Hammadi-Texten. Ein Beitrag zur Geschichte des Paulusrezeption im frühen Christentum», ZTK 78 (1981) 177-205.

a6351 WISSE, F., «The 'Opponents' in the New Testament in Light of the Nag Hammadi Writings», dans Colloque international sur les textes de Nag Hammadi (en collab.) (1981), 99-120.

a6352 McL. WILSON, R., «Nag Hammadi and the New Testament», NTS 28 (1982) 289-302.

a6353 SEVRIN, J.-M., «Paroles et paraboles de Jésus dans les écrits gnostiques coptes», dans Logia (en collab.) (1982), 517-528.

6. Théologie. Theology. Theologie. Teologia. Teología.

a6354   SEGELBERG, E., «Prayer among the Gnostic? The Evidence of some Nag Hammadi Documents», dans *Gnosis and Gnosticism* (en collab.) (1977), 55-69.

a6355   TRÖGER, K.W., «Doketistische Christologie in Nag-Hammadi-Texten. Ein Beitrag zum Doketismus in frühchristlicher Zeit», Kairos 19 (1977) 45-52.

a6356   BÖHLIG, A., «Jacob as an Angel in Gnosticism and Manicheism», dans *Nag Hammadi and Gnosis* (en collab.) (1978), 122-130.

a6357   JANSSENS, Y., «Différents courants de pensée à Nag Hammadi», dans *Gnosticisme et monde hellénistique* (1980), 123-126.

a6358   SEVRIN, J.-M., «La connaissance et le rite d'après quelques textes de Nag Hammadi», dans *Gnosticisme et monde hellénistique* (1980), 144-147.

a6359   TURNER, J.D., «The Gnostic Threefold Path to Enlightenment. The Ascent of Mind and the Descent of Wisdom», NT 22 (1980) 324-351 (Apocryphon of John, Trimorphic Protennoia, Allogenes, Zostrianos, The Three Steles of Seth).

a6360   BARC, B., «Samael - Saklas - Yaldabaôth. Recherche sur la genèse d'un mythe gnostique», dans *Colloque international sur les textes de Nag Hammadi* (en collab.) (1981), 123-150.

a6361   JACKSON, H.M., «Geradamas, the Celestial Stranger», NTS 27 (1981) 385-394.

a6362   MÉNARD, J.-E., «La Gnose et les textes de Nag Hammadi», dans *Colloque international sur les textes de Nag Hammadi* (en collab.) (1981), 3-17.

a6363   POIRIER, P.-H., TARDIEU, M., «Catégories du temps dans les écrits gnostiques non valentiniens», LTP 37 (1981) 3-13.

a6364   SELL, J., «Jesus the 'Fellow-Stranger'. A Study of CG VI:2,35-3,11», NT 23 (1981) 173-192.

7. Textes et commentaires. Texts and Commentaries. Texte und Kommentare. Testi e commenti. Textos y comentarios.

a) Introduction. Einführung. Introduzione. Introducción.

a6365   McL. WILSON, R., «The Other Published Documents from Nag Hammadi», dans McL. WILSON, R., *Gnosis and the New Testament* (1968), 101-139 ('Other' documents than the 'Gospels' of Nag Hammadi).

a6366   ROBINSON, J.M. and others (Eds), *The Facsimile Edition of the Nag Hammadi Codices Published under the Auspices of the Department of Antiquities of Egypt in Conjunction with the UNESCO. Codex II* (Leiden, Brill, 1974), xix-224 pp.

a6367   McL. WILSON, R., «The Trials of a Translator: Some Translation Problems in the Nag Hammadi Texts», dans *Les textes de Nag Hammadi* (en collab.) (1975), 32-40.

a6368   ROBINSON, J.M. (Director), *The Nag Hammadi Library in English,* translated by Members of the Coptic Gnostic Library Project of the Institute for Antiquity and Christianity (New York, Harper & Row, 1977), xvi-493 pp.

a6369   KRAUSE, M., «Die Texte von Nag Hammadi», dans *Gnosis.* Festschrift für Hans Jonas (en collab.) (1978), 216-243.

a6370   SCHENKE, H.-M., «Koptisch-gnostische Schriften, Volumes 2 and 3,», dans *Nag Hammadi and Gnosis* (en collab.) (1978), 113-116.

a6371   ROBINSON, J.M., «Getting the Nag Hammadi Library into English», BA 42 (1979) 239-248.

a6372   LAYTON, B., «The Recovery of Gnosticism: The Philologist's Task in the Investigation of Nag Hammadi», SeC 1 (1981) 85-99.

b) NH I,1: Apocryphon de Jacques. Apocryphon of James. Apocryphon des Jakobs. Apocryphon di Giacomo. Apocryphon de Santiago.

a6373   ROULEAU, D., «Les paraboles du Royaume des cieux dans l'*Épître apocryphe de Jacques*», dans *Colloque international sur les textes de Nag Hammadi* (en collab.) (1981), 181-189.

a6374   PERKINS, P., «Johannine Traditions in *Ap.Jas.* (NHC I,1)», JBL 101 (1982) 403-414.

a6375   HEDRICK, C.W., «Kingdom Sayings and Parables of Jesus in the *Apocryphon of James*: Tradition and Redaction», NTS 29 (1983) 1-24.

c) NH I,3: Traité sur la résurrection. On the Resurrection. Über die Auferstehung. Sulla risurrezione. Acerca de la resurrección.

a6376   HAARDT, R., «Die 'Abhandlung über die Auferstehung' des Codex Jung aus der Bibliothek gnostischer koptischer Schriften von Nag Hammadi», Kairos 11 (1969) 1-5; 12 (1970) 241-269.

a6377   DEHANDSCHUTTER, B., «L'épître à Rhéginos (CG I,3): Quelques problèmes critiques», OLoP 4 (1973) 101-111.

a6378   MARTIN, L.H., Jr., «The Anti-philosophical Polemic and Gnostic Soteriology in 'The Treatise on the Resurrection' (CG I,3)», Numen 20 (1973) 20-37.

a6379   MÉNARD, J.-E., «La Notion de Résurrection dans l'Épître à Rhéginos», dans *Proceedings of the International Colloquium on Gnosticism* (en collab.) (1977), 123-131.

a6380   LAYTON, B., *The Gnostic Treatise on Resurrection from Nag Hammadi*. Edited with Translation and Commentary (Harvard Theological Review. Harvard Dissertations in Religion, 12) (Missoula, Montana, Scholars Press, 1979), x-220 pp.

a6381   LAYTON, B., «Vision and Revision: A Gnostic View of Resurrection», dans *Colloque international sur les textes de Nag Hammadi* (en collab.) (1981), 190-217.

a6382   MÉNARD, J.-É., *Le traité sur la résurrection* (NH I,4) (Bibliothèque copte de Nag Hammadi. Section 'Textes', 12) (Québec, Les Presses de l'Université Laval, 1983), 97 pp.

d) NH II,1; III,1; IV,1: Apocryphon de Jean. Apocryphon of John. Apokryphon des Johannes. Apocryphon Johannis.

a6383   QUISPEL, G., «The Demiurge in the Apocryphon of John», dans *Nag Hammadi and Gnosis* (en collab.) (1978), 1-33.

a6384   QUISPEL, G., «Valentinian Gnosis and the *Apocryphon of John*», dans *The Rediscovery of Gnosticism* (en collab.) (1980), I, 118-132.

a6385   SCOPELLO, M., «Le mythe de la chute des anges dans l'*Apocryphon de Jean* (II,1) de Nag Hammadi», RevSR 54 (1980) 220-230.

e) NH II,2: Évangile selon Thomas. Gospel of Thomas. Thomasevangelium. Vangelo di Tomaso. Evangelio de Tomás.

Études générales. General Studies. Allgemeine Studien. Studi generali. Estudios generales.

a6386   HOFIUS, O., «Das koptische Thomasevangelium und die Oxyrhynchus-Papyri Nr. 1,654 und 655», EvT 20 (1960) 21-42, 182-192.

a6387   McL. WILSON, R., *Studies in the Gospel of Thomas* (1960), «The Gnostic Element», 14-44; «Thomas and our Four Gospels», 45-88; «Parables and Other Sayings», 89-116;

«The Jewish-christian Element», 117-132; «Thomas and the Text of the Gospels», 133-141; «The Significance of the Gospel of Thomas», 142-153.

*a*6388   ROQUES, R., «L''Évangile selon Thomas': son édition critique et son identification», RHR 157 (1960) 187-218.

*a*6389   SCHÄFER, K., «Das neuentdeckte Thomasevangelium», BiLeb 1 (1960) 62-74.

*a*6390   DEHANDSCHUTTER, B., «Le lieu d'origine de l'Évangile selon Thomas», OLoP 6/7 (1975-76) 125-131.

*a*6391   KIRCHNER, D., «Das Buch des Thomas», TLZ 102 (1977) 793-804.

*a*6392   LINCOLN, B., «Thomas-Gospel and Thomas-Community: A New Approach to a Familiar Text», NT 19 (1977) 65-76.

*a*6393   FUCHS, A., WEISENGRUBER, F., *Konkordanz zum Thomasevangelium.* Version A und B (Studien zum Neuen Testament und seiner Umwelt, B/4; Die griechischen Apokryphen zum Neuen Testament, 3) (Linz, SNTU, 1978), 247 pp.

*a*6394   MÉNARD, J.-E., «Connaissance de Dieu et quête du salut dans le logion 3 de l'Évangile selon Thomas», dans *Gnosticisme et monde hellénistique* (en collab.) (1980), 131-132.

*a*6395   MÉNARD, J.-E., «L'Évangile de Thomas et la littérature gnostique», dans *Jésus aujourd'hui* (en collab.) (1980), 81-87.

*a*6396   TRIPP, D.H., «The Aim of the 'Gospel of Thomas'», ExpTim 92 (1980) 41-44.

*a*6397   QUISPEL, G., «The *Gospel of Thomas* Revisited», dans *Colloque international sur les textes de Nag Hammadi* (en collab.) (1981), 218-266.

*a*6398   TREVIJANO ETCHEVERRIA, R., «La escatología del Evangelio de Tomás (logión 3)», Salm 28 (1981) 415-441.

*a*6399   HOBERMAN, B., «How did the Gospel of Thomas get its Name?» BA 46 (1983) 10-14.

Critique littéraire. Literary Criticism. Literarkritik.
Critica letteraria. Crítica literaria.

*a*6400   ENGLEZAKIS, B., «*Thomas*, Logion 30», NTS 25 (1979) 262-272.

*a*6401   HORMAN, J., «The Source of the Version of the Parable of the Sower in the Gospel of Thomas», NT 21 (1979) 326-343.

*a*6402   TREVIJANO ETCHEVERRIA, R., «Gnosticismo y hermenéutica (*Evangelio de Tomás*, logion 1)», Salm 26 (1979) 51-74.

*a*6403   LINDEMANN, A., «Zur Gleichnisinterpretation im Thomas-Evangelium», ZNW 71 (1980) 214-243.

*a*6404   PAYNE, P.B., «The Authenticity of the Parable of the Sower and its Interpretation», dans *Gospel Perspectives* (en collab.) (1980), 163-207.

*a*6405   PERKINS, P., «Pronouncement Stories in the Gospel of Thomas», Semeia 20 (1981) 121-132.

*a*6406   TOYOSHIMA, K., «Neue Vorschläge zur Lesung und Übersetzung *Thomasevangelium* Log 21, 103 und 68b», AJBI 9 (1983) 230-241.

Nouveau Testament. New Testament. Neues Testament.
Nuovo Testamento. Nuevo Testamento.

*a*6407   CELADA, B., «¿Se ha encontrado un quinto Evangelio?» CuBi 15 (1958) 366-375.

*a*6408   CELADA, B., «Más acerca del supuesto quinto evangelio», CuBi 16 (1959) 48-50.

*a*6409   DEHANDSCHUTTER, B., «La parabole des vignerons homicides (Mc., XII,1-12) et l'Évangile selon Thomas», dans *L'Évangile selon Marc* (en collab.) (1974), 203-219.

*a*6410   MENESTRINA, G., «Le parabole nell''Evangelo di Tommaso' et nei sinottici», BibOr 17 (1975) 79-92.

*a*6411   MENESTRINA, G., «Matteo 5-7 e Luca 6,20-49 nell'Evangelo di Tommaso», BibOr 18
          (1976) 65-67.

*a*6412   PERETTO, E., «Loghia del Signore e Vangelo di Tommaso», RivB 24 (1976) 13-56.

*a*6413   BEATRICE, P.F., «Il significato di *Ev. Thom.* 64 per la critica letteraria della parabola
          del banchetto (Mt. 22,1-14/Lc. 14,15-24)», dans *La parabola degli invitati al banchetto*
          (en collab.) (1978), 237-277.

*a*6414   DEHANDSCHUTTER, B., «La parabole de la perle (Mt 13,45-46) et l'Évangile selon
          Thomas», ETL 55 (1979) 243-265.

*a*6415   DE SOLAGES, B., «L'Évangile de Thomas et les Évangiles canoniques: l'ordre des
          péricopes», BLE 80 (1979) 102-108.

*a*6416   KAESTLI, J.-D., «L'Évangile de Thomas. Son importance pour l'étude des paroles de
          Jésus et du gnosticisme chrétien», ETR 54 (1979) 375-396.

*a*6417   MÉNARD, J.-E., «La tradition synoptique et l'Évangile selon Thomas», dans
          Überlieferungsgeschichtliche Untersuchungen (Hrg. F. PASCHKE) (TU 125) (Berlin,
          Akademie Verlag, 1981), 411-426.

*a*6418   PETERSEN, W.L., «The Parable of the Lost Sheep in the Gospel of Thomas and the
          Synoptics», NT 23 (1981) 128-147.

*a*6419   DEHANDSCHUTTER, B., «The Gospel of Thomas and the Synoptics: the Status
          Quaestionis», dans *Studia Evangelica* (en collab.) (1982), VII, 157-160.

*a*6420   DEHANDSCHUTTER, B., «L'Évangile de Thomas comme collection de paroles de
          Jésus», dans *Logia* (en collab.) (1982), 507-515.

*a*6421   DAVIES, S., «Thomas - The Fourth Synoptic Gospel», BA 46 (1983) 6-9.

*a*6422   DAVIES, S., «A Cycle of Jesus's Parables», BA 46 (1983) 15-17.

**f) NH II,3: Évangile selon Philippe. Gospel of Philip. Philippusevangelium.
Vangelo di Filippo. Evangelio de Felipe.**

*a*6423   SEGELBERG, E., «The Coptic-Gnostic Gospel according to Philip and its Sacramental
          System», Numen 7 (1960) 189-200.

*a*6424   BORCHERT, G.L., «Insights Into the Gnostic Threat to Christianity as Gained
          Through the Gospel of Philip», dans *New Dimensions in New Testament Study* (en
          collab.) (1974), 79-93.

*a*6425   MÉNARD, J.-E., «L'Évangile selon Philippe et l'"exégèse de l'âme'», dans *Les textes de
          Nag Hammadi* (en collab.) (1975), 56-67.

*a*6426   McNEIL, B., «New Light on Gospel of Philip 17», JTS 29 (1978) 143-146.

*a*6427   BARC, B., «La symbolique du salut dans l'évangile selon Philippe», dans *Gnosticisme et
          monde hellénistique* (1980), 133-135.

*a*6428   BUCKLEY, J.J., «A Cult-Mystery in *The Gospel of Philip*», JBL 99 (1980) 569-581.

*a*6429   SFAMENI GASPARRO, G., «Aspetti encratiti nel Vangelo di Filippo», dans
          Gnosticisme et monde hellénistique (1980), 111-114.

*a*6430   TRAUTMANN, C., «La parenté dans l'*Évangile selon Philippe*», dans *Colloque
          international sur les textes de Nag Hammadi* (en collab.) (1981), 267-278.

**g) NH II,4: Hypostase des Archontes. Hypostasis of the Archons. Über die Archonten.
Ipostasi dei Arconti. Hipóstasis de los Arcontes.**

*a*6431   BULLARD, R.A., *The Hypostasis of the Archons* (NH II,4). The Coptic Text with
          Translation and Commentary (Patristische Texte und Studien, 10) (Berlin, De Gruyter,
          1970), xi-132 pp.

*a*6432   LAYTON, B., «The Hypostasis of the Archons», HarvTR 67 (1974) 351-425; 69 (1976)
          31-101.

a6433   PEARSON, B.A., «'She Became a Tree' - A Note to CG II,4:89,25-26», HarvTR 69 (1976) 413-415.

a6434   BARC, B., *L'Hypostase des Archontes*. Traité gnostique sur l'origine de l'homme, du monde et des archontes (NH II,4) (Bibliothèque copte de Nag Hammadi. Section 'Textes', 5) (Québec, Les Presses de l'Université Laval; Louvain, Éditions Peeters, 1980), xii-173 pp.

h) NH II,6: Exégèse de l'âme. Exegesis on the Soul. Exegese über die Seele.
Esegesi dell'anima. Exégesis de la alma.

a6435   KRAUSE, M., «Die Sakramente in der 'Exegese über die Seele'», dans *Les textes de Nag Hammadi* (en collab.) (1975), 47-55.

a6436   MÉNARD, J.-E., «L'Évangile selon Philippe et l'"Exégèse de l'âme'», dans *Les textes de Nag Hammadi* (en collab.) (1975), 56-67.

a6437   WISSE, F., «On Exegeting 'The Exegesis on the Soul'», dans *Les textes de Nag Hammadi* (en collab.) (1975), 68-81.

a6438   BETHGE, H., «Die Exegese über die Seele», TLZ 101 (1976) 93-104.

a6439   ARI, S., «Simonianische Gnosis und die *Exegese über die Seele*», dans *Gnosis and Gnosticism* (en collab.) (1977), 185-203.

a6440   SCOPELLO, M., «Les 'Testimonia' dans le traité de 'L'exégèse de l'âme' (Nag. Hammadi, II,6)», RHR 191 (1977) 159-171.

a6441   SCOPELLO, M., «Les citations d'Homère dans le traité de *L'Exégèse de l'âme*», dans *Gnosis and Gnosticism* (en collab.) (1977), 3-12.

a6442   DEHANDSCHUTTER, B., «L'Apocryphe d'Ézéchiel: sources de *l'Exégèse sur l'âme*, p. 135,31-136,4?» OLoP 10 (1979) 227-235.

a6443   SEVRIN, J.-M., *L'Exégèse de l'âme* (NH II,6). Texte établi et présenté (Bibliothèque copte de Nag Hammadi. Section 'Textes', 9) (Québec, Les Presses de l'Université Laval, 1983), x-139 pp.

i) NH III,2: Évangile des Égyptiens. Gospel of the Egyptians.
Ägypterevangelium. Vangelo degli Egiziani. Evangelo según los Egipcios.

a6444   PERKINS, P., «Apocalyptic Schematization in the Apocalypse of Adam and the Gospel of the Egyptians», dans *Society of Biblical Literature. 1972 Proceedings* (en collab.) (1972), 591-599.

a6445   BÖHLIG, A., WISSE, F., LABIB, P., *The Gospel of the Egyptians*. The holy Book of the Great invisible Spirit. Ed. with translation and commentary (Nag Hammadi Studies, 4) (Leiden, Brill, 1975), xiii-234 pp.

a6446   BELLET, P., «The Colophon of the *Gospel of the Egyptians*: Concessus and Macarius of Nag Hammadi», dans *Nag Hammadi and Gnosis* (en collab.) (1978), 44-65.

a6447   McL. WILSON, R., «One Text. Four Translations: Some Reflections on the Nag Hammadi Gospel of the Egyptians», dans *Gnosis. Festschrift für Hans Jonas* (en collab.) (1978), 441-448.

a6448   HEDRICK, C.W., «Christian Motifs in the *Gospel of the Egyptians*», NT 23 (1981) 242-260.

j) NH: III,5: Dialogue du Sauveur. Dialogue of the Savior. Dialog des Soter.
Dialogo del Salvatore. Diálogo del Salvador.

a6449   KRAUSE, M., «Der *Dialog des Soter* in Codex III von Nag Hammadi», dans *Gnosis and Gnosticism* (en collab.) (1977), 13-34.

*a*6450   PAGELS, E., KOESTER, H., «Report on the *Dialogue of the Savior* (CG III,5)», dans *Nag Hammadi and Gnosis* (en collab.) (1978), 66-74.

k) NH V,5: Apocalypse d'Adam. Apokalypse of Adam. Offenbarung von Adam. Apocalisse di Adamo. Apocalipsis de Adán.

*a*6451   HEDRICK, C.W., «The Apocalypse of Adam: A Literary and Source Analysis», dans *Society of Biblical Literature. 1972 Proceedings* (en collab.) (1972), 581-590.

*a*6452   MacRAE, G., «The Apocalypse of Adam Reconsidered», dans *Society of Biblical Literature. 1972 Proceedings* (en collab.) (1972), 573-579.

*a*6453   PERKINS, P., «Apocalyptic Schematization in the Apocalypse of Adam and the Gospel of the Egyptians», dans *Society of Biblical Literature. 1972 Proceedings* (en collab.) (1972), 591-599.

*a*6454   MORARD, F., «L'*Apocalypse d'Adam* de Nag Hammadi: un essai d'interprétation», dans *Gnosis and Gnosticism* (en collab.) (1977), 35-42.

*a*6455   MORARD, F., «L'*Apocalypse d'Adam* du Codex V de Nag Hammadi et sa polémique anti-baptismale», RevSR 51 (1977) 214-233.

*a*6456   PERKINS, P., «The Genre and Function of the Apocalypse of Adam», CBQ 39 (1977) 382-395.

*a*6457   HEDRICK, C.W., *The Apocalypse of Adam.* A Literary and Source Analysis (Society of Biblical Literature, Dissertation Series, 46) (Chico, CA, Scholars Press, 1980), xvi-308 pp.

*a*6458   MORARD, F., «Thématique de l'*Apocalypse d'Adam* du Codex V de Nag Hammadi», dans *Colloque international sur les textes de Nag Hammadi* (en collab.) (1981), 288-294.

l) NH: VI,1: Actes de Pierre. Acts of Peter. Petrusakten. Atti di S. Pietro. Hechos de San Pedro.

*a*6459   KELLER, C.-A., «De la foi à la connaissance: le sens des 'Actes de Pierre et des Douze apôtres' (NHC VI,1)», RTP 110 (1978) 131-137.

*a*6460   GUILLAUMONT, A., «De nouveaux Actes apocryphes: les Actes de Pierre et des Douze Apôtres», RHR 196 (1979) 141-152.

*a*6461   SELL, J., «Simon Peter's 'Confession', and *The Acts of Peter and the Twelve Apostles*», NT 21 (1979) 344-356.

*a*6462   HAAS, Y., «L'exigence du renoncement au monde dans les *Actes de Pierre et des Douze Apôtres*, les *Apophtegmes des Pères du Désert* et la *Pistis Sophia*», dans *Colloque international sur les textes de Nag Hammadi* (en collab.) (1981), 295-303.

m) NH VI,3: Authentikos Logos.

*a*6463   MÉNARD, J.-E., *L'Authentikos logos.* Texte établi et présenté (Bibliothèque copte de Nag Hammadi. Section 'Textes', 2) (Québec, Les Presses de l'Université Laval, 1977), viii-79 pp.

*a*6464   MÉNARD, J.-E., «Gnose païenne et gnose chrétienne: 'L'Authentikos Logos' et 'Les Enseignements de Silvain' de Nag Hammadi», dans *Mélanges offerts à Marcel Simon* (en collab.) (1978), 287-294.

n) NH VI,8: Asclepius.

*a*6465   MAHÉ, J.-P., «Le fragment du *Discours Parfait* dans la Bibliothèque de Nag Hammadi», dans *Colloque international sur les textes de Nag Hammadi* (en collab.) (1981), 304-327.

a6466   MAHÉ, J.-P., «Le *Discours Parfait* d'après l'*Asclépius* latin: utilisation des sources et cohérence rédactionnelle», dans *Colloque international sur les textes de Nag Hammadi* (en collab.) (1981), 405-434.

a6467   MAHÉ, J.-P., *Hermès en Haute-Égypte*. Tome II. Le fragment du *Discours parfait* et les *Définitions* hermétiques arméniennes (NH VI,8.8a) (Bibliothèque copte de Nag Hammadi. Section 'Textes', 7) (Québec, Les Presses de l'Université Laval, 1982), L-565 pp.

o) NH VII,1: Shem.

a6468   BERTRAND, D.A., «'Paraphrase de Sem' et 'Paraphrase de Seth'», dans *Les textes de Nag Hammadi* (en collab.) (1975), 146-157.

a6469   CHARLESWORTH, J.H., «Rylands Syriac MS. 44 and a New Addition to the Pseudepigrapha: The Treatise of Shem, Discussed and Translated», BJRL 60 (1977-78) 376-403.

a6470   KRAUSE, M., «Die Paraphrase des Sêem und der Bericht Hippolyts», dans *Proceedings of the International Colloquium on Gnosticism*. Stockholm August 20-25 1973 (en collab.) (1977), 101-110.

a6471   ROBERGE, M., «Le rôle du *Noûs* dans la Paraphrase de Sem», dans *Colloque international sur les textes de Nag Hammadi* (en collab.) (1981), 328-339.

p) NH VII,2: Second Traité du Grand Seth.
    Second Treatise of the Great Seth. Zweite Logos des Grossen Seth.
    Seconda Esposizione del Grande Seth. Segunda Exposición de Grande Seth.

a6472   WISSE, F., «The Sethians and the Nag Hammadi Library», dans *Society of Biblical Literature. 1972 Proceedings* (en collab.) (1972), 601-607.

a6473   GIBBONS, J.A., «The Second Logos of the Great Seth: Considerations and Questions», dans *Society of Biblical Literature. 1973 Seminar Papers* (en collab.) (1973), II, 242-261.

a6474   TARDIEU, M., «Les livres mis sous le nom de Seth et les Séthiens de l'hérésiologie», dans *Gnosis and Gnosticism* (en collab.) (1977), 204-210.

a6475   PAINCHAUD, L., *Le Deuxième Traité du Grand Seth* (NH VII,2)», LTP 36 (1980) 229-237.

a6476   PAINCHAUD, L., «La polémique anti-ecclésiale et l'exégèse de la passion dans le *Deuxième Traité du Grand Seth*», dans *Colloque international sur les textes de Nag Hammadi* (en collab.) (1981), 340-351.

a6477   PAINCHAUD, L., *Le Deuxième Traité du Grand Seth* (NH VII,2). Texte établi et présenté (Bibliothèque copte de Nag Hammadi. Section 'Textes', 6) (Québec, Les Presses de l'Université Laval, 1982), xiii-164 pp.

q) NH VII,4: Silvanus.

a6478   ZANDEE, J., «La morale des 'Enseignements de Silvain'», OLoP 6/7 (1975-76) 615-630.

a6479   ZANDEE, J., «'Les Enseignements de Sylvain' et le platonisme», dans *Les textes de Nag Hammadi* (en collab.) (1975), 158-179.

a6480   MÉNARD, J.-E., «Gnose païenne et gnose chrétienne: 'L'Authentikos Logos' et 'Les Enseignements de Silvain' de Nag Hammadi», dans *Mélanges offerts à Marcel Simon* (en collab.) (1978), 287-294.

a6481   JANSSENS, Y., «Les *Leçons de Silvanos* et le monachisme», dans *Colloque international sur les textes de Nag Hammadi* (en collab.) (1981), 352-361.

a6482 JANSSENS, Y., *Les Leçons de Silvanos* (NH VII,4). Texte établi et présenté (Bibliothèque copte de Nag Hammadi. Section 'Textes', 13) (Québec, Les Presses de l'Université Laval, 1983), xiii-173 pp.

r) NH VII,5: Trois stèles de Seth. Three Steles of Seth. Drei Stelen des Seth.
Tre stele di Seth. Tres estelas de Seth.

a6483 ROBINSON, J.M., «The Three Steles of Seth and the Gnostics of Plotinus», dans *Proceedings of the International Colloquium on Gnosticism*. Stockholm 20-25 1973 (en collab.) (1977), 132-142.

a6484 CLAUDE, P., «Approche de la structure des *Trois Stèles de Seth*», dans *Colloque international sur les textes de Nag Hammadi* (en collab.) (1981), 362-373.

a6485 CLAUDE, P., *Les trois Stèles de Seth*. Hymne gnostique à la Triade (NH VII,5) (Bibliothèque copte de Nag Hammadi. Section 'Textes', 8) (Québec, Les Presses de l'Université Laval, 1983), x-129 pp.

s) NH VIII,2: Épître de Pierre à Philippe. Letter of Peter to Philip.
Brief von Peter zu Philipp. Epistola di Pietro a Filippo. Epístola de Pedro a Felipe.

a6486 KOSCHORKE, K., «Eine gnostische Pfingstpredigt. Zur Auseinandersetzung zwischen gnostischem und kirchlichem Christentum am Beispiel der *Epistula Petri ad Philippum* (NHC VIII,2)», ZTK 74 (1977) 323-343.

a6487 MÉNARD, J.-E., *La lettre de Pierre à Philippe* (VIII,2). Texte établi et présenté (Bibliothèque copte de Nag Hammadi. Section 'Textes', 1) (Québec, Les Presses de l'Université Laval, 1977), xiii-61 pp.

a6488 BETHGE, H.-G., «Der sogenannte 'Brief des Petrus an Philippus'», TLZ 103 (1978) 161-170.

a6489 LUTTIKHUIZEN, G.P., «The Letter of Peter to Philip and the New Testament», dans *Nag Hammadi and Gnosis* (en collab.) (1978), 96-102.

a6490 MÉNARD, J.-E., «La Lettre de Pierre à Philippe: sa structure», dans *Nag Hammadi and Gnosis* (en collab.) (1978), 103-107.

a6491 MÉNARD, J.-E., «La Lettre de Pierre à Philippe», dans *Gnosis*. Festschrift für Hans Jonas (en collab.) (1978), 449-463.

a6492 MEYER, M.W., *The Letter of Peter to Philip*. Text, Translation, and Commentary (SBL Dissertation Series, 52) (Chico, CA, Scholars Press, 1981), xiii-220 pp.

t) NH IX,3: Testimonium Veritatis.

a6493 KOSCHORKE, K., «Die Polemik der Gnostiker gegen das kirchliche Christentum. Skizziert am Beispiel des Nag-Hammadi-Traktates *Testimonium Veritatis*», dans *Gnosis and Gnosticism* (en collab.) (1977), 43-49.

a6494 KOSCHORKE, K., «Der gnostische Traktat 'Testimonium Veritatis' aus dem Nag-Hammadi-Codex IX. Eine Übersetzung», ZNW 69 (1978) 91-117.

a6495 PEARSON, B.A., «Gnostic Interpretation of the Old Testament in the *Testimony of Truth* (NHC IX,3)», HarvTR 73 (1980) 311-319.

u) NH XII,1: Sextus.

a6496 POIRIER, P.-H., «À propos de la version copte des *Sentences de Sextus*», LTP 36 (1980) 317-320.

*a*6497   EDWARDS, R.A., WILD, R.A., *The Sentences of Sextus* (SBL Texts and Translations, 22; Early Christian Literature Series, 5) (Chico, CA, Scholars Press, 1981), 71 pp.

*a*6498   POIRIER, P.-H., «Le texte de la version copte des *Sentences de Sextus*», dans *Colloque international sur les textes de Nag Hammadi* (en collab.) (1981), 383-389.

*a*6499   POIRIER, P.-H., *Les Sentences de Sextus* (NH XII,1) (Bibliothèque copte de Nag Hammadi. Section 'Textes', 11) (Québec, Les Presses de l'Université Laval, 1983), 1-94.

v) NH XII,2: Évangile de Vérité. Gospel of Truth. Evangelium der Wahrheit. Vangelo della Verità. Evangelio de la Verdad.

*a*6500   TILL, W.C., «Bemerkungen zur Erstausgabe des 'Evangelium veritatis'», Or. 27 (1958) 269-286.

*a*6501   FECHT, G., «Der erste 'Teil' des sogenannten Evangelium Veritatis (S. 16,31-22,20)», Or. 30 (1961) 371-390; 31 (1962) 85-119; 32 (1963) 298-335.

*a*6502   SHIBATA, Y., «Non-docetic Character of *Evangelium Veritatis*», AJBI 1 (1975) 127-134.

*a*6503   STANDAERT, B., «'L'Évangile de Vérité': Critique et Lecture», NTS 22 (1976) 243-275.

*a*6504   LUCCHESI, E., «Un terme inconnu de l'Évangile de Vérité», Or. 47 (1978) 483-484.

*a*6505   POIRIER, P.-H., «L'*Évangile de Vérité*. Éphrem le Syrien et le comput digital», REA 25 (1979) 27-34.

*a*6506   CERUTTI, M.V., «La 'conoscenza del Padre' nel Vangelo di Verità», dans *Gnosticisme et monde hellénistique* (1980), 136.

*a*6507   FINEMAN, J., «Gnosis and the Piety of Metaphor: The *Gospel of Truth*», dans *The Rediscovery of Gnosticism* (en collab.) (1980), I, 289-318.

*a*6508   SCHOEDEL, W.R., «Gnostic Monism and the *Gospel of Truth*», dans *The Rediscovery of Gnosticism* (en collab.) (1980) I, 379.

*a*6509   McL. WILSON, R., «Valentinianism and the *Gospel of Truth*», dans *The Rediscovery of Gnosticism* (en collab.) (1980), I, 133-145.

w) NH XIII,1: Protennoia.

*a*6510   McL. WILSON, R., «The Trimorphic Protennoia», dans *Gnosis and Gnosticism* (en collab.) (1977), 50-54.

*a*6511   HELDERMAN, J., «'In ihren Zelten...' Bemerkungen bei Codex XIII Nag Hammadi p. 47:14-18, im Hinblick auf Joh i 14», dans *Miscellanea Neotestamentica* (en collab.) (1978), I, 181-211.

*a*6512   JANSSENS, Y., *La Prôtennoia Trimorphe* (NH XIII,1) Texte établi et présenté (Bibliothèque copte de Nag Hammadi. Section 'Textes', 4) (Québec, Les Presses de l'Université Laval, 1978), ix-101 pp.

*a*6513   EVANS, C.A., «On the Prologue and the *Trimorphic Protennoia*», NTS 27 (1981) 395-401.

x) NH BG 8502.1: Évangile selon Marie. Gospel of Mary. Evangelium von Maria. Vangelo di Maria. Evangelio según Maria.

*a*6514   PASQUIER, A., «L'eschatologie dans l'*Évangile selon Marie*: étude des notions de nature et d'image», dans *Colloque international sur les textes de Nag Hammadi* (en collab.) (1981), 390-404.

*a*6515   PASQUIER, A., *L'Évangile selon Marie* (BG 1) (Bibliothèque copte de Nag Hammadi. Section 'Textes', 10) Texte établi et présenté (Québec, Les Presses de l'Université Laval, 1983), xiii-117 pp.

y) Autres textes. Other Texts. Andere Texte. Altri testi. Otros textos.

*a*6516   LUZ, U., «Der dreiteilige Traktat von Nag Hammadi», TZ 33 (1977) 384-392 (*Jung Codex, NH I*).

*a*6517   TILL, W.C., «Die Kairener Seiten des 'Evangeliums der Wahrheit'», Or. 28 (1959) 170-185 (*NH I,2*).

*a*6518   GIVERSEN, S., *The Coptic text in the Nag Hammadi Codex II*. With transl., introd. and comm. (Acta Theologica Danica, 5) (Leiden, Brill, 1963), 296 pp. (*NH II*).

*a*6519   KUNTZMANN, R., «L'identification dans le *Livre de Thomas l'Athlète*», dans *Colloque international sur les textes de Nag Hammadi* (en collab.) (1981), 279-287 (*NH II,7*).

*a*6520   MacRAE, G., «The Judgment Scene in the Coptic Apocalypse of Paul», dans *Studies on the Testament of Abraham* (en collab.) (1976), 285-288 (*NH V,2*).

*a*6521   FUNK, W.-P. (Ed.), *Die zweite Apokalypse des Jakobus aus Nag-Hammadi-Codex V*. Neu herausgegeben, übersetzt und erklärt (Texte und Untersuchungen zur Geschichte der altchristlichen Literatur, 119) (Berlin, Akademie-Verlag, 1976), xvi-246 pp. (*NH V,4*).

*a*6522   TRÖGER, K.-W., «On Investigating the Hermetic Documents Contained in Nag Hammadi Codex VI: The Present State of Research», dans *Nag Hammadi and Gnosis* (en collab.) (1978), 117-121 (*NH VI*).

*a*6523   PAINCHAUD, L., *Fragments de la République de Platon* (NH VI,5) (Bibliothèque copte de Nag Hammadi, Section 'Textes', 11) (Québec, Les Presses de l'Université Laval, 1983), 109-164 (*NH VI,5*).

*a*6524   PEARSON, B.A., «The Tractate Marsanes (NHC X) and the Platonic Tradition», dans *Gnosis*. Festschrift für Hans Jonas (en collab.) (1978), 373-384 (*NH X,1*).

*a*6525   KOSCHORKE, K., «Eine neugefundene gnostische Gemeindeordnung. Zum Thema Geist und Amt im frühen Christentum», ZTK 76 (1979) 30-60 (*NH XI,1*).

*a*6526   SCOPELLO, M., «Youèl et Barbélo dans le Traité de l'*Allogène*», dans *Colloque international sur les textes de Nag Hammadi* (en collab.) (1981), 374-382 (*NH XI,3*).

*a*6527   POIRIER, P.-H., *Fragments* (NH XII,3) (Bibliothèque copte de Nag Hammadi. Section 'Textes', 11) (Québec, Les Presses de l'Université Laval, 1983), 95-108 (*NH XII,3*).

*a*6528   HELDERMAN, J., «Antopos in der Sophia Jesu und im Eugnostos Brief. Zur gnostischen», dans *Gnosticisme et monde hellénistique* (1980), 74-75 (*NH BG 8502,3*).

8. Divers. Miscellaneous. Verschiedenes. Diversi. Diversos.

*a*6529   KOLENKOW, A.B., «Trips to the Other World in Antiquity and the Story of Seth in the Life of Adam and Eve», dans *Society of Biblical Literature. 1977 Seminar Papers* (en collab.) (1977), 1-11.

*a*6530   PEARSON, B.A., «The Figure of Norea in Gnostic Literature», dans *Proceedings of the International Colloquium on Gnosticism*. Stockholm August 20-25 1973 (en collab.) (1977), 143-152.

*a*6531   McL. WILSON, R. (Ed.), *Nag Hammadi und Gnosis*. Papers read at the First International Congress of Coptology (Cairo, December 1976) (Nag Hammadi Studies, 14) (Leiden, Brill, 1978), viii-178 pp.

a6532   TARDIEU, M., «Le Congrès de Yale sur le Gnosticisme (28-31 mars 1978)», REA 24 (1978) 188-209.
a6533   GERVAIS, M., «Le Colloque sur la gnose et la bibliothèque de Nag Hammadi», LTP 35 (1979) 87-94.
a6534   WELBURN, A.J., «Reconstructing the Ophite Diagram», NT 23 (1981) 261-287.
a6535   ORLANDI, T., «A Catechesis against Apocryphal Texts by Shenute and the Gnostic Texts of Nag Hammadi», HarvTR 75 (1982) 85-95.

NOMBRES ET BIBLE. NUMBERS AND BIBLE. ZAHLEN IN DER BIBEL. NUMERI E BIBBIA. NUMEROS Y BIBLIA.

a6536   BURROWS, E., «The Number Seventy in Semitic», Or. 5 (1936) 389-392.
a6537   BRUSTON, É., «Du sens primitif des noms des nombres mille et dix mille dans l'Ancien Testament», ETR 16 (1941) 55-76.
a6538   BÜCKEN, P., «Ein geheimnisvolle Zahlensprache im Buche Genesis», BiKi 5 (1950) 40-44.
a6539   BÜCKEN, P., «Die '7' als stilistisch-symbolische Ganzheitszahl im Pentateuch», BiKi 6 (1951) 47-53.
a6540   SÉD, N., «Le Mēmar samaritain, le Sēfer Yeṣīrā et les trente-deux sentiers de la Sagesse», RHR 170 (1966) 159-184.
a6541   BAUER, J.B., «Zahlenkritische Schrifterklärung?» BiKi 23 (1968) 59-60.
a6542   SCHEDL, C., «'Und sie bewegt sich doch!' Eine Antwort», BiKi 23 (1968) 138-140.
a6543   KÖBERT, R., «Zum Prinzip ġurâb-Zahlen und damit Zahlensystems», Or. 44 (1975) 108-112.
a6544   FENSHAM, F.C., «The Numeral Seventy in the Old Testament and the Family of Jerubbaal, Ahab, Panammuwa and Athirat», PEQ 109 (1977) 113-115.
a6545   GEVIRTZ, S., «The Life Spans of Joseph and Enoch and the Parallelism šibʿātayim - šibʿîm wĕšibʿāh», JBL 96 (1977) 570-571.
a6546   HETZRON, R., «Innovations in the Semitic Numeral System», JSS 22 (1977) 167-201.
a6547   McELENEY, N.J., «153 Great Fishes (John 21,11) - Gematriacal Atbash», Bibl 58 (1977) 411-417.
a6548   HERRMANN, W., «Mercatores mandatu missi. Ein Beitrag zum Verständnis der Einheiten 'Fünft' und 'Zehn' in der kanonischen und deuterokanonischen Literatur des Alten Testaments», ZAW 91 (1979) 329-338.
a6549   SÉD, N., «Les douze hebdomades, le char de Sabaoth et les soixante-douze langues», NT 21 (1979) 156-184.
a6550   WILLIAMS, J.G., «Numbers Symbolism and Joseph as Symbol of Completion», JBL 98 (1979) 86-87.
a6551   RÜGER, H.P., «Die gestaffelten Zahlensprüche des Alten Testaments und aram. Achikar 92», VT 31 (1981) 229-234.
a6552   GEYSER, A., «The Twelve Tribes in Revelation: Judean and Judeo-Christian Apocalypticism», NTS 28 (1982) 388-399.

OECUMÉNISME. ECUMENISM. ÖKUMENISCHE BEWEGUNG. ECUMENISMO. ECUMENISMO.

a6553   CLAVIER, H., «Le rassemblement chrétien», ETR 13 (1938) 177-206, 211-246.
a6554   SCHLINK, E., «Christ and the Church», SJTh 10 (1957) 1-23.

a6555 CULLMAN, O., «The Early Church and the Ecumenical Problem», AThR 40 (1958) 181-189, 294-301.

a6556 LACOCQUE, A., «Israël, pierre de touche de l'oecuménisme», VC n° 48 (1958) 331-343.

a6557 MICHAEL, J.P., «Bibel und Wiedervereinigung», BiKi 18 (1963) 81-86.

a6558 FLUSSER, D., «A New Sensitivity in Judaism and the Christian Message», HarvTR 61 (1968) 107-127.

a6559 HAAG, H., «Einheit im Worte Gottes. Die Situation auf katholischer Seite nach dem Konzil», BiKi 23 (1968) 132-137.

a6560 YUBERO, D., «Biblia y Ecumenismo», CuBi 26 (1969) 45-50, 161-165.

a6561 YUBERO, D., «Biblia y Ecumenismo. Iniciativas concretas», CuBi 27 (1970) 44-48.

a6562 XXX, «Die Haltung der Christen zum Judentum - Pastorale Handreichung der französischen bischöflichen Kommission für die Beziehungen zum Judentum», BiKi 29 (1974) 51-55.

a6563 EHRLICH, E.L., «Abbau des Missverständnisses - Zur Erklärung der französischen Bischofskonferenz», BiKi 29 (1974) 55-57.

a6564 MUSSNER, F., «Eph 2 als ökumenisches Modell», dans Neues Testament und Kirche (en collab.) (1974), 325-336.

a6565 RIJK, C.A., «Das gemeinsame Band - Die Bedeutung der jüdisch-christlichen Beziehungen für die Einheit der Christen», BiKi 29 (1974) 42-44.

a6566 GOLDSCHMIDT, H.L., Weil wir Brüder sind. Biblische Besinnung für Juden und Christen (Stuttgart, Katholisches Bibelwerk, 1975), 199 pp.

a6567 KERLEN, E., «Weil sie die Bibel anders lesen. Gruppierungen in der Evangelischen Kirche», BiKi 31 (1976) 45-51.

a6568 LODS, M., Le ministère d'unité (Centre oecuménique, unité chrétienne) (Le Point théologique, 19) (Paris, Beauchesne, 1976), «À propos du ministère d'unité dans le Nouveau Testament», 9-32.

a6569 MacLEOD, C., «Bible, Judaïsme et relations judéo-chrétiennes», Conci n° 112 (1976) 93-100.

a6570 PRESTON, R.H., «From the Bible to the Modern World: A Problem for Ecumenical Ethics», BJRL 59 (1976-77) 164-187.

a6571 RIJK, C., «Relations judéo-chrétiennes et utilisation des Livres Saints d'autres religions dans le culte chrétien», Conci n° 112 (1976) 113-121.

a6572 LEPELLEY, C., «L'Écriture sainte dans la vie liturgique de l'Église orthodoxe», dans Les quatre fleuves no 7 (1977) 100-106.

a6573 KNOCH, O., «Einheit auch im Wortlaut. Ökumenische Erfahrungen auf dem Weg zur Einheitsübersetzung des Neuen Testamentes», dans Kirche und Bibel (en collab.) (1979), 173-192.

a6574 STRAUSS, J., «Schriftauslegung als ökumenische Aufgabe», dans Schriftauslegung dient dem Glauben (en collab.) (1979), 91-98.

a6575 WILCKENS, U., «Eucharistie et unité de l'Église», dans Paul de Tarse, apôtre de notre temps (en collab.) (1979), 485-508.

a6576 FACKENHEIM, E.L., «New Hearts and the Old Covenant: On Some Possibilities of a Fraternal Jewish-Christian Reading of the Jewish Bible Today», dans The Divine Helmsman (en collab.) (1980), 191-205.

a6577 FLESSEMAN-VAN LEER, E. (Ed.), The Bible. Its Authority and Interpretation in the Ecumenical Movement (Faith and Order) (Geneva, World Council of Churches, 1980), ix-79 pp.

a6578 VINCENT, J.J., «Pluralism and Mission in the New Testament», dans Studia Biblica 1978 (en collab.) (1980), III, 391-402.

*a*6579 WILCKENS, U., «The Eucharist and church unity», TDig 28 (1980) 227-231.

*a*6580 BAVAUD, G., «Le recours aux trois usages de la Loi dans le dialogue oecuménique», dans *Loi et Évangile* (en collab.) (1981), 119-128.

*a*6581 BEAUCHAMP, P., «Être un héritier de la Bible. Le trait d'union judéo-chrétien», ET 354 (1981) 239-254.

*a*6582 FERGUSON, J., «Christian Unity», ExpTim 92 (1981) 112-114.

*a*6583 HONECKER, M., «Ein gemeinsames Glaubensbekenntnis für Christen und Juden? Einige vorläufige Bemerkungen», KerDo 27 (1981) 198-216.

*a*6584 LYONNET, S., «L'orientamento dato dal p. Bea agli studi biblici: un contributo all'ecumenismo», CC 2 (1981) 550-556.

*a*6585 HARRINGTON, D.J., «The Ecumenical Importance of New Testament Research», BTB 12 (1982) 20-23.

*a*6586 PAWLIKOWSKI, J., *Christ in the Light of the Christian-Jewish Dialogue* (Studies in Judaism and Christianity. A Stimulus Book) (New York, Paulist, 1982), vi-168 pp.

*a*6587 SABOURIN, L., «The Jew and Missionary Christianity», RelStB 2 (1982) 131-143.

*a*6588 SAUTER, G., «Eine gemeinsame Sprache der Hoffnung? Gedanken zum christlich-jüdischen Gespräch», EvT 42 (1982) 152-171.

*a*6589 SCHMIDT, S., «L'impegno ecumenico biblico del Cardinale Bea», Bibl 63 (1982) 1-21.

*a*6590 SCHRAGE, W., «Ja und Nein - Bemerkungen eines Neutestamentlers zur Diskussion von Christen und Juden», EvT 42 (1982) 126-151.

*a*6591 MARTENSEN, H.L., «Luther und die Ökumene heute - Beitrag aus katholischer Sicht», BiKi 38 (1983) 3-11.

*a*6592 ZMIJEWSKI, J., «Schriftauslegung - ein Problem zwischen den Konfessionen? Geschichtliche, hermeneutische und theologische Erwägungen eines katholischen Neutestamentlers zur ökumenischen Zusammenarbeit in der Bibelwissenschaft», Catho 27 (1983) 216-257.

ORIENT. ORIENTE.

1. Introduction. Einleitung. Introduzione. Introducción.

a) *Bibliographie. Bibliography. Bibliographie. Bibliografia. Bibliografía.*

*a*6593 POHL, A., «Keilschriftbibliographie (1.VIII.1939 - 1.III.1940)», Or. 9 (1940) 230-239 (Annual bibliography).

*a*6594 CLAASSEN, W.T. (Ed.).*OT/ANE. Permucite Index.* An exhaustive interdisciplinary indexing system for Old Testament Studies, Ancient Near Eastern Studies, Vol. I, part 1, n⁰ 1-476; part 2, n⁰ 477-681; part 3, n⁰ 682-832 (Stellenbosch, Infodex, 1978, 1979, 1980), 251-187-162 pp.

b) *Études générales. General Studies. Allgemeine Studien. Studi generali. Estudios generales.*

*a*6595 CELADA, B., «Oriente y la Biblia: La situación geográfica (199-206); Raza semita y raza israelita (207-213); Egipto y la Biblia (215-236); El Irán y la Biblia (247-250); Pueblos montañeses de la edad media de Oriente (251-256); Los pueblos semitas y la Biblia (257-264); Palestina y la historia bíblica en la perspectiva de ochenta siglos de historia oriental (265-305); Los textos y otros hallazgos arqueológicos (307-325); Bases de comparación entre el Oriente y la Biblia», 327-348, CuBi 14 (1957).

a6596   JAMES, E.O., «The Religions of Antiquity», Numen 7 (1960) 137-147.

a6597   EISSFELDT, O., *Kleine Schriften*, «Das Alte und das Neue Testament in ihrer Stellung zur Kultur» (1962), I, 44-55.

a6598   RUDHARDT,J.,«Sur la possibilité de comprendre une religion antique», Numen 11 (1964) 189-211.

a6599   BUCCELLATI, G., «Methodological Concerns and the Progress of Ancient Near Eastern Studies», Or. 42 (1973) 9-20.

a6600   PETERSEN, D.L., WOOWARD, M., «Northwest Semitic Religion: A Study of Relational Structures», UF 9 (1977) 233-248.

a6601   RINGGREN, H., *Die Religionen des Alten Orients* (Grundrisse zum Alten Testament. ATD-Ergänzungsreihe. Sonderband) (Göttingen, Vandenhoeck & Ruprecht, 1979), 255 pp.

a6602   SASSON, J.M., «On Relating 'Religious' Texts to the Old Testament», Maarav 3 (1982) 217-225.

a6603   CELADA, B., «Sentido del orientalismo entre nosotros», *Miscelánea Comillas* 41 (1983) 397-407.

a6604   TASSEL, J., «The Museum Trail. The Harvard Semitic Museum Rises Again», BA 46 (1983) 101-108.

c) Textes. Texts. Texte. Testi. Textos.

a6605   PRITCHARD, J.B. (Ed.), *The Ancient Near East.* Volume I: An Anthology of Texts and Pictures (Princeton, Princeton University Press, 1958), 380 pp.

a6606   NORTH, R., «New Light on Ancient Records», Or. 43 (1974) 237-251.

a6607   PRITCHARD, J.B. (Ed.), *The Ancient Near East.* Volume II. A New Anthology of Texts and Pictures (Princeton University Press, 1975), xviii-251 pp.

a6608   BRIEND, J., SEUX, M.-J., *Textes du Proche-Orient ancien et histoire d'Israël* (Paris, Cerf, 1977), 188 pp.

2. Orientalistes. Orientalists. Orientalisten. Orientalisti. Orientalistas.[1]

a6609   SEYRIG, H., «René Dussaud», Syr. 36 (1959) 1-7.

a6610   FALKENSTEIN, A., «Hans Ehelolf», ZA 46 (1940) 1-4.

a6611   EDZARD, D.O., «Zum Tode von Adam Falkenstein (17.9.1906 - 15.10.1966)», ZA 59 (1969) 1-10.

a6612   OTTEN, H., «Johannes Friedrich 27.8.1893 - 12.8.1972», ZA 62 (1972) 161-162.

a6613   EISSFELDT, O., «Wilhelm Gesenius und die Palästina-Wissenschaft», ZDPV 65 (1942) 105-112.

a6614   EDZARD, D.O., «Albrecht Goetze 11.1.1897 - 15.8.1971», ZA 61 (1972) 163-164.

a6615   SCHRAMM, W., «Carl Bellino and G. Fr. Grotefend. Briefe und Inschriften. I», ZA 64 (1974) 250-290.

a6616   KIENAST, B., «Benno Landsberger 1890-1968», ZA 60 (1970) 1-7.

a6617   BRANDES, M.A., «Heinrich Lenzen. Verzeichnis der Veröffentlichungen von 1932-1975 zum 75. Geburtstage», ZA 65 (1975) 258-266.

a6618   SCHMÖKEL, H., «Anton Moortgat zum Gedächtnis», ZA 68 (1978) 1-5.

---

1. Classés selon l'ordre alphabétique. Alphabetically classified. Nach alphabetischen Klasse ablegten. Classificati secondo l'ordine alfabètico. Clasificados en orden alfabético.

*a*6619   PARROT, A., SCHLUMBERGER, D., SEYRIG, H., WILL, E., «Hommage à Ivan Stchoukine, historien de la miniature orientale», Syr. 49 (1972) 247-251.

*a*6620   NASTER, P., «Biografie - Biographie» (J. Vergote), OLoP 6/7 (1975-76) 5-9.

*a*6621   QUAEGEBEUR, J., «Bibliografie 1931-1975» (J. Vergote), OLoP 6/7 (1975-76) 11-20.

*a*6622   XXX, «Publications de M. Charles Virolleaud», Syr. 33 (1956) 1-7.

*a*6623   DUSSAUD, R., «L'oeuvre scientifique syrienne de M. Charles Virolleaud», Syr. 33 (1956) 8-12.

*a*6624   GARELLI, P., «L'oeuvre assyriologique de M. Charles Virolleaud», Syr. 33 (1956) 13-16.

*a*6625   VON SODEN, W., «Ernst Weidner 7.10.1891 - 8.2.1976», ZA 66 (1976) 153-155.

*a*6626   LANDSBERGER, B., «Heinrich Zimmern», ZA 40 (1931) 133-143.

*a*6627   WEISSBACH, F.H., «Zimmern-Bibliographie», ZA 40 (1931) 144-162.

3. Anatolie. Anatolia. Anatolien. Anatolia.

a) *Archéologie. Archeology. Archäologie. Archeologia. Arqueología.*

*a*6628   CAMBEL, H., «Archäologischer Bericht über Anatolien», Or. 15 (1946) 348-357; 16 (1947) 263-270, 413-414; 17 (1948) 528-531; 18 (1949) 363-372; 20 (1951) 236-251.

*a*6629   ALKIM, B., «Archäologischer Bericht aus Anatolien», Or. 25 (1956) 80-89; 31 (1962) 236-249; 32 (1963) 70-81.

*a*6630   BOSSERT, H.T., «Reisebericht aus Anatolien», Or. 28 (1959) 271-291; 29 (1960) 214-226, 317-321.

*a*6631   MERIGGI, P., «Terzo viaggio anatolico», OrAnt 2 (1963) 275-299.

*a*6632   ALKIM, U.B., «Archaeological Activities in Turkey (1962)», Or. 33 (1964) 500-512 (Anatolia).

*a*6633   PARROT, A., «Idole et céramique anatoliennes», Syr. 41 (1964) 213-218.

*a*6634   MERIGGI, P., «Quarto viaggio anatolico», OrAnt 4 (1965) 263-315.

*a*6635   MERIGGI, P., «Quinto viaggio anatolico», OrAnt 5 (1966) 67-109.

*a*6636   MERIGGI, P., «Sesto viaggio anatolico», OrAnt 6 (1967) 269-303.

*a*6637   MERIGGI, P., «Settimo viaggio anatolico», OrAnt 8 (1969) 131-158.

*a*6638   MERIGGI, P., «Ottavo e ultimo viaggio anatolico», OrAnt 10 (1971) 57-66.

*a*6639   MELLAART, J., *The Archaeology of Ancient Turkey* (London, The Bodley Head, 1978), 112 pp. (Anatolia).

b) *Histoire. History. Geschichte. Storia. Historia.*

*a*6640   PICARD, C., «Die Ephesia von Anatolien», ErJb 1938 6 (1939) 59-90.

*a*6641   WAINWRIGHT, G.A., «The 'Signe Royal' or Cappadocian Symbol», Or. 27 (1958) 287.

*a*6642   SEYRIG, H., «Stèle d'un grand-prêtre de Hiérapolis», Syr. 20 (1939) 183-188.

*a*6643   CARRUBA, O., «Le relazioni fra l'Anatolia e l'Egitto intorno alla metà del II millennio A.C.», OrAnt 15 (1976) 295-309.

4. Canaan. Kanaan. Canaan. Canaán.

a) *Histoire. History. Geschichte. Storia. Historia.*

*a*6644   NOTH, M., «Zum Problem der 'Ostkanaanäer'», ZA 39 (1930) 213-222.

a6645 MAIZLER (MAZAR), B., «Canaan on the Threshold of the Age of the Patriarchs», ErIs 3 (1954) 18-32 (Hebrew).

a6646 DE GEUS, C.H.J., «The Amorites in the Archaeology of Palestine», UF 3 (1971) 41-60.

a6647 NEGBI, O., «The Continuity of the Canaanite Bronzework of the Late Bronze Age into the Early Iron Age», Tel Aviv 1 (1974) 159-172.

a6648 GÖRG, M., «Ḫiwwiter im 13. Jahrhundert v. Chr.», UF 8 (1976) 53-55.

a6649 HALLIGAN, J.M., «The Role of the Peasant in the Amarna Period», dans Society of Biblical Literature. 1976 Seminar Papers (en collab.) (1976), 155-169.

a6650 COOGAN, M.D., Stories from Ancient Canaan (Philadelphia, Westminster, 1978), 120 pp. (texts edited and translated).

a6651 KAUTZ, J.R., «Tracking the Ancient Moabites», BA 44 (1981) 27-35.

a6652 KEMPINSKI, A., Syrien und Palästina (Kanaan) in der letzten Phase der Mittelbronze IIB-Zeit (1650-1570 v. Chr.) (Ägypten und Altes Testament, 4) (Wiesbaden, Otto Harrassowitz, 1983), x-250 pp.

b) Religion. Religione. Religión.

a6653 ROWE, A., VINCENT, L.H., «New Light on the Evolution of Canaanite Temples», PEQ 63 (1931) 12-21.

a6654 CAQUOT, A., «Chadrapha, à propos de quelques articles récents», Syr. 29 (1952) 74-88.

a6655 LEIBOVITZ, Y., «The Canaanite God Horon», ErIs 3 (1954) 46-50 (Hebrew).

a6656 DUSSAUD, R., «Melqart, d'après de récents travaux», RHR 151 (1957) 1-21.

a6657 DUSSAUD, R., «Yahvé, fils de El», Syr. 34 (1957) 232-242.

a6658 CELADA, B., «El dios Molok recupera su plena personalidad», CuBi 16 (1959) 51.

a6659 DU MESNIL DU BUISSON, R., «Origine et évolution du panthéon de Tyr», RHR 164 (1963) 133-163.

a6660 CLEMENTS, R.E., «Baal-Berith of Shechem», JSS 13 (1968) 21-32.

a6661 WRIGHT, G.R.H., «Pre-Israelite Temples in the Land of Canaan», PEQ 103 (1971) 17-32.

a6662 CUNCHILLOS, J.L., Cuando los Angeles eran Dioses (Bibliotheca Salmanticensis, XIV; Estudios, 12) (Salamanca, Universitad Pontificia, 1976), 198 pp.

a6663 FULCO, W.J., The Canaanite God Rešep (American Oriental Studies, Essays, 8) (New Haven, Connecticut, The American Oriental Society, 1976), 71 pp.

a6664 ODEN, R.A., «The Persistence of Canaanite Religion», BA 39 (1976) 31-36.

a6665 PARKER, S.B., «The Historical Composition of KRT and the Cult of EL», ZAW 89 (1977) 161-175.

a6666 BARSTAD, H.M., «HBL als Bezeichnung der fremden Götter im Alten Testament und der Gott Hubal», ST 32 (1978) 57-65.

a6667 DEEM, A., «The Goddess Anath and Some Biblical Hebrew Cruces», JSS 23 (1978) 25-30.

a6668 DEMSKY, A., «Mesopotamian and Canaanite Literary Traditions in the Ahiram Curse Formula», ErIs 14 (1978) 7-11 (English summary).

a6669 GIBSON, J.C.L., DRIVER, G.R., Canaanite Myths and Legends (Edinburgh, T. & T. Clark, 1978), xx-168 pp.

a6670 DELCOR, M., «Le personnel du temple d'Astarté à Kition d'après une tablette phénicienne (CIS 86A et B)», UF 11 (1979) 147-164.

a6671 EBACH, J., RÜTERSWORDEN, U., «ADRMLK, 'Moloch' und BA'AL ADR, Eine Notiz zum Problem der Moloch-Verehrung im alten Israel», UF 11 (1979) 219-226.

a6672   L'HEUREUX, C.E., *Rank among the Canaanite Gods*. El, Ba'al, and the Repha'im (Harvard Semitic Monographs, 21) (Missoula, Montana, Scholars Press, 1979), xiv-249 pp.

a6673   MULDER, J.M., «Von Selden bis Schaeffer: Die Erforschung der kanaanäischen Götterwelt», UF 11 (1979) 655-671.

a6674   TAWIL, H., «'Azazel The Prince of the Steepe: A Comparative Study», ZAW 92 (1980) 43-59.

a6675   HERMANN, W., «Die Frage nach Göttergruppen in der religiösen Vorstellungswelt der Kanaanäer», UF 14 (1982) 93-104.

a6676   LOKKEGAARD, F., «Some Reflexions on Reading F.O. Hvidberg-Hansen's Book, *La déesse Tnt, une étude sur la religion canaanéo-punique*, I-II, Copenhague 1979», UF 14 (1982) 129-140.

c) *Égypte. Egypt. Ägypten. Egitto. Egipto.*

a6677   YEIVIN, S., «Additional Note on Early Relations between Canaan and Egypt», ErIs 8 (1967) 211-215 (English summary).

a6678   AMIRAN, R., «Canaanite Jars Depicted on Egyptian First Dynasty Wooden Labels and Ivory Inlays», ErIs 9 (1969) 119-121 (English summary).

a6679   YEIVIN, S., «Additional Note on Early Relations between Canaan and Egypt», ErIs 8 (1967) 211-215 (English summary).

a6680   GOPHNA, R., «Egyptian Immigration into Canaan During the First Dynasty?» Tel Aviv 3 (1976) 31-37.

a6681   WEIPPERT, M., «Kanaanäische 'Gravidenflaschen': Zur Geschichte einer ägyptischen Gefassgattung in der asiatischen 'Provinz'», ZDPV 93 (1977) 268-282.

a6682   GIVEON, R., *The Impact of Egypt on Canaan*. Iconographical and Related Studies (Orbis Biblicus et Orientalis, 20) (Freiburg, Switzerland, Universitätsverlag; Göttingen, Vandenhoeck & Ruprecht, 1978), 164 pp.

a6683   AHITUV, S., «Economic Factors in the Egyptian Conquest of Canaan», IsrEJ 28 (1978) 93-105.

a6684   GIVEON, R., «Some Scarabs from Canaan with Egyptian Titles», Tel Aviv 7 (1980) 179-184.

a6685   NA'AMAN, N., «Economic Aspects of the Egyptian Occupation of Canaan», IsrEJ 31 (1981) 172-185.

a6686   BEN-TOR, A., «The Relations between Egypt and the Land of Canaan during the Third Millennium B.C.», dans *Essays in Honour of Yigael Yadin*, JJS 33 (1982) 3-18.

d) *Israël. Israele. Israel.*

a6687   CORTESE, E., *La terra di Canaan nella storia sacerdotale del Pentateuco* (Associazione Biblica Italiana. Supplementi alla *Rivista Biblica*, 5) (Brescia, Paideia, 1972), 205 pp.

a6688   JAROŠ, K., *Die Stellung des Elohisten zur kanaanäischen Religion* (Orbis Biblicus et Orientalis, 4) (Freiburg, Switzerland, Universitätverlag; Göttingen, Vandenhoeck & Ruprecht, 1974), 496 pp.

a6689   GOTTWALD, N.K., «Early Israel and 'The Asiatic Mode of Production' in Canaan», dans *Society of Biblical Literature. 1976 Seminar Papers* (en collab.) (1976), 145-154.

a6690   JUCCI, E., «Il decalogo e la polemica anticanaanaica», RivB 28 (1980) 97-109.

a6691   OTTO, E., «El und Jhwh in Jerusalem. Historische und theologische Aspekte einer Religionsintegration», VT 30 (1980) 316-329.

a6692 GOTTWALD, N.K., «Early Israel and the Canaanite Socio-economic System», dans *Palestine in Transition* (en collab.) (1983), 25-37.

5. Chypre. Cyprus. Zypern. Cipro. Chipre.

a) Archéologie. Archeology. Archäologie. Archeologia. Arqueología.

a6693 GJERSTAD, E., «Summary of Swedish Excavations in Cyprus», Syr. 12 (1931) 58-66.
a6694 KARAGEORGHIS, V., «Un cylindre de Chypre», Syr. 36 (1959) 111-118.
a6695 KARAGEORGHIS, V., «Sur quelques ornements de chevelure du Bronze ancien de Chypre», Syr. 42 (1965) 141-154.
a6696 BOEHMER, R.M., «Ein cyprisches Rollsiegel aus Ägypten», ZA 59 (1969) 293-294.
a6697 SCHAEFFER, C.F.-A., «Chars de culte de Chypre», Syr. 46 (1969) 267-276.
a6698 CATLING, H.W., DIKIGOROPOULOS, A.I., «The Kornos Cave: an Early Byzantine Site in Cyprus», Levant 2 (1970) 37-62.
a6699 MERRILLEES, R.S., «The Early History of Late Cypriote I», Levant 3 (1971) 56-79.
a6700 CATLING, H.W., «An Early Byzantine Pottery Factory at Dhiorios in Cyprus», Levant 4 (1972) 1-82.
a6701 NEGBI, O., «Contacts between Byblos and Cyprus at the end of the Third Millennium B.C.», Levant 4 (1972) 98-110.
a6702 WILSON, V., «The Iconography of Bes in Cyprus and the Levant», Levant 7 (1975) 77-103.
a6703 PELTENBURG, E.J., «Lemba Archaeological Project, Cyprus, 1976-77: Preliminary Report», Levant 11 (1979) 9-45.
a6704 STANLEY PRICE, N.P., «The Structure of Settlement at Sotira in Cyprus», Levant 11 (1979) 46-83.
a6705 PELTENBURG, E.J., «Lemba Archaeological Project, Cyprus, 1978: Preliminary Report», Levant 12 (1980) 1-21.
a6706 FRANKEL, D., «Uniformity and Variation in a Cypriot Ceramic Tradition: Two Approaches», Levant 13 (1981) 88-106.
a6707 PELTENBURG, E.J., «Lemba Archaeological Project, Cyprus, 1979: Preliminary Report», Levant 13 (1981) 28-50.
a6708 SWINY, S., «Bronze Age Settlement Patterns in Southwest Cyprus», Levant 13 (1981) 51-87.
a6709 PELTENBURG, E.J., «Lemba Archaeological Project, Cyprus, 1980: Preliminary Report», Levant 14 (1982) 35-58.

b) Histoire. History. Geschichte. Storia. Historia.

a6710 DIKAIOS, P., «La Civilisation néolithique de l'île de Chypre», Syr. 17 (1936) 356-364.
a6711 SCHAEFFER, C.F.-A., «Un premier jalon pour la chronologie absolue du Bronze Ancien de Chypre (2600-2100 av. J.-C.)», Syr. 21 (1940) 29-37.
a6712 STANLEY PRICE, N.P., «Khirokitia and the Initial Settlement of Cyprus», Levant 9 (1977) 66-89.
a6713 PELTENBURG, E.J., «The Sotira Culture: Regional Diversity and Cultural Unity in Late Neolithic Cyprus», Levant 10 (1978) 55-74.
a6714 GEORGIOU, H., «Relations between Cyprus and the Near East in the Middle and Late Bronze Age», Levant 11 (1979) 84-100.

*a*6715   KEHRBERG, I., «Early and Middle Cypriote Chronology Again», Levant 14 (1982) 59-72.

c) *Religion. Religione. Religión.*

*a*6716   DIKAIOS, P., «Les cultes préhistoriques dans l'île de Chypre», Syr. 13 (1932) 345-354.
*a*6717   DUSSAUD, R., «Kinyras. Étude sur les anciens cultes chypriotes», Syr. 27 (1950) 57-81.

d) *Divers. Miscellaneous. Verschiedenes. Diversi. Diversos.*

*a*6718   BISI, A.M., «L'iconografia del grifone a Cipro», OrAnt 1 (1962) 219-232.
*a*6719   MASSON, O., «Quelques intailles chypriotes inscrites», Syr. 44 (1967) 363-374.
*a*6720   KENNA, V.E.G., «Quelques aspects de la glyptique chypriote», Syr. 44 (1967) 111-117.

6. Ebla.

a) *Archéologie. Archeology. Archäologie. Archeologia. Arqueología.*

*a*6721   MATTHIAE, P., «Empreintes d'un cylindre paléosyrien de tell Mardikh», Syr. 46 (1969) 1-43.
*a*6722   ASTOUR, M.C., «Tell Mardiḫ and Ebla», UF 3 (1971) 9-19.
*a*6723   SABATINI, L., «Thèmes iconographiques sculptés de tell Mardikh et de Karkémish. Étude comparative», Syr. 51 (1974) 31-64.
*a*6724   DOLCE, R., «Su alcuni resti di intarsi protodinastici da Tell Mardikh», OrAnt 14 (1975) 289-306.
*a*6725   MATTHIAE, P., «Ebla nel periodo delle dinastie amorree e della dinastia di Akkad. Scoperte archaeologiche recenti a Tell Mardikh», Or. 44 (1975) 337-360.
*a*6726   MATTHIAE, P., «Ebla in the late early syrian period: the royal palace and the state archives», BA 39 (1976) 94-113.
*a*6727   OGILVY, A.C., «Interview: Paolo Matthiae, Gabriela Matthiae Scandone», BA 39 (1976) 90-93.
*a*6728   PETTINATO, G., «The royal archives of Tell-Mardikh-Ebla», BA 39 (1976) 44-52.
*a*6729   FREEDMAN, D.N., «The Nuzi Ebla», BA 40 (1977) 32-33.
*a*6730   MATTHIAE, P., *Ebla.* Un impero ritrovato (Saggi, 586) (Torino, G. Einaudi, 1977), xx-268 pp.
*a*6731   PETTINATO, G., «Gli archivi reali di Tell Mardikh-Ebla», RivB 25 (1977) 225-243.
*a*6732   WIFALL, W., Jr., «Preliminary Report on Ebla», BTB 7 (1977) 89-91.
*a*6733   BERMANT, C., WEITZMAN, M., *Ebla.* An Archaeological Enigma (London, Weidenfeld and Nicolson, 1978), xi-244 pp.
*a*6734   FREEDMAN, D.N., «The Real Story of the Ebla Tablets, Ebla and the Cities of the Plain», BA 41 (1978) 143-164.
*a*6735   MATTHIAE, P., *Preliminary Remarks on the Royal Palace of Ebla* (Syra-Mesopotamian Studies, vol. 2 fasc. 2) (Malibu, CA, Undena Publications, 1978), 20 pp.
*a*6736   BERMANT, C., WEITZMAN, M., *Ebla.* A Revelation in Archaeology (New York, Times Books, 1979), xii-244 pp.
*a*6737   MANDER, P., «Presenza di scongiuri én-é-nu-ru ad Ebla», Or. 48 (1979) 335-339.
*a*6738   PETTINATO, G., *Ebla.* Un impero inciso nell'argilla (Saggi, 126) (Milano, Arnoldo Mondadori, 1979), 329 pp.

*a*6739 DAHOOD, M., «Le scoperte archeologiche di Ebla e la ricerca biblica», CC 2 (1980) 319-333.

*a*6740 MATTHIAE, P., «Some Fragments of Early Syrian Sculpture from Royal Palace G of Tell Mardikh-Ebla», JNES 39 (1980) 249-273.

b) Histoire. History. Geschichte. Storia. Historia.

*a*6741 PETTINATO, G., «Ebla: past, present, future», TDig 26 (1978) 251-253.

*a*6742 HEALEY, J.F., «Keeping up with Recent Studies. VII. Ebla: ancient city of Syria», ExpTim 91 (1980) 324-328.

*a*6743 MARRASSINI, P., «Ebla e il Vicino Oriente: aspetti e problemi», BibOr 22 (1980) 175-212.

*a*6744 PETTINATO, G., «Bollettino militare della campagna di Ebla contro la città di Mari», OrAnt 19 (1980) 231-245.

*a*6745 DE MAIGRET, A., «Il fattore idrologico nell'economia di Ebla», OrAnt 20 (1981) 1-36.

*a*6746 ZURRO, E., «Ebla: realidad, escollos, horizontes», Salm 28 (1981) 475-500.

c) Religion. Religione. Religión.

*a*6747 BALDACCI, M., «Una probabile attestazione eblaitica dello 'Spiritus Domini'», BibOr 21 (1979) 73-77.

*a*6748 MATTHIAE, P., «Princely Cemetery and Ancestors Cult at Ebla during Middle Bronze II: A Proposal of Interpretation», UF 11 (1979) 563-569.

*a*6749 PETTINATO, G., *Culto ufficiale ad Ebla durante il regno di Ibbi-Sipiš* (Orientis Antiqui Collectio, 16) (Roma, Istituto per l'Oriente, 1979), viii-131 pp.

*a*6750 PETTINATO, G., «Culto ufficiale ad Ebla durante il regno di Ibbi-Sipiš (con Appendice di P. MANDER)», OrAnt 18 (1979) 85-215.

*a*6751 DAHOOD, M., «Ebla: language and religion», TDig 28 (1980) 151-154.

*a*6752 MÜLLER, H.-P., «Religionsgeschichtliche Beobachtungen zu den Texten von Ebla», ZDPV 96 (1980) 1-19.

*a*6753 DAHOOD, M., «The God Yā at Ebla?» JBL 100 (1981) 607-608.

*a*6754 HAAS, V., «Zwei Gottheiten aus Ebla in hethitischer Überlieferung», OrAnt 20 (1981) 251-257.

*a*6755 MÜLLER, H.-P., «Gab es in Ebla einen Gottesnamen Ja?» ZA 70 (1981) 70-92.

*a*6756 BALDACCI, M., «Note semitico-occidentali sulla geografia religiosa ad Ebla», BibOr 24 (1982) 219-227.

*a*6757 XELLA, P., «Aspekte religiöser Vorstellungen in Syrien nach den Ebla- und Ugarit-Texten», UF 15 (1983) 279-290.

d) Bible. Bibel. Bibbia. Biblia.

*a*6758 CELADA, B., «En la localidad siria de Tell-Mardih-Ebla aparece el mayor descubrimiento que jamás se haya hecho acerca de los antecedentes históricos de Israel», CuBi 33 (1976) 37-39.

*a*6759 MILLARD, A.R., «Les découvertes d'Ébla et l'Ancien Testament», Hok no 6 (1977) 55-61.

*a*6760 DAHOOD, M., «Ebla, Ugarit e l'Antico Testamento», CC 2 (1978) 328-340.

*a*6761 DAHOOD, M., «I libri profetici e sapienziali dell'Antico Testamento alla luce delle scoperte di Ebla e di Ugarit», CC 2 (1978) 547-556.

a6762 SKA, J.-L., «Les découvertes de Tell Mardikh-Ebla et la Bible», NRT 100 (1978) 389-398.
a6763 SKA, J.-L., «Ebla and the historical background of the Bible», TDig 26 (1978) 245-246.
a6764 ARCHI, A., «The Epigraphic Evidence from Ebla and the Old Testament», Bibl 60 (1979) 556-566.
a6765 DAHOOD, M., «The Ebla tablets and Old Testament theology», TDig 27 (1979) 303-311.
a6766 DAHOOD, M., «Ebla, Ugarit, and the Old Testament», TDig 27 (1979) 127-131.
a6767 CELADA, B., «Acerca de los humildes o fieros orígenes de Israel. ¿Qué se puede decir dieciocho años después de los sensacionales descubrimientos de Ebla?» CuBi 37 (1980) 137-146.
a6768 MÜLLER, H.-P., «Die Texte aus Ebla. Eine Herausforderung an die alttestamentliche Wissenschaft», BZ 24 (1980) 161-179.
a6769 PETTINATO, G., «Ebla e la Bibbia», OrAnt 19 (1980) 49-72.
a6770 PETTINATO, G., «Ebla and the Bible», BA 43 (1980) 203-216.
a6771 ARCHI, A., «Further Concerning Ebla and the Bible», BA 44 (1981) 145-154.

7. Edom.

a6772 BARTLETT, J.R., «The Rise and Fall of The Kingdom of Edom», PEQ 104 (1972) 26-37.
a6773 BARTLETT, J.R., «The Brotherhood of Edom», JSOT nᵒ 4 (1977) 2-27.
a6774 ROSE, M., «Yahweh in Israel - Qaus in Edom?» JSOT nᵒ 4 (1977) 28-34.
a6775 BARTLETT, J.R., «Yahweh and Qaus: A Response to Martin Rose (JSOT 4,1977, 28-34)», JSOT nᵒ 5 (1978) 29-38.

8. Égypte. Egypt. Ägypten. Egitto. Egipto.

a) Bibliographie. Bibliography. Bibliographie. Bibliografia. Bibliografía.

a6776 FEDERN, W., «Egyptian Bibliography (Jan. 1, 1939 - Dec. 31, 1947)», Or. 17 (1948) 467-489; 18 (1949) 73-99, 206-215, 325-335, 443-472; 19 (1950) 40-52, 175-186, 179-294.
a6777 JANSSEN, J.M.A., HEERMA VAN VOSS, M.S.H.G., JANSSEN, J.J., HORMANN, I., Annual Egyptological Bibliography. Bibliographie égyptologique annuelle (Leiden, Brill, 1948 ss.).
a6778 DAUMAS, F., «Après Champollion: panorama de 150 ans d'Égyptologie», ETR 48 (1973) 473-485.
a6779 VAN MOORSEL, P., DEBERGH, J., «Nubian Studies in Preparation», Or. 43 (1974) 228-236; 45 (1976) 319-326; 47 (1978) 321-331; 50 (1981) 403-414.

b) Archéologie. Archeology. Archäologia. Archeologia. Arqueología.

Introduction. Einführung. Introduzione. Introducción.

a6780 RUFFLE, J., Heritage of the Pharaohs. An Introduction to Egyptian Archaeology (Oxford, Phaidon, 1977), 224 pp.
a6781 HASSAN, F.A., «Radiocarbon Chronology of Archaic Egypt», JNES 39 (1980) 203-207.
a6782 BLAIR, H.A., «New Questions on Old Subjects», dans Studia Evangelica (en collab.) (1982), VII, 67-72 (On archaeological periods).

Chroniques. Reports. Berichte. Cronache. Crónicas.

a6783 SCHWEITZER, U., «Oberägypten», Or. 17 (1948) 536-545.

a6784 SCHWEITZER, U., «Archäologischer Bericht aus Ägypten», Or. 18 (1949) 357-363; 19 (1950) 118-122.

a6785 LECLANT, J., «Compte rendu des fouilles et travaux menés en Égypte durant les campagnes 1948-1950», Or. 19 (1950) 360-373, 489-501.

a6786 SCHWEITZER, U., «Reisebericht über die ägyptischen Altertümer im Sudan», Or. 19 (1950) 233-242.

a6787 LECLANT, J., «Fouilles et travaux en Égypte», 1950-1951: Or. 20 (1951) 340-351, 453-475; 21 (1952) 233-249; 1951-1952: 22 (1953) 82-105; 1952-1953: 12 (1954) 64-79; 1953-1954: 24 (1955) 296-317; 1954-1955: 25 (1956) 251-268; 1955-1957: 27 (1958) 75-101; 1957-1960: 30 (1961) 91-110, 176-199.

a6788 ROWE, A., «A Contribution to the Archaeology of the Western Desert», BJRL 36 (1954) 128-145, 484-500.

a6789 LECLANT, J., «Fouilles et travaux au Soudan, 1951-1954», Or. 24 (1955) 159-163.

a6790 LECLANT, J., «Fouilles et travaux au Soudan, 1955-1960», Or. 31 (1962) 120-141.

a6791 LECLANT, J., «Fouilles en Égypte et au Soudan», Or. 31 (1962) 197-222, 322-338; 1961-1962: 32 (1963) 82-101, 184-219; 1962-1963: 33 (1964) 337-404; 1963-1964: 34 (1965) 175-232; 1964-1965: 35 (1966) 127-174; 1965-1966: 36 (1967) 181-224; 1966-1967: 37 (1968) 94-136; 1967-1968: 38 (1969) 240-307; 1968-1969: 39 (1970) 320-374; 1969-1970: 40 (1971) 224-266; 1970-1971: 41 (1972) 249-291; 1971-1972: 42 (1973) 393-440; 1972-1973: 43 (1974) 171-227; 1973-1974: 44 (1975) 200-244; 1974-1975: 45 (1976) 275-318; 1975-1976: 46 (1977) 233-299; 1976-1977: 47 (1978) 266-320; 1977-1978: 48 (1979) 340-412; 1978-1979: 49 (1980) 346-420; 1979-1980: 51 (1982) 49-122; 1980-1981: 51 (1982) 411-492; 1981-1982: 52 (1983) 461-542.

Objets. Objects. Sachen. Cose. Cosas.

a6792 BOISSIER, A., «Cylindre syro-égyptien», Syr. 11 (1930) 11-15.

a6793 DAVID-WEILL, J., «Note sur deux lampes égyptiennes en terre cuite», Syr. 28 (1951) 265-268.

a6794 LEIBOVITCH, J., «Un Choix d'antiquités égyptiennes au musée Bezalel», ErIs 6 (1960) 1*-6*.

a6795 LECLANT, J., «Découvertes de monuments égyptiens ou égyptisants hors de la vallée du Nil, 1955-1960», Or. 30 (1961) 391-406.

a6796 AMIET, P., «Cylindres syriens présargoniques», Syr. 41 (1964) 189-193.

a6797 BADAWY, A., «A Coptic Model of Shrine», OrAnt 5 (1966) 189-196.

a6798 DOLZANI, C., «Alcuni oggetti egiziani di raccolte private di Trieste», OrAnt 6 (1967) 97-102.

a6799 DONADONI, S., «Due pietre egiziane dell'Università di Roma», OrAnt 6 (1967) 103-109.

a6800 DONADONI ROVERI, A.M., «Una statua cubo del Museo Egizio di Torino», OrAnt 6 (1967) 111-121.

a6801 FANFONI BONGRANI, L., «Ricordi dell'antico Egitto nel Palazzo Schifanoia in Ferrara», OrAnt 6 (1967) 123-133.

a6802 CULICAN, W., «A Miniature Head in the Myers Museum, Eton College», Levant 4 (1972) 147-148.

a6803 FANFONI-BONGRANI, L., «La collezione egizia del Museo di Modena», OrAnt 11 (1972) 39-48.

a6804   CURTO, S., «Antichità egizie in Verona», OrAnt 12 (1973) 91-97.
a6805   DE MEULENAERE, H., «La stèle Louvre C117», OLoP 4 (1973) 77-83.
a6806   BERLEV, O., «Un don du roi Rahotep», OLoP 6/7 (1975-76) 31-41.
a6807   DE WIT, C., «Une statuette de Thouëris au Musée d'Aberdeen», OLoP 6/7 (1975-76) 205-207.
a6808   GIVEON, R., «Egyptian Finger Rings and Seals from South of Gaza», Tel Aviv 4 (1977) 66-70.
a6809   MARTIN, G.T., «A Block from the Memphite Tomb of Ḥoremḥeb in Chicago», JNES 38 (1979) 33-35.
a6810   WERNER, E.K., «Identification of Nefertiti in *Talatat* Reliefs Previously Published as Akhenaten», Or. 48 (1979) 324-331.
a6811   CHERPION, N., «Le Mastaba de Khabaousokar (MMA₂): Problèmes de chronologie», OLoP 11 (1980) 79-90.
a6812   MITTMANN, S., «Frühägyptische Siegelinschriften und ein SEḤ-Emblem des Horus-'Ḥ', aus dem nördlichen Negeb», ErIs 15 (1981) 1*-9*.
a6813   GORDON, A.H., «A Glass Bead of Ahmose and Amenhotep I», JNES 41 (1982) 295-298.

c) Géographie. Geography. Geographie. Geografia. Geografía.

a6814   ALT, A., «Taphnaein und Taphnas», ZDPV 66 (1943) 64-68.
a6815   MARKWART, J., «Die Sogdiana des Ptolemaios», Or. 15 (1946) 123-149, 286-323.
a6816   LECLANT, J., «Une géographie de l'Égypte pharaonique», Or. 28 (1959) 74-88.
a6817   ROWE, A., «The Famous Solar City of On», PEQ 94 (1962) 133-142.
a6818   DONADONI, S., «Pro-memoria sui *kimân* di Antinoe», OrAnt 5 (1966) 277-293.
a6819   EDEL, E., «Die Ländernamen Unternubiens und die Ausbreitung der C-Gruppe nach den Reiseberichten des *Ḥrw-ḫwjf*», Or. 36 (1967) 133-158.
a6820   CELADA, B., «'Egipto, don del Nilo' según Heródoto. Historia de un tópico», CuBi 25 (1968) 175.
a6821   KITCHEN, K.A., «Punt and How to Get There», Or. 40 (1971) 184-207.
a6822   MARAGIOGLIO, V., RINALDI, C., «Considerazioni sulla città *Ḏd-Snfrw*», Or. 40 (1971) 67-74.
a6823   SPENCER, A.J., «Researches on the Topography of North Saqqâra», Or. 43 (1974) 1-11.
a6824   SHEA, W.H., «A Date for the Recently Discovered Eastern Canal of Egypt», BASOR nº 226 (1977) 31-38.
a6825   HORNUNG, E., «Von zweierlei Grenzen im alten Ägypten», ErJb 49 (1980) 393-427.

d) Histoire. History. Geschichte. Storia. Historia.

a6826   DUSSAUD, R., «Quelques précisions touchant les Hyksos», RHR 109 (1934) 113-128.
a6827   FEDERN, W., «Die Königin Seschseschet», Or. 5 (1936) 379-384.
a6828   NOTH, M., «Die Wege der Pharaonenheere in Palästina und Syrien», ZDPV 60 (1937) 183-239; 64 (1941) 39-74.
a6829   POSENER, G., «Une liste de noms propres étrangers sur deux ostraca hiératiques du Nouvel Empire», Syr. 18 (1937) 183-197.
a6830   NOTH, M., «Die Wege der Pharaonenheere in Palästina und Syrien III. Der Aufbau der Palästinaliste Thutmoses III», ZDPV 61 (1938) 26-65.
a6831   NOTH, M., «Die Wege der Pharaonenheere in Palästina und Syrien IV. Die Schoschenkliste», ZDPV 61 (1938) 277-304.

*a*6832 GALLING, K., «Hyksosherrschaft und Hyksoskultur», ZDPV 62 (1939) 89-115.
*a*6833 SMITH, S., «The Hyksos Reconsidered: A Review», PEQ 72 (1940) 64-74.
*a*6834 NOTH, M., «Die Annalen Thutmoses III. als Geschichtsquelle», ZDPV 66 (1943) 156-174.
*a*6835 LACAU, P., «Sur la reine Hatshepsēwe», RHR 143 (1953) 1-7.
*a*6836 ALT, A., «Neue Berichte über Feldzüge von Pharaonen des Neuen Reiches nach Palästina», ZDPV 70 (1954) 33-75.
*a*6837 ALT, A., «Beziehungen zu Ägypten in den Briefen von Mari?» ZDPV 70 (1954) 130-134.
*a*6838 YOYOTTE, J., «Trois généraux de la XIXe dynastie (À propos de l'Égyptien *Suta*, KUB III, 57)», Or. 23 (1954) 223-231.
*a*6839 MASSART, A., «Propriété et fisc sous la XXe dynastie (Le papyrus Wilbour)», Or. 24 (1955) 67-77.
*a*6840 CAVAIGNAC, E., «L'Égypte et les Hittites de 1370 à 1345», Syr. 33 (1956) 42-48.
*a*6841 YEIVIN, S., «The Extent of Egyptian Domination in Hither Asia under the Middle Kingdom», ErIs 4 (1956) 37-40 (English summary).
*a*6842 BARTINA, S., «Der Name Thutmosis' III. in einem Grab von Knossos», Or. 26 (1957) 42-43.
*a*6843 PLUMLEY, J.M., «Early Christianity in Egypt», PEQ 89 (1957) 70-81.
*a*6844 POSENER, G., «Les Asiatiques en Égypte sous les XIIe et XIIIe dynasties», Syr. 34 (1957) 145-163.
*a*6845 LECLANT, J., «La Chronique du Prince Osorkon», Or. 30 (1961) 407-415.
*a*6846 WARD, W.A., «Egypt and the East Mediterranean in the Early Second Millennium B.C.», Or. 30 (1961) 22-45, 120-155.
*a*6847 BONGRANI, L., «I rapporti fra l'Egitto, La Siria e il Sinai durante l'Antico Regno», OrAnt 2 (1963) 171-203.
*a*6848 SCHENKEL, W., «Zum Feudalismus der ersten Zwischenzeit Ägyptens», Or. 33 (1964) 263-266.
*a*6849 KAPLONY, P., «Das Vorbild des Königs unter Sesostris III», Or. 35 (1966) 403-413.
*a*6850 LAUER, J.-P., «À propos de la stèle de l'Horus Raneb», Or. 35 (1966) 21-27.
*a*6851 LAUER, J.-P., «Nouvelles remarques sur les pyramides à degrés de la IIIe dynastie», Or. 35 (1966) 440-448.
*a*6852 TUFNELL, O., WARD, W.A., «Relations between Byblos, Egypt and Mesopotamia at the end of the third millennium B.C.», Syr. 43 (1966) 165-241.
*a*6853 YOYOTTE, J., «Le nome de Coptos durant la Première Période Intermédiaire», Or. 35 (1966) 45-58.
*a*6854 LAUER, J.-P., «Sur la pyramide de Meïdoum et les deux pyramides du roi Snefrou à Dahchour», Or. 36 (1967) 239-254.
*a*6855 MÜLLER, D., «Neue Urkunden zur Verwaltung im Mittleren Reich», Or. 36 (1967) 351-364.
*a*6856 EDEL, E., «Die Teilnehmer der ägyptisch-hethitischen Friedensgesandtschaft im 21. Jahr Ramses' II», Or. 38 (1969) 177-186.
*a*6857 HELCK, W., «Überlegungen zur Geschichte der 18. Dynastie», OrAnt 8 (1969) 281-327.
*a*6858 ADAMS, W.Y., «A Re-Appraisal of Nubian Culture History», Or. 39 (1970) 269-277.
*a*6859 REDFORD, D.B., «The Hyksos Invasion in History and Tradition», Or. 39 (1970) 1-51.
*a*6860 LIVERANI, M., «Elementi 'irrazionali' nel commercio amarniano», OrAnt 11 (1972) 297-317.
*a*6861 HABACHI, L., «Psammétique II dans la région de la première caratacte», OrAnt 13 (1974) 317-326.
*a*6862 HARI, R., «Maya, ou la persécution», Or. 43 (1974) 153-161.

a6863   LONG, R.D., «A Re-examination of the Sothic Chronology of Egypt», Or. 43 (1974) 261-274.

a6864   SPALINGER, A., «Esarhaddon and Egypt: An Analysis of the First Invasion of Egypt», Or. 43 (1974) 295-326.

a6865   AUBEN, H., «Antigonos' invasion plan for his attack on Egypt in 306 B.C.», OLoP 6/7 (1975-76) 267-271.

a6866   BIERBRIER, M.L., *The late New Kingdom in Egypt (c. 1300-664 B.C.)*. A Genealogical and Chronological Investigation (Warminster, Wilts, Aris & Phillips, 1975), xvi-160 pp.

a6867   HEERMA VAN VOSS, M., «Die Eltern der Ta(j)uherit», OLoP 6/7 (1975-76) 273-275.

a6868   PEREMANS, W., «Classes sociales et conscience nationale en Égypte ptolémaïque», OLoP 6/7 (1975-76) 443-453.

a6869   VAN 'T DACK, E., «L'évolution de l'épistratégie dans la Thébaïde au Ier siècle av. J.-C.», OLoP 6/7 (1975-76) 577-587.

a6870   VITTMANN, G., «Die Familie der saitischen Könige», Or. 44 (1975) 375-387.

a6871   WARD, W.A., «A new chancellor of the fifteenth dynasty», OLoP 6/7 (1975-76) 589-594.

a6872   CARRUBA, O., «Le relazioni fra l'Anatolia e l'Egitto intorno alla metà del II millennio A.C.», OrAnt 15 (1976) 295-309.

a6873   KITCHEN, K.A., «Two Notes on Ramesside History», OrAnt 15 (1976) 311-315.

a6874   GITTON, M., «Néfertary II», OLoP 8 (1977) 125-127.

a6875   GUILLAUMONT, A., «Histoire des moines aux Kellia», OLoP 8 (1977) 187-203.

a6876   NIBBI, A., «Ancient Egyptians in the Sinai», PEQ 109 (1977) 125-128.

a6877   PHILIPS, A.K., «Horemheb, Founder of the XIXth Dynasty?» Or. 46 (1977) 116-121.

a6878   QUAEGEBEUR, J., «Les 'Saints' égyptiens préchrétiens», OLoP 8 (1977) 129-143.

a6879   REYMOND, E.A.E., BARNS, J.W.B., «Alexandria and Memphis: Some Historical Observations», Or. 46 (1977) 1-33.

a6880   SMITH, C.C., «Jehu and the Black Obelisk of Shalmaneser III», dans *Scripture in History & Theology* (en collab.) (1977), 71-105.

a6881   TÖRÖK, L., «Inquiries into the Administration of Meroitic Nubia: I-II», Or. 46 (1977) 34-50.

a6882   VERGOTE, J., «La valeur des vies grecques et coptes de S. Pakhôme», OLoP 8 (1977) 175-186.

a6883   HORNUNG, E., *Grundzüge der ägyptischen Geschichte* (Grundzüge, 3) (2. überarbeitete und erweiterte Auflage) (Darmstadt, Wissenschaftliche Buchgesellschaft, 1978), 167 pp.

a6884   KASHER, A., «First Jewish Military Units in Ptolemaic Egypt», JStJud 9 (1978) 57-67.

a6885   LELLO, G., «Thutmose III's First Lunar Date», JNES 37 (1978) 327-330.

a6886   SPALINGER, A., «A New Reference to an Egyptian Campaign of Thutmose III in Asia», JNES 37 (1978) 35-41.

a6887   SPALINGER, A., «The Concept of the Monarchy during the Saite Epoch - An Essay of Synthesis», Or. 47 (1978) 12-36.

a6888   VELIKOVSKY, I., *Ramses II and his Time* (Ages in Chaos Series) (London, Sidgwick & Jackson; New York, Doubleday, 1978), xii-270 pp.

a6889   ENGEL, H., «Die Siegesstele des Merenptah», Bibl 60 (1979) 373-399 (1224-1204 v.C.).

a6890   GÖRG, M., «Tuthmosis III. und die Š3ŚW-Region», JNES 38 (1979) 199-202 (c. 1500 B.C.E.).

a6891   HELCK, W., «Einige Betrachtungen zu den frühesten Beziehungen zwischen Ägypten und Vorderasien», UF 11 (1979) 357-363.

a6892   JANSSEN, J.J., «Background information on the strikes of year 29 of Ramesses III», OrAnt 18 (1979) 301-308.

a6893 KAPLAN, H.R., «The Problem of the Dynastic Position of Meryet-Nit», JNES 38 (1979) 23-27.

a6894 SCHULMAN, A.R., «Diplomatic Marriage in the Egyptian New Kingdom», JNES 38 (1979) 177-193 (c. 1580 B.C.E.).

a6895 SPALINGER, A., «Traces of the Early Career of Ramesses II», JNES 38 (1979) 271-286.

a6896 HOFFMAN, M.A., *Egypt before the Pharaohs*. The Prehistoric Foundations of Egyptian Civilization (London and Henley, Routledge & Kegan Paul, 1980), xii-392 pp.

a6897 NUR-EL-DIN, M.A., «Some Remarks on the Title *mwt-nsw*», OLoP 11 (1980) 91-98.

a6898 GOEDICKE, H., «Harkhuf's Travels», JNES 40 (1981) 1-20.

a6899 HÖLBL, G., «Die Ausbreitung ägyptischen Kulturgutes in den ägaischen Raum vom 8. bis zum 6. Jh. v. Chr.», Or. 50 (1981) 186-192.

a6900 KESTEMONT, G., «Accords internationaux relatifs aux ligues hittites (1600-1200 av. J.C.). Dossier C: Le dossier égyptien», OLoP 12 (1981) 15-79.

a6901 NIBBI, A., «A Fresh Look at the Egyptian Environment of the Pharaonic Period», PEQ 113 (1981) 89-100.

a6902 ROCCATI, A., *La littérature historique sous l'ancien empire égyptien* (Littératures anciennes du Proche-Orient, 11) (Paris, Cerf, 1982), 320 pp.

a6903 VAN DEN BRANDEN, A., «Lapithos après la conquête de Ptolémée», BibOr 24 (1982) 115-122.

a6904 DE SALVIA, F., «La problematica della reazione culturale egea all'influenza culturale della civiltà egizia durante l'età arcaica», Or. 52 (1983) 201-214.

a6905 VAN SETERS, J., *In Search of History* (1983), «Egyptian Historiography», 127-187.

a6906 VENTURA, R., «More Chronological Evidence from Turin Papyrus Car. 1907 + 1908», JNES 42 (1983) 271-277.

a6907 BRESCIANI, E., «Egypt, Persian satrapy», dans *The Cambridge History of Judaism* (en collab.) (1984), I, 358-372.

e) Religion. Religione. Religión.

Études générales. General Studies. Allgemeine Studien. Studi generali. Estudios generales.

a6908 SAINTE-FARE-GARNOT, J., «Bibliographie analytique des religions de l'Égypte (1939-1943)», RHR 128 (1944) 94-126; 129 (1945) 101-134; 130 (1945) 107-128; 131 (1946) 145-160; 133 (1947) 162-180; 134 (1948) 168-204; 135 (1949) 79-104, 214-230; 136 (1949) 209-239; 138 (1950) 72-107.

a6909 BLEEKER, C.J., «Einige Bemerkungen zur religiösen Terminologie der alten Ägypter», dans *Travels in the World of the Old Testament* (en collab.) (1974), 12-26.

a6910 BRUNNER, H. (übersetzt von), «Ägyptische Texte», dans *Religionsgeschichtliches Textbuch zum Alten Testament* (en collab.) (1975), 29-93.

a6911 JUDGE, E.A., PICKERING, S.R., «Papyrus Documentation of Church and Community in Egypt to the Mid-Fourth Century», JbAC 20 (1977) 47-71.

a6912 MUSZYNSKI, M., «Les 'Associations religieuses' en Égypte d'après les sources hiéroglyphiques, démotiques et grecques», OLoP 8 (1977) 145-174.

a6913 DUNAND, F., *Religion populaire en Égypte romaine*. Les terres cuites isiaques du Musée du Caire (Études préliminaires aux religions orientales dans l'Empire romain, 76) (Leiden, Brill, 1979), xii-286 pp.

a6914 WESTENDORF, W. (Hrg.), *Aspekte der spätägyptischen Religion* (Göttinger Orientforschungen, Reihe 4, Ägypten, Band 9) (Wiesbaden, Harrassowitz, 1979), 115 pp.

a6915   DAUMAS, F., «Gnosticisme et pensée religieuse égyptienne», dans *Gnosticisme et monde hellénistique* (1980), 11-20.
a6916   GRIFFITHS, J.G., «Motivation in Early Egyptian Syncretism», dans *Studies in Egyptian Religion* (en collab.) (1982), 43-55.
a6917   HOENS, D.J., «A Short Survey of the History of the Study of Egyptian Religion in the Netherlands», dans *Studies in Egyptian Religion* (en collab.) (1982), 11-27.
a6918   WENTE, E.F., «Mysticism in Pharaonic Egypt?» JNES 31 (1982) 161-179.
a6919   ASSMANN, J., *Re und Amun*. Die Krise des polytheistischen Weltbilds im Ägypten der 18.-20. Dynastie (Orbis Biblicus et Orientalis, 51) (Freiburg, Universitätsverlag; Göttingen, Vandenhoeck & Ruprecht, 1983), xii-309 pp.

Dieux. Gods. Götter. Dei. Dioses.

a6920   WITZEL, M., «Bemerkungen zu Ischtars Höllenfahrt», Or. 1 (1932) 75-85.
a6921   SAINTE-FARE-GARNOT, J., «Le Tribunal du grand dieu sous l'ancien Empire égyptien», RHR 116 (1937) 26-33.
a6922   OTTO, E., «Thot als Stellvertreter des Seth», Or. 7 (1938) 69-79.
a6923   VIROLLEAUD, C., «Die grosse Göttin in Babylonien, Ägypten und Phönikien. I. Ischtar, Isis, Astarte», ErJb 1938 6 (1939) 121-141.
a6924   NAGEL, G., «Le dieu Thoth d'après les textes égyptiens», ErJb 1942 9 (1943) 109-140.
a6925   NAGEL, G., «Les 'mystères' d'Osiris dans l'ancienne Ëgypte», ErJb 1944 11 (1945) 145-166.
a6926   KEES, H., «Das Gottesweib Ahmes-Nofretere als Amonspriester», Or. 23 (1954) 57-63.
a6927   BLEEKER, C.J., *Die Geburt eines Gottes*. Eine Studie über den ägyptischen Gott Min und sein Fest (Numen, Suppl. III) (Leiden, Brill, 1956), viii-102 pp.
a6928   ZANDEE, J., «Le Roi-Dieu et le Dieu-Roi dans l'Égypte ancienne», Numen 3 (1956) 230-234.
a6929   SIMPSON, W.K., «A Running of the Apis in the Reign of the 'Aḥa and Passages in Manetho and Aelian», Or. 26 (1957) 139-142.
a6930   GWYN GRIFFITHS, J., «Some Remarks on the Enneads of Gods», Or. 28 (1959) 34-56.
a6931   LECLANT, J., «Astarté à cheval d'après les représentations égyptiennes», Syr. 37 (1960) 1-67.
a6932   SIMPSON, W.K., «Reshep in Egypt», Or. 29 (1960) 63-74.
a6933   SEYRIG, H., «Antiquités syriennes. - 80. Divinités de Ptolémaïs», Syr. 39 (1962) 193-207.
a6934   KAKOSY, L., «Osiris-Aion», OrAnt 3 (1964) 15-25.
a6935   HELCK, W., «Zum Auftreten fremder Götter in Ägypten», OrAnt 5 (1966) 1-14.
a6936   BIANCHI, U., «Seth, Osiris et l'ethnographie», RHR 179 (1971) 113-135.
a6937   JACOBSOHN, H., «Gestaltwander der Götter und des Menschen im alten Ägypten», ErJb 1969 38 (1972) 9-43.
a6938   MATTHIAE SCANDONE, G., «Ricerche sui fondamenti delle relazioni tra Neith e Osiride», OrAnt 11 (1972) 179-192.
a6939   BLEEKER, C.J., *Hathor and Thoth*. Two key figures of the ancient Egyptian religion (Numen, Suppl. XXVI) (Leiden, Brill, 1973), x-171 pp.
a6940   JACOBSEN, T., «Notes on Nintur», Or. 42 (1973) 274-298.
a6941   JACOBSOHN, H., «Das göttliche Wort und der göttliche Stein im alten Ägypten», ErJb 1970 39 (1973) 217-241.
a6942   EL SAYED, R., «Les rôles attribués à la déesse Neith dans certains des Textes des Cercueils», Or. 43 (1974) 275-294.

a6943   GIVEON, R., «'Lady of the Turquoise' - Hathor at Serabit el-Khadim and Timna», ErIs 12 (1975) 24-26 (English summary).

a6944   QUAEGEBEUR, J., *Le Dieu égyptien Shai dans la religion et l'onomastique* (Leuven, Peeters, 1975), 350 pp.

a6945   VANDERSLEYEN, C., «Aménophis III incarnant le dieu Neferhotep», OLoP 6/7 (1975-76) 535-542.

a6946   WEIPPERT, M., «Über den asiatischen Hintergrund der Göttin 'Asiti'», Or. 44 (1975) 12-21.

a6947   WILSON, V., «The Iconography of Bes in Cyprus and the Levant», Levant 7 (1975) 77-103.

a6948   BJERRE FINNESTAD, R., «Ptah, Creator of the Gods: Reconsideration of the Ptah section of the *Denkmal*», Numen 23 (1976) 81-113.

a6949   LEAHY, A., «The Osiris 'Bed' Reconsidered», Or. 46 (1977) 424-434.

a6950   WARD, W.A., «The *Hiw*-Ass, the *Hiw*-Serpent, and the God Seth», JNES 37 (1978) 23-34.

a6951   PÉPIN, J., «Utilisations philosophiques du mythe d'Isis et Osiris dans la tradition platonicienne», dans *Sagesse et religion* (en collab.) (1979), 51-64.

a6952   GRIFFITHS, J.G., *The Origins of Osiris and His Cult* (Studies in the History of Religions, Supplements to *Numen*, XL) (Leiden, Brill, 1980), xii-287 pp.

a6953   SCHLÖGL, H.A., *Der Gott Tatenen, nach Texten und Bildern des Neuen Reiches* (Orbis Biblicus et Orientalis, 29) (Freiburg, Switzerland, Universitätsverlag; Göttingen, Vandenhoeck & Ruprecht, 1980), 203 pp.

a6954   KORR, C.S., «Evidence for the Sign of the Goddess Tanit in the Theban Region of Egypt», IsrEJ 31 (1981) 95-96.

a6955   NOBERASCO, G., «Gli dèi a Deir el Medina», OrAnt 20 (1981) 259-275.

a6956   POSENER, G., «Sur le monothéisme dans l'ancienne Égypte», dans *Mélanges bibliques et orientaux en l'honneur de M. Henri Cazelles* (en collab.) (1981), 347-351.

a6957   BERGMAN, J., «Ancient Egyptian Theogony in a Greek Magical Papyrus», dans *Studies in Egyptian Religion* (en collab.) (1982), 28-37.

a6958   GIVEON, R., «A God who Hears», dans *Studies in Egyptian Religion* (en collab.) (1982), 38-42.

a6959   MUSSIES, G., «The *Interpretatio Judaica* of Thot-Hermes», dans *Studies in Egyptian Religion* (en collab.) (1982), 89-120.

a6960   TE VELDE, H., «The cat as sacred animal of the goddess Mut», dans *Studies in Egyptian Religion* (en collab.) (1982), 127-137.

a6961   SATZINGER, H., «Zum Namen der Göttin Thermouthis», OrAnt 22 (1983) 233-245.

a6962   WRIGHT, G.R.G., «An Egyptian God at Shechem», ZDPV 99 (1983) 95-110.

Temples. Tempel. Tempii. Templos.

a6963   NEW, S., «The Temple of Hathor», HarvTR 25 (1932) 122-129.

a6964   ALT, A., «Ägyptische Tempel in Palästina und die Landnahme der Philister», ZDPV 67 (1944-45) 1-20.

a6965   OTTO, E., «Zur Bedeutung der ägyptischen Tempelstatue seit dem Neuen Reich», Or. 17 (1948) 448-466.

a6966   KEES, H., «Ein Sonnenheiligtum im Amonstempel von Karnak», Or. 18 (1949) 427-442.

a6967   DORESSE, M., «Les temples atoniens de la région thébaine», Or. 24 (1955) 113-135.

a6968   STOCK, H., «Bericht über die erste Kampagne am Sonnenheiligtum des Userkaf bei Abusir (Winter 1954-55)», Or. 25 (1956) 74-80.

a6969   MATTHIAE SCANDONE, G., «Il tempio di Neith in Sais e gli dei *sunnaoi* in epoca tarda», OrAnt 6 (1967) 145-168.
a6970   CURTO, S., «Un naos di Sethi I», OrAnt 13 (1974) 40.
a6971   HABACHI, L., «Two more stelae of king Tiberius unearthed in the Eastern side of Luxor Temple», OLoP 6/7 (1975-76) 247-252.
a6972   LECLANT, J., «Une statue-cube de dignitaire memphite au temple haut de Pépi Ier», OLoP 6/7 (1975-76) 355-359.
a6973   QUAEGEBEUR, J., «Les appellations grecques des temples de Karnak», OLoP 6/7 (1975-76) 463-478.
a6974   DION, P.-E., «Synagogues et temples dans l'É/gypte hellénistique», SE 29 (1977) 45-75.
a6975   FARAG, S., WAHBA, G., FARID, A., «Reused Blocks from a Temple of Amasis at Philae. A Preliminary Report», OrAnt 16 (1977) 315-324.
a6976   MORARDET, B., «Matériaux pour servir à la reconstitution du temple d'Hathor à Philae», OrAnt 20 (1981) 139-155.

Clergé. Clergy. Klerus. Clero.

a6977   GARDINER, A.H., «A Priest of King Tuthmosis III and Prince Wadjmose», Or. 6 (1937) 358-359.
a6978   KEES, H., «Die Phylen und ihre Vorsteher im Dienst der Tempel und Totenstiftungen. Untersuchungen zur Struktur des ägyptischen Priesterschaft im Alten und Mittleren Reich», Or. 17 (1948) 71-90, 314-325.
a6979   MONTET, P., «Dieux et prêtres indésirables», RHR 141 (1952) 129-144.
a6980   DE MEULENAERE, H., «Le clergé abydénien d'Osiris à la Basse Époque», OLoP 6/7 (1975-76) 133-151.
a6981   VAN DER HORST, P.W., «The Way of Life of the Egyptian Priests according to Chaeremon», dans *Studies in Egyptian Religion* (en collab.) (1982), 61-71.

Culte. Worship. Gottesdienst. Culto.

a6982   HEUTEN, G., «La diffusion des cultes égyptiens en Occident», RHR 104 (1931) 409-416.
a6983   SUYS, E., «Un pénitent du Dieu Iaḫ-Thot», Or. 2 (1933) 180-183.
a6984   NAGEL, G., «Le culte du Soleil dans l'ancienne Égypte», ErJb 1943 10 (1944) 9-56.
a6985   ALLIOT, M., «Le culte d'Horus à Edfou au temps des Ptolémées», RHR 137 (1950) 59-104.
a6986   TONDRIAU, J., «Esquisse de l'histoire des cultes royaux ptolémaïques», RHR 137 (1950) 207-235.
a6987   HELCK, W., «Bemerkungen zum Ritual des Dramatischen Ramasseumspapyrus», Or. 23 (1953) 383-411.
a6988   LEIBOVITZ, Y., «The Cult of Ptah with Non-Egyptians», ErIs 4 (1956) 64-67 (English summary).
a6989   BJERKE, S., «Remarks on the Egyptian Ritual of 'Opening the Mouth' and its Interpretation», Numen 12 (1965) 201-216.
a6990   BLEEKER, C.J., *Egyptian Festivals*. Enactments of religious renewal (Numen, Suppl. XIII) (Leiden, Brill, 1967), vi-158 pp.
a6991   GABALLA, G.A., KITCHEN, K.A., «The Festival of Sokar», Or. 38 (1969) 1-76.
a6992   OSING, J., «Die Ritualszenen auf der Umfassungsmauer Ramses' II. in Karnak», Or. 39 (1970) 159-169.
a6993   GABALLA, G.A., «New Light on the Cult of Sokar», Or. 41 (1972) 178-179.

a6994   DUNAND, F., *Le culte d'Isis dans le bassin oriental de la Méditerranée*. I. Le culte d'Isis et les Ptolémées; II. Le culte d'Isis en Grèce; III. Le culte d'Isis en Asie mineure. Le clergé et le rituel des sanctuaires isiaques (Leiden, Brill, 1973), 3 vol., xxxii-249, xii-223, xii-400 pp.

a6995   GILULA, M., «An Offering of 'First Fruits' in Ancient Egypt», Tel Aviv 1 (1974) 43-44.

a6996   ASSMANN, J., *Ägyptische Hymnen und Gebete* (Bibliothek der Alten Welt: der Alte Orient) (Zürich, München, Artemis Verlag, 1975), viii-654 pp.

a6997   KERTESZ, T., «The Breaking of Offerings in the Cult of Hathor», Tel Aviv 3 (1976) 134-136.

a6998   PERDUE, L.G., *Wisdom and Cult*, «The Views of Cult in Egyptian Wisdom Literature» (1977), 19-84.

a6999   SMITH, D.E., «The Egyptian Cults at Corinth», HarvTR 70 (1977) 201-231.

a7000   WILD, R.A., «Diversification in Roman Period Isis Worship: The Nile Water Pitcher», dans *Society of Biblical Literature. 1977 Seminar Papers* (en collab.) (1977), 145-154.

a7001   BARUCQ, A., DAUMAS, F., *Hymnes et prières de l'Égypte ancienne* (Littératures anciennes du Proche-Orient, 10) (Paris, Cerf, 1980), 560 pp.

Croyances. Beliefs. Glaube. Credenze. Creenzias.

a7002   WEILL, R., «Ceux qui n'avaient pas de tombeau dans l'Égypte anciennce», RHR 118 (1938) 5-32.

a7003   BLEEKER, C.J., «Die Idee des Schicksals in der altägyptischen Religion», Numen 2 (1955) 28-45.

a7004   MORENZ, S., «Ägyptischer Totenglaube im Rahmen der Struktur ägyptischer Religion», ErJb 1965 34 (1966) 399-446.

a7005   GUILMOT, M., «La signification des métamorphoses du défunt en Égypte ancienne (d'après les 'Textes des Sarcophages') (c. 2200 à 1800 av. J.-C.)», RHR 175 (1969) 5-16.

a7006   HEERMA VAN VOSS, M.S.H.G., «De gerichtsscène in het egyptische poortenboek», dans *Travels in the World of the Old Testament* (en collab.) (1974), 80-90.

a7007   D'AUDIBERT-CAILLE DU BOURGUET, P., «Esquisse de la théologie égyptienne des temps pharaoniques», dans *Humanisme et foi chrétienne* (en collab.) (1976), 437-449.

a7008   DAVIS, W.M., «The Ascension-Myth in the Pyramid Texts», JNES 36 (1977) 161-179.

a7009   GILULA, M., «The Smiting of the First-born. An Egyptian Myth?» Tel Aviv 4 (1977) 94-95.

a7010   THEODORIDES, A., «De l'assimilation à la divinité dans la sagesse de l'ancienne Égypte», dans *Gnosticisme et monde hellénistique* (1980), 30-33.

a7011   HORNUNG, E., «Auf den Spuren der Sonne: Gang durch ein ägyptisches Königsgrab», ErJb 50 (1981) 431-475.

a7012   KAKOSY, L., «A Christian interpretation of the sun-disk», dans *Studies in Egyptian Religion* (en collab.) (1982), 72-75.

a7013   POSENER, G., «Un voeu d'abstinence», dans *Studies in Egyptian Religion* (en collab.) (1982), 121-126.

Divers. Miscellaneous. Verschiedenes. Diversi. Diversos.

a7014   SUYS, P., «Le Dialogue du Désespéré avec son Âme», Or. 1 (1932) 57-74.

a7015   LEIBOVITCH, J., «Kent et Qadech», Syr. 38 (1961) 23-34.

a7016   MÜLLER, D., «Die Zeugung durch das Herz in Religion und Medizin der Ägypter», Or. 35 (1966) 247-274.

a7017   WARD, W.A., «A Unique Beset Figurine», Or. 41 (1972) 149-159.

*a*7018   GOLDWASSER, O., NAVEH, J., «The Origin of the Ṭet-Symbol», IsrEJ 26 (1976) 15-19.

*a*7019   BLAND, L., MALEK, J., «Nemtywer, the Beholder of the Beauty of his Lord (Ashmolean Mus. 1885.504)», OLoP 8 (1977) 119-123.

f) Civilisation. Zivilisation. Civilizzazione. Civilización.

Études générales. General Studies. Allgemeine Studien. Studi generali. Estudios generales.

*a*7020   DAUMAS, F., «La naissance de l'humanisme dans la littérature de l'Égypte ancienne», OrAnt 1 (1962) 155-184.

*a*7021   BLEEKER, C.J., «The Pattern of the Ancient Egyptian Culture», Numen 11 (1964) 75-82.

*a*7022   JACQUES, X., «Une histoire de la civilisation égyptienne», Or. 36 (1967) 87-92.

Art. Kunst. Arte.

*a*7023   WIET, G., «Les lampes d'Arghun», Syr. 14 (1933) 203-206.

*a*7024   DEMANGEL, R., «Grilles de fenêtres en Égypte et triglyphes grecs», Syr. 16 (1935) 358-374.

*a*7025   RANKE, H., «The Origin of the Egyptian Tomb Statue», HarvTR 28 (1935) 45-53.

*a*7026   LEIBOVITCH, J., «Egyptian and Hyksos Art», ErIs 5 (1958) 47-51 (English summary).

*a*7027   BADAWY, A., «Special Problems of Egyptian Architecture», OrAnt 1 (1962) 185-195.

*a*7028   BOSTICCO, S., «Rilievo inedito nel Museo Archeologico di Firenze», OrAnt 6 (1967) 19-22.

*a*7029   CURTO, S., «I monumenti egizi nelle Ville Torlonia a Roma», OrAnt 6 (1967) 51-95.

*a*7030   GUERRINI, L., «Considerazioni sulla scultura di periodo ellenistico e romano in Egitto», OrAnt 6 (1967) 135-144.

*a*7031   LAUER, J.-P., «Remarques sur les complexes funéraires royaux de la fin de la IVème dynastie», Or. 38 (1969) 560-578.

*a*7032   BRESCIANI, E., «La statua naofora da Sais del profeta di Isi Psamteksaneit all'Ashmolean Museum di Oxford», OrAnt 9 (1970) 211-220.

*a*7033   AUBERT, J.-F., «Le mastaba de Seshemnéfer VI dit Héba», Or. 44 (1975) 1-11.

*a*7034   EVRARD-DERRIKS, C., «Le miroir représenté sur les peintures et bas-reliefs égyptiens», OLoP 6/7 (1975-76) 223-229.

*a*7035   RAMMANT-PEETERS, A., «Une méthode simple pour l'étude objective du costume et son application à l'art égyptien», OLoP 6/7 (1975-76) 493-502.

*a*7036   RONSECCO, P., «La tela funebre della principessa Ahmose», OrAnt 14 (1975) 147-152.

*a*7037   SCHLÖGL, E., «Eine Schabti-Figur aus der Amarnazeit im Aegyptischen Museum von Turin», OrAnt 14 (1975) 145-146.

*a*7038   HELCK, W., «Ägyptische Statuen im Ausland - ein chronologisches Problem», UF 8 (1976) 101-115.

*a*7039   LOWLE, D.A., «A Remarkable Family of Draughtsmen-Painters from Early Nineteenth-Dynasty Thebes», OrAnt 15 (1976) 91-106.

*a*7040   HORNUNG, E., «Die Tragweite der Bilder: Altägyptische Bildaussagen», ErJb 48 (1979) 183-237.

*a*7041   VANDERSLEYEN, C., «La statue d'Aménophis I (Turin 1372)», OrAnt 19 (1980) 131-137.

*a*7042   GOUDSMIT, S.A., «The Backview of Human Figures in Ancient Egyptian Art», JNES 40 (1981) 43-46.

a7043 ROCCATI, A., «Una statua cubo dell'età tarda», OrAnt 21 (1981) 217-219.
a7044 CHERPION, N., «Le sphinx 1408 de Turin», OrAnt 22 (1983) 247-252.
a7045 FINOCCHI, S., «Vetri dorati incisi di derivazione sassanide in una tomba tardo-antica trovata ad Alessandria», OrAnt 22 (1983) 261-266.

Droit. Law. Recht. Diritto. Derecho.

a7046 LEVI DELLA VIDA, G., «A Marriage Contract on Parchment from Fatimite Egypt», ErIs 7 (1964) 64*-69*.
a7047 VERGER, A., «Note sul diritto dei papiri aramaici di Elefantina», OrAnt 3 (1964) 47-59.
a7048 ALLAM, S., «Les obligations et la famille dans la société égyptienne», OrAnt 16 (1977) 89-97.

Littérature. Literature. Literatur. Letteratura. Literatura.

a7049 BÉRARD, J., «De la légende grecque à la Bible. Phaéton et les sept vaches maigres», RHR 151 (1957) 221-230.
a7050 MONTET, P., «Le Pharaon et le général. Conte», RHR 152 (1957) 1-7.
a7051 FOSTER, J.L., «The Ancient Egyptian Genre of Narrative Verse», JNES 39 (1980) 89-117.
a7052 LALOUETTE, C., La littérature égyptienne (Coll. 'Que sais-je?', 1931) (Paris, Presses Universitaires de France, 1981), 128 pp.
a7053 REYMOND, E.A.E., «A Contribution to a Study of Egyptian Literature in Graeco-Roman Times», BJRL 65 (1983) 208-229.

Divers. Miscellaneous. Verschiedenes. Diversi. Diversos.

a7054 DAUMAS, F., «La valeur de l'or dans la pensée égyptienne», RHR 149 (1956) 1-17.
a7055 FISCHER, H.G., «The Butcher Ph-r-nfr», Or. 29 (1960) 168-190.
a7056 DERCHAIN, P., «Perpetuum mobile», OLoP 6/7 (1975-76) 153-161.
a7057 DAR, S., «An Egyptian Sistrum from Sinai», Tel Aviv 3 (1976) 79-80.
a7058 WARD, W.A., «Two Unrecognized ḫupšu-Mercenaries in Egyptian Texts», UF 12 (1980) 441-442.
a7059 WARD, W.A., «Notes on Old and Middle Kingdom Sandal-Bearers», dans The Bible World. Essays in Honor of Cyrus H. Gordon (en collab.) (1980), 259-267.
a7060 CARPIGNANO, G., RABINO MASSA, E., «Analisi di un campione di capelli della parrucca appartenente alla moglie dell'architetto Kha», OrAnt 20 (1981) 229-230.
a7061 SHEA, W.H., «Artistic Balance Among the Beni Hasan Asiatics», BA 44 (1981) 219-228.
a7062 GIVEON, R., «Two Officials of the Old Kingdom at Magharah (Southern Sinai)», Tel Aviv 10 (1983) 49-51.
a7063 GRAEFE, E., «Der 'Sonnenaufgang zwischen den Pylontürmen'», OLoP 14 (1983) 55-79.

g) Israël. Israel. Israele. Israel.

a7064 CELADA, B., «Egipto y la Biblia», CuBi 14 (1957) 215-236.
a7065 WARD, W.A., «Egypt and the East Mediterranean in the Early Second Millennium B.C.», Or. 30 (1961) 22-45, 120-155.
a7066 ZANDEE, J., «Egyptological Commentary on the Old Testament», dans Travels in the World of the Old Testament (en collab.) (1974), 269-281.

a7067   ROCCO, B., «Iconografia isiaca e letteratura biblico-sapienzale», dans *L'umo nella Bibbia e nelle culture ad essa contemporanee* (en collab.) (1975), 35-50.

a7068   KORNFELD, W., «Unbekanntes Diasporajudentum in Oberägypten im 5./4. Jr. v. Chr.», Kairos 18 (1976) 55-59.

a7069   GREEN, A.R., «Solomon and Siamun: A Synchronism Between Dynastic Israel and the Twenty-First Dynasty of Egypt», JBL 97 (1978) 353-367.

a7070   LEMAIRE, A., VERNUS, P., «L'origine égyptienne du signe ɣ des poids inscrits de l'époque royale israélite», Sem. 28 (1978) 53-58.

a7071   GREEN, A.R., «Israelite Influence at Shishak's Court?» BASOR nº 233 (1979) 59-62.

a7072   GIVEON, R., «Some Scarabs from Canaan with Egyptian Titles», Tel Aviv 7 (1980) 179-184.

a7073   ALING, C.F., *Egypt and Bible History from Earliest Times to 1000 B.C.* (Grand Rapids, Michigan, Baker Book House, 1981), 145 pp.

a7074   ODEN, R.A., Jr., «Divine Aspirations in Atrahasis and in Genesis 1-11», ZAW 93 (1981) 197-216.

a7075   NICCACCI, A., «Egitto e Bibbia sulla base della stele di Piankhi», StBiFranc 32 (1982) 7-58.

a7076   WEINSTEIN, J.M., «The Egyptian Empire in Palestine: a Reassessment», BASOR nº 241 (1982) 1-28.

a7077   PORTEN, B., «The Jews in Egypt», dans *The Cambridge History of Judaism* (en collab.) (1984), I, 372-400.

9. Elam.

a7078   HINZ, W., «Elamica», Or. 32 (1963) 1-20.

a7079   SPYCKET, A., «Une grande déesse élamite retrouve son visage», Syr. 45 (1968) 67-73.

a7080   MOORTGAT-CORRENS, U., «Ein mittelelamisches Rollsiegel», ZA 59 (1969) 295-298.

a7081   PELZEL, S.M., «Dating the Early Dynastic Votive Plaques from Susa», JNES 36 (1977) 1-15.

10. Grèce. Greece. Griechenland. Graecia. Grecia.

Religion. Religione. Religión.

Études générales. General Studies. Allgemeine Studien. Studi generali. Estudios generales.

a7082   STELLA, L.A., «La religione greca nei testi micenei», Numen 5 (1958) 18-57.

a7083   HOOKER, E.M., «The Significance of Numa's Religious Reforms», Numen 10 (1963) 87-132.

a7084   KREMER, J., «Homer und die Bibel», BiLeb 13 (1972) 37-47.

a7085   RICE, D.G., STAMBAUGH, J.E., *Sources for the Study of Greek Religion* (SBL Sources for Biblical Study, 14) (Missoula, Scholars Press, 1979), xv-277 pp.

a7086   FERGUSON, J., *Greek and Roman Religion.* A Source Book (Noyes Classical Studies) (Park Ridge, NJ, Noyes Press, 1980), ix-208 pp.

a7087   GODWIN, J., *Mystery Religions in the Ancient World* (San Francisco, Harper & Row; London, Thames and Hudson, 1981), 176 pp.

Dieux. Gods. Götter. Dei. Dioses.

a7088 SEYRIG, H., «Antiquités syriennes. - 10. Note sur le culte de Déméter en Palestine», Syr. 13 (1932) 355-360.

a7089 KRAPPE, A.H., «Prométhée», RHR 119 (1939) 172-181.

a7090 PICARD, C., «Die Grosse Mutter von Kreta bis Eleusis», ErJb 1938 6 (1939) 91-119.

a7091 PICARD, C., «Démeter, puissance oraculaire», RHR 122 (1940) 102-124.

a7092 SPEISER, A., «Die platonische Lehre vom unbekannten Gott und die christliche Trinität», ErJb 1940-41 9 (1942) 11-29.

a7093 KERÉNYI, K., «Hermes der Seelenführer (Das Mythologem vom männlichen Lebensursprung)», ErJb 1942 9 (1943) 9-107.

a7094 KERÉNYI, K., «Vater Helios», ErJb 1943 10 (1944) 81-124.

a7095 KERÉNYI, K., «Apollon-Epiphanien», ErJb 1945 13 (1946) 11-48.

a7096 KERÉNYI, K., «Die Göttin Natur», ErJb 1946 14 (1947) 39-86.

a7097 ORGOGOZO, J.J., «L'Hermès des Achéens», RHR 236 (1949) 10-35, 139-179.

a7098 LEISEGANG, H., «Der Gottmensch als Archetypus», ErJb 18 (1950) 9-45.

a7099 KERÉNYI, K., «Dramatische Gottesgegenwart in der griechischen Religion», ErJb 1950 19 (1951) 13-39.

a7100 MERLAT, P., «Observations sur les Castores dolichéniens», Syr. 28 (1951) 229-249.

a7101 GROTTANELLI, C., «Eracle Dattilo dell'Ida: aspetti 'orientali'», OrAnt 11 (1972) 201-208.

a7102 ATHANASSAKIS, A.N., «Music and Ritual in Primitive Eleusis», dans *Society of Biblical Literature. 1976 Seminar Papers* (en collab.) (1976), 99-104.

a7103 DIETRICH, B.C., «Views of Homeric gods and religion», Numen 36 (1979) 129-151.

a7104 SPEIDEL, M.P., *Mithras-Orion*. Greek Hero and Roman Army God (Études préliminaires aux religions orientales dans l'empire romain, 81) (Leiden, Brill, 1980), viii-56 pp.

Culte. Worship. Gottesdienst. Culto.

a7105 PICARD, C., «Chronique de la religion grecque. - Sur quelques cultes primitifs de Délos», RHR 101 (1930) 223-250.

a7106 PICARD, C., «Les bûchers sacrés d'Éleusis», RHR 107 (1933) 137-154.

a7107 BUONAIUTI, E., «Die Erlösung in den orphischen Mysterien», ErJb 1936 4 (1937) 165-181.

a7108 LEISEGANG, H., «Das Mysterium der Schlange. Ein Beitrag zur Erforschung des griechischen Mysterienkultes und seines Fortlebens in der christlichen Welt», ErJb 1939 7 (1940) 151-250.

a7109 OTTO, W.F., «Der Sinn der eleusinischen Mysterien», ErJb 1939 7 (1940) 83-112.

a7110 DE FRAINE, J., «De Ontwikkelingsgang der Hellenistische Mysteriegodsdiensten», Bijdr. 6 (1943-45) 268-283.

a7111 KERÉNYI, K., «Mysterien der Kabiren», ErJb 1944 11 (1945) 11-53.

a7112 PICARD, C., «Le relief inscrit de Lowther Castle et les cultes de prytanées en Grèce», RHR 129 (1945) 31-46.

a7113 SCHMITT, P., «Antike Mysterien in der Gesellschaft ihrer Zeit, ihre Umformung und späteste Nachwirkung», ErJb 1944 11 (1945) 107-144.

a7114 WILI, W., «Die orphischen Mysterien und der griechische Geist», ErJb 1944 11 (1945) 61-105.

a7115 PICARD, C., «Le prétendu 'baptême d'initiation' éleusinien et le formulaire (*sunthêma*) des mystères des Deux-déesses», RHR 154 (1958) 129-145.

a7116   ASTOUR, M.C., «Un texte d'Ugarit récemment découvert et ses rapports avec l'origine des cultes bachiques grecs», RHR 164 (1963) 1-15.

a7117   WILL, E., «Le Rituel des Adonies», Syr. 52 (1975) 93-105.

a7118   BIANCHI, U., *The Greek Mysteries* (Iconography of Religions, Section XVII: Greece and Rome, 3) (Leiden, Brill, 1976), vi-37 pp.

a7119   MANNS, F., «Nouvelles traces des cultes de Neotera, Serapis et Poseidon», StBiFranc 27 (1977) 229-238.

a7120   BACCHIOCCHI, S., «Reflexes on Sun-Worship on Early Christian Liturgy», dans *Society of Biblical Literature. 1978 Seminar Papers* (en collab.) (1978), II 321-329.

a7121   GAGÉ, J., «Sur les origines du culte de Janus», RHPR 195 (1979) 129-151.

a7122   DARAKI, M., «Aspects du sacrifice dionysiaque», RHR 197 (1980) 131-157.

a7123   DOWDEN, K., «Grades in the Eleusinian Mysteries», RHR 197 (1980) 409-427.

Croyances. Beliefs. Glaube. Credenze. Creenzias.

a7124   KERÉNYI, K., «Urmensch und Mysterium», ErJb 1947 15 (1948) 41-74.

a7125   KERÉNYI, K., «Die Orphische Kosmogonie und der Ursprung der Orphik», ErJb 1949 17 (1950) 53-78.

a7126   MARTIN, L.H., «The Rule of Tyche and Hellenistic Religion», dans *Society of Biblical Literature. 1976 Seminar Papers* (en collab.) (1976), 453-459.

a7127   ROWE, C., «God, Man and Nature: Ancient Greek Views on the Foundation of Moral Values», ErJb 1974 43 (1977) 255-291.

a7128   McGINTY, P., «Dionysos's Revenge and the Validation of the Hellenic World-View», HarvTR 71 (1978) 77-94.

a7129   ROWE, C., «One and Many in Greek Religion», ErJb 1976 45 (1980) 37-67.

Divers. Miscellaneous. Verschiedenes. Diversi. Diversos.

a7130   POULSEN, F., «Portrait hellénistique du musée d'Antioche», Syr. 19 (1938) 355-361.

a7131   VAN SETERS, J., *In Search of History* (1983) «Early Greek Historiography», 8-54.

11. Hittites. Hethiter. Ittiti. Hititas.

a) Introduction. Einführung. Introduzione. Introducción.

a7132   FORRER, E.O., «The Hittites in Palestine», PEQ 68 (1936) 120-203; 69 (1937) 100-115.

a7133   CARRUBA, O., «Über historiographische und philologische Methoden in der Hethitologie», Or. 40 (1971) 208-223.

a7134   KAMMENHUBER, A., «Neuen Ergebnisse zur hurrischen und altmesopotamischen Überlieferung in Boğazköy», Or. 45 (1976) 130-146.

a7135   MARAZZI, M., NOVICKI, H., «Vorarbeiten zu den hethitischen Gebeten», OrAnt 17 (1978) 257-278.

a7136   LEBRUN, R., «Considérations sur l'expansion occidentale de la civilisation hittite», OLoP 11 (1980) 69-78.

a7137   KOŠAK, S., «Western Neighbourgs of the Hittites», ErIs 15 (1981) 12*-21*.

b) Archéologie. Archeology. Archäologie. Archeologia. Arqueología.

a7138   FORRER, E.O., «Note sur un cylindre babylonien et un cachet hittite de Ras Shamra», Syr. 18 (1937) 154-158.

a7139 PARROT, A., «Cylindre hittite nouvellement acquis (AO 20.138)», Syr. 28 (1951) 180-190.

a7140 ROES, A., «Un grand bronze hittite trouvé en Arabie», Syr. 30 (1953) 65-71.

a7141 VON DER OSTEN, H.H., POHL, A., «Vorkriegsgrabungen in der Hethiterhauptstadt», Or. 24 (1955) 88-93.

c) *Géographie. Geography. Geographie. Geografia. Geografía.*

a7142 CORNELIUS, F., «Geographie des Hethiterreiches», Or. 27 (1958) 225-251, 373-397.

a7143 CORNELIUS, F., «Neue Aufschlüsse zur hethitischen Geographie», Or. 32 (1963) 233-245.

d) *Histoire. History. Geschichte. Storia. Historia.*

a7144 ALT, A., «Zur Topographie der Schlacht bei Kades», ZDPV 55 (1932) 1-25.

a7145 GÜTERBOCK, H.G., «Die historische Tradition und ihre literarische Gestaltung bei Babyloniern und Hethitern bis 1200», ZA 44 (1938) 45-149.

a7146 ALT, A., «Noch einmal zur Schlacht bei Kades», ZDPV 66 (1943) 1-20.

a7147 CAVAIGNAC, E., «L'Égypte et les Hittites de 1370 à 1345», Syr. 33 (1956) 42-48.

a7148 KLENGEL, H., «Die Hethiter und Išuwa», OrAnt 7 (1968) 63-76.

a7149 KAMMENHUBER, A., «Die Vorgänger Suppiluliumas I. Untersuchungen zu einer neueren Geschichtsdarstellung H. Ottens», Or. 39 (1970) 278-301.

a7150 LEHMANN, G.A., «Der Untergang des hethitischen Grossreiches und die neuen Texte aus Ugarit», UF 2 (1970) 39-73.

a7151 OTTEN, H., «Die Genealogie Ḫattušilis III, nach KBo VI 28», ZA 61 (1971) 233-238.

a7152 LIVERANI, M., «Storiografia politica hittita - I. Sunassura, ovvero: della reciprocità», OrAnt 12 (1973) 267-297.

a7153 DEL MONTE, G.F., «Mašḫuiluwa, König von Mira», Or. 43 (1974) 355-368.

a7154 KLENGEL, H., «Nochmals zu Išuwa», OrAnt 15 (1976) 85-89.

a7155 LIVERANI, M., «Storiografia politica hittita - II. Telipinu, ovvero: della solidarietà», OrAnt 16 (1977) 105-131.

a7156 KOŠAK, S., «The Rulers of the Early Hittite Empire», Tel Aviv 7 (1980) 163-168.

a7157 KESTEMONT, G., «Accords internationaux relatifs aux ligues hittites (1600-1200 av. J.C.). Dossier C: Le dossier égyptien», OLoP 12 (1981) 15-79.

a7158 HEINHOLD-KRAHMER, S., «Untersuchungen zu Piyamaradu (Teil I)», Or. 52 (1983) 81-97.

a7159 MAYER-OPIFICIUS, R., «Rekonstruktion des Thrones des Fürsten Idrimi von Alalah», UF 15 (1983) 119-126.

a7160 VAN SETERS, J., *In Search of History* (1983), «Hittite Historiography», 100-126.

e) *Religion. Religione. Religión.*

Dieux. Gods. Götter. Dei. Dioses.

a7161 NAMITOK, A., «Le nom du dieu de l'orage chez les Hittites et les Kassites», RHR 120 (1939) 12-26.

a7162 LAROCHE, E., «Divinités lunaires d'Anatolie», RHR 148 (1955) 1-24.

a7163 LAROCHE, E., «Le dieu anatolien Sarruma», Syr. 40 (1963) 277-302.

a7164 KAMMENHUBER, A., «Die hethitische Göttin Inar», ZA 66 (1976) 68-88.

a7165   FAUTH, W., «Sonnengottheit (dUTU) und 'Königliche Sonne' (dUTUši) bei den Hethitern», UF 11 (1978) 227-263.

a7166   KELLERMAN, G., «The King and the Sun-God in the Old Hittite Period», Tel Aviv 5 (1978) 199-208.

a7167   SERGENT, B., «Panthéons hittites trifonctionnels», RHR 200 (1983) 131-153.

Culte. Worship. Gottesdienst. Culto.

a7168   PRZEWORSKI, S., «Notes d'archéologie syrienne et hittite. IV. Le culte du cerf en Anatolie», Syr. 21 (1940) 62-76.

a7169   SCHWARTZ, B., «A Hittite Ritual Text (KUB 29.1 = 1870c)», Or. 16 (1947) 23-55.

a7170   OTTEN, H., «Zur Kontinuität eines altanatolischen Kultes», ZA 53 (1959) 174-184.

a7171   JAKOB-ROST, L., «Zu einigen hethitischen Kultfunktionären», Or. 35 (1966) 417-422.

a7172   ARCHI, A., «L'organizzazione amministrativa ittita e il regime delle offerte cultuali», OrAnt 12 (1973) 209-226.

a7173   ARCHI, A., «Fêtes de printemps et d'automne et réintégration rituelle d'images de culte dans l'Anatolie Hittite», UF 5 (1973) 7-27.

a7174   DEL MONTE, G.F., «La porta nei rituali di Boğazköy», OrAnt 12 (1973) 107-129.

a7175   SALVINI, M., «Note sulle 'sentenze' hurriche nei rituali ittiti di *KBo* XXI e XXII», OrAnt 14 (1975) 227-241.

a7176   DEL MONTE, G.F., «Utruna e la festa *purulli-*», OrAnt 17 (1978) 179-192.

a7177   HAAS, V., «Leopard und Biene im Kulte 'hethitischer' Göttinnen. Betrachtungen zu Kontinuität und Verbreitung altkleinasiatischer und nordsyrischer religiöser Vorstellungen», UF 13 (1981) 101-116.

Croyances. Beliefs. Glaube. Credenze. Creenzias.

a7178   VIEYRA, M., «Rites de purification hittites», RHR 119 (1939) 121-153.

a7179   KAPELRUD, A.S., «The interrelationship between religion and magic in Hittite religion», Numen 6 (1959) 32-50.

a7180   HAAS, V., «Die Unterwelts- und Jenseitsvorstellungen im hethitischen Kleinasien», Or. 45 (1976) 197-212.

Divers. Miscellaneous. Verschiedenes. Diversi. Diversos.

a7181   ERLENMEYER, M.-L., ERLENMEYER, H., «Von der Bedeutung der Religionsgeschichte für die ästhetischen Probleme der Bildkunst», Or. 31 (1962) 59-84, 161-185, 293-312.

a7182   HAAS, V., WÄFLER, M., «Yazilikaya und der Grosse Tempel», OrAnt 13 (1974) 211-226.

a7183   GURNEY, O.R., *Some Aspects of Hittite Religion* (The Schweich Lectures of the British Academy 1976) (Oxford, Oxford University Press for the British Academy, 1977), viii-80 pp.

f) Civilisation. Zivilisation. Civilizzazione. Civilización.

Art. Kunst. Arte.

a7184   BITTEL, K., «Nur hethitische oder auch hurritische Kunst?» ZA 49 (1950) 256-290.

a7185   MOORTGAT, A., «Nur hetitische oder auch churrische Kunst'?» ZA 49 (1950) 152-160.

a7186   BOSSERT, H.T., «Unveröffentlichte hethitische Skulpturen», Or. 29 (1960) 104-106.

*a*7187 USSISHKIN, D., «Three Unpublished Neo-Hittite Stone Monuments», Tel Aviv 2 (1975) 86-90.
*a*7188 BIER, L., «A Second Hittite Relief at Ivriz», JNES 35 (1976) 115-126.
*a*7189 CANBY, J.V., «The Sculptors of the Hittite Capital», OrAnt 15 (1976) 33-42.

Droit. Law. Recht. Diritto. Derecho.

*a*7190 HAASE, R., «Ist der 200 B der hethitischen Gesetze unvollständig überliefert?» ZA 53 (1959) 193-199.
*a*7191 PETSCHOW, H., «Zur Noxalhaftung im hethitischen Recht», ZA 55 (1962) 237-250.
*a*7192 HAASE, R., «Zum hethitischen Prozessrecht», ZA 57 (1965) 249-257.
*a*7193 HAASE, R., «Eine hethitische Prozessurkunde aus Ugarit - RS 17.109», UF 3 (1971) 71-74.
*a*7194 OTTEN, H., «Ein Fragment zu Tafel II der hethitischen Gesetze», ZA 61 (1971) 239-241.
*a*7195 KESTEMONT, G., «Le panthéon des instruments hittites de droit public», Or. 45 (1976) 147-177.
*a*7196 MASCHERONI, L.M., «I paragrafi a struttura diacronica delle leggi etee», OrAnt 18 (1979) 29-39.
*a*7197 MOORE, G.C., «GIŠTUKUL as 'Oracle Procedure' in Hittite Oracle Texts», JNES 40 (1981) 49-52.
*a*7198 MORA, C., «Sul 55 delle Leggi ittite», OrAnt 22 (1983) 49-51.

Divers. Miscellaneous. Verschiedenes. Diversi. Diversos.

*a*7199 VON BRANDENSTEIN, C.-G., «Zu den hethitischen Jahreszeiten», Or. 8 (1939) 68-81.
*a*7200 KAMMENHUBER, A., «Die hethitischen Vorstellungen von Seele und Leib, Herz und Leibesinnerem, Kopf und Person», ZA 56 (1964) 150-212; 57 (1965) 177-222.
*a*7201 KAMMENHUBER, A., «Konsequenzen aus neueren Datierungen hethitischer Texte: Pferdetrainingsanweisungen eine Erfindung der Hethiter», Or. 38 (1969) 548-552.
*a*7202 IMPARATI, F., «'Signori' e 'figli del re'», Or. 44 (1975) 80-95.
*a*7203 KESTEMONT, G., «Les travailleurs dans le monde hittite», OrAnt 17 (1978) 17-29.
*a*7204 WEGNER, I., «Regenzauber im Hattiland», UF 10 (1978) 403-409.

12. Hourrites. Hurrians. Hurriter. Hurriti. Hurritos.

a) Histoire. History. Geschichte. Storia. Historia.

*a*7205 SMITH, S., «On 'Hurrians and Subarians': A Review Article», PEQ 81 (1949) 117-126.
*a*7206 LIVERANI, M., «Ḫurri e Mitanni», OrAnt 1 (1962) 253-257.
*a*7207 VINCENTELLI, I., «Prodotti 'amorrei' e prodotti 'hurriti'», OrAnt 11 (1972) 133-135.
*a*7208 KAMMENHUBER, A., «Die Arier im Vorderen Orient und die historischen Wohnsitze der Hurriter», Or. 46 (1977) 129-144.
*a*7209 KESTEMONT, G., «La Société internationale mitannienne et le royaume d'Amuru à l'époque amarnienne», OLoP 9 (1978) 27-32.
*a*7210 LAROCHE, E., «Ras Shamra (Ugarit ou Ougarit). IV. Le milieu hurrite», SDB 9 (1979) col. 1359-1361.
*a*7211 WILHELM, G., *Grundzüge der Geschichte und Kultur der Hurriter* (Grundzüge, 45) (Darmstadt, Wissenschaftliche Buchgesellschaft, 1982), x-152 pp.

b) Religion. Religione. Religión.

a7212   MOORTGAT, A., «Ein Basaltidol aus churrischem Bereich», ZA 41 (1933) 209-215.
a7213   GINSBERG, H.L., «Two Religious Borrowings in Ugaritic Literature. I. A Hurrian Myth in Semitic Dress», Or. 8 (1939) 317-327.
a7214   LAROCHE, E., «Panthéon national et panthéons locaux chez les Hourrites», Or. 45 (1976) 94-99.
a7215   ARCHI, A., «I poteri della dea Ištar hurrita-ittita», OrAnt 16 (1977) 297-311.
a7216   ARCHI, A., «Associations des divinités hourrites», UF 11 (1979) 7-12.
a7217   LEBRUN, R., «Le rituel d'évocation kizzuwatnien KBo XXIV 45 et son duplicat», OLoP 14 (1983) 103-114.

13. Mari.

a) Archéologie. Archeology. Archäologie. Archeologia. Arqueología.

Chroniques. Reports. Berichte. Cronache. Crónicas.

a7218   PARROT, A., «Les fouilles de Mari. Première campagne (hiver 1933-34). Rapport préliminaire», Syr. 16 (1935) 1-28, 117-140.
a7219   PARROT, A., «Les fouilles de Mari. Deuxième campagne (hiver 1934-35)», Syr. 17 (1936) 1-31.
a7220   PARROT, A., «Les fouilles de Mari. Troisième campagne (hiver 1935-36)», Syr. 18 (1937) 54-84.
a7221   PARROT, A., «Les fouilles de Mari. Quatrième campagne (hiver 1936-37)», Syr. 19 (1938) 1-29.
a7222   PARROT, A., «Les fouilles de Mari. Cinquième campagne (automne 1937). Rapport préliminaire», Syr. 20 (1939) 1-22.
a7223   PARROT, A., «Les fouilles de Mari. Sixième campagne (automne 1938)», Syr. 21 (1940) 1-28.
a7224   PARROT, A., «Les fouilles de Mari. Septième campagne», Syr. 29 (1952) 183-203.
a7225   PARROT, A., «Les fouilles de Mari. Huitième campagne (automne 1952)», Syr. 30 (1953) 196-221.
a7226   PARROT, A., «Les fouilles de Mari. Neuvième campagne (automne 1953)», Syr. 31 (1954) 151-171.
a7227   PARROT, A., «Les fouilles de Mari. Dixième campagne (automne 1954)», Syr. 32 (1955) 185-211.
a7228   PARROT, A., «Les fouilles de Mari. Douzième campagne (automne 1961)», Syr. 39 (1962) 151-179.
a7229   PARROT, A., «Les fouilles de Mari. Treizième campagne (printemps 1963)», Syr. 41 (1964) 3-20.
a7230   PARROT, A., «Les fouilles de Mari. Quatorzième campagne (printemps 1964)», Syr. 42 (1965) 1-24.
a7231   PARROT, A., «Les fouilles de Mari. Quinzième campagne (printemps 1965)», Syr. 42 (1965) 197-225.
a7232   PARROT, A., «Les fouilles de Mari. Seizième campagne (printemps 1966)», Syr. 44 (1967) 1-26.
a7233   PARROT, A., «Les fouilles de Mari. Dix-septième campagne (automne 1968)», Syr. 46 (1969) 191-208.

a7234   PARROT, A., «Les fouilles de Mari. Dix-huitième campagne (automne 1969)», Syr. 47 (1970) 225-243.

a7235   PARROT, A., «Les fouilles de Mari. Dix-neuvième campagne (printemps 1971)», Syr. 48 (1971) 253-270.

a7236   PARROT, A., «Les fouilles de Mari. Vingtième campagne de fouilles (printemps 1972)», Syr. 49 (1972) 281-302.

a7237   PARROT, A., «Les fouilles de Mari. XXIe campagne de fouilles (automne 1974)», Syr. 52 (1975) 1-17.

a7238   BÖRKER-KLÄHN, J., «Eine folgenreiche Fundbeobachtung in Mari», ZA 69 (1979) 221-233.

Objets. Objects. Sachen. Cose. Cosas.

a7239   PARROT, A., «Les Peintures du Palais de Mari», Syr. 18 (1937) 325-354.

a7240   PARROT, A., «À propos de la 'statue d'un homme de Mari'», Syr. 32 (1955) 182-183.

a7241   ALEXANDER, R.-L., «Une masse d'armes à figures de l'époque du Palais de Mari», Syr. 47 (1970) 37-49.

a7242   DE GRAEVE, M.-C., «Le prétendu 'étendard' de Mari», OLoP 4 (1973) 5-16.

a7243   MAZZONI, S., «Sulle figurine eburnee del 'tesoro di Ur' da Mari», OrAnt 14 (1975) 1-10.

a7244   BOESE, J., «Mesanepada und der Schatz von Mari», ZA 68 (1978) 6-33 (Lapislazuliperle M.4439).

b) Histoire. History. Geschichte. Storia. Historia.

a7245   LEWY, H., «The Historical Background of the Correspondence of Baḫdi-Lim», Or. 25 (1956) 324-352.

a7246   ASTOUR, M., «Benê-Iamina et Jéricho», Sem. 9 (1959) 5-20.

a7247   BIROT, M., «Les lettres de Iasîm-Sumû», Syr. 41 (1964) 25-65.

a7248   FINET, A., «Iawi-ilâ, roi de Talḫayûm», Syr. 41 (1964) 117-142.

a7249   MALAMAT, A., «Mari», BA 34 (1971) 2-22.

a7250   MARRASSINI, P., «Sui 'campi fortificati' nell'età di Mari», OrAnt 10 (1971) 107-122.

a7251   BIROT, M., «Données nouvelles sur la chronologie du règne de Zimri-Lim», Syr. 55 (1978) 333-343.

a7252   MATTHEWS, V.H., *Pastoral Nomadism in the Mari Kingdom (ca. 1830-1760 B.C.)* (A.S.O.R. Dissertation Series, 3) (Cambridge, Massachusetts, American Schools of Oriental Research, 1978), xiii-213 pp.

a7253   MATTHEWS, V.H., «The Role of the *Rabi Amurrim* in the Mari Kingdom», JNES 38 (1979) 129-133.

c) Religion. Religione. Religión.

a7254   WILLIAMSON, M.C., «Les harpes sculptées du temple d'Ishtar à Mari», Syr. 46 (1969) 209-224.

a7255   ANBAR (BERNSTEIN), M., «Les bijoux compris dans la dot du fiancé à Mari et dans les cadeaux du mariage dans Gn. 24», UF 6 (1974) 442-444.

a7256   FENSHAM, F.C., «Gen. XXXIV and Mari», JNWSemL 4 (1975) 87-90.

a7257   MALLET, J., «Mari: une nouvelle coutume funéraire assyrienne», Syr. 52 (1975) 23-36.

a7258   LIMET, H., «Le panthéon de Mari à l'époque des *šakkanaku*», Or. 45 (1976) 87-93.

a7259   MARZAL, A., *Gleanings from the Wisdom of Mari* (Studia Pohl, 11) (Rome, Biblical Institute Press, 1976), 150 pp.

d) Civilisation. Zivilisation. Civilizzazione. Civilización.

a7260   DOSSIN, G., «Les archives économiques du palais de Mari», Syr. 20 (1939) 97-113.

a7261   AMIET, P., «Notes sur le répertoire iconographique de Mari à l'époque du Palais», Syr. 37 (1960) 215-232.

a7262   AMIET, P., «La glyptique de Mari à l'époque du Palais. Note additionnelle», Syr. 38 (1961) 1-6.

a7263   BATTO, B.F., *Studies on Women at Mari* (Johns Hopkins Near Eastern Studies) (Baltimore and London, The Johns Hopkins University Press, 1974), xiv-162 pp.

a7264   MUNTINGH, L.M., «Amorite Married and Family Life according to the Mari Texts», JNWSemL 3 (1974) 50-70.

a7265   YOUNG, D.W., MATTHEWS, V.H., «On the raison d'être of the *sugāgum* in Mari», Or. 46 (1977) 122-126.

a7266   SAFREN, J.D., «New Evidence for the Title of the Provincial Governor at Mari», HUCA 50 (1979) 1-15.

a7267   MALAMAT, A., «'Silver, gold, and precious stones from Hazor' in a new Mari document», BA 46 (1983) 169-174.

14. Mésopotamie. Mesopotamia. Mesopotamien. Mesopotamia.

a) Archéologie. Archeology. Archäologie. Archeologia. Arqueología.

Études générales. General Studies. Allgemeine Studien. Studi generali. Estudios generales.

a7268   NÜTZEL, W., «Kann die Naturwissenschaft der mesopotamischen Archäologie neue Impulse geben?» ZA 66 (1976) 120-134.

a7269   LLOYD, S., *The Archaeology of Mesopotamia. From the Old Stone Age to the Persian Conquest* (London, Thames and Hudson, 1978), 252 pp.

a7270   CURTIS, J. (Ed.), *Fifty Years of Mesopotamian Discovery. The Work of the British School of Archaeology in Iraq 1932-1982* (London, The British School of Archaeology in Iraq, 1982), 123 pp.

Sceaux. Seals. Siegel. Sigilli. Sellos.

a7271   HEIDENREICH, R., «Adoration von Symbolen auf einem hocharchaischen Siegel», ZA 41 (1933) 200-208.

a7272   FORRER, E., «Note sur un cylindre babylonien et un chat hittite de Ras Shamra», Syr. 18 (1937) 154-158.

a7273   PORADA, E., «Suggestions for the Classification of Neo-Babylonian Seals», Or. 16 (1947) 145-165.

a7274   SCHNEIDER, N., «Schreibvarianten bei Personennamen der Urkundensiegel von Ur III», Or. 16 (1947) 303-306.

a7275   SCHNEIDER, N., «Sachvarianten der Urkundensiegel von Ur III», Or. 16 (1947) 307-311.

a7276   SCHNEIDER, N., «Stellvertretende Siegelung der Vertragsurkunden in der Ur III Zeit», Or. 16 (1947) 417-421.

a7277   VAN BUREN, E.D., «Seals of the Second Half of the Layard Collection», Or. 23 (1954) 97-113.

a7278   VAN BUREN, E.D., «The Drill-Worked Jamdat Nasr Seals», Or. 26 (1957) 289-305.

*a*7279   KLENGEL-BRANDT, E., «Siegelabrollungen aus dem Babylon der Spätzeit», OrAnt 8 (1969) 329-336.

*a*7280   CAGNI, L., «Sigillo antico-babilonese con iscrizione», OrAnt 9 (1970) 201-202.

Autres objets. Other Objects. Andere Sachen. Altre cose. Otras cosas.

*a*7281   LENZEN, H., «Die Zikurrat in Ur», ZA 46 (1940) 116-148.

*a*7282   BOROWSKI, E., «Eine Hörnerkrone aus Bronze», Or. 17 (1948) 294-298.

*a*7283   PARROT, A., «L'homme aux serpents», Syr. 28 (1951) 57-61.

*a*7284   PARROT, A., «Acquisitions et inédits du musée du Louvre: 5. Antiquités mésopotamiennes», Syr. 31 (1954) 1-13.

*a*7285   VAN BERCHEM, D., «Recherches sur la chronologie des enceintes de Syrie et Mésopotamie», Syr. 31 (1954) 254-270.

*a*7286   AYNARD, J.M., «Coquillages mésopotamiens», Syr. 43 (1966) 21-37.

*a*7287   PELTENBURG, E.J., «Assyrian Clay Fists», OrAnt 7 (1968) 57-62.

*a*7288   BÖRKER-KLÄHN, J., «Šulgi badet», ZA 64 (1974) 235-240.

*a*7289   MEUSZYNSKI, J., «The Throne-Room of Aššur-naṣir-apli II. Room B in the North-West Palace at Nimrud», ZA 64 (1974) 51-73.

*a*7290   VON SODEN, W., «Zur Datierung des 'Weissen Obelisken'», ZA 64 (1974) 180-191.

*a*7291   ALBENDA, P., «Landscape Bas-Reliefs in the *Bīt-Ḫilāni* of Ashurbanipal», BASOR nº 224 (1976) 49-72.

Divers. Miscellaneous. Verschiedenes. Diversi. Diversos.

*a*7292   SCHMIDT, J.H., «L'expédition de Ctésiphon en 1931-1932», Syr. 15 (1934) 1-23.

*a*7293   POHL, A., «Archäologischer Bericht über Mesopotamien», Or. 15 (1946) 357-358.

*a*7294   VAN BUREN, E.D., «Excavations in Mesopotamia (Tell Hassuna, Tell Uqair, 'Aqar Qûf)», Or. 15 (1946) 497-503.

b) Géographie. Geography. Geographie. Geografia. Geografía.

*a*7295   KRAUS, F.R., «Provinzen des neusumerischen Reiches von Ur», ZA 51 (1955) 45-76.

*a*7296   LEWY, H., «Šubat-Šamaš and Tuttul», Or. 27 (1958) 1-18 (Geography of Mesopotamia).

*a*7297   DILLEMANN, L., «Ammien Marcellin et les pays de l'Euphrate et du Tigre», Syr. 38 (1961) 87-158.

*a*7298   ASTOUR, M.C., «The Partition of the Confederacy of Mukiš - Nuḫašše - Nii by Šuppiluliuma. A Study in Political Geography of the Amarna Age», Or. 38 (1969) 381-414.

*a*7299   JACOBSEN, T., *Toward the Image of Tammuz and Other Essays on Mesopotamian History and Culture* (1970), «The Waters of Ur», 231-243 (Cf. Iraq 22, 1960, 174-185).

*a*7300   USSISHKIN, D., «Was Bit-Adini a Neo-Hittite or Aramaean State?» Or. 40 (1971) 431-437.

*a*7301   BORGER, R., «Geographisches und Topographisches», ZA 66 (1976) 276-279.

*a*7302   DOBEL, A., ASARO, F., MICHEL, H.V., «Neutron Activation Analysis and the Location of Waššukanni», Or. 46 (1977) 375-382.

*a*7303   MICHALOWSKI, P., «Ur III Topographical Names», OrAnt 16 (1977) 287-296.

*a*7304   SIGRIST, R.M., «Nippur entre Isin et Larsa de Sin-iddinam à Rim-Sin», Or. 46 (1977) 363-374.

*a*7305   PASCHOUD, F., «Le Naarmalcha: à propos du tracé d'un canal en Mésopotamie moyenne», Syr. 55 (1978) 345-359.

a7306   KESSLER, K., «Geographische Notizen», ZA 69 (1979) 217-220.

a7307   POWELL, M.A., «Karkar, Dabrum, and Tall Ǧidr: An Unresolved Geographical Problem», JNES 39 (1980) 47-52.

c) Histoire. History. Geschichte. Storia. Historia.

a7308   CAVAIGNAC, E., «Assurrabi II, Hadad'ézer et David», RHR 107 (1933) 134-136.

a7309   UNGNAD, A., «Babylonische Kriegsanleihen», Or. 6 (1937) 245-251.

a7310   JACOBSEN, T., *Toward the Image of Tammuz and Other Essays on Mesopotamian History and Culture* (1970), «The Assumed Conflict Between the Sumerians and Semites in Early Mesopotamian History», 187-192 (Cf. JAOS 59, 1939, 485-495).

a7311   SALIN, É., «Sur quelques images tutélaires de la Gaule mérovingienne. Apports orientaux et survivances sumériennes», Syr. 23 (1942-43) 201-243.

a7312   JACOBSEN, T., *Toward the Image of Tammuz and Other Essays on Mesopotamian History and Culture* (1970), «Primitive Democracy in Ancient Mesopotamia», 157-172 (Cf. JNES 2, 1943, 159-172).

a7313   SCHNEIDER, N., «War Lagaš zur Zeit der 3. Dynastie von Ur in zwei Verwaltungsbezirke aufgeteilt?» Or. 12 (1943) 281-284.

a7314   UNGNAD, A., «Woran starb König Era-imiti von Isin?» Or. 12 (1943) 194-195.

a7315   UNGNAD, A., «Zur Geschichte und Chronologie des zweiten Reiches von Isin», Or. 13 (1944) 73-101.

a7316   WETZEL, F., «Babylon zur Zeit Herodots», ZA 49 (1944) 45-68.

a7317   SCHNEIDER, N., «Der *dub-sar* als Verwaltungsbeamter im Reiche von Sumer und Akkad zur Zeit der 3. Dynastie von Ur», Or. 15 (1946) 64-88.

a7318   FALKENSTEIN, A., «Ibbisîn - Išbi'erra», ZA 49 (1950) 59-79.

a7319   SCHAUMBERGER, J., «Die Mondfinsternisse der Dritten Dynastie von Ur», ZA 49 (1950) 50-58.

a7320   KRAUS, F.R., «Zur Chronologie der Könige Ur-Nammu und Sulgi von Ur», Or. 20 (1951) 385-398.

a7321   KRAUS, F.R., «Zur Liste der älteren Könige von Babylonien», ZA 50 (1952) 29-60.

a7322   GALLING, K., «Von Naboned zu Darius. Studien zur chaldäischen und persischen Geschichte», ZDPV 69 (1953) 42-64; 70 (1954) 4-32.

a7323   JACOBSEN, T., *Toward the Image of Tammuz and Other Essays on Mesopotamian History and Culture* (1970), «The Reign of Ibbi-Suen», 173-186 (Cf. *Journal of Cuneiform Studies* 7, 1953, 36-47).

a7324   LEWY, H., «The Historical Background of the Correspondence of Baḫdi-Lim», Or. 25 (1956) 324-352.

a7325   JACOBSEN, T., *Toward the Image of Tammuz and Other Essays on Mesopotamian History and Culture* (1970), «Early Political Development in Mesopotamia», 132-156 (Cf. ZA 52, 1957, 91-140).

a7326   KRAUS, F.R., «Ungewöhnliche Datierungen aus der Zeit des Königs Rim-Sin von Larsa», ZA 53 (1959) 136-167.

a7327   MARICQ, A., «Classica et Orientalia - 6. La province d''Assyrie' créée par Trajan. À propos de la guerre parthique de Trajan. - 7. Vologésias, l'emporium de Ctésiphon», Syr. 36 (1959) 254-276.

a7328   NAGEL, W., «Eine Siegesstele des Narāmsîn von Ešnunak?» ZA 53 (1959) 133-135.

a7329   BRINKMAN, J.A., «Recenti sviluppi in tema di storia assira», BibOr 4 (1962) 7-16.

a7330   WISEMAN, D.J., «Some Aspects of Babylonian Influence at Alalaḫ», Syr. 39 (1962) 180-187.

*a*7331 GRAYSON, A.K., «Cronache dell'impero neo-babilonese (626-556 a.C)», BibOr 6 (1964) 191-205.

*a*7332 LEWY, H., «Notes on the Political Organization of Asia Minor at the Time of the Old Assyrian Texts», Or. 33 (1964) 181-198.

*a*7333 OELSNER, J., «Ein Beitrag zu keilschriftlichen Königstitulaturen in hellenistischer Zeit», ZA 56 (1964) 262-274.

*a*7334 BRINKMAN, J.A., «Ur: 721-605 B.C.», Or. 34 (1965) 241-258.

*a*7335 NISSEN, H.J., «Eine neue Version der Sumerischen Königsliste», ZA 57 (1965) 1-5.

*a*7336 BOEHMER, R.M., «Die Datierung des Puzur/Kutik-Inšušinak und einige sich daraus ergebende Konsequenzen», Or. 35 (1966) 345-376.

*a*7337 TUFNELL, O., WARD, W.A., «Relations between Byblos, Egypt and Mesopotamia at the end of the third millennium B.C.», Syr. 43 (1966) 165-241.

*a*7338 GARELLI, P., «Le problème de la 'féodalité' assyrienne du XVe au XIIe siècle avant J.-C.», Sem. 17 (1967) 5-21.

*a*7339 VON SODEN, W., «Aššuretellilāni, Sînšarriškun, Sinšum(u)lišer und die Ereignisse im Assyrerreich nach 635 v. Chr.», ZA 58 (1967) 241-255.

*a*7340 PETTINATO, G., «Il binomio tempio-stato e l'economia della seconda dinastia di Lagaš», OrAnt 7 (1968) 39-50.

*a*7341 ARTZI, P., «The First Stage in the Rise of the Middle-Assyrian Empire: EA 15», ErIs 9 (1969) 22-28 (English summary).

*a*7342 BORGER, R., «Datierung des assyrischen Könige Sinšumulišir», Or. 38 (1969) 237-239.

*a*7343 BRINKMAN, J.A., «Ur: 'The Kassite Period and the Period of the Assyrian Kings'», Or. 38 (1969) 310-348.

*a*7344 BRINKMAN, J.A., «The Names of the Last Eight Kings of the Kassite Dynasty», ZA 59 (1969) 231-246.

*a*7345 DONNER, H., «Adadnirari III, und die Vasallen des Westens», dans *Archäologie und Altes Testament* (en collab.) (1970), 49-59.

*a*7346 LIVERANI, M., «Per una considerazione storica del problema amorreo», OrAnt 9 (1970) 5-27.

*a*7347 VANSTIPHOUT, H., «Political Ideology in Early Sumer», OLoP 1 (1970) 7-38.

*a*7348 WILCKE, C., «Drei Phasen des Niedergangs des Reiches von Ur III», ZA 60 (1970) 54-69.

*a*7349 GRAYSON, A.K., «The Early Development of Assyrian Monarchy», UF 3 (1971) 311-319.

*a*7350 PETTINATO, G., «Die sumerischen Personennamen der 3. Dynastie von Ur», OrAnt 10 (1971) 1-19.

*a*7351 DIAKONOFF, I.M., «Die Arier im Vorderen Orient: Ende eines Mythos», Or. 41 (1972) 91-120.

*a*7352 HUNGER, H., «Neues von Nabŷ-zuqup-kena», ZA 62 (1972) 99-101.

*a*7353 En collaboration, *La voix de l'opposition en Mésopotamie.* Colloque organisé par l'Institut des Hautes Études de Belgique, 19 et 20 mars 1973 (Bruxelles, Institut des Hautes Études de Belgique, 1973), 214 pp.

*a*7354 BRINKMAN, J.A., «Comments on the Nasouhi Kinglist and the Assyrian Kinglist Tradition», Or. 42 (1973) 306-319.

*a*7355 HALLO, W.W., «The Date of the Fara Period: A Case Study in the Historiography of Early Mesopotamia», Or. 42 (1973) 228-238.

*a*7356 ROWTON, M.B., «Autonomy and Nomadism in Western Asia», Or. 42 (1973) 247-258.

a7357   GARELLI, P., NIKIPROWETZKY, V., *Le Proche-Orient Asiatique*. Les empires
         mésopotamiens. Israël (Nouvelle Clio, 2 bis) (Paris, Les Presses Universitaires de France,
         1974), 392 pp.

a7358   LAMBERT, M., «Les villes du Sud-mésopotamien et l'Iran au temps de Naramsin»,
         OrAnt 13 (1974) 1-24.

a7359   POWELL, M.A., Jr., «Graphic Criteria for Dating in the Old Babylonian Period», Or. 43
         (1974) 398-403.

a7360   FALES, F.M., «Popolazione servile e programmazione padronale in tarda età neo-
         assira», OrAnt 14 (1975) 325-360.

a7361   HORSNELL, M.J.A., «Mu ús-sa Dates in the Kassite Period Reconsidered», ZA 65
         (1975) 28-33.

a7362   POMPONIO, F., «La 'Dinastia' di Mananâ», OrAnt 15 (1976) 277-294.

a7363   ROWTON, M.B., «Dimorphic Structure and Topology», OrAnt 15 (1976) 17-31.

a7364   SACK, R.H., «Some Remarks on Sin-iddina and Zērija, *qīpu* and *šatammu* of Eanna in
         Erech... 562-56 B.C.», ZA 66 (1976) 289-291.

a7365   SHEA, W.H., «Adon's Letter and the Babylonian Chronicle», BASOR nº 223 (1976)
         61-64.

a7366   VITKUS, S.N., «Sargon Unseated», BA 39 (1976) 114-117.

a7367   ALTMAN, A., «The Fate of Abdi-Ashirta», UF 9 (1977) 1-11.

a7368   BRINKMAN, J.A., «Notes on Aramaeans and Chaldaeans in Southern Babylonia in the
         Early Seventh Century B.C.», Or. 46 (1977) 304-325.

a7369   MICHALOWSKI, P., «The Death of Šulgi», Or. 46 (1977) 220-235.

a7370   ADINOLFI, M., *Da Dur-Sarrukin a Eridu*. Tremila anni civiltà mesopotamica
         (Pubblicazioni di Bibbia e Oriente, Supplementum 2) (Bornato, Fausto Sardini, 1978),
         190 pp.

a7371   EPH'AL, I., «The Western Minorities in Babylonia in the 6th-5th Centuries B.C.:
         Maintenance and Cohesion», Or. 47 (1978) 74-90.

a7372   GÖRG, M., «Zur Westpolitik der babylonischen Kassiten», UF 10 (1978) 79-82.

a7373   HALLO, W.W., «Assyrian Historiography Revisited», ErIs 14 (1978) 1*-7*.

a7374   HELTZER, M., «The *rabba'um* in Mari and the *rpi(m)* in Ugarit», OLoP 9 (1978) 5-20.

a7375   MAYER, W., «Gedanken zum Einsatz von Streitwagen und Reitern in neuassyrischer
         Zeit», UF 10 (1978) 175-186.

a7376   ODED, B., «Mass Deportations in the Neo-Assyrian Empire - Facts and Figures», ErIs
         14 (1978) 62-68 (English summary).

a7377   SACK, R.H., «Nergal-šarra-uṣur, King of Babylon as seen in the Cuneiform, Greek,
         Latin and Hebrew Sources», ZA 68 (1978) 129-149.

a7378   ZADOK, R., «Phoenicians, Philistines, and Moabites in Mesopotamia», BASOR nº 230
         (1978) 57-65.

a7379   ELAYI, P., CAVIGNEAU, A., «Sargon II et les Ioniens», OrAnt 18 (1979) 59-75.

a7380   KAMMENHUBER, A., «Eine verkannte Überlieferungslücke in der sumerischen
         Königsliste», Or. 48 (1979) 1-25.

a7381   ZADOK, R., «On Some Foreign Population Groups in First-Millennium Babylonia», Tel
         Aviv 6 (1979) 164-181.

a7382   En collaboration, *Le Moyen Euphrate*. Zone de contacts et d'échanges. Actes du colloque
         de Strasbourg (10-12 mars 1977) (Éd. J.C. MARGUERON) (Leiden, Brill, 1980),
         viii-416 pp.

a7383   GRAYSON, A.K., «Assyria and Babylonia», Or. 49 (1980) 140-194.

a7384   MAYER, W., «Texte zur politischen und kulturellen Geschichte Urartus I», UF 12
         (1980) 293-304.

a7385 COGAN, M., TADMOR, H., «Ashurbamipal's Conquest of Babylon: The First Official Report-Prism K», Or. 50 (1981) 229-240.

a7386 GRAYSON, A.K., «The Chronology of the Reign of Ashurbanipal», ZA 70 (1981) 226-245.

a7387 HECKER, K., «Der Weg nach Kanis», ZA 70 (1981) 185-197.

a7388 LAMBERT, M., «Ur-Emush, 'Grand marchant' de Lagash», OrAnt 20 (1981) 175-185.

a7389 OELSNER, J., «Bestattungssitten im hellenistischen Babylon als historisches Problem», ZA 70 (1981) 246-257.

a7390 RITTER-KAPLAN, H., «Did Narmer Reach Southern Mesopotamia?» ErIs 15 (1981) 21-27.

a7391 SCHOBER, L., Untersuchungen zur Geschichte Babyloniens und der Oberen Satrapien von 323-303 v. Chr. (Europäische Hochschulschriften, III/147) (Frankfurt am Main, Bern, Peter Lang, 1981), x-215 pp.

a7392 BOESE, J., «Burnaburiaš II., Melišipak und die mittelbabylonische Chronologie», UF 14 (1982) 15-26.

a7393 SCHWARTZ, J., «Southern Judaea and Babylonia», JQR 72 (1982) 188-197.

a7394 STOLPER, M.W., «On the Dynasty of Šimaški and the Early Sukkalmaḫs», ZA 72 (1982) 42-67.

a7395 BRINKMAN, J.A., «Istanbul A. 1998, Middle Babylonian Chronology, and the Statistics of the Nippur Archives», ZA 73 (1983) 67-74.

a7396 HÁKLÁR, N., «Die Stellung Suḫis in der Geschichte. Eine Zwischenbilanz», OrAnt 22 (1983) 25-36.

a7397 POTTS, D., «Salt of the Earth: The Role of a Non-Pastoral Resource in a Pastoral Economy», OrAnt 22 (1983) 205-215.

a7398 SHERWIN-WHITE, S.M., «Babylonian Chronicle Fragments as a Source for Seleucid History», JNES 42 (1983) 265-270.

a7399 VAN SETERS, J., In Search of History (1983), «Mesopotamian Historiography», 55-99.

a7400 DANDAMAYEV, M., «Babylonia in the Persian age», dans The Cambridge History of Judaism (en collab.) (1984), I, 326-342.

d) Religion. Religione. Religión.

Études générales. General Studies. Allgemeine Studien. Studi generali. Estudios generales.

a7401 JACOBSEN, T., Toward the Image of Tammuz and Other Essays on Mesopotamian History and Culture (1970), «Sumerian Mythology: A Review Article», 104-131 [Cf. JNES 5 (1946) 128-152].

a7402 JACOBSEN, T., Toward the Image of Tammuz and Other Essays on Mesopotamian History and Culture (1970), «Formative Tendencies in Sumerian Religion», 1-15 [WRIGHT, G.E. (Ed.), The Bible and the Ancient Near East: Essays in Honor of William Foxwell Albright (New York, Doubleday & Co., 1961), 267-278].

a7403 JACOBSEN, T., Toward the Image of Tammuz and Other Essays on Mesopotamian History and Culture (1970), «Ancient Mesopotamian Religion: The Central Concerns», 39-46 (Cf. Proceedings of the American Philosophical Society 107/6, 1963, 473-484).

a7404 NOUGAYROL, J., «Recherches nouvelles sur la religion babylonienne», Sem. 13 (1963) 5-20.

a7405 FOSTER, B.R., «Wisdom and the Gods in Ancient Mesopotamia», Or. 43 (1974) 344-354.

a7406 JACOBSEN, T., The Treasures of Darkness. A History of Mesopotamian Religion (New Haven and London, Yale University Press, 1976), iv-273 pp.

a7407   LAMBERT, W.G., «Introductory Considerations», Or. 45 (1976) 11-14.

a7408   WESTENHOLZ, A., «The Earliest Akkadian Religion», Or. 45 (1976) 215-216.

a7409   CAGNI, L., «Considerazioni sulla più antica religione semitica in Mesopotamia», OrAnt
         16 (1977) 205-226.

a7410   MUFFS, Y., «A history of Mesopotamian religion», Numen 25 (1978) 80-96.

a7411   CAZELLES, H., «Les nouvelles études sur Sumer (Alster) et Mari (Marzal) nous aident-
         elles à situer les origines de la sagesse israélite?» dans La Sagesse de l'Ancien Testament
         (en collab.) (1979), 17-27.

a7412   KINNIER WILSON, J.V., The Rebel Lands. An Investigation into the Origins of Early
         Mesopotamian Mythology (University of Cambridge Oriental Publications, 29)
         (Cambridge, Cambridge University Press, 1979), viii-150 pp.

a7413   DRIJVERS, H.J.W., Cults and Beliefs at Edessa (Études préliminaires aux religions
         orientales dans l'empire Romain, 82) (Leiden, Brill, 1980), xxx-204 pp.

Dieux. Gods. Götter. Dii. Dioses.

a7414   JACOBSEN, T., Toward the Image of Tammuz and Other Essays on Mesopotamian
         History and Culture (1970), «The Investiture and Anointing of Adapa in Heaven», 48-51
         [Cf. AJSL 46 (1930) 201-203].

a7415   DOSSIN, G., «Le dieu Gibil et les incendies de végétation», RHR 109 (1934) 28-62.

a7416   JEAN, C.-F., «La grande triade divine AN, En-lil, En-ki», RHR 110 (1934) 113-139.

a7417   SCHOTT, A., «Marduk und sein Stern», ZA 43 (1936) 124-145.

a7418   RUTTEN, M., «La cour du dieu Mardouk», RHR 120 (1939) 121-132.

a7419   VIROLLEAUD, C., «Die grosse Göttin in Babylonien, Ägypten und Phönikien.
         I. Ischtar, Isis, Astarte», ErJb 1938 6 (1939) 121-141.

a7420   SCHNEIDER, N., «Ein deifizierter Patesi zur Zeit der 3. Dynastie von Ur», Or. 9 (1940)
         17-24.

a7421   VAN BUREN, E.D., «Mountain-Gods», Or. 12 (1943) 76-84.

a7422   VAN BUREN, E.D., «Concerning the Horned Cap of the Mesopotamian Gods», Or. 12
         (1943) 318-327.

a7423   VAN BUREN, E.D., «The Sacred Marriage in Early Times in Mesopotamia», Or. 13
         (1944) 1-72.

a7424   VIROLLEAUD, C., «Le dieu Shamash dans l'ancienne Mésopotamie», ErJb 1943 10
         (1944) 57-79.

a7425   SCHNEIDER, N., «Zu einigen theophorischen Götternamen der Ur III-Urkunden», Or.
         14 (1945) 1-17.

a7426   WITZEL, M., «Ninchursag und Enki (Ein Dilmun-Mythus)», Or. 15 (1946) 239-285.

a7427   SCHNEIDER, N., «Götterthrone in Ur III und ihr Kult», Or. 16 (1947) 56-65.

a7428   VAN BUREN, E.D., «The Guardians of the Gate in the Akkadian Period», Or. 16 (1947)
         312-332.

a7429   VAN BUREN, E.D., «An Additional Note concerning the Guardians of the Gate», Or.
         16 (1947) 477-480.

a7430   LEWY, H., LEWY, J., «The God Nusku», Or. 17 (1948) 146-159.

a7431   BARRELET, M.-T., «Les déesses armées et ailées», Syr. 32 (1955) 222-260.

a7432   VAN BUREN, E.D., «How Representations of Battles of the Gods Developed», Or. 24
         (1955) 24-41.

a7433   VON SODEN, W., «Gibt es ein Zeugnis dafür, dass die Babylonier an die
         Wiederauferstehung Marduks geglaubt haben?» ZA 51 (1955) 130-166.

a7434   ROSENGARTEN, Y., «La notion sumérienne de souveraineté divine: Uru-ka-gi-na et
         son dieu Nin-gir-su», RHR 156 (1959) 129-160.

*a*7435   LAMBERT, M., «Polythéisme et monolatrie des cités sumériennes», RHR 157 (1960) 1-20.

*a*7436   BORGER, R., «Die Aussprache des Gottesnamens Ninurta», Or. 30 (1961) 203.

*a*7437   JACOBSEN, T., *Toward the Image of Tammuz and Other Essays on Mesopotamian History and Culture* (1970), «Toward the Image of Tammuz», 73-103 (Cf. *History of Religions* 1, 1961, 189-213).

*a*7438   BISI, A.M., «Un bassorilievo di Aleppo e l'iconografia del dio Sin», OrAnt 2 (1963) 215-221.

*a*7439   JACOBSEN, T., *Toward the Image of Tammuz and Other Essays on Mesopotamian History and Culture* (1970), «Mesopotamian Gods and Pantheons», 16-38 (*Encyclopaedia Britannica*, 1963, art. «Babylonia and Assyria», II, 972-978).

*a*7440   KRAMER, S.N., «Enki and His Inferiority Complex», Or. 39 (1970) 103-110.

*a*7441   VON SODEN, W., «Grundsätzliches zur Interpretation des babylonischen Atramhasis-Mythus», Or. 39 (1970) 311-314.

*a*7442   DRAFFKORN KILMER, A., «How was Queen Ereshkigal Tricked? A new interpretation of the Descent of Ishtar», UF 3 (1971) 299-309 (Cf. the institution of hospitality).

*a*7443   KRAMER, S.-N., «Le Rite de Mariage Sacré Dumuzi-Inanna», RHR 181 (1972) 121-146.

*a*7444   LIPINSKI, E., «The goddess Atirat in ancient Arabia, in Babylon, and in Ugarit. Her relation to the Moon-god and the Sun-goddess», OLoP 3 (1972) 101-119.

*a*7445   EDZARD, D.O., «Puzriš-Dagān - Šilluš-Dagān», ZA 63 (1973) 288-294.

*a*7446   GÖDECKEN, K.B., «Bemerkungen zur Göttin Annunītum», UF 5 (1973) 141-163.

*a*7447   XELLA, P., «L''inganno' di Ea nel mito di Adapa», OrAnt 12 (1973) 257-266.

*a*7448   AMIET, P., «Introduction à l'étude archéologique du Panthéon systématique et des Panthéons locaux dans l'Ancien Orient», Or. 45 (1976) 15-32.

*a*7449   GREENFIELD, J.C., «The Aramean God Rammān/Rimmōn», IsrEJ 26 (1976) 195-198.

*a*7450   KOMOROCZY, G., «Das Pantheon im Kult, in den Götterlisten und in der Mythologie», Or. 45 (1976) 80-86.

*a*7451   LIPINSKI, E., «Apladad», Or. 45 (1976) 53-74.

*a*7452   OELSNER, J., «Zum Pantheon von Nippur in altbabylonischer Zeit nach den Personennamen der Rechtsurkunden», Or. 45 (1976) 110-115.

*a*7453   HEALEY, J.F., «The Underworld Character of the god Dagan», JNWSemL 5 (1977) 43-51.

*a*7454   BEHRENS, H., *Enlil und Ninlil*. Ein sumerischer Mythos aus Nippur (Studia Pohl, series major, 8) (Rome, Biblical Institute Press, 1978), vii-269 pp.

*a*7455   DOSSIN, G., «À propos du dieu Lim», Syr. 55 (1978) 327-332.

*a*7456   DOSSIN, G., «Aya, parèdre de Šamaš», ÓrAnt 18 (1979) 241-243.

*a*7457   WYATT, N., «The Relationship of the Deities Dagan and Hadad», UF 12 (1980) 375-379.

*a*7458   CARROUÉ, F., «Geštinanna à Lagaš», Or. 50 (1981) 120-136.

*a*7459   CROATTO, J.S., «Conciencia mítica y liberación. Una lectura 'sospechosa' del mito mesopotamio de Atrajasis», Salm 28 (1981) 347-358.

*a*7460   SOMMERFELD, W., *Der Aufstieg Marduks*. Die Stellung Marduks in der babylonischen Religion des zweiten Jahrtausends v. Chr. (Alter Orient und Altes Testament, 213) (Neukirchen-Vluyn, Neukirchener Verlag; Kevelaer, Butzon & Bercker, 1982), viii-245 pp.

*a*7461   STEINKELLER, P., «The Mesopotamiam God Kakka», JNES 41 (1982) 289-294.

a7462   VON SODEN, W., «Wie grosszügig kann ein babylonischer Gott schenken?» ZA 71 (1982) 107-108.
a7463   WAKEMAN, M.K., «Sacred Marriage», JSOT no 22 (1982) 21-31.
a7464   KRAMER, S.N., «The Weeping Goddess: Sumerian Prototypes of the Mater Dolorosa», BA 46 (1983) 69-80.

Temple. Tempel. Tempio. Templo.

a7465   DHORME, É., «Le plus ancien temple d'Istar à Ninive», RHR 110 (1934) 140-156.
a7466   SAN NICOLO, M., «Materialien zur Viehwirtschaft in den neubabylonischen Tempeln», Or. 17 (1948) 273-293; 18 (1949) 288-306; 20 (1951) 129-150; 23 (1954) 351-382; 25 (1956) 24-38.
a7467   HEINRICH, E., «Die Stellung der Uruktempel in der Baugeschichte», ZA 49 (1950) 21-44.
a7468   LENZEN, H.J., «Die Tempel der Schicht Archaisch IV in Uruk», ZA 49 (1950) 1-20.
a7469   SCHNEIDER, N., «Göttertempel in Ur III-Reich», Or. 19 (1950) 257-264.
a7470   VAN BUREN, E.D., «Akkadian stepped altars», Numen 1 (1954) 228-234.
a7471   MATOUŠ, L., «Der Aššur-Tempel nach altassyrischen Urkunden aus Kültepe», dans Travels in the World of the Old Testament (en collab.) (1974), 181-189.
a7472   PETTINATO, G., CAGNI, L., «Miscellanea neosumerica, I. Collazioni a G. Reisner, Tempelurkunden aus Telloh», OrAnt 13 (1974) 199-210.

Culte. Cult. Gottesdienst. Culto.

a7473   BÖHL, F., «Das Menschenopfer bei den alten Sumerern», ZA 39 (1930) 83-98.
a7474   DHORME, É., «Le sacrifice accadien, à propos d'un ouvrage récent», RHR 107 (1933) 107-125.
a7475   LEWY, J., «The Late Assyro-Babylonian Cult of the Moon and its Culmination at the Time of Nabonidus», HUCA 19 (1945-46) 405-489.
a7476   SCHNEIDER, N., «Götterthrone in Ur III und ihr Kult», Or. 16 (1947) 56-65.
a7477   PETTAZZONI, R., «Der Babylonische Ritus des Akītu und das Gedicht der Weltschöpfung», ErJb 1950 19 (1951) 403-430.
a7478   VAN BUREN, E.D., «An Enlargement on a given Theme», Or. 20 (1951) 15-69 (The presentation of a goat to a divinity).
a7479   VAN BUREN, E.D., «Homage to a Deified King», ZA 50 (1952) 92-120.
a7480   EBELING, E., «Ein Loblied auf Gula-Baba aus neuassyrischer Zeit», Or. 23 (1954) 345-350.
a7481   CASTELLINO, G., «Rituals and Prayers against 'Appearing Ghosts'», Or. 24 (1955) 240-274.
a7482   VAN BUREN, E.D., «A Ritual Sequence», Or. 25 (1956) 39-41 (Seals from Warka).
a7483   KUTSCHER, R., «An Offering to the Statue of Šulgi», Tel Aviv 1 (1974) 55-59.
a7484   KOROŠEC, V., «Die Götteranrufung in den keilschriftlichen Staatsverträgen», Or. 45 (1976) 120-129.
a7485   POWELL, M.A., «Evidence for Local Cults at Presargonic Zabala», Or. 45 (1976) 100-104.
a7486   HALLO, W.W., «New Moons and Sabbaths: A Case-study in the Contrastive Approach», HUCA 48 (1977) 1-18.
a7487   SIGRIST, M., «Les fêtes èš-èš à l'époque néo-sumérienne», RB 84 (1977) 375-392.
a7488   MANDER, P., «Aspetti del culto a Fara», OrAnt 17 (1978) 1-15.
a7489   FENNELLY, J.M., «The Persepolis Ritual», BA 43 (1980) 135-162.

*a*7490   COHEN, M.E., *Sumerian Hymnology: The Eršemma* (Hebrew Union College Annual Supplements, 2) (New York, Ktav, 1981), xii-217 pp.

*a*7491   LIPINSKI, E., «Le culte d'Ištar en Mésopotamie du Nord à l'époque parthe», OLoP 12 (1982) 117-124.

Clergé. Clergy. Klerus. Clero.

*a*7492   DHORME, É., «Quelques prêtres assyriens d'après leur correspondance», RHR 113 (1936) 125-148; 116 (1937) 5-25.

*a*7493   ROSENGARTEN, Y., «Le nom et la fonction de 'sage' dans les pratiques religieuses de Sumer et d'Akkad», RHR 162 (1962) 133-146.

*a*7494   McEWAN, G.J.P., *Priest and Temple in Hellenistic Babylonia* (Freiburger Altorientalische Studien, 4) (Wiesbaden, Franz Steiner Verlag, 1981), xii-211 pp.

Croyances. Beliefs. Glaube. Credenze. Creenzias.

*a*7495   VON SODEN. W., «Die Unterweltsvision eines assyrischen Kronprinzen», ZA 43 (1936) 1-31.

*a*7496   VAN BUREN, E.D., «Ancient Beliefs and Some Modern Interpretations», Or. 18 (1949) 494-501.

*a*7497   LAMBERT, M., «Polythéisme et monolatrie des cités sumériennes», RHR 157 (1960) 1-20.

*a*7498   PICCHIONI, S.A., «Principi di etica sociale nel poema di Atraḫasīs», OrAnt 13 (1974) 81-111.

*a*7499   CAGNI, L., «Creazione e destinazione dell'uomo secondo i Sumeri e gli Assiro-Babilonesi», dans *L'uomo nella Bibbia e nelle culture ad essa contemporanee* (en collab.) (1975), 9-25.

*a*7500   DRIJVERS, H.J.W., *Cults and Beliefs at Edessa: EPR 82* (Leiden, Brill, 1980), xxx-204 pp.

*a*7501   WEEKS, N.K., «Causality in the Assyrian Royal Inscriptions», OLoP 14 (1983) 115-127.

Divers. Miscellaneous. Verschiedenes. Diversi. Diversos.

*a*7502   BURROWS, E., «Problems of the *abzu*», Or. 1 (1932) 231-256.

*a*7503   VAN BUREN, E.D., «The ṣalmê in Mesopotamian Art and Religion», Or. 10 (1941) 65-92.

*a*7504   VAN BUREN, E.D., «The *giš-ti* and the *giš-ka-an-na*», Or. 13 (1944) 281-287.

*a*7505   VAN BUREN, E.D., «Amulets in Ancient Mesopotamia», Or. 14 (1945) 18-23.

*a*7506   SPIEGEL, J., «Die religionsgeschichtliche Stellung der Pyramidentexte», Or. 22 (1953) 129-157.

*a*7507   ROSENGARTEN, Y., «Au sujet d'un théâtre religieux sumérien», RHR 174 (1968) 117-160.

*a*7508   WAKEMAN, M.K., «Relation of Literary Genres to Religious Perspectives», dans *Society of Biblical Literature. 1973 Seminar Papers* (en collab.) (1973), 55-59 (Gilgamesh).

*a*7509   HAAS, V., «Jasons Raub des goldenen Vliesses im Lichte hethitischer Quellen», UF 7 (1975) 227-233.

*a*7510   McEWAN, G.J.P., «dMUŠ and Related Matters», Or. 52 (1983) 215-229.

e) Civilisation. Zivilisation. Civilizzazione. Civilización.

Études générales. General Studies. Allgemeine Studien. Studi generali. Estudios generales.

a7511   VAN BUREN, E.D., «A New Book on Sumerian Culture», Or. 16 (1947) 403-413.

a7512   KRAMER, S.N., «Love, Hate and Fear, Psychological Aspects of Sumerian Culture», ErIs 5 (1958) 66*-74*.

a7513   ADINOLFI, M., *Da Dur Sharrukin a Eridu.* Tremila anni di civiltà mosopotamica (Bibbia e Oriente, Supplementa, 2) (Bornato, Brescia, Fausto Sardini, 1978), 190 pp.

a7514   ARNAUD, D., «Ras Shamra (Ugarit ou Ougarit). III. La culture suméro-accadienne», SDB 9 (1979) col. 1348-1359.

Art. Kunst. Arte.

a7515   THUREAU-DANGIN, F., «Un spécimen des peintures assyriennes de Til-Barsib», Syr. 11 (1930) 113-132.

a7516   HEIDENREICH, R., «Eine sumerische Rundskulptur in Kopenhagen», ZA 40 (1931) 105-108.

a7517   OPITZ, D., «Bemerkungen zu der von R. Heidenreich in ZA N.F. VI besprochenen sumerischen Rundskulptur und einigen neuen Gudeastatuetten», ZA 40 (1931) 291-294.

a7518   GUYER, S., «Le rôle de l'art de la Syrie et de la Mésopotamie à l'époque byzantine», Syr. 14 (1933) 56-70.

a7519   RUTTEN, M., «Le paysage dans l'art de la Mésopotamie ancienne», Syr. 22 (1941) 137-154.

a7520   MOORTGAT, A., «Assyrische Glyptik des 12. Jahrhunderts», ZA 49 (1944) 23-44.

a7521   BOROWSKI, E., «Unbekannte fruhsumerische Skulpturen», Or. 16 (1947) 481-490.

a7522   HEINRICH, E., «Zu 'Unbekannten altsumerischen Skulpturen'», Or. 19 (1950) 37-39.

a7523   JACOBSEN, T., *Toward the Image of Tammuz and Other Essays on Mesopotamian History and Culture* (1970), «On the Textile Industry at Ur under Ibbi-Sîn», 216-229 [Cf. *Studia Orientalia Ioanni Pedersen dedicata* (Copenhagen, 1953) 172-187].

a7524   VAN BUREN, E.D., «An Investigation of a New Theory concerning the Bird-Man», Or. 22 (1953) 47-58.

a7525   VAN BUREN, E.D., «The Esoretic Significance of Kassite Glyptic Art», Or. 23 (1954) 1-39.

a7526   ERLENMEYER, M.-L., ERLENMEYER, H., «Über einige verwandte sumerische, syrisch-anatolische und ägäische Darstellungen», Or. 24 (1955) 20-23.

a7527   MOORTGAT-CORRENS, A., «Neue Anhaltspunkte zur zeitlichen Ordnung syrischer Glyptik», ZA 51 (1955) 88-101.

a7528   VAN BUREN, E.D., «How Representations of Battles of the Gods Developed», Or. 24 (1955) 24-41.

a7529   VAN BUREN, E.D., «Representations of Fertility Divinities in Glyptic Art», Or. 24 (1955) 345-376.

a7530   CONTENAU, G., «L'Incrustation sur métal et l'orfèvrerie cloisonnée en Mésopotamie», Syr. 33 (1956) 58-62.

a7531   BERAN, T., «Assyrische Glyptik des 14. Jahrhunderts», ZA 52 (1957) 141-215.

a7532   PARROT, A., «Acquisitions et Inédits du Musée du Louvre», Syr. 34 (1957) 223-231.

a7533   ERLENMEYER, M.-L., ERLENMEYER, H., «Über die Bildkunst im Alten Orient und in der Ägäis zu Beginn des 3. Jahrtausends», Or. 27 (1958) 351-372; 28 (1959) 163-169.

*a*7534   BARRELET, M.-T., «Notes sur quelques sculptures mésopotamiennes de l'époque d'Akkad», Syr. 36 (1959) 20-37.

*a*7535   GARBINI, G., «Some Observations on a Boston Assyrian Statuette», Or. 28 (1959) 208-212.

*a*7536   NAGEL, W., «Datierte Clyptik in frühdynastischer Zeit», Or. 28 (1959) 141-162.

*a*7537   SCHLUMBERGER, D., «Descendants non-méditerranéens de l'art grec. 1. Introduction. Confins indo-iraniens et steppe syro-mésopotamienne», Syr. 37 (1960) 131-166.

*a*7538   POTRATZ, J., «Die Darstellung des Menschen auf den assyrischen Reliefs», Or. 30 (1961) 12-21.

*a*7539   POTRATZ, J., «Das 'wechselseitige' Menschenbild in der sumerisch-akkadischen Kunst», Or. 30 (1961) 258-268.

*a*7540   MOSCATI, S., «La 'sfinge' mesopotamica», Or. 31 (1962) 436-438.

*a*7541   POTRATZ, J., «Die menschliche Profilzeichnung in der sumerisch-akkadischen Kunst», Or. 31 (1962) 45-58.

*a*7542   POTRATZ, J., «Das bivisuelle Menschenbild in der sumerisch-akkadischen Flachkunst», Or. 31 (1962) 381-396.

*a*7543   AMIET, P., «La glyptique syrienne archaïque. Notes sur la diffusion de la civilisation mésopotamienne en Syrie du Nord», Syr. 40 (1963) 57-83.

*a*7544   HROUDA, B., «Die Grundlagen der bildenden Kunst in Assyrien», ZA 57 (1965) 274-297.

*a*7545   NORTH, R., «High-Points of Mesopotamian Art», Or. 37 (1968) 220-231.

*a*7546   BOEHMER, R.M., «Zur Glyptik zwischen Mesilim- und Akkad-Zeit (Early Dynastic III)», ZA 59 (1969) 261-292.

*a*7547   BARRELET, M.-T., «Étude de glyptique akkadienne: L'imagination figurative et le cycle d'Ea», Or. 39 (1970) 213-251.

*a*7548   KÜMMEL, H.M., «Zur Stimmung der babylonischen Harfe», Or. 39 (1970) 252-263.

*a*7549   RASHID, S.A., «Zur Datierung der mesopotamischen Trommeln und Becken», ZA 61 (1971) 89-105.

*a*7550   POMPONIO, F., «'Löwenstab' e 'Doppellöwenkeule'. Studio su due simboli dell'iconografia mesopotamica», OrAnt 12 (1973) 183-208.

*a*7551   EL-SAFADI, H., «Die Entstehung der syrischen Glyptik und ihre Entwicklung in der Zeit von Zimrilim bis Ammitaqumma», UF 6 (1974) 313-352; 7 (1975) 433-468.

*a*7552   LITTAUER, M.A., «New Light on the Assyrian Chariot», Or. 45 (1976) 217-226.

*a*7553   ALBENDA, P., «Landscape Bas-Reliefs in the *Bīt Ḥilāni* of Ashurbanipal», BASOR n⁰ 225 (1977) 29-48.

*a*7554   CROCKER, R.L., «Remarks on the Tuning Text UET VII 74 (U. 7/80)», Or. 47 (1978) 99-104.

*a*7555   DOLCE, R., «Il significato degli intardi per il problema della cronologia del palazzo 'A' di Kish», Or. 47 (1978) 37-49.

*a*7556   KÜHNE, H., «Die Weihplatte des Mērānum», ZA 69 (1979) 121-141.

*a*7557   VAN DE MIEROOP, M., «Mountain and Tree as Signs of the Netherworld in Akkadian Art», OLoP 10 (1979) 69-74.

*a*7558   STEINKELLER, P., «Mattresses and Felt in Early Mesopotamia», OrAnt 19 (1980) 79-100.

*a*7559   VITALE, R., «La musique suméro-accadienne. Gamme et notation musicale», UF 14 (1982) 241-263.

Astres. Stars. Sterne. Stelle. Astros.

a7560   VIEYRA, M.M., «Un Recueil de présages accado-hittites tirés des éclipses solaires», RHR 116 (1937) 136-142.

a7561   CORNELIUS, F., «Die Venusdaten des Ammisaduqa», ZA 49 (1944) 146-151.

a7562   DAVID, M., «La théorie astrobiologique et la notion babylonienne de Destin», RHR 131 (1946) 73-80.

a7563   VAN DER WAERDEN, B.L., «Dauer der Nacht und Zeit des Monduntergangs in den Tafeln des *Nabû-zuqup-GI.NA*», ZA 49 (1950) 291-312.

a7564   SCHAUMBERGER, J., «Die *Ziqpu*-Gestirne nach neuen Keilschrifttexten», ZA 50 (1952) 214-229.

a7565   SCHAUMBERGER, J., «Anaphora und Aufgangskalender in neuen Ziqpu-Texten», ZA 51 (1955) 237-251.

a7566   HUBER, P., «Zur täglichen Bewegung des Jupiter nach babylonischen Texten», ZA 52 (1957) 265-303.

a7567   LARGEMENT, R., «Contribution à l'Étude des Astres errants dans l'Astrologie chaldéenne», ZA 52 (1957) 235-264.

a7568   HUNGER, H., «Astrologische Wettervorhersagen», ZA 66 (1976) 234-260.

a7569   ROCHBERG-HALTON, F., «Stellar Distances in Early Babylonian Astronomy: A New Perspective on the Hilprecht Text (HS 229)», JNES 42 (1983) 209-217.

Droit. Law. Recht. Diritto. Derecho.

a7570   LANDSBERGER, B., «Bemerkungen zu San Nicolo und Ungnad, *Neubabylonische Rechts- und Verwaltungsurkunden*, Bd. I,1,2», ZA 39 (1930) 277-294.

a7571   KOSCHAKER, P., «Fratriarchat Hausgemeinschaft und Mutterrecht in Keilschriftrechten», ZA 41 (1933) 1-89.

a7572   KOSCHAKER, P., «Göttliches und weltliches Recht nach den Urkunden aus Susa. Zugleich ein Beitrag zu ihrer Chronologie», Or. 4 (1935) 38-80.

a7573   OPPENHEIM, L., «Studien zu altbabylonischen Stadtrechten», Or. 4 (1935) 145-174.

a7574   KOSCHAKER, P., «Randnotizen zu neueren keilschriftlichen Rechtsurkunden», ZA 43 (1936) 196-232.

a7575   KOROŠEC, V., «Die Ususehe nach assyrischem Recht», Or. 6 (1937) 1-11.

a7576   LEWY, H., «The Nuzian Feudal System», Or. 11 (1942) 1-40, 209-250, 297-349.

a7577   KOSCHAKER, P., «Drei Rechtsurkunden aus Arrapha», ZA 49 (1944) 161-221.

a7578   SCHNEIDER, N., «Stellvertretende Siegelung der Vertragsurkunden in der Ur III Zeit», Or. 16 (1947) 417-421.

a7579   SAN NICOLO, M., «Rechtsgeschichtliches zum Gesetz des Bilalama von Ešnunna», Or. 18 (1949) 258-262.

a7580   SAN NICOLO, M., «Rechtsgeschichtliches zum Gesetzbuch Lipit-Ištars von Isin», Or. 19 (1950) 111-118.

a7581   BOYER, C., «De la science juridique et de sa méthode dans l'ancienne Mésopotamie», Sem. 4 (1951-52) 5-11.

a7582   KRAMER, S.N., FALKENSTEIN, A., «Ur-Nammu Law Code», Or. 23 (1954) 40-51.

a7583   SAN NICOLO, M., «Grundsätzliches zu frühen neubabylonischen Rechtsurkunden», Or. 23 (1954) 148-151.

a7584   LEWY, H., «Chronological Notes relating to a New Volume of Old Babylonian Contracts», Or. 24 (1955) 275-287.

*a*7585 ÇIĞ, M., KIZILYAY, H., FALKENSTEIN, A., «Neue Rechts- und Gerichtsurkunden der Ur III-Zeit aus Lagaš aus den Sammlungen der Istanbuler Archäologischen Museen», ZA 53 (1959) 51-92.

*a*7586 KIENAST, B., «Eine neusumerische Gerichtsurkunde», ZA 53 (1959) 93-96.

*a*7587 PETSCHOW, H., «Zum neubabylonischen Bürgschaftsrecht», ZA 53 (1959) 241-247.

*a*7588 KLENGEL, H., «Zu den *šibūtum* in altbabylonischer Zeit», Or. 29 (1960) 357-375.

*a*7589 HARRIS, R., «The *nadītu* Laws of the Code of Hammurapi in Praxis», Or. 30 (1961) 163-169.

*a*7590 PETSCHOW, H., «Zur Unwirksamkeit verbotener Rechtsgeschäfte im altbabylonischen Recht», ZA 54 (1961) 197-200.

*a*7591 VAN DIJK, J., «Neusumerische Gerichtsurkunden in Bagdad», ZA 55 (1962) 70-90.

*a*7592 DELLER, K., «Getreidekursangaben in neuassyrischen Rechtsurkunden», Or. 33 (1964) 257-261.

*a*7593 SOLLBERGER, E., «A New Fragment of the Code of Hammurapi», ZA 56 (1964) 130-132.

*a*7594 VON SODEN, W., *muškēnum* und die Mawālī des frühen Islam», ZA 56 (1964) 133-141.

*a*7595 DELLER, K., «Marginalien zu den Rechtsurkunden aus Balawat», Or. 34 (1965) 169.

*a*7596 PETSCHOW, H., «Zur Systematik und Gesetzestechnik im Codex Hammurabi», ZA 57 (1965) 146-172.

*a*7597 SZLECHTER, É., «Effets de l'absence (volontaire) en droit assyro-babylonien», Or. 34 (1965) 289-311.

*a*7598 PETSCHOW, H., «Zu 3 des Fragments der Rechtssammlung YBT I 28», ZA 58 (1967) 1-4.

*a*7599 LIMET, H., «La clause du double en droit néo-sumérien», Or. 38 (1969) 520-532.

*a*7600 SAUREN, H., «Zum Bürgschaftsrecht in neusumerischer Zeit», ZA 60 (1970) 70-87.

*a*7601 KRECHER, J., «Neue sumerische Rechtsurkunden des 3. Jahrtausends», ZA 63 (1973) 145-271.

*a*7602 KLIMA, J., «Die juristischen Gegebenheiten in den Prologen und Epilogen der mesopotamischen Gesetzeswerke», dans *Travels in the World of the Old Testament* (en collab.) (1974), 146-169.

*a*7603 GREENGUS, S., «Sisterhood Adoption at Nuzi and the 'Wife-Sister' in Genesis», HUCA 46 (1975) 5-31.

*a*7604 VAN LAERE, R., «Le droit hydraulique selon la législation néo-babylonienne», OLoP 8 (1977) 63-74.

*a*7605 NASTER, P., «Les articles du code de Hammurapi sur le dépiquage (268-270) et parallèles iconographiques égyptiens», OLoP 9 (1978) 21-26.

*a*7606 KRECHER, J., «Zu einigen Ausdrücken der neusumerischen Urkundensprache», ZA 69 (1979) 1-5.

*a*7607 LEMCHE, N.P., «Andurārum and Mīšarum: Comments on the Problem of Social Edicts and Their Application in the Ancient Near East», JNEW 38 (1979) 11-22.

*a*7608 SZLECHTER, E., «La complexité en droit suméro-babylonien», dans En collaboration, *Mélanges offerts à Jean Dauvillier* (Toulouse, Centre d'histoire juridique méridional, 1979), 773-785.

*a*7609 OWEN, D.I., «Widows' rights in Ur III Sumer», ZA 70 (1981) 170-184.

*a*7610 PRANG, E., «Sonderbestimmungen in altbabylonischen Erbteilungsurkunden aus Nippur», ZA 70 (1981) 36-51.

*a*7611 KIENAST, B., «Verzichtklausel und Eviktionsgarantie in den ältesten sumerischen Kaufurkunden», ZA 72 (1982) 28-41.

a7612   RIES, G., «Zu Haftung und Rückgriff des Bürgen in altbabylonischer Zeit», ZA 71 (1982) 73-86.

a7613   VON SODEN, W., «Gab es in Babylonien die Inanspruchnahme des ius primae noctis?» ZA 71 (1982) 103-106.

a7614   VON WEIHER, E., «Bemerkungen zu 2 KH und zur Anwendung des Flussordals», ZA 71 (1982) 95-102.

a7615   HALL, M., «A Middle Assyrian Legal Summons», ZA 73 (1983) 75-81.

a7616   KRAMER, S.N., «The Ur-Nammu Law Code: Who Was Its Author?» Or. 52 (1983) 453-456.

a7617   RÖMER, W.H.P., «Einige Bemerkungen zum altmesopotamischen Recht, sonderlich nach Quellen in sumerischer Sprache», ZAW 95 (1983) 319-336.

a7618   KRAUS, F.R., *Königliche Verfügungen in altbabylonischer Zeit* (Studia et documenta ad jura Orientis antiqui pertinentia, 11) (Leiden, Brill, 1984), xx-396 pp.

Mathématiques. Mathematics. Mathematik. Matematica. Matemáticas.

a7619   CARATINI, R., «Quelques aspects de la mathématique Babylonienne», Sem. 2 (1949) 3-15.

a7620   LEWY, H., «Studies in Assyro-Babylonian Mathematics and Metrology», Or. 18 (1949) 40-67, 137-170.

a7621   NEUGEBAUER, O., «Comments on Publications by Mrs. Hildegard Lewy on Mathematical Cuneiform Texts», Or. 18 (1949) 423-426.

a7622   LEWY, H., «Studies in Assyro-Babylonian Mathematics and Metrology (B. On Some Metrological Peculiarities of the Old Akkadian Texts from Nuzi)», Or. 20 (1951) 1-12.

a7623   DRENCKHAHN, F., «Ein geometrischer Beitrag zu dem mathematischen Problem-Text von Tell Harmal IM 55 357 des Iraq Museums in Baghdad», ZA 50 (1952) 151-162.

a7624   POWELL, M.A., «Sumerian Area Measures and the Alleged Decimal Substratum», ZA 62 (1972) 165-221.

a7625   ZACCAGNINI, C., «Notes on the Nuzi Surface Measures», UF 11 (1979) 849-856.

Médecine. Medicine. Medizin. Medicina.

a7626   EBELING, E., «Mittelassyrische Rezepte zur Herstellung von wohlriechenden Salben», Or. 17 (1948) 129-145, 299-313; 18 (1949) 404-418; 19 (1950) 265-278.

a7627   EBELING, E., «Ein Rezept zum Würzen von Fleisch», Or. 18 (1949) 171-172.

a7628   NOUGAYROL, J., «Présages médicaux de l'haruspicine babylonienne», Sem. 6 (1956) 5-14.

a7629   OPPENHEIM, A.L., «On the Observation of the Pulse in Mesopotamian Medicine», Or. 31 (1962) 27-33.

a7630   REINER, E., «Babylonian Birth Prognoses», ZA 72 (1982) 124-138.

Divers. Miscellaneous. Verschidenes. Diversi. Diversos.

a7631   KRAUS, F.R., «Weitere Texte zur babylonischen Physiognomatik», Or. 16 (1947) 172-206.

a7632   SAN NICOLO, M., «Haben die Babylonier Wachstafeln als Schriftträger gekannt?» Or. 17 (1948) 59-70.

a7633   NOUGAYROL, J., «Aleuromancie babylonienne», Or. 32 (1963) 381-386.

a7634   OPPENHEIM, A.L., «Mesopotamian Conchology», Or. 32 (1963) 407-412.

*a*7635 KILMER, A.D., «The Mesopotamian Concept of Overpopulation and Its Solution as Reflected in the Mythology», Or. 41 (1972) 160-177.

*a*7636 REVIV, H., «Some Comments on the Maryannu», IsrEJ 22 (1972) 218-228.

*a*7637 MAYER, W., «Zur Ziegelherstellung in Nuzi und Arraphe», UF 9 (1977) 191-204.

*a*7638 VAN LAERE, R., «Techniques hydrauliques en Mésopotamie ancienne», OLoP 11 (1980) 11-53.

*a*7639 SIGRIST, R.M., «Effectifs d'un poste de navigation à Umma», Salm 28 (1981) 387-397.

f) Israël. Israel. Israele.

*a*7640 LEWY, J., «Les textes paléo-assyriens et l'Ancien Testament», RHR 110 (1934) 29-65.

*a*7641 CELADA, B., «Babilonia-Asiria y la Biblia», CuBi 14 (1957) 237-246.

*a*7642 LEVY, J., «The Biblical Institution of D^erôr in the Light of Akkadian Documents», ErIs 5 (1958) 21*-31*.

*a*7643 DHORME, É., «La Bible et l'assyriologie», ETR 34 (1959) 59-77.

*a*7644 TADMOR, H., «Fragments of a Stele of Sargon II from the Excavations of Ashhod», ErIs 8 (1967) 241-245 (English summary).

*a*7645 KOENIG, J., «Tradition iahviste et influence babylonienne à l'aurore du judaïsme», RHR 173 (1968) 1-42, 133-172.

*a*7646 BUCCELLATI, G., «Le beatitudini sullo sfondo della tradizione sapienziale Mesopotamica», BibOr 14 (1972) 241-264.

*a*7647 MACHINIST, P., «Literature as Politics: The Tukulti-Ninurta Epic and the Bible», CBQ 38 (1976) 455-482.

*a*7648 ALBERTZ, R., «Die Kulturarbeit im Atramḫasis im Vergleich zur biblischen Urgeschichte», dans *Werden und Wirken des Alten Testaments* (en collab.) (1980), 38-57.

*a*7649 GELLER, M.J., «The Šurpu incantations and Lev. v. 1-5», JSS 25 (1980) 181-192.

*a*7650 BERGERHOF, K., *Mesopotamien und das Volk Gottes* (Neukirchen-Vluyn, Neukirchener Verlag, 1983), 130 pp.

15. Nabatéens. Nabataeans. Nabatäer. Nabatei. Nabateos.

a) Archéologie. Archeology. Archäologie. Archeologia. Arqueología.

*a*7651 CROWFOOT, G.M., «The Nabataean Ware of S'Baita», PEQ 68 (1936) 14-27.

*a*7652 NEGEV, A., «The Staircase-Tower in Nabatean Architecture», ErIs 11 (1973) 197-207 (English summary).

*a*7653 NEGEV, A., «A Nabataean Statuette from Jordan», PEQ 106 (1974) 77-78.

*a*7654 SCHWANK, B., «Neue Funde in Nabatäerstädten und ihre Bedeutung für die neutestamentliche Exegese», NTS 29 (1983) 429-435.

b) Géographie. Geography. Geographie. Geografia. Geografía.

*a*7655 BEYER, G., «Die Meilenzählung an der Römerstrasse von Petra nach Bostra und ihre territorialgeschichtliche Bedeutung», ZDPV 58 (1935) 129-159.

*a*7656 FRANK, F., «Aus der 'Araba: Reiseberichte», ZDPV 57 (1934) 191-280; 58 (1935) 1-78.

*a*7657 ALT, A., «Der südliche Endabschnitt der römischen Strasse von Bostra nach Aila», ZDPV 59 (1936) 92-111.

*a*7658 ALT, A., «Aila und Adroa im spätrömischen Grenzschutz-system», ZDPV 59 (1936) 181-193.

a7659   ALT, A., «Das Territorium von Bostra», ZDPV 68 (1946-51) 235-245.

c) *Histoire. History. Geschichte. Storia. Historia.*

a7660   NEGEV, A., «The Chronology of the Middle Nabatean Period», PEQ 101 (1969) 5-14.
a7661   En collaboration, *Petra und das Königreich der Nabatäer.* Lebensraum, Geschichte und Kultur eines arabischen Volkes der Antike. 2., verbesserte Auflage (München, Delp'sche Verlagsbuchhandlung, 1974), 224 pp.
a7662   PAX, E., «Spuren des Nabatäer im Neuen Testament», BiLeb 15 (1974) 193-205.
a7663   NEGEV, A., «The Early Beginnings of the Nabataean Realm», PEQ 108 (1976) 125-133.
a7664   DAOUST, J., «Les Nabatéens au Négev», EV (doctrine) 92 (1982) 89-92.
a7665   NEGEV, A., «Numismatics and Nabataean Chronology», PEQ 114 (1982) 119-128.

d) *Religion. Religione. Religión.*

a7666   GLUECK, N., «Nabatean Symbols of Immortality», ErIs 8 (1967) 37*-41*.
a7667   HACHLILI, R., «The Architecture of Nabataean Temples», ErIs 12 (1975) 95-106 (English summary).
a7668   ROSENTHAL, R., «On 'Nabataean Dolphins'», ErIs 12 (1975) 107-108 (English summary).

16. Palmyre. Palmyra.

a) *Introduction. Einführung. Introduzione. Introducción.*

a7669   SCHLUMBERGER, D., «Réflexions sur la Loi fiscale de Palmyre», Syr. 18 (1937) 271-297.
a7670   En collaboration, *Palmyre.* Bilan et perspectives. Colloque de Strasbourg (18-20 octobre 1973) (Leiden, Brill, 1976), 239 pp.

b) *Archéologie. Archeology. Archäologie. Archeologia. Arqueología.*

a7671   INGHOLT, H., «Quatre bustes palmyréniens», Syr. 11 (1930) 242-244.
a7672   AMY, R., «Premières restaurations à l'Arc monumental de Palmyre», Syr. 14 (1933) 396-411.
a7673   SEYRIG, H., «Bas-reliefs monumentaux du temple de Bêl à Palmyre», Syr. 15 (1934) 155-186.
a7674   AMY, R., SEYRIG, H., «Recherches dans la nécropole de Palmyre», Syr. 17 (1936) 229-266.
a7675   ÉCOCHARD, M., «Consolidation et restauration du portail du temple de Bêl à Palmyre», Syr. 18 (1937) 298-307.
a7676   SEYRIG, H., «Antiquités Syriennes. - 19. Note sur Hérodien, prince de Palmyre. - 20. Armes et costumes iraniens de Palmyre. - 21. Sur quelques sculptures palmyréniennes», Syr. 18 (1937) 1-53.
a7677   SEYRIG, H., «Antiquités syriennes. - 32. Ornamenta Palmyrena antiquiora. - 33. Remarques sur la civilisation de Palmyre (à propos des fragments récemment découverts)», Syr. 21 (1940) 277-337.

*a*7678 SEYRIG, H., «Antiquités syriennes. - 40. Sur une idole hiérapolitaine. - 41. Nouveaux monuments palmyréniens de Baalshamîn (appendice par Jean Starcky)», Syr. 26 (1949) 17-41.

*a*7679 WILL, E., «La tour funéraire de Palmyre», Syr. 26 (1949) 87-116.

*a*7680 SEYRIG, H., «Antiquités Syriennes. - 44. Un ex-voto damascain. - 45. Inscriptions diverses. - 46. Reconstitution d'un tombeau palmyrénien dans le musée de Damas», Syr. 27 (1950) 229-252.

*a*7681 WILL, E., «Le relief de la tour de Khitôt et le banquet funéraire à Palmyre», Syr. 28 (1951) 70-100.

*a*7682 STUCKY, R.A., «Figures apolliniennes grecques sur des tessères palmyréniennes», Syr. 48 (1971) 135-141.

*a*7683 STUCKY, R., «Prêtres syriens. 1. Palmyre», Syr. 50 (1973) 163-180.

c) Géographie. Geography. Geographie. Geografia. Geografía.

*a*7684 MOUTERDE, R., POIDEBARD, A., «La Voie antique des caravanes entre Palmyre et Hît, au IIe siècle après Jésus-Christ, d'après une inscription retrouvée au Sud-Est de Palmyre (1930)», Syr. 12 (1931) 101-115.

*a*7685 SCHLUMBERGER, D., «Bornes frontières de la Palmyrène», Syr. 20 (1939) 43-73.

*a*7686 SEYRIG, H., «Le Statut de Palmyre», Syr. 22 (1941) 155-175.

d) Histoire. History. Geschichte. Storia. Historia.

*a*7687 SEYRIG, H., «L'incorporation de Palmyre à l'empire romain», Syr. 13 (1932) 266-274.

*a*7688 SEYRIG, H., «Textes relatifs à la garnison romaine de Palmyre», Syr. 14 (1933) 152-168.

*a*7689 SEYRIG, H., «Antiquités Syriennes. - 19. Note sur Hérodien, prince de Palmyre. - 20. Armes et costumes iraniens de Palmyre. - 21. Sur quelques sculptures palmyréniennes», Syr. 18 (1937) 1-53.

*a*7690 WILL, E., «Marchands et chefs de caravanes à Palmyre», Syr. 34 (1957) 262-277.

*a*7691 SCHLUMBERGER, D., «Palmyrène, Mésopotamie, Susiane: le domaine parthe ou d'influence parthe», Syr. 37 (1960) 253-318.

*a*7692 SCHLUMBERGER, D., «Les quatre tribus de Palmyre», Syr. 48 (1971) 121-133.

*a*7693 SCHLUMBERGER, D., «Vorôd l'agoranome», Syr. 49 (1972) 339-341.

*a*7694 GAWLIKOWSKI, M., «Les défenses de Palmyre», Syr. 51 (1974) 231-242.

e) Religion. Religione. Religión.

*a*7695 SEYRIG, H., «Antiquités syriennes. - 6. Hiérarchie des divinités de Palmyre», Syr. 13 (1932) 190-195.

*a*7696 SEYRIG, H., «Antiquités syriennes. - 13. Le culte de Bêl et de Baalshamîn. - 14. Nouveaux monuments palmyréniens des cultes de Bêl et de Baalshamîn», Syr. 14 (1933) 238-252, 253-282.

*a*7697 SEYRIG, H., «La religion palmyrénienne d'après un livre récent», Syr. 16 (1935) 393-402.

*a*7698 SEYRIG, H., «Iconographie de Malakbêl», Syr. 18 (1937) 198-209.

*a*7699 SEYRIG, H., «Héraclès-Nergal», Syr. 24 (1944-45) 62-80.

*a*7700 SEYRIG, H., «Bas-relief palmyrénien dédié au soleil», Syr. 36 (1959) 58-60.

*a*7701 DU MESNIL DU BUISSON, R., «Le vrai nom de Bôl, prédécesseur de Bêl à Palmyre», RHR 158 (1960) 145-160.

*a*7702   SEYRIG, H., «La parèdre de Bêl à Palmyre», Syr. 37 (1960) 68-74.

*a*7703   SEYRIG, H., «Les dieux de Hiérapolis», Syr. 37 (1960) 233-251.

*a*7704   CAQUOT, A., «Sur l'onomastique religieuse de Palmyre», Syr. 39 (1962) 231-256.

*a*7705   SEYRIG, H., «Les dieux armés et les Arabes en Syrie», Syr. 47 (1970) 77-112.

*a*7706   SEYRIG, H., «Bêl de Palmyre», Syr. 48 (1971) 84-114.

*a*7707   GAWLIKOWSKI, M., «Liturges et custodes sur quelques inscriptions palmyréniennes», Sem. 23 (1973) 113-124.

*a*7708   BOUNNI, A., «Nabû Palmyrénien», Or. 45 (1976) 46-52.

*a*7709   DRIJVERS, H.J.W., *The Religion of Palmyra* (Iconography of Religions, 15) (Leiden, Brill, 1976), xii-37 pp.

*a*7710   DU MESNIL DU BUISSON, R., «Shadrafâ et Deanat, Couple Divin à Palmyre», ErIs 14 (1978) 100*-102*.

*a*7711   TEIXIDOR, J., *The Pantheon of Palmyra* (Études préliminaires aux religions orientales dans l'empire romain, 79) (Leiden, Brill, 1979), xix-137 pp.

*a*7712   TEIXIDOR, J., «Cultes tribaux et religion civique à Palmyre», RHR 197 (1980) 277-287.

*a*7713   TEIXIDOR, J., «Cultes d'Asie Mineure et de Thrace à Palmyre», Sem. 32 (1982) 97-100.

f) Art. Kunst. Arte.

*a*7714   SEYRIG, H., «Trois bas-reliefs religieux de type palmyrénien», Syr. 13 (1932) 258-266.

*a*7715   SEYRIG, H., «La grande statue parthe de Shamé et la sculpture palmyrénienne», Syr. 20 (1939) 177-183.

*a*7716   SEYRIG, H., «Sculptures palmyréniennes archaïques», Syr. 22 (1941) 31-44.

*a*7717   DUPONT-SOMMER, A., «Un buste palmyrénien inédit», Syr. 23 (1942-43) 78-85.

*a*7718   STARCKY, J., «Bas-relief palmyrénien inédit, dédié aux génies Šalmân et 'RGY'», Sem. 3 (1950) 45-52.

*a*7719   DUNANT, C., «Nouvelles tessères de Palmyre», Syr. 36 (1959) 102-110.

*a*7720   TEIXIDOR, J., «Un buste palmyrénien», Sem. 25 (1975) 103-104.

17. Perse. Persia. Persis. Persia. - Iran. Irán.

a) Archéologie. Archeology. Archäologie. Archeologia. Arqueología.

*a*7721   GHIRSHMAN, R., «Rapport préliminaire sur les fouilles de Tépé Sialk, près de Kashan (Iran)», Syr. 16 (1935) 229-246.

*a*7722   OTTO, H., «Ein achämenidischer Goldwidder», ZA 49 (1944) 9-22.

*a*7723   GHIRSHMAN, R.,«Masjud-i-Solaiman. Résidence des premiers Achéménides», Syr. 27 (1950) 205-220.

*a*7724   PARROT, A., «Acquisitions et Inédits du Musée du Louvre. - 3. Bronzes iraniens. - 4. Bracelet aux lions», Syr. 30 (1953) 1-11.

*a*7725   PARROT, A., «Bronze royal sassanide», Syr. 32 (1955) 308-309.

*a*7726   AINLEY, I., «A Short Note on Pottery from Iran», PEQ 92 (1960) 120-123.

*a*7727   DE MENASCE, J., «Un cachet parthe», Syr. 29 (1962) 225-230.

*a*7728   TERRACE, E.L.B., «Some recent Finds from Northwest Persia», Syr. 39 (1962) 212-224.

*a*7729   PARROT, A., «Acquisitions et inédits du Musée du Louvre», Syr. 40 (1963) 229-251.

*a*7730   BARNETT, R.-D., «Homme masqué ou dieu-ibex?» Syr. 43 (1966) 259-276.

*a*7731   AMIET, P., «Antiquités iraniennes récemment acquises par le Musée du Louvre», Syr. 45 (1968) 249-262.

*a*7732   SCHLUMBERGER, D., «La coiffure du grand roi», Syr. 48 (1971) 375-383.

*a*7733   AMIET, P., «Un carquois du Luristan», Syr. 51 (1974) 243-251.

*a*7734   GHIRSHMAN, R., «Les scènes d'investiture royale dans l'art rupestre des Sassanides et leur origine», Syr. 52 (1975) 119-129.

*a*7735   VANDEN BERGHE, L., *Bibliographie analytique de l'archéologie de l'Iran ancien* (Leiden, Brill, 1979), xxvii-329 pp.

b) *Géographie. Geography. Geographie. Geografia. Geografía.*

*a*7736   WRIGHT, G.R.H., «Iran and the Glacis», ZDPV 85 (1969) 24-34.

*a*7737   BARTINA, S., «Aspectos bíblicos del Irán», CuBi 33 (1976) 131-135.

*a*7738   STEINKELLER, P., «The Question of Maṛḫaši: A Contribution to the Historical Geography of Iran in the Third Millennium B.C.», ZA 72 (1982) 237-265.

c) *Histoire. History. Geschichte. Storia. Historia.*

*a*7739   GALLING, K., «Von Naboned zu Darius. Studien zur chaldäischen und persischen Geschichte», ZDPV 69 (1953) 42-64; 70 (1954) 4-32.

*a*7740   CELADA, B., «El Irán y la Biblia», CuBi 14 (1957) 247-250.

*a*7741   CARMONA, J.P., «Persia a través de las fuentes bíblicas», CuBi 17 (1960) 78-95.

*a*7742   GUEY, J., PEKARY, T., «Autour des *Res Gestae divi Saporis*. - 1. Deniers (d'or) et deniers d'or (de compte) anciens (J. Guey). - 2. Le 'tribut' aux Perses et les finances de Philippe l'arabe (Th. Pekary)», Syr. 38 (1961) 261-283.

*a*7743   GAGÉ, J., «Comment Sapor a-t-il 'triomphé' de Valérien?» Syr. 42 (1965) 343-388.

*a*7744   WOLSKI, J., «Les Achéménides et les Arsacides. Contribution à l'histoire de la formation des traditions iraniennes», Syr. 43 (1966) 65-89.

*a*7745   WRIGHT, G.R.H., «Iran and the Glacis», ZDPV 85 (1969) 24-34.

*a*7746   CHAUMONT, M.-L., «Études d'histoire parthe. I. Documents royaux à Nisa; II. Capitales et résidences des premiers Arsacides (IIIe-Ier s. av. J.-C.); III. Les villes fondées par les Vologèse; IV. À propos d'une inscription du 'grand roi' Gotarze», Syr. 48 (1971) 143-164; 50 (1973) 197-222; 51 (1974) 75-89; 56 (1979) 153-170.

*a*7747   HINZ, W., «Achämenidische Hofverwaltung», ZA 61 (1971) 260-311.

*a*7748   GHIRSHMAN, R., «L'Iran et Rome aux premiers siècles de notre ère», Syr. 49 (1972) 161-165.

*a*7749   DESHAYES, J., «Cachets susiens et chronologie iranienne», Syr. 51 (1974) 253-264.

*a*7750   HULSTAERT, L., «Some Problems of Achaemenid History», OLoP 8 (1977) 75-79.

*a*7751   BICKERMAN, E.J., «En marge de l'Écriture: le comput des années de règne des Achéménides (Néh. 1,2; 2,1 et Thuc. viii,58)», RB 88 (1981) 19-23.

*a*7752   DABROWA, E., «Les rapports entre Rome et les Parthes sous Vespasien», Syr. 58 (1981) 187-204.

*a*7753   BRESCIANI, E., «Egypt, Persian satrapy», dans *The Cambridge History of Judaism* (en collab.) (1984), I, 358-372.

*a*7754   SHAKED, S., «Iranian influence on Judaism: first century B.C.E. to second century C.E.», dans *The Cambridge History of Judaism* (en collab.) (1984), I, 308-325.

d) *Religion. Religione. Religión.*

*a*7755   CUMONT, F., «Mithra et l'orphisme», RHR 109 (1934) 63-72.

*a*7756   HERZFELD, E., «Die Religion der Achaemeniden», RHR 113 (1936) 21-41.

a7757   GHIRSHMAN, R., «La tour de Nourabad. Étude sur les temples iraniens anciens», Syr.
         24 (1944-45) 175-193.
a7758   VIROLLEAUD, C., «La légende chiite du roi Kâniyâ», RHR 130 (1945) 92-106.
a7759   DE MENASCE, J., «La promotion de Vahram», RHR 133 (1947) 5-18.
a7760   DUSSAUD, R., «Anciens bronzes du Louristan et cultes iraniens», Syr. 26 (1949)
         196-229.
a7761   DUSSAUD, R., «Le dieu mithriaque léontocéphale», Syr. 27 (1950) 253-260.
a7762   DUCHESNE-GUILLEMIN, J., «Ahriman et le dieu suprême dans les mystères de
         Mithra», Numen 2 (1955) 190-195.
a7763   WIDENGREN, G., «Stand und Aufgaben der iranischen Religionsgeschichte», Numen
         1 (1954) 16-83; 2 (1955) 46-134.
a7764   DUCHESNE-GUILLEMIN, J., «Rituel et eschatologie dans le mazdéisme: structure et
         évolution», Numen 8 (1961) 46-50.
a7765   MOLÉ, M., «Réponse à M. Duchesne-Guillemin», Numen 8 (1961) 51-63.
a7766   RUDOLPH, K., «Zarathustra - Priester und Prophet», Numen 8 (1961) 81-116.
a7767   MERKELBACH, R., «Die Kosmogonie der Mithrasmysterien», ErJb 1965 34 (1966)
         219-257.
a7768   VESCI, M.U., «Suffering in Zoroastrianism and its Way Out», Numen 15 (1968) 222-232.
a7769   HINNELLS, J.R., «Zoroastrian Saviour Imagery and its Influence on the New
         Testament», Numen 16 (1969) 161-185.
a7770   SCARCIA, G., «Ricognizione a Shimbār. Note sull'Eracle iranico», OrAnt 18 (1979)
         255-275.
a7771   BOYCE, M., «Persian religion in the Achemenid age», dans The Cambridge History of
         Judaism (en collab.) (1984), I, 279-307.
a7772   SHAKED, S., «Iranian influence on Judaism: first century B.C.E. to second century
         C.E.», dans The Cambridge History of Judaism (en collab.) (1984), I, 308-325.

e) Art. Kunst. Arte.

a7773   SAKISIAN, A.B., «La Miniature à l'Exposition d'art persan de Burlington House», Syr.
         12 (1931) 163-172.
a7774   WIET, G., «Un nouvel artiste de Mossoul», Syr. 12 (1931) 160-162.
a7775   WIET, G., «L'exposition d'art persan à Londres», Syr. 13 (1932) 65-93, 196-212.
a7776   SAKASIAN, A., «Le paysage dans la miniature persane», Syr. 19 (1938) 279-286.
a7777   DESHAYES, J., «Marteaux de bronze iraniens», Syr. 35 (1958) 284-293.
a7778   HOMES, D., «À propos d'une statue 'parthe'», Syr. 37 (1960) 321-326.
a7779   WILL, E., «L'art sassanide et ses prédécesseurs», Syr. 39 (1962) 45-63.
a7780   DESHAYES, J., «Haches-herminettes iraniennes», Syr. 40 (1963) 273-276.
a7781   BERNARD, P., «Une pièce d'armure perse sur un monument lycien», Syr. 41 (1964)
         195-212.
a7782   AMIET, P., «Un vase rituel iranien», Syr. 42 (1965) 235-251.
a7783   PARROT, A., «Acquisitions et inédits du Musée du Louvre. - 21. Tête royale
         achéménide (?)», Syr. 44 (1967) 247-251.
a7784   AMIET, P., «Orfèvrerie sassanide au Musée du Louvre», Syr. 47 (1970) 51-64.
a7785   CULICAN, W., «Coupes à décor phénicien provenant d'Iran», Syr. 47 (1970) 65-76.
a7786   SEYRIG, H., «Quatre images sculptées du musée d'Alep», Syr. 48 (1971) 115-120.
a7787   GOLDMAN, B., «Political realia on Persepolis sculpture», OLoP 5 (1974) 31-45.
a7788   NASTER, P., «Indices de peinture des reliefs à Persépolis», OLoP 5 (1974) 47-51.

a7789 SALVATORI, S., «Un elmo assiro figurato proveniente dal Luristan», OrAnt 14 (1975) 255-264.

a7790 DE WAELE, É., «Nouvelles miettes de sculpture rupestre sassanide à Naqš-e Rostam», Syr. 54 (1977) 65-88.

a7791 AMIET, P., «L'iconographie archaïque de l'Iran. Quelques documents nouveaux», Syr. 56 (1979) 333-352.

f) Divers. Miscellaneous. Verschiedenes. Diversi. Diversos.

a7792 BÖRKER-KLÄHN, J., «Ein altorientalisches Motiv in Griechenland und seine Rückwirkung auf den Iran», ZA 61 (1971) 124-156.

a7793 KOCH, H., «Steuern in der achämenidischen Persis?» ZA 70 (1981) 105-137.

a7794 KOCH, H., «'Hofschatzwarte' und 'Schatzhäuser' in der Persis», ZA 71 (1982) 232-247.

18. Phénicie. Phoenicia. Phönikien. Fenicia.

a) Archéologie. Archeology. Archäologie. Archeologia. Arqueología.

a7795 CHÉHAB, M., «Sarcophages en plomb du Musée National Libanais», Syr. 15 (1934) 337-350; 16 (1935) 51-72.

a7796 SEYRIG, H., «Démétrias de Phénicie», Syr. 27 (1950) 50-56 (étude de monnaies).

a7797 SEYRIG, H., «Antiquités syriennes. 55. Le grand prêtre de Dionysos à Byblos. - 56. Ères pompéiennes des villes de Phénicie. 57. Questions héliopolitaines», Syr. 31 (1954) 68-98.

a7798 CINTAS, P., «Tābūn», OrAnt 1 (1962) 233-244.

a7799 PRAUSNITZ, M.W., «A Phoenician Krater from Akhziv», OrAnt 5 (1966) 177-188.

a7800 ACQUARO, E., «I rasoi punici non figurati del Museo Archeologico Nazionale di Cagliari», OrAnt 7 (1968) 199-212.

a7801 BISI, A.M., «Recenti scoperte puniche in Sicilia», OrAnt 9 (1970) 249-258.

a7802 CULICAN, W., «Almuñécar, Assur and Phoenician Penetration of the Western Mediterranean», Levant 2 (1970) 28-36.

a7803 BARTOLONI, P., «Fortificazioni puniche a Sulcis», OrAnt 20 (1971) 147-154.

b) Histoire. History. Geschichte. Storia. Historia.

a7804 DUSSAUD, R., «Les Phéniciens au Négeb et en Arabie d'après un texte de Ras Shamra», RHR 108 (1933) 5-49.

a7805 ALT, A., «Das Stützpunktsystem der Pharaonen an der phönikischen Küste und im syrischen Binnenland», ZDPV 68 (1946-51) 97-133.

a7806 EISSFELDT, O., «Art und Aufbau der phönizischen Geschichte des Philo von Byblos», Syr. 33 (1956) 88-98.

a7807 MAURIN, L., «Himilcon le Magonide. Crises et mutations à Carthage au début du IVe siècle avant J.-C.», Sem. 12 (1962) 5-43.

a7808 KITCHEN, K.A., «Byblos, Egypt, and Mari in the Early Second Millennium B.C.», Or. 36 (1967) 39-54.

a7809 VAN BERCHEM, D., «Sanctuaire d'Hercule-Melqart. Contribution à l'étude de l'expansion phénicienne en Méditerranée. - I. Gadès. - II. Thasos. - III. Rome», Syr. 44 (1967) 73-109, 307-338.

a7810 MOSCATI, S., «Sulla più antica storia dei Fenici in Sicilia», OrAnt 7 (1968) 185-193.

*a*7811   KESTEMONT, G., «Le commerce phénicien et l'expansion assyrienne du IXe-VIIIe s.»,
           OrAnt 11 (1972) 137-144.

*a*7812   ODED, B., «The Phoenician Cities and the Assyrian Empire in the Time of Tiglath-
           pileser III», ZDPV 90 (1974) 38-49.

*a*7813   PARROT, A., CHÉHAB, M.H., MOSCATI, S., *Les Phéniciens*. L'expansion
           phénicienne. Carthage (Coll. 'L'Univers des Formes', 5) (Paris, Gallimard, 1975),
           314 pp.

*a*7814   VAN DEN BRANDEN, A., «La Fenicia nei secoli XII-X», BibOr 17 (1975) 145-171.

*a*7815   LEMAIRE, A., «Milkiram, nouveau roi phénicien de Tyr?» Syr. 53 (1976) 83-93.

*a*7816   ODEN, R.A., Jr., «Philo of Byblos and Hellenistic Historiography», PEQ 110 (1978)
           115-126.

*a*7817   ZADOK, R., «Phoenicians, Philistines, and Moabites in Mesopotamia», BASOR n° 230
           (1978) 57-65.

*a*7818   BRIZZI, G., «Il 'nazionalismo fenicio' di Filone di Byblos e la politica ecumenica di
           Adriano», OrAnt 19 (1980) 117-131.

*a*7819   ATTRIDGE, H.W., ODEN, R.A. (Eds.), *Philo of Byblos. The Phoenician
           History.*Introduction, Critical Text, Translation, Notes (CBQ Monograph Series, 9)
           (Washington, DC, Catholic Biblical Association, 1981), x-110 pp.

*a*7820   HOLLADAY, C.R., «Preparing a Critical Edition: An Appraisal of H.W. Attridge and
           R.A. Oden, *Philo of Byblos*», dans *Society of Biblical Literature. 1981 Seminar Papers* (en
           collab.) (1981), 165-183.

*a*7821   ELAT, M., «Tarshish and the Problem of Phoenician Colonisation in the Western
           Mediterranean», OLoP 13 (1982) 55-69.

*a*7822   MASSON, O., «Pèlerins chypriotes en Phénicie (Sarepta et Sidon)», Sem. 32 (1982)
           45-49.

*a*7823   PUECH, É., «Présence phénicienne dans les îles à la fin du IIe millénaire», RB 90 (1983)
           365-395.

c) Religion. Religione. Religión.

*a*7824   VIROLLEAUD, C., «Un poème phénicien de Ras-Shamra. La lutte de Môt, fils des
           dieux, et d'Aleïn, fils de Baal», Syr. 12 (1931) 193-224.

*a*7825   VIROLLEAUD, C., «Note complémentaire sur le poème de Môt et Aleïn», Syr. 12
           (1931) 350-357.

*a*7826   VIROLLEAUD, C., «Die grosse Göttin in Babylonien, Ägypten and Phönikien.
           I. Ischtar, Isis, Astarte», ErJb 1938 6 (1939) 121-141.

*a*7827   VIROLLEAUD, C., «Die Idee der Wiedergeburt bei den Phöniziern. II. Der Gott Baal
           nach den Dichtungen von Ras-Shamra», ErJb 1939 7 (1940) 40-60.

*a*7828   EISSFELDT, O., «Christus-Monogramm und phönizisches 'Hermes'-Emblem», ZDPV
           67 (1944-45) 163-182.

*a*7829   DUSSAUD, R., «Melqart», Syr. 25 (1946-48) 205-230.

*a*7830   FÉVRIER, J.-G., «À propos de Ba'al Addir», Sem. 2 (1949) 21-28.

*a*7831   DHORME, É., «Les avatars du dieu Dagon», RHR 138 (1950) 129-144.

*a*7832   SEYRIG, H., «Le grand prêtre de Dionysos à Byblos», Syr. 31 (1954) 68-72.

*a*7833   SEYRIG, H., «Questions héliopolitaines. La triade héliopolitaine et la Phénicie», Syr. 31
           (1954) 86-89.

*a*7834   DUSSAUD, R., «Melqart, d'après de récents travaux», RHR 151 (1957) 1-21.

*a*7835   GARBINI, G., «The Phoenician 'Goddess' in the Louvre», Or. 29 (1960) 323-328.

a7836 DU MESNIL DU BUISSON, R., «Le groupe des dieux Él, Bétyle, Dagon et Atlas chez Philon de Byblos», RHR 169 (1966) 37-49.

a7837 MOSCATI, S., «Sulla diffusione del culto di Astarte Ericina», OrAnt 7 (1968) 91-94.

a7838 VERGER, A., «Su una caratteristica formale delle tariffe sacrificali puniche», OrAnt 7 (1968) 123-126.

a7839 HOFTIJZER, J., «Two Notes on the Ba'al Cyclus», UF 4 (1972) 155-158.

a7840 WEINFELD, M., «The Worship of Molech and of the Queen of Heaven and its Background», UF 4 (1972) 133-154.

a7841 DELCOR, M., «Astarté et la fécondité des troupeaux en Deut. 7,13 et parallèles», UF 6 (1974) 7-14.

a7842 CULICAN, W., «A Votive Model from the Sea», PEQ 108 (1976) 119-123.

a7843 PICARD, C., «Le monument de Nebi-Yunis», RB 83 (1976) 584-589.

a7844 FANTAR, M., Le dieu de la mer chez les Phéniciens et les Puniques (Pubblicazioni del Centro di Studio per la Civiltà Fenicia e Punica, 16; Studi Semitici, 48) (Roma, Consiglio Nazionale delle Ricerche, 1977), 131 pp.

a7845 BARNETT, R.D., «The Earliest Representation of 'Anath», ErIs 14 (1978) 28*-31*.

a7846 DELCOR, M., «Le personnel du temple d'Astarté à Kition d'après une tablette phénicienne (CIS 86A et B)», UF 11 (1979) 147-164.

a7847 GÖRG, M., «Zum Namen der punischen Göttin Tinnit», UF 11 (1979) 303-306.

a7848 MOSCATI, S., «Un bilancio per TNT», OrAnt 20 (1981) 107-117.

a7849 VAN DEN BRANDEN, A., «La Triade phénicienne», BibOr 23 (1981) 35-63.

a7850 MAZAR, B., «Ba'al Šamem», ErIs 16 (1982) 132-134.

d) Civilisation. Zivilisation. Civilizzazione. Civilización.

Art. Kunst. Arte.

a7851 BARNETT, R.D., «Phoenician and Syrian Ivory Carving», PEQ 71 (1939) 4-19.

a7852 BARRELET, M.-T., «Deux déesses syro-phéniciennes sur un bronze du Louvre», Syr. 35 (1958) 27-44.

a7853 PESCE, G., «Due opere di arte fenicia in Sardegna», OrAnt 2 (1963) 247-256.

a7854 BISI, A.M., «La cultura artistica di Lilibeo nel periodo punico», OrAnt 7 (1968) 95-115.

a7855 CULICAN, W., «Quelques aperçus sur les ateliers phéniciens», Syr. 45 (1968) 275-293.

a7856 MOSCATI, S., «Iconismo e aniconismo nelle più antiche stele puniche», OrAnt 8 (1969) 59-67.

a7857 ACQUARO, E., «Note su una classe di amuleti punici», OrAnt 9 (1970) 65-73.

a7858 CECCHINI, S.M., «Sull'iconografia del rombo nelle stele puniche», OrAnt 9 (1970) 245-247.

a7859 MOSCATI, S., «Una stele di Nora», OrAnt 20 (1971) 145-146.

a7860 UBERTI, M.L., «La collezione punica don Armeni (Sulcis)», OrAnt 10 (1971) 277-312.

a7861 BÖRKER-KLÄHN, J., «Ein phönizisch-japanisches Pasticcio», ZA 62 (1972) 115-117.

a7862 STERN, E., «Phoenician Masks and Pendants», PEQ 108 (1976) 109-118.

a7863 BIKAI, P.M., «The Late Phoenician Pottery Complex and Chronology», BASOR nº 229 (1978) 47-56.

a7864 ACQUARO, E., «Ancora sulla glittica punica di Sardegna», OrAnt 18 (1979) 277-280.

a7865 ACQUARO, E., «Note di glittica punica 1-3», OrAnt 21 (1982) 197-201.

a7866 CHIERA, G., «Una stele da Mozia e l'iconografia del personaggio in trono», OrAnt 21 (1982) 203-214.

Divers. Miscellaneous. Verschiedenes. Diversi. Diversos.

*a*7867   DUSSAUD, R., «Le Commerce des anciens Phéniciens à la lumière du 'poème des dieux gracieux et beaux'», Syr. 17 (1936) 59-66.

*a*7868   SEYRIG, H., «Ères pompéiennes des villes de Phénicie», Syr. 31 (1954) 73-80.

*a*7869   SZNYCER, M., «L''assemblée du peuple' dans les cités puniques d'après les témoignages épigraphiques», Sem. 25 (1975) 47-68.

*a*7870   DELCOR, M., «Le problème des jardins d'Adonis dans Isaïe 17,9-11 à la lumière de la civilisation syro-phénicienne», Syr. 55 (1978) 371-394.

*a*7871   TEIXIDOR, J., «Les fonctions de *rab* et de *suffète* en Phénicie», Sem. 29 (1979) 9-17.

*a*7872   NEGBI, O., «Evidence for Early Phoenician Communities on the East Mediterranean Islands», Levant 14 (1982) 179-182.

e) Divers. Miscellaneous. Verschiedenes. Diversi. Diversos.

*a*7873   DUSSAUD, R., «La mythologie phénicienne d'après les Tablettes de Ras-Shamra», RHR 104 (1931) 353-408.

*a*7874   TUSA, V., «La Questione Fenicio-Punica in Sicilia», ErIs 8 (1967) 50*-57*.

*a*7875   BONDI, S.F., «Ricerche fenicie a Roma», BibOr 17 (1975) 173-185.

*a*7876   ELAYI, J., «Studies in Phoenician Geography during the Persian Period», JNES 41 (1982) 83-110.

19. Philistins. Philistines. Philister. Filistei. Filisteos.

*a*7877   WAINWRIGHT, G.A., «Caphtor, Keftiu and Cappadocia», PEQ 63 (1931) 203-216.

*a*7878   CULICAN, W., «Essay on a Phoenician Ear-Ring», PEQ 90 (1958) 90-103.

*a*7879   DOTHAN, T., «Philistine Civilization in the Light of Archaeological Finds in Palestine and Egypt», ErIs 5 (1958) 55-66 (English summary).

*a*7880   ERLENMEYER, M.-L., ERLENMEYER, H., «Über Philister und Kreter», Or. 29 (1960) 121-150, 241-272; 30 (1961) 269-293; 33 (1964) 199-237.

*a*7881   FORTUNA, M.T., «La storia di Ashhod e dei Filistei alla luce dei più recenti scavi», BibOr 8 (1966) 80-85.

*a*7882   DE VAUX, R., «Les Philistins dans la Septante», dans *Wort, Lied und Gottespruch. Beiträge zur Septuaginta* (en collab.) (1972), 185-194.

*a*7883   JONES, A.H., *Bronze Age Civilization: The Philistines and the Danites* (Washington, D.C., Public Affairs Press, 1975), vii-182 pp.

*a*7884   DELCOR, M., «Les Kéréthim et les Crétois», VT 28 (1978) 409-422.

*a*7885   ZADOK, R., «Phoenicians, Philistines, and Moabites in Mesopotamia», BASOR nº 230 (1978) 57-65.

*a*7886   SPANUTH, J., *Die Philister, das unbekannte Volk.* Lehrmeister und Widersacher der Israeliten (Osnabrück, Zeller Verlag, 1980), iv-298 pp.

*a*7887   RINALDI, G., «Nel paese dei Filistei», BibOr 23 (1981) 167-173.

*a*7888   DOTHAN, T., *The Philistines and their Material Culture* (New Haven and London, Yale University Press; Jerusalem, Israel Exploration Society, 1982), xxii-310 pp.

*a*7889   RAVIOLO, S., «Nuova luce sulle origini della civiltà dei Filistei», BibOr 25 (1983) 117-123.

20. Sud-Arabie. South Arabia. Südarabien. Sudarabia.

a) Archéologie. Archeology. Archäologie. Archeologia. Arqueología.

*a*7890   PIRENNE, J., «Notes d'archéologie sud-arabe. I. Stèles à la déesse dhât Himyam (Hamîm)», Syr. 37 (1960) 326-347; «II. La statuette d'un roi de 'Awsân et l'hellénisation dans la statuaire sud-arabe», 38 (1961) 284-310; «III. Stèles à la déesse du musée d'Aden», 39 (1962) 257-262; «IV. La déesse sur des reliefs sabéens», 42 (1965) 109-136; «V. Le trône de Dar El-Beida (Marib)», 42 (1965) 311-341; «VI. Le péristyle du temple de Mârib d'après les fouilles de 1951-52», 46 (1969) 293-318; «VII. L'exhaussement du mur du temple de Mârib», 48 (1971) 179-186; «VIII. La représentation du jeune dieu», 49 (1972) 193-217; «IX. Hajar bin Humeid», 51 (1974) 137-170.

*a*7891   BEESTON, A.F.L., «Epigraphic and Archaeological Gleanings from South Arabia», OrAnt 1 (1962) 41-52.

*a*7892   GARBINI, G., «La datazione della statua sudarabica di Ma'adkarib», OrAnt 5 (1966) 59-65.

*a*7893   DE CONTENSON, H., «Trois sculptures de l'Arabie du Sud», Syr. 46 (1969) 99-103.

*a*7894   ROBIN, C., «Résultats épigraphiques et archéologiques de deux brefs séjours en République arabe du Yémen», Sem. 26 (1976) 167-193.

*a*7895   DE MAIGRET, A., «Prospezione archeologica nello Yemen del Nord. Notizia di una prima ricognizione (1980)», OrAnt 19 (1980) 307-313.

*a*7896   DE MAIGRET, A., «Ricerche archeologiche italiane nella Republica Araba Yemenita. Notizia di una seconda ricognizione», OrAnt 21 (1982) 237-253.

b) Histoire. History. Geschichte. Storia. Historia.

*a*7897   RYCKMANS, J., «Chronologie des rois de Saba et ḏū-Raydān», OrAnt 3 (1964) 67-90.

*a*7898   GARBINI, G., «Un nuovo documento per la storia dell'antico Yemen», OrAnt 12 (1973) 143-163.

c) Art. Kunst. Arte.

*a*7899   PIRENNE, J., «Le rinceau dans l'évolution de l'art sud-arabe», Syr. 34 (1957) 99-127.

*a*7900   DE CONTENSON, H., «Les Monuments d'Art sud-arabe découverts sur le site de Haoulti (Éthiopie) en 1959», Syr. 39 (1962) 64-87.

*a*7901   LEROY, J., «Un évangéliaire arabe de la bibliothèque de Topqapi à décor byzantin et islamique», Syr. 44 (1967) 119-130.

21. Syrie. Syria. Syrien. Siria.

a) Archéologie. Archeology. Archäologie. Archeologia. Arqueología.

*a*7902   DIEHL, C., «Argenteries syriennes», Syr. 11 (1930) 209-215.

*a*7903   PRZEWORSKI, S.,«Les encensoirs de la Syrie du Nord et leurs prototypes égyptiens», Syr. 11 (1930) 133-145.

*a*7904   SAUVAGET, J., «Un bain damasquin du XIIIe siècle», Syr. 11 (1930) 370-380.

*a*7905   ANUS, F., «La protection des Monuments historiques en Syrie et au Liban», Syr. 13 (1932) 293-299.

*a*7906   DESCHAMPS, P., «Les entrées des châteaux des Croisés en Syrie et leurs défenses», Syr. 13 (1932) 369-387.

*a*7907   CUMONT, F., «Deux monuments des cultes solaires», Syr. 14 (1933) 381-395.

*a*7908   MAYER, L.A., «À propos du blason sous les mamluks circassiens», Syr. 18 (1937) 389-393.

*a*7909   PERDRIZET, P., «Le monument de Hermel», Syr. 19 (1938) 47-71.

*a*7910   SAUVAGET, J., «Les ruines omeyyades du Djebel Seis», Syr. 20 (1939) 239-256.

*a*7911   SEYRIG, H., «Les bas-reliefs, prétendus d'Adonis, aux environs de Byblos. - Bas-Relief de Tyr», Syr. 21 (1940) 113-122.

*a*7912   MEURDRAC, M., «Trois statuettes de Vénus syrienne», Syr. 22 (1941) 49-52.

*a*7913   HARDEN, D.B., «Two Tomb-Groups of the first Century A.D. from Yahmour, Syria, and a supplement to the list of Roman-Syrian glasses with mouldblown inscriptions», Syr. 24 (1944-45) 81-95, 291-292.

*a*7914   SAUVAGET, J., «Notes sur quelques monuments musulmans de Syrie, à propos d'une étude récente», Syr. 24 (1944-45) 211-231; 25 (1946-48) 239-267.

*a*7915   ABD EL-KADER, D., «Un orthostate du temple de Hadad à Damas», Syr. 26 (1949) 191-195.

*a*7916   WILL, E., «La Tour funéraire de la Syrie et les monuments apparentés», Syr. 26 (1949) 258-313.

*a*7917   SEYRIG, H., «Sur les ères de quelques villes de Syrie», Syr. 27 (1950) 5-50 (monnaies).

*a*7918   SEYRIG, H., «Antiquités de Beth-Maré», Syr. 28 (1951) 101-123.

*a*7919   PARROT, A., «Acquisitions et Inédits du Musée du Louvre. Bronzes syriens», Syr. 29 (1952) 44-53.

*a*7920   WILL, E., «Nouveaux monuments sacrés de la Syrie romaine», Syr. 29 (1952) 60-73.

*a*7921   SEYRIG, H., «Statuettes trouvées dans les montagnes du Liban», Syr. 30 (1953) 24-50.

*a*7922   VAN BERCHEM, D., «Recherches sur la chronologie des enceintes de Syrie et Mésopotamie», Syr. 31 (1954) 254-270.

*a*7923   SEYRIG, H., «Quelques cylindres orientaux», Syr. 32 (1955) 29-43.

*a*7924   SEYRIG, H., «Un bélier portant des outres», Syr. 32 (1955) 143-148.

*a*7925   SEYRIG, H., «Cylindre représentant une tauromachie», Syr. 33 (1956) 169-174.

*a*7926   FRÉZOULS, E., «Recherches sur les théâtres de l'Orient syrien», Syr. 36 (1959) 202-228; 38 (1961) 54-86.

*a*7927   SEYRIG, H., «Deux reliquaires», Syr. 36 (1959) 43-48.

*a*7928   SEYRIG, H., «Flacons? Grenades? Éolipiles?» Syr. 36 (1959) 81-89.

*a*7929   MONDÉSERT, C., «Inscriptions et objets chrétiens de Syrie et de Palestine», Syr. 37 (1960) 116-130.

*a*7930   NASRALLAH, J., «Bas-reliefs chrétiens inconnus de Syrie», Syr. 38 (1961) 35-53.

*a*7931   RODINSON, M., «De l'archéologie à la sociologie historique. Notes méthodologiques sur le dernier ouvrage de G. Tchalenko» (sur la Syrie du nord), Syr. 38 (1961) 170-200.

*a*7932   SCHAEFFER, C.F.-A., «Les fondements pré- et protohistoriques de Syrie du néolithique précéramique au bronze ancien», Syr. 38 (1961) 7-22, 221-242.

*a*7933   SEYRIG, H., «Une idole bétylique», Syr. 40 (1963) 17-19.

*a*7934   SEYRIG, H., «Quelques cylindres syriens», Syr. 40 (1963) 253-260.

*a*7935   SEYRIG, H., «Alexandre le Grand, fondateur de Gérasa», Syr. 42 (1965) 25-28.

*a*7936   SMITH, R.H., «Un cylindre syrien représentant Baal», Syr. 42 (1965) 253-260.

*a*7937   WARD, W., «Un cylindre syrien inscrit de la deuxième période intermédiaire», Syr. 42 (1965) 35-44.

*a*7938   KÜHNE, H., «Bemerkungen zu einigen Glasreliefs des 2. Jahrtausends v. Chr. aus Syrien und Palästina», ZA 59 (1969) 299-318.

*a*7939 CULICAN, W., «Two Syrian Objects from Egypt», Levant 3 (1971) 86-89.

*a*7940 SEYRIG, H., «Le prétendu fondouq palmyrénien de Coptos», Syr. 49 (1972) 120-125.

*a*7941 BAUDOT, M.-P., «Un cylindre syrien à influences babyloniennes et égyptiennes (Bruxelles, MRAH, no 501)», OLoP 6/7 (1975-76) 21-29.

*a*7942 BAHNASSI, A., «Fabrication des épées de Damas», Syr. 53 (1976) 281-294.

*a*7943 CULICAN, W., «A Syrian Stela in Seattle», Levant 10 (1978) 161-163.

*a*7944 COLLON, D., «The Aleppo Workshop. A Seal-Cutters' Workshop in Syria in the Second Half of the 18th Century B.C.», UF 13 (1981) 33-43.

b) *Géographie. Geography. Geographie. Geografia. Geografía.*

*a*7945 CASPARI, W., «Agbatana-Gibbeton», ZDPV 58 (1935) 160-184.

*a*7946 GALLING, K., «Die syrisch-palästinische Küste nach der Beschreibung bei Pseudo-Skylax», ZDPV 61 (1938) 66-96.

*a*7947 THOMSEN, P., «Neue Beiträge und Funde zur Orts- und Landeskunde von Syrien und Palästina», ZDPV 65 (1942) 122-143.

*a*7948 SAUVAGET, J., «Notes de topographie omeyyade», Syr. 24 (1944-45) 96-112.

*a*7949 THOMSEN, P., «Massilia in Syrien. Ein Beitrag zur Historia Augusta und zur Ortskunde Syriens», ZDPV 67 (1944-45) 75-81.

*a*7950 GRABAR, O., «A Small Episode of Early 'Abbāsid Times and some Consequences», ErIs 7 (1964) 44*-47* (Syria and Palestine).

*a*7951 ASTOUR, M.C., «Tunip-Hamath and its Region: A Contribution to the Historical Geography of Central Syria», Or. 46 (1977) 51-64.

*a*7952 FEISSEL, D., «Remarques de toponymie syrienne, d'après des inscriptions grecques chrétiennes trouvées hors de Syrie», Syr. 59 (1982) 319-343.

c) *Histoire. History. Geschichte. Storia. Historia.*

*a*7953 SEYRIG, H., «Décret de Séleucie et ordonnance de Séleucus IV», Syr. 13 (1932) 255-258.

*a*7954 CARCOPINO, J., «Note complémentaire sur les *Numeri* syriens de la Numidie romaine», Syr. 14 (1933) 20-55.

*a*7955 ROUSSEL, P., «Un Syrien au service de Rome et d'Octave», Syr. 15 (1934) 33-74.

*a*7956 DESCHAMPS, P., «Le Château de Saone et ses premiers seigneurs», Syr. 16 (1935) 73-88.

*a*7957 LA MONTE, J.L., «The Viscount of Naplouse in the twelfth century», Syr. 19 (1938) 272-278.

*a*7958 SEYRIG, H., «Sur quelques monnaies provinciales de Syrie et de Cilicie», Syr. 20 (1939) 39-42.

*a*7959 ALT, A., «Zur Geschichte von Tunip», ZDPV 67 (1944-45) 159-162.

*a*7960 ALT, A., «Eine Huldigung für den Ghassanidenfürsten Arethas», ZDPV 67 (1944-45) 260-263.

*a*7961 BEAULIEU, A., «La première civilisation du Djebel Druze», Syr. 24 (1944-45) 232-250.

*a*7962 ALT, A., «Das Stützpunktsystem der Pharaonen an der phönikischen Küste und im syrischen Binnenland», ZDPV 68 (1946-51) 97-133.

*a*7963 CHANDON DE BRIAILLES, F., «Lignages d'Outre-Mer, les seigneurs de Margat», Syr. 25 (1946-48) 231-258.

*a*7964 PERVÈS, M., «La Préhistoire de la Syrie et du Liban», Syr. 25 (1946-48) 109-129.

*a*7965 RICHARD, J., «Un partage de seigneurie entre Francs et Mamelouks: les 'Casaus de Sur'», Syr. 30 (1953) 72-82.

a7966   SOURDEL, D., «Rubin, lieu de pèlerinage musulman de la Syrie du Nord au XIIIe siècle», Syr. 30 (1953) 89-107.

a7967   KUSCHKE, A., «Beiträge zur Siedlungsgeschichte der Biḳā'», ZDPV 70 (1954) 104-129; 71 (1955) 97-110; 74 (1958) 81-120.

a7968   LIVERANI, M., «Variazioni climatiche e fluttuazioni demografiche nella storia siriana», OrAnt 7 (1968) 77-89.

a7969   SEYRIG, H., «Séleucus I et la fondation de la monarchie syrienne», Syr. 47 (1970) 290-311.

a7970   NASRALLAH, J., «À propos des trouvailles épigraphiques à Saint-Siméon-l'Alépin», Syr. 48 (1971) 165-178.

a7971   PINTORE, F., «Transiti di truppe e schemi epistolari nella Siria egiziana dell'età di el-Amarna», OrAnt 11 (1972) 101-131.

a7972   PINTORE, F., «La prassi della marcia armata nella Siria egiziana dell'età di el-Amarna», OrAnt 12 (1973) 299-318.

a7973   NA'AMAN, N., «Syria at the Transition from the Old Babylonian Period to the Middle Babylonian Period», UF 6 (1974) 265-274.

a7974   MOOREY, P.R.S., «Iranian Troops at Deve Hüyük in Syria in the Fifth Century B.C.», Levant 7 (1975) 108-117.

a7975   CRAWFORD, H., «Nomads: The Forgotten Factor», OLoP 8 (1977) 33-45.

a7976   VÖÖBUS, A., «Important Discoveries for the History of the Monastery of Qartamin: New Light on the Literary Traditions regarding its History», OLoP 8 (1977) 223-227.

a7977   MARFOE, L., «The Integrative Transformation: Patterns of Socio-political Organization in Southern Syria», BASOR nº 234 (1980) 1-42.

a7978   SAPIN, J., «Quelques systèmes socio-politiques en Syrie au 2o millénaire avant J.-C. et leur évolution historique d'après des documents religieux (légendes, rituels, sanctuaires)», UF 15 (1983) 157-190.

d) Religion. Religione. Religión.

a7979   DUSSAUD, R., «Hadad et le Soleil», Syr. 11 (1930) 365-369.

a7980   PERDRIZET, P., «À propos d'Atargatis. - 1. Le sein d'Atargatis. - 2. Atargatis dans les 'Suppliantes'», Syr. 12 (1931) 267-273.

a7981   SEYRIG, H., «Monuments syriens du culte de Némésis», Syr. 13 (1932) 50-64.

a7982   SEYRIG, H., «De Junon Dolichénienne à Dionysos», Syr. 14 (1933) 368-380.

a7983   SEYRIG, H., «À propos du culte de Zeus à Séleucie», Syr. 20 (1939) 296-301.

a7984   SEYRIG, H., «Divinités de Sidon», Syr. 36 (1959) 48-56.

a7985   SEYRIG, H., «Temples, cultes et souvenirs historiques de la Décapole», Syr. 36 (1959) 60-78.

a7986   SEYRIG, H., «Note sur les cultes de Scythopolis à l'époque romaine», Syr. 39 (1962) 207-211.

a7987   MATTHIAE, P., «Note sul dio siriano Rešef», OrAnt 2 (1963) 27-43.

a7988   SEYRIG, H., «Les grands dieux de Tyr à l'époque grecque et romaine», Syr. 40 (1963) 19-28.

a7989   SEYRIG, H., «Zeus de Bérée», Syr. 40 (1963) 28-30.

a7990   SEYRIG, H., «Les dieux armés et les Arabes en Syrie», Syr. 47 (1970) 77-112.

a7991   SEYRIG, H., «Le culte du soleil en Syrie à l'époque romaine», Syr. 48 (1971) 337-373.

a7992   SEYRIG, H., «La résurrection d'Adonis et le texte de Lucien», Syr. 49 (1972) 97-100.

a7993   SEYRIG, H., «Bas-relief des dieux de Hiérapolis», Syr. 49 (1972) 104-108.

a7994   SEYRIG, H., «Intailles relatives à des cultes syriens», Syr. 49 (1972) 108-112.

a7995   SEYRIG, H., «La Tyché de Césarée de Palestine», Syr. 49 (1972) 112-115.
a7996   WILL, E., «Jupiter Consul ou un Bêl fantomatique», Syr. 51 (1974) 226-229.
a7997   STUCKY, R.A., «Prêtres syriens. II. Hiérapolis», Syr. 53 (1976) 127-140.

e) Art. Kunst. Arte.

a7998   DE LOREY, E., «Les mosaïques de la Mosquée des Omayyades à Damas», Syr. 12 (1931)
        326-349.
a7999   DUSSAUD, R., «Les Monuments syriens à l'Exposition d'art byzantin», Syr. 12 (1931)
        305-315.
a8000   GUYER, S., «Le rôle de l'art de la Syrie et de la Mésopotamie à l'époque byzantine», Syr.
        14 (1933) 56-70.
a8001   SCHLUMBERGER, D., «Les formes anciennes du chapiteau corinthien en Syrie, en
        Palestine et en Arabie», Syr. 14 (1933) 283-317.
a8002   BUCHTHAL, U., «The painting of the Syrian Jacobites in its relation to Byzantine and
        Islamic art», Syr. 20 (1939) 136-150.
a8003   SEYRIG, H., «Représentation de la main divine», Syr. 20 (1939) 189-194.
a8004   SCHLUMBERGER, D., «Deux fresques omeyyades», Syr. 25 (1946-48) 86-102.
a8005   SEYRIG, H., «Bractées funéraires», Syr. 36 (1959) 57-58.
a8006   SEYRIG, H., «La date des mosaïques de 'Aïn es-Samaké», Syr. 39 (1962) 42-44.
a8007   AMIET, P., «La glyptique syrienne archaïque. Notes sur la diffusion de la civilisation
        mésopotamienne en Syrie du Nord», Syr. 40 (1963) 57-83.
a8008   AHMED, S., «A Note on the Style of the Syrian Glyptic», ZA 57 (1965) 173-176.
a8009   OPIFICIUS, R., «Syrische Glyptik der zweiten Hälfte des zweiten Jahrtausends», UF 1
        (1969) 95-110.
a8010   SEYRIG, H., «Trois portraits de rois hellénistiques», Syr. 49 (1972) 115-120.
a8011   EL-SAFADI, H., «Die Entstehung der syrischen Glyptik und ihre Entwicklung in der
        Zeit von Zimrilim bis Ammitaqumma», UF 6 (1974) 313-352.
a8012   SABATINI, L., «Thèmes iconographiques sculptés de tell Mardikh et de Karkémish.
        Étude comparative», Syr. 51 (1974) 31-64.
a8013   GENGE, H., «Die Münchener 'Borowski'-Stele», ZA 71 (1982) 274-279.

22. Ugarit.

a) Études générales. General Studies. Allgemeine Studien. Studi generali. Estudios generales.

a8014   BERNHARDT, K.-H. (übersetzt von), «Ugaritische Texte», dans
        Religionsgeschichtliches Textbuch zum Alten Testament (en collab.) (1975), 205-243.
a8015   CAZELLES, H., «Ugarit au coeur du Proche-Orient», UF 12 (1980) 141-146.
a8016   DEL OLMO LETE, G., *Mitos y leyendas de Canaán según la tradición de Ugarit.* Textos,
        versión y estudio (Institución San Jerónimo para la Investigación Bíblica; Fuentes de la
        Ciencia Bíblica, 1) (Madrid, Ediciones Cristiandad / Institución San Jerónimo, 1981),
        699 pp.
a8017   GORDON, C., «Ugarit in Retrospect and Prospect», dans *Ugarit in Retrospect* (en
        collab.) (1981), 183-189.
a8018   KINET, D., «Ugarit. Fünfzig Jahre Forschung in einer Stadt aus der Umwelt des Alten
        Testaments», BiKi 36 (1981) 285-288.
a8019   KINET, D., *Ugarit - Geschichte und Kultur einer Stadt in der Umwelt des Alten
        Testaments* (SBS 104) (Stuttgart, Katholisches Bibelwerk, 1981), 169 pp.

*a*8020　YOUNG, G.D. (Ed.), *Ugarit in Retrospect*. Fifty Years of Ugarit and Ugaritic (Winona Lake, Indiana Eisenbrauns, 1981), xvi-238 pp.

b) Archéologie. Archeology. Archäologie. Archeologia. Arqueología.

Études générales. General Studies. Allgemeine Studies. Studi generali. Estudios generales.

*a*8021　COURTOIS, J.-C., «Ras Shamra (Ugarit ou Ougarit). I. Archéologie», SDB 9 (1979) c. 1126-1295.

*a*8022　COURTOIS, J.-C., «L'architecture domestique à Ugarit au Bronze Récent», UF 11 (1979) 105-134.

*a*8023　En collaboration, *La Syrie au Bronze Récent*. Recueil publié à l'occasion du cinquantenaire de la découverte d'Ougarit-Ras Shamra (Éd. M. YON) (Extraits de la XXVIIe Rencontre Assyriologique Internationale, Paris, juillet 1980) (Paris, Éditions Recherche sur les civilisations, A.D.P.F., Paris, 1982), 78 pp.

Chroniques. Reports. Berichte. Cronache. Crónicas.

*a*8024　SCHAEFFER, C.F.-A., «Les fouilles de Minet el-Beida et de Ras-Shamra. Deuxième campagne (printemps 1930). Rapport sommaire», Syr. 12 (1931) 1-14.

*a*8025　SCHAEFFER, C.F.-A., «Les fouilles de Minet-el-Beida et de Ras-Shamra. Troisième campagne (printemps 1931). Rapport sommaire», Syr. 13 (1932) 1-27.

*a*8026　SCHAEFFER, C.F.-A., «Les fouilles de Minet-el-Beida et de Ras-Shamra. Quatrième campagne (printemps 1932)», Syr. 14 (1933) 93-127.

*a*8027　SCHAEFFER, C.F.-A., «Les fouilles de Ras-Shamra. Cinquième campagne (printemps 1933). Rapport sommaire», Syr. 15 (1934) 105-131.

*a*8028　SCHAEFFER, C.F.-A., «Les fouilles de Ras Shamra (Ugarit). Sixième campagne (printemps 1934). Rapport sommaire», Syr. 16 (1935) 141-176.

*a*8029　SCHAEFFER, C.F.-A., «Les fouilles de Ras Shamra-Ugarit. Septième campagne (printemps 1935). Rapport sommaire», Syr. 17 (1936) 105-149.

*a*8030　SCHAEFFER, C.F.-A., «Les fouilles de Ras Shamra-Ugarit. Huitième campagne (printemps 1936). Rapport sommaire», Syr. 18 (1937) 125-154.

*a*8031　SCHAEFFER, C.F.-A., «Les fouilles de Ras Shamra-Ugarit. Neuvième campagne (printemps 1937). Rapport sommaire», Syr. 19 (1938) 193-255, 313-334.

*a*8032　SCHAEFFER, C.F.-A., «Les fouilles de Ras Shamra-Ugarit. Dixième et onzième campagnes (automne et hiver 1938-39). Rapport sommaire», Syr. 20 (1939) 277-292.

*a*8033　NOTH, M., «Die Herrenschicht von Ugarit im 15./14. Jahrhundert v. Chr.», ZDPV 65 (1942) 144-164.

*a*8034　SCHAEFFER, C.F.-A., «Reprises des recherches archéologiques à Ras Shamra-Ugarit. Sondages de 1948 et 1949, et campagne de 1950», Syr. 28 (1951) 1-21.

*a*8035　SCHAEFFER, C.F.-A., «Les fouilles de Ras-Shamra-Ugarit. Quinzième, seizième et dix-septième campagnes (1951, 1952 et 1953)», Syr. 31 (1954) 14-67.

*a*8036　DE CONTENSON, H., «Sondage ouvert en 1962 sur l'Acropole de Ras Shamra. Rapport préliminaire sur les résultats obtenus de 1962 à 1968», Syr. 47 (1970) 1-23.

*a*8037　DE CONTENSON, H., LAGARCE, É., LAGARCE, J., STUCKY, R., «Rapport préliminaire sur la XXXIIe campagne de fouilles (1971) à Ram Shamra», Syr. 49 (1972) 1-25.

*a*8038　SANDARS, N.K., «Thirty Seasons at Ras Shamra in Syria», Levant 4 (1972) 139-146.

*a*8039　SCHAEFFER, C.F.-A., «Note additionnelle sur les fouilles dans le Palais nord d'Ugarit», Syr. 49 (1972) 27-33.

*a*8040 DE CONTENSON, H., COURTOIS, J.-C., LAGARCE, É., LAGARCE, J., STUCKY, R., «Le niveau halafien de Ras Shamra. Rapport préliminaire sur les campagnes 1968-1972 dans le sondage préhistorique», Syr. 50 (1973) 13-33.

*a*8041 DE CONTENSON, H., COURTOIS, J.-C., LAGARCE, É., LAGARCE, J., STUCKY, R., «La XXXIIIe campagne de fouilles à Ras Shamra en 1972. Rapport préliminaire», Syr. 50 (1973) 283-309.

*a*8042 NORTH, R., «Ugarit Grid, Strata, and Find-Localizations», ZDPV 89 (1973) 113-160.

*a*8043 COURTOIS, J.-C., «Ugarit Grid, Strata, and Find-Localizations: A Re-assesment», ZDPV 90 (1974) 97-114.

*a*8044 DE CONTENSON, H., COURTOIS, J.-C., LAGARCE, É., LAGARCE, J., STUCKY, R., «La XXXIVe campagne de fouilles à Ras Shamra en 1973. Rapport préliminaire», Syr. 51 (1974) 1-30.

*a*8045 DE CONTENSON, H., «Le néolothique de Ras Shamra V d'après les campagnes 1972-1976 dans le sondage SH», Syr. 54 (1977) 1-23.

*a*8046 MARGUERON, J., «Ras Shamra 1975 et 1976. Rapport préliminaire sur les campagnes d'automne», Syr. 54 (1977) 151-188.

*a*8047 COURTOIS, J.-C., «L'architecture domestique à Ugarit au Bronze Récent», UF 11 (1979) 105-134.

*a*8048 YON, M., CAUBET, A., MALLET, J., «Ras Shamra-Ougarit. 38, 39 et 40e campagnes (1978, 1979 et 1980)», Syr. 59 (1982) 169-192.

Objets. Objects. Sachen. Cose. Cosas.

*a*8049 GASTER, T.H., «On an Iron Axe from Ugarit», PEQ 75 (1943) 57-58.

*a*8050 MOSCATI, S., «Un avorio di Ugarit e l'iconografia egiziana del nemico vinto», OrAnt 1 (1962) 3-7.

*a*8051 DIETRICH, M., LORETZ, O., SANMARTIN, J., «Die fünf beschrifteten Äxte aus Ugarit», UF 6 (1974) 463.

*a*8052 WARD, W.A., «Remarks on Some Middle Kingdom Statuary Found at Ugarit», UF 11 (1979) 799-806.

*a*8053 COGNEUGNIOT, E., «Note préliminaire sur les outils de silex du bronze récent de Ras Shamra-Ougarit», Syr. 59 (1982) 193-195.

*a*8054 WYATT, N., «The Stela of the Seated God from Ugarit», UF 15 (1983) 271-277.

c) Histoire. History. Geschichte. Storia. Historia.

*a*8055 GASTER, T.H., «The Beth-Shemesh Tablet and the Origins of Ras Shamra», PEQ 66 (1934) 94-96.

*a*8056 WEILL, R., «Sur la situation historique et politique de Ras-Shamra», RHR 115 (1937) 174-187.

*a*8057 DOSSIN, G., «NQMD et NIQME-HAD», Syr. 20 (1939) 169-176.

*a*8058 VIROLLEAUD, C., «Les Villes et les corporations du royaume d'Ugarit (RS 10043-10045, 10066, 11724, 11790, 11799, 11800, 11830, 11836, 11841-11843, 11845, 11850)», Syr. 21 (1940) 123-151.

*a*8059 SCHAEFFER, C.F.-A., «La première tablette», Syr. 33 (1956) 161-168 (récit de fouilles).

*a*8060 NOUGAYROL, J., «L'influence babylonienne à Ugarit, d'après les textes en cunéiformes classiques», Syr. 39 (1962) 28-35.

*a*8061 BURKE, M.L., «Lettres de Numušda-Naḫrâri et de trois autres correspondants à Idiniatum», Syr. 41 (1964) 67-103.

*a*8062 KUPPER, J.-R., «Correspondance de Kibri-Dagan», Syr. 41 (1964) 105-116.

a8063   KITCHEN, K.A., «The King List of Ugarit», UF 9 (1977) 131-142.

a8064   ASTOUR, M.C., «The Kingdom of Siyannu-Ušnatu», UF 11 (1979) 13-28.

a8065   HELTZER, M., «Some problems of the military organization of Ugarit», OrAnt 18 (1979) 245-253.

a8066   MACDONALD, J., «An Assembly at Ugarit?» UF 11 (1979) 515-526.

a8067   LIVERANI, M., «Ras Shamra (Ugarit ou Ougarit). II. Histoire. - A. Histoire politique. - B. Territoire et population. - C. Rapports internationaux. - D. Rapports socio-politique internes. - E. Évolution des rapports socio-économiques», SDB 9 (1979) col. 1295-1348.

a8068   ASTOUR, M.C., «Ugarit and the Great Powers», dans Ugarit in Retrospect (en collab.) (1981), 3-29.

a8069   ASTOUR, M.C., «Les frontières et les districts du royaume d'Ugarit», UF 13 (1981) 1-12.

a8070   GIVEON, R., «Some Egyptological Considerations Concerning Ugarit», dans Ugarit in Retrospect (en collab.) (1981), 55-58.

a8071   LINDER, E., «Ugarit: A Canaanite Thalassocracy», dans Ugarit in Retrospect (en collab.) (1981), 31-42.

a8072   LIPINSKI, E., «Aḫat-Milki, reine d'Ugarit, et la guerre de Mukiš», OLoP 12 (1981) 79-115.

a8073   LIPINSKI, E., «Allusions historiques dans la correspondance ougaritique de Ras Shamra: Lettre de Ewri-šarri à Pilsiya», UF 13 (1981) 123-126.

a8074   SINGER, I., «Takuḫlinu and Haya: Two Governors in the Ugarit Letter from Tel Aphek», Tel Aviv 10 (1983) 3-25.

a8075   VAN SETERS, J., In Search of History (1983), «Texts and Inscriptions of the Levant», 188-208.

d) Religion. Religione. Religión.

Études générales. General Studies. Allgemeine Studien. Studi generali. Estudios generales.

a8076   LIPINSKI, E., «El's abode. Mythological traditions related to Mount Hermon and to the mountains of Armenia», OLoP 2 (1971) 13-69.

a8077   BERGERHOF, K., «Erfahrungen mit dem Einsatz von ugaritischen Texten in der Religionspädagogik», UF 11 (1979) 47-53.

a8078   ODEN, R.A., Jr., «Theoretical Assumptions in the Study of Ugaritic Myths», Maarav 2, no 1 (1979) 43-63.

a8079   CAQUOT, A., SZNYCER, M., Ugaritic Religion (Iconography of Religion, XV/8) (Leiden, Brill, 1980), viii-28 pp.

a8080   MILLER, P.D., Jr., «Ugarit and the History of Religions», JNWSemL 9 (1981) 119-128.

a8081   POLJAKOV, F., «Miscellanea Hellenosemitica. - 2. The Jar and the Underworld», UF 14 (1982) 309-310.

a8082   XELLA, P., «Aspekte religiöser Vorstellungen in Syrien nach den Ebla- und Ugarit-Texten», UF 15 (1983) 279-290.

Dieux. Gods. Götter. Dei. Dioses.

a8083   DUSSAUD, R., «Le Sanctuaire et les dieux phéniciens de Ras Shamra», RHR 105 (1932) 245-302.

a8084   DUSSAUD, R., «Le mythe de Ba'al et d'Aliyan d'après des documents nouveaux», RHR 111 (1935) 5-65.

a8085   VIROLLEAUD, C., «Les Chasses de Baal. Poème de Ras Shamra», Syr. 16 (1935) 247-266 (fouilles de 1930).

a8086   DUSSAUD, R., «Le vrai nom de Ba'al», RHR 113 (1936) 5-20.

a8087   VIROLLEAUD, C., «Hymne phénicien au dieu Nikal et aux déesses Kosarot provenant de Ras Shamra», Syr. 17 (1936) 209-228.

a8088   DUSSAUD, R., «Aliyan Ba'al et ses messages d'outre-tombe», RHR 116 (1937) 121-135.

a8089   DUSSAUD, R., «Les combats sanglants de 'Anat et le pouvoir universel de El (V AB et VI AB)», RHR 118 (1938) 133-169.

a8090   GINSBERG, H.L., «Ba'l and 'Anat», Or. 7 (1938) 1-11.

a8091   GINSBERG, H.L., «Two Religious Borrowings in Ugaritic Literature. I. A Hurrian Myth in Semitic Dress», Or. 8 (1939) 317-327; II. «The Egyptian God Ptah in Ugaritic Mythology?» Or. 9 (1940) 39-44.

a8092   VIROLLEAUD, C., «II. Anat - Astarte», ErJb 1938 6 (1939) 141-160.

a8093   GINSBERG, H.L., «The Ugaritic Deity 'Ibnkl, A Rejoinder», Or. 9 (1940) 228-229.

a8094   GOETZE, A., «The Ugaritic Deities pdgl and ibnkl», Or. 9 (1940) 223-228.

a8095   GRAY, J., «The Rephaim», PEQ 81 (1949) 127-139.

a8096   HERDNER, A., «Ḫiriḫibu et les noces de Yariḫ et de Nikkal dans la mythologie d'Ugarit», Sem. 2 (1949) 17-20.

a8097   GRAY, J., «Dtn and Rp'um in Ancient Ugarit», PEQ 84 (1952) 39-41.

a8098   CAQUOT, A., «Le dieu 'Athtar et les textes de Ras Shamra», Syr. 35 (1958) 45-60.

a8099   CAQUOT, A., «La divinité solaire ougaritique», Syr. 36 (1959) 99-101.

a8100   CAQUOT, A., «Les Rephaim ougaritiques. 1. Deux problèmes d'histoire religieuse. 2. Observations sur le texte ougaritique. 3. Conclusions», Syr. 37 (1960) 75-93.

a8101   GARBINI, G., «The God 'Aštar in an Inscription from Byblos», Or. 29 (1960) 322.

a8102   FENSHAM, F.C., «Winged Gods and Goddesses in the Ugaritic Tablets», OrAnt 5 (1966) 157-164.

a8103   LIPINSKI, E., «Recherches ugaritiques. - 1. Ay, un dieu ugaritique? Étude onomastique», Syr. 44 (1967) 253-282.

a8104   CAQUOT, A., «Nouveaux documents ougaritiens. - III. Une nouvelle divinité kassite à Ras Shamra», Syr. 46 (1969) 263-265.

a8105   WARD, W.A., «La déesse nourricière d'Ugarit», Syr. 46 (1969) 225-239.

a8106   DE MOOR, J.C., «The Semitic Pantheon of Ugarit», UF 2 (1970) 187-228.

a8107   LIPINSKI, E., «Épiphanie de Baal-Haddu. RS 24.245», UF 3 (1971) 81-92.

a8108   POPE, M.H., TIGAY, J.H., «A Description of Baal», UF 3 (1971) 117-130 (RS 24.245 = Ugaritica V, Ch. III, No. 3).

a8109   HOFTIJZER, J., «Two Notes on the Ba'al Cyclus», UF 4 (1972) 155-158.

a8110   LIPINSKI, E., «The goddess Aṯirat in ancient Arabia, in Babylon, and in Ugarit. Her relation to the Moon-god and the Sun-goddess», OLoP 3 (1972) 101-119.

a8111   LOEWENSTAMM, S.E., «The Killing of Mot in Ugaritic Myth», Or. 41 (1972) 378-382.

a8112   PARKER, S.B., «The Ugaritic Deity Rāpi'u», UF 4 (1972) 97-104 (CTA 20-22 = UT 120-124).

a8113   KÜHNE, C., «Ammistamru und die Tochter der 'Grossen Dame'», UF 5 (1973) 175-184.

a8114   TSUMURA, D.T., «A Ugaritic God, MT-W-ŠR, and His Two Weapons» (UT 52:8-11)», UF 6 (1974) 407-413.

a8115   DRESSLER, H.H.P., «Is the Bow of Aqhat a Symbol of Virility?» UF 7 (1975) 217-220.

a8116   L'HEUREUX, C., «The Ugaritic and Biblical Rephaim», HarvTR 67 (1974) 265-274.

a8117   CUNCHILLOS, J.L., Cuando los Angeles eran Dioses (Bibliotheca Salmanticensis XIV, Estudios 12) (Salamanca, Universitad Pontificia, 1976), 198 pp.

a8118   GORDON, C.H., «El, Father of Šnm», JNES 35 (1976) 261-262.

a8119   HELLER, J., «Die Entmythisierung des ugaritischen Pantheons im AT», TLZ 101 (1976) 1-10.

a8120   PRIEBATSCH, H.Y., «Afer, Sohn der Katura und König der Arri/'Apiru», UF 8 (1976) 327-336.

a8121   VIGANO, L., «Il fenomeno stilistico di break-up di nomi divini nei testi di Ras Samra», RivB 24 (1976) 225-242.

a8122   VIGANO, L., «EL e BAAL ad Ugarit», dans *Studia Hierosolymitana (Bagatti)* (en collab.) (1976), II, 39-43.

a8123   HEALEY, J.F., «The Underworld Character of the God Dagan», JNWSemL 5 (1977) 43-51.

a8124   LORETZ, O., «Die Titelsucht Jahwes im panugaritistischen Aberglauben», UF 9 (1977) 350-352.

a8125   YOUNG, D.W., «With Snakes and Dates: A Sacred Marriage Drama at Ugarit?» UF 9 (1977) 291-314.

a8126   BARNETT, R.D., «The Earliest Representation of 'Anath», ErIs 14 (1978) 28*-31*.

a8127   KINET, D., «Theologische Reflexion im ugaritischen Ba'al-Zyklus», BZ 22 (1978) 236-244.

a8128   DIJKSTRA, M., «Some Reflections on the Legend of Aqhat», UF 11 (1979) 199-210.

a8129   GRAY, J., «The Blood Bath of the Goddess Anat in the Ras Shamra Texts», UF 11 (1979) 315-324.

a8130   KAPELRUD, A.S., «Ba'al, Schöpfung und Chaos», UF 11 (1979) 407-412.

a8131   KOCH, K., «Zur Entstehung der Ba'al-Verehrung», UF 11 (1979) 465-475.

a8132   LOEWENSTAMM, S.E., «Zur Götterlehre des Epos von Keret», UF 11 (1979) 505-514.

a8133   VAN ROOY, H.F., «The Relation between Anat and Baal in the Ugaritic Texts», JNWSemL 7 (1979) 85-95.

a8134   YOUNG, D.W., «The Ugaritic Myth of the God ḪŌRĀN and the Mare», UF 11 (1979) 839-848 (RS 24.244 = Ug V 7 = KTU 1.100).

a8135   DE MOOR, J.C., «El, the Creator», dans *The Bible World*. Essays in Honor of Cyrus H. Gordon (en collab.) (1980), 171-187.

a8136   DIETRICH, M., LORETZ, O., «Die Ba'al-Titel *b'l arṣ* und *aliy qrdm*», UF 12 (1980) 391-393.

a8137   DIETRICH, M., LORETZ, O., «Kennen die ug. Texte den babylonischen Gottesnamen Lillu(m)?» UF 12 (1980) 403.

a8138   KAPELRUD, A.S., «The Relationship between El and Baal in the Ras Shamra Texts», dans *The Bible World*. Essays in Honor of Cyrus H. Gordon (en collab.) (1980), 79-85.

a8139   PETTINATO, G., «Pre-Ugaritic Documentation of Ba'al», dans *The Bible World*. Essays in Honor of Cyrus H. Gordon (en collab.) (1980), 203-209.

a8140   WYATT, N., «The Relationship of the Deities Dagan and Hadad», UF 12 (1980) 375-379.

a8141   MARGALIT, B., «The Ugaritic Creation Myth: Fact or Fiction?» UF 13 (1981) 137-145.

a8142   LOEWENSTAMM, S.E., «Did the Goddess Anat Wear Side-Whiskers and a Beard?» UF 14 (1982) 119-123.

Culte. Cult. Gottesdienst. Culto.

a8143   DUSSAUD, R., «Cultes cananéens aux sources du Jourdain, d'après les textes de Ras Shamra», Syr. 17 (1936) 283-295.

a8144   URIE, D.M.L., «Officials of the Cult at Ugarit», PEQ 80 (1948) 42-47.

a8145   GORDON, C.H., «Sabbatical Cycle or Seasonal Pattern? (Reflections on a New Book)», Or. 22 (1953) 79-81.

a8146   ASTOUR, M.C., «Un texte d'Ugarit récemment découvert et ses rapports avec l'origine des cultes bachiques grecs», RHR 164 (1963) 1-15.

a8147   SCHAEFFER, C.F.-A., «Nouveaux témoignages du culte de El et de Baal à Ras Shamra-Ugarit et ailleurs en Syrie-Palestine», Syr. 43 (1966) 1-19.

a8148   CHARBEL, A., «Il sacrificio di comunione in Ugarit», BibOr 14 (1972) 133-141.

a8149   XELLA, P., «KTU 1.91 (RS 19.15) e i sacrifici del re», UF 11 (1979) 833-838.

a8150   POPE, M.H., «The Cult of the Dead at Ugarit», dans Ugarit in Retrospect (en collab.) (1981), 159-179.

a8151   XELLA, P., I testi rituali di Ugarit - I: Testi (Pubblicazioni del Centro di Studio per la Civiltà Fenicia e Punica, 21. Studi Semitici, 54) (Roma, Istituto di Studi del Vicino Oriente, Università di Roma, 1981), 414 pp.

e) Civilisation. Zivilisation. Civiltà. Civilización.

a) Rapports sociaux. Social Relations. Soziale Struktur.
   Rapporti sociali. Sociales relaciones.

a8152   RAINEY, A.F., «Family Relationships in Ugarit», Or. 34 (1965) 10-22.

a8153   DIETRICH, M., LORETZ, O., «Die soziale Struktur von Alalaḫ und Ugarit (V). Die Weingärten des Gebietes von Alalaḫ im 15. Jahrhundert», UF 1 (1969) 37-64.

a8154   DIETRICH, M., LORETZ, O., «Die soziale Struktur von Alalaḫ und Ugarit (IV). Die É = bītu-Listen aus Alalaḫ IV als Quelle für die Erforschung der gesellschaftlichen Schichtung von Alalaḫ im 15. Jh. v. Chr.», ZA 60 (1970) 88-123.

a8155   REVIV, H., «Some Comments on the Maryannu», IsrEJ 22 (1972) 218-228.

a8156   HALLIGAN, J.M., «The Role of the Peasant in the Amarna Period», dans Society of Biblical Literature. 1976 Seminar Papers (en collab.) (1976), 155-169.

a8157   HELTZER, M., The Rural Community in Ancient Ugarit (Wiesbaden, Reichert Verlag, 1976), x-120 pp.

a8158   HORWITZ, W.J., «The Ugaritic Scribe», UF 11 (1979) 389-394.

a8159   DIETRICH, M., LORETZ, O., «Amter und Titel des Schreibers Ilmlk von Ugarit», UF 12 (1980) 387-389.

a8160   VARGYAS, P., «Le mudu à Ugarit. Ami du Roi?» UF 13 (1981) 165-179.

a8161   ZACCAGNINI, C., «Patterns of Mobility among Ancient Near Eastern Craftsmen», JNES 42 (1983) 245-264.

b) Commerce. Trade. Handelsverkehr. Commercio. Comercio.

a8162   HAASE, R., «Anmerkungen zum ugaritischen Immobilienkauf», ZA 58 (1967) 196-210.

a8163   HELTZER, M., «On Tithe Paid in Grain in Ugarit», IsrEJ 25 (1975) 124-128.

a8164   HELTZER, M., «Zum Hauskauf in Ugarit», UF 11 (1979) 365-370.

a8165   LIVERANI, M., «La dotazione dei mercanti di Ugarit», UF 11 (1979) 495-503.

a8166   CORNELIUS, I., «A Bird's Eye View of Trade in Ancient Ugarit», JNWSemL 9 (1981) 13-31.

c) Droit. Law. Recht. Diritto. Derecho.

a8167   GRAY, J., «The Goren at the City Gate: Justice and the Royal Office in the Ugaritic Text 'Aqht», PEQ 85 (1953) 118-123.

a8168   FENSHAM, F.C., «Shipwreck in Ugarit and Ancient Near Eastern Law Codes», OrAnt 6 (1967) 221-224.

a8169   KIENAST, B., «Rechtsurkunden in ugaritischer Sprache», UF 11 (1979) 431-452.

d) Bible et Ugarit. Bible and Ugarit. Bibel und Ugarit.
Bibbia e Ugarit. Biblia y Ugarit.

*a*8170   GASTER, T.H., «The Ras Shamra Texts and the Old Testament», PEQ 66 (1934) 141-146.

*a*8171   BERGER, P.-R., «Einige Bemerkungen zu Friedrich Ellermeier: Prophetie in Mari und Israel (Herzberg 1968)», UF 1 (1969) 207-209.

*a*8172   BREKELMANS, C., «Some Considerations on the Translation of the Psalms by M. Dahood. I. The Preposition *b* = *from* in the Psalms According to M. Dahood», UF 1 (1969) 5-14.

*a*8173   LOEWENSTAMM, S.E., «The Ugaritic Myth of the Sea and its Biblical Counterparts», ErIs 9 (1969) 96-101 (English summary).

*a*8174   MILLARD, A.R., «What has no Taste? (Job 6:6)», UF 1 (1969) 210.

*a*8175   BERGER, P.-R., «Zu den Strophen des 10. Psalms», UF 1 (1970) 7-17.

*a*8176   BERGER, P.-R., «Zu Ps 24.7 und 9», UF 2 (1970) 335-336.

*a*8177   LORETZ, O., «Die Sprüche Jeremias in Jer 1,17-9,25», UF 2 (1970) 109-130.

*a*8178   LORETZ, O., «Psalmenstudien», UF 3 (1971) 101-115; 5 (1973) 213-218; 6 (1974) 175-210.

*a*8179   DAHOOD, M., «Additional Pairs of Parallel Words in the Psalter and in Ugaritic», dans *Wort, Lied und Gottesspruch.* Beiträge zu Psalmen und Propheten (en collab.) (1972), 35-40.

*a*8180   LORETZ, O., «Die Ugaritistik in der Psalmeninterpretation. Zum Abschluss des Kommentars von M. Dahood», UF 4 (1972) 167-169.

*a*8181   LABUSCHAGNE, C.J., «The *našû-nadānu* formula and its Biblical equivalent», dans *Travels in the World of the Old Testament* (en collab.) (1974), 176-180.

*a*8182   LORETZ, O., «Stichometrische und textologische Probleme in den Thronbesteigungs-Psalmen. Psalmenstudien (IV)», UF 6 (1974) 211-240.

*a*8183   LORETZ, O., «Ugarit-Texte und israelitische Religionsgeschichte. Zu F.M. Cross, *Canaanite Myth and Hebrew Epic*», UF 6 (1974) 241-248.

*a*8184   LORETZ, O., «'jš mgn in Proverbia 6,11 und 24,34», UF 6 (1974) 476-477.

*a*8185   LORETZ, O., «Der Torso eines kanaanäisch-israelitischen Tempelweihespruches in 1 Kg 8,12-13», UF 6 (1974) 478-480.

*a*8186   LORETZ, O., «Die Umpunktierung von *m'd* zu *mā'ēd* in den Psalmen», UF 6 (1974) 481-484.

*a*8187   MORODER, R.J., «Ugaritic and Modern Translation of the Psalter. A Critical Examination of *Die Psalmen - Ökumenische Übersetzung der Bibel*», UF 6 (1974) 249-264.

*a*8188   AVISHUR, Y., «Word Pairs Common to Phoenician and Biblical Hebrew», UF 7 (1975) 13-47.

*a*8189   DRESSLER, H.H.P., «Ugaritic *uzr* and Joel 1:13», UF 7 (1975) 221-225.

*a*8190   GORDON, C.H., «Ugarit and Its Significance to Biblical Studies», dans *Biblical Studies in Contemporary Thought* (en collab.) (1975), 161-169.

*a*8191   LORETZ, O., «Wortbericht-Vorlage und Tatbericht-Interpretation im Schöpfungsbericht Gn. 1,1-2,4a», UF 7 (1975) 279-287.

*a*8192   PELZL, B., «Das Zeltheiligtum von Ex. 25ff. Die Frage nach der Möglichkeit seiner Errichtung», UF 7 (1975) 379-387.

*a*8193   AVISHUR, Y., «Studies of Stylistic Features Common to the Phoenician Inscriptions and the Bible», UF 8 (1976) 1-22.

*a*8194 DIJKSTRA, M., «A Ugaritic Pendant of the Biblical Expression: 'Pure in Heart' (Ps. 24:4; 73:1)», UF 8 (1976) 440.

*a*8195 LORETZ, O., «Die Psalmen 8 und 67. Psalmenstudien V», UF 8 (1976) 117-121.

*a*8196 LORETZ, O., «Ugaritisch-hebräisch in Job 3,3-26. Zum Disput zwischen M. Dahood und J. Barr», UF 8 (1976) 123-127.

*a*8197 LORETZ, O., «Der kanaanäische Mythos von Sturz der Šaḥar-Sohnes Hêlēl (Jes. 14,12-15)», UF 8 (1976) 133-136.

*a*8198 LORETZ, O., «*Ki* 'Brandmal' in Jes. 3,24», UF 8 (1976) 448.

*a*8199 LORETZ, O., «Die *twrh*-Stellen in Jesaja 1», UF 8 (1976) 450-451.

*a*8200 LORETZ, O., «Repointing und Redivision in Genesis 16,11», UF 8 (1976) 452-453.

*a*8201 LORETZ, O., «Aharon der Levit (Ex. 4,14)», UF 8 (1976) 454.

*a*8202 LORETZ, O., «Der Sturz des Fürsten von Tyrus (Ez 28,1-19)», UF 8 (1976) 455-458.

*a*8203 PARKER, S.B., «The Marriage Blessing in Israelite and Ugaritic Literature», JBL 95 (1976) 23-30.

*a*8204 PELZL, B., «Thesen zur Entstehung des Zeltbauberichtes von Ex. 25ff», UF 8 (1976) 323-326.

*a*8205 WATSON, W.G.E., «The Pivot Pattern in Hebrew, Ugaritic and Akkadian Poetry», ZAW 88 (1976) 239-253.

*a*8206 WESTERMANN, C., *Die Verheissungen an die Väter*. Studien zur Vätergeschichte (FRLANT 116), «Die Bedeutung der ugaritischen Texte für die Vätergeschichte» (1976), 151-168.

*a*8207 WYATT, N., «Atonement Theology in Ugarit and Israel», UF 8 (1976) 415-430.

*a*8208 DAHOOD, M., «Ebla, Ugarit and the Old Testament», dans *Congress Volume, Göttingen 1977* (en collab.) (1978), 81-112.

*a*8209 DAHOOD, M., «I libri profetici e sapienziali dell'Antico Testamento alla luce delle scoperte di Ebla e di Ugarit», CC 2 (1978) 547-556.

*a*8210 LOEWENSTAMM, S.E., «Ugarit and the Bible, II [L.R. FISHER, (Ed.), *Ras Shamra Parallels*. The Texts from Ugarit and the Hebrew Bible. II]», Bibl 59 (1978) 100-122.

*a*8211 LORETZ, O., «Altorientalischer Hintergrund sowie inner- und nachbiblische Entwicklung des aaronitischen Segens (Num 6,24-26)», UF 10 (1978) 115-119.

*a*8212 CRAIGIE, P.C., «Parallel Word Pairs in Ugaritic Poetry: A Critical Evaluation of their Relevance for Psalm 29», UF 11 (1979) 135-140.

*a*8213 JACOB, E., CAZELLES, H., «Ras Shamra (Ugarit ou Ougarit). VII. Ras Shamra et l'Ancien Testament», SDB 9 (1979) col. 1425-1439.

*a*8214 RINGGREN, H., «Ugarit und das Alte Testament: Einige methodologische Erwägungen», UF 11 (1979) 719-722.

*a*8215 WHITLEY, C.F., «Koheleth and Ugaritic Parallels», UF 11 (1979) 811-824.

*a*8216 FERCH, A.J., «Daniel 7 and Ugarit: A Reconsideration», JBL 99 (1980) 75-86.

*a*8217 AVISHUR, Y., «Should a Ugaritic text be corrected on the basis of a biblical text?» VT 31 (1981) 218-220.

*a*8218 CRAIGIE, P.C., «Ugarit and the Bible: Progress and Regress in 50 Years of Literary Study», dans *Ugarit in Retrospect* (en collab.) (1981), 99-111.

*a*8219 LOEWENSTAMM, S.E., «An Additional Remark upon Ps. 92:11b», UF 13 (1981) 302.

*a*8220 MIHALIK, I., «Ugarit and the Bible (A Question Still Unanswered)», UF 13 (1981) 147-150.

*a*8221 PARDEE, D., «Ugaritic and Hewbrew Metrics», dans *Ugarit in Retrospect* (en collab.) (1981), 113-130.

*a*8222 VON SODEN, W., «Mottoverse zu Beginn babylonischer und antiker Epen, Mottosätze in der Bibel», UF 14 (1982) 235-239.

a8223   WATSON, W.G.E., «Trends in the Development of Classical Hebrew Poetry:
         A Comparative Study», UF 14 (1982) 265-277.
a8224   CRAIGIE, P.C., *Ugarit and the Old Testament* (Grand Rapids, Michigan, Eerdmans,
         1983), viii-110 pp.
a8225   VON SODEN, W., «Zum Psalm 99 3: Statt *dakka* lies *dukkā*!» UF 15 (1983) 307-308.

e) Divers. Miscellaneous. Verschiedenes. Diversi. Diversos.

a8226   JARRY, M., «Sur une blessure mortelle causée par une flèche de bronze à Ugarit», Syr.
         20 (1939) 293-295.
a8227   CELADA, B., «Pueblos montañeses de la edad media de Oriente», CuBi 14 (1957)
         251-256.
a8228   GRUBER, M.I., *Aspects of Nonverbal Communication in the Ancient Near East* (Studia
         Pohl, 12) (Roma, Biblical Institute Press, 1980), xxx-770 pp.

PASTORALE. PASTORAL WORK. SEELSORGE. PASTORALE. PASTORAL.

a8229   FERRIER-WELTY, M., «La transmission de l'Évangile. Recherche sur la relation
         personnelle dans l'Église d'après les épîtres pastorales», ETR 32 (1957) 75-135.
a8230   VISCHER, W., «Les Modèles de notre ministère pastoral dans l'Ancien Testament»,
         ETR 40 (1965) 233-254.
a8231   CANTO RUBIO, J., «Sentido pastoral de los libros del Antiguo Testamento», CuBi 23
         (1966) 99-104.
a8232   DE KRUIJF, T.C., «De werking van het Schriftwoord. Vragen naar aanleiding van het
         Pastoraal Concilie. *Die Funktionalität der Bibel*», Bijdr. 31 (1970) 412-425 (Deutsche
         Zusammenfassung).
a8233   GERSTENBERGER, E., «Übersetzt - erklärt - gepredigt - Vom Gebrauch des Alten
         Testaments», BiKi 28 (1973) 119-126.
a8234   KAISER, O., «Menschensohn, Menschensohnforschung und praktische Verkündigung.
         Überlegungen zur Dialektik von Autonomie und Finalisierung neutestamentlicher
         Wissenschaft», dans *Jesus und der Menschensohn* (en collab.) (1975), 435-488.
a8235   BEILNER, W., «Bibelwissenschaft und Bibelpastoral», BiLit 49 (1976) 239-246.
a8236   EGGER, W., «Die zweite Unbefangenheit des Bibellesens (Ziele und Aufgaben der
         praktischen Bibelarbeit)», BiLit 49 (1976) 247-255.
a8237   SCHARFENBERG, J., «Die biblische Tradition im seelsorgerlichen Gespräch. Ein
         Beitrag zur praktisch-theologischen Theoriebildung», EvT 38 (1978) 125-136.
a8238   BEILNER, W., «Priesterfortbildung in der Bibelwissenschaft», BiLit 52 (1979) 36-40.
a8239   BRUEGGEMANN, W., «Covenanting as Human Vocation. A Discussion of the
         Relation of Bible and Pastoral Care», Interpr 33 (1979) 115-129.
a8240   GUTHRIE, S.C., Jr., «Pastoral Counselling, Trinitarian Theology, and Christian
         Anthropology», Interpr 33 (1979) 130-143.
a8241   LEITNER, A., «Ein Bibel-Fernkurs (Erfahrungsbericht aus Linz)», BiLit 52 (1979)
         56-59.
a8242   OGLESBY, W.B., Jr., «Implications of Anthropology for Pastoral Care and
         Counselling», Interpr 33 (1979) 157-171.
a8243   STANGL, R., «Pastorale Aspekte biblischer Reisen», BiLit 52 (1979) 60-62.

PHILOLOGIE. PHILOLOGY. PHILOLOGIE.
FILOLOGIA. FILOLOGÍA.

1. Introduction. Einführung. Introduzione. Introducción.

a8244   MOSCATI, S., «Bibliographie sémitique», Or. 16 (1947) 103-129; 17 (1948) 91-102; 19 (1950) 445-478.

a8245   HARMUTH, K., «Wie die Keilschriftentziffert wurde», BiKi 8/3 (1953) 17-23.

a8246   CELADA, B., «Los textos y otros hallazgos arqueológicos», CuBi 14 (1957) 307-326.

a8247   BARR, J., «Hypostatization of Linguistic Phenomena in Modern Theological Interpretation», JSS 7 (1962) 85-94.

a8248   GONZALO MAESO, D., «La clave principal de la exégesis escrituritaria», CuBi 22 (1965) 323-329.

a8249   JEAN, C.-F., HOFTIJZER, J., *Dictionnaire des inscriptions sémitiques de l'ouest* (Leiden, Brill, 1965), xxxii-342 pp.

a8250   FRONZAROLI, P., «Statistical Methods in the Study of Ancient Near Eastern Languages», Or. 42 (1973) 97-113.

a8251   HOSPERS, J.H. (Ed.), *A Basic Bibliography for the Study of the Semitic Languages* (Leiden, Brill, 1973-1974), xxi-401 pp., xii-108 pp.

a8252   IERSEL, B.V., «Exégèse et linguistique», Conci nº 135 (1978) 79-89.

a8253   BARR, J., «Semitic Philology and the Interpretation of the Old Testament», dans *Tradition and Interpretation* (en collab.) (1979), 31-64.

2. Langues sémitiques. Semitic Languages. Semitische Sprachen.
Semitice lingue. Semíticas lenguas.

a) Introduction. Einführung. Introduzione. Introducción.

a8254   DRIVER, G.R., «Old and New Semitic Texts», PEQ 70 (1938) 188-192.

a8255   ULLENDORFF, E., «What is a Semitic Language?» Or. 27 (1958) 66-75.

a8256   KUTSCHER, E.Y., «Contemporary Studies in North-western Semitic», JSS 10 (1965) 21-51.

a8257   VON SODEN, W., «Zur Method der Semitisch-hamitischen Sprachvergleichung», JSS 10 (1965) 159-177.

a8258   HOSPERS, J.H., «Comparative Semitics», dans *A Basic Bibliography for the Study of the Semitic Languages* (en collab.) (1973), I, 365-386.

a8259   SEKINE, M., «Subdivisions of the North-West Semitic Languages», JSS 18 (1973) 205-221.

a8260   BLAU, J., «Hebrew and North West Semitic: Reflections on the Classification of the Semitic Languages», HebAnR 2 (1978) 21-44.

b) Lexique. Vocabulary. Lexikon. Lessico. Léxico.

a8261   CANTINEAU, J., «La notion de 'schème' et son altération dans diverses langues sémitiques», Sem. 3 (1950) 73-83.

a8262   COHEN, D., «Le vocabulaire de base sémitique et le classement des dialectes méridionaux», Sem. 11 (1961) 55-84.

a8263   COUROYER, B., «BRK - MRK», Or. 32 (1963) 170-177.

a8264   BIGGS, R.D., «Semitic Names in the Fara Period», Or. 36 (1967) 55-66.

a8265 FRONZAROLI, P., «Problemi della lessicografia comparativa semitica», OrAnt 11 (1972) 241-262.

a8266 LIPINSKI, E., «*skn* et *sgn* dans le sémitique occidental du nord», UF 5 (1973) 191-207.

a8267 VON SODEN, W., «Ein semitisches Wurzelwörterbuch: Probleme und Möglichkeiten», Or. 42 (1973) 142-148.

a8268 HETZRON, R., «Innovations in the Semitic Numeral System», JSS 22 (1977) 167-201.

a8269 MARCUS, D., «The Term 'Chin' in the Semitic Languages», BASOR no 226 (1977) 53-60.

a8270 ZADOK, R., «West Semitic Personal Names in the Murasû Documents», BASOR no 231 (1978) 73-78.

a8271 FRAJZYNGIER, Z., «Notes on the $R_1R_2R_2$ stems in Semitic», JSS 24 (1979) 1-12.

a8272 GRAVE, C., «The Etymology of Northwest Semitic *ṣapānu*», UF 12 (1980) 221-230.

a8273 SZEMERENYI, O., «Semitic Influence on the Iranian Lexicon, 1», dans *The Bible World*. Essays in Honor of Cyrus H. Gordon (en collab.) (1980), 221-237.

a8274 SWIGGERS, P., «The Meaning of the Root *lḥm* 'food' in the Semitic Languages», UF 13 (1981) 307-308.

a8275 GRAVE, C., «Northwest Semitic *ṣapānu* in a Break-up of an Egyptian Stereotype Phrase in EA 147», Or. 51 (1982) 161-182.

c) Grammaire. Grammar. Grammatik. Grammatica. Gramática.

a8276 BRAVMANN, M.M., «Some Aspects of the Development of Semitic Diphtongs», Or. 8 (1939) 244-253; 9 (1940) 45-60.

a8277 KÖBERT, R., «Gedanken zum semitischen Wort- und Satzbau», Or. 14 (1945) 173-183; 15 (1946) 150-154.

a8278 CANTINEAU, J., «La voyelle de secours 'i' dans les langues sémitiques», Sem. 2 (1949) 51-67.

a8279 CANTINEAU, J., «Le consonantisme du sémitique», Sem. 4 (1951-52) 79-94.

a8280 BRAVMANN, M.M., «On a Case of Quantitative Ablaut in Semitic», Or. 22 (1953) 1-24.

a8281 KIENAST, B., «Erwägungen zu einer neueren Studie über semitische Demonstrativa», Or. 26 (1957) 257-268.

a8282 KIENAST, B., «Das Punktualthema *japrus* und seine Modi», Or. 29 (1960) 151-167.

a8283 COHEN, D., «Remarques sur la dérivation nominale par affixes dans quelques langues sémitiques», Sem. 14 (1964) 73-93.

a8284 DAHOOD, M., DELLER, K., KÖBERT, R., «Comparative Semitics. Some Remarks on a Recent Publication», Or. 34 (1965) 35-44.

a8285 HETZRON, R., «Agaw Numerals and Incongruence in Semitic», JSS 12 (1967) 169-197.

a8286 LESLAU, W., «An Archaic Vowel of the Jussive in Gurage, Gafat, and Harari», Or. 37 (1968) 90-93.

a8287 HETZRON, R., «The Evidence for Perfect *y'aqtul* and Jussive *yaqt'ul* in Proto-Semitic», JSS 14 (1969) 1-21.

a8288 AARTUN, K., «Über die Parallelformen des selbständigen Personalpronomens der 1. Person Singular im Semitischen», UF 3 (1971) 1-7.

a8289 GRANDE, B.M., *Introduction to the Comparative Study of the Semitic Languages* (Moscow, USSR Academy of Sciences; Oriental Institute, 1972), 442 pp.

a8290 AARTUN, K., «Die hervorhebende Endung -*w(V)* an nordwestsemitischen Adverbien und Negationen», UF 5 (1972) 1-5.

a8291 KURYLOWICZ, J., «Verbal Aspect in Semitic», Or. 42 (1973) 114-120.

a8292   AARTUN, K., «Zur morphologisch-grammatischen Interpretation der sogenannten neutrischen Verben im Semitischen», UF 7 (1975) 1-11.

a8293   COOGAN, M.D., «The Use of Second Person Singular Verbal Forms in Northwest Semitic Personal Names», Or. 44 (1975) 194-197.

a8294   FLEISCH, H., «Le verbe du sémitique commun. Les discussions à son sujet», Sem. 25 (1975) 5-18.

a8295   JANSSENS, G., «The feminine ending -(a)t in Semitic», OLoP 6/7 (1975-76) 277-284.

a8296   RAINEY, A.F., «KL 72:600 and the D-Passive in West Semitic», UF 8 (1976) 337-341.

a8297   BRAVMANN, M.M., Studies in Semitic Philology (Studies in Semitic Languages and Linguistics, 6) (Leiden, Brill, 1977), xi-597 pp.

a8298   PRIEBATSCH, H.Y., «Der Weg des semitischen Perfekts», UF 10 (1978) 337-347.

a8299   DAHOOD, M., «Third Masculine Singular with Preformative t- in Northwest Semitic», Or. 48 (1979) 97-106.

a8300   GRABBE, L.L., «Hebrew PĀ'AL / Ugaritic B'L and the Supposed B/P Interchange in Semitic», UF 11 (1979) 307-314.

a8301   PENNACCHIETTI, F.A., «Stato costrutto e grammatica generativa», OrAnt 18 (1979) 1-27.

a8302   YOSHIKAWA, M., «The Sumerian Verbal Prefixes mu -, i- and Topicality», Or. 48 (1979) 185-206.

a8303   BLAU, J., «The Parallel Development of the Feminine Ending -at in Semitic Languages», HUCA 51 (1980) 17-28.

a8304   GRUBER, M.I., Aspects of Nonverbal Communication in the Ancient Near East (Studia Pohl, 12) (Roma, Biblical Institute Press, 1980), xxx-770 pp.

a8305   LOPRIENO, A., «Osservazioni sullo sviluppo dell'articolo prepositivo in egiziano e nelle lingue semitiche», OrAnt 19 (1980) 1-27.

a8306   BOYD III, J.L., «The Development of the West Semitic Qal Perfect of the Double-'Ayin Verb with particular Reference to its Transmission into Syriac», JNWSemL 10 (1982) 11-23.

a8307   HERMAN, L.J., «A Semitic-Indo-european Semantic Parallel», JNWSemL 11 (1983) 79-80.

a8308   VON SODEN, W., «Zu den semitischen und akkadischen kardinalzahlen und ihrer Konstruktion», ZA 73 (1983) 82-91.

d) Textes. Texts. Texte. Testi. Textos.

a8309   TEIXIDOR, J., «Bulletin d'épigraphie sémitique», Syr. 44 (1967) 163-195; 45 (1968) 353-389; 46 (1969) 319-358; 47 (1970) 357-389; 48 (1971) 453-493; 49 (1972) 413-449; 50 (1973) 401-442; 51 (1974) 299-340; 52 (1975) 261-295; 53 (1976) 305-341; 54 (1977) 251-276; 67 (1979) 353-405.

a8310   LIPINSKI, E. (übersetzt von), «Nordsemitische Texte aus dem 1. Jt. v. Chr.», dans Religionsgeschichtliches Textbuch zum Alten Testament (en collab.) (1975), 245-284.

a8311   LIPINSKI, E., «North-West Semitic Inscriptions», OLoP 8 (1977) 81-117.

a8312   SHISHA-HALEVY, A., «An Early North-West Semitic Text in the Egyptian Hieratic Script», Or. 47 (1978) 145-162.

a8313   LEMAIRE, A., «Nouveau sceau nord-ouest sémitique avec un lion rugissant», Sem. 29 (1979) 67-69.

a8314   NOJA, S., «Testimonianze epigrafiche di giudei nell'Arabia settentrionale», BibOr 21 (1979) 283-316.

a8315   LEMAIRE, A., «Notes d'épigraphie nord-ouest sémitique», Sem. 30 (1980) 17-32; 32 (1982) 15-20.

3. Akkadien. sumérien. Akkadian, Sumerian. Akkadisch, Sumerisch. Accadico, sumerico.

a) Introduction. Einführung. Introduzione. Introducción.

a8316   POHL, A., «Keilschriftbibliographie. 1 (1.VIII.1939 - 1.III.1940)», Or. 9 (1940) 230-239 (Annual bibliography).

a8317   DELLER, K., «Assyrisches Sprachgut bei Tukulti-Ninurta II. (888-884)», Or. 26 (1957) 268-272.

a8318   COOPER, J.S., «Sumerian and Akkadian in Sumer and Akkad», Or. 42 (1973) 239-246.

a8319   GRAGG, G., «Linguistics, Method, and Extinct Languages: The Case of Sumerian», Or. 42 (1973) 78-96.

a8320   RÖMER, W.H.P., «Akkadian», dans A Basic Bibliography for the Study of the Semitic Languages (en collab.) (1973), I, 3-37.

a8321   SOLLBERGER, E., «Problems of Translation», Or. 42 (1973) 158-161.

a8322   EICHLER, B. (Hrg.), Kramer Anniversary Volume. Cuneiform Studies in Honor of Samuel Noah Kramer (A.O.A.T. 25) (Kevelaer, Butzon & Bercker; Neukirchen-Vluyn, Neukirchener Verlag, 1976), xvi-473 pp.

a8323   WISEMAN, D.J., «Israel's Literary Neighbours in the 13th Century B.C.», JNWSemL 5 (1977) 77-91.

b) Paléographie. Paleography. Paläographie. Paleografia. Paleografía.

a8324   SCHNEIDER, N., «Nichtidentifizierte Keilschriftzeichen aus Ur III», Or. 4 (1935) 178-183.

a8325   SCHNEIDER, N., «Das Keilschriftzeichen... KWU. 318», Or. 8 (1939) 64-65.

a8326   LABAT, R., «Le problème de la notation des homophones nouveaux dans le syllabaire suméro-akkadien», Sem. 1 (1948) 3-15.

a8327   SOLLBERGER, E., «Le syllabaire présargonique de Lagaš», ZA 54 (1961) 1-50.

a8328   LABAT, R., «Le rayonnement de la langue et de l'écriture akkadiennes au deuxième millénaire avant notre ère», Syr. 39 (1962) 1-27.

a8329   HIRSCH, H., «Zur Lesung des Zeichens AḪ», ZA 58 (1967) 97-103.

a8330   SAUREN, H., «Untersuchungen zur Schrift- und Lautlehre der neusumerischen Urkunden aus Nippur», ZA 59 (1969) 11-64.

a8331   RENGER, J., «Überlegungen zum akkadischen Syllabar», ZA 61 (1971) 23-43.

a8332   BIGGS, R.D., «On Regional Cuneiform Handwritings in Third Millennium Mesopotamia», Or. 42 (1973) 39-46.

a8333   SNELL, D.C., A Workbook of Cuneiform Signs (Aids and Research Tools in Ancient Near Eastern Studies, 3) (Malibu, CA, Undena Publications, 1979), iv-140 pp.

a8334   SWIGGERS, P., «La base leibnizienne des déchiffrements de G.F. Grotefend», OLoP 10 (1979) 125-132.

a8335   STEINKELLER, P., «Studies in Third Millennium Paleography, 2. Signs ŠEN and ALAL», OrAnt 20 (1981) 243-249.

a8336   STEINKELLER, P., «Studies in Third Millennium Palaeography, 1: Signs TIL and BAD», ZA 71 (1982) 19-28.

c) Critique littéraire. Literary Criticism. Literarkritik. Critica letteraria. Crítica literaria.

a8337 WITZEL, M., «Zum sumerischen Strophenbau», Or. 2 (1933) 224-231.

a8338 HEIMPEL, W., «Observations on Rhythmical Structure in Sumerian Literary Texts», Or. 39 (1970) 492-495.

a8339 SAPORETTI, C., «Sulla frase *še'um ina sūti ša bēt ḫiburni ša ekalli*», Or. 39 (1970) 500-503.

a8340 SAUREN, H., «Zur poetischen Struktur der sumerischen Literatur», UF 3 (1971) 327-334.

a8341 GEVIRTZ, S., «On Canaanite Rhetoric: The Evidence of the Amarna Letters from Tyre», Or. 42 (1973) 162-177.

a8342 COGAN, M., TADMOR, H., «Gyges and Ashurbanipal: A Study in Literary Transmission», Or. 46 (1977) 65-85.

a8343 LaSOR, W.S., «Samples of Early Semitic Poetry», dans *The Bible World*. Essays in Honor of Cyrus H. Gordon (en collab.) (1980), 99-121.

a8344 MICHALOWSKI, P., «Carminative Magic: Towards an Understanding of Sumerian Poetics», ZA 71 (1982) 1-18.

a8345 VON SODEN, W., «Untersuchungen zur babylonischen Metrik, Teil I», ZA 71 (1982) 161-204.

d) Lexique. Vocabulary. Lexikon. Lessico. Léxico.

Mots. Words. Worte. Parole. Palabras.[1]

a8346 EDZARD, D.O., «Die *bukānum*-Formel der altbabylonischen Kaufberträge und ihre sumerische Entsprechung», ZA 60 (1970) 8-53.

a8347 EBELING, E., «Akkadisch *bakrâtu* = Rad einer Bewässerungsmaschine», Or. 20 (1951) 13-14.

a8348 DELLER, K., PARPOLA, S., «Neuassyrisch 'unser Herr' = *bēlīni*, nicht **bēlni*», Or. 35 (1966) 121-122.

a8349 MEISSNER, B., «Das *bît ḫilâni* in Assyrien», Or. 11 (1942) 251-261.

a8350 BOSSERT, H.T., «Bît ḫilani und Anderes», Or. 30 (1961) 199-202.

a8351 VON SODEN, W., «Altbab. *ga'ûm* = hebr. *gā'ā* 'sich überheben'», UF 4 (1972) 160.

a8352 MICHALOWSKI, P., «Foreign Tribute to Sumer during the Ur III Period», ZA 68 (1978) 34-49 (*gun*).

a8353 SJÖBERG, A., «giri$_x$(=KA)-zal», ZA 55 (1962) 1-10.

a8354 STEINKELLER, P., «Alleged GUR.DA = *ugula-géš-da* and the Reading of the Sumerian Numeral 60», ZA 69 (1979) 176-187.

a8355 VON SODEN, W., «Bezeichnet ⁱˢapin im Sumerischen auch ein Bewässerungsgerät?» Or. 16 (1947) 169-171.

a8356 VAN SELMS, A., «Akkadian *Dullu(m)* as a Loanword in West Semitic Languages», JNWSemL 1 (1971) 51-58.

a8357 HELTZER, M., «*Dimtu-gt-pyrgos*. An Essay about the non-etymological sense of these terms», JNWSemL 7 (1979) 31-35.

a8358 HIRSCH, H., «*Idi ana idi*», Or. 35 (1966) 413-416.

a8359 RÖLLIG, W., «Dūr-katlimmu», Or. 47 (1978) 419-430.

---

1. Classés selon l'ordre des consonnes de l'hébreu. Classified according to the Hebrew Consonants. Nach die Klasse der ebräischen Konsonanten ablegten. Classificati secondo l'ordine delle consonanti ebree. Clasificados según las consonantes hebreas.

a8360   VERBEECK, P., «Le sens de l'expression accadienne *warkatam parāsu*», OLoP 12 (1981) 5-13.

a8361   SCHRAMM, W., «Das Land ZAB der assyrischen Königsinschriften», Or. 38 (1969) 126-127.

a8362   DELLER, K., «Die Verdrängung des Grundstamms von *ezēbu* durch *rammû* in Neuassyrischen», Or. 30 (1961) 345-354.

a8363   LEMY, J., «Old Assyrian *izêzum* and its Implications», Or. 28 (1959) 351-360.

a8364   SCHNEIDER, N., «Die Bedeutung von ḪI und ḪI-A in den Ur III-Urkunden», Or. 12 (1943) 285-292.

a8365   SCHNEIDER, N., «Die Wunschpartikel ḫa-, ḫé- und ḫu- in den Ur III-Texten», Or. 15 (1946) 89-94.

a8366   BERGER, P.-R., «Zur Bedeutung des in den akkadischen Texten aus Ugarit bezeugten Ortsnamens *Ḫîlu (Ḫl)*», UF 2 (1970) 340-346.

a8367   DELLER, K., «**iḫḫaṣ = imḫaṣ* auch altbabylonisch?» Or. 35 (1966) 33-35.

a8368   MOSCATI, S., «The 'Aramaean Aḫlamū'», JSS 4 (1958) 303-307.

a8369   BRINKMAN, J.A., «New Evidence on Old Assyrian *ḫamuštum*», Or. 32 (1963) 387-394.

a8370   VON SODEN, W., «Akkadisch *ḫâšum* I 'sich sorgen' und hebräisch *ḫuš* II», UF 1 (1969) 197.

a8371   BOYD III, J.L., «*Ḫuṣṣum*, 'to anger, harass, irritate, trouble', in TCL VII 58:15», Or. 52 (1983) 246-247.

a8372   GORDON, R.P., «Micah vii 19 and Akkadian *kabāsu*», VT 28 (1978) 355.

a8373   LAMBERT, W.G., «The Reading of the God Name ᵈKA.DI», ZA 59 (1969) 100-103.

a8374   WILCKE, C., «*ku-li*», ZA 59 (1969) 65-99.

a8375   MEISSNER, B., «*Kitmu*», Or. 8 (1939) 211-212.

a8376   MEISSNER, B., «*lâ'irânu, lâ'iriânu*», Or. 12 (1943) 192-193.

a8377   WITZEL, M., «Zur Erklärung der 2. Tafel *Ludlul bêl nimêqi*», Or. 4 (1935) 107-123.

a8378   BLOME, F., «'*Lugal tu-ra*' in den Drehem- und Djoḫa-Texten», Or. 2 (1933) 260-268.

a8379   LAMBERT, W.G., «Old Akkadian *Ilaba* = Ugaritic *Ilib*?» UF 13 (1981) 299-301.

a8380   DELLER, K., «ᴸᵁ́LUL = ᴸᵁ́*parriṣu* und ᴸᵁ́*sarru*», Or. 30 (1961) 249-257.

a8381   LORETZ, O., «Zu LÚ.MEŠ SA.GAZZA *a-bu-ur-ra* in den Briefen vom Tell Kāmid el-Lōz», UF 6 (1974) 486.

a8382   COOPER, J.S., «*m(ā)ḫ(ā)zu* and *ki-šu-peš*», Or. 43 (1974) 83-86.

a8383   SAFREN, J.D., «*Merḫūm* and *merḫûtum* in Mari», Or. 51 (1982) 1-29.

a8384   SALONEN, A., «Akkad. *musannītu* = arab. *musannāh*», Or. 32 (1963) 449-451.

a8385   WITZEL, M., «Zur Lesung des sumerischen Vogelnamens im-MIᵇᵘ», ZA 40 (1931) 95-104.

a8386   RAINEY, A.F., «ᴸᵁ́MAŠKIM at Ugarit», Or. 35 (1966) 426-428.

a8387   SPEISER, E.A., «The *muškênum*», Or. 27 (1958) 19-28.

a8388   FRIEDRICH, J., «Mitraššil Uruₐanaššel», Or. 12 (1943) 311-317.

a8389   LORETZ, O., «ENʳⁱ = iwri in EA 286», UF 6 (1974) 485.

a8390   LEWY, H., «The Meaning of NIG.DU in the Mâri Texts», Or. 27 (1958) 55-58.

a8391   SPEISER, E.A., «On the Alleged *namru* 'fair (-skinned)'», Or. 23 (1954) 235-236.

a8392   FARBER, W., «'Grosspförtner *Nedu*' und ein Problem neubabylonischer Schreibertradition», ZA 66 (1976) 261-275.

a8393   CAPLICE, R., «É.NUN in Mesopotamian Literature», Or. 42 (1973) 299-305.

a8394   EDZARD, D.O., «Altbabylonisch *nawûm*», ZA 53 (1959) 168-173.

a8395   GOETZE, A., «The Sibilant in Old Babylonian *naẓārum*», Or. 6 (1937) 12-18.

a8396 CIVIL, M., GREEN, M.W., LAMBERT, E.G. (Ed.), *EaA - nâqu, Aa A = nâqu*, with their Forerunners and Related Texts (Material for the Sumerian Lexicon, 14) (Rome, Biblical Institute Press, 1979), xvi-534 pp.

a8397 FABER, W., «*ina* KUŠ.DÙ.DÙ (.BI) = *ina maški tašappi*», ZA 63 (1973) 59-68.

a8398 EDZARD, D.O., «Altassyrisch *nishassu* DIRI *šaddu'assu šabbu*'», Or. 52 (1983) 43-47.

a8399 HIRSCH, H., «Neša?» Or. 37 (1968) 87-89.

a8400 BORGER, R., «SU-GU₇ = *sugû* 'Hungersnot' und GU₇ 'essen'», Or. 36 (1967) 429-431.

a8401 FARBER, W., «Saghulhaza *mukīl rēš lemutti*», ZA 64 (1974) 87-95.

a8402 AFANASIEVA, V., «Vom Gleichgewicht der Toten und der Lebenden. Die Formel *sag-aš sag-a-na* in der sumerischen mythologischen Dichtung», ZA 70 (1981) 161-169.

a8403 ANBAR (BERNSTEIN), M., «Les *sakbû* et les *bazahātun* à Mari», UF 6 (1974) 439-441.

a8404 VON SODEN, W., «Der neubabylonische Funktionär *simmagir*», ZA 62 (1972) 84-90.

a8405 WITZEL, M., «Heisst *si-pà-de(-e)* 'Hirte'?» Or. 16 (1947) 422-436.

a8406 VON BRANDENSTEIN, C.-G., «Zur Namensbedeutung der Stadt Paharraše», Or. 8 (1939) 82-86.

a8407 DIETRICH, M., LORETZ, O., «Pilku = *ilku* 'Lehenspflicht'», UF 4 (1972) 165-166.

a8408 BOEHMER, R.M., «Zur Datierung des Epirmupi», ZA 58 (1967) 302-310.

a8409 MORAN, W.L., «PÀR-sa-a», Or. 29 (1960) 103-104.

a8410 WITZEL, M., «Zu VAT 8240 = KZAR I Nr 38 (Nochmals *parṣu* = Heiligtum)», Or. 2 (1933) 208-223.

a8411 WITZEL, M., «Einige Synonyma von *parṣu*», Or. 4 (1935) 92-106.

a8412 VON SODEN, W., «*ṣihtu* und *sehšu/sehtu*», ZA 62 (1972) 82-83.

a8413 LAMBERT, W.G., «The Reading of the Name *uru.KA.gi.na*», Or. 39 (1970) 419.

a8414 HELCK, W., «*Rpʿt* auf dem Thron des *Gb*», Or. 19 (1950) 416-434.

a8415 SCHRAMM, W., «Uša = Samʾal», Or. 52 (1983) 458-460.

a8416 MILLARD, A.R., «*Ša ekalli - šgl - ᵈsagale*», UF 4 (1972) 161-162.

a8417 SEUX, M.-J., «*šiggayôn = šigû*», dans *Mélanges bibliques et orientaux en l'honneur de M. Henri Cazelles* (en collab.) (1981), 419-438.

a8418 MAYER, W., «Das *šugarriā um*-Emblem des Aššur», UF 9 (1977) 364-365.

a8419 SCHOTT, A., «Akkad, *šu/aḫuru, namᵃ/ₑru* und *parakku*», ZA 40 (1931) 1-28.

a8420 DELLER, K., WATANABE, K., «*šukkulu(m), šakkulu*», 'abwischen, auswischen'», ZA 70 (1981) 198-225.

a8421 WILCKE, C., «Noch einmal: *šilip rēmim* und die Adoption *ina mê-šu*. Neue und alte einschlägige Texte», ZA 71 (1982) 88-94.

a8422 THUREAU-DANGIN, F., «Le terme *šipṭum* dans les lettres de Mâri», Or. 12 (1943) 110-112.

a8423 GORDIS, R., «A West-Semitic Cognate to Akkadian 'Šuḫātu'», JSS 5 (1960) 151-152 (chhi).

a8424 GREENFIELD, J.C., «The Root ŠQL in Akkadian, Ugaritic and Aramaic», UF 11 (1979) 325-327.

a8425 GÖTZE, A., «*ištēnūtu* und *tapalu*», ZA 40 (1931) 79-80.

a8426 WILHELM, G., «*ta/erdennu, ta/urtannu, ta/urtanu*», UF 2 (1970) 277-282.

Divers. Miscellaneous. Verschiedenes. Diversi. Diversos.

a8427 POEBEL, A., «Sumerische Untersuchungen IV», ZA 39 (1930) 129-164.

a8428 DRIVER, G.R., «A Problem of River-traffic», ZA 40 (1931) 228-233.

a8429 UNGNAD, A., «Gold», Or. 4 (1935) 296-299.

a8430 SCHUSTER, H.S., «Die nach Zeichen geordneten sumerisch-akkadischen Vokabulare», ZA 44 (1938) 217-270.

*a*8431 MEIER, G., «Lexikalische Bemerkungen», Or. 8 (1939) 301-305.

*a*8432 OPPENHEIM, L., «Deux notes de lexicographie accadienne», Or. 9 (1940) 219-222.

*a*8433 OPPENHEIM, A.L., «Studies in Accadian Lexicography», Or. 11 (1942) 119-133; 14 (1945) 235-241.

*a*8434 DEIMEL, A., «Zur Erklärung sumerischer Wörter und Zeichen», (Worte 1-13) Or. 13 (1944) 321-333; (14-20) 14 (1945) 70-82; (21-27) 14 (1945) 259-272; (28-31) 15 (1946) 95-106.

*a*8435 HOLMA, H., «Zum akkadischen Wörterbuch», (Worte 1-8) Or. 13 (1944) 102-115; (9-10) 13 (1944) 223-235; (11-13) 14 (1945) 242-258.

*a*8436 VON SODEN, W., «Zum akkadischen Wörterbuch», (Worte 1-5) Or. 15 (1946) 423-431; (6-14) 16 (1947) 66-84; (15-30) 16 (1947) 437-458; (31-40) 18 (1949) 385-403; (41-49) 20 (1951) 151-168; (50-53) 20 (1951) 257-269; (54-60) 22 (1953) 251-261; (61-66) 24 (1955) 136-145; (67-80) 24 (1955) 377-394; (81-87) 25 (1956) 241-250; (88-96) 26 (1957) 127-138; (97-104) 27 (1958) 252-261.

*a*8437 GOETZE, A., «Short or Long *a*? Notes on some Akkadian Words», Or. 16 (1947) 239-250.

*a*8438 LEWY, J., «Studies in Old Assyrian Grammar and Lexicography», Or. 19 (1950) 1-36.

*a*8439 SALONEN, A., «Akkadian Lexicography», Or. 19 (1950) 404-407.

*a*8440 GOETZE, A., «Amurrite Names in Ur III and Early Isin Texts», JSS 4 (1959) 193-203.

*a*8441 VON SODEN, W., «Das Akkadische Handwörterbuch. Probleme und Schwierigkeiten», Or. 28 (1950) 26-33.

*a*8442 LEWY, J., «Lexical and Grammatical Studies», Or. 29 (1960) 20-45.

*a*8443 RÖLLIG, W., «Griechische Eigennamen in den Texten der babylonischen Spätzeit», Or. 29 (1960) 376-391.

*a*8444 WILSON, J.V.K., «Hebrew and Akkadian Philological Notes», JSS 7 (1962) 173-183.

*a*8445 BORGER, R., «Die Mücke und der Elephant», Or. 33 (1964) 462.

*a*8446 DELLER, K., «Neuassyrisches aus Sultantepe», Or. 34 (1965) 457-477.

*a*8447 FALKENSTEIN, A., «Sumerische Bauausdrücke», Or. 35 (1966) 229-246.

*a*8448 VON SODEN, W., «Aramäische Wörter in neuassyrischen und neu- und spätbabylonischen Texten. Ein Vorbericht. I (*agâ* - **mūš*)», Or. 35 (1966) 1-20.

*a*8449 CELADA, B., «El nombre de 'Mesopotamia'», CuBi 24 (1967) 172-173.

*a*8450 FALKENSTEIN, A., «Zum sumerischen Lexikon», ZA 58 (1967) 5-15.

*a*8451 HIRSCH, H., «Zornige Worte», ZA 58 (1967) 104-109.

*a*8452 SJÖBERG, A.W., «Beiträge zum sumerischen Wörterbuch», Or. 39 (1970) 75-98.

*a*8453 LARSEN, M.T., «Slander», Or. 40 (1971) 317-324.

*a*8454 ZACCAGNINI, C., «Šattiwaz(z)a», OrAnt 13 (1974) 25-34.

*a*8455 MILLARD, A.R., «Assyrian Royal Names in Biblical Hebrew», JSS 21 (1976) 1-14.

*a*8456 DIETRICH, M., LORETZ, O., «Das ug. 'Sumerogramm' für die Hersteller von Bronzespeeren», UF 9 (1977) 335.

*a*8457 GWALTNEY, W.C., Jr., «Indices of Proper Names from the EL Old Assyrian Texts», HUCA 48 (1977) 19-68.

*a*8458 VON SODEN, W., «Zu einigen akkadischen Wörten», ZA 67 (1977) 235-241.

*a*8459 FALES, F.M., «A Cuneiform Correspondence to Alphabetic *š* in West Semitic Names of the I Millennium B.C.», Or. 47 (1978) 91-98.

*a*8460 JENNI, E., «'Fliehen' im akkadischen und im hebräischen Sprachgebrauch», Or. 47 (1978) 351-359.

*a*8461 DELSMAN, W.C., «Das Barth'sche Gesetz und Lehnwörter», UF 11 (1979) 187-188.

*a*8462 WHITING, R.M., «The R Stem(s) in Akkadian», Or. 50 (1981) 1-39.

*a*8463 CIVIL, M., «Studies on Early Dynastic Lexicography. I», OrAnt 21 (1982) 1-26.

a8464   FOSTER, B.R., «Ethnicity and Onomastics in Sargonic Mesopotamia», Or. 51 (1982) 297-354.

a8465   VISICATO, G., «Una metodologia informatica per la realizzazione di un vocabolario sumerico del III millennio», OrAnt 21 (1982) 111-122.

a8466   CIVIL, M., «Early Dynastic Spellings», OrAnt 22 (1983) 1-5.

a8467   WAETZOLDT, H., YILDIZ, F., «Die Jahresnamen für das 9. und das 36. Regierungsjahr Šulgi's», OrAnt 11 (1983) 7-12.

a8468   ZADOK, R., «Lexical and Onomastic Notes», OrAnt 22 (1983) 217-220.

e) Grammaire. Grammar. Grammatik. Grammatica. Gramática.

a8469   VON SODEN, W., «Der hymnisch-epische Dialekt des Akkadischen», ZA 40 (1931) 163-227; 41 (1933) 90-183.

a8470   DEIMEL, A., «Die sogenannten Tempora im Akkadischen», Or. 3 (1934) 196-200.

a8471   UNGNAD, A., «Die *t*-Form des akkadischen Verbs», Or. 6 (1937) 252-257.

a8472   UNGNAD, A., «Sprachellipsen im Akkadischen», Or. 6 (1937) 347-357.

a8473   BAR-AM, M., «The Subjunctive in the Cappadocian Texts», Or. 7 (1938) 12-31.

a8474   SAN NICOLO, M., «Juristische Bemerkungen zur Bedeutung der *t*-Formen des akkadischen Zeitwortes», Or. 7 (1938) 309-318.

a8475   FALKENSTEIN, A., «Untersuchungen zur sumerischen Grammatik», ZA 45 (1939) 169-194; 47 (1942) 181-223; 49 (1944) 69-118.

a8476   BLOCH, S.J., «Beiträge zur Grammatik des Mittelbabylonischen», Or. 9 (1940) 305-347.

a8477   FRIEDRICH, J., «Aus verschiedenen Keilschriftsprachen 1-2.3-4», Or. 9 (1940) 205-218, 348-361.

a8478   FRIEDRICH, J., «Churritische Adjektiva aus -*uzzi*», Or. 11 (1942) 350-352.

a8479   SCHNEIDER, N., «Das Verbalafformativ *eš* (*éš*) in den Ur III-Urkunden», Or. 12 (1943) 85-90.

a8480   SCHNEIDER, N., «Die Pluralfunktion von *me* im Ur III-Schrifttum», Or. 13 (1944) 214-222.

a8481   GOETZE, A., «Sequence of Two Short Syllabes in Akkadian», Or. 15 (1946) 233-238.

a8482   LEWY, J., «Studies in Akkadian Grammar and Onomatology», Or. 15 (1946) 361-415.

a8483   MEISSNER, B., «Akkadisch?» Or. 16 (1947) 22.

a8484   LEWY, J., «Studies in Old Assyrian Grammar and Lexicography», Or. 19 (1950) 1-36.

a8485   VON SODEN, W., «Verbalformen mit doppeltem *t*-Infix im Akkadischen», Or. 19 (1950) 385-396.

a8486   RÖSSLER, O., «Akkadisches und libysches Verbum», Or. 20 (1951) 101-107, 366-373.

a8487   VON SODEN, W., «Unregelmässige Verben im Akkadischen», ZA 50 (1952) 163-181.

a8488   DEIMEL, A., «Wie Steht Es Heute Um das Problem der Sumer. Verbalpräfixe MU-, E-(I-)?» HUCA 25 (1954) 93-106.

a8489   SPEISER, E.A., «The Terminative Adverbial in Canaanite-Ugaritic and Akkadian», ErIs 3 (1954) 63-66 (Hebrew).

a8490   JESTIN, H., «Übungen im Edubba», ZA 51 (1955) 37-44.

a8491   KIENAST, B., «Verbalformen mit Reduplikation im Akkadischen», Or. 26 (1957) 44-50.

a8492   ARO, J., «Die semitischen Zischlaute (*t*) *š*, *ś* und *ṣ* und ihre Vertretung im Akkadischen», Or. 28 (1959) 321-335.

a8493   FALKENSTEIN, A., «Untersuchungen zur sumerischen Grammatik», ZA 53 (1959) 97-105.

a8494   VON SCHULER, E., «Zur Partikel -*maku* in barbarisiertem Akkadisch», ZA 53 (1959) 185-192.

*a*8495   JACOBSEN, T., *Toward the Image of Tammuz and Other Essays on Mesopotamian History and Culture* (1970), «Ittallak niati», 271-292 [Cf. JNES 19 (1960) 101-116].

*a*8496   LEWY, J., «Lexical and Grammatical Studies», Or. 29 (1960) 20-45.

*a*8497   MORAN, W.L., «Early Canaanite *yaqtula*», Or. 29 (1960) 1-19.

*a*8498   KIENAST, B., «Satzeinleitendes *mā* im älteren Akkadischen», ZA 54 (1961) 90-99.

*a*8499   VON SODEN, W., «Zum Akkusativ der Beziehung im Akkadischen», Or. 30 (1961) 156-162.

*a*8500   DELLER, K., «Zweisilbige Lautwerte des Typs KVKV im Neuassyrischen», Or. 31 (1962) 7-26.

*a*8501   DELLER, K., «Studien zur neuassyrischen Orthographie», Or. 31 (1962) 186-196.

*a*8502   DELLER, K., «Zur Syntax des Infinitivs im Neuassyrischen», Or. 31 (1962) 225-235.

*a*8503   EDZARD, D.O., «Sumerische Komposita mit dem 'Nominalpräfix' *nu*-», ZA 55 (1962) 91-112.

*a*8504   EDZARD, D.O., *ᵐNingal-gamil, fIstar-damqat*. Die Genuskongruenz im akkadischen theophoren Personennamen», ZA 55 (1962) 113-130.

*a*8505   KIENAST, B., «Das System der zweiradikaligen Verben im Akkadischen», ZA 55 (1962) 138-155.

*a*8506   LAESSOE, J., KNUDSEN, E.E., «An Old Babylonian Letter from a Hurrian Environment», ZA 55 (1962) 131-137.

*a*8507   ARO, J., «Präpositionale Verbindungen als Bestimmungen des Nomens im Akkadischen», Or. 32 (1963) 395-406.

*a*8508   HALDAR, A., «The Akkadian Verbal System. 1. The *paris* Form», Or. 32 (1963) 246-279.

*a*8509   JACOBSEN, T., *Toward the Image of Tammuz and Other Essays on Mesopotamian History and Culture* (1970), «The Akkadian Ablative Accusative», 293-310 [Cf. JNES 22 (1963) 18-29].

*a*8510   EDZARD, D.O., «Mari und Aramäer?» ZA 56 (1964) 142-149.

*a*8511   HALDAR, A., «The Akkadian Verbal System. 2. The *iprus: iparras* Forms», Or. 33 (1964) 15-48.

*a*8512   VON SODEN, W., «Zu A. Haldar, *The Akkadian Verbal System* (Orientalia 32, 246-279 und 33, 15-48)», Or. 33 (1964) 437-442.

*a*8513   JACOBSEN, T., *Toward the Image of Tammuz and Other Essays on Mesopotamian History and Culture* (1970), «About the Sumerian Verb», 245-270 [Cf. *Studies in Honor of Benno Landsberger*, AS XVI (Chicago, 1965), 71-102].

*a*8514   KRECHER, J., «Zur sumerischen Grammatik», ZA 57 (1965) 12-30.

*a*8515   DELLER, K., PARPOLA, S., «Progressive Vokalassimilation im Neuassyrischen», Or. 36 (1967) 337-338.

*a*8516   KINNIER WILSON, J.V., «'Desonance' in Accadian», JSS 13 (1968) 93-103.

*a*8517   YOSHIKAWA, M., «The Marû and Ḫamṭu Aspects in the Sumerian Verbal System», Or. 37 (1968) 401-416.

*a*8518   SHAFFER, A., «TA *ša kīma A itenerrubu:* A Study in Native Babylonian Philology», Or. 38 (1969) 433-446.

*a*8519   VON SODEN, W., *Grundriss der akkadischen Grammatik* (Analecta Orientalia, 33) (Roma, Pontificio Istituto Biblico, 1952) 2. unveränderte Auflage, xxiv-51*-274 pp., mit Ergänzungsheft (Analecta Biblica, 47) (1969), viii-35 pp.

*a*8520   BIELITZ, M., «Melismen und ungewöhnliche Vokal- und Silbenwiederholung, bzw. Alternanz in sumerischen Kulttexten der Seleukidenzeit», Or. 39 (1970) 152-156.

*a*8521   GEIB, I.J., «Comments on the Akkadian Syllabary», Or. 39 (1970) 516-546.

*a*8522   EDZARD, D.O., «*ḫamtu, marû* und freie Reduplikation beim sumerischen Verbum», ZA 61 (1971) 208-232; 62 (1972) 1-34; 66 (1976) 45-61.

*a*8523   WILHELM, G., «Eine altbabylonische Graphik im Ḫurro-Akkadischen», UF 3 (1971) 285-289.

*a*8524   BUCCELLATI, G., «On the Use of the Akkadian Infinitive after *sa* or Construct State», JSS 17 (1972) 1-29.

*a*8525   HIRSCH, H., «Zum Altassyrischen», Or. 41 (1972) 390-431.

*a*8526   CIVIL, M., «The Sumerian Writing System: Some Problems», Or. 42 (1973) 21-34.

*a*8527   EDZARD, D.O., «Die Modi beim älteren akkadischen Verbum», Or. 42 (1973) 121-141.

*a*8528   RAINEY, A.F., «Reflections on the Suffix Conjugation in West Semitized Amarna Tablets», UF 5 (1973) 235-262.

*a*8529   REINER, E., «New Cases of Morphophonemic Spellings», Or. 42 (1973) 35-38.

*a*8530   RÖMER, W.H.P., «Sumerian», dans *A Basic Bibliography for the Study of the Semitic Languages* (en collab.) (1973), I, 38-83.

*a*8531   VON SODEN, W., «Der akkadische Subordinativ-Subjunktiv», ZA 63 (1973) 56-58.

*a*8532   FARBER, W., «Wehe, wenn...!» ZA 64 (1974) 177-179.

*a*8533   YOSHIKAWA, M., «The *Marû*-Conjugation in the Sumerian Verbal System», Or. 43 (1974) 17-39.

*a*8534   EDZARD, D.O., «Zur 'Wortbildung im Sumerischen' (S. 1 ff.)», ZA 65 (1975) 254-257.

*a*8535   FOXVOG, D.A., «The Sumerian Ergative Construction», Or. 44 (1975) 395-425.

*a*8536   HIRSCH, H., «Akkadische Grammatik - Erörterungen und Fragen», Or. 44 (1975) 245-322.

*a*8537   KIENAST, B., «Zur Wortbildung im Sumerischen», ZA 65 (1975) 1-27.

*a*8538   LIMET, H., «Observations sur la grammaire des anciennes tablettes de Mari», Syr. 52 (1975) 37-52.

*a*8539   RAINEY, A.F., «Morphology and the Prefix-Tenses of West Semitized El-'Amarna Tablets», UF 7 (1975) 395-426.

*a*8540   BORGER, R., «Zur Bezeichnung der sumerischen und akkadischen Lautwerte», ZA 67 (1977) 20-41.

*a*8541   HORSNELL, M.J.A., «The Grammar and Syntax of the Year-Names of the First Dynasty of Babylon», JNES 36 (1977) 277-285.

*a*8542   YOSHIKAWA, M., «On the Sumerian Verbal Infix -*a*-», Or. 46 (1977) 447-461.

*a*8543   CASTELLINO, G.R., «Note filologiche», OrAnt 17 (1978) 203-219.

*a*8544   KRECHER, J., «Die Form und der Gebrauch der nominalen Verbalformen und die Determination im Sumerischen», Or. 47 (1978) 376-403.

*a*8545   YOSHIKAWA, M., «Sumerian Ventive and Ientive», Or. 47 (1978) 461-482.

*a*8546   BUCCELLATI, G., «Comparative Graphemic Analysis of Old Babylonian and Western Akkadian», UF 11 (1979) 89-100.

*a*8547   POWELL, M.A., «Notes on Akkadian numbers and number syntax», JSS 24 (1979) 13-18.

*a*8548   SAUREN, H., «*e₂-dub-ba*-Literatur: Lehrbücher des Sumerischen», OLoP 10 (1979) 97-107.

*a*8549   STEINKELLER, P., «Notes on Sumerian Plural Verbs», Or. 48 (1979) 54-67. YOSHIKAWA, M., «Aspectual Morpheme /a/ in Sumerian», ZA 69 (1979) 161-175.

*a*8550   CAPLICE, R., *Introduction to Akkadian* (Studia Pohl, Series maior, 9) (Roma, Biblical Institute Press, 1980), x-126 pp.

*a*8551   CAPLICE, R., KLENGEL, H., SAPORETTI, C., «Keilschriftbibliographie. 41 1979 (Mit Nachträgen aus früheren Jahren)», Or. 49 (1980) 1*-99*.

*a*8552   SWIGGERS, P., «A Note on the Phonology of Old Akkadian», OLoP 11 (1980) 5-10.

a8553   KIENAST, B., «Probleme der sumerischen Grammatik», ZA 70 (1981) 1-35.

a8554   LAMBERT, W.G., «Studies in UD.GAL.NUN», OrAnt 20 (1981) 81-97.

a8555   LAMBERT, W.G., «Studies in UD.GAL.NUN: Addendum», OrAnt 20 (1981) 305.

a8556   STEINER, G., «The Vocalization of the Sumerian Verbal Morpheme /= ED/ and Its
        Significance», JNES 40 (1981) 21-41.

a8557   VAN AALDEREN, C.T., «Some Observations on Ergativity and Sumerian», OLoP 12
        (1981) 25-44.

a8558   DEL MONTE, G.F., «Considerazioni sull'uso delle negazioni nell'accadico dei testi
        storici di Hattuša», OrAnt 21 (1982) 143-158.

a8559   EDZARD, D.O., «Zu den akkadischen Nominal-formen *parsat-, pirsat-* und *pursat*», ZA
        72 (1982) 68-88.

a8560   KNUDSEN, E.E., «The Mari Akkadian Shift *ia* > *ê* and the Treatment of *l'h*
        Formations in Biblical Hebrew», JNES 41 (1982) 35-43.

a8561   POWELL, M.A., «The Adverbial Suffix *-ā* and the Morphology of the Multiples of Ten
        in Akkadian», ZA 72 (1982) 89-105.

a8562   VAN DIJK, J., «Die periphrastische Deklination und Konjugation der 2. Person Plural
        in Sumerischen», Or. 52 (1983) 31-42.

a8563   VON SODEN, W., «Zu den semitischen und akkadischen Kardinalzahlen und ihrer
        Konstruktion», ZA 73 (1983) 82-91.

f) Textes, inscriptions. Texts, Inscriptions. Texte, Inschriften.
Testi, iscrizioni. Textos, inscripciones.

1) Introduction. Einführung. Introduzione. Introducción.

a8564   DELLER, K., «Zur einer neuen Veröfflentlichung altassyrischer Texte», Or. 27 (1958)
        59-65.

a8565   DELLER, K., «Indices zu CCT V», Or. 27 (1958) 184-198.

2) Collections. Sammlungen. Collezzioni. Colecciones.

a8566   VIROLLEAUD, C., «Les tablettes de Mishrifé-Qatna», Syr. 11 (1930) 311-342.

a8567   VON SODEN, W., «Altbabylonische Dialektdichtungen», ZA 44 (1938) 26-44.

a8568   WITZEL, M., *Auswahl sumerischer Dichtungen* I (Analecta Biblica, 15) (Roma,
        Pontificio Istituto Biblico, 1938), viii-177 pp.

a8569   ALT, A., «Neue assyrische Nachrichten über Palästina und Syrien», ZDPV 67 (1944-45)
        128-159.

a8570   KRAMER, S.N., KIZILYAY, H., ÇIĞ, M., «Selected Sumerian Literary Texts», Or. 22
        (1953) 190-193.

a8571   VAN BUREN, E.D., «Seals of the Second Half of the Layard Collection», Or. 23 (1954)
        97-113.

a8572   VON SODEN, W., «Zu einigen altbabylonischen Dichtungen», Or. 26 (1957) 306-320.

a8573   KINNIER WILSON, J.V., «Lugal ud melambi nirgal: new Texts and Fragments», ZA
        54 (1961) 71-89.

a8574   CAPLICE, R., «Namburbi Texts in the British Museum», Or. 34 (1965) 105-131; 36
        (1967) 1-38, 273-298; 39 (1970) 111-151; 40 (1971) 133-183.

a8575   COOPER, J.S., «Bilinguals from Boghazköi», ZA 61 (1971) 1-22; 62 (1972) 62-81.

a8576   OWEN, D.I., «Ur III Letter-Orders from Nippur in the University Museum», Or. 40
        (1971) 386-400.

a8577   ARCHI, A., «Testi in cuneiforme», OrAnt 11 (1972) 263-275; 14 (1975) 11-20.

a8578   CIVIL, M., «Supplement to the Introduction to *ISET* I», Or. 41 (1972) 83-90.

a8579   NASTER, P., SAUREN, H., «Textes cunéiformes conservés à Louvain. I. Textes de l'époque Ur III», OLoP 4 (1973) 17-70.

a8580   GRAYSON, A.K., *Babylonian Historical-Literary Texts* (Toronto Semitic Texts and Studies, 3) (Toronto, University of Toronto Press, 1975), xvi-111 pp.

a8581   GRAYSON, A.K., *Assyrian and Babylonian Chronicles* (Texts from Cuneiform Sources, 5) (Locust Valley, New York, J.J. Augustin, 1975), xvi-300 pp.

a8582   MAYER, W., WILHELM, G., «Altassyrische Texte aus Privatsammlungen», UF 7 (1975) 315-328.

a8583   PICCHIONI, S.A., «Miscellanea neo-sumerica, II. Collazione a M. Çiğ - H. Kizilyay - A. Salomen, Die Puzriš-Dagan-Texte der Istambuler Archäologischen Museen, Teil I», OrAnt 14 (1975) 153-167.

a8584   SCHMÖKEL, H. (übersetzt von), «Mesopotamische Texte», dans *Religionsgeschichtliches Textbuch zum Alten Testament* (en collab.) (1975), 95-168.

a8585   ALSTER, B., «A Sumerian Riddle Collection», JNES 35 (1976) 263-267.

a8586   PETTINATO, G., «Miscellanea neo-sumerica, IV. Collazioni a W.L. King, *CT* III - V - VII», OrAnt 15 (1976) 141-144.

a8587   WAETZOLDT, H., «Miscellanea neo-sumerica, VI. Kollationen zu W.W. Hallo, Tabulae Cuneiformes a F.M.Th. de Liagre Böhl collectae III», OrAnt 15 (1976) 329-332.

a8588   SAUREN, H., «Keilschrifturkunden in den Sammlungen zweier deutscher Museen», OLoP 8 (1977) 5-31.

a8589   WAETZOLDT, H., «Kollationen zu N. Schneider, *Die Geschäftsurkunden aus Drehem und Djoha*», OrAnt 17 (1978) 35-59.

a8590   WAETZOLDT, H., «Nachtrag zu Miscellanea neo-sumerica, V», OrAnt 17 (1978) 60-61.

a8591   BORGER, R., *Babylonisch-assyrische Lesestücke*, 2. neubearbeitete Auflage (Roma, Biblical Institute Press, 1979), xi-350 pp.

a8592   FOSTER, B.R., «New Light on the 'mu-iti' Texts», Or. 48 (1979) 153-162.

a8593   GRÉGOIRE, J.-P., «Quelques nouveaux documents cunéiformes provenant de l'ancienne collection Allotte de la Fuÿe», OrAnt 18 (1979) 227-239.

a8594   ROUALI, O., *Terqa Preliminary Reports, No. 7*, Les Documents épigraphiques de la troisième saison (Syro-Mesopotamian Studies, vol. 2, issue 7) (Malibu, CA, Undena Publications, 1979), 12 pp.

a8595   SIGRIST, M., «Trois tablettes cunéiformes du Couvent de Saint-Étienne», RB 86 (1979) 240-243.

a8596   MICHALOWSKI, P., «A New Sumerian 'Catalogue' from Nippur», OrAnt 19 (1980) 265-268.

a8597   GOMI, T., «Ur III Texts in the John Rylands University Library of Manchester», BJRL 64 (1981) 87-116.

a8598   MOREN, S.M., «Four Old Assyrian Tablets in a Private Collection», Or. 50 (1981) 98-105.

a8599   POWELL, M.A., «Collations to Shin T. Kang, Sumerian Economic Texts from the Drehim Archive = SACT I (1972)», OrAnt 20 (1981) 125-138.

a8600   FOSTER, B.R., «Sargonid and Pre-Sargonic Tablets in the John Rylands University Library», BJRL 64 (1982) 457-480.

a8601   MICHALOWSKI, P., «Cuneiform Tablets from the National Geographic Society», OrAnt 22 (1983) 191-203.

a8602   RINGGREN, H., «Akkadian Apocalypses», dans *Apocalypticism in the Mediterranean World and the Near East* (en collab.) (1983), 379-386.

3) Lettres. Letters. Briefe. Lettere. Cartas.

a8603   DOSSIN, G., «Les archives épistolaires du palais de Mari», Syr. 19 (1938) 105-126.

a8604   MEIER, G., «Ein Brief des assyrischen Gelehrten Balasi», Or. 8 (1939) 306-309.

a8605   NOUGAYROL, J., «Une lettre du roi de Sidon au roi d'Ugarit», Sem. 3 (1950) 19-20.

a8606   BOSSERT, H.T., «Zu den Bleibriefen aus Assur», Or. 20 (1951) 70-76.

a8607   LEWY, H., «The Historical Background of the Correspondence of Baḫdi-Lim», Or. 25 (1956) 324-352.

a8608   KLENGEL, H., «Zum Brief eines Königs von Ḫanigalbat (IBoT I 34)», Or. 32 (1963) 280-291.

a8609   PINTORE, F., «*Kamiru* o *kabbu* in EA I?» OrAnt 11 (1972) 37-38.

a8610   MITTMANN, S., «Das südliche Ostjordanland im Lichte eines neuassyrischen Keilschriftbriefes aus Nimrud», ZDPV 89 (1973) 15-25.

a8611   WEIPPERT, M., «^{lú}AD.DA.A.NI in den Briefen des Abduḫeba von Jerusalem an den Pharao», UF 6 (1974) 415-419.

a8612   EDZARD, D.O., «Ein Brief an den 'Grossen' von Kumidi aus Kāmid al-Lōz (KL 74:300)», ZA 66 (1976) 62-67.

a8613   PAULING, R.D., «Old Babylonian Letters: A Preliminary Survey (CT 2-33, LTH 43-44)», dans *Society of Biblical Literature. 1977 Seminar Papers* (en collab.) (1977), 405-414.

a8614   POWELL, M.A., Jr., «Ukubi to Mother... The Situation is Desperate: A Plaidoyer for Methodological Rigor in Editing and Interpreting Sumerian Texts with an Exursus on the Verb *taka: da$_x$-da$_x$* (TAG$_4$)», ZA 68 (1978) 163-195.

a8615   OWEN, D.I., «A Sumerian Letter from an angry Housewife (?)», dans *The Bible World*. Essays in Honor of Cyrus H. Gordon (en collab.) (1980), 189-202.

a8616   HALLO, W.W., «A Letter Fragment from Tel Aphek», Tel Aviv 8 (1981) 18-24.

a8617   OWEN, D.I., «An Akkadian Letter from Ugarit at Tel Aphek», Tel Aviv 8 (1981) 1-17.

4) Inscriptions royales. Royal Inscriptions. Königliche Inschriften.
   Iscrizioni reali. Inscripciones reales.

a8618   BAUER, T., «Ein Erstbericht Asarhaddons», ZA 40 (1931) 234-259.

a8619   CHRISTIAN, V., «Bemerkungen zu Gudea Cyl. B.», Or. 3 (1934) 205-208.

a8620   DOSSIN, G., «Inscriptions de fondation provenant de Mari», Syr. 21 (1940) 152-169.

a8621   EBELING, E., «Die Rüstung eines babylonischen Panzerreiters nach einem Vertrage aus der Zeit Darius II», ZA 50 (1952) 203-213.

a8622   SOLLBERGER, E., «Le galet B d'Enanatumu Ier», Or. 24 (1955) 16-19.

a8623   BERGER, R., «Einige altbabylonische Königsinschriften aus Kiš», Or. 27 (1958) 407-408.

a8624   SJÖBERG, A., «Ein Selbstpreis des Königs Hammurabi von Babylon», ZA 54 (1961) 51-70.

a8625   PETTINATO, G., «Unveröffentlichte Texte des Königs Sînkasid von Uruk», OrAnt 9 (1970) 97-112.

a8626   DOSSIN, G., «Documents de Mari. - 1. Un projet de stèle de victoire de Zimri-Lim. - 2. Une capture de lion au Habur (ARM, X, n° 35; A. 263, 438, 717)», Syr. 48 (1971) 1-19.

a8627   KUPPER, J.R., «Les inscriptions triomphales akkadiennes», OrAnt 10 (1971) 91-106.

a8628   DONBAZ, V., HALLO, W.W., «Monumental Texts from Pre-Sargonic Lagash», OrAnt 15 (1976) 1-9.

*a*8629 GRAYSON, A.K. (Ed.), *Assyrian Royal Inscriptions.* Part 2. From Tiglath-pileser I to Ashur-nasir-apli II (Records of the Ancient Near East, vol. II, Part 2) (Wiesbaden, Harrassowitz, 1976), xix-211 pp.

*a*8630 MARCUS, D., «Animal Similes in Assyrian Royal Inscriptions», Or. 46 (1977) 86-106.

*a*8631 PETTINATO, G., «*TSŠ* 242. Fondazione della città *Unkenᵏⁱ*», OrAnt 16 (1977) 173-176.

*a*8632 NA'AMAN, N., «A Royal Scribe and his Scribal Products in the Alalakh IV Court», OrAnt 19 (1980) 107-116.

5) Textes administratifs. Administrative Documents. Verwaltungsurkunden.
Documenti anministrativi. Documentos administrativos.

*a*8633 DE GENOUILLAC, H., «Nouveaux princes et cités nouvelles de Sumer», RHR 101 (1930) 216-222 (Louvre, AO 11253, 12480).

*a*8634 SCHNEIDER, N., «Die *arad-zu-, dumu-ni-* und *in-na-ba*-Siegel von Ur III», Or. 5 (1936) 109-120.

*a*8635 UNGNAD, A., «Der älteste Vertrag aus dem Archiv der Familie *Nappäḫu* in Babylon», Or. 5 (1936) 121-126.

*a*8636 DOSSIN, G., «Les archives économiques du palais de Mari», Syr. 20 (1939) 97-113.

*a*8637 SCHNEIDER, N., «Frauensiegel in Ur III», Or. 8 (1939) 59-63.

*a*8638 SCHNEIDER, N., «Die Urkundenbehälter von Ur III und ihre archivalische Systematik», Or. 9 (1940) 1-16.

*a*8639 SCHNEIDER, N., «Die 'Königskinder' des Herrscherhauses von Ur III», Or. 12 (1943) 185-191.

*a*8640 SCHNEIDER, N., «Die *ensi*-Siegel der Vertragsurkunden von Ur III», Or. 15 (1946) 416-422.

*a*8641 SAN NICOLO, M., «Zum *atru* und anderen Nebenleistungen des Käufers beim neubabylonischen Immobiliarkauf», Or. 16 (1947) 273-302.

*a*8642 SCHNEIDER, N., «Schreibvarianten bei Personennamen der Urkundensiegel von Ur III», Or. 16 (1947) 303-306.

*a*8643 SCHNEIDER, N., «Sachvarianten der Urkundensiegel von Ur III», Or. 16 (1947) 307-311.

*a*8644 BOTTERO, J., «Deux tablettes de fondation, en or et en argent, d'Assurnasirpal II», Sem. 1 (1948) 25-32.

*a*8645 EBELING, E., «Mittelassyrische Rezepte zur Herstellung von wohlriechenden Salben», Or. 17 (1948) 129-145, 299-313; 18 (1949) 404-418; 19 (1950) 265-278.

*a*8646 SAN NICOLO, M., «Materialien zur Viehwirtschaft in den neubabylonischen Tempeln», Or. 17 (1948) 273-293; 18 (1949) 288-306; 20 (1951) 129-150; 23 (1954) 351-382; 25 (1956) 24-38.

*a*8647 EBELING, E., «Ein Rezept zum Würzen von Fleisch», Or. 18 (1949) 171-172.

*a*8648 EBELING, E., «Eine Beschwerde einer assyrischen Handwerkergilde über gesetzwidrige Behandlung», Or. 19 (1950) 397-403.

*a*8649 SCHNEIDER, N., «Die Geschäftsurkunden der Reichshauptstadt Ur (Urᶦᵏⁱ-ma) zur Zeit der 3. Dynastie von Ur», Or. 19 (1950) 501-505; 20 (1951) 120-125.

*a*8650 DOSSIN, G., «L'inscription de fondation de Iaḫdun-Lim, roi de Mari», Syr. 32 (1955) 1-28.

*a*8651 NOUGAYROL, J., *Le palais royal d'Ugarit.* III. Textes accadiens et hourrites des archives est, ouest et centrales (Mission de Ras Shamra, VI) (Paris, Imprimerie Nationale, Librairie C. Klincksieck, 1955), Vol. 1, textes, xliii-341 pp.; vol. 2, 109 pl.

*a*8652 BORGER, R., «Zu den Asarhaddon-Verträgen aus Nimrud», ZA 54 (1961) 173-196.

*a*8653 CHRISTIAN, V., «Merkmale der vorsargonischen und sargonischen Wirtschaftstexte von Nippur», Or. 31 (1962) 431-435.

*a*8654 BORGER, R., «Zu den Asarhaddon-Verträgen aus Nimrud», ZA 56 (1964) 261.

*a*8655 BORGER, R., «Cruces in babylonischen Chroniken», Or. 34 (1965) 439-440.

*a*8656 MILLARD, A.R., «A Letter from the Ruler of Gezer», PEQ 97 (1965) 140-143.

*a*8657 RIEMSCHNEIDER, M., «Urartäische Bauten in den Königsinschriften», Or. 34 (1965) 312-335.

*a*8658 BALKAN, K., «Contributions to the Understanding of the Old Assyrian Merchants of Kanish», Or. 36 (1967) 393-415.

*a*8659 OBERHUBER, K., «Eine Tontafel aus der Zeit Išbi'eras von Isin», Or. 36 (1967) 426-428.

*a*8660 DELLER, K., PARPOLA, S., «Ein Vertrag Assurbanipals mit dem arabischen Stamm Qedar», Or. 37 (1968) 464-466.

*a*8661 KLENGEL, H., «Eine altbabylonische Verlustanzeige», Or. 37 (1968) 216-219.

*a*8662 PETTINATO, G., «Aggiunte al *Corpus* di lettere anministrative della terza dinastia di Ur», OrAnt 7 (1968) 165-179.

*a*8663 SAPORETTI, C., «Note su *TIM* IV 45», OrAnt 7 (1968) 181-184.

*a*8664 SAPORETTI, C., «Alcune puntualizzazioni dai testi di Tell ar-Rimāḥ», OrAnt 8 (1969) 185-188.

*a*8665 CAGNI, L., «Tavoletta economica neo-sumerica di proprietà privata», Or. 39 (1970) 496-499.

*a*8666 DELLER, K., SAPORETTI, C., «Documenti medio-assiri redatti per annullare un precedente contratto», OrAnt 9 (1970) 29-59.

*a*8667 DELLER, K., SAPORETTI, C., «Documenti medio-assiri redatti a titolo di ricevuta dietro parziale adempimento di un debito», OrAnt 9 (1970) 285-314.

*a*8668 FALES, F.M., «Remarks on the Neirab Texts», OrAnt 12 (1973) 131-142.

*a*8669 PARPOLA, S., «A Note on the Neo-Assyrian Census Lists», ZA 64 (1974) 96-115.

*a*8670 RAINEY, A.F., «Two Cuneiform Fragments from Tel Aphek», Tel Aviv 2 (1975) 125-129.

*a*8671 RESCHID, F., WILCKE, C., «Ein 'Grenzstein' aus dem ersten (?) Regierungsjahr des Königs Marduk-šāpik-zēri», ZA 65 (1975) 34-62.

*a*8672 WAETZOLDT, H., «Miscellanea neo-sumerica, III. Kollationen zu M. Çiğ - H. Kizilyay, Neusumerische Rechts- und Verwaltungsurkunden aus Nippur I», OrAnt 14 (1975) 307-314.

*a*8673 WESTENHOLZ, A., «Old Sumerian Administrative Documents in the Pontifical Biblical Institute in Rome», Or. 44 (1975) 434-438.

*a*8674 EDZARD, D.O., «Fāra und Abu Ṣalābīḫ. Die 'Wirtschaftstexte'», ZA 66 (1976) 156-195.

*a*8675 PRANG, E., «Das Archiv des Imgûa», ZA 66 (1976) 1-44.

*a*8676 WAETZOLDT, H., «Miscellanea neo-sumerica, V. Kollationen zu A. Pohl, Rechts- und Verwaltungsurkunden der III. Dynastie von Ur = TMH NF 1/2», OrAnt 15 (1976) 317-328.

*a*8677 FRANSOS, M., «L'Archivio di Addamu», OrAnt 16 (1977) 133-157.

*a*8678 PRANG, E., «Das Archiv des Bitûa», ZA 67 (1977) 217-234.

*a*8679 SACK, R.H., «The Scribe Nabû-bani-ahi, son of Ibnâ, and the Hierarchy of Eanna as seen in the Erech Contracts», ZA 67 (1977) 42-52.

*a*8680 BIGA, M.G., «Le attività commerciali e i commercianti nella città di Šuruppak (Fara)», OrAnt 17 (1978) 85-105.

*a*8681 HECKER, K., «*tib'imma atalkim*. Assyrerinnen im kārumzeitlichen Anatolien», Or. 47 (1978) 404-418.

a8682   LORETZ, O., «Die *ASĪRUM*-Texte», UF 10 (1978) 121-160.

a8683   POMPONIO, F., «Due testi presargonici di cessioni immobiliari», OrAnt 17 (1978) 245-256.

a8684   POWELL, M.A., «Texts from the Time of Lugalzagesi: Problems and Perspectives in Their Interpretation», HUCA 49 (1978) 1-58.

a8685   WILCKE, C., «Philologische Bemerkungen zum *Rat des Šuruppaq* und Versuch einer neuen Übersetzung», ZA 68 (1978) 196-232.

a8686   FALES, F.H., «Studies on Neo-Assyrian Texts I: Joins and Collations to the Tell Halaf Documents», ZA 69 (1979) 192-216.

a8687   LAMBERT, M., «AO 15540», OrAnt 18 (1979) 225-226.

a8688   MAYER, W., «Die Finanzierung einer Kampagne (TCL 3,346-410)», UF 11 (1979) 571-595.

a8689   SACK, R.H., «Some Remarks on Jewelry Inventories from Sixth Century B.C. Erech», ZA 69 (1979) 41-46.

a8690   VAN LERBERGHE, K., «Une tablette de Drehem et le fonctionnaire Šu-Irra», OLoP 10 (1979) 109-123.

a8691   KUTSCHER, R., «Ur-Lisi and other Officials on Three Umma Tablets from Tokyo», Tel Aviv 7 (1980) 173-178.

a8692   BUTZ, K., «Herstenertrag und Pacht in Nippur (Ur III)», OrAnt 20 (1981) 51-56.

a8693   FIANDRA, E., «Attività a Kish di un mercante di Lagash», OrAnt 20 (1981) 165-174.

a8694   McEWAN, G.J.P., «A Seleucid Augural Request», ZA 70 (1981) 58-69 (Text nr. Ash. 1923.749).

a8695   ARNAUD, D., «Une lettre du roi de Tyr au roi d'Ougarit: milieux d'affaires et de culture en Syrie à la fin de l'âge du Bronze Récent», Syr. 59 (1982) 101-107.

a8696   FOSTER, B.R., «Administration of State Land at Sargonic Gasur», OrAnt 21 (1982) 39-48.

a8697   FOSTER, R.F., «Archives and Record-keeping in Sargonic Mesopotamia», ZA 72 (1982) 1-27.

a8698   LACKENBACHER, S., «Un texte vieux-babylonien sur la finition des textiles», Syr. 59 (1982) 129-149.

a8699   OWEN, D.I., «A SA.GAZ Tablet from Ur in the John Frederick Lewis Collection», OrAnt 21 (1982) 73-80.

a8700   PETTINATO, G., «Il tesoro del nemico elamita, ovvero, il bottino della guerra contro Anšan di Šulgi», OrAnt 21 (1982) 49-72.

a8701   STEINKELLER, P., «Two Sargonic Sale Documents concerning Women», Or. 51 (1982) 355-368.

a8702   WEISBERG, D.B., «Wool and Linen Material in Texts from the Time of Nebuchadnezzar», ErIs 16 (1982) 218*-226*.

a8703   CAGNI, L., «Collazioni a N.Schneider, Die Drehem- und Djoḫa-Texte im Kloster Montserrat», OrAnt 22 (1983) 73-118.

a8704   OWEN, D.I., WATANABE, K., «Eine neubabylonische Gartenkaufurkunde mit Flüchen aus dem Akzessionsjahr Asarhaddons», OrAnt 22 (1983) 37-48.

a8705   WILCKE, C., «Drei altassyrische Kültepe-Texte aus München», Or. 52 (1983) 194-200.

a8706   WILCKE, C., «Nachlese zu A. Poebels Babylonian Legal and Business Documents From the Time of the First Dynasty of Babylon Chiefly From Nippur (BE 6/2). Teil 1», ZA 73 (1983) 48-66.

6) Textes juridiques. Legal Documents. Rechtsurkunden.
   Documenti giuridici. Documentos jurídicos.

a8707   POHL, A., «Neue Ausgrabungen in Iraq (Die Gesetze von Ešnunna)», Or. 18 (1949)
        124-130.
a8708   FALKENSTEIN, A., «Philologisches zum Gesetzbuch Lipit-Ištars von Isin», Or. 19
        (1950) 103-111.
a8709   KRAMER, S.N., FALKENSTEIN, A., «Ur-Nammu Law Code», Or. 23 (1954) 40-51.
a8710   MENDELSOHN, I., «The Disinheritance of Jephthah in the Light of Paragraph 27 of
        the Lipit-Ishtar Code», ErIs 3 (1954) 91-92 (Hebrew).
a8711   LEWY, H., «Chronological Notes relating to a New Volume of Old Babylonian
        Contracts», Or. 24 (1955) 275-287.
a8712   CASSIN, E., «Le bain des brebis», Or. 28 (1959) 225-229.
a8713   JACOBSEN, T., Toward the Image of Tammuz and Other Essays on Mesopotamian
        History and Culture (1970), «An Ancient Mesopotamian Trial for Homicide», 193-214
        [Cf. Studia Biblica et Orientalia (Analecta Biblica et Orientalia, 12) (Roma, 1959), III,
        130-150].
a8714   KIENAST, B., «Eine neusumerische Gerichtsurkunde», ZA 53 (1959) 93-96.
a8715   SOLLBERGER, E., «La frontière de Šara», Or. 28 (1959) 336-350.
a8716   GREENFIELD, J.C., «'Le bain des brebis'. Another Example and a Query», Or. 29
        (1960) 98-102.
a8717   HARRIS, R., «The nadītu Laws of the Code of Hammurapi in Praxis», Or. 30 (1961)
        163-169.
a8718   BORGER, R., «Kleinigkeiten zur Textkritik des Kodex Hammurapi», Or. 31 (1962)
        364-366.
a8719   VAN DIJK, J., «Neusumerische Gerichtsurkunden in Bagdad», ZA 55 (1962) 70-90.
a8720   WISEMAN, D.J., «The Laws of Hammurabi Again», JSS 8 (1962) 161-172.
a8721   SOLLBERGER, E., «A New Fragment of the Code of Hammurapi», ZA 56 (1964)
        130-132.
a8722   BORGER, R., «Marduk-zākir-šumi I. und der Kodex Ḫammurapi», Or. 34 (1965)
        168-169.
a8723   PETSCHOW, H., «Zur Systematik und Gesetzestechnik im Codex Hammurabi», ZA 57
        (1965) 146-172.
a8724   YARON, R., «The Rejected Bridegroom (LE 25)», Or. 34 (1965) 23-29.
a8725   BORGER, R., «Eine schwierige Assurbanipal-Stelle (Prisma B VII 71-74)», Or. 35
        (1966) 429-430.
a8726   HIRSCH, H., «Eine Kleinigkeit zur Heiratsurkunde ICK 1,3», Or. 35 (1966) 279-280.
a8727   SAPORETTI, C., «Intorno a VDI 80 (2/1962) 71», Or. 35 (1966) 275-278.
a8728   JANKOWSKA, N.B., «The Middle Assyrian Legal Document VDI 80,71 Again», Or.
        36 (1967) 334-335.
a8729   SAPORETTI, C., «Osservazioni sulla nuova trascrizione del documento giuridico
        medio-assiro Gosudarstvennyj Ermitaž 15637», Or. 36 (1967) 335-336.
a8730   SAPORETTI, C., «Un intervento del re in una questione giuridica medio-assira (KAJ
        170 e KAV 211)», OrAnt 7 (1968) 51-55.
a8731   VAN DIJK, J., «Note sur l'interprétation d'IM 28051», Or. 39 (1970) 99-102.
a8732   BRINKMAN, J.A., «Documents Relating to the Reign of Aššur-nādin-šumi», Or. 41
        (1972) 245-248.
a8733   KÜHNE, C., «Zum neu gewonnenen Niqmepa'-Vertrag (UF 6, 85ff.)», UF 7 (1975)
        239-251.
a8734   LAMBERT, M., «Recherches sur les réformes d'Urakagina», Or. 44 (1975) 22-51.

*a*8735   POSTGATE, J.N., «Some Old Babylonian Shepherds and their Flocks», JSS 20 (1975) 1-21.

*a*8736   HELTZER, M., Über die staatsrechtliche Regelung der Einfuhr fremdländischer Sklaven in Vorderasien des 2. Jahrtausends v.u. Zeitalter», UF 8 (1976) 443-445.

*a*8737   WILCKE, C., «Assyrische Testamente», ZA 66 (1976) 196-233.

*a*8738   TAWIL, H., «A Curse Concerning Crop-Consuming Insects in the Sefìre Treaty and in Akkadian: A New Interpretation», BASOR nº 225 (1977) 59-62.

*a*8739   MELCHERT, H.C., «The Acts of Hattušili I», JNES 37 (1978) 1-22.

*a*8740   YILDIZ, F., «A Tablet of Codex Ur-Nammu from Sippar», Or. 50 (1981) 87-97.

*a*8741   DONBAZ, V., «A Middle Babylonian Legal Document Raising Problems in Kassite Chronology», JNES 31 (1982) 207-212.

*a*8742   HALL, M., «A Middle Assyrian Legal Summons», ZA 73 (1983) 75-81.

*a*8743   SZUBIN, H.Z., PORTEN, B., «Testamentary Succession at Elephantine», BASOR nº 252 (1983) 35-46.

*a*8744   VAN DIJK, J., «Note on Si 277, a Tablet of the 'Urnammu Codex'», Or. 52 (1983) 457.

7) Textes épiques. Epical texts. Epische Texte.
   Epici testi. Épicos textos.

*a*8745   FRIEDRICH, J., «Die Hethitischen Bruchstücke des Gilgameš-Epos», ZA 39 (1930) 1-82.

*a*8746   JENSEN, P., «Zum 'Gilgamesch-Epos in der Welt-literatur'», ZA 39 (1930) 294-297.

*a*8747   VIROLLEAUD, C., «La montagne des cèdres dans les traditions de l'ancien Orient», RHR 101 (1930) 16-26 (*Gilgamesh*, ch. 2-5).

*a*8748   VIROLLEAUD, C., «Le voyage de Gilgamesh au paradis», RHR 101 (1930) 202-215.

*a*8749   WITZEL, M., «Die Überlistung des Zû (und die Totenklage der Frau Zû)», Or. 2 (1933) 26-44.

*a*8750   WITZEL, M., «Gilgamesch erobert Kisch und bereitet dessen Dynastie (unter Agga) ein Ende», Or. 5 (1936) 331-346.

*a*8751   SONNEK, F., «Die Einführung der direkten Rede in den epischen Texten», ZA 40 (1940) 225-235.

*a*8752   WITZEL, M., «Zur sumerischen Rezension der Höllenfahrt Ischtars», Or. 14 (1945) 24-69.

*a*8753   OPPENHEIM, A.L., «Mesopotamian Mythology», Or. 16 (1947) 207-238; 17 (1948) 17-58; 19 (1950) 129-158.

*a*8754   WITZEL, M., «Zur sumerischen Mythologie», Or. 17 (1948) 393-415.

*a*8755   EBELING, E., «Ein Heldenlied auf Tiglatpileser I und der Anfang einer neuen Version von 'Ištars Höllenfahrt' nach einer Schülertafel aus Assur», Or. 18 (1949) 30-39.

*a*8756   WITZEL, M., «Zu den Enmerkar-Dichtungen», Or. 18 (1949) 265-284.

*a*8757   RANKE, H., «Zur Vorgeschichte des Gilgamesch-Epos», ZA 49 (1950) 45-49.

*a*8758   VAN BUREN, E.D., «Akkadian Sidelights on a Fragmentary Epic», Or. 19 (1950) 159-174.

*a*8759   JACOBSEN, T., *Toward the Image of Tammuz and Other Essays on Mesopotamian History and Culture* (1970), «The Myth of Inanna and Bilulu», 52-71 [Cf. JNES 12 (1953) 160-187].

*a*8760   KRAMER, S.N., JACOBSEN, T., «Enmerkar and Ensukušsiranna», Or. 23 (1954) 232-234.

*a*8761   LAMBERT, M., «Le jeu d'Enmerkar», Syr. 32 (1955) 212-221.

*a*8762   SPEISER, E.A., «Word Plays on the Creation Epic's Version of the Founding of Babylon», Or. 25 (1956) 317-323.

a8763   JESTIN, R.-R., «Le poème d'En-me-er-kar», RHR 151 (1957) 145-220.

a8764   BORGER, R., LAMBERT, W.G., «Ein neuen Era-Text aus Ninive (K 9958 +
         79-7-8,18)», Or. 27 (1958) 137-149; 28 (1959) 375.

a8765   FALKENSTEIN, A., «Zur ersten Tafel des Erra-Mythos», ZA 53 (1959) 200-208.

a8766   VON SODEN, W., «Beiträge zum Verständnis des babylonischen Gilgameš-Epos», ZA
         53 (1959) 209-235.

a8767   REINER, E., «The Etiological Myth of the 'Seven Sages'», Or. 30 (1961) 1-11.

a8768   FRIEDRICH, J., «Zum Einordnung hethitischer Gilgamesch-Fragmente», Or. 30 (1961)
         90-91.

a8769   DELLER, K., «Notes to Nimrud Letters 85-95», Or. 36 (1967) 81-82.

a8770   SHAFFER, A., «The Mesopotamian Background of Lamentations 4:9-12», ErIs 8 (1967)
         246-250 (English summary) (Gilgamesh and Ḫuwawa).

a8771   VON SODEN, W., «Kleine Beiträge zu Text und Erklärung babylonischer Epen», ZA 58
         (1967) 189-195.

a8772   PETTINATO, G., «Die Bestrafung des Menschengeschlechts durch die Sintflut. Die
         erste Tafel des Atramḫasis-Epos eröffnet eine neue Einsicht in die Motivation dieser
         Strafe», Or. 37 (1968) 165-200.

a8773   LAMBERT, W.G., «New Evidence for the First Line of *Atra-ḫasīs*», Or. 38 (1969)
         533-538.

a8774   VON SODEN, W., «'Als die Götter (auch noch) Mensch waren.' Einige Grundgedanken
         des altbabylonischen Atramḫasīs-Mythus», Or. 38 (1969) 415-432.

a8775   VAN DIJK, J., «La 'confusion des langues'. Note sur le lexique et sur la morphologie
         d'Enmerkar, 147-155», Or. 39 (1970) 302-310.

a8776   DRAFFKORN KILMER, A., «How was Queen Ereshkigal Tricked? A new
         interpretation of the Descent of Ishtar», UF 3 (1971) 299-309 (Cf. the institution of
         hospitality).

a8777   LIMET, H., «Le poème épique 'Innina et Ebih', une version des lignes 123 à 182», Or. 40
         (1971) 11-28.

a8778   VON SODEN, W., «Zu W.G. Lambert, 'Further Comments on the Interpretation of
         Atra-ḫasis», Or. 40 (1971) 99-101.

a8779   RÖMER, W.H.P., «W.W. Hallo, J. van Dijk, *The Exaltation of Inanna*», UF 4 (1972)
         173-206.

a8780   SAUREN, H., «Les épopées sumériennes et le théâtre classique», OLoP 3 (1972) 35-46.

a8781   VON WEIHER, E., «Ein Fragment des Gilgameš-Epos aus Uruk», ZA 62 (1972)
         222-229.

a8782   BUCCELLATI, G., «Adapa, Genesis, and the Notion of Faith», UF 5 (1973) 61-66.

a8783   ALSTER, B., «On the Interpretation of the Sumerian Myth 'Inanna and Enki'», ZA 64
         (1974) 20-34.

a8784   SCHRAMM, W., «Ein Adapa-Fragment aus Ninive», Or. 43 (1974) 162-164.

a8785   SIMOONS-VERMEER, R.E., «The Mesopotamian floodstories: a comparison and
         interpretation», Numen 21 (1974) 17-34.

a8786   BLENKINSOPP, J., «The Search for the Prickly Plant: Structure and Function in the
         Gilgamesh Epic», dans *Structuralism* (en collab.) (1975), 56-76.

a8787   GRAYSON, A.K., VAN SETERS, J., «The Childless Wife in Assyria and the Stories of
         Genesis», Or. 44 (1975) 485-486.

a8788   HOBERHUBER, K. (Hrg.), *Das Gilgamesch-Epos* (Wege der Forschung, CCXV)
         (Darmstadt, Wissensnchaftliche Buchgesellschaft, 1977), 445 pp.

a8789   WILCKE, C., «Die Anfänge der akkadischen Epen», ZA 67 (1977) 153-216.

a8790   ALSTER, B., «Enki and Ninhursag. The Creation of the First Woman», UF 10 (1978) 15-27.

a8791   COOPER, J.S., *The Return of Ninurta to Nippur*. An-gim dím-ma (Analecta Orientalia, 52) (Roma, Pontificium Institutum Biblicum, 1978), 175 pp.

a8792   MÜLLER, H.-P., «Gilgameschs Trauergesang um Enkidu und die Gattung der Totenklage», ZA 68 (1978) 233-250 (Gilg. VIII 1,3 - 2,14).

a8793   VON SODEN, W., «Die erste Tafel des altbabylonischen Atramḫasis-Mythus. 'Haupttext' und Parallelversionen», ZA 68 (1978) 50-94.

a8794   RAPAPORT, I., *The Babylonian Poem Enuma Elish and Genesis Chapter One*. A New Theory on the Relationship Between the Ancient Cuneiform Composition and the Hebrew Scriptures (Melbourne, Australia, Hawthorn Press, 1979), 123 pp.

a8795   BRUNNER, C.J., «The Fable of the Babylonian Tree, Part II; Translation», JNES 39 (1980) 191-201, 291-302.

a8796   KRAMER, S.N., «Inanna and the *Numun*-Plant: A New Sumerian Myth», dans *The Bible World*. Essays in Honor of Cyrus H. Gordon (en collab.) (1980) 87-97.

a8797   LEWIS, B., *The Sargon Legend*. A Study of the Akkadian Text and the Tale of the Hero who was Exposed at Birth (American Schools of Oriental Research Dissertation Series, 4) (Cambridge, Massachusetts, American Schools of Oriental Research, 1980), xxii-298 pp.

a8798   MILLAR, W.R., «Oral Poetry and Dunuzi's Dream», dans *Scripture in Context* (en collab.) (1980), 27-57.

a8799   JACOBSEN, T., «The Eridu Genesis», JBL 100 (1981) 513-529.

a8800   VEENKER, R.A., «Gilgamesh and the Magic Plant», BA 44 (1981) 199-205.

a8801   DE MOOR, J.C., SPRONK, K., «Problematical Passages in the Legend of Kirtu», UF 14 (1982) 153-171, 173-190.

a8802   MALBRAN-LABAT, F., «Gilgamesh. Présentation, traduction et notes», CE (n.s.) 40, Supp. (1982) 76 pp.

a8803   TIGAY, J.H., *The Evolution of the Gilgamesh Epic* (Philadelphia, University of Pennsylvania Press, 1982), xx-384 pp.

a8804   VON SODEN, W., «Mottoverse zu Beginn babylonischer und antiker Epen, Mottosätze in der Bibel», UF 14 (1982) 235-239.

a8805   MELE, M., «Il simbolo del 'femminile' nell'epopea di Gilgamesh», OrAnt 22 (1983) 291-303.

8) Textes religieux. Religious Texts. Religiöse Texte.
   Religiosi testi. Religiosos textos.

a8806   ZIMMERN, H., «Ein Zyklus altsumerischer Lieder auf die Haupttempel Babyloniens», ZA 39 (1930) 245-276.

a8807   FRANK, C., «Ein Klagelied der Muttergöttin aus Uruk», ZA 40 (1931) 81-94.

a8808   FRANK, C., «Die Anu-Hymne AO 6494 (TU Nr. 53)», ZA 41 (1933) 193-199.

a8809   LANDSBERGER, B., «Did babylonische Theodizee», ZA 43 (1936) 32-76.

a8810   WEIDNER, E.F., «Illušumas Zug nach Babylonien», ZA 43 (1936) 114-123.

a8811   FALKENSTEIN, A., «Ein sumerischer 'Gottesbrief'», ZA 44 (1938) 1-25.

a8812   UNGNAD, A., «Bemerkungen zum *bît-rimki*-Ritual», Or. 12 (1943) 196-198.

a8813   EBELING, E., «Ein Gebet an einen 'verfinsterten Gott' aus neuassyrischer Zeit», Or. 17 (1948) 416-422.

a8814   EBELING, E., «Ein Heldenlied auf Tiglatpileser I. und der Anfang einer neuen Version von 'Ištars Höllenfahrt' nach einer Schülertafel aus Assur», Or. 18 (1949) 30-39.

*a*8815   EBELING, E., «Eine Beschreibung der Unterwelt in sumerischer Sprache», Or. 18 (1949) 285-287.

*a*8816   FALKENSTEIN, A., «Sumerische religiöse Texte», ZA 49 (1950) 80-150; 50 (1952) 61-91; 52 (1957) 58-75; 55 (1962) 11-67; 56 (1964) 44-129.

*a*8817   LABAT, R., «La pharmacopée au service de la piété (tablette assyrienne inédite)», Sem. 3 (1950) 5-18.

*a*8818   EBELING, E., «Kultische Texte aus Assur», Or. 20 (1951) 399-405; 22 (1953) 25-46; 23 (1954) 114-128; 24 (1955) 1-15.

*a*8819   KÖCHER, F., «Ein mittelassyrisches Ritualfragment zum Neujahrsfest», ZA 50 (1952) 192-202.

*a*8820   EBELING, E., «Eine assyrische Beschwörung, um einen entflohenen Sklaven zurückzubringen», Or. 23 (1954) 52-56.

*a*8821   EBELING, E., «Ein Hymnus auf die Suprematie des Sonnengottes in Exemplaren aus Assur und Boghazköi», Or. 23 (1954) 209-216.

*a*8822   EBELING, E., «Ein Loblied auf Gula-Baba aus neuassyrischer Zeit», Or. 23 (1954) 345-350.

*a*8823   VON SODEN, W., «Eine altbabylonische Beschwörung gegen die Dämonin Lamaštum», Or. 23 (1954) 337-344.

*a*8824   CASTELLINO, G., «Rituals and Prayers against 'Appearing Ghosts'», Or. 24 (1955) 240-274.

*a*8825   EBELING, E., «Ein neuassyrisches Beschwörungsritual gegen Bann und Tod», ZA 51 (1955) 167-179.

*a*8826   KAPP, A., «Ein Lied aus Enlilbani von Isin», ZA 51 (1955) 76-87.

*a*8827   VON SODEN, W., «Eine altassyrische Beschwörung gegen die Dämonin Lamaštum», Or. 25 (1956) 141-148.

*a*8828   CASTELLINO, G., «Urnammu three Religious Texts», ZA 52 (1957) 1-57; 53 (1959) 106-132.

*a*8829   VON SODEN, W., «Ein neues Bruchstück des assyrischen Kommentars zum Marduk-Ordal», ZA 52 (1957) 224-234.

*a*8830   KÖCHER, F., «Ein spätbabylonischer Hymnus auf dem Tempel Ezida in Borsippa», ZA 53 (1959) 236-240.

*a*8831   LAMBERT, W.G., «Divine Love Lyrics from Babylon», JSS 4 (1959) 1-15.

*a*8832   LEICHTY, E., «Two New Fragments of *Ludlul Bēl Nēmeqi*», Or. 28 (1959) 361-363.

*a*8833   LAMBERT, M., «L'introduction de l'hymne au dieu-Lune *me - a - LU*», Or. 30 (1961) 88-90.

*a*8834   MELIKISVILI, G.A., «Die Götterpaartrias an der Spitze des urartäischen Pantheons», Or. 34 (1965) 441-445.

*a*8835   LAMBERT, W.G., «The Gula Hymn of Bulluṭsa-rabi», Or. 36 (1967) 105-132.

*a*8836   CASTELLINO, G.R., «Incantation to Utu», OrAnt 8 (1969) 1-37.

*a*8837   KRAMER, S.N., «Lamentation over the Destruction of Nippur», ErIs 9 (1969) 89-93.

*a*8838   RÖMER, W.H.P., «Eine sumerische Hymne mit Selbstlob Inannas», Or. 38 (1969) 97-114.

*a*8839   SAUREN, H., «Besuchsfahrten der Götter in Sumer», Or. 38 (1969) 214-236.

*a*8840   SWEET, R.F.G., «A Pair of Double Acrostics in Akkadian», Or. 38 (1969) 459-460.

*a*8841   POSTGATE, J.N., «Two Marduk Ordeal Fragments», ZA 60 (1970) 124-127.

*a*8842   SCHRAMM, W., «Ein Bruchstück einer zweisprachigen Beschwörung gegen Totengeister», Or. 39 (1970) 405-408.

*a*8843   BIGGS, R.D., «An Archaic Sumerian Version of the Kesh Temple Hymn from Tell Abū Ṣalābīkh», ZA 61 (1971) 193-208.

a8844 BORGER, R., «Das Tempelbau-Ritual K 48+», ZA 61 (1971) 72-80.

a8845 BORGER, R., «Zum Handerhebungsgebet an Nanna-Sin IV R9)», ZA 61 (1971) 81-83.

a8846 VON SODEN, W., «Der grosse Hymnus an Nabû», ZA 61 (1971) 44-71.

a8847 ALSTER, B., «A Sumerian Incantation against Gall», Or. 41 (1972) 349-358.

a8848 FERRARA, A.J., «The Itinerary of Nanna-Suen's Journey to Nippur», Or. 41 (1972) 1-4.

a8849 WILCKE, C., «Der aktuelle Bezug der Sammlung der sumerischen Tempelhymnen und ein Fragment eines Klageliedes», ZA 62 (1972) 35-61.

a8850 SJÖBERG, A.W., «Miscellaneous Sumerian Hymnus», ZA 63 (1973) 1-55.

a8851 COHEN, M.E., Balag-compositions. Sumerian Lamentations Liturgies of the Second and First Millennia B.C. (Sources and Monographs from the Ancient Near East, vol. 1, fasc. 2) (Malibu, CA, Undena Publications, 1974), 33 pp.

a8852 DUPRET, M.-A., «Hymne au dieu Numušda avec prière en faveur de Sîniqīšam de Larsa», Or. 43 (1974) 327-343.

a8853 EDZARD, D.O., «Zur sumerischen Hymne auf das Heiligtum Keš», Or. 43 (1974) 103-113.

a8854 BERNHARDT, I., KRAMER, S.N., «Die Tempel und Götterschreine von Nippur», Or. 44 (1975) 96-102.

a8855 SJÖBERT, A.W., «in-nin šà-gur₄-ra. A Hymn to the Goddess Inanna by the en-Priestes Enḫeduanna», ZA 65 (1975) 161-253 (AO 5391).

a8856 VAN DIJK, J., «Incantations accompagnant la naissance de l'homme», Or. 44 (1975) 52-79.

a8857 DELLER, K., «Materialien zu den Lokalpanthea des Königreiches Arraphe», Or. 45 (1976) 33-45.

a8858 COHEN, M.E., «Another Utu Hymn», ZA 67 (1977) 1-19.

a8859 MAYER, W.R., «Seleukidische Rituale aus Warka mit Emesal-Gebeten», Or. 47 (1978) 431-458.

a8860 SAUREN, H., «Hendursaga, Genius des Saturn, Gott des Todes», OLoP 10 (1979) 75-95.

a8861 TONIETTI, M.V., «Un incantesimo sumerico contro la Lamaštu», Or. 48 (1979) 301-323.

a8862 MAYER, W.R., «'Ich rufe dich von ferne, höre mich von nahe!' Zu einer babylonischen Gebetsformel», dans Werden und Wirken des Alten Testaments (en collab.) (1980), 302-317.

a8863 MAYER, W.R., «Corrigenda zu O. Loretz - W.R. Mayer, ŠU-ILA-Gebete (AOAT 34; 1978)», UF 12 (1980) 422-424.

a8864 BUTZ, K., «Altbabylonische Beschwörungen um dem 'Blasensprung' bei Grafiden herbeizuführen», OrAnt 21 (1982) 221-226.

a8865 FARBER, W., «Zur älteren akkadischen Beschwörungsliteratur», ZA 71 (1982) 51-72.

a8866 GREEN, M.W., «Miscellaneous Texts from Uruk», ZA 72 (1982) 163-177.

a8867 KRAMER, S.N., «BM 98396: A Sumerian Prototype of the Mater-Dolorosa», ErIs 16 (1982) 141*-146*.

a8868 VON SODEN, W., «Die 2. Tafel der Unterseite Šumma Ea liballiṭ-ka von alandimmû», ZA 71 (1982) 109-121.

a8869 DELLER, K., «Zum ana balāṭ-Formular einiger assyrischer Votivinschriften», OrAnt 22 (1983) 13-24.

a8870 FARBER, W., «Die Vergöttlichung Narām-Sins», Or. 52 (1983) 67-72.

9) Textes de divination. Divination Texts. Omenliteratur.
   Testi divinatorii. Textos divinatorios.

a8871   NÖTSCHER, F., «Zur Omen-Serie 'šumma âlu'», Or. 3 (1934) 177-195.
a8872   KRAUS, F.R., «Ein Sittenkanon in Omenform», ZA 43 (1936) 77-113.
a8873   OPPENHEIM, L., «Zur keilschriftlichen Omenliteratur», Or. 5 (1936) 199-228.
a8874   UNGNAD, A., «Figurenzauber für den kranken König Samas-sumu-ukîn», Or. 12 (1943) 293-310.
a8875   VON SODEN, W., «Zur Wiederherstellung der Geburtsomen-Serie *šumma izbu*», ZA 50 (1952) 182-191.
a8876   LABAT, R., «Une nouvelle tablette de pronostics médicaux», Syr. 33 (1956) 119-130.
a8877   LEIBOVICI, M., «Présages hittites traduits de l'akkadien», Syr. 33 (1956) 142-146.
a8878   WEIDNER, E., «Ein Losbuch in Keilschrift aus der Seleukidenzeit», Syr. 33 (1956) 175-183.
a8879   RIEMSCHNEIDER, K.K., «Ein altbabylonischer Gallenomentext», ZA 57 (1965) 125-145.
a8880   HUNGER, H., «Noch ein 'Kalendertext'. - Zu den durch Zahlen ausgedrückten Omina», ZA 64 (1974) 40-45.
a8881   HUNGER, H., «Zur Ordnung der diagnostischen Omenserie», ZA 65 (1975) 63-68.
a8882   HUNGER, H., «Astrologische Wettervorhersagen», ZA 66 (1976) 234-260.

10) Écrits de sagesse. Wisdom Texts. Weisheitsliteratur.
    Testi di saggezza. Textos de sabiduría.

a8883   LANDSBERGER, B., «Die Liste der Menschenklassen im bab. Kanon», ZA 41 (1933) 184-192.
a8884   YARON, R., «Matrimonial Mishaps at Eshnunna», JSS 8 (1963) 1-16.
a8885   HALLO, W.W., «The Lame and the Halt», ErIs 9 (1969) 66-70.
a8886   WITZEL, M., «Ein sumerisches Lehrgedicht», Or. 13 (1944) 288-320.
a8887   WITZEL, M., «Ein Stück sumerischer 'Weisheit' (SK 204)», Or. 17 (1948) 1-16.
a8888   VON SODEN, W., «Ein Zwiegespräch Hammurabis mit einer Frau (Altbabylonische Dialektdichtungen Nr. 2)», ZA 49 (1950) 151-194.
a8889   KRECHER, J., «Ein spätbabylonischer Verpflichtungsschein», ZA 61 (1971) 255-259.
a8890   VAN DIJK, J., «Une variante du thème de 'l'Esclave de la Lune'», Or. 41 (1972) 339-348.
a8891   ALSTER, B., *The Instructions of Suruppak.* A Sumerian Proverb Collection (Mesopotamia, 2) (Copenhagen, Akademisk Forlag, 1974), 167 pp.
a8892   ALSTER, B., *Studies in Sumerian Proverbs* (Mesopotamia, 3) (Copenhagen, Akademisk Forlag, 1975), 157 pp.
a8893   MARZAL, A., *Gleanings from the Wisdom of Mari* (Studia Pohl, 11) (Rome, Biblical Institute Press, 1976), 105 pp.
a8894   MORAN, W.L., «Puppies in Proverbs - From Šamši-Adad I to Archilochus?» ErIs 14 (1978) 32*-37*.

11) Éducation des scribes. Education of the Scribes. Schreibersbildung.
    Formazione dei scribi. Formación de los escribas.

a8895   OPPENHEIM, L., «Additions au 'Syllabaire Accadien' de F. Thureau-Dangin», Or. 9 (1940) 25-28.
a8896   SAUREN, H., «Zwei Arbeitstexte aus Umma», OLoP 1 (1970) 39-41.
a8897   SJÖBERG, A.W., «Der Examenstext A», ZA 64 (1974) 137-176.

a8898   RAINEY, A.F., «A Tri-Lingual Cuneiform Fragment from Tel Aphek», Tel Aviv 3 (1976) 137-140.
a8899   TADMOR, H., «A Lexicographical Text from Hazor», IsrEJ 27 (1977) 98-102.
a8900   MANDER, P., «Brevi considerazioni sul testo 'lessicale' SF 23 = SF 24 e paralleli da Abu Salabikh», OrAnt 19 (1980) 187-192.

12) Inscriptions. Inschriften. Iscrizioni. Inscripciones.

a8901   DRIVER, G.R., «Two Sumerian Inscriptions at Oxford», Or. 1 (1932) 86-88.
a8902   WEISSBACH, F.H., «Die dreisprachige Inschrift Darius Susa e», ZA 44 (1938) 150-169.
a8903   WEISSBACH, F.H., «Die fünfte Kolumne der grossen Bisutūn-Inschrift», ZA 46 (1940) 53-82.
a8904   POHL, A., «Die neugefundenen assyrischen Relief- und Inschriftenbruchstücke der Vatikanischen Museen», Or. 16 (1947) 459-463.
a8905   SOLLBERGER, E., «Deux pierres de seuil d'Entemena», ZA 50 (1952) 3-28.
a8906   PARROT, A., NOUGAYROL, J., «Asarhaddon et Naqi'a sur un bronze du Louvre (AO 20,185)», Syr. 33 (1956) 147-160.
a8907   DELLER, K., «Zur sprachlichen Einordnung der Inschriften Aššurnaṣirpals II. (883-859)», Or. 26 (1957) 144-156.
a8908   JARITZ, K., «The Problem of the 'Broken Obelisk'», JSS 4 (1959) 204-215.
a8909   MORAN, W.L., «Notes on the New Nabonidus Inscriptions (Style and Composition - H 1,B - H 2,A and B)», Or. 28 (1959) 130-140.
a8910   NOUGAYROL, J., «Notes Épigraphiques», Syr. 39 (1962) 188-192 (Louvre: AO 2116; 2117).
a8911   SZLECHTER, E., «Inscriptions conservées au Musée Fitzwilliam à Cambridge», OrAnt 5 (1966) 149-156 (TM 49-1907; 39-1926; E-4-1948).
a8912   BERGER, P.-R., «Akkadisches aus Elam. Zu dem akkadischen Passus eines elamischen Backsteins aus Tschogha Sambil», Or. 36 (1967) 421-425.
a8913   BIROT, M., «Découvertes épigraphiques à Larsa (campagnes 1967)», Syr. 45 (1968) 241-247.
a8914   KLENGEL-BRANDT, E., «Ein Pazuzu-Kopf mit Inschrift», Or. 37 (1968) 81-84.
a8915   DIETRICH, M., LORETZ, O., «Siegel des Taḫe-Addu (ca. 1750 v. Chr.)», UF 1 (1969) 213-215.
a8916   ZABLOCKA, J., BERGER, P.-R., «Ein vollständigeres Duplikat zur Nebukadnezar II - Inschrift VAB 4 Nr. 46», Or. 38 (1969) 122-125.
a8917   BERGER, P.-R., «Zur Nabonid-Inschrift Nr. 3 und ihren Duplikaten», ZA 60 (1970) 128-133.
a8918   CAGNI, L., «Sigillo antico-babilonese con iscrizione», OrAnt 9 (1970) 201-202.
a8919   HULIN, P., «An incorrectly inscribed brick of Shalmaneser III», OLoP 2 (1971) 103-104.
a8920   AGGOULA, B., «Une 'décanie' à Hatra», Sem. 22 (1972) 53-55.
a8921   BRINKMAN, J.A., BRINKMAN, M.E., «A Tenth Century Kudurru Fragment (CBS 13873)», ZA 62 (1972) 91-98.
a8922   HULIN, P., «An inscribed silver piece of Darius», OLoP 3 (1972) 121-124.
a8923   WEIPPERT, M., «Menahem von Israel und seine Zeitgenossen in einer Steleninschrift Tiglathpilesers III. aus dem Iran», ZDPV 89 (1973) 26-53.
a8924   VON SODEN, W., «Bemerkungen zu einigen Tonnagel- und Backsteininschriften der I. Dynastie von Isin aus Isin (Zusatz S. 192)», ZA 64 (1974) 38-39.
a8925   AGGOULA, B., «Remarques sur les inscriptions hatréennes V», Sem. 27 (1977) 123-143.

a8926   KUTSCHER, R., WILCKE, C., «Eine Ziegel-Inschrift des Königs Takil-iliššu von Malgium, gefunden in Isin und Yale», ZA 68 (1978) 95-128.

a8927   BIGA, M.G., «Un frammento di iscrizione di Sargon II nel Museo Archeologico di Genova», Or. 48 (1979) 476-477.

a8928   DOTY, L.T., «An Official Seal of the Seleucid Period», JNES 38 (1979) 195-197.

a8929   DIETRICH, M., LORETZ, O., «Die Inschrift der Statue des Königs Idrimi von Alalaḫ», UF 13 (1981) 201-268.

a8930   KLENGEL, H., «Historischer Kommentar zur Inschrift des Idrimi von Alalaḫ», UF 13 (1981) 269-278.

a8931   LAMBERT, W.G., «The Warwick Kudurru», Syr. 58 (1981) 173-185.

a8932   NA'AMAN, N., «The Recycling of a Silver Statue», JNES 40 (1981) 47-48.

a8933   OWEN, D.I., «Ugarit, Canaan, and Egypt: Some New Epigraphic Evidence from Tel Aphek in Israel», dans Ugarit in Retrospect (en collab.) (1981), 49-53.

a8934   MILLARD, A.R., BORDREUIL, P., «A Statue from Syria with Assyrian and Aramaic Inscriptions», BA 45 (1982) 135-141.

a8935   PUECH, É., «Couvercle de Jarre inscrit», EstB 40 (1982) 350-353.

a8936   ZADOK, R., «Remarks on the Inscription of HDYS'Y from Tall Fakhariya», Tel Aviv 9 (1982) 117-129.

a8937   LAMBERT, W.G., «Notes on the Cassite-Period Seal Inscriptions from Thebes and Elsewhere», Or. 52 (1983) 241-245.

13) El-Amarna.

a8938   GADD, C.J., «The Tell El-Amarna Tablets: A Review», PEQ 72 (1940) 116-123.

a8939   GORDON, C.H., «The New Amarna Tablets», Or. 16 (1947) 1-21.

a8940   LAMBDIN, T.O., «Egyptian Words in Tell El Amarna Letter No. 14», Or. 22 (1953) 362-369.

a8941   ARTZI, P., «The Exact Number of the Published Amarna Documents», Or. 36 (1967) 432.

a8942   FINKELSTEIN, J.J., «Three Amarna Notes», ErIs 9 (1969) 33-34.

a8943   MORAN, W.L., «The Death of 'Abdi-Aširta», ErIs 9 (1969) 94-99 (EA 101:3-6, 27-31).

a8944   WILHELM, G., «Ein Brief der Amarna-Zeit aus Kāmid el-Lōz (KL 72:600)», ZA 63 (1973) 69-75.

a8945   LORETZ, O., MAYER, W., «Die Glossen mi-ke-tu und ia-pa-aq-ti in EA 64,22-23», UF 6 (1974) 493-494.

a8946   RAINEY, A.F., «El-'Amârna Notes», UF 6 (1974) 295-312.

a8947   GÖRG, M., «Anmerkungen zu EA 368», UF 7 (1975) 566-567.

a8948   IZRE'EL, S., «Two Notes on the Gezer-Amarna Tablets», Tel Aviv 4 (1977) 159-167.

a8949   RAINEY, A.F., «The Barth-Ginsberg Law in the Amarna Tablets», ErIs 14 (1978) 8*-13*.

a8950   RAINEY, A.F., El Amarna Tablets 359-379. Supplement to J.A. Knudtzon, Die El-Amarna-Tafeln, 2nd edition, revised (Alter Orient und Altes Testament, 8) (Kevelaer, Butzon & Bercker; Neukirchen-Vluyn, Neukirchener Verlag, 1978), XII-120 pp.

a8951   NA'AMAN, N., «The Origin and Historical Background of Several Amarna Letters», UF 11 (1979) 673-684.

a8952   ENGEL, H., «Quellentexte aus dem Amarna-Archiv», BiKi 38 (1983) 66-68.

14) Ibn-Hani.

a8953 LAGARCE, É., LAGARCE, J., «Nouveau Texte du XIIIè siècle à Ras Ibn Hani (Syrie)», UF 10 (1978) 438-439.

a8954 ARNAUD, D., KENNEDY, D., «Les textes en cunéiformes syllabiques découverts en 1977 à Ibn Hani», Syr. 56 (1979) 317-324 (Hani 77/3,5,7,9,17,23,24).

a8955 BORDREUIL, P., CAQUOT, A., «Les textes en cunéiformes alphabétiques découverts en 1977 à Ibn Hani», Syr. 56 (1979) 295-315.

a8956 BORDREUIL, P., CAQUOT, A., «Les textes en cunéiformes alphabétiques découverts en 1978 à Ibn Hani», Syr. 57 (1980) 343-373 (Hani 78/1-4,6,9-12,14,16-24,26,27,29-32; 80/1).

15) Mari.

a8957 JEAN, C.-F., «Arišen dans les lettres de Mari», Sem. 1 (1948) 17-24.

a8958 BARRELET, M.-T., «À propos d'une plaquette trouvée à Mari (AO. 18 962)», Syr. 29 (1952) 285-293.

a8959 DOSSIN, G., «Une lettre de Iarîm-Lim, roi d'Alep, à Iašûb-Iaḫad, roi de Dîr», Syr. 33 (1956) 63-69.

a8960 MORAN, W.L., «Mari Notes on the Execration Texts», Or. 26 (1957) 339-345.

a8961 BIROT, M., «Un recensement de femmes au royaume de Mari», Syr. 35 (1958) 9-26.

a8962 MALAMAT, A., «History and Prophetic Vision in a Mari Letter», ErIs 5 (1958) 67-73 (English summary).

a8963 TSEVAT, M., «A Reference to Gudea of Lagash in an Old Mari Text», OrAnt 1 (1962) 9-10.

a8964 DOSSIN, G., «À propos de la tablette administrative de A.R.M.T., XIII, n° 1», Syr. 41 (1964) 21-24.

a8965 SCHULT, H., «Vier weitere Mari-Briefe 'prophetischen' Inhalts», ZDPV 82 (1966) 228-232.

a8966 BERGER, P.-R., «Einige Bemerkungen zu Friedrich Ellermeier: Prophetie in Mari und Israel (Herzberg 1968)», UF 1 (1969) 207-209.

a8967 BERGER, P.-R., «Die bisher ältesten keilschriftlichen Äquivalente zu zwei althebräischen Namen?» UF 1 (1969) 216-217.

a8968 MALAMAT, A., «Hazor and its Northern Neighbours in New Mari Documents», ErIs 9 (1969) 102-108 (English summary).

a8969 PINTORE, F., «Pat(t)um nelle lettere di Mari», OrAnt 8 (1969) 265-279.

a8970 VON SODEN, W., «Einige Bemerkungen zu den von Fr. Ellermeier in 'Prophetie in Mari und Israel' (Herzberg 1968) erstmalig bearbeiteten Briefen aus ARM 10», UF 1 (1969) 198-199.

a8971 LAMBERT, M., «Textes de Mari. XVIIIe campagne 1969», Syr. 47 (1970) 245-260.

a8972 ARTZI, P., MALAMAT, A., «The Correspondence of Šibtu, Queen of Mari in ARM X», Or. 40 (1971) 75-89.

a8973 MARZAL, A., «Two Officials Assisting the Provincial Governor at Mari», Or. 41 (1972) 359-377.

a8974 BIROT, M., «Nouvelles découvertes épigraphiques au Palais de Mari (salle 115)», Syr. 50 (1973) 1-11.

a8975 DOSSIN, G., «Une mention de Cananéens dans une lettre de Mari», Syr. 50 (1973) 277-282 (A 3552).

a8976 BIROT, M., *Lettres de Yaqqim-Addu gouverneur de Sagarâtum* transcrites, traduites et commentées (Archives royales de Mari, XIV) (Paris, Librairie Orientaliste Paul Geuthner, 1974), 263 pp.

a8977 SASSON, J.M., «Reflections on an Unusual Practice Reported in ARM X:4», Or. 43 (1974) 404-410.

a8978 ANBAR (BERNSTEIN), M., «Aspect moral dans un discours 'prophétique' de Mari», UF 7 (1975) 517-518.

a8979 HEINTZ, J.-G., *Index Documentaire des Textes de Mari*. Fasc. 1. Liste/codage des textes. Index des ouvrages de référence (Archives Royales de Mari, xvii) (Paris, Librairie Orientaliste Paul Geuthner, 1975), 52*-342 pp.

a8980 RAINEY, A.F., «Toponymic Problems», Tel Aviv 2 (1975) 13-16; 3 (1976) 57-59; 6 (1979) 158-162.

a8981 LIMET, H., *Textes administratifs de l'époque des Šakkanakku* transcrits et traduits (Archives royales de Mari, XIX) (Paris, Librairie Orientaliste Paul Geuthner, 1976), 171 pp.

a8982 MARZAL, A., *Gleanings from the Wisdom of Mari* (Studia Pohl, 11) (Roma, Biblical Institute Press, 1976), vii-105 pp.

a8983 DOSSIN, G., FINET, A., *Correspondance féminine* transcrite et traduite (Archives royales de Mari, X) (Paris, Librairie Orientaliste Paul Geuthner, 1978), 300 pp.

a8984 ANBAR (BERNSTEIN), M., «Un euphémisme 'biblique' dans une lettre de Mari», Or. 48 (1979) 109-111.

a8985 BIROT, M., KUPPER, J.-R., ROUAULT, O., *Répertoire analytique* (2e volume), Tomes I-XIV, XVIII et textes divers hors-collection, Première partie: *Noms propres (Archives royales de Mari,* publiées sous la direction de André PARROT et Georges DOSSIN) (Paris, Paul Geuthner, 1979), x-273 pp.

a8986 ROUAULT, O., *Mukanniŝum*. L'administration et l'économie palatiales à Mari. Transcription, traduction et étude historique (Archives royales de Mari, XVIII) (Paris, Librairie Orientaliste Paul Geuthner, 1977), 293 pp.

a8987 SASSON, J.M., *Dated Texts from Mari: A Tabulation* (Aids and Research Tools in Ancient Near Eastern Studies, 4) (Malibu, CA, Undena Publications, 1980), 19 pp.

a8988 MALAMAT, A., «'Silver, Golf and Precious Stones from Hazor': Trade and Trouble in a New Mari Document», dans *Essays in Honour of Yigael Yadin,* JJS 33 (1982) 71-79.

16) Nuzi.

a8989 GORDON, C.H., «Nuzi Tablets Relating to Theft», Or. 5 (1936) 305-330.

a8990 GORDON, C., «The Dialect of the Nuzu Tablets», Or. 7 (1938) 32-63, 215-232.

a8991 LEWY, H., «The *aḫḫûtu* Documents from Nuzi», Or. 9 (1940) 362-373.

a8992 LEWY, H., «Gleanings from a New Volume of Nuzi Texts», Or. 10 (1941) 201-222.

a8993 LEWY, H., «The *Titennûtu* Texts from Nuzi», Or. 10 (1941) 313-336.

a8994 LEWY, H., «The Nuzian Feudal System», Or. 11 (1942) 1-40, 209-250, 297-349.

a8995 EBELING, E., «Ein Brief aus Nuzi im Besitz des Athener Archäologischen Museums», Or. 22 (1953) 355-358.

a8996 SPEISER, E.A., «Nuzi Marginalia», Or. 25 (1956) 1-23.

a8997 LEWY, H., «Miscellanea Nuziana», Or. 28 (1959) 1-25, 113-129.

a8998 ZACCAGNINI, C., «The Yield of the Fields at Nuzi», OrAnt 14 (1975) 181-225.

a8999 MAYER, W., «Nuzi-Texte aus dem British Museum», UF 8 (1976) 193-208.

a9000 ZACCAGNINI, C., «Osservazioni sui contratti di 'anticresi' a Nuzi», OrAnt 15 (1976) 191-207.

*a*9001 BRINKMAN, J.A., DONBAZ, V., «A Nuzi-Type *tidennutu* Tablet Involving Real Estate», OrAnt 16 (1977) 99-104.

*a*9002 DONBAZ, V., KALAÇ, M., «Two Tablets from Nuzi Housed in Istanbul», ZA 71 (1982) 205-214.

*a*9003 NEGRI SCAFA, P., «A proposito del termine *kašku* nei testi di Nuzi», OrAnt 21 (1982) 123-142.

17) Ugarit.

*a*9004 DHORME, É., «Petite tablette accadienne de Ras Shamra», Syr. 16 (1935) 194-195.

*a*9005 THUREAU-DANGIN, F., «Une lettre assyrienne à Ras Shamra», Syr. 16 (1935) 188-193.

*a*9006 VIROLLEAUD, C., «Les nouvelles tablettes de Ras Shamra (1948-1949)», Syr. 28 (1951) 22-56.

*a*9007 NOUGAYROL, J., *Le palais royal d'Ugarit.* IV. Textes accadiens des archives sud (Mission de Ras Shamra, IX) (Paris, Imprimerie nationale, Librairie C. Klincksieck, 1956), vol. 1, textes, ii-301 pp.; vol. 2, 90 pl.

*a*9008 BUCCELLATI, G., «Due note ai testi accadici di Ugarit», OrAnt 2 (1963) 223-228.

*a*9009 BERGER, P.-R., «Die Alašia-Briefe Ugaritica 5, Noug. Nrn. 22-24», UF 1 (1969) 217-221.

*a*9010 VON SODEN, W., «Bemerkungen zu einigen literarischen Texten in akkadischer Sprache aus Ugarit», UF 1 (1969) 189-195.

*a*9011 BERGER, P.-R., «Zu den 'akkadischen' Briefen Ugaritica», UF 2 (1970) 285-293.

*a*9012 KÜHNE, C., «Eine analytische Liste der akkadischen Ugarittexte», UF 6 (1974) 129-156.

*a*9013 KÜHNE, C., «Mit Glossenkeilen markierte fremde Wörter in akkadischen Ugarittexten», UF 6 (1974) 157-167; 7 (1975) 253-260.

*a*9014 KÜHNE, C., «Nachträge und Berichtigungen zur analytischen Liste der akkadischen Ugarittexte (UF 6, 129ff.)», UF 7 (1975) 515-516.

*a*9015 BOYD, J.L., «Two Misunderstood Words in the Ras Shamra Akkadian Texts», Or. 46 (1977) 226-229.

*a*9016 WATSON, W.G.E., «Parallels to some Passages in Ugaritic», UF 10 (1978) 397-401.

*a*9017 VON SODEN, W., «Assyriasmen im Akkadischen von Ugarit und das Problem der Verwaltungsprache im Mitannireich», UF 11 (1979) 745-751.

*a*9018 ARNAUD, D., «Les textes cunéiformes suméro-accadiens des campagnes 1979-1980 à Ras Shamra-Ougarit», Syr. 59 (1982) 199-222.

18) Ur.

*a*9019 WITZEL, M., «Die Klage über Ur», Or. 14 (1945) 185-234; 15 (1946) 46-63.

*a*9020 SCHNEIDER, N., «Götterthrone in Ur III und ihr Kult», Or. 16 (1947) 56-65.

*a*9021 SAN NICOLO, M., «Neubabylonische Urkunden aus Ur», Or. 19 (1950) 217-232.

*a*9022 ARCHI, A., «Quattro testi di Ur III», OrAnt 9 (1970) 1-3.

*a*9023 BUTZ, K., «Zwei Urkunden aus dem aB Ur, Frauenerbrecht betreffend», OrAnt 19 (1980) 29-35.

*a*9024 BUTZ, K., «Zwei Urkunden aus dem altbabylonischen Ur, Niessbrauch betreffend», OrAnt 19 (1980) 101-105.

*a*9025 BUTZ, K., «Eine aB Erbteilungsurkunde aus Ur, angeblich aus Larsa», OrAnt 20 (1981) 195-201.

*a*9026 DAVIDOVIĆ, V., «La clausola *kišib-ensí-ka* nei documenti della terza Dinastia di Ur a Umma», OrAnt 21 (1982) 81-110.

19) Divers. Miscellaneous. Verschidenes. Diversi. Diversos.

*a*9027 GÖTZE, A., «Zur Kelischin-Stele», ZA 39 (1930) 99-128.

*a*9028 GÜTERBOCK, H.G., «Ergänzende Duplikate zum Neriglissar-Zylinder VAB IV Nr. 1», ZA 40 (1931) 289-290.

*a*9029 BOTTERO, J., «Deux curiosités assyriologiques (avec une note de Pierre Hamelin)», Syr. 33 (1956) 17-35.

*a*9030 BORGER, R., «Das Era-Fragment KAR 311», Or. 26 (1957) 143.

*a*9031 KRAMER, S.N., «Corrections and Additions to SRT», ZA 52 (1957) 76-90.

*a*9032 EDZARD, D.O., «Emmebaragesi von Kiš», ZA 53 (1959) 9-26.

*a*9033 SOLLBERGER, E., «Sumerica», ZA 53 (1959) 1-8.

*a*9034 NOUGAYROL, J., «Documents du Ḫabur. 1. Une nouvelle tablette de Ḫana. 2. Le sceau de Daguna», Syr. 36 (1960) 205-214.

*a*9035 FALKENSTEIN, A., «Ein ditilla-Fragment», ZA 55 (1962) 68-69.

*a*9036 BERGMANN, E., «Untersuchungen zu syllabisch geschriebenen sumerischen Texten», ZA 56 (1964) 1-43; 57 (1965) 31-42.

*a*9037 FALKENSTEIN, A., «Fluch über Akkade», ZA 57 (1965) 43-124.

*a*9038 NOUGAYROL, J., «Du bon usage des faux», Syr. 42 (1965) 227-234.

*a*9039 KRECHER, J., «Die sumerischen Texte in 'syllabischer' Orthographie», ZA 58 (1967) 16-65.

*a*9040 SPERL, G., «Diskussionsbeitrag zur Herstellung der 'Mikrotontafeln'», Or. 36 (1967) 339-344.

*a*9041 PAGE, S., «Adad-nirari III and Semiramis: The Stelae of Saba'a and Rimah», Or. 38 (1969) 457-458.

*a*9042 BERGER, P.-R., «Zum Kyros II. - Zylinder VAB 3», UF 2 (1970) 337-338.

*a*9043 BORGER, R., «Weiteres Material zu V R 50-51 (JCS 21, S. 1-17)», ZA 61 (1971) 84-88.

*a*9044 BERGER, P.-R., «Der Kyros-Zylinder mit dem Zusatzfragment BIN II Nr. 32 und akkadischen Personennamen im Danielbuch», ZA 64 (1974) 192-234.

*a*9045 WESTENHOLZ, J., WESTENHOLZ, A., «Help for Rejected Suitors: The Old Akkadian Love Incantation MAD V 8», Or. 46 (1977) 198-219.

*a*9046 EDZARD, D.O., «Ein neues Tontafelfragment (Nr. 7) aus Kāmid al-Lōz», ZA 70 (1981) 52-54.

*a*9047 LIVINGSTONE, A., «A Fragment of a Work Song», ZA 70 (1981) 55-57.

*a*9048 HALLO, W.W., «Appendix (YBC 16646)», ZA 71 (1982) 48-50.

*a*9049 KAUFMAN, S.A., «Reflections on the Assyrian-Aramaic Bilingual from Tell Fakhariyeh», Maarav 3 (1982) 137-175.

*a*9050 SIGRIST, R.M., «Une tablette cunéiforme de Tell Keisan», IsrEJ 32 (1982) 32-35.

*a*9051 GELLER, M.J., «More Graeco-Babylonica», ZA 73 (1983) 114-120.

*a*9052 HROUDA, B., «Zu vier Abrollungen auf einer kappadokischen Tontafel», Or. 52 (1983) 102-106.

4. Ammonite. Ammonitisch. Ammonito.

a) Textes. Texts. Texte. Testi. Textos.

*a*9053 KORN, S.H., «The Amman Citadel Inscription», BASOR no 193 (1969) 2-13.

*a*9054 AVIGAD, N., «Ammonite and Moabite Seals», dans SANDERS, J.A. (Ed.), *Essays in Honor of Nelson Glueck. Near Eastern Archaeology in the Twentieth Century* (Garden City, NY, Doubleday, 1970), 284-295.

*a*9055 SALEM, A., «Un cachet oriental de bronze inédit portant une inscription», Sem. 22 (1972) 21-23.

*a*9056 BORDREUIL, P., «Inscriptions sigillaires ouest-sémitiques. 1. Épigraphie ammonite», Syr. 50 (1973) 181-195.

*a*9057 BORDREUIL, P., LEMAIRE, A., «Trois sceaux nord-ouest sémitiques inédits», Sem. 24 (1974) 25-34.

*a*9058 GARBINI, G., «Ammonite Inscriptions», JSS 19 (1974) 159-168.

*a*9059 ZAYADINE, F., «Note sur l'inscription de la statue d'Amman J. 1656», Syr. 51 (1974) 129-136.

*a*9060 BORDREUIL, P., LEMAIRE, A., «Nouveaux sceaux hébreux, araméens et ammonites», Sem. 26 (1976) 45-63.

*a*9061 HELTZER, M., «Zu einer neuen ammonitischen Siegelinschrift», UF 8 (1976) 441-442.

*a*9062 KRAHMALKOV, C., «An Ammonite Lyric Poem», BASOR n° 223 (1976) 55-57.

*a*9063 AVIGAD, N., «New Moabite and Ammonite Seals at the Israel Museum», ErIs 13 (1977) 108-110 (English summary).

*a*9064 LORETZ, O., «Die ammonitische Inschrift von Tell Siran», UF 9 (1977) 169-171.

*a*9065 FULCO, W.J., «The 'Ammān Citadel Inscription: A New Collation», BASOR n° 230 (1978) 39-43.

*a*9066 SHEA, W.H., «The Siran Inscription: Amminadab's Drinking Song», PEQ 110 (1978) 107-112.

*a*9067 SASSON, V., «The 'Ammān Citadel Inscription as an Oracle Promising Divine Protection: Philological and Literary Comments», PEQ 111 (1979) 117-125.

*a*9068 SHEA, W.H., «Milkom as the Architect of Rabbath-Ammon's Natural Defences in the Amman Citadel Inscription», PEQ 111 (1979) 17-25.

*a*9069 NAVEH, J., «The Ostracon From Nimrud: An Ammonite Name-List», Maarav 2, n° 2 (1980) 163-171.

*a*9070 BALDACCI, M., «The Ammonite Text from Tell Siran and North-West Semitic Philology», VT 31 (1981) 363-368.

*a*9071 SHEA, W.H., «The Amman Citadel Inscription Again», PEQ 113 (1981) 105-110.

*a*9072 EMERTON, J.A., «The Meaning of the Ammonite Inscription from Tell Siran», dans *Von Kanaan bis Kerala* (en collab.) (1982), 367-377.

b) Divers. Miscellaneous. Verschiedenes. Diversi. Diversos.

*a*9073 ISRAEL, F., «The Language of the Ammonites», OLoP 10 (1979) 143-159.

*a*9074 SIVAN, D., «On the Grammar and Orthography of the Ammonite Findings», UF 14 (1982) 219-234.

*a*9075 AUFRECHT, W.E., *A Bibliography of Ammonite Inscriptions* (Newsletter for Targumic and Cognate Studies, Supplement 1) (Toronto, University of Toronto, 1983), 36 pp.

5. Arabe. Arabic. Arabisch. Arabo. Árabe.

a) Lexique. Vocabulary. Lexikon. Lessico. Léxico.

*a*9076 KÖBERT, R., «'Siligo' im arabischen Wortschatz?» Or. 13 (1944) 268-269.

a9077   BLACHÈRE, R., «Note sur le substantif *nafs* 'souffle vital', 'âme' dans le Coran», Sem. 1
          (1948) 69-77.
a9078   KÖBERT, R., «Das koranische *ṭāġūt*», Or. 30 (1961) 415-416.
a9079   BEESTON, A.F.L., «The 'Men of the Tanglewood' in the Qur'ān», JSS 13 (1968)
          253-255.
a9080   KÖBERT, R., «Einige weniger beachtete *maṣdar*-Bildungen des Arabischen», Or. 34
          (1965) 173-174.
a9081   SAYDON, P.P., «Maltese Etymological Notes», JSS 10 (1965) 67-82.
a9082   JAMME, A., «The Safaitic Verb *wgm*», Or. 36 (1967) 159-172.
a9083   JAMME, A., «The Safaitic Expression *rgm mny* and Its Variants», Or. 36 (1967)
          345-348.
a9084   JAMME, A., «Safaitic *mlk*, 'Lord' of the Tribe», Or. 39 (1970) 504-511.
a9085   BLOCH, A.A., «Morphological Doublets in Arabic Dialects», JSS 16 (1971) 53-73.
a9086   BLAU, J., «Arabic Lexicographical Miscellanies», JSS 17 (1972) 173-190.
a9087   BURTON, J., «The Meaning of *Iḥṣān*», JSS 19 (1974) 47-75.
a9088   KÖBERT, R., «Ein Gassānidenschloss Namens *al-bariṣ* im vorislamischen Damaskus?»
          Or. 43 (1974) 165-170.
a9089   AVANZINI, A., «Antroponimia dell'Arabia preislamica», OrAnt 15 (1976) 61-64.
a9090   CORRIENTE, F., «*Ḍ-L* Doublets in Classical Arabic as Evidence of the Process of De-
          lateralisation of *ḍad* and Development of its Standard Reflex», JSS 23 (1978) 50-55.
a9091   KINBERG, N., «An Investigation of the Combination *'n law* in Classical Arabic», JSS 25
          (1980) 34-45.

b) Grammaire. Grammar. Grammatik. Grammatica. Gramática.

a9092   BECK, E., «Die Partikel *'iḍan* bei al-Farra' und Sībawaih», Or. 16 (1946) 432-438.
a9093   KÖBERT, R., «Zum Verständnis des arabischen Grammatikerterminus *mafʿul* und
          seiner Verbindungen», Or. 29 (1960) 328-330.
a9094   BISHAI, W.B., «Nature and Extent of Coptic Phonological Influence on Egyptian
          Arabic», JSS 6 (1961) 175-182.
a9095   JOHNSTONE, T.M., «The Affrication of *kāf* and *gāf* in the Arabic Dialects of the
          Arabian Peninsula», JSS 8 (1963) 210-226.
a9096   JOHNSTONE, T.M., «The Verbal Affix *-k* in Spoken Arabic», JSS 13 (1968) 249-252.
a9097   JAMME, A., «Safaitic *f* as a Preposition and a Particle Indicating a Temporal
          Succession», Or. 39 (1970) 412-418.
a9098   BRAVMANN, M.M., «The Origin of the Arabic Object Pronouns Formed with *iya*», JSS
          16 (1971) 50-52.
a9099   LEEMHUIS, F., «Sibawaih's Treatment of the *D* Stem», JSS 18 (1973) 238-256.
a9100   McDONALD, M.V., «The Order and Phonetic Value of Arabic Sibilants in the Abjad»,
          JSS 19 (1974) 36-46.
a9101   CARTER, M.G., «A Note on Classical Arabic Exceptive Sentences», JSS 20 (1975)
          69-72.
a9102   CORRIENTE, F., «Marginalia on Arabic Diglossia and Evidence thereof in the Kitāb al-
          Agānī», JSS 20 (1975) 38-61.
a9103   REVELL, E.J., «The Diacritical Dots and the Development of the Arabic Alphabet», JSS
          20 (1975) 178-190.
a9104   CORRIENTE, F., «From Old Arabic to Classical Arabic through the Pre-Islamic
          Koine: Some Notes on the Native Grammarians' Sources, Attitudes and Goals», JSS 21
          (1976) 62-98.

a9105   BEESTON, A.F.L., «Some Points of Arabic Syntax», JSS 23 (1978) 56-63.
a9106   DIEM, W., «Untersuchungen zur frühen Geschichte der arabischen Orthographie. I. Die Schreibung der Vokale», Or. 48 (1979) 207-257; «II. Die Schreibung der Konsonanten», 49 (1980) 67-106; «III. Endungen und Endschreibungen», 50 (1981) 332-383.
a9107   AMAIREH, K., «Various Elements Ascertaining Meaning in Arabic Grammar», JSS 26 (1981) 31-45.
a9108   BEESTON, A.F.L., «Some Notes on Classical Arabic Syntax», JSS 26 (1981) 21-30.
a9109   TOMBACK, R.S., «Archaic Features in the Iraqi Arabic Dialect», JNWSemL 11 (1983) 135-137.

c) *Textes, inscriptions. Texts, Inscriptions. Texte, Inschriften.*
   Testi, iscrizioni. Textos, inscripciones.

a9110   SAUVAGET, J., «Inscriptions arabes du Temple de Bel à Palmyre», Syr. 12 (1931) 143-153.
a9111   SAUVAGET, J., «Les inscriptions arabes de la mosquée de Bosra», Syr. 22 (1941) 53-65.
a9112   BECK, E., «Die Sure *ar-Rūm* (30)», Or. 13 (1944) 334-355; 14 (1945) 118-142.
a9113   BECK, E., «Der ʿutmānische Kodex in der Koranlesung des zweiten Jahrhunderts», Or. 14 (1945) 355-373.
a9114   BECK, E., «ʿArabbiya, Sunna und ʿĀmma in der Koranlesung des zweiten Jahrhunderts», Or. 16 (1946) 180-224.
a9115   BECK, E., «Die Kodizesvariantes der Amṣār», Or. 16 (1947) 353-376.
a9116   BECK, E., «Studien zu Geschichte der kufischen Koranlesung in den beiden ersten Jahrhunderten», Or. 17 (1948) 326-355; 19 (1950) 328-350; 20 (1951) 316-328; 22 (1953) 59-78.
a9117   VON GRUNEBAUM, G.E., «Three Arabic Poets of the Early Abbasid Age», Or. 19 (1950) 53-80.
a9118   DAVID-WEILL, J., «Un papyrus arabe inédit du Musée du Louvre», Sem. 4 (1951-52) 67-71.
a9119   CAQUOT, A., «Inscriptions judéo-arabes de Ruṣāfa (Sergiopolis)», Syr. 32 (1955) 70-74.
a9120   DAVID-WEILL, J., «Sur le papyrus arabe *Louvre E* 10 227 *A*», Sem. 5 (1955) 103.
a9121   LEROY, J., «Un nouveau manuscrit arabe-chrétien illustré du roman de Baarlam et Joasaph», Syr. 32 (1955) 101-122.
a9122   BLACHÈRE, R., «Regards sur la littérature narrative en arabe au Ier siècle de l'hégire», Sem. 6 (1956) 75-86.
a9123   KÖBERT, R., «Das nur in arabischer Überlieferung erhaltene Urteil Galens über die Christen», Or. 25 (1956) 404-409.
a9124   ROSENTHAL, F., «Sayings of the Ancients from Ibn Durayd's *Kitâb al-Mujtanâ*», Or. 27 (1958) 29-54, 150-183.
a9125   KÖBERT, R., «Das Gottesepitheton aṣ-ṣamad in Sure 112,2», Or. 30 (1961) 204-205.
a9126   KÖBERT, R., «Die Ǧunaid-Sentenzen bei Sulamī», Or. 31 (1962) 439-444.
a9127   MANN, J., «A European Sword of the Late XIVth Century with an Arabic Inscription», ErIs 7 (1964) 76*-77*.
a9128   SOURDEL-THOMINE, J., «Deux Épitaphes arabes anciennes», ErIs 7 (1964) 112*-115*.
a9129   YADIN, Y., «Arabic Inscriptions in Palestine», ErIs 7 (1964) 102-116 (English summary).
a9130   WIET, G., «Deux inscriptions arabes de la Syrie méridionale», Syr. 42 (1965) 81-90.

a9131   KÖBERT, R., «Zur Bedeutung der drei letzten Worte von Sure 22,30/31», Or. 35 (1966) 28-32.

a9132   SMART, J.R., «A Bedouin Song from the Egyptian Western Desert», JSS 12 (1967) 245-267.

a9133   HARDING, G.L., «A Safaitic Drawing and Text», Levant 1 (1969) 68-72.

a9134   KÖBERT, R., «Sam'ānī über 'Alī ar-Riḍā», Or. 41 (1972) 387-389.

a9135   KÖBERT, R., «Zur Bedeutung von Sure 2,138», Or. 44 (1975) 106-107.

a9136   KÖBERT, R., «Ein koranisches Agraphon», Or. 44 (1975) 198-199.

a9137   BOSWORTH, C.E., «The Arabic Manuscripts in Chetham's Library, Manchester», JSS 21 (1976) 99-108.

a9138   EBIED, R.Y., YOUNG, M.J.L., «An Unpublished Legal Work on a Difference between the Shāfi'ites and Mālikites», OLoP 8 (1977) 251-262.

a9139   SAMIR, K., «Les sermons sur Job du Pseudo-Chrysostome (CPG 4564 = BHG 939d-g) retrouvés en arabe», OLoP 8 (1977) 205-216.

a9140   NAVEH, J., «Ancient North-Arabian Inscriptions on Three Stone Bowls», ErIs 14 (1978) 178-182 (English summary).

a9141   BURGOYNE, M.H., ABUL-HAJJ, A., «Twenty-Four Medieval Arabic Inscriptions from Jerusalem», Levant 11 (1979) 112-137.

a9142   JAMME, A., «Inscriptions from Fifty Safaitic Cairns», Or. 48 (1979) 478-528.

a9143   RIPPIN, A., «Qur'an 21:95: 'A ban is upon any town'», JSS 24 (1979) 43-53.

a9144   SHAHÎD, I., «Philological Observations on the Namâra Inscription», JSS 24 (1979) 33-42.

a9145   KNAUF, E.A., «Eine Gruppe safaitischer Inschriften aus der Ḥesmā», ZDPV 96 (1980) 169-173.

a9146   BOSWORTH, C.E., «Some Observations on Jerusalem Arabic Inscriptions», Levant 13 (1981) 266-267.

a9147   VOIGT, R.M., «Einige altnordarabische Inschriften», ZDPV 97 (1981) 178-187.

a9148   BURGOYNE, M.H., «A Recently Discovered Marwānid Inscription in Jerusalem», Levant 14 (1982) 118-121.

a9149   PETERS, J., «In the Fullness of Time. An Exegetical Analysis of Sura 97 of the Qur'ān», dans Von Kanaan bis Kerala (en collab.) (1982), 389-409.

d) Divers. Miscellaneous. Verschiedenes. Diversi. Diversos.

a9150   BORGER, R., «Assyriologische und altarabistische Miszellen», Or. 26 (1957) 1-11.

a9151   KÖBERT, R., «Zur arabischen Rechtschreibung», Or. 29 (1960) 330-331.

a9152   BLAU, J., «The Role of the Bedouins as Arbiters in Linguistic Questions and the mas'ala az-zunbūriyya», JSS 8 (1963) 42-51.

a9153   JUYNBOLL, G.H.A., «The Position of Qur'ān Recitation in Early Islam», JSS 9 (1974) 240-251.

a9154   BEESTON, A.F.L., «Some Features of Modern Standard Arabic», JSS 20 (1975) 62-68.

a9155   BRADY, D., «The Book of Revelation and the Qur'ān: is there a Possible Literary Relationship?» JSS 23 (1978) 216-225.

6. Araméen. Aramaic. Aramäisch. Aramaico. Arameo.

a) Introduction. Einführung. Introduzione. Introducción.

a9156   EISS, W., «Zur gegenwärtigen aramaistischen Forschung», EvT 16 (1956) 170-181.

*a*9157 DIEZ MACHO, A., «La lengua hablada por Jesucristo», OrAnt 2 (1963) 95-132.

*a*9158 DRIJVERS, H.J.W., «Syriac and Aramaic», dans *A Basic Bibliography for the Study of the Semitic Languages* (en collab.) (1973), I, 283-335.

*a*9159 AUFRECHT, W.E., HURD, J.C., *A Synoptic Concordance of Aramaic Inscriptions* (International Concordance Library, Vol. 1) (Missoula, Montana, Scholars Press and Biblical Research Associates, 1975), 158 pp.

*a*9160 ALEXANDER, P.S., «Remarks on Aramaic Epistolography in the Persian Period», JSS 23 (1978) 155-170.

*a*9161 DION, P.-E., «The Language Spoken in Ancient Sam'al», JNES 37 (1978) 115-118.

*a*9162 GREENFIELD, J.C., «The Dialects of Early Aramaic», JNES 37 (1978) 93-99.

*a*9163 GRELOT, P., «La secte. - B. Culture et langues. - II. Araméen», dans «Qumrân et découvertes de Juda», SDB 9 (1978) col. 801-805.

*a*9164 ROSENTHAL, F., «Aramaic Studies during the Past Thirty Years», JNES 37 (1978) 81-91.

*a*9165 SOKOLOFF, M., «The Current State of Research on Galilean Aramaic», JNES 37 (1978) 161-167.

*a*9166 FELLMAN, J., «Sociolinguistic Notes on the History of Aramaic», JNWSemL 8 (1980) 15-16.

*a*9167 FITZMYER, J.A., «The Aramaic Language and the Study of the New Testament», JBL 99 (1980) 5-21.

*a*9168 SNELL, D.C., «Why is there Aramaic in the Bible?» JSOT nº 18 (1980) 32-51.

*a*9169 GREENFIELD, J.C., «Aramaic Studies and the Bible», dans *Congress Volume. Vienna 1980* (en collab.) (1981), 110-130.

*a*9170 NAVEH, J., GREENFIELD, J.C., «Hebrew and Aramaic in the Persian period», dans *The Cambridge History of Judaism* (en collab.) (1984), I, 115-129.

b) Lexique. Vocabulary. Lexikon. Lessico. Léxico.

1) Mots. Words. Worte. Parole. Palabras.[1]

*a*9171 GRELOT, P., «Une mention inaperçue de 'Alla' dans le *Testament araméen de Lévi*», Sem. 33 (1983) 101-108.

*a*9172 JOÜON, P., «Les verbes 'voir' en araméen *ḥzh, ḥmh, ḥwh*», Or. 2 (1933) 117-119.

*a*9173 GRELOT, P., «On the Root *'bq/'bṣ* in Ancient Aramaic and in Ugaritic», JSS 1 (1956) 202-205.

*a*9174 VATTIONI, F., «A proposito di *brzqiq*' di Hatra», Or. 34 (1965) 338-339.

*a*9175 FARZAT, Ḥ., «Encore sur le mot *TQM* dans les documents araméens d'Éléphantine», Sem. 17 (1967) 77-80.

*a*9176 KUTSCHER, E.Y., «*kwk* and its Cognates», ErIs 8 (1967) 273-279 (English summary).

*a*9177 PUECH, É., «Sur la racine *'ṣlḥ* en hébreu et en araméen», Sem. 21 (1971) 5-19.

*a*9178 EYPPER, S., «Another Reference to *ḫaliqti širi*», Or. 44 (1975) 193.

*a*9179 BEN-ḤAYYIM, Z., «Whence the *KNŠT MYH* Samaritan Synagogue?» ErIs 14 (1978) 188-190 (English summary).

*a*9180 EHRMAN, A., «Jewish Aramaic in Old Romance?» JQR 69 (1979) 233-235 (mesaqqēr).

*a*9181 GREENFIELD, J.C., «The Root ŠQL in Akkadian, Ugaritic and Aramaic», UF 11 (1979) 325-327.

---

1. Classés selon l'ordre alphabétique hébreu. Classified according to the Hebrew Alphabet. Nach alphabetischen Klasse des hebräisches ablegten. Classificati secondo l'ordine alfabètico ebreo. Clasificados en el orden alfabético hebreo.

a9182   GROSSFELD, B., «The Relationship between Biblical Hebrew *brḥ* and *nws* and their
         Corresponding Aramaic Equivalents in the Targum *'rq, 'pk, 'zl:* A Preliminary Study in
         Aramaic-Hebrew Lexicography», ZAW 91 (1979) 107-123.

a9183   MARGAIN, J., «La racine ŠWY en araméen samaritain», Sem. 29 (1979) 119-130.

a9184   NIDITCH, S., «Incantation Texts and Formulaic Language: A New Etymology for
         ḥwmry», Or. 48 (1979) 461-471.

a9185   VISCHER, W., NGALLY, J., MARGOT, J.-C., «Correspondance où il est question
         d'*Abba*, Père», ETR 54 (1979) 684-691.

a9186   COUROYER, B., «Nm'ty: Osiris ou 'justifiés' (*Stèle de Carpentras*, ligne 4)», RB 87
         (1980) 594-596.

a9187   LEEMHUIS, F., «Qur'anic *siǧǧīl* and Aramaic *sgyl*», JSS 27 (1982) 47-56.

a9188   DIEZ MERINO, L., «'Jesús' en la onomástica aramea judía (s. II a. C. - s. II d. C.)»,
         Miscelánea Comillas 41 (1983) 351-355.

a9189   PUECH, É., «La racine ŚYṬ-Š'Ṭ en araméen et en hébreu. À propos de Sfiré i A 24,
         1 Q Hª III,30 et 36 (XI,31 et 37) et Ézéchiel», RQum 11 (1983) 367-378.

2) Divers. Miscellaneous. Verschiedenes. Diversi. Diversos.

a9190   JOÜON, P., «Les mots pour *sur, au dessus de, en haut* et *sous, au dessous de, en bas* en
         hébreu, araméen et arabe», Or. 2 (1933) 275-280.

a9191   FRIEDRICH, H., «Zur Bezeichnung des langen *ā* in den Schreibweisen des
         Aramäischen», Or. 26 (1957) 37-42.

a9192   VON SODEN, W., «Aramäische Wörter in neuassyrischen und neu- und
         spätbabylonischen Texten. Ein Vorbericht. I. *agâ - *mūš*», Or. 35 (1966) 1-20; «II. *n-z*
         und Nachträge», 37 (1968) 261-271; «III. Ein Vorbericht», 46 (1977) 183-197.

a9193   GRELOT, P., «Notes d'onomastique sur les textes araméens d'Égypte», Sem. 21 (1971)
         95-117.

a9194   DEGEN, R., «Ein neues Wörterbuch für das Biblisch-Aramäische», Or. 44 (1975)
         116-125.

a9195   KORNFELD, W., «Onomastica aramaica und das Alte Testament», ZAW 88 (1976)
         105-112.

a9196   FALES, F.M., «On Aramaic Onomastics in the Neo-Assyrian Period», OrAnt 16 (1977)
         41-68.

a9197   COXON, P.W., «The Distribution of Synonyms in Biblical Aramaic in the Light of
         Official Aramaic and the Aramaic of Qumran», RQum 9 (1978) 497-512.

a9198   DION, P.-E., «Image et ressemblance en araméen ancien (Tell Fakhariyah)», SE 34
         (1982) 151-153.

c) *Grammaire. Grammar. Grammatik. Grammatica. Gramática.*

a9199   ROSENTHAL, F., «Spitalers Grammatik des neuaramäischen Dialekts von Ma'lûla»,
         Or. 8 (1939) 346-360.

a9200   BIRNBAUM, S.A., «An Unknown Aramaic Cursive», PEQ 85 (1953) 23-41.

a9201   GORDON, C.H., «'Holy Waw'? A Case of Contrasting Methodologies», Or. 22 (1953)
         415-416.

a9202   ROSEN, H.B., «On the Use of the Tenses in the Aramaic of Daniel», JSS 6 (1961)
         183-203.

a9203   RABIN, C., «The Nature and Origin of the Šaf'el in Hebrew and Aramaic», ErIs 9 (1969)
         148-158 (English summary).

a9204   GRELOT, P., «Le *waw* d'apodose en araméen d'Égypte», Sem. 20 (1970) 33-39.

a9205   KAUFMAN, S.A., *The Akkadian Influences on Aramaic* (The Oriental Institute of the University of Chicago, Assyriological Studies, 19) (Chicago, University of Chicago Press, 1974), xviii-196 pp.

a9206   JOHNS, A.F., *A Short Grammar of Biblical Aramaic* (Andrews University Monographs) revised edition (Berrien Springs, Mich., Andrews University Press, 1975), xii-108 pp.

a9207   SEGERT, S., *Altaramäische Grammatik* (Leipzig, Verlag Enzyklopädie, 1975), 555 pp.

a9208   VIVIAN, A., «Dialetti giudaici dell'aramaico medio e tardo», OrAnt 15 (1976) 56-60.

a9209   COXON, P., «The Nunation Variant in the Perfect of the Aramaic Verb», JNES 36 (1977) 297-298.

a9210   BOYARIN, D., «On the History of the Babylonian Jewish Aramaic Reading Traditions: The Reflexes of *a and *ā», JNES 37 (1978) 141-160.

a9211   GOSHEN-GOTTSTEIN, M.H., «The Language of Targum Onqelos and Literary Diglossia in Aramaic», ErIs 14 (1978) 183-187 (English summary).

a9212   SEGERT, S., «Vowel Letters in Early Aramaic», JNES 37 (1978) 111-114.

a9213   WHITEHEAD, J.D., «Some Distinctive Features of the Language of the Aramaic Arsames Correspondence», JNES 37 (1978) 119-140.

a9214   COHEN, D., «Sur le système verbal du néo-araméen de Ma'lûla», JSS 24 (1979) 219-239.

a9215   WILSON, G.H., «An Index to the Biblical Passages cited in Franz Rosenthal, *A Grammar of Biblical Aramaic*», JSS 24 (1979) 21-24.

a9216   MARGAIN, J., «Les particules causales dans le Targum samaritain», Sem. 30 (1980) 69-87.

a9217   MARCUS, D., *A Manual of Babylonian Jewish Aramaic* (Washington, DC, University Press of America, 1981), viii-132 pp.

a9218   VILSKER, L.H., *Manuel d'araméen samaritain*. Traduit du russe par J. Margain (Documents, Études et Répertoires publiés par l'Institut de Recherche et d'Histoire des Textes) (Paris, Éditions du CNRS, 1981), 122 pp.

a9219   DIEZ MERINO, L., «El arameo samaritano: estudios y textos», EstB 40 (1982) 221-276.

a9220   MACUCH, R., *Grammatik des samaritanischen Aramäisch* (Studia Samaritana, 4) (Berlin, De Gruyter, 1982), xxii-427 pp.

a9221   SABAR, Y., «The Quadriradical Verb in Eastern Neo-Aramaic Dialects», JSS 27 (1982) 149-176.

a9222   GOLOMB, D.M., «Nominal Syntax in the Language of Codex Vatican Neofiti 1: Sentences Containing a Predicate Adjective», JNES 42 (1983) 181-194.

d) Critique littéraire. Literary Criticism. Literarkritik.
  Critica letteraria. Crítica literaria.

a9223   YARON, R., «The Schema of the Aramaic Legal Documents», JSS 2 (1957) 33-61.

a9224   YARON, R., «Aramaic Marriage Contracts: Corrigenda and Addenda», JSS 5 (1960) 66-70.

a9225   TAWIL, H., «Some Literary Elements in the Opening Sections of the Hadad, Zakir, and the Nērab II Inscriptions in the Light of East and West Semitic Royal Inscriptions», Or. 43 (1974) 40-65.

a9226   DION, P.-E., «A Tentative Classification of Aramaic Letter Types», dans *Society of Biblical Literature. 1977 Seminar Papers* (en collab.) (1977), 415-441.

a9227   GOSHEN-GOTTSTEIN, M.H., «The Language of Targum Onqelos and the Model of Literary Diglossia in Aramaic», JNES 37 (1978) 169-179.

a9228   DION, P.-E., PARDEE, D., WHITEHEAD, J.D., «Les types épistolaires hébréo-araméens jusqu'au temps de Bar Kokhbah», RB 86 (1979) 544-579.

*a*9229   DION, P.-E., «La lettre araméenne passe-partout et ses sous-espèces», RB 89 (1982) 528-575.

*a*9230   KOENIG, J., «La déclaration des dieux dans l'inscription de Deir Alla (I,2)», Sem. 33 (1983) 77-88.

*a*9231   PORTEN, B., «The Address Formulae in Aramaic Letters: A New Collation of Cowley 17», RB 90 (1983) 396-415.

*a*9232   PORTEN, B., «Une lettre araméenne conservée à l'Académie des Inscriptions et Belles-Lettres (AI 5-7): une nouvelle reconstruction», Sem. 33 (1983) 89-100.

e) Textes, inscriptions. Texts, Inscriptions. Texte, Inschriften.
   Testi, iscrizioni. Textos, inscripciones.

1) Introduction. Einführung. Introduzione. Introducción.

*a*9233   MILLARD, A.R., «Epigraphic Notes, Aramaic and Hebrew», PEQ 110 (1978) 23-26.

*a*9234   SOKOLOFF, M., «Review of J. Naveh, *On Stone and Mosaic*», Maarav 1 (1978) 79-84.

*a*9235   CROWN, A.D., «Problems in Epigraphy and Palaeography: The Nature of the Evidence in Samaritan Sources», BJRL 62 (1979) 37-60.

*a*9236   AGGOULA, B., «Studia aramaica. I», Sem. 32 (1982) 101-116.

2) Collections. Sammlungen. Collezioni. Colecciones.

*a*9237   GORDON, C.H., «Aramaic Incantation Bowls», Or. 10 (1941) 116-141, 272-284, 339-360.

*a*9238   DONNER, H., RÖLLIG, W., *Kanaanäische und Aramäische Inscriften*². 3. Bände (Wiesbaden, Harrassowitz, 1966, 1968, 1969), xv-54 pp., 343 pp., vii-84 pp.

*a*9239   AUFRECHT, W.E., HURD, J.C., *A Synoptic Concordance of Aramaic Inscriptions* (International Concordance Library, 1) (Missoula, Montana, Scholars Press, 1975), 158 pp.

*a*9240   GIBSON, J.C.L., *Textbook of Syrian Semitic Inscriptions.* Vol. 2: *Aramaic Inscriptions* (Oxford, Clarendon Press; Oxford University Press, 1975), xx-192 pp.

*a*9241   LIPINSKI, E., *Studies in Aramaic Inscriptions and Onomastics* (Orientalia Lovaniensia Analecta, 1) (Leuven, University Press, 1975), 240 pp.

*a*9242   ZIMMERMANN, F., *Biblical Books Translated from the Aramaic* (New York, Ktav, 1975), 184 pp.

*a*9243   FITZMYER, J.A., HARRINGTON, D.J., *A Manual of Palestinian Aramaic Texts* (Second Century B.C. - Second Century A.D.) (Biblica et Orientalia, 34) (Rome, Biblical Institute Press, 1978), xix-373 pp.

*a*9244   PORTEN, B., «Aramaic Papyri and Parchments: A New Look», BA 42 (1979) 74-104.

*a*9245   LaSOR, W.S., «Samples of Early Semitic Poetry», dans *The Bible World*. Essays in Honor of Cyrus H. Gordon (en collab.) (1980), 99-121.

*a*9246   PUECH, É., «Inscriptions funéraires palestiniennes: tombeau de Jason et ossuaires», RB 90 (1983) 481-533.

3) Ostraca.

*a*9247   SUKENIK, E.L., «A Further Note on an Inscribed Potsherd», PEQ 69 (1937) 140-141.

*a*9248   DUPONT-SOMMER, A., «L'ostracon araméen d'Assour», Syr. 24 (1944-45) 24-61.

*a*9249   DUPONT-SOMMER, A., «'Bêl et Nabû, Šamaš et Nergal' sur un ostracon inédit d'Éléphantine», RHR 128 (1944) 28-39.

a9250   DUPONT-SOMMER, A., «Le syncrétisme religieux des Juifs d'Éléphantine d'après un ostracon araméen inédit», RHR 130 (1945) 17-28.

a9251   DUPONT-SOMMER, A., «L'ostracon araméen du Sabbat (collection Clermont-Ganneau, nº 152)», Sem. 2 (1949) 29-39.

a9252   SZNYCER, M., «Nouveaux ostraca de Nisa», Sem. 12 (1962) 105-126.

a9253   ZNYCER, M., «Quelques observations sur les ostraca de Nisa», Sem. 13 (1963) 31-37.

a9254   DUPONT-SOMMER, A., «Note sur le mot *TQM* dans les ostraca araméens d'Éléphantine», Sem. 14 (1964) 71-72.

a9255   LOZACHMEUR, H., «Un ostracon araméen inédit d'Éléphantine (collection Clermont-Ganneau, nº 228)», Sem. 21 (1971) 81-93.

a9256   LEMAIRE, A., «Un nouvel ostracon araméen du Ve siècle avant J.-C.», Sem. 25 (1975) 87-96 (Louvre, AO 25431).

a9257   GERATY, L.T., «The Khirbet el-Kôm Bilingual Ostracon», BASOR nº 220 (1976) 55-61.

a9258   SKAIST, A., «A Note on the Bilingual Ostracon from Khirbet el-Kôm», IsrEJ 28 (1978) 106-108.

a9259   NAVEH, J., «The Aramaic Ostraca from Tel Beer-sheba (Seasons 1971-1976)», Tel Aviv 6 (1979) 182-198.

a9260   CROSS, F.M., «An Aramaic Ostracon of the Third Century B.C.E. from Excavations in Jerusalem», ErIs 15 (1981) 67*-69*.

4) Sceaux. Seals. Siegel. Sigilli. Sellos.

a9261   SALEM, A., «Un cachet oriental de bronze inédit portant une inscription», Sem. 22 (1972) 21-23.

a9262   BORDREUIL, P., LEMAIRE, A., «Nouveaux sceaux hébreux, araméens et ammonites», Sem. 26 (1976) 45-63.

a9263   LEMAIRE, A., «Le sceau *CIS*, II, 74 et sa signification historique», Sem. 28 (1978) 11-14.

a9264   VAN DEN BRANDEN, A., NASTER, P., «Un cylindre-sceau d'Abilène», OLoP 12 (1981) 117-125.

a9265   BORDREUIL, P., LEMAIRE, A., «Nouveaux sceaux hébreux et araméens», Sem. 32 (1982) 21-34.

5) Textes d'incantation. Incantation Texts. Zaubereitexte.
   Testi di incantesimo. Textos de encatamiento.

a9266   GORDON, C.H., «The Cuneiform Aramaic Incantation», Or. 9 (1940) 29-38.

a9267   GORDON, C.H., «An Incantation in Estrangelo Script», Or. 18 (1949) 336-341.

a9268   ISBELL, C.D., *Corpus of the Aramaic Incantation Bowls* (S.B.L. Dissertation Series, 17) (Missoula, Montana, Society of Biblical Literature and Scholars Press, 1975), xiv-200 pp.

a9269   ISBELL, C.D., «Two New Aramaic Incantation Bowls», BASOR nº 223 (1976) 15-23.

a9270   GORDON, C.H., «Two Aramaic Incantations», dans *Biblical and Near Eastern Studies* (LaSor) (en collab.) (1978), 231-244.

a9271   ISBELL, C.D., «The Story of the Aramaic Magical Incantation Bowls», BA 41 (1978) 5-16.

a9272   NAVEH, J., «A Nabatean Incantation Text», IsrEJ 29 (1979) 111-119.

a9273   GELLER, M.J., «Four Aramaic Incantation Bowls», dans *The Bible World*. Essays in Honor of Cyrus H. Gordon (en collab.) (1980), 47-60.

a9274   SPERLING, D.S., «An Arslan Tash Incantation: Interpretations and Implications», HUCA 53 (1982) 1-10.

6) Selon les lieux d'origine. According to the Origin. Der Herkunft nach.
   Secondo l'origine. Según la procedencia.[1]

a9275   LOZACHMEUR, H., «Sur la bilingue gréco-araméenne d'Ağcakale», Sem. 25 (1975) 97-102.
a9276   FULCO, W.J., «The Amman Theater Inscription», JNES 38 (1979) 37-38.
a9277   HÜTTENMEISTER, F.G., «The Aramaic Inscription from the Synagogue at H. 'Ammudim», IsrEJ 28 (1978) 109-112.
a9278   YADIN, Y., «The Historical Significance of Inscription 88 from Arad: A Suggestion», IsrEJ 26 (1976) 9-14.
a9279   PARDEE, D., «Letters from Tel Arad», UF 10 (1978) 289-336.
a9280   GRELOT, P., «Remarques sur le bilingue grec-araméen d'Armazi», Sem. 8 (1958) 11-20.
a9281   PUECH, É., «L'acte de vente d'une maison à Kafar-Bébayu en 135 de notre ère», RQum 9 (1977) 213-221.
a9282   SUKENIK, E.L., «Die jüdisch-aramäische Inschrift der Synagoge von Kapernaum», ZDPV 55 (1932) 75-76.
a9283   GRELOT, P., «Sur la stèle de Carpentras», Sem. 17 (1967) 73-75.
a9284   GRELOT, P., «À propos de la stèle de Carpentras (post-scriptum)», Sem. 20 (1970) 21-22.
a9285   COUROYER, B., «À propos de la stèle de Carpentras», Sem. 20 (1973) 17-21.
a9286   AVIGAD, N., «An Inscribed Bowl from Dan», PEQ 100 (1968) 42-44.
a9287   HOFTIJZER, J., VAN DER KOOIJ, G., Aramaic Texts from Deir 'Alla (Documenta et Monumenta Orientis Antiqui, XIX) (Leiden, Brill, 1976), xii-324 pp.
a9288   CAQUOT, A., LEMAIRE, A., «Les textes araméens de Deir 'Alla», Syr. 54 (1977) 189-208.
a9289   MÜLLER, H.-P., «Einige alttestamentliche Probleme zur aramäischen Inschrift von Dēr 'Allā», ZDPV 94 (1978) 56-67.
a9290   KAUFMAN, S.A., «The Aramaic Texts from Deir 'Allā», BASOR n° 239 (1980) 71-74.
a9291   McCARTER, P.K., Jr., «The Balaam Texts from Deir 'Allā: The First Combination», BASOR n° 239 (1980) 49-60.
a9292   DU MESNIL DU BUISSON, R., «Un bilingue améo-grec de l'époque parthe, à Doura-Europos», Syr. 19 (1938) 147-152.
a9293   MILIK, J.-T., «Inscription araméenne en caractères grecs de Doura-Europos et une dédicace grecque de Cordoue», Syr. 44 (1967) 289-306.
a9294   MILIK, J.-T., «Parchemin judéo-araméen de Doura-Europos, an 200 ap. J.-C.», Syr. 45 (1968) 97-104.
a9295   DELCOR, M., «Le texte de Deir 'Alla et les oracles bibliques de Bala'am», dans Congress Volume. Vienna 1980 (en collab.) (1981), 52-73.
a9296   CAZELLES, H., «Nouveaux documents araméens d'Égypte», Syr. 32 (1955) 75-100.
a9297   DUPONT-SOMMER, A., «Une stèle araméenne d'un prêtre de Ba'al trouvée en Égypte», Syr. 33 (1956) 79-87.
a9298   GRELOT, P., Documents araméens d'Égypte (Littérature ancienne du Proche-Orient, 5) (Paris, Cerf, 1972), 533 pp.

---

1. Classés selon l'ordre alphabétique. Alphabetically classified. Nach alphabetischen Klasse ablegten. Classificati secondo l'ordine alfabètico. Clasificados en orden alfabético.

a9299   KORNFELD, W., *Onomastica Aramaica aus Ägypten* (Österreichische Akademie der Wissenschaft, phil-hist. Klasse, Sitzungsberichte, Band 333) (Vienna, Verlag der Österreichischen Akademie der Wissenschaften, 1978), 144 pp.

a9300   GRELOT, P., «L'huile de ricin à Éléphantine», Sem. 14 (1964) 63-70.

a9301   GRELOT, P., «La reconstruction du temple juif d'Éléphantine», Or. 36 (1967) 173-177.

a9302   SILVERMAN, M., «Hebrew Name-Types in the Elephantine Documents», Or. 39 (1970) 465-491.

a9303   PORTEN, B., «The Archive of Jedaniah Son of Gemariah of Elephantine - The Structure and Style of the Letters (I)», ErIs 14 (1978) 165-177 (English summary).

a9304   GRELOT, P., «Sur le 'papyrus pascal' d'Éléphantine», dans *Mélanges bibliques et orientaux en l'honneur de M. Henri Cazelles* (en collab.) (1981), 163-172.

a9305   PORTEN, B., SZUBIN, H.Z., «'Abandoned Property' in Elephantine: A New Interpretation of Kraeling 3», JNES 41 (1982) 123-131.

a9306   SZUBIN, H.Z., PORTEN, B., «Litigation Concerning Abandoned Property at Elephantine (Kraeling 1)», JNES 42 (1983) 279-284.

a9307   KAUFMAN, S.A., «Reflections on the Assyrian-Aramaic Bilingual from Tell Fakhariyeh», Maarav 3 (1982) 137-175.

a9308   MEEHAN, C., «An Aramaic Inscription from Ḥirbet Ğēmar», ZDPV 96 (1980) 59-66.

a9309   SUKENIK, E.L., «Note on the Aramaic Inscription at the Synagogue of Gerasa», PEQ 62 (1930) 48-49.

a9310   SOKOLOFF, M., «The Giv'at ha-Mivtar Aramaic Tomb Inscription in Paleo-Hebrew Script and its Historical Implications», Immanuel 10 (1980) 38-46.

a9311   NEGEV, A., «Inscriptions on Rock No. 5 in Wadi Haggag, Sinai», ErIs 12 (1975) 132-141 (English summary) (Greek, Nabataean, Armenian inscriptions).

a9312   NEGEV, A., *The Inscriptions of Wadi Haggad, Sinai* (Qedem, Monographs of the Institute of Archaeology, The Hebrew University of Jerusalem, 6) (Jerusalem, The Israel Exploration Society, 1977), 100 pp.

a9313   DOTHAN, M., «The Aramaic Inscription from the Synagogue of Severus at Hamat Tiberias», ErIs 8 (1967) 183-185.

a9314   CAQUOT, A., «Nouvelles Inscriptions araméennes de Hatra», Syr. 29 (1952) 89-118; 30 (1953) 234-246; 32 (1955) 49-69, 261-272; 40 (1963) 1-16; 41 (1964) 251-272.

a9315   MARICQ, A., «Hatra de Sanatrouq», Syr. 22 (1955) 273-288.

a9316   TEIXIDOR, J., «Notes hatréennes», Syr. 41 (1964) 273-284.

a9317   TEIXIDOR, J., «Notes Hatréennes. - 3. Le titre d''aphkala'. - 4. Sur l'ère en usage à Hatra», Syr. 43 (1966) 91-97.

a9318   DEGEN, R., «Die Genitivverbindung im Aramäischen der Hatra-Inschriften», Or. 36 (1967) 76-80.

a9319   AGGOULA, B., «Remarques sur les inscriptions hatréennes III», Syr. 52 (1975) 181-206 [étude I: *Berytus* 18 (1969) 85-104; II: *Mélanges de l'Université de St-Joseph* 47 (1972) 3-27, 27-49].

a9320   AGGOULA, B., «Remarques sur les inscriptions hatréennes (no 295-335, n° 21)», Sem. 27 (1977) 123-143.

a9321   TEIXIDOR, J., «Les arcades de Barmarên à Hatra», Sem. 30 (1980) 63-67.

a9322   AGGOULA, B., «Remarques sur les inscriptions hatréennes (VI)», Syr. 58 (1981) 363-378.

a9323   SEGAL, J.B., «Aramaic Legal Texts from Hatra», dans *Essays in Honour of Yigael Yadin*, JJS 33 (1982) 109-115.

a9324   HILLERS, D.R., «Redemption in Letters 6 and 2 from Hermopolis», UF 11 (1979) 379-382.

*a*9325   NAVEH, J., «New Inscriptions on Ossuaries from Northern Jerusalem», ErIs 10 (1971) 188-190 (English summary).

*a*9326   PUECH, É., «Ossuaires inscrits d'une tombe du Mont des Oliviers», StBiFranc 32 (1982) 355-372 (Jérusalem).

*a*9327   CROSS, F.M., «A Note on a Burial Inscription from Mount Scopus», IsrEJ 33 (1983) 245-246 (Jerusalem).

*a*9328   HELTZER, M., «Eighth Century B.C. Inscriptions from Kalakh (Nimrud)», PEQ 110 (1978) 3-9.

*a*9329   GASTER, T.H., «An Archaic Inscription from Lachish», PEQ 69 (1937) 142-143.

*a*9330   ROSENTHAL, F., «The Second Laghmân Inscription», ErIs 14 (1978) 97*-99*.

*a*9331   NAVEH, J., «An Aramaic Inscription from El-Mal - A Survival of 'Seleucid Aramaic' Script», IsrEJ 25 (1975) 117-123.

*a*9332   BARNETT, R.D., «Layard's Nimrud Bronzes and their Inscriptions», ErIs 8 (1967) 1*-6*.

*a*9333   YADIN, Y., «A Note on the Nimrud Bronze Bowls», ErIs 8 (1967) 6*-7*.

*a*9334   SNYCER, M., «Ostraca d'époque parthe trouvés à Nisa (U.R.S.S.)», Sem. 5 (1955) 65-98.

*a*9335   TSAFRIR, Y., «A New Reading of the Samaritan Inscription from Tell Qasile», IsrEJ 31 (1981) 223-226.

*a*9336   SUKENIK, E.L., «Inscribed Hebrew and Aramaic Potsherds from Samaria», PEQ 65 (1933) 152-157.

*a*9337   PUECH, É., «Remarques sur les inscriptions christo-palestiniennes de Kh. Es-Samra», StBiFranc 29 (1979) 259-269.

*a*9338   NOTH, M., «Der historische Hintergrund der Inschriften von sefire», ZDPV 77 (1961) 118-172.

*a*9339   GREENFIELD, J.C., «Three Notes on the Sefire Inscription», JSS 11 (1966) 98-104.

*a*9340   FITZMYER, J.A., «A Further Note on the Aramaic Inscription Sefire III.22», JSS 14 (1969) 197-200.

*a*9341   TAWIL, H., «Two Notes on the Treaty Terminology of the Sefire Inscription», CBQ 42 (1980) 30-37.

*a*9342   PUECH, É., «Les Inscriptions araméennes I et III de Sfiré: nouvelles lectures», RB 89 (1982) 576-587.

*a*9343   DUPONT-SOMMER, A., «Deux inscriptions araméennes trouvées près du lac de Sevan (Arménie)», Syr. 25 (1946-48) 53-66.

*a*9344   MICHELINI TOCCI, F., «Un frammento di stele aramaica da Tell Sifr», OrAnt 1 (1962) 21-22.

*a*9345   NEGEV, A., «New Dated Graffiti from the Sinai», IsrEJ 17 (1967) 250-255.

*a*9346   NEGEV, A., «New Graffiti from Sinai», ErIs 10 (1971) 180-187 (English summary).

*a*9347   DUPONT-SOMMER, A., «Un papyrus araméen d'époque saïte découvert à Suqqarah», Sem. 1 (1948) 43-68.

*a*9348   AGGOULA, B., «Une inscription en graphie hatréenne provenant de Takrit», Syr. 58 (1981) 359-361.

*a*9349   GORDON, C.H., «Two Magic Bowls in Teheran», Or. 20 (1951) 306-315.

*a*9350   TEIXIDOR, J., «The Aramaic Text in the Trilingual Stele from Xanthus», JNES 37 (1978) 181-185.

*a*9351   DUPONT-SOMMER, A., «Note sur le fragment araméen A (no 5627) découvert dans le Létôon de Xanthos», Sem. 29 (1979) 101-103.

*a*9352   YADIN, Y., «Note on the Bilingual Ossuary-Inscription from Khirbet Zif», IsrEJ 22 (1972) 235-236 [Cf. RAHMANI, L.Y., «An Additional Note», IsrEJ 22 (1972) 236].

7) Autres textes. Other Texts. Andere Texte. Altri testi. Otros textos.

a9353 GÖTZE, A., «Zur Kelischin-Stele», ZA 39 (1930) 99-128.
a9354 CAQUOT, A., «La déesse Šegal», Sem. 4 (1951-52) 55-58.
a9355 BIRNBAUM, S.A., «A Fragment in an Unknown Script», PEQ 84 (1952) 118-120.
a9356 BIRNBAUM, S.A., «The Kephar Bebhayu Conveyance», PEQ 89 (1957) 108-132.
a9357 STARCKY, J., «Une tablette araméenne de l'an 34 de Nabuchodonosor», Syr. 37 (1960) 99-115.
a9358 BRESCIANI, E., «Rešef-MKL = Eracle», OrAnt 1 (1962) 215-217.
a9359 RAHMANI, L.Y., «A Hoard of Alexander Coins», ErIs 7 (1964) 33-38 (English summary) (Aramaean Inscriptions).
a9360 TEIXIDOR, J., «Un nouveau papyrus araméen du règne de Darius II», Syr. 41 (1964) 285-290.
a9361 GRELOT, P., «Essai de restauration du papyrus A.P. 26», Sem. 20 (1970) 23-31.
a9362 JAMME, A., «The Pre-Islamic Inscriptions of the Riyâdh Museum», OrAnt 9 (1970) 115-139.
a9363 BORDREUIL, P., «Une tablette araméenne inédite de 635 avant J.-C.», Sem. 23 (1973) 95-102.
a9364 LIPINSKI, E., «P3-(N)-ḤR fils de RAUČÄKA», OLoP 6/7 (1975-76) 381-388.
a9365 SABAR, Y., «Lēl-Hūza: Story and History in a Cycle of Lamentations for the Ninth of Ab in the Jewish Neo-Aramaic Dialect of Sahko», JSS 21 (1976) 138-162.
a9366 SHEA, W.H., «Adon's Letter and the Babylonian Chronicle», BASOR nº 223 (1976) 61-64.
a9367 HOFTIJZER, J., «The prophet Balaam in a 6th-Century aramaic inscription», BA 39 (1977) 11-17.
a9368 LEMAIRE, A., LOZACHMEUR, H., «Deux inscriptions araméennes du Ve siècle avant J.-C.», Sem. 27 (1977) 99-104.
a9369 NAVEH, J., «Graffiti and Dedications», BASOR nº 235 (1979) 27-30.
a9370 SHEA, W.H., «The Kings of the Melqart Stela», Maarav 1 (1979) 159-176.
a9371 NAVEH, J., «'Belonging to Makbiram' or 'Belonging to the Food-Servers'?» ErIs 15 (1981) 301-302.
a9372 PORTEN, B., «The Identity of King Adon», BA 44 (1981) 36-52.
a9373 LINDENBERGER, J.M., «The Gods of Ahiqar», UF 14 (1982) 105-117.
a9374 MILLARD, A.R., BORDREUIL, P., «A Statue from Syria with Assyrian and Aramaic Inscriptions», BA 45 (1982) 135-141.
a9375 PORTEN, B., «An Aramaic Oath Contract. A New Interpretation (Cowley 45)», RB 90 (1983) 563-575.

7. Cananéen. Canaanite. Kanaanäisch. Cananeo.

a9376 GASTER, T.H., «A Canaanite Magical Text», Or. 11 (1942) 41-79.
a9377 STAMM, J.J., «Zur sprachlichen Form der 'ostkanaanäischen' Namen», ZDPV 65 (1942) 223-225.
a9378 SOBELMAN, H., «The Proto-Byblian Inscriptions: A Fresh Approach», JSS 6 (1961) 226-245.
a9379 DONNER, H., RÖLLIG, W., Kanaanäische und aramäische Inschriften². 3. Bände (Wiesbaden, Harrassowitz, 1966, 1968, 1969), xv-54 pp., 343 pp., vii-84 pp.
a9380 FOHRER, G., «Israels Haltung gegenüber den Kanaanäern und anderen Völkern», JSS 13 (1968) 64-75.

*a*9381   KRAHMALKOV, C., «The Amorite Enclitic Particle *TA/I*», JSS 14 (1969) 201-204.
*a*9382   LETTINGA, J.P., «Amarna-Canaanite», dans *A Basic Bibliography for the Study of the Semitic Languages* (en collab.) (1973), I, 172-175.
*a*9383   RAINEY, A.F., «Notes on Some Proto-Sinaitic Inscriptions», IsrEJ 25 (1975) 106-116.
*a*9384   GIVEON, R., «New Egyptian Seals with Titles and Names from Canaan», Tel Aviv 3 (1976) 127-133.
*a*9385   PRIEBATSCH, H.Y., «Die amoritische Sprache Palästinas in ihren Beziehungen zu Mari und Syrien», UF 9 (1977) 249-258.
*a*9386   NAVEH, J., «Some Considerations on the Ostracon from 'Izbet Ṣarṭah», IsrEJ 28 (1978) 31-35.
*a*9387   VAN DEN BRANDEN, A., «Nouvel essai du déchiffrement des inscriptions protosinaïtiques», BibOr 21 (1979) 155-251.
*a*9388   RAINEY, A.F., «Some Minor Points in Two Proto-Sinaitic Inscriptions», IsrEJ 31 (1981) 92-94.
*a*9389   VAN DEN BRANDEN, A., «Nuove iscrizioni protosinaitiche», BibOr 23 (1981) 213-220.
*a*9390   DOHMEN, C., «Ein Kanaanäischer Schmiedeterminus (*nsk*)», UF 15 (1983) 39-42.

8. Chypriote. Cypriot. Cyprisch. Cipriota.

*a*9391   MASSON, O., «Les inscriptions étéochypriotes», Syr. 30 (1953) 83-88.
*a*9392   MASSON, O., «Les inscriptions étéochypriotes - II-IV. II. Le texte des inscriptions d'Amathonte», Syr. 34 (1957) 61-80.
*a*9393   MASSON, O., «Inscriptions chypriotes retrouvées ou disparues», Syr. 48 (1971) 427-452.
*a*9394   FAUCOUNAU, J., «Études chypro-minoennes. - I. Le classement des syllabaires CM. - II. Ili-ba'al ou Ili-bâli? - III. L'inscription du cylindre de Schaeffer», Syr. 54 (1977) 209-249.
*a*9395   FAUCOUNAU, J., «Études chypro-minoennes. - IV. Les textes d'Enkomi en écriture CM2. - V. Résumé et conclusions», Syr. 57 (1980) 375-410.

9. Copte. Coptic. Koptisch. Copto.

a) Bibliographie. Bibliography. Bibliographie. Bibliografia. Bibliografía.

*a*9396   SIMON, J., «Notes bibliographiques sur les textes de la 'Chrestomathia Aethiopica' de A. Dillmann», Or. 10 (1941) 285-311.
*a*9397   SIMON, J., «Quelques publications récentes de textes coptes (1938-1941)», Or. 11 (1942) 367-383.
*a*9398   TILL, W., «Die Veröffentlichungen der 'Société d'Archéologie copte'», Or. 17 (1948) 356-363.
*a*9399   SIMON, J., «Bibliographie copte (1940-1948)», Or. 18 (1949) 100-120, 216-246; 19 (1950) 187-201, 295-327; 20 (1951) 291-305, 423-442.

b) Lexique. Vocabulary. Lexikon. Lessico. Léxico.

*a*9400   TILL, W., «Neue koptische Wochentagsbezeichnungen», Or. 16 (1947) 130-135.
*a*9401   EDEL, E., «Zur Etymologie und hieroglyphischen Schreibung der Präpositionen *mn* und *nte-*», Or. 36 (1967) 67-75.
*a*9402   YOUNG, D.W., «Precept: A Study in Coptic Terminology», Or. 38 (1969) 505-519.

a9403 KASSER, R., «À propos de quelques caractéristiques orthographiques du vocabulaire grec utilisé dans les dialectes coptes H et N», OLoP 6/7 (1975-76) 285-294.

a9404 GREEN, M., «Aspects on *inn*», Or. 49 (1980) 1-29.

c) *Grammaire. Grammar. Grammatik. Grammatica. Gramática.*

a9405 O'LEARY, D.L., «Notes on the Coptic Language», Or. 3 (1934) 243-258.

a9406 TILL, W., «Zu Steindorffs Lehrbuch der koptischen Sprache», Or. 23 (1954) 152-169.

a9407 FECHT, G., «Die *i*-Klasse bei den anfangsbetonten koptischen Infinitiven starker dreiradikaliger Verben», Or. 24 (1955) 288-295, 395-402.

a9408 POLOTSKY, H.J., «The Coptic Conjugation System», Or. 29 (1960) 392-422.

a9409 POLOTSKY, H.J., «Zur koptischen Wortstellung», Or. 30 (1961) 294-313.

a9410 POLOTSKY, H.J., «Nominalsatz und Cleft Sentence im Koptischen», Or. 31 (1962) 413-430.

a9411 VERGOTE, J., «The Plural of Nouns in Egyptian and in Coptic», Or. 38 (1969) 77-96.

a9412 SHISHA-HALEVY, A., «Protatic *efsôtm:* A hitherto Unnoticed Coptic Tripartite Conjugation-Form and Its Diachronic Connections», Or. 43 (1974) 369-381.

a9413 SHISHA-HALEVY, A., «Protatic *efsôtm:* Some Additional Material», Or. 46 (1977) 127-128.

a9414 QUECKE, H., «Zu Schenutes Gebrauch des Qualitativs», OLoP 6/7 (1975-76) 479-486.

a9415 QUAEGEBEUR, J., «De la préhistoire de l'écriture copte», OLoP 13 (1982) 125-136.

d) *Textes. Texts. Texte. Testi. Textos.*

a9416 HATCH, W.H.P., «Six Coptic Fragments of the New Testament from Nitria», HarvTR 26 (1933) 99-108.

a9417 O'LEARY, D.L., «A Greek Hymn in a Coptic Manuscript», Or. 3 (1934) 201-204.

a9418 SIMON, J., «Homélie copte inédite sur S. Michel et le Bon Larron, attribuée à S. Jean Chrysostome», Or. 3 (1934) 217-242; 4 (1935) 222-234.

a9419 GRÉBAUT, S., «La prière 'Eqabani' ou les litanies du Christ», Or. 4 (1935) 426-440.

a9420 LEFORT, L.T., «Un passage obscur des hymnes à Chenoute», Or. 4 (1935) 411-415.

a9421 POLOTSKY, H.J., «Zu einigen Heidelberger koptischen Zaubertexten», Or. 4 (1935) 416-425.

a9422 SIMON, J., «La Passion éthiopienne inédite de S. Héroddâ, martyr d'Égypte», Or. 4 (1935) 441-464.

a9423 STEINWENTER, A., «Zur Edition der koptischen Rechtsurkunden aus Djême», Or. 4 (1935) 377-385.

a9424 TILL, W.C., «Zu den Wiener koptischen Zaubertexten», Or. 4 (1935) 195-221.

a9425 TILL, W.C., «Die orientalische Abteilung der Papyrussammlung der Nationalbibliothek in Wien», Or. 4 (1935) 386-390.

a9426 WORRELL, W.H., «Coptic Magical and Medical Texts», Or. 4 (1935) 1-37, 184-194.

a9427 SIMON, J., «Le Ḥatata Zar'a Ya'qod et le Ḥatata Walda Ḥeywat», Or. 5 (1936) 93-101.

a9428 SIMON, J., «L'édition des textes manichéens coptes», Or. 5 (1936) 269-277.

a9429 CONTI ROSSINI, C., «La passione del martire Arsenofis e dei suoi compagni nella versione etiopica», Or. 7 (1938) 193-214, 319-332.

a9430 SIMON, J., «L'Euchologe copte-arabe des 'Abna 1-Kanisah'», Or. 7 (1938) 112-117.

a9431 TILL, W.C., «Bemerkungen zu koptischen Textausgaben», Or. 7 (1938) 100-111; 12 (1943) 329-337.

*a*9432   EURINGER, S., «Die binde der Rechtfertigung (lefâfa ṣedeḳ)», Or. 9 (1940) 76-99, 244-259.

*a*9433   GRÉBAUT, S., «Interdictions faites aux moines», Or. 9 (1940) 260-270.

*a*9434   SIMON, J., «L'édition du Zena Ayhud», Or. 9 (1940) 378-387.

*a*9435   TILL, W.C., «Die koptischen Steuerquittungsostraka der Wiener Papyrussammlung», Or. 16 (1947) 525-543.

*a*9436   TILL, W.C., «Die koptische Stipulationsklausel», Or. 19 (1950) 81-87.

*a*9437   TILL, W.C., «Zu den Coptic Ostraca from Medinet Habu», Or. 24 (1955) 146-155.

*a*9438   TILL, W.C., «Zu den koptischen Texten aus Bala'izah», Or. 25 (1956) 384-403.

*a*9439   POLOTSKY, H.J., «Zu den koptischen literarischen Texten aus Balaizah», Or. 26 (1957) 347-348.

*a*9440   GALLING, K., «Datum und Sinn der graeco-koptischen Mühlenostraka im Lichte neuer Belege aus Jerusalem», ZDPV 82 (1966) 46-56.

*a*9441   GALLING, K., «Nachtrag zu S. 46-56», ZDPV 82 (1966) 239.

*a*9442   QUECKE, H., «Fragmente einer Handschrift des koptischen Horologions in den Bibliotheken zu Leipzig und Berlin (Cod. Tisch. XXI und Ms. or. fol. 2556 g)», Or. 36 (1967) 305-322.

*a*9443   GALLING, K., «Neue Mühlenostraka. Eine Nachbemerkung zum Aufsatz: 'Datum und Sinn der graeco-koptischen Mühlenostraka im Lichte neuer Belege aus Jerusalem'», ZDPV 82 (1966) S. 46-56», ZDPV 84 (1968) 80-81.

*a*9444   JACQUES, X., «Les deux fragments conservés des 'Actes d'André et de Paul' (Cod. Borg. Copt 109, fasc. 132)», Or. 38 (1969) 187-213.

*a*9445   PERNIGOTTI, S., «Una stele funeraria copta», OrAnt 10 (1971) 53-56.

*a*9446   QUECKE, H., «Ein neues Fragment der Pachombriefe in koptischer Sprache», Or. 43 (1974) 66-82.

*a*9447   COQUIN, R.-G., «Une lettre en copte sahidique sur Papyrus», OLoP 6/7 (1975-76) 75-82.

*a*9448   DEVOS, P., «Deux feuillets coptes sur Pierre et Élie», OLoP 6/7 (1975-76) 185-203.

*a*9449   ELANSKAYA, A.J., «Quelques stèles coptes des musées de Léningrad et de Moscou», OLoP 6/7 (1975-76) 215-222.

*a*9450   QUECKE, H., «Ein Brief von einem Nachfolger Pachoms (Chester Beatty Library Ms. Ac. 1486)», Or. 44 (1975) 426-433.

*a*9451   SHISHA-HALEVY, A., «Two New Shenoute-Texts from the British Library», Or. 44 (1975) 149-185, 469-484.

*a*9452   VAN ESBROECK, M., «Fragments sahidiques du Panégyrique de Grégoire le Thaumaturge par Grégoire de Nysse», OLoP 6/7 (1975-76) 555-568.

*a*9453   COQUIN, R.-G., «Apollon de Tiktooḥ ou/et Apollon de Bawîṭ?» Or. 46 (1977) 435-446.

*a*9454   BELLET, P., «Analecta Coptica (Ex 21,17-35; 23,5-21; He 5,5-14; Phlm 6,15-16; Jn 20,24-29; 19,34)», CBQ 40 (1978) 37-52.

*a*9455   QUECKE, H., «Koptische 'Hermeneiai'-Fragmente in Florenz», Or. 47 (1978) 215-219.

*a*9456   QUECKE, H., «Das saïdische Jak-Fragment in Heidelberg und London (S 25)», Or. 47 (1978) 238-251.

*a*9457   BROWNE, G.M., *Michigan Coptic Texts* (Papyrologica castroctaviana. Studia et textus, 7) (Rome, Biblical Institute Press, 1979), xvi-82 pp.

*a*9458   QUECKE, H., «Zum 'Gebet der Lossprechung des Vaters' in der ägyptischen Basilius-Liturgie. Ein bisher unbeachteter Textzeuge: Brit. Libr. Ms. Or. 4718 (1) 3», Or. 48 (1979) 68-81.

*a*9459   COQUIN, R.-G., «Le *Corpus Canonum* copte. Un nouveau complément: le ms. *I.F.A.O., Copte 6*», Or. 50 (1981) 40-86.

a9460   COQUIN, R.-G., LUCCHESI, E., «Une version copte du *De anima et resurrectione* ('Macrinia') de Grégoire de Nysse», OLoP 12 (1981) 161-201.
a9461   BROWNE, G.M., PAPINI, L., «Frammenti in copto dei Libri dei Re», Or. 51 (1982) 183-203.
a9462   COQUIN, R.-G., LUCCHESI, E., «Un complément au corpus copte des Lettres festales d'Athanase», OLoP 13 (1982) 137-142.
a9463   KASSER, R., «Un nouveau document protolycopolitain», Or. 51 (1982) 30-38.
a9464   PELSMAEKERS, J., «The Coptic Funerary Bird-stelae: A New Investigation», OLoP 13 (1982) 143-184.

10. Éblaïte. Eblaite. Eblaisch. Eblaita.

a) *Lexique. Vocabulary. Lexikon. Lessico. Léxico.*

a9465   FRONZAROLI, P., «West Semitic Toponymy in Northern Syria in the Third Millennium B.C.», JSS 22 (1977) 145-166.
a9466   MANDER, P., «Presenza di scongiuri *én-é-nu-ru* ad Ebla», Or. 48 (1979) 335-339.
a9467   MANDER, P., «Coeva documentazione mesopotamica per il s a-z a$_x$^{ki} 'governatorato' di Ebla», OrAnt 19 (1980) 263-264.
a9468   DAHOOD, M., «Some Preformatives in Eblaite Place Names», dans *Mélanges bibliques et orientaux en l'honneur de M. Henri Cazelles* (en collab.) (1981), 79-85.
a9469   DAHOOD, M., «The Equivalents of EME-BAL in the Eblaite Bilinguals», OrAnt 20 (1981) 191-194.
a9470   D'AGOSTINO, F., «L'inno al 'Signore del Cielo e della Terra': la quarta linea della composizione», OrAnt 21 (1982) 27-30.
a9471   BALDACCI, M., «Studi sul lessico eblaita: i nomi dei vasi», BibOr 25 (1983) 229-234.
a9472   KRECHER, J., «Eine unorthographische sumerische Wortliste aus Ebla», OrAnt 22 (1983) 179-189.
a9473   POMPONIO, F., «Notes on the Lexical Texts from Abū Ṣalābīkh and Ebla», JNES 42 (1983) 285-290.

b) *Grammaire. Grammar. Grammatik. Grammatica. Gramática.*

a9474   FRONZAROLI, P., «The Concord in Gender in Eblaite Theophoric Personal Names», UF 11 (1979) 275-281.
a9475   CAGNI, L., *La lingua di Ebla*. Atti del Convegno Internazionale (Napoli, 21-23 aprile 1980) (Napoli, Istituto Universitario Orientale, Seminario di Studi Asiastici, Series Minor, 14, 1981), xviii-406 pp.
a9476   DAHOOD, M., «Hiphils and Hophals in Eblaite», OrAnt 21 (1982) 33-37.

c) *Textes. Texts. Texte. Testi. Textos.*

a9477   PETTINATO, G., «Testi cuneiformi del 3. millennio in paleo-cananeo rinvenuti nella campagna 1974 a Tell Mardikh = Ebla», Or. 44 (1975) 361-374.
a9478   PETTINATO, G., «ED LU E ad Ebla. La ricostruzione delle prime 63 righe sulla base di TM 75.G.1488», OrAnt 15 (1976) 169-178.
a9479   DOLCE, R., «Nuovi frammenti di intarsi protosiriani da Tell Mardikh-Ebla», OrAnt 16 (1977) 1-21.

a9480   PETTINATO, G., «Il calendario semitico del 3. millennio ricostruito sulla base dei testi
         di Ebla», OrAnt 16 (1977) 257-285.
a9481   WATSON, W., «The Archives of Ancient Ebla», SB 8 (1977-78) 37-38.
a9482   PETTINATO, G., «Liste presargoniche di uccelli nella documentazione di Fara ed
         Ebla», OrAnt 17 (1978) 165-178.
a9483   PETTINATO, G., ALBERTI, A., Materiali epigrafici di Ebla - 1: Catalogo dei testi
         cuneiformi di Tell Mardikh-Ebla (Seminario di Stüdi Asiatici, Series Maior, 1) (Napoli,
         Istituto Universitario Orientale di Napoli, 1979), xlii-292 pp.
a9484   PETTINATO, G., «Le collezioni é n-é-n u-ru di Ebla», OrAnt 18 (1979) 329-351.
a9485   BIGGS, R., «The Ebla Tablets: An Interim Perspective», BA 43 (1980) 76-87.
a9486   PICCHIONI, S.A., «La direzione della scrittura cuneiforme e gli archivi di Tell
         Mardikh-Ebla», Or. 49 (1980) 225-251.
a9487   SOLLBERGER, E., The so-called Treaty between Ebla and 'Ashur' (Studi Eblaiti,
         3/9-10) (Roma, Università degli Studi di Roma, 1980), 129-55 pp.
a9488   ALBERTI, A., «TM.75.G.1353. Un singolare 'bilancio a pareggio' da Ebla», OrAnt 20
         (1981) 37-49.
a9489   FREEDMAN, D.N., «'Epigraphic Evidence from Ebla...': A Correction», Bibl 62 (1981)
         103.
a9490   PICCHIONI, S.A., «Ricostruzione segmentale del testo storico TM. 75.G.2420», OrAnt
         20 (1981) 187-190.
a9491   BRUGNATELLI, V., «Per un'interpretazione di TM.75.G.1392», OrAnt 21 (1982)
         31-32.
a9492   KREBERNIK, M., «Zu Syllabar und Orthographie der lexikalischen Texte aus Ebla»,
         ZA 72 (1982) 178-236; 73 (1983) 1-47.
a9493   MANDER, P., «Osservazioni al testo amministrativo di Ebla MEE I 1453 (= ARET
         II 13)», OrAnt 21 (1982) 227-236.
a9494   ARCARI, E., «Sillabario di Ebla e ED LU A: Rapporti intercorrenti tra le due liste»,
         OrAnt 22 (1983) 167-178.
a9495   CIVIL, M., «The Sign LAK 384», Or. 52 (1983) 233-240.
a9496   POMPONIO, F., «Notes to TM.75.G.2230 (= ARET 2.51)», OLoP 14 (1983) 5-12.

d) Ancien Testament. Old Testament. Altes Testament.
    Antico Testamento. Antiguo Testamento.

a9497   DAHOOD, M., «Ebla, Ugarit e l'Antico Testamento», CC 2 (1978) 328-340.
a9498   DAHOOD, M., «Ebla, Ugarit and the Old Testament», dans Congress Volume. Göttingen
         1977 (en collab.) (1978), 81-112.
a9499   DAHOOD, M., «Eblaite, Ugaritic, and Hebrew Lexical Notes», UF 11 (1979) 141-146.
a9500   PETTINATO, G., «Ebla and the Bible», BA 43 (1980) 203-216.
a9501   DAHOOD, M., «Eblaite and Biblical Hebrew», CBQ 44 (1982) 1-24.
a9502   ALTHANN, R., «Psalm 58,10 in the Light of Ebla», Bibl 64 (1983) 122-124.

11. Égypte. Egypt. Ägypten. Egitto. Egipto.

a) Lexique. Vocabulary. Lexikon. Lessico. Léxico.

a9503   BLACKMAN, A.M., «The Use of the Egyptian Word ḥt 'House' in the Sense of
         'Stanza'», Or. 7 (1938) 64-66.
a9504   BLACKMAN, A.M., «A note on Lebensmüder, 86-88», Or. 7 (1938) 67-68.

a9505   BURMESTER, O.H.E., «The Rīf of Egypt», Or. 8 (1939) 96-119.

a9506   POSENER, G., «La mésaventure d'un Syrien et le nom égyptien de l'ours», Or. 13 (1944) 193-204.

a9507   LAMBDIN, T.O., «Egyptian Words in Tell El Amarna Letter No. 14», Or. 22 (1953) 362-369.

a9508   FISCHER, H.G., «The Butcher *Pḥ-r-nfr*», Or. 29 (1960) 168-190.

a9509   FISCHER, H.G., «The Inspector of the *Šḥ* of Horus, *Nby*», Or. 30 (1961) 170-175.

a9510   HARRIS, J.R., «A Hitherto Unrecognised Substantive», Or. 30 (1961) 366-370 (Word *s3wy*).

a9511   VERGOTE, J., «Le nom du roi 'Serpent'», Or. 30 (1961) 355-365.

a9512   WARD, W.A., «Some Egypto-Semitic Roots», Or. 31 (1962) 397-412.

a9513   WARD, W.A., «Notes on Some Semitic Loan-Words and Personal Names in Late Egyptian», Or. 32 (1963) 413-436.

a9514   COUROYER, B., «Trois épithètes de Ramsès II», Or. 33 (1964) 443-460.

a9515   ALLAM, S., «Silber = Leistung (in Form von beweglichen Vermögensgegenständen)», Or. 36 (1967) 416-420.

a9516   COUROYER, B., «L'Île du Dromos», Or. 38 (1969) 115-121.

a9517   BAINES, J., «*Bnbn*: Mythological and Linguistic Notes», Or. 39 (1970) 389-404.

a9518   EDEL, E., MAYRHOFER, M., «Notizen zu Fremdnamen in ägyptischen Quellen», Or. 40 (1971) 1-10.

a9519   QUAEGEBEUR, J., «Considérations sur le nom propre égyptien Teëphtaphônukhos», OLoP 4 (1973) 85-100.

a9520   VITTMANN, G., «Zur Lesung des Königsnamens ⌈𓁷𓏤𓇋𓇋𓀭⌉», Or. 43 (1974) 12-16.

a9521   HELCK, W., OTTO, E. (Hrg.), *Lexicon der Ägyptologie* (Wiesbaden, Harrassowitz, 1975ss).

a9522   KUENTZ, C., «Un emprunt du nubien à l'ancien égyptien», OLoP 6/7 (1975-76) 339-340.

a9523   LIMME, L., «Un toponyme héliopolitain», OLoP 6/7 (1975-76) 373-379.

a9524   WARD, W.A., «Some Personal names of the Hyksos Period Rulers and Notes on the Epigraphy of their Scarabs», UF 8 (1976) 353-369.

a9525   BROVARSKY, E., «The Doors of Heaven», Or. 46 (1977) 107-115.

a9526   GILULA, M., «Egyptian *NḤT* = Coptic *NAḤTE* 'to Believe'», JNES 36 (1977) 295-296.

a9527   LUCCHESI, E., «Remarques sur le lin 'sardonique' d'Hérodote, Hist. II 105», Or. 47 (1978) 109-111.

a9528   WARD, W.A., *The Four Egyptian Homographic Roots B-3. Etymological and Egypto-Semitic Studies* (Studia Pohl, series major, 6) (Rome, Biblical Institute Press, 1978), vi-196 pp.

a9529   COUROYER, B., «*BRK* et les formules égyptiennes de salutation», RB 85 (1979) 575-585.

a9530   EDEL, E., «Zwei ägyptische Ortsbezeichnungen», Or. 48 (1979) 82-90.

a9531   WARD, W.A., «Egypto-Semitic *mr*, 'be bitter, strong'», UF 12 (1980) 357-360.

a9532   DE MEULENAERE, H., «Le surnom égyptien à la Basse Époque (Addenda et Corrigenda)», OLoP 12 (1981) 127-134.

a9533   EDEL, E., «Ägyptische Namen für vorderasiatische Orts-, Berg- oder Flussbezeichnungen», ErIs 15 (1981) 10*-11*.

a9534   STIEGLITZ, R.R., «The Hebrew Names of the Seven Planets», JNES 40 (1981) 135-137.

a9535   MORARDET, B., «Étude sur la pierre *mḥ* des anciens Égyptiens», OrAnt 21 (1982) 159-162.

*a*9536   VERGOTE, J., «L'Étymologie de ég. *'rrw.t* 'portail'», dans *Studies in Egyptian Religion* (en collab.) (1982), 138-140.

b) *Grammaire. Grammar. Grammatik. Grammatica. Gramática.*

*a*9537   VYCICHL, W., «Notes sur la préhistoire de la langue égyptienne», Or. 23 (1954) 217-222.
*a*9538   POLOTSKY, H.J., «Ägyptische Verbalformen und ihre Vokalisation», Or. 33 (1964) 267-285.
*a*9539   VERGOTE, J., «Les formes verbales égyptiennes et leur vocalisation», Or. 34 (1965) 345-371.
*a*9540   SCHENKEL, W., «Die Numeri des Substantivs und die Konstruktion der Zahlwörter in Ägyptischen», Or. 35 (1966) 423-425.
*a*9541   SMART, J.R., «A Contribution to the Study of Form in Egyptian Bedouin Poetry», JSS 11 (1966) 202-216.
*a*9542   BAROCAS, C., «Un motivo stilistico della XVIII dinastia», OrAnt 6 (1967) 9-18.
*a*9543   POLOTSKY, H.J., «Zur altägyptischen Grammatik», Or. 38 (1969) 465-481.
*a*9544   VERGOTE, J., «The Plural of Nouns in Egyptian and in Coptic», Or. 38 (1969) 77-96.
*a*9545   SCHENKEL, W., «Das altägyptische Pseudopartizip und das indogermanische Medium/Perfect», Or. 40 (1971) 301-316.
*a*9546   JUNGE, F., «Einige Probleme der *SDM.F*-Theorie im Licht der vergleichendem Syntax», Or. 41 (1972) 325-338.
*a*9547   CALLENDER, J.B., «Grammatical Models in Egyptology», Or. 42 (1973) 47-77.
*a*9548   RAMMANT-PEETERS, A., «A new Interpretation of the hieroglyph GARDNER S 28», OLoP 4 (1973) 71-75.
*a*9549   DAUMAS, F., «Quelques aspects de l'expression du distributif, de l'itératif et de l'intensif en égyptien», OLoP 6/7 (1975-76) 109-123.
*a*9550   DU BOURGUET, P., «Le pronom du présent I en néo-égyptien. Propos sur sa formation», OLoP 6/7 (1975-76) 43-51.
*a*9551   GROLL, S., «The literary and the non-literary verbal systems in late Egyptian», OLoP 6/7 (1975-76) 237-246.
*a*9552   KOROSTOVTSEV, M., «La conjugaison simple (suffixale) et la conjugaison périphrastique en égyptien», OLoP 6/7 (1975-76) 321-327.
*a*9553   ROCCATI, A., «Note di Ortografia Egizia», Or. 44 (1975) 186-192.
*a*9554   CONTI, G., «Il sistema consonantico egiziano», OrAnt 15 (1976) 44-55.
*a*9555   GILULA, M., «Sinuhe 255», JNES 35 (1976) 25-28.
*a*9556   RAINEY, A.F., «Taharqa and Syntax», Tel Aviv 3 (1976) 38-41.
*a*9557   COUROYER, B., «Alternances de pronoms personnels en égyptien et en sémitique», RB 84 (1977) 365-374.
*a*9558   OSING, J., «Zur Syntax der Biographie des *Wnj*», Or. 46 (1977) 165-182.
*a*9559   SHISHA-HALEVY, A., «Quelques thématisations marginales du verbe en néo-égyptien», OLoP 9 (1978) 51-67.
*a*9560   GREEN, M., «A use of the independent pronoun in late Egyptian», OrAnt 18 (1979) 295-300.
*a*9561   BORGHOUTS, J.F., «Objects Pronouns of the *tw*-type in Late Egyptian», OLoP 11 (1980) 99-109.
*a*9562   DORET, E., «A Note on the Egyptian Construction Noun + *sdm.f*», JNES 39 (1980) 37-45.

a9563 DU BOURGUET, P., *Grammaire égyptienne, moyen empire pharaonique*. Méthode progressive basée sur les armatures de cette langue. 2ème éd. (Leuven, Peeters, 1980), vi-112 pp.

a9564 AUFFRET, P., *Hymnes d'Égypte et d'Israël: Études de structures littéraires* (Orbis Biblicus et Orientalis, 34) (Fribourg, Suisse, Éditions Universitaires; Göttingen, Vandenhoeck & Ruprecht, 1981), 316 pp.

a9565 BORGHOUTS, J.F., «Relative Clause Formation in Late Egyptian», JNES 40 (1981) 99-117.

a9566 DEPUYDT, L., «The Standard Theory of the 'Emphatic'. Forms in Classical (Middle) Egyptian: A Historical Survey», OLoP 14 (1983) 13-54.

c) Textes, inscriptions. Texts, Inscriptions. Texte, Inschriften.
Testi, iscrizioni. Textos, inscripciones.

1) Genre funéraire. Tombtexts. Grabstexte. Testi tombali. Textos sepulcrales.

a9567 SAINTE FARE GARNOT, J., «Quelques aspects du parallélisme dans les textes des pyramides», RHR 123 (1941) 5-26.

a9568 SPIEGEL, J., «Die religionsgeschichtliche Stellung der Pyramidentexte», Or. 22 (1953) 129-157.

a9569 SPIEGEL, J., «Arbeiterreden in den Pyramidentexten», Or. 22 (1953) 233-241.

a9570 BAER, K., «Ein Grab vergluchen?» Or. 34 (1965) 428-438.

a9571 GUILMOT, M., «Les lettres aux morts dans l'Égypte ancienne», RHR 170 (1966) 1-27.

a9572 MARAGIOGLIO, V., RINALDI, C., «Note sulla piramide di Ameny 'Aamu», Or. 37 (1968) 325-338.

a9573 KAPLONY, P., «Das Grab des Haremhab in Tal der Könige», Or. 43 (1974) 94-102 (Theben).

a9574 ROCCATI, A., «I testi dei sarcofagi di Eracleopoli», OrAnt 13 (1974) 161-197.

a9575 WENTE, E.F., «A misplaced letter to the Dead», OLoP 6/7 (1975-76) 595-600.

a9576 FOX, M.V., «A Study of Antef», Or. 46 (1977) 393-423.

a9577 PERNIGOTTI, S., «Un mattone con iscrizione magica nel museo civico di Bologna», OrAnt 16 (1977) 35-40.

a9578 FANFONI BONGRANI, L., «Due elementi lignei di sarcofagi di babbuini», OrAnt 17 (1978) 197-198.

a9579 NICCACCI, A., «Sul detto 76 del 'Sarcofagi'», StBiFranc 28 (1978) 5-23.

a9580 VITTMANN, G., «Zu den thebanischen Totenstelen der 25. und 26. Dynastie», Or. 47 (1978) 1-11.

a9581 FANFONI BONGRANI, L., «Sothis, il sovrano e la stella del mattino nei Testi delle Piramidi», OrAnt 19 (1980) 279-283.

a9582 ROSATI, G., «Note e proposte per la datazione delle stele del Medio Regno», OrAnt 19 (1980) 269-278.

a9583 LECLANT, J., «T.P. Pépi Ier, VI: Le chapitre 626 des Textes des Pyramides», dans *Studies in Egyptian Religion* (en collab.) (1982), 76-88.

a9584 NICCACCI, A., «Su una formula dei 'Testi dei Sarcofagi'», StBiFranc 30 (1980) 197-224.

a9585 VAN DEN BOORN, G.P.F., «On the Date of 'The Duties of the Vizier'», Or. 51 (1982) 369-381.

2) Écrits de sagesse. Wisdom Texts. Weisheitsliteratur.
   Testi di saggezza. Textos de sabiduría.

*a*9586   KAPLONY, P., «Eine neue Weisheitslehre aus dem Alten Reich», Or. 37 (1968) 1-62,
           339-345.
*a*9587   KITCHEN, K.A., «Studies in Egyptian Wisdom Literature», OrAnt 8 (1969) 189-208; 9
           (1970) 203-210.
*a*9588   BURKARD, G., *Textkritische Untersuchungen zu Ägyptischen Weisheitslehren des Alten
           und Mittleren Reiches* (Ägyptologische Abhandlungen, 34) (Wiesbaden, Harrassowitz,
           1977), xiv-341 pp.

3) Selon les lieux d'origine. According to the Origin. Der Herkunft nach.
   Secondo l'origine. Según la procedencia.[1]

*a*9589   KAPLONY, P., «Eine Schminkpalette von König Skorpion aus Abu 'Umûri
           (Untersuchung zur ältesten Horustitulatur)», Or. 34 (1965) 132-167.
*a*9590   KAPLONY, P., «Das Papyrusarchiv von Abusir», Or. 41 (1972) 11-79, 180-248.
*a*9591   FRIEDRICH, J., «Keilschrift-Ägyptisches aus der Amarna- und Hethiterzeit», Or. 11
           (1942) 109-118.
*a*9592   GRAVE, C., «On the Use of an Egyptian Idiom in an Amarna Letter from Tyre and in a
           Hymn to the Aten», OrAnt 19 (1980) 205-218.
*a*9593   GABALLA, G.A., «The Chief of Records of the Royal Harbour Aniy (Amenemone)»,
           Or. 44 (1975) 388-394.
*a*9594   GIVEON, R., «Two Unique Egyptian Inscriptions from Tel Aphek», Tel Aviv 5 (1978)
           188-191.
*a*9595   DONADONI, S., «Le iscrizioni del passaggio» (all'Asasif), OrAnt 12 (1973) 39-64.
*a*9596   ROCCATI, A., «Le iscrizioni della scala» (all'Asasif), OrAnt 12 (1973) 23-37.
*a*9597   ČERNÝ, J., «Stela of Ramasses II from Beisan», ErIs 5 (1958) 75*-82*.
*a*9598   FLURY, S., «Le décor épigraphique des monuments fatimides du Caire», Syr. 17 (1936)
           365-376.
*a*9599   TOSI, M., «Nuovi documenti di Deir el Medina», OrAnt 14 (1975) 137-143.
*a*9600   SIST, I., «Un'epigrafe privata da Esna (?)», OrAnt 14 (1975) 315-320.
*a*9601   GODRON, G., «Recherches sur quelques inscriptions hiéroglyphiques de la
           XVIIIe Dynastie découvertes à Faras», Or. 40 (1971) 373-385.
*a*9602   BOTTI, G., «Frammenti di papiri ieratici della XX Dinastia nel Museo Egizio di
           Firenze», OrAnt 3 (1964) 221-226.
*a*9603   GIVEON, R., «Two Inscriptions of Ramesses II», IsrEJ 25 (1975) 247-249 (South of
           Gaza).
*a*9604   NEGEV, A., «Inscriptions on Rock No. 5 in Wadi Haggag, Sinai», ErIs 12 (1975)
           132-141 (English summary) (Greek, Nabataean, Armenian inscriptions).
*a*9605   VAN DE WALLE, B., «Informations complémentaires au sujet des Hieroglyphica
           d'Horapollon», OLoP 6/7 (1975-76) 543-554.
*a*9606   VAN VOSS, M.H., «Ein aegyptischer Papyrus in Houston», dans *Studies in Egyptian
           Religion* (en collab.) (1982), 56-60.
*a*9607   EDEL, E., «Die Stelen Amenophis' II. aus Karnak und Memphis mit dem Bericht über
           die asiatischen Feldzüge des Königs», ZDPV 69 (1953) 97-176.
*a*9608   EDEL, E., «Nachträge zu ZDPV 69 (1953) S. 97 ff.», ZDPV 70 (1954) 87.

---

1. Classés selon l'ordre alphabétique. Alphabetically classified. Nach alphabetischen Klasse ablegten.
   Classificati secondo l'ordine alfabético. Clasificados en orden alfabético.

*a*9609 GIVEON, R., «Inscriptions of Sahurē and Sesostris I from Wadi Khariǧ (Sinai)», BASOR n° 226 (1977) 61-63.

*a*9610 EDEL, E., «A Comment on Professor Giveon's Reading of the New Sahurē' Inscription», BASOR n° 232 (1979) 77-78.

*a*9611 GIVEON, R., «Corrected Drawings of the Sahurē' and Sesostris I Inscriptions from the Wadi Khariǧ», BASOR n° 232 (1979) 76.

*a*9612 ROTH, A.M., «Some New Texts of Herihor and Ramesses IV in the Great Hypostyle Hall at Karnak», JNES 42 (1983) 43-53.

*a*9613 GILULA, M., «An Inscription in Egyptian Hieratic from Lachish», Tel Aviv 3 (1976) 107-108.

*a*9614 HESTRIN, R., SASS, B., OPHEL, A., «The Lachish Prism Inscription - Proto-Canaanite or Egyptian?» IsrEJ 32 (1982) 103-106.

*a*9615 KITCHEN, K.A., «Four Stelae in Leicester City Museum», Or. 29 (1960) 75-97.

*a*9616 DONADONI, S., «Testi geroglifici di Madinet Madi», Or. 16 (1947) 333-352, 506-524.

*a*9617 ALT, A., «Inschriftliches zu dem Ären von Scythopolis und Philadelphia», ZDPV 55 (1932) 128-134.

*a*9618 DONADONI ROVERI, A.M., «Una stele di Heka-ib al Museo di Torino», OrAnt 13 (1974) 53-56.

*a*9619 KITCHEN, K.A., «The great biographical stela of Setau, viceroy of Nubia», OLoP 6/7 (1975-76) 295-302.

*a*9620 ROCCATI, A., «Tra i papiri torinesi», OrAnt 14 (1975) 243-253.

*a*9621 MUSZYNSKI, M., «P. Turin Cat. 2070/154», OrAnt 16 (1977) 183-200.

*a*9622 GROLL, S., «The Stenographic Style of Papyrus Lee, Papyrus Rollin, Papyrus Varzy and the Judicial Papyrus of Turin», dans *The Bible World*. Essays in Honor of Cyrus H. Gordon (en collab.) (1980), 67-77.

*a*9623 BRESCIANI, E., «Stele demotiche dal Serapeo di Menfi nel Kunsthistorisches Museum di Vienna», OrAnt 6 (1967) 23-45.

*a*9624 SUYS, E., «Le papyrus magique du Vatican», Or. 3 (1934) 63-87 (Rome).

*a*9625 ERBETTA, M., «L'obelisco di Ofra in piazza della Minerva a Roma», BibOr 4 (1962) 128-131.

*a*9626 GIVEON, R., «A New Kingdom Stela from Sinai», IsrEJ 31 (1981) 168-171.

*a*9627 KITCHEN, K.A., «Theban Topographical Lists, Old and New», Or. 34 (1965) 1-9.

*a*9628 CLÈRE, J.J., «Trois fragments épigraphiques à Vérone», OrAnt 12 (1973) 99-105.

4) Autres textes. Other Texts. Andere Texte. Altri testi. Otros textos.

*a*9629 DUSSAUD, R., «Nouveaux textes égyptiens d'exécration contre les peuples syriens», Syr. 21 (1940) 170-182.

*a*9630 HELCK, W., «*Rp't* auf dem Thron des *Gb*», Or. 19 (1950) 416-434.

*a*9631 BRESCIANI, E., «Testi demotici nella Collezione Michaelidis», OrAnt 2 (1963) 1-26.

*a*9632 WIET, G., «Décrets mamlouks d'Égypte», ErIs 7 (1964) 128*-143*.

*a*9633 BORDREUIL, P., «À propos du papyrus de Wen Amon», Sem. 17 (1967) 29-36.

*a*9634 ČERNÝ, J., «A Stone with an Appeal to the Finder», OrAnt 6 (1967) 47-50.

*a*9635 GABALLA, G.A., «New Evidence on the Birth of Pharaon», Or. 36 (1967) 299-304.

*a*9636 EDEL, E., «Ein neuer Beleg für 'Niniveh' in hieroglyphischer Schreibung», Or. 37 (1968) 417-420.

*a*9637 BAKRY, H.S.K., «Two Saïte Monuments of Two Master Physicians», OrAnt 9 (1970) 325-341.

*a*9638 LIVERANI, M., «Le lettere del Faraone a Rib-Adda», OrAnt 10 (1971) 253-268.

a9639   PERNIGOTTI, S., «Un papiro demotico di epoca saitica nel Kunsthistorisches Museum di Vienna (inv. 3853)», OrAnt 10 (1971) 177-182.

a9640   McCARTER, P.K., «Rib-Adda's Appeal to Aziru (*EA* 162, 1-21)», OrAnt 12 (1973) 15-18.

a9641   RADWAN, A., «Ein Relief der Nachamarnazeit», Or. 43 (1974) 393-397.

a9642   GOEDICKE, H., *The Report of Wenamun* (Johns Hopkins Near Eastern Studies) (Baltimore and London, Johns Hopkins University Press, 1975), vii-192 pp.

a9643   GRIESHAMMER, R., «Zur Formgeschichte der Sprüche 38-41 der Sargtexte», OLoP 6/7 (1975-76) 231-235.

a9644   CRUZ-URIBE, E., «The Father of Ramses I: OI 11456», JNES 37 (1978) 237-244.

a9645   VERNUS, P., «Un décret de Thoutmosis III relatif à la santé publique (P. Berlin 3049, v° XVIII-XIX)», Or. 48 (1979) 176-184.

a9646   WARD, W.A., «Two Unrecognized ḥupšu-Mercenaries in Egyptian Texts», UF 12 (1980) 441-442.

a9647   BRUNSCH, W., «Holzlbrett BM 29423: Abrechnung über Ziegel», Or. 50 (1981) 246-248.

a9648   PERNIGOTTI, S., «Documenti relativi alle imposte fondiarie nell'Egitto di età saitica», OLoP 12 (1981) 135-145.

a9649   LAMBERT, W.G., «Booty from Egypt?» dans *Essays in Honour of Yigael Yadin*, JJS 33 (1982) 61-70.

a9650   NICCACCI, A., «Su una nuova edizione della Stele di Piankhi», StBiFranc 32 (1982) 447-460.

a9651   WARD, W.A., «Old Kingdom *sš 'n nsw n ḫft-ḥr*, 'Personal Scribe of Royal Records', and Middle Kingdom *sš 'n nsw n ḫft-ḥr*, 'Scribe of the Royal Tablet of the Court'», Or. 51 (1982) 382-389.

a9652   ENGEL, H., «Die Siegesstele des Merenptah», BiKi 38 (1983) 54.

a9653   SIST, L., «Una stele di 'Horo sui coccodrilli'», OrAnt 22 (1983) 253-260.

12. Élamite. Elamitic. Elamisch. Elamico.

a) Textes. Texts. Texte. Testi. Textos.

a9654   WEISSBACH, F.H., «Die dreisprachige Inschrift Darius Susa e», ZA 44 (1938) 150-169.

a9655   WEISSBACH, F.H., «Die fünfte Kolumne der grossen Bisutūn-Inschrift», ZA 46 (1940) 53-82.

a9656   HINZ, W., «Elamisch *is-ma-lu*», Or. 19 (1950) 408-415.

a9657   HINZ, W., «Elamisch *hu-sa*», Or. 31 (1962) 34-44.

a9658   HINZ, W., «Elams Vertrag mit Narām-Sin von Akkade», ZA 58 (1967) 66-96.

a9659   FARBER, W., «Eine elamische Inschrift aus der 1. Hälfte des 2. Jahrtausends», ZA 64 (1974) 74-86.

a9660   SCHMITT, R., «Achaimenidisch-elamisch *ha-ni-ra*», Or. 43 (1974) 411-412.

a9661   KOCH, H., «'Hofschatzwarte' und 'Schatzhäuser' in der Persis», ZA 71 (1982) 232-247.

b) Divers. Miscellaneous. Verschiedenes. Diversi. Diversos.

a9662   FRIEDRICH, J., «Die Partikeln der zitierten Rede im Achämenidisch-Elamischen», Or. 12 (1943) 23-30.

a9663   FRIEDRICH, J., «Altpersisches und Elamisches», Or. 18 (1949) 1-29.

a9664   HINZ, W., «Zum elamischen Wortschatz», ZA 50 (1952) 237-252.

*a*9665 HINZ, W., «Elamica», Or. 32 (1963) 1-10; 36 (1967) 323-333.
*a*9666 STEVE, M.-J., «Fragmenta Elamica», Or. 37 (1968) 290-303.
*a*9667 HINZ, W., «Die elamischen Buchungstäfelchen der Darius-Zeit», Or. 39 (1970) 421-440.
*a*9668 HALLOCK, R.T., «The Persepolis Fortification Archive», Or. 42 (1973) 320-323.

13. Éthiopien. Ethiopic. Äthiopisch. Etiopico. Etíope.

a) Lexique. Vocabulary. Lexikon. Lessico. Léxico.

*a*9669 LESLAU, W., «The Names of the Weekdays in Ethiopic», JSS 6 (1961) 62-70.
*a*9670 LEMORDANT, D., «À propos des Noms Périphrastiques de Végétaux en Amharique», JSS 18 (1973) 120-128.
*a*9671 NEUGEBAUER, O., «Tentyon», Or. 44 (1975) 487-488.
*a*9672 APPLEYARD, D.L., «A statistical survey of the Amharic lexicon», JSS 24 (1979) 71-97.
*a*9673 KNOPP, M., «'Grecs' et Européens. Note de lexicographie éthiopienne», Sem. 33 (1983) 125-131.

b) Grammaire. Grammar. Grammatik. Grammatica. Gramática.

*a*9674 LESLAU, W., «Traces of the Laryngeals in the Ethiopic Dialect of Ennemor. A Contribution to the Semitic Laryngeals», Or. 28 (1959) 257-270.
*a*9675 HETZRON, R., «Pronominalization in Amharic», JSS 11 (1966) 83-97.
*a*9676 KLINGENHEBEN, A., «Zum Problem der Verbalstämme des Amharischen», JSS 9 (1964) 42-46.
*a*9677 MANTEL-NIEČKO, J., «Quantitative Research on the Phonetic Structure and Derivative Stems of the Amharic Verb», JSS 9 (1964) 27-41.
*a*9678 STRELCYN, S., «Matériaux pour l'étude de l'ancien amharique», JSS 9 (1964) 257-264.
*a*9679 LESLAU, W., «The Jussive in Eža», JSS 12 (1967) 66-82.
*a*9680 MARRASSINI, P., «Semitico e camitosemitico nella linguistica etiopica», OrAnt 15 (1976) 333-344.
*a*9681 RAZ, S., «The morphology of the Tigre verb (Mansa' dialect)», JSS 25 (1980) 66-84, 205-238.

c) Textes. Texts. Texte. Testi. Textos.

*a*9682 EURINGER, S., «Übersetzung der philosophischen Lehrsprüche in Dillmanns 'Christomathia Aethiopica'», Or. 10 (1941) 361-371.
*a*9683 EURINGER, S., «Übersetzung der Antiphonen zum Feste des hl. Johannes Baptista in Dillmanns 'Christomathia Aethiopica'», Or. 11 (1942) 148-170.
*a*9684 EURINGER, S., «Übersetzung der 'Preces officii matutini' in Dillmanns 'Christomathia Aethiopica'», Or. 11 (1942) 353-366.
*a*9685 EURINGER, S., «Übersetzung der Homilien des Cyrillus von Alexandrien, des Severus von Synnada und des Theodotus von Ancyra in Dillmanns 'Christomathia Aethiopica'», Or. 12 (1943) 113-134.
*a*9686 HUNTINGFORD, G.W.B., «Note on the Dating of Two Ethiopic Manuscripts», JSS 8 (1963) 73-75.
*a*9687 HAMMERSCHMIDT, E., «Das Pseudoapostolische Schrifttum in Äthiopischer Überlieferung», JSS 9 (1964) 114-121.
*a*9688 KAMIL, M., «An Ethiopic Inscription found at Mareb», JSS 9 (1964) 56-57.

a9689   VAN ROMPAY, L., «A Project for microfilming Manuscripts in Ethiopia (a review article)», OLoP 8 (1977) 217-222.
a9690   PUECH, É., «Une inscription éthiopienne ancienne au Sinaï (Wadi Ḥajjaj)», RB 87 (1980) 597-601.
a9691   HAILE, G., «The Homily of Aṣe Zär'a Ya'eqoh of Ethiopia in Honour of Saturday», OLoP 13 (1982) 185-231.
a9692   COWLEY, R., «Ludolf's Fragmentum Piquesii: an Old Amharic Tract about Mary who anointed Jesus' Feet», JSS 28 (1983) 1-47.

d) Divers. Miscellaneous. Verschiedenes. Diversi. Diversos.

a9693   ANFRAY, F., «Notre connaissance du passé éthiopien d'après les travaux archéologiques récents», JSS 9 (1964) 247-249.
a9694   LESLAU, W., «Toward a Classification of the Gurage Dialects», JSS 14 (1969) 96-109.
a9695   BEYLOT, R., «Notes de littérature éthiopienne», Sem. 27 (1977) 159-163.

14. Grec. Greek. Grieschisch. Greco. Griego.

a) Études générales. General Studies. Allgemeine Studien.
    Studi generali. Estudios generales.

a9696   LIFSHITZ, B., «Weitere Beiträge zur palästinischen Epigraphik», ZDPV 79 (1943) 90-97.
a9697   NOCK, A.D., «Greek in Jewish Palestine», AThR 25 (1943) 223-227.
a9698   LIFSHITZ, B., «Beiträge zur palästinischen Epigraphik», ZDPV 78 (1962) 64-88.
a9699   LIFSHITZ, B., «Beiträge zur griechisch-jüdischen Epigraphik», ZDPV 82 (1966) 57-63.
a9700   VISCHER, W., «Savez-vous le grec? (Jésus a-t-il parlé grec?)» ETR 45 (1970) 63-86.
a9701   RIENECKER, F., A Linguistic Key to the Greek New Testament (Grand Rapids, Zondervan, 1976, 1980), 345-518 pp.
a9702   FRIBERG, B., FRIBERG, T. (Eds.), Analytical Greek New Testament. Greek-Text Analysis (Greek text edited by K. Aland and others) (Baker's Greek New Testament Library, 1) (Grand Rapids, Baker, 1981), xvi-854 pp.
a9703   ZERWICK, M., GROSVENOR, M., A Grammatical Analysis of the Greek New Testament. Unabridged, revised edition in one volume (Rome, Biblical Institute Press, 1981), xxxvi-778-15* pp.
a9704   LEE, G.M., «Translation Greek in the New Testament», dans Studia Evangelica (en collab.) (1982), VII, 317-326.
a9705   MALUNOWICZ, L., «Citations bibliques dans l'épigraphie grecque», dans Studia Evangelica (en collab.) (1982), VII, 333-337.
a9706   CLARK, W.J., How to use New Testament Greek Study Aids (Neptune, NJ, Loizeaux Brothers, 1983), 256 pp.
a9707   MUSSIES, G., «Greek as the Vehicle of Early Christianity», NTS 29 (1983) 356-369.

b) Lexique. Vocabulary. Lexikon. Lessico. Léxico.

1) Dictionnaires. Dictionaries. Wörterbücher. Dizionarii. Diccionarios.

*a*9708 RENEHAN, R., *Greek Lexicographical Notes*. A Critical Supplement to the Greek-English Lexicon of Liddell-Scott-Jones (Upomnemata, 45) (Göttingen, Vandenhoeck & Ruprecht, 1975), 208 pp.

*a*9709 DELLING, G., «Das erste Griechisch-Lateinische Wörterbuch zum Neuen Testament», NT 18 (1976) 213-240.

*a*9710 FRIEDRICH, G., «'Begriffsgeschichtliche' Untersuchungen im Theologischen Wörterbuch zum Neuen Testament», *Archiv für Begriffsgeschichte* 22 (1976) 151-177, dans *Auf das Wort kommt es an* (1976), 524-550.

*a*9711 PREUSCHEN, E., *Griechisch-deutsches Taschenwörterbuch zum Neuen Testament*. 6. Auflage (Berlin, New York, De Gruyter, 1976), 196 pp.

*a*9712 LECLERCQ, H., «Un supplément au Greek-English Lexicon de Liddell-Scott-Jones», ETL 53 (1977) 182-184.

*a*9713 GUERRA, M., *Diccionario morfológico del Nuevo Testamento*. Diccionario y análisis morfológico de todas las palabras griegas del N. Testamento, incluídas las del aparato crítico (Publicaciones de la Facultad de Teología del Norte de España, 40) (Burgos, Ediciones Aldecoa, 1978), 446 pp.

*a*9714 ARNDT, W.F., GINGRICH, F.W., *A Greek-English Lexicon of the New Testament and Other Early Christian Literature*. A translation and adaptation of the fourth revised and augmented edition of Walter BAUER'S *Griechisch-Deutsches Wörterbuch zu den Schriften des Neuen Testaments und der übrigen urchristlichen Literatur* (Chicago, London, The University of Chicago Press, 1979), xl-900 pp.

*a*9715 HOLLY, D., *A Complete Categorized Greek-English New Testament Vocabulary* (Grand Rapids, Baker, 1980), xii-129 pp.

*a*9716 KUBO, S., *A Reader's Greek-English Lexicon of the New Testament and a Beginner's Guide for the Translation of New Testament Greek* (Andrews University Monographs, 4) (Grand Rapids, Zondervan, 1980), x-327 pp.

*a*9717 ALSOP, J.R. (Ed.), *An Index to the Revised Bauer-Arndt-Gingrich Greek Lexicon*. Second Edition, by F. Wilbur Gingrich and Frederick W. Danker (Grand Rapids, Zondervan, 1981), viii-525 pp.

*a*9718 BALZ, H., SCHNEIDER, G. (Hrsg.), *Exegetisches Wörterbuch zum Neuen Testament*. Bände I, II, III (*ôpselimos*) (Stuttgart, Kohlhammer, 1980, 1981, 1983), 1132-1358-1223 Spalten, 24* pp.

*a*9719 HEMER, C.J., «Towards a New Moulton and Milligan», NT 24 (1982) 97-123.

2) Mots. Words. Worte. Parole. Palabras.[1]

*a*9720 BUTLER, R.F., *The Meaning of* agapao *and* phileo *in the Greek New Testament* (Lawrence, KS, Coronado Press, 1977), 90 pp.

*a*9721 SPICQ, C., *Agapè dans le Nouveau Testament*, «Bibliographie de *agapê* dans le Nouveau Testament», I (1958), 317-324.

*a*9722 WISCHMEYER, O., «Vorkommen und Bedeutung von *Agape* in der ausserchristlichen Antike», ZNW 69 (1978) 212-238.

---

1. Classés selon l'ordre alphabétique. Alphabetically classified. Nach alphabetischen Klasse alblegten. Classificati secondo l'ordine alfabètico. Clasificados en orden alfabético.

*a*9723   SEGOVIA, F.F., *Love Relationships in the Johannine Tradition. Agape/Agapan* in I John and the Fourth Gospel (SBL Dissertation Series, 58) (Missoula, Montana, Scholars Press, 1982), xiii-319 pp.

*a*9724   SPICQ, C., *Agapè dans le Nouveau Testament*, «'Agapêtos' dans les Épîtres du Nouveau Testament», III (1959), 70-80.

*a*9725   SCATTOLON, A., «L'*agapêtos* sinottico nella luce della tradizione giudaica», RivB 26 (1978) 2-32.

*a*9726   TOSATO, A., «Sulle origini del termine *akrobustia* (prepuzio, incirconcisione)», BibOr 24 (1982) 43-49.

*a*9727   DOSSIN, G., «L'origine sumérienne du mot grec *anaks* 'roi'», OLoP 6/7 (1975-76) 209-213.

*a*9728   AGNEW, F., «On the Origin of the Term *Apostolos*», CBQ 38 (1976) 49-53.

*a*9729   CLARK, K.W., «The Meaning of *ara*», dans BARTH, E.H., COCROFT, R.E. (Eds), *Festschrift to honor F. Wilbur Gingrich* (Leiden, Brill, 1972), 70-84, dans *The Gentile Bias* (1980), 192-206.

*a*9730   SPICQ, C., «Note de lexicographie: APETH», RB 89 (1982) 161-176.

*a*9731   HUSS, W., «Der 'König der Könige' und der 'Herr der Könige'», ZDPV 93 (1977) 131-140 (*basileus*).

*a*9732   BOYD, W.J.P., «*Gehenna* - According to J. Jeremias», dans *Studia Biblica 1978. II. Papers on the Gospels* (en collab.) (1980), 9-12.

*a*9733   VAN UNNIK, W.C., «'*Ê kainê diathêkê*: a Problem in the early History of the Canon», dans *Studia Patristica*, I, Berlin, 1961, 211-227; dans VAN UNNIK, W.C., *Sparsa Collecta* (1980), II, 157-174.

*a*9734   HUGHES, J.J., «Hebrews ix 15ff. and Galatians iii 15ff.; a Study in Covenant Practice and Procedure», NT 21 (1979) 27-96 (*diathêkê*).

*a*9735   PRETORIUS, F.A.C., «*Diathêkê* in the Epistle to the Hebrews», dans *Ad Hebraeos* (en collab.) *Neotestamentica* 5 (1971) 37-50.

*a*9736   STENGER, W., «*Dikaiosunê* in Jo. xvi 8.10», NT 21 (1979) 2-12.

*a*9737   DE KRUIJF, T.C., «Justice and Peace in the New Testament», Bijdr. 32 (1971) 367-383 (*dikaiosunê*).

*a*9738   VAN DE SANDT, H.W.M., «Research into Rom. 8,4a: The Legal Claim of the Law», Bijdr. 37 (1976) 252-269 (*dikaiôma*).

*a*9739   RAURELL, F., «Matisos septuagintico-isaïtics en l'ús neotestamentari de 'doxa'», EstF 84 (1983) 297-314.

*a*9740   SPICQ, C., «*Ethos, eithismenos.* Étude de lexicographie néo-testamentaire», dans *Mélanges Dominique Barthélemy* (en collab.) (1981), 485-495.

*a*9741   DE KRUIJF, T.C., «Justice and Peace in the New Testament», Bijdr. 32 (1971) 367-383 (*eirênê*).

*a*9742   KLEMM, M., *EIRĒNĒ im neutestamentlichen Sprachsystem.* Eine Bestimmung von lexikalischen Bedeutungen durch Wortfeld - Funktionen und deren Darstellung mittels EDV (Forum Theologiae Linguisticae, 8) (Bonn, Linguistica Biblica, 1977), ii-294 pp.

*a*9743   HEILIGENTHAL, R., «Werke der Barmherzigkeit oder Almosen? Zur Bedeutung von *eleêmosunê*», NT 25 (1983) 289-301.

*a*9744   CLARK, K.W., «The Meaning of *energeô* and *katargeô* in the New Testament», JBL 54 (1935) 93-101, dans *The Gentile Bias* (1980), 183-191.

*a*9745   BUSCEMI, M., «*Exsaireomai*, verbo di liberazione», StBiFranc 29 (1979) 293-314.

*a*9746   BARR, J., «The Meaning of *epakouô* and Cognates in the LXX», JTS 31 (1980) 67-72.

*a*9747   RAISANEN, H., «Zum Gebrauch von *epithumia* und *epithumein* bei Paulus», ST 33 (1979) 85-99.

a9748　PORTER, L., «The Word *Episkopos* in Pre-Christian Usage», AThR 21 (1939) 103-112.

a9749　LÉGASSE, S., «'Eulogein' et 'eukharistein'», dans En collaboration, *Mens concordet voci,* pour Mgr A.G. Martimort (Paris, Desclée, 1983), 431-435.

a9750　LEE, J.A.L., «The Future of *zên* in Late Greek», NT 22 (1980) 289-298.

a9751　KILPATRICK, J.D., «Atticism and the Future of *zên*», NT 25 (1983) 146-151.

a9752　COMBER, J.A., «The Verb *Therapeuô* in Matthew's Gospel», JBL 97 (1978) 431-434.

a9753　DIETRICH, M., LORETZ, O., «KTU 2.34:33 und die Herkunft von griechisch *thursos*», UF 10 (1978) 426.

a9754　KLAUCK, H.-J., «*Thusiastêrion* - eine Berichtigung», ZNW 71 (1980) 274-277.

a9755　KÖTTING, B., «Die Aufnahme des Begriffs 'Hiereus' in den christlichen Sprachgebrauch», dans *Text - Wort - Glaube* (en collab.) (1980), 112-120.

a9756　GRAYSTON, K., «*Ilaskesthai* and related words in LXX», NTS 27 (1981) 640-656.

a9757　ROBECK, C.M., Jr., «What is the Meaning of *Hilasterion* in Romans 3:25?» SBT 4,1 (1974) 21-36.

a9758　LOWE, M., «Who were the *Ioudaioi*?» NT 18 (1976) 101-130.

a9759　LOWE, M., «*Ioudaioi* of the Apocrypha», NT 23 (1981) 56-90.

a9760　SCHNEIDER, G., «Zur Bedeutung von *katheksês* im lukanischen Doppelwerk», ZNW 68 (1977) 128-131.

a9761　MANZANERA, M., «*Koinonia* en Hch 2,42. Notas sobre su interpretación y orígen histórico-doctrinal», EstE 52 (1977) 307-329.

a9762　SABOURIN, L., «*Koinonia* in the New Testament», RelStB 1 (1981) 109-115.

a9763　LOMBARD, H.A., «*Katapausis* in the Letter to the Hebrews», dans *Ad Hebraeos* (en collab.), *Neotestamentica* 5 (1971) 60-71.

a9764　VINCENT, J.J., «Didactic Kerygma in the Synoptic Gospels», SJTh 10 (1957) 262-273 (*kêrugma*).

a9765　FREED, E.D., «Theology Prelude to the Prologue of John's Gospel», SJTh 32 (1979) 257-269 (*logos*).

a9766　LEVISON, N., «Lutron», SJTh 12 (1959) 277-285.

a9767　MINEAR, P.S., «The Disciples and the Crowds in the Gospel of Matthew», AThR (Supplementary Series) n° 3 (1974) 28-44 (*mathêtai*).

a9768　ELLIOTT, J.K., «*Mathētēs* with a Possessive in the New Testament», TZ 35 (1979) 300-304.

a9769　JOLY, R., «Note sur *metanoia*», RHR 160 (1961) 149-156.

a9770　MALHERBE, A.J., «*Mê genoito* in the Diatribe and Paul», HarvTR 73 (1980) 231-240.

a9771　TORRANCE, T.F., «Le mystère du Royaume», VC n° 37 (1956) 3-11 (*mustêrion, prothesis, koinônia*).

a9772　HARVEY, A.E., «The Use of Mystery Language in the Bible», JTS 31 (1980) 320-336 (*mustêrion*).

a9773　SHIRES, H.M., «The Meaning of the Term '*Nazarene*'», AThR 29 (1947) 19-27.

a9774　RUGER, H.P., «Nazareth, Nazara / Nazarênos, Nazôraios», ZNW 72 (1981) 257-263.

a9775　McL. WILSON, R., «*Nomos*: The Biblical Significance of Law», SJTh 5 (1952) 36-48.

a9776　SCHENKE, L., «Zur sogenannten 'Oikosformel' im Neuen Testament», Kairos 13 (1971) 226-243.

a9777　TOOLEY, W., «Stewards of God», SJTh 19 (1966) 74-86 (*oikonomos*).

a9778　VANNI, U., «'*Omoiôma* in Paolo (Rom 1,23; 5,14; 6,5; 8,3; Fil 2,7). Un'interpretazione esegetico-teologica alla luce dell'uso dei LXX», Greg 58 (1977) 321-345, 431-470.

a9779　JOUÖN, P., «*Ochlos* au sens de peuple, population dans le grec du N. Testament et dans la Lettre d'Aristée», RSR 27 (1937) 618-619.

*a*9780   MINEAR, P.S., «The Disciples and the Crowds in the Gospel of Matthew», AThR (Supplementary Series) n° 3 (1974) 28-44 (*okhloi*).

*a*9781   HEDINGER, U., «Jesus and die Volksmenge. Kritik der Qualifizierung der *óchloi* in der Evangelienauslegung», TZ 32 (1976) 201-206.

*a*9782   LEE, G.M., «Further on *pantôs* 'Perhaps'?» NT 19 (1977) 240.

*a*9783   GRAYSTON, K., «A Problem of Translation: The Meaning of *Parakaleô, Paraklêsis* in the New Testament», SB 11 (1980) 27-31.

*a*9784   GRAYSTON, K., «The Meaning of *PARAKLÊTOS*», JSNT n° 13 (1981) 67-82.

*a*9785   STÄHLIN, W., «Parousia und Parrhesia», dans *Wahrheit und Verkündigung* (en collab.) (1967), I, 229-235.

*a*9786   VORSTER, W.S., «The Meaning of *parrêsia* in the Epistle to the Hebrews», dans *Ad Hebraeos* (en collab.), *Neotestamentica* 5 (1971) 51-59.

*a*9787   BOUTTIER, M., «Sur la *parrêsia* dans le Nouveau Testament», dans *Parola e Spirito* (en collab.) (1982), 611-621.

*a*9788   MARROW, S.B., «*Parrhēsia* and the New Testament», CBQ 44 (1982) 431-446.

*a*9789   VAN UNNIK, W.C., «The Semitic Background of *parrêsia* in the New Testament», dans *Mededelingen der Koninklijke Nederlandsche Akademie van Wetenschappen*, [afd. Letterkunde, Nieuwe Reeks, Deel 25, No 11, pp. 585-601 (1962)], dans VAN UNNIK, W.C., *Sparsa Collecta* (1980), II, 290-306.

*a*9790   STURCH, R.L., «The *patris* of Jesus», JTS 28 (1977) 94-96.

*a*9791   HOUK, C.B., «*Peirasmos.* The Lord's Prayer, and the Massah Tradition», SJTh 19 (1966) 216-225.

*a*9792   FITZGERALD, G.M., «A Note on the Word *Pellaïkon*», PEQ 78 (1946) 15-18.

*a*9793   LEE, G.M., «Indeclinable *plêrês* (Moulton Proleg. 50)», NT 17 (1975) 304.

*a*9794   MOULE, C.F.D., «'Fulness' and 'Fill' in the New Testament», SJTh 4 (1951) 79-86 (*plêrôma*).

*a*9795   OVERFIELD, P.D., «*Pleroma*: A Study in Content and Context», NTS 25 (1979) 384-396 (*plêrôma*).

*a*9796   BENJAMIN, H.S., «Pneuma in John and Paul. A Comparative Study of the Term with Particular Reference to the Holy Spirit», BTB 6 (1976) 27-48 (*pneuma*).

*a*9797   SCHEDL, C., WERNER, F., «Fragen zur revidierten Einheitsübersetzung. Nochmals 'für die Vielen' oder 'für alle'», BiLit 54 (1981) 226-230 (*polloi*).

*a*9798   JENSEN, J., «Does *porneia* mean Fornication? A Critique of Bruce Malina», NT 20 (1978) 161-184.

*a*9799   COUSINEAU, A., «Le sens de 'presbuteros' dans les Pastorales», SE 28 (1976) 147-162.

*a*9800   DU PREEZ, J., «'Sperma autou' in John 3:9», dans *Essays on the General Epistles of the New Testament* (en collab.) (1975), 105-112.

*a*9801   MacLAURIN, E.C.B., «The Semitic Background of Use of 'En Splanchnois'», PEQ 103 (1971) 42-45.

*a*9802   McL. WILSON, R., «*Soteria*», SJTh 6 (1953) 406-416 (*sôtêria*).

*a*9803   TVEDTNES, J.A., «The Origin of the Name 'Syria'», JNES 40 (1981) 139-140.

*a*9804   SPICQ, C., «*Trôgein*: Est-il synonyme de *phagein* et d'*esthiein* dans le Nouveau Testament», NTS 26 (1980) 414-419.

*a*9805   VAN SELMS, A., «The Origin of the Name *Tyropoeon* in Jerusalem», ZAW 91 (1979) 170-176.

*a*9806   SPICQ, C., *Agapè dans le Nouveau Testament*, «Le verbe *philein* dans les Épîtres de saint Paul», I (1958) 208-315.

*a*9807   SPICQ, C., *Agapè dans le Nouveau Testament*, «*Philein* et les autres termes d'amour dans les Actes et le Corpus épistolaire», III (1959), 81-110.

a9808   LOSS, N.M., «Amore d'amicizia nel Nuovo Testamento. Contributo ad uno studio lessicologico e religioso sull'uso neotestamentario di *philos, phileô* e loro derivati, e dei loro composti», Sal 39 (1977) 3-55.

a9809   WILCOX, M., «The 'God-Fearers' in Acts - A Reconsideration», JSNT nº 13 (1981) 102-122 (*phoboumenoi*).

a9810   DE LA POTTERIE, I., «*Kharis* paulinienne et *kharis* johannique», dans *Jésus und Paulus* (en collab.) (1975), 256-282.

a9811   LIFSHITZ, B., «Der Ausdruck *psukhê* in den griechischen Grabinschriften», ZDPV 76 (1960) 159-160.

a9812   DAUTZENBERG, G., *Sein Leben bewahren. Psukhê* in den Herrenworten der Evangelien (StANT 14) (München, Kögel, 1966), 181 pp.

3) Divers. Miscellaneous. Verschiedenes. Diversi. Diversos.

a9813   RÖLLIG, W., «Griechische Eigennamen in den Texten der babylonischen Spätzeit», Or. 29 (1960) 376-391.

a9814   TOV, E., «Transliterations of Hebrew Words in the Greek Versions of the Old Testament», Textus 8 (1973) 78-92.

a9815   CLARYSSE, W., «Some ghost names in Ptolemaic papyri», OLoP 6/7 (1975-76) 53-58.

a9816   BLACK, M., «Some Greek Words with 'Hebrew' Meanings in the Epistles and Apocalypse», dans *Biblical Studies* (W. Barclay) (en collab.) (1976), 135-146.

a9817   SILVA, M., «New Lexical Semitisms?» ZNW 69 (1978) 253-257.

a9818   EARLE, R., *Word Meanings in the New Testament*. Volume 1: Matthew, Mark and Luke (Grand Rapids, Baker, 1980), 285 pp.

a9819   TURNER, N., *Christian Words* (Edinburgh, T. & T. Clark, 1980), xvii-513 pp.

a9820   ROGERS, T., *Greek Word Roots*. A Practical List with Greek and English Derivatives (Grand Rapids, Baker, 1981), 30 pp.

a9821   SILVA, M., *Biblical Words and their Meaning*. An Introduction to Lexical Semantics (Grand Rapids, Zondervan, 1983), 201 pp.

c) *Grammaire. Grammar. Grammatik. Grammatica. Gramática.*

a9822   FUNK, R.W., «Parsing Code for Hellenistic Greek: Preliminary Proposals», dans *Society of Biblical Literature. 1972 Proceedings* (en collab.) (1972), 315-330.

a9823   LECLERCQ, H., «Note de grammaire sur les doubles noms dans le Nouveau Testament grec», OLoP 6/7 (1975-76) 361-372.

a9824   LOUW, J.P., «Verbal aspect in the first Letter of John», dans *Essays on the General Epistles of the New Testament* (en collab.) (1975), 98-104.

a9825   WATERMAN, G.H., «The Greek 'Verbal Genitive'», dans *Current Issues in Biblical and Patristic Interpretation* (en collab.) (1975), 289-293.

a9826   BLASS, F., DEBRUNNER, A., *Grammatik des neutestamentlichen Griechisch*. 14. Auflage (Hrsg. F. REHKOPF) (Göttingen, Vandenhoeck & Ruprecht, 1976), xx-511 pp.

a9827   GIGNAC, F.T., *A Grammar of the Greek Papyri of the Roman and Byzantine Periods*. Volume I: Phonology; Volume II: Morphology (Testi e documenti per lo studio dell'antichità, 55/1; 55/2) (Milano, Istituto Editoriale Cisalpino - La Goliardica, 1976, 1981), viii-366 pp.; xxi-450 pp.

a9828   ELLIOTT, J.K., «The two Forms of the third declension comparative Adjectives in the New Testament», NT 19 (1977) 234-239.

*a*9829   BARRETT, C.K., «J.H. Moulton: A Grammar of New Testament Greek: Prolegomena», ExpTim 90 (1978) 68-71.

*a*9830   BROOKS, J.A., WINBERY, C.L., *Syntax of New Testament Greek* (Washington, DC, University Press of America, 1978), vii-178 pp.

*a*9831   ELLIOTT, J.K., «Textual Variation Involving the Augment in the Greek New Testament», ZNW 69 (1978) 247-252.

*a*9832   ISBELL, C.D., «Initial Alef-Yod Interchange and Selected Biblical Passages», JNES 37 (1978) 227-236.

*a*9833   MARTIN, R.A., *An Introduction to New Testament Greek* (2nd ed.) (Dubuque, IA, Warburg Theological Seminary, 1978), vi-205 pp.

*a*9834   MUELLER, T.H., *New Testament Greek*. A Case Grammar Approach (Fort Wayne, IN, Concordia Theological Seminary Press, 1978), xiii-222 pp.

*a*9835   BONFANTE, G., «L'origine della formazione perifrastica it. *sta insegnando* ingl. *He is teaching*», dans *The Bible World*. Essays in Honor of Cyrus H. Gordon (en collab.) (1980), 9-11 (*èn didaskôn*).

*a*9836   DRUMWRIGHT, H.L., *An Introduction to New Testament Greek* (Nashville, TN, Broadman, 1980), 187 pp.

*a*9837   ELLIOTT, J.K., «Temporal Augment in Verbs with Initial Diphthong in the Greek New Testament», NT 22 (1980) 1-11.

*a*9838   GOODRICK, E.W., *Do It Hourself Hebrew and Greek*. Everybody's Guide to the Language Tools (Grand Rapids, Michigan, Zondervan, 1980), 256 pp.

*a*9839   MUSSIES, G., «The Greek of the Book of Revelation», dans *L'Apocalypse johannique et l'Apocalyptique dans le Nouveau Testament* (en collab.) (1980), 167-177.

*a*9840   NAVEH, J., «The Greek Alphabet: New Evidence», BA 43 (1980) 22-25.

*a*9841   SILVA, M., «Bilingualism and the Character of Palestinian Greek», Bibl 61 (1980) 198-219.

*a*9842   THREATTE, L., *The Grammar of Attic Inscriptions* (Berlin, New York, De Gruyter, 1980), Vol. I, Phonology, xxxvi-737 pp.

*a*9843   WHITTAKER, M., *New Testament Greek Grammar. An Introduction*² (London, SCM, 1980), 192 pp.

*a*9844   DELEBECQUE, É., «L'hellénisme de la 'relative complexe' dans le Nouveau Testament et principalement chez saint Luc», Bibl 62 (1981) 229-238.

*a*9845   DICHARRY, W.F., *Greek Without Grief*. An Outline Guide to New Testament Greek. Revised edition (Denver, CO, St. Thomas Seminary, 1981), ix-135 pp.

*a*9846   GUERRA GOMEZ, M., *El idioma del Nuevo Testamento*. Gramática, estilística y diccionario estadístico del Griego Bíblico³ (Facultad de Teología del Norte de España, 19) (Burgos, Ediciones Aldecoa, 1981), 419 pp.

*a*9847   McKAY, K.L., «On the Perfect and Other Aspects in New Testament Greek», NT 23 (1981) 289-329.

*a*9848   AEJMELAEUS, A., «*Participium coniunctum* as a criterion of translation technique», VT 32 (1982) 385-393.

*a*9849   SPOTTORNO, V., «The Relative Pronoun in the New Testament. Some Critical Remarks», NTS 28 (1982) 132-141.

*a*9850   TURNER, N., «Biblical Greek - the Peculiar Language of a Peculiar People», dans *Studia Biblica* (en collab.) (1982), VII, 505-512.

*a*9851   HANNA, R., *A Grammatical Aid to the Greek New Testament* (Grand Rapids, Baker, 1983), 456 pp.

*a*9852   OWINGS, T., *A Cumulative Index to New Testament Greek Grammars* (Grand Rapids, Baker, 1983), 204 pp.

d) Textes, inscriptions. Texts, Inscriptions. Texte, Inschriften.
   Testi, iscrizioni. Textos, inscripciones.

1) Selon les lieux d'origine. According to the Origin. Der Herkunft nach.
   Secondo l'origine. Según la procedencia.¹

*a*9853 PFLAUM, H.G., «Les Fortifications de la ville d'Adraha d'Arabie», Syr. 29 (1952) 307-330.

*a*9854 LOZACHMEUR, H., «Sur la bilingue gréco-araméenne d'Ağcakale», Sem. 25 (1975) 97-102.

*a*9855 SCHLUMBERGER, D., «Une nouvelle inscription d'Ammân-Philadelphie», Syr. 48 (1971) 385-389.

*a*9856 SARTRE, M., «Inscriptions inédites de l'Arabie romaine», Syr. 50 (1973) 223-233.

*a*9857 COLT, D., «Discoveries at Auja Hafia», PEQ 68 (1936) 216-220.

*a*9858 NEGEV, A., «The Greek Inscriptions from 'Avdat (Oboda)», StBiFranc 28 (1978) 87-126.

*a*9859 BULL, R.J., «A Roman Veteran's Epitaph from Azzun, Jordan», PEQ 98 (1966) 163-165.

*a*9860 OVADIAH, A., «Greek Inscriptions from the Northern Bashan», StBiFranc 26 (1976) 170-212.

*a*9861 LIFSHITZ, B., «Der Kult des Zeus Akraios und des Zeus Bakchos in Beisan (Skythopolis)», ZDPV 77 (1961) 186-190.

*a*9862 TZORI, N., «Four Greek Inscriptions from the Beth-Shean Valley», ErIs 10 (1971) 240 (English summary).

*a*9863 SCHWABE, M., LIFSHITZ, B., «A Graeco-Jewish Epigram from Beth She'arim», ErIs 4 (1956) 104-110 (English summary).

*a*9864 SCHWABE, M., LIFSHITZ, B., *Beth She'arim. Volume II: The Greek Inscriptions* (New Brunswick, NJ, Rutgers University, 1974), xvi-231 pp.

*a*9865 FIEBIGER, O., «Dagistheus», ZDPV 64 (1941) 98-101.

*a*9866 SEYRIG, H., «Antiquités Syriennes. - 44. Un ex-voto damascain. - 45. Inscriptions diverses. - 46. Reconstitution d'un tombeau palmyrénien dans le musée de Damas», Syr. 27 (1950) 229-252.

*a*9867 MASSON, O., «Le 'roi' carthaginois Iômilkos dans les inscriptions de Délos», Sem. 29 (1979) 53-57.

*a*9868 ROUSSEL, P., DE VISSCHER, F., «Inscriptions du temple de Dmeir», Syr. 23 (1942-43) 173-200.

*a*9869 DU MESNIL DU BUISSON, R., «Un bilingue araméo-grec de l'époque parthe, à Doura-Europos», Syr. 19 (1938) 147-152.

*a*9870 MILIK, J.T., «Inscription araméenne en caractères grecs de Doura-Europos et une dédicace grecque de Cordoue», Syr. 44 (1967) 289-306.

*a*9871 GORDON, C.H., «The Dreros Bilingual», JSS 8 (1963) 76-79.

*a*9872 DUS, J., «The Dreros Bilingual and the Tanernacle of Ancient Israelites», JSS 10 (1965) 54-58.

*a*9873 SCHWABE, M., «A Jewish Inscription from ed-Duweir near Damascus», ErIs 2 (1953) 161-165 (Hebrew) (DS 101, E74; 933, E67).

*a*9874 BERNARD, É., *Recueil des inscriptions grecques du Fayoum.* Vol. I: La 'méris' d'Hérakleidès (Leiden, Brill, 1975), xvii-234 pp.

---

1. Classés selon l'ordre alphabétique. Alphabetically classified. Nach alphabetischen Klasse ablegten. Classificati secondo l'ordine alfabètico. Clasificados en orden alfabético.

*a*9875   POUILLOUX, J., «Deux inscriptions au théâtre sud de Gérasa», StBiFranc 27 (1977) 246-254.

*a*9876   POUILLOUX, J., «Une troisième dédicace au théâtre sud de Gérasa», StBiFranc 29 (1979) 276-278.

*a*9877   MOUTERDE, R., MONDÉSERT, C., «Deux inscriptions grecques de Hama», Syr. 34 (1957) 278-287.

*a*9878   BLAU, J., «The Transcription of Arabic Words and Names in the Inscription of Mu'āwiya from Ḥammat Gader», IsrEJ 32 (1982) 102.

*a*9879   GREEN, J., TSAFRIR, Y., «Greek Inscriptions from Ḥammat Gader: A Poem by the Empress Eudocia and Two Building Inscriptions», IsrEJ 32 (1982) 77-96.

*a*9880   HASSON, I., «Remarques sur l'inscription de l'époque de Mu'āwiya à Ḥammat Gader», IsrEJ 32 (1982) 97-101.

*a*9881   REY-COQUAIS, J.-P., «Inscription grecque découverte à Ras Ibn Hani: stèle de mercenaires lagides sur la côte syrienne», Syr. 55 (1978) 313-325.

*a*9882   FIEBIGER, O., «Herminarius», ZDPV 66 (1943) 69-71.

*a*9883   ALT, A., «Neues über die Zeitrechnung der Inschriften des Hermongebiets», ZDPV 70 (1954) 142-146.

*a*9884   LANDAU, Y., TAZFERIS, V., «Tel Istabah, Beth Shean: The Excavations and Hellenistic Jar Handles», IsrEJ 29 (1979) 152-159.

*a*9885   SUKENIK, E.L., «Gleanings from the Judaeo-Greek Cemetery, Jaffa», PEQ 64 (1932) 83-84.

*a*9886   TOD, M.N., «A Greek Epitaph from Jaffa», PEQ 67 (1935) 85-86.

*a*9887   HACHLILI, R., «A Jerusalem Family in Jericho», BASOR n⁰ 230 (1978) 45-56.

*a*9888   HACHLILI, R., «The Goliath Family in Jericho: Funerary Inscriptions from a First-Century A.D. Jewish Monumental Tomb», BASOR n⁰ 235 (1979) 31-66.

*a*9889   HACHLILI, R., «A Jerusalem Family in Jericho», ErIs 15 (1981) 406-411.

*a*9890   THOMSEN, P., «Die lateinischen und griechischen Inschriften der Stadt Jerusalem und ihrer nächsten Umgebung. 1. Nachtrag», ZDPV 64 (1941) 203-256.

*a*9891   MERKER, I.L., «A Greek Tariff Inscription in Jerusalem», IsrEJ 25 (1975) 238-244.

*a*9892   AVIGAD, N., «A Building Inscription of the Emperor Justinian and the Nea in Jerusalem (Preliminary Note)», IsrEJ 27 (1977) 145-151.

*a*9893   ISAAC, B., «A Donation for Herod's Temple in Jerusalem», IsrEJ 33 (1983) 86-92.

*a*9894   GERATY, L.T., «The Khirbet el-Kôm Bilingual Ostracon», BASOR n⁰ 220 (1976) 55-61.

*a*9895   SKAIST, A., «A Note on the Bilingual Ostracon from Khirbet el-Kôm», IsrEJ 28 (1978) 106-108.

*a*9896   BLOMME, Y., «Inscriptions grecques à Kursi et Amwas», RB 87 (1980) 404-407.

*a*9897   ROUSSEL, P., «Décret des Péliganes de Laodicée-sur-Mer», Syr. 23 (1942-43) 21-32.

*a*9898   LEE, G.M., «On a Phoenician Bilingual Inscription at Larnax, Lapethos», PEQ 101 (1969) 122.

*a*9899   REEKMANS, T., «The destroyed Papyrus Lovaniensis Graeca 8bA», OLoP 6/7 (1975-76) 503-508.

*a*9900   NOTH, M., «Die Mosaikinschriften der Apostel-Kirche in Mādeba», ZDPV 84 (1968) 130-142.

*a*9901   SEYRIG, H., «Épigramme funéraire des environs de Marathus», Syr. 28 (1951) 220-225.

*a*9902   LAMER, H., «Der Kalypso-Graffito in Marissa (Palästina)», ZDPV 54 (1931) 59-67.

*a*9903   MANNI PIRAINO, M.T., «Mazara ed un KOINON KINAKΩN di età romana imperiale», OrAnt 8 (1969) 121-125.

a9904   THÜMMEL, H.G., «Das Samson-Mosaik in Misis (Mopsuhestia) und seine Inschriften», ZDPV 90 (1974) 69-75.

a9905   COOK, S.A., «A Nazareth Inscription on the Violation of Tombs», PEQ 64 (1932) 85-87.

a9906   METZGER, B.M., «The Nazareth Inscription Once Again», dans *Jesus und Paulus* (en collab.) (1975), 221-238.

a9907   BAGATTI, B., «Un sigillo inedito della regione del Nebo», StBiFranc 28 (1978) 145-146.

a9908   ALT, A., «Bemerkungen zu der neuesten Sammlung griechischer Inschriften aus Palästina», ZDPV 62 (1939) 161-163.

a9909   KIRK, G.E., «Early Christian Gravestone-Formulae of Southern Palestine», PEQ 71 (1939) 181-187.

a9910   MANNS, F., «Nouvelles inscriptions grecques de Palestine», StBiFranc 29 (1979) 238-243.

a9911   MANNS, F., «Nouvelles inscriptions grecques et latines de Palestine», StBiFranc 31 (1981) 245-248.

a9912   INGHOLT, H., «Deux inscriptions bilingues de Palmyre», Syr. 13 (1932) 278-292.

a9913   SEYRIG, H., «Deux inscriptions grecques de Palmyre», Syr. 18 (1937) 369-378.

a9914   SEYRIG, H., «Inscriptions grecques de l'agora de Palmyre», Syr. 22 (1941) 223-270.

a9915   SCHLUMBERGER, D., «Palmyre et la Mésène», Syr. 38 (1961) 256-260.

a9916   DELEKAT, L., «Der Diskos von Phaistos. Entwurf einer Textlesung und -deutung», UF 11 (1979) 165-178.

a9917   MOOREN, L., «Note prosopographique sur une inscription de Philae», OLoP 6/7 (1975-76) 411-417.

a9918   ROKÉAH, D., «Qasrawet: The Ostracon», IsrEJ 33 (1983) 93-96.

a9919   MITTMANN, S., «Die Mosaikinschrift der Menas-Kirche in Rihab», ZDPV 83 (1967) 42-45.

a9920   GALLING, K., «Ein Ostrakon aus Samaria als Rechtsurkunde», ZDPV 77 (1961) 173-185.

a9921   TUSHINGHAM, A.D., «A Hellenistic Inscription from Samaria-Sebaste», PEQ 104 (1972) 59-63.

a9922   NEGEV, A., «Nabatean Inscriptions in Southern Sinai», BA 45 (1982) 21-25.

a9923   KANE, J.P., «By No Means 'The Earliest Records of Christianity' - with an Emended Reading of the Talpioth Inscription IHSOUS IOU», PEQ 103 (1971) 103-108.

a9924   PURVIS, J.D., «The Paleography of the Samaritan Inscription from Thessalonica», BASOR no 221 (1976) 121-123.

a9925   NYSTROM, B.P., «A Symbol of Hope from Thessalonica», HTR 74 (1981) 325-330.

a9926   YADIN, Y., «Note on the Bilingual Ossuary-Inscription from Khirbet Zif», IsrEJ 22 (1972) 235-236.

2) Autres textes. Other Texts. Andere Texte. Altri testi. Otros textos.

a9927   SEYRIG, H., «Antiquités syriennes. - 2. Notes épigraphiques», Syr. 12 (1931) 318-323.

a9928   KIRK, G.E., «Three Greek Inscriptions from the Southern Desert», PEQ 70 (1938) 236-239.

a9929   SEYRIG, H., «Inscriptions (Tell Arr, Hiérapolis, Bambycé, Sakisler, Azaz, Séleucie de Piérie, Antioche, Béryte, Palmyre)», Syr. 20 (1939) 301-323.

a9930   ALT, A., «Zwei griechische Inschriften aus dem Ostjordanland», ZDPV 70 (1954) 82-87 (Dibon, Limeskatell).

a9931   SEYRIG, H., «Inscriptions grecques», Syr. 31 (1954) 212-218.

a9932   MARICQ, A., «Res Gestae Divi Saporis», Syr. 35 (1958) 295-360.

a9933   MORETTI, L., «Nota a due iscrizioni greche», OrAnt 1 (1962) 280-281.

*a*9934   ADINOLFI, M., «Una iscrizione greca inedita e la 'Capitatio' di Diocleziano», OrAnt 4 (1965) 71-75.

*a*9935   SEYRIG, H., «Deux pièces énigmatiques» (tête de marbre; un officier d'Agrippa II), Syr. 42 (1965) 28-34.

*a*9936   FILSON, F.V., «Ancient Greek Synagogue Inscriptions», BA 32 (1969) 41-46.

*a*9937   XELLA, P., «A proposito del giuramento annibalico», OrAnt 10 (1971) 189-193.

*a*9938   BARB, A.A., «Magica Varia», Syr. 49 (1972) 343-370 (Amulette mit Inschriften).

*a*9939   STARCKY, J., «Relief dédié au dieu Mun'îm», Sem. 22 (1972) 57-65.

*a*9940   BEST, J.G.P., «Six Contributions to the Decipherment of Linear A», UF 5 (1973) 53-59.

*a*9941   WILL, E., «Le lapin mystique», Syr. 51 (1974) 223-225 (inscription consacrant un ex-voto à Zeus).

*a*9942   MANNS, F., «Un sceau de la Transfiguration», StBiFranc 25 (1975) 164-170.

*a*9943   MERTENS, P., «Les ostraca littéraires grecs», OLoP 6/7 (1975-76) 397-409.

*a*9944   WOUTERS, A., «P. ant. 2.67: a compendium of Herodian's *Peri katholikês prosôdias*, Book V», OLoP 6/7 (1975-76) 601-613.

*a*9945   ALLISON, R.W., «The Oracular Style of the Cultic Proclamations of Antiochus 1 of Commagene», dans *Society of Biblical Literature. 1976 Seminar Papers* (en collab.) (1976), 93-98.

*a*9946   O'CALLAGHAN, J., «Sobre BGU III 948,16 (IV-Vp)», dans *Studia Hierosolymitana (Bagatti)* (en collab.) (1976), I, 379-381.

*a*9947   WHITE, J.L., KENSINGER, K.A., «Categories of Greek Papyrus Letters», dans *Society of Biblical Literature. 1976 Seminar Papers* (en collab.) (1976), 79-91.

*a*9948   HUSS, W., «Der 'König der Könige' und der 'Herr der Könige'», ZDPV 93 (1977) 131-140.

*a*9949   OVADIAH, A., «Early Christian Inscribed Tombstones in the D. Pinkus Collection, Israel», StBiFranc 28 (1978) 127-141.

*a*9950   OVADIAH, A., «A Greek Seal of the Early Christian Period», StBiFranc 28 (1978) 142-144.

*a*9951   HYLDAHL, N., «A Supposed Synagogue Inscription», NTS 25 (1979) 396-398.

*a*9952   MEIMARIS, Y.E., «Two unpublished Greek Inscriptions», StBiFranc 30 (1980) 225-232.

*a*9953   BAGNALL, R.S., DEROW, P., *Greek Historical Documents.* The Hellenistic Period (SBL Sources for Biblical Study, 16) (Chico, CA, Scholars Press, 1981), xviii-270 pp.

15. Hébreu. Hebrew. Hebräisch. Ebraico. Hebreo.

a) Bibliographie. Bibliography. Bibliographie. Bibliografia. Bibliografía.

*a*9954   HOSPERS, J.H. (Ed.), *A Basic Bibliography for the Study of the Semitic Languages* (Leiden, Brill, 1973), «Biblical and Epigraphical Hebrew», I, 176-211; «Samaritan Hebrew», I, 211-214; «Mishnaic and Talmudical Hebrew», I, 265-277.

*a*9955   LETTINGA, J.P., «Amarna-Canaanite», dans *A Basic Bibliography for the Study of the Semitic Languages* (en collab.) (1973), I, 172-175.

b) Études générales. General Studies. Allgemeine Studien. Studi generali. Estudios generales.

*a*9956   GONZALO MAESO, D., «La lengua santa», CuBi 19 (1962) 97-98.

*a*9957   HUERGO FERNANDEZ, J., «El sentido del hebreo en el curso teológico», CuBi 23 (1966) 105-107.

a9958   FRIEDLANDER, Y., «Some Modern Critical Approaches to Hebrew Literature», JSS 18 (1973) 108-119.

a9959   KEDAR-KOPFSTEIN, B., «The Interpretative Element in Transliteration», Textus 8 (1973) 55-77.

a9960   FRANKENA, R., «Some Remarks on a New Approach to Hebrew», dans *Travels in the World of the Old Testament* (en collab.) (1974), 41-49.

a9961   HOSPERS, J.H., «The Teaching of the Old Testament Hebrew and Applied Linguistics», dans *Travels in the World of the Old Testament* (en collab.) (1974), 94-101.

a9962   MATSUDA, I., «The Structure of Mental Activities in Biblical Hebrew», AJBI 2 (1976) 79-99.

a9963   EATON, J.H., «A New Gattung in O.T. Literature? A Hebrew Teachers' Dream (A presentation of *Readings in Biblical Hebrew,* ed. J.H. Eaton)», JSOT nº 2 (1977) 67-74.

a9964   JEPSEN, A., «'Hebräisch' - die Sprache Jahwes?» dans *Beiträge zur Alttestamentlichen Theologie* (en collab.) (1977), 196-205.

a9965   LEMAIRE, A., «L'épigraphie paléo-hebraïque et la Bible», dans *Congress Volume. Göttingen 1977* (en collab.) (1978), 165-176.

a9966   DION, P.-E., PARDEE, D., WHITEHEAD, J.D., «Les types épistolaires hébréo-araméens jusqu'au temps de Bar Kokhbah», RB 86 (1979) 544-579.

a9967   MURAOKA, T., «Hebrew Philological Notes», AJBI 5 (1979) 88-104.

a9968   FELLMAN, J., «Linguistic Nationalism: The Case of Biblical Hebrew», JNWSemL 8 (1980) 11-13.

a9969   WEINBERG, W., «Language Consciousness in the OT», ZAW 92 (1980) 185-204.

a9970   RABIN, C., «Israeli Research on Biblical Hebrew Linguistics», Immanuel 14 (1982) 26-33.

c) *Histoire de l'hébreu. History of Hebrew. Geschichte des Hebräischen. Storia del ebraico. Historia del hebreo.*

a9971   MICHAUD, H., «La philologie sémitique de l'Ancien Testament», ETR 27, nº 3 (1952) 15-22.

a9972   GORDON, C.H., «North Israelite Influence on Postexilic Hebrew», ErIs 3 (1954) 104-105 (Hebrew).

a9973   MORAG, S., «Mēša' (A Study of Certain Features of Old Hebrew Dialects)», ErIs 5 (1958) 138-144 (English summary).

a9974   HELD, M., «Rhetorical Questions in Ugaritic and Biblical Hebrew», ErIs 9 (1969) 71-79.

a9975   MILLARD, A.R., «The Practice of Writing in Ancient Israel», BA 35 (1972) 98-111.

a9976   FUKS, L., «Hebreeuws en Hebraïsten in Franeker in de 17e en 18e eeuw», dans *Travels in the World of the Old Testament* (en collab.) (1974), 50-70.

a9977   LESLAU, W., «Amharic Parallels to Semantic Developments in Biblical Hebrew», ErIs 12 (1975) 113*-116*.

a9978   FELLMAN, J., «The Linguistic Status of Mishnaic Hebrew», JNWSemL 5 (1977) 21-22.

a9979   FRONZAROLI, P., «West Semitic Toponymy in Northern Syria in the Third Millennium B.C.», JSS 22 (1977) 145-166.

a9980   FITZGERALD, A., «The Interchange of L, N, and R in Biblical Hebrew», JBL 97 (1978) 481-488.

a9981   LEVINE, B.A., «Chapters in the History of Spoken Hebrew», ErIs 14 (1978) 155-160 (English summary).

a9982　SWIGGERS, P., «L'histoire de la Grammaire hébraïque jusqu'au XVIe siècle», OLoP 10 (1979) 183-193.

a9983　KUTSCHER, E.Y., *A History of the Hebrew Language* (Jerusalem. Magnes Press; Leiden, Brill, 1982), xxx-306 pp.

a9984　MORAG, S., «Some Notes on Šelomo Almoli's Contributions to the Linguistic Science of Hebrew», dans *Interpreting the Hebrew Bible* (en collab.) (1982), 157-169.

a9985　ZEVIT, Z., «A Chapter in the History of Israelite Personal Names», BASOR nº 250 (1983) 1-16.

a9986　NAVEH, J., GREENFIELD, J.C., «Hebrew and Aramaic in the Persian period», dans *The Cambridge History of Judaism* (en collab.) (1984), I, 115-129.

d) Lexique. Vocabulary. Lexikon. Lessico. Léxico.

1) Études générales. General Studies. Allgemeine Studien. Studi generali. Estudios generales.

a9987　GONZALO MAESO, D., «Más sobre la onomástica bíblica», CuBi 17 (1960) 238-242.

a9988　EISSFELDT, O., «Etymologische und archäologische Erklärung alttestamentlicher Wörter», OrAnt 5 (1966) 165-176.

a9989　GONZALO MAESO, D., «Sobre la primitiva onomastica bíblica», CuBi 31 (1974) 29-32.

a9990　BECKER, J., «Wurzel und Wurzelspross», BZ 20 (1976) 22-44.

a9991　REVIV, H., «Early Elements and Late Terminology in the Descriptions of Non-Israelite Cities in the Bible», IsrEJ 27 (1977) 189-196.

a9992　COHEN, H.R., *Biblical Hapax Legomena in the Light of Akkadian and Ugaritic* (SBL Dissertation Series, 37) (Missoula, Montana, Scholars Press, 1978), xvi-185 pp.

a9993　MORAG, S., «On Some Semantic Relationships», ErIs 14 (1978) 137-147 (English summary).

a9994　MEYER, R., «Gegensinn und Mehrdeutigkeit in der althebräischen Wort- und Begriffsbildung», UF 11 (1979) 601-612.

a9995　GREENSPAHN, F.E., «The number and distribution of *hapax legomena* in Biblical Hebrew», VT 30 (1980) 8-19.

a9996　LORETZ, O., «Ugaritische und hebräische Lexikographie», UF 12 (1980) 279-286; 13 (1981) 127-235; 14 (1982) 141-148; 15 (1983) 59-64.

a9997　MILLER, P.D., Jr., «Studies in Hebrew Word Patterns», HarvTR 73 (1980) 79-89.

a9998　ZADOK, R., «Notes on the Biblical and Extra-Biblical Onomasticon», JQR 71 (1980) 107-117.

a9999　ZAKOVITCH, Y., «Explicit and Implicit Name-Derivations», HebAnR 4 (1980) 167-181.

a10000　ZAKOVITCH, Y., «A Study of Precise and Partial Derivations in Biblical Etymology», JSOT nº 15 (1980) 31-50.

a10001　KORNFELD, W., «Beiträge zur alttestamentlichen Namensforschung», dans *Mélanges bibliques et orientaux en l'honneur de M. Henri Cazelles* (en collab.) (1981), 213-218.

a10002　SILVERMAN, M.H., «Biblical Name-Lists and the Elephantine Onomasticon: A Comparison», Or. 50 (1981) 265-331.

a10003　HELD, M., «Studies in Biblical Lexicography in the Light of Akkadian», ErIs 16 (1982) 76-85.

a10004　LIEBERMAN, S., «Defective transliteration of greek words in rabbinic literature», JQR 73 (1982) 62-64.

a10005　VAN BEKKUM, W.J., «Observations on Stem Formations (*binyānīm*) in Rabbinical Hebrew», OLoP 14 (1983) 167-198.

a10006　SCHMITT, J.J., «The Gender of Ancient Israel», JSOT nº 26 (1983) 115-125.

*a*10007 SILVA, M., *Biblical Words and their Meaning*. An Introduction to Lexical Semantics (Grand Rapids, Zondervan, 1983), 201 pp.

2) Dictionnaires. Dictionaries. Lexika. Dizionarii. Diccionarios.

*a*10008 CANTERA BURGOS, F., «Bartolomé Valverde y su desconocido Léxico hebraico», dans *Homenaje a Juan Prado* (en collab.) (1975), 607-643.

*a*10009 GRIÑO, R., «Un nuevo manuscrito del Meturgemam de Elías Levita», dans *Homenaje a Juan Prado* (en collab.) (1975), 571-583.

*a*10010 EINSPAHR, B. (Compiler), *Index to Brown, Driver & Briggs Hebrew Lexicon* (Chicago, Moody Press, 1976), viii-456 pp.

*a*10011 REIF, S.C., «Botterweck and Ringgren's New Dictionary», JQR 67 (1976) 154-159.

*a*10012 STAMM, J.J., «Bericht über den Stand der Arbeit am Lexikon von Koehler-Baumgartner», ZAW 90 (1978) 112-114.

*a*10013 VON SODEN, W., «Zum hebräischen Wörterbuch», UF 13 (1981) 157-164.

3) Mots. Words. Worte. Parole. Palabras.[1]

*a*10014 EBACH, J., RUTERSWORDEN, U., «Unterweltsbeschwörung im Alten Testament. Untersuchungen zur Begriffs- und Religionsgeschichte des *'ōb*», UF 9 (1977) 57-70; 12 (1980) 205-220.

*a*10015 SCHELBERT, G., «Sprachgeschichtliches zu 'abba'», dans *Mélanges Dominique Barthélemy* (en collab.) (1981), 395-447.

*a*10016 KÖHLER, L., «Ein hebräisch-arabischer Brunnenterminus», ZDPV 60 (1937) 135-139 (*ābēl*).

*a*10017 DAHOOD, M., «Eblaite *idu* and Hebrew *'ēd*, 'Rain Cloud'», CBQ 43 (1981) 534-538.

*a*10018 GERLEMAN, G., «Adam und die alttestamentliche Anthropologie», dans *Die Botschaft und die Boten* (en collab.) (1981), 319-333.

*a*10019 MILLER, P.D., Jr., *Genesis 1-11* (1978), «The *'ădāmāh* Motif», 37-42.

*a*10020 GÖRG, M., «Ein architektonischer Fachausdruck in der Priesterschrift: zur Bedeutung von *'eden*», VT 33 (1983) 334-338.

*a*10021 THOMPSON, J.A., «Israel's 'lovers'», VT 27 (1977) 475-481 (*āhab*).

*a*10022 CAZELLES, H., «Problèmes concernant la racine *'wn* (deuil?)», Sem. 29 (1979) 5-8.

*a*10023 DIETRICH, M., LORETZ, O., SANMARTIN, J., «Ugaritisch *ILIB* und hebräisch *'(W)B* 'Totengeist'», UF 6 (1974) 450-451.

*a*10024 CHERNICK, M., «*'yš* as man and adult in the halakic midrashim», JQR 73 (1982-83) 254-280.

*a*10025 TSEVAT, M., «Ishbosheth and Congeners: The Names and Their Study», HUCA 46 (1975) 71-87 (*'yš-bšt*).

*a*10026 HOLSTEIN, J.A., «The Case of "iš hā ĕlōhīm' Reconsidered: Philological Analysis versus Historical Reconstruction», HUCA 48 (1977) 69-81.

*a*10027 GERLEMAN, G., «Nutzrecht und Wohnrecht. Zur Bedeutung von *'ḥzh* und *nḥlh*», ZAW 89 (1977) 313-325.

*a*10028 GREIFF, G., «Was war ein *'elōn?*» ZDPV 76 (1960) 161-170.

*a*10029 TOSATO, A., «Sul significato dei termini biblici *'Almānâ, 'Almānût* ('Vedova', 'Vedovanza')», BibOr 25 (1983) 193-214.

---

1. Classés selon l'ordre alphabétique des consonnes hébraïques. Alphabetically classified according to the Hebrew Consonants. Nach alphabetischen Klasse der hebräischen Konsonanten. Classificati secondo l'ordine alfabètico delle consonanti. Clasificados en orden alfabético de las consonantes hebreas.

*a*10030   ALTHANN, R., «Hebrew-Ugaritic *'im*, 'if'», Bibl 58 (1977) 525-526.
*a*10031   SCHILLING, F.A., «Amen, I Say to You», AThR 38 (1956) 175-181 (*'āmēn*).
*a*10032   CECCHETTI, P.I., *Scritti di Monsignore Paolo Igino Cecchetti*, «L''Amen' nella Bibbia e nella Liturgia» (1967), 171-186.
*a*10033   TALMON, S., «*Amen* as an Introductory Oath Formula», Textus 7 (1969) 124-129.
*a*10034   WILDBERGER, H., «'Glauben', Erwägungen zu *h'myn*», SuppVT 16 (1967) 372-386, dans *Jahwe und sein Volk* (1979), 146-160 (*'mn*).
*a*10035   BÖHL, F., «*Emeth* (Wahrheit), gnostischer Dualismus und die Erlaubtheit der Lüge in der rabbinischen Literatur», Or. 48 (1979) 163-175 (*'mth*).
*a*10036   RAINEY, A.F., «Dust and Ashes», Tel Aviv 1 (1974) 77-83 (*'pr*).
*a*10037   ANBAR (BERNSTEIN), M., «*'ereṣ hā 'ibrim* 'le pays des Hébreux'», Or. 41 (1972) 383-386.

*a*10038   BRUZZONE, G.B., «*Bōger* nell'Antico Testamento», BibOr 23 (1981) 175-183.
*a*10039   BARNES, W.E., «Bik'ah - 'Valley' or 'Plain'?» PEQ 66 (1934) 45.
*a*10040   TROMP, N.J., «The Hebrew Particle *bal*», dans *Remembering all the Way...* (en collab.), OTS 21 (1981) 277-287.
*a*10041   BARR, J., «Some Notes on *ben* 'between' in Classical Hebrew», JSS 23 (1978) 1-22.
*a*10042   LEMAIRE, A., «Note sur le titre BN HMLK dans l'ancien Israël», Sem. 29 (1979) 59-65.
*a*10043   PORTER, J.R., «*bᵉnē hannebīim*», JTS 32 (1981) 423-429.
*a*10044   WILDBERGER, H., «Die Neuinterpretation des Erwählungsglaubens Israels in der Krise der Exilszeit», dans *Wort - Gebot - Glaube*. Festschrift W. Eichrodt (en collab.) (Hrsg. J. STOEBE) (Abhandlungen zur Theologie des Alten und Neuen Testaments) (Zürich, Zwingli Verlag, 1970), 307-324, dans *Jahwe und sein Volk* (1979), 192-209 (*bḥr*).
*a*10045   SHAFER, B.E., «The Root *bḥr* and Pre-Exilic Concepts of Chosenness in the Hebrew Bible», ZAW 89 (1977) 20-42.
*a*10046   SEEBASS, H., «Noch einmal *bḥr* im alttestamentlichen Schrifttum», ZAW 90 (1978) 105-106.
*a*10047   GUILLEN, J., «Medio ambiente de 'elegir: *bḥr*'», EstB 40 (1982) 1-18.
*a*10048   WEISMAN, Z., «The nature and background of *bāḥūr* in the Old Testament», VT 31 (1981) 441-450.
*a*10049   BECK, B., «Kontextanalysen zum Verb *bṭḥ*», dans *Bausteine biblischer Theologie* (en collab.) (1977), 71-97.
*a*10050   LABUSCHAGNE, C.J., «The Meaning of *ᵉyād rāmā* in the Old Testament», dans *Von Kanaan bis Kerala* (en collab.) (1982), 143-148.
*a*10051   AVISHUR, Y., «Expressions of the Type *byn ydym* in the Bible and Semitic Languages», UF 12 (1980) 125-134.
*a*10052   SCHARBERT, J., «*Bēyt 'ab* als soziologische Grösse im Alten Testament», dans *Von Kanaan bis Kerala* (en collab.) (1982), 213-237.
*a*10053   CAZELLES, H., «Le sens du verbe *b'r* en hébreu», Sem. 23 (1973) 5-10.
*a*10054   LILLEY, J.P.U., «By the river-side», VT 28 (1978) 165-171 (*bᵉ'ēber*).
*a*10055   JOÜON, P., «Notes de lexicographie hébraïque», Or. 1 (1932) 180-182, 274-284 (*b'r*).
*a*10056   BRUNET, G., «La prise de Jérusalem sous Sédécias. Les sens militaires de l'hébreu *bâqaʿ*», RHR 167 (1965) 157-176.
*a*10057   GARBINI, G., «La tomba di Rachele ed ebr. **bērâ* 'ora doppia di cammino'», BibOr 19 (1977) 45-48.
*a*10058   ANGERSTORFER, A., *Der Schöpfergott des Alten Testaments*. Herkunft und Bedeutungsentwicklung des hebräischen Terminus *bara* 'schaffen' (Regensburger Studien zur Theologie, 20) (Bern, Verlag Peter Lang, 1979), 225 pp.

a10059   ZURRO, E., «La raiz brḥ II y el hapax *mibrāḥ (Ez 17,21)», Bibl 61 (1980) 412-415.
a10060   BARR, J., «Some Semantic Notes on the Covenant», dans Beiträge zur Alttestamentlichen Theologie (en collab.) (1977), 25-38.
a10061   GÖRG, M., «Etymologisch-semantische Perspektiven zu bryth», dans Bausteine biblischer Theologie (en collab.) (1977), 25-36.
a10062   GROSSFELD, B., «The Relationship between Biblical Hebrew brḥ and nws and their corresponding Aramaic equivalents in the Targum - 'rq, 'pk, 'zl: A Preliminary Study in Aramaic-Hebrew Lexicography», ZAW 91 (1979) 107-123.
a10063   RUNDGREN, F., «Hebräisch bäṣär 'Golderz' und 'āmar 'sagen'. Zwei Etymologien», Or. 32 (1963) 178-183.
a10064   OLLEY, J.W., «A forensic connotation of bôš», VT 26 (1976) 230-234.

a10065   DOBLADEZ, J., «El termino g'l en el Deutero-Isaias», EstF 78 (1977) 371-411.
a10066   DE GEUS, C.H.J., «The Importance of Archaeological Research into the Palestinian Agricultural Terraces, with an Excursus on the Hebrew Word gbi», PEQ 107 (1975) 65-74.
a10067   GOTTLIEB, I.B., «Text and Realia: Gᵉbi 'Stowage Tank'», PEQ 109 (1977) 53-54.
a10068   SMITH, S., «On the Meaning of GOREN», PEQ 85 (1953) 42-45.

a10069   STAMM, J.J., «Namen rechtlichen Inhalts», dans Beiträge zur Alttestamentlichen Theologie (en collab.) (1977), 460-478.
a10070   CHRIST, H., Blutvergiessen im Alten Testament. Der gewaltsame Tod des Menschen untersucht am hebräischen Wort dam (Universität Basel, Band XII der Theologischen Dissertationen) (Basel, Friedrich Reinhardt Kommissionsverlag, 1977), 236 pp.
a10071   RINALDI, G., «La radice dmh», BibOr 17 (1975) 209-211.
a10072   WILLIAMSON, H.G.M., «Da'at in Isaiah LIII 11», VT 28 (1978) 118-122.
a10073   DAY, J., «Da'aṯ 'humiliation' in the light of Isaiah liii 3 and Daniel xii 4, and the oldest known interpretation of the suffering servant», VT 30 (1980) 97-103.
a10074   COUROYER, B., «El vocabulario del tiro al arco en el Antiguo Testamento», dans Servidor de la Palabra (en collab.) (1979), 111-126.
a10075   WILLI, T., «Die Freiheit Israels. Philologische Notizen zu den Wurzeln ḥpš, 'zb und drr», dans Beiträge zur Alttestamentlichen Theologie (en collab.) (1977), 531-546 (drr).
a10076   DIEZ MERINO, L., «Il vocabolario relativo alla 'ricerca di Dio' nell'A.T.», BibOr 25 (1983) 35-38 (drs).

a10077   BARSTAD, H.M., «HBL als Bezeichnung der fremden Götter im Alten Testament und der Gott Hubal», ST 32 (1978) 57-65.
a10078   BARTELMUS, R., HYH. Bedeutung und Funktion eines hebräischen 'Allerweltswortes' - zugleich ein Beitrag zur Frage des hebräischen Tempussystems (Arbeiten zu Text und Sprach im Alten Testament, 17) (St Ottilien, Eos Verlag, 1982), xii-251 pp.
a10079   HABERMANN, A.M., «Ancient Hebrew and Aramaic Epistles and the Word 'Hela'», ErIs 4 (1956) 133-137 (English summary).
a10080   BRONGERS, H.A., «Some Remarks on the Biblical Particle hᵃlō'», dans Remembering all the Way... (en collab.), OTS 21 (1981) 177-189.
a10081   THOMAS, D.W., «The Meaning of the Name Hammoth-Dor», PEQ 66 (1934) 147-148.
a10082   VEIJOLA, T., «Zu Ableitung und Bedeutung von hē'ïd I im Hebräischen», UF 8 (1976) 343-351.

a 10083   EMERTON, J.A., «The Etymology of hištaḥᵃwāh», dans *Instruction and Interpretation* (en collab.) (1977), 41-55.
a 10084   DAVIES, G.I., «A note on the etymology of hištaḥᵃwāh», VT 29 (1979) 493-495.

a 10085   McCARTHY, D.J., «The Uses of wᵉhinnēh in Biblical Hebrew», Bibl 61 (1980) 330-342.
a 10086   JOHNSTONE, W., «Biblical Hebrew Wâwîm in the Light of New Phoenician Evidence», PEQ 109 (1977) 95-102.

a 10087   CONRAD, D., «On zᵉrô'a = 'Forces, Troops, Army' in Biblical Hebrew», Tel Aviv 3 (1976) 111-119.

a 10088   DAVID, M., «Deux anciens termes bibliques pour le gage ('bwṭ, ḥbl)», OTS 2 (1943) 79-86.
a 10089   SOGGIN, J.A., *Old Testament and Oriental Studies*, «The Root ḤWH in Hebrew with Special Reference to Psalm 19,3b» (1967), 203-209.
a 10090   FUHS, H.F., *Sehen und Schauen*. Die Wurzel ḥzh im alten Orient und im Alten Testament. Ein Beitrag zum prophetischen Offenbarungsempfang (Forschung zur Bibel, 32) (Würzburg, Echter Verlag, 1978), xiv-378 pp.
a 10091   SEYBOLD, K., «Reverenz und Gebet. Erwägungen zu der Wendung ḥillā panîm», ZAW 88 (1976) 2-16.
a 10092   BEUKEN, W.A.M., «Ḥāsîd: Gunstgenoot. Een verwaarloosde erfenis van de Statenvertaling. *Ḥāsîd: Gunstgenoot (Beloved). A neglected Legacy from the Dutch Staten Version*», Bijdr. 33 (1972) 417-435 (English summary).
a 10093   WHITLEY, C.F., «The Semantic Range of Ḥesed», Bibl 62 (1981) 519-526.
a 10094   WILLI, T., «Die Freiheit Israels. Philologische Notizen zu den Wurzeln ḥpš, 'zb und drr», dans *Beiträge zur Alttestamentlichen Theologie* (en collab.) (1977), 531-546 (ḥpš).
a 10095   LORETZ, O., «Die hebräischen Termini ḥpšj 'freigelassen, Freigelassener' und ḥpšh 'Freilassung'», UF 9 (1977) 163-167.
a 10096   GERLEMAN, G., «Das übervolle Mass. Ein Versuch mit ḥaesaed», VT 28 (1978) 151-164.
a 10097   SAKENFELD, K.D., *The Meaning of Hesed in the Hebrew Bible. A New Inquiry* (Harvard Semitic Museum, Harvard Semitic Monographs, 17) (Missoula, Scholars Press, 1978), 263 pp.

a 10098   GORDON, R.P., «On BH ṭôb 'Rain'», Bibl 57 (1976) 111.
a 10099   JOHAG, I., «Ṭwb. Terminus technicus in Vertrags- und Bündnisformularen des Alten Orients und des Alten Testaments», dans *Bausteine biblischer Theologie* (en collab.) (1977), 3-23.
a 10100   TIGAY, J.H., «On the Meaning of ṭ(w)ṭpt», JBL 101 (1982) 321-331.

a 10101   MILLARD, A.R., «yw and yhw names», VT 30 (1980) 208-212.
a 10102   NORIN, S., «yw-names and yhw-names. A reply to A.R. Millard», VT 30 (1980) 239-240.
a 10103   ALTHANN, R., «Yôm, 'Time' and some Texts in Isaiah», JNWSemL 11 (1983) 3-8.
a 10104   VAN SELMS, A., «The Etymology of yayin, 'Wine'», JNWSemL 3 (1974) 76-84.
a 10105   ROSENTHAL, F., «Yôm Ṭôḇ», HUCA 18 (1944) 157-176.
a 10106   FILTEAU, J.-C., «La racine yš'. Une des expressions du salut dans l'Ancien Testament hébraïque», LTP 37 (1981) 135-157.
a 10107   PARDEE, D., «yph 'witness' in Hebrew and Ugaritic», VT 28 (1978) 204-213.

a10108 GELIO, R., «Proposta di individuazione di uno *jaraš*II = 'asservire', denominativo di *r'š* = 'servo'», RivB 18 (1980) 213-220.

a10109 LOHFINK, N., «Textkritisches zu *jrš* im Alten Testament», dans *Mélanges Dominique Barthélemy* (en collab.) (1981), 273-288.

a10110 LOHFINK, N., «Die Bedeutungen von hebr. *jrš qal* und *hif*», BZ 27 (1983) 14-33.

a10111 KRAUS, S., «Zion and *Jerusalem*: A Linguistic and Historical Study», PEQ 77 (1945) 15-33.

a10112 DRIVER, G.R., «Mistranslations», PEQ 79 (1947) 123-126 (*yšb*).

a10113 SCHOORS, A., «The Particle *kî*», dans *Remembering all the Way...* (en collab.), OTS 21 (1981) 240-276.

a10114 KUGEL, J.L., «The Adverbial Use of *Kî ṭôb*», JBL 99 (1980) 433-435.

a10115 JANZEN, J.G., «Kugel's Adverbial *kî ṭôb*: An Assessment», JBL 102 (1983) 99-106.

a10116 DE MEYER, F., «*kbd* comme nom divin en éblaïte, ougaritique et hébreu», RTL 11 (1980) 225-228.

a10117 GUILLEN TORRALBA, J., «La fórmula *kol 'iš yiśᵉraêl*», EstB 34 (1975) 5-21.

a10118 MARGALITH, O., «*keleb*: homonym or metaphor?» VT 33 (1983) 491-495.

a10119 LORETZ, O., «Der hebräische Opferterminus *kljl* 'Ganzopfer'», UF 7 (1975) 569-570.

a10120 SOGGIN, J.A., *Old Testament and Oriental Studies*, «KLH-KLL: Notes on the Use of Two Roots in Biblical Hebrew» (1972), 210-215.

a10121 MULDER, M.J., «Die Partikel *ken* im Alten Testament», dans *Remembering all the Way...* (en collab.), OTS 21 (1981) 201-227.

a10122 TALSTRA, E., «The Use of *ken* in Biblical Hebrew. A Case Study in Automatic Text Processing», dans *Remembering all the Way...* (en collab.), OTS 21 (1981) 228-239.

a10123 BROWN, E.L., «The Origin of the Constellation Name 'Cynosura'», Or. 50 (1981) 384-402.

a10124 GARNET, P., *Salvation and Atonement in the Qumran Scrolls*, «*kpr* Usage in the Old Testament and the Scrolls» (1977), 124-135.

a10125 JANOWSKI, B., *Sühne als Heilsgeschehen*. Studien zur Sühnetheologie der Priesterschrift und zur Wurzel KPR im Alten Orient und im Alten Testament (Wissenschaftliche Monographien zum Alten und Neuen Testament, 55) (Neukirchen-Vluyn, Neukirchener Verlag, 1982), xiv-394 pp.

a10126 BALDACCI, M., «Kârâ III, 'far festa'. Note di lessicografia ebraica», RivB 30 (1982) 225-228.

a10127 AVISHUR, Y., «KRKR in Biblical Hebrew and in Ugaritic», VT 26 (1976) 257-261.

a10128 WATSON, W.G.E., «Reclustering Hebrew *l'lyd-*», Bibl 58 (1977) 213-215.

a10129 BRUZZONE, G.B., «*Lajlâ* nell'Antico Testamento», BibOr 25 (1983) 155-161.

a10130 MARCH, W.E., «*Lākēn*: Its Functions and Meanings», dans *Rhetorical Criticism* (en collab.) (1974), 256-284.

a10131 JONGELING, B., «*Lākēn* dans l'Ancien Testament», dans *Remembering all the Way...* (en collab.), OTS 21 (1981) 190-200.

a10132 LENHARD, H., «Über den Unterschied zwischen *lkn* und *'l-kn*», ZAW 95 (1983) 269-272.

a10133 HOENIG, S.B., «The Biblical Designation for 'Pupil'», JQR 70 (1980) 176-177 (*lmd*).

a10134 LAUHA, A., «'Dominus benefecit'. Die Wortwurzel *lml* und die Psalmenfrömmigkeit», ASTI 11 (1978) 57-62.

a10135 EERDMANS, B.D., «Lammenazzeah 'al hassheminith», OTS 4 (1947) 54-61.

a10136   LUBETSKI, M., «The Early Bronze Age Origin of Greek and Hebrew *Limen*, 'Harbor'», JQR 69 (1979) 158-180.

a10137   UDD, S.V., «More on the vocalization of *ltn*», VT 33 (1983) 509-510.

a10138   BRIN, G., «The Formulae 'From...and Onward/Upward' (*m...whl'h wmtslh*)», JBL 99 (1980) 161-171.

a10139   REIDER, J., «The Etymology of Hebrew *mūl* or *mōl* and its Bearing on *tmōl* and *'etmōl*», HUCA 12-13 (1937-38) 89-96.

a10140   WEINGREEN, J., «The Title *Môrēh Ṣedeḳ*», JSS 6 (1961) 162-174.

a10141   ULRICHSEN, J.H., «JHWH *mālāḵ*: einige sprachliche Beobachtungen», VT 27 (1977) 361-374.

a10142   PLATAROTI, D., «Zum Gebrauch des Wortes *mlk* im Alten Testament», VT 28 (1978) 286-300.

a10143   GREENSTEIN, E.L., «Trans-Semitic Idiomatic Equivalency and the Derivation of Hebrew *ml'kh*», UF 11 (1979) 329-336.

a10144   CUNCHILLOS, J.-L., «Étude philologique de *mal'āk*. Perspectives sur le *mal'āk* de la divinité dans la Bible hébraïque», dans *Congress Volume. Vienna 1980* (en collab.) (1981), 30-51.

a10145   FRIEDMAN, R.E., «The Biblical Expression *mastîr pānîm*», HebAnR 1 (1977) 139-147.

a10146   GÖRG, M., «*Mirjam* - ein weiterer Versuch», BZ 23 (1979) 285-289.

a10147   McKANE, W., «*'Mś'* in Jeremiah 23,33-40», dans *Prophecy. Essays presented to Georg Fohrer* (en collab.) (1980), 35-54.

a10148   THOMAS, D.W., «The Meaning of the Name *Mishal*», PEQ 68 (1936) 39-40.

a10149   VAN SELMS, A., «The Name Nebuchadnezzar», dans *Travels in the World of the Old Testament* (en collab.) (1974), 223-229 (*nbwkdr'ṣr*).

a10150   CAQUOT, A., «Sur une désignation vétéro-testamentaire de 'l'insensé'», RHR 155 (1959) 1-16 (*nbl*).

a10151   ISHIDA, T., «*Nagîd*: A Term for the Legitimization of the Kingship», AJBI 3 (1977) 35-51.

a10152   VACCARI, A., «Una particella avversativa nei salmi», BibOr 6 (1964) 73-77 (*neged*).

a10153   FORSHEY, H.O., «The Construct Chain *naḥᵃlat YHWH/ ᵉlohîm*», BASOR nᵒ 220 (1976) 51-53.

a10154   GERLEMAN, G., «Nutzrecht und Wohnrecht. Zur Bedeutung von *'ḥzh* und *nḥlh*», ZAW 89 (1977) 313-325.

a10155   PARUNAK, H.V.D., «A Semantic Survey of *NḤM*», Bibl 56 (1975) 512-532.

a10156   COUROYER, B., «*NḤT*: 'Encorder un arc' (?)», RB 88 (1981) 13-18.

a10157   BEN-DOV, M., «*Nâpâh* - A Geographical Term of Possible 'Sea People' Origin», Tel Aviv 3 (1976) 70-73.

a10158   THOMAS, D.W., «Naphath-Dor: A Hill Sanctuary?» PEQ 67 (1935) 89-90.

a10159   DAUTZENBERG, G., *Sein Leben bewahren. Psukhê in den Herrenworten der Evangelien* (StANT 14) (München, Kögel, 1966), 181 pp. (*nepeš*).

a10160   PITARD, W.T., «Amarna *ekēmu* and Hebrew *nāqam*», Maarav 3, nᵒ 1 (1982) 5-25.

a10161   CALDERINI, O., «Evoluzione della funzione del *nāśî'*: il libro dei Numeri», BibOr 20 (1978) 123-133.

a10162   GRUBER, M.I., «The Many Faces of Hebrew *nś' pnym* 'lift up the face'», ZAW 95 (1983) 252-260.

a10163   CALDERINI, O., «Il *nāśî'* biblico nell'epoca patriarcale e arcaica», BibOr 20 (1978) 65-74.

a10164 CALDERINI, O., «Considerazioni sul *nāśî'* ebraico, il *nāši biltim* babilonese e il *nāšû* assiro», BibOr 21 (1979) 273-281.

a10165 LIPINSKI, E., «*Nešek* and *tarbīt* in the Light of Epigraphic Evidence», OLoP 10 (1979) 133-141.

a10166 HEALEY, J.F., «Syriac *nṣr,* Ugaritic *nṣr,* Hebrew *nṣr* II, Akkadian *nṣr* II», VT 26 (1976) 429-437.

a10167 GRIMME, H., «Der Name Sinai in den altsinaitischen Inschriften», Or. 5 (1936) 88-92.

a10168 FABRY, H.J., «*Swd.* Der himmlische Thronrat als ekklesiologisches Modell», dans *Bausteine biblischer Theologie* (en collab.) (1977), 99-126.

a10169 EERDMANS, B.D., «Selah», OTS 4 (1947) 80-90 (*selāh*).

a10170 ALTBAUER, M., «More on 'Semadar' on a Jar from Hazor», ErIs 10 (1971) 64-66 (English summary) (*semdr*).

a10171 SOGGIN, J.A., «Osservazioni a due derivati della radice *SPR* in ebraico», BibOr 7 (1965) 279-282.

a10172 SOGGIN, J.A., *Old Testament and Oriental Studies,* «Note on Two Derivatives of the Root SPR in Hebrew» (1965), 184-187.

a10173 RIESENER, I., *Der Stamm* 'bd *im Alten Testament.* Eine Wortuntersuchung unter Berücksichtigung neuerer sprachwissenschaftlicher Methoden (BZAW 149) (Berlin, New York, De Gruyter, 1979), 294 pp.

a10174 MILGROM, J., «The Term *'Aboda»* [*Studies in Levitical Terminology* (Berkeley, Univ. of California, 1970), 60-87] dans MILGROM, J., *Studies in Cultic Theology and Terminology* (1983), 18-46.

a10175 DAVID, M., «Deux anciens termes bibliques pour le gage (*bwṭ, ḥbl*)», OTS 2 (1943) 79-86.

a10176 LEMCHE, N.P., «Hebrew' as a National Name for Israel», ST 33 (1979) 1-23.

a10177 LORETZ, O., *Habiru-Hebräer.* Eine sozio-linguistische Studie über die Herkunft des Gentiliziums *'ibrî* vom Appellativum *ḫabiru* (BZAW 160) (Berlin, New York, De Gruyter, 1984), xv-314 pp. (*'ibrî*).

a10178 HURWITZ, A., «Linguistic Observations on the Priestly term *'edah* and the Language of P», Immanuel 1 (1972) 21-23.

a10179 BAISAS, B.Q., «Ugaritic *'ḏr* and Hebrew *'zr* I», UF 5 (1973) 41-52.

a10180 WILLI, T., «Die Freiheit Israels. Philologische Notizen zu den Wurzeln *hps, 'zb* und *drr*», dans *Beiträge zur Alttestamentlichen Theologie* (en collab.) (1977), 531-546 (*'zb*).

a10181 KÖHLER, L., «Zum Ortsnamen Ezion-Geber», ZDPV 59 (1936) 193-195.

a10182 DRIVER, G.R., «Lice in the Old Testament», PEQ 106 (1974) 159-160 (*'ṭh*).

a10183 STAMM, J.J., «Das hebräische Verbum *'ākar*», Or. 47 (1978) 339-350.

a10184 BRONGERS, H.A., «Das Zeitwort *'ālā* und seine Derivate», dans *Travels in the World of the Old Testament* (en collab.) (1974) 30-40.

a10185 EERDMANS, B.D., «*'al 'Alamoth* and other terms», OTS 4 (1947) 61-80.

a10186 DRINKARD, J.F., Jr., «*'Al Pĕnê* as 'East of'», JBL 98 (1979) 285-286.

a10187 GILLIS, G., «Die sperrende Grenze. Die Wurzel *'lm* im Hebräischen», ZAW 91 (1979) 338-349.

a10188 GUNNEWEG, A.H.J., «*'m h'rts.* A Semantic Revolution», ZAW 95 (1983) 437-440.

a10189 DAHOOD, M., «Exodus 15,2 *'anwēhû* and Ugaritic *šnwt*», Bibl 59 (1978) 260-261.

a10190 DEEM, A., «The Goddess Anath and Some Biblical Hebrew Cruces», JSS 23 (1978) 25-30 (*'nth*).

a10191 RAINEY, A.F., «Dust and Ashes», Tel Aviv 1 (1974) 77-83 (*'pr*).

a10192   CORDIS, R., «An Unrecognized Biblical Use of *'ereb*», JBL 102 (1983) 107-108.
a10193   NICHOLSON, E.W., «Blood-spattered altars?» VT 27 (1977) 113-117 (*'ārīm*).
a10194   BRUZZONE, G.B., «*'Ereb* nell'Antico Testamento», BibOr 23 (1981) 65-70.

a10195   NOTH, M., «Zur Geschichte des Namens Palästina», ZDPV 62 (1939) 125-144.
a10196   GERLEMAN, G., «Was heisst *pesah*?» ZAW 88 (1976) 409-413.
a10197   BROCK, S.P., «An Early Interpretation of *pāsah: 'aggēn* in the Palestinian Targum», dans *Interpreting the Hebrew Bible* (en collab.) (1982), 27-34.
a10198   JOÜON, P., «Les mots *prṭ* et *š'd* des inscriptions lihyanites ne sont pas des substantifs, mais des verbes au parfait», Or. 4 (1935) 81-85.

a10199   JOHNSON, B., «Der Bedeutungsunterschied zwischen *ṣādāq* und *ṣedaqa*», ASTI 11 (1978) 31-39.
a10200   KRAUS, S., «Zion and Jerusalem: A Linguistic and Historical Study», PEQ 77 (1945) 15-33 (*tsywn*).
a10201   EYBERS, I.H., «The Root *Ṣ-L* in Hebrew Words», JNWSemL 2 (1972) 23-36.
a10202   PUECH, É., «Sur la racine *'ṣlḥ'* en hébreu et en araméen», Sem. 21 (1971) 5-19.
a10203   TAWIL, H., «Hebrew *tslḥ/htslḥ*, Akkadian *ešēru/šūšuru:* A Lexicographical Note», JBL 95 (1976) 405-413.
a10204   CLINES, D.J.A., «The Etymology of Hebrew *Ṣelem*», JNWSemL 3 (1974) 19-25.
a10205   NICHOLSON, E.W., «The Problem of *tsnḥ*», ZAW 89 (1977) 259-266.
a10206   WILKINSON, J., «Leprosy and Leviticus: A Problem of Semantics and Translation», SJTh 31 (1978) 153-166 (*tsāra'ath*).
a10207   SAWYER, J.F.A., «A note on the etymology of *ṣāra'at*», VT 26 (1976) 241-245.

a10208   VAN SELMS, A., «The Expression 'The Holy One of Israel'», dans *Von Kanaan bis Kerala* (en collab.) (1982), 257-269 (*qdš*).
a10209   DAVIES, E.W., «The Meaning of *qesem* in Prv 16,10», Bibl 61 (1980) 554-556.
a10210   HAAK, R.D., «A Study and New Interpretation of *QṢR NPŠ*», JBL 101 (1982) 161-167.
a10211   ASENSIO, F., «Una faceta bíblica del 'acercamiento humano-divino' en el A. Testamento», EstB 36 (1977) 5-19 (*qrb*).
a10212   COUROYER, B., «'Avoir la nuque raide': ne pas incliner l'oreille», RB 88 (1981) 216-225 (*q^ešeh 'orep*).

a10213   BERLIN, A., «On the Meaning of *rb*», JBL 100 (1981) 90-93.
a10214   BRUSTON, É., «Du sens primitif des noms des nombres mille et dix mille dans l'Ancien Testament», ETR 16 (1941) 55-76 (*rebabah*).
a10215   LAMORTE, A., «Notion de Rouah chez les prophètes», ETR 8 (1933) 97-111 (*rûaḥ*).
a10216   RENDSBURG, G., «Hebrew *rḥm* = 'rain'», VT 33 (1983) 357-362.
a10217   WIESENBERG, E.J., «Rabbinic Hebrew as an Aid in the Study of Biblical Hebrew, Illustrated in the Exposition of the Rare Words *rḥth* and *mzrh*», HUCA 47 (1976) 143-180.
a10218   BARRICK, W.B., «The Meaning and Usage of RKB in Biblical Hebrew», JBL 101 (1982) 481-503.
a10219   GRAY, J., «The Rephaim», PEQ 81 (1949) 127-139 (*rp'ym*).
a10220   DE MOOR, J.C., «Rāpi'ūma - Rephaim», ZAW 88 (1976) 323-345.
a10221   L'HEUREUX, C.E., *Rank among the Canaanite Gods*. El, Ba'al, and the Repha'im (Harvard Semitic Monographs, 21) (Missoula, Montana, Scholars Press, 1979), xiv-249 pp. (*rp'ym*).

a10222 VAN DEN BRANDEN, A., «'rešeph' nella Bibbia», BibOr 13 (1971) 211-225.

a10223 PUECH, É., «La racine ŚYṬ-Š'Ṭ en araméen et en hébreu. À propos de Sfiré i A 24, 1QHᵃ III,30 et 36 (= XI,31 et 37) et Ézéchiel», RQum 11 (1983) 367-378.

a10224 JOÜON, P., «Notes de lexicographie hébraïque», Or. 2 (1933) 45-49 (śkl).

a10225 THOMPSON, J.A., «Israel's 'haters'», VT 29 (1979) 200-205 (śn').

a10226 MADL, H., «Die Gottesbefragung mit dem Verb šā'al», dans Bausteine biblischer Theologie (en collab.) (1977), 37-70.

a10227 GEVIRTZ, S., «On Hebrew šēbet = 'JUDGE'», dans The Bible World. Essays in Honor of Cyrus H. Gordon (en collab.) (1980), 61-66.

a10228 BEESTON, A.F.L., «Hebrew sibbolet and sobel», JSS 24 (1979) 175-177.

a10229 HONEYMAN, A.M., «A Note on the Names Shebaniah, Shebna, etc.», PEQ 76 (1944) 168-169 (šbn).

a10230 GIESEN, G., «Semantische Vorfragen zur Wurzel šb', 'schwören'», dans Bausteine biblischer Theologie (en collab.) (1977), 127-143.

a10231 DIETRICH, M., LORETZ, O., «Ug. *'BŠ, ṬBŠ, hebr. *ŠBS (Am 5,11) sowie ug. ṬŠY und ŠBŠ», UF 10 (1978) 434-435.

a10232 GIESEN, G., Die Wurzel šb' 'schwören'. Eine semasiologische Studie zum Eid im Alten Testament (Bonner Biblische Beiträge, 56) (Königstein/Ts, Peter Hanstein, 1981), xii-445 pp.

a10233 FABRY, H.-J., Die Wurzel ŠÛB in der Qumran-Literatur. Zur Semantik eines Grundbegriffes (BBB 46) (Bonn, Peter Hanstein, 1975), 365 pp.

a10234 FABRY, H.-J., «Die Wurzel Šwb in der Qumranliteratur», dans Qumrân. Sa piété, sa théologie et son milieu (en collab.) (1978), 285-293.

a10235 KREUZER, S., «Schubaël - eine scheinbare Ausnahme in der Typologie der israelitischen Namengebung», ZAW 93 (1981) 443-445.

a10236 ALFRINK, B., «L'expression šākab 'im 'abōthān», OTS 2 (1943) 106-118 (škn).

a10237 MILGROM, J., «The Legal Terms šlm and br'šw in the Bible», JNES 35 (1976) 271-273.

a10238 DIETRICH, M., LORETZ, O., SANMARTIN, J., «Zu šlm kll im Opfertext von Marseille (CIS I 165)», UF 7 (1975) 561-562.

a10239 MASTIN, B.A., «Was the šālîš the third man in the chariot», dans Studies in the Historical Books of the Old Testament (en collab.) (1979), 125-154.

a10240 EPH'AL, I., «'Ishmael' and 'Arab(s)': A Transformation of Ethnological Terms», JNES 35 (1976) 225-235 (šm'l).

a10241 LEVINE, É., «Distinguishing 'Air' from 'Heaven' in the Bible», ZAW 88 (1976) 97-99 (svāmayîm).

a10242 ELLIGER, K., «Der Sinn des Wortes chammān», ZDPV 66 (1943) 129-139.

a10243 SASSON, V., «šmn rḥṣ in the Samaria ostraca», JSS 26 (1981) 1-5.

a10244 JOÜON, P., «Notes de lexicographie hébraïque», Or. 2 (1933) 45-49 (šm').

a10245 VAN DER PLOEG, J., «Šāpaṭ et Mišpaṭ», OTS 2 (1943) 144-155.

a10246 WOLVERTON, W.I., «King's 'Justice' in Pre-Exilic Israel», AThR 41 (1959) 276-286 (šāpaṭ).

a10247 STAMM, J.J., «Namen rechtlichen Inhalts», dans Beiträge zur Alttestamentlichen Theologie (en collab.) (1977), 460-478 (šāpaṭ).

a10248 ROZENBERG, M.S., «The Šofᵉṭîm in the Bible», ErIs 12 (1975) 77*-86*.

a10249 McKANE, W., «špy(y)m with Special Reference to the Book of Jeremiah», dans Mélanges bibliques et orientaux en l'honneur de M. Henri Cazelles (en collab.) (1981), 319-335.

a10250 BESANCON SPENCER, A., «šryrwth as Self-Reliance», JBL 100 (1981) 247-248.
a10251 DION, P.-E., «ššbtsr and ssnwry», ZAW 95 (1983) 111-112.

a10252 GÖRG, M., «Tohû wabohû - ein Deutungsvorschlag», ZAW 92 (1980) 431-434.
a10253 BACH, D., «Rite et parole dans l'Ancien Testament. Nouveaux éléments apportés par l'étude de Tôdâ», VT 28 (1978) 10-19.
a10254 JENSEN, J., The Use of tôrâ by Isaiah (1973), 156 pp.
a10255 BRUEGGEMANN, W., «A Neglected Sapiential Word Pair», ZAW 89 (1977) 234-258 (tm/'qš).
a10256 DAHOOD, M., «Hebrew tamrûnîm and tîmārôt», Or. 46 (1977) 385.
a10257 SASSON, V., «The word trkb in the Arad ostracon», VT 30 (1980) 44-52.
a10258 GORDON, C.H., «The Wine-Dark Sea», JNES 37 (1978) 51-52 (tarešîš).
a10259 HOENIG, S.B., «Tarshish». JQR 69 (1979) 181-182.

4) Divers. Miscellaneous. Verschiedenes. Diversi. Diversos.

a10260 JOÜON, P., «Les mots pour sur, au dessus de, en haut et sous, au dessous de, en bas en hébreu, araméen et arabe», Or. 2 (1933) 275-280.
a10261 KOEHLER, L., «Lexikologisch-Geographisches», ZDPV 62 (1939) 115-125.
a10262 GONZALO MAESO., D., «Hebreo, Israelita, Judío», CuBi 18 (1961) 3-14.
a10263 WILSON, J.V.K., «Hebrew and Akkadian Philological Notes», JSS 7 (1962) 173-183.
a10264 FONTINOY, C., «Les noms de lieux en -ayim dans la Bible», UF 3 (1971) 33-40.
a10265 STAMM, J.J., «Eine Gruppe hebräischen Personennamen», dans Travels in the World of the Old Testament (en collab.) (1974), 230-240.
a10266 AVIGAD, N., «New Names on Hebrew Seals», ErIs 12 (1975) 66-71 (English summary).
a10267 MASSON, O., «Noms sémitiques dans deux inscriptions grecques», Sem. 26 (1976) 93-98 (tessère d'hospitalité en ivoire, IG XIV, 279, de Lilybée; stèle de Ianibèlos en Attique).
a10268 MILLARD, A.R., «Assyrian Royal Names in Biblical Hebrew», JSS 21 (1976) 1-14.
a10269 ZADOK, R., «On Five Biblical Names», ZAW 89 (1977) 266-268 ('Eliqa, năᵃratā, riṣyā, šîlō, zereš).
a10270 JENNI, E., «'Fliehen' im akkadischen und im hebräischen Sprachgebrauch», Or. 47 (1978) 351-359.
a10271 DAHOOD, M., «Eblaite, Ugaritic, and Hebrew Lexical Notes», UF 11 (1979) 141-146.
a10272 BALENTINE, S.E., «A description of the semantic field of Hebrew words for 'hide'», VT 30 (1980) 137-153.
a10273 GERLEMAN, G., «Der Sinnberich 'fest-los(e)' im Hebräischen», ZAW 92 (1980) 404-415.
a10274 GRUBER, M.I., «Ten Dance-Derived Expressions in the Hebrew Bible», Bibl 62 (1981) 328-346.
a10275 BALDACCI, M., «Alcuni nuovi esempi di taw infisso nell'ebraico biblico», BibOr 24 (1982) 107-114.
a10276 TOMBACK, R.S., «Random Notes on the Hebrew-Arabic Lexicon», JNWSemL 11 (1983) 139-141.
a10277 ZOLLI, E., «Nuova sintesi delle note esegetiche», RivB 81 (1983) 71-92.

e) Grammaire. Grammar. Grammatik. Grammatica. Gramática.

1) Études générales. General Studies. Allgemeine Studien. Studi generali. Estudios generales.

a10278 DIRINGER, D., «The Early Hebrew Book-Hand», PEQ 82 (1950) 16-24.

a10279 SCHNEIDER, W., *Grammatik des biblischen Hebräisch.* Völlig neue Bearbeitung der 'Hebräischen Grammatik für den akademischen Unterricht' von Oskar Grether. Ein Lehrbuch (München, Claudius Verlag, 1974), xiv-299 pp.

a10280 FINLEY, H.E., ISBELL, C.D., *Biblical Hebrew.* A Beginner's Manual (Grand Rapids, Michigan, Baker Book House, 1975), 213 pp.

a10281 BLAU, J., *A Grammar of Biblical Hebrew* (Porta Linguarum Orientalium, N.S. 12) (Wiesbaden, Harrassowitz, 1976), x-209 pp.

a10282 SAWYER, J.F.A., *A Modern Introduction to Biblical Hebrew* (Stocksfield, Oriel Press, 1976), xiv-216 pp.

a10283 WILLIAMS, R.J., *Hebrew Syntax. An Outline*² (Toronto, Buffalo, University of Toronto Press, 1976), x-122 pp.

a10284 GREIVE, H., «Die hebräische Grammatik Johannes Reuchlins. *De Rudimentis hebraicis*», ZAW 90 (1978) 395-409.

a10285 COWLEY, A.E., *Gesenius' Hebrew Grammar* as edited and enlarged by the late E. Kautzch (Second English edition) (Oxford, Clarendon Press, 1980), xvi-616 pp.

a10286 GOODRICK, E.W., *Do It Yourself Hebrew and Greek.* Everybody's Guide to the Language Tools (Grand Rapids, Michigan, Zondervan, 1980), 256 pp.

a10287 LETTINGA, J.P., *Grammaire de l'hébreu biblique.* Volume complémentaire. Exercices, extraits de l'Ancien Testament et vocabulaires (Leiden, Brill, 1980), xiv-202, viii-89-23 pp.

a10288 VAN DER MERWE, C.H.J., «Hebrew Grammar, Exegesis and Commentaries», JNWSemL 11 (1983) 143-156.

2) Voyelles, accents. Vowels, Accents. Vokalen, Akzenten. Vocali, accenti. Vocales, acentos.

a10289 SCHLESINGER, E., «The Accent Systems of Psalms, Proverbs and Job, and those of the Other Books of the Bible», ErIs 3 (1954) 194-198 (Hebrew).

a10290 MORAG, S., «The Vocalizaition of Codex Reuchlinianus: is the 'pre-masoretic' Bible pre-masoretic?» JSS 4 (1958) 216-237.

a10291 KAHLE, P.E., «Pre-Massoretic Hebrew», Textus 2 (1962) 1-7.

a10292 YEIVIN, I., «A Babylonian Fragment of the Bible in the Abbreviated System», Textus 2 (1962) 120-139.

a10293 YEIVIN, I., «The Vocalization of Qere-Kethiv in A», Textus 2 (1962) 146-149.

a10294 YEIVIN, I., «A Palestinian Fragment of *Haftaroth* and Other MSS with Mixed Pointing», Textus 3 (1963) 121-127.

a10295 REVELL, E.J., «A New Biblical Fragment with Palestinian Vocalization», Textus 7 (1969) 59-75.

a10296 DOTAN, A., «The Beginnings of Masoretic Vowel Notation», dans *Masoretic Studies* 1 (1974), 21-34.

a10297 WERNBERG-MØLLER, P., «Aspects of Masoretic Vocalization», dans *Masoretic Studies* 1 (1974), 121-130.

a10298 PENNA, A., «Scrittura e pronunzia dell'ebraico secondo S. Girolamo», RivB 26 (1978) 275-299.

a10299 LEVIN, S., «The *mtl* According to the Practice of the Early Vocalizers», HebAnR 3 (1979) 129-139.

a10300 REVELL, E.J., «Syntactic/Semantic Structure and the Reflexes of Original Short *a* in Tiberian Pointing», HebAnR 5 (1981) 75-100.

a10301 LANCELLOTTI, A., «Il vocalismo ebraico. Aderenza alla struttura semitica di fondo e coerenza interna di un sistema», StBiFranc 33 (1983) 15-52.

3) Phonologie. Phonology. Phonologie. Fonologia. Fonología.

a10302   SPERBER, A., «Hebrew Phonology», HUCA 16 (1941) 415-482.

a10303   SAYDON, P.P., «Assonance in Hebrew as a Means of Expressing Emphasis», Bibl 36 (1955) 36-50, 287-304.

a10304   YEIVIN, I., «Some Manifestations of *Milra*' Tendency in Hebrew», ErIs 5 (1958) 145-149 (English summary).

a10305   DOTAN, A., «The Minor *Ga'ya*», Textus 4 (1964) 55-75.

a10306   WEINBERG, W., «Spoken Israeli Hebrew: Trends in the Departures from Classical Phonology», JSS 11 (1966) 40-68.

a10307   GARBINI, G., «The Phonetic Shift of Sibilants in North-western Semitic in the First Millennium B.C.», JNWSemL 1 (1971) 32-38.

a10308   CHOMSKY, W., «Dagesh and Rafe», JQR 63 (1972) 352-360.

a10309   REVELL, E.J., «The Oldest Accent List in the *Diqduqe Haṭe'amin*», Textus 8 (1973) 138-159.

a10310   BEESTON, A.F.L., «On the Correspondence of Hebrew *s* to ESA *s²*», JSS 22 (1977) 50-57.

a10311   BLAU, J., «'Weak' Phonetic Change and the Hebrew *śîn*», HebAnR 1 (1977) 67-119.

a10312   FELLMAN, J., «On the Phonemic Status of Gemination in Classical Hebrew», JNWSemL 5 (1977) 19.

a10313   BLAU, J., «Non-Phonetic Conditioning of Sound Change and Biblical Hebrew», HebAnR 3 (1979) 7-15.

a10314   DEIST, F.E., «Did Gemination have Phonemic Status in Classical Hebrew?» JNWSemL 7 (1979) 13-15.

a10315   FARRAR, C., HAYON, Y., «The Perception of the Phoneme *Aleph* (/'/) in Modern Hebrew», HebAnR 4 (1980) 53-78.

a10316   BLAU, J., «On Pausal Lengthening, Pausal Stress Shift, Philippi's Law and Rule Ordering in Biblical Hebrew», HebAnR 5 (1981) 1-13.

a10317   BOLOZKY, S., «Note on Frequency in Phonetic Change», HebAnR 5 (1981) 15-19.

a10318   FABER, A., «Early Medieval Hebrew Sibilants in the Rhineland, South Central and Eastern Europe», HebAnR 6 (1982) 81-96.

a10319   GORDON, C.H., «Extensions of Barth's Law of Vocalic Sequence», Or. 51 (1982) 394-396.

a10320   KNUDSEN, E.E., «The Mari Akkadian Shift *ia* > *ê* and the Treatment of *l'h* Formations in Biblical Hebrew», JNES 41 (1982) 35-43.

a10321   WEINSTOCK, L.I., «Sound and meaning in Biblical Hebrew», JSS 28 (1983) 49-62.

4) Orthographe. Orthography. Rechtschreibung. Ortografia. Ortografía.

a10322   FREEDMAN, D.N., «The Massoretic Text and the Qumran Scrolls: A Study in Orthography», Textus 2 (1962) 87-102.

a10323   CHOMSKY, W., «Developments in Hebrew Orthography», JQR 66 (1975-76) 168-171.

a10324   WEINBERG, W., «The History of Hebrew Plene Spelling: From Antiquity to Haskalah», HUCA 46 (1975) 457-487.

a10325   WEINBERG, W., «The History of Hebrew Plene Spelling: IV. The Academy of the Hebrew Language: In Search of Better Rules, 1959-1964», HUCA 48 (1977) 301-323.

a10326   VAN DYKE PARUNAK, H., «The Orthography of the Arad Ostraca», BASOR n° 230 (1978) 25-31.

a10327   WEINBERG, W., «The History of Hebrew Plene Spelling: V. More Committees and Government Action. 1964-1969», HUCA 49 (1978) 311-338.

5) Morphologie, syntaxe. Morphology, Syntax. Morphologie, Syntax. Morfologia, sintassi. Morfología, sintaxis.

a10328 SPERBER, A., «Hebrew Based upon Greek and Latin Transliterations», HUCA 12-13 (1937-38) 103-274.

a10329 SPERBER, A., «Hebrew based upon Biblical Passages in Parallel Transmission», HUCA 14 (1939) 153-249.

a10330 ORLINSKY, H.M., «The Biblical Prepositions *Táḥaṯ, Bēn, Bá'aḏ,* and Pronouns *'Anū* (or *'Anū*), *Zō'ṭāḥ*», HUCA 17 (1942-43) 267-292.

a10331 KÖBERT, R., «Gedanken zum semitischen Wort- und Satzbau», Or. 14 (1945) 273-283; 15 (1946) 150-154.

a10332 RABIN, C., «The Ancient Versions and the Indefinite Subject», Textus 2 (1962) 60-76.

a10333 SOGGIN, J.A., *Old Testament and Oriental Studies*, «Traces of Ancient Causatives in š-Realized as Autonomous Roots in Biblical Hebrew» (1965), 188-202.

a10334 MAZARS, P., «Sens et usage de l'hithpael dans la Bible hébraïque», dans *Miscellanea André Combes* (en collab.) (1968), III, 499-510.

a10335 RABIN, C., «The Nature and Origin of the Šaf'el in Hebrew and Aramaic», ErIs 9 (1969) 148-158 (English summary).

a10336 CLAASSEN, W.T., «On a recent Proposal as to a Distinction between Pi'el and Hiph'il», JNWSemL 1 (1971) 3-10.

a10337 BARDTKE, H., «Die hebräische Präposition *naegaed* in den Psalmen», dans *Wort, Lied und Gottesspruch. Beiträge zu Psalmen und Propheten* (en collab.) (1972), 17-27.

a10338 CLAASSEN, W.T., «The Declarative-Estimative Hiph'il», JNWSemL 2 (1972) 5-16.

a10339 DAHOOD, M., «A Note on Third Person Suffix *-y* in Hebrew», UF 4 (1972) 163-164.

a10340 BLAU, J., «Der Übergang der bibelhebräischen Verba I w (y) von Qal in Hif'il im Lichte des Ugaritischen», UF 5 (1973) 275-277.

a10341 GROSS, W., «Das nicht substantivierte Partizip als Prädikat im Relativsatz hebräischer Prosa», JNWSemL 4 (1975) 23-48.

a10342 MURAOKA, T., «The *Nun Energicum* and the Prefix Conjugation in Biblical Hebrew», AJBI 1 (1975) 63-71.

a10343 RICHTER, W., «Verbvalenz und Verbalsatz. Ein Beitrag zur syntaktischen Grundlegung einer alt. Literaturwissenschaft», JNWSemL 4 (1975) 61-70.

a10344 RINALDI, G., «Nesso di proposizione (preposizione) e nome (o pronome col valore di un nome)», BibOr 17 (1975) 288.

a10345 WHITLEY, C.F., «Some Aspects of Hebrew Poetic Diction», UF 7 (1975) 493-502.

a10346 GROSS, W., *Verbform und Funktion. Wayyiktol* für die Gegenwart? Ein Beitrag zur Syntax poetischer althebräischer Texte (Arbeiten zu Text und Sprache im Alten Testament, 1) (St. Ottilien, EOS Verlag, 1976), viii-189 pp.

a10347 ARIEL, S., KATRIEL, T., «Range-Indicators in Colloquial Israeli Hebrew: A Semantic-Syntactic Analysis», HebAnR 1 (1977) 29-51.

a10348 BEESTON, A.F.L., «On the Correspondence of Hebrew *s* to ESA *s²*», JSS 22 (1977) 50-57.

a10349 DAVIES, G.I., «The uses of *R"* Qal and the meaning of Jonah iv 1», VT 27 (1977) 105-111.

a10350 JENNI, E., «ZĀQĒN. Bemerkungen zum Unterschied von Nominalsatz und Verbalsatz», dans *Beiträge zur Alttestamentlichen Theologie* (en collab.) (1977), 185-195.

a10351 KEDAR-KOPFSTEIN, B., «Semantic Aspects of the Pattern *qôtēl*», HebAnR 1 (1977) 155-176.

a10352 MURAOKA, T., «The status constructus of adjectives in Biblical Hebrew», VT 27 (1977) 375-380.

a10353 ZEVIT, Z., «The Linguistic and Contextual Arguments in Support of a Hebrew 3 m.s. Suffix -y», UF 9 (1977) 315-328.

a10354 AARTUN, K., «Textüberlieferung und vermeintliche Belege der Konjunktion pV im Alten Testament», UF 10 (1978) 1-13.

a10355 BEN-ASHER, M., «Causative Hip'îl Verbs with Double Objects in Biblical Hebrew», HebAnR 2 (1978) 11-19.

a10356 BLAU, J., «Pronominal Third Person Singular Suffixes with and without N in Biblical Hebrew», ErIs 14 (1978) 125-131 (English summary).

a10357 BRONGERS, H.A., «Alternative Interpretationen des sogenannten Waw copulativum», ZAW 90 (1978) 273-277.

a10358 KADDARI, M.Z., «Construct Infinitive as Time Adverbial in Biblical Hebrew», ErIs 14 (1978) 132-136 (English summary).

a10359 MARGAIN, J., «Le traitement de la particule hébraïque pen dans le Targum samaritain», Sem. 28 (1978) 85-96.

a10360 MURAOKA, T., «On the So-called Dativus Ethicus in Hebrew», JTS 29 (1978) 495-498.

a10361 WAGNER, V., «Zur Anfügung der Possessivsuffixe an das hebräische Nomen», BZ 22 (1978) 97-99.

a10362 WEISS, R., «On the Use of the Negative l' in the Bible», ErIs 14 (1978) 148-154 (English summary).

a10363 BOLOZKY, S., «On the New Imperative in Colloquial Hebrew», HebAnR 3 (1979) 17-24.

a10364 JOHNSON, B., Hebräisches Perfekt und Imperfekt mit vorangehendem wᵉ (Coniectanea Biblica, Old Testament Series, 13) (Lund, Gleerup, 1979), 107 pp.

a10365 KLEIN, M.L., «The Preposition qdm ('before'). A Pseudo-Anti-Anthropomorphism in the Targums», JTS 30 (1979) 502-507.

a10366 MILLER, P.D., Jr., «Vocative Lamed in the Psalter: A Reconsideration», UF 11 (1979) 617-637.

a10367 MURAOKA, T., «On verb complementation in Biblical Hebrew», VT 29 (1979) 425-435.

a10368 SEGAL, E.L., «Variant Traditions of Cases in the Babylonian Talmud», JQR 70 (1979) 1-27.

a10369 STEINER, R.C., «From Proto-Hebrew to Mishnaic Hebrew: The History of -āk and -āh», HebAnR 3 (1979) 157-174.

a10370 ZEVIT, Z., «Expressing denial in Biblical Hebrew and Mishnaic Hebrew, and in Amos», VT 29 (1979) 505-509.

a10371 BAKER, D.W., «Further examples of the waw explicativum», VT 30 (1980) 129-136.

a10372 BERMAN, R.A., «On the Category of Auxiliary in Modern Hebrew», HebAnR 4 (1980) 15-37.

a10373 JENNI, E., «Die Präposition min in zeitlicher Verwendung bei Deuterojesaja», dans Werden und Wirken des Alten Testaments (en collab.) (1980), 288-301.

a10374 OUELLETTE, J., «An Unnoticed Device for Expressing the Future in Middle Hebrew», HebAnR 4 (1980) 127-129.

a10375 REVELL, E.J., «Pausal Forms in biblical Hebrew: their function, origin and significance», JSS 25 (1980) 165-179.

a10376 DE BOER, P.A.H., «Cantate Domino: An Erroneous Dative?» dans Remembering all the Way... (en collab.), OTS 21 (1981) 55-67.

a10377 FINK, D., «Aspects in the Mišne Tora», HebAnR 5 (1981) 37-46.

a10378 GROSS, W., «Syntaktische Erscheinungen am Anfang althebräischer Erzählungen: Hintergrund und Vordergrund», dans Congress Volume. Vienna 1980 (en collab.) (1981), 131-145.

a10379 KEDAR-KOPFSTEIN, B., «Die Stammbildung qôṭel als Übersetzungsproblem», ZAW 93 (1981) 254-279.

a10380 BERMAN, R.A., «Dative Marking of the Affectee Role: Date from Modern Hebrew», HebAnR 6 (1982) 35-59.

a10381 BLAU, J., «Remarks on the Development of Some Pronominal Suffixes in Hebrew», HebAnR 6 (1982) 61-67.

a10382 BOLOZKY, S., «Strategies of Modern Hebrew Verb Formation», HebAnR 6 (1982) 69-79.

a10383 COHEN, S., «A note on the dual in biblical hebrew», JQR 73 (1982) 59-61.

a10384 DAHOOD, M., «The Conjunction wn and Negative 'î in Hebrew», UF 14 (1982) 51-54.

a10385 GEVIRTZ, S., «Formative Ayin in Biblical Hebrew», ErIs 16 (1982) 57*-66*.

a10386 GORDON, A., *The Development of the Participle in Biblical, Mishnaic, and Modern Hebrew* (Afroasiatic Linguistics, 8/3) (Malibu, Undena Publications, 1982), 59 pp.

a10387 RENDSBURG, G.A., «Dual personal pronouns and dual verbs in hebrew», JQR 73 (1982) 38-58.

a10388 RENDSBURG, G.A., «A New Look at Pentateuchal HW'», Bibl 63 (1982) 351-369.

a10389 BARRÉ, M.L., «An Unrecognized Precative Construction in Phoenician and Hebrew», Bibl 64 (1983) 411-422.

a10390 CLAASSEN, W.T., «Speaker-Orientated Functions of kî in Biblical Hebrew», JNWSemL 11 (1983) 29-46.

a10391 GELIO, R., «È possibile un 'îš relativo/dimostrativo in ebraico biblico?» RivB 31 (1983) 411-434.

a10392 MÜLLER, H.-P., «Zur Geschichte des hebräischen Verbs», BZ 27 (1983) 34-57.

6) Stylistique. Stylistics. Stilistik. Stilistica. Estilística.

a10393 ANDERSEN, F.I., *The Sentence in Biblical Hebrew* (Janua Linguarum, Series Practica, 231) (The Hague, Mouton, 1974), 209 pp.

a10394 KSELMAN, J.S., «Semantic-Sonant Chiasmus in Biblical Poetry», Bibl 58 (1977) 219-223.

a10395 BERLIN, A., «Grammatical Aspects of Biblical Parallelism», HUCA 50 (1979) 17-43.

a10396 BRONZNICK, N.M., «'Metathetic Parallelism' - An Unrecognized Subtype of Synonymous Parallelism», HebAnR 3 (1979) 25-39.

a10397 WATSON, W.G.E., «Gender-Matched Synonymous Parallelism in the OT», JBL 99 (1980) 321-341.

a10398 GORDON, C.H., «Asymetric Janus Parallelism», ErIs 16 (1982) 80*-81*.

a10399 TSUMURA, D.T., «Literary insertion (AXB pattern) in Biblical Hebrew», VT 33 (1983) 468-482.

a10400 WATSON, W.G.E., «A note on staircase parallelism», VT 33 (1983) 510-512.

f) Textes, inscriptions. Texts, Inscriptions. Texte, Inschriften.
  Testi, iscrizioni. Textos, inscripciones.

1) Études générales. General Studies. Allgemeine Studien. Studi generali. Estudios generales.

a10401 GASTER, T.H., «A Note on Palestinian Epigraphy», PEQ 69 (1937) 260-262.

a10402 YEIVIN, S., «The Palestino-Sinaitic Inscriptions», PEQ 69 (1937) 180-193.

a10403 BIRNBAUM, S.A., «On the Possibility of Dating Hebrew Inscriptions», PEQ 76 (1944) 213-217.

a10404 LIPINSKI, E., «North-West Semitic Inscriptions», OLoP 8 (1977) 81-117.

a10405   PARDEE, D., «An Overview of Ancient Hebrew Epistolography», JBL 97 (1978) 321-346.

2) Collections. Sammlungen. Collezioni. Colecciones.

a10406   GIBSON, J.C.L., *Textbook of Syrian Semitic Inscriptions* (Oxford, Clarendon Press, 1971), Vol. I: *Hebrew and Moabite Inscriptions*, xi-119 pp.
a10407   PARDEE, D., «Catalogue of Hebrew Letters Seventh Century B.C. to Second Century A.D.», dans *Society of Biblical Literature. 1976 Seminar Papers* (en collab.) (1976), 75-77.
a10408   LEMAIRE, A., *Inscriptions hébraïques*. Introduction, traduction, commentaire (Littératures anciennes du Proche-Orient, 9), Tome I, *Les ostraca* (ostraca de Samarie, de Lakish, d'Arad, et divers autres ostraca) (Paris, Cerf, 1977), 304 pp.
a10409   AHARONI, Y., NAVEH, J., *Arad Inscriptions* (Judean Desert Studies) (Translated by J. Ben-Or. Edited and revised by A.F. Rainey) (Jerusalem, Israel Exploration Society, 1981), viii-200 pp.
a10410   JAROŠ, K., *Hundert Inschriften aus Kanaan und Israel*. Für den Hebräischunterricht bearbeitet (Freiburg, Schweizerisches Katholisches Bibelwerk, 1982), 120 pp.
a10411   PARDEE, D. (Ed.), *Handbook of Ancient Hebrew Letters*. A Study Edition (Society of Biblical Literature, Sources for Biblical Study, 15) (Chico, CA., Scholars Press, 1982), viii-247 pp.
a10412   SARFATTI, G.B., «Hebrew Inscriptions of the First Temple Period - A Survey and Some Linguistic Comments», Maarav 3, nᵒ 1 (1982) 55-83.

3) Ossuaires. Ossuaries. Grabinschriften. Ossarii. Osarios.

a10413   MAISLER, B., «A Hebrew Ossuary Inscription», PEQ 63 (1931) 171-172.
a10414   SCHWABE, M., «Eine jüdische Grabinschrift vom Ophelhügel in Jerusalem», ZDPV 55 (1932) 238-241.
a10415   SUKENIK, E.L., «Verschlussstein mit Inschrift aus einer Grabhohle bei Jerusalem», ZDPV 55 (1932) 124-128.
a10416   ROSENTHALER, M., «A Paleo-Hebrew Ossuary Inscription», IsrEJ 25 (1975) 138-139 (Jerusalem, Mount of Olives).
a10417   KANE, J.P., «The Ossuary Inscriptions of Jerusalem», JSS 23 (1978) 268-282.
a10418   MITTMANN, S., «Die Grabinschrift des Sängers Uriahu», ZDPV 97 (1981) 139-152.
a10419   PUECH, É., «Inscriptions funéraires palestiniennes: tombeau de Jason et ossuaires», RB 90 (1983) 481-533.

4) Sceaux. Seals. Siegel. Sigilli. Sellos.

a10420   REIFENBERG, A., «Some Ancient Hebrew Seals», PEQ 70 (1938) 113-116.
a10421   REIFENBERG, A., «Ancient Jewish Stamps and Seals», PEQ 71 (1939) 193-198.
a10422   REIFENBERG, A., «Ancient Hebrew Seals III», PEQ 74 (1942) 109-112.
a10423   DIRINGER, D., «Note on Some Jar-Stamps and Seals Discovered at Lachish», PEQ 75 (1943) 55-56.
a10424   YADIN, Y., «A Hebrew Seal from Tell Jemmeh», ErIs 6 (1960) 53-55 (English summary).
a10425   AHARONI, Y., «Seals of Royal Functionaries from Arad», ErIs 8 (1967) 101-103 (English summary).
a10426   AVIGAD, N., «A Group of Hebrew Seals», ErIs 9 (1969) 1-9 (English summary).
a10427   CROSS, F.M., Jr., «Judean Stamps», ErIs 9 (1969) 20-27.

a10428   AHARONI, Y., «Three Hebrew Seals», Tel Aviv 1 (1974) 157-158.

a10429   BORDREUIL, P., LEMAIRE, A., «Trois sceaux nord-ouest sémitiques inédits», Sem. 24 (1974) 25-34.

a10430   BORDREUIL, P., «Inscriptions sigillaires ouest-sémitiques II. Un cachet hébreu récemment acquis par le Cabinet des Médailles de la Bibliothèque Nationale», Syr. 52 (1975) 107-118.

a10431   YEIVIN, S., «Epigraphic Notes on the Seal of Ma'aseyahu/Yesha'yahu», ErIs 12 (1975) 81-82 (English summary).

a10432   BORDREUIL, P., LEMAIRE, A., «Nouveaux sceaux hébreux, araméens et ammonites», Sem. 26 (1976) 45-63.

a10433   SARFATTI, G.B., «Notes on the Inscriptions of Some Jewish Coins and Seals», IsrEJ 27 (1977) 204-206.

a10434   AVIGAD, N., «The Seal of Seraiah (Son of) Neriah», ErIs 14 (1978) 86-87 (English summary).

a10435   AVIGAD, N., «Titles and Symbols on Hebrew Seals», ErIs 15 (1981) 303-305.

a10436   LEMAIRE, A., «Classification des Estampilles Royales Judéennes», ErIs 15 (1981) 54*-60*.

a10437   AVIGAD, N., «The Seal of Elienai», ErIs 16 (1982) 1-2.

a10438   BORDREUIL, P., LEMAIRE, A., «Nouveaux sceaux hébreux et araméens», Sem. 32 (1982) 21-34.

5) Poterie. Pottery. Töpware. Stoviglie. Cerámica.

a10439   SUKENIK, E.L., «Inscribed Hebrew and Aramaic Potsherds from Samaria», PEQ 65 (1933) 152-157.

a10440   SUKENIK, E.L., «Inscribed Potsherds with Biblical Names from Samaria», PEQ 65 (1933) 200-204.

a10441   STAPLES, W.E., «A Note on an Inscribed Potsherd», PEQ 68 (1936) 155.

a10442   SUKENIK, E.L., «Potsherds from Samaria: Inscribed with the Divine Name», PEQ 68 (1936) 34-37.

a10443   LEMAIRE, A., «Une nouvelle inscription paléo-hébraïque sur cruche», Sem. 25 (1975) 43-46.

a10444   LEMAIRE, A., «Une nouvelle inscription paléo-hébraïque sur carafe», RB 83 (1976) 55-58.

a10445   LEMAIRE, A., «Inscription paléo-hébraïque sur une assiette», Sem. 27 (1977) 21-22.

a10446   LEMAIRE, A., «Une Nouvelle Cruche Inscrite en Paléo-Hébreu», Maarav 2, n° 2 (1980) 159-162.

6) Selon les lieux d'origine. According to the Origin. Der Herkunft nach.
Secondo l'origine. Según la procedencia.[1]

a10447   GOITEIN, S.D., «The Age of the Hebrew Tombstones from Aden», JSS 7 (1962) 81-84.

a10448   CHASE, D.A., «A Note on an Inscription from Kuntillet 'Ajrūd», BASOR n° 246 (1982) 63-67.

a10449   AHARONI, Y., «Seals of Royal Functionaries from Arad», ErIs 8 (1967) 101-103 (English summary).

a10450   AHARONI, Y., «Arad: Its Inscriptions and Temple», BA 31 (1968) 2-32.

---

1. Classés selon l'ordre alphabétique. Alphabetically classified. Nach alphabetischen Klasse ablegten. Classificati secondo l'ordine alfabètico. Clasificados en orden alfabético.

a 10451   AHARONI, Y., «Three Hebrew Ostraca from Arad», ErIs 9 (1969) 10-21 (English summary).

a 10452   AHARONI, Y., «The 'Nehemiah' Ostracon from Arad», ErIs 12 (1975) 72-76 (English summary).

a 10453   RAINEY, A.F., AHARONI, M., «Three Additional Hebrew Ostraca from Tel Arad», Tel Aviv 4 (1977) 97-104.

a 10454   PARDEE, D., «Letters from Tel Arad», UF 10 (1978) 289-336.

a 10455   DUPONT-SOMMER, A., «L'inscription de l'amulette d'Arslan Tash», RHR 120 (1939) 133-159.

a 10456   FÉVRIER, J.-G., «La tactique hellénistique dans un texte de 'Ayin Fashkha», Sem. 3 (1950) 53-59.

a 10457   LEMAIRE, A., «Prières en temps de crise: les inscriptions de Khirbet Beit Lei», RB 83 (1976) 558-568.

a 10458   BIRNBAUM, S.A., «The Beth Mashku Document», PEQ 87 (1955) 21-33.

a 10459   AVI-YONAH, M., «The Caesarea Inscription of the 24 Priestly Courses», ErIs 7 (1964) 24-28 (English summary).

a 10460   DU MESNIL DU BUISSON, R., «L'inscription de la niche centrale de la synagogue de Doura-Europos», Syr. 40 (1963) 303-314.

a 10461   BURROWS, E., «The Tell Duweir Inscription», PEQ 66 (1934) 179-180.

a 10462   GASTER, T.H., «The Tell Duweir Inscription», PEQ 66 (1934) 176-178.

a 10463   BURROWS, E., «The Tell Duweir Inscription», PEQ 67 (1935) 87-89.

a 10464   GASTER, T.H., «The Tell-Duweir Ewer Inscription: A Supplementary Note», PEQ 67 (1935) 34-35.

a 10465   HOOKE, S.H., «Supplementary Note on the Tell Duweir Scarab», PEQ 68 (1936) 38.

a 10466   STAWELL, F.M., «The Inscriptions on the Tell Duweir Bowl and Ewer», PEQ 68 (1936) 97-101.

a 10467   DIRINGER, D., «On Ancient Hebrew Inscriptions Discovered at Tell ed-Duweir (Lachish)», PEQ 73 (1941) 38-56, 89-109; 75 (1943) 89-99.

a 10468   THOMAS, D.W., «Ostracon III: 13-18 from Tell Ed-Duweir», PEQ 80 (1948) 131-136.

a 10469   HEMER, C.J., «The Edfu Ostraka and the Jewish Tax», PEQ 105 (1973) 6-12.

a 10470   BEINART, H., «Two Shalom al Israel. Inscriptions from Spain», ErIs 8 (1967) 298-304 (English summary) (Spain).

a 10471   AVIGAD, N., «Epigraphical Gleanings from Gezer», PEQ 82 (1950) 43-49.

a 10472   RAHTJEN, B.D., «A Note Concerning the Form of the Gezer Tablet», PEQ 93 (1961) 70-72.

a 10473   MÜLLER, H.-P., «Notizen zu althebräischen Inschriften I», UF 2 (1970) 229-242 (Gezer-Kalender, Siloah-Kanal-Inschrift, Lakisch-Brief II und III).

a 10474   YEIVIN, S., «Ostracon Al/382 from Hazor and its Implications», ErIs 9 (1969) 86-87 (English summary).

a 10475   O'CONNELL, K., «An Israelite Bulla from Tell el-Ḥesi», IsrEJ 27 (1977) 197-199.

a 10476   NAVEH, J., «Some Considerations on the Ostracon from 'Izbet Sarṭah», IsrEJ 28 (1978) 31-35.

a 10477   DOTAN, A., «New Light on the 'Izbet Sarṭah Ostracon», Tel Aviv 8 (1981) 160-172.

a 10478   DOTAN, A., «The Alphabet Inscription of 'Izbet Ṣarṭah», ErIs 16 (1982) 62-69.

a 10479   YADIN, Y., «A Hebrew Seal from Tell Jemmeh», ErIs 6 (1960) 53-55 (English summary).

a 10480   HACHLILI, R., «A Jerusalem Family in Jericho», BASOR nᵒ 230 (1978) 45-56.

a 10481   HACHLILI, R., «A Jerusalem Family in Jericho», ErIs 15 (1981) 406-411.

a10482   MAYER, L.A., «Hebräische Inschriften im Ḥaram zu Jerusalem», ZDPV 53 (1930) 222-229.

a10483   SCHWABE, M., «Eine jüdische Grabinschrift vom Ophelhügel in Jerusalem», ZDPV 55 (1932) 238-241.

a10484   SUKENIK, E.L., «Verschlussstein mit Inschrift aus einer Grabhöhle bei Jerusalem», ZDPV 55 (1932) 124-128.

a10485   WORDSWORTH, W.A., «A Note on the Siloam Inscription», PEQ 71 (1939) 41-43 (Jerusalem).

a10486   AVIGAD, N., «The Epitaph of a Royal Steward from Siloam Village», ErIs 3 (1954) 66-72 (Hebrew) (Jerusalem).

a10487   STOEBE, H.J., «Überlegungen zur Siloahinschrift», ZDPV 71 (1955) 124-140 (Jerusalem).

a10488   ROSENTHALER, M., «A Paleo-Hebrew Ossuary Inscription», IsrEJ 25 (1975) 138-139 (Jerusalem, Mount of Olives).

a10489   CASSUTO SALZMANN, M., «Una interessante iscrizione di Gerusalemme», BibOr 19 (1977) 27-29.

a10490   KANE, J.P., «The Ossuary Inscriptions of Jerusalem», JSS 23 (1978) 268-282.

a10491   LEMAIRE, A., «Les Ostraca Paleo-Hébreux des Fouilles de l'Ophel», Levant 10 (1978) 156-161 (Jerusalem).

a10492   NAVEH, J., «A Fragment of an Ancient Hebrew Inscription from the Ophel», IsrEJ 32 (1982) 195-198 (Jerusalem).

a10493   SASSON, V., «The Siloam Tunnel Inscription», PEQ 114 (1982) 111-117 (Jerusalem).

a10494   DEMSKY, A., «'Dark Wine' from Judah», IsrEJ 22 (1972) 233-234.

a10495   NORDIO, M., «L'escatologia Giudeo-Cristiana in due steli di Khirbet-Kilkiš», BibOr 19 (1977) 263-272.

a10496   DUSSAUD, R., «Le prophète Jérémie et les lettres de Lakish», Syr. 19 (1938) 256-271.

a10497   JACK, J.W., «The Lachish Letters: Their Date and Import», PEQ 70 (1938) 165-187.

a10498   BIRNBAUM, S., «The Lachish Ostraca», PEQ 71 (1939) 20-28, 91-110.

a10499   ELLIGER, K., «Zu Text und Schrift der Ostraka von Lachis», ZDPV 62 (1939) 63-89.

a10500   DIRINGER, D., «Note on Some Jar-Stamps and Seals Discovered at Lachish», PEQ 75 (1943) 55-56.

a10501   THOMAS, D.W., «The Lachish Ostraca: Professor Torczyner's Latest Views», PEQ 78 (1946) 38-42.

a10502   MICHAUD, H., «Les ostraca de Lakiš conservés à Londres», Syr. 34 (1957) 39-60.

a10503   GANOR, N.R., «The Lachish Letters», PEQ 99 (1967) 74-77.

a10504   LEMAIRE, A., «A Schoolboy's Exercise on an Ostracon at Lachish», Tel Aviv 3 (1976) 109-110.

a10505   DEMSKY, A., «A Note on 'Smoked Wine'», Tel Aviv 6 (1979) 163 (Notation on a decanter from Lachish).

a10506   LEMAIRE, A., «A Note on Inscription XXX from Lachish», Tel Aviv 7 (1980) 92-94.

a10507   LEMAIRE, A., «L'ostracon de Meṣad Ḥashavyahu (Yavneh-Yam) replacé dans son contexte», Sem. 21 (1971) 57-79.

a10508   YEIVIN, S., «Epigraphic Notes on the Seal of Maʿaseyahu/Yeshaʿyahu», ErIs 12 (1975) 81-82 (English summary).

a10509   PARDEE, D., «The Judicial Plea from Merṣad Ḥashavyahu (Yavneh-Yam): A New Philological Study», Maarav 1 (1978) 33-66.

a10510   PARDEE, D., «A Brief Note on Meṣad Ḥashavyahu Ostracon, 1. 12: w'ml'», BASOR nº 239 (1980) 47-48.

a10511   HONEYMAN, A.M., «Two Semitic Inscriptions from Malta», PEQ 93 (1961) 151-153.

*a*10512 BOYER, R., DUPONT-SOMMER, A., «Une épitaphe hébraïque trouvée à la Martelle (Var)», Sem. 3 (1950) 61-66.
*a*10513 COHEN, N., «A Note on Two Inscriptions from Jebel Moneijah», IsrEJ 29 (1979) 219-220.
*a*10514 FRITZ, V., «Ein Ostrakon aus Ḥirbet el-Mšāš», ZDPV 91 (1975) 131-134.
*a*10515 LEMAIRE, A., «Note sur quelques inscriptions sur ivoire provenant de Nimrud», Sem. 26 (1976) 65-69.
*a*10516 LEMAIRE, A., «Les inscriptions de Khirbet el-Qôm et l'*ashérah* de YHWH», RB 84 (1977) 595-608.
*a*10517 MARMORSTEIN, A., «The Inscription of Er-Rame», PEQ 65 (1933) 100-101.
*a*10518 LEMAIRE, A., «L'ostracon 'Ramat-Négeb' et la topographie historique du Négeb», Sem. 23 (1973) 11-26.
*a*10519 SUKENIK, E.L., «Inscribed Potsherds with Biblical Names from Samaria», PEQ 65 (1933) 200-204.
*a*10520 SUKENIK, E.L., «Inscribed Hebrew and Aramaic Potsherds from Samaria», PEQ 65 (1933) 152-157.
*a*10521 ALBRIGHT, W.F., «Ostracon C 1101 of Samaria», PEQ 68 (1936) 211-215.
*a*10522 SUKENIK, E.L., «Note on a Fragment of an Israelite Stele found at Samaria», PEQ 68 (1936) 156.
*a*10523 BIRNBAUM, S., «The Dates of the Gezer Tablet and of the Samaria Ostraca», PEQ 74 (1942) 104-108.
*a*10524 DIRINGER, D., «The Dating of Early Hebrew Inscriptions (The Gezer Tablet and the Samaria Ostraca)», PEQ 75 (1943) 50-54.
*a*10525 RAINEY, A.F., «The Samaria Ostraca in the Light of Fresh Evidence», PEQ 99 (1967) 32-41.
*a*10526 RAINEY, A.F., «Semantic Parallels to the Samaria Ostraca», PEQ 102 (1970) 45-51.
*a*10527 LEMAIRE, A., «Le 'pays de Hépher' et les 'Filles de Zelophehad' à la lumière des ostraca de Samarie», Sem. 22 (1972) 13-20.
*a*10528 SHEA, W.H., «The Date and Significance of the Samaria Ostraca», IsrEJ 27 (1977) 16-27.
*a*10529 RAINEY, A.F., «The *Sitz im Leben* of the Samaria Ostraca», Tel Aviv 6 (1979) 91-94.
*a*10530 MESHEL, Z., MEYERS, C., «The name of God in the wilderness of Zin», BA 39 (1976) 6-10.
*a*10531 SUKENIK, E.L., «Funerary Tablet of Uzziah, King of Judah», PEQ 63 (1931) 217-221.

7) Divers. Miscellaneous. Verschiedenes. Diversi. Diversos.

*a*10532 BUTIN, R.F., «The Protosinaitic Semitic Inscriptions», HarvTR 25 (1932) 130-203.
*a*10533 BIRNBAUM, S.A., «Bar Kokhba and Akiba», PEQ 86 (1954) 23-32.
*a*10534 VAN DEN BRANDEN, A., «Les inscriptions proto-sinaïtiques», OrAnt 1 (1962) 197-214.
*a*10535 BIRNBAUM, S.A., «Akiba and Bar-Kosba», PEQ 100 (1968) 137-138.
*a*10536 AVIGAD, N., «A Bulla of King Jonathan», IsrEJ 25 (1975) 245-246.
*a*10537 BAR-ADON, P., «An Early Hebrew Inscription in a Judean Desert Cave», IsrEJ 25 (1975) 226-232 (Near En Gedi).
*a*10538 BAR-ADON, P., «An Early Hebrew Graffito in a Judaean Desert Cave», ErIs 12 (1975) 77-80 (English summary).
*a*10539 HIRSCHBERG, H.Z., «New Jewish Inscriptions in the Nabataean Sphere», ErIs 12 (1975) 142-148 (English summary).
*a*10540 MILLARD, A.R., «Epigraphic Notes, Aramaic and Hebrew», PEQ 110 (1978) 23-26.

*a*10541 SAFRAI, Z., «The Rehow Inscription», Immanuel 8 (1978) 48-57.
*a*10542 SOKOLOFF, M., «Review of J. Naveh, *On Stone and Mosaic*», Maarav 1 (1978) 79-84.
*a*10543 COLELLA, P., «Baruch lo scriba e Jerahmeel il figlio del re», BibOr 23 (1981) 87-96.
*a*10544 LEMAIRE, A., «Une inscription paléo-hébraïque sur grenade en ivoire», RB 88 (1981) 236-239.
*a*10545 BARNETT, R.D., «A Legacy of the Captivity: A Note on the Paleo-Hebrew and Neo-Hebrew Scripts», ErIs 16 (1982) 1*-6*.
*a*10546 RAINEY, A.F., «Wine from the Royal Vineyards», BASOR nº 245 (1982) 57-62.
*a*10547 BEIT-ARIEH, I., «A First Temple Period Census Document», PEQ 115 (1983) 105-108.
*a*10548 DIJKSTRA, M., «Notes on Some Proto-Sinaitic Inscriptions Including an Unrecognized Inscription of Wadi Rod el'Aîr», UF 15 (1983) 33-38.
*a*10549 MARGAIN, J., «*Vision d'Abisha*. Poème en samaritain tardif», Sem. 33 (1983) 109-123.

16. Hittite. Hethitisch. Ittito. Hitito.

a) Lexique. Vocabulary. Lexikon. Lessico. Léxico.

1) Études générales. General Studies. Allgemeine Studien. Studi generali. Estudios generales.

*a*10550 EHELOLF, H., «Hethitisch-akkadische Wortgleichungen», ZA 43 (1936) 170-195.
*a*10551 OTTEN, H., «Beiträge zum hethitischen Lexikon», ZA 50 (1952) 230-236; 51 (1955) 124-129.
*a*10552 RABIN, C., «Hittite Words in Hebrew», Or. 32 (1963) 113-139.
*a*10553 CARRUBA, O., «Hethitisch -*(a)sta*, -*(a)pa* und die anderen 'Ortsbezugspartikeln'», Or. 33 (1964) 405-436.
*a*10554 OTTEN, H., «Bemerkungen zum Hethitischen Wörterbuch», ZA 66 (1976) 89-104; 71 (1982) 135-143, 215-220, 280-288.
*a*10555 NORIN, S., «Jô-Namen und J^{e}hô-Namen», VT 29 (1979) 87-97.
*a*10556 ÜNAL, A., «Untersuchungen zur Terminologie der hethitischen Kriegsführung. I. 'Verbrennen, in Brand stecken' als Kriegstechnik», Or. 52 (1983) 164-180.

2) Mots. Words. Worte. Parole. Palabras.[1]

*a*10557 KÜHNE, C., «Lexikalische Notizen zu hethitisch *ak*- und Derivaten», ZA 67 (1977) 242-259.
*a*10558 CARTER, C., «Notes on the Name Written *DINGIR IŠ EL KU UŠ* in Hittite Texts», JNES 39 (1980) 313-314.
*a*10559 HAAS, V., WÄFLER, M., «Bemerkungen zu ^{É}ḫešti/ā-», UF 8 (1976) 65-99; 9 (1977) 87-122.
*a*10560 PELZL, B., «Heth. ḫa-az-zu-wa-ni-iš und ug. ḫs/śwn», UF 9 (1977) 368.
*a*10561 HOFFMANN, I., «Zur Wortbedeutung des EZEN ḫaššumaš», Or. 52 (1983) 98-101.
*a*10562 KATZ, H., «Hethitisch ḫišša- und Zubehör», Or. 52 (1983) 116-122.
*a*10563 FRIEDRICH, J., «Das Glossenkeilwort *limma* im Hethitischen», Or. 22 (1953) 210-211.
*a*10564 FRIEDRICH, J., «Die phonetische Schreibung des hethitischen Gottheits-Ideogramms ^{d}MAḪ^{meš}», Or. 33 (1964) 88.

---

1. Classés selon l'ordre alphabétique. Alphabetically classified. Nach der alphabetischen Klasse ablegten. Classificati secondo l'ordine alfabètico. Clasificados en orden alfabético.

*a*10565 GÜTERBOCK, H.G., «Noch einmal die Formel *parnaššea šuwaizzi*», Or. 52 (1983) 73-80.
*a*10566 GURNEY, O.R., «Hittite 'Paras' = Horse?» PEQ 69 (1937) 194-195.
*a*10567 WILCKE, C., «*šumṣulum* 'den Tag verbringen'», ZA 70 (1981) 138-140.

3) Divers. Miscellaneous. Verschiedenes. Diversi. Diversos.

*a*10568 GÖTZE, A., «Die kleinasiatischen Personennamen aus *-uman, -umna* in den kappadokischen Tafeln», ZA 40 (1931) 260-263.
*a*10569 FRIEDRICH, J., «Aus verschiedenen Keilschriftsprachen 1-2.3-4.», Or. 9 (1940) 205-218, 348-361.
*a*10570 SOMMER, F., «Aus Hans Ehelolf's Nachlass», ZA 46 (1940) 5-52.
*a*10571 BOSSERT, H.T., «Meine Sonne», Or. 26 (1957) 97-126.
*a*10572 RIEMSCHNEIDER, M., «Die Namen des hethitischen Knabengottes», Or. 32 (1963) 63-69.
*a*10573 JUSTUS, C.F., «Semantic and Syntactic Aspects of 'Knowing in one's Heart'», Or. 52 (1983) 107-115.
*a*10574 VON SCHULER, E., «Eine Kleinigkeit», Or. 52 (1983) 161-163.

b) *Grammaire. Grammar. Grammatik. Grammatica. Gramática.*

*a*10575 GÖTZE, A., «Die Entsprechung der neuassyrischen Zeichen PÍŠ und KA+ŠU in der Boghazköi-Schrift», ZA 40 (1931) 65-79.
*a*10576 FRIEDRICH, J., «Wirkliche und angebliche Formen des Kohortativs beim hethitischen Verbum», Or. 13 (1944) 205-213.
*a*10577 OTTEN, H., «Zum Palaischen», ZA 49 (1944) 119-145.
*a*10578 ROSENKRANZ, B., «Zu einigen Verbalformen des Hethitischen», ZA 54 (1961) 105-113.
*a*10579 HOFFNER, H.A., Jr., «Composite Nouns, Verbs and Adjectives in Hittite», Or. 35 (1966) 377-402.
*a*10580 VANSTIPHOUT, H., «Linguistic arguments for a Hurrian influence on Hittite syntax», OLoP 2 (1971) 71-101.
*a*10581 KESTEMONT, G., «Remarques sur la grammaire des traités internationaux hittites: les enclitiques *-kan* et *-šan*», OLoP 3 (1972) 67-100.
*a*10582 HOUWINK TEN CATE, H.J., «Anatolian Languages», dans *A Basic Bibliography for the Study of the Semitic Languages* (en collab.) (1973), I, 84-109.
*a*10583 FITZGERALD, A., «The Interchange of *L, N,* and *R* in Biblical Hebrew», JBL 97 (1978) 481-488.
*a*10584 MASCHERONI, L.M., «Il modulo interrogativo in eteo. II: Impieghi stilistici», OrAnt 20 (1981) 99-105.
*a*10585 ALP, S., «Zum Wesen der kultischen Reinigungssubstanz *tuḫḫueššar* und die Verbalform *tuḫša*», Or. 52 (1983) 14-19.

c) *Textes, inscriptions. Texts, Inscriptions. Texte, Inschriften.*
Testi, iscrizioni. Textos, inscriptiones.

1) Collections. Sammlungen. Collezioni. Colecciones.

*a*10586 LAROCHE, E., *Catalogue des textes hittites* (Études et commentaires, 75) (Paris, Klincksieck, 1971), xii-273 pp.

*a*10587 KÜHNE, C. (übersetzt von), «Hethitische Texte», dans *Religionsgeschichtliches Textbuch zum Alten Testament* (en collab.) (1975), 169-204.

*a*10588 BECKMAN, G., *Hittite Birth Rituals.* An Introduction (Sources and Monographs, Sources from the Ancient Near East, vol. I, fasc. 4) (Malibu, CA, Undena Publications, 1978), 21 pp.

*a*10589 KÜHNE, C., «Bemerkung zu einem hattischen Textensemble», ZA 70 (1981) 93-104.

2) Textes religieux. Religious Texts. Religiöse Texte. Testi religiosi. Textos religiosos.

*a*10590 WITZEL, M., *Hethitische Texte. I. Religiöse Texte* (Roma, Pontificio Istituto Biblico, 1935), 36 pp.

*a*10591 OTTEN, H., «Ein Bestattungsritual hethitischer Könige», ZA 46 (1940) 206-224.

*a*10592 SCHWARTZ, B., «A Hittite Ritual Text (KUB 29.1 = 1870c)», Or. 16 (1947) 23-55.

*a*10593 KAMMENHUBER, A., «Die protohattisch-hethitische Bilinguis vom Mond, der vom Himmel gefallen ist», ZA 51 (1955) 102-123.

*a*10594 OTTEN, H., «Eine Beschwörung der Unterirdischen aus Boğazköy», ZA 54 (1961) 114-157.

*a*10595 ROSENKRANZ, B., «Ein neues hethitisches Ritual für ^{D}LAMA ^{KUŠ}*kuršaš*», Or. 33 (1964) 238-256.

*a*10596 HOUWINK TEN CATE, P.H.J., «Hittite Royal Prayers», Numen 16 (1969) 81-98.

*a*10597 OTTEN, H., «Die Berg- und Flusslisten im Ḫišuwa-Festritual», ZA 59 (1969) 247-260.

*a*10598 HAAS, V., «Ein hethitisches Beschwörungsmotiv aus Kizzuwatna seine Herkunft und Wanderung», Or. 40 (1971) 410-430.

*a*10599 STEINER, G., «Die Unterweltsbeschwörung des Odysseus im Lichte hethitischer Texte», UF 3 (1971) 265-283.

*a*10600 CORNIL, P., LEBRUN, R., «Deux textes votifs de la reine Puduhépa (KUB XV, 11.23)», OLoP 3 (1972) 49-66.

*a*10601 OTTEN, H., «Das Ritual der Allī aus Arzawa», ZA 63 (1973) 76-82.

*a*10602 KEMPINSKI, A., «A Hittite Fragment Belonging to the Ritual of Zuwi (CTH 412)», Tel Aviv 2 (1975) 91-92.

*a*10603 HOFFNER, H.A., Jr., «An Old Hittite Fragment in the British Museum», JNES 37 (1978) 341-342 (Text HT 95).

*a*10604 ARCHI, A., «Die Adad-Hymne ins Hethitische übersetzt», Or. 52 (1983) 20-30.

3) Textes administratifs, juridiques. Administrative, Legal Documents. Verwaltungs- u. Rechtsurkunden. Documenti anministrativi, giuridici. Documentos administrativos, jurídicos.

*a*10605 EDEL, E., «KBo I 15+19, ein Brief Ramses' II. mit einer Schilderung der Kadesschlacht», ZA 49 (1950) 195-212.

*a*10606 VON SCHULER, E., «Die Würdenträgereide des Arnuwanda», Or. 25 (1956) 209-240.

*a*10607 HAASE, R., «Zu den hethitischen Gesetzen», ZA 54 (1961) 100-104.

*a*10608 KLENGEL, H., «Der Schiedsspruch des Muršili II. hinsichtlich Barga und seine Übereinkunft mit Duppi-Tešup von Amurru (KBo III 3)», Or. 32 (1963) 32-55.

*a*10609 KLENGEL, H., «Ein neues Fragment zur historischen Einleitung des Talmišarruma-Vertrages», ZA 56 (1964) 213-217.

*a*10610 ROSENKRANZ, B., «Ein hethitischer Wirtschaftstext», ZA 57 (1965) 237-248.

*a*10611 KESTEMONT, G., «Le traité entre Mursil II et Hatti et Niqmepa d'Ugarit», UF 6 (1974) 85-127.

*a*10612 CORNIL, P., LEBRUN, R., «Fragments hittites relatifs à l'Égypte», OLoP 6/7 (1975-76) 83-108.

*a*10613 KEMPINSKI, A., KOŠAK, S., «Hittite Metal 'Inventories' (CTH 242) and their Economic Implications», Tel Aviv 4 (1977) 87-93.

*a*10614 MELCHERT, H.C., «The Acts of Hattušili I», JNES 37 (1978) 1-22.

*a*10615 BRYCE, T.R., «Some Reflections on the Historical Significance of the Tawagalawas Letter (KUB XIV 3)», Or. 48 (1979) 91-96.

*a*10616 DEL MONTE, G.F., «Neue Bruchstücke zum Manapa-ᵈU-Vertrag», Or. 49 (1980) 58-66.

*a*10617 DEL MONTE, G.F., «Note sui trattati con Kizuwatna», OrAnt 20 (1981) 203-221.

*a*10618 HOFTIJZER, J., «Une lettre du roi hittite», dans *Von Kanaan bis Kerala* (en collab.) (1982), 379-387.

*a*10619 KEMPINSKI, A., KOŠAK, S., «*CTH* 13: The Extensive Annals of Hattusili I (?)», Tel Aviv 9 (1982) 87-116.

*a*10620 OTTEN, H., «Der Anfang der *ḪAZANNU*-Instruktion», Or. 52 (1983) 133-142.

4) Sceaux. Seals. Siegel. Sigilli. Sellos.

*a*10621 FRIEDRICH, J., «Das bildhethitische Siegel des Br-Rkb von Sam'al», Or. 26 (1957) 345-347.

*a*10622 SINGER, I., «Three Hittite Seals», Tel Aviv 7 (1980) 169-172.

5) Selon les lieux d'origine. According to the Origin. Der Herkunft nach. Secondo l'origine. Según la procedencia.[1]

*a*10623 LAROCHE, E., «L'inscription hittite d'Alep», Syr. 33 (1956) 131-141.

*a*10624 GREENFIELD, J.C., «Notes on the Asitawada (Karatepe) Inscription», ErIs 14 (1978) 74-77 (English summary).

*a*10625 FRIEDRICH, J., «Ein hethitischer Brief aus Tell Atchana», Or. 8 (1939) 310-316.

*a*10626 KAMMENHUBER, A., «Keilschrifttexte aus Boğazköy (KBo XVI)», Or. 39 (1970) 547-567; (KBo XVII) Or. 41 (1972) 292-302; (KUB XL) Or. 41 (1972) 432-445; (KBo XIX) Or. 43 (1974) 114-124; (KUB XLI) Or. 44 (1975) 113-115.

*a*10627 COOPER, J.S., «Bilinguals from Boghazköi», ZA 61 (1971) 1-22; 61 (1972) 62-81.

*a*10628 OTTEN, H., RÜSTER, C., «Textanschlüsse von Bogazköy-Tafeln», ZA 62 (1972) 102-108, 230-235; 63 (1973) 83-91; 64 (1975) 241-249; 67 (1977) 53-63; 68 (1978) 150-159, 270-279; 71 (1982) 122-134, 139-149.

*a*10629 VON WEIHER, E., «Ein Vokabularfragment aus Bogazköy (KBo XVI 87)», ZA 62 (1972) 109-114.

*a*10630 OTTEN, H., RÜSTER, C., «Bemerkungen zu 'Keilschrifturkunden aus Boghazköi', Heft XLIV», ZA 64 (1974) 46-50.

*a*10631 BOSSERT, H.T., «Das hethitische Felsrelief bei Hanyeri (Gezbeli)», Or. 23 (1954) 129-147.

*a*10632 DADDI PEPCHIOLI, F., «Il ḫazan(n)u nei testi di Hattusa», OrAnt 14 (1975) 93-136.

*a*10633 BOSSERT, H.T., «Die H-H Inschrift von Malkaya», Or. 27 (1958) 325-350.

6) Autres textes. Other Texts. Andere Texte. Altri testi. Otros textos.

*a*10634 FRIEDRICH, J., «Churritische Märchen und Sagen in hethitischer Sprache», ZA 49 (1950) 213-255.

---

1. Classés selon l'ordre alphabétique. Alphabetically classified. Nach der alphabetischen Klasse ablegten. Classificati secondo l'ordine alfabètico. Clasificados en orden alfabético.

a10635 CORNELIUS, F., «Die Annalen Hattusilis I», Or. 28 (1959) 292-296.

a10636 COCO, T., «Nota su una testa neo-hittita», OrAnt 1 (1962) 279.

a10637 OTTEN, H., «Aitiologische Erzählung von der Überquerung des Taurus», ZA 55 (1962) 156-168.

a10638 KÜMMEL, H.M., «Ugaritica-Hethitica», UF 1 (1969) 159-165.

a10639 KÜHNE, C., «Bemerkungen zu kürzlich edierten hethitischen Texten», ZA 62 (1972) 236-261.

a10640 DEL MONTE, G.F., «Su un frammento degli Annali di Muršili», OrAnt 13 (1974) 35-37.

a10641 ARCHI, A., «Sur la forme des signes cunéiformes hittites de l'époque de Muwatalli», OrAnt 14 (1975) 321-324.

a10642 BÖRKER-KLÄHN, J., «Zur Lesung der Fraktin-Beischrift», OrAnt 19 (1980) 37-48.

a10643 STARKE, F., «Zur Deutung der Arzaua-Briefstelle VBoT 1,25-27», ZA 71 (1982) 221-231.

17. Hourrite. Hurrian. Hurritisch. Hurritico.

a) Lexique. Vocabulary. Lexikon. Lessico. Léxico.

a10644 VON BRANDENSTEIN, C.-G., «Zum Churrischen Lexikon», ZA 46 (1940) 83-115.

a10645 SHAFFER, A., «Hurrian *kirezzi, West-Semitic krz», Or. 34 (1965) 32-34.

a10646 DIETRICH, M., LORETZ, O., «Hurritisch *falent- in ugaritischen Personennamen», UF 1 (1969) 211-213.

a10647 SALVINI, M., «Einige neue urarṭäisch-ḫurritische Wortgleichungen», Or. 39 (1970) 409-411.

a10648 HAAS, V., WILHELM, G., «Zum hurritischen Lexikon», Or. 41 (1972) 5-10; 43 (1974) 87-93.

a10649 SASSON, J.M., «Ḫurrians and Ḫurrian Names in the Mari Texts», UF 6 (1974) 353-400.

a10650 FREYDANK, H., «Theophore Elemente in den Personennamen mittelassyrischer Urkunden», Or. 45 (1976) 178-181.

a10651 MAYER, W., «Beiträge zum hurro-akkadischen Lexikon I», UF 8 (1976) 209-214.

a10652 DIETRICH, M., LORETZ, O., «Hurrisch ǵl als zweites Element in ugaritischen Personennamen», UF 9 (1977) 341.

a10653 DIETRICH, M., LORETZ, O., «YRQ ḪRṢ 'Gelb vom Gold' im Krt-Epos und seine hurritischen Entsprechungen», UF 10 (1978) 427-428.

a10654 HAAS, V., THIEL, H.J., «Ein Beitrag zum hurritischen Wörterbuch», UF 11 (1979) 337-352.

a10655 LORETZ, O., MAYER, W., «Hurrisch parašš- 'trainiertes Pferd'», ZA 69 (1979) 188-191.

b) Grammaire. Grammar. Grammatik. Grammatica. Gramática.

a10656 FRIEDRICH, J., «Die erste Gesamtdarstellung der churritischen Grammatik», Or. 12 (1943) 199-225.

a10657 HAAS, V., «G. Wilhelm: Zum hurritischen Ergativ», Or. 38 (1969) 553-556.

a10658 FARBER, W., «Zu einigen Enklitika im Hurrischen (Pronomen, Kopula, syntaktische Partikeln)», Or. 40 (1971) 29-66.

a10659 BUSH, F.W., «The Suffixes -ne and -na in Hurrian», dans Biblical and Near Eastern Studies (LaSor) (en collab.) (1978), 220-230.

*a*10660   WILHELM, G., «Der hurritische Ablativ-Instrumentalis /ne/», ZA 73 (1983) 96-113.

c) Textes. Texts. Texte. Testi. Textos.

*a*10661   NOUGAYROL, J., *Le palais royal d'Ugarit*. III. Textes accadiens et hourrites des archives est, ouest et centrales (Mission de Ras Shamra, VI) (Paris, Imprimerie nationale, Librairie C. Klincksieck, 1955), Vol. 1, textes, xliii-341 pp.; vol. 2, 109 pl.

*a*10662   ASTOUR, M.C., «Toponyms in the Hurrian Alphabetic Tablet RS 24.285», UF 2 (1970) 1-6.

*a*10663   KAMMENHUBER, A., «Die neuen hurrischen Texte aus Ugarit», UF 2 (1970) 295-302.

*a*10664   LAROCHE, E., «Hurritica», Or. 52 (1983) 123-126.

18. Latin. Latein. Latino. Latín.

a) Textes, inscriptions. Texts, Inscriptions. Texte, Inschriften.
   Testi, iscrizioni. Textos, inscripciones.

1) **Selon les lieux d'origine. According to the Origin. Der Herkunft nach.**
   Secondo l'origine. Según la procedencia.[1]

*a*10665   FÉVRIER, J.-G., «Une corporation de l'encens à Althiburos», Sem. 4 (1951-52) 19-24.

*a*10666   SARTRE, M., «Inscriptions inédites de l'Arabie romaine», Syr. 50 (1973) 223-233.

*a*10667   SEYRIG, H., «Inscriptions de Bostra», Syr. 22 (1941) 44-48.

*a*10668   TIBILETTI, G., «Nota al miliario di Çaliş», OrAnt 10 (1971) 67-74.

*a*10669   OLAMI, J., RINGEL, J., «New Inscriptions of the Tenth Legion Fretensis from the High Level Aqueduct of Caesarea», IsrEJ 25 (1975) 148-150.

*a*10670   PUECH, É., «Note d'Épigraphie latine palestinienne. Le dieu Turmasgada à Césarée maritime», RB 89 (1982) 210-221.

*a*10671   PFLAUM, H.G., «Un nouveau diplôme militaire d'un soldat de l'armée d'Égypte», Syr. 44 (1967) 339-362.

*a*10672   JEREMIAS, J., «Eine neugefundene Inschrift in Gadara (*mkēs*)», ZDPV 55 (1932) 76-80.

*a*10673   MARICQ, A., «Les dernières années de Hatra: l'alliance avec Rome», Syr. 34 (1957) 288-296.

*a*10674   THOMSEN, P., «Die lateinischen und griechischen Inschriften der Stadt Jerusalem und ihrer nächsten Umgebung. 1. Nachtrag», ZDPV 64 (1941) 203-256.

*a*10675   AVI-YONAH, M., «A Fragment of a Latin Inscription from the Excavations in the Old City of Jerusalem», ErIs 9 (1969) 175-176 (English summary).

*a*10676   SARFATTI, G.B., «A Fragmentary Roman Inscription in the Turkish Wall of Jerusalem», IsrEJ 25 (1975) 151.

*a*10677   BULL, R.J., «Towards a 'Corpus Inscriptionum Latinarum Britannicarum in Palestina'», PEQ 102 (1970) 108-110.

*a*10678   MANNS, F., «Nouvelles inscriptions grecques et latines de Palestine», StBiFranc 31 (1981) 245-248.

*a*10679   STARCKY, J., BENNETT, C.-M., «Découvertes récentes au sanctuaire du Qasr à Pétra. - III. Les inscriptions du téménos», Syr. 45 (1968) 41-66.

---

1. Classés selon l'ordre alphabétique. Alphabetically classified. Nach alphabetischen Klasse ablegten. Classificati secondo l'ordine alfabètico. Clasificados en orden alfabético.

a10680 TIBILETTI, G., «Nota all'iscrizione latina di Porsuk», OrAnt 2 (1963) 300-303.
a10681 RIZZO, F.P., «Le iscrizioni di Roma cristiana antica: un legame vitale con il presente», CC 4 (1980) 467-471.
a10682 PFLAUM, H.G., «Inscriptions de la Tripolitaine romaine», Syr. 30 (1953) 296-309.
a10683 LEVI DELLA VIDA, G., «Sulle iscrizioni 'latino-libiche' della Tripolitania», OrAnt 2 (1963) 65-94.

2) Autres textes. Other Texts. Andere Texte. Altri testi. Otros textos.

a10684 CHANDON DE BRIAILLES, F., «Bulles de l'Orient latin», Syr. 27 (1950) 284-300.
a10685 FRÉZOULS, E., «Inscription de Cyrrhus relative à Q. Marcius Turbo», Syr. 30 (1953) 247-278.
a10686 LEMERLE, P., «Fl. Appalius Illus Trocundes», Syr. 40 (1963) 315-322.
a10687 BISSOLI, G., «Lamella con iscrizione latina inedita», StBiFranc 31 (1981) 231-234.

19. Louvite. Luwian. Luwisch. Luvio.

a) Écriture. Writing. Schrift. Scrittura. Escritura.

a10688 MERIGGI, P., «Die hethitische Hieroglyphenschrift», ZA 39 (1930) 165-212.
a10689 JENSEN, P., «Piero Meriggi's Vorstudie zur Entzifferung der hethitischen Hieroglyphenschrift», ZA 40 (1931) 29-64.
a10690 DHORME, É., «Où en est le déchiffrement des hiéroglyphes hittites?» Syr. 14 (1933) 341-367.
a10691 ORT-GEUTHNER, G., «Le déchiffrement par M. Hrozny des hiéroglyphes proto-indiens», Syr. 21 (1940) 241-246.
a10692 LAROCHE, E., «Études sur les hiéroglyphes hittites», Syr. 31 (1954) 99-117.
a10693 BILLIGMEIER, J.-C., «The Values of Certain Hittite Hieroglyphic Signs», JNES 35 (1976) 189-193.

b) Lexique. Vocabulary. Lexikon. Lessico. Léxico.

a10694 GELB, I.J., «The Word for Seal in Hieroglyphic Hittite», Or. 18 (1949) 68-72.
a10695 BOSSERT, H.T., «K-H zuppa-, luw. zūu̯a/zūu̯i, B-L tsupa/tsupi», Or. 29 (1960) 309-371.
a10696 SINGER, I., «Hittite ḫilammar and Hieroglyphic Luwian *ḫilana», ZA 65 (1975) 69-103.
a10697 BRYCE, T.R., «Two Terms of Relationship in the Lycian Inscriptions», JNES 37 (1978) 217-225.

c) Textes, inscriptions. Texts, Inscriptions. Texte, Inschriften. Testi, iscrizioni. Textos, inscripciones.

a10698 HROZNY, B., «L'inscription 'hittite-hiéroglyphique' d'Apamée», Syr. 20 (1939) 134-135.
a10699 BOSSERT, H.T., «Bemerkungen zu einer Hieroglyphen-Hetitischen Inschrift aus Aleppo», Syr. 31 (1954) 225-253.
a10700 MASSON, A., «Épigraphie asianique», Or. 23 (1954) 439-442.

*a*10701 LAROCHE, E., «Études sur les hiéroglyphes hittites. - 4. Les sceaux de Tarsus. - 5. Les chasses de Malatya. - 6. Adana et les Danouniens. - 7. Une signature d'artistes à Karatepe», Syr. 35 (1958) 252-283.

*a*10702 BOSSERT, H.T., «Ist die B-L Schrift im wesentlichen entziffert?» Or. 29 (1960) 423-442.

*a*10703 BOSSERT, H.T., «Die Entzifferung der B-L Schrift wird fortgesetzt», Or. 30 (1961) 110-118.

*a*10704 KALAC, M., «Das Pantheon der hieroglyphenluwischen Inschriften», Or. 34 (1965) 401-427.

*a*10705 MASSON, É., «Quelques sceaux hittites hiéroglyphiques», Syr. 52 (1975) 213-239.

*a*10706 BÖRKER-KLÄHN, J., «Die Hartapus-Kartusche kizildağ 2», ZA 67 (1977) 260-268.

*a*10707 POETTO, M., «L'iscrizione luvio-geroglifica *CIH* 2 XLVIII (Addendum di P. Meriggi)», Or. 47 (1978) 252-262.

*a*10708 POETTO, M., «Una revisione dell'iscrizione luvio-geroglifica di 'Til Barsip II'», OrAnt 17 (1978) 279-285.

*a*10709 MERIGGI, P., POETTO, M., «Contributi allo studio delle iscrizioni in luvio geroglifico», Or. 49 (1980) 252-267.

d) Divers. Miscellaneous. Verschidenes. Diversi. Diversos.

*a*10710 STEINHERR, F., «Zu einer neuen hieroglyphen-hethitischen Studie», Or. 20 (1951) 107-119.

*a*10711 GÜTERBOCK, H.G., «Notes on Luwian Studies (A propos B. Rosenbranz' Book *Beiträge zur Erforschung des Luwischen*)», Or. 25 (1956) 113-140.

*a*10712 BOSSERT, H.T., «Zur Vokalisation des Luwischen», Or. 30 (1961) 314-322.

20. Minoen. Minoan. Minoisch. Minea.

*a*10713 ANSTOCK-DARGA, M., «Bibliographie zur kretisch-minoischen Schrift und Sprache», Or. 20 (1951) 171-181.

*a*10714 MASSON, A., «Épigraphie chypriote», Or. 23 (1954) 442-446.

*a*10715 GORDON, C.H., «Toward a Grammar of Minoan», Or. 32 (1963) 292-297.

*a*10716 GARBINI, G., «Haram: una città minea alleata di Saba», Sem. 23 (1973) 125-133.

21. Moabite. Moabitisch. Moabito. Moabita.

*a*10717 WALLIS, G., «Die vierzig Jahre der achten Zeile der Mesa-Inschrift», ZDPV 81 (1965) 180-186.

*a*10718 ANDERSEN, F.I., «Moabite Syntax», Or. 35 (1966) 81-119.

*a*10719 MILLER, P.D., Jr., «A Note on the Meša' Inscription», Or. 38 (1969) 461-464.

*a*10720 AVIGAD, N., «Ammonite and Moabite Seals», dans SANDERS, J.A. (Ed.), *Essays in Honor of Nelson Glueck. Near Eastern Archaeology in the Twentieth Century* (Garden City, NY, Doubleday, 1970), 284-295.

*a*10721 GIBSON, J.C.L., *Textbook of Syrian Semitic Inscriptions* (Oxford, Clarendon Press, 1971), Vol. I: *Hebrew and Moabite Inscriptions*, xi-119 pp.

*a*10722 LIPINSKI, E., «Etymological and Exegetical Notes on the Meša' Inscription», Or. 40 (1971) 325-340.

*a*10723 MILLER, M., «The Moabite Stone as a Memorial Stela», PEQ 106 (1974) 9-18.

*a*10724 AVIGAD, N., «New Moabite and Ammonite Seals at the Israel Museum», ErIs 13 (1977) 108-110 (English summary).

a10725 AUFFRET, P., «Essai sur la structure littéraire de la stèle de Mésha», UF 12 (1980) 109-124.

a10726 BLAU, J., «Short Philological Notes on the Inscription of Meša'», Maarav 2, no 2 (1980) 143-157.

22. Nabatéen. Nabatean. Nabatäisch. Nabateo.

a10727 MILIK, J.-T., «Nouvelles inscriptions nabatéennes», Syr. 35 (1958) 227-251.

a10728 BROOME, E.C., «Nabaiati, Nebaioth and the Nabataeans: The Linguistic Problem», JSS 18 (1973) 1-16.

a10729 DRIJVERS, H.J.W., «Nabataean», dans *A Basic Bibliography for the Study of the Semitic Languages* (en collab.) (1973), I, 311-316.

a10730 NEGEV, A., «A Nabatean Sanctuary at Jebel Moneijah, Southern Sinai», IsrEJ 27 (1977) 219-231.

a10731 BENNETT, C.-M., KENNEDY, D.L., «A New Roman Military Inscription from Petra», Levant 10 (1978) 163-165.

a10732 KHAIRY, N.I., «An Analytical Study of the Nabataean Monumental Inscriptions at *Medā'in Ṣāleḥ*», ZDPV 96 (1980) 163-168.

a10733 KHAIRY, N.I., MILIK, J.T., «A New Dedicatory Nabataean Inscription from Wadi Musa», PEQ 113 (1981) 19-26.

a10734 NEGEV, A., «Nabatean, Greek and Thamudic Inscriptions from the Wadi Haggag - Jebel Musa Road», IsrEJ 31 (1981) 66-75.

a10735 NEGEV, A., «Nabatean Inscriptions in Southern Sinai», BA 45 (1982) 21-25.

23. Palmyrénien. Palmyrene. Palmyrenisch. Palmireno.

a) *Études générales. General Studies. Allgemeine Abhandlungen.*
   Studi generali. Estudios generales.

a10736 CANTINEAU, J., «Tadmorea», Syr. 14 (1933) 169-202; 17 (1936) 267-282, 346-355; 19 (1938) 72-82, 153-171.

a10737 STARK, K.J., *Personal Names in Palmyrene Inscriptions* (London, Oxford University Press, 1971), 172 pp.

a10738 GAWLIKOWSKI, M., «Le tadmoréen», Syr. 51 (1974) 91-103.

b) *Textes, inscriptions. Texts, Inscriptions. Texte, Inschriften.*
   Testi, iscrizioni. Textos, inscripciones.

a10739 CANTINEAU, J., «Textes palmyréniens provenant de la fouille du Temple de Bel», Syr. 12 (1931) 116-142.

a10740 INGHOLT, H., «Deux inscriptions bilingues de Palmyre», Syr. 13 (1932) 278-292.

a10741 SEYRIG, H., «Autour d'une dédicace palmyrénienne à Šadrafa et à Du'anat», Syr. 26 (1949) 43-85.

a10742 RODINSON, M., «Une inscription trilingue de Palmyre», Syr. 27 (1950) 137-142.

a10743 SCHLUMBERGER, D., «Palmyre et la Mésène», Syr. 38 (1961) 256-260.

a10744 STARCKY, J., «Une inscription palmyrénienne trouvée près de l'Euphrate», Syr. 40 (1963) 47-55.

a10745 TEIXIDOR, J., «Deux inscriptions palmyréniennes du musée de Bagdad», Syr. 40 (1963) 33-46.

a10746 GAWLIKOWSKI, M., «Nouvelles inscriptions du camp de Dioclétien», Syr. 47 (1970) 313-325.

a10747 GAWLIKOWSKI, M., «Inscriptions de Palmyre», Syr. 48 (1971) 407-426.

a10748 STARCKY, J., «Relief dédié au dieu Mun'îm», Sem. 22 (1972) 57-65.

a10749 STARCKY, J., DELAVAULT, B., «Reliefs palmyréniens inédits», Sem. 24 (1974) 67-73.

a10750 AGGOULA, B., «Dédicace palmyrénienne à la Renommée et à la Miséricorde», Sem. 27 (1977) 117-122.

a10751 DRIJVERS, H.J.W., «Une main votive en bronze, trouvée à Palmyre, dédiée à Ba'alshamên», Sem. 27 (1977) 105-116.

a10752 AGGOULA, B., «Remarques sur l'*Inventaire des Inscriptions de Palmyre*, fasc. XI et XII», Sem. 29 (1979) 109-118.

a10753 LOZACHMEUR, H., «Relief palmyrénien», Sem. 29 (1979) 105-107.

a10754 TEIXIDOR, J., «L'inscription palmyrénienne *Inv.* XII, 45», Sem. 30 (1980) 61-62.

24. Persan. Persian. Persisch. Persiano. Persa.

a) Lexique. Vocabulary. Lexikon. Lessico. Léxico.

a10755 EILERS, W., «Altpersische Miszellen I», ZA 51 (1955) 225-236.

a10756 SCHMITT, R., «Ein altpersisches *ghostword* und das sog. 'inverse *ca*'», Or. 32 (1963) 437-448.

a10757 HINZ, W., «Zu altpersisch *brazmaniya*», Or. 33 (1964) 262.

a10758 MAYRHOFER, M., «Altpersische Späne», Or. 33 (1964) 72-87.

a10759 ZADOK, R., «On five Iranian names in the Old Testament», VT 26 (1976) 246-247.

b) Textes. Texts. Texte. Testi. Textos.

a10760 WEISSBACH, F.H., «Die dreisprachige Inschrift Darius Susa e», ZA 44 (1938) 150-169.

a10761 WEISSBACH, F.H., «Die fünfte Kolumne der grossen Bisutūn-Inschrift», ZA 46 (1940) 53-82.

a10762 MAYRHOFER, M., SCHMITT, R., «Eine Notiz zur altiranischen Namenkunde», Or. 31 (1962) 313-321.

a10763 KHLOPIN, I.N., «Zur DPe-Inschrift ZZ. 13-15», OLoP 4 (1973) 113-119.

a10764 HULSTAERT, L., «DPe 13-15 and DB I, 15-17 reconsidered», OLoP 5 (1974) 21-29.

**25. Phénicien, punique. Phoenician, Punic.
Phönizisch, Punisch. Fenicio, punico. Feno, púnico.**

a) Lexique. Vocabulary. Lexikon. Lessico. Léxico.

a10765 HONEYMAN, A.M., «The phoenician title *mtrḥ 'štrny*», RHR 121 (1940) 5-17.

a10766 FÉVRIER, J.-G., «Molchomor», RHR 143 (1953) 8-18.

a10767 FÉVRIER, J.-G., «Sur le mot 'LT en phénicien et en punique», Sem. 5 (1955) 59-62.

a10768 SZNYCER, M., «À propos du nom propre punique 'BDL'Y», Sem. 13 (1963) 21-30.

a10769 SCHULT, H., «Ein schriftlicher Beleg für 'Plethi'?» ZDPV 81 (1965) 74-79.

a10770 SEGERT, S., «Some Phoenician Etymologies of North African Toponyms», OrAnt 5 (1966) 19-25.

a10771 KELLERMANN, D., «Ein Beitrag zur Bedeutung des Wortes MRQ'», ZDPV 86 (1970) 24-37.

a10772 AVISHUR, Y., «Word Pairs Common to Phoenician and Biblical Hebrew», UF 7 (1975) 13-47.

a10773 GARBINI, G., «Terminologia sacrificale fenicia: pg'», BibOr 21 (1979) 109-113.

a10774 SZNYCER, M., «Deux noms de Phéniciens d'Ascalon à Démétrias (Thessalie)», Sem. 29 (1979) 45-52.

b) *Grammaire. Grammar. Grammatik. Grammatica. Gramática.*

a10775 FRIEDRICH, J., RÖLLIG, W., *Phoenizische-Punische Grammatik²* (Analecta Orientalia, 46) (Roma, Pontificium Institutum Biblicum, 1970), 188 pp.

a10776 KRAHMALKOV, C.R., «Studies in Phoenician and Punic Grammar», JSS 15 (1970) 181-188.

a10777 DOTAN, A., «Phoenician a > o Shift in Some Greek Transcriptions», UF 3 (1971) 293-297.

a10778 KRAHMALKOV, C.R., «Comments on the Vocalization of the Suffix Pronoun of the Third Feminine Singular in Phoenician and Punic», JSS 17 (1972) 68-75.

a10779 SZNYCER, M., «Quelques remarques à propos de la formation de l'alphabet phénicien», Sem. 24 (1974) 5-12.

a10780 AVISHUR, Y., «Studies of Stylistic Features Common to the Phoenician Inscriptions and the Bible», UF 8 (1976) 1-22.

a10781 SEGERT, S., *A Grammar of Phoenician and Punic* (München, Beck, 1976), 330 pp.

a10782 DAHOOD, M., «Phoenician-Punic Philology», Or. 46 (1977) 462-475.

a10783 TOMBACK, R.S., «Gemination in Punic», JNWSemL 5 (1977) 67-68.

a10784 KRAHMALKOV, C.R., «On the third feminine singular of the perfect in Phoenician-Punic», JSS 24 (1979) 25-28.

a10785 PUECH, É., «Note sur la particule accusativale en phénicien», Sem. 32 (1982) 51-55.

a10786 BARRÉ, M.L., «An Unrecognized Precative Construction in Phoenician and Hebrew», Bibl 64 (1983) 411-422.

c) *Textes. Texts. Texte. Testi. Textos.*

1) Selon les lieux d'origine. According to the Origin. Der Herkunft nach.
Secondo l'origine. Según la procedencia.[1]

a10787 FÉVRIER, J.-G., «Une corporation de l'encens à Althiburos», Sem. 4 (1951-52) 19-24.

a10788 SZNYCER, M., «Une inscription punique d'Althiburos (Henshir Médéina)», Sem. 32 (1982) 57-66.

a10789 CROSS, F.M., «Two Offering Dishes with Phoenician Inscriptions from the Sanctuary of Arad», BASOR n° 235 (1979) 75-78.

a10790 BORDREUIL, P., «Une inscription phénicienne sur jarre provenant des fouilles de Tell 'Arqa», Syr. 54 (1977) 25-30.

a10791 VAN DEN BRANDEN, A., «La tavoletta magica di Arslan Tash», BibOr 3 (1961) 41-47.

a10792 CAQUOT, A., DU MESNIL DU BUISSON, R., «La seconde tablette ou 'petite amulette' d'Arslan Tash», Syr. 48 (1971) 391-406.

---

1. Classés selon l'ordre alphabétique. Alphabetically classified. Nach der alphabetischen Klasse ablegten. Classificati secondo l'ordine alfabètico. Clasificados en orden alfabético.

*a*10793 AVISHUR, Y., «The Second Amulet Incantation from Arslan-Tash», UF 10 (1978) 29-36.

*a*10794 GARBINI, G., «Gli incantesimi fenici di Arslan Taş», OrAnt 20 (1981) 277-294.

*a*10795 SWIGGERS, P., «A Note on the Phoenician Inscription of Azitiwada», UF 12 (1980) 440.

*a*10796 SWIGGERS, P., «The Phoenician Inscription of Batnú am», OLoP 11 (1980) 111-116.

*a*10797 SZNYCER, M., «Observations sur l'inscription néopunique de Bir Tlelsa», Sem. 32 (1982) 33-41.

*a*10798 SZNYCER, M., «Le texte néopunique de la bilingue de Bordj Hellal», Sem. 27 (1977) 47-57.

*a*10799 CROSS, F.M., Jr., «The Phoenician Inscription from Brazil. A Nineteenth-Century Forgery», Or. 37 (1968) 437-460.

*a*10800 GORDON, C.H., «The Canaanite Text from Brazil», Or. 37 (1968) 425-436.

*a*10801 GORDON, C.H., «Reply to Professor Cross», Or. 37 (1968) 461-463 [Cf. Or. 37 (1968) 437-460].

*a*10802 DUNAND, M., «Nouvelle inscription découverte à Byblos», Syr. 11 (1930) 1-10.

*a*10803 DHORME, É., «Déchiffrement des textes pseudo-hiéroglyphiques de Byblos», Syr. 25 (1946-48) 1-35.

*a*10804 DHORME, É., «Appendice au déchiffrement des Pseudo-hiéroglyphes de Byblos», Syr. 27 (1950) 203-204.

*a*10805 MARTIN, M., «A Preliminary Report after Re-Examination of the Byblian Inscriptions», Or. 30 (1961) 46-78.

*a*10806 BORDREUIL, P., «Une inscription phénicienne champlevée des environs de Byblos», Sem. 27 (1977) 23-27.

*a*10807 TEIXIDOR, J., «An Archaic Inscription from Byblos», BASOR nº 225 (1977) 70-71.

*a*10808 CROSS, F.M., «A Recently Published Phoenician Inscription of the Persian Period from Byblos», IsrEJ 29 (1979) 40-44.

*a*10809 DELCOR, M., «Une inscription punique inédite trouvée à Carthage et conservée dans la région de Toulouse», OrAnt 7 (1968) 213-221.

*a*10810 VAN DEN BRANDEN, A., «Il testo fenicio sul medaglione di Cartagine», BibOr 11 (1969) 197-203.

*a*10811 FANTAR, M., «Stèles inédites de Carthage», Sem. 24 (1974) 13-21.

*a*10812 SZNYCER, M., «Une inscription punique de Carthage retrouvée au Musée d'Angers», Sem. 26 (1976) 81-91.

*a*10813 FÉVRIER, J.-G., «L'inscription néopunique Cherchell I», RHR 141 (1952) 19-25.

*a*10814 CAQUOT, A., MASSON, O., «Deux inscriptions phéniciennes de Chypre», Syr. 45 (1968) 295-321.

*a*10815 MÜLLER, H.-P., «Die phönizische Grabinschrift aus dem Zypern-Museum KAI 30 und die Formgeschichte des nordwestsemitischen Epitaphs», ZA 65 (1975) 104-132 (Chypre).

*a*10816 PUECH, É., «Remarques sur quelques inscriptions phéniciennes de Chypre», Sem. 29 (1979) 19-43.

*a*10817 VAN DEN BRANDEN, A., «L'ancienne inscription phénicienne de Chypre, KAI.30», BibOr 24 (1982) 167-174.

*a*10818 DELEKAT, L., «Ein Papyrusbrief in einer phönizisch gefärbten Konsekutivtempus-Sprache aus Ägypten (KAI 50)», Or. 40 (1971) 401-409 (Égypte).

*a*10819 VAN DEN BRANDEN, A., «L'inscription punique d'Éryx, CIS. 135», OLoP 12 (1981) 147-159.

*a*10820 SZNYCER, M., «Deux inscriptions funéraires néopuniques de Henchir Guerguour (Masculula)», Sem. 33 (1983) 51-57.

a10821 BORDREUIL, P., «L'estampille phénicienne d'Ibn Hani 1978», Syr. 58 (1981) 297-299.

a10822 SOLA SOLÉ, J.-M., «La plaquette en bronze d'Ibiza», Sem. 4 (1951-52) 25-31.

a10823 DELCOR, M., «La grotte d'Es Cuyram à Ibiza et le problème de ses inscriptions votives en punique», Sem. 28 (1978) 27-52.

a10824 VAN DEN BRANDEN, A., «I cocci con iscrizioni di Kâmid el-Lôz», BibOr 18 (1976) 49-59.

a10825 HONEYMAN, A.M., «Epigraphic Discoveries at Karatepe», PEQ 81 (1949) 21-39.

a10826 O'CALLAGHAN, R.T., «The Great Phoenician Portal Inscription from Karatepe», Or. 18 (1949) 173-205.

a10827 FRIEDRICH, J., «Zur Interpretation von Satz XVI der phönizisch-bildhethitischen Bilinguis von Karatepe», Or. 31 (1962) 223-224.

a10828 BARRÉ, M.L., «An Analysis of the Royal Blessing in the Karatepe Inscription», Maarav 3 (1982) 177-194.

a10829 VAN DEN BRANDEN, A., «Karatepe II,5-6», BibOr 25 (1983) 163-170.

a10830 GARBINI, G., «L'iscrizione fenicia di Kilamuwa e il verbo škr in semitico nordoccidentale», BibOr 19 (1977) 113-118.

a10831 O'CONNOR, M., «The Rhetoric of the Kilamuya Inscription», BASOR n° 226 (1977) 15-29.

a10832 VAN DEN BRANDEN, A., «Elenco delle spese del tempio di Cition, Cis 86 A e B», BibOr 8 (1966) 245-262 (Kition).

a10833 PECKHAM, B., «Notes on a Fifth-Century Phoenician Inscription from Kition, Cyprus (CIS 86)», Or. 37 (1968) 304-324.

a10834 COOTE, R.B., «The Kition Bowl», BASOR n° 220 (1976) 47-50.

a10835 VAN DEN BRANDEN, A., «Iscrizione fenicia su una coppa di Kition», BibOr 19 (1977) 21-26.

a10836 GUZZO AMADASI, M.G., «Remarques sur trois anthroponymes de Kition», Sem. 28 (1978) 15-26.

a10837 DELCOR, M., «Le personnel du temple d'Astarté à Kition d'après une tablette phénicienne (CIS 86A et B)», UF 11 (1979) 147-164.

a10838 VAN DEN BRANDEN, A., «L'inscription phénicienne de Larnax Lapethou II», OrAnt 3 (1964) 245-261.

a10839 GALAND, L., SZNYCER, M., «Une nouvelle inscription punico-libyque de Lixus», Sem. 20 (1970) 5-16.

a10840 FÉVRIER, J.-G., «La grande inscription dédicatoire de Mactar», Sem. 6 (1956) 15-31.

a10841 LANDGRAF, J., «The Manaḥat Inscription», Levant 3 (1971) 92-95.

a10842 VAN DEN BRANDEN, A., «L'iscrizione fenicia di Maʻsub», BibOr 7 (1965) 69-75.

a10843 DELCOR, M., «À propos du sens de SPR dans le Tarif sacrificiel de Marseille (CIS I,165,12): parfum d'origine végétale ou parfum d'origine animale?» Sem. 33 (1983) 33-39.

a10844 ROCCO, B., «L'iscrizione punica di Mozia», BibOr 9 (1967) 209-211.

a10845 VAN DEN BRANDEN, A., «L'iscrizione fenicia su un sarcofago conservato un tempo al museo di Nicosia», BibOr 20 (1978) 97-111.

a10846 HELTZER, M., «Eighth Century B.C. Inscriptions from Kalakh (Nimrud)», PEQ 110 (1978) 3-9.

a10847 HELTZER, M., «The Inscription on the Nimrud Bronze Bowl No. 5 (BM.91303)», PEQ 114 (1982) 1-6.

a10848 DELCOR, M., «Réflexions sur l'inscription phénicienne de Nora en Sardaigne», Syr. 45 (1968) 323-352.

a10849 PECKHAM, B., «The Nora Inscription», Or. 41 (1972) 457-468.

*a*10850   DELAVAULT, B., LEMAIRE, A., «Une stèle 'molk' de Palestine, dédiée à Eshmoun? RES 367 reconsidéré», RB 83 (1976) 569-583.

*a*10851   FRIEDRICH, J., «Die Unechtheit der phönizischen Inschrift aus Parahyba», Or. 37 (1968) 421-424.

*a*10852   GORDON, C.H., «The Authenticity of the Phoenician Text from Parahyba», Or. 37 (1968) 75-80.

*a*10853   GUZZO AMADASI, M.G., «Sull'autenticità del testo fenicio di Parahyba», OrAnt 7 (1968) 245-261.

*a*10854   FERRON, J., «Quelques remarques à propos de l'inscription phénicienne de Pyrgi», OrAnt 4 (1965) 181-198.

*a*10855   FÉVRIER, J.G., «Remarques sur l'inscription punique de Pyrgi», OrAnt 4 (1965) 175-180.

*a*10856   GARBINI, G., LEVI DELLA VIDA, G., «Considerazioni sull'iscrizione punica di Pyrgi», OrAnt 4 (1965) 35-52.

*a*10857   FERRON, J., «Précision supplémentaire relative à la datation contenue dans le texte phénicien de Pyrgi», OrAnt 5 (1966) 203-206.

*a*10858   PFIFFIG, A.J., «Weitere Bemerkungen zur Interpretation des punischen Textes von Pyrgi», OrAnt 5 (1966) 207-221.

*a*10859   SOGGIN, J.A., *Old Testament and Oriental Studies* (1975), «'The Burial of the Godhead' in the Inscription of Pyrgi (lines 8-9) and Parallel Motifs in the Old Testament» (1970), 112-119.

*a*10860   GARBINI, G., «Un'iscrizione funeraria fenicia da Salamina di Cipro», OrAnt 20 (1981) 119-123.

*a*10861   DUPONT-SOMMER, A., «Note on a Phoenician Papyrus from Saqqara», PEQ 81 (1949) 52-57.

*a*10862   PRITCHARD, J.B., *Recovering Sarepta. A Phoenician City*. Excavations at Sarafand, Lebanon, 1969-1974, by the University Museum of the University of Pennsylvania (Princeton, NJ, Princeton University Press, 1978), xvi-162 pp. ('The Inscriptions', 97-110).

*a*10863   BORDREUIL, P., «L'inscription phénicienne de Sarafand en cunéiformes alphabétiques», UF 11 (1979) 63-68.

*a*10864   BISI, A.M., «Anse di anfore con lettere puniche da Selinunte», OrAnt 6 (1967) 245-257.

*a*10865   VAN DEN BRANDEN, A., «Le disque de bronze de Shiqmona», BibOr 22 (1980) 219-225.

*a*10866   SZNYCER, M., «Une inscription punique trouvée à Monte Sirai (Sardaigne)», Sem. 15 (1965) 35-43.

*a*10867   TUSA, V., «'Oscillum' inscritto da Solunto», OrAnt 4 (1965) 199-201.

*a*10868   ROCCO, B., «L'iscrizione bilingue dell'*oscillum* di Solunto», OrAnt 7 (1968) 195-197.

*a*10869   BARRECA, F., «Nuove iscrizioni fenicie da Sulcis», OrAnt 4 (1965) 53-57.

*a*10870   VAN DEN BRANDEN, A., «L'iscrizione neopunica di Sulcis, cis. 151», BibOr 19 (1977) 273-277.

*a*10871   PILI, F., «L'iscrizione neopunica 'Sulcitana Secunda'», BibOr 22 (1980) 213-218.

*a*10872   FANTAR, M., «La stèle néopunique de Suo», Sem. 25 (1975) 69-74.

*a*10873   TEIXIDOR, J., «Inscription phénicienne de Tartous (RÉS 56)», Syr. 56 (1979) 145-151.

*a*10874   FRIEDRICH, J., «Römische Beamtenbezeichnungen in punischen Inschriften Tripolitaniens», Or. 24 (1955) 156-158.

*a*10875   SZNYCER, M., «Sur l'inscription néopunique 'Tripolitaine 27'», Sem. 12 (1962) 45-50.

*a*10876   LEVI DELLA VIDA, G., «Ostracon Neopunico dalla Tripolitania», Or. 33 (1964) 1-14.

a10877 CAQUOT, A., «Le dieu Milk'ashtart et les inscriptions d''Umm el 'Amed», Sem. 15 (1965) 29-33.

a10878 SNYCER, M., «Remarques sur le graffito phénicien en caractères grecs de la grotte de Wasṭa», Sem. 8 (1958) 5-10.

2) Divers. Miscellaneous. Verschiedenes. Diversi. Diversos.

a10879 DUPONT-SOMMER, A., «Une inscription nouvelle du roi Kilamou et le dieu Rekoubel», RHR 133 (1947) 19-33.

a10880 DUPONT-SOMMER, A., «L'inscription de Yeḥawmilk, roi de Byblos», Sem. 3 (1950) 35-44.

a10881 FÉVRIER, J.-G., «Vir Sidonius», Sem. 4 (1951-52) 13-18.

a10882 FÉVRIER, J.-G., «Épitaphe néopunique d'une prêtresse», Sem. 5 (1955) 63-64.

a10883 GRELOT, P., «Sur une pointe de flèche à inscription phénicienne», Or. 26 (1957) 273-279.

a10884 FÉVRIER, J.-G., «Textes puniques et néopuniques relatifs aux testaments», Sem. 11 (1961) 5-8.

a10885 FÉVRIER, J.-G., «Bocchus le Jeune et les Sosii», Sem. 11 (1961) 9-15.

a10886 FÉVRIER, J.G., «Remarques sur l'épigraphie néopunique», OrAnt 2 (1963) 257-267.

a10887 VAN DEN BRANDEN, A., «Titoli tolemaici», BibOr 6 (1964) 60-72.

a10888 LEVI DELLA VIDA, G., «Parerga Neopunica», OrAnt 4 (1965) 59-70.

a10889 FERRON, J., «Épigraphie funéraire punique», OrAnt 5 (1966) 197-201.

a10890 HELTZER, M., «Some Considerations about the Phoenician Inscription Hispania 14», OrAnt 6 (1967) 265-268.

a10891 SOLA I SOLÉ, J.M., «Assaig d'interpretació d'algunes inscripcions 'ibèriques' mitjançant el fenici i púnic», OrAnt 7 (1968) 223-244.

a10892 KRAHMALKOV, C., «The Punic Speech of Hanno», Or. 39 (1970) 52-74.

a10893 KRAHMALKOV, C., «Observations on the Phoenician Inscription Hispania 14», OrAnt 11 (1972) 209-214.

a10894 SZNYCER, M., «Quelques observations sur la grande inscription dédicatoire de Mactar», Sem. 22 (1972) 25-43.

a10895 VAN DEN BRANDEN, A., «L'iscrizione neopunica KAI 162», BibOr 14 (1972) 195-200.

a10896 LEMAIRE, A., «Essai sur cinq sceaux phéniciens», Sem. 27 (1977) 29-40.

a10897 MASSON, O., «Libyca», Sem. 25 (1975) 75-85; 27 (1977) 41-45.

a10898 CROSS, F.M., «Newly Found Inscriptions in Old Canaanite and Early Phoenician Scripts», BASOR nº 238 (1980) 1-20.

a10899 VAN DEN BRANDEN, A., «Note riguardanti l'iscrizione punica CIS 6000 bis», BibOr 23 (1981) 155-159.

a10900 AVIGAD, N., GREENFIELD, J.C., «A Bronze phialē with a Phoenician Dedicatory Inscription», IsrEJ 32 (1982) 118-128.

a10901 GIBSON, J.C.L., Textbook of Syrian Semitic Inscriptions. Vol. III: Phoenician Inscriptions, including Inscriptions in the Mixed Dialect of Arslan Tash (Oxford, Clarendon Press, 1982), xx-188 pp.

a10902 LIPINSKI, E., «Notes d'épigraphie phénicienne et punique», OLoP 14 (1983) 129-165.

a10903 MAZZA, F., «A proposito di una iscrizione neopunica dipinta su anfora», OrAnt 22 (1983) 61-65.

d) Divers. Miscellaneous. Verschiedenes. Diversi. Diversos.

a10904   HELCK, W., «Zur Herkunft der sog. 'phönizischen' Schrift», UF 4 (1972) 41-45.
a10905   EISSFELDT, O., «The Beginnings of Phoenician Epigraphy according to a Letter
         Written by Wilhelm Gesenius in 1935», PEQ 79 (1947) 68-86.
a10906   BISI, A.M., «Studi punici - I-III», OrAnt 5 (1966) 223-248.
a10907   VEENHOF, K.R., «Phoenician-Punic», dans *A Basic Bibliography for the Study of the
         Semitic Languages* (en collab.) (1973) I, 146-171.

26. Sudarabe. South-Arabian. Südarabisch. Sud-arabo. Sudárabe.

a) Lexique. Vocabulary. Lexikon. Lessico. Léxico.

a10908   RYCKMANS, G., «Heaven and Earth in the South Arabian Inscriptions», JSS 3 (1958)
         225-236.
a10909   DE MOOR, J.C., «Ugaritic *ṬKH* and South Arabian *MṬKH*», VT 14 (1964) 371-372.
a10910   IRVINE, A.K., «On the Identity of Ḥabashat in the South Arabian Inscriptions», JSS 10
         (1965) 178-196.
a10911   BRON, F., «Notes de lexicographie sud-arabique», Sem. 23 (1973) 135-137.
a10912   MÜLLER, W.W., «Noch einmal ugaritisch *tltid* = altsüdarabisch *šltt'd*», UF 10 (1978)
         442-443.
a10913   PIRENNE, J., «Sud-arabe: QYF - QF ∥ MQF. De la lexicographie à la spiritualité des
         'idolâtres'», Sem. 30 (1980) 93-124.
a10914   RYCKMANS, J., «'Uzzā et Lāt dans les inscriptions sud-arabes: à propos de deux
         amulettes méconnues», JSS 25 (1980) 193-204.

b) Grammaire. Grammar. Grammatik. Grammatica. Gramática.

a10915   JAMME, A., «Syntax of the Adjective in South Arabian», JSS 2 (1957) 176-181.
a10916   BEESTON, A.F.L., «The Syntax of the Adjective in Old South Arabian: Remarks on
         Jamme's Theory», JSS 3 (1958) 142-145.
a10917   JAMME, A., «The Syntax of South-Arabian Adjectives Again», JSS 4 (1959) 264-267.
a10918   MÜLLER, Z., «Über Beziehungen zwischen den neusüdarabischen und abessinischen
         Sprachen», JSS 9 (1964) 50-55.
a10919   JOHNSTONE, T.M., «Diminutive Patterns in the Modern South Arabian Languages»,
         JSS 18 (1973) 98-107.
a10920   BRON, F., ROBIN, C., «Nouvelles données sur l'ordre des lettres de l'alphabet sud-
         arabique», Sem. 24 (1974) 77-83.

c) Textes, inscriptions. Texts, Inscriptions. Texte, Inschriften.
   Testi, iscrizioni. Textos, inscripciones.

a10921   MORDTMANN, J.H., MITTWOCH, E., «Altsudarabische Inschriften. Die Sammlung
         Kaiky Muncherjee in Aden», Or. 1 (1932) 24-33, 116-128, 257-273.
a10922   MORDTMANN, J.H., MITTWOCH, E., «Allsüdarabische Inschriften», Or. 2 (1933)
         50-60.
a10923   MORDTMANN, J.H., MITTWOCH, E., «Bemerkungen zu altsüdarabischen
         Inschriften», Or. 3 (1934) 42-62.

*a*10924   MITTWOCH, E., SCHLOBIES, H., «Altsüdarabische Inschriften in Hamburgischen Museum für Völkerkunde», Or. 5 (1936) 1-34, 278-293, 349-357; 6 (1937) 83-100, 222-233, 305-316; 7 (1938) 95-99, 233-238, 343-354.

*a*10925   SCHLOBIES, H., «Neue Dokumente zur südarabischen Epigraphik», Or. 5 (1936) 57-63.

*a*10926   WINNETT, F.V., «A Himyarite Bronze Tablet», BASOR no 110 (1948) 23-25.

*a*10927   BOTTERWECK, G.J., «Altsüdarabische Glaser-Inschriften», Or. 19 (1950) 435-444.

*a*10928   BEESTON, A.F.L., «Remarks on the Hadrami Inscription Jamme 402», Or. 22 (1953) 416-417 (A Hadrami Votive Text).

*a*10929   JAMME, A., «Une inscription hadramoutique en bronze», Or. 22 (1953) 158-165.

*a*10930   JAMME, A., «Notes additionnelles à l'inscription Jamme 402», Or. 23 (1954) 252 (inscription hadramoutique).

*a*10931   JAMME, A., «Some Qatabanian Inscriptions Dedicating 'Daughters of God'», BASOR no 138 (1955) 39-47.

*a*10932   VAN BEEK, G.W., JAMME, A., «An Inscribed South Arabian Clay Stamp from Bethel», BASOR no 151 (1958) 9-16.

*a*10933   PIRENNE, J., «Notes d'archéologie sud-arabe. 1. Stèles à la déesse Dhat Himyan», Syr. 37 (1960) 326-347.

*a*10934   VAN BEEK, G.W., «The South-Arabian Clay Stamp from Bethel again», BASOR no 163 (1961) 15-18.

*a*10935   HONEYMAN, A.M., «Epigraphic South Arabian Antiquities», JNES 21 (1962) 38-43.

*a*10936   JAMME, A., «Preliminary Report on Epigraphic Research in Northwestern Wâdî Hadramawt and at al-'Abar», BASOR no 172 (1963) 41-54.

*a*10937   PIRENNE, J., «Contribution à l'épigraphie sud-arabique», Sem. 16 (1966) 73-99.

*a*10938   JAMME, A., «New Hasaean and Sabaean Inscriptions from Saudi Arabia», OrAnt 6 (1967) 181-187.

*a*10939   JAMME, A., «Safaitic Inscriptions from Saudi Arabia», OrAnt 6 (1967) 189-213.

*a*10940   BEESTON, A.F.L., «A Sabaean Trader's Misfortunes», JSS 14 (1969) 227-230.

*a*10941   DE CONTENSON, H., «Trois sculptures de l'Arabie du Sud», Syr. 46 (1969) 99-103.

*a*10942   RYCKMANS, J., «L'inscription Sud-Arabe Nami NAG 13-14», ErIs 9 (1969) 102-108.

*a*10943   YADIN, Y., «An Inscribed South-Arabian Clay Stamp from Bethel?» BASOR no 196 (1969) 37-45.

*a*10944   AVANZINI, A., «Note su una nuova iscrizione di Šaraḥb'il Ya'fur», OrAnt 12 (1973) 227-232.

*a*10945   GARBINI, G., «Haram: una città minea alleata di Saba», Sem. 23 (1973) 125-133.

*a*10946   BEESTON, A.F.L., «Epigraphic South Arabian Auxiliaries», JSS 20 (1975) 191-192.

*a*10947   ROBIN, C., «Résultats épigraphiques et archéologiques de deux brefs séjours en République arabe du Yémen», Sem. 26 (1976) 167-193.

*a*10948   VAN BEEK, G.W., JAMME, A., «A Hellenistic Bronze Figurine from South Arabia», JNES 35 (1976) 195-198.

*a*10949   GARBINI, G., «Deux notes sudarabiques», Sem. 28 (1978) 97-102.

*a*10950   ROBIN, C., «Quelques graffites préislamiques de al-Ḥazā'in (Nord-Yémen)», Sem. 28 (1978) 103-128.

*a*10951   BRON, F., «Inscriptions et antiquités sudarabiques», Sem. 29 (1979) 131-135.

*a*10952   ROBIN, C., BRON, F., «Deux inscriptions sudarabiques du Haut-Yāfi' (Sud-Yémen)», Sem. 29 (1979) 137-145.

*a*10953   IPPOLITONI STRIKA, F., «Materiali yemeniti inediti del Museo Nazionale d'Arte Orientale di Roma», OrAnt 19 (1980) 295-306.

27. Syriaque. Syriac. Syrisch. Siriaco.

a) Lexique. Vocabulary. Lexikon. Lessico. Léxico.

a10954   SCHLEIFER, J., «Berichtigungen und Ergänzungen zum Supplement des *Thesaurus Syriacus*», Or. 8 (1939) 25-58.
a10955   VATTIONI, F., «À propos du nom propre syriaque *Gusai*», Sem. 16 (1966) 39-41.
a10956   KÖBERT, R., «Addenda ad *Vocabularium Syriacum*, Romae, 1956», Or. 39 (1970) 315-319.
a10957   BRAVMANN, M.M., «Syriac *dalmā* 'lest', 'perhaps', and some related Arabic Phenomena», JSS 15 (1970) 189-204.
a10958   KÖBERT, R., «Syr. *meskēnē měnassaiyā* Aussätzige», Bibl 58 (1977) 531.

b) Grammaire. Grammar. Grammatik. Grammatica. Gramática.

a10959   POLOTSKY, J.J., «Studies in Modern Syriac», JSS 6 (1961) 1-32.
a10960   PIRENNE, J., «Aux origines de la graphie syriaque», Syr. 40 (1963) 101-137.
a10961   DRIJVERS, H.J.W., «Syriac and Aramaic», dans *A Basic Bibliography for the Study of the Semitic Languages* (en collab.) (1973), I, 283-335.
a10962   MURAOKA, T., «On the Nominal Clause in the Old Syriac Gospels», JSS 20 (1975) 28-37.

c) Textes. Texts. Texte. Testi. Textos.

a10963   LEROY, J., «Le manuscrit syriaque 356 de la Bibliothèque nationale. Sa date et son lieu de composition», Syr. 24 (1944-45) 194-205.
a10964   DE MENASCE, J., GUILLOU, A., «Un cachet manichéen de la Bibliothèque Nationale», RHR 131 (1946) 81-84.
a10965   GUILLAUMONT, A., «Le texte syriaque des Six Centuries d'Évagre le Pontique», Sem. 4 (1951-52) 59-66.
a10966   MARICQ, A., «Les plus anciennes inscriptions syriaques», Syr. 34 (1957) 303-305.
a10967   PHILONENKO, M., «L'origine essénienne des cinq Psaumes syriaques de David», Sem. 9 (1959) 35-48.
a10968   JARRY, J., «Trouvailles épigraphiques à Saint-Syméon», Syr. 43 (1966) 105-114.
a10969   BROCK, S.P., «A Piece of Wisdom Literature in Syriac», JSS 13 (1968) 212-217.
a10970   BROCK, S.P., «Notes on some Texts in the Mingana Collection», JSS 14 (1969) 205-226.
a10971   BROCK, S.P., «The Laments of the Philosophers over Alexander in Syriac», JSS 15 (1970) 205-218.
a10972   DEGEN, R., «A Further Note on Some Syriac Manuscripts in the Mingana Collections», JSS 17 (1972) 213-217.
a10973   DRIJVERS, H.J.W., *Old-Syriac (Edessean) Inscriptions.* Edited with an Introduction, Indices and a Glossary (Semitic Study Series, New Series, n⁰ III) (Leiden, Brill, 1972), 117 pp.
a10974   JANSMA, T., «Ephraem's Commentary on Exodus: Some Remarks on the Syriac Text and the Latin Translation», JSS 17 (1972) 203-212.
a10975   DRIJVERS, H.J.W., «Syriac and Aramaic», dans *A Basic Bibliography for the Study of the Semitic Languages* (en collab.) (1973), I, 283-335.
a10976   VAN ROEY, A., MOORS, H., «Les discours de saint Grégoire de Nazianze dans la littérature syriaque», OLoP 4 (1973) 121-133; 5 (1974) 79-125.

a10977 VAN ROMPAY, L., «A hitherto unknown Nestorian commentary on Genesis and Exodus 1-9, 32 in the Syriac manuscript (olim) Dijarbekr 22», OLoP 5 (1974) 53-78.
a10978 JARRY, J., «Un écrivain syriaque inconnu du Tûr 'Abdin», Syr. 52 (1975) 131-137.
a10979 JARRY, J., «Une inscription chaldéenne en Moyenne-Égypte», Syr. 52 (1975) 207-212.
a10980 VAN ROMPAY, L., «Išo' bar nun and Išo'dad of Merv: New Data for the Study of the Interdependence of their Exegetical Works», OLoP 8 (1977) 229-249.
a10981 BUIS, P., «Un traité d'Assurbanipal», VT 28 (1978) 469-472.
a10982 CHILTON, B., «'Amen': an Approach through Syriac Gospels», ZNW 69 (1978) 203-211.
a10983 SAUGET, J.-M., «Un fragment de calendrier maronite dans le manuscrit Vatican syriaque 414», Or. 47 (1978) 220-237.
a10984 VAN ROMPAY, L., «Fragments syriaques du Commentaire de Théodore de Mopsueste sur les Psaumes», OLoP 9 (1978) 83-93.
a10985 BROCK, S., «A traditional numerical poem in Syriac», JSS 24 (1979) 29-32.
a10986 BROCK, S.P., «An Anonymous Syriac Homily on Abraham (Gen. 22)», OLoP 12 (1981) 225-260.
a10987 HALLOUN, M., RUBIN, R., «Palestinian Syriac Inscription from 'En Suweinît», StBiFranc 31 (1981) 291-298.
a10988 VAN ROEY, A., «Le De anima et resurrectione de Saint Grégoire de Nysse dans la littérature syriaque», OLoP 12 (1981) 203-213.
a10989 SANDERS, J., «Une prière inédite d'Isaac de Ninive», dans Von Kanaan bis Kerala (en collab.) (1982), 499-511.

28. Thamoudéen. Thamudic. Thamudisch. Tamudeo.

a10990 JOÜON, P., «Quelques remarques sur les inscriptions thamoudéennes», Or. 4 (1935) 86-91.
a10991 VAN DEN BRANDEN, A., «Notes thamoudéennes», Syr. 35 (1958) 110-116.
a10992 VAN DEN BRANDEN, A., «'Umm' attarsamm, re di Dûmat», BibOr 2 (1960) 41-47.
a10993 NAVEH, J., «Thamudic Inscriptions from the Negev», ErIs 12 (1975) 129-131.
a10994 KNAUF, E.A., «Zwei thamudische Inschriften aus der Gegend von Geraš», ZDPV 97 (1981) 188-192.

29. Ugaritique. Ugaritic. Ugaritisch. Ugaritico.

a) Introduction. Einführung. Introduzione. Introducción.

a10995 DUSSAUD, R., «Brèves remarques sur les tablettes de Ras-Shamra», Syr. 12 (1931) 67-77.
a10996 NAISH, J.P., «The Rās esh-Shamrā Tablets», PEQ 64 (1932) 154-163.
a10997 WALCOT, P., «The Comparative Study of Ugaritic and Greek Literatures», UF 1 (1969) 111-118; 2 (1970) 273-275.
a10998 FISHER, L.R., «Two Projects at Claremont», UF 3 (1971) 25-32.
a10999 DIETRICH, M., LORETZ, O., «Aufbau und Zielsetzung der Ugarit-Bibliographie 1928-1966», UF 5 (1973) 297-298.
a11000 KISKER, H.-W., «Datenstrukturen der Ugarit-Bibliographie», UF 5 (1973) 294-296.
a11001 LETTINGA, J.P., «Ugaritic», dans A Basic Bibliography for the Study of the Semitic Languages (en collab.) (1973), I, 127-145.
a11002 CRAIGIE, P.C., «The Newsletter for Ugaritic Studies», UF 7 (1975) 519-520.

a11003   PARKER, S.B., «Some Methodological Principles in Ugaritic Philology», Maarav 2, no 1 (1979) 7-41.
a11004   BORDREUIL, P., «Les Récentes Découvertes Épigraphiques à Ras Shamra et à Ras Ibn Hani», dans *Ugarit in Retrospect* (en collab.) (1981), 43-48.

b) *Écriture. Writing. Schrift. Scrittua. Escritura.*

a11005   VIROLLEAUD, C., «Le déchiffrement des tablettes de Ras-Shamra», Syr. 12 (1931) 15-23.
a11006   RÖSSLER, O., «Ghain im Ugaritischen», ZA 54 (1961) 158-172.
a11007   MARTIN, M., «Revision and Reclassification of the Proto-Byblian Signs», Or. 31 (1962) 250-271, 339-363.
a11008   SEGERT, S., «The Last Sign of the Ugaritic Alphabet», UF 15 (1983) 201-218.
a11009   VERREET, E., «Das silbenschliessende Aleph im Ugaritischen», UF 15 (1983) 223-258.

c) *Lexique. Vocabulary. Lexikon. Lessico. Léxico.*

1) Études générales. General Studies. Allgemeine Studien. Studi generali. Estudios generales.

a11010   THUREAU-DANGIN, F., «Vocabulaires de Ras-Shamra», Syr. 12 (1931) 225-266.
a11011   THUREAU-DANGIN, F., «Nouveaux fragments de vocabulaires de Ras-Shamra», Syr. 13 (1932) 233-241.
a11012   ALT, A., «Nichtsemitische Ortsnamen im Gebiet von Ugarit», ZDPV 67 (1944-45) 113-127.
a11013   HOLMA, H., «Noms propres de forme *quttulu* dans la langue d'Ugarit?» Or. 13 (1944) 116-119.
a11014   ULLENDORFF, E., «Ugaritic Marginalia», Or. 20 (1951) 270-274.
a11015   LESLAU, W., «Observations on Semitic Cognates in Ugaritic», Or. 37 (1968) 347-366.
a11016   BORGER, R., «Weitere ugaritologische Kleinigkeiten (III-V)», UF 1 (1969) 1-4 [III. Hebräisch *mḥwz* (Psalm 107,30)] [Cf. VT 10 (1960) 71-72].
a11017   CAQUOT, A., «Nouveaux documents ougaritiens. - II. À propos du livre de Frauke GRONDAHL, *Die Personennamen der Texte aus Ugarit*», Syr. 46 (1969) 254-262.
a11018   BERGER, P.-R., «Zum ugaritischen Wörterbuch, 1», UF 2 (1970) 339-340.
a11019   DIETRICH, M., LORETZ, O., «Zur ugaritischen Lexikographie», UF 3 (1971) 372; 5 (1973) 79-104, 105-117, 119-122, 289-291; 6 (1974) 19-38, 39-45; 7 (1975) 157-169.
a11020   TSEVAT, M., «Sun Mountains at Ugarit», JNWSemL 3 (1974) 71-75.
a11021   AISTLEITNER, J., *Wörterbuch der ugaritischen Sprache* (Berlin, Akademie-Verlag, 1975), xv-362 pp.
a11022   DEL OLMO LETE, G., «Notes on Ugaritic Semantics», UF 7 (1975) 89-102; 9 (1977) 31-46; 10 (1978) 37-46.
a11023   PINI, M.G., «Su due termini riguardanti il carro nei testi di Ugarit», OrAnt 15 (1976) 107-114.
a11024   SANMARTIN, J., «Glossen zum ugaritischen Lexikon», UF 9 (1977) 263-268; 10 (1978) 349-356; 11 (1979) 723-728; 12 (1980) 335-340.
a11025   RICHARDSON, M.E.J., «Ugaritic Place Names with Final -*y*», JSS 23 (1978) 298-315.
a11026   ULLENDORFF, E., «Ugaritic Marginalia IV», ErIs 14 (1978) 19*-23* (Cf. note 1 of this article about the three first articles).
a11027   XELLA, P., «Note di lessicografia ugaritica, I», OrAnt 17 (1978) 123-129.
a11028   DAHOOD, M., «Eblaite, Ugaritic, and Hebrew Lexical Notes», UF 11 (1979) 141-146.
a11029   DE MOOR, J.C., «Contributions to the Ugaritic Lexicon», UF 11 (1979) 639-653.

*a*11030 DELSMAN, W.C., «Das Barth'sche Gesetz und Lehnwörter», UF 11 (1979) 187-188.

*a*11031 DIETRICH, M., LORETZ, O., «Einzelfragen zu Wörten aus den ugaritischen Mythen und Wirtschaftstexten», UF 11 (1979) 189-198.

*a*11032 VON SODEN, W., «Assyriasmen im Akkadischen von Ugarit und das Problem der Verwaltungsprache im Mitannireich», UF 11 (1979) 745-751.

*a*11033 BRON, F., «Notes de lexicographie ougaritique», Sem. 30 (1980) 13-15.

*a*11034 LORETZ, O., «Ugaritische und hebräische Lexikographie», UF 12 (1980) 279-286; 13 (1981) 127-135; 14 (1982) 141-148; 15 (1983) 59-64.

*a*11035 SANMARTIN, J., «Lexikographisches zu *Mt's* Spruch KTU 1,51ff», UF 12 (1980) 438-439.

*a*11036 WATSON, W.G.E., «An Example of Multiple Wordplay in Ugaritic», UF 12 (1980) 443-444.

*a*11037 XELLA, P., «Lexikographische Randbemerkungen», UF 12 (1980) 451-453.

*a*11038 DE MOOR, J.C., «Donkey-Packs and Geology», UF 13 (1981) 303-304.

*a*11039 MARTINEZ, E.R., *Hebrew-ugaritic Index II,* with an Eblaite Index to the Writings of Mitchell J. Dahood (Subsidia biblica, 4) (Rome, Biblical Institute Press, 1981), 155 pp.

*a*11040 SZNYCER, M., «Sur un nom de profession à Ougarit», dans *Mélanges bibliques et orientaux en l'honneur de M. Henri Cazelles* (en collab.) (1981), 461-469.

*a*11041 GREENSTEIN, E.L., «'To grasp the hem' in Ugaritic literature», VT 32 (1982) 217-218.

*a*11042 LOEWENSTAMM, S.E., «Zur Lexikographie des Texts der Einladung Anats durch Baal», UF 14 (1982) 125-128.

*a*11043 MARGALIT, B., «Ugaritic Lexicography», RB 89 (1982) 418-426; 90 (1983) 556-562.

*a*11044 HEALEY, J.F., «Swords and Ploughshares: Some Ugaritic Terminology», UF 15 (1983) 47-52.

2) Mots. Words. Wörte. Parole. Palabras.[1]

*a*11045 DIETRICH, M., LORETZ, O., SANMARTIN, J., «Der Gottesname *adn*», UF 7 (1975) 551.

*a*11046 SANMARTIN, J., «Semantisches über ug. *adn*», UF 9 (1977) 269-272.

*a*11047 CAZELLES, H., «Problèmes concernant la racine *'wn* (deuil?)», Sem. 29 (1979) 5-8.

*a*11048 HOFTIJZER, J., «A Note on *'iky*», UF 3 (1971) 360.

*a*11049 SANMARTIN, J., «Semantisches über *'mr*/'sehen' und *'mr*/'sagen' im Ugaritischen», UF 5 (1973) 263-270.

*a*11050 LORETZ, O., «Zu ug. *unt* und he. *'n(w)š*», UF 8 (1976) 449.

*a*11051 DE MOOR, J.C., «*'ar* 'Honey-Dew'», UF 7 (1975) 590-591.

*a*11052 HOFTIJZER, J., «A Note on G 1083[3]: *'išt'ir* and Related Matters», UF 3 (1971) 361-364.

*a*11053 HELTZER, M., «On the Meaning of the Term *ubdit/updt* in Ugarit», JNWSemL 9 (1981) 71-74.

*a*11054 FENSHAM, F.C., «The Root *b'r* in Ugaritic and in Isaiah in the meaning 'to pillage'», JNWSemL 9 (1981) 67-69.

*a*11055 CUNCHILLOS, J.L., *Cuando los ángeles eran dioses* (Bibliotheca Salmanticensis, XIV. Estudios, 12) (Salamanca, Universidad Pontificia, 1976), 197 pp. [*bn il(m)*].

*a*11056 SANMARTIN, J., «Zum Begriff 'Struktur' (*BNT*) im Ugaritischen», UF 10 (1978) 445-446 (CTA 18 I 7).

---

1. Classés selon l'ordre alphabétique des consonnes hébraïques. Alphabetically classified according to the Hebrew Consonants. Nach der alphabetischen Klasse der hebräischen Konsonanten ablegten. Classificati secondo l'ordine alfabètico delle consonanti. Clasificados en orden alfabético de las consonantes hebreas.

a11057 DIETRICH, M., LORETZ, O., SANMARTIN, J., «Die keilalphabetischen Belege für b'r I und b'r II», UF 7 (1975) 554-556.

a11058 DIETRICH, M., LORETZ, O., «Zu ug. bnš mǵrt», UF 9 (1977) 344.

a11059 DIETRICH, M., LORETZ, O., «Ug. *BŠ,TBŠ, hebr. *ŠBS (Am 5,11) sowie ug. ṮŠY und ŠBŠ», UF 10 (1978) 434-435.

a11060 CUTLER, B., MACDONALD, J., «An Akkadian Cognate to Ugaritic brlt», UF 5 (1973) 67-70.

a11061 POPE, M.H., «An Arabic Cognate for Ugaritic brlt?» UF 13 (1981) 305-306.

a11062 DIETRICH, M., LORETZ, O., «Ug. bšr 'Botschaft bringen, senden' und die Nomina bšrt, tbšr '(Froh-)Botschaft'», UF 14 (1982) 303-306.

a11063 DIETRICH, M., LORETZ, O., SANMARTIN, J., «Untersuchungen zur Schrift- und Lautlehre des Ugaritischen (IV): w als Mater lectionis in bwtm und kwt», UF 7 (1975) 559-560.

a11064 MILLER, P.D., «Ugaritic ǴZR and Hebrew 'ZR II», UF 2 (1970) 159-175.

a11065 DIETRICH, M., LORETZ, O., «gzr 'abschneiden, abkneifen' im Ugar. und Hebr.», UF 9 (1977) 51-56.

a11066 XELLA, P., «db 'soglia' in Ras Ibn Hani 77/2B:4», UF 13 (1981) 309-311.

a11067 TUTTLE, G.A., «di dit in UG 5.2.1.8», UF 8 (1976) 465-466.

a11068 SANMARTIN, J., «Zu ug. adr in KTU 1.17 VI 20-23», UF 9 (1977) 371-373.

a11069 DIJKSTRA, M., «Does Occur the Verb hbṭ in CTA 4:III.21?» UF 7 (1975) 563-565.

a11070 SMITH, D.E., «Ugaritic hw Equals Hurrian manni», UF 9 (1977) 376-378.

a11071 DE MOOR, J.C., «Ugaritic hm - Never 'Behold'», UF 1 (1969) 201-202.

a11072 DIETRICH, M., LORETZ, O., SANMARTIN, J., «Zu wld 'gebären' und 'Knabe' im Keret-Epos», UF 8 (1976) 435-436.

a11073 TSUMURA, D.T., «The Verba Primae WAW, WLD, in Ugaritic», UF 11 (1979) 779-782.

a11074 VON SODEN, W., «Die Fürstin (zubultum) von Ugarit in Mari», UF 4 (1972) 159-160.

a11075 SANMARTIN, J., «Ug. uzr und Verwandtes», UF 9 (1977) 369-370.

a11076 LORETZ, O., «Ugaritisch-hebräisch ḫb/pṭ, bt ḫpṭt - ḥpsj, bjt ḥḫpšj/wt», UF 8 (1976) 129-131.

a11077 DRESSLER, H.H.P., «The Metamorpyhosos of a Lacuna: Is AT.AḤ.WAN...a Proposal of Marriage?» UF 11 (1979) 211-217.

a11078 CLINES, D.J.A., «Krt 111-114 (I iii 7-10): Gatherers of Wood and Drawers of Water», UF 8 (1976) 23-26 (ḥṭb).

a11079 BORDREUIL, P., 'AJJAN, L., «Lexicographie ougaritique: ḤṬM, CTA 16,VI,8; MǴRT, PRU, II,40:18», Sem. 28 (1978) 5-6.

a11080 DIETRICH, M., LORETZ, O., SANMARTIN, J., «Das Nomen ḥnt 'Güte, Erbarmen' im Ugaritischen», UF 8 (1976) 433-434.

a11081 DIETRICH, M., LORETZ, O., «Ug. ḤS/ŚWN 'Thymian' (?)», UF 10 (1978) 431.

a11082 HELTZER, M., «ḥzr in den Verwaltungsurkunden aus Ugarit», UF 12 (1980) 410-412.

a11083 GORDON, C.-H., «Ugaritic ḥart/ḥirîtu 'cemetery'», Syr. 33 (1956) 102-103.

a11084 DIETRICH, M., LORETZ, O., «Kennt das Ugaritische einen Titel aḫat-milki = sar-elli = ṯryl 'Schwester des Königs'?» UF 15 (1983) 303.

*a*11085 HEALEY, J.F., «Ugaritic *ḫtk*: A Note», UF 12 (1980) 408-409.
*a*11086 DIETRICH, M., LORETZ, O., SANMARTIN, J., «Die Dittographie *aḫtt(h)* (KTU 1.24:36)», UF 9 (1977) 345.

*a*11087 LOEWENSTAMM, S.E., «Lexicographical Notes on 1. *ṭbḫ*; 2. *hnny/hlny*», UF 5 (1973) 209-211.
*a*11088 DIETRICH, M., LORETZ, O., «Kennt das ug. Zahlensystem die Duale *ṯlṯtm* '6' und *ṯttm* '12')», UF 14 (1982) 307-308.
*a*11089 GRABBE, L.L., «Ugaritic *ṯlṯ* and Plowing: On the Proper Cultivation of Semitic Etymologies», UF 14 (1982) 89-92.
*a*11090 BORGER, R., «Ugaritisch *ṯlṯ'id* = Altsüdarabisch *šlṯt'd*», UF 6 (1974) 446.
*a*11091 MÜLLER, W.W., «Noch einmal ugaritisch *ṯlṯid* = altsüdarabisch *šlṯt'd*», UF 10 (1978) 442-443.
*a*11092 DE MOOR, J.C., «The Ash in Ugarit», UF 3 (1971) 349-350 (CTA 17:VI.20) (*ṯqb*-tree).
*a*11093 DIETRICH, M., LORETZ, O., SANMARTIN, J., «Der Gott *ṯrmn* in den Ugarit-Texten», UF 7 (1975) 557-558.

*a*11094 WATSON, W.G.E., «The PN *YṢB* in the Keret Legend», UF 11 (1979) 807-809.
*a*11095 DIETRICH, M., LORETZ, O., «*YRQ ḪRṢ* 'Gelb vom Gold' im Krt-Epos und seine hurritischen Entsprechungen», UF 10 (1978) 427-428.
*a*11096 BEST, J., «*Yaššaram!*» UF 13 (1981) 291-293.
*a*11097 DIETRICH, M., LORETZ, O., «Die ug. Berufsbezeichnung *yt(n)* 'Aufseher' und akk. *atû, atuḫlu*», UF 9 (1977) 338-339.

*a*11098 LIVERANI, M., «*kbd* nei testi amministrativi ugaritici», UF 2 (1970) 89-108.
*a*11099 DIETRICH, M., LORETZ, O., SANMARTIN, J., «Ug. *kgmn* oder *k gmn* (CTA 6 I 19-29)», UF 8 (1976) 432.
*a*11100 DIETRICH, M., LORETZ, O., «Ugaritisch *kly* 'aufbrauchen, ausgeben'», UF 13 (1981) 294-296.
*a*11101 VAN SELMS, A., «The Root *k-ṯ-r* and its Derivatives in Ugaritic Literature», UF 11 (1979) 739-744.
*a*11102 DIETRICH, M., LORETZ, O., «Ug. *kld* 'Bogen' und *arkd* 'Wurfholz, Lanze(?)' in KTU 4.277», UF 10 (1978) 429.
*a*11103 FENSHAM, F.C., «The Semantic Field of *kly* in Ugaritic», JNWSemL 7 (1979) 27-30.
*a*11104 DIETRICH, M., LORETZ, O., SANMARTIN, J., «*KŪN-Š* und *ŠKN* im Ugaritischen», UF 6 (1974) 47-53.
*a*11105 AVISHUR, Y., «KRKR in Biblical Hebrew and in Ugaritic», VT 26 (1976) 257-261.
*a*11106 AHLSTRÖM, G.W., «*KRKR and ṬPD*», VT 28 (1978) 100-102.
*a*11107 WATSON, W.G.E., «An Unrecognized Hyperbole in *Krt*», Or. 48 (1979) 112-117.

*a*11108 DIETRICH, M., LORETZ, O., SANMARTIN, J., «Ugaritisch *ILIB* und hebräisch *'(W)B* 'Totengeist'», UF 6 (1974) 450-451.
*a*11109 LAMBERT, W.G., «Old Akkadian *Ilaba* = Ugaritic *Ilib?*» UF 13 (1981) 299-301.
*a*11110 EMERTON, J.A., «Leviathan and *LT*: the vocalization of the Ugaritic word for the dragon», VT 32 (1982) 327-331.

*a*11111 AARTUN, K., «Bemerkungen zur Etymologie der ugaritisch bezeugten Wurzel *mġy*», UF 6 (1974) 437-438.

a11112 THIEL, W., «Zur gesellschaftlichen Stellung des *mudu* im Ugarit», UF 12 (1980) 349-356.

a11113 MAYER, W., «*Mardatu,* 'Teppich'», UF 9 (1977) 173-189.

a11114 AARTUN, K., «Ugaritisch *mḫ*», UF 11 (1979) 1-5.

a11115 DIETRICH, M., LORETZ, O., «*mḫrt* 'Brandopferaltar, Brand, Röststelle' (KTU 6.14:3)», UF 13 (1981) 297-298.

a11116 HEALEY, J.F., «*Malkū: mlkm: anunnaki*», UF 7 (1975) 235-238.

a11117 HEALEY, J.F., «*MLKM/RP'UM* and the *KISPUM*», UF 10 (1978) 89-91.

a11118 TEIXIDOR, J., «Palmyrene *mḥwz* and Ugaritic *miḫd* - A Suggestion», UF 15 (1983) 309-311.

a11119 MALAMAT, A., «*UMMATUM* in Old Babylonian Texts and Its Ugaritic and Biblical Counterparts», UF 11 (1979) 527-536.

a11120 DIETRICH, M., LORETZ, O., «Zweifelhafte Belege für ug. *m(n)* 'von'. Zur ugaritischen Lexikographie (XVI)», UF 12 (1980) 183-188.

a11121 JIRKU, A., «Ugaritic *mswn* and Ugaritic *maswatu*», JNWSemL 3 (1974) 34.

a11122 LOEWENSTAMM, S.E., «*mṣd*», UF 3 (1971) 357-359 (RS 24.258).

a11123 DIETRICH, M., LORETZ, O., SANMARTIN, J., «Die ugaritischen Verben *mrr I, mrr II* und *mrr III*. Zur ugaritischen Lexikographie X», UF 5 (1973) 119-122.

a11124 PARDEE, D., «The Semitic Root *mrr* and the Etymology of Ugaritic *mr(r)* ⫽ *brk*», UF 10 (1978) 249-288.

a11125 DAHOOD, M., «Ugaritic *mšr*, 'song', in Psalms 28,7 and 137,3», Bibl 58 (1977) 216-217.

a11126 DIETRICH, M., LORETZ, O., «Ug. *mšt'lt* (KTU 1.23: 31.35.36)», UF 9 (1977) 342-343.

a11127 WYATT, N., «The Identity of *Mt wšr*», UF 9 (1977) 379-381.

a11128 HELTZER, M., «La signification de *unṯ/unuššu* à Ougarit», Sem. 30 (1980) 5-12.

a11129 SANMARTIN, J., «Zur ug. Basis *NṢR*», UF 10 (1978) 451-452.

a11130 SANMARTIN, J., «Die ug. Basis *NṢṢ* und das 'Nest' des B'l (KTU 1.3 IV 1f)», UF 10 (1978) 449-450.

a11131 CUTLER, B., MACDONALD, J., «Identification of the *Na'ar* in the Ugaritic Texts», UF 8 (1976) 27-35.

a11132 DIETRICH, M., LORETZ, O., «Die ug. Berufsgruppe der *nqdm* und das Amt des *rb nqdm*», UF 9 (1977) 336-337.

a11133 AARTUN, K., «Zur Erklärung des ugaritischen Ausdrucks *inr*», UF 15 (1983) 1-5.

a11134 VAN ZIJIL, P.J., «A Discussion of the Words *anš* and *nšy* in the Ugaritic Texts», UF 7 (1975) 503-514.

a11135 DIETRICH, M., LORETZ, O., «*anš(t)* und *(m)inš(t)* im Ugaritischen», UF 9 (1977) 47-50.

a11136 DIETRICH, M., LORETZ, O., «Ug. *ssw/śśw* 'Pferd', *sswt* 'Stute' und akk. **sisitu?* 'Stute'», UF 15 (1983) 301-302.

a11137 DIETRICH, M., LORETZ, O., SANMARTIN, J., «Die angebliche ug.-he. Parallele *spsg* ⫽ *sps(j)g(jm)*», UF 8 (1976) 37-40.

a11138 ANBAR, M., «'Les *sakbû* et les *bazaḫātum* à Mari' - une mise au point», UF 7 (1975) 592.

a11139 GRELOT, P., «On the Root *'bts/'bq* in Ancient Aramaic and in Ugaritic», JSS 1 (1956) 202-205.

a11140 SANMARTIN, J., «Zu den '*d(d)*-Denominierungen im Ugaritischen», UF 12 (1980) 345-348.

a11141 BAISAS, B.Q., «Ugaritic '*dr* and Hebrew '*zr I*», UF 5 (1973) 41-52.

a11142 GOOD, R.M., «The Israelite Royal Steward in the Light of Ugaritic '*l bt*», RB 86 (1979) 580-582.

a11143 ZEVIT, Z., «A Supplement Note on Ugaritic '*lg*», UF 15 (1983) 319.

a11144 GOOD, R., «Cloud Messengers?» UF 10 (1978) 436-437 (Ug. '*nn*).

a11145 CECCHINI, S.M., «'*šty 1* in ugaritico», Or. 50 (1981) 106-109.

a11146 SANMARTIN, J., «Lexikographisches zu ug. '*TQ* (KTU 1.16 I 2-5.15-19; II 38-42)», UF 10 (1978) 453-454.

a11147 DIETRICH, M., LORETZ, O., «Ein Spottlied auf '*attar* (KTU 1.6 I 50-52)», UF 9 (1977) 330-331.

a11148 DIETRICH, M., LORETZ, O., «Die ug. Gewandbezeichnungen *pgndr, knd, kndpnt*», UF 9 (1977) 340.

a11149 DIETRICH, M., LORETZ, O., SANMARTIN, J., «*Pgr* im Ugaritischen. Zur ugaritischen Lexikographie IX», UF 5 (1973) 289-291.

a11150 COOTE, R.B., «Ugaritic *PH(Y)*, 'see'», UF 6 (1974) 1-5.

a11151 HELTZER, M., «Zur Bedeutung des Ausdrucks 'die *ṣibbiru*-Felder' in Ugarit», OLoP 8 (1977) 47-55.

a11152 DEIST, F.E., «A Note on *ṣhrtt* in the Ugaritic Text 51: VIII:22», JNWSemL 1 (1971) 68-70.

a11153 DIETRICH, M., LORETZ, O., «Zur ugaritischen Lexikographie (VI). Das Verb *ṣlj* 'bitten, beten' und das Nomen *ṣlt* 'Bitte, Gebet'», UF 5 (1973) 273-274.

a11154 DEL OLMO LETE, G., «Quantity Precision in Ugaritic Administrative Texts (*ṣmd, ḥrṣ, aḥd*)», UF 11 (1979) 179-186.

a11155 VON SODEN, W., «Zur Stellung des 'Geweihten' (*qdš*) in Ugarit», UF 2 (1970) 329-330.

a11156 DIETRICH, M., LORETZ, O., «Das Land *QṬ*», UF 12 (1980) 390.

a11157 HOFFMAN, Y., «The Root QRB as a Legal Term», JNWSemL 10 (1982) 67-73.

a11158 SANMARTIN, J., «*arbdd* 'Liebes-Opfer': ein hurrisches Lehnwort im Ugaritischen», UF 8 (1976) 461-464.

a11159 SANMARTIN, J., «*arbḫ* - 'vierjährig' (KTU 1.92:10)», UF 9 (1977) 374-375.

a11160 DIETRICH, M., LORETZ, O., SANMARTIN, J., «Die ugaritischen Totengeister *rpu(m)* und die biblischen Rephaim», UF 8 (1976) 45-52.

a11161 DIETRICH, M., LORETZ, O., «Die ug. Feldbezeichnung *RPŠ* 'Schlamm-, Sumpffeld'», UF 10 (1978) 430.

a11162 SANMARTIN, J., «*RIŠ ARGMN* in den ug. Ritualen», UF 10 (1978) 455-456.

a11163 DAHOOD, M., PETTINATO, G., «Ugaritic *ršp gn* and Eblaite *rasap gunu(m)ki*», Or. 46 (1977) 230-232.

a11164 BARR, J., «Ugaritic and Hebrew *šbm*?» JSS 18 (1973) 17-39.

a11165 LORETZ, O., «Der Gott *šlḫ*, he, *šlḫ* I und *šlḫ* II», UF 7 (1975) 584-585.

a11166 DIETRICH, M., LORETZ, O., «Zur ugaritischen Lexikographie (IV): *ušpgt*», UF 3 (1971) 372.

a11167 GREENFIELD, J.C., «The Root ŠQL in Akkadian, Ugaritic and Aramaic», UF 11 (1979) 325-327.

a11168 CECCHINI, S.M., «tẖt in KAI 2,3 e in KTU 1.161:22ss», UF 13 (1981) 27-31.
a11169 DIETRICH, M., LORETZ, O., «Ug. tmn 'Gestalt'», UF 10 (1978) 432-433.
a11170 SASSON, V., «Ugaritic t' and ġzr and Hebrew sôwaʻ and ʻozēr», UF 14 (1982) 201-208.
a11171 ZEVIT, Z., «Two Hapax Legomena in Ugaritic: tʻlgt and pš», UF 13 (1981) 193-197.
a11172 VAN DIJK, J., «Vert comme Tišpak», Or. 38 (1969) 539-547.

d) Grammaire. Grammar. Grammatik. Grammatica. Gramática.

a11173 CANTINEAU, J., «La langue de Ras Shamra», Syr. 13 (1932) 164-170; 21 (1940) 38-61.
a11174 GUÉRINOT, A., «Remarque sur la phonétique de Ras Shamra», Syr. 19 (1938) 38-46.
a11175 BROCKELMANN, C., «Zur Syntax der Sprache von Ugarit», Or. 10 (1941) 223-240.
a11176 FRIEDRICH, J., «Kleinigkeiten zur ugaritischen Grammatik», Or. 12 (1943) 1-22.
a11177 CASSUTO, U., «Le tre alef dell'alfabeto ugaritico», Or. 16 (1947) 466-476.
a11178 CANTINEAU, J., «La langue de Ras-Shamra», Sem. 3 (1950) 21-34.
a11179 SPEISER, E.A., «The Terminative Adverbial in Canaanite-Ugaritic and Akkadian», ErIs 3 (1954) 63-66 (Hebrew).
a11180 REIF, J.A., «The Loss of Consonantal Aleph in Ugaritic», JSS 4 (1959) 16-20.
a11181 BREKELMANS, C., «Some Considerations on the Translation of the Psalms by M. Dahood. I. The Preposition b = from in the Psalms According to M. Dahood», UF 1 (1969) 5-14.
a11182 DAHOOD, M., «Ugaritic-Hebrew Syntax and Style», UF 1 (1969) 15-36.
a11183 LOEWENSTAMM, S.E., «Grenzgebiete ugaritischer Sprach- und Stilvergleichung: Hebräisch des Zweiten Tempels, Mittelhebräisch, Griechisch», UF 3 (1971) 93-100.
a11184 RAINEY, A.F., «Observations on Ugaritic Grammar», UF 3 (1971) 151-172.
a11185 SANMARTIN, J., «Notizen zur ugaritischen Orthographie», UF 3 (1971) 173-180.
a11186 AVISHUR, Y., «Addenda to the Expanded Colon in Ugaritic and Biblical Verse», UF 4 (1972) 1-10.
a11187 DELEKAT, L., «Zum ugaritischen Verbum», UF 4 (1972) 11-26.
a11188 BLAU, J., «Der Übergang der bibelhebräischen Verbal I w (y) von Qal in Hifʻil im Lichte des Ugaritischen», UF 5 (1973) 275-277.
a11189 DIETRICH, M., LORETZ, O., «Untersuchungen zur Schrift- und Lautlehre des Ugaritischen (II). Lesehilfen in der ugaritischen Orthographie»; «III. Formen und ugaritisch-hurrische Lautwert(e) des keilalphabetischen Zeichens 'z'», UF 5 (1973) 71-77; 7 (1975) 103-108.
a11190 DAHOOD, M., «A p Conversive in Ugaritic», Or. 43 (1974) 413.
a11191 DIETRICH, M., LORETZ, O., SANMARTIN, J., «Das reduzierte Keilalphabet», UF 6 (1974) 15-18 (CTA 187, 207; RS 22.203).
a11192 MERRILL, E.H., «The Aphel Causative: Does it exist in Ugaritic?» JNWSemL 3 (1974) 40-49.
a11193 PARKER, S.B., «Parallelism and Prosody in Ugaritic Narrative Verse», UF 6 (1974) 283-294.
a11194 WELCH, J.W., «Chiasmus in Ugaritic», UF 6 (1974) 421-436.
a11195 FELLMAN, J., «A Note on the Phonemic Status of the Ultrashort Vowels in Tiberian Hebrew», JNWSemL 4 (1975) 9-10.
a11196 LOEWENSTAMM, S.E., «The Expanded Colon, Reconsidered», UF 7 (1975) 261-264.
a11197 LORETZ, O., «Die Analyse der ugaritischen und hebräischen Poesie mittels Stichometrie und Konsonantenzählung», UF 7 (1975) 265-269.
a11198 MARGALIT, B., «Studia Ugaritica I: 'Introduction to Ugaritic Prosody'», UF 7 (1975) 289-313.

a11199 PARDEE, D.G., «The Preposition in Ugaritic», UF 7 (1975) 329-378; 8 (1976) 215-322.

a11200 PRIEBATSCH, H.Y., «Š und Ṯ in Ugarit und das Amoritische. Ein Beitrag zur Geschichte des ABC», UF 7 (1975) 389-394.

a11201 WATSON, W.G.E., «Verse-Patterns in Ugaritic, Akkadian and Hebrew Poetry», UF 7 (1975) 483-492.

a11202 BARRÉ, M.L., «A Broken Construct Chain in Ugaritic», BASOR no 223 (1976) 59-61.

a11203 GREENSTEIN, E.L., «One More Step on the Staircase», UF 9 (1977) 77-86.

a11204 PARDEE, D.G., «Attestations of Ugaritic Verb/Preposition Combinations in Later Dialects», UF 9 (1977) 205-231.

a11205 SANMARTIN, J., «Zum orthographischen Problem der Verben I'», UF 9 (1977) 259-262.

a11206 DIETRICH, M., LORETZ, O., «Sprachliche und syntaktische Probleme im mrzḥ-Text KTU 3.9», UF 10 (1978) 421-422.

a11207 TUTTLE, G.A., «Case Vowels on Masculine Singular Nouns in Construct in Ugaritic», dans Biblical and Near Eastern Studies (LaSor) (en collab.) (1978), 253-268.

a11208 BLAU, J., «Zu Lautlehre und Vokalismus des Ugaritischen», UF 11 (1979) 55-62.

a11209 BLAU, J., LOEWENSTAMM, S.E., «Zur Frage der scriptio plena im Ugaritischen und Verwandtes», UF 2 (1979) 19-33.

a11210 CAZELLES, H., «Précis de grammaire ugaritique», BibOr 21 (1979) 253-268.

a11211 MARGALIT, B., «Alliteration in Ugaritic Poetry: Its Rôle in Composition and Analysis», UF 11 (1979) 537-557.

a11212 MILLARD, A.R., «The Ugaritic and Canaanite Alphabets - Some Notes», UF 11 (1979) 613-616.

a11213 PARDEE, D., «More on the Preposition in Ugaritic», UF 11 (1979) 685-692.

a11214 PARKER, S.B., «The Vow in Ugaritic and Israelite Narrative Literature», UF 11 (1979) 693-700.

a11215 STAMM, J.J., «Ein ugaritisch-hebräisches Verbum und seine Ableitungen», TZ 35 (1979) 5-9.

a11216 AARTUN, K., «Die Belegten Partikelformen in den ugaritischen Texten aus Ras Ibn Hani», UF 12 (1980) 1-6.

a11217 PRIEBATSCH, H.Y., «Spiranten und Aspiratae in Ugarit, AT und Hellas», UF 12 (1980) 317-334.

a11218 WATSON, W.G.E., «Quasi-Acrostics in Ugaritic Poetry», UF 12 (1980) 445-447.

a11219 McCLIVE GOOD, R., «Geminated Sonants, Word Stress, and Energie in -nn/-.nn in Ugaritic», UF 13 (1981) 117-121.

a11220 WATSON, W.G.E., «Gender-Matched Synonymous Parallelism in Ugaritic Poetry», UF 13 (1981) 181-187.

a11221 WATSON, W.G.E., «Reversed Word-Pairs in Ugaritic Poetry», UF 13 (1981) 189-192.

a11222 AARTUN, K., «Präpositionale Ausdrücke im Ugaritischen als Ersatz für semitisch min. Ein kontrastive und sprachgeschichtliche Analyse», UF 14 (1982) 1-14.

a11223 SIVAN, D., «Final Triphthongs and Final yu/a/i - wu/a/i Diphthongs in Ugaritic Nominal Forms», UF 14 (1982) 209-218.

a11224 WILSON, G.H., «A Study of Ugaritic word order and sentence structure in Krt», JSS 27 (1982) 17-32.

a11225 SEGERT, S., «Polarity of Vowels in the Ugaritic Verbs II/'/», UF 15 (1983) 219-222.

a11226 VERREET, E., «Die Gültigkeit des Gesetzes Barth-Ginsbergs im Ugaritischen, mit einigen sprachvergleichenden, morphologischen und lexikalischen Betrachtungen», OLoP 14 (1983) 81-102.

e) Critique littéraire. Literary Criticism. Literarkritik.
  Critica letteraria. Crítica literaria.

*a*11227   DUSSAUD, R., «Les Éléments déchaînés. Une application des règles rythmiques phéniciennes», Syr. 16 (1935) 196-204.
*a*11228   GORDON, C.H., «The Poetic Literature of Ugarit», Or. 12 (1943) 31-75.
*a*11229   EISSFELDT, O., «Mesopotamische Elemente in den alphabetischen Texten von Ugarit», Syr. 39 (1962) 36-41.
*a*11230   KRECHER, J., «Schreiberschulung in Ugarit: Die Tradition von Listen und sumerischen Texten», UF 1 (1969) 131-158.
*a*11231   VON SODEN, W., «Bemerkungen zu einigen literarischen Texten in akkadischer Sprache aus Ugarit», UF 1 (1969) 189-195.
*a*11232   WALCOT, P., «The Comparative Study of Ugaritic and Greek Literatures», UF 1 (1969) 111-118; 2 (1970) 273-275; 4 (1972) 129-132.
*a*11233   KAISER, O., «Zum Formular der in Ugarit gefundenen Briefe», ZDPV 86 (1970) 10-23.
*a*11234   HORWITZ, W.J., «Some Possible Results of Rudimentary Scribal Training», UF 6 (1974) 75-83.
*a*11235   DEL OLMO LETE, G., «Notes on Ugaritic Semantics», UF 7 (1975) 89-102; 9 (1977) 31-46; 10 (1978) 37-46; 14 (1982) 55-69.
*a*11236   HELTZER, M., «Einige sachliche und textuelle Randbemerkungen zu den ugaritischen Keilschrifttexten», UF 9 (1977) 348-349.
*a*11237   HORWITZ, W.J., «Our Ugaritic Mythological Texts: Copied or Dictated?» UF 9 (1977) 123-130.
*a*11238   KRISTENSEN, A.L., «Ugaritic Epistolary Formulas», UF 9 (1977) 143-158.
*a*11239   DE MOOR, J.C., «The Art of Versification in Ugaritic and Israel. II: The Formal Structure»; «III. Further Illustrations of the Principle of Expansion», UF 10 (1978) 187-217; 12 (1980) 311-316.
*a*11240   MARGALIT, B., «Alliteration in Ugaritic Poetry: Its Role in Composition and Analysis», Part I: UF 11 (1979) 537-557; Part II: JNWSemL 8 (1980) 57-80.
*a*11241   SEGERT, S., «Ugaritic Poetry and Poetics: Some Preliminary Observations», UF 11 (1979) 729-738.
*a*11242   LaSOR, W.S., «Samples of Early Semitic Poetry», dans *The Bible World*. Essays in Honor of Cyrus H. Gordon (en collab.) (1980), 99-121.
*a*11243   SASSON, J.M., «Literary Criticism. Folklore Scholarship, and Ugaritic Literature», dans *Ugarit in Retrospect* (en collab.) (1981), 81-98.
*a*11244   WATSON, W.G.E., «Lineation (Stichometry) in Ugaritic Verse», UF 14 (1982) 311-312.
*a*11245   GOOD, R.M., «Metaphorical Gleanings from Ugarit», dans *Essays in Honour of Yigael Yadin*, JJS 33 (1982) 55-59.
*a*11246   BERLIN, A., «Parallel Word Pairs: A Linguistic Explanation», UF 15 (1983) 7-16.
*a*11247   WATSON, W.G.E., «The Character of Ugaritic Poetry», JNWSemL 11 (1983) 157-169.
*a*11248   WATSON, W.G.E., «Strophic Chiasmus in Ugaritic Poetry», UF 15 (1983) 259-270.
*a*11249   ZEVIT, Z., «Nondistinctive Stress, Syllabic Constraints, and Wortmetrik in Ugaritic Poetry», UF 15 (1983) 291-298.

f) Ancien Testament. Old Testament. Altes Testament.
  Antico Testamento. Antiguo Testamento.

*a*11250   BREKELMANS, C., «Some Considerations on the Translation of the Psalms by M. Dahood. I. The Preposition *b = from* in the Psalms According to M. Dahood», UF 1 (1969) 5-14.

a11251 HELD, M., «Rhetorical Questions in Ugaritic and Biblical Hebrew», ErIs 9 (1969) 71-79.

a11252 EBACH, J.H., «*PGR* = (Toten-) Opfer? Ein Vorschlag zum Verständnis von Ez. 43,7.9», UF 3 (1971) 365-368.

a11253 FISHER, L.R., «Two Projects at Claremont», UF 3 (1971) 25-32.

a11254 LORETZ, O., «Psalmenstudien», UF 3 (1971) 101-115 (Ps 1; 8; 82); 5 (1973) 213-218 (1 Sam 2,1-10; Ps 45); 6 (1974) 175-210 (Ps 127; *mgn*, '*ām* in den Psalmen; Ps 62,9; 110,3; 19; 23; 29; 47; 80; 95; 100; 106; 107).

a11255 LORETZ, O., «Jeremia 18,14: Stichometrie und Parallelismus membrorum», UF 4 (1972) 170-171.

a11256 SCULLION, J.J., «Some Difficult Texts in Isaiah cc. 56-66 in the Light of Modern Scholarship», UF 4 (1972) 105-128.

a11257 DAHOOD, M., «Una coppia di termini ugaritici e Prov. 10,12», BibOr 15 (1973) 253-254.

a11258 LORETZ, O., «Textologie des Zephanja-Buches. Bemerkungen zu einem Missverständnis», UF 5 (1973) 219-228.

a11259 LORETZ, O., «Die Umpunktierung von *m'd* zu *mā'ēd* in den Psalmen», UF 6 (1974) 481-484.

a11260 SAUER, G., «Die Ugaritistik und die Psalmenforschung», UF 6 (1974) 401-406; 10 (1978) 357-386.

a11261 COHEN, H.R., *Biblical Hapax Legomena in the Light of Akkadian and Ugaritic* (SBL Dissertation Series, 37) (Missoula, Montana, Scholars Press, 1978), xvi-185 pp.

a11262 DIETRICH, M., LORETZ, O., «Ug. **'BŠ,ṬBŠ*, hebr. **ŠBS* (Am 5,11) sowie ug. *ṬŠY* und *ŠBŠ*», UF 10 (1978) 434-435.

a11263 TALMON, S., «On the Emendation of Biblical Texts on the Basis of Ugaritic Parallels», ErIs 14 (1978) 117-124 (English summary).

a11264 CRAIGIE, P.C., «Parallel Word Pairs in Ugaritic Poetry: A Critical Evaluation of their Relevance for Psalm 29», UF 11 (1979) 135-140.

a11265 DAHOOD, M., «Ebla, Ugarit, and the Old Testament», TDig 27 (1979) 127-131.

a11266 GORDON, C.H., «The Seventh Day», UF 11 (1979) 299-301.

a11267 HERMANN, W., «Jahwes Triumph über Mot», UF 11 (1979) 371-377.

a11268 JACOB, E., «Ugarit dans les études vétéro-testamentaires. Bilan d'un demi-siècle», UF 11 (1979) 395-406.

a11269 LORETZ, O., *Die Psalmen.* Teil II. Beitrag der Ugarit-Texte zum Verständnis von Kolometrie und Textologie der Psalmen, Ps. 90-150 (A.O.A.T. 207/2) (Kevelaer, Butzon & Bercker; Neukirchen-Vluyn, Neukirchener Verlag, 1979), vii-522 pp.

a11270 RINGGREN, H., «Ugarit und das Alte Testament: Einige methodologische Erwägungen», UF 11 (1979) 719-721.

a11271 WHITLEY, C.F., «Koheleth and Ugaritic Parallels», UF 11 (1979) 811-824.

a11272 DAHOOD, M., «Can one plow without Oxen? (Amos 6:12). A Study of *BA*- and '*AL*», dans *The Bible World.* Essays in Honor of Cyrus H. Gordon (en collab.) (1980), 13-23.

a11273 LOEWENSTAMM, S.E., «The Address 'Listen' in the Ugaritic Epic and the Bible», dans *The Bible World.* Essays in Honor of Cyrus H. Gordon (en collab.) (1980), 123-131.

a11274 DAHOOD, M., «*UT 'nt*: III:25-26 and Isaiah 21,12», Or. 50 (1981) 194-196.

a11275 BLAU, J., «Some Ugaritic, Hebrew, and Arabic Parallels», JNWSemL 10 (1982) 5-10.

a11276 SARACINO, F., «Ras Ibn Hani 78/20 and some Old Testament connections», VT 32 (1982) 338-343.

a11277 GEVIRTZ, S., «Should a Ugaritic text be corrected on the basis of a biblical text? - a response», VT 33 (1983) 330-334.

g) Textes. Texts. Texte. Testi. Textos.

1) Classification. Einordnung. Classificazione. Clasificación.

a11278 DIETRICH, M., LORETZ, O., SANMARTIN, J., «Ein Vorschlag zur Änderung der Zählung der Claremont Ras Shamra Tablets», UF 6 (1974) 452.

a11279 DIETRICH, M., LORETZ, O., SANMARTIN, J., «Die Numerierung der Ugarittexte nach RS- und Museums-nummern», UF 8 (1976) 41-43.

a11280 DIETRICH, M., LORETZ, O., «Zählung der neuen keilalphabetischen Texte aus Semitica XXVII (1977) und Ugaritica VII (1978) nach KTU-Nummern», UF 10 (1978) 419-420.

a11281 CAQUOT, A., «Ras Shamra (Ugarit ou Ougarit). V. La littérature ugaritique», SDB 9 (1979) col. 1361-1417.

a11282 CUNCHILLOS, J.L., «Ras Shamra (Ugarit ou Ougarit). Équivalences de KTU dans UT. Équivalences d'UT dans KTU», SDB 9 (1979) col. 1443-1466.

2) AB (C. VIROLLEAUD).

a11283 VIROLLEAUD, C., «La mort de Baal, Poème de Ras-Shamra (I* AB)», Syr. 15 (1934) 305-336 (fouilles de 1930 et 1931).

a11284 VIROLLEAUD, C., «La Révolte de Košer contre Baal. Poème de Ras Shamra (III AB, A)», Syr. 16 (1935) 29-45.

a11285 GINSBERG, H.L., «The Rebellion and Death of Ba'lu», Or. 5 (1936) 161-198 (tablet I-'AB).

a11286 VIROLLEAUD, C., «'Anat et la Génisse. Poème de Ras Shamra (IV AB)», Syr. 17 (1936) 150-173.

a11287 VIROLLEAUD, C., «La déesse 'Anat. Poème de Ras Shamra (V AB)», Syr. 17 (1936) 335-345; 18 (1937) 85-102, 256-270.

a11288 CASSUTO, U., «Il palazzo di Ba'al nella tavola II AB di Ras Shamra», Or. 7 (1938) 265-290.

a11289 DUSSAUD, R., «Les combats sanglants de 'Anat et le pouvoir universel de El (V AB et VI AB)», RHR 118 (1938) 133-169.

3) CTA (A. HERDNER).

a11290 HERDNER, A., *Corpus des tablettes en cunéiformes alphabétiques découvertes à Ras Shamra-Ugarit de 1929 à 1939* (Mission de Ras Shamra, X), vol. 1: Texte; vol. 2: figues et planches (Paris, Imprimerie nationale; Librairie orientaliste Paul Geuthner, 1963), xxxv-341 pp; 307 fig., 88 pl.

a11291 HORWITZ, W.J., «Discrepancies in an Important Publication of Ugaritic», UF 4 (1972) 47-52 (On CTA).

a11292 GRABBE, L.L., «The Seasonal Pattern and the 'Baal Cycle'», UF 8 (1976) 57-63 (CTA 1-6).

a11293 SZNYCER, M., «Sur un passage du poème ougaritique de Ba'al et Yam (III A B)», Sem. 17 (1967) 23-27 (CTA 2).

a11294 HORWITZ, W.J., «A Study of Ugaritic Scribal Practices and Prosody in *CTA* 2:4», UF 5 (1973) 165-173.

a11295 LIPINSKI, E., «Banquet en l'honneur de Baal: CTA 3 (V AB), A, 4-22», UF 2 (1970) 75-88.

a11296 LIPINSKI, E., «Recherches ugaritiques. - 4. Envoi d'un message», Syr. 50 (1973) 35-37 [CTA 3 (V AB)].

a11297 LOEWENSTAMM, S.E., «Anat's Victory over the Tunnanu», JSS 20 (1975) 22-27 (CTA 3:iii:35-44).

a11298 DIJKSTRA, M. «A Note on CTA 3:D.45-46», UF 2 (1970) 333-334.

a11299 MARGALIT, B., *A Matter of 'Life' and 'Death'*. A Study of the Baal-Mot Epic (CTA 4-5-6) (AOAT, 206) (Kevelaer, Butzon & Bercker; Neukirchen-Vluyn, Neukirchener Verlag, 1980), viii-271 pp.

a11300 VAN SELMS, A., «A Guest-Room for Ilu and its Furniture. An interpretation of CTA 4,I, lines 30-44 (Gordon, 51,I,30-44)», UF 7 (1975) 469-476.

a11301 FENTON, T.L., «Passages in Ugaritic Discourse - Restorations and Observations», UF 1 (1969) 199-200 (CTA 4 IV 31-34).

a11302 LOEWENSTAMM, S.E., «CTA 4:VIII:1-35», ErIs 14 (1978) 1-6 (English summary).

a11303 VAN SELMS, A., «A Systematic Approach to CTA 5,I,1-8», UF 7 (1975) 477-482.

a11304 EMERTON, J.A., «A Further Note on CTA 5 I 4-6», UF 10 (1978) 73-77.

a11305 HEALEY, J.F., «Burning the Corn: new light on the killing of Mōtu», Or. 52 (1983) 248-251 (CTA 6 ii 30-7).

a11306 CAQUOT, A., «Remarques sur la Tablette Ougaritique RS 1929 No 6 (*CTA* 13)», ErIs 14 (1978) 14*-18*.

a11307 DEL OLMO LETE, G., «Le mythe de la Vierge-Mère 'Anatu. Une nouvelle interprétation de CTA/KTU 13», UF 13 (1981) 49-62.

a11308 BADRE, L., BORDREUIL, P., MUDARRES, J., 'AJJAN, L., VITALE, R., «Notes ougaritiques. I. Keret», Syr. 53 (1976) 95-125 (CTA 14,I,6-41, 66-102, 106-143, 195-206; 15,I,4-8; 15,II,7-16; 16,III,1-17; 16,VI,1-14).

a11309 DIETRICH, M., LORETZ, O., «Der Prolog des KRT-Epos. Eine Ergänzung», UF 5 (1973) 283 (CTA 14 I 12-35).

a11310 FENSHAM, F.C., «Notes on Keret 79(b)-89 [CTA 14:2:79(b)-89]», JNWSemL 7 (1979) 17-25.

a11311 FENSHAM, F.C., «Notes on Keret in CTA 14: 90-103a», JNWSemL 8 (1980) 35-47.

a11312 FENSHAM, F.C., «Notes on Keret, CTA 14:103B-114a», JNWSemL 9 (1981) 53-66.

a11313 PARDEE, D., «A Note on the Root 'tq in CTA 16 I 2,5 (UT 125, KRT II)» UF 5 (1973) 229-234.

a11314 IZRE'EL, S., «The Symptoms of King KRT's Illness», UF 8 (1976) 446-447 (CTA 17:VI,30-31,43-44).

a11315 DE MOOR, J.C., «The Ash in Ugarit», UF 3 (1971) 349-350 (CTA 17:VI.20) (*ṯqb*-tree).

a11316 DIETRICH, M., LORETZ, O., «Beiträge zur ugaritischen Textgeschichte (1). Dittographie in CTA 17 VI 80 und Haplographie in CTA 3 C 19», UF 5 (1973) 292-293.

a11317 DE MOOR, J.C., «A Note on CTA 19 (1 AQHT): I:39-42», UF 6 (1974) 495-496.

a11318 VIROLLEAUD, C., «Les Rephaim. Fragments de poèmes de Ras Shamra», Syr. 22 (1941) 1-30 (CTA 20,21,22 = UT 121-124).

a11319 PARKER, S.B., «The Ugaritic Deity Rāpi'u», UF 4 (1972) 97-104 (*CTA* 20-22 = *UT* 120-124).

a11320 L'HEUREUX, C., «The Ugaritic Rephaim Texts: CTA 20-22. Translations and Philological Notes», dans *Society of Biblical Literature. 1977 Seminar Papers* (en collab.) (1977), 285-308.

a11321 KOMOROCZY, G., «Zum mythologischen und literaturgeschichtlichen Hintergrund der ugaritischen 'Dichtung ŠŠ'», UF 3 (1971) 75-80 (CTA 23).

a11322 TSUMURA, D.T., «A Problem of Myth and Ritual Relationship. CTA 23 (UT 52): 56-57 Reconsidered», UF 10 (1978) 387-395.

a11323 GRÉGOIRE-GRONEBERG, B., «Abriss eines thematischen Vergleichs zwischen CT 15,5-6 und CTA 24 = UT 77», UF 6 (1974) 65-68.

a11324 WYATT, N., «Some Problems in the Nikkal Poem (CTA 24)», UF 9 (1977) 285-290.

a11325 RENDTORFF, R., STOLZ, J., «Die Bedeutung der Gestaltungstruktur für das Verständnis ugaritischer Texte. Ein Versuch zu CTA 24 (= KTU 1.24) (NK) 5-15», UF 11 (1979) 709-718.

a11326 VAN SELMS, A., «CTA 32: A Prophetic Liturgy», UF 3 (1971) 235-248.

a11327 PARDEE, D., «A Further Note on the Ugaritic Text 147 (= CTA 90 = KTU 4.43)», UF 12 (1980) 433.

a11328 PARDEE, D., «The Ugaritic Text 147(90)», UF 6 (1974) 275-282 (CTA 147 - UT 90).

a11329 DIETRICH, M., LORETZ, O., SANMARTIN, J., «Das reduzierte Keilalphabet», UF 6 (1974) 15-18 (CTA 187, 207; RS 22.203).

4) KTU (M. DIETRICH, O. LORETZ, J. SANMARTIN).

a11330 DIETRICH, M., LORETZ, O., SANMARTIN, J., *Die Keilalphabetischen Texte aus Ugarit*, einschliesslich der keilalphabetischen Texte ausserhalb Ugarits. Teil I: *Transkription* (Alter Orient und Altes Testament, 24,1) (Kevelaer, Butzon & Bercker; Neukirchen-Vluyn, Neukirchener Verlag, 1976), xix-507 pp.

a11331 DE MOOR, J.C., «The Anatomy of the Back», UF 12 (1980) 425-426 (KTU 1.3 III 32-35).

a11332 DIETRICH, M., LORETZ, O., «ŠB, ŠBM und UDN im Kontext von KTU 1.3 III 35b - IV 4 und KTU 1.83:8», UF 14 (1982) 77-81.

a11333 SANMARTIN, J., «Die ug. Basis NṢṢ und das 'Nest' des B'1 (KTU 1.3 IV 1f)», UF 10 (1978) 449-450.

a11334 WATSON, W.G.E., «Parallels to some Passages in Ugaritic», UF 10 (1978) 397-401 (KTU 1.3 iii 45-46; 1.4 iv 7-18; 1.6 i 50-52).

a11335 DIETRICH, M., LORETZ, O., «Anats grosse Sprünge. Zu KTU 1.3 IV 31-40 et par», UF 12 (1980) 383-386.

a11336 DIJKSTRA, M., «Contributions to the Reconstruction of the Myth of Ba'al», UF 15 (1983) 25-31 (KTU 1.3; 1.5; 1.7; 1.8; 1.117; 1.133).

a11337 HEYER, R., «Ein archäologischer Beitrag zum Text KTU 1.4 I 23-43», UF 10 (1978) 93-109.

a11338 SANMARTIN, J., «Die Lanze (*KTǴD*) des *B'L*», UF 10 (1978) 447-448 (KTU 1.4 VII 40f).

a11339 SANMARTIN, J., «Des Stäkrsten Demut», UF 10 (1978) 444 (KTU 1.5).

a11340 DE MOOR, J.C., «*ṯbš* and *šbš*: A Rejoinder», UF 12 (1980) 427-428 (KTU 1,5 I 16f.).

a11341 DIETRICH, M., LORETZ, O., «Schriftliche und mündliche Überlieferung eines 'Sonnenhymnus' nach KTU 1.6 VI 42-53», UF 12 (1980) 399-400.

a11342 WESSELIUS, J.W., «Three Difficult Passages in Ugaritic Literary Texts», UF 15 (1983) 312-314 (KTU 1.6 V 1-4; 1.12 II 32-34; 1.161).

a11343 SANMARTIN, J., «Die Haartracht der 'NT», UF 12 (1980) 341-344 (KTU 1.10).

a11344 DE MOOR, J.C., «An Incantation against Infertility (KTU 1.13)», UF 12 (1980) 305-310.

a11345 DIETRICH, M., LORETZ, O., «Der Ausmarsch des Heeres im Keret-Epos (KTU 1.14 II 27b - III 1 = IV 9b-31)», UF 12 (1980) 193-198.

a11346 DIETRICH, M., LORETZ, O., «Das Porträt einer Königin in KTU 1.14 I 12-15. Zur ugaritischen Lexikographie (XVIII)», UF 12 (1980) 199-204.

a11347 DIETRICH, M., LORETZ, O., «Ein ug. Fruchtbarkeitsritus (KTU 1.16 III 1-11)», UF 10 (1978) 424-425.

*a*11348 DIETRICH, M., LORETZ, O., «*ṣrrt ṣpn* - 'Feste des *Ṣapānu*'», UF 12 (1980) 394 (KTU 1.16).

*a*11349 HEALEY, J.F., «The *Pietas* of an Ideal Son in Ugarit», UF 11 (1979) 353-356 (KTU 1.17 I 25-33).

*a*11350 LOEWENSTAMM, S.E., «The Wording of KTU 1.17 I 34», UF 12 (1980) 416.

*a*11351 MARGALIT, B., «The Messengers of Woe to Dan'el: A Reconstruction and Interpretation of KTU 1.19:II,27-48», UF 15 (1983) 105-117.

*a*11352 DIETRICH, M., LORETZ, O., «Zweimalige Haplographie und Rasur in KTU 1.19 IV 10», UF 9 (1977) 334.

*a*11353 POPE, M.H., «Ups and Downs in El's Amours», UF 11 (1979) 701-708 (= KTU 1.23).

*a*11354 CUTLER, B., MACDONALD, J., «On the Origin of the Ugaritic Text KTU 1.23», UF 14 (1982) 33-50.

*a*11355 DIETRICH, M., LORETZ, O., «Die sieben Kunstwerke des Schmiedegottes in KTU 1.41 23-43», UF 10 (1978) 57-63.

*a*11356 DE MOOR, J.C., «Some Remarks on U 5 V, No. 7 and 8 (KTU 1.100 and 1.107)», UF 9 (1977) 366-367.

*a*11357 DIETRICH, M., LORETZ, O., «Die Bannung von Schlangengift (KTU 1.100 und KTU 1.107:7b-13a.19b-20)» UF 12 (1980) 153-170.

*a*11358 XELLA, P., CAPOMACCHIA, A.M.G., «Tre testi ugaritici relativi a presagi di nascite», OrAnt 18 (1979) 41-58 (KTU 1.103, 140, 145).

*a*11359 DIETRICH, M., LORETZ, O., «Ball *rpu* in KTU 1.108; 1.113 und nach 1.17 VI 25-33», UF 12 (1980) 171-182.

*a*11360 MARGALIT, B., «The Ugaritic Tale of the Drunken Gods: Another Look at RS 24.258 (*KTU* 1.114)», Maarav 2, nº 1 (1979) 65-120.

*a*11361 SARACINO, F., «Un parallelo elegiaco a KTU 1.119:26-36», UF 15 (1983) 304-306.

*a*11362 DIETRICH, M., LORETZ, O., «Gebrauch von Götterstatuen in der Mantik von Ugarit (KTU 1.124)», UF 12 (1980) 395-396.

*a*11363 DE MOOR, J.C., «*ṭbš* and *šbš*: A Rejoinder», UF 12 (1980) 427-428 (KTU 1.133:5-8).

*a*11364 DIETRICH, M., LORETZ, O., «Parallelen zur Beschreibung des Reichtums im Keret-Epos [KTU 1.151 (51) - II 3 et par.]», UF 12 (1980) 397-398).

*a*11365 HEALEY, J.F., «Ritual Text KTU 1.161 - Translation and Notes», UF 10 (1978) 83-88.

*a*11366 DIETRICH, M., LORETZ, O., «Die Wehklage über Keret in KTU 1.161 2-23 (*//* II 35-50). Zur ugaritischen Lexikographie (XVII)», UF 12 (1980) 189-192.

*a*11367 DIETRICH, M., LORETZ, O., «Totenverehrung in Māri (12803) und Ugarit (KTU 1.161)», UF 12 (1980) 381-382.

*a*11368 DIETRICH, M., LORETZ, O., «Neue Studien zu den Ritualtexten aus Ugarit (II) - Nr 6 - Epigraphische und inhaltliche Probleme in KTU 1.161», UF 15 (1983) 17-24.

*a*11369 CUNCHILLOS, J.L., «KTU 2.14 une lettre pour demander une recommandation», UF 12 (1980) 147-152.

*a*11370 CUNCHILLOS, J.L., «Une lettre ugaritique, KTU 2.17», dans *Mélanges bibliques et orientaux en l'honneur de M. Henri Cazelles* (en collab.) (1981), 71-78.

*a*11371 DIETRICH, M., LORETZ, O., «Philologische und inhaltliche Probleme im Schreiben KTU 2.17», UF 14 (1982) 83-88.

*a*11372 CUNCHILLOS, J.L., «KTU 2.21 - Lettre addressée à la Reine. IBRKD a transmis le message de la Reine», UF 13 (1981) 45-48.

*a*11373 DIETRICH, M., LORETZ, O., «KTU 2.34:32 und die Herkunft von griechisch *thursos*», UF 10 (1978) 426.

*a*11374 HOFTIJZER, J., «Une lettre du roi de Tyr», UF 11 (1979) 383-388 (G 2059 = KTU 2.38).

a11375   KNAPP, A.B., «An Alashiyan Merchant at Ugarit», Tel Aviv 10 (1983) 38-45 (KTU 2.42 + 2.43).

a11376   HALPERN, B., «A Landlord-Tenant Dispute at Ugarit?» Maarav 2, nᵒ 1 (1979) 121-140 (RS 1957.702 = *KTU* 3.9).

a11377   DIETRICH, M., LORETZ, O., «Der Vertrag eines *mrzḥ-Klubs* in Ugarit. Zum Verständnis von KTU 3.9», UF 14 (1982) 71-76.

a11378   DIETRICH, M., LORETZ, O., «Eine Matrosen-Liste aus Ugarit (KTU 4.40)», UF 9 (1977) 332-333.

a11379   MACDONALD, J., «The Unique Ugaritic Personnel Text KTU 4.102», UF 10 (1978) 161-173.

a11380   WESSELIUS, J.W., «Two Notes on Ugaritic Toponyms», UF 15 (1983) 315 (KTU 4.126,20,21,31).

a11381   DIETRICH, M., LORETZ, O., «Ug. *kld* 'Bogen' und *arkd* 'Wurfholz, Lanze (?)' in KTU 4.277», UF 10 (1978) 429.

a11382   DEL OLMO LETE, G., «The Ugaritic War Chariot. A New Translation of KTU 4.392 (PRU V, 105)», UF 10 (1978) 47-51.

a11383   DEL OLMO LETE, G., «Once again on some Ugaritic Administrative Texts and Wordings», JNWSemL 10 (1982) 37-42 (KTU 4.392 + 4.377).

a11384   DIETRICH, M., LORETZ, O., «Epigraphische Probleme in KTU 4.609:10-11», UF 10 (1978) 423.

a11385   HELTZER, M., «Der ugaritische Text KTU 4.751 und das Festmahl (?) der Dienstleute des Königs», UF 12 (1980) 413-415.

a11386   GOOD, R.M., «The Ugaritic Steward», ZAW 95 (1983) 110-111 (KTU 4.755).

5) PRU (C. VIROLLEAUD).

a11387   VIROLLEAUD, C., *Le palais royal d'Ugarit II*. Textes en cunéiformes alphabétiques des archives est, ouest et centrales (Mission de Ras Shamra, VII) (Paris, Imprimerie nationale, Librairie C. Klincksieck, 1957), xliii-241 pp. (PRU II).

a11388   NOUGAYROL, J., *Le palais royal d'Ugarit IV*. Textes accadiens des archives sud (archives internationales) (Mission de Ras Shamra, IX) (Paris, Imprimerie nationale, Librairie C. Klincksieck, 1956), ii-301 pp., 90 planches (PRU IV).

a11389   VIROLLEAUD, C., *Le palais royal d'Ugarit V*. Textes en cunéiformes alphabétiques des archives sud, sud-ouest et du petit palais (Mission de Ras Shamra, XI) (Paris, Imprimerie nationale, Librairie C. Klincksieck, 1965), xii-207 pp. (PRU V).

a11390   LIPINSKI, E., «Recherches ugaritiques - 6. Ba'lu-ṣaduq, maire du palais», Syr. 50 (1973) 40-42 (PRU II,7).

a11391   LIPINSKI, E., «Recherches ugaritiques - 7. Une lettre d'affaires du chancelier royal», Syr. 50 (1973) 42-49 (PRU II,10).

a11392   DIETRICH, M., LORETZ, O., SANMARTIN, J., «Eine briefliche Antwort des Königs von Ugarit auf eine Anfrage: PRU 2,10 (= RS 16.264)», UF 6 (1974) 453-455.

a11393   DIETRICH, M., LORETZ, O., SANMARTIN, J., «Der Satzbau in PRU 2,12 (= RS 16.402), 22-38», UF 6 (1974) 456-457.

a11394   DIETRICH, M., LORETZ, O., SANMARTIN, J., «Die Ankündigung eines Boten (*UDR*) im Brief PRU 2,13 (= RS 16.379)», UF 6 (1974) 458-459.

a11395   DIETRICH, M., LORETZ, O., SANMARTIN, J., «Der Eilbrief PRU 2,20 (= RS 15.07)», UF 6 (1974) 471-472.

a11396   DIETRICH, M., LORETZ, O., SANMARTIN, J., «Sonnenfinsternis in Ugarit PRU 2, 162 (= RS 12.61). Das älteste Dokument über eine Totaleklipse», UF 6 (1974) 464-465.

a11397   YARON, R., «A Royal Divorce at Ugarit», Or 32 (1963) 21-31 [PRU IV 17.159 (V C 1); 17.396 (V C 2)].

a11398   ASTOUR, M.C., «King Ammurapi and the Hittite Princess», UF 12 (1980) 103-108 (PRU IV,89-90).

a11399   MILANO, L., «Sul presunto giubileo a Ugarit (PRU V 9)», OrAnt 16 (1977) 23-33.

a11400   DIJKSTRA, M., «Two Notes on PRU 5, No. 60», UF 8 (1976) 437-439.

a11401   PARDEE, D., «A Further Note on *PRU V*, No 60. Epigraphic in Nature», UF 13 (1981) 151-156.

a11402   DIETRICH, M., LORETZ, O., SANMARTIN, J., «Die Verteilung der Rationen in PRU 5,105 (= RS 18.130)», UF 6 (1974) 468.

a11403   WATSON, W.G.E., «An Allocation of Horses (PRU V, Text 105)», UF 6 (1974) 497-498.

a11404   DIETRICH, M., LORETZ, O., SANMARTIN, J., «Zu PRU 5,106 (= RS 18.25), 10-15», UF 6 (1974) 473.

a11405   DIETRICH, M., LORETZ, O., SANMARTIN, J., «Brief über die Auswirkungen einer Razzia (RS 19.11 = PRU 5,114)», UF 7 (1975) 532-533.

a11406   HELTZER, M., «Ein ugaritischer Genossenschaftsvertrag (PRU 5,116 = KTU 3.8)», UF 9 (1977) 346-347.

a11407   CAQUOT, A., «Un épisode peu connu du mythe de Baal et de la Génisse (19.54 = PRU V,124 = KTU 1.93)», UF 11 (1979) 101-104.

a11408   KÜHNE, C., «Randnotizen zu PRU VI», UF 5 (1973) 185-189.

6) RS [= *Ras Shamra*. **Cf. revue** *Syria* **(Paris, Geuthner, 1931-1945 etc.)].**

a11409   DIETRICH, M., LORETZ, O., SANMARTIN, J., «Die Texteinheiten in RS 1.2 = CTA 32 und RS 17.100 = CTA Appendice I», UF 7 (1975) 141-146.

a11410   DIETRICH, M., LORETZ, O., SANMARTIN, J., «Lexikalische und literarische Probleme in RS 1.2 = CTA 32 und RS 17.100 = CTA Appendice I», UF 7 (1975) 147-155.

a11411   DIETRICH, M., LORETZ, O., SANMARTIN, J., «Das Ritual RS 1.5 = CTA 33», UF 7 (1975) 525-528.

a11412   DIETRICH, M., LORETZ, O., SANMARTIN, J., «RS 4.474 = CTA 30 - Schreibübung oder religiöser Text?» UF 7 (1975) 523-524.

a11413   DIETRICH, M., LORETZ, O., SANMARTIN, J., «Der Brief RS 4.475 = CTA 53», UF 7 (1975) 529-530.

a11414   DIETRICH, M., LORETZ, O., SANMARTIN, J., «Die Siegelinschrift RS 6.223», UF 7 (1975) 547.

a11415   THUREAU-DANGIN, F., «Trois contrats de Ras Shamra», Syr. 18 (1937) 245-255 (RS 8.1451; 8.208; 8.213).

a11416   VIROLLEAUD, C., «Lettres et documents administratifs de Ras Shamra (RS 11.730, 11.732, 11.772, 11.780, 11.782, 11.799, 11.802, 11.857, 11.872)», Syr. 21 (1940) 247-276.

a11417   DIETRICH, M., LORETZ, O., SANMARTIN, J., «Ein Brief des Königs an die Königin-Mutter (RS 11.872 = CTA 50). Zur Frage ug. *iṭt* = hebr. 'šh?» UF 6 (1974) 460-462.

a11418   DIETRICH, M., LORETZ, O., SANMARTIN, J., «Der Brief UH Nr. 138 - RS 11,875 (KTU 2,14)», UF 8 (1976) 431.

a11419   VIROLLEAUD, C., «Six tablettes de Ras Shamra provenant de la XIVe campagne (1950) (RS 14.01, 14.16 (accadien), 14.23, 14.84, 14.129, 14.176)», Syr. 28 (1951) 163-179.

a11420 DIETRICH, M., LORETZ, O., «Kollationen zum Musiktext aus Ugarit», UF 7 (1975) 521-522 (RS 15.30 + 15.49 + 17.387).

a11421 DIETRICH, M., LORETZ, O., SANMARTIN, J., «Eine Notiz zu RS 15.98 = PRU 2,21,4-7», UF 7 (1975) 531.

a11422 DIETRICH, M., LORETZ, O., SANMARTIN, J., «Keilalphabetische Bürgschaftsdokumente aus Ugarit», UF 6 (1974) 466-467 (RS 15.128; 19.66).

a11423 VAN ZIJL, P.J., «Translation and Discussion of Text 1001: 1-2 (RŠ 15.134:1-2)», JNWSemL 2 (1972) 74-85.

a11424 VAN ZIJL, P.J., «Translation and Discussion of Text 1001:3-5a (RŠ 15.134:3-5a)», JNWSemL 3 (1974) 85-93.

a11425 VAN ZIJL, P.J., «Translation and Discussion of Text 1001: 5(b)-7 [RS 15:134:5(b)7]', JNWSemL 4 (1975) 73-86.

a11426 VIROLLEAUD, C., «Les nouveaux textes alphabétiques de Ras-Shamra (XVIe campagne, 1952) (RS 16.117, 16.191, 16.264, 16.265, 16.272, 16.379, 16.399, 16.402)», Syr. 30 (1953) 187-195.

a11427 DELAVAULT, B., LEMAIRE, A., «La tablette ougaritique RS 16.127 et l'abréviation 'Ṭ' en nord-ouest sémitique», Sem. 25 (1975) 31-41.

a11428 FISHER, L.R., «An Amarna Age Prodigal», JSS 3 (1958) 113-122 (RS 16.129).

a11429 LIVERANI, M., «Le chêne de Sherdanu», VT 27 (1977) 212-216 (RS 16.251,4-6).

a11430 HAASE, R., «Eine hethitische Prozessurkunde aus Ugarit - RS 17.109», UF 3 (1971) 71-74.

a11431 VON SCHULER, E., «Eine hethitische Rechtsurkunde aus Ugarit», UF 3 (1971) 223-234 (RS 17.109).

a11432 DEL MONTE, G.F., «Niqmadu di Ugarit e la rivolta di Tette di Nuhašše (RS 17.344)», OrAnt 22 (1983) 221-231.

a11433 HERDNER, A., «Un nouvel exemplaire du rituel RS 1929, no. 3», Syr. 33 (1956) 104-112 (RS 18.56, no 3).

a11434 XELLA, P., «KTU 1.91 (RS 19.15) e i sacrifici del re», UF 11 (1979) 833-838.

a11435 KÜHNE, C., «Zum Text RS 19.68», UF 3 (1971) 369-371.

a11436 RAINEY, A.F., «A Front Line Report from Amurru», UF 3 (1971) 131-149 (RS 20.33).

a11437 LAROCHE, E., «RS 20.189» UF 11 (1979) 477-480.

a11438 FENTON, T.L., «The Claremont 'mrzḥ' Tablet, its Text and Meaning», UF 9 (1977) 71-75 (RS 21.355).

a11439 BORDREUIL, P., «Cunéiformes alphabétiques non canoniques - I. La tablette alphabétique sénestroverse RS 22.03», Syr. 58 (1981) 301-311.

a11440 DIETRICH, M., LORETZ, O., SANMARTIN, J., «Entzifferung und Transkription von RS 22.03», UF 7 (1975) 548-549.

a11441 LIPINSKI, E., «Les conceptions et couches merveilleuses de 'Anath», Syr. 42 (1965) 45-73 [RS 22.225; CTA 11+10 (IV AB)].

a11442 BORDREUIL, P., «Quatre documents en cunéiformes alphabétiques mal connus ou inédits (U.H. 138, RS 23.492, RS 34.356, Musée d'Alep M 3601)», Sem. 32 (1982) 5-14.

a11443 CAQUOT, A., «Nouveaux documents ougaritiens. - I. Remarques sur la tablette alphabétique RS 24.244», Syr. 46 (1969) 241-254.

a11444 LIPINSKI, E., «La légende sacrée de la conjuration des morsures de serpents», UF 6 (1974) 169-174 (RS 24.244).

a11445 DIETRICH, M., LORETZ, O., SANMARTIN, J., «Bemerkungen zur Schlangenbeschwörung RS 24.244 = Ug. 5, S. 564ff. Nr. 7», UF 7 (1975) 121-125.

a11446 TSEVAT, M., «Der Schlangentext von Ugarit UT 607 - KTU 1.100 - Ug V, 564ff. - RS 24.244», UF 11 (1979) 759-778.

*a*11447 YOUNG, D.W., «The Ugaritic Myth of the God ḤŌRĀN and the Mare», UF 11 (1979) 839-848 (RS 24.244 = Ug V 7 = *KTU* 1.100).

*a*11448 BOWMAN, C.H., COOTE, R.B., «A Narrative Incantation for Snake Bite», UF 12 (1980) 135-140 (RS 24.244).

*a*11449 BORDREUIL, P., «'Venin de printemps, venin foudroyant': À propos de RS 24.244 l.5», UF 15 (1983) 299-300.

*a*11450 DE MOOR, J.C., «Studies in the New Alphabetic Texts from Ras Shamra, I», UF 1 (1969) 167-188 (RS 24.245).

*a*11451 LIPINSKI, E., «Épiphanie de Baal-Haddu. RS 24.245», UF 3 (1971) 81-92.

*a*11452 POPE, M.H., TIGAY, J.H., «A Description of Baal», UF 3 (1971) 117-130 (RS 24.245 = *Ugaritica V*, Ch III, No. 3).

*a*11453 DIETRICH, M., LORETZ, O., SANMARTIN, J., «Stichometrische Probleme in RS 24.245 = Ug. 5, S. 556-559, Nr. 3 Vs», UF 7 (1975) 534-535.

*a*11454 DE MOOR, J.C., «Studies in the New Alphabetic Texts from Ras Shamra I», UF 1 (1969) 167-188 (RS 24.245.249.252.253.258.260.271.293.643).

*a*11455 IRWIN, W.H., «The Extended Simile in RS 24.245 Obv», UF 15 (1983) 53-58.

*a*11456 DIETRICH, M., LORETZ, O., SANMARTIN, J., «Die Götterliste RS 24.246 = Ug 5, S. 594 Nr. 14», UF 7 (1975) 545-546.

*a*11457 STAMM, J.J., «Erwägungen zu RS 24.246», UF 11 (1979) 753-758.

*a*11458 DIETRICH, M., LORETZ, O., SANMARTIN, J., «Der keilalphabetische *šumma izbu*-Test - RS 24.247+265+268+328», UF 7 (1975) 133-140.

*a*11459 DIETRICH, M., LORETZ, O., SANMARTIN, J., «Einzelbemerkungen zu RS 24.251 = Ug. 5, S. 574-578 Nr 8», UF 7 (1975) 127-131.

*a*11460 DE MOOR, J.C., «Studies in the New Alphabetic Texts from Ras Shamra, I», UF 1 (1969) 167-188 (RS 24.252).

*a*11461 PARKER, S.B., «The Feast of Rāpi'u», UF 2 (1970) 243-249 (RS 24.252).

*a*11462 FERRARA, A.J., PARKER, S.B., «Seating Arrangements at Divine Banquets», UF 4 (1972) 37-39 (RS 24.252).

*a*11463 GÖRG, M., «Noch einmal: Edrei in Ugarit?» UF 6 (1974) 474-475 (RS 24.252).

*a*11464 KAPELRUD, A.S., «The Ugaritic Text RS 24.252 and King David», JNWSemL 3 (1974) 35-39.

*a*11465 DIETRICH, M., LORETZ, O., SANMARTIN, J., «Der 'Neujahrspsalm' RS 24.252 (= Ug 5, S. 551-557 Nr. 2)», UF 7 (1975) 115-119.

*a*11466 CAQUOT, A., «La tablette RS 24.252 et la question des Rephaïm ougaritiques», Syr. 53 (1976) 295-304.

*a*11467 DE MOOR, J.C., «Studies in the New Alphabetic Texts from Ras Shamra, I», UF 1 (1969) 167-188 (RS 24.258).

*a*11468 LOEWENSTAMM, S.E., «Eine lehrhafte ugaritische Trinkburleske», UF 1 (1969) 71-77 (Ug V, pp. 545-551 = RS 24.258).

*a*11469 RÜGER, H.-P., «Zu RŠ 24.258», UF 1 (1969) 203-206.

*a*11470 DE MOOR, J.C., «B. Margulis on RŠ 24.258», UF 2 (1970) 347-350.

*a*11471 MARGULIS, B., «A New Ugaritic Farce (RŠ 24.258)», UF 2 (1970) 131-138.

*a*11472 LOEWENSTAMM, S.E., «*mṣd*», UF 3 (1971) 357-359 (RS 24.258).

*a*11473 DIETRICH, M., LORETZ, O., SANMARTIN, J., «Der stichometrische Aufbau von RS 24.258 (= Ug. 5, S. 545-551 Nr. 1)», UF 7 (1975) 109-114.

*a*11474 FENSHAM, F.C., «Some Remarks on the First Three Mythological Texts of Ugaritica V», UF 3 (1971) 21-24 (RS 24.258; 24.252; 24.245).

*a*11475 FISHER, L.R., «New Readings for the Ugaritic Texts in Ugaritica V», UF 3 (1971) 356 (RS 24.258 R; 24.252 V; 24.245 R; 24.244 V; 24.249 B).

a11476 DIETRICH, M., LORETZ, O., SANMARTIN, J., «Notizen zum Opfertext RS 24.260 = Ug. 5, S. 586 Nr. 11», UF 7 (1975) 543-544.

a11477 DIETRICH, M., LORETZ, O., SANMARTIN, J., «Bemerkungen zu RS 24.271 = Ug. 5, S. 584 Nr. 10», UF 7 (1975) 542.

a11478 DE MOOR, J.C., «Studies in the New Alphabetic Texts from Ras Shamra II», UF 2 (1970) 303-327 (RS 24.272).

a11479 DIETRICH, M., LORETZ, O., SANMARTIN, J., «Bericht über ein Orakel (RS 24.272 = Ug. 5, S. 563 Nr. 6)», UF 7 (1975) 540-541.

a11480 PARDEE, D., «Visiting Ditanu - The Text of RS 24.272», UF 15 (1983) 127-140.

a11481 LIPINSKI, E., «Recherches ugaritiques. - 8. El-Berit», Syr. 50 (1973) 50-51 (RS. 24.278,14-15).

a11482 CRAIGIE, P.C., «El brt. El dn (RS 24.278,14-15)», UF 5 (1974) 278-279.

a11483 SARACINO, F., «Il letto di Pidray», UF 14 (1982) 191-199 (RS 24.291 = KTU 1.132).

a11484 DE MOOR, J.C., «Studies in the New Alphabetic Texts from Ras Shamra, I», UF 1 (1969) 167-188 (RS 24.293).

a11485 DIETRICH, M., LORETZ, O., SANMARTIN, J., «Beiträge zur ugaritischen Textgeschichte (II): Textologische Probleme in RS 24.293 (= Ug. 5, S. 559, Nr. 4) und CTA 5 I ll*-22*», UF 7 (1975) 536-539.

a11486 DHORME, É., «Deux tablettes de Ras Shamra de la campagne de 1932», Syr. 14 (1933) 229-237 (RS 32.4474; 32.4475).

a11487 BORDREUIL, P., «Nouveaux textes économiques en cunéiformes alphabétiques de Ras Shamra-Ougarit (34e campagne, 1973)», Sem. 25 (1975) 19-29 (RS 34.121-123, 176, 180).

a11488 BROOKE, G.J., «The Textual, Formal and Historical Significance of Ugaritic Letter RS 34.124(= KTU 2.72)», UF 11 (1979) 69-87.

a11489 PITARD, W.T., «The Ugaritic Funerary Text RS 34.126», BASOR no 232 (1979) 65-75.

a11490 GOOD, R.M., «Supplementary Remarks on the Ugaritic Funerary Text RS 34.126», BASOR no 239 (1980) 41-42.

a11491 BORDREUIL, P., PARDEE, D., «Le rituel funéraire ougaritique RS. 34.126», Syr. 59 (1982) 121-128.

a11492 DIETRICH, M., LORETZ, O., «Das 'seefahrende Volk' von Sikila (RS 34.129)», UF 10 (1978) 53-56.

a11493 LEHMANN, G.A., «Die Šikalāju - ein neues Zeugnis zu den 'Seevölkern'-Heerfahrten im späten 13. Jh. v. Chr. (RS 34.129)», UF 11 (1979) 481-494.

a11494 VIROLLEAUD, C., «Sur quatre fragments alphabétiques trouvés à Ras Shamra en 1934», Syr. 16 (1935) 181-187 (RS 34.6133; 34.6174; 34.6215; 34.6411).

a11495 VIROLLEAUD, C., «États nominatifs et pièces comptables provenant de Ras Shamra», Syr. 18 (1937) 159-173 (RS 36.8183, 8201, 8203, 8208, 8213, 8252, 8277, 8279, 8280).

a11496 VIROLLEAUD, C., «Fragments mythologiques de Ras Shamra [RS 319 (AO 16646); 5180; 5229 (AO 17293); 5252 (AO 17297); AO 17317; 17322]», 1-23.

a11497 VIROLLEAUD, C., «Fragments alphabétiques divers de Ras Shamra (RS 372, 4474, 5303; AO 16294, 17292, 17295, 17315)», Syr. 20 (1939) 114-133.

a11498 FRIEDMAN, R.E., «The Mrzh Tablet From Ugarit», Maarav 2, no 2 (1980) 187-206 (RS 1957.702).

a11499 GASTER, T.H., «A Phoenician Naval Gazette», PEQ 70 (1938) 105-112 (RS 8279).

a11500 DHORME, É., «Nouvelle lettre d'Ugarit en écriture alphabétique (RS. 8315)», Syr. 19 (1938) 142-146.

a11501 VIROLLEAUD, C., «Textes alphabétiques de Ras Shamra provenant de la IXe campagne (RS 9479. 9011. 9469. 9453. 9496)», Syr. 19 (1938) 127-141.

*a*11502 VIROLLEAUD, C., «Les Villes et les corporations du royaume d'Ugarit (RS 10043-10045, 10066, 11724, 11790, 11799, 11800, 11830, 11836, 11841-11843, 11845, 11850)», Syr. 21 (1940) 123-151.

7) Ug V (J. NOUGAYROL, E. LAROCHE, C. VIROLLEAUD, C.F.-A. SCHAEFFER).

*a*11503 NOUGAYROL, J., LAROCHE, E., VIROLLEAUD, C., SCHAEFFER, C.F.-A., *Ugaritica V*. Nouveaux textes accadiens, hourrites et ugaritiques des archives et bibliothèques privées d'Ugarit. Commentaire des textes historiques (première partie) (Mission de Ras Shamra, XVI) (Paris, Imprimerie nationale, Librairie orientaliste Paul Geuthner, 1968), xii-806 pp. (= Ug V).

*a*11504 KLENGEL, H., «Ugaritica V, Chapitre IV, Cl.F.A. Schaeffer, 'Commentaire sur les lettres et documents trouvés dans les bibliothèques privées d'Ugarit' (pp. 607-768)», UF 1 (1969) 127-130.

*a*11505 BERGER, P.-R., «Zu den Wirtschafts- und Rechtsurkunden Ugaritica V», UF 1 (1969) 121-125 (Ug V nrn. 1-14, 81-108, 154-161).

*a*11506 RAINEY, A.F., «Reflections on the Battle of Qedesh», UF 5 (1973) 280-282 [Ug V nr 20 (29.22)].

*a*11507 COOTE, R.B., «Another Sign of Scribal Copying in the Mythological Texts in *Ugaritica V*», UF 6 (1974) 447-448.

8) UT (C.H. GORDON).

*a*11508 GORDON, C.H., *Ugaritic Textbook*. Grammar. Texts in Transliteration. Cuneiform Selections. Glossary. Indices (Analecta Orientalia, 38) (Rome, Pontifical Biblical Institute, 1965), xvi-547 pp.

*a*11509 TSUMURA, D.T., «'A Ugaritic God, $MT-W-\check{S}R$, and His Two Weapons' (UT 52:8-11)», UF 6 (1974) 407-413.

*a*11510 TSEVAT, M., «Comments on the Ugaritic Text UT 52», ErIs 14 (1978) 24*-27*.

*a*11511 GRAY, J., «Ba'al's Atonement», UF 3 (1971) 61-70 (*UT* 75 = *CTA* 12).

*a*11512 CUTLER, B., MACDONALD, J., «The Unique Ugaritic Text UT 113 and the Question of 'Guilds'», UF 9 (1977) 13-30.

*a*11513 VAN SELMS, A., «Yammu's Dethronement by Baal. An attempt to reconstruct texts UT 129, 137 and 68», UF 2 (1970) 251-268.

*a*11514 VAN SELMS, A., «The Fire in Yammu's Palace», UF 3 (1971) 249-252 (UT 129, 137, 68).

*a*11515 TSEVAT, M., «Der Schlangentext von Ugarit UT 607 - KTU 1.100 - Ug V, 564 ff. - RS 24.244», UF 11 (1979) 759-778.

9) Aleïn-Baal.

*a*11516 VIROLLEAUD, C., «Un poème phénicien de Ras-Shamra. La lutte de Môt, fils des dieux, et d'Aleïn, fils de Baal», Syr. 12 (1931) 193-224, 350-357.

*a*11517 VIROLLEAUD, C., «Un nouveau chant du poème d'Aleïn-Baal», Syr. 13 (1932) 113-163.

*a*11518 VIROLLEAUD, C., «Nouveau fragment du poème de Môt et d'Aleyn-Baal», Syr. 15 (1934) 226-243 (Texte I AB).

10) Aqhat.

a11519　CASSUTO, U., «Daniel e le spighe: Un episodio della tavola I D di Ras Shamra», Or. 8 (1939) 238-243.

a11520　POHL, A., «Eine neusumerische Achatperle», Or. 16 (1947) 464-465.

a11521　HERDNER, A., «La légende cananéenne d'Aqhat, d'après les travaux récents», Syr. 26 (1949) 1-16.

a11522　LOFFREDA, S., «Raffronto fra un testo ugaritico (2 *Aqhat* VI, 42-45) e Giobbe 40,9-12», BibOr 8 (1966) 103-116.

a11523　KOCH, K., «Die Sohnesverheissung an den ugaritischen Daniel», ZA 58 (1967) 211-221.

a11524　DE MOOR, J.C., «Murices in Ugaritic Mythology», Or. 37 (1968) 212-215 (Aqht, nr 19).

a11525　TSEVAT, M., «Traces of Hittite at the Beginning of the Ugaritic Epic of Aqht», UF 3 (1971) 351-352.

a11526　DIJKSTRA, M., DE MOOR, J.C., «Problematic Passages in the Legend of Aqhâtu», UF 7 (1975) 171-215.

a11527　WATSON, W.G.E., «Puzzling Passages in the Tale of Aqhat», UF 8 (1976) 371-378.

a11528　PARDEE, D., «An Emendation in the Ugaritic Aqht Text», JNES 36 (1977) 53-56.

a11529　WATSON, W.G.E., «The Falcon Episode in the Aqhat Tale», JNWSemL 5 (1977) 69-75.

a11530　BALDACCI, M., «A Lexical Question Concerning the Ugaritic Anath's Text», UF 10 (1978) 417-418 (KTU 1.3:III).

a11531　DIETRICH, M., LORETZ, O., «Bemerkungen zum Aqhat-Text. Zur ugaritischen Lexikographie (XIV)», UF 10 (1978) 65-71 (KTU 1,17-19).

a11532　MacLAURIN, E.C.B., «QRT-'ABLM (Aqh I,iv,1.3; III,i,8,vi,27)», PEQ 110 (1978) 113-114.

a11533　DIJKSTRA, M., «Some Reflections on the Legend of Aqhat», UF 11 (1979) 199-210.

a11534　DRESSLER, H.H.P., «The Identification of the Ugaritic Dnil with the Daniel of Ezekiel», VT 29 (1979) 152-161.

a11535　MARGALIT, B., «Interpreting the story of Aqht. A reply to H.H.P. Dressler», VT 29 (1979), pp. 152-161», VT 30 (1980) 361-365.

a11536　MARGALIT, B., «The Geographical Setting of the *AQHT* Story and Its Ramifications», dans *Ugarit in Retrospect* (en collab.) (1981), 131-158.

a11537　MARGALIT, B., «Restorations and Reconstructions in the Epic of Aqht», JNWSemL 9 (1981) 75-117.

a11538　DRESSLER, H.H.P., «Problems in the Collation of the Aqht-Text, Column One», UF 15 (1983) 43-46.

a11539　MARGALIT, B., «Lexicographical Notes on the *Aqht* Epic (Part I: KTU 1.17-18)», UF 15 (1983) 65-103.

a11540　MARGALIT, B., «A Restoration Proposal in AQHT», RB 90 (1983) 360-364.

11) Keret.

a11541　VIROLLEAUD, C., «Le roi Kéret et son fils (II K). Poème de Ras Shamra [II K (A.O. 17.236), 105-136, 197-217]», Syr. 23 (1942-43) 1-20.

a11542　VIROLLEAUD, C., «Le mariage de Kéret (III K). Poème de Ras Shamra», Syr. 23 (1942-43) 137-172 [III K (AO 17327)].

a11543　FINKEL, J., «A Mathematical Conundrum in the Ugaritic Keret Poem», HUCA 26 (1955) 109-149.

a11544　SIRAT, R.-S., «Interprétation nouvelle de Keret II, 1-5», Sem. 15 (1965) 23-28.

a11545　GREENFIELD, J.C., «Some Glosses on the Keret Epic», ErIs 9 (1969) 60-65.

*a*11546 FENSHAM, F.C., «Remarks on certain difficult Passages in Keret», JNWSemL 1 (1971) 11-22.

*a*11547 SAUREN, H., KESTEMONT, G., «Keret, roi de Ḫubur», UF 3 (1971) 181-221.

*a*11548 FENSHAM, F.C., «Remarks on Keret 26-43», JNWSemL 2 (1972) 37-52.

*a*11549 ASTOUR, M.C., «A North Mesopotamian Locale of the Keret Epic?» UF 5 (1973) 29-39.

*a*11550 DIETRICH, M., LORETZ, O., «Der Prolog des KRT-Epos. Eine Ergänzung», UF 5 (1973) 283 (CTA 14 I 12-35).

*a*11551 DIETRICH, M., LORETZ, O., «Keret - *Die Umklammerung von Traum und Leben*. Ein Hinweis», UF 5 (1973) 271-272.

*a*11552 LIPINSKI, E., «Recherches ugaritiques. - 5. Le bannissement de Yaṣṣib», Syr. 50 (1973) 38-39 (II Keret vi,57-58).

*a*11553 WILHELM, G., «Eine Krughenkelinschrift in alphabetischer Keilschrift aus Kāmid el-Lōz», UF 5 (1973) 284-285 (KL 67:428p).

*a*11554 FENSHAM, F.C., «Remarks on Keret 54-59», JNWSemL 3 (1974) 26-33.

*a*11555 FENSHAM, F.C., «Remarks on Keret 59-72», JNWSemL 4 (1975) 11-22.

*a*11556 MARGALIT, B., «Studia Ugaritica II; 'Studies in *Krt* and *Aqht*'», UF 8 (1976) 137-192.

*a*11557 PARKER, S.B., «The Historical Composition of *KRT* and the Cult of EL», ZAW 89 (1977) 161-175.

*a*11558 LOEWENSTAMM, S.E., «Zur Götterlehre des Epos von Keret», UF 11 (1979) 505-514.

*a*11559 FENSHAM, F.C., «Remarks on Keret 114b-136a», JNWSemL 11 (1983) 69-78.

*a*11560 WYATT, N., «A Suggested Historical Context for the Keret Story», UF 15 (1983) 316-318.

12) Ras Ibn-Hani.

*a*11561 DIETRICH, M., LORETZ, O., «Ein ugaritisches Tontafelarchiv in Ras Ibn Hani», UF 9 (1977) 344.

*a*11562 LAGARCE, É., LAGARCE, J., «Nouveaux Textes du XIIIè siècle à Ras Ibn Hani (Syrie)», UF 10 (1978) 438-439.

*a*11563 DE MOOR, J.C., «An Incantation against Evil Spirits (Ras Ibn Hani 78/20)», UF 12 (1980) 429-432.

*a*11564 DIETRICH, M., LORETZ, O., «Eine Abrechnung aus Ras Ibn Hani (78/2)», UF 12 (1980) 401-402.

*a*11565 AVISHUR, Y., «The Ghost-Expelling Incantation from Ugarit (Ras Ibn Hani 78/20)», UF 13 (1981) 13-25.

*a*11566 BORDREUIL, P., «Les Récentes Découvertes Épigraphiques à Ras Shamra et à Ras Ibn Hani», dans *Ugarit in Retrospect* (en collab.) (1981), 43-48.

*a*11567 CUNCHILLOS, J.-L., «Bibliographie des textes de Ras Ibn Hani», UF 14 (1982) 27-32.

13) Autres textes. Other Texts. Andere Texte. Altri testi. Otros textos.

*a*11568 VIROLLEAUD, C., «La naissance des dieux gracieux et beaux. Poème phénicien de Ras Shamra», Syr. 14 (1933) 128-151.

*a*11569 THUREAU-DANGIN, F., «Un comptoir de laine pourpre à Ugarit, d'après une tablette de Ras-Shamra», Syr. 15 (1934) 137-146.

*a*11570 VIROLLEAUD, C., «Proclamation de Seleg, chef de cinq peuples, d'après une tablette de Ras-Shamra», Syr. 15 (1934) 147-154.

*a*11571 DUSSAUD, R., «Deux stèles de Ras Shamra portant une dédicace au dieu Dagon», Syr. 16 (1935) 177-180.

*a*11572 VIROLLEAUD, C., «Fragments alphabétiques divers de Ras Shamra», Syr. 19 (1938) 335-344 (AO 17.290, 304, 305, 318, etc.).

*a*11573 ROSENTHAL, F., «Die Parallelstellen in den Texten von Ugarit», Or. 8 (1939) 213-237.

*a*11574 VIROLLEAUD, C., «Les Rephaïm. Fragments de poèmes de Ras Shamra [I Rp (= IV Danel); II Rp (AO. 16.648); III Rp (AO. 16.647)]», Syr. 22 (1941) 1-30.

*a*11575 VIROLLEAUD, C., «Les nouvelles tablettes de Ras Shamra (1948-1949)», Syr. 28 (1951) 22-56.

*a*11576 CAZELLES, H., «L'hymne ugaritique à Anat», Syr. 33 (1956) 49-57.

*a*11577 LIPINSKI, E., «Recherches ugaritiques. - 2. Amarrage à Tyr», Syr. 44 (1967) 282-287.

*a*11578 DIETRICH, M., LORETZ, O., SANMARTIN, J., «Zu TT 433», UF 6 (1974) 469-470.

*a*11579 HERMANN, W., «Weitere keilalphabetische Texte aus Ras Schamra», UF 6 (1974) 69-73.

*a*11580 DIETRICH, M., LORETZ, O., SANMARTIN, J., «Die Zählung der Alphabet-Sénestrogyre-Texte aus Ugarit», UF 7 (1975) 550.

*a*11581 CAQUOT, A., MASSON, É., «Tablettes ougaritiques du Louvre», Sem. 27 (1977) 5-19 (AO 21086, 21088, 21090).

*a*11582 WATSON, W.G.E., «Ugaritic and Mesopotamian Literary Texts», UF 9 (1977) 273-284.

*a*11583 SZNYCER, M., «Ras Shamra (Ugarit ou Ougarit). VI. Documents administratifs et économiques», SDB 9 (1979) col. 1417-1425.

*a*11584 WESSELIUS, J.W., «Some Regularities in the Ugaritic Administrative Texts», UF 12 (1980) 448-450.

*a*11585 DIETRICH, M., LORETZ, O., «Neue Studien zu den Ritual texten aus Ugarit. (I) Ein Forschungsbericht», UF 13 (1981) 63-100; «(II) Nr. 6 - Epigraphische und inhaltliche Probleme in KTU 1.161», UF 15 (1983) 17-24.

*a*11586 GREENSTEIN, E.L., «The Snaring of Sea in the Baal Epic», Maarav 3 (1982) 195-216.

*a*11587 GARBINI, G., «Note sui testi rituali ugaritici», OrAnt 22 (1983) 53-60.

30. Urartéen. Urartian. Urartäisch. Urarteo.

*a*11588 FRIEDRICH, J., «Zur urartäischen Nominalflexion», ZA 40 (1931) 264-288.

*a*11589 FRIEDRICH, J., «Aus verschiedenen Keilschriftsprachen 1-2.3-4», Or. 9 (1940) 205-218, 348-361.

*a*11590 RIEMSCHNEIDER, M., «Die urartäischen Gottheiten», Or. 32 (1963) 148-169.

*a*11591 SALVINI, M., «Neue urartäische Inschriften aus Karmir-blur», Or. 36 (1967) 437-449.

*a*11592 FRIEDRICH, J., «Zwei Berichtigungen zum Urartäischen», Or. 37 (1968) 346.

*a*11593 SALVINI, M., «Neues urartäisches Inschriftenmaterial aus sowjetische Veröffentlichungen», ZA 61 (1971) 242-254.

*a*11594 DE MEYER, L., «Urartian», dans *A Basic Bibliography for the Study of the Semitic Languages* (en collab.) (1973), I, 114-117.

*a*11595 WILHELM, G., «Zur urartäischen Nominalflexion», ZA 66 (1976) 105-119.

*a*11596 TASYÜREK, A., «Some new urartian seals mostly from the Adana Regional Museum», OrAnt 18 (1979) 309-318.

31. Divers. Miscellaneous. Verschiedenes. Diversi. Diversos.

*a*11597 RÖSSLER, O., «Der semitische Charakter der libyschen Sprache», ZA 49 (1951) 101-107, 366-373; 50 (1952) 121-150.

*a*11598 GUSMANI, R., «Sulle consonanti del lidio», OrAnt 4 (1965) 203-210.

*a*11599 BEESTON, A.F.L., «A Sabaean Trader's Misfortunes», JSS 14 (1969) 227-230.

a11600   GUSMANI, R., «Lydiaka», OrAnt 14 (1975) 265-274.
a11601   ISRAEL, F., «Miscellanea Idumea», RivB 27 (1979) 171-203.
a11602   STONE, M.E., «Sinai Armenian Inscriptions», BA 45 (1982) 27-31.

POIDS ET MESURES. WEIGHTS AND MEASUREMENTS.
MASSE UND GEWICHTE. PESI E MISURE. PESOS Y MEDIDAS.

a11603   DIRINGER, D., «The Early Hebrew Weights found at Lachish», PEQ 74 (1942) 82-103.
a11604   SEYRIG, H., «Un poids tardif de Tyr», Syr. 36 (1959) 78-81.
a11605   SEYRIG, H., «Un poids de Laodicée», Syr. 40 (1963) 30-32.
a11606   MILES, G.C., «On the Varieties and Accuracy of Eighth Century Arab Coin Weights», ErIs 7 (1964) 78*-87*.
a11607   SCOTT, R.B.Y., «The Scale-Weights from Ophel, 1963-64», PEQ 97 (1965) 128-139.
a11608   SHANY, E., «A New Unpublished 'Beq'a' Weight in the Collection of the Pontifical Biblical Institute, Jerusalem, Israel», PEQ 99 (1967) 54-55.
a11609   BEN-DAVID, A., «The Talmud Was Right! The Weight of the Biblical Shequel», PEQ 100 (1968) 145-147.
a11610   BEN DAVID, A., «The 'Tartimar'», PEQ 101 (1969) 117-121.
a11611   YEIVIN, S., «Weights and Measures of Varying Standards in the Bible», PEQ 101 (1969) 63-68.
a11612   BEN-DAVID, A., «Weights Must be Made Only From Glass», PEQ 102 (1970) 102-107.
a11613   BEN-DAVID, A., «Bemerkungen zu: 'A Sculptured Hebrew Stone Weight' (IEJ XVIII, 1968, Heft 3)», UF 3 (1971) 353-355.
a11614   HENDRICKX-BAUDOT, M.-P., «The weight-system in the Harappa-culture», OLoP 3 (1972) 5-34.
a11615   GRELOT, P., «Sur un nom de mesure employé en araméen d'Égypte», Sem. 23 (1973) 103-111.
a11616   OPPENHEIM, A.L., «A New Subdivision of the Shekel in the Arsacide Period», Or. 42 (1973) 324-327.
a11617   BEN-DAVID, A., «Berichtigung zu: Bemerkungen zu: 'A Sculptured Hebrew Stone Weight' (Ugarit Forschungen 3. 1973)», UF 6 (1974) 445.
a11618   BEN-DAVID, A., «A Scarab-Shaped Weight-Stone», PEQ 106 (1974) 79-82.
a11619   BEN-DAVID, A., «A Rare Phoenician Inscribed Stone Weight», PEQ 107 (1975) 121-127.
a11620   LEMAIRE, A., «Poids inscrits inédits de Palestine», Sem. 26 (1976) 33-44.
a11621   LIFSHITZ, B., «Bleigewichte aus Palästina und Syrien», ZDPV 92 (1976) 168-187.
a11622   MANNS, F., «Quelques Poids et Pesons du Musée de la Flagellation», dans Studia Hierosolymitana (Bagatti) (en collab.) (1976), I, 81-109.
a11623   BARKAY, G., «A Group of Iron Age Scale Weights», IsrEJ 28 (1978) 209-217.
a11624   BEN-DAVID, A., «The Hebrew-Phoenician Cubit», PEQ 110 (1978) 27-28.
a11625   BRASHINSKY, J.B., «Urartian Pithoi: A study in Metrology and Standardization», OLoP 9 (1978) 33-49.
a11626   LEMAIRE, A., VERNUS, P., «L'origine égyptienne du signe ɣ des poids inscrits de l'époque royale israélite», Sem. 28 (1978) 53-58.
a11627   ALBERTI, A., «Sul valore della misura 'mun-du'», OrAnt 18 (1979) 217-224.
a11628   DEL OLMO LETE, G., «Quantity Precision in Ugaritic Administrative Texts (ṣmd, ḥrṣ, aḫd)», UF 11 (1979) 179-186.
a11629   ZACCAGNINI, C., «Notes on the Nuzi Surface Measures», UF 11 (1979) 849-856.

*a*11630 ZACCAGNINI, C., «Notes on the Weight System at Alalaḫ VII», Or. 48 (1979) 472-475.

*a*11631 DE MAIGRET, A., «Riconsiderazioni sul sistema ponderale di Ebla», OrAnt 19 (1980) 161-169.

*a*11632 DEL MONTE, G.F., «Metrologia hittita. I. Le misure di capacità per aridi», OrAnt 19 (1980) 219-226.

*a*11633 POMPONIO, F., «AO 7754 ed il sistema ponderale di Ebla», OrAnt 19 (1980) 171-186.

*a*11634 BARKAY, G., «Iron Age Gerah Weights», ErIs 15 (1981) 288-296.

*a*11635 POWELL, M.A., «Metrological Notes on the Esagila Tablet and Related Matters», ZA 72 (1982) 106-123.

*a*11636 SPAER, A., «A Group of Iron Age Stone Weights», IsrEJ 32 (1982) 251.

*a*11637 ZUIDHOF, A., «King Solomon's Molten Sea and (π)», BA 45 (1982) 179-184 (About measures).

PRÉDICATION. PREACHING. VERKÜNDIGUNG. PREDICAZIONE. PREDICACIÓN.

*a*11638 JACOB, E., «L'Ancien Testament et la prédication chrétienne», VC no 16 (1950) 151-164.

*a*11639 RÖDEL, F., «Ein bischöflicher Pionier der Schriftpredigt», BiKi 7/2 (1952) 11-29.

*a*11640 BURGER, T., «Praktisch ausgeführte Parabeln Christi in Homilien», BiKi 9 (1954) 20-26.

*a*11641 ROACH, C.C., «Preaching and the New Versions», AThR 36 (1954) 181-190.

*a*11642 VON ALLMEN, J.-J., «La prédication», VC no 35/36 (1955) 109-157.

*a*11643 MILLER, D.G., «Biblical Theology and Preaching», SJTh 11 (1958) 389-405.

*a*11644 FRIEDRICH, G., «Fragen des Neuen Testaments an die Homiletik», *Wort und Dienst* 6 (1959) 70-104, dans *Auf das Wort kommt es an* (1978) 457-491.

*a*11645 OÑATE, J.-A., «La Santa Biblia en la ascética y en la predicación», CuBi 16 (1959) 167-174.

*a*11646 KEUCK, W., «Die Verkündigung des Wortes Gottes in der Predigt», BiKi 15 (1960) 79-83.

*a*11647 PITTENGER, W.N., «Preaching the Gospel Today», CanJT 7 (1961) 143-154.

*a*11648 REGAN, A., «The word of God and the ministry of preaching», StMor 1 (1963) 389-449.

*a*11649 GRIN, E., «Devons-nous rendre le message du Nouveau Testament 'acceptable' à nos contemporains» ETR 39, no 4 (1964) 1-15.

*a*11650 WOLVERTON, W.I., «Sermons in the Psalms», CanJT 10 (1964) 166-176.

*a*11651 LEROY, H., «Dienst am Worte. Aufgaben des Verkündigers nach dem Neuen Testament», BiLeb 6 (1965) 159-170.

*a*11652 VÖGTLE, A., «Ein verjüngter 'Tillmann'», BiLeb 7 (1966) 74-81.

*a*11653 SCHELKLE, K.H., «Von der Predigt zur Predigt», dans *Theologie im Wandel* (en collab.) (1967), 408-412.

*a*11654 BOUTTIER, M., «De la prédication au texte (5): Épître apocryphe», ETR 44 (1969) 161-169.

*a*11655 CHEVALLIER, M.-A., «Comment prêcher la Croix aujourd'hui?» ETR 45 (1970) 233-246.

*a*11656 HUERGO FERNANDEZ, J., «Biblia y predicación», CuBi 27 (1970) 195-210.

*a*11657 MAINBERGER, G., «Information aus Kompetenz Theorie und Praxis der Predigt», BiKi 26 (1971) 72-73.

a11658   SCHELKLE, K.H., «Von der Predigt zur Predigt - Das Neue Testament als Zeugnis der Verkündigung und die Predigt als Verwirklichung des Neuen Testaments», BiKi 27 (1972) 106-108.

a11659   BIEMER, G., «Wie kann von Gott geredet werden? Auslegung Gottes auf die Welt hin», BiKi 28 (1973) 114-119.

a11660   GABUS, J.-P., «Du Texte au sermon: un bilan provisoire», ETR 48 (1973) 417-433.

a11661   KURZ, P.K., «Die grösse Versuchung - Auseinnandersetzung mit einem Predigttext von Ernst Kirchgassner», BiKi 28 (1973) 126-133.

a11662   ACHTEMEIER, E., «The Relevance of the Old Testament for Christian Preaching», dans A Light unto My Path (en collab.) (1974), 3-24.

a11663   FENTON, J., «The Preacher and the Biblical Critic», dans What about the New Testament? (en collab.) (1975), 178-186.

a11664   MARTIN, H., «L'Écriture dans la prédication au XVe s.», ETR 50 (1975) 273-286.

a11665   XXX, «Vingt-trois homélies pour le deuxième dimanche de Carême», dans Écriture et prédication (en collab.) (1976), 13-94.

a11666   BAGOT, J.-P., «Prédication et invitation à la foi», dans Écriture et prédication (en collab.) (1976), 157-176.

a11667   CHARPENTIER, É., «Réflexions d'un bibliste», dans Écriture et prédication (en collab.) (1976), 137-145.

a11668   GRELOT, P., «Art de prêcher et textes bibliques», dans Écriture et prédication (en collab.) (1976), 117-128.

a11669   GRITTI, J., «Pratique, langage et culture bibliques», dans Écriture et prédication (en collab.) (1976), 97-116.

a11670   HÖSLINGER, N., «Die biblische Predigt in der Liturgie», BiLit 49 (1976) 46-53.

a11671   LÉON-DUFOUR, X., «Exégèse et prédication», dans Écriture et prédication (en collab.) (1976), 129-136.

a11672   TRAULLÉ, C., «Propos et questions sur la prédication», MD no 126 (1976) 83-107.

a11673   VON ALLMEN, J.-J., «Le prédicateur, témoin de l'Évangile», Ir 49 (1976) 333-349, 453-485.

a11674   DUMAS, A., «La prédication de Jésus-Christ», RSR 65 (1977) 227-238.

a11675   SMOLIK, J., «Die homiletisch-systematische Analyse der exegetischen und meditativen Methoden», TLZ 102 (1977) 705-714.

a11676   BEST, E., From Text to Sermon. Responsible Use of the New Testament in Preaching (Atlanta, John Knox, 1978), 117 pp.

a11677   BRAUNSCHÖN, E., Alttestamentliche Predigten für das Kirchenjahr (Dienst am Wort, 33) (Göttingen, Ehrenfried Klotz Verlag, Vandenhoeck & Ruprecht, 1978), 185 pp.

a11678   CARDENAL, E., El evangelio en Solentiname II (Salamanca, Ed. Sigueme, 1978), 307 pp.

a11679   MÖLLER, C., «Die Predigt als hörende Rede in der Spannung von biblischer Tradition und Erfahrung des Glaubens», EvT 38 (1978) 94-113.

a11680   BRAUNSCHWEIGER, H., «Auf dem Weg zu einer poetischen Homiletik. Einige Aspekte der Hermeneutik Ricoeurs als Impuls für die Homiletik», EvT 39 (1979) 127-143.

a11681   BRIGHT, J., «Haggai Among the Prophets. Reflections on Preaching from the Old Testament», dans From Faith to Faith (en collab.) (1979), 219-234.

a11682   EMMINGHAUS, J.H., «Bibelverkündigung mit Bildern», BiLit 52 (1979) 32-35.

a11683   KELLY, T., «Reflections on Preaching and Teaching», Wor 53 (1979) 250-264.

a11684 McNULTY, T.M., «Pauline Preaching: A Speech-Act Analysis», Wor 53 (1979) 207-214.

a11685 PELLEGRINO, M., «Appunti sull'uso della Bibbia nei Sermoni di S. Agostino», RivB 27 (1979) 7-39.

a11686 ROBERTS, J.J.M., «A Christian Perspective on Prophetic Prediction», Interpr 33 (1979) 240-253.

a11687 ROSSANO, P., «La communication de l'Évangile selon saint Paul», dans Paul de Tarse, apôtre de notre temps (en collab.) (1979), 641-654.

a11688 VOGEL, H., «Die Predigt als gehörte Rede», EvT 39 (1979) 88-100.

a11689 ZEILINGER, F., «'Lebendig ist das Wort Gottes...' (Gedanken zur biblischen Predigt)», BiLit 52 (1979) 27-31.

a11690 ZIMMERLI, W., «Von der Gültigkeit der 'Schrift' Alten Testamentes in der christlichen Predigt», dans Textgemäss (en collab.) (1979), 184-202.

a11691 FOSSION, A., «Du texte biblique à l'homélie», LVit 35 (1980) 157-168.

a11692 GOWAN, D.E., Reclaiming the Old Testament for the Christian Pulpit (Atlanta, John Knox, 1980), 163 pp.

a11693 KAISER, W.C., Jr., Toward an Exegetical Theology. Biblical Exegesis for Preaching and Teaching (Grand Rapids, Michigan, Baker Book House, 1980), 224 pp.

a11694 LAURENT, J.-P., «Filtrer la Bonne Nouvelle», LVit 35 (1980) 169-186.

a11695 LONNING, P., «Brauchen wir eine erweckliche Verkündigung?» ZTK 77 (1980) 239-250.

a11696 LORENZEN, T., «Responsible preaching», SJTh 33 (1980) 453-469.

a11697 MARTINI, C.M., La parola di Dio alle origini della Chiesa (1980), «La primitiva predicazione apostolica e le sue caratteristiche», 190-199.

a11698 MORIARTY, F.L., «Preacher and Prophet», Way 20 (1980) 3-14.

a11699 PACKER, J.I., «Preaching as Biblical Interpretation», dans Inerrancy and Common Sense (en collab.) (1980), 187-203.

a11700 SAUER, G., «Das Alte Testament in der Predigt», BiLit 53 (1980) 82-87.

a11701 STUART, D., Old Testament Exegesis. A Primer for Students and Pastors (Philadelphia, Westminster, 1980), 143 pp.

a11702 THUNUS, J., «Réflexions pastorales à propos de l'homélie», LVit 35 (1980) 187-195.

a11703 ACHTEMEIER, E., «The Artful Dialogue. Some Thoughts on the Relation of Biblical Studies and Homiletics», Interpr 35 (1981) 18-31.

a11704 BUTTRICK, D.G., «Interpretation and Preaching», Interpr 35 (1981) 46-58.

a11705 CAEMMERER, R.R., Sr., «Why Preach from Biblical Texts», Interpr 35 (1981) 5-17.

a11706 CHARLIER, J.-P., «Exégèse, prédication, eucharistie», VS 135 (1981) 324-332.

a11707 CRADDOCK, F.B., «Occasion-Text-Sermon. A case Study», Interpr 35 (1981) 59-71.

a11708 DENIS, P., «L'Évangile à pleine bouche», VS 135 (1981) 463-472.

a11709 FULLER, R.H., The Use of the Bible in Preaching (Philadelphia, Fortress, 1981), 79 pp.

a11710 JACOB, E., «Prêcher sur l'Ancien Testament», RHPR 61 (1981) 327-339.

a11711 JONES, E., «The Pastor's Problems: V. Preparing the Weekly Sermon», ExpTim 92 (1981) 228-231.

a11712 KAISER, W.C., Toward an Exegetical Theology. Biblical Exegesis for Preaching and Teaching (Grand Rapids, Baker, 1981), 268 pp.

a11713 THOMPSON, W.D., «Text and Sermon. A Homiletician's Viewpoint», Interpr 35 (1981) 32-45.

a11714 CRADDOCK, F.B., «The Commentary in the Service of the Sermon», Interpr 36 (1982) 386-389.

a11715   VOGELS, W., «Biblical Exegesis and the Homily. Two decades in retrospect and prospect», SE 34 (1982) 289-314.
a11716   McKEATING, H., «The Pastor and his Bible», ExpTim 95 (1983) 41-45.

PSEUDONYMIE. PSEUDONYMITY. PSEUDEPIGRAPHIE. PSEUDONIMIA. SEUDONOMIA.

a11717   HAEFNER, A.E., «A Unique Source for the Study of Ancient Pseudonymity», AThR 16 (1934) 8-15.
a11718   CELADA, B., «Atribución ficticia de libros a autores antiguos», CuBi 24 (1967) 293-294.
a11719   BROX, N., «Zum Problemstand in der Erforschung der altchristlichen Pseudepigraphie», Kairos 15 (1973) 10-23.
a11720   MÉNARD, J.-E., «Pseudonymie», SDB 9 (1973) col. 245-252.
a11721   MUSSNER, F., Petrus und Paulus - Pole der Einheit, «Der 2. Petrusbrief: ein Pseudepigraphon» (1976), 58-63.
a11722   FISCHER, K.M., «Anmerkungen zur Pseudepigraphie im Neuen Testament», NTS 23 (1977) 76-81.
a11723   BROX, N., «Tendez und Pseudepigraphie im ersten Petrusbrief», Kairos 20 (1978) 110-120.
a11724   ZMIJEWSKI, J., «Die Pastoralbriefe als pseudepigraphische Schriften - Beschreibung, Erklärung, Bewertung», dans Studien zum Neuen Testament und seiner Umwelt (SNTU) (en collab.), 4 (1979) 97-118.

QUMRÂN.

1. Bibliographie. Bibliography. Bibliographie. Bibliographia. Bibliografía.

a11725   AUER, W., «Wir und Qumrân», BiKi 13 (1958) 11-18.
a11726   BETZ, O., «L'État des Études sur Qumrân en 1970», ETR 45 (1970) 367-390.
a11727   GONZALEZ LAMADRID, A., Los descubrimientos del Mar Muerto[2]. Balance de veinticinco años de hallazgos y estudio (Madrid, La Editorial católica, 1973), 340 pp.
a11728   JONGELING, B., «Qumran, Murabba'at, Masada, etc.», dans A Basic Bibliography for the Study of the Semitic Languages (en collab.) (1973), I, 214-265.
a11729   FITZMYER, J.A., The Dead Sea Scrolls. Major Publications and Tools for Study. With an Addendum (January 1977) (Society of Biblical Literature. Sources for Biblical Study, 8) (Missoula, Montana, Scholars Press, 1975, 1977), 177 pp.
a11730   BARDTKE, H., «Literaturbericht über Qumrān. X Teil», TRu 41 (1976) 97-140.
a11731   MEYER, R., «Der gegenwärtige Stand der Erforschung der in Palästina neu gefundenen Handschriften, 51: Ein Rückblick», TLZ 101 (1976) 815-825.
a11732   CARMIGNAC, J., «Bibliographie», RQum 9 (1977) 131-160.
a11733   STEGEMANN, H., «Die Qumranforschungsstelle Marburg und ihre Aufgabenstellung. Ein Bericht», dans Qumrân. Sa piété, sa théologie et son milieu (en collab.) (1978), 47-54.
a11734   KNIBB, M.A., «The Dead Sea Scrolls: Reflections on some Recent Publications», ExpTim 90 (1979) 294-300.

2. Introduction. Einführung. Introduzione. Introducción.

a11735   CAVAIGNAC, E., «Quelques réflexions sur les documents de 'Aïn-Fašḫa», RHR 138 (1950) 152-159.

a11736   DUPONT-SOMMER, A., «Les manuscrits de la Mer Morte; leur importance pour l'histoire des religions», Numen 2 (1955) 168-189.

a11737   AUER, W., «Das Geheimnis der Essener von Qumran», BiKi 12 (1957) 80-83.

a11738   ROST, L., «Qumranprobleme. Eine Überschau», EvT 18 (1958) 97-112.

a11739   WINTER, P., «Back to the Caves», PEQ 91 (1959) 132-134.

a11740   ZEUNER, F.E., «Notes on Qumrân», PEQ 92 (1960) 27-36.

a11741   SEN. F., «Qumrán en la actualidad», CuBi 28 (1971) 224-231.

a11742   STEINER, A., «Blick hinter die Kulissen - Johannes Lehmanns Absichten, Thesen und Methoden», BiKi 26 (1971) 6-9.

a11743   HOENIG, S.B., «Qumran Fantasies», JQR 63 (1972) 292-316.

a11744   RINALDI, G., «Qumrân storico-letterario e religioso», BibOr 14 (1972) 201-217.

a11745   RAURELL, F., «Qumrân y su ambiente», EstF 79 (1977) 265-313.

a11746   SANDERS, E.P., Paul and Palestinian Judaism (1977), «The Dead Sea Scrolls», 233-328.

a11747   VERMES, G., The Dead Sea Scrolls. Qumran in Perspective (London, Collins, 1977), 238 pp.

a11748   DELCOR, M., «Où en sont les études qumrâniennes?» dans Qumrân. Sa piété, sa théologie et son milieu (en collab.) (1978), 11-46.

a11749   SKEHAN, P.W., «Littérature de Qumrân. - B. Apocryphes de l'Ancien Testament», dans «Qumrân et découvertes au désert de Juda», SDB 9 (1978) col. 822-828.

a11750   STARCKY, J., «Les Maîtres de Justice et la chronologie de Qumrân», dans Qumrân. Sa piété et son milieu (en collab.) (1978), 249-256.

a11751   GIOIA, F., La communità di Qumrân. Proposte educative (Rome, Boria, 1979), 203 pp.

a11752   GRÖZINGER, K.E., ILG, N., LICHTENBERGER, H., NEBE, G.-W., PABST, H. (Hrsg.), Qumran (Wege der Forschung, 410) (Darmstadt, Wissenschaftliche Buchgesellschaft, 1981), vi-398 pp.

a11753   DAVIES, P.R., Qumran (Cities of the Biblical World) (Guildford, Lutterworth Press, 1982), 128 pp.

a11754   LAPERROUSAZ, E.-M., Les Esséniens selon leur témoignage direct (Religions et culture) (Paris, Desclée, 1982), 119 pp.

a11755   BRUCE, F.F., «Biblical Exposition at Qumran», dans Gospel Perspectives (en collab.) (1983), III, 77-98.

3. Archéologie. Archeology. Archeologie. Archeologia. Arqueología.

a11756   HARDING, G.L., «Khirbet Qumran and Wady Muraba'at», PEQ 84 (1952) 104-109.

a11757   AUER, W., «Die Funde am Toten Meere», BiKi 9 (1954) 98-106.

a11758   AUER, W., «Plan des Klosters von Qumran», BiKi 12 (1957) 84-85.

a11759   CAUBET ITURBE, F.J., «Los primeros e impresionantes hallazgos Cueva I de Qumran», CuBi 15 (1958) 205-216.

a11760   CAUBET ITURBE, F.J., «El fecundo año 1952 y los otros descubrimientos en la zona de Qumran», CuBi 15 (1958) 229-242.

a11761   CAUBET ITURBE, F.J., «Jirbet Qumran. Las ruinas de Qumran», CuBi 15 (1958) 264-278.

a11762   SCHULZ, S., «Chirbet ḳumrān, 'en feschcha und die buḳē'a», ZDPV 76 (1960) 50-72.

a11763   LAPERROUSAZ, E.-M., «Remarques sur l'origine des dépôts d'ossements trouvés à Qumrân», RHR 160 (1961) 1-10.

a11764   LAPERROUSAZ, E.-M., «Étude de quelques problèmes concernant 'l'archéologie et les manuscrits de la Mer Morte' à propos d'un livre récent», Sem. 12 (1962) 67-104.

*a*11765 STROBEL, A., «Die Wasseranlagen von Ḥirbet Qumrān», ZDPV 88 (1972) 55-86.

*a*11766 YAMAUCHI, E.M., *The Stones and the Scriptures* (Grand Rapids, Michigan, Baker Book House, 1972), «Qumran and the Essenes: *The Dead Sea Scrolls*», 126-145.

*a*11767 STROBEL, A., «Eine Richtigstellung zu ZDPV 88 (1972) S. 82», ZDPV 89 (1973) 80.

*a*11768 LAPERROUSAZ, E.-M., *Qoumrân*. L'établissement essénien des bords de la Mer Morte. Histoire et archéologie du site (Paris, Picard, 1976), xiii-270 pp.

*a*11769 DUHAIME, J., «Remarques sur les dépôts d'ossements d'animaux à Qumrân», RQum 9 (1977) 245-251.

*a*11770 LAPERROUSAZ, E.-M., ODENT, G., «La datation d'objets provenant de Qourân, en particulier par la méthode utilisant les propriétés du Carbone 14», Sem. 27 (1977) 83-98.

*a*11771 LAPERROUSAZ, E.-M., «La datation d'objets provenant de Qumrân, en particulier par la méthode utilisant les propriétés du carbone 14», dans *Qumrân. Sa piété, sa théologie et son milieu* (en collab.) (1978), 55-60.

*a*11772 LAPERROUSAZ, E.-M., «À propos des dépôts d'ossements d'animaux trouvés à Qumrân», RQum 9 (1978) 569-573.

*a*11773 LAPERROUSAZ, E.-M., «Topographie des lieux et historique des recherches», dans «Qumrân et découvertes au désert de Juda», SDB 9 (1978) col. 738-744; «Archéologie du Khirbet Qumrân et de la région», col. 744-789.

*a*11774 BROSHI, M., «Recherches archéologiques israéliennes dans la région de Qumrân», SDB 9 (1979) col. 1475-1479.

4. Judaïsme. Judaism. Judentum. Giudaismo. Judaísmo.

*a*11775 SEN. F., «Qumrán frente al Templo de Jerusalén», CuBi 26 (1969) 96-105.

*a*11776 BOGAERT, P.M., «Les *Antiquités bibliques* du Pseudo-Philon à la lumière des découvertes de Qumrân. Observations sur l'hymnologie et particulièrement sur le chapitre 60», dans *Qumrân. Sa piété, sa théologie et son milieu* (en collab.) (1978), 313-331.

*a*11777 BROWNLEE, W.H., «The Background of Biblical Interpretation at Qumrân», dans *Qumrân. Sa piété, sa théologie et son milieu* (en collab.) (1978), 183-193.

*a*11778 LEHMANN, M.R., «The Temple Scroll as a Source of Sectarian Halakhah», RQum 9 (1978) 579-587.

*a*11779 CARMIGNAC, J., «Qumrân et le courant essénien au temps de Jésus», dans *Jésus aujourd'hui* (en collab.) (1980), I, 99-109.

5. Histoire. History. Geschicte. Storia. Historia.

*a*11780 HARDING, G.L., «The Dead Sea Scrolls», PEQ 81 (1949) 112-116.

*a*11781 DUPONT-SOMMER, A., «Le *Testament de Lévi* (XVII-XVIII) et la secte juive de l'Alliance», Sem. 4 (1951-52) 33-53.

*a*11782 NOTH, M., «Der alttestamentliche Name der Siedlung auf chirbet ḳumrān», ZDPV 71 (1955) 111-123.

*a*11783 XXX, «Zu den Handschriften vom Toten Meer», BiKi 11 (1956) 49-50.

*a*11784 ROWLEY, H.H., «The Kittim and the Dead Sea Scrolls», PEQ 88 (1956) 92-109.

*a*11785 JOHNSON, S.E., «The Finding of the Scrolls», AThR 39 (1957) 208-217.

*a*11786 KANAEL, B., «Some Observations on the Chronology of Khirbet Qumran», ErIs 5 (1958) 164-170 (English summary).

*a*11787 ROTH, C., «Did Vespasian Capture Qumrân?» PEQ 91 (1959) 122-129.

*a*11788 DUPONT-SOMMER, A., «Lumières nouvelles sur l'arrière-plan historique des écrits de Qoumran», ErIs 8 (1967) 25*-36*.

*a*11789 CARMIGNAC, J., «Les esséniens et la Communauté de Qumrân», dans *Introduction à la Bible* (sous la direction de A. GEORGE et P. GRELOT), tome III, vol. 1, 1976, 142-164.

*a*11790 AMUSIN, J.D., «The Reflection of Historical Events of the First Century B.C. in Qumran Commentaries (4Q 161, 166, 169)», HUCA 48 (1977) 123-152.

*a*11791 MURPHY-O'CONNOR, J., «The Essenes in Palestine», BA 40 (1977) 100-124.

*a*11792 VERMES, G., *The Dead Sea Scrolls*. Qumran in Perspective (1977), «Discoveries in the Judaean Desert», 9-28; «Identification of the Community», 116-136; «History of the Sect», 137-162; «The Religious Ideas and Ideals of the Community», 163-197.

*a*11793 WEINERT, F.D., «A note on 4 Q 159 and a new theory of Essene Origins», RQum 9 (1977) 223-230.

*a*11794 HENGEL, M., «Qumrân und der Hellenismus», dans *Qumrân. Sa piété, sa théologie et son milieu* (en collab.) (1978), 333-372.

*a*11795 LAPERROUSAZ, E.-M., «La secte. - A. Histoire», dans «Qumrân et découvertes au désert de Juda», SDB 9 (1978) col. 789-798.

*a*11796 MILIK, J.T., «Écrits préesséniens de Qumrân: d'Hénoch à Amran», dans *Qumrân. Sa piété, sa théologie et son milieu* (en collab.) (1978), 91-106.

*a*11797 SZYSZMAN, E., «Une source auxiliaire importante pour les études qumrâniennes: les collections Firkowicz», dans *Qumrân. Sa piété, sa théologie et son milieu* (en collab.) (1978), 61-73.

*a*11798 BURGMANN, H., «Das umstrittene Intersacerdotium in Jerusalem 159-152 v. Chr.», JStJud 11 (1980) 135-176.

*a*11799 CHARLESWORTH, J.H., «The Origin and Subsequent History of the Authors of the Dead Sea Scrolls: Four Transitional Phases among the Qumran Essenes», RQum 10 (1980) 213-233.

*a*11800 LAPERROUSAZ, E.-M., «Problèmes d'histoire et d'archéologie qoumrâniennes : à propos d'un souhait de précision», RQum 10 (1980) 269-291.

*a*11801 BAR-ADON, P., «The Hasmonean Fortresses and the Status of Khirbet Qumran», ErIs 15 (1981) 349-352.

*a*11802 EISENMAN, R., *Maccabees, Zadokites, Christians and Qumran*. A New Hypothesis of Qumran Origins (Studia post-biblica, 34) (Leiden, Brill, 1983), xvii-110 pp.

6. *Philologie. Philology. Philologie. Filologia. Filología.*

*a*11803 MORAG, S., «The Independent Pronouns of the Third Person Masculine and Feminine in the Dead Sea Scrolls», ErIs 3 (1954) 166-169 (Hebrew).

*a*11804 NÖTSCHER, F., *Zur theologischen Terminologie der Qumran-Texte* (BBB 10) (Bonn, Peter Hanstein, 1956), 201 pp.

*a*11805 WINTER, P., «Two Non-Allegorical Expressions in The Dead Sea Scrolls», PEQ 91 (1959) 38-46.

*a*11806 JONGELING, B., «Contributions of the Qumran Job Targum to the Aramaic Vocabulary», JSS 17 (1972) 191-197.

*a*11807 JONGELING, B., «Qumran, Murabba'at, Masada, etc.», dans *A Basic Bibliography for the Study of the Semitic Languages* (en collab.) (1973), I, 214-265.

*a*11808 FABRY, H.-J., *Die Wurzel ŠÛB in der Qumran-Literatur*. Zur Semantik eines Grundbegriffes (BBB 46) (Bonn, Peter Hanstein, 1975), 365 pp.

*a*11809 COXON, P.W., «The problem of nasalization in Biblical Aramaic in the light of 1 Q GA and 11 Q Tg Job», RQum 9 (1977) 253-258.

*a*11810 DION, P.-E., «The Hebrew particle *'t* in the paraenetic part of the 'Damascus Document'», RQum 9 (1977) 197-212.

*a*11811 CARMIGNAC, J., «Le Complément d'Agent après un Verbe Passif dans l'Hébreu et l'Araméen de Qumrân», RQum 9 (1978) 409-427.

*a*11812 COXON, P.W., «The Distribution of Synonyms in Biblical Aramaic in the Light of Official Aramaic and the Aramaic of Qumran», RQum 9 (1978) 497-512.

*a*11813 GRELOT, P., «La secte. - B. Culture et langues. - II. Araméen», dans «Qumrân et découvertes au désert de Juda», SDB 9 (1978) col. 801-805.

*a*11814 MARGAIN, J., «La secte. - B. Culture et langues. - I. Hébreu», dans «Qumrân et découvertes au désert de Juda», SDB 9 (1978) col. 798-800.

*a*11815 VIVIAN, A., *I campi lessicali della 'Separazione' nell'ebraico biblico, di Qumran e della Mischna:* ovvero, applicabilità della teoria dei campi lessicali all'Ebraico (Quaderni di Semitistica, 4) (Firenze, Istituto di linguistica e di lingue orientali, 1978), viii-381 pp.

*a*11816 KUTSCHER, E.Y., *The Language and Linguistic Background of the Isaiah Scroll (1 Q Isᵃ). Indices and Corrections* (Studies on the Texts of the Desert of Judah, 6a) (Leiden, Brill, 1979), xii-62 pp.

*a*11817 VASHOLZ, R.I., «Two Notes on 11 Q tg Job and Biblical Aramaic», RQum 10 (1979) 93-94.

*a*11818 VASHOLZ, R.I., «A further Note on the Problem of Nasalisation in Biblical Aramaic, 11 Q tg Job and 1 Q Genesis Apocryphon», RQum 10 (1979) 95-96.

*a*11819 THORION, Y., «*'dm* und *bn 'dm* in den Qumrantexten», RQum 10 (1980) 305-308.

*a*11820 PRZYBYLSKI, B., *Righteousness in Matthew and his world of thought* (1980), «*Tsedeq, tsedaqah* and *tsaddiq* in the Dead Sea Scrolls», 13-38.

*a*11821 IWRY, S., «Linguistic Militancy in the Dead Sea Scrolls», ErIs 16 (1982) 159-162.

*a*11822 SCHIFFMAN, L.H., «The Interchange of the Prepositions *Bet* and *Mem* in the Texts from Qumran», Textus 10 (1982) 37-43.

7. *Institutions de Qumrân. Institutions of Qumran. Institutionen in Qumran. Istituzioni di Qumran. Instituciones de Qumrán.*

a) Célibat, mariage. Celibacy, Marriage. Ehelosigkeit, Ehe. Celibato, matrimonio.

*a*11823 VERMES, G., «Sectarian Matrimonial Halakhah in the Damascus Rule», dans *Studies in Jewish Legal History* (en collab.) (1974), 197-202.

*a*11824 COPPENS, J., «Le Célibat essénien», dans *Qumrân. Sa piété, sa théologie et son milieu* (en collab.) (1978), 295-303.

b) Culte. Cult. Gottesdienst. Culto.

*a*11825 DELCOR, M., «Das Bundesfest in Qumran und das Pfingstfest», BiLeb 4 (1963) 188-204.

*a*11826 JACOBSON, H., «The Position of the Fingers during the Priestly Blessing», RQum 10 (1979) 101.

*a*11827 SPINKS, B.D., «The Jewish Sources for the Sanctus», HeyJ 21 (1980) 168-179.

*a*11828 BROWNLEE, W.H., «The Ceremony of Crossing The Jordan in the Annual Covenanting at Qumran», dans *Von Kanaan bis Kerala* (en collab.) (1982), 295-302.

c) Loi. Law. Gesetz. Legge. Ley.

a11829   BAUMGARTEN, J.M., «Qumran Studies», JBL 72 (1958) 249-257, dans *Studies in Qumran Law* (1958), 3-12.

a11830   MORALDI, L., «Studio e conoscenza delle Regole degli esseni di Qumrâm», BibOr 13 (1971) 199-209.

a11831   POUILLY, J., «L'évolution de la législation pénale dans la communauté de Qumrân», RB 82 (1975) 522-551.

a11832   BAUMGARTEN, J.M., *Studies in Qumran Law* (Studies in Judaism in Late Antiquity, 24) (Leiden, Brill, 1977), xv-209 pp.

a11833   SCHIFFMAN, L.H., «The Qumran law of testimony», RQum 8 (1975) 603-612; 9 (1977) 261-262.

a11834   NEUSNER, J., «Scriptural, Essenic, and Mishnaic Approaches to Civil Law and Government: Some Comparative Remarks», HarvTR 73 (1980) 419-434.

a11835   BAUMGARTEN, J.M., «Hanging and Treason in Qumran and Roman Law», ErIs 16 (1982) 7*-16*.

d) Maître de justice. Teacher of Righteousness. Lehrer der Gerechtigkeit.
   Maestro di giustizia. Maestro de Justicia.

a11836   CAUBET ITURBE, F.J., «El Maestro de Justicia y los Himnos de Qumrâm», CuBi 14 (1957) 365-370.

a11837   GEOLTRAIN, P., «Une nouvelle attestation du titre 'Maître de justice'», Sem. 16 (1966) 69-72.

a11838   BUCHANAN, G.W., «The Office of Teacher of Righteousness», RQum 9 (1977) 241-243.

a11839   SIEGEL, J.P., «Two Further Medieval References to the Teacher of Righteousness», RQum 9 (1978) 437-440.

a11840   STARCKY, J., «Les Maîtres de Justice et la chronologie de Qumrân», dans *Qumrân. Sa piété et son milieu* (en collab.) (1978), 249-256.

a11841   BREGMAN, M., «Another Reference to 'A Teacher of Righteousness' in Midrashic Literature», RQum 10 (1979) 97-100.

a11842   CARMIGNAC, J., «Qui était le Docteur de Justice?» RQum 10 (1980) 235-246.

a11843   BURGMANN, H., «Wer war der 'Lehrer der Gerechtligkeit'?» RQum 10 (1981) 553-578.

a11844   MURPHY O'CONNOR, J., «Judah the Essene and the Teacher of Righteousness», RQum 10 (1981) 579-585.

a11845   BROWNLEE, W.H., «The wicked priest, the man of lies, and the righteous teacher - The problem of identity», JQR 73 (1982) 1-37.

e) Partage des biens. Sharing of the Goods. Gütergemeinschaft.
   Communione dei beni. Partición de los bienes.

a11846   DEL VERME, M., «La communione dei beni tra gli Esseni e a Qumran», dans *Studia Hierosolymitana (Bagatti)* (en collab.) (1976), II, 226-258.

a11847   DEL VERME, M., *Communione e condivisione dei beni*. Chiesa primitiva e giudaismo esseno-qumranico a confronto (Brescia, Morcelliana, 1977), 150 pp.

a11848   KLAUCK, H.J., «Gütergemeinschaft in der klassischen Antike, in Qumran und im Neuen Testament», RQum 11 (1982) 47-79.

f) Pureté. Purity. Reinheit. Puressa. Pureza.

*a*11849 DUPONT-SOMMER, A., «Culpabilité et rites de purification dans la secte juive de Qoumrân», Sem. 15 (1965) 61-70.

*a*11850 BAUMGARTEN, J.M., «The Essene Avoidance of Oil and the Laws of Purity», RQum 6 (1967) 183-193, dans *Studies in Qumran Law* (1977), 88-97.

*a*11851 COTHENET, É., «Pureté et impureté. Qumrân», SDB 9 (1975) col. 511-518.

g) Divers. Miscellaneous. Verschiedenes. Diversi. Diversos.

*a*11852 CLARK, K.W., «The Posture of the Ancient Scribe», BA 26 (1963) 63-72, dans *The Gentile Bias* (1980), 173-182.

*a*11853 BAUMGARTEN, J.M., «The Counting of the Sabbath in Ancient Sources», VT 16 (1966) 277-286, dans *Studies in Qumran Law* (1977), 115-123.

*a*11854 BAUMGARTEN, J.M., «The Exclusion of 'Netinim' and Proselytes in 4Q Florilegium», RQum 8 (1972) 87-96, dans *Studies in Qumran Law* (1977), 75-87.

*a*11855 BAUMGARTEN, J.M., «The Duodecimal Courts of Qumran, the Apocalypse, and the Sanhedrin», JBL 95 (1976) 59-78, dans *Studies in Qumran Law* (1977), 145-171.

*a*11856 KIRCHSCHLÄGER, W., «Exorzismus in Qumran?» Kairos 18 (1976) 135-153.

*a*11857 VERMES, G., *The Dead Sea Scrolls* (1977), Qumran in Perspective, «Life and Institutions of the Sect», 87-115.

*a*11858 JAUBERT, A., «Fiches de Calendrier», dans *Qumrân. Sa piété, sa théologie et son milieu* (en collab.) (1978), 305-311.

*a*11859 SCHIFFMAN, L.H., «Communal Meals At Qumran», RQum 10 (1979) 45-56.

*a*11860 THIERING, B.E., «Qumran Initiation and New Testament Baptism», NTS 27 (1981) 615-631.

*a*11861 THIERING, B.E., «*Mebaqqer* and *Episkopos* in the Light of the Temple Scroll», JBL 100 (1981) 59-74.

*a*11862 BAUMGARTEN, J.M., «The 'Sons of Dawn' in *CDC* 13:14-15 and the Ban on Commerce among the Essenes», IsrEJ 33 (1983) 81-85.

8. *Ancien Testament. Old Testament. Altes Testament.*
Antico Testamento. Antiguo Testamento.

*a*11863 SKEHAN, P.W., «The Qumran Manuscripts and Textual Criticism», VTSupp 4 (1957) 148-160, dans *Qumran and the History of the Biblical Text* (en collab.) (1957), 212-225.

*a*11864 BETZ, O., *Offenbarung und Schriftforschung in der Qumransekte* (Wissenschaftliche Untersuchungen zum Neuen Testament, 6) (Tübingen, Mohr, 1960), xii-202 pp.

*a*11865 FLUSSER, D., «The Text of Isa. xlix, 17 in the DSS», Textus 2 (1962) 140-142.

*a*11866 FREEDMAN, D.N., «The Massoretic Text and the Qumran Scrolls: A Study in Orthography», Textus 2 (1962) 87-102.

*a*11867 TALMON, S., «Aspects of the Textual Transmission of the Bible in the Light of Qumran Manuscripts», Textus 4 (1964) 95-132, dans *Qumran and the History of the Biblical Text* (en collab.) (1964), 226-263.

*a*11868 WERNBERG-MØLLER, P., «The Contribution of the *Hodayot* to Biblical Textual Criticism», Textus 4 (1964) 133-175.

*a*11869 SKEHAN, P.W., «The Biblical Scrolls from Qumran and the Text of the Old Testament», BA 28 (1965) 87-100, dans *Qumran and the History of the Biblical Text* (en collab.) (1965), 264-277.

a11870 CELADA, B., «El canon de libros sagrados del Antiguo Testamento a la luz de los manuscritos de Qumrán», CuBi 23 (1966) 286-287.

a11871 KLEIN, R.W., *Textual Criticism of the Old Testament.* Teh Septuagint after Qumran (Guides to Biblical Scholarship. Old Testament Series) (Philadelphia, Fortress Press, 1974), xii-84 pp.

a11872 En collaboration, *Qumran and the History of the Biblical Text* (Eds. F.M. CROSS, S. TALMON) (Cambridge, Harvard University Press, 1975), 413 pp.

a11873 PATTE, D., *Early Jewish Hermeneutic in Palestine,* «The Use of Scripture in the Dead Sea Scrolls» (1975), 209-314.

a11874 AIZPURUA, F., «Vestigios de Ez 36,16-38 en la literatura de Qumrân», EstF 77 (1976) 181-192.

a11875 PFEIFFER, C.F., *The Dead Sea Scrolls and the Bible* (Baker Studies in Biblical Archaelogy) (Grand Rapids, Baker, 1976), 152 pp.

a11876 ROSSO, L., «Deuteronomio 21,22. Contributo del Rotolo del Tempio alla valutazione di una variante medievale dei Settanta», RQum 9 (1977) 231-236.

a11877 VERMES, G., *The Dead Sea Scrolls.* Qumran in Perspective, «Qumran and Biblical Studies» (1977), 198-225.

a11878 SKEHAN, P.W., «Qumran and Old Testament Criticism», dans *Qumrân. Sa piété, sa théologie et son milieu* (en collab.) (1978), 163-182.

a11879 SKEHAN, P.W., «Littérature de Qumrân. - A. Textes bibliques. - I. État du texte. II. Qumrân et le Canon de l'Ancien Testament», dans «Qumrân et découvertes au désert de Juda», SDB 9 (1978) col. 805-819.

a11880 TOV, E., «A Modern Textual Outlook Based on the Qumran Scrolls», HUCA 53 (1982) 11-27.

a11881 SINCLAIR, L.A., «Hebrew Text of the Qumran Micah Pesher and Textual Traditions of the Minor Prophets», RQum 11 (1983) 253-263.

9. *Nouveau Testament. New Testament. Neues Testament.*
Nuovo Testamento. Nuevo Testamento.

a11882 NÖTSCHER, F., «Jüdische Mönchsgemeinde und Ursprung des Christentums nach den jüngst am Toten Meer aufgefundenen hebräischen Handschriften», BiKi 7/1 (1952) 21-38.

a11883 AUER, W., «Die Funde am Toten Meere», BiKi 9 (1954) 98-106.

a11884 BOISMARD, M.-É., «Qumrán y los escritos de S. Juan», CuBi 12 (1955) 250-264.

a11885 BARNARD, L.W., «The Epistle of Barnabas and the Dead Sea Scrolls», SJTh 13 (1960) 45-59.

a11886 OSBORNE, R.E., «Did Paul go to Qumran?» CanJT 10 (1964) 15-24.

a11887 DANIEL, C., «Esséniens, zélotes et sicaires et leur mention par paronomie dans le N.T.», Numen 13 (1966) 88-115.

a11888 ARNALDICH, L, «Qumrán y la Iglesia», CuBi 24 (1967) 3-13.

a11889 BERNARDI, J., «L'évangile de Saint Marc et la grotte 7 de Qumrân», ETR 47 (1972) 453-456.

a11890 FENSHAM, F.C., «Hebrews and Qumran», dans *Ad Hebraeos* (en collab.), *Neotestamentica* 5 (1971) 9-21.

a11891 GALBIATI, E., «Qumrân e il Nuovo Testamento», dans *Introduzione al Nuovo Testamento* a cura di G. RINALDI e P. DE BENEDETTI (en collab.) (Brescia, Morcelliana, 1971, 2a ed.) 1066-1093, dans *Scritti minori* (1979), 379-408.

a11892 FLUSSER, D., «The Last Supper and the Essenes», Immanuel 2 (1973) 23-27.

a11893   HÜBNER, H., *Das Gesetz in der synoptischen Tradition*. Studien zur These einer progressiven Qumranisierung und Judaisierung innerhalb der synoptischen Tradition (Witten, Luther-Verlag, 1973), 261 pp.

a11894   SEN, F., «La relación Cristianismo-Qumrán», CuBi 30 (1973) 170-177.

a11895   PIPER, J., «Was Qumran the Cradle of Christianity? A Critique of Johannes Lehmann's *Jesus Report*», SBT 4 (1974) 18-29.

a11896   MUSZYNSKI, H., *Fundament, Bild und Metapher in den Handschriften aus Qumran*. Studie zur Vorgeschichte des ntl. Begriffs THEMELIOS (Analecta Biblica, 61) (Rome, Biblical Institute Press, 1975), xxiv-266 pp.

a11897   SCHÜSSLER FIORENZA, E., «Cultic Language in Qumran and in the New Testament», CBQ 38 (1976) 159-177.

a11898   VERMES, G., *The Dead Sea Scrolls*. Qumran in Perspective, «Qumran and Biblical Studies» (1977), 198-225.

a11899   COPPENS, J., «Où en est le problème des analogies qumrâniennes avec le Nouveau Testament», dans *Qumrân. Sa piété, sa théologie et son milieu* (en collab.) (1978), 373-383.

a11900   HOFFMAN, T.A., «I John and the Qumran Scrolls», BTB 8 (1978) 117-125.

a11901   SABUGAL, S., «La Mención neotestamentaria de Damasco (Gal 1,17; 2 Cor 11,32; Act 9,2-3.8.10 par.19.22.27 par.) ciudad de Siria o región de Qumrán?» dans *Qumrân. Sa piété, sa théologie et son milieu* (en collab.) (1978), 403-413.

a11902   SCHMITT, J., «Qumrân et la première génération judéo-chrétienne», dans *Qumrân. Sa piété, sa théologie et son milieu* (en collab.) (1978), 385-402.

a11903   STARCKY, J., «Qumrân et le Nouveau Testament. - B. Quelques thèmes majeurs: I. Repas esséniens et Cène chrétienne. II. La justification. III. Autres thèmes», dans «Qumrân et découvertes au désert de Juda», SDB 9 (1978) col. 996-1011.

a11904   ALLEGRO, J.M., *The Dead Sea Scrolls and the Christian Myth* (Newton Abbot, David and Charles, 1979), 248 pp.

a11905   DION, P.-E., «Le 'Rouleau du Temple' et les Douze», SE 31 (1979) 81-83.

a11906   BADIA, L.F., *The Qumran Baptism and John the Baptist's Baptism* (Lanham, MD, University Press of America, 1980), ix-87 pp.

a11907   FLUSSER, D., «The Hubris of the Antichrist in a Fragment from Qumram», Immanuel 10 (1980) 31-37.

a11908   THIERING, B.E., «Inner and Outer Cleansing at Qumran as a Background to New Testament Baptism», NTS 26 (1980) 266-277.

a11909   FITZMYER, J.A., «The Dead Sea Scrolls and the New Testament», TDig 20 (1981) 351-367.

a11910   THIERING, B.E., «Qumran Initiation and New Testament Baptism», NTS 27 (1981) 615-631.

a11911   THIERING, B.E., *The Gospels and Qumran*. A New Hypothesis (Australian and New Zealand Studies in Theology and Religion) (Sydney, Theological Explorations, 1981), iv-326 pp.

a11912   BETZ, O., «Early Christian Cult in the Light of Qumran», RelStB 2 (1982) 73-85.

a11913   THIERING, B.E., *The Qumran Origins of the Christian Church* (Australian and New Zealand Studies in Theology and Religion) (Sydney, Theological Explorations, 1983), iv-314 pp.

10. Critique textuelle. Textual Criticism. Textkritik.
    Critica testuale. Crítica textual.

a11914   ALBRIGHT, W.F., «New Light on Early Recensions of the Hebrew Bible», BASOR
         nº 140 (1955) 27-33, dans *Qumran and the History of the Biblical Text* (en collab.) (1955),
         140-146.
a11915   SKEHAN, P.W., «The Qumran Manuscripts and Textual Criticism», VTSupp 4 (1957)
         148-160, dans *Qumran and the History of the Biblical Text* (en collab.) (1957), 212-225.
a11916   FREEDMAN, D.N., «The Massoretic Text and the Qumran Scrolls: A Study in
         Orthography», Textus 2 (1962) 87-102, dans *Qumran and the History of the Biblical Text*
         (en collab.) (1962), 196-211.
a11917   CROSS, F.M., «The History of the Biblical Text in the Light of Discoveries in the
         Judaean Desert», HarvTR 57 (1964) 281-299, dans *Qumran and the History of the
         Biblical Text* (en collab.) (1975), 177-195.
a11918   TALMON, S., «Aspects of the Textual Transmission of the Bible in the Light of Qumran
         Manuscripts», Textus 4 (1964) 95-132, dans *Qumran and the History of the Biblical Text*
         (en collab.) (1975), 226-263.
a11919   SKEHAN, P.W., «The Biblical Scrolls from Qumran and the Text of the Old
         Testament», BA 28 (1965) 87-100, dans *Qumran and the History of the Biblical Text* (en
         collab.) (1975), 264-277.
a11920   CROSS, F.M., Jr., «The Contribution of the Qumran Discoveries to the Study of the
         Biblical Text», IsrEJ 16 (1966) 81-95, dans *Qumran and the History of the Biblical Text*
         (en collab.) (1975), 278-292.
a11921   CROSS, F.M., TALMON, S. (Eds.), *Qumran and the History of the Biblical Text*
         (Cambridge, Harvard University Press, 1975), 413 pp.
a11922   CROSS, F.M., Jr., «The Evolution of a Theory of Local Texts», dans *Qumran and the
         History of the Biblical Text* (en collab.) (1975), 306-320.
a11923   O'CALLAGHAN, J., «Paleografía herculanense en algunos papiros griegos de
         Qumrān», dans *Homenaje a Juan Prado* (en collab.) (1975), 529-532.
a11924   TALMON, S., «The Textual Study of the Bible - A New Outlook», dans *Qumran and the
         History of the Biblical Text* (en collab.) (1975), 321-400.
a11925   TOV, E., «A Modern Textual Outlook Based on the Qumran Scrolls», HUCA 53 (1982)
         11-27.

11. Critique littéraire. Literary Criticism. Literarkritik.
    Critica letteraria. Crítica literaria.

a11926   SCHIFFMAN, L.H., *The Halakhah at Qumran* (Studies in Judaism in Late
         Antiquity, 16) (Leiden, Brill, 1975), xii-170 pp.
a11927   BROWNLEE, W.H., «The Background of Biblical Interpretation at Qumrân», dans
         Qumrân. Sa piété, sa théologie et son milieu (en collab.) (1978), 183-193.
a11928   HORGAN, M.P., *Pesharim: Qumran Interpretations of Biblical Books* (CBQ,
         Monograph Series, 8) (Washington, DC, The Catholic Biblical Association of America,
         1979), ix-308-61 pp.
a11929   BROOKE, G., «Qumran Pesher: Towards the Redefinition of a Genre», RQum 10 (1981)
         483-503.
a11930   BRUCE, F.F., «Biblical Exposition at Qumran», dans *Gospel Perspectives* (en collab.)
         (1983) III, 77-98.

12. *Édition des textes. Edition of the Manuscripts. Ausgabe der Qumranliteratur. Pubblicazione dei testi. Publicación de los textos.*

a11931 CAUBET ITURBE, F.J., «La labor formidable de edición de los manuscritos de Qumran», CuBi 15 (1958) 243-248.

a11932 BAILLET, M., «Le volume VII de 'Discoveries in the Judaean Desert'. Présentation», dans *Qumrân. Sa piété, sa théologie et son milieu* (en collab.) (1978), 75-89 (4Q).

a11933 SEKINE, M. (Ed.), *The Dead Sea Scrolls.* Reproduction made from the Original Scrolls Kept in the Shrine of the Book, Jerusalem (Tokyo, Kodansha, 1979), 93-108 pp.

a11934 LAPERROUSAZ, E.-M., «Problèmes d'histoire et d'archéologie qoumrâniennes: à propos d'un souhait de précision», RQum 10 (1980) 269-291 (À propos de 1Q).

a11935 VEGAS MONTANER, L., *Biblia del Mar Muerto: Profetas Menores.* Edición crítica según Manuscritos Hebreos procedentes del Mar Muerto (Textos y Estudios 'Cardenal Cisneros', 29) (Madrid, Instituto 'Arias Montano', C.S.I.C., 1980), xxxiv-112 pp.

a11936 BAILLET, M. (Éd.), *Qumran Grotte 4.III (4Q482-4Q520)* (Discoveries in the Judaean Desert, VII) (Oxford, Clarendon Press, 1982), xiv-339 pp.

13. *Textes. Texts. Texte. Testi. Textos.*

a) Introduction. Einführung. Introduzione. Introducción.

a11937 SCHIRMANN, J., «Les manuscrits hébreux récemment découverts dans le désert de Juda», Sem. 2 (1949) 41-50.

a11938 VISCHER, W., «Les manuscrits découverts en Palestine», ETR 24 (1949) 29-35.

a11939 LEHMANN, O.H., «Materials Concerning the Dating of the Dead Sea Scrolls - I. Habakkuk», PEQ 83 (1951) 32-54.

a11940 JACOB, E., «Les manuscrits hébreux de la Mer Morte», ETR 27, nº 3 (1952) 23-44.

a11941 AUER, W., «Die Funde am Toten Meere», BiKi 9 (1954) 98-106.

a11942 CROSS, F.M., Jr., «The Oldest Manuscripts from Qumran», JBL 74 (1955) 147-172, dans *Qumran and the History of the Biblical Text* (en collab.) (1955), 147-176.

a11943 TESTUZ, M., «Deux fragments inédits des manuscrits de la Mer Morte», Sem. 5 (1955) 37-38.

a11944 CAUBET ITURBE, F.J., «Los manuscritos de las cuevas 2-11Q», CuBi 15 (1958) 249-263.

a11945 TEICHER, J.L., ALLEGRO, J.M., «Spurious Texts from Qumran?» PEQ 90 (1958) 61-64.

a11946 CAUBET ITURBE, F.J., «Los maravillosos manuscritos de Qumrán junto al Mar Muerto», CuBi 17 (1960) 145-155.

a11947 LAPERROUSAZ, E.-M., «Le problème de l'origine des manuscrits découverts près de la Mer Morte, à propos d'un livre récent», Numen 7 (1960) 26-76.

a11948 LAPERROUSAZ, E.-M., «Études de quelques problèmes concernant 'l'archéologie et les manuscrits de la Mer Morte', à propos d'un livre récent», Sem. 12 (1962) 67-104.

a11949 RENGSTORF, K.H., *Ḥirbet Qumran and the problem of the library of the Dead Sea caves* (Leiden, Brill, 1963), 23 pp.

a11950 SEN, F., «¿La última palabra sobre la antigüedad de los manuscritos del mar Muerto?» CuBi 24 (1967) 14-16.

a11951 RINALDI, G., «Qumrân storico-letterario e religioso», BibOr 14 (1972) 201-217.

a11952 TREVER, J.C., «The Future of the Qumran Scrolls», dans *A Light unto My Path* (en collab.) (1974), 465-474.

a11953   SCHIFFMAN, L.H., *The Halakhah at Qumran* (Studies in Judaism in Late Antiquity, 16) (Leiden, Brill, 1975), xii-170 pp.

a11954   TALMON, S., «Palestinian Manuscripts, 1947-1972», dans *Qumran and the History of the Biblical Text* (en collab.) (1975), 401-413.

a11955   JIMENEZ, F., BONHOMME, M., *Los documentos de Qumrân* (Madrid, Ed. Cristiandad, 1976), 258 pp.

a11956   JONGELING, B., LABUSCHAGNE, C.J., VAN DER WOUDE, A.S., *Aramaic Texts from Qumran with Translations and Annotations*, Vol. 1 (Semitic Study Series, N.S., IV) (Leiden, Brill, 1976), x-131 pp.

a11957   LEANEY, A.R.C., «Greek Manuscripts from the Judaean Desert», dans *Studies in New Testament Language and Text* (en collab.) (1976), 283-300.

a11958   MILIK, J.T., «Numérotation des feuilles des rouleaux dans le scriptorium de Qumrân», Sem. 27 (1977) 75-81.

a11959   STEMBERGER, G., *Geschicte der jüdischen Literatur*. Eine Einführung (München, C.H. Beck, 1977), 257 pp.

a11960   VERMES, G., *The Dead Sea Scrolls*. Qumran in Perspective (1977), «Authenticity and Dating of the Scrolls», 29-44; «The Qumran Library», 45-86.

a11961   DELCOR, M., «Littérature de Qumrân. - C. Littérature essénienne. I. Documents littéraires (col. 834-949). II. Les textes non littéraires esséniens (col. 949-960); Les pesharim ou les commentaires qumrâniens (col. 904-910)», dans «Qumran et découvertes au désert de Juda», SDB 9 (1978).

a11962   MILIK, J.T., «Écrits préesséniens de Qumrân: d'Hénoch à Amran», dans *Qumrân. Sa piété, sa théologie et son milieu* (en collab.) (1978), 91-106.

a11963   SANDMEL, S., *Judaism and Christian Beginnings*, «The Sources» (1978), 36-128 (The Dead Sea Scrolls).

a11964   SOGGIN, J.A., *I manoscritti del Mar Morto* (Paperbacks civiltà scomparse, 22) (Rome, Newton Compton, 1978), 205 pp.

a11965   HORGAN, M.P., *Pesharim: Qumran Interpretations of Biblical Books* (The Catholic Biblical Quarterly Monograph Series, 8) (Washington, Catholic Biblical Association, 1979), ix-308-61 pp.

a11966   NICKELSBURG, G.W.E., *Jewish Literature Between the Bible and the Mishnah*. A Historical and Literary Introduction (London, SCM Press, 1981), xx-332 pp.

a11967   SIMON, M., «Remarques sur les manuscrits de la Mer Morte (*Annales*, XIV, Paris 1959, 122-134)», dans SIMON, M., *Le Christianisme antique et son contexte religieux* (1981), 232-244.

a11968   DELCOR, M., GARCIA MARTINEZ, F., *Introducción a la literatura Esenia de Qumrán* (Academia Christiana, 20) (Madrid, Ediciones Cristiandad, 1982), 314 pp.

b) CD (4Q, 5Q, 6Q). Écrit de Damas. Damascus Document. Damaskuschrift. Documento di Damasco. Documento de Damasco.

a11969   BIRNBAUM, S.A., «The Date of the Covenant Scroll», PEQ 81 (1949) 140-147.

a11970   DUPONT-SOMMER, A., «Le 'Chef des rois de Yâwân' dans l'*Écrit de Damas*», Sem. 5 (1955) 41-57.

a11971   NORTH, R., «The Damascus of Qumran Geography», PEQ 87 (1955) 34-48.

a11972   CAUBET ITURBE, F.J., «El documento de Damasco. CD», CuBi 15 (1958) 296-305.

a11973   MORALDI, L., «Studio e conoscenza delle Regole degli esseni di Qumrâm», BibOr 13 (1971) 199-209.

a11974   SEN. F., «La pena de muerte en la época de los Macabeos», CuBi 29 (1972) 352-354 (CD 9,1).

a11975 VERMES, G., «Sectarian Matrimonial Halakhah in the Damascus Rule», dans *Studies in Jewish Legal History* (en collab.) (1974), 197-202.

a11976 PATTE, D., *Early Jewish Hermeneutic in Palestine*, «The Use of Scripture in the Zadokite Documents» (1975), 237-246.

a11977 DION, P.-E., «The Hebrew particle *'t* in the paraenetic part of the 'Damascus Document'», RQum 9 (1977) 197-212.

a11978 RABINOVITCH, N.L., «Damascus Document IX, 17-22 and Rabbinic Parallels», RQum 9 (1977) 113-116.

a11979 ROBINSON, I., «A note on Damascus Document IX, 7», RQum 9 (1977) 237-240.

a11980 VON DER OSTEN-SACKEN, P., «Die Bücher der Tora als Hütte der Gemeinde. Amos 5 26f. in der Damaskusschrift», ZAW 91 (1979) 423-435 (CD VII,13-19).

a11981 DELCOR, M., «Le document de Damas ou *Cairo Damascus Covenant*», dans «Qumrân et découvertes au désert de Juda», SDB 9 (1978) col. 834-851.

a11982 FITZMYER, J.A., «Divorce among First-Century Palestinian Jews», ErIs 14 (1978) 103*-110* (Qumrân, CD 4:12b-5:11).

a11983 JACKSON, B.S., «Damascus Document IX, 16-23 and Parallels», RQum 9 (1978) 445-450.

a11984 NEUSNER, J., «Damascus Document IX, 17-22 and Irrelevant Parallels», RQum 9 (1978) 441-444.

a11985 ROSSO-UBIGLI, L., «Il Documento di Damasco e la Halakah Settaria (Rassegna di Studi)», RQum 9 (1978) 357-399.

a11986 BROOKE, G.J., «The Amos-Numbers Midrash (CD 7 13b-8 1a) and Messianic Expectation», ZAW 92 (1980) 397-403.

a11987 LICHTENBERGER, H., *Studien zum Menschenbild in Texten der Qumrangemeinde*, «Mahnrede» (1980), 148-154 (CD 2,14-3,20).

a11988 KRUSE, C.G., «Community Functionaries in the Rule of the Community and the Damascus Document (A Test of Chronological Relationships)», RQum 10 (1981) 543-551.

a11989 SCHWARTZ, D.R., «To join oneself to the House of Judah (Damascus Document IV,11)», RQum 10 (1981) 435-446.

a11990 DAVIES, P.R., *The Damascus Covenant*. An Interpretation of the 'Damascus Document' (JSOT Supplement Series, 25) (Sheffield, JSOT Press, 1982), iv-267 pp.

a11991 MILIKOWSKI, C., «Again: DAMASCUS in Damascus Document and in Rabbinic Literature», RQum 11 (1982) 97-106.

a11992 BAUMGARTEN, J.M., «The 'Sons of Dawn' in *CDC* 13:14-15 and the Ban on Commerce among the Essenes», IsrEJ 33 (1983) 81-85.

a11993 DERRETT, J.D.M., «'Beḥugey hagoyim': *Damascus Document* IX,1 Again», RQum 11 (1983) 409-415.

a11994 KNIBB, M.A., «Exile in the Damascus Document», JSOT nᵒ 25 (1983) 99-117.

a11995 DAVIES, P.R., *The Damascus Covenant* (JSOT Supplements, 25) (Sheffield, JSOT Press, 1984), 274 pp.

c) **1QIs; 4QpIs. Textes et commentaires d'Isaïe. Scrolls and Commentaries of Isaiah. Jesajarollen, Kommentare zu Jesaja. Testi e commenti di Isaia. Manuscrito de Isaías y comentarios sobre Isaías.**

a11996 SIEGEL, J.P., «An Orthographic Convention of IQIsᵃ and the Origin of Two Masoretic Anomalies», dans *Masoretic Studies* 1 (1974) 99-110.

a11997 BIRNBAUM, S.A., «The Date of the Incomplete Isaiah Scroll from Qumrân», PEQ 92 (1960) 19-26 (1QIsᵇ).

*a*11998 SIEGEL, J.P., *The Severus Scroll and 1QIsᵃ* (SBL Masoretic Studies, 2) (Missoula, Scholars Press, 1975), xiv-108 pp.

*a*11999 CADIOU, R., «Apollinaire et l'Isaïe de Qümran», RHR 171 (1967) 145-148 (1QIsᵃ).

*a*12000 IWRY, S., «*whnmts'* - A Striking Variant Reading in 1QIsᵃ», Textus 5 (1966) 34-43.

*a*12001 ZIEGLER, J., «Die Vorlage der Isaias-Septuaginta (LXX) und die erste Isaias-Rolle von Qumran (1QIsᵃ)», JBL 78 (1959) 34-59, dans *Qumran and the History of the Biblical Text* (en collab.) (1959), 90-115.

*a*12002 KUTSCHER, E.Y., *The Language and linguistic Background of the Isaiah Scroll (I Q Isaᵃ)* (Studies on the Texts of the Desert of Judah, 6) (Leiden, Brill, 1974), xxiv-567 pp.

*a*12003 TALMON, S., «DSIa as a Witness to Ancient Exegesis of the Book of Isaiah», ASTI 1 (1962) 62-72, dans *Qumran and the History of the Biblical Text* (en collab.) (1975), 116-126.

*a*12004 BAUMGARTEN, J.M., «The Duodecimal Courts of Qumran, Revelation, and the Sanhedrin», JBL 95 (1976) 59-78 (4QpIsaᵈ).

*a*12005 BARRICK, W.B., «The Rich Man from Arimathea (Matt 27:57-60) and 1QIsaᵃ», JBL 96 (1977) 235-239.

*a*12006 KOENIG, J., *L'herméneutique analogique du judaïsme antique d'après les témoins textuels d'Isaïe* (SuppVT 33) (Leiden, Brill, 1982), xviii-450 pp.

*a*12007 KUTSCHER, E.Y., *The Language and Linguistic Background of the Isaiah Scroll (1 Q Isᵃ)* (Studies on the Texts of the Desert of Judah, VI A) (Leiden, Brill, 1979), xiii-62 pp.

*a*12008 SIEGEL, J.P., *The Severus Scroll and 1QIsaᵃ* (Masoretic Studies, 2) [Missoula, Montana, International Organization for Masoretic Studies (I.O.M.S.) and the Society of Biblical Literature, Scholars Press, 1975], xiv-108 pp.

*a*12009 KOENIG, J., «Réouverture du débat sur la Première Main rédactionnelle du rouleau ancien d'Isaïe de Qumrân (1QIsᵃ) en 40,7-8», RQum 11 (1983) 219-237.

*a*12010 WERNBERG-MØLLER, P., «Studies in the Defective Spellings in the Isaiah-Scroll of St Mark's Monastery», JSS 3 (1958) 244-264.

*a*12011 FLUSSER, D., «The *Pesher* of Isaiah and the Twelve Apostles», ErIs 8 (1967) 52-62 (English summary).

*a*12012 SIEGEL, J.P., *The Severus Scroll and 1QIsᵃ* (Society of Biblical Literature Masoretic Studies, 2) (Missoula, Montana, Scholars Press, 1975), xiv-104 pp.

d) 1QGenAp. Apocryphe de la Genèse. Genesis Apocryphon.
   Genesis-Apokryphon. Apocrifo di Genesi. Apócrifo del Génesis.

*a*12013 DE LANGHE, R., «La Terre Promise et le Paradis d'après l'Apocryphe de la Genèse», dans *Scrinium Lovaniense* (en collab.) (1961), 126-135.

*a*12014 KUTSCHER, E.Y., «The Genesis Apocryphon of Qumran Cave I», Or. 39 (1970) 178-183.

*a*12015 DEHANDSCHUTTER, B., «Le rêve dans l'Apocryphe de la Genèse», dans *La littérature juive entre Tenach et Mischna* (en collab.) (1974), 48-55 (1QGenAp).

*a*12016 En collaboration, *Aramaic Texts from Qumran*, with translations and annotations by B. JONGELING, C.J. LABUSCHAGNE, A.S. van der WOUDE (Semitic Study Series, 4) (Leiden, Brill, 1976), x-131 pp. (1QGenAp).

*a*12017 DELCOR, M., «L'Apocryphe de la Genèse», dans «Quarân et découvertes au désert de Juda», SDB 9 (1978) col. 931-944.

*a*12018 VANDERKAM, J.C., «The Textual Affinities of the Biblical Citations in the Genesis Apocryphon», JBL 97 (1978) 45-55.

a12019 VANDERKAM, J.C., «The Poetry of 1 Q Ap Gen XX,2-8a», RQum 10 (1979) 57-66.
a12020 VASHOLZ, R.I., «A further Note on the Problem of Nasalisation in Biblical Aramaic, 11 Q tg Job and 1 Q Genesis Apocryphon», RQum 10 (1979) 95-96.
a12021 JONGELING, B., «À propos de 1 Q Gen Ap XX,28», RQum 10 (1980) 301-303.

e) 1QH. Hôdayot. Hymnes. Hymns of Thanksgiving. Hymnenrolle. Inni. Himnos.

a12022 BIRNBAUM, S.A., «The Date of the Hymns Scroll», PEQ 84 (1952) 94-103.
a12023 DUPONT-SOMMER, A., «La mère du Messie et la mère de l'Aspic dans un hymne de Qoumrân», RHR 147 (1955) 174-188 (hymnes d'action de grâces, col. III, lignes 6-18).
a12024 DUPONT-SOMMER, A., «Le livre des Hymnes découvert près de la mer Morte (1 QH). Traduction intégrale avec introduction et notes», Sem. 7 (1957) 5-117.
a12025 CAUBET ITURBE, F.J., «El libro de los Himnos o salmos de acción de gracias IQS», CuBi 15 (1958) 306-320.
a12026 WERNBERG-MØLLER, P., «The Contribution of the *Hodayot* to Biblical Textual Criticism», Textus 4 (1964) 133-175.
a12027 GEVARYAHU, C.M.J., «The Parable of the Trees and the Leper of the Garden in the Thanksgiving Scroll», Immanuel 2 (1973) 50-57 (1QH VIII).
a12028 PATTE, D., *Early Jewish Hermeneutic in Palestine*, «The Use of Scripture in the Hodayot (1QH)» (1975), 247-269.
a12029 DELCOR, M., «Les Hymnes (=1QH)», dans «Qumrân et découvertes au désert de Juda», SDB 9 (1978) col. 861-904.
a12030 DOMBKOWSKI HOPKINS, D., «The Qumran Community and 1 Q Hodayot: a Reassessment», RQum 10 (1981) 323-364.
a12031 KITTEL, B.P., *The Hymns of Qumran*. Translation and Commentary (SBL Dissertation Series, 50) (Chico, CA, Scholars Press, 1981), xi-222 pp.
a12032 THORION, Y., «Der Vergleich in 1 Q Hodayot», RQum 11 (1983) 193-217.
a12033 THORION-VARDI, T., «A Note on 1 Q Hodayot IX, 5», RQum 11 (1983) 429-430.

f) 1QpHab. Commentaire d'Habacuc. Habakkuk Commentary. Habakkuk-Kommentar. Commento di Habaquq. Comentario sobre Habacuc.

a12034 DUPONT-SOMMER, A., «Le 'Commentaire d'Abacuc', découvert près de la Mer Morte. Traduction et notes», RHR 137 (1950) 129-171.
a12035 DELCOR, M., «Où en est le problème du Midrash d'Habacuc?» RHR 142 (1952) 129-146.
a12036 PHILONENKO, M., «Sur l'expression 'Corps de chair' dans le *Commentaire d'Habacuc*», Sem. 5 (1955) 39-40.
a12037 BAER, Y., «Pesher Habakkuk and its Time», Immanuel 3 (1974) 65-67.
a12038 NICKELSBURG, G.W.E., Jr., «Simon - A Priest With a Reputation for Faithfulness», BASOR nº 223 (1976) 67-68 (QpHab 8,8-11).
a12039 WILLIAMSON, H.G.M., «The translation of 1QpHab. V,10», RQum 9 (1977) 263-265.
a12040 THIERING, B.E., «Once More the Wicked Priest», JBL 97 (1978) 191-205 (1QpHab).
a12041 BROWNLEE, W.H., *The Midrash Pesher of Habakkuk* (S.B.L. Monograph Series, 24) (Chico, CA, Scholars Press, 1979), x-220 pp.
a12042 BURGMANN, H., «TWKḤT in 1 Q p Hab V,10: ein Schlüsselwort mit Verhängnisvollen historichen Konsequenzen», RQum 10 (1980) 293-300.
a12043 VAN DER WOUDE, A.S., «Wicked Priest or Wicked Priests? Reflections on the Identification of the Wicked Priest in the Habakkuk Commentary», dans *Essays in Honour of Yigael Yadin*, JJS 33 (1982) 349-359.

g) 1QM. *Milḥāmāh*. Règle de la Guerre. War Scroll. Kriegsrolle.
Regola della guerra. Regla de la guerra.

a12044   DUPONT-SOMMER, A., «'Règlement de la guerre des fils de lumière': traduction et notes», RHR 148 (1955) 25-43, 141-180.

a12045   VAN DER PLOEG, J.P.M., «Zur literarischen Komposition der Kriegsrolle», dans En collaboration, *Qumran-Probleme* (Hrsg. H. BARDTKE) (Berlin, Akademie-Verlag, 1963), 293-298.

a12046   PHILONENKO, M., «Une règle essénienne dans le Coran», Sem. 22 (1972) 49-52.

a12047   PATTE, D., *Early Jewish Hermeneutic in Palestine*, «The Use of Scripture in the Scroll of the War of the Sons of Light against the Sons of Darkness (1QM)» (1975), 281-287.

a12048   DAVIES, P.R., *1QM, the War Scroll from Qumran*. Its Structure and History (Biblica et Orientalia, 32) (Rome, Biblical Institute Press, 1977), 131 pp.

a12049   DUHAIME, J., «La rédaction de 1 *QM* XIII et l'évolution du dualisme à Qumrân», RB 84 (1977) 210-238.

a12050   DAVIES, P.R., «Dualism and eschatology in the Qumran War Scroll», VT 28 (1978) 28-36.

a12051   DELCOR, M., «Le Livre de la Guerre (1QMilḥamah [=1QM])», dans «Qumrân et découvertes au désert de Juda», SDB 9 (1978) col. 919-931.

a12052   COLLINS, J.J., «Dualism and eschatology in 1 QM. A reply to P.R. Davies», VT 29 (1979) 212-216.

a12053   DAVIES, P.R., «Dualism and eschatology in 1QM. A rejoinder», VT 30 (1980) 93-97.

a12054   LICHTENBERGER, H., *Studien zum Menschenbild in Texten der Qumrangemeinde*, «1QM 15,6b-16,1 und 16,13-17,9» (1980), 159-163.

h) 1QS (1QDᵃ) *Serek ha-Yaḥad*. Manuel de Discipline. Manual of Discipline. Sektenregel.
Regola della comunità. Regla de la communidad.

a12055   DUPONT-SOMMER, A., «La 'Règle' de la Communauté de la Nouvelle Alliance. Extraits traduits et commentés», RHR 138 (1950) 5-21.

a12056   DUPONT-SOMMER, A., «L'instruction sur les deux Esprits dans le *Manuel de Discipline*», RHR 142 (1952) 5-35.

a12057   SILBERMAN, L.H., «The two 'Messiahs' of the Manual of Discipline», VT 5 (1955) 77-82.

a12058   NORTH, R., «Qumran 'Serek a' and Related Fragments», Or. 25 (1956) 90-99.

a12059   BAUMGARTEN, J.M., «On the Testimony of Women in 1QSᵃ», JBL 76 (1957) 266-269, dans *Studies in Qumran Law* (1977), 183-186.

a12060   CAUBET ITURBE, F.J., «Regla de la comunidad IQS», CuBi 15 (1958) 281-295.

a12061   BORGEN, P., *Paul preaches Circumcision and pleases Men*, «'At the age of twenty' in 1QSa» (1983), 167-177 [Cf. RQ 3 (1961) 267-277] (1QSa 1,8-11).

a12062   RINALDI, G., «L''ultimo periodo' della storia (1QSa)», BibOr 7 (1965) 161-185.

a12063   MORALDI, L., «Studio e conoscenza delle Regole degli esseni di Qumrâm», BibOr 13 (1971) 199-209 (1QSᵃ; 1QSᵇ).

a12064   PATTE, D., *Early Jewish Hermeneutic in Palestine*, «The Use of Scripture in the Manual of Discipline (1QS)» (1975), 271-279.

a12065   DUHAIME, J., «L'instruction sur les deux esprits et les interpolations dualistes à Qumrân (1 QS III,13-IV,26)», RB 84 (1977) 566-594.

a12066   GARNET, P., *Salvation and Atonement in the Qumran Scrolls*, «Atonement Passages in 1QS» (1977), 57-120.

*a*12067 LEIVESTAD, R., «Enthalten die Segensprüche 1QSb eine Segnung des Hohenpriesters der messianischen Zeit?» ST 31 (1977) 137-145.

*a*12068 DElCOR, M., «La Règle de la Communauté [1Q Serek (=1QS)]», col. 851-857; «La Règle de la Congrégation [1Q Serek a (=1QSa)]», col. 857-859; «Le Recueil des Bénédictions [1Q Serek b (=1QSb)]», col. 859-861, dans «Qumrân et découvertes au désert de Juda», SDB 9 (1978).

*a*12069 PUECH, É., «Remarques sur l'écriture de 1 QS VII-VIII», RQum 10 (1979) 35-43.

*a*12070 PUECH, É., «J. Pouilly, *La règle de la communauté de Qumrân*», RQum 10 (1979) 103-111.

*a*12071 ALLISON, D.C., Jr., «The Authorship of 1 Q S III,13-IV,14», RQum 10 (1980) 257-268.

*a*12072 DU T. LAUBSCHER, F., «Notes on the Literary Structure of 1QS 2:11-18 and its Biblical Parallel in Deut. 29», JNWSemL 8 (1980) 49-55.

*a*12073 LICHTENBERGER, H., *Studien zum Menschenbild in Texten der Qumrangemeinde*, «1QS 3,13-4,26» (1980), 123-142.

*a*12074 KRUSE, C.G., «Community Functionaries in the Rule of the Community and the Damascus Document (A Test of Chronological Relationships)», RQum 10 (1981) 543-551 (1 QS).

*a*12075 THORION, Y., «The Use of Prepositions in 1 Q Serek», RQum 10 (1981) 405-433.

*a*12076 DOHMEN, C., «Zur Gründung der Gemeinde von Qumran (1 Q S VIII-IX)», RQum 11 (1983) 81-96.

*a*12077 DRAPER, J.A., «A Targum of Isaiah in 1QS III,2-3», RQum 11 (1983) 265-269.

*a*12078 LOADER, J.A., «The Model of the Priestly Blessing in 1QS», JStJud 14 (1983) 11-17 (1QS II,2-4).

i) 1Q Divers. Miscellaneous. Verschiedenes. Diversi. Diversos.

*a*12079 CAUBET ITURBE, F.J., «Fragmentos y rollos de la cueva I de Qumran», CuBi 15 (1958) 217-228.

j) 3Q15. Rouleau de cuivre. Copper Scroll. Kupperrolle. Manoscritto di rame. Manuscrito de cobre.

*a*12080 DUPONT-SOMMER, A., «Les rouleaux de cuivre trouvés à Qoumrân», RHR 151 (1957) 22-36.

*a*12081 LAPERROUSAZ, E.-M., «Remarques sur l'origine des rouleaux de cuivre découverts dans la grotte 3 de Qumran», RHR 159 (1961) 157-172.

*a*12082 SEN, F., «El nuevo manuscrito del Templo», CuBi 25 (1968) 173-174.

*a*12083 DELCOR, M., «Les Rouleaux de cuivre (3Q 15)», dans «Qumrân et découvertes au désert de Juda», SDB 9 (1978) col. 948-956.

*a*12084 PIXNER, B., «Unravelling the Copper Scroll Code: A Study on the Topography of 3Q 15», RQum 11 (1983) 323-365.

k) 4Q Florilegium.

*a*12085 BAUMGARTEN, J.M., «The Exclusion of 'Netinim' and Proselytes in 4Q Florilegium», RQum 8 (1972) 87-96, dans *Studies in Qumran Law* (1977), 75-87.

*a*12086 HODGSON, R., Jr., «The Testimony Hypothesis», JBL 98 (1979) 361-378 (4Q Testim; 4Q Flor).

*a*12087 SCHWARTZ, D.R., «The Three Temples of 4Q Florilegium», RQum 10 (1979) 83-91.

l) 4Q Hénoch. Enoch. Henoc.

a12088   BLACK, M., «The fragments of the Aramaic Enoch from Qumran», dans *La littérature juive entre Tenach et Mischna* (en collab.) (1974), 15-28.

a12089   MILIK, J.T. (Ed.), *The Books of Enoch.* Aramaic Fragments of Qumran Cave 4 (with the collaboration of Matthew Black) (Oxford, Clarendon Press, 1976), xv-439 pp.

a12090   FITZMYER, J.A., «Implications of the New Enoch Literature from Qumran», TS 38 (1977) 332-345.

a12091   FRANXMAN, T.W., «The Books of Enoch. Aramaic Fragments of Qumran Cave 4. Ed. by J.T. Milik», Bibl 58 (1977) 432-436.

a12092   GREENFIELD, J.C., STONE, M.E., «The Enochic Pentateuch and the Date of the Similitudes», HarvTR 70 (1977) 51-65.

a12093   MEARNS, C.L., «The parables of Enoch - Origin and date», ExpTim 89 (1977-78) 118-119.

a12094   BLACK, M., «The Apocalypse of Weeks in the light of 4Q Enᵍ.», VT 28 (1978) 464-469.

a12095   SOKOLOFF, M., «Notes on the Aramaic Fragments of Enoch from Qumran Cave 4», Maarav 1 (1979) 197-224.

a12096   NICKELSBURG, G.W.E., «The Epistle of Enoch and the Qumran Literature», dans *Essays in Honour of Yigael Yadin*, JJS 33 (1982) 333-348.

a12097   VANDERKAM, J.C., «Some Major Issues in the Contemporary Study of 1 Enoch: Reflections on J.T. Milik's *The Books of Enoch: Aramaic Fragments of Qumrân Cave 4*», Maarav 3, n° 1 (1982) 85-97.

m) 4QTgJob. Hiob. Giobbe. Job.

a12098   VASHOLZ, R.I., «4 Q Targum Job versus 11 Q Targum Job», RQum 11 (1982) 109.

a12099   KUTSCH, E., «Die Textgliederung im hebräischen I jobbuch sowie in 4QTgJob und in 11QTgJob», BZ 27 (1983) 221-228.

n) 4QOrNab. Prière de Nabonide. Prayer of Nabonides.
Gebet des Nabonides. Preghiera di Nabonide. Oración de Nabonide.

a12100   En collaboration, *Aramaic Texts from Qumran*, with translations and annotations by B. JONGELING, C.J. LABUSCHAGNE, A.S. van der WOUDE (Semitic Study Series, 4) (Leiden, Brill, 1976), x-131 pp.

a12101   GRELOT, P., «La prière de Nabonide (4 Q Or Nab)», RQum 9 (1978) 483-495.

a12102   VAN DER WOUDE, A.S., «Bemerkungen zum Gebet des Nabonides (4Q orNab)», dans *Qumrân. Sa piété, sa théologie et son milieu* (en collab.) (1978), 121-129.

o) 4Q Pesher Nahum.

a12103   ALLEGRO, J.M., «*THRAKIDAN*, The 'Lion on Wrath' and Alexander Jannaeus», PEQ 91 (1959) 47-51.

a12104   DUPONT-SOMMER, A., «Le Commentaire de Nahum découvert près de la mer Morte (4 Qp. Nah.)», Sem. 13 (1963) 55-88.

a12105   FLUSSER, D., «Pharisees, Sadducees and Essenes in Pesher Nahum», Immanuel 1 (1972) 39-41.

a12106   GARCIA MARTINEZ, F., «4QpNah y la Crucifixión. Nueva hipótesis de reconstrucción de 4Q 169 3-4 i, 4-8», EstB 38 (1979-80) 221-235.

p) 4QOsée. Hosea. Osea. Oseas.

*a*12107 NEBE, G.-W., «Eine neue Hosea-Handschrift aus Höhle 4 von Qumran», ZAW 91 (1979) 292-294.

*a*12108 SINCLAIR, L.A., «A Qumran Biblical Fragment: Hosea 4QXII^d (Hosea 1:7-2:5)», BASOR n° 239 (1980) 61-65.

q) 4QPsaumes. Psalms. Psalmen. Salmi. Salmos.

*a*12109 CARLSON, D.C., «An Alternative Reading of 4 Q p Osea^a 11,3-6», RQum 11 (1983) 417-421.

*a*12110 ALLEGRO, J.M., «A Newly Discovered Fragment of a Commentary on Psalm XXXVII from Qumran», PEQ 86 (1954) 69-75 (4QPs).

*a*12111 SEN, F., «El Salterio de Qumrán», CuBi 24 (1967) 163-164 (4QPs).

*a*12112 PUECH, É., «Fragments du Psaume 122 dans un manuscrit hébreu de la Grotte IV», RQum 9 (1978) 547-554.

*a*12113 THIERING, B.E., «Once More the Wicked Priest», JBL 97 (1978) 191-205 (4QPs).

*a*12114 NEBE, G.-W., «Psalm 104 11 aus Höhle 4 von Qumran (4 QPs^d) und der Ersatz des Gottesnamens», ZAW 93 (1981) 284-290.

*a*12115 SKEHAN, P.W., «Gleanings from Psalm Texts from Qumrân», dans *Mélanges bibliques et orientaux en l'honneur de M. Henri Cazelles* (en collab.) (1981), 439-452 (4QPs).

*a*12116 GARCIA MARTINEZ, F., «Salmos, Apócrifos en Qumrán», EstB 40 (1982) 197-220 (4QPs).

r) 4QSamuel.

*a*12117 ULRICH, E.C., Jr., *The Qumran Text of Samuel and Josephus* (Harvard Semitic Monographs, 19) (Missoula, Scholars Press, 1978), xvi-278 pp.

*a*12118 TOV, E., «The Textual Affiliations of 4QSam^a», JSOT n° 14 (1979) 37-53.

*a*12119 ULRICH, E.C., «4QSam^c: A Fragmentary Manuscript of 2 Samuel 14-15 from the Scribe of the *Serek Hay-yaḥad* (1QS)», BASOR n° 235 (1979) 1-25.

*a*12120 FORESTI, F., «Osservazioni su alcune varianti di 4 QSam^a rispetto al TM», RivB 29 (1981) 45-56.

*a*12121 TREBOLLE, J., «El estudio de 4Q Sam.^{a}: Implicaciones, exegéticas e históricas», EstB 39 (1981) 5-18.

*a*12122 ROFÉ, A., «The Acts of Nahash according to 4QSam^a», IsrEJ 32 (1982) 129-133.

s) 4Q Divers. Miscellaneous. Verschiedenes. Diversi. Diversos.

*a*12123 ALLEGRO, J.M., «The Wiles of the Wicked Woman», PEQ 96 (1964) 53-55 (4Q).

*a*12124 SEN, F., «Los horóscopos de Qumrán», CuBi 23 (1966) 366-367 (4Q).

*a*12125 WEISS, R., «Fragments of a Midrash on Genesis from Qumran Cave 4», Textus 7 (1969) 132-134.

*a*12126 GRELOT, P., «Quatre cent trente ans (Ex 12,40). Note sur les Testaments de Lévi et de 'Amram», dans *Homenaje a Juan Prado* (en collab.) (1975), 559-570 (4Q).

*a*12127 BAUMGARTEN, J.M., «4Q Halakah^a 5, the Law of Hadash, and the Pentecontad Calendar», *Journal of Jewish Studies* 27 (1976) 36-46, dans *Studies in Qumran Law* (1977), 131-142.

*a*12128 SKEHAN, P.W., «4QLXX Num: A Pre-Christian Reworking of the Suptuagint», HarvTR 70 (1977) 39-50.

a12129   WEINERT, F.D., «A note on 4Q 159 and a new theory of Essene Origins», RQum 9
(1977) 223-230.
a12130   FITZMYER, J.A., «The Targum of Leviticus from Qumran Cave 4», Maarav 1 (1978)
5-23.
a12131   LICHTENBERGER, H., «Eine weisheitliche Mahnrede in den Qumranfunden
(4Q 185)», dans *Qumrân. Sa piété, sa théologie et son milieu* (en collab.) (1978), 151-162.
a12132   PABST, H., «Eine Sammlung von Klagen in den Qumranfunden (4Q 179)», dans
Qumrân. Sa piété, sa théologie et son milieu (en collab.) (1978), 137-149.
a12133   FLUSSER, D., «The Hubris of the Antichrist in a Fragment from Qumran», Immanuel
10 (1980) 31-37 (4Qps Dan A³).
a12134   LICHTENBERGER, H., *Studien zum Menschenbild in Texten der Qumrangemeinde*,
«Horoskope» (1980), 142-148 (4Q 186).
a12135   GARCIA MARTINEZ, F., «4Q Mes. Aram. y el libro de Noé», Salm 28 (1981) 195-232.
a12136   MOORE, R.D., «Personification of the Seduction of Evil: 'The Wiles of the Wicked
Woman'», RQum 10 (1981) 505-519.
a12137   SCHWARTZ, D.R., «The Messianic Departure from Judah (4 Q Patriarchal
Blessings)», TZ 37 (1981) 257-266.
a12138   BAILLET, M. (Éd.),*Qumrân Grotte 4. III (4Q482-4Q520)* (Discoveries in the Judaean
Desert, VII) (Oxford, Clarendon Press, 1982), xiv-339 pp.

t) 7Q Divers. Miscellaneous. Verschiedenes. Diversi. Diversos.

a12139   BARTINA, S., «Identificación de papiros neotestamentarios en la cueva séptima de
Qumrán», CuBi 29 (1972) 195-206.
a12140   O'CALLAGHAN, J., *Los papiros griegos de la Cueva 7 de Qumrán* (Biblioteca de
Autores Cristianos, 353) (Madrid, La Editorial Católica, 1974), 99 pp.
a12141   BARTINA, S., «Los papiros de la Cueva Séptima de Qumrán: juicios, lecturas,
atribuciones y exploración de los ordenadores», CuBi 32 (1975) 83-105.

u) 11QtgJob. Targum de Job. Targum of Job. Hiobtargum. Targum di Giobbe. Targum de Job.

a12142   CAQUOT, A., «Un écrit sectaire de Qoumrân: le 'Targoum de Job'», RHR 185 (1974)
9-27.
a12143   SOKOLOFF, M., *The Targum to Job from Qumran Cave XI* (Bar-Ilan Studies in Near
Eastern Languages and Culture) (Ramat-Gan, Bar-Ilan University, 1974), 244 pp.
a12144   WEISS, R., «zr' rwm' in 11QtgJob XX,7», IsrEJ 25 (1975) 140-141.
a12145   En collaboration, *Aramaic Texts from Qumran*, with translations and annotations by B.
JONGELING, C.J. LABUSCHAGNE, A.S. van der WOUDE (Semitic Study Series, 4)
(Leiden, Brill, 1976), x-131 pp. (11QtgJob).
a12146   BORGER, R., «Hiob XXXIX 23 nach dem Qumran-Targum», VT 27 (1977) 102-105.
a12147   BROWNLEE, W.H., «The cosmic role of angels in the 11Q Targum of Job», JStJud 8
(1977) 83-84.
a12148   COXON, P.W., «The problem of nasalization in Biblical Aramaic in the light of 1 Q GA
and 11 Q Tg Job», RQum 9 (1977) 253-258.
a12149   COXON, P.W., «wšykw]'šmy' in 11 Q tg Job XXX,7» IsrEJ 27 (1977) 207-208.
a12150   MURAOKA, T., «Notes on The Old Targum of Job from Qumran Cave XI», RQum 9
(1977) 117-125.
a12151   YORK, A.D., «11 Q Tg. Job XXI,4-5 (Job 32,13)», RQum 9 (1977) 127-129.
a12152   COXON, P.W., «A Note on the Verb YŠR (Aphel) in 11 Q tg Job XXXII,3», RQum 9
(1978) 451-453.

a12153   JONGELING, B., «Détermination et indétermination dans 11QtgJob», dans *Qumrân.*
         Sa piété, sa théologie et son milieu (en collab.) (1978), 131-136.

a12154   PUECH, É., GARCIA, F., «Remarques sur la Colonne XXXVIII de 11 Q tg Job»,
         RQum 9 (1978) 401-407.

a12155   ZUCKERMAN, B., «Two Examples of Editorial Modification in 11QtgJob», dans
         Biblical and Near Eastern Studies (LaSor) (en collab.) (1978), 269-275.

a12156   VASHOLZ, R.I., «Two Notes on 11 Q tg Job and Biblical Aramaic», RQum 10 (1979)
         93-94.

a12157   VASHOLZ, R.I., «A further Note on the Problem of Nasalisation in Biblical Aramaic,
         11 Q tg Job and 1 Q Genesis Apocryphon», RQum 10 (1979) 95-96.

v) 11QMelch. Melchisédech. Melchizedek. Melchisedech. Melchisedecche. Melquisedec.

a12158   SEN, F., «La nueva figura de Melkisedek (11QMelch)», CuBi 29 (1972) 93-107.

a12159   KOBELSKI, P.J., *Melchizedek and Melchireša*' (Catholic Biblical Quarterly Monograph
         Series, 10) (Washington DC, Catholic Biblical Association of America, 1981), x-166 pp.

a12160   JANOWSKI, B., «Sündenvergebung 'um Hiobs willen'. Fürbitte und Vergebung in
         11QtgJob 38 2f. und Hi 42 9f. LXX», ZNW 73 (1982) 251-280.

a12161   VASHOLZ, R.I., «4Q Targum Job versus 11Q Targum Job», RQum 11 (1982) 109.

a12162   KUTSCH, E., «Die Textgliederung im hebräischen I jobbuch sowie in 4QTgJob und in
         11QTgJob», BZ 27 (1983) 221-228.

w) 11QPs. Psaumes. Psalms. Psalmen. Salmi. Salmos.

a12163   DUPONT-SOMMER, A., «Le Psaume CLI dans *11 Q Ps*ᵃ et le problème de son origine
         essénienne», Sem. 14 (1964) 25-62.

a12164   DUPONT-SOMMER, A., «Notes qoumrâniennes», Sem. 15 (1965) 74-77 (sur 11 Q Psᵃ
         col. 22).

a12165   GOSHEN-GOTTSTEIN, M.H., «The Psalms Scroll (11QPsᵃ): A Problem of Canon and
         Text», Textus 5 (1966) 22-33.

a12166   TALMON, S., «*Pisqah Be'emṣa' Pasuq* and 11 QPsᵃ», Textus 5 (1966) 11-21.

a12167   YADIN, Y., «Another Fragment (E) of the Psalms Scroll from Qumran Cave 11
         (11QPsᵃ) (with five plates)», Textus 5 (1966) 1-10.

a12168   HURWITZ, A., «The Language and Date of Psalm 151 from Qumran», ErIs 8 (1967)
         82-87 (English summary).

a12169   SOKOLOFF, M., *The Targum to Job from Qumran Cave XI* (Bar-Ilan Studies in Near
         Eastern Languages and Culture) (Jerusalem, Ahva Press, 1974), xv-244 pp.

a12170   CARMIGNAC, J., «Nouvelles précisions sur le Psaume 151», RQum 8 (1975) 593-597.

a12171   MAGNE, J., «Recherches sur les Psaumes 151, 154 et 155», RQum 8 (1975) 503-507.

a12172   MAGNE, J., «Orphisme, pythagorisme, essénisme dans le texte hébreu du Psaume 151?»
         RQum 8 (1975) 508-547.

a12173   MAGNE, J., «Les textes grec et syriaque du Psaume 151», RQum 8 (1975) 548-564.

a12174   MAGNE, J., «Le verset des trois pierres dans la tradition du Psaume 151», RQum 8
         (1975) 565-591.

a12175   AUFFRET, P., «Structure littéraire et interprétation du Psaume 151 de la Grotte 11 de
         Qumrân», RQum 9 (1977) 163-188.

a12176   MAGNE, J., «Le Psaume 154», RQum 9 (1977) 95-102.

a12177   MAGNE, J., «Le Psaume 155», RQum 9 (1977) 103-111.

a12178   MAGNE, J., «'Seigneur de l'Univers' ou David-Orphée?» RQum 9 (1977) 189-196.

a12179 AUFFRET, P., «Structure littéraire et interprétation du Psaume 154 de la Grotte XI de Qumran», RQum 9 (1978) 513-545.

a12180 AUFFRET, P., «Structure Littéraire et Interprétation du Psaume 155 de la Grotte XI de Qumrân», RQum 9 (1978) 323-356.

a12181 BAUMGARTEN, J.M., «*Perek Shirah*, an Early Response to Psalm 151», RQum 9 (1978) 575-578.

a12182 CROSS, F.M., «David, Orpheus, and Psalm 151:3-4», BASOR no 231 (1978) 69-71.

a12183 STRELCYN, S., «Le Psaume 151 dans la tradition éthiopienne», JSS 23 (1978) 316-329.

a12184 AUFFRET, P., «Structure littéraire de l'Hymne à Sion de 11 Q Psª XXII,1-15», RQum 10 (1980) 203-211.

a12185 SILBERMAN, L.H., «Prophets/Angels: LXX and Qumran Psalm 151 and the Epistle to the Hebrews», dans *Standing Before God* (en collab.) (1981), 91-101.

a12186 SMITH, M., «Psalm 151, David, Jesus, and Orpheus», ZAW 93 (1981) 247-253.

a12187 GARCIA MARTINEZ, F., «Salmos, Apócrifos en Qumrán», EstB 40 (1982) 197-220.

a12188 LEHMANN, M.R., «11 Q Psª and Ben Sira», RQum 11 (1983) 239-251.

a12189 WIGTIL, D.N., «The Sequence of the Translations of Apocryphal Psalm 151», RQum 11 (1983) 401-407.

a12190 WILSON, G.H., «The Qumran Psalms Manuscripts and the Consecutive Arrangement of Psalms in the Hebrew Psalter», CBQ 45 (1983) 377-388.

x) 11Q Rouleau du Temple. Temple Scroll. Tempelrolle.
   Rotolo del Tempio. Rollo del Templo.

a12191 BAUMGARTEN, J.M., «Does *TLH* in the Temple Scroll Refer to Crucifixion?» JBL 91 (1972) 472-481, dans *Studies in Qumran Law* (1977), 172-182.

a12192 GARCIA, F., «El rollo del Templo, Traducción y notas», EstB 36 (1977) 247-292.

a12193 CAQUOT, A., «Le Rouleau du Temple de Qoumrân», ETR 53 (1978) 443-500.

a12194 DELCOR, M., «Le Rouleau du Temple», dans «Qumrân et découvertes au désert de Juda», SDB 9 (1978) col. 944-949.

a12195 FITZMYER, J.A., «Divorce among First-Century Palestinian Jews», ErIs 14 (1978) 103*-110* (11QTemple 57:17-19).

a12196 LEHMANN, M.R., «The Temple Scroll as a Source of Sectarian Halakhah», RQum 9 (1978) 579-587.

a12197 MAIER, J., *Die Tempelrolle vom Toten Meer*. Übersetz und erläutert (Uni-Taschenbücher, 829) (München, Basel, E. Reinhardt, 1978), 128 pp.

a12198 MILGROM, J., «Studies in the Temple Scroll», JBL 97 (1978) 501-523.

a12199 MILGROM, J., «The temple scroll», BA 41 (1978) 105-120.

a12200 QIMRON, E., «New Readings in the Temple Scroll», IsrEJ 28 (1978) 161-172.

a12201 YADIN, Y., «Le Rouleau du Temple», dans *Qumrân. Sa piété, sa théologie et son milieu* (en collab.) (1978), 115-119.

a12202 DION, P.-E., «Le 'Rouleau du Temple' et les Douze», SE 31 (1979) 81-83.

a12203 LEVINE, B.A., «The Temple Scroll: Aspects of its Historical Provenance and Literary Character», BASOR no 232 (1979) 5-23.

a12204 MILGROM, J., «'Sabbath' and 'Temple City' in the Temple Scroll», BASOR no 232 (1979) 25-27.

a12205 MAIER, J., «Die Hofanlagen im Tempel-Entwurf des Ezechiel im Licht der Tempelrolle von Qumran», dans *Prophecy. Essays presented to Georg Fohrer* (en collab.) (1980), 55-67.

a12206 MILGROM, J., «Further Studies in the Temple Scroll», JQR 71 (1980) 1-17, 89-106.

a12207 WEINFELD, M., «The Royal Guard According to the Temple Scroll», RB 87 (1980) 394-396.

a12208 LAPERROUSAZ, E.-M., «Note à propos de la datation du Rouleau du Temple et, plus généralement, des manuscrits de la Mer Morte», RQum 10 (1981) 447-452.

a12209 KAUFMAN, S.A., «The Temple Scroll and Higher Criticism», HUCA 53 (1982) 29-43.

a12210 TOV, E., «The 'Temple Scroll' and Old Testament Textual Criticism», ErIs 16 (1982) 100-111.

a12211 VAN DEN BOGAARD, L., «Le Rouleau du Temple. Quelques remarques concernant les 'petits fragments'», dans *Von Kanaan bis Kerala* (en collab.) (1982), 285-294.

a12212 WILSON, A.M., WILLS, L., «Literary Sources of the Temple Scroll», HarvTR 75 (1982) 275-288.

a12213 McCREADY, W.O., «The Sectarian Status of Qumran: The Temple Scroll», RQum 11 (1983) 183-191.

a12214 MINK, H.A., «Die Kol. III der Tempelrolle. Versuch einer Rekonstruktion», RQum 11 (1983) 163-181.

a12215 NEBE, G.W., «'*dšk* 'Mass, Abmessung' in 11 Q Tempelrolle XLI, 16», RQum 11 (1983) 391-399.

a12216 ROKÉAḤ, D., «The Temple Scroll, Philo, Josephus, and the Talmud», JTS 34 (1983) 515-526.

a12217 SWEENEY, M.A., «Sefirah at Qumran: Aspects of the Counting Formulas for the First-Fruits Festivals in the Temple Scroll», BASOR no 251 (1983) 61-66.

a12218 THORION, Y., «Tempelrolle LIX,3-11 und Bablî, Sanhedrin 98ª», RQum 11 (1983) 427-428.

a12219 THORION, Y., «Die Sprache der Tempelrolle und die Chronikbücher», RQum 11 (1983) 423-426.

y) 11Q Divers. Miscellaneous. Verschiedenes. Diversi. Diversos.

a12220 DUPONT-SOMMER, A., «Notes qoumrâniennes», Sem. 15 (1965) 71-74 (sur 11Qtg col. 33).

a12221 VAN DER PLOEG, J., «Une *halakha* inédite de Qumrân», dans *Qumrân, Sa piété, sa théologie et son milieu* (en collab.) (1978), 107-113 (11Q).

a12222 VAN DER WOUDE, A.S., «Fragmente einer Rolle der Lieder für das Sabbatopfer aus Höhle XI von Qumran (11Q Širšabb)», dans *Von Kanaan bis Kerala* (en collab.) (1982), 311-337.

z) Autres textes. Other Texts. Andere Texte. Altri Testi. Otros textos.

a12223 YADIN, Y., «Tefillin (Phylacteries) from Qumran (XQ[Phyl 1-4])», ErIs 9 (1969) 60-85 (English summary).

a12224 LICHT, J., «An Ideal Town Plan from Qumran - The Description of the New Jerusalem», IsrEJ 29 (1979) 45-59 (5Q15).

a12225 PUECH, É., «Fragment d'un Rouleau de la Genèse provenant du Désert de Juda (Gen. 33,18-34,3)», RQum 10 (1980) 163-166.

14. Théologie. Theology. Theologie. Teologia. Teología.

a12226 DELCOR, M., «Le sacerdoce, les lieux de culte, les rites et les fêtes dans les documents de Khirbet Qumrân», RHR 144 (1953) 5-41.

a12227 DELCOR, M., «Doctrines des Esséniens. I. L'Instruction des deux Esprits. II. L'angélologie. III. La démonologie. IV. L'Esprit Saint. V. Le messianisme.

VI. L'eschatologie», dans «Qumrân et découvertes au désert de Juda», SDB 9 (1978) col. 960-980.

a12228   SCHIFFMAN, L.H., *Sectarian Law in the Dead Sea Scrolls*. Courts, Testimony and the Penal Code (Brown Judaic Studies, 33) (Chico, CA, Scholars Press, 1983), xvi-278 pp.

RELATIONS ENTRE L'ANCIEN ET LE NOUVEAU TESTAMENT.
RELATIONS BETWEEN THE OLD AND THE NEW TESTAMENT.
BEZIEHUNGEN ZWISCHEN DEM ALTEN UND DEM NEUEN TESTAMENT.
RELAZIONI TRA IL VECCHIO E IL NUOVO TESTAMENTO.
RELACIONES ENTRE EL ANTIGUO Y EL NUEVO TESTAMENTO.

1. Études générales. General Studies. Allgemeine Studien.
Studi generali. Estudios generales.

a12229   GORDIS, R., «Quotations as a Literary Usage in Biblical, Oriental and Rabbinic Literature», HUCA 22 (1949) 157-219.

a12230   ALONSO SCHÖKEL, L., *Il dinamismo della tradizione*, «Verità del Vecchio Testamento» (1970), 17-65.

a12231   SARTORY, T., *Entdeckungen im Alten Testament, oder vergessene Wurzel* (München, J. Pfeiffer, 1970), 226 pp.

a12232   GERSTENBERGER, E., «Übersetzt - erklärt - gepredigt - Vom Gebrauch des Alten Testaments», BiKi 28 (1973) 119-126.

a12233   DREYFUS, F., «L'actualisation à l'intérieur de la Bible», RB 83 (1976) 161-202.

a12234   GUNNEWEG, A.H.J., *Vom Verstehen des Alten Testaments* (1977), «Das Alte Testament als Erbe», 13-41; «Das Alte Testament als Teil des christlichen Kanons», 183-198.

a12235   KUTSCH, E., «Von der Aktualität alttestamentlicher Aussagen für das Verständnis des Neuen Testaments», ZTK 74 (1977) 273-290.

a12236   LINDARS, B., BORGEN, P., «The Place of the Old Testament in the Formation of New Testament Theology: Prolegomena and Response», NTS 23 (1977) 59-75.

a12237   HAAG, H., *Und du sollst fröhlich sein*. Lebensbejahung im Alten Testament (Stuttgart, Katholisches Bibelwerk, 1978), 112 pp.

a12238   REICKE, B., «The God of Abraham, Isaac, and Jacob in New Testament Theology», dans *Unity and Diversity in New Testament Theology* (en collab.) (1978), 186-194.

a12239   HODGSON, R., Jr., «The Testimony Hypothesis», JBL 98 (1979) 361-378.

a12240   KNIAZEFF, A., «Quand le Christ a fait disparaître le voile», dans En collaboration, *Eulogia*. Miscellanea liturgica in onore di P. Burkhard Neunheuser (Studia Anselmiana, 68; Analecta Liturgica, 1) (Roma, Editrice Anselmiana, 1979), 189-202.

a12241   L'HOUR, J., «L'Église face à l'Ancien Testament», LV nº 144 (1979) 73-103.

a12242   LOHFINK, N., «Was hat Jesus genutzt? Kann Jesus vor dem Alten Testament bestehen? Kann das Alte Testament vor Jesus bestehen?» BiKi 34 (1979) 39-43.

a12243   MAURIN, B., «Judaïsme et système social de croyance», LV nº 144 (1979) 105-121.

a12244   WILCOX, M., «On investigating the use of the Old Testament in the New Testament», dans *Text and Interpretation* (en collab.) (1979), 231-243.

a12245   BEAUDE, P.-M., *L'accomplissement des Écritures*. Pour une histoire critique des systèmes de représentation du sens chrétien (Cogitatio Fidei, 104) (Paris, Cerf, 1980), 343 pp.

a12246   FOX, M.V., «The Identification of Quotations in Biblical Literature», ZAW 92 (1980) 416-431.

a12247   HANSON, A.T., *The New Testament Interpretation of Scripture* (London, SPCK, 1980), xii-237 pp.

a12248   En collaboration, *The Relationship Between the Old and New Testament* (Neotestamentica, 14) (Pretoria, New Testament Society of South Africa, 1981), v-170 pp.

a12249   BEENTJES, P.C., «Inverted Quotations in the Bible: A Neglected Stylistic Pattern», Bibl 63 (1982) 506-523.

a12250   CATE, R.L., *Old Testament Roots for New Testament Faith* (Nashville, TN, Broadman, 1982), 298 pp.

a12251   DE SOLMS, É., JEAN-NESMY, C. (Éds), *Bible Chrétienne*. T. I: Textes en parallèle; t. II: Commentaires (Lac Beauport, Qué., Anne Sigier, 1982), 432-391 pp.

a12252   HANSON, A.T., *The Living Utterances of God*. The New Testament Exegesis of the Old (London, Darton, Longman & Todd, 1983), vi-250 pp.

a12253   RENDTORFF, R., «Towards a New Christian Reading of the Hebrew Bible», Immanuel 15 (1983) 13-21.

2. Unité des Testaments. Unity of the Testaments. Einheit der Testamenten.
Unità dei Testamenti. Unidad de los Testamentos.

a12254   WRIGHT, G.E., «The Unity of the Bible», SJTh 8 (1955) 337-352.

a12255   DAVIES, W.D., *Invitation to the New Testament*, «The One Bible» (1969), 3-13.

a12256   LUBSCZYK, H., «Die Einheit der Schrift. Zur hermeneutischen Relevanz des Urbekenntnis im Alten und Neuen Testament», dans *Sapienter ordinare* (en collab.) (1969), 73-104.

a12257   BAKER, D.L., *Two Testaments, One Bible*. A study of some modern solutions to the theological problem of the relationship between the Old and New Testaments (Downers Grove, Illinois, InterVarsity Press, 1976), 554 pp.

a12258   GROSS, H., MUSSNER, F., «Die Einheit vom Alten und Neuen Testament», IKZCommunio 3 (1974) 544-555.

a12259   HOHMANN, M., *Die Korrelation vom Alten und Neuen Bund* (Innerbiblische Korrelation statt Kontrastkorrelation) (Theologische Arbeiten, 37) (Berlin, Evangelische Verlagsanstalt, 1978), 165 pp.

a12260   KUYPER, L.J., *The Scripture Unbroken* (Grand Rapids, Eerdmans, 1978), xiv-289 pp.

a12261   DUMAIS, M., «Le caractère normatif des écrits du Nouveau Testament», ET 10 (1979) 129-145.

a12262   GOLDBERG, A., «Petiḥa und Ḥariza», JStJud 10 (1979) 213-218.

a12263   WILCOX, M., «On investigating the use of the Old Testament in the New Testament», dans *Text and Interpretation* (en collab.) (1979), 231-243.

a12264   BUETUBELA BALEMBO, P., «Continuité et discontinuité entre l'A.T. et le N.T.», dans *Christianisme et identité africaine* (en collab.) (1980), 65-81.

a12265   DEQUEKER, L., «La Critique Littéraire et l'Unité de la Bible», Bijdr. 41 (1980) 16-33.

a12266   LE DÉAUT, R., «Continuité et discontinuité entre l'A.T. et le N.T.», dans *Christianisme et identité africaine* (en collab.) (1980), 31-63.

a12267   SABOURIN, L., *The Bible and Christ*. The Unity of the Two Testaments (New York, Alba House, 1980), ix-188 pp.

**3. Pentateuque et N.T. - Pentateuch and N.T. - Pentateuch und N.T.
Pentateuco e N.T. - Pentateuco y N.T.**

a12268   HOLTZ, T., *Untersuchungen über die alttestamentlichen Zitate bei Lukas* (TU 104), «Die Pentateuchzitate im Lukasevangelium» (1968), 61-70.
a12269   THOMAS, K.J., «Torah Citations in the Synoptics», NTS 24 (1977-78) 85-96.

**4. Prophètes et N.T. - Prophets and N.T. - Propheten und N.T.
Profeti e N.T. - Profetas y N.T.**

a12270   GRIMM, W., *Weil ich dich liebe.* Die Verkündigung Jesu und Deuterojesaja (Arbeiten zum Neuen Testament und Judentum, 1) (Bern, Herbert Lang, 1976), xii-321 pp.
a12271   AUS, R.D., «God's Plan and God's Power: Isaiah 66 and the Restraining Factors of 2 Thess 2:6-7», JBL 96 (1977) 537-553.
a12272   HICKLING, C.J.A., «Paul's Reading of Isaiah», dans *Studia Biblica 1978* (en collab.) (1980), III, 215-223.
a12273   SCHMITT, J., «L'oracle d'Is., LXI,1ss. et sa relecture par Jésus», RevSR 54 (1980) 97-108.
a12274   SNODGRASS, K.R., «Streams of tradition emerging from Isaiah 40:1-5 and their adaptation in the New Testament», JSNT no 8 (1980) 24-45.
a12275   GRIMM, W., *Die Verkündigung Jesu und Deuterojesaja* (2. Auflage) (Arbeiten zum Neuen Testament und Judentum, 1) (Frankfurt am Main, Bern, Peter Lang, 1981), xi-361 pp.
a12276   SECCOMBE, D., «Luke and Isaiah», NTS 27 (1981) 252-259.
a12277   SANDERS, J.A., «Isaiah in Luke», Interpr 36 (1982) 144-155.
a12278   VOUGA, F., «La seconde passion de Jérémie», LV no 165 (1983) 71-82.

**5. Psaumes et N.T. - Psalms and N.T. - Psalmen u. N.T.
Salmi e N.T. - Salmos y N.T.**

a12279   HOLTZ, T., *Untersuchungen über die alttestamentlichen Zitate bei Lukas* (TU 104), «Zitate aus den Psalmen» (1968), 43-59.
a12280   HAY, D.M., *Glory at the Right Hand.* Psalm 110 in Early Christianity (Society of Biblical Literature. Monograph Series, 18) (Nashville, New York, Abingdon Press, 1973), 176 pp.
a12281   LOADER, W.R.G., «Christ at the right hand - Ps. cx. 1 in the New Testament», NTS 24 (1977-78) 199-217.
a12282   GOURGUES, M., *À la droite de Dieu* (1978), 270 pp.
a12283   SICRE, J.L., «Psalm 118 and New Testament christology», TDig 26 (1978) 140-144.
a12284   BONNARD, P.-E., «Le Psaume 72. Ses relectures, ses traces dans l'oeuvre de Luc?» RSR 69 (1981) 259-278.
a12285   ANDERSON, G.W., «The Christian Use of the Psalms», dans *Studia Evangelica* (en collab.) (1982), VII, 5-10.

**6. Évangiles et A.T. - Gospels and O.T. - Evangelien u. A.T.
Vangeli e A.T. - Evangelios y A.T.**

a12286   VAN DODEWAARD, J.A.E., «La force évocatrice de la citation mise en lumière en prenant pour base l'Évangile de Saint Mathieu», Bibl 36 (1955) 482-491.

*a*12287   VAN UNNIK, W.C., «The Quotation from the Old Testament in John xii 34», NT 3 (1959) 174-179, dans *Sparsa Collecta*, I (1973), 64-69.

*a*12288   CROSSAN, J.D., «Redaction and Citation in Mark 11:9-10,17 and 14:27», dans *Society of Biblical Literature. 1972 Proceedings* (en collab.) (1972), 17-62.

*a*12289   FREED, E.D., «Some Old Testament Influences on the Prologue of John», dans *A Light unto My Path* (en collab.) (1974), 145-161.

*a*12290   GUILLET, J., «The Old Testament and the Gospel», TDig 24 (1976) 257-259.

*a*12291   LUZARRAGA, J., «Presentación de Jesús a la luz de A.T. en el Evangelio de Juan», EstE 51 (1976) 497-520.

*a*12292   STRAMARE, T., «Il problema delle 'citazioni di adempimento' in Matteo», BibOr 18 (1976) 213-226.

*a*12293   THOMAS, K.J., «Liturgical Citations in the Synoptics», NTS 22 (1976) 205-214.

*a*12294   HOFIUS, O., «Alttestamentliche Motive im Gleichnis vom verlorenen Sohn», NTS 24 (1977-78) 240-248 (Luke 15,11-32).

*a*12295   THOMAS, K.J., «Torah Citations in the Synoptics», NTS 24 (1977-78) 85-96.

*a*12296   BOVON, F., *Luc le théologien*, «L'interprétation de l'Ancien Testament» (1978), 85-117.

*a*12297   BRUCE, F.F., *The Time is Fulfilled*, «It is they that bear Witness to me (John 5:39)» (1978), 33-53.

*a*12298   MARCHADOUR, A., *Un évangile à découvrir*, «Jésus interprète des Écritures» (1978), 26-32.

*a*12299   SABOURIN, L., «Matthieu 5,17-20 et le rôle prophétique de la Loi (cf. Mt 11,13)», SE 30 (1978) 303-311.

*a*12300   BERG, W., *Die Rezeption alttestamentlicher Motive im Neuen Testament* dargestellt an den Seewandelerzählungen (Freiburg i.B., Hochschulverlag, 1979), ix-374 pp.

*a*12301   VOUGA, F., «Jésus et l'Ancien Testament», LV nᵒ 144 (1979) 55-71.

*a*12302   FRANCE, R.T., «The Formula-Quotations of Matthew 2 and the Problem of Communication», NTS 27 (1981) 233-251.

*a*12303   KING, N., «Expectation: Jesus in the O.T.», Way 21 (1981) 14-21.

*a*12304   SECCOMBE, D., «Luke and Isaiah», NTS 27 (1981) 252-259.

*a*12305   EVANS, C.A., «On the Quotation Formulas in the Fourth Gospel», BZ 26 (1982) 79-83.

*a*12306   FREED, E.D., «Psalm 42/43 in John's Gospel», NTS 29 (1983) 62-73.

*a*12307   HANSON, A.T., *The Living Utterances of God* (1983), «The Use of Scripture in the Synoptic Gospels», 63-89; «John's Use of Scripture», 113-132.

*a*12308   JERVELL, J., «Die Mitte der Schrift. Zum lukanischen Verständnis des Alten Testamentes», dans *Die Mitte des Neuen Testaments* (en collab.) (1983), 79-96.

*a*12309   MOO, D.J., *The Old Testament in the Gospel Passion Narratives* (Sheffield, UK, Almond Press, 1983), xi-468 pp.

7. *Actes et A.T. - Acts and A.T. - Apostelgeschichte u. A.T.*
   Atti dei Apostoli e A.T. - Hechos de los Apóstoles y A.T.

*a*12310   CERFAUX, L., «Citations scripturaires et tradition textuelle dans le livre des Actes», dans *Aux sources de la tradition chrétienne* (en collab.) (1950), 43-51.

*a*12311   BOVON, F., *Luc le théologien*, «L'interprétation de l'Ancien Testament» (1978), 85-117.

*a*12312   KILPATRICK, G.D., «Some Quotations in Acts», dans *Les Actes des Apôtres. Traditions, rédaction, théologie* (en collab.) (1979), 81-97.

*a*12313   RESE, M., «Die Funktion der alttestamentlichen Zitate und Anspielungen in den Reden der Apostelgeschichte», dans *Les Actes des Apôtres. Traditions, rédaction, théologie* (en collab.) (1979), 61-79.

*a*12314   RICHARD, E., «The Old Testament in Acts: Wilcox' Semitisms in Retrospect», CBQ 42 (1980) 330-341.

*a*12315   RICHARD, E., «The Creative Use of Amos by the Author of Acts», NT 24 (1982) 37-53.

8. Paul et l'A.T. - Paul and O.T. - Paul u. A.T.
   Paolo e A.T. - Pablo y A.T.

*a*12316   BRUSTON, É., «Saul de Tarse», ETR 12 (1937) 282-301.

*a*12317   VACCARI, A., «Las citas del Antiguo Testamento en la Epístola a los Hebreos», CuBi 13 (1956) 239-243.

*a*12318   COMBRINK, H.J.B., «Some Thoughts on the Old Testament Citations in the Epistle to the Hebrews», dans *Ad Hebraeos* (en collab.), *Neotestamentica* 5 (1971) 22-36.

*a*12319   VAN DER MINDE, H.-J., *Schrift und Tradition bei Paulus*. Ihr Bedeutung und Funktion im Römerbrief (Paderborn, F. Schöningh, 1976), 221 pp.

*a*12320   GOPPELT, L., *Theologie des Neuen Testaments*, «Christusgescheben und Altes Testament nach Paulus» (1976), 376-388.

*a*12321   DUGANDZIC, I., *Das 'Ja' Gottes in Christus*, «Schriftzitate und Rechtfertigunslehre - Röm 1-4» (1977), 257-271.

*a*12322   BRUCE, F.F., *The Time is Fulfilled*, «A Shadow of Good Things to come (*Hebrews* 10:1)» (1978), 75-94.

*a*12323   CRANFIELD, C.E.B., *The Epistle to the Romans*. Concluding Remarks on Some Aspects of the Theology of Romans, «Use of the OT» (1979), II, 862-870.

*a*12324   FESTORAZZI, F., «Coherence and Value of the Old Testament in Paul's Thought», dans *Paul de Tarse, apôtre de notre temps* (en collab.) (1979), 165-173.

*a*12325   HUGUES, G., *Hebrews and Hermeneutics* (1979), xii-218 pp.

*a*12326   HICKLING, C.J.A., «Paul's Reading of Isaiah», dans *Studia Biblica 1978* (en collab.) (1980), III, 215-223.

*a*12327   KOCH, D.-A., «Beobachtungen zum christologischen Schriftgebrauch in den vorpaulinischen Gemeinden», ZNW 71 (1980) 174-191.

*a*12328   McCULLOUGH, J.C., «The Old Testament Quotations in Hebrews», NTS 26 (1980) 363-379.

*a*12329   HOOKER, M.D., «Beyond the Things that are Written? St Paul's Use of Scripture», NTS 27 (1981) 295-309.

*a*12330   MAILLOT, A., «Essai sur les citations vétérotestamentaires contenues dans *Romains* 9 à 11. Ou comment se servir de la Torah pour montrer que le 'Christ est la fin de la Torah'», ETR 57 (1981) 55-73.

*a*12331   MOODY, R.M., «The Habakkuk Quotation in Romans 1[17]», ExpTim 92 (1981) 205-208.

*a*12332   DAUTZENBERG, G., «Paulus und das Alte Testament?» BiKi 37 (1982) 21-27.

*a*12333   LINCOLN, A.T., «The Use of the OT in Ephesians», JSNT n° 14 (1982) 16-57.

*a*12334   DINTER, P.E., «Paul and the Prophet Isaiah», BTS 13 (1983) 48-52.

*a*12335   HANSON, A.T., *The Living Utterances of God*, «The Interpretation of Scripture in the Deutero-Paulines and the Epistle to the Hebrews» (1983), 90-112.

*a*12336   MICHAUD, J.-P., «Le passage de l'ancien au nouveau, selon l'épître aux Hébreux», SE 35 (1983) 33-52.

9. Autres épîtres et A.T. - Other Epistles and O.T.
  Andere Briefe u. A.T.
  Altre epistole e A.T. - Otras epístolas y A.T.

a12337 DAVIDS, P.H., «Tradition and Citation in the Epistle of James», dans *Scripture, Tradition, and Interpretation* (en collab.) (1978), 113-126.

a12338 SCHLOSSER, J., «Ancien Testament et Christologie dans la Prima Petri», dans *Études sur la première lettre de Pierre* (en collab.) (1980), 65-96.

a12339 OSBORNE, P., «L'utilisation des citations de l'Ancien Testament dans la première épître de Pierre», RTL 12 (1981) 64-77.

a12340 HANSON, A.T., *The Living Utterances of God*, «The Use of Scripture in the Pastoral Epistles and the Catholic Epistles» (1983), 133-158.

10. Apocalypse et A.T. - Apocalypse and O.T. - Offenbarung u. A.T.
  Apocalisse e A.T. - Apocalipsis y A.T.

a12341 JENKINS, F., *The Old Testament in the Book of Revelation* (Grand Rapids, Baker, 1976), 151 pp.

a12342 MARCONCINI, B., «L'utilizzazione del T.M. nelle citazioni isaiane dell'Apocalisse», RivB 24 (1976) 113-136.

SAMARITAINS. SAMARITANS. SAMARITER.
SAMARITANI. SAMARITANOS.

1. Bibliographie. Bibliography. Bibliographie. Bibliografia. Bibliografía.

a12343 MAYER, L.A., «Outline of a Bibliography of the Samaritans», ErIs 4 (1956) 252-268 (English summary).

a12344 MAYER, L.A., *Bibliography of the Samaritans* (Supplement to Abr-Nahrain, 1) (Leiden, Brill, 1964), vi-49 pp.

a12345 HOSPERS, J.H., «Samaritan Hebrew», dans *A Basic Bibliography for the Study of the Semitic Languages* (en collab.) (1973), I, 211-214.

a12346 PUMMER, R., «The Present State of Samaritan Studies», JSS 21 (1976) 39-61; 22 (1977) 27-47.

a12347 MARGAIN, J., «Éléments de Bibliographie samaritaine», Sem. 27 (1977) 153-157.

2. Histoire. History. Geschichte. Storia. Historia.

a12348 AVI-YONAH, M., «The Samaritan Revolts against the Byzantine Empire», ErIs 4 (1956) 127-132 (English summary).

a12349 FRASER, J.G., «Documents from a Samaritan Genizah in Damascus», PEQ 103 (1971) 85-92.

a12350 COGGINS, R.J., *Samaritans and Jews. The Origins of Samaritanism Reconsidered* (Growing Points in Theology) (Atlanta, John Knox, 1975), vi-170 pp.

a12351 ISSER, S.J., *The Dositheans. A Samaritan sect in late Antiquity* (Studies in Judaism in Late Antiquity, 47) (Leiden, Brill, 1976), xii-223 pp.

a12352 MITTMANN, S., «Amos 3,12-15 und das Bett der Samarier», ZDPV 92 (1976) 149-167.

*a*12353 COHEN, J.M., *A Samaritan Chronicle*. A Source-Critical Analysis of the Life and Times of the Great Samaritan Reformer, Baba Rabbah (Studia Post-Biblica, 30) (Leiden, Brill, 1981), xii-250 pp.

*a*12354 PURVIS, J.D., «The Samaritan Problem: A Case Study in Jewish Sectarianism in the Roman Era», dans *Traditions in Transformation* (en collab.) (1981), 323-350.

*a*12355 HANHART, R., «Zu den ältesten Traditionen über das Samaritanische Schisma», ErIs 16 (1982) 106*-115*.

*a*12356 LOZACHMEUR, H., MARGAIN, J., «Une amulette samaritaine provenant de Tyr», Sem. 32 (1982) 117-120.

*a*12357 PUMMER, R., «Antisamaritanische Polemik in jüdischen Schriften aus der intertestamentarischen Zeit», BZ 26 (1982) 224-242.

3. Religion. Religione. Religión.

*a*12358 SCHOFIELD, J.N., «The Samaritan Passover», PEQ 68 (1936) 93-96.

*a*12359 BEN-HAYYIM, Z., «On the Pronunciation of the Tetragrammaton by the Samaritans», ErIs 3 (1954) 147-154 (Hebrew).

*a*12360 MACDONALD, J., «The Samaritan Doctrine of Moses», SJTh 13 (1960) 149-162.

*a*12361 BOWMAN, J., «Pilgrimage to Mount Gerizim», ErIs 7 (1964) 17*-28*.

*a*12362 BEN-HAYYIM, Z., «Einige Bemerkungen zur samaritanischen Liturgie», ZDPV 86 (1970) 87-89.

*a*12363 DEXINGER, F., «Das Garizimgebot im Dekalog der Samaritaner», dans *Studien zum Pentateuch* (en collab.) (1977), 111-133.

*a*12364 LOWY, S., *The Principles of Samaritan Bible Exegesis* (Studia Post-Biblica, 28) (Leiden, Brill, 1977), xiv-544 pp.

*a*12365 PUMMER, R., «The *Book of Jubilees* and the Samaritans», ET 10 (1979) 147-178.

*a*12366 ANDERSON, R.T., «Mount Gerizim: Navel of the World», BA 43 (1980) 217-221.

4. Textes. Texts. Texte. Testi. Textos.

*a*12367 BEN-HAYYIM, Z., «A Samaritan Poem of the 4th Century», ErIs 4 (1956) 119-127 (English summary).

*a*12368 TALMON, S., «Some Unrecorded Fragments of the Hebrew Pentateuch in the Samaritan Version», Textus 3 (1963) 60-73.

*a*12369 KIPPENBERG, H.G., «Ein Gebetbuch für den samaritanischen Synagogengottesdienst aus dem 2. Jh. n. Chr.», ZDPV 85 (1969) 76-103.

*a*12370 BAILLET, M., «Quelques manuscrits samaritains», Sem. 26 (1976) 143-166.

*a*12371 PURVIS, J.D., «The Paleography of the Samaritan Inscription from Thessalonica», BASOR n° 221 (1976) 121-123.

*a*12372 TAL, A., «The Samaritan Targum to the Pentateuch, Its Distinctive Characteristics and its Metamorphosis», JSS 21 (1976) 26-38.

*a*12373 BOWMAN, J., *Samaritan Documents Relating to their History, Religion and Life* (Pittsburgh Original Texts and Translations Series, 2) (Pittsburgh, Pennsylvania, Pickwick Press; Edinburgh, T. & T. Clark, 1977), viii-370 pp.

*a*12374 CROWN, A.D., «Samaritan Majuscule Palaeography: Eleventh to Twentieth Century», BJRL 60 (1977-78) 434-461.

*a*12375 BAILLET, M., «Trois inscriptions samaritaines au Musée de l'École Biblique de Jérusalem», RB 86 (1979) 583-593.

*a*12376 CROWN, A., «Samaritan Minuscule Palaeography», BJRL 63 (1981) 330-368.

a12377 NAVEH, J., «A Greek Dedication in Samaritan Letters», IsrEJ 31 (1981) 220-222.

a12378 MACUCH, R., *Grammatik des samaritanischen Aramäisch* (Studia Samaritana, 4) (Berlin, De Gruyter, 1982), xxii-427 pp.

a12379 CROWN, A.D., «Studies in Samaritan Scribal Practices and Manuscript History: I. Manuscript Prices and Values», BJRL 65 (1983) 72-94.

5. *Nouveau Testament. New Testament. Neues Testament. Nuovo Testamento. Nuevo Testamento.*

a12380 DE ROBERT, P., «Les Samaritains et le Nouveau Testament», ETR 45 (1970) 179-184.

a12381 BOUWMAN, G., «Samaria in Lucas - Handelingen Samaria in Lukas - Apostelgeschichte», Bijdr. 34 (1973) 40-59 (English summary).

a12382 PUMMER, R., «The Samaritan Pentateuch and the New Testament», NTS 22 (1976) 441-443.

a12383 ESPINEL, J.L., «Jesús y el pueblo samaritano», CuBi 34 (1977) 243-256.

a12384 RICHARD, E., «Acts 7: An Investigation of the Samaritan Evidence», CBQ 39 (1977) 190-208.

a12385 PUMMER, R., «New Evidence for Samaritan Christianity?» CBQ 41 (1979) 98-117.

a12386 HEUTGER, N., «Die lukanischen Samaritanererzählungen in religionspädagogischer Sicht», dans *Wort in der Zeit* (en collab.) (1980), 275-287.

a12387 COGGINS, R.J., «The Samaritans and Acts», NTS 28 (1982) 423-434.

SENS SCRIPTURAIRES. SCRIPTURAL SENSES. SCHRIFTSINN. SENSI SCRITTURALI. SENTIDOS BÍBLICOS.

1. Études générales. General Studies. Allgemeine Studien. Studi generali. Estudios generales.

a12388 HENDRY, G.S., «The Exposition of Holy Scripture», SJTh 1 (1948) 29-47.

a12389 HAAG, H., «Die Sinne der Heiligen Schrift», dans *Mysterium Salutis* (en collab.) (1965), I, 408-428.

a12390 DE LUBAC, H., «Sur un vieux distique: la doctrine du 'quadruple sens'», dans *Mélanges offerts au R.P. Ferdinand Cavallera* (en collab.) (1968), 347-366.

a12391 ALONSO SCHÖKEL, L., *Il dinamismo della tradizione*, «Verità del Vecchio Testamento» (1970), 17-65.

a12392 GOUNELLE, A., «Notes sur les quatre sens de l'Écriture», ETR 48 (1973) 7-10.

a12393 DOWNING, G., «Meanings», dans *What about the New Testament?* (en collab.) (1975), 127-142.

a12394 ROSSETTO, G., «Il senso nella storia», dans *La Cristologia in san Paolo* (en collab.) (1976), 361-372.

a12395 CROSSAN, J.D., «A Metamodel for Polyvalent Narration», Semeia 9 (1977) 105-147.

a12396 GUNNEWEG, A.H.J., *Vom Verstehen des Alten Testaments*, «Das Alte Testament als Erbe» (1977), 13-41.

a12397 WITTIG, S., «A Theory of Multiple Meanings», Semeia 9 (1977) 75-103.

a12398 DREYFUS, F., «L'actualisation de l'Écriture. II. L'action de l'Esprit», RB 86 (1979) 161-193.

a12399 L'HOUR, J., «L'Église face à l'Ancien Testament», LV no 144 (1979) 73-103.

a12400 BROWN, R.E., «The meaning of the Bible», TDig 28 (1980) 305-320.

a12401 JAY, P., «Saint Jérôme et le triple sens de l'Écriture», REA 26 (1980) 214-227.

a12402   SABOURIN, L., *The Bible and Christ*. The Unity of the Two Testaments (New York, Alba House, 1980), ix-188 pp.

a12403   ATLAN, H., «Niveaux de signification et athéisme de l'Écriture», dans *La Bible au présent* (en collab.) (1982), 55-88.

2. Sens littéral. Literal Sense. Literalsinn.
Senso letterale. Sentido literal.

a12404   HAAG, H., «Der sogenannte Literalsinn», dans *Mysterium Salutis* (en collab.) (1965), I, 409-412.

a12405   CHILDS, B.S., «The Sensus Literalis of Scripture: An Ancient and Modern Problem», dans *Beiträge zur Alttestamentlichen Theologie* (en collab.) (1977), 80-93.

a12406   SCHNEIDERS, S.M., «Faith, Hermeneutics, and the Literal Sense of Scripture», TS 39 (1978) 719-736.

a12407   BEST, E., «The Literal Meaning of Scripture, the Historical Critical Method and the Interpretation of Scripture», dans *Proceedings of the Irish Biblical Association* (en collab.), 5 (1981) 14-35.

a12408   BARR, J., «Jowett and the 'Original Meaning' of Scripture», RelSt 18 (1982) 433-437.

3. Sens allégorique. Allegorical Sense. Allegorischer Schriftsinn.
Senso allegorico. Sentido alegórico.

a12409   CHAPPUZEAU, G., «Die Exegese von Hohelied 1,2a.b und 7 bei Kirchenvätern von Hippolyt bis Bernhard. Ein Beitrag zum Verständnis von Allegorie und Analogie», JbAC 18 (1975) 90-143.

a12410   COURREAU, J., «L'exégèse allégorique de saint Césaire d'Arles», BLE 78 (1977) 241-268.

a12411   BARNARD, L.W., «To Allegorize or not to Allegorize?» ST 36 (1982) 1-10.

4. Sens plénier. Full Sense. Voller Schriftsinn. Senso pieno. Sentido pleno.

a12412   BROWN, R.E., *The sensus plenior of S. Scripture* (Baltimore, St Mary's Seminary, 1955), xiv-161 pp.

a12413   HAAG, H., «Der sogenannte Vollsinn», dans *Mysterium Salutis* (en collab.) (1965), I, 412-423.

a12414   ALONSO SCHÖKEL, L., *Il dinamismo della tradizione*, «Verità del Vecchio Testamento» (1970), 17-65.

a12415   LASOR, W.S., «The *Sensus Plenior* and Biblical Interpretation», dans *Scripture, Tradition, and Interpretation* (en collab.) (1978), 260-277.

5. Sens spirituel. Spiritual Sense. Geistlicher Schriftsinn. Sentido spirituale. Sentido espiritual.

a12416   HAAG, H., «Der sogenannte akkommodierte Sinn», dans *Mysterium Salutis* (en collab.) (1965), I, 427-428.

a12417   RIEDLINGER, H., «Buchstabe und Geist. Vom Weg der geistlichen Schriftauslegung in der Kirche», IKZCommunio 5 (1976) 393-405.

a12418   STEIN, S.J., «The Quest for the Spiritual Sense: The Biblical Hermeneutics of Jonathan Edwards», HarvTR 70 (1977) 99-113.

a12419   DE LA POTTERIE, I., ZEVINI, G., «L'ascolto nello Spirito: per una rinnovata comprensione 'spirituale' della sacra Scrittura», dans *Parola, spirito e vita* 1 (1980) 9-24.

a12420 PANIMOLLE, S.A., «Per una lettura 'spirituale' della Bibbia: verso l'unità dell'esegesi», RivB 29 (1981) 79-88.

a12421 ZEVINI, G., «La lettura della Bibbia nello Spirito», dans *Parola, spirito e vita* 4 (1981) 265-278.

a12422 GILBERT, M., «L'exégèse spirituelle de Montfort», NRT 104 (1982) 678-691.

6. Sens typique. Typical Sense. Typologischer Schriftsinn. Senso tipico. Sentido típico.

a12423 BULTMANN, R., «Ursprung und Sinn der Typologie als hermeneutischer Methode», TLZ 75 (1950) 205-212, dans *Exegetica* (1967), 369-380.

a12424 AMSLER, S., «Où en est la typologie de l'Ancien Testament?» ETR 27, no 3 (1952) 75-84.

a12425 DENTAN, R.C., «Typology - Its Use and Abuse», AThR 34 (1952) 211-217.

a12426 SCHILLING, O., «Hat das Alte Testament ein *tupos*-Verständnis seiner selbst?» dans *Universitas. Dienst an Wahrheit und Leben* (en collab.) (1960), I, 28-35.

a12427 HAAG, H., «Der sogenannte typische Sinn», dans *Mysterium Salutis* (en collab.) (1965), I, 424-427.

a12428 ALONSO SCHÖKEL, L., *Il dinamismo della tradizione*, «Verità del Vecchio Testamento» (1970), 17-65.

a12429 BAKER, D.L., «Typology and the Christian Use of the Old Testament», SJTh 29 (1976) 137-158.

a12430 DREYFUS, F., «L'actualisation à l'intérieur de la Bible», RB 83 (1976) 161-202.

a12431 HAAG, H., «Typologisches Verständnis des Pentateuch?» dans *Studien zum Pentateuch* (en collab.) (1977), 243-257.

a12432 LOHFINK, N., «Der Zugang des Christen zur Heiligen Schrift. Zu Franz Joseph Schierse, *Ziele und Wege christlicher Schriftauslegung*», GeistL 51 (1978) 55-68.

a12433 DREYFUS, F., «L'actualisation de l'Écriture. I. Du texte à la vie», RB 86 (1979) 5-58.

a12434 CAHILL, P.J., «Hermeneutical Implications of Typology», CBQ 44 (1982) 266-281.

SPIRITUALITÉ. SPIRITUALITY. SPIRITUALITÄT. SPIRITUALITÀ. ESPIRITUALIDAD.

a12435 MAIER, F., «Die Bibel im Alltag der Welt - Gedanken eines Laien», BiKi 5 (1950) 51-53.

a12436 SCHELKLE, K.H., «Vom Lesen der Schrift und Hören des Wortes», BiKi 5 (1950) 66-71.

a12437 GONZALO MAESO, D., «La 'meditación del corazón' en la Sagrada Escritura», CuBi 14 (1957) 20-22.

a12438 KONDON, K., «La Biblia, libro de piedad», CuBi 15 (1958) 342-352.

a12439 SALGUERO, J., «La Biblia, fuente de vida interior», CuBi 15 (1958) 1-9.

a12440 MARTIN SANCHEZ, B., «Ejercicios bíblicos espirituales», CuBi 16 (1959) 232-236, 300-303, 365-370; 17 (1960) 355-357.

a12441 WOODHOUSE, H.F., «Life in Christ and Life in the Spirit», AThR 47 (1965) 289-293.

a12442 STÖGER, A., «Die Schriftlesung im Leben der Gemeinde», BiKi 21 (1966) 69-73.

a12443 EVANS, S., «Walking in Newness of Life», dans *What about the New Testament?* (en collab.) (1975), 198-206.

a12444 DEISSLER, A., «Der Gewinn der modernen Schriftauslegung für den christlichen Glauben», IKZCommunio 5 (1976) 406-414.

a12445 GUILLET, J., «Que faut-il faire?» CHR 23 (1976) 22-29.

a12446 NAVONE, J., «The Gospel Truth as Re-enactment», SJTh 29 (1976) 311-333.

a12447 BAUMERT, N., «Exegese und Spiritualität», BiLit 50 (1977) 221-232.

a12448 SCHÜRMANN, H., «Engagiert im Engagement Gottes. Besinnung auf die Mitte», GeistL 50 (1977) 166-178.

a12449 THORNTON, M., «Meditation and Modern Biblical Studies», ExpTim 79 (1977-78) 164-167.

a12450 BEAUDE, P.-M., «Mon origine», CHR 25 (1978) 159-173.

a12451 BRYLINSKI, J.-D., «La Bible a-t-elle remplacé le ressuscité? Appel en forme de lettre», ETR 53 (1978) 416-419.

a12452 MATURA, T., Le radicalisme évangélique. Aux sources de la vie chrétienne (Lectio Divina, 97) (Paris, Cerf, 1978), 210 pp.

a12453 WINJGAARDS, J.W., «Biblical Spirituality», SB 9 (1978-79) 9-14, 32-36.

a12454 MARGUERAT, D., «L'existence chrétienne selon Matthieu», RTP 111 (1979) 291-299.

a12455 REFOULÉ, F., «Jesus: framework of Christian action», TDig 27 (1979) 143-147.

a12456 WILKENS, G., «Lugar y función de la Sda. Escritura en los Ejercicios Espirituales de San Ignacio», Manr 51 (1979) 99-118.

a12457 DE SAINTE-MARIE, H., «Le moine et la Bible», VS 134 (1980) 546-559.

a12458 STANLEY, D.M., Jesus in Gethsemane, «Contemplation of Jesus' Earthly History and Christian Living» (1980), 11-55.

a12459 SALAS, A., «Jesús ante los que no arriesgan», BibFe 8 (1982) 231-244.

a12460 STANLEY, D.M., The Call to Discipleship. The Spiritual Exercises with the Gospel of St Mark (Supplement to The Way, 43-44) (Osterley, Middlesex, 1982), 200 pp.

a12461 TUNI, J.O., «El uso de los Evangelios en los Ejercicios», Manr 55 (1983) 5-14.

THÉOLOGIE BIBLIQUE. BIBLICAL THEOLOGY. BIBLISCHE THEOLOGIE. TEOLOGIA BIBLICA. TEOLOGÍA BÍBLICA.

a12462 SEITERICH. E., «Von der Schriftlesung des Theologen», BiKi 1 (1946) 16-24.

a12463 SOE, N.H., «Le rapport entre exégèse, théologie biblique, théologie systématique et la prédication de l'Église», ETR 23 (1948) 78-81.

a12464 BULTMANN, R., «Das Problem des Verhältnisses von Theologie und Verkündigung im Neuen Testament», dans Aux sources de la tradition chrétienne (en collab.) (1950), 32-42.

a12465 GARRETT, T.S., «Recent Biblical Studies and their Doctrinal Implications», SJTh 7 (1954) 225-232.

a12466 LYS, D., «À la recherche d'une méthode pour l'exégèse de l'Ancien Testament. Langages et message. Exégèse et théologie biblique», ETR 30, no 3 (1955) 58-72.

a12467 ALONSO, J., «Sentido mariológico del libro de Judit», CuBi 16 (1959) 93-95.

a12468 GALBIATI, E., «Teologia ed esegesi», BibOr 5 (1963) 181-188.

a12469 HAAG, H., «Biblische Theologie», dans Mysterium Salutis (en collab.) (1965), I, 440-459.

a12470 BRAUN, F.-M., Jean le théologien. III. Sa théologie. I. Le mystère de Jésus-Christ, «La théologie biblique» (1966), 5-10.

a12471 LYS, D., «Une nouvelle théologie de l'Ancien Testament», ETR 43 (1968) 231-237.

a12472 HULL, J.M., «The theology of themes», SJTh 25 (1972) 20-31.

a12473 MARTIN-ACHARD, R. , «La Théologie de l'Ancien Testament après les travaux de Gerhard von Rad (chronique)», ETR 47 (1972) 219-226.

a12474 GONZALEZ LAMADRID, A., Unidad de fe y pluralidad de teologías dentro de la Biblia (Madrid, PPC-Edicabi, 1975), 141 pp.

a12475 STUHLMACHER, P., «Historische Kritik und theologische Schriftauslegung», dans Schriftauslegung auf dem Wege zur biblischen Theologie (1975), 59-127.

a12476 BARR, J., «Story and history in biblical theology», TDig 24 (1976) 265-271.

a12477 CALVERT, D.G.A., «Paul Tillich and Biblical Theology», SJTh 29 (1976) 517-534.

a12478 HAACKER, K., «Die Fragestellung der Biblischen Theologie als exegetische Aufgabe», dans *Biblische Theologie heute* (en collab.) (1977), 9-23.

a12479 KRAUS, H.-J., «Theologie als Traditionsbildung?» dans *Biblische Theologie heute* (en collab.) (1977), 61-73.

a12480 KRAUS, H.-J., «Probleme und Perspektiven Biblischer Theologie», dans *Biblische Theologie heute* (en collab.) (1977), 97-124.

a12481 SCHMID, H.H., «Unterwegs zu einer neuen Biblischen Theologie?» dans *Biblische Theologie heute* (en collab.) (1977), 75-95.

a12482 STUHLMACHER, P., «Zum Thema: Biblische Theologie des Neuen Testaments», dans *Biblische Theologie heute* (en collab.) (1977), 25-60.

a12483 BARR, J., *Does Biblical Study still belong to Theology?* (Oxford, Clarendon Press, 1978), 17 pp.

a12484 CRENSHAW, J.L., *Gerhard von Rad* (Makers of the Modern Theological Mind) (Waco, Texas, Word Books, 1978), 193 pp.

a12485 FULLER, D.P., «Biblical Theology and the Analogy of Faith», dans *Unity and Diversity in New Testament Theology* (en collab.) (1978), 195-213.

a12486 WAGNER, S., «'Biblische Theologien' und 'Biblische Theologie'», TLZ 103 (1978) 785-798.

a12487 BOERS, H., *What Is New Testament Theology?* The Rise of Criticism and the Problem of a Theology of the New Testament (Guides to Biblical Scholarship, New Testament Series) (Philadelphia, Fortress, 1979), 95 pp.

a12488 CLAVIER, H., «Les Données bibliques et leur interprétation: principes de théologie biblique», dans *Studia Biblica 1978. I. Papers on Old Testament* (en collab.) (1979), 65-81.

a12489 GUNNEWEG, A.H.J., «'Theologie' des Alten Testaments oder 'Biblische Theologie'?» dans *Textgemäss* (en collab.) (1979), 39-46.

a12490 MARTIN-ACHARD, R., «À propos de la Théologie de l'Ancien Testament. Une hypothèse de travail», TZ 35 (1979) 63-71.

a12491 SIEGWALT, G., «Biblische Theologie als Begriff und Vollzug», KerDo 25 (1979) 254-272.

a12492 SIEGWALT, G., «La théologie biblique. Concept et réalisation», ETR 54 (1979) 397-409.

a12493 SMART, J.D., *The Past, Present, and Future of Biblical Theology* (Philadelphia, Westminster Press; Edinburgh, T. & T. Clark, 1979), 162 pp.

a12494 WORGUL, G.S., Jr., «Anthropological Consciousness and Biblical Theology», BTB 9 (1979) 3-12.

a12495 BARR, J., *The Scope and Authority of the Bible* (Explorations in Theology, 7) (London, SCM, 1980), x-150 pp.

a12496 BEAUDE, P.-M., «Régulation par l'exégèse», Supp no 133 (1980) 309-324.

a12497 GRÄSSER, E., «Offene Fragen im Umkreis einer Biblischen Theologie», ZTK 77 (1980) 200-221.

a12498 KELSEY, D.H., «The Bible and Christian Theology», JAmAcRel 48 (1980) 385-402.

a12499 SANDYS-WUNSCH, J., «G.T. Zachariae's Contribution to Biblical Theology», ZAW 92 (1980) 1-23.

a12500 STRECKER, G., «'Biblische Theologie'? Kritische Bemerkungen zu den Entwürfen von Hartmut Gese und Peter Stuhlmacher», dans *Kirche.* Festschrift für Günther Bornkamm (en collab.) (1980), 425-445.

a12501 HÜBNER, H., «Biblische Theologie und Theologie des NT», KerDo 27 (1981) 2-19.

a12502 JENSEN, J.I., «Literaturkritische Herausforderungen an die Theologie. Biblische Formprobleme», EvT 41 (1981) 377-401.

a12503 POKORNY, P., «Probleme biblischer Theologie», TLZ 106 (1981) 1-8.

a12504 SIEGWALT, G., «Defining 'biblical theology'», TDig 29 (1981) 47-48.

a12505 SEEBASS, H., *Der Gott der ganzen Bibel*. Biblische Theologie zur Orientierung im Glauben (Freiburg, Herder, 1982), 256 pp.

a12506 GONZALEZ LAMADRID, A., «Unidad de fe: Pluralidad de teologías», *Miscelánea Comillas* 41 (1983) 281-291.

THÉOLOGIE ET BIBLE. THEOLOGY AND BIBLE.
THEOLOGIE UND HEILIGE SCHRIFT. TEOLOGIA E BIBBIA.
TEOLOGÍA Y BIBLIA.

a12507 JENTGENS, G., «Die Heilige Schrift, die Seele der gesamten Theologie», BiKi 5 (1950) 5-6.

a12508 MARSHALL, J.S., «The Impregnable Rock of Holy Scripture», AThR 44 (1962) 131-144.

a12509 RANKE-HEINEMANN, U., «Die Funktion der Heiligen Schrift im Aufriss der Katholischen und Evangelischen Theologie», BiKi 18 (1963) 70-74.

a12510 ALONSO SCHÖKEL, L, *Il dinamismo della tradizione*, «La scrittura anima della teología» (1970), 257-280.

a12511 SALGUERO, J., «La teología y la Biblia», CuBi 27 (1970) 24-37.

a12512 SWIERZAWSKI, W., «L'exégèse biblique et la theologie spéculative de Saint Thomas d'Aquin», Div 18 (1974) 138-153.

a12513 HAHN, F., «Exegese und Fundamentaltheologie. Die Rückfrage nach Jesus in ihrem Verhältnis zu Kerygma und Heiliger Schrift», TQ 155 (1975) 262-280.

a12514 LEHMANN, K., «Über das Verhältnis der Exegese als historischer Wissenschaft zum dogmatischen Verstehen», dans *Jesus und der Menschensohn* (en collab.) (1975), 421-434.

a12515 HAHN, F., «Exegesis and fundamental theology», TDig 24 (1976) 271-274.

a12516 LEITH, J.H., «The Bible and Theology», Interpr 30 (1976) 227-241.

a12517 OGDEN, S.M., «The Authority of Scripture for Theology», Interpr 30 (1976) 242-261.

a12518 VON BALTHASAR, H.U., «Exegese und Dogmatik», IKZCommunio 5 (1976) 385-392.

a12519 WAGNER, H., «Das Alte Testament in der Fundamentaltheologie», TGl 67 (1977) 361-372.

a12520 COBB, J.B., Jr., LULL, D.J., WOODBRIDGE, A., «Introduction: Process Thought and New Testament Exegesis», JAmAcRel 47 (1979) 21-30.

a12521 KÜNG, H., «Historich-kritische Exegese als Provokation für die Dogmatik», TQ 159 (1979) 24-36.

a12522 MEAGHER, J.C., «Pictures at an Exhibition: Reflections on Exegesis and Theology», JAmAcRel 47 (1979) 3-20.

a12523 MÜLLER, P.-G., «Die Bibel ist das Fundament der Theologie», BiKi 34 (1979) 109-112.

a12524 BARR, J., *The scope and authority of the Bible* (Explorations in Theology, 7) (London, SCM, 1980), x-150 pp.

a12525 EBELING, G., «Dogmatik und Exegese», ZTK 77 (1980) 269-286.

a12526 GANOCZY, A., «Le fondement biblique du discours dogmatique», Conci nº 158 (1980) 111-119.

a12527 KELSEY, D.H., «The Bible and Christian Theology», JAmAcRel 58 (1980) 385-402.

a12528 WELLS, P.R., *James Barr and the Bible*. Critique of a new liberalism (Philippsburg, New Jersey, Presbyterian and Reformed Publishing, 1980), viii-406 pp.

a12529 TREMBLAY, R., «Approche pour fonder la morale chrétienne sur le mystère de Jésus le Christ», StMor 19 (1981) 213-230.

a12530 HAMEL, É., «Écriture et théologie morale. Un bilan (1940-1980)», StMor 20 (1982) 177-192.

a12531 TROCMÉ, É., «Bible et théologie: une querelle sans fin», RHPR 62 (1982) 219-224.

a12532 WRIGHT, J.H., «The Bible and the Hermeneutical Horizon: The Use of Scripture in Theology», TS 43 (1982) 651-672.

a12533 LERA, J.M., «'Sacrae paginae studium sit veluti anima Sacrae Theologiae' (Notas sobre el origen y procedencia de esta frase)», *Miscelánea Comillas* 41 (1983) 409-422.

a12534 REESE, J.M., «Pitfalls of Proof-texting», BTB 13 (1983) 121-123.

TRADUCTIONS DE LA BIBLE. TRANSLATIONS OF THE BIBLE. BIBELÜBERSETZUNGEN. TRADUZIONI DELLA BIBBIA. TRADUCCIONES DE LA BIBLIA.

1. Études générales. General Studies. Allgemeine Studien. Studi generali. Estudios generales.

a12535 GONZALO MAESO, D., «Hacia una nueva técnica en las versiones bíblicas», CuBi 15 (1958) 14-21.

a12536 HUERGO FERNANDEZ, J., «Lengua, mentalidad y revelación bíblica», CuBi 22 (1965) 110-112.

a12537 HUERGO, J., «El arte de traducir y el arte de leer», CuBi 24 (1967) 152-167.

a12538 GONZALO MAESO, D., «Un paso más en las versiones bíblicas», CuBi 25 (1968) 215-218.

a12539 GONZALO MAESO, D., «Un tercer elemento esencial en toda traducción», CuBi 26 (1969) 81-85.

a12540 GONZALO MAESO, D., «Versiones unificadas de la Biblia», CuBi 26 (1969) 323-330.

a12541 BUZZETTI, C., *La parola tradotta*. Aspetti linguistici, ermeneutici e teologici della traduzione della sacra scrittura (Publicazioni del Pontificio Seminario Lombardo in Roma, Ricerche di Scienze Teologiche, 12) (Brescia, Morcelliana, 1973), 405 pp.

a12542 BAGET, G., «Teologia e linguistica nelle traduzioni della Bibbia», BibOr 17 (1975) 1-9.

a12543 KASSÜHLKE, R., «Eine Bibel - viele Übersetzungen», BiLit 49 (1976) 423-429.

a12544 ALONSO SCHÖKEL, L., ZURRO, E., *La traducción bíblica*. Lingüística y estilística (Colección 'Biblia y Lenguaje', 3) (Madrid, Ediciones Cristiandad, 1977), 451 pp.

a12545 METZGER, B.M., *The Early Versions of the New Testament*. Their Origin, Transmission, and Limitations (Oxford, Clarendon Press, 1977), xix-498 pp.

a12546 CRIM, K.R., «Old Testament Translations and Interpretation», Interpr 32 (1978) 144-157.

a12547 ESCANDE, J., «Pour une réflexion sémiotique sur la traduction des textes bibliques», ETR 53 (1978) 349-358.

a12548 TABER, C.R., «Translation as Interpretation», Interpr 32 (1978) 130-143.

a12549 VENTURI, G., «Problemi della traduzione liturgica nel cambio di strutture linguistiche e di visione del mondo», Sal 40 (1978) 73-118.

a12550 WILLIAMSON, L., Jr., «Translations and Interpretation: New Testament», Interpr 32 (1978) 158-170.

a12551 DIETERLÉ, C., «Quelques remarques et questions à propos de 'La réflexion sémiotique sur la traduction des textes bibliques'», ETR 54 (1979) 501-505.

a12552   HAMMER, R., «Translation, Interpretation and Communication», SB 9 (1979) 27-30.

a12553   MARGOT, J.-C., *Traduire sans trahir*. La théorie de la traduction et son application aux textes bibliques (Lausanne, Éditions l'Âge d'homme, 1979), 389 pp.

a12554   BARR, J., *The typology of literalism in ancient biblical translations* (Mitteilungen des Septuaginta-Unternehmens, 15) (Göttingen, Vandenhoeck & Ruprecht, 1980), 51 pp.

a12555   NIDA, E.A., «Problems of Biblical Exegesis in the Third World», dans *Text - Wort - Glaube* (en collab.) (1980), 159-165.

a12556   RIESENFELD, H., «Sind Konjekturen bei einer Übersetzung des Neuen Testaments notwendig?» dans *Text - Wort - Glaube* (en collab.) (1980), 40-46.

a12557   GLASSMAN, E.H., *The Translation Debate*. What Makes a Bible Translation Good? (Downers Grove, IL, InterVarsity, 1981), 132 pp.

a12558   LOEWEN, J.A., *The Practice of Translating*. Drills for Training Translators (Helps for Translators) (New York, London, Stuttgart, United Bible Societies, 1981), xiv-263 pp.

a12559   LYS, D., «L'impossible possibilité de la traduction», ETR 56 (1981) 269-279.

a12560   NIDA, E.A., «Problems of Cultural Differences in Translating the Old Testament», dans *Mélanges Dominique Barthélemy* (en collab.) (1981), 297-307.

a12561   NIDA, E.A., REYBURN, W.D., *Meaning Across Cultures* (American Society of Missiology Series, 4) (Maryknoll, NY, Orbis Books, 1981), vi-90 pp.

a12562   DELORME, J., «Traduction et structures de la signification», SemBib n° 26 (1982) 1-9.

a12563   GIROUD, J.-C., «Problèmes sémiotiques du découpage et des titres dans les traductions bibliques», SemBib n° 26 (1982) 10-24.

a12564   ESCANDE, J., «La Traduction dans sa relation au corpus juif et/ou chrétien», SemBib n° 31 (1983) 35-42.

a12565   GREIMAS, A.J., «La traduction et la bible», SemBib n° 32 (1983) 1-11.

2. Allemandes. German. Deutsche. Tedesche. Alemanas.

a12566   AUER. W., «Leander van Ess. Bibelgeschichtliche Studie», BiKi 14 (1959) 66-73.

a12567   ADLER, N., «Leander van Ess und seine Übersetzung des Neuen Testamentes», dans *Universitas. Dienst an Wahrheit und Leben* (en collab.) (1960), I, 17-27.

a12568   STIER, F., «Die Sprache der Botschaft. Zu Martin Bubers, des Fünfundachtzigjährigen, Abschluss seiner Übersetzung der Schrift», BiLeb 4 (1963) 147-154.

a12569   SCHARBERT, J., «Aus der Werkstatt der 'Einheitsbibel'», dans *Sapienter ordinare* (en collab.) (1969), 15-28.

a12570   VOGEL, H., «Das Neue Testament von P. Konstantin Rösch», BiKi 24 (1969) 96-101.

a12571   GROSS, H., «Ein neues Lied - Das Werden der neuen deutschen Psalmenübersetzung (ökumenische Reihe)», BiKi 26 (1971) 111-114.

a12572   KNOCH, O., «Wahrlich, wahrlich - oder: Amen, amen? Zur Wiedergabe einer altvertrauten biblischen Formel», BiKi 26 (1971) 18-20.

a12573   SCHARBERT, J., «Aus der Werkstatt der Einheitsbibel - Vorgeschichte und Arbeitsweise der Einheitsübersetzung», BiKi 26 (1971) 12-17.

a12574   KNOCH, O., «Die 'Einheitsübersetzung'», BiLeb 13 (1972) 296-309.

a12575   SÖHNGEN, G., «Dem Volk aufs Maul geschaut - 450 Jahre Neues Testament in der Übersetzung von Martin Luther», BiKi 27 (1972) 87-90.

a12576   En collaboration, *Einheitsübersetzung der Heiligen Schrift. Das Alte Testament* (Stuttgart, Katholische Bibelanstalt, 1974), 1810 pp.

a12577   MORODER, R.J., «Ugaritic and Modern Translation of the Psalter. A Critical Examination of *Die Psalmen - Ökumenische Übersetzung der Bibel*», UF 6 (1974) 249-264.

a12578 RENNINGER, J.B., «A Study of Selected Isaianic Passages in the *Wormser Propheten Übersetzung* of 1527 and Luther's *Isaiah* of 1528», dans *A Light unto My Path* (en collab.) (1974), 409-420.

a12579 LIMBECK, M., «Bemerkungen zur neuen Einheitsübersetzung der Bibel. Übersetzungsfehler im Matthäusevangelium», TQ 155 (1975) 327-330.

a12580 LOHFINK, G., «Bemerkungen zur neuen Einheitsübersetzung der Bibel. Übersetzungsfehler in der Apostelgeschichte», TQ 155 (1975) 244-246.

a12581 STEINER, R., *Neue Bibelübersetzungen vorgestellt, verglichen und gewertet* (Neukirchen-Vluyn, Neukirchener Verlag, 1975), 143 pp.

a12582 CANCIK, Hildeg., CANCIK, Hubert, «Bemerkungen zur neuen Einheitsübersetzung. Zur Stiliskit», TQ 156 (1976) 220-224.

a12583 HAAG, H., «Bemerkungen zur neuen Einheitsübersetzung», TQ 156 (1976) 62-65.

a12584 HAHN, F., «Die Loccumer Richtlinien», TLZ 101 (1976) 401-410.

a12585 LANG, B., «Bemerkungen zur neuen Einheitsübersetzung der Bibel. Kritische Anmerkungen zu den Sprichwörtern», TQ 156 (1976) 159-162.

a12586 LEIDER, H., «Bemerkungen zur neuen Einheitsübersetzung. Die Natanprophetie 2 Sam 7,1-16», TQ 156 (1976) 312-315.

a12587 RITT, H., «Biblische 'Übersetzungskritik'. Linguistische Perspektiven zur deutschen Einheitsübersetzung der Heiligen Schrift», BZ 20 (1976) 161-179.

a12588 XXX, *Die Psalmen. Taschenausgabe* (Ökumenische Übersetzung der Bibel) (Stuttgart, Katholische Bibelanstalt; Stuttgart, Deutsche Bibelstiftung, 1977), 273 pp.

a12589 LOCHER, C., «Der Psalter der 'Einheitsübersetzung' und die Textkritik», Bibl 58 (1977) 313-341; 59 (1978) 49-79.

a12590 MAYR, H., «Aus dem Scheffel wird ein Eimer, aus dem Weib die Frau», BiLit 50 (1977) 114-120 (Luther-Revision).

a12591 METZGER, B.M., *The Early Versions of the New Testament*. Their Origin, Transmission, and Limitations (Oxford, Clarendon Press, 1977), «The Old High German Versions», 455-460.

a12592 BISER, E. u.a., *Fortschritt oder Verirrung?* Die neue Bibelübersetzung (Regensburg, Pustet, 1978), 102 pp.

a12593 KNOCH, O., «Die Einheitsübersetzung vor dem Abschluss. Hinweise auf ein säkulares Unternehmen», BiKi 33 (1978) 93-97.

a12594 STEINER, A., «Welche Bibel kaufen?» BiKi 33 (1978) 131-137.

a12595 VOLZ, H., *Martin Luthers deutsche Bibel*. Entstehung und Geschichte der Lutherbibel eingeleitet von Friedrich Wilhelm Kantzenbach. Herausgegeben von Henning Wendland (Hamburg, Friedrich Wittig Verlag, 1978), 260 pp.

a12596 ANDEREGG, J., «Zur Revision der Lutherbibel (NT 75). Eine Kritik der sprach- und literaturwissenschaftlichen Leitlinien für die Revisionsarbeit. Mit einer Einführung in die Vorgeschichte des 'NT 75' von Winfried Müller», ZTK 76 (1979) 241-260.

a12597 BECK, E. (Hrsg.), *Die Psalmen*. Der Ökumenische Text mit einer Einleitung und Erläuterungen (Düsseldorf, Patmos; Stuttgart, Deutsche Bibelstiftung, 1979), 150 pp.

a12598 HÖSLINGER, N., «Nicht das Buch allein (zur Fertigstellung der Einheitsübersetzung der Bibel)», BiLit 52 (1979) 227.

a12599 KNOCH, O., «Einheit auch im Wortlaut. Ökumenische Erfahrungen auf dem Weg zur Einheitsübersetzung des Neuen Testamentes», dans *Kirche und Bibel* (en collab.) (1979), 173-192.

a12600 XXX, *Die Bibel*. Altes und Neues Testament. Einheitsübersetzung (Freiburg, Basel, Wien, Herder, 1980), xi-1452 pp.

a12601   BAUER, J.B., «Fragen zur revidierten Einheitsübersetzung (III)», BiLit 53 (1980) 137-139 (Mk 14,24).

a12602   HÖSLINGER, N., «Die Einheitsübersetzung fasst Fuss», BiLit 53 (1980) 135-136.

a12603   PLÖGER, J.G., KNOCH, O. (Hrsg.), *Brannte uns nicht das Herz?* Dokumentation über die Veranstaltungen zur Vollendung der Einheitsübersetzung (Hrsg. J.G. PLÖGER, O.B. KNOCH) (Stuttgart, Katholische Bibelanstalt, 1980), 110 pp.

a12604   PLÖGER, J.G., KNOCH. O. (Hrsg.), *Einheit im Wort.* Information, Gutachten, Dokumente zur Einheitsübersetzung der Heiligen Schrift. 2. Auflage (Stuttgart, Katholische Bibelanstalt, 1980), 150 pp.

a12605   SCHIERSE, F.J., «Und das Wort ist eins geworden. Zur Einheitsübersetzung der Heiligen Schrift», StiZ 198 (1980) 385-394.

a12606   SCHMIDT, L., «Das Neue Testament der Lutherbibel in der Fassung von 1975. Notwendige Bemerkungen zur Bibelrevision», ZTK 77 (1980) 345-380.

a12607   STÖGER, A., «Fragen zur revidierten Einheitsübersetzung», BiLit 53 (1980) 39-42 (Lc 2,14; Mt 2,1), 100-103 (Mt 5,32; 19,9; 6,12; 8,24).

a12608   HOHOFF, C., «Der junge Esel. Zur Einheitsübersetzung der Bibel», IKZCommunio 10 (1981) 264-273.

a12609   JÜNGEL, E. (Hrsg.), *Das Neue Testament heute.* Zur Frage der Revidierbarkeit von Luthers Übersetzung (ZTK Beiheft, 5) (Tübingen, Mohr-Siebeck, 1981), v-182 pp.

a12610   KNOCH, O., «'Er war wie Gott'. Anmerkungen zur Übersetzung von 'morphe' in der Einheitsübersetzung», TQ 161 (1981) 285-287.

a12611   KILLY, W., «Philologische Bemerkungen zur Revision des Neuen Testaments 1975», ZTK Beiheft 5 (1981) 49-74.

a12612   KRAUSE, G., «Theologische Fragwürdigkeiten der Lutherbibel-Revision von 1975», ZTK Beiheft 5 (1981) 75-177.

a12613   LANG, F., «Römer 8,1-11 in der Revision des Luthertextes von 1975», ZTK Beiheft 5 (1981) 20-31.

a12614   NUBEL, U., «Die Erneuerung der Lutherbibel», ZTK Beiheft 5 (1981) 32-48.

a12615   OEING-HANHOFF, L., «'Der Gottesgestalt war...' Erneute Kritik der Einheitsübersetzung», TQ 161 (1981) 288-304.

a12616   STRÄTER, U., «Bibliographie zur Revision des Neuen Testaments von 1975», ZTK Beiheft 5 (1981) 178-192.

a12617   BAUER, J.B., «Für wie viele?» BiLit 55 (1982) 29-31.

a12618   DEQUEKER, L., «Martin Buber: Bijbelvertaler en exegeet», Bijdr. 43 (1982) 118-138.

a12619   GROSS, W., «Die Einheitsübersetzung - eine Bibelparaphrase?» TQ 162 (1982) 168-170 (Ps 6,4; Ps 139; Jes 7,10-17).

a12620   HEYDER, G., «Die revidierte Einheitsübersetzung der Bibel (Neues Testament)», IKZCommunio 11 (1982) 270-277.

a12621   LOWENSTEIN, S.M., «The Readership of Mendelssohn's Bible Translation», HUCA 53 (1982) 179-213.

a12622   STÖGER, A., «Fragen zur Einheitsübersetzung. Auferweckt - auferstanden», BiLit 55 (1982) 29.

a12623   HOHOFF, C., «Die Bibel als Gute Nachricht. Eine Übertragung in modernes Deutsch», IKZCommunio 12 (1983) 41-45.

a12624   HOLTZ, T., «Die deutsche Bibel. Erbe Luthers und Auftrag», TLZ 108 (1983) 785-802.

a12625   LANGE, J., «Die Bibel in heutigem Deutsch», BiLit 56 (1983) 89-98.

a12626   MEURER, S., «Zur Lutherbibel 1984», BiLit 56 (1983) 98-99.

a12627   SCHARBERT, J., «Arbeitsweise und Probleme der 'Einheitsübersetzung der Heiligen Schrift'», BiLit 56 (1983) 80-89.

*a*12628 UNTERGASSMAIR, F.G., «Bibelübersetzungen als 'Ökumenischer Meilenstein'?» Catho 27 (1983) 172-179.

3. Anglaises. English. Englische. Inglesi. Inglesas.

*a*12629 BARNAUD, J., «La traduction anglaise de la Bible», ETR 8 (1933) 155-182.

*a*12630 MARCUS, R., «Notes on Torrey's Translation of the Gospels», HarvTR 27 (1934) 211-239.

*a*12631 JOHNSON, S.E., «The Revised Standard Version», AThR 30 (1948) 81-90.

*a*12632 JOHNSON, J.H., «The Revised Standard Version of the Old Testament», AThR 36 (1954) 111-123.

*a*12633 CLARK, K.W., «The Making of the Twentieth-Century New Testament», BJRL 38 (1955-56) 58-81, dans *The Gentile Bias* (1980), 133-156.

*a*12634 BLUHM, H., «Luther and the First Printed English Bible: Epistle to the Galatians», AThR 40 (1958) 264-294.

*a*12635 VAN NESS GOETCHIUS, E., «Review Article: New English Bible», AThR 52 (1970) 167-176.

*a*12636 TAYLOR, C.L., «The New English Bible Translation of Psalms», AThR 54 (1972) 194-204.

*a*12637 ACKROYD, P.R., «An Authoritative Version of the Bible?» ExpTim 85 (1974) 374-377.

*a*12638 FROST, S.B., «The English Bible», dans *A Light unto My Path* (en collab.) (1974), 205-221.

*a*12639 KUBO, S., SPECHT, W., *So Many Versions?* Twentieth Century English Versions of the Bible (Grand Rapids, Zondervan, 1975), 244 pp.

*a*12640 MAY, H.G., METZGER, B.M. (Ed.), *The New Oxford Annotated Bible with the Apocrypha* (Revised Standard Version). An Ecumenical Study Bible. Expanded edition (New York, Oxford University Press, 1977), xxviii-1564, xxiv-334 pp.

*a*12641 SANDMEL, S., SUGGS, M.J., TKACIK, A.J. (Eds), *The New English Bible with the Apocrypha.* Oxford Study Edition (New York, Oxford University Press, 1976), xxiv-1036 pp., viii-333-62 pp.

*a*12642 METZGER, B.M., *The Early Versions of the New Testament.* Their Origin, Transmission, and Limitations (Oxford, Clarendon Press, 1977), «The Anglo-saxon Version», 443-455.

*a*12643 XXX, *The Holy Bible. New International Version.* Containing the Old Testament and the New Testament (Grand Rapids, Zondervan, 1978), xiv-1345 pp.

*a*12644 En collaboration, *The Prophets (Nevi'im).* A New Translation of the Holy Scriptures according to the Masoretic Text. Second Section (Philadelphia, The Jewish Publication Society of America, 1978), xviii-898 pp.

*a*12645 BRATCHER, R.G., «One Bible in Many Translations», Interpr 32 (1978) 115-129.

*a*12646 EPP, E.J., «Jews and Judaism in *The Living New Testament*», dans *Biblical and Near Eastern Studies* (LaSor) (en collab.) (1978), 80-96.

*a*12647 VAN BRUGGEN, J., *The Future of the Bible* (Nashville, New York, Thomas Nelson, 1978), 192 pp.

*a*12648 XXX, *The New King James Bible. New Testament* (Nashville, Camden, New York, Thomas Nelson, 1979), vii-407 pp.

*a*12649 ADAMS, J.E., *The New Testament in Everyday English* (Grand Rapids, Baker, 1979), vi-703 pp.

*a*12650 BRUCE, F.F., *History of the Bible in English from the Earliest Versions* (Third edition) (Guildford and London, Lutterworth Press, 1979), xiii-274 pp.

*a*12651 EVANS, O.E., «Three New Translations of the Bible. II. The New Testament», ExpTim 91 (1979) 101-105.

*a*12652 JONES, G.H., «Three New Translations of the Bible. I. The Old Testament», ExpTim 91 (1979) 72-76.

*a*12653 WALDEN, W., *Guide to Bible Translations*. A Handbook of Versions Ancient and Modern (Duxbury, MA, Livingbooks, 1979), 30 pp.

*a*12654 BACKUS, I.D., *The Reformed Roots of the English New Testament*. The Influence of Theodore Beza on the English New Testament (Pittsburgh Theological Monograph Series, 28) (Pittsburgh, PA, Pickwick, 1980), xxii-216 pp.

*a*12655 BENNETT, F.M., «The New International Version», SB 11 (1980) 15.

*a*12656 HARVEY, A.E., *The New English Bible*. Companion to the N.T. (New York, Oxford University Press; Cambridge University Press, 1980), viii-850 pp.

*a*12657 PILCH, J.J., «Selecting a Bible Translation», BTB 10 (1980) 71-77.

*a*12658 THOMAS, I., «The Welsh Versions of the New Testament, 1551-1620», NTS 26 (1980) 503-507.

*a*12659 LEWIS, J.P., *The English Bible from KJV to NIV*. A History and Evaluation (Grand Rapids, Baker, 1981), 408 pp.

*a*12660 XXX, *Holy Bible. The New King James Version Containing the Old and New Testaments* (Nashville, TN, Thomas Nelson, 1982), xi-1236 pp.

*a*12661 BAILEY, L.R. (Ed.), *The Word of God*. A Guide to English Versions of the Bible (Atlanta, John Knox Press, 1982), 228 pp.

*a*12662 BENNETT, F.M., «Versions of the Bible», SB 13 (1982) 9-10.

*a*12663 HAMMOND, G., *The Making of the English Bible* (Manchester, Carcanet New Press, 1982), vi-249 pp.

*a*12664 KELLY, L.G., «George Campbell's Four Gospels, 1789», dans *Studia Evangelica* (en collab.) (1982), VII, 277-281.

*a*12665 BENNETT, F.M., «Versions of the Bible - Sequel», SB 13 (1983) 35-36.

*a*12666 GOODING, J.M., «Image Before Word: The Title Pages of Some Early Printed Bibles in English», SB 14 (1983) 7-14.

*a*12667 KUBO, S., SPECHT, W.F., *So Many Versions?* Twentieth-century English Versions of the Bible (Grand Rapids, Michigan, Zondervan, 1983), 401 pp.

*a*12668 PRIOR, M., «The Bible in Irish - Sequel», SB 13 (1983) 37-38.

4. *Espagnoles. Spanish. Spanische. Spagnuole. Españoles.*

*a*12669 AZNAR SANCHO, J., «Una obra monumental: La Vetus Latina Hispana», CuBi 12 (1955) 39-44.

*a*12670 GONZALO MAESO, D., «Traducciones de la Biblia», CuBi 21 (1964) 3-7.

*a*12671 CELADA, B., «Hacia una Biblia ecuménica», CuBi 22 (1965) 175-178.

*a*12672 ALONSO SCHÖKEL, L., «Traducción de proverbios hebreos», CuBi 24 (1967) 83-90.

*a*12673 ALONSO DIAZ, J., «La versión española de la Biblia del protestante Casiodoro de Reina», CuBi 27 (1970) 277-282.

*a*12674 ARAUJO, A., «La Biblia del Oso traducida por Casiodoro de Reina y publicada en Basilea en 1569», CuBi 27 (1970) 283-287.

*a*12675 GONZALO MAESO, D., «Biblias con estampas», CuBi 28 (1971) 67-71.

*a*12676 ALONSO SCHÖKEL, L., «Traducción de topónimos hebreos», CuBi 29 (1972) 144-152.

*a*12677 SEN, F., «Protestan los letrados. También nosotros ponemos reparos a la nueva versión: Letrados y recaudadores», CuBi 30 (1973) 353-357.

*a*12678 VERD, G.M., «La traducción litúrgica del ciclo C», CuBi 30 (1973) 10-18.

a12679 MATEOS, J., *Nuevo Testamento*. Traducción de Juan Mateos. Con la colaboración de L. Alonso Schökel. Introducciones y comentario de Juan Mateos (Madrid, Ediciones Cristiandad, 1974), 781 pp.

a12680 RUIZ, G., «Importancia de la 'bivalencia' de las preposiciones hebreas para las traducciones de la Biblia», CuBi 31 (1974) 228-237.

a12681 ALONSO SCHÖKEL, L., «Mesa redonda sobre 'La Nueva Biblia Española'», RazFe 192 (1975) 279-296.

a12682 SEPHIHA, H.V., «Une bible judéo-espagnole chrétienne», dans *Mélanges André Neher* (en collab.) (1975), 197-210.

a12683 ALONSO SCHÖKEL, L., MATEOS, J., «Novedades de la Nueva Biblia Española. Una autopresentación», Bibl 57 (1976) 420-428.

a12684 DE AUSEJO, S., *La Biblia* (Barcelona, Ed. Herder, 1976), 1553 pp.

a12685 DE AUSEJO, S., «Nueva versión del Pentateuco del P. Luis Arnaldich, O.F.M.», Salm 23 (1976) 267-268.

a12686 XXX, *Biblia para la iniciación cristiana*, I. Antiguo Testamento; II. Nuevo Testamento; III. Guía para comprender la Sagrada Escritura (Madrid, Secretariado Nacional de Catequesis, 1977), 528-624-112 pp.

a12687 BOVER, J.M., O'CALLAGHAN, J., *Nuevo Testamento Trilingüe* (Biblioteca de Autores Cristianos) (Madrid, Editorial Católica, 1977), 1380 pp.

a12688 XXX, *La Biblia Interconfesional. Nuevo Testamento* (Madrid, Editorial Católica - Casa de la Biblia - Sociedades Bíblicas Unidas, 1978), 764 pp.

a12689 ALONSO SCHÖKEL, L., SICRE DIAZ, J.L., *Profetas*. Comentario. I. Isaías. Jeremías. - II. Ezequiel. Doce Profetas Menores, Daniel, Baruc, Carta de Jeremías (Nueva Biblia Española) (Madrid, Ediciones Cristiandad, 1980), 1-656-657-1373 pp.

a12690 ALONSO SCHÖKEL, L., MATEOS, J. (Eds), *Nueva Biblia Española (NBE)* (Madrid, Ed. Cristiandad, 1981), 1981 pp.

a12691 ALONSO-SCHÖKEL, L., MATEOS, J., *La Biblia* (edición popular) (Madrid-Estella, Ed. Cristiandad - Ed. Verbo Divino, 1982), 1472 pp.

a12692 O'CALLAGHAN, J., *El Nuevo Testamento en las versiones españolas* (Subsidia biblica, 6) (Roma, Biblical Institute Press, 1982), xiv-257 pp.

5. *Françaises. French. Französische. Francesi. Francesas.*

a12693 DUSSAUD, R., «Une traduction nouvelle de la Bible», Syr. 35 (1958) 1-8 (É. Dhorme).

a12694 DHORME, É., «Pourquoi et comment j'ai traduit la Bible Hébraïque», ETR 34 (1959) 101-120.

a12695 VAN EYS, W.J., *Bibliographie des Bibles et du Nouveau Testament en langue française des XVe et XVIe siècles*. 1ère partie: Bibles; 2ème partie: Nouveau Testament (Nieuwkoop, B. de Graaf, 1963), vii-211 pp., 269 pp.

a12696 REYMOND, P., «Vers une traduction oecuménique de la Bible», VC nº 86 (1968) 52-65.

a12697 ZIFFER, W., «La Traduction oecuménique de l'Exode. Chronique», ETR 45 (1970) 185-187.

a12698 BOUTTIER, M., «Traductions récentes du Nouveau Testament (chronique)», ETR 47 (1972) 369-374.

a12699 CHOURAQUI, A., VESCO, J.-L., «Sur une traduction de la Bible», RT 74 (1974) 656-662.

a12700 HARLÉ, P.A., «La TOB testée», ETR 49 (1974) 391-395; 50 (1975) 345-350; 51 (1976) 85-91.

a12701   En collaboration, *Traduction Oecuménique de la Bible (TOB)*. Édition Intégrale. Ancien
         Testament (Paris, Éditions du Cerf; Les Bergers et les Mages, 1975), 2262 pp.

a12702   MARIN, L., «La critique de la représentation classique: La traduction de la Bible à Port-
         Royal», dans En collaboration, *Savoir, faire, espérer: les limites de la raison* (Bruxelles,
         Facultés Universitaires Saint-Louis, 1976), II, 549-575.

a12703   VESCO, J.-L., «La Traduction oecuménique de l'Ancien Testament et les problèmes de la
         traduction biblique», RT 76 (1976) 79-96.

a12704   AYMARD, P., *Prier avec les Psaumes*. Présentation et choix de textes (Brussels, Desclée
         de Brouwer, 1977), 152 pp.

a12705   BEAUCAMP, É., «Le goël de Jb 19,25», LTP 33 (1977) 309-310 (étude sur la TOB).

a12706   DE CERTEAU, M., «L'idée de traduction de la Bible au XVIIe siècle: Sacy et Simon»,
         RSR 66 (1978) 73-91.

a12707   DELHOUGNE, H., «Le psautier liturgique '77'», MD n° 135 (1978) 117-147.

a12708   LANGEVIN, P.-É., «Sur l'Ancien Testament de la Traduction oecuménique de la
         Bible», LTP 34 (1978) 197-204.

a12709   En collaboration, *La Bible de Jérusalem* avec guide de lecture. La Sainte Bible traduite en
         français sous la direction de l'École biblique de Jérusalem. Nouvelle édition. Édition dite
         'Jérusalem nouvelle', avec introductions et guide de lecture réalisés par le P. J.-P. BIGOT
         (Paris, Cerf, Desclée de Brouwer, 1979), xxx-1984 pp.

a12710   DIETERLÉ, C., «Quelques remarques et questions à propos de 'La réflexion sémiotique
         sur la traduction des textes bibliques'», ETR 54 (1979) 501-505.

a12711   VISCHER, W., NGALLY, J., MARGOT, J.-C., «Correspondance où il est question
         d'Abba, Père», ETR 54 (1979) 684-691.

a12712   AUGRAIN, C., TAMISIER, R., AMIOT, F. (Éds), *Le Nouveau Testament* (Paris,
         Apostolat des Éditions; Montréal, Éditions Paulines, 1980), 699 pp.

a12713   BOGAERT, P.-M., GILMONT, J.-F., «La première Bible française de Louvain (1550)»,
         RTL 11 (1980) 275-309.

a12714   DE BEAUMONT, P., *La Bible* (Paris, Fayard-Mame, 1981), viii-1922 pp.

a12715   A.C.É.B.A.C., *Les Évangiles*. Traduction et commentaire (Montréal, Bellarmin, 1982),
         767 pp.

a12716   PONS, J., «Traduire *encore* la Bible», ETR 58 (1983) 369-374.

6. Grecques. Greek. Griechische. Greche. Griegas.

a) La Septante. The Septuagint. Septuaginta. I Settanta. Los Setenta.

**1) État de la recherche. Septuagint Research. Septuaginta-Forschung.
Ricerca sui Settanta. Investigación sobre los Setanta.**

a12717   FORSTER, A.H., «The Study of the Septuagint», AThR 14 (1932) 152-155.

a12718   HEDLEY, P.L., «The Göttingen Investigation and Edition of the Septuagint», HarvTR
         26 (1933) 57-72.

a12719   BROCK, S.P., FRITSCH, C.T., JELLICOE, S. (Eds.), *A Classified Bibliography of the
         Septuagint* (Arbeiten zur Literatur und Geschichte des hellenistischen Judentums, 6)
         (Leiden, Brill, 1973), xviii-217 pp.

a12720   KLEIN, R.W., *Textual Criticism of the Old Testament*. The Septuagint after Qumran
         (Guides to Biblical Scholarship. Old Testament Series) (Philadelphia, Fortress Press,
         1974), xii-84 pp.

a12721   TOV, E., «The Nature of the Hebrew Text Underlying the LXX. A Survey of the
         Problems», JSOT n° 7 (1978) 53-68.

a12722 FERNANDEZ MARCOS, N., *Introducción a las Versiones Griegas de la Biblia* (Textos y Estudios 'Cardenal Cisneros', 23) (Madrid, Consejo Superior de Investigaciones Científicas, 1979), xiv-349 pp.

a12723 GOODING, D.W., «A Sketch of Current Septuagint Studies», dans *Proceedings of the Irish Biblical Association* (en collab.), 5 (1981) 1-13.

a12724 METZGER, B.M., *Manuscripts of the Greek Bible*. An Introduction to Greek Palaeography (New York and Oxford, Oxford University Press, 1981), x-150 pp.

2) Livres de l'A.T. - Books of the O.T. - Bücher des A.T. - Libri del A.T. - Libros del A.T.

a12725 ORLINSKY, H.M., «The Treatment of Anthropomorphisms and Anthropopathisms in the LXX of Isaiah», ErIs 3 (1954) 155-157 (Hebrew).

a12726 SCHREINER, J., *Septuaginta-Massora des Buches der Richter*. Eine textkritische Studie (Analecta Biblica, 7) (Roma, Pontificio Istituto Biblico, 1957), xi-137 pp.

a12727 ZIEGLER, J., «Die Vorlage der Isaias-Septuaginta (LXX) und die erste Isaias-Rolle von Qumran (IQIsᵃ)», JBL 78 (1959) 34-59, dans *Qumran and the History of the Biblical Text* (en collab.) (1975) 90-115.

a12728 DELCOR, M., «Le Texte Hébreu du Cantique de Siracide LI,13 et ss. et les Anciennes Versions», Textus 6 (1968) 27-47.

a12729 JELLICOE, S., «The Psalter-Text of St. Clement of Rome», dans *Wort, Lied und Gottesspruch*. Beiträge zur Septuaginta (en collab.) (1972), 59-66.

a12730 GOSHEN-GOTTSTEIN, M.H., «Hebrew Syntax and the History of the Bible Text», Textus 8 (1973) 100-106.

a12731 ALLEN, L.C., *The Greek Chronicles*. The Relation of the Septuagint of I and II Chronicles to the Massoretic Text (SuppVT 25 and 27) (Leiden, Brill, 1974), Part I, *The Translator's Craft*, 240 pp; Part II, *Textual Criticism*, 182 pp.

a12732 GRELOT, P., «Le chapitre V de *Daniel* dans la Septante», Sem. 24 (1974) 45-66.

a12733 PIETERSMA, A., «The Greek Psalter. A question of methodology and syntax», VT 26 (1976) 60-69.

a12734 TOV, E., *The Septuagint Translation of Jeremiah and Baruch*. A Discussion of an Early Revision of the LXX of Jeremiah 29-52 and Baruch 1:1-3:8 (Missoula, Montana, Scholars Press, 1976), xi-199 pp.

a12735 WEVERS, J.W., QUAST, U. (Hrsg.), *Deuteronomium* (Septuaginta. Vetus Testamentum Graecum, III, 2) (Göttingen, Vandenhoeck & Ruprecht, 1977), 397 pp.

a12736 WEVERS, J.W., «The Attitude of the Greek Translator of Deuteronomy towards his Parent Text», dans *Beiträge zur Alttestamentlichen Theologie* (en collab.) (1977), 498-505.

a12737 ZIEGLER, J. (Hrsg.), *Septuaginta*. Vetus Testamentum Graecum Auctoritate Academiae Scientiarum Gottingensis Editum. Vol xvi, i. *Ezechiel*. 2., durchgesehene Auflage, mit einem Nachtrag von Detlef Fraenkel (Göttingen, Vandenhoeck & Ruprecht, 1977), 352 pp.

a12738 CALOZ, M., *Étude sur la LXX origénienne du Psautier* (Orbis Biblicus et Orientalis, 19) (Fribourg, Suisse, Éditions Universitaires; Göttingen, Vandenhoeck & Ruprecht, 1978), 480 pp.

a12739 DE WAARD, J., «Translation Techniques Used by the Greek Translators of Amos», Bibl 59 (1978) 339-350.

a12740 PIETERSMA, A., «Proto-Lucian and the Greek Psalter», VT 28 (1978) 66-72.

a12741 TOV, E., «Midrash-Type Exegesis in the LXX of Joshua», RB 85 (1978) 50-61.

a12742 WEVERS, J.W., *Text History of the Greek Deuteronomy* [Mitteilungen des Septuaginta-Unternehmens (MSU), xiii; Abhandlungen der Akademie der Wissenschaften in Göttingen, Phil.-Hit. Kl. III, 106] (Göttingen, Vandenhoeck & Ruprecht, 1978), 148 pp.

a12743 TOV, E., «Exegetical Notes on the Hebrew Vorlage of the LXX of Jeremiah 27 (34)», ZAW 91 (1979) 73-93.

a12744 SCHALLER, B., «Das Testament Hiobs und die Septuaginta-Übersetzung des Buches Hiobs», Bibl 61 (1980) 377-406.

a12745 ZIPOR, M., «The Greek Chronicles», Bibl 61 (1980) 561-571.

a12746 TOV, E., «The Impact of the LXX Translation of the Pentateuch on the Translation of the Other Books», dans *Mélanges Dominique Barthélemy* (en collab.) (1981), 577-592.

a12747 CAIRD, G.B., «Ben Sira and the Dating of the Septuagint», dans *Studia Evangelica* (en collab.), VII (1982) 95-100.

a12748 COOK, J., «Genesis I in the Septuagint as Example of the Problem: Text and Tradition», JNWSemL 10 (1982) 25-36.

a12749 DAVIES, G.I., «A Fragment of an Early Recension of the Greek Exodus», dans *Studia Evangelica* (en collab.), VII (1982) 151-156.

a12750 HALPERIN, D.J., «Merkabah Midrash in the Septuagint», JBL 101 (1982) 351-363 (Ezechiel).

a12751 HEATER, H., Jr., *A Septuagint Translation Technique in the Book of Job* (CBQ Monograph Series, 11) (Washington, Catholic Biblical Association of America, 1982), xiv-152 pp.

a12752 MUNNICH, O., «Indices d'une Septante originelle dans le Psautier Grec», Bibl 63 (1982) 406-416.

a12753 WEVERS, J.W., «An Early Revision of the Septuagint of Numbers», ErIs 16 (1982) 235*-239*.

a12754 WEVERS, J.W., *Text History of the Greek Numbers* [Mitteilungen des Septuaginta-Unternehmens (MSU), XVI: Abhandlungen der Akademie der Wissenschaften in Göttingen, Phil.-Hist. Klasse, III, 125] (Göttingen, Vandenhoeck & Ruprecht, 1982), 139 pp.

a12755 COX, C., «Origen's Use of Theodotion in the Elihu Speeches», SeC 3 (1983) 89-98 (Job).

a12756 MUNNICH, O., «La Septante des Psaumes et le groupe *kaigé*», VT 33 (1983) 75-89.

a12757 VAN DER KOOIJ, A., «On the place of origin of the Old Greek of Psalms», VT 33 (1983) 67-74.

3) Philologie. Philology. Philologie. Filologia. Filología.

Lexique. Vocabulary. Lexicon. Lessico. Léxico.

Études générales. General Studies. Allgemeine Studien. Studi generali. Estudios generales.

a12758 GEHMAN, H.S., «Adventures in Septuagint Lexicography», Textus 5 (1966) 125-132.

a12759 SCHARBERT, J., «Fleisch, Geist und Seele in der Pentateuch-Septuaginta», dans *Wort, Lied und Gottesspruch*. Beiträge zur Septuaginta (en collab.) (1972), 121-143.

a12760 GEHMAN, H.S., «Peregrinations in Septuagint Lexicography», dans *A Light unto My Path* (en collab.) (1974), 223-240.

a12761 CAMILO DOS SANTOS, E., *An Expanded Hebrew Index for the Hatch-Redpath Concordance to the Septuagint* (Jerusalem, Dugith, 1975), i-224 pp.

a12762 KRAFT, R.A. (Ed.), *Septuagintal Lexicography* (Septuagint and Cognate Studies, 1) (Revised edition) (Missoula, Montana, Scholars Press, 1975), 183 pp.

a12763 TOV, E., «Three Dimensions of LXX Words», RB 83 (1976) 529-544.

a12764 WITTSTRUCK, T., «The So-Called Anti-Anthropomorphisms in the Greek Text of Deuteronomy», CBQ 38 (1976) 29-34.

a12765 TOV, E., «Compound Words in the LXX Representing Two or More Hebrew Words», Bibl 58 (1977) 189-212.

a12766 TRITES, A.A., *The New Testament Concept of Witness* (1977), «The witness terminology of the Septuagint», 16-19.

a12767 BARR, J., *The Typology of Literalism in ancient biblical translations* (Mitteilungen des Septuaginta-Unternehmens, XV) (Göttingen, Vandenhoeck & Ruprecht, 1979), 51 pp.

a12768 TOV, E., «Loan-words, Homophony and Transliterations in the Septuagint», Bibl 60 (1979) 216-236.

a12769 ZLOTOWITZ, B.M., *The Septuagint Translation of the Hebrew Terms in relation to God in the Book of Jeremiah* with an Introductory Essay: On Anthropomorphisms and Anthropopathisms in the Septuagint and Targum by H.M. Orlinsky (New York, Ktav, 1981), xxvi-196 pp.

a12770 FRITSCH, C.T., «A Study of the Greek Translation of the Hebrew Verbs 'to see', with Deity as Subject or Object», ErIs 16 (1982) 51*-56*.

Mots. Words. Worte. Parole. Palabras.[1]

a12771 TURNER, P.D.M., «*Anoikodomein* and intra-Septuagintal borrowing», VT 27 (1977) 492-493.

a12772 SCHREINER, J., «*Anti* in der Septuaginta», dans *Wort, Lied und Gottesspruch. Beiträge zur Septuaginta* (en collab.) (1972), 171-176.

a12773 PASSONI DELL'ACQUA, A., «Precisazione sul valore di *dêmos* nella versione dei LXX», RivB 30 (1982) 197-214.

a12774 COX, C., «*Eisakouô* and *epakouô* in the Greek Psalter», Bibl 62 (1981) 251-258.

a12775 SOISALON-SOININEN, I., «*en* für *eis* in der Septuaginta», VT 32 (1982) 190-200.

a12776 SOISALON-SOININEN, I., «Der Gebrauch des Verbes 'EXEIN in der Septuaginta», VT 28 (1978) 92-99.

a12777 BARR, J., «The Meaning of *epakouô* and Cognates in the LXX», JTS 31 (1980) 67-72.

a12778 KOLPATRICK, G.D., «*epithuein* and *epikrinein* in the Greek Bible», ZNW 74 (1983) 151-153.

a12779 FERNANDEZ MARCOS, N., «*Elpizein* or *eggizein*? in *Prophetarum Vitae Fabulosae* 12,9 and in the Septuagint», VT 30 (1980) 357-360.

a12780 GRAYSTON, K., «*Ilaskesthai* and related words in LXX», NTS 27 (1981) 640-656.

a12781 FUCHS, E., «Gloire de Dieu, gloire de l'homme. Essai sur les termes *kauchasthai, kauchèma, kauchèsis* dans la Septante», RTP 27 (1977) 321-332.

a12782 BRUZZONE, G.B., «*Paraksunô* e *paroksusmos* nei Settanta», BibOr 24 (1982) 147-155.

a12783 ZIESLER, J.A., «*Sôma* in the Septuagint», NT 25 (1983) 133-145.

a12784 TURNER, P.D.M., «Two Septuagintalisms with *stêrizein*», VT 28 (1978) 481-482.

a12785 DE VAUX, R., «Les Philistins dans la Septante», dans *Wort, Lied und Gottesspruch. Beiträge zur Septuaginta* (en collab.) (1972), 185-194 (*phulistiein*).

Grammaire. Grammar. Grammatik. Grammatica. Gramática.

a12786 SOISALON-SOININEN, I., «Die Konstruktion des Verbs bei einem Neutrum Plural im griechischen Pentateuch», VT 29 (1979) 189-199.

---

1. Classés selon l'ordre alphabétique. Alphabetically classified. Nach alphabetischen Klasse ablegten. Classificati secondo l'ordine alfabètico. Clasificados en orden alfabético.

a12787   SOLLAMO, R., *Renderings of Hebrew Semiprepositions in the Septuagint* (Annales
          Academiae Scientiarum Fennicae: Dissertationes Humanarum Litterarum, 19)
          (Helsinki, Suomalainen Tiedeakademia, 1979), 385 pp.
a12788   TOV, E., «The Representation of the Causative Aspects of the *Hiph'il* in the LXX.
          A Study in Translation Technique», Bibl 63 (1982) 417-424.

4) Critique textuelle. Textual Criticism. Textkritik. Critica testuale. Crítica Textual.

a12789   BARTHÉLEMY, D., «Redécouverte d'un chaînon manquant de l'histoire de la
          Septante», RB 60 (1953) 18-29, dans *Qumran and the History of the Biblical Text* (en
          collab.) (1975), 127-139.
a12790   GOSHEN-GOTTSTEIN, M.H., «Theory and Practice of Textual Criticism: The Text-
          critical Use of the Septuagint», Textus 3 (1963) 130-158.
a12791   RABIN, C., «The Translation Process and the Character of the Septuagint», Textus 6
          (1968) 1-26.
a12792   HOWARD, G., «*Kaige* Readings in Josephus», Textus 8 (1973) 45-54.
a12793   JOHNSON, B., «Fünf armenische Bibelhandschriften aus Erevan», dans *Wort, Lied und
          Gottesspruch*. Beiträge zur Septuaginta (en collab.) (1972), 67-72.
a12794   TOV, E., «Lucian and Proto-Lucian», RB 79 (1972) 101-113, dans *Qumran and the
          History of the Biblical Text* (en collab.) (1972), 293-305.
a12795   WEISSERT, D., «Alexandrinian Analogical Word-Analysis and Septuagint Translation
          Techniques», Textus 8 (1973) 31-44.
a12796   KLEIN, R.W., *Textual Criticism of the Old Testament. The Septuagint after Qumran*
          (Guides to Biblical Scholarship, Old Testament Series) (Philadelphia, Fortress, 1974),
          xii-84 pp.
a12797   LEONE, A., *L'evoluzione della Scrittura nei papiri greci del Vecchio Testamento* (Studia
          et Textus, 5) (Barcelona, Papyrologica Castroctaviana, 1975), 48 pp.
a12798   TOV, E., «The Use of Concordances in the Reconstruction of the *Vorlage* of the LXX»,
          CBQ 40 (1978) 29-36.
a12799   WEVERS, J.W., «Text history and text criticism of the Septuagint», dans *Congress
          Volume. Göttingen 1977* (en collab.) (1978), 392-402.
a12800   BOGAERT, P.-M., «La Septante de Göttingen», RTL 11 (1980) 80-82.
a12801   METZGER, B.M., *Manuscripts of the Greek Bible*. An Introduction to Greek
          Palaeography (New York, Oxford, Oxford University Press, 1981), ix-150 pp.
a12802   TOV, E., *The Text-Critical Use of the Septuagint in Biblical Research* (Jerusalem Biblical
          Studies, 3) (Jerusalem, Simor Ltd., 1981), 343-vii pp.

5) Critique littéraire. Literary Criticism. Literarkritik. Critica letteraria. Crítica literaria.

a12803   MURAOKA, T., «Literary Device in the Septuagint», Textus 8 (1973) 20-30.
a12804   ORLINSKY, H.M., «The Septuagint as Holy Writ and the Philosophy of the
          Translators», HUCA 46 (1975) 89-114.
a12805   CAIRD, G.B., «Homoeophony in the Septuagint», dans *Jews, Greeks and Christians* (en
          collab.) (1976), 74-88.
a12806   LEE, J.A.L., «Equivocal and Stereotyped Renderings in the LXX», RB 87 (1980)
          104-117.
a12807   DE WAARD, J., «'Homophony' in the Septuagint», Bibl 62 (1981) 551-561.
a12808   AEJMELAEUS, A., *Parataxis in the Septuagint*. A Study of the Renderings of the
          Hebrew Coordinate Clauses in the Greek Pentateuch (Annales Academiae Scientiarum

Fennicae: Dissertationes Humanarum Litterarum, 31) (Helsinki, Academia Scientiarum Fennica, 1982), vi-198 pp.

6) Divers. Miscellaneous. Verschiedenes. Diversi. Diversos.

*a*12809   CELADA, B., «Una larga disputa acerca de la versión de los Setenta que concluye felizmente», CuBi 23 (1966) 231-233.

*a*12810   BIRDSALL, J.N., «Traces of the Jewish Greek Biblical Versions in Georgian Manuscript Sources», JSS 17 (1972) 83-92.

*a*12811   MÜLLER, K., «Die rabbinischen Nachrichten über die Anfänge der Septuaginta», dans *Wort, Lied und Gottesspruch*. Beiträge zur Septuaginta (en collab.) (1972), 73-93.

*a*12812   ORLINSKY, H.M., «The Septuagint as Holy Writ and the Philosophy of the Translators», HUCA 46 (1975) 89-114.

*a*12813   VAN ESBROECK, M., «Une forme inédite de la lettre du roi Ptolémée pour la traduction des LXX», Bibl 57 (1976) 542-549.

*a*12814   SGHERRI, G., «Sulla valutazione origeniana dei LXX», Bibl 58 (1977) 1-28.

*a*12815   GÖRG, M., «Prolemäische Theologie in der Septuaginta», Kairos 20 (1978) 208-217.

*a*12816   SCHWARTZ, D.R., «The Priests in *Ep. Arist.* 310», JBL 97 (1978) 567-571.

b) Autres traductions grecques. Other Greek Translations. Sonstige griechische Übersetzungen. Altre traduzioni greche. Otras traducciones griegas.

*a*12817   SOISALON-SOININEN, I., «Einige Merkmale der Übersetzungsweise von Aquila», dans *Wort, Lied und Gottesspruch*. Beiträge zur Septuaginta (en collab.) (1972), 177-184.

*a*12818   TOV, E., «Lucian and Proto-Lucian», RB 79 (1972) 101-113, dans *Qumran and the History of the Biblical Text* (en collab.) (1972), 293-305.

*a*12819   TOV, E., «Transliterations of Hebrew Words in the Greek Versions of the Old Testament», Textus 8 (1973) 78-92.

*a*12820   TOV, E., «Some Corrections to Reider-Turner's *Index to Aquila*», Textus 8 (1973) 164-174.

*a*12821   ALAND, K., *Repertorium der Griechischen Christlichen Papyri* I. Biblische Papyri. Altes Testament, Neues Testament, Varia, Apokryphen (Patristische Texte und Studien, 18) (Berlin, De Gruyter, 1976), xiv-473 pp.

*a*12822   DE LANGE, N.R.M., «Some new fragments of Aquila on Malachi and Job?» VT 30 (1980) 291-294.

*a*12823   GONZALEZ LUIS, J., *La versión de Símaco a los profetas mayores* (Madrid, Ed. de la Universidad Complutense, 1981), 622 pp.

*a*12824   GRABBE, L.L., «Aquila's Translation and Rabbinic Exegesis», dans *Essays in Honour of Yigael Yadin*, JJS 33 (1982) 527-536.

*a*12825   MARCOS, N.F., «El Protoluciánico, ¿ revisión griega de los judíos de Antioquía?» Bibl 64 (1983) 423-427.

7. *Italiennes. Italian. Italienische. Italiane. Italianas.*

*a*12826   XXX, «La Sagrada Biblia del Pontificio Instituto Biblico de Roma», CuBi 16 (1959) 53-54.

*a*12827   XXX, «La 'Bibbia ecumenica'», BibOr 7 (1965) 32-39.

*a*12828   BERNINI, G., «Un'edizione 'pastorale' della Bibbia in italiano», CC 4 (1973) 457-462.

*a*12829   ABBOTT, W.M., VANNI, U., «La traduzione del Nuovo Testamento in lingua italiana corrente», CC 1 (1977) 49-55.

a12830 ACQUISTAPACE, P., GALBIATI, E. (Ed.), *Il vangelo di Gesù Cristo*. Testo dei quattro vangeli tradotti e annotati con numerosi excursus di teologia biblica e riferimenti sinottici (Milano, Istituto Propaganda Libraria, 1977), 734 pp.

a12831 XXX, *Il Nuovo Testamento*. Nuovissima versione della Bibbia. Vol. 1: I quattro Vangeli; Vol. 2: Atti degli Apostoli. Lettere cattoliche. Apocalisse (La parola di Dio, 12, 18) (Roma, Edizioni Paoline, 1978), xxxii-1120 pp.

a12832 GHIDELLI, C., *Luca*, Versione-introduzione-note (Nuovissima versione della Bibbia dai testi originali, 35) (2ª ed.) (Torino, Edizioni Paoline, 1978), 488 pp.

a12833 NOLLI, G., *Evangelo secondo Marco*. Testo greco, neovolgata latina, analisi filologica, traduzione italiana (Roma, Catholic Book Agency, 1978), xx-437 pp.

a12834 VANNI, U., «La nuova edizione della Bibbia a cura della 'Civiltà Cattolica'», CC 1 (1979) 162-164.

a12835 BARBAGLIO, G., FABRIS, R., *Le Lettere di Paolo*. Traduzione e commento (Coll. 'Commenti biblici') (Roma, Borla, 1980), 755-650-873 pp.

a12836 FANIN, L., «Quale traduzione della Bibbia preferire?» RivB 28 (1980) 417-433.

a12837 PAGANELLI, L., «Traduzioni italiane del N.T. (a proposito dell'ed. it. del Blass-Debrunner)», RivB 31 (1983) 435-448.

8. Latines. Latin. Lateinische. Latine. Latinas.

a12838 SCHNEIDER, H., «Fünfhundert Jahre Gutenbergbibel», BiKi 9 (1954) 68-72.

a12839 GALBIATI, E., «Volgata e Antica Latina nei testi biblici del rito ambrosiano», *Ambrosius* 31 (1955) 157-171, dans *Scritti minori* (1979), 17-32.

a12840 ROST, H., «Die Sorge der Kirche um die lateinische Bibel. Geschichte und Bedeutung der Vulgata», BiKi 18 (1963) 55-59.

a12841 KEDAR-KOPFSTEIN, B., «Divergent Hebrew Readings in Jerome's Isaiah», Textus 4 (1964) 176-210.

a12842 KEDAR-KOPFSTEIN, B., «Textual Gleanings from the Vulgate to Jeremiah», Textus 7 (1969) 36-58.

a12843 CERESA-GASTALDO, A., *Il latino delle antiche versioni bibliche* (Roma, Studium, 1975), 130 pp.

a12844 THIELE, W. (Ed.), *Biblia Sacra juxta Vulgatam versionem*. Adjuvantibus B. FISCHER, J. GRIBOMONT, H.F.D. SPARKS, W. THIELE recensuit et brevi apparatu instruxit R. WEBER. Editio altera emendata. Tomus I, Genesis-Psalmi; Tomus II, Proverbia-Apocalypsis, Appendix (Stuttgart, Württembergische Bibelanstalt, 1975), xxxi-955, 956-1980 pp.

a12845 ARGYLE, A.W., «Notes on the New Testament Vulgate», NTS 22 (1976) 223-228.

a12846 AURELIO, T., «La giustizia di Sara e Tobia», BibOr 18 (1976) 273-282.

a12847 AMMASSARI, A., «L'anonima versione latina dei salmi secondo il codice Cassinese 557: un'antica testimonianza Giudeo-Cristiana», BibOr 19 (1977) 241-257; 20 (1978) 27-42, 135-168.

a12848 BELL, A.A., «Jerome's Role in the Translation of the Vulgate New Testament», NTS 23 (1977) 230-233.

a12849 METZGER, B.M., *The Early Versions of the New Testament*. Their Origin, Transmission, and Limitations (Oxford, Clarendon Press, 1977), «The Latin Versions», 285-374.

a12850 OCERINJAUREGUI Y URÍA, B., «Las Biblias medievales de Chipiona», RET 37 (1977) 137-146.

a12851 THIELE, W. (Ed.), *Vetus Latina*. Die Reste der altlateinischen Bibel nach Petrus Sabatier neu gesammelt und herausgegeben von der Erzabtei Beuron. 11.1. *Sapientia Salomonis*, Lief. 1-3, *Einleitung*, 3 fasc. (Freiburg, i. Br., Herder, 1977, 1977, 1979), 240-240-240 pp.

a12852 BOGAERT, P.-M., «Le témoignage de la Vetus Latina dans l'étude de la traduction des Septante. Ézéchiel et Daniel dans le Papyrus 967», Bibl 59 (1978) 384-395.

a12853 D'ESNEVAL, A., «La division de la Vulgate latine en chapitres dans l'édition parisienne du XIIIe siècle», RSPT 62 (1978) 559-568.

a12854 FREDE, H.J. (Ed.), *Vetus Latina*. Die Reste der altlateinischen Bibel nach Petrus Sabatier neu gesammelt und herausgegeben von der Erzabtei Beuron. 25. *Epistulae ad Thessalonicenses, Timotheum, Titum, Philemonem, Hebraeos*. 5. Lief. 2 Th 2,2-1 Tm 1,5. - 6. Lief.: 1 Tm 1,5-3,1. - 2 fasc. (Freiburg i. Br., Herder, 1978), 321-400, 401-480.

a12855 STRAMARE, T., «La Neo-Volgata», BibOr 20 (1978) 271-277.

a12856 DESCAMPS, A.-L., «La nouvelle Vulgate», EV (doctrine) 89 (1979) 598-603.

a12857 NEIRYNCK, F., «La Concordance de Franciscus Lucas Bregensis (1617)», ETL 55 (1979) 366-372.

a12858 ODELMAN, E., «Note sur l'emploi du verbe *intendere* dans le psaume XLIV de la Vulgate», RBen 89 (1979) 303-305.

a12859 PAUL, A., «Prolégomènes à une histoire biblique: pour un concept de 'vulgate'», dans *Les chrétiens devant le fait juif* (en collab.) (1979), 75-93.

a12860 SCHMIDT, H., «'Eulogia' sulla generazione dell'uomo nel salterio della Neo-vulgata. Un'analisi linguistica», dans En collaboration, *Eulogia*. Miscellanea liturgica in onore di P. Burkhard Neunheuser (Studia Anselmiana, 68; Analecta Liturgica, 1) (Roma, Editrice Anselmiana, 1979), 413-450.

a12861 STRAMARE, T., «La Neo-Volgata: impresa scientifica e pastorale insieme», EstB 38 (1979-80) 115-138.

a12862 STRAMARE, T., «Storia e caratteristiche della neo-volgata», RivB 27 (1979) 331-338.

a12863 ESTIN, C., «Saint Jérôme, de la traduction inspirée à la traduction relativiste», RB 88 (1981) 199-215.

a12864 JAY, P., «La datation des premières traductions de l'Ancien Testament sur l'hébreu par saint Jérôme», REA 28 (1982) 208-212.

a12865 KEDAR-KOPFSTEIN, B., «The Hebrew Text of Joel as Reflected in the Vulgate», Textus 9 (1981) 16-35.

a12866 STRAMARE, T., «Storia e caratteristiche della Neo-Volgata», BibOr 23 (1981) 193-199.

9. Syriaques. Syriac. Syrische. Siriane. Sirias.

a12867 EMERTON, J., «Unclean Birds and the Origin of the Peshitta», JSS 7 (1962) 204-211.

a12868 WERNBERG-MØLLER, P., «Prolegomena to a Re-examination of the Palestinian Targum Fragments of the Book of Genesis Published by P. Kahle, and of their Relationship to the Peshitta», JSS 7 (1962) 253-266.

a12869 WERNBERG-MØLLER, P., «Some Scribal and Linguistic Features of the Genesis Part of the Oldest Peshiṭta Manuscript», JSS 13 (1968) 136-161.

a12870 AVINERY, I., «Problèmes de variation dans la traduction syriaque du Pentateuque», Sem. 25 (1975) 105-109.

a12871 BIRDSALL, J.N., «The Sources of the Pepysian Harmony and its Links with the Diatessaron», NTS 22 (1976) 215-223.

a12872 SPRENGER, N., *Konkordanz zum Syrischen Psalter* (Göttinger Orientforschungen, 1. Reihe: Syriaca, 10/8) (Wiesbaden, Harrassowitz, 1976), xi-331 pp.

*a*12873   AVINERY, I., «On the Nominal Clause in the Peshiṭta», JSS 22 (1977) 48-49.

*a*12874   KOSTER, M.D., *The Peschitta of Exodus*. The Development of its Text in the Course of Fifteen Centuries (Studia Semitica Neerlandica, 19) (Assen, Amsterdam, Van Gorcum, 1977), xx-650 pp.

*a*12875   LANE, D.J., «'Lilies that fester...': the Peshitta text of Qoheleth», VT 29 (1979) 481-490.

*a*12876   AVINERI, I., «An Example of the Influence of Hebrew on the Peshitta Translation - the Status Constructus», Textus 9 (1981) 36-38.

*a*12877   DE BOER, P.A.H., «Towards an edition of the Syriac version of the Old Testament», VT 31 (1981) 346-357.

*a*12878   ZIPOR, M.A., «A striking translation technique of the Peshiṭta», JSS 26 (1981) 11-20.

*a*12879   HOSPERS, J.H., «Some Remarks with Regard to Text and Language of the Old Testament Peshiṭta», dans *Von Kanaan bis Kerala* (en collab.) (1982), 443-455.

10. Traductions en d'autres langues. Translations in other Languages. Übersetzungen in sonstigen Sprachen. Traduzioni in altre lingue. Traducciones en otras lenguas.

*a*12880   VOGEL, P.H., «Eine neue katholische Übersetzung des N.T. in Dänemark», BiKi 9 (1954) 116-118.

*a*12881   VILLUENDAS, P., «La versión de la Sda. Biblia en lengua china», CuBi 11 (1954) 174-175.

*a*12882   KIMURA, N., «Sprachprobleme bei der japanischen Bibelübersetzung», dans *Wahrheit und Verkündigung* (en collab.) (1967), I, 237-263.

*a*12883   HAUPTMANN, P., «Die Bibel für das Sorbenvolk», dans *Text - Wort - Glaube* (en collab.) (1980), 134-158.

*a*12884   KASSER, R., «Petites rectifications à propos de l'histoire des versions coptes de la Bible», Bibl 61 (1980) 557-560.

*a*12885   ULLENDORFF, E., «Hebrew, Aramaic, and Greek: the Versions underlying Ethiopic Translations of Bible and intertestamental Literature», dans *The Bible World*. Essays in Honor of Cyrus H. Gordon (en collab.) (1980), 249-257.

*a*12886   LÉVINE, E., «La evolución de la Biblia aramea», EstB 39 (1981) 223-248.

*a*12887   LOGACHEV, K.I., «Greek Lectionaries and Problems in the Oldest Slavonic Gospel Translations», dans *New Testament Textual Criticism* (en collab.) (1981), 345-348.

*a*12888   COX, C., «Biblical Studies and the Armenian Bible, 1955-1980», RB 89 (1982) 99-113.

*a*12889   LÉVINE, E., «The Biography of the Aramaic Bible», ZAW 94 (1982) 353-379.

*a*12890   DEWAILLY, L.-M., «Le nouveau 'Nouveau Testament' suédois», NRT 105 (1983) 80-87.

*a*12891   VATEISHVILI, D., «The First Gregorian printed Bible: on the History of its appearance», EstB 41 (1983) 205-240.

DEUXIÈME PARTIE. PART TWO. ZWEITER TEIL.
SECONDA PARTE. SEGUNDA PARTE.

ANCIEN TESTAMENT.
OLD TESTAMENT.
ALTES TESTAMENT.
ANTICO TESTAMENTO.
ANTIGUO TESTAMENTO.

I. INTRODUCTION À L'ANCIEN TESTAMENT.
INTRODUCTION TO THE OLD TESTAMENT.
EINFÜHRUNG INS A.T.
INTRODUZIONE ALL'ANTICO TESTAMENTO.
INTRODUCCIÓN AL ANTIGUO TESTAMENTO.

1. Bibliographie. Bibliography. Bibliographie. Bibliographia. Bibliografía.

a12892   AUBERT, A., «Pour comprendre l'Ancien Testament», ETR 27, nº 3 (1952) 5-14.

a12893   En collaboration, *Bible Bibliography 1967-1973. Old Testament.* The Book Lists of the Society for Old Testament Study, 1967-1973 (Oxford, Basil Blackwell, 1974), x-505 pp. - A Book List is published each year.

a12894   CHILDS, B.S., *Old Testament Books for Pastor and Teacher* (Philadelphia, Westminster, 1977), 120 pp.

a12895   HUPPER, W.G., «An Index to Periodical Literature on the Old Testament (A Prospectus)», JSOT nº 8 (1978) 50-60.

a12896   BROSSIER, F., JOUHET, M., «Essai de bibliographie de base pour l'Ancien Testament», LV nº 144 (1979) 123-133.

2. État de la recherche sur l'A.T. - O.T. Research. - A.T. Forschung.
Ricerca sul A.T. - Investigación sobre el A.T.

a12897   PFEIFFER, R.H., «The History, Religion, and Literature of Israel. Research in the Old Testament, 1914-1925», HarvTR 27 (1934) 241-323.

a12898   SCAMMON, J.H., «Trends in Old Testament Introduction from 1930 to the Present», AThR 30 (1948) 150-155.

a12899   KLEIN, W.C., «Old Testament Studies Today», AThR 35 (1953) 121-131.

a12900   DE CANTANZARO, C., «Some Trends and Issues in Old Testament Studies», AThR 44 (1962) 251-263.

a12901   HENSHAW, R.A., «What is New in the Study of the Old Testament», AThR 47 (1965) 59-65.

a12902   MARTIN-ACHARD, R., «Les orientations actuelles de l'étude de l'Ancien Testament», VC nº 82 (1967) 74-87.

a12903   KRAUS, H.-J., *Geschichte der historisch-kritischen Erforschung des Alten Testament*, 2. Auflage (Neukirchen-Vluyn, Neukirchener Verlag, 1969), viii-549 pp.

a12904   RINGGREN, H., «Les Recherches d'Ancien Testament en Scandinavie», ETR 46 (1971) 419-428.

3. Actualité de l'A.T. - Modern World and O.T.
  Gegenwärtige Bedeutung des A.T.
  Attualità del A.T. - Actualidad del A.T.

a12905 LYS, D., «L'appropriation de l'Ancien Testament», ETR 41 (1966) 1-12.

a12906 LYS, D., «L'actualité et l'utilité de l'Ancien Testament pour l'Église dans une civilisation technique», ETR 41 (1966) 103-117.

a12907 RUIZ, G., «El Antiguo Testamento: Valor nuevo de un libro antiguo», CuBi 36 (1979) 123-129.

a12908 HAAG, H., «Vom Eigenwert des Alten Testaments», TQ 160 (1980) 2-16.

a12909 MASUMBUKO RENJU, P., «African Traditional Religions & Old Testament: Continuity Or Discontinuity?» dans *Christianisme et identité africaine* (en collab.) (1980), 113-118.

a12910 NYEME TESE, J., «Continuité et discontinuité entre l'A.T. et les religions africaines», dans *Christianisme et identité africaine* (en collab.) (1980), 83-112.

a12911 SCHNUTENHAUS, F., «Der Sitz des Alten Testaments im Leben der Gemeindeglieder», dans *Werden und Wirken des Alten Testaments* (en collab.) (1980), 446-459.

a12912 VOGT, H.J., «Die Geltung des Alten Testaments bei Irenäus von Lyon», TQ 160 (1980) 17-28.

a12913 HANSON, A.T., *The Living Utterances of God* (1983), «The Old Testament in the Church Today», 214-236.

4. Introductions générales. Introductory Studies.
  Arbeiten zur Einführung.
  Studi introduttori. Estudios de introducción.

a) Volumes. Books. Bücher. Volumi. Volumenes.

a12914 GOY, W.-A., «Récentes introductions à l'Ancien Testament», ETR 27, no 3 (1952) 53-64.

a12915 KUNTZ, J.K., *The People of Ancient Israel.* An Introduction to Old Testament Literature, History and Thought (New York, Harper and Row, 1974), xv-559 pp.

a12916 SOGGIN, J.A., *Introduzione all'Antico Testamento.* Dalle origini alla chiusura del Canone alessandrino. Con appendici sulle iscrizioni palestinesi della prima metà del I millennio a.C. e sui reperti manoscritti dei primi secoli dopo l'esilio (Biblioteca di Cultura Religiosa, 14) (Seconda edizione riveduta et aggiornata) (Brescia, Paideia Editrice, 1974), 666 pp.

a12917 EISSFELDT, O., *Einleitung in das Alte Testament* unter Einschluss der Apokryphen und Pseudepigraphen sowie der apokryphen- und pseudepigraphenartigen Qumrān-Schriften. Entstehungsgeschichte des Alten Testaments. 4. Auflage (Tübingen, Mohr, 1976), xvi-1130 pp.

a12918 GARCIA CORDERO, M., *Biblia y legado del Antiguo Oriente* [Madrid, Ed. Católica (BAC), 1977], 707 pp.

a12919 GUNNEWEG, A.H.J., *Vom Verstehen des Alten Testaments* (1977), «Das Alte Testament im Licht der Reformation und im Feuer der historischen Kritik», 42-84; «Das Alte Testament als Gesetz und Bundesurkunde», 85-120; «Das Alte Testament als Dokument einer Fremdreligion», 121-145.

a12920 SAWYER, J.F.A., *From Moses to Patmos*. New Perspectives in Old Testament Study (London, SPCK, 1977), ix-150 pp.

a12921 COMAY, J., *The World's Greatest Story*. The Epic of the Jewish People in Biblical Times (London, Widenfeld and Nicolson, 1978), 384 pp.

a12922 GROLLENBERG, L, *Rediscovering the Bible* (London, SCM Press, 1978), 416 pp.

a12923 KAISER, O., *Einleitung in das Alte Testament*. Eine Einführung in ihre Ergebnisse und Probleme, 4., erweiterte Auflage (Gütersloh, Mohn, 1978), 404 pp.

a12924 CHILDS, B.S., *Introduction to the Old Testament as Scripture* (Philadelphia, Fortress, 1979), 688 pp.

a12925 HAYES, J.H., *An Introduction to Old Testament Study* (Nashville, Abingdon Press, 1979), 400 pp.

a12926 HUMMEL, H.D., *The Word Becoming Flesh*. An Introduction to the Origin, Purpose, and Meaning of the Old Testament (St Louis, Concordia, 1979), 679 pp.

a12927 McKENZIE, J.L., *The Old Testament Without Illusion* (Chicago, Thomas More Press, 1979), 264 pp.

a12928 WILLIS, J.T., *The World and Literature of the Old Testament* (The Living Word Commentary on the Old Testament, 1) (Austin, Sweet, 1979), 378 pp.

a12929 HARI, A. et autres, *À la découverte de la Bible. I. L'Ancien Testament* (Paris, Les Éditions Ouvrières, 1980), 271 pp.

a12930 En collaboration, «Une première approche de la Bible», CE (n.s.) nᵒ 35 (1981) 64 pp.

a12931 ROUET, A., *Guide chrétien de la Bible. 1. L'ancien testament* (Paris, Desclée, 1981), 549 pp.

a12932 LASOR, W.S., HUBBARD, D.A., BUSH, F.W., *Old Testament Survey*. The Message, Form and Background of the Old Testament (Grand Rapids, Michigan, Eerdmans, 1982), xiv-696 pp.

a12933 SCHMIDT, W.H., *Einführung in das Alte Testament* (De Gruyter Lehrbuch, 2., durchgesehene Auflage) (Berlin, De Gruyter, 1982), x-375 pp.

a12934 RENDTORFF, R., *Das Alte Testament*. Eine Einführung (Neukirchen-Vluyn, Neukirchener Verlag, 1983), xii-323 pp.

b) Articles. Artikel. Articoli. Artículos.

a12935 VON RAD, G., *Gottes Wirken in Israel* (1974), «Von Lesen des Alten Testaments» (1970), 11-21.

a12936 MURPHY, R.E., «The Old Testament as Word of God», dans *A Light unto My Path* (en collab.) (1974), 363-374.

a12937 KITCHEN, K.A., «L'Ancien Testament étudié dans son contexte», Hok nᵒ 6 (1977) 34-54.

a12938 SEKINE, M., «Wie ist eine israelitische Literaturgeschichte möglich?» dans *Congress Volume. Göttingen 1977* (en collab.) (1978), 285-297.

a12939 BEAUCHAMP, P., «'Comprendre l'Ancien Testament'. Compte rendu d'un livre de A.H.J. Gunneweg», RSR 67 (1979) 45-58.

a12940 MARBÖCK, J., «Zur Verkündigung des Alten Testaments», BiLit 52 (1979) 22-26.

a12941 BARR, J., «Childs' *Introduction to the Old Testament as Scripture*», JSOT nᵒ 16 (1980) 12-23.

a12942 BARTHOLOMÄUS, W., «Zum Thema 'Das Alte Testament im religiösen Lernprozess'», TQ 160 (1980) 29-39.

a12943 BLENKINSOPP, J.«A New Kind of Introduction:Professor Childs' *Introduction to the Old Testament as Scripture*», JSOT nᵒ 16 (1980) 24-27.

a12944 CAZELLES, H., «The Canonical Approach to Torah and Prophets», JSOT no 16 (1980) 28-31.

a12945 CHILDS, B.S., «Response to Reviewers of *Introduction to the Old Testament as Scripture*», JSOT no 16 (1980) 52-60.

a12946 CLINES, D.J.A., «Story and Poem: The Old Testament as Literature and as Scripture», Interpr 34 (1980) 115-127.

a12947 KITTEL, B., «Brevard Childs' Development of the Canonical Approach», JSOT no 16 (1980) 2-11.

a12948 LANDES, G.M., «The Canonical Approach to Introducing the Old Testament: Prodigy and Problems», JSOT no 16 (1980) 32-39.

a12949 MURPHY, R.E., «The Old Testament as Scripture», JSOT no 16 (1980) 40-44.

a12950 ZOBEL, H.-J., «Altes Testament - Literatursammlung und Heilige Schrift? Versuch einer Klärung», TLZ 105 (1980) 81-92.

a12951 McEVENUE, S.E., «The Old Testament, Scripture or Theology?» Interpr 35 (1981) 229-242.

a12952 WEINFELD, M., «The Old Testament - the discipline and its goals», dans *Congress Volume. Vienna 1980* (en collab.) (1981), 423-434.

a12953 LONG, B.O., «The Social World of Ancient Israel», Interpr 36 (1982) 243-255.

a12954 HANSON, A.T., *The Living Utterances of God* (1983), «What is the Old Testament?» 196-213.

5. Commentaires généraux. General Commentaries. Allgemeine Kommentare. Commenti generali. Comentarios generales.

a12955 ALONSO SCHÖKEL, L., MATEOS, J., *Los libros sagrados: traducción y comentarios*[2] (Madrid, Cristiandad, 1977), A.T.: 18 vol.

a12956 LUTZ, H.-M., *Altes Testament.* Einführung, Texte, Kommentare (München, Piper, 1977), 571 pp.

a12957 KEIL, C.F., DELITZSCH, F. (Eds),*Commentary on the Old Testament in ten volumes* (Grand Rapids, Eerdmans, 1980).

a12958 FRETHEIM, T.E., «Old Testament Commentaries. Their Selection and Use», Interpr 36 (1982) 356-371.

6. Critique textuelle. Textual Criticism. Textkritik. Critica testuale. Crítica textual.

a) Études générales. General Studies. Allgemeine Studien. Studi generali. Estudios generales.

a12959 RIDDLE, D.W., «Textual Criticism as a Historical Discipline», AThR 18 (1936) 220-233.

a12960 SACCHI, P., «Per una edizione critica del testo dell'Antico Testamento», OrAnt 9 (1970) 221-233.

a12961 TALMON, S., «The Old Testament Text», dans *The Cambridge History of the Bible*, vol. 1, *From the Beginnings to Jerome*, ed. P.R. Ackroyd and C.F. Evans (Cambridge University Press, 1970), 159-199, dans *Qumran and the History of the Biblical Text* (en collab.) (1975), 1-41.

a12962 DIEZ MERINO, L., *La Biblia babilónica* (Madrid, Sección Targúmica, 1975), 328 pp.

*a*12963 En collaboration, *Preliminary and Interim Report on the Hebrew Old Testament Text Project*. Compte rendu préliminaire et provisoire sur le travail d'analyse textuelle de l'Ancien Testament hébreu, Volume I (London, England, United Bible Societies, Alliance Biblique Universelle, s.d.), 317 pp.; Volume II (Stuttgart, United Bible Societies, Alliance Biblique Universelle, 1976), 556 pp.

*a*12964 AMMASSARI, A., *La religione dei patriarchi*, «Osservazioni sulla storia del testo dell'A.T.» (1976), 221-231.

*a*12965 GOODING, D.W., «An Appeal for a Stricter Terminology in the Textual Criticism of the Old Testament», JSS 21 (1976) 15-25.

*a*12966 LABERGE, L., «Le texte de l'Ancien Testament», ET 7 (1976) 295-331.

*a*12967 ALBREKTSON, B., «Reflections on the emergence of a standard text of the Hebrew Bible», dans *Congress Volume. Göttingen 1977* (en collab.) (1978), 49-65.

*a*12968 BARTHÉLEMY, D., *Études d'histoire du texte de l'Ancien Testament* (Orbis Biblicus et Orientalis, 21) (Fribourg, Éditions Universitaires; Göttingen, Vandenhoeck & Ruprecht, 1978), xxv-449 pp.

*a*12969 HARRISON, R.K., WALTKE, B.K., GUTHRIE, D., FEE, G.D., *Biblical Criticism: Historical, Literary and Textual* (Grand Rapids, Michigan, Zondervan, 1978), 176 pp.

*a*12970 BREUER, M. (Ed.), *Pentateuch, Prophets and Hagiographa* revised according to the Text and Masorah of the Aleppo Codex and Cognate Manuscripts (Hebrew). Vol. 1. *Torah*. Vol. 2. *Nebi'im* (Jerusalem, Mosad Harav Kook, 1979), 8-274-109 p.; 8-504 pp.

*a*12971 ROBERTS, B.J., «The Textual Transmission of the Old Testament (including modern critical editions of the Hebrew Bible)», dans *Tradition and Interpretation* (en collab.) (1979), 1-30.

*a*12972 SANDERS, J.A., «Text and Canon: Concepts and Method», JBL 98 (1979) 5-29.

*a*12973 FISHBANE, M., «Biblical Colophons, Textual Criticism and Legal Analogies», CBQ 42 (1980) 438-449.

*a*12974 RINALDI, G., «Studi italiani sul testo ebraico anticotestamentario», BibOr 22 (1980) 55-61.

*a*12975 VIVIAN, A., «Historia textus della Bibbia Ebraica: problemi preliminari», RivB 28 (1980) 441-461.

*a*12976 ALBREKTSON, B., «Difficilior lectio probabilior. A Rule of Textual Criticism and its Use in Old Testament Studies», dans *Remembering all the Way...* (en collab.), OTS 21 (1981) 5-18.

*a*12977 TALMON, S., «The Ancient Hebrew Alphabet and Biblical Text Criticism», dans *Mélanges Dominique Barthélemy* (en collab.) (1981), 497-530.

*a*12978 BARTHÉLEMY, D., *Critique textuelle de l'Ancien Testament* 1. (Orbis Biblicus et Orientalis, 50/1) (Fribourg, Éd. Universitaires; Göttingen, Vandenhoeck & Ruprecht, 1982), 666 pp.

*a*12979 WEINGREEN, J., *Introduction to the Critical Study of the Text of the Hebrew Bible* (Oxford, Clarendon Press; New York, Oxford University Press, 1982), ix-103 pp.

*a*12980 GOSHEN-GOTTSTEIN, M.H., «The Textual Criticism of the Old Testament: Rise, Decline, Rebirth», JBL 102 (1983) 365-399.

b) Manuscrits. Manuscripts. Handschriften. Manoscritti. Manuscritos.

*a*12981 COUCHOUD, P.-L., «La plus ancienne bible chrétienne: les papyrus Chester Beatty», RHR 109 (1934) 207-219.

*a*12982 BEN-ZVI, I., «The Codex of Ben Asher», Textus 1 (1960) 1-16.

*a*12983 GOSHEN-GOTTSTEIN, M.H., «The Authenticity of the Aleppo Codex», Textus 1 (1960) 17-58.

*a*12984 LOEWINGER, D.S., «The Aleppo Codex and the Ben Asher Tradition», Textus 1 (1960) 59-111.

*a*12985 GOSHEN-GOTTSTEIN, M.H., «Biblical Manuscripts in the United States», Textus 2 (1962) 28-59.

*a*12986 SNAITH, N.H., «The Ben Asher Text», Textus 2 (1962) 8-13.

*a*12987 TALMON, S., «The Three Scrolls of the Law that were Found in the Temple Court», Textus 2 (1962) 14-27.

*a*12988 GOSHEN-GOTTSTEIN, M.H., «A Recovered Part of the Aleppo Codex», Textus 5 (1966) 53-59.

*a*12989 GOSHEN-GOTTSTEIN, M.H., «Hebrew Biblical Manuscripts: Their History and Their Place in the HUBP Edition», Bibl 48 (1967) 243-290, dans *Qumran and the History of the Biblical Text* (en collab.) (1975), 42-89.

*a*12990 LEHMAN, I.O., «A Study of the Oldest Dated Oriental Bible Texts», dans *Masoretic Studies* 1 (1974), 47-53.

*a*12991 TALMON, S., «Palestinian Manuscripts, 1947-1972», dans *Qumran and the History of the Biblical Text* (en collab.) (1975), 401-413.

*a*12992 BEIT-ARIÉ, M., *Hebrew Codicology*. Tentative Typology of Technical Practices Employed in Hebrew Dated Medieval Manuscripts (Institut de recherche et d'histoire des textes. Études de paléographie hébraïque) (Paris, Centre National de la Recherche Scientifique, 1976), 110 pp.

*a*12993 DEL VALLE RODRIGUEZ, C., «Nuevos Manuscritos hebreos en la Biblioteca Nacional de Madrid», EstB 35 (1976) 229-231.

*a*12994 FERNANDEZ TEJERO, E., *La tradición española de la Biblia Hebrea*. El manuscrito 118-Z-42 (M) de la Biblioteca de la Universidad Complutense de Madrid (Textos y Estudios 'Cardenal Cisneros', 14) (Madrid, Instituto 'Arias Montano', Consejo Superior de Investigaciones Científicas, 1976), lvii-633 pp.

*a*12995 GOSHEN-GOTTSTEIN, M.H. (Ed.), *The Aleppo Codex* Provided with Massoretic Notes and Pointed by Aaron Ben Asher. The Codex Considered Authoritative by Maimonides. Part 1: *Plates* (Jerusalem, Magnes Press for the Hebrew University Bible Project, 1976), 588 plates.

*a*12996 RINALDI, G., «La pubblicazione in facsimile del 'Codice di Aleppo' dell'A.T.», BibOr 19 (1977) 81-82.

*a*12997 VAN DER HEIDE, A., *Hebrew Manuscripts of Leiden University Library* (Codices Manuscripti, 18) (Leiden, University Press, 1977), ix-127 pp.

*a*12998 DAVIS, M.C., *Hebrew Bible Manuscripts in the Cambridge Genizah Collections*, Vol. 1. Taylor Schechter Old Series and other Genizah Collections in Cambridge University Library (Cambridge University Genizah Series, edited by S.C. REIF, 2) (Cambridge, Cambridge University Press, 1978), xiv-384 pp.

*a*12999 VÖÖBUS, A., «In Pursuit of Syrian Manuscripts», JNES 37 (1978) 187-193.

*a*13000 GOSHEN-GOTTSTEIN, M.H., «The Aleppo Codex and the Rise of the Massoretic Bible Text», BA 42 (1979) 145-164.

*a*13001 VIVIAN, A., «Codici ebraici medievali della Bibbia. Osservazioni in margine ad alcuni manoscritti inediti», RivB 27 (1979) 205-217.

*a*13002 CHARLESWORTH, J.H., «The Manuscripts of St. Catherine's Monastery», BA 43 (1980) 26-34.

*a*13003 LEVINE, E., «Codex Urbinates Ebr. 1. A 'Targum' Text», BZ 24 (1980) 95-100.

a13004 CHARLESWORTH, J.H., *The New Discoveries in St. Catherine's Monastery.* A Preliminary Report on the Manuscripts (American Schools of Oriental Research Monograph Series, 3) (Winoma Lake, IN, Eisenbrauns, 1981), xv-45 pp.

a13005 GREENSPOON, L., «Ars scribendi: Max Margolis' paper 'preparing scribe's copy in the age of manuscripts'», JQR 71 (1981) 133-150.

a13006 PENKOWER, J.S., «Maimonides and the Aleppo Codex», Textus 9 (1981) 39-128.

a13007 ALLAN, N., «Catalogue of Hebrew Manuscripts in the Wellcome Institute, London», JSS 27 (1982) 193-220.

a13008 COHEN, M., «Systems of Light Ga'yot in Medieval Biblical Manuscripts and their Importance for the History of the Tiberian Systems of Notation», Textus 10 (1982) 44-83.

a13009 HARAN, M., «Book-Scrolls at the Beginning of the Second Temple Period: The Transition from Papyrus to Skins», HUCA 54 (1983) 111-122.

a13010 SAUGET, J.-M., «Notes à propos du *Borgia syriaque 92*», Or. 52 (1983) 252-266.

c) Massorah.

a13011 SPERBER, A., «Problems of the Masora», HUCA 17 (1942-43) 293-394.

a13012 DRIVER, G.R., «Abbreviations in the Massoretic Text», Textus 1 (1960) 112-131.

a13013 TALMON, S., «Double Readings in the Massoretic Text», Textus 1 (1960) 144-184.

a13014 YEIVIN, I., «A Massoretic Fragment from the Cairo Geniza», Textus 1 (1960) 185-208.

a13015 WEIL, G.E., «Propositions pour une étude de la Tradition massorétique babylonienne», Textus 2 (1962) 103-119.

a13016 WEIL, G.E., «Quatre fragments de la Massorah Magna babylonienne», Textus 3 (1963) 74-120.

a13017 WEIL, G.E., «La Massorah Magna babylonienne des Prophètes», Textus 3 (1963) 163-170.

a13018 DIAZ ESTEBAN, F., «Sobre el trabajo de los masoretas», CuBi 22 (1965) 142-145.

a13019 KELLER, B., «Fragment d'un Traité d'Exégèse Massorétique», Textus 5 (1966) 60-83.

a13020 RATZABI, Y., «Massoretic Variants to the Five Scrolls from a Babylonian-Yemenite MS», Textus 5 (1966) 93-113.

a13021 DIAZ ESTEBAN, F., «References to Ben Asher and Ben Naftali in the *Massora Magna* Written in the Margins of MS Leningrad B 19a», Textus 6 (1968) 62-74.

a13022 WEIL, G.E., «Nouveaux Fragments Inédits de la Massorah Magna Babylonienne (II) MS TS. DI, No. 5», Textus 6 (1968) 75-105.

a13023 YEIVIN, I., «The New Edition of the Biblia Hebraica - its Text and Massorah», Textus 7 (1969) 114-123.

a13024 FREEDMAN, D.B., COHEN, M.B., «The Masoretes as Exegetes: Selected Examples», dans *Masoretic Studies* 1 (1974) 35-46.

a13025 LYONS, D., «The Collative Tiberian Masorah: A Preliminary Study», dans *Masoretic Studies* 1 (1974) 55-66.

a13026 PEREZ CASTRO, F., «A Diachronic Edition of the Hebrew Old Testament», dans *Masoretic Studies* 1 (1974) 79-86.

a13027 REVELL, E.J., «The Relation of the Palestinian to the Tiberian Massora», dans *Masoretic Studies* 1 (1974) 87-97.

a13028 ORTEGA MONASTERIO, M.T., *Estudio masorético interno de un manuscrito hebreo bíblico español* (Textos y Estudios 'Cardenal Cisneros' de la *Biblia Poliglota Matritense*) (Madrid, Consejo Superior de Investigaciones Científicas, 1977), xxvi-242 pp.

a13029 BARR, J., «A New Look at Kethibh-Qere», dans *Remembering all the Way...* (en collab.), OTS 21 (1981) 19-37.

*a*13030   McCARTHY, C., *The Tiqqune Sopherim and Other Theological Corrections in the Masoretic Text of the Old Testament* (Orbis Biblicus et Orientalis, 36) (Freiburg, Switzerland, Universitätsverlag; Göttingen, Vandenhoeck & Ruprecht, 1981), 280 pp.

*a*13031   YEIVIN, I., «From the Teachings of the Massoretes», Textus 9 (1981) 1-27, 135.

d) Divers. Miscellaneous. Verschiedenes. Diversi. Diversos.

*a*13032   MORGENSTERN, J., «The Loss of Words at the Ends of Lines in Manuscripts of Hebrew Poetry», HUCA 25 (1954) 41-83.

*a*13033   KOENIG, J., «L'activité herméneutique des scribes dans la transmission du texte de l'Ancien Testament», RHR 161 (1962) 141-174; 162 (1962) 1-44.

*a*13034   YEIVIN, I., «A Palestinian Fragment of *Haftaroth* and Other MSS with Mixed Pointing», Textus 3 (1963) 121-127.

*a*13035   DRIVER, G.R., «Once Again Abbreviations», Textus 4 (1964) 76-94.

*a*13036   LIPSCHÜTZ, L., «Kitāb al-Khilaf, The Book of the Ḥillufim», Textus 4 (1964) 1-29.

*a*13037   GOSHEN-GOTTSTEIN, M.H., «The Edition of Syrohexapla Materials», Textus 4 (1964) 230-231.

*a*13038   CELADA, B., «Confianza y vacilaciones acerca del texto original del Antiguo Testamento, a la vista de los últimos hallazgos», CuBi 23 (1966) 228-230.

*a*13039   ESH, S., «Variant Readings in Mediaeval Hebrew Commentaries; R. Samuel Ben Meir (Rashbam)», Textus 5 (1966) 84-92.

*a*13040   ALLONY, N., «An Autograph of Saʻid Ben Farjoi of the Ninth Century», Textus 6 (1968) 106-117.

*a*13041   FRIED, N., «Some Further Notes on *Haftaroth* Scrolls», Textus 6 (1968) 118-126.

*a*13042   SACCHI, P., «Analisi quantitaviva della tradizione medievale del testo ebraico della Bibbia secondo le collazioni del De Rossi», OrAnt 12 (1973) 1-14.

*a*13043   ENGLERT, D.M.C., «Bowdlerizing in the Old Testament», dans *A Light unto My Path* (en collab.) (1974), 141-143.

*a*13044   ALBRIGHT, W.F., «New Light on Early Recensions of the Hebrew Bible», BASOR nᵒ 140 (1955) 27-33, dans *Qumran and the History of the Biblical Text* (en collab.) (1975), 140-146.

*a*13045   CROSS, F.M., Jr., «The Evolution of a Theory of Local Texts», dans *Qumran and the History of the Biblical Text* (en collab.) (1975), 306-320.

*a*13046   PEREZ CASTRO, F., «Un centenar de lecciones del texto bíblico. Su estudio comparado en Poliglota de Alcalá, dos manuscritos complutenses, Biblia Regia, Ms B 19a de Leningrado y edición veneciana de Ben Ḥayyim», dans *Homenaje a Juan Prado* (en collab.) (1975), 43-56.

*a*13047   REVELL, E.J., «Biblical Punctuation and Chant in the Second Temple Period», JStJud 7 (1976) 181-198.

*a*13048   DIEZ MERINO, L., «Una Nueva Biblia Hebraica», EstB 36 (1977) 113-122.

*a*13049   REVELL, E.J., *Biblical Texts with Palestinian Pointing and their Accents* (Society of Biblical Literature. Masoretic Studies, 4) (Missoula, Scholars Press, 1977), xiv-265 pp.

*a*13050   KRAFT, R.A., «Christian Transmission of Greek Jewish Scriptures: A Methodological Probe», dans *Mélanges offerts à Marcel Simon* (en collab.) (1978), 207-226.

*a*13051   TALMON, S., «On the Emendation of Biblical Texts on the Basis of Ugaritic Parallels», ErIs 14 (1978) 117-124 (English Summary).

*a*13052   KELLERMANN, D., «Korrektur, Variante, Wahllesart? Ein Beitrag zum Verständnis der K *l*' / Q *lw*-Fälle», BZ 24 (1980) 57-75.

*a*13053   GREEN, J.P., *The Interlinear Bible* (Grand Rapids, Baker, 1981), vii-946 pp.

a13054 HARAN, M., «Bible Scrolls in the Early Second Temple Period - The Transition from Papyrus to Skins», ErIs 16 (1982) 86-92.

a13055 MILLARD, A.R., «In Praise of Ancient Scribes», BA 45 (1982) 143-154.

a13056 ZAFREN, H.C., «Bible Editions, Bible Study and the Early History of Hebrew Printing», ErIs 16 (1982) 240*-251*.

a13057 SKA, J.-L, «BHS: Corrigenda», Bibl 64 (1983) 343.

a13058 WONNEBERGER, R., «Die Apparatsprache der Bibbia Hebraica Stuttgartensia. Ein linguistischer Beitrag zur Editionskunde», Bibl 64 (1983) 305-342.

7. Critique littéraire. Literary Criticism. Literarkritik. Critica letteraria. Crítica literaria.

a) Études générales. General Studies. Allgemeine Studien. Studi generali. Estudios generales.

a13059 GORDON, C.H., «Homer and Bible, The Origin and Character of East Mediterranean Literature», HUCA 26 (1955) 43-108.

a13060 CELADA, B., «Los libros bíblicos, lo mismo que los del Oriente Antiguo, no exigen unidad de composición», CuBi 25 (1968) 303-304.

a13061 SCHOORS, A., «De vormkritische analyse van het Oud Testament. *Form-critical analysis of the Old Testament*», Bijdr. 32 (1971) 163-181 (English summary).

a13062 HABEL, N.C., «Appeal to Ancient Tradition as a Literary Form», dans *Society of Biblical Literature. 1973 Seminar Papers* (en collab.) (1973), I, 34-54.

a13063 KNIGHT, D.A., «The Understanding of 'Sitz im Leben' in Form Criticism», dans *Society of Biblical Literature. 1974 Seminar Papers.* (en collab.) (1974), I, 105-125.

a13064 VAN DER PLOEG, J.P.M., «Zur Literatur- und Stilforschung im Alten Testament», TLZ 100 (1975) 801-814.

a13065 KITCHEN, K.A., «Les fondements de la critique littéraire de l'Ancien Testament», Hok nº 2 (1976) 70-75.

a13066 LONG, B.O., «Recent field studies in oral literature and their bearing on OT criticism», VT 26 (1976) 187-198.

a13067 BÄCHLI, O., «'Was habe ich mit Dir zu schaffen?' Eine formelhafte Frage im A.T. und N.T.», TZ 33 (1977) 69-80.

a13068 BUSS, M.J., «The Idea of Sitz im Leben - History and Critique», ZAW 90 (1978) 157-170.

a13069 HARRISON, R.K., WALTKE, B.K., GUTHRIE, D., FEE, G.D., *Biblical Criticism: Historical, Literary and Textual* (Grand Rapids, Michigan, Zondervan, 1978), 176 pp.

a13070 LACK, R., *Letture strutturaliste dell'antico testamento*, «L'arte narrativa nell'Antico Testamento» (1978), 65-128.

a13071 LICHT, J., *Storytelling in the Bible* (Jerusalem, Magnes Press, The Hebrew University, 1978), 154 pp.

a13072 SCHICKLBERGER, F., «Biblische Literarkritik und linguistische Texttheorie. Bemerkungen zu einer Textsyntax von hebräischen Erzähltexten», TZ 34 (1978) 65-81.

a13073 CLINES, D.J.A., «Story and Poem: The Old Testament as Literature and as Scripture», Interpr 34 (1980) 115-127.

a13074 DI MARCO, A., *Il chiasmo nella bibbia.* Contributi di stilistica strutturale (Collana ricerche e proposte, 1) (Torino, Marietti, 1980), 215 pp.

a13075 KEDAR, B., *Biblische Semantik.* Eine Einführung (Stuttgart, Kohlhammer, 1981), 214 pp.

a13076   VAN DYKE PARUNAK, H., «Oral Typesetting: Some Uses of Biblical Structure», Bibl 62 (1981) 153-168.

a13077   WEITZMAN, M.P., «Verb frequency and source criticism», VT 31 (1981) 451-471.

a13078   AUFFRET, P., *La sagesse a bâti sa maison*. Études de structures littéraires dans l'Ancien Testament et spécialement dans les Psaumes (Orbis biblicus et orientalis, 49) (Fribourg/Suisse, Éditions Universitaires; Göttingen, Vandenhoeck & Ruprecht, 1982), 580 pp.

a13079   CAHILL, J., «The Art of Biblical Narrative: A Review Article», RelStB 2 (1982) 48-55.

a13080   KSELMAN, J.S., «The ABCB pattern: further examples», VT 32 (1982) 224-229.

a13081   RINGGREN, H., «The omitting of *kol* in Hebrew parallelism», VT 32 (1982) 99-103.

a13082   BEE, R.E., «Statistics and source criticism», VT 33 (1983) 483-488.

b) *Genres littéraires. Literary Genres. Literarische Gattungen.*
   Generi letterari. Géneros literarios.

a13083   HERBERT, A.S., «The 'Parable' (*Māšāl*) in the Old Testament», SJTh 7 (1954) 180-196.

a13084   SCHILDENBERGER, J., «Was bedeutet die literarische Gattung für die Auslegung der biblischen Bücher?» BiKi 17 (1962) 4-7.

a13085   ANDERSON, G.W., «Israel's Creed: Sung, not Signed», SJTh 16 (1963) 277-285.

a13086   HAAG, H., «Die literarischen Gattungen im Alten Testament», dans *Mysterium Salutis* (en collab.) (1965), I, 321-330.

a13087   TESTA, E., «Il genere letterario della disputa e il racconto di Caino e Abele», BibOr 8 (1966) 157-166.

a13088   GERLACH, M., *Die prophetischen Liturgien des Alten Testaments* (Bonn, Doctoral Dissertation, University of Bonn, 1967), 120 pp.

a13089   WAKEMAN, M.K., «Relation of Literary Genres to Religious Perspectives», dans *Society of Biblical Literature. 1973 Seminar Papers* (en collab.) (1973), 55-59.

a13090   CULLEY, R.C., «Themes and Variations in Three Groups of OT Narratives», Semeia n° 3 (1975) 3-13 (Miracle stories, deception stories, punishment stories).

a13091   GILMER, H.W., *The If-You Form in Israelite Law* (Society of Biblical Literature. Dissertation Series, 15) (Missoula, Montana, Scholars Press, 1975), 139 pp.

a13092   GONZALEZ LAMADRID, A., «Etiología e historia», dans *Homenaje a Juan Prado* (en collab.) (1975), 663-673.

a13093   WHITE, H.C., «French Structuralism and OT Narrative Analysis: Roland Barthes», Semeia n° 3 (1975) 99-127.

a13094   CORTES, E., *Los Discursos de Adiós de GN 49 a JN 13-17* (Colectanea San Paciano, 23) (Barcelona, Facultad de Teología de Barcelona, Herder, 1976), 549 pp.

a13095   DE TRYON-MONTALEMBERT, R., «La tradition des conteurs hébraïques», VS 130 (1976) 492-503.

a13096   GOLKA, F.W., «The aetiologies in the Old Testament», VT 26 (1976) 410-428; 27 (1977) 36-47.

a13097   GÖRG, M., «Der Einwand im prophetischen Berufungsschema», TrierTZ 85 (1976) 161-166.

a13098   HABEL, N.C., «Appeal to Ancient Tradition as a Literary Form», ZAW 88 (1976) 253-272.

a13099   LORD, A.B., «Formula and Non-Narrative Theme in South Slavic Oral Epic and the OT», Semeia 5 (1976) 93-105.

a13100   WITTIG, S., «Theories of Formulaic Narrative», Semeia 5 (1976) 65-91.

a13101   DEIST, F., «Stilvergleichung als literarkritisches Verfahren», ZAW 89 (1977) 325-357.

a13102   LIMBECK, M., «Die Klage - eine verschwundene Gebetsgattung», TQ 157 (1977) 3-16.

a13103 NIDITCH, S., DORAN, R., «The Success Story of the Wise Courtier: A Formal Approach», JBL 96 (1977) 179-193.

a13104 SCHMIDT, D., «The LXX *Gattung* 'Prophetic Correlative'», JBL 96 (1977) 517-522.

a13105 WILLIAMS, J.G., «Irony and Lament: Clues to Prophetic Consciousness», Semeia 8 (1977) 51-74.

a13106 WILSON, R.R., *Genealogy and History in the Biblical World* (Yale Near Eastern Researches, 7) (New Haven and London, Yale University Press, 1977), xv-222 pp.

a13107 CATHCART, K.J., «Micah 5,4-5 and Semitic Incantations», Bibl 59 (1978) 38-48.

a13108 LICHTENBERGER, H., «Eine weisheitliche Mahnrede in den Qumranfunden (4Q 185)», dans *Qumrân. Sa piété, sa théologie et son milieu* (en collab.) (1978), 151-162.

a13109 LOHFINK, N., «Die Gattung der 'Historischen Kurzgeschichte' in den letzten Jahren von Juda und in der Zeit des Babylonischen Exils», ZAW 90 (1978) 319-347.

a13110 PATTE, D., «Universal Narrative Structures and Semantic Frameworks», Semeia 10 (1978) 123-135.

a13111 CRENSHAW, J.L., «Questions, dictons et épreuves impossibles», dans *La Sagesse de l'Ancien Testament* (en collab.) (1979), 96-111.

a13112 GIBERT, P., *La Bible à la naissance de l'histoire. Au temps de Saül, David et Salomon* (Paris, Fayard, 1979), 446 pp.

a13113 WILSON, R.R., «Between 'Azel' and 'Azel': Interpreting the Biblical Genealogies», BA 42 (1979) 11-22.

a13114 BAR-EFRAT, S., «Some observations on the analysis of structure in biblical narrative», VT 30 (1980) 154-173.

a13115 CONROY, C., «Hebrew Epic: Historical Notes and Critical Reflections», Bibl 61 (1980) 1-30.

a13116 VATER, A.M., «Narrative Patterns for the Story of Commissioned Communication in the OT», JBL 99 (1980) 365-382.

a13117 VETTER, D., «Satzformen prophetischer Rede», dans *Werden und Wirken des Alten Testaments* (en collab.) (1980), 174-193.

a13118 VOGELS, W., «The Literary Form of 'The Question of the Nations'», ET 11 (1980) 159-176.

a13119 BLENKINSOPP, J., «Biographical Patterns in Biblical Narrative», JSOT no 20 (1981) 27-46.

a13120 BROWN, J.P., «Proverb-Book, Gold-Economy, Alphabet», JBL 100 (1981) 169-191.

a13121 EXUM, J.C., «Aspects of Symmetry and Balance in the Samson Saga», JSOT no 19 (1981) 3-29.

a13122 WILLIAMS, J.G., *Those who ponder Proverbs. Aphoristic Thinking and Biblical Literature* (Sheffield, Almond Press, 1981), 128 pp.

a13123 DENIS, A.-M., «Les genres littéraires dans les pseudépigraphes d'Ancien Testament», JStJud 13 (1982) 1-5.

a13124 KRAŠOVEC, J., «Merism - Polar Expression in Biblical Hebrew», Bibl 64 (1983) 231-239.

a13125 MILLER, P.D., Jr., «Trouble and Woe. Interpreting the Biblical Laments», Interpr 37 (1983) 32-45.

a13126 POLK, T., «Paradigms, Parables, and *Mĕšālîm*: On Reading the *Māšāl* in Scripture», CBQ 45 (1983) 564-583.

c) *Poétique. Poetry. Poesie. Poetica. Poética.*

a13127   PEINADOR, M., «El paralelismo de la poesía hebrea como fenómeno literario y norma exegética», CuBi 16 (1959) 257-268.

a13128   MIRSKY, A., «Biblical Variants in Medieval Hebrew Poetry», Textus 3 (1963) 159-162.

a13129   HAULOTTE, E., «Propos sur la fonction poétique de la Bible», LV n° 100 (1970) 80-95.

a13130   FREEDMAN, D.N., «Strophe and Meter in Exodus 15», dans *A Light unto My Path* (en collab.) (1974), 163-203.

a13131   CROSS, F.M., Jr., FREEDMAN, D.N., *Studies in Ancient Yahwistic Poetry* (S.B.L. Dissertation Series, 21) (Missoula, Montana, Scholars Press, 1975), vii-191 pp.

a13132   WATTERS, W.R., *Formula Criticism and the Poetry of the Old Testament* (BZAW 138) (Berlin, New York, De Gruyter, 1976), 227 pp.

a13133   FREEDMAN, D.N., «Pottery, Poetry, and Prophecy: An essay on Biblical Poetry», JBL 96 (1977) 5-26.

a13134   KSELMAN, J.S., «Semantic-Sonant Chiasmus in Biblical Poetry», Bibl 58 (1977) 219-223.

a13135   BEE, R.E., «The Mode of Composition and Statistical Scansion», JSOT n° 6 (1978) 58-68.

a13136   CERESKO, A.R., «The Function of Chiasmus in Hebrew Poetry», CBQ 40 (1978) 1-10.

a13137   COLLINS, T., «Line-forms in Hebrew Poetry», JSS 23 (1978) 228-244.

a13138   COLLINS, T., *Line-Forms in Hebrew Poetry*. A grammatical approach to the stylistic study of the Hebrew Prophets (Studia Pohl: Series Maior, 7) (Rome, Biblical Institute Press, 1978), ix-303 pp.

a13139   DE MOOR, J.C., «The Art of Versification in Ugaritic and Israel. II: The Formal Structure», UF 10 (1978) 187-217.

a13140   HUNTER, H., «Amos Niven Wilder and the Processes of Poetry», Semeia 13 (1978) 1-8.

a13141   LACK, R., *Letture strutturaliste dell'antico testamento*, «La poesia, perché, come?» (1978), 21-37.

a13142   FREEDMAN, D.N., «Early Israelite Poetry and Historical Reconstructions», dans *Symposia* (en collab.) (1979), 85-96.

a13143   GELLER, S.A., *Parallelism in Early Biblical Poetry* (Harvard Semitic Monographs, 20) (Missoula, Scholars Press, 1979), 389 pp.

a13144   CLIFFORD, R.J., «Rhetorical Criticism in the Exegesis of Hebrew Poetry», dans *SBL 1980 Seminar Papers* (en collab.) (1980), 17-28.

a13145   DE MOOR, J.C., «The Art of Versification in Ugarit and Israel. III. Further Illustrations of the Principle of Expansion», UF 12 (1980) 311-316.

a13146   FREEDMAN, D.N., *Pottery, Poetry, and Prophecy*. Studies in Early Hebrew Poetry (Winona Lake, Indiana, Eisenbrauns, 1980), xiv-376 pp.

a13147   GROSSBERG, D., «Noun/Verb Parallelism: Syntactic or Asyntactic», JBL 99 (1980) 481-488.

a13148   KSELMAN, J.S., «Design and Structure in Hebrew Poetry», dans *SBL 1980 Seminar Papers* (en collab.) (1980), 1-16.

a13149   LaSOR, W.S., «Samples of Early Semitic Poetry», dans *The Bible World*. Essays in Honor of Cyrus H. Gordon (en collab.) (1980), 99-121.

a13150   KUGEL, J.L., *The Idea of Biblical Poetry*. Parallelism and its History (New Haven, CT, London, Yale University Press, 1981), xi-339 pp.

a13151   REVELL, E.J., «Pausal forms and the structure of biblical poetry», VT 31 (1981) 186-199.

a13152   VAN GROL, H.W.M., «De Kunst Van Het Lezen. Presentatie en bespreking van P. Van der Lugt, *Strofische structuren in de bijbels-hebreeuwse poëzie*», Bijdr. 42 (1981) 234-245.
a13153   LONGMAN, T., «A Critique of Two Recent Metrical Systems», Bibl 63 (1982) 230-254.
a13154   WATSON, W.G.E., «Trends in the Development of Classical Hebrew Poetry: A Comparative Study», UF 14 (1982) 265-277.
a13155   GARR, W.R., «The Qinah: A Study of Poetic Meter, Syntax and Style», ZAW 95 (1983) 54-75.

8. Formation de l'Ancien Testament. Formation of the O.T. - Entstehung des A.T. Formazione del A.T. - Formación del Antiguo Testamento.

a13156   SUASSO, H., «Heilige Schrift en traditie in het Oude Testament (*Holy Scripture and the Israelitic tradition*)», Bijdr. 15 (1954) 1-24 (English summary).
a13157   RUSSELL, D.S., *Between the Testaments* (1960), «The Sacred Writings», 58-74.
a13158   SOGGIN, J.A., *Old Testament and Oriental Studies* (1975), «Cultic-Aetiological Legends and Catechesis in the Hexateuch» (1960), 72-77.
a13159   HAAG, H., «Die Buchwerdung des Wortes Gottes in der Heiligen Schrift», dans *Mysterium Salutis* (en collab.) (1965), I, 289-459.
a13160   RENNES, J., «Notes sur la formation de l'Ancien Testament», ETR 41 (1966) 21-26.
a13161   CELADA, B., «Autores de los libros de la Biblia y 'relecturas'», CuBi 25 (1968) 158-160.
a13162   SMYTH-FLORENTIN, F., «L'Exode, les étapes d'une mémoire vivante», LV n° 108 (1972) 57-71.
a13163   CUNCHILLOS, J.-L., *La Bible. Première lecture de l'Ancien Testament I*, «Histoire de la rédaction de quelques livres» (1974), 121-131.
a13164   VAWTER, B., «Prophecy and the Redactional Question», dans *No Famine in the Land* (en collab.) (1975), 127-139.
a13165   COOTE, R.B., «The Application of Oral Theory to Biblical Hebrew Literature», Semeia 5 (1976) 51-64.
a13166   CULLEY, R.C., «Oral Tradition and the OT: Some Recent Discussion», Semeia 5 (1976) 1-33.
a13167   LESTIENNE, M., *Comment la Bible a été écrite* (Croire aujourd'hui) (Paris, Desclée de Brouwer; Montréal, Bellarmin, 1976), 121 pp.
a13168   VAN SETERS, J., «Oral Patterns or Literary Conventions in Biblical Narrative», Semeia 5 (1976) 139-154.
a13169   BRODIE, L., «Creative Writing: Missing in Biblical Research», BTB 8 (1978) 34-39.
a13170   PAULSEN, H., «Traditionsgeschichtliche Methode und religionsgeschichtliche Schule», ZTK 75 (1978) 20-55.
a13171   SMEND, R., *Die Entstehung des Alten Testaments* (Theologische Wissenschaft, 1) (Stuttgart, Kohlhammer, 1978), 237 pp.
a13172   WEIL, G.E., «Saintes Écritures ou l'Écriture de l'Alliance», RSR 66 (1978) 585-615.
a13173   GILBERT, P., *La Bible à la naissance de l'histoire. Au temps de Saül, David et Salomon* (Paris, Fayard, 1979), 446 pp.
a13174   SCHMITT, H.-C., «'Priesterliches' und 'prophetisches' Geschichtsverständnis in der Meerwundererzählung Ex 13,17-14,31. Beobachtungen zur Endredaktion des Pentateuch», dans *Textgemäss* (en collab.) (1979), 139-155.
a13175   VATER, A.M., «Story Patterns for a *Sitz*: A Form- or Literary-Critical Concern?» JSOT n° 11 (1979) 47-56.

*a*13176　LEMAIRE, A., *Les écoles et la formation de la Bible en Israël* (Orbis Biblicus et Orientalis, 39) (Fribourg, Suisse, Éditions Universitaires; Göttingen, Vandenhoeck & Ruprecht, 1981), 140 pp.

*a*13177　HARAN, M., «Book-Scrolls in Israel in Pre-Exilic Times», dans *Essays in Honour of Yigael Yadin*, JJS 33 (1982) 161-173.

9. Théologie de l'Ancien Testament. Theology of the Old Testament. Theologie des A.T. Teologia dell'Antico Testamento. Teología del Antiguo Testamento.

a) *Études générales. General Studies. Allgemeine Abhandlungen. Studi generali. Estudios generales.*

*a*13178　DENTAN, R.C., «The Old Testament and a Theology for Today», AThR 27 (1945) 17-27.

*a*13179　PORTEOUS, N.W., «Towards a Theology of the Old Testament», SJTh 1 (1948) 136-149.

*a*13180　NORTH, C.R., «Old Testament Theology and the History of Hebrew Religion», SJTh 2 (1949) 113-126.

*a*13181　PORTEOUS, N.W., «The Old Testament and Some Theological Thought-Forms», SJTh 7 (1954) 153-169.

*a*13182　VISCHER, W., «Le 'Kérygma' de l'Ancien Testament (trad. R.H. Esnault)», ETR 30, no 2 (1955) 24-48.

*a*13183　GARCIA DE LA FUENTE, O., «Teología e historia en el Antiguo Testamento», CuBi 14 (1957) 1-7.

*a*13184　VON RAD, G., «Offene Fragen im Umkreis einer Theologie des Alten Testaments», TLZ 88 (1963) 401-416.

*a*13185　STOEBE, H.-J., «Überlegungen zur Theologie des Alten Testaments», dans *Gottes Wort und Gottes Land* (en collab.) (1965), 200-220.

*a*13186　RICHTER, W., «Beobachtungen zur theologischen Systembildung in der alttestamentlichen Literatur anhand des 'kleinen geschichtlichen Credo'», dans *Wahrheit und Verkündigung* (en collab.) (1967), 175-212.

*a*13187　McKENZIE, J.L., «Aspects of Old Testament Thought», dans JBC (en collab.) (1968), II, 736-767.

*a*13188　JENNI, E., WESTERMANN, C. (Hrsg.), *Theologisches Handwörterbuch zum Alten Testament*, Band I (München, Kaiser; Zürich, Theologischer Verlag, 1971), 942 pp.

*a*13189　FOHRER, G., *Theologische Grundstrukturen des Alten Testaments* (Theologische Bibliothek Töpelmann, 24) (Berlin, New York, De Gruyter, 1972), x-276 pp.

*a*13190　BOTTERWECK, G.J., RINGGREN, H. (Hrsg.), *Theologisches Wörterbuch zum Alten Testament*, Band II, Lief. 3-8 (Stuttgart, Kohlhammer, 1975), Sp. 257-1024.

*a*13191　DAVIDSON, R., «The Old Testament - A Question of Theological Relevance», dans *Biblical Studies* (W. Barclay) (en collab.) (1976), 43-55.

*a*13192　JENNI, E., WESTERMANN, C. (Hrsg.), *Theologisches Handwörterbuch zum Alten Testament* (München, Kaiser, 1976), II, 602 pp.

*a*13193　OTTO, E., «Erwägungen zu den Prolegomena einer Theologie des Alten Testaments», Kairos 19 (1977) 53-72.

*a*13194　REIF, S.C., «Botterweck and Ringgren's New Dictionary», JQR 67 (1976) 154-159.

*a*13195　BARTON, J., «Understanding Old Testament Ethics», JSOT no 9 (1978) 44-64.

*a*13196　BRUCE, F.F., «The Theology and Interpretation of the Old Testament», dans *Tradition and Interpretation* (en collab.) (1979), 385-416.

a13197 REVENTLOW, H.G., «Basic Problems in Old Testament Theology», JSOT no 11 (1979) 2-22.

a13198 GUNNEWEG, A.H.J., «'Theologie' des Alten Testaments oder 'Biblische Theologie'?» dans *Textgemäss* (en collab.) (1979), 39-46.

a13199 MARTIN-ACHARD, R., «À propos de la Théologie de l'Ancien Testament. Une hypothèse de travail», TZ 35 (1979) 63-71.

a13200 BRUEGGEMANN, W., «A Convergence in Recent Old Testament Theologies», JSOT no 18 (1980) 2-18.

a13201 GERLEMAN, G., *Studien zur alttestamentlichen Theologie* (Franz Delitzsch-Vorlesungen, N.F.) (Heidelberg, Lambert Schneider, 1980), 64 pp.

a13202 HASEL, G.F., «A Decade of Old Testament Theology: Retrospect and Prospect», ZAW 93 (1981) 165-183.

a13203 REVENTLOW, H.G., *Hauptprobleme der alttestamentlichen Theologie im 20. Jahrhundert* (Erträge der Forschung, 173) (Darmstadt, Wissenschaftliche Buchgesellschaft, 1982), viii-203 pp.

a13204 METTINGER, T.N.D., *The Dethronement of Sabaoth.* Studies in the Shem and Kabod Theologies (Conjectanea Biblica. Old Testament series, 18) (Lund, CWK Gleerup, 1982), 158 pp.

a13205 REVENTLOW, H.G., *Hauptprobleme der biblischen Theologie* (Erträge der Forschung, 203) (Darmstadt, Wissenschaftliche Buchgesellschaft, 1983), viii-172 pp.

b) *Théologiens de l'A.T. - Theologians of the O.T. - Theologen des A.T. Teologi del A.T. - Teólogos del A.T.*

a13206 CELADA, B., «La Teología del Antiguo Testamento de von Rad», CuBi 30 (1973) 32-47.

a13207 CELADA, B., «Teología de la Biblia, obra original en castellano», CuBi 30 (1973) 105-112.

a13208 SPRIGGS, D.G., *Two Old Testament Theologies.* A Comparative Evaluation of the Contributions of Eichrodt and von Rad to our Understanding of the Nature of Old Testament Theology (S.B.T., Second Series, 30) (London, SCM Press, 1974), xii-127 pp.

a13209 LANSING HICKS, R., «G. Ernest Wright and Old Testament Theology», AThR 58 (1976) 158-178.

a13210 BRUCE, F.F., «The Theology and Interpretation of the Old Testament», dans *Tradition and Interpretation* (en collab.) (1979), 385-416.

a13211 UFFENHEIMER, B., «Utopia and Reality in Biblical Thought», Immanuel 9 (1979) 5-15.

a13212 ALONSO SCHÖKEL, L., «Lo horizontal y lo vertical: Planteamientos del Antiguo Testamento», *Miscelánea Comillas,* 41 (1983) 251-258.

II. PENTATEUQUE. PENTATEUCH. PENTATEUCO.

1. Introduction. Einleitung. Introduzione. Introducción.

1. Études générales. General Studies. Allgemeine Studien. Studi generali. Estudios generales.

a13213 BRIEND, J., «Une lecture du Pentateuque», CE (n.s.) no 15 (1976) 60 pp.

a13214 KITCHEN, K.A., «D'Égypte au Jourdain», Hok no 2 (1976) 45-66.

a13215   WYATT, N., «The Old Testament Historiography of the Exilic Period», ST 33 (1979)
         45-67.
a13216   VERMEYLEN, J., «Le récit du paradis et la question des origines du Pentateuque»,
         Bijdr. 41 (1980) 230-250 (résumé français).
a13217   ZENGER, E., «Auf der Suche nach einem Weg aus der Pentateuchkrise», TR 78 (1982)
         353-362.

2. *État de la critique. Present State of Criticism. Stand der kritischen Forschung.*
   Situazione della critica. Estado de la crítica.

a13218   RENDTORFF, R., «Pentateuchal Studies on the Move», JSOT nº 3 (1977) 43-45.
a13219   SCHMID, H.H., «In Search of New Approaches in Pentateuchal Research», JSOT nº 3
         (1977) 33-42.
a13220   CLEMENTS, R.E., «Pentateuchal Problems», dans *Tradition and Interpretation* (en
         collab.) (1979), 96-124.
a13221   AULD, A.G., «Keeping up with Recent Studies VI. The Pentateuch», ExpTim 91 (1980)
         297-302.
a13222   SCHMID, H.H., «Auf der Suche nach neuen Perspektiven für die Pentateuchforschung»,
         dans *Congress Volume. Vienna 1980* (en collab.) (1981), 375-394.
a13223   GUNNEWEG, A.H.J., «Ammerkungen und Anfragen zur neueren
         Pentateuchforschung», TRu 48 (1983) 227-253.

3. *Traditions du Pentateuque. Traditions of the Pentateuch. Traditionen des Pentateuch.*
   Tradizioni del Pentateuco. Tradiciones del Pentateuco.

a) **Études générales. General Studies. Allgemeine Studien. Studi generali. Estudios generales.**

a13224   PRADO, J., «El Pentateuco», CuBi 16 (1959) 129-151.
a13225   BRIEND, J., «Une lecture du Pentateuque», CE (n.s.) nº 15 (1976) 60 pp.
a13226   POLZIN, R., «Martin Noth's *A History of Pentateuchal Traditions*», BASOR nº 221
         (1976) 113-120.
a13227   CLEMENTS, R.E., «Review of R. Rendtorff, *Das überlieferungsgeschichtliche Problem
         des Pentateuch*», JSOT nº 3 (1977) 46-56.
a13228   DEIST, F., «Stilvergleichung als literarkritisches Verfahren», ZAW 89 (1977) 325-357.
a13229   RENDTORFF, R., *Das überlieferungsgeschichtliche Problem des Pentateuch*
         (BZAW 147) (Berlin, New York, 1977), 177 pp.
a13230   WAGNER, N.E., «A Response to Professor Rolf Rendtorff», JSOT nº 3 (1977) 20-27.
a13231   WHYBRAY, R.N., «Response to Professor Rendtorff», JSOT nº 3 (1977) 11-14.
a13232   FITCH, W.O., «Dr. R.H. Kennett and the Sources of the Pentateuch», dans *Studia
         Biblica 1978. I. Papers on Old Testament* (en collab.) (1979), 145-148.
a13233   FRIEDMAN, R.E., *The Exile and Biblical Narrative.* The Formation of the
         Deuteronomistic and Priestly Works (Harvard Semitic Monographs, 22) (Chico,
         Scholars Press, 1981), ix-151 pp.
a13234   ROSE, M., *Deuteronomist und Jahwist.* Untersuchungen zu den Berührungspunkten
         beider Literaturwerke (Abhandlungen zur Theologie des Alten und Neuen
         Testaments, 67) (Zürich, Theologischer Verlag, 1981), 342 pp.
a13235   VERMEYLEN, J., «La formation du Pentateuque à la lumière de l'exégèse historico-
         critique», RTL 12 (1981) 324-346.
a13236   SANDYS-WUNSCH, J., «Before Adam and Eve - or what the censor saw», SR 11 (1982)
         23-28.

b) Tradition J. Tradizione J. Tradición J.

a13237   FRITZ, V., *Israel in der Wüste*. Traditionsgeschichtliche Untersuchung der Wüstenüberlieferung des Jahwisten (Marburger Theologische Studien, 7) (Marburg, N.G. Elwert, 1970), xii-148 pp.

a13238   MURPHY, R.E., «Wisdom and Yahwism», dans *No Famine in the Land* (en collab.) (1975), 117-126.

a13239   SCHMID, H.H., *Der sogenannte Jahwist*. Beobachtungen und Fragen zur Pentateuchforschung (Zürich, Theologischer Verlag, 1976), 194 pp.

a13240   COATS, G.W.,«The Yahwist as Theologian? A Critical Reflection», JSOT nᵒ 3 (1977) 28-32.

a13241   RENDTORFF, R., «The 'Yahwist' as Theologian? The Dilemma of Pentateuchal Criticism», JSOT nᵒ 3 (1977) 2-10.

a13242   SCHMIDT, L., «Überlegungen zum Jahwisten», EvT 37 (1977) 230-247.

a13243   VAN SETERS, J., «The Yahwist as Theologian? A Response», JSOT nᵒ 3 (1977) 15-19.

a13244   WENHAM, G.J., «Review of H.H. Schmid, *Der sogennante Jahwist*», JSOT nᵒ 3 (1977) 57-60.

a13245   LUBSCZYK, H., «Elohim beim Jahwisten», dans *Congress Volume. Göttingen 1977* (en collab.) (1978), 226-253.

a13246   SEEBASS, H., «Num. xi, xii und die Hypothese des Jahwisten», VT 28 (1978) 214-223.

a13247   COATS, G.W., «The Curse in God's Blessing. Gen 12,1-4a in the Structure and Theology of the Yahwist», dans *Die Botschaft und die Boten* (en collab.) (1981), 31-41.

a13248   CRÜSEMANN, F., «Die Eigenständigkeit der Urgeschichte. Ein Beitrag zur Diskussion um den 'Jahwisten'», dans *Die Botschaft und die Boten* (en collab.) (1981), 11-29.

a13249   SCHMIDT, W.H., «Ein Theologe in salomonischer Zeit? Plädoyer für den Jahwisten», BZ 25 (1981) 82-102.

a13250   NORTH, R., «Can Geography Save J from Rendtorff?» Bibl 63 (1982) 47-55.

a13251   VAN SETERS, J., «The Place of the Yahwist in the History of Passover and Massot», ZAW 95 (1983) 167-182.

c) Tradition E. Tradizione E. Tradición E.

a13252   JAROŠ, K., *Die Stellung des Elohisten zur kanaanäischen Religion* (Orbis Biblicus et Orientalis, 4) (Freiburg, Switzerland, Universitätsverlag, Göttingen, Vandenhoeck & Ruprecht, 1974), 496 pp.

a13253   JAROŠ, K., «Der Elohist in der Auseinandersetzung mit der Religion seiner Umwelt», Kairos 17 (1975) 279-283.

a13254   CRAGHAN, J.F., «The Elohist in Recent Literature», BTB 7 (1977) 23-35.

a13255   JENKS, A.W., *The Elohist and North Israelite Traditions* (SBL Monograph Series, 22) (Montana, Missoula, Scholars Press, 1977), 147 pp.

a13256   KLEIN, H., «Ort und Zeit des Elohisten», EvT 37 (1977) 247-260.

d) Tradition D. Tradizione D. Tradición D.

a13257   FLANAGAN, J.W., «Judah in All Israel», dans *No Famine in the Land* (en collab.) (1975), 101-116.

a13258   MILGROM, J., «A Formulaic Key to the Sources of D», ErIs 14 (1978) 42-47 (English summary).

a13259   FRIEDMAN, R.E., «From Egypt to Egypt: Dtr¹ and Dtr²», dans *Traditions in Transformation* (en collab.) (1981), 167-192.

a13260 MALY, E.H., «'The Highest Heavens Cannot Contain You' (2 Kgs 8,27): Immanence and Transcendence in the Deuteronomist», dans *Standing Before God* (en collab.) (1981), 23-30.

e) Tradition P. Tradizione P. Tradición P.

a13261 CORTESE, E., *La terra di Canaan nella storia sacerdotale del Pentateuco* (Associazione Biblica Italiana. Supplementi alla *Rivista Biblica*, 5) (Brescia, Paideia, 1972), 205 pp.

a13262 HURWITZ, A., «Linguistic Observations on the Priestly term *'edah* and the Language of P», Immanuel 1 (1972) 21-23.

a13263 WEIMAR, P., *Untersuchungen zur priesterschriftlichen Exodusgeschichte* (Forschung zur Bibel, 9) (Würzburg, Echter Verlag, 1973), 273 pp.

a13264 BLENKINSOPP, J., «The Structure of P», CBQ 38 (1976) 275-292.

a13265 CORTESE, E., «Dimensioni letterarie e elementi strutturali di Pg: per una teologia del documento sacerdotale», RivB 25 (1977) 113-141.

a13266 KEARNEY, P.J., «Creation and Liturgy: The P Redaction of Ex 25-40», ZAW 89 (1977) 375-387.

a13267 SHEEHAN, J.F.X., «The Pre-P Narrative: A Children's Recital?» dans *Scripture in History & Theology* (en collab.) (1977), 25-46.

a13268 CORTESE, E., «La teologia del documento sacerdotale», RivB 26 (1978) 113-137.

a13269 GROSS, W., «Bundeszeichen und Bundeschluss in der Priesterschrift», TrierTZ 87 (1978) 98-115.

a13270 KSELMAN, J.S., «The Recovery of Poetic Fragments from the Pentateuchal Priestly Source», JBL 97 (1978) 161-173.

a13271 KULLING, S., «La datation de 'P' dans la Genèse», Hok no 9 (1978) 17-33.

a13272 LOHFINK, N., «Die Priesterchrift und die Geschichte», dans *Congress Volume. Göttingen 1977* (en collab.) (1978), 189-225.

a13273 SKA, J.-L., «Les plaies d'Égypte dans le récit sacerdotal (Pᵍ)», Bibl 60 (1979) 23-35.

a13274 WALKENHORST, K.-H., «Hochwertung der Namenserkenntnis und Gottverbundenheit in der Höhenlinie der priesterlichen Geschichtserzählung», AJBI 6 (1980) 3-28.

a13275 HARAN, M., «Behind the Scenes of History: Determining the Date of the Priestly Source», JBL 100 (1981) 321-333.

a13276 KLEIN, R.W., «The Message of P», dans *Die Botschaft und die Boten* (en collab.) (1981), 57-66.

a13277 SAEBØ, M., «Priestertheologie und Priesterschrift. Zur Eigenart der priesterlichen Schicht im Pentateuch», dans *Congress Volume. Vienna 1980* (en collab.) (1981), 357-374.

a13278 TENGSTRÖM, S., *Die Toledotformel und die literarische Struktur der priesterlichen Erweiterungsschicht im Pentateuch* (Coniectanea Biblica, Old Testament Series, 17) (Lund, Gleerup, 1981), 81 pp.

a13279 HURVITZ, A., *A Linguistic Study of the relationship between the priestly source and the book of Ezekiel.* A new approach to an old problem (Cahiers de la Revue Biblique, 20) (Paris, Gabalda, 1982), xviii-198 pp.

a13280 LEVINE, B.A., «Research in the Priestly Source: The Linguistic Factor», ErIs 16 (1982) 124-131.

a13281 ZEVIT, Z., «Converging Lines of Evidence Bearing on the Date of P», ZAW 94 (1982) 481-511.

4. Critique textuelle. Textual Criticism. Textkritik.
Critica Testuale. Crítica textual.

a13282 BEN-ZVI, I., «The Book of Abisha», ErIs 5 (1958) 240-252 (English summary).

a13283 AVINERY, I., «Problèmes de variation dans la traduction syriaque du Pentateuque», Sem. 25 (1975) 105-109.

a13284 CROWN, A.D., «The Abisha Scroll Of The Samaritans», BJRL 58 (1975-76) 36-65.

a13285 VÖÖBUS, A., The Pentateuch in the Version of the Syro-Hexapla. A Fac-Simile Edition of a Midyat MS. Discovered 1964 (Corpus Scriptorum Christianorum Orientalium, Vol. 369; Subsidia, 45) (Louvain, Secrétariat du Corpus SCO, 1975), 48 pp.

a13286 PUMMER, R., «The Samaritan Pentateuch and the New Testament», NTS 22 (1976) 441-443.

a13287 BAILLET, M., «Corrections à l'édition de von Gall du pentateuque samaritain», dans Von Kanaan bis Kerala (en collab.) (1982), 23-35.

a13288 CROWN, A.D., «An Unpublished Fragment of a Samaritan Torah Scroll», BJRL 64 (1982) 386-406.

a13289 WEIL, G.E., «Les décomptes de versets, mots et lettres du Pentateuque selon le manuscrit B 19a de Leningrad. Un essai d'arithmétique des scribes et des massorètes», dans Mélanges Dominique Barthélemy (1981) (en collab.), 651-703.

5. Critique littéraire. Litterary Criticism. Literarkritik.
Critica Letteraria. Crítica literaria.

a13290 PRADO, J., «El Pentateuco. Actividad literaria de Moisés», CuBi 16 (1959) 269-280.

a13291 TENGSTRÖM, S., Die Hexateucherzählung. Eine literaturgeschichtliche Studie (Coniectanea Biblica. Old Testament Series, 7) (Lund, CWK Gleerup, 1976), 187 pp.

a13292 RENDTORFF, R., Das überlieferungsgeschichtliche Problem des Pentateuch (BZAW 147) (Berlin, New York, De Gruyter, 1977), 177 pp.

a13293 WEIMAR, P., Untersuchungen zur Redaktionsgeschichte des Pentateuch (1977), 183 pp.

a13294 HOUTMAN, C., «Ezra and the Law. Observations on the Supposed Relation between Ezra and the Pentateuch», dans Remembering all the Way... (en collab.), OTS 21 (1981) 91-115.

a13295 LABUSCHAGNE, C.J., «The pattern of the divine speech formulas in the Pentateuch. The key to its literary structure», VT 32 (1982) 268-296.

a13296 RADDAY, Y.T., SHORE, H., POLLATSCHEK, M.A., WICKMANN, D., «Genesis, Welhausen and the Computer», ZAW 94 (1982) 467-481.

a13297 CORTESE, E., «Il pentateuco oggi: la teoria documentaria in crisi?» ScuolC 111 (1983) 79-88.

a13298 DAVIES, G.I., «The wilderness itineraries and the composition of the Pentateuch», VT 33 (1983) 1-13.

6.Théologie. Theology. Theologie. Teologia. Teología.

a13299 BENGREN, R.V., The Prophets and the Law (Monographs of the Hebrew Union College, 4) (Jerusalem, Hebrew Union College, 1974), 231 pp.

a13300 CLINES, D.J.A., The Theme of the Pentateuch (JSOT Supplement Series, 10) (Sheffield, Department of Biblical Studies, University of Sheffield, 1978), 152 pp.

a13301 SCHMITT, H.-C., «Redaktion des Pentateuch im Geiste der Prophetie», VT 32 (1982) 170-189.

2. Genèse. Genesis. Genesi. Génesis.

a) Introduction. Einleitung. Introduzione. Introducción.

a13302 NAGEL, G., «La critique actuelle et les problèmes que pose la Genèse», ETR 27, n° 3 (1952) 45-54.
a13303 KITCHEN, K.A., «Des origines à la veille de l'exode: la Genèse», Hok n° 1 (1976) 16-37.

b) Commentaires. Commentaries. Kommentare. Commenti. Comentarios.

a13304 JACOB, B., *The First Book of the Bible. Genesis.* His Commentary abridged, edited and translated by E. I. Jacob and W. Jacob (New York, Ktav, 1974), x-358 pp.
a13305 PLAUT, W.G., *The Torah.* A Modern Commentary. I. *Genesis* (New York, Union of American Hebrew Congregations, 1974), xxxiv-585 pp.
a13306 WESTERMANN, C., *Genesis 12-50* (Erträge der Forschung, 48) (Darmstadt, Wissenschaftliche Buchgesellschaft, 1975), xxvii-126 pp.
a13307 RUPPERT, L., *Das Buch Genesis* Teil I. Kap 1-25,18 (Geistliche Schriftlesung, 6/1) (Düsseldorf, Patmos Verlag, 1976), 275 pp.
a13308 STIGERS, H.G., *A Commentary on Genesis* (Grand Rapids, Zondervan, 1976), 352 pp.
a13309 VAWTER, B., *On Genesis.* A New Reading (Garden City, New York, Doubleday & Company, 1977), 501 pp.
a13310 GIBSON, J.C.L., *Genesis* (The Daily Study Bible: Old Testament) (Edinburgh, St. Andrew Press; Philadelphia, Westminster Press, 1981, 1982), x-214, xiv-322 pp.
a13311 GOLDSTEIN, D., «The Commentary of Judah ben Solomon Hakohen ibn Matwah to Genesis, Psalms and Proverbs», HUCA 52 (1981) 203-252.
a13312 CHOURAQUI, A., *L'univers de la Bible,* I (1982), «Entête. Genèse», 23-284.
a13313 MAHER, M., *Genesis* (Old Testament Message, A Biblical-Theological Commentary, 2) (Wilmington, Delaware, Michael Glazier, 1982), 279 pp.
a13314 COATS, G.W., *Genesis,* with an Introduction to Narrative Literature (The Forms of the Old Testament Literature, 1) (Grand Rapids, Eerdmans, 1983), xiii-322 pp.

c) Critique textuelle. Textual Criticism. Textkritik. Critica testuale. Crítica textual.

a13315 WEVERS, J.W., «A Note on the Cotton Genesis», dans *Wort, Lied und Gottesspruch.* Beiträge zur Septuaginta (en collab.) (1972), 209-215.
a13316 LOADER, J.A., «Onqelos Genesis 1 and the Structure of the Hebrew Text», JStJud 9 (1978) 198-204.
a13317 YADIN, Y., «A Note on the Title of the Verso of the Genizah MS 1134», HUCA 51 (1980) 61.

d) Critique littéraire. Literary Criticism. Literarkritik.
   Critica letteraria. Crítica literaria.

a13318 JUNKER, H., «Aufbau und theologischer Hauptinhalt des Buches Genesis», BiKi 17 (1962) 70-78.
a13319 FOKKELMAN, J.P., *Narrative Art in Genesis.* Specimens of Stylistic and Structural Analysis (Studia Semitica Neerlandica, 17) (Assen/Amsterdam, Van Gorcum, 1975), 244 pp.
a13320 DAHLBERG, B.T., «On recognizing the unity of Genesis», TDig 24 (1976) 360-367.

*a*13321 ROSE, M., «'Entmilitarisierung des Kriegs'? (Erwägungen zu den Patriarchen-Erzählungen der Genesis)», BZ 20 (1976) 197-211.

*a*13322 WEIMAR, P., *Untersuchungen zur Redaktionsgeschichte des Pentateuch* (1977), 183 pp.

*a*13323 MISCALL, P.D., «The Jacob and Joseph Stories as Analogies», JSOT nᵒ 6 (1978) 28-40.

*a*13324 SASSON, J.M., «A Genealogical 'Convention' in Biblical Chronography?» ZAW 90 (1978) 171-185.

*a*13325 GIBERT, P., *Une théorie de la légende: Hermann Gunkel (1862-1932) et les légendes de la Bible*; H. GUNKEL, *Les légendes de la Genèse (1910)* (Bibliothèque d'ethnologie historique) (Paris, Flammarion, 1979), iv-382 pp.

*a*13326 PELLA, G., «Les doublets dans la Genèse: pour une nouvelle approche», Hok nᵒ 10 (1979) 37-63.

*a*13327 RIEKERT, S.J.P.K., «The Struct Patterns of the Paronomastic and Co-ordinated Infinites Absolute in Genesis», JNWSemL 7 (1979) 69-83.

*a*13328 STRUS, A., «La poétique sonore des récits de la Genèse», Bibl 60 (1979) 1-22.

*a*13329 WARNER, S.M., «Primitive saga men», VT 29 (1979) 325-335.

*a*13330 BAKER, D.W., «Diversity and unity in the literary structure of Genesis», dans *Essays on the Patriarchal Narratives* (en collab.) (1980), 189-205.

*a*13331 CONROY, C., «Hebrew Epic: Historical Notes and Critical Reflections», Bibl 61 (1980) 1-30.

*a*13332 WOLF, A., «H. Gunkels Auffassung von der Verschriftlichung der Genesis im Licht mittelalterlicher Literarisierungsprobleme», UF 12 (1980) 361-374.

*a*13333 KIKAWADA, I.M., «Genesis on Three Levels», AJBI 7 (1981) 3-15.

*a*13334 PREWITT, T.J., «Kinship Structures and the Genesis Genealogies», JNES 40 (1981) 87-98.

*a*13335 COHN, R.L., «Narrative Structure and Canonical Perspective in Genesis», JSOT nᵒ 25 (1983) 3-16.

e) Théologie. Theology. Teologie. Teologia. Teología.

*a*13336 JUNKER, H., «Aufbau und theologischer Hauptinhalt des Buches Genesis», BiKi 17 (1962) 70-78.

*a*13337 THOMPSON, T.L., «Conflict of Themes in the Jacob Narratives», Semeia 15 (1979) 5-26.

*a*13338 GIBERT, P., «Nature et histoire dans la Genèse et les Psaumes», LV nᵒ 161 (1983) 5-14.

f) Textes. Texts. Texte. Testi. Textos.

*a*13339 1-11 SCHWEGLER, T., «Die Biblische Urgeschichte im Lichte der Natur- und Geistes-Wissenschaft», BiKi 6 (1951) 66-98.

*a*13340 ECHEGARAY, J.E., «Las conclusiones de la ciencia prehistórica y el Génesis», CuBi 12 (1955) 68-74.

*a*13341 HOGUTH, A., «Probleme der biblischen Urgeschichte (Gen 1-11) in der neueren Literatur», BiLeb 3 (1962) 62-69.

*a*13342 ARNALDICH, L., «Perspectivas cristológicas en la historia bíblica primitiva», CuBi 20 (1963) 212-221.

*a*13343 WESTERMANN, C., *Die Verheissungen an die Väter*. Studien zur Vätergeschichte (FRLANT 116), «Erzahlungen von Schuld und Strafe in Genesis 1-11» (1964), 47-58.

a13344   KOCH, R., «La condition humaine selon Genèse 1-11», StMor 4 (1966) 115-139.

a13345   KOCH, R., «Les origines de l'histoire du salut», dans *Acta Congressus Internationalis de Theologia Concilii Vaticani II* (en collab.) (1968), 465-473.

a13346   LOPEZ AMAT, A., «Creación y mundo de hoy según la Biblia», CuBi 25 (1968) 131-144.

a13347   McKENZIE, J.L., «Primitive History: Form Criticism», dans *Society of Biblical Literature. 1974 Seminar Papers* (en collab.) (1974), I, 87-99.

a13348   KIKAWADA, I.M., «Literary Convention of the Primaeval History», AJBI 1 (1975) 3-21.

a13349   BALY, D., *God and History in the Old Testament* (1976), «Maker of Heaven and Earth», 107-118.

a13350   CLINES, D.J.A., «Theme in Genesis 1-11», CBQ 38 (1976) 483-507.

a13351   MORRIS, H.M., *The Genesis Record*. A Scientific and Devotional Commentary on the Book of Beginnings (Grand Rapids, Baker Book House, 1976), xiv-17-716 pp.

a13352   TESTA BAPPENHEIM, I., LAMPUGNANI, F., *Bibbia e antropologia* (1976), «Genesi, capp. 1-11», 27-46.

a13353   ANDERSON, B.W., «From Analysis to Synthesis: The Interpretation of Genesis 1-11», JBL 97 (1978) 23-29.

a13354   CLINES, D.J.A., *The Theme of the Pentateuch* (JSOT Supplement Series, 10) (Sheffield, Department of Biblical Studies, University of Sheffield, 1978), 152 pp.

a13355   COMBS, E., «The Political Teaching of Genesis I-XI», dans *Studia Biblica 1978. I. Papers on Old Testament* (en collab.) (1979), 105-110.

a13356   RUPPERT, L., «'Urgeschichte' oder Urgeschehen? Zur Interpretation von Gen 1-11», MüTZ 30 (1979) 19-32.

a13357   GISEL, P., *La création*. Essai sur la liberté et la nécessité, l'histoire et la loi, l'homme, le mal et Dieu (Lieux théologiques, n° 2) (Genève, Labor et Fides, 1980), «La confession des origines», 19-78.

a13358   PERLITT, L., «Die Urgeschichte im Werk Gottfried Benns», dans *Werden und Wirken des Alten Testaments* (en collab.) (1980), 9-37.

a13359   ADINOLFI, M., «I mešalim di Berešit Rabbâ 1-11», RivB 29 (1981) 57-67.

a13360   KNIGHT, G.A.F., *Theology in Pictures*. A Commentary on Genesis, Chapters One to Eleven (Edinburgh, Handsel Press, 1981), xiv-123 pp.

a13361   ODEN, R.A., Jr., «Divine Aspirations in Atrahasis and in Genesis 1-11», ZAW 93 (1981) 197-216.

a13362   PHILLIPS, A., *Lower than the Angels*. Questions Raised by Genesis 1-11 (London, Bible Reading Fellowship, 1983), xii-68 pp.

a13363   SCHARBERT, J., *Genesis 1-11* (Die Neue Echter Bibel) (Würzburg, Echter Verlag, 1983), 120 pp.

a13364   1,1-11,9   SASSON, J.M., «The 'Tower of Babel' as a Clue to the redactional Structuring of the primeval History (Gen. 1-11:9)», dans *The Bible World*. Essays in Honor of Cyrus H. Gordon (en collab.) (1980), 211-219.

a13365   1-9   FRYMER-KENSKY, T., «The Atrahasis Epic and its Significance for our Understanding of Genesis 1-9», BA 40 (1977) 147-155.

a13366 1-4   SCHELKLE, K.H., *Der Geist und die Braut*, «Schöpfung und Schuld» (1977), 15-33.

a13367   PELLA, G., «Les doublets dans la Genèse: pour une nouvelle approche», Hok nᵒ 10 (1979) 37-63.

a13368 1-3   VON RAD, G., *Gottes Wirken in Israel* (1974), «Die biblische Schöpfungsgeschichte» (1955), 108-118.

a13369   SALGUERO, J., «Interpretación católica de los tres primeros capítulos del Génesis y su relación con las teorías modernas», CuBi 20 (1963) 195-211.

a13370   GROSS, H., «Theologische Exegese von Genesis 1-3», dans *Mysterium Salutis* (en collab.) (1967), II, 421-438.

a13371   SISTI, P.A., «Creazione e storia della salvezza», BibOr 12 (1970) 105-121.

a13372   SMOLAK, K., «Lateinische Umdichtungen des biblischen Schöpfungsberichtes», dans *Studia Patristica* (1975), vol. XII, 350-360.

a13373   GIAVINI, G., «Riflessi della cristologia di Col. 1 sulla lettura di Gen. 1-3», dans *La Cristologia in san Paolo* (en collab.) (1976), 257-267.

a13374   TESTA BAPPENHEIM, I., LAMPUGNANI, F., *Bibbia e antropologia* (1976), «L'Uomo (Gen. 1-3)», 47-196.

a13375   SCHWARTZ, J., «À propos d'interdits concernant le récit de la Création», dans *Mélanges offerts à Marcel Simon* (en collab.) (1978), 45-53.

a13376   FESTORAZZI, F., «Gen. 1-3 et la Sapienza di Israele», RivB 27 (1979) 41-51.

a13377   SCHMIDT, H., «'Eulogia' sulla generazione dell'uomo nel salterio della Neo-vulgata. Un'analisi linguistica», dans En collaboration, *Eulogia*. Miscellanea liturgica in onore di P. Burkhard Neunheuser (Studia Anselmiana, 68; Analecta Liturgica, 1) (Roma, Editrice Anselmiana, 1979), 413-450.

a13378   LOSS NICOLO, M., «I primi capitoli del Libro della Genesi nelle catechesi settimanali di Giovanni Paolo II», Sal 44 (1982) 3-34.

a13379 1-2   GALBIATI, E., «Arte e 'storia' nei racconti biblici della creazione. L'interpretazione di Gen. 1-2», ScuolC 76 (1948) 279-299, dans *Scritti minori* (1979), 115-140.

a13380   OÑATE, J.-A., «Notas y Textos», CuBi 17 (1960) 205-210.

a13381 1,1-2,4   LANG, J.B., «Der Demiurg des Priesterkodex (Gen. I bis II,4a) und seine Bedeutung für den Gnostizismus», ErJb 1942 9 (1943) 237-288.

a13382   LUBSCZYK, H., «Wortschöpfung und Tatschöpfung. Zur Entwicklung der priesterlichen Schöpfungslehre in Gen 1,1-2,4a», BiLeb 6 (1965) 191-208.

a13383   BARTINA, S., «Procedimientos ternarios en el relato de la creación (Gén 1,1-2,4)», dans *Homenaje a Juan Prado* (en collab.) (1975), 57-87.

a13384   LORETZ, O., «Wortbericht-Vorlage und Tatbericht-Interpretation im Schöpfungsbericht Gn 1,1-2,4a», UF 7 (1975) 279-287.

a13385   En collaboration, «Approche sémiotique de Genèse 1-11,4a», SemBib nᵒ 7 (1977) 41-49.

a13386   SHAW, B.A., «Creation», ExpTim 90 (1978) 16-18.

a13387   ZIMMERLI, W., «Der Mensch im Rahmen der Natur nach den
                Aussagen des ersten biblischen Schöpfungsberichtes», ZTK 76 (1979)
                139-158.

a13388   STECK, O.H., *Der Schöpfungsbericht der Priesterschrift*. Studien zur
                literarkritischen und überlieferungsgeschichtlichen Problematik von
                Genesis 1,1-2,4a (FRLANT 115) (Göttingen, Vandenhoeck &
                Ruprecht, 1981), 318 pp.

a13389   WEINFELD, M., «Sabbath, Temple and the Enthronement of the Lord.
                The Problem of the Sitz im Leben of Genesis 1:1-2:3», dans *Mélanges
                bibliques et orientaux en l'honneur de M. Henri Cazelles* (en collab.)
                (1981), 501-512.

a13390   SCHWARZ, G., «Gen 1,1-2,2a und Joh 1,1a.3a - ein Vergleich», ZNW
                73 (1982) 136-137.

a13391   1   TEUBNER, M., «Scheidungen und Entscheidungen, Gericht und
                Erwählung. Grundworte des Schöpfungshymnus (Gen 1) im biblischen
                Zeugnis», BiLeb 10 (1969) 122-134.

a13392   GONZALO MAESO, D., «Intemporalidad, poesia y otros factores en la
                exégesis de Génesis, 1», CuBi 27 (1970) 331-336.

a13393   SOGGIN, J.A., *Old Testament and Oriental Studies* (1975), «God the
                Creator in the First Chapter of Genesis» (1972), 120-129.

a13394   VAZQUEZ, G., «Ensayo exegético-cosmogónico del primer capítulo del
                Génesis», CuBi 29 (1972) 28-42.

a13395   STENDEBACH, F.J., «Die Menschheit und die Schöpfung -
                Traditionsgeschichtliche Überlegungen zu Genesis 1», BiKi 28 (1973)
                37-42.

a13396   LANDES, G.M., «Creation Tradition in Proverbs 8:22-31 and
                Genesis 1», dans *A Light unto My Path* (en collab.) (1974), 279-293.

a13397   LOHFINK, N., «'Seit fruchtbar und füllt die Erde an!' - Zwingt die
                priesterschriftliche Schöpfungsdarstellung in Gen 1 die Christen zum
                Wachstumsmythos?» BiKi 30 (1975) 77-82.

a13398   MONSENGWO PASINYA, L., «Le cadre littéraire de Genèse 1», Bibl
                57 (1976) 225-241.

a13399   STECK, O.H., «Die Aufnahme von Genesis 1 in Jubiläen 2 und 4,
                Esra 6», JStJud 8 (1977) 154-182.

a13400   MARTIN-ACHARD, R., *Et Dieu crée le ciel et la terre...* Trois études:
                Ésaïe 40 ; Job 38-42 - Genèse 1 (Coll. 'Essais bibliques', 2) (Genève,
                Labor et Fides, 1979), 80 pp.

a13401   RAPAPORT, I., *The Babylonian Poem Enuma Elish and Genesis One*
                (Melbourne, Hawthorn Press, 1979), 123 pp.

a13402   COOK, J., «Genesis I in the Septuagint as Example of the Problem: Text
                and Tradition», JNWSemL 10 (1982) 25-36.

a13403   SOUTHWELL, P.J.M., «Genesis is a 'Wisdom' Story?» dans *Studia
                Evangelica* (en collab.) (1982), VII, 467-469.

a13404   1,1-3 SPADAFORA, F., «La connessione sintattica dei primi due versetti
                della Genesi», dans *Miscellanea Antonio Piolanti* (*Lateranum*, nova serie,
                anno XXX) (Roma, Facultas Theologica Pontificiae Universitatis
                Lateranensis, 1964), II, 3-23.

a13405   1,1-2 OÑATE, J.-A., «Notas exegéticas», CuBi 16 (1959) 207-213.

a13406		WIFALL, W., «God's Accession Year According to P», Bibl 62 (1981) 527-534.
a13407	1,1	MANNS, F., «Col. 1,15-20: midrash chrétien de Gen. 1,1», RevSR 53 (1979) 100-110.
a13408	1,2	SMITH, P.J., «A Semotactical Approach to the Meaning of the Term *rûaḥ 'ĕlōhîm* in Genesis 1:2», JNWSemL 8 (1980) 99-104.
a13409		LUYSTER, R., «Wind and Water: Cosmogonic Symbolism in the Old Testament», ZAW 93 (1981) 1-10.
a13410	1,3-13	OÑATE, J.-A., «Notas y Textos», CuBi 16 (1959) 290-299.
a13411	1,5	MORENO MARTINEZ, J.L., «El atardecer y el amanecer de Gen 1,5, según Filón de Alejandria», Salm 30 (1983) 231-239.
a13412	1,14-31	OÑATE, J.-A., «Notas y Textos», CuBi 16 (1959) 324-330; 17 (1960) 30-39.
a13413	1,26-3,24	JEAUNEAU, É., «Un 'dossier' carolingien sur la création de l'homme (Genèse I,26-III,24)», REA 28 (1982) 112-132.
a13414	1,26-30	WILDBERGER, H., «Das Abbild Gottes. Gen. 1,26-30», TZ 21 (1965) 245-259, 480-501, dans *Jahwe und sein Volk* (1979), 110-145.
a13415	1,26-28	ANDERSON, B.W., «Human Dominion Over Nature», dans *Biblical Studies in Contemporary Thought* (en collab.) (1975), 27-45.
a13416		MILLER, P.D., Jr., *Genesis 1-11* (1978), «Genesis 1:26-28», 9-20.
a13417	1,26-27	SOGGIN, J.A., «Ad immagine e somiglianza di Dio», dans *L'uomo nella Bibbia e nelle culture ad essa contemporanee* (en collab.) (1975), 75-77.
a13418	1,26	McL. WILSON, R., «Genesis 1.26 and the New Testament», Bijdr. 20 (1959) 117-125.
a13419		SÖHNGEN, G., «Die biblische Lehre von der Gottebenbildlichkeit des Menschen», dans *Pro Veritate* (en collab.) (1963), 23-57.
a13420		PIPER, J., «The Image of God: An Approach from Biblical and Systematic Theology», SBT 1 (1971) 15-32.
a13421		GILLARD, G.V., «God in Gen. 1:26 according to Chrysostom», dans *Studia Biblica 1978. I. Papers on Old Testament* (en collab.) (1979), 149-156.
a13422	1,27	TRINICK, J., «Creavit Deus hominem ad imaginem suam: ... masculum et feminam», Bijdr. 22 (1961) 31-38.
a13423		BIRD, P.A., «'Male and Female He Created Them': Gen 1:27b in the Context of the Priestly Account of Creation», HarvTR 74 (1981) 129-159.
a13424		LEVINAS, E., *L'au-delà du verset* (1982), «'À l'image de Dieu', d'après Rabbi Haïm Voloziner», 182-200.
a13425	1,28-30	DEQUEKER, L., «Green Herbage and Trees bearing Fruit (Gen. 1:28-30; 9:1-3)», Bijdr. 38 (1977) 118-127.
a13426	1,28	JOBLING, D., «'And have dominion...' The Interpretation of Genesis 1,28 in Philo Judaeus», JStJud 8 (1977) 50-82.
a13427	1,31	STALLEY, F.E., «God's Good Creation», ExpTim 87 (1976) 142-143.
a13428	2-11	DEWERMANN, E., *Strukturen des Bösen*. Die jahwistische Urgeschichte. Teil I. Die jahwistische Urgeschichte in exegetischer Sicht (1977); Teil II. Die jahwistische Urgeschichte in psychoanalytischer Sicht (1977); Teil III. Die jahwistische Urgeschichte in philosophischer Sicht (1978) (Paderborn, Schöningh, 1977-78), lxiv-355, xxxiv-680, lxviii-656 pp.

a13429   WOLLER, U., *Die verborgene Logik der Bibel*. Eine Auslegung der
                  Urgeschichte (Frankfurt, Haag & Herchen, 1979), 191 pp.

a13430 2-3   ALONSO SCHÖKEL, L., «Sapiential and Covenant Themes in
                  Genesis 2-3», TDig 13 (1965) 3-10, dans *Studies in Ancient Israelite
                  Wisdom* (en collab.) (1976), 468-480.

a13431   HAAG, H., «Katholische Tübinger Exegese rund um die
                  Sündenfallerzählung», dans *Theologie im Wandel* (en collab.) (1967),
                  333-355.

a13432   SEN, F., «Función, aprecio y menosprecio de la mujer en los relatos de la
                  Creación y el Paraíso. El marco literario de los capítulos segundo
                  y tercero del Génesis», CuBi 32 (1975) 125-131.

a13433   KUTSCH, E., «Die Paradieserzählung Genesis 2-3 und ihr Verfasser»,
                  dans *Studien zum Pentateuch* (en collab.) (1977), 9-24.

a13434   BOOMERSHINE, T.E., «Structure and Narrative Rhetoric in
                  Genesis 2-3», dans *Society of Biblical Literature. 1978 Seminar Papers*
                  (en collab.) (1978), I, 31-49.

a13435   CULLEY, R.C., «Action Sequences in Genesis 2-3», dans *Society of
                  Biblical Literature. 1978 Seminar Papers* (en collab.) (1978), I, 51-60.

a13436   JAROŠ, K., «Bildmotive in der Paradieserzählung (Gen 2-3)», BiLit 51
                  (1978) 5-11.

a13437   NAIDOFF, B.D., «A Man to Work the Soil: A New Interpretation of
                  Genesis 2-3», JSOT no 5 (1978) 2-14.

a13438   PARKER, J.F., PATTE, D., «Structural Exegesis of Genesis 2 and 3»,
                  dans *Society of Biblical Literature. 1978 Seminar Papers* (en collab.)
                  (1978), I, 141-159.

a13439   WHITE, H.C., «Direct and Third Person Discourse in the Narrative of
                  the 'Fall'», dans *Society of Biblical Literature. 1978 Seminar Papers* (en
                  collab.) (1978), I, 121-140.

a13440   BEATTIE, D.R.G., «What is Genesis 2-3 About?» ExpTim 92 (1980)
                  8-10.

a13441   BOOMERSHINE, T.E., «The Structure of Narrative Rhetoric in
                  Genesis 2-3», Semeia 18 (1980) 113-129.

a13442   BRYCE, G.E., «Response to Patte and Parker (A Structural Exegesis of
                  Genesis 2-3)», Semeia 18 (1980) 77-81.

a13443   CROSSAN, J.D., «Response to White: Felix Culpa and Foenix Culprit»,
                  Semeia 18 (1980) 107-111.

a13444   CULLEY, R.C., «Action Sequences in Genesis 2-3», Semeia 18 (1980)
                  25-33.

a13445   DETWEILER, R., «A Structural Reading of the Structuralist Exegeses
                  of Culley, Jobling and Patte/Parker», Semeia 18 (1980) 83-88.

a13446   HUTCHINSON, A., Jr., «Response to Culley (Action Sequences in
                  Genesis 2-3)», Semeia 18 (1980) 35-39.

a13447   JAROŠ, K., «Die Motive der Heiligen Bäume und der Schlange in
                  Gen 2-3», ZAW 92 (1980) 204-215.

a13448   KOVACS, B.W., «Structure and Narrative Rhetoric in Genesis 2-3:
                  Reflections on the Problem of Non-Convergent Structuralist Exegetical
                  Methodologies», Semeia 18 (1980) 139-147.

a13449   PATTE, D., PARKER, J.F., «A Structural Exegesis of Genesis 2-3»,
                  Semeia 18 (1980) 55-75.

a13450   PHILLIPS, G., «Response to Boomershine: Structure and Narration. An Enunciative View», Semeia 18 (1980) 131-135.

a13451   SNELLING, C.H., «Synchronic Texts and Diachronic Interpreters», Semeia 18 (1980) 148-155.

a13452   THÉVENOT, X., «Emmaüs, une nouvelle Genèse? Une lecture psychanalytique de Genèse 2-3 et Luc 24,13-35», MSR 37 (1980) 3-18.

a13453   WHITE, H.C., «Direct and Third Person Discourse in the Narrative of The 'Fall'», Semeia 18 (1980) 91-106.

a13454   DOCKX, S., Le Récit du Paradis. Gen. II-III (Paris-Gembloux, Duculot, 1981), 159 pp.

a13455   WYATT, N., «Interpreting the Creation and Fall Story in Genesis 2-3», ZAW 93 (1981) 10-21.

a13456   2   SOGGIN, J.A., Old Testament and Oriental Studies (1975), «Philological-linguistic Notes on the Second Chapter of Genesis» (1963), 169-178.

a13457   LANDY, F., «The Song of Songs and the Garden of Eden», JBL 98 (1979) 513-528.

a13458   2,2-3   GORDON, C.H., «The Seventh Day», UF 11 (1979) 299-301.

a13459   2,2   MÜLLER, L., «Die Siebentage-Woche», BiKi 14 (1959) 88-90.

a13460   2,4-4,26   WEIMAR, P., Untersuchungen zur Redaktionsgeschichte des Pentateuch, «Genesis 2,4b-4,26» (1977), 112-137.

a13461   2,4-3,24   SCHILDENBERGER, J., «Die Erzählung vom Paradies und Sündenfall (Gn 2,4b bis 3,24)», BiKi 6 (1951) 2-46.

a13462   WALSH, J.T., «Genesis 2:4b-3:24 A Synchronic Approach», JBL 96 (1977) 161-177.

a13463   JOBLING, D., «A Structural Analysis of Genesis 2:4b-3:24», dans Society of Biblical Literature. 1978 Seminar Papers (en collab.) (1978), I, 61-69.

a13464   COUFFIGNAL, R., «Guides pour l'Éden. Approches nouvelles de Genèse II,4-III», RT 80 (1980) 613-627.

a13465   JOBLING, D., «The Myth Semantics of Genesis 2:4b-3:24», Semeia 18 (1980) 41-49.

a13466   WILLIAMS, J.G., «Response to Jobling: The Necessity of Being 'Outside'», Semeia 18 (1980) 51-53.

a13467   2,4-25   OÑATE, J.-A., «Notas Exegéticas», CuBi 17 (1960) 335-343.

a13468   TILLMANS, W.G., «De oude Paradijssymboliek. Een verkenning - La symbolique ancienne du Paradis. Une esquisse», Bijdr. 36 (1975) 350-390 (sommaire français).

a13469   AMMASSARI, A., Un profilo biblico del matrimonio. Note di esegesi (Roma, Editrice A.V.E., 1977), 167 pp.

a13470   FORREST, R.G., «The Lord God formed man . . .», ExpTim 91 (1979) 15-17.

a13471   2,4   ROBINSON, W.D., «God the Creator», ExpTim 88 (1977) 273-274.

a13472   2,7   PEARSON, B.A., The Pneumatikos-psychikos Terminology in 1 Corinthians, «Genesis 2.7 in Gnostic Exegesis» (1973), 51-81.

a13473   2,8-17   OÑATE, J.-A., «El paraíso terrenal (Gn 2,8-17)», CuBi 18 (1961) 15-25, 67-74.

a13474   2,9-25   VERMEYLEN, J., «Le récit du paradis et la question des origines du Pentateuque», Bijdr. 41 (1980) 230-250 (résumé en français).

*a*13475   2,9   BOUWMAN, G., «De kennis van goed en kwaad en de compositie van Gen. II-III (Le sens de l'expression 'connaître le bien et le mal')», Bijdr. 15 (1954) 162-171 (sommaire français).

*a*13476   TSEVAT, M., «The Two Trees in the Garden of Eden», ErIs 12 (1975) 40-43 (English summary).

*a*13477   2,10-14   BARTINA, S., «Los cuatro ríos del Paraíso. Posición geográfica (Gn 2,10-14)», CuBi 30 (1973) 3-9.

*a*13478   2,17   BOUWMAN, G., «Die kennis van goed en kwaad en de compositie van Gen. II-III (*Le sens de l'expression 'connaître le bien et le mal')», Bijdr. 15 (1954) 162-171 (sommaire français).*

*a*13479   TSEVAT, M., «The Two Trees in the Garden of Eden», ErIs 12 (1975) 40-43 (English summary).

*a*13480   GAMBRONI, J., «'Wenn du davon isst, musst du sterben' (Gen 2,17) Israels Vorstellungen vom Tod am Anfang und vom Anfang des Todes», TGl 66 (1976) 367-382.

*a*13481   ORBE, A., «Cinco exegesis ireneanas de Gen 2,17b *adv. haer*, V, 23,1-2», Greg 62 (1981) 75-113.

*a*13482   2,18-24   DE MERODE, M., «'A helper fit for him': Gen 2:18-24», TDig 27 (1979) 117-119.

*a*13483   VOGELS, W., «'It is not Good that the 'Mensch' Should Be Alone; I Will Make Him/Her a Helper Fit for Him/Her' (Gen 2:18)», ET 9 (1978) 9-35.

*a*13484   OÑATE, J.-A., «La formación de la mujer (Gn 2,18-24)», CuBi 24 (1967) 340-355.

*a*13485   2,18-20   CHARBEL, A., «Gen. 2,18-20. Una polemica sottintesa dello Jahvista», BibOr 22 (1980) 233-235.

*a*13486   2,18   ELLINGWORTH, P., «'They were both naked, the Mensch and his/her woman'? A Response to Walter Vogels», ET 9 (1978) 505-506.

*a*13487   2,21-24   PELLAND, G., «Une exégèse de Gn 2:21-24 chez s. Hilaire (*tract. myst.* 1,5; *tr. ps.* 52,16)», SE 35 (1983) 53-83.

*a*13488   2,21-23   VERA, M., «Génesis II 21-23», CuBi 33 (1976) 119-129.

*a*13489   2,24   CROUZEL, H., «'Pour former une seule chair.' L'interprétation patristique de Gn 2,24, la loi du mariage», dans En collaboration, *Mélanges offerts à Jean Dauvillier* (Toulouse, Centre d'histoire juridique méridionale, 1979), 223-235.

*a*13490   GILBERT, M., «Une seule chair (Gn 2,24)», NRT 100 (1978) 66-89.

*a*13491   GILBERT, M., «One only flesh», TDig 26 (1978) 206-209.

*a*13492   CELADA, B., «Se entendió mal aquello de 'un hombre deja a su padre y a su madre' (Gn 2:24)», CuBi 33 (1976) 137-138.

*a*13493   2,25-3,24   ALBERTZ, H., «Predigt über Gen 2,25-3,24», EvT 38 (1978) 460-462.

*a*13494   2,25-3,7   LAFON, G., «La loi, la vie, la mort», CHR 23 (1976) 337-342.

*a*13495   2,46-3,24   VOGELS, W., «L'être humain appartient au sol. Gn 2,46-3,24», NRT 105 (1983) 515-534.

*a*13496   3   MASEDA, G.C., «Protoevangelio mariológico», CuBi 11 (1954) 210-214.

*a*13497   TRINICK, J., «Meditation on Genesis III», Bijdr. 22 (1961) 266-271.

*a*13498   SOGGIN, J.A., *Old Testament and Oriental Studies* (1975), «The Fall of Man in the Third Chapter of Genesis» (1962), 88-111.

a13499   MENDENHALL, G.E., «The Shady Side of Wisdom: The Date and Purpose of Genesis 3», dans *A Light unto My Path* (en collab.) (1974), 319-334.

a13500   GUICHARD, J., «Approche 'matérialiste' du récit de la chute. Genèse 3», LV no 131 (1977) 57-90.

a13501   MILLER, P.D., Jr., *Genesis 1-11* (1978), «Genesis 3», 27-31.

a13502   STOEBE, H.J., «Sündenbewusstsein und Glaubensuniversalismus. Gedanken zu Genesis Kapitel 3», TZ 36 (1980) 197-207.

a13503   VERMEYLEN, J., «Le récit du paradis et la question des origines du Pentateuque», Bijdr. 41 (1980) 230-250 (résumé en français).

a13504   BAGATTI, B., «L'iconografia della tentazione di Adamo ed Eva», StBiFranc 31 (1981) 217-230.

a13505   WILLIAMS, J.G., «Genesis 3», Interpr 35 (1981) 274-279.

a13506   3,1-5   DREWERMANN, E., «Angoisse et faute dans le récit yahviste de la chute», Conci no 113 (1976) 71-82.

a13507   SEETHALER, P.-A., «Kleiner Diskussionsbeitrag zu Gen 3,1-5», BZ 23 (1979) 85-86.

a13508   3,5   BOUWMAN, G., «De kennis van goed en kwaad en de compositie van Gen. II-III (Le sens de l'expression 'connaître le bien et le mal')», Bijdr. 15 (1954) 162-171 (sommaire français).

a13509   RESPLANDIS, C., *Le fruit défendu* (Paris, Centurion, 1977), 125 pp.

a13510   3,9-10   WILSON, J.D., «The Prayer of Naked Living», ExpTim 93 (1981) 20-21.

a13511   3,15   HASPECKER, J., «Die frohe Botschaft von der kommenden Erlösung (Gen 3,15)», BiKi 15 (1960) 98-101.

a13512   SCHILDENBERGER, J., «Die jungfräuliche Mutter Maria im Alten Testament», dans *Jungfrauengeburt gestern und heute* (en collab.) (1969), 109-136.

a13513   LIPINSKI, E., «Études sur des textes 'messianiques' de l'Ancien Testament», Sem. 20 (1970) 41-57.

a13514   WILCOX, M., «The Promise of the 'Seed' in the New Testament and the Targumim», JSNT no 5 (1979) 2-20.

a13515   3,20   WILLIAMS, A.J., «The Relationship of Genesis 3 20 to the Serpent», ZAW 89 (1977) 357-374.

a13516   3,22-24 TSUKIMOTO, A., «'Der Mensch ist geworden wie unsereiner' - Untersuchungen zum zeitgeschichtlichen Hintergrund von Gen. 3,22-24 und 6,1-4», AJBI 5 (1979) 3-44.

a13517   3,22   BOUWMAN, G., «De kennis van goed en kwaad en de compositie van Gen. II-III (Le sens de l'expression 'connaître le bien et le mal')», Bijdr. 15 (1954) 162-171 (sommaire français).

a13518   MILLER, P.D., Jr., *Genesis 1-11* (1978), «Genesis 3:22», 20-22.

a13519   3,24   NICOL, G.G., «The Threat and the Promise», ExpTim 94 (1983) 136-139.

a13520   3,29   INFANTE, R., «L'amico dello sposo, figura del ministero di Giovanni Battista nel quarto vangelo», RivB 81 (1983) 3-19.

a13521   4   TESTA, E., «Il genere letterario della disputa e il racconto di Caino e Abele», BibOr 8 (1966) 157-166.

a13522   STILLMAN, N.A., «The Story of Cain and Abel in the Qur'ān and the Muslim Commentators: Some Observations», JSS 19 (1974) 231-239.

a13523   BEIRNAERT, L., «La violence homicide. L'histoire de Caïn et d'Abel»,
                VSS 29 (1976) 435-444.

a13524   TESTA BAPPENHEIM, I., LAMPUGNANI, F., *Bibbia
                e antropologia* (1976), «Le origini della civilizzazione (Gen. 4)», 197-251.

a13525   DIETRICH, W., «'Wo ist dein Bruder?' Zu Tradition und Intention von
                Genesis 4», dans *Beiträge zur Alttestamentlichen Theologie* (en collab.)
                (1977), 94-111.

a13526 4,1-16 LEVINE, É., «The Syriac version of Genesis iv 1-16», VT 26 (1976)
                70-78.

a13527   GRUBER, M.I., «The Tragedy of Cain and Abel: A Case of
                Depression», JQR 69 (1978) 89-97.

a13528   MILLER, P.D., Jr., *Genesis 1-11* (1978), «Genesis 4:1-16», 31-32.

a13529   GOLKA, F.W., «Keine Gnade für Kain (*Genesis* 4,1-16)», dans *Werden
                und Wirken des Alten Testaments* (en collab.) (1980), 58-73.

a13530 4,1-6   HOWELL, M., VOGELS, W., «Parcours: Caïn et Abel», SemBib nº 16
                (1979) 33-35.

a13531 4,3-16 GRELOT, P., «Les Targums du Pentateuque. Étude comparative
                d'après Genèse IV, 3-16», Sem. 9 (1959) 59-88.

a13532 4,3-5   LEVIN, S., «The More Savory Offering: A Key to the Problem of
                Gen 4:3-5», JBL 98 (1979) 85.

a13533 4,6-7   VON LOEWENCLAU, I., «Genesis IV 6-7 - eine jahwistische
                Erweiterung?» dans *Congress Volume. Göttingen 1977* (en collab.)
                (1978), 177-188.

a13534 4,7   WÖLLER, U., «Zu Gen 4 7», ZAW 91 (1979) 436.

a13535   BEN YASHAR, M., «Zu Gen 4 7», ZAW 94 (1982) 635-637.

a13536 4,13-15 KLINE, M.G., «Oracular Origin of the State», dans *Biblical and Near
                Eastern Studies* (LaSor) (en collab.) (1978), 132-141.

a13537 4,23-24 KRINETZKI, G., «Prahlerei und Sieg im Alten Israel (Gen 4,23f;
                Ri 15,16; 16,23f; 1 Sam 18,7 par)», BZ 20 (1976) 45-58.

a13538 5,1-6,8 TESTA BAPPENHEIM, I., LAMPUGNANI, F., *Bibbia e antropologia*
                (1976), «Longevità dell'Uomo (Gen. 5,1-6,8)», 253-270.

a13539 5   ZACHMANN, L., «Beobachtungen zur Theologie in Gen 5», ZAW 88
                (1976) 272-274.

a13540   WALTON, J., «The Antediluvian Section of the Sumerian King List and
                Genesis 5», BA 44 (1981) 207-208.

a13541 5,21-24 SCHMITT, A., «Die Angaben über Henoch Gen 5,21-24 in der LXX»,
                dans *Wort, Lied und Gottesspruch. Beiträge zur Septuaginta* (en collab.)
                (1972), 161-169.

a13542   LUCIANI, F., «La sorte di Enoch in un ambiguo passo targumico»,
                BibOr 22 (1980) 125-158.

a13543 5,22.24 LUCIANI, F., «Camminare con Dio», BibOr 18 (1976) 95-107.

a13544 5,28-9,29 MOLINA, J.-P., «Noé et le déluge. Genèse 5/28-9/29», ETR 55 (1980)
                256-264.

a13545 6,1-11,9 WEIMAR, P., *Untersuchungen zur Redaktionsgeschichte des
                Pentateuch*, «Genesis 6,1-11,9» (1977), 138-153.

a13546 6-9   MILLER, P.D., Jr., *Genesis 1-11*, «Genesis 6-9» (1978), 32-34.

a13547   WENHAM, G.J., «The coherence of the flood narrative», VT 28 (1978)
                336-348.

a13548   SAWATZKY, H., «A Sprig of Hope», ExpTim 93 (1982) 146-147.

*a*13549 6-8   SCHWEGLER, T., «Die Biblische Urgeschichte im Lichte der Natur-
                     und Geistes-Wissenschaft», BiKi 6 (1951) 66-98.

*a*13550   PETERSEN, D.L., «The Yahwist on the Flood», VT 26 (1976) 438-446.

*a*13551   FRITZ, V., «'Solange die Erde steht' - Vom Sinn der jahwistischen
                     Fluterzählung in Gen 6-8», ZAW 94 (1982) 599-614.

*a*13552 6,1-4   LORETZ, O., «Gögger und Frauen (Gen 6,1-4). Ein Paradigma zu:
                     Altes Testament - Ugarit», BiLeb 8 (1967) 120-127.

*a*13553   BARTELMUS, R., *Heroentum in Israel und seiner Umwelt*. Eine
                     traditionsgeschichtliche Untersuchung zu Gen. 6,1-4 und verwandten
                     Texten im Alten Testament und der altorientalischen Literatur (Zürich,
                     Theologischer Verlag, 1979), 219 pp.

*a*13554   CLINES, D.J.A., «The Significance of the 'Sons of God' Episode
                     (Genesis 6:1-4) in the Context of the 'Primeval History' (Genesis 1-11)»,
                     JSOT no 13 (1979) 33-46.

*a*13555   DELCOR, M., «Le mythe de la chute des anges et de l'origine des géants
                     comme explication du mal dans le monde, dans l'apocalyptique juive.
                     Histoire des traditions», RHR 190 (1976) 3-53.

*a*13556   ESLINGER, L., «A Contextual Identification of the *bene ha'elohim* and
                     benoth ha'adam in Genesis 6:1-4», JSOT no 13 (1979) 65-73.

*a*13557   PETERSEN, D.L., «Genesis 6:1-4, Yahweh and the Organization of the
                     Cosmos», JSOT no 13 (1979) 47-64.

*a*13558   TSUKIMOTO, A., «'Der Mensch ist geworden wie unsereiner' -
                     Untersuchungen zum zeitgeschichtlichen Hintergrund von Gen. 3,22-24
                     und 6,1-4», AJBI 5 (1979) 3-44.

*a*13559 6,5-10,32 TESTA BAPPENHEIM, I., LAMPUGNANI, F., *Bibbia
                     e antropologia* (1976), «Origine delle razze (Gen. 6,5-10,32)», 271-300.

*a*13560 6,5-9,17   LONGACRE, R.E., «The Discourse Structure of the Flood Narrative»,
                     dans *Society of Biblical Literature. 1976 Seminar Papers* (en collab.)
                     (1976), 235-262.

*a*13561 6,5-13   BONORA, A., «Nuove prospettive per la critica della redazione», BibOr
                     24 (1982) 181-186.

*a*13562 6,9   LUCIANI, F., «Camminare con Dio», BibOr 18 (1976) 95-107.

*a*13563 6,13   SMEND, R., «'Das Ende ist gekommen'. Ein Amoswort in der
                     Priesterschrift», dans *Die Botschaft und die Boten* (en collab.) (1981),
                     67-72.

*a*13564 6,16   ARMSTRONG, J.F., «A critical note on Genesis VI 16a *a*», VT 10
                     (1960) 328-333.

*a*13565 7   KESSLER, M., «Rhetorical Criticism of Genesis 7», dans *Rhetorical
                     Criticism* (en collab.) (1974), 1-17.

*a*13566 7,2   KORNFELD, W., «Reine und unreine Tiere im Alten Testament»,
                     Kairos 7 (1965) 134-147.

*a*13567 8,6-12   KEEL, O., *Vögel als Boten* (Orbis Biblicus et Orientalis, 14) (Freiburg,
                     Schweiz, Universitätsverlag; Göttingen, Vandenhoeck & Ruprecht,
                     1977), 164 pp.

*a*13568 8,20-21   KORNFELD, W., «Reine und unreine Tiere im Alten Testament»,
                     Kairos 7 (1965) 134-147.

*a*13569 8,21   WOLLER, U., «Zur Übersetzung von *kî* in Gen 8 21 und 9 6», ZAW 94
                     (1982) 637-638.

*a*13570   9-10   CUSTANCE, A.C., *Noah's Three Sons*. Human History in Three Dimensions (The Doorway Papers, Vol. 1) (Grand Rapids, Zondervan, 1975), 368 pp.

*a*13571   9,1-7   STACHOWIAK, L., «Der Sinn der sogenannten Noachitischen Gebote (Genesis ix 1-7)», dans *Congress Volume. Vienna 1980* (en collab.) (1981), 395-404.

*a*13572   9,1-3   DEQUEKER, L., «Green Herbage and Trees bearing Fruit (Gen. 1:28-30; 9:1-3)», Bijdr. 38 (1977) 118-127.

*a*13573   9,6   ABIR, S., «Denn im Bilde Gottes machte er den Menschen (Gen 9,6 P)», TGl 72 (1982) 79-88.

*a*13574   WOLLER, U., «Zur Übersetzung von *kî* in Gen 8 21 und 9 6», ZAW 94 (1982) 637-638.

*a*13575   9,8-17   GROSS, W., «Bundeszeichen und Bundeschluss in der Priesterschrift», TrierTZ 87 (1978) 98-115.

*a*13576   KLOOS, C.J.L., «The Flood on Speaking Terms with God», ZAW 94 (1982) 639-642.

*a*13577   9,9-17   GRILL, S., «Die religionsgeschichtliche Bedeutung der vormosaischen Bündnisse», Kairos 2 (1960) 17-22.

*a*13578   9,18-29   COHEN, H.H., *The Drunkenness of Noah* (Judaic Studies, IV) (Alabama, The University of Alabama Press, 1974), 177 pp.

*a*13579   9,24   GERO, S., «The Legend of the Fourth Son of Noah», HarvTR 73 (1980) 321-330.

*a*13580   10   DHORME, É., «Les peuples issus de Japhet d'après le chapitre x de la Genèse», Syr. 13 (1932) 28-49.

*a*13581   GALBIATI, E., «Alle soglie della storia», dans *Secoli sul mondo* (A cura di G. RINALDI) (en collab.) (Torino, Marietti, 1955), 91-115, dans *Scritti minori* (1979), 75-113 ('La divisione dei popoli', 105-111).

*a*13582   CELADA, B., «'Menes', fundador de Egipto», CuBi 24 (1967) 169-171.

*a*13583   10,4   GARBINI, G., «Tarsis e Gen. 10,4», BibOr 7 (1965) 13-19.

*a*13584   10,8-12   SPEISER, E.A., «In Search of Nimrod», ErIs 5 (1958) 32*-36*.

*a*13585   10,11-12   SASSON, J.M., «Reḥōvōt 'îr», RB 90 (1983) 94-96.

*a*13586   10,21-32   BÜCKEN, P., «Ein geheimnisvolle Zahlensprache im Buche Genesis», BiKi 5 (1950) 40-44.

*a*13587   11,1-9   SPEISER, E.A., «Word Plays on the Creation Epic's Version of the Founding of Babylon», Or. 25 (1956) 317-323.

*a*13588   VON SODEN, W., «Etemenanki vor Asarhaddon nach der Erzählung vom Turmbau zu Babel und dem Erra-Mythos», UF 3 (1971) 253-263.

*a*13589   KIKAWADA, I.M., «The Shape of Genesis 11:1-9», dans *Rhetorical Criticism* (en collab.) (1974), 18-32.

*a*13590   FOKKELMAN, J.P., *Narrative Art in Genesis*. Specimens of Stylistic and Structural Analysis (Studia Semitica Neerlandica, 17) (Assen/ Amsterdam, Van Gorcum, 1975), 244 pp.

*a*13591   SEYBOLD, K., «Der Turmbau zu Babel. Zur Entstehung von Genesis xi 1-9», VT 26 (1976) 453-479.

*a*13592   TESTA BAPPENHEIM, I., LAMPUGNANI, F., *Bibbia e antropologia*, «Origine delle lingue (Gen. 11,1-9)» (1976), 301-324.

*a*13593   ANDERSON, B., «Le récit de Babel. Paradigme de l'unité et de la diversité humaines», Conci n° 121 (1977) 89-97.

a13594 DE PURY, A., «La tour de Babel et la vocation d'Abraham. Notes exégétiques», ETR 53 (1978) 80-97.

a13595 LAURIN, R.B., «The Tower of Babel Revisited», dans *Biblical and Near Eastern Studies* (LaSor) (en collab.) (1978), 142-145.

a13596 MILLER, P.D., Jr., *Genesis 1-11*, «Genesis 11:1-9» (1978), 22-25, 34-37.

a13597 Groupe d'Entrevernes, *Analyse sémiotique des textes*. Introduction, Théorie - Pratique (Lyon, Presses Universitaires de Lyon, 1979), «Analyse d'un texte (Gn 11,1-9)», 157-191.

a13598 FOSSION, A., *Lire les Écritures*, «Genèse, 11,1-9» (1980), 72-81.

a13599 COUFFIGNAL, R., «La tour de Babel», RT 83 (1983) 59-70.

a13600 11,27-32 PREWITT, T.J., «Kinship Structures and the Genesis Genealogies», JNES 40 (1981) 87-98.

a13601 11,30 DONALDSON, M.E., «Kinship Theory in the Patriarchal Narratives: The Case of the Barren Wife», JAmAcRel 49 (1981) 77-87.

a13602 12-50 DAVIDSON, R., *Genesis 12-50* (The Cambridge Bible Commentary) (Cambridge, Cambridge University Press, 1979), xiv-323 pp.

a13603 12-37 ROBINSON, A., «Process Analysis Applied to the Early Traditions of Israel: a Preliminary Essay», ZAW 94 (1982) 549-566.

a13604 12,1-9 DEQUEKER, L., «La vocation d'Abraham (Gn 12,1-9)», dans *Abraham dans la Bible et dans la tradition juive* (en collab.) (1977), 1-39.

a13605 KILIAN, R., «Die Berufung Abrahams. Eine Homilie über Gen 12,1-4a», BiLeb 2 (1961) 132-135.

a13606 XXX, «23 Homélies pour le deuxième dimanche de Carême», dans En collaboration, *Écriture et prédication* (Recherches et débats du Centre Catholique des Intellectuels Français, 84) (1976), 13-94.

a13607 AUFFRET, P., «Essai sur la structure littéraire de Gn 12,1-4a», BZ 26 (1982) 243-248.

a13608 COATS, G.W., «The Curse in God's Blessing. Gen 12,1-4a in the Structure and Theology of the Yahwist», dans *Die Botschaft und die Boten* (en collab.) (1981), 31-41.

a13609 12,1-3 MARTIN-ACHARD, R., «Israël, peuple sacerdotal», VC no 71-72 (1964) 11-28.

a13610 DE PURY, A., «La tour de Babel et la vocation d'Abraham. Notes exégétiques», ETR 53 (1978) 80-97.

a13611 RUPRECHT, E., «Vorgegebene Tradition und theologische Gestaltung in Genesis xii 1-3», VT 29 (1979) 171-188.

a13612 YARCHIM, W., «Imperative and Promise in Genesis 12:1-3», SBT 10 (1980) 164-178.

a13613 12,1 ABBA, R., «The Challenge of Change», ExpTim 88 (1976) 44-46.

a13614 12,2-3 RUPRECHT, E., «Der traditionsgeschichtliche Hintergrund der einzelnen Elemente von Genesis xii 2-3», VT 29 (1979) 444-464.

a13615 12,2 JENKINS, A.K., «A Great Name: Genesis 12:2 and the Editing of the Pentateuch», JSOT no 10 (1978) 41-57.

a13616 12,10-13,1 POLZIN, R., «'The Ancestress of Israel in Danger' in Danger», Semeia no 3 (1975) 81-98.

a13617 MISCALL, P.D., «Literary Unity in Old Testament Narrative», Semeia 15 (1979) 27-44.

a13618 POLZIN, R., «Literary Unity in Old Testament Narrative: A Response», Semeia 15 (1979) 45-50.

a13619   12,10-20   NOMOTO, S., «Entstehung und Entwicklung der Erzählung von der
                         Gefährdung der Ahnfrau», AJBI 2 (1976) 3-27 (Gn 12,10-20; 20,1-8;
                         26,7-11).

a13620   WEIMAR, P., Untersuchungen zur Redaktionsgeschichte des
                         Pentateuch, «Genesis 12,10-20» (1977), 5-55.

a13621   PELLA, G., «Les doublets dans la Genèse: pour une nouvelle approche»,
                         Hok n° 10 (1979) 37-63.

a13622   AUGUSTIN, M., «Die Inbesitznahme der schönen Frau aus der
                         unterschiedlichen Sicht der Schwachen und der Mächtigen. Ein
                         kritischer Vergleich von Gen 12,10-20 und 2 Sam 11,2-27a», BZ 27
                         (1983) 145-154.

a13623   13   HELYER, L.R., «The Separation of Abram and Lot: Its Significance in
                         the Patriarchal Narratives», JSOT n° 26 (1983) 77-88.

a13624   13,2-18   VOGELS, W., «Lot in His Honor Restored. A Structural Analysis of Gn
                         13:2-18», ET 10 (1979) 5-12.

a13625   14   MAIWORM, J., «Der Jordan vor Abraham», BiKi 12 (1957) 49-50.

a13626   GALBIATI, E., «L'episodio di Melchisedech nella struttura del cap. 14
                         della Genesi», dans Miscellanea Carlo Figini (en collab.) (Venegono
                         Inferiore, La Scuola Cattolica, 1964), 3-10, dans Scritti minori (1979),
                         157-167.

a13627   FREEDMAN, D.N., «The Real Story of the Ebla Tablets, Ebla and the
                         Cities of the Plain», BA 41 (1978) 143-164.

a13628   ANDREASEN, N.-E. A., «Genesis 14 in its Near Eastern Context»,
                         dans Scripture in Context (en collab.) (1980), 59-77.

a13629   14,7   MACGREGOR, R., «En Mishpat», PEQ 71 (1939) 204.

a13630   GASTER, T.H., «En Mishpat: A Rejoinder», PEQ 72 (1940) 61-62.

a13631   14,18-22   KIRKLAND, J.R., «The Incident at Salem: A Re-examination of
                         Genesis 14:18-22», SBT 7,1 (1977) 3-23.

a13632   14,18-20   HORTON, F.L., Jr., The Melchizedek Tradition. A Critical
                         Examination of the Sources to the Fifth Century A.D. and in the Epistle
                         to the Hebrews (SNTS 30) (Cambridge, Cambridge University Press,
                         1976), 192 pp.

a13633   RODRIGUEZ CARMONA, A., «La figura de Melquisedec en la
                         literatura targúmica», EstB 37 (1978) 79-102.

a13634   14,19   PETER, M., «Wer sprach den Segen nach Genesis xiv 19 über Abraham
                         aus?» VT 29 (1979) 114-120.

a13635   14,21   AUER, W., «Bibeltexte - flash verstanden», BiKi 13 (1958) 85-88.

a13636   15-18   SUTHERLAND, D., «The Organization of the Abraham Promise
                         Narratives», ZAW 95 (1983) 337-343.

a13637   15   CAQUOT, A., «L'alliance avec Abram (Genèse 15)», Sem. 12 (1962)
                         51-66.

a13638   ALEXANDRE, J., «Du texte au sermon (15): Lectures de Genèse 15»,
                         ETR 47 (1972) 3-19.

a13639   GROSS, H., «Glaube und Bund. Theologische Bemerkungen zu
                         Genesis 15», dans Studien zum Pentateuch (en collab.) (1977), 25-35.

a13640   RENDTORFF, R., «Genesis 15 im Rahmen der theologischen
                         Bearbeitung der Vätergeschichten», dans Werden und Wirken des Alten
                         Testaments (en collab.) (1980), 74-81.

a13641   ANBAR, M., «Genesis 15: A Conflation of Two Deuteronomic Narratives», JBL 101 (1982) 39-55.

a13642   15,1-6   SCHMID, H.H., «Gerechtigkeit und Glaube. Genesis 15,1-6 und sein biblischtheologischer Kontext», EvT 40 (1980) 396-420.

a13643   15,1-4   KLEIN, M.L., «A Genizah Fragment of Palestinian Targum to Genesis 15:1-4», HUCA 49 (1978) 73-87.

a13644   15,1-3   BOURS, J., «'Geh einher vor meinem Antlitz! Sei ganz!' Eine Mediation über Gen 15,1-3», BiLeb 3 (1962) 57-61.

a13645   15,1   LORETZ, O., «mgn - 'Geschenk' in Gen 15,1», UF 6 (1974) 492.

a13646   15,2   POMPONIO, F., «Mešeq di Gen. 15,2 e un termine amministrativo di Ebla», BibOr 25 (1983) 107-109.

a13647   15,6   MOXNES, H., Theology in Conflict, «Gen 15:6 and the promise to Abraham» (1980), 155-163.

a13648   OEMING, M., «Ist Genesis 15 6 ein Beleg für die Anrechnung des Glaubens zur Gerechtigkeit?» ZAW 95 (1983) 182-197.

a13649   15,7-21   PETERSEN, D.L., «Covenant Ritual: A Traditio-Historical Perspective», BiRes 22 (1977) 7-18.

a13650   HASEL, G.F., «The Meaning of the Animal Rite in Gen. 15», JSOT n° 19 (1981) 61-78.

a13651   16   McEVENUE, S.E., «A Comparison of Narrative Styles in the Hagar Stories», Semeia n° 3 (1975) 64-80.

a13652   WHITE, H.C., «The Initiation Legend of Ishmael», ZAW 87 (1975) 267-306.

a13653   16,11   LORETZ, O., «Repointing und Redivision in Genesis 16,11», UF 8 (1976) 452-453.

a13654   DAHOOD, M., «Nomen - Omen in Genesis 16,11», Bibl 61 (1980) 89.

a13655   16,13   BOOIJ, T., «Hagar's words in Genesis xvi 13b», VT 30 (1980) 1-7.

a13656   SCHOORS, A., «A tiqqum sopherim in Genesis xvi 13b?» VT 32 (1982) 494-495.

a13657   17   WESTERMANN, C., «Genesis 17 und die Bedeutung von berit», TLZ 101 (1976) 161-170.

a13658   GROSS, W., «Bundeszeichen und Bundeschluss in der Priesterschrift», TrierTZ 87 (1978) 98-115.

a13659   17,4   HAHN, J., «Textkritisches zu Gen 17 4a», ZAW 94 (1982) 642-644.

a13660   17,9-14   «GRILL, S., «Die religionsgeschichtliche Bedeutung der vormosaischen Bundnisse», Kairos 2 (1960) 17-22.

a13661   17,14   WOLD, D.J., «The Kareth Penalty in P: Rationale and Cases», dans Society of Biblical Literature. 1979 Seminar Papers (en collab.) (1979), I, 1-45.

a13662   18-19   UFFENHEIMER, B., «Genesis 18-19, a new approach», dans Mélanges André Neher (en collab.) (1975), 145-153.

a13663   HAAG, E., «Abraham und Lot in Gen 18-19», dans Mélanges bibliques et orientaux en l'honneur de M. Henri Cazelles (en collab.) (1981), 173-199.

a13664   RUDIN-O'BRASKY, T., The Patriarchs in Hebron and Sodom (Genesis 18-19). A Study of the Structure and Composition of a Biblical Story (Jerusalem Biblical Studies, 2) (Tel-Aviv, Simor, 1982), 156 pp.

a13665   18,1-19,28   WERNST, U., «L'intercessione di Abramo per i peccatori», dans Parola, spirito e vita 3 (1981) 13-24.

a13666   18   KLEIN, J.P., «Que se passe-t-il en Genèse 18?» dans *L'Ancien Testament. Approches et lectures* (en collab.) (1977), 75-98.

a13667   KÜMPEL, R., «Die 'Begegnungstradition' von Mamre», dans *Bausteine biblischer Theologie* (en collab.) (1977), 147-168.

a13668   BLENKINSOPP, J., «Abraham and the Righteous of Sodom», dans *Essays in Honour of Yigael Yadin*, JJS 33 (1982) 119-132.

a13669   18,1-16   XELLA, P., «L'épisode de Dnil at Kothar [*KTU* 1.17 (= CTA 17) v 1-31] et Gen. xviii 1-16», VT 28 (1978) 483-488.

a13670   18,1-15   BRUEGGEMANN, W., «'Impossibility' and Epistemology in the Faith Tradition of Abraham and Sarah (Gen 18 1-15)», ZAW 94 (1982) 615-634.

a13671   18,20-32   HARRISVILLE, R.A., «God's Mercy - Tested, Promised, Done! An Exposition of Genesis 18:20-32; Luke 11:1-13; Colossians 2:6-15», Interpr 31 (1977) 165-178.

a13672   18,22-33   JAGERSMA, H., «Quelques remarques sur Genèse 18,22b-33», dans *Abraham dans la Bible et dans la tradition juive* (en collab.) (1977), 62-88.

a13673   18,23-33   SCHWEIZER, H., «Determination, Textdeixis - Erläutert an Genesis xviii 23-33», VT 33 (1983) 113-118.

a13674   19,1-29   WOLFF, H.W., «Predigt: Sodom und Gomorrha. Predigt über 1. Mose 19,1-29», dans *Werden und Wirken des Alten Testaments* (en collab.) (1980), 131-137.

a13675   19,1-22   KEEL, O., «Wer zerstörte Sodom?» TZ 35 (1979) 10-17.
a13676   19,28-20,6 WEIL, G.E., «Nouveaux Fragments Inédits de la Massorah Magna Babylonienne (II) MS TS. DI, No. 5», Textus 6 (1968) 75-105.

a13677   20-21   SIMONS, J., «Topographical and archaeological elements in the story of Abimelech», OTS 2 (1943) 35-78.

a13678   20   POLZIN, R., «'The Ancesstress of Israel in Danger' in Danger», Semeia nº 3 (1975) 81-98.

a13679   En collaboration, «Abraham et Abimélech (Genèse 20)», SemBib nº 4 (1976) 24-38; nº 5 (1977) 7-28.

a13680   WEIMAR, P., *Untersuchungen zur Redaktionsgeschichte des Pentateuch*, «Genesis 20» (1977), 55-78.

a13681   MISCALL, P.D., «Literary Unity in Old Testament Narrative», Semeia 15 (1979) 27-44.

a13682   20,1-18   PELLA, G., «Les doublets dans la Genèse: pour une nouvelle approche», Hok nº 10 (1979) 37-63.

a13683   20,11   DAHOOD, M., «Abraham's Reply in Genesis 20,11», Bibl 61 (1980) 90-91.

a13684   21   McEVENUE, S.E., «A Comparison of Narrative Styles in the Hagar Stories», Semeia nº 3 (1975) 64-80.

a13685   21,6-7   RABINOWITZ, I., «Sarah's wish (Gen. xxi 6-7)», VT 29 (1979) 362-363.

a13686   21,8-21   WHITE, H.C., «The Initiation Legend of Ishmael», ZAW 87 (1975) 267-306.

a13687   21,10.12   PAUL, S.M., «Two cognate Semitic terms for mating and copulation», VT 32 (1982) 492-494.

a13688   22-24   GOLKA, F.W., «Die theologischen Erzählungen im Abraham-Kreis», ZAW 90 (1978) 186-195.

a13689   22   TERMES ROS, P., «El sacrificio de Isaac», CuBi 12 (1955) 20-30, 75-85.

*a*13690   MAGONET, J., «Die Söhne Abrahams», BiLeb 14 (1973) 204-210.

*a*13691   PECK, W.J., «Murder, Timing, and the Ram in the Sacrifice of Isaac», AThR 58 (1976) 23-43.

*a*13692   WILKEN, R.L., «Melito, the Jewish Community at Sardis, and the Sacrifice of Isaac», TS 37 (1976) 53-69.

*a*13693   DALY, R.J., «The Soteriological Significance of the Sacrifice of Isaac», CBQ 39 (1977) 45-75.

*a*13694   GALY, A., «Une lecture de Genèse 22», dans *L'Ancien Testament*. Approches et lectures (en collab.) (1977), 117-133.

*a*13695   SARDA, O., «Le sacrifice d'Abraham (Gn 22). Le déplacement des lectures attestées», dans *L'Ancien Testament*. Approches et lectures (en collab.) (1977), 135-146.

*a*13696   DAVIES, P.R., CHILTON, B.D., «The Aqedah: A Revised Tradition History», CBQ 40 (1978) 514-546.

*a*13697   LACK, R., *Letture strutturaliste dell'antico testamento*, «Il sacrificio di Isacco» (1978), 118-128.

*a*13698   DAVIES, P.R., «The Sacrifice of Isaac and Passover», dans *Studia Biblica 1978. I. Papers on Old Testament* (en collab.) (1979), 127-132.

*a*13699   SCHMITZ, R.-P., *Aqedat Jishag*. Die mittelalterliche jüdische Auslegung von Genesis 22 in ihren Hauptlinien (Judaistische Texte und Studien, 4) (Hildesheim, Olms, 1979), 314 pp.

*a*13700   VESCO, J.-L., «La Pâque d'Abraham», VS 133 (1979) 338-350.

*a*13701   WHITE, H.C., «The Initiation Legend of Isaac», ZAW 91 (1979) 1-30.

*a*13702   CHILTON, B.D., «Isaac and the Second Night: A Consideration», Bibl 61 (1980) 78-88.

*a*13703   HOPKINS, D.C., «Between Promise and Fulfillment: Von Rad and the 'Sacrifice of Abraham'», BZ 24 (1980) 180-193.

*a*13704   MEILE, E., «Isaaks Opferung. Eine Note an Nils Alstrup Dahl», ST 34 (1980) 111-128.

*a*13705   UNTERMAN, J., «The Literary Influence of 'The Binding of Isaac' (Genesis 22) on 'The Outrage at Gibeah' (Judges 19)», HebAnR 4 (1980) 161-166.

*a*13706   BROCK, S., «Genesis 22 in Syriac Tradition», dans *Mélanges Dominique Barthélemy* (en collab.) (1981), 1-30.

*a*13707   DUHAIME, J., «Le sacrifice d'Isaac (Gn 22,1-19): l'héritage de Gunkel», SE 33 (1981) 139-156.

*a*13708   GENEST, O., «Analyse sémiotique de Gn 22,1-19», SE 33 (1981) 157-177.

*a*13709   THOMA, C., «Observations on the Concept and the Early Forms of Aḳedah Spirituality», dans *Standing Before God* (en collab.) (1981), 213-222.

*a*13710   VOGELS, W., «Dieu éprouva Abraham. Une analyse sémiotique de Genèse 22,1-19», SemBib nº 26 (1982) 25-36.

*a*13711   ALEXANDER, T.D., «Genesis 22 and the Covenant of Circumcision», JSOT nº 25 (1983) 17-22.

*a*13712   GROUPE D'ENTREVERNES, «L'analyse de la composante discursive. Exercice pratique: Genèse 22», SemBib nº 29 (1983) 1-10.

*a*13713   LINARD DE GUERTECHIN, H., «À partir d'une lecture du sacrifice d'Isaac», LVit 38 (1983) 303-322.

*a*13714 22,1-17   WEIL, G.E., «Nouveaux Fragments Inédits de la Massorah Magna Babylonienne (II) MS TS. DI, No. 5», Textus 6 (1968) 75-105.

*a*13715 22,1-13   BRAND, C., Jr., «The Story of Isaac», ExpTim 95 (1983) 20-21.

*a*13716 22,1   GUIGUI, A., «Le sacrifice d'Isaac (Gn 22,1)», dans *Abraham dans la Bible et dans la tradition juive* (en collab.) (1977), 89-117.

*a*13717 22,2   KRAUSS, S., «Moriah-Ariel», PEQ 79 (1947) 45-55, 102-111.

*a*13718 23   ARDEN-CLOSE, C.F., «The Cave of Machpelah», PEQ 83 (1951) 69-77.

*a*13719   CHOPINEAU, J., «La ville de quatre (Gn 23)», Hok nº 12 (1979) 14-21.

*a*13720 23,6   CALDERINI, O., «Il *nāśî'* biblico nell'epoca patriarcale e arcaica», BibOr 20 (1978) 65-74.

*a*13721 24   ANBAR (BERNSTEIN), M., «Les bijoux compris dans la dot du fiancé à Mari et dans les cadeaux du marriage dans Gn. 24», UF 6 (1974) 442-444.

*a*13722   GARCIA LOPEZ, F., «Del 'Yahvista' al 'Deuteronomista'. Estudio crítico de Génesis 24», RB 87 (1980) 242-273, 350-393, 514-559.

*a*13723   ROFÉ, A., «La composizione di Gen. 24», BibOr 23 (1981) 161-165.

*a*13724 24,9   TZORI, N., «Cult Figurines in the Eastern Plain of Esdraelon and Beth-Shean», ErIs 5 (1958) 52-54.

*a*13725 24,10   CELADA, B., «Los camellos de Abraham», CuBi 22 (1965) 227-229.

*a*13726 25-36   FOKKELMAN, J.P., *Narrative Art in Genesis*. Specimens of Stylistic and Structural Analysis (Studia Semitica Neerlandica, 17) (Assen/ Amsterdam, Van Gorcum, 1975), 244 pp.

*a*13727   KUHLEWEIN, J., «Gotteserfahrung und Reifungsgeschichte in der Jakob-Esau-Erzählung. Ein Beitrag zum Gespräch zwischen Theologie und Tiefenpsychologie», dans *Werden und Wirken des Alten Testaments* (en collab.) (1980), 116-130.

*a*13728 25,5-7   FISHER, L.R., «An Amarna Age Prodigal», JSS 3 (1958) 113-122.

*a*13729 25,13-16   EPH'AL, I., «'Ishmael' and 'Arab(s)': A Transformation of Ethnological Terms», JNES 35 (1976) 225-235.

*a*13730 25,33   MÖLLER, H., «Lösungsvorschlag für eine Crux interpretum (Lev 25 33)», ZAW 90 (1978) 411-412.

*a*13731 26,1-14   POLZIN, R., «'The Ancestress of Israel in Danger' in Danger», Semeia 3 (1975) 81-98.

*a*13732 26,1-11   WEIMAR, P., *Untersuchungen zur Redaktionsgeschichte des Pentateuch*, «Genesis 26,1-11» (1977), 79-102.

*a*13733   MISCALL, P.D., «Literary Unity in Old Testament Narrative», Semeia 15 (1979) 27-44.

*a*13734   PELLA, G., «Les doublets dans la Genèse: pour une nouvelle approche», Hok nº 10 (1979) 37-63.

*a*13735 27-36   THOMPSON, T.L., «Conflict of Themes in the Jacob Narratives», Semeia 15 (1979) 5-26.

*a*13736 27-33   COATS, G.W., «Strife without Reconciliation - a Narrative Theme in the Jacob Traditions», dans *Werden und Wirken des Alten Testaments* (en collab.) (1980), 82-106.

*a*13737 27,3   DAHOOD, M., «Poetry versus a Hapax in Genesis 27,3», Bibl 58 (1977) 422-423.

*a*13738 27,13   NIEHAUS, J., «The Use of *lûlē* in Psalm 27», JBL 98 (1979) 88-89.

a13739 28,10-29,1 En collaboration, «Le songe de Jacob: Genèse 28,10-29,1», SemBib nº 14 (1979) 28-39.

a13740 28 DE PURY, A., *Promesse divine et légende cultuelle dans le cycle de Jacob*. Genèse 28 et les traditions patriarcales. 2 vol. (Paris, Gabalda, 1975), 721 pp.

a13741 28,10-22 WAINWRIGHT, G.A., «Jacob's Bethel», PEQ 66 (1934) 32-44.

a13742 CLARKE, E.G., «Jacob's dream at Bethel as interpreted in the targums and the New Testament», SR 4 (1974-75) 367-377.

a13743 FOKKELMAN, J.P., *Narrative Art in Genesis*. Specimens of Stylistic and Structural Analysis (Studia Semitica Neerlandica, 17) (Assen/Amsterdam, Van Gorcum, 1975), 244 pp.

a13744 OTTO, E., «Jakob in Bethel. Ein Beitrag zur Geschichte des Jakobüberlieferung», ZAW 88 (1976) 165-190.

a13745 COUFFIGNAL, R., «Notes sur un commentaire de Gn 28,10-22», BLE 78 (1977) 135-138.

a13746 COUFFIGNAL, R., «Le Songe de Jacob. Approches nouvelles de Gn 28,10-22», Bibl 58 (1977) 342-360.

a13747 HOUTMAN, C., «What did Jacob see in his dream at Bethel? Some remarks on Genesis xxviii 10-22», VT 27 (1977) 337-351.

a13748 RENDTORFF, R., «Jakob in Bethel. Beobachtungen zum Aufbau und zur Quellenfrage in Gen 28 10-22», ZAW 94 (1982) 511-523.

a13749 29,15-31,55 MORRISON, M.A., «The Jacob and Laban narrative in light of Near Eastern sources», BA 46 (1983) 155-164.

a13750 29,32-30,24 «STRUS, A., «Étymologies des noms propres dans Gen 29,32-30,24: valeurs littéraires et fonctionnelles», Sal 40 (1978) 57-72.

a13751 29,32 NICOL, G.G., «Genesis xxix. 32 and xxxv. 22a: Reuben's Reversal», JTS 31 (1980) 536-539.

a13752 30,3 RICHTER, H.-F., «'Auf den Knien eines andern gebären'? (Zur Deutung von Gen 30 3 und 50 23)», ZAW 91 (1979) 436-437.

a13753 30,20-24 ZAKOVITCH, Y., «A Study of Precise and Partial Derivations in Biblical Etymology», JSOT nº 15 (1980) 31-50.

a13754 31,25-42 MABEE, C., «Jacob and Laban. The structure of judicial proceedings (Genesis xxxi 25-42)», VT 30 (1980) 192-207.

a13755 31,39 LOEWENSTAMM, S.E., «ānôkî 'ăḥaṭenāh», ZAW 90 (1978) 410.

a13756 PAUL, S.M., «Unrecognized Biblical Legal Idioms in the Light of Comparative Akkadian Expressions», RB 86 (1979) 231-239.

a13757 31,42.53 KOCH, K., «pǎḥǎd jiṣḥaq - eine Gottesbezeichnung?» dans *Werden und Wirken des Alten Testaments* (en collab.) (1980), 107-115.

a13758 32-33 VISCHER, W., «La réconciliation de Jacob et d'Ésaü», VC nº 41 (1957) 41-51.

a13759 32 BARBET, P., «La lucha de Jacob», CuBi 16 (1959) 33-34.

a13760 BUTTERWECK, A., *Jacobs Ringkampf am Jabbok*. Gen. 32,4ff in der jüdischen Tradition bis zum Frühmittelalter (Judentum und Umwelt, 3) (Frankfurt am Main, Bern, Peter Lang, 1981), iv-221 pp.

a13761 32,2-3 HOUTMAN, C., «Jacob at Mahanaim. Some remark on Genesis xxxii 2-3», VT 28 (1978) 37-44.

a13762 32,23-33 LEWIS, J.O., «Gen 32:23-33, Seeing a Hidden God», dans *Society of Biblical Literature. 1972 Proceedings* (en collab.) (1972), 449-451.

a13763   BODÉÜS, R., «Parallèle pour l'interprétation du 'Combat de Jacob'», OLoP 4 (1973) 135-140.

a13764   GEVIRTZ, S., «Of Patriarchs and Puns: Joseph at the Fountain, Jacob at the Ford», HUCA 46 (1975) 33-54.

a13765   CRUELLS, A., «El relato de Gn 32,23-33», EstF 78 (1977) 27-92.

a13766   DURAND, X., «Le combat de Jacob (Gn 32,23-33). Pour un bon usage des modèles narratifs», dans L'Ancien Testament. Approches et lectures (en collab.) (1977), 99-115.

a13767   ROTH, W., «Structural Interpretations of 'Jacob At The Jabbok' (Genesis 32:22-32)», BiRes 22 (1977) 51-62.

a13768   DE PURY, A., «Jakob am Jabbok, Gen. 32,23-33, im Licht einer altirischen Erzählung», TZ 35 (1979) 18-34.

a13769   KODELL, J., «Jacob Wrestles with Esau (Gen 32:23-32)», BTB 10 (1980) 65-70.

a13770   BRODIE, L.T., «Jacob's Travail (Jer 30:1-13) and Jacob's Struggle (Gen 32:22-32): A Test Case for Measuring the Influence of the Book of Jeremiah on the Present Text of Genesis», JSOT nº 19 (1981) 31-60.

a13771   32,23-26   CERBELAUD, D., «Fécondité de la blessure. Sur le combat de Jacob, Gn 32,23-26», VS 135 (1981) 841-844.

a13772   32,29   ESLINGER, L.M., «Hosea 12:5a and Genesis 32:29: A Study in Inner Biblical Exegesis», JSOT nº 18 (1980) 91-99.

a13773   33,14   URBACH, E.E., «A Midrash of Redemption from Late Crusader Times», ErIs 10 (1971) 58-63 (English summary).

a13774   33,18-34,3   PUECH, É., «Fragment d'un Rouleau de la Genèse provenant du Désert de Juda (Gen. 33,18-34,3)», RQum 10 (1980) 163-166.

a13775   33,20   LORETZ, O., «Die Epitheta 'l 'lhj jśr'l (Gn 33,20) und 'l 'lhj 'bjk (Gn 46,3)», UF 7 (1975) 583.

a13776   34   FENSHAM, F.C., «Gen. XXXIV and Mari», JNWSemL 4 (1975) 87-90.

a13777   KEVERS, P., «Étude littéraire de Genèse, XXXIV», RB 87 (1980) 38-86.

a13778   SOGGIN, J.A., «I testi vetero-testamentari sulla conquista della Palestina», RivB 28 (1980) 45-57.

a13779   PUMMER, R., «Genesis 34 in Jewish Writings of the Hellenistic and Roman Periods», HarvTR 75 (1982) 177-188.

a13780   35,22   NICOL, G.G., «Genesis xxix. 32 and xxxv. 22a: Reuben's Reversal», JTS 31 (1980) 536-539.

a13781   36,31-39   PREWITT, T.J., «Kinship Structures and the Genesis Genealogies», JNES 40 (1981) 87-98.

a13782   36,40-41   MALAMAT, A., «UMMATUM in Old Babylonian Texts and Its Ugaritic and Biblical Counterparts», UF 11 (1979) 527-536.

a13783   37-50   VON RAD, G., Gottes Wirken in Israel (1974), «Die Josephsgeschichte» (1954), 22-41.

a13784   VON RAD, G., Gottes Wirken in Israel (1974), «Biblische Josephserzählung und Josephsroman» (1965), 285-304.

a13785   LOWENTHAL, E.I., The Joseph Narrative in Genesis. An Interpretation (New York, Ktav Publishing House, 1973), x-212 pp.

a13786   MEINHOLD, A., «Die Gattung der Josephsgeschichte und des Estherbuches: Diasporanovelle», ZAW 87 (1975) 306-324; 88 (1976) 72-93.

*a*13787   COATS, G.W., *From Canaan to Egypt*. Structural and Theological Context for the Joseph Story (The Catholic Biblical Quarterly. Monograph Series, 4) (Washington, The Catholic Biblical Association of America, 1976), 101 pp.

*a*13788   MICHAUD, R., *L'histoire de Joseph, le Makirite* (Genèse 37-50) (Lire la Bible, 45) (Paris, Cerf, 1976), 157 pp.

*a*13789   VON RAD, G., «The Joseph Narrative and Ancient Wisdom», *The Problem of the Hexateuch and Other Essays* (1953), 292-300, dans *Studies in Ancient Israelite Wisdom* (en collab.) (1976), 439-447.

*a*13790   THOMPSON, T.L., IRVIN, D., «The Joseph and Moses Narratives», dans *Israelite and Judaean History* (en collab.) (1977), 149-212.

*a*13791   LACK, R., *Letture strutturaliste dell'antico testamento*, «La storia di Giuseppe» (1978), 78-118.

*a*13792   SEEBASS, H., *Geschichtliche Zeit und theonome Tradition in der Joseph-Erzählung* (Gütersloh, Mohn, 1978), 152 pp.

*a*13793   SAVAGE, M., «Literary Criticism and Biblical Studies: A Rhetorical Analysis of the Joseph Narrative», dans *Scripture in Context* (en collab.) (1980), 79-100.

*a*13794   SCHMITT, H.-C., *Die nichtpriesterliche Josephsgeschichte*. Ein Beitrag zur neuesten Pentateuchkritik (BZAW 154) (Berlin, De Gruyter, 1980), xi-225 pp.

*a*13795 37-48 CASPER, J., «Der ägyptische Josef», BiLit 11 (1936-37) 227-229.

*a*13796 37-47 FICKEL, E., «Die alttestamentliche Josephsgeschichte im Lichte der ägyptologischen Forschung», BiLeb 1 (1960) 138-140.

*a*13797   COATS, G.W., *From Canaan to Egypt*. Structural and Theological Context for the Joseph Story (C.B.Q. Monograph Series, 4) (Washington, Catholic Biblical Association, 1976), ix-101 pp.

*a*13798   MELCHIN, K.R., «Literary Sources in the Joseph Story», SE 31 (1979) 93-101.

*a*13799 37,2   CHRISTENSEN, D.L., «Anticipatory Paronomasia in Jonah 3:7-8 and Genesis 37:2», RB 90 (1983) 261-263.

*a*13800 37,12-14 GROTTANELLI, C., «Giuseppe nel pozzo. I. Un antico tema mitico in Gen 37:12-14 e in RV I 105», OrAnt 17 (1978) 107-122.

*a*13801 38   EMERTON, J.A., «An examination of a recent structuralist interpretation of Genesis xxxviii», VT 26 (1976) 79-98.

*a*13802   GOLDIN, J., «The Youngest Son or Where does Genesis 38 Belong», JBL 96 (1977) 27-44.

*a*13803   EMERTON, J.A., «Judah and Tamar», VT 29 (1979) 403-415.

*a*13804   NIDITCH, S., «The Wronged Woman Righted: An Analysis of Genesis 38», HarvTR 72 (1979) 143-149.

*a*13805   O'CALLAGHAN, M., «The Structure and Meaning of Genesis 38», dans *Proceedings of the Irish Biblical Association* (en collab.), 5 (1981) 72-97.

*a*13806   WRIGHT, G.R.H., «The Positioning of Genesis 38», ZAW 94 (1982) 523-529.

*a*13807 38,9-10 ANDRIESSEN, P., «De zonde van Onan. Le péché d'Onan», Bijdr. 25 (1964) 367-377 (sommaire français).

*a*13808 38,9   PENNACCHINI, B., «Un contributo all'interpretazione di Gn 38,9», dans *Studia Hierosolymitana (Bagatti)* (en collab.) (1976), II, 47-57.

a13809   38,14   ROBINSON, I., «bĕpetaḥ 'ênayim in Genesis 38:14», JBL 96 (1977) 569.

a13810   39-50   BÉRARD, J., «De la légende grecque à la Bible. Phaéton et les sept vaches maigres», RHR 151 (1957) 221-230.

a13811   McGUIRE, E., «The Joseph Story: A Tale of Son and Father», dans Images of Man and God (en collab.) (1981), 9-25.

a13812   39,10-18   JACOBSON, H., «A Legal Note on Potiphar's Wife», HarvTR 69 (1976) 177.

a13813   40-50   RUPPERT, L., «Göttliches und menschliches Handeln. Form und Inhalt der Josephsgeschichte», BiKi 21 (1966) 1-7.

a13814   41,40   COHEN, J.M., «An unrecognized connotation of nšq peh with special reference to three biblical occurrences», VT 32 (1982) 416-424.

a13815   43-50   OTTO, E., «Die 'synthetische Lebensauffassung' in der frühköniglichen Novellistik Israels. Ein Beitrag zur alttestamentlichen Anthropologie», ZTK 74 (1977) 371-400.

a13816   43,7   JACOBSON, H., «Joseph and his Brothers' Beds», JQR 72 (1982) 205.

a13817   44,18   MARTINEZ BOROBIO, E., «El Midrás de Neofiti Gen 44,18. Dos versiones diferentes de una hagadá», EstB 35 (1976) 79-86.

a13818   46,3   LORETZ, O., «Die Epitheta 'l 'lhj jśr'l (Gn 33,20) und 'l 'lhj 'bjk (Gn 46,3)», UF 7 (1975) 583.

a13819   47,12-17   DRIVER, G.-R., «Two problems in the Old Testament examined in the light of Assyriology», Syr. 33 (1956) 70-78.

a13820   49   CROSS, F.M., Jr., FREEDMAN, D.N., Studies in Ancient Yahwistic Poetry, «The Blessing of Jacob. Genesis 49» (1975), 69-93.

a13821   ABERBACH, M., GROSSFELD, B., Targum Onqelos on Genesis 49. Translation and Analytical Commentary (Society of Biblical Literature, Aramaic Studies, 1) (Missoula, Montana, Scholars Press, 1976), xiv-84 pp.

a13822   49,4   GORDON, R.P., «Targum Onkelos to Genesis 49:4 and a Common Semitic Idiom», JQR 66 (1975-76) 224-226.

a13823   49,5-7   GEVIRTZ, S., «Simeon and Levi in 'The Blessing of Jacob' (Gen. 49:5-7)», HUCA 52 (1981) 93-128.

a13824   49,5   COHEN, M., «mᵉkērōtēhem (Genèse xlix 5)», VT 31 (1981) 472-482.

a13825   YOUNG, D.W., «A Ghost Word in the Testament of Jacobs (Gen 49:5)?» JBL 100 (1981) 335-342.

a13826   49,6   WATSON, W.G.E., «Hebrew 'to be happy' - an idiom identified», VT 31 (1981) 92-95.

a13827   RENDSBURG, G., «Double Polysemy in Genesis 49:6 and Job 3:6», CBQ 44 (1982) 48-51.

a13828   49,8-12   CAQUOT, A., «La parole sur Juda dans le Testament lyrique de Jacob (Genèse 49,8-12)», Sem. 26 (1976) 5-32.

a13829   49,9   GEVIRTZ, S., «Adumbrations of Dan in Jacob's Blessing on Judah», ZAW 93 (1981) 21-37.

a13830   49,10   CRIADO, R., «'Hasta que venga Silo' (Gén. 49,10). Recientes explicaciones católicas», CuBi 23 (1966) 195-219.

a13831   MONSENGWO-PASINYA, L., «Deux textes messianiques de la Septante: Gn 49,10 et Ez 21,32», Bibl 61 (1980) 357-376.

a13832   49,14-15   GEVIRTZ, S., «The Issachar Oracle in the Testament of Jacob», ErIs 12 (1975) 104*-112*.

a 13833   49,22   GEVIRTZ, S., «Of Patriarchs and Puns: Joseph at the Fountain, Jacob at the Ford», HUCA 46 (1975) 33-54.

a 13834   CAQUOT, A., «Ben Porat (Genèse, 49,22)», Sem. 30 (1980) 43-56.

a 13835   49,26   DE FRAINE, J., «Desiderium collium aeternorum (Gen. 49,26) (Le sens littéral de la formule 'desiderium collium aeternorum')», Bijdr. 12 (1951) 140-154 (sommaire français).

a 13836   RENDSBURG, G., «Janus Parallelism in Gen 49:26», JBL 99 (1980) 291-293.

a 13837   49,27   PRADO, J., «Benjamin, lobo rapaz», CuBi 14 (1957) 18-19.

a 13838   50,22   GEVIRTZ, S., «The Life Spans of Joseph and Enoch and the Parallelism šib'ātayim - šib'îm wĕšib'āh», JBL 96 (1977) 570-571.

a 13839   WILLIAMS, J.G., «Number Symbolism and Joseph as Symbol of Completion», JBL 98 (1979) 86-87.

a 13840   50,23   RICHTER, H.-F., «'Auf den Knien eines andern gebären'? (Zur Deutung von Gen 30 3 und 50 23)», ZAW 91 (1979) 436-437.

3. EXODE. EXODUS. ESODO. EXODO.

a) Commentaires. Commentaries. Kommentare. Commenti. Comentarios.

a 13841   CLEMENTS, R.E., Exodus (The Cambridge Bible Commentary on the New English Bible) (Cambridge, Cambridge University Press, 1972), viii-248 pp.

a 13842   KNIGHT, G.A.F., Theology as Narration. A Commentary on the Book of Exodus (Edinburgh, Handsel Press; Grand Rapids, Eerdmans, 1976), xiv-209 pp.

a 13843   DALGLISH, E.R., The Great Deliverance. A Concise Exposition of the Book of Exodus (Nashville, Broadman Press, 1977), 140 pp.

a 13844   ZENGER, E., Das Buch Exodus (Geistliche Schriftlesung, 7) (Düsseldorf, Patmos, 1978), 290 pp.

a 13845   HYATT, J.P., Exodus (The New Century Bible Commentary) (Grand Rapids, Michigan, Eerdmans; London, Marshall, Morgan & Scott, 1980), 351 pp.

a 13846   CHOURAQUI, A., L'univers de la Bible, I (1982), «Noms. Exode», 285-470.

a 13847   ELLISON, H.L., Exodus (The Daily Study Bible: Old Testament) (Edinburgh, Saint Andrew Press; Philadelphia, Westminster Press, 1982), xii-204 pp.

b) Critique littéraire. Literary Criticism. Literarkritik. Critica letteraria. Crítica literaria.

a 13848   SCHNEIDER, H., «Das Buch Exodus, ein Hauptdokument der Heilsgeschichte», BiKi 18 (1963) 2-6.

a 13849   CAZELLES, H., «Rédactions et Traditions dans l'Exode», dans Studien zum Pentateuch (en collab.) (1977), 37-58.

a 13850   WALSH, J.T., «From Egypt to Moab: A Source Critical Analysis of the Wilderness Itinerary», CBQ 39 (1977) 20-33.

a 13851   KIESOW, K., Exodustexte im Jesajabuch. Literarkritische und motivgeschichtliche Analysen (Orbis Biblicus et Orientalis, 24) (Fribourg, Switzerland, Éditions Universitaires; Göttingen, Vandenhoeck & Ruprecht, 1979), 221 pp.

a 13852   ALTHANN, R., «Unrecognized Poetic Fragments in Exodus», JNWSemL 11 (1983) 9-27 (Ex 6,13; 14,20; 16,8; 17,16; 18,10-12; 23,2; 32,35; 34,19).

c) Textes. Texts. Texte. Testi. Textos.

*a*13853 1-19   SCHMIDT, W.H., *Exodus: Sinai und Mose: Erwägungen zu Ex 1-19 und 24* (Erträge der Forschung, 191) (Darmstadt, Wissenschaftliche Buchgesellschaft, 1983), viii-165 pp.

*a*13854 1-7   WEIMAR, P., *Untersuchungen zur priesterschriftlichen Exodusgeschichte* (Forschung zur Bibel, 9) (Würzburg, Echter Verlag, 1973), 273 pp.

*a*13855   CAZEAUX, J., «Naître en Égypte: Exode 1-7,7 - Étude littéraire», RHPR 60 (1980) 401-427.

*a*13856 1,1-14   WEIMAR, P., *Untersuchungen zur priesterschriftlichen Exodusgeschichte* (Forschung zur Bibel, 9) (Würzburg, Echter-Verlag, 1973), 15-70.

*a*13857 1,2-2,10   WICKE, D.W., «The Literary Structure of Exodus 1:2-2:10», JSOT nº 24 (1982) 99-107.

*a*13858 1,8-2,10   EXUM, J.C., «'You Shall Let Every Daughter Live': A Study of Exodus 1:8-2:10», Semeia 28 (1983) 63-82.

*a*13859 1,13-14   GOLDBERG, M., «Exodus 1:13-14», Interpr 37 (1983) 389-391.

*a*13860 2   SCHUBERT, K., SCHUBERT, U., «Die Errettung des Mose aus den Wassern des Nil in der Kunst des spätantiken Judentums und das Weiterwirken dieses Motivs in der frühchristlichen und jüdisch-mittelalterlichen Kunst», dans *Studien zum Pentateuch* (en collab.) (1977), 59-68.

*a*13861 2,1-10   REDFORD, D.B., «The literary motif of the exposed child (cf. Ex. ii 1-10)», Numen 14 (1967) 209-228.

*a*13862 2,11-25   BUTLER, T.C., «An Anti-Moses Tradition», JSOT nº 12 (1979) 9-15.

*a*13863 2,14   DAHOOD, M., «Vocative *lamedh* in Exodus 2,14 und Merismus in 34,21», Bibl 62 (1981) 413-415.

*a*13864   COUROYER, B., «À propos d'Exode, II,14», RB 89 (1982) 48-51.

*a*13865 2,23-5,5   WEIMAR, P., *Die Berufung der Mose*. Literaturwissenschaftliche Analyse von Exodus 2,23-5,5 (Orbis Biblicus et Orientalis, 32) (Freiburg, Switzerland, Universitätsverlag; Göttingen, Vandenhoeck & Ruprecht, 1980), 399 pp.

*a*13866 2,23-25   WEIMAR, P., *Untersuchungen zur priesterschriftlichen Exodusgeschichte* (Forschung zur Bibel, 9) (Würzburg, Echter-Verlag, 1973), 274 pp.

*a*13867   CUNCHILLOS, J.-L., *La Bible. Première lecture de l'Ancien Testament -I* (1974), «La dynamique de l'histoire du salut-libération. Exode 2,23-25», 97-105.

*a*13868 3   WYATT, N., «The Development of the Tradition in Exodus 3», ZAW 91 (1979) 437-442.

*a*13869 3,1-12   LOEWENSTAMM, S.E., «The Presence at Mount Sinai», Immanuel 5 (1975) 20-26.

*a*13870 3,2-6   OHLMEYER, A., «Der Erlösergott im brennenden Dornbusch», BiKi 12 (1957) 98-111.

*a*13871 3,5   DUNFORD, J., «Holy Ground», ExpTim 91 (1979) 45-46.

*a*13872 3,7-14   READ, D.H.C., «From the Roots of our Religion», ExpTim 92 (1980) 21-22.

a13873   3,7-10   RIEBL, M., «Dreimal: Berufung des Mose. Eine Bibelarbeit», BiLit 53 (1980) 213-218.

a13874   3,7   BOURS, J., «'Gesehen habe ich, gesehen das Elend meines Volkes'. Eine Meditation zu Ex 3,7», BiLeb 6 (1965) 299-303.

a13875   3,13-15   SAEBØ, M., «Offenbarung oder Verhüllung? Bemerkungen zum Charakter des Gottesnamens in Ex 3,13-15», dans *Die Botschaft und die Boten* (en collab.) (1981), 43-55.

a13876   3,14   RENCKENS, H., «De Naam Jahweh als samenvatting van Israëls Godsbesef. *Le Nom de Yahvé comme expression compréhensive du sens de Dieu chez le peuple d'Israel*», Bijdr. 19 (1958) 117-136 (sommaire français).

a13877   BROWNLEE, W.H., «The Ineffable Name of God», BASOR nº 226 (1977) 39-46.

a13878   NOCE, C., «Il nome di Dio. Origene e l'interpretazione dell'Es. 3,14», Div 21 (1977) 23-50.

a13879   ISBELL, C.D., «The Divine Name '*hyh* As a Symbol of Presence in Israelite Tradition», HebAnR 2 (1978) 101-118.

a13880   McCARTHY, D.J., «Exod 3:14: History, Philology and Theology», CBQ 40 (1978) 311-322.

a13881   WAMBACQ, B.N., «*eheyeh 'aser 'eheyeh*», Bibl 59 (1978) 317-338.

a13882   JANZEN, J.G., «What's in a Name? 'Yahweh' in Exodus 3 and the Wider Biblical Context», Interpr 33 (1979) 227-239.

a13883   SCHMIDT, W.H., «Der Jahwename und Ex 3,14», dans *Textgemäss* (en collab.) (1979), 123-138.

a13884   MÜLLER, H.-P., «Der Jahwename und seine Deutung Ex 3,14 im Licht der Textpublikationen aus Ebla», Bibl 62 (1981) 305-327.

a13885   3,21-22   RADDAY, Y.T., «The Spoils of Egypt», ASTI 12 (1983) 127-147.

a13886   4,1-9   HAMLIN, E.J., «The Liberator's Ordeal. A Study of Exodus 4:1-9», dans *Rhetorical Criticism* (en collab.) (1974), 33-42.

a13887   4,10-17   VALENTIN, H., *Aaron. Eine Studie zur vorpriesterschriftlichen Aaron-Überlieferung* (Orbis Biblicus et Orientalis, 18) (Freiburg, Switzerland, Universitätsverlag; Göttingen, Vandenhoeck & Ruprecht, 1978), viii-441 pp.

a13888   4,10   TIGAY, J.H., «'Heavy of Mouth' and 'Heavy of Tongue': On Moses' Speech Difficulty», BASOR nº 231 (1978) 57-67.

a13889   4,11   LACHS, S.T., «Exodus iv 11: evidence for an emendation», VT 26 (1976) 249-250.

a13890   4,14   LORETZ, O., «Aharon der Levit (Ex. 4,14)», UF 8 (1976) 454.

a13891   4,24-26   DE GROOT, J., «The story of the bloody husband (Ex. IV 24-26)», OTS 2 (1943) 10-17.

a13892   TALMON, S., «The 'Bloody Husband'», ErIs 3 (1954) 93-96 (Hebrew).

a13893   HOUTMAN, C., «Exodus 4:24-26 and its Interpretation», JNWSemL 11 (1983) 81-105.

a13894   4,24   KAPLAN, L., «'And the Lord Sought to Kill Him' (Exod 4:24): Yet Once Again», HebAnR 5 (1981) 65-74.

a13895   5-15   WEIMAR, P., ZENGER, E., *Exodus. Geschichten und Geschichte der Befreiung Israels* (Stuttgarter Bibelstudien, 75) (Stuttgart, KBW Verlag, 1975), 180 pp.

*a*13896 6-14   SKA, J.-L., «Les plaies d'Égypte dans le récit sacerdotal (pᵍ)», Bibl 60 (1979) 23-35.

*a*13897 6-8   OGDEN, G.S., «Moses and Cyrus. Literary affinities between the Priestly presentation of Moses in Exodus vi-viii and the Cyrus Song in Isaiah xliv 24-xlv 13», VT 28 (1978) 195-203.

*a*13898 6,2-7,7   WEIMAR, P., *Untersuchungen zur priesterschriftlichen Exodusgeschichte* (Forschung zur Bibel, 9) (Würzburg, Echter-Verlag, 1973), 274 pp.

*a*13899 6,2-8   SKA, J.-L., «La place d'Ex 6 2-8 dans la narration de l'exode», ZAW 94 (1982) 530-548.

*a*13900   AUFFRET, P., «The Literary Structure of Exodus 6.2-8», JSOT nº 27 (1983) 46-54.

*a*13901   AUFFRET, P., «Remarks on J. Magonet's Interpretation of Exodus 6.2-8», JSOT nº 27 (1983) 69-71.

*a*13902   MAGONET, J., «The Rhetoric of God: Exodus 6.2-8», JSOT nº 27 (1983) 56-67.

*a*13903   MAGONET, J., «A Response to P. Auffret's 'Literary Structure of Exodus 6.2-8'», JSOT nº 27 (1983) 73-74.

*a*13904 6,5-8   RIEBL, M., «Dreimal: Berufung des Mose. Eine Bibelarbeit», BiLit 53 (1980) 213-218.

*a*13905 6,28-11,10 STEINGRIMSSON, S.O., *Vom Zeichen zur Geschichte*. Eine literar- und formkritische Untersuchung von Ex. 6,28-11,10 (Coniectanea Biblica. Old Testament Series, 14) (Lund, Gleerup, 1979), iv-242 pp.

*a*13906 7-14   SKA, J.-L., «La sortie d'Égypte (Ex 7-14) dans le récit sacerdotal (Pᵍ) et la tradition prophétique», Bibl 60 (1979) 191-215.

*a*13907 7,11   KEHNSCHERPER, G., «Philological Hints at Traditional-Historic Relations between the Explosion of the Volcano Santorini (Thera) and the Tradition of the Egyptian Plagues», dans *Studia Evangelica* (en collab.) (1982), VII, 271-275.

*a*13908 7,8-11,10 BARUCQ, A., «Plaies d'Égypte», SDB 8 (1972) col. 6-18.

*a*13909 7,10   CUNCHILLOS, J.-L., *La Bible. Première lecture de l'Ancien Testament -I* (1974), «Les plaies - signes. Exode 7-10», 107-120.

*a*13910 7,14-12,36 ZEVIT, Z., «The Priestly Redaction and Interpretation of the Plague Narrative in Exodus», JQR 66 (1975-76) 193-211.

*a*13911 7,19   POPE, M.H., «Mid Rock and Scrub, A Ugaritic Parallel to Exodus 7:19», dans *Biblical and Near Eastern Studies* (LaSor) (en collab.) (1978), 146-150.

*a*13912 11-12   OTTO, E., «Erwägungen zum überlieferungsgeschichtlichen Ursprung und 'Sitz im Leben' des jahwistischen Plagenzyklus», VT 26 (1976) 3-27.

*a*13913 11,2-3   RADDAY, Y.T., «The Spoils of Egypt», ASTI 12 (1983) 127-147.

*a*13914 11,4-6   GILULA, M., «The Smiting of the First-born, An Egyptian Myth?» Tel Aviv 4 (1977) 94-95.

*a*13915 12,1-23   WAMBACQ, B.N., «Les origines de la *Pesaḥ* israélite», Bibl 57 (1976) 206-224, 301-326.

*a*13916 12,9-34   BARUCQ, A., «Plaies d'Égypte», SDB 8 (1972) col. 6-18.

*a*13917 12,21-33   SCHREINER, J., «Exodus 12,21-23 und das israelitische Pascha», dans *Studien zum Pentateuch* (en collab.) (1977), 69-90.

*a*13918 12,29-30   GILULA, M., «The Smiting of the First-born - An Egyptian Myth?» Tel Aviv 4 (1977) 94-95.

*a*13919 12,34   GRELOT, P., «Quatre cent trente ans (Exode 12,34): À propos de la chronologie sacerdotale du Pentateuque», dans *Studien zum Pentateuch* (en collab.) (1977), 91-98.

*a*13920 12,37-38   LUCAS, A., «The Number of Israelites at the Exodus», PEQ 76 (1944) 164-167.

*a*13921 12,40   GRELOT, P., «Quatre cent trente ans (Ex 12,40). Note sur les Testaments de Lévi et de Amram», dans *Homenaje a Juan Prado* (en collab.) (1975), 559-570.

*a*13922 13-15   SCHARBERT, J., «Das 'Schilfmeerwunder' in den Texten des Alten Testaments», dans *Mélanges bibliques et orientaux en l'honneur de M. Henri Cazelles* (en collab.) (1981), 395-417.

*a*13923 13-14   COATS, G.W., «The Sea Tradition in the Wilderness Theme: A review», JSOT nº 12 (1979) 2-8.

*a*13924 13,13   BRIN, G., «The Firstling of Unclean Animals», JQR 68 (1977) 1-15.

*a*13925 13,17-14,31 BOTTERWECK, G.J., «Israels Errettung im Wunder am Meer. Glaube und Geschichte in den Auszugstraditionen von Ex 13,17-14,31», BiLeb 8 (1967) 8-33.

*a*13926   SCHMITT, H.-C., «'Priesterliches' und 'prophetisches' Geschichtsverständnis in der Meerwundererzählung Ex 13,17-14,31. Beobachtungen zur Endredaktion des Pentateuch», dans *Textgemäss* (en collab.) (1979), 139-155.

*a*13927 14-15   PATRICK, D., «Traditio-history of the Reed Sea account», VT 26 (1976) 248-249.

*a*13928   WIFALL, W., «The Sea of Reeds as Sheol», ZAW 92 (1980) 325-332.

*a*13929 14   TOMES, R., «Exodus 14: The Mighty Acts of God», SJTh 22 (1969) 455-478.

*a*13930   WEIMAR, P., «Die Jahwekriegserzählungen in Exodus 14, Josua 10, Richter 4 und 1 Samuel 7», Bibl 57 (1976) 38-73.

*a*13931   SKA, J.-L., «Séparation des eaux et de la terre ferme dans le récit sacerdotal», NRT 103 (1981) 512-532.

*a*13932   AUFFRET, P., «Essai sur la structure littéraire d'Ex 14», EstB 41 (1983) 53-82.

*a*13933   SKA, J.-L., «Exode xiv contient-il un récit de 'guerre sainte' de style deutéronomistique?» VT 33 (1983) 454-467.

*a*13934 15   FREEDMAN, D.N., «Strophe and Meter in Exodus 15», dans *A Light unto My Path* (en collab.) (1974), 163-203.

*a*13935   CROSS, F.M., Jr., FREEDMAN, D.N., *Studies in Ancient Yahwistic Poetry*, «The Song of Miriam. Exodus 15» (1975), 45-65.

*a*13936 15,1-21   ZENGER, E.,«Tradition und Interpretation in Exodus XV 1-21», dans *Congress Volume. Vienna 1980* (en collab.) (1981), 452-483.

*a*13937 15,1   KUGEL, J.L., «Is there but One Song?» Bibl 63 (1982) 329-350.

*a*13938 15,2   DAHOOD, M., «Exodus 15,2 *'anwēhû* and Ugaritic *šnwt*», Bibl 59 (1978) 260-261.

*a*13939 15,3   CRAIGIE, P.C., «Yahweh is a Man of Wars», SJTh 22 (1969) 183-188.

*a*13940 15,14-16 WALDMAN, N., «A Comparative Note on Exodus 15:14-16», JQR 66 (1975-76) 189-192.

*a*13941 15,17   BISSOLI, G., «*Makôn - Hetoimos*. A proposito di Esodo 15,17», StBiFranc 33 (1983) 53-56.

a13942   15,22   BIENAIMÉ, G., *Moïse et le don de l'eau dans la tradition juive ancienne: targum et midrash* (Analecta Biblica, 98) (Rome, Biblical Institute Press, 1984), xx-328 pp.

a13943   15,25-26   LOHFINK, N., «'Ich bin Jahwe, dein Arzt' (Ex 15,26). Gott, Gesellschaft und menschliche Gesundheit in der Theologie einer nachexilischen Pentateuchbearbeitung (Ex 15,25b.26)», dans *'Ich will euer Gott werden'* (SBS 100) (en collab.) (1981), 11-73.

a13944   16,2-4   BALAGUE, M., «Domingo 18 per annum: 1.ª lectura, Ex 16,2-4; 2.ª lectura Ef 4,17.20-24; 3.ª lectura, Jn 6,24-35», CuBi 27 (1970) 293-303.

a13945   16,32   MAIBERGER, P., «Ein Konjekturvorschlag zu Ex 16 32», ZAW 95 (1983) 112-118.

a13946   17   KOENIG, J., «Sourciers, thaumaturges et scribes», RHR 164 (1963) 17-38, 165-180.

a13947   17,7-13   PLANAS, F., «La vara de Moisés», CuBi 29 (1972) 273-276.

a13948   17,8-16   VALENTIN, H., *Aaron.* Studie zur vorpriesterschriftlichen Aaron-Überlieferung (Orbis Biblicus et Orientalis, 18) (Freiburg, Switzerland, Universitätsverlag; Göttingen, Vandenhoeck & Ruprecht, 1978), viii-441 pp.

a13949   17,15-16   COUROYER, B., «Un égyptianisme en Exode, XVII,15-16; YHWH-nissi», RB 88 (1981) 333-339.

a13950   18,13-27   REVIV, H., «The Traditions Concerning the Inception of the Legal System in Israel: Significance and Dating», ErIs 14 (1978) 19-22 (English summary).

a13951   REVIV, H., «The Traditions Concerning the Inception of the Legal System in Israel: Significance and Dating», ZAW 94 (1982) 566-575.

a13952   19-24   KOCH, R., «Vers une morale de l'Alliance?» StMor 6 (1968) 7-58.

a13953   PATRICK, D., «The Covenant Code source», VT 27 (1977) 145-157.

a13954   19-20   MARZOTTO, D., «Giovanni 17 e il Targum di Esodo 19-20», RivB 25 (1977) 375-388.

a13955   19,1-8   RIVARD, R., «Pour une relecture d'Ex 19 et 20: analyse sémiotique d'Ex 19,1-8», SE 33 (1981) 335-356.

a13956   19,3-8   MARTIN-ACHARD, R., «Israël, peuple sacerdotal», n° 71-72 (1964) 11-28.

a13957   19,5-6   MOSIS, R., «Ex 19,5b.6a: Syntaktischer Aufbau und lexikalische Semantik», BZ 22 (1978) 1-25.

a13958   19,5   MARIN, F., «Exégesis y alcance teológico de Ex 19,5», *Miscelánea Comillas* 41 (1983) 47-54.

a13959   19,6   CAZELLES, H., «Royaume des prêtres et nation consacrée (*Exode*, 19,6)», dans *Humanisme et foi chrétienne* (en collab.) (1976), 541-545.

a13960   COPPENS, J., «Exode, XIX,6: Un royaume ou une royauté de prêtres?» ETL 103 (1977) 185-186.

a13961   MUÑOZ LEON, D., «Un Reino de sacerdotes y una nación santa (Ex 19,6)», EstB 37 (1978) 149-212.

a13962   19,12-13   ALTHANN, R., «A Note on Exodus 19,12aB-13», Bibl 57 (1976) 242-246.

a13963   20,2   KELLNER, M.M., «Maimonides, Crescas, and Abravanel on Exod. 20:2», JQR 69 (1979) 129-157.

a13964   20,3-5   DAWSON, S., «Choose Your God Carefully», ExpTim 91 (1980) 243-244.

a13965   20,3   WATSON, P.S., «The First Law of Life», ExpTim 90 (1979) 273-274.

a13966   20,5   LOGAN, A.H.B., «The Jealousy of God: Exodus 20:5 in Gnostic and Rabbinic Theology», dans *Studia Biblica 1978. I. Papers on Old Testament* (en collab.) (1979), 197-203.

a13967   20,7   JUCCI, E., «*Es.* 20,7. La proibizione di un uso illegittimo del nome di Dio nel Decalogo», BibOr 20 (1978) 245-253.

a13968   LANG, B., «Das Verbot des Meineids im Dekalog», TQ 161 (1981) 97-105.

a13969   20,12   ALBERTZ, R., «Hintergrund und Bedeutung des Elterngebots im Dekalog», ZAW 90 (1978) 348-374.

a13970   BECKER, J., «Das Elterngebot», IKZCommunio 8 (1979) 289-299.

a13971   20,13-15   FLUSSER, D., «'Do not commit adultery', 'Do not murder'», Textus 4 (1964) 220-224.

a13972   20,13   KOCH, R., «Le sixième (cinquième) commandement (Ex 20,13; Dt 5,17)», StMor 16 (1978) 9-30.

a13973   YODER, J.H., «Exodus 20:13 - 'Thou shalt not kill'», Interpr 34 (1980) 394-399.

a13974   20,15   LITTLE, D., «Exodus 20:15, 'Thou shalt not steal'», Interpr 34 (1980) 399-405.

a13975   20,16   SWEZEY, C.M., «Exodus 20:16 - 'Thou shalt not bear false witness against thy neighbor'», Interpr 34 (1980) 405-410.

a13976   20,17   DEXINGER, F., «Das Garizimgebot im Dekalog der Samaritaner», dans *Studien zum Pentateuch* (en collab.) (1977), 111-133.

a13977   LANG, B., «'Du Sollst nicht nach der Frau eines anderen verlangen'. Eine neue Deutung des 9. und 10. Gebots», ZAW 93 (1981) 216-224.

a13978   20,22-23,33 PFEIFFER, R.H., «The Transmission of the Book of the Covenant», HarvTR 24 (1931) 99-110.

a13979   HALBE, J., *Das Privilegrecht Jahwes Ex 34,10-26*, «Ex 20,22-23,33: Die Bundesworte und das Bundesbuch» (1975), 391-505.

a13980   FENSHAM, F.C., «Transgression and Penalty in the Book of the Covenant Code», JNWSemL 5 (1977) 23-41.

a13981   20,22-23,19 PATRICK, D., «I and Thou in the Covenant Code», dans *Society of Biblical Literature. 1978 Seminar Papers* (en collab.) (1978), 71-86.

a13982   20,22   AMMASSARI, A., *La religione dei patriarchi*, «La redazione del Codice dell'Alleanza (Es. 20,22 e 24,3-8) e lo stile degli atti giuridici di Elefantina» (1976), 137-148.

a13983   21-22   AMMASSARI, A., *Un profilo biblico del matrimonio.* Note di esegesi (Roma, Editrice A.V.E., 1977), 167 pp.

a13984   FENSHAM, F.C., «Das Nicht-Haftbar-Sein im Bundesbuch im Lichte der altorientalischen Rechtstexte», JNWSemL 8 (1980) 17-34.

a13985   21,2-6   LEMCHE, N.P., «The manumission of slaves - the fallow year - the sabbatical year - the jobel year», VT 26 (1976) 38-59.

a13986   21,17-35   BELLET, P., «Analecta Coptica», CBQ 40 (1978) 37-52.

a13987   21,22-25   LOEWENSTAMM, S.E., «Exodus XXI 22-25», VT 27 (1977) 352-360.

a13988   21,28-32   SCHENKER, A., «*köper* et expiation», Bibl 63 (1982) 32-46.

a13989   22-23   FENSHAM, F.C., «The rôle of the Lord in the legal sections of the Covenant Code», VT 26 (1976) 262-274.

a13990   22,20-26   BAILEY, L.R., «Exodus 22:21-27 (Hebrew 20-26)», Interpr 32 (1978) 286-290.

a13991   22,4   JACKSON, B.S., «The Fence-Breaker and the *actio de pastu pecoris* in Early Jewish Law», dans *Studies in Jewish Legal History* (en collab.) (1974), 123-136.

a13992   MALUSA, L., «*Es.* 22,4 e le sue interpretazioni», BibOr 19 (1977) 163-165.

a13993   22,24   NEUFELD, E., «The Prohibitions against Loans at Interest in Ancient Hebrew Laws», HUCA 26 (1955) 355-412.

a13994   22,27   CALDERINI, O., «Note su Es. 22,27», BibOr 22 (1980) 111-118.

a13995   23,4-5   HUFFMON, H.B., «Exodus 23:4-5: A Comparative Study», dans *A Light unto My Path* (en collab.) (1974), 271-278.

a13996   23,5-21   BELLET, P., «Analecta Coptica», CBQ 40 (1978) 37-52.

a13997   23,19   HARAN, M., «Seething a Kid in its Mother's Milk», ErIs 14 (1978) 12-18 (English summary).

a13998   23,28   NEUFELD, E., «Insects as Warfare Agents in the Ancient Near East (Ex 23:28; Deut. 7:20; Josh. 24:12; Isa. 7:18-20)», Or. 49 (1980) 30-57.

a13999   24   SCHMIDT, W.H., *Exodus: Sinai und Mose*. Erwägungen zu Ex 1-19 und 24 (Erträge der Forschung, 191) (Darmstadt, Wissenschaftliche Buchgesellschaft, 1983), xiii-165 pp.

a14000   24,1-11   KOCH, R., «Morale d'Alliance et culte dans l'Ancien Testament», dans *Homenaje a Juan Prado* (en collab.) (1975), 279-298.

a14001   DORÉ, D., «Un repas d'alliance? Lecture d'Ex. 24,1-2.9-11», dans *L'Ancien Testament.* Approches et lectures (en collab.) (1977), 147-171.

a14002   24,3-8   AMMASSARI, A., *La religione dei patriarchi*, «La redazione del Codice dell'Alleanza (Es. 20,22 e 24,3-8) e lo stile degli atti giuridici di Elefantina» (1976), 137-148.

a14003   NICHOLSON, E.W., «The covenant ritual in Exodus xxiv 3-8», VT 32 (1982) 74-86.

a14004   24,9-11   NICHOLSON, E.W., «The origin of the tradition in Exodus xxiv 9-11», VT 26 (1976) 148-160.

a14005   RUPRECHT, E., «Exodus 24,9-11 als Beispiel lebendiger Erzahltradition aus der Zeit des babylonischen Exils», dans *Werden und Wirken des Alten Testament* (en collab.) (1980), 138-173.

a14006   WELTEN, P., «Die Vernichtung des Todes und die Königsherrschaft Gottes. Eine traditionsgeschichtliche Studie zu Jes 25,6-8; 24,21-23 und Ex 24,9-11», TZ 38 (1982) 129-146.

a14007   24,10   NELIS, J., «Dieu et le ciel dans l'Ancien Testament», Conci n° 143 (1979) 33-45.

a14008   24,29-35   DE FRAINE, J., «Moses' 'cornuta facies'. La *'cornuta facies' de Moïse*», Bijdr. 20 (1959) 28-38 (sommaire français).

a14009   25-40   GÖRG, M., «Zum sogenannten priesterlichen Obergewand», BZ 20 (1976) 242-246.

a14010   KEARNEY, P.J., «Creation and Liturgy: The P. Redaction of Ex 25-40», ZAW 89 (1977) 375-387.

a14011   25-27   PELZL, B., «Thesen zur Entstehung des Zeltbauberichtes von Ex. 25ff.», UF 8 (1976) 323-326.

a14012   27,14-16   GOODING, D.W., «Two possible Examples of Midrashic Interpretation in the Septuagint Exodus», dans *Wort, Lied und Gottesspruch*. Beiträge zur Septuaginta (en collab.) (1972), 39-48.

a14013   28   PLANAS, F., «Sacerdocio de la Ley», CuBi 17 (1960) 266-268.

a14014 31,10   MARGALITH, O., «bgdy šbād = Fine Linen from Colchis?» ZAW 95
                   (1983) 430-431.
a14015 31,13   WILLSHAW, T.M., «A Joyous Sign», ExpTim 79 (1977-78) 179-180.
a14016 32-34   BRICHTO, H.C., «The Worship of the Golden Calf: A Literary
                   Analysis of a Fable on Idolatry», HUCA 54 (1983) 1-44.
a14017   MOBERLY, R.W.L., At the Mountain of God. Story and Theology in
                   Exodus 32-34 (JSOT Supplement Series, 22) (Sheffield, JSOT Press,
                   1983), 258 pp.
a14018 32-33   MUFFS, Y., «Reflections on Prophetic Prayer in the Bible», ErIs 14
                   (1978) 48-54 (English summary).
a14019 32   MARSHALL, J.L., «The Golden Calf in Exodus 32», ExpTim 89
                   (1978) 375.
a14020   VALENTIN, H., Aaron. Eine Studie zur vorpriesterschriftlichen Aaron-
                   Überlieferung (Orbis Biblicus et Orientalis, 18) (Freiburg, Switzerland,
                   Universitätsverlag; Göttingen, Vandenhoeck & Ruprecht, 1978),
                   viii-441 pp.
a14021   DAWSON, S., «Choose Your God Carefully», ExpTim 91 (1980)
                   243-244.
a14022   MELLO, A., «L'intercessione di Mosè (Es 32)», dans Parola, spirito
                   e vita 3 (1981) 25-34.
a14023 32,4   LOEWENSTAMM, S.E., «The Making and Destruction of the Golden
                   Calf - a Rejoinder», Bibl 56 (1975) 330-343.
a14024 32,7-14   LESTIENNE, M., «Dieu se repent», CHR 23 (1976) 94-105.
a14025 32,11-13   BRAND, R.C., Jr., «The Promises of God», ExpTim 92 (1981) 308-310.
a14026 32,17   FENSHAM, F.C., «New Light from Ugaritica V on Ex. 32:17»,
                   JNWSemL 2 (1972) 86-87.
a14027 32,18   DELCOR, M., «Une allusion à 'Anath, déesse guerrière en Ex. 32:18?»
                   dans Essays in Honour of Yigael Yadin, JJS 33 (1982) 145-160.
a14028 32,20-24   LOEWENSTAMM, S.E., «The Making and Destruction of the Golden
                   Calf - a Rejoinder», Bibl 56 (1975) 330-343.
a14029 32,26-29   LOEWENSTAMM, S.E., «The Investiture of Levi», ErIs 10 (1971)
                   169-172 (English summary).
a14030 33,18-23   GLASER, G., «Schauen ohne Bild. Zur alttestamentlichen
                   Gotteserfahrung», GeistL 55 (1982) 92-105.
a14031 33,23   COPP, D.M., «God is at Work», ExpTim 91 (1979) 46-48.
a14032 34   RENNES, J., «Notes sur la formation de l'Ancien Testament», ETR 41
                   (1966) 21-26.
a14033   HANSON, A.T., «John i 14-18 and Exodus xxxiv», NTS 23 (1977)
                   90-101.
a14034 34,4-10   WILDBERGER, H., «19. Sonntag nach Trinitatis, 2 Mose 34,4b-10»,
                   dans Hören und fragen (en collab.) (Hrsg. G. EICHHOLTZ, A.
                   FALKENROTH) (Neukirchen, Neukirchener Verlag, 1971), Bd. 6,
                   456-464, dans Jahwe und sein Volk (1979), 210-218.
a14035 34,10-26   HALBE, J., Das Privilegrecht Jahwes, Ex 34,10-26. Gestalt und Wesen,
                   Herkunft und Wirken in vordeuteronomischer Zeit (FRLANT 114)
                   (Göttingen, Vandenhoeck & Ruprecht, 1975), 571 pp.
a14036 34,20   BRIN, G., «The Firstling of Unclean Animals», JQR 68 (1977) 1-15.
a14037 34,21   DAHOOD, M., «Vocative lamedh in Exodus 2,14 und Merismus
                   in 34,21», Bibl 62 (1981) 413-415.

a14038 34,26 HARAN, M., «Seething a Kid in its Mother's Milk», ErIs 14 (1978) 12-18 (English summary).

a14039 34,29-35 JIRKU, A., «Die Gesichtsmaske der Mose», ZDPV 67 (1944-45) 43-45.

a14040 CELADA, B., «El Moisés con cuernos, de Ex 34:29-35 y de Miguel Angel», CuBi 27 (1970) 347-348.

a14041 JAROŠ, K., «Des Mose 'strahlende Haut'. Eine Notiz zu Ex 34 29.30.35», ZAW 88 (1976) 275-280.

a14042 VON DER OSTEN-SACKEN, P., «Geist im Buchstaben. Vom Glanz des Mose und des Paulus», EvT 41 (1981) 230-235.

a14043 34,29 TSEVAT, M., «The Skin of His Face was Radiant (Ex. 34:29)», ErIs 16 (1982) 163-167.

a14044 35,2-3 ROBINSON, G., «The prohibition of strange fire in ancient Israel. A new look at the case of gathering wood and kindling fire on the sabbath», VT 28 (1978) 301-317.

a14045 38,8 GOODING, D.W., «Two possible Examples of Midrashic Interpretation in the Septuagint Exodus», dans Wort, Lied und Gottesspruch. Beiträge zur Septuaginta (en collab.) (1972), 39-48.

a14046 39,26 GOODING, D.W., «Two possible Examples of Midrashic Interpretation in the Septuagint Exodus», dans Wort, Lied und Gottesspruch. Beiträge zur Septuaginta (en collab.) (1972), 39-48.

d) Divers. Miscellaneous. Verschiedenes. Diversi. Diversos.

a14047 SCHNEIDER, H., «Das Buch Exodus, ein Hauptdokument der Heilsgeschichte», BiKi 18 (1963) 2-6.

a14048 CUNCHILLOS, J.-L., La Bible. Première lecture de l'Ancien Testament -I (1974), «Exode I. Le Pharaon contre Dieu», 63-82; «Exode II. Dieu contre le Pharaon», 83-95.

a14049 KOSTER, M.D., The Peshitta of Exodus. The Development of its Text in the Course of Fifteen Centuries (Studia Semitica Neerlandica, 19) (Assen, Van Gorcum, 1977), xx-650 pp.

4. LÉVITIQUE. LEVITICUS. LEVITIKUS. LEVITICO. LEVÍTICO.

a) Commentaires. Commentaries. Kommentare. Commenti. Comentarios.

a14050 IBAÑEZ ARANA, A., El Levítico. Introducción y Comentario (Bíblica Victoriensia, 2) (Vitoria, Ed. Eset, 1974), 243 pp.

a14051 PORTER, J.R., Leviticus (Cambridge, Cambridge University Press, 1976), 232 pp.

a14052 WENHAM, G.J., The Book of Leviticus (The New International Commentary on the Old Testament) (London, Hodder and Stoughton, 1979), xiii-362 pp.

a14053 HARRISON, R.K., Leviticus. An Introduction and Commentary (The Tyndale Old Testament Commentaries) (Leicester, Inter-Varsity Press, 1980), 253 pp.

a14054 CHOURAQUI, A., L'univers de la Bible, II (1983), «Il crie... Lévitique», 13-154.

b) Textes. Texts. Texte. Testi. Textos.

a14055 1-16 GÖRG, M., «Zum sogenannten priesterlichen Obergewand», BZ 20 (1976) 242-246.

a14056 1-7   BAKER, D.W., «Division Markers and the Structure of Leviticus 1-7», dans *Studia Biblica 1978. I. Papers on Old Testament* (en collab.) (1979), 9-15.

a14057 5,1-5   GELLER, M.J., «The Šurpu incantations and Lev. v. 1-5», JSS 25 (1980) 181-192.

a14058 6,13   DAVIDSON, J.A., «The Undying Flame», ExpTim 91 (1980) 145-147.

a14059 10,1-2   LAUGHLIN, J.C.H., «The 'Strange Fire' of Nadab and Abihu», JBL 95 (1976) 559-565.

a14060 11   TRUBLET, J., «Alimentation et sainteté. Lévitique 11, Deutéronome 14», CHR 29 (1982) 209-217.

a14061 11,12-47 KORNFELD, W., «Reine und unreine Tiere im Alten Testament», Kairos 7 (1965) 134-147.

a14062 13-14   WILKINSON, J., «Leprosy and Leviticus: The Problem of Description and Identification», SJTh 30 (1977) 153-169.

a14063   WILKINSON, J., «Leprosy and Leviticus: A Problem of Semantics and Translation», SJTh 31 (1978) 153-166.

a14064   FISHBANE, M., «Biblical Colophons, Textual Criticism and Legal Analogies», CBQ 42 (1980) 438-449.

a14065 15,18   WENHAM, G.J., «Why Does Sexual Intercourse Defile (Lev 15 18)?» ZAW 95 (1983) 432-434.

a14066 15,33-18,17 KELLERMANN, D., «Nachlese», ZAW 88 (1976) 414-415 (Lv 15,33-18,17).

a14067 16   LEVINE, B.A., «Kippurim», ErIs 9 (1969) 88-95 (English summary).

a14068   AARTUN, K., «Studien zum Gesetz über den grossen Versöhnungstag Lv 16 mit Varianten. Ein ritualgeschichtlicher Beitrag», ST 34 (1980) 73-109.

a14069   TAWIL, H., «'Azazel The Prince of the Steepe: A Comparative Study», ZAW 92 (1980) 43-59.

a14070   ZANI, A., «Tracce di un'interessante, ma sconosciuta, esegesi midrašica giudeo-cristiana di Lev 16 in un frammento di Ippolito», BibOr 24 (1982) 157-166.

a14071 17-26   KOCH, R., «Vers une morale de l'Alliance?» StMor 6 (1968) 7-58.

a14072   CHOLEWINSKI, A., *Heiligkeitsgesetz und Deuteronomium* (1976), 350 pp.

a14073   CORTESE, E., «L'esegesi di H (*Lev.* 17-26)», RivB 29 (1981) 129-146.

a14074 17   CHOLEWINSKI, A., *Heiligkeitsgesetz und Deuteronomium*, «Lv 17 und Dt 12» (1976), 149-178.

a14075 17,11   FÜGLISTER, N., «Sühne durch Blut. Zur Bedeutung von Leviticus 17,11», dans *Studien zum Pentateuch* (en collab.) (1977), 143-164.

a14076   MILGROM, J., «A Prolegomenon to Leviticus 17:11», [JBL 90 (1971) 149-156], dans MILGROM, J., *Studies in Cultic Theology and Terminology* (1983), 96-103.

a14077 18-26   ZIMMERLI, W., «'Heiligkeit' nach dem sogenannten Heiligkeitsgesetz», VT 30 (1980) 493-512.

a14078 18   STENDEBACH, F.J., «Überlegungen zum Ethos des Alten Testaments», Kairos 18 (1976) 273-281.

a14079   BIGGER, S.F., «The Family Laws of Leviticus 18 in their Setting», JBL 98 (1979) 187-203.

a14080 18,6-18   HORTON, F.L., Jr., «Form and Structure in Laws Relating to Women: Leviticus 18:6-18», dans *Society of Biblical Literature. 1973 Seminar Papers* (en collab.) (1973), I, 20-33.

a14081 18,7-18   HALBE, J., «Die Reihe der Inzestverbote Lev 18 7-18», ZAW 92 (1980) 60-88.

a14082 19   MORGENSTERN, J., «The Decalogue of the Holiness Code», HUCA 26 (1955) 1-27.

a14083   CORTESE, E., «Levitico 19», dans *Evangelizare pauperibus* (en collab.) (1978), 207-217.

a14084   JOHNSON, L.T., «The Use of Leviticus 19 in the Letter of James», JBL 101 (1982) 391-401.

a14085 19,2   KOCH, R., «L'imitation de Dieu dans la morale de l'Ancien Testament», StMor 2 (1964) 73-88.

a14086 19,3   ALBERTZ, R., «Hintergrund und Bedeutung des Elterngebots im Dekalog», ZAW 90 (1978) 348-374.

a14087 19,18   PIPER, J., *Love your enemies*, «Enemy Love (Mt 5:44 par Lk) vs Neighbor Love (Lev 19:18)» (1979), 91-95.

a14088 19,20-22   MILGROM, J., «The Betrothed Slave-girl, Lev 19,20-22», ZAW 89 (1977) 43-50.

a14089 23   CHOLEWINSKI, A., *Heiligkeitsgesetz und Deuteronomium*, «Lv 23 und Dt 16» (1976), 179-216.

a14090 23,27-32   AARTUN, K., «Studien zum Gesetz über den grossen Versöhnungstag Lv 16 mit Varianten. Ein ritualgeschichtlicher Beitrag», ST 34 (1980) 73-109.

a14091 24,10-23   GABEL, J.B., WHEELER, C.B., «The redactor's hand in the blasphemy pericope of Leviticus xxiv», VT 30 (1980) 227-229.

a14092 25   CHOLEWINSKI, A., *Heiligkeitsgesetz und Deuteronomium*, «Lv 25 und Dt 15» (1976), 217-251.

a14093 25,35-37   NEUFELD, E., «The Prohibitions against Loans at Interest in Ancient Hebrew Laws», HUCA 26 (1955) 355-412.

a14094 26   CHOLEWINSKI, A., *Heiligkeitsgesetz und Deuteronomium*, «Lv 26 und Dt 28» (1976), 310-319.

a14095 26,26   SCHULT, H., «Marginalie zum 'Strab des Brotes'», ZDPV 87 (1971) 206-208.

a14096 27,1-8   RICHARDS, K.H., «Cobb's Living Historic Routes: A Response», Semeia 24 (1982) 99-106.

a14097 27,2-8   WENHAM, G.J., «Leviticus 27 2-8 and the Price of Slaves», ZAW 90 (1978) 264-265.

5. NOMBRES. NUMBERS. NUMERI. NUMEROS.

a) Commentaires. Commentaries. Kommentare. Commenti. Comentarios.

a14098   ASENSIO, F., «Il populo di Dio verso la terra promessa», CC 3 (1972) 497-501 (Sul commento di G. BERNINI, in *La Sacra Bibbia*).

a14099   STURDY, J., *Numbers* (The Cambridge Bible Commentary) (Cambridge, Cambridge University Press, 1976), 252 pp.

a14100   WENHAM, G.J., *Numbers*. An Introduction and Commentary (Tyndale Old Testament Commentaries) (Leicester, Downers Grove, Illinois, Inter-Varsity Press, 1981), 240 pp.

*a*14101   CHOURAQUI, A., *L'univers de la Bible*, II (1983), «Au désert, *Nombres*», 155-310.

b) *Critique textuelle. Textual Criticism. Textkritik.*
    Critica testuale. Crítica textual.

*a*14102   FRIED, N., «The *Haftaroth* of T.-S. B.17,25», Textus 3 (1963) 128-129.
*a*14103   FRIED, N., «List of the *Sedarim* for Numbers According to the Tri-Annual Cycle», Textus 7 (1969) 103-113.
*a*14104   WEVERS, J.W., «A Study in Vatapediou 600 in Numbers», dans *Mélanges Dominique Barthélemy* (en collab.) (1981), 705-720.

c) *Critique littéraire. Literary Criticism. Literarkritik.*
    Critica letteraria. Crítica literaria.

*a*14105   SEGAL, M.H., «The Composition of the Book of Numbers», ErIs 3 (1954) 73-83 (Hebrew).
*a*14106   CALDERINI, O., «Evoluzione della funzione del *nāśí*: il libro dei Numeri», BibOr 20 (1978) 123-133.

d) *Textes. Texts. Texte. Testi. Textos.*

*a*14107   2   SCHNEIDER, H., «Das Gottesvolk und seine Vorhut», BiKi 13 (1958) 78-80.
*a*14108   2,18-3,12   DEL VALLE RODRIGUEZ, C., «Hallazgo de dos hojas de un antiguo manuscrito hebreo hispano», EstB 35 (1976) 87-91.
*a*14109   4,1-16   SKEHAN, P.W., «4Q LXX Num: A Pre-Christian Reworking of the Septuagint», HarvTR 70 (1977) 39-50.
*a*14110   5,11-31   BRICHTO, H.C., «The Case of the *Śôṭā* and a Reconsideration of Biblical 'Law'», HUCA 46 (1975) 55-70.
*a*14111   McKANE, W., «Poison, trial by ordeal and the cup of wrath», VT 30 (1980) 474-492.
*a*14112   5,11-28   DRIVER, G.-R., «Two problems in the Old Testament examined in the light of Assyriology», Syr. 33 (1956) 70-78.
*a*14113   6,1-8   ZUCKSCHWERDT, E., «Zur literarischen Vorgeschichte des priesterlichen Nazir-Gesetzes (Num 6 1-8)», ZAW 88 (1976) 191-205.
*a*14114   6,22-27   SEYBOLD, K., *Der aaronitische Segen.* Studien zu Numeri 6,22-27 (Neukirchen-Vluyn, Neukirchener Verlag, 1977), 79 pp.
*a*14115   6,24-26   FREEDMAN, D.N., «The Aaronic Benediction (Numbers 6:24-26)», dans *No Famine in the Land* (en collab.) (1975), 35-48.
*a*14116   LORETZ, O., «Altorientalischer Hintergrund sowie inner- und nachbiblische Entwicklung des aaronitischen Segens (Num 6,24-26)», UF 10 (1978) 115-119.
*a*14117   JAGERSMA, H., «Some Remarks on the Jussive in Numbers 6,24-26», dans *Von Kanaan bis Kerala* (en collab.) (1982), 131-136.
*a*14118   6,27   DE BOER, P.A.H., «Numbers vi 27», VT 32 (1982) 3-13.
*a*14119   9,15-23   CORTESE, E., «*Num.* 9,15-23 e la presenza divina nella tenda di P», RivB 31 (1983) 405-410.
*a*14120   10,35-36   LEVINE, B.A., «More on the Inverted *Nuns* of Num 10:35-36», JBL 95 (1976) 122-124.

a14121   11-12   JOBLING, D., «A Structural Analysis of Numbers 11 and 12», dans *Society of Biblical Literature. 1977 Seminar Papers* (en collab.) (1977), 171-203.

a14122   JOBLING, D., *The Sense of Biblical Narrative* (1978), «A Structural Analysis of Numbers 11-12», 26-62.

a14123   SEEBASS, H., «Num. xi, xii und die Hypothese des Jahwisten», VT 28 (1978) 214-223.

a14124   11,16-30   MEADOWS, F., «The Divine Heretic (A Sermon on Numbers 11:16-17,24-30 and Mark 9:33-41)» dans *Spirit Within Structure* (en collab.) (1983), 155-159.

a14125   11,16-29   LOHFINK, G., «Die Angst vor dem Geist. Eine Homilie zu Num 11,16f.24-29», BiLeb 11 (1970) 114-117.

a14126   11,16-25   WEISMAN, Z., «The Personal Spirit as Imparting Authority», ZAW 93 (1981) 225-234.

a14127   REVIV, H., «The Traditions Concerning the Inception of the Legal System in Israel: Significance and Dating», ZAW 94 (1982) 566-575.

a14128   11,16   REVIV, H., «The Traditions Concerning the Inception of the Legal System in Israel: Significance and Dating», ErIs 14 (1978) 19-22 (English summary).

a14129   11,21   LUCAS, A., «The Number of Israelites at the Exodus», PEQ 76 (1944) 164-167.

a14130   11,29   GAMBERONI, J., «...o, wenn doch das ganze Volk Jahwes Propheten wären ...!» TGl 67 (1977) 113-126.

a14131   12   VALENTIN, H., *Aaron*. Eine Studie zur vorpriesterschriftlichen Aaron-Überlieferung (Orbis Biblicus et Orientalis, 18) (Freiburg, Switzerland, Universitätsverlag; Göttingen, Vandenhoeck & Ruprecht, 1978), viii-441 pp.

a14132   12,6-8   KSELMAN, J.S., «A note on Numbers xii 6-8», VT 26 (1976) 500-505.

a14133   13,22   NA'AMAN, N., «Hebron was built seven years before Zoan in Egypt (Numbers xiii 22)», VT 31 (1981) 488-492.

a14134   14   MUFFS, Y., «Reflections on Prophetic Prayer in the Bible», ErIs 14 (1978) 48-54 (English summary).

a14135   15,22-23   BRIN, G., «Numbers xv 22-23 and the question of the composition of the Pentateuch», VT 30 (1980) 351-354.

a14136   15,32-36   ROBINSON, G., «The prohibition of strange fire in ancient Israel. A new look at the case of gathering wood and kindling fire on the sabbath», VT 28 (1978) 301-317.

a14137   16   MAGONET, J., «The Korah Rebellion», JSOT n° 24 (1982) 3-25.

a14138   17,16-28   GRYSON, R., «Le thème du bâton d'Aaron dans l'oeuvre de saint Ambroise», REA 26 (1980) 29-44.

a14139   WENHAM, G.J., «Aaron's Rod (Numbers 17 16-28)», ZAW 93 (1981) 280-281.

a14140   19   MILGROM, J., «The Paradox of the Red Cow (Num. xix)» [VT 31 (1981), 62-72], dans MILGROM, J., *Studies in Cultic Theology and Terminology* (1983), 85-95.

a14141   19,1-10   BLAU, J.L., «The red heifer: a Biblical purification rite in Rabbinic literature», Numen 14 (1967) 70-80.

a14142   WEFING, S., «Beobachtungen zum Ritual mit der roten Kuh (Num 19 1-10a)», ZAW 93 (1981) 341-364.

a14143 20-21 COATS, G.W., «Conquest Traditions in the Wilderness Theme», JBL 95 (1976) 177-190.

a14144 20,1-13 KOHATA, F., «Die priesterschriftliche Überlieferungsgeschichte von Numeri XX 1-13», AJBI 3 (1977) 3-34.

a14145 21 KALLAI, Z., «The Wandering-Traditions from Kadesh-Barnea to Canaan: A Study in Biblical Historiography», dans *Essays in Honour of Yigael Yadin*, JJS 33 (1982) 175-184.

a14146 21,4-9 VISCHER, W., «Nombres 21:4-9», ETR 30, n° 4 (1955) 52-54.

a14147 MANESCHG, H., *Die Erzählung von der ehernen Schlange (Num 21,4-9) in der Auslegung der frühen jüdischen Literatur*. Eine traditionsgeschichtliche Studie (Europäische Hochschulschriften, XXIII/157) (Frankfurt am Main, Bern, Peter Lang, 1981), 510 pp.

a14148 21,10-11 VESTRI, L., «La tappa di Obot», BibOr 6 (1964) 86-93.

a14149 21,14-18 DRIVER, G.R., «Geographical Problems», ErIs 5 (1958) 16*-20*.

a14150 21,21-35 KÖPPEL, U., *Das deuteronomistische Geschichtswerk und seine Quellen*. Der Absicht der deuteronomistischen Geschichtsdarstellung aufgrund des Vergleichs zwischen Num 21,21-35 und Dtn 2,26-3,3 (Europäische Hochschulschriften, Reihe 23, Theologie, 122) (Bern, Frankfurt/M., Las Vegas, Peter Lang, 1979), 234 pp.

a14151 VAN SETERS, J., «Once Again - the Conquest of Sihon's Kingdom», JBL 99 (1980) 117-119.

a14152 21,21-25 BARTLETT, J.R., «The Conquest of Sihon's Kingdom: A Literary Re-examination», JBL 97 (1978) 347-351.

a14153 21,24 DRIVER, G.R., «Mistranslations», PEQ 80 (1948) 64-65.

a14154 21,27-30 BARTLETT, J.R., «The Historical Reference of Numbers XXI.27-30», PEQ 101 (1969) 94-101.

a14155 21,33 RABIN, C., «Og», ErIs 8 (1967) 251-254 (English summary).

a14156 22-24 LIVER, J., «The Figure of Balaam in Biblical Tradition», ErIs 3 (1954) 97-100 (Hebrew)

a14157 VON RAD, G., «Du texte au sermon (13): Nombres 22,36.41; 23,7-12; 24,1-7», ETR 46 (1971) 217-230.

a14158 GROSS, W., *Bileam* (Studien zum Alten und Neuen Testament, 38) (München, Kösel Verlag, 1974), 439 pp.

a14159 VON RAD, G., *Gottes Wirken in Israel* (1974), «Die Geschichte von Bileam», 42-45.

a14160 DONNER, H., «Balaam pseudopropheta», dans *Beiträge zur Alttestamentlichen Theologie* (en collab.) (1977), 112-123.

a14161 HOFTIJZER, J., «The prophet Balaam in a 6th-Century aramaic inscription», BA 39 (1977) 11-17.

a14162 ROST, L., «Fragen um Bileam», dans *Beiträge zur Alttestamentlichen Theologie* (en collab.) (1977), 377-387.

a14163 LUST, J., «Balaam, an Ammonite», ETL 54 (1978) 60-61.

a14164 ROFÉ, A., *'The Book of Balaam' (Numbers 22:2-24:25)*. A Study in Methods of Criticism and the History of Biblical Literature and Religion (Jerusalem Biblical Studies, 1) (Jerusalem, Simor, 1979), viii-78 pp.

a14165 SCHMIDT, L., «Die alttestamentliche Bileamüberlieferung», BZ 23 (1979) 234-261.

a14166 DELCOR, M., «Le texte de Deir 'Alla et les oracles bibliques de Bala'am», dans *Congress Volume. Vienna 1980* (en collab.) (1981), 52-73.

a14167 COATS, G.W., «The Way of Obedience: Traditio-Historical and Hermeneutical Reflections on the Balaan Story», Semeia 24 (1982) 53-79.

a14168 22,5 LUST, J., «Balaam, an Ammonite», ETL 54 (1978) 60-61.

a14169 DELCOR, M., «Bala'am pâtôrâh, 'interprète de songes' au pays d'Ammon, d'après Num 22,5. Les témoignages épigraphiques parallèles», Sem. 32 (1982) 89-91.

a14170 22,21-35 EISING, H., «Balaams Eselin», BiKi 13 (1958) 45-47.

a14171 ROUILLARD, H., «L'ânesse de Balaam», RB 87 (1980) 5-37, 211-241.

a14172 23,7-28 TOSATO, A., «The literary structure of the first two poems of Balaam (Num. xxiii 7-10,18-24)», VT 29 (1979) 98-106.

a14173 23,22 LORETZ, O., «Die Herausführungsformel in Num 23,22 und 24,8», UF 7 (1975) 571-572.

a14174 24,8 LORETZ, O., «Die Herausführungsformel in Num 23,22 und 24,8», UF 7 (1975) 571-572.

a14175 24,15-19 SEYBOLD, K., «Das Herrscherbild des Bileamorakels Num. 24,15-19», TZ 29 (1973) 1-19.

a14176 24,17 ROTH, C., «Star and Anchor: Coin Symbolism and the End of Days», ErIs 6 (1960) 13*-15*.

a14177 GROSS, H., «'Ein Zepter wird sich erheben aus Israel' (Num 24,17). Die messianische Hoffnung im Alten Testament», BiKi 17 (1962) 34-37.

a14178 25 VAN UNNIK, W.C., «'Josephus' account of the story of Israels sin with alien women in the country of Midian (Num. 25:1ff.)», dans Travels in the World of the Old Testament (en collab.) (1974), 241-261.

a14179 25,12-13 ZERON, A., «The Martyrdom of Phineas-Elijah», JBL 98 (1979) 99-100.

a14180 26,29-33 SEEBASS, H., «Machir im Ostjordanland», VT 32 (1982) 496-503.

a14181 27,1-11 LEMAIRE, A., «Le 'pays de Hépher' et les 'Filles de Zelophehad' à la lumière des ostraca de Samarie», Sem. 22 (1972) 13-20.

a14182 29,7-11 AARTUN, K., «Studien zum Gesetz über den grossen Versöhnungstag Lv 16 mit Varianten. Ein ritualgeschichtlicher Beitrag», ST 34 (1980) 73-109.

a14183 27,12-23 COATS, G.W., «Legendary Motifs in the Moses Death Reports», CBQ 39 (1977) 34-44.

a14184 27,18-23 VOGELS, W., «The Spirit in Joshua and the Laying on of Hands by Moses», LTP 38 (1982) 3-7.

a14185 32 JOBLING, D., «'The Jordan a Boundary'. A Reading of Numbers 32 and Joshua 22», dans SBL 1980 Seminar Papers (en collab.) (1980), 183-207.

a14186 32,35 ODED, B., «Jogbehah and Rujm El-Jebēha», PEQ 103 (1971) 33-34.

a14187 33,35-36 SELLIN, E., «Zur Lage von Ezion-Geber», ZDPV 59 (1936) 123-128.

a14188 33,43-44 VESTRI, L., «La tappa di Obot», BibOr 6 (1964) 86-93.

a14189 33,50-56 CORTESE, E., «Num. 33,50-56 e la teologia sacerdotale della terra», RivB 28 (1980) 59-77.

a14190 34 KALLAI, Z., «The Boundaries of Canaan and the Land of Israel in the Bible», ErIs 12 (1975) 27-34 (English summary).

a14191 34,7 MACKAY, C., «Mount Hor», PEQ 65 (1933) 147-151.

a14192 35,1-8 MILGROM, J., «The Levitic Town: An Exercise in Realistic Planning», dans Essays in Honour of Yigael Yadin, JJS 33 (1982) 185-188.

a14193 36,1-12 LEMAIRE, A., «Le 'pays de Hépher' et les 'Filles de Zelophehad' à la lumière des ostraca de Samarie», Sem. 22 (1972) 13-20.

5. Deutéronome. Deuteronomy.
Deuteronomium. Deuteronomio.

a) Introduction. Einleitung. Introduzione. Introducción.

a14194   FINKELSTEIN, L., «Fragment of an Unknown Midrash on Deuteronomy», HUCA 12-13 (1937-38) 523-557.

a14195   CHOLEWINSKI, A., *Heiligkeitsgesetz und Deuteronomium* (1976), «Das Heiligkeitsgesetz und die P-Literatur», 334-338.

a14196   WÜRTHWEIN, E., «Die Josianische Reform und das Deuteronomium», ZTK 76 (1976) 395-423.

a14197   SEELIGMANN, I.L., «Die Auffassung von der Prophetie in der deuteronomistischen und chronistischen Geschichtsschreibung (mit einem Exkurs über das Buch Jeremia)», dans *Congress Volume. Göttingen 1977* (en collab.) (1978), 254-284.

a14198   HOPPE, L.J., «The Meaning of Deuteronomy», BTB 10 (1980) 111-117.

a14199   LOHFINK, N., «Kerygmata des Deuteronomistischen Geschichtswerks», dans *Die Botschaft und die Boten* (en collab.) (1981), 87-100.

a14200   PREUSS, H.D., *Deuteronomium* (Erträge der Forschung, 164) (Darmstadt, Wissenschaftliche Buchgesellschaft, 1982), viii-269 pp.

a14201   HOPPE, L.J., «The Levitical Origins of Deuteronomy Reconsidered», BiRes 28 (1983) 27-36.

b) Commentaires. Commentaries. Kommentare. Commenti. Comentarios.

a14202   MAYES, A.D.H., *Deuteronomy* (New Century Bible) (London, Oliphants, 1979), 416 pp.

a14203   CLIFFORD, R., *Deuteronomy*, with an Excursus on Covenant and Law (Old Testament Message, A Biblical-Theological Commentary, 4) (Wilmington, Delaware, Michael Glazier, 1982), x-193 pp.

a14204   CHOURAQUI, A., *L'univers de la Bible*, II (1983), «Paroles, *Deutéronome*», 311-461.

c) Critique textuelle. Textual Criticism. Textkritik. Critica testuale. Crítica textual.

a14205   KOSTER, M.D., *The Peschitta of Exodus*. The Development of its Text in the Course of Fifteen Centuries (Studia Semitica Neerlandica, 19) (Assen, Amsterdam, Van Gorcum, 1977), xx-650 pp.

a14206   WEVERS, J.W., «The Attitude of the Greek Translator of Deuteronomy towards his Parent Text», dans *Beiträge zur Alttestamentlichen Theologie* (en collab.) (1977), 498-505.

a14207   WEVERS, J.W., «The Earliest Witness to the LXX Deuteronomy», CBQ 39 (1977) 240-244.

a14208   WEVERS, J.W., *Text History of the Greek Deuteronomy* [Mitteilungen des Septuaginta-Unternehmens (MSU), xiii; Abhandlungen der Akademie der Wissenschaften in Göttingen, Phil.-Hit. Kl. III, 106] (Göttingen, Vandenhoeck & Ruprecht, 1978), 148 pp.

a14209   PETERS, M.K.H., *An analysis of the Textual Character of the Bohairic of Deuteronomy* (Septuagint and Cognate Studies, 9), (Chico, CA., Scholars Press, 1979), xvi-374 pp.

d) Critique littéraire. Literary Criticism. Literarkritik., Critica letteraria. Crítica literaria.

a14210   McCURLEY, F.R., Jr., «The Home of Deuteronomy Revisited: A Methodological Analysis of the Northern Theory», dans *A Light unto My Path* (en collab.) (1974), 295-317.

a14211   LEVENSON, J.D., «Who Inserted the Book of the Torah?» HarvTR 68 (1975) 203-233.

a14212   MILGROM, J., «Profane Slaughter and a Formulaic Key to the Composition of Deuteronomy», HUCA 47 (1976) 1-17.

a14213   NELSON, R.D., «Dynastic Oracle in Dtr: A Workshop in Recent Trends», dans *Society of Biblical Literature. 1976 Seminar Papers* (en collab.) (1976), 1-14.

a14214   WITTSTRUCK, T., «The So-Called Anti-Anthropomorphisms in the Greek Text of Deuteronomy», CBQ 38 (1976) 29-34.

a14215   BREKELMANS, C., «Wisdom Influence in Deuteronomy», dans *La Sagesse de l'Ancien Testament* (en collab.) (1978), 28-38.

a14216   CORTESE, E., «Problemi attuali circa l'opera deuteronomistica», RivB 26 (1978) 341-352.

a14217   GARCIA LOPEZ, F., «Deut., VI et la tradition-rédaction du Deutéronome», RB 85 (1978) 161-200; 86 (1979) 59-91.

a14218   NIELSEN, E., «Historical Perspectives and Geographical Horizons. On the Question of North-Israelite Elements in Deuteronomy», ASTI 11 (1978) 77-89.

a14219   BEE, R.E., «A study of Deuteronomy based on statistical properties of the text», VT 29 (1979) 1-22.

a14220   BEGG, C.T., «The Significance of the *Numeruswechsel* in Deuteronomy. The 'Prehistory' of the Question», ETL 55 (1979) 116-124.

a14221   KAUFMAN, S.A., «The Stucture of the Deuteronomic Law», Maarav 1 (1979) 105-158.

a14222   SKWERES, D.E., *Die Rückverweise im Buch Deuteronomium* (Analecta Biblica, 79) (Rome, Biblical Institute Press, 1979), xii-253 pp.

a14223   L'HOUR, J., «La motivation 'Lema'an' dans le Deutéronome. Étude du fonctionnement du discours de finalité», SemBib n° 18 (1980) 30-55.

a14224   POLZIN, R., *Moses and the Deuteronomist.* A Literary Study of the Deuteronomic History. Part One: Deuteronomy, Joshua, Judges (New York, Seabury Press, 1980), xiv-226 pp.

a14225   WENHAM, G.J., McCONVILLE, J.G., «Drafting techniques in some Deuteronomic laws», VT 30 (1980) 248-252.

a14226   MAYES, A.D.H., «Deuteronomy 4 and the Literary Criticism of Deuteronomy», JBL 100 (1981) 23-51.

a14227   NELSON, R.D., *The Double Redaction of the Deuteronomistic History* (JSOT Supplement Series, 18) (Sheffield, JSOT Press, 1981), 185 pp.

a14228   POLZIN, R., «Reporting Speech in the Book of Deuteronomy: Toward A Compositional Analysis of the Deuteronomic History», dans *Traditions in Transformation* (en collab.) (1981), 193-211.

a14229   RABIN, C., «Discourse Analysis and the Dating of Deuteronomy», dans *Interpreting the Hebrew Bible* (en collab.) (1982), 171-177.

a14230   VAN HOONACKER, A., «Le rapprochement entre le Deutéronome et Malachie. Une notice inédite de A. Van Hoonacker (1908)», ETL 9 (1983) 86-90.

e) Textes. Texts. Texte. Testi. Textos.

a14231 1,1-5,9   KLEIN, M.L., «A Neglected MS of a Palestinian Fragment-Targum from the Cairo Genizah», Textus 10 (1982) 26-36.

a14232 1,1   SANCHEZ CARO, J.M., «Traditions del Targum palestinense a Dt 1,1», Salm 26 (1979) 109-124.

a14233 1,2   DAVIES, G.I., «The Significance of Deuteronomy 1.2 for the Location of Mount Horeb», PEQ 111 (1979) 87-101.

a14234 1,9-17   REVIV, H., «The Traditions Concerning the Inception of the Legal System in Israel: Significance and Dating», ErIs 14 (1978) 19-22 (English summary).

a14235   REVIV, H., «The Traditions Concerning the Inception of the Legal System in Israel: Significance and Dating», ZAW 94 (1982) 566-575.

a14236 2,26-3,3   KOPPEL, U., *Das deuteronomistische Geschichtswerk und seine Quellen.* Der Absicht der deuteronomistischen Geschichtsdarstellung aufgrund des Vergleichs zwischen Num 21,21-35 und Dtn 2,26-3,3 (Europäische Hochschulshriften, Reihe 23, Theologie, 122) (Bern, Frankfurt/M., Las Vegas, Peter Lang, 1979), 234 pp.

a14237 2,26-37   BARTLETT, J.R., «The Conquest of Sihon's Kingdom: A Literary Re-examination», JBL 97 (1978) 347-351.

a14238 3-4   MANN, T.W., «Theological Reflections on the Denial of Moses», JBL 98 (1979) 481-494.

a14239 3,15-17   SIMONS, J., «Two Connected Problems Relating to the Israelite Settlement in Transjordan», PEQ 79 (1947) 27-39, 87-101.

a14240 3,23-4,1   FRAADE, S.D., «Sifre Deuteronomy 26 (ad Deut. 3:23): How Conscious the Composition?» HUCA 54 (1983) 245-301.

a14241 4-5   NICHOLSON, E.W., «The Decalogue as the direct address of God», VT 27 (1977) 422-433.

a14242 4   BEAUCHAMP, P., «Pour une théologie de la lettre», RSR 67 (1979) 481-494.

a14243   MAYES, A.D.H., «Deuteronomy 4 and the Literary Criticism of Deuteronomy», JBL 100 (1981) 23-51.

a14244 4,1-40   LOHFINK, N., «Auslegung deuteronomischer Texte. IV. Verkündigung des Hauptgebots in der jüngsten Schicht des Deuteronomiums (Dt 4,1-40)», BiLeb 5 (1964) 247-256.

a14245   BRAULIK, G., «Literarkritik und archäologische Stratigraphie. Zu S. Mittmanns Analyse von Deuteronomium 4,1-40», Bibl 59 (1978) 351-383.

a14246   BRAULIK, G., *Die Mittel deuteronomischer Rhetorik* erhoben aus Deuteronomium 4,1-40 (Analecta Biblica, 68) (Rome, Biblical Institute Press, 1978), 172 pp.

a14247   BEGG, C., «The Literary Criticism of Deut 4,1-40. Contributions to a Continuing Discussion», ETL 56 (1980) 10-55.

a14248 4,1-24   SCHULTZ, S.J., «Interpreting the Pentateuch. Deuteronomy 4:1-24», dans *The Literature and Meaning of Scripture* (en collab.) (1981), 21-38.

a14249 4,5-8   BRAULIK, G., «Weisheit, Gottesnähe und Gesetz. Zum Kerygma von Deuteronomium 4,5-8», dans *Studien zum Pentateuch* (en collab.) (1977), 165-195.

a14250 4,25-31 SCHENKER, A., «Unwiderrufliche Umkehr und neuer Bund. Vergleich zwischen der Wiederherstellung Israels in Dt 4,25-31; 30,1-14 und dem neuen Bund in Jer 31,31-34», FreibZ 27 (1980) 93-106.

a14251 4,41-28,68 McCARTHY, D.J., *Treaty and Covenant* (new edition), «Deuteronomy: The Central Discourse» (1978), 157-187.

a14252 5-11 GARCIA LOPEZ, F., «Analyse littéraire de Deutéronome V-XI», RB 84 (1977) 481-522; 85 (1978) 5-49.

a14253 GARCIA LOPEZ, F., *Analyse littéraire de Deutéronome, V-XI* (Jérusalem, Pontificium Institutum Biblicum de Urbe, 1978), xvii-94 pp.

a14254 5-6 MERENDINO, R.P., «Zu Dt. v-vi. Eine Klärung», VT 31 (1981) 80-83.

a14255 5,11 JUCCI, E., «*Es.* 20,7. La proibizione di un uso illegittimo del nome di Dio nel Decalogo», BibOr 20 (1978) 245-253.

a14256 LANG, B., «Das Verbot des Meineids im Dekalog», TQ 161 (1981) 97-105.

a14257 5,16 ALBERTZ, R., «Hintergrund und Bedeutung des Elterngebots im Dekalog», ZAW 90 (1978) 348-374.

a14258 BECKER, J., «Das Elterngebot», IKZCommunio 8 (1979) 289-299.

a14259 5,17-18 FLUSSER, D., «'Do not commit adultery', 'Do not murder'», Textus 4 (1964) 220-224.

a14260 5,17 KOCH, R., «Le sixième (cinquième) commandement (Ex 20,13; Dt 5,17)», StMor 16 (1978) 9-30.

a14261 5,21 CAZELLES, H., «Les Origines du Décalogue», ErIs 9 (1969) 14-19.

a14262 VON MUTIUS, H.G., «Zwei Bibeltextvarianten bei Bachja Ibn Pakuda (Jes. xxvi 8; Deut. v 21)», VT 30 (1980) 234-236.

a14263 LANG, B., «'Du Sollst nicht nach der Frau eines anderen verlangen'. Eine neue Deutung des 9. und 10. Gebots», ZAW 93 (1981) 216-224.

a14264 6 MERENDINO, R.P., «Die Zeugnisse, die Satzungen und die Rechte. Überlieferungsgeschichtliche Erwägungen zu Deut 6», dans *Bausteine biblischer Theologie* (en collab.) (1977), 185-208.

a14265 GARCIA LOPEZ, F., «Deut., VI et la tradition-rédaction du Deutéronome», RB 85 (1978) 161-200; 86 (1979) 59-91.

a14266 6,4-25 LOHFINK, N., «Auslegung deuteronomischer Texte. II. Ein Kommentar zum Hauptgebot des Dekalogs (Dt 6,4-25)», BiLeb 5 (1964) 84-94.

a14267 6,4-5 NIELSEN, E., «'Weil Jahwe unser Gott ein Jahwe ist' (Dtn 6,4f.)», dans *Beiträge zur Alttestamentlichen Theologie* (en collab.) (1977), 288-301.

a14268 DE BOER, P.A.H., «Some Observations on Deuteronomy VI 4 and 5», dans *Von Kanaan bis Kerala* (en collab.) (1982), 45-52.

a14269 SUZUKI, Y., «Deut. 6:4-5. Perspectives as a Statement of Nationalism and of Identity of Confession», AJBI 9 (1983) 65-87.

a14270 6,4-9 DELZANT, A., *La communication de Dieu*. Par-delà utile et inutile. Essai théologique sur l'ordre symbolique (Cogitatio Fidei, 92) (Paris, Cerf, 1978), «Le Dieu de l'alliance: Dt 6,4-9», 95-121.

a14271 6,4 PETER, M., «Dtn 6,4 - ein monotheistischer Text?» BZ 24 (1980) 252-262.

a14272 6,8-9 KEEL, O., «Zeichen der Verbundenheit. Zur Vorgeschichte und Bedeutung der Forderungen von Deuteronomium 6,8f. und Par.», dans *Mélanges Dominique Barthélemy* (en collab.) (1981), 159-240.

a14273   6,20-25   KOCH, R., «Morale d'Alliance et culte dans l'Ancien Testament», dans *Homenaje a Juan Prado* (en collab.) (1975), 279-298.

a14274   7   GARCIA LOPEZ, F., «'Un peuple concacré': analyse critique de Deutéronome vii», VT 32 (1982) 438-463.

a14275   7,1   ISHIDA, T., «The Structure and Historical Implications of the Lists of Pre-Israelite Nations», Bibl 60 (1979) 461-490.

a14276   7,13   DELCOR, M., «Astarté et la fécondité des troupeaux en Deut. 7,13 et parallèles», UF 6 (1974) 7-14.

a14277   7,20   NEUFELD, E., «Insects as Warfare Agents in the Ancient Near East (Ex 23:28; Deut. 7:20; Josh. 24:12; Isa. 7:18-20)», Or. 49 (1980) 30-57.

a14278   8   GARCIA LOPEZ, F., «Yahvé, fuente ultima de vida: analisis de Dt 8», Bibl 62 (1981) 21-54.

a14279   8,1-20   LOHFINK, N., «Auslegung deuteronomischer Texte. III. Das Hauptgebot in der Situation des Wohlstandes (Dt 8,1-20)», BiLeb 5 (1964) 164-172.

a14280   8,3   PERLITT, L., «Wovon der Mensch lebt (Dtn 8,3b)», dans *Die Botschaft und die Boten* (en collab.) (1981), 403-426.

a14281   9,1-10,11   PECKHAM, B., «The Composition of Deuteronomy 9:1-10:11», dans *Word and Spirit* (en collab.) (1975), 3-59.

a14282   9,1-7   GARCIA LOPEZ, F., «En los umbrales de la tierra prometida, Análisis de Dt 9,1-7; 10,12-11,17», Salm 28 (1981) 37-64.

a14283   9,7-10,11   VALENTIN, H., *Aaron*. Eine Studie zur vorpriesterschriftlichen Aaron-Überlieferung (Orbis Biblicus et Orientalis, 18) (Freiburg, Switzerland, Universitätsverlag; Göttingen, Vandenhoeck & Ruprecht, 1978), viii-441 pp.

a14284   10,12-11,17   LOHFINK, N., «Auslegung deuteronomischer Texte. I. Die Verkündigung des Hauptgebots (Dt 10,12-11,17)», BiLeb 5 (1964) 24-35.

a14285   GARCIA LOPEZ, F., «En los umbrales de la tierra prometida, Análisis de Dt 9,1-7; 10,12-11,17», Salm 28 (1981) 37-64.

a14286   10   BEGG, C.T., «The tables (Deut. x) and the lawbook (Deut. xxxi)», VT 33 (1983) 96-97.

a14287   10,1-5   LORETZ, O., «Die steinermen Gesetzestafeln in der Lade», UF 9 (1977) 159-161.

a14288   11,14   ARDEN-CLOSE, C.F., «The Rainfall of Palestine», PEQ 73 (1941) 122-128.

a14289   11,19   FINKELSTEIN, L., «An Old Baraita on Deuteronomy», ErIs 10 (1971) 218-220 (English summary).

a14290   11,29-30   SEEBASS, H., «Garizim und Ebal als Symbole von Segen und Fluch», Bibl 63 (1982) 22-31.

a14291   12-26   MERENDINO, R.P., *Das Deuteronomische Gesetz*. Eine literarkritische, gattungs- und überlieferungsgeschichtliche Untersuchung zu Dt 12-26 (BBB 31) (Bonn, Peter Hanstein, 1969), xxvi-458 pp.

a14292   HALS, R.M., «Is There a Genre of Preached Law?» dans *Society of Biblical Literature. 1973 Seminar Papers* (en collab.) (1973), I, 1-12.

a14293   CHOLEWINSKI, A., *Heiligkeitsgesetz und Deuteronomium*, «Hinweise auf die Schichtenscheidung in Dt 12-26» (1976), 331-333.

a14294   KAUFMAN, S.A., «The Structure of the Deuteronomic Law», Maarav 1 (1979) 105-158.

a14295   12-18   SIMPSON, C.A., «A Study of Deuteronomy 12-18», AThR 34 (1952) 247-251.

a14296   12   CHOLEWINSKI, A., *Heiligkeitsgesetz und Deuteronomium*, «Lv 17 und Dt 12» (1976), 149-176.

a14297   13,5   FESTORAZZI, F., «Israele alla sequela del Signore. 'Seguite il Signore, vostro Dio' (Dt 13,5)», dans *Parola, spirito e vita* 2 (1980) 25-43.

a14298   14   TRUBLET, J., «Alimentation et sainteté. Lévitique 11, Deutéronome 14», CHR 29 (1982) 209-217.

a14299   14,3-20   KORNFELD, W., «Reine und unreine Tiere im Alten Testament», Kairos 7 (1965) 134-147.

a14300   14,21   HARAN, M., «Seething a Kid in its Mother's Milk», ErIs 14 (1978) 12-18 (English summary).

a14301   15   CHOLEWINSKI, A., *Heiligkeitsgesetz und Deuteronomium*, «Lv 25 und Dt 15» (1976), 217-251.

a14302   16   CHOLEWINSKI, A., *Heiligkeitsgesetz und Deuteronomium*, «Lv 23 und Dt 16» (1976), 179-216.

a14303   17,14-20   CAQUOT, A., «Remarques sur la 'Loi royale' du Deutéronome (17/14-20)», Sem. 9 (1959) 21-33.

a14304   17,16   LOHFINK, N., «Hos. xi 5 als Bezugstext von Dtn. xvii 16», VT 31 (1981) 226-228.

a14305   18,11   VATTIONI, F., «Deuteronomio 18,11 e un'iscrizione spagnola», Or. 36 (1967) 178-180.

a14306   19,16   JENNI, E., «Dtn 19,16: *sarā* 'Falschheit'», dans *Mélanges bibliques et orientaux en l'honneur de M. Henri Cazelles* (en collab.) (1981), 201-211.

a14307   20,10-18   BLANK, S.H., «Studies in Post-Exilic Universalism», HUCA 11 (1936) 159-191.

a14308   21   CARMICHAEL, C.M., «A common element in five supposedly disparate laws», VT 29 (1979) 129-142.

a14309   21,1-9   ZEVIT, Z., «The *'Eglâ* Ritual of Deuteronomy 21,1-9», JBL 95 (1976) 377-390.

a14310   DION, P.-E., «Deutéronome 21,1-9: Miroir du développement légal et religieux d'Israël», SR 11 (1982) 13-22.

a14311   21,15-22,5   CARMICHAEL, C.M., «Uncovering a Major Source of Mosaic Law: The Evidence of Deut 21:15-22:5», JBL 101 (1982) 505-520.

a14312   21,18-21   BELLEFONTAINE, E., «Deuteronomy 21:18-21 Reviewing the case of the Rebellious Son», JSOT no 13 (1979) 13-31.

a14313   21,22-23   WILCOX, M., «'Upon the Tree' - Deut 21:22-23 in the New Testament», JBL 96 (1977) 85-99.

a14314   21,22   ROSSO, L., «Deuteronomio 21,22. Contributo del Rotolo del Tempio alla valutazione di una variante medievale dei Settanta», RQum 9 (1977) 231-236.

a14315   21,23   HENGEL, M., *Crucifixion in the Ancient World and the Folly of the Message of the Cross* (London, SCM Press, 1977), xii-99 pp.

a14316   VAN UNNIK, W.C., «Der Fluch der Gekreuzigten. Deuteronomium 21,23 in der Deutung Justinus des Märtyrers», dans *Theologia Crucis - Signum Crucis* (en collab.) (1979), 483-499.

a14317   22,5   RÖMER, W.H.P., «Randbemerkungen zur Travestie von Deut. 22,5», dans *Travels in the World of the Old Testament* (en collab.) (1974), 217-222.

a14318 22,9-11 CARMICHAEL, C.M., «Forbidden mixtures», VT 32 (1982) 394-415.

a14319 22,10 DERRETT, J.D.M., «2 Cor 6,14ff. a Midrash on Dt 22,10», Bibl 50 (1978) 231-250.

a14320 23,1 PHILLIPS, A., «Uncovering the father's skirt», VT 30 (1980) 38-43.

a14321 23,20-21 NEUFELD, E., «The Prohibitions against Loans at Interest in Ancient Hebrew Laws», HUCA 26 (1955) 355-412.

a14322 24,19-22 CARMICHAEL, C.M., «The Law of the Forgotten Sheaf», dans *Society of Biblical Literature. 1981 Seminar Papers* (en collab.) (1981), 35-37.

a14323 25,5-10 CARMICHAEL, C.M., «A Ceremonial Crux: Removing a Man's Sandal as a Female Gesture of Contempt», JBL 96 (1977) 321-336.

a14324 25,11-12 ESLINGER, L., «The case of an immodest lady wrestler in Deuteronomy XXV 11-12», VT 31 (1981) 269-281.

a14325 26,1-17 BRAULIK, G., «Leidensgedächtnisfeier und Freudenfest», TbPh 56 (1981) 335-357.

a14326 26,5-10 GIRAUDO, C., *La struttura letteraria della preghiera eucaristica. Saggio sulla genesi letteraria de una forma. Toda veterotestamentaria,* B^eraka giudaica, Anafora cristiana (Analecta Biblica, 92) (Rome, Biblical Institute Press, 1981), xxiii-388 pp.

a14327 26,5-9 HYATT, J.P., «Were There an Ancient Historical Credo in Israel and an Independent Sinai Tradition?» dans En collaboration, *Translating & Understanding the Old Testament* (Eds. H.T. FRANK, W.L. REED) (Nashville, Abingdon Press, 1970), 152-170.

a14328 BRAULIK, G., *Sage, was du glaubst.* Das älteste Credo der Bibel-Impuls in neuester Zeit (Stuttgart, Katholisches Bibelwerk, 1979), 86 pp.

a14329 26,5 MILLARD, A.R., «A Wandering Aramean», JNES 39 (1980) 153-155.

a14330 27 BELLEFONTAINE, E., «The Curses of Deuteronomy 27: Their Relationship to the Prohibitives», dans *No Famine in the Land* (en collab.) (1975), 49-61.

a14331 27,1-8 MERENDINO, R.P., «Dt 27,1-8. Eine literarkritische und überlieferungsgeschichtliche Untersuchung», BZ 24 (1980) 194-207.

a14332 27,12-13 SEEBASS, H., «Garizim und Ebal als Symbole von Segen und Fluch», Bibl 63 (1982) 22-31.

a14333 28 CHOLEWINSKI, A., *Heiligkeitsgesetz und Deuteronomium*, «Lv 26 und Dt 28» (1976), 310-319.

a14334 28,22 MALUSA, L., «L'interpretazione Geronimiana di 'ḤRB' in tre passi biblici», BibOr 19 (1977) 259-261.

a14335 28,66 DANIÉLOU, J., «Das Leben, das am Holze Hängt. Dt 28,66 in der altchristlichen Katechese», dans *Kirche und Überlieferung* (en collab.) (1960), 22-34.

a14336 29,5 BEGG, C., «'Bread, wine and strong drink' in Deut 29:5a», Bijdr. 41 (1980) 266-275.

a14337 29,9-27 DU T. LAUBSCHER, F., «Notes on the Literary Structure of IQS 2:11-18 and its Biblical Parallel in Deut. 29», JNWSemL 8 (1980) 49-55.

a14338 29,9 BEGG, C., «The Reading *šbty(km)* in Deut 29,9 and 2 Sam 7,7», ETL 58 (1982) 87-105.

a14339 30,1-14 SCHENKER, A., «Unwiderrufliche Umkehr und neuer Bund. Vergleich zwischen der Wiederherstellung Israels in Dt 4,25-31; 30,1-14 und dem neuen Bund in Jer 31,31-34», FreibZ 27 (1980) 93-106.

*a*14340 30,11-14   VICENT, R., «Derash homilético en Romanos 9-11», Sal 42 (1980) 751-788.

*a*14341 30,15-19   BRAND, R.C. Jr., «Freedom's just Another Word», ExpTim 90 (1979) 174-175.

*a*14342 31   BEGG, C.T., «The tables (Deut. x) and the lawbook (Deut. xxxi)», VT 33 (1983) 96-97.

*a*14343 31,14-15   ROFÉ, A., «Textual Criticism in the Light of Historical-Literary Criticism: Deuteronomy 31:14-15», ErIs 16 (1982) 171-176.

*a*14344 32   MENDENHALL, G.E., «Samuel's 'Broken *Rîb*': Deuteronomy 32», dans *No Famine in the Land* (en collab.) (1975), 63-74.

*a*14345   DUHAIME, J., «El elogio de los Padres de Ben Sira y el Cántico de Moisés (Sir 44-50 y Dt 32)», EstB 35 (1976) 223-228.

*a*14346   HIDAL, S., «Some Reflections on Deuteronomy 32», ASTI 11 (1978) 15-21.

*a*14347   VICENT, R., «Derash homilético en Romanos 9-11», Sal 42 (1980) 751-788.

*a*14348 32,4-25   GIRAUDO, C., *La struttura letteraria della preghiera eucaristica. Saggio sulla genesi letteraria de una forma. Toda veterotestamentaria, Bᵉraka giudaica, Anafora cristiana* (Analecta Biblica, 92) (Rome, Biblical Institute Press, 1981), xxiii-388 pp.

*a*14349 32,6-12   GELLER, S.A., «The Dynamics of Parallel Verse. A Poetic Analysis of Deut 32:6-12», HarvTR 75 (1982) 35-56.

*a*14350 32,8-9   LORETZ, O., «Die Vorgeschichte von Deuteronomium 32,8f.43», UF 9 (1977) 355-357.

*a*14351 32,36   LEWY, J., «Lexicographical Notes», HUCA 12-13 (1937-38) 97-101.

*a*14352 33   CROSS, F.M., Jr., FREEDMAN, D.N., *Studies in Ancient Yahwistic Poetry*, «The Blessing of Moses. Deuteronomy 33» (1975), 97-122.

*a*14353   SEEBASS, H., «Die Stämmeliste von Dtn. XXXIII», VT 27 (1977) 158-169.

*a*14354   FREEDMAN, D.N., «The Poetic Structure of the Framework of Deuteronomy 33», dans *The Bible World*. Essays in Honor of Cyrus H. Gordon (en collab.) (1980), 25-46.

*a*14355 33,2   RENDSBURG, G., «Hebrew '*šdt* and Ugaritic *išdym*», JNWSemL 8 (1980) 81-84.

*a*14356 33,4   SHEPPARD, G.T., «Wisdom and Torah: The Interpretation of Deuteronomy Underlying Sirach 24:23», dans *Biblical and Near Eastern Studies* (LaSor) (en collab.) (1978), 166-176.

*a*14357 33,6-25   CAQUOT, A., «Les bénédictiions de Moïse (Deutéronome 33,6-25). I - Ruben, Juda, Lévi, Benjamin», Sem. 32 (1982) 67-81; «II - De Joseph à Asher», 33 (1983) 59-76.

*a*14358 33,8-11   LOEWENSTAMM, S.E., «The Investiture of Levi», ErIs 10 (1971) 169-172 (English summary).

*a*14359 33,19.21   WEISMAN, Z., «A connecting link in an old hymn: Deuteronomy xxxiii 19A, 21B», VT 28 (1978) 365-368.

*a*14360 33,19   DAHOOD, M., «Deuteronomy 33,19 and UT, 52;61-63», Or. 47 (1978) 263-264.

*a*14361 33,22   GEVIRTZ, S., «Adumbrations of Dan in Jacob's Blessing on Judah», ZAW 93 (1981) 21-37.

a14362   34,1-12   COATS, G.W., «Legendary Motifs in the Moses Death Reports», CBQ 39 (1977) 34-44.

a14363   34,9   VOGELS, W., «The Spirit in Joshua and the Laying on of Hands by Moses», LTP 38 (1982) 3-7.

III. LIVRES HISTORIQUES. HISTORICAL BOOKS. GESCHICHTSBÜCHER. LIBRI STORICI. LIBROS HISTÓRICOS.

1. Josué. Joshua. Josue. Giosue. Josué.

a) Introduction. Einleitung. Introduzione. Introducción.

a14364   NOTH, M., «Studien zu den historisch-geographischen Dokumenten des Josuabuches», ZDPV 58 (1935) 185-255.

a14365   KITCHEN, K.A., «De Josué à Salomon», Hok nᵒ 3 (1976) 58-81.

a14366   RÖSEL, H., «Studien zur Topographie der Kriege in den Büchern Josua und Richter», ZDPV 91 (1975) 159-190; 92 (1976) 10-46.

a14367   KALLAI, Z., «The United Monarchy of Israel - A Focal Point in Israelite Historiography», IsrEJ 27 (1977) 103-109.

a14368   AHLSTRÖM, G.W., «Another Moses Tradition», JNES 39 (1980) 65-69.

b) Commentaires. Commentaries. Kommentare. Commenti. Comentarios.

a14369   WOUDSTRA, M.H., *The Book of Joshua* (The New International Commentary on the Old Testament) (Grand Rapids, Michigan, Eerdmans, 1981), xx-396 pp.

a14370   BOLING, R.G., *Joshua. A New Translation with Notes and Commentary. Introduction* by G.E. Wright (AB 6) (Garden City, New York, Doubleday, 1982), xix-580 pp.

a14371   CHOURAQUI, A., *L'univers de la Bible*, III (1983), «Ishoshoua', Josué», 15-102.

c) Critique textuelle. Textual Criticism. Textkritik. Critica testuale. Crítica textual.

a14372   CROWN, A.D., «The Date and Authenticity of the Samaritan Hebrew Book of Joshua as seen in its Territorial Allotments», PEQ 96 (1964) 79-100.

a14373   AULD, A.G., «Textual and Literary Studies in the Book of Joshua», ZAW 90 (1978) 412-417.

a14374   AULD, A.G., «Joshua: the Hebrew and Greek texts», dans *Studies in the Historical Books of the Old Testament* (en collab.) (1979), 1-14.

a14375   PEREZ CASTRO, F. (Ed.), *El codice de Profetas de El Cairo I: Josue-Jueces* (Textos y Estudios 'Cardenal Cisneros', 26) (Madrid, Instituto 'Arias Montano', C.S.I.C., 1980), 230 pp.

a14376   GREENSPOON, L., «Theodotion, Aquila, Symmachus, and the Old Greek of Joshua», ErIs 16 (1982) 82*-91*.

d) Critique littéraire. Literary Criticism. Literarkritik. Critica letteraria. Crítica literaria.

a14377   AULD, A.G., «Textual and Literary Studies in the Book of Joshua», ZAW 90 (1978) 412-417.

a14378   AULD, A.G., *Joshua, Moses and the Land.* Tetrateuch-Pentateuch-Hexateuch in a Generation since 1938 (Edinburgh, T. & T. Clark, 1980), xii-144 pp.

a14379   POLZIN, R., *Moses and the Deuteronomist.* A Literary Study of the Deuteronomic
         History. Part One: Deuteronomy, Joshua, Judges (New York, Seabury Press, 1980),
         xiv-226 pp.

e) Textes. Texts. Texte. Testi. Textos.

a14380   1-12   VAN TRIGT, F., «Het karakter van de veroveringsverhalen in Joz. 1-12.
                     The Character of the Conquest Narratives in Josh. 1-12», Bijdr. 33 (1972)
                     308-329 (English summary).
a14381   1-5   THOMPSON, L.L., «The Jordan Crossing: Ṣidqot Yahweh and World
                     Building», JBL 100 (1981) 343-358.
a14382   2-6   SOGGIN, J.A., «Jéricho. Anatomie d'une conquête», RHPR 57 (1977)
                     1-17.
a14383   2   FRITZ, V., «Das Ende der spätbronzezeitlichen Stadt Hazor
                     Stratum XIII und die biblische Überlieferung in Josua 11 und
                     Richter 4», UF 5 (1973) 123-139.
a14384   MARX, A., «Rahab, prostituée et prophétesse, Josué 2 et 6», ETR 55
                     (1980) 72-76.
a14385   5,3   GRADWOHL, R., «Der 'Hügel der Verhäute' (Josua V 3)», VT 26
                     (1976) 235-240.
a14386   5,14   SOGGIN, J.A., *Old Testament and Oriental Studies* (1975), «The
                     Negation in Joshua 5,14 (emphatic Lamed)» (1965), 219-220.
a14387   6-8   SIMONS, J., «Van Jericho tot 'Aj», Bidjr. 1 (1938) 448-468.
a14388   6   MARX, A., «Rahab, prostituée et prophétesse, Josué 2 et 6», ETR 55
                     (1980) 72-76.
a14389   SOGGIN, J.A., «The Conquest of Jericho Through Battle (Note on a
                     Lost Biblical Tradition)», ErIs 16 (1982) 215*-217*.
a14390   6,26   HULSE, E.V., «Joshua's Curse: Radioactivity or Schistosomiasis?» PEQ
                     102 (1970) 92-101.
a14391   BOLING, R.G., «Enigmatic Bible Passages. Jericho Off Limits (Joshua
                     6:26)», BA 46 (1983) 115-116.
a14392   BLAKE, I.M., «Jericho (Ain Es-Sultan): Joshua's Curse and Elisha's
                     Miracle - One Possible Explanation», PEQ 99 (1967) 86-97.
a14393   7-8   ZEVIT, Z., «Archaelogical and Literary Stratigraphy in Joshua 7-8»,
                     BASOR nº 251 (1983) 23-35.
a14394   9-10   SAPIN, J., «Josué 9-10», ETR 54 (1979) 258-263.
a14395   9   HALBE, J., «Gibeon und Israel», VT 25 (1975) 613-641.
a14396   HALBE, J., *Das Privilegrecht Jahwes Ex 34,10-26*, «Jos 9: Das
                     Bündnisverbot und der Gibeonbund» (1975), 341-346.
a14397   10   RÖSEL, H., «Wer kämpfte auf kanaanäischer Seite in der Schlacht bei
                     Gibeon. Jos. x?» VT 26 (1976) 505-508.
a14398   WEIMAR, P., «Die Jahwekriegserzählungen in Exodus 14, Josua 10,
                     Richter 4 und 1 Samuel 7», Bibl 57 (1976) 38-73.
a14399   10,11-15   ALONSO DIAZ, J., «La detención del sol por Josué», CuBi 24 (1967)
                     259-265.
a14400   BOSLER, J., «Sur une averse de météorites mentionnée dans la Bible»,
                     ETR 18 (1943) 92-93.
a14401   PHYTHIAN-ADAMS, W.J., «A Meteorite of the Fourteenth
                     Century B.C.», PEQ 78 (1946) 116-124.

*a*14402 10,12-14 SAWYER, J.F.A., «Joshua 10:12-14 and the Solar Eclipse of 30th Septembre 1131 B.C.», PEQ 104 (1972) 139-146.

*a*14403 10,28-43 NIEHAUS, J., *«pa'am' eḥat* and the Israelite conquest», VT 30 (1980) 236-239.

*a*14404 11,7 SOGGIN, J.A., *Old Testament and Oriental Studies* (1975), «On Joshua 11,7» (1967), 227-228.

*a*14405 11,10 YADIN, Y., *Hazor*. The Head of all Those Kingdoms, Joshua 11:10. With a Chapter on Israelite Megiddo (The Schweich Lectures of the British Academy, 1970) (London, Oxford University Press, 1972), xxiv-211 pp.

*a*14406 12,9-24 FRITZ, V., «Die Sogennante Liste der besiegten Könige in Josua 12», ZDPV 85 (1969) 136-161.

*a*14407 13-22 PETERSEN, J.E., «Priestly Materials in Joshua 13-22: A Return to the Hexateuch?» HebAnR 4 (1980) 131-146.

*a*14408 13-19 BÄCHLI, O., «Von der Liste zur Beschreibung. Beobachtungen und Erwägungen zu Jos. 13-19», ZDPV 89 (1973) 1-14.

*a*14409 KALLAI, Z., «The Boundaries of Canaan and the Land of Israel in the Bible», ErIs 12 (1975) 27-34 (English summary).

*a*14410 IBAÑEZ ARANA, A., «Los marcos redaccionales de Jos 13-19», Salm 28 (1981) 71-95.

*a*14411 13,26 METZGER, M., «Lodebar und der tell el-mghannije», ZDPV 76 (1960) 97-102.

*a*14412 15,7 MACGREGOR, R., «The Spring En-Rogel», PEQ 70 (1938) 257-258.

*a*14413 15,8 MILLER, J.M., «Jebus and Jerusalem: A Case of Mistaken Identity», ZDPV 90 (1974) 115-127.

*a*14414 15,21-62 ALT, A., «Bemerkungen zu einigen judäischen Ortslisten des Alten Testaments», ZDPV 68 (1946-51) 193-210.

*a*14415 15,21-32 TALMON, S., «The List of Cities of Simeon», ErIs 8 (1967) 265-268 (English summary).

*a*14416 15,41 NAOR, M., «Bet Dagon and Gederoth-Kidron, Eltekeh and Ekron», ErIs 5 (1958) 124-128 (English summary).

*a*14417 15,59 AULD, A.G., «A Judean Sanctuary of 'Anat (Josh. 15:59)?» Tel Aviv 4 (1977) 85-86.

*a*14418 15,62 NOTH, M., «Der alttestamentliche Name der Siedlung auf chirbet ḳumrān», ZDPV 71 (1955) 111-123.

*a*14419 16,6-7 OTTO, E., «Survey-archäologische Ergebnisse zur Geschichte der früheisenzeitlichen Siedlung Janoah (Jos. 16,6.7)», ZDPV 94 (1978) 108-118.

*a*14420 17,11 KALLAI-KLEINMANN, Z., «En-Dor», ErIs 5 (1958) 120-123 (English summary).

*a*14421 18,16 MILLER, J.M., «Jebus and Jerusalem: A Case of Mistaken Identity», ZDPV 90 (1974) 115-127.

*a*14422 18,21-28 SCHUNCK, K.-D., «Bemerkungen zur Ortsliste von Benjamin (Jos. 18,21-28)», ZDPV 78 (1962) 143-158.

*a*14423 18,28 MILLER, J.M., «Jebus and Jerusalem: A Case of Mistaken Identity», ZDPV 90 (1974) 115-127.

*a*14424 PRIEBATSCH, H.Y., «Jerusalem und die Brunnenstrasse Merneptahs», ZDPV 91 (1975) 19-29.

a14425 19,26   THOMAS, D.W., «The Meaning of the Name Mishal», PEQ 68 (1936) 39-40.

a14426 19,45   EISSFELDT, O., «yᵉḥud Jos. 19,45 und ê Ioudaia 1. Makk. 4,15 = el-jehūdīje», ZDPV 54 (1931) 271-278.

a14427 20   AULD, A.G., «Cities of Refuge in Israelite Tradition», JSOT nᵒ 10 (1978) 26-40.

a14428   FISHBANE, M., «Biblical Colophons, Textual Criticism and Legal Analogies», CBQ 42 (1980) 438-449.

a14429 21   HAUER, C., Jr., «David and the Levites», JSOT nᵒ 23 (1982) 33-54.

a14430 21,4-42   CODY, A., «Levitical cities and the Israelite Settlement», dans Homenaje a Juan Prado (en collab.) (1975), 179-189.

a14431   AULD, A.G., «The 'Levitical Cities': Text and History», ZAW 91 (1979) 194-206.

a14432 22   JOBLING, D., «'The Jordan a Boundary'. A Reading of Numbers 32 and Joshua 22», dans SBL 1980 Seminar Papers (en collab.) (1980), 183-207.

a14433   KLOPPENBORG, J.S., «Joshua 22: The Priestly Editing of an Ancient Tradition», Bibl 62 (1981) 347-371.

a14434 22,20   SOGGIN, J.A., Old Testament and Oriental Studies (1975), «On lo' in Joshua 22,20b» (1968), 229-230.

a14435 22,23-29   SNAITH, N.H., «The altar at Gilgal: Joshua xxii 23-29», VT 28 (1978) 330-335.

a14436 23-24   RÖSEL, H.N., «Die Überleitungen vom Josua- ins Richterbuch», VT 30 (1980) 342-350.

a14437 24   JAROŠ, K., Sichem. Eine archäologische und religionsgeschichtliche Studie mit besonderer Berücksichtigung von Jos 24 (Orbis Biblicus et Orientalis, 11) (Göttingen, Vandenhoeck & Ruprecht, 1976), 280 pp.

a14438 24,1-28   McCARTHY, D.J., Treaty and Covenant (new edition), «Jos 24,1-28» (1978), 221-242.

a14439 24,2-15   GIRAUDO, C., La struttura letteraria della preghiera eucaristica. Saggio sulla genesi letteraria de una forma. Toda veterotestamentaria, Bᵉraka giudaica, Anafora cristiana (Analecta Biblica, 92) (Rome, Biblical Institute Press, 1981), xxiii-388 pp.

a14440 24,12   NEUFELD, E., «Insects as Warfare Agents in the Ancient Near East (Ex 23:28; Deut. 7:20; Josh. 24:12, Isa. 7:18-20)», Or. 49 (1980) 30-57.

2. Juges. Judges. Richter. Giudici. Jueces.

a) Introduction. Einleitung. Introduzione. Introducción.

a14441 HAAG, H., «Die Zeit der Richter», BiLeb 4 (1963) 31-38.

a14442 KITCHEN, K.A., «De Josué à Salomon», Hok nᵒ 3 (1976) 58-81.

a14443 RÖSEL, H., «Studien zur Topographie der Kriege in den Büchern Josua und Richter», ZDPV 91 (1975) 159-190; 92 (1976) 10-46.

a14444 BRUEGGEMANN, W., «Social Criticism and Social Vision in the Deuteronomic Formula of the Judges», dans Die Botschaft und die Boten (en collab.) (1981), 101-114.

a14445 RÖSEL, H.N., «Die 'Richter Israels'», BZ 25 (1981) 180-203.

a14446 DUMBRELL, W.J., «'In Those days there was no king in Israel; every man did what was right in his own eyes.' The Purpose of the Book of Judges Reconsidered», JSOT n⁰ 25 (1983) 23-33.

b) *Commentaires. Commentaries. Kommentare. Commenti. Comentarios.*

a14447 BOLING, R.G., *Judges* (The Anchor Bible, 6A) (Garden City, New York, Doubleday & Company, 1975), xxi-338 pp. Cf. JSOT n⁰ 1 (1976) 30-52.
a14448 SOGGIN, J.A., *Judges.* A Commentary (Old Testament Library) (London, SCM, 1981), xx-305 pp.
a14449 CHOURAQUI, A., *L'univers de la Bible,* III (l983), «Suffètes, *Juges*», 103-186.

c) *Critique textuelle. Textual Criticism. Textkritik. Critica testuale. Crítica textual.*

a14450 BODINE, W.R., *The Greek Text of Judges.* Recensional Developments (Harvard Semitic Monographs, 23) (Chico, CA, Scholars Press, 1980), xiv-204 pp.
a14451 PEREZ CASTRO, F. (Ed.), *El codice de Profetas de El Cairo I: Josue-Jueces* (Textos y Estudios 'Cardenal Cisneros', 26) (Madrid, Instituto 'Arias Montano', C.S.I.C., 1980), 230 pp.
a14452 TARGARONA DE SAENZ-BADILLOS, J., «Le texte grec du Livre des Juges présenté par les manuscrits (d)ptv», dans *Mélanges Dominique Barthélemy* (en collab.) (1981), 531-552.

d) *Critique littéraire. Literary Criticism. Literarkritik. Critica letteraria. Crítica literaria.*

a14453 BOLING, R.G., «In Those Days There Was No King in Israel», dans *A Light unto My Path* (en collab.) (1974), 33-48.
a14454 RADDAY, Y.T., LEB, G., WICKMANN, D., TALMON, S., «The Book of Judges Examined by Statistical Linguistics», Bibl 58 (1977) 469-499.
a14455 NELSON, R.D., *The Double Redaction of the Deuteronomistic History* (JSOT, Supplement Series, 18) (Sheffield, JSOT Press, 1981), 185 pp.
a14456 POLZIN, R., *Moses and the Deuteronomist.* A Literary Study of the Deuteronomic History. Part One: Deuteronomy, Joshua, Judges (New York, Seabury Press, 1980), xiv-226 pp.
a14457 GOODING, D.W., «The Composition of the Book of Judges», ErIs 16 (1982) 70*-79*.
a14458 ROBINSON, A., «Process Analysis Applied to the Early Traditions of Israel: a Preliminary Essay», ZAW 94 (1982) 549-566.
a14459 IBAÑEZ ARANA, A., «El deutoronomismo de los marcos, en el libro de los Jueces», *Miscelánea Comillas* 41 (1983) 55-65.

e) *Textes. Texts. Texte. Testi. Textos.*

a14460 1-25 RÖSEL, H.N., «Die Überleitungen vom Josua- ins Richterbuch», VT 30 (1980) 342-350.
a14461 1,1-20 HAAG, H., «Von Jahwe geführt. Auslegung von Ri 1,1-20», BiLeb 4 (1963) 103-115.
a14462 1,10 ABRAMSKY, S., «On the Kenite-Midianite Background of Moses' Leadership», ErIs 12 (1975) 35-39 (English summary).

a14463 1,14   GIBSON, A., «ṢNḤ in Judges i 14: NEB and AV translations», VT 26 (1976) 275-283.

a14464 1,16-17   MITTMANN, S., «Ri. 1,16f. und das Siedlungsgebiet der kenitischen Sippe Hobab», ZDPV 93 (1977) 213-235.

a14465 1,16   MAZAR, B., «The Sanctuary of Arad and the Family of Hobab the Kenite», ErIs 7 (1964) 1-5 (English summary).

a14466 1,19   DAHOOD, M., «Scriptio defectiva in Judges 1,19», Bibl 60 (1979) 570.

a14467 1,21-2,5   HAAG, H., «Jahwe, der Erzieher seines Volkes. Auslegung von Ri 1,21-2,5», BiLeb 4 (1963) 174-184.

a14468 1,21   PRIEBATSCH, H.Y., «Jerusalem und die Brunnenstrasse Merneptahs», ZDPV 91 (1975) 19-29.

a14469 1,35   SCHUNCK, K.-D., «Wo lag *Har Ḥeres*?», ZDPV 96 (1980) 153-157.

a14470 2,1-5   HALBE, J., *Das Privilegrecht Jahwes Ex 34,10-26*, «Ri 2,1-5: Das Hauptgebot in der Gerichtsrede» (1975), 346-391.

a14471 2,6-3,6   HAAG, H., «Zwischen Jahwe und Baal. Auslegung von Ri 2,6-3,6», BiLeb 4 (1963) 240-251.

a14472 3-16   VAN DYKE PARUNAK, H., «Oral Typesetting: Some Uses of Biblical Structure», Bibl 62 (1981) 153-168.

a14473 3,8-10   TAEUBLER, E., «Cushan-Rishathaim», HUCA 20 (1947) 137-142.

a14474 3,10-14   GARSTANG, J., «The Story of Jericho: Further Light on the Biblical Narrative», PEQ 73 (1941) 168-171.

a14475 3,12-4,1   GLASER, O., «Zur Erzählung von Ehud und Eglon», ZDPV 55 (1932) 81-82.

a14476 3,12-30   RÖSEL, H.N., «Zur Ehud-Erzählung», ZAW 89 (1977) 270-272.

a14477 3,28   SOGGIN, J.A., *Old Testament and Oriental Studies*, «'Ehûd and the Fords of Mô'āb, Judges 3,28b» (1973), 237.

a14478 3,31   MAISLER, B., «Shamgar Ben 'Anat», PEQ 66 (1934) 192-194.

a14479 4-5   ACKERMAN, J.S., «Prophecy and Warfare in Early Israel: A Study of the Deborah-Barak Story», BASOR no 220 (1976) 5-13.

a14480 4   MAISLER, B., «Beth She'arim, Gaba, and Harosheth of the Peoples», HUCA 24 (1952-53) 75-84.

a14481   FRITZ, V., «Das Ende der spätbronzezeitlichen Stadt Hazor Stratum XIII und die biblische Überlieferung in Josua 11 und Richter 4», UF 5 (1973) 123-139.

a14482   WEIMAR, P., «Die Jahwekriegserzählungen in Exodus 14, Josua 10, Richter 4 und 1 Samuel 7», Bibl 57 (1976) 38-73.

a14483 4,4-22   MURRAY, D.F., «Narrative structure and technique in the Deborah-Barak story, Judges iv 4-22», dans *Studies in the Historical Books of the Old Testament* (en collab.) (1979), 155-189.

a14484 4,4-10   JEREMIAS, J., «Das Spätjüdische Deboragrab», ZDPV 82 (1966) 136-138.

a14485 4,11-21   SOGGINS, J.A., «'Ḥeber der Qenit'. Das Ende eines biblischen Personennamens?» VT 31 (1981) 89-92.

a14486 4,17-21   ZAKOVITCH, Y., «Sisseras Tod», ZAW 93 (1981) 364-374.

a14487 4,18   WILKINSON, E., «The *hapax legomenon* of Judges iv 18», VT 33 (1983) 512-513.

a14488 4,23-5,31   RATZAHBI, Y., «The Arabic *Tafsir* to the Song of Deborah», Textus 4 (1964) 211-219.

*a*14489 5   SHUNARY, J., «An Arabic *Tafsīr* of the Song of Deborah», Textus 2 (1962) 77-86.

*a*14490   COOGAN, M.D., «A Structural and Literary Analysis of the Song of Deborah», CBQ 40 (1978) 143-166.

*a*14491   CRAIGIE, P.C., «Deborah and Anat: A Study of Poetic Imagery (Judges 5)», ZAW 90 (1978) 374-381.

*a*14492   GARBINI, G., «*Parzon* 'Iron' in the Song of Deborah?» JSS 23 (1978) 23-24.

*a*14493   TOV, E., «The textual history of the Song of Deborah in the A text of the LXX», VT 28 (1978) 224-232.

*a*14494   HAUSER, A.J., «Judges 5: Parataxis in Hebrew Poetry», JBL 99 (1980) 23-41.

*a*14495   SOGGIN, J.A., «Bemerkungen zum Deboralied. Richter Kap. 5», TLZ 106 (1981) 625-639.

*a*14496   TAYLOR, J.G., «The Song of Deborah and Two Canaanite Goddesses», JSOT no 23 (1982) 99-108.

*a*14497   LINDARS, B., «Deborah's Song: Women In the Old Testament», BJRL 65 (1983) 158-175.

*a*14498 5,2-31   CROSS, F.M., Jr., FREEDMAN, D.N., *Studies in Ancient Yahwistic Poetry*, «Introduction» (1975), 3-42.

*a*14499 5,7.11   ACKROYD, P.R., «Note to *parzon* 'iron' in the Song of Deborah», JSS 24 (1979) 19-20.

*a*14500 5,8   CATHCART, K.J., «The 'Demons' in Judges 5:8a», BZ 21 (1977) 111-112.

*a*14501 5,14   TSEVAT, M., «Some Biblical Notes», HUCA 24 (1952-53) 107-114.
*a*14502   ROSE, M., «'Siebzig Könige' aus Ephraim (Jdc. v 14)», VT 26 (1976) 447-452.

*a*14503   KNAUF, E.A., «Zum Text von Ri 5,14», Bibl 64 (1983) 428-429.
*a*14504 5,16-20   CRAIGIE, P.C., «Three Ugaritic Notes on the Song of Deborah», JSOT no 2 (1977) 33-49.

*a*14505 5,19   RAINEY, A.F., «The Military Camp Ground at Taanach by the Waters of Megiddo», ErIs 15 (1981) 61*-66*.

*a*14506 5,20-21   AHLSTRÖM, G.W., «Judges 5:20f. and History», JNES 36 (1977) 287-288.

*a*14507 5,20   SAWYER, J.F.A., «From heaven fought the stars (Judges v 20)», VT 31 (1981) 87-89.

*a*14508 5,24-27   ZAKOVITCH, Y., «Sisseras Tod», ZAW 93 (1981) 364-374.
*a*14509 5,25   SUKENIK, E.L., «Note on a Pottery Vessel of the Old Testament», PEQ 72 (1940) 59-60.

*a*14510 5,29   WEISMAN, Z., «*šrwtyh* (Jud. v 29)», VT 26 (1976) 116-120.
*a*14511 6,9   EMERTON, J.A., «Gideon and Jerubbaal», JTS 27 (1976) 289-312.
*a*14512   BRAUNSCHÖN, E., *Alttestamentliche Predigten für das Kirchenjahr* (Dienst am Wort, 33) (Göttingen, Ehrenfried Klotz Verlag, Vandenhoeck & Ruprecht, 1978), 185 pp.

*a*14513 6-7   MALAMAT, A., «The War of Gideon and Midian: A Military Approach», PEQ 85 (1953) 61-65.

*a*14514 6,25-28   EMERTON, J.A., «The 'Second Bull' in Judges 6:25-28», ErIs 14 (1978) 52*-55*.

*a*14515 6,38   SUKENIK, E.L., «Note on a Pottery Vessel of the Old Testament», PEQ 72 (1940) 59-60.

*a*14516 8-9   CRÜSEMANN, F., *Der Widerstand gegen das Königtum*. Die antiköniglichen Texte des Alten Testaments und der Kampf um den frühen israelitischen Staat (WMANT 49) (Neukirchen-Vluyn, Neukirchener Verlag, 1978), iv-257 pp.

*a*14517 8,2   FONTAINE, C.R., *Traditional Sayings in the Old Testament* (Sheffield, The Almond Press, 1982), «Judges 8:2», 76-86.

*a*14518 8,13   MITTMANN, S., «Die Steige des Sonnengottes (Ri. 8,13)», ZDPV 81 (1965) 80-87.

*a*14519 8,21   FONTAINE, C.R., *Traditional Sayings in the Old Testament* (Sheffield, The Almond Press, 1982), «Judges 8:21», 86-95.

*a*14520 8,22-27   ZIMMERLI, W., «Die Spendung von Schmuck für ein Kultobjekt», dans *Mélanges bibliques et orientaux en l'honneur de M. Henri Cazelles* (en collab.) (1981), 513-528.

*a*14521 9   SOGGIN, J.A., «Bemerkungen zur alttestamentlichen Topographie Sichems mit besonderem Bezug auf Jdc. 9», ZDPV 83 (1967) 183-198.

*a*14522   HALPERN, B., «The Rise of Abimelek Ben-Jerubbaal», HebAnR 2 (1978) 79-100.

*a*14523   FRITZ, V., «Abimelech und Sichem in Jdc. ix», VT 32 (1982) 129-144.

*a*14524   RÖSEL, H.N., «Überlegungen zu 'Abimelech und Sichem in Jdc. ix'», VT 33 (1983) 500-503.

*a*14525 9,31   CELADA, B., «Lucha de especialistas por una palabra (Jc 9,31)», CuBi 16 (1959) 44-46.

*a*14526 10-12   DUS, J., «Bethel und Mispa in Jdc. 19-21 und Jdc 10-12», OrAnt 3 (1964) 227-243.

*a*14527 10,1-5   SOGGIN, J.A., «Das Amt der 'kleinen Richter' in Israel», VT 30 (1980) 245-248.

*a*14528 11-12   RÖSEL, H.N., «Jephtah und das Problem der Richter», Bibl 61 (1980) 251-255.

*a*14529 11,13-26   WÜST, M., «Die Einschaltung in die Jiftachgeschichte. Ri 11,13-26», Bibl 56 (1975) 464-479.

*a*14530 11,19-26   BARTLETT, J.R., «The Conquest of Sihon's Kingdom: A Literary Re-examination», JBL 97 (1978) 347-351.

*a*14531 11,33   MITTMANN, S., «Aroer, Minnith und Abel Keramim (Jdc. 11,33)», ZDPV 85 (1969) 63-75.

*a*14532 12,5-7   VON RAD, G., *Gottes Wirken in Israel* (1974), «Richter 12,5-7» (1962), 46-48.

*a*14533 12,6   SWIGGERS, P., «The word *šibbōlet* in Jud. xii.6», JSS 26 (1981) 205-207.

*a*14534 12,8-15   SOGGIN, J.A., «Das Amt der 'kleinen Richter' in Israel», VT 30 (1980) 245-248.

*a*14535 13   EXUM, J.C., «Promise and Fulfillment: Narrative Art in Judges 13», JBL 99 (1980) 43-59.

*a*14536 13,17-19   GRIMM, D., «Der Name des Gottesboten in Richter 13», Bibl 62 (1981) 92-98.

*a*14537 15,16   KRINETZKI, G., «Prahlerei und Sieg im Alten Israel (Gen 4,23f; Ri 15,16; 16,23f; 1 Sam 18,7 par)», BZ 20 (1976) 45-58.

*a*14538	13-16	VON RAD, G., *Gottes Wirken in Israel* (1974), «Die Geschichte von Simson», 49-52.
*a*14539		CRENSHAW, J.L., *Samson*. A Secret Betrayed, a Vow Ignored (Atlanta, John Knox Press; London, SPCK, 1978/79), 172 pp.
*a*14540		EXUM, J.C., «Aspects of Symmetry and Balance in the Samson Saga», JSOT no 19 (1981) 3-29.
*a*14541		VICKERY, J., «In Strange Ways: The Story of Samson», dans *Images of Man and God* (1981) (en collab.), 58-73.
*a*14542		EXUM, J.C., «The theological dimension of the Samson saga», VT 33 (1983) 30-45.
*a*14543	16,13	MAYER-OPIFICIUS, R., «Simson, der sechslockige Held», UF 14 (1982) 149-151.
*a*14544	16,23-24	KRINETZKI, G., «Prahlerei und Sieg im Alten Israel (Gen 4,23f; Ri 15,16; 16,23f; 1 Sam 18,7 par)», BZ 20 (1976) 45-58.
*a*14545	17,6	GREENSPAHN, F.E., «An Egyptian Parallel to Judg 17:6 and 21:25», JBL 101 (1982) 129-130.
*a*14546	17,8	VILAR HUESO, V., «El santuario de Belén en los tiempos de los Jueces y Samuel», Salm 28 (1981) 97-102.
*a*14547	18	MALAMAT, A., «The Danite Migration and the Pan-Israelite Exodus-Conquest: A Biblical Narrative Pattern», ErIs 10 (1971) 173-179 (English summary).
*a*14548		ABRAMSKY, S., «On the Kenite-Midianite Background of Moses' Leadership», ErIs 12 (1975) 35-39 (English summary).
*a*14549	19-21	DUS, J., «Bethel und Mispa in Jdc. 19-21 und Jdc. 10-12», OrAnt 3 (1964) 227-243.
*a*14550	19-20	NIDITCH, S., «The 'Sodomite' Theme in Judges 19-20: Family, Community, and Social Disintegration», CBQ 44 (1982) 365-378.
*a*14551	19	UNTERMAN, J., «The Literary Influence of 'The Binding of Isaac' (Genesis 22) on 'The Outrage at Gibeah' (Judges 19)», HebAnR 4 (1980) 161-166.
*a*14552		JÜNGLING, H.-W., *Richter 19 - Ein Plädoyer für das Königtum*. Stilistische Analyse der Tendenzerzählung Ri 19,1-30a; 21,25 (Analecta Biblica, 84) (Rome, Biblical Institute Press, 1981), x-319 pp.
*a*14553		JÜNGLING, H.-W., «Propaganda für das Königtum», BiKi 38 (1983) 64-65.
*a*14554	19,10	MILLER, J.M., «Jebus and Jerusalem: A Case of Mistaken Identity», ZDPV 90 (1974) 115-127.
*a*14555	21,25	GRAY, J.R., «The Missing King», ExpTim 87 (1976) 108-109.
*a*14556		GREENSPAHN, F.E., «An Egyptian Parallel to Judg 17:6 and 21:25», JBL 101 (1982) 129-130.

3. Ruth. Rut.

a) Introduction. Einleitung. Introduzione. Introducción.

*a*14557	DAVID, M., «The date of the book of Ruth», OTS 1 (1942) 55-63.
*a*14558	BAUER, J.B., «Das Buch Ruth in der jüdischen und christlichen Überlieferung», BiKi 18 (1963) 116-119.

*a*14559 CAMPBELL, E.R., Jr., «The Hebrew Short Story: A Study of Ruth», dans *A Light unto My Path* (en collab.) (1974), 83-101.
*a*14560 BEATTIE, D.R.G., *Jewish Exegesis of the Book of Ruth* (JSOT Supplement Series, 2) (Sheffield, JSOT, 1977), xii-251 pp.
*a*14561 MURPHY, R.E., *Wisdom Literature*, «Ruth» (1981), 83-95.
*a*14562 GREEN, B., «The Plot of the Biblical Story of Ruth», JSOT nᵒ 23 (1982) 55-68.

b) Commentaires. Commentaries. Kommentare. Commenti. Comentarios.

*a*14563 PENNA, A., *Giudici e Rut* (La Sacra Bibbia) (Torino, Marietti, 1962), 10-287 pp.
*a*14564 FUERST, W.J., *The Books of Ruth, Esther, Ecclesiastes, The Song of Songs, Lamentations. The Five Scrolls* (The Cambridge Bible Commentary) (Cambridge, University Press, 1975), 267 pp.
*a*14565 WITZENRATH, H.H., *Das Buch Rut*. Eine literaturwissenschaftliche Untersuchung (München, Kösel, 1975), 419 pp.
*a*14566 BEATTIE, D.R.G., *Jewish Exegesis of the Book of Ruth* (JSOT Supplement Series, 2) (Sheffield, Department of Biblical Studies, The University of Sheffield, JSOT, 1977), 251 pp.
*a*14567 SASSON, J.M., *Ruth*. A New Translation with a Philological Commentary and a Formalist-Folklorist Interpretation (Johns Hopkins Near Eastern Studies) (Baltimore and London, Johns Hopkins University Press, 1979), xvii-292 pp.
*a*14568 MURPHY, R.E., *Wisdom Literature*. Job, Proverbs, Ruth, Canticles, Ecclesiastes, and Esther (The Forms of the Old Testament Literature, 13) (Grand Rapids, Michigan, Eerdmans, 1981), xiv-185 pp.
*a*14569 ATKINSON, D., *The Wings of Refuge*. The Message of the Book of Ruth (The Bible Speaks Today) (Leicester, Inter-Varsity Press, 1983), 128 pp.
*a*14570 DE MARTEL, G., «Le commentaire sur le livre de Ruth du ms. Paris Sainte-Geneviève 45», REA 29 (1983) 257-282.

c) Critique littéraire. Literary Criticism. Literarkritik. Critica Letteraria. Crítica literaria.

*a*14571 SCHILDENBERGER, J., «Das Buch Ruth als literarisches Kunstwerk und als religiöse Botschaft», BiKi 18 (1963) 102-108.
*a*14572 DOMMERSHAUSEN, W., «Leitwortstil in der Ruthrolle», dans *Theologie im Wandel* (en collab.) (1967), 394-407.
*a*14573 LORETZ, O., «Poetische Abschmitte im Rut-Buch», UF 7 (1975) 580-582.
*a*14574 WITZENRATH, H.H., *Das Buch Rut*. Eine literaturwissenschaftliche Untersuchung (Studien zum Alten und Neuen Testament, 40) (München, Kösel Verlag, 1975), 419 pp.
*a*14575 ANDERSEN, F.I., FORBES, A.D., *A Linguistic Concordance of Ruth and Jonah.* Hebrew Vocabulary and Idiom (The Computer Bible, 9) (Wooster, Ohio, Biblical Research Associates, 1976), 197 pp.
*a*14576 LORETZ, O., «Das Verhältnis zwischen Rut-Story und David-Genealogie im Rut-Buch», ZAW 89 (1977) 124-126.
*a*14577 BEATTIE, D.R.G., «Ruth III», JSOT nᵒ 5 (1978) 39-48.
*a*14578 SACON, K.K., «The Book of Ruth - Its Literary Structure and Theme», AJBI 4 (1978) 3-22.
*a*14579 CARMICHAEL, C.M., «'Treading' in the Book of Ruth», ZAW 92 (1980) 248-266.
*a*14580 BRENNER, A., «Naomi and Ruth», VT 33 (1983) 385-397.

d) Théologie. Theology. Theologie. Teologia. Teología.

a14581 GIMENEZ, C.M., «La Anunciación en Rut», CuBi 25 (1968) 230-234.
a14582 LIPINSKI, E., «Le mariage de Ruth», VT 26 (1976) 124-127.
a14583 MEINHOLD, A., «Theologische Schwerpunkte im Buch Ruth und ihr Gewicht für seine Datierung», TZ 32 (1976) 130-137.
a14584 EATON, J., «Bunyan and the Book of Ruth», ExpTim 88 (1977) 145-146.
a14585 PRINSLOO, W.S., «The theology of the book of Ruth», VT 30 (1980) 330-341.

e) Textes. Texts. Texte. Testi. Textos.

a14586 1,15-16 HUNTER, A., «How many Gods had Ruth?» SJTh 34 (1981) 427-436.
a14587 1,19   JONGELING, B., «*hz't n'my* (Ruth i 19)», VT 28 (1978) 474-477.
a14588 2,7   BEATTIE, D.R.G., «A Midrashic Gloss in Ruth 2,7», ZAW 89 (1977) 122-124.
a14589   HURVITZ, A., «Ruth 2 7 - 'A Midrashic Gloss'?» ZAW 95 (1983) 121-123.
a14590 4,5   BEATTIE, D.R.G., «Ruth III», JSOT no 5 (1978) 39-48.
a14591   SASSON, J.M., «Ruth: A Response», JSOT no 5 (1978) 49-51.
a14592   DAVIES, E.W., «Ruth iv 5 and the duties of the *gō'ēl*», VT 33 (1983) 231-234.
a14593 4,10-13 PARKER, S.B., «The Marriage Blessing in Israelite and Ugaritic Literature», JBL 95 (1976) 23-30.
a14594 4,18-22 SCHREINER, J., «Die 'Wurzel Jesse'», BiKi 18 (1963) 109-112.

4. Samuel.

a) Introduction. Einleitung. Introduzione. Introducción.

a14595 CELADA, B., «Lectura fascinante y meditación profundamente religiosa de los libros de Samuel», CuBi 30 (1973) 47-55.
a14596 VEIJOLA, T., *Die ewige Dynastie*. David und die Entstehung seiner Dynastie nach der deuteronomistischen Darstellung (Annales Academiae Scientiarum Fennicae, Series B, 193) (Helsinki, Academia Scientiarum Fennica, 1975), 164 pp.
a14597 KITCHEN, K.A., «De Josué à Salomon», Hok no 3 (1976) 58-81.
a14598 GROS LOUIS, K.R.R., «The Difficulty of Ruling Well: King David of Israel», Semeia 8 (1977) 15-33.
a14599 GUNN, D.M., *The Story of King David*. Genre and interpretation (JSOT Supplement Series, 6) (Sheffield, The University of Sheffield, 1978), 164 pp.
a14600 BICKERT, R., «Die Geschichte und das Handeln Jahwes. Zur Eigenart einer deuteronomistischen Offenbarungsauffassung in den Samuelbüchern», dans *Textgemäss* (en collab.) (1979), 9-27.
a14601 GIBERT, P., «Les livres de Samuel et des Rois. De la légende à l'histoire», CE (n.s.) no 44 (1983) 64 pp.

b) Commentaires. Commentaries. Kommentare. Commenti. Comentarios.

a14602 ACKROYD, P.R., *The First Book of Samuel* (The Cambridge Bible Commentary on the New English Bible) (Cambridge, Cambridge University Press, 1971), xii-238 pp.

*a*14603   McCARTER, P.K., Jr., *I Samuel*. A New Translation with Introduction, Notes & Commentary (AB 8) (Garden City, New York, Doubleday, 1980), xxi-475 pp.

*a*14604   STOLZ, F., *Das erste und zweite Buch Samuel* (Zürcher Bibelkommentare, Altes Testament, 9) (Zürich, Theologischer Verlag, 1981), 310 pp.

*a*14605   PAYNE, D.F., *Samuel* (The Daily Study Bible: Old Testament) (Edinburgh, Saint Andrew Press; Philadelphia, Westminster Press, 1982), x-278 pp.

*a*14606   CHOURAQUI, A., *L'univers de la Bible*, III (1983), «I Shemouél. *Samuel I*», 187-192; «II Shemouél. *Samuel II*», 293-378.

*a*14607   GARSIEL, M., «A New Interpretation of the Book of Samuel», Immanuel 16 (1983) 25-31.

*a*14608   McCARTER, P.K., Jr., *II Samuel*. A New Translation with Introduction, Notes and Commentary (AB 9) (Garden City, N.Y., Doubleday, 1984), xvii-553 pp.

c) Critique textuelle. Textual Criticism. Textkritik. Critica testuale. Crítica textual.

*a*14609   ULRICH, E.C., Jr., *The Qumran Text of Samuel and Josephus* (Harvard Semitic Monographs, 19) (Missoula, Scholars Press, 1978), xiv-278 pp.

*a*14610   McHARDY, W.D., «S.R. Driver: Notes on the Hebrew Text of the Books of Samuel», ExpTim 90 (1979) 164-167.

d) Critique littéraire. Literary Criticism. Literarkritik. Critica letteraria. Crítica literaria.

*a*14611   JOBLING, D., «Jonathan: A Structural Study in 1 Samuel», dans *Society of Biblical Literature. 1976 Seminar Papers* (en collab.) (1976), 15-32.

*a*14612   VEIJOLA, T., «David und Meribaal», RB 85 (1979) 338-361.

*a*14613   HUMPHREYS, W.L., «The Rise and Fall of King Saul: A Study of an Ancient Narrative Stratum in 1 Samuel», JSOT nº 18 (1980) 74-90.

*a*14614   HUMPHREYS, W.L., «From Tragic Hero to Villain: a Study of the Figure of Saul and the Development of 1 Samuel», JSOT nº 22 (1982) 95-117.

*a*14615   WOZNIAK, J., «Drei verschiedene literarische Beschreibungen des Bundes zwischen Jonathan und David», BA 27 (1983) 213-218.

e) Textes. Texts. Texte. Testi. Textos.

Premier livre. Book One. Erstes Buch. Primo Libro. Primer libro.

*a*14616   1-7   WILLIS, J.T., «Samuel Versus Eli, I. Sam. 1-7», TZ 35 (1979) 201-212.
*a*14617   1,5   DEIST, F., «*'APPAYIM* (1 Sam. i 5) < **PYM*?», VT 27 (1977) 205-209.
*a*14618   1,15   AHLSTRÖM, G.W., «1 Samuel 1,15», Bibl 60 (1979) 254.
*a*14619   1,21-28   FORESTI, F., «Osservazioni su alcune varianti di 4 QSamª rispetto al TM», RivB 29 (1981) 45-56.
*a*14620   2,1-10   LORETZ, O., «Psalmenstudien (II)», UF 5 (1973) 213-218.
*a*14621   RITTERSPACH, A.D., «Rhetorical Criticism and the Song of Hannah», dans *Rhetorical Criticism* (en collab.) (1974), 68-74.
*a*14622   DE BOER, P.A.H., «Einige Bemerkungen und Gedanken zum Lied in 1 Samuel 2,1-10», dans *Beiträge zur Alttestamentlichen Theologie* (en collab.) (1977), 53-59.
*a*14623   FREEDMAN, D.N., «Psalm 113 and the Song of Hannah», ErIs 14 (1978) 56*-69*.

a14624		TOURNAY, R., «Le cantique d'Anne. 1 Samuel 2.1-10», dans *Mélanges Dominique Barthélemy* (en collab.) (1981), 553-576.
a14625		DESPLANQUE, C., «Le Cantique d'Anne: un dossier à rouvrir», Hok no 23 (1983) 30-48; «Poésie et adoration», Hok no 24 (1983) 1-8.
a14626	2,25	HOUTMAN, C., «Zu 1 Samuel 2 25», ZAW 89 (1977) 412-417.
a14627		TSEVAT, M., *The Meaning of the Book of Job and Other Biblical Studies.* Essays on the Literature and Religion of the Hebrew Bible (Ktav, New York, Institute for Jewish Studies, 1980), viii-216 pp.
a14628	3	GNUSE, R., «A Reconsideration of the Form-Critical Structure in 1 Samuel 3: An Ancient Near Eastern Dream Theophany», ZAW 94 (1982) 379-390.
a14629	3,9-10	PANIMOLLE, S.A., «Parla, Signore, perché il tuo servo ascolta!» dans *Parola, spirito e vita* 1 (1980) 42-58.
a14630	3,15	JANZEN, J.G., «Samuel opened the doors of the house of Yahweh (1 Samuel 3.15)», JSOT no 26 (1983) 89-96.
a14631	3,19	CLAASSEN, W.T., «1 Sam 3:19 - a Case of Context and Semantics», JNWSemL 8 (1980) 1-9.
a14632	4-6	CAMPBELL, A.F., *The Ark Narrative (1 Sam. 4-6; 2 Sam. 6).* A Form-critical and Traditio-historical Study (SBL Dissertation Series, 16) (Missoula, Montana, Scholars Press, 1975), viii-282 pp.
a14633		CAMPBELL, A.F., «Yahweh and the Ark: A Case Study in Narrative», JBL 98 (1979) 31-43.
a14634	5-6	WILKINSON, J., «The Philistine Epidemic of 1 Samuel 5 and 6», ExpTim 88 (1977) 137-141.
a14635		GEYER, J.B., «Mice and rites in 1 Samuel v-vi», VT 31 (1981) 293-304.
a14636		MARGALITH, O., «The meaning of 'plym in 1 Samuel v-vi», VT 33 (1983) 339-341.
a14637	6,19	ALTHANN, R., «Consonantal ym: Ending or Noun in Isa 3,13; Jer 17,16; 1 Sam 6,19», Bibl 63 (1982) 560-565.
a14638	7	WEIMAR, P., «Die Jahwekriegserzählungen in Exodus 14, Josua 10, Richter 4 und 1 Samuel 7», Bibl 57 (1976) 38-73.
a14639	7,6	DELCOR, M., «Rites pour l'obtention de la pluie à Jérusalem et dans le Proche-Orient», RHR 178 (1970) 117-132.
a14640	8-12	WILDBERGER, H., «Samuel und die Entstehung des israelitischen Königtums», TZ 13 (1957) 442-469, dans *Jahwe und sein Volk* (1979), 28-55.
a14641		METTINGER, T.N.D., *King and Messiah*, «The Traditions Concerning Saul's Kingship (1 S ch. 8-12)» (1976), 80-98.
a14642		CRÜSEMANN, F., *Der Widerstand gegen das Königtum.* Die antiköniglichen Texte des Alten Testaments und der Kampf um den frühen israelitischen Staat (WMANT 49) (Neukirchen-Vluyn, Neukirchener Verlag, 1978), iv-257 pp.
a14643		MAYES, A.D.H., «The Rise of the Israelite Monarchy», ZAW 90 (1978) 1-19.
a14644		ESLINGER, L., «Viewpoints and Points of View in 1 Samuel 8-12», JSOT no 26 (1983) 61-76.
a14645	8,7-8	HARRIS, S.L., «1 Samuel viii 7-8», VT 31 (1981) 79-80.
a14646	8,16	DE BOER, P.A.H., «1 Samuel 8, verse 16b», dans *Travels in the World of the Old Testament* (en collab.) (1974), 27-29.

a14647 9-31   LEE HUMPHREYS, W., «The Tragedy of King Saul: A Study of the
                    Structure of 1 Samuel 9-31», JSOT no 6 (1978) 18-27.

a14648 9-11   FRITZ, V., «Die Deutungen des Königtums Sauls in den
                    Überlieferungen von seiner Entstehung 1 Sam 9-11», ZAW 88 (1976)
                    346-362.

a14649 9,1-10,16   METTINGER, T.N.D., King and Messiah, «Saul's Anoiting as Nagid
                    (1 S 9,1-10,16)» (1976), 64-79.

a14650   WEISMAN, Z., «Anointing as a Motif in the Making of the Charismatic
                    King», Bibl 57 (1976) 378-398.

a14651 9,7   PAUL, S.M., «1 Samuel 9,7: An Interview Fee», Bibl 59 (1978) 542-544.

a14652   XELLA, P., «Fenicio mšr (Tabnit, 5) ed ebraico tšwrh (1 Samuele 9:7)»,
                    UF 14 (1982) 295-302.

a14653 9,9   CURTIS, J.B., «A folk etymology of nābî'», VT 29 (1979) 491-493.

a14654 9,26-10,16 CRIM, K.R., «Old Testament Translations and Interpretation», Interpr
                    32 (1978) 144-157.

a14655 10,22   ALBREKTSON, B., «Some Observations on Two Oracular Passages in
                    1 Sam», ASTI 11 (1978) 1-10.

a14656 10,25   BEN-BARAK, Z., «The Mizpah Covenant (1 Sam 10,25) - The Source
                    of the Israelite Monarchic Covenant», ZAW 91 (1979) 30-43.

a14657 11,8   WELTEN, P., «Bezeq», ZDPV 81 (1965) 138-165.

a14658 12   BEUKEN, W.A.M., «Twee visies op de laatste Rechter; opmerkingen bij
                    1 Sam. 12 - Two interpretations of the Last Judge; Some Remarks on
                    1 Samuel 12», Bijdr. 37 (1976) 350-360 (English summary).

a14659   McCARTHY, D.J., Treaty and Covenant (new edition), «1 Sam 12»
                    (1978), 206-221.

a14660 12,12   LYS, D., «Du Texte au sermon (7): 'Qui est notre président?'
                    1. Sam 12/12», ETR 45 (1970) 3-23.

a14661 12,15   CELADA, B., «La mano de Yavé pesará sobre vosotros y sobre vuestros
                    padres. 1 Sam 12:15, sin corrección ni tergiversación de sentido», CuBi
                    33 (1976) 143-145.

a14662   WEISS, R., «La main du Seigneur sera contre vous et contre vos pères
                    (I Samuel, XII,15)», RB 83 (1976) 51-54.

a14663 13-31   JOBLING, D., The Sense of Biblical Narrative, «Jonathan: A Structural
                    Study in 1 Samuel» (1978), 4-25.

a14664 13,1   ALTHANN, R., «1 Sam 13,1: A Poetic Couplet», Bibl 62 (1981)
                    241-246.

a14665 13,6   BARTHÉLEMY, D., «Critique textuelle ou lexicographie comparée à
                    propos de Ḥᴬwaḥîm», dans Mélanges bibliques et orientaux en l'honneur
                    de M. Henri Cazelles (en collab.) (1981), 33-40.

a14666 14   MADL, H., Literarkritische und Formanalytische Untersuchungen zu
                    1 Sam. 14 (Bonn, Rheinische Friedrich-Wilhelms-Universität, 1974),
                    672 pp.

a14667 14,1-46   JOBLING, D., «Saul's Fall and Jonathan's Rise: Tradition and
                    Redaction in 1 Sam 14:1-46», JBL 95 (1976) 367-376.

a14668 14,32   REIDER, J., «Contributions to the Scriptural Text», HUCA 24
                    (1952-53) 85-106.

a14669 14,41   ALBREKTSON, B., «Some Observations on Two Oracular Passages in
                    1 Sam», ASTI 11 (1978) 1-10.

*a*14670 15-31   LEMCHE, N.P., «David's Rise», JSOT n⁰ 10 (1978) 2-25 (1 Sam 15 - 2 Sam 5).

*a*14671 15   STERNBERG, M., «The Bible's Art of Persuasion: Ideology, Rhetoric, and Poetics in Saul's Fall», HUCA 54 (1983) 45-82.

*a*14672 15,22-23 TOSATO, A., «La colpa di Saul (1 Sam 15,22-23)», Bibl 59 (1978) 251-259.

*a*14673 16-17   NORTH, R., «David's Rise: Sacral, Military, or Psychiatric?» Bibl 63 (1982) 524-544.

*a*14674 16   ROSE, A.S., «The 'Principles' of Divine Election. Wisdom in 1 Samuel, 16», dans *Rhetorical Criticism* (en collab.) (1974), 43-67.

*a*14675   VILAR HUESO, V., «El santuario de Belén en los tiempos de los Jueces y Samuel», Salm 28 (1981) 97-102.

*a*14676 16,1-13 WEISMAN, Z., «Anointing as a Motif in the Making of the Charismatic King», Bibl 57 (1976) 378-398.

*a*14677 16,7   FONTAINE, C.R., *Traditional Sayings in the Old Testament* (Sheffield, The Almond Press, 1982), «1 Samuel 16:7», 95-108.

*a*14678 16,14-31,13 McCARTER, P.K., Jr., «The Apology of David», JBL 99 (1980) 489-504.

*a*14679 17-18   LUST, J., «The Story of David and Goliath in Hebrew and in Greek», ETL 59 (1983) 5-25.

*a*14680 17,1-18,8 RINALDI, G., «Golia e David», BibOr 8 (1966) 11-29.

*a*14681 17   DE BOER, P.A.H., «1 Samuel XVII. Notes on the text and the ancient versions», OTS 1 (1942) 79-104.

*a*14682   JASON, H., «The Story of David and Goliath: A Folk Epic?» Bibl 60 (1979) 36-70.

*a*14683   LUST, J., «The Story of David and Goliath in Hebrew and in Greek», ETL 59 (1983) 5-25.

*a*14684 17,5-7   YADIN, Y., «Goliath's Javelin and the *mwnr 'rgym*», PEQ 87 (1955) 58-69.

*a*14685   YADIN, Y., «Goliath's Javelin and the 'Menor Orgim'», ErIs 4 (1956) 68-73 (English summary).

*a*14686 17,49   DEEM, A., «'... and the stone sank into his forehead'. A note on 1 Samuel xvii 49», VT 28 (1978) 349-351.

*a*14687 17,53   SKEHAN, P.W., «Turning or Burning? 1 Sam 17:53 LXX», CBQ 38 (1976) 193-195.

*a*14688 18,7   KRINETZKI, G., «Prahlerei und Sieg im Alten Israel (Gen 4,23f; Ri 15,16; 16,23f; 1 Sam 18,7 par)», BZ 20 (1976) 45-58.

*a*14689 18,21   PHILLIPS, A., «Another example of family law», VT 30 (1980) 240-245.

*a*14690 20,12-16 WÉNIN, A., «Le discours de Jonathan à David (1 S 20,12-16) et autres notes (2,20; 9,24; 15,9)», Bibl 64 (1983) 1-19.

*a*14691 20,19   GUILLAUME, A., «*mᵉ'ôr* in I Samuel XX,19», PEQ 86 (1954) 83-86.

*a*14692 20,25   MASTIN, B.A., «Jonathan at the feast - a note on the text of 1 Samuel xx 25», dans *Studies in the Historical Books of the Old Testament* (en collab.) (1979), 113-124.

*a*14693 21,11-15 CRÜSEMANN, F., «Zwei alttestamentliche Witze. I Sam 21,11-15 und II Sam 6,20-23 als Beispiele einer biblischen Gattung», ZAW 91 (1980) 215-227.

*a*14694 23,13   SOGGIN, J.A., *Old Testament and Oriental Studies* (1975), «*Wayyithallᵉku ba'ašer yithallākû*, 1 Samuel 23,13a» (1972), 235-236.

a14695 24,14   FONTAINE, C.R., *Traditional Sayings in the Old Testament* (Sheffield, The Almond Press, 1982), «1 Samuel 24:14(13)», 109-127.

a14696 25   LEVENSON, J.D., «1 Samuel 25 as Literature and as History», CBQ 40 (1978) 11-28.

a14697   LEVENSON, J.D., HALPERN, B., «The Political Import of David's Marriages», JBL 99 (1980) 507-518.

a14698   WRIGHT, G.R.H., «Dumuzi at the court of David», Numen 28 (1981) 54-63.

a14699 26,8   NIEHAUS, J., «*pa'am 'ehāt* and the Israelite conquest», VT 30 (1980) 236-239.

a14700 28-31   BAR-DEROMA, H., «Ye Mountains of Gilboa», PEQ 102 (1970) 116-136.

a14701   KOIZUMI, T., «On the Battle of Gilboa», AJBI 2 (1976) 61-78.

a14702 28   BEUKEN, W.A.M., «I Samuel 28: The Prophet as 'Hammer of Witches'», JSOT no 6 (1978) 3-17.

Deuxième livre. Book Two. Zweites Buch. Secondo libro. Segundo libro.

a14703 1,1-5,10 McCARTER, P.K., Jr., «The Apology of David», JBL 99 (1980) 489-504.

a14704 1,1-16   MABEE, C., «David's Judicial Exoneration», ZAW 92 (1980) 89-107.

a14705   FOKKELMAN, J.P., «A Lie, Born of Truth, Too Weak to Contain it. A Structural Reading of 2 Sam. i. 1-16», OTS 23 (1982) 39-55.

a14706 1,17-2,16 JENNINGS, J.E., «Interpreting the Historical Books. II Samuel 1:17-21; 2:1-4,12-16», dans *The Literature and Meaning of Scripture* (en collab.) (1981), 39-61.

a14707 1,19-27   SHEA, W.H., «David's Lament», BASOR no 221 (1976) 141-144.

a14708 1,21   FENTON, T.L., «Ugaritica - Biblica», UF 1 (1969) 65-70.

a14709   MILLARD, A.R., «Saul's Shield Not Anointed With Oil», BASOR no 230 (1978) 70.

a14710   FENTON, T.L., «Comparative evidence in textual study: M. Dahood on 2 Sam. i 21 and CTA 19 (1 Aqht), I,44-45», VT 29 (1979) 162-170.

a14711   FOKKELMAN, J.P., «*šry trwmt* in II Sam 1 21a - a non-existent crux», ZAW 91 (1979) 290-292.

a14712 1,22   COUROYER, B., «L'arc de Jonathan jamais ne recula (2 Sm 1,22)», Salm 28 (1981) 103-116.

a14713   COUROYER, B., «Note sur II Sam., I,22 et Is., LV,10-11», RB 88 (1981) 505-514.

a14714 2-4   GUNN, D.M., «David and the Gift of the Kingdom (2 Sam 2-4, 9-20, 1 Kgs 1-2)», Semeia no 3 (1975) 14-45.

a14715 2,4-4,12 VANDERKAM, J.C., «Davidic Complicity in the Deaths of Abner and Eshbaal: A Historical and Redactional Study», JBL 99 (1980) 521-539.

a14716 2,4   KUTSCH, E., «Wie David König wurde. Beobachtungen zu 2. Sam 2,4a und 5,3», dans *Textgemäss* (en collab.) (1979), 75-93.

a14717 2,24   DRIVER, G.R., «Geographical Problems», ErIs 5 (1958) 16*-20*.

a14718 3,14-16   BEN-BARAK, Z., «The legal background to the restoration of Michal to David», dans *Studies in the Historical Books of the Old Testament* (en collab.) (1979), 15-29.

a14719 3,34   DAHOOD, M., MAGNANTE, A., PROVERA, L., «Instrumental *lamedh* in II Samuel 3,34», Bibl 61 (1980) 261.

*a*14720 4,5-12   MABEE, C., «David's Judicial Exoneration», ZAW 92 (1980) 89-107.

*a*14721 4,11   PAUL, S.M., «Unrecognized Biblical Legal Idioms in the Light of Comparative Akkadian Expressions», RB 86 (1979) 231-239.

*a*14722 5,1-3   GONZALEZ NUÑEZ, A., «David, rey de Israel», dans *Miscelánea Manuel Cuervo Lopez* (en collab.) (1970), 17-26.

*a*14723   GONZALEZ NUÑEZ, A., «David, rey de Israel. El relato de II Sm 5,1-3», CuBi 30 (1973) 150-159.

*a*14724 5,3   KUTSCH, E., «Wie David König wurde. Beobachtungen zu 2. Sam 2,4a und 5,3», dans *Textgemäss* (en collab.) (1979), 75-93.

*a*14725 5,6-8   STOEBE, H.J., «Die Einnahme Jerusalems und der Ṣinnôr», ZDPV 73 (1957) 73-99.

*a*14726 5,8   BRUNET, G., «David et le ṣinnôr», dans *Studies in the Historical Books of the Old Testament* (en collab.) (1979), 73-86.

*a*14727   LOFFREDA, S., «Ancora sul ṣinnôr di 2 Sam 5,8», StBiFranc 32 (1982) 59-72.

*a*14728 5,6-8   BRUNET, G., «Les aveugles et boiteux jébusites», dans *Studies in the Historical Books of the Old Testament* (en collab.) (1979), 65-72.

*a*14729 5,17-25   TIDWELL, N.L., «The Philistine incursions into the Valley of Rephaim», dans *Studies in the Historical Books of the Old Testament* (en collab.) (1979), 190-212.

*a*14730 6-20   JACKSON, J.J., «David's Throne: Patterns in the Succession Story», CanJT 11 (1965) 183-195.

*a*14731 6-7   VISCHER, W., «La prophétie d'Emmanuel et la fête royale de Sion», ETR 29, nᵒ 3 (1954) 55-97.

*a*14732 6   CAMPBELL, A.F., *The Ark Narrative (1 Sam. 4-6; 2 Sam. 6)*. A Form-critical and Traditio-historical Study (SBL Dissertation Series, 16) (Missoula, Montana, SBL and Scholars' Press, 1975), viii-282 pp.

*a*14733   LOHFINK, N., «Ritus und Selbstpreisgabe - Meditation über den tanzenden David (2 Sam 6)», BiKi 30 (1976) 73-74.

*a*14734   ULRICH, E.C., Jr., *The Qumran Text of Samuel and Josephus* (Harvard Semitic Monographs, 19) (Missoula, Montana, Scholars Press, 1978), xiv-278 pp.

*a*14735   DE TARRAGON, J.-M., «David et l'arche : II Samuel, VI», RB 86 (1979) 514-523.

*a*14736 6,13   WEISS, R., «Textual Notes», Textus 6 (1968) 127-131.

*a*14737 6,16-23   POULSSEN, N., «De Mikalscène, 2 Sam. 6,16.20-23», Bijdr. 39 (1978) 32-58 (English Summary).

*a*14738 6,16   AHLSTRÖM, G.W., «*KRKR* and *TPD*», VT 28 (1978) 100-102.

*a*14739 6,20-23   CRÜSEMANN, F., «Zwei alttestamentliche Witze. I Sam 21,11-15 und II Sam 6,20-23 als Beispiele einer biblischen Gattung», ZAW 92 (1980) 215-227.

*a*14740 7   SIMON, M., «La Prophétie de Nathan et le Temple», RHPR 32 (1952) 41-58, dans SIMON, M., *Le Christianisme antique et son contexte religieux* (1981), 169-186.

*a*14741   OTA, M., «A Note on 2 Samuel 7», dans *A Light unto My Path* (en collab.) (1974), 403-407.

*a*14742   VON NORDHEIM, E., «König und Tempel. Der Hintergrund des Tempelverbotes in 2 Samuel vii», VT 27 (1977) 434-453.

*a*14743   LEVENSON, J.D., «The Davidic Covenant and Its Modern Interpreters», CBQ 41 (1979) 205-219.

*a*14744   TSEVAT, M., *The Meaning of the Book of Job and Other Biblical Studies*. Essays on the Literature and Religion of the Hebrew Bible (Ktav, New York, Institute for Jewish Studies, 1980), viii-216 pp.

*a*14745   KUMAKI, F.K., «The Deuteronomistic Theology of the Temple - as crystallized in 2 Sam 7, 1 Kgs 8», AJBI 7 (1981) 16-52.

*a*14746   7,1-29   GARCIA TRAPIELLO, J., «La profecía de Natán», CuBi 26 (1969) 3-42.

*a*14747   METTINGER, T.N.D., *King and Messiah*, «The Prophecy of Nathan (2 S 7,1-29)», 48-63; «Divine Sonship and the Davidic Covenant» (1976), 254-293.

*a*14748   7,1-16   LEIDER, H., «Bemerkungen zur neuen Einheitsübersetzung. Die Natanprophetie 2 Sam 7,1-16», TQ 156 (1976) 312-315.

*a*14749   MALAMAT, A., «A Mari prophecy and Nathan's dynastic Oracle», dans *Prophecy. Essays presented to Georg Fohrer* (en collab.) (1980), 68-82.

*a*14750   CAQUOT, A., «Brève explication de la prophétie de Natan (2 Sam 7,1-17)», dans *Mélanges bibliques et orientaux en l'honneur de M. Henri Cazelles* (en collab.) (1981), 51-69.

*a*14751   COPPENS, J., «La prophétie de Nathan. Sa portée dynastique», dans *Von Kanaan bis Kerala* (en collab.) (1982), 91-100.

*a*14752   7,7   BEGG, C., «The Reading *šbty(km)* in Deut 29,9 and 2 Sam 7,7», ETL 58 (1982) 87-105.

*a*14753   7,12-16   O'TOOLE, R.F., «Acts 2:30 and the Davidic Covenant of Pentecost», JBL 102 (1983) 245-258.

*a*14754   8,1   DRIVER, G.R., «Geographical Problems», ErIs 5 (1958) 16*-20*.

*a*14755   8,8   DAHOOD, M., «Philological Observations on Five Biblical Texts», Bibl 63 (1982) 390-394.

*a*14756   8,18   ARMERDING, C.E., «Were David's Sons Really Priests?» dans *Current Issues in Biblical and Patristic Interpretation* (en collab.) (1975), 75-86.

*a*14757   9-20   GUNN, D.M., «David and the Gift of the Kingdom (2 Sam 2-4, 9-20, 1 Kgs 1-2)», Semeia nº 3 (1975) 14-45.

*a*14758   GUNN, D.M., «Traditional composition in the 'Succession Narrative'», VT 26 (1976) 214-229.

*a*14759   KEGLER, J., *Politisches Geschehen und theologisches Verstehen*. Zum Geschichtsverständnis in der frühen israelitischen Königszeit (Calwer Theologische Monographien, A/8) (Stuttgart, Calwer, 1977), 407 pp.

*a*14760   HAGAN, H., «Deception as Motif and Theme in 2 Sm 9-20; 1 Kgs 1-2», Bibl 60 (1979) 301-326.

*a*14761   ACKROYD, P.R., «The Succession Narrative (so-called)», Interpr 35 (1981) 383-396.

*a*14762   COATS, G.W., «Parable, Fable, and Anecdote. Storytelling in the Succession Narrative», Interpr 35 (1981) 368-382.

*a*14763   FOKKELMAN, J.P., *Narrative Art and Poetry in the Books of Samuel*. A Full Interpretation based on Stylistic and Structural Analyses. Vol. I: King David (II Sam. 9-20 & I Kings 1-2) (Studia Semitica Neerlandica, 20) (Assen, Van Gorcum, 1981), xii-518 pp.

*a*14764   LANGLAMET, F., «Affinités sacerdotales, deutéronomiques, élohistes
                   dans l'Histoire de la succession (2 S 9-20; 1 R 1-2)», dans *Mélanges
                   bibliques et orientaux en l'honneur de M. Henri Cazelles* (en collab.)
                   (1981), 233-246.

*a*14765   WHARTON, J.A., «A Plausible Tale, Story and Theology in
                   II Samuel 9-20, I Kings 1-2», Interpr 35 (1981) 341-354.

*a*14766   CONRAD, J., «Der Gegenstand und die Intention der Geschichte von
                   der Thronfolge Davids», TLZ 198 (1983) 161-176.

*a*14767   9   LANGLAMET, F., «David et la maison de Saül», RB 86 (1979) 194-213,
                   385-436; 87 (1980) 161-210.

*a*14768   BEN-BARAK, Z., «Meribaal and the System of Land Grants in Ancient
                   Israel», Bibl 62 (1981) 73-91.

*a*14769   9,11   JANSMA, T., «Enkele opmerkingen over 2 Sam. IX,11b», dans *Travels
                   in the World of the Old Testament* (en collab.) (1974), 119-131.

*a*14770   10-20 BAR-EFRAT, S., «Literary Modes and Methods in the Biblical
                   Narrative», Immanuel 8 (1978) 19-31.

*a*14771   10-12 ROTH, W., «You are the Man! Structural Interaction in
                   2 Samuel 10-12», Semeia 8 (1977) 1-13.

*a*14772   STOEBE, H.J., «David und der Ammoniterkrieg», ZDPV 93 (1977)
                   236-246.

*a*14773   11   GARSIEL, M., «A Review of Recent Interpretation of the Story of
                   David and Bathsheba, II Samuel 11», Immanuel 2 (1973) 18-20.

*a*14774   MISCALL, P.D., «Literary Unity in Old Testament Narrative», Semeia
                   15 (1979) 27-44.

*a*14775   POLZIN, R., «Literary Unity in Old Testament Narrative: A Response»,
                   Semeia 15 (1979) 45-50.

*a*14776   YADIN, Y., «Some Aspects of the Strategy of Ahab and David (1 K 20;
                   2 Sam 11)», Bibl 36 (1955) 332-351.

*a*14777   11,1   GORDON, R.P., «Aleph Apologeticum», JQR 69 (1978) 112-116.

*a*14778   11,2-12,25 CODY, A., «Sin and Its Sequel in the Story of David and Bathsheba»,
                   dans *Sin, Salvation, and the Spirit* (en collab.) (1979), 115-126.

*a*14779   11,2-27 AUGUSTIN, M., «Die Inbesitznahme der schönen Frau aus der
                   unterschiedlichen Sicht der Schwachen und der Mächtigen. Ein
                   kritischer Vergleich von Gen 12,10-20 und 2 Sam 11,2-27a», BZ 27
                   (1983) 145-154.

*a*14780   11,4   KRAUSE, M., «II Sam 11 4 und das Konzeptionsoptimum», ZAW 95
                   (1983) 434-437.

*a*14781   12   GERLEMAN, G., «Schuld und Sühne. Erwägungen zu 2. Samuel 12»,
                   dans *Beiträge zur Alttestamentlichen Theologie* (en collab.) (1977),
                   132-139.

*a*14782   VON LÖWENCLAU, I., «Der Prophet Nathan im Zwielicht von
                   theologischer Deutung und Historie», dans *Werden und Wirken des
                   Alten Testaments* (en collab.) (1980), 202-215.

*a*14783   12,1-25 DAUBE, D., «Nathan's Parable», NT 2 (1982) 275-288.

*a*14784   12,1-15 ALTPETER, G., «II Sam 12,1-15a. Eine strukturalistische Analyse», TZ
                   38 (1982) 46-52.

*a*14785   12,1-6 COXON, P.W., «A Note on 'Bathsheba' in 2 Samuel 12,1-6», Bibl 62
                   (1981) 247-250.

a14786 12,14   CASALINI, N., «2 Sam 12,14: problema letterario e critica del testo», StBiFranc 33 (1983) 57-74.

a14787 13-20   CONROY, C., *Absalom Absalom!* Narrative and Language in 2 Sam. 13-20 (Analecta Biblica, 81) (Rome, Biblical Institute Press, 1978), xiv-191 pp.

a14788 13-14   LONG, B.O., «Wounded Beginnings: David and Two Sons», dans *Images of Man and God* (1981) (en collab.), 26-34.

a14789 13   WRIGHT, G.R.H., «Dumuzi at the court of David», Numen 28 (1981) 54-63.

a14790 13,1-22   RIDOUT, G., «The Rape of Tamar», dans *Rhetorical Criticism* (en collab.) (1974), 75-84.

a14791 14-15   ULRICH, E.C., «4Qsamᶜ: A Fragmentary Manuscript of 2 Samuel 14-15 from the Scribe of the *Serek Hay-yaḥad* (1QS)», BASOR no 235 (1979) 1-25.

a14792 14   ALONSO SCHÖKEL, L., «David y la mujer de Tecua: 2 Sm 14 como modelo hermenéutico», Bibl 57 (1976) 192-205.

a14793   CAMP, C.V., «The Wise Women of 2 Samuel: A Role Model for Women in Early Israel», CBQ 43 (1981) 14-29.

a14794   NICOL, G.G., «The Wisdom of Joab and the Wise Woman of Tekoa», ST 36 (1982) 97-104.

a14795 14,2-22   BICKERT, R., «Die List Joabs und der Sinneswandel Davids», dans *Studies in the Historical Books of the Old Testament* (en collab.) (1979), 30-51.

a14796 15-20   GUNN, D.M., «From Jerusalem to the Jordan and back: symmetry in 2 Samuel xv-xx», VT 30 (1980) 109-113.

a14797 15,24   HOFTIJZER, J., «Een opmerking bij II Sam. 15:24 (*wayyaṣṣīqū*)», dans *Travels in the World of the Old Testament* (en collab.) (1974), 91-93.

a14798 15,34-36 TREBOLLE, J., «Espías contra consejeros en la revuelta de Absalón (II Sam., XV,34-36)», RB 86 (1979) 524-543.

a14799 16,1-14   LANGLAMET, F., «David et la maison de Saül», RB 86 (1979) 194-213, 385-436.

a14800 16,1-4   BEN-BARAK, Z., «Meribaal and the System of Land Grants in Ancient Israel», Bibl 62 (1981) 73-91.

a14801 16,21-22 LANGLAMET, F., «Absalom et les concubines de son père. Recherches sur II Sam., XVI,21-22», RB 84 (1977) 161-209.

a14802 19,17-31 LANGLAMET, F., «David et la maison de Saül», RB 86 (1979) 194-213, 385-436.

a14803   BEN-BARAK, Z., «Meribaal and the System of Land Grants in Ancient Israel», Bibl 62 (1981) 73-91.

a14804 20   CAMP, C.V., «The Wise Women of 2 Samuel: A Role Model for Women in Early Israel», CBQ 43 (1981) 14-29.

a14805 21,1-14   CAZELLES, H., «David's Monarchy and the Gibeonite Claim», PEQ 87 (1955) 165-175.

a14806 21,10   POULSSEN, N., «An Hour with Rispah. Some Reflections on II Sam. 21,10», dans *Von Kanaan bis Kerala* (en collab.) (1982), 185-211.

a14807 21,15-22 L'HEUREUX, C.E., «The yᵉlîdê hārāpā' - A Cultic Association of Warriors», BASOR no 221 (1976) 83-85.

*a*14808 23,1-7   HARRELSON, W., «Creative Spirit in the Old Testament: A Study of the Last Words of David (2 Sam 23:1-7)», dans *Sin, Salvation, and the Spirit* (en collab.) (1979), 127-133.

*a*14809   SHEPPARD, G.T., *Wisdom as a Hermeneutical Construct*, «The Last Words of David (2 Sam. 23:1-7)» (1980), 144-158.

*a*14810   TOURNAY, R.J., «Les 'dernières paroles de David', II Samuel XXIII,1-7», RB 88 (1981) 481-504.

*a*14811 23,7   SEN, F., «Más textos que reciben luz de Qumrán: Jr 10:13 y 2 Sm 23:7», CuBi 31 (1974) 100-101.

*a*14812 23,20-23   ZERON, A., «Der Platz Benajahus in der Heldenliste Davids (II Sam 23,20-23)», ZAW 90 (1978) 20-28.

*a*14813 23,27   ZERON, A., «The Seal of 'M-B-N' and the List of David's Heroes», Tel Aviv 6 (1979) 156-157.

*a*14814 24   SCHENKER, A., *Der Mächtige im Schmelzofen des Mitleids*. Eine Interpretation von 2 Sam 24 (Orbis Biblicus et Orientalis, 42) (Freiburg, Universitätsverlag; Göttingen, Vandenhoeck & Ruprecht, 1982), iv-84 pp.

5. Rois. Kings. Könige. Re. Reyes.

a) *Introduction. Einleitung. Introduzione. Introducción.*

*a*14815 STORR, R., «Die Bücher der Könige», BiLit 9 (1934-35) 400-402.

*a*14816 BOLSINGER, G., «Die Entwirrung», BiKi 12 (1957) 71-77.

*a*14817 BIČ, M., «Davids Kriegsfürung und Salomos Bautätigkeit», dans *Travels in the World of the Old Testament* (en collab.) (1974), 1-11.

*a*14818 GUNN, D.M., *The Story of King David*. Genre and interpretation (JSOT Supplement Series, 6) (Sheffield, The University of Sheffield, 1978), 164 pp.

*a*14819 TADMOR, H., COGAN, M., «Ahaz and Tiglath-Pileser in the Book of Kings: Historiographic Considerations», Bibl 60 (1979) 491-508.

*a*14820 BUIS, P., «Rois (Livres des)», SDB 10 (1982) col. 695-740.

*a*14821 GIBERT, P., «Les livres de Samuel et des Rois. De la légende à l'histoire», CE (n.s.) n⁰ 44 (1983) 64 pp.

b) *Commentaires. Commentaries. Kommentare. Commenti. Comentarios.*

*a*14822 ROBINSON, J., *The First Book of Kings* (The Cambridge Bible Commentary on the New English Bible) (Cambridge, Cambridge University Press, 1972) xi-259 pp.

*a*14823 ROBINSON, J., *The Second Book of Kings* (The Cambridge Bible Commentary) (Cambridge, Cambridge University Press, 1976), 256 pp.

*a*14824 REHM, M., *Das erste Buch der Könige*. Ein Kommentar (Würzburg, Echter Verlag, 1979), 226 pp.

*a*14825 REHM, M., *Das zweite Buch der Könige: Ein Kommentar* (Würzburg, Echter Verlag, 1982), 274 pp.

*a*14826 CHOURAQUI, A., *L'univers de la Bible*, III (1983), «I Rois, *Rois I*», 379-484; «II Rois, *Rois II*», 485-566.

*a*14827 WURTHWEIN, E., *Die Bücher der Könige*. 1. Kön 17 - 2. Kön. 25. Übersetzt und erklärt (ATD 11,2) (Göttingen, Vandenhoeck & Ruprecht, 1984), xvi-517 pp.

c) *Critique textuelle. Textual Criticism. Textkritik. Critica testuale. Crítica textual.*

a14828   GOODING, D.W., «Problems of Text and Midrash in the Third Book of Reigns», Textus 7 (1969) 1-29.

a14829   BROWNE, G.M., PAPINI, L., «Frammenti in copto dei Libri dei Re», Or. 51 (1982) 183-203.

a14830   GREEN, A.R., «Regnal Formulas in the Hebrew and Greek Texts of the Books of Kings», JNES 42 (1983) 167-180.

d) *Critique littéraire. Literary Criticism. Literarkritik. Critica letteraria. Crítica literaria.*

a14831   GOODING, D.W., «Problems of Text and Midrash in the Third Book of Reigns», Textus 7 (1969) 1-29.

a14832   DIETRICH, W., *Prophetie und Geschichte.* Eine redaktionsgeschichtliche Untersuchung zum deuteronomistischen Geschichtswerk (Göttingen, Vandenhoeck & Ruprecht, 1972), 158 pp.

a14833   FOHRER, G., *Prophetenerzählungen* (Die Propheten des A.T., VII) (1977), «Einzelüberlieferungen in den Königsbüchern», 10-35 (1 Kön 11,29-39; 14,1-18; 12,21-24; 11,2-4; 13,1-32; 16,1-4.7; 20; 20,13-14.22.28.35-43; 22.1-28).

a14834   CORTESE, E., «Problemi attuali circa l'opera deuteronomistica», RivB 26 (1978) 341-352.

a14835   NELSON, R.D., *The Double Redaction of the Deuteronomistic History* (JSOT Supplement Series, 18) (Sheffield, JSOT Press, 1981), 185 pp.

a14836   GREEN, A.R., «Regnal Formulas in the Hebrew and Greek Texts of the Books of Kings», JNES 42 (1983) 167-180.

e) *Textes. Texts. Texte. Testi. Textos.*

Premier livre. Book One. Erstes Buch. Primo libro. Primer libro.

a14837   1-16   WÜRTHWEIN, E., *Das Erste Buch der Könige.* Kapitel 1-16 (ATD 11,1) (Göttingen, Vandenhoeck & Ruprecht, 1977), 204 pp.

a14838   1-2   GUNN, D.M., «David and the Gift of the Kingdom (2 Sam 2-4, 9-20, 1 Kgs 1-2)», Semeia nº 3 (1975) 14-45.

a14839   GUNN, D.M. «Traditional composition in the 'Succession Narrative'», VT 26 (1976) 214-229.

a14840   LANGLAMET, F., «Pour ou contre Salomon? La rédaction prosalomonienne de I Rois, I-II», RB 83 (1976) 321-379, 481-528.

a14841   BAR-EFRAT, S., «Literary Modes and Methods in the Biblical Narrative», Immanuel 8 (1978) 19-31.

a14842   HAGAN, H., «Deception as Motif and Theme in 2 Sm 9-20; 1 Kgs 1-2», Bibl 60 (1979) 301-326.

a14843   ACKROYD, P.R., «The Succession Narrative (so-called)», Interpr 35 (1981) 383-396.

a14844   COATS, G.W., «Parable, Fable, and Anecdote. Storytelling in the Succession Narrative», Interpr 35 (1981) 368-382.

a14845   FOKKELMAN, J.P., *Narrative Art and Poetry in the Books of Samuel.* A Full Interpretation based on Stylistic and Structural Analyses. Vol. I: King David (II Sam. 9-20 & I Kings 1-2) (Studia Semitica Neerlandica, 20) (Assen, Van Gorcum, 1981), xii-518 pp.

a14846			LANGLAMENT, F., «Affinités sacerdotales, deutéronomiques, élohistes dans l'Histoire de la succession (2 S 9-20; 1 R 1-2)», dans *Mélanges bibliques et orientaux en l'honneur de M. Henri Cazelles* (en collab.) (1981), 233-246.

a14847			McCARTER, P.K., «'Plots, True of False'. The Succession Narrative as Court Apologetic», Interpr 35 (1981) 355-367.

a14848			WHARTON, J.A., «A Plausible Tale, Story and Theology in II Samuel 9-20, I Kings 1-2», Interpr 35 (1981) 341-354.

a14849	1		BALL, E., «The co-regency of David and Solomon (1 Kings 1)», VT 27 (1977) 268-279.

a14850	1,1-53		LONG, B.O., «A Darkness Between Brothers: Solomon and Adonijah», JSOT no 19 (1981) 79-94.

a14851	1,11-22		SASSON, V., «An Unrecognized Juridical Term in the Yabneh-Yam Lawsuit and in an Unnoticed Biblical Parallel», BASOR no 232 (1979) 57-63.

a14852	1,32-49		SAUREN, H., «L'intronisation du roi en Israël à la lumière d'une lettre de Mari (ARM X,5)», OLoP 2 (1971) 5-12.

a14853	2		TREBOLLE, J., «Testamento y muerte de David. Estudio de historia de la Recensión y Redacción de I Rey., II», RB 87 (1980) 87-103.

a14854	2,5		KUBAC, V., «Blut im Gürtel und in Sandalen», VT 31 (1981) 225-226.

a14855	2,12-14		TREBOLLE, J., *Salomón y Jeroboán*. Historia de la recensión y redacción de 1 Reyes 2-12,14 (Bibliotheca Salmanticensis. Dissertationes, 3) (Salamanca, Jerusalén, Universidad Pontificia, Instituto Español Bíblico y Arqueológico, 1980), xlvii-524 pp.

a14856	2,35.46		GOODING, D.W., *Relics of Ancient Exegesis*. A Study of the Miscellanies in 3 Reigns 2 (The Society for Old Testament Study. Monograph Series, 4) (Cambridge, Cambridge University Press, 1976), viii-132 pp.

a14857	2,36-46		LANGLAMET, F., «David et la maison de Saül», RB 86 (1979) 194-213, 385-436.

a14858	2,46		REHM, M., «Die Beamtenliste der Septuaginta in 1 Kön 2,46h», dans *Wort, Lied und Gottesspruch*. Beiträge zur Septuaginta (en collab.) (1972), 95-101.

a14859	3,4-15		BREKELMANS, C.H.W., «Solomon at Gibeon», dans *Von Kanaan bis Kerala* (en collab.) (1982), 53-59.

a14860			KENIK, H.A., *Design for Kingship*. The Deuteronomistic Narrative Technique in 1 Kings 3:4-15 (Society of Biblical Literature. Dissertation Series, 69) (Chico, CA, Scholars Press, 1983), 249 pp.

a14861	3,16-28		DUBARLE, A.-M., «Le jugement de Salomon: un coeur à l'écoute», RSPT 63 (1979) 419-427.

a14862			FOSSION, A., *Lire les Écritures*, «1er Livre des Rois, 3,16-27» (1980), 123-134.

a14863	3,27		RUPRECHT, E., «Eine vergessene Konjektur von A. Klostermann zu 1 Reg 3 27», ZAW 88 (1976) 415-418.

a14864	4,7-19		WRIGHT, G.E., «The Provinces of Solomon», ErIs 8 (1967) 58*-68*.

a14865			AHARONI, Y., «The Solomonic Districts», Tel Aviv 3 (1976) 5-15.

a14866	4,10		LEMAIRE, A., «Le 'pays de Hépher' et les 'Filles de Zelophehad' à la lumière des ostraca de Samarie», Sem. 22 (1972) 13-20.

a14867 4,16   AHLSTROM, G.W., «A Note on a Textual Problem in 1 Kgs 4:16»,
                    BASOR nº 235 (1979) 79-80.

a14868 4,25   BRUEGGEMANN, W., «'Vine and Fig Tree': A Case Study in
                    Imagination and Criticism», CBQ 43 (1981) 188-204.

a14869 5,13-17   WAINWRIGHT, J.A., «Zoser's Pyramid and Solomon's Temple»,
                    ExpTim 91 (1980) 137-140.

a14870 5,13   MULDER, M.J., «Bedeutet 'tsym in 1 Reg 5 13 'Pflanzen'?» ZAW 94
                    (1982) 410-412.

a14871 6-7   FRITZ, V., Tempel und Zelt. Studien zum Tempelbau in Israel und zu
                    dem Zeltheiligtum der Priesterschrift (WMANT 47) (Neukirchen-
                    Vluyn, Neukirchener Verlag, 1977), x-208 pp.

a14872 6   RUPRECHT, K., «Nachrichten von Erweiterung und Renovierung des
                    Tempels in 1. Könige 6», ZDPV 88 (1972) 38-52.

a14873 6,7   SCHULT, H., «Zum Bauverfahren in 1. Könige 6,7», ZDPV 88 (1972)
                    53-54.

a14874 6,20-8,37   DE LANGE, N.R.M., «Two Genizah Fragments in Hebrew and
                    Greek», dans Interpreting the Hebrew Bible (en collab.) (1982), 61-83.

a14875 6,36   THOMSON, H.C., «A Row of Cedar Beams», PEQ 92 (1960) 57-63.

a14876 7,2-3   MULDER, M.J., «Einige Bemerkungen zur Beschreibung des
                    Libanonwaldhauses in I Reg 7 2f», ZAW 88 (1976) 99-105.

a14877 7,15-51   VAN DEN BRANDEN, A., «I bruciaincenso. Jakin e Bo'az», BibOr 4
                    (1962) 47-52.

a14878 7,15-22   YEIVIN, S., «Jachin and Boaz», ErIs 5 (1958) 97-104 (English
                    summary).

a14879 8   LEVENSON, J.D., «From Temple to Synagogue: 1 Kings 8», dans
                    Traditions in Transformation (en collab.) (1981), 143-166.

a14880   KUMAKI, F.K., «The Deuteronomistic Theology of the Temple - as
                    crystallized in 2 Sam 7 - 1 Kgs 8», AJBI 7 (1981) 16-52.

a14881 8,12-13   GÖRG, M., «Die Gattung des sogenannten Tempelweihespruchs
                    (1 Kg 8,12f.)», UF 6 (1974) 55-63.

a14882   LORETZ, O., «Der Torso eines kanaanäisch-israelitischen
                    Tempelweihespruches in 1 Kg 8,12-13», UF 6 (1974) 478-480.

a14883 8,46-48   LEVENSON, J.D., «The Paronomasia of Solomon's Seventh Petition»,
                    HebAnR 6 (1982) 135-138.

a14884 9,16   GREEN, A.R., «Solomon and Siamun: A Synchronism Between
                    Dynastic Israel and the Twenty-First Dynasty of Egypt», JBL 97 (1978)
                    353-367.

a14885 10,1-13   PEROWNE, S., «Note on 1 Kings X.1-13, and Two Notes on the Books
                    of Job», PEQ 71 (1939) 199-203.

a14886 10,7-13   CHASTEL, A., «La légende de la Reine de Saba», RHR 119 (1939)
                    204-225; 120 (1939) 27-44, 160-174.

a14887 10,18-20   CANCIANI, F., PETTINATO, G., «Salomos Thron, philologische und
                    archäologische Erwägungen», ZDPV 81 (1965) 88-108.

a14888 11,14-22   BARTLETT, J.R., «An Adversary against Solomon, Hadad the
                    Edomite», ZAW 88 (1976) 205-226.

a14889 11,26-14,20 VOGELS, W., «Les prophètes et la division du royaume», SR 8 (1979)
                    15-26.

a14890 11,29-40   WEIPPERT, H., «Die Ätiologie der Nordreiches und seines
                    Königshauses (1 Reg 11 29-40)», ZAW 95 (1983) 344-375.

a14891 11,29-39   SEEBASS, H., «Zur Teilung der Herrschaft Salomos nach
                    I Reg 11 29-39», ZAW 88 (1976) 363-376.
a14892 12-14   NORTH, R., «Jeroboam's Tragic Social-Justice Epic», dans *Homenaje
                    a Juan Prado* (en collab.) (1975), 191-214.
a14893 12,2-3   TREBOLLE, J., «Jeroboán y la Asamblea de Siquén (1 Rey. TM 12,2-3;
                    LXX 11,43; 12,24 d.f.p.)», EstB 38 (1979-80) 189-220.
a14894 12,7   WEINFELD, M., «The Counsel of the 'Elders' to Rehoboam and its
                    Implications», Maarav 3, n° 1 (1982) 27-53.
a14895 12,16   SMITH, C.R., «The Stories of Shechem. Three Questions», JTS 47
                    (1946) 33-38.
a14896 12,31-33   MORGENSTERN, J., «Amos Studies, II - The Sin of Uzziah, the
                    Festival of Jerobeam, and the Date of Amos», HUCA 12-13 (1937-38)
                    1-53.
a14897 13   SIMON, U., «I Kings 13: A Prophetic Sign - Denial and Persistence»,
                    HUCA 47 (1976) 81-117.
a14898   GROSS, W., «Lying Prophet and Disobedient Man of God in 1 King 13:
                    Role Analysis», Semeia 15 (1979) 97-135.
a14899   DOZEMAN, T.B., «The Way of the Man of God from Judah: True and
                    False Prophecy in the Pre-Deuteronomic Legend of 1 Kings 13», CBQ
                    44 (1982) 379-393.
a14900 14   CAQUOT, A., «Aḥiyya de Silo et Jéroboam Ier», Sem. 11 (1961) 17-27.
a14901 17-22   HENTSCHEL, G., *Die Elijaerzählungen* (Erfurter Theologische
                    Studien, 33) (Leipzig, St Benno-Verlag, 1977), xxvii-370 pp.
a14902 17-21   COHEN, M.A., «In All Fairness to Ahab - A Socio-Political
                    Consideration of the Ahab-Elijah Controversy», ErIs 12 (1975) 87*-94*.
a14903 17-19   FOHRER, G., *Prophetenerzählungen* (Die Propheten des A.T., 7), «Die
                    Elia-Überlieferung» (1977), 43-79.
a14904   FENSHAM, F.C., «A Few Observations on the Polarisation Between
                    Yahweh and Baal in I Kings 17-19», ZAW 92 (1980) 227-236.
a14905   COHN, R.L., «The Literary Logic of 1 Kings 17-19», JBL 101 (1982)
                    333-350.
a14906 17-18   JOBLING, D., *The Sense of Biblical Narrative*, «Ahab's Quest for Rain:
                    Text and Context in 1 Kings 17-18» (1978), 63-88.
a14907   BOTTINI, G.C., «Il racconto della siccità e della pioggia (1 Re 17-18).
                    Studi recenti - Arte narrativa», StBiFranc 29 (1979) 327-349.
a14908 17   LIGHTBOURN, F.C., «The 'Story' in the Old Testament», AThR 21
                    (1939) 94-102.
a14909   MORGENSTERN, J., «The Historical Antecedents of Amos», HUCA
                    15 (1940) 59-304 (pp. 167-194).
a14910   En collaboration, «Élie et la veuve de Sarepta. Analyse sémiotique de
                    1 Rois 17», SemBib n° 14 (1979) 2-14.
a14911 17,17-24   SCHMITT, A., «Die Totenerweckung in 1 Kön. xvii 17-24. Eine form-
                    und gattungskritische Untersuchung», VT 27 (1977) 454-474.
a14912 17,53   BROCK, S., «A Doublet and Its Ramifications», Bibl 56 (1975) 550-553.
a14913 18-19   BALY, D., *God and History in the Old Testament*, «The Two
                    Mountains» (1976), 80-92.
a14914   CHILDS, B.S., «On Reading the Elijah Narratives», Interpr 34 (1980)
                    128-137.

a14915   18   AP-THOMAS, D.R., «Elijah on Mount Carmel», PEQ 92 (1960)
                         146-155.

a14916   MAZAR, B., «They Shall Call Peoples to their Mountain», ErIs 14
                         (1978) 39-41 (English summary).

a14917   18,16-46   SAINT-LAURENT, G.E., «Light from Ras Shamra on Elijah's Ordeal
                         upon Mount Carmel», dans Scripture in Context (en collab.) (1980),
                         123-139.

a14918   18,17-18   DOZEMAN, T.B., «The 'Troubler' of Israel: 'kr in 1 Kings 18:17-18»,
                         SBT 9 (1979) 81-93.

a14919   18,20-40   TROMP, N.J., «Water and Fire on Mount Carmel: A Conciliatory
                         Suggestion», Bibl 56 (1975) 480-502.

a14920   18,31-38   LUCAS, A., «The Miracle on Mount Carmel», PEQ 77 (1945) 49-50.

a14921   18,42   BOTTINI, G.C., «'Pose la sua faccia tra le ginocchia'. 1 Re 18,42
                         e paralleli estrabiblici», StBiFranc 32 (1982) 73-84.

a14922   19   SEKINE, M., «Elias Verzweiflung - Erwägungen zu 1.Kö XIX», AJBI 3
                         (1977) 52-68.

a14923   VON NORDHEIM, E., «Ein Prophet kündigt sein Amt auf (Elia am
                         Horeb)», Bibl 59 (1978) 153-173.

a14924   MACHOLZ, C., «Psalm 29 und 1 Kön 19. Jahwes und Baals
                         Theophanie», dans Werden und Wirken des Alten Testaments (en collab.)
                         (1980), 325-333.

a14925   GIBSON, G.S., «A Man of God in a Muddle», ExpTim 93 (1981) 47-49.

a14926   19,1-18   ŠVEDA, S., «Gott aber war nicht im Sturm. Meditation zu
                         1 Kön 19,1-18», BiKi 19 (1964) 18-21.

a14927   19,19-21   COULOT, C., «L'investiture d'Élisée par Élie (1 R 19,19-21)», RevSR 57
                         (1983) 81-92.

a14928   19,21   BIANCHI, E., «La sequela profetica. 'Eliseo si alzo e segui Elia'
                         (1 Re 19.21)», dans Parola, spirito e vita 2 (1980) 44-52.

a14929   20   YADIN, Y., «Some Aspects of the Strategy of Ahab and David (1 K 20;
                         2 Sam 11)», Bibl 36 (1955) 332-351.

a14930   20,5   TSEVAT, M., «Some Biblical Notes», HUCA 24 (1952-53) 107-114.

a14931   20,11   FONTAINE, C.R., Traditional Sayings in the Old Testament (Sheffield,
                         The Almond Press, 1982), «1 King 20:11», 127-138.

a14932   20,31   DE VRIES, S.J., «A reply to G. Gerleman on malkê ḥesed in
                         1 Kings xx 31», VT 29 (1979) 359-362.

a14933   21   HARROP, G.G., Elijah Speaks ToDay. The Long Road into Naboth's
                         Vineyard (Nashville and New York, Abingdon Press, 1975), 175 pp.

a14934   BOHLEN, R., Der Fall Nabot. Form, Hintergrund und Werdegang einer
                         alttestamentlichen Erzählung (1 Kön 21) (Trierer Theologische
                         Studien, 35) (Trier, Paulinus-Verlag, 1978), 440 pp.

a14935   WÜRTHWEIN, E., «Naboth-Novelle und Elia-Wort», ZTK 75 (1978)
                         375-397.

a14936   BOHLEN, R., «Täglich wird ein Nabot niedergeschlagen», TrierTZ 88
                         (1979) 221-237.

a14937   21,1-16   BOHLEN, R., «Alttestamentliche Kunstprosa als Zeitkritik. Zur
                         Naboterzählung in 1 Kön 21», TrierTZ 87 (1978) 192-202.

a14938   21,8-13   BRODIE, T.L., «The Accusing and Stoning of Naboth (1 Kgs 21:8-13)
                         as One Component of the Stephen Text (Acts 6:9-14; 7:58a)», CBQ 45
                         (1983) 417-432.

a14939 22   DE VRIES, S.J., *Prophet Against Prophet*. The Role of the Micaiah Narrative (1 King 22) in the Development of Early Prophetic Tradition (Grand Rapids, Eerdmans, 1978), xix-162 pp.

a14940   SCHWEIZER, H., «Literarkritischer Versuch zur Erzählung von Micha ben Jimla (1 Kön 22)», BZ 23 (1979) 1-19.

a14941 22,10   SMITH, S., «The Threshing Floor at the City Gate», PEQ 78 (1946) 5-14.

a14942 22,28   BALL, E., «A Note on I Kings XXII.28», JTS 28 (1977) 90-94.

a14943 23,1   BROCK, S., «A Doublet and Its Ramifications», Bibl 56 (1975) 550-553.

a14944 23,8   YADIN, Y., «Beer-sheba: The High Place Destroyed by King Josiah», BASOR no 222 (1976) 5-17.

Deuxième livre. Book Two. Zweites Buch. Secondo libro. Segundo libro.

a14945 1-13   FOHRER, G., *Prophetenerzählungen* (Die Propheten des A.T., 7), «Die Elia-Überlieferung» (1977), 43-108.

a14946 1-2   JACKSON, J.J., «David's Throne: Patterns in the Succession Story», CanJT 11 (1965) 183-195.

a14947 1,10   BALY, D., *God and History in the Old Testament*, «Signs and Wonders» (1976), 93-106.

a14948 2,1-13,21   SEKINE, M., «Literatursoziologische Beobachtungen zu den Elisaerzählungen», AJBI 1 (1975) 39-62.

a14949 2   FORESTI, F., «Il rapimento di Elia al cielo», RivB 31 (1983) 257-272.

a14950 2,1-15   WEISMAN, Z., «The Personal Spirit as Imparting Authority», ZAW 93 (1981) 225-234.

a14951 2,19-22   BLAKE, I.M., «Jericho (Ain Es-Sultan): Joshua's Curse and Elisha's Miracle - One Possible Explanation», PEQ 99 (1967) 86-97.

a14952   MAZOR, E., «The Radio-Activity of Waters at Jericho», PEQ 101 (1969) 46-47.

a14953 2,23-25   ROBINSON, B.P., «II Kings 2:23-25 Elisha and the She-Bears», SB 14 (1983) 2-3.

a14954 3   SCHWEIZER, H., *Elischa in den Kriegen*. Literaturwissenschaftliche Untersuchungen von 2 Kön. 3; 6,8-23; 6,24-7,20 (Studien zum Alten und Neuen Testament, 37) (München, Kösel, 1974), 452 pp.

a14955 3,1-7,20   SCHWEIZER, H., *Elischa in den Kriegen* (Studien zum Alten und Neuen Testament, 37) (München, Kösel Verlag, 1974), 452 pp.

a14956 3,4   MORAG, S., «*Mēša'* (A Study of Certain Features of Old Hebrew Dialects)», ErIs 5 (1958) 138-144 (English summary).

a14957 4,1-37   BRODIE, L., «Luke 7,36-50 as an Internalization of 2 Kings 4,1-37: A Study in Luke's Use of Rhetorical Imitation», Bibl 64 (1983) 457-485.

a14958 4,38-40   BAALBAKI, R., «A reference to 2 Kings iv 38ff, in an Arabic source», VT 33 (1983) 317-318.

a14959 4,42-44   BALAGUE, M., «Dominica 17.ª per annum»: 1.ª lectura 2 R 4:42-44; 2.ª lectura Ef 4:1-6; 3.ª lectura Jn 6:15», CuBi 27 (1970) 215-222.

a14960   LÉONARD, J.-M., «Multiplication des pains. 2 Rois 4/42-44 et Jean 6/1-13», ETR 55 (1980) 265-270.

a14961 5   VON RAD, G., *Gottes Wirken in Israel* (1974), «Naaman» (1959), 53-64.

a14962   COHN, R.L., «Form and perspective in 2 Kings v», VT 33 (1983) 171-184.

a14963 5,1-27   TURIOT, C., «La guérison de Naaman», SemBib no 16 (1979) 8-32.

a14964 5,1-14   BRODIE, T.L., «Jesus as the New Elisha: Cracking the Code», ExpTim
                    93 (1981) 39-42.
a14965 6,1-7   LICHT, J., «Story-Telling in the Bible», Immanuel 7 (1977) 21-24.
a14966   CUMMINGS, J.T., «The House of the Sons of the Prophets and the
                    Tents of the Rechabites», dans *Studia Biblica 1978. I. Papers on Old
                    Testament* (en collab.) (1979), 119-126.
a14967 6,8-7,20   SCHWEIZER, H., *Elischa in den Kriegen*. Literaturwissenschaftliche
                    Untersuchungen von 2 Kön. 3; 6,8-23; 6,24-7,20 (Studien zum Alten und
                    Neuen Testament, 37) (München, Kösel, 1974), 452 pp.
a14968 6,8-7,20   SCHWEIZER, H., *Elischa in den Kriegen* (Studien zum Alten und
                    Neuen Testament, 37) (München, Kösel Verlag, 1974), 452 pp.
a14969 8,7-15   RUPRECHT, E., «Entstehung und zeitgeschichtlicher Bezug der
                    Erzählung von der Designation Hasaels durch Elisa (2. Kön. viii 7-15)»,
                    VT 28 (1978) 73-82.
a14970 8,27   MALY, E.H., «'The Highest Heavens Cannot Contain You' (2 Kgs
                    8,27): Immanence and Transcendence in the Deuteronomist», dans
                    Standing Before God (en collab.) (1981), 23-30.
a14971 9-10   AHLSTROM, G.W., «King Jehu - A Prophet's Mistake», dans *Scripture
                    in History & Theology* (en collab.) (1977), 47-69.
a14972 9   LIGHTBOURN, F.C., «The 'Story' in the Old Testament», AThR 21
                    (1939) 94-102.
a14973 9,30-37   PARKER, S.B., «Jezebel's Reception of Jehu», Maarav 1 (1978) 67-78.
a14974 10,25-28   TREBOLLE, J., «Textos 'Kaige' en la *Vetus Latina* de Reyes
                    (2 Re 10,25-28)», RB 89 (1982) 198-209.
a14975 11   TREBOLLE, J., «La coronación de Joás (2 Re 11). Texto, narración
                    e historia», EstB 41 (1983) 5-16.
a14976 11,1-20   LEVIN, C., *Der Sturz der Königin Atalja*. Ein Kapitel zur Geschichte
                    Judas im 9. Jahrhundert v. Chr. (SBS 105) (Stuttgart, Katholisches
                    Bibelwerk, 1982), 109 pp.
a14977 11,6-10   TREBOLLE, J., «Glosas en 2 Re 11,6-10. De la crítica textual a la crítica
                    literaria e histórica», EstB 41 (1983) 375-380.
a14978 11,6   ROBINSON, G., «Is 2 Kings XI 6 a gloss?» VT 27 (1977) 56-61.
a14979 11,11   HAAK, R.D., «The 'shoulder' of the temple», VT 33 (1983) 271-278.
a14980 11,12-20   SAUREN, H., «L'intronisation du roi en Israël à la lumière d'une lettre
                    de Mari (ARM X,5)», OLoP 2 (1971) 5-12.
a14981 13-14   BRIEND, J., «Jéroboam II, sauveur d'Israël», dans *Mélanges bibliques et
                    orientaux en l'honneur de M. Henri Cazelles* (en collab.) (1981), 41-49.
a14982 13,14-19   COUROYER, B., «À propos de II Rois XIII,14-19», StBiFranc 30
                    (1980) 197-224.
a14983 14,8-14   JENNI, E., «Distel und Zeder: Hermeneutische Überlegungen zu
                    2 Kö 14:8-14», dans *Studia Biblica et Semitica* (en collab.) (1966),
                    165-175.
a14984 14,26-27   LEWY, J., «Lexicographical Notes», HUCA 12-13 (1937-38) 97-101.
a14985 14,28   YEIVIN, S., «'To Judah in Israel' (2 Kings 14:28)», ErIs 10 (1971)
                    150-151 (English summary).
a14986 15,3-5   MORGENSTERN, J., «Amos Studies, II - The Sin of Uzziah, the
                    Festival of Jerobeam, and the Date of Amos», HUCA 12-13 (1937-38)
                    1-53.
a14987 15,5   RUDOLPH, W., «Ussias 'Haus der Freiheit'», ZAW 89 (1977) 418.

a14988 15,25   GELLER, M.J., «A new translation for 2 Kings xv 25», VT 26 (1976) 374-377.

a14989 16,5-9   COGAN, M., TADMOR, H., «Ahaz and Tiglath-Pileser in the Book of Kings - Historiographic Considerations», ErIs 14 (1978) 55-61 (English summary).

a14990 16,18   MULDER, M.J., «Was war die am Tempel gebaute 'Sabbathalle' in II Kön. 16,18?» dans *Von Kanaan bis Kerala* (en collab.) (1982), 161-172.

a14991 17,3-6   TREBOLLE, J., «La caída de Samaria. Crítica textual, literaria e histórica de (2 Re 17,3-6)», Salm 28 (1981) 137-152.

a14992 17,4   CELADA, B., «Al rey 'So' (2 Reyes 17:4) hay que eliminarlo de las versiones de la Biblia», CuBi 25 (1968) 376-377.

a14993 17,24-41   COGAN, M., «Israel in Exile - The View of a Josianic Historian», JBL 97 (1978) 40-44.

a14994 17,24   DRIVER, G.R., «Geographical Problems», ErIs 5 (1958) 16*-20*.

a14995 17,31   KAUFMAN, S.A., «The Enigmatic Adad-Milki», JNES 37 (1978) 101-109.

a14996   FOHRER, G., *Prophetenerzählungen* (Die Propheten des A.T., 7), «Die Jesaja-Überlieferung» (1977), 109-127.

a14997   ROSENBAUM, J., «Hezekiah's Reform and the Deuteronomistic Tradition», HarvTR 72 (1979) 23-43.

a14998 18   KATZENSTEIN, H.J., «The House of Eliakim, a Family of Royal Stewards», ErIs 5 (1958) 108-110 (English summary).

a14999 18,1-8   TODD, E.W., «The Reforms of Hezekiah and Josiah», SJTh 9 (1956) 288-293.

a15000 18,4-22   ROSENBAUM, J., «Hezekiah's Reform and the Deuteronomistic Tradition», HarvTR 72 (1979) 23-43.

a15001 18,13-19,37   JENKINS, A.K., «Hezekiah's fourteenth year. A new interpretation of 2 Kings xviii 13-xix 37», VT 26 (1976) 284-298.

a15002 18,13   NORIN, S., «An important Kennicott reading in 2 Kings xviii 13», VT 32 (1982) 337-338.

a15003   TADMOR, H., COGAN, M., «Hezekiah's Fourteenth Year: The King's Illness and the Babylonian Embassy», ErIs 16 (1982) 198-201.

a15004 19,24   TSEVAT, M., «Some Biblical Notes», HUCA 24 (1952-53) 107-114.

a15005   TAWIL, H., «The Historicity of 2 Kings 19:24 (= Isaiah 37:25): The Problem of Ye'ōrê Māṣôr», JNES 31 (1982) 195-206.

a15006 20   ACKROYD, P.R., «An interpretation of the Babylonian exile: a study of 2 Kings 20, Isaiah 38-39», SJTh 27 (1974) 329-352.

a15007 20,8-11   YADIN, Y., «The Dial of Ahaz», ErIs 5 (1958) 91-96 (English summary).

a15008 21-22   FOHRER, G., *Prophetenerzählungen* (Die Propheten des A.T., 7), «Einzelüberlieferungen in den Königsbüchern» (1977), 10-35 (2 Kön 21,10-15; 22,14-20).

a15009 22-25   POHLMANN, K.-F., «Erwägungen zum Schlusskapitel der deuteronomistischen Geschichtswerkes. Oder: Warum wird der Prophet Jeremia in 2. Kön 22-25 nicht erwähnt?» dans *Textgemäss* (en collab.) (1979), 94-109.

a15010 22-23   WÜRTHWEIN, E., «Die Josianische Reform und das Deuteronomium», ZTK 73 (1976) 395-423.

*a*15011   ROSE, M., «Bemerkungen zum historischen Fundament das Josia-
                           Bildes in II Reg 22f», ZAW 89 (1977) 50-63.
*a*15012   LOHFINK, N., «Die Gattung der 'Historischen Kurzgeschichte' in den
                           letzten Jahren von Juda und in der Zeit des Babylonischen Exils», ZAW
                           90 (1978) 319-347.
*a*15013   22   TODD, E.W., «The Reforms of Hezekiah and Josiah», SJTh 9 (1956)
                           288-293.
*a*15014   DIETRICH, W., «Josia und das Gesetzbuch (2 Reg. XXII)», VT 27
                           (1977) 13-35.
*a*15015   22,23   LUNDBOM, J.R., «The Lawbook of the Josianic Reform», CBQ 38
                           (1976) 293-302.
*a*15016   22,3-23,24   ISBELL, C.D., «2 Kings 22:3-23:24 and Jeremiah 36: A Stylistic
                           Comparison», JSOT no 8 (1978) 33-45.
*a*15017   22,3-23,15   MERENDINO, R.P., «Zu 2 Kön 22,3-23,15», BZ 25 (1981) 249-255.
*a*15018   22,14-20   PRIEST, J., «Huldah's oracle», VT 30 (1980) 366-368.
*a*15019   23   DELCOR, M., «Les cultes étrangers en Israël au moment de la réforme
                           de Josias d'après 2 R 23. Étude de religions sémitiques comparées», dans
                           Mélanges bibliques et orientaux en l'honneur de M. Henri Cazelles (en
                           collab.) (1981), 91-123.
*a*15020   23,4-15   HOLLENSTEIN, H., «Literarkritische Erwägungen zum Bericht über
                           die Reformmassnahmen Josias 2 Kön. XXIII 4 ff.», VT 27 (1977)
                           321-336.
*a*15021   23,11   McKAY, J.W., «Further Light on the Horses and Chariot of the Sun in
                           the Jerusalem Temple (2 Kings 23:11)», PEQ 105 (1973) 167-169.
*a*15022   23,29-35   MALAMAT, A., «The Historical Background of Josiah's Encounter
                           with Necho at Megiddo», ErIs 12 (1975) 83-90 (English summary).
*a*15023   23,29-30   ALONSO DIAZ, J., «La muerte de Josías en la redacción
                           deuterocanónica del Libro de los Reyes como anticipo de la Teología del
                           Libro de Job», dans *Homenaje a Juan Prado* (en collab.) (1975), 167-177.
*a*15024   HUGGER, P., «Der Tod des Königs Josia. Eine Passionsbetrachtung»,
                           BiLeb 14 (1973) 57-63.
*a*15025   25,18-19   TREBOLLE, J., «Crítica recensional aplicada a LXX
                           IV Reges 25,18-19», EstB 36 (1977) 91-94.

6. Chroniques. Chronicles. Chronikbücher. Cronache. Crónicas.

a) Introduction. Einleitung. Introduzione. Introducción.

*a*15026   KITCHEN, K.A., «De Josué à Salomon», Hok no 3 (1976) 58-81.
*a*15027   FOHRER, G., *Prophetenerzählungen* (Die Propheten des A.T., 7), «Weitere
            Einzelüberlieferungen in den Chronikbüchern» (1977), 36-42 (2 Ch 12,5-8; 15,1-7;
            16,7-10; 20,37; 21,12-15; 24,20-22; 25,7-9; 25,15-16; 28,9-11).
*a*15028   PETERSEN, D.L., *Late Israelite Prophecy.* Studies in Deutero-Prophetic Literature and
            in Chronicles (SBL Monograph Series, 23) (Missoula, Scholars Press, 1977), 104 pp.
*a*15029   BRAUN, R.L., «Chronicles, Ezra, and Nehemiah: theology and literary history», dans
            Studies in the Historical Books of the Old Testament (en collab.) (1979), 52-64.
*a*15030   JAPHET, S., «Conquest and Settlement in Chronicles», JBL 98 (1979) 205-218.
*a*15031   JENNI, E., «Aus der Literatur zur chronistischen Geschichtsschreibung», TRu 45
            (1980) 97-108.

a15032 AUGUSTIN, M., «Beobachtungen zur chronistischen Umgestaltung der deuteronomistischen Königschroniken nach der Reichsteilung», dans *Das Alte Testament als geistige Heimat* (en collab.) (1982), 11-50.

b) *Commentaires. Commentaries. Kommentare. Commenti. Comentarios.*

a15033 MYERS, J.M., *II Chronicles.* Introduction, Translation, and Notes (AB 13) (Garden City, New York, Doubleday, 1965), 269 pp.

a15034 ALONSO SCHÖKEL, L., SICRE, J.L., IGLESIAS GONZALEZ, M., *Los Libros Sagrados.* 4/1. *Crónicas, Esdras, Nehemías* (Traducción de Luis Alonso Schökel, José Luis Sicre, Manuel Iglesias Gonzalez. Introducciones y comentarios de Luis Alonso Schökel) (Madrid, Ediciones Cristiandad, 1976), 302 pp.

a15035 MANGAN, C., *1-2 Chronicles, Ezra, Nehemia* (Old Testament Message, A Biblical-Theological Commentary, 13) (Wilmington, Delaware, Michael Glazier, 1982), viii-219 pp.

a15036 WILLIAMSON, H.G.M., *1 and 2 Chronicles* (The New Century Bible Commentary) (Grand Rapids, Michigan, Eerdmans; London, Marshall, Morgan & Scott, 1982), xx-428 pp.

c) *Critique textuelle. Textual Criticism. Textkritik. Critica textuale. Crítica textual.*

a15037 REVELL, E.J., «A New Biblical Fragment with Palestinian Vocalisation», Textus 7 (1969) 59-75.

a15038 CLEAR, J., «The Ethiopic Text of 2 Paralipomenon», Textus 8 (1973) 126-132.

a15039 ALLEN, L.C., *The Greek Chronicles.* The Relation of the Septuagint of I and II Chronicles to the Massoretic Text (SuppVT 25 and 27) (Leiden, Brill, 1974), Part I, *The Translator's Craft*, 240 pp; Part II, *Textual Criticism*, 182 pp.

a15040 ZIPOR, M., «The Greek Chronicles», Bibl 61 (1980) 561-571.

a15041 CARMIGNAC, J., «Les devanciers de S. Jérôme. Une traduction latine de la recension dans le second Livre des Chroniques», dans *Mélanges Dominique Barthélemy* (en collab.) (1981), 31-50.

d) *Critique littéraire. Literary Criticism. Literarkritik. Critica letteraria. Crítica literaria.*

a15042 NORTH, R., «Does Archeology Prove Chronicles Sources?» dans *A Light unto My Path* (en collab.) (1974), 375-401.

a15043 WEINBERG, J.P., «Das Eigengut in den Chronikbüchern», OLoP 10 (1979) 161-181.

a15044 THRONTVEIT, M.A., «Linguistic analysis and the question of authorship in Chronicles, Ezra and Nehemiah», VT 32 (1982) 201-216.

e) *Théologie. Theology. Theologie. Teologia. Teología.*

a15045 JAPHET, S., «The Ideology of the Book of Chronicles and Its Place in Biblical Thought», Immanuel 4 (1974) 24-27.

a15046 BRAUN, R.L., «A Reconsideration of the Chronicler's Attitude toward the North», JBL 96 (1977) 59-62.

a15047 WELTEN, P., «Lade-Tempel-Jerusalem. Zur Theologie der Chronikbücher», dans *Textgemäss* (en collab.) (1979), 169-183.

*a*15048   BERG, S.B., «After the Exile: God and History in the Books of Chronicles and Esther»,
           dans *The Divine Helmsman* (en collab.) (1980), 107-127.

f) Textes. Texts. Texte. Testi. Textos.

Premier livre. Book One. Erstes Buch. Primo libro. Primer libro.

*a*15049   1-9   WEINBERG, J.P., «Das Wesen und die funktionelle Bestimmung der
                      Listen in I Chr 1-9», ZAW 93 (1981) 91-114.
*a*15050   2-6   REVELL, E.J., «A New Biblical Fragment with Palestinian
                      Vocalisation», Textus 7 (1969) 59-75.
*a*15051   2-4   NOTH, M., «Eine siedlungsgeographische Liste in 1. Chr. 2 und 4»,
                      ZDPV 55 (1932) 97-124.
*a*15052   2,3-4,23   WILLIAMSON, H.G.M., «Sources and Redaction in the Chronicler's
                      Genealogy of Judah», JBL 98 (1979) 351-359.
*a*15053   2,55   TALMON, S., «1 Chr. 2:55», ErIs 5 (1958) 111-113 (English summary).
*a*15054   ABRAMSKY, S., «The House of Rechab», ErIs 8 (1967) 255-264
                      (English summary).
*a*15055   4,13-14   GLUECK, N., «Kenites and Kenizzites», PEQ 72 (1940) 22-24.
*a*15056   4,14   HAR-EL, M., «The Valley of the Craftsmen (Ge' Haḥarašim)», PEQ
                      109 (1977) 75-86.
*a*15057   4,22-23   TUR-SINAI, N.H., «On some Historical References in the Bible», ErIs 5
                      (1958) 74-79 (English summary).
*a*15058   6   AULD, A.G., «Cities of Refuge in Israelite Tradition», JSOT nº 10
                      (1978) 26-40.
*a*15059   HAUER, C., Jr., «David and the Levites», JSOT nº 23 (1982) 33-54.
*a*15060   6,39-66   CODY, A., «Levitical cities and the Israelite Settlement», dans
                      Homenage a Juan Prado (en collab.) (1975), 179-189.
*a*15061   AULD, A.G., «The 'Levitical Cities': Text and History», ZAW 91 (1979)
                      194-206.
*a*15062   7,20-29   HOFFMANN, R.-E., «Eine Parallele zur Rahmenerzählung des Buches
                      Hiob in 1 Chr 7 20-29?» ZAW 92 (1980) 120-132.
*a*15063   DEMSKY, A., «The Genealogies of Manasseh and the Location of the
                      Territory of Milcah Daughter of Zelophehad», ErIs 16 (1982) 70-75.
*a*15064   8,33; 9,39 LIPINSKI, E., «'šn'l and 'šyhw and parallel personal names», OLoP 5
                      (1974) 5-13.
*a*15065   10   ACKROYD, P.R., «The Chronicler as Exegete», JSOT nº 2 (1977) 2-32.
*a*15066   12,1-23   WILLIAMSON, H.G.M., «'We are yours, o David'. The Setting and
                      Purpose of 1 Chronicles xii 1-23», dans *Remembering all the Way...* (en
                      collab.), OTS 21 (1981) 164-176.
*a*15067   15,26   WEISS, R., «Textual Notes», Textus 6 (1968) 127-131.
*a*15068   16   HILL, A.E., «Patchwork poetry or reasoned verse? Connective structure
                      in 1 Chronicles xvi», VT 33 (1983) 97-101.
*a*15069   16,8-36   BUTLER, T.C., «A forgotten passage from a forgotten era (1 Chr.
                      xvi 8-36)», VT 28 (1978) 142-150.
*a*15070   16,29   CAQUOT, A., «In Splendoribus sanctorum», Syr. 33 (1956) 36-41.
*a*15071   20,4-8   L'HEUREUX, C.E., «The yᵉlîdê hārāpā - A Cultic Association of
                      Warriors», BASOR nº 221 (1976) 83-85.
*a*15072   22   MARGAIN, J., «Observations sur *I Chroniques* XXII, à propos des
                      anachronismes linguistiques dans la Bible», Sem. 24 (1974) 35-43.

*a*15073   22,28;29   BRAUN, R., «Solomon, the Chosen Temple Builder: The Significance of 1 Chronicles 22, 28 and 29 for the Theology of Chronicles», JBL 95 (1976) 581-590.

*a*15074   23-27   WILLIAMSON, H.G.M., «The origins of the twenty-four priestly courses: a study of 1 Chronicles xxiii-xxvii», dans *Studies in the Historical Books of the Old Testament* (en collab.) (1979), 251-268.

*a*15075   24,1-19   MOSCATI STEINDLER, G., «Le classi sacerdotali», BibOr 17 (1975) 187-193.

*a*15076   27,1-24   WAINWRIGHT, J.A., «Zoser's Pyramid and Solomon's Temple», ExpTim 91 (1980) 137-140.

*a*15077   29,10   FINKELSTEIN, L., «The Prayer of King David according to the Chronicler», ErIs 14 (1978) 110-116 (English summary).

Deuxième livre. Book Two. Zweites Buch. Secondo libro. Segundo libro.

*a*15078   2,1-18   WAINWRIGHT, J.A., «Zoser's Pyramid and Solomon's Temple», ExpTim 91 (1980) 137-140.

*a*15079   6,42   ADINOLFI, M., «Le 'opere di pietà liturgica' di David in 2 *Cron.* 6,42», BibOr 8 (1966) 31-36.

*a*15080   WILLIAMSON, H.G.M., «'The Sure Mercies of David': Subjective or Objective Genitive?» JSS 23 (1978) 31-49.

*a*15081   9,17-19   CANCIANI, F., PETTINATO, G., «Salomos Thron, philologische und archäologische Erwägungen», ZDPV 81 (1965) 88-108.

*a*15082   11,5-12   FRITZ, V., «The 'List of Rehoboam's Fortresses' in 2 Chr. 11:5-12 - A Document from the Time of Josiah», ErIs 15 (1981) 46*-53*.

*a*15083   11,5-10   BEYER, G., «Beiträge zur Territorialgeschichte von Südwest-palästina im Altertum», ZDPV 54 (1931) 113-170.

*a*15084   13   KLEIN, R.W., «Abijah's Campaign Against the North (II Chr 13) - What Were the Chronicler's Sources?» ZAW 95 (1983) 210-217.

*a*15085   19,3   DION, P.-E., «Did Cultic Prostitution Fall into Oblivion during the Postexilic Era? Some Evidence from Chronicles and the Septuagint», CBQ 43 (1981) 41-48.

*a*15086   20,1-30   NOTH, M., «Eine palästinische Lokalüberlieferung in 2. Chr. 20», ZDPV 67 (1944-45) 45-71.

*a*15087   21,3   FISCHER, L.R., «An Amarna Age Prodigal», JSS 3 (1958) 113-122.

*a*15088   26,10   RAINEY, A.F., «Wine from the Royal Vineyards», ErIs 16 (1982) 177-181.

*a*15089   26,16-22   ZERON, A., «Die Anmassung des Königs Usia im Lichte von Jesajas Berufung. Zu 2. Chr. 26,16-22 und Jes. 6,1ff», TZ 33 (1977) 65-68.

*a*15090   26,21   RUDOLPH, W., «Ussias 'Haus der Freiheit'», ZAW 89 (1977) 418.

*a*15091   29-32   ROSENBAUM, J., «Hezekiah's Reform and the Deuteronomistic Tradition», HarvTR 72 (1979) 23-43.

*a*15092   32,24-33   ACKROYD, P.R., «The Chronicler as Exegete», JSOT n° 2 (1977) 2-32.

**7. Esdras et Néhémie. Esra and Nehemiah. Esdras und Nehemias.
Esdra e Neemia. Esdras y Nehemías.**

a) Introduction. Einleitung. Introduzione. Introducción.

a15093   ROBINSON, D.F., «Was Ezra Nehemiah?» AThR 37 (1955) 177-189.
a15094   KELLERMANN, U., *Nehemia* (1967), «Historische Probleme der Nehemiageschichte»,
         151-173; «Die Geschichte Nehemias (historische Skizze)», 192-204.
a15095   KAUFMANN, Y., *History of the Religion of Israel*, vol. IV (1977), «Cyrus' Permission
         and the Province», 183-222; «Ezra», 324-355; «Nehemiah», 359-430.
a15096   SALEY, R.J., «The Date of Nehemiah Reconsidered», dans *Biblical and Near Eastern
         Studies* (LaSor) (en collab.) (1978), 151-165.
a15097   BRAUN, R.L., «Chronicles, Ezra, and Nehemiah: theology and literary history», dans
         Studies in the Historical Books of the Old Testament (en collab.) (1979), 52-64.
a15098   SCHULTZ, C., «The Political Tensions Reflected in Ezra-Nehemiah», dans *Scripture in
         Context* (en collab.) (1980), 221-244.
a15099   YAMAUCHI, E.M., «Two Reformers compared: Solon of Athens and Nehemiah of
         Jerusalem», dans *The Bible World*. Essays in Honor of Cyrus H. Gordon (en collab.)
         (1980), 269-292.
a15100   CORTESE, E., «I problemi di Esdra-Neemia (e cronache) oggi», BibOr 25 (1983) 11-19.
a15101   FENSHAM, F.C., «Some Theological and Religious Aspects in Ezra and Nehemiah»,
         JNWSemL 11 (1983) 59-68.
a15102   JAPHET, S., «Sheshbazzar and Zerubbabel. Against the Background of the Historical
         and Religious Tendencies of Ezra-Nehemiah», ZAW 95 (1983) 218-229.

b) Commentaires. Commentaries. Kommentare. Commenti. Comentarios.

a15103   ALONSO SCHÖKEL, L., SICRE, J.L., IGLESIAS GONZALEZ, M., *Los Libros
         Sagrados*. 4/1. *Cronicas, Esdras, Nehemias* (Traduccion de luis Alonso Schökel, José
         Luis Sicre, Manuel Iglesias Gonzalez. Introducciones y comentarios de Luis Alonso
         Schökel) (Madrid, Ediciones Cristiandad, 1976), 302 pp.
a15104   COGGINS, R.J., *The Books of Ezra and Nehemiah* (The Cambridge Bible Commentary
         on the New English Bible) (Cambridge, Cambridge University Press, 1976), 150 pp.
a15105   MAIER, W.A., *The Book of Nahum* (Grand Rapids, Michigan, Baker Book House,
         1980), 392 pp.
a15106   FENSHAM, F.C., *The Books of Ezra and Nehemiah* (The New International
         Commentary on the Old Testament) (Grand Rapids, Michigan, 1982), xvi-288 pp.
a15107   MANGAN, C., *1-2 Chronicles, Ezra, Nehemia* (Old Testament Message, A Biblical-
         Theological Commentary, 13) (Wilmington, Delaware, Michael Glazier, 1982), 219 pp.

c) Critique littéraire. Literary Criticism. Literarkritik. Critica letteraria. Crítica literaria.

a15108   GUNNEWEG, A.H.J., «Zur Interpretation der Bücher Esra-Nehemia - zugleich ein
         Beitrag zur Methode der Exegese», dans *Congress Volume. Vienna 1980* (en collab.)
         (1981), 146-161.
a15109   HOUTMAN, C., «Ezra and the Law. Observations on the Supposed Relation between
         Ezra and the Pentateuch», dans *Remembering all the Way...* (en collab.), OTS 21 (1981)
         91-115.

*a*15110   THRONTVEIT, M.A., «Linguistic analysis and the question of authorship in Chronicles, Ezra and Nehemiah», VT 32 (1982) 201-216.

d) Textes. Texts. Texte. Testi. Textos.

Esdras. Esra. Esdras. Esdra. Esdras.

*a*15111   1-6   WILLIAMSON, H.G.M., «The Composition of Ezra i-vi», JTS 34 (1983) 1-30.
*a*15112   1,7-11   GALLING, K., «Der Tempelschatz nach Berichten und Urkunden im Buches Esra», ZDPV 60 (1937) 177-183.
*a*15113   2,6   COGAN, M., «The Men of Nebo - Repatriated Reubenites», IsrEJ 29 (1979) 37-39.
*a*15114   3-10   HARRELSON, W., «Ezra among the Wicked in 2 Esdras 3-10», dans *The Divine Helmsman* (en collab.) (1980), 21-40.
*a*15115   3,1-5,6   CRENSHAW, J., «The Contest of Darius' Guards», dans *Images of Man and God* (1981) (en collab.), 74-88.
*a*15116   3,8   HILHORST, A., «Darius' Pillow (I Esdras iii. 8)», JTS 33 (1982) 161-163.
*a*15117   7-10   ACKROYD, P.R., «The Chronicler as Exegete», JSOT n° 2 (1977) 2-32.

Néhémie. Nehemia. Nehemias. Neemia. Nehemías.

*a*15118   1-5   RAMSEYER, J.-P., «Les bâtisseurs de la cité de Dieu», VC n° 64 (1962) 295-308.
*a*15119   1,2   BICKERMAN, E.J., «En marge de l'Écriture: le comput des années de règne des Achéménides (Néh. 1,2; 2,1 et Thuc. VIII,58)», RB 88 (1981) 19-23.
*a*15120   1,11   YAMAUCHI, E.M., «Was Nehemiah the Cupbearer a Eunuch?» ZAW 92 (1980) 132-142.
*a*15121   2,8   JEPSEN, A., «Pardes», ZDPV 74 (1958) 65-68.
*a*15122   2,13   BRASLAVI, J., «En-Tannin (Neh. 2:13)», ErIs 10 (1971) 90-93 (English summary).
*a*15123   3   DEMSKY, A., «*Pelekh* in Nehemiah 3», IsrEJ 33 (1983) 242-244.
*a*15124   4,35   HAR-EL, M., «The Valley of the Craftsmen (Ge' Haḥarašim)», PEQ 109 (1977) 75-86.
*a*15125   5,1-13   ALONSO SCHÖKEL, L., «'Somos iguales que nuestros hermanos': Para una exégesis de Neh. 5,1-13», Salm 23 (1976) 257-266.
*a*15126   6,19   PAUL, S.M., «Nehemiah 6:19 - Counter Espionage», HebAnR 1 (1977) 177-179.
*a*15127   7,3   BARR, J., HUGHES, J., «Hebrew *'ad*, especially at Job. i.18 and Neh. vii.3, with an additional note», JSS 27 (1982) 177-192.
*a*15128   7,11   COGAN, M., «The Men of Nebo - Repatriated Reubenites», IsrEJ 29 (1979) 37-39.
*a*15129   8-10   ACKROYD, P.R., «The Chronicler as Exegete», JSOT n° 2 (1977) 2-32.
*a*15130   8,10   MacDONALD, W.C., «The Joy that the Lord Gives», ExpTim 89 (1978) 211-212.
*a*15131   9   FENSHAM, F.C., «Neh. 9 and Pss. 105, 106, 135 and 136», JNWSemL 9 (1981) 35-51.

a15132   GIRAUDO, C., «Confessare il Signore: la preghiera penitenziale di
                          Ne 9», dans *Parola, spirito e vita* 3 (1981) 35-46.

a15133   9,6-37   GIRAUDO, C., *La struttura letteraria della preghiera eucaristica.*
                          Saggio sulla genesi letteraria de una forma. Toda veterotestamentaria,
                          Bᵉraka giudaica, Anafora cristiana (Analecta Biblica, 92) (Rome,
                          Biblical Institute Press, 1981), xxiii-388 pp.

a15134   10   CLINES, D.J.A., «Nehemiah 10 as an Example of Early Jewish Biblical
                          Exegesis», JSOT n° 21 (1981) 111-117.

a15135   11   KELLERMANN, U., «Die Listen in Nehemia 11, eine Dokumentation
                          aus den letzten Jahren des Reiches Juda?» ZDPV 82 (1966) 209-227.

a15136   13,16   KATZENSTEIN, H.J., «The Camp of the Tyrians at Memphis», ErIs 14
                          (1978) 161-164 (English summary).

a15137   13,19   TIGAY, J.H., «*lifnê haššabbāṯ* and *'aḥar haššabbāt* = 'on the day before
                          the sabbath' and 'on the day after the sabbath' (Nehemiah xiii 19)», VT
                          28 (1978) 362-365.

8. Tobie. Tobit. Tobias. Tobia. Tobías.

a) *Introduction. Einleitung. Introduzione. Introducción.*

a15138   RUPPERT, L., «Das Buch Tobias - Ein Modellfall nachgestaltender Erzählung», dans
          Wort, Lied und Gottesspruch. Beiträge zur Septuaginta (en collab.) (1972), 109-119.

a15139   DESELAERS, P., «Jahwe - der Arzt seines Volkes. Das Buch Tobit als Beispiel
          biblischer Heilslehre», GeistL 55 (1982) 294-303.

a15140   DESELAERS, P., *Das Buch Tobit.* Studien zu seiner Entstehung, Komposition und
          Theologie (Orbis Biblicus et Orientalis, 43) (Freiburg, Universitätsverlag; Göttingen,
          Vandenhoeck & Ruprecht, 1982), 534 pp.

b) *Textes. Texts. Texte. Testi. Textos.*

a15141   5,3-14   DION, P.-E., «Deux notes épigraphiques sur Tobit», Bibl 56 (1975)
                          416-419.

a15142   6,2-9   DOIGNON, J., «Tobie et le poisson dans la littérature et l'iconographie
                          occidentales (IIIe-Ve siècle). Du symbolisme funéraire à une exégèse
                          christique», RHR 190 (1976) 113-126.

a15143   6,14-18   MAIWORM, J., «Die drel Tobiasnächte», BiKi 14 (1959) 20-23.

a15144   11,7-8   ALONSO DIAZ, J., «Tobit curado de su ceguera (Tb 11,7-8)», CuBi 26
                          (1969) 67-72.

a15145   14,3-11   DiLELLA, A.A., «The Deuteronomic Background of the Farewell
                          Discourse in Tob 14:3-11», CBQ 41 (1979) 380-389.

c) *Divers. Miscellaneous. Verschiedenes. Diversi. Diversos.*

a15146   CELADA, B., «La familia de Tobías», CuBi 15 (1958) 113-116.

a15147   RUPPERT, L., «Zur Funktion der Achikar-Notizen im Buch Tobias», BZ 20 (1976)
          232-237 (Tb 1,21f; 2,10; 11,19; 14,10; 14,15).

a15148   DION, P.-E., «Raphaël l'Exorciste», Bibl 57 (1976) 399-413.

9. Judith. Giuditta. Judit.

a) Introduction. Einleitung. Introduzione. Introducción.

a15149 CASPER, J., «Judith, eine vorbildliche Heldenfrau», BiLit 11 (1936-37) 525-527.

a15150 HELTZER, M., «Eine neue Quelle zur Bestimmung der Abfassungszeit des Judithbuches», ZAW 92 (1980) 437.

a15151 CRAGHAN, J.F., «Judith Revisited», BTB 12 (1982) 50-53.

b) Critique textuelle. Textual Criticism. Textkritik. Critica testuale. Crítica textual.

a15152 DUBARLE, A.-M., «Les textes hébreux de Judith: un nouveau signe d'originalité», Bibl 56 (1975) 503-511.

a15153 BOGAERT, P.-M., «Recensions de la vieille version latine de Judith. III. La tradition alémanique», RBen 86 (1976) 7-37.

a15154 BOGAERT, P.-M., «Recensions de la vieille version latine de Judith. V. La tradition carolingienne», RBen 88 (1978) 7-44.

a15155 HANHART, R., Text und Textgeschichte des Buches Judith (Abhandlungen der Akademie der Wissenschaften in Göttingen, Phil.-Hist. Klasse, 3. Folge, Nr. 109; Mitteilungen des Septuaginta-Unternehmens, XIV) (Göttingen, Vandenhoeck & Ruprecht, 1979), 111 pp.

c) Critique littéraire. Literary Criticism. Literarkritik. Critica letteraria. Crítica literaria.

a15156 KNOCH, O., «'...der du das Heil in die Hand einer Frau gelegt Hast'. Die liturgische Verwendung des Buches Judith», BiKi 19 (1964) 50-53.

a15157 CELADA, B., «Nuevos datos acerca de Judit como leyenda religiosa judeo-helenística», CuBi 31 (1974) 238-245.

a15158 PRIEBATSCH, H.Y., «Das Buch Judith und seine hellenistischen Quellen», ZDPV 90 (1974) 50-60.

a15159 ALONSO SCHÖKEL, L. and others, Narrative Structures in the Book of Judith (Berkeley, CA, Center for Hermeneutical Studies, 1975), 72 pp.

a15160 CRAVEN, T., «Artistry and Faith in the Book of Judith», Semeia 8 (1977) 75-101.

a15161 STANDAERT, B.H.M.G.M., L'évangile selon Marc, «L'exemple de Judith» (1978), 392-420.

a15162 CRAVEN, T., Artistry and Faith in the Book of Judith (Society of Biblical Literature. Dissertation Series, 70) (Chico, CA, Scholars Press, 1983), x-139 pp.

d) Divers. Miscellaneous. Verschiedenes. Diversi. Diversos.

a15163 HAAG, E., «Der Widersacher Gottes nach dem Buche Judith», BiKi 19 (1964) 38-42.

a15164 ARNALDICH, J.L., «En torno al libro de Judit», CuBi 31 (1974) 228-237.

a15165 ZENGER, E., Das Buch Judit (Jüdische Schriften aus hellenistischrömischer Zeit, I/6) (Gütersloh, Gerd Mohn, 1981), 427-534 pp.

10. Esther. Ester.

a) Introduction. Einleitung. Introduzione. Introducción.

a15166   LEWY, J., «The Feast of the 14th Day of Adar», HUCA 14 (1939) 127-151.
a15167   SCHEDL, C., «Das Buch Esther und das Mysterium Israel», Kairos 5 (1963) 3-18.
a15168   MURPHY, R.E., *Wisdom Literature*, «Esther» (1981), 151-170.

b) Commentaires. Commentaries. Kommentare. Commenti. Comentarios.

a15169   MOORE, C.A., *Esther*. Introduction, Translation and Notes (The Anchor Bible, 7B)
         (Garden City, New York, Doubleday, 1971), 118 pp.
a15170   FUERST, W.J., *The Books of Ruth, Esther, Ecclesiastes, The Song of Songs,
         Lamentations*. The Five Scrolls (The Cambridge Bible Commentary) (Cambridge,
         University Press, 1975), 267 pp.
a15171   MURPHY, R.E., *Wisdom Literature*. Job, Proverbs, Ruth, Canticles, Ecclesiastes, and
         Esther (The Forms of the Old Testament Literature, 13) (Grand Rapids, Michigan,
         Eerdmans, 1981), xiv-185 pp.
a15172   RINGGREN, H., KAISER, O., *Das Hode Lied / Klagelieder. Das Buch Esther* übersetz
         und erklärt, 3., neubearbeitete Auflage (ADT 16,2) (Göttingen, Vandenhoeck
         & Ruprecht, 1981), vii-253-421 pp.
a15173   MEINHOLD, A., *Das Buch Esther* (Zürcher Bibelkommentare: Altes Testament, 13)
         (Zürich, Theologischer Verlag, 1983), 123 pp.

c) Critique textuelle. Textual Criticism. Textkritik. Critica testuale. Crítica textual.

a15174   GOSHEN-GOTTSTEIN, M.H., «The 'Third Targum' on Esther and Ms. Neofiti 1»,
         Bibl 56 (1975) 301-342.
a15175   MILLARD, A.R., «The Persian Names in Esther and the Reliability of the Hebrew
         Text», JBL 96 (1977) 481-488.
a15176   TOV, E., «The 'Lucianic' Text of the Canonical and the Apocryphal Sections of Esther:
         A Rewritten Biblical Book», Textus 10 (1982) 1-25.

d) Critique littéraire. Literary Criticism. Literarkritik. Critica letteraria. Crítica literaria.

a15177   BOTTERWECK, G.J., «Die Gattung des Buches Esther im Spektrum neuerer
         Publikationen», BiLeb 5 (1964) 274-292.
a15178   MEINHOLD, A., «Die Gattung der Josephsgeschichte und des Estherbuches:
         Diasporanovelle I», ZAW 87 (1975) 306-324; 88 (1976) 72-93.
a15179   GORDIS, R., «Studies in the Esther Narrative», JBL 95 (1976) 43-58.
a15180   LOADER, J.A., «Esther as a Novel with Different Levels of Meaning», ZAW 90 (1978)
         417-421.
a15181   BERG, S.B., *The Book of Esther*. Motifs, Themes and Structure (SBL Dissertation
         Series, 44) (Missoula, Montana, Scholars Press, 1979), xiii-219 pp.
a15182   MILLER, C.H., «Esther's Levels of Meaning», ZAW 92 (1980) 145-148.
a15183   MEINHOLD, A., «Zu Aufbau und Mitte des Estherbuches», VT 33 (1983) 435-445.

e) Théologie. Theology. Theologie. Teologia. Teología.

*a*15184 MEINHOLD, A., «Theologische Erwägungen zum Buch Esther», TZ 34 (1978) 321-333.
*a*15185 BARSOTTI, D., *Meditazione sul libro di Ester* (Bibbia e Liturgia, 25) (Brescia, Queriniana, 1981), 143 pp.
*a*15186 GORDIS, R., «Religion, Wisdom and History in the Book of Esther - A New Solution to an Ancient Crux», JBL 100 (1981) 359-388.

f) Textes. Texts. Texte. Testi. Textos.

*a*15187 1,2-5   HELTZER, M., «À propos des banquets des rois achéménides et du retour d'exil sous Zorobabel», RB 86 (1979) 102-106.
*a*15188 2,12   ALBRIGHT, W.F., «The Lachish Cosmetic Burner and Esther 2:12», dans BREAM, H.M. (Ed.), *Old Testament Studies in Honor of Jacob M. Myers* (Philadelphia, Temple University Press, 1974), 25-32.

g) Divers. Miscellaneous. Verschiedenes. Diversi. Diversos.

*a*15189 MOORE, C.A., «Archaeology and the Book of Esther», BA 38 (1975) 62-79.
*a*15190 JONES, B.W., «Two Misconceptions about the Book of Esther», CBQ 39 (1977) 171-181.
*a*15191 LADAME, J., «Esther, la reine suppliante», EV (prédication) 78 (1978) 39-41.
*a*15192 LACHS, S.T., «Hadassah That is Esther», JStJud 10 (1979) 219-220.

11. Maccabées. Maccabees. Makkabäer. Maccabei. Macabeos.

a) Introduction. Einleitung. Introduzione. Introducción.

*a*15193 SCHABES, L., «Die zwei Bücher der Makkabäer», BiLit 9 (1934-35) 9-15.
*a*15194 DENIS, A.-M., «L'*Historien anonyme* d'Eusèbe (*Praep. Ev.* 9,17-18) et la crise des Macchabées», JStJud 8 (1977) 43-49.
*a*15195 TOKI, K., «The Dates of the First and Second Books of Maccabees», AJBI 3 (1977) 69-83.
*a*15196 GAUGER, J.-D., *Beiträge zur jüdischen Apologetik.* Untersuchungen zur Authentizität von Urkunden bei Flavius Josephus und im I. Makkabäerbuch (Bonner Biblische Beiträge, 49) (Köln, Peter Hanstein, 1977), xvi-361 pp.
*a*15197 TOKI, K., «The Dates of the First and Second Books of Maccabees», AJBI 3 (1977) 69-83.
*a*15198 DORAN, R., «2 Maccabees and 'Tragic History'», HUCA 50 (1979) 107-114.
*a*15199 SCHUNCK, K.-D., *1. Makkabäerbuch* (Jüdische Schriften aus hellenistisch-römischer Zeit, Band I: Historische und legendarische Erzählungen. Lieferung, 4) (Gütersloh, Mohn, 1980), pp. 288-373.
*a*15200 DORAN, R., *Temple Propaganda.* The Purpose and Character of 2 Maccabees (CBQ Monograph Series, 12) (Washington, DC, Catholic Biblical Association, 1981), viii-124 pp.
*a*15201 ARENHOEVEL, H., «Der 'Eifer' der Makkabäer», BiKi 37 (1982) 78-82.

b) Commentaires. Commentaries. Kommentare. Commenti. Comentarios.

a15202 ALONSO SCHÖKEL, L., SICRE, J.L., IGLESIAS GONZALEZ, M., *Los Libros Sagrados*. 4/2. *Macabeos* (Traducción de Luis Alonso Schökel, José Luis Sicre, Manuel Iglesias Gonzalez. Introducciones y comentarios de Luis Alonso Schökel) (Madrid, Ediciones Cristiandad, 1976), 238 pp.

a15203 COLLINS, J.J., *Daniel, First Maccabees, Second Maccabees*, with an Excursus on the Apocalyptic Genre (Old Testament Message, A Biblical-Theological Commentary, 15) (Wilmington, Delaware, Michael Glazier, 1981), xiv-368 pp.

a15204 GOLDSTEIN, J.A., *II Maccabées*. A New Translation with Introduction and Commentary (AB 41A) (Garden City, New York, Doubleday, 1983), xxiii-595 pp.

c) Critique littéraire. Literary Criticism. Literarkritik. Critica letteraria. Crítica literaria.

a15205 CAVAIGNAC, E., «Remarques sur le deuxième livre des 'Macchabées'», RHR 130 (1945) 42-58.

a15206 LEVY, I., «Les deux Livres des Maccabées et le Livre hébraïque des Hasmonéens», Sem. 5 (1955) 15-36.

a15207 NEUHAUS, G.O., *Studien zu den poetischen Stücken im 1. Makkabäerbuch* (Forschung zur Bibel, 12) (Würzburg, Echter, 1974), 283 pp.

d) Textes. Texts. Texte. Testi. Textos.

Premier livre. Book One. Erstes Buch. Primo libro. Primer libro.

a15208 1,22   PELLETIER, A., «Le 'Voile' du temple de Jérusalem est-il devenu la 'Portière' du temple d'Olympie?» Syr. 32 (1955) 289-307.

a15209 2,57   BORDREUIL, P., «Les 'grâces de David' et 1 Maccabées ii 57», VT 31 (1981) 73-76.

a15210 4,15   EISSFELDT, O., «*yᵉhud* Jos. 19,45 und *ê Ioudaia* 1. Makk. 4,15 = *el-jehudije*», ZDPV 54 (1931) 271-278.

a15211 9,15   VAN HENTEN, J.W., «Der Berg Asdod. Überlegungen zu 1. Makk. 9,15», JStJud 14 (1983) 43-51.

a15212 10,25-45   MURPHY-O'CONNOR, J., «Demetrius I and the Teacher of Righteousness», RB 83 (1976) 400-420.

a15213 12,20-23   WIRGIN, W., «Judah Maccabee's Embassy to Rome and the Jewish-Roman Treaty», PEQ 101 (1969) 15-20.

a15214 14,35-49   SIEVERS, J., «The High Priesthood of Simon Maccabeus: An Analysis of 1 Macc 14:35-49», dans *Society of Biblical Literature. 1981 Seminar Papers* (en collab.) (1981), 309-318.

a15215 14,41   WIRGIN, W., «Simon Maccabaeus and the *Prophetes Pistos*», PEQ 103 (1971) 35-41.

a15216 15,15-24   WIRGIN, W., «Simon Maccabaeus' Embassy to Rome - Its Purpose and Outcome», PEQ 106 (1974) 141-146.

Deuxième livre. Book Two. Zweites Buch. Secondo libro. Segundo libro.

a15217 1,10-2,18   WACHOLDER, B.Z., «The Letter from Judah Maccabee to Aristobulus: Is 2 Maccabees 1:10b-2:18 Authentic?» HUCA 49 (1978) 89-133.

a15218 6,7   VANKERKAM, J.C., «2 Maccabees 6,7a and Calendrical Change in Jerusalem», JStJud 12 (1981) 52-74.

a15219 6,8   BUNGE, J.G., «Die sogenannte Religionsverfolgung Antiochus IV. Ephiphanes und die griechischen Städte», JStJud 10 (1979) 155-165.

a15220 7   ARENHOEVEL, D., «Die Hoffnung auf die Auferstehung. Eine Auslegung von Makk 7», BiLeb 5 (1964) 36-42.

a15221   KELLERMANN, U., *Auferstanden in den Himmel*. 2 Makkabäer 7 und die Auferstehung der Märtyrer (Stuttgarter Bibelstudien, 95) (Stuttgart, Katholisches Bibelwerk, 1979), 156 pp.

a15222   DORAN, R., «The Martyr: A Synoptic View of the Mother and Her Seven Sons», dans *Ideal Figures in Ancient Judaism* (en collab.) (1980), 189-221.

a15223 11,5   NELIS, J.T., «La distance de Beth-Sur à Jérusalem suivant 2 Mac. 11,5», JStJud 14 (1983) 39-42.

a15224 12,42-45 ALONSO DIAZ, J., «¿Existe una purificatión ultraterrena? La respuesta del judaísmo bíblico», BibFe 3 (1977) 259-275.

e) Divers. Miscellaneous. Verschiedenes. Diversi. Diversos.

a15225 CASPER, J., «Helden der Makkabäerzeit», BiLit 11 (1936-37) 19-22, 37-41.

a15226 MÖLLEKEN, W., «Geschichtsklitterung im I. Makkabäerbuch (Wann wurde Alkimus Hoherpriester?)», ZAW 65 (1953) 205-228.

a15227 WILLIAMS, S.K., *Jesus' Death as Saving Event*, «Traditions of the Maccabean Martyrs from Daniel to II Maccabees and Josephus» (1975), 59-90.

a15228 BURGMANN, H., «Der Gründer der Pharisäergenossenschaft. Der Makkabäer Simon», JStJud 9 (1978) 153-191.

a15229 ARTOLA, A.-M., «¿Qué enseñó el P. Lessio acerca de la inspiración del Libro 2.º de los Macabeos?» dans *Homenaje a Juan Prado* (en collab.) (1975), 245-278.

IV. LIVRES POÉTIQUES ET SAPIENTIAUX. POETIC AND SAPIENTAL BOOKS. DIE LEHRBÜCHER. LIBRI POETICI E SAPIENZIALI. LIBROS POÉTICOS Y SAPIENCIALES.

1. Introduction. Einleitung. Introduzione. Introducción.

a) Sagesse extrabiblique. Extrabiblical Wisdom. Ausserbiblische Weisheit. Sagezza extrabiblica. Sabiduría extrabíblica.

a15230 COLLESS, B.E., «Divine Education», Numen 17 (1970) 118-143.

a15231 OLIVIER, J.P.J., «Schools and Wisdom Literature», JNWSemL 4 (1975) 49-60.

a15232 MARZAL, A., *Gleanings from the Wisdom of Mari* (Studia Pohl, 11) (Rome, Biblical Institute Press, 1976), 150 pp.

a15233 WERBLOWSKY, R.J.Z., «Greek Wisdom and Proficiency in Greek», dans *Mélanges offerts à Marcel Simon* (en collab.) (1978), 55-60.

a15234 BRYCE, G.E., *A Legacy of Wisdom*. The Egyptian Contribution to the Wisdom of Israel (Lewisburg, Bucknell University Press; Cranbury, New Jersey, London, Associated University Presses, 1979), 336 pp.

a15235 BEARDSLEE, W.A., «Plutarch's Use of Proverbial Forms of Speech», Semeia 17 (1980) 101-112.

*a*15236 GESE, H., «Wisdom literature in the Persian period», dans *The Cambridge History of Judaism* (en collab.) (1984), I, 189-218.

b) *Sagesse biblique. Biblical Wisdom. Biblische Weisheit.*
   Sagezza biblica. Sabiduría bíblica.

*a*15237 ZIMMERLI, W., «Zur Struktur der alttestamentlichen Weisheit», ZAW 51 (1933) 177-204, dans *Studies in Ancient Israelite Wisdom* (en collab.) (1976), 175-207 (English Translation).
*a*15238 PFEIFFER, R.H., «Wisdom and Vision in the Old Testament», ZAW 52 (1934) 93-101, dans *Studies in Ancient Israelite Wisdom* (en collab.) (1976), 305-313.
*a*15239 GORDIS, R., «Quotations in Wisdom Literature», JQR 30 (1939/40) 123-147, dans *Studies in Ancient Israelite Wisdom* (en collab.) (1976), 220-244.
*a*15240 GORDIS, R., «The Social Background of Wisdom Literature», HUCA 18 (1944) 77-118.
*a*15241 PRIEST, J.F., «Where is Wisdom to Be Placed?» JAmAcRel 31 (1963) 275-282, dans *Studies in Ancient Israelite Wisdom* (en collab.) (1976), 281-288.
*a*15242 VISCHER, W., «Les Modèles de notre ministère pastoral dans l'Ancien Testament», ETR 40 (1965) 233-254.
*a*15243 CELADA, B., «La sabiduría de Salomón», CuBi 23 (1966) 112-113.
*a*15244 CELADA, B., «Pensamiento laico en la Biblia. La sabiduría popular incorporada a la Biblia», CuBi 23 (1966) 173-176.
*a*15245 MÜLLER, H.-P., «Magisch-mantische Weisheit und die Gestalt Daniels», UF 1 (1969) 79-94.
*a*15246 FOHRER, G., «Sophia», dans *Kittel's Theological Dictionary of the New Testament*, VII (Grand Rapids, Eerdmans, 1971), 476-496, dans *Studies in Ancient Israelite Wisdom* (en collab.), 63-83 (English Translation).
*a*15247 BRYCE, G.E., «'Better'-Proverbs: An Historical and Structural Study», dans *Society of Biblical Literature. 1972 Proceedings* (en collab.) (1972), 343-354.
*a*15248 GISPEN, W.H., «What is Wisdom in the Old Testament?» dans *Travels in the World of the Old Testament* (en collab.) (1974), 75-79.
*a*15249 LANG, B., *Frau Weisheit.* Deutung einer biblischen Gestalt (Düsseldorf, Patmos-Verlag, 1975), 204 pp.
*a*15250 MURPHY, R.E., «Wisdom and Yahwism», dans *No Famine in the Land* (en collab.) (1975), 117-126.
*a*15251 WILKEN, R.L. (Ed.), *Aspects of Wisdom in Judaism and Early Christianity* (Notre Dame, University of Notre Dame Press, 1975), 218 pp.
*a*15252 BEAUCHAMP. P., *L'un et l'autre Testament* (1976), «Les sages», 106-135; «Le livre», 136-199.
*a*15253 CRENSHAW, J.L. (Ed.), *Studies in Ancient Israelite Wisdom* (New York, Ktav Press, 1976), 142 pp.
*a*15254 CRENSHAW, J.L., «Studies in Ancient Israelite Wisdom: Prolegomenon», dans *Studies in Ancient Israelite Wisdom* (en collab.) (1976), 1-60 (bibliography).
*a*15255 DUBARLE, A.-M., *La manifestation naturelle de Dieu d'après l'Écriture* (1976), «La sagesse est-elle une étrangère en Israël?» 105-112; «L'expérience et la foi dans les livres sapientiaux», 112-123.
*a*15256 SACCHI, P., «La protesta nella Sapienza», RivB 24 (1976) 137-163.
*a*15257 BEAUCHAMP, P., «Jésus-Christ n'est pas seul. L'accomplissement des Écritures dans la Croix», RSR 65 (1977) 243-278.

*a*15258 RENDTORFF, R., «Geschichtliches und weisheitliches Denken im Alten Testament», dans *Beiträge zur Alttestamentlichen Theologie* (en collab.) (1977), 344-353.

*a*15259 En collaboration, «Aux racines de la sagesse», CE (n.s.) nº 28 (1979) 64 pp.

*a*15260 CRENSHAW, J.L., «Questions, dictons et épreuves impossibles», dans *La Sagesse de l'Ancien Testament* (en collab.) (1979), 96-111.

*a*15261 EMERTON, J.A., «Wisdom», dans *Tradition and Interpretation* (en collab.) (1979), 214-237.

*a*15262 PEREZ, G., «Humanismo y religión en los sabios de Israel», Salm 26 (1979) 349-383; 27 (1980) 5-33.

*a*15263 RAURELL, F., «La literatura sapiencial bíblica», EstF 80 (1979) 101-147 (panorama bibliográfico, grandes temas).

*a*15264 THOMAS, J.H., «Philosophy and the Critical Study of Wisdom Literature», HeyJ 20 (1979) 290-293.

*a*15265 COLLINS, J.J., «Proverbial Wisdom and the Yahwist Vision», Semeia 17 (1980) 1-17.

*a*15266 CRENSHAW, J.L., «Impossible Questions, Sayings, and Tasks», Semeia 17 (1980) 19-34.

*a*15267 GILBERT, M., «Maestri di saggezza e Sapienza di Dio», dans *Annunciare Cristo ai giovani* (en collab.) (1980), 91-107.

*a*15268 SHEPPARD, G.T., *Wisdom as a Hermeneutical Construct. A Study in the Sapientializing of the Old Testament* (BZAW 151) (Berlin, De Gruyter, 1980), xii-178 pp.

*a*15269 CRENSHAW, J.L., «Wisdom and authority: sapiential rhetoric and its warrants», dans *Congress Volume. Vienna 1980* (en collab.) (1981), 10-29.

*a*15270 GILBERT, M., «Jérémie en conflit avec les sages?» dans *Le livre de Jérémie* (en collab.) (BETL 44) (1981), 105-118.

*a*15271 MURPHY, R.E., *Wisdom Literature,* «Introduction to Wisdom Literature» (1981), 1-12.

*a*15272 NEL, P.J., «The Genres of Biblical Wisdom Literature», JNWSemL 9 (1981) 129-142.

*a*15273 NEL, P.J., «Authority in the Wisdom Admonitions», ZAW 93 (1981) 418-426.

*a*15274 PERDUE, L.G., «Liminality as a Social Setting for Wisdom Instructions», ZAW 93 (1981) 114-126.

*a*15275 RÜGER, H.P., «Die gestaffelten Zahlensprüche des Alten Testaments und aram. Achikar 92», VT 31 (1981) 229-234.

*a*15276 MURPHY, R., «Prophètes et sages comme fauteurs de contradiction», Conci nº 178 (1982) 89-96.

2. Job. Hiob. Giobbe. Job.

a) Introduction. Einleitung. Introduzione. Introducción.

*a*15277 CASPER, J., «Job, ein Held im Leid», BiLit 10 (1935-36) 497-498.

*a*15278 WILDBERGER, H., «Das Hiobproblem und seine neueste Deutung», *Reformatio* 3 (1954) 355-364, 439-448, dans *Jahwe und sein Volk* (1979), 9-27.

*a*15279 TSEVAT, M., «The Meaning of the Book of Job», HUCA 37 (1966) 73-106, dans *Studies in Ancient Israelite Wisdom* (en collab.) (1976), 341-374.

*a*15280 HOLMGREN, F., «Barking Dogs Never Bite, Except Now and Then: Proverbs and Job», AThR 61 (1969) 341-353.

*a*15281 MÜLLER, H.-P., «Altes und Neues zum Buch Hiob», EvT 37 (1977) 284-304.

*a*15282 PREUSS, H.D., «Jahwes Antwort an Hiob und die sogenannte Hiobliteratur des alten Vorderen Orients», dans *Beiträge zur Alttestamentlichen Theologie* (en collab.) (1977), 323-343.

*a*15283 ROBERTS, J.J.M., «Job and the Israelite Religious Tradition», ZAW 89 (1977) 107-114.

*a*15284 GOLDSCHMIDT, H.L., «Hiob einst und immer», dans *Israel hat dennoch Gott zum Trost* (en collab.) (1978), 20-30.

*a*15285 NEMO, P., *Job et l'excès du mal* (Paris, Bernard Grasset, 1978), 247 pp.

*a*15286 BAKER, J.A., «The Book of Job: Unity and Meaning», dans *Studia Biblica 1978. I. Papers on Old Testament* (en collab.) (1979), 17-26.

*a*15287 MacKENZIE, R.A.F., «The Transformation of Job», BTB 9 (1979) 51-57.

*a*15288 OBERFORCHER, R., «Abraham, Jeremia, Ijob. Typen des von Gott beanspruchten Menschen», BiLit 52 (1979) 183-191.

*a*15289 SCAFELLA, F., «A Reading of Job», JSOT no 14 (1979) 63-67.

*a*15290 LANG, B., «Neue Literatur zum Buch Ijob», TQ 160 (1980) 140-143.

*a*15291 ALBERTZ, R., «Der sozialgeschichtliche Hintergrund des Hiobbuches und der 'Babylonischen Theodizee'», dans *Die Botschaft und die Boten* (en collab.) (1981), 349-372.

*a*15292 BERG, W., «Gott und der Gerechte in der Rahmenerzählung des Buches Ijob», MüTZ 32 (1981) 206-221.

*a*15293 KINET, D., «Der Vorwuf an Gott. Neuere Literatur zum Ijobbuch», BiKi 36 (1981) 255-259.

*a*15294 MORA, V., «Jonas», CE no 36 (1981) 64 pp.

*a*15295 MURPHY, R.E., *Wisdom Literature* (1981), «Job», 13-45.

*a*15296 VOGELS, W., «The Spiritual Growth of Job: A Psychological Approach», BTB 11 (1981) 77-80.

*a*15297 WELLENS, A., «Job», CHR 28 (1981) 340-349.

*a*15298 BOCHET, M., «Job dans la littérature», Conci no 189 (1983) 117-123.

*a*15299 FOHRER, G., «Überlieferung und Wandlung der Hioblegende», dans FOHRER, G., *Studien zum Buche Hiob (1956-1979)* (1983), 37-59.

*a*15300 MacKENZIE, R., «L'arrière-plan culturel et religieux du livre de Job», Conci no 189 (1983) 11-18.

b) Commentaires. Commentaries. Kommentare. Commenti. Comentarios.

*a*15301 ROWLEY, H.H., *Job* (New Century Bible) (London, Oliphants, 1970, 1976), xix-281 pp.

*a*15302 WEISER, A., *Das Buch Hiob.* 6., durchgesehene Auflage (ATD 13) (Göttingen, Vandenhoeck & Ruprecht, 1974), 272 pp.

*a*15303 HABEL, N.C., *The Book of Job* (The Cambridge Bible Commentary) (Cambridge, Cambridge University Press, 1975), 240 pp.

*a*15304 ANDERSEN, F.I., *Job.* An Introduction and Commentary (Tyndale Old Testament Commentaries) (London and Downer's Grove, IL, Inter-Varsity Press, 1976), 294 pp.

*a*15305 GORDIS, R., *The Book of Job.* Commentary, New Translation and Special Studies (Moreshet Series, Studies in Jewish History, Literature and Thought, 2) (New York, Jewish Theological Seminary of America, 1978), xxxiii-602 pp.

*a*15306 HESSE, F., *Hiob* (Zürcher Bibelkommentare A.T., 14) (Zürich, Theologischer Verlag, 1978), 218 pp.

*a*15307 ROWLEY, H.H., *The Book of Job* (The New Century Bible Commentary) (Grand Rapids, Michigan, Eerdmans; London, Marshall, Morgan & Scott, 1980), xx-281 pp.

a15308 DE WILDE, A., *Das Buch Hiob* eingeleitet, übersetz und erlautert (Oudtestamentische Studiën, xxii) (Leiden, Brill, 1981), xiv-418 pp.

a15309 MURPHY, R.E., *Wisdom Literature.* Job, Proverbs, Ruth, Canticles, Ecclesiastes, and Esther (The Forms of the Old Testament Literature, 13) (Grand Rapids, Michigan, Eerdmans, 1981), xiv-185 pp.

a15310 BERGANT, D., *Job, Ecclesiastes* (Old Testament Message, A Biblical-Theological Commentary, 18) (Wilmington, Delaware, Michael Glazier; Dublin, Gill & Macmillan, 1982), 295 pp.

a15311 ALONSO SCHÖKEL, L., SICRE DIAZ, J.L., *Job.* Comentario teológico y literario (Nueva Biblia Española (Madrid, Ediciones Cristiandad, 1983), 634 pp.

c) Critique textuelle. Textual Criticism. Textkritik. Critica testuale. Crítica textual.

a15312 DE LANGE, N.R.M., «Some new fragments of Aquila on Malachi and Job?» VT 30 (1980) 291-294.

a15313 SCHALLER, B., «Zum Textcharakter der Hiobzitate im paulinischen Schrifttum», ZNW 71 (1980) 21-36.

a15314 SCHALLER, B., «Das Testament Hiobs und die Septuaginta-Übersetzung des Buches Hiobs», Bibl 61 (1980) 377-406.

d) Critique littéraire. Literary Criticism. Literarkritik. Critica letteraria. Crítica literaria.

a15315 KROEZE, J.H., «Die Elihu-reden im Buche Hiob», OTS 2 (1943) 156-170.

a15316 FOHRER, G., «Der innere Aufbau des Buches Hiob», TZ 15 (1959) 1-21, dans FOHRER, G., *Studien zum Buche Hiob (1956-1979)* (1983), 1-18.

a15317 FOHRER, G., «Zur Vorgeschichte und Kompositiion des Buches Hiob», VT 6 (1959) 249-267, dans FOHRER, G., *Studien zum Buche Hiob (1956-1979)* (1983), 19-36.

a15318 FOHRER, G., «Form und Funktion in der Hiobdichtung», *Zeitschrift der Deutschen Morgenländischen Gesellschaft* 109 (1959) 31-49, dans FOHRER, G., *Studien zum Buche Hiob (1956-1979)* (1983), 60-77.

a15319 FREEDMAN, D.N., «Orthographic Peculiarities in the Book of Job», ErIs 9 (1969) 35-44.

a15320 UBROCK, W.J., «Formula and Theme in the Song-Cycle of Job», dans *Society of Biblical Literature. 1972 Proceedings* (en collab.) (1972), 459-487.

a15321 SNAITH, N., «The Introductions to the Speeches of Job - Are They in Prose or in Verse», Textus 8 (1973) 133-137.

a15322 DAHOOD, M., «Chiasmus in Job: A Text-Critical and Philological Criterion», dans *A Light unto My Path* (en collab.) (1974), 119-130.

a15323 BOADT, L., «A Re-examination of the Third-Yod Suffix in Job», UF 7 (1975) 59-72.

a15324 CERESKO, A.R., «The A:B::B:A Word Pattern in Hebrew and Northwest Semitic with Special Reference to the Book of Job», UF 7 (1975) 73-88.

a15325 URBROCK, W.J., «Oral Antecedents to Job: A Survey of Formulas and Formulaic Systems», Semeia 5 (1976) 111-137.

a15326 ALONSO SCHÖKEL, L., «Toward a Dramatic Reading of the Book of Job», Semeia 7 (1977) 45-61.

a15327 BRUEGGEMANN, W., «A Neglected Sapiential Word Pair», ZAW 89 (1977) 234-258.

a15328 CRENSHAW, J., «The Twofold Search: A Response to Luis Alonso Schökel», Semeia 7 (1977) 63-69.

*a*15329 MILES, J.A., Jr., «Gagging on Job, or The Comedy of Religious Exhaustion», Semeia 7 (1977) 71-126.

*a*15330 POLZIN, R., «John A. Miles on the Book of Job: A Response», Semeia 7 (1977) 127-133.

*a*15331 POLZIN, R.M., *Biblical Structuralism*. Method and Subjectivity in the Study of Ancient Texts (Semeia Supplements) (Philadelphia, Fortress Press; Missoula, Montana, Scholars Press, 1977), «An Attempt at Structural Analysis: The Book of Job», 54-125.

*a*15332 ROBERTSON, D., «The Comedy of Job: A Response», Semeia 7 (1977) 41-44.

*a*15333 URBROCK, W.J., «Reconciliation of Opposites in the Dramatic Ordeal», Semeia 7 (1977) 147-154.

*a*15334 WESTERMANN, C., *Der Aufbau des Buches Hiob*. 2., erweiterte Auflage (Calwer Theologische Monographien, Reihe A, 6) (Stuttgart, Calwer Verlag, 1977), 149 pp.

*a*15335 WHEDBEE, W., «The Comedy of Job», Semeia 7 (1977) 1-39.

*a*15336 WILLIAMS, J.G., «Comedy, Irony, Intercession: A Few Notes in Response», Semeia 7 (1977) 135-145.

*a*15337 REDDY, M.P., «The Book of Job - A Reconstruction», ZAW 90 (1978) 59-94.

*a*15338 WILLIAMS, J.G., «Deciphering the Unspoken: The Theophany of Job», HUCA 49 (1978) 59-72.

*a*15339 FOHRER, G., «Dialog und Kommunikation im Buche Hiob», dans *La Sagesse de l'Ancien Testament* (en collab.) (1979), 219-230. dans FOHRER, G., *Studien zum Buche Hiob (1956-1979)* (1983), 135-146.

*a*15340 KUBINA, V., *Die Gottesreden im Buche Hiob* (Freiburger theologische Studien, 115) (Freiburg, Herder, 1979), 168 pp.

*a*15341 PATRICK, D., «Job's Address of God», ZAW 91 (1979) 268-282.

*a*15342 SAWYER, J.F.A., «The Authorship and Stucture of the Book of Job», dans *Studia Biblica 1978. I. Papers on Old Testament* (en collab.) (1979), 253-257.

*a*15343 CRÜSEMANN, F., «Hiob und Kohelet. Ein Beitrag zum Verständnis des Hiobbuches», dans *Werden und Wirken des Alten Testament* (en collab.) (1980), 373-393.

*a*15344 HOFFMANN, R.-E., «Eine Parallele zur Rahmenerzählung des Buches Hiob in 1 Chr 7 20-29?» ZAW 92 (1980) 120-132.

*a*15345 VOGELS, W., «Job a parlé correctement. Une approche structurale du livre de Job», NRT 102 (1980) 835-852.

*a*15346 DORNISCH, L., «The Book of Job and Ricoeur's Hermeneutics», Semeia 19 (1981) 3-21.

*a*15347 DUNN, R.P., «Speech and Silence in Job», Semeia 19 (1981) 99-103.

*a*15348 GORDIS, R., «Virtual quotations in Job, Sumer and Qumran», VT 31 (1981) 410-427.

*a*15349 HOFFMAN, Y., «The relation between the prologue and the speech-cycles in Job. A reconsideration», VT 31 (1981) 160-170.

*a*15350 JACOBSON, R., «Satanic Semiotics, Jobian Jurisprudence», Semeia 19 (1981) 63-71.

*a*15351 LÉVÊQUE, J., «La datation du livre de Job», dans *Congress Volume. Vienna 1980* (en collab.) (1981), 206-219.

*a*15352 OLSON, A.M., «The Silence of Job as the Key to the Text», Semeia 19 (1981) 113-119.

*a*15353 PELLAUER, D., «Reading Ricoeur Reading Job», Semeia 19 (1981) 73-83.

*a*15354 COOPER, A., «Narrative theory and the Book of Job», SR 11 (1982) 35-44.

*a*15355 HUBERMAN SCHOLNICK, S,. «The Meaning of *mišpat* in the Book of Job», JBL 101 (1982) 521-529.

*a*15356 KNOCKAERT, A., VAN DER PLANCKE, C., «Le retour du conte biblique: Jonas 'à la une'», LVit 37 (1982) 367-376.

*a*15357 CLINES, D.J.A., «In search of the Indian Job», VT 33 (1983) 398-418.

*a*15358 KUTSCH, E., «Die Textgliederung im hebräischen Ijobbuch sowie in 4QTgJob und in 11QTgJob», BZ 27 (1983) 221-228.

*a*15359 VOGELS, W., «The Inner Development of Job. One more look at psychology and the Book of Job», SE 35 (1983) 227-230.

e) Théologie. Theology. Theologie. Teologia. Teología.

*a*15360 KNIGHT, H., «Job (considered as a contribution to Hebrew Theology)», SJTh 9 (1956) 63-76.

*a*15361 VON RAD, G., *Gottes Wirken in Israel* (1974), «Die Erzählung von den Leiden Hiobs» (1961), 79-84.

*a*15362 KRINETZKI, L., «Ich weiss, mein Anwalt lebt. Die Botschaft des Buches Job», BiKi 20 (1965) 8-12.

*a*15363 VON RAD, G., *Gottes Wirken in Israel* (1974), «Die Diskussion über die Leiden Hiobs» (1974), 85-90.

*a*15364 ALONSO DIAZ, J., «La experiencia de Job en la órbita del amor de Dios», BibFe 1 (1975) 66-81.

*a*15365 KAHN, J.H., *Job's Illness*. Loss, Grief and Integration. A Psychological Interpretation (Oxford, Pergamon Press, 1975), lxiv-166 pp.

*a*15366 LACOCQUE, A., «Est-ce gratuitement que Job craint Dieu?» dans *Mélanges André Neher* (en collab.) (1975), 175-179.

*a*15367 EWING, W.B., *Job: a Vision of God* (New York, Seabury Press, 1976), xii-178 pp.

*a*15368 HABEL, N., «'Only the Jackal Is My Friend'. On Friends and Redeemers in Job», Interpr 31 (1977) 227-236.

*a*15369 ROBERTSON, D., «The Comedy of Job: A Response», Semeia 7 (1977) 41-44.

*a*15370 COX, D., *The Triumph of Impotence*. Job and the Tradition of the Absurd (Analecta Gregoriana, 212) (Roma, Università Gregoriana Editrice, 1978), 187 pp.

*a*15371 LAFONT, C., «L'excès du malheur et la reconnaissance de Dieu», NRT 101 (1979) 724-739.

*a*15372 PERANI, M., «Crisi della sapienza e ricerca di Dio nel libro di Giobbe», RivB 18 (1980) 157-184.

*a*15373 TSEVAT, M., *The Meaning of the Book of Job and Other Biblical Studies*. Essays on the Literature and Religion of the Hebrew Bible (Ktav, New York, Institute for Jewish Studies, 1980), viii-216 pp.

*a*15374 RAURELL, F., «Job's ethic and God's freedom», TDig 29 (1981) 133-137.

*a*15375 GESE, H., «Die Frage nach dem Lebenssinn: Hiob und die Folgen», ZTK 79 (1982) 161-179.

*a*15376 ALONSO SCHÖKEL, L., «La réponse de Dieu», Conci nᵒ 189 (1983) 75-84.

*a*15377 KINET, D., «L'ambiguïté des représentations de Dieu et de Satan dans le livre de Job», Conci nᵒ 189 (1983) 55-63.

*a*15378 LÉVÊQUE, J., «Tradition et trahison dans les discours des amis», Conci nᵒ 189 (1983) 67-74.

*a*15379 MOORE, R.D., «The Integrity of Job», CBQ 45 (1983) 17-31.

f) Textes. Texts. Texte. Testi. Textos.

*a*15380 1-2   WEISS, M., *The Story of Job's Beginning*. Job 1-2: A Literary Analysis (Publications of the Perry Foundation for Biblical Research in the Hebrew University of Jerusalem) (Jerusalem, Magnes Press, 1983), 84 pp.

a15381 1,9 LACOCQUE, A., «Est-ce gratuitement que Job craint Dieu?» dans *Mélanges André Neher* (en collab.) (1975), 175-179.

a15382 1,18 BARR, J., HUGHES, J., «Hebrew '*ad*, especially at Job. i.18 and Neh. vii.3, with an additional note», JSS 27 (1982) 177-192.

a15383 2,10 EITAN, I., «Biblical Studies», HUCA 14 (1939) 1-22 (pp. 9-11).

a15384 2,12 HOUTMAN, C., «Zu Hiob 2 12», ZAW 90 (1978) 269-272.

a15385 3-28 WEBSTER, E.C., «Strophic Patterns in Job 3-28», JSOT nº 26 (1983) 33-60.

a15386 3,3-26 LORETZ, O., «Ugaritisch-hebräisch in Job 3,3-26. Zum Disput zwischen M. Dahood und J. Baar», UF 8 (1976) 123-127.

a15387 3,3-13 FISHBANE, M., «Jeremiah IV 23-26 and Job III 3-13: a recovered use of the creation pattern», VT 21 (1971) 151-167.

a15388 3,6 RENDSBURG, G., «Double Polysemy in Genesis 49:6 and Job 3:6», CBQ 44 (1982) 48-51.

a15389 4-5 HOFFMAN, Y., «The use of equivocal words in the first speech of Eliphaz (Job iv-v)», VT 30 (1980) 114-119.

a15390 4 ASENSIO, F., «La visión de Elifaz y su proyección sapiencial», EstB 35 (1976) 145-163.

a15391 4,10 EITAN, I., «Biblical Studies», HUCA 14 (1939) 1-22 (pp. 11-12).

a15392 4,12-26 LUST, J., «A Stormy Vision. Some Remarks on Job 4,12-26 (Notitie)», Bijdr. 36 (1975) 308-311.

a15393 4,13 CLINES, D.J.A., «Job 4,13: A Byronic Suggestion», ZAW 92 (1980) 289-291.

a15394 4,15 PAUL, S.M., «Job 4 15 - A Hair Raising Encounter», ZAW 95 (1983) 119-121.

a15395 4,19 RIMBACH, J.A., «Crushed before the Moth (Job 4:19)», JBL 100 (1981) 244-246.

a15396 4,20-21 CLINES, D.J.A., «Verb modality and the interpretation of Job iv 20-21», VT 30 (1980) 354-357.

a15397 5,1-8 CLINES, D.J.A., «Job 5,1-8: A New Exegesis», Bibl 62 (1981) 185-194.

a15398 5,3 EITAN, I., «Biblical Studies», HUCA 14 (1939) 1-22 (pp. 12-13).

a15399 5,8 PAUL, S.M., «Unrecognized Biblical Legal Idioms in the Light of Comparative Akkadian Expressions», RB 86 (1979) 231-239.

a15400 6,6 MILLARD, A.R., «What has no Taste? (Job 6:6)», UF 1 (1969) 210.

a15401 6,10 MERS, H., «A note on Job vi 10», VT 32 (1982) 234-236.

a15402 9,21 PAUL, S.M., «An Unrecognized Medical Idiom in Canticles 6,12 and Job 9,21», Bibl 59 (1978) 545-547.

a15403 9,25 ZURRO, E., «Disemia de *brḥ* y paralelismo bifronte en Job 9,25», Bibl 62 (1981) 546-547.

a15404 10,18 LANG, B., «Job x 18 and the 'bones of Seth'», VT 30 (1980) 360-361.

a15405 14,20 HALPERN, B., «Yhwh's summary justice in Job xiv 20», VT 28 (1978) 472-474.

a15406 16,18-17,5 CURTIS, J.B., «On Job's Witness in Heaven», JBL 102 (1983) 549-562.

a15407 18,5 DAHOOD, M., «Further instances of the Breakup of stereotyped phrases in Hebrew», dans *Studia Hierosolymitana (Bagatti)* (en collab.) (1976), II, 9-19.

a15408 18,8 GERLEMAN, G., «*brglyw* as an Idiomatic Phrase», JSS 4 (1959) 59.

a15409 19,14-24 KUTSCH, E., «Text und Geschichte in Hiob xix. Zu Problemen in V. 14-15,20,23-24», VT 32 (1982) 464-484.

a15410	19,25	BEAUCAMP, É., «Le goël de Jb 19,25», LTP 33 (1977) 309-310.
a15411		BARRÉ, M.L., «A note on Job xix 25», VT 29 (1979) 107-110.
a15412	19,29	DAHOOD, M., «Further instances of the Breakup of stereoptyped phrases in Hebrew», dans *Studia Hierosolymitana (Bagatti)* (en collab.) (1976), II, 9-19.
a15413	20	HOLBERT, J.C., «'The skies will uncover his iniquity': satire in the second speech of Zophar (Job XX)», VT 31 (1981) 171-179.
a15414	20,14	PARDER, D., «*merôrāt-petanîm* 'Venom' in Job 20 14», ZAW 91 (1979) 401-416.
a15415	20,15	LORETZ, O., «Hebräisch *tjwš* und *jrš* in Mi 6,15 und Hi 20,15», UF 9 (1977) 353-354.
a15416	24,1-25	LORETZ, O., «Philologische und textologische Probleme in Hi 24,1-25», UF 12 (1980) 261-266.
a15417	26-27	GORDIS, R., «Virtual quotations in Job, Sumer and Qumran», VT 31 (1981) 410-427.
a15418	26,7	ROBERTS, J.J.M., «ṢĀPÔN in Job 26,7», Bibl 56 (1975) 554-557.
a15419	26,14	CELADA, B., «El pasaje que mejor representa el pensamiento de Job», CuBi 23 (1966) 364-365.
a15420	28	VAWTER, B., «Prov. 8:22: Wisdom and Creation», JBL 99 (1980) 205-216.
a15421		NICCACCI, A., «Giobbe 28», StBiFranc 31 (1981) 29-58.
a15422		PASSONI DELL'ACQUA, A., «L'elemento intermedio nella visione greca di alcuni testi sapienziali e dei Salmi», RivB 30 (1982) 79-90.
a15423	28,4	TSEVAT, M., «Some Biblical Notes», HUCA 24 (1952-53) 107-114.
a15424		DICK, M.B., «Job xxviii 4: a new translation», VT 29 (1979) 216-221.
a15425	28,27	HARRIS, S.L., «Wisdom or creation? A new interpretation of Job xxviii 27», VT 33 (1983) 419-427.
a15426	29-31	LÉVÊQUE, J., «Anamnèse et disculpation: la conscience du juste en Job, 29-31», dans *La Sagesse de l'Ancien Testament* (en collab.) (1979), 231-248.
a15427		CERESKO, A.R., *Job 29-31 in the Light of Northwest Semitic. A Translation and Philological Commentary* (Biblica et Orientalia, 36) (Rome, Biblical Institute Press, 1980), xiii-272 pp.
a15428		COX, D., «Structure and Function of the Final Challenge: Job 29-31», dans *Proceedings of the Irish Biblical Association* (en collab.), 5 (1981) 55-71.
a15429		HOLBERT, J.C., «The Rehabilitation of the Sinner: The Function of Job 29-31», ZAW 95 (1983) 229-237.
a15430	29	BELLIA, A.M., «Giobbe 29: una evangelizzazione sapienziale», dans *Evangelizare pauperibus* (en collab.) (1978), 261-275.
a15431	31	FOHRER, G., «The Righteous Man in Job 31», dans CRENSHAW, J.L., WILLIS, J.T. (Eds), *Essays in Old Testament Ethics* (New York, Ktav, 1974), 1-22, dans FOHRER, G., *Studien zum Buche Hiob (1956-1979)* (1983), 78-93.
a15432		DICK, M.B., «The Legal Metaphor in Job 31», CBQ 41 (1979) 37-50.
a15433		DICK, M.B., «Job 31, The Oath of Innocence, and the Sage», ZAW 95 (1983) 31-53.
a15434	31,27	COHEN, J.M., «An unrecognized connotation of *nšq peh* with special reference to three biblical occurrences», VT 32 (1982) 416-424.

*a*15435   32-37   FOHRER, G., «Die Weisheit des Elihu (Hi 32-37)», dans *Archiv für Orientforschung* 19 (1959/60) 83-94, dans FOHRER, G., *Studien zum Buche Hiob (1956-1979)* (1983), 94-113.

*a*15436   McKAY, J.W., «Elihu - A Proto-Charismatic?» ExpTim 90 (1979) 167-171.

*a*15437   32,13   YORK, A.D., «11 Q Tg. Job XXI,4-5 (Job 32,13)», RQum 9 (1977) 127-129.

*a*15438   32,19   GUILLAUME, A., «An Archaeological and Philological Note on Job XXXII,19», PEQ 93 (1961) 147-150.

*a*15439   33,14-30   ROSS, J.F., «Job 33:14-30: The Phenomenology of Lament», JBL 94 (1975) 38-46.

*a*15440   34,26   DAHOOD, M., «Ugaritic-Phoenician Forms in Job 34,36», Bibl 62 (1981) 548-550.

*a*15441   34,28-33   WEIL, H.M., «Exégèse de Jérémie, 23,33-40, et de Job, 34,28-33», RHR 118 (1938) 201-208.

*a*15442   38-42   PREUSS, H.D., «Jahwes Antwort an Hiob und die sogenannte Hiobliteratur des alten Vorderen Orients», dans *Beiträge zur Alttestamentlichen Theologie* (en collab.) (1977), 323-343.

*a*15443   MARTIN-ACHARD, R., *Et Dieu crée le ciel et la terre...* Trois études: Ésaïe 40 - Job 38-42 - Genèse 1 (Essais bibliques, 2) (Genève, Labor et Fides, 1979) 80 pp.

*a*15444   LACOCQUE, A., «Job or the Impotence of Religion and Philosophy», Semeia 19 (1981) 33-52.

*a*15445   FRANCOIS, Frère, «Une louange au-delà du désespoir», VS 136 (1982) 47-65.

*a*15446   38,1-42,6 KUBINA, V., *Die Gottesreden im Buche Hiob*. Ein Beitrag zur Diskussion um die Einheit von Hiob 38,1-42,6 (Freiburger Theologische Studien, 115) (Freiburg i. Br., Herder, 1979), 178 pp.

*a*15447   38-41   KELL, O., *Jahwes Entgegnung on Ijob*. Eine Deutung von Ijob 38-41 vor dem Hintergrund der zeitgenössischen Bildkunst (FRLANT 121) (Göttingen, Vandenhoeck & Ruprecht, 1978), 192 pp.

*a*15448   BRENNER, A., «God's answer to Job», VT 31 (1981) 129-137.

*a*15449   FOHRER, G., «Gottes Antwort aus dem Sturmwind (Hi 38-41)», TZ 18 (1962) 1-24, dans FOHRER, G., *Studien zum Buche Hiob (1956-1979)* (1983), 114-134.

*a*15450   38   BOLTON, F.J., «The Sense of the Text and a New Vision», Semeia 19 (1981) 87-90.

*a*15451   FOX, M.V., «Job 38 and God's Rhetoric», Semeia 19 (1981) 53-61.

*a*15452   38,36-38   KEEL, O., «Zwei kleine Beiträge zum Verständnis der Gottesreden im Buch Ijob (xxxviii 36f., xl 25)», VT 31 (1981) 220-225.

*a*15453   39,23   BORGER, R., «Hiob XXXIX 23 nach dem Qumran-Targum», VT 27 (1977) 102-105.

*a*15454   39,27-28   DRIVER, G.R., «Job 39:27-28: The Ky-Bird», PEQ 104 (1972) 64-66.

*a*15455   40-41   RUPRECHT, E., «Das Nilpferd im Hiobbuch», VT 21 (1971) 209-231.

*a*15456   40,4-5   CURTIS, J.B., «On Job's Response to Yahweh», JBL 98 (1979) 497-511.

*a*15457   40,9-12   LOFFREDA, S., «Raffronto fra un testo ugaritico (2 *Aqhat* VI,42-45) e Giobbe 40,9-12», BibOr 8 (1966) 103-116.

*a*15458   40,15-41,26   GAMMIE, J.G., «Behemoth and Leviathan: On the Didactic and Theological Significance of Job 40:15-41:26», dans *Israelite Wisdom* (en collab.) (1978), 217-231.

*a*15459   40,15-24   COUROYER, B., «Qui est Béhémoth? Job, XL,15-24», RB 82 (1975) 418-443.

*a*15460   40,19-20   COUROYER, B., «Le 'glaive' de Béhémoth: Job, XL,19-20», RB 84 (1977) 59-79.

*a*15461   40,25   KEEL, O., «Zwei kleine Beiträge zum Verständnis der Gottesreden im Buch Ijob (xxxviii 36f., xl 25)», VT 31 (1981) 220-225.

*a*15462   42,2-6   CURTIS, J.B., «On Job's Response to Yahweh», JBL 98 (1979) 497-511.

*a*15463   42,6   PATRICK, D., «The translation of Job xlii 6», VT 26 (1976) 369-371.

*a*15464   KAPLAN, L.J., «Maimonides, Dale Patrick, and Job xlii 6», VT 28 (1978) 356-358.

*a*15465   42,7-17   BATTEN, L.W., «The Epilogue to the Book of Job», AThR 15 (1933) 125-128.

*a*15466   42,7-9   FORREST, R.W.E., «An inquiry into Yahweh's commendation of Job», SR 8 (1979) 159-168.

g) Divers. Miscellaneous. Verschiedenes. Diversi. Diversos.

*a*15467   GIBSON, J.C.L., «Eliphaz the Temanite: portrait of a Hebrew philosopher», SJTh 28 (1975) 259-272.

*a*15468   MORENO, A.G., «Juan de Pineda y el Libro de Job», EstB 35 (1976) 23-47, 165-185.

*a*15469   MOTTU, H., «La figure de Job chez Bloch», RTP 27 (1977) 307-320.

*a*15470   MÜLLER, H.-P., «Keilschriftliche Parallelen zum biblischen Hiobbuch. Möglichkeit und Grenze des Vergleichs», Or. 47 (1978) 360-375.

*a*15471   RIGNELL, L.G., «Comments on some cruces interpretum in the Book of Job», ASTI 11 (1978) 111-118 (8,4.6; 37,7; 3,24a; 6,21a; 9,11; 10,1b-c.16a; 11,10; 18,2a; 20,2; 24,18-20a; 30,24).

*a*15472   CELADA, B., «El profesor argentino Severino Croatto nos brinda una clave hermenéutica de la teología en el libro de Job», CuBi 36 (1979) 197-210.

*a*15473   RAO, S.P., REDDY, M.P., «Job and his Satan - Parallels in Indian Scripture», ZAW 91 (1979) 416-422.

*a*15474   MÜLLER, H.-P., «Welt als 'Wiederholung'. Sören Kierkegaards Novelle als Beitrag zur Hiob-Interpretation», dans *Werden und Wirken des Alten Testaments* (en collab.) (1980), 355-372.

*a*15475   RAURELL, F., «Job llegit per E. Bloch», EstF 81 (1980) 403-427.

*a*15476   STROLZ, W., «Die Hiob-Interpretation bei Kant, Kierkegaard und Bloch», Kairos 23 (1981) 75-87.

3. Psaumes. Psalms. Psalmen. Salmi. Salmos.

a) Introduction. Einleitung. Introduzione. Introducción.

*a*15477   STENTA, N., «Die Welt der Psalmen», BiLit 10 (1935-36) 52-56.

*a*15478   MARTIN SANCHEZ, B., «El libro de los Salmos», CuBi 19 (1962) 39-44.

*a*15479   WOLVERTON, W.I., «The Meaning of the Psalms», AThR 47 (1965) 16-33.

*a*15480   GOEKE, H., «Das fremde Gesangbuch - Hilfen zum Verständnis und zur Arbeit mit den Psalmen», BiKi 26 (1971) 114-118.

a15481   BEAUCAMP, É., «Le psautier. Fondements théologiques», SDB 9 (1973) col. 166-187.
a15482   BALY, D., *God and History in the Old Testament,* «The Dead Do Not Praise YHWH» (1976), 133-146.
a15483   HAYES, J.H., *Understanding the Psalms* (Valley Forge, Judson Press, 1976), 128 pp.

b) *État de la recherche. Psalms Research. Psalmenforschung. Ricerca sui Salmi. Investigación sobre los Salmos.*

a15484   MONTGOMERY, J.A., «Recent Developments in the Study of the Psalter», AThR 16 (1934) 185-198.
a15485   SCHILDENBERGER, J., «Die Psalmen. Eine Übersicht über einige Psalmenwerke der Gegenwart», BiLeb 8 (1967) 220-231.
a15486   SAUER, G., «Die Ugaritistik und die Psalmenforschung, II», UF 6 (1974) 401-406; 10 (1978) 357-386.
a15487   NEUMANN, P.H.A. (Hrsg.), *Zur neueren Psalmenforschung* (Wege der Forschung, 192) (Darmstadt, Wissenschaftliche Buchgesellschaft, 1976), vi-484 pp.
a15488   HUNT, I., «Recent Psalm Study», Wor 51 (1977) 127-144.
a15489   HUNT, I., «Recent Psalm Study: Individual Psalms and Verses», Wor 52 (1978) 245-258.
a15490   HUNT, I., «Recent Psalm Study», Wor 53 (1979) 221-241.
a15491   STENDEBACH, F.-J., «Die Psalmen in der neueren Forschung», BiKi 35 (1980) 60-70.
a15492   FEININGER, B., «A Decade of German Psalm Criticism», JSOT n° 20 (1981) 91-103.
a15493   SEYBOLD, K., «Beiträge zur Psalmenforschung», TRu 46 (1981) 1-18.

c) *Commentaires. Commentaries. Kommentare. Commenti. Comentarios.*

a15494   ESTERSON, S.I., «The Commentary of Rabbi David Kimhi on Psalms 42-72», HUCA 10 (1935) 309-443.
a15495   EERDMANS, B.D., «Pss, I-CL», OTS 4 (1947) 91-610.
a15496   LORETZ, O., «Die Ugaritistik in der Psalmeninterpretation. Zum Abschluss des Kommentars von M. Dahood», UF 4 (1972) 167-169.
a15497   XXX, *La tradition médite le psautier chrétien.* Tome I, Psaumes 1-71; tome II, Psaumes 72-150 (Paris, Téqui, 1973, 1974), 805 pp.
a15498   En collaboration, *Psautier Chrétien avec bref commentaire spirituel* (Paris, Éditions Téqui, 1975), 502 pp.
a15499   KIDNER, D., *Psalms 73-150.* A Commentary on Books III, IV and V of the Psalms (Tyndale Old Testament Commentaries) (London, Inter-Varsity Press, 1975), viii-259-492 pp.
a15500   XXX, *Parole et Esprit du psautier chrétien* (Paris, Téqui, 1976), III, 470 pp.
a15501   BEAUCAMP, É., *Le Psautier* (Sources bibliques), tome 1: Ps 1-72; tome 2: Ps 73-150 (Paris, Gabalda, 1976, 1979), iv-72-331 pp., x-341 pp.
a15502   JACQUET, L., *Les Psaumes et le coeur de l'Homme.* Étude textuelle, littéraire et doctrinale. Tome II, Psaumes 42-100; tome III, Psaumes 101-150 (Gembloux, Duculot, 1977, 1979), 855-815 pp.
a15503   MÜHLENBERG, E., *Psalmenkommentare aus der Katenenüberlieferung* (Patristische Texte und Studien, 16, 19) (Berlin, New York, De Gruyter, 1977, 1978), Bände II-III, 398-293 pp.
a15504   ROGERSON, J.W., McKAY, J.W., *Psalms 1-50.* Commentary (The Cambridge Bible Commentary) (Cambridge, Cambridge University Press, 1977), xi-243 pp.

a15505 ROGERSON, J.W., McKAY, J.W., *Psalms 51-100*. Commentary (The Cambridge Bible Commentary) (Cambridge, Cambridge University Press, 1977), xi-236 pp.

a15506 ROBERSON, J.W., McKAY, J.W., *Psalms 101-150*. Commentary (The Cambridge Bible Commentary) (Cambridge, Cambridge University Press, 1977), xi-193 pp.

a15507 KRAUS, H.-J., *Psalmen*, 5., grundlegend übererbeitete und verändertete Auflage (BK.AT 15) (Neukirchen-Vluyn, Neukirchener Verlag, 1978), 2 Bände, vii-1171 pp.

a15508 WEISER, A., *Psalms* (Old Testament Library) (London, SCM Press, 1979), 842 pp.

a15509 GROSS, H., REINELT, H., *Das Buch der Psalmen*. Teil I (Ps 1-72); Teil II (Ps 73-150) (Geistliche Schriftlesung 9/1, 9/2) (Düsseldorf, Patmos, 1978, 1980), 401-452 pp.

a15510 GOLDSTEIN, D., «The Commentary of Judah ben Solomon Hakohen ibn Matwah to Genesis, Psalms and Proverbs», HUCA 52 (1981) 203-252.

a15511 KNIGHT, G.A.F., *Psalms*. Volume 1 (The Daily Study Bible: Old Testament) (Edinburgh, Saint Andrew Press; Philadelphia, Westminster Press, 1982), xii-337 pp.

a15512 WALKENHORST, K.-H., «Theologie der Psalmen. Eine kritische Stellungnahne zur biblischen Theologie von Hans-Joachim Kraus», ZKT 104 (1982) 25-47.

a15513 STUHLMUELLER, C., *Psalms 1 (Psalms 1-72)* (Old Testament Message, A Biblical-Theological Commentary, 21) (Wilmington, Delaware, Michael Glazier; Dublin, Gill & Macmillan, 1983), 322 pp.

a15514 STUHLMUELLER, C., *Psalms 2 (Psalms 73-150)* (Old Testament Message, A Biblical-Theological Commentary, 22) (Wilmington, Delaware, Michael Glazier, Dublin, Gill & Macmillan, 1983), 226 pp.

d) Critique textuelle. Textual Criticism. Textkritik. Critica testuale. Crítica textual.

a15515 DRIVER, G.R., «Textual and Linguistic Problems of the Book of Psalms», HarvTR 29 (1936) 171-195.

a15516 FROLOW, A., «La fin de la querelle iconoclaste et la date des plus anciens psautiers grecs à illustrations marginales», RHR 163 (1963) 201-223.

a15517 YEIVIN, I., «The Division into Sections in the Book of Psalms», Textus 7 (1969) 76-102.

a15518 JELLICOE, S., «The Psalter-Text of St. Clement of Rome», dans *Wort, Lied und Gottesspruch*. Beiträge zur Septuaginta (en collab.) (1972), 59-66.

a15519 BEAUCAMP, É., «Le psautier. III. Le texte, sa vie, son histoire», SDB 9 (1973) col. 187-206.

a15520 EATON, J.H., *Kingship and the Psalms* (StBT 2nd S., 32) (London, SCM Press, 1976), 227 pp.

a15521 SPRENGER, N., *Konkordanz zum Syrischen Psalter* (Göttinger Orientforschungen, 1. Reihe: Syriaca, 10/8) (Wiesbaden, Harrassowitz, 1976), xi-331 pp.

a15522 LOCHER, C., «Der Psalter der 'Einheitsübersetzung' und die Textkritik», Bibl 58 (1977) 313-341; 59 (1978) 49-79.

a15523 AMMASSARI, A., «L'anonima versione latina dei salmi secondo il codice Cassinese 557: un'antica testimonianza Giudeo-Cristiana», BibOr 19 (1977) 241-257; 20 (1978) 27-42, 135-168.

a15524 CALOZ, M., *Étude sur la LXX origénienne du Psautier* (Orbis Biblicus et Orientalis, 19) (Fribourg, Suisse, Éditions Universitaires; Göttingen, Vandenhoeck & Ruprecht, 1978), 480 pp.

a15525 PIETERSMA, A., «Proto-Lucian and the Greek Psalter», VT 28 (1978) 66-72.

a15526 PIETERSMA, A., *Two Manuscripts of the Greek Psalter in the Chester Beatty Library Dublin* (Analecta Biblica, 77) (Rome, Biblical Institute Press, 1978), ix-79 pp.

*a*15527 O'CALLAGHAN, J., «El cambio *ai* > *ê* en PChester Beatty XIII», Bibl 60 (1979) 567-569 (Ps 72,6-23.25-76; 77,1-18.20-81,7; 82,2-84,14; 85,2-88,2).
*a*15528 WILSON, G.H., «The Qumran Psalms Manuscripts and the Consecutive Arrangement of Psalms in the Hebrew Psalter», CBQ 45 (1983) 377-388.

e) Critique littéraire. Literary Criticism. Literarkritik.
Critica letteraria. Crítica literaria.

Genres littéraires. Literary Genres. Literarische Gattungen. Generi letterari. Géneros literarios.

*a*15529 LICHTENSTERN, H., «Die Kampf- und Fluchpsalmen und die christlichen Beter», BiLit 10 (1935-36) 56-59.
*a*15530 EERDMANS, B.D., «Classes of psalms (Gattungsforschung)», OTS 4 (1947) 6-11.
*a*15531 GRILL, S., «Regen und Unwetter preiset den Herrn! Das Gottesbild der Regen- und Unwetterpsalmen nach dem syrischen Text», BiKi 15 (1960) 5-11.
*a*15532 SCHNEIDER, H., «Die Psalterteilung in Fünfziger- und Zehnergruppen», dans *Universitas. Dienst an Wahrheit und Leben* (en collab.) (1960), I, 36-47.
*a*15533 MURPHY, R.E., «A Consideration of the Classification 'Wisdom Psalms'», VTSupp 9 (1962) 156-167, dans *Studies in Ancient Israelite Wisdom* (en collab.) (1976), 456-467.
*a*15534 LIPINSKI, E., «Psaumes. I. Formes et genres littéraires», SDB 9 (1973) col. 1-125.
*a*15535 KUNTZ, J.K., «The Canonical Wisdom Psalms of Ancient Israel: Their Rhetorical, Thematic and Formal Dimensions», dans *Rhetorical Criticism* (en collab.) (1974), 186-222.
*a*15536 FEUILLET, A., *Études d'exégèse et de théologie biblique*, «Les psaumes eschatologiques du Règne de Yahvé» (1975), 363-394.
*a*15537 BECKER, J., «Die kollektive Deutung der Königspsalmen», ThPh 52 (1977) 561-578.
*a*15538 LIMBECK, M., «Die Klage - eine verschwundene Gebetsgattung», TQ 157 (1977) 3-16.
*a*15539 MANNATI, M., «Les Psaumes Graduels constituent-ils un genre littéraire distinct à l'intérieur du psautier biblique?» Sem. 29 (1979) 85-100.
*a*15540 McKAY, J.W., «Psalms of Vigil», ZAW 91 (1979) 229-247.
*a*15541 GERLEMAN, G., «Der 'Einzelne' der Klage- und Dankpsalmen», VT 32 (1982) 33-49.

Autres problèmes littéraires. Other Literary Problems. Sonstige literarische Fragen.
Altri problemi letterari. Otros problemas literarios.

*a*15542 EERDMANS, B.D., «Metric System», OTS 4 (1947) 11-14.
*a*15543 BARDTKE, H., «Die hebräische Präposition *naegaed* in den Psalmen», dans *Wort, Lied und Gottesspruch. Beiträge zu Psalmen und Propheten* (en collab.) (1972), 17-27.
*a*15544 DAHOOD, M., «Additional Pairs of Parallel Words in the Psalter and in Ugaritic», dans *Wort, Lied und Gottesspruch. Beiträge zu Psalmen und Propheten* (en collab.) (1972), 35-40.
*a*15545 GESE, H., «Die Entstehung der Büchereinteilung des Psalters», dans *Wort, Lied und Gottesspruch. Beiträge zu Psalmen und Propheten* (en collab.) (1972), 57-64.
*a*15546 HUGGER, P., «Die Alliteration im Psalter», dans *Wort, Lied und Gottesspruch. Beiträge zu Psalmen und Propheten* (en collab.) (1972), 81-90.
*a*15547 BEAUCAMP, É., «Le psautier. Forme poétique», SDB 9 (1973) col. 158-166.
*a*15548 KUNTZ, J.K., «The Canonical Wisdom Psalms of Ancient Israel: Their Rhetorical, Thematic and Formal Dimensions», dans *Rhetorical Criticism* (en collab.) (1974), 186-222.

*a*15549 LORETZ, O., «Die Umpunktierung von *m'd* zu *mā'ēd* in den Psalmen», UF 6 (1974) 481-484.

*a*15550 METTINGER, T.N.D., *King and Messiah,* «The Royal Psalms» (1976), 99-105.

*a*15551 GOLDINGAY, J., «Repetition and Variation in the Psalms», JQR 68 (1978) 146-151.

*a*15552 LACK, R., *Letture strutturaliste dell'antico testamento,* «I salmi e l'analisi strutturale» (1978), 150-161.

*a*15553 LJUNG, I., *Tradition and Interpretation.* A Study of the Use and Application of Formulaic Language in the So-called Ebed YHWH-Psalms (Coniectanea Biblica, O.T. Series, 12) (Lund, Gleerup, 1978), 144 pp.

*a*15554 HOUK, C.B., «Syllables and Psalms: A Statistical Linguistic Analysis», JSOT n⁰ 14 (1979) 55-62.

*a*15555 LORETZ, O., *Die Psalmen.* Teil II. Beitrag der Ugarit-Texte zum Verständnis von Kolometrie und Textologie der Psalmen, Ps. 90-150 (A.O.A.T., 207/2) (Kevelaer, Butzon & Bercker; Neukirchen-Vluyn, Neukirchener Verlag, 1979), viii-222 pp.

*a*15556 MILLER, P.D., Jr., «Vocative Lamed in the Psalter: A Reconsideration», UF 11 (1979) 617-637.

*a*15557 SLOMOVIC, E., «Toward an Understanding of the Formation of Historical Titles in the Book of Psalms», ZAW 91 (1979) 350-380.

*a*15558 WILLIS, J.T., «The juxtaposition of synonymous and chiastic parallelism in tricola in Old Testament Hebrew Psalm Poetry», VT 29 (1979) 465-480.

*a*15559 MILLER, P.D., «Synonymous-Sequential Parallelism in the Psalms», Bibl 61 (1980) 256-260.

*a*15560 MONLOUBOU, L., «Les psaumes - le symbole - le corps», NRT 102 (1980) 35-42.

*a*15561 ALONSO SCHÖKEL, L., *Treinta Salmos: Poesía y oración* (Institución San Jerónimo para la investigación bíblica. Estudios de Antiguo Testamento, 2) (Valencia, Institución San Jerónimo; Madrid, Ediciones Cristiandad, 1981), 470 pp.

*a*15562 AUFFRET, P., *Hymnes d'Égypte et d'Israël.* Études de structures littéraires (Orbis Biblicus et Orientalis, 34) (Fribourg, Switzerland, Éditions Universitaires; Göttingen, Vandenhoeck & Ruprecht, 1981), 316 pp. (Ps 33, 34, 42, 43, 104, 147).

*a*15563 BOURGUET, D., «La structure des titres des Psaumes», RHPR n⁰ 2 (1981) 109-124.

*a*15564 MILLER, P.D., Jr., «Psalms and inscriptions», dans *Congress Volume. Vienna 1980* (en collab.) (1981), 311-332.

*a*15565 AUFFRET, P., *La sagesse a bâti sa maison.* Études de structures littéraires dans l'Ancien Testament et spécialement dans les Psaumes (Orbis Biblicus et Orientalis, 49) (Fribourg/Suisse, Éditions Universitaires; Göttingen, Vandenhoeck & Ruprecht, 1982), 580 pp.

*a*15566 GROSSBERG, D., «The Disparate Elements of the Inclusio in Psalms», HebAnR 6 (1982) 97-104.

*a*15567 MAGONET, J., «Some Concentric Structures in Psalms», HeyJ 23 (1982) 365-376.

*a*15568 PETERSEN, C., *Mythos im Alten Testament.* Bestimmung des Mythosbegriffs und Untersuchung der mythischen Elemente in den Psalmen (BZAW 157) (Berlin, De Gruyter, 1982), xvii-280 pp.

*a*15569 BARRÉ, L.M., «*Halĕlû yāh*: A Broken Inclusion», CBQ 45 (1983) 195-200.

*a*15570 VAN GROL, H.W.M., «Paired Tricola in the Psalms, Isaiah and Jeremiah», JSOT n⁰ 25 (1983) 55-73.

f) Formation des Psaumes. Formation of the Psalms. Entstehung der Psalmen.
Formazione dei Salmi. Formación de los Salmos.

*a*15571 EERDMANS, B.D., «Collection of the psalms», OTS 4 (1947) 14-27.

a15572   EERDMANS, B.D., «Origin and date of psalms», OTS 4 (1947) 35-44.

a15573   ZIRKER, H., *Die kultische Vergegenwartigung der Vergangenheit in den Psalmen*
         (BBB 20) (Bonn, Hanstein, 1964), xviii-158 pp.

a15574   BEAUCAMP, É., «Le psautier. I. Origine et formation», SDB 9 (1973) col. 128-157.

a15575   JOHNSON, A.R., *The Cultic Prophet and Israel's Psalmody* (Cardiff, University of
         Wales Press, 1979), xii-467 pp.

a15576   REINDI, J., «Weisheitliche Bearbeitung von Psalmen. Ein Beitrag zum Verständnis der
         Sammlung des Psalters», dans *Congress Volume. Vienna 1980* (en collab.) (1981),
         333-356.

g) *Judaïsme et Psaumes. Judaism and Psalms. Judentum und Psalmen.*
   Giudaismo e Salmi. Judaísmo y Salmos.

a15577   EERDMANS, B.D., «The so-called Hymnbook of the second temple», OTS 4 (1947) 2-6.

a15578   EERDMANS, B.D., «The Singers», OTS 4 (1947) 45-51.

a15579   EATON, J.H., «The Psalms and Israelite Worship», dans *Tradition and Interpretation*
         (en collab.) (1979), 238-273.

a15580   JOHNSON, A.R., *The Cultic Prophet and Israel's Psalmody* (Cardiff, University of
         Wales Press, 1979), xii-467 pp.

a15581   ANDERSON, G.W., «'Sicut cervus': evidence in the Psalter of private devotion in
         ancient Israel», VT 30 (1980) 388-397.

a15582   WANKE, G., «Prophecy and Psalms in the Persian period», dans *The Cambridge History
         of Judaism* (en collab.) (1984), I, 162-188.

h) *Nouveau Testament et Psaumes. - New Testament and Psalms. - N.T. und Psalmen.*
   Nuovo Testamento e Salmi. - Nuevo Testamento y Salmos.

a15583   NIELEN, J.M., «Die christliche Deutung und Bedeutung der Psalmen», BiLeb 8 (1967)
         3-8.

a15584   SAINT-ARNAUD, I., «Les Psaumes dans le Nouveau Testament», SDB 9 (1973)
         col. 206-210.

a15585   GOURGUES, M., «Les Psaumes et Jésus, Jésus et les Psaumes», CE (n.s.) nº 25 (1978)
         64 pp.

a15586   SICRE, J.L., «Psalm 118 and New Testament christology», TDig 26 (1978) 140-144.

i) *Liturgie et Psaumes. Liturgy and Psalms. Liturgie und Psalmen.*
   Liturgia e Salmi. Liturgia y Salmos.

a15587   MANCEBO, V., «Los Salmos y su empleo en la Liturgia. IV», CuBi 25 (1968) 368-375.

a15588   BEAUCAMP, É., «Le psautier. L'utilisation liturgique du psautier», SDB 9 (1973)
         col. 137-149; «Formation du psautier et développement de la vie liturgique d'Israël», SDB
         9 (1973) col. 149-157.

a15589   SHEPHERD, M.H., Jr., *The Psalms in Christian Worship*. A Practical Guide
         (Minneapolis, Augsburg Publishing House, 1976), 128 pp.

a15590   AMMASSARI, A., «Il ciclo romano quaresimale di lettura continua dei Salmi nelle
         antifone 'ad Communionem'», BibOr 19 (1977) 155-162.

a15591   CODDAIRE, L., WEIL, L., «The Use of the Psalter in Worship», Wor 52 (1978)
         342-348.

a15592   GÉLINEAU, J., «Les psaumes à l'époque patristique», MD nº 135 (1978) 99-116.

a15593 JOHNSON, A.R., *The Cultic Prophet and Israel's Psalmody* (Cardiff, University of Wales Press, 1979), xii-467 pp.

a15594 EATON, J.H., *Vision in Worship*. The Relation of Prophecy and Liturgy in the Old Testament (London, SPCK, 1981), x-115 pp.

a15595 SEIDEL, H., «Untersuchungen zur Aufführungspraxis der Psalmen im altisraelitischen Gottesdienst», VT 33 (1983) 503-509.

j) Spiritualité. Spirituality. Spiritualität. Spiritualità. Espiritualidad.

a15596 RINGGREN, H., «Quelques traits essentiels de la piété des Psaumes», dans *Mélanges bibliques rédigés en l'honneur de André Robert* (Paris, Bloud & Gay, 1957), 205-213.

a15597 ASENSIO, F., «Los salmos como elemento de sacralización social, según San Crisóstomo», dans *Homenaje a Juan Prado* (en collab.) (1975), 215-227.

a15598 SIEBEN, H.-J., «Der Psalter und die Bekehrung der VOCES und AFFECTUS», ThPh 52 (1977) 481-497.

a15599 STRADLING, L.E., *Praying the Psalms* (London, SPCK; Philadelphia, Fortress Press, 1977), vii-119 pp.

a15600 LAUHA, A., «'Dominus benefecit'. Die Wortwurzel *lml* und die Psalmenfrömmigkeit», ASTI 11 (1978) 57-62.

a15601 HUGGER, P., «Psalmen beten - eine Form christlicher Weltoffenheit», BiLit 52 (1979) 129-135.

a15602 SÉBIRE, B.-D., «Psaumes nuit et jour», MD nº 143 (1980) 15-27.

a15603 RINALDI, G., «I 'Salmi' nell'insegnamento di S. Bernardo e della sua scuola», BibOr 23 (1981) 209-212.

k) Traductions. Translations. Übersetzungen. Traduzioni. Traducciones.

a15604 KNACKSTEDT, P.J., «Das neue Psalterium», BiKi 2 (1947) 13-32.

a15605 RENCKENS, H., «De nieuwe Latijnse Psalmenvertaling. Rondom de Kritiek. *La nouvelle traduction latine du psautier*», Bijdr. 9 (1948) 187-208 (Summarium latinum).

a15606 BEA, A., «I primi dieci anni del Nuovo Salterio Latino», Bibl 36 (1955) 161-181.

a15607 GALBIATI, E., «Che cos'è il Salterio Ambrosiano?» *Ambrosius* 32 (1956) 8-17, dans *Scritti minori* (1979), 33-43.

a15608 PEINADOR, M., «Algunas consideraciones sobre el Salterio nuevo y el antiguo», CuBi 17 (1960) 223-229.

a15609 BREKELMANS, C., «Some Considerations on the Translation of the Psalms by M. Dahood. I. The Preposition *b = from* in the Psalms According to M. Dahood», UF 1 (1969) 5-14.

a15610 MORODER, R.J., «Ugaritic and Modern Translation of the Psalter. A Critical Examination of *Die Psalmen - Ökumenische Übersetzung der Bibel*», UF 6 (1974) 249-264.

a15611 SLACK, K., *New Light on Old Songs*. Studies in the Psalms in the Light of the New Translation (London, SCM Press, 1975), 116 pp.

a15612 GERSTENBERGER, E., JUTZLER, K., BOECKER, H.J., *Psalmen in der Sprache unserer Zeit*. Der Psalter und die Klagelieder eingeleitet, übersetzt und erklärt (Neukirchen-Vluyn, Neukirchener Verlag; Einsiedeln, Benziger, 1976), 256 pp.

a15613 XXX, *Le livre des Psaumes*. Traduit en français courant d'après le texte hébreu. Avec introduction, notes et glossaire (Alliance biblique universelle, 1978), 228 pp.

a15614 DELHOUGNE, H., «Le psautier liturgique '77'», MD nº 135 (1978) 117-147.

a15615   ZERR, B., *The Psalms*. A New Translation (New York, Paulist Press, 1979), xii-331 pp.
a15616   WEITZMAN, M.P., «The Origin of the Peshitta Psalter», dans *Interpreting the Hebrew Bible* (en collab.) (1982), 277-298.
a15617   SULLIVAN, F., «La traduction des psaumes, création d'un nouveau poème», Conci n⁰ 182 (1983) 125-135.

1) Textes. Texts. Texte. Testi. Textos.

a15618   1-8   BRENNAN, J.P., «Psalms 1-8: Some Hidden Harmonies», BTB 10 (1980) 25-29.
a15619   1   PARSCH, P., «Die beiden Wege», BiLit 8 (1933-34) 2-5.
a15620   MARTIN SANCHEZ, B., «Salmo I», CuBi 19 (1962) 295.
a15621   GONZALEZ, A., «Salmo I», CuBi 21 (1964) 224-226.
a15622   RINALDI, G., «Al termine delle due vie», BibOr 9 (1967) 69-75.
a15623   LORETZ, O., «Psalmenstudien», UF 3 (1971) 101-115 (Ps 1; 8; 82).
a15624   LACK, R., «Le Psaume 1 - Une analyse structurale», Bibl 57 (1976) 154-167.
a15625   AUFFRET, P., «Essai sur la structure littéraire du psaume 1», BZ 22 (1978) 26-45.
a15626   MERENDINO, R.P., «Sprachkunst in Psalm i», VT 29 (1979) 45-60.
a15627   VOGELS, W., «A Structural Analysis of Psalm 1», Bibl 60 (1979) 410-416.
a15628   WILLIS, J.T., «Psalm 1 - An Entity», ZAW 91 (1979) 381-401.
a15629   SHEPPARD, G.T., *Wisdom as a Hermeneutical Construct*(1980), «The Preface to the Psalter (Ps. 1 and 2)», 136-144.
a15630   1,1-2   ANDRÉ, G., «'Walk', 'stand', and 'sit' in Psalm i 1-2», VT 32 (1982) 327.
a15631   1,1   McKEATING, H., «The Psalmists' Beatitudes. III. Humble Obedience», ExpTim 85 (1974) 333-334.
a15632   SNAITH, N.H., «Psalm i 1 and Isaiah xl 31», VT 29 (1979) 363-364.
a15633   1,5   PAUL, S.M., «Unrecognized Biblical Legal Idioms in the Light of Comparative Akkadian Expressions», RB 86 (1979) 231-239.
a15634   2   PARSCH, P., «Thronerhebung des Messias», BiLit 8 (1933-34) 28-30.
a15635   SONNE, I., «The Second Psalm», HUCA 19 (1945-56) 43-55.
a15636   MARTIN SANCHEZ, B., «Salmo 2», CuBi 20 (1963) 45-46.
a15637   XXX, «À propos du Psaume 2», SemBib n⁰ 3 (1976) 26-35.
a15638   En collaboration, «Psaume 2», SemBib n⁰ 1 (1975) 9-27.
a15639   ALEMANY, J.J., «Interpretación mesiánica del salmo 2», CuBi 32 (1975) 255-277.
a15640   KUNZ, L., «Der 2. Psalm in neuer Sicht», BZ 20 (1976) 238-242.
a15641   SHEPPARD, G.T., *Wisdom as a Hermeneutical Construct*, «The Preface to the Psalter (Ps. 1 and 2)» (1980), 136-144.
a15642   BULLOCK, C.H., «Interpreting the Songs of Israel. Psalm 2», dans *The Literature and Meaning of Scripture* (en collab.) (1981), 79-102.
a15643   2,5   VANDERKAM, J., «*Bhl* in Ps 2:5 and Its Etymology», CBQ 39 (1977) 245-250.
a15644   2,7   TSEVAT, M., «Some Biblical Notes», HUCA 24 (1952-53) 107-114.
a15645   DE FRAINE, J., «Quel est le sens exact de la filiation divine dans Ps 2,7?» Bijdr. 16 (1955) 349-356.

a15646 2,9   WILHELMI, G., «Der Hirt mit dem eisernen Szepter. Überlegungen zu
                Psalm II 9», VT 27 (1977) 196-204.

a15647   EMERTON, J.A., «The Translation of the Verbs in the Imperfect in
                Psalm II.9», JTS 29 (1978) 499-503.

a15648 2,11-12 MACINTOSH, A.A., «A Consideration of the Problems Presented by
                Psalm ii.11 and 12», JTS 27 (1976) 1-14.

a15649   ROBINSON, A., «Deliberate but Misguided Haplography Explains
                Psalm 2 11-12», ZAW 89 (1977) 421-422.

a15650 2,12   CAZELLES, H., «*Nšqw br* (Ps. II,12)», OrAnt 3 (1964) 43-45.

a15651   HOLLADAY, W.L.,. «A New Proposal for the Crux in Psalm II 12»,
                VT 28 (1978) 111-112.

a15652 3   STENTA, N., «Das Lied vom Gottvertrauen», BiLit 8 (1933-34) 55-58.

a15653   BOTTERWECK, G.J., «Klage und Zuversicht der Bedrängten.
                Auslegung des Psalmen 3 und 6», BiLeb 3 (1962) 184-193.

a15654   MARTIN SANCHEZ, B., «Salmo 3», CuBi 20 (1963) 47.

a15655   AUFFRET, P., «Note sur la structure littéraire du psaume 3», ZAW 91
                (1979) 93-106.

a15656 4   STENTA, N., «Ein Bachtgebet», BiLit 8 (1933-34) 76-79.

a15657   ASENSIO, F., «Salmo 4: Perspectivas de la oración en la exégesis del
                Crisóstomo», EstB 36 (1977) 153-171.

a15658   ASENSIO, F., «Salmo 4: ¿Mentira o Idolatria?» Greg 61 (1980) 653-676.

a15659   ALONSO SCHÖKEL, L., «La preghiera della sera: il salmo 4», dans
                Parola, spirito e vita 3 (1981) 59-72.

a15660 4,2   SCHILDENBERGER, J., «Einige beachtliche Septuaginta-Lesarten in
                den Psalmen», dans *Wort, Lied und Gottesspruch*. Beiträge zur
                Septuaginta (en collab.) (1972), 145-159.

a15661 4,5   DES ROCHETTES, J., «Un versetto si un salmo meditato dai rabbini del
                Talmud (Sal 4,5)», dans *Parola, spirito e vita* 3 (1981) 73-85.

a15662 5   STENTA, N., «Kirchgang am Morgen», BiLit 8 (1933-34) 103-105.

a15663 5,8   VEN DER HORST, P.W., «A Classical Parallel to Isaiah 5 8», ExpTim
                89 (1977-78) 119-120.

a15664 6   STENTA, N., «Ein Busslied», BiLit 8 (1933-34) 129-132.

a15665   SCHILDENBERGER, J., «Aus Gottes Zorn in Gottes Gnade, Psalm 6,
                der erste Busspsalm», BiKi 15 (1960) 2-4.

a15666   BOTTERWECK, G.J., «Klage und Zuversicht der Bedrängten.
                Auslegung des Psalmen 3 und 6», BiLeb 3 (1962) 184-193.

a15667   SOGGIN, J.A., *Old Testament and Oriental Studies* (1975),
                «Philological and Exegetical Notes on Psalm 6» (1967), 133-142.

a15668   VAN GROL, H.W.M., «Literar-stilistische analyse van Psalm 6», Bijdr.
                40 (1979) 245-264 (English Summary).

a15669 7   STENTA, N., «Gott ist ein gerechter Richter», BiLit 8 (1933-34)
                165-167.

a15670 7,4-5   MACHOLZ, C., «Bemerkungen zu Ps 7 4-5», ZAW 91 (1979) 127-129.

a15671 7,12-13 MACINTOSH, A.A., «A Consideration of Psalm vii.12f.», JTS 33
                (1982) 481-490.

a15672 8   STENTA, N., «Der kleine und doch so grosse Mensch», BiLit 8
                (1933-34) 194-196.

a15673   DE BOER, P.A.H., «Jahu's ordination of heaven and earth, an essay on
                Psalm VIII», OTS 2 (1943) 171-193.

a15674   MORGENSTERN, J., «Psalm 8 and 19A», HUCA 19 (1945-46) 491-523.

a15675   MARTIN SANCHEZ, B., «Salmo 8», CuBi 20 (1963) 48.

a15676   BARTINA, S., «El salmo 8 en la luna», CuBi 26 (1969) 348-350.

a15677   LORETZ, O., «Psalmenstudien», UF 3 (1971) 101-115 (Ps 1; 8; 82).

a15678   GOUDERS, K., «Gottes Schöpfung und der Auftrag des Menschen (Ps 8)», BiLeb 14 (1973) 164-180.

a15679   HULST, A.R., «Ansatz zu einer Meditation über Psalm 8», dans *Travels in the World of the Old Testament* (en collab.) (1974), 102-107.

a15680   MOLONEY, F.J., «The Targum on Ps. 8 and the New Testament», Sal 37 (1975) 326-336.

a15681   BEYERLIN, W., «Psalm 8. Chancen der Überlieferungskritik», ZTK 73 (1976) 1-22.

a15682   LORETZ, O., «Die Psalmen 8 und 67. Psalmenstudien V», UF 8 (1976) 117-121.

a15683   WALLIS, G., «Psalm 8 und die ethische Fragestellung der modernen Naturwissenschaft», TZ 34 (1978) 193-201.

a15684   MAYS, J.L., «'What is Man ...?' Reflections on Psalm 8», dans *From Faith to Faith* (en collab.) (1979), 203-218.

a15685   WALLIS, G., «Psalm 8 and the ethics of science», TDig 27 (1979) 216-217.

a15686   ASENSIO, F., «El protagonismo del 'Hombre-Hijo del Hombre' del Salmo 8», EstB 41 (1983) 17-51.

a15687   MOLONEY, F.J., «The Re-interpretation of Psalm VIII and the Son of Man Debate», NTS 27 (1981) 656-672.

a15688 8,3 RUDOLPH, W., «Aus dem Munde der jungen Kinder und Säuglinge... (Psalm 8,3)», dans *Beiträge zur Alttestamentlichen Theologie* (en collab.) (1977), 388-396.

a15689 8,5-8 ANDERSON, B.W., «Human Dominion Over Nature», dans *Biblical Studies in Contemporary Thought* (en collab.) (1975), 27-45.

a15690 8,5 FESTORAZZI, F., «'Che cosa è l'uomo perché te ne ricordi?' (Sal 8,5). Riflessioni di antropologia biblica», dans *Parola e Spirito* (en collab.) (1982), 129-143.

a15691 8,6 RINALDI, G., «Lo facesti poco meno che Dio», BibOr 23 (1981) 97-99.

a15692 10 STENTA, N., «Gottvertrauen», BiLit 8 (1933-34) 260-262.

a15693   MARTIN SANCHEZ, B., «Salmo 9 (10)», CuBi 20 (1963) 160-161.

a15694   BERGER, P.-R., «Zu den Strophen des 10. Psalms», UF 2 (1970) 7-17.

a15695 9 STENTA, N., «Dank und Bitte», BiLit 8 (1933-34) 216-218, 240-242.

a15696   MARTIN SANCHEZ, B., «Salmo 9», CuBi 20 (1963) 158-159.

a15697 11 STENTA, N., «Gottes Wort und Menschenphrase», BiLit 8 (1933-34) 286-288.

a15698   MARTIN SANCHEZ, B., «Salmo 10 (11)», CuBi 20 (1963) 230.

a15699   MANNATI, M., «Le Psaume xi. Un exemple typique des liens entre l'interprétation du genre littéraire et l'étude de stiques obscurs», VT 29 (1979) 222-228.

a15700   GIBSON, G.S., «What can the righteous do?» ExpTim 91 (1980) 372.

a15701   AUFFRET, P., «Essai sur la structure littéraire du psaume 11», ZAW 93 (1981) 401-418.

a15702 10,6 HARDY, G.W., «Ready for Anything», ExpTim 89 (1977-78) 113-114.

a15703 12   STENTA, N., «Gebetsruf in der Not», BiLit 8 (1933-34) 315-316.
a15704 12,6   MILLER, P.D., Jr., «Yāpîaḥ in Psalm xii 6», VT 29 (1979) 495-501.
a15705 13   STENTA, N., «Klage über die Gottlosigkeit», BiLit 8 (1933-34) 333-335.
a15706   MAYS, J.L., «Psalm 13», Interpr 34 (1980) 279-283.
a15707 14   STENTA, N., «Wer ist ein Heiliger?» BiLit 8 (1933-34) 358-360.
a15708   EERDMANS, B.D., «Psalm XIV, LIII and the Elohim-psalms», OTS 1
                   (1942) 258-267.
a15709   BENNETT, R.A., «Wisdom Motifs in Psalm 14 = 53 - nābāl and 'ēṣāh»,
                   BASOR nº 220 (1976) 15-21.
a15710 14,5-6   WEISS, R., «Textual Notes», Textus 6 (1968) 127-131.
a15711 15   STENTA, N., «Gott - mein alles», BiLit 8 (1933-34) 397-400.
a15712   SPIEGEL, S., «A Prophetic Attestation of the Decalogue: Hosea 6:5.
                   With Some Observations on Psalms 15 and 24», HarvTR 27 (1934)
                   105-144.
a15713   SOGGIN, J.A., Old Testament and Oriental Studies (1975), «Psalm 15
                   (Vulgate 14). Philological and Exegetical Notes» (1970), 143-151.
a15714   KOCH, R., «Morale d'Alliance et culte dans l'Ancien Testament», dans
                   Homenaje a Juan Prado (en collab.) (1975), 279-298.
a15715   MILLER, P.D., Jr., «Poetic ambiguity and balance in Psalm XV», VT 29
                   (1979) 416-424.
a15716   AUFFRET, P., «Essai sur la structure littéraire du Psaume XV», VT 31
                   (1981) 385-399.
a15717 16   STENTA, N., «Gebet der Unschuld», BiLit 8 (1933-34) 448-451.
a15718   QUINTENS, W., «Le chemin de la vie dans le Psaume XVI», ETL 55
                   (1979) 233-242.
a15719   BELL, T., «'. . . quia Insignis est Psalmus iste de Insigni Materia . . .'
                   Martin Luther über Psalm 16 in den 'Operationes in Psalmos'», Bijdr. 41
                   (1980) 419-435.
a15720   BEUKEN, W.A.M., «Psalm 16: The Path to Life», Bijdr. 41 (1980)
                   368-385.
a15721   JUEL, D., «Social Dimensions of Exegesis: The Use of Psalm 16 in
                   Acts 2», CBQ 43 (1981) 543-556.
a15722   TASSIN, C., «Une lecture du psaume 16», VS 137 (1983) 638-647.
a15723 16,2-3   HUBMANN, F.D., «Textgraphik und Psalm xvi 2-3», VT 33 (1983)
                   101-106.
a15724 16,8   HARDY, G.W., «Ready for Anything», ExpTim 89 (1977-78) 113-114.
a15725 16,11   VAN UDEN, D.J., «'Als je leven zoekr' - If you seek life'», Bijdr. 41
                   (1980) 386-400 (English Summary).
a15726 17   STENTA, N., «Ich will dich lieben, meine Starke», BiLit 8 (1933-34)
                   483-488.
a15727 18   STENTA, N., «Christus, der Sonnenheld», BiLit 9 (1934-35) 12-15.
a15728   CROSS, F.M., Jr., FREEDMAN, D.N., Studies in Ancient Yahwistic
                   Poetry, «A Royal Song of Thanksgiving II Samuel 22 = Psalm 18»
                   (1975), 125-158.
a15729   KUNTZ, J.K., «Psalm 18: A Rhetorical-Critical Analysis», JSOT nº 26
                   (1983) 3-31.
a15730 18,5-6   CASTELLINO, G.R., «Mesopotamian Parallels to Some Passages of the
                   Psalms», dans Beiträge zur Alttestamentlichen Theologie (en collab.)
                   (1977), 60-68.

a15731   18,10-11   BARTHÉLEMY, D., «Le Papyrus Bodmer 24 Jugé par Origène», dans *Wort, Lied und Gottesspruch*. Beiträge zur Septuaginta (en collab.) (1972), 11-19.

a15732   19   STENTA, N., «Vater, ich rufe dich», BiLit 9 (1934-35) 32-34.

a15733   MORGENSTERN, J., «Psalm 8 and 19A», HUCA 19 (1945-46) 491-523.

a15734   LORETZ, O., «Psalmenstudien III», UF 6 (1974) 175-210.

a15735   DURLESSER, J.A., «A Rhetorical Critical Study of Psalms 19,42 and 43», SBT 10 (1980) 179-197.

a15736   DOHMEN, C., «Ps 19 und sein altorientalischer Hintergrund», Bibl 64 (1983) 501-517.

a15737   MEINHOLD, A., «Überlegungen zur Theologie des 19. Psalms», ZTK 80 (1983) 119-136.

a15738   19,2-7   STECK, O.H., «Bemerkungen zur thematischen Einheit von Psalm 19,2-7», dans *Werden und Wirken des Alten Testaments* (en collab.) (1980), 318-324.

a15739   19,3   SOGGIN, J.A., *Old Testament and Oriental Studies* (1975), «The Root ḤWH in Hebrew with Special Reference to Psalm 19,3b» (1967), 203-209.

a15740   20   STENTA, N., «Dank für den Sieg», BiLit 9 (1934-35) 80-82.

a15741   20,4   FEDERICI, T., «'Ed i tuoi olocausti incenerisca'. Rilettura di Ps 20 (19), 4», dans En collaboration, *Eulogia*. Miscellanea liturgica in onore di P. Burkhard Neunheuser (Studia Anselmiana, 68; Analecta Liturgica, 1) (Roma, Editrice Anselmiana, 1979), 57-95.

a15742   20,7   ABBA, R., «What about UFOs?» ExpTim 90 (1979) 238-239.

a15743   21   STENTA, N., «Gottverlassen», BiLit 9 (1934-35) 218-222.

a15744   DEMAL, W., «Mein Gott, mein Gott, warum hast du mich verlassen?» BiLit 11 (1937-38) 268-271.

a15745   QUINTENS, W., «La vie du roi dans le Psaume 21», Bibl 59 (1978) 516-541.

a15746   AUFFRET, P., «Note sur la structure littéraire du Psaume xxi», VT 30 (1980) 91-93.

a15747   21,10   DAHOOD, M., «Further instances of the Breakup of stereotyped phrases in Hebrew», dans *Studia Hierosolymitana (Bagatti)* (en collab.) (1976), II, 9-19.

a15748   22   STENTA, N., «Der Herr ist mein Hirt; der Herr ist mein Wirt», BiLit 9 (1934-35) 265-267.

a15749   EBEL, B., «Das Bild des Guten Hirten im 22. Psalm nach Erklärungen der Kirchen Väter», dans *Universitas. Dienst an Wahrheit und Leben* (en collab.) (1960), I, 48-57.

a15750   MAGNE, J., «Le texte du Psaume XXII et sa restitution sur deux colonnes», Sem. 11 (1961) 29-41.

a15751   FROST, S.B., «Psalm 22: An Exposition», CanJT 8 (1962) 102-115.

a15752   MARTIN SANCHEZ, B., «Salmo 21 (22)», CuBi 20 (1963) 162-164.

a15753   SOGGIN, J.A., «Appunti per l'esegesi cristiana del Salmo 22», BibOr 7 (1965) 105-116.

a15754   SOGGIN, J.A., *Old Testament and Oriental Studies* (1975), «Notes for Christian Exegesis of the First Part of Psalm 22» (1965), 152-165.

a15755   CROSS, F.M., Jr., FREEDMAN, D.N., *Studies in Ancient Yahwistic Poetry*, «A Royal Song of Thanksgiving II Samuel 22 = Psalm 18» (1975), 125-158.

a15756   AMMASSARI, A., *La religione dei patriarchi*, «La esegesi giudaica tradizionale del Sal. 22» (1976), 203-220.

a15757   BONNARD, P.-É., «Un psaume pour vivre. Le Psaume 22 (21)», EV (doctrine) 88 (1978) 145-155.

a15758   OSWALD, J., «Die Beziehungen zwischen Psalm 22 und dem vormarkinischen Passionsbericht», ZKT 101 (1979) 53-66.

a15759   STOLZ, F., «Psalm 22: Alttestamentliches Reden vom Menschen und neutestamentliches Reden von Jesus», ZTK 77 (1980) 129-148.

a15760   DEISSLER, A., «'Mein Gott, warum hast du mich verlassen... !' (Ps, 22,2). Das Reden zu Gott und von Gott in den Psalmen am Beispiel von Psalm 22», dans *'Ich will euer Gott werden'*» (SBS 100) (en collab.) (1981), 97-121.

a15761   FUCHS, O., *Die Klage als Gebet*. Eine theologische Besinnung am Beispiel des Psalms 22 (München, Kösel Verlag, 1982), 372 pp.

a15762   22,2-22   BOTTERWECK, G.J., «Warum hast du mich verlassen? Eine Meditation zu Ps 22,2-22», BiLeb 6 (1965) 61-68.

a15763   22,4   AUER, W., «Bibeltexte - falsch verstanden», BiKi 13 (1958) 85-88.

a15764   DE BOER, P.A.H., «La syntaxe du verset quatre du Psaume vingt-deux», dans *Mélanges bibliques et orientaux en l'honneur de M. Henri Cazelles* (en collab.) (1981), 87-90.

a15765   WAMBACQ, B.N., «Psaume 22,4», Bibl 62 (1981) 99-100.

a15766   23   STENTA, N., «Wer darf einziehen mit dem König?» BiLit 9 (1934-35) 292-294.

a15767   RINALDI, G., «Il Salmo 23 (Volg. 22)», BibOr 3 (1961) 81-85.

a15768   LORETZ, O., «Psalmenstudien III», UF 6 (1974) 175-210.

a15769   AMMASSARI, A., *La religione dei patriarchi*, «L'insediamento di un pastore e la sua fiducia di abitare nella Casa del Signore per sempre (Sal. 23)» (1976), 193-201.

a15770   CAVALLETTI, S., «Alcuni aspetti del Sal. 23 nella tradizione midrashica e liturgica», dans *Studia Hierosolymitana (Bagatti)* (en collab.) (1976), II, 27-38.

a15771   STRANGE, K.H., SANDBACH, R.G.E. (Ed.), *Psalm Twenty Three*. Versions Collected and Annotated (Edinburgh, St Andrew Press, 1978), ix-118 pp.

a15772   MITTMANN, S., «Aufbau und Einheit des Danklieds Psalm 23», ZTK 77 (1980) 1-23.

a15773   AHRONI, R., «The Unity of Psalm 23», HebAnR 6 (1982) 21-34.

a15774   23,4   DAHOOD, M., «Stichometry and Destiny in Psalm 23,4», Bibl 60 (1979) 417-419.

a15775   RINALDI, G., «Nella valle oscura (Sal. 23,4)», BibOr 23 (1981) 145-148.

a15776   23,6   EERDMANS, B.D., «Sojourn in the tent of Jahu», OTS 1 (1942) 1-16.

a15777   24   STENTA, N., «Hoffnung auf Erlösung», BiLit 9 (1934-35) 352-356.

a15778   SPIEGEL, S., «A Prophetic Attestation of the Decalogue: Hosea 6:5. With Some Observations on Psalms 15 and 24», HarvTR 27 (1934) 105-144.

*a*15779   KOCH, R., «Morale d'Alliance et culte dans l'Ancien Testament», dans *Homenaje a Juan Prado* (en collab.) (1975), 279-298.

*a*15780   24,4   DIJKSTRA, M., «A Ugaritic Pendant of the Biblical Expression 'Pure in Heart' (Ps. 24:4; 73:1)», UF 8 (1976) 440.

*a*15781   24,7-10 COOPER, A., «Ps 24:7-10: Mythology and Exegesis», JBL 102 (1983) 37-60.

*a*15782   24,7-9   BERGER, P.-R., «Zu Ps 24,7 und 9», UF 2 (1970) 335-336.

*a*15783   25   STENTA, N., «Ein gutes Gewissen», BiLit 9 (1934-35) 446-448.

*a*15784   26   STENTA, N., «Der Herr - mein Licht», BiLit 9 (1934-35) 478-480.

*a*15785   27   STENTA, N., «Der Herr ist seines Volkes Stärke», BiLit 9 (1934-35) 521-523.

*a*15786   27,1-14 SCHREINER, J., «Vertrauen und Klage in höchster Bedrängnis. Meditation zu Ps 27 (26) 1-14», BiLeb 11 (1970) 41-45.

*a*15787   27,6   SCHMID, R., «Opfer mit Jubel. Die *zibḥē tᵉrūʿā* von Ps. 27,6», TZ 35 (1979) 48-54.

*a*15788   27,8   CASTELLINO, G.R., «Mesopotamian Parallels to Some Passages of the Psalms», dans *Beiträge zur Alttestamentlichen Theologie* (en collab.) (1977), 60-68.

*a*15789   27,10   PAUL, S.M., «Psalm xxvii 10 and the Babylonian Theodicy», VT 32 (1982) 489-492.

*a*15790   28   STENTA, N., «Hoch über Wasserfluten thront der Herr», BiLit 10 (1935-36) 109-111.

*a*15791   URBAN, A., «'Herr, schweige nicht hinweg von mir!' Meditation über Ps 28 (27)», BiLeb 8 (1967) 196-201.

*a*15792   28,7   DAHOOD, M., «Ugaritic *mšr*, 'song', in Psalms 28,7 and 137,3», Bibl 58 (1977) 216-217.

*a*15793   29   STENTA, N., «Ein Osterdankgebet», BiLit 10 (1935-36) 323-324.

*a*15794   GINSBERG, H.L., «A Strand in the Cord of Hebraic Hymnody», ErIs 9 (1969) 45-50.

*a*15795   LORETZ, O., «Psalmenstudien III», UF 6 (1974) 175-210.

*a*15796   CUNCHILLOS, J.K., *Estudio del Salmo 29* (Valencia, Institución San Jerónimo, 1976), 307 pp.

*a*15797   PETUCHOWSKI, J.J., «A Sermon on Psalm 29 Attributed to Rabbi Eleʿazar Hamodaʿi», HUCA 48 (1977) 243-264.

*a*15798   AUFFRET, P., «Notes conjointes sur la structure littéraire des psaumes 114 et 29», EstB 37 (1978) 103-113.

*a*15799   MITTMANN, S., «Komposition und Redaktion von Psalm xxix», VT 28 (1978) 172-194.

*a*15800   TESTA, E., «Un inno predavidico: il Salmo 29», StBiFranc 28 (1978) 60-72.

*a*15801   CRAIGIE, P.C., «Parallel Word Pairs in Ugaritic Poetry: A Critical Evaluation of their Relevance for Psalm 29», UF 11 (1979) 135-140.

*a*15802   GRADL, F.W., «Abermals Ueberlegungen zu Struktur und Finalität von Ps 29», StBiFranc 29 (1979) 91-110.

*a*15803   TOURNAY, R.J., «El Salmo 29: estructura e interpretación», dans *Servidor de la Palabra* (en collab.) (1979), 397-417.

*a*15804   MACHOLZ, C., «Psalm 29 und 1 Kön 19. Jahwes und Baals Theophanie», dans *Werden und Wirken des Alten Testaments* (en collab.) (1980), 325-333.

a15805   SEYBOLD, K., «Die Geschichte des 29. Psalms und ihre theologische Bedeutung», TZ 36 (1980) 208-219.

a15806 29,2   CAQUOT, A., «In Splendoribus sanctorum», Syr. 33 (1956) 36-41.

a15807 29,3-9 DAY, J., «Echoes of Baal's seven thunders and lightnings in Psalm xxix and Habakkuk iii 9 and the identity of the seraphim in Isaiah vi», VT 29 (1979) 143-151.

a15808 30   SCHILDENBERGER, J., «Tod und Leben», BiKi 13 (1958) 110-115.

a15809   SCHREINER, J., «Aus schwerer Krankheit errettet. Auslegung von Psalm 30», BiLeb 10 (1969) 164-175.

a15810   OHLER, A., «Auferweckt zu einem Leben des Lobes. Eine Meditation zu Ps 30», BiLeb 15 (1974) 71-73.

a15811 30,6   HARDY, G.W., «Ready for Anything», ExpTim 89 (1977-78) 113-114.

a15812 30,9   DAHOOD, M., «Vocative *waw* in Psalm 30,9», Bibl 58 (1977) 218.

a15813 30,11 SCHILDENBERGER, J., «Einige beachtliche Septuaginta-Lesarten in den Psalmen», dans *Wort, Lied und Gottesspruch*. Beiträge zur Septuaginta (en collab.) (1972), 145-159.

a15814 31   STENTA, N., «Selig, dem die Schuld vergeben», BiLit 10 (1935-36) 409-411.

a15815 31,1-9 PFIRRMANN, C., «Geborgenheit im Angesicht des Scheiterns. Eine Meditation zu Psalm 31 (30), 1-9», GeistL 54 (1981) 69-75.

a15816 31,13 AUFFRET, P., «'Pivot Pattern': nouveaux exemples (Jon. ii 10; Ps. xxxi 13; Is. xxiii 7)», VT 28 (1978) 103-110.

a15817 31,16 WINKLER, C., «'In deiner Hand ist meine Zeit'. Besinnung zu Psalm 31,16», BiLeb 10 (1969) 134-137.

a15818 31,21 TSEVAT, M., «Some Biblical Notes», HUCA 24 (1952-53) 107-114.

a15819 32   STENTA, N., «Frohlocket, ihr Gerechten», BiLit 10 (1935-36) 490-492.

a15820   JENSON, R.W., «Psalm 32», Interpr 33 (1979) 172-176.

a15821   READ, D.H.C., «Does God need our Apologies?» ExpTim 91 (1980) 273-274.

a15822 32,1   JOHNSTONE, W., «The Psalmists' Beatitudes. IV. God's Forgiveness», ExpTim 85 (1974) 367-368.

a15823 33   VINCENT, J.M., «Recherches exégétiques sur le Psaume xxxiii», VT 28 (1978) 442-454.

a15824 34   VISCHER, W., «Du texte à la prédication (6): Psaume 34», ETR 44 (1969) 247-264.

a15825 34,9   RUSS, M., «'Kostet und seht wie gut der Herr ist!' Meditation zu Psalm 34,9», BiKi 26 (1971) 102-103.

a15826 34,13 LECOMTE, P., «Aimer la vie. I Pierre 3/10 (Psaume 34/13)», ETR 56 (1981) 288-293.

a15827 35,12 SOGGIN, J.A., *Old Testament and Oriental Studies* (1975), «On ŠKWL in Psalm 35,12» (1967), 224-226.

a15828 36   LAMIRANDE, É., «Âges de l'homme et âges spirituels selon saint Ambroise. Le Commentaire du psaume 36», SE 35 (1983) 211-222.

a15829   TOURNAY, R.J., «Le psaume XXXVI, struture et doctrine», RB 90 (1983) 5-22.

a15830 37   MARTIN SANCHEZ, B., «Salmo 36 (37)», CuBi 20 (1963) 231-232.

a15831   DEISSLER, A., «Das Leidensproblem in den Psalmen 37, 49 und 73», BiKi 20 (1965) 13-15.

a15832   BERNINI, G., «Identificazione, condizione e sorte degli 'anawim nel Salmo 37», dans *Evangelizare pauperibus* (en collab.) (1978), 277-292.

a15833   37,20   CASTELLINO, G.R., «Mesopotamian Parallels to Some Passages of the Psalms», dans *Beiträge zur Alttestamentlichen Theologie* (en collab.) (1977), 60-68.

a15834   37,23-24   ORR, J.M., «Don't be Afraid to Failure», ExpTim 87 (1976) 271-272.

a15835   37,25   TSEVAT, M., «Some Biblical Notes», HUCA 24 (1952-53) 107-114.

a15836   38   MARTIN-ACHARD, R., «La prière d'un malade: quelques remarques sur le psaume 38», VC nⁿ 45 (1958) 77-82.

a15837   38,1   DELCOR, M., «La portée liturgique de la suscription 'Lehazkîr' et des Paumes 38,1 et 70,1. Problèmes et solutions», dans En collaboration, *Mens concordet voci*, pour Mgr A.G. Martimort (Paris, Desclée, 1983), 413-422.

a15838   38,12   CASTELLINO, G.R., «Mesopotamian Parallels to Some Passages of the Psalms», dans *Beiträge zur Alttestamentlichen Theologie* (en collab.) (1977), 60-68.

a15839   39   BEUKEN, W.A.M., «Psalm 39: Some Aspects of the Old Testament Understanding of Prayer», HeyJ 19 (1978) 1-11.

a15840   40   EERDMANS, B.D., «Psalm XL», OTS 1 (1942) 268-273.

a15841   BRAULIK, G., *Psalm 40 und der Gottesknecht* (Forschung zur Bibel, 18) (Würzburg, Echter Verlag, 1975), xvii-337 pp.

a15842   40,13   KSELMAN, J.S., «A Note on *LR'WT* in Ps 40,13», Bibl 63 (1982) 552-554.

a15843   41   EERDMANS, B.D., «Psalm XLI», OTS 1 (1942) 274-278.

a15844   42-72   ESTERSON, S.I., «The Commentary of Rabbi David Kimhi on Psalms 42-72», HUCA 10 (1935) 309-443.

a15845   42-48   GOULDER, M.D., *The Psalms of the Sons of Korah* (JSOT Supplement Series, 20) (Sheffield, JSOT Press, 1982), xiv-302 pp.

a15846   42-43   SCHREINER, J., «Verlangen nach Gottes Nähe und Hilfe. Auslegung von Psalm 42/43», BiLeb 10 (1969) 254-264.

a15847   ALONSO SCHÖKEL, L., «Estructura Poética del Salmo 42-43», dans *Wort, Lied und Gottesspruch. Beiträge zu Psalmen und Propheten* (en collab.) (1972), 11-16.

a15848   ALONSO SCHÖKEL, L., «The Poetic Structure of Psalm 42-43», JSOT nⁿ 1 (1976) 4-11 (cf. KESSLER, H., «Response», 12-15; RIDDERBOS, N.H., «Response», 16-21).

a15849   HAAG, E., «Die Sehnsucht nach dem lebendigen Gott im Zeugnis des Psalms 42/43», GeistL 49 (1976) 167-177.

a15850   ALONSO SCHÖKEL, L., «Psalm 42-43. A Response to Ridderbos and Kessler [JSOT 1 (1976) 12-21]», JSOT nⁿ 3 (1977) 61-65.

a15851   BEUTLER, J., «Psalm 42/43 im Johannesevangelium», NTS 25 (1979) 33-57.

a15852   42-43   FREED, E.D., «Psalm 42/43 in John's Gospel», NTS 29 (1983) 62-73.

a15853   42   DURLESSER, J.A., «A Rhethorical Critical Study of Psalms 19, 42 and 43», SBT 10 (1980) 179-197.

a15854   42,1-3   WESTERMANN, C., «Psaume 42,1-3», ETR 43 (1968) 126-137.

a15855   42,51   COLDINGAY, J., *Songs from a Strange Land*. Psalms 42-51 (The Bible Speaks Today) (Leicester, Inter-Varsity Press, 1978), 172 pp.

a15856 43 DURLESSER, J.A., «A Rhetorical Critical Study of Psalms 19, 42 and 43», SBT 10 (1980) 179-197.

a15857 44 BEYERLIN, W., «Innerbiblische Aktualisierungsversuche: Schichten im 44. Psalm», ZTK 73 (1976) 446-460.

a15858 PARKER, H.M., Jr., «Artaxerxes III Ochus and Psalm 44», JQR 68 (1978) 152-168.

a15859 ODELMAN, E., «Note sur l'emploi du verbe *intendere* dans le psaume XLIV de la Vulgate», RBen 89 (1979) 303-305.

a15860 45 LORETZ, O., «Psalmenstudien (II)», UF 5 (1973) 213-218.

a15861 45,1-2 MARTIN SANCHEZ, B., «Salmo 44 (45) I y II», Cubi 21 (1964) 271-272.

a15862 45,2 CASTELLINO, G., «Scriba Velox (Ps XLV,2)», dans *Wort, Lied und Gottesspruch*. Beiträge zu Psalmen und Propheten (en collab.) (1972), 29-34.

a15863 45,7 OLIVIER, J.P.J., «The Sceptre of Justice and Ps. 45:7b», JNWSemL 7 (1979) 45-54.

a15864 45,12-15 SCHILDENBERGER, J., «Einige beachtliche Septuaginta-Lesarten in den Psalmen», dans *Wort, Lied und Gottesspruch*. Beiträge zur Septuaginta (en collab.) (1972), 145-159.

a15865 46 KRINETZKI, L., «Jahwe ist uns Zuflucht und Wehr. Eine stilistisch-theologische Auslegung von Ps 46 (45)», BiLeb 3 (1962) 26-42.

a15866 MARTIN SANCHEZ, B., «Salmo 45 (46)», CuBi 21 (1964) 85.

a15867 LACH, S., «Versuch einer neuen Interpration der Zionshymnen», dans *Congress Volume. Göttingen 1977* (en collab.) (1978), 149-164.

a15868 46,2-8 TSUMURA, D.T., «The Literary Stucture of Psalm 46,2-8», AJBI 6 (1980) 29-55.

a15869 46,4-5 TSUMURA, D.T., «Twofold image of wine in psalm 46:4-5», JQR 71 (1981) 167-175.

a15870 46,5 BAUER, J.B., «Zions Flüsse. Ps 45 (46), 5», dans *Memoria Jerusalem* (en collab.) (1977), 59-91.

a15871 47 LORETZ, O., «Stichometrische und textologische Probleme in den Thronbesteigungs-Psalmen. Psalmenstudien (IV)», UF 6 (1974) 211-240.

a15872 ROBERTS, J.J.M., «The Religio-political Setting of Psalm 47», BASOR nº 221 (1976) 129-132.

a15873 BEUKEN, W.A.M., «Psalm XLVII: Structure and Drama», dans *Remembering all the Way...* (en collab.), OTS 21 (1981) 38-54.

a15874 48 MORGENSTERN, J., «Psalm 48», HUCA 16 (1941) 1-95.

a15875 MARTIN SANCHEZ, B., «Salmo 47 (48)», CuBi 21 (1964) 86.

a15876 LACH, S., «Versuch einer neuen Interpretation der Zionshymnen», dans *Congress Volume. Göttingen 1977* (en collab.) (1978), 149-164.

a15877 49 DEISSLER, A., «Das Leidensproblem in den Psalmen 37, 49 und 73», BiKi 20 (1965) 13-15.

a15878 BONNARD, P.-É., «Un psaume pour vivre. Le Psaume 49 (48)», EV (doctrine) 88 (1978) 561-569.

a15879 DE MEYER, F., «The Science of Literature Method of Prof. M. Weiss in Confrontation with Form Criticism, examplified on the Basis of Ps. 49», Bijdr. 40 (1979) 152-168.

a15880   CASETTI, P., *Gibt es ein Leben vor dem Tod?* Eine Auslegung von Psalm 49 (Orbis Biblicus et Orientalis, 44) (Freiburg, Universitätsverlag; Göttingen, Vandenhoeck & Ruprecht, 1982), 315 pp.

a15881 49,8-10 GROSS, H., «Selbst- oder Fremderlösung. Überlegungen zu Psalm 49,8-10», dans *Wort, Lied und Gottesspruch.* Beiträge zu Psalmen und Propheten (en collab.) (1972), 65-70.

a15882 49,13.21 SLOTKI, J.J., «Psalms xlix 13,21 (AV 12,20)», VT 28 (1978) 361-362.

a15883 50   M'INTYRE, J.E., «The Fiftieth Psalm: A Blast against Animal Sacrifice», ExpTim 43 (1931-32) 429-430.

a15884   LAKATOS, U., *La religión verdadera.* Estudio exegético del Salmo 50 (Madrid, Casa de la Biblia, 1972), 166 pp.

a15885   MANNATI, M., «Le psaume 50 est-il un *rîb?*» Sem. 23 (1973) 27-50.

a15886   ILLMAN, K.-J., *Thema und Tradition in den Asaf-Psalmen* (Publications of the Research Institute of the Åbo Akademi Foundation, 13) (Åbo, Finland, Åbo Akademi Forskningsinstitut, 1976), 81 pp.

a15887   BOS, J.W.H., «Oh, When the Saints: A Consideration of the Meaning of Psalm 50», JSOT nº 24 (1982) 65-77.

a15888 51-100 ROGERSON, J.W., McKAY, J.W., *Psalms 51-100.* Commentary (The Cambridge Bible Commentary) (Cambridge, Cambridge University Press, 1977), 236 pp.

a15889 51   CORDERO, M., «El Salmo 'Miserere'», CuBi 19 (1962) 205-214.

a15890   MARTIN SANCHEZ, B., «Salmo 50 (51)», CuBi 21 (1964) 343-344.

a15891   CAQUOT, A., «Purification et expiation selon le psaume LI», RHR 169 (1966) 133-154.

a15892   GROSS, H., «Theologische Eigenart der Psalmen und ihre Bedeutung für die Offenbarung des Alten Testaments. Dargestellt an Ps 51», BiLeb 8 (1967) 248-256.

a15893   MARIN, B., «Lo Spirito creatore nel salmo 'Miserere' (Sal 51)», dans *Parola, spirito e vita* 4 (1981) 6-26.

a15894 51,1-19 AUFFRET, P., «Note sur la structure littéraire de Ps. LI 1-19», VT 26 (1976) 142-167.

a15895 51,3-14 BOTTERWECK, G.J., «Sei mir gnädig, Jahwe, nach deiner Güte! Eine Meditation über Ps 51 (50), 3-14», BiLeb 2 (1961) 136-142.

a15896 51,6   KSELMAN, J.S., «A Note on Ps 51:6», CBQ 39 (1977) 251-253.

a15897 51,8   DUHAIME, J., «Le verset 8 du psaume 51 et la destruction de Jérusalem», ET 13 (1982) 35-36.

a15898 51,12-14 PUECH, H.-C., «Origène et l'exégèse trinitaire du Psaume 50. 12-14», dans *Aux sources de la tradition chrétienne* (en collab.) (1950), 180-194.

a15899 51,16 GOLDINGAY, J., «Psalm 51:16a (English 51:14a)», CBQ 40 (1978) 388-390.

a15900 52   BEYERLIN, W., *Der 52. Psalm.* Studien zu seiner Einordnung (Beiträge zur Wissenschaft vom Alten und Neuen Testament, 111) (Stuttgart, Kohlhammer, 1980), 157 pp.

a15901 53   EERDMANS, B.D., «Psalms XIV, LIII and the Elohim-psalms», OTS 1 (1942) 258-267.

a15902   BENNETT, R.A., «Wisdom Motifs in Psalm 14 = 53 - *nābāl* and *'ēṣāh*», BASOR nº 220 (1976) 15-21.

a15903 53,6   WEISS, R., «Textual Notes», Textus 6 (1968) 127-131.

*a*15904	55	EERDMANS, B.D., «Psalm LV», OTS 1 (1942) 279-286.
*a*15905		MARTIN SANCHEZ, B., «Salmo 54 (55)», CuBi 22 (1965) 232-233.
*a*15906		PLANAS, F., «Nota al Salmo 54 (55)», CuBi 31 (1974) 246-248.
*a*15907	55,3-4	DAHOOD, M., «'A Sea of Troubles': Notes on Psalms 55:3-4 and 140:10-11», CBQ 41 (1979) 604-607.
*a*15908	55,3	DAHOOD, M., «Philological Observations on Five Biblical Texts», Bibl 63 (1982) 390-394.
*a*15909	55,4	FENTON, T.L., «Ugaritica - Biblica», UF 1 (1969) 65-70.
*a*15910	57	AUFFRET, P., «Note sur la structure littéraire du *Psaume* LVII», Sem. 27 (1977) 59-73.
*a*15911	58	SEYBOLD, K., «Psalm lviii. Ein Lösungsversuch», VT 30 (1980) 53-66.
*a*15912	58,8	MANNATI, M., «Psaume lviii 8», VT 28 (1978) 477-480.
*a*15913	58,9	STEYL, C., «The Construct Noun *'ešet*, in Ps. 58:9», JNWSemL 11 (1983) 133-134.
*a*15914	58,10	ALTHANN, R., «Psalm 58,10 in the Light of Ebla», Bibl 64 (1983) 122-124.
*a*15915	60	KELLERMANN, U., «Erwägungen zum historischen Ort von Psalm LX», VT 28 (1978) 56-65.
*a*15916	60,6	TSEVAT, M., «Some Biblical Notes», HUCA 24 (1952-53) 107-114.
*a*15917	63	CERESKO, A.R., «A Note on Psalm 63: A Psalm of Vigil», ZAW 92 (1980) 435-436.
*a*15918	64,4	EMERTON, J.A., «The Translation of Psalm lxiv. 4», JTS 27 (1976) 391-392.
*a*15919	65	BONNARD, P.-É., «Un psaume pour vivre. Le Psaume 65 (64)», EV (doctrine) 89 (1979) 337-344.
*a*15920	65,2	CECCHETTI, P.I., *Scritti di Monsignore Paolo Igino Cecchetti* (1967), «Tibi Silentium Laus» (1949), 3-53.
*a*15921	65,4	RODD, C.S., «The Psalmists' Beatitudes. I. God's Chosen Ones», ExpTim 85 (1974) 271-272.
*a*15922	67	LORETZ, O., «Die Psalmen 8 und 67. Psalmenstudien V», UF 8 (1976) 117-121.
*a*15923	67,36	AUER, W., «Bibeltexte - falsch verstanden», BiKi 13 (1958) 85-88.
*a*15924	68	WEIL, H.M., «Exégèse du Psaume 68», RHR 117 (1938) 73-89.
*a*15925		EERDMANS, B.D., «Psalm LXVIII», OTS 1 (1942) 287-296.
*a*15926		MARTIN SANCHEZ, B., «Salmo 67 (68)», CuBi 22 (1965) 234-235.
*a*15927		CAQUOT, A., «Le Psaume LXVIII», RHR 177 (1970) 147-182.
*a*15928		GRAY, J., «A Cantata of the Autumn Festival: Psalm lxviii», JSS 22 (1977) 2-26.
*a*15929	68,12-14	KEEL, O., *Vögel als Boten* (Orbis Biblicus et Orientalis, 14) (Freiburg, Schweiz, Universitätsverlag; Göttingen, Vandenhoeck & Ruprecht, 1977), 164 pp.
*a*15930	68,14	ISSERLIN, B.S.J., «Psalm 68, Verse 14: An Archaeological Gloss», PEQ 103 (1971) 5-8.
*a*15931		LEE, G.M., «Salmon», NT 19 (1977) 240.
*a*15932	69	MARTIN SANCHEZ, B., «Salmo 68 (69)», CuBi 20 (1963) 165-167.
*a*15933	70,1	DELCOR, M., «La portée liturgique de la souscription 'Lehazkîr' et des Psaumes 38,1 et 70,1. Problèmes et solutions», dans En collaboration, *Mens concordet voci*, pour Mgr A.G. Martimort (Paris, Desclée, 1983), 413-422.

*a*15934 71,10   CASTELLINO, G.R., «Mesopotamian Parallels to Some Passages of the
                     Psalms», dans *Beiträge zur Alttestamentlichen Theologie* (en collab.)
                     (1977), 60-68.

*a*15935 72   MARTIN SANCHEZ, B., «Salmo 71 (72)», CuBi 22 (1965) 168-169.

*a*15936   KSELMAN, J.S., «Psalm 72: Some Observations on Structure», BASOR
                     n⁰ 220 (1976) 77-81.

*a*15937   BONNARD, P.-É., «Le Psaume 72. Ses relectures, ses traces dans
                     l'oeuvre de Luc?» RSR 69 (1981) 259-278.

*a*15938 72,8   SAEBØ, M., «Vom Grossreich zum Weltreich. Erwägungen zu Pss.
                     lxxii 8, lxxxix 26; Sach. ix 10b», VT 28 (1978) 83-91.

*a*15939 72,16   DAHOOD, M., «A Phoenician Word Pair in Psalm 72,16», Bibl 60
                     (1979) 571-572.

*a*15940 73-83   ILLMAN, K.-J., *Thema und Tradition in den Asaf-Psalmen*
                     (Publications of the Research Institute of the Åbo Akademi
                     Foundation, 13) (Åbo, Finland, Åbo Akademi Forskningsinstitut,
                     1976), 81 pp.

*a*15941 73   CHILLING, O., «Leidensfrage und Gottesgemeinschaft. Auslegung von
                     Ps 73 (72)», BiLeb 2 (1961) 25-38.

*a*15942   DEISSLER, A., «Das Leidensproblem in den Psalmen 37, 49 und 73»,
                     BiKi 20 (1965) 13-15.

*a*15943   CAQUOT, A., «Le Psaume LXXIII», Sem. 21 (1971) 29-55.

*a*15944   BEAUCAMP, É., «Voie nouvelle pour l'exégèse du Psaume 73», dans
                     Studia Hierosolymitana (Bagatti) (en collab.) (1976), II, 44-46.

*a*15945   ROSS, J.F., «Psalm 73», dans *Israelite Wisdom* (en collab.) (1978),
                     161-175.

*a*15946   LUYTEN, J., «Psalm 73 and Wisdom», dans *La Sagesse de l'Ancien
                     Testament* (en collab.) (1979), 59-81.

*a*15947 73,1   DIJKSTRA, M., «A Ugaritic Pendant of the Biblical Expression 'Pure in
                     Heart' (Ps. 24:4; 73:1)», UF 8 (1976) 440.

*a*15948 74   MARTIN SANCHEZ, B., «Salmo 73 (74)», CuBi 22 (1965) 230-231.

*a*15949   DONNER, H., «Argumente zur Datierung des 74. Psalms», dans *Wort,
                     Lied und Gottesspruch*. Beiträge zu Psalmen und Propheten (en collab.)
                     (1972), 41-50.

*a*15950   VAN DER PLOEG, J.P.M., «Psalm 74 and its structure», dans *Travels
                     in the World of the Old Testament* (en collab.) (1974), 204-210.

*a*15951   LELIÈVRE, A., «YHWH et la Mer dans les Psaumes», RHPR 56 (1976)
                     253-275.

*a*15952   AUFFRET, P., «Essai sur la structure littéraire du Psaume lxxiv», VT 33
                     (1983) 129-148.

*a*15953 74,5   ROBINSON, A., «A Possible Solution to the Problem of Psalm 74,5»,
                     ZAW 89 (1977) 120-121.

*a*15954 74,9   ROBERTS, J.J.M., «Of Signs, Prophets, and Time Limits: A Note on
                     Ps 74;9», CBQ 39 (1977) 474-481.

*a*15955 74,14   DAHOOD, M., «Vocative *Lamedh* in Psalm 74,14», Bibl 59 (1978)
                     262-263.

*a*15956 76   LACH, S., «Versuch einer neuen Interpretation der Zionshymnen», dans
                     Congress Volume. Göttingen 1977 (en collab.) (1978), 149-164.

*a*15957   BUIS, P., «Le Seigneur libère les hommes. Psaume 76», ETR 55 (1980)
                     412-415.

a15958 76,11   TOURNAY, R., «Psaume LXXVI,11: nouvel essai d'interprétation», dans *Studia Hierosolymitana (Bagatti)* (en collab.) (1976), II, 20-26.

a15959   DAY, J., «Shear-jashub (Isaiah vii 3) and 'the remnant of wrath' (Psalm lxxvi 11)», VT 31 (1981) 76-78.

a15960 77,11-12   SPITAL, H.J., «'Um deine Handlungen muss ich klagen...' Eine Betrachtung zu Ps 77,11-12», BiLeb 5 (1964) 50-56.

a15961 78   MARTIN SANCHEZ, B., «Salmo 77 (78)», CuBi 22 (1965) 297-299.

a15962   CAMPBELL, A.F., «Psalm 78: A Contribution to the Theology of Tenth Century Israel», CBQ 41 (1979) 51-79.

a15963   CLIFFORD, R.J., «In Zion and David A New Beginning: An Interpretation of Psalm 78», dans *Traditions in Transformation* (en collab.) (1981), 121-141.

a15964 78,25   DION, P.-E., «Le 'Pain des Forts' (Ps 78,25a) dans un dérivé de la littérature hénochienne», SE 35 (1983) 223-226.

a15965 78,49   DAHOOD, M., «Šir 'emissary' in Psalm 78,49», Bibl 59 (1978) 264.

a15966 78,65   CASTELLINO, G.R., «Mesopotamian Parallels to Some Passages of the Psalms», dans *Beiträge zur Alttestamentlichen Theologie* (en collab.) (1977), 60-68.

a15967   CAVALLETTI, S., «Proposa di lettura del Sal. 78,65», RivB 26 (1978) 337-340.

a15968 80   SCHREINER, J., «Hirte Israels, stelle uns wieder her! Auslegung von Psalm 80», BiLeb 10 (1969) 95-110.

a15969   LORETZ, O., «Psalmenstudien III», UF 6 (1974) 175-210.

a15970   BONNARD, P.-É., «Un psaume pour vivre. Le Psaume 80 (79)», EV (doctrine) 88 (1978) 417-423.

a15971 80,18   McNEIL, B., «The Son of Man and the Messiah: A Footnote Report of Durham Meeting», NTS 26 (1980) 419-421.

a15972 81   LOEWENSTAMM, S.E., «The Bearing of Psalm 81 upon the Problem of Exodus», ErIs 5 (1958) 80-82 (English summary).

a15973 82   MORGENSTERN, J., «The Mythological Background of Psalm 82», HUCA 14 (1939) 29-126.

a15974   LORETZ, O., «Psalmenstudien», UF 3 (1971) 101-115 (Ps 1; 8; 82).

a15975   GORDON, C.H., «History of Religion in Psalm 82», dans *Biblical and Near Eastern Studies* (LaSor) (en collab.) (1978), 129-131.

a15976   TSEVAT, M., *The Meaning of the Book of Job and Other Biblical Studies*. Essays on the Literature and Religion of the Hebrew Bible (Ktav, New York, Institute for Jewish Studies, 1980), viii-216 pp.

a15977   HOFFKEN, P., «Werden und Vergehen der Götter. Ein Beitrag zur Auslegung von Psalm 82», TZ 39 (1983) 129-137.

a15978 82,6   FABRY, H.-J., «Ihr alle seid Söhne des Allerhöchsten (Ps 82,6)», BiLeb 15 (1974) 135-147.

a15979 83   COSTACURTA, B., «L'aggressione contro Dio. Studio del Salmo 83», Bibl 64 (1983) 518-541.

a15980 83,6-8   ROSE, A., «Les 'montées' spirituelles vers Dieu selon la lecture traditionnelle des psaumes», dans *Liturgie, spiritualité, cultures* (en collab.) (1983), 255-275.

a15981 84-89   GOULDER, M.D., *The Psalms of the Sons of Korah* (JSOT Supplement Series, 20) (Sheffield, JSOT Press, 1982), xiv-302 pp.

*a*15982   84   LACH, S., «Versuch einer neuen Interpretation der Zionshymnen», dans *Congress Volume. Göttingen 1977* (en collab.) (1978), 149-164.

*a*15983   84,4   GRIFFITH, A.L., «A Strange Kind of Envy», ExpTim 87 (1976) 109-111.

*a*15984   85   KUNZ, L., «Psalm 85 als westorientalischer Nomos», TGl 67 (1977) 373-380.

*a*15985   McCARTHY, D.J., «Psalm 85 and the Meaning of Peace», Way 22 (1982) 3-9.

*a*15986   86   BONNARD, P.-É., «Un psaume pour vivre. Le Psaume 86 (85)», EV (doctrine) 88 (1978) 279-285.

*a*15987   AUFFRET, P., «Essai sur la structure littéraire du Psaume LXXXVI», VT 29 (1979) 385-402.

*a*15988   86,11   WATSON, W.G.E., «Hebrew 'to be happy' - an idiom identified», VT 31 (1981) 92-95.

*a*15989   86,16-17   BARRÉ, M.L., «A Cuneiform Parallel to Ps 86:16-17 and Mic 7:16-17», JBL 101 (1982) 271-275.

*a*15990   87   MARTIN SANCHEZ, B., «Salmo 87 (88)», CuBi 20 (1963) 233.

*a*15991   MARTIN SANCHEZ, B., «Salmo 86 (87)», CuBi 22 (1965) 362-363.

*a*15992   LACH, S., «Versuch einer neuen Interpretation der Zionshymen», dans *Congress Volume. Göttingen 1977* (en collab.) (1978), 149-164.

*a*15993   BEAUCAMP, É., «Psaume 87: À la Jérusalem nouvelle», LTP 35 (1979) 279-288.

*a*15994   87,4   HARRIS, J.G., «Enemies as Fellow-citizens», ExpTim 88 (1976) 49-50.

*a*15995   87,6   ZENGER, E., «Psalm 87,6 und die Tafeln von Sinai», dans *Wort, Lied und Gottesspruch.* Beiträge zu Psalmen und Propheten (en collab.) (1972), 97-103.

*a*15996   89   CLIFFORD, R.J., «Psalm 89: A Lament over the Davidic Ruler's Continued Failure», HarvTR 73 (1980) 35-47.

*a*15997   RAVANELLI, V., «Aspetti letterari del Salmo 89», StBiFranc 30 (1980) 7-46.

*a*15998   RAVANELLI, V., *Aspetti letterari del Salmo 89* [Pontificium Athenaeum Antonianum, Facultas Theologica - Sectio Biblica, Thesis ad Lauream N. 262 (Pars Dissertationis)] (Jerusalem, Franciscan Printing Press, 1980), xvi-44 pp.

*a*15999   VAN DER PLOEG, J.P.M., «Le sens et un problème textuel du Ps LXXXIX», dans *Mélanges bibliques et orientaux en l'honneur de M. Henri Cazelles* (en collab.) (1981), 471-481.

*a*16000   VEIJOLA, T., *Verheissung in der Krise.* Studien zur Literatur und Theologie der Exilszeit anhand der 89. Psalms (Annales Academiae Scientiarum Fennicae, Series B. 220) (Helsinki, Academia Scientiarum Fennica, 1982), 240 pp.

*a*16001   VEIJOLA, T., «Davidverheissung und Stattsvertrag. Beobachtungen zum Einfluss altorientalischer Staatsverträge auf die biblische Sprache am Beispiel von Psalm 89», ZAW 95 (1983) 9-31.

*a*16002   89,16-17   DAHOOD, M., «The Composite Divine Name in Psalms 89,16-17 and 140,9», Bibl 61 (1980) 277-278.

*a*16003   89,21   PROULX, P., O'CALLAGHAN, J., «La lectura del salmo 88,21b (LXX) en 1 Clem 18,1», Bibl 61 (1980) 92-101.

a16004 89,26 SAEBØ, M., «Vom Grossreich zum Weltreich. Erwägungen zu Pss. lxxii 8, lxxxix 26; Sach. ix 10b», VT 28 (1978) 83-91.

a16005 89,27-38 LEVENSON, J.D., «The Davidic Covenant and Its Modern Interpreters», CBQ 41 (1979) 205-219.

a16006 89,37-38 MULLEN, E.T., Jr., «The Divine Witness and the Davidic Royal Grant: Ps 89:37-38», JBL 102 (1983) 207-218.

a16007 89,51-52 TOURNAY, R., «Note sur le psaume LXXXIX, 51-52», RB 83 (1976) 380-389.

a16008 90 MARTIN SANCHEZ, B., «Salmo 89 (90)», CuBi 21 (1964) 137.

a16009 URBROCK, W.J., «Mortal and Miserable Man: A Form-Critical Investigation of Psalm 90», dans *Society of Biblical Literature. 1974 Seminar Papers* (en collab.) (1974), I, 1-33.

a16010 VON RAD, G., *Gottes Wirken in Israel* (1974), «Der 90. Psalm» (1974), 268-284.

a16011 HARRELSON, W., «A Meditation on the Wrath of God: Psalm 90», dans *Scripture in History & Theology* (en collab.) (1977), 181-191.

a16012 ROBERTSON, D., «Literary Criticism of the Bible: Psalm 90 and Shelley's 'Hymn to Intellectual Beauty'», Semeia 8 (1977) 35-50.

a16013 SCHREINER, S., «Erwägungen zum Text des 90. Psalms», Bibl 59 (1978) 80-90.

a16014 AUFFRET, P., «Essai sur la structure littéraire du Psaume 90», Bibl 61 (1980) 262-276.

a16015 90,5 WHITLEY, C., «The Text of Psalm 90,5», Bibl 63 (1982) 555-557.

a16016 90,9 READ, D.H.C., «What Story Are You Telling?» ExpTim 89 (1977-78) 80-81.

a16017 90,11 DAHOOD, M., «Interrogative *kî* in Psalm 90,11; Isaiah 36,19 and Hosea 13,9», Bibl 60 (1979) 573-574.

a16018 91 CAQUOT, A., «Le psaume XCI», Sem. 8 (1958) 21-37.

a16019 HUGGER, P., «Das bedrohte und geborgene Leben. Meditation zu Ps 91 (90)», BiLeb 12 (1971) 208-214.

a16020 92,11 LOEWENSTAMM, S.E., «An Additional Remark upon Ps. 92:11ᵇ», UF 13 (1981) 302.

a16021 LOEWENSTAMM, S.E., «*Balloti bᵉšämän raʿanān*», UF 10 (1978) 111-113.

a16022 93 LORETZ, O., «Stichometrische und textologische Probleme in den Thronbesteigungs-Psalmen. Psalmenstudien IV», UF 6 (1974) 211-240.

a16023 94 DE MEYER, F., «La Sagesse psalmique et le Psaume 94», Bijdr. 42 (1981) 22-45.

a16024 95 SCHILLING, O., «Die Anbetung Gottes - Wurzel und Konsequenz. Auslegung von Ps 95 (94)», BiLeb 2 (1961) 105-120.

a16025 KREMER, J., «'Kommet, lasset uns jauchzen dem Herrn!' Anregungen zur Meditation über Ps 95 (94)», BiLeb 3 (1962) 131-137.

a16026 MARTIN SANCHEZ, B., «El libro de los Salmos», CuBi 19 (1962) 39-44.

a16027 LORETZ, O., «Psalmenstudien III», UF 6 (1974) 175-210.

a16028 MARIN, B., «'Ascoltate, oggi, la voce del Signore!' Il terma dell'ascolto nel salmo 95», dans *Parola, spirito e vita* 1 (1980) 59-79.

a16029 GIRARD, M., «The Literary structure of Psalm 95», TD 30 (1982) 55-58.

a16030 95,1-7   RIDING, C.B., «Psalm 95 1-7c as a Large Chiasm», ZAW 88 (1976) 418.

a16031 95,5   GRILL, S., «Omnes dii gentium daemonia?» Kairos 3 (1961) 81-84.

a16032 95,7   SCHMID, R., «Heute, wenn ihr auf seine Stimme hört (Ps 95,7)», dans *Wort, Lied und Gottesspruch*. Beiträge zu Psalmen und Propheten (en collab.) (1972), 91-96.

a16033 96-99   LORETZ, O., «Stichometrische und textologische Probleme in den Thronbesteigungs-Psalmen. Psalmenstudien (IV)», UF 6 (1974) 211-240.

a16034 96   MARTIN-ACHARD, R., «Ps. 96», ETR 30, n° 4 (1955) 73-75.

a16035   MARTIN-ACHARD, R., «Israël, peuple sacerdotal», VC n° 71-72 (1964) 11-28.

a16036   GINSBERG, H.L., «A Strand in the Cord of Hebraic Hymnody», ErIs 9 (1969) 45-50.

a16037 96,9   CAQUOT, A., «In Splendoribus sanctorum», Syr. 33 (1956) 36-41.

a16038 98   GINSBERG, H.L., «A Strand in the Cord of Hebraic Hymnody», ErIs 9 (1969) 45-50.

a16039 99,3   VON SODEN, W., «Zum Psalm 99 3: Statt *dakkā* lies *dukkā*!», UF 15 (1983) 307-308.

a16040 101   KENIK, H.A., «Code of Conduct for a King: Psalm 101», JBL 95 (1976) 391-403.

a16041 102   MARTIN SANCHEZ, B., «Salmo 101 (102)», CuBi 21 (1964) 273.

a16042   URBAN, A., «Verrinnendes Leben und ausgeschüttete Klage. Meditation über Psalm 102 (101)», BiLeb 10 (1969) 137-145.

a16043 103   MARTIN SANCHEZ, B., «Salmo 102 (103)», CuBi 21 (1964) 138.

a16044 103,2   RODD, C.S., «Harvest Thanksgiving», ExpTim 92 (1981) 369-370.

a16045 103,13   CLEMENTS, R.E., «The Fatherhood of God», ExpTim 88 (1977) 274-275.

a16046 104   MARTIN SANCHEZ, B., «Salmo 103 (104)», CuBi 22 (1965) 170-171.

a16047   STECK, O.H., «Der Wein unter den Schöpfungsgaben. Überlegungen zu Psalm 104», TrierTZ 87 (1978) 173-191.

a16048   NELIS, J., «Dieu et le ciel dans l'Ancien Testament», Conci n° 143 (1979) 33-45.

a16049   DEISSLER, A., «The Theology of Psalm 104», dans *Standing Before God* (en collab.) (1981), 31-40.

a16050   RENAUD, B., «La structure du Ps 104 et ses implications théologiques», RevSR 55 (1981) 1-30.

a16051   AUFFRET, P., «Note sur la structure du Psaume 104 et ses incidences pour une comparaison avec l'hymne à Aton et Genèse 1», RevSR 56 (1982) 73-82.

a16052   RENAUD, B., «Note sur le Psaume 104. Réponse à P. Auffret», RevSR 56 (1982) 83-89.

a16053   AUFFRET, P., «Note sur la comparaison entre l'hymne à Aton et le Ps 104 à partir de leurs structures littéraires d'ensemble», RevSR 57 (1983) 64-66.

a16054 104,2   HOWELL-JONES, D., «Veiled in Flesh», ExpTim 92 (1980) 17-18.

a16055 104,5-9   CLIFFORD, R.J., «A Note on Ps 104:5-9», JBL 100 (1981) 87-89.

a16056 104,10-30   DRIVER, G.R., «The Resurrection of Marine and Terrestrial Creatures», JSS 7 (1962) 12-22.

a16057   104,11   NEBE, G.-W., «Psalm 104 11 aus Höhle 4 von Qumran (4 QPs^d) und der Ersatz des Gottesnamens», ZAW 93 (1981) 284-290.

a16058   105-106   ZIMMERLI, W., «Zwillingspsalmen», dans *Wort, Lied und Gottespruch*. Beiträge zu Psalmen und Propheten (en collab.) (1972), 105-113.

a16059   105   MARTIN SANCHEZ, B., «Salmo 104 (105)», CuBi 21 (1964) 8.

a16060   HOLM-NIELSEN, S., «The Exodus Traditions in Psalm 105», ASTI 11 (1978) 22-30.

a16061   CLIFFORD, R.J., «Style and Purpose in Psalm 105», Bibl 60 (1979) 420-427.

a16062   CERESKO, A.R., «A Poetic Analysis of Ps 105, with Attention to Its Use of Irony», Bibl 64 (1983) 20-46.

a16063   105,33   MIDDLEBURGH, C.H., «The mention of 'vine' and 'fig-tree' in Ps. cv 33», VT 28 (1978) 480-481.

a16064   106   MARTIN SANCHEZ, B., «Salmo 105 (106)», CuBi 21 (1964) 9.

a16065   LORETZ, O., «Psalmenstudien III», UF 6 (1974) 175-210.

a16066   106,28-31   JANOWSKI, B., «Psalm cvi 28-31 und die Interzession des Pinchas», VT 33 (1983) 237-248.

a16067   107   LORETZ, O., «Psalmenstudien III», UF 6 (1974) 175-210.

a16068   MEYE, R., «Psalm 107 as 'Horizon' for Interpreting the Miracle Stories of Mark 4:35-8:26», dans *Unity and Diversity in New Testament Theology* (en collab.) (1978), 1-13.

a16069   BEYERLIN, W., *Werden und Wesen des 107. Psalms* (BZAW 153) (Berlin, De Gruyter, 1979), 120 pp.

a16070   LORETZ, O., «Baal-Jahwe als Beschützer der Kaufleute in Ps 107», UF 12 (1980) 417-419.

a16071   107,1-3   MARTIN SANCHEZ, B., «Salmo 106 (107) I, II y III. Himno de acción de gracias por la liberación», CuBi 23 (1966) 185-186.

a16072   107,1-2   GIBSON, G.S., «This is My Story», ExpTim 94 (1983) 274-275.

a16073   107,1   READ, D.H.C., «Releasing the Power of Praise», ExpTim 88 (1977) 108-109.

a16074   107,30   BORGER, R., «Weitere ugaritologische Kleinigkeiten (III-V)», UF 1 (1969) 1-4 [III. Hebräisch *mḥwz* (Psalm 107,30)].

a16075   109   MARTIN SANCHEZ, B., «Salmo 108 (109)», CuBi 22 (1965) 172-174.

a16076   DÜRIG, W., «Die Verwendung des sogenannten Fluchpsalms 108 (109) im Volksglauben und in der Liturgie», MüTZ 27 (1976) 71-84.

a16077   110   CAQUOT, A., «Remarques sur le Psaume CX», Sem. 6 (1956) 33-52.

a16078   MARTIN SANCHEZ, B., «Salmo 109 (110)», CuBi 20 (1963) 49-50.

a16079   GÖSSMANN, F., «Scabellum pedum tuorum», dans *Miscellanea André Combes* (en collab.) (1967), I, 31-53.

a16080   GAMMIE, J.G., «A New Setting for Psalm 110», AThR 51 (1969) 4-17.

a16081   RONDEAU, M.-J., «Le 'Commentaire des Psaumes' de Diodore de Tarse et l'exégèse antique du Psaume 109/110», RHR 176 (1969) 5-33, 153-188; 177 (1970) 5-33.

a16082   HAY, D.M., *Glory at the Right Hand: Psalm 110 in Early Christianity* (Society of Biblical Literature. Monograph Series, 18) (Nashville, Abingdon, 1973), 176 pp.

a16083   GOURGUES, M., «Lecture christologique du Psaume CX et fête de la Pentecôte», RB 83 (1976) 5-24.

*a*16084   COPPENS, J., «Le Psaume CX», ETL 103 (1977) 191-192.
*a*16085   SCHREINER, S., «Psalm cx und die Investitur des Hohenpriesters», VT
                27 (1977) 216-222.
*a*16086   MÖLLER, H., «Der Textzusammenhang in Ps 110», ZAW 92 (1980)
                287-289.
*a*16087   GERLEMAN, G., «Psalm cx», VT 31 (1981) 1-19.
*a*16088   AUFFRET, P., «Note sur la structure littéraire du Psaume CX», Sem. 32
                (1982) 83-88.
*a*16089   KUNZ, L., «Psalm 110 in masoretischer Darbietung», TGl (1982)
                331-335.
*a*16090 110,1 LOADER, W.R.G., «Christ at the right hand - Ps. cx. 1 in the New
                Testament», NTS 24 (1977-78) 199-217.
*a*16091   CALLAN, T., «Psalm 110:1 and the Origin of the Expectation that Jesus
                Will Come Again», CBQ 44 (1982) 622-636.
*a*16092   GOURGUES, M., À la droite de Dieu (1978), 270 pp.
*a*16093 110,4 SERINA, A., La figura di Melchisedec nel Salmo CX, 4. Il Sacerdozio
                e il Messianismo Sacerdotale del Re Davide (Trapani, Antonio Vento,
                1970), 171 pp.
*a*16094   HAMP, V., «Ps 110,4b und die Septuaginta», dans Neues Testament und
                Kirche (en collab.) (1974), 519-529.
*a*16095   RODRIGUEZ CARMONA, A., «La figura de Melquisedec en la
                literatura targúmica», EstB 37 (1978) 79-102.
*a*16096 110,5-7 GILBERT, M., PISANO, S., «Psalm 110 (109), 5-7», Bibl 61 (1980)
                343-356.
*a*16097 110,5-6 LIPINSKI, E., «Études sur des textes 'messianiques' de l'Ancien
                Testament», Sem. 20 (1970) 41-57.
*a*16098 111-112 ZIMMERLI, W., «Zwillingspsalmen», dans Wort, Lied und
                Gottesspruch. Beiträge zu Psalmen und Propheten (en collab.) (1972),
                105-113.
*a*16099   AUFFRET, P., «Essai sur la structure littéraire des Psaumes cxi et cxii»,
                VT 30 (1980) 257-279.
*a*16100 112,1 HERBERT, A.S., «The Psalmists' Beatitudes II», ExpTim 85 (1974)
                303-304.
*a*16101 113-115 MARTIN SANCHEZ, B., «Salmo 113 (114 y 115)», CuBi 21 (1964) 345.
*a*16102   FREEDMAN, D.N., «Psalm 113 and the Song of Hannah», ErIs 14
                (1978) 56*-69*.
*a*16103 113,12-16 BARTHÉLEMY, D., «Le Papyrus Bodmer 24 Jugé par Origène», dans
                Wort, Lied und Gottesspruch. Beiträge zur Septuaginta (en collab.)
                (1972), 11-19.
*a*16104 114   AUFFRET, P., «Notes conjointes sur la structure littéraire des psaumes
                114 et 29», EstB 37 (1978) 103-113.
*a*16105   RENAUD, B., «Les deux lectures du Ps 114», RevSR 52 (1978) 14-28.
*a*16106   SCHMITT, V.E., «'Wer ist dieser Gott?' - Israel besingt seinen
                Schöpfer», GeistL 53 (1980) 18-24.
*a*16107 115   LORETZ, O., «Psalmenstudien III», UF 6 (1974) 175-210.
*a*16108 115,3 HURVITZ, A., «The history of a legal formula: kōl ʾăšer-ḥāpēṣ ʿāśāh
                (Psalms cxv 3, cxxv 6)», VT 32 (1982) 257-267.
*a*16109 116   BONNARD, P.-É., «Un psaume pour vivre. Le Psaume 116 (114-115)»,
                EV (doctrine) 88 (1978) 696-703.

a16110 116,15   EMERTON, J.A., «How Does the Lord Regard the Death of his Saints in Psalm cxvi. 15?» JTS 34 (1983) 146-156.

a16111 117   RICKENBACHER, O., «Quelques problèmes du Psaume 117 en malgache», dans Mélanges Dominique Barthélemy (en collab.) (1981), 309-316.

a16112 118   EERDMANS, B.D., «Foreign elements in pre-exilic Israel, Ps. CXVIII», OTS 1 (1942) 126-138.

a16113   FROST, S.B., «Psalm 118: An Exposition», CanJT 7 (1961) 155-166.

a16114   PLANAS, F., «San Roberto Belarmino y el salmo 118», CuBi 19 (1962) 13-15.

a16115   SICRE, J.L., «El uso del Salmo 118 en la Cristología Neotestamentaria», EstE 52 (1977) 73-90.

a16116   SICRE, J.L., «Psalm 118 and New Testament christology», TDig 26 (1978) 140-144.

a16117   HALS, R.M., «Psalm 118», Interpr 37 (1983) 277-283.

a16118 118,22   LE BAS, E.E., «Was the Corner-stone of Scripture a Pyramidion?» PEQ 78 (1946) 103-115.

a16119 118,23   JENNI, E., «'Vom Hern ist dies gewirkt', Ps. 118,23», TZ 35 (1979) 55-62.

a16120 118,24   BERLIN, A., «Psalm 118:24», JBL 96 (1977) 567-568.

a16121 118,27   DRIVER, G., «Psalm 118:27 - 'swryḥl», Textus 7 (1969) 130-131.

a16122 119-120   PLANAS, F., «Notas a los Salmos 119, 120 y 123», CuBi 34 (1977) 61-66.

a16123 119   BERGLER, S., «Der längste Psalm - Anthologie oder Liturgie?» VT 29 (1979) 257-288.

a16124   VAN DER PLOEG, J.P.M., «Le Psaume 119 et la sagesse», dans La Sagesse de l'Ancien Testament (en collab.) (1979), 317-346.

a16125   ASENSIO, F., «Los Zēdîn del Salmo 119 en el área 'Dolomentira'», EstB 41 (1983), 185-204.

a16126 119,54   BISHOP, J., «A Religion that Sings», ExpTim 94 (1983) 270-272.

a16127 120-134   EERDMANS, B.D., «The Songs of Ascents, the psalms hamma'aloth», OTS 1 (1942) 139-161.

a16128   SEYBOLD, K., Die Walfahrtspsalmen. Studien zur Entstehungsgeschichte von Psalm 120-134 (Biblisch-theologische Studien, 3) (Neukirchen-Vluyn, Neukirchener Verlag, 1978), 108 pp.

a16129   BEAUCAMP, É., «L'unité du recueil des montées. Psaumes 120-134», StBiFranc 29 (1979) 73-90.

a16130   SEYBOLD, K., «Die Redaktion der Wallfahrtspsalmen», ZAW 91 (1979) 247-268.

a16131   BEAUCAMP, É., «L'unité du recueil des montées», LTP 36 (1980) 3-15.

a16132   ROSE, A., «Les 'montées' spirituelles vers Dieu selon la lecture traditionnelle des psaumes», dans Liturgie, spiritualité, cultures (en collab.) (1983), 255-275.

a16133 121   VAN GROL, H.W.M., «De exegeet als restaurateur en interpreet. Een verhandeling over de bijbelse poëtica met Ps. 121 als exemple», Bijdr. 44 (1983) 234-261, 350-365.

a16134 122   LACH, S., «Versuch einer neuen Interpretation der Zionshymnen», dans Congress Volume. Göttingen 1977 (en collab.) (1978), 149-164.

a 16135   PUECH, É., «Fragments du Psaume 122 dans un manuscrit hébreu de la
                        Grotte IV», RQum 9 (1978) 547-554.

a 16136   ALONSO SCHÖKEL, L., STRUS, A., «Salmo 122: Canto al nombre de
                        Jerusalén», Bibl 61 (1980) 234-250.

a 16137   123   GOEKE, H., «Gott, Mensch und Gemeinde in Ps 123», BiLeb 13 (1972)
                        124-128.

a 16138   PLANAS, F., «Notas a los Salmos 119, 120 y 123», CuBi 34 (1977)
                        61-66.

a 16139   124   SCHREINER, J., «Wenn nicht der Herr für uns wäre! Auslegung von
                        Psalm 124», BiLeb 10 (1969) 16-25.

a 16140   125,6   HURVITZ, A., «The history of a legal formula: kōl 'ᵃšer-hāpēṣ 'āśāh
                        (Psalms cxv 3, cxxv 6)», VT 32 (1982) 257-267.

a 16141   126   BEYERLIN, W., 'Wir sind wie Träumende.' Studien zum 126. Psalm
                        (Stuttgarter Bibelstudien, 89) (Stuttgart, Katholisches Bibelwerk, 1978),
                        79 pp.

a 16142   127   LORETZ, O., «Psalmenstudien III», UF 6 (1974) 175-210.

a 16143   PLANAS, F., «Breves notas a los salmos 127, 11 y 8», CuBi 32 (1975)
                        279-281.

a 16144   MILLER, P.D., Jr., «Psalm 127. The House that Yahweh Builds», JSOT
                        nº 22 (1982) 119-132.

a 16145   127,2   HAMP, V., «Der Herr gibt es den Seinen im Schlaf, Ps 127,2d», dans
                        Wort, Lied und Gottesspruch. Beiträge zu Psalmen und Propheten (en
                        collab.) (1972), 71-79.

a 16146   DAHOOD, M., «The aleph in Psalm CXXVII 2 šēnā'», Or. 44 (1975)
                        103-105.

a 16147   BISHOP, J., «God's Gift of Sleep», ExpTim 90 (1979) 339-341.

a 16148   129,3   DAHOOD, M., «Further instances of the Breakup of stereotyped
                        phrases in Hebrew», dans Studia Hierosolymitana (Bagatti) (en collab.)
                        (1976), II, 9-19.

a 16149   130   PORUBČAN, S., «Il Salmo de Profundis», dans Studi di scienze
                        ecclesiastiche (en collab.) (1960), 1-17.

a 16150   MILLER, P.D., Jr., «Psalm 130», Interpr 33 (1979) 176-181.

a 16151   FORREST, R.G., «I believe in the forgiveness of sins», ExpTim 92
                        (1980) 18-19.

a 16152   131   BEYERLIN, W., Wider die Hybris des Geistes. Studien zum 131. Psalm
                        (Stuttgarter Bibelstudien, 108) (Stuttgart, Katholisches Bibelwerk,
                        1982), 117 pp.

a 16153   132   AMMASSARI, A., La religione dei patriarchi (1976), «'Ricordati,
                        o Signore, per amore di David...' (Sal. 132): esegesi storica di un salmo»,
                        9-135.

a 16154   BEE, R.E., «The Textual Analysis of Psalm 132: A Response to
                        Cornelius B. Houk», JSOT nº 6 (1978) 49-53.

a 16155   BEE, R.E., «The Use of Syllabe Counts in Textual Analysis», JSOT nº 10
                        (1978) 68-70.

a 16156   HOUK, C.B., «Psalm 132, Literary Integrity, and Syllabe-Word
                        Structures», JSOT nº 6 (1978) 41-48.

a 16157   HOUK, C.B., «Psalm 132: Further Discussion», JSOT nº 6 (1978) 54-57.

a 16158   LAWLESS, G., «Psalm 132 and Augustine's Monastic Ideal», Ang 59
                        (1982) 526-539.

a16159   BREKELMANS, C., «Psalms 132: Unity and Stucture», Bijdr. 44 (1983) 262-265.

a16160   KRUSE, H., «Psalm cxxxii and the Royal Zion Festival», VT 33 (1983) 279-297.

a16161   133   GONZALEZ, A., «Concordia fraterna», CuBi 18 (1961) 288-298.

a16162   LORETZ, O., «Die Ugaritistik in der Psalmeninterpretation. Zum Abschluss des Kommentars von M. Dahood», UF 4 (1972) 167-169.

a16163   KEEL, O., «Kultische Brüderlichkeit - Ps 133», FreibZ 23 (1976) 68-80.

a16164   NORIN, S., «Ps. 133. Zusammenhang und Datierung», ASTI 11 (1978) 90-95.

a16165   WATSON, W.G.E., «The Hidden Simile in Psalm 133», Bibl 60 (1979) 108-109.

a16166   133,2-3   TSUMURA, D.T., «Sorites in Psalm 133,2-3a», Bibl 61 (1980) 416-417.

a16167   136   AUFFRET, P., «Note sur la structure littéraire du Psaume CXXXVI», VT 27 (1977) 1-12.

a16168   137   SCHILLING, O., «'Vergess ich dich je, Jerusalem...' Ergriffen und ergrimmt. Auslegung von Ps 137 (136)», BiLeb 2 (1961) 175-187.

a16169   KELLERMANN, U., «Psalm 137», ZAW 90 (1978) 43-58.

a16170   AUFFRET, P., «Essai sur la structure littéraire du psaume 137», ZAW 92 (1980) 346-377.

a16171   McCARTHY, J.J., «The Metrical Structure of Psalm 137», JBL 100 (1981) 161-167.

a16172   OGDEN, G.S., «Prophetic Oracles Against Foreign Nations and Psalm of Communal Lament: The Relationship of Psalm 137 to Jeremiah 49:7-22 and Obadiah», JSOT no 24 (1982) 89-97.

a16173   137,3   DAHOOD, M., «Ugaritic *mšr*, 'song', in Psalms 28,7 and 137,3», Bibl 58 (1977) 216-217.

a16174   137,4   HARRIS, S.M., «How can we Sing the Lord's Song», ExpTim 93 (1982) 209-210.

a16175   SCHILLEBEECKX, E., *God among us*, «How Shall We Sing the Lord's Song in a Strange Land? (Ps. 137.4)» (1983), 180-187.

a16176   137,7-9   BRUSTON, É., «Sur les bords des fleuves de Babylone», ETR 14 (1939) 249-253.

a16177   139   BEHLER, G.M., «Der nahe und schwer zu fassende Gott. Eine biblische Besinnung über Ps 139 (138)», BiLeb 6 (1965) 135-152.

a16178   SEN, F., «Textos que se van esclareciendo. Salmo 139», CuBi 29 (1972) 48.

a16179   KILIAN, R., «In Gott geborgen - Eine Auslegung des Psalms 139», BiKi 26 (1971) 97-102.

a16180   WAGNER, S., «Zur Theologie des Psalms CXXXIX», dans *Congress Volume. Göttingen 1977* (en collab.) (1978), 357-376.

a16181   BONNARD, P.-É., «Un psaume pour vivre. Le Psaume 139 (138)», EV (doctrine) 89 (1979) 529-538.

a16182   139,1   ABBA, R., «The All-seeing God», ExpTim 91 (1979) 116-117.

a16183   139,7-12   WATSON, P.S., «Ps 139,7-12», ExpTim 89 (1978) 305-307.

a16184   139,17   SABOTTKA, L., «*rē'ēkā* in Ps 139,17: ein adverbieller Akkusativ», Bibl 63 (1982) 558-559.

a16185   140   GREENBERG, M., «Psalm 140», ErIs 14 (1978) 88-99 (English summary).

*a*16186   140,10-11   DAHOOD, M., «'A Sea of Troubles': Notes on Psalms 55:3-4 and
                          140:10-11», CBQ 41 (1979) 604-607.
*a*16187   140,11   POPE, M.H., «A Little Soul-Searching», Maarav 1 (1978) 25-31.
*a*16188   140,12   GREENBERG, M., «Two New Hunting Terms in Psalm 140:12»,
                          HebAnR 1 (1977) 149-153.
*a*16189   140,9   DAHOOD, M., «The Composite Divine Name in Psalms 89,16-17 and
                          140,9», Bibl 61 (1980) 277-278.
*a*16190   141   TOURNAY, R.J., «Psaume CXLI: nouvelle interprétation», RB 90
                          (1983) 321-333.
*a*16191   143   HAYS, R.B., «Psalm 143 and the Logic of Romans 3», JBL 99 (1980)
                          107-115.
*a*16192   145   SEN, F., «El salmo 145 según la versión de Qumrán», CuBi 28 (1971)
                          242-245.
*a*16193   AUFFRET, P., «Essai sur la structure littéraire du Psaume 145», dans
                          Mélanges bibliques et orientaux en l'honneur de M. Henri Cazelles (en
                          collab.) (1981), 15-31.
*a*16194   WATSON, W.G.E., «Reversed Rootplay in Ps 145», Bibl 62 (1981)
                          101-102.
*a*16195   147   GINSBERG, H.L., «A Strand in the Cord of Hebraic Hymnody», ErIs 9
                          (1969) 45-50.
*a*16196   BONNARD, P.-É., «Un psaume pour vivre. Le Psaume 147 (146-147)»,
                          EV (doctrine) 89 (1979) 113-121.
*a*16197   148   HILLERS, D.R., «A Study of Psalm 148», CBQ 40 (1978) 323-334.
*a*16198   READ, D.H.C., «The Creator and the Superbug», ExpTim 93 (1981)
                          19-20.
*a*16199   150,6   MONTAGNINI, F., «Omnis spiritus laudet Dominum», BibOr 25
                          (1983) 111-113.
*a*16200   151(LXX)   SEN, F., «El salmo 151 merece añadirse al Salterio como obra maestra»,
                          CuBi 29 (1972) 168-173.
*a*16201   SMITH, M., «Psalm 151, David, Jesus, and Orpheus», ZAW 93 (1981)
                          247-253.

m) *Divers. Miscellaneous. Verschiedenes. Diversi. Diversos.*

*a*16202   FISCHER, B., «Christliches Psalmenverständnis im 2. Jahrhundert», BiLeb 3 (1962)
           111-119.
*a*16203   RONDEAU, M.-J., «Les polémiques d'Hippolyte de Rome et de Filastre de Brescia
           concernant le Psautier», RHR 171 (1967) 1-51.
*a*16204   RINALDI, G., «Popoli e paesi nei Salmi», BibOr 17 (1975) 97-111.
*a*16205   HAENDLER, G., «Zur Auslegung der Psalmen in der Alten Kirche», TLZ 103 (1978)
           625-632.
*a*16206   HEINEN, K., «Die Psalmen - Gebete für Christen?» BiLit 51 (1978) 232-235.
*a*16207   ODELAIN, O., SÉGUINEAU, R., *Concordance de la Bible. Les Psaumes* (Paris,
           Desclée de Brouwer, 1980), liv-395 pp.

4. Proverbes. Proverbs. Sprüche. Proverbi. Proverbios.

a) Introduction. Einleitung. Introduzione. Introducción.

a16208 HOLMGREN, F., «Barking Dogs Never Bite, Except Now and Then: Proverbs and Job», AThR 61 (1969) 341-353.
a16209 WILLIAMS, J.G., «The Power of Form: A Study of Biblical Proverbs», Semeia 17 (1980) 35-58.
a16210 MURPHY, R.E., *Wisdom Literature*, «Proverbs» (1981), 47-82.

b) Commentaires. Commentaries. Kommentare. Commenti. Comentarios.

a16211 WHYBRAY, R.N., *The Book of Proverbs* (The Cambridge Bible Commentary on the New English Bible) (Cambridge, Cambridge University Press, 1972), x-197 pp.
a16212 RINGGREN, H., *Sprüche*, dans RINGGREN, H., ZIMMERLI, W., *Sprüche / Prediger*, 3., neubearbeitete Auflage (ATD 16.1) (Göttingen, Vandenhoeck & Ruprecht, 1980), 1-120.
a16213 GOLDSTEIN, D., «The Commentary of Judah ben Solomon Hakohen ibn Matqah to Genesis, Psalms and Proverbs», HUCA 52 (1981) 203-252.
a16214 MURPHY, R.E., *Wisdom Literature*. Job, Proverbs, Ruth, Canticles, Ecclesiastes, and Esther (The Forms of the Old Testament Literature, 13) (Grand Rapids, Michigan, Eerdmans, 1981), xiv-185 pp.
a16215 PLÖGER, O., *Sprüche Salomos (Proverbia)* (Biblischer Kommentar - Altes Testament, XVII) (Neukirchen-Vluyn, Neukirchener Verlag, 1981), 1-80 pp.
a16216 COX, D., *Proverbs*, with an Introduction to Sapiential Books (Old Testament Message, A Biblical-Theological Commentary, 17) (Wilmington, Delaware, Michael Glazier, 1982), xii-259 pp.

c) Critique littéraire. Literary Criticism. Literarkritik. Critica letteraria. Crítica literaria.

a16217 GORDIS, R., «Quotations in Wisdom Literature», JQR 30 (1939-40) 123-147.
a16218 MATHIEU, J.-P., «Les deux collections salomoniennes (*Proverbes* 10,1-22,16; 25,1-29,27)», dans *Études théologiques* (en collab.) (1963), 11-21.
a16219 GEMSER, B., «The Spiritual Structure of Biblical Aphoristic Wisdom», dans VAN SELMS, A., VAN DER WOUDE, A.S. (Eds), *Adhuc Loquitur*. Collected Essays of Dr. B. Gemser (Leiden, Brill, 1968), 138-149, dans *Studies in Ancient Israelite Wisdom* (en collab.), 208-219.
a16220 SKEHAN, P.W., «A Single Editor for the Whole Book of Proverbs», dans *Studies in Israelite Poetry and Wisdom* (CBQ Monograph Series, 1) (Washington, The Catholic Biblical Association of America, 1971), 15-26, dans *Studies in Ancient Israelite Wisdom* (en collab.), 329-340.
a16221 BRUEGGEMANN, W., «A Neglected Sapiential Word Pair», ZAW 89 (1977) 234-258.
a16222 HUMPHREYS, W.L., «The Motif of the Wise Courtier in the Book of Proverbs», dans *Israelite Wisdom* (en collab.) (1978), 177-190.
a16223 McKANE, W., «Functions of Language and Objectives of Discourse according to Proverbs, 10-30», dans *La Sagesse de l'Ancien Testament* (en collab.) (1979), 166-185.
a16224 WILLIAMS, J.G., *Those who ponder Proverbs*. Aphoristic Thinking and Biblical Literature (Sheffield, Almond Press, 1981), 128 pp.

a16225 NEL, P.H., *The Structure and Ethos of the Wisdom Admonitions in Proverbs* (BZAW 138) (Berlin, De Gruyter, 1982), xi-142 pp.

d) Textes. Texts. Texte. Testi. Textos.

a16226 1-9 LANG, B., *Frau Weisheit.* Deutung einer biblischen Gestalt (Patmos-Paperbacks) (Düsseldorf, Patmos, 1975), 204 pp.

a16227 ALETTI, J.-N., «Séduction et parole en Proverbes I-IX», VT 27 (1977) 129-144.

a16228 LANG, B., «Schule und Unterricht im alten Israel», dans *La Sagesse de l'Ancien Testament* (en collab.) (1979), 186-201.

a16229 1,7 LORETZ, O., «Il meglio della sapienza è il timere di Jahwè (*Prov.* 1,7)», BibOr 2 (1960) 210-211.

a16230 1,20-33 LANG, B., *Frau Weisheit.* Deutung einer biblischen Gestalt (Düsseldorf, Patmos, 1975), 204 pp.

a16231 2,16 WOLF, H.M., «Interpreting Wisdom Literature. Proverbs 2:16; 8:22-31», dans *The Literature and Meaning of Scripture* (en collab.) (1981), 63-77.

a16232 2,18 EMERTON, J.A., «A Note on Proverbs ii.18», JTS 30 (1979) 153-158.

a16233 3,4 WEINFELD, M., «'You Will Find Favour ... In the Sight Of God And Man' (Proverbs 3:4) - The History of an Idea», ErIs 16 (1982) 93-99.

a16234 3,34 BARBIERO, G., «Il testo massoretico di Prov 3,34», Bibl 63 (1982) 370-389.

a16235 3,35-4,4 COPE, O.L., *Matthew.* A Scribe trained for the Kingdom of Heaven (1976), «'The Good Is One' - Mt 19:16-22 and Prov 3:35-4:4», 111-119.

a16236 5 GOLDINGAY, J.E., «Proverbs V and IX», RB 84 (1977) 80-93.

a16237 6,11 LORETZ, O., «'jš mgn in Proverbia 6,11 und 24,34», UF 6 (1974) 476-477.

a16238 6,27-28 CRENSHAW, J.L., «Impossible Questions, Sayings, and Tasks», Semeia 17 (1980) 19-34.

a16239 7,3 COUROYER, B., «La Tablette du coeur», RB 90 (1983) 416-434.

a16240 8 GILBERT, M., «Le discours de la Sagesse en Proverbes, 8. Structure et cohérence», dans *La Sagesse de l'Ancien Testament* (en collab.) (1979), 202-218.

a16241 SKEHAN, P.W., «Structures in Poems on Wisdom: Proverbs 8 and Sirach 24», CBQ 41 (1979) 365-379.

a16242 GILBERT, M., «Proverbes 8», CE (n.s.) n° 32 (1980) 10-22.

a16243 PASSONI DELL'ACQUA, A., «L'elemento intermedio nella visione greca di alcuni testi sapienziali e dei Salmi», RivB 30 (1982) 79-90.

a16244 8,3 DAHOOD, M., «Further instances of the Breakup of stereotyped phrases in Hebrew», dans *Studia Hierosolymitana (Bagatti)* (en collab.) (1976), II, 9-19.

a16245 8,22-36 BARTINA, S., «La Sabiduría en Proverbios 8,22-36», EstB 35 (1976) 5-21.

a16246 8,22-31 WHYBRAY, R.N., «Proverbs VIII 22-31 and Its Supposed Prototypes», VT 15 (1965) 504-514, dans *Studies in Ancient Israelite Wisdom* (en collab.), 390-400.

a16247 LANDES, G.M., «Creation Tradition in Proverbs 8:22-31 and Genesis 1», dans *A Light unto My Path* (en collab.) (1974), 279-293.

a16248   LORETZ, O., «Text und Neudeutung in Spr. 8,22-31», UF 7 (1975) 577-579.

a16249   VISCHER, W., «L'hymne de la Sagesse dans les Proverbes de Salomon 8:22-31», ETR 50 (1975) 175-194.

a16250   ALETTI, J.-N., «Proverbes 8,22-31. Étude de structure», Bibl 57 (1976) 25-37.

a16251   WOLF, H.M., «Interpreting Wisdom Literature. Proverbs 2:16; 8:22-31», dans The Literature and Meaning of Scripture (en collab.) (1981), 63-77.

a16252   8,22   VAWTER, B., «Prov. 8:22: Wisdom and Creation», JBL 99 (1980) 205-216.

a16253   9   GOLDINGAY, J.E., «Proverbs V and IX», RB 84 (1977) 80-93.

a16254   9,1-6   GILBERT, M., «Proverbes 9,1-6», CE (n.s.) nº 32 (1980) 23-25.

a16255   9,1   LANG, B., «Die sieben säulen der Weisheit (Sprüche ix 1) im Licht israelitischer Architektur», VT 33 (1983) 488-491.

a16256   10,31   BÜHLMANN, W., Vom rechten Reden und Schweigen. Studien zu Proverbien 10-31 (Orbis Biblicus et Orientalis, 12) (Freiburg, Schweiz, Universitätsverlag; Göttingen, Vandenhoeck & Ruprecht, 1976), 371 pp.

a16257   10-30   McKANE, W., «Functions of Language and Objectives of Discourse according to Proverbs, 10-30», dans La Sagesse de l'Ancien Testament (en collab.) (1979), 166-185.

a16258   10-29   BALY, D., God and History in the Old Testament, «The Words of the Wise» (1976), 147-158.

a16259   10-22   KELLER, C.-A., «Zum sogenannten Vergeltungsglauben im Proverbienbuch», dans Beiträge zur Alttestamentlichen Theologie (en collab.) (1977), 223-238.

a16260   10,1-22,16   WHYBRAY, R.N., «Yahweh-sayings and their Contexts in Proverbs, 10,1-22,16», dans La Sagesse de l'Ancien Testament (en collab.) (1979), 153-165.

a16261   10,12   DAHOOD, M., «Una coppia di termini ugaritici e Prov. 10,12», BibOr 15 (1973) 253-254.

a16262   10,28   TSEVAT, M., «Some Biblical Notes», HUCA 24 (1952-53) 107-114.

a16263   11,30   SNELL, D.C., «'Taking souls' in Proverbs xi 30», VT 33 (1983) 362-365.

a16264   12,27   DAHOOD, M., «The hapax ḥārak in Proverbs 12,27», Bibl 63 (1982) 60-62.

a16265   14,15   DAHOOD, M., «Philological Observations on Five Biblical Texts», Bibl 63 (1982) 390-394.

a16266   16,10   DAVIES, E.W., «The Meaning of qesem in Prv 16,10», Bibl 61 (1980) 554-556.

a16267   16,30   TURNER, P.D.M., «Two Septuagintalisms with stêrizein», VT 28 (1978) 481-482.

a16268   18,19   AUER, W., «Bibeltexte - falsch verstanden», BiKi 13 (1958) 85-88.

a16269   18,21   WILLIAMS, J.G., «The Power of Form: A Study of Biblical Proverbs», Semeia 17 (1980) 35-58.

a16270   22,17-24,22   BRYCE, G.E., A Legacy of Wisdom. The Egyptian Contribution to the Wisdom of Israel (Lewisburg, Bucknell University Press; Cranbury, NJ, London, Associated University Presses, 1979), 336 pp.

a16271   22,17-23,11   NICCACCI, A., «Proverbi 22,17-23,11», StBiFranc 29 (1979) 42-72.

a16272   22,6   BRUSTON, C., «Un verbe hébreu et un proverbe biblique», ETR 5
                     (1930) 446-448.

a16273   22,21-23   CODY, A., «Notes on Proverbs 22,21 and 22,23b», Bibl 61 (1980)
                     418-426.

a16274   23,29-35   ANDREW, M.E., «Variety of Expression in Proverbs XXIII 29-35», VT
                     28 (1978) 102-103.

a16275   24,12   DAHOOD, M., «Further instances of the Breakup of stereotyped
                     phrases in Hebrew», dans Studia Hierosolymitana (Bagatti) (en collab.)
                     (1976), II, 9-19.

a16276   24,23-29   COHEN, J.M., «An unrecognized connotation of nšq peh with special
                     reference to three biblical occurences», VT 32 (1982) 416-424.

a16277   25-29   KELLER, C.-A., «Zum sogenannten Vergeltungsglauben im
                     Proverbienbuch», dans Beiträge zur Alttestamentlichen Theologie (en
                     collab.) (1977), 223-238.

a16278   25,13   LANG, N., «Vorläufer von Speiseeis in Bibel und Orient. Eine
                     Untersuchung von Spr 25,13», dans Mélanges bibliques et orientaux en
                     l'honneur de M. Henri Cazelles (en collab.) (1981), 219-232.

a16279   26,27   WILLIAMS, J.G., «The Power of Form: A Study of Biblical Proverbs»,
                     Semeia 17 (1980) 35-58.

a16280   27,19   EITAN, I., «Biblical Studies», HUCA 14 (1939) 1-22 (An Unknown
                     Element in Prov. 27.19: pp. 7-9).

a16281   27,20   TURNER, P.D.M., «Two Septuagintalisms with stêrizein», VT 28 (1978)
                     481-482.

a16282   28,12   DAHOOD, M., «Proverbs 28,12 and Ugaritic bt ḥptt», dans Homenaje
                     a Juan Prado (en collab.) (1975), 163-166.

a16283   30   FRANKLYN, P., «The Sayings of Agur in Proverbs 30: Piety or
                     Scepticism?» ZAW 95 (1983) 238-252.

a16284   31   LICHTENSTEIN, M.H., «Chiasm and Symmetry in Proverbs 31», CBQ
                     44 (1982) 202-211.

a16285   31,4   TSUMURA, D.T., «The Vetitive Particle and the Poetic Structure of
                     Proverb 31:4», AJBI 4 (1978) 23-31.

a16286   31,5   PAUL, S.M., «Unrecognized Biblical Legal Idioms in the Light of
                     Comparative Akkadian Expressions», RB 86 (1979) 231-239.

e) Divers. Miscellaneous. Verschiedenes. Diversi. Diversos.

a16287   KASSER, R., «Origine de quelques variantes de la version sahidique des Proverbes»,
         ETR 36 (1961) 359-366.

a16288   ALONSO SCHÖKEL, L., «Proverbios hebreos y refranes españoles», CuBi 24 (1967)
         275-281.

a16289   BEARDSLEE, W.A., «Plutarch's Use of Proverbial Forms of Speech», Semeia 17 (1980)
         101-112.

5. Ecclésiaste. Ecclesiastes. Kohelet. Ecclesiaste. Eclesiastés.

a) Introduction. Einleitung. Introduzione. Introducción.

a16290   CELADA, B., «Pensamiento radical en un libro sagrado. El Qohélet o Eclesiastés», CuBi
         23 (1966) 177-184.

a16291 BISHOP, E.F.F., «A Pessimist in Palestine (B.C.)», PEQ 100 (1968) 33-41.

a16292 HOLM-NIELSEN, S., «The Book of Ecclesiastes and the Interpretation of it in Jewish and Christian Theology», ASTI 10 (1976) 38-96.

a16293 JOHNSTON, R.K., «'Confessions of a Workaholic': A Reappraisal of Qoheleth», CBQ 38 (1976) 14-28.

a16294 MURPHY, R.E., «Qohélet le sceptique», Conci nº 119 (1976) 57-62.

a16295 MURPHY, R.E., «Qohelet's 'Quarrel' with the Fathers», dans From Faith to Faith (en collab.) (1979), 235-245.

a16296 WHITLEY, C.F., Kohelet. His Language and Thought (BZAW 148) (Berlin, New York, 1979), viii-199 pp.

a16297 BRETON, S., «Qoheleth: recent studies», TDig 28 (1980) 147-151.

a16298 LOHFINK, N., «Der Bibel skeptische Hintertür. Versuch, den Ort des Buchs Kohelet neu zu bestimmen», StiZ 198 (1980) 17-31.

a16299 WRITHT, J.S., «Interpréter l'Ecclésiaste», Hok nº 13 (1980) 50-64.

a16300 CHOPINEAU, J., «Qoheleth's modernity», TDig 29 (1981) 117-118.

a16301 MURPHY, R.E., Wisdom Literature, «Ecclesiastes (Qohelet)» (1981), 125-149.

a16302 MURPHY, R.E., «Qohelet interpreted: the bearing of the past on the present», VT 32 (1982) 331-337.

b) Commentaires. Commentaries. Kommentare. Commenti. Comentarios.

a16303 ALONSO SCHÖKEL, L., y otros, Los Libros Sagrados. 17. Eclesiastés y Sabiduría (Traducción de Luis Alonso Schökel y Eduardo Zurro. Revisión de José Maria Valverde. Introducciones y commentarios de Luis Alonso Schökel) (Madrid, Ediciones Cristiandad, 1974), 208 pp.

a16304 FUERST, W.J., The Books of Ruth, Esther, Ecclesiastes, The Song of Songs, Lamentations. The Five Scrolls (The Cambridge Bible Commentary) (Cambridge, University Press, 1975), 267 pp.

a16305 BOURGUET, D., «Daniel Lys au miroir de l'Ecclésiaste», ETR 53 (1978) 402-409.

a16306 LAUHA, A., Kohelet (BK.AT 19) (Neukirchen-Vluyn, Neukirchener Verlag, 1978), viii-232 pp.

a16307 LOHFINK, N., Kohelet (Die Neue Echter Bibel) (Würzburg, Echter Verlag, 1980), 88 pp.

a16308 ZIMMERLI, W., Das Buch des Predigers Salomo, dans RINGGREN, H., ZIMMERLI, W., Sprüche / Prediger, 3., neubearbeitete Auflage (ATD 16.1) (Göttingen, Vandenhoeck & Ruprecht, 1980), 121-249.

a16309 MURPHY, R.E., Wisdom Literature. Job, Proverbs, Ruth, Canticles, Ecclesiastes, and Esther (The Forms of the Old Testament Literature, 13) (Grand Rapids, Michigan, Eerdmans, 1981), xiv-185 pp.

a16310 BERGANT, D., Job, Ecclesiastes (Old Testament Message, A Biblical-Theological Commentary, 18) (Wilmington, Delaware, Michael Glazier; Dublin, Gill & Macmillan, 1982), 295 pp.

a16311 EATON, M.A., Ecclesiastes: An Introduction and Commentary (Tyndale Old Testament Commentaries) (Leicester, Inter-Varsity Press, 1983), 159 pp.

c) Critique textuelle. Textual Criticism. Textkritik. Critica textuale. Crítica textual.

a16312 PAPER, H.H., «Ecclesiastes in Judeo-Persian», Or. 42 (1973) 328-337.

a16313 LANE, D.J., «'Lilies that fester...': the Peshiṭta text of Qoheleth», VT 29 (1979) 481-490.

a16314   LOADER, J.A., *Polar Structures in the Book of Qohelet* (BZAW 152) (Berlin, De Gruyter, 1979), 138 pp.

a16315   SALTERS, R.B., «The Mediaeval French Glosses of Rashbam on Qoheleth and Song of Songs», dans *Studia Biblica 1978. I. Papers on Old Testament* (en collab.) (1979), 249-252.

d) Critique littéraire. Literary Criticism. Literarkritik. Critica letteraria. Crítica literaria.

a16316   WRIGHT, A.G.,   «The Riddle of the Sphinx: The Structure of the Book of Qoheleth», CBQ 30 (1968) 313-334, dans *Studies in Ancient Israelite Wisdom* (en collab.) (1976), 245-266.

a16317   FOX, M.V., «Frame-Narrative and Composition in the Book of Qohelet», HUCA 48 (1977) 83-106.

a16318   OGDEN, G.S., «The 'Better'-Proverb (Tôb-Spruch), Rhetorical Criticism, and Qoheleth», JBL 96 (1977) 489-505.

a16319   PIOTTI, F., «Osservazione su alcuni usi linguistici dell'Ecclesiaste», BibOr 19 (1977) 49-56 (Qo 1,3.8.17; 2,10; 7,28; 8,17).

a16320   DE SAVIGNAC, J., «La sagesse du Qôhéléth et l'épopée de Gilgamesh», VT 28 (1978) 318-323.

a16321   COPPENS, J., «La structure de l'Ecclésiaste», dans *La Sagesse de l'Ancien Testament* (en collab.) (1979), 288-292.

a16322   LOADER, J.A., *Polar Structures in the Book of Qohelet* (BZAW 152) (Berlin, De Gruyter, 1979), 138 pp.

a16323   OGDEN, G.S., «Qoheleth's Use of the 'Nothing is Better'-Form», JBL 98 (1979) 339-350.

a16324   WHITLEY, C.F., «Koheleth and Ugaritic Parallels», UF 11 (1979) 811-824.

a16325   WHITLEY, C.F., *Kohelet. His Language and Thought* (BZAW 148) (Berlin, New York, 1979), viii-199 pp.

a16326   CRÜSEMANN, F., «Hiob und Kohelet. Ein Beitrag zum Verständnis des Hiobbuches», dans *Werden und Wirken des Alten Testament* (en collab.) (1980), 373-393.

a16327   WRIGHT, A.G., «The Riddle of the Sphinx Revisited: Numerical Patterns in the Book of Qoheleth», CBQ 42 (1980) 38-51.

a16328   LOHFINK, N., «*melek, šallîṭ,* und *môšel* bei Kohelet und die Abfassungszeit des Buchs», Bibl 62 (1981) 535-543.

a16329   WHYBRAY, R.N., «The identification and use of quotations in Ecclesiastes», dans *Congress Volume. Vienna 1980* (en collab.) (1981), 435-451.

a16330   CERESKO, A.R., «The Function of *Antanaclasis* (*mṣ'*, 'to find' // *mṣ'*, 'to reach, overtake, grasp') in Hebrew Poetry, Especially in the Book of Qoheleth», CBQ 44 (1982) 551-569.

a16331   DELSMAN, W.C., «Zur Sprache das Buches Koheleth», dans *Von Kanaan bis Kerala* (en collab.) (1982), 341-365.

a16332   MULDER, J.S.M., «Qoheleth's Division and also its Main Point», dans *Von Kanaan bis Kerala* (en collab.) (1982), 149-159.

a16333   REIF, S.C., «A reply to Dr C.F. Whitley», VT 32 (1982) 346-348.

a16334   SCHOORS, A., «La structure littéraire de Qohéleth», OLoP 13 (1982) 91-116.

a16335   WHITLEY, C.F., «A reply to Dr S.C. Reif», VT 32 (1982) 344-346.

a16336   WRIGHT, A.G., «Additional Numerical Patterns in Qoheleth», CBQ 45 (1983) 32-43.

e) Théologie. Theology. Theologie. Teologia. Teología.

*a*16337 LORETZ, O., «Fleiches Los trifft alle! Die Antwort des Buches Qohelet», BiKi 20 (1965) 6-8.

*a*16338 BOJORGE, H., «Verkenning in de gedachtewereld van het boek Prediker. *À propos du monde d'idées de l'Ecclésiaste*», Bijdr. 28 (1967) 118-150 (sommaire français).

*a*16339 GEMSER, B., «The Spiritual Structure of Biblical Aphoristic Wisdom», dans VAN SELMS, A., VAN DER WOUDE, A.S. (Eds), *Adhuc Loquitur.* Collected Essays of Dr. B. Gemser (Leiden, Brill, 1968), 138-149, dans *Studies in Ancient Israelite Wisdom* (en collab.) (1976), 208-219.

*a*16340 HORTON, E., Jr., «Koheleth's concept of opposites», Numen 19 (1972) 1-21.

*a*16341 LANG, B., «Ist der Mensch hilflos? Das biblische Buch Kohelet neu und kritisch gelesen», TQ 159 (1979) 109-124.

*a*16342 LANG, B., *Ist der Mensch hiflos?* Zum Buch Kohelet (Theologische Meditationen, 53) (Zurich, Köln, Benziger Verlag, 1979), 76 pp.

*a*16343 LYS, D., «L'Être et le Temps. Communication de Qohèlèth», dans *La Sagesse de l'Ancien Testament* (en collab.) (1979), 249-258.

*a*16344 MÜLLER, H.-P., «Neige der althebräischen 'Weisheit'. Zum Denken Qohäläts», ZAW 90 (1978) 238-264.

*a*16345 SCHMITT, A., «Zwischen Anfechtung, Kritik und Lebensbewältigung. Zur theologischen Thematik des Buches Kohelet», TrierTZ 88 (1979) 114-131.

*a*16346 WHYBRAY, R.N., «Conservatisme et radicalisme dans Qohelet», dans *Sagesse et religion* (en collab.) (1979), 65-81.

*a*16347 WILLIAMS, J.G., «What Does It Profit a Man? The Wisdom of Koheleth», *Judaism* 20 (1971) 179-193, dans *Studies in Ancient Israelite Wisdom* (en collab.) (1976), 385-389.

f) Textes. Texts. Texte. Testi. Textos.

*a*16348   1,1-4,3   LYS, D., *L'Ecclésiaste ou Que vaut la vie?* Traduction, introduction générale, commentaire de 1,1 à 4,3 (Paris, Letouzey et Ané, 1977), 432 pp.

*a*16349   1,2-11   GOOD, E.M., «The Unfilled Sea: Style and Meaning in Ecclesiastes 1:2-11», dans *Israelite Wisdom* (en collab.) (1978), 59-73.

*a*16350   1,2   CHOPINEAU, J., «Une image de l'homme. Sur Ecclésiaste 1/2», ETR 53 (1978) 366-370.

*a*16351   1,3.8.17   PIOTTI, F., «Osservazione su alcuni usi linguistici dell'Ecclesiaste», BibOr 19 (1977) 49-56 (Qo 1,3.8.17; 2,10; 7,28; 8,17).

*a*16352   1,3   HOWE, G.R., «The Christian Attitute to Work», ExpTim 90 (1979) 113-114.

*a*16353   1,4-11   ROUSSEAU, F., «Structure de Qohélet i 4-11 et plan du livre», VT 31 (1981) 200-217.

*a*16354   2,10   PIOTTI, F., «Osservazione su alcuni usi linguistici dell'Ecclesiaste», BibOr 19 (1977) 49-56 (Qo 1,3.8.17; 2,10; 7,28; 8,17).

*a*16355   2,13-23   DE LANGE, N.R.M., «Two Genizah Fragments in Hebrew and Greek», dans *Interpreting the Hebrew Bible* (en collab.) (1982), 61-83.

*a*16356   2,24-26   LORETZ, O., «Altorientalische und kanaanäische Topoi im Buche Kohelet», UF 12 (1980) 267-278.

*a*16357   2,25   DE WAARD, J., «The Translator and Textual Criticism (with Particular Reference to Eccl 2,25)», Bibl 60 (1979) 509-529.

a16358 3,1-8   LYS, D., «Par le temps qui court: Ecclésiaste 3/1-8», ETR 48 (1973) 299-316.

a16359 3,6   HUTCHISON, H., «Are You A Good Loser?» ExpTim 90 (1979) 336-338.

a16360 3,7   THEXTON, S.C., «We will remember», ExpTim 90 (1978) 19-20.

a16361 3,8   CARMICHAEL, C.M., «A Time for War and a Time for Peace: The Influence of the Distinction upon some Legal and Literary Material», dans Studies in Jewish Legal History (en collab.) (1974), 50-63.

a16362 3,11.17   PIOTTI, F., «Osservazioni su alcuni problemi esegetici nel libro dell'Ecclesiaste: Studio I», BibOr 20 (1978) 169-181.

a16363 3,12-13   LORETZ, O., «Altorientalische und kanaanäische Topoi im Buche Kohelet», UF 12 (1980) 267-278.

a16364 3,15   SALTERS, R.B., «A Note on the Exegesis of Ecclesiastes 3 15b», ZAW 88 (1976) 419-422.

a16365 4,9-12   SHAFFER, A., «New Light on the 'Three-Ply Cord'», ErIs 9 (1969) 159-160 (English summary).

a16366 4,13-16   OGDEN, G.S., «Historical allusion in Qohelet iv 13-16?» VT 30 (1980) 309-315.

a16367 5,5-16   PIOTTI, F., «Osservazioni su alcuni problemi esegetici nel libro dell'Ecclesiaste: Studio I», BibOr 20 (1978) 169-181.

a16368 5,5   ROFÉ, A., «'The Angel' in Qohelet 5:5 in the Light of A Wisdom Dialogue Formula», ErIs 14 (1978) 105-109 (English summary).

a16369   SALTERS, R.B., «Notes on the History of the Interpretation of Koh 5 5», ZAW 90 (1978) 95-101.

a16370 5,17-19   LORETZ, O., «Altorientalische und kanaanäische Topoi im Buche Kohelet», UF 12 (1980) 267-278.

a16371 6,2   SALTERS, R.B., «Notes on the Interpretation of Qoh 6 2», ZAW 91 (1979) 282-289.

a16372 6,4   DAHOOD, M., «Northwest Semitic Philology and three Biblical Texts», JNWSemL 2 (1972) 17-22.

a16373 7   MURPHY, R.E., «A Form-Critical Consideration of Ecclesiastes VII», dans Society of Biblical Literature. 1974 Seminar Papers (en collab.) (1974), I, 77-85.

a16374 7,5   PIOTTI, F., «Osservazioni su alcuni problemi esegetici nel libro dell'Ecclesiaste (Studio II): il canto degli stolti (Qoh. 7,5)», BibOr 21 (1979) 129-140.

a16375 7,15-16   PIOTTI, F., «Osservazioni su alcuni problemi esegetici nel libro dell'Ecclesiaste (Studio III)», BibOr 22 (1980) 243-253.

a16376 7,16-17   WHYBRAY, R.N., «Qoheleth the Immoralist? (Qoh 7:16-17)», dans Israelite Wisdom (en collab.) (1978), 191-204.

a16377 7,23-8,1   LOHFINK, N., «War Kohelet ein Frauenfeind? Ein Versuch, die Logik und den Gegenstand von Koh., 7,23-8,1a herauszufinden», dans La Sagesse de l'Ancien Testament (en collab.) (1979), 259-287.

a16378 7,25-8,1   LORETZ, O., «Altorientalische und kanaanäische Topoi im Buche Kohelet», UF 12 (1980) 267-278.

a16379 7,28   PIOTTI, F., «Osservazione su alcuni usi linguistici dell'Ecclesiaste», BibOr 19 (1977) 49-56 (Qo 1,3.8.17; 2,10; 7,28; 8,17).

a16380 8,3   WALDMAN, N.M., «The DĀBĀR RAʿ of Eccl 8:3», JBL 98 (1979) 407-408.

a16381 8,17 PIOTTI, F., «Osservazione su alcuni usi linguistici dell'Ecclesiaste», BibOr 19 (1977) 49-56 (Qo 1,3.8.17; 2,10; 7,28; 8,17).

a16382 9,1-16 OGDEN, G.S., «Qoheleth ix 1-16», VT 32 (1982) 158-169.

a16383 9,7-10,20 OGDEN, G.S., «Qohelet ix 17 - x 20. Variations on the theme of wisdom's strength and vulnerability», VT 30 (1980) 27-37.

a16384 9,7-10 LORETZ, O., «Altorientalische und kanaanäische Topoi im Buche Kohelet», UF 12 (1980) 267-278.

a16385 9,11 WRIGHT, M., «Playing the Game with God», ExpTim 90 (1979) 308-310.

a16386 10,10 FRENDO, A., «The 'Broken Construct Chain' in Qoh 10,10b», Bibl 62 (1981) 544-545.

a16387 10,18 DAHOOD, M., «Northwest Semitic Philology and three Biblical Texts», JNWSemL 2 (1972) 17-22.

a16388 10,19 SALTERS, R.B., «Text and Exegesis in Koh 10 19», ZAW 89 (1977) 423-426.

a16389 10,20 DAHOOD, M., «Further instances of the Breakup of stereotyped phrases in Hebrew», dans *Studia Hierosolymitana (Bagatti)* (en collab.) (1976), II, 9-19.

a16390 KEEL, O., *Vögel als Boten* (Orbis Biblicus et Orientalis, 14) (Freiburg, Schweiz, Universitätsverlag; Göttingen, Vandenhoeck & Ruprecht, 1977), 164 pp.

a16391 11,1-6 OGDEN, G.S., «Qoheleth xi 1-6», VT 33 (1983) 222-230.

a16392 11,7-12,7 WITZENRATH, H., *Süss ist das Licht* . . . Eine literaturwissenschaftliche Untersuchung zu Kohelet 11,7-12,7 (Arbeiten zu Text und Sprache im Alten Testament, 11) (St Ottilien, Eos Verlag, 1979), viii-60 pp.

a16393 12,1-7 PIOTTI, F., «Osservazioni su alcuni paralleli extrabiblici nell''allegoria della vecchiaia' (*Qohelet* 12,1-7)», BibOr 19 (1977) 119-128.

a16394 GILBERT, M., «La description de la vieillesse en Qohelet xii 1-7 est-elle allégorique?» dans *Congress Volume. Vienna 1980* (en collab.) (1981), 96-109.

a16395 STRAUSS, H., «Erwägungen zur seelsorgerlichen Dimension von Kohelet 12,1-7», ZTK 78 (1981) 267-275.

a16396 12,2-7 VAJDA, G., «Ecclésiaste xii,2-7, interprété par un auteur juif d'Andalousie du XIe siècle», JSS 27 (1982) 33-46.

a16397 12,4 GINSBERG, H.-L., «Koheleth 12:4 in the light of Ugaritic», Syr. 33 (1956) 99-101.

a16398 12,9-14 SHEPPARD, G.T., «The Epilogue to Qoheleth as Theological Commentary», CBQ 39 (1977) 182-189.

a16399 12,13-14 SHEPPARD, G.T., *Wisdom as a Hermeneutical Construct*, «The Epilogue to Qoheleth (Qoh. 12:13-14)» (1980), 121-129.

6. Cantique des Cantiques. Cantical of Canticals. Hohelied. Cantico dei Cantici. Cantar de los Cantares.

a) Introduction. Einleitung. Introduzione. Introducción.

a16400 LYS, D., «Le plus beau chant de la création», ETR 33 (1958) 87-117.

*a*16401   MURPHY, R.E., «Towards a Commentary on the Song of Songs», CBQ 39 (1977) 482-496.

*a*16402   LYS, D., «Le cantique des cantiques, pour une sexualité non-ambiguë», LV nº 144 (1979) 39-53.

*a*16403   SADGROVE, M., «The Song of Songs as Wisdom Literature», dans *Studia Biblica 1978. I. Papers on Old Testament* (en collab.) (1979), 245-248.

*a*16404   POPE, M.H., «Response to Sasson on the Sublime Song», Maarav 2, nº 2 (1980) 207-214.

*a*16405   MURPHY, R.E., *Wisdom Literature*, «Canticles (Song of Songs)» (1981), 97-124.

b) Commentaires. Commentaries. Kommentare. Commenti. Comentarios.

*a*16406   FUERST, W.J., *The Books of Ruth, Esther, Ecclesiastes, The Song of Songs, Lamentations. The Five Scrolls* (The Cambridge Bible Commentary) (Cambridge, University Press, 1975), 267 pp.

*a*16407   SASSON, J.M., «On M. H. Pope's *Song of Songs* (AB 7c)», Maarav 1 (1979) 177-196.

*a*16408   KRINETZKI, G., *Kommentar zum Hohenlied.* Bildsprache und theologische Botschaft (Beiträge zur Exegese und Theologie, 16) (Frankfurt a. Main, Bern, Lang, 1981), 310 pp.

*a*16409   MURPHY, R.E., *Wisdom Literature.* Job, Proverbs, Ruth, Canticles, Ecclesiastes, and Esther (The Forms of the Old Testament Literature, 13) (Grand Rapids, Michigan, Eerdmans, 1981), xiv-185 pp.

*a*16410   RINGGREN, H., KAISER, O., *Das Hohe Lied / Klagelieder. Das Buch Esther* übersetz und erklärt. 3., neubearbeitete Auflage (ATD 16,2) (Göttingen, Vandenhoeck & Ruprecht, 1981), vii-253-421 pp.

*a*16411   LANDY, F., *Paradoxes and Paradise.* Identity and Difference in the Song of Songs (Bible and Literature Series, 7) (Sheffield, The Almond Press, 1983), 410 pp.

*a*16412   REESE, J.M., *The Book of Wisdom, Song of Songs* (Old Testament Message, A Biblical-Theological Commentary, 20) (Wilmington, Delaware, Michael Glazier; Dublin, Gill & Macmillan, 1983), 255 pp.

c) Critique littéraire. Literary Criticism. Literarkritik. Critica letteraria. Crítica literaria.

*a*16413   MURPHY, R.E., «Form-Critical Studies in the Song of Songs», Interpr 27 (1973) 413-422.

*a*16414   MÜLLER, H.-P., «Die lyrische Reproduktion des Mythischen im Hohenlied», ZTK 73 (1976) 23-41.

*a*16415   WHITE, J.B., *A Study of the Language of Love in the Song of Songs and Ancient Egyptian Poetry* (SBL Dissertation Series, 38) (Missoula, Scholars Press, 1978), 217 pp.

*a*16416   MURPHY, R.E., «The unity of the Song of Songs», VT 29 (1979) 436-443.

*a*16417   SHEA, W.H., «The Chiastic Structure of the Song of Songs», ZAW 92 (1980) 378-396.

*a*16418   FALK, M., *Love Lyrics from the Bible.* A Translation and Literary Study of The Song of Songs (Sheffield, The Almond Press, 1982), 142 pp.

*a*16419   WEBSTER, E.C., «Pattern in the Song of Songs», JSOT nº 22 (1982) 73-93.

*a*16420   FOX, M.V., «Scholia to Canticles (i 4b, ii 4, i 4bα, iv 3, v 8, vi 12)», VT 33 (1983) 199-206.

*a*16421   PERUGINI, C., «Cantico dei Cantici e lirica d'amore sumerica», RivB 81 (1983) 21-41.

d) Théologie. Theology. Theologie. Teologia. Teología.

*a*16422   MURPHY, R., «Interpreting the Song of Songs», BTB 9 (1979) 99-105.

a16423   TOURNAY, R.J., *Quand Dieu parle aux hommes le langage de l'amour*. Études sur le
         Cantique de scantiques (Cahiers de la Revue Biblique, 21) (Paris, Gabalda, 1982),
         141 pp.
a16424   LANDY, F., *Paradoxes of Paradise*. Identity and Difference in the Song of Songs
         (Sheffield, Almond Press, 1983), 410 pp.

e) Divers. Miscellaneous. Verschiedenes. Diversi. Diversos.

a16425   LIEBREICH, L.J., «The Benedictory Formula in the Targum to the Song of Songs»,
         HUCA 18 (1944) 177-197.
a16426   DRUBBEL, A., «Het Hooglied in de katholieke Schriftverklaring van de laatste jaren. *Le
         Cantique dans l'exégèse catholique des dernières années*», Bijdr. 8 (1947) 113-150
         (sommaire français.).
a16427   CHAPPUZEAU, G., «Die Auslegung des Hohenliedes durch Hippolyt von Rom», JbAC
         19 (1976) 45-81.
a16428   BERNHARD VON CLAIRVAUX, «Erfahrung der Geistes. 8. Ansprache zum
         Hohenlied. Eingeführt und übersetzt von Josef Sudbrack», GeistL 50 (1977) 427-436.
a16429   SALTERS, R.B., «The Mediaeval French Glosses of Rashbam on Qoheleth and Song of
         Songs», dans *Studia Biblica 1978. I. Papers on Old Testament* (en collab.) (1979),
         249-252.
a16430   KIMELMAN, R., «Rabbi Yoḥanan and Origen on the Song of Songs: A Third-Century
         Jewish-Christian Disputation», HarvTR 73 (1980) 567-595.

f) Textes. Texts. Texte. Texti. Textos.

a16431   1,2.7   CHAPPUZEAU, G., «Die Exegese von Hohelied 1,2a.b und 7 bei
                    Kirchenvätern von Hippolyt bis Bernhard. Ein Beitrag zum Verständnis
                    von Allegorie und Analogie», JbAC 18 (1975) 90-143.
a16432   1,6   EXUM, J.C., «Asseverative '*al* in Canticles 1,6?» Bibl 62 (1981) 416-419.
a16433   1,9   LORETZ, O., «Die Stute in der Kavallerie des Pharao (Hl 1,9)», UF 10
                    (1978) 440-441.
a16434   1,14   CHARBEL, A., «Come tradurre '*eškōl hak-kōfer*' (Cant. 1,14)?» BibOr
                    20 (1978) 61-64.
a16435   2,3   FEUILLET, A., *Études d'exégèse et de théologie biblique*, «S'asseoir à
                    l'ombre de l'époux (Osée XIV,8a et CT II,3)» (1975), 317-331.
a16436   2,16   FEUILLET, A., *Études d'exégèse et de théologie biblique*, «La formule
                    d'appartenance mutuelle (Ct II,16) et les interprétations divergentes du
                    Cantique des Cantiques» (1975), 281-315.
a16437   3,8   LEWY, J., «Lexicographical Notes», HUCA 12-13 (1937-38) 97-101.
a16438   3,10   GROSSBERG, D., «Canticles 3:10 in the Light of a Homeric Analogue
                    and Biblical Poetics», BTB 11 (1981) 74-76.
a16439   4,4   ISSERLIN, B.S.J., «Song of Songs IV,4: An Archaeological Note», PEQ
                    90 (1958) 59-60.
a16440   4,12-5,1   LANDY, F., «The Song of Songs and the Garden of Eden», JBL 98
                    (1979) 513-528.
a16441   5,1-2   FEUILLET, A., *Études d'exégèse et de théologie biblique*, «Le Cantique
                    des Cantiques et l'Apocalypse» (1975), 333-361.
a16442   5,13   DAHOOD, M., «Philological Observations on Five Biblical Texts», Bibl
                    63 (1982) 390-394.

*a*16443 6,2   DAHOOD, M., «Philological Observations on Five Biblical Texts», Bibl
                         63 (1982) 390-394.

*a*16444 6,10   FEUILLET, A., *Études d'exégèse et de théologie biblique*, «Le Cantique
                         des Cantiques et l'Apocalypse» (1975), 333-361.

*a*16445 6,12   PAUL, S.M., «An Unrecognized Medical Idiom in Canticles 6,12 and
                         Job 9,21», Bibl 59 (1978) 545-547.

*a*16446 7,9   DAHOOD, M., «Canticle 7,9 und *UT* 52,61: A Question of Method»,
                         Bibl 57 (1976) 109-110.

*a*16447   DAHOOD, M., «Further instances of the Breakup of stereotyped
                         phrases in Hebrew», dans *Studia Hierosolymitana (Bagatti)* (en collab.)
                         (1976), II, 9-19.

*a*16448 8,1-7   TOURNAY, J.-R., «The Song of Songs and its Concluding Section»,
                         Immanuel 10 (1980) 5-14.

*a*16449 8,6-7   TROMP, N.J., «Wisdom and the Canticle. Ct., 8,6c-7b: text, character,
                         message and import», dans *La Sagesse de l'Ancien Testament* (en collab.)
                         (1979), 88-95.

7. Sagesse. Wisdom. Weisheit. Sapienza. Sabiduría.

a) Introduction. Einleitung. Introduzione. Introducción.

*a*16450 CANTO RUBIO, J., «Sabiduría. Sentido pastoral: las reformas y adaptaciones
          pastorales», CuBi 23 (1966) 161-172.

*a*16451 BALY, D., *God and History in the Old Testament* (1976), «The Words of the Wise»,
          147-158.

b) Commentaires. Commentaries. Kommentare. Commenti. Comentarios.

*a*16452 CLARKE, E.G., *The Wisdom of Salomon* (The Cambridge Bible Commentary on the
          New English Bible) (Cambridge, University Press, 1973), 136 pp.

*a*16453 ALONSO SCHÖKEL, L., ZURRO, E., VALVERDE, J.M., *Los Libros Sagrados.* 17.
          Eclesiastéz y Sabiduría (Traducción de Luis Alonso Schökel y Eduardo Zurro. Revisión
          de José María Valverde. Introducciones y comentarios de Luis Alonso Schökel) (Madrid,
          Ediciones Cristiandad, 1974), 208 pp.

*a*16454 GEORGI, D., *Weisheit Salomos* (J.S.H.R.Z., III/4) (Gütersloh, Gerd Mohn, 1981),
          389-478 pp.

*a*16455 WINSTON, D., *The Wisdom of Salomon.* A new translation with introduction and
          commentary (AB 43) (Garden City, Doubleday, 1982), xxiv-360 pp.

*a*16456 LARCHER, C., *Le livre de la Sagesse ou la Sagesse de Salomon* (Études bibliques,
          nouvelle série, 1) (Paris, Gabalda, 1983, 1984), 2 vol., 648 pp. (Sg 1-10).

*a*16457 REESE, J.M., *The Book of Wisdom, Song of Songs* (Old Testament Message, A Biblical-
          Theological Commentary, 20) (Wilmington, Delaware, Michael Glazier; Dublin, Gill
          & Macmillan, 1983), 255 pp.

c) Textes. Texts. Texte. Testi. Textos.

*a*16458 1-6   SCHABERG, J., «Major Midrashic Traditions in Wisdom 1,1-6,25»,
                         JStJud 13 (1982) 75-101.

*a*16459 1,1-15   PERRENCHIO, F., «Struttura e analisi letteraria di Sapienza 1,1-15, nel quadro del suo contesto letterario immediato», Sal 37 (1975) 289-325.

*a*16460 1,16-2,24   PERRENCHIO, F., «Struttura e analisi letteraria di Sapienza 1,16-2,24 e 5,1-23», Sal 43 (1981) 3-43.

*a*16461 1,17-21   PEREZ, G., HERNANDEZ, J.F., «Epistolas Dominicales», CuBi 13 (1956) 99-101.

*a*16462 2,1-11   DUPONT-SOMMER, A., «Les 'impies' du Livre de la Sagesse sont-ils des Épicuriens?» RHR 111 (1935) 90-109.

*a*16463 2,12-20   SISTI, A., «La figura del giusto perseguitato in Sap. 2,12-20», BibOr 19 (1977) 129-144.

*a*16464 4,7-17   SISTI, A., «La morte prematura in Sap. 4,7-17», RivB 31 (1983) 129-146.

*a*16465 4,16   LUCIANI, F., «Il significato del verbo *teleô* in Sap. 4,16», BibOr 20 (1978) 183-188.

*a*16466 5   PERRENCHIO, F., «Struttura e analisi letteraria di Sapienza 1,16-2,24 et 5,1-23», Sal 43 (1981) 3-43.

*a*16467 5,13-15   ALONSO, J., «Unción de enfermos y sacramento en la carta de Santiago», CuBi 25 (1968) 87-94.

*a*16468 6-9   BEAUCHAMP, P., «Épouser la Sagesse - ou n'épouser qu'elle? Une énigme du Livre de la Sagesse», dans *La Sagesse de l'Ancien Testament* (en collab.) (1979), 347-369.

*a*16469 7-9   GILBERT, M., «L'éloge de la Sagesse (Sagesse 7-9)», CE (n.s.) nº 32 (1980) 33-43.

*a*16470 7,22-23   DES PLACES, É., «Épithètes et attributs de la 'Sagesse' (Sg 7,22-23 ete SV F I 557 Arnim)», Bibl 57 (1976) 414-419.

*a*16471 8,19-20   ADINOLFI, M., «La dicotomia antropologica platonica e Sap 8,19-20», dans *Parola e Spirito* (en collab.) (1982), 145-155.

*a*16472 10   SCHMITT, A., «Struktur, Herkunft und Bedeutung der Beispielreihe in Weish 10», BZ 21 (1977) 1-22.

*a*16473 10,1-2   DUPONT-SOMMER, A., «Adam, 'Père du Monde', dans la Sagesse de Salomon (10,1-2)», RHR 119 (1939) 182-203.

*a*16474 10,1   BEAUCHAMP, P., «Épouser la Sagesse - ou n'épouser qu'elle? Une énigme du Livre de la Sagesse», dans *La Sagesse de l'Ancien Testament* (en collab.) (1979), 347-369.

*a*16475 10,10-14   PLANAS, F., «Jacob y José en la Sabiduría», CuBi 19 (1962) 215-219.

*a*16476 11,21-12,2   GILBERT, M., «Les raisons de la modération divine (Sagesse 11,21-12,2)», dans *Mélanges bibliques et orientaux en l'honneur de M. Henri Cazelles* (en collab.) (1981), 149-162.

*a*16477 12,22   GILBERT, M., «La conjecture *metriotêti* en Sg 12,22a», Bibl 57 (1976) 550-553.

*a*16478 13,1-9   DUBARLE, A.-M., *La manifestation naturelle de Dieu d'après l'Écriture*, «La connaissance de Dieu par le monde visible d'après le livre de la Sagesse» (l976), 127-154.

*a*16479   SANDELIN, K.-G., «Zwei kurze Studien zum alexandrinischen Judentum», ST 31 (1977) 147-152.

*a*16480 18,9   JACOBSON, H., «Wisdom XVIII 9», JStJud 7 (1976) 204.

*a*16481 18,14-16   OHLER, A., «Die Macht des göttlichen Wortes. Eine Meditation zu Weish 18,14-16», BiLeb 14 (1973) 271-275.

d) Divers. Miscellaneous. Verschiedenes. Diversi. Diversos.

a16482   KRAFT, R.A., «Philo (Josephus, Sirach and Wisdom of Salomon) on Enoch», dans
         Society of Biblical Literature. 1978 Seminar Papers (en collab.) (1978), I, 253-257.
a16483   REESE, J.M., «Can Paul Ricoeur's Method contribute to Interpreting the Book of
         Wisdom?» dans *La Sagesse de l'Ancien Testament* (en collab.) (1979), 384-396.
a16484   KLOPPENBORG, J.S., «Isis and Sophia in the Book of Wisdom», HarvTR 75 (1982)
         57-84.

8. Siracide. Sirach. Siracide. Ben Sirac.

a) Introduction. Einleitung. Introduzione. Introducción.

a16485   TROMP, N.J., «Jesus Ben Sira en het offer. Proeve van een portret. *Jesus Ben Sira and
         Sacrifice. An Attempt to a Portrait*», Bijdr. 34 (1973) 251-267 (English summary).
a16486   RIVKIN, E., «Ben Sira - The Bridge Between the Aaronide and Pharisaic Revolutions»,
         ErIs 12 (1975) 95*-103*.
a16487   SANDERS, E.P., *Paul and Palestinian Judaism* (1977), «Ben Sirach», 329-346.
a16488   BEENTJES, P.C., «Recent publications on the Widsom of Jesus Ben Sira
         (Ecclesiasticus)», Bijdr. 43 (1982) 188-198.

b) Commentaires. Commentaries. Kommentare. Commenti. Comentarios.

a16489   MacKENZIE, R.A.F., *Sirach* (Old Testament Message. A Biblical-Theological
         Commentary, 19) (Wilmington, Delaware, Michael Glazier; Dublin, Gill & Macmillan,
         1983), 197 pp.

c) Critique textuelle. Textual Criticism. Textkritik. Critica testuale. Crítica textual.

a16490   YADIN, Y., «The Ben Sira Scroll from Masada», ErIs 8 (1967) 1-45 (English summary).
a16491   STRUGNELL, J., «Notes and Queries on 'The Ben Sira Scroll from Masada'», ErIs 9
         (1969) 109-119.
a16492   PENAR, T., *Northwest Semitic Philology and the Hebrew Fragments of Ben Sira* (Biblica
         et Orientalia, 28) (Rome, Biblical Institute Press, 1975), xvi-113 pp.
a16493   McHARDY, W.D., «Cambridge Syriac Fragment XXVI», dans *Biblical Studies* (W.
         Barclay) (en collab.) (1976), 194-198.
a16494   BAUMGARTEN, J.M., «Some Notes on the Ben Sira Scroll from Masada», JQR 58
         (1968) 323-327, dans *Studies in Qumran Law* (1977), 187-192.
a16495   PRATO, G.L., «La lumière interprète de la sagesse dans la tradition textuelle de Ben
         Sira», dans *La Sagesse de l'Ancien Testament* (en collab.) (1979), 317-346.
a16496   STRAMARE, T., «Il libro dell'Ecclesiastico nella Neo-Volgata», dans *Kirche und Bibel*
         (en collab.) (1979), 443-448.
a16497   STRAMARE, T., «Il libro dell'Ecclesiastico nella Neo-Volgata», RivB 27 (1979)
         219-226.
a16498   SAUER, G., *Jesus Sirach (Ben Sira)* (Jüdische Schriften aus hellenistisch-römischer Zeit,
         Band III: Unterweisung in lehrhafter Form, Lieferung, 5) (Gütersloh, Mohn, 1981),
         pp. 483-644.

d) Critique littéraire. Literary Criticism. Literarkritik. Critica letteraria. Crítica literaria.

a16499 PENAR, T., «Three Philological Notes on the Hebrew Fragments of Ben Sira», Bibl 57 (1976) 112-113 [Sir 10,7; 36, 14 (19); 41,6a].

a16500 ROTH, W., «On the Gnomic-Discursive Wisdom of Jesus Ben Sirach», Semeia 17 (1980) 59-79.

a16501 DI LELLA, A.A., «The Poetry of Ben Sira», ErIs 16 (1982) 26*-33*.

a16502 LEHMANN, M.R., «11 Q Psª and Ben Sira», RQum 11 (1983) 239-251.

e) Théologie. Theology. Theologie. Teologia. Teología.

a16503 DI LELLA, A.A., «Conservative and Progressive Theology: Sirach and Wisdom», CBQ 38 (1966) 139-154, dans *Studies in Ancient Israelite Wisdom* (en collab.) (1976), 401-416.

a16504 LOHR, M., *Bildung aus dem Glauben.* Beiträge zum Verständnis der Lehrreden des Buches Jesus Sirach (Bonn, University of Bonn, 1975), 159 pp.

f) Textes. Texts. Texte. Testi. Textos.

a16505 4,11-19   SARACINO, F., «La sapienza e la vita: Sir. 4,11-19», RivB 29 (1981) 257-272.

a16506 6,5-17   KRINETZKI, G., «'Die Freundschaftsperikope Sir 6,5-17', in traditionsgeschichtlicher Sicht», BZ 23 (1979) 212-233.

a16507 6,19   NICCACCI, A., «Siracide 6,19 e Giovanni 4,36-38», BibOr 23 (1981) 149-153.

a16508 6,23-31   GILBERT, M., «La sequela della Sapienza. Lettura di Sir 6,23-31», dans *Parola, spirito e vita* 2 (1980) 53-70.

a16509 7,1-17   BEENTJES, P.C., «Jesus Sirach 7:1-17. Kanttekeningen bij de structuur en de tekst van een verwaarloosde passage», Bijdr. 41 (1980) 251-259 (Deutsche Zusammenfassung).

a16510 13   McHARDY, W.D., «Cambridge Syriac Fragment XXVI», dans *Biblical Studies* (W. Barclay) (en collab.) (1976), 194-198.

a16511 13,8-13   SANDERS, J.T., «A Hellenistic Egyptian Parallel to Ben Sira», JBL 97 (1978) 257-258.

a16512 13,15-16   CAQUOT, A., «Le Siracide a-t-il parlé d'une 'espèce' humaine?» RHPR 62 (1982) 225-230.

a16513 16,24-17,14 ALONSO SCHÖKEL, L., «The Vision of Man in Sirach 16:24-17:14», dans *Israelite Wisdom* (en collab.) (1978), 235-245.

a16514   SHEPPARD, G.T., *Wisdom as a Hermeneutical Construct.* A Study in the Sapientializing of the Old Testament (BZAW 151) (Berlin, De Gruyter, 1980), xii-178 pp.

a16515 17,1-14   DE FRAINE, J., «Het Loflied op de menselijke Waardigheid in Eccli 17,1-14. *Le Cantique de la Dignité humaine* (Eccli 17,1-14)», Bijdr. 11 (1950) 10-23 (sommaire français).

a16516 18,1   RINALDI, G., «*Extiosen... koinê* nell'Ecclesiastico (18,1)», BibOr 25 (1983) 115-116.

a16517 22,27-23,6 BEENTJES, P.C., «Sirach 22:27-23:6, in zijn context», Bijdr. 39 (1978) 144-151 (Deutsche Zusammenfassung).

a16518 24   SKEHAN, P.W., «Structures in Poems on Wisdom: Proverbs 8 and Sirach 24», CBQ 41 (1979) 365-379.

a16519   GILBERT, M., «Siracide 24», CE (n.s.) nº 32 (1980) 26-32.

a16520   24,3-29   SHEPPARD, G.T., *Wisdom as a Hermeneutical Construct*, «Case Study
                           One: Sir. 24:3-29» (1980), 19-71.

a16521   24,17   DE NICOLA, A., «Quasi cypressus in monte Sion», BibOr 17 (1975)
                           269-276.

a16522   24,23   SHEPPARD, G.T., «Wisdom and Torah: The Interpretation of
                           Deuteronomy Underlying Sirach 24:23», dans *Biblical and Near Eastern
                           Studies* (LaSor) (en collab.) (1978), 166-176.

a16523   33,31   KÖBERT, R., «Ode Salomons 20,6 und Sir 33,31», Bibl 58 (1977)
                           529-530.

a16524   36,1-22   MARBOCK, J., «Das Gebet um die Rettung Zions Sir 36,1-22 (G:
                           33,1-13a; 36,16b-22) im Zusammenhang der Geschichtsschau Ben
                           Siras», dans *Memoria Jerusalem* (en collab.) (1977), 93-115.

a16525   38,1-15   BEENTJES, P.C., «Jesus Sirach 38:1-15. Problemen rondom een
                           symbool», Bijdr. 41 (1980) 260-265 (Deutsche Zusammenfassung).

a16526   38,15   NELIS, J.T., «Sir 38,15», dans *Von Kanaan bis Kerala* (en collab.)
                           (1982), 173-184.

a16527   38,24-39,11   MARBÖCK, J., «Sir., 38,24-39,11: Der schriftgelehrte Weise. Ein
                           Beitrag zu Gestalt und Werk Ben Siras», dans *La Sagesse de l'Ancien
                           Testament* (en collab.) (1979), 293-316.

a16528   38,24   HARRINGTON, D.J., «The Wisdom of the Scribe According to Ben
                           Sira», dans *Ideal Figures in Ancient Judaism* (en collab.) (1980), 181-188.

a16529   40,20   DAHOOD, M., «Further instances of the Breakup of stereotyped
                           phrases in Hebrew», dans *Studia Hierosolymitana (Bagatti)* (en collab.)
                           (1976), II, 9-19.

a16530   42,11   JONGELING, B., «Un passage difficile dans le Siracide de Masada (col.
                           IV,22a = Sir. 42,11e)», dans *Von Kanaan bis Kerala* (en collab.) (1982),
                           303-310.

a16531   44-50   DUHAIME, J., «El elogio de los Padres de Ben Sira y el Cántico de
                           Moisés (Sir 44-50 y Dt 32)», EstB 35 (1976) 223-228.

a16532   44,16-45,26   REITERER, F.V., *'Urtext' und Übersetzungen*. Sprachstudie über Sir.
                           44,16-45,26 als Beitrag zur Siraforschung (Arbeiten zu Text und Sprache
                           im Alten Testament, 12) (St Ottilien, Eos Verlag, 1980), 272 pp.

a16533   44,16   LUCIANI, F., «Camminare con Dio», BibOr 18 (1976) 95-107.

a16534   LUCIANI, F., «La giustizia di Enoch in Sir. 44,16b secondo la versione
                           greca», BibOr 23 (1981) 193-199.

a16535   LUCIANI, F., «La funzione profetica di Enoch», RivB 30 (1982)
                           215-224.

a16536   50   CELADA, B., «El velo del templo», CuBi 15 (1958) 109-112.

a16537   50,5-21   Ó FEARGHAIL, F., «Sir 50,5-21: Yom Kippur or The Daily Whole-
                           Offering?» Bibl 59 (1978) 301-316.

a16538   51   DEUTSCH, C., «The Sirach 51 Acrostic: Confession and Exhortation»,
                           ZAW 94 (1982) 400-409.

a16539   51,13-30   MURAOKA, T., «Sir. 51,13-30: An Erotic Hymn to Wisdom?» JStJud
                           10 (1979) 166-178.

a16540   51,13-21   DELCOR, M., «Le Texte Hébreu du Cantique de Siracide LI, 13 et ss. et
                           les Anciennes Versions», Textus 6 (1968) 27-47.

a16541   51,26   RINALDI, G., «Onus meum leve», BibOr 9 (1967) 13-24.

g) Divers. Miscellaneous. Verschiedenes. Diversi. Diversos.

*a*16542 FORSTER, A.H., «Date of Ecclesiasticus», AThR 41 (1959) 1-9.

*a*16543 KRAFT, R.A., «Philo (Josephus, Sirach and Wisdom of Solomon) on Enoch», dans *Society of Biblical Literature. 1978 Seminar Papers* (en collab.) (1978), I, 253-257.

*a*16544 BOHLEN, R., «Zu einer neuen Übersetzung des Buches Jesus Sirach», TrierTZ 92 (1983) 149-153.

V. LIVRES PROPHÉTIQUES. PROPHETIC BOOKS. PROPHETISCHE BÜCHER. LIBRI PROFETICI. LIBROS PROFÉTICOS.

1. Introduction. Einführung. Introduzione. Introducción.

a) Bibliographie. Bibliography. Bibliographie. Bibliografia. Bibliografía.

*a*16545 LODS, A., «Recherches récentes sur le prophétisme israélite», RHR 104 (1931) 279-316.

*a*16546 FOHRER, G., «Neue Literatur zur alttestamentlichen Prophetie (1961-1970)», TRu 40 (1975) 337-377; 41 (1976) 1-12; 45 (1980) 1-39, 109-132, 193-225; 47 (1982) 105-135, 205-218.

*a*16547 LIMBURG, J., «The Prophets in Recent Study: 1967-1977», Interpr 32 (1978) 56-68.

b) Critique textuelle. Textual Criticism. Textkritik. Critica testuale. Crítica textual.

*a*16548 WAHL, O., «Zu den Prophetenzitaten der *Quaestiones et Responsiones* des Anastasius Sinaita», dans *Wort, Lied und Gottesspruch.* Beiträge zur Septuaginta (en collab.) (1972), 195-208.

*a*16549 BENGREN, R.V., *The Prophets and the Law* (Monographs of the Hebrew Union College, 4) (Jerusalem, Hebrew Union College, 1974), 231 pp.

*a*16550 YEIVIN, I., «The Babylonian Masorah to the Prophets», ErIs 16 (1982) 112-123.

c) Critique littéraire. Literary Criticism. Literarkritik. Critica letteraria. Crítica literaria.

*a*16551 SCHOORS, A., «De vormkritische studie van de profeten. *Form-critical study of the Prophets*», Bijdr. 32 (1971) 259-281 (English summary).

*a*16552 MELUGIN, R.F., «The Typical Versus the Unique Among the Hebrew Prophets», dans *Society of Biblical Literature. 1972 Proceedings* (en collab.) (1972), 331-341.

*a*16553 HAYES, J.H., «The History of the Form-Critical Study of Prophecy», dans *Society of Biblical Literature. 1973 Seminar Papers* (en collab.) (1973), I, 60-99.

*a*16554 BALTZER, K., *Die Biographie der Propheten* (Neukirchen-Vluyn, Neukirchener Verlag, 1975), 224 pp.

*a*16555 LONG, B.O., «Reports of Visions among the Prophets», JBL 95 (1976) 353-365.

*a*16556 WARMUTH, G., *Das Mahnwort.* Seine Bedeutung für die Verkündigung der vorexilischen Propheten Amos, Hosea, Micha, Jesaja und Jeremia (Beiträge zur Biblischen Exegese und Theologie, 1) (Frankfurt, P. Lang; Bern, H. Lang, 1976), 259 pp.

*a*16557 MARCH, W.E., «Redaction Criticism and the Formation of Prophetic Books», dans *Society of Biblical Literature. 1977 Seminar Papers* (en collab.) (1977), 87-101.

*a*16558 RAMSEY, G.W., «Speech-Forms in Hebrew Law and Prophetic Oracles», JBL 96 (1977) 45-58.

a16559 WEINFELD, M., «Ancient Near Eastern patterns in prophetic literature», VT 27 (1977) 178-195.

a16560 WILLIAMS, J.G., «Irony and Lament: Clues to Prophetic Consciousness», Semeia 8 (1977) 51-74.

a16561 COLLINS, T., *Line-Forms in Hebrew Poetry*. A Grammatical Approach to the Stylistic Study of the Hebrew Prophets (Studia Pohl, Series Major, 7) (Rome, Biblical Institute Press, 1978), ix-303 pp.

a16562 HARDMEIER, C., *Texttheorie und biblische Exegese*. Zur rhetorischen Funktion der Trauermetaphorik in der Prophetie (Beiträge zur Evangelischen Theologie, 79) (München, Kaiser, 1978), 412 pp.

a16563 SILBERMAN, L.H., «Anent the Use of Rabbinic Material», NTS 24 (1978) 415-417.

a16564 BEE, R.E., «An Empirical Dating Procedure for Old Testament Prophecy», JSOT no 11 (1979) 23-35.

a16565 ZIMMERLI, W., «Vom Prophetenwort zum Prophetenbuch», TLZ 104 (1979) 481-496.

a16566 HOFFMAN, Y., «From Oracle to Prophecy: The Growth, Crystallization and Disintegration of a Biblical Gattung», JNWSemL 10 (1982) 75-81.

a16567 DE ROCHE, M., «Yahweh's *rîb* Against Israel: A Reassessment of the So-Called 'Prophetic Lawsuit' in the Preexilic Prophets», JBL 102 (1983) 563-574.

2. Abdias. Obadiah. Abdias. Abdia. Abdías.

a) Introduction. Einleitung. Introduzione. Introducción.

a16568 ARROYO, M.A., «El profeta Abdías», CuBi 11 (1954) 32-33.

a16569 KAUFMANN, Y., *History of the Religion of Israel*, IV (1977), «Obadiah», 431-434.

a16570 WOLFF, H.W., «Obadja - ein Kultprophet als Interpret», EvT 37 (1977) 273-284.

b) Commentaires. Commentaries. Kommentare. Commenti. Comentarios.

a16571 WATTS, J.D.W., *The Books of Joel, Obadiah, Jonah, Nahum, Habakkuk and Zephaniah* (The Cambridge Bible Commentary) (Cambridge, Cambridge University Press, 1975), 190 pp.

a16572 WOLFF, H.W., *Dodekapropheton 3. Obadja und Jona* (BK.AT, XIV,3) (Neukirchen-Vluyn, Neukirchener Verlag, 1977), 161 pp.

a16573 JACOB, E., KELLER, C.-A., AMSLER, S., *Osée, Joël, Amos, Abdias, Jonas* (Commentaire de l'Ancien Testament, XIa) (deuxième édition) (Genève, Labor et Fides, 1982), vi-295 pp.

c) Textes. Texts. Texte. Testi. Textos.

a16574 McCARTER, P.K., «Obadiah 7 and the Fall of Edom», BASOR no 221 (1976) 87-91.

a16575 DAVIES, G.I., «A new solution to a crux in Obadiah 7», VT 27 (1977) 484-487.

a16576 LUCIANI, F., «Il verbo *bô'* in Abd. 13», RivB 31 (1983) 209-211.

3. Aggée. Haggai. Aggäus. Aggeo. Ageo.

a) Introduction. Einleitung. Introduzione. Introducción.

a16577 BRIGHT, J., «Du texte au sermon (3): Aggée», ETR 44 (1969) 3-25.

*a*16578 HANSON, P.D., *The Dawn of Apocalyptic* (1975), 209-279.
*a*16579 FOHRER, G., *Die Propheten des ausgehenden 6. und des 5. Jahrhunderts* (Die Propheten des A.T., 5) (1976), 37-49.
*a*16580 KAUFMANN, Y., *History of the Religion of Israel* (1977), «Haggai», IV, 253-266.

b) Commentaires. Commentaries. Kommentare. Commenti. Comentarios.

*a*16581 WEISER, A., *Das Buch der zwölf kleinen Propheten*[6] (ATD 24) (Göttingen, Vandenhoeck & Ruprecht, 1974), «Obadja», 207-214.
*a*16582 ELLIGER, K., *Das Buch der zwölf kleinen Propheten*[7] (ATD 25) (Göttingen, Vandenhoeck & Ruprecht, 1975), «Haggai», 83-98.
*a*16583 RUDOLPH, W., *Haggai - Sacharja 1-8 - Sacharja 9-14 - Maleachi* (KomAT XIII, 4) (Gütersloh, Mohn, 1976), 315-15 pp.
*a*16584 AMSLER, S., LACOCQUE, A., VUILLEUMIER, R., *Aggée, Zacharie, Malachie* (Commentaire de l'Ancien Testament, XIc) (Genève, Labor et Fides, 1981), 262 pp.

c) Critique littéraire. Literary Criticism. Literarkritik. Critica letteraria. Crítica literaria.

*a*16585 MASON, R.A., «The purpose of the 'editorial framework' of the book of Haggai», VT 27 (1977) 413-421.
*a*16586 RADDAY, Y.T., POLLATSCHEK, M.A., «Vocabulary Richness in Post-Exilic Prophetic Books», ZAW 92 (1980) 333-346.

d) Textes. Texts. Texte. Testi. Textos.

*a*16587 1-2   GÜNTHER, J., «Tempelbau und Wohnungsnot», BiKi 11 (1956) 111-115.
*a*16588   MASON, R.A., «The purpose of the 'editorial framework' of the book of Haggai», VT 27 (1977) 413-421.
*a*16589 1,9-11   WHEDBEE, J.W., «A Question-Answer Schema in Haggai 1: The Form and Function of Haggai 1:9-11», dans *Biblical and Near Eastern Studies* (LaSor) (en collab.) (1978), 184-194.
*a*16590 1,11   MALUSA, L., «L'interpretazione Geronimiana di 'ḤRB' in tre passi biblici», BibOr 19 (1977) 259-261.

4. Amos. Amós.

a) Introduction. Einleitung. Introduzione. Introducción.

*a*16591 BRUSTON, É., «Messages prophétiques: Amos», ETR 7 (1932) 158-172.
*a*16592 MORGENSTERN, J., «The Historical Antecedents of Amos», HUCA 15 (1940) 59-304.
*a*16593 REVENTLOW, H.C., *Das Amt des Propheten bei Amos* (FRLANT 80) (Göttingen, Vandenhoeck & Ruprecht, 1962), 120 pp.
*a*16594 MARTIN-ACHARD, R., «La prédication d'Amos», ETR 41 (1966) 13-19.
*a*16595 SASOWSKI, R., «Dann wende ich das Schicksal meines Volkes. Die Verheissung kommenden Heiles», BiKi 22 (1967) 116-119.
*a*16596 SIEVI, J., «Weissage über mein Volk Israel. Der Prophet Amos - Zeit, Persönlichkeit, Botschaft», BiKi 22 (1967) 110-116.

a16597 BOTTERWECK, J., «'Sie verkaufen den Unschuldigen um Geld'. Zur sozialen Kritik
        des Propheten Amos», BiLeb 12 (1971) 215-231.

a16598 CUNCHILLOS, J.-L., *La Bible. Première lecture de l'Ancien Testament -I,* «Amos: Dieu
        rugit» (1974), 149-155.

a16599 THOROGOOD, B., *Guía del libro de Amós.* El profeta de la justicia social (Cursos de
        Biblia, 2) (Madrid, Ed. Fax, 1974), 138 pp.

a16600 VISCHER, W., «Amos, citoyen de Téqoa», ETR 50 (1975) 133-159.

a16601 HOFFMANN, Y., «Did Amos regard himself as a *nābī*?» VT 27 (1977) 209-212.

a16602 OVERHOLT, T.W., «Commanding the Prophets: Amos and the Problem of Prophetic
        Authority», CBQ 41 (1979) 517-532.

a16603 WOLFF, H.W., *Die Stunde des Amos.* Prophetie und Protest (Lese-Zeichen) 4. Auflage
        (München, Kaiser, 1979), 216 pp.

a16604 VESCO, J.-L., «Amos de Teqoa, défenseur de l'homme», RB 87 (1980) 481-513.

a16605 DAVIES, G.H., «Amos - The Prophet of Re-Union», ExpTim 92 (1981) 196-200.

a16606 CRAIGIE, P.C., «Amos the *nōqēd* in the light of Ugaritic», SR 11 (1982) 29-33.

a16607 VAN DER WAL, A., *Amos: A Classified Bibliography* (Amsterdam, VU Boekhandel/
        Uigeverij, 1983), x-186 pp.

b) Commentaires. Commentaries. Kommentare. Commenti. Comentarios.

a16608 McKEATING, H., *The Books of Amos, Hosea and Micah* (The Cambridge Bible
        Commentary on the New English Bible) (Cambridge, Cambridge University Press,
        1971), x-198 pp.

a16609 WEISER, A., *Das Buch der zwölf kleinen Propheten*[6] (ATD 24) (Göttingen,
        Vandenhoeck & Ruprecht, 1974), «Amos», 127-206.

a16610 RUSCHE, H., *Der Prophet Amos* (Geistliche Schriftlesung, 4) (Düsseldorf, Patmos,
        1975), 148 pp.

a16611 WOLFF, H.W., *Dodekapropheton 2. Joel und Amos*[2] (Biblischer Kommentar, Altes
        Testament, XIV/2) (Neukirchen-Vluyn, Neukirchener Verlag, 1975), xi-422 pp.

a16612 DEISSLER, A., *Zwölf Propheten: Hosea, Joël, Amos* (Die Neue Echter Bibel)
        (Würzburg, Echter Verlag, 1981), 136 pp.

a16613 VAWTER, B., *Amos, Hosea, Micah* with an Introduction to Classical Prophecy (Old
        Testament Message, A Biblical-Theological Commentary, 7) (Wilmington, Delaware,
        Michael Glazier, 1981), 170 pp.

a16614 JACOB, E., KELLER, C.-A., AMSLER, S., *Osée, Joël, Amos, Abdias, Jonas*
        (Commentaire de l'Ancien Testament, XIa) (deuxième édition) (Genève, Labor et Fides,
        1982), vi-295 pp.

c) Critique textuelle. Textual Criticism. Textkritik. Critica testuale. Crítica textual.

a16615 DE WAARD, J., «Translation Techniques Used by the Greek Translators of Amos»,
        Bibl 59 (1978) 339-350.

a16616 HOWARD, G., «Revision toward the Hebrew in the Septuagint Text of Amos», ErIs 15
        (1982) 125*-133*.

d) Critique littéraire. Literary Criticism. Literarkritik. Critica letteraria. Crítica literaria.

*a*16617   BERG, W., *Die sogenannten Hymnenfragmente im Amosbuch* (Europäische Hochschulschriften, Reihe 23, Theologie, 45) (Bern, Frankfurt /M., Peter Lang, 1974), 356 pp.

*a*16618   CRENSHAW, J.L., *Hymnic Affirmation of Divine Justice*. The Doxologies of Amos and Related Texts in the Old Testament (SBL Dissertation Series, 24) (Missoula, Montana, Scholars Press, 1975), 178 pp.

*a*16619   WRIGHT, T.J., «Amos and the 'sycomore fig'», VT 26 (1976) 362-368.

*a*16620   COULOT, C., «Propositions pour une structuration du livre d'Amos au niveau rédactionnel», RevSR 51 (1977) 169-186.

*a*16621   MARKERT, L., *Struktur und Bezeichnung des Scheltworts*. Eine gattungskritische Studie anhand des Amosbuches (BZAW 140) (Berlin, New York, De Gruyter, 1977), 330 pp.

*a*16622   MELUGIN, R.F., «The Formation of Amos: An Analysis of Exegetical Method», dans *Society of Biblical Literature. 1978 Seminar Papers* (en collab.) (1978), I, 369-391.

*a*16623   BERRIDGE, J.M., «Jeremia und die Prophetie des Amos», TZ 35 (1979) 321-341.

*a*16624   MARIA, L.N., «Uso e valore dei nomi di Dio e dei nomi del popolo nel libro di Amos», Sal 41 (1979) 425-440.

*a*16625   BARTCZEK, G., *Prophetie und Vermittlung*. Zur literarischen Analyse und theologischen Interpretation der Visionsberichte des Amos (Europäische Hoschschulschriften, Reihe 23, Theologie, 120) (Frankfurt/M., Bern, Cirencester/U.K., Peter Lang, 1980), 330 pp.

*a*16626   COOTE, R.B., *Amos Among the Prophets*. Composition and Theology (Philadelphia, Fortress Press, 1981), vi-138 pp.

*a*16627   GESE, H., «Komposition bei Amos», dans *Congress Volume. Vienna 1980* (en collab.) (1981), 74-95.

*a*16628   SPREAFICO, A., «Amos: struttura formale e spunti per una interpretazione», RivB 29 (1981) 147-176.

*a*16629   VAN DER WAL, A., «The Structure of Amos», JSOT n⁰ 26 (1983) 107-113.

e) Théologie. Theology. Theologie. Teologia. Teología.

*a*16630   DYKEMA, F., «Le fond des prophéties d'Amos», OTS 2 (1943) 18-34.

*a*16631   COOTE, R.B., *Amos among the Prophets*. Composition and Theology (Philadelphia, Fortress Press, 1981), 138 pp.

f) Textes. Texts. Texte. Testi. Textos.

*a*16632   1,1-2   MORGENSTERN, J., «Amos Studies 1», HUCA 11 (1936) 19-140 (pp. 130-140).

*a*16633   1,1   FUHS, H.F., «Amos 1,1. Erwägungen zur Tradition und Redaktion des Amosbuches», dans *Bausteine biblischer Theologie* (en collab.) (1977), 271-289.

*a*16634   ISBELL, C.D., «A Note on Amos 1:1», JNES 36 (1977) 213-214.

*a*16635   1,2-2,16   PFEIFER, G., «Denkformenanalyse als exegetische Methode, erläutert an Amos 1,2-2,16», ZAW 88 (1976) 56-71.

*a*16636 1,3-2,5   BARTON, J., *Amos's Oracles against the Nations*. A study of Amos 1.3-2.5 (The Society for Old Testament Study, Monograph Series, 6) (Cambridge, Cambridge University Press, 1980), x-83 pp.

*a*16637 1,4   HÖFFKEN, P., «Eine Bemerkung zum 'Haus Hasaels' in Amos 1 4», ZAW 94 (1982) 413-415.

*a*16638 1,5.8   EITAN, I., «Biblical Studies», HUCA 14 (1939) 1-22.

*a*16639 1,15   PUECH, É., «Milkom, le dieu ammonite, en Amos i 15», VT 27 (1977) 117-125.

*a*16640 2-5   KELLER, C.A., «Notes bibliques de prédication: sur des textes du prophète Amos», VC nᵒ 60 (1961) 390-398 (Amos 2,9-12; 3,3-8; 5,4-6; 5,21-25).

*a*16641 2,6   LANG, B., «Sklaven und Unfreie im Buch Amos (ii 6, viii 6)», VT 31 (1981) 482-488.

*a*16642 2,7-8   BARSTAD, H.M., *The Religious Polemics of Amos*, «'Filius ac Pater eius ierunt ad Puellam'. A Study in Am 2,7b-8» (1984), 11-36.

*a*16643 2,7   PAUL, S.M., «Two cognate Semitic terms for mating and copulation», VT 32 (1982) 492-494.

*a*16644 2,11-12   OVERHOLT, T.W., «Commanding the Prophets: Amos and the Problem of Prophetic Authority», CBQ 41 (1979) 517-532.

*a*16645 2,13-16   RICHARDSON, H.N., «Amos 2:13-16: Its Structure and Function in the Book», dans *Society of Biblical Literature. 1978 Seminar Papers* (en collab.) (1978), I, 361-367.

*a*16646 2,13   MORGENSTERN, J., «The Loss of Words at the Ends of Lines in Manuscripts of Hebrew Poetry», HUCA 25 (1954) 41-83.

*a*16647 3,1-15   GITAY, Y., «A Study of Amos's Art of Speech: A Rhetorical Analysis of Amos 3:1-15», CBQ 42 (1980) 293-309.

*a*16648 3,1-2   PFEIFER, G., «Amos und Deuterojesaja denkformenanalytisch verglichen», ZAW 93 (1981) 439-443.

*a*16649 3,3-8   MORGENSTERN, J., «Amos Studies 1», HUCA 11 (1936) 19-140 (pp. 29-67).

*a*16650   EICHRODT, W., «Die Vollmacht des Amos. Zu einer schwierigen Stelle im Amosbuch», dans *Beiträge zur Alttestamentlichen Theologie* (en collab.) (1977), 124-131.

*a*16651   RENAUD, B., «Genèse et théologie d'Amos 3,3-8», dans *Mélanges bibliques et orientaux en l'honneur de M. Henri Cazelles* (en collab.) (1981), 353-372.

*a*16652   PFEIFER, G., «Unausweichliche Konsequenzen. Denkformenanalyse von Amos iii 3-8», VT 33 (1983) 341-347.

*a*16653 3,12-15   MITTMANN, S., «Amos 3,12-15 und das Bett der Samarier», ZDPV 92 (1976) 149-167.

*a*16654 4,1-13   BARSTAD, H.M., *The Religious Polemics of Amos*, «The Prophet as Missionary. Studies in Am 4,1-13» (1984), 37-75.

*a*16655 4,1-3   WATTS, J.D.W., «A Critical Analysis of Amos 4:1ff», dans *Society of Biblical Literature. 1972 Proceedings* (en collab.) (1972), 489-500.

*a*16656   WILLIAMS, A.J., «A further suggestion about Amos iv 1-3», VT 29 (1979) 206-211.

*a*16657 4,2   PAUL, S.M., «Fishing Imagery in Amos 4:2», JBL 97 (1978) 183-190.

*a*16658 4,4   GALLING, K., «Bethel und Gilgal», ZDPV 66 (1943) 140-155.

*a*16659   4,13   BERG, W., *Die sogenannten Hymnenfragmente im Amosbuch*
                          (Europäische Hochschulschriften, Series 23, Vol. 45) (Bern, H. Lang;
                          Frankfurt, P. Lang, 1974), vii-356 pp.

*a*16660   CRENSHAW, J.L., *Hymnic Affirmation of Divine Justice*. The
                          Doxologies of Amos and Related Texts in the Old Testament (SBL
                          Dissertation Series, 24) (Missoula, Montana, Scholars Press, 1975),
                          178 pp.

*a*16661   STORY, C.I.K., «Amos - prophet of praise», VT 30 (1980) 67-80.

*a*16662   FORESTI, F., «Funzione semantica dei brani participiali di Amos: 4,13;
                          5,8s.; 9,5s», Bibl 62 (1981) 169-184.

*a*16663   5   BERRIDGE, J.M., «Zur Intention der Botschaft des Amos. Exegetische
                          Überlegungen zu Am. 5», TZ 32 (1976) 321-340.

*a*16664   BARSTAD, H.M., *The Religious Polemics of Amos*, «Religious Polemics
                          in Amos 5» (1984), 76-126.

*a*16665   5,1-17   DE WAARD, J., «The chiastic structure of Amos V 1-17», VT 27 (1977)
                          170-177.

*a*16666   TROMP, N.J., «Amos V 1-17. Towards a Stylistic and Rhetorical
                          Analysis», OTS 23 (1982) 56-84.

*a*16667   5,3   RUIZ, G., «Amós 5,3: ¿Prudencia en la denuncia profética?» CuBi 30
                          (1973) 347-352.

*a*16668   5,4-6.14-15   LUST, J., «Remarks on the Redaction of Amos V 4-6,14-15», dans
                          Remembering all the Way... (en collab.), OTS 21 (1981) 129-154.

*a*16669   5,8-9   BERG, W., *Die sogenannten Hymnenfragmente im Amosbuch*
                          (Europäische Hochschulschriften, Series 23, Vol. 45) (Bern, H. Lang,
                          1974), 356 pp.

*a*16670   CRENSHAW, J.L., *Hymnic Affirmation of Divine Justice*. The
                          Doxologies of Amos and Related Texts in the Old Testament (SBL
                          Dissertation Series, 24) (Missoula, Montana, Scholars Press, 1975),
                          178 pp.

*a*16671   STORY, C.I.K., «Amos - prophet of praise», VT 30 (1980) 67-80.

*a*16672   FORESTI, F., «Funzione semantica dei brani participiali di Amos: 4,13;
                          5,8s.; 9,5s», Bibl 62 (1981) 169-184.

*a*16673   5,8   EITAN, I., «Biblical Studies», HUCA 14 (1939) 1-22.

*a*16674   5,9   ZALCMAN, L., «Astronomical Illusions in Amos», JBL 100 (1981)
                          53-58.

*a*16675   5,11   FENTON, T.L., «Ugaritica - Biblica», UF 1 (1969) 65-70.

*a*16676   DIETRICH, M., LORETZ, O., «Ug. **BS,ṬBS*, hebr. **ŠBS* (Am 5,11)
                          sowie ug. *ṬŠY* und *ŠBŠ*», UF 10 (1978) 434-435.

*a*16677   5,25-26   VAN DER WOUDE, A.S., «Bemerkungen zu einigen umstrittenen
                          Stellen im Zwölfprophetenbuch», dans *Mélanges bibliques et orientaux
                          en l'honneur de M. Henri Cazelles* (en collab.) (1981), 483-499.

*a*16678   5,26-27   VON DER OSTEN-SACKEN, P., «Die Bücher der Tora als Hütte der
                          Gemeinde. Amos 5 26f. in der Damaskusschrift», ZAW 91 (1979)
                          423-435.

*a*16679   5,26   ISBELL, C.D., «Another Look at Amos 5:26», JBL 97 (1978) 97-99.

*a*16680   6,4-6   BARSTAD, H.M., *The Religious Polemics of Amos*, «Am 6. 4-6. The
                          mrzḥ Institution» (1984), 127-142.

*a*16681   6,8   DAHOOD, M., «Amos 6,8 *mᵉtāʾēb*», Bibl 59 (1978) 265-266.

*a*16682 6,10   AHLSTROM, G.W., «King Josiah and the *dwd* of Amos vi.10», JSS 26 (1981) 7-9.

*a*16683 3,12   GUILLAUME, A., «Hebrew Notes», PEQ 79 (1947) 40-44.

*a*16684   LORETZ, O., «Vergleich und Kommentar in Amos 3,12», BZ 20 (1976) 122-125.

*a*16685 3,15   PAUL, S.M., «Amos iii 15 - winter and summer mansions», VT 28 (1978) 358-360.

*a*16686 7,1-8   BARTCZEK, G., *Prophetie und Vermittlung*. Zur literarischen Analyse und theologischen Interpretation der Visionsberichte des Amos (Europäische Hochschulschriften, XXXII/120) (Bern, Peter Lang, 1980), 330 pp.

*a*16687 7,7-9   RINALDI, G.R., «La parola *'ănāk*», BibOr 4 (1962) 83-84.

*a*16688 7,10-17   MORGENSTERN, J., «Amos Studies 1», HUCA 11 (1936) 19-140.

*a*16689   SCHMIDT, W.H., «Prophetisches Zukunftswort und priesterliche Weisung», Kairos 12 (1970) 289-308.

*a*16690   OVERHOLT, T.W., «Commanding the Prophets: Amos and the Problem of Prophetic Authority», CBQ 41 (1979) 517-532.

*a*16691   BJORNDALEN, A.J., «Erwägungen zur Zukunft des Amazja und Israels nach der Überlieferung Amos, 7,10-17», dans *Werden und Wirken des Alten Testaments* (en collab.) (1980), 236-251.

*a*16692 7,12-17   HOFFMANN, Y., «Did Amos regard himself as a *nābī'*?» VT 27 (1977) 209-212.

*a*16693 7,12   ZEVIT, Z., «Expressing Denial in Biblical Hebrew and Mishnaic Hebrew, and in Amos», VT 29 (1979) 505-509.

*a*16694 7,14-15   LORETZ, O., «Die Berufung des Propheten Amos (7,14-15)», UF 6 (1974) 487-488.

*a*16695 7,14   HOFFMANN, Y., «Did Amos regard himself as a *nābi'*?» VT 27 (1977) 209-212.

*a*16696   ZALCMAN, L., «Piercing the darkness at *bôqēr* (Amos vii 14)», VT 30 (1980) 252-253.

*a*16697   BACH, R., «Erwägungen zu Amos 7,14», dans *Die Botschaft und die Boten* (en collab.) (1981), 203-216.

*a*16698 8   CASALIS, G., «Du texte au sermon (12): Amos 8», ETR 46 (1971) 113-124.

*a*16699 8,1-2   BARTCZEK, G., *Prophetie und Vermittlung*. Zur literarischen Analyse und theologischen Interpretation der Visionsberichte des Amos (Europäische Hochschulschriften, XXXII/120) (Bern, Peter Lang, 1980), 330 pp.

*a*16700 8,6   LANG, B., «Sklaven und Unfreie im Buch Amos (ii 6, viii 6)», VT 31 (1981) 482-488.

*a*16701 8,11-12   SPEIDEL, K., «Hunger nach Gottes Wort. Meditation zu Amos 8,11.12», BiKi 22 (1967) 120-122.

*a*16702   HAAG, E., «Das Schweigen Gottes. Ein Wort des Propheten Amos (Am 8,11-12)», BiLeb 10 (1969) 157-164.

*a*16703   RUSCHE, H., «Wenn Gott sein Wort entzicht. Meditation zu Amos 8,11-12», BiLeb 10 (1969) 219-221.

*a*16704 8,13   MORGENSTERN, J., «The Loss of Words at the Ends of Lines in Manuscripts of Hebrew Poetry», HUCA 25 (1954) 41-83.

a16705   8,14   BARSTAD, H.M., *The Religious Polemics of Amos* (1984), «The Deities
                      of Am 8,14», 143-201.

a16706   9,1-4   BARTCZEK, G., *Prophetie und Vermittlung.* Zur literarischen Analyse
                      und theologischen Interpretation der Visionsberichte des Amos
                      (Europäische Hochschulschriften, XXXII/120) (Bern, Peter Lang,
                      1980), 330 pp.

a16707   9,4   TURNER, P.D.M., «Two Septuagintalisms with *stêrizein*», VT 28 (1978)
                      481-482.

a16708   9,5-6   BERG, W., *Die sogenannten Hymnenfragmente im Amosbuch*
                      (Europäische Hochschulschriften, Series 23, Vol. 45) (Bern, H. Lang,
                      1974), 356 pp.

a16709   CRENSHAW, J.L., *Hymnic Affirmation of Divine Justice.* The
                      Doxologies of Amos and Related Texts in the Old Testament (SBL
                      Dissertation Series, 24) (Missoula, Montana, Scholars Press, 1975),
                      178 pp.

a16710   STORY, C.I.K., «Amos - prophet of praise», VT 30 (1980) 67-80.

a16711   FORESTI, F., «Funzione semantica dei brani participiali di Amos: 4,13;
                      5,8s.; 9,5s», Bibl 62 (1981) 169-184.

a16712   9,7   GESE, H., «Das Problem von Amos 9,7», dans *Textgemäss* (en collab.)
                      (1979), 33-38.

a16713   9,13   WEISS, M., «These Days and the Days to Come According to Amos
                      9:13», ErIs 14 (1978) 69-73 (English summary).

5. Baruch. Baruc.

a) Introduction. Einleitung. Introduzione. Introducción.

a16714   BOGAERT, P.-M., «Le nom de Baruch dans la littérature pseudépigraphique:
         l'apocalypse syriaque et le livre deutérocanonique», dans *La littérature juive entre Tenach
         et Mischna* (en collab.) (1974), 56-72.

a16715   TOV, E. (Ed.), *The Book of Baruch also called I Baruch (Greek and Hebrew).* Edited,
         Reconstructed and Translated (Texts and Translations, 8; Pseudepigrapha Series, 6)
         (Missoula, Montana, Scholars Press, 1975), vi-51 pp.

a16716   AVIGAD, N., «Baruch the Scribe and Jerahmeel the King's Son», IsrEJ 28 (1978) 52-56.

a16717   BOGAERT, P.-M., «Le personnage de Baruch et l'histoire du livre de Jérémie», dans
         Studia Evangelica (en collab.) (1982), VII, 73-81.

b) Commentaires. Commentaries. Kommentare. Commenti. Comentarios.

a16718   ALONSO SCHÖKEL, L., IGLESIAS GONZALEZ, M., MATEOS, J., LUZ OJEDA,
         J., *Los Libros Sagrados.* 18. *Daniel, Baruc, Carta de Jeremías, Lamentaciones*
         (Traducción de Luis Alonso Schökel, Manuel Iglesias González, Juan Mateos, Jose Luz
         Ojeda. Introducciones, comentarios y apéndice de Luis Alonso Schökel) (Madrid,
         Ediciones Cristiandad, 1976), 235 pp.

c) Textes. Texts. Texte. Testi. Textos.

a16719   3,9-4,4   SHEPPARD, G.T., *Wisdom as a Hermeneutical Construct*, «Case Study
                      Three: Bar. 3:9-4:4» (1980), 84-99.

a16720 BUSTO, J.R., «Baruc 3,9-4,4: Estructura y contenido», *Miscelánea Comillas* 41 (1983) 121-129.

a16721 5,1-9 MAS, J., «Domingo 2. de Adviento. Ciclo C. 1.ª lectura, Baruc 5:1-9. 2.ª lectura, Filipenses 1:4-6,8-11. 3.ª lectura, Lucas 3:1-6», CuBi 27 (1970) 343-346.

a16722 3,9-5,9 BURKE, D.G.,, *The Poetry of Baruch*. A Reconstruction and Analysis of the Original Hebrew Text of Baruch 3:9-5:9 (Society of Biblical Literature, Septuagint and Cognate Studies, 10) (Chico, CA, 1982), xxiv-376 pp.

6. Daniel. Daniele. Daniel.

a) *Introduction. Einleitung. Introduzione. Introducción.*

a16723 SCHABES, L., «Der Prophet Daniel», BiLit 9 (1934-35) 59-61.

a16724 COLLINS, J.J., *The Apocalyptic Vision of the Book of Daniel* (Harvard Semitic Monographs, 16) (Missoula, Scholars Press, 1977), xx-239 pp.

a16725 WILLI-PLEIN, I., «Das Geheimnis der Apokalyptik», VT 27 (1977) 62-81.

a16726 EFIRD, J.M., *Daniel and Revelation*. A Study of Two Extraordinary Visions (Valley Forge, PA, Judson, 1978), 144 pp.

a16727 EMERY, D.L., *Daniel*. Who Wrote the Book? New Answers to the Old Problems (Ilfracombe, Arthur Stockwell, 1978), xi-155 pp.

a16728 LAMBERT, W.G., *The Background of Jewish Apocalyptic* (London, Athlone Press, 1978), 20 pp.

a16729 MÉCHOULAN, H., «Révélation, rationalité et prophétie: quelques remarques sur le livre de Daniel», RSPT 64 (1980) 363-371.

a16730 SATRAN, D., «Daniel: Seer, Philosopher, Holy Man», dans *Ideal Figures in Ancient Judaism* (en collab.) (1980), 33-48.

a16731 LACOCQUE, A., *Daniel et son temps*. Recherches sur le Mouvement Apocalyptique Juif au IIe siècle avant Jésus-Christ (Le monde de la Bible) (Genève, Labor et Fides, 1983), 234 pp.

b) *Commentaires. Commentaries. Kommentare. Commenti. Comentarios.*

a16732 ALONSO SCHÖKEL, L., IGLESIAS GONZALEZ, M., MATEOS, J., LUZ OJEDA, J., *Los Libros Sagrados. 18. Daniel, Baruc, Carta de Jeremías, Lamentaciones* (Traducción de Luis Alonso Schökel, Manuel Iglesias González, Juan Mateos, Jose Luz Ojeda. Introducciones, comentarios y apéndice de Luis Alonso Schökel) (Madrid, Ediciones Cristiandad, 1976), 235 pp.

a16733 HAMMER, R., *The Book of Daniel* (The Cambridge Bible Commentary) (Cambridge, Cambridge University Press, 1976), 127 pp.

a16734 BALDWIN, J.G., *Daniel*. An Introduction and Commentary (Tyndale Old Testament Commentaries) (Leicester, Inter-Varsity Press, 1978), 210 pp.

a16735 BRAVERMAN, J., *Jerome's Commentary on Daniel*. A Study of Comparative Jewish and Christian Interpretations of the Hebrew Bible (The Catholic Biblical Quarterly, Monograph Series, 7) (Washington, DC, The Catholic Biblical Association of America, 1978), xvi-162 pp.

a16736 HARTMAN, L.F., DI LELLA, A.A., *The Book of Daniel* (AB 23) (Garden City, New York, Doubleday & Company, 1978), 346 pp.

*a*16737 GRELOT, P., «Louis F. Hartmann et Alexander Di Lella, *The Book of Daniel*: A New Translation with introduction and commentary», RQum 10 (1979) 111-118.

*a*16738 COLLINS, J.J., *Daniel, First Maccabees, Second Maccabees*, with an Excursus on the Apocalyptic Genre (Old Testament Message, A Biblical-Theological Commentary, 15) (Wilmington, Delaware, Michael Glazier, 1981), xiv-368 pp.

c) *Critique littéraire. Literary Criticism. Literarkritik. Critica letteraria. Crítica literaria.*

*a*16739 EITAN, I., «Biblical Studies», HUCA 14 (1939) 1-22 (pp. 13-22).

*a*16740 ALONSO DIAZ, J., «La interpretación actual entre los católicos del género literario del libro de Daniel», CuBi 19 (1962) 195-204.

*a*16741 MALFROY, J., «L'utilisation du vocabulaire sapientiel du Deutéronome dans le Targum palestinien (Codex Neofiti)», Sem. 17 (1967) 81-96.

*a*16742 MÜLLER, H.-P., «Magisch-mantische Weisheit und die Gestalt Daniels», UF 1 (1969) 79-94.

*a*16743 ZIMMERMANN, F., *Biblical Books Translated from the Aramaic* (New York, Ktav Publ. House, 1975), 184 pp.

*a*16744 CASEY, P.M., «Porphyry and the Origin of the Book of Daniel», JTS 27 (1976) 15-33.

*a*16745 COPPENS, J., «La composition du livre de Daniel», ETL 52 (1976) 346-349.

*a*16746 GAMMIE, J.G., «The Classification, Stages of Growth, and Changing Intentions in the Book of Daniel», JBL 95 (1976) 191-204.

*a*16747 MÜLLER, H.-P., «Märchen, Legende und Enderwartung. Zum Verständnis des Buches Daniel», VT 26 (1976) 338-350.

*a*16748 COLLINS, J.J., *The Apocalyptic Vision of the Book of Daniel* (Harvard Semitic Museum, Harvard Semitic Monographs, 16) (Missoula, Scholars Press, 1977), xx-239 pp.

*a*16749 COXON, P.W., «The Syntax of the Aramaic of *Daniel*: A Dialectal Study», HUCA 48 (1977) 107-122.

*a*16750 WILLI-PLEIN, I., «Ursprung und Motivation der Apokalyptik im Danielbuch», TZ 35 (1979) 265-274.

*a*16751 COPPENS, J., «Le livre de Daniel et ses problèmes», ETL 56 (1980) 1-9.

*a*16752 COLLINS, J.J., «Apocalyptic Genre and Mythic Allusions in Daniel», JSOT nº 21 (1981) 83-100.

*a*16753 MARGALIT, B., «John Day and the 'Kinnereth hypothesis'», VT 31 (1981) 373-375.

d) *Théologie. Theology. Theologie. Teologia. Teología.*

*a*16754 GROSS, E., «Weltreich und Gottesvolk», EvT 16 (1956) 241-251.

*a*16755 SCHEDL, C., «Daniels Botschaft und ihre Deutung», BiLeb 5 (1964) 42-49.

e) *Divers. Miscellaneous. Verschiedenes. Diversi. Diversos.*

*a*16756 BRUCE, F.F., «The Oldest Greek Version of Daniel», dans *Instruction and Interpretation* (en collab.) (1977), 22-40.

*a*16757 KÖBERT, R., «Zur Daniel-Anhandlung des Simeon von Edessa», Bibl 63 (1982) 63-78.

f) *Textes. Texts. Texte. Testi. Textos.*

*a*16758 1-6 WILLI-PLEIN, I., «Ursprung und Motivation der Apokalyptik im Danielbuch», TZ 35 (1979) 265-274.

*a*16759 GAMMIE, J.G., «On the intention and sources of Daniel i-vi», VT 31 (1981) 282-292.

*a*16760 2 NELIS, J.T., «De vier wereldrijken in het boek Daniel (*Les quatre empires dans le livre de Daniel*)», Bijdr. 15 (1954) 349-362 (sommaire français).

*a*16761 DAVIES, P.R., «Daniel Chapter Two», JTS 27 (1976) 392-401.

*a*16762 HASEL, G.F., «The Four World Empires of Daniel 2 against its Near Eastern Environment», JSOT nᵒ 12 (1979) 17-30.

*a*16763 SCHREINER, J., «'... wird der Gott des Himmels ein Reich errichten, das in Ewigkeit nicht untergeht' (Dan 2,44). Gestalt und Botschaft apokalyptischen Redens von Gott am Beispiel von Daniel 2», dans *'Ich will euer Gott werden'* (SBS 100) (en collab.) (1981), 123-149.

*a*16764 CLERGET, J., «L'énigme et son interprétation. Reprise analytique des chapitres 2 et 7 du livre de Daniel», LV nᵒ 160 (1982) 36-47.

*a*16765 3 DELCOR, M., «Un cas de traduction 'Targumique' de la LXX à propos de la statue en or de Dan. III», Textus 7 (1969) 30-35.

*a*16766 3,5-15 GRELOT, P., «L'orchestre de Daniel iii 5,7,10,15», VT 29 (1979) 23-38.

*a*16767 3,17 COXON, P.W., «Daniel iii 17: a linguistic and theological problem», VT 26 (1976) 400-409.

*a*16768 3,29 PAUL, S.M., «Daniel 3:29 - A Case Study of 'Neglected' Blasphemy», JNES 42 (1983) 291-294.

*a*16769 3,51-52 BAARS, W., «An Ancient Greek Fragment of Daniel 3:51b-52», Textus 6 (1968) 132-133.

*a*16770 3,52-90 FRIZZELL, L., «A Hymn of Creation in Daniel», dans *Standing Before God* (en collab.) (1981), 41-52.

*a*16771 4-6 HAAG, E., *Die Errettung Daniels aus der Löwengrube*. Untersuchungen zum Ursprung der biblischen Danieltraditon (SBS 110) (Stuttgart, Katholisches Bibelwerk, 1983), 139 pp.

*a*16772 4 ALONSO DIAZ, J., «La conversión de Nabucodonosor en bestia», CuBi 20 (1963) 67-74.

*a*16773 HAAG, E., «Der Traum des Nebukadnezzard in Dan 4», TrierTZ 88 (1979) 194-220.

*a*16774 4,7-14 DI LELLA, A.A., «Daniel 4:7-14 : Poetic Analysis and Biblical Background», dans *Mélanges bibliques et orientaux en l'honneur de M. Henri Cazelles* (en collab.) (1981), 247-258.

*a*16775 5 GRELOT, P., «Le chapitre V de *Daniel* dans la Septante», Sem. 24 (1974) 45-66.

*a*16776 5,3-4 COXON, P.W., «A Philological Note on *'styw* Dan 5 3f», ZAW 89 (1977) 275-276.

*a*16777 6 CASSIN, E., «Daniel dans la 'fosse' aux lions», RHR 139 (1951) 129-161.

*a*16778 COPPENS, J., «La vision du Très-Haut en Dan., VII et Hén. éthiopien, XIV», ETL 103 (1977) 187-189.

*a*16779 7-14 COLLINS, J.J., «Apocalyptic Genre and Mythic Allusions in Daniel», JSOT nᵒ 21 (1981) 83-100.

*a*16780 7-12 NICOL, G.G., «Isaiah's vision and the visions of Daniel», VT 29 (1979) 501-505.

*a*16781 7-8 PORTER, P.A., *Metaphors and Monsters*. A Literary-Critical Study of Daniel 7 and 8 (Coniectanea Biblica, Old Testament Series, 20) (Lund, Gleerup, 1983), xii-128 pp.

a16782 7   NELIS, J.T., «De vier wereldrijken in het boek Daniel (*Les quatre empires dans le livre de Daniel*)», Bijdr. 15 (1954) 349-362 (sommaire français).

a16783   CAQUOT, A., «Sur les quatre bêtes de *Daniel* VII», Sem. 5 (1955) 5-13.

a16784   COPPENS, J., «Le chapitre VII de Daniel», ETL 39 (1963) 87-94.

a16785   CAQUOT, A., «Les quatre bêtes et le 'Fils d'homme' (Daniel, 7)», Sem. 17 (1967) 37-71.

a16786   BULTEAU, M.-G., «Le Fils de l'homme dans la littérature apocalyptique», dans ¿*Jésus?* (en collab.) (1974), 69-81.

a16787   BLACK, M., «Die Apotheose Israels: eine neue Interpretation des danielischen 'Menschensohns'», dans *Jesus und der Menschensohn* (en collab.) (1975), 92-99.

a16788   DEISSLER, A., «Der Menschensohn und 'das Volk der Heiligen des Höchsten' in Dan 7», dans *Jesus und der Menschensohn* (en collab.) (1975), 81-91.

a16789   FEUILLET, A., *Études d'exégèse et de théologie biblique*, «Le Fils de l'homme de Daniel et la tradition biblique» (1975), 435-493.

a16790   MÜLLER, K., «Der Menschensohn im Danielzyklus», dans *Jesus und der Menschensohn* (en collab.) (1975), 37-80.

a16791   WEIMAR, P., «Daniel 7. Eine Textanalyse», dans *Jesus und der Menschensohn* (en collab.) (1975), 11-36.

a16792   BLACK, M., «The Throne-Theophany Prophetic Commission and the 'Son of Man': A Study in Tradition-History», dans *Jews, Greeks and Christians* (en collab.) (1976), 57-73.

a16793   POYTHRESS, V.S., «The holy ones of the Most High in Daniel vii», VT 26 (1976) 208-213.

a16794   COLLINS, J.J., *The Apocalyptic Vision of the Book of Daniel* (Harvard Semitic Museum, Harvard Semitic Monographs, 16) (Missoula, Scholars Press, 1977), xx-239 pp.

a16795   GLASSON, T.F., «The Son of Man Imagery: Enoch xiv and Daniel vii», NTS 23 (1977) 82-90.

a16796   COPPENS, J., «Le Chapitre VII de Daniel. Lecture et commentaire», ETL 54 (1978) 301-322.

a16797   RIMBACH, J.A., «Bears or Bees? Sefire I A 31 and Daniel 7», JBL 97 (1978) 565-566.

a16798   WILSON, F.M., «The Son of Man in Jewish Apocalyptic Literature», SBT 8,1 (1978) 28-52.

a16799   WITTSTRUCK, T., «The Influence of Treaty Curse Imagery on the Beast Imagery of Daniel 7», JBL 97 (1978) 100-102.

a16800   CASEY, M., *Son of Man*. The interpretation and influence of Daniel 7 (London, SPCK, 1979), xvi-272 pp.

a16801   FERCH, A.J., «Daniel 7 and Ugarit: A Reconsideration», JBL 99 (1980) 75-86.

a16802   HANHART, K., «The Four Beasts of Daniel's Vision in the Night in the Light of Rev. 13.2», NTS 27 (1981) 576-583.

a16803   KVANVIG, H.S., «An Akkadian Vision as Background for Dan 7?» ST 35 (1981) 85-89.

a16804   CLERGET, J., «L'énigme et son interprétation. Reprise analytique des chapitres 2 et 7 du livre de Daniel», LV nº 160 (1982) 36-47.

*a*16805 BEASLEY-MURRAY, G.R., «The Interpretation of Daniel 7», CBQ 45 (1983) 44-58.

*a*16806 GIRARD, M., «Le semblant de fils d'homme de *Daniel* 7, un personnage du monde d'en haut: approche structurelle», SE 35 (1983) 265-296.

*a*16807 TOWNER, W.S., «Were the English Puritans 'the Saints of the Most High'? Issues in the 'Precritical' Interpretation of Daniel 7», Interpr 37 (1983) 46-63.

*a*16808 7,1-18 COPPENS, J., «Dan., VII,1-18 - Note additionnelle», ETL 55 (1979) 384.

*a*16809 7,1-14 KVANVIG, H.S., «Struktur und Geschichte in Dan 7,1-14», ST 32 (1978) 95-117.

*a*16810 7,7-8 STAUB, U., «Das Tier mit den Hörnern. Ein Beitrag zu Dan 7.7f.», FreibZ 25 (1978) 351-397.

*a*16811 7,9-10 GRELOT, P., «Daniel 7,9-10 et le livre d'Hénoch», Sem. 28 (1978) 59-83.

*a*16812 7,9 SOKOLOFF, M., «'ămar nĕqē', 'Lamb's Wool' (Dan 7:9)», JBL 95 (1976) 277-279.

*a*16813 7,13-14 DREHER, B., «'Alle Völker, Nationen und Sprachen.' Erwachsenenkatechese zu Dan 7,13-14», BiLeb 6 (1965) 212-220.

*a*16814 7,13 CASEY, M., «The Corporate Interpretation of 'One like a Son of Man' (Dan. VII 13) at the Time of Jesus», NT 18 (1976) 167-180.

*a*16815 COPPENS, J., «L'interprétation collective du Fils d'homme daniélique», ETL 103 (1977) 189-191.

*a*16816 DI LELLA, A.A., «The One in Human Likeness and the Holy Ones of the Most High in Daniel?» CBQ 39 (1977) 1-19.

*a*16817 LUST, J., «Daniel 7,13 and the Septuagint», ETL 54 (1978) 62-69.

*a*16818 COPPENS, J., «Le dossier non biblique de l'expression araméenne *br 'nš*», ETL 56 (1980) 122-124.

*a*16819 8-12 HASSLBERGER, B., *Hoffnung in der Bedrängnis*. Eine formkritische Untersuchung zu Daniel 8 und 10-12 (Münchener Universitätsschriften, Fachbereich Kath. Theologie, Arbeiten zu Text und Sprache im Alten Testament, 4) (St Ottilien, Eos Verlag, 1977), xiv-451 pp.

*a*16820 8 KOCH, K., «Vom profetischen zum apokalyptischen Visionsbericht», dans *Apocalypticism in the Mediterranean World and the Near East* (en collab.) (1983), 413-446.

*a*16821 8,1 ZEVIT, Z., «The exegetical implications of Daniel viii 1, ix 21», VT 28 (1978) 488-492.

*a*16822 8,5-8 KRAUSS, S., «Some Remarks on Daniel 8.5ff.», HUCA 15 (1940) 305-311.

*a*16823 8,5 KRAUSS, S,. «Some Remarks on Daniel 8.5», HUCA 15 (1940) 305-311.

*a*16824 9 LACOCQUE, A., «The Liturgical Prayer in Daniel 9», HUCA 47 (1976) 119-142.

*a*16825 BECKWITH, R.T., «Daniel 9 and the Date of Messiah's Coming in Essene, Hellenistic, Pharisaic, Zealot and Early Christian Computation», RQum 10 (1981) 521-542.

*a*16826 BLUHM, H., «Daniel 9 und die chronistische Geschichtsdarstellung», TGl (1982) 450-460.

*a*16827 9,21   ZEVIT, Z., «The exegetical implications of Daniel viii 1, ix 21», VT 28 (1978) 488-492.

*a*16828 9,24-27   ALONSO DIAZ, J., «Las setenta semanas de Daniel en la interpretación actual», CuBi 23 (1966) 332-337.

*a*16829   WACHOLDER, B.Z., «Chronomessianism: The Timing of Messianic Movements and the Calendar of Sabbatical Cycles», HUCA 46 (1975) 201-218.

*a*16830 9,27   THIERING, B.E., «The Three and a Half Years of Elijah», NT 23 (1981) 41-55.

*a*16831 10-12   CLIFFORD, R.J., «History and Myth in Daniel 10-12», BASOR nº 220 (1976) 23-26.

*a*16832 11,29   HANHART, R., «Die Uebersetzungstechnik der Septuaginta als Interpretation (Daniel 11,29 und die Aegyptenzüge des Antiochus Epiphanes)», dans *Mélanges Dominique Barthélemy* (en collab.) (1981), 135-137.

*a*16833 12,1-4   MOORE, M.S., «Resurrection and Immortality: Two Motifs Nagivating Confluent Theological Streams in the Old Testament (Dan 12,1-4)», TZ 39 (1983) 17-34.

*a*16834 12,1-3   SALGUERO, J., «La resurrección de los cuerpos en Daniel 12,1-3», CuBi 23 (1966) 151-160.

*a*16835   BONORA, A., «Il linguaggio di risurrezione in *Dan.* 12,1-3», RivB 30 (1982) 111-125.

*a*16836 12,4   DAY, J., «*Da'aṯ* 'humiliation' in the light of Isaiah liii 3 and Daniel xii 4, and the oldest known interpretation of the suffering servant», VT 30 (1980) 97-103.

*a*16837 13   LACHS, S.T., «A Note on the Original Language of Susanna», JQR 69 (1978) 52-54.

*a*16838   BUSTO SAIZ, J.R., «La interpretación del relato de Susana», EstE 57 (1982) 421-428.

*a*16839   LADEGAILLERIE, F., «L'histoire de Suzanne», SemBib nº 27 (1982) 12-30.

7. Ézéchiel. Ezekiel. Hezekiel. Ezechiele. Ezequiel.

a) Introduction. Einleitung. Introduzione. Introducción.

*a*16840   CASPER, J., «Die Herrlichkeit Gottes. Gedanken zum Ezechielbuche», BiLit 12 (1937-38) 68-69.

*a*16841   ALONSO DIAZ, J., «Ezequiel, el profeta de ruina y esperanza», CuBi 25 (1968) 290-299.

*a*16842   CELADA, B., «Ezequiel. La mayor contribución moderna al estudio del libro y de la enigmática personalidad del profeta» (= W. Zimmerli), CuBi 29 (1972) 301-313.

*a*16843   CARLEY, K.W., *Ezekiel among the Prophets. A Study of Ezekiel's Place in Prophetic Tradition* (SBT Second Series, 31) (London, SCM Press, 1975), x-112 pp.

*a*16844   MARTIN-ACHARD, R., «Ézéchiel, témoin de l'honneur de YHWH», dans *Mélanges André Neher* (en collab.) (1975), 165-174.

*a*16845   SAVOCA, G., *Un Profeta interroga la storia* (Aloisiana, 11) (Roma, Herder, 1976), 214 pp.

*a*16846   HOSSFELD, F., *Untersuchungen zu Komposition und Theologie des Ezechielbuches* (Forschung zur Bibel, 20) (Würzburg, Echter, 1977), 590 pp.

*a*16847   ASURMENDI, J.-M., «Le prophète Ézéchiel», CE n° 38 (1981) 68 pp.

*a*16848   LANG, B., *Ezechiel*. Der Prophet und das Buch (Erträge der Forschung, 153) (Darmstadt, Wissenschaftliche Buchgesellschaft, 1981), x-184 pp.

*a*16849   BURNIER-GENTON, J., *Ézéchiel fils d'homme* (Essais bibliques, 5) (Genève, Labor et Fides, 1982), 103 pp.

b) Commentaires. Commentaries. Kommentare. Commenti. Comentarios.

*a*16850   MOSIS, R., *Das Buch Ezechiel*. Teil I, Kap. 1,1-20,44 (Geistliche Schriftlesung, 8/1) (Düsseldorf, Patmos, 1978), 270 pp.

*a*16851   BRÉCHET, R., *Ézéchiel aujourd'hui* ou Israël et les chrétiens dans le monde (Coll. 'Buisson ardent') (Genève, Éditions du Tricorne, 1979), 197 pp.

*a*16852   CHOURAQUI, A., *L'univers de la Bible*, IV (1983), «Iehèzqél. Ézéchiel», 377-539.

*a*16853   GREENBERG, M., *Ezekiel 1-20*. A New Translation with Introduction and Commentary (AB 22) (New York, Doubleday, 1983), xvi-388 pp.

c) Critique textuelle. Textual Criticism. Textkritik. Critica testuale. Crítica textual.

*a*16854   ZIEGLER, J. (Ed.), *Septuaginta*. Vetus Testamentum Graecum Auctoritate Academiae Scientiarum Gottingensis Editum. Vol xvi, i. *Ezechiel*. 2., durchgesehene Auflage, mit einem Nachtrag von Detlef Fraenkel (Göttingen, Vandenhoeck & Ruprecht, 1977), 352 pp.

*a*16855   BOADT, L., «Textual Problems in Ezekiel and Poetic Analysis of Paired Words», JBL 97 (1978) 489-499.

*a*16856   HALPERIN, D.J., «Merkabah Midrash in the Septuagint», JBL 101 (1982) 351-363.

d) Critique littéraire. Literary Criticism. Literarkritik. Critica letteraria. Crítica literaria.

*a*16857   SPEIGEL, S., «Ezekiel or Pseudo-Ezekiel?» HarvTR 24 (1931) 245-321.

*a*16858   GARSCHA, J., *Studien zum Ezechielbuch*. Eine redaktionskritische Untersuchung von Ez. 1-39 (Europäische Hochschulschriften, 23/23) (Bern, Herbert Lang; Frankfurt, Peter Lang, 1974), x-324 pp.

*a*16859   TALMON, S., FISHBANE, M., «The Structuring of Biblical Books. Studies in the Book of Ezekiel», ASTI 10 (1976) 129-153.

*a*16860   HOSSFELD, F., *Untersuchungen zu Komposition und Theologie des Ezechielbuches* (Forschung zur Bibel, 20) (Würzburg, Echter Verlag, 1977), 590 pp.

*a*16861   VIGANO, L., «Quelques exemples du singulier féminin en -*ôt* en Ézéchiel», StBiFranc 27 (1977) 239-245.

*a*16862   LANG, B., «A neglected method in Ezekiel research: editorial criticism», VT 29 (1979) 39-44.

*a*16863   VAN DYKE PARUNAK, H., «The Literary Architecture of Ezekiel's *Mar'ôt 'Elōhîm*», JBL 99 (1980) 61-74.

*a*16864   ZIMMERLI, W., «Das Phänomen der 'Fortschreibung' im Buche Echeziel», dans *Prophecy. Essays presented to Georg Fohrer* (en collab.) (1980), 174-191.

*a*16865   HURVITZ, A., *A Linguistic Study of the relationship between the priestly source and the book of Ezekiel*. A new approach to an old problem (Cahiers de la Revue Biblique, 20) (Paris, Gabalda, 1982), xviii-198 pp.

e) Textes. Texts. Texte. Testi. Textos.

a16866 1-39   GARSCHA, J., *Studien zum Ezechielbuch*. Eine redaktionskritische Untersuchung von Ez 1-39 (Europäische Hochschulschriften, Reihe 23, Theologie, 23) (Bern, Frankfurt/M., Peter Lang, 1974), 330 pp.

a16867 1-3   VOGT, E., *Untersuchungen zum Buch Ezechiel*, «Die Berufung Ezechiels Ez 1-3» (1981), 1-37.

a16868   LANG, B., «Die erste und die letzte Vision des Propheten. Eine Überlegung zu Ezechiel 1-3», Bibl 64 (1983) 225-230.

a16869 1,1-3,15 VAN DYKE PARUNAK, H., «The Literary Architecture of Ezekiel's *Mar'ôt 'Elōhîm*», JBL 99 (1980) 61-74.

a16870 1   OHLER, A., «Die Gegenwart Gottes in der Gottesferne. Die Berufungsvision des Ezekiel», BiLeb 11 (1970) 79-89, 159-168.

a16871   KEEL, O., *Jahwe-Visionen und Siegelkunst*, «Die Herrlichkeit des Gottes Israels - Ez 1 und 10» (1977), 125-273.

a16872   YORK, A.D., «Ezekiel 1: inaugural and restoration visions?» VT 27 (1977) 82-98.

a16873   BLUMENTHAL, D.R., «Ezekiel's Vision Seen Through the Eyes of a Philosophic Mystic», JAmAcRel 47 (1979) 417-427.

a16874   VOGT, E., *Untersuchungen zum Buch Ezechiel*, «Die Beschreibung der Keruben und der Räder» (1981), 63-91.

a16875 1,4-3,11 HOUK, C.B., «A Statistical Linguistic Study of Ezekiel 1 4-3 11», ZAW 93 (1981) 76-85.

a16876 1,6   VOGT, E., «Die vier 'Gesichter' (*pānīm*) der Keruben in Ez», Bibl 60 (1979) 327-347.

a16877 1,7   BARRICK, W.B., «The Straight-Legged Cherubim of Ezekiel's Inaugural Vision (Ezekiel 1:7a)», CBQ 44 (1982) 543-550.

a16878 1,18   VOGT, E., «Der Sinn des Wortes 'Augen' in Ez 1,18 und 10,12», Bibl 59 (1978) 93-96.

a16879 1,22   NELIS, J., «Dieu et le ciel dans l'Ancien Testament», Conci nº 143 (1979) 33-45.

a16880 1,28-3,15 OHLER, A., «Sendung zu den Widerspenstigen. Die Berufungsvision des Ezechiel / Teil 3», BiLeb 12 (1971) 16-25.

a16881 2,1-3,11 GREENBERG, M., «The use of the ancient versions for interpreting the Hebrew text: a sampling from Ezekiel II 1-III 11», dans *Congress Volume. Göttingen 1977* (en collab.) (1978), 131-148.

a16882 2,1   STEWART, J.S., «Soldiers of Christ, Arise!» ExpTim 79 (1977-78) 181-182.

a16883 3,12-27 BROWNLEE, W.H., «Ezekiel's parable of the watchman and the editing of Ezekiel», VT 28 (1978) 392-408.

a16884 3,16-21 SHERLOCK, C., «Ezekiel's Dumbness», ExpTim 94 (1983) 296-298.

a16885 4,4-8   VOGT, E., *Untersuchungen zum Buch Ezechiel* (1981), «Die Lähmung und Stummheit des Propheten Ezechiel», 92-106.

a16886 4,9-17   PLANAS, F., «El pan del profeta», CuBi 12 (1955) 153-157.

a16887 5,1-4   SMIT, E.J., «The Concepts of Obliteration in Ezek. 5:1-4», JNWSemL 1 (1971) 46-50.

a16888 6,2   TURNER, P.D.M., «Two Septuagintalisms with *stêrizein*», VT 28 (1978) 481-482.

a16889   8,1-11,25   VAN DYKE PARUNAK, H., «The Literary Architecture of Ezekiel's *Mar'ôt 'Elōhîm*», JBL 99 (1980) 61-74.

a16890   8-11   GREENBERG, M., «The Vision of Jerusalem in Ezekiel 8-11: A Holistic Interpretation», dans *The Divine Helmsman* (en collab.) (1980), 143-164.

a16891   VOGT, E., *Untersuchungen zum Buch Ezechiel* (1981), «Die Tempelvision Ez 8-11», 38-62.

a16892   NOBILE, M., «Lo sfondo cultuale di Ez 8-11», Ant 58 (1983) 185-200.

a16893   10   KEEL, O., *Jahwe-Visionen und Siegelkunst* (1977), «Die Herrlichkeit des Gottes Israels - Ez 1 und 10», 125-273.

a16894   VOGT, E., *Untersuchungen zum Buch Ezechiel* (1981), «Die Beschreibung der Keruben und der Räder», 63-91.

a16895   10,9-17   HALPERIN, D.J., «The exegetical character of Ezek. X 9-17», VT 26 (1976) 129-141.

a16896   10,12   VOGT, E., «Der Sinn des Wortes 'Augen' in Ez 1,18 und 10,12», Bibl 59 (1978) 93-96.

a16897   10,14.21   VOGT, E., «Die vier 'Gesichter' (*pānīm*) der Keruben in Ez», Bibl 60 (1979) 327-347.

a16898   12,1-15   LANG, B., *Kein Aufstand in Jerusalem*. Die Politik des Propheten Ezechiel (1978), «Pantomime gegen die Aufstandspolitik (Ez 12,1-15)», 17-27.

a16899   12,17-20   PLANAS, F., «El pan del profeta», CuBi 12 (1955) 153-157.

a16900   14,14.20   DRESSLER, H.H.P., «The identification of the Ugaritic Dnil with the Daniel of Ezekiel», VT 29 (1979) 152-161.

a16901   DAY, J., «The Daniel of Ugarit and Ezekiel and the hero of the book of Daniel», VT 30 (1980) 174-184.

a16902   16   VISCHER, W., «Jérusalem a justifié Sodome (Le seizième chapitre du prophète Ézéchiel)», VC no 42 (1957) 71-87.

a16903   BUIS, P., «Un constat d'adultère pas ordinaire. Ézéchiel 16», ETR 53 (1978) 502-507.

a16904   16,30   GREENFIELD, J.C., «Two Biblical Passages in the Light of Their Near Eastern Background - Ezekiel 16:30 and Malachi 3:17», ErIs 16 (1982) 56-61.

a16905   17   LANG, B., *Kein Aufstand in Jerusalem*. Die Politik des Propheten Ezechiel (1978), «Grosse Adler, kleine Pflanze (Ez 17,1-10)», 28-49; «Zidkijas Eidbruch und die Folgen (Ez 17,11-21)», 50-60; «Die prächtige Zeder (Ez 17,22-24)», 61-88.

a16906   17,21   ZURRO, E., «La raiz *brḥ* II y el hapax **mibrāḥ* (Ez 17,21)», Bibl 61 (1980) 412-415.

a16907   18   GEYER, J.B., «Ezekiel 18 and a Hittite Treaty of Muršiliš II», JSOT no 12 (1979) 31-46.

a16908   JOYCE, P.M., «Individual Responsibility in Ezekiel 18?» dans *Studia Biblica 1978. I. Papers on Old Testament* (en collab.) (1979), 185-196.

a16909   SCHENKER, A., «Saure Trauben ohne stumpfe Zähne. Bedeutung und Tragweite von Ez 18 und 33.10-20 oder ein Kapitel alttestamentlicher Moraltheologie», dans *Mélanges Dominique Barthélemy* (en collab.) (1981), 449-470.

a16910   18,3   DAY, J., «The Daniel of Ugarit and Ezekiel and the hero of the book of Daniel», VT 30 (1980) 174-184.

a16911 18,25-32 SAKENFELD, K.D., «Ezekiel 18:25-32», Interpr 32 (1978) 295-300.

a16912 19 BEENTJES, P.C., «Ezechiël 19: onderzoek naar motieven en structuur. - *Hesekiel 19: Motive und Struktur*», Bijdr. 35 (1974) 357-371 (English summary).

a16913 LANG, B., *Kein Aufstand in Jerusalem. Die Politik des Propheten Ezechiel*, «Politik im Leichenlied (Ez 19)» (1978), 89-114.

a16914 20 BEUKEN, W.A.M., «Ez. 20: Thematiek en literaire vormgeving in onderling verband. *Thématique et forme littéraire de Ez 20 mises en rapport*», Bijdr. 33 (1972) 39-64 (English summary).

a16915 20,25 VOGT, E., *Untersuchungen zum Buch Ezechiel*, «Gottes lebenspendende (33,15) und seine unguten Gebote (20,25)» (1981), 107-126.

a16916 20,25-26 GESE, H., «Ezechiel 20,25f. und die Erstgeburtsopfer», dans *Beiträge zur Alttestamentlichen Theologie* (en collab.) (1977), 140-151.

a16917 20,31 YEIVIN, I., «A Unique Combination of Accents», Textus 1 (1960) 209-210.

a16918 21,17 TZORI, N., «Cult Figurines in the Eastern Plain of Esdraelon and Beth-Shean», ErIs 5 (1958) 52-54.

a16919 21,23-37 LANG, B., *Kein Aufstand in Jerusalem. Die Politik des Propheten Ezechiel* (1978), «Vor dem sicheren Untergang (Ez 21,23-37)» (1978), 115-131.

a16920 21,32 MONSENGWO-PASINYA, L., «Deux textes messianiques de la Septante: Gn 49,10 et Ez 21,32», Bibl 61 (1980) 357-376.

a16921 22,23-31 EICHRODT, W., «Du texte au sermon (4): Ézéchiel 22/23-31», ETR 44 (1969) 79-88.

a16922 22,24 ANBAR, M., «Une nouvelle allusion à une tradition babylonienne dans Ézéchiel (xxii 24)», VT 29 (1979) 352-353.

a16923 23,1-4 CAZELLES, H., «Alliance nouvelle, coeur nouveau», CHR 25 (1978) 90-99.

a16924 24,3-14 BUIS, P., «Jérusalem, un chaudron rouillé. Ez 24/3-14», ETR 56 (1981) 446-448.

a16925 24,15-27 TE STROETE, G.A., «Ezekiel 24:15-27, The Meaning of a Symbolic Act», Bijdr. 38 (1977) 163-175.

a16926 24,25-27 VOGT, E., *Untersuchungen zum Buch Ezechiel* (1981), «Die Lähmung und Stummheit des Propheten Ezechiel», 92-106.

a16927 27 SMITH, S., «The Ship Tyre», PEQ 85 (1953) 97-110.
a16928 KRINETZKI, G., «Tiefenpsychologie im Dienste alttestamentlicher Exegese. Zu Stil und Metaphorik von Ezechiel 27», TQ 155 (1975) 132-143.

a16929 27,4.11 SOGGIN, J.A., *Old Testament and Oriental Studies* (1975), «KLH-KLL: Notes on the Use of Two Roots in Biblical Hebrew» (1972), 210-215.

a16930 27,19 ELAT, M., «The iron export from Uzal (Ezekiel xxvii 19)», VT 33 (1983) 323-330.

a16931 28 BARNETT, R.D., «Ezekiel and Tyre», ErIs 9 (1969) 6-13.
a16932 28,1-19 PENNACCHINI, B., *Temi mitici in Ezechiele 28,1-19* (Collectio Assisiensis, 9) (Assisi, Studio Teologico 'Porziuncola', 1973), 151 pp.

a16933 LORETZ, O., «Der Sturz des Fürsten von Tyrus (Ez. 28,1-19)», UF 8 (1976) 455-458.

a16934 28,3   DRESSLER, H.H.P., «The identification of the Ugaritic Dnil with the
                    Daniel of Ezekiel», VT 29 (1979) 152-161.

a16935 28,12-19   WILLIAMS, A.J., «The Mythological Background of Ezekiel
                    28:12-19?» BTB 6 (1976) 49-61.

a16936 29-32   BOADT, L., Ezekiel's Oracles against Egypt. A Literary and Philological
                    Study of Ezekiel 29-32 (Biblica et Orientalia, 37) (Rome, Biblical
                    Institute Press, 1980), viii-219 pp.

a16937 29,10   MALUSA, L., «L'interpretazione Geronimiana di 'ḤRB' in tre passi
                    biblici», BibOr 19 (1977) 259-261.

a16938 31   HAAG, E., «Ez 31 und die alttestamentliche Paradiesvorstellung», dans
                    Wort, Lied und Gottesspruch. Beiträge zu Psalmen und Propheten (en
                    collab.) (1972), 171-178.

a16939 32,27   DAHOOD, M., «Further instances of the Breakup of stereotyped
                    phrases in Hebrew», dans Studia Hierosolymitana (Bagatti) (en collab.)
                    (1976), II, 9-19.

a16940 33   BROWNLEE, W.H., «Ezekiel's parable of the watchman and the editing
                    of Ezekiel», VT 28 (1978) 392-408.

a16941 33,1-20   SCHREINER, J., «Vom übertragenen Wächteramt. Meditationen zu Ez
                    33,1.7-20», BiLeb 12 (1971) 118-121.

a16942   SHERLOCK, C., «Ezekiel's Dumbness», ExpTim 94 (1983) 296-298.

a16943 33,6   PAUL, S.M., «Unrecognized Biblical Legal Idioms in the Light of
                    Comparative Akkadian Expressions», RB 86 (1979) 231-239.

a16944 33,10-20   SCHENKER, A., «Saure Trauben ohne stumpfe Zähne. Bedeutung und
                    Tragweite von Ez 18 und 33.10-20 oder ein Kapitel alttestamentlicher
                    Moraltheologie», dans Mélanges Dominique Barthélemy (en collab.)
                    (1981), 449-470.

a16945 33,13   WALDMAN, N.M., «God's Ways - A Comparative Note», JQR 70
                    (1979) 67-72.

a16946 33,15   VOGT, E., Untersuchungen zum Buch Ezechiel (1981), «Gottes
                    lebenspendende (33,15) und seine unguten Gebote (20,25)», 107-126.

a16947 36-40   LUST, J., «Ezekiel 36-40 in the Oldest Greek Manuscript», CBQ 43
                    (1981) 517-533.

a16948 36-37   ASTOUR, M.C., «Ezekiel's Prophecy of Gog and the Cuthean Legend of
                    Naram-Sin», JBL 95 (1976) 567-579.

a16949 36,16-38   AIZPURUA, F., «Vestigios de Ez 36,16-38 en la literatura de Qumrân»,
                    EstF 77 (1976) 181-192.

a16950   AIZPURUA, F., «Estructura literario-exegética de Ez 36,16-38», EstF
                    77 (1976) 393-461.

a16951 36,26-38   AIZPURUA, F., «Lo Spirito purificatore (Ez 36,26-38)», dans Parola,
                    spirito e vita 4 (1981) 55-64.

a16952 37-48   LUST, J., «The Order of the Final Events in Revelation and in Ezekiel»,
                    dans L'Apocalypse johannique et l'Apocalyptique dans le Nouveau
                    Testament (en collab.) (1980), 179-183.

a16953 37   BARTH, C., «Ezechiel 37 als Einheit», dans Beiträge zur
                    Alttestamentlichen Theologie (en collab.) (1977), 39-52.

a16954 37,1-14   NISSIM, G.M., «L'esprit et le coeur de l'homme. Commentaire
                    d'Ézéchiel 37,1-14», VS 133 (1979) 565-583.

a16955   FOX, M.V., «The Rhetoric of Ezekiel's Vision of the Valley of the
                    Bones», HUCA 51 (1980) 1-15.

*a*16956 37,1-10   HOFFKEN, P., «Beobachtungen zu Ezechiel xxxvii 1-10», VT 31 (1981) 305-317.
*a*16957 38-39   MYRES, J.L., «Gog and the Danger from the North, in Ezekiel», PEQ 64 (1932) 213-219.
*a*16958   AHRONI, R., «The Gog Prophecy and the Book of Ezekiel», HebAnR 1 (1977) 1-27.
*a*16959   VIVIAN, A., «Gog e Magog nella tradizione biblica, ebraica e cristiana», RivB 25 (1977) 389-421.
*a*16960   BROWNLEE, W.H., «'Son of Man Set Your Face'. Ezekiel the Refugee Prophet», HUCA 54 (1983) 83-110.
*a*16961 39,11   RIBICHINI, S., XELLA, P., «La valle dei passanti (Ezechiele 39:11)», UF 12 (1980) 434-437.
*a*16962 40-48   LEVENSON, J.D., *Theology of the Program of Restoration of Ezekiel 40-48* (Harvard Semitic Monograph Series, 10) (Missoula, Montana, Scholars Press, 1976), 176 pp.
*a*16963   HARAN, M., «The Law Code of Ezekiel XL-XLVIII and its Relation to the Priestly School», HUCA 50 (1979) 45-71.
*a*16964   MAIER, J., «Die Hofanlagen im Tempel-Entwurf des Ezechiel im Licht der 'Tempelrolle' von Qumran», dans *Prophecy. Essays presented to Georg Fohrer* (en collab.) (1980), 55-67.
*a*16965   VAN DYKE PARUNAK, H., «The Literary Architecture of Ezekiel's *Mar'ôt 'Elōhîm*», JBL 99 (1980) 61-74.
*a*16966   VOGT, E., *Untersuchungen zum Buch Ezechiel* (1981), «Aufbau und Grundbestand der Tempelvision Ez 40-48», 127-175.
*a*16967 40-44   HURWITZ, A., «The Term *liškōt šārîm* (Ezek. 40:44) and its position in the Cultic Terminology of the Temple», ErIs 14 (1978) 100-104 (English summary).
*a*16968 43,7.9   EBACH, J.H., «*PGR* = (Toten-) Opfer? Ein Vorschlag zum Verständnis von Ez. 43,7.9», UF 3 (1971) 365-368.
*a*16969 45,17-24   RIBERA, J., «Fragmento babilónico-yemení sobre los Profetas (Ezequiel cap. 45,17-24)», dans *Homenaje a Juan Prado* (en collab.) (1975), 553-557.
*a*16970 47-48   KALLAI, Z., «The Boundaries of Canaan and the Land of Israel in the Bible», ErIs 12 (1975) 27-34 (English summary).

f) Divers. Miscellaneous. Verschiedenes. Diversi. Diversos.

*a*16971 LEVEY, S.H., «The Targum to Ezekiel», HUCA 46 (1975) 139-158.
*a*16972 WEITZMAN, M., «The Dates in Ezekiel», HeyJ 17 (1976) 20-30.
*a*16973 VOGT, E., «Tragiker Ezechiel», dans *Poetische Schriften* (Jüdische Schriften aus hellenistisch-römischer Zeit, Band IV, Lieferung 3) (Gütersloh, Gerd Mohn, 1983), 113-133.

8. Habaquq. Habakkuk. Habakuk. Habaquq. Habacuc.

a) Introduction. Einleitung. Introduzione. Introducción.

*a*16974 ALONSO DIAZ, J., «Habacuc, o las perplejudades de un Profeta ante la Historia», CuBi 22 (1965) 195-201.

a16975 TUTTLE, G.A., «Wisdom and Habakkuk», SBT 3 (1973) 3-14.

a16976 JÖCKEN, P., «War Habakuk ein Kultprophet?» dans *Bausteine biblischer Theologie* (en collab.) (1977), 319-332.

a16977 JÖCKEN, P., *Das Buch Habakuk.* Darstellung der Geschichte seiner kritischen Erforschung mit einer eigenen Beurteilung (BBB 48) (Köln, Peter Hanstein, 1977), xviii-570 pp.

a16978 JANZEN, J.G., «Eschatological Symbol and Existence in Habakkuk», CBQ 44 (1982) 394-414.

b) *Commentaires. Commentaries. Kommentare. Commenti. Comentarios.*

a16979 ELLIGER, K., *Das Buch der zwölf kleinen Propheten*[7] (ATD 25) (Göttingen, Vandenhoeck & Ruprecht, 1975), «Habakuk», 23-55.

a16980 RUDOLPH, W., *Micha - Nahum - Habakuk - Zephania. Zeittafel* by A. Jepsen (Kommentar zum Alten Testament, XIII,3) (Gütersloh, Gerd Mohn, 1975), 317 pp.

a16981 WATTS, J.D.W., *The Books of Joel, Obadiah, Jonah, Nahum, Habakkuk and Zephaniah* (The Cambridge Bible Commentary) (Cambridge, Cambridge University Press, 1975), 190 pp.

c) *Textes. Texts. Texte. Testi. Textos.*

a16982 1,8   ZALCMAN, L., «*Di Sera*, Desert, Dessert», ExpTim 91 (1980) 311.

a16983 2,1-4 VAN DER WOUDE, A.S., «Bemerkungen zu einigen umstritteten Stellen im Zwölfprophetenbuch», dans *Mélanges bibliques et orientaux en l'honneur de M. Henri Cazelles* (en collab.) (1981), 483-499.

a16984 2,2-4 JANZEN, J.G., «Habakkuk 2:2-4 in the Light of Recent Philological Advances», HarvTR 73 (1980) 53-78.

a16985 2,4-5 EMERTON, J.A., «The Textual and Linguistic Problems of Habakkuk II.4-5», JTS 28 (1977) 1-18.

a16986 2,4   IN DER SMITTEN, W.T., «Habakuk 2,4 als prophetische Definition des Gerechten», dans *Bausteine biblischer Theologie* (en collab.) (1977), 291-300.

a16987   CAVALLIN, H.C.C., «'The Righteous Shall Live by Faith'. A Decisive Argument for the Traditional Interpretation», ST 32 (1978) 33-43.

a16988   MOODY, R.M., «The Habakkuk Quotation in Romans 1[17]», ExpTim 92 (1981) 205-208.

a16989   VAN DAALEN, D.H., «The 'ēmunah *pistis* of Habakkuk 2.4 and Romans 1.17», dans *Studia Biblica* (en collab.) (1982), VII, 523-527.

a16990 2,15 WHITLEY, C.F., «A Note on Habakkuk 2:15», JQR 66 (1975-76) 143-147.

a16991 3,5   DAY, J., «New light on the mythological background of the allusion to Resheph in Habakkuk iii 5», VT 29 (1979) 353-355.

a16992 3,9   DAY, J., «Echoes of Baal's seven thunders and lightnings in Psalm xxix and Habakkuk iii 9 and the identity of the seraphim in Isaiah vi», VT 29 (1979) 143-151.

a16993 3,13 DAHOOD, M., «Two Yiphil Causatives in Habakkuk 3,13a», Or. 48 (1979) 258-259.

d) Divers. Miscellaneous. Verschiedenes. Diversi. Diversos.

a16994   BARTHÉLEMY, D., «Redécouverte d'un chaînon manquant de l'histoire de la Septante», RB 60 (1953) 18-29, dans *Qumran and the History of the Biblical Text* (en collab.) (1953), 127-139.
a16995   OTTO, E., «Die Stellung der Wehe-Worte in der Verkündigung des Propheten Habakuk», ZAW 89 (1977) 73-107.
a16996   ROUSSEL, B., «La Bible d'Olivétan: la traduction du livre du prophète Habaquq», ETL 57 (1982) 537-557.

9. Isaïe. Isaiah. Isaias. Isaia. Isaías.

a) Introduction. Einleitung. Introduzione. Introducción.

a16997   SCHABES, L., «Der Prophet Isaias», BiLit 9 (1934-35) 82-86.
a16998   CASPER, J., «Die Bedeutung des Propheten Isaiah», BiLit 11 (1936-37) 89-91, 115-116.
a16999   BRUSTON, É., «Messages prophétiques», ETR 13 (1938) 310-326.
a17000   PITTENGER, W.N., «The Prophet Isaiah», AThR 32 (1950) 199-203.
a17001   FICHTNER, J., «Jesaja unter den Weisen», TLZ 74 (1949) 75-80, dans *Gottes Weisheit* (Stuttgart, Calwer Verlag, 1965), 18-26, dans *Studies in Ancient Israelite Wisdom* (en collab.) (1976) 429-438 (English Translation).
a17002   FEUILLET, A., *Études d'exégèse et de théologie biblique*, «Généralités sur la personne et le livre d'Isaïe» (1975), 21-34.
a17003   HOLLADAY, W.L., *Isaiah: Scroll of a Prophetic Heritage* (Grand Rapids, Michigan, Eerdmans, 1978), xii-270 pp.
a17004   CHILDS, B.S., *Introduction to the Old Testament as Scripture*, «Isaiah» (1979), 311-338.
a17005   WIÉNER, C., «Le deuxième Isaïe», CE (n.s.) nº 20 (1977) 64 pp.
a17006   AULD, A.G., «Poetry, Prophecy, Hermeneutic: Recent Studies in Isaiah», SJTh 33 (1980) 567-581.
a17007   JENSEN, J., «Weal and Woe in Isaiah: Consistency and Continuity», CBQ 43 (1981) 167-187.
a17008   DOOHAN, H., «Contrasts in Prophetic Leadership: Isaiah and Jeremiah», BTS 13 (1983) 39-43.

b) Commentaires. Commentaries. Kommentare. Commenti. Comentarios.

a17009   FREY, H., *Handkommentar zum Buch Jesaja*. Band 1: Der Zusammenstoss des hl. Gottes mit der Vermessenheit seiner Gemeinde (Jes. 1-5) (Bad Liebenzell, Verlag der Liebenzeller Mission, 1975), 212 pp.
a17010   HERBERT, A.S., *The Book of the Prophet Isaiah*. Chapters 40-66 (The Cambridge Bible Commentary) (Cambridge, Cambridge University Press, 1975), 204 pp.
a17011   WHYBRAY, R.N., *Isaiah 40-66* (New Century Bible) (London, Oliphants, 1975), 301 pp.
a17012   FREY, H., *Handkommentar zum Buch Jesaja*. Band 2: Der heilige Gott, der Messias und der autonome Mensch (Kap 6-12) (Bad Liebenzell, Verlag der Liebenzeller Mission, 1978), 291 pp.
a17013   CLEMENTS, R.E., *Isaiah 1-39*. Based on the Revised Standard Version (New Century Bible Commentary) (Grand Rapids, Eerdmans; London, Marshall, Morgan & Scott, 1980), xvi-301 pp.

a17014 WILLIS, J.T., *Isaiah* (The Living Word Commentary on the Old Testament, 12) (Austin, Texas, Sweet Publishing Company, 1980), 480 pp.

a17015 WESTERMANN, C., *Das Buch Jesaja Kapitel 40-66* übersetzt und erklärt (ADT 19) (Göttingen, Vandenhoeck & Ruprecht, 1981), 344 pp.

a17016 ACHTEMEIER, E., *The Community and Message of Isaiah 56-66*. A Theological Commentary (Minneapolis, Augsburg Publishing House, 1982), 159 pp.

a17017 MONTAGNINI, F., *Il libro di Isaia*. Parte prima (capp. 1-39) (Studi Biblici, 58) (Brescia, Paideia Editrice, 1982), 259 pp.

a17018 SCULLION, J., *Isaiah 40-66* (Old Testament Message, A Biblical-Theological Commentary, 12) (Wilmington, Delaware, Michael Glazier; Dublin, Gill & Macmillan, 1982), 214 pp.

a17019 CHOURAQUI, A., *L'univers de la Bible*, IV (1983), «Iesha'yahou, *Isaïe*», 19-202.

c) *Critique textuelle. Textual Criticism. Textkritik. Critica testuale. Crítica textual.*

a17020 ORLINSKY, H.M., «Studies in St. Mark's Isaiah Scroll», HUCA 25 (1954) 85-92.

a17021 ZIEGLER, J., «Die Vorlage der Isaias-Septuaginta (LXX) und die erste Isaias-Rolle von Qumran (IQIsᵃ)», JBL 78 (1959) 34-59, dans *Qumran and the History of the Biblical Text* (en collab.) (1959), 90-115.

a17022 DIEZ-MACHO, A., «A New Fragment of Isaiah with Babylonian Pointing», Textus 1 (1960) 132-143.

a17023 KEDAR-KOPFSTEIN, B., «Divergent Hebrew Readings in Jerome's Isaiah», Textus 4 (1964) 176-210.

a17024 STONE, M.E., «The Old Armenian Version of Isaiah: Towards the Choice of the Base Text for an Edition», Textus 8 (1973) 107-125.

a17025 WEINBERG, M., «Some Problems of the Masorah on Isaiah», dans *Masoretic Studies* 1 (1974) 111-119.

a17026 TALMON, S., «DSIa as a Witness to Ancient Exegesis of the Book of Isaiah», ASTI 1 (1962) 62-72, dans *Qumran and the History of the Biblical Text* (en collab.) (1975), 116-126.

a17027 SEN, F., «Variantes de algunos textos de Isaías con respecto al texto masorético», CuBi 33 (1976) 223-225.

a17028 VAN DER KOOIJ, A., *Die alten Textzeugen des Jesajabuches*. Ein Beitrag zur Textgeschichte des Alten Testaments (Orbis Biblicus et Orientalis, 35) (Freiburg, Switzerland, Universitätsverlag; Göttingen, Vandenhoeck & Ruprecht, 1981), xii-374 pp.

a17029 KOENIG, J., *L'herméneutique analogique du judaïsme antique d'après les témoins textuels d'Isaïe* (SuppVT 33) (Leiden, Brill, 1982), xviii-450 pp.

d) *Critique littéraire. Literary Criticism. Literarkritik. Critica letteraria. Crítica literaria.*

a17030 EITAN, I., «A Contribution to Isaiah Exegesis» (Notes and Short Studies in Biblical Philology), HUCA 12-13 (1937-38) 55-88.

a17031 SCHOORS, A., «The Rîb-Pattern in Isaiah, XL-LV», Bijdr. 30 (1969) 25-38.

a17032 FEUILLET, A., *Études d'exégèse et de théologie biblique* (1975), «Étude chronologique des oracles qu'on peut dater», 35-67; «Les oracles dont l'origine est discutée», 69-80.

a17033 RUIZ, G., «*Lamed* y *bet* enfáticos y *lamed* vocativo en Deuteroisaías», dans *Homenaje a Juan Prado* (en collab.) (1975), 147-161.

a17034 FOHRER, G., *Die Propheten des ausgehenden 6. und des 5. Jahrhunderts* (1976) (Die Propheten des Alten Testaments, 5), «Propheten in den Spuren Deuterojesajas», 14-36.

a17035 ACKROYD, P.R., «Isaiah I-XII: presentation of a prophet», dans *Congress Volume. Göttingen 1977* (en collab.) (1978), 16-48.

a17036 HOLLADAY, W.L., *Isaiah: Scroll of a Prophetic Heritage* (Grand Rapids, Michigan, Eerdmans, 1978), xii-270 pp.

a17037 KIESOW, K., *Exodustexte im Jesajabuch* (Orbis Biblicus et Orientalis, 24) (Göttingen, Vandenhoeck & Ruprecht; Fribourg, Suisse, Éditions Universitaires, 1979), 221 pp.

a17038 NIELSEN, K., «Das Bild des Gerichts (rib-pattern) in Jes. i-xii. Eine Analyse der Beziehungen zwischen Bildsprache und dem Anliegen der Verkündigung», VT 29 (1979) 309-324.

a17039 VERMEYLEN, J., «Le Proto-Isaïe et la sagesse d'Israël», dans *La Sagesse de l'Ancien Testament* (en collab.) (1979), 39-58.

a17040 CONRAD, E.W., «Second Isaiah and the Priestly Oracle of Salvation», ZAW 93 (1981) 234-246.

a17041 EXUM, J.C., «Of Broken Pots. Fluttering Birds, and Visions in the Night: Extended Simile and Poetic Technique in Isaiah», CBQ 43 (1981) 331-352.

a17042 FENSHAM, F.C., «The Root b'r in Ugaritic and in Isaiah in the meaning 'to pillage'», JNWSemL 9 (1981) 67-69.

a17043 CLEMENTS, R.E., «The Unity of the Book of Isaiah», Interpr 36 (1982) 117-129.

a17044 BOADT, L., «Intentional Alliteration in Second Isaiah», CBQ 45 (1983) 353-363.

a17045 HARDMEIER, C., «Verkündigung und Schrift bei Jesaja. Entstehung der Schriftprophetie als Oppositionsliteratur im alten Israel», ThPh 73 (1983) 119-134.

a17046 VAN GROL, H.W.M., «Paired Tricola in the Psalms, Isaiah and Jeremiah», JSOT nº 25 (1983) 55-73.

e) Théologie. Theology. Theologie. Teologia. Teología.

a17047 FEUILLET, A., *Études d'exégèse et de théologie biblique*, «La doctrine d'Isaïe» (1975), 81-95.

a17048 SCHMIDT, W.H., «Die Einheit der Verkündigung Jesajas. Versuch einer Zusammenschau», EvT 37 (1977) 260-272.

a17049 ROBERTS, J.J.M., «Isaiah in Old Testament Theology», Interpr 36 (1982) 130-143.

a17050 BEAUCAMP, É., «D'Isaïe à son livre. À propos d'un ouvrage récent», StBiFranc 33 (1983) 75-98.

f) Textes. Texts. Texte. Testi. Textos.

a17051 1-39   MARBÖCK, J., «Jesaja von Jerusalem (Jes 1-39)», BiLit 49 (1976) 395-406.

a17052   ASURMENDI, J.-M., «Isaïe 1-39», CE (n.s.) nº 23 (1978) 64 pp.

a17053   KILIAN, R., *Jesaja 1-39* (Erträge der Forschung, 200) (Darmstadt, Wissenschaftliche Buchgesellschaft, 1983), viii-160 pp.

a17054 1-35   BEENTJES, P.C., «De 'Redaktionsgeschichte' van Jesaja I-XXXV, notitie», Bijdr. 40 (1979) 168-172.

a17055 1-12   ACKROYD, P.R., «Isaiah I-XII: presentation of a prophet», dans *Congress Volume. Göttingen 1977* (en collab.) (1978), 16-48.

a17056   NIELSEN, K., «Das Bild des Gerichts (rib-pattern) in Jes. i-xii. Eine Analyse der Beziehungen zwischen Bildsprache und dem Anliegen der Verkündigung», VT 29 (1979) 309-324.

a17057   1-11   CARROLL, R.P., «Inner Tradition Shifts in Meaning in Isaiah 1-11», ExpTim 89 (1978) 301-304.

a17058   1   LORETZ, O., «Die twrh-Stellen in Jesaja 1», UF 8 (1976) 450-451.

a17059   WATTS, J.D.W., «The Formation of Isaiah Ch. 1: Its Context in Chs. 1-4», dans Society of Biblical Literature. 1978 Seminar Papers (en collab.) (1978), I, 109-119.

a17060   NIDITCH, S., «The Composition of Isaiah 1», Bibl 61 (1980) 509-529.

a17061   1,1-9   JONES, D.R., «Exposition of Isaiah Chapter One Verses One to Nine», SJTh 17 (1964) 463-477.

a17062   1,2-20 GITAY, Y., «Reflections on the study of the prophetic discourse. The question of Isaiah i 2-20», VT 33 (1983) 207-221.

a17063   1,2-3   DAVIES, E.W., Prophecy and Ethics, «Israel's Rebellion against Yahweh (Is. 1:2-3)» (1981), 40-64.

a17064   1,3   RINALDI, G., «La mangiatoia», BibOr 10 (1968) 243-252.

a17065   1,4-9   CLAASSEN, W.T., «Linguistic Arguments and the Dating of Isaiah 1:4-9», JNWSemL 3 (1974) 1-18.

a17066   1,4   GUILLAUME, A., «Hebrew Notes», PEQ 79 (1947) 40-44.

a17067   HOLLADAY, W.L., «A new suggestion for the crux in Isaiah i 4b», VT 33 (1983) 235-237.

a17068   1,9   CLEMENTS, R.E., «The Prophecies of Isaiah and the fall of Jerusalem in 587 B.C.», VT 30 (1980) 421-436.

a17069   VAN UCHELEN, N.A., «Isaiah I 9 - Text and Context», dans Remembering all the Way... (en collab.), OTS 21 (1981) 155-163.

a17070   1,10-17 JONES, D., «Exposition of Isaiah Chapter One Verses Ten to Seventeen», SJTh 18 (1965) 457-471.

a17071   1,10   JENSEN, J., The Use of tôrâ by Isaiah, «Isaiah 1:10» (1973), 68-83.

a17072   CORNEY, R.W., «Isaiah 1 10», VT 26 (1976) 497-498.

a17073   1,11   DAHOOD, M., «Further instances of the Breakup of stereotyped phrases in Hebrew», dans Studia Hierosolymitana (Bagatti) (en collab.) (1976), II, 9-19.

a17074   1,17-9,25 LORETZ, O., «Die Sprüche Jeremias in Jer 1,17 - 9,25», UF 2 (1970) 109-130.

a17075   1,18-20 JONES, D.R., «Exposition of Isaiah Chapter One Verses Eighteen to Twenty», SJTh 19 (1966) 319-327.

a17076   1,18   GOLDINGAY, J., «If Your Sins Are Like Scarlet... (Isaiah 1:18)», ST 35 (1981) 137-144.

a17077   WILLIS, J.T., «On the Interpretation of Isaiah 1:18», JSOT no 25 (1983) 35-54.

a17078   1,21-2,5 SCHULTZ, S.J., «Interpreting the Prophets. Isaiah 1:21-2:5», dans The Literature and Meaning of Scripture (en collab.) (1981), 103-121.

a17079   1,21-26 DAVIES, E.W., Prophecy and Ethics, «The Administration of Justice (Is. 1:21-6)» (1981), 90-112.

a17080   1,22   DAHOOD, M., «'Weaker than Water': Comparative beth in Isaiah 1,22», Bibl 59 (1978) 91-92.

a17081   1,25   ABRAMSKY, M., «'Slag' and 'Tin' in the First Chapter of Isaiah», ErIs 5 (1958) 105-107 (English summary).

a17082 2-32 BARTH, H., *Die Jesaja-Worte in der Josiazeit* (1977), 361 pp.

a17083 2 SEYBOLD, K., «Die anthropoligischen Beiträge aus Jesaja 2», ZTK 74 (1977) 401-415.

a17084 JENSEN, J., «Mount Zion and Armageddon: A Tale of Two Eschatologies», dans *Sin, Salvation, and the Spirit* (en collab.) (1979), 134-145.

a17085 2,1-5 CAZELLES, H., «Textes massorétique et Septante en Is 2,1-5», dans *Mélanges Dominique Barthélemy* (en collab.) (1981), 51-59.

a17086 2,2-21 JENSEN, J., «Weal and Woe in Isaiah: Consistency and Continuity», CBQ 43 (1981) 167-187.

a17087 2,2-5 CAZELLES, H., «Qui aurait visé, à l'origine, Isaïe ii 2-5?» VT 30 (1980) 409-420.

a17088 2,2-4 MARTIN-ACHARD, R., «Israël, peuple sacerdotal», VC n° 71-72 (1964) 11-28.

a17089 DEISSLER, A., «Die Völkerwallfahrt zum Zion. Meditation über Jes 2,2-4», BiLeb 11 (1970) 295-299.

a17090 2,3 JENSEN, J., *The Use of tôrâ by Isaiah* (1973), «Isaiah 2:3», 84-95.

a17091 2,5 VIRGULIN, S., «Casa di Giacobbe, venite, camminiamo alla luce di Jahweh (Is. 2,5)», RivB 27 (1979) 53-55.

a17092 2,6-22 BLENKINSOPP, J., «Fragments of Ancient Exegesis in an Isaian Poem (Jes 2 6-22)», ZAW 93 (1981) 51-62.

a17093 2,7 PETTINATO, G., «Is. 2,7 e il culto del sole in Giuda nel sec. VIII av. Cr.», OrAnt 4 (1965) 1-30.

a17094 2,18-19 CLEMENTS, R.E., «The Prophecies of Isaiah and the fall of Jerusalem in 587 B.C.», VT 30 (1980) 421-436.

a17095 3,3 STEGMÜLLER, F., «Prudentem eloquii mystici. Zur Geschichte der Auslegung von Is 3,3», dans *Wahrheit und Verkündigung* (en collab.) (1967), 599-618.

a17096 3,13 ALTHANN, R., «Consonantal *ym*: Ending or Noun in Isa 3,13; Jer 17,16; 1 Sam 6,19», Bibl 63 (1982) 560-565.

a17097 3,24 LORETZ, O., «*Kj* 'Brandmal' in Jes. 3,24?» UF 8 (1976) 448.

a17098 ZERON, A., «Das Wort *niqpā*, zum Sturz der Zionstöchter (Is. iii 24)», VT 31 (1981) 95-97.

a17099 4,2-6 CAZELLES, H., «Quelques Questions de Critiques Textuelle, Historique et Littéraire en Is. 4,2-6», ErIs 16 (1982) 17*-25*.

a17100 5,1-7 LORETZ, O., «Weinberglied und prophetische Deutung im Protest-Song Jes 5,1-7», UF 7 (1975) 573-576.

a17101 WILLIS, J.T., «The Genre of Isaiah 5:1-7», JBL 96 (1977) 337-362.

a17102 GRAFFY, A., «The Literary Genre of Isaiah 5,1-7», Bibl 60 (1979) 400-409.

a17103 VOGELS, W., «The Unpredictable Vineyard-Owner (Is., 5 1-7)», SE 31 (1979) 367-371.

a17104 YEE, G.A., «The Form-Critical Study of Isaiah 5:1-7 as a Song and a Juridical Parable», CBQ 43 (1981) 30-40.

a17105 HOFFKEN, P., «Probleme in Jesaja 5,1-7», ZTK 79 (1982) 392-410.

a17106 SHEPPARD, G.T., «More on Isaiah 5:1-7 as a Juridical Parable», CBQ 44 (1982) 45-47.

a17107 5,8-10 DAVIES, E.W., *Prophecy and Ethics* (1981), «The Acquisition of Land (Is. 5:8-10)», 65-89.

*a*17108 5,8   VAN DER HORST, P.W., «A Classical Parallel to Isaiah 5 8», ExpTim
                        89 (1977-78) 119-120.

*a*17109 5,24   JENSEN, J., *The Use of tôrâ by Isaiah* (1973), «Isaiah 5:24B», 95-104.

*a*17110 6-12   BRODIE, L., «The Children and the Prince: The Stucture, Nature and
                        Date of Isaiah 6-12», BTB 9 (1979) 27-31.

*a*17111 6   JACOB, E., «L'expérience prophétique d'Ésaïe d'après le chapitre 6 de
                        son livre», ETR 15 (1940) 61-73.

*a*17112   LIEBREICH, L.J., «The Position of Chapter Six in the Book of Isaiah»,
                        HUCA 25 (1954) 37-40.

*a*17113   CAZELLES, H., «La vocation d'Isaïe (ch. 6) et les rites royaux», dans
                        Homenaje a Juan Prado (en collab.) (1975), 89-108.

*a*17114   MENESTRINA, G., «La visione de Isaia (Is. 6,1ss.) nell'interpretazione
                        di Girolamo», BibOr 18 (1976) 179-196.

*a*17115   SCHOORS, A., «Isaiah, the Minister of Royal Anointment?» dans
                        Instruction and Interpretation (en collab.) (1977), 85-107.

*a*17116   ZERON, A., «Die Anmassung des Königs Usia im Lichte von Jesajas
                        Berufung. Zu 2. Chr. 26,16-22 und Jes. 6,1ff», TZ 33 (1977) 65-68.

*a*17117   SCHREINER, J., «Zur Textgestalt von Jes 6 und 7,1-17», BZ 22 (1978)
                        92-97.

*a*17118   DAY, J., «Echoes of Baal's seven thunders and lightnings in Psalm xxix
                        and Habakkuk iii 9 and the identity of the seraphim in Isaiah vi», VT 29
                        (1979) 143-151.

*a*17119   NICOL, G.G., «Isaiah's vision and the visions of Daniel», VT 29 (1979)
                        501-505.

*a*17120   HARDMEIER, C., «Jesajas Verkündigungsabsicht und Jahwes
                        Verstockungsauftrag in Jes 6», dans *Die Botschaft und die Boten* (en
                        collab.) (1981), 235-251.

*a*17121   STEINMETZ, D.C., «John Calvin on Isaiah 6. A Problem in the History
                        of Exegesis», Interpr 36 (1982) 156-170.

*a*17122   TURNER, J.M., «God, Vision and Frustration», ExpTim 94 (1983)
                        242-243.

*a*17123 6,1-9,6   VISCHER, W., «La prophétie d'Emmanuel et la fête royale de Sion»,
                        ETR 29, nº 3 (1954) 55-97.

*a*17124 6,1-13   GOUDERS, K., «Die Berufung des Propheten Jesaja (Jes 6,1-13)»,
                        BiLeb 13 (1972) 89-106, 172-183.

*a*17125 6,1-5   GARCIA CORDERO, M., «El Santo de Israel», CuBi 14 (1957)
                        378-386.

*a*17126 6,1-4   KEEL, O., *Jahwe-Visionen und Siegelkunst* (1977), «Der Heilige - Jes
                        6,1-4», 46-124.

*a*17127 6,9-15   KILIAN, R., «Der Verstockungsauftrag Jesajas», dans *Bausteine
                        biblischer Theologie* (en collab.) (1977), 209-225.

*a*17128 6,9-10   EDWARDS, J., «Prophetic Paradox: Isaiah 6:9-10», SBT 6,1 (1976)
                        48-61.

*a*17129   EVANS, C.A., «The Function of Isaiah 6:9-10 in Mark and John», NT
                        24 (1982) 124-138.

*a*17130   EVANS, C.A., «The Text of Isaiah 6 9-10», ZAW 94 (1982) 415-418.

*a*17131 6,13   METZGER, W., «Der Horizont der Gnade in der Berufungsvision
                        Jesajas. Kritische Bedenken zum masoretischen Text von Jesaja 6 13»,
                        ZAW 93 (1981) 281-284.

a17132   EMERTON, J.A., «The Translation and Interpretation of Isaiah vi. 13», dans *Interpreting the Hebrew Bible* (en collab.) (1982), 85-118.

a17133   7-12   TESTA, E., «L'Emmanuele e la Santa Sion», StBiFranc 25 (1975) 171-192.

a17134   7-8   BRUNET, G., *Essai sur l'Isaïe de l'histoire*. Étude de quelques textes notamment dans Isa. VII, VIII & XXII (Paris, A. et J. Picard, 1975), 336 pp.

a17135   7   COLUNGA, A., «La Virgen, Madre de Emmanuel», CuBi 11 (1954) 207-209.

a17136   7,1-17 HÖFFKEN, P., «Notizen zum Textcharakter von Jesaja 7,1-17», TZ 36 (1980) 321-337.

a17137   SCHREINER, J., «Zur Textgestalt von Jes 6 und 7,1-17», BZ 22 (1978) 92-97.

a17138   KILIAN, R., «Prolegomena zur Auslegung der Immanuelverheissung», dans *Wort, Lied und Gottesspruch*. Beiträge zu Psalmen und Propheten (en collab.) (1972), 207-215.

a17139   7,3   DAY, J., «Shear-jashub (Isaiah vii 3) and 'the remnant of wrath' (Psalm lxxvi 11)», VT 31 (1981) 76-78.

a17140   7,5-6 BJØRNDALEN, A.J., «Zur Einordnung und Funktion von Jes 7,5f.», ZAW 95 (1983) 260-263.

a17141   7,6   MAZAR, B., «Ben Tabal and Beth Tuviya», ErIs 4 (1956) 249-251 (English summary).

a17142   7,8-9 TUR-SINAI, N.H., «On some Historical References in the Bible», ErIs 5 (1958) 74-79 (English summary).

a17143   7,9   CRESS, D.A., «Isaiah 7:9 and Propositional Accounts of the Nature of Religious Faith», dans *Studia Biblica 1978. I. Papers on Old Testament* (en collab.) (1979), 111-117.

a17144   7,10-17 STECK, O.H., «Beiträge zum Verständnis von Jesaja 7,10-17 und 8,1-4», TZ 29 (1973) 161-178.

a17145   THOMPSON, M.E.W., «Isaiah's Sign of Immanuel», ExpTim 95 (1983) 67-71.

a17146   7,14-17 COPPENS, J., «Un nouvel essai d'interprétation d'Is. 7,14-17», Salm 23 (1976) 85-88.

a17147   JENSEN, J., «The Age of Immanuel», CBQ 41 (1979) 220-239.

a17148   7,14   WOLVERTON, W.I., «Judgment in Advent», AThR 37 (1955) 284-291.

a17149   GROSS, H., «Die Verheissung des Emmanuel (Is 7,14)», BiKi 15 (1960) 102-104.

a17150   HAAG, H., «Is 7,14 als alttestamentliche Grundstelle der Lehre von der *Virginitas Mariae*», dans *Jungfrauengeburt gestern und heute* (en collab.) (1969), 137-144.

a17151   SCHILDENBERGER, J., «Die jungfräuliche Mutter Maria im Alten Testament», dans *Jungfrauengeburt gestern und heute* (en collab.) (1969), 109-136.

a17152   KILIAN, R., «Die Geburt des Immanuel aus der Jungfrau», dans *Zum Thema Jungfrauengeburt* (en collab.) (1970), 9-35.

a17153   SANCHO-GILI, J., «Sobre el sentido mesiánico de Isaías 7,14. Interpretaciones bíblicas y magisteriales», CuBi 27 (1970) 67-89.

a17154   YUBERO, D., «El 'Emmanuel' o 'Dios con nosotros'», CuBi 30 (1973) 295-298.

a17155   RICE, G., «A Neglected Interpretation of the Immanuel Prophecy», ZAW 90 (1978) 220-227.

a17156   DUBARLE, A.-M., «La conception virginale et la citation d'Is., VII,14 dans l'Évangile de Matthieu», RB 85 (1979) 362-380.

a17157   7,15-17   RICE, G., «The Interpretation of Isaiah 7:15-17», JBL 96 (1977) 363-369.

a17158   7,18-20   NEUFELD, E., «Insects as Warfare Agents in the Ancient Near East (Ex 23:28; Deut. 7:20; Josh. 24:12, Isa. 7:18-20)», Or. 49 (1980) 30-57.

a17159   8   BRUNET, G., Essai sur l'Isaïe de l'histoire. Étude de quelques textes notamment dans Isa. VIII et XXII (Paris, A. et J. Picard, 1975), xvi-335 pp.

a17160   8,1-4   GALLING, K., «Ein Stück judäischen Bodenrechts in Jesaia 8», ZDPV 56 (1933) 209-218.

a17161   STECK, O.H., «Beiträge zum Verständnis von Jesaja 7,10-17 und 8,1-4», TZ 29 (1973) 161-178.

a17162   8,5-15   WOLVERTON, W.I., «Judgment in Advent», AThR 37 (1955) 284-291.

a17163   8,6   KLEIN, H., «Freude an Rezin. Ein Versuch, mit dem Text Jes. viii 6 ohne Konjektur auszukommen», VT 30 (1980) 229-234.

a17164   8,16-11,16   BOOGAART, T.A., Reflections on Restoration. A Study of Prophecies in Micah and Isaiah about the Restoration of Northern Israel (Grand Rapids, Michigan, Available from the author, 1981), viii-198 pp.

a17165   8,16-23   WHITLEY, C.F., «The Language and Exegesis of Isaiah 8,16-23», ZAW 90 (1978) 28-43.

a17166   8,16.20   JENSEN, J., The Use of tôrâ by Isaiah (1973), «Isaiah 8:16.20», 104-112.

a17167   8,21-22   JEPPESEN, K., «Call and frustration. A new understanding of Isaiah viii 21-22», VT 32 (1982) 145-157.

a17168   8,23-9,6   BARTH, H., Die Jesaja-Worte in der Josiazeit (1977), 141-177.

a17169   THOMPSON, M.E.W., «Isaiah's Ideal King», JSOT no 24 (1982) 79-88.

a17170   8,23   MAISLER, B., «Die westliche Linie des Meerweges», ZDPV 58 (1935) 78-84.

a17171   GINSBERG, H.L., «An Unrecognized Allusion to Kings Pekah and Hoshea of Israel», ErIs 5 (1958) 61*-65*.

a17172   9,1-6   HASPECKER, J., «Is 9,1-6 - ein prophetisches Weihnachtslied?» BiLeb 3 (1962) 249-257.

a17173   CECCHETTI, P.I., Scritti di Monsignore Paolo Igino Cecchetti (1967), «Il cantico natalizio del profeta Isaia» (1947), 251-259.

a17174   REVENTLOW, H.G., «A Syncretistic Enthronement-Hymn in Is. 9,1-6», UF 3 (1971) 321-325.

a17175   9,2   BECKING, B., «Der Text von Jesaja 9 2a», ZAW 92 (1980) 142-145.

a17176   9,3   OLIVIER, J.P.J., «The Day of Midian and Isaiah 9:3b», JNWSemL 9 (1981) 143-149.

a17177   9,5-6   LIPINSKI, E., «Études sur des textes 'messianiques' de l'Ancien Testament», Sem. 20 (1970) 41-57.

a17178   9,5   WILDBERGER, H., «Die Thronnamen des Messias, Jes. 9,5b», TZ 16 (1960) 314-332, dans Jahwe und sein Volk (1979), 56-74.

a17179   9,14   GOSHEN-GOTTSTEIN, M.H., «Hebrew Syntax and the History of the Bible Text», Textus 8 (1973) 100-106.

a17180   10,5-34   BARTH, H., Die Jesaja-Worte in der Josiazeit (1977), 17-76.

a17181 10,15.23 SOGGIN, J.A,. *Old Testament and Oriental Studies* (1975), «On *we'et* in Isaiah 10,15b (cf. 23a)» (1971), 231-232.

a17182 10,20 GREEVES, D., «The Remnant of Israel», ExpTim 94 (1982) 48-49.

a17183 10,25 SOGGIN, J.A., *Old Testament and Oriental Studies* (1975), «On *tablîtām* in Isaiah 10,25b» (1971), 233-234.

a17184 10,27-34 DONNER, H., «Der Feind aus dem Norden. Topographische und archäologische Erwägungen zu Jes. 10,27b-34», ZDPV 84 (1968) 46-54.

a17185 CHRISTENSEN, D.L., «The march of conquest in Isaiah x 27c-34», VT 26 (1976) 385-399.

a17186 11 CHEVALIER, M.-A., *L'Esprit et le Messie*, «Remarques préliminaires sur Ésaïe 11 et le Psaume 2» (1958), 5-50.

a17187 11,1-10 DELORD, R., «Les charismes de l'ancienne Alliance commandent la paix du monde nouveau. Ésaie 11,1-10», ETR 52 (1977) 555-556.

a17188 11,1-9 VIRGULIN, S., «Il messia e lo Spirito del Signore (Is 11,1-9; 42,1-4)», dans *Parola, spirito e vita* 4 (1981) 42-54.

a17189 11,1-3 KNEPPER, M., «Geist der Weisheit und des Verstandes...», BiKi 13 (1958) 66-77.

a17190 11,2-3 VAN HULSE, B., «Alberti Magni Postilla in Isaïam Prophetam, XI,2-3», Bijdr. 5 (1942) 56-78.

a17191 11,6-8 CELADA, B., «Una profecía altamente espiritual», CuBi 24 (1967) 158-162.

a17192 11,10 SCHREINER, J., «Die 'Wurzel Jesse'», BiKi 18 (1963) 109-112.

a17193 13-23 HAMBORG, G.R., «Reasons for judgement in the oracles against the nations of the prophet Isaiah», VT 31 (1981) 145-159.

a17194 13 ALONSO SCHÖKEL, L., «Traducción de textos poéticos», CuBi 17 (1960) 170-176.

a17195 13,2-14,23 ERLANDSSON, S., *The Burden of Babylon*. A Study of Isaiah 13:2-14:23 (Conjectanea Biblica - Old Testament Series, 4) (Lund, CWK Gleerup, 1970), 195 pp.

a17196 13,7-8 SCHWARZ, G., «Jesaja 13,7.8a. Eine Emendation», ZAW 89 (1977) 119.

a17197 14 ALONSO SCHÖKEL, L., «Traducción de textos poéticos II», CuBi 17 (1960) 257-265.

a17198 14,4-21 BARTH, H., *Die Jesaja-Worte in der Josiazeit* (1977), 119-141.

a17199 14,3-21 CRIM, K.R., «Old Testament Translations and Interpretation», Interpr 32 (1978) 144-157.

a17200 14,12-15 GRELOT, P., «Isaïe XIV,12-15 et son arrière-plan mythologique», RHR 149 (1956) 18-48.

a17201 LORETZ, O., «Der kanaanäische Mythos von Sturz des Šaḥar-Sphnes Hêlēl (Jes. 14,12-15)», UF 8 (1976) 133-136.

a17202 PRINSLOO, W.S., «Isaiah 14 12-15 - Humiliation, Hubris, Humiliation», ZAW 93 (1981) 432-438.

a17203 14,12 VAN LEEUWEN, R.C., «Isa 14:12, *hôlēš 'al gwym* and Gilgamesh XI,6», JBL 99 (1980) 173-184.

a17204 14,13 DAHOOD, M., «Punic *hkkbm'l* and Isa 14,13», Or. 34 (1965) 170-172.

a17205 14,16-21 DUPONT-SOMMER, A., «Note exégétique sur Isaïe 14,16-21», RHR 134 (1948) 72-80.

a17206 14,24-37 BARTH, H., *Die Jesaja-Worte in der Josiazeit* (1977), 103-119.

a17207 14,24-27 BAILEY, L.R., «Isaiah 14:24-27», Interpr 36 (1982) 171-176.

a17208 14,31   KEDAR-KOPFSTEIN, B., «A Note on Isaiah xiv,31», Textus 2 (1962)
                     143-145.
a17209 15-16   ALONSO SCHÖKEL, L., «Traducción de textos poéticos. III. Is
                     15-16», CuBi 18 (1961) 336-346.
a17210 15,17-18   BISSOLI, G., «Es 15,17-18 nell'interpretazione di Filone Alessandrino»,
                     StBiFranc 32 (1982) 147-154.
a17211 16,1   SEETHALER, P., «Emitte agrum, Domine (Is. 16,1)», BiKi 14 (1959)
                     108-111.
a17212 17-18   ALONSO SCHÖKEL, L., «Textos poéticos IV», CuBi 19 (1962)
                     282-294.
a17213 17,1-6   VOGT, E., «Jesaja und die drohende Eroberung Palästinas durch
                     Tiglatpileser», dans Wort, Lied und Gottesspruch. Beiträge zu Psalmen
                     und Propheten (en collab.) (1972), 249-255.
a17214 17,9-11   DELCOR, M., «Le problème des jardins d'Adonis dans Isaïe 17,9-11 à la
                     lumière de la civilisation syro-phénicienne», Syr. 55 (1978) 371-394.
a17215 19,16-25   FEUILLET, A., Études d'exégèse et de théologie biblique (1975), «Un
                     sommet religieux de l'Ancien Testament, l'oracle d'Is XIX,16-25 sur la
                     conversion de l'Égypte», 261-279.
a17216   VOGELS, W., «L'Égypte mon peuple - L'Universalisme d'Is 19,16-25»,
                     Bibl 57 (1976) 494-514.
a17217 21   MACKINTOSH, A.A., Isaiah XXI. A Palimpsest (Cambridge,
                     Cambridge University Press, 1980), xii-156 pp.
a17218 21,12   DAHOOD, M., «UT 'nt: III:25-26 and Isaiah 21,12», Or. 50 (1981)
                     194-196.
a17219 22   BRUNET, G., Essai sur l'Isaïe de l'histoire. Étude de quelques textes
                     notamment dans Isa. VII, VIII & XXII (Paris, A. et J. Picard, 1975),
                     336 pp.
a17220 22,1   GEMMELL, A., «The Valley of Vision», ExpTim 91 (1979) 82-83.
a17221 22,8-11   EMERTON, J.A., «Notes on the text and translation of Isaiah xxii 8-11
                     and lxv 5», VT 30 (1980) 437-451.
a17222 23   LIPINSKI, E., «The Elegy on the Fall of Sidon in Isaiah 23», ErIs 14
                     (1978) 79*-88*.
a17223 23,7   WATSON, W.G.E., «Tribute to Tyre (Is. xxiii 7)», VT 26 (1976)
                     371-374.
a17224   AUFFRET, P., «'Pivot Pattern': nouveaux exemples (Jon. ii 10; Ps.
                     xxxi 13; Is. xxiii 7)», VT 28 (1978) 103-110.
a17225 23,8   DAHOOD, M., «UT, 128 IV 6-7,17-18 and Isaiah 23:8-9», Or. 44 (1975)
                     439-441.
a17226 24-27   AUBERT, L., «Une première apocalypse, Ésaïe 24-27», ETR 11 (1936)
                     279-296; 12 (1937) 54-67.
a17227   LUDWIG, O., Die Stadt in der Jesaja-Apokalypse. Zur Datierung von
                     Jes. 24-27 (Bonn, Universität, 1961), viii-156 pp.
a17228   HABETS, G.N.M., Die Grosse Jesaja-Apokalypse (Jes 24-27). Ein
                     Beitrag zur Theologie des Alten Testaments (Bonn, Dissertation, Kath-
                     theol. Fakultät, 1974), 474 pp.
a17229   FEUILLET, A., Études d'exégèse et de théologie biblique (1975), «Les
                     oracles dont l'origine est discutée», 69-80.

a17230   MILLAR, W.R., *Isaiah 24-27 and the Origin of Apocalyptic* (Harvard Semitic Museum, Harvard Semitic Monograph Series, 11) (Missoula, Scholars Press, 1976), 125 pp.

a17231   HANHART, R., «Die jahwefeindliche Stadt. Ein Kapitel aus 'Israel in hellenistischer Zeit'», dans *Beiträge zur Alttestamentlichen Theologie* (en collab.) (1977), 152-163.

a17232   VICENT, R., «Análisis estructural de Isaías 24-27. La imagen como elemento de estructuración», EstB 36 (1977) 21-34.

a17233   COGGINS, R.J., «The Problem of Isaiah 24-27», ExpTim 90 (1979) 328-333.

a17234   24   NIEHAUS, J., «*rāz-pᵉšar* in Isaiah xxiv», VT 31 (1981) 376-377.

a17235   FLOSS, J.P., «Die Wortstellung des Konjugationssystems in Jes 24. Ein Beitrag zur Formkritik poetischer Texte im AT», dans *Bausteine biblisher Theologie* (en collab.) (1977), 227-244.

a17236   24,17-23   SUTER, D.W., *Tradition and Composition in the Parables of Enoch* (SBL Disseration Series, 47) (Missoula, Montana, Scholars Press, 1979), xvi-236 pp.

a17237   24,21-23   WELTEN, P., «Die Vernichtung des Todes und die Königsherrschaft Gottes. Eine traditionsgeschichtliche Studie zu Jes 25,6-8; 24,21-23 und Ex 24,9-11», TZ 38 (1982) 129-146.

a17238   24,23   CHILTON, B., «Varieties and tendencies of midrash: Rabbinic interpretations of Isaiah 24.23», dans *Gospel Perspectives* (en collab.) (1983), III, 9-32.

a17239   25   DELCOR, M., «Le festin d'immortalité sur la Montagne de Sion à l'ère eschatologique en Is. 25,6-9 à la lumière de la littérature ugaritique», Salm 23 (1976) 89-98.

a17240   25,2   EMERTON, J.A., «A Textual Problem in Isaiah 25,2», ZAW 89 (1977) 64-73.

a17241   WILDBERGER, H., «Das Freundenmahl auf dem Zion. Erwägungen zu Jes 25,6-8», TZ 33 (1977) 373-383, dans *Jahwe und sein Volk* (1979), 274-284.

a17242   WELTEN, P., «Die Vernichtung des Todes und die Königsherrschaft Gottes. Eine traditionsgeschichtliche Studie zu Jes 25,6-8; 24,21-23 und Ex 24,9-11», TZ 38 (1982) 129-146.

a17243   26   IRWIN, W.H., «Syntax and Style in Isaiah 26», CBQ 41 (1979) 240-261.

a17244   26,8   VON MUTIUS, H.G., «Zwei Bibeltextvarianten bei Bachja Ibn Pakuda (Jes. xxvi 8; Deut. v 21», VT 30 (1980) 234-236.

a17245   26,13-27,11   DAY, J.A., «Case of Inner Scriptural Interpretation. The Dependence of Isaiah xxvi.13-xxvii.11 on Hosea xiii.4-xiv.10 (Eng. 9) and its Relevance to some Theories of the Redaction of the 'Isaiah Apocalypse'», JTS 31 (1980) 309-319.

a17246   26,16   EMERTON, J.A., «Notes on two verses in Isaiah (26 16 and 66 17)», dans *Prophecy. Essays presented to Georg Fohrer* (en collab.) (1980), 12-25.

a17247   26,19   SCHWARZ, G., «'...Tau der Lichter ...'? Eine Emendation», ZAW 88 (1976) 280-281.

a17248   HELFMEYER, F.J., «'Deine Toten - meine Leichen'. Heilszusage und Annahme in Jes 26,19», dans *Bausteine biblischer Theologie* (en collab.) (1977), 245-258.

a17249 DAY, J., «*ṭal 'ōrôt* in Isaiah 26 19», ZAW 90 (1978) 265-269.

a17250 27,13 DAHOOD, M., «Northwest Semitic Philology and three Biblical Texts», JNWSemL 2 (1972) 17-22.

a17251 28-33 IRWIN, W.H., *Isaiah 28-33*. Translation with Philological Notes (Biblica et Orientalia, 80) (Rome, Biblical Institute Press, 1977), 211 pp.

a17252 LABERGE, L., *La Septante d'Isaïe 28-33*. Étude de tradition textuelle (Ottawa, Chez l'auteur, 1978), vi-129 pp.

a17253 LABERGE, L., «The Woe-Oracles of Isaiah 28-33», ET 13 (1982) 157-190.

a17254 28-32 EXUM, J.C., «Isaiah 28-32; A Literary Approach», dans *Society of Biblical Literature. 1979 Seminar Papers* (en collab.) (1979), II, 123-151.

a17255 28 JACKSON, J.J., «Style in Isaiah 28 and a Drinking Bout of the Gods (RS 24.258)», dans *Rhetorical Criticism* (en collab.) (1974), 85-98.

a17256 PETERSEN, D.L., «Isaiah 28, A Redaction Critical Study», dans *Society of Biblical Literature. 1979 Seminar Papers* (en collab.) (1979), II, 101-122.

a17257 28,1-4 VOGT, E., «Das Prophetenwort Jes 28,1-4 und das Ende der Königsstadt Samaria», dans *Homenaje a Juan Prado* (en collab.) (1975), 109-130.

a17258 LORETZ, O., «Das Prophetenwort über das Ende der Königsstadt Samaria», UF 9 (1977) 361-363.

a17259 28,1 GILULA, M., «*ṣᵉbî* in Isaiah 28,1 - A Head Ornament», Tel Aviv 1 (1974) 128.

a17260 28,12 ROBERTS, J.J., «A Note on Isaiah 28:12», HarvTR 73 (1980) 49-51.

a17261 28,16 LE BAS, E.E., «Was the Corner-stone of Scripture a Pyramidion?» PEQ 78 (1946) 103-115.

a17262 28,23-29 HEALEY, J.F., «Ancient Agriculture and the Old Testament (with Special Reference to Isaiah XXVIII 23-29)», OTS 23 (1982) 108-119.

a17263 29,1-14 EXUM, J.C., «Of Broken Pots. Fluttering Birds, and Visions in the Night: Extended Simile and Poetic Technique in Isaiah», CBQ 43 (1981) 331-352.

a17264 29,1-8 BARTH, H., *Die Jesaja-Worte in der Josiazeit* (1977), 184-190.

a17265 BUIS, P., «Le poème d'Ariel - Isaïe 29,1-8», SemBib nᵒ 5 (1977) 46-50.

a17266 29,13 COPE, O.L., *Matthew*. A Scribe trained for the Kingdom of Heaven (1976), «Mt 15:1-20 and Isa 29:13», 52-65.

a17267 30,1-9 BARTH, H., *Die Jesaja-Worte in der Josiazeit* (1977), 77-92.

a17268 30,5 EMERTON, J.A., «A Textual Problem in Isaiah XXX. 5», JTS 32 (1981) 125-128.

a17269 EMERTON, J.A., «A Further Note on Isaiah xxx. 5», JTS 33 (1982) 161.

a17270 30,9 JENSEN, J., *The Use of tôrâ by Isaiah* (1973), «Isaiah 30:9», 112-120.

a17271 30,12-14 EXUM, J.C., «Of Broken Pots, Fluttering Birds, and Visions in the Night: Extended Simile and Poetic Technique in Isaiah», CBQ 43 (1981) 331-352.

a17272 30,27-33 BARTH, H., *Die Jesaja-Worte in der Josiazeit* (1977), 92-103.

a17273 30,27 SASSON, V., «An unrecognized 'smoke signal' in Isaiah xxx 27», VT 33 (1983) 90-95.

a17274 31,1-35,8 MORGENSTERN, J., «The Loss of Words at the Ends of Lines in Manuscripts of Hebrew Poetry», HUCA 25 (1954) 41-83.

a17275 31,4-5   EXUM, J.C., «Of Broken Pots, Fluttering Birds, and Visions in the Night: Extended Simile and Poetic Technique in Isaiah», CBQ 43 (1981) 331-352.

a17276 31,9   ADKIN, N., «An Unidentified Latin Quotation of Scripture Related to Is. 31,9», RBen 93 (1983) 123-125.

a17277 32,1   OLLEY, J.W., «Notes on Isaiah xxxii 1, xlv 19,23 and lxiii 1», VT 33 (1983) 446-453.

a17278 34,11-12   EMERTON, J.A., «A Note on the Alleged Septuagintal Evidence for the Restoration of the Hebrew Text of Isaiah 34:11-12», ErIs 16 (1982) 34*-36*.

a17279 34,14   DRIVER, G.R., «Lilith», PEQ 91 (1959) 55-58.

a17280 34,16   LAUTERJUNG, V., «Zur Textgestaltung von Jes 34 16», ZAW 91 (1979) 124-125.

a17281 35,8-10   HUBMANN, F.D., «Der 'Weg' zum Zion. Literar- und stilkritische Beobachtungen zu Jes 35,8-10», dans Memoria Jerusalem (en collab.) (1977), 29-41.

a17282 35,9-10   EMERTON, J.A., «A note on Isaiah xxxv 9-10», VT 27 (1977) 488-489.

a17283 36-39   WILDBERGER, H., «Die Rede des Rabsake vor Jerusalem», TZ 35 (1979) 35-47, dans Jahwe und sein Volk (1979), 285-297.

a17284   ACKROYD, P.R., «Isaiah 36-39: Structure and Function», dans Von Kanaan bis Kerala (en collab.) (1982), 3-21.

a17285 36,19   DAHOOD, M., «Interrogative kî in Psalm 50,11; Isaiah 36,19 and Hosea 13,9», Bibl 60 (1979) 573-574.

a17286 37,4   UWRY, S., «whnmṣ' - A Striking Variant Reading in 1QIsᵃ», Textus 5 (1966) 34-43.

a17287 38-39   ACKROYD, P.R., «An interpretation of the Babylonian exile: a study of 2 Kings 20, Isaiah 38-39», SJTh 27 (1974) 329-352.

a17288 38,7-8   YADIN, Y., «The Dial of Aḥaz», ErIs 5 (1958) 91-96 (English summary).

a17289 38,12   WEISS, R., «Textual Notes», Textus 6 (1968) 127-131.

a17290 38,16   AIROLDI, N., «Nota a Is. 38,16», BibOr 15 (1973) 255-259.

a17291 40-66   SCULLION, J.J., «ṣedeq-ṣedaqah in Isaiah cc. 40-66 with special reference to the continuity in meaning between Second and Third Isaiah», UF 3 (1971) 335-348.

a17292   BONNARD, P.-É., «Relire Ésaïe 40-66», ETR 50 (1975) 351-359.

a17293   REDPATH, A., Faith for the Times. Studies in the Prophecy of Isaiah Chapters 40-66. Part II. The Plan of Salvation (London, Pickering & Inglis, 1975), 127 pp.

a17294   HAMLIN, E.J., Comfort My People. A Guide to Isaiah 40-66 (Atlanta, John Knox Press, 1980), x-230 pp.

a17295 40-55   FISCHEL, H.A., «Die Deuterojesaianischen Gottesknechtslieder in der Juedischen Auslegung», HUCA 18 (1944) 53-76.

a17296   PITTENGER, W.N., «God and the World: Their Relationship as Seen in Jewish Prophecy», AThR 29 (1947) 57-61.

a17297   NORTH, C.R., «The Suffering Servant: Current Scandinavian Discussions», SJTh 3 (1950) 363-379.

a17298   DAVIDSON, R., «Universalism in Second Isaiah», SJTh 16 (1963) 166-185.

a17299   GELSTON, A., «The Missionary Message of Second Isaiah», SJTh 18 (1965) 308-318.

a17300   KOENIG, J., «Tradition iahviste et influence babylonienne à l'aurore du judaïsme», RHR 173 (1968) 1-42, 133-172.

a17301   SCHOORS, A., «The Rîb-Pattern in Isaiah, XL-LV», Bijdr. 30 (1969) 25-38.

a17302   SIEVI, J., «Der unbekannte Prophet. Buch und Botschaft des Deuterojesaja», BiZi 24 (1969) 122-126.

a17303   SCHOORS, A., «Arrière-fond historique et critique d'authenticité des textes deutéro-isaïens», OLoP 2 (1971) 105-135.

a17304   WHYBRAY, R.N., The Heavenly Counsellor in Isaiah XL 13-14. A Study of the Sources of the Theology of Deutero-Isaiah (Society for Old Testament Study, Monograph Series, 1) (London, New York, Cambridge University Press, 1971), viii-91 pp.

a17305   COPPENS, J., «La mission du Serviteur de Yahvé et son statut eschatologique», ETL 48 (1972) 343-371.

a17306   ALBERTZ, R., Weltschöpfung und Menschenschöpfung, Untersucht bei Deuterojesaja, Hiob und in den Psalmen (Stuttgart, Calwer, 1974), 264 pp.

a17307   FEUILLET, A., Études d'exégèse et de théologie bilbique (1975), «L'origine de la seconde partie du livre d'Isaïe et les caractéristiques littéraires et doctrinales d'Isaïe XL-LV (Abstraction faite des Poèmes du Serviteur)», 97-117.

a17308   GRIMM, W., Weil ich dich liebe. Die Verkündigung Jesu und Deuterojesaja (Arbeiten zum Neuen Testament und Judentum, 1) (Bern, Herbert Lang, 1976), xii-321 pp.

a17309   HAAG, E., «Gott als Schöpfer und Erlöser in der Prophetie des Deutero-jesaja», TrierTZ 85 (1976) 193-213.

a17310   MELUGIN, R.F., The Formation of Isaiah 40-55 (BZAW 141) (Berlin, New York, De Gruyter, 1976), 186 pp.

a17311   PREUSS, H.D., Deuterojesaja. Eine Einführung in seine Botschaft (Neukirchen-Vluyn, Neukirchener Verlag, 1976), 121 pp.

a17312   REITERER, F.V., Gerechtigkeit als Heil bei Deuterojesaja. Aussage und Vergleich mit der alttestamentlichen Tradition (Graz, Austria, Akademische Druck- u. Verlagsanstalt, 1976), 226 pp.

a17313   SPYKERBOER, H.C., The Structure and Composition of Deutero-Isaiah with Special Reference to the Polemics against Idolatry (Gröningen, Rijksuniversiteit; Franeker, The Netherlands, T. Wever, 1976), vi-242 pp.

a17314   DOBLADEZ, J., «El término g'l en el Deutero-Isaías», EstF 78 (1977) 371-411.

a17315   KAUFMANN, Y., History of the Religion of Israel, IV (1977), «Deutero-Isaiah», 51-182.

a17316   PETERSEN, D.L., Late Israelite Prophecy. Studies in Deutero-Prophetic Literature and in Chronicles (SBL Monograph Series, 23) (Missoula, Scholars Press, 1977), 104 pp.

a17317   TRITES, A.A., The New Testament Concept of Witness (1977),«The controversy in Isaiah 40-55», 35-47.

a17318   VINCENT, J.M., *Studien zur literarischen Eigenart und zur geistigen Heimat von Jesaja, Kap. 40-55* (Beiträge zur Biblischen Exegese und Theologie, 5) (Frankfurt, Bern, Peter Lang, 1977), 287 pp.

a17319   WIÉNER, C., «Le deuxième Isaïe», CE (n.s.) n⁰ 20 (1977) 64 pp.

a17320   CARROLL, R.P., «Second Isaiah and the Failure of Prophecy», ST 32 (1978) 119-131.

a17321   KRUSE, C.G., «The Servant Songs: Interpretive Trends since C.R. North», SBT 8,1 (1978) 3-27.

a17322   LACK, R., *Letture strutturaliste dell'antico testamento*, «L'universo simbolico del secondo Isaia (40-55)» (1978), 38-64.

a17323   PHILLIPS, A., «The Servant - Symbol of Divine Powerlessness», ExpTim 90 (1979) 370-374.

a17324   SCHMITT, H.-C., «Prophetie und Schultheologie im Deuterojesajabuch. Beobachtungen zur Redaktionsgeschichte von Jes 40-55», ZAW 91 (1979) 43-61.

a17325   STUHLMUELLER, C., «The Painful Cost of Great Hopes: The Witness of Isaiah 40-55», dans *Sin, Salvation, and the Spirit* (en collab.) (1979), 146-162.

a17326   CLIFFORD, R.J., «The Function of Idol Passages in Second Isaiah», CBQ 42 (1980) 450-464.

a17327   GITAY, Y., «Deutero-Isaiah: Oral or Written?» JBL 99 (1980) 185-197.

a17328   STUHLMUELLER, C., «Deutero-Isaiah (chaps. 40-55): Major Transitions in the Prophet's Theology and in Contemporary Scholarship», CBQ 42 (1980) 1-29.

a17329   CONRAD, E.W., «Second Isaiah and the Priestly Oracle of Salvation», ZAW 93 (1981) 234-246.

a17330   GRIMM, W., *Die Verkündigung Jesu und Deuterojesaja* (2. Auflage) (Arbeiten zum Neuen Testament und Judentum, 1) (Frankfurt am Main, Bern, Peter Lang, 1981), xi-361 pp.

a17331   SIMIAN-YOFRE, H., «La teodicea del Deuteroisaías», Bibl 62 (1981) 55-72.

a17332   UFFENHEIMER, B., «Aspects of the Spiritual Image of Deutero-Isaiah», Immanuel 12 (1981) 9-20.

a17333   WESTERMANN, C., *Sprache und Struktur der Prophetie Deuterojesajas* (Calwer Theologische Monographien, A 11) (Stuttgart, Calwer Verlag, 1981), 131 pp.

a17334   KAPELRUD, A.S., «The main concern of Second Isaiah», VT 32 (1982) 50-58.

a17335   PLAMONDON, P.-H., «Le Deutéro-Isaïe: de la multiplicité des genres littéraires à l'unité d'un discours», LTP 39 (1983) 171-193.

a17336   RUIZ, G., «Intercambiabilidad de preposiciones en el Deuteroisaías», *Miscelánea Comillas* 41 (1983) 87-99.

a17337 40-50   WARD, J.M., «The Servant's Knowledge in Isaiah 40-50», dans *Israelite Wisdom* (en collab.) (1978), 121-136.

a17338 40-48   MERENDINO, R.P., *Der Erste und der Letzte*. Eine Untersuchung von Jes 40-48 (SuppVT 31) (Leiden, Brill, 1981), xvii-597 pp.

a17339 40   MARTIN-ACHARD, R., *Et Dieu crée le ciel et la terre...* Trois études: Ésaïe 40; Job 38-42 - Genèse 1 (Essais bibliques, 2) (Genève, Labor et Fides, 1979), 80 pp.

a17340 40,1-11   BOTTERWECK, G.J., «Die Frohbotschaft vom Kommen Jahwes (Jes 40,1-11)», BiLeb 15 (1974) 227-234.

a17341   SACON, K.K., «Isaiah 40:1-11. A Rhetorical-Critical Study», dans Rhetorical Criticism (en collab.) (1974), 99-116.

a17342   ETTORE, F., «Is. 40,1-11: una lettura strutturale», RivB 28 (1980) 285-304.

a17343   FOKKELMAN, J.P., «Stylistic Analysis of Isaiah 40:1-11», dans Remembering all The Way... (en collab.), OTS 21 (1981) 68-90.

a17344 40,1-8   KRINETZKI, L., «Jahwes Mund hat's geredet (Jes 40,1-8)», BiKi 24 (1969) 127-129.

a17345   LORETZ, O., «Die Sprecher der Götterversammlung in Is 40,1-8», UF 6 (1974) 489-491.

a17346 40,1-5   SNODGRASS, K.R., «Streams of tradition emerging from Isaiah 40:1-5 and their adaptation in the New Testament», JSNT nⁿ 8 (1980) 24-45.

a17347 40,1   BESNARD, A.-M., «Dans les marges du sermon pour l'Épiphanie», VS 130 (1976) 50-65.

a17348   TAULER, J., «Sermon pour l'Épiphanie», VS 130 (1976) 44-49.

a17349 40,3   KOOLE, J.L., «Zu Jesaja 40:3», dans Von Kanaan bis Kerala (en collab.) (1982), 137-142.

a17350 40,4   BERLIN, A., «Isaiah 40:4: Etymological and Poetic Considerations», HebAnR 3 (1979) 1-6.

a17351 40,9   CELADA, B., «El Mensajero y sus sandalias», CuBi 25 (1968) 100-101.

a17352   FISHER, R.W., «The Herald of Good News in Second Isaiah», dans Rhetorical Criticism (en collab.) (1974), 117-132.

a17353 40,12-31   ZIELER, G., «Gott steht zu seinem Volk (Jes 40,12-31)», BiKi 24 (1969) 129-131.

a17354   NAIDOFF, B.D., «The Rhetoric of Encouragement in Isaiah 40 12-31: A Form-Critical Study», ZAW 93 (1981) 62-76.

a17355 40,13-14   WHYBRAY, R.N. , The Heavenly Counsellor in Isaiah XL 13-14. A Study of the Sources of the Theology of Deutero-Isaiah (Society for Old Testament Study, Monograph Series, 1) (London, New York, Cambridge University Press, 1971), viii-91 pp.

a17356 40,18   WARD, K., «What do we Mean by 'God'?» ExpTim 88 (1977) 271-272.

a17357   ABBA, R., «Does the idea of God make sense today?» ExpTim 91 (1980) 272-273.

a17358 40,22-27   MORGENSTERN, J., «The Loss of Words at the Ends of Lines in Manuscripts of Hebrew Poetry», HUCA 25 (1954) 41-83.

a17359 40,31   SNAITH, N.H., «Psalm i 1 and Isaiah xl 31», VT 29 (1979) 363-364.

a17360 41-45   GOLDINGAY, J., «The arrangements of Isaiah xli-xlv», VT 29 (1979) 289-299.

a17361 41   ELLIGER, K., «Dubletten im Bibeltext», dans A Light unto My Path (en collab.) (1974), 131-139.

a17362 41,1   JANZEN, J.G., «Another look at yaḥălîpû kōaḥ in Isaiah xli 1», VT 33 (1983) 428-434.

a17363 41,10   HEUFELDER, E.M., «Biblische Gedanken zur Jahreslosung 1962», BiKi 17 (1962) 2-3.

a17364 41,27   FISHER, R.W., «The Herald of Good News in Second Isaiah», dans Rhetorical Criticism (en collab.) (1974), 117-132.

a17365   SEN, F., «El texto de Is 41:27a, mejor comprendido», CuBi 31 (1974) 47-48.

a17366   42-43 BUCHANAN, G.W., «The Word of God and the Apocalyptic Vision», dans *Society of Biblical Literature. 1978 Seminar Papers* (en collab.) (1978), II, 183-192.

a17367   42,1-7 VISCHER, W., «Ésaïe 42:1-7», ETR 30, n° 4 (1955) 11-14.

a17368   GRELOT, P., *Les poèmes du Serviteur*. De la lecture critique à l'herméneutique (Lectio divina, 103) (Paris, Cerf, 1981), 282 pp.

a17369   42,1-4 COPPENS, J., «La mission du Serviteur de Yahvé et son statut eschatologique», ETL 48 (1972) 343-371.

a17370   COPE, O.L., *Matthew*. A Scribe trained for the Kingdom of Heaven, «Mt 12 and the Role of Isa 42:1-4» (1976), 32-52.

a17371   VIRGULIN, S., «Il messia e lo Spirito del Signore (Is 11,1-9; 42,1-4)», dans *Parola, spirito e vita* 4 (1981) 42-54.

a17372   NEYREY, J.H., «The Thematic Use of Isaiah 42,1-4 in Matthew 12», Bibl 63 (1982) 457-473.

a17373   SCHWEIZER, H., «Prädikationen und Leerstellen im 1. Gottesknechtslied (Jes 42,1-4)», BZ 26 (1982) 251-258.

a17374   BERNAL, J.M., «El Siervo como promesa de *mišpāṭ* (Estudio de Is 42,1-4)», *Miscelánea Comillas* 41 (1983) 77-85.

a17375   42,6   HILLERS, D.R., «*Bĕrît 'ām*: 'Emancipation of the People'», JBL 97 (1978) 175-182.

a17376   HAAG, E., «Bund des Volkes, Licht der Heiden (Jes 42,6)», dans *Glaube an Jesus Christus* (en collab.) (1980), 28-41.

a17377   SMITH, M.S., «*Bĕrît 'am / Bĕrît 'ôlam*: A New Proposal for the Crux of Isa 42:6», JBL 100 (1981) 241-243.

a17378   42,10-17 GINSBERG, H.L., «A Strand in the Cord of Hebraic Hymnody», ErIs 9 (1969) 45-50.

a17379   BEAUCAMP, É., «'Chant nouveau du retour' (Is 42,10-17). Un monstre de l'exégèse moderne», RevSR 56 (1982) 145-158.

a17380   43,1   KÖSTERS, R., «Ich rufe dich bei deinem Namen (Jes 43,1)», GeistL 51 (1978) 321-326.

a17381   43,12 WILLIAMSON, H.G.M., «Word Order in Isaiah xliii.12», JTS 30 (1979) 499-502.

a17382   43,22-24 BOOIJ, T., «Negation in Isaiah 43 22-24», ZAW 94 (1982) 390-400.

a17383   44,24-45,13 OGDEN, G.S., «Moses and Cyrus. Literary affinities between the Priestly presentation of Moses in Exodus vi-vii and the Cyrus Song in Isaiah xliv 24-xlv 13», VT 28 (1978) 195-203.

a17384   45,2   HOFFMANN, A., «Jahwe schleift Ringmauern - Jes 45,2ab», dans *Wort, Lied und Gottesspruch*. Beiträge zu Psalmen und Propheten (en collab.) (1972), 187-195.

a17385   45,7   HAAG, H., «Ich mache Heil und erschaffe Unheil(Jes 45,7)», dans *Wort, Lied und Gottesspruch*. Beiträge zu Psalmen und Propheten (en collab.) (1972), 179-185.

a17386   45,9-13 LEENE, H., «Universalism or Nationalism? Isaiah xlv 9-13 and its Context», Bijdr. 35 (1974) 309-334.

a17387   NAIDOFF, B.D., «The two-fold structure of Isaiah xlv 9-13», VT 31 (1981) 180-185.

a17388 45,9-11   KOOLE, J.L., «Zu Jesaja 45:9ff», dans *Travels in the World of the Old Testament* (en collab.) (1974), 170-175.

a17389 45,15-19   DIJKSTRA, M., «Zur Deutung von Jesaja 45 15ff», ZAW 89 (1977) 215-222.

a17390 45,15   ABBA, R., «The Hidden God», ExpTim 79 (1977-78) 182-183.

a17391 45,18-19   PFEIFER, G., «Amos und Deuterojesaja denkformenanalytisch verglichen», ZAW 93 (1981) 439-443.

a17392 45,19.23   OLLEY, J.W., «Notes on Isaiah xxxii 1, xlv 19,23 and lxiii 1», VT 33 (1983) 446-453.

a17393 45,20-25   VIRGULIN, S., «Un vertice dell'Antico Testamento: Is 45,20-25», dans *Parola e Spirito* (en collab.) (1982), 119-128.

a17394 47   MARTIN-ACHARD, R., «Ésaïe 47 et la tradition prophétique sur Babylone», dans *Prophecy*. Essays presented to Georg Fohrer (en collab.) (1980), 83-105.

a17395 47,2   BEESTON, A.F.L., «Hebrew *šibbolet* and *šobel*», JSS 24 (1979) 175-177.

a17396 49,55   RINGGREN, H., «Zur Komposition von Jesaja 49-55», dans *Beiträge zur Alttestamentlichen Theologie* (en collab.) (1977), 371-376.

a17397 49,1-9   GRELOT, P., *Les poèmes du Serviteur*. De la lecture critique à l'herméneutique (Lectio divina, 103) (Paris, Cerf, 1981), 282 pp.

a17398 49,1-6   MERENDINO, R.P., «Jes 49,1-6: ein Gottesknechtslied?» ZAW 92 (1980) 236-248.

a17399 49,3-6   Y.B., «Le témoignage du Baptiste (Is. 49,3.5-6; Jn 1,29-34)», EV (prédication) 83 (1983) 354-355.

a17400 49,3   ORLINSKY, H.M., «'Israel' in Isa. XLIX,3: A Problem in the Methodology of Textual Criticism», ErIs 8 (1967) 42*-45*.

a17401   LOHFINK, N., «'Israel' in Jes 49,3», dans *Wort, Lied und Gottesspruch*. Beiträge zu Psalmen und Propheten (en collab.) (1972), 217-229.

a17402 49,8   HILLERS, D.R., «*Běrît 'ām*: 'Emancipation of the People'», JBL 97 (1978) 175-182.

a17403 49,11   GOSHEN-GOTTSTEIN, M.H., «Bibel Exegesis and Textual Criticism. Isaiah 49,11: MT and LXX», dans *Mélanges Dominique Barthélemy* (en collab.) (1981) 91-107.

a17404 49,14-26   MERENDINO, R.P., «Jes 49,14-26: Jahwes Bekenntnis zu Sion und die neue Heilszeit», RB 89 (1982) 321-369.

a17405 49,17   FLUSSER, D., «The Text of Isa. xlix,17 in the DSS», Textus 2 (1962) 140-142.

a17406 50,4-11   GRELOT, P., *Les poèmes du Serviteur*. De la lecture critique à l'herméneutique (Lectio divina, 103) (Paris, Cerf, 1981), 282 pp.

a17407 51,1-8   BECK, E., «Gott gibt den Meschen Zukunft (Jes 51,1-8)», BiKi 24 (1969) 131-134.

a17408 51,4-11   FORREST, R.G., «Judgment», ExpTim 91 (1979) 48-49.

a17409 51,6   DAHOOD, M., «Further instances of the Breakup of stereotyped phrases in Hebrew», dans *Studia Hierosolymitana (Bagatti)* (en collab.) (1976), II, 9-19.

a17410 52,1-12   DE ROBERT, P., «Ésaie 52/1-12», ETR 52 (1977) 537-541.

a17411 52,5   BLANK, S.H., «Isaiah 52.5 and the Profanation of the Name», HUCA 25 (1954) 1-8.

a17412 52,7-10   HANSON, P.D., «Isaiah 52:7-10», Interpr 33 (1979) 389-394.

a17413   MELUGIN, R.F., «Isaiah 52:7-10», Interpr 36 (1982) 176-181.

a17414 52,7   FISHER, R.W., «The Herald of Good News in Second Isaiah», dans
                      Rhetorical Criticism (en collab.) (1974), 117-132.

a17415 52,13-53,12   HAAG, H., «Das Lied vom leidenden Gottesknecht (Is 52,13-53,12)»,
                      BiKi 16 (1961) 3-5.

a17416   GRELOT, P., *Les poèmes du Serviteur.* De la lecture critique à
                      l'herméneutique (Lectio divina, 103) (Paris, Cerf, 1981), 282 pp.

a17417 52,13   CHILTON, B., «John xii 34 and Targum Isaiah lii 13», NT 22 (1980)
                      176-178.

a17418 53   JEREMIAS, J., «Zum Problem der Deutung von Jes. 53 im
                      palästinischen Spätjudentum», dans *Aux sources de la tradition
                      chrétienne* (en collab.) (1950), 113-119.

a17419   SALGUERO, J., «Vestigios de la doctrina de Is. 53 en el Antiguo
                      Testamento», CuBi 22 (1965) 67-86.

a17420   ELLIGER, K., «Nochmals Textkritisches zu Jes 53», dans *Wort, Lied
                      und Gottesspruch.* Beiträge zu Psalmen und Propheten (en collab.)
                      (1972), 137-144.

a17421   CLINES, D.J.A., *I, He, We, and They.* A Literary Approach to
                      Isaiah 53 (JSOT Supplement Series, 1) (Sheffield, University of Sheffield,
                      1976), 65 pp.

a17422   GUBLER, M.-L., *Die frühesten Deutungen des Todes Jesu.* Eine
                      motivgeschichtliche Darstellung aufgrund der neueren exegetischen
                      Forschung (Orbis Biblicus et Orientalis, 15) (Freiburg, Schweiz,
                      Universitätsverlag; Göttingen, Vandenhoeck & Ruprecht, 1977),
                      xv-424 pp.

a17423   WHYBRAY, R.N., *Thanksgiving for a Liberated Prophet.* An
                      Interpretation of Isaiah Chapter 53 (JSOT Supplement Series, 4)
                      (Sheffield, The University of Sheffield, 1978), 184 pp.

a17424   MARTIN-ACHARD, R., «Trois études sur Ésaïe 53», RTP 114 (1982)
                      159-170.

a17425   REMBAUM, J.E., «The Development of a Jewish Exegetical Tradition
                      Regarding Isaiah 53», HarvTR 75 (1982) 289-311.

a17426 53,3   BOWMAN, T.E., «The Outsider», ExpTim 88 (1977) 144-145.

a17427   DAY, J., «*Da'at* 'humiliation' in the light of Isaiah liii 3 and Daniel xii 4,
                      and the oldest known interpretation of the suffering servant», VT 30
                      (1980) 97-103.

a17428 53,7-8   REICKE, B., «Der Gottesknecht im Alten und Neuen Testament», TZ
                      35 (1979) 342-350.

a17429 53,8-12   DAHOOD, M., «Isaiah 53,8-12 and Massoretic Misconstructions», Bibl
                      63 (1982) 566-570.

a17430 53,8-10   SOGGIN, J.A., «Tod und Auferstehung des leidenden Gottesknechtes
                      Jesaja 53 8-10», ZAW 87 (1975) 346-355.

a17431 53,9-10   BRUSTON, C., «Comment Dieu adoucira la souffrance de son
                      serviteur», ETR 9 (1934) 149-151; 10 (1935) 226-229.

a17432   BRUSTON, C., «Note sur Ésaïe 53», ETR 10 (1935) 226-229; 11 (1936)
                      59-60.

a17433 53,10   HAAG, E., «Das Opfer des Gottesknechts (Jes 53,10)», TrierTZ 86
                      (1977) 81-98.

a17434   BATTENFIELD, J.R., «Isaiah liii 10: taking an 'if' out of the sacrifice of
                      the Servant», VT 32 (1982) 485.

a17435 53,11   NAKAZAWA, K., «A New Proposal for the Emendation of the Text Isaiah 53:11», AJBI 2 (1976) 101-109.

a17436   WILLIAMSON, H.G.M., «Da'at in Isaiah LIII 11», VT 28 (1978) 118-122.

a17437 54   MARTIN-ACHARD, R., «Ésaïe liv et la nouvelle Jérusalem», dans Congress Volume. Vienna 1980 (en collab.) (1981), 238-262.

a17438 54,2   DAHOOD, M., «Imperative yaṭṭī in Isaiah 54,2», Or. 46 (1977) 383-384.

a17439 54,11-12 FLUSSER, D., «The Pesher of Isaiah and the Twelve Apostles», ErIs 8 (1967) 52-62 (English summary).

a17440 54,13   DERRETT, J.D.M., «Mt 23,8-10 a Midrash on Is 54,13 and Jer 31,33-34», Bibl 62 (1981) 372-386.

a17441 55,1-9   SANDERS, J.A., «Isaiah 55:1-9», Interpr 32 (1978) 291-295.

a17442 55,3   CAQUOT, A., «Les 'grâces de David'. À propos d'Isaïe, 55/3b», Sem. 15 (1965) 45-59.

a17443   WILLIAMSON, H.G.M., «'The sure Mercies of David': Subjective or Objective Genitive?» JSS 23 (1978) 31-49.

a17444   BORDREUIL, P., «Les 'grâces de David' et 1 Maccabées ii 57», VT 31 (1981) 73-76.

a17445 55,6-13   MORGENSTERN, J., «Two Prophecies of the Fourth Century B.C. and the Evolution of Yom Kippur», HUCA 24 (1952-53) 1-74.

a17446 55,6-11   BAIER, W., «Letzte Worte des Propheten (Jes 55,6-11)», BiKi 24 (1969) 135-137.

a17447 55,10-11 COUROYER, B., «Note sur II Sam., I,22 et Is., LV,10-11», RB 88 (1981) 505-514.

a17448 56-66   SCULLION, J.J., «Some Difficult Texts in Isaiah cc. 56-66 in the Light of Modern Scholarship», UF 4 (1972) 105-128.

a17449   FEUILLET, A., Éutdes d'exégèse et de théologie biblique, «Les chapitres LVI-LXVI: étude littéraire et doctrinale» (1975), 181-201.

a17450   HANSON, P.D., The Dawn of Apocalyptic, «Isaiah 56-66 and the Visionary Disciples of Second Isaiah» (1975), 32-208.

a17451 56,1-8   HANSON, P.D., The Dawn of Apocalyptic, «The Redactional Framework of Third Isaiah (56:1-8 and 66:17-24)» (1975), 388-401.

a17452 56,3-7   STENDEBACH, F.J., «Überlegungen zum Ethos des Alten Testaments», Kairos 18 (1976) 273-281.

a17453 56,5   ROBINSON, G., «The Meaning of yād in Isaiah 56 5», ZAW 88 (1976) 282-284.

a17454 57,1-2   RENAUD, B., «La mort du juste, entrée dans la paix (Is., 57,1-2)», RevSR 51 (1977) 3-21.

a17455 57,18   KSELMAN, J.S., «A Note on w'nḥhw in Isa 57:18», CBQ 43 (1981) 539-542.

a17456 58   MORGENSTERN, J., «Two Prophecies of the Fourth Century B.C. and the Evolution of Yom Kippur», HUCA 24 (1952-53) 1-74.

a17457 58,1-12   HOPPE, L.J., «Isaiah 58:1-12, Fasting and Idolatry», BTS 13 (1983) 44-47.

a17458 58,7   DAHOOD, M., «The Chiastic Breakup in Isaiah 58,7», Bibl 57 (1976) 105.

a17459   DAHOOD, M., «Further instances of the Breakup of stereotyped phrases in Hebrew», dans Studia Hierosolymitana (Bagatti) (en collab.) (1976), II, 9-19.

a17460 58,9 HAURET, C., «Lo stendere il dito», BibOr 4 (1962) 164-168.

a17461 59,10 BALDACCI, M., «Due misconosciuti parallelismi ad Isaia 59,10», BibOr 22 (1980) 237-242.

a17462 60-62 HANSON, P.D., *The Dawn of Apocalyptic* (Philadelphia, Fortress Press, 1975), xii-426 pp.

a17463 61 HARVEY, A.E., *Jesus and the Constraints of History*, «Note: A pre-Christian interpretation of Isaiah 61» (1982), 152-153.

a17464 61,1-6 EVERSON, A.J., «Isaiah 61:1-6», Interpr 32 (1978) 69-73.

a17465 61,1-4 SCHMITT, J., «L'oracle d'Is., LXI,1 ss. et sa relecture par Jésus», RevSR 54 (1980) 97-108.

a17466 61,1-3 SANDERS, J.A., «From Isaiah 61 to Luke 4», dans *Christianity, Judaism and Other Greco-Roman Cults* (en collab.) (1975), I, 75-106.

a17467 61,1 VIRGULIN, S., «Gli 'anawim in Is. 61,1», dans *Evangelizare pauperibus* (en collab.) (1978), 229-236.

a17468 61,2-6 COPPENS, J., «L'oint d'Is., LXI,2 et les prêtres d'Is., LXI,6», ETL 53 (1977) 186-187.

a17469 62,9 RUDOLPH, W., «Zu Jes 62 9», ZAW 88 (1976) 282.

a17470 NEBE, G., «Noch einmal zu Jes 62,9», ZAW 90 (1978) 106-111.

a17471 MAIER, J., «Ergänzend zu Jes 62 9», ZAW 91 (1979) 126.

a17472 62,10-12 VISCHER, W., «Ésaïe 62:10-12», ETR 30, nº 4 (1955) 14-16.

a17473 63,1-6 HOLMGREN, F., «Yahweh the Avenger. Isaiah 63:1-6», dans *Rhetorical Criticism* (en collab.) (1974), 133-148.

a17474 63,1 OLLEY, J.W., «Notes on Isaiah xxxii 1, xlv 19,23 and lxiii 1», VT 33 (1983) 446-453.

a17475 63,7-14 KUNTZMANN, R., «Une relecture du salut en Is., 63,7-14», RevSR 51 (1977) 22-39.

a17476 64,1-7 BOTTERWECK, G.J., «Sehnsucht nach dem Heil (Is 64,1-7)», BiLeb 6 (1965) 280-285.

a17477 65,5 EMERTON, J.A., «Notes on the text and translation of Isaiah xxii 8-11 and lxv 5», VT 30 (1980) 437-451.

a17478 65,11 BALDACCI, M., «Due antecedenti storici in Is. 65,11», BibOr 20 (1978) 189-191.

a17479 65,17-25 MAUSER, U., «Isaiah 65:17-25», Interpr 36 (1982) 181-186.

a17480 66,3-4 SASSON, J.M., «Isaiah lxvi 3-4a», VT 26 (1976) 199-207.

a17481 66,7 AUS, R.D., «The Relevance of Isaiah 66 7 to Revelation 12 and 2 Thessalonians 1», ZNW 67 (1976) 252-268.

a17482 66,8 NIEHAUS, J., «pa'am 'eḥat and the Israelite conquest», VT 30 (1980) 236-239.

a17483 66,17-24 HANSON, P.D., *The Dawn of Apocalyptic*, «The Redactional Framework of Third Isaiah (56:1-8 and 66:17-24)» (1975), 388-401.

a17484 66,17 EMERTON, J.A., «Notes on two verses in Isaiah (26 16 and 66 17)», dans *Prophecy*. Essays presented to Georg Fohrer (en collab.) (1980), 12-25.

10. Jérémie. Jeremiah. Jeremias. Geremia. Jeremías.

a) Bibliographie. Bibliography. Bibliographie. Bibliographia. Bibliografía.

a17485 HERRMANN, S., «Forschung am Jeremiabuch», TLZ 102 (1977) 481-490.

a17486 RAURELL, F., «El libro de Jeremías», EstF 82 (1981) 1-86.
a17487 CRENSHAW, J.L., «A Living Tradition. The Book of Jeremiah in Current Research», Interpr 37 (1983) 117-129.

b) *Introduction. Einleitung. Introduzione. Introducción.*

a17488 CASPER, J., «Jeremias, der Prophet der Leidenszeit», BiLit 11 (1936-37) 250-252.
a17489 SCHEDL, C., «Der Prophet Jeremias», BiKi 16 (1961) 69-73.
a17490 UFFENHEIMER, B., «The Historical Outlook of Jeremiah», Immanuel 4 (1974) 9-17.
a17491 ZIMMERLI, W., «Jeremia, der leidtragende Verkündiger», IKZCommunio 4 (1975) 97-111.
a17492 HERRMANN, S., «Die Bewältigung der Krise Israels. Bemerkungen zur Interpretation des Buches Jeremia», dans *Beiträge zur Alttestamentlichen Theologie* (en collab.) (1977), 164-178.
a17493 OBERFORCHER, R., «Abraham, Jeremia, Ijob. Typen des von Gott beanspruchten Menschen», BiLit 52 (1979) 183-191.
a17494 VANDEN BUSCH, R., «Jeremiah: A Spiritual Metamorphosis», BTB 10 (1980) 17-24.
a17495 HOLLADAY, W.L., «A Coherent Chronology of Jeremiah's Early Career», dans *Le livre de Jérémie* (en collab.) (BETL 44) (1981), 58-73.
a17496 SCHREINER, J., «Ja sagen zu Gott - Der Prophet Jeremia», TrierTZ 90 (1981) 29-40.
a17497 STRUS, A., «Geremia - Profeta di preghiera e di intercessione», Sal 43 (1981) 531-550.
a17498 BRIEND, J., «Le livre de Jérémie», CE (n.s.) nº 40 (1982) 64 pp.
a17499 MONLOUBOU, L., «Regard sur Jérémie», EV (doctrine) 92 (1982) 139-144.
a17500 VERMEYLEN, J., «Jérémie: le prophète et le livre», ETL 58 (1982) 140-144.
a17501 WISSER, L., *Jérémie, critique de la vie sociale. Justice sociale et connaissance de Dieu dans le livre de Jérémie* (Le monde de la Bible) (Genève, Labor et Fides, 1982), 262 pp.
a17502 ABECASSIS, A., «À la naissance du judaïsme et du christianisme», LV nº 165 (1983) 59-68.
a17503 BOURGUET, D., «Les confessions, mémoire prophétique», LV nº 165 (1983) 45-58.
a17504 BRUEGGEMANN, W., «The Book of Jeremiah. Portrait of the Prophet», Interpr 37 (1983) 130-145.
a17505 RIDOUARD, A., *Jérémie, l'épreuve de la foi* (Lire la Bible, 62) (Paris, Cerf, 1983), 115 pp.

c) *Milieu. Umwelt. Ambiente. Medio.*

a17506 WEIGER, J., «Jeremias, der Prophet, seine Person und sein Wirken in schicksalsschwerer Zeit», BiKi 1 (1946) 1-15.
a17507 THOMAS, D.W., «The Age of Jeremiah in the Light of Recent Archaeological Discovery», PEQ 82 (1950) 1-15.
a17508 AUER, W., «Jeremias und die Priester», BiKi 16 (1961) 81-82.
a17509 STOOP, F., «L'amour d'un prophète pour son peuple», Communion nº 95 (1970) 10-22.
a17510 CAZELLES, H., «La vie de Jérémie dans son contexte national et international», dans *Le livre de Jérémie* (BETL 44) (en collab.) (1981), 21-39.
a17511 GILBERT, M., «Jérémie en conflit avec les sages?» dans *Le livre de Jérémie* (BETL 44) (en collab.) (1981), 105-118.
a17512 LONG, B.O., «Social Dimensions of Prophetic Conflict», Semeia 21 (1981) 31-53.
a17513 LONG, B.O., «Perils General and Particular», Semeia 21 (1981) 125-128.

*a*17514 SCHARBERT, J., «Jeremia und die Reform des Joschija», dans *Le Livre de Jérémie* (BETL 44) (en collab.) (1981), 40-57.

*a*17515 WEIPPERT, H., «Der Beitrag ausserbiblischer Prophetentexte zum Verständnis der Prosareden des Jeremiabuches», dans *Le livre de Jérémie* (BETL 44) (en collab.) (1981), 83-104.

*a*17516 CAZELLES, H., «Les circonstances historiques de la vie et de l'oeuvre de Jérémie», LV nº 165 (1983) 5-18.

*a*17517 DOOHAN, H., «Contrasts in Prophetic Leadership: Isaiah and Jeremiah», BTS 13 (1983) 39-43.

*a*17518 HOLLADAY, W.L., «The Years of Jeremiah's Preaching», Interpr 37 (1983) 146-159.

d) Commentaires. Commentaries. Kommentare. Commenti. Comentarios.

*a*17519 KLEIN, W.C., «Commentary on Jeremiah», AThR 45 (1963) 121-158, 284-309.

*a*17520 HAAG, E., *Das Buch Jeremia* (Geistliche Schriftlesung, 5/1,2) (Düsseldorf, Patmos, 1973, 1977), 271-304 pp.

*a*17521 BLACKWOOD, A.G., Jr., *Commentary on Jeremiah* (Waco, Texas, Word Books, 1977), 326 pp.

*a*17522 FREEHOF, S.B., *The Book of Jeremiah. A Commentary* (The Jewish Commentary for Bible Readers) (New York, Union of American Hebrew Congregations, 1977), 295 pp.

*a*17523 SCHNEIDER, D., *Der Prophet Jeremia* (Wuppertaler Studienbibel) (Wuppertal, Brockhaus Verlag, 1977), 302 pp.

*a*17524 THOMPSON, J.A., *The Book of Jeremiah* (The New International Commentary on the Old Testament) (Grand Rapids, Michigan, Eerdmans, 1980), xii-819 pp.

*a*17525 FEINBERG, C.L., *Jeremiah. A Commentary* (Grand Rapids, Michigan, Zondervan, 1982), xvi-335 pp.

*a*17526 CHOURAQUI, A., *L'univers de la Bible*, «Irmeyahou. Jérémie» (1983), IV, 203-376.

e) Critique textuelle. Textual Criticism. Textkritik. Critica testuale. Crítica textual.

*a*17527 BLAKE, R.P., «Khanmeti Palimpsest Fragments of the Old Georgian Version of Jeremiah», HarvTR 25 (1932) 225-272.

*a*17528 KEDAR-KOPFSTEIN, B., «Textual Gleanings from the Vulgate to Jeremiah», Textus 7 (1969) 36-58.

*a*17529 JANZEN, J.G., *Studies in the Text of Jeremiah* (Harvard Semitic Monographs, 6) (Cambridge, Massachusetts, Harvard University Press, 1973), 242 pp.

*a*17530 BOGAERT, P.-M., «De Baruch à Jérémie. Les deux rédactions conservées du livre de Jérémie», dans *Le livre de Jérémie* (BETL 44) (en collab.) (1981), 168-173.

*a*17531 TOV, E., «Some Aspects of the Textual and Literary History of the Book of Jeremiah», dans *Le livre de Jérémie* (BETL 44) (en collab.) (1981), 145-167.

f) Critique littéraire. Literary Criticism. Literarkritik. Critica letteraria. Crítica literaria.

*a*17532 BREKELMANS, C.H.W., «Some Considerations on the Prose Sermons in the Book of Jeremiah», Bijdr. 34 (1973) 204-211.

*a*17533 RAITT, T.M., «Jeremiah's Delivrance Message to Judah», dans *Rhetorical Criticism* (en collab.) (1974), 166-185.

a17534   LUNDBOM, J.R., *Jeremiah: a Study in Ancient Hebrew Rhetoric* (S.B.L. Dissertation Series, 18) (Missoula, Montana, Society of Biblical Literature and Scholars Press, 1975), xiv-195 pp.

a17535   VAN SELMS, A., «Telescoped discussion as a literary device in Jeremiah», VT 26 (1976) 99-112.

a17536   ANDERSEN, F.I., FORBES, A.D., *A Linguistic Concordance of Jeremiah*. Hebrew Vocabulary and Idiom (The Computer Bible, 14.14a) (Vooster, Ohio, Biblical Research Associates, 1978), 2 vol., xii-1390 pp.

a17537   BUCHANAN, G.W., «The Word of God and the Apocalyptic Vision», dans *Society of Biblical Literature. 1978 Seminar Papers* (en collab.) (1978), II, 183-192.

a17538   KELLER, B., «Le langage de Jérémie», ETR 53 (1978) 360-365.

a17539   POHOMANN, K.-F., *Studien zum Jeremiabuch*. Ein Beitrag zur Frage nach der Entstehung des Jeremiabuches (FRLANT 118) (Göttingen, Vandenhoeck & Ruprecht, 1978), 229 pp.

a17540   BERRIDGE, J.M., «Jeremia und die Prophetie des Amos», TZ 35 (1979) 321-341.

a17541   HOBBS, T.R., «Some Proverbial Reflections in the Book of Jeremiah», ZAW 91 (1979) 62-72.

a17542   SEIDL, T., «Die Wortereignisformel in Jeremia. Beobachtungen zu den Formen der Redeeröffnung in Jeremia», BZ 23 (1979) 20-47.

a17543   MARX, A., «À propos des doublets du livre de Jérémie. Réflexions sur la formation d'un livre prophétique», dans *Prophecy*. Essays presented to Georg Fohrer (en collab.) (1980), 106-120.

a17544   STURDY, J.V.M., «The authorship of the 'prose sermons' of Jeremiah», dans *Prophecy*. Essays presented to Georg Fohrer (en collab.) (1980), 143-150.

a17545   CARROLL, R.P., *From Chaos to Covenant*. Uses of Prophecy in the Book of Jeremiah (London, SCM Press, 1981), viii-344 pp.

a17546   HERMANN, S., «Jeremia - der Prophet und die Verfasser des Buches Jeremia», dans *Le livre de Jérémie* (BETL 44) (en collab.) (1981), 197-214.

a17547   ITTMANN, N., *Die Konfessionen Jeremias*. Ihre Bedeutung für die Verkündigung des Propheten (Wissenschaftliche Monographien zum Alten und Neuen Testament, 54) (Neukirchem-Vluyn, Neukirchener Verlag, 1981), viii-211 pp.

a17548   McKANE, W., «*špy(y)m* with Special Reference to the Book of Jeremiah», dans *Mélanges bibliques et orientaux en l'honneur de M. Henri Cazelles* (en collab.) (1981), 319-335.

a17549   TOV, E., «Some Aspects of the Textual and Literary History of the Book of Jeremiah», dans *Le livre de Jérémie* (BETL 44) (en collab.) (1981), 145-167.

a17550   VAN GROL, H.W.M., «Paired Tricola in the Psalms, Isaiah and Jeremiah», JSOT nº 25 (1983) 55-73.

g) *Textes. Texts. Texte. Testi. Textos.*

a17551   1-25   BOADT, L., *Jeremiah 1-25* (Old Testament Message, A Biblical-Theological Commentary, 9) (Wilmington, Delaware, Michael Glazier, 1982), xxviii-213 pp.

a17552   1-20   HOLLADAY, W.L., *The Architecture of Jeremiah 1-20* (Lewisburg, Buchnell University Press; London, Associated University Presses, 1976), 204 pp.

a17553   1   RENAUD, B., «Jér 1: Structure et théologie de la rédaction», dans *Le livre de Jérémie* (BETL 44) (en collab.) (1981), 177-196.

a17554   BENNETT, C., «Jeremiah - A Man for Today», ExpTim 94 (1982) 85-86.

a17555   1,1-7   TALMON, S., TOV, E., «A Commentary on the Text of Jeremiah 1. The LXX of Jeremiah 1:1-7», Textus 9 (1981) 1-15.

a17556   1,2   LEVIN, C., «Noch einmal: die Anfänge des Propheten Jeremia», VT 31 (1981) 428-440.

a17557   1,4-19   SCHREINER, J., «Prophetsein im Untergang. Aus der Verkündigung des Propheten Jeremias: Jer 1,4-19», BiLeb 7 (1966) 15-28.

a17558   SCHREINER, J., «Jeremiasberufung (Jer 1,4-19), eine Textanalyse», dans *Homenaje a Juan Prado* (en collab.) (1975), 131-145.

a17559   MOTTU, H., «Aux sources de notre vocation: Jérémie 1,4-19», RTP 114 (1982) 105-119.

a17560   VERMEYLEN, J., «La rédaction de Jérémie 1,4-19», ETL 58 (1982) 252-278.

a17561   1,4-10   GOUDERS, K., «'Siehe, ich lege meine Worte in deinen Mund'. Die Berufung des Propheten Jeremia (Jer 1,4-10)», BiLeb 12 (1971) 162-186.

a17562   1,10   CONGAR, M.-J., «Ecce constitui te super gentes et regna (Jér. 1,10) 'in Geschichte und Gegenwart'», dans AUER, J., VOLK, H. (Hrsg.), *Theologie in Geschichte und Gegenwart*. Michael Schmaus zum sechzigsten Geburtstag (München, Karl Zink, 1957), 671-696.

a17563   1,13-15   HARRIS, S.L., «The Second Vision of Jeremiah: Jer 1:13-15», JBL 102 (1983) 281-282.

a17564   1,18   TALMON, S., «An Apparently Redundant MT Reading - Jeremiah 1:18», Textus 8 (1973) 160-163.

a17565   2   REYMOND, P., «La révolte de l'homme, d'après Jérémie, chapitre 2», VC n° 46 (1958) 138-149.

a17566   OVERHOLT, T.W., «Jeremiah 2 and the Problem of 'Audience Reaction'», CBQ 41 (1979) 262-273.

a17567   2,2-3   WATSON, W.G.E., «Symmetry of Stanza in Jeremiah 2,2b-3», JSOT n° 19 (1981) 107-110.

a17568   DeROCHE, M., «Jeremiah 2:2-3 and Israel's Love for God during the Wilderness Wanderings», CBQ 45 (1983) 364-376.

a17569   2,8   MEYER, I., *Jeremia und die falschen Propheten*, «Jer 2,8.26.30» (1977), 73-81.

a17570   2,13   DeROCHE, M., «Israel's 'two evils' in Jeremiah ii 13», VT 31 (1981) 369-372.

a17571   2,23   SOGGIN, J.A., *Old Testament and Oriental Studies* (1975), «'Your Conduct in the Valley'. A Note on Jeremiah 2,23a» (1961), 78-83.

a17572   2,27   McLELLAN, A.R.C., «The Gods People Want», ExpTim 92 (1981) 274-275.

a17573   2,29-37   STROBEL, A., «Jeremia 2.34 im Rahmen des Gedichtes 2,29-37», dans *Kirche und Bibel* (en collab.) (1979), 449-458.

a17574   2,30   HOFFMANN, Y., «Jeremiah 2 30», ZAW 89 (1977) 418-420.
a17575   3,1-4,2   JOBLING, D., «Jeremiah's poem in III 1-IV 2», VT 28 (1978) 45-55.
a17576   3,1-5   LONG, B.O., «The Stylistic Components of Jeremiah 3 1-5», ZAW 88 (1976) 386-390.

a17577   3,6-11   McKANE, W., «Relations between poetry and prose in the book of Jeremiah with special reference to Jeremiah iii 6-11 and xii 14-17», dans *Congress Volume. Vienna 1980* (en collab.) (1981), 220-237.

*a*17578 3,6 LEVIN, C., «Noch einmal: die Anfänge des Propheten Jeremia», VT 31 (1981) 428-440.

*a*17579 3,12 TURNER, P.D.M., «Two Septuagintalisms with *stêrizein*», VT 28 (1978) 481-482.

*a*17580 3,16 SOGGIN, J.A., «The Ark of the Covenant, Jeremiah 3,16», dans *Le livre de Jérémie* (BETL 44) (en collab.) (1981), 215-221.

*a*17581 3,19 PAUL, S.M., «Adoption Formulae», ErIs 14 (1978) 31-36 (English summary).

*a*17582 4,5-31 CASTELLINI, G.R., «Observations on the literary structure of some passages in Jeremiah», VT 30 (1980) 398-408.

*a*17583 4,9-10 MEYER, I., *Jeremia und die falschen Propheten*, «Jer 4,9.10» (1977), 81-85.

*a*17584 4,11-12 HOLLADAY, W.L., «Structure, syntax and meaning in Jeremiah iv 11-12A», VT 26 (1976) 28-37.

*a*17585 ALTHANN, R., «Jeremiah iv 11-12; stichometry, parallelism and translation», VT 28 (1978) 385-391.

*a*17586 4,16-17 RABIN, C., «Noserim», Textus 5 (1966) 44-52.

*a*17587 4,27 SOGGIN, J.A., *Old Testament and Oriental Studies*, «The 'Negation' in Jeremiah 4,27 and 5,10a, cf. 5,18b» (1965), 179-183.

*a*17588 4,29 DAHOOD, M., «Further instances of the Breakup of stereotyped phrases in Hebrew», dans *Studia Hierosolymitana (Bagatti)* (en collab.) (1976), II, 9-19.

*a*17589 5,1-6 CARROLL, R.P., «Theodicy and the Community: The Text and Subtext of Jeremiah V 1-6», OTS 23 (1982) 19-38.

*a*17590 5,10 SOGGIN, J.A., *Old Testament and Oriental Studies* (1975), «The 'Negation' in Jeremiah 4,27 and 5,10a, cf. 5,18b» (1965), 179-183.

*a*17591 5,12-14 MEYER, I., *Jeremia und die falschen Propheten*, «Jer 5,12-14» (1977), 85-93.

*a*17592 5,26 EMERTON, J.A., «Notes on Some Problems in Jeremiah v 26», dans *Mélanges bibliques et orientaux en l'honneur de M. Henri Cazelles* (en collab.) (1981), 125-133.

*a*17593 5,30-31 MEYER, I., *Jeremia und die falschen Propheten*, «Jer 5,30-31» (1977), 93-99.

*a*17594 5,31 DAHOOD, M., «Jeremiah 5,31 und *UT* 127:32», Bibl 57 (1976) 106-108.

*a*17595 6,9-15 MEYER, I., *Jeremia und die falschen Propheten*, «Jer 6,9-15» (1977), 99-110.

*a*17596 6,27-30 LORETZ, O., «Verworfenes Silber (Jer 6,27-30)», dans *Wort, Lied und Gottesspruch*. Beiträge zu Psalmen und Propheten (en collab.) (1972), 231-232.

*a*17597 7,1-8,3 ISBELL, C.D., JACKSON, M., «Rhetorical criticism and Jeremiah vii 1 - viii 3», VT 30 (1980) 20-26.

*a*17598 7,1-15 SCHREINER, J., «Sicherheit oder Umkehr? Aus der Verkündigung des Propheten Jeremias: Jer 7,1-15; 26,1-6», BiLeb 7 (1966) 98-111.

*a*17599 WILCOXEN, J.A., «The Political Background of Jeremiah's Temple Sermon», dans *Scripture in History & Theology* (en collab.) (1977), 151-166.

*a*17600 HADEY, J., «Jérémie et le Temple. Le conflit de la parole prophétique et de la tradition religieuse. Jérémie 7,1-15; 26,1-19», ETR 54 (1979) 438-443.

a17601 7,12.14 DAY, J., «The destruction of the Shiloh sanctuary and Jeremiah vii 12,14», dans *Studies in the Historical Books of the Old Testament* (en collab.) (1979), 87-94.

a17602 7,18 RAST, W.E., «Cakes for the Queen of Heaven», dans *Scripture in History & Theology* (en collab.) (1977), 167-180.

a17603 DELCOR, M., «Le culte de la 'Reine du Ciel' selon Jer 7,18; 44,17-19.25 et ses survivances», dans *Von Kanaan bis Kerala* (en collab.) (1982), 101-122.

a17604 7,21-23 MILGROM, J., «Concerning Jeremiah's Repudiation of Sacrifice» [ZAW 89 (1977) 274-275], dans MILGROM, J., *Studies in Cultic Theology and Terminology* (1983), 119-121.

a17605 8,13 ABERBACH, D., «*w'tn lhm y'brwm* (Jeremiah viii 13): the problem and its solution», VT 27 (1977) 99-101.

a17606 DEROCHE, M., «Contra creation, covenant and conquest (Jer. viii 13)», VT 30 (1980) 280-290.

a17607 8,23 LORETZ, O., «Jer 8,23 und KTU 1.16 I 26-28», dans *Mélanges bibliques et orientaux en l'honneur de M. Henri Cazelles* (en collab.) (1981), 297-299.

a17608 9,2 SOGGIN, J.A., *Old Testament and Oriental Studies* (1975), «*Le'ĕmûnāh* (Jeremiah 9,2): Emphatic Lamed?» (1965), 221-222.

a17609 9,9-21 CASTELLINI, G.R., «Observations on the literary structure of some passages in Jeremiah», VT 30 (1980) 398-408.

a17610 9,11-13 OOSTERHOFF, B.J., «Ein Detail aus der Weisheitslehre (Jer. 9,11ff.)», dans *Travels in the World of the Old Testament* (en collab.) (1974), 197-203.

a17611 9,22-23 SCHREINER, J., «Jeremia 9,22.23 als Hintergrund des paulinischen 'Sich-Rühmens'», dans *Neues Testament und Kirche* (en collab.) (1974), 530-542.

a17612 BRUEGGEMANN, W.A., «The Epistemological Crisis of Israel's Two Histories (Jer 9:22-23)», dans *Israelite Wisdom* (en collab.) (1978), 85-105.

a17613 KUTSCH, E., «Weisheitsspruch und Prophetenwort. Zur Traditionsgeschichte des Spruches Jer 9,22-23», BZ 25 (1981) 161-179.

a17614 10,1-16 MARGALIOT, M., «Jeremiah x 1-16; a re-examination», VT 30 (1980) 295-308.

a17615 10,1-6 BOGAERT, P.-M., «Les mécanismes rédactionnels en Jér. 10,1-6 (LXX et TM) et la signification des suppléments», dans *Le livre de Jérémie* (BETL 44) (en collab.) (1981), 222-238.

a17616 10,13 SEN, F., «Más textos que reciben luz de Qumrán: Jr 10:13 y 2 Sm 23:7», CuBi 31 (1974) 100-101.

a17617 11-20 ITTMANN, N., *Die Konfessionen Jeremias. Ihre Bedeutung für die Verkündigung des Propheten* (WMANT 54) (Neukirchen-Vluyn, Neukirchener Verlag, 1981), viii-211 pp.

a17618 11,18-20,18 VERMEYLEN, J., «Essai de Redaktionsgeschichte des 'Confessions de Jérémie'», dans *Le livre de Jérémie* (BETL 44) (en collab.) (1981), 239-270.

a17619 11,18-12,6 SCHREINER, J., «Unter der Last des Auftrags. Aus der Verkündigung des Propheten Jeremias: Jer 11,18-12,6», BiLeb 7 (1966) 180-192.

a17620   HUBMANN, F.D., *Untersuchungen zu den Konfessionen Jer 11,18-12,6 und Jer 15,10-21* (Forschung zur Bibel, 30) (Würzburg, Echter Verlag, 1978), 395 pp.

a17621   WIMMER, D.H., «The Sociology of Knowledge and 'The Confessions of Jeremiah'», dans *Society of Biblical Literature. 1978 Seminar Papers* (en collab.) (1978), I, 393-406.

a17622   12,14-17   McKANE, W., «Relations between poetry and prose in the book of Jeremiah with special reference to Jeremiah iii 6-11 and xii 14-17», dans *Congress Volume. Vienna 1980* (en collab.) (1981), 220-237.

a17623   13,1-11   SOUTHWOOD, C.H., «The spoiling of Jeremiah's girdle (Jer. xiii 1-11)», VT 29 (1979) 231-237.

a17624   13,12-14   McKANE, W., «Jeremiah 13:12-14: A Problematic Proverb», dans *Israelite Wisdom* (en collab.) (1978), 107-120.

a17625   14,1-15,9   BEUKEN, W.A.M., VAN GROL, H.W.M., «Jeremiah 14,1-15,9: A Situation of Distress and its Hermeneutics. Unity and Diversity of Form - Dramatic Development», dans *Le livre de Jérémie* (en collab.) (BETL 44) (1981), 297-342.

a17626   14,1-15,4   KESSLER, M., «From Drought to Exile - a Morphological Study of Jer 14:1-15:4», dans *Society of Biblical Literature. 1972 Proceedings* (en collab.) (1972), 501-525.

a17627   CASTELLINI, G.R., «Observations on the literary structure of some passages in Jeremiah», VT 30 (1980) 398-408.

a17628   14,4   DAHOOD, M., «Further instances of the Breakup of stereotyped phrases in Hebrew», dans *Studia Hierosolymitana (Bagatti)* (en collab.) (1976), II, 9-19.

a17629   14,10-16   MEYER, I., *Jeremia und die falschen Propheten*, «Jer 14,10-16» (1977), 47-65.

a17630   15,10-21   SCHREINER, J., «Die Klage des Propheten Jeremias. Meditation zu Jer 15,10-21», BiLeb 7 (1966) 220-224.

a17631   HUBMANN, F.D., *Untersuchungen zu den Konfessionen Jer 11,18-12,6 und Jer 15,10-21* (Forschung zur Bibel, 30) (Würzburg, Echter Verlag, 1978), 395 pp.

a17632   WIMMER, D.H., «The Sociology of Knowledge and 'The Confessions of Jeremiah'», dans *Society of Biblical Literature. 1978 Seminar Papers* (en collab.) (1978), I, 393-406.

a17633   15,11-14   SMITH, G.V., «The use of quotations in Jeremiah xv 11-14», VT 29 (1979) 229-231.

a17634   15,11   TALMON, S., «Amen as an Introductory Oath Formula», Textus 7 (1969) 124-129.

a17635   15,15-21   BRACKE, J.M., «Jeremiah 15:15-21», Interpr 37 (1983) 174-178.

a17636   17   BRANDSCHEIDT, R., «Die Gerichtsklage des Propheten Jeremia im Kontext von Jer 17», TrierTZ 92 (1983) 61-78.

a17637   17,1   COUROYER, B., «La Tablette du coeur», RB 90 (1983) 416-434.

a17638   17,11   SAWYER, J.F.A., «A note on the brooding partridge in Jeremiah xvii 11», VT 28 (1978) 324-329.

a17639   17,12-18   WIMMER, D.H., «The Sociology of Knowledge and 'The Confessions of Jeremiah'», dans *Society of Biblical Literature. 1978 Seminar Papers* (en collab.) (1978), I, 393-406.

a17640 17,16 ALTHANN, R., «Consonantal *ym*: Ending or Noun in Isa 3,13; Jer 17,16; 1 Sam 6,19», Bibl 63 (1982) 560-565.

a17641 18 WANKE, G., «Jeremias Besuch beim Töpfer. Eine motivkritische Untersuchung zu Jer 18», dans *Prophecy. Essays presented to Georg Fohrer* (en collab.) (1980), 151-162.

a17642 18,1-12 BREKELMANS, C., «Jeremiah 18,1-12 and its Redaction», dans *Le livre de Jérémie* (BETL 44) (en collab.) (1981), 343-350.

a17643 18,14 LORETZ, O., «Jeremia 18,14: Stichometrie und Parallelismus membrorum», UF 4 (1972) 170-171.

a17644 18,18-23 WIMMER, D.H., «The Sociology of Knowledge and 'The Confessions of Jeremiah'», dans *Society of Biblical Literature. 1978 Seminar Papers* (en collab.) (1978), I, 393-406.

a17645 HUBMANN, F.D., «Jer 18,18-23 im Zusammenhang der Konfessionen», dans *Le livre de Jérémie* (en collab.) (BETL 44) (en collab.) (1981), 271-296.

a17646 19,1-20,6 FOHRER, G., *Die Propheten des Alten Testaments*, «Das Buch Jona» (1977), VII, 181-188.

a17647 20 CLINES, D.J.A., GUNN, D.M., «Form, Occasion and Redaction in Jeremiah 20», ZAW 88 (1976) 390-409.

a17648 20,7-18 WIMMER, D.H., «The Sociology of Knowledge and 'The Confessions of Jeremiah'», dans *Society of Biblical Literature. 1978 Seminar Papers* (en collab.) (1978), I, 393-406.

a17649 JANZEN, J.G., «Jeremiah 20:7-18», Interpr 37 (1983) 178-183.

a17650 20,7-13 HUBMANN, F.D., «Anders als er wollte: Jer 20,7-13», BiLit 54 (1981) 179-188.

a17651 20,7-8 CLINES, D.J.A., GUNN, D.M., «'You tried to persuade me' and 'Violence! Outrage!' in Jeremiah XX 7-8», VT 28 (1978) 20-27.

a17652 21 McKANE, W., «The construction of Jeremiah chapter xxi», VT 32 (1982) 59-73.

a17653 21,10 TURNER, P.D.M., «Two Septuagintalisms with *stêrizein*», VT 28 (1978) 481-482.

a17654 22,24-30 HERMISSON, H.-J., «Jeremias Wort über Jojachin», dans *Werden und Wirken des Alten Testaments* (en collab.) (1980), 252-270.

a17655 23,1-8 KLEIN, R.W., «Jeremiah 23:1-8», Interpr 34 (1980) 167-172.

a17656 23,3 MENDECKI, N., «Die Sammlung und die Hineinführung in das Land in Jer 23,3», Kairos 25 (1983) 99-103.

a17657 23,5-6 LIPINSKI, E., «Études sur des textes 'messianiques' de l'Ancien Testament», Sem. 20 (1970) 41-57.

a17658 23,5 VAN DEN BRANDEN, A., «Titoli tolemaici», BibOr 6 (1964) 60-72.

a17659 23,9-32 MEYER, I., *Jeremia und die falschen Propheten*, «Jer 23,9-32» (1977), 111-140.

a17660 23,18-22 CARROLL, R.P., «A Non-Cogent Argument in Jeremiah's Oracles against the Prophets», ST 30 (1976) 43-51.

a17661 23,23-24 LEMKE, W.E., «The Near and the Distant God: A Study of Jer 23:23-24 in its Biblical Theological Context», JBL 100 (1981) 541-555.

a17662 HERMANN, W., «Jer 23,23f als Zeugnis der Gotteserfahrung in babylonischen Zeitalter», BZ 27 (1983) 155-166.

a17663 23,33-40 WEIL, H.M., «Exégèse de Jérémie, 23,33-40, et de Job, 34,28-33», RHR 118 (1938) 201-208.

a17664   McKANE, W., «*mś*' in Jeremiah 23 33-40», dans *Prophecy. Essays
                          presented to Georg Fohrer* (en collab.) (1980), 35-54.
a17665   24,1-10   BOURS, J., «Die Meditation von Bibelworten», BiKi 16 (1961) 83-86.
a17666   24,6   TURNER, P.D.M., «Two Septuagintalisms with *stêrizein*», VT 28 (1978)
                          481-482.
a17667   25,9   SCHENKER, A., «Nebukadnezzars Metamorphose - Vom Unterjocher
                          zum Gottesknecht», RB 89 (1982) 498-527.
a17668   25,15-29   DE ROCHE, M., «Is Jeremiah 25:15-29 a Piece of Reworked Jeremianic
                          Poetry?» JSOT no 10 (1978) 58-67.
a17669   25,30-38   CASTELLINI, G.R., «Observations on the literary structure of some
                          passages in Jeremiah», VT 30 (1980) 398-408.
a17670   26-45   THIEL, W., *Die deuteronomistische Redaktion von Jeremiah 26-45*. Mit
                          einer Gesamtbeurteilung der deuteronomistischen Redaktion des Buches
                          Jeremias (WMANT 52) (Neukirchen-Vluyn, Neukircherner Verlag,
                          1981), viii-138 pp.
a17671   26   MEYER, I., *Jeremia und die falschen Propheten*, «Jer 26» (1977), 15-45.
a17672   LOHFINK, N., «Die Gattung der 'Historischen Kurzgeschichte' in den
                          letzten Jahren von Juda und in der Zeit des Babylonischen Exils», ZAW
                          90 (1978) 319-347.
a17673   HADEV, J., «Jérémie et le temple. Le conflit de la parole prophétique et
                          de la tradition religieuse. Jérémie 7/1-15; 26/1-19», ETR 54 (1979)
                          438-443.
a17674   WILCOXEN, J.A., «The Political Background of Jeremiah's Temple
                          Sermon», dans *Scripture in History & Theology* (en collab.) (1977),
                          151-166.
a17675   26,1-6   SCHREINER, J., «Sicherheit oder Umkehr? Aus der Verkündigung des
                          Propheten Jeremias: Jer 7,1-15; 26,1-6», BiLeb 7 (1966) 98-111.
a17676   26,5   PAURITSCH, K., «Gott sendet unermüdlich seine Worte. Zur
                          Botenvorstellung in Jr 26,5», Kairos 17 (1975) 100-117.
a17677   26,18   DAHOOD, M., «Further instances of the Breakup of stereotyped
                          phrases in Hebrew», dans *Studia Hierosolymitana (Bagatti)* (en collab.)
                          (1976), II, 9-19.
a17678   27-29   SEIDL, T., *Texte und Einheiten in Jeremia 27-29*.
                          Literaturwissenschaftliche Studie (Arbeiten zu Text und Sprache im
                          Alten Testament, 2 u. 5) (St Ottilien, Eos Verlag, 1977, 1978), x-160 pp.,
                          xiii-391 pp.
a17679   SARNA, N.M., «The Abortive Insurrection in Zedekiah's Day
                          (Jer. 27-29)», ErIs 14 (1978) 89*-96*.
a17680   27   TOV, E., «Exegetical Notes on the Hebrew Vorlage of the LXX of
                          Jeremiah 27 (34)», ZAW 91 (1979) 73-93.
a17681   27,1-2   SEIDL, T., «Die Wortereignisformel in Jeremia. Beobachtungen zu den
                          Formen der Redeeröffung in Jeremia», BZ 23 (1979) 20-47.
a17682   27,1   SEIDL, T., «Datierung und Wortereignis. Beobachtungen zum Horizont
                          von Jer 27,1», BZ 21 (1977) 23-44, 184-199.
a17683   27,5-6   LANG, B., «Ein babylonisches Motiv in Israels Schöpfungsmythologie
                          (Jer 27,5-6)», BZ 27 (1983) 236-237.
a17684   27,6   SCHENKER, A., «Nebukadnezzars Metamorphose - Vom Unterjocher
                          zum Gottesknecht», RB 89 (1982) 498-527.
a17685   29   GILBERT, M., «Jérémie écrit aux exilés», CHR no 101 (1979) 108-116.

a17686 29,1-23   HOLLADAY, W.L., «Enigmatic Bible Passages. God Writes a Rude Letter (Jeremiah 29:1-23)», BA 46 (1983) 145-146.

a17687 29,8   SOGGIN, J.A., *Old Testament and Oriental Studies* (1975), «Jeremiah 29,8b» (1974), 238-240.

a17688 29,23   DAHOOD, M., «Word and witness: a note on Jeremiah xxix 23», VT 27 (1977) 483.

a17689 29,24-32   DIJKSTRA, M., «Prophecy by letter (Jeremiah xxix 24-32)», VT 33 (1983) 319-322.

a17690 30-33   PRESS, I., «The Vision of Jeremiah on the Rebuilding of Jerusalem», ErIs 2 (1953) 126-128 (Hebrew).

a17691 30-31   BÖHMER, S., *Heimkehr und neuer Bund.* Studien zu Jeremia 30-31 (Göttinger Theologische Arbeiten, 5) (Göttingen, Vandenhoeck & Ruprecht, 1976), 160 pp.

a17692   FOHRER, G., «Der Israel-Prophet in Jeremia 30-31», dans *Mélanges bibliques et orientaux en l'honneur de M. Henri Cazelles* (en collab.) (1981), 135-148.

a17693   LOHFINK, N., «Der junge Jeremia als Propagandist and Poet. Zum Grundstock von Jer 30-31», dans *Le livre de Jérémie* (BETL 44) (en collab.) (1981), 351-368.

a17694 30,1-13   BRODIE, L.T., «Jacob's Travail (Jer 30:1-13) and Jacob's Struggle (Gen 32:22-32): A Test Case for Measuring the Influence of the Book of Jeremiah on the Present Text of Genesis», JSOT nº 19 (1981) 31-60.

a17695 30,16   DAHOOD, M., «The word pair 'ākal/kālāh in Jeremiah xxx 16», VT 27 (1977) 482.

a17696 30,19   KSELMAN, J.S., «*rb/kbd*: a new Hebrew-Akkadian formulaic pair», VT 29 (1979) 110-114.

a17697 31,1-37   SCHREINER, J., «Ein neuer Bund unverbrüchlichen Heils. Aus der Verkündigung des Propheten Jeremias: Jer 31,1-6.31-37», BiLeb 7 (1966) 242-255.

a17698 31,5   RABIN, C., «Noserim», Textus 5 (1966) 44-52.

a17699 31,15-22   ANDERSON, B.W., «'The Lord Has Created Something New' - A Stylistic Study of Jer 31:15-22», CBQ 40 (1978) 463-478.

a17700   LINDARS, B., «'Rachel Weeping for her Children' - Jeremiah 31:15-22», JSOT nº 12 (1979) 47-62.

a17701 31,15-20   BARTLETT, D.L., «Jeremiah 31:15-20», Interpr 32 (1978) 73-78.

a17702 31,19   TZORI, N., «Cult Figurines in the Eastern Plain of Esdraelon and Beth-Shean», ErIs 5 (1958) 52-54.

a17703 31,22   PLANAS, F., «Tríptico mariano con sordina», CuBi 11 (1954) 245-248.

a17704   JACOB, E., «Féminisme ou Messianisme? À propos de Jérémie 31,22», dans *Beiträge zur Alttestamentlichen Theologie* (en collab.) (1977), 179-184.

a17705 31,31-34   CAZELLES, H., «Alliance nouvelle, coeur nouveau», CHR 25 (1978) 90-99.

a17706   WEIPPERT, H., «Das Wort vom neuen Bund in Jeremia xxxi 31-34», VT 29 (1979) 336-351.

a17707   SCHENKER, A., «Unwiderrufliche Umkehr und neuer Bund. Vergleich zwischen der Wiederherstellung Israels in Dt 4,25-31; 30,1-14 und dem neuen Bund in Jer 31,31-34», FreibZ 27 (1980) 93-106.

a17708   VANDEN BUSCH, R., «Jeremiah: A Spiritual Metamorphosis», BTB 10 (1980) 17-24.

a17709   MEJIA, J., «La problématique de l'Ancienne et de la Nouvelle Alliance dans Jérémie xxxi 31-34 et quelques autres textes», dans *Congress Volume. Vienna 1980* (en collab.) (1981), 263-277.

a17710   BRIEND, J., «L'espérance d'une alliance nouvelle», LV no 165 (1983) 31-43.

a17711   LEMKE, W.E., «Jeremiah 31:31-34», Interpr 37 (1983) 183-187.

a17712   POTTER, H.D., «The new covenant in Jeremiah xxxi 31-34», VT 33 (1983) 347-357.

a17713   31,31   HAMP, V., «Der neue Bund mit Israel», BiKi 5 (1950) 13-25.

a17714   DEQUEKER, L., «Het Nieuwe Verbond bij Jeremia, bij Paulus en in de brief aan de Hebreeën. *La nouvelle Alliance chez Jérémie, chez Paul et dans l'épître aux Hébreux*», Bijdr. 33 (1972) 234-261 (English summary).

a17715   31,33-34   DERRETT, J.D.M., «Mt 23,8-10 a Midrash on Is 54,13 and Jer 31,33-34», Bibl 62 (1981) 372-386.

a17716   32,2-5   MIGSCH, H., *Gottes Wort über das Ende Jerusalems*. Eine literar-, stil- und gattungskritische Untersuchung des Berichtes Jeremia 34,1-7; 32,2-5; 37,3-38,28 (Österreichische Biblische Studien, 2) (Klosterneuburg, Österreichisches Katholisches Bibelwerk, 1981), xiv-282 pp.

a17717   33,14-16   LIPINSKI, E., «Études sur des textes 'messianiques' de l'Ancien Testament», Sem. 20 (1970) 41-57.

a17718   34   LEVY, J., «The Biblical Institution of Derôr in the Light of Akkadian Documents», ErIs 5 (1958) 21*-31*.

a17719   34,1-7   MIGSCH, H., *Gottes Wort über das Ende Jerusalems*. Eine literar-, stil- und gattungskritische Untersuchung des Berichtes Jeremia 34,1-7; 32,2-5; 37,3-38,28 (Österreichische Biblische Studien, 2) (Klosterneuburg, Österreichisches Katholisches Bibelwerk, 1981), xiv-282 pp.

a17720   34,17-22   PETERSEN, D.L., «Covenant Ritual: A Traditio-Historical Perspective», BiRes 22 (1977) 7-18.

a17721   34,18   SCHEDL, C., «Zur logotechnischen Struktur von Jeremia 34,18», BZ 26 (1982) 249-251.

a17722   35-44   FOHRER, G., *Prophetenerzählungen* (Die Propheten des A.T., 7) (1977), «Die Jeremia-Überlieferung», 128-180.

a17723   35   HEUKENS, K.H., «Die rekabitischen Haussklaven in Jeremia 35», BZ 27 (1983) 228-235.

a17724   36   ISBELL, C.D., «2 Kings 22:3-23:24 and Jeremiah 36: A Stylistic Comparison», JSOT no 8 (1978) 33-45.

a17725   LOHFINK, N., «Die Gattung der 'Historischen Kurzgeschichte' in den letzten Jahren von Juda und in der Zeit des Babylonischen Exils», ZAW 90 (1978) 319-347.

a17726   HOLLADAY, W.L., «The identification of the two scrolls of Jeremiah», VT 30 (1980) 452-467.

a17727   HICKS, R.L., «*delet* and *megillāh*. A fresh approach to Jeremia xxxvi», VT 33 (1983) 46-66.

a17728   36,4.26   AVIGAD, N., «Baruch the Scribe and Jerahmeel the King's Son», BA 42 (1979) 114-118.

*a*17729 37-44 POHOMANN, K.-F., *Studien zum Jeremiabuch*. Ein Beitrag zur Frage nach der Entstehung des Jeremiabuches (FRLANT 118) (Göttingen, Vandenhoeck & Ruprecht, 1978), 229 pp.

*a*17730 37-43 LOHFINK, N., «Die Gattung der 'Historischen Kurzgeschichte' in den letzten Jahren von Juda und in der Zeit des Babylonischen Exils», ZAW 90 (1978) 319-347.

*a*17731 37-39 REYMOND, P., «Un aspect de la liberté dans l'Ancien Testament», VC nº 53 (1960) 39-48.

*a*17732 37,3-38,28 MIGSCH, H., *Gottes Wort über das Ende Jerusalems*. Eine literar-, stil- und gattungskritische Untersuchung des Berichtes Jeremia 34,1-7; 32,2-5; 37,3-38,28 (Österreichische Biblische Studien, 2) (Klosterneuburg, Österreichisches Katholisches Bibelwerk, 1981), xiv-282 pp.

*a*17733 37,17 McC. HARRIS, S., «Not a Silent God», ExpTim 94 (1982) 19-20.

*a*17734 38,28-40,6 EISSFELDT, O.,«Baruchs Anteil an Jeremia 38,28b-40,6», OrAnt 4 (1965) 31-34.

*a*17735 39,1-8 DEIST, F.E., «The Punishment of the disobedient Zedekiah», JNWSemL 1 (1971) 71-72.

*a*17736 43,10 SCHENKER, A., «Nebukadnezzars Metamorphose - Vom Unterjocher zum Gottesknecht», RB 89 (1982) 498-527.

*a*17737 44,17-25 DELCOR, M., «Le culte de la 'Reine du Ciel' selon Jer 7,18; 44,17-19.25 et ses survivances», dans *Von Kanaan bis Kerala* (en collab.) (1982), 101-122.

*a*17738 44,19 RAST, W.E., «Cakes for the Queen of Heaven», dans *Scripture in History & Theology* (en collab.) (1977), 167-180.

*a*17739 46-51 FOHRER, G., «Vollmacht über Völker und Königreiche. Beobachtungen zu den prophetischen Fremdvölkersprüchen anhand von Jer 46-51», dans *Wort, Lied und Gottesspruch*. Beiträge zu Psalmen und Propheten (en collab.) (1972), 145-153.

*a*17740 KEGLER, J., «Das Leid des Nachbarvolkes. Beobachtungen zu den Fremdvölkersprüchen Jeremias», dans *Werden und Wirken des Alten Testaments* (en collab.) (1980), 271-287.

*a*17741 46,3-12 DE JONG, C., «Deux oracles contre les Nations, reflets de la politique étrangère de Joaqim», dans *Le livre de Jérémie* (en collab.) (BETL 44) (1981), 369-379.

*a*17742 46,26 HÖFFKEN, P., «Zu den Heilszusätzen in der Völkerorakelsammlung des Jeremiabuches», VT 27 (1977) 398-412.

*a*17743 47,1-7 KUTSCH, E., «'...denn Jahwe vernichtet die Philister'. Erwägungen zu Jer 47,1-7», dans *Die Botschaft und die Boten* (en collab.) (1981), 253-267.

*a*17744 47,1 KATZENSTEIN, H.J., «'Before Pharaoh conquered Gaza' (Jeremiah xlvii 1)», VT 33 (1983) 249-251.

*a*17745 49,3 ORLINSKY, H.M., «'Israel' in Isa. XLIX,3: A Problem in the Methodology of Textual Criticism», ErIs 8 (1967) 42*-45*.

*a*17746 49,6.39 HÖFFKEN, P., «Zu den Heilszusätzen in der Völkerorakelsammlung des Jeremiabuches», VT 27 (1977) 398-412.

*a*17747 49,35 WALDMAN, N.M., «The Breaking of the Bow», JQR 69 (1978) 82-88.

*a*17748 50-51 AMMASSARI, A., *La religione dei patriarchi*, «Le profezie di Geremia contro Babilonia (Ger. 50 e 51)» (1976), 149-191.

a17749   51,55   DIMANT, D., «Jeremiah 51:55 - Versions and Semantics», Textus 8
                        (1973) 93-99.
a17750   51,56   WALDMAN, N.M., «The Breaking of the Bow», JQR 69 (1978) 82-88.

h) Divers. Miscellaneous. Verschiedenes. Diversi. Diversos.

a17751   KANNENGIESSER, C., «L'Interprétation de Jérémie dans la tradition alexandrine»,
         dans *Studia Patristica* (1975), vol. XII, 317-320.
a17752   MARBÖCK, J., «Jeremia: Unter der Last des Wortes», BiLit 50 (1977) 85-95.
a17753   OVERHOLT, T.W., «Jeremiah and the Nature of the Prophetic Process», dans *Scripture
         in History & Theology* (en collab.) (1977), 129-150.
a17754   HOPPER, S.R., «The 'Terrible Sonnets' of Gerard Manely Hopkins and the
         'Confessions' of Jeremiah», Semeia 13 (1978) 29-73.
a17755   BOGAERT, P.-M., «Le Livre de Jérémie. Colloquium Biblicum Lovaniense XXXI
         (18-20 août 1980)», ETL 56 (1980) 377-380.
a17756   JAROŠ, K., «Ausserbiblische Zeugnisse aus der Zeit des Propheten Jeremia», BiLit 56
         (1983) 159-164 (Siegelabdrücke, Bullae).

11. Joël. Giole. Joel.

a) Introduction. Einleitung. Introduzione. Introducción.

a17757   FOHRER, G., *Die Propheten seit dem 4. Jahrhundert* (Die Propheten des Alten
         Testaments, Band 6) (Gütersloh, Gerd Mohn, 1976), 18-40.
a17758   ELLUL, D., «Introduction au livre de Joël», ETR 54 (1979) 426-437.

b) Commentaires. Commentaries. Kommentare. Commenti. Comentaries.

a17759   WEISER, A., *Das Buch der zwölf kleinen Propheten*[6] (ATD 24) (Göttingen,
         Vandenhoeck & Ruprecht, 1974), «Joel», 105-127.
a17760   WATTS, J.D.W., *The Books of Joel, Obadiah, Jonah, Nahum, Habakkuk and Zephaniah*
         (The Cambridge Bible Commentary) (Cambridge, Cambridge University Press, 1975),
         190 pp.
a17761   WOLFF, H.W., *Dodekapropheton 2. Joel und Amos*[2] (XIV/2) (Neukirchen-Vluyn,
         Neukirchener Verlag, 1975), xi-422 pp.
a17762   DEISSLER, A., *Zwölf Propheten: Hosea, Joël, Amos* (Die Neue Echter Bibel)
         (Würzburg, Echter Verlag, 1981), 136 pp.
a17763   JACOB, E., KELLER, C.-A., AMSLER, S., *Osée, Joël, Amos, Abdias, Jonas*
         (Commentaire de l'Ancien Testament, XIa) (deuxième édition) (Genève, Labor et Fides,
         1982), vi-295 pp.

c) Textes. Texts. Texte. Testi. Textos.

a17764   1,10-12   MALLON, E.D., «A Stylistic Analysis of Joel 1:10-12», CBQ 45 (1983)
                        537-548.
a17765   1,13   DRESSLER, H.H.P., «Ugaritic *uzr* and Joel 1:13», UF 7 (1975) 221-225.
a17766   2,28-29   ATKINSON, P.C., «The Montanist Interpretation of Joel 2:28,29
                        (LXX. 3:1,2)», dans *Studia Evangelica* (en collab.) (1982), VII, 11-15.

*a*17767 4 OGDEN, G.S., «Joel 4 and Prophetic Responses to National Laments», JSOT no 26 (1983) 97-106.

d) Divers. Miscellaneous. Verschiedenes. Diversi. Diversos.

*a*17768 THOMPSON, J.A., «The Date of Joel», dans *A Light unto My Path* (en collab.) (1974), 453-464.

*a*17769 En collaboration, «Prophétie et manipulation ou le catastrophisme optimiste», SemBib no 7 (1977) 7-29.

*a*17770 KEDAR-KOPFSTEIN, B., «The Hebrew Text of Joel as Reflected in the Vulgate», Textus 9 (1981) 16-35.

12. Jonas. Jonah. Jona. Giona. Jonás.

a) Introduction. Einleitung. Introduzione. Introducción.

*a*17771 VON RAD, G., *Gottes Wirken in Israel* (1974), «Der Prophet Jona» (1950), 65-78.

*a*17772 ALONSO, J., «Lección teológica del libro de Jonás», dans *Miscelánea Antonio Perez Goyena* (en collab.) (1960), 79-93.

*a*17773 SCHREINER, J., «Eigenart, Aufbau, Inhalt und Botschaft des Buches Jonas», BiKi 17 (1962) 8-14.

*a*17774 GOLDBRUNNER, J., «Die Nachtmeerfahrt des Jona - Tiefenpsychologische Erwägungen zu Jona und seinem Fisch», BiKi 27 (1972) 68-70.

*a*17775 MAGONET, J., «Jüdisch-theologische Beobachtungen zum Buch Jonas», BiLeb 13 (1972) 153-172.

*a*17776 RUSS, R., «Jona in der Predigt - Exegetisch-homiletische Überlegungen», BiKi 27 (1972) 76-80.

*a*17777 SCHIERSE, F.J., «Jona und die Bekehrung Ninives - Die Frage nach der Historizität der Gestalt Jonas», BiKi 27 (1972) 71-72.

*a*17778 FEUILLET, A., *Études d'exégèse et de théologie biblique* (1975), «Le livre de Jonas», 395-433.

*a*17779 SEGRE, A., «Jonà, il libro del Pentimento», dans *Miscellanea Lateranense* (en collab.) (1975), 254-274.

*a*17780 VISCHER, W., «L'Évangile selon Saint Jonas», ETR 50 (1975) 161-173.

*a*17781 EMMERSON, G.I., «Another Look at the Book of Jonah», ExpTim 88 (1976) 86-88.

b) Commentaires. Commentaries. Kommentare. Commenti. Comentarios.

*a*17782 WEISER, A., *Das Buch der zwölf kleinen Propheten*[6] (ATD 24) (Göttingen, Vandenhoeck & Ruprecht, 1974), «Jona», 215-227.

*a*17783 WATTS, J.D.W., «The Books of Joel, Obadiah, Jonah, Nahum, Habakkuk and Zephaniah *(The Cambridge Bible Commentary)* (Cambridge, Cambridge University Press, 1975), 190 pp.

*a*17784 WOLFF, H.W., *Dodekapropheton 3. Obadja und Jona* (BK.AT XIV,3) (Neukirchen-Vluyn, Neukirchener Verlag, 1977), 161 pp.

*a*17785 JACOB, E., KELLER, C.-A., AMSLER, S., *Osée, Joël, Amos, Abdias, Jonas* (Commentaire de l'Ancien Testament, XIa) (deuxième édition) (Genève, Labor et Fides, 1982), vi-295 pp.

c) Critique littéraire. Literary Criticism. Literarkritik. Critica letteraria. Crítica literaria.

a17786 GARCIA CORDERO, M., «¿El libro de Jonás, una novela didáctica?» CuBi 16 (1959) 214-220.

a17787 STENDEBACH, F.J., «Novelle oder Geschichte? - Die literarische Gattung des Büchleins Jona», BiKi 27 (1972) 66-67.

a17788 ANDERSEN, F.I., FORBES, A.D., *A Linguistic Concordance of Ruth and Jonah.* Hebrew Vocabulary and Idiom (The Computer Bible, 9) (Wooster, Ohio, Biblical Research Associates, 1976), 197 pp.

a17789 MAGONET, J., *Form and Meaning.* Studies in Literary Techniques in the Book of Jonah (Beiträge zur biblischen Exegese und Theologie, 2) (Bern, Frankfurt/M., Las Vegas, Peter Lang, 1976), 169 pp.

a17790 En collaboration, «Approche du livre de Jonas», SemBib nᵒ 7 (1977) 30-40.

a17791 LANDES, G.M., «Jonah: A *Māšāl*?» dans *Israelite Wisdom* (en collab.) (1978), 137-158.

a17792 VANONI, G., *Das Buch Jona.* Literar- und formkritische Untersuchung (Münchener Universitätsschriften; Arbeiten zu Text und Sprache im Alten Testament, 7) (St Ottilien, Eos Verlag, 1978), xx-172 pp.

a17793 WITZENRATH, H., *Das Buch Jona.* Eine literaturwissenschaftliche Untersuchung (Arbeiten zu Text und Sprache im Alten Testament, 6) (St Ottilien, Eos Verlag, 1978), viii-111 pp.

a17794 En collaboration, «An Approach to the Book of Jonah», Semeia 15 (1979) 85-96.

a17795 HALPERN, B., FRIEDMAN, R.E., «Compositon and Paronomasia in the Book of Jonah», HebAnR 4 (1980) 79-92.

a17796 SEGERT, S., «Syntax and style in the Book of Jonah: six simple approaches to their analysis», dans *Prophecy. Essays presented to Georg Fohrer* (en collab.) (1980), 121-130.

a17797 ACKERMAN, J.S., «Satire and Symbolism in the Song of Jonah», dans *Tradition in Transformation* (en collab.) (1981), 213-246.

a17798 HOLBERT, J.C., «'Deliverance Belongs to Yahweh!' Satire in the Book of Jonah», JSOT nᵒ 21 (1981) 59-81.

a17799 LANDES, G.M., «Linguistic Criteria and the Date of the Book of Jonah», ErIs 16 (1982) 147*-170*.

a17800 NISHIMURA, T., «Le conflit de deux motifs dans le livre de Jonas: la limite de la prophétie et le défi de la sagesse», AJBI 9 (1983) 3-23.

d) Textes. Texts. Texte. Testi. Textos.

a17801 2,5   VAN DER WOUDE, A.S., «Bemerkungen zu einigen umstrittenen Stellen im Zwölfprophetenbuch», dans *Mélanges bibliques et orientaux en l'honneur de M. Henri Cazelles* (en collab.) (1981), 483-499.

a17802 2,10   AUFFRET, P., «'Pivot Pattern': nouveaux exemples (Jon. ii 10; Ps. xxxi 13; Is. xxiii 7)», VT 28 (1978) 103-110.

a17803 3,7-8   CHRISTENSEN, D.L., «Anticipatory Paronomasia in Jonah 3:7-8 and Genesis 37:2», RB 90 (1983) 261-263.

a17804 4,1-2   FAJ, A., «La soluzione logica della falsa profezia di Giona», BibOr 18 (1976) 141-149.

a17805 4,1   DAVIES, G.I., «The uses of *r*" Qal and the meaning of Jonah iv 1», VT 27 (1977) 105-111.

a17806 4,10-11 BLANK, S.H., «'Doest Thou Well To Be Angry?' A Study in Self-Pity», HUCA 26 (1955) 29-41.

e) Divers. Miscellaneous. Verschiedenes. Diversi. Diversos.

a17807 CHILDS, B.S., «Johah: A Study in Old Testament Hermeneutics», SJTh 11 (1958) 53-61.
a17808 BISER, E., «Zum frühchristlichen Verständnis des Buches Jonas», BiKi 16 (1961) 19-21.
a17809 JAKLITSCH, H., «Jona in Ninive - Ein Spiel für Kinder mit Instrumenten», BiKi 27 (1972) 72-75.
a17810 CHILDS, B.S., «The Canonical Shape of the Book of Jonah», dans *Biblical and Near Eastern Studies* (LaSor) (en collab.) (1978), 122-128.
a17811 PARMENTIER, R., «Les mésaventures du pasteur Jonas», ETR 53 (1978) 244-251.
a17812 PAYNE, D.F., «Jonah from the Perspective of its Audience», JSOT nº 13 (1979) 3-12.

13. Lamentations. Klagelieder. Lamentazioni. Lamentaciones.

a) Introduction. Einleitung. Introduzione. Introducción.

a17813 AUBERT, L., «Les lamentations de Jérémie», ETR 7 (1932) 95-126.
a17814 FELDMAN, E., *Biblical and post-biblical Defilement and Mourning: Law as Theology* (The Library of Jewish Law and Ethics) (New York, Yeshiva University Press, Ktav, 1977), xx-196 pp.
a17815 WILLIAMS, J.G., «Irony and Lament: Clues to Prophetic Consciousness», Semeia 8 (1977) 51-74.

b) Commentaires. Commentaries. Kommentare. Commenti. Comentarios.

a17816 ALONSO SCHÖKEL, L., IGLESIAS GONZALEZ, M., MATEOS, J., LUZ OJEDA, J., *Los Libros Sagrados.* 18. Daniel, Baruc, Carta de Jeremías, Lamentaciones (Traducción de Luis Alonso Schökel, Manuel Iglesias González, Juan Mateos, Jose Luz Ojeda. Introducciones, comentarios y apéndice de Luis Alonso Schökel) (Madrid, Ediciones Cristiandad, 1976), 235 pp.
a17817 RINGGREN, H., KAISER, O., *Das Hohe Lied / Klagelieder. Das Buch Esther* übersetz und erklärt, 3., neubearbeitete Auflage (ATD 16,2) (Göttingen, Vandenhoeck & Ruprecht, 1981), vii-253-421 pp.

c) Critique littéraire. Literary Criticism. Literarkritik. Critica letteraria. Crítica literaria.

a17818 HILLERS, D.R., «Observations on Syntax and Meter in Lamentations», dans *A Light unto My Path* (en collab.) (1974), 265-270.
a17819 SHEA, W.H., «The *qinah* Structure of the Book of Lamentations», Bibl 60 (1979) 103-107.
a17820 BRUNET, G., «Jérémie et les Qînôt de son adversaire», dans *Le livre de Jérémie* (BETL 44) (en collab.) (1981), 74-79.

d) Critique textuelle. Textual Criticism. Textkritik. Critica testuale. Crítica textual.

a17821 DAHOOD, M., «New Readings in Lamentations», Bibl 59 (1978) 174-197.
a17822 GOTTLIEB, H., *A Study on the Text of Lamentations* (Acta Jutlandica, 48) (Aarhus, Aarhus University, 1978), 80 pp.
a17823 PABST, H., «Eine Sammlung von Klagen in den Qumranfunden (4Q 179)», dans *Qumrân. Sa piété, sa théologie et son milieu* (en collab.) (1978), 137-149.

e) Textes. Texts. Texte. Testi. Textos.

*a*17824   1,3.7   DEIANA, G., «Interpretazione di Lam. 1,3a,7a», BibOr 23 (1981)
                          101-103.
*a*17825   4,9-12   SHAFFER, A., «The Mesopotamian Background of Lamentations
                          4:9-12», ErIs 8 (1967) 246-250 (English summary).
*a*17826   5   BERGLER, S., «Threni V - nur ein alphabetisierendes Lied? Versuch
                          einer Deutung», VT 27 (1977) 304-320.
*a*17827   BRUNET, G., «La cinquième Lamentation», VT 33 (1983) 149-170.

14. Malachie. Malachi. Maleachi. Malachia. Malaquías.

a) Introduction. Einleitung. Introduzione. Introducción.

*a*17828   FOHRER, G., *Die Propheten des ausgehenden 6. und des 5. Jahrhunderts* (Die
           Propheten des Alten Testaments, 5) (Gütersloh, Gütersloher Verlagshaus Gerd Mohn,
           1976), «Maleachi», 96-106.
*a*17829   KAUFMANN, Y., *History of the Religion of Israel*, «Malachi» (1977), IV, 435-448.

b) Commentaires. Commentaries. Kommentare. Commenti. Comentarios.

*a*17830   ELLIGER, K., *Das Buch der zwölf kleinen Propheten*[7] (ATD 25) (Göttingen,
           Vandenhoeck & Ruprecht, 1975), «Maleachi», 188-217.
*a*17831   RUDOLPH, W., *Haggai - Sacharja 1-8 - Sacharja 9-14 - Maleachi* (KomAT XIII,4)
           (Gütersloh, Gerd Mohn, 1976), 315-15 pp.
*a*17832   AMSLER, S., LACOCQUE, A., VUILLEUMIER, R., *Aggée, Zacharie, Malachie*
           (Commentaire de l'Ancien Testament, XIc) (Genève, Labor et Fides, 1981), 262 pp.

c) Critique littéraire. Literary Criticism. Literarkritik. Critica letteraria. Crítica literaria.

*a*17833   RADDAY, Y.T., POLLATSCHEK, M.A., «Vocabulary Richness in Post-Exilic
           Prophetic Books», ZAW 92 (1980) 333-346.
*a*17834   VAN HOONACKER, A., «Le rapprochement entre le Deutéronome et Malachie. Une
           notice inédite (1908)», ETL 59 (1983) 86-90.

d) Critique textuelle. Textual Criticism. Textkritik. Critica testuale. Crítica textual.

*a*17835   DE LANGE, N.R.M., «Some new fragments of Aquila on Malachi and Job?» VT 30
           (1980) 291-294.

e) Textes. Texts. Texte. Testi. Textos.

*a*17836   1,2-5   BOTTERWECK, G.J., «'Jakob have ich lieb - Esau hasse ich.'
                          Auslegung von Mal 1,2-5», BiLeb 1 (1960) 28-38.
*a*17837   1,6-10   BOTTERWECK, G.J., «Ideal und Wirklichkeit der Jerusalemer
                          Priester. Auslegung von Mal 1,6-10; 2,1-9», BiLeb 1 (1960) 100-109.
*a*17838   1,10-12   FRANK, K.S., «Maleachi 1,10ff. in der frühen Väterdeutung», ThPh 53
                          (1978) 70-78.

*a*17839 2,1-9   DEVESCOVI, U., «L'alleanza di Jahvé con Levi», BibOr 4 (1962) 205-218.

*a*17840 2,4-7   ZERON, A., «The Martyrdom of Phineas-Elijah», JBL 98 (1979) 99-100.

*a*17841 2,10-16   BOTTERWECK, G.J., «Schelt- und Mahnrede gegen Mischehen und Ehescheidung. Auslegung von Mal 2,10-16», BiLeb 1 (1960) 179-185.

*a*17842   TOSATO, A., «Il ripudio: delitto e pena (Mal 2,10-16)», Bibl 59 (1978) 548-553.

*a*17843   SCHREINER, S., «Mischehen - Ehebruch - Ehescheidung. Betrachtungen zu Mal 2,10-16», ZAW 91 (1979) 207-228.

*a*17844   LOCHER, C., «Altes und Neues zu Maleachi 2,10-16», dans *Mélanges Dominique Barthélemy* (en collab.) (1981), 241-271.

*a*17845   RUDOLPH, W., «Zu Mal 2 10-16», ZAW 93 (1981) 85-90.

*a*17846 2,13-14   ALTHANN, R., «Malachy 2,13-14 and UT 125,12-13», Bibl 58 (1977) 418-421.

*a*17847 2,17   HUBERFELD, M., «Où est le Dieu qui fait justice?» CHR 23 (1976) 476-484.

*a*17848 3,1   COPE, O.L., *Matthew. A Scribe trained for the Kingdom of Heaven* (1976), «Mt 11:7-15 and Mal 3:1», 73-77.

*a*17849   VAN DER WOUDE, A.S., «Der Engel des Bundes. Bemerkungen zu Maleachi 3,1c und seinem Kontext», dans *Die Botschaft und die Boten* (en collab.) (1981), 289-300.

*a*17850 3,2   DAVIDSON, J.A., «Christmas Judgment, Christmas Joy», ExpTim 95 (1983) 52-54.

*a*17851 3,5   FREEDMAN, D.B., «An Unnoted Support for a Variant to the MT of Mal 3:5», JBL 98 (1979) 405-406.

*a*17852 3,13-21   BOTTERWECK, G.J., «Die Sonne der Gerechtigkeit am Tage Jahwes. Auslegung von Mal 3,13-21», BiLeb 1 (1960) 253-260.

*a*17853 3,17   GREENFIELD, J.C., «Two Biblical Passages in the Light of Their Near Eastern Background - Ezekiel 16:30 and Malachi 3:17», ErIs 16 (1982) 56-61.

15. Michée. Micah. Micha. Michea. Miqueas.

a) Introduction. Einleitung. Introduzione. Introducción.

*a*17854 ELLIGER, K., «Die Heimat des Propheten Micha», ZDPV 57 (1934) 81-152.

*a*17855 BRUSTON, É., «Messages prophétiques», ETR 12 (1937) 114-129.

*a*17856 JEPPESEN, K., «New Aspects of Micah Research», JSOT n⁰ 8 (1978) 3-32.

*a*17857 WOLFF, H.W., «Wie verstand Micha von Moreschet sein prophetisches Amt?» dans *Congress Volume. Göttingen 1977* (en collab.) (1978), 403-417.

*a*17858 WOLFF, H.W., «Micah the Moreshite - The Prophet and His Background», dans *Israelite Wisdom* (en collab.) (1978), 77-84.

*a*17859 NUNES CARREIRA, J., «Micha - ein Ältester von Moreschet?» TrierTZ 90 (1981) 19-28.

b) Commentaires. Commentaries. Kommentare. Commenti. Comentarios.

*a*17860 ENGLANDER, H., «Joseph Kara's Commentary on Micah in Relation to Rashi's Commentary», HUCA 16 (1941) 157-162.

a17861 McKEATING, H., *The Books of Amos, Hosea and Micah* (The Cambridge Bible Commentary on the New English Bible) (Cambridge, Cambridge Univesity Press, 1971), x-198 pp.

a17862 WEISER, A., *Das Buch der zwölf kleine Propheten*[6] (ATD 24) (Göttingen, Vandenhoeck & Ruprecht, 1974), «Micha», 228-290.

a17863 RUDOLPH, W., *Micha - Nahum - Habakuk - Zephania. Zeittafel* by A. Jepsen (Kommentar zum Alten Testament, XIII,3) (Gütersloh, Gerd Mohn, 1975), 317 pp.

a17864 MAILLOT, A., LELIÈVRE, A., *Actualité de Michée* (Genève, Labor et Fides, 1976), 142 pp.

a17865 MAYS, J.L., *Micah*. A Commentary (The Old Testament Library) (London, SCM Press, 1976), 169 pp.

a17866 WOLFF, H.W., *Dodekapropheton 4, Micha* (BK.AT XIV/12) (Neukirchen-Vluyn, Neukirchener Verlag, 1980), 1-80.

a17867 VAWTER, B., *Amos, Hosea, Micah*, with an Introduction to Classical Prophecy (Old Testament Message, A Biblical-Theological Commentary, 7) (Wilmington, Delaware, Michael Glazier, 1981), 170 pp.

c) Critique littéraire. Literary Criticism. Literarkritik. Critica letteraria. Crítica literaria.

a17868 JEPPESEN, K., «New Aspects of Micah Research», JSOT n° 8 (1978) 3-32.

a17869 WILLIS, J.T., «Thoughts on a Redactional Analysis of the Book of Micah», dans *Society of Biblical Literature. 1978 Seminar Papers* (en collab.) (1978), I, 87-107.

a17870 JEPPESEN, K., «How the Book of Micah Lost its Integrity: Outline of the History of the Criticism of the Book of Micah with Emphasis on the 19th Century», ST 33 (1979) 101-131.

a17871 NUNES CARREIRA, J., «Kunstsprache und Weisheit bei Micha», BZ 26 (1982) 50-74.

d) Théologie. Theology. Theologie. Teologia. Teología.

a17872 KRINETZKI, L., «Der Gerichts- und Heilsbotschaft des Propheten», BiKi 25 (1970) 104-106.

a17873 MAYS, J.L., «The Theological Purpose of the Book of Micah», dans *Beiträge zur Alttestamentlichen Theologie* (en collab.) (1977), 276-287.

a17874 WOLFF, H.W., *Mit Micha reden*. Prophetie einst und heute (München, Kaiser, 1978), 236 pp.

e) Texts. Texts. Texte. Testi. Textos.

a17875 1,10-16 RUDOLPH, W., «Zu Micha 1,10-16», dans *Wort, Lied und Gottesspruch*. Beiträge zu Psalmen und Propheten (en collab.) (1972), 233-238.

a17876 2-5 BOOGAART, T.A., *Reflections on Restoration*. A Study of Prophecies in Micah and Isaiah about the Restoration of Northern Israel (Grand Rapids, Michigan, Available from the author, 1981), viii-198 pp.

a17877 2 WEIL, H.M., «Le chapitre II de Michée expliqué par le Premier Livre des Rois, XX-XXII», RHR 121 (1940) 146-161.

a17878 2,6-11 NEIDERHISER, E.A., «Micah 2:6-11: Considerations on the Nature of the Discourse», BTB 11 (1981) 104-107.

a17879 2,12-13 MENDECKI, N., «Die Sammlung und der neue Exodus in Mich 2,12-13», Kairos 23 (1981) 96-99.

a17880 3,8 WOLFF, H.W., «Wie verstand Micha von Moreschet sein prophetisches Amt?» dans *Congress Volume. Göttingen 1977* (en collab.) (1978), 403-417.

a17881 3,10 VAN DER WOUDE, A.S., «Bemerkungen zu einigen umstrittenen Stellen im Zwölfprophetenbuch», dans *Mélanges bibliques et orientaux en l'honneur de M. Henri Cazelles* (en collab.) (1981), 483-499.

a17882 4,4 BRUEGGEMANN, W., «'Vine and Fig Tree': A Case Study in Imagination and Criticism», CBQ 43 (1981) 188-204.

a17883 4,6-7 MENDECKI, N., «Die Sammlung der Zerstreuten in Mi 4,6-7», BZ 27 (1983) 218-221.

a17884 4,10-13 BORDREUIL, P., «Michée, 4,10-13 et ses parallèles ougaritiques», Sem. 21 (1971) 21-28.

a17885 4,10 LEWY, J., «Lexicographical Notes», HUCA 12-13 (1937-38) 97-101.

a17886 5,1-3 HEER, J., «Der Bethlehemsspruch Michas und die Geburt Jesu (Mich 5,1-3)», BiKi 25 (1970) 106-109.

a17887 LORETZ, O., «Die Fehlanzeige von Ugaritismen in Micha 5,1-3», UF 9 (1977) 358-360.

a17888 5,2 SCHILDENBERGER, J., «Die jungfräuliche Mutter Maria im Alten Testament», dans *Jungfrauengeburt gestern und heute* (en collab.) (1969), 109-136.

a17889 5,4-5 CATHCART, K.J., «Micah 5,4-5 and Semitic Incantations», Bibl 59 (1978) 38-48.

a17890 VAN DER WOUDE, A.S., «Bemerkungen zu einigen umstrittenen Stellen im Zwölfprophetenbuch», dans *Mélanges bibliques et orientaux et l'honneur de M. Henri Cazelles* (en collab.) (1981), 483-499.

a17891 SARACINO, F., «A State of Siege: Mi 5 4-5 and an Ugaritic Prayer», ZAW 95 (1983) 263-269.

a17892 6,1-8 ANDERSON, G.W., «A Study of Micah 6.1-8», SJTh 4 (1951) 191-197.

a17893 6,6-8 LESCOW, T., *Micha 6,6-8. Studien zu Sprache, Form und Auslegung* (Arbeiten zur Theologie, 25) (Stuttgart, Calwer, 1966), 72 pp.

a17894 CALVIN, A.D., «Calvin's Saturday morning sermon on Micah 6,6-8», SJTh 23 (1970) 166-182.

a17895 6,8 HYATT, J.P., «On the Meaning and Origin of Micah 6:8», AThR 34 (1952) 232-239.

a17896 ZERFASS, R., «Es ist dir gesagt, o Mensch (Mich 6,8). Meditation», BiKi 25 (1970) 109-110.

a17897 6,15 LORETZ, O., «Hebräisch tjwš und jrš in Mi 6,15 und Hi 20,15», UF 9 (1977) 353-354.

a17898 7,6 COPE, O.L., *Matthew. A Scribe trained for the Kingdom of Heaven* (1976), «Mt 10:34-39 and Mic 7:6», 77-81.

a17899 7,15 DAHOOD, M., «Further instances of the Breakup of stereotyped phrases in Hebrew», dans *Studia Hierosolymitana (Bagatti)* (en collab.) (1976), II, 9-19.

a17900 7,16-17 BARRÉ, M.L., «A Cuneiform Parallel to Ps 86:16-17 and Mic 7:16-17», JBL 101 (1982) 271-275.

a17901 7,19 GORDON, R.P., «Micah vii 19 and Akkadian kabāsu», VT 28 (1978) 355-356.

16. Nahum. Nahún.

a) Introduction. Einleitung. Introduzione. Introducción.

a17902 VAN DER WOUDE, A.S., «The Book of Nahum: A Letter Written in Exile», dans *Instruction and Interpretation* (en collab.) (1977), 108-126.

b) Commentaires. Commentaries. Kommentare. Commenti. Comentarios.

a17903 MAIER, W.A., *The Book of Nahum.* A commentary [Grand Rapids, Michigan, Baker Book House, 1980 (1959)], viii-386 pp.
a17904 ELLIGER, K., *Das Buch der zwölf kleinen Propheten*[7] (ATD 25) (Göttingen, Vandenhoeck & Ruprecht, 1975), «Nahum», 1-22.
a17905 RUDOLPH, W., *Micha - Nahum - Habakuk - Zephania. Zeittafel* by A. Jepsen (Kommentar zum Alten Testament, XIII,3) (Gütersloh, Gerd Mohn, 1975), 317 pp.
a17906 WATTS, J.D.W., *The Books of Joel, Obadiah, Jonah, Nahum, Habakkuk and Zephaniah* (The Cambridge Bible Commentary) (Cambrdige, Cambridge University Press, 1975), 190 pp.

c) Critique littéraire. Literary Criticism. Literarkritik. Critica letteraria. Crítica literaria.

a17907 CATHCART, K.J., «More Philological Studies in Nahum», JNWSemL 7 (1979) 1-12.
a17908 BEE, R.E., «Dating the Book of Nahum: A Response to the Article by Bob Becking», JSOT no 18 (1980) 104.
a17909 BECKING, B., «Bee's Dating Formula in the Book of Nahum», JSOT no 18 (1980) 100-104.

d) Textes. Texts. Texte. Testi. Textos.

a17910	1,8	VAN DER WOUDE, A.S., «Bemerkungen zu einigen umstrittenen Stellen im Zwölfprophetenbuch», dans *Mélanges bibliques et orientaux en l'honneur de M. Henri Cazelles* (en collab.) (1981), 483-499.
a17911		TSUMURA, D.T., «Janus Parallelism in Nah 1:8», JBL 102 (1983) 109-111.
a17912	1,14	DAHOOD, M., «Further instances of the Breakup of stereotyped phrases in Hebrew», dans *Studia Hierosolymitana (Bagatti)* (en collab.) (1976), II, 9-19.
a17913	2,8	CELADA, B., «Adiós a la reina Hussab (Nahún 2:8)», CuBi 22 (1965) 295-296.
a17914		DAHOOD, M., «Further instances of the Breakup of stereotyped phrases in Hebrew», dans *Studia Hierosolymitana (Bagatti)* (en collab.) (1976), II, 9-19.
a17915		DELCOR, M., «Allusions à la déesse Ištar en Nahum 2,8?» Bibl 58 (1977) 73-83.
a17916	3	ABREGO, J.M., «La fuerza del bien. A propósito de Nah 3», *Miscelánea Comillas* 41 (1983) 111-119.
a17917	3,3.15-16	KSELMAN, J.S., «*RB/KBD*: a new Hebrew-Akkadian formulaic pair», VT 29 (1979) 110-114.

*a*17918   3,17   GORDON, R.P., «Loricate locusts in the Targum to Nahum iii 17 and
                         Revelation ix 9», VT 33 (1983) 338-339.

17. Osée. Hosea. Osea. Oseas.

a) Introduction. Einleitung. Introduzione. Introducción.

*a*17919   BRUSTON, É., «Le message d'Osée», ETR 8 (1933) 322-330.
*a*17920   CANTO RUBIO, J., «Oseas», CuBi 22 (1965) 87-97.
*a*17921   SIEVI, J., «Der Prophet Hosea - Person und Zeit», BiKi 23 (1968) 122-124.
*a*17922   CUNCHILLOS, J.-L., *La Bible. Première lecture de l'Ancien Testament -I*, «Le prophète
           Osée: le langage de l'amour» (1974), 139-147.
*a*17923   SWAIM, G.G., «Hosea the Statesman», dans *Biblical and Near Eastern Studies* (LaSor)
           (en collab.) (1978), 177-183.

b) Commentaires. Commentaries. Kommentare. Commenti. Comentarios.

*a*17924   McKEATING, H., *The Books of Amos, Hosea and Micah* (The Cambridge Bible
           Commentary on the New English Bible) (Cambridge, Cambridge University Press,
           1971), x-198 pp.
*a*17925   KUHNIGK, W., *Nordwestsemitische Studien zum Hoseabuch* (Biblica et Orientalia, 27)
           (Rome, Biblical Institute Press, 1974), xxiv-177 pp.
*a*17926   WEISER, A., *Das Buch der zwölf kleinen Propheten*[6] (ATD 24) (Göttingen,
           Vandenhoeck & Ruprecht, 1974), «Hosea», 11-104.
*a*17927   ANDERSEN, F.I., FREEDMAN, D.N., *Hosea*. A New Translation with Introduction
           and Commentary (AB 24) (Garden City, New York, 1980), xvii-701 pp.
*a*17928   DEISSLER, A., *Zwölf Propheten: Hosea, Joël, Amos* (Die Neue Echter Bible)
           (Würzburg, Echter Verlag, 1981), 136 pp.
*a*17929   VAWTER, B., *Amos, Hosea, Micah*, with an Introduction to Classical Prophecy (Old
           Testament Message, A Biblical-Theological Commentary, 7) (Wilmington, Delaware,
           Michael Glazier, 1981), 170 pp.
*a*17930   JACOB, E., KELLER, C.-A., AMSLER, S., *Osée, Joël, Amos, Abdias, Jonas*
           (Commentaire de l'Ancien Testament, XIa) (deuxième édition) (Genève, Labor et Fides,
           1982), vi-295 pp.
*a*17931   JEREMIAS, Jörg, *Der Prophet Hosea*. Übersetz und erklärt (ATD 24/1) (Göttingen,
           Vandenhoeck & Ruprecht, 1983), 174 pp.

c) Critique textuelle. Textual Criticism. Textkritik. Critica testuale. Crítica textual.

*a*17932   NEBE, G.-W., «Eine neue Hosea-Handschrift aus Höhle 4 von Qumran», ZAW 91
           (1979) 292-294.

d) Critique littéraire. Literary Criticism. Literarkritik. Critica letteraria. Crítica literaria.

*a*17933   EITAN, I., «Biblical Studies» (Philological Studies in Hosea, 1-5), HUCA 14 (1939) 1-22.
*a*17934   KUHNIGK, W., *Nordwestsemitische Studien zum Hoseabuch* (Biblica et Orientalia, 27)
           (Rome, Biblical Institute Press, 1974), xxiv-177 pp.
*a*17935   LUNDBOM, J.R., «Poetic structure and prophetic rhetoric in Hosea», VT 29 (1979)
           300-308.

e) Théologie. Theology. Theologie. Teologia. Teología.

a17936 GORDIS, R., «Hosea's Marriage and Message: A New Approach», HUCA 25 (1954) 9-35.

a17937 BAIER, W., «Drohbotschaft und Frohbotschaft. Zur Gerichtsverkündigung Hoseas», BiKi 23 (1968) 125-127.

a17938 DIRK, K., *Ba'al und Jahwe.* Ein Beitrag zur Theologie des Hoseabuches (Europäische Hochschulschriften, Reihe 23, Theologie, 87) (Frankfurt/M., Bern, Las Vegas, Peter Lang, 1977), 397 pp.

a17939 SICRE, J.L., «La actitud del profeta Oseas ante la monarquía y el mesianismo», *Miscelánea Comillas* 41 (1983) 101-110.

f) Textes. Textes. Texte. Testi. Textos.

a17940 1-4   BALZ-COCHOIS, H., «Gomer oder die Macht der Astarte. Versuch einer feministischen Interpretation von Hos 1-4», EvT 42 (1982) 37-65.

a17941 1-3   GORDIS, R., «Hosea's Marriage and Message: A New Approach», HUCA 25 (1954) 9-35.

a17942   VOGELS, W., «'Osée-Gomer' *car* et *comme* 'Yahweh-Israël'. Os. 1-3», NRT 103 (1981) 711-727.

a17943   RENAUD, B., «Le livret d'Osée 1-3. Un travail complexe d'édition», RevSR 56 (1982) 159-178.

a17944   RUPPERT, L., «Erwägungen zur Kompositions- und Redaktionsgeschichte von Hosea 1-3», BZ 26 (1982) 208-223.

a17945   RENAUD, B., «Osée 1-3: analyse diachronique et lecture synchronique, problèmes de méthode», RevSR 57 (1983) 249-260.

a17946 1,2-2,3   SCHREINER, J., «Hoseas Ehe, ein Zeichen des Gerichts (zu Hos 1,2-2,3; 3,1-5)», BZ 21 (1977) 163-183.

a17947 1,2-9   DEISSLER, A., «Die Interpretation von Hos 1,2-9 in den Hosea-Kommentaren von H.W. Wolff und W. Rudolph im kritischen Vergleich», dans *Wort, Lied und Gottesspruch.* Beiträge zu Psalmen und Propheten (en collab.) (1972), 129-135.

a17948 1,5   WALDMAN, N.M., «The Breaking of the Bow», JQR 69 (1978) 82-88.

a17949 1,7-2,5   SINCLAIR, L.A., «A Qumran Biblical Fragment: Hosea 4QXII^d (Hosea 1:7-2:5)», BASOR nᵒ 239 (1980) 61-65.

a17950 2,7-11   TÅNGBERG, K.A., «A note on *pištî* in Hosea II 7,11», VT 27 (1977) 222-224.

a17951 2   GALBIATI, E., «La struttura simmetrica di Osea 2», dans *Studi sull'Oriente e la Bibbia,* in onore di G. Rinaldi (Genova, Studio e Vita, 1966), 317-328, dans *Scritti minori* (1979), 169-183.

a17952   CLINES, D.J.A., «Hosea 2: Structure and Interpretation», dans *Studia Biblica 1978. I. Papers on Old Testament* (en collab.) (1979), 83-103.

a17953   RENAUD, B., «Genèse et unité rédactionnelle de Os 2», RevSR 54 (1980) 1-20.

a17954 2,2   RENAUD, B., «Osée ii 2: *'lh mn h'rṣ*: essai d'interprétation», VT 33 (1983) 495-500.

a17955 2,3   GELLER, M.J., «The Elephantine Papyri and Hosea 2,3», JStJud 8 (1977) 139-148.

a17956 2,4-25   LYS, D., «J'ai deux amours, ou l'amant jugé. Exercice sur Osée 2/4-25»,
                    ETR 51 (1976) 59-77.
a17957 2,4-9   KRUGER, P.A., «Israel, the Harlot (Hos. 2:4-9)», JNWSemL 11 (1983)
                    107-116.
a17958 2,8   COLE, R.G., «Harvest», ExpTim 91 (1980) ? »Jù72.
a17959 2,17   FRIEDMAN, M.A., «Israel's Response in Hosea 2:17b: 'You are my
                    Husband'», JBL 99 (1980) 199-204.
a17960 2,21-22   PHILLIPS, A., «Another example of family law», VT 30 (1980) 240-245.
a17961 3,1-5   SCHREINER, J., «Hoseas Ehe, ein Zeichen des Gerichts (zu Hos
                    1,2-2,3; 3,1-5)», BZ 21 (1977) 163-183.
a17962 4-14   LACK, R., Letture strutturaliste dell'antico testamento, «Osea 4-14: un
                    universo semantico» (1978), 129-149.
a17963 4-7   JEREMIAS, J., «Hosea 4-7. Beobachtungen zur Komposition des
                    Buches Hosea», dans Textgemäss (en collab.) (1979), 47-58.
a17964 4   MURAOKA, T., «Hosea IV in the Septuagint Version», AJBI 9 (1983)
                    24-64.
a17965 4,1-3   CARDELLINI, I., «Hosea 4,1-3, eine Strukturanalyse», dans Bausteine
                    biblischer Theologie (en collab.) (1977), 259-270.
a17966   WHARTON, J.A., «Hosea 4:1-3», Interpr 32 (1978) 78-83.
a17967   DeROCHE, M., «The reversal of creation in Hosea», VT 31 (1981)
                    400-409.
a17968 4,4-10   DeROCHE, M., «Structure, rhetoric, and meaning in Hosea iv 4-10», VT
                    33 (1983) 185-198.
a17969 4,4-7   TUR-SINAI, N.H., «On some Historical References in the Bible», ErIs 5
                    (1958) 74-79 (English summary).
a17970 5,1-13   TUR-SINAI, N.H., «On some Historical References in the Bible», ErIs 5
                    (1958) 74-79 (English summary).
a17971 5,8-14   JEREMIAS, J., «'Ich bin wie ein Löwe für Efraim...' (Hos 5,14).
                    Aktualität und Allgemeingültigkeit im prophetischen Reden von Gott
                    am Beispiel von Hos 5,8-14?» dans 'Ich will euer Gott werden' (SBS 100)
                    (en collab.) (1981), 75-95.
a17972 5,10   BEHRENS, E.K., «'... like those who remove the landmark', Hosea
                    5:10a», SBT 1 (1971) 1-5.
a17973 6,1-2   BARRÉ, M.L., «Bulluṭsa-rabi's Hymn to Gula and Hosea 6:1-2», Or. 50
                    (1981) 241-245.
a17974 6,2   BARRÉ, M.L., «New Light on the interpretation of Hosea vi 2», VT 28
                    (1978) 129-141.
a17975 6,5   SPIEGEL, S., «A Prophetic Attestation of the Decalogue: Hosea 6:5.
                    With Some Observations on Psalms 15 and 24», HarvTR 27 (1934)
                    105-144.
a17976 6,6   COPE, O.L., Matthew. A Scribe trained for the Kingdom of Heaven,
                    «Mt 9:10-34 and Hos 6:6» (1976), 65-73.
a17977   HILL, D., «On the Use and Meaning of Hosea vi. 6 in Matthew's
                    Gospel», NTS 24 (1977-78) 107-119.
a17978 7,1   DAHOOD, M., «The Conjunction pa in Hosea 7,1», Bibl 57 (1976)
                    247-248.
a17979 8,1-13   GNUSE, R., «Calf, Cult, and King: The Unity of Hosea 8:1-13», BZ 26
                    (1982) 83-92.
a17980 8,7; 10,5   TSEVAT, M., «Some Biblical Notes», HUCA 24 (1952-53) 107-114.

*a*17981   11   JANZEN, J.G., «Metaphor and Reality in Hosea 11», dans *Society of Biblical Literature. 1976 Seminar Papers* (en collab.) (1976), 413-445.

*a*17982   JANZEN, J.G., «Metaphor and Reality in Hosea 11», Semeia 24 (1982) 7-44.

*a*17983   MAYS, J.L., «Response to Janzen: 'Metaphor and Reality in Hosea 11'», Semeia 24 (1982) 45-51.

*a*17984   11,5   SOGGIN, J.A., *Old Testament and Oriental Studies* (1975), «Hosea 11,5 (cf. 10,9b?): Emphatic *Lamed*?» (1967), 223.

*a*17985   LOHFINK, N., «Hos. xi 5 als Bezugstext von Dtn. xvii 16», VT 31 (1981) 226-228.

*a*17986   11,8   ISRAEL, F., «Una varietà di gazzella menzionata in Osea 11,8», BibOr 18 (1976) 61-64.

*a*17987   12,1-13,3   DIEDRICH, F., *Die Anspielungen auf die Jakob-Tradition in Hosea 12,1-13,3*. Ein literaturwissenschaftlicher Beitrag zur Exegese früher Prophetentexte (Forschung zur Bibel, 27) (Würzburg, Echter, 1977), 548 pp.

*a*17988   12   VRIEZEN, T.C., «La tradition de Jacob dans Osée XII», OTS 1 (1942) 64-78.

*a*17989   12,5-9   TUR-SINAI, N.H., «On some Historical References in the Bible», ErIs 5 (1958) 74-79 (English summary).

*a*17990   12,5   ESLINGER, L.M., «Hosea 12:5a and Genesis 32:29: A Study in Inner Biblical Exegesis», JSOT no 18 (1980) 91-99.

*a*17991   13,4-14,10 DAY, J.A., «Case of Inner Scriptural Interpretation. The Dependence of Isaiah xxvi. 13-xxvii. 11 on Hosea xiii. 4-xiv. 10 (Eng. 9) and its Relevance to some Theories of the Redaction of the 'Isaiah Apocalypse'», JTS 31 (1980) 309-319.

*a*17992   13,9   DAHOOD, M., «Interrogative *kî* in Psalm 50,11; Isaiah 36,19 and Hosea 13,9», Bibl 60 (1979) 573-574.

*a*17993   14,8   FEUILLET, A., *Études d'exégèse et de théologie biblique*, «S'asseoir à l'ombre de l'époux (Osée XIV,8a et CT II,3)» (1975), 317-331.

*a*17994   14,9   VAN DER WOUDE, A.S., «Bemerkungen zu einigen umstrittenen Stellen im Zwölfprophetenbuch», dans *Mélanges bibliques et orientaux en l'honneur de M. Henri Cazelles* (en collab.) (1981), 483-499.

*a*17995   14,10   SHEPPARD, G.T., *Wisdom as a Hermeneutical Construct* (1980), «The Ending of the Book of Hosea (Hos. 14:10)», 129-136.

*a*17996   SEOW, C.L., «Hosea 14:10 and the Foolish People Motif», CBQ 44 (1982) 212-224.

18. Sophonie. Zephaniah. Zephania. Sofonia. Sofonías.

a) Commentaires. Commentaries. Kommentare. Commenti. Comentarios.

*a*17997   ELLIGER, K., *Das Buch der zwölf kleinen Propheten*[7] (ATD 25) (Göttingen, Vandenhoeck & Ruprecht, 1975), «Zephanja», 56-82.

*a*17998   RUDOLPH, W., *Micha - Nahum - Habakuk - Zephania. Zeittafel* von A. Jepsen (Kommentar zum Alten Testament, XIII,3) (Gütersloh, Gerd Mohn, 1975), 317 pp.

*a*17999   WATTS, J.D.W., *The Books of Joel, Obadiah, Jonah, Nahum, Habakkuk and Zephaniah* (The Cambridge Bible Commentary) (Cambridge, Cambridge University Press, 1975), 190 pp.

b) Critique littéraire. Literary Criticism. Literarkritik. Critica letteraria. Crítica literaria.

*a*18000 KAPELRUD, A.S., *The Message of the Prophet Zephania.* Morphology and Ideas (Loslo-Bergen-Tromsø, Universitetsforlaget, 1975), 118 pp.
*a*18001 LANGOHR, G., «Le livre de Sophonie et la critique d'authenticité», ETL 52 (1976) 1-27.
*a*18002 KRINETZKI, G., *Zefanjastudien.* Motiv- und Traditionskritik und Kompositions- und Redaktionskritik (Regensburger Studien zur Theologie, 7) (Frankfurt/M., Peter Lang; Bern, Herbert Lang, 1977), 320 pp.

c) Théologie. Theology. Theologie. Teologia. Teología.

*a*18003 KAPELRUD, A.S., *The Message of the Prophet Zephania.* Morphology and Ideas (Loslo-Bergen-Tromsø, Universitetsforlaget, 1975), 118 pp.
*a*18004 GOZZO, S.M., «Il profeta Sofonia e la dottrina teologica del suo libro», Ant 52 (1977) 3-37.

d) Textes. Texts. Texte. Testi. Textos.

*a*18005 1,1-2,3 IRSIGLER, H., *Gottesgericht und Jahwetag.* Die Komposition Zef 1,1-2,3, untersucht auf der Grundlage der Literarkritik des Zefanjabuches (Arbeiten zu Text und Sprache im Alten Testament, 3) (St Ottilien, Eos Verlag, 1977), xv-521 pp.
*a*18006 1,2-3,20 LORETZ, O., «Textologie des Zephanja-Buches. Bemerkungen zu einem Missverständnis», UF 5 (1973) 219-228.
*a*18007 1,2-3 DE ROCHE, M., «Zephaniah i 2-3: the 'sweeping' of creation», VT 30 (1980) 104-109.
*a*18008 1,5 JEPPESEN, K., «Zephaniah I 5B», VT 31 (1981) 372-373.
*a*18009 1,10 IRSIGLER, H., «Äquivalenz in Poesie», BZ 22 (1978) 221-235.
*a*18010 1,12 ROSE, M., «'Atheismus' als Wohlstandserscheinung? (Zephanja 1,12)», TZ 37 (1981) 193-208.
*a*18011 2,13 OLIVIER, J.P.J., «A Possible Interpretation of the Word ṣiyyâ in Zeph. 2,13», JNWSemL 8 (1980) 95-97.
*a*18012 3,3 VAN DER WOUDE, A.S., «Bemerkungen zu einigen umstrittenen Stellen im Zwölfprophetenbuch», dans *Mélanges bibliques et orientaux en l'honneur de M. Henri Cazelles* (en collab.) (1981), 483-499.
*a*18013 3,14-18 IHROMI, «Die Häufung der Verben des Jubelns in Zephanja iii 14f,16-18: *rnn, rw', śmḥ, 'lz, śwś* und *gîl*», VT 33 (1983) 106-110.
*a*18014 3,17-18 TSEVAT, M., «Some Biblical Notes», HUCA 24 (1952-53) 107-114.

e) Divers. Miscellaneous. Verschiedenes. Diversi. Diversos.

*a*18015 JEREMIAS, J., «Sarabatha und Sybatha», ZDPV 56 (1933) 253-255.
*a*18016 RIBERA FLORIT, J., «La versión aramaica del Profeta Sofonías», EstB 40 (1982) 127-149.

19. Zacharie. Zechariah. Sacharja. Zaccaria. Zacarías.

a) Introduction. Einleitung. Introduzione. Introducción.

a18017 BLANK, S.H., «The Death of Zechariah in Rabbinic Literature», HUCA 12-13 (1937-38) 327-346.

a18018 HANSON, P.D., *The Dawn of Apocalyptic*, «The Origins of the Post-Exilic Hierocracy» (1975), 209-279.

a18019 FOHRER, G., *Die Propheten des ausgehenden 6. und des 5. Jahrhunderts* (Die Propheten des Alten Testaments, 5) (Gütersloh, Gütersloher Verlagshaus Gerd Mohn, 1976), «Sacharja», 50-80.

a18020 WALLIS, G., «Die Nachtgesichte des Propheten Sacharja. Zur Idee einer Form», dans *Congress Volume. Göttingen 1977* (en collab.) (1978), 377-391.

b) Commentaires. Commentaries. Kommentare. Commenti. Comentarios.

a18021 ELLIGER, K., *Das Buch der zwölf kleinen Propheten*[7] (ATD 25) (Göttingen, Vandenhoeck & Ruprecht, 1975), «Sacharia», 99-187.

a18022 RUDOLPH, W., *Haggai - Sacharja 1-8 - Sacharja 9-14 - Maleachi* (KomAT XIII,4) (Gütersloh, Gerd Mohn, 1976), 315-15 pp.

a18023 AMSLER, S., LACOCQUE, A., VUILLEUMIER, R., *Aggée, Zacharie, Malachie* (Commentaire de l'Ancien Testament, XIc) (Genève, Labor et Fides, 1981), 262 pp.

c) Critique littéraire. Literary Criticism. Literarkritik. Critica letteraria. Crítica literaria.

a18024 WALLIS, G., «Pastor bonus - Eine Betrachtung zu den Hirtenstücken des Deutero- und Tritosacharja-Buches», Kairos 12 (1970) 220-234.

a18025 JEREMIAS, C., *Die Nachtgesichte des Sacharja.* Untersuchungen zu ihrer Stellung im Zusammenhang der Visionsberichte im Alten Testament und zu ihrem Bildmaterial (FRLANT 117) (Göttingen, Vandenhoeck & Ruprecht, 1977), 248 pp.

a18026 TIGCHELER, J., *Didyme l'Aveugle et l'exégèse allégorique.* Étude sémantique de quelques termes exégétiques importants de son commentaire sur Zacharie (Graecitas Christianorum Primaeva, 6) (Nijmegen, Dekker & Van de Vegt, 1977), xiii-196 pp.

a18027 WALLIS, G., «Die Nachtgesichte des Propheten Sacharja. Zur Idee einer Form», dans *Congress Volume. Göttingen 1977* (en collab.) (1978), 377-391.

a18028 RADDAY, Y.T., POLLATSCHEK, M.A., «Vocabulary Richness in Post-Exilic Prophetic Books», ZAW 92 (1980) 333-346.

d) Textes. Texts. Texte. Testi. Textos.

a18029 1-9   BARKER, M., «The two figures in Zechariah», HeyJ 18 (1977) 38-46.

a18030 1-8   ROBINSON, R.F., «A Suggested Analysis of Zechariah 1-8», AThR 33 (1951) 65-70.

a18031   RUDOLPH, W., *Haggai - Sachaja 1-8 - Sacharja 9-14 - Maleachi* (Kommentar zum Alten Testament, xiii,4) (Gütersloh, Mohn, 1976), 315 pp.

a18032   KAUFMANN, Y., *History of the Religion of Israel*, IV (1977), «Zechariah 1-8», 267-323.

*a*18033   1,5   VAN DER WOUDE, A.S., «Seid nicht wie eure Väter! Bemerkungen zu
                        Sacharja 1,5 und seinem Kontext», dans *Prophecy. Essays presented to
                        Georg Fohrer* (en collab.) (1980), 163-173.

*a*18034   1,7-6,15   HALPERN, B., «The Ritual Background of Zechariah's Temple Song»,
                        CBQ 40 (1978) 167-190.

*a*18035   1,8   HERTZBERG, H.W., «'Grüne' Pferde», ZDPV 69 (1953) 177-180.

*a*18036   2,1-4   GOOD, R.M., «Zechariah's Second Night Vision (Zech 2,1-4)», Bibl 63
                        (1982) 56-59.

*a*18037   2,12-13   VAN DER WOUDE, A.S., «Bemerkungen zu einigen umstrittenen
                        Stellen im Zwölfprophetenbuch», dans *Mélanges bibliques et orientaux
                        en l'honneur de M. Henri Cazelles* (en collab.) (1981), 483-499.

*a*18038   3   BLOCHER, H., «Zacharie 3», ETR 54 (1979) 264-270.

*a*18039   HARRELSON, W., «The Trial of the High Priest Joshua: Zechariah 3»,
                        ErIs 16 (1982) 116*-124*.

*a*18040   3,8-9   LE BAS, E.E., «Zechariah's Enigmatical Contribution to the Corner-
                        Stone», PEQ 82 (1950) 102-122.

*a*18041   3,8   DEVESCOVI, U., «Gli 'uomini del presagio'», BibOr 6 (1964) 173-180.

*a*18042   GAMBERONI, J., «'... denn sie sind eitel Wunder' (Sach 3,8). -
                        Priesterliches Amt und Charisma an einer Wende des Alten
                        Testamentes», TGl 70 (1980) 58-71.

*a*18043   4,1-14   KEEL, O., *Jahwe-Visionen und Siegelkunst*, «Der Leuchter zwischen
                        den Bäumen (Sach 4,1-6aα; 10b-11.13-14)» (1977), 274-320.

*a*18044   4,6   LONG, G.E.. «Not Standing on Your Own Two Feet», ExpTim 89
                        (1978) 214-215.

*a*18045   5,5-11   DELCOR, M., «La vision de la femme dans l'épha de Zach, 5,5-11 à la
                        lumière de la littérature hittite», RHR 187 (1975) 137-145.

*a*18046   4,7   LE BAS, E.E., «Zechariah's Enigmatical Contribution to the Corner-
                        Stone», PEQ 82 (1950) 102-122.

*a*18047   4,8-10   LE BAS, E.E., «Zechariah's Climax to the Career of the Corner-Stone»,
                        PEQ 83 (1951) 139-155.

*a*18048   4,14   VAN DER WOUDE, A.S., «Die beiden Söhne des Öls (Sach. 4:14):
                        messianische Gestalten?» dans *Travels in the World of the Old Testament*
                        (en collab.) (1974), 262-268.

*a*18049   6,9-14   DEMSKY, A., «The Temple Steward Josiah ben Zephaniah», IsrEJ 31
                        (1981) 100-102.

*a*18050   6,13   MASTIN, B.A., «A note on Zechariah vi 13», VT 26 (1976) 113-115.

*a*18051   9-14   WILLI-PLEIN, I., *Prophetie am Ende.* Untersuchungen zu Sacharja
                        9-14 (BBB 42) (Köln, Peter Hanstein, 1974), x-128 pp.

*a*18052   HANSON, P.D., *The Dawn of Apocalyptic* (1975), «Zechariah 9-14 and
                        the Development of the Apocalyptic Eschatology of the Visionaries»,
                        280-401.

*a*18053   FOHRER, G., *Die Propheten seit dem 4. Jahrhundert* (Die Propheten
                        des Alten Testaments, 6) (Gütersloh, Gerd Mohn, 1976), 41-65.

*a*18054   MASON, R.A., «The Relation of Zech 9-14 to Proto-Zechariah», ZAW
                        88 (1976) 227-239.

*a*18055   ELLUL, D., «Variations sur le thème de la guerre sainte dans le Deutéro-
                        Zacharie», ETR 56 (1981) 55-71.

*a*18056   HILL, A.E., «Dating Second Zechariah: A Linguistic Reexamination»,
                        HebAnR 6 (1982) 105-134.

*a*18057   MASON, R.A., «Some Examples of Inner Biblical Exegesis in Zech. IX-XIV», dans *Studia Evangelica* (en collab.) (1982), VII, 343-354.

*a*18058   9,1   VAN ZIJL, P.J., «A possible Interpretation of Zech. 9:1 and the Function of 'the Eye' ('Ayin) in Zechariah», JNWSemL 1 (1971) 59-67.

*a*18059   9,9-10   REHM, M., «Der Friedensfürst in Zach 9,9-10», BiLeb 9 (1968) 164-176.

*a*18060   9,10   SAEBØ, M., «Vom Grossreich zum Weltreich. Erwägungen zu Pss. lxxii 8, lxxxix 26; Sach. ix 10b», VT 28 (1978) 83-91.

*a*18061   11,4-17 MEYER, L.V., «An Allegory Concerning the Monarchy: Zech 11:4-17; 13:7-9», dans *Scripture in History & Theology* (en collab.) (1977), 225-240.

*a*18062   12,10   SCHNACKENBURG, R., «Das Schriftzitat in Joh 19,37», dans *Wort, Lied und Gottesspruch*. Beiträge zu Psalmen und Propheten (en collab.) (1972), 239-247.

*a*18063   13,7-9   MEYER, L.V., «An Allegory Concerning the Monarchy: Zech 11:4-17; 13:7-9», dans *Scripture in History & Theology* (en collab.) (1977), 225-240.

*a*18064   14,16-18 DELCOR, M., «Rites pour l'obtention de la pluie à Jérusalem et dans le Proche-Orient», RHR 178 (1970) 117-132.

TROISIÈME PARTIE. PART THREE. DRITTER TEIL.
TERZA PARTE. TERCERA PARTE.

NOUVEAU TESTAMENT.
NEW TESTAMENT.
NEUES TESTAMENT.
NUOVO TESTAMENTTO.
NUEVO TESTAMENTO.

I. INTRODUCTION. EINLEITUNG. INTRODUZIONE. INTRODUCCIÓN.

a) Bibliographie. Bibliography. Bibliographie. Bibliographia. Bibliografía.

b1   METZGER, B.M., *Supplement to Index of Articles on the New Testament and the Early Church Publisched in Festschriften* (JBL Monograph Series, Supplement to Volume V) (Philadelphia, Society of Biblical Literature, 1955), viii-20 pp.

b2   BROX, N., «Einleitung - Einführung - Einübung. Sammelbesprechung neutestamentlicher Einleitungswerke», BiLeb 6 (1965) 223-241.

b3   SEGALLA, G., «Quindici anni di Teologie del N.T. Una rassegna (1962-1977)», RivB 27 (1979) 359-395.

b4   DOTY, W.G., «The Discipline and Literature of New Testament. Form Criticism. I. Bibliography; II. Bibliographic Essay», AThR 51 (1969) 257-321.

b5   CONZELMANN, H., «Thèmes et tendances de l'exégèse du Nouveau Testament en Allemagne», ETR 46 (1971) 429-443.

b6   SCHELKLE, K.H., «Einleitung in das Neue Testament - Ein Literaturbericht», BiKi 28 (1973) 143-144.

b7   SCHÜRMANN, H., WANKE, J., *Die exegetische Seminararbeit*[5]. Arbeitsanweisungen für Seminarteilnehmer. Die wichtigsten Hilfsmittel für das Studium des Neuen Testaments (Leipzig, St. Benno, 1976), 44 pp.

b8   VIELHAUER, P., «Einleitung in das Neue Testament», TRu 42 (1977) 175-210.

b9   FRANCE, R.T., *A Bibliographical Guide to New Testament Research*[3] (Sheffield, JSOT Press, 1979), 56 pp.

b10   SCHARBERT, J., KNOCH, O., RADL, W., «1980 erschienene Einführungen in das Alte und Neue Testament», TR 77 (1981) 177-188.

b11   BIRDSALL, J.N., «Georgian Studies and the New Testament», NTS 29 (1983) 306-320.

b12   KÜMMEL, W.G., «Das Urchristentum», TRu 48 (1983) 101-128.

b) Études générales. General Studies. Allgemeine Abhandlungen.
Studi generali. Estudios generales.

b13   VAN UNNIK, W.C., «Contemporary Problems in New Testament Scholarship», dans *Hedendaagse problemen in de Nieuw-testamentische wetenschap* (Nijkerk, 1947), dans VAN UNNIK, W.C., *Sparsa Collecta* (1980), II, 217-240.

b14   NIELEN, J.M., «Gestalten des Neuen Testamentes», BiKi 9 (1954) 106-111.

b15   LACE, O.J., *Understanding the New Testament* (The Cambridge Bible Commentary on the New English Bible) (Cambridge, Cambridge University Press, 1965), x-168 pp.

b16 METZGER, B.M., *The New Testament*. Its Background, Growth, and Content (Nashville, Abingdon, 1965), 228 pp.

b17 BOURS, J., «Neun Worte. Von der täglichen Schriftlesung», BiLeb 7 (1966) 292-300.

b18 BRIGGS, R.C., *Interpreting the New Testament Today* (Nashville, Abingdon, 1973), 288 pp.

b19 KÖSTER, H., «New Testament Introduction. A Critique of a Discipline», dans *Christianity, Judaism and Other Greco-Roman Cults* (en collab.) (1975), I, 1-20.

b20 RIFE, J.M., *The Nature and Origin of the New Testament* (New York, Philosophical Library, 1975), xii-158 pp.

b21 TOUS, L., *Experiencias humanas de Dios* (Palma de Mallorca, 1975), 107 pp.

b22 NINEHAM, D.E., *New Testament Interpretation in an Historical Age* (London, University of London, The Athlone Press, 1976), 25 pp.

b23 BARTH, H., SCHRAMM, T., *Selbsterfahrung mit der Bibel*. Ein Schlüssel zum Lesen und Verstehen (München, J. Pfeiffer, 1977), 232 pp.

b24 HARRISON, R.K., WALTKE, B.K., GUTHRIE, D., FEE, G.D., *Biblical Criticism: Historical, Literary and Textual* (Grand Rapids, Michigan, Zondervan, 1978), 176 pp.

b25 NOLAN, A., *Jesus before Christianity* (Maryknoll, NY, Orbis Books, 1978), iv-156 pp.

b26 SCHIERSE, F.J., *Einleitung in das Neue Testament* (Leitfaden Theologie, 1) (Düsseldorf, Patmos, 1978), 171 pp.

b27 VIELHAUER, P., *Geschichte der urchristlichen Literatur*. Einleitung in das Neue Testament, die Apokryphen und die Apostolischen Väter (De Gruyter Lehrbuch) (Berlin, New York, De Gruyter, 1978), xxii-814 pp.

b28 GARCIA, S. e otros, *Iniciación a la lectura del Nuovo Testamento* (Temas Bíblicos) (Bilbao, Desclée de Brouwer, 1979), 360 pp.

b29 LOHSE, E., *Die Urkunde der Christen*. Was steht im Neuen Testament? (Stuttgart, Berlin, Kreuz, 1979), 190 pp.

b30 STUHLMACHER, P., *Vom Verstehen des Neuen Testaments*. Eine Hermeneutik (Grundrisse zum Neuen Testament, 6) (Göttingen, Vandenhoeck & Ruprecht, 1979), 262 pp.

b31 En collaboration, *À la découverte de la Bible*. II. Un seul Jésus Christ, une foule de témoins. Le nouveau testament (Paris, Les Éditions Ouvrières, 1980), 286 pp.

b32 CONZELMANN, H., LINDEMANN, A., *Arbeitsbuch zum Neuen Testament*[2] (Uni-Taschenbücher, 52) (Tübingen, Mohr-Siebeck, 1980), xvi-456 pp.

b33 HENRY, P., *New Directions in New Testament Study* (London, SCM Press, 1980), 320 pp.

b34 KLIJN, A.F.J., *An Introduction to the New Testament*, trans. M. van der Vathorst-Smit (rev. ed.) (Leiden, Brill, 1980), xiv-237 pp.

b35 KNOCH, O., *Begegnung wird Zeugnis*. Werden und Wesen des Neuen Testamentes (Biblische Basis Bücher, 6) (Kevelaer, Butzon & Bercker; Stuttgart, Katholisches Bibelwerk, 1980), 260 pp.

b36 KÖSTER, H., *Einführung in das Neue Testament* im Rahmen der Religionsgeschichte und Kulturgeschichte der hellenistischen und römischen Zeit (De Gruyter Lehrbuch) (Berlin, De Gruyter, 1980), xx-802 pp.

b37 MARTIN, R.P., «New Testament Theology: Impasse and Exit. The Issues», ExpTim 91 (1980) 264-269.

b38 WALTON, R.C. (Ed.), *A Basic Introduction to the New Testament* (London, SCM, 1980), 237 pp.

b39 WEDER-ALTHERR, H., *Taschen-Tutor Neues Testament* (Göttingen, Vandenhoeck & Ruprecht, 1980), 215 pp.

b40   CHARPENTIER, É., *Pour le Nouveau Testament* (Paris, Cerf, 1981), 128 pp.

b41   HAACKER, K., *Neutestamentliche Wissenschaft.* Eine Einführung in Fragestellungen und Methoden (Monographien und Studienbücher, 303) (Wuppertal, Brockhaus, 1981), 104 pp.

b42   HOOKER, M.D., «New Testament Scholarship: Its Significance and Abiding Worth», BJRL 63 (1981) 419-436.

b43   KECK, L.E., «Is the New Testament a Field of Study? or From Outler to Overbeck and Back», SeC 1 (1981) 19-35.

b44   RAMSAY, W.M., *The Layman's Guide to the New Testament* (Atlanta, John Knox, 1981), x-273 pp.

b45   LÖSER, W., «Dimensionen der Auslegung des Neuen Testaments», ThPh 57 (1982) 481-497.

b46   MARXSEN, W., «Einführung in das Studium des Neuen Testaments», EvT 42 (1982) 313-323.

b47   MARXSEN, W., «Erfahrungen im Umgang mit der Wahrheit», TLZ 107 (1982) 561-574.

c) Commentaires généraux. General Commentaries. Allgemeine Kommentare. Commenti generali. Comentarios generales.

b48   GANDER, G., «Les principaux commentaires protestants du Nouveau Testament en langue allemande», VC no 21 (1952) 38-43.

b49   HARVEY, A.E., *Companion to the New Testament* (The New English Bible) (Oxford, Oxford University Press; Cambridge, Cambridge University Press, 1970, 1979), 850 pp.

b50   ORR, N.B., «The rehabilitation of the Gospel», SJTh 24 (1971) 435-448.

b51   CORSANI, B., *Introduzione al Nuovo Testamento.* II. Lettere e Apocalisse (Torino, Claudiana, 1975), 330 pp.

b52   STÖGER, A., STAUDINGER, F., ZEILINGER, F., *Das Neue Testament.* Kommentierte Ausgabe (Klosterneuburg, Österreichisches Katholisches Bibelwerk, 1975), 799 pp.

b53   QUINZIO, S., *Un commento alla Bibbia.* IV. Sulle Lettere di Paolo, le Lettere Cattoliche e l'Apocalisse (Milano, Adelphi Edizioni, 1976), xvi-283 pp.

b54   BLAIKLOCK, E.M., *Commentary on the New Testament* (London, Hodder and Stoughton, 1977), 271 pp.

b55   KÜPPERBUSCH, H.P., «Der evangelisch-katholische Kommentar zum Neuen Testament. Seine Vorarbeiten, seine Rezensionen», Catho 32 (1978) 310-320.

b56   SCHENKE, H.-M., FISCHER, M.K., BETHGE, H.-G., SCHENKE, G., *Einleitung in die Schriften des Neuen Testaments.* II. Die Evangelien und die anderen neutestamentlichen Schriften (Gütersloh, G. Mohn, 1979), 360 pp.

d) Concordances N.T. - Konkordanzen N.T. - Concordanze N.T. - Concordancias N.T.

b57   ALAND, K. (Hrsg), *Vollständige Konkordanz zum griechischen Neuen Testament,* unter Zugrundlegung aller modernen kritischen Textausgaben und des Textus Receptus, in Verbindung mit H. RIESENFELD, H.-U. ROSENBAUM, Chr. HANNICK, neu zusammengestellt unter der Leitung von K. ALAND (Arbeiten zur Neutestamentlichen Textforschung, Bd IV/1) (Berlin, New York, De Gruyter, 1975ss).

b58   LUJAN. J. (Ed.), *Concordancias del Nuevo Testamento* (Biblioteca Herder, Sección de Sagrada Escritura, 135) (Barcelona, Herder, 1975), 623 pp.

b59   DARTON, M. (Ed), *Modern Concordance to the New Testament* (Garden City, NY, Doubleday, 1976), xxii-788 pp.

b60   NEIRYNCK, F., «La nouvelle Concordance du Nouveau Testament», ETL 52 (1976) 134-142; 54 (1978) 323-345; (*kata - men*) 55 (1979) 152-155; (*men - o*) 56 (1980) 132-138; (*o - polus*) 57 (1981) 360-362; 56 (1980) 438-442, dans NEIRYNCK, F., *Evangelica* (1982), 955-1002.

b61   MOULTON, W.F., GEDEN, A.S., *Concordance to the Greek Testament*, 5 ed. revised by Harold MOULTON (Edinburgh, T. & T. Clark, 1978), 1120 pp.

b62   MORRISON, C., *An Analytical Concordance to the Revised Standard Version of the New Testament* (Philadelphia, Westminster, 1979), xxvi-774 pp.

b63   BACHMANN, H., SLABY, W.A. (Hrsg), *Computer-Konkordanz zum Novum Testamentum Graece* von Nestle-Aland, 26. Auflage und zum *Greek New Testament*, 3. Auflage, herausgegeben vom Institut für Neutestamentliche Textforschung und vom Rechenzentrum der Universität Münster, under besonderer Mitwirkung von H. BACHMANN und W.A. SLABY (Berlin, New York, De Gruyter, 1980), 1964-64* Spalte.

b64   NEIRYNCK, F., «La Concordance de Franciscus Lucas Brugensis (1617)», ETL 55 (1979) 366-372, dans NEIRYNCK, F., *Evangelica* (1982), 947-953.

b65   RINALDI, G., «La 'Concordance de la Bible de Jérusalem'», BibOr 24 (1982) 187-188.

b66   NEIRYNCK, F., «The Westcott-Hort Marginal Readings in the Concordance», ETL 59 (1983) 114-126.

e) Critique textuelle. Textual Criticism. Textkritik. Critica testuale. Crítica textual.

Études générales. General Studies. Allgemeine Studien.
Studi generali. Estudios generales.

b67   SANDERS, H.A., «Recent Text Studies in the New Testament», AThR 16 (1934) 266-282.

b68   CLARK, K.W., «Textual Criticism and Doctrine», dans *Studia Paulina* in honorem Johannis de Zwaan (en collab.) (Haarlem, Bohn, 1953), 52-65, dans *The Gentile Bias* (1980), 90-103.

b69   CLARK, K.W., «The Effect of Recent Textual Criticism upon New Testament Studies», dans DAVIES, W.D., DAUBE, D., *The Background of the New Testament and its Eschatology* (en collab.), edited in honour of Charles Harold Dodd (Cambridge, University Press, 1964), 27-51, dans *The Gentile Bias* (1980), 65-89.

b70   CLARK, K.W., «The Theological Relevance of Textual Variation in Current Criticism of the Greek New Testament», JBL 85 (1966) 1-16, dand *The Gentile Bias* (1980), 104-119.

b71   CLARK, K.W., «Today's Problems with the Critical Text of the New Testament», dans RYLAARSDAM, J.C. (Ed.), *Transitions in Biblical Scholarship* (Essays in Divinity, 6) (Chicago, London, The University of Chicago Press, 1968), 157-169, dans *The Gentile Bias* (1980), 120-132.

b72   McREYNOLDS, P., «The Value and Limitations of the Claremont Profile Method», dans *Society of Biblical Literature. 1972 Proceedings* (en collab.) (1972), 1-7.

b73   EPP, E.J., «The Eclectic Method in New Testament Textual Criticism: Solution or Symptom?» HarvTR 69 (1976) 211-257.

b74   GIJSEL, J., «Le problème de la contamination», NT 18 (1976) 133-157.

b75   DUPLACY, J., MARTINI, C.M., «Bulletin de critique textuelle du Nouveau
        Testament. V», Bibl 58 (1977) 542-568.
b76   ELLIOTT, J.K., «Plaidoyer pour un éclectisme intégral appliqué à la critique textuelle
        du Nouveau Testament», RB 84 (1977) 5-25.
b77   PARKER, D., «The Development of Textual Criticism since B.H. Streeter», NTS 24
        (1977-78) 149-162.
b78   RICHARDS, W.L., «A Critique of a New Testament Text-Critical Methodology - The
        Claremont Profile Method», JBL 96 (1977) 555-566.
b79   AMPHOUX, C.-B., «L'exégèse peut-elle encore ignorer la critique textuelle? Question
        aux biblistes», ETR 53 (1978) 341-347.
b80   KILPATRICK, G.D., «Griesbach and the development of text criticism», dans *J.J.
        Griesbach: Synoptic and text-critical studies 1776-1976* (en collab.) (1978), 136-153.
b81   ALAND, K., «The twentieth-century interlude in New Testament textual criticism»,
        dans *Text and Interpretation* (en collab.) (1979), 1-14.
b82   EPP, E.J., «New Testament Textual Criticism in America: Requiem for a Discipline»,
        JBL 98 (1979) 94-98.
b83   EPP, E.J., «A Continuing Interlude in New Testament Textual Criticism», HarvTR 73
        (1980) 131-151.
b84   MARTINI, C.M., *La parola di Dio alle origini della Chiesa* (1980), «Eclecticism and
        Atticism in the Textual Criticism of the Greek New Testament» (1974), 145-152.
b85   JUNACK, K., «Abschreibpraktiken und Schreibergewohnheiten in ihrer Auswirkung
        auf die Textüberlieferung», dans *New Testament Textual Criticism* (en collab.) (1981),
        277-295.
b86   KILPATRICK, G.D., «Conjectural Emendation in the New Testament», dans *New
        Testament Textual Criticism* (en collab.) (1981), 349-360.
b87   RHODES, E.F., «Conjectural Emendations in Modern Translations», dans *New
        Testament Textual Criticism* (en collab.) (1981), 361-374.
b88   STRECKER, G., «Kirchengeschichte, Textkritik und Neues Testament», TLZ 106
        (1981) 65-72.
b89   ALAND, K., ALAND, B., *Der Text des Neuen Testaments. Einführung in die
        wissenschaftlichen Ausgaben zowie in Theorie und Praxis der modernen Textkritik*
        (Stuttgart, Deutsche Bibelgesellschaft, 1982), 342 pp.
b90   WENHAM, J.W., «Why do you ask me about the good? A Study of the Relation between
        Text and Source Criticism», NTS 28 (1982) 116-125.
b91   ROYSE, J.R., «The Treatment of Scribal Leaps in Metzger's Textual Commentary»,
        NTS 29 (1983) 539-551.

Manuscrits. Manuscripts. Handscriften. Manoscritti. Manuscritos.

b92   HATCH, W.H.P., «Six Coptic Fragments of the New Testament from Nitria», HarvTR
        26 (1933) 99-108.
b93   SCHMID, J., «Das Papyrus Bodmer II», BiKi 12 (1957) 69-70.
b94   CLARK, K.W., «Observations on the Erasmian Notes in Codex 2», dans *Studia
        Evangelica* (en collab.) (TU 73) (Hrsg. K. ALAND u.a.) (Berlin, Akademie Verlag,
        1959), 749-756, dans *The Gentile Bias* (1980), 165-172.
b95   BARTINA, S., «Catálogo de los papiros neotestamentarios», CuBi 17 (1960) 214-222.
b96   MARTINI, C.M., *La parola di Dio alle origini della Chiesa* (1980), «I papiri Bodmer
        e i nuovi orientamenti della critica testuale del N.T.» (1965), 91-101.

b97   METZGER, B.M., «Bibliographic Aids for the Study of the Manuscripts of the New Testament», AThR 48 (1966) 339-355.

b98   MARTINI, C.M., *La parola di Dio alle origini della Chiesa* (1980), «Il codice Vaticano greco 1209. Introduzione» (1968), 115-122.

b99   FEE, G.D., «P^{66}, P^{75} and Origen: The Myth of Early Textual Recension in Alexandria», dans *New Dimensions in New Testament Study* (en collab.) (1974), 19-45.

b100   FINEGAN, J., *Encountering New Testament Manuscripts*. A Working Introduction to Textual Criticism (Grand Rapids, Michigan, Eerdmans, 1974), 203 pp.

b101   ALAND, K., «Neue Neutestamentliche Papyri III», NTS 22 (1976) 375-396.

b102   EDWARDS, S.A., «P^{75} under the Magnifying Glass», NT 18 (1976) 190-212.

b103   MOIR, I.A., «Tischendorf and the Codex Sinaiticus», NTS 23 (1977) 108-115.

b104   BROCK, S., «The Syriac Euthalian Material and the Philoxenian Version of the NT», ZNW 70 (1979) 120-130.

b105   METZGER, B.M., «St Jerome's explicit references to variant readings in manuscripts of the New Testament», dans *Text and Interpretation* (en collab.) (1979), 179-190.

b106   PAULSEN, H., «Papyrus Oxyrhynchus I.5 und die *diadokhê tôn prophêton*», NTS 25 (1979) 443-453.

b107   RICHARDS, W.L., «Manuscript Grouping in Luke 10 by Quantitative Analysis», JBL 98 (1979) 379-391.

b108   CHARLESWORTH, J.H., «The Manuscripts of St. Catherine's Monastery», BA 43 (1980) 26-34.

b109   FISCHER, B., «Ein altlateinisches Evangelienfragment», dans *Text - Wort - Glaube* (en collab.) (1980), 84-111.

b110   MacKENZIE, R.S., «The Latin Column in Codex Bezae», JSNT n° 6 (1980) 58-76.

b111   MARTINI, C.M., *La parola di Dio alle origini della Chiesa* (1980), «Il papiro Bodmer VIII. Introduzione», 123-127.

b112   READER, W., «Entdeckung von Fragmenten aus zwei zerstörten neutestamentlichen Minuskeln (338 und 612)», Bibl 61 (1980) 407-411.

b113   METZGER, B.M., *Manuscripts of the Greek Bible*. An Introduction to Greek Palaeography (New York, Oxford, Oxford Unversity Press, 1981), ix-150 pp.

b114   BARTSCH, H.-W., «Über den Umgang der frühen Christenheit mit dem Text der Evangelien. Das Beispiel des Codex Bezae Cantabrigiensis», NTS 29 (1983) 167-182.

b115   ELLIOTT, J.K., «The Citation of Manuscripts in Recent Printed Editions of the Greek New Testament», NT 25 (1983) 97-132.

b116   MAYERSON, P., «Codex Sinaiticus: An Historical Observation», BA 46 (1983) 54-56.

Pères (Témoignage des). Patristic Evidence. Patristisches Zeugnis.
Citazioni patristice. Testimonio patristico.

b117   TREU, K., «Papyri und Patristik», Kairos 16 (1974) 97-114.

b118   DUPLACY, J., «Les *Regulae Morales* de Basile de Césarée et le texte du Nouveau Testament en Asie-Mineure au IVe siècle», dans *Text - Wort - Glaube* (en collab.) (1980), 69-83.

b119   SCHNEEMELCHER, W. (Hrsg.), *Bibliographia patristica*. Internationale patristische Bibliographie. In Verbindung mit vielen Faschgenossen herausgegeben von W. SCHNEEMELCHER XVIII/XIX. Die Erscheinungen der Jahre 1973 und 1974 (Berlin, New York, De Gruyter, 1980), 307 pp.

b120   QUISPEL, G., «The Diatessaron of Romanos», dans *New Testament Textual Criticism* (en collab.) (1981), 305-311.

*b*121　FREDE, H.J., «Neutestamentliche Zitate in Zeno von Verona», dans *New Testament Textual Criticism* (en collab.) (1981), 297-304.

Texte du N.T. - Text of the N.T. - Text des N.T. - Testo del N.T. - Texto del N.T.

*b*122　GRANT, F.C., «A New Greek-Latin New Testament», AThR 29 (1947) 247-250.
*b*123　ROSS, J.M., «The United Bible Societies' Greek New Testament», JBL 95 (1976) 112-121.
*b*124　DE JONGE, H.J., «Jeremias Hoelzlin: Editor of the 'Textus Receptus' printed by the Elzeviers Leiden 1633», dans *Miscellanea Neotestamentica* (en collab.) (1978), I, 105-128.
*b*125　ELLIOTT, J.K., «The third edition of the United Bible Societies' Greek New Testament», NT 20 (1978) 242-277.
*b*126　ALAND, K. (Hrsg.), *Novum Testamentum graece* post Eberhard NESTLE et Erwin NESTLE, communiter ediderunt Kurt ALAND et. al., apparatum criticum recensuerunt et editionem novis curis elaboraverunt Kurt ALAND et Barbara ALAND (26ᵃ ed.) (Stuttgart, Deutsch Bibelstiftung, 1979), 78-779 pp.
*b*127　ELLIOTT, J.K., «The Use of Brackets in the Text of the United Bible Societies Greek New Testament», Bibl 60 (1979) 575-577.
*b*128　LOHSE, E., «Novum Testamentum Graece Nestle - Aland 26. Auflage», ZNW 70 (1979) 262.
*b*129　ROYSE, J.R., «Von Soden's Accuracy», JTS 30 (1979) 166-171.
*b*130　AMPHOUX, C.-B., «Éditions récentes du Nouveau Testament grec», ETR 55 (1980) 427-433.
*b*131　DELOBEL, J., «Een nieuwe standaardtekst van het Nieuwe Testament - *A New Standard Text of the New Testament*», Bijdr. 41 (1980) 34-46 (English Summary).
*b*132　DUPLACY, J., «Une nouvelle édition critique du Nouveau Testament grec», RTL 11 (1980) 229-232.
*b*133　NEIRYNCK, F., «L'édition des Elzevier et le *Textus Receptus* du Nouveau Testament», ETL 56 (1980) 390-396, dans NEIRYNCK, F., *Evangelica* (1982), 934-940.
*b*134　STUPPERICH, R., «Schriftauslegung und Textkritik bei Laurentius Valla», dans *Text - Wort - Glaube* (en collab.) (1980), 220-233.
*b*135　ALAND, K., «Der neue 'Standard-Text' in seinem Verhältnis zu den frühen Papyri und Majuskeln», dans *New Testament Textual Criticism* (en collab.) (1981), 257-275.
*b*136　BARTSCH, H.-W., «Ein neuer Textus Receptus für das Neue Testament?» NTS 27 (1981) 585-592.
*b*137　BLACK, M., DAVIDSON, R., *Constantin von Tischendorf and The Greek New Testament* (Glasgow, University of Glasgow Press, 1981), 91 pp.
*b*138　ELLIOTT, J.K., «Comparing Greek New Testament Texts», Bibl 62 (1981) 401-405.
*b*139　ELLIOTT, J.K., «An Examination of the Twenty-Sixth Edition of Nestle-Aland *Novum Testamentum Graece*», JTS 32 (1981) 19-49.
*b*140　LARSON, S., «The 26th Edition of the Nestle-Aland *Novum Testamentum Graece*: A Limited Examination of its Apparatus», JSNT nᵒ 12 (1981) 53-68.
*b*141　MOIR, I.A., «Can We Risk Another 'Textus Receptus'?» JBL 100 (1981) 614-618.
*b*142　NIDA, E.A., «The New Testament Greek Text in the Third World», dans *New Testament Textual Criticism* (en collab.) (1981), 375-380.
*b*143　PATRICK, G.A., «1881-1981: The Centenary of the Westcott and Hort Text», ExpTim 92 (1981) 359-364.
*b*144　RINALDI, G., «Il nuovo Testamento greco», BibOr 23 (1981) 3-5.

b145   ALAND, K., «Ein neuer Textus Receptus für das griechische Neue Testament?» NTS 28 (1982) 145-153.

b146   FEE, G.D., «Origen's Text of the New Testament and the Text of Egypt», NTS 28 (1982) 348-364.

b147   SAHLIN, H., «Emendationsvorschläge zum griechischen Text des Neuen Testaments», NT 24 (1982) 160-189; 25 (1983) 74-88.

b148   ROSS, J.M., «Some Unnoticed Points in the Text of the New Testament», NT 25 (1983) 59-72.

f) Critique littéraire. Literary Criticism. Literarkritik. Critica letteraria. Crítica literaria.

Études générales. General Studies. Allgemeine Abhandlungen. Studi generali. Estudios generales.

b149   BERGER, K., «Wissenssoziologie und Exegese des Neuen Testaments», Kairos 19 (1977) 124-133.

b150   MARROU, H.-I., «Brève histoire de l'exégèse critique du Nouveau Testament», dans Les quatre fleuves no 7 (1977) 7-14.

Genres littéraires. Literary Genres. Literarische Gattungen. Generi letterari. Géneros literarios.

1) Études générales. General Studies. Allgemeine Abhandlungen. Studi generali. Estudios generales.

b151   HAAG, H., «Die literarischen Gattungen im Neuen Testament», dans Mysterium Salutis (en collab.) (1965), I, 331-335.

b152   BAIRD, J.A., «Genre Analysis as a Method of Historical Criticism», dans Society of Biblical Literature. 1972 Proceedings (en collab.) (1972), 385-411.

b153   DOTY, W.G., «The Concept of Genre in Literary Analysis», dans Society of Biblical Literature. 1972 Proceeding (en collab.) (1972), 413-448.

b154   GALBIATI, E., «Genere letterario e storia in Matteo 1-2», BibOr 15 (1973) 3-16, dans Scritti minori (1979), 141-155.

b155   FINKEL, A., «Midrash and the Synoptic Gospels, An Introductory Abstract», dans Society of Biblical Literature. 1977 Seminar Papers (en collab.) (1977), 251-256.

b156   LENTZEN-DEIS, F., «Methodische Überlegungen zur Bestimmung literarischer Gattungen im Neuen Testament», Bibl 62 (1981) 1-20.

b157   PAYNE, P.B., «Midrash and history in the Gospels with special reference to R.H. Gundry's Matthew», dans Gospel Perspectives (en collab.) (1983), III, 177-215.

2) Anamnèse. Anamnesis. Anamnesi. Anamnesia.

b158   DAHL, N.A., «Anamnesis», ST 1 (1948) 69-95.

b159   LEENHARDT, F.J., Ceci est mon corps (Neuchâtel, Paris, Delachaux, 1955), 76 pp.

b160   RORDORF, W., «Le sacrifice eucharistique», TZ 25 (1969) 336-353.

b161   BONNARD, P., «L'anamnèse, structure fondamentale de la théologie chrétienne au Ier siècle» (1961), dans Anamnesis (1980), 1-11.

3) Apocalypse. Apokalypse. Apocalisse. Apocalipsis.

b162   BORING, M.E., «The Apocalypse as Christian Prophecy», dans *Society of Biblical Literature. 1974 Seminar Papers* (en collab.) (1974), II, 43-62.

b163   CORSANI, B., «L'Apocalisse di Giovanni: Scritto apocalittico, o profetico?» BibOr 17 (1975) 253-268.

b164   COLLINS, J.J., «Introduction: Towards the Morphology of a Genre», Semeia 14 (1979) 1-20.

b165   COLLINS, J.J., «Pseudonymity, Historical Reviews and the Genre of the Revelation of John», CBQ 39 (1977) 329-343.

b166   COLLINS, A.Y., «The Early Christian Apocalypses», Semeia 14 (1979) 61-121.

b167   BOGAERT, P.-M., «Les apocalypses contemporaines de Baruch, d'Esdras et de Jean», dans *L'Apocalypse johannique et l'Apocalyptique dans le Nouveau Testament* (en collab.) (1980), 47-68.

b168   RAURELL, F., «Apocalíptica y Apocalipsis», EstF 81 (1980) 183-207.

b169   SCHÜSSLER FIORENZA, E., «Apokalypsis and Propheteia. The Book of Revelation in the Context of Early Christian Prophecy», dans *L'Apocalypse johannique et l'Apocalyptique dans le Nouveau Testament* (en collab.) (1980), 105-128.

b170   MÜLLER, U.B., «Literarische und formgeschichtliche Bestimmung der Apokalypse des Johannes als einem Zeugnis frühchristlicher Apokalyptik», dans *Apocalypticism in the Mediterranean World and the Near East* (en collab.) (1983), 599-619.

4) Discours. Discourses. Reden. Discorsi. Discursos.

b171   MUNCK, J., «Discours d'adieu dans le Nouveau Testament et dans la littérature biblique», dans *Aux sources de la tradition chrétienne* (en collab.) (1950), 155-170.

b172   FUNK, R.W., «The Significance of Discourse Structure for the Study of the New Testament», dans *No Famine in the Land* (en collab.) (1975), 209-221.

b173   CORTES, E., *Los Discursos de Adiós de GN 49 a JN 13-17* (Colectanea San Paciano, 23) (Barcelona, Facultad de Teología de Barcelona, Herder, 1976), 549 pp.

5) Hymnes. Hymns. Hymnen. Inni. Himnos.

b174   THOMPSON, L., «Hymns in Early Christian Worship», AThR 45 (1973) 458-472.

b175   HENGEL, M., «Hymn and Christology», dans *Studia Biblica 1978* (en collab.) (1980), III, 173-197.

b176   CHARLESWORTH, J.H., «A Prolegomenon to a New Study of the Jewish Background of the Hymns and Prayers in the New Testament», dans *Essays in Honour of Yigael Yadin*, JJS 33 (1982) 265-285.

b177   MARTIN, R.P., «New Testament Hymns: Background and Development», ExpTim 94 (1983) 132-136.

6) Lettres. Letters. Briefe. Lettere. Cartas.

b178   BAHR, G.J., «Paul and Letter Writing in the First Century», CBQ 28 (1966) 465-477.

b179   WHITE, J.L., «Epistolary Formulas and Clichés in Greek Papyrus Letters», dans *Society of Biblical Literature. 1978 Seminar Papers* (en collab.) (1978), II, 289-319.

7) Paraboles. Parables. Gleichnisse. Parabole. Parábolas.

b180   BRUSTON, C., «Trois erreurs apparentes dans les Évangiles synoptiques», ETR 6 (1931) 288-312.

b181   WALLACE, R.S., «The Parable and the Preacher», SJTh 2 (1949) 13-28.

b182   BONNARD, P., «Où en est la question des paraboles évangéliques?» VC n° 14 (1950) 81-89.

b183   TORRANCE, T.F., «A Study in New Testament Communication», SJTh 3 (1950) 298-313.

b184   BURGER, T., «Praktisch ausgeführte Parabeln Christi in Homilien», BiKi 9 (1954) 20-26.

b185   HICK, L., «Zum Verständnis des neutestamentlichen Parabelbegriffes», BiKi 9 (1954) 4-19.

b186   HERRANZ, A., «Las parábolas. Un problema y una solución», CuBi 12 (1955) 129-137.

b187   COLUNGA, A., «Las parábolas evangélicas», CuBi 13 (1956) 89-91.

b188   WILES, M.F., «Early Exegesis of the Parables», SJTh 11 (1958) 287-301.

b189   PLANAS, F., «Parábolas paralelas», CuBi 17 (1960) 211-213.

b190   ZIMMERMANN, H., «Das Christusbild der Gleichnisse», BiLeb 2 (1961) 92-105.

b191   FORSTER, A.H., «Parables and their Use», AThR 46 (1964) 188-194.

b192   BLANK, J., «Marginalien zur Gleichnisauslegung», BiLeb 6 (1965) 50-60.

b193   BORSCH, F.H., «Who Has Ears», AThR 52 (1970) 131-141.

b194   THISELTON, A.C., «The parables as language-event: some comments on Fuch's hermeneutics in the light of linguistic philosophy», SJTh 23 (1970) 437-468.

b195   FRANKEMÖLLE, H., «Hat Jesus sich selbst verkündet? Christologische Implikationen in den vormarkinischen Parabeln», BiLeb 13 (1972) 184-207.

b196   KLAUCK, H.-J., «Neue Beiträge zur Gleichissforschung», BiLeb 13 (1972) 214-230.

b197   BOUTTIER, M., «Les Paraboles du maître dans la tradition synoptique», ETR 48 (1973) 175-195.

b198   CROSSAN, J.D., «The Servant Parables of Jesus», dans *Society of Biblical Literature. 1973 Seminar Papers* (en collab.) (1973), II, 94-118.

b199   DOTY, W.G., «The Parables of Jesus, Kafka, Borges, and Others,   with Structural Observations», dans *Society of Biblical Literature. 1973 Seminar Papers* (en collab.) (1973), II, 119-141.

b200   RÄISÄNEN, H., *Die Parabeltheorie im Markusevangelium* (Schriften der Finnischen Exegetischen Gesellschaft, 26) (Helsinki, Finnish Exegetical Society, 1973), 137 pp.

b201   CHABROL, C., RASTIER, F., «Questions sur la parabole», dans CHABROL, C., MARIN, L., *Le récit évangélique* (1974), 135-136.

b202   COHEN, A.J.-J., «Le spectacle du sens dans le récit parabolique chez Matthieu», dans CHABROL, C., MARIN, L., *Le récit évangélique* (1974), 137-146.

b203   CROSSAN, J.D., «The Servant Parables of Jesus», Semeia 1 (1974) 17-62.

b204   CROSSAN, J.D., «Parable and Example in the Teaching of Jesus», Semeia 1 (1974) 63-104.

b205   CROSSAN, J.D., «Structuralist Analysis and the Parables of Jesus», Semeia 1 (1974) 192-221.

b206   CROSSAN, J.D., «A Basic Bibliography for Parables Research», Semeia 1 (1974) 236-274.

b207   DERRETT, J.D.M., «Allegory and the Wicked Vinedressers», JTS 25 (1974) 426-432, dans *Studies in the New Testament* (1978), II, 92-98.

b208   DOTY, W.G., «The Parables of Jesus, Kafka, Borges, and Others, with Structural Observations», Semeia 2 (1974) 152-193.

*b*209   FUNK, R.W., «Critical Note», Semeia 1 (1974) 182-191.

*b*210   FUNK, R.W., «Structure in the Narrative Parables of Jesus», Semeia 2 (1974) 51-73.

*b*211   MARIN, L., «Pour une théorie du texte parabolique», dans CHABROL, C., MARIN, L., *Le récit évangélique* (1974), 165-192.

*b*212   MELLON, C., «La parabole, manière de parler, manière d'entendre», dans CHABROL, C., MARIN, L., *Le récit évangélique* (1974), 147-161.

*b*213   PETERSEN, N.R., «On the Notion of Genre in Via's 'Parable and Example Story: A Literary-Structuralist Approach'», Semeia 1 (1974) 134-181.

*b*214   VAN ELDEREN, B., «The Purpose of the Parables According to Matthew 13:10-17», dans *New Dimensions in New Testament Study* (en collab.) (1974), 180-190.

*b*215   VIA, D.O., Jr., «Parable and Example Story: A Literary-Structuralist Approach», Semeia 1 (1974) 105-133.

*b*216   WILDER, A.N., «The Parable of the Sower: Naiveté and Method in Interpretation», Semeia 2 (1974) 134-151.

*b*217   CARLSTON, C.E., *The Parables of the Triple Tradition* (Philadelphia, Fortress, 1975), xviii-249 pp.

*b*218   MENESTRINA, G., «Le parabole nell''Evangelo di Tommaso' e nei sinottici», BibOr 17 (1975) 79-92.

*b*219   MERENDINO, R.P., «'Ohne Gleichnisse redete er nicht zu ihnen'. Zu Mk 4,1-34», dans *Homenaje a Juan Prado* (en collab.) (1975), 341-371.

*b*220   PROVERA, M., *Le parabole evangeliche ed il loro messaggio* (Quaderni de 'La Terra Santa') (Jerusalem, Franciscan Printing Press, 1975), 171 pp.

*b*221   ALEXANDRE, J., «Note sur l'esprit des paraboles, en réponse à Paul Ricoeur», ETR 51 (1976) 367-372.

*b*222   BAILEY, K.E., *Poet and Peasant*. A Literary Cultural Approach to the Parables in Luke (Grand Rapids, Eerdmans, 1976), 238 pp.

*b*223   BORING, M.E., «The Paucity of Sayings in Mark: A Hypothesis», dans *Society of Biblical Literature. 1977 Seminar Papers* (en collab.) (1977), 371-377.

*b*224   CROSSAN, J.D., «Parable, Allegory, and Paradox», dans *Semiology and Parables* (en collab.) (1976), 247-281.

*b*225   CROSSAN, J.D., «Hidden Treasure Parables in Late Antiquity», dans *Society of Biblical Literature. 1976 Seminar Papers* (en collab.) (1976), 359-379.

*b*226   DE TRYON-MONTALEMBERT, R., «La traditon des conteurs hébraïques», VS 130 (1976) 492-503.

*b*227   JOHNSTON, R.M., «The Study of Rabbinic Parables: Some Preliminary Observations», dans *Society of Biblical Literature. 1976 Seminar Papers* (en collab.) (1976), 337-357.

*b*228   LITTLE, J.C., «Parable Research in the Twentieth Century. I. The Predecessors of J. Jeremias; II. The Contribution of J. Jeremias; III. Developments since J. Jeremias», ExpTim 87 (1976) 356-360; 88 (1976) 40-43, 71-75.

*b*229   MANIGNE, J.-P., «Il ne leur parlait pas sans paraboles», VS 130 (1976) 484-491.

*b*230   PERRIN, N., *Jesus and the Language of the Kingdom*. Symbol and Metaphor in New Testament Interpretation (London, SCM Press, 1976), 225 pp.

*b*231   RICOEUR, P., «Le 'Royaume' dans les paraboles de Jésus», ETR 51 (1976) 15-19.

*b*232   SABOURIN, L., «The Parables of the Kingdom», BTB 6 (1976) 115-160.

*b*233   TROCMÉ, É., «Why Parables? A Study of Mark IV», BJRL 59 (1976-77) 458-471.

*b*234   ALMEIDA, I., «Pour une définition formelle du récit-parabole», SemBib nº 6 (1977) 27-34.

*b*235   BOUCHER, M., *The Mysterious Parable*. A Literary Study (CBQ Monograph Series, 6) (Washington, DC, The Catholic Biblical Association of America, 1977), 101 pp.

b236   DARRAULT, I., «La communication parabolique - Matthieu 13,1-53. V. Le discours parabolique ou le miracle de la multiplication du sens», SemBib n° 6 (1977) 13-26.

b237   DUPONT, J., *Pourquoi des Paraboles?* La méthode parabolique de Jésus (Lire la Bible, 46) (Paris, Cerf, 1977), 120 pp.

b238   EVANS, C.F., *Parable and Dogma* (London, Athlone, 1977), 21 pp.

b239   GROUPE D'ENTREVERNES, *Signes et paraboles* (en collab.), «Miracles et paraboles dans le récit évangélique» (1977), 172-212.

b240   JOHNSTON, R.M., «Greek Patristic Parables», dans *Society of Biblical Literature. 1977 Seminar Papers* (en collab.) (1977), 215-229.

b241   McGAUGHY, L.C., «Pagan Hellenistic Literature: The Babrian Fables», dans *Society of Biblical Literature. 1977 Seminar Papers* (en collab.) (1977), 205-214.

b242   SELLIN, G., «Luke as parable narrator», TDig 25 (1977) 53-60.

b243   STEGNER, W.R., *An Introduction to the Parables through Programmed Instruction* (Washington, DC, University Press of America, 1977), 82 pp.

b244   WEINERT, F.D., «The Parable of the Throne Claimant (Luke 19:12,14-15a,27) Reconsidered», CBQ 39 (1977) 505-514.

b245   BEARDSLEE, W.A., «Parable, Proverb, and Koan», Semeia 12 (1978) 151-177.

b246   BELLINI, E., «L'interpretazione origeniana delle parabole nel 'Commento a Matteo'», ScuolC 106 (1978) 393-413.

b247   BREECH, E., «Kingdom of God and the Parables of Jesus», Semeia 12 (1978) 15-40.

b248   DONAHUE, J.R., «Miracle, Mystery and Parable», Way 18 (1978) 252-262.

b249   DONAHUE, J.R., «Jesus as the Parable of God in the Gospel of Mark», Interpr 32 (1978) 369-386.

b250   HUFFMAN, N.A., «Atypical Features in the Parables of Jesus», JBL 97 (1978) 207-220.

b251   MAGASS, W., «Bemerkungen zur Gleichnisauslegung», Kairos 20 (1978) 40-52.

b252   PESCH, R., KRATZ, R., *So Liest man synoptisch* IV (1978), «Gleichnisse und Bildreden», Teil I u. II, 96-77 pp.

b253   SELLIN, G., «Allegorie und 'Gleichnis'. Zur Formenlehre der synoptischen Gleichnisse», ZTK 75 (1978) 281-335.

b254   STURCH, R.L., «Jeremias and John: Parables in the Fourth Gospel», ExpTim 89 (1978) 235-238.

b255   WEDER, H., *Die Gleichnisse Jesu als Metaphern.* Traditions- und redaktionsgeschichtliche Analysen und Interpretationen (FRLANT 120) (Göttingen, Vandenhoeck & Ruprecht, 1978), 312 pp.

b256   ALMEIDA, I., «Trois cas de rapports intra-textuels: la citation, la parabolisation, le commentaire», SemBib n° 15 (1979) 23-42.

b257   CROSSAN, J.D., «Paradox gives rise to metaphor. Paul Ricoeur's hermeneutics and the parables of Jesus», BiRes 24-25 (1979-80) 20-37.

b258   HUNTER, A.M., «The New Look at the Parables», dans *From Faith to Faith* (en collab.) (1979), 191-199.

b259   KISSINGER, W.S., *The Parables of Jesus.* A History of Interpretation and Bibliography (ATLA Bibliography Series, 4) (Metuchen, NJ, London, Scarecrow Press, 1979), xxiv-439 pp.

b260   RICOEUR, P., «A response» [to CROSSAN, J.D., BiRes 24-25 (1979-80) 20-37], BiRes 24-25 (1979-80) 70-80.

b261   BAILEY, K.E., *Through Peasant Eyes.* More Lucan Parables, Their Culture and Style (Grand Rapids, Eerdmans, 1980), xxiii-187 pp.

b262   CROSSAN, J.D., *Cliffs of Fall.* Paradox and Polyvalence in the Parables of Jesus (New York, Seabury, 1980), viii-120 pp.

b263   KEE, H.C., «Polyvalence and Parables: Anyone Can Play», dans *SBL 1980 Seminar Papers* (en collab.) (1980), 57-61.

b264   KISTEMAKER, S.J., *The Parables of Jesus* (Grand Rapids, Baker, 1980), xxvi-301 pp.

b265   LAMBRECHT, J., «Les paraboles dans les Synoptiques», NRT 102 (1980) 672-691.

b266   LAMBRECHT, J., *Tandis qu'Il nous parlait.* Introduction aux paraboles, trad. M. Claes (Le Sycomore, 'Chrétiens aujourd'hui', 7) (Paris, Lethielleux, 1980), 304 pp.

b267   TOLBERT, M.A., «Polyvalence and the Parables: A Consideration of J.D. Crossan's *Cliffs of Fall*», dans *SBL 1980 Seminar Papers* (en collab.) (1980), 63-67.

b268   TRACY, D., «Reflections on John Dominic Crossan's *Cliffs of Fall*: Paradox and Polyvalence in the Parables of Jesus», dans *SBL 1980 Seminar Papers* (1980), 69-74.

b269   WEDER, H., *Die Gleichnisse Jesu als Metaphern.* Traditions- und redaktionsgeschichtliche Analysen und Interpretationen. Zweite, durchgesehene Auflage (FRLANT 120) (Göttingen, Vandenhoeck & Ruprecht, 1980), 312 pp.

b270   ARENS, E., «Gleichnisse als kommunikative Handlungen Jesu. Überlegungen zu einer pragmatischen Gleichnistheorie», ThPh 56 (1981) 47-69.

b271   CARLSTON, C.E., «Parable and Allegory Revisited: An Interpretive Review», CBQ 43 (1981) 228-242.

b272   FLUSSER, D., *Die rabbinischen Gleichnisse und der Gleichniserzähler Jesus. 1. Teil: Das Wesen der Gleichnisse* (Judaica et Christiana, 4) (Bern, Frankfurt/M, Las Vegas, P. Lang. 1981), 336 pp.

b273   KEMMER, A., *Gleichnisse Jesu.* Wie man sie lesen und verstehen soll (Herderbücherei, 875) (Freiburg, Basel, Vienna, Herder, 1981), 128 pp.

b274   LAMBRECHT, J., *Once More Astonished.* The Parables of Jesus (New York, Crossroad, 1981), xiv-245 pp.

b275   PAYNE, P.B., «The Authenticity of the Parables of Jesus», dans *Gospel Perspectives* (en collab.) (1981), II, 329-344.

b276   PERKINS, P., *Hearing the Parables of Jesus* (New York, Ramsey, NJ, Paulist, 1981), vi-224 pp.

b277   ROGUET, A.-M., «Paraboles oubliées», VS 135 (1981) 334-360.

b278   ROUILLER, G., «Parabole et mise en abyme», dans *Mélanges Dominique Barthélemy* (en collab.) (1981), 317-333.

b279   SCOTT, B.B., «Parables of Growth Revisited», BTB 11 (1981) 3-9.

b280   SCOTT, B.B., *Jesus, Symbol-Maker for the Kingdom* (Philadelphia, Fortress, 1981), viii-182 pp.

b281   SIDER, J.W., «The Meaning of Parabole in the Usage of the Synoptic Evangelists», Bibl 62 (1981) 453-470.

b282   STEIN, R.H., *An Introduction to the Parables of Jesus* (Philadelphia, Westminster, 1981), 180 pp.

b283   SUTER, D.W., «*Mašal* in the Similitudes of Enoch», JBL 100 (1981) 193-212.

b284   VON JÜCHEN, A., *Die Kampfgleichnisse Jesu* (Lese-Zeichen) (München, Kaiser, 1981), 165 pp.

b285   FRANKEMÖLLE, H., «Kommunikatives Handeln in Gleichnissen Jesu. Historische-kritische und pragmatische Exegese. Ein kritische Sichtung», NTS 28 (1982) 61-90.

b286   JONES, P.R., *The Teaching of the Parables* (Nashville, TN, Broadman, 1982), 263 pp.

b287   SEVRIN, J.-M., «Paroles et paraboles de Jésus dans les écrits gnostiques coptes», dans *Logia* (en collab.) (1982), 517-528.

b288   THOMA, C., «Prolegomena zu einer Übersetzung und Kommentierung der rabbinischen Gleichnisse», TZ 38 (1982) 514-531.

b289   BAUCKHAM, R., «Synoptic Parousia Parables Again», NTS 29 (1983) 129-134.

*b*290　BOYS, M.C., «Parabolic Ways of Teaching», BTB 13 (1983) 82-89.

*b*291　DAVIES, S., «A Cycle of Jesus's Parables», BA 46 (1983) 15-17.

*b*292　FUSCO, V., «Un utile bilancio degli studi sulle parabole», BibOr 25 (1983) 235-239.

*b*293　FUSCO, V., *Oltre la Parabola*. Introduzione alle parabole di Gesu (Città di Castello, Borla, Patavina, 1983), 294 pp.

*b*294　HEDRICK, C.W., «Kingdom Sayings and Parables of Jesus in the *Apocryphon of James*: Tradition and Redaction», NTS 29 (1983) 1-24.

*b*295　POPKES, W., «Die Funktion der Sendschreiben in der Johannes-Apokalypse. Zugleich ein Beitrag zur Spätgeschichte der neutestamentlichen Gleichnisse», ZNW 74 (1983) 90-107.

*b*296　RADL, W., «Zur Struktur der eschatologischen Gleichnisse Jesu», TrierTZ 92 (1983) 122-133.

*b*297　SIDER, J.W., «Rediscovering the Parables: The Logic of the Jeremias Tradition», JBL 102 (1983) 61-83.

8) Pronouncement Stories.

*b*298　BREECH, E., «Stimulus-Response and Declaratory, Pronouncement Stories in Philostratus», dans *Society of Biblical Literature. 1977 Seminar Papers* (en collab.) (1977), 257-271.

*b*299　NASSEN, P.J., «A Typology of Pronouncement Stories in Diogenes Laertius' Lives and Opinions of Eminent Philosophers», dans *Society of Biblical Literature. 1977 Seminar Papers* (en collab.) (1977), 273-278.

*b*300　VANDERKAM, J.C., «A Typological Analysis of Intertestamental Pronouncement Stories», dans *Society of Biblical Literature. 1977 Seminar Papers* (en collab.) (1977), 279-284.

*b*301　STROKER, V.K., «The Pronouncement Story in Early Christian Apocryphal Literature», dans *Society of Biblical Literature. 1978 Seminar Papers* (en collab.) (1978), II, 39-46.

*b*302　SPENCER, R.A., «The Pronouncement Stories in Plutarch's *Moralia*: A Typological Re-evaluation», dans *Society of Biblical Literature. 1979 Seminar Papers* (en collab.) (1979), II, 223-232.

*b*303　TANNEHILL, R.C., «Synoptic Pronouncement Stories: Form and Function», dans *SBL 1980 Seminar Papers* (en collab.) (1980), 51-56.

*b*304　ALSUP, J.E., «Type, Place, and Function of the Pronouncement Story in Plutarch's *Moralia*», Semeia 20 (1981) 15-27.

*b*305　GREENSPOON, L., «The Pronouncement Story in Philo and Josephus», Semeia 20 (1981) 73-80.

*b*306　POULOS, P.N., «Form and Function of the Pronouncement Story in Diogenes Laertius' *Lives*», Semeia 20 (1981) 53-63.

*b*307　ROBBINS, V.K., «Classifying Pronouncement Stories in Plutarch's *Parallel Lives*», Semeia 20 (1981) 29-52.

*b*308　STROKER, W.D., «Examples of Pronouncement Stories in Early Christian Apocryphal Literature», Semeia 20 (1981) 133-141.

*b*309　TANNEHILL, R.C., «Introduction: The Pronouncement Story and Its Types», Semeia 20 (1981) 1-13.

*b*310　TANNEHILL, R.C., «Varieties of Synoptic Pronouncement Stories», Semeia 20 (1981) 101-119.

*b*311　VANDERKAM, J.C., «Intertestamental Pronouncement Stories», Semeia 20 (1981) 65-72.

9) Récit. Narrative. Bericht. Racconto. Narración.

b312   GÜTTGEMANNS, E., «Narrative Analysis of Synoptic Texts», Semeia 6 (1976) 127-179.
b313   BREMOND, C., «The Narrative Message», Semeia 10 (1978) 5-55.
b314   CROSSAN, J.D., «A Form for Absence: The Markan Creation of Gospel», Semeia 12 (1978) 41-55.
b315   PATTE, D., «Universal Narrative Structures and Semantic Frameworks», Semeia 10 (1978) 123-135.
b316   PETERSEN, N.R., «'Point of View' in Mark's Narrative», Semeia 12 (1978) 97-121.
b317   PROPP, V., «Structure and History in the Study of the Fairy Tale», Semeia 10 (1978) 57-83.
b318   RICOEUR, P., «The Narrative Function», Semeia 13 (1978) 177-202.
b319   VIA, D.O., Jr., «Narrative World and Ethical Response: The Marvelous and Righteousness in Matthew 1-2», Semeia 12 (1978) 123-149.

10) Récit de miracle. Miracle Story. Wundergeschichte. Racconto di miracolo. Narración de milagro.

b320   MAERTENS, J.-T., «La structure des récits de miracles dans les synoptiques», SR 6 (1976-77) 253-266.
b321   ACHTEMEIER, P.J., «An imperfect union: reflections on Gerd Theissen, *Urchristliche Wundergeschichten*», Semeia 11 (1978) 49-68.
b322   ACHTEMEIER, P.J., «'And they followed him': Miracles and Discipleship in Mark 10:46-52», Semeia 11 (1978) 115-145.
b323   BETZ, H.D., «The Early Christian Miracle Story: Some Observations on the Form Critical Problem», Semeia 11 (1978) 69-81.
b324   BOERS, H., «Sisyphus and his rock, concerning Gerd Theissen, *Urchristliche Wundergeschichten*», Semeia 11 (1978) 1-48.
b325   FUNK, R.W., «The Form of the New Testament Healing Miracle Story», Semeia 12 (1978) 57-96.
b326   WIRE, A.C., «The Structure of the Gospel Miracle Stories and Their Tellers», Semeia 11 (1978) 83-113.
b327   NEIRYNCK, F., «The Miracle Stories in the Acts of The Apostles. An Introduction», dans *Les Actes des Apôtres*. Traditions, rédaction, théologie (en collab.) (1979), 169-213.

11) Autres genres. Other Genres. Andere Gattungen. Altri generi. Otros géneros.

b328   THYEN, H., *Der Stil der jüdisch-hellenistischen Homilie* (FRLANT 65) (Göttingen, Vandenhoeck & Ruprecht, 1955), 130 pp.
b329   HERMANN, I., «Aussageformen im Neuen Testament», BiLeb 1 (1960) 110-117.
b330   MULLINS, T.Y., «New Testament Commission Forms, Especially in Luke-Acts», JBL 95 (1976) 603-614.
b331   SNYDER, G.F., «The *Tobspruch* in the New Testament», NTS 23 (1977) 117-120.
b332   MANNS, F., «Halakah in Matthew's gospel», TDig 27 (1979) 151-154.
b333   GUILLEMETTE, P., «La forme des récits d'exorcisme de Bultmann. Un dogme à reconsidérer», ET 11 (1980) 177-193.
b334   HAHN, F., «Die christologische Begründung urchristlicher Paränese», ZNW 72 (1981) 88-99.
b335   BUCHANAN, G.W., «Chreias in the New Testament», dans *Logia* (en collab.) (1982), 501-505.

*b*336   VORSTER, W.S., «Kerygma/History and the Gospel Genre», NTS 29 (1983) 87-95.

Divers. Miscellaneous. Verschiedenes. Diversi. Diversos.

*b*337   GINGRICH, F.W., «The Classics and the New Testament», AThR 15 (1933) 300-304.
*b*338   DEY, J., «Von der Sprache des Neuen Testaments», BiLeb 1 (1960) 39-50.
*b*339   KIEFFER, R., *Essais de méthodologie néo-testamentaire* (Conjectanea Biblica, N.T. Series, 4) (Lund, CWK Gleerup, 1972), 86 pp.
*b*340   BOWDEN, J., «Great Expectations? The New Testament Critic and his Audience», dans *What about the New Testament?* (en collab.) (1975), 1-12.
*b*341   HOOKER, M., «In his own Image?» dans *What about the New Testament?* (en collab.) (1975), 28-44.
*b*342   BRUCE, F.F., «The New Testament and Classical Studies», NTS 22 (1976) 229-242.
*b*343   GÜTTGEMANNS, E., «Linguistic-Literary Critical Foundation of a New Testament Theology», Semeia 6 (1976) 181-220.
*b*344   BÄCHLI, O., «'Was habe ich mit Dir zu schaffen?' Eine formelhafte Frage im A.T. und N.T.», TZ 33 (1977) 69-80.
*b*345   GASQUE, W.W., «Nineteenth-Century Roots of Contemporary New Testament Criticism», dans *Scripture, Tradition, and Interpretation* (en collab.) (1978), 146-156.
*b*346   McKNIGHT, E.V., «Generative Poetics as New Testament Hermeneutics», Semeia 10 (1978) 107-121.
*b*347   MINEAR, P.S., «An Early Christian Theopoetic?» Semeia 12 (1978) 201-214.
*b*348   YAGI, S., «Das Ich bei Paulus und Jesu - zum neutestamentlichen Denken», AJBI 5 (1979) 133-153.
*b*349   DI MARCO, A., *Il chiasmo nella bibbia.* Contributi di stilistica strutturale (Ricerche e proposte, 1) (Torino, Marietti, 1980), 215 pp.
*b*350   ELLIS, E.E., «Dating the New Testament», NTS 26 (1980) 487-502.
*b*351   REHKOPF, F., «Der 'Parallelismus' im NT. Versuch einer Sprachregelung», ZNW 71 (1980) 46-57.
*b*352   NIDA, E.A. and others, *Style and Discourse.* With special reference to the text of the Greek New Testament (New York, United Bible Societies, 1983), vi-199 pp.

g) Milieu culturel et religieux. Cultural and Religious Milieu. Kulturelles und religiöses Milieu. Ambiente culturale e religioso. Medio cultural y religioso.

1) Judaïsme. Judaism. Judentum. Giudaismo. Judaísmo.

Études générales. General Studies. Allgemeine Abhandlungen. Studi generali. Estudios generales.

*b*353   FILSON, F.V., «The Separation of Christianity from Judaism», AThR 21 (1939) 171-185.
*b*354   MENOUD, P.-H., «L'Église naissante et le judaïsme», ETR 27, n° 1 (1952) 53 pp.
*b*355   DAVIES, W.D., *Invitation to the New Testament*, «The Background in First-Century Judaism» (1969), 26-38.
*b*356   GEIST, H., «Jesus vor Israel - der Ruf zur Sammlung», dans *Die Aktion Jesu und die Re-Aktion der Kirche* (en collab.) (1972), 31-64.
*b*357   FLUSSER, D., «Theses on the Emergence of Christianity from Judaism», Immanuel 5 (1975) 74-84.

b358   GRELOT, P., «Le judaïsme de langue grecque», dans *Introduction à la Bible* (sous la direction de A. GEORGE et P. GRELOT), Tome III, Volume 1 (1976), 164-188.

b359   LE DÉAUT, R., «La vie religieuse et sociale», dans *Introduction à la Bible* (sous la direction de A. GEORGE et P. GRELOT), Tome III, Volume 1 (1976), 76-106.

b360   LOWE, M., «Who were the *Ioudaioi*?» NT 18 (1976) 101-130.

b361   PAUL, A., LE DÉAUT, R., «Le contexte politique, économique et social du judaïsme palestinien», dans *Introduction à la Bible* (sous la direction de A. GEORGE et P. GRELOT), Tome III, Volume 1 (1976), 57-106.

b362   DEL VERME, M., *Communione e condivisione dei beni.* Chiesa primitiva e giudaismo esseno-qumranico a confronto (Brescia, Morcelliana, 1977), 150 pp.

b363   LINDESKOG, G., «Jews and Judaism in the New Testament. Four theses», ASTI 11 (1978) 63-67.

b364   PIPER, O.A., «The Novelty of the Gospel», dans *Saved by Hope* (en collab.) (1978), 145-149.

b365   CHARLIER, C., *Le christianisme*, «Le témoignage de l'Ancien Testament: l'enracinement juif» (1979), I, 121-138.

b366   PERROT, C., *Jésus et l'histoire*, «Jésus et le judaïsme» (1979), 95-166.

b367   SANDMEL, S., «Palestinian and Hellenistic Judaism and Christianity: The Question of the Comfortable Theory», HUCA 50 (1979) 137-148.

b368   FLUSSER, D., «Das Schisma zwischen Judentum und Christentum», EvT 40 (1980) 214-239.

b369   JOSSA, G., *Gesù e movimenti di liberazione della Palestina* (Biblioteca di cultura religiosa, 37) (Brescia, Paideia Editrice, 1980), 347 pp.

b370   PERROT, C., OUELLETTE, J., «L'originalité de Jésus dans le judaïsme du premier siècle», dans *Jésus aujourd'hui* (en collab.) (1980), I, 111-121.

b371   RICHES, J., *Jesus and the Transformation of Judaism* (London, Darton, Longman & Todd, 1980), x-254 pp.

b372   RIESNER, R., «Jüdische Elementarbildung und Evangelien-Überlieferung», dans *Gospel Perspectives* (en collab.) (1980), 209-223.

b373   SAENZ DE SANTA MARIA, M., «Jesús, El Judío», BibFe 6 (1980) 17-27.

b374   MEYERS, E.M., STRANGE, J.F., *Archaeology, the Rabbis, and Early Christianity.* The Social and Historical Setting of Palestinian Judaism and Christianity (Nashville, TN, Abingdon, 1981), 207 pp.

b375   ECHEGARAY, H., *La práctica de Jesús* (Salamanca, Ed. Sigueme, 1982), 207 pp.

b376   MURRAY, R., «Jews, Hebrews and Christians: Some Needed Distinctions», NT 2 (1982) 194-208.

b377   WILCOX, M., «Jesus in the Light of his Jewish Environment», dans *Aufstieg und Niedergang der römischen Welt*, II. *Principat*, 25. Band, 1. Halbband (1982), 131-195.

b378   BORGEN, P., «The Early Church and the Hellenistic Synagogue», ST 37 (1983) 55-78.

Histoire. History. Geschichte. Storia. Historia.

b379   CANTINEAU, J., «Quelle langue parlait le peuple en Palestine au Ier siècle de notre ère?» Sem. 5 (1955) 99-101.

b380   SCHWARTZMAN, S.D., «How Well Did the Synoptic Evangelists Know the Synagogue?» HUCA 24 (1952-53) 115-132.

b381   FREEBORN, J., «Jesus and Sectarian Judaism», dans *Studia Biblica 1978. II. Papers on the Gospels* (en collab.) (1978), 95-109.

*b*382   SIMON, M., «Situation du Judaïsme Alexandrin dans la Diaspora (*Philon d'Alexandrie*, Paris 1967, 17-33)», dans SIMON, M., *Le Christianisme antique et son contexte religieux* (1981), 356-370.

*b*383   CLARK, K.W., «The Israel of God», dans AUNE, D.E. (Ed.), *Studies in New Testament and Early Christian Literature* (en collab.), Essays in Honor of Allen P. Wikgren (SuppNT 33) (Leiden, Brill, 1972), 161-169, dans *The Gentile Bias* (1980), 21-29.

*b*384   RIVKIN, E., «Beth Din, Boulé, Sanhedrin: A Tragedy of Errors», HUCA 46 (1975) 181-199.

*b*385   MEEKS, W.A., «Jews and Christians in Antioch in the First Four Centuries», dans *Society of Biblical Literature. 1976 Seminar Papers* (en collab.) (1976), 33-65.

*b*386   STENDAHL, K., *Paul Among Jews and Gentiles and Other Essays*, «Paul Among Jews and Gentiles» (1976), 1-7.

*b*387   WILKEN, R.L., «The Jews of Antioch», dans *Society of Biblical Literature. 1976 Seminar Papers* (en collab.) (1976), 67-74.

*b*388   STEMBERGER, G., «Die sogennante 'Synode von Jabne' und das frühe Christentum», Kairos 19 (1977) 14-21.

*b*389   TAGAWA, K., «'Galilée et Jérusalem': l'attention portée par l'évangéliste Marc à l'histoire de son temps», RHPR 57 (1977) 439-470.

*b*390   MORIN, É., Les Équipes enseignantes, *L'événement Jésus dans les structures de la société juive* (Dossiers libres) (Paris, Équipes enseignantes, Cerf, 1978), 173 pp.

*b*391   SANDMEL, S., *Judaism and Christian Beginnings* (1978), «Historical Backgrounds and an Historical Résumé», 19-35; «The Institutions», 131-153.

*b*392   HADAS-LEBEL, M., «Le prosélytisme juif dans les premiers siècles de l'ère chrétienne», dans *Les chrétiens devant le fait juif* (en collab.) (1979), 23-33.

*b*393   HORSLEY, R.A., «Josephus and the Bandits», JStJud 10 (1979) 37-63.

*b*394   MAURIN, B., «Judaïsme et système social de croyance», LV nº 144 (1979) 105-121.

*b*395   PERROT, C., *Jésus et l'histoire*, «Jésus et le judaïsme» (1979), 95-166.

*b*396   ROLLAND, B., «La société juive», CE (n.s.) nº 27 (1979) 37-48.

*b*397   KIMELMAN, R., «Judaism in the Greco-Roman City: The Case of Third Century Tiberias», dans *SBL 1980 Seminar Papers* (en collab.) (1980), 101-112.

*b*398   MANNS, F., «L'Évangile de Jean, réponse chrétienne aux décisions de Jabné», StBiFranc 30 (1980) 47-92.

*b*399   STEMBERGER, G., «The 'Synod' of Jamnia and early Christianity», TDig 28 (1980) 250-251.

*b*400   FREYNE, S., «Galilean Religion of the First Century C.E. against its Social Background», dans *Proceedings of the Irish Biblical Association* (en collab.), 5 (1981) 72-97.

*b*401   MANNS, F., «Les rapports Synagogue-Église au début du deuxième siècle après J.C. en Palestine», StBiFranc 31 (1981) 105-146.

*b*402   PENNA, R., «Les Juifs à Rome au temps de l'apôtre Paul», NTS 28 (1982) 321-347.

*b*403   STENGER, W., «Bemerkungen zum Begriff 'Räuber' im Neuen Testament und bei Flavius Josephus», BiKi 37 (1982) 89-97.

*b*404   FLUSSER, D., «The Jewish-Christian Schism (Part I)», Immanuel 16 (1983) 32-49.

Politique. Politics. Politik. Política.

*b*405   CASAS, V., «Ambiente socio-político en el judaísmo contemporáneo de Jesús», BibFe 4 (1978) 136-150.

*b*406   MANRIQUE, A., «El mensaje evangélico de Jesús ante la problemática socio-política», BibFe 4 (1978) 175-187.

b407   PAUL, A., *Le monde des Juifs à l'heure de Jésus*. Histoire politique (Petite bibliothèque des sciences bibliques, Nouveau Testament, 1) (Paris, Desclée, 1981), 263 pp.

Religion. Religione. Religión.

b408   ARNOLD, W.R., «The Relation of Primitive Christianity to Jewish Thought and Teaching», HarvTR 23 (1930) 161-179.
b409   WILES, M.F., «The Old Testament in Controversy with the Jews», SJTh 8 (1955) 113-126.
b410   MERKEL, H., «Jesus und die Pharisäer», NTS 14 (1967-68) 194-208.
b411   POKORNY, P., «Die Worte Jesu nach der Logienquelle im Lichte des zeitgenössischen Judentums», Kairos 11 (1969) 172-180.
b412   GNILKA, J., «Jesus ein Essener? Jesus und Qumran», BiKi 26 (1971) 2-5.
b413   MEEKS, W.A., «'Am I a Jew?' - Johannine Christianity and Judaism», dans *Chritianity, Judaism and Other Greco-Roman Cults* (en collab.) (1975), I, 163-186.
b414   PERROT, C., «La pensée juive au temps de Jésus», dans *Introduction à la Bible* (sous la direction de A. GEORGE et P. GRELOT), Tome III, Volume 1 (1976), 189-204.
b415   SIMON, M., «Jupiter-Yahvé. Sur un essai de théologie pagano-juive», Numen 23 (1976) 40-66.
b416   SANDERS, E.P., *Paul and Palestinian Judaism*. A Comparison of Patterns of Religion (Philadelphia, Fortress Press, 1977), 627 pp.
b417   ZEITLIN, S., «Jesus and the Pharisees», dans *Jewish Expressions on Jesus* (en collab.) (1977), 148-156.
b418   MUSSNER, F., «Die Beschränkung auf einen einzigen Lehrer», dans *Israel hat dennoch Gott zum Trost* (en collab.) (1978), 33-43.
b419   CHARLIER, C., *Le christianisme*, «La situation religieuse au temps de Jésus» (1979), I, 231-245.
b420   DAVIDS, P.H., «The Gospels and Jewish Tradition: Twenty Years after Gerhardsson», dans *Gospel Perspectives* (en collab.) (1980), 75-99.
b421   DOZEMAN, T.B., «*Sperma Abraam* in John 8 and Related Literature», CBQ 42 (1980) 342-358.
b422   SIMON, M., «La vie religieuse en Palestine», dans *Jésus aujourd'hui* (en collab.) (1980), I, 89-97.
b423   BORGEN, P., «The Early Church and the Hellenistic Synagogue», ST 37 (1983) 55-78, dans *Paul preaches Circumcision and pleases Men* (1983), 75-97.

Rabbins. Rabbis. Rabbiner. Rabbini. Rabinos.

b424   VOGLER, H., «Rabbinische Voraussetzungen und Parallelen der urkirchlichen Tradition», BiLeb 12 (1971) 105-121.
b425   BUCHANAN, G.W., «The Use of Rabbinic Literature for New Testament Research», BTB 7 (1977) 110-122.
b426   NEUSNER, J., «Die Verwendung des späteren rabbinischen Materiels für die Erforschung des Pharisäismus im 1. Jahrhundert n. Chr.», ZTK 76 (1979) 292-309.
b427   MANNS, F., «Rabbinic reactions to early Christian polemic», TDig 20 (1981) 235-237.
b428   ALEXANDER, P.S., «Rabbinic Judaism and the New Testament», ZNW 74 (1983) 237-246.
b429   MANNS, F., «Une réfutation des thèses judéo-crétiennes par les rabbins du troisième siècle dans le traité *Sanhedrin* 43a», BibOr 25 (1983) 97-103.

Divers. Miscellaneous. Verschiedenes. Diversi. Diversos.

*b*430   FLUSSER, D., «Hillel's Self-Awareness and Jesus», Immanuel 4 (1974) 31-36.
*b*431   DUMAIS, M., *Le langage de l'évangélisation*, «Le langage de la prédication missionnaire en milieu juif» (1976), 255-373.
*b*432   EMMINGHAUS, J.M., «Office in Judaism and the 1st-century church», TDig 26 (1978) 247-251.
*b*433   MALINOWSKI, F.X., «Torah Tendencies in Galilean Judaism According to Flavius Josephus With Gospel Parallels», BTB 10 (1980) 30-36.

2) *Hellénisme. Hellenism. Hellenismus. Ellenismo. Helenismo.*

Études générales. General Studies. Allgemeine Studien. Studi generali. Estudios generales.

*b*434   CULLMANN, O., «Le christianisme primitif et la civilisation», VC nº 18 (1951) 57-68.
*b*435   RUSSELL, D.S., *Between the Testaments*, «Judaism versus Hellenism» (1960), 13-40.
*b*436   DAVIES, W.D., *Invitation to the New Testament*, «The Background in the Graeco-Roman World» (1969), 14-25.
*b*437   THOMA, C., «Judentum und Hellenismus im Zeitalter Jesu», BiLeb 11 (1970) 151-159.
*b*438   HENGEL, M., *Judentum und Hellenismus*. Studien zu ihrer Begegnung unter besonderer Berücksichtigung Palästinas bis zur Mitte des 2. Jhs. vor Christus, 2., durchgesehene und ergänzte Auflage (Wissenschaftliche Untersuchungen zum Neuen Testament, 10) (Tübingen, Mohr, 1973), xl-693 pp.
*b*439   GIBLET, J., «Le monde hellénistique et l'empire romain», dans *Introduction à la Bible* (sous la direction de A. GEORGE et P. GRELOT), Tome III, Vol. 1 (1976), 17-56.
*b*440   MAMOU, A., *Jésus et l'empire romain* (Paris, La Pensée Universelle, 1977), 61 pp.
*b*441   SCHELKLE, K.H., *Der Geist und die Braut*, «Griechisch-römische Umwelt» (1977), 69-73.
*b*442   JAY, B., *Le monde du Nouveau Testament* (Collection Théologique CLE) (Yaoundé, Cameroun, Éditions CLE, 1978), 224 pp.
*b*443   JUDGE, E.A., «'Antike und Christentum': Towards a Definition of the Field. A Bibliographical Survey», dans *Aufstieg und Niedergang der römischen Welt*. II. *Principat*, 23. Band, 1. Halbband (1979), 3-58.
*b*444   SAULNIER, C., «L'empire romain», CE (n.s.) nº 27 (1979) 5-10.
*b*445   BONNARD, P., «Hellénisme et christianisme au Ier siècle» (1980), dans *Anamnesis* (1980), 37-42.
*b*446   FREYNE, S., *The World of the New Testament* (New Testament Message, 2) (Wilmington, DE, Glazier, 1980), xxii-199 pp.
*b*447   RIES, J., SEVRIN, J.M., *Gnosticisme et monde hellénistique*. Les objectifs du Colloque de Louvain-la-Neuve (11-14 mars 1980) (Louvain-la-Neuve, Centre d'histoire des religions, 1980), 149 pp.
*b*448   DUMAIS, M., «La rencontre de la foi et des cultures», LV nos 153-154 (1981) 72-86.
*b*449   MARAVAL, P., «Le christianisme dans l'Empire romain à travers quelques ouvrages récents», RHPR nº 2 (1981) 161-172.
*b*450   MADDOX, R., *The Purpose of Luke-Acts*, «Christians in the Roman Empire» (1982), 91-99.
*b*451   SCHEFFCZYK, L., «Die Frage nach der Hellenisierung des Christentums unter modernem Problemaspekt», MüTZ 33 (1982) 195-205.
*b*452   PETERS, F.E., «Hellenism and the Near East», BA 46 (1983) 33-39.

b453   SCHMUCH, E., «Exploring the Mediterranean Background of Early Christianity», BA 46 (1983) 43-48.

Histoire. History. Geschichte. Storia. Historia.

b454   CROUSE, R.D., «The Hellenization of Christianity: A Historical Study», CanJT 8 (1962) 22-33.

b455   SIMON, M., «Le Christianisme: Naissance d'une catégorie historique (*Revue de l'Université de Bruxelles*, 5, Bruxelles 1966, 1-24)», dans SIMON, M., *Le Christianisme antique et son contexte religieux* (1981), 312-335.

b456   GAGER, J.G., *Kingdom and Community*. The Social World of Early Chritianity (Englewood Cliffs, Prentice-Hall, 1975), 158 pp.

b457   SCHUHL, P.M., «La loi et la cité dans le monde grec et dans le monde hellénistique», dans *Mélanges André Neher* (en collab.) (1975), 299-305.

b458   GEORGI, D., «Socioeconomic Reasons for the 'Divine Man' as a Propagandistic Pattern», dans *Aspects of Religious Propaganda in Judaism and Early Christianity* (en collab.) (1976), 27-42.

b459   LUDWIG, C., *Cities in New Testament Times* (Denver, CO, Accent Books, 1976), 128 pp.

b460   BRUCE, F.F., «The Romans through Jewish Eyes», dans *Mélanges offerts à Marcel Simon* (en collab.) (1978), 3-12.

b461   MALINA, B.J., «Limited Good and the Social World of Early Christianity», BTB 8 (1978) 162-176.

b462   WALKER, W.O., Jr., «Jesus and the Tax Collectors», JBL 97 (1978) 221-238.

b463   SAULNIER, C., ROLLAND, B., «La Palestine au temps de Jésus», CE (n.s.) n° 27 (1979) 64 pp.

b464   SCHATTENMANN, J., «Jesus und Pythagoras», Kairos 21 (1979) 215-220.

b465   SCHNEIDER, G., «Stephanus, die Hellenisten und Samaria», dans *Les Actes des Apôtres*. Traditions, rédaction, théologie (en collab.) (1979), 215-240.

b466   STAMBAUGH, J.E., «Social Relations in the City of the Early Principate: State of Research», dans *SBL 1980 Seminar Papers* (en collab.) (1980), 75-99.

b467   MALINA, B.J., *The New Testament World*. Insights from Cultural Anthropology (Atlanta, John Knox, 1981), ix-169 pp.

b468   SAULNIER, C., «Lois romaines sur les Juifs selon Flavius Josèphe», RB 88 (1981) 161-198.

b469   SCULLARD, H.H., *Festivals and Ceremonies of the Roman Republic* (Aspects of Greek and Roman Life) (Ithaca, NY, Cornell University Press, 1981), 288 pp.

b470   SIMON, M., «Les origines chrétiennes d'après l'oeuvre de Maurice Goguel (*Revue historique*, CCII, Paris 1949, 221-231)», dans SIMON, M., *Le Christianisme antique et son contexte religieux* (1981), 142-152.

b471   VAN DER HORST, P.W., «Cornutus and the New Testament», NT 23 (1981) 165-172.

b472   NORRIS, F.W., «Asia Minor before Ignatius: Walter Bauer Reconsidered», dans *Studia Evangelica* (en collab.) (1982), VII, 365-377.

b473   KIEFFER, R., RYDBECK, L. (Eds.), *Existence païenne au début du christianisme*. Présentation de textes grecs et romains (Études Annexes de la Bible de Jérusalem) (Paris, Cerf, 1983), 170 pp.

Religion. Religione. Religión.

b474   DIBELIUS, M., «Le Nouveau Testament et l'Histoire des Religions», ETR 5 (1930) 211-226.

b475   FESTUGIÈRE, A.J., «Cadre de la mystique hellénistique», dans *Aux sources de la tradition chrétienne* (en collab.) (1950), 74-85.

b476   GRANT, F.C., «Greek Religion in the Hellenistic-Roman Age», AThR 34 (1952) 11-26.

b477   WALTON, F.R., «Religious thought in the age of Hadrian», Numen 4 (1957) 165-170.

b478   WILL, E., «Une figure du culte solaire d'Aurélien: *Jupiter consul vel consulens*», Syr. 36 (1959) 193-201.

b479   PÉDECH, P., «Les idées religieuses de Polybe. Étude sur la religion de l'élite gréco-romaine au IIe siècle av. J.-C.», RHR 167 (1965) 35-68.

b480   LAEUCHLI, S., «Urban Mithraism», BA 31 (1968) 73-99.

b481   SZEMLER, G.J., «*Religio*, Priesthoods and Magistracies in the Roman Republic», Numen 18 (1971) 103-131.

b482   MELLOR, R., *THEA RŌMĒ*. The Worship of the Goddess Roma in the Greek World (*Hypomnemata*, Untersuchungen zur Antique und zu ihrem Nachleben, 42) (Göttingen, Vandenhoeck & Ruprecht, 1975), 234 pp.

b483   OSTER, R., «The Ephesian Artemis as an Opponent of Early Christianity», JbAC 19 (1976) 24-44.

b484   CANCIK, H., «Versuche zum Glück. Drei Interpretationen zur Religions- und Geistesgeschichte im Rom der neutestamentlichen Epoche: Phaedrus, Plinius, Epiktet», BiKi 33 (1978) 122-130.

b485   LIEBESCHUETZ, J.H.W.G., *Continuity and Change in Roman Religion* (New York, Oxford University Press, 1979), xvi-359 pp.

b486   SCHILLING, R., *Rites, cultes, dieux de Rome* (Études et commentaires, 92) (Paris, Klincksieck, 1979), xvii-447 pp.

b487   STEVENSON, E., «Some Insights from the Sociology of Religion into the Origin and Development of the Early Christian Church», ExpTim 90 (1979) 300-305.

b488   BOWERS, P., «Paul and Religious Propaganda in the First Century», NT 22 (1980) 316-323.

b489   JONES, D.L., «Christianity and the Roman Imperial Cult», dans *Aufstieg und Niedergang der römischen Welt* II. *Principat* (en collab.) (1980), 23. Band, 2. Halbband, 1023-1054.

b490   LEASE, G., «Mithraism and Christianity: Borrowings and Transformations», dans *Aufstieg und Niedergang der römischen Welt* II. *Principat* (en collab.) (1980), 23. Band, 2. Halbband, 1306-1332.

b491   STOCKMEIER, P., «Christlicher Glaube und antike Religiosität», dans *Aufstieg und Niedergang der römischen Welt* II. *Principat* (en collab.) (1980), 23. Band, 2. Halbband, 871-909.

b492   DUMAIS, M., «La rencontre de la foi et des cultures», LV nos 153-154 (1981) 72-86.

b493   HAASE, W. (Hrsg.), *Aufstieg und Niedergang der römischen Welt. II. Principat.* Ziebzehnter Band. *Religion* (Heidentum: Römische Götterkulte, Orientalische Kulte in der römischen Welt) (Berlin, New York, De Gruyter, 1981), 2. Bände, xii-viii-1256 pp.

b494   MacMULLEN, R., *Paganism in the Roman Empire* (New Haven, CT, London, Yale University Press, 1981), xvii-241 pp.

b495   MORGAN, R., «La communion des Églises dans le Nouveau Testament», Conci nº 164 (1981) 47-57.

b496 SIMON, M., *Le Christianisme antique et son contexte religieux*. Scripta Varia (Wissenschaftliche Untersuchungen zum Neuen Testament, 23) (Tübingen, Mohr, 1981), 2 vol., xx-vi-852 pp.

Divers. Miscellaneous. Verschiedenes. Diversi. Diversos.

b497 KOHL, K., «Die Lebensverhältnisse Jesu im Lichte des Orients», BiKi 10 (1955) 50-55.

b498 VAN UNNIK, W.C., «Studiorum Novi Testamenti Societas; Second Report on the Corpus Hellenisticum», NTS 3 (1957) 254-259, dans VAN UNNIK, W.C., *Sparsa Collecta* (1980), II, 175-182.

b499 VAN UNNIK, W.C., «Corpus Hellenisticum Novi Testamenti», JBL 83 (1964) 17-33, dans VAN UNNIK, W.C., *Sparsa Collecta* (1980), II, 194-216.

b500 GEORGI, D., «The Records of Jesus in the Light of Ancient Accounts of Revered Men», dans *Society of Biblical Literature. 1972 Proceedings* (en collab.) (1972), 527-542.

b501 TREU, K., «Die Bedeutung des Griechischen für die Juden im römischen Reich», Kairos 15 (1973) 123-144.

b502 JAUBERT, A., «Exégèse du Nouveau Testament et documents externes», dans *Les quatre fleuves* n° 7 (1977) 38-42.

b503 WERBLOWSKY, R.J.Z., «Greek Wisdom and Proficiency in Greek», dans *Mélanges offerts à Marcel Simon* (en collab.) (1978), 55-60.

b504 KIPPENBERG, H.G., WEWERS, G.A. (Hrsg.), *Textbuch zur neutestamentlichen Zeitgeschichte* (Grundrisse zum Neuen Testament, 8) (Göttingen, Vandenhoeck & Ruprecht, 1979), 244 pp.

b505 MAYER, G., «Zur jüdisch-hellenistischen Literatur», TRu 45 (1980) 226-244.

b506 CHARLESWORTH, J.H., «The Historical Jesus in Light of Writings Contemporaneous with Him», dans *Aufstieg und Niedergang der römischen Welt*, II. *Principat* (en collab.) (1982), 25. Band, 1. Halbband, 451-476.

b507 GRESE, W.C., «The Hermetica and New Testament Research», BiRes 28 (1983) 37-54.

b508 VAN DER HORST, P.W., «Chariton and the New Testament. A Contribution to the Corpus Hellenisticum», NT 25 (1983) 348-355.

3) *Judéo-christianisme. Jewish Christianity. Jüdische Christenheit. Giudeo-cristianesimo. Judeo-cristianismo.*

b509 GRANT, R.M., «Nationalism and Internationalism in the Early Church», AThR 41 (1959) 167-177.

b510 PRICE, C.P., «Jewish Morning Prayer and Early Christian Anaphoras», AThR 43 (1961) 153-168.

b511 BARNARD, L.W., «The Early Roman Church, Judaism, and Jewish Christianity», AThR 49 (1967) 371-384.

b512 RANDELLINI, L., *La Chiesa dei Giudeo-cristiani* (Studi Biblici, 1) (Brescia, Paideia, 1968), 72 pp.

b513 TESTA, E., «La stuttura mitica della morale giudeo-cristiana», dans *Fondamenti biblici della teologia morale* (en collab.) (1973), 147-171.

b514 QUISPEL, G., «Jewish-Christian Gospel Tradition», AThR Supplementary Series, n° 3 (1974) 112-116.

b515 REVEL-NEHER, É., «L'iconographie judéo-chrétienne en milieu byzantin: une source de connaissance pour l'histoire du monde juif à l'époque pré-chrétienne et talmudique», dans *Mélanges André Neher* (en collab.) (1975), 307-316.

b516   MALINA, B.J., «Jewish Christianity or Christian Judaism: Toward a hypothetical Definition», JStJud 7 (1976) 46-57.

b517   TESTA, E., «Influssi giudeo-cristiani nella liturgia eucaristica della chiesa primitiva», dans *Studia Hierosolymitana (Bagatti)* (en collab.) (1976), 192-225.

b518   VELASCO, J.M., SABOURIN, L., «Jewish Christianity of the First Centuries», BTB 6 (1976) 5-26.

b519   MANNS, F., *Essais sur le Judéo-Christianisme* (Studium Biblicum Franciscanum Analecta, 12) (Jerusalem, Franciscan Printing Press, 1977), 226 pp.

b520   GREGO, I., «I giudeo-cristiani alla luce degli ultimi studi e dei recenti reperti archeologici», Sal 40 (1978) 125-149.

b521   RIEGEL, S.K., «Jewish Christianity: Definitions and Terminology», NTS 24 (1978) 410-415.

b522   BRUCE, F.F., *Peter, Stephen, James, and John*, «James and the Church of Jerusalem» (1979), 86-119.

b523   GONZALEZ LUIS, J., «El judeo-cristianismo y la actitud del judaísmo ortodoxo en los primeros siglos», CuBi 36 (1979) 141-150.

b524   MANNS, F., «L'affrontement entre le judaïsme rabbinique et le judéo-christianisme», Ant 54 (1979) 225-254.

b525   MANNS, F., *Bibliographie du Judéo-Christianisme* (Studium Biblicum Franciscanum Analecta, 13) (Jerusalem, Franciscan Printing Press, 1979), 265 pp.

b526   BUCHANAN, G.W., «Worship, Feasts and Ceremonies in the Early Jewish-Christian Church», NTS 26 (1980) 279-297.

b527   GREGO, I., «Eredità giudeo-cristiane nella liturgia e nell'arte cristiana», BibOr 22 (1980) 265-281.

b528   JERVELL, J., «The Mighty Minority», ST 34 (1980) 13-38 (on the Jewish Christianity).

b529   SIMON, M., «Réflexions sur le Judéo-Christianisme (*Christianity, Judaism and other Greco-Roman Cults*, Festschrift Morton Smith, II, Leiden 1975, 53-76)», dans SIMON, M., *Le Christianisme antique et son contexte religieux* (1981), 598-621.

b530   HORBURY, W., «The Benediction of the *Minim* and Early Jewish-Christian Controversy», JTS 33 (1982) 19-61.

b531   SCHELKLE, K.H., «Israel und Kirche im Anfang», TQ 163 (1983) 86-95.

4) *Communauté apostolique. Apostolic Community. Apostolische Gemeinde.*
   Comunità apostolica. Comunidad apostólica.

Études générales. General Studies. Allgemeine Studien. Studi generali. Estudios generales.

b532   GOGUEL, M., «La seconde génération chrétienne», RHR 136 (1949) 31-57.

b533   SALGUERO, J., «La comunidad cristiana primitiva», CuBi 27 (1970) 131-154.

b534   SCHNACKENBURG, R., «Die nachösterliche Gemeinde und Jesus», dans *Die Aktion Jesu und die Re-Aktion der Kirche* (en collab.) (1972), 119-149.

b535   STIASSNY, J., «Development of the Christian's Self-Understanding in the Second Part of the First Century», Immanuel 1 (1972) 32-34.

b536   TROCMÉ, É., «Le christianisme primitif, un mythe historique?» ETR 40 (1974) 15-29.

b537   PAULSEN, H., «Zur Wissenschaft vom Urchristentum und der alten Kirche - ein methodischer Versuch», ZNW 68 (1977) 200-230.

b538   BROWN, R.E., «'Other Sheep not of this Fold': The Johannine Perspective on Christian Diversity in the Late First Century», JBL 97 (1978) 5-22.

b539   GOMEZ DE MORALES, M.V., «La comunidad primitiva modelo de consagración a Dios», BibFe 4 (1978) 271-282.

*b*540 RIESNER, R., *Apostolischer Gemeidebau.* Die Herausforderung der paulinischen Gemeinden (Glauben und Denken, 932) (Giessen, Basel, Brunnen, 1978), 127 pp.

*b*541 BRUCE, F.F., *Men and Movements in the Primitive Church.* Studies in Early Non-Pauline Christianity (Exeter, Paternoster Press, 1979), 159 pp.

*b*542 KARRIS, R.J., «Missionary Communities: A New Paradigm for the Study of Luke-Acts», CBQ 41 (1979) 80-97.

*b*543 PAPA, B., *La prima comunità cristiana.* Dalla morte di Gesù ai primi scritti del N.T. (Appunti, 1) (Bari, L'Aurora Editrice, 1979), 60 pp.

*b*544 STEVENSON, E., «Some Insights from the Sociology of Religion into the Origin and Development of the Early Christian Church», ExpTim 90 (1979) 300-305.

*b*545 En collaboration, *À la découverte de la Bible*, «Les premières communautés avant 70» (1980), II, 71-140.

*b*546 BRUCE, F.F., *Peter, Stephen, James, and John.* Studies in Early Non-Pauline Christianity (Grand Rapids, Eerdmans, 1980), 159 pp.

*b*547 ISENBERG, S.R., «Some Uses and Limitations of Social Scientific Methodology in the Study of Early Christianity», dans *SBL 1980 Seminar Papers* (en collab.) (1980), 29-49.

*b*548 KÖSTER, H., *Einführung in das Neue Testament* im Rahmen der Religionsgeschichte und Kulturgeschichte der hellenistischen und römischen Zeit (De Gruyter Lehrbuch) (Berlin, De Gruyter, 1980), xix-801 pp.

*b*549 ALAND, K., *Von Jesus bis Justinian.* Die Frühzeit der Kirche in Lebensbildern (GTB Siebenstern, 1403) (Gütersloh, Mohn, 1981), 303 pp.

*b*550 MORGAN, R., «La communion des Églises dans le Nouveau Testament», Conci nº 164 (1981) 47-57.

*b*551 SCHÜRMANN, H., «Auf der Suche nach dem 'Evangelisch-Katholischen'. Zum Thema 'Frühkatholizismus'», dans *Kontinuität und Einheit* (en collab.) (1981), 340-375.

*b*552 VENETZ, H.-J., *So fing es mit der Kirche an.* Ein Blick in das Neue Testament (Einsiedeln, Benziger; Fribourg, Schweizerisches Katholisches Bibelwerk, 1981), 283 pp.

*b*553 WINLING, R., «Le christianisme primitif comme 'paradigme': évolution d'une problématique (d'Engels à Garaudy)», RevSR 55 (1981) 96-107, 198-205, 264-271.

*b*554 DRANE, J.W., *Early Christians* (San Francisco, Harper & Row, 1982), 144 pp.

*b*555 MADDOX, R., *The Purpose of Luke-Acts*, «Jews, Gentiles and Christians» (1982), 31-65.

*b*556 REMUS, H.E., «Sociology of knowledge and the study of early Christianity», SR 11 (1982) 45-56.

*b*557 BROWN, R.E., «Not Jewish Christianity and Gentile Christianity but Types of Jewish/Gentile Christianity», CBQ 45 (1983) 74-79.

Foi. Faith. Glaube. Fede. Fe.

*b*558 BLACKMAN, E.C., «Jesus Christ Yesterday: Further Notes on the Historicity of the Kerygma», CanJT 8 (1962) 116-125.

*b*559 SCHMITT, J., «La prédication apostolique. Les formes. Le contenu», dans WEBER, J.-J., SCHMITT, J. (Éd.), *Où en sont les études bibliques?* Les grands problèmes actuels de l'exégèse (L'Église en son temps, 14) (Paris, Centurion, 1968), 107-134.

*b*560 KÄSEMANN, E., «Les commencements d'une théologie chrétienne», ETR 44 (1969) 265-287.

*b*561 BLANK, J., «Zum Problem Häresie und Orthodoxie im Urchristentum», dans *Zur Geschichte des Urchristentums* (en collab.) (1979), 142-160.

*b*562 LOHFINK, G., «Der Ablauf der Osterereignisse und die Anfänge der Urgemeinde», TQ 160 (1980) 162-176.

b563   LÜDEMANN, G., «Zum Antipaulinismus im frühen Christentum», EvT 40 (1980)
        437-455.
b564   MARTINI, C.M., *La parola di Dio alle origini della Chiesa* (1980), «La primitiva
        predicazione apostolica e le sue caratteristiche» (1962), 190-199.
b565   VIARD, A., «La foi des premières communautés chrétiennes», EV (doctrine) 92 (1982)
        545-550.

Culte. Cult. Gottesdienst. Culto.

b566   VISCHER, L., «Le prétendu 'culte de l'âne' dans l'Église primitive», RHR 139 (1951)
        14-35.
b567   MARTIN, R.P., *Worship in the Early Church*, «The Church - A Worshipping
        Community» (1964), 9-17.
b568   HAHN, F., *Der urchristliche Gottesdienst* (SBS 41) (Stuttgart, Katholisches Bibelwerk,
        1970), 104 pp.
b569   SCHWEIZER, E., DIEZ MACHO, A., *La iglesia primitiva*. Medio ambiente,
        organización y culto (Biblioteca de Estudios Bíblicos, 7) (Salamanca, Ed. Sigueme,
        1974), 156 pp.
b570   QUESNEL, M., *Les épîtres aux Corinthiens*, «L'assemblée chrétienne», CE (n.s.) n⁰ 22
        (1977) 48-54.
b571   BANKS, R., *Paul's Idea of Community*. The Early House Churches in their Historical
        Setting (Grand Rapids, Eerdmans, 1980), 208 pp.
b572   BUCHANAN, G.W., «Worship, Feasts and Ceremonies in the Early Jewish-Christian
        Church», NTS 26 (1980) 279-297.
b573   COLLINS, R.F., «I Thes and the Liturgy of the Early Church», BTB 10 (1980) 51-64.
b574   WALKER, J.H., «A pre-Marcan Dating for the Didache: Further Thoughts of
        a Liturgist», dans *Studia Biblica 1978* (en collab.) (1980), III, 403-411.
b575   KLAUCK, H.-J., «Die Hausgemeinde als Lebensform im Urchristentum», MüTZ 32
        (1981) 1-15.
b576   KLAUCK, H.-J., *Hausgemeinde und Hauskirche im frühen Christentum* (Stuttgarter
        Bibelstudien, 103) (Stuttgart, Katholisches Bibelwerk, 1981), 120 pp.
b577   VOGLER, W., «Die Bedeutung der urchristlichen Hausgemeinden für die Ausbreitung
        des Evangeliums», TLZ 107 (1982) 785-794.

Structure. Struktur. Struttura. Estructura.

b578   COLSON, J., «La succession apostolique au niveau du premier siècle», VC n⁰ 58 (1961)
        138-172.
b579   BALLARINI, T., «La collegialità della Chiesa in Atti e Galati», BibOr 6 (1964) 255-262.
b580   SCHNACKENBURG, R., «Apostles Before and During Paul's Time», dans *Apostolic
        History and the Gospel* (en collab.) (1970), 287-303.
b581   SAND, A., «Witwenstand und Ämterstrukturen in den urchristlichen Gemeiden», BiLeb
        12 (1971) 186-197.
b582   SCHNACKENBURG, R., «Lukas als Zeuge verschiedener Gemeindestrukturen»,
        BiLeb 12 (1971) 232-247.
b583   SCHWEIZER, E., DIEZ MACHO, A., *La Iglesia primitiva*. Medio ambiente,
        organización y culto (Salamanca, Ed. Sigueme, 1974), 156 pp.
b584   BEEBE, H.K., «Domestic Architecture and the New Testament», BA 38 (1975) 89-104.
b585   COUNTRYMAN, L.W., «Patrons and Officers in Club and Church», dans *Society of
        Biblical Literature. 1977 Seminar Papers* (en collab.) (1977), 135-143.

b586   GRIFFE, É., «De l'Église des Apôtres à l'Église des presbytres», BLE 78 (1977) 81-102.

b587   STÖGER, A., «Das Finanzwesen der Urkirche», BiLit 50 (1977) 96-103.

b588   STEGEMANN, W., «De la Palestine à Rome. Observations sur un changement social dans la chrétienté primitive», Conci n° 145 (1979) 47-54.

b589   THEISSEN, G., *Studien zur Soziologie des Urchristentums* (Wissenschaftliche Untersuchungen zum Neuen Testament, 19) (Tübingen, Mohr, 1979), vi-318 pp.

Partage des biens. Division of Goods. Teilung der Guten.
Comunione dei beni. Partición de los bienes.

b590   HUMBERT, A., «L'attitude des premiers chrétiens devant les biens temporels», StMor 4 (1966) 193-239.

b591   DERRETT, J.D.M., «Ananias, Sapphira, and the Right of Property», *Downside Review* 89 (1971) 225-232, dans *Studies in the New Testament* (1977), I, 193-201.

b592   DEL VERME, M., «La comunione dei beni nella comunità primitiva di Gerusalemme», RivB 23 (1975) 353-382.

b593   DEL VERME, M., «Povertà e aiuto del povero nella chiesa primitiva», dans *Evangelizare pauperibus* (en collab.) (1978), 405-427.

Divers. Miscellaneous. Verschiedenes. Diversi. Diversos.

b594   SEGATTI, E., «Il senso di Gesù e della comunità primitiva nella ricerca biblica dell'ateismo sovietico», RivB 25 (1977) 159-178.

b595   SIMON, M., «De l'observance rituelle à l'ascèse: recherches sur le Décret apostolique», RHR 193 (1978) 27-104.

b596   PUMMER, R., «New Evidence for Samaritan Christianity?» CBQ 41 (1979) 98-117.

b597   DRIJVERS, H.J.W., «Facts and Problems in Early Syriac-Speaking Christianity», SeC 2 (1982) 157-175.

h) Histoire. History. Geschichte. Storia. Historia.

b598   JEREMIAS, J., «Die Einwohnerzahl Jerusalems zur Zeit Jesu», ZDPV 66 (1943) 24-31.

b599   BAYNES, N.-H., «Bulletin bibliographique des publications concernant l'histoire du christianisme primitif et de l'ancienne Église parues en Grande-Bretagne de 1939 à 1945», RHR 131 (1946) 109-144.

b600   MARICQ, A., «La chronologie des dernières années de Caracalla», Syr. 34 (1957) 297-302.

b601   BRUCE, F.F., *New Testament History* (Nelson's Library of Theology) (London, Nelson, 1969), xiii-434 pp.

b602   SNAPE, H.C., «'After the Crucifixion' or 'The Great Forty Days'», Numen 17 (1970) 188-200.

b603   ELLIS, E.E., «Paul and his Opponents: Trends in Research», dans *Christianity, Judaism and Other Greco-Roman Cults* (en collab.) (1975), I, 264-298.

b604   LITTELL, F.H., *The Macmillan Atlas History of Christianity* (New York, Macmillan; London, Collier Macmillan, 1976), 176 pp.

b605   MAIER, P.L., *First Christians*. Pentecost and the Spread of Christianity (New York, Harper & Row, 1976), 160 pp.

b606   GHERARDINI, B., «Le origini del cristianesimo in un'opera di Hans Conzelmann», Div 21 (1977) 215-234.

*b*607 GRANT, R.M., *Early Christianity and Society*, «The Christian Population of the Roman Empire» (1977), 1-12.

*b*608 COUNTRYMAN, L.W., «Welfare in the Churches of Asia Minor Under the Early Roman Empire», dans *Society of Biblical Literature. 1979 Seminar Papers* (en collab.) (1979), I, 131-146.

*b*609 DAUTZENBERG, G., MERKLEIN, H., MULLER, K. (Hrsg.), *Zur Geschichte des Urchristentums* (Quaestiones disputatae, 87) (Freiburg, Basel, Vienna, Herder, 1979), 160 pp.

*b*610 KERESZTES, P., «The Imperial Roman Government and the Christian Church. I. From Nero to the Severi», dans *Aufstieg und Niedergang der römischen Welt.* II. *Principat* (en collab.) (1979), 23. Band, 1. Halbband, 247-315.

*b*611 SCHÄFKE, W., «Frühchristlicher Widerstand», dans *Aufstieg und Niedergang der römischen Welt.* II. *Principat* (en collab.) (1979), 23. Band, 1. Halbband, 460-723.

*b*612 ALAND, K., *Geschichte der Christenheit*. Band I: Von den Anfänge bis an die Schwelle der Reformation (Gütersloh, Mohr, 1980), 476 pp.

*b*613 BULLOCH, J., *Pilate to Constantine* (Edinburgh, St. Andrew Press, 1981), v-350 pp.

*b*614 OUTLER, A.C., «Methods and Aims in the Study of the Development of Catholic Christianity», SeC 1 (1981) 7-17.

*b*615 DAOUST, J., «L'exode des chrétiens à Pella», EV (doctrine) 92 (1982) 603-605.

*b*616 RESE, M., «Zur Geschichte des frühen Christentums - ein kritischer Bericht über drei neue Bücher», TZ 38 (1982) 98-110.

*b*617 BROWN, R.E., MEIER, J.P., *Antioch and Rome*. New Testament Cradles of Catholic Christianity (New York, Ramsey, Paulist Press, 1983), xii-242 pp.

i) Théologie. Theology. Theologie. Teologia. Teología.

*b*618 BULTMANN, R., «Das Problem des Verhältnisses von Theologie und Verkündigung im Neuen Testament», dans *Aux sources de la tradition chrétienne* (en collab.) (1950), 32-42.

*b*619 OWEN, H.P., «New Testament Perspectives», SJTh 4 (1951) 337-354.

*b*620 HIGGINS, A.J.B., «The Growth of New Testament Theology», SJTh 6 (1953) 275-286.

*b*621 SCHELKLE, K.H., «Neutestamentliche Theologie», BiKi 14 (1959) 41-44.

*b*622 BULTMANN, R., «Ist die Apokalyptik die Mutter der christlichen Theologie?» dans *Apophoreta* (en collab.) (1964), 64-69, dans *Exegetica* (1967), 476-482.

*b*623 DAVIES, W.D., *Invitation to the New Testament*, «The Primitive Christian Preaching» (1969), 50-62.

*b*624 KÄSEMANN, E., «Les commencements d'une théologie chrétienne», ETR 44 (1969) 265-287.

*b*625 SCHREINER, J. (Ed), *Forma y propósita del Nuevo Testamento*. Introducción a su problemática (Biblioteca Herder, Sección de Sagrada Escritura, 129) (Barcelona, Herder, 1973), 474 pp.

*b*626 DRANE, J.W., *Paul Libertine or Legalist?*, «Can we Reconstruct History out of Theology?» (1975), 125-131.

*b*627 STRECKER, G. (Hrsg.), *Das Problem der Theologie des Neuen Testaments* (Wege der Forschung, 367) (Darmstadt, Wissenschaftliche Buchgesellschaft, 1975), vi-464 pp.

*b*628 BEAUCHAMP, P., *L'un et l'autre Testament*, «La nouvelle alliance» (1976), 229-274.

*b*629 FRIEDRICH, G., «'Begriffsgeschichtliche' Untersuchungen im Theologischen Wörterbuch zum Neuen Testament», *Archiv für Begriffsgeschichte* 22 (1976) 151-177, dans *Auf das Wort kommt es an* (1978), 524-550.

b630   GOPPELT, L., *Theologie des Neuen Testaments* (Hrsg. J. ROLOFF). Erster Teil: Jesu
        Wirken in seiner theologischen Bedeutung. Zweiter Teil: Vielfalt und Einheit des
        apostolischen Christuszeugnisses (Göttingen, Vandenhoeck & Ruprecht, 1976), 669 pp.

b631   GÜTTGEMANNS, E., «Linguistic-Literary Critical Foundation of a New Testament
        Theology», Semeia 6 (1976) 181-220.

b632   NEILL, S., *Jesus through many Eyes*. Introduction to the Theology of the New
        Testament (Philadelphia, Fortress Press, 1976), x-214 pp.

b633   MORGAN, R., «A Straussian Question to 'New Testament Theology'», NTS 23 (1977)
        243-265.

b634   STEHLY, R., «Bouddhisme et Nouveau Testament», RHPR 57 (1977) 433-437.

b635   HASEL, G.F., *New Testament Theology*. Basic Issues in the Current Debate (Grand
        Rapids, Eerdmans, 1978), «Beginnings and Development of NT Theology», 13-71;
        «Methodology in NT Theology», 72-139; «The Center and Unity in NT Theology»,
        140-170; «NT Theology and the OT», 171-203; «Basic Proposals toward a NT Theology:
        a multiplex approach», 204-220.

b636   WEISER, A., *Zentrale Themen des Neuen Testamentes*. Eine Handreichung für Schule
        und Erwachsenenbildung (Donauwörth, Ludwig Auer, 1978), 134 pp.

b637   HOOKER, M.D., *Studying the New Testament* (London, Epworth, 1979), 224 pp.

b638   McDONALD, J.I.H., *Kerygma and Didache*. The articulation and structure of the
        earliest Christian message (SNTS Monograph Series, 37) (Cambridge, Cambridge
        University Press, 1980), 247 pp.

b639   DONFRIED, K.P., *The Dynamic Word*. New Testament Insights for Contemporary
        Christians (San Francisco, Harper & Row, 1981), viii-216 pp.

b640   DUMAIS, M., *L'actualisation du Nouveau Testament*. De la réflexion à la pratique
        (Lectio Divina, 107) (Paris, Cerf, 1981), 177 pp.

b641   GUTHRIE, D., *New Testament Theology* (Downers Grove, IL, Leicester, UK, Inter-
        Varsity, 1981), 1064 pp.

b642   HOSKYNS, E.C., DAVEY, F.N., *Crucifixion - Resurrection*. The Pattern of the
        Theology and Ethics of the New Testament (Ed. G.S. Wakefield) (London, SPCK, 1981),
        xvi-383 pp.

b643   LADD, G., «La théologie du Nouveau Testament à la recherche d'une perspective», Hok
        n° 16 (1981) 25-47.

b644   THÜSING, W., *Die neutestamentlichen Theologien und Jesus Christus*. I: Kriterien
        aufgrund der Rückfrage nach Jesus und des Glaubens an seine Auferweckung
        (Düsseldorf, Patmos, 1981), 380 pp.

b645   FULLER, R.H., «New Testament Trajectories and Biblical Authority», dans *Studia
        Evangelica* (en collab.) (1982), VII, 189-199.

b646   FUSCO, V., «Sul concetto di protocattolicesimo», RivB 30 (1982) 401-434.

b647   PORSCH, F., *Viele Stimmen - ein Glaube*. Anfänge, Entfaltung und Grundzüge
        neutestamentlicher Theologie (Biblische Basis Bücher, 7) (Kevelaer, Butzon & Bercker;
        Stuttgart, Katholisches Bibelwerk, 1982), 284 pp.

b648   ROBINSON, J.M., «The Future of New Testament Theology», dans *Studia Evangelica*
        (en collab.) (1982), VII, 415-425.

b649   SCHRAGE, W., «Einige Beobachtungen zur Lehre im Neuen Testament», EvT 42
        (1982) 233-251.

b650   SCHULZ, S., «Die Anfänge urchristlicher Verkündigung. Zur Traditions- und
        Theologiegeschichte der ältesten Christenheit», dans *Die Mitte des Neuen Testaments* (en
        collab.) (1983), 254-271.

j) Unité du N.T. - Unity of the N.T. - N.T. Einheit.
   Unità del N.T. - Unidad del N.T.

*b*651   BROWN, R.E., «'Other Sheep not of this Fold': The Johannine Perspective on Christian
          Diversity in the Late First Century», JBL 97 (1978) 5-22.
*b*652   MARTIN, B.L., «Some reflections on the unity of the New Testament», SR 8 (1979)
          143-152.
*b*653   WILKEN, R.L., «Diversity and Unity in Early Christianity», SeC 1 (1981) 101-110.
*b*654   GRECH, P., «Unità e diversità nel N.T.», RivB 30 (1982) 291-299.
*b*655   LUZ, U., «Einheit und Vielfalt neutestamentlicher Theologien», dans *Die Mitte des
          Neuen Testaments* (en collab.) (1983), 142-161.
*b*656   SEGALLA, G., «Limiti e significato dell'unità e della diversità nel N.T.», RivB 30 (1982)
          435-445.
*b*657   GLOER, W.H., «Unity and Diversity in the New Testament», BTS 13 (1983) 53-58.
*b*658   VON BALTHASAR, H.U., «Einheit und Vielheit neutestamentlicher Theologie»,
          IKZCommunio 12 (1983) 101-109.

II. ÉVANGILES. GOSPELS. EVANGELIEN.
VANGELI. EVANGELIOS.

A. INTRODUCTION. EINFÜHRUNG. INTRODUZIONE. INTRODUCCIÓN.

1. Bibliographie. Bibliography. Bibliographie. Bibliografia. Bibliografía.

*b*659   PESCH, R., «Zum Weg der modernen Evangelienforschung», BiLeb 8 (1967) 42-63.
*b*660   CONZELMANN, H., «Literaturbericht zu den Synoptischen Evangelien», TRu 37
          (1972) 220-272; 43 (1978) 3-51, 321-327.
*b*661   AUNE, D.E., *Jesus and the Synoptic Gospels* (TSF-IBR Bibliographic Study Guides)
          (Madison, WI, Theological Students Fellowship, 1980), vi-93 pp.

2. Études générales. General Studies. Allgemeine Studien. Studi generali. Estudios generales.

*b*662   FISHER, L.A., «The Preeminence of the Gospel», AThR 14 (1932) 296-313.
*b*663   CLAVIER, H., «La forme de l'Évangile et le fond», ETR 9 (1934) 3-18, 67-89, 131-148,
          283-290.
*b*664   GENOVESI, P.E., «El Libro Divino-humano de los Evangelios», CuBi 12 (1955) 4-7.
*b*665   DAVIES, W.D., *Invitation to the New Testament*, «The Gospels» (1969), 75-83.
*b*666   SCHNEIDER, G., «Das Evangelium als kritische Instanz», BiLeb 15 (1974) 151-158.
*b*667   BARCLAY, W., *The Gospels and Acts*. Vol. I, The First Three Gospels (London, SCM
          Press, 1976), 303 pp.
*b*668   BOUTTIER, M., «Commencement, force et fin de l'évangile», ETR 51 (1976) 465-493.
*b*669   DUMAIS, M., «Le langage évangélique et la vie en cours. Réflexions sur le modèle
          biblique», ET 7 (1976) 147-170.
*b*670   GUILLET, J., *L'évangile de Jésus-Christ selon les quatre évangélistes*. Textes présentés et
          commentés (Paris, Cerf, 1976), 313 pp.
*b*671   LÉON-DUFOUR, X., «Les évangiles synoptiques», dans *Introduction à la Bible* (sous la
          direction de A. GEORGE et P. GRELOT), Tome III, Volume 2 (1976), 13-237.
*b*672   NAVONE, J., «The Gospel Truth as Re-enactment», SJTh 29 (1976) 311-333.

*b*673 VON BALTHASAR, H.U., «Evangelium und Philosophie», FreibZ 23 (1976) 3-12.

*b*674 MARCHADOUR, A., *Un évangile à découvrir* (1978), «Vers le grand schisme de la lecture», 95-108; «Le livre face au soupçon de la critique», 109-121; «Le règne de la méthode historique», 122-133.

*b*675 NEIRYNCK, F., «Les évangiles synoptiques: X. Léon-Dufour», ETL 55 (1979) 405-409, dans NEIRYNCK, F., *Evangelica* (1982), 724-728.

*b*676 DE LA CALLE, F., *Aproximación a los evangelios* (Madrid, Ed. Marova, 1978), 149 pp.

*b*677 NOACK, B., «A Jewish Gospel in a Hellenistic World», ST 32 (1978) 45-55.

*b*678 SANDMEL, S., *Judaism and Christian Beginnings*, «The Gospels» (1978), 337-343.

*b*679 En collaboration, *À la découverte de la Bible*, «Les Évangiles synoptiques et les Actes des Apôtres» (1980), II, 164-224.

*b*680 DELORME, J., «Les évangiles dans le texte», Et 353 (1980) 91-105.

*b*681 LÉON-DUFOUR, X., «Écouter sans cesse l'Évangile», dans J. DORÉ (Éd.), *Jésus le Christ et les chrétiens* (Jésus et Jésus-Christ, série annexe, 2) (Paris, Desclée, 1981), 13-29.

*b*682 GRELOT, P., «Les Évangiles. Origine, date, historicité», CE (n.s.) nº 45 (1983) 76 pp.

*b*683 PIKAZA, X., «El Evangelio y sus lecturas», RazFe 207 (1983) 472-486 (formas de lectura; problemas teológicos).

3. Mot 'Évangile'. Word 'Gospel'. Wort 'Evangelium'. Termine 'Vangelo'. Palabra 'Evangelio'.

*b*684 MUSSNER, F., «'Evangelium' und 'Mitte des Evangeliums'», dans *Gott in Welt* (en collab.) (1964), I, 492-514.

*b*685 SCHLIER, H., «'Evangelium' im Römerbrief», dans FELD, H., NOLTE, J. (Hrsg.), *Wort Gottes in der Zeit*. Festschrift H. Schelkle (Düsseldorf, Patmos, 1973), 127-142, dans *Der Geist und die Kirche* (1980), 70-87.

*b*686 KOTANSKY, R.D., «A Note on Romans 9:6: *ho logos tou theou* as the Proclamation of the Gospel», SBT 7,1 (1977) 24-30.

*b*687 BURCHARD, C., «Formen der Vermittlung christlichen Glaubens im Neuen Testament. Beobachtungen anhand von *kêrugma, marturia* und verwandten Wörtern», EvT 38 (1978) 313-340.

*b*688 VAN NESS GOETCHIUS, E., «The Concept of Evangelism in the New Testament: Some Key Terms», AThR Supplement Series, nº 8 (1979) 81-92.

*b*689 LUCK, U., «Inwiefern ist die Botschaft von Jesus Christus 'Evangelium'?» ZTK 77 (1980) 24-41.

4. Formation des Évangiles. Formation of the Gospels. Entstehung der Evangelien. Formazione dei Vangeli. Formación de los Evangelios.

*b*690 CLAVIER, H., «La forme de l'Évangile et le fond», ETR 9 (1934) 3-18, 67-89, 131-148, 273-290.

*b*691 GRANT, R.M., «The Oldest Gospel Prologues», AThR 23 (1941) 231-245.

*b*692 GRANT, R.M., «Papias and the Gospels», AThR 25 (1943) 218-222.

*b*693 McCOWN, C.C., «Aramaic and Greek Gospels», AThR 25 (1943) 281-294.

*b*694 CULLMANN, O., «Die Pluralität der Evangelien als theologisches Problem im Altertum», TZ 1 (1945) 23-42.

*b*695 BAILEY, J.W., «Light from Paul on Gospel Origins», AThR 28 (1946) 217-226.

*b*696 GRANT, R.M., «A Note on Papias», AThR 29 (1947) 171-172.

*b*697 ANNAND, R., «Papias and the Four Gospels», SJTh 9 (1956) 46-62.

*b*698 KOESTER, H.H., «One Jesus and Four Primitive Gospels», HarvTR 61 (1968) 203-247.

*b*699   DAVIES, W.D., *Invitation to the New Testament*, «The Sources of the Gospels» (1969), 84-96.

*b*700   SCHNACKENBURG, R., «Die nachösterliche Gemeinde und Jesus», dans *Die Aktion Jesu und die Re-Aktion der Kirche* (en collab.) (1972), 119-149.

*b*701   DUNGAN, D.L., «Reactionary Trends in the Gospel Producing Activity of the Early Church: Marcion, Tatian, Mark», dans *L'Évangile selon Marc* (en collab.) (1974), 179-202.

*b*702   PERUMALIL, A.C., «Papias», ExpTim 85 (1974) 361-366.

*b*703   QUISPEL, G., «Jewish-Christian Gospel Tradition», AThR Supplementary Series, n⁰ 3 (1974) 112-116.

*b*704   KEYLOCK, L.R., «Bultmann's Law of Increasing Distinctness», dans *Current Issues in Biblical and Patristic Interpretation* (en collab.) (1975), 193-210.

*b*705   MARTIN, R.P., *New Testament Foundations* (1975), «Backgrounds to the Gospels», I, 53-116; «How the Gospels came to be written», I, 119-173.

*b*706   CHARPENTIER, É., *Des évangiles à l'évangile* (Coll. 'Croire et comprendre') (Paris, Centurion, 1976), 166 pp.

*b*707   DEEKS, D.G., «Papias Revisited», ExpTim 88 (1976-77) 296-301, 324-329.

*b*708   BEAUDE, P.-M., «Mort et mis par écrit», CHR 24 (1977) 32-42.

*b*709   GERHARDSSON, B., *Die Anfänge der Evangelientradition* (ABCteam Glauben und Denken, 919) (Wuppertal, Brockhaus, 1977), 69 pp.

*b*710   BRODIE, L.T., «Creative Rewriting: Key to a New Methodology», dans *Society of Biblical Literature. 1978 Seminar Papers* (en collab.) (1978), II, 261-267.

*b*711   MARCHADOUR, A., *Un évangile à découvrir*, «L'apparition des évangiles» (1978), 68-73.

*b*712   BINDER, H., «Von Markus zu den Grossevangelien», TZ 35 (1979) 283-289.

*b*713   GERHARDSSON, B., *The Origins of the Gospel Traditions* (Philadelphia, Fortress, 1979), 95 pp.

*b*714   KINGSBURY, J.D., «The Gospel in Four Editions», Interpr 33 (1979) 363-375.

*b*715   KÜRZINGER, J., «Papias von Hierapolis: Zu Titel und Art seines Werkes», BZ 23 (1979) 172-186.

*b*716   LANGEVIN, P.-É., «Gerhardsson et la préhistoire des Évangiles», LTP 35 (1979) 81-85.

*b*717   MORGAN, R., «The Hermeneutical Significance of Four Gospels», Interpr 33 (1979) 376-388.

*b*718   O'GRADY, J.F., «The Origins of the Gospels: Mark», BTB 9 (1979) 154-164.

*b*719   PARKER, P., «A Second Look at *The Gospel Before Mark*», dans *Society of Biblical Literature. 1979 Seminar Papers* (en collab.) (1979), I, 147-168.

*b*720   WEEDEN, T.J., Sr., «Metaphysical Implications of Kelber's Approach to Orality and Textuality», dans *Society of Biblical Literature. 1979 Seminar Papers* (en collab.) (1979), II, 153-166.

*b*721   ZIMMERMANN, F., *The Aramaic Origin of the Four Gospels* (New York, Ktav, 1979), xiv-244 pp.

*b*722   En collaboration, *À la découverte de la Bible*, «Aux origines de la tradition évangélique» (1980), II, 17-70.

*b*723   DAVIDS, P.H., «The Gospels and Jewish Tradition: Twenty Years after Gerhardsson», dans *Gospel Perspectives* (en collab.) (1980), I, 75-99.

*b*724   KIRCHSCHLAGER, W., *Die Evangelien vorgestellt* (Reihe b, 4) (Klosterneuburg, Österreichisches Katholisches Bibelwerk, 1980), 48 pp.

*b*725   PERUMALIL, A.C., «Are not Papias and Irenaeus competent to report on the Gospels?» ExpTim 91 (1980) 332-337.

b726 RIESNER, R., «Jüdische Elementarbildung und Evangelien-Überlieferung», dans *Gospel Perspectives* (en collab.) (1980), 209-223.

b727 WALKER, J.H., «A pre-Marcan Dating for the Didache: Further Thoughts of a Liturgist», dans *Studia Biblica 1978* (en collab.) (1980), III, 403-411.

b728 GOURGUES, M., CHARPENTIER, É., «Introduction aux évangiles (le mot et la chose, de l'évangile aux évangiles)», dans *Évangiles synoptiques et Actes des apôtres* (Petite bibliothèque des sciences bibliques. Nouveau Testament, 4) (Paris, Desclée, 1981), 13-54.

b729 RIESNER, R., *Jesus als Lehrer*. Eine Untersuchung zum Ursprung der Evangelien-Überlieferung (Wissenschaftliche Untersuchungen zum Neuen Testament, 2. Reihe, 7) (Tübingen, Mohr-Siebeck, 1981), xi-614 pp.

b730 WREGE, H.-T., *Wirkungsgeschichte des Evangeliums*. Erfahrungen, Perspektiven und Möglichkeiten (Göttingen, Vandenhoeck & Ruprecht, 1981), 290 pp.

b731 GAMBA, G.G., «La disposizione 'Matteo, Luca, Marco, Giovanni' nella tradizione antica», dans *Parola e Spirito* (en collab.) (1982), 25-36.

b732 DIEZ MERINO, L., «Testimonios judíos sobre la existencia de un evangelio arameo», EstB 41 (1983) 157-163.

b733 MORRIS, L., «The Gospels and the jewish lectionaries», dans *Gospel Perspectives* (en collab.) (1983), III, 129-156.

b734 ROLLAND, P., «Les Évangiles des premières communautés chrétiennes», RB 90 (1983) 161-201.

b735 TRESMONTANT, C., *Le Christ Hébreu*. La langue et l'âge des Évangiles (Paris, O.E.I.L., 1983), 320 pp.

5. Critique textuelle. Textual Criticism. Textkritik. Critica testuale. Crítica textual.

b736 DUNKERLY, R., «The Oxyrhynchus Gospel Fragments», HarvTR 23 (1930) 19-37.

b737 HATCH, W.H.P., «An Uncial Fragment of the Gospels (0196)», HarvTR 23 (1930) 149-152.

b738 COLWELL, E.C., «Is there a Lectionary Text of the Gospels?» HarvTR 25 (1932) 73-84.

b739 NEW, S., «A Patmos Family of Gospel Manuscripts», HarvTR 25 (1932) 85-92.

b740 SANDERS, H.A., «The Egyptian Text of the Four Gospels and Acts», HarvTR 26 (1933) 77-98.

b741 COLWELL, E.C., «The Caesarean Readings of Armenian Gospel MSS», AThR 16 (1934) 113-132.

b742 PERNOT, H., «La critique textuelle des Évangiles», RHR 109 (1934) 155-206.

b743 GOGUEL, M., «Les nouveaux fragments évangéliques de Londres», RHR 113 (1936) 42-87.

b744 CAUBET ITURBE, J., «La cadena copto-árabe de los evangelios y Severo de Antioquía», dans *Homenaje a Juan Prado* (en collab.) (1975), 421-432.

b745 QUISPEL, G., *Tatian and the Gospel of Thomas*. Studies in the History of the Western Diatessaron (Leiden, Brill, 1975), x-200 pp.

b746 NEIRYNCK, F., «Note on the Codex Bezae in the Textual Apparatus of the Synopsis», ETL 52 (1976) 358-363, dans NEIRYNCK, F., *Evangelica* (1982), 941-946.

b747 NEIRYNCK, F., «The Synoptic Gospels According to the New Textus Receptus», ETL 52 (1976) 364-379, dans NEIRYNCK, F., *Evangelica* (1982), 883-898.

b748 BURNS, Y., «Chapter Numbers in Greek and Slavonic Gospel Codices», NTS 23 (1977) 320-333.

b749 KILPATRICK, G.D., «Some thoughts on modern textual Criticism and the synoptic Gospels», NT 19 (1977) 275-292.

b750   BAARDA, T., «The Author of the Arabic Diatessaron», dans *Miscellanea Neotestamentica* (en collab.) (1978), I, 61-103.

b751   FEE, G.D., «Modern text criticism and the Synoptic Problem», dans *J.J. Griesbach: Synoptic and text-critical studies 1776-1976* (en collab.) (1978), 154-169.

b752   MARTINI, C.M., «Is There a Late Alexandrian Text of the Gospels?» NTS 24 (1978) 285-296.

b753   STRECKER, G., «Eine Evangelienharmonie bei Justin und Pseudoklemens?» NTS 24 (1978) 297-316.

b754   BRUCE, F.F., «The Gospel text of Marius Victorinus», dans *Text and Interpretation* (en collab.) (1979), 69-78.

b755   KLIJN, A.F.J., «Patristic evidence for Jewish Christian and Aramaic Gospel tradition», dans *Text and Interpretation* (en collab.) (1979), 169-177.

b756   SCHWARZ, G., «Zum Freer-Logion - ein Nachtrag», ZNW 70 (1979) 119.

b757   BIRDSALL, J.N., «The Dialogue of Timothy and Aquila and the Early Harmonistic Traditions», NT 22 (1980) 66-77.

b758   ELLIOTT, J.K., «Textual Criticism, Assimilation and the Synoptic Gospesl», NTS 26 (1980) 231-242.

b759   HOWARD, G., «Harmonistic Readings in the Old Syriac Gospels», HarvTR 73 (1980) 473-494.

b760   MARTINI, C.M., *La parola di Dio alle origini della Chiesa* (1980), «Is There a Late Alexandrian Text of the Gospels?» (1977-78), 153-164.

b761   DELOBEL, J., «The Sayings of Jesus in the Textual Tradition. Variant Readings in the Greek Manuscripts of the Gospels», dans *Logia* (en collab.) (1982), 431-457.

b762   GLOBE, A., «*The Dialogue of Timothy and Aquila* as Witness to a Pre-Caesarean Text of the Gospels», NTS 29 (1983) 233-246.

b763   NEIRYNCK, F., «The Westcott-Hort Marginal Readings in the Concordance», ETL 59 (1983) 114-119.

b764   PETERSEN, W.L., «Romanos and the Diatessaron: Readings and Method», NTS 29 (1983) 484-507.

6. Critique littéraire. Literary Criticism. Literarkritik. Critica letteraria. Crítica literaria.

a) Formgeschichte.

b765   CLAVIER, H., «La forme de l'Évangile et le fond», ETR 9 (1934) 3-18, 67-89, 131-148, 273-290.

b766   DAVIES, W.D., *Invitation to the New Testament* (1969), «Form Criticism», 97-108; «The Strength and Weakness of Form Criticism», 109-117.

b767   HANSON, A.T., «The Great Form Critic», SJTh 22 (1969) 296-304.

b768   KOCH, K., «Reichen die formgeschichtlichen Methoden für die Gegenwartsaufgaben der Bibelwissenschaft zu?» TLZ 98 (1973) 801-813.

b769   STANTON, G., «Form Criticism Revisited», dans *What about the New Testament?* (en collab.) (1975), 13-27.

b770   CAIRD, G.B., «The Study of the Gospels. I. Source Criticism; II. Form Criticism; III. Redaction Criticism», ExpTim 87 (1976) 99-104, 137-141, 168-172.

b771   FEUILLET, A., «Évangiles Synoptiques. Vue d'ensemble sur l'histoire de leur exégèse», EV 86 (1976) 641-646.

b772   SCHMITHALS, W., «Kritik der Formkritik», ZTK 77 (1980) 149-185.

b773 BLANK, R., *Analyse und Kritik der formgeschichtlichen Arbeiten von Martin Dibelius und Rudolf Bultmann* (Theologische Dissertationen, 16) (Basel, F. Reinhardt, 1981), 221 pp.

b774 ROLLMANN, H., «Zwei Briefe Hermann Gunkels an Adolf Jülicher zur religionsgeschichtlichen und formgeschichtlichen Methode», ZTK 78 (1981) 276-288.

b) Redaktionsgeschichte.

b775 BRODIE, L.T., «Creative Rewriting: Key to a New Methodology», dans *Society of Biblical Literature. 1978 Seminar Papers* (en collab.) (1978), II, 261-267.

b776 FRANKEMÖLLE, H., «Evangelist und Gemeinde. Eine methodenkritische Besinnung mit Beispielen aus dem Matthäus-evangelium», Bibl 60 (1979) 153-190.

b777 DOWNING, F.G., «Redaction Criticism: Josephus' *Antiquities* and the Synoptic Gospels», JSNT no 8 (1980) 46-65; no 9 (1980) 29-48.

b778 MILES, J.A., Jr., «Radical Editing: *Redaktionsgeschichte* and the Aesthetic of Willed Confusion», dans *Traditions in Transformation* (en collab.) (1981), 9-31.

c) Genres littéraires. Literary Genres. Literarische Gattungen.
Generi letterari. Géneros literarios.

b779 SCHULZ, S., *Die Stunde der Botschaft*, «Das Evangelium als Geschichtserzählung» (1967), 9-46.

b780 GUNDRY, R.H., «Recent Investigations Into the Literary Genre 'Gospel'», dans *New Dimensions in New Testament Study* (en collab.) (1974), 97-114.

b781 DRURY, J., «What are the Gospels?» ExpTim 87 (1976) 324-328.

b782 TALBERT, C.H., *What Is a Gospel?* The Genre of the Canonical Gospels (Philadelphia, Fortress, 1977), xii-147 pp.

b783 LINTON, O., «Coordinated Sayings And Parables In The Synoptic Gospels, Analysis Contra Theories», NTS 26 (1980) 139-163.

b784 AUNE, D.E., «The Problem of the genre of the Gospels: A Critique of C.J. Talbert's *What is a Gospel?* dans *Gospel Perspectives* (en collab.) (1981), II, 9-60.

b785 CANTWELL, L., «The Gospels as Biographies», SJTh 34 (1981) 193-200.

d) 'Verba Jesu'.

b786 SCHNEIDER, H., «Die Echtheit der überlieferten Jesus-Worte», BiKi 14 (1959) 77-78.

b787 POKORNY, P., «Die Worte Jesu nach der Logienquelle im Lichte des zeitgenössischen Judentums», Kairos 11 (1969) 172-180.

b788 FAIRHURST, A.M., «The problems posed by the severe sayings attributed to Jesus in the synoptic gospels», SJTh 23 (1970) 77-91.

b789 QUISPEL, G., «Gnosis and the New Sayings of Jesus», ErJb 1969 38 (1972) 261-296.

b790 ARENS, E., *The ELTHON-Sayings in the Synoptic Tradition*. A Historico-Critical Investigation (Orbis Biblicus et Orientalis, 10) (Fribourg, Universitätsverlag, 1976), 370 pp.

b791 PERETTO, E., «Loghia del Signore e vangelo di Tommaso», RivB 24 (1976) 13-56.

b792 DUNN, J.D.G., «Prophetic 'I'-Sayings and the Jesus tradition: The importance of testing prophetic utterances within early Christianity», NTS 24 (1977-78) 175-198.

b793 ZELLER, D., «Prophetisches Wissen um die Zukunft in synoptischen Jesusworten», ThPh 52 (1977) 258-271.

*b*794   MARROW, S.B., *The Words of Jesus in Our Gospels*. A Catholic Response to Fundamentalism (New York, Paulist Press, 1979), 152 pp.

*b*795   NIELSEN, H.K., «Kriterien zur Bestimmung authentischer Jesusworte», dans *Studien zum Neuen Testament und seiner Umwelt* (SNTU) (en collab.), 4 (1979) 5-26.

*b*796   KOESTER, H., «Gnostic Writings as Witnesses for the Development of the Sayings Tradition», dans *The Rediscovery of Gnosticism* (en collab.) (1980), I, 238-261.

*b*797   TANNEHILL, R.C., «Tension in Synoptic Sayings and Stories», Interpr 34 (1980) 138-150.

*b*798   WANKE, J., «'Kommentarworte'. Älteste Kommentierungen von Herrenworten», BZ 24 (1980) 208-233.

*b*799   BAUER, J.B., «Unverbürgte Jesusworte», BiLit 54 (1981) 163-166.

*b*800   MÜLLER, U.B., «Zur Rezeption gesetzeskritischer Jesusüberlieferung im frühen Christentum», NTS 27 (1981) 158-185.

*b*801   WANKE, J., *'Bezugs- und Kommentarworte' in den synoptischen Evangelien*. Beobachtungen zur Interpretationsgeschichte der Herrenworte in der vorevangelischen Überlieferung (Erfurter Theologische Studien, 44) (Leipzig, St. Benno-Verlag, 1981), xiv-117 pp.

*b*802   BAARDA, T., «2 Clem 12 and the Sayings of Jesus», dans *Logia* (en collab.) (1982), 529-556.

*b*803   ROBINSON, J.M., «Early Collections of Jesus' Sayings», dans *Logia* (en collab.) (1982), 389-394.

*b*804   VORSTER, W.S., «Redaction, Contextualisation and the Sayings of Jesus», dans *Logia* (en collab.) (1982), 491-500.

*b*805   BRUCE, F.F., *The Hard Sayings of Jesus* (The Jesus Library) (London, Hodder and Stoughton, 1983), 267 pp.

e) Divers. Miscellaneous. Verschiedenes. Diversi. Diversos.

*b*806   LUND, N.W., «The Influence of Chiasmus upon the Structure of the Gospels», AThR 13 (1931) 27-48.

*b*807   BOVER, J.M., «La palabra de Jesucristo, desde el punto de vista literario», EstE 16 (1942) 375-397.

*b*808   LEAL, J., «Las paradojas de los Evangelios», CuBi 14 (1957) 14-17.

*b*809   DAVIES, W.D., *Invitation to the New Testament* (1969), «Recent Emphases in Gospel Criticism», 118-135; «Toward Understanding the Synoptics: The New Order», 136-146.

*b*810   GABOURY, A., «Christological Implications Resulting from a Study of the Structure of the Synoptic Gospels», dans *Society of Biblical Literature. 1972 Proceedings* (en collab.) (1972), 97-146.

*b*811   KETTLER, F.-H., «Funktion und Tragweite der Historischen Kritik des Origenes an den Evangelien», Kairos 15 (1973) 36-49.

*b*812   LAPIDE, P., «Hidden Hebrew in the Gospels», Immanuel 2 (1973) 28-34.

*b*813   DERRETT, J.D.M., «Leek-beds and Methodology», BZ 19 (1975) 101-103, dans *Studies in the New Testament* (1978), II, 1-3.

*b*814   HOWARD, V., *Das Ego Jesu in den synoptischen Evangelien*. Untersuchungen zum Sprachgebrauch Jesu (Marburger theologische Studien, 14) (Marburg, Elwert, 1975), x-317 pp.

*b*815   TANNEHILL, R.C., *The Sword of His Mouth* (1975), «The Significance of Forceful and Imaginative Language», 11-37; «Pattern and Tension in Synoptic Sayings», 39-58.

b816   PERRIN, N., *Jesus and the Language of the Kingdom*. Symbol and Metaphor in New Testament Interpretation (London, SCM Press, 1976), 225 pp.

b817   SIDEBOTTOM, E.M., «The So-called Divine Passive in the Gospel Tradition», ExpTim 87 (1976) 200-204.

b818   GAMBA, G.G., «La Testimonianza di S. Ireneo in 'Adversus Haereses III,1,1' et la data di composizione dei quattro Vangeli canonici», Sal 39 (1977) 545-585.

b819   KILPATRICK, G.D., «The Historic Present in the Gospels and Acts», ZNW 68 (1977) 258-262.

b820   HOWARD, G., «Stylistic Inversion and the Synoptic Tradition», JBL 97 (1978) 375-389.

b821   MUSSIES, G., «Jesus' idiolect: a survey», TDig 26 (1978) 254-258.

b822   DE SOLAGES, B., «L'Évangile de Thomas et les Évangiles canoniques: l'ordre des péricopes», BLE 80 (1979) 102-108.

b823   EARLE, R., *Word Meanings in the New Testament*. Volume 1: Matthew, Mark and Luke (Grand Rapids, Baker, 1980), 285 pp.

b824   LACHS, S.T., «Hebrew Elements in the Gospels and Acts», JQR 71 (1980) 31-43.

b825   LINTON, O., «Coordinated Sayings And Parables In The Synoptic Gospels, Analysis Contra Theories», NTS 26 (1980) 139-163.

b826   DUMAIS, M., *L'actualisation du Nouveau Testament*, «Le langage évangélique et la vie en cours» (1981), 15-41.

b827   ESPINEL, J.L., «El lenguaje poético de Jesús, fuente de teología», CuBi 38 (1981) 7-45.

b828   ALLISON, D.C., Jr., «The Pauline Epistles and the Synoptic Gospels: The Pattern of the Parallels», NTS 28 (1982) 1-32.

b829   AGNEW, P.W., «The 'Two-Gospel' Hypothesis and a Biographical Genre for the Gospels», dans *New Synoptic Studies* (Ed. W.R. FARMER) (en collab.) (1983), 481-499.

b830   GREENWOOD, D.S., «Poststructuralism and biblical studies: Frank Kermode's, *The Genesis of Secrecy*», dans *Gospel Perspectives* (en collab.) (1983), III, 263-288.

7. Question synoptique. Synoptic Question. Synoptische Frage. Questione sinottica. Cuestion sinóptica.

a) *Études générales. General Studies. Allgemeine Studien. Studi generali. Estudios generales.*

b831   ANDREWS, M.E., «Early Gospel Criticism», AThR 27 (1945) 170-178.

b832   MERKEL, H., *Die Widersprüche zwischen den Evangelien*. Ihre polemische und apologetische Behandlung in der Alten Kirche bis zu Augustin (Wissenschaftliche Untersuchungen zum Neuen Testament, 13) (Tübingen, Mohr, 1971), vi-295 pp.

b833   BELLINZONI, A.J., Jr., «Approaching the Synoptic Problem from the Second Century: A Prolegomenon», dans *Society of Biblical Literature. 1976 Seminar Papers* (en collab.) (1976), 461-465.

b834   LÉON-DUFOUR, X., «Le fait synoptique», dans *Introduction à la Bible* (sous la direction de A. GEORGE et P. GRELOT), Tome III, Volume 2 (1976), 143-185.

b835   LINTON, O., «Das Dilemma der synoptischen Forschung», TLZ 101 (1976) 881-892.

b836   FULLER, R.H., «Die neuere Diskussion über das synoptische Problem», TZ 34 (1978) 129-148.

b837   BRODIE, L.T., «Creative Rewriting: Key to a New Methodology», dans *Society of Biblical Literature. 1978 Seminar Papers* (en collab.) (1978), II, 261-267.

b838   ORCHARD, B., «Why *Three* Synoptic Gospels?» IrThQ 46 (1979) 240-255.

b839   FEE, G.D., «A Text-Critical Look at the Synoptic Problem», NT 22 (1980) 12-28.

b840   LENTZEN-DEIS, F., «Entwicklungen in der synoptischen Frage?» ThPh 55 (1980) 559-570.

b841   NICKLE, K.F., *The Synoptic Gospels*. Conflict and Consensus (Atlanta, GA, John Knox, 1980), 198 pp.

b842   FARMER, W.R., «The Patristic Evidence Reexamined: A Response to George Kennedy», dans *New Synoptic Studies* (Ed. W.R. FARMER) (en collab.) (1983), 3-15.

b843   GAMBA, G.G., «A Further Reexamination of Evidence from the Early Tradition», dans *New Synoptic Studies* (Ed. W.R. FARMER) (en collab.) (1983), 17-35.

b844   LONGSTAFF, T.R.W., «Crisis and Christology: The Theology of Mark», dans *New Synoptic Studies* (Ed. W.R. FARMER) (en collab.) (1983), 373-392.

b845   ORCHARD, J.B., «The 'Common Step' Phenomenon in the Synoptic Pericopes», dans *New Synoptic Studies* (Ed. W.R. FARMER) (en collab.) (1983), 393-407.

b846   SCHULER, P., «Genre Criticism and the Synoptic Problem», dans *New Synoptic Studies* (Ed. W.R. FARMER) (en collab.) (1983), 467-480.

b) Source 'Q'. Q-Document. Redenquelle 'Q'. Q-Documento.

b847   DEVISCH, M., «La relation entre l'évangile de Marc et le document Q», dans *L'Évangile selon Marc* (en collab.) (1974), 59-91.

b848   EDWARDS, R.A., *A Concordance to Q* (Sources for Biblical Study, 7) (Missoula, Society of Biblical Literature and Scholars Press, 1975), 186 pp.

b849   EDWARDS, R.A., *A Theology of Q*. Eschatology, Prophecy, and Wisdom (Philadelphia, Fortress, 1975), xiii-173 pp.

b850   FARMER, W.R., «A Fresh Approach to Q», dans *Christianity, Judaism and Other Greco-Roman Cults* (en collab.) (1975), I, 39-50.

b851   GOULDER, M.D., «On putting Q to the test», NTS 24 (1977-78) 218-234.

b852   POLAG, A., *Die Christologie der Logienquelle* (WMANT 45) (Neukirchen-Vluyn, Neukirchener Verlag, 1977), 213 pp.

b853   CARLSTON, C.E., «On 'Q' and the Cross», dans *Scripture, Tradition, and Interpretation* (en collab.) (1978), 27-33.

b854   NEIRYNCK, F., «The Symbol Q (= Quelle)», ETL 54 (1978) 119-125, dans NEIRYNCK, F., *Evangelica* (1982), 683-690.

b855   VASSILIADIS, P., «The Nature and Extent of the Q-document», NT 20 (1978) 49-73.

b856   NEIRYNCK, F., «L'édition du texte de Q», ETL 55 (1979) 373-381, dans NEIRYNCK, F., *Evangelica* (1982), 925-933.

b857   NEIRYNCK, F., «Once More: The Symbol Q», ETL 55 (1979) 382-383.

b858   SCHENK, W., «Der Einfluss der Logienquelle auf das Markusevangelium», ZNW 70 (1979) 141-165.

b859   SILBERMANN, L.H., «Whence *Siglum* Q? A Conjecture», JBL 98 (1979) 287-288.

b860   FUCHS, A., «Die Überschneidungen von Mk und 'Q' nach B. H. Streeter und E.P. Sanders und ihre wahre Bedeutung (Mk 1,1-8 par.)», dans *Wort in der Zeit* (en collab.) (1980), 28-81.

b861   NEIRYNCK, F., «Studies on Q since 1972», ETL 56 (1980) 409-413.

b862   CATCHPOLE, D., «The ravens, the lilies and the Q hypothesis. A form-critical perspective on the source-critical problem», SNTU 6/7 (1981-82) 77-87 (Mt 6,25-33 / Lk 12,23-33).

b863   SCHENK, W., *Synopse zur Redenquelle der Evangelien*. Q-Synopse und Rekonstruktion in deutscher Übersetzung mit kurzen Erläuterungen (Düsseldorf, Patmos, 1981), 138 pp.

b864   SCHMITT, J.J., «In Search of the Origin of the Siglum Q», JBL 100 (1981) 609-611.

b865   CARLSTON, C.E., «Wisdom and Eschatology in Q», dans *Logia* (en collab.) (1982), 101-119.

b866   EDWARDS, R.A., «Matthew's Use of Q in Chapter Eleven», dans *Logia* (en collab.) (1982), 257-275.

b867   HICKLING, C.J.A., «The Plurality of 'Q'», dans *Logia* (en collab.) (1982), 425-429.

b868   JACOBSON, A.D., «The Literary Unity of Q», JBL 101 (1982) 365-389.

b869   LAMBRECHT, J., «Q-Influence on Mark 8,34-9,1», dans *Logia* (en collab.) (1982), 277-304.

b870   NEIRYNCK, F., «Recent Developments in the Study of Q», dans *Logia* (en collab.) (1982), 29-75.

b871   NEIRYNCK, F., VAN SEGBROECK, F., «Q Bibliography», dans *Logia* (en collab.) (1982), 561-586.

b872   SCHÜRMANN, H., «Das Zeugnis der Redenquelle für die Basileia-Verkündigung Jesu», dans *Logia* (en collab.) (1982), 121-200.

b873   VASSILIADIS, P., «The Original Order of Q. Some Residual Cases», dans *Logia* (en collab.) (1982), 379-387.

b874   ZELLER, D., «Redaktionsprozesse und wechselnder 'Sitz im Leben' being Q-Material», dans *Logia* (en collab.) (1982), 395-409.

c) *Jean et les synoptiques. John and the Synoptics. Johannes und die Synoptiker. Giovanni e i sinottici. Juan y los Sinópticos.*

b875   NEIRYNCK, F., «Une synopse johannique», ETL 43 (1967) 259-267, dans *Jean et les synoptiques* (1979), 289-297.

b876   NEIRYNCK, F., «Une nouvelle théorie synoptique», ETL 44 (1968) 141-153, dans *Jean et les synoptiques* (1979), 299-311.

b877   CRIBBS, F.L., «A Study of the Contacts That Exist Between St. Luke and St. John», dans *Society of Biblical Literature. 1973 Seminar Papers* (en collab.) (1973), II, 1-93.

b878   BARRETT, C.K., «John and the Synoptic Gospels», ExpTim 85 (1974) 228-233.

b879   SPARKS, H.F.D., *The Johannine Synopsis of the Gospels* (New York, Harper & Row, 1974), 96 pp.

b880   NEIRYNCK, F., «John and the Synoptics: Boismard's Hypothesis», BETL 44 (1977) 81-93, dans *Jean et les synoptiques* (1979), 363-374.

b881   NEIRYNCK, F., «John and the Synoptics», BETL 45 (1977) 73-106, dans NEIRYNCK, F., *Evangelica* (en collab.) (1982), 365-400.

b882   NEIRYNCK, F., avec la collaboration de DELOBEL, J., SNOY, T., VAN BELLE, G. et VAN SEGBROECK, F., «L'Évangile de Jean. Examen critique du commentaire de M.-É. Boismard et A. Lamouille», ETL 53 (1977) 363-478 (4. Les rapports avec les Synoptiques, 430-450).

b883   FAGAL, H.E., «John and the Synoptic Tradition», dans *Scripture, Tradition, and Interpretation* (en collab.) (1978), 127-145.

b884   GLUSMAN, E.F., Jr., «Criteria For a Study of the Outlines of Mark and John», dans *Society of Biblical Literature. 1978 Seminar Papers* (en collab.) (1978), II, 239-249.

b885   KITTLAUS, L.R., «John and Mark: A Methodological Evaluation of Norman Perrin's Suggestion», dans *Society of Biblical Literature. 1978 Seminar Papers* (en collab.) (1978), II, 269-279.

b886   MAYNARD, A.H., «Common Elements in the Outlines of Mark and John», dans *Society of Biblical Literature. 1978 Seminar Papers* (en collab.) (1978), II, 251-260.

b887   DE SOLAGES, B., *Jean et les Synoptiques* (Leiden, Brill, 1979), 270 pp.

*b*888   DEWEY, K.E., «Peter's Denial Reexamined: John's Knowledge of Mark's Gospel», dans
         Society of Biblical Literature. 1979 Seminar Papers (en collab.) (1979), I, 109-112.
*b*889   GLUSMAN, E.F., Jr., «The Cleansing of the Temple and the Anointing at Bethany: The
         Order of Events in Mark 11 / John 11-12», dans *Society of Biblical Literature. 1979
         Seminar Papers* (en collab.) (1979), I, 113-117.
*b*890   KITTLAUS, L.R., «Evidence from Jn. 12 that the Author of John Knew the Gospel of
         Mark», dans *Society of Biblical Literature. 1979 Seminar Papers* (en collab.) (1979), I,
         119-122.
*b*891   KOLENKOW, A.B., «Two Changing Patterns: Conflicts and the Necessity of Death:
         John 2 and 12 and Markan Parallels», dans *Society of Biblical Literature. 1979 Seminar
         Papers* (en collab.) (1979), I, 123-126.
*b*892   MUNRO, W., «The Anointing in Mark 14:3-9 and John 12:1-8», dans *Society of Biblical
         Literature. 1979 Seminar Papers* (en collab.) (1979), I, 127-130.
*b*893   NEIRYNCK, F., *Jean et les synoptiques* (1979), ix-428 pp.
*b*894   SABBE, M., «John and the Synoptists: Neirynck vs. Boismard», ETL 56 (1980) 125-131.
*b*895   SMITH, D.M., «John and the Synoptics: Some Dimensions of the Problem», NTS 26
         (1980) 425-444.
*b*896   MAIER, G., «Johannes und Matthäus - Zwiespalt oder Viergestalt des Evangeliums»,
         dans *Gospel Perspectives* (en collab.) (1981), II, 267-291.
*b*897   SMITH, D.M., «John and the Synoptics», Bibl 63 (1982) 102-113.
*b*898   EVANS, C.A., «The Hermeneutics of Mark and John: On the Theology of the Canonical
         'Gospel'», Bibl 64 (1983) 153-172.

d) Griesbach.

*b*899   ORCHARD, B., *Matthew, Luke & Mark* (Griesbach Solution to the Synoptic
         Question, 1) (Manchester, Koinonia Press, 1976), viii-168 pp.
*b*900   REICKE, B., «Griesbach und die synoptische Frage», TZ 32 (1976) 341-359.
*b*901   FARMER, W.R., «Modern Developments of Griesbach's Hypothesis», NTS 23 (1977)
         275-295.
*b*902   GRIESBACH, J.J., «Commentatio qua Marci Evangelium totum e Matthaei et Lucae
         commentariis decerptum esse monstratur», dans *J.J. Griesbach: Synoptic and text-critical
         studies 1776-1976* (en collab.) (1978), 68-102.
*b*903   LONGSTAFF, T.R.W., «At the Colloquium's conclusion», dans *J.J. Griesbach: Synoptic
         and text-critical studies 1776-1976* (en collab.) (1978), 170-175.
*b*904   NEIRYNCK, F., VAN SEGBROECK, F., «The Griesbach Hypothesis:
         a bibliography», dans *J.J. Griesbach: Synoptic and text-critical studies 1776-1976* (en
         collab.) (1978), 176-181.
*b*905   ORCHARD, B., «A demonstration that Mark was written after Matthew and Luke
         (A translation of J.J. Griesbach's Commentatio)», dans *J.J. Griesbach: Synoptic and text-
         critical studies 1776-1976* (en collab.) (1978), 103-135.
*b*906   REICKE, B., «Griesbach's answer to the Synoptic Question», dans *J.J. Griesbach:
         Synoptic and text-critical studies 1776-1976* (en collab.) (1978), 50-67.
*b*907   TUCKETT, C.M., «The Griesbach Hypothesis in the 19th Century», JSNT n° 3 (1979)
         29-60.
*b*908   FUCHS, A., «Die Wiederbelebung der Griesbachhypothese oder Wissenschaft auf dem
         Holzweg», SNTU Serie A, Band 5 (1980) 139-149.
*b*909   NEIRYNCK, F., «The Griesbasch Hypothesis: The Phenomenon of Order», ETL 58
         (1982) 111-122.

*b*910 DUNGAN, D.L., «The Purpose and Provenance of the Gospel of Mark according to the 'Two-Gospel' (Owen-Griesbach) Hypothesis», dans *New Synoptic Studies* (Ed. W.R. FARMER) (en collab.) (1983), 411-440.

*b*911 KINGSBURY, J.D., «The Theology of St. Matthew's Gospel according to the Griesbach Hypothesis», dans *New Synoptic Studies* (Ed. W.R. FARMER) (en collab.) (1983), 331-361.

*b*912 TUCKETT, C.M., *The Revival of the Griesbach Hypothesis.* An analysis and appraisal (SNTS Monograph series, 44) (Cambridge, Cambridge University Press, 1983), viii-255 pp.

e) Diverses solutions. Different Solutions. Verschiedene Lösungen.
Differenti soluzioni. Varias soluciones.

*b*913 GOGUEL, M., «Luke and Mark: With a Discussion of Streeter's Theory», HarvTR 26 (1933) 1-55.

*b*914 FARMER, W.R., «The Two-Document Hypothesis as a Methodological Criterion in Synoptic Research», AThR 48 (1966) 380-396.

*b*915 NEIRYNCK, F., «La matière marcienne dans l'évangile de Luc», BETL 32 (1973) 157-201, dans NEIRYNCK, F., *Evangelica* (1982), 37-82.

*b*916 NEIRYNCK, F., «The Argument from Order and St. Luke's Transpositions», ETL 49 (1973) 784-815, dans NEIRYNCK, F., *Evangelica* (1982), 737-768.

*b*917 BEARE, F.W., «On the Synoptic Problem: A New Documentary Theory», AThR Supplementary Series, nᵒ 3 (1974) 15-28.

*b*918 BOISMARD, M.-É., «Influences matthéennes sur l'ultime rédaction de l'évangile de Marc», dans *L'Évangile selon Marc* (en collab.) (1974), 93-101.

*b*919 NEIRYNCK, F., «Urmarcus redivivus? Examen critique de l'hypothèse des insertions matthéennes dans Mc», dans *L'Évangile selon Marc* (en collab.) (1974), 103-145, dans NEIRYNCK, F., *Jean et les synoptiques* (1979), 319-361.

*b*920 NEIRYNCK, F., in collaboration with T. HANSEN, F. VAN SEGBROECK, *The Minor Agreements of Matthew and Luke against Mark* with a Cumulative List (Leuven, University Press, 1974), 330 pp.

*b*921 KEYLOCK, L.R., «Bultmann's Law of Increasing Distinctness», dans *Current Issues in Biblical and Patristic Interpretation* (en collab.) (1975), 193-210.

*b*922 DAVIS, C.T., «Joseph B. Tyson's Proposal: A Response and Counter-Proposal», dans *Society of Biblical Literature. 1976 Seminar Papers* (en collab.) (1976), 291-292.

*b*923 FARMER, W.R., *The Synoptic Problem.* A Critical Analysis (Dillsboro, NC, Western North Carolina Press, 1976), xii-308 pp.

*b*924 ORCHARD, J.B., «J.A.T. Robinson and the Synoptic Problem», NTS 22 (1976) 346-352.

*b*925 TYSON, J.B., «Sequential Parallelism in the Synoptic Gospels», NTS 22 (1976) 276-308.

*b*926 TYSON, J.B., «The Sources of Luke: A Proposal for the Consultation on the Relationships of the Gospels», dans *Society of Biblical Literature. 1976 Seminar Papers* (en collab.) (1976), 279-286.

*b*927 WALKER, W.O., Jr., «Joseph B. Tyson's Proposal for the Consultation on the Relationships of the Gospels: A Response», dans *Society of Biblical Literature. 1976 Seminar Papers* (en collab.) (1976), 287-289.

*b*928 CAUSSE, M., «Études sur le problème synoptique», ETR 52 (1977) 125-132 (F. NEIRYNCK, *The Minor Agreements of Matthew and Luke Against Mark*; L. FREY, *Analyse ordinale des Évangiles Synoptiques).*

*b*929   LONGSTAFF, T.R.W., «A Critical Note in Response to J.C. O'Neill», NTS 23 (1977) 116-117.

*b*930   LONGSTAFF, T.R.W., *Evidence of Conflation in Mark?* A Study in the Synoptic Problem (SBL Dissertation Series, 28) (Missoula, Scholars Press, 1977), x-245 pp.

*b*931   FARMER, W.R., «Kritik der Markushypothese», TZ 34 (1978) 172-174.

*b*932   FUCHS, A., «Die Behandlung der mt/lk Übereinstimmungen gegen Mk durch S. McLoughlin und ihre Bedeutung für die Synoptische Frage», dans *Probleme der Forschung* (SNTU, Serie A, Band 3) (1978), 24-57.

*b*933   FULLER, R.H., «Baur Versus Hilgenfeld: A Forgotten Chapter in the Debate on the Synoptic Problem», NTS 24 (1978) 355-370.

*b*934   O'CONNELL, L.J., «Boismard's Synoptic theory: exposition and response», TDig 26 (1978) 325-342.

*b*935   PEABODY, D., «A Pre-Markan Prophetic Sayings Tradition and the Synoptic Problem», JBL 97 (1978) 391-409.

*b*936   RIST, J.M., *On the Independence of Matthew and Mark* (SNTS 32) (Cambridge, University Press, 1978), 132 pp.

*b*937   RODRIGUEZ CARMONA, A., «El Targum Palestinense del Pentateuco y el problema sinóptico de los Evangelios», CuBi 35 (1978) 111-120.

*b*938   STOLDT, H.-H., «Geschichte und Kritik der Markushypothese», dans *Society of Biblical Literature. 1978 Seminar Papers* (en collab.) (1978), II, 145-158.

*b*939   BOISMARD, M.-É., «The Two Source Theory at an Impasse», NTS 26 (1979) 1-17.

*b*940   O'GRADY, J.F., «The Origins of the Gospels: Mark», BTB 9 (1979) 154-164.

*b*941   LAUFEN, R., *Die Doppelüberlieferungen der Logienquelle und des Markusevangeliums* (BBB 54) (Königstein/Taunus, Hanstein, 1980), 614 pp.

*b*942   NEIRYNCK, F., «Deuteromarcus et les accords Matthieu-Luc», ETL 56 (1980) 397-408, dans NEIRYNCK, F., *Evangelica* (1982), 769-780.

*b*943   TUCKETT, C.M., «The Argument from Order and the Synoptic Problem», TZ 36 (1980) 338-354.

*b*944   PARKER, P., «A Second Look at *The Gospel Before Mark*», JBL 100 (1981) 389-413.

*b*945   WENHAM, J.W., «Synoptic Independence and the Origin of Luke's Travel Narrative», NTS 27 (1981) 507-515.

*b*946   AGNEW, P.W., «The 'Two-Gospels' Hypothesis and a Biographical Genre for the Gospels», dans *New Synoptic Studies* (Ed. W.R. FARMER) (en collab.) (1983), 481-499.

*b*947   COPE, L., «The Argument Revolves: The Pivotal Evidence for Markan Priority Is Reversing Itself», dans *New Synoptic Studies* (Ed. W.R. FARMER) (en collab.) (1983), 143-159.

*b*948   FARMER, W.R., «A Response to Joseph Fitzmyer's Defence of the 'Two-Document' Hypothesis», dans *New Synoptic Studies* (Ed. W.R. FARMER) (en collab.) (1983), 501-523.

*b*949   LOWE, M., FLUSSER, D., «Evidence corroborating a modified Proto-Matthean Synoptic Theory», NTS 29 (1983) 25-47.

*b*950   NEIRYNCK, F., «Les expressions doubles chez Marc et le problème synoptique», ETL 59 (1983) 303-330.

*b*951   PARKER, P., «The Posteriority of Mark», dans *New Synoptic Studies* (Ed. W.R. FARMER) (en collab.) (1983), 67-142.

*b*952   PEABODY, D., «Augustine and the Augustinian Hypothesis: A Reexamination of Augustine's Thought in *De consensu evangelistarum*», dans *New Synoptic Studies* (Ed. W.R. FARMER) (en collab.) (1983), 37-64.

*b*953   ROLLAND, P., «Marc, première harmonie évangélique?» RB 90 (1983) 23-79.

b954 SIGAL, P., «Aspects of Mark Pointing to Matthean Priority», dans *New Synoptic Studies* (Ed. W.R. FARMER) (en collab.) (1983), 185-208.

f) Synopses. Synopsis. Synopsen. Sinossi. Sinopsis.

b955 STECKER, A., «Zur Benutzung einer Synopse», BiLeb 3 (1962) 145-148.

b956 SWANSON, R.J., *The Horizontal Line Synopsis of the Gospels* (Dillsboro, Western North Carolina Press, 1975), xx-597 pp.

b957 SPARKS, H.F.D., *Synopsis of the Gospels* (London, A. & C. Black, 1977), xxvi-248 pp., vi-96 pp.

b958 GREEVEN, H., «The Gospel synopsis from 1776 to the present day», dans *J.J. Griesbach: Synoptic and text-critical studies 1776-1976* (en collab.) (1978), 22-49.

b959 ORCHARD, B., «Are All Gospel Synopses Biassed?» TZ 34 (1978) 149-162.

b960 NEIRYNCK, F., *Jean et les synoptiques*, «Synopse des quatre évangiles. Nouvelle édition» (1979), 385-387.

b961 THROCKMORTON, B.H. (Ed.), *Gospel Parallels*. A Synopsis of the First Three Gospels (4th rev. ed.) (Nashville, New York, Thomas Nelson, 1979), xxvi-191 pp.

b962 DUNGAN, D.L., «Theory of Synopsis Construction», Bibl 61 (1980) 305-329.

b963 HURAULT, B., *Sinopsis Pastoral de Mateo-Marcos-Lucas-(Juan) con notas exegéticas y pastorales* (Madrid, Ediciones Paulinas, 1980), 311 pp.

b964 ORCHARD, J.B., «The Making of a Synopsis», dans *Wort in der Zeit* (en collab.) (1980), 24-27.

b965 AMPHOUX, C.B., «Une nouvelle synopse des Évangiles», ETR 56 (1981) 609-612.

b966 HUCK, A., GREEVEN, H., *Synopse der drei ersten Evangelien* mit Beigabe der johanneischen Parallelstellen. 13. Aufgabe, völlig neu bearbeitet von Heinrich GREEVEN (Tübingen, Mohr, 1981), xli-298 pp.

b967 DELOBEL, J., «Greeven's Critical Apparatus», ETL 58 (1982) 135-139.

b968 NEIRYNCK, F., VAN SEGBROECK, F., «Greeven's Text of the Synoptic Gospels», ETL 58 (1982) 123-134.

b969 ORCHARD, J.B. (Ed.), *A Synopsis of the Four Gospels* in a New Translation Arranged according to the Two-Gospels Hypothesis (Macon, GA, Mercer University Press, 1982), xxv-294 pp.

8. Théologie. Theology. Theologie. Teologia. Teología.

b970 MUSSNER, F., «Die Mitte des Evangeliums in neutestamentlicher Sicht», Catho 15 (1961) 271-292.

b971 MUSSNER, F., «'Evangelium' und 'Mitte des Evangeliums'», dans *Gott in Welt* (en collab.) (1964), I, 492-514.

b972 DAVIES, W.D., *Invitation to the New Testament*, «The Gospel as the Glory of God» (1969), 39-49.

b973 GONZALO MAESO, D., «Dos valores esenciales del Evangelio», CuBi 30 (1973) 165-169.

b974 PIKAZA, J., DE LA CALLE, F., *Teología de los Evangelios de Jesús* (Salamanca, Ed. Sigueme, 1974), 506 pp.

b975 TRILLING, W., «Die Botschaft Jesu», dans *Was haltet ihr von Jesus?* (en collab.) (1975), 96-127.

b976 GOPPELT, L., *Theologie des Neuen Testaments*, «Das Verkündigungsgeschehen (das Evangelium)» (1976), 435-447.

*b*977   JEREMIAS, J., *Jesus und seine Botschaft* (Calwer Paperback) (Stuttgart, Calwer, 1976), 95 pp.

*b*978   TALBERT, C.H., «The Gospel and the Gospels», Interpr 33 (1979) 351-362.

*b*979   SCHLINK, E., *Ökumenische Dogmatik*, «Das Evangelium» (1983), 421-444.

B. MATTHIEU. MATTHEW. MATTHÄUS. MATTEO. MATEO.

1. Introductions. Einleitungen. Introduzioni. Introducciones.

*b*980   TRILLING, W., «Das Matthäus-Evangelium - heute», BiLeb 3 (1962) 42-51.

*b*981   DAVIES, W.D., *Invitation to the New Testament*, «The Gospel of Matthew» (1969), 209-218.

*b*982   BONNARD, P., «Matthieu, éducateur du peuple chrétien», dans En collaboration, *Mélanges bibliques offerts à Béda Rigaux* (Gembloux, Duculot, 1970), 1-7, dans *Anamnesis* (1980), 105-110.

*b*983   MARTIN, R.P., *New Testament Foundations*, «The Gospel of Matthew» (1975), I, 224-243.

*b*984   En collaboration, *El evangelio según San Mateo* (Estella, Navarra, Ed. Verbo Divino, 1976), 67 pp.

*b*985   LÉON-DUFOUR, X., «L'évangile selon saint Matthieu», dans *Introduction à la Bible* (sous la direction de A. GEORGE et P. GRELOT), Tome III, Volume 2 (1976), 73-108.

*b*986   EGGER, W., *Einer ist euer Lehrer*. Ein Arbeitsheft zum Matthäusevangelium (Gespräche zur Bibel, 2) (Klosterneuburg, Österreichisches Katholisches Bibelwerk, 1977), 32 pp.

*b*987   KÜNZEL, G., *Studien zum Gemeindeverständnis des Matthäus-Evangeliums* (Calwer Theologische Monographien, Reihe A, Bibelwissenschaft, 10) (Stuttgart, Calwer, 1978), 295 pp.

*b*988   SANDMEL, S., *Judaism and Christian Beginnings*, «The Gospel According to Matthew» (1978), 352-362.

*b*989   KEALY, S.P., «The Modern Approach to Matthew», BTB 9 (1979) 165-178.

*b*990   MEIER, J.P., *The Vision of Matthew* (1979), viii-270 pp.

*b*991   DANIELI, G., *Matteo* (Leggere oggi la Bibbia, 2.1) (Brescia, Queriniana, 1980), 95 pp.

*b*992   KRETZER, A., «Christsein in dieser Welt. Das Matthäus-evangelium - heute», BiKi 35 (1980) 130-138.

*b*993   LANGE, J. (Hrsg.), *Das Matthäus-Evangelium* (Wege der Forschung, 525) (Darmstadt, Wissenschaftliche Buchgesellschaft, 1980), vi-464 pp.

*b*994   RADERMAKERS, J., «Évangile selon saint Mathieu (structure, manière d'écrire de Matthieu, communauté, théologie de Matthieu, qui est Matthieu?)», dans *Évangiles synoptiques et Actes des apôtres* (Petite bibliothèque des sciences bibliques. Nouveau Testament, 4) (Paris, Desclée, 1981), 133-154.

*b*995   WAGNER, G., *An Exegetical Bibliography of the New Testament*. Matthew and Mark (Macon, Georgia, Mercer University Press, 1983), xv-667 pp.

2. Milieu. Ambiente. Medio.

*b*996   KENNARD, J.S., Jr., «The Place of Origin of Matthew's Gospel», AThR 31 (1949) 243-246.

b997   HEBERT, G., «The Problem of the Gospel According to Matthew», SJTh 14 (1961) 403-413.

b998   SCHWEIZER, E., «Christianity of the Circumcised and Judaism of the Uncircumcised - The Background of Matthew and Colossians», dans *Jews, Greeks and Christians* (en collab.) (1976), 245-260.

b999   FRANKEMÖLLE, H., «Evangelist und Gemeinde. Eine methodenkritische Besinnung mit Beispielen aus dem Matthäus-evangelium», Bibl 60 (1979) 153-190.

b1000   SLINGERLAND, H.D., «The Transjordanian Origin of St. Matthew's Gospel», JSNT no 3 (1979) 18-28.

b1001   VIVIANO, B.T., «Where Was the Gospel According to Matthew Written?» CBQ 41 (1979) 533-546.

b1002   ZUMSTEIN, J., «Antioche sur l'Oronte et l'évangile selon Matthieu», SNTU Serie A, Band 5 (1980) 122-138.

b1003   SCHENK, W., «Das 'Matthäusevangelium' als Petrusevangelium», BZ 27 (1983) 58-80.

3. Commentaires. Commentaries. Kommentare. Commenti. Comentarios.

b1004   PRETE, B., *Vangelo secondo Matteo* (Milano, Rizzoli, 1957), 320 pp.

b1005   ARGYLE, A.W., *The Gospel According to Matthew* (The Cambridge Bible Commentary on the New English Bible) (Cambridge, Cambridge University Press, 1963), lx-228 pp.

b1006   GAECHTER, P., *Das Matthäus Evangelium* (Innsbruck, Tyrolia, 1963), 978 pp.

b1007   SABOURIN, L., *Il vangelo di Matteo*. Teologia ed esegesi. Volume Primo (Roma, Fede ed Arte, 1975), 333 pp. Volume Secondo: Commentario da 7:28 a 28:20 (Roma, Edizioni Paoline, 1977), xii-579 pp.

b1008   GOMA CIVIT, I., *El Evangelio según San Mateo*, volumen segundo (14-28) (Comentario al Nuevo Testamento III/2, Colectanea San Paciano, 22/2) (Madrid, Ediciones Marova, 1976), xxiii-784 pp.

b1009   SENIOR, D., *Invitation to Matthew*. A Commentary on the Gospel of Matthew with Complete Text from The Jerusalem Bible (Garden City, NY, Image Books / Doubleday & Co., 1977), 277 pp.

b1010   KIRK, A., OBACH, R.E., *A Commentary on the Gospel of Matthew* (New York, Ramsey, Toronto, Paulist, 1978), iv-296 pp.

b1011   LANCELLOTTI, A. (Ed.), *Matteo*. Versione, introduzione, note (Nuovissima versione della Bibbia dai testi originali, 33) (2a ed.) (Torino, Edizioni Paoline, 1978), 414 pp.

b1012   SABOURIN, L., *L'évangile selon saint Matthieu et ses principaux parallèles* (Rome, Biblical Institute Press, 1978), 406 pp.

b1013   MEIER, J.P., *Matthew* (New Testament Message, 3) (Wilmington, DE, Glazier, 1980), xii-377 pp.

b1014   TOUSSAINT, S.D., *Behold The King*. A Study of Matthew (Portland, OR, Multnomah, 1980), 399 pp.

b1015   BEARE, F.W., *The Gospel according to Matthew*. Translation, Introduction and Commentary (San Francisco, Harper & Row, 1981), ix-550 pp.

b1016   BRATCHER, R.G., *A Translator's Guide to the Gospel of Matthew* (Helps for Translators) (New York, United Bible Societies, 1981), viii-388 pp.

b1017   CRISSEY, C.M., *Matthew* (Layman's Bible Book Commentary, 15) (Nashville, TN, Broadman, 1981), 152 pp.

b1018   MAGGIONI, B., *Il racconto di Matteo* (Bibbia per tutti) (Assisi, Cittadella Editrice, 1981), 375 pp.

b1019   FABRIS, R., *Matteo*. Traduzione e commento (Roma, Borla, 1982), 674 pp.

*b*1020   GUNDRY, R.H., *Matthew*. A Commentary on His Literary and Theological Art
            (Grand Rapids, Eerdmans, 1982), xviii-652 pp.
*b*1021   En collaboration, *Les Évangiles*. Traduction et commentaire des quatre évangiles.
            Édition entièrement nouvelle faite par l'Association catholique des études bibliques au
            Canada (ACEBAC), en collaboration avec la Société catholique de la Bible (SOCABI) et
            la Bibliothèque des Facultés jésuites de Montréal. Deuxième édition, revue et augmentée
            (Montréal, Bellarmin, 1983), 21-217.

4. Critique textuelle. Textual Criticism. Textkritik. Critica testuale. Crítica textual.

*b*1022   STREETER, B.H., «The Caesarean Text of Matthew and Luke», HarvTR 28 (1935)
            231-235.
*b*1023   TASKER, R.V.G., «The Text used by Eusebius in *Demonstratio Evangelica* in quoting
            from Matthew and Luke», HarvTR 28 (1935) 61-67.
*b*1024   MARTINI, C.M., *La parola di Dio alle origini della Chiesa* (1980), «La problématique
            générale du texte de Matthieu» (1972), 129-144.
*b*1025   VOGT, H.J., «Falsche Ergänzungen oder Korrekturen im Matthäus-Kommentar des
            Origenes», TQ 160 (1980) 207-212.
*b*1026   SCHENKE, H.-M. (Hrsg.), *Das Matthäus Evangelium in Mittelägyptischen Dialekt des
            Koptischen* (Codex Scheide) (TU 127) (Berlin, Akademie Verlag, 1981), xii-202 pp.

5. Critique littéraire. Literary Criticism. Literarkritik.
Critica letteraria. Crítica literaria.

Structure. Composizione. Aufbau. Struttura. Estructura.

*b*1027   LUND, N.W., «The Influence of Chiasmus upon the Structure of the Gospel According
            to Matthew», AThR 13 (1931) 405-433.
*b*1028   NEIRYNCK, F., «La rédaction matthéenne et la structure du premier évangile», ETL 43
            (1967) 41-73, dans NEIRYNCK, F., *Evangelica* (1982), 3-36.
*b*1029   BARR, D.L., «The drama of Matthew's Gospel: a reconsideration of its structure and
            purpose», TDig 24 (1976) 349-359.
*b*1030   JULLIEN DE POMEROL, P., *Quand un évangile nous est conté*. Analyse
            morphologique du récit de Matthieu (Écritures, 3) (Brussels, Lumen Vitae, 1980),
            240 pp.
*b*1031   SLATER, T.B., «Notes on Matthew's Structure», JBL 99 (1980) 436.
*b*1032   BROOKS, O.S., Sr., «Matthew xxviii 16-20 and the Design of the First Gospel», JSNT
            nº 10 (1981) 2-18.

Divers. Miscellaneous. Verschiedenes. Diversi. Diversos.

*b*1033   EASTON, B.S., «Professor Bacon's 'Studies in Matthew'», AThR 13 (1931) 49-55.
*b*1034   ENSLIN, M.S., «'The Five Books of Matthew': Bacon on the Gospel of Matthew»,
            HarvTR 24 (1931) 67-97.
*b*1035   SCHULZ, S., *Die Stunde der Botschaft*, «Überlieferung und Auslegung im
            Matthäusevangelium» (1967), 157-164.
*b*1036   NEIRYNCK, F., «The Gospel of Matthew and Literary Criticism. A Critical Analysis of
            A. Gaboury's Hypothesis», BETL 29 (1971) 37-69, dans *Society of Biblical Literature*.

1972 Proceedings (en collab.) (1972), 147-179, dans NEIRYNCK, F., *Evangelica* (1982), 691-723.

b1037 GOULDER, M.D., *Midrash and Lection in Matthew*. The Speaker's Lectures in Biblical Studies 1969-71 (London, SPCK, 1974), xv-528 pp.

b1038 NEIRYNCK, F., in collaboration with T. HANSEN, F. VAN SEGBROECK, *The Minor Agreements of Matthew and Luke against Mark* with a Cumulative List (Leuven, University Press, 1974), 330 pp.

b1039 LAMAR COPE, O., *Matthew*. A Scribe Trained for the Kingdom of Heaven (The CBQ Monograph Series, 5) (Washington, The Catholic Biblical Association of America, 1976), viii-142 pp.

b1040 PESCH, R., KRATZ, R., *So liest man synoptisch*, «Die mattäischen Sammelberichte» (1976), III, 89-92.

b1041 SCHENK, W., «Das Präsens Historicum als Makrosyntaktisches Gliederungssignal im Matthäusevangelium», NTS 22 (1976) 464-475.

b1042 O'CONNOR, D., JIMENEZ, J., *The Images of Jesus*. Exploring the Metaphors in Matthew's Gospel (Minneapolis, Winston Press, 1977), 187 pp.

b1043 WALKER, W.O., Jr., «A Method for Identifying Redactional Passages in Matthew on Functional and Linguistic Grounds», CBQ 39 (1977) 76-93.

b1044 COMBER, J.A., «The Verb *Therapeuô* in Matthew's Gospel», JBL 97 (1978) 431-434.

b1045 DERRETT, J.D.M., «Midrash in Matthew», HeyJ 16 (1975) 51-56, dans DERRETT, J.D.M., *Studies in the New Testament* (1978), II, 205-210.

b1046 KINGSBURY, J.D., «The Verb *Akolouthein* ('To Follow') as an Index of Matthew's View of his Community», JBL 97 (1978) 56-73.

b1047 MANNS, F., «La *Halakah* dans l'Évangile de Matthieu», Ant 53 (1978) 3-22.

b1048 KLOPPENBORG, J.S., «Didache 16,6-8 and Special Matthaean Tradition», ZNW 70 (1979) 54-67.

b1049 MANNS, F., «*Halakah* in Matthew's gospel», TDig 27 (1979) 151-154.

b1050 COURT, J.M., «The Didache and St Matthew's Gospel», SJTh 34 (1981) 109-120.

b1051 KEEGAN, T.J., «Introductory Formulae for Matthean Discourses», CBQ 44 (1982) 415-430.

b1052 ANDERSON, J.C., «Matthew: Gender and Reading», Semeia 28 (1983) 3-27.

6. Théologie. Theology. Theologie. Teologia. Teología.

b1053 KNOCH, O., «'Machet alle Völker zu meinen Jüngern!' Die Botschaft des Evangeliums nach Matthäus», BiKi 26 (1971) 65-69.

b1054 OGAWA, A., «Le Problème de l'Actualisation chez Matthieu», AJBI 3 (1977) 84-131.

b1055 KINGSBURY, J.D., «The Theology of St. Matthew's Gospel according to the Griesbach Hypothesis», dans *New Synoptic Studies* (Ed. W.R. FARMER) (en collab.) (1983), 331-361.

7. Textes. Texts. Texte. Testi. Textos.

b1056 1,1-7,27 MEIER, J.P., *The Vision of Matthew*, «Commentary on the Prologue and Book 1 (Matt 1:1-7:27)» (1979), 52-66.

b1057 1-2 HAHN, F., *Christologische Hoheitstitel*, «Die Davidssohnschaft Jesu in den Vorgeschichten des Matthäus- und Lukasevangeliums» (1963), 268-279.

*b*1058   LEROY, H., «'Sein Name wird sein Emmanuel!' Die
           Kindheitsgeschichte nach Matthäus», BiKi 19 (1964) 110-117.

*b*1059   BECK, E., MILLER, G., «Katechese: 'Er hat unter uns gewohnt'», BiKi
           15 (1960) 105-107.

*b*1060   SCHELKLE, K.H., «Die Kindheitsgeschichte Jesu», dans *Bibel
           Zeitgemässer Glaube* (en collab.) (1967), 11-36.

*b*1061   PAX, E., «Palästinensische Volkskunde im Spiegel der
           Kindheitsgeschichten», BiLeb 9 (1968) 287-299.

*b*1062   SCHULTE, R., «Die Mysterien der 'Vorgeschichte' Jesu», dans
           Mysterium Salutis (en collab.) (1969), III.2, 23-56.

*b*1063   GALBIATI, E., «Genere letterario e storia in Matteo 1-2», BibOr 15
           (1973) 3-16, dans *Scritti minori* (1979), 141-155.

*b*1064   HENDRICKX, H., *The Infancy Narratives* (Manila, East Asian
           Pastoral Institute, 1975), 136 pp.

*b*1065   LEONARDI, G., *L'infanzia de Gesú nei vangeli di Matteo e di Luca*
           (Conoscere il Vangelo, 2) (Padova, Messaggero, 1975), 282 pp.

*b*1066   SALAS, A., *La infancia de Jesús (Mt 1-2).* ¿historia o teología?
           (Biblioteca Escuela Bíblica, 1) (Madrid, Biblia y Fe, 1976), 250 pp.

*b*1067   SOARES PRABHU, G.M., *The Formula Quotations in the Infancy
           Narrative of Matthew.* An Enquiry into the Tradition History of Mt 1-2
           (Analecta Biblica, 63) (Rome, Biblical Institute Press, 1976), 346 pp.

*b*1068   AMMASSARI, A., «La famiglia del Messia», BibOr 19 (1977) 195-203.

*b*1069   BROWN, R.E., *The Birth of the Messiah.* A Commentary on the Infancy
           Narratives in Matthew and Luke (Garden City, NY, Doubleday, 1977),
           594 pp.

*b*1070   DIEZ MACHO, A., *La historicidad de los Evangelios de la Infancia.* El
           entorno de Jesús (Santiago Apóstol, 4) (Madrid, Fe Catolica, 1977),
           132 pp.

*b*1071   PERROT, C., «Les récits de l'enfance de Jésus», CE (n.s.) no 18 (1977)
           72 pp.

*b*1072   DE ROSA, G., «Storia e teologia nei racconti dell'infanzia di Gesù», CC
           4 (1978) 521-537.

*b*1073   FULLER, R.H., «The Conception/Birth of Jesus as a Christological
           Moment», JSNT no 1 (1978) 37-52.

*b*1074   HILL, D., «Review of R.E. Brown, *The Birth of the Messiah*», JSNT no 1
           (1978) 61-65.

*b*1075   VIA, D.O., Jr., «Narrative World and Ethical Response: The Marvelous
           and Righteousness in Matthew 1-2», Semeia 12 (1978) 123-149.

*b*1076   CHARLIER, J.-P., «Du berceau au tombeau», VS 133 (1979) 8-25,
           172-191.

*b*1077   NOLAN, B.M., *The Royal Son of God.* The Christology of Matthew 1-2
           in the Setting of the Gospel (Orbis Biblicus et Orientalis, 23) (Fribourg,
           Suisse, Éditions Universitaires; Göttingen, Vandenhoeck & Ruprecht,
           1979), 282 pp.

*b*1078   REICKE, B., «Christ's Birth and Childhood», dans *From Faith to Faith*
           (en collab.) (1979), 151-165.

*b*1079   AUGUSTO TAVARES, A., «Infancy narratives and historical
           criticism», TDig 28 (1980) 53-54.

b1080   BENOIT, P., «Les récits évangéliques de l'enfance de Jésus» (1982), dans
               BENOIT, P., *Exégèse et théologie*, tome IV (1982), 63-94.

b1081   FRANCE, R.T., «Scripture, Tradition and History in the Infancy
               Narratives of Matthew», dans *Gospel Perspectives* (en collab.) (1981), II,
               239-266.

b1082   HILL, D., «Review of Brian M. Nolan, *The Royal Son of God: The
               Christology of Matthew 1-2 in the Setting of the Gospel*», JSNT no 9 (1980)
               66-69.

b1083   LAURENTIN, R., «Vérité des Évangiles de l'enfance», NRT 105 (1983)
               691-710.

b1084   THÉRIAULT, J.-Y., «La Règle de Trois. Une lecture sémiotique de
               Mt 1-2», SE 34 (1982) 57-78.

b1085   1   VISCHER, W., «Comment arriva la naissance de Jésus-Christ», ETR 37
               (1962) 365-370.

b1086   KNOCH, O., «Die Botschaft des Matthäusevangeliums über
               Empfängnis und Geburt Jesu vor dem Hintergrund der
               Christusverkündigung des Neuen Testament», dans *Zum Thema
               Jungfrauengeburt* (en collab.) (1970), 37-59.

b1087   DU BUIT, M., *En tous les temps Jésus-Christ*, «Enfance du Fils de
               David» (1974), I, 118-122.

b1088   BROWN, R.E., *An Adult Christ at Christmas*. Essays on the Three
               Biblical Christmas Stories (Collegeville, MN, Liturgical Press, 1978),
               x-50 pp.

b1089   MILAVEC, A., «Matthew's Integragion of Sexual and Divine
               Begetting», BTB 8 (1978) 108-116.

b1090   GLOBE, A., «Some Doctrinal Variants in Matthew 1 and Luc 2, and the
               Authority of the Neutral Text», CBQ 42 (1980) 52-72.

b1091   1,1-17   BOLSINGER, G., «Die Ahnenreihe Christi nach Matthäus und Lukas»,
               BiKi 12 (1957) 112-117.

b1092   SCHELKLE, K.H., «Die Frauen im Stammbaum Jesu», BiKi 18 (1963)
               113-115.

b1093   NINEHAM, D.E., «The Genealogy In St. Matthew's Gospel And Its
               Significance For The Study Of The Gospels», BJRL 58 (1975-76)
               421-444.

b1094   WAETJEN, H.C., «The Genealogy as the Key to the Gospel according
               to Matthew», JBL 95 (1976) 205-230.

b1095   TATUM, W.B., «'The Origin of Jesus Messiah' (Matt 1:1,18a):
               Matthew's Use of the Infancy Traditions», JBL 96 (1977) 523-535.

b1096   En collaboration, *Mary in the New Testament*, «Mary in the Genealogy
               (1:1-17)» (1978), 77-83.

b1097   SCHNIDER, F., STENGER, W., «Die Frauen im Stammbaum Jesu
               nach Matthäus. Strukturale Beobachtungen zu Mt 1,1-17», BZ 23 (1979)
               187-196.

b1098   HAMMER, W., «L'intention de la généalogie de Matthieu», ETR 55
               (1980) 305-306.

b1099   ORSATTI, M., *Un saggio di teologia della storia*. Esegesi di Mt. 1,1-17
               (Studi biblici, 55) (Brescia, Paideia, 1980), 112 pp.

b1100   1,3-6   LANGLAMET, F., «La mention des 'quatre femmes' en Mt., I,3,5-6»,
               SDB 10 (1979) col. 1086-1088.

b1101   1,5   HANSON, A.T., «Rahab the Harlot in Early Christian Theology»,
                   JSNT n° 1 (1978) 53-60.

b1102   QUINN, J.D., «Is 'PAXAB in Mt 1,5 Rahab of Jericho?» Bibl 62 (1981)
                   225-228.

b1103   BROWN, R.E., «Rachab in Mt 1,5 Probably is Rahab of Jericho», Bibl
                   63 (1982) 79-80.

b1104   1,6   VEIJOLA, T., «Salomo - der erstgeborene Bathsebas», dans Studies in
                   the Historical Books of the Old Testament (en collab.) (1979), 230-250.

b1105   1,16   MICHL, J., «Die Jungfrauengeburt im Neuen Testament», dans
                   Jungfrauengeburt gestern und heute (en collab.) (1969), 145-184.

b1106   1,18-2,23 DOWN, M.J., «The Matthaean Birth Narratives: Matthew 1[18]-2[23]»,
                   ExpTim 90 (1978) 51-52.

b1107   1,18-2,25 MICHL, J., «Die Jungfrauengeburt im Neuen Testament», dans
                   Jungfrauengeburt gestern und heute (en collab.) (1969), 145-184.

b1108   BROER, I., «Die Bedeutung der 'Jungfrauengeburt' im
                   Matthäusevangelium», BiLeb 12 (1971) 248-260.

b1109   G.C., «Marie et Joseph dans le mystère de l'incarnation (Is. 7,10-14;
                   Rm. 1,1-17; Mt. 1,18-24)», EV (prédication) 77 (1977) 335-336.

b1110   En collaboration, Mary in the New Testament, «Mary and the
                   Conception of Jesus (1:18-25)» (1978), 83-97.

b1111   WATSON, P.S., «Emmanuel», ExpTim 90 (1978) 82-83.

b1112   DUBARLE, A.-M., «La conception virginale et la citation d'Is., VII,14
                   dans l'Évangile de Matthieu», RB 85 (1979) 362-380.

b1113   HERRANZ MARCO, M., «Substrato arameo en el relato de la
                   Anunciación a José», EstB 38 (1979-80) 35-55, 237-268.

b1114   KNOCKAERT, A., VAN DER PLANCKE, C., «Catéchèses de
                   l'annonciation», LVit 34 (1979) 79-121.

b1115   Y.B., «Fils de David et fils de Dieu (Is. 7,10-16; Rom. 1,1-7;
                   Mt 1,18-24)», EV (prédication) 80 (1980) 325-326.

b1116   SCHNIDER, F., STENGER, W., «'Mit der Abstammung Jesu Christi
                   verhielt es sich so:...' Strukturale Beobachtungen zu Mt 1,18-25», BZ 25
                   (1981) 255-264.

b1117   1,18-21   CANTWELL, L., «The Parentage of Jesus: Mt I:18-21», NT 24 (1982)
                   304-315.

b1118   1,18.20   CHEVALLIER, M.-A., Souffle de Dieu. Le Saint-Esprit dans le
                   Nouveau Testament, «Le souffle de Dieu dans la tradition Mt/Lc sur la
                   naissance de Jésus» (1978), 141-153.

b1119   1,18   LAGRAND, J., «How was the Virgin Mary 'Like a Man'?» NT 22
                   (1980) 97-107.

b1120   1,19   TOSATO, A., «Joseph, Being a Just Man (Matt 1:19)», CBQ 41 (1979)
                   547-551.

b1121   1,20-23   FENTON, J.C., «Matthew and the Divinity of Jesus: Three questions
                   concerning Matthew 1:20-23», dans Studia Biblica 1978 II. Papers on the
                   Gospels (en collab.) (1980), 79-82.

b1122   1,20   GRELOT, P., «La naissance d'Isaac et celle de Jésus», NRT 94 (1972)
                   462-487, 561-585.

b1123   1,21   McLELLAN, A.R.C., «Choosing a Name for the Baby», ExpTim 93
                   (1981) 80-82.

b1124   1,23   JAMES, J.M., «The God who is with us», ExpTim 91 (1979) 78-79.

*b*1125   2   VÖGTLE, A., «Das Schicksal des Messiaskindes. Zur Auslegung und Theologie von Mt 2», BiLeb 6 (1965) 246-279.

*b*1126   NELLESSEN, E., «Die Verkündigung der Menschwerdung in Mt 2», dans *Jungfrauengeburt gestern und heute* (en collab.) (1969), 185-204.

*b*1127   DU BUIT, M., *En tous les temps Jésus-Christ*, «La royauté du Christ» (1974), I, 123-133.

*b*1128   POSE, E.R., «Ticonio y el sermón 'in natali sanctorum innocentium' (Exégesis de Mt. 2)», Greg 60 (1979) 513-544.

*b*1129   FRANCE, R.T., «The Formula-Quotations of Matthew 2 and the Problem of Communication», NTS 27 (1981) 233-251.

*b*1130   FRIGGENS, M.A., «The Relationship of the Prophetic Quotations in Matthew ii in the Light of the Triennial Lectionary Cycle», dans *Studia Evangelica* (en collab.) (1982), VII, 183-188.

*b*1131   2,1-12   GALBIATI, E., «Evangeli», BibOr 4 (1962) 20-29.

*b*1132   KERSTIENS, F., «Unterwegs im Glauben. Homilie zum Feste Epiphanie (Mt 2,1-12)», BiLeb 6 (1965) 303-306.

*b*1133   G.C., «Jésus et les mages (Matthieu 2,1-12)», EV (prédication) 76 (1976) 305-307.

*b*1134   STEINMETZ, F.-J., «Gedanken zum Dreikönigstag. Reflexionen über die Huldigung der Magier in Mt 2», GeistL 50 (1977) 401-408.

*b*1135   Y.B., «Jésus étant né à Bethléem... (Matthieu 2,1-12)», EV (prédication) 77 (1977) 340-341.

*b*1136   G.C., «Venez tous adorer votre Dieu (Is. 60,1-6 ; Ep. 3,2-3,5-6 ; Mt 2,1-12)», EV (prédication) 78 (1978) 324-326.

*b*1137   SCHMAHL, G., «Magier aus dem Osten und die Heiligen Drei Könige», TrierTZ 87 (1978) 295-303.

*b*1138   Y.B., «L'enfant adoré (Mt. 2,1-12)», EV (prédication) 79 (1979) 356-358.

*b*1139   G.C., «Solennité de l'Épiphanie (Is. 60,1-6; Ep. 3,2-3,5-6; Mt 2,1-12)», EV (prédication) 80 (1980) 339-342.

*b*1140   G.C., «Regards sur la sainte famille (Si. 3,2-4; Col. 3,12-21; Mt 2,13-15,19-23)», EV (prédication) 80 (1980) 339-340.

*b*1141   Y.B., «Permanente épiphanie (Is. 60,1-6; Ep. 3,2-3a,5-6; Mt 2,1-12)», EV (prédication) 81 (1981) 355-356.

*b*1142   Y.B., «Les étoiles dans la nuit (Is. 60,1-6; Eph. 3,2-6; Mt 2,1-12)», EV (prédication) 82 (1982) 356-358.

*b*1143   SCHULZE, W.A., «Nachtrag zu meinem Aufsatz: *Zur Geschichte der Auslegung von Matth. 2,1-12*, ThZ 31 (1975) 150-160», TZ 39 (1983) 178-181.

*b*1144   Y.B., «Épiphanie du Seigneur (Mt. 2,1-12)», EV (prédication) 83 (1983) 338-340.

*b*1145   2,3   SCHILLEBEECKX, E., *God among us*, «All Jerusalem was Afraid (Matt. 2.3)» (1983), 13-19.

*b*1146   2,5   DOIGNON, J., «'Erat in Iesu Christo homo totus' (Hilaire de Poitiers, *In Matthaeum* 2,5). Pour une saine interprétation de la formule», REA 28 (1982) 201-207.

*b*1147   2,11   GREEN, F.P., «Too Late to Renew Christmas», ExpTim 89 (1977-78) 84-85.

*b*1148   READ, D.H.C., «These Gaudy Kings», ExpTim 91 (1979) 80-82.

*b*1149   2,13-23   McLELLAN, A.R.C., «Into Egypt», ExpTim 95 (1983) 84-86.

*b*1150   2,16-18   FRANCE, R.T., «Herod and the Children of Bethlehem», NT 21 (1979)
                        98-120.

*b*1151   2,16   FRANCE, R.T., «The 'Massacre of the Innocents' - Fact or Fiction?»
                        dans *Studia Biblica 1978. II. Papers on the Gospels* (en collab.) (1980),
                        83-94.

*b*1152   2,19   VAN BRUGGEN, J., «The Year of the Death of Herod the Great
                        (*teleutêsantos de tou Hêrôdou... Mt ii 19*)», dans *Miscellanea
                        Neotestamentica* (en collab.) (1978), II, 1-15.

*b*1153   2,23   GÄRTNER, B., *Die Rätselhaften Termini Nazoräer und Iskariot* (Lund,
                        Gleerup, 1957), 68 pp.

*b*1154   TAYLOR, D.B., «Jesus - of Nazareth?» ExpTim 92 (1981) 336-337.

*b*1155   3   MARSH, J., «Meditations in Matthew», dans *Studia Biblica 1978.
                        II. Papers on the Gospels* (en collab.) (1978), 129-149.

*b*1156   3,1-12   G.C., «La force de l'espérance (Is. 11,1-10; Rm. 15,4-9; Mt. 3,1-12)», EV
                        (prédication) 77 (1977) 318-319.

*b*1157   Y.B., «Convertissez-vous... Accueillez-vous! (Rom. 15,4-9; Mt 3,1-12)»,
                        EV (prédication) 80 (1980) 321-323.

*b*1158   SAWATZKY, H., «Anger», ExpTim 94 (1982) 52-53.

*b*1159   3,1-10   MARTIN-ACHARD, R., «Matt. 3:1-10», ETR 30, n° 4 (1955) 8-10.

*b*1160   3,3   CASPER, J., «Die Stimme des Rufenden in der Wüste», BiLit 10
                        (1935-36) 115-117.

*b*1161   3,11   PROULX, P., ALONSO SCHÖKEL, L., «Las Sandalias del Mesías
                        Esposo», Bibl 59 (1978) 1-37.

*b*1162   3,12   SCHWARZ, G., «*To de akhuron katakausei*», ZNW 72 (1981) 264-271.

*b*1163   3,13-17   DU BUIT, M., *En tous les temps Jésus-Christ*, «Baptême de Jésus»
                        (1974), I, 161-172.

*b*1164   GIAVINI, G., «L''inizio del Vangelo' e la 'voce celeste' al battesimo di
                        Gesù», ScuolC 105 (1977) 478-486.

*b*1165   FORREST, R.G., «The Baptism of Jesus», ExpTim 90 (1978) 85-86.

*b*1166   G.C., «Le baptême du Seigneur (Is. 42,1-7; Ac. 10,34-38; Mt 3,13-17)»,
                        EV (prédication) 80 (1980) 353-355.

*b*1167   3,15   PRZYBYLSKI, B., *Righteousness in Matthew and his world of thought*,
                        «Matthew 3:15» (1980), 91-94.

*b*1168   3,16-4,11   KNOCKAERT, A., VAN DER PLANCKE, C., «Catéchèses de la
                        tentation», LVit 34 (1979) 123-153.

*b*1169   3,16   DE COCK, J., «Het symbolisme van de duif bij het doopsel van Christus.
                        Le symbolisme de la colombe dans les récits du Baptême de Jésus», Bijdr.
                        21 (1960) 363-376 (sommaire français).

*b*1170   3,17   SCATTOLON, A., «L'*agapêtos* sinottico nella luce della tradizione
                        giudaica», RivB 26 (1978) 2-32.

*b*1171   4,1-11   FUCHS, E., «Notes bibliques de prédication: pour les temps de Pâques et
                        de Pentecôte», VC n° 58 (1961) 214-226 (Mt 6,5-8; Lc 11,5-13; Mt
                        11,25-27).

*b*1172   GALBIATI, E., «Le tentazioni di Gesù (Mt. 4,1-11)», BibOr 3 (1961)
                        26-31, dans *Scritti minori* (1979), 511-520.

*b*1173   OÑATE, J.A., «La Sagrada Biblia en la ascética y en la predicación. Las
                        tentaciones del Señor», CuBi 22 (1965) 218-226.

*b*1174   DU BUIT, M., *En tous les temps Jésus-Christ*, «Tentation du Christ»
                        (1974), I, 175-187.

*b*1175   GRAYSTON, K., «The Temptations», ExpTim 88 (1977) 143-144.

*b*1176   MAHNKE, H., *Die Versuchungsgeschichte im Rahmen der synoptischen Evangelien*. Ein Beitrag zur frühen Christologie (Beiträge zur biblischen Exegese und Theologie, 9) (Frankfurt/M, P. Lang, 1978), 445 pp.

*b*1177   Y.B., «Entrer en carême (Matthieu 4,1-12)», EV (prédication) 78 (1978) 4-6.

*b*1178   ZELLER, D., «Die Versuchungen Jesu in der Logienquelle», TrierTZ 89 (1980) 61-73.

*b*1179   G.C., «Jésus et Satan (Mt. 4,1-11)», EV (prédication) 81 (1981) 36-37.

*b*1180   WILKENS, W., «Die Versuchung Jesu nach Matthäus», NTS 28 (1982) 479-489.

*b*1181   WINK, W., «Matthew 4:1-11», Interpr 37 (1983) 392-397.

*b*1182   4,3-12   BETZ, H.D., «Die Makarismen der Bergpredigt (Matthäus 4,3-12). Beobachtungen zur literarischen Form und theologischen Bedeutung», ZTK 75 (1978) 3-19.

*b*1183   4,5   JEREMIAS, J., «Die Zinne des Tempels (Mt. 4,5; Lk. 4,9)», ZDPV 59 (1936) 195-208.

*b*1184   4,8   KILPATRICK, G.D., «Three Problems of New Testament Text», NT 21 (1979) 289-292.

*b*1185   4,12-5,2 DU BUIT, M., *En tous les temps Jésus-Christ*, «Mise en scène du discours» (1977), III, 7-16.

*b*1186   4,12-23   Y.B., «Au seuil de la vie publique (Math. 4,12-23)», EV (prédication) 77 (1977) 350-352.

*b*1187   G.C., «L'appel des premiers apôtres (Is. 8,23-9,3; 1 Col. 1,10-13,17; Mt. 4,12-23)», EV (prédication) 81 (1981) 3-4.

*b*1188   4,12-17   PESCH, R., KRATZ, R., *So liest man synoptisch*, «Jesus predigt in Galiläa» (1975), I, 47-49.

*b*1189   4,15   SLINGERLAND, H.D., «The Transjordanian Origin of St. Matthew's Gospel», JSNT n° 3 (1979) 18-28.

*b*1190   4,18-20   DA SORTINO, P.M., «La vocazione di Pietro secondo la tradizione sinottica e secondo S. Giovanni», dans *San Pietro* (en collab.) (1967), 27-57.

*b*1191   4,23-5,2 LOHFINK, G., «Wem gilt die Bergpredigt? Eine redaktionskritische Untersuchung von Mt 4,23-5,2 und 7,28f», TQ 163 (1983) 264-284.

*b*1192   4,30-32   WEDER, H., *Die Gleichnisse Jesu als Metaphern*, «Das Gleichnis vom Senfkorn (Mt 4,30-32 parr; ThEv 20) und vom Sauerteig (Lk 13,18f par; ThEv 96)» (1980), 128-138.

*b*1193   5-7   GRANT, F.C., «The Sermon on the Mount», AThR 24 (1942) 131-144.

*b*1194   BONNARD, P., «Le Sermon sur la montagne», RTP 3 (1953) 233-246, dans *Anamnesis* (1980), 81-92.

*b*1195   KOPP, C., «Die Stäte der Bergpredigt und Brotvermehrung», BiKi 8/3 (1953) 10-16.

*b*1196   MARQUARDT, G., «Die Bergpredigt des Matthäus-Evangeliums, eine meisterlich disponierte Komposition des Evangelisten», BiKi 13 (1958) 81-84.

*b*1197   SCHMID, J., «Ich aber sage euch. Der Anruf der Bergpredigt», BiKi 19 (1964) 75-79.

*b*1198   HOFFMANN, P., «Die Stellung der Bergpredigt im Matthäusevangelium», BiLeb 10 (1969) 57-65.

b1199   GIAVINI, G., «Il discorso della montagna e il valore delle norme etiche del N.T.», dans *Fondamenti biblici della teologia morale* (en collab.) (1973), 253-272.

b1200   SCHMAHL, G., «Gültigkeit und Verbindlichkeit der Bergpredigt», BiLeb 14 (1973) 180-187.

b1201   SCHNEIDER, G., *Botschaft der Berg Predigt* (Die Botschaft Gottes, II. Neutestamentliche Reihe, Heft 30) (Leipzig, St. Benno-Verlag, 1973), 174 pp.

b1202   BLIGH, J., *The Sermon on the Mount*. A Discussion on Mt 5-7 (Slough, St Paul Publications, 1975), 164 pp.

b1203   DELHAYE, P., «Les normes particulières du sermon sur la montagne d'après les commentaires de S. Thomas», EV (doctrine) 85 (1975) 33-43, 49-58.

b1204   LOPEZ MELUS, F.M., *Las Bienaventuranzas, Ley del Reino* (Madrid, Ed. PPC y Casa de la Biblia, 1976), 172 pp.

b1205   MENESTRINA, G., «Matteo 5-7 e Luca 6,20-49 nell'Evangelo di Tommaso», BibOr 18 (1976) 65-67.

b1206   NEIRYNCK, F., «The Sermon on the Mount in the Gospel Synopsis», ETL 52 (1976) 350-357, dans *Jean et les synoptiques* (1979), 375-383, dans NEIRYNCK, F., *Evangelica* (1982), 729-736.

b1207   SABOURIN, L., *Il discorso della montagna nel Vangelo di Matteo*. Introduzione letteraria. Commentario (Mt 4,17-7,27) (Marino, Ed. Fede e Arte, 1976), 170 pp.

b1208   BEYSCHLAG, K., «Zur Geschichte der Bergpredigt in der Alten Kirche», ZTK 74 (1977) 291-322.

b1209   BUBER, M., «Two Types of Faith», dans *Jewish Expressions on Jesus* (en collab.) (1977), 230-252.

b1210   BORNKAMM, G., «Der Aufbau der Bergpredigt», NTS 24 (1978) 419-432.

b1211   BOUTTIER, M., «Hésiode et le sermon sur la montagne», NTS 25 (1978-79) 129-130.

b1212   DUPONT, J., «Le message des Béatitudes», CE (n.s.) nᵒ 24 (1978) 64 pp.

b1213   GRANT, R.M., «The Sermon on the Mount in Early Christianity», Semeia 12 (1978) 215-231.

b1214   LACHS, S.T., «Some Textual Observations on the Sermon on the Mount», JQR 69 (1978) 98-111.

b1215   BERNER, U., *Die Bergpredigt*. Rezeption und Auslegung im 20. Jahrhundert (Göttinger Theologische Arbeiten, 12) (Göttingen, Vandenhoeck & Ruprecht, 1979), 273 pp.

b1216   GIAVINI, G., *Tra la folla al Discorso della Montagna*. Esegesi e vita (Conoscere il Vangelo, 7) (Padua, Messaggero, 1980), 201 pp.

b1217   CARRIÈRE, J.-M., «La loi. Matthieu 5-7», CHR 28 (1981) 422-430.

b1218   DESCAMPS, A.-L., «Le Discours sur la montagne. Esquisse de théologie biblique», RTL 12 (1981) 5-39.

b1219   EGGER, W., «I titoli delle pericopi bibliche come chiave di lettura», RivB 29 (1981) 33-43.

b1220   MOLTMANN, J. (Hrsg.), *Nachfolge und Bergpredigt* (Kaiser Traktate, 65) (München, Kaiser, 1981), 120 pp.

*b*1221   HICKLING, C.J.A., «Conflicting Motives in the Redaction of Matthew: Some Considerations on the Sermon on the Mount and Matthew 18:15-20», dans *Studia Evangelica* (en collab.) (1982), VII, 247-260.

*b*1222   XXX, «'Die Bergpredigt, eine Botschaft von Hoffnung und Frieden'. Wiedergabe der Statements», BiLit 56 (1983) 134-144.

*b*1223   BADER, E., «Bergpredigt, sozialphilosophische Aspekte», BiLit 56 (1983) 144-149.

*b*1224   FRANKEMÖLLE, H., «Neue Literatur zur Bergpredigt», TR 79 (1983) 177-198.

*b*1225   MONTAGNINI, F., «Echi del discorso del monte nella Didaché», BibOr 25 (1983) 137-143.

*b*1226   STALDER, K., «Überlegungen zur Interpretation der Bergpredigt», dans *Die Mitte des Neuen Testaments* (en collab.) (1983), 272-290.

*b*1227   5,1-20   DUMBRELL, W.J., «The Logic of the Role of the Law in Matthew v 1-20», NT 23 (1981) 1-21.

*b*1228   5,1-12   DODD, C.H., «The beatitudes», dans *Mélanges bibliques rédigés en l'honneur de André Robert* (Paris, Bloud & Gay, 1957), 404-410.

*b*1229   NELLESSEN, E., «Aufbruch und Vollendung der Königsherrschaft. Eine Meditation zu den Perikopen des Allerheiligenfestes», BiLeb 9 (1968) 222-229.

*b*1230   SALGUERO, J., «Las Bienaventuranzas evangélicas», CuBi 29 (1972) 73-90.

*b*1231   G.C., «La route du bonheur (Mt 5,1-12)», EV (prédication) 76 (1976) 260-261.

*b*1232   GUELICH, R.A., «The Matthean Beatitudes: 'Entrance-Requirements' of Eschatological Blessings?» JBL 95 (1976) 415-434.

*b*1233   E.F., «'Heureux' (Mt. 5,1-12; Apoc. 7,2-14; 1 Jn 3,1-3)», EV (prédication) 77 (1977) 271-274.

*b*1234   G.C., «L'esprit des Béatitudes (Mt. 5,1-12)», EV (prédication) 78 (1978) 1-2.

*b*1235   Y.B., «Heureux les miséricordieux! (Mt. 5,1-12)», EV (prédication) 78 (1978) 258-260.

*b*1236   MARSH, J., «Meditations in Matthew», dans *Studia Biblica 1978. II. Papers on the Gospels* (en collab.) (1980), 129-149.

*b*1237   Y.B., «Fête de tous les saints (Ap. 7,2-4,9-14; 1 Jn 3,1-3; Mt 5,1-12)», EV (prédication) 80 (1980) 289-291.

*b*1238   Y.B., «L'homme et son Dieu (Soph. 2,3; 3,12-13; 1 Cor. 1,26-31; Mt. 5,1-12)», EV (prédication) 81 (1981) 4-6.

*b*1239   Y.B., «Les foules de la Toussaint (Ap 7,2-4,9-14; 1 Jn 3,1-3; Mt 5,1-12)», EV (prédication) 82 (1982) 292-294.

*b*1240   5,3-16   HOFFMANN, P., «'Selig sind die Armen...' Auslegung der Bergpredigt (Mt 5,3-16)», BiLeb 10 (1969) 111-122.

*b*1241   DU BUIT, M., *En tous les temps Jésus-Christ*, «Les Béatitudes» (1977), III, 17-56.

*b*1242   5,3-12   DUPONT, J., «Introduction aux Béatitudes», NRT 98 (1976) 97-108.

*b*1243   KIEFFER, R., «Weisheit und Segen als Grundmotive der Seligpreisungen bei Matthäus und Lukas», dans *Theologie aus dem Norden* (en collab.) (1976), 29-43.

*b*1244   BLEICKERT, G., «Die Seligpreisungen. Eine meditative Erschliessung», GeistL 51 (1978) 326-338.

*b*1245   DUPONT, J., «Le message des béatitudes», CE (n.s.) n⁰ 24 (1978) 64 pp.

*b*1246   FLUSSER, D., «Some Notes to the Beatitudes (Matthew 5:3-12, Luke 6:20-26)», Immanuel 8 (1978) 37-47.

*b*1247   DUPONT, J., «Les Béatitudes, le coeur du message de Jésus», dans *Jésus aujourd'hui* (en collab.) (1980), II, 75-84.

*b*1248   CROSBY, M., *Spirituality of the Beatitudes.* Matthew's Challenge for First World Christians (Maryknoll, NY, Orbis Books, 1981), ix-244 pp.

*b*1249   McELENEY, N.J., «The Beatitudes of the Sermon on the Mount/ Plain», CBQ 43 (1981) 1-13.

*b*1250   CAÑELLAS, G., «Las bienaventuranzas. Origen, estructura y mensaje», BibFe 9 (1983) 117-125.

*b*1251   TUCKETT, C.M., «The Beatitudes: A Source-Critical Study. With a Reply by M.D. Goulder», NT 25 (1983) 193-216.

*b*1252   5,3-10   SPAEMANN, H., «Die acht Seligkeiten. Eine Meditation zu Mt 5,3-10», BiLeb 5 (1964) 131-136.

*b*1253   BUCHANAN, G.W., «Matthean Beatitudes and Traditional Promises», dans *New Synoptic Studies* (Ed. W.R. FARMER) (en collab.) (1983), 161-184.

*b*1254   5,3.5   BÖHL, F., «Die Demut (*'nwh*) als höchste der Tugenden. Bemerkungen zu Mt 5,3.5», BZ 20 (1976) 217-223.

*b*1255   5,3   KNEPPER, M., «Die 'Armen' der Bergpredigt-Jesu», BiKi 8/1 (1953) 19-27.

*b*1256   SCHWARZ, G., «Ihnen gehört das Himmelreich? (Matthäus v. 3)», NTS 23 (1977) 341-343.

*b*1257   DUPONT, J., «Jésus annonce la bonne nouvelle aux pauvres», dans *Evangelizare pauperibus* (en collab.) (1978), 127-189.

*b*1258   SIMON, M.L., «Bienaventurados los pobres de espíritu (Mt 5,3)», BibFe 5 (1979) 148-162.

*b*1259   VILLAR, E., «¡Felices, los pobres de espíritu!» BibFe 9 (1983) 126-136.

*b*1260   5,4   DELGADO, A.M., «¡Felices, los mansos!» BibFe 9 (1983) 137-149.

*b*1261   5,5   TOUS, L., «¡Felices, los que sufren!» BibFe 9 (1983) 150-158.

*b*1262   5,6   BOVER, J.M., «Beati qui esuriunt et sitiunt iustitiam (Mt., 5,6)», EstE 16 (1942) 9-26.

*b*1263   MELONI, P., «Fame e sete della Parola di Dio nell'interpretazione patristica della quarta beatitudine», dans *Parola, spirito e vita* 1 (1980) 206-225.

*b*1264   PRZYBYLSKI, B., *Righteousness in Matthew and his world of thought,* «Matthew 5:6» (1980), 96-98.

*b*1265   CASAS, V., «¡Felices, los que ansian justicia!» BibFe 9 (1983) 159-169.

*b*1266   5,7   PALMERO, D., «¡Felices, los misericordiosos!» BibFe 9 (1983) 170-177.

*b*1267   5,8   LOPEZ MELUS, F.M., «¡Felices, los limpios de corazón!» BibFe 9 (1983) 178-186.

*b*1268   5,9   SCHNACKENBURG, R., «Die Seligpreisung der Friedensstifter (Mt 5,9) im mattäischen Kontext», BZ 26 (1982) 161-178.

*b*1269   SALAS, A., «¡Felices, los que cooperan a la paz!» BibFe 9 (1983) 187-199.

b1270 5,10 PRZYBYLSKI, B., *Righteousness in Matthew and his world of thought*, «Matthew 5:10» (1980), 98-99.

b1271 ALONSO DIAZ, J., «¡Felices, los perseguidos por la justicia!» BibFe 9 (1983) 200-207.

b1272 5,12 CORBIN, M., «Votre récompense est grande dans les cieux», CHR 28 (1981) 65-77.

b1273 5,13-26 SCHILLEBEECKX, E., *God among us,* «The Light of the Body is the Eye (Matt. 5.13-26)» (1983), 56-58.

b1274 5,13-16 RUSCHE, H., «Ihr - Salz der Erde, Licht der Welt! (Mt 5,13-16). Eine Überlegung zum Advent», BiLeb 14 (1973) 215-217.

b1275 KRÄMER, M., «Ihr seid das Salz der Erde... Ihr seid das Licht der Welt», MüTZ 28 (1977) 133-157.

b1276 Y.B., «Chrétiens dans le monde: le sel et la lumière (Matthieu 5,13-16)», EV (prédication) 78 (1978) 2-4.

b1277 G.C., «Mission des chrétiens dans le monde (Is. 58,7-10; 1 Co. 2,1-5; Mt 5,13-16)», EV (prédication) 81 (1981) 6-8.

b1278 5,13 KÖHLER, L., «Salz, das dumm wird», ZDPV 59 (1936) 133-134.

b1279 5,14 CAMPBELL, K.M., «The New Jerusalem in Matthew 5.14», SJTh 31 (1978) 335-363.

b1280 BERGER, P.-R., «Die Stadt auf dem Berge. Zum kulturhistorischen Hintergrund von Mt 5,14», dans *Wort in der Zeit* (en collab.) (1980), 82-85.

b1281 5,17-48 MEIER, J.P., *Law and History in Matthew's Gospel.* A Redactional Study of Mt. 5:17-48 (Analecta biblica, 71) (Rome, Biblical Institute Press, 1976), 206 pp.

b1282 5,17-37 HOFFMANN, P., «Die bessere Gerechtigkeit. Auslegung der Bergpredigt (Mt 5,17-37)», BiLeb 10 (1969) 175-189.

b1283 G.C., «Supériorité de la loi nouvelle (Si. 15,15-20; 1 Co. 2,6-10; Mt 5,17-37)», EV (prédication) 81 (1981) 17-18.

b1284 5,17-20 SEYNAEVE, J., «La justice nouvelle (*Matthieu*, V,17-20)», dans *Message et Mission* (en collab.) (1968), 53-75.

b1285 DU BUIT, M., *En tous les temps Jésus-Christ,* «Perfectionner» (1977), III, 57-67.

b1286 LUZ, U., «Die Erfüllung des Gesetzes bei Matthäus (Mt 5,17-20)», ZTK 75 (1978) 398-435.

b1287 SABOURIN, L., «Matthieu 5,17-20 et le rôle prophétique de la Loi (cf. Mt 11,13)», SE 30 (1978) 303-311.

b1288 McELENEY, N.J., «The Principles of the Sermon on the Mount», CBQ 41 (1979) 552-570.

b1289 MEIER, J.P., *The Vision of Matthew,* «The Programmatic Statement on Christ and the Law in Matthew 5:17-20» (1979), 222-239.

b1290 BROER, I., *Freiheit vom Gesetz und Radikalisierung des Gesetzes.* Ein Beitrag zur Theologie des Evangelisten Matthäus (Stuttgarter Bibelstudien, 98) (Stuttgart, Katholisches Bibelwerk, 1980), 144 pp.

b1291 HEUBÜLT, C., «Mt 5 17-20. Ein Beitrag zur Theologie des Evangelisten Matthäus», ZNW 71 (1980) 143-149.

b1292 5,17-18 DAVIES, W.D., «Matthew, 5,17-18», dans *Mélanges bibliques rédigés en l'honneur de André Robert* (Paris, Bloud et Gay, 1957), 428-456.

*b*1293   5,17   READ, D.H.C., «'Thou Shalt Not!' - Says Who?» ExpTim 88 (1977) 209-211.

*b*1294   THEXTON, S.C., «The Word of God in the Old Testament», ExpTim 93 (1981) 50-51.

*b*1295   HAHN, F., «Mt 5,17 - Anmerkungen zum Erfüllungsgedanken bei Matthäus», dans *Die Mitte des Neuen Testaments* (en collab.) (1983), 42-54.

*b*1296   5,18   AUER, W., «Jota unum aut unus apex non praeteribit a lege», BiKi 14 (1959) 97-103.

*b*1297   5,20-24   GALBIATI, E., «Gesù perfeziona il quinto comandamento (Mt. 5,20-24)», BibOr 1 (1959) 96/12-15, dans *Scritti minori* (1979), 521-525.

*b*1298   5,20   McELENEY, N.J., «The Principles of the Sermon on the Mount», CBQ 41 (1979) 552-570.

*b*1299   PRZYBYLSKI, B., *Righteousness in Matthew and his world of thought*, «Matthew 5:20» (1980), 80-87.

*b*1300   5,21-48   GUELICH, R., «The Antitheses of Matthew v. 21-48: Traditional and/ or Redactional?» NTS 22 (1976) 444-457.

*b*1301   DU BUIT, M., *En tous les temps Jésus-Christ*, «Des commandements parfaits» (1977), III, 69-104.

*b*1302   STRECKER, G., «Die Antithesen der Bergpredigt (Mt 5 21-48 par)», ZNW 69 (1978) 36-72.

*b*1303   DIETZFELBINGER, C., «Die Antithesen der Bergpredigt im Verständnis des Matthäus», ZNW 70 (1979) 1-15.

*b*1304   VENETZ, H., «Theologische Grundstrukturen in der Verkündigung Jesu? Ein Vergleich von Mk 10,17-22; Lk 10,25-37 und Mt 5,21-48», dans *Mélanges Dominique Barthélemy* (en collab.) (1981), 613-650.

*b*1305   5,23-24   ABBA, R., «Acceptable Worship», ExpTim 93 (1982) 277-279.

*b*1306   5,28   ADINOLFI, M., «Il desiderio della donna in Matteo 5,28», dans *Fondamenti biblici della teologia morale* (en collab.) (1973), 273-281.

*b*1307   HAACKER, K., «Der Rechtssatz Jesu zum Thema Ehebruch (Mt 5,28)», BZ 21 (1977) 113-116.

*b*1308   CUMMINGS, J.T., «The Tassel of his Cloak: Mark, Luke, Matthew - and Zechariah», dans *Studia Biblica 1978. II. Papers on the Gospels* (en collab.) (1978), 47-61.

*b*1309   5,31-32   FITZMYER, J.A., «The Matthean Divorce Texts and Some New Palestinian Evidence», TS 37 (1976) 197-226.

*b*1310   LÖVESTAM, E., «Die funktionale Bedeutung der synoptischen Jesusworte über Ehescheidung und Wiederheirat», dans *Theologie aus dem Norden* (en collab.) (1976), 19-28.

*b*1311   DESCAMPS, A.-L., «Les textes évangéliques sur le mariage», RTL 9 (1978) 259-286; 11 (1980) 5-50.

*b*1312   WAMBACQ, B.N., «Matthieu 5,31-32. Possibilité de divorce ou obligation de rompre une union illégitime», NRT 104 (1982) 34-49.

*b*1313   5,32   BONSIRVEN, J., «'Nisi ob fornicationem', exégèse primitive», dans *Mélanges offerts au R.P. Ferdinand Cavallera* (en collab.) (1948), 47-63.

*b*1314   STRAMARE, T., «Clausole di Matteo e indissolubilità del matrimonio», BibOr 17 (1975) 65-74.

*b*1315   MANRIQUE, A., «Jesús de Nazaret ante el divorcio», BibFe 4 (1978) 33-46.

b1316   KILGALLEN, J.J., «To what are the Matthean Exception-Texts (5,32 and 19,9) an Exception?» Bibl 61 (1980) 102-105.

b1317   NEIRYNCK, F., «De Jezuswoorden over echtscheidint», Sociologische Verkenningen 2 (1972) 127-141, dans NEIRYNCK, F., Evangelica (1982), 821-834.

b1318   5,33-37   DAUTZENBERG, G., «Ist das Schwurverbot Mt 5,33-37; Jak 5,12 ein Beispiel für die Torakritik Jesu?» BZ 25 (1981) 47-66.

b1319   5,33   CELADA, B., «Un texto evangélico que se quería aducir cómo favorable al divorcio», CuBi 16 (1959) 47.

b1320   5,38-48   HOFFMANN, P., «Die bessere Gerechtigkeit. Auslegung der Bergpredigt (Mt 5,38-48)», BiLeb 10 (1969) 264-275.

b1321   G.C., «Attitude 'chrétienne' face aux ennemis (Lv 19,12,17-18; 1 Co. 3,16-23; Mt 5,38-48)», EV (prédication) 81 (1981) 18-20.

b1322   LINSKENS, J., «Une interprétation pacifiste de la paix dans le Sermon sur la montagne?» Conci nº 184 (1983) 37-52.

b1323   5,38-42   SAHLIN, H., «Traditionskritische Bemerkungen zu zwei Evangelienperikopen», ST 33 (1979) 69-84.

b1324   5,39-42   TANNEHILL, R.C., The Sword of His Mouth, «Matthew 5:39b-42. Turning the Other Cheek (The 'Focal Instance')» (1975), 67-77.

b1325   LOHFINK G., «Der ekklesiale Sitz im Leben der Aufforderung Jesu zum Gewaltverzicht (Mt 5,39b-42 / Lk 6,29f)», TQ 162 (1982) 236-253.

b1326   5,39   CROSSAN, J.D., «Jesus and Pacifism», dans No Famine in the Land (en collab.) (1975), 195-208.

b1327   NEIL, W., «Five Hard Sayings of Jesus», dans Biblical Studies (W. Barclay) (en collab.) (1976), 157-171.

b1328   5,44   PIPER, J., Love your enemies, «Enemy Love (Mt 5:44 par Lk) vs Neighbor Love (Lev 19:18)» (1979), 91-95.

b1329   5,47   READ, D.H.C., «Extraordinary Christians», ExpTim 90 (1979) 306-307.

b1330   5,48   SABOURIN, L., «Why is God called 'perfect' in Mt 5:48?» BZ 24 (1980) 266-268.

b1331   6,1-7,27   HOFFMANN, P., «Der ungeteilte Dienst. Die Auslegung der Bergpredigt (Mt 6,1-7,27)», BiLeb 11 (1970) 89-104.

b1332   6,1   PRZYBYLSKI, B., Righteousness in Matthew and his world of thought, «Matthew 6:1» (1980), 87-89.

b1333   6,1-18   SCHWEIZER, E., «'Der Jude im Verborgenen..., dessen Lob nicht von Menschen, sondern von Gott kommt'. Zu Röm 2,28f und Mt 6,1-18», dans Neues Testament und Kirche (en collab.) (1974), 115-124.

b1334   TANNEHILL, R.C., The Sword of His Mouth, «Matthew 6:1-6,16-18. Righteousness in Secret» (1975), 78-88.

b1335   DU BUIT, M., En tous les temps Jésus-Christ, «Une piété parfaite» (1977), III, 105-118.

b1336   6,5-15   GATZWEILER, K., «Jésus en prière (textes du Pater)», LVit 38 (1983) 379-392.

b1337   6,5-8   FUCHS, E., «Notes bibliques de prédication: pour les temps de Pâques et de Pentecôte», VC nº 58 (1961) 214-226 (Mt 6,5-8; Lc 11,5-13; Mt 11,25-27).

b1338   6,9-15   RICHARDSON, R.D., «The Lord's Prayer as an Early Eucharistia», AThR 30 (1957) 123-130.

*b*1339   MIEGGE, G., «Le 'Notre Père' prière du temps présent», ETR 35 (1960) 237-253.

*b*1340   SCHÜRMANN, H., «Das Gebet des Herrn. Ein Übertragungsversuch», BiLeb 1 (1960) 261-265.

*b*1341   DACQUINO, P., «La preghiera del cristiano», BibOr 5 (1963) 201-205.

*b*1342   CELADA, B., «El Padre Nuestro. Progresos en la inteligencia de la oración de los cristianos», CuBi 22 (1965) 279-283.

*b*1343   BETZ, O., «Manifest des Christen in der Welt. Das Vaterunser heute», BiKi 22 (1967) 86-92.

*b*1344   KNORZER, W., «Unser Vater im Himmel. Das Gebet der Herrn als Inbegriff des Evangeliums», BiKi 22 (1967) 79-86.

*b*1345   KNORZER, W., «Thesen zur Praxis der Vaterunserbetens», BiKi 22 (1967) 93-94.

*b*1346   ESPINEL, J.L., «El Padre Nuestro, resumen de los ideales por los que murió Jesús», CuBi 32 (1975) 243-253.

*b*1347   HARNER, P.B., *Understanding The Lord's Prayer* (Philadelphia, Fortress, 1975), x-149 pp.

*b*1348   AHSTON, J., «Le Notre Père», CHR 24 (1977) 459-470.

*b*1349   DU BUIT, M., *En tous les temps Jésus-Christ*, «La prière du Seigneur» (1977), III, 119-151.

*b*1350   RIVAS, L.H., *La oración que Jesús nos enseñó* (Esperanza, 24) (Buenos Aires, Editora Patria Grande, 1977), 96 pp.

*b*1351   ASHTON, J., «Our Father», Way 18 (1978) 83-91.

*b*1352   CARMIGNAC, J., «Hebrew Translations of the Lord's Prayer: An Historical Survey», dans *Biblical and Near Eastern Studies* (LaSor) (en collab.) (1978), 18-79.

*b*1353   LIMBECK, M., *Von Jesus beten lernen*. Das Vaterunser auf dem Hintergrund des Alten Testamentes (Stuttgart, Religiöse Bildungsarbeit, 1980), 133 pp.

*b*1354   SCHÜRMANN, H., *Das Gebet des Hern als Schlüssel zum Verstehen Jesu*⁴ (Freiburg, Herder, 1981), 187 pp.

*b*1355   DORNEICH, M. (Hrsg.), *Vater-Unser*. Bibliographie. Jubiläumsgabe der Stiftung Oratio Diminica (Freiburg i. Breisgau, Herder, 1982), 240 pp.

*b*1356   SABUGAL, S. (Ed.), *El padrenuestro en la interpretación catequética antigua y moderna* (Nueva Alianza, 79) (Salamanca, Ed. Sigueme, 1982), 448 pp.

*b*1357   STRECKER, G., «Vaterunser und Glaube», dans *Glaube im Neuen Testament* (en collab.) (1982), 11-28.

*b*1358   WALKER, W.O., Jr., «The Lord's Prayer in Matthew and John», NTS 28 (1982) 237-256.

*b*1359   BOULET, J., «Après Luther, Thérèse commentant le Notre Père», Supp nº 146 (1983) 341-353.

*b*1360   CAÑELLAS, G., «Origen y mensage del padrenuestro», BibFe 9 (1983) 5-16.

*b*1361   KOHLER, W., «Der Vater und die Väter. Das Unser-Vater im Horizont einer vaterlosen Gesellschaft», dans *Die Mitte des Neuen Testaments* (en collab.) (1983), 119-130.

b1362   6,9   HOWELL-JONES, D., «The Hallowed Name», ExpTim 94 (1983) 209-210.

b1363   SAENZ DE SANTA MARIA, M., «¡Padre, santificado sea tu nombre!» BibFe 9 (1983) 17-35.

b1364   6,10   MENESTRINA, G., «Sicut in caelo et in terra», BibOr 19 (1977) 5-8.

b1365   DE LA CALLE, F., «¡Padre, que se lleve a cabo tu voluntad!» BibFe 9 (1983) 36-43.

b1366   6,11   BRAUN, F.-M., «Le pain dont nous avons besoin. Mt 6,11 ; Lc 11,3», NRT 100 (1978) 559-568.

b1367   BOURGOIN, H., «*Epiousios* expliqué par la notion de préfixe vide», Bibl 60 (1979) 91-96.

b1368   GRELOT, P., «La Quatrième Demande du 'Pater' et son Arrière-Plan Sémitique», NTS 25 (1979) 299-314.

b1369   CASAS, V., «¡Padre, danos nuestro pan!» BibFe 9 (1983) 44-51.

b1370   DEWAILLY, L.-M., «'Donne-nous notre pain': quel pain? Notes sur la quatrième demande du Pater», RSPT 64 (1980) 561-588.

b1371   RORDORF, W., «'Our daily bread': shifts in exegesis», TDig 28 (1980) 43-44.

b1372   6,12   SALAS, A., «¡Padre, perdónanos nuestras ofensas!» BibFe 9 (1983) 52-63.

b1373   6,13   HOUK, C.B., «*Peirasmos.* The Lord's Prayer, and the Massah Tradition», SJTh 19 (1966) 216-225.

b1374   DIAZ ESTEBAN, F., «Confirmación hebrea de que hay una errónea traducción en la versión castellana del Padrenuestro», CuBi 25 (1968) 300-302.

b1375   MANRIQUE, A., «¡Padre, libranos del Maligno!» BibFe 9 (1983) 75-83.

b1376   6,19-7,12 DU BUIT, M., En tous les temps Jésus-Christ, «Mises en garde et conclusions» (1977), III,160-170.

b1377   6,22-23   MATEOS, J., ALONSO SCHÖKEL, L., «Generosidad. Mt 6,22-23», CuBi 33 (1976) 197-201.

b1378   PESCH, R., KRATZ, R., So liest man synoptisch, «Ein Bildwort vom Auge» (1978), V, 21-24.

b1379   BETZ, H.D., «Matthew vi.22f and ancient Greek theories of vision», dans Text and Interpretation (en collab.) (1979), 43-56.

b1380   6,24-34   G.C., «Abandon à la Providence (Is. 49,14-15; 1 Co. 4,1-5; Mt. 6,24-34)», EV (prédication) 81 (1981) 33-34.

b1381   6,24   SAFRAI, S., FLUSSER, D., «The slave of two masters», Immanuel 6 (1976) 30-33.

b1382   6,25-34   SCHMITT, M., «'Sorget nicht!' Homilie zum 14. Sonntag nach Pfingsten», BiLeb 7 (1966) 155-157.

b1383   OLSTHOORN, M.K., The Jewish Background and the Synoptic Setting of Mt 6,25-33 and Lk 12,22-31 (Studium Biblicum Franciscanum. Analecta, 10) (Jerusalem, Franciscan Printing Press, 1975), 88 pp.

b1384   TANNEHILL, R.C., The Sword of His Mouth, «Matthew 6:25-33 // Luke 12:22-31. The Birds and the Lilies» (1975), 60-67.

b1385   CATCHPOLE, D., «The ravens, the lilies and the Q hypothesis. A from-critical perspective on the source-critical problem», SNTU 6/7 (1981-82) 77-87.

b1386 6,27 SCHWARZ, G., «*prostheinai epi tên êlikian autou pêkhun ena*», ZNW 71 (1980) 244-247.

b1387 6,28 POWELL, J.E., «Those 'Lilies of the Field' Again», JTS 33 (1982) 490-492.

b1388 6,33 PRZYBYLSKI, B., *Righteousness in Matthew and his world of thought*, «Matthew 6:33» (1980), 89-91.

b1389 MARTIN, R.P., «First His Kingdom», ExpTim 92 (1981) 372-374.

b1390 7,1-2 NEUHÄUSLER, E., «Mit welchem Mass misst Gott die Menschen? Deutung zweier Jesussprüche», BiLeb 11 (1970) 104-113.

b1391 7,3-5 KING, G.B., «A Further Note on the Mote and the Beam (Matt. vii.3-5; Luke vi.41-42)», HarvTR 26 (1933) 73-76.

b1392 TANNEHILL, R.C., *The Sword of His Mouth*, «Matthew 7:3-5 // Luke 6:41-42. The Log in the Eye» (1975), 114-118.

b1393 7,6 MAXWELL-STUART, P.G., «Do not give what is holy to the dogs (Mt7⁶)», ExpTim 90 (1979) 341.

b1394 7,7-11 PIPER, R., «Matthew 7,7-11 par. Lk 11,9-13: Evidence of Design and Argument in the Collection of Jesus' Sayings», dans *Logia* (en collab.) (1982), 411-418.

b1395 7,12 BORGEN, P., *Paul preaches Circumcision and pleases Men*, «The Golden Rule, with Emphasis on its Usage in the Gospels» (1983), 99-114 [Cf. *Norsk teologisk tidsskrift* 67 (1966) 129-146].

b1396 7,13-29 DU BUIT, M., *En tous les temps Jésus-Christ*, «Affaire de vie ou de mort» (1977), III, 171-181.

b1397 7,13-14 DENAUX, A., «Der Spruch von den zwei Wegen im Rahmen des Epilogs der Bergpredigt (Mt 7,13-14 par. Lk 13,23-24). Tradition und Redaktion», dans *Logia* (en collab.) (1982), 305-335.

b1398 DERRETT, J.D.M., «The Merits of the Narrow Gate», JSNT no 15 (1982) 20-29.

b1399 7,14 MATTILL, A.J., Jr., «The Way of Tribulation», JBL 98 (1979) 531-546.

b1400 7,15-23 HILL, D., «False Prophets and Charismatics: Structure and Interpretation in Matthew 7,15-23», Bibl 57 (1976) 327-348.

b1401 KRÄMER, M., «Hütet euch vor den falschen Propheten. Eine überlieferungsgeschichtliche Untersuchung zu Mt 7,15-23 / Lk 6,43-46 / Mt 12,33-37», Bibl 57 (1976) 349-377.

b1402 7,15-21 GALBIATI, E., «I falsi profeti (Mt. 7,15-21)», BibOr 2 (1960) 166-169, dans *Scritti minori* (1979), 527-532.

b1403 7,21-27 G.C., «Le véritable amour de Dieu (Mt 7,21-27)», EV (prédication) 78 (1978) 129-130.

b1404 7,21-23 FLUSSER, D., «Two Anti-Jewish Montages in Matthew», Immanuel 5 (1975) 37-45.

b1405 BETZ, H.D., «Eine Episode im Jüngsten Gericht (Mt 7,21-23)», ZTK 78 (1981) 1-30.

b1406 7,21 SCHNEIDER, G., «Christusbekenntnis und christliches Handeln. Lk 6,46 und Mt 7,21 im Kontext der Evangelien», dans *Die Kirche des Anfangs* (en collab.) (1978), 9-24.

b1407 7,24-27 PESCH, R., KRATZ, R., *So liest man synoptisch*, «Auf Fels oder auf Sand gebaut?» V (1978), 25-37.

b1408 7,28-11,1 MEIER, J.P., *The Vision of Matthew*, «Commentary on Book II (Matt 7:28-11:1): The Full Bloom of the Mission in Galilee» (1979), 67-74.

*b*1409 7,28-29 LOHFINK, G., «Wem gilt die Bergpredigt? Eine redaktionskritische Untersuchung von Mt 4,23-5,2 und 7,28f», TQ 163 (1983) 264-284.

*b*1410 8-9 PESCH, R., KRATZ, R., *So liest man synoptisch*, «Der matthäische Wunderzyklus (Kap. 8-9)» (1976), III, 95-97.

*b*1411 KINGSBURY, J.D., «Observations on the 'Miracle Chapters' of Matthew 8-9», CBQ 40 (1978) 559-573.

*b*1412 8 BASTIN, M., «Jésus a fait des miracles (textes de Mt 8)», LVit 38 (1983) 370-378.

*b*1413 8,1-13 LECOMTE, P., «Mat. 8:1-13», ETR 30, n° 4 (1955) 27-30.

*b*1414 8,1 O'CALLAGHAN, J., «Mt 8,1: discusión crítica», *Miscelánea Comillas* 41 (1983) 133-134.

*b*1415 8,5-13 PESCH, R., KRATZ, R., *So liest man synoptisch*, «Der Hauptmann von Kafarnaum und sein Knecht» (1976), III, 77-83.

*b*1416 DERRETT, J.D.M., «Law in the New Testament: The Syro-Phoenician woman and the Centurion of Capernaum», NT 15 (1973) 161-169, dans DERRETT, J.D.M., *Studies in the New Testament*, I (1977), 143-169.

*b*1417 MARTIN, R.P., «The Pericope of the Healing of the 'Centurion's' Servant/Son (Matt 8:5-13 par. Luke 7:1-10): Some Exegetical Notes», dans *Unity and Diversity in New Testament Theology* (en collab.) (1978), 14-22.

*b*1418 8,14-15 FUCHS, A., «Entwicklungsgeschichtliche Studie zu Mk 1,29-31 par Mt 8,14-15 par Lk 4,38-39», SNTU 6/7 (1981-1982) 21-76.

*b*1419 8,16-17 FOSSION, A., *Lire les Écritures*, «Matthieu 8,16-17» (1980), 121-123.

*b*1420 8,18-27 ALONSO DIAZ, J., «Pasaje de la calma de la tormenta en el Evangelio, según Mateo», CuBi 20 (1963) 149-157.

*b*1421 VAN IERSEL, B.M.F., LINMANS, A.J.M., «The Storm on the Lake, Mk iv 35-41 and Mt viii 18-27 in the Light of Form-Criticism, 'Redaktionsgeschichte' and Structural Analysis», dans *Miscellanea Neotestamentica* (en collab.) (1978), II, 17-48.

*b*1422 IRIARTE, M.E., «La tempestad calmada», BibFe 8 (1982) 136-150.

*b*1423 8,23-27 COPE, O.L., *Matthew. A Scribe trained for the Kingdom of Heaven*, «The Stilling of the Storm - Mt 8:23-27» (1976), 96-98.

*b*1424 RIEBL, M., «Nachfolge Jesu nach Ostern. Eine didaktisch aufbereitete Schriftauslegung (Mt 8,23-27)», BiLit 55 (1982) 221-225.

*b*1425 8,26 PITTENGER, N., «Great Calm», ExpTim 85 (1974) 209-210.

*b*1426 8,28-34 DERRETT, J.D.M., «Legend and Event: The Gerasene Demoniac: An Inquest into History and Liturgical Projection», dans *Studia Biblica 1978. II. Papers on the Gospels* (en collab.) (1980), 63-73.

*b*1427 9,1-8 GALBIATI, E., «Esegesi degli Evangeli festivi», BibOr 3 (1961) 190-195.

*b*1428 9,9-13 G.C., «L'amour miséricordieux du coeur de Jésus (Mt. 9,9-13)», EV (prédication) 78 (1978) 131-132.

*b*1429 THEOBALD, M., «Der Primat der Synchronie vor der Diachronie als Grundaxiom der Literarkritik», BZ 22 (1978) 161-186.

*b*1430 9,10-34 COPE, O.L., *Matthew. A Scribe trained for the Kingdom of Heaven*, «Mt 9:10-34 and Hos 6:6» (1976), 65-73.

*b*1431 9,13 HILL, D., «On the Use and Meaning of Hosea vi.6 in Matthew's Gospel», NTS 24 (1977-78) 107-119.

*b*1432 9,14-17 FERNANDEZ, J., «La cuestión del ayuno», CuBi 19 (1962) 162-169.

*b*1433   9,15   CREMER, F.G., *Die Fastenaussage Jesu.* Mc 2,20 und Parallelen in der
                         Sicht der patristischen und scholastischen Exegese (BBB 23) (Bonn,
                         Peter Hanstein, 1965), xxx-185 pp.

*b*1434   9,18-26   ROCHAIS, G., *Les récits de résurrection des morts dans le Nouveau
                         Testament,* «La rédaction matthéenne du récit de la résurrection de la
                         fille d'un magistrat (Mt 9,18-19.23-26)» (1981), 88-99.

*b*1435   9,18   O'CALLAGHAN, J., «La variante *eis/elthôn* en Mt 9,18», Bibl 62
                         (1981) 104-106.

*b*1436   9,20   CUMMINGS, J.T., «The Tassel of his Cloak: Mark, Luke, Matthew -
                         and Zechariah», dans *Studia Biblica 1978. II. Papers on the Gospels* (en
                         collab.) (1980), 47-61.

*b*1437   9,35-11,1   GRASSI, J.A., «The Last Testament-Succession. Literary Background
                         of Matthew 9:35-11:1 and Its Significance», BTB 7 (1977) 172-176.

*b*1438   BROWN, S., «The Mission to Israel in Matthew's Central Section (Mt
                         9 35-11 1)», ZNW 69 (1978) 73-90.

*b*1439   9,35-38   MARSH, J., «Meditations in Matthew», dans *Studia Biblica 1978.
                         II. Papers on the Gospels* (en collab.) (1978), 129-149.

*b*1440   9,36-10,8   G.C., «La mission des apôtres (Mt 9,36-10,8)», EV (prédication) 78
                         (1978) 132-134.

*b*1441   10   RUSCHE, H., «Die Boten der neuen Welt. Entwurf zu einer Bibelstunde
                         über Mt 10», BiLeb 8 (1967) 209-216.

*b*1442   10,2   SALERNO, A., «Un nuovo aspetto del primato di Pietro in Mt. 10,2 et
                         16,18-19», RivB 28 (1980) 435-439.

*b*1443   10,5-15   WILKINSON, J., «The mission charge to the Twelve and modern
                         medical missions», SJTh 27 (1974) 313-321.

*b*1444   10,16-31   BURGER, T., «Der Hass der Welt», BiKi 10 (1955) 15-17.

*b*1445   10,17-23   REICKE, B., «A Test of Synoptic Relationships: Matthew 10:17-23 and
                         24:9-14 with Parallels», dans *New Synoptic Studies* (Ed. W.R.
                         FARMER) (en collab.) (1983), 209-229.

*b*1446   10,23   SABOURIN, L., «La venue prochaine du Fils de l'homme d'après Mt
                         10,23b», dans *Homenaje a Juan Prado* (en collab.) (1975), 373-386.

*b*1447   BORING, M.E., «Christian Prophecy and Matthew 10:23: A Test
                         Exegesis», dans *Society of Biblical Literature* (en collab.) (1976), 127-133.

*b*1448   SABOURIN, L., «You will not have gone through all the towns of Israel,
                         before the Son of Man comes (Mt 10:23b)», BTB 7 (1977) 5-11.

*b*1449   10,26-33   PESCH, R., «Über die Autorität Jesu. Eine Rückfrage anhand des
                         Bekenner- und Verleugnerspruchs Lk 12,8f par», dans *Die Kirche des
                         Anfangs* (en collab.) (1978), 25-55.

*b*1450   Y.B., «L'église des martyrs (Mt. 10,26-33)», EV (prédication) 78 (1978)
                         145-147.

*b*1451   10,28   SCHWARZ, G., «Matthäus 10 28. Emendation und Rückübersetzung»,
                         ZNW 72 (1981) 277-282.

*b*1452   10,32-33   HIGGINS, A.J.B., «*Menschensohn* oder *ich* in Q: Lk 12,8-9/Mt
                         10,32-33?» dans *Jesus und der Menschensohn* (en collab.) (1975),
                         117-123.

*b*1453   KÜMMEL, W.G., «Das Verhalten Jesus gegenüber und das Verhalten
                         des Menschensohns. Markus 8,38 par und Lukas 12,3f par Matthäus
                         10,32f», dans *Jesus und der Menschensohn* (en collab.) (1975), 210-224.

b1454		PAGANI, S., «Le versioni latine africane del Nuovo Testamento: considerazioni su *Mt.* 10,32-33 in Tertulliano e Cipriano», BibOr 20 (1978) 255-270.
b1455	10,34-39	COPE, O.L., *Matthew.* A Scribe trained for the Kingdom of Heaven, «Mt 10:34-39 and Mic 7:6» (1976), 77-81.
b1456	10,34-36	TANNEHILL, R.C., *The Sword of His Mouth*, «Matthew 10:34-36 // Luke 12:49-53. Not Peace but a Sword» (1975), 140-147.
b1457	10,34	NEIL, W., «Five Hard Sayings of Jesus», dans *Biblical Studies* (W. Barclay) (en collab.) (1976), 157-171.
b1458	10,37-42	G.C., «Ultimes recommandations du 'discours apostolique' (Mt 10,37-42)», EV (prédication) 78 (1978) 147-148.
b1459		Y.B., «Trouver la vie (Mat. 10,37-42)», EV (prédication) 81 (1981) 164-166.
b1460	10,39	BEARDSLEE, W.A., «Saving One's Life By Losing It», JAmAcRel 47 (1979) 57-72.
b1461	11-13	MEIER, J.P., *The Vision of Matthew*, «Commentary on Book III (Matt 11:1-13:53): The Son and the Kingdom Meet Opposition» (1979), 75-93.
b1462	11	EDWARDS, R.A., «Matthew's Use of Q in Chapter Eleven», dans *Logia* (en collab.) (1982), 257-275.
b1463	11,1-6	SABUGAL, S., *La embajada del bautista* (Mt 11,1-6/Lc 7,18-23). Historia, exégesis teológica, hermenéutica (Madrid, Systeco, 1980), 274 pp.
b1464	11,2-11	G.C., «Es-tu celui qui doit venir...? (Matthieu 11,2-11)», EV (prédication) 77 (1977) 320-322; «Confiance et fidélité (Is 35,1-6,10; Jc. 5,7-10; Mt 11,2-11)», 77 (1977) 333-334.
b1465		Y.B., «Jésus sauveur (Is. 35,1-6,10; Jc 5,7-10; Mt. 11,2-11)», EV (prédication) 80 (1980) 323-325.
b1466	11,2-10	GALBIATI, E., «La domanda del Battista (Mt. 11,2-10)», BibOr 1 (1959) 192/33-36, dans *Scritti minori* (1979), 533-538.
b1467		HILLMANN, W., «Die entscheidende Frage. Eine Homilie zum 2. Sonntag im Advent (Mt 11,2-10)», BiLeb 2 (1961) 292-296.
b1468		OÑATE, J.-A., «Segundo domingo de Adviento», CuBi 18 (1961) 299-305.
b1469	11,2-6	DUPONT, J., «Jésus annonce la bonne nouvelle aux pauvres», dans *Evangelizare pauperibus* (en collab.) (1978), 127-189.
b1470		SABUGAL, S., *La embajada de Juan Bautista* (Mt 11,2-6 = Lc 7,18-23), Historia - Exegésis teológica - Hermenéutica (Madrid, Systeco, 1980), 314 pp.
b1471	11,2-4	ELLIOTT, J.K., «Did the Lord's Prayer Originate With John the Baptist?» TZ 29 (1973) 215.
b1472	11,6	SCHMID, J., «Jesus, der verheissene Messias nach dem Neuen Testament», BiKi 17 (1962) 42-46.
b1473	11,7-15	COPE, O.L., *Matthew.* A Scribe trained for the Kingdom of Heaven, «Mt 11:7-15 and Mal 3:1» (1976), 73-77.
b1474	11,12-13	PERROT, C., «Les prophètes de la violence et la nouveauté des temps (Mt 11,12-13)», dans En collaboration, *L'Ancien et le Nouveau*. Travaux de l'U.E.R. de théologie et de sciences religieuses (Paris) (Cogitatio Fidei, 111) (Paris, Cerf, 1982), 93-109.

*b*1475   11,12   THIERING, B.E., «Are the 'Violent Men' False Teachers?» NT 21
                          (1979) 293-297.
*b*1476   TURNER, J.M., «Violence and the Kingdom», ExpTim 93 (1981) 50-51.
*b*1477   11,13   SABOURIN, L., «Matthieu 5,17-20 et le rôle prophétique de la Loi (cf.
                          Mt 11,13)», SE 30 (1978) 303-311.
*b*1478   11,16-19   LINTON, O., «The Parable of the Children's Game», NTS 22 (1976)
                          159-179.
*b*1479   SAHLIN, H., «Traditionskritische Bemerkungen zu zwei
                          Evangelienperikopen», ST 33 (1979) 69-84.
*b*1480   11,16-17   ZELLER, D., «Die Bildlogik des Gleichnisses Mt 11 16f./Lk 7 31f»,
                          ZNW 68 (1977) 252-257.
*b*1481   11,19   ORBE, A., «El Hijo del hombre come y bebe (Mt 11,19; Lc 7,34)», Greg
                          58 (1977) 523-555.
*b*1482   VÖLKEL, M., «Freud der Zöllner und Sünder», ZNW 69 (1978) 1-10.
*b*1483   11,20-24   COMBER, J.A., «The Composition and Literary Characteristics of Matt
                          11:20-24», CBQ 39 (1977) 497-504.
*b*1484   11,21-24   TANNEHILL, R.C., *The Sword of His Mouth*, «Matthew 11:21-24 //
                          Luke 10:13-15. 'Woe to You, Chorazin!'» (1975), 122-128.
*b*1485   11,25-30   RINALDI, G., «Onus meum leve», BibOr 9 (1967) 13-24.
*b*1486   Y.B., «Venez à moi, l'envoyé du père (Mat. 11,25-30)», EV (prédication)
                          78 (1978) 149-151.
*b*1487   G.C., «Le 'Magnificat' de Jésus (Mt. 11,25-30)», EV (prédication) 81
                          (1981) 177-178.
*b*1488   11,25-27   FUCHS, E., «Notes bibliques de prédication: pour les temps de Pâques et
                          de Pentecôte», VC no 58 (1961) 214-226 (Mt 6,5-8; Lc 11,5-13; Mt
                          11,25-27).
*b*1489   SABBE, M., «Can Mt 11,25-27 and Lc 10,22 Be Called a Johannine
                          Logion?» dans *Logia* (en collab.) (1982), 363-371.
*b*1490   11,25   KLIJN, A.F.J., «Matthew 11:25 / Luke 10:21», dans *New Testament
                          Textual Criticism* (en collab.) (1981), 1-14.
*b*1491   11,27   HOFFMANN, P., «Die Offenbarung des Sohnes. Die apokalyptischen
                          Voraussetzungen und ihre Verarbeitung im Q-Logion Mt 11,27 par
                          Lk 10,22», Kairos 12 (1979) 270-288.
*b*1492   11,28-30   BONNARD, P., «Le fardeau léger. Prédication de consécration
                          pastorale sur Matthieu 11,28-30», dans *Anamnesis* (1980), 207-210.
*b*1493   MOTTE, A.R., «La structure du logion de Matthieu, XI,28-30», RB 88
                          (1981) 226-233.
*b*1494   STANTON, G.N., «Matthew 11[28-30]: Comfortable Words», ExpTim 94
                          (1982) 3-9.
*b*1495   11,29   HUTCHISON, H., «Some Urgent Reminders», ExpTim 87 (1976)
                          338-340.
*b*1496   12   COPE, O.L., *Matthew. A Scribe trained for the Kindgom of Heaven*,
                          «Mt 12 and the Role of Isa 42:1-4» (1976), 32-52.
*b*1497   NEYREY, J.H., «The Thematic Use of Isaiah 42,1-4 in Matthew 12»,
                          Bibl 63 (1982) 457-473.
*b*1498   12,1-8   LEVINE, E., «The Sabbath Controversy according to Matthew», NTS
                          22 (1976) 480-483.

b1499   COHEN, M., «La controverse de Jésus et des Pharisiens à propos de la cueillette des épis, selon l'Évangile de saint Matthieu», MSR 34 (1977) 3-12.

b1500   HILL, D., «On the Use and Meaning of Hosea vi. 6 in Matthew's Gospel», NTS 24 (1977-78) 107-119.

b1501   COHEN, M., «The controversy over plucking ears of grain: Matthew 12:1-8», TDig 26 (1978) 46-49.

b1502   COHN-SHERBOK, D.M., «An Analysis of Jesus' Arguments Concerning the Plucking of Grain on the Sabbath», JSNT nº 2 (1979) 31-41.

b1503   12,1   COHEN, B., «The Rabbinic Law Presupposed by Matthew XII,1 and Luke VI,1», HarvTR 23 (1930) 91-92.

b1504   12,24-30 CHILTON, B., «A Comparative Study of Synoptic Development: The Dispute between Cain and Abel in the Palestinian Targums and the Beelzebul Controversy in the Gospel», JBL 101 (1982) 553-562.

b1505   12,28   VAN CANGH, J.M., «'Par l'esprit de Dieu - par le doigt de Dieu', Mt 12,28 par. Lc 11,20», dans Logia (en collab.) (1982), 337-342.

b1506   12,31-32 BORING, M.E., «The unforgivable Sin Logion Mark III 28-29/Matt XII 31-32/Luke XII 10: Formal Analysis and History of the Tradition», NT 18 (1976) 258-279.

b1507   O'NEILL, J.C., «The Unforgivable Sin», JSNT nº 19 (1983) 37-42.

b1508   12,33-37 KRÄMER, M., «Hütet euch vor den falschen Propheten. Eine überlieferungsgeschichtliche Untersuchung zu Mt 7,15-23 / Lk 6,43-46 / Mt 12,33-37», Bibl 57 (1976) 349-377.

b1509   12,35-37 SUHL, A., «Der Davidssohn im Matthäus-Evangelium», ZNW 59 (1968) 57-81.

b1510   12,38-42 HOWTON, J., «The Sign of Jonah», SJTh 15 (1962) 288-304.

b1511   MERLI, D., «Il Segno di Giona», BibOr 14 (1972) 61-77.

b1512   12,48-50 READ, D.H.C., «'All in the Family' According to Jesus», ExpTim 87 (1976) 334-335.

b1513   SCHMITT, G., «Das Zeichen des Jona», ZNW 69 (1978) 123-129.

b1514   13   MIGUENS, M., «La predicazione di Gesù in parabole», BibOr 1 (1959) 35-40.

b1515   DUPONT, J., «Le chapitre des paraboles», NRT 89 (1967) 800-820.

b1516   COPE, O.L., Matthew. A Scribe trained for the Kingdom of Heaven, «Mt 13:1-52» (1976), 13-31.

b1517   SABOURIN, L., «The Parables of the Kingdom», BTB 6 (1976) 115-160.

b1518   WENHAM, D., «The Structure of Matthew XIII», NTS 25 (1979) 516-522.

b1519   STRAUSS, L., Prophetic Mysteries Revealed. The Prophetic Significance of the Parables of Matthew 13 and the Letters of Revelation 2-3 (Neptune, NJ, Loizeaux, 1980), 255 pp.

b1520   13,1-53   DARRAULT, I., «La communication parabolique - Matthieu 13,1-53. V. Le discours parabolique ou le miracle de la multiplication du sens», SemBib nº 6 (1977) 13-26.

b1521   ESCANDE, J., «La communication parabolique - Matthieu 13,1-53. II. À propos d'un préalable à l'analyse d'un texte: le problème de son extraction», SemBib nº 5 (1977) 41-45.

*b*1522   MARÉCHAL, É., «La communication parabolique - Matthieu 13,1-53.
                                     III. La parabole: le récit et son explication», SemBib n° 6 (1977) 5-9;
                                     «IV. Réflexions sur la parabole à partir de Mt. 13», SemBib n° 6 (1977)
                                     10-12.

*b*1523   STIKER, J., «La communication parabolique - Matthieu 13,1-53.
                                     I. Délimitation et découpage», SemBib n° 5 (1977) 29-40.

*b*1524   13,1-52   WEDER, H., *Die Gleichnisse Jesu als Metaphern*, «Die Gleichnisse in
                                     Mk 4,1-34; Mt 13,1-52; Lk 8,4-18; 13,18-21» (1980), 99-273.

*b*1525   G.C., «La parabole du semeur (Mt. 13,1-23)», EV (prédication) 78 (1978)
                                     161-163; «La patience de Dieu (Sg. 12,13,16-19; Mt. 13,24-43)», 81
                                     (1981) 180-182; «Les paraboles du trésor et de la perle (Mt. 13,44-52)»,
                                     78 (1978) 177-179.

*b*1526   Y.B., «Voici que le semeur... (Is. 55,10-11; Mt. 13,1-23)», EV
                                     (prédication) 81 (1981) 178-180; «Paraboles du royaume (Mt 13,24-43)»,
                                     78 (1978) 163-165; «Une occasion à ne pas manquer (2 R. 3,5,7-12;
                                     Ro. 8,28-30; Mt. 13,44-52)», 81 (1981) 182-184.

*b*1527   13,1-31   GALBIATI, E., «Esegesi degli Evangeli festivi», BibOr 2 (1960) 25-26.
*b*1528   13,1-23   MARIN, L., «Essai d'analyse structurale d'un récit-parabole: Matthieu
                                     13/1-23», ETR 46 (1971) 35-74.

*b*1529   MARIN, L., «Essai d'analyse structurale d'un récit-parabole: Matthieu
                                     13,1-23», dans CHABROL, C., MARIN, L., *Le récit évangélique* (1974),
                                     93-134.

*b*1530   KAHLEFELD, H., «Ansprache in der Eucharistiefeier des Sonntags. Zu
                                     Mt 13,1-23», dans *Schriftauslegung dient dem Glauben* (en collab.)
                                     (1979), 99-104.

*b*1531   13,1-9   GOMA CIVIT, I., «La parábola del sembrador», CuBi 20 (1963) 33-36.
*b*1532   13,1-3   GOMA CIVIT, I., «Y les habló en parábolas», CuBi 19 (1962) 131-137.
*b*1533   13,10-17   GOMA CIVIT, I., «La gracia de conocer y entender», CuBi 21 (1964)
                                     195-204.

*b*1534   VAN ELDEREN, B., «The Purpose of the Parables According to
                                     Matthew 13:10-17», dans *New Dimensions in New Testament Study* (en
                                     collab.) (1974), 180-190.

*b*1535   13,11   SABOURIN, L., «Connaître les mystères du royaume (Mt 13,11)», dans
                                     Studia Hierosolymitana (Bagatti) (en collab.) (1976), II, 58-63.

*b*1536   FUSCO, V., «L'accord mineur Mt 13,11a/Lc 8,10a contre Mc 4,11a»,
                                     dans *Logia* (en collab.) (1982), 355-361.

*b*1537   13,18-23   GOMA CIVIT, I., «El que oye la Palabra», CuBi 20 (1963) 263-273.
*b*1538   13,24-43   BARTH, G., «Auseinandersetzungen um die Kirchenzucht im Umkreis
                                     des Matthäusevangeliums», ZNW 69 (1978) 158-177.

*b*1539   WEDER, H., *Die Gleichnisse Jesu als Metaphern*, «Vom Unkraut unter
                                     dem Weizen (Mt 13,24-30.36-43; ThEv 57)» (1980), 120-128.

*b*1540   13,24-30   BEAUMONT, J., «Mat. 13:24-30», ETR 30, n° 4 (1955) 32-34.
*b*1541   OÑATE, J.-A., «La parábola de la cizaña», CuBi 18 (1961) 242-246.
*b*1542   BACQ, P., «Lire une parabole: le bon grain et l'ivraie (Mt 13)», LVit 38
                                     (1983) 417-429.

*b*1543   13,31-32   DUPONT, J., «Les paraboles du sénevé et du levain», NRT 89 (1967)
                                     897-913.

*b*1544   PACE, G., «La senapa nel Vangelo», BibOr 22 (1980) 119-123.

b1545   GRANATA, G., «La 'Sinapis' del vangelo: Nicotiana glauca Graham o senape nera?» BibOr 24 (1982) 175-177.

b1546   GRANATA, G., «Some more information about mustard and the Gospel», BibOr 25 (1983) 105-106.

b1547   13,36-43   CATCHPOLE, D.R., «John the Baptist, Jesus and the Parable of the Tares», SJTh 31 (1978) 557-570.

b1548   MARGUERAT, D., «L'Église et le monde en Matthieu 13,36-43», RTP 110 (1978) 111-129.

b1549   MARGUERAT, D., «Church and world in Mt 13:36-43», TDig 27 (1979) 158-160.

b1550   13,38-42   HUTCHINSON, A.M., Jr., «Christian Prophecy and Matthew 13:38-42. A Test Exegesis», dans Society of Biblical Literature. 1977 Seminar Papers (en collab.) (1977), 379-385.

b1551   13,44-46   WAELKENS, R., «L'analyse structurale des paraboles. Deux essais: Luc 15,1-32 et Matthieu 13,44-46», RTL 8 (1977) 160-178.

b1552   13,44   CROSSAN, J.D., «Hidden Treasure Parables in Late Antiquity», dans Society of Biblical Literature. 1976 Seminar Papers (en collab.) (1976), 359-379.

b1553   CROSSAN, J.D., Finding is the First Act. Trove Folktales and Jesus' Treasure Parable (SBL Semeia Supplements, 9) (Philadelphia, Fortress, 1979), viii-141 pp.

b1554   13,45-46   DEHANDSCHUTTER, B., «La parabole de la perle (Mt 13,45-46) et l'Évangile selon Thomas», ETL 55 (1979) 243-265.

b1555   13,47-49   DERRETT, J.D.M., «Êsan gar alieis (Mk. i 16)», NT 22 (1980) 108-137.

b1556   13,52   MARRATT, H.W., «The Church Today and Education Tomorrow», ExpTim 89 (1977-78) 17-18.

b1557   13,53-19,1   MEIER, J.P., The Vision of Matthew, «Commentary on Book IV (Matt 13:53-19:1): The Son and his Church» (1979), 94-135.

b1558   13,53-18,35   GOODING, D.W., «Structure littéraire de Matthieu, XIII,53 à XVIII,35», RB 85 (1978) 227-252.

b1559   13,53   En collaboration, Mary in the New Testament, «The Rejection of Jesus in His Own Country (13:53-58)» (1978), 99-103.

b1560   14-17   MURPHY-O'CONNOR, J., «The Structure of Matthew XIV-XVII», RB 82 (1975) 360-384.

b1561   14,1-17   LEE, P., «The Use of Power», ExpTim 90 (1979) 149-150.

b1562   14,1-12   COPE, L., «The Death of John the Baptist in the Gospel of Matthew; or, the Case of the Confusing Conjunction», CBQ 38 (1976) 515-519.

b1563   14,3-12   YUBERO, D., «El relato de la muerte del Bautista», CuBi 30 (1973) 87-97.

b1564   14,13-33   ROBINSON, D.F., «The Parable of the Loaves», AThR 39 (1957) 107-115.

b1565   14,13-23   G.C., «Perspectives eucharistiques (Is. 55,1-3; Rm. 8,35,37-39; Mt. 14,13-21)», EV (prédication) 81 (1981) 193-194; «Silence et confiance (Mt. 14,22-23)», 78 (1978) 181-182.

b1566   14,13-21   STEGNER, W.R., «Lucan Priority in the Feeding of the Five Thousand», BiRes 21 (1976) 19-28.

b1567   DAWSON, S., «The Multiplication Factor», ExpTim 90 (1979) 148-149.

b1568   PACE, G., «La prima moltiplicazione dei pani. Topografia», BibOr 21 (1979) 85-91.

*b*1569   SCHENKE, L., *Die wunderbare Brotvermehrung*. Die
                           neutestamentlichen Erzählungen und ihre Bedeutung (Würzburg,
                           Echter Verlag, 1983), 176 pp.

*b*1570   14,13-16   SCHNIDER, F., STENGER, W., *Johannes und die Synoptiker*, «Der
                           Brotvermehrungskomplex bei Markus (Matthäus) und Johannes»
                           (1971), 89-170.

*b*1571   14,22-37   BERG, W., *Die Rezeption alttestamentlicher Motive im Neuen Testament*
                           dargestellt an den Seewandelerzählungen (Freiburg i. Br.,
                           Hochschulverlag, 1979), ix-374 pp.

*b*1572   14,22-33   RITT, H., «Der 'Seewandel Jesu' (Mk 6,45-52 par). Literarische und
                           theologische Aspekte», BZ 23 (1979) 71-84.

*b*1573   HEIL, J.P., *Jesus Walking on the Sea*. Meaning and Gospel Functions of
                           Matt 14:22-33, Mark 6:45-52 and John 6:15b-21 (Analecta Biblica, 87)
                           (Rome, Biblical Institute Press, 1981), vii-200 pp.

*b*1574   SMIT SIBINGA, J., «Matthew 14:22-33 - Text and Composition», dans
                           New Testament Textual Criticism (en collab.) (1981), 15-33.

*b*1575   Y.B., «Marcher sur les eaux (1 R 19,9a.11-13a; Mt. 14,22-33)», EV
                           (prédication) 81 (1981) 194-196.

*b*1576   14,28-31   KRATZ, R., «Der Seewandel des Petrus (Mt 14,28-31)», BiLeb 15
                           (1974) 86-101.

*b*1577   15,1-20   COPE, O.L., *Matthew*. A Scribe trained for the Kingdom of Heaven,
                           «Mt 15:1-20 and Isa 29:13» (1976), 52-65.

*b*1578   15,21-28   CHAPAL, R., «Mat. 15:21-28», ETR 30, n° 4 (1955) 45-47.

*b*1579   SPAEMANN, H., «Die Kanaanäerin. Homilie über Mt 15,21-28»,
                           BiLeb 3 (1962) 211-215.

*b*1580   RUSSELL, E.A., «The Canaanite Woman and the Gospels (Mt
                           15:21-28; cf. Mk 7:24-30)», dans *Studia Biblica 1978. II. Papers on the
                           Gospels* (en collab.) (1980), 263-300.

*b*1581   KINGSTON, M.J., «The Problem of Race», ExpTim 92 (1981) 145-146.

*b*1582   NEYREY, J.H., «Decision Making in the Early Church. The Case of the
                           Canaanite Woman (Mt 15:21-28)», SE 33 (1981) 373-378.

*b*1583   THOMPSON, M.C., «Matthew 15:21-28», Interpr 35 (1981) 279-284.

*b*1584   Y.B., «Les miettes de la table (Is. 56,1,6-7; Rm 11,13-15,29-32; Mt.
                           15,21-28)», EV (prédication) 81 (1981) 210-212.

*b*1585   DERMIENCE, A., «La péricope de la Cananéenne (Mt 15,21-28).
                           Rédaction et théologie», ETL 58 (1982) 25-49.

*b*1586   15,21-26   G.C., «L'épisode de la Cananéenne (Mt 15,21-26)», EV (prédication) 78
                           (1978) 193-195.

*b*1587   15,21   BRUSTON, C., «Trois erreurs apparentes dans les Évangiles
                           synoptiques», ETR 6 (1931) 288-312.

*b*1588   15,32-39   REPO, E., «Fünf Brote und zwei Fische», dans *Probleme der Forschung*
                           (SNTU, Serie A, Band 3) (1978), 99-113.

*b*1589   SCHENKE, L., *Die wunderbare Brotvermehrung*. Die
                           neutestamentlichen Erzählungen und ihre Bedeutung (Würzburg,
                           Echter Verlag, 1983), 176 pp.

*b*1590   16   FALLER, A., «Der Lehrprozess um Mt 16», Catho 30 (1976) 112-118.

*b*1591   16,1-8   GALBIATI, E., «E risorto, non è qui (Mt. 16,1-8)», BibOr 5 (1963)
                           67-72, dans *Scritti minori* (1979), 659-666.

b1592	16,2-3	HIRUNUMA, T., «Matthew 16:2b-3», dans *New Testament Textual Criticism* (en collab.) (1981), 35-45.
b1593	16,13-27	G.C., «La mission de Pierre (Mt. 16,13-20)», EV (prédication) 81 (1981) 226-228; «La route du Christ et... la nôtre (Mt. 16,21-27)», 78 (1978) 208-209; «Le disciple derrière le Maître (Mt 16,21-27)», 81 (1981) 228-230.
b1594	16,13-22	FERNANDEZ JIMENEZ, M., «¿Fué en Cesarea de Filipo donde Jesús prometió a Pedro el primado?» CuBi 14 (1957) 106-112.
b1595	16,13-20	KUNZ, E., «Bibellesung zu Matthäus 16,13-20», BiKi 12 (1957) 44-48.
b1596		DA SPINETOLI, O., «I problemi letterari di Matteo 16,13-20», dans *San Pietro* (en collab.) (1967), 79-92.
b1597		GHIDELLI, C., «Biliografia biblica petrina», ScuolC 96 (1968) 62*-110* (su Mt 16,13-20, pp. 77*-86*).
b1598		LEENHARDT, F.-J., *L'Église*, «L'entretien de Césarée» (1978), 43-54.
b1599		Y.B., «Nous croyons en celui en qui Pierre a cru (Mt. 16,13-20)», EV (prédication) 78 (1978) 195-196.
b1600		SELL, J., «Simon Peter's 'Confession' and *The Acts of Peter and the Twelve Apostles*», NT 21 (1979) 344-356.
b1601	16,13-19	J.B., «Wie Petrus zum Fels wurde», BiKi 1 (1946) 44-48.
b1602		GALBIATI, E., «Esegesi degli Evangeli festivi», BibOr 2 (1960) 94-99.
b1603		NICKELSBURG, G.W.E., «Enoch, Levi, and Peter: Recipients of Revelation in Upper Galilee», JBL 100 (1981) 575-600.
b1604	16,13	GNILKA, J., «'Für wen halten die Leute des Menschen Sohn?' (Mt 16,13). Die Messiaserwartungen zur Zeit Jesu», BiKi 17 (1962) 38-41.
b1605	16,14-20	GALBIATI, E., «L'Ascensione (Mt. 16,14-20)», BibOr 4 (1962) 104-111, dans *Scritti minori* (1979), 667-679.
b1606	16,16-19	VAN CANGH, J.-M., VAN ESBROECK, M., «La primauté de Pierre (Mt 16,16-19) et son contexte judaïque», RTL 11 (1980) 310-324.
b1607		MANNS, F., «La Halakah dans l'évangile de Matthieu. Note sur Mt. 16,16-19», BibOr 25 (1983) 129-135.
b1608	16,16-18	NEIRYNCK, F., *Jean et les synoptiques*, «Jn 1,41.42 et Mt 16,16-18» (1979), 188-194.
b1609	16,16	BULTMANN, R., «Die Frage nach dem messianischen Bewusstsein Jesu und das Petrus-Bekenntnis», ZNW 19 (1919-20) 165-174, dans *Exegetica* (1967), 1-9.
b1610		GALOT, J., «La prima professione di fede cristiana», CC 2 (1981) 27-40.
b1611	16,17-19	BULTMANN, R., «Die Frage nach der Echtheit von Mt 16,17-19», *Theologische Blätter* 20 (1941) 265-279, dans *Exegetica* (1967), 255-277.
b1612		BRUSTON, É., «Les promesses de Jésus et l'apôtre Pierre», ETR 19 (1944) 115-130.
b1613		KERTELGE, K., «Jesus und die Gemeinde», dans *Die Aktion Jesu und die Re-Aktion der Kirche* (en collab.) (1972), 101-117.
b1614		BURGESS, J.A., *A History of the Exegesis of Matthew 16:17-19 from 1781 to 1965* (Ann Arbor, MI, Edwards Brothers, 1976), viii-269 pp.
b1615		KÄHLER, C., «Zur Form- und Traditionsgeschichte von Matth. xvi.17-19», NTS 23 (1977) 36-58.
b1616		GHERARDINI, B., «Pietro, la roccia», Div 23 (1979) 335-345.
b1617	16,17	BARTINA, S., «Pedro, voz del Padre. Nota a Mt 16,17», EstB 37 (1978) 291-293.

b1618   16,18-19   MUSSNER, F., *Petrus und Paulus - Pole der Einheit*, «Redaktionsgeschichtliche Überlegungen zu Mt 16,18f» (1976), 14-22.

b1619   SALERNO, A., «Un nuovo aspetto del primato di Pietro in Mt. 10,2 et 16,18-19», RivB 28 (1980) 435-439.

b1620   16,18   EPPEL, R., «L'interprétation de Matthieu 16.18b», dans *Aux sources de la tradition chrétienne* (en collab.) (1950), 71-73.

b1621   BIEDERMANN, H., «Das Primatswort Mt 16,18 in römischem, orthodoxem und protestantischem Verständnis», BiKi 23 (1968) 55-58.

b1622   KNOCH, O., «Die Deutung der Primatstelle Mt 16,18 im Lichte der neueren Diskussion. Eine Übersicht», BiKi 23 (1968) 44-46.

b1623   LAMPE, P., «Das Spiel mit dem Petrusnamen - Matt. xvi.18», NTS 25 (1979) 227-245.

b1624   BIGANE, J.E., *Faith, Christ, or Peter. Matthew 16:18 in Sixteenth Century Roman Catholic Exegesis* (Washington, DC, University Press of America, 1981), ix-237 pp.

b1625   GERO, S., «The Gates or the Bars of Hades? A Note on Matthew 16.18», NTS 27 (1981) 411-414.

b1626   CHEVALLIER, M.-A., «Tu es Pierre, tu es le nouvel Abraham (Mt 16/18)», ETR 57 (1982) 375-387.

b1627   16,19   GIESEN, H., «Zum Problem der Exkommunikation nach den Matthäus-Evangelium», StMor 8 (1970) 185-269.

b1628   SCHNACKENBURG, R., «Das Vollmachtswort vom Binden und Lösen, traditionsgeschichtlich gesehen», dans *Kontinuität und Einheit* (en collab.) (1981), 141-157.

b1629   DERRETT, J.D.M., «Binding and Loosing (Matt 16:19; 18:18; John 29:23)», JBL 102 (1983) 112-117.

b1630   16,21-28   KAMPHAUS, F., «Zwischen Abfall und Nachfolge. Auslegung und Besinnung zu Mt 16,21-28», BiLeb 12 (1971) 48-54.

b1631   16,21-27   EFIRD, J.M., «Matthew 16:21-27», Interpr 35 (1981) 284-289.

b1632   SCHILLEBEECKX, E., *God among us*, «Christian 'to the Death' (Matt. 16.21-27; Jer. 20.7-9)» (1983), 199-203.

b1633   17,1-13   PEDERSEN, S., «Die Proklamation Jesu als des eschatologischen Offenbarungsträgers (Mt xvii 1-13)», NT 17 (1975) 241-264.

b1634   17,1-9   GALBIATI, E., «La Trasfigurazione (Mt. 17,1-9)», BibOr 3 (1961) 146-151, dans *Scritti minori* (1979), 569-579.

b1635   KREMER, J., «'Ihn sollt ihr hören!' Homilie über das Evangelium von der Verklärung Jesu (Mt 17,1-9)», BiLeb 6 (1965) 68-70.

b1636   LIEFELD, W.L., «Theological Motifs in the Transfiguration Narrative», dans *New Dimensions in New Testament Study* (en collab.) (1974), 162-179.

b1637   XXX, «23 Homélies pour le deuxième dimanche de Carême», dans En collaboration, *Écriture et prédication* (Recherches et débats du Centre Catholique des Intellectuels Français, 84) (1976), 13-94.

b1638   COPE, O.L., *Matthew. A Scribe trained for the Kingdom of Heaven*, «Matthew's Transfiguration Narrative and Sinai» (1976), 99-102.

b1639   G.C., «Transfiguration du Seigneur (Mt. 17,1-9)», EV (prédication) 78 (1978) 179-181; «Vocation d'Abraham et transfiguration de Jésus (Gn 12,1-4; 2 Tm 1,8-10; Mt 17,1-9)», EV 81 (1981) 52-53.

b1640   Y.B., «La transfiguration (Matthieu 17,1-9)», EV (prédication) 78 (1978) 17-18.

b1641   NEIRYNCK, F., «Minor Agreements Matthew-Luke in the Transfiguration Story», dans HOFFMANN, P., BROX, N., PESCH, W. (Hrsg.), *Orientierung an Jesus. Zur Theologie der Synoptiker. Für Josef Schmid* (Freiburg, Herder, 1973), 253-266, dans NEIRYNCK, F., *Evangelica* (1982), 797-810.

b1642   17,5   SCATTOLON, A., «L'*agapêtos* sinottico nella luce della tradizione giudaica», RivB 26 (1978) 2-32.

b1643   17,10   FAIERSTEIN, M.M., «Why Do the Scribes Say That Elijah Must Come First?» JBL 100 (1981) 75-86.

b1644   17,14-21   AICHINGER, H., «Zur Traditionsgeschichte der Epileptiker-Perikope Mk 9,14-29 par Mt 17,14-21 par Lk 9,37-43a», dans *Probleme der Forschung* (SNTU, Serie A, Band 3) (1978), 114-143.

b1645   17,19   PACE, G., «La senapa nel Vangelo», BibOr 22 (1980) 119-123.

b1646   17,20   NEIL, W., «Five Hard Sayings of Jesus», dans *Biblical Studies* (W. Barclay) (en collab.) (1976), 157-171.

b1647   17,24-27   McELENEY, N.J., «Matthew 17:24-27 - Who Paid the Temple Tax? A Lesson in Avoidance of Scandal?» CBQ 38 (1976) 178-192.

b1648   CASSIDY, R.J., «Matthew 17:24-27 - A Word on Civil Taxes», CBQ 41 (1979) 571-580.

b1649   MARGOT, J.-C., *Traduire sans trahir* (Lausanne, Éditions l'Âge d'homme, 1979), «Les problèmes posés par la traduction de Matthieu 17.24-27», 167-186.

b1650   17,27   HOMEAU, H.A., «On Fishing for Staters: Matthew 17[27]», ExpTim 85 (1974) 340-342.

b1651   18   ZIMMERMANN, H., «Die innere Struktur der Kirche und das Petrusamt nach Mt 18», Catho 30 (1976) 168-183.

b1652   BARTH, G., «Auseinandersetzungen um die Kirchenzucht im Unkreis des Matthäusevangeliums», ZNW 69 (1978) 158-177.

b1653   BONNARD, P., «Composition et signification historique de Matthieu» (1967), dans *Anamnesis* (1980), 111-120.

b1654   18,2-3   McDONALD, J.I.H., «Education Sunday», ExpTim 93 (1982) 116-117.

b1655   18,5-6   STÖGER, A., «Kirche: Gemeinschaft der Kleinen Meditation über Mt 18,5-6a», BiLit 51 (1978) 33-35.

b1656   18,6-9   STÖGER, A., «'Skandale in der Kirche'. Meditation über Mt 18,6b-9», BiLit 51 (1978) 110-113.

b1657   18,10-14   BISHOP, E.F.F., «The Parable of the Lost or Wandering Sheep», AThR 44 (1962) 44-57.

b1658   PESCH, R., KRATZ, R., *So liest man synoptisch*, «Gleichnis vom verloren Schaf» (1978), V, 33-38.

b1659   ACHTEMEIER, P.J., «Enigmatic Bible Passages. It's the Little Things that Count (Mark 14:17-21; Luke 4:1-13; Matthew 18:10-14)», BA 46 (1983) 30-31.

b1660   18,10   HÉRING, J., «Un texte oublié: Matthieu 18,10. À propos des controverses récentes sur le pédobaptisme», dans *Aux sources de la tradition chrétienne* (en collab.) (1950), 95-102.

b1661   MICHELINI TOCCI, F., «Il principe del volto», OrAnt 2 (1963) 269-273.

b1662 18,12-14 SCHNIDER, F., «Das .Gleichnis vom verloreren Schaf und seine Redaktionen», Kairos 19 (1977) 146-154.

b1663 WEDER, H., *Die Gleichnisse Jesu als Metaphern*, «Das Gleichnis vom verlorenen Schaf (Mt 18,12-14; Lk 15,4-7; ThEv 107)» (1980), 168-177.

b1664 PETERSEN, W.L., «The Parable of the Lost Sheep in the Gospel of Thomas and the Synoptics», NT 23 (1981) 128-147.

b1665 18,12 BUSSBY, F., «Did a Shepherd Leave Sheep upon the Mountains or in the Desert?» AThR 45 (1963) 93-94.

b1666 18,15-20 Y.B., «'Je fais de toi un guetteur pour tes frères'. Mat. 18,15-20», EV (prédication) 78 (1978) 211-212.

b1667 G.C., «La loi de solidarité (Ez. 33,7-9; Rm. 13,8-10; Mt. 18,15-20)», EV (prédication) 81 (1981) 241-242.

b1668 HICKLING, C.J.A., «Conflicting Motives in the Redaction of Matthew: Some Considerations on the Sermon on the Mount and Matthew 18:15-20», dans *Studia Evangelica* (en collab.) (1982), VII, 247-260.

b1669 18,15-18 GIESEN, H., «Zum Problem der Exkommunikation nach den Matthäus-Evangelium», StMor 8 (1970) 185-269.

b1670 STÖGER, A., «Eine heilige Gemeinde von Brüdern. Meditation über Mt 18,15-18», BiLit 51 (1978) 176-178.

b1671 18,16-20 BROOKS, O.S., Sr., «Matthew xxviii 16-20 and the Design of the First Gospel», JSNT nº 10 (1981) 2-18.

b1672 18,18 SCHNACKENBURG, R., «Das Vollmachtswort vom Binden und Lösen, traditionsgeschichtlich gesehen», dans *Kontinuität und Einheit* (en collab.) (1981), 141-157.

b1673 DERRETT, J.D.M., «Binding and Loosing (Matt 16:19; 18:18; John 29:23)», JBL 102 (1983) 112-117.

b1674 18,19-20 VAN PARYS, M., «Unification de l'homme dans le Nom. Exégèse de Mt. 18,19-20», Ir 50 (1977) 345-358; 50 (1977) 521-532.

b1675 STÖGER, A., «Die geheime Mitte der Kirche. Meditation über Mt 18,19-20», BiLit 51 (1978) 245-247.

b1676 DERRETT, J.D.M., «'Where two or three are covened in my name...': a Sad Misunderstanding» [ExpTim 16 (1979) 83-86], dans DERRETT, J.D.M., *Studies in the New Testament* (1982), III, 230-234.

b1677 18,20 SIEVERS, J., «'Where Two or Three...' The Rabbinic Concept of Shekhinah and Matt 18,20», dans *Standing Before God* (en collab.) (1981), 171-182.

b1678 18,21-35 G.C., «La loi du pardon. Mt. 18,21-35», EV (prédication) 78 (1978) 225-227.

b1679 Y.B., «Dieu a inventé le pardon (Si. 27,33-28,9; Mt. 18,21-35)», EV (prédication) 81 (1981) 242-244.

b1680 18,23-35 MAIWORM, J., «Umgekehrte Gleichnisse», BiKi 10 (1955) 82-85.

b1681 GALBIATI, E., «Esegesi degli Evangeli festivi», BibOr 3 (1961) 190-195.

b1682 DEIDUN, T., «The Parable of the Unmerciful Servant (Mt 18:23-35)», BTB 6 (1976) 203-224.

b1683 WEDER, H., *Die Gleichnisse Jesu als Metaphern*, «Die Parabel von Schalksknecht (Mt 18,23-35)» (1980), 210-218.

b1684 19,1-26,1 MEIER, J.P., *The Vision of Matthew*, «Commentary on Book V (Matt 19:1-26:1): The Son confronts the Old People of God for the Last Time» (1979), 136-178.

b1685   19-23   STIRN, M., *Pour une 'sémiotique' de l'annonce*. Essai d'élaboration d'un problème linguistique à partir de Matthieu 19-23 (Brussels, Paris, Louvain, Nauwelaerts-Vanderoyez, 1979), 371 pp.

b1686   19,1-12   BORDES, F., GAUDET, P.P., «La sexualité. Matthieu 19,1-12», CHR 28 (1981) 457-465.

b1687   19,1   SLINGERLAND, H.D., «The Transjordanian Origin of St. Matthew's Gospel», JSNT nᵒ 3 (1979) 18-28.

b1688   19,3-12   MARIN, F., «Un recurso obligado a la tradición presinóptica», EstB 36 (1977) 205-216.

b1689   DELTOMBE, F., «Pour une solution pastorale du problème des divorcés remariés», Supp nᵒ 130 (1979) 329-354.

b1690   MOLONEY, F.J., «Matthew 19,3-12 and Celibacy. A Redactional and Form Critical Study», JSNT nᵒ 2 (1979) 42-60.

b1691   DESCAMPS, A.-L., «Les textes évangéliques sur le mariage», RTL 9 (1978) 259-286; 11 (1980) 5-50.

b1692   19,3-9   FITZMYER, J.A., «The Matthean Divorce Texts and Some New Palestinian Evidence», TS 37 (1976) 197-226.

b1693   LÖVESTAM, E., «Die funktionale Bedeutung der synoptischen Jesusworte über Ehescheidung und Wiederheirat», dans *Theologie aus dem Norden* (en collab.) (1976), 19-28.

b1694   SCHÜRMANN, H., «Neutestamentliche Marginalien zur Frage nach der Institutionalität, Unauflösbarkeit und Sakramentalität der Ehe», dans *Kirche und Bibel* (en collab.) (1979), 409-430.

b1695   19,9   BONSIRVEN, J., «'Nisi ob fornicationem', exégèse primitive», dans *Mélanges offerts au R.P. Ferdinand Cavallera* (en collab.) (1948), 47-63.

b1696   CELADA, B., «Un texto evangélico que se quería aducir cómo favorable al divorcio. Notable coincidencia de los autores en una nueva interpretación», CuBi 16 (1959) 47.

b1697   STRAMARE, T., «Clausole di Matteo e indissolubilità del matrimonio», BibOr 17 (1975) 65-74.

b1698   NEIRYNCK, F., «De Jezuswoorden over echtscheiding», *Sociologische Verkenningen* 2 (1972) 127-141, dans NEIRYNCK, F., *Evangelica* (1982), 821-834.

b1699   KILGALLEN, J.J., «To what are the Matthean Exception-Tests (5,32 and 19,9) an Exception?» Bibl 61 (1980) 102-105.

b1700   CROUZEL, H., «Quelques remarques concernant le texte patristique de Mt 19,9», BLE 82 (1981) 83-92.

b1701   LAMARCHE, P., «L'indissolubilité selon Matthieu 19,9», CHR 30 (1983) 475-482.

b1702   19,10-12   GAMBA, G.G., «La 'eunuchia' per il Regno dei Cieli. Annotazioni in margine a Matteo 19,10-12», Sal 42 (1980) 243-287.

b1703   SAND, A., *Reich Gottes und Eheverzicht im Evangelium nach Matthäus* (SBS 109) (Stuttgart, Katholisches Bibelwerk, 1983), 82 pp.

b1704   19,12   ADINOLFI, M., «Il celibato di Gesù», BibOr 13 (1971) 145-158.

b1705   TANNEHILL, R.C., *The Sword of His Mouth*, «Matthew 19:12. Eunuchs for the Kingdom» (1975), 134-140.

b1706   MARIN, F., «Un recurso obligado a la tradición presinóptica», EstB 36 (1977) 205-216.

*b*1707   KODELL, J., «The Celibacy Logion in Matthew 19:12», BTB 8 (1978) 19-23.

*b*1708   VERA ARRECHEA, M., «Los eunucos del Evangelio (Mat. 19,12)», CuBi 38 (1981) 61-62.

*b*1709   19,14   CLAVIER, H., «Jésus et l'enfant», ETR 8 (1933) 243-255.

*b*1710   19,16-30   CELADA, B., «Mateo 19:16-30 y la perfección cristiana», CuBi 27 (1970) 106-109.

*b*1711   COULOT, C., «La structuration de la péricope de l'homme riche et ses différentes lectures (Mc 10,17-31; Mt 19,16-30; Lc 18,18-30)», RevSR 56 (1982) 240-252.

*b*1712   19,16-22   COPE, O.L., *Matthew*. A Scribe trained for the Kingdom of Heaven, «'The Good Is One' - Mt 19:16-22 and Prov 3:35-4:4» (1976), 111-119.

*b*1713   19,24   CELADA, B., «Más acerca del camello y la aguja», CuBi 26 (1969) 157-158.

*b*1714   19,28-29   GARCIA BURILLO, J., «El ciento por uno (Mc. 10,29-30 par)», EstB 36 (1977) 173-203.

*b*1715   19,28   BRUSTON, C., «Trois erreurs apparentes dans les Évangiles synoptiques», ETR 6 (1931) 288-312.

*b*1716   BROER, I., «Das Ringen der Gemeinde um Israel. Exegetischer Versuch über Mt 19,28», dans *Jesus und der Menschensohn* (en collab.) (1975), 148-165.

*b*1717   TRILLING, W., «Die Entstehung des Zwölferkreises. Eine geschichtskritische Überlegung», dans *Die Kirche des Anfangs* (en collab.) (1978), 201-222.

*b*1718   BURNETT, F.W., «*Paliggenesia* in Matt. 19:28: A Window on the Matthean Community», JSNT nº 17 (1983) 60-72.

*b*1719   19,30-20,16   DE CHALENDAR, X., «L'argent. Matthieu 19,30-20,16», CHR 28 (1981) 450-456.

*b*1720   20,1-16   ZIMMERMANN, H., «Die Gottesoffenbarung der Gleichnisse Jesu. Das Gleichnis von den Arbeiten im Weinberg: Mt 20,1-16», BiLeb 2 (1961) 100-104.

*b*1721   GALBIATI, E., «Gli operai nella vigna», BibOr 5 (1963) 22-29.

*b*1722   DERRETT, J.D.M., «Workers in the Vineyard: a parable of Jesus» (*Journal of Jewish Studies*, XXV/1, 1974, 64-91), dans DERRETT, J.D.M., *Studies in the New Testament* (1977), I, 48-75.

*b*1723   Y.B., «Du mépris à la miséricorde. Mt 20,1-16», EV (prédication) 78 (1978) 227-228.

*b*1724   FEUILLET, A., «Les ouvriers envoyés à la vigne (Mt XX,1-16)», RT 79 (1979) 5-24.

*b*1725   MANNS, F., «L'arrière-plan socio-économique de la Parabole des ouvriers de la onzième heure et ses limites», Ant 55 (1980) 259-268.

*b*1726   WEDER, H., *Die Gleichnisse Jesu als Metaphern*, «Die Parabel von den Arbeitern im Weinberg (Mt 20,1-16)» (1980), 218-230.

*b*1727   G.C., «Parabole des ouvriers envoyés à la vigne (Mt. 20,1-16)», EV (prédication) 81 (1981) 244-245.

*b*1728   SCHNIDER, F., «Von der Gerechtigkeit Gottes. Beobactungen zum Gleichnis von den Arbeitern im Weinberg (Mt 20,1-16)», Kairos 23 (1981) 88-95.

b1729 DIETZFELBINGER, C., «Das Gleichnis von den Arbeitern im Weinberg als Jesuswort», EvT 43 (1983) 126-137.

b1730 20,1-15 HARNISCH, W., «The Metaphorical Process in Matthew 20:1-15», dans *Society of Biblical Literature. 1977 Seminar Papers* (en collab.) (1977), 231-250.

b1731 HAUBECK, W., «Zum Verständnis der Parabel von den Arbeitern im Weinberg (Mt 20,1-15)», dans *Wort in der Zeit* (en collab.) (1980), 95-107.

b1732 PILKINGTON, J.R., «The Parable of the Compassionate Employer», ExpTim 92 (1981) 340-341.

b1733 20,15 HATCH, W.H.P., «A Note on Matthew 20:15», AThR 26 (1944) 250-253.

b1734 20,20-23 GOGUEL, M., «Deux notes d'exégèse», RSR 123 (1941) 27-56.

b1735 20,28 STUHLMACHER, P., «Existenzstellvertretung für die Vielen: Mk 10,45 (Mt 20,28)», dans *Werden und Wirken des Alten Testaments* (en collab.) (1980), 412-427.

b1736 21,1-13 RODD, C.S., «The Way of the Cross», ExpTim 91 (1980) 178-179.

b1737 21,1-11 BARTNICKI, R., «Das Zitat von Zach IX,9-10 und die Tiere im Bericht von Matthäus über dem Einzug Jesu in Jerusalem (Mt XXI,1-11)», NT 18 (1976) 161-166.

b1738 21,1-9 GALBIATI, E., «L'ingresso messianico in Gerusalemme (Mt. 21,1-9)», BibOr 4 (1962) 60-63, dans *Scritti minori* (1979), 615-622.

b1739 DERRETT, J.D.M., «Law in the New Testament: The Palm Sunday Colt», NT 13 (1971) 241-258, dans DERRETT, J.D.M., *Studies in the New Testament* (1978), II, 165-183.

b1740 BARTNICKI, R., «Il carattere messianico delle pericopi di Marco e Matteo sull'ingresso di Gesù in Gerusalemme (*Mc.* 11,1-10; *Mt.* 21,1-9)», RivB 25 (1977) 5-27.

b1741 HARVEY, A.E., *Jesus and the Constraints of History*, «Jesus the Christ: the Options in a Name» (1982), 120-151.

b1742 21,9 RICHARDSON, C.C., «Blessed is He that Cometh in the Name of the Lord», AThR 29 (1947) 96-98.

b1743 G.C., «Hosanna au Fils de David (Mt 21,9)», EV (prédication) 80 (1980) 65-66.

b1744 21,10-17 HARVEY, A.E., *Jesus and the Constraints of History*, «Jesus the Christ: the Options in a Name» (1982), 120-151.

b1745 21,28-22,14 OGAWA, A., «Paraboles de l'Israël véritable? Reconsidération critique de Mt. xxi 28-xxii 14», NT 21 (1979) 121-149.

b1746 21,28-32 SILVA, R., «La parábola de los dos hijos», CuBi 22 (1965) 98-105.

b1747 DERRETT, J.D.M., «The Parable of the Two Sons», ST 25 (1971) 109-116, dans DERRETT, J.D.M., *Studies in the New Testament* (1977), I, 76-84.

b1748 LÉGASSE, S., «Jésus et les prostituées», RTL 7 (1976) 137-154.

b1749 DERRETT, J.D.M., «The Parable of the Two Sons», ST 25 (1971) 109-116, dans DERRETT, J.D.M., *Studies in the New Testament* (1977), I, 76-84.

b1750 G.C., «La parabole des deux fils. Mt 21,28-32», EV (prédication) 78 (1978) 228-230.

b1751   RICHARDS, W.L., «Another Look at the Parable of the Two Sons», BiRes 23 (1978) 5-14.

b1752   21,28-32   WEDER, H., *Die Gleichnisse Jesu als Metaphern*, «Die Parabel von den ungleichen Söhnen (Mt 21,28-32)» (1980), 230-238.

b1753   Y.B., «Publicains et prostituées vous précèdent (Mt. 21,28-32)», EV (prédication) 81 (1981) 257-259.

b1754   21,28-30   READ, D.H.C., «When What You Believe is What You Do», ExpTim 90 (1979) 367-368.

b1755   21,31-32   GIBSON, J., «*Hoi telonai kai hai pornai*», JTS 32 (1981) 429-433.

b1756   21,32   PRZYBYLSKI, B., *Righteousness in Matthew and his world of thought*, «Matthew 21:32» (1980), 94-96.

b1757   21,33-46   SILVA COSTOYAS, R., «La parábola de los viñadores (estudio crítico-literario e interpretación)», dans *Miscelánea Manuel Cuervo Lopez* (en collab.) (1970), 53-81.

b1758   LOWE, M., «From the Parable of the Vineyard to a Pre-Synoptic Source», NTS 28 (1982) 257-263.

b1759   21,33-43   Y.B., «Produire un bon fruit. Mt 21,33-43», EV (prédication) 78 (1978) 230-231.

b1760   G.C., «La vigne du Seigneur (Is. 5,1-7; Mt. 21,33-43)», EV (prédication) 81 (1981) 259-260.

b1761   21,42   DERRETT, J.D.M., «The stone that the builders rejected» [*Studia Evangelica*, IV (TU 102) (Berlin, 1968, 180-186)], dans DERRETT, J.D.M., *Studies in the New Testament* (1978), II, 60-67.

b1762   22,1-14   GALBIATI, E., «Gli invitati alle nozze (Mt. 22,1-14)», BibOr 2 (1960) 173-177, dans *Scritti minori* (1979), 623-628.

b1763   BARBAGLIO, G., «La parabola del banchetto di nozze nella versione di Matteo», dans *La parabola degli invitati al banchetto* (en collab.) (1978), 63-101.

b1764   BEATRICE, P.F., «Il significato di Ev. Thom. 64 per la critica letteraria della parabola del banchetto (*Mt.* 22,1-14/*Lc.* 14,15-24)», dans *La parabola degli invitati al banchetto* (en collab.) (1978), 237-277.

b1765   BUZZETTI, C., «Analisi letteraria del racconto matteano», dans *La parabola degli invitati al banchetto* (en collab.) (1978), 11-61.

b1766   DUPONT, J., «La parabola degli invitati al banchetto nel ministero di Gesù», dans *La parabola degli invitati al banchetto* (en collab.) (1978), 279-329.

b1767   G.C., «La parabole du festin nuptial (Mt. 22,1-14)», EV (prédication) 78 (1978) 241-242.

b1768   PESCH, R., KRATZ, R., *So liest man synoptisch*, «Gleichnis vom grossen Gastmahl» (1978), V, 39-60.

b1769   22,1-10   PERCE, M., «Ricostruzione dell'archetipo letterario comune a *Mt.* 22,1-10 e *Lc.* 14,15-24», dans *La parabola degli invitati al banchetto* (en collab.) (1978), 167-236.

b1770   RESENHÖFT, R.W., «Jesu Gleichnis von den Talenten, ergänzt durch die Lukas-Fassung», NTS 26 (1980) 318-331.

b1771   WEDER, H., *Die Gleichnisse Jesu als Metaphern*, «Die Parabel vom grossen Mahl (Mt 22,1-10; Lk 14,15-24; ThEv 64)» (1980), 177-193.

b1772   22,2-4   DUPONT, J., «In parabola magni convivii (Matth. 22,2-4; Luc. 14,16-24) historia salutis delineatur», dans *Acta Congressus*

Internationalis de Theologia Concilii Vaticani II (en collab.) (1968), 455-459.

b1773   22,11-13   HAACKER, K., «Das hochzeitliche Klein von Mt 22,11-13 und ein palästinensisches Märchen», ZDPV 87 (1971) 95-97.

b1774   22,12   DAWSON, W.S., «The Gate Crasher», ExpTim 85 (1974) 304-306.

b1775   22,14   PESCH, W., «Berufene und Auserwählte. Homilie zu Matthäus 22,14», BiKi 20 (1965) 16-18.

b1776   22,15-21   Y.B., «Rendre à César, mais aussi à Dieu... (Mat. 22,15-21)», EV (prédication) 78 (1978) 257-258.

b1777   G.C., «César et... Dieu (Is. 1,4-6; Mt 22,15-21; 1 Th. 1,1-5)», EV (prédication) 81 (1981) 275-276.

b1778   22,21   OÑATE, J.A., «Dad a Dios lo que es de Dios», CuBi 16 (1959) 304-307.

b1779   22,23-33   AMMASSARI, A., *La Risurrezione* (1976), «L'insegnamento di Gesù sulla Risurrezione in Mt. 22,23-33; Mc. 12,18-27; Lc. 20,27-40» (1976), I, 23-57.

b1780   22,26-27   MASTIN, B.A., «Jesus said grace», SJTh 24 (1971) 449-456.

b1781   22,32   REICKE, B., «The God of Abraham, Isaac, and Jacob in New Testament Theology», dans *Unity and Diversity in New Testament Theology* (en collab.) (1978), 186-194.

b1782   22,34-40   G.C., «La loi d'amour (Mat. 22,34-40)», EV (prédication) 78 (1978) 242-244.

b1783   22,36-39   OSBORN, E., «The Love Command in Second Century Christian Writing», SeC 1 (1981) 223-243.

b1784   22,37-40   GERHARDSSON, B., «The Hermeneutic Program in Matthew 22:37-40», dans *Jews, Greeks and Christians* (en collab.) (1976), 129-150.

b1785   22,37   HUFTIER, M., «Tu aimeras de tout ton coeur...», EV (doctrine) 89 (1979) 225-232.

b1786   22,38   KOCH, R., «Vers une morale de l'Alliance?» StMor 6 (1968) 7-58.

b1787   22,44   GOURGUES, M., *À la droite de Dieu*, «Marc 12:36 et parallèles (Mt 22:44; Lc 20:42s.)» (1978), 127 143.

b1788   23   GARLAND, D.E., *The Intention of Matthew 23* (Supplements to Novum Testamentum, 52) (Leiden, Brill, 1979), xii-255 pp.

b1789   23,1-36   FLUSSER, D., «Two Anti-Jewish Montages in Matthew», Immanuel 5 (1975) 37-45.

b1790   23,1-12   G.C., «Fidélité au message chrétien (Ml. 1,14b-2,2b,8-10; Mt 23,1-12)», EV (prédication) 78 (1978) 260-262.

b1791   23,2   ROTH, C., «The 'Chair of Moses' and its Survivals», PEQ 81 (1949) 100-111.

b1792   23,5   TIGAY, J.H., «On the Term Phylacteries (Matt 23:5)», HarvTR 72 (1979) 45-52.

b1793   23,8-12   MICHAELS, J.R., «Christian Prophecy and Matthew 23:8-12: A Test Exegesis», dans *Society of Biblical Literature. 1976 Seminar Papers* (en collab.) (1979), 305-310.

b1794   HOET, R., *'Omnes autem vos fratres estis.'* Étude du concept ecclésiologique des 'frères' selon Mt 23,8-12 (Analecta Gregoriana, 232) (Roma, Università Gregoriana Editrice, 1982), ix-226 pp.

b1795   MARQUET, C., «Ne vous faites pas appeler 'maître'. Matthieu 23,8-12», CHR 30 (1983) 88-102.

b1796   23,8-10   DERRETT, J.D.M., «Mt. 23:8-10 a Midrash on Is. 54:13 and Jer.
                      31:33-34» [Bibl 62 (1981) 372-386], dans DERRETT, J.D.M., *Studies in
                      the New Testament* (1982), III, 215-229.
b1797   23,25-26   MACCOBY, H., «The Washing of Cups», JSNT no 14 (1982) 3-15.
b1798   23,34-38   KENNARD, J.S., Jr., «The Lament over Jerusalem: A Restudy of the
                      Zacharias Passage», AThR 29 (1947) 173-179.
b1799   23,34-36   BORING, M.E., «Christian Prophecy and Matthew 23:34-36: A Test
                      Exegesis», dans *Society of Biblical Literature. 1977 Seminar Papers* (en
                      collab.) (1977), 117-126.
b1800   LÉGASSE, S., «L'oracle contre 'cette génération' (Mt 23,34-36 par. Lc
                      11,49-51) et la polémique judéo-chrétienne dans la Source des Logia»,
                      dans *Logia* (en collab.) (1982), 237-256.
b1801   23,34-35   BLANK, S.H., «The Death of Zechariah in Rabbinic Literature»,
                      HUCA 12-13 (1937-38) 327-346.
b1802   23,37   DOIGNON, J., «La comparaison de Matth. 23,37 *sicvt Gallina... svb alas
                      svas* dans l'exégèse d'Hilaire de Poitiers. Une mise au point à propos de la
                      sollicitude du Christ», LTP 39 (1983) 21-26.
b1803   23,39   ALLISON, D.C., Jr., «Matt. 23:39 - Luke 13:35b as a Conditional
                      Prophecy», JSNT no 18 (1983) 75-84.
b1804   24-25   WURZINGER, A., «Die eschatologischen Reden Jesu», dans *Bibel und
                      Zeitgemässer Glaube* (en collab.) (1967), 37-67.
b1805   SABOURIN, L., «Il discorso sulla parousia e le parabole della vigilanza
                      (Matteo 24-25)», BibOr 20 (1978) 193-211.
b1806   BROWN, S., «The Matthean Apocalypse», JSNT no 4 (1979) 2-27.
b1807   MARTIN, F., «Le signe du fils de l'homme. Analyse des chapitres 24
                      et 25 de l'évangile de Matthieu», LV no 160 (1982) 61-77.
b1808   AGBANOU, V.K., *Le discours eschatologique de Matthieu 24-25*,
                      tradition et rédaction (Études bibliques, nouvelle série, 2) (Paris,
                      Gabalda, 1983), 228 pp.
b1809   24,1-36   LATTANZI, H., «Eschatologici sermonis Domini logica interpretatio»,
                      dans *Miscellanea André Combes* (en collab.) (1967), I, 71-92.
b1810   PESCH, R., «Eschatologie und Ethik. Auslegung von Mt 24,1-36»,
                      BiLeb 11 (1970) 223-238.
b1811   24,1-31   BURNETT, F.W., *The Testament of Jesus-Sophia*. A Redaction-Critical
                      Study of the Eschatological Discourse in Matthew (Lanham, MD,
                      University Press of America, 1981), xxiii-467 pp.
b1812   24,3-31   BURNETT, F.W., *The Testament of Jesus-Sophia*. A Redaction-Critical
                      Study of the Eschatological Discourse in Matthew (Washington, DC,
                      University of America Press, 1981), xxiii-467 pp.
b1813   24,9-14   REICKE, B., «A Test of Synoptic Relationships: Matthew 10:17-23 and
                      24:9-14 with Parallels», dans *New Synoptic Studies* (Ed. W.R.
                      FARMER) (en collab.) (1983), 209-229.
b1814   24,15-35   GALBIATI, E., «Fine di un mondo e fine del mondo (Mt. 24,15-35)»,
                      BibOr 3 (1961) 214-222, dans *Scritti minori* (1979), 629-644.
b1815   24,15   COLUNGA, A., «La abominación de la desolación», CuBi 17 (1960)
                      183-185.
b1816   24,36-42   FALKE, J., «'Bei der Wiederkunft des Menschensohnes'. Eine
                      Meditation zu Mt 24,36-42», BiLeb 6 (1965) 208-212.

b1817	24,37-51	GOLLINGER, H., «'Ihr wisst nicht, an welchem Tag euer Herr kommt'. Auslegung von Mt 24,37-51», BiLeb 11 (1970) 238-247.
b1818	24,37-44	G.C., «Le triple avènement du Seigneur dans le monde (Is. 2,1-5; Rm 13,11-14; Mt. 24,37-44)», EV (prédication) 77 (1977) 317-318.
b1819		Y.B., «Le temps de l'espérance (Is. 2,1-5; Rm 13,11-14; Mt 24,37-44)», EV (prédication) 80 (1980) 308-310.
b1820	24,45-51	PESCH, R., KRATZ, R., So liest man synoptisch, «Gleichnis vom guten und vom bösen Knecht» (1978), V, 61-66.
b1821	24,45	DAWSON, S., «The Unexpected Return», ExpTim 87 (1976) 269-271.
b1822	25,1-13	MAISCH, I., «Das Gleichnis von den klugen und törichten Jungfrauen. Auslegung von Mt 25,1-13», BiLeb 11 (1970) 247-259.
b1823		DERRETT, J.D.M., «La parabola delle vergini stolte», Conoscenza Religiosa (1971) 394-406, dans DERRETT, J.D.M., Studies in the New Testament (1977), I, 128-142.
b1824		SCHENK, W., «Auferweckung der Toten oder Gericht nach den Werken. Tradition und Redaktion in Matthäus xxv 1-13», NT 20 (1978) 278-299.
b1825		Y.B., «Veiller dans l'attente du Seigneur (Mat. 25,1-13)», EV (prédication) 78 (1978) 273-274.
b1826		ROSAZ, M., «Passer sur l'autre rive», CHR 26 (1979) 323-332.
b1827		G.C., «Parabole des dix vierges (Mt. 25,1-13)», EV (prédication) 81 (1981) 292-293.
b1828		SCHWARZ, G., «Zum Vokabular von Matthäus XXV. 1-12», NTS 27 (1981) 270-276.
b1829		SHERRIFF, J.M., «Matthew 25:1-13. A Summary of Matthaean Eschatology?» dans Studia Biblica 1978. II. Papers on the Gospels (en collab.) (1980), 301-305.
b1830		WEDER, H., Die Gleichnisse Jesu als Metaphern, «Die Parabel von den zehn Jungfrauen (Mt 25,1-13)» (1980), 239-249.
b1831	25,13-30	ELLUL, J., «La Parabole des talents (Du texte au sermon, 18)», ETR 48 (1973) 125-138.
b1832	25,14-46	Y.B., «Le risque de la confiance (Mt. 25,14-30)», EV (prédication) 81 (1981) 305-307; «Venez, les bénis de mon Père (Mt 25,31-46)», 81 (1981) 307-308.
b1833	25,14-30	FIEDLER, P., «Die übergebenen Talente. Auslegung von Mt 25,14-30», BiLeb 11 (1970) 259-273.
b1834		NEUHÄUSLER, E., «Mit welchem Mass misst Gott die Menschen? Deutung zweier Jesussprüche», BiLeb 11 (1970) 104-113.
b1835		G.C., «La parabole des talents (Mt. 25,14-30)», EV (prédication) 78 (1978) 275-276.
b1836		PESCH, R., KRATZ, R., So liest man synoptisch, «Gleichnis von den Talenten oder Minen» (1978), V,, 67-73.
b1837		RESENHÖFT, R.W., «Jesu Gleichnis von den Talenten, ergänzt durch die Lukas-Fassung», NTS 26 (1980) 318-331.
b1838		STEINMETZ, D.C., «Matthew 25:14-30», Interpr 34 (1980) 172-176.
b1839		WEDER, H., Die Gleichnisse Jesu als Metaphern, «Die Parabel von den anvertrauten Geldern (Mt 25,14-30; Lk 19,11-27; HebrEv fr 15)» (1980), 193-210.
b1840	25,27	ROSS, J.M., «Talents», ExpTim 89 (1978) 307-309.

b1841   25,31-46   KNOCH, O., «Gott als Anwalt des Menschen. Die Bildrede vom
                         Weltgericht. Mt 25,31-46», BiKi 24 (1969) 82-84.

b1842   RENNES, J., «À propos de Matthieu 25/31-46», ETR 44 (1969)
                         233-234.

b1843   BROER, I., «Das Gericht des Menschensohnes über die Völker.
                         Auslegung von Mt 25,31-46», BiLeb 11 (1970) 273-295.

b1844   HÜLSBUSCH, W., «Wenn der Menschensohn in seiner Herrlichkeit
                         kommt. Predigtvorschlag für das Christkönigsfest nach Mt 25,31-46»,
                         BiLeb 13 (1972) 207-214.

b1845   LADD, G.E., «The Parable of the Sheep and the Goats in Recent
                         Interpretation», dans New Dimensions in New Testament Study (en
                         collab.) (1974), 191-199.

b1846   PIKAZA, X., «Mateo 25,31-46 y la teología de la liberación», CuBi 31
                         (1974) 27-28.

b1847   CHRISTIAN, P., Jesus und seine geringsten Brüder. Mt 25,31-46
                         redaktionsgeschichtlich untersucht (Erfurter Theologische
                         Schriften, 12) (Leipzig, St. Benno-Verlag GMBH, 1975), xxix-108 pp.

b1848   WILCKENS, U., «Gottes geringste Brüder - zu Mt 25,31-46», dans
                         Paulus und Jesus (en collab.) (1975), 363-383.

b1849   FRIEDRICH, J., Gott im Bruder? Eine methodenkritische
                         Untersuchung von Redaktion, Überlieferung und Traditionen in Mt
                         25,31-46 (Calwer Theologische Monographien, Reihe A:
                         Bibelwissenschaft, 7) (Stuttgart, Calwer, 1977), 196 pp.

b1850   GAY, G., «The Judgment of the Gentiles in Matthew's Theology», dans
                         Scripture, Tradition, and Interpretation (en collab.) (1978), 199-215.

b1851   BRÄNDLE, R., Matth. 25,31-46 im Werk des Johannes Chrisostomos
                         (Beiträge zur Geschichte der biblischen Exegese, 22) (Tübingen, Mohr,
                         1979), viii-386 pp.

b1852   CATCHPOLE, D.R., «The Poor on Earth and the Son of Man in
                         Heaven. A re-appraisal of Matthew XXV. 31-46», BJRL 61 (1979)
                         355-397.

b1853   FORREST, R.G., «Judgment», ExpTim 91 (1979) 48-49.

b1854   PIKAZA, X., «Dios, hombre y Cristo en el mensaje de Jesús
                         (Introducción al tema de la autenticidad jesuánica de Mt 25,31-46)»,
                         Salm 26 (1979) 5-50.

b1855   BRÄNDLE, R., «Zur Interpretation von Mt 25,31-46 im
                         Matthäuskommentar des Origenes», TZ 36 (1980) 17-25.

b1856   BRANDENBURGER, E., Das Recht des Weltenrichters. Untersuchung
                         zu Matthäus 25,31-46 (Stuttgarter Bibelstudien, 99) (Stuttgart,
                         Katholisches Bibelwerk, 1980), 152 pp.

b1857   FEUILLET, A., «Le caractère universel du jugement et la charité sans
                         frontières en Mt 25,31-46», NRT 102 (1980) 179-196.

b1858   ROY, M., «Jugement et sanction. Matthieu 25,31-46; Luc 16,19-31»,
                         CHR 28 (1981) 440-449.

b1859   PAMMENT, M., «Singleness and Matthew's Attitude to the Torah»,
                         JSNT no 17 (1983) 73-96.

b1860   PIKAZA, X., «La estructura de Mt y su influencia en 25,31-46», Salm 30
                         (1983) 11-40.

b1861   SCHILLEBEECKX, E., *God among us*, «A Glass of Water for a Fellow Human Being (Matt. 25.31-46)» (1983), 59-62.

b1862   25,34-46   PIKAZA, X., «Salvación y condena del Hijo del Hombre (Trasfondo Veterotestamentario y Judío de Mt 25.34,41,46)», Salm 27 (1980) 419-438.

b1863   25,34-41   PIKAZA, X., «La bendición y maldición del Hijo del Hombre (Trasfondo veterotestamentario del 'Benditos-Malditos' de Mt 25.34,41)», Salm 26 (1979) 277-286.

b1864   25,35-46   GRASSI, J.A., «'I Was Hungry and You Gave Me to Eat.' The Divine Identification Ethic in Matthew», BTB 11 (1981) 81-84.

b1865   25,35   PUZICHA, M., *Christus peregrinus*. Die Fremdenaufnahme (Mt 25,35) als Werk der privaten Wohltätigkeit im Urteil der Alten Kirche (Münsterische Beiträge zur Theologie, 47) (Münster, Aschendorff, 1980), xii-200 pp.

b1866   25,40   GROSS, G., «Die 'geringsten Brüder' Jesu in Mt 25,40 in Auseinandersetzung mit der neueren Exegese», BiLeb 5 (1964) 172-180.

b1867   26-28   MEIER, J.P., *The Vision of Matthew*, «Commentary on the Passion, Death and Resurrection (Matt 26-28): The Turning Point of the Ages» (1979), 179-219.

b1868   26-27   PESCH, R., KRATZ, R., *So liest Man Synoptisch*. Anleitung und Kommentar zum Studium der synoptischen Evangelium. VII. *Passionsgeschichte*. Zweiter Teil (Frankfurt am Main, Knecht, 1980), 174 pp.

b1869   26,20-30   DOCKX, S., «Les étapes rédactionnelles du récit de la dernière Cène chez les synoptiques», dans *Chronologies néotestamentaires et Vie de l'Église primitive* (1976), 207-232.

b1870   26,6-13   HOLST, R., «The One Anointing of Jesus: Another Application of the Form-Critical Method», JBL 95 (1976) 435-446.

b1871   SCHEDL, C., «Die Salbung Jesu in Betanien. Zur Kompositionskunst von Mk 14,3-9 und Mt 26,6-13», BiLit 54 (1981) 151-162.

b1872   26,17-18   OÑATE, J.-A., «Noches de Jesús», CuBi 17 (1960) 112-120.

b1873   26,26-29   TORRES, M., «Un problema de traducción. ¿'Este es mi cuerpo' o 'esto es mi cuerpo'?» CuBi 15 (1958) 10-13.

b1874   26,26-28   LYS, D., «Mon corps, c'est ceci», ETR 45 (1970) 389.

b1875   26,26   LÉON-DUFOUR, X., «Prenez! Ceci est mon corps pour vous», NRT 104 (1982) 223-240.

b1876   26,29   LEBEAU, P., *Le vin nouveau du Royaume*. Étude exégétique et patristique sur la parole eschatologique de Jésus à la Cène (Museum Lessianum, section biblique, 5) (Paris, Bruges, Desclée de Brouwer, 1966), 319 pp.

b1877   26,36-46   FEUILLET, A., *L'agonie de Gethsémani*. Enquête exégétique et théologique suivie d'une étude du 'Mystère de Jésus' de Pascal (Paris, Gabalda, 1977), 345 pp.

b1878   STANLEY, D.M., *Jesus in Gethsemane*, «Matthew's Gethsemane (Mt 26:36-46)» (1980), 155-187.

b1879   26,52   DERRETT, J.D.M., «History and the Two Swords», dans DERRETT, J.D.M., *Studies in the New Testament* (1982), III, 193-199.

b1880   26,57-27,2   JAUBERT, A., «Les séances du sanhédrin et les récits de la Passion», RHR 166 (1964) 143-169; 167 (1965) 1-33.

*b*1881 GERHARDSSON, B., «Confession and Denial before Men: Observations on Matt. 26:57-27:2», JNST n⁰ 13 (1981) 46-66.

*b*1882   26,61 AMMASSARI, A., *La Resurrezione*, «Gesu ha pubblicamente profetizzato la sua Resurrezione? (Mt. 26,61; Mc. 14,58; Gv. 2,19-20)» (1976), I, 71-84.

*b*1883   26,64 GOURGUES, M., *À la droite de Dieu*, «Marc 14:62 et parallèles (Mt 26:64; Lc 22:69)» (1978), 143-161.

*b*1884   26,67 VAN UNNIK, W.C., «Jesu Verhöhnung vor dem Synedrium», ZNW 29 (1930) 310-311, dans *Sparsa Collecta* (1980), I, 3-5.

*b*1885   26,71 TAYLOR, D.B., «Jesus - of Nazareth?» ExpTim 92 (1981) 336-337.

*b*1886   26,73 DUNFORD, J., «The Voice of the Christian», ExpTim 90 (1979) 310-311.

*b*1887   27,1-2 KERR, I., «Who has Authority?» ExpTim 94 (1983) 146-147.

*b*1888   27,3-10 SENIOR, D., «The Fate of the Betrayer. A Redactional Study of Matthew XXVII,3-10», ETL 48 (1972) 372-426.

*b*1889 VAN UNNIK, W.C., «The Death of Judas in Saint Matthew's Gospel», AThR Supplementary Series, n⁰ 3 (1974) 44-57.

*b*1890 MANNS, F., «Un Midrash chrétien: le récit de la mort de Judas», RevSR 54 (1980) 197-203.

*b*1891 MOO, D.J., «Tradition and Old Testament in Matt 27:3-10», dans *Gospel Perspectives* (en collab.) (1983), III, 157-175.

*b*1892   27,17 DAVIES, S.L., «Who is called Bar Abbas?» NTS 27 (1981) 260-262.

*b*1893   27,19 DERRETT, J.D.M., «Haggadah and the Account of the Passion» (*Downside Review*, XCVII, no. 329, 1979, 308-315), dans DERRETT, J.D.M., *Studies in the New Testament* (1982), III, 184-192.

*b*1894   27,26-46 COPE, O.L., *Matthew. A Scribe trained for the Kingdom of Heaven*, «The Matthean Crucifixion Narrative» (1976), 102-110.

*b*1895   27,34 FULLER, R.C., «The Drink Offered to Christ at Calvary», SCR 2 (1947) 114-115.

*b*1896   27,37 BURGER, T., «Jesus von Nazareth, König der Juden», BiKi 9 (1954) 47-49.

*b*1897   27,45-46 SAGNE, J.-C., «Le cri de Jésus sur la croix», Conci n⁰ 189 (1983) 85-95.

*b*1898   27,46 SIDERSKY, D., «La parole suprême de Jésus», RHR 103 (1931) 151-156.

*b*1899 GUILLAUME, A., «Mt. XXVII,46 in the Light of the Dead Sea Scroll of Isaiah», PEQ 83 (1951) 78-80.

*b*1900 FLORIS, É., «L'abandon de Jésus et la mort de Dieu», ETR 42 (1967) 277-298.

*b*1901 DUQUOC, C., *Christologie. Essai dogmatique* (Paris, Cerf, 1972), «L'abandonné», II, 39-51.

*b*1902 TILLIETTE, X., «Der Kreuzesschrei», EvT 43 (1983) 3-15.

*b*1903   27,49 PENNELLS, S., «The Spear Thrust (Mt. 27.49b, *v.l.* / Jn 19.34)», JSNT n⁰ 19 (1983) 99-115.

*b*1904   27,51-53 SENIOR, D., «The Death of Jesus and the Ressurrection of the Holy Ones (Mt 27:51-53)», CBQ 38 (1976) 312-329.

*b*1905 SENIOR, D., «The Death of God's Son and the Beginning of the New Age», dans *The Language of the Cross* (en collab.) (1977), 29-51.

*b*1906   RIEBL, M., *Auferstehung Jesu in der Stunde seines Todes?* Zur Botschaft von Mt 27,51b-53 (Stuttgarter Biblische Beiträge, 8) (Stuttgart, Katholisches Bibelwerk, 1978), 93 pp.

*b*1907   AGUIRRE MONASTERIO, R., *Exégesis de Mateo, 27, 51b-53*. Para una teología de la muerte de Jesús en el Evangelio de Mateo (Biblica Victoriensia, 4) (Vitoria, Spain, Editorial Eset, 1980), 257 pp.

*b*1908   AGUIRRE MONASTERIO, R., «Cross and Kingdom in Matthew's theology», TDig 29 (1981) 149-153.

*b*1909   WENHAM, J.W., «When Were the Saints Raised? A Note on the Punctuation of Matthew xxvii.51-3», JTS 32 (1981) 150-152.

*b*1910   27,51   STEWART, J.S., «The Rent Veil», ExpTim 88 (1977) 173-175.

*b*1911   27,57-60   BARRICK, W.B., «The Rich Man from Arimathea (Matt 27:57-60) and 1QIsaᵃ», JBL 96 (1977) 235-239.

*b*1912   27,57-58   GHIBERTI, G., «Sepolcro, sepoltura e panni sepolcrali di Gesù. Riconsiderando i dati biblici relativi alla Sindone di Torino», RivB 27 (1979) 123-158.

*b*1913   27,62-28,15 RITT, H., «Die Frauen und die Osterbotschaft. Synopse der Grabesgeschichten (Mk 16,1-8; Mt 27,62-28,15; Lk 24,1-12; Jos 20,1-18)», dans *Die Frau im Urchristentum* (en collab.) (1983), 117-133.

*b*1914   28,1-20   SAWATZKY, H., «But Some Doubted», ExpTim 90 (1979) 178-179.

*b*1915   28,1-10   NEIRYNCK, F., «Les femmes au tombeau: Étude de la rédaction matthéenne (Matt. xxviii.1-10)», NTS 15 (1968-69) 168-190, dans NEIRYNCK, F., *Evangelica* (1982), 273-296.

*b*1916   MARTINI, C.M., «Les signes de la résurrection (Mt 28,1-10)», dans *La bonne nouvelle de la résurrection* (en collab.) (1981), 114-123.

*b*1917   28,1-8   DOCKX, S., «Étapes rédactionnelles du récit des apparitions aux saintes femmes», dans *Chronologies néotestamentaires et Vie de l'Eglise primitive* (1976), 233-253.

*b*1918   GOULDER, M.D., «Mark xvi.1-8 and Parallels», NTS 24 (1977-78) 235-240.

*b*1919   28,1   LONGSTAFF, T.R.W., «The Women at the Tomb: Matthew 28:1 Re-examined», NTS 27 (1981) 277-282.

*b*1920   28,2-8   JENKINS, A.K., «Young Man or Angel?» ExpTim 94 (1983) 237-240.

*b*1921   28,12-15   METZGER, B.M., «The Nazareth Inscription Once Again», dans *Jesus und Paulus* (en collab.) (1975), 221-238.

*b*1922   28,16-20   HUBBARD, B.J., *The Matthean Redaction of a Primitive Apostolic Commissioning*. An Exegesis of Matthew 28,16-20 (Society of Biblical Literature, Dissertation Series, 19) (Missoula, Montana, Scholars Press, 1974), xiii-187 pp.

*b*1923   AMMASSARI, A., *La Resurrezione*, «L'Apparizione di Gesù sul monte (Mt. 28,16-20)» (1976), I, 157-184.

*b*1924   E.F., «Au nom du Père et du Fils et du Saint-Esprit (Mt 28,16-20)», EV (prédication) 76 (1976) 147-148.

*b*1925   VÖGTLE, A., *Was Ostern bedeutet*. Meditation zu Matthäus 28,16-20 (Freiburg, Herder, 1976), 107 pp.

*b*1926   MATHER, P.B., «Christian Prophecy and Matthew 28:16-20: A Test Exegesis», dans *Society of Biblical Literature. 1977 Seminar Papers* (en collab.) (1977), 103-115.

*b*1927   MEIER, J.P., «Two Disputed Questions in Matt 28:16-20», JBL 96 (1977) 407-424.

*b*1928   SCHIEBER, H., «Konzentrik im Matthäusschluss. Ein form- und gattungskritischer Versuch zu Mt 28,16-20», Kairos 19 (1977) 286-307.

*b*1929   G.C., «Fête de l'espérance chrétienne (Ac. 1,1-11; Ep. 1,17-23; Mt. 28,16-20)», EV (prédication) 78 (1978) 84-86; «Très sainte Trinité (Mt. 28.16-20)», 79 (1979) 134-136.

*b*1930   HENDRICKX, H., *The Resurrection Narratives of the Synoptic Gospels* (Manila, East Asian Pastoral Institute, 1978), vii-159 pp.

*b*1931   PARKHURST, L.G., Jr., «Matthew 28[16-20] Reconsidered», ExpTim 90 (1979) 179-180.

*b*1932   SCHIEBER, H., «The conclusion of Matthew's gospel», TDig 27 (1979) 155-158.

*b*1933   TRILLING, W., «De toutes les nations faites des disciples (Mt 28,16-20)», dans *La bonne nouvelle de la résurrection* (en collab.) (1981), 124-137.

*b*1934   VÖGTLE, A., *Was Ostern bedeutet.* Meditation zu Matthäus 28.16-20 (Freiburg i. Br., Herder, 1981), 110 pp.

*b*1935   Y.B., «Avec vous, tous les jours (Mt. 28,16-20)», EV (prédication) 81 (1981) 135-137.

*b*1936   28,17-20   THOMAS, J., «'Allez donc...' Matthieu 28,17-20», CHR n° 108 (1980) 446-457.

*b*1937   28,18-20   SCHELBERT, G., «'Mir ist alle Gewalt gegeben' (Matth 28,18). Auferstehung und Assendung durch den Erhöhten nach Matthäus», BiKi 20 (1965) 37-39.

*b*1938   RUSS, R., «Kirche des Matthäus - Kirche heute Entwurf einer Predigt zu Mt 28,18-20», BiKi 26 (1971) 69-71.

*b*1939   VON ALLMEN, J.-J., *Pastorale du baptême*, «L'ordre du Ressuscité» (1978), 10-12.

*b*1940   BASSET, J.-C., «Dernières paroles du ressuscité et mission de l'Église aujourd'hui», RTP 114 (1982) 349-367.

*b*1941   FRIEDRICH, G., «Die formale Struktur von Mt 28,18-20», ZTK 80 (1983) 137-183.

*b*1942   28,18   MEIER, J.P., «Nations or Gentiles in Matthew 28:18?» CBQ 39 (1977) 94-102.

*b*1943   28,19   AMMASSARI, A., *La Risurrezione*, «La formula battesimale trinitaria di Matteo 28,19 e le formule battesimali dei Marcosiani» (1976), I, 185-196.

*b*1944   BROWN, S., «The Matthean Community and the Gentile Mission», NT 22 (1980) 193-221.

*b*1945   WATSON, P.S., «The Blessed Trinity», ExpTim 90 (1979) 242-243.

*b*1946   28,20   LUND, T.W., «A Communion Sermon», ExpTim 93 (1982) 213.

*b*1947   NIELEN, J.M., «Zur Grundlegung einer neutestamentlichen Ekklesiologie», dans *Aus Theologie und Philosophie* (en collab.) (1950), 370-397.

C. MARC. MARK. MARKUS. MARCO. MARCOS.

1. Bibliographie. Bibliography. Bibliographie. Bibliografia. Bibliografía.

b1948   ANN N. VO, T., «Interpretation of Mark's Gospel in the Last Two Decades», SBT 2 (1972) 37-62.

b1949   KEE, H.C., «Mark's Gospel in Recent Research», Interpr 32 (1978) 353-368.

b1950   RODRIGUEZ CARMONA, A., «Visión panorámica de los estudios actuales sobre el Evangelio de Marcos», CuBi 35 (1978) 21-38.

b1951   LUZ, U., «Markusforschung in der Sackgasse?» TLZ 105 (1980) 641-655.

b1952   HUMPHREY, H.M., *A Bibliography for the Gospel of Mark 1954-1980* (Studies in the Bible and Early Christianity, 1) (New York, Toronto, The Edwin Mellen Press, 1981), xvii-165 pp.

b1953   STOCK, K., «Methodenvielfalt: Studien zu Markus», Bibl 62 (1981) 562-582.

b1954   KEALY, S.P., *Mark's Gospel: A History of Its Interpretation*. From the Beginning until 1979 (New York-Ramsey, NJ, Paulist, 1982), vii-269 pp.

b1955   WAGNER, G., *An Exegetical Bibliography of the New Testament*. Matthew and Mark (Macon Georgia, Mercer Univesity Press, 1983), xv-667 pp.

2. Introductions. Einleitungen. Introduzioni. Introducciones.

b1956   GROB, R., *Einführung in das Markus-Evangelium* (Zürich, Stuttgart, Zwingli-Verlag, 1965), 357 pp.

b1957   BARCLAY, W., *The Gospels and Acts*. The First Three Gospels (London, SCM Press, 1966, 1976), I, 303 pp.

b1958   DAVIES, W.D., *Invitation to the New Testament*, «The Gospel of Mark» (1969), 198-208.

b1959   MARTIN, R.P., *New Testament Foundations*, «The Gospel of Mark» (1975), I, 177-223.

b1960   DOCKX, S., «Essai de chronologie de la vie de saint Marc», dans *Chronologies néotestamentaires et Vie de l'Église primitive* (1976), 147-166.

b1961   GRAHAM, H.H., «The Gospel According to St. Mark: Mystery and Ambiguity», AThR Supplementary Series, nº 7 (1976) 43-55.

b1962   LÉON-DUFOUR, X., «L'évangile selon saint Marc», dans *Introduction à la Bible* (sous la direction de A. GEORGE et P. GRELOT), Tome III, Volume 2 (1976), 33-72.

b1963   DAUTZENBERG, G., «Die Zeit des Evangeliums. Mk 1,1-15 und die Konzeption des Markusevangeliums», BZ 21 (1977) 219-234; 22 (1978) 76-91.

b1964   SANDMEL, S., *Judaism and Christian Beginnings*, «The Gospel According to Mark» (1978), 344-351.

b1965   PESCH, R. (Hrsg.), *Das Markus-Evangelium* (Wege der Forschung, 411) (Darmstadt, Wissenschaftliche Buchgesellschaft, 1979), vi-413 pp.

b1966   KÖRTNER, U.H.J., «Markus der Mitarbeiter des Petrus», ZNW 71 (1980) 160-173.

b1967   AUNEAU, J., «Évangile de Marc (présentation du livre, présentation littéraire, communauté de Marc, théologie de Marc, auteur de l'évangile)», dans En collaboration, *Évangiles synoptiques et Actes des apôtres* (Petite bibliothèque des sciences bibliques. Nouveau Testament, 4) (Paris, Desclée, 1981), 57-129.

b1968   KEALY, S.P., «Mark: Hope for Our Tragic Times», BTB 12 (1982) 128-130.

3. Milieu. Umwelt. Ambiente. Medio.

*b*1969   DERRETT, J.D.M., «Judaica in St Mark», JRAS (1975) 2-15, dans DERRETT, J.D.M., *Studies in the New Testament* (1977), I, 85-100.

*b*1970   TAGAWA, K., «'Galilée et Jérusalem': l'attention portée par l'évangéliste Marc à l'histoire de son temps», RHPR 57 (1977) 439-470.

*b*1971   COOK, M.J., *Mark's Treatment of the Jewish Leaders* (SuppNT 51) (Leiden, Brill, 1978), 104 pp.

*b*1972   STANDAERT, B.H.M.G.M., *L'évangile selon Marc*, «L'hypothèse d'un contexte pascal» (1978), 541-617.

*b*1973   WILDE, J.A., «The Social World of Mark's Gospel: A Word About Method», dans *Society of Biblical Literature. 1978 Seminar Papers* (en collab.) (1978), II, 47-70.

*b*1974   JOHNSON, L.T., «On Finding the Lukan Community: A Cautious Cautionary Essay», dans *Society of Biblical Literature. 1979 Seminar Papers* (en collab.) (1979), I, 87-100.

*b*1975   JOHNSON, S.E., «Greek and Jewish Heroes: Fourth Maccabees and the Gospel of Mark», dans *Early Christian Literature and the Classical Intellectual Tradition. In Honorem Robert M. Grant* (en collab.) (1979), 155-175.

*b*1976   JOHNS, E., MAJOR, D., *Witness in a Pagan World*. A Study of Mark's Gospel (Guildford, UK, London, Lutterworth, 1980), vi-154 pp.

4. Commentaires. Commentaries. Kommentare. Commenti. Comentarios.

*b*1977   GANDER, G., *L'Évangile pour les compatriotes du dehors, commentaire de l'Évangile selon Marc* (Lausanne, diffusion Labor et Fides, Genève, s.d.), 708 pp.

*b*1978   PRETE, B., *Vangelo secondo Marco* (Milano, Rizzoli, 1957), 240 pp.

*b*1979   RADERMAKERS, J., *La bonne nouvelle de Jésus selon saint Marc* (Bruxelles, Institut d'Études Theologiques, 1974), 1. Texte, 79 pp.; 2. Lecture continue, 447 pp.

*b*1980   MAGGIONI, B., *Il racconto di Marco* (Come leggere il Vangelo) (Assisi, Cittadella Editrice, 1975), 219 pp.

*b*1981   ACHTEMEIER, P.J., *The New Testament Witness for Preaching: Mark* (Philadelphia, Fortress Press, 1976), 122 pp.

*b*1982   ANDERSON, H., *The Gospel of Mark* (New Century Bible) (London, Oliphants, 1976), 366 pp.

*b*1983   GALIZZI, M., *Un uomo che sa scegliere. Vangelo secondo Marco³. Voi l'avete ucciso! Vangelo secondo Marco* (Commenti al Nuovo Testamento) (Torino-Leumann, Elle Di Ci, 1975, 1976), 166-160 pp.

*b*1984   NEIRYNCK, F., «L'évangile de Marc (I). À propos de R. Pesch, *Das Markusevangelium*, 1. Teil», ETL 53 (1977) 153-181, dans NEIRYNCK, F., *Evangelica* (en collab.) (1982), 491-519.

*b*1985   GNILKA, J., *Das Evangelium nach Markus*. 1. Teilband 1-8,26 (EKK II/1) (Zürich, Benziger; Neukirchen-Vluyn, Neukirchener Verlag des Erziehungsvereinns, 1978), 316 pp.

*b*1986   POUSSET, E. et autres, *Une présentation de l'Évangile selon saint Marc* (Source de vie) (Paris, Desclée de Brouwer, 1978), 218 pp.

*b*1987   SCHMITHALS, W., *Das Evangelium nach Markus* (Ökumenischer Taschenbuchkommentar zum Neuen Testament, Band 2) (Gütersloher Taschenbücher Siebenstern, 503, 504) (Gütersloh, Gütersloher Verlagshaus Mohn; Würzburg, Echter-Verlag, 1979), 760 pp.

b1988   GNILKA, J., *Das Evangelium nach Markus*. 2. Teilband Mk 8,27-16,20 (EKK II/2) (Zürich, Benziger; Neukirchen-Vluyn, Neukirchener Verlag, 1979), 364 pp.

b1989   NEIRYNCK, F., «L'évangile de Marc (II). À propos de R. Pesch, *Das Markusevangelium*, 2. Teil», ETL 55 (1979) 1-42, dans NEIRYNCK, F., *Evangelica* (1982), 520-561.

b1990   LANDIER, J., PÉCRIAUX, F., PIZIVIN, D., *Avec Marc*. Pour accompagner une lecture de l'Évangile de Marc (Paris, Éditions Ouvrières, 1980), 207 pp.

b1991   NEIRYNCK, F., «Note sur la nouvelle édition du Commentaire (de R. Pesch)», ETL 56 (1980) 442-445, dans NEIRYNCK, F., *Evangelica* (1982), 561-564.

b1992   VIDLER, A.R., *Read, MARK, Learn* (London, Fount Paperbacks/Collins, 1980), 174 pp.

b1993   ANDERSON, H., *The Gospel of Mark* (New Century Bible Commentary) (Grand Rapids, Eerdmans, 1981), xviii-366 pp.

b1994   BRATCHER, R.G., *A Translator's Guide to the Gospel of Mark* (Helps for Translators) (London, New York, Stuttgart, United Bible Societies, 1981), viii-236 pp.

b1995   ERNST, J., *Das Evangelium nach Markus*. Übersetzt und erklärt (Regensburger Neues Testament) (Regensburg, Pustet, 1981), 536 pp.

b1996   NEIRYNCK, F., «Deux nouveaux commentaires sur Marc» (Joachim Gnilka, Walter Schmithals), ETL 57 (1981) 163-171, dans NEIRYNCK, F., *Evangelica* (1982), 609-617.

b1997   PESCH, R., «Das Evangelium nach Markus. Zu zwei neueren Kommentaren» (J. Gnilka, W. Schmithals), TR 77 (1981) 1-10.

b1998   SCHWEIZER, E., *Das Evangelium nach Lukas* (NTD 3) (Göttingen, Vandenhoeck & Ruprecht, 1982), 264 pp.

b1999   En collaboration, *Les Évangiles*. Traduction et commentaire des quatre évangiles. Édition entièrement nouvelle faite par l'Association catholique des études bibliques au Canada (ACEBAC). Deuxième édition, revue et augmentée (Montréal, Bellarmin, 1983), 219-341.

b2000   STANDAERT, B., *L'évangile selon Marc*. Commentaire (Lire la Bible, 61) (Paris, Cerf, 1983), 141 pp.

5. Critique textuelle. Textual Criticism. Textkritik. Critica testuale. Crítica textual.

b2001   GEERLINGS, J., NEW, S., «Chrysostom's Text of the Gospel of Mark», HarvTR 24 (1931) 121-141.

b2002   RIST, M., «Is Mark a Complete Gospel?» AThR 14 (1932) 143-151.

b2003   GRANT, F.C., «Studies in the Text of St Mark», AThR 20 (1938) 103-119.

b2004   ALAND, K., «Neutestamentliche Papyri? - Ein Nachwort zu den angeblichen Entdeckungen von Professor O'Callaghan», BiKi 28 (1973) 19-20.

b2005   PLUMLEY, J.M., ROBERTS, C.H., «An Uncial Text of St. Mark in Greek from Nubia», JTS 27 (1976) 34-45.

b2006   NEIRYNCK, F., «The New Nestle-Aland: The Text of Mark in N26», ETL 55 (1979) 331-356, dans NEIRYNCK, F., *Evangelica* (1982), 899-924.

b2007   FEE, G.D., «The Text of John and Mark in the Writings of Chrysostom», NTS 26 (1980) 525-547.

b2008   ELLIOTT, J.K., «An Eclectic Textual Commentary on the Greek Text of Mark's Gospel», dans *New Testament Textual Criticism* (en collab.) (1981), 47-60.

b2009   HURTADO, L.W., *Text-Critical Methodology and the Pre-Caesarean Text*. Codex W in the Gospel of Mark (Studies and Documents, 43) (Grand Rapids, Eerdmans, 1981), x-100 pp.

b2010   NEIRYNCK, F., «The Redactional Text of Mark», ETL 57 (1981) 144-162, dans
         NEIRYNCK, F., *Evangelica* (1982), 618-636.
b2011   WAY-RIDER, R., «The Lost Beginning of St. Mark's Gospel», dans *Studia Evangelica*
         (en collab.) (1982), VII, 553-556.
b2012   OSBURN, C.D., «The Historical Present in Mark as a Text-Critical Criterion», Bibl 64
         (1983) 486-500.

6. Critique littéraire. Literary Criticism. Literarkritik.
Critica letteraria. Crítica literaria.

a) *Formation de l'évangile. Formation of the Gospel. Entstehung des Evangeliums.*
   Formazione del vangelo. Formación del evangelio.

b2013   SEITZ, O.J.F., «Criteria for the Esoteric Logia in Mark», AThR 31 (1949) 218-224.
b2014   JOHNSON, S.E., «A New Theory of St. Mark», AThR 35 (1953) 41-44.
b2015   VAN UNNIK, W.C., «Zur Papias-Notiz über Markus (Eusebius H.E. III,39,15)», ZNW
         54 (1963) 276-277, dans *Sparsa Collecta* (1973), I, 70-71.
b2016   BEST, E., «Mark's Preservation of the Tradition», dans *L'Évangile selon Marc* (en
         collab.) (1974), 21-34.
b2017   BOISMARD, M.-É., «Influences matthéennes sur l'ultime rédaction de l'évangile de
         Marc», dans *L'Évangile selon Marc* (en collab.) (1974), 93-101.
b2018   DEVISCH, M., «La relation entre l'évangile de Marc et le document Q», dans *L'Évangile
         selon Marc* (en collab.) (1974), 59-91.
b2019   HENDRIKS, W.M.A., «Zur Kollektionsgeschichte des Markus-evangeliums», dans
         L'Évangile selon Marc (en collab.) (1974), 35-57.
b2020   NEIRYNCK, F., «Urmarcus redivivus? Examen critique de l'hypothèse des insertions
         matthéennes dans Marc», dans *L'Évangile selon Marc* (en collab.) (1974), 103-145, dans
         NEIRYNCK, F., *Jean et les synoptiques* (1979), 319-361.
b2021   NEIRYNCK, F., in collaboration with T. HANSEN, F. VAN SEGBROECK, *The
         Minor Agreements of Matthew and Luke against Mark* with a Cumulative List (Leuven,
         University Press, 1974), 330 pp.
b2022   BEST, E., «An Early Sayings Collection», NT 18 (1976) 1-16.
b2023   EGGER, W., *Frohbotschaft und Lehre*. Die Sammelberichte des Wirkens Jesu im
         Markusevangelium (Frankfurter Theologische Studien, 19) (Frankfurt, Knecht, 1976),
         viii-184 pp.
b2024   MOHRLANG, R., «Redaction Criticism and the Gospel of Mark: An Evaluation of the
         Work of Willi Marxsen», SBT 6,1 (1976) 18-33.
b2025   PESCH, R., KRATZ, R., *So liest man synoptisch*, «Sammelberichte» (1976), III, 84-92.
b2026   BORING, M.E., «The Paucity of Sayings in Mark: A Hypothesis», dans *Society of
         Biblical Literature. 1977 Seminar Papers* (en collab.) (1977), 371-377.
b2027   KARNETZKI, M., «Die Gegenwart des Freudenboten», NTS 23 (1977) 101-108.
b2028   LONGSTAFF, T.R.W., *Evidence of Conflation in Mark?* (1977), 245 pp.
b2029   SYNGE, F.C., «A Matter of Tenses - Fingerprints of an Annotator in Mark», ExpTim 88
         (1977) 168-171.
b2030   PETERSEN, N.R., «'Point of View' in Mark's Narrative», Semeia 12 (1978) 97-121.
b2031   RIST, J.M., *On the Independence of Matthew and Mark* (SNTS 32) (Cambridge,
         University Press, 1978), 132 pp.
b2032   DELORME, J., «L'intégration des petites unités littéraires dans l'Évangile de Marc du
         point de vue de la sémiotique structurale», NTS 25 (1979) 469-491.

b2033   KELBER, W.H., «Mark and Oral Tradition», Semeia n⁰ 16 (1979) 7-55.

b2034   KERMODE, F., *The Genesis of Secrecy*. On the Interpretation of Narrative (Cambridge, MA, London, Harvard University Press, 1979), xvi-169 pp.

b2035   MEAGHER, J.C., *Clumsy Construction in Mark's Gospel*. A Critique of Form- and Redaktionsgeschichte (Toronto Studies in Theology, 3) (New York, Toronto, Edwin Mellen Press, 1979), xiv-165 pp.

b2036   O'GRADY, J.F., «The Origins of the Gospels: Mark», BTB 9 (1979) 154-164.

b2037   SCHENK, W., «Der Einfluss der Logienquelle auf das Markusevangelium», ZNW 70 (1979) 141-165.

b2038   LADD, G.E., «A Redactional Study of Mark», ExpTim 92 (1980) 10-13 (The purpose of Mark).

b2039   LAUFEN, R., *Die Doppelüberlieferungen der Logienquelle und des Markusevangeliums* (BBB 54) (Königstein/Ts.-Bonn, Peter Hanstein, 1980), 614 pp.

b2040   TANNEHILL, R.C., «Tension in Synoptic Sayings and Stories», Interpr 34 (1980) 138-150.

b2041   DELCLAUX, A., «Deux Témoignages de Papias sur la Composition de Marc?» NTS 27 (1981) 401-411.

b2042   PARKER, P., «A Second Look at *The Gospel Before Mark*», JBL 100 (1981) 389-413.

b2043   DAVIS III, C.T., «Mark: The Petrine Gospel», dans *New Synoptic Studies* (Ed. W.R. FARMER) (en collab.) (1983), 441-466.

b2044   DUNGAN, D.L., «The Purpose and Provenance of the Gospel of Mark according to the 'Two-Gospel' (Owen-Griesbach) Hypothesis», dans *New Synoptic Studies* (Ed. W.R. FARMER) (en collab.) (1983), 411-440.

b) Structure. Composizione. Aufbau. Struttura. Estructura.

b2045   SCHILLE, G., «Die Topographie des Markusevangeliums, ihre Hintergründe und ihre Einordnung», ZDPV 73 (1957) 133-166.

b2046   SAWYERR, H., «The Marcan Framework», SJTh 14 (1961) 279-294.

b2047   RADERMAKERS, J., «L'évangile de Marc. Structure et théologie», dans *L'Évangile selon Marc* (en collab.) (1974), 221-239.

b2048   ROBINSON, J.M., «The Literary Composition of Mark», dans *L'Évangile selon Marc* (en collab.) (1974), 11-19.

b2049   DE LA CALLE, F., *Situación al servicio del Kerigma* (cuadro geográfico del Evangelio de Marcos) (Madrid, Instituto Superior de Pastoral, 1975), 246 pp.

b2050   ELLIS, P.F., «Patterns and Structures of Mark's Gospel», dans *Biblical Studies in Contemporary Thought* (en collab.) (1975), 88-103.

b2051   LANG, F.G., «Kompositionsanalyse des Markusevangeliums», ZTK 74 (1977) 1-24.

b2052   POKORNY, P., «'Anfang des Evangeliums'. Zum Problem des Anfangs und des Schlusses des Markusevangeliums», dans *Die Kirche des Anfangs* (en collab.) (1978), 115-132.

b2053   MALBON, E.S., «Mythic Structure and Meaning in Mark», Semeia n⁰ 16 (1979) 97-132.

b2054   ROBBINS, V.K., «Summons and Outline in Mark: The Three-Step Progression», NT 23 (1981) 97-114.

b2055   LOWE, M., «The Demise of Arguments from Order for Markan Priority», NT 24 (1982) 27-36.

b2056   KOCH, D.-A., «Inhaltiche Gliederung und geographischer Aufriss im Markusevangelium», NTS 29 (1983) 145-166.

c) *Genres littéraires. Literary Genres. Literarische Gattungen.*
     Generi letterari. Géneros literarios.

b2057   CROSSAN, J.D., «A Form for Absence: The Markan Creation of Gospel», Semeia 12
          (1978) 41-55.
b2058   ROBBINS, V.K., «Mark as Genre», dans *SBL 1980 Seminar Papers* (en collab.) (1980),
          371-399.
b2059   STANDAERT, B., *L'évangile selon Marc.* Composition et genre littéraire (Nijmegen,
          Stichting Studentenpers, 1978), vi-679 pp.

d) *Style. Stil. Stile. Estilo.*

b2060   NEIRYNCK, F., «Duplicate Expressions in the Gospel of Mark», ETL 48 (1972)
          150-209, dans NEIRYNCK, F., *Evangelica* (1982), 83-142.
b2061   NEIRYNCK, F. et autres, *Duality in Mark.* Contributions to the Study of the Markan
          Redaction (BETL 31) (Leuven, University Press; Gembloux, Duculot, 1972), 214 pp.
b2062   PRYKE, E.J., *Redactional Style in the Marcan Gospel.* A Study of Syntax and
          Vocabulary as guides to Redaction in Mark (SNTS 33) (Cambridge, Cambridge
          University Press, 1978), ix-196 pp.
b2063   BEST, E., «Review of E.J. Pryke, *Redactional Style in the Markan Gospel*», JSNT nᵒ 4
          (1979) 69-76.
b2064   RHOADS, D., «Narrative Criticism and the Gospel of Mark», JAmAcRel 50 (1982)
          411-434.
b2065   NEIRYNCK, F., «Les expressions doubles chez Marc et le problème synoptique», ETL
          59 (1983) 303-330.

e) *Divers. Miscellaneous. Verschiedenes. Diversi. Diversos.*

b2066   DERRETT, J.D.M., «Judaica in St. Mark» (*Journal of the Royal Asiatic Society*, 1975.
          2-15), dans DERRETT, J.D.M., *Studies in the New Testament* (1977), I, 85-100.
b2067   KÜRZINGER, J., «Die Aussage der Papias von Hierapolis zur literarischen Form des
          Markusevangeliums», BZ 21 (1977) 245-264.
b2068   MALBON, E.S., «Elements of an Exegesis of the Gospel of Mark According to Lévi-
          Strauss' Methodology», dans *Society of Biblical Literature. 1977 Seminar Papers* (en
          collab.) (1977), 155-170.
b2069   ROMANIUK, K., «Le Problème des Paulinismes dans l'Évangile de Marc», NTS 23
          (1977) 266-274.
b2070   THROCKMORTON, B.H., Jr., «Mark and Roger of Hoveden», CBQ 39 (1977)
          103-106.
b2071   LONGSTAFF, T.R.W., «Mark and Roger of Hovedon: A Response», CBQ 41 (1979)
          118-120.
b2072   MALONEY, E.C., *Semitic Interference in Marcan Syntax* (SBL Dissertation Series, 51)
          (Chico, CA, Scholars Press, 1981), xvii-311 pp.
b2073   OUTLER, A.C., «Canon Criticism and the Gospel of Mark», dans *New Synoptic Studies*
          (Ed. W.R. FARMER) (en collab.) (1983), 233-243.

7. Théologie. Theology. Theologie. Teologia. Teología.

b2074   REPLOH, K.-G., «Das unbekannte Evangelium - Das Markus-Evangelium in der
         Theologiegeschichte», BiKi 27 (1972) 108-110.
b2075   KOLENKOW, A.B., «Beyond Miracles, Suffering and Eschatology», dans *Society of
         Biblical Literature. 1973 Seminar Papers* (en collab.) (1973), II, 155-202.
b2076   RADERMAKERS, J., «L'évangile de Marc. Structure et théologie», dans *L'Évangile
         selon Marc* (en collab.) (1974), 221-239.
b2077   SCHILLE, G., *Offen für alle Menschen*. Redaktionsgeschichtliche Beobachtungen zur
         Theologie des Markus-Evangeliums (Arbeiten zur Theologie, 55) (Stuttgart, Calwer,
         1974), 96 pp.
b2078   BURKILL, T.A., «Blasphemy: St. Mark's Gospel as Damnation History», dans
         Christianity, Judaism and Other Greco-Roman Cults (en collab.) (1975), I, 51-74.
b2079   DAUTZENBERG, G., «Zur Stellung des Markusevangeliums in der Geschichte der
         urchristlichen Theologie», Kairos 18 (1976) 282-291.
b2080   PERRIN, N., «The Interpretation of the Gospel of Mark», Interpr 30 (1976) 115-124.
b2081   BAARLINK, H., *Anfängliches Evangelium*. Ein Beitrag zur näheren Bestimmung der
         theologischen Motive im Markusevangelium (Kampen, Kok, 1977), viii-313 pp.
b2082   SAHLIN, H., «Zum Verständnis der christologischen Anschauung des Markus-
         evangeliums», ST 31 (1977) 1-19.
b2083   ACHTEMEIER, P.J., «Mark as Interpreter of the Jesus Traditions», Interpr 32 (1978)
         339-352.
b2084   DAUTZENBERG, G., «Mark and early Christian theology», TDig 26 (1978) 28-29.
b2085   KAZMIERSKI, C.R., *Jesus, the Son of God*. A Study of the Markan Tradition and its
         Redaction by the Evangelist (Forschung zur Bibel, 33) (Würzburg, Echter Verlag, 1979),
         xv-247 pp.
b2086   FRANCE, R.T., «Mark and the Teaching of Jesus», dans *Gospel Perspectives* (en collab.)
         (1980), I, 101-136.
b2087   ERNST, J., «Die literarische und theologische Eigenart des Markusevangeliums», BiKi
         36 (1981) 233-240.
b2088   LIMBECK, M., «Aus dem Geheimnis des Kreuzes. Zur Verkündigung im Markusjahr»,
         BiKi 36 (1981) 240-246.
b2089   DONAHUE, J.R., «A Neglected Factor in the Theology of Mark», JBL 101 (1982)
         563-594.
b2090   FUSCO, V., «L'économie de la Révélation dans l'évangile de Marc», NRT 104 (1982)
         532-554.
b2091   STANLEY, D.M., *The Call to Discipleship*. The Spiritual Exercices with the Gospel of St
         Mark (Supplements to The Way, 43/44) (Osterley, UK, The Way, 1982), 200 pp.

8. Textes. Texts. Texte. Testi. Textos.

b2092   1   E.F., «Il était avec les bêtes sauvages» (Marc 1,12-15)», EV (prédication)
                      76 (1976) 20-22; «Croyez à l'évangile (Mc 1,14-20)», 76 (1976) 3-4; «Je
                      sais qui tu es... (Mc 1,21-28)», 76 (1976) 5-6; «C'est pour cela que je suis
                      sorti (Mc 1,29-39)», 76 (1976) 6-8; «Si tu veux, tu peux me purifier (Mc
                      1,40-45)», 17-18.
b2093   1-12   BUTTERWORTH, R., «The Composition of Mark 1-12», dans *Studia
                      Evangelica* (en collab.) (1982), VII, 91-93.

b2094   1,1-3,6   PESCH, R., KRATZ, R., *So liest man synoptisch*, I (1975), «Messianische Verkündigung des Täufers (Mc 1,1-8)», 17-33; «Die Taufe Jesu (Mc 1,9-11)», 34-41; «Versuchung in der Wüste (Mc 1,12-13)», 42-46; «Jesus predigt in Galiläa (Mc 1,14-15)», 47-49; «Jesus beruft Simon, Andreas und die Söhne des Zebedäus (Mc 1,16-20)», 50-54; «Jesus lehrt und heilt in der Synagoge von Kafarnaum (Mc 1,21-28)», 55-58; «Jesus heilt die Schwiegermutter des Petrus (Mc 1,29-31)», 59-62; «Erster Sammelbericht (Mc 1,32-39)», 63-66; «Jesus heilt einen Aussätzigen (Mc 1,40-45)», 67-70; «Jesus heilt einen Gelähmten (Mc 2,1-12)», 71-75; «Jesus beruft Zöllner und Sünder (Mc 2,13-17)», 76-79; «Die Fastenfrage (Mc 2,18-22)», 80-86; «Das Ährenabreissen am Sabbat (Mc 2,23-28)», 87-91; «Jesus heilt am Sabbat eine erstarrte Hand (Mc 3,1-6)», 92-95.

b2095   1,1-15   DAUTZENBERG, G., «Die Zeit des Evangeliums. Mk 1,1-15 und die Konzeption des Markusevangeliums», BZ 21 (1977) 219-234; 22 (1978) 76-91.

b2096   WILLIAMSON, L., Jr., «Translations and Interpretation: New Testament», Interpr 32 (1978) 158-170.

b2097   1,1-11   FENEBERG, W., *Der Markusprolog*. Studien zur Formbestimmung des Evangeliums (StANT 36) (München, Kösel, 1974), 215 pp.

b2098   1,1-8   G.C., «Marc l'évangéliste et Jean le Baptiste (Mc 1,1-8)», EV (prédication) 78 (1978) 305-307.

b2099   WILLIAMSON, L., Jr., «Mark 1:1-8», Interpr 32 (1978) 400-404.

b2100   FUCHS, A., «Die Überschneidungen von Mk und 'Q' nach B. H. Streeter und E.P. Sanders und ihre wahre Bedeutung (Mk 1,1-8 par.)», dans *Wort in der Zeit* (en collab.) (1980), 28-81.

b2101   Y.B., «Le chemin du Seigneur (Is. 41,1-5,9-11; 2 Pi. 3,8-14; Mc 1,1-8)», EV (prédication) 81 (1981) 321-322.

b2102   SCHILLEBEECKX, E., *God among us*, «The Forerunner (Mark 1.1-8)» (1983), 3-7.

b2103   1,1   ARNOLD, G., «Mk 1,1 und Eröffnungswendungen in griechischen und lateinischen Schriften», ZNW 68 (1977) 123-127.

b2104   FEUILLET, A., «Le 'Commencement' de l'Économie Chrétienne d'après He ii. 3-4; Mc i. 1 et Ac i. 1-2», NTS 24 (1977-78) 163-174.

b2105   POKORNY, P., «'Anfang des Evangeliums'. Zum Problem des Anfangs und des Schlusses des Markusevangeliums», dans *Die Kirche des Anfangs* (en collab.) (1978), 115-132.

b2106   AP NEFYDD ROBERTS, E., «The Beginning of the Gospel», ExpTim 91 (1980) 308-310.

b2107   GLOBE, A., «The Caesarean Omission of the Phrase 'Son of God' in Mark 1:1», HarvTR 75 (1982) 209-218.

b2108   WEDER, H., «'Evangelium Jesu Christi' (Mk 1,1) und 'Evangelium Gottes' (Mk 1,14)», dans *Die Mitte des Neuen Testaments* (en collab.) (1983), 399-411.

b2109   1,2-6   NEIRYNCK, F., «Une nouvelle théorie synoptique (À propos de Mc., 1,2-6 et par.). Notes critiques», ETL 44 (1968) 141-153, dans NEIRYNCK, F., *Jean et les synoptiques* (1979), 299-311.

b2110   1,2-3   NEIRYNCK, F., «Urmarcus redivivus? Examen critique de l'hypothèse des insertions matthéennes dans Marc», BETL 34 (1974) 103-145, dans

NEIRYNCK, F., *Jean et les synoptiques* (1979), 319-361 (cf. pp. 321-334).

b2111   1,6-11   Y.B., «Jésus vit le ciel se déchirer (Is. 42,1-4,6-7; Mc 1,6-11)», EV (prédication) 81 (1981) 357-358.

b2112   1,7-8   BROWN, S., «'Water-Baptism' and 'Spirit-Baptism' in Luke-Acts», AThR 59 (1977) 135-151.

b2113   1,7   PROULX, P., ALONSO SCHÖKEL, L., «Las Sandalias del Mesías Esposo», Bibl 59 (1978) 1-37.

b2114   1,9-11   CRANFIELD, C.E.B., «The Baptism of Our Lord - A Study of St. Mark 1.9-11», SJTh 8 (1955) 53-63.

b2115   ZELLER, D., «Jesu Taufe - ein literarischer Zugang zu Markus 1,9-11», BiKi 23 (1968) 90-94.

b2116   VARGAS-MACHUCA, A., «La narración del bautismo de Jesús (Mc 1,9-11) y la exegesis reciente. ¿Visión real o género didáctico?» CuBi 30 (1973) 131-141.

b2117   RUCKSTUHL, E., «Jesus als Gottessohn im Spiegel des markinischen Taufberichts», dans *Die Mitte des Neuen Testaments* (en collab.) (1983), 193-220.

b2118   SCHILLEBEECKX, E., *God among us*, «Priests and Religious as Figures for Orientation (Mark 1.9-11; 4,5.20)» (1983), 194-198.

b2119   1,10   GERO, S., «The Spirit as a Dove at the Baptism of Jesus», NT 18 (1976) 17-35.

b2120   G.C., «Le déluge de Noé... Jésus au désert (Gn 9,8-15; Mc 1,12-15)», EV (prédication) 79 (1979) 33-35.

b2121   Y.B., «Au désert avec Jésus (Gn. 9,8-15; 1 Pi. 3,18-22; Mc 1,12-15)», EV (prédication) 82 (1982) 33-34.

b2122   1,12-13   VARGAS-MACHUCA, A., «La tentación de Jesús según Mc 1,12-13. ¿Hecho real o relato de tipo haggádico?» dans *Homenaje a Juan Prado* (en collab.) (1975), 301-328.

b2123   ZELLER, D., «Die Versuchungen Jesu in der Logienquelle», TrierTZ 89 (1980) 61-73.

b2124   1,14-6,13   STANDAERT, B.H.M.G.M., *L'évangile selon Marc*, «La narration (Mc 1,14-6,13)» (1978), 263-297.

b2125   1,14-3,19   DU BUIT, M., *En tous les temps Jésus-Christ*, «Jésus rencontre son peuple» (1975), II, 115-184.

b2126   1,14-20   G.C., «Débuts du ministère de Jésus en Galilée (Mc 1,14-20)», EV (prédication) 78 (1978) 339-340.

b2127   REUMANN, J., «Mark: 1:14-20», Interpr 32 (1978) 405-410.

b2128   ROBBINS, V.K., «Mark 1:14-20: An Interpretation at the Intersection of Jewish and Graeco-Roman Traditions», NTS 28 (1982) 220-236.

b2129   Y.B., «Pêcheurs d'hommes (1 Co. 7,29-31; Mc 1,14-20)», EV (prédication) 82 (1982) 1-3.

b2130   1,14-15   REPLOH, K.-G., «'Evangelium' bei Markus - Das Evangelium des Markus als Anruf an die Gemeinde zu Umkehr und Glaube (Mk 1,14 bis 15)», BiKi 27 (1972) 110-114.

b2131   KAHMANN, J.J.A., «Marc. 1:14-15 en hun plaats in het geheel van het Marcus-evangelie - *Mark. 1:14-15 und ihre Stellung im Ganzen des Markusevangeliums*», Bijdr. 38 (1977) 84-98 (Deutsche Zusammenfassung).

b2132		WATSON, P.S., «Between the Times», ExpTim 90 (1978) 47-49.
b2133		ALSUP, J.E., «Mark 1:14-15», Interpr 33 (1979) 394-398.
b2134	1,14	WEDER, H., «'Evangelium Jesu Christi' (Mk 1,1) und 'Evangelium Gottes' (Mk 1,14)», dans *Die Mitte des Neuen Testaments* (en collab.) (1983), 399-411.
b2135	1,15	BRUCE, F.F., *The Time is Fulfilled*, «The Time is fulfilled (*Mark* 1:15)» (1978), 13-32.
b2136	1,16-20	DI PINTO, L., «Seguitemi, vi faro diventare pescatori di uonimi (Mc 1,16-20)», dans *Parola, spirito e vita* 2 (1980) 83-104.
b2137	1,16-18	DA SORTINO, P.M., «La vocazione di Pietro secondo la tradizione sinottica e secondo S. Giovanni», dans *San Pietro* (en collab.) (1967), 27-57.
b2138	1,16	DERRETT, J.D.M., «'Êsan gar alieis' (Mk 1,16). Jesus's Fishermen and the Parable of the Net» [NT 22 (1980) 108-137], dans DERRETT, J.D.M., *Studies in the New Testament* (1982), III, 1-30.
b2139	1,17	DINGWALL, A.S., «Doing Things Together», ExpTim 89 (1978) 209.
b2140	1,21-2,12	Y.B., «L'évangile en actes (Mc 1,21-28)», EV (prédication) 79 (1979) 1-2; «Il commande même aux esprit mauvais (Dt 18,15-20; Mc 1,21-28)», 82 (1982) 3-5; «Il guérissait toutes sortes de malades... (Job 7,1-4,6-7; 1 Co 9,16-23; Mc 1,29-39)», 82 (1982) 5-7; «Jésus et les lépreux (Mc 1,40-45)», 79 (1979) 17-18; «La purification d'un lépreux (Lv 13,1-2,45-46; Mc 1,40-45)», 82 (1982) 17-18; «Lève-toi et marche (Is 43,18-19,21-22,24c-25; Mc 2,1-12)», 82 (1982) 19-20.
b2141	1,21-45	DIDEBERG, D., MOURLON BEERNAERT, P., «Jésus vint en Galilée. Essai sur la structure de Marc 1.21-45», NRT 98 (1976) 306-322.
b2142		DIDEBERG, D., MOURLON BEERNAERT, P., «'Jesus came into Galilee': the structure of Mark 1:21-45», TDig 25 (1977) 111-116.
b2143	1,21-39	PESCH, R., «Ein Tag vollmächtigen Wirkens Jesu in Kapharnaum (Mk 1,21-34.35-39)», BiLeb 9 (1968) 114-128, 177-195, 261-277.
b2144	1,21-28	GUILLEMETTE, P., «Un enseignement nouveau, plein d'autorité. Étude de Mc 1,21-28», NT 22 (1980) 222-247.
b2145	1,22	STARR, J., «The Meaning of 'Authority' in Mark 1.22», HarvTR 23 (1930) 302-305.
b2146	1,24	GUILLEMETTE, P., «Mc 1,24 est-il une formule de défense magique?» SE 30 (1978) 81-96.
b2147	1,27	AMBROZIC, A.M., «New Teaching with Power (Mk 1:27)», dans *Word and Spirit* (en collab.) (1975), 113-149.
b2148	1,29-39	G.C., «Une journée apostolique à Capharnaüm (Mc 1,29-39)», EV (prédication) 79 (1979) 3-4.
b2149	1,29-31	LONGSTAFF, T.R.W, *Evidence of Conflation in Mark?*, «Mark 1:29-31: The Healing of Peter's Mother-in-Law» (1977), 129-140.
b2150		FUCHS, A., «Entwicklungsgeschichtliche Studie zu Mk 1,29-31 par Mt 8,14-15 par Lk 4,38-39», SNTU 6/7 (1981-82) 21-76.
b2151	1,32-34	LONGSTAFF, T.R.W., *Evidence of Conflation in Mark?*, «Mark 1:32-34: Summary Statement about the Sick Healed at Evening» (1977), 140-152.
b2152	1,35	KIRCHSCHLÄGER, W., «Jesu Gebetsverhalten als Paradigma zu Mk 1,35», Kairos 20 (1978) 303-310.

b2153   1,40-45   HERRANZ MARCO, M., «La curación de un leproso según San Marcos (Mc 1,40-45)», EstB 31 (1972) 399-433.

b2154   ELLIOTT, J.K., «The Healing of the Leper in the Synoptic Parallels», TZ 34 (1978) 175-176.

b2155   STANDAERT, B.H.M.G.M., L'évangile selon Marc, «Mc 1,40-45» (1978), 126-134.

b2156   CAVE, C.H., «The Leper: Mark i. 40-45», NTS 25 (1979) 245-250.

b2157   BOISMARD, M.-É., «La guérison du lépreux (Mc 1,40-45 et par.)», Salm 28 (1981) 283-291.

b2158   FUSCO, V., «Il segreto messianico nell'episodio del lebbroso (Mc. 1,40-45)», RivB 29 (1981) 273-313.

b2159   TELFORD, G.B., Jr., «Mark 1:40-45», Interpr 36 (1982) 54-58.

b2160   1,45   ELLIOTT, J.K., «Is o ekselthôn a Title for Jesus in Mark i. 45?» JTS 27 (1976) 402-405.

b2161   1,46-55   CAÑELLAS, G., «El Magnificat. Origen y mensaje», BibFe 9 (1983) 229-236.

b2162   2,1-3,6   En collaboration, «Du nouveau dans le permis. Marc ch. 2, v.1 à ch. 3,v.6», SemBib nº 2 (1976) 6-15.

b2163   KOLENKOW, A.B., «Healing Controversy as a Tie between Miracle and Passion Material for a Proto-Gospel», JBL 95 (1976) 623-638.

b2164   THISSEN, W., Erzählung der Befreiung. Eine exegetische Untersuchung zu Mk 2,1-3,6 (Forschung zur Bibel, 21) (Würzburg, Echter Verlag, 1976), 420 pp.

b2165   KERNAGHAN, R., «History and Redaction in the Controversy Stories in Mark 2:1-3:6», SBT 9,1 (1979) 23-47.

b2166   DEWEY, J., Markan Public Debate. Literary Technique, Concentric Structure, and Theology in Mark 2:1-3:6 (SBL Dissertation Series, 48) (Chico, CA, Scholars Press, 1980), xii-242 pp.

b2167   DOUGHTY, D.J., «The Authority of the Son of Man (Mc 2,1-3,6)», ZNW 74 (1983) 161-181.

b2168   2   CALLOUD, J., «Toward a Structural Analysis of the Gospel of Mark», Semeia nº 16 (1979) 133-165.

b2169   2,1-13   DELORME, J., «Marc 2,1-13 - ou l'ouverture des frontières», SemBib nº 30 (1983) 1-14.

b2170   2,1-12   NEIRYNCK, F., «Les accords mineurs et la rédaction des évangiles. L'épisode du paralytique», ETL 50 (1974) 215-230, dans NEIRYNCK, F., Evangelica (1982), 781-796.

b2171   GNILKA, J., «Das Elend vor dem Menschensohn (Mk 2,1-12)», dans Jesus und der Menschensohn (en collab.) (1975), 196-209.

b2172   E.F., «Tes péchés sont pardonnés (Marc 2,1-12)», EV (prédication) 76 (1976) 18-20.

b2173   HERRANZ MARCO, M., «El Proceso ante el Sanhedrín», EstB 34 (1975) 83-111; 35 (1976) 49-78, 187-221; 36 (1977) 35-55.

b2174   G.C., «Pardons divins (Is. 43,18-25; Mc 2,1-12)», EV (prédication) 79 (1979) 18-20.

b2175   HEINE, S., «Die Geschichte eines Wunders. Eine Predigt», BiLit 53 (1980) 206-212.

b2176   KLAUCK, H.-J., «Die Frage der Sündenvergebung in der Perikope von der Heilung des Gelähmten (Mk 2,1-12 parr)», BZ 25 (1981) 223-248.

b2177   KILPATRICK, G.D., «Jesus, His Family and His Disciples», JSNT
                     no 15 (1982) 3-19.
b2178   VANNORSDALL, J., «Mark 2:1-12», Interpr 36 (1982) 58-63.
b2179   2,13-17   LAMARCHE, P., «L'appel de Lévi», CHR 23 (1976) 106-118.
b2180   LAMBIASI, F., «L'Autenticità storica delle controversie con i Farisei»,
                     BibOr 18 (1976) 3-27.
b2181   '   PENNA, A., «Levi il pubblicano nel Contra Celsum di Origene», BibOr
                     18 (1976) 161-169.
b2182   THEOBALD, M., «Der Primat der Synchronie vor der Diachronie als
                     Grundaxiom der Literarkritik», BZ 22 (1978) 161-186.
b2183   2,15-17   DE MAAT, P., «Hoe krijgt Mc 2,15-17 (NBG 1951) betekenis? Analyse
                     van de narratieve syntaxis van het opper vlakte-niveau», Bijdr. 44 (1983)
                     194-207.
b2184   2,15-16   BARTSCH, H.-W., «Zur Problematik eines Monopoltextes des Neuen
                     Testaments. Das Beispiel Markus 2, Vers 15 und 16», TLZ 105 (1980)
                     91-96.
b2185   MARTINI, C.M., «Were the Scribes Jesus' Followers? (Mk 2:15-16).
                     A Textual Decision Reconsidered», dans Text - Wort - Glaube (en
                     collab.) (1980), 31-39.
b2186   2,15   VÖLKEL, M., «Freund der Zöllner und Sünder», ZNW 69 (1978) 1-10.
b2187   2,16-17   ALONSO, J., «La parábola del médico en Mc 2,16-17», CuBi 16 (1959)
                     10-12.
b2188   2,17   LONG, G.E., «Making the Best of a Bad Job», ExpTim 88 (1976) 21-22.
b2189   2,18-22   Y.B., «Alliance nouvelle (Mc 2,18-22)», EV (prédication) 79 (1979)
                     20-21.
b2190   ROLLAND, P., «Les prédécesseurs de Marc. Les sources
                     présynoptiques de Mc, II,18-22 et parallèles», RB 89 (1982) 370-405.
b2191   SCHILLEBEECKX, E., God among us, «The Free Man Jesus and his
                     Conflict (Mark 2.18-22)» (1983), 45-55.
b2192   2,20   CREMER, F.G., Die Fastenaussage Jesu. Mc 2,20 und Parallelen in der
                     Sicht der patristischen und scholastischen Exegese (BBB 23) (Bonn,
                     Peter Hanstein, 1965), xxx-185 pp.
b2193   2,23-28   LEITCH, J.W., «Lord Also of the Sabbath», SJTh 19 (1966) 426-433.
b2194   JAY, B., «Jésus et le sabbat», ETR 50 (1975) 65-68.
b2195   GAMBA, G.G., «Struttura letteraria e significato dottrinale di Marco
                     2,23-28 e 3,1-6», Sal 40 (1978) 529-582.
b2196   COHN-SHERBOK, D.M., «An Analysis of Jesus' Arguments
                     Concerning the Plucking of Grain on the Sabbath», JSNT no 2 (1979)
                     31-41.
b2197   2,26   MORGAN, C.S., «When Abiathar was High Priest (Mark 2:26)», JBL
                     98 (1979) 409-410.
b2198   2,27   NEIRYNCK, F., «Jesus and the Sabbath. Some Observations on Mark
                     II,27», BETL 40 (1975) 227-270, dans NEIRYNCK, F., Evangelica
                     (1982), 637-680.
b2199   3,1-6   PESCH, R., KRATZ, R., So liest man synoptisch, «Lähmung» (1976), II,
                     51-57; «Jesus heilt am Sabbat eine erstarrte Hand (Mk 3,1-6 parr)»
                     (1976), III, 61-69.
b2200   LONGSTAFF, T.R.W., Evidence of Conflation in Mark? «Mark 3:1-6:
                     The Man with the Withered Hand» (1977), 153-167.

b2201   DIETZFELBINGER, C., «Vom Sinn der Sabbatheilungen Jesu», EvT 38 (1978) 281-298.

b2202   GAMBA, G.G., «Struttura letteraria e significato dottrinale di Marco 2,23-28 e 3,1-6», Sal 40 (1978) 529-582.

b2203   ELWELL, W.A., «Interpreting the Synoptic Gospels. Mark 3:1-6», dans *The Literature and Meaning of Scripture* (en collab.) (1981), 123-148.

b2204   SAUER, J., «Traditionsgeschichtliche Überlegungen zu Mk 3 1-6», ZNW 73 (1982) 183-203.

b2205   MARTIN, F., «Est-il permis le sabbat de faire le bien ou le mal?» LV no 164 (1983) 69-79.

b2206   3,7-12   NEIRYNCK, F., «Urmarcus redivivus? Examen critique de l'hypothèse des insertions matthéennes dans Marc», BETL 34 (1974) 103-145, dans NEIRYNCK, F., *Jean et les synoptiques* (1979), 319-361 (cf. pp. 346-360).

b2207   3,13-16   SUDBRACK, J., «Berufung, Gebet, Sendung. Die Einsetzung der zwölf Apostel nach Markus 3,13-16», GeistL 50 (1977) 387-390.

b2208   3,14-19   TRILLING, W., «Die Entstehung des Zwölferkreises. Eine geschichtskritische Überlegung», dans *Die Kirche des Angangs* (en collab.) (1978), 201-222.

b2209   3,14   MacDONALD, W.C., «The Men Jesus Chose», ExpTim 92 (1980) 19-21.

b2210   3,17   BUTH, R., «Mark 3:17: *Boanerges* and Popular Etymology», JSNT no 10 (1981) 29-33.

b2211   ROOK, J.T., «Boanerges, Sons of Thunder (Mark 3:17)», JBL 100 (1981) 94-95.

b2212   3,18   PENNA, A., «La variante di Marco 3,18 secondo Origene», dans *Homenaje a Juan Prado* (en collab.) (1975), 329-339.

b2213   3,20-35   LAMBRECHT, J., «Ware verwantschap en eeuwige zonde. Ontstaan en structuur van Mc. 3,20-35. *True Kinship and Unforgivable Sin*», Bijdr. 29 (1968) 114-150, 234-258, 369-393 (English summary).

b2214   BEST, E., «Mark iii. 20,21,31-35», NTS 22 (1976) 309-319.

b2215   3,21-22   MOURLON-BEERNAERT, P. «Jésus homme libre (textes:Jésus et sa famille, en Marc)», LVit 38 (1983) 393-403.

b2216   3,22-30   PESCH, R., KRATZ, R., *So liest man synoptisch*, «Streitgespräch um den Sinn der Dämonenaustreibungen» (1978), IV, 25-32.

b2217   3,22-27   FUCHS, A., *Die Entwicklung der Beelzebulkontroverse bei den Synoptikern*. Traditionsgeschichtliche und redaktionsgeschichtliche Untersuchung von Mk 3,22-27 und Parallelen, verbunden mit der Rückfrage nach Jesus (Studien zur Umwelt des Neuen Testamentes, 5) (Linz, Studien zur Umwelt des Neuen Testamentes, 1980), 279 pp.

b2218   CHILTON, B., «A Comparative Study of Synoptic Development: The Dispute between Cain and Abel in the Palestinian Targums and the Beelzebul Controversy in the Gospel», JBL 101 (1982) 553-562.

b2219   3,22-26   TANNEHILL, R.C., *The Sword of His Mouth*, «Mark 3:22-26. Satan Divided» (1975), 177-185.

b2220   3,28-29   BORING, M.E., «The unforgivable Sin Logion Mark III 28-29/Matt XII 31-32/Luke XII 10: Formal Analysis and History of the Tradition», NT 18 (1976) 258-279.

b2221   O'NEILL, J.C., «The Unforgivable Sin», JSNT no 19 (1983) 37-42.

b2222   3,31-35   TANNEHILL, R.C., *The Sword of His Mouth*, «Mark 3:31-35. Jesus' Family» (1975), 165-171.

b2223   En collaboration, *Mary in the New Testament*, «Who Constitute the Family of Jesus? (3:31-35)» (1978), 51-59.

b2224   BUBY, B., «A Christology of Relationship in Mark», BTB 10 (1980) 149-154.

b2225   READ, D.H.C., «Families under Fire», ExpTim 92 (1981) 368-369.

b2226   MOURLON-BEERNAERT, P.,«Jésus homme libre (textes: Jésus et sa famille, en Marc)», LVit 38 (1983) 393-403.

b2227   4   MIGUENS, M., «La predicazione di Gesù in parabole», BibOr 1 (1959) 35-40.

b2228   LAMBRECHT, J., «De vijf parabels van Mc. 4. Structuur en theologie van de parabelrede. *The Five Parables of Mark 4*», Bijdr. 29 (1968) 25-53 (English summary).

b2229   LAMBRECHT, J., «Redaction and Theology in Mk., IV», dans *L'Évangile selon Marc* (en collab.) (1974), 269-307.

b2230   TROCMÉ, É., «Why Parables? A Study of Mark IV», BJRL 59 (1976-77) 458-471.

b2231   PATTEN, P., «The Form and Function of Parable in select apocalyptic literature and their Significance for Parables in the Gospel of Mark», NTS 29 (1983) 246-258.

b2232   4,1-8,26   PETERSEN, N.B., «The Composition of Mark 4:1-8:26», HarvTR 73 (1980) 185-217.

b2233   4,1-34   CRANFIELD, C.E.B., «St. Mark 4.1-34», SJTh 4 (1951) 398-414; 5 (1952) 49-66.

b2234   MERENDINO, R.P., «'Ohne Gleichnisse redete er nicht zu ihnen'. Zu Mk 4,1-34», dans *Homenaje a Juan Prado* (en collab.) (1975), 341-371.

b2235   BOUCHER, M., *The Mysterious Parable* (1977), «The Markan Parable Discourse (4:1-34)», 42-56; «Semitic Parallels to the Motifs in Mark 4», 56-63.

b2236   PESCH, R., KRATZ, R., *So liest man synoptisch*, «Gleichnisse und Bildreden» (1978), IV, Teil I, 96 pp.; Teil II, 77 pp.

b2237   PESCH, R., KRATZ, R., *So Liest man synoptisch*, IV (1978), «Das Gleichnis vom Sämann (Mc 4,1-9)», 33-42; «Der Zweck der Gleichnisreden (Mc 4,10-12)», 43-50; «Deutung des Sämannsgleichnisses (Mc 4,13-20)», 51-56; «Vier Sprüche zum Sinn der Gleichnisse (Mc 4,21-25)», 57-62; «Das Gleichnis von der selbstwachsenden Saat (Mc 4,26-29)», 63-66; «Das Gleichnis vom Senfkorn (Mc 4,30-32)», 67-72; «Schlusswort zur Gleichnisrede (Mc 4,33-34)», 73.

b2238   FUSCO, V., *Parola e regno*. La sezione delle parabole (Mc. 4,1-34) nella prospettiva marciana (Aloisiana, 13) (Brescia, Morcelliana, 1980), xii-421 pp.

b2239   WEDER, H., *Die Gleichnisse Jesu als Metaphern*, «Analyse des Gleichniskapitels Mk 4,1-34» (1980), 99-108.

b2240   CASALE MARCHESELLI, C., «Le parabole del Vangelo di Marco (4,1-34)», RivB 29 (1981) 405-415.

b2241   SELLIN, G., «Textlinguistische und semiotische Erwägungen zu Mk. 4.1-34», NTS 29 (1983) 508-530.

b2242   4,1-20   SCHWEIZER, E., «Marc 4,1-20», ETR 43 (1968) 256-264.

| b2243 | | LEMCIO, E.E., «External Evidence for the Structure and Function of Mark iv.1-20, vii.14-23, and viii.14-21», JTS 29 (1978) 323-338. |

b2243   LEMCIO, E.E., «External Evidence for the Structure and Function of Mark iv.1-20, vii.14-23, and viii.14-21», JTS 29 (1978) 323-338.

b2244   4,1-9   HORMAN, J., «The Source of the Version of the Parable of the Sower in the Gospel of Thomas», NT 21 (1979) 326-343.

b2245   4,3-20   HAHN, F., «Das Gleichnis von der ausgestreuten Saat und seine Deutung (Mk iv.3-8,14-20)», dans *Text and Interpretation* (en collab.) (1979), 133-142.

b2246   WEEDEN, T.J., Sr., «Recovering the Parabolic Intent in the Parable of the Sower», JAmAcRel 47 (1979) 97-120.

b2247   4,3-8   PAYNE, P.B., «The Order of Sowing and Ploughing in the Parable of the Sower», NTS 25 (1978-79) 123-129.

b2248   4,3-9   BULTMANN, R., «Die Interpretation von Mk 4,3-9 seit Jülicher», dans *Jesus und Paulus* (en collab.) (1975), 30-34.

b2249   GEISCHER, H.-J., «Verschwenderische Güte. Versuch über Markus 4,3-9», EvT 38 (1978) 418-427.

b2250   PAYNE, P.B., «The Authenticity of the Parable of the Sower and its Interpretation», dans *Gospel Perspectives* (en collab.) (1980), I, 163-207.

b2251   WEDER, H., *Die Gleichnisse Jesu als Metaphern*, «Das Gleichnis vom vielerlei Acker (Mk 4,3-9; ThEv 9)» (1980), 108-117.

b2252   4,10-12   KIRKLAND, J.R., «The Earliest Understanding of Jesus' Use of Parables: Mark IV 10-12 In Context», NT 19 (1977) 1-21.

b2253   EVANS, C.A., «The Function of Isaiah 6:9-10 in Mark and John», NT 24 (1982) 124-138.

b2254   4,11-12   EVANS, C.A., «A Note on the Function of Isaiah, VI,9-10 in Mark, IV», RB 88 (1981) 234-235.

b2255   4,11   BRUSTON, C., «Trois erreurs apparentes dans les Évangiles synoptiques», ETR 6 (1931) 288-312.

b2256   FUSCO, V., «L'accord mineur Mt 13,11a/Lc 8,10a contre Mc 4,11a», dans *Logia* (en collab.) (1982), 355-361.

b2257   4,12   MOORE, C.A., «Mark 4:12: More Like the Irony of Micaiah than Isaiah», dans *A Light unto My Path* (en collab.) (1974), 335-344.

b2258   ROMANIUK, K., «Exégèse du Nouveau Testament et ponctuation», NT 23 (1981) 195-209.

b2259   4,13-20   PAYNE, P.B., «The Authenticity of the Parable of the Sower and its Interpretation», dans *Gospel Perspectives* (en collab.) (1980), 163-207.

b2260   GARNET, P., «The Parable of the Sower: How the Multitudes Understood it», dans *Spirit Within Structure* (en collab.) (1983), 39-54.

b2261   4,14-20   PAYNE, P.B., «The Seeming Inconsistency of the Interpretation of the Parable of the Sower», NTS 26 (1980) 564-568.

b2262   4,21-25   DUPONT, J., «La transmission des paroles de Jésus sur la lampe et la mesure dans Marc 4,21-25 et dans la tradition Q», dans *Logia* (en collab.) (1982), 201-236.

b2263   4,24-29   McCORMICK, M., «Two Leaves from the Lost Uncial Codex 0167: Mark, 4 24-29 and 4 37-41», ZNW 70 (1979) 238-242.

b2264   4,24-25   BAUER, J.B., «Et adicietur vobis credentibus Mk 4 24f», ZNW 71 (1980) 248-251.

b2265   4,25   DAVIDSON, J.A., «Keeping Your Faith Alive», ExpTim 91 (1980) 207-208.

b2266　4,26-29　ZIMMERMANN, H., «Die Gottesherrschaft in den Gleichnissen Jesu. Das Gleichnis von der selbstwachsenden Saat: Mk 4,26-29», BiLeb 2 (1961) 171-174.

b2267　　　　WILDER, A.N., «The Parable of the Sower: Naïveté and Method in Interpretation», Semeia 2 (1974) 134-151.

b2268　　　　DUPONT, J., «Encore la parabole de la Semence qui pousse toute seule (Mc 4,26-29)», dans *Jesus und Paulus* (en collab.) (1975), 96-108.

b2269　　　　WEDER, H., *Die Gleichnisse Jesu als Metaphern*, «Die selbstwachsende Saat (Mk 4,26-29; ThEv 21c)» (1980), 117-120.

b2270　4,30-32　CASALEGNO, A., «La parabola del granello di senape (Mc. 4,30-32)», RivB 26 (1978) 139-161.

b2271　4,35-8,26　MEYE, R., «Psalm 107 as 'Horizon' for Interpreting the Miracle Stories of Mark 4:35-8:26», dans *Unity and Diversity in New Testament Theology* (en collab.) (1978), 1-13.

b2272　4,35-5,43　FISHER, K.M., VON WAHLDE, U.C., «The Miracles of Mark 4:35-5:43: Their Meaning and Function in the Gospel Framework», BTB 11 (1981) 13-16.

b2273　4,35-41　PESCH, R., KRATZ, R., *So liest man synoptisch*, «Jesus stillt den Sturm» (1976), III, 17-29.

b2274　　　　STANDAERT, B.H.M.G.M., *L'évangile selon Marc*, «Mc 4,35-41» (1978), 135-140.

b2275　　　　VAN IERSEL, B.M.F., LINMANS, A.J.M., «The Storm on the Lake, Mk iv 35-41 and Mt viii 18-27 in the Light of Form-Criticism, 'Redaktionsgeschichte' and Structural Analysis», dans *Miscellanea Neotestamentica* (en collab.) (1978), II, 17-48.

b2276　　　　MILLER, J.S., «Stilling the Storm», ExpTim 92 (1981) 141-143.

b2277　　　　BOCKING, R., «Stilling the Storm», ExpTim 93 (1982) 143-144.

b2278　　　　IRIARTE, M.E., «La tempestad calmada», BibFe 8 (1982) 136-150.

b2279　　　　Y.B., «N'avez-vous pas la foi? (Jb 38,1,8-11; II Cor. 5,14-17; Mc 4,35-41)», EV (prédication) 82 (1982) 148-149.

b2280　4,37-41　McCORMICK, M., «Two Leaves from the Lost Uncial Codex 0167: Mark, 4 24-29 and 4 37-41», ZNW 70 (1979) 238-242.

b2281　　　　WEEDEN, T.J., Sr., «Recovering the Parabolic Intent in the Parable of the Sower», JAmAcRel 47 (1979) 97-120.

b2282　5,1-21　AURELIO, T., «Mistero del regno e unione con Gesù: Mc 5,1-21», BibOr 19 (1977) 59-68.

b2283　5,1-20　ANNEN, F., *Heil für die Heiden*. Zur Bedeutung und Geschichte der Tradition vom besessenen Gerasener (Mk 5,1-20 parr.) (Frankfurter Theologische Studien, 20) (Frankfurt am Main, Josef Knecht, 1976), vii-253 pp.

b2284　　　　PESCH, R., KRATZ, R., *So liest man synoptisch*, «Jesus heilt den Besessenen von Gerasa» (1976), II, 20-31.

b2285　　　　ALETTI, J.-N., «Une lecture en questions», dans *Les miracles de Jésus selon le Nouveau Testament* (en collab.) (1977), 189-208.

b2286　　　　BEIRNAERT, L., «Approche psychanalytique», dans *Les miracles de Jésus selon le Nouveau Testament* (en collab.) (1977), 183-188.

b2287　　　　CALLOUD, J., COMBET, G., DELORME, J., «Essai d'analyse sémiotique», dans *Les miracles de Jésus selon le Nouveau Testament* (en collab.) (1977), 151-181.

*b*2288   DERRETT, J.D.M., «Legend and Event: The Gerasene Demoniac: an Inquest into History and Liturgical Projection» (*Studia Biblica* 1978. II. Papers on the Gospels, edited by E.A. LIVINGSTONE, JSNT Supplement Series, 2, Sheffield, 1980, 63-73), dans DERRETT, J.D.M., *Studies in the New Testament* (1982), III, 47-58.

*b*2289   FOSSION, A., «Lectures structurales des Écritures en catéchèse», LVit 33 (1978) 307-330.

*b*2290   En collaboration, «Diversification des lectures bibliques et problème de l'intertextualité. Présentation typologique des lectures proposées ou possibles du *récit du possédé de Gérasa* (Marc 5,1-20)», SemBib no 15 (1979) 43-55.

*b*2291   DERRETT, J.D.M., «Contributions to the Study of the Gerasene Demoniac», JSNT no 3 (1979) 2-17.

*b*2292   FOSSION, A., *Lire les Écritures*, «Marc 5,1-20» (1980), 88-96.

*b*2293   MANRIQUE, A., «El endemoniado de Gerasa», BibFe 8 (1982) 168-179.

*b*2294   STRUS, A., «Cristo, liberatore dell'uomo, nelle catechesi di Pietro, secondo Mc 5,1-20», Sal 44 (1982) 35-60.

*b*2295   5,1-12   Y.B., «La gloire des enfants de Dieu (Ap. 7,2-4,9-14; 1 Jn 3,1-3; Mt 4,1-12)», EV (prédication) 81 (1981) 290-292.

*b*2296   5,10   SCHWARZ, G., «Aus der Gegend (Markus v.10b)», NTS 22 (1976) 214-215.

*b*2297   5,21-6,13   Y.B., «Jeune fille, lève-toi (Sg 1,13-15; 2,23-24; Mc 5,21-43)», EV (prédication) 82 (1982) 161-163; «N'est-il pas le charpentier? (Mc 6,1-6)», 79 (1979) 165-167; «Il s'étonnait de leur manque de foi (Ez 2,2-5; 2 Cor. 12,7-10; Mc 6,1-6)», 82 (1982) 163-164; «La parole et les signes qui l'accompagnent (Mc 6,7-13)», 82 (1982) 177-178.

*b*2298   5,21-43   DOLTO, F., SÉVÉRIN, G., *L'Évangile au risque de la psychanalyse*, «Guérison de l'hémorragique et résurrection de la fille de Jaïre» (1977), I, 105-123.

*b*2299   G.C., «Puissance de la foi sur le coeur miséricordieux de Jésus (Mc 5,21-43)», EV (prédication) 79 (1979) 163-165.

*b*2300   DERRETT, J.D.M., «Mark's Technique: the Haemorrhaging Woman and Jairus' Daughter», Bibl 63 (1982) 474-505.

*b*2301   SCIPPA, V., «Ricerche preliminari per uno studio su Mc. 5,21-43 secondo la Redaktionsgeschichte», RivB 31 (1983) 385-404.

*b*2302   5,21-43   PESCH, R., KRATZ, R., *So liest man synoptisch*, II (1976), «Blutfluss», 58-66; «Totenerweckungen», 89-99.

*b*2303   5,22-43   ROCHAIS, G., *Les récits de résurrection des morts dans le Nouveau Testament*, «La rédaction marcienne du récit de la résurrection de la fille de Jaïre 5,22-24a.35-43)» (1981), 54-73.

*b*2304   5,41   WILCOX, M., «*Talitha koum(i)* in Mk 5,41», dans *Logia* (en collab.) (1982), 469-476.

*b*2305   6-8   SMITH, M.H., III, «Collected Fragments; On the Priority of John 6 to Mark 6-8», dans *Society of Biblical Literature. 1979 Seminar Papers* (en collab.) (1979), I, 105-108.

*b*2306   MONLOUBOU, L., «Lecture de Marc VI à VIII: la section des pains», EV (doctrine) 91 (1981) 369-379.

*b*2307   6   TESTA, E., «I 'Discorsi di Missione' di Gesù», StBiFranc 29 (1979) 7-41.

*b*2308   6,1-13   E.F., «Jésus 'occasion de chute' (Marc 6,1-6)», EV (prédication) 76
                     (1976) 177-179; «Ils proclamaient qu'il fallait se convertir (Mc 6,7-13)»,
                     76 (1976) 179-181.

*b*2309   6,1-6   En collaboration, *Mary in the New Testament*, «The Rejection of Jesus in
                     His Own Country (6:1-6a)» (1978), 59-67.

*b*2310   BETZ, O., «Jesus in Nazareth. Bemerkungen zu Markus 6,1-6», dans
                     Israel hat dennoch Gott zum Trost (en collab.) (1978), 44-60.

*b*2311   MAYER, B., «Überlieferungs- und redaktionsgeschichtliche
                     Überlegungen zu Mk 6,1-6a», BZ 22 (1978) 187-198.

*b*2312   BUBY, B., «A Christology of Relationship in Mark», BTB 10 (1980)
                     149-154.

*b*2313   DUPONT, J., «Jésus devant l'incrédulité de ses concitoyens (Mc
                     6,1-6a)», dans *Parola e Spirito* (en collab.) (1982), 195-210.

*b*2314   MOURLON-BEERNAERT, P., «Jésus homme libre(textes: Jésus et sa
                     famille, en Marc)», LVit 38 (1983) 393-403.

*b*2315   6,3   SCHEFFCZYK, L., «Exegese und Dogmatik zur *virginitas post partum*»,
                     MüTZ 28 (1977) 291-301.

*b*2316   WINANDY, J., «La conception virginale dans le Nouveau Testament»,
                     NRT 100 (1978) 706-719.

*b*2317   6,6-13   DERRETT, J.D.M., «Peace, Sandals and Shirts (Mark 6:6b-13 par.)»,
                     HeyJ 24 (1983) 253-265.

*b*2318   6,7-13   G.C., «La mission apostolique (Am. 7,12-15; Mc 6,7-13)», EV
                     (prédication) 79 (1979) 177-179.

*b*2319   6,10-11   LEE, G.M., «Two Notes on St. Mark», NT 18 (1976) 36.

*b*2320   6,14-10,52 STANDAERT, B.H.M.G.M., *L'évangile selon Marc*, «L'argumentation
                     (Mc 6,14-10,52)» (1978), 298-325.

*b*2321   6,14-29   MARGOT, J.-C., *Traduire sans trahir* (Lausanne, Éditions l'Âge
                     d'homme, 1979), «La structure du texte. La chaîne des participants et des
                     événements», 189-196.

*b*2322   6,17-29   YUBERO, D., «El relato de la muerte del Bautista», CuBi 30 (1973)
                     87-97.

*b*2323   6,21-29   MANNS, F., «Marc 6,21-29 à la lumière des dernières fouilles du
                     Machéronte», StBiFranc 31 (1981) 287-290.

*b*2324   6,30-53   GROUPE D'ENTREVERNES, *Signes et paraboles*, «'Ils n'avaient pas
                     compris au sujet des païens...' Plusieurs épisodes, un récit (Marc
                     6,30-53)» (1977), 53-91.

*b*2325   GROUPE BIBLIQUE DE GRENOBLE, «Marc 6/30-53», ETR 54
                     (1979) 444-451.

*b*2326   6,30-52   BOUCHER, M., *The Mysterious Parable*, «The Two Miracles of the
                     Loaves and Incidents on the Sea (6:30-52; 8:1-21)» (1977), 69-80.

*b*2327   FOWLER, R.M., «The Feeding of the Five Thousand: A Markan
                     Composition», dans *Society of Biblical Literature. 1979 Seminar Papers*
                     (en collab.) (1979), I, 101-104.

*b*2328   6,30-45   DONFRIED, K.P., «The Feeding Narratives and the Marcan
                     Community. Mark 6,30-45 and 8,1-10», dans *Kirche. Festschrift für
                     Günther Bornkamm* (en collab.) (1980), 95-103.

*b*2329   6,30-44   ROBINSON, D.F., «The Parable of the Loaves», AThR 39 (1957)
                     107-115.

*b*2330   VAN CANGH, J.M., «La multiplication des pains dans l'évangile de Marc. Essai d'exégèse globale», dans *L'Évangile selon Marc* (en collab.) (1974), 309-346.

*b*2331   WILLIAMSON, L., Jr., «Mark 6:30-44», Interpr 30 (1976) 169-173.

*b*2332   En collaboration, «Petite chronique du travail sémiotique», SemBib n° 8 (1977) 42-59.

*b*2333   WYBO, G., «Du texte à l'image. Vers une proposition visuelle du récit de la multiplication des pains (Mc 6,30-44)», LVit 35 (1980) 387-464.

*b*2334   6,30-34   E.F., «Reposez-vous un peu (Marc 6,30-34)», EV (prédication) 76 (1976) 181-182.

*b*2335   G.C., «La charge pastorale dans l'Église. Jr. 23,1-6 ; Ph. 2,13-18 ; Mc 6,30-34», EV (prédication) 79 (1979) 193-195.

*b*2336   Y.B., «Venez à l'écart... (Jér. 23,1-6; Ps. 22; Mc 6,30-34)», EV (prédication) 82 (1982) 179-180.

*b*2337   6,31-44   FRIEDRICH, G.,«Die beiden Erzählungen von der Speisung in Markus 6,31-44; 8,1-9», TZ 20 (1964) 10-22, dans *Auf das Wort kommt es an* (1978), 13-25.

*b*2338   MASUDA, S., «The Good News of the Miracle of the Bread», NTS 28 (1982) 191-219.

*b*2339   6,32-56   PESCH, R., KRATZ, R., *So liest man synoptisch*, III (1976), «Die erste Speisungswundergeschichte (Mk 6,32-44)», 43-54; «Das Wunder des Seewandelns (Mk 6,45-52)», 30-38; «Dritter Sammelbericht (Mk 6,53-56)», 85-87.

*b*2340   6,32-15,47   SMITH, M., «Mark 6:32-15:47 and John 6:1-19:42», dans *Society of Biblical Literature. 1978 Seminar Papers* (en collab.) (1978), II, 281-287.

*b*2341   STEGNER, W.R., «Lucan Priority in the Feeding of the Five Thousand», BiRes 21 (1976) 19-28.

*b*2342   FOWLER, R.M., *Loaves and Fisches*. The Function of the Feeding Stories in the Gospel of Mark (Society of Biblical Literature. Dissertation Series, 54) (Chico, CA, Scholars Press, 1981), 258 pp.

*b*2343   CASAS, V., «La multiplicación de los panes», BibFe 8 (1982) 121-135.

*b*2344   6,34-44   HEISING, A., «Das Kerygma der wunderbaren Fischvermehrung (Mk 6,34-44 parr)», BiLeb 10 (1969) 52-57.

*b*2345   6,40   DERRETT, J.D.M., «Leek-beds and Methodology», BZ 19 (1975) 101-103, dans *Studies in the New Testament* (1978), II, 1-3.

*b*2346   6,41   GRANT, R.M., «The Early Antiochene Anaphora», AThR 30 (1948) 91-94.

*b*2347   6,45-52   KREMER, J., «Jesu Wandel auf dem See nach Mk 6,45-52. Auslegung und Meditation», BiLeb 10 (1969) 221-232.

*b*2348   BERG, W., *Die Rezeption alttestamentlicher Motive im Neuen Testament* dargestellt an den Seewandelerzählungen (Freiburg i. Br., Hochschulverlag, 1979), ix-374 pp.

*b*2349   RITT, H., «Der 'Seewandel Jesu' (Mk 6,45-52 par). Literarische und theologische Aspekte», BZ 23 (1979) 71-84.

*b*2350   BELO, F., «Qu'est-ce que veut la lecture matérialiste?» Conci n° 158 (1980) 29-37.

*b*2351   HARTLICH, C., «La méthode historico-critique est-elle dépassée?» Conci n° 158 (1980) 11-18.

b2352   KIEFFER, R., «Deux types d'exégèse à base linguistique», Conci n° 158 (1980) 19-28.

b2353   LAPIDE, P., «Une exégèse juive de la marche sur les eaux», Conci n° 158 (1980) 53-60.

b2354   MESTERS, C., «L'interprétation de la Bible dans quelques communautés ecclésiales de base au Brésil», Conci n° 158 (1980) 61-69.

b2355   STEIN, D., «Une lecture psychanalytique de la Bible est-elle possible?» Conci n° 158 (1980) 39-50.

b2356   DERRETT, J.D.M., «Why and how Jesus walked on the Sea», NT 23 (1981) 330-348.

b2357   HEIL, J.P., Jesus walking on the Sea. Meaning and Gospel Functions of Matt 14:22-33, Mark 6:45-52 and John 6:15b-21 (Analecta Biblica, 87) (Rome, Biblical Institute Press, 1981), xii-200 pp.

b2358   6,45 WILKENS, W., «Die Auslassung von Mark. 6,45-8,26 bei Lukas im Lichte der Komposition Luk. 9,1-50», TZ 32 (1976) 193-200.

b2359   BAGATTI, B., «Dove avenne la moltiplicazione dei pani?» Salm 28 (1981) 293-298.

b2360   6,48 SNOY, T., «Marc 6,48: '... et il voulait les dépasser.' Proposition pour la solution d'une énigme», dans L'Évangile selon Marc (en collab.) (1974), 347-363.

b2361   FLEDDERMANN, H., «And He Wanted to Pass by Them (Mark 6:48c)», CBQ 45 (1983) 389-395.

b2362   6,53 RINALDI, G., «Traversata del lago e sbarco a Genezaret in 'Marco' 6,53», BibOr 17 (1975) 43-46.

b2363   7,1-23 E.F., «Tout le mal vient de l'intérieur (Marc 7,1-23)», EV (prédication) 76 (1976) 214-216.

b2364   HÜBNER, H., «Mark vii.1-23 und das 'Jüdisch-Hellenistische' Gesetzesverständnis», NTS 22 (1976) 319-345.

b2365   LAMBIASI, F., «L'Autenticità storica delle controversie con i Farisei», BibOr 18 (1976) 3-27.

b2366   LAMBRECHT, J., «Jesus and the Law. An Investigation of Mk 7,1-23», ETL 103 (1977) 24-79.

b2367   G.C., «Le primat de la volonté divine (Mc 7,1-23)», EV (prédication) 79 (1979) 228-230.

b2368   RONEN, Y., «Mark 7:1-23: 'Traditions of the Elders'», Immanuel 12 (1981) 44-54.

b2369   Y.B., «Les mains et le coeur (Dt. 4,1-12; Jac. 1,17-18,21-22,27; Mc 7,1-23)», EV (prédication) 82 (1982) 213-215.

b2370   7,3   McHARDY, W.D., «Mark 7,3 - A Reference to the Old Testament?» ExpTim 87 (1976) 119.

b2371   ROSS, J.M., «With the Fist», ExpTim 87 (1976) 374-375.

b2372   7,11 DERRETT, J.D.M., «Korban, ho estin doron» [NTS 16 (1970) 364-368], dans DERRETT, J.D.M., Studies in the New Testament (1977), I, 112-117.

b2373   7,14-23 PASCHEN, W., Rein und Unrein. Untersuchung zur biblischen Wortgeschicte (StANT 24) (München, Kösel, 1970), 219 pp.

b2374   BOUCHER, M., The Mysterious Parable, «The Wisdom Saying on What Defiles (7:14-23)» (1977), 64-68.

b2375		LEMCIO, E.E., «External Evidence for the Structure and Function of Mark iv.1-20, vii.14-23, and viii.14-21», JTS 29 (1978) 323-338.
b2376	7,15-23	DERRETT, J.D.M., «Marco vii.15-23: il vero significato di 'purificare'», *Conoscenza Religiosa* (1975) 125-130, dans DERRETT, J.D.M., *Studies in the New Testament* (1977), I, 176-183.
b2377	7,15	DOMON, J., «Du Texte au sermon (10): Marc 7/15», ETR 45 (1970) 349-354.
b2378		RÄISÄNEN, H., «Zur Herkunft von Markus 7,15», dans *Logia* (en collab.) (1982), 477-484.
b2379		RÄISÄNEN, H., «Jesus and the Food Laws: Reflections on Mark 7.15», JSNT no 16 (1982) 79-100.
b2380		TANNEHILL, R.C., *The Sword of His Mouth*, «Mark 7:15, 10:9, and 8:35. What Goes In and What Comes Out; Joining and Separating: Saving and Losing (The 'Antithetical Aphorism')» (1975), 88-101.
b2381	7,24-37	PESCH, R., KRATZ, R., *So liest man synoptisch*, «Jesus heilt die Tochter der Syrophönizierin (Mk 7,24-30)» (1976), III, 71-76; «Taubstummheit (Mk 7,31-37)» (1976), II, 67-71.
b2382	7,24-30	ALONSO DIAZ, J., «Cuestión sinóptica y universalidad del mensaje cristiano en el pasaje evangélico de la mujer cananea (Mt 7:24-30; Mt 15:21-28)», CuBi 20 (1963) 274-279.
b2383		DERRETT, J.D.M., «Law in the New Testament: The Syro-Phoenician Woman and the Centurion of Capernaum», NT 15 (1973) 161-186, dans DERRETT, J.D.M., *Studies in the New Testament* (1977), I, 143-169.
b2384		DEREMIENCE, A., «Tradition et rédaction dans la péricope de la Syrophénicienne: Marc 7,24-30», RTL 8 (1977) 15-29.
b2385		DOLTO, F., SÉVÉRIN, G., *L'Évangile au risque de la psychanalyse*, «L'étrangère» (1978), II, 13-19.
b2386	7,31-37	E.F., «Ouvre-toi (Marc 7,31-37)», EV (prédication) 76 (1976) 216-218.
b2387		Y.B., «Entendre et proclamer (Mc 7,31-37)», EV (prédication) 79 (1979) 241-243; «La miséricorde du Seigneur qui guérit (Is 35,4-7; Jc 1,1-5; Mc 7,31-37)», 82 (1982) 225-226.
b2388		ADLOFF, K., «Vernunft und alle Sinne. Predigtmediation als ganzheitliche Wahrnehmung des biblischen Textes - am Beispiel von Markus 7,31-37», dans *Werden und Wirken des Alten Testaments* (en collab.) (1980), 394-411.
b2389	7,31	LANG, F.G., «'Über Sidon Mitten ins Gebiet der Dekapolis'. Geographie und Theologie in Markus 7,31», ZDPV 94 (1978) 145-160.
b2390	7,32-37	FOSSION, A., *Lire les Écritures*, «Marc 7,32-37» (1980), 97-99.
b2391	7,34	GREEVES, D., «Christ the Healer», ExpTim 94 (1983) 110-112.
b2392	7,35	BAIRD, T., «Translating *orthōs* at Mark 7[35]», ExpTim 92 (1981) 337-338.
b2393	8,1-21	BOOBYER, G.H., «The Miracles of the Loaves and the Gentiles in St. Mark's Gospel», SJTh 6 (1953) 77-87.
b2394		BOUCHER, M., *The Mysterious Parable*, «The Two Miracles of the Loaves and Incidents on the Sea (6:30-52; 8:1-21)» (1977), 69-80.
b2395	8,1-10	VAN CANGH, J.M., «La multiplication des pains dans l'évangile de Marc. Essai d'exégèse globale», dans *L'Évangile selon Marc* (en collab.) (1974), 309-346.

*b*2396   REPO, E., «Fünf Brote und zwei Fische», dans *Probleme der Forschung* (SNTU, Serie A, Band 3) (1978), 99-113.

*b*2397   DONFRIED, K.P., «The Feeding Narratives and the Marcan Community. Mark 6,30-45 and 8,1-10», dans *Kirche*. Festschrift für Günther Bornkamm (en collab.) (1980), 95-103.

*b*2398   FOWLER, R.M., *Loaves and Fishes*. The Function of the Feeding Stories in the Gospel of Mark (SBL Dissertation Series, 54) (Chico, CA, Scholars Press, 1981), iv-258 pp.

*b*2399   CASAS, V., «La multiplicación de los panes», BibFe 8 (1982) 121-135.

*b*2400   8,1-9   FALKE, J., «'In jenen Tagen ...' Eine Mediation über Mk 8,1-9», BiLeb 3 (1962) 206-210.

*b*2401   FRIEDRICH, G., «Die beiden Erzählungen von der Speisung in Markus 6,31-44; 8,1-9», TZ 20 (1964) 10-22, dans *Auf das Wort kommt es an* (1978), 13-25.

*b*2402   KERSTIENS, F., «Von weit her gekommen. Homilie zum Evangelium des 6. Sonntags nach Pfingsten (Mk 8,1-9)», BiLeb 6 (1965) 152-154.

*b*2403   PESCH, R., KRATZ, R., *So liest man synoptisch*, «Die zweite Speisungsgeschichte» (1976), III, 55-59.

*b*2404   8,1-6   FERNANDEZ, J., «Domingo 6. después de Pentecostés», CuBi 13 (1956) 139-143.

*b*2405   8,10   SICKENBERGER, J., «Dalmanutha (Mk. 8,10)», ZDPV 57 (1934) 281-285.

*b*2406   THIELSCHER, P., «*Eis ta oria magdala*», ZDPV 59 (1936) 128-132.

*b*2407   8,11-12   MERLI, D., «Il Segno di Giona», BibOr 14 (1972) 61-77.

*b*2408   8,14-21   En collaboration, «Petite chronique du travail sémiotique», SemBib nº 8 (1977) 42-59.

*b*2409   LEMCIO, E.E., «External Evidence for the Structure and Function of Mark iv.1-20, vii.14-23, and viii.14-21», JTS 29 (1978) 323-338.

*b*2410   BECK, N.A., «Reclaiming a Biblical Text: The Mark 8:14-21 Discussion about Bread in the Boat», CBQ 43 (1981) 49-56.

*b*2411   8,15   MEYE, R.P., «Mark 8:15 - A Misunderstood Warning», dans *Saved by Hope* (en collab.) (1978), 79-95.

*b*2412   8,22-10,52   BEST, E., «Discipleship in Mark: Mark 8,22-10,52», SJTh 23 (1970) 323-337.

*b*2413   8,22-26   PESCH, R., KRATZ, R., *So liest man synoptisch*, «Blindheit» (1976), II, 72-87.

*b*2414   JOHNSON, E.S., «Mark 8:22-26. The Blind Man from Bethsaida», NTS 25 (1979) 370-383.

*b*2415   STANDAERT, B.H.M.G.M., *L'évangile selon Marc*, «Mc 8,22-26» (1978), 112-118.

*b*2416   DERRETT, J.D.M., «Trees Walking, Prophecy and Christology» [ST 35 (1981) 33-54], dans DERRETT, J.D.M., *Studies in the New Testament* (1982), III, 107-129.

*b*2417   BOYD, W.J.P., «Is a Basis of Fact Discernible in the Miracle Story of the Healing of the Blind Man at Bethsaida (Mk viii.22-26)?» dans *Studia Evangelica* (en collab.) (1982), VII, 83-85.

*b*2418   8,24   LEE, G.M., «Mark viii 24», NT 20 (1978) 74.

*b*2419   8,27-16,20   NEIRYNCK, F., «L'évangile de Marc (II). À propos de R. PESCH, *Das Markusevangelium*, 2. Teil», ETL 55 (1979) 1-42.

*b*2420	8,27-9,1	MAYS, J.L., «Mark 8:27-9:1», Interpr 30 (1976) 174-178.
*b*2421	8,27-35	E.F., «Tes pensées ne sont pas celles de Dieu (Marc 8,27-35)», EV (prédication) 76 (1976) 218-220.
*b*2422		G.C., «Suivre le Christ 'pour de vrai' (Mc 8,27-35)», EV (prédication) 79 (1979) 243-244.
*b*2423		Y.B., «Pour vous, qui suis-je? (Mc 8,27-35)», EV (prédication) 82 (1982) 227-228.
*b*2424	8,27-33	HAHN, F., *Christologische Hoheitstitel*, «Analyse von Mk. 8,27-33» (1963), 226-230.
*b*2425		CIPRIANI, S., «La confessione di Pietro in Giov. 6,69-71 e suoi rapporti con quella dei sinottici (Mc. 8,27-33 e paralleli)», dans *San Pietro* (en collab.) (1967), 93-111.
*b*2426		DE LA POTTERIE, I., «La confessione messianica di Pietro in Marco 8,27-33», dans *San Pietro* (en collab.) (1967), 59-77.
*b*2427		MARTINI, C.M., *La parola di Dio alle origini della Chiesa* (1980), «La confessione messianica di Pietro a Cesarea e l'inizio del nuovo popolo di Dio secondo il Vangelo di S. Marco (8,27-33)» (1967), 224-231.
*b*2428		ERNST, J., «Petrusbekenntnis - Leidensankündigung - Satanswort (Mk 8,27-33). Tradition und Redaktion», Catho 32 (1978) 46-73.
*b*2429		PESCH, R., KRATZ, R., *So liest man synoptisch* (1979), VI, «Petrus bekennt Jesus als den Messias (Mk 8,27-30)», 18-26; «Jesus kündigt erstmals sein Leiden an (Mk 8,31-33)», 27-31.
*b*2430	8,27	BAILEY, T., «Saint Mark viii:27 again», dans *Studia Evangelica* (en collab.) (1982), VII, 17-20.
*b*2431	8,29	BULTMANN, R., «Die Frage nach dem messianischen Bewusstsein Jesu und das Petrus-Bekenntnis», ZNW 19 (1919-20) 165-174, dans *Exegetica* (1967), 1-9.
*b*2432		FRANKEMÖLLE, H., «Jewish and Christian messianism», TDig 28 (1980) 233-236.
*b*2433	8,31-38	METZ, J.B., «Messianische Geschichte als Leidensgeschichte. Meditation zu Mk 8,31-38», dans *Neues Testament und Kirche* (en collab.) (1974), 63-70.
*b*2434	8,31	HAHN, F., *Christologische Hoheitstitel*, «Die Worte vom Leiden und Auferstehen des Menschensohnes» (1963), 46-53.
*b*2435		BASTIN, M., «L'annonce de la Passion et les critères de l'historicité», RevSR 50 (1976) 289-329.
*b*2436		ROBBINS, V.K., «Summons and Outline in Mark: The Three-Step Progression», NT 23 (1981) 97-114.
*b*2437		SEITZ, O.J.F., «The Rejection of the Son of Man: Mark Compared with Q», dans *Studia Evangelica* (en collab.) (1982), VII, 451-465.
*b*2438	8,34-9,1	LAMBRECHT, J., «Q-Influence on Mark 8,34-9,1», dans *Logia* (en collab.) (1982), 277-304.
*b*2439	8,35	TANNEHILL, R.C., *The Sword of His Mouth*, «Mark 7:15, 10:9, and 8:35. What Goes In and What Comes Out; Joining and Separating; Saving and Losing (The 'Antithetical Aphorism')» (1975), 88-101.
*b*2440		BEARDSLEE, W.A., «Saving One's Life by Losing It», JAmAcRel 47 (1979) 57-72.
*b*2441	8,36	O'CALLAGHAN, J., «Nota crítica a Mc 8,36», Bibl 64 (1983) 116-117.

*b*2442   8,37   HERRANZ MARCO, M., «¿Qué dará el hombre a cambio de su alma? (Mc 8,37)», CuBi 31 (1974) 23-26.

*b*2443   8,38   KÜMMEL, W.G., «Das Verhalten Jesus gegenüber und das Verhalten des Menschensohns. Markus 8,38 par und Lukas 12,3f par Matthäus 10,32f», dans *Jesus und der Menschensohn* (en collab.) (1975), 210-224.

*b*2444   LINDARS, B., «Jesus as Advocate: A Contribution to the Christology Debate», BJRL 62 (1980) 476-497.

*b*2445   9,1   HOLMAN, C.L., «The Idea of an Imminent Parousia in the Synoptic Gospels», SBT 3 (1973) 15-31.

*b*2446   GREEVEN, H., «Nochmals Mk ix.I in Codex Bezae (D, 05)», NTS 23 (1977) 305-308.

*b*2447   BROWER, K., «Mark 9:1 Seeing the Kingdom in Power», JSNT n° 6 (1980) 17-41.

*b*2448   CHILTON, B.D., «'Not to taste death': a Jewish, Christian and Gnostic Usage», dans *Studia Biblica 1978. II. Papers on the Gospels* (en collab.) (1980), 29-36.

*b*2449   NARDONI, E., «A Redactional Interpretation of Mark 9:1», CBQ 43 (1981) 365-384.

*b*2450   KILGALLEN, J.J., «Mk 9,1 - the Conclusion of a Pericope», Bibl 63 (1982) 81-83.

*b*2451   GIESEN, H., «Mk 9,1 - ein Wort Jesu über die nahe Parusie?» TrierTZ 92 (1983) 134-148.

*b*2452   MUÑOZ LEON, D., «¿Logion de la parusía o logion de cumplimiento mesiánico? (Posible sustrato arameo y nueva interpretación del logion de Jesús a partir de Mc 9,1», *Miscelánea Comillas* 41 (1983) 135-152.

*b*2453   9,2-13   PESCH, R., KRATZ, R., *So liest man synoptisch* (1979), «Die Verklärungsgeschichte (Mk 9,2-10)», VI, 32-43; «Von der Wiederkunft des Elias (Mk 9,11-13)», VI, 44-46.

*b*2454   9,2-10   NÜTZEL, J.M., *Die Verklärungserzählung im Markusevangelium. Eine redaktionsgeschichtliche Erzählung* (Forschung zur Bibel, 6) (Würzburg, Echter, 1973), viii-327 pp.

*b*2455   E.F., «Ne racontez à personne... (Marc 9,2-10)», EV (prédication) 76 (1976) 33-35.

*b*2456   G.C., «Abraham et le Christ (Gen. 22,1-18; Rom. 8,31-34; Mc 9,2-10)», EV (prédication) 79 (1979) 49-51.

*b*2457   Y.B., «Il fut transfiguré devant eux (Gn. 22,1-2,9a,10-13,15-18; Rm. 8,31-34; Mc 9,2-10)», EV (prédication) 82 (1982) 35-36.

*b*2458   9,2-9   LIEFELD, W.L., «Theological Motifs in the Transfiguration Narrative», dans *New Dimensions in New Testament Study* (en collab.) (1974), 162-179.

*b*2459   BEST, E., «The Markan Redaction of the Transfiguration», dans *Studia Evangelica* (en collab.) (1982), VII, 41-53.

*b*2460   SCHILLEBEECKX, E., *God among us*, «The Transfiguration of the Suffering Son of God (Mark 9.2-9)» (1983), 78-82.

*b*2461   9,2-8   STEIN, R.H., «Is the Transfiguration (Mark 9:2-8) A Misplaced Resurrection-Account?» JBL 95 (1976) 79-96.

*b*2462   NARDONI, E., *La Transfiguración de Jesús y el diálogo sobre Elías según el Evangelio de San Marcos* (Teología, 2) (Buenos Aires, Ediciones

de la Facultad de Teología de la Universidad Católica Argentina, Editora
Patria Grande, 1977), 254 pp.

*b*2463 En collaboration, «Le récit de la transfiguration selon saint Marc»,
SemBib no 9 (1978) 36-58.

*b*2464 CHILTON, B.D., «The Transfiguration: Dominical Assurance and
Apostolic Vision», NTS 27 (1980) 115-124.

*b*2465 WINK, W., «Mark 9:2-8», Interpr 36 (1982) 63-67.

*b*2466 9,2 SYKES, C., «The Transfiguration», ExpTim 85 (1974) 307-308.

*b*2467 SCHNELLBACHER, E.L., «*Kai meta êmeras eks* (Markus 9 2)», ZNW
71 (1980) 252-257.

*b*2468 ABBA, R., «Heaven is Very Close», ExpTim 92 (1981) 180-182.

*b*2469 9,9-12 HAHN, F., *Christologische Hoheitstitel*, «Die Worte vom Leiden und
Auferstehen des Menschensohnes» (1963), 46-53.

*b*2470 9,11 FAIERSTEIN, M.M., «Why Do the Scribes Say That Elijah Must Come
First?» JBL 100 (1981) 75-86.

*b*2471 9,12 SEITZ, O.J.F., «The Rejection of the Son of Man: Mark Compared
with Q», dans *Studia Evangelica* (en collab.) (1982), VII, 451-465.

*b*2472 9,14-37 PESCH, R., KRATZ, R., *So liest man synoptisch* (1976), «Jesus heilt
einen besessenen Knaben (Mk 9,14-29)», II, 32-42; «Zweite
Leidensankündigung (Mk 9,30-32)», II, 47-50; «Vom Rangstreit der
Jünger (Mk 9,33-37)», II, 51-55.

*b*2473 9,14-29 CRANFIELD, C.E.B., «St. Mark 9.14-29», SJTh 3 (1950) 57-67.

*b*2474 PETZKE, G., «Die historische Frage nach den Wundertaten Jesu», NTS
22 (1976) 180-204.

*b*2475 AICHINGER, H., «Zur Traditionsgeschichte der Epileptiker-Perikope
Mk 9,14-29 par Mt 17,14-21 par Lk 9,37-43a», dans *Probleme der
Forschung* (SNTU Serie A, Band 3) (1978), 114-143.

*b*2476 BETZ, H.D., «The Early Christian Miracle Story: Some Observations on
the Form Critical Problem», Semeia 11 (1978) 69-81.

*b*2477 STANDAERT, B.H.M.G.M., *L'évangile selon Marc*, «Mc 9,14-29»
(1978), 140-148.

*b*2478 9,30-48 E.F., «Serviteur de tous (Mc 9,30-37)», EV (prédication) 76 (1976)
220-222; «Celui qui n'est pas contre nous est pour nous (Mc 9,38-48)»,
EV (prédication) 76 (1976) 225-227.

*b*2479 9,30-37 ACHTEMEIER, P.J., «Mark 9:30-37», Interpr 30 (1976) 178-183.

*b*2480 Y.B., «Le serviteur de tous (Mc 9,30-37)», EV (prédication) 79 (1979)
244-246; «Qui est le plus grand? (Mc 9,30-37)», 82 (1982) 241-243.

*b*2481 9,31 HAHN, F., *Christologische Hoheitstitel*, «Die Worte vom Leiden und
Auferstehen des Menschensohnes» (1963), 46-53.

*b*2482 BASTIN, M., «L'annonce de la Passion et les critères de l'historicité»,
RevSR 50 (1976) 289-329.

*b*2483 9,33-50 McDONALD, J.I.H., «Mark 9:33-50. Catechetics in Mark's Gospel»,
dans *Studia Biblica 1978. II. Papers on the Gospels* (en collab.) (1980),
171-177.

*b*2484 FLEDDERMANN, H., «The Discipleship Discourse (Mark 9:33-50)»,
CBQ 43 (1981) 57-75.

*b*2485 NEIRYNCK, F., «Mc 9,33-50 en de overlevering van de Jezuswoorden»,
Conci no 10 (1966) 62-73, dans NEIRYNCK, F., *Evangelica* (1982),
811-820.

b2486   9,33-42   WENHAM, D., «A Note on Mark 9:33-42/Matt. 18:1-6/Luke 9:46-50»,
                    JSNT nᵒ 14 (1982) 113-118.
b2487   9,33-41   MEADOWS, F., «The Divine Heretic (A Sermon on Numbers
                    11:16-17,24-30 and Mark 9:33-41)» dans Spirit Within Structure (en
                    collab.) (1983), 155-159.
b2488   9,35   MINEAR, P.S., «The Morphology of a Proverb», AThR 21 (1939)
                    282-292.
b2489   9,38-48   G.C., «Deux consignes... toujours d'actualité. Nombres 11,25-29;
                    Jc 5,1-6; Mc 9,38-48», EV (prédication) 79 (1979) 257-259.
b2490   Y.B., «Soyez en paix les uns avec les autres (Mc 9,38-48)», EV
                    (prédication) 82 (1982) 243-244.
b2491   9,38-41   LONGSTAFF, T.R.W., Evidence of Conflation in Mark? «Mark
                    9:38-41: The Strange Exorcist» (1977), 168-178.
b2492   9,38-39   SCHLOSSER, J., «L'exorciste étranger (Mc 9,38-39)», RevSR 56 (1982)
                    229-239.
b2493   9,42   DERRETT, J.D.M., «Law in the New Testament: Si scandalizaverit te
                    manus tua abscinde illam (Mk. ix.42) and Comparative Legal History»,
                    Revue Internationale des Droits de l'Antiquité, 3rd ser., 20 (1973) 11-36,
                    dans DERRETT, J.D.M., Studies in the New Testament, I (1977), 4-31.
b2494   9,43-47   KOESTER, H., «Mark 9:43-47 and Quintilian 8.3.75», HarvTR 71
                    (1978) 151-153.
b2495   9,49   MARIANI, B., «Ognuno, infatti, sarà salato col fuoco», dans Il fine
                    ultimo dell'uomo secondo la S. Scrittura... (en collab.) (1977), 165-211.
b2496   10   BUSEMANN, R., Die Jüngergemeinde nach Markus 10. Eine
                    redaktionsgeschichtliche Untersuchung des 10. Kapitels im
                    Markusevangelium (BBB 57) (Königstein/Ts, Bonn, Hanstein, 1983),
                    278 pp.
b2497   10,1-12   HEMELSOET, B., «Créé à l'image de Dieu: la question du divorce dans
                    Mark x», dans Miscellanea Neotestamentica (en collab.) (1978), II, 49-57.
b2498   10,1   BASTIN, M., «L'annonce de la Passion et les critères de l'historicité»,
                    RevSR 50 (1976) 289-329.
b2499   PESCH, R., KRATZ, R., So liest man synoptisch, «Jesus bricht auf nach
                    Judäa» (1979), VI, 56-58.
b2500   10,2-45   G.C., «L'homme devant le Christ (Mc 10,2-16)», EV (prédication) 76
                    (1976) 241-243; «Détachement des richesses (Mc 10,17-30)», 76 (1976)
                    243-245; «L'autorité est service (42-45) (Mc 10,35-45)», 76 (1976)
                    245-247.
b2501   10,2-16   Y.B., «Ce que Dieu a uni... (Mc 10, 2-16)», EV (prédication) 79 (1979)
                    259-260; 82 (1982) 257-258.
b2502   10,2-12   LÖVESTAM, E., «Die funktionale Bedeutung der synoptischen
                    Jesusworte über Ehescheidung und Wiederheirat», dans Theologie aus
                    dem Norden (en collab.) (1976), 19-28.
b2503   SCHÜRMANN, H., «Neutestamentliche Marginalien zur Frage nach
                    der Institutionalität, Unauflösbarkeit und Sakramentalität der Ehe»,
                    dans Kirche und Bibel (en collab.) (1979), 409-430.
b2504   DESCAMPS, A.-L., «Les textes évangéliques sur le mariage», RTL 9
                    (1978) 259-266; 11 (1980) 5-50.
b2505   10,2.10   ELLINGWORTH, P., «Text and Context in Mark 10:2,10», JSNT nᵒ 5
                    (1979) 63-66.

b2506   10,9-12   NEIL, W., «Five Hard Sayings of Jesus», dans *Biblical Studies* (W. Barclay) (en collab.) (1976), 157-171.

b2507   10,9   TANNEHILL, R.C., *The Sword of His Mouth*, «Mark 7:15, 10:9, and 8:35. What Goes In and What Comes Out; Joining and Separating: Saving and Losing (The 'Antithetical Aphorism')» (1975), 88-101.

b2508   10,11-12   BROOTEN, B., «Konnten Frauen im alten Judentum die Scheidung betreiben? Überlegungen zu Mk 10,11-12 und 1 Kor 7,10-11», EvT 42 (1982) 65-80.

b2509   NEIRYNCK, F., «De Jezuswoorden over echtscheiding», *Sociologische Verkenningen* 2 (1972) 127-141, dans NEIRYNCK, F., *Evangelica* (1982), 821-834.

b2510   10,13-16   BEST, E., «Mark 10:13-16: The Child as Model Recipient», dans *Biblical Studies* (W. Barclay) (en collab.) (1976), 119-134.

b2511   SAUER, J., «Der ursprüngliche 'Sitz im Leben' von Mk 10 13-16», ZNW 72 (1981) 27-50.

b2512   DERRETT, J.D.M., «Why Jesus Blessed the Children (Mk 10:13-16 par.)», NT 25 (1983) 1-18.

b2513   10,14-15   DOLTO, F., SÉVÉRIN, G., *L'Évangile au risque de la psychanalyse*, «En petit enfant» (1977), I, 41-50.

b2514   10,16   JONES, B.E., «Mothering Sunday», ExpTim 88 (1977) 172-173.

b2515   10,17-31   CELADA, B., «Textos evangélicos acerca del número de los que se salvan», CuBi 26 (1969) 159-160.

b2516   CELADA, B., «Problemas acerca de la riqueza y seguimiento de Jesús, en Marcos 10:17-31», CuBi 26 (1969) 218-222.

b2517   MANNS, F., *Essais sur le Judéo-Christianisme* (Studium Biblicum Franciscanum Analecta, 12) (Jerusalem, Franciscan Printing Press, 1977), 226 pp.

b2518   EGGER, W., *Nachfolge als Weg zum Leben*. Chancen Neuerer exegetischer Methoden dargelegt an Mk 10,17-31 (Österreichische Biblische Studien, 1) (Klosterneuburg, Österreichisches Katholisches Bibelwerk, 1979), vi-319 pp.

b2519   COULOT, C., «La structuration de la péricope de l'homme riche et ses différentes lectures (Mc 10,17-31; Mt 19,16-30; Lc 18,18-30)», RevSR 56 (1982) 240-252.

b2520   10,17-22   MARKWEI, M., «A New Look at the Rich Man», ExpTim 90 (1979) 150-151.

b2521   VENETZ, H., «Theologische Grundstrukturen in der Verkündigung Jesu? Ein Vergleich von Mk 10,17-22; Lk 10,25-37 und Mt 5,21-48», dans *Mélanges Dominique Barthélemy* (en collab.) (1981), 613-650.

b2522   10,17   FISHBAUGH, J.A., «Reformation: Let it happen», ExpTim 89 (1978) 275-276.

b2523   DUNFORD, J., «What Shall I Do?» ExpTim 91 (1980) 340-341.

b2524   10,18   CELADA, B., «Nadie es bueno sino solo Dios (Marcos 10:18)», CuBi 26 (1969) 106-108.

b2525   10,21   NEIL, W., «Five Hard Sayings of Jesus», dans *Biblical Studies* (W. Barclay) (en collab.) (1976), 157-171.

b2526   10,23-31   MALONE, D., «Riches and Discipleship: Mark 10:23-31», BTB 9 (1979) 78-88.

*b*2527 10,23   HOLMAN, C.L., «The Idea of an Imminent Parousia in the Synoptic Gospels», SBT 13 (1973) 15-31.

*b*2528 10,25   CELADA, B., «Más acerca del camello y la aguja», CuBi 26 (1969) 157-158.

*b*2529 10,28-31   CARL, III, W.J., «Mark 10:17-27 (28-31)», Interpr 33 (1979) 283-288.

*b*2530 10,28   THEISSEN, G., «'Wir haben alles verlassen' (MC. X 28). Nachfolge und soziale Entwurzelung in der jüdisch-palästinischen Gesellschaft des I. Jahrhunderts n. Ch.», NT 19 (1977) 161-196.

*b*2531 10,29-30   TANNEHILL, R.C., *The Sword of His Mouth*, «Mark 10:29-30. Hundredfold Reward» (1975), 147-152.

*b*2532   GARCIA BURILLO, J., «El ciento por uno (Mc. 10,29-30 par)», EstB 36 (1977) 173-203; 37 (1978) 29-55.

*b*2533 10,32-34   McKINNIS, R., «An Analysis of Mark X 32-34», NT 18 (1976) 81-100.

*b*2534 10,32-52   VIA, D.O., Jr., «Mark 10:32-52. A Structural, Literary, and Theological Evaluation», dans *Society of Biblical Literature. 1979 Seminar Papers* (en collab.) (1979), II, 187-203.

*b*2535 10,32-34   PESCH, R., KRATZ, R., *So liest man synoptisch*, «Dritte Leidensankündigung» (1979), VI, 59-62.

*b*2536 10,32   SELVIDGE, M.J., «And Those Who Followed Feared (Mark 10:32)», CBQ 45 (1983) 396-400.

*b*2537 10,33-34   HAHN, F., *Christologische Hoheitstitel*, «Die Worte vom Leiden und Auferstehen des Menschensohnes» (1963), 46-53.

*b*2538   LEE, P., «The Victory of the Cross», ExpTim 91 (1980) 177-178.

*b*2539 10,35-45   HOWARD, V., «Did Jesus Speak about His Own Death?» CBQ 39 (1977) 515-527.

*b*2540   SMART, J.D., «Mark 10:35-45», Interpr 33 (1979) 288-293.

*b*2541   Y.B., «Servir avec le Christ (Mc 10,35-45)», EV (prédication) 79 (1979) 274-276; «Revendiquer ou servir? (Is 53,10-11; He. 4,14-16; Mc 10,35-45)», 82 (1982) 273-274.

*b*2542 10,35-40   GOGUEL, M., «Deux notes d'exégèse», RSR 123 (1941) 27-56.

*b*2543 10,39   READ, D.H.C., «The Quality of Christian confidence», ExpTim 91 (1980) 304-306.

*b*2544 10,42-44   TANNEHILL, R.C., *The Sword of His Mouth*, «Mark 10:42-44. Being Great as Servant» (1975), 102-107.

*b*2545 10,42   CLARK, K.W., «The Meaning of *(kata)kurieuein* dans ELLIOTT, J.K. (Ed.), *Studies in New Testament Language and Text*. Essays in Honour of George D. Kilpatrick on the Occasion of his sixty-fifth Birthday (en collab.), (Leiden, Brill, 1976), 100-105, dans CLARK, K.W., *The Gentile Bias* (1980), 207-212.

*b*2546 10,45   SIMON, L., «De la situation de l'Église au sermon (11): Marc 10/45», ETR 46 (1971) 3-11.

*b*2547   KERTELGE, K., «Der dienende Menschensohn (Mk 10 45)», dans *Jesus und der Menschensohn* (en collab.) (1975), 225-239.

*b*2548   MOULDER, W.J., «The Old Testament Background and the Interpretation of Mark x.45», NTS 24 (1977-78) 120-127.

*b*2549   ADINOLFI, M., «Il servo di Jhwh nel logion del servizio e del riscatto (Mc. 10,45)», BibOr 21 (1979) 43-61.

*b*2550   PAGE, S.H.T., «The Authenticity of the Ransom Logion (Mark 10:45b)», dans *Gospel Perspectives* (en collab.) (1980), 137-161.

b2551 STUHLMACHER, P., «Existenzstellvertretung für die Vielen: Mk 10,45 (Mt 20,28)», dans *Werden und Wirken des Alten Testaments* (en collab.) (1980), 412-427.

b2552 SCHENKER, A., «Substitution du châtiment ou prix de la paix? Le don de la vie du fils de l'homme en Mc 10,45 et par. à la lumière de l'Ancien Testament», dans *La Pâque du Christ, mystère de salut* (en collab.) (1982), 75-90.

b2553 10,46-52 G.C., «Le grand retour (Marc 10,46-52)», EV (prédication) 76 (1976) 257-259.

b2554 PESCH, R., KRATZ, R., *So liest man synoptisch*, «Jesus heilt den blinden Bartimäus» (1976), II, 78-87.

b2555 STOFFEL, E.L., «Mark 10:46-52», Interpr 30 (1976) 288-292.

b2556 ACHTEMEIER, P.J., «'And they followed him': Miracles and Discipleship in Mark 10:46-52», Semeia 11 (1978) 115-145.

b2557 BETZ, H.D., «The Early Christian Miracle Story: Some Observations on the Form Critical Problem», Semeia 11 (1978) 69-81.

b2558 JOHNSON, E.S., Jr., «Mark 10:46-52: Blind Bartimaeus», CBQ 40 (1978) 191-204.

b2559 STANDAERT, B.H.M.G.M., *L'évangile selon Marc*, «Mc 10,46-52» (1978), 119-125.

b2560 Y.B., «Lève-toi, il t'appelle... (Mc 10,46-52)», EV (prédication) 79 (1979) 289-290; «Bartimée (Jr 31,7-9; Mc 10,46-52)», 82 (1982) 289-291.

b2561 DUPONT, J., «Il cieco di Gerico riacquista la vista e segue Gesù (Mc 10,46-52)», dans *Parola, spirito e vita* 2 (1980) 105-123.

b2562 10,50 CULPEPPER, R.A., «Mark 10:50: Why Mention the Garment?» JBL 101 (1982) 131-132.

b2563 STEINHAUSER, M.G., «Part of a 'Call Story'?» ExpTim 94 (1983) 204-206.

b2564 11-16 KEE, H.C., «The Function of Scriptural Quotations and Allusions in Mark 11-16», dans *Jesus und Paulus* (en collab.) (1975), 165-188.

b2565 SMITH, M., «The Composition of Mark 11-16», HeyJ 22 (1981) 363-377.

b2566 11,1-15,47 STANDAERT, B.H.M.G.M., *L'évangile selon Marc*, «Le dénouement (Mc 11,1-15,47)» (1978), 326-367.

b2567 11-12 STOCK, K., «Gliederung und Zusammenhang in Mk 11-12», dans Bibl 59 (1978) 481-515.

b2568 11 GLUSMAN, E.F., Jr., «The Cleansing of the Temple and the Anointing at Bethany: The Order of Events in Mark 11/John 11-12», dans *Society of Biblical Literature. 1979 Seminar Papers* (en collab.) (1979), I, 113-117.

b2569 PESCH, R., KRATZ, R., *So liest man synoptisch* (1979), VI, «Jesus zieht ein in Jerusalem (Mk 11,1-10)», 64-72; «Jesus besucht den Tempel und kehrt nach Betanien zurück (Mk 11,11)», 73-74; «Jesus Fluch über den Feigenbaum (Mk 11,12-14)», 75-77; «Jesus reinigt den Tempelvorhof (Mk 11,15-19)», 78-84; «Der verdorrte Feigenbaum (Mk 11,20-26)», 85-88; «Die Frage nach der Macht Jesu (Mk 11,27-33)», 89-93.

b2570 MOHR, T.A., *Markus- und Johannespassion.* Redaktions- und traditionsgeschichtliche Untersuchung der Markinischen und Johanneischen Passionstradition (Abhandlungen zur Theologie des

Alten und Neuen Testaments, 70) (Zürich, Theologischer Verlag, 1982), 459 pp.

b2571   11,1-11   WILLSHAW, T.M., «Is this the Messiah?» ExpTim 87 (1976) 176-177.

b2572   MARIADASAN, V., *Le triomphe messianique de Jésus et son entrée à Jérusalem*. Étude critico-littéraire des traditions évangéliques (Mc 11:1-11; Mt 21:1-11: Lc 19:28-38; Jn 12:12-16) (Tindivanam, India, Catechetical Centre, 1978), x-66 pp.

b2573   11,1-10   VALETTE, J., «Marc 11:1-10», ETR 30, n° 4 (1955) 54-57.

b2574   DERRETT, J.D.M., «Law in the New Testament: The Palm Sunday Colt», NT 13 (1971) 241-258, dans DERRETT, J.D.M., *Studies in the New Testament* (1978), II, 165-183.

b2575   BARTNICKI, R., «Il carattere messianico delle pericopi di Marco e Matteo sull'ingresso di Gesù in Gerusalemme (*Mc.* 11,1-10; *Mt.* 21,1-9)», RivB 25 (1977) 5-27.

b2576   MARZ, C.-P., «*Siehe, Dein König kommt zu Dir...*» Eine traditionsgeschichtliche Untersuchung zur Einzugsperikope (Erfurter Theologische Studien, 43) (Leipzig, St. Benno-Verlag, 1980), xxxvi-248 pp.

b2577   Y.B., «Vers la Passion (Mc 11,1-10)», EV (prédication) 82 (1982) 65-67.

b2578   11,9-10.17 CROSSAN, J.D., «Redaction and Citation in Mark 11:9-10,17 and 14:27», dans *Society of Biblical Literature. 1972 Proceedings* (en collab.) (1972), 17-62.

b2579   11,9   ORR, J.M., «When Good Men do Nothing», ExpTim 90 (1979) 176-178.

b2580   11,12-25   LOSIE, L.A., «The Cursing of the Fig Tree: Tradition Criticism of a Markan Pericope (Mark 11:12-14,20-25)», SBT 7,2 (1977) 3-18.

b2581   MESA, J.L., «Oseas y la higuera y el templo de Marcos (Mc 11,12-25 y Os 9,10-17)», *Miscelánea Comillas* 41 (1983) 153-158.

b2582   11,12-23   WATSON, P.S., «Have Faith in God», ExpTim 90 (1979) 175-176.

b2583   11,12-21   GIESEN, H., «Der verdorrte Feigenbaum - Eine symbolische Aussage? Zu Mk 11,12-14,20f», BZ 20 (1976) 95-111.

b2584   11,12-14   DERRETT, J.D.M., «Figtrees in the New Testament», HeyJ 14 (1973) 249-265, dans DERRETT, J.D.M., *Studies in the New Testament* (1978), II, 148-164.

b2585   TELFORD, W.R., *The Barren Temple and the Withered Tree*. A redaction-critical analysis of the Cursing of the Fig-Tree pericope in Mark's Gospel and its relation to the Cleansing of the Temple tradition (JSNT Supplement Series, 1) (Sheffield, JSOT Press, 1980), xvi-319 pp.

b2586   11,15-19   BARRETT, C.K., «The House of Prayer and the Den of Thieves», dans *Jesus und Paulus* (en collab.) (1975), 13-20.

b2587   LONGSTAFF, T.R.W., *Evidence of Conflation in Mark?* (1977), «Mark 11:15-19: The Cleansing of the Temple» (1977), 178-188.

b2588   CULPEPPER, R.A., «Mark 11:15-19», Interpr 34 (1980) 176-181.

b2589   11,15-17   JEREMIAS, J., «Zwei Miszellen: 1. Antik-Jüdische Münzdeutungen. 2. Zur Geschichtlichkeit der Tempelreinigung», NTS 23 (1977) 177-180.

b2590   11,16   FORD, J.M., «Money 'bags' in the Temple (Mk 11,16)», Bibl 57 (1976) 249-253.

b2591   11,23-25   BIGUZZI, G., «Mc. 11,23-25 e il Pater», RivB 27 (1979) 57-68.

b2592   11,25   WANAMAKER, C.A., «Mark 11:25 and the Gospel of Matthew», dans *Studia Biblica 1978. II. Papers on the Gospels* (en collab.) (1980), 329-337.

b2593   11,27-33   KREMER, J., «Jesu Antwort auf die Frage nach seiner Vollmacht. Eine Auslegung von Mk 11,27-33», BiLeb 9 (1968) 128-136.

b2594   12,1-17   PESCH, R., KRATZ, R., *So liest man synoptisch*, «Die Lehrerzählung von den bösen Winzern (Mk 12,1-12)» (1978), IV, 75-84; «Die Pharisäerfrage nach der Kaisersteuer (Mk 12,13-17)» (1979), VI, 95-99.

b2595   12,1-12   KLAUCK, H.-J., «Das Gleichnis vom Mord im Weinberg (Mk 12,1-12; Mt 21,33-46; Lk 20,9-19)», BiLeb 11 (1970) 118-145.

b2596   SILVA COSTOYAS, R., «La parábola de los viñadores (estudio crítico-literario e interpretación)», dans *Miscelánea Manuel Cuervo Lopez* (en collab.) (1970), 53-81.

b2597   BLANK, J., «Die Sendung des Sohnes. Zur christologischen Bedeutung des Gleichnisses von den bösen Winzern Mk 12,1-12», dans *Neues Testament und Kirche* (en collab.) (1974), 11-41.

b2598   DEHANDSCHUTTER, B., «La parabole des vignerons homicides (Mc., XII,1-12) et l'Évangile selon Thomas», dans *L'Évangile selon Marc* (en collab.) (1974), 203-219.

b2599   DERRETT, J.D.M., «Allegory and the Wicked Vinedressers», JTS 25 (1974) 426-432, dans DERRETT, J.D.M., *Studies in the New Testament* (1978), II, 92-98.

b2600   ALMEIDA, J., «'Les vignerons meurtriers'. Exercice sur Marc 12», SemBib nᵒ 11 (1978) 26-47.

b2601   WEDER, H., *Die Gleichnisse Jesu als Metaphern*, «Die Parabel von den Weinbergpächtern (Mk 12,1-12 parr; ThEv 65f)» (1980), 147-162.

b2602   12,1-9   KÜMMEL, W.G., «Das Gleichnis von den bösen Weingärtnern (Mark. 12.1-9)», dans *Aux sources de la tradition chrétienne* (en collab.) (1950), 120-131.

b2603   12,10-11   DERRETT, J.D.M., «The stone that the builders rejected» [*Studia Evangelica*, IV (TU 102) (Berlin, 1968), 180-186], dans DERRETT, J.D.M., *Studies in the New Testament* (1978), II, 60-67.

b2604   12,13-17   TANNEHILL, R.C., *The Sword of His Mouth*, «Mark 12:13-17. Caesar and God» (1975), 171-177.

b2605   KLEMM, H.G., «De censu Caesaris. Beobachtungen zu J. Duncan M. Derretts Interpretation der Perikope Mk. 12:13-17 par.», NT 2 (1982) 234-254.

b2606   CROSSAN, J.D., «Mark 12:13-17», Interpr 37 (1983) 397-401.

b2607   12,18-27   AMMASSARI, A., *La Resurrezione*, «L'insegnamento di Gesù sulla Resurrezione in Mt. 22,23-33; Mc. 12,18-27; Lc. 20,27-40)» (1976), I, 23-57.

b2608   12,24-27   DOWNING, F.G., «The Resurrection of the Dead: Jesus and Philo», JSNT nᵒ 15 (1982) 42-50.

b2609   12,28-34   SALGUERO, J., «El mandamiento capital y las leyes específicas», CuBi 26 (1969) 259-293.

b2610   G.C., «Le grand commandement: l'amour (Marc 12,28-34)», EV (prédication) 76 (1976) 259-260.

b2611   DIEZINGER, W., «Zum Liebesgebot Mk xii,28-34 und Parr», NT 20 (1978) 81-83.

b2612		HOYER, G.W., «Mark 12:28-34», Interpr 33 (1979) 293-298.
b2613		Y.B., «Es-tu sur le chemin de l'amour (Dt 6,2-6; Mc 12,28b-34)», EV (prédication) 82 (1982) 291-292.
b2614	12,29-30	THOMAS, K.J., «Liturgical Citations in the Synoptics», NTS 22 (1976) 205-214.
b2615	12,30-31	PAVELSKY, R.L., «The Commandment of Love and the Christian Clinical Psychologist», SBT 3 (1973) 57-65.
b2616	12,30	WILLSHAW, T.M., «Education Sunday», ExpTim 94 (1983) 109-110.
b2617	12,35-37	PESCH, R., KRATZ, R., So liest man synoptisch, «Davids Sohn oder Herr» (1979), VI, 100-103.
b2618	12,36	GOURGUES, M., À la droite de Dieu, «Marc 12:36 et parallèles (Mt 22:44; Lc 20:42s.)» (1978), 127-143.
b2619	12,37-13,2	LAUVERJAT, M., «L'autre regard. Marc 12/37b - 13/2», ETR 55 (1980) 416-419.
b2620	12,37-40	FLEDDERMANN, H., «A Warning about the Scribes (Mark 12:37b-40)», CBQ 44 (1982) 52-67.
b2621	12,38-44	G.C., «La façon de donner vaut mieux que ce qu'on donne (Mc 12,38-44)», EV (prédication) 76 (1976) 263-264.
b2622		Y.B., «Les dimensions de la charité (Mc 12,38-44)», EV (prédication) 79 (1979) 305-306; «Le véritable don de soi (1 R 17,10-16; He 9,24-28; Mc 12,38-44)», EV (prédication) 82 (1982) 294-295.
b2623	12,40	DERRETT, J.D.M., «'Eating up the houses of widows': Jesus' Comment on Lawyers?», NT 14 (1972) 1-9, dans DERRETT, J.D.M., Studies in the New Testament (1977), I, 118-127.
b2624	12,41-44	SIMON, L., «Le sou de la veuve», ETR 44 (1969) 115-126.
b2625		STANDAERT, B.H.M.G.M., L'évangile selon Marc, «Mc 12,41-44» (1978), 149-152.
b2626		WULF, F., «Das Opfer des Armen und die Erlangung des Heils. Meditation zu Mk 12,41-44», GeistL 51 (1978) 233-235.
b2627		PESCH, R., KRATZ, R., So liest man synoptisch, «Das Scherflein der armen Witwe» (1979), VI, 104-105.
b2628		WRIGHT, A.G., «The Widow's Mites: Praise or Lament? A Matter of Context», CBQ 44 (1982) 256-265.
b2629	13	CRANFIELD, C.E.B., «St. Mark 13», SJTh 6 (1953) 189-196, 287-303; 7 (1954) 284-303.
b2630		SHAW, R.H., «A Conjecture on the Signs of the End», AThR 47 (1965) 96-102.
b2631		HERMANN, I., «Die Gefährdung der Welt und ihre Erneuerung. Auslegung von Mk 13,1-37», BiLeb 7 (1966) 305-309.
b2632		LATTANZI, H., «Eschatologici sermonis Domini logica interpretatio», dans Miscellanea André Combes (en collab.) (1967), I, 71-92.
b2633		WURZINGER, A., «Die eschatologischen Reden Jesu», dans Bibel und Zeitgemässer Glaube (en collab.) (1967), 37-67.
b2634		NEIRYNCK, F., «Le discours anti-apocalyptique de Mc 13», ETL 45 (1969) 154-164, dans NEIRYNCK, F., Evangelica (1982), 598-608.
b2635		HAHN, F., «Die Rede von der Parusie des Menschensohnes Markus 13», dans Jesus und der Menschensohn (en collab.) (1975), 240-266.

*b*2636   FEUILLET, A., «La signification fondamentale de Marc XIII», RT 80
                   (1980) 181-215.

*b*2637   NEIRYNCK, F., «Marc 13. Examen critique de l'interprétation de
                   R. Pesch», dans *L'Apocalypse johannique et l'Apocalyptique dans le
                   Nouveau Testament* (en collab.) (1980), 369-401, dans NEIRYNCK, F.,
                   Evangelica (1982), 565-597.

*b*2638   PESCH, R., «Markus 13», dans *L'Apocalypse johannique et
                   l'Apocalyptique dans le Nouveau Testament* (en collab.) (1980), 355-368.

*b*2639   DEL AGUA PEREZ, A., «Deráš Lucano de Mc 13 a la luz de su
                   'Theología del Reino': Lc 21,5-36», EstB 39 (1981) 285-313.

*b*2640   HOOKER, M.D., «Trial and Tribulation in Mark XIII», BJRL 65
                   (1982) 78-99.

*b*2641   BEASLEY-MURRAY, G.R., «Second Thoughts on the Composition of
                   Mark 13», NTS 29 (1983) 414-420.

*b*2642   13,1-2   PESCH, R., KRATZ, R., *So liest man synoptisch*, «Jesus sagt die
                   Zerstörung des Tempels voraus» (1979), VI, 106-108.

*b*2643   13,9-11   DUPONT, J., «La persécution comme situation missionnaire (Marc
                   13,9-11)», dans *Die Kirche des Anfangs* (en collab.) (1978), 97-114.

*b*2644   13,14   FORD, D., *The Abomination of Desolation in Biblical Eschatology*
                   (Washington, DC, University Press of America, 1979), xiv-334 pp.

*b*2645   13,24-32 G.C., «Les derniers événements... (Mc 13,24-32)», EV (prédication) 76
                   (1976) 273-274.

*b*2646   TOWNER, W.S., «Mark 13:24-32», Interpr 30 (1976) 292-296.

*b*2647   Y.B., «Viens, Seigneur Jésus (Mc 13,24-32)», EV (prédication) 79 (1979)
                   306-308; «Le Fils de l'homme est sur le seuil (Dn 12,1-13; Mc 13,24-32)»,
                   EV (prédication) 82 (1982) 305-306.

*b*2648   13,24-27 MUSSNER, F., «Die Wiederkunft des Menschensohnes nach Mk
                   13,24-27 und 14,61-62», BiKi 16 (1961) 105-107.

*b*2649   MINEAR, P.S., *To Die and to Live*, «The Gathering of the Elect / Mark
                   13:24-27» (1977), 123-149.

*b*2650   13,28-32 DERRETT, J.D.M., «Figtrees in the New Testament», HeyJ 14 (1973)
                   249-265, dans DERRETT, J.D.M., *Studies in the New Testament* (1978),
                   II, 148-164.

*b*2651   13,28-29 PESCH, R., KRATZ, R., *So liest man synoptisch*, «Gleichnis vom
                   Feigenbaum» (1978), IV, 85-88.

*b*2652   13,30   HOLMAN, C.L., «The Idea of an Imminent Parousia in the Synoptic
                   Gospels», SBT 3 (1973) 15-31.

*b*2653   LÖVESTAM, E., «The *ê genea autê*. Eschatology in Mk 13,30 parr.»,
                   dans *L'Apocalypse johannique et l'Apocalyptique dans le Nouveau
                   Testament* (en collab.) (1980), 403-413.

*b*2654   13,32-37 TROTTI, J.B., «Mark 13:32-37», Interpr 32 (1978) 410-413.

*b*2655   13,33-37 G.C., «Appel à la vigilance. Mc 13,33-37», EV (prédication) 78 (1978)
                   291-292.

*b*2656   PESCH, R., KRATZ, R., *So liest man synoptisch*, «Schluss der
                   Parusierede bei Markus» (1978), IV, 89-91.

*b*2657   WEDER, H., *Die Gleichnisse Jesu als Metaphern*, «Das Gleichnis vom
                   Türhüter (Mk 13,33-37 par Lk 12,35-38)» (1980), 162-168.

*b*2658   Y.B., «Les cieux se sont ouverts (Is. 63,16b-17; 64,1.3b-8; 1 Co. 1,3-9; Mc
                   13,33-37)», EV (prédication) 81 (1981) 309-310.

b2659   14-16   KELBER, W.H. (Ed.), *The Passion in Mark*. Studies on Mark 14-16
                       (Philadelphia, Fortress, 1976), xviii-203 pp.

b2660   ZELLER, D., «Die Handlungsstruktur der Markuspassion», TQ 159
                       (1979) 213-227.

b2661   MOHR, T.A., *Markus- und Johannespassion*. Redaktions- und
                       traditionsgeschichtliche Untersuchung der Markinischen und
                       Johanneischen Passionstradition (Abhandlungen zur Theologie des
                       Alten und Neuen Testaments, 70) (Zürich, Theologischer Verlag, 1982),
                       459 pp.

b2662   WIÉNER, C., «Le mystère pascal dans le deuxième évangile. Recherches
                       sur la construction de Marc 14-16», dans *La Pâque du Christ, mystère de
                       salut* (en collab.) (1982), 141-145.

b2663   BROWER, K., «Elijah in the Markan Passion Narrative», JSNT nº 18
                       (1983) 85-101.

b2664   14,1-16,8   En collaboration, «Parcours. Marc 14,1-16,8», SemBib nº 11 (1978)
                       48-55.

b2665   DORMEYER, D., *Der Sinn des Leidens Jesu*. Historisch-kritische und
                       textpragmatische Analysen zur Markuspassion (SBS 96) (Stuttgart,
                       Katholisches Bibelwerk, 1979), 118 pp.

b2666   14-15   SCHULZ, S., *Die Stunde der Botschaft* (Hamburg, Furche, 1967), «Die
                       Passionsgeschichte», 114-142.

b2667   NEIRYNCK, F., «Urmarcus redivivus? Examen critique de l'hypothèse
                       des insertions matthéennes dans Marc», BETL 34 (1974) 103-145, dans
                       NEIRYNCK, F., *Jean et les synoptiques* (1979), 319-361.

b2668   JUEL, D., *Messiah and Temple*. The Trial of Jesus in the Gospel of Mark
                       (SBL Dissertation Series, 31) (Missoula, Scholars Press, 1977), 223 pp.

b2669   G.C., «La passion du Seigneur (Mc 14,1-15,47)», EV (prédication) 79
                       (1979) 81-83.

b2670   OSWALD, J., «Die Beziehungen zwischen Psalm 22 und dem
                       vormakinischen Passionsbericht», ZKT 101 (1979) 53-66.

b2671   ERNST, J., «Die Passionserzählung des Markus und die Aporien der
                       Forschung», TGl 70 (1980) 160-180.

b2672   NICKELSBURG, G.W.E., «The Genre and Function of the Markan
                       Passion Narrative», HarvTR 73 (1980) 153-184.

b2673   PESCH, R., KRATZ, R., *So liest Man Synoptisch*. Anleitung und
                       Kommentar zum Studium der synoptischen Evangelium.
                       VII. *Passionsgeschichte*. Zweiter Teil (Frankfurt am Main, Knecht,
                       1980), 174 pp.

b2674   14,3-9   DAUBE, D., «The Anointing at Bethany and Jesus' Burial», AThR 32
                       (1950) 194-199.

b2675   MUNRO, W., «The Anointing in Mark 14:3-9 and John 12:1-8», dans
                       Society of Biblical Literature. 1979 *Seminar Papers* (en collab.) (1979), I,
                       127-130.

b2676   MARZ, C.-P., «'...mich habt ihr nicht allezeit'. Zur Traditionsgeschichte
                       von Mk 14,3-9 und Parallelen», SNTU 6/7 (1981-82) 89-112.

b2677   SCHEDL, C., «Die Salbung Jesu in Betanien. Zur Kompositionskunst
                       von Mk 14,3-9 und Mt 26,6-13», BiLit 54 (1981) 151-162.

b2678   14,12-26   E.F., «Ceci est mon sang, le sang de l'alliance (Marc 14,12-16.22-26)»,
                       EV (prédication) 76 (1976) 161-163.

b2679			PESCH, R., *Wie Jesus das Abendmahl hielt*. Der Grund der Eucharistie (Freiburg, Basel, Vienna, Herder, 1977), 110 pp.

b2680			G.C., «Sacrifice eucharistique et présence réelle (Marc 14,12-26)», EV (prédication) 79 (1979) 145-147.

b2681			Y.B., «Ceci est mon corps..., ceci est mon sang (Ex. 24,3-8; He. 9,11-15; Mc 14,12-16,22-26)», EV (prédication) 82 (1982) 146-148.

b2682	14,12-21	LONGSTAFF, T.R.W., *Evidence of Conflation in Mark?*, «Mark 14:12-21: The Preparation for the Passover» (1977), 188-201.

b2683	14,12	DOCKX, S., «Le 14 Nisan de l'an 30», dans *Chronologies néotestamentaires et Vie de l'Église primitive* (1976), 21-29.

b2684	14,17-52	MOURLON BEERNAERT, P., «Structure littéraire et lecture théologique de Marc 14,17-52», dans *L'Évangile selon Marc* (en collab.) (1974), 241-267.

b2685	14,17-26	DOCKX, S., «Le récit du repas pascal, Mc 14,17-26», Bibl 46 (1965) 445-453, dans *Chronologies néotestamentaires et Vie de l'Église primitive* (1976), 199-206.

b2686			DOCKX, S., «Les étapes rédactionnelles du récit de la dernière Cène chez les synoptiques», dans *Chronologies néotestamentaires et Vie de l'Église primitive* (1976), 207-232.

b2687			LÉON-DUFOUR, X., *Le partage du pain eucharistique selon le Nouveau Testament* (Parole de Dieu) (Paris, Seuil, 1982), 380 pp.

b2688			ACHTEMEIER, P.J., «Enigmatic Bible Passages. It's the Little Things that Count (Mark 14:17-21; Luke 4:1-13; Matthew 18:10-14)», BA 46 (1983) 30-31.

b2689	14,21	HAHN, F., *Christologische Hoheitstitel*, «Die Worte vom Leiden und Auferstehen des Menschensohnes» (1963), 46-53.

b2690			DERRETT, J.D.M., «The Iscariot, mᵉsîrâ, and the Redemption» [JSNT 8 (1980) 2-23], dans DERRETT, J.D.M., *Studies in the New Testament* (1982), III, 161-183.

b2691	14,22-25	MERKLEIN, H., «Erwägungen zur Überlieferungsgeschichte der neutestamentlichen Abendmahlstraditionen», BZ 21 (1977) 88-101.

b2692			SCHENKER, A., *Das Abendmahl Jesu als Brennpunkt des Alten Testaments*. Begegnung zwischen den beiden Testamenten, eine bibeltheologische Skizze (Biblische Beiträge, 13) (Fribourg, Sweiz, Katholisches Bibelwerk, 1977), 158 pp.

b2693			PESCH, R., *Das Abendmahl und Jesu Todesverständnis* (Quaestiones Disputatae, 80) (Freiburg, Herder, 1978), 125 pp.

b2694	14,22-25	MASTIN, B.A., «Jesus said grace», SJTh 24 (1971) 449-456.

b2695			RUCKSTUHL, E., «Neue and alte Überlegungen zu den Abendmahlsworten Jesu», SNTU Serie A, nᵒ 5 (1980) 79-106.

b2696			POUSSET, É., *Il leur dit: Ceci est mon corps*. Lectures d'Évangile sur le corps et la parole (Supplément à Vie Chrétienne, 245) (Paris, Vie Chrétienne, 1981), 80 pp.

b2697			HUSER, T., «Les récits de l'institution de la Cène. Dissemblances et traditions», Hok nᵒ 21 (1982) 28-50.

b2698	14,23-24	GRANT, R.M., «The Early Antiochene Anaphora», AThR 30 (1948) 91-94.

b2699	14,24	BAUER, J.B., «Fragen zur revidierten Einheitsübersetzung (III)», BiLit 53 (1980) 137-139.

b2700   14,25   LEBEAU, P., *Le vin nouveau du Royaume*. Étude exégétique et patristique sur la parole eschatologique de Jésus à la Cène (Museum Lessianum, section biblique, 5) (Paris, Bruges, Desclée de Brouwer, 1966), 319 pp.

b2701   BLANK, J., «Der 'eschatologische Ausblick' Mk 14,25 und seine Bedeutung», dans *Kontinuität und Einheit* (en collab.) (1981), 508-518.

b2702   14,26-42   STANLEY, D.M., *Jesus in Gethsemane*, «Mark's Narrative (Mk 14:26-42)» (1980), 119-154.

b2703   14,26-31   PESCH, R., «Die Verleugnung des Petrus. Eine Studie zu Mk 14,54.66-72 (und Mk 14,26-31)», dans *Neues Testament und Kirche* (en collab.) (1974), 42-62.

b2704   14,27   CROSSAN, J.D., «Redaction and Citation in Mark 11:9-10,17 and 14:27», dans *Society of Biblical Literature. 1972 Proceedings* (en collab.) (1972), 17-62.

b2705   14,30   SALTET, L., «Rétablissement du texte de saint Marc, XIV,30 et de l'unité primitive de la tradition évangélique sur les reniements de saint Pierre», dans *Mélanges offerts au R.P. Ferdinand Cavallera* (en collab.) (1948), 31-45.

b2706   BRADY, D., «The Alarm to Peter in Mark's Gospel», JSNT no 4 (1979) 42-57.

b2707   WENHAM, J.W., «How Many Cock-Growings? The Problem of Harmonistic Text-Variants», NTS 25 (1979) 523-525.

b2708   14,32-42   SZAREK, G., «A Critique of Kelber's 'The Hour of the Son of Man and the Temptation of the Disciples: Mark 14:32-42'», dans *Society of Biblical Literature. 1976 Seminar Papers* (en collab.) (1976), 111-118.

b2709   FEUILLET, A., *L'agonie de Gethsémani*. Enquête exégétique et théologique suivie d'une étude du 'Mystère de Jésus' de Pascal (Paris, Gabalda, 1977), 345 pp.

b2710   THOMAS, J., «La scène du jardin», CHR 28 (1981) 350-360.

b2711   14,36   VISCHER, W., NGALLY, J., MARGOT, J.-C., «Correspondance où il est question d'Abba, Père», ETR 54 (1979) 684-691.

b2712   GRASSI, J.A., «*Abba*, Father (Mark 14:36): Another Approach», JAmAcRel 50 (1982) 449-458.

b2713   14,41   HAHN, F., *Christologische Hoheitstitel*, «Die Worte vom Leiden und Auferstehen des Menschensohnes» (1963), 46-53.

b2714   14,43-52   DOEVE, J.W., «Die Gefangennahme Jesu in Gethsemane. Eine traditionsgeschichtliche Untersuchung», dans *Studia Evangelica* (TU 73) (en collab.) (1959), 458-480.

b2715   14,51-52   STANDAERT, B.H.M.G.M., *L'évangile selon Marc*, «Mc 14,51-52» (1978), 153-168.

b2716   FLEDDERMANN, H., «The Flight of a Naked Young Man (Mark 14:51-52)», CBQ 41 (1979) 412-418.

b2717   14,52   NEIRYNCK, F., «La fuite du jeune homme en Mc 14,51-52», ETL 55 (1979) 43-66, dans NEIRYNCK, F., *Evangelica* (1982), 215-238.

b2718   14,53-15,47 GENEST, O., *Le Christ de la Passion*. Perspective structurale. Analyse de Marc 14,53-15,47, des parallèles bibliques et extra-bibliques (Recherches, 21. Théologie) (Tournai, Desclée et Cie; Montréal, Bellarmin, 1978), 220 pp.

b2719   14,53-15,2   JAUBERT, A., «Les séances du sanhédrin et les récits de la Passion», RHR 166 (1964) 143-169; 167 (1965) 1-33.

b2720   14,53-72   FORTNA, R.T., «Jesus and Peter at the High Priest's House: A Test Case for the Question of the Relation Between Mark's and John's Gospels», NTS 24 (1978) 371-383.

b2721   14,53-65   FRANCE, R.T., «Jésus devant Caïphe», Hok nº 15 (1980) 20-35.

b2722   14,53-54   DEWEY, K.E., «Peter's Denial Reexamined: John's Knowledge of Mark's Gospel», dans Society of Biblical Literature. 1979 Seminar Papers (en collab.) (1979), I, 109-112.

b2723   14,54-72   ERNST, J., «Noch einmal: Die Verleugnung Jesu durch Petrus (Mk 14,54.66-72)», Catho 30 (1976) 207-226.

b2724   14,54.66-72   GOGUEL, M., «Did Peter Deny his Lord? A Conjecture», HarvTR 24 (1932) 1-27.

b2725   14,54   EVANS, C.A., «'Peter Warming Himself': The Problem of an Editorial 'Seam'», JBL 101 (1982) 245-249.

b2726   14,55-65   SCHUBERT, K., «Das Verhör Jesu vor dem Hohen Rat», dans Bibel und Zeitgemässer Glaube (en collab.) (1967), 97-129.

b2727   JUEL, D., Messiah and Temple. The Trial of Jesus in the Gospel of Mark (SBL Dissertation Series, 31) (Missoula, Scholars Press, 1977), viii-223 pp.

b2728   GROUPES D'ENTREVERNES, «Études du récit du procès de Jésus devant le Sanhédrin (Marc 14,55-65)», SemBib nº 27 (1982) 1-11.

b2729   KEMPTHORNE, R., «Anti-Christian Tendency in pre-Marcan Traditions of the Sanhedrin Trial», dans Studia Evangelica (en collab.) (1982), VII, 283-285.

b2730   14,55-64   LÜHRMANN, D., «Markus 14.55-64: Christologie und Zerstörung des Tempels im Markusevangelium», NTS 27 (1981) 457-474.

b2731   14,58   AMMASSARI, A., La Resurrezione, «Gesù ha pubblicamente profetizzato la sua Resurrezione? (Mt. 26,51; Mc. 14,58; Gv. 2,19-20)» (1976), I, 71-84.

b2732   THEISSEN, G., «Die Tempelweissagung Jesu. Prophetie im Spannungsfeld von Stadt und Land», TZ 32 (1976) 144-158.

b2733   BIGUZZI, G., «Mc. 14,58: un tempio acheiropoiêtos», RivB 26 (1978) 225-240.

b2734   VÖGTLE, A., «Das markinische Verständnis der Tempelworte», dans Die Mitte des Neuen Testaments (en collab.) (1983), 362-383.

b2735   14,61-62   MUSSNER, F., «Die Wiederkunft des Menschensohnes nach Mk 13,24-27 und 14,61-62», BiKi 16 (1961) 105-107.

b2736   JUEL, D., Messiah and Temple. The Trial of Jesus in the Gospel of Mark (SBL Dissertation Series, 31) (Missoula, Scholars Press, 1977), 223 pp.

b2737   14,62   HOLMAN, C.L., «The Idea of an Imminent Parousia in the Synoptic Gospels», SBT 3 (1973) 15-31.

b2738   KEMPTHORNE, R., «The Marcan Text of Jesus' Answer to the high Priest (Mark xiv 62)», NT 19 (1977) 197-208.

b2739   GOURGUES, M., À la droite de Dieu, «Marc 14:62 et parallèles (Mt 26:64; Lc 22:69)» (1978), 143-161.

b2740   BEASLEY-MURRAY, G.R., «Jesus and Apocalyptic: With Special Reference to Mark 14,62», dans L'Apocalypse johannique et l'Apocalyptique dans le Nouveau Testament (en collab.) (1980), 415-429.

*b*2741   14,65   VAN UNNIK, W.C., «Jesu Verhöhnung vor dem Synedrium», ZNW 29 (1930) 310-311, dans *Sparsa Collecta* (1973), I, 3-5.

*b*2742   SCHMIDT, K.L., «*Iêsous Christos kolaphizomenos* und die 'Colaphisation' der Juden», dans *Aux sources de la tradition chrétienne* (en collab.) (1950), 218-227.

*b*2743   14,66-72   ZECK, P.-R., «Fall und Wiederaufstehen eines Jüngers. Passionsbetrachtung zu Mk 14,66-72», BiLeb 7 (1966) 51-57.

*b*2744   PESCH, R., «Die Verleugnung des Petrus. Eine Studie zu Mk 14,54.66-72 (und Mk 14,26-31)», dans *Neues Testament und Kirche* (en collab.) (1974), 42-62.

*b*2745   DEWEY, K.E., «Peter's Denial Reexamined: John's Knowledge of Mark's Gospel», dans *Society of Biblical Literature. 1979 Seminar Papers* (en collab.) (1979), I, 109-112.

*b*2746   14,68.72   BRADY, D., «The Alarm to Peter in Mark's Gospel», JSNT n⁰ 4 (1979) 42-57.

*b*2747   15-16   PATTE, D., PATTE, A., *Pour une exégèse structurale* (Coll. 'Parole de Dieu') (Paris, Seuil, 1978), 145-215.

*b*2748   15,8   LEE, G.M., «Mark xv 8», NT 20 (1978) 74.

*b*2749   15,10   HERRANZ MARCO, M., «El proceso ante el Sanhedrín y el Ministerio Público de Jesús», EstB 34 (1975) 83-111.

*b*2750   15,12-13   ORR, J.M., «When Good Men do Nothing», ExpTim 90 (1979) 176-178.

*b*2751   15,16-20   SCHMIDT, K.L., «*Iêsous christos kolaphizomenos* und die 'colaphisation' der Juden», dans *Aux sources de la tradition chrétienne* (en collab.) (1950), 218-227.

*b*2752   15,21   LEE, G.M., «Mark xv 21, The Father of Alexander and Rufus», NT 17 (1975) 303.

*b*2753   15,22-39   DE BURGOS NUÑEZ, M., «La comunión de Dios con el crucificado. Cristología de Marcos 15,22-39», EstB 37 (1978) 243-266.

*b*2754   15,26   LEE, G.M., «The Inscription on the Cross», PEQ 100 (1968) 144.

*b*2755   15,33-39   JOSUTTIS, M., «Die permanente Passion. Predigt über Markus 15,33-39», EvT 38 (1978) 160-163.

*b*2756   15,34   WILKINSON, J., «The Seven Words from the Cross», SJTh 17 (1964) 69-82.

*b*2757   FLORIS, É., «L'abandon de Jésus et la mort de Dieu», ETR 42 (1967) 277-298.

*b*2758   DUQUOC, C., *Christologie*. Essai dogmatique (Paris, Cerf, 1972), «L'Abandonné», II, 39-51.

*b*2759   LÉON-DUFOUR, X., «Le dernier cri de Jésus», Et 348 (1978) 666-682.

*b*2760   BURCHARD, C., «Markus 15,34», ZNW 74 (1983) 1-11.

*b*2761   15,36   LEE, G.M., «Two Notes on St. Mark», NT 18 (1976) 36.

*b*2762   15,37-39   CHRONIS, H.L., «The Torn Veil: Cultus and Christology in Mark 15:37-39», JBL 101 (1982) 97-114.

*b*2763   15,37   BISHOP, E.F.F., «Two Readings from the Arabic Versions of the New Testament», AThR 31 (1949) 176-179.

*b*2764   SCHILLEBEECKX, E., *God among us*, «God as a Loud Cry (Mark 15.37; Matt. 27.50)» (1983), 73-77.

*b*2765   15,39   STOCK, K., «Das Bekenntnis des Centurio. Mk 15,39 im Rahmen des Markusevangeliums», ZTK 100 (1978) 289-301.

b2766   15,40-16,8   SCHOTTROFF, L., «Maria Magdalena und die Frauen am Grabe Jesu», EvT 42 (1982) 3-25.

b2767   15,42-16,8   PESCH, R., «Der Schluss der vormarkinischen Passionsgeschichte und des Markusevangeliums: Mk, 15,42-16,8», dans L'Évangile selon Marc (en collab.) (1974), 365-409.

b2768   15,42-47   STANDAERT, B.H.M.G.M., L'évangile selon Marc, «Mc 15,42-47» (1978), 168-172.

b2769   SCHREIBER, J., «Die Bestattung Jesu. Redaktionsgeschichtliche Beobachtungen zu Mk 15 42-47 par», ZNW 72 (1981) 141-177.

b2770   15,42-45   GHIBERTI, G., «Sepolcro, sepoltura e panni sepolcrali di Gesù. Riconsiderando i dati biblici relativi alla Sindone di Torino», RivB 27 (1979) 123-158.

b2771   16   BENITO, A., «Marcos 16. Redacción y Hermenéutica», Salm 24 (1977) 279-305.

b2772   CANTINAT, J., Réflexions sur la résurrection de Jésus (d'après saint Paul et saint Marc) (Paris, Gabalda, 1978), 116 pp.

b2773   16,1-8   CRANFIELD, C.E.B., «St. Mark 16.1-8», SJTh 5 (1952) 282-298.

b2774   HEBERT, G., «The Resurrection-Narrative in St. Mark's Gospel», SJTh 15 (1962) 66-73.

b2775   GALBIATI, E., «È risorto, non è qui», BibOr 5 (1963) 67-72.

b2776   VÖGTLE, A., «'Er ist auferstanden, er ist nich hier'. Homilie zum Evangelium des Ostersonntags», BiLeb 7 (1966) 69-73.

b2777   ALAND, K., «Der Schluss des Markusevangeliums», dans L'Évangile selon Marc (en collab.) (1974), 435-470.

b2778   BARTSCH, H.-W., «Der ursprüngliche Schluss der Leidensgeschichte. Ueberlieferungsgeschichtliche Studien zum Markus-Schluss», dans L'Évangile selon Marc (en collab.) (1974), 411-433.

b2779   DOCKX, S., «Étapes rédactionnelles du récit des apparitions aux saintes femmes», dans Chronologies néotestamentaires et Vie de l'Église primitive (1976), 233-253.

b2780   LONGSTAFF, T.R.W., «Empty Tomb and Absent Lord: Mark's Interpretation of Tradition», dans Society of Biblical Literature. 1976 Seminar Papers (en collab.) (1976), 269-277.

b2781   GOULDER, M.D., «Mark xvi.1-8 and Parallels», NTS 24 (1977-78) 235-240.

b2782   EVANS, C.A., «Mark's Use of the Empty Tomb Tradition», SBT 8,2 (1978) 50-55.

b2783   KUHN, H.-W., «Predigt über Markus 16,1-8», EvT 38 (1978) 155-159.

b2784   GUILLAUME, J.-M., Luc interprète des anciennes traditions sur la résurrection de Jésus, «La péricope du tombeau vide» (1979), 15-43.

b2785   MARCHADOUR, A., «Mort et vie dans la Bible», CE (n.s.) no 29 (1979) 51-52.

b2786   NIEMANN, F.-J., «Die Erzählung vom leeren Grab bei Markus», ZKT 101 (1979) 188-199.

b2787   LINDEMANN, A., «Die Osterbotschaft des Markus. Zur Theologischen Interpretation von Mark 16.1-8», NTS 26 (1980) 298-317.

b2788   NEIRYNCK, F., «Marc 16,1-8: Tradition et rédaction. Tombeau vide et angélophanie», ETL 56 (1980) 56-88, dans NEIRYNCK, F., Evangelica (1982), 239-272.

b2789   PAULSEN, H., «Mk. xvi 1-8», NT 22 (1980) 138-175.
b2790   PETERSEN, N.R., «When Is the End Not the End? Reflections on the
                         Ending of Mark's Narrative», Interpr 34 (1980) 151-166.
b2791   DELORME, J., «Les femmes au tombeau (Mc 16,1-8)», dans *La bonne
                         nouvelle de la résurrection* (en collab.) (1981), 18-27.
b2792   RITT, H., «Die Frauen und die Osterbotschaft. Synopse der
                         Grabesgeschichten (Mk 16,1-8; Mt 27,62-28,15; Lc 24,1-12; Joh
                         20,1-18)», dans *Die Frau im Urchristentum* (en collab.) (1983), 117-133.
b2793   16,1-7   LOHFINK, G., «Neue Schöpfung in Christus. Homilie zum
                         Ostersonntag (Mk 16,1-7)», BiLeb 5 (1964) 56-61.
b2794   16,2   NEIRYNCK, F., «*Anateilantos tou heliou* (Mc 16,2)», ETL 54 (1978)
                         70-103, dans NEIRYNCK, F., *Evangelica* (1982), 181-214.
b2795   16,4   PALMER, D.W., «The Origin, Form, and Purpose of Mark xvi.4 in
                         Codex Bobbiensis», JTS 27 (1976) 113-122.
b2796   16,5-7   SCHNELLBÄCHER, E.L., «Das Rätsel des *neaniskos* bei Markus»,
                         ZNW 73 (1982) 127-135.
b2797   16,5   GOURGUES, M., «À propos du symbolisme christologique et baptismal
                         de Marc 16.5», NTS 27 (1981) 672-678.
b2798   16,6   KAHMANN, J., «'Il est ressuscité, le Crucifié'. Marc 16,6a et sa place
                         dans l'évangile de Marc», dans *La Pâque du Christ, mystère de salut* (en
                         collab.) (1982), 121-130.
b2799   16,8   POKORNY, P., «'Anfang des Evangeliums'. Zum Problem des Anfangs
                         und des Schlusses des Markusevangeliums», dans *Die Kirche des Anfangs*
                         (en collab.) (1978), 115-132.
b2800   BOOMERSHINE, T.E., «Mark 16:8 and the Apostolic Commission»,
                         JBL 100 (1981) 225-239.
b2801   BOOMERSHINE, T.E., BARTHOLOMEW, G.L., «The Narrative
                         Technique of Mark 16:8», JBL 100 (1981) 213-223.
b2802   16,9-20   HENDRICKX, H., *The Resurrection Narratives of the Synoptic Gospels*
                         (Manila, East Asian Pastoral Institute, 1978), vii-159 pp.
b2803   HUG, J., *La finale de l'évangile de Marc (Mc 16,9-20)* (Études bibliques)
                         (Paris, Gabalda, 1978), 266 pp.
b2804   LUBSCZYK, H., «Kyrios Jesus. Beobachtungen und Gedanken zum
                         Schluss des Markus-Evangeliums», dans *Die Kirche des Anfangs* (en
                         collab.) (1978), 133-174.
b2805   16,12   GIBSON, G.S., «The Way of the Risen Christ with his Friends», ExpTim
                         93 (1982) 210-211.
b2806   16,14-20   GALBIATI, E., «Esegesi degli Evangeli festivi», BibOr 4 (1962) 104-111.
b2807   16,15-20   E.F., «Le Seigneur agissait avec eux (Marc 16,15-20)», EV (prédication)
                         76 (1976) 131-132.
b2808   G.C., «Les implications du mystère (Ac. 1,1-11; Mc 16,15-20)», EV
                         (prédication) 79 (1979) 131-132.
b2809   16,19   GOURGUES, M., *À la droite de Dieu*, «Marc 16:19» (1978), 199-208.

D. LUC. LUKE. LUKAS. LUCA. LUCAS.

1. Bibliographie. Bibliography. Bibliographie. Bibliografia. Bibliografía.

b2810 RESSEGUIE, J.L., «Interpretation of Luke's Central Section (Luke 9:51-19:44) Since 1856», SBT 5,2 (1975) 3-36.

b2811 BOVON, F., «Orientations actuelles des études lucaniennes», RTP 26 (1976) 161-190.

b2812 TALBERT, C.H., «Shifting Sands: The Recent Study of the Gospel of Luke», Interpr 30 (1976) 381-395.

b2813 BOVON, F., «Recent trends in Lucan studies», TDig 25 (1977) 217-224.

b2814 CAMBE, M., «Bulletin de Nouveau Testament: études lucaniennes», ETR 56 (1981) 159-167.

b2815 RESE, M., «Neuere Lukas-Arbeiten», TLZ 106 (1981) 225-237.

b2816 RICHARD, E., «Luke - Writer, Theologian, Historian: Research and Orientation of the 1970's», BTB 13 (1983) 3-15.

2. Introductions. Einleitungen. Introduzioni. Introducciones.

b2817 BARCLAY, W., *The Gospels and Acts*. Vol. I, The First Three Gospels (London, SCM Press, 1966, 1976), 303 pp.

b2818 SCHULZ, S., *Die Stunde der Botschaft*, «Der Schriftsteller, Historiker und Theologe» (1967), 235-254.

b2819 DAVIES, W.D., *Invitation to the New Testament*, «The Gospel of Luke» (1969), 219-230.

b2820 MARTIN, R.P., *New Testament Foundations*, «The Gospel of Luke» (1975), I, 244-270.

b2821 LÉON-DUFOUR, X., «L'évangile selon saint Luc», dans *Introduction à la Bible* (sous la direction de A. GEORGE et P. GRELOT), Tome III, Volume 2 (1976), 109-142.

b2822 SCHNEIDER, G., «Der Zweck des lukanischen Doppelwerks», BZ 21 (1977) 45-66.

b2823 SANDMEL, S., *Judaism and Christian Beginnings*, «The Gospel According to Luke» (1978), 363-369.

b2824 PRIOR, M., «Revisiting Luke», SB 10 (1979) 2-11.

b2825 MARX, W.G., «Luke, the Physician, Re-examined», ExpTim 91 (1980) 168-172.

b2826 BOVON, F., «Luc: portrait et projet», LV nos 153-154 (1981) 9-18.

b2827 BOVON, F., «Luc - Actes (le texte dans le canon, langue de Luc. Les deux livres à Théophile, intention de l'auteur et composition de l'oeuvre, théologie de Luc)», dans En collaboration, *Évangiles synoptiques et Actes des apôtres* (Petite bibliothèque des sciences bibliques. Nouveau Testament, 4) (Paris, Desclée, 1981), 196-270.

b2828 DILLON, R.J., «Previewing Luke's Project from His Prologue (Luke 1:1-4)», CBQ 43 (1981) 205-227.

b2829 DOCKX, S., «Luc a-t-il été le compagnon d'apostolat de Paul?» NRT 103 (1981) 385-400.

b2830 EDWARDS, O.C., *Luke's Story of Jesus* (Philadelphia, Fortress, 1981), 96 pp.

b2831 MADDOX, R., *The Purpose of Luke-Acts* (1982), 218 pp.

b2832 BOVON, F., «Du côté de chez Luc», RTP 115 (1983) 175-189.

3. Commentaires. Commentaries. Kommentare. Commenti. Comentarios.

b2833 PRETE, B., *Vangelo secondo Luca*. II. Vangelo della vita publica (Milano, Rizzoli, 1961), 588 pp.

b2834   ELLIS, E.E., *The Gospel of Luke* (New Century Bible Commentary) (Grand Rapids, Eerdmans; London, Marshall, Morgan & Scott, 1966), xxvi-300 pp.

b2835   KLOSTERMANN, R., *Das Lukasevangelium*, 3. Auflage (HbNT 5) (Tübingen, Mohr, 1975), 246 pp.

b2836   DANKER, F.W., *Luke* (Proclamation Commentaries) (Philadelphia, Fortress Press, 1976), 120 pp.

b2837   EGELKRAUT, H.L., *Jesus' Mission to Jerusalem*. A redaction critical study of the Travel Narrative in the Gospel of Luke, Lk 9:51-19:48 (Europäische Hochschulschriften, Reihe XXXIII: Theologie, 80) (Frankfurt/M, Peter Lang, 1976), x-257 pp.

b2838   GALIZZI, M., *La scelta dei poveri*. Vangelo secondo Luca, I. - *La lunga marcia di Gesù.* Vangelo secondo Luca II. - *Gesù, victima del potere*. Vangelo secondo Luca, III (Commenti al Nuovo Testamento) (Torino-Leumann, Elle Di Ci, 1976, 1977, 1979), 232-192-179 pp.

b2839   ERNST, J., *Das Evangelium nach Lukas*, übersetzt und erklärt (Regensburger Neues Testament) (Regensburg, Pustet, 1977), 728 pp.

b2840   KARRIS, R.J., *Invitation to Luke*. A Commentary on the Gospel of Luke with Complete Test from The Jerusalem Bible (Garden City, NY, Image Books/Doubleday & Co., 1977), 279 pp.

b2841   SCHNEIDER, G., *Das Evangelium nach Lukas*, 2 Bände (Ökumenischer Taschenbuchkommentar zum Neuen Testament, 3/1, 3/2) (Gütersloh, Mohn, 1977), 510 pp.

b2842   MARSHALL, I.H., *The Gospel of Luke*. A Commentary on the Greek Text (The New International Greek Testament Commentary) (Exeter, The Paternoster Press, 1978), 928 pp.

b2843   KEALY, S.P., *The Gospel of Luke* (Denville, NJ, Dimension Books, 1979), 499 pp.

b2844   LA VERDIÈRE, E., *Luke* (New Testament Message, 5) (Wilmington, DE, Glazier, 1980), xiv-294 pp.

b2845   SCHMITHALS, W., *Das Evangelium nach Lukas* (Zürcher Bibelkommentare, Neues Testament, 3.1) (Zürich, Theologischer Verlag, 1980), 240 pp.

b2846   BOSSUYT, P., RADERMAKERS, J., *Jésus, Parole de la Grâce selon saint Luc* (Bruxelles, Institut d'Études Théologiques, 1981), 1. Texte, 103 pp.; 2. Lecture continue, 551 pp.

b2847   FITZMYER, J.A., *The Gospel According to Luke* (I-IX). Introduction, Translation and Notes (AB 28) (Garden City, New York, Doubleday, 1981), xxvi-837 pp.

b2848   SCHWEIZER, E., *Das Evangelium nach Lukas* (NTD 3) (Göttingen, Vandenhoeck & Ruprecht, 1982), iv-264 pp.

b2849   En collaboration, *Les Évangiles*. Traduction et commentaire des quatre évangiles. Édition entièrement nouvelle faite par l'Association catholique des études bibliques au Canada (ACEBAC). Deuxième édition, revue et augmentée (Montréal, Bellarmin, 1983), 343-549.

b2850   LAMIRANDE, É., «Enfance et développement spirituel. Le Commentaire de saint Ambroise sur saint Luc», SE 35 (1983) 85-102.

4. Critique textuelle. Textual Criticism. Textkritik.
   Critica testuale. Crítica textual.

b2851   TASKER, R.V.G., «The Text used by Eusebius in *Demonstratio Evangelica* in quoting from Matthew and Luke», HarvTR 28 (1935) 61-67.

*b*2852   TASKER, R.V.G., «The Chester Beatty Papyrus and the Caesarean Text of Luke», HarvTR 29 (1936) 345-352.

*b*2853   MEES, M., «Papyrus Bodmer XIV (P75) und die Lukaszitate bei Clemens von Alexandrien», dans *Studi e Ricerche di Scienze Religiose in onore dei Santi Apostoli Pietro e Paolo* (en collab.) (1968), 97-119.

*b*2854   BAILEY, R.G., «A Study of the Lukan Text of Manuscript 2533 of the Gospels», NTS 23 (1977) 212-230

*b*2855   STAGG, F., «Establishing a Text for Luke-Acts», dans *Society of Biblical Literature. 1977 Seminar Papers* (en collab.) (1977), 45-58.

*b*2856   RICHARDS, W.L., «An Examination of the Claremont Profile Method in the Gospel of Luke», NTS 27 (1980) 52-63.

*b*2857   ELLIOTT, J.K., «The International Project to establish a Critical Apparatus to Luke's Gospel», NTS 29 (1983) 531-538.

**5. Critique littéraire. Literary Criticism. Literarkritik.
Critica letteraria. Crítica literaria.**

a) Sitz im Leben.

*b*2858   HUBBARD, B.J., «Luke, Josephus and Rome: A Comparative Approach to the Lukan *Sitz im Leben*», dans *Society of Biblical Literature 1979. Seminar Papers* (en collab.) (1979), 59-68.

*b*2859   KARRIS, R.J., «Windows and Mirrors: Literary Criticism and Luke's Sitz im Leben», dans *Society of Biblical Literature. 1979 Seminar Papers* (en collab.) (1979), 47-58.

*b*2860   COLLISON, J.G.F., «Linguistic Usages in the Gospel of Luke», dans *New Synoptic Studies* (Ed. W.R. FARMER) (en collab.) (1983), 245-260.

*b) Formation de l'évangile. Formation of the Gospel. Entstehung des Evangeliums.
Formazione del vangelo. Formación del evangelio.*

*b*2861   NEIRYNCK, F., «La matière marcienne dans l'évangile de Luc», BETL 32 (1973) 157-201, dans NEIRYNCK, F., *Evangelica* (1982), 37-82.

*b*2862   NEIRYNCK, F., in collaboration with T. HANSEN, F. VAN SEGBROECK, *The Minor Agreements of Matthew and Luke against Mark* with a Cumulative List (Leuven, University Press, 1974), 330 pp.

*b*2863   DRURY, J., *Tradition and Design in Luke's Gospel. A Study in Early Christian Historiography* (Atlanta, John Knox Press, 1976), 208 pp.

*b*2864   TYSON, J.B., «The Sources of Luke: A Proposal for the Consultation on the Relationships of the Gospels», dans *Society of Biblical Literature. 1976 Seminar Papers* (en collab.) (1976), 279-286.

*b*2865   HUBBARD, B.J., «Commissioning Stories in Luke-Acts: A Study of their Antecedents, Form and Content», Semeia 8 (1977) 103-126.

*b*2866   TYSON, J.B., «Source Criticism of the Gospel of Luke», dans *Perspectives on Luke-Acts* (en collab.) (1978), 24-39.

*b*2867   JEREMIAS, J., *Die Sprache des Lukasevangeliums*. Redaktion and Tradition im Nicht-Markusstoff des dritten Evangeliums (Meyer Kommentar). Sonderband (Göttingen, Vandenhoeck & Ruprecht, 1980), 323 pp.

*b*2868   SCHNEIDER, G., «Jesu überraschende Antworten. Beobachtungen zu den Apophthegmen des dritten Evangeliums», NTS 29 (1983) 321-336.

c) Structure. Composizione. Aufbau. Struttura. Estructura.

b2869   GEORGE, A., «La construction du troisième évangile», ETL 43 (1967) 100-129, dans En
        collaboration, *De Jésus aux Évangiles* (Gembloux, Duculot; Paris, Lethielleux, 1967),
        100-129, dans GEORGE, A., *Études sur l'oeuvre de Luc* (1978), 15-41.
b2870   WILKENS, W., «Die theologische Struktur der Komposition des Lukasevangeliums»,
        TZ 34 (1978) 1-13.
b2871   BLOMBERG, C.L., «Midrash, chiasmus, and the outline of Luke's central section», dans
        Gospel Perspectives (en collab.) (1983), III, 217-261.

d) Divers. Miscellaneous. Verschiedenes. Diversi. Diversos.

b2872   REUSS, J., «Unbekannte Erklärungen zum Lukas-Evangelium des Patriarchen Photius
        von Konstantinopel», dans *Wort, Lied und Gottesspruch.* Beiträge zur Septuaginta (en
        collab.) (1972), 103-108.
b2873   MÜLLER, P.-G., «Conzelmann und die Folgen - Zwanzig Jahre
        redaktionsgeschichtliche Forschung am Lukas-Evangelium», BiKi 28 (1973) 138-142.
b2874   TALBERT, C.H., *Literary Patterns, Theological Themes, and the Genre of Luke-Acts*
        (Society of Biblical Literature. Monograph Series, 20) (Missoula, Society of Biblical
        Literature and Scholars Press, 1974), ix-159 pp.
b2875   HULTGREN, A.J., «Interpreting the Gospel of Luke», Interpr 30 (1976) 353-365.
b2876   BECK, B.E., «The Common Authorship of Luke and Acts», NTS 23 (1977) 346-352.
b2877   SELLIN, G., «Luke as parable narrator», TDig 25 (1977) 53-60.
b2878   HORTON, F.L., Jr., «Reflections on the Semitisms of Luke-Acts», dans *Perspectives on
        Luke-Acts* (en collab.) (1978), 1-23.
b2879   McNEIL, B., «Midrash in Luke?» HeyJ 19 (1978) 399-404.
b2880   NUTTALL, G.F., *The Moment of Recognition.* Luke as Story Teller (London,
        University of London, The Athlone Press, 1978), 16 pp.
b2881   MUHLACK, G., *Die Parallelen von Lukas-Evangelium und Apostelgeschichte*
        (Theologie und Wirklichkeit, 8) (Frankfurt/M., Peter Lang, 1979), 209 pp.
b2882   DELEBECQUE, É., «Sur un hellénisme de Saint Luc», RB 87 (1980) 590-593.
b2883   SCHRECKENBERG, H., «Flavius Josephus und die lukanischen Schriften», dans *Wort
        in der Zeit* (en collab.) (1980), 179-209.
b2884   DELEBECQUE, É., «L'hellénisme de la 'relative complexe' dans le Nouveau Testament
        et principalement chez saint Luc», Bibl 62 (1981) 229-238.
b2885   PRAEDER, S.M., «Luke-Acts and the Ancient Novel», dans *Society of Biblical
        Literature. 1981 Seminar Papers* (en collab.) (1981), 269-292.
b2886   ROBBINS, V.K., «Laudation Stories in the Gospel of Luke and Plutarch's *Alexander*»,
        dans *Society of Biblical Literature. 1981 Seminar Papers* (en collab.) (1981), 293-308.
b2887   MADDOX, R., *The Purpose of Luke-Acts* (FRLANT 126) (Göttingen, Vandenhoeck
        & Ruprecht, 1982), vii-218 pp.
b2888   MOST, W.G., «Did St. Luke Imitate the Septuagint?» JSNT no 15 (1982) 30-41.
b2889   SCHENK, W., «Die makrosyntaktische Signalfunktion des lukanischen Textems
        upostrephein», dans *Studia Evangelica* (en collab.) (1982), VII, 443-450.
b2890   O'TOOLE, R.F., «Parallels in Luke-Acts», BZ 27 (1983) 195-212.
b2891   SYLVA, D.D., «*Ierousalēm* and *Hierosoluma* in Luke-Acts», ZNW 74 (1983) 207-221.

6. Théologie. Theology. Theologie. Teologia. Teología.

b2892   TANNEHILL, R., «Study in the Theology of Luke-Acts», AThR 43 (1961) 195-203.

b2893   MARSHALL, I.H., «'Early Catholicism' in the New Testament», dans *New Dimensions in New Testament Study* (en collab.) (1974), 217-231.

b2894   FRANKLIN, E., *Christ the Lord*. A Study in the Purpose and Theology of Luke-Acts (Philadelphia, Westminster, 1975), xii-241 pp.

b2895   DRURY, J., *Tradition and Design in Luke's Gospel*. A Study in Early Christian Historiography (Atlanta, John Knox Press, 1976), 208 pp.

b2896   RASCO, E., *La teología de Lucas: origen, desarollo, orientaciones* (Analecta Gregoriana, 201) (Roma, Università Gregoriana Editrice, 1976), 195 pp.

b2897   ERNST, J., «Das Evangelium nach Lukas - kein soziales Evangelium», TGl (1977) 415-421.

b2898   DÖMER, M., *Das Heil Gottes*. Studien zur Theologie des lukanischen Doppelwerkes (BBB 51) (Bonn, Peter Hanstein, 1978), xlvii-233 pp.

b2899   PEREZ, G., «Lucas, Evangelio de exigencias radicales», dans *Servidor de la Palabra* (en collab.) (1979), 319-367.

b2900   PORSCH, F., «Zur Verkündigung im Lukasjahr», BiKi 34 (1979) 133-136.

b2901   SCHNEIDER, G., «Schrift und Tradition in der theologischen Neuinterpretation der lukanischen Schriften», BiKi 34 (1979) 112-115.

b2902   SCHWEIZER, E., «Plädoyer der Verteidigung in Sachen: Moderne Theologie versus Lukas», TLZ 105 (1980) 241-252.

b2903   MADDOX, R., *The Purpose of Luke-Acts*, «Luke's Purpose in the Church of His Time» (1982), 180-187.

b2904   WALASKAY, P.W., *'And so we came to Rome'*. The Political Perspective of St Luke (SNTS Monograph Series, 49) (Cambridge, Cambridge University Press, 1983), xii-121.

7. Textes. Texts. Texte. Testi. Textos.

b2905   1-11   GUEURET, A., «Luc 1-11. Analyse sémiotique», SemBib no 25 (1982) 35-42.

b2906   1-9   MEYNET, R., *Quelle est donc cette Parole?* Lecture 'rhétorique' de l'évangile de Luc (1-9, 22-24) (Lectio divina, 99) (Paris, Cerf, 1979), 212 pp., vol. de planches.

b2907   1,1-4,22   BRODIE, L.T., «A New Temple and a New Law», JSNT no 5 (1979) 21-45.

b2908   1-2   CASPER, J., «Und Jesus nahm zu», BiLit 14 (1939-40) 9-12.

b2909   PEDRO, J.S., «Valor apologético de la infancia de Jesús», CuBi 11 (1954) 39-40.

b2910   WINTER, P., «The Main Literary Problem of the Lucan Infancy Story», AThR 40 (1958) 257-264.

b2911   PRETE, B., *Vangelo secondo Matteo*. I. Vangelo dell'infancia (Milano, Rizzoli, 1961), 192 pp.

b2912   HAHN, F., *Christologische Hoheitstitel*, «Die Davidssohnschaft Jesu in den Vorgeschichten des Matthäus- und Lukasevangeliums» (1963), 268-279.

b2913   SCHÜRMANN, H., «Aufbau, Eigenart und Geschichtswert von Lukas 1-2», BiKi 21 (1966) 106-111.

b2914   SMITMANS, A., «Die Hymnen der Kindheitsgeschichte nach Lukas», BiKi 21 (1966) 115-118.

b2915   VOSS, G., «Die Christusverkündigung der Kindheitsgeschichte im Rahmen des Lukasevangeliums», BiKi 21 (1966) 112-115.

b2916   SCHELKLE, K.H., «Die Kindheitsgeschichte Jesu», dans *Bibel Zeitgemässer Glaube* (en collab.) (1967), 11-36.

b2917   SCHULTE, R., «Die Mysterien der 'Vorgeschichte' Jesu», dans *Mysterium Salutis* (en collab.) (1969), III.2, 23-56.

b2918   GEORGE, A., «Le parallèle entre Jean-Baptiste et Jésus en Lc 1-2», dans En collaboration, *Mélanges bibliques en hommage au R.P. Béda Rigaux* (Gembloux, Duculot, 1970), 147-171, dans *Études sur l'oeuvre de Luc* (1978), 43-65.

b2919   VÖGTLE, A., «Offene Fragen zur lukanischen Geburts- und Kindheitsgeschichte», BiLeb 11 (1970) 51-67.

b2920   DU BUIT, M., *En tous les temps Jésus-Christ*, «L'enfance du Fils de Dieu» (1974), I, 76-80.

b2921   RESENHÖFFT, W., *Die Apostelgeschichte im Wortlaut ihrer beiden Urquellen.* Rekonstruction des Büchleins von der Geburt Johannes des Täufers Lk 1-2 (Europäische Hochschulschriften, Reihe 23, Theologie, 39) (Bern, Frankfurt/M., Peter Lang, 1974), 90 pp.

b2922   HENDRICKX, H., *The Infancy Narratives* (Manila, East Asian Pastoral Institute, 1975), 136 pp.

b2923   LEONARDI, G., *L'infanzia de Gesù nei vangeli di Matteo e di Luca* (Conoscere il Vangelo, 2) (Padova, Messaggero, 1975), 282 pp.

b2924   McHUGH, J., *The Mother of Jesus in the New Testament* (Garden City, NY, Doubleday, 1975), xlviii-510 pp.

b2925   En collaboration, «Luc I-II», SemBib no 3 (1976) 6-25.

b2926   FORD, J.M., «Zealotism and the Lukan Infancy Narratives», NT 18 (1976) 280-292.

b2927   GASTON, L., «The Lukan Birth Narratives in Tradition and Redaction», dans *Society of Biblical Literature. 1976 Seminar Papers* (en collab.) (1976), 209-217.

b2928   AMMASSARI, A., «La famiglia del Messia», BibOr 19 (1977) 195-203.

b2929   BROWN, R.E., *The Birth of the Messiah.* A Commentary on the Infancy Narratives in Matthew and Luke (Garden City, NY, Doubleday, 1977), 594 pp.

b2930   DIEZ MACHO, A., *La historicidad de los Evangelios de la Infancia.* El entorno de Jesús (Santiago Apóstol, 4) (Madrid, Fe Católica, 1977), 132 pp.

b2931   PERROT, C., «Les récits de l'enfance de Jésus», CE (n.s.) no 18 (1977) 72 pp.

b2932   BROWN, R.E., *An Adult Christ at Christmas.* Essays on the Three Biblical Christmas Stories (Collegeville, MN, Liturgical Press, 1978), x-50 pp.

b2933   DE ROSA, G., «Storia e teologia nei racconti dell'infanzia di Gesù», CC 4 (1978) 521-537.

b2934   ESCUDERO FREIRE, C., *Devolver el evangelio a los pobres.* A propósito de Lc 1-2 (Biblioteca de Estudios Bíblicos, 19) (Salamanca, Sigueme, 1978), 460 pp.

b2935   FULLER, R.H., «The Conception/Birth of Jesus as a Christological Moment», JSNT n° 1 (1978) 37-52.

b2936   GALOT, J., «Riflessioni sul primo atto di fede cristiana. Maria la prima credente», CC 1 (1978) 27-39.

b2937   HILL, D., «Review of R.E. Brown, *The Birth of the Messiah*», JSNT n° 1 (1978) 61-65.

b2938   REICKE, B., «Christ's Birth and Childhood», dans *From Faith to Faith* (en collab.) (1979), 151-165.

b2939   AUGUSTO TAVARES, A., «Infancy narratives and historical criticism», TDig 28 (1980) 53-54.

b2940   FARRIS, S.C., «On Discerning Semitic Sources in Luke 1-2», dans *Gospel Perspectives* (en collab.) (1981), II, 201-237.

b2941   SABOURIN, L., «Recent Views on Luke's Infancy Narratives», RelStB 1 (1981) 18-24.

b2942   BENOIT, P., «Les récits évangéliques de l'enfance de Jésus», dans BENOIT, P., *Exégèse et théologie*, tome IV (1982), 63-94.

b2943   GUEURET, A., *L'engendrement d'un récit. L'Évangile de l'enfance selon saint Luc* (Lectio Divina, 113) (Paris, Cerf, 1983), 319 pp.

b2944   LAURENTIN, R., «Vérité des Évangiles de l'enfance», NRT 105 (1983) 691-710.

b2945   MUÑOZ IGLESIAS, S., *Los Cánticos del Evangelio de la Infancia según San Lucas* (Puer Natus, 1) (Madrid, Instituto 'Francisco Suarez', Consejo Superior de Investigaciones Científicas, 1983), xi-373 pp.

b2946   1   LATTKE, G., «Lukas 1 und die Jungfrauengeburt», dans *Zum Thema Jungfrauengeburt* (en collab.) (1970), 61-89.

b2947   REUSS, J., «Ein unbekannter Kommentar zum 1. Kapitel des Lukas-Evangeliums», Bibl 58 (1977) 224-230 (Niketas von Hierakleia).

b2948   BEAUDUIN, A., «Les récits de l'enfance, une confession de foi (textes de Lc 1)», LVit 38 (1983) 404-414.

b2949   1,1-4   ALFARIC, P., «Les Prologues de Luc», RHR 115 (1937) 37-52.

b2950   VAN UNNIK, W.C., «Remarks on the Purpose of Luke's Historical Writing (Luke i 1-4)», *Nederlands Theologisch Tijdschrift* 9 (1955) 323-331, dans *Sparsa Collecta* (1973), I, 6-15.

b2951   HIGGINS, A.J.B., «The Preface to Luke and the Kerygma in Acts», dans *Apostolic History and the Gospel* (en collab.) (1970), 78-91.

b2952   DEL CERRO, G., «Domingo tercero per annum. Ciclo C 1.ª lectura, Nh 3:1-6,8-10. 2.ª lectura, 1 Cr 12:26-30. 3ª lectura, Lc 1:1-4; 4:14-22», CuBi 28 (1971) 24-33.

b2953   DUBOIS, J.-D., «Le prologue de Luc (Lc 1/1-4)», ETR 52 (1977) 542-547.

b2954   MENESTRINA, G., «L'incipit dell'espitola 'Ad Diognetum', Luca 1,1-4 et Atti 1,1-2», BibOr 19 (1977) 215-218.

b2955   BROWN, S., «The Role of the Prologues in Determining the Purpose of Luke-Acts», dans *Perspective on Luke-Acts* (en collab.) (1978), 99-111.

b2956   ROBBINS, V.K., «Preface in Greco-Roman Biography and Luke-Acts», dans *Society of Biblical Literature. 1978 Seminar Papers* (en collab.) (1978), II, 193-207.

b2957   MARGOT, J.-C., *Traduire sans trahir* (Lausanne, Éditions l'Âge d'homme, 1979), «La structure du texte. La chaîne des participants et des événements», 196-201.

b2958   DILLON, R.J., «Previewing Luke's Project from His Prologue (Luke 1:1-4)», CBQ 43 (1981) 205-227.

b2959   MUSSNER, F., «Die Gemeinde des Lukasprologs», SNTU 6/7 (1981-82) 113-130.

b2960 1,3   MUSSNER, F., «*katheksês* im Lukasprolog», dans *Jesus und Paulus* (en collab.) (1975), 253-255.

b2961 1,5-4,15 TALBERT, C.H., «Prophecies of Future Greatness: The Contribution of Greco-Roman Biographies to an Understanding of Luke 1:5-4:15», dans *The Divine Helmsman* (en collab.) (1980), 129-141.

b2962 1,5-2,52 BOVON, F., *Luc le théologien*, «Les récits de l'enfance (Lc 1,5-2,52)» (1978), 172-175.

b2963 1,5-38   BROWN, R.E., «Luke's Method in the Annunciation Narratives of Chapter One», dans *No Famine in the Land* (en collab.) (1975), 179-194; dans *Perspectives on Luke-Acts* (en collab.) (1978), 126-138.

b2964 1,17-2,52 DU BUIT, M., *En tous les temps Jésus-Christ*, «Les deux naissances» (1974), I, 96-117.

b2965 1,26-45   VERMEYEN, H., «Mariologie als Befreiung. Lk 1,26-45.56 im Kontext», ZKT 105 (1983) 168-183.

b2966 1,26-38   MICHL, J., «Die Jungfrauengeburt im Neuen Testament», dans *Jungfrauengeburt gestern und heute* (en collab.) (1969), 145-184.

b2967   G.C., «Place de Marie dans la préparation de la venue de Jésus (Luc 1,26-38)», EV (prédication) 78 (1978) 308-309.

b2968   DU BUIT, M., *En tous les temps Jésus-Christ*, «L'annonce à Marie» (1974), I, 81-95.

b2969   KNOCKAERT, A., VAN DER PLANCKE, C., «Catéchèse de l'annonciation», LVit 34 (1979) 79-121.

b2970   En collaboration, *Mary in the New Testament*, «Mary and the Conception of Jesus (1:26-38)» (1978), 111-134.

b2971   SCHEELE, P.-W., «Die Fleischwerdung des Wortes. Biblische Explikation und theologische Implikation», dans *Kirche und Bibel* (en collab.) (1979), 357-388.

b2972   DOLTO, F., SÉVÉRIN, G., *L'Évangile au risque de la psychanalyse*, «La 'Sainte Famille'» (1977), I, 17-31.

b2973   PARENTE, P., «Spiritus Sanctus superveniet in te», dans *Ecclesia a Spiritu Sancto edocta* (en collab.) (1970), 3-17.

b2974   STÖGER, A., «'Wir sind Gottes Volk!' Bibelmeditation über Lk 1,26-38», BiLit 50 (1977) 250-252.

b2975   Y.B., «Voici la servante du Seigneur (2 S.7,1-4; 8b-12,14a.16; Rm. 16,25-27; Lc 1,26-38)», EV (prédication) 81 (1981) 337-339.

b2976   STOCK, K., «Lo Spirito su Maria (Lc 1,26-38)», dans *Parola, spirito e vita* 4 (1981) 88-98.

b2977   STOCK, K., «Die Berufung Marias (Lk 1,26-38)», Bibl 61 (1980) 457-491.

b2978   LEGRAND, L., *L'annonce à Marie (Lc 1,26-38)*. Une apocalypse aux origines de l'Évangile (Lectio divina, 106) (Paris, Cerf, 1981), 403 pp.

*b*2979 1,28 FRANQUESA, P., «Sugerencias en torno a Lc I,28», CuBi 11 (1954) 320-322.

*b*2980 LEAL, J., «El saludo del Angel a la Virgen», CuBi 11 (1954) 293-301.

*b*2981 YUBERO, D., «María, 'el Señor es contigo'», Cubi 31 (1974) 91-96.

*b*2982 ZEDDA, S., «Il *khaire* di Lc 1,28 in luce di un triplice contesto anticotestamentario», dans *Parola e Spirito* (en collab.) (1982), 273-333.

*b*2983 1,31 SCHELLENBERGER, B., «Die Jungfrau wird schwanger werden», GeistL 53 (1980) 38-40.

*b*2984 VAN DER MEULEN, H.E.F., «Zum jüdischen und hellenistischen Hintergrund von Lukas 1,31», dans *Word in der Zeit* (en collab.) (1980), 108-122.

*b*2985 1,33 READ, D.H.C., «Recognizing Jesus as King Today», ExpTim 92 (1980) 81-82.

*b*2986 1,34 MARTINEZ, N.L., «Porque no conozco varón», CuBi 11 (1954) 333-335.

*b*2987 QUECKE, H., «Zitationen von Lk 1.34 in der koptischen Literatur», dans *Diakonia Pisteos* (en collab.) (1969), 45-49.

*b*2988 ORSATTI, M., «Verso la decodificazione di un'insolita espressione (*Lc.* 1,34)», RivB 29 (1981) 343-357.

*b*2989 1,35 PARENTE, P., «Spiritus Sanctus superveniet in te», dans *Ecclesia a Spiritu Sancto edocta* (en collab.) (1970), 3-17.

*b*2990 CHEVALLIER, M.-A., *Souffle de Dieu*. Le Saint-Esprit dans le Nouveau-Testament, «Le souffle de Dieu dans la tradition Mt/Lc sur la naissance de Jésus» (1978), 141-153.

*b*2991 SABOURIN, L., «Two Lukan Texts (1:35; 3:22)», RelStB 1 (1981) 29-32.

*b*2992 BROCK, S., «Passover, Annunciation and Epiclesis: Some Remarks on the Term *Aggen* in the Syriac Versions of Lk. 1:35», NT 2 (1982) 222-233.

*b*2993 1,38 SALGUERO, J., «María, la 'Sierva del Señor' (Lc 1,38)», dans *Servidor de la Palabra* (en collab.) (1979), 369-396.

*b*2994 1,39-56 CEPEDA, J.G., «La Virgen, poetisa Sagrada», CuBi 11 (1954) 391-394.

*b*2995 G.C., «Privilège, espérance (Ap. 11,19-12,10; 1 Cor.15,20-26; Lc 1,39-56)», EV (prédication) 76 (1976) 211-212; «Triomphe de Marie (Ap. 11,19; 12,1-6,10; 1 Co 15,20-26; Lc 1,39-56)», EV (prédication) 79 (1979) 211-212.

*b*2996 En collaboration, *Mary in the New Testament*, «Mary's Visitation to Elizabeth (1:39-56)» (1978), 134-142.

*b*2997 Y.B., «Magnificat (Lc 1,39-56)», EV (prédication) 78 (1978) 182-184; «Assomption de la Vierge Marie (Lc 1,39-56)», 80 (1980) 209-211; «Marie, modèle de l'Église (Ap. 11,19a; 12,1-6a; Lc 1,39-56)», 81 (1981) 197-198; «Un signe grandiose dans le ciel (Ap. 11,9a; 12,1-6a,10; 1 Co. 15,20-26; Lc 1,39-56)», 82 (1982) 210-212; «Assomption (Ap. 11,19... 12,10; 1 Co 15,20-27; Lc 1,39-56)», 83 (1983) 197-199.

*b*2998 L'EPLATTENIER, C., «Une série pour l'Avent», ETL 57 (1982) 569-582.

*b*2999 RAFFIN, P., «L'Annonciation et l'espérance (Luc 1,39-56)», EV (prédication) 83 (1983) 241-242.

*b*3000 1,39-47 MARTIN, J.P., «Luke 1:39-47», Interpr 36 (1982) 394-399.

b3001	1,39-45	BEVERLY, H.B., «Luke 1:39-45», Interpr 30 (1976) 396-400.
b3002		E.F., «Heureuse celle qui a cru (Luc 1,39-45)», EV (prédication) 76 (1976) 291-292.
b3003		G.C., «Marie à l'approche de la naissance de Jésus (Luc 1,39-45)», EV (prédication) 79 (1979) 340-342.
b3004		Y.B., «L'annonce à Elisabeth (Mi. 5,1-4a; Ps. 79; He. 10,5-10; Lc 1,39-45)», EV (Prédication) 82 (1982) 338-340.
b3005	1,41-50	GALBIATI, E., «La Visitazione (Lc. 1,41-50)», BibOr 4 (1962) 139-144, dans *Scritti minori* (1979), 427-436.
b3006	1,45-46	VISCHER, W., «Luc I:45-46», ETR 30, no 4 (1955) 17-19.
b3007	1,46-56	SCHOTTROFF, L., «Das Magnificat und die älteste Tradition über Jesus von Nazareth», EvT 38 (1978) 298-313.
b3008		HAMEL, É., «Le Magnificat et le Renversement des Situations. Réflexions théologico-bibliques», Greg 60 (1979) 55-84.
b3009		SCHILLEBEECKX, E., *God among us*, «Magnificat: a Toast to God» (1983), 20-26.
b3010	1,46-55	HAMP, V., «Der alttestamentliche Hintergrund des Magnifikat», BiKi 8/3 (1953) 17-23.
b3011		MOLLAT, D., «Les cantiques de l'enfance de Jésus», dans GUILLET, J., MOLLAT, D., *Apprendre à prier* (1977), 41-51.
b3012		REUSS, J., «Studien zur Lukas-Erklärung des Presbyters Hesychius von Jerusalem», Bibl 59 (1978) 562-571.
b3013		DUPONT, J., «Le Magnificat comme discours sur Dieu», NRT 102 (1980) 321-343.
b3014		MINGUEZ, D., «Poética generativa del Magnificat», Bibl 61 (1980) 55-77.
b3015		DUPONT, J., «The Magnificat as God-talk», TDig 29 (1981) 153-154.
b3016		DUPONT, J., «Il cantico della vergine Maria (Lc 1,46-55)», dans *Parola, spirito e vita* 3 (1981) 89-105.
b3017		PIKAZA, X., «Engrandece mi alma al Señor», BibFe 9 (1983) 238-248.
b3018	1,49	MANRIQUE, A., «El poderoso ha hecho maravillas», BibFe 9 (1983) 259-264.
b3019	1,51	CRESPO, M.C., «Dios dispersó a los soberbios», BibFe 9 (1983) 265-278.
b3020	1,52-53	CASAS, V., «Dios colmó a los hambrientos», BibFe 9 (1983) 288-299.
b3021	1,52	RUPP, E.G., «A Great and Mighty Wonder!» ExpTim 89 (1977-78) 81-82.
b3022		SALAS, A., «Dios derribó a los poderosos», BibFe 9 (1983) 274-287.
b3023	1,54-55	GALLEGO, E., «Dios acogió a Israel. La fidelidad del amor», BibFe 9 (1983) 300-311.
b3024	1,57	SORIA, V., «El nacimiento de Juan el Bautista», CuBi 16 (1959) 120-123.
b3025	1,67-79	L'EPLATTENIER, C., «Une série pour l'Avent», ETL 57 (1982) 569-582.
b3026	1,68-79	HAGGENMÜLLER, O., «Der Lobgesang des Zacharias (Lk 1,68-79)», BiLeb 9 (1968) 249-260.
b3027		AUFFRET, P., «Note sur la structure littéraire de Lc i.68-79», NTS 24 (1977-78) 248-258.
b3028		MOLLAT, D., «Les cantiques de l'enfance de Jésus», dans GUILLET, J., MOLLAT, D., *Apprendre à prier* (1977), 41-51.

b3029   REUSS, J., «Studien zur Lukas-Erklärung des Presbyters Hesychius von Jerusalem», Bibl 59 (1978) 562-571.

b3030   2   DERRETT, J.D.M., «The Manger: Ritual Law and Soteriology», Theology 74 (1971) 566-571, dans DERRETT, J.D.M., Studies in the New Testament (1978), II, 48-53.

b3031   GLOBE, A., «Some Doctrinal Variants in Matthew 1 and Luc 2, and the Authority of the Neutral Text», CBQ 42 (1980) 52-72.

b3032   LAUVERJAT, M., «Luc 2: une simple approche», SemBib n° 27 (1982) 31-47.

b3033   2,1-21   RIEDL, J., «Zur lukanischen Weihnachtsbotschaft», BiLit 39 (1966) 341-350.

b3034   TSUCHIYA, H., «The History and the Fiction in the Birth Stories of Jesus - An Observation on the Thought of Luke the Evangelist», AJBI 1 (1975) 73-90.

b3035   2,1-20   GALBIATI, E., «Il Natale (Lc. 2,1-20)», BibOr 2 (1960) 214-219, dans Scritti minori (1979) 437-447.

b3036   KAMPHAUS, F., «'Es geschah in jenen Tagen...' Besinnung zum Weihnachtsevangelium Lk 2,1-20», BiLeb 9 (1968) 299-302.

b3037   BROWN, R.E., «The Meaning of the Manger; The Significance of the Shepherds», Wor 50 (1976) 528-538.

b3038   VÖGTLE, A., Was Weihnachten bedeutet. Meditation zu Lukas 2,1-20 (Freiburg, Basel, Vienna, Herder, 1977), 144 pp.

b3039   En collaboration, Mary in the New Testament, «Mary and the Birth at Bethlehem (2:1-20)» (1978), 143-152.

b3040   TRÉMEL, B., «Le signe du nouveau-né dans la mangeoire. À propos de Lc 2,1-20», dans Mélanges Dominique Barthélemy (en collab.) (1981), 593-612.

b3041   Y.B., «Aujourd'hui il vous est né un sauveur (Tt 2,11-14; 3,4-7; Lc 2,1-14; 2,15-20; Jn 1,1-18)», EV (prédication) 82 (1982) 353-354; 83 (1983) 323-325.

b3042   2,1-14   Y.B., «Dieu sur la paille (Luc 2,1-14)», EV (prédication) 79 (1979) 353-355.

b3043   Y.B., «Vous trouverez un enfant (Is. 9,1-6; Lc 2,1-14; He. 1,1-6; Jn 1,1-18)», EV (prédication) 81 (1981) 339-340.

b3044   2,1-12   GALBIATI, E., «L'adorazione dei Magi (Lc 2,1-12)», BibOr 4 (1962) 20-29, dans Scritti minori (1979), 481-497.

b3045   2,1-7   DERRETT, J.D.M., «Further Light on the Narratives of the Nativity», NT 17 (1975) 81-108, dans DERRETT, J.D.M., Studies in the New Testament (1978), II, 4-32.

b3046   2,1-5   BARNETT, P.W., «apographê and apographesthai in Luke 2[1-5]», ExpTim 85 (1974) 377-380.

b3047   2,1   NEUHÄUSLER, E., «Die Herrlichkeit des Herrn», BiLeb 8 (1967) 233-235.

b3048   2,2   MUÑOZ IGLESIAS, S., «El censo (anterior al) de Quirino», Miscelánea Comillas 41 (1983) 159-166.

b3049   2,7-16   DERRETT, J.D.M., «The Manger at Bethlehem: Light on St. Luke's Technique from Contemporary Jewish Religious Law», dans Studia Evangelica (TU 112) (Berlin, Akademie Verlag, 1973), VI, 86-94; dans DERRETT, J.D.M., Studies in the New Testament (1978), II, 39-47.

b3050   DERRETT, J.D.M., «The Manger: Ritual Law and Soteriology»,
               Theology 84 (1971) 566-571, dans DERRETT, J.D.M., Studies in the
               New Testament (1978), II, 48-53.

b3051   DERRETT, J.D.M., «Il significato della mangiatoia» (Conoscenza
               Religiosa, 1973/4, 439-444), dans DERRETT, J.D.M., Studies in the
               New Testament (1978), II, 54-59.

b3052   2,7   YUBERO, D., «Una opinión original del 'Brocense'», CuBi 11 (1954)
               3-6.

b3053   PAX, E., «'Denn sie fanden keinen Platz in der Herberge'. Jüdisches und
               frühchristliches Herbergswesen», BiLeb 6 (1965) 285-298.

b3054   BENOIT, P., «'Non erat eis locus in diversorio', Lc 2,7», dans En
               collaboration, Mélanges bibliques en hommage au R.P. Béda Rigaux
               (Gembloux, Duculot, 1970), 173-186, dans BENOIT, P., Exégèse et
               théologie (1982), IV, 95-111.

b3055   2,8-39 L'EPLATTENIER, C., «Une série pour l'Avent», ETL 57 (1982)
               569-582.

b3056   2,8-14 STEINMETZ, F.-J., «Nachtwache. Eine Betrachtung zu Lk 2,8-14»,
               GeistL 55 (1982) 465-467.

b3057   2,12 PRITCHARD, A., «Our True Selves», ExpTim 94 (1982) 81-82.

b3058   2,13 WEBSTER, A., «The Gleam that is Christmas», ExpTim 88 (1976)
               76-78.

b3059   2,14 SMOTHERS, E., «En anthrôpois eudokias», RSR 24 (1934) 86-93.

b3060   RUSCHE, H., «'Et in terra pax hominibus bonae voluntatis', Erklärung,
               Deutung and Betrachtung zum Engelchor in Lk 2,14», BiLeb 2 (1961)
               229-234.

b3061   BISHOP, E.F.F., «Men of God's Good Pleasure», AThR 48 (1966)
               63-69.

b3062   RIEDL, J., «'Ehre sei Gott in der Höhe'. Meditation über Lukas 2,14»,
               BiKi 21 (1966) 119-122.

b3063   O'NEILL, J.C., «Glory to God in the Highest. And on Earth?» dans
               Biblical Studies (W. Barclay) (en collab.) (1976), 172-177.

b3064   HANSACK, E., «Lk 2,14: 'Friede den Menschen auf Erden, die guten
               Willens sind'?» BZ 21 (1977) 117-118.

b3065   MILLS, F.V., «The Christmas Music of St Luke», ExpTim 93 (1981) 49.

b3066   BERGER, P.-R., «Lk 2 14: anthrôpoi eudokias. Die auf Gottes Weisung
               mit Wohlgefallen beschenkten Menschen», ZNW 74 (1983) 129-144.

b3067   2,15-20 ZANANIRI, G., «Les bergers de Noël (Lc 2,15-20)», EV (prédication)
               81 (1981) 340-341.

b3068   2,16-21 G.C., «Marie, notre mère, notre modèle, notre espérance (Lc 2,16-21)»,
               EV (prédication) 77 (1977) 338-339.

b3069   2,19-32 SCHILLEBEECKX, E., God among us, «You are the Light of the World
               (Luke 2,19-32)» (1983), 85-90.

b3070   2,19 VAN UNNIK, W.C., «Die rechte Bedeutung des Wortes treffen, Lukas
               ii 19», dans Verbum. Essays on some aspects of the religious function of
               words, dedicated to Dr H.W. Obbink (Kemink-Utrecht, 1964), 129-147,
               Sparsa Collecta (1973), I, 72-91.

b3071   MEYER, F., «Tradition und Meditation. Meditation über Lk 2,19»,
               BiLeb 12 (1971) 285-287.

b3072   OGSTON, D., «A Time for Pause», ExpTim 89 (1977) 50-52.

b3073   BELLIA, G., «'Confrontando nel suo cuore'. Custodia sapienziale di Maria in Lc. 2,19b», BibOr 25 (1983) 215-228.

b3074   2,21-40   SCHULTE, R., «Die Darstellung Jesu Christi im Tempel», dans Mysterium Salutis (en collab.) (1969), III.2, 44-52.

b3075   En collaboration, Mary in the New Testament, «Mary and the Presentation of Jesus in the Temple (2:21-40)» (1978), 152-157.

b3076   REICKE, B., «Jesus, Simeon, and Anna (Luke 2:21-40)», dans Saved by Hope (en collab.) (1978), 96-108.

b3077   2,21   GALBIATI, E., «La Circoncisione di Gesù (Lc. 2,21)», BibOr 8 (1966) 37-45, dans Scritti minori (1979), 449-460.

b3078   SCHULTE, R., «Die Beschneidung Jesu Christi», dans Mysterium Salutis (en collab.) (1969), III.2, 38-44.

b3079   JERVELL, J., «Die Beschneidung des Messias», dans Theologie aus dem Norden (en collab.) (1976), 68-78.

b3080   LEGRAND, L., «On l'appela du nom de Jésus (Luc, II,21)», RB 89 (1982) 481-491.

b3081   2,22-40   GALBIATI, E., «La Presentazione al tempio (Lc. 2,22-40)», BibOr 6 (1964) 28-37, dans Scritti minori (1979), 461-471.

b3082   BROWN, R.E., «The Presentation of Jesus (Luke 2:22-40)», Wor 51 (1977) 2-11.

b3083   Y.B., «Ne pas sonner le glas de la famille (Si. 3; Col. 3,12-21; Luc 2,22-40)», EV (prédication) 78 (1978) 322-324.

b3084   Y.B., «Les parents de l'enfant s'émerveillaient (Col. 3,12-21; Luc 2,22-40)», EV (prédication) 81 (1981) 341-343.

b3085   STRAMARE, T., «La presentazione di Gesù al tempio (Lc 2,22-40)», BibOr 25 (1983) 63-71.

b3086   2,22-38   FIGUERAS, P., «Syméon et Anne, ou le témoignage de la loi et des prophètes», NT 20 (1978) 84-99.

b3087   MIYOSHI, M., «Jesu Darstellung oder Reinigung im Tempel unter Berücksichtigung von 'Nunc Dimittis' Lk II 22-38», AJBI 4 (1978) 85-115.

b3088   2,22-32   RAVINI, G., «Esegesi degli Evangeli festivi», BibOr 1 (1959) 17-19.

b3089   2,22   McLELLAN, A.R.C., «What the Law Required», ExpTim 94 (1982) 82-83.

b3090   STRAMARE, T., «Compiuti i giorni della loro purificazione (Lc 2,22): gli avvenimenti del Nuovo Testamento conclusivi di un disegno», BibOr 24 (1982) 199-205.

b3091   2,23   STRAMARE, T., «'Sanctum Domino vocabitur' (Lc. 2,23): Il crocevia dei riti è la Santità», BibOr 25 (1983) 21-34.

b3092   2,25-39   FIGUERAS, P., «Syméon et Anne, ou le témoignage de la loi et des prophètes», NT 20 (1978) 84-99.

b3093   2,28-32   MOLLAT, D., «Les cantiques de l'enfance de Jésus», dans GUILLET, J., MOLLAT, D., Apprendre à prier (1977), 41-51.

b3094   2,29-32   REUSS, J., «Studien zur Lukas-Erklärung des Presbyters Hesychius von Jerusalem», Bibl 59 (1978) 562-571.

b3095   2,32   SMITMANS, A., «'Ein Licht zur Erleuchtung der Völker' (Lk 2,32). Meditation über das Nunc dimittis», BiKi 24 (1969) 138-139.

b3096   2,34-35   WISKIRCHEN, W., «Das Zeichen des Widerspruchs. Homilie über Lk 2,34b-35», BiLeb 4 (1963) 138-142.

b3097   2,35   BAILEY, I., «Parental Heart-Break», ExpTim 89 (1977-78) 85-86.
b3098   2,41-52   GALOT, J., «Le mystère de Jésus retrouvé au Temple», dans *Diakonia Pisteos* (en collab.) (1969), 241-256.
b3099   SCHULTE, R., «Der Zwölfjährige im Temple», dans *Mysterium Salutis* (en collab.) (1969), III.2, 53-56.
b3100   SCHMAHL, G., «Lk 2,41-52 und die Kindheitserzählung des *Thomas* 19,1-5. Ein Vergleich», BiLeb 15 (1974) 249-258.
b3101   JANSEN, J.F., «Luke 2:41-52», Interpr 30 (1976) 400-404.
b3102   BROWN, R.E., «The Finding of the Boy Jesus in the Temple: A Third Christmas Story», Wor 51 (1977) 474-485.
b3103   En collaboration, *Mary in the New Testament*, «Mary and the Finding of Jesus in the Temple (2:41-52)» (1978), 157-162.
b3104   Y.B., «La première parole du fils (Luc 2,41-52)», EV (prédication) 79 (1979) 355-356.
b3105   VAN DER HORST, P.W., «Notes on the Aramaic Background of Luke II 41-52», JSNT nᵒ 7 (1980) 61-66.
b3106   SCHÜSSLER FIORENZA, E., «Luke 2:41-52», Interpr 36 (1982) 399-403.
b3107   Y.B., «La Sainte Famille de Nazareth et nos familles (1 Sam. 1,20-22; 1 Jn 3,1...24; Lc 2,41-52)», EV (prédication) 82 (1982) 354-356.
b3108   2,41-51   DE JONGE, H.J., «Sonship, Wisdom, Infancy: Luke ii. 41-51a», NTS 24 (1978) 317-354.
b3109   2,41-50   G.C., «Sainte Famille (Luc 2,41-50)», EV (prédication) 76 (1976) 295-297.
b3110   2,42-52   GALBIATI, E., «Gesù giovinetto nel tempio (Lc. 2,42-52)», BibOr 2 (1960) 21-25, dans *Scritti minori* (1979), 473-480.
b3111   DOLTO, F., SÉVÉRIN, G., *L'Évangile au risque de la psychanalyse*, «Au Temple» (1977), I, 33-40.
b3112   2,49   BISHOP, J., «The Compulsion of Love», ExpTim 85 (1974) 371-373.
b3113   WEINERT, F.D., «The Multiple Meanings of Luke 2:49 and their Significance», BTB 13 (1983) 19-22.
b3114   2,50   SPADAFORA, F., «Et ipsi non intellexerunt (Lc. 2,50)», dans *Miscellanea André Combes* (en collab.) (1967), I, 55-70.
b3115   McC. HARRIS, S., «My Father's House», ExpTim 94 (1982) 84-85.
b3116   2,52   DU BUIT, M., *En tous les temps Jésus-Christ*, «La vie à Nazareth» (1974), I, 134-142.
b3117   COUROYER, B., «À propos de Luc, II,52», RB 86 (1979) 92-101.
b3118   3,1-18   DU BUIT, M., *En tous les temps Jésus-Christ*, «Jean-Baptiste» (1974), I, 145-160.
b3119   3,1-6   GALBIATI, E., «Esegesi degli Evangeli festivi. Preparate la via del Signore», BibOr 5 (1963) 213-215.
b3120   MAS, J., «Domingo 2. de Adviento. Ciclo C. - 1.ᵃ lectura, Baruc 5:1-9. - 2.ᵃ lectura, Filipenses 1:4-6,8-11. - 3.ᵃ lectura, Lucas 3:1-6», CuBi 27 (1970) 343-346.
b3121   E.F., «Préparez le chemin du Seigneur (Luc 3,1-6)», EV (prédication) 76 (1976) 278-280.
b3122   G.C., «Le ministère de Jean-Baptiste et... la personnalité de Luc (Ba. 5,1-9; Ph. 1,4-11; Lc 3,1-6)», EV (prédication) 79 (1979) 337-339.

b3123   Y.B., «Merveilles que fit pour nous le Seigneur (Ba 5,1-9; Ps 125; Ph 1,4-6.8-11; Lc 3,1-6)», EV (prédication) 82 (1982) 322-324.

b3124   3,1-4   BRUEGGEMANN, W., «Luke 3:1-4», Interpr 30 (1976) 404-409.

b3125   3,1-3   NEUHÄUSLER, E., «Nach mir kommt, der stärker ist als ich. Homilie zum Evangelium des 4. Adventssonntags (Lk 3,1ff.)», BiLeb 4 (1963) 277-281.

b3126   3,1-2   McEACHERN, V.E., «Dual Witness and Sabbath Motif in Luke», CanJT 12 (1966) 267-280.

b3127   3,2   LOHFINK, G., «'Da erging das Wort des Herrn...' Homilie zum 4. Adventssonntag», BiLeb 5 (1964) 271-274.

b3128   3,10-18   E.F., «Réjouissez-vous dans le Seigneur (Luc 3,10-18)», EV (prédication) 76 (1976) 289-291.

b3129   G.C., «La joie chrétienne (So. 3,14-18; Ph. 4,4-7; Lc 3,10-18)», EV (prédication) 79 (1979) 339-340.

b3130   ROBERTSON, B.L., «Luke 3:10-18», Interpr 36 (1982) 404-409.

b3131   Y.B., «Le dimanche de la joie (So. 3,14-18a; Ph. 4,4-7; Lc 3,10-18)», EV (prédication) 82 (1982) 337-338.

b3132   3,14-30   SECCOMBE, D., «Luke and Isaiah», NTS 27 (1981) 252-259.

b3133   3,15-22   G.C., «Voir le fils de Dieu (Luc 3,15-16.21-22)», EV (prédication) 76 (1976) 322-324.

b3134   Y.B., «L'Esprit en Jésus et dans la vie des chrétiens (Actes 10,34-38; Luc 3,15-16.21-22)», EV (prédication) 79 (1979) 368-370.

b3135   Y.B., «Dans l'Esprit Saint (Tite 2,11... 3,7; Lc 3,15-22)», EV (prédication) 82 (1982) 370-371.

b3136   3,16   PROULX, P., ALONSO SCHÖKEL, L., «Las Sandalias del Mesías Esposo», Bibl 59 (1978) 1-37.

b3137   3,17   SCHWARZ, G., «*To de achyron katakausei*», ZNW 72 (1981) 272-276.

b3138   3,21-22   FABRIS, R., «Lo Spirito santo sul Messia (Lc 3,21-22; 4,1-14.16-20)», dans *Parola, spirito e vita* 4 (1981) 99-113.

b3139   3,22   SABOURIN, L., «Two Lukan Texts (1:35; 3:22)», RelStB 1 (1981) 29-32.

b3140   3,23-38   SCHELKLE, K.H., «Die Frauen im Stammbaum Jesu», BiKi 18 (1963) 113-115.

b3141   LERLE, E., «Die Ahnenverzeichnisse Jesu. Versuch einer christologischen Interpretation», ZNW 72 (1981) 112-117.

b3142   3,23-28   BOLSINGER, G., «Die Ahnenreihe Christi nach Matthäus und Lukas», BiKi 12 (1957) 112-117.

b3143   4,1-20   FABRIS, R., «Lo Spirito santo sul Messia (Lc 3,21-22; 4,1-14.16-20)», dans *Parola, spirito e vita* 4 (1981) 99-113.

b3144   4,1-13   G.C., «La tentation de Jésus au désert (Luc 4,1-13)», EV (prédication) 77 (1977) 29-31.

b3145   HESTER, D.C., «Luke 4:1-13», Interpr 31 (1977) 53-59.

b3146   MAHNKE, H., *Die Versuchungsgeschichte im Rahmen der synoptischen Evangelien. Ein Beitrag zur frühen Christologie* (Beiträge zur biblischen Exegese und Theologie, 9) (Frankfurt/M, P. Lang, 1978), 445 pp.

b3147   Y.B., «Les choix décisifs (Luc 4,1-13)», EV (prédication) 80 (1980) 20-22.

b3148   ZELLER, D., «Die Versuchungen Jesu in der Logienquelle», TrierTZ 89 (1980) 61-73.

*b*3149   ACHTEMEIER, P.J., «Enigmatic Bible Passages. It's the Little Things that Count (Mark 14:17-21; Luke 4:1-13; Matthew 18:10-14)», BA 46 (1983) 30-31.

*b*3150   DAVIDSON, J.A., «The Testing of Jesus», ExpTim 94 (1983) 113-115.

*b*3151   4,1-11   KNOCKAERT, A., VAN DER PLANCKE, C., «Catéchèses de la tentation», LVit 34 (1979) 123-153.

*b*3152   4,14-44   DEL AGUA PEREZ, A., «El cumplimiento del Reino de Dios en la misión de Jesús: Programa del Evangelio de Lucas (Lc 4,14-44)», EstB 38 (1979-80) 269-293.

*b*3153   4,14-21   E.F., «Serviteurs de la parole» (Luc 1,1-4; 4,14-21)», EV (prédication) 77 (1977) 1-3.

*b*3154   G.C., «La première prédication de Jésus en son pays de Nazareth. Lc 1,1-4; 4,14-21», EV (prédication) 80 (1980) 1-3.

*b*3155   Y.B., «Discours inaugural à Nazareth (Né. 8,1-10; Luc 1,1-4; 4,14-21)», EV (prédication) 83 (1983) 2-4.

*b*3156   4,16-30   SANDERS, J.A., «From Isaiah 61 to Luke 4», dans *Christianity, Judaism and Other Greco-Roman Cults* (en collab.) (1975), I, 75-106.

*b*3157   SCHMEICHEL, W., «Christian Prophecy in Lukan Thought: Luke 4:16-30 as a Point of Departure», dans *Society of Biblical Literature. 1976 Seminar Papers* (en collab.) (1976), 293-304.

*b*3158   BUSSE, U., *Das Nazareth-Manifest Jesu. Eine Einführung in das lukanische Jesusbild nach Lk 4,16-30* (SBS 91) (Stuttgart, Katholisches Bibelwerk, 1978), 134 pp.

*b*3159   DUPONT, J., «Jésus annonce la bonne nouvelle aux pauvres», dans *Evangelizare pauperibus* (en collab.) (1978), 127-189.

*b*3160   MIESNER, D.R., «The Circumferential Speeches of Luke-Acts: Patterns and Purpose», dans *Society of Biblical Literature. 1978 Seminar Papers* (1978), II, 223-237.

*b*3161   TUCKETT, C.M., «Luke 4,16-30, Isaiah and Q», dans *Logia* (en collab.) (1982), 343-354.

*b*3162   ALBERTZ, R., «Die 'Antrittspredigt' Jesu im Lukasevangelium auf ihrem alttestamentlichen Hintergrund», ZAW 74 (1983) 182-206.

*b*3163   KODELL, J., «Luke's Gospel in a Nutshell (Lk 4:16-30)», BTB 13 (1983) 16-18.

*b*3164   4,16-21   CASALIS, G., «Un Nouvel An. Luc 4/16-21», ETR 56 (1981) 148-158.

*b*3165   CHILTON, B., «Announcement in Nazara: an Analysis of Luke 4:16-21», dans *Gospel Perspectives* (1981) (en collab.), II, 147-172.

*b*3166   SCHELKLE, K.H., «Jesus und Paulus lesen die Bibel», BiKi 36 (1981) 277-279.

*b*3167   4,16   BISHOP, J., «The Place of Habit in the Spiritual Life», ExpTim 91 (1980) 374-375.

*b*3168   4,18-19   BAARLINK, H., «Ein gnädiges Jahr des Hern - und Tage der Vergeltung», ZNW 73 (1982) 204-220.

*b*3169   4,18   RINALDI, B., «Proclamare ai prigionieri la liberazione (Lc. 4,18)», BibOr 18 (1976) 241-245.

*b*3170   DAWSON, S., «The Spirit's Gift of Sight», ExpTim 90 (1979) 241-242.

*b*3171   SABOURIN, L., «Evangelize the Poor (Lk 4:18)», RelStB 1 (1981) 101-109.

*b*3172 4,21-30 E.F., «Aujourd'hui perpétuel (Luc 4,21-30)», EV (prédication) 77 (1977) 3-5.

*b*3173 G.C., «Prophètes... en butte à la contradiction (Jr 1,4-19; Lc 4,21-30)», EV (prédication) 80 (1980) 3-5.

*b*3174 Y.B., «Jésus et les missionnaires chrétiens (Luc 4,21-30)», EV (prédication) 83 (1983) 17-18.

*b*3175 4,23 NOLLAND, J., «Classical and Rabbinic Parallele to 'Physician, heal yourself' (Lk. iv 23)», NT 21 (1979) 193-209.

*b*3176 NOORDA, S.J., «'Cure yourself, doctor!' (Luke 4,23). Classical Parallels to an Alleged Saying of Jesus», dans *Logia* (en collab.) (1982), 459-467.

*b*3177 4,24 BUSSE, U., *Die Wunder des Propheten Jesus*, «Die beiden prophetischen Selbstaussagen Jesu» (1977), 402-414.

*b*3178 4,25 THIERING, B.E., «The Three and a Half Years of Elijah», NT 23 (1981) 41-55.

*b*3179 4,31-9,50 NEIRYNCK, F., *Jean et les synoptiques* (1979), «'Traditio marciana pura' dans Lc., IV,31-IX,50» (1973), 313-317.

*b*3180 4,31-43 BUSSE, U., *Die Wunder des Propheten Jesus*, «Die Befreiung der Kranken Kapharnaums aus der Gewalt der Dämonen Lk 4,31-43» (1977), 66-90.

*b*3181 4,38-39 KIRCHSCHLÄGER, W., «Fieberheilung in Apg 28 und Lk 4», dans *Les Actes des Apôtres*. Traditions, rédaction, théologie (en collab.) (1979), 509-521.

*b*3182 FUCHS, A., «Entwicklungsgeschichtliche Studie zu Mk 1,29-31 par Mt 8,14-15 par Lk 4,38-39», SNTU 6/7 (1981-82) 21-76.

*b*3183 4,43 SCHWARZ, G., «Auch den anderen Städten? (Lukas iv. 43a)», NTS 23 (1977) 344.

*b*3184 5-6 VIARD, A., «La Parole de Dieu dans l'Église du Christ», EV 87 (1977) 7-11.

*b*3185 5,1-11 SCHÜRMANN, H., «Die Verheissung an Simon Petrus. Auslegung von Lk 5,1-11», BiLeb 5 (1964) 18-24.

*b*3186 DA SORTINO, P.M., «La vocazione di Pietro secondo la tradizione sinottica e secondo S. Giovanni», dans *San Pietro* (en collab.) (1967), 27-57.

*b*3187 MUSSNER, F., *Petrus und Paulus - Pole der Einheit*, «Die 'Berufung' des Petrus (Lk 5,1-11)» (1976), 22-23.

*b*3188 DELORME, J., «Linguistique, Sémiotique, Exégèse: à propos du Séminaire de Durham (North Carolina - USA - 16-20 août 1976)», SemBib n° 6 (1977) 35-59.

*b*3189 E.F., «Depuis la barque, il enseignait... (Luc 5,1-11)», EV (prédication) 77 (1977) 13-15.

*b*3190 GROUPE D'ENTREVERNES, *Signes et paraboles* (en collab.), «Pêcher/Prêcher. Récit et métaphore (Luc 5,1-11)» (1977), 143-171.

*b*3191 VIARD, A., «La Parole de Dieu et la mission de Pierre», EV 87 (1977) 8.

*b*3192 McKNIGHT, E.V., *Meaning in Texts*. The Historical Shaping of a Narrative Hermeneutics (Philadelphia, Fortress Press, 1979), xi-332 pp.

*b*3193 G.C., «Trois cas de vocation. Is. 6,1-8; 1 Co. 15,1-11; Lc 5,1-11», EV (prédication) 80 (1980) 17-18.

*b*3194   5,1   KILPATRICK, G.D., «Three Problems of New Testament Text», NT
                            21 (1979) 289-292.
*b*3195   5,4   FISHBAUGH, J.A., «New Life in the Depths of His Presence», ExpTim
                            90 (1979) 146-148.
*b*3196   5,10   DERRETT, J.D.M., «James and John as Co-rescuers from Peril (Lk
                            V 10)», NT 22 (1980) 299-303, dans DERRETT, J.D.M., *Studies in the
                            New Testament* (1982), III, 42-46.
*b*3197   DELTOMBE, F., «Désormais tu rendras la vie à des hommes (Luc,
                            V,10)», RB 89 (1982) 492-497.
*b*3198   5,12-16   BUSSE, U., *Die Wunder des Propheten Jesus*, «Die Heilung des
                            Aussätzigen Lk 5,12-16» (1977), 103-114.
*b*3199   ELLIOTT, J.K., «The Healing of the Leper in the Synoptic Parallels»,
                            TZ 34 (1978) 175-176.
*b*3200   5,17-26   BUSSE, U., *Die Wunder des Propheten Jesus*, «Die Heilung des
                            Erlahmten Lk 5,17-26» (1977), 115-134.
*b*3201   5,27-28   FERNANDEZ, J.F., «Vocación de Mateo 'el publicano'», CuBi 19
                            (1962) 45-50.
*b*3202   5,33-39   FLUSSER, D., «Do You Prefer New Wine?» Immanuel 9 (1979) 26-31.
*b*3203   GOOD, R.S., «Jesus, Protagonist of the Old, in Lk 5:33-39», NT 25
                            (1983) 19-36.
*b*3204   5,35   CREMER, F.G., *Die Fastenaussage Jesu*. Mc 2,20 und Parallelen in der
                            Sicht der patristischen und scholastischen Exegese (BBB 23) (Bonn,
                            Peter Hanstein, 1965), xxx-185 pp.
*b*3205   6,1-5   COHN-SHERBOK, D.M., «An Analysis of Jesus' Arguments
                            Concerning the Plucking of Grain on the Sabbath», JSNT no 2 (1979)
                            31-41.
*b*3206   6,1   COHEN, B., «The Rabbinic Law Presupposed by Matthew XII.1 and
                            Luke VI,1», HarvTR 23 (1930) 91-92.
*b*3207   MEZGER, E., «Le sabbat 'second-premier' de Luc», TZ 32 (1976)
                            138-143.
*b*3208   BUCHANAN, J.T., «The 'Second-First Sabbath' (Luke 6:1)», JBL 97
                            (1978) 259-262.
*b*3209   ISAAC, E., «Another Note on Luke 6:1», JBL 100 (1981) 96-97.
*b*3210   6,5-15   COURTHIAL, P., «La Parabole du Semeur en Luc 6/5-15», ETR 47
                            (1972) 397-420.
*b*3211   6,6-11   BUSSE, U., *Die Wunder des Propheten Jesus*, «Die Heilung der
                            verdorrten Hand am Sabbat Lk 6,6-11» (1977), 135-141.
*b*3212   6,13   DOCKX, S., «L'évolution sémantique du terme Apôtre», dans
                            Chronologies néotestamentaires et Vie de l'Église primitive (1976),
                            255-263.
*b*3213   6,17-49   BROWN, R.E., «Le 'Beatitudini' secondo Luca», BibOr 7 (1965) 3-8.
*b*3214   TOPEL, L.J., «The Lukan Version of the Lord's Sermon», BTB 11
                            (1981) 48-53.
*b*3215   6,17-25   KAHLEFELD, H., «Selig ihr Armen», BiLeb 1 (1960) 55-61.
*b*3216   SALGUERO, J., «Las Bienaventuranzas evangélicas», CuBi 29 (1972)
                            73-90.
*b*3217   VIARD, A., «Les Béatitudes et leur contre-partie», EV (doctrine) 87
                            (1977) 8-10.

b3218   E.F., «Réjouissez-vous (Luc 6,17...26)», EV (prédication) 77 (1977) 15-17.

b3219   G.C., «Le message des béatitudes (Lc 6,17.20-26)», EV (prédication) 80 (1980) 19-20.

b3220   SCHILLEBEECKX, E., *God among us*, «The 'Gospel of the Poor' for Prosperous People (Luke 6.17.20-26)» (1983), 175-179.

b3221   Y.B., «Heureux, malheureux (Jr. 17,5-8; Ps. 1; Lc 6,17-26)», EV (prédication) 83 (1983) 33-34.

b3222   6,20-49   MENESTRINA, G., «Matteo 5-7 e Luca 6,20-49 nell'Evangelo di Tommaso», BibOr 18 (1976) 65-67.

b3223   6,20-26   DUPONT, J., «Introduction aux Béatitudes», NRT 98 (1976) 97-108.

b3224   KIEFFER, R., «Weisheit und Segen als Grundmotive der Seligpreisungen bei Matthäus und Lukas», dans *Theologie aus dem Norden* (en collab.) (1976), 29-43.

b3225   DUPONT, J., «Le message des Béatitudes», CE (n.s.) no 24 (1978) 24-37.

b3226   FLUSSER, D., «Some Notes to the Beatitudes (Matthew 5:3-12, Luke 6:20-26)», Immanuel 8 (1978) 37-47.

b3227   DUPONT, J., «Le Royaume de Dieu ou la venue de Yahweh, roi libérateur», dans *Jésus aujourd'hui* (en collab.) (1980), II, 85-94.

b3228   McELENEY, N.J., «The Beatitudes of the Sermon on the Mount/ Plain», CBQ 43 (1981) 1-13.

b3229   TUCKETT, C.M., «The Beatitudes: A Source-Critical Study. With a Reply by M.D. Goulder», NT 25 (1983) 193-216.

b3230   6,20-24   DODD, C.H., «The beatitudes», dans *Mélanges bibliques rédigés en l'honneur de André Robert* (Paris, Bloud & Gay, 1957), 404-410.

b3231   6,20   KNEPPER, M., «Die 'Armen' der Bergpredigt Jesu», BiKi 8/1 (1953) 19-27.

b3232   DUPONT, J., «Jésus annonce la bonne nouvelle aux pauvres», dans *Evangelizare pauperibus* (en collab.) (1978), 127-189.

b3233   6,21-25   MELONI, P., «Fame e sete della Parola di Dio nell'interpretazione patristica della quarta beatitudine», dans *Parola, spirito e vita* 1 (1980) 206-225.

b3234   6,24-26   KLEIN, P., «Die lukanischen Weherufe Lk 6 24-26», ZNW 71 (1980) 150-159.

b3235   6,27-38   E.F., «Comme notre père... (Luc 6,27-38)», EV (prédication) 77 (1977) 17-19.

b3236   VIARD, A., «L'amour des ennemis», EV 87 (1977) 10-11.

b3237   6,27-36   LINSKENS, J., «Une interprétation pacifiste de la paix dans le Sermon sur la montagne?» Conci no 184 (1983) 37-52.

b3238   6,29-30   LOHFINK, G., «Der ekklesiale Sitz im Leben der Aufforderung Jesu zum Gewaltverzicht (Mt 5,39b-42/Lk 6,29f)», TQ 162 (1982) 236-253.

b3239   6,32-35   VAN UNNIK, W.C., «Die Motivierung der Feindesliebe in Lukas vi 32-35», NT 8 (1966) 284-300, dans *Placita Pleiadia* (en collab.), 284-300, dans *Sparsa Collecta* (1973), I, 111-126.

b3240   6,35   KOCH, R., «L'imitation de Dieu dans la morale de l'Ancien Testament», StMor 2 (1964) 73-88.

b3241   SCHWARZ, G., «*mêden apelpizontes*», ZNW 71 (1980) 133-135.

b3242   6,37-38   TANNEHILL, R.C., *The Sword of His Mouth*, «Luke 6:37-38. Judge not» (1975), 107-114.

b3243   6,41-42   KING, G.B., «A Further Note on the Moter and the Bean (Matt. vii.3-5; Luke vi.41-42)», HarvTR 26 (1933) 73-76.

b3244   TANNEHILL, R.C., *The Sword of His Mouth* (1975), «Matthew 7:3-5 // Luke 6:41-42. The Log in the Eye» (1975), 114-118.

b3245   6,43-49   DUPLACY, J., «Le véritable disciple. Un essai d'analyse sémantique de Luc 6,43-49», RSR 69 (1981) 71-86.

b3246   6,43-46   KRÄMER, M., «Hütet euch vor den falschen Propheten. Eine überlieferungsgeschichtliche Untersuchung zu Mt 7,15-23 / Lk 6,43-46 / Mt 12,33-37», Bibl 57 (1976) 349-377.

b3247   6,46   SCHNEIDER, G., «Christusbekenntnis und christliches Handeln. Lk 6,46 und Mt 7,21 im Kontext der Evangelien», dans *Die Kirche des Anfangs* (en collab.) (1978), 9-24.

b3248   7,1-10   BUSSE, U., *Die Wunder des Propheten Jesus*, «Die Heilung des Hauptmanns Knecht Lk 7,1-10» (1977), 141-160.

b3249   MARTIN, R.P., «The Pericope of the Healing of the 'Centurion's' Servant/Son (Matt 8:5-13 par. Luke 7:1-10): Some Exegetical Notes», dans *Unity and Diversity in New Testament Theology* (en collab.) (1978), 14-22.

b3250   7,11-17   GALBIATI, E., «La risurrezione del giovane di Naim (Lc. 7,11-16)», BibOr 4 (1962) 175-177, dans *Scritti minori* (1979), 563-568.

b3251   DEL RIEGO, A., «La resurrección del hijo de la viuda de Naín. Comentario-meditación», CuBi 22 (1965) 354-359.

b3252   BUSSE, U., *Die Wunder des Propheten Jesus*, «Die Erweckung des Jünglings von Nain Lk 7,11-17», (1977), 161-175.

b3253   DOLTO, F., SÉVÉRIN, G., *L'Évangile au risque de la psychanalyse*, «Résurrection du fils de la veuve de Naïm» (1977), I, 77-104.

b3254   MACDONALD, F.A.J., «Pity or Compassion?» ExpTim 92 (1981) 344-346.

b3255   ROCHAIS, G., *Les récits de résurrection des morts dans le Nouveau Testament*, «La résurrection du fils de la veuve de Naïm (Lc 7,11-17)» (1981), 18-38.

b3256   VOGELS, W., «A Semiotic Study of Luke 7:11-17», ET 14 (1983) 273-292.

b3257   7,13-19   BUSSE, U., *Die Wunder des Propheten Jesus*, «Die *kyriotes* Jesu» (1977), 414-417.

b3258   7,18-23   BUSSE, U., *Die Wunder des Propheten Jesus*, «Die Johannesanfrage Lk 7,18-23» (1977), 176-185.

b3259   DUPONT, J., «Jésus annonce la bonne nouvelle aux pauvres», dans *Evangelizare pauperibus* (en collab.) (1978), 127-189.

b3260   SABUGAL, S., *La embajada de Juan Bautista (Mt 11,2-6 = Lc 7,18-23)*, Historia - Exegésis teológica - Hermenéutica (Madrid, Systeco, 1980), 314 pp.

b3261   KERR, I., «The Signs of Jesus», ExpTim 94 (1982) 49-51.

b3262   7,29-30   GANDER, G., «Notule sur Luc 7,29-30», VC n° 19 (1951) 141-144.

b3263   7,31-35   LINTON, O., «The Parable of the Children's Game», NTS 22 (1976) 159-179.

b3264   7,31-32   ZELLER, D., «Die Bildlogik des Gleichnisses Mt 11 16f. / Lk 7 31f», ZNW 68 (1977) 252-257.

*b*3265   7,34   ORBE, A., «El Hijo del hombre come y bebe (Mt 11,19; Lc 7,34)», Greg 58 (1977) 523-555.

*b*3266   VÖLKEL, M., «Freund der Zöllner und Sünder», ZNW 69 (1978) 1-10.

*b*3267   7,36-8,3   Y.B., «Jésus et la pécheresse (Luc 7,36-8,3)», EV (prédication) 83 (1983) 148-149.

*b*3268   7,36-50   HENSS, W., *Das Verhältnis zwischen Diatessaron, christlicher Gnosis und 'Western Text'*. Erläutert an einer unkanonischen Version des Gleichnisses vom Gnädigen Gläubiger. Materialien zur Geschichte der Perikope von der namenlosen Sünderin Lk 7,36-50 (BZNW 33), (Berlin, Töpelmann, 1967), 62 pp.

*b*3269   LÖNING, K., «Ein Platz für die Verlorenen. Zur Formkritik zweier neutestamentlicher Legenden (Lk 7,36-50)», BiLeb 12 (1971) 198-208.

*b*3270   HOLST, R., «The One Anointing of Jesus: Another Application of the Form-Critical Method», JBL 95 (1976) 435-446.

*b*3271   LÉGASSE, S., «Jésus et les prostituées», RTL 7 (1976) 137-154.

*b*3272   McCAUGHEY, T., «Paradigms of Faith in the Gospel of St Luke», IrThQ 45 (1978) 177-184.

*b*3273   BRODIE, L., «Luke 7,36-50 as an Internalization of 2 Kings 4,1-37: A Study in Luke's Use of Rhetorical Imitation», Bibl 64 (1983) 457-485.

*b*3274   LÉGARÉ, C., «Jésus et la pécheresse. Analyse de Luc 7,36-50», SemBib nº 29 (1983) 19-45.

*b*3275   SAUZÈDE, J.-P., «Tonalités de la parole. 2 - Une série pour le Carême», ETR 58 (1983) 59-71.

*b*3276   7,36-38   Y.B., «Du pardon à l'amour (Luc 7,36-38)», EV (prédication) 80 (1980) 145-146.

*b*3277   7,41-43   MAIWORM, J., «Umgekehrte Gleichnisse», BiKi 10 (1955) 82-85.

*b*3278   8,1-3   WITHERINGTON III, B., «On the Road with Mary Magdalene, Joanna, Susanna, and Other Disciples - Luke 8 1-3», ZNW 70 (1979) 243-248.

*b*3279   8,4-21   SCHÜRMANN, H., «Lukanische Reflexionen über die Wortverkündigung in Lk 8,4-21», dans *Wahrheit und Verkündigung* (en collab.) (1967), I, 213-228.

*b*3280   PANIMOLLE, S.A., «Fate attenzione a come ascoltate! (Lc 8,4-21)», dans *Parola, spirito e vita* 1 (1980) 95-119.

*b*3281   8,4-18   MIGUENS, M., «La predicazione di Gesù in parabole», BibOr 1 (1959) 35-40.

*b*3282   WEDER, H., *Die Gleichnisse Jesu als Metaphern*, «Die Gleichnisse in Mk 4,1-34; Mt 13,1-52; Lk 8,4-18; 13,18-21» (1980), 99-273.

*b*3283   8,4-15   TOY, J., «The Parable of the Sower and its Interpretation», ExpTim 92 (1981) 116-118.

*b*3284   8,18   BAMBERG, C., «'Gebt acht, dass ihr gut hört!' (Lk 8,18). Zur christlichen Wortmeditation», GeistL 50 (1977) 390-394.

*b*3285   8,22-25   BUSSE, U., *Die Wunder des Propheten Jesus*, «Die Stillung des Sturmes Lk 8,22-25» (1977), 196-205.

*b*3286   8,26-39   BUSSE, U., *Die Wunder des Propheten Jesus*, «Die Heilung des Besessenen von Gerasa Lk 8,26-39» (1977), 205-219.

*b*3287   DERRETT, J.D.M., «Legend and Event: The Gerasene Demoniac: An Inquest into History and Liturgical Projection», dans *Studia Biblica 1978. II. Papers on the Gospels* (en collab.) (1978), 63-73.

*b*3288   8,40-56   BUSSE, U., *Die Wunder des Propheten Jesus*, «Die Heilung der Blutflüssigen und die Erweckung der Tochter des Jairus Lk 8,40-56» (1977), 219-231.

*b*3289   ROCHAIS, G., *Les récits de résurrection des morts dans le Nouveau Testament* (1981), «La résurrection de la fille de Jaïre. Les versets d'introduction: Mc 5,21; Lc 8,40; Mt 9,1.18», 39-53; «La rédaction lucanienne du récit de la résurrection de la fille de Jaïre (Lc 8,40-42a.49-56)», 74-87.

*b*3290   8,43-48   McCAUGHEY, T., «Paradigms of Faith in the Gospel of St Luke», IrThQ 45 (1978) 177-184.

*b*3291   8,44   CUMMINGS, J.T., «The Tassel of his Cloak: Mark, Luke, Matthew - and Zechariah», dans *Studia Biblica 1978. II. Papers on the Gospels* (en collab.) (1978), 47-61.

*b*3292   9   ELLIS, E.E., «The Composition of Luke 9 and the Sources of Its Christology», dans *Current Issues in Biblical and Patristic Interpretation* (en collab.) (1975), 121-127.

*b*3293   WILKENS, W., «Die Auslassung von Mark 6,45-8,26 bei Lukas im Lichte der Komposition Luk. 9,1-50», TZ 32 (1976) 193-200.

*b*3294   VIARD, A., «À la suite et au service du Christ», EV (doctrine) 87 (1977) 269-272.

*b*3295   FITZMYER, J.A., «The Composition of Luke, Chapter 9», dans *Perspectives on Luke-Acts* (en collab.) (1978), 153-167.

*b*3296   9,1-50   MOESSNER, D.P., «Luke 9:1-50: Luke's Preview of the Journey of the Prophet Like Moses of Deuteronomy», JBL 102 (1983) 575-605.

*b*3297   9,5   DELEBECQUE, É., «'Secouez la poussière de vos pieds.' *Sur l'hellénisme de Luc, IX,5*», RB 89 (1982) 177-184.

*b*3298   9,10-17   STEGNER, W.R., «Lucan Priority in the Feeding of the Five Thousand», BiRes 21 (1976) 19-28.

*b*3299   BUSSE, U., *Die Wunder des Propheten Jesus*, «Die Speisung der Fünftausend Lk 9,10-17» (1977), 232-248.

*b*3300   SAUZÈDE, J.-P., «Tonalités de la parole. 2 - Une série pour le Carême», ETR 58 (1983) 59-71.

*b*3301   9,11-17   G.C., «Le mystère eucharistique: synthèse de toute l'oeuvre rédemptrice (Luc 9,11-17)», EV (prédication) 77 (1977) 129-131.

*b*3302   Y.B., «Fête du corps et du sang du Christ (1 Cor. 11,23-26; Luc 9,11b-17)», EV (prédication) 80 (1980) 133-134.

*b*3303   9,18-36   CORBIN, M., *L'inouï de Dieu*. Six études christologiques (Paris, Desclée de Brouwer, 1980), «Le Christ de Dieu (lecture de Luc 9,18-36)», 211-289.

*b*3304   9,18-27   CORBIN, M., «Le Christ de Dieu. Méditation théologique sur *Lc* 9,18-27», NRT 99 (1977) 641-680.

*b*3305   KINGSTON, M.J., «Suffering», ExpTim 94 (1983) 144-145.

*b*3306   9,18-24   G.C., «Contempler et imiter le Christ... crucifié (Za. 12,10-11; Ga. 3,26-29; Lc 9,18-24)», EV (prédication) 80 (1980) 146-148.

*b*3307   MILLER, D.E., «Luke 9:18-24», Interpr 37 (1983) 64-68.

*b*3308   Y.B., «Pour vous, qui suis-je? (Luc 9,18-24)», EV (prédication) 83 (1983) 161-162.

*b*3309   9,20   BULTMANN, R., «Die Frage nach dem messianischen Bewusstsein Jesu und das Petrus-Bekenntnis», ZNW 19 (1919-20) 165-174, dans *Exegetica* (1967), 1-9.

*b*3310   9,23-26   FABRIS, R., «Chi vuol venire dietro di me, prenda la sua croce (Lc 9,23-26)», dans *Parola, spirito e vita* 2 (1980) 124-139.

*b*3311   9,26   ROOSEN, A., «'...Quand il viendra dans la gloire des saints anges' (Lc 9,26). Réflexions sur le rapport entre transfiguration et parousie dans le troisième évangile», dans *La Pâque du Christ, mystère de salut* (en collab.) (1982), 147-158.

*b*3312   9,28-36   LIEFELD, W.L., «Theological Motifs in the Transfiguration Narrative», dans *New Dimensions in New Testament Study* (en collab.) (1974), 162-179.

*b*3313   G.C., «La transfiguration du Seigneur (Luc 9,28-36)», EV (prédication) 77 (1977) 31-33.

*b*3314   Y.B., «Lumière sur le chemin (Phil. 3,17; 4,1; Luc 9,28-36)», EV (prédication) 80 (1980) 33-34.

*b*3315   RINGE, S.H., «Luke 9:28-36: The Beginning of an Exodus», Semeia 28 (1983) 83-99.

*b*3316   9,31   FEUILLET, A., «L''Exode' de Jésus et le déroulement du mystère rédempteur d'après S. Luc et S. Jean», RT 77 (1977) 181-206.

*b*3317   9,33   BEARDSLEE, W.A., «Saving One's Life By Losing It», JAmAcRel 47 (1979) 57-72.

*b*3318   9,37-43   BUSSE, U., *Die Wunder des Propheten Jesus*, «Die Heilung des besessenen Jungen Lk 9,37-43» (1977), 249-267.

*b*3319   AICHINGER, H., «Zur Traditionsgeschichte der Epileptiker-Perikope Mk 9,14-29 par Mt 17,14-21 par Lk 9,37-43a», dans *Probleme der Forschung* (SNTU, Serie A, Band 3) (1978), 114-143.

*b*3320   9,51-19,48   EGELKRAUT, H.L., *Jesus' Mission to Jerusalem. A redaction critical study of the Travel Narrative in the Gospel of Luke*, Lk 9:51-19:48 (Europäische Hochschulschriften. Reihe xxiii, Theologie, Série xxiii, Vol. 80) (Frankfurt/M, Peter Lang; Bern, Herbert Lang, 1976), x-257 pp.

*b*3321   9,51-19,44   RESSEGUIE, J.L., «Interpretation of Luke's Central Section (Luke 9:51-19:44) Since 1856», SBT 5,2 (1975) 3-36.

*b*3322   9,51-19,28   BOUWMAN, G., «Samaria im lukanischen Doppelwerk», dans *Theologie aus dem Norden* (en collab.) (1976), 118-141.

*b*3323   SELLIN, G., «Komposition, Quellen und Funktion des Lukanischen Reiseberichtes (Lk ix 51-xix 28)», NT 20 (1978) 100-135.

*b*3324   ESPINEL, J.L., «La vida-viaje de Jesús hacia Jerusalén (Lc 9,51-19,28)», CuBi 37 (1980) 93-111.

*b*3325   9,51-18,14   ENSLIN, M.S., «The Samaritan Ministry and Mission», HUCA 51 (1980) 29-38.

*b*3326   WENHAM, J.W., «Synoptic Independence and the Origin of Luke's Travel Narrative», NTS 27 (1981) 507-515.

*b*3327   9,51-10,24   BONY, P., «Les disciples en situation d'envoyés. Une lecture de Lc 9,51-10,24», dans *Bulletin de Saint-Sulpice* (Paris, Compagnie Saint-Sulpice), 8 (1982) 130-151.

*b*3328   9,51-62   HÜLSBUSCH, W., «Mit Jesus auf dem Weg nach Jerusalem. Lk 9,51-62 (in Verbindung mit Jo 4)», BiLeb 12 (1971) 121-126.

*b*3329   E.F., «La route de Jérusalem (Luc 9,51-62)», EV (prédication) 77 (1977) 157-159.

*b*3330   POWLEY, B.G., «Time and Place», ExpTim 94 (1983) 371-372.

*b*3331   Y.B., «Sur la route de Jérusalem (Luc 9,51-62)», EV (prédication) 83 (1983) 162-164.

*b*3332   9,51   FRIEDRICH, G., «Lukas 9,51 und die Entrückungschristologie des Lukas», dans HOFFMANN, J.P. (Hrsg.), *Orientierung an Jesus: Zur Theologie der Synoptiker.* Für Josef Schmid (Freiburg, Herder, 1973), 48-77, dans *Auf das Wort kommt es an* (1978), 26-55.

*b*3333   FEUILLET, A., «L''Exode' de Jésus et le déroulement du mystère rédempteur d'après S. Luc et S. Jean», RT 77 (1977) 181-206.

*b*3334   EVANS, C.A., «'He Set His Face': A Note on Luke 9,51», Bibl 63 (1982) 545-548.

*b*3335   9,57-62   KÜVEN, C., «Weisung für die Nachfolge. Eine Besinnung über Lk 9,57-62», BiLeb 2 (1961) 49-52.

*b*3336   TANNEHILL, R.C., *The Sword of His Mouth*, «Luke 9:57-62. Following Jesus» (1975), 157-165.

*b*3337   10-13   MYOSHI, M., «Das jüdische Gebet Sema' und die Abfolge der Traditionsstücke in Lk 10-13», AJBI 7 (1981) 70-123.

*b*3338   10-11   VIARD, A., «Exigences de la vie chrétienne», EV (doctrine) 87 (1977) 345-348.

*b*3339   10   RICHARDS, W.L., «Manuscript Grouping in Luke 10 by Quantitative Analysis», JBL 98 (1979) 379-391.

*b*3340   10,1-20   E.F., «Voici que je vous envoie (Luc 10,1-12.17-20)», EV (présentation) 77 (1977) 159-161.

*b*3341   10,2-16   JACOBSON, A.D., «The Literary Unity of Q. Lc 10,2-16 and Parallels as a Test Case», dans *Logia* (en collab.) (1982), 419-423.

*b*3342   10,4   BOSOLD, I., *Pazifismus und prophetische Provokation.* Das Grussverbot Lk 10,4b und sein historischer Kontext (SBS 90) (Stuttgart, Katholisches Bibelwerk, 1978), 98 pp.

*b*3343   LANG, B., «Grussverbot oder Besuchsverbot? (Zu Lk 10,4b)», BZ 26 (1982) 75-79.

*b*3344   10,6   KLASSEN, W., «'A Child of Peace' (Luke 10.6) in First Century Context», NTS 27 (1981) 488-506.

*b*3345   10,7   HARVEY, A.E., «'The Workman is Worthy of His Hire': Fortunes of a Proverb in the Early Church», NT 2 (1982) 209-221.

*b*3346   10,13-15   TANNEHILL, R.C., *The Sword of His Mouth*, «Matthew 11:21-24 // Luke 10:13-15. 'Woe to You, Chorazin!'» (1975), 122-128.

*b*3347   10,16   HELBLING, H., «Hören und Gehörtwerden. Eine biblische Meditation», FreibZ 24 (1977) 3-6.

*b*3348   10,17-21   FALKE, J., «'Eure Namen sind eingeschrieben in den Himmeln'. Besinnung über Lk 10,17-21», BiLeb 7 (1966) 224-228.

*b*3349   10,17-20   G.C., «Mission des soixante-douze disciples (Luc 10,1-2.17-20)», EV (prédication) 80 (1980) 161-162.

*b*3350   10,18   MÜLLER, U.B., «Vision und Botschaft. Erwägungen zur prophetischen Struktur der Verkündigung Jesu», ZTK 74 (1977) 416-448.

*b*3351   10,19   GRELOT, P., «Étude critique de Luc 10,19», RSR 69 (1981) 87-100.

*b*3352   10,21-22   STÖGER, A., «Jesu Jubelruf - Quell seiner Freude Meditation über Lk 10,21.f», BiLit 50 (1977) 187-190.

*b*3353   10,21   KLIJN, A.F.J., «Matthew 11:25 / Luke 10:21», dans *New Testament Textual Criticism* (en collab.) (1981), 1-14.

*b*3354   10,22   HOFFMANN, P., «Die Offenbarung des Sohnes. Die apokalyptischen Voraussetzungen und ihre Verarbeitung im Q-Logion Mt 11,27 par Lk 10,22», Kairos 12 (1979) 270-288.

*b*3355   SABBE, M., «Can Mt 11,25-27 and Lc 10,22 Be Called a Johannine Logion?» dans *Logia* (en collab.) (1982), 363-371.

*b*3356   10,23-37   GALBIATI, E., «Esegesi degli Evangeli festivi», BibOr 1 (1959) 160/17-19.

*b*3357   10,25-42   Y.B., «Va, et toi aussi, fais de même (Luc 10,25-37)», EV (prédication) 83 (1983) 178-180; «L'accueil de Jésus (Luc 10,38-42)», 83 (1983) 180-181.

*b*3358   10,25-37   HERMANN, I., «Wem ich der Nächste bin. Auslegung von Lk 10,25-37», BiLeb 2 (1961) 17-24.

*b*3359   CRESPY, G., «La Parabole dite: 'Le bon Samaritain'. Recherches structurales», ETR 48 (1973) 61-79.

*b*3360   CRESPY, G., «The Parable of the Good Samaritan: an Essay in Structural Research [Translation by John Kirby of 'La parabole dite: Le bon Samaritain: Recherches Structurales', ÉtudThéolRel 48 (1973) 61-79]», Semeia 2 (1974) 27-50.

*b*3361   CROSSAN, J.D., «The Good Samaritan: Towards a Generic Definition of Parable», Semeia 2 (1974) 82-112.

*b*3362   FUNK, R.W., «The Good Samaritan as Metaphor», Semeia 2 (1974) 74-81.

*b*3363   PATTE, D., «Comments on the article of John Dominic Crossan», Semeia 2 (1974) 117-121.

*b*3364   PATTE, D., «An Analysis of Narrative Structure and the Good Samaritan», Semeia 2 (1974) 1-26.

*b*3365   TANNEHILL, R.C., «Comments on the articles of Daniel Patte and John Dominic Crossan», Semeia 2 (1974) 113-116.

*b*3366   DELORME, J., «Linguistique, Sémiotique, Exégèse: à propos du Séminaire de Durham (North Carolina - USA - 16-20 août 1976)», SemBib n° 6 (1977) 35-59.

*b*3367   DOLTO, F., SÉVÉRIN, G., *L'Évangile au risque de la psychanalyse*, «Parabole du Samaritain» (1977), I, 151-175.

*b*3368   E.F., «Toi aussi fais de même (Luc 10,25-37)», EV (prédication) 77 (1977) 161-164.

*b*3369   EULENSTEIN, R., «Und wer ist mein Nächster?» TGl 67 (1977) 127-145.

*b*3370   GROUPE D'ENTREVERNES, *Signes et paraboles* (en collab.), «'Va et fais de même'. Récit et dialogue (Luc 10,25-37)» (1977), 15-52.

*b*3371   GEWALT, D., «Der 'Barmherzige Samariter'. Zu Lukas 10,25-37», EvT 38 (1978) 403-417.

*b*3372   STEIN, R.H., «The Interpretation of the Parable of the Good Samaritan», dans *Scripture, Tradition, and Interpretation* (en collab.) (1978), 278-295.

*b*3373   VAN ELDEREN, B., «Another Look at the Parable of the Good Samaritan», dans *Saved by Hope* (en collab.) (1978), 109-119.

*b*3374   KIEFFER, R., «Analyse sémiotique et commentaire. Quelques réflexions à propos d'études de Luc 10.25-37», NTS 25 (1979) 454-468.

*b*3375   G.C., «Le bon Samaritain (Luc 10,25-37)», EV (prédication) 80 (1980) 162-164.

*b*3376   KINGSTON, M.J., «Love Cannot Be Contained by Rules», ExpTim 91 (1980) 339-340.

*b*3377   VENETZ, H., «Theologische Grundstrukturen in der Verkündigung Jesu? Ein Vergleich von Mk 10,17-22; Lk 10,25-37 und Mt 5,21-48», dans *Mélanges Dominique Barthélemy* (en collab.) (1981), 613-650.

*b*3378   10,25-35   BISER, E., «Wer ist mein Nächster?», GeistL 48 (1975) 406-414.

*b*3379   10,27-28   DAWSON, S., «Love your Neighbour», ExpTim 90 (1979) 338-339.

*b*3380   10,29-37   LEENHARDT, F.-J., «La parabole du Samaritain. Schéma d'une exégèse existentialiste», dans *Aux sources de la tradition chrétienne* (en collab.) (1950), 132-138.

*b*3381   CANTO RUBIO, J., «La parábola del Samaritano y el formulismo litúrgico», CuBi 22 (1965) 202-205.

*b*3382   SILVA, R., «La parábola del buen samaritano», CuBi 23 (1966) 234-240.

*b*3383   RAMAROSON, L., «Comme 'Le Bon Samaritain', ne chercher qu'à aimer (Lc 10,29-37)», Bibl 56 (1975) 533-536.

*b*3384   10,29   SPICQ, C., *Agapè dans le Nouveau Testament,* «Et qui est mon proche?» (1958), I, 179-184.

*b*3385   10,30-37   MAIWORM, J., «Umgekehrte Gleichnisse», BiKi 10 (1955) 82-85.

*b*3386   KAHLEFELD, H., «'Wer ist mein Nächster?' Der barmherzige Samaritaner - heute», BiKi 24 (1969) 74-77.

*b*3387   10,30-35   KLEMM, H.G., *Das Gleichnis vom Barmherzigen Samariter.* Grundzüge der Auslegung im 16./17. Jahrhundert (Beiträge zur Wissenschaft vom Alten und Neuen Testament, 103) (Stuttgart, Kohlhammer, 1973), 184 pp.

*b*3388   10,34   ROYSE, J.R., «A Philonic Use of *pandokheion* (Luke X 34)», NT 23 (1981) 193-194.

*b*3389   10,38-42   RINALDI, G., «Marta», BibOr 5 (1963) 123-126.

*b*3390   E.F., «Marthe et Marie (Luc 10,38-42)», EV (prédication) 77 (1977) 173-175.

*b*3391   KNOCKAERT, A., «Analyse structurale du texte biblique», LVit 33 (1978) 331-340.

*b*3392   ROOSEN, A., «Das einzig Notwendige. Erwägungen zu Lk 10,38-42», StMor 17 (1979) 9-39.

*b*3393   G.C., «L'épisode de Marthe et Marie (Luc 10,38-42)», EV (prédication) 80 (1980) 177-178.

*b*3394   DAVIDSON, J.A., «Things to be Understood and Things to be Done», ExpTim 94 (1983) 306-307.

*b*3395   10,42   PRETE, B., «Il Logion di Gesù: 'Una cosa sola è necessaria'», dans *Fondamenti biblici della teologia morale* (en collab.) (1973), 283-307.

*b*3396   DUPONT, J., «De quoi est-il besoin (Lc x.42)?» dans *Text and Interpretation* (en collab.) (1979), 115-120.

*b*3397   FEE, G.D., «One Thing is Needful? Luke 10:42», dans *New Testament Textual Criticism* (en collab.) (1981), 61-75.

*b*3398   11,1-13   E.F., «Seigneur, apprends-nous à prier (Luc 11,1-13)», EV (prédication) 77 (1977) 189-191.

b3399		HARRISVILLE, R.A., «God's Mercy - Tested, Promised, Done! An Exposition of Genesis 18:20-32; Luke 11:1-13; Colossians 2:6-15», Interpr 3 (1977) 165-178.
b3400		G.C., «La prière... de demande (Lc 11,1-13)», EV (prédication) 80 (1980) 193-194.
b3401		Y.B., «Père... (Luc 11,1-13)», EV (prédication) 83 (1983) 182-183.
b3402	11,1-4	ELLIOTT, J.K., «Did the Lord's Prayer Originate With John the Baptist?» TZ 29 (1973) 215.
b3403	11,1-2	DACQUINO, P., «La preghiera del cristiano», BibOr 5 (1963) 201-205.
b3404	11,2-4	MIEGGE, G., «Le 'Notre Père' prière du temps présent», ETR 35 (1960) 237-253.
b3405		KNORZER, W., «Unser Vater im Himmel. Das Gebet des Herrn als Inbegriff des Evangeliums», BiKi 22 (1967) 79-86.
b3406		VÖGTLE, A., «Der 'eschatologische' bezug der Wir-Bitten des Vaterunser», dans Jesus und Paulus (en collab.) (1975), 344-362.
b3407		ASHTON, J., «Le Notre Père», CHR 24 (1977) 459-470.
b3408		ASHTON, J., «Our Father», Way 18 (1978) 83-91.
b3409		CARMIGNAC, J., «Hebrew Translations of the Lord's Prayer: An Historical Survey», dans Biblical and Near Eastern Studies (LaSor) (en collab.) (1978), 18-79.
b3410		EDMONDS, P., «The Lucan Our Father: A Summary of Luke's Teaching on Prayer?» ExpTim 91 (1980) 140-143.
b3411		SCHÜRMANN, H., Das Gebet des Hern als Schlüssel zum Verstehen Jesu[4] (Freiburg, Herder, 1981), 187 pp.
b3412	11,3	BRAUN, F.-M., «Le pain dont nous avons besoin. Mt 6,11; Lc 11,3», NRT 100 (1978) 559-568.
b3413		BOURGOIN, H., «'Epiousios expliqué par la notion de préfixe vide», Bibl 60 (1979) 91-96.
b3414		GRELOT, P., «La Quatrième Demande du 'Pater' et son Arrière-Plan Sémitique», NTS 25 (1979) 299-314.
b3415		DEWAILLY, L.-M., «'Donne-nous notre pain': quel pain? Notes sur la quatrième demande du Pater», RSPT 64 (1980) 561-588.
b3416	11,4	HOUK, C.B., «Peirasmos, The Lord's Prayer, and the Massah Tradition», SJTh 19 (1966) 216-225.
b3417	11,5-13	FUCHS, E., «Notes bibliques de prédication: pour les temps de Pâques et de Pentecôte», VC nº 58 (1961) 214-226 (Mt 6,5-8; Lc 11,5-13; Mt 11,25-27).
b3418	11,5-9	CATCHPOLE, D.R., «Q and 'The Friend at Midnight'», JTS 34 (1983) 407-424.
b3419	11,5-8	DERRETT, J.D.M., «The Friend at Midnight: Asian Ideas in the Gospel of St. Luke», dans BAMMEL, E., BARRETT, C.K., DAVIES, W.D. (Eds.), Donum Gentilicium. New Testament Studies in Honour of David Daube (Oxford, Clarendon Press, 1978), 78-87, dans DERRETT, J.D.M., Studies in the New Testament (1982), III, 31-41.
b3420	11,6-13	DU BUIT, M., En tous les temps Jésus-Christ, «Autres conseils pour la prière» (1977), III, 152-159.
b3421	11,11-12	VARA, J., «Una sugerencia: korpion lección originaria de skorpion en Lucas 11,11-12», Salm 30 (1983) 225-229.
b3422	11,14-28	GALBIATI, E., «Esegesi degli Evangeli festivi», BibOr 3 (1961) 58-64.

*b*3423   11,14-26   BUSSE, U., *Die Wunder des Propheten Jesus*, «Die Beelzebulperikope Lk 11,14-26» (1977), 275-289.

*b*3424   MEYNET, R., «Qui donc est le plus fort?» RB 90 (1983) 334-350.

*b*3425   11,14-20   HERMANN, I., «'... dann ist das Gottesreich zu euch gekommen.' Eine Homilie zu Lk 11,14-20», BiLeb 1 (1960) 198-204.

*b*3426   11,15-23   CHILTON, B., «A Comparative Study of Synoptic Development: The Dispute between Cain and Abel in the Palestinian Targums and the Beelzebul Controversy in the Gospel», JBL 101 (1982) 553-562.

*b*3427   11,16.29-32   MERLI, D., «Il Segno di Giona», BibOr 14 (1972) 61-77.

*b*3428   11,20   GEORGE, A., «Par le doigt de Dieu (Lc 11,20)», SE 18 (1966) 461-466, dans GEORGE, A., *Études sur l'oeuvre de Luc* (1978), 127-132.

*b*3429   VAN CANGH, J.M., «'Par l'esprit de Dieu - par le doigt de Dieu' Mt 12,28 par. Lc 11,20», dans *Logia* (en collab.) (1982), 337-342.

*b*3430   11,28   RIEDL, J., «Selig, die das Wort Gottes hören und befolgen (Lk 11,28). Theologisch-biblische Adventsbesinnung», BiLeb 4 (1963) 252-260.

*b*3431   11,29-32   HOWTON, J., «The Sign of Jonah», SJTh 15 (1962) 288-304.

*b*3432   SCHMITT, G., «Das Zeichen des Jona», ZNW 69 (1978) 123-129.

*b*3433   11,41   AUER, W., «Bibeltexte - flasch verstanden», BiKi 13 (1958) 85-88.

*b*3434   11,44   SCHWARZ, G., «Unkenntliche Gräber? (Lukas xi. 44)», NTS 23 (1977) 345-346.

*b*3435   11,47-51   DERRETT, J.D.M., «You build the Tombs of the Prophets (Lk. 11,47-51; Mt. 23,29-31)», [*Studia Evangelica* (en collab.) (Berlin, Akademie Verlag, 1968), IV, 187-193], dans DERRETT, J.D.M., *Studies in the New Testament* (1978), II, 68-75.

*b*3436   11,49-51   LÉGASSE, S., «L'oracle contre 'cette génération' (Mt 23,34-36 par. Lc 11,49-51) et la polémique judéo-chrétienne dans la Source des Logia», dans *Logia* (en collab.) (1982), 237-256.

*b*3437   12-14   VIARD, A., «Vrais disciples du Christ», EV 87 (1977) 378-384.

*b*3438   12,3-4   KÜMMEL, W.G., «Das Verhalten Jesus gegenüber und das Verhalten des Menschensohns. Markus 8,38 par und Lukas 12,3f par Matthäus 10,32f», dans *Jesus und der Menschensohn* (en collab.) (1975), 210-224.

*b*3439   12,6   SCATTOLON, A., «L'*agapêtos* sinottico nella luce della tradizione giudaica», RivB 26 (1978) 2-32.

*b*3440   12,8-9   HIGGINS, A.J.B., «'Menschensohn' oder 'ich' in Q: Lk 12,8-9/Mt 10,32-33?» dans *Jesus und der Menschensohn* (en collab.) (1975), 117-123.

*b*3441   McDERMOTT, J.M., «Luke, XII,8-9: Stone of Scandal», RB 84 (1977) 523-537.

*b*3442   PESCH, R., «Über die Autorität Jesu. Eine Rückfrage anhand des Bekenner- und Verleugnerspruchs Lk 12,8f par», dans *Die Kirche des Anfangs* (en collab.) (1978), 25-55.

*b*3443   McDERMOTT, J.M., «Luc, XII,8-9: Pierre angulaire», RB 85 (1979) 381-401.

*b*3444   12,8   CATCHPOLE, D.R., «The Angelic Son of Man in Luke 12:8», NT 2 (1982) 255-265.

*b*3445   COPESTAKE, D.R., «Luke 12[8] and 'silent witness'», ExpTim 94 (1983) 335.

*b*3446	12,10	BORING, M.E., «The unforgivable Sin Logion Mark III 28-29/Matt XII 31-32/Luke XII 10: Formal Analysis and History of the Tradition», NT 18 (1976) 258-279.
*b*3447		WREGE, H.T., «Zur Rolle des Geistwortes in frühchristlichen Traditionen (Lc 12,10 parr.)», dans *Logia* (en collab.) (1982), 373-377.
*b*3448	12,13-21	DERRETT, J.D.M., «The Rich Fool: A Parable of Jesus concerning Inheritance», HeyJ 18 (1977) 131-151, dans DERRETT, J.D.M., *Studies in the New Testament* (1978), II, 99-120.
*b*3449		E.F., «S'enrichir auprès de Dieu (Luc 12,13-21)», EV (prédication) 77 (1977) 191-193.
*b*3450		SAWATZKY, H., «What's gotten into us?» ExpTim 91 (1980) 245-247.
*b*3451		Y.B., «Être riche en vue de Dieu (Qo. 1,2; 2,21-23; Col. 3,1-5.9.11; Luc 12,13-21)», EV (prédication) 83 (1983) 193-194.
*b*3452	12,15-21	NICKELSBURG, G.W.E., «Riches, the Rich, and God's Judgment in I Enoch 92-105 and the Gospel according to Luke», NTS 25 (1979) 324-344.
*b*3453	12,16-21	SENG, E.W., «Der reiche Tor: Eine Untersuchung von Lk xii 16-21 unter besonderer Berücksichtigung form- und motivgeschichtlicher Aspekte», NT 20 (1978) 136-155.
*b*3454	12,22-31	OLSTHOORN, M.K., *The Jewish Background and the Synoptic Setting of Mt 6,25-33 and Lk 12,22-31* (Studium Biblicum Franciscanum, Analecta, 10) (Jerusalem, Franciscan Printing Press, 1975), 88 pp.
*b*3455		TANNEHILL, R.C., *The Sword of His Mouth*, «Matthew 6:25-33 // Luke 12:22-31. The Birds and the Lilies» (1975), 60-67.
*b*3456		MEALAND, D.L., «'Paradisial' Elements in the Teaching of Jesus», dans *Studia Biblica 1978. II. Papers on the Gospels* (en collab.) (1980), 179-184.
*b*3457	12,32-48	E.F., «Gardez vos lampes allumées (Luc 12,32-48)», EV (prédication) 77 (1977) 193-195.
*b*3458		Y.B., «Votre Père a jugé bon de vous donner le Royaume (Luc 12,32-48)», EV (prédication) 83 (1983) 194-196.
*b*3459	12,35-59	KÜVEN, C., «Advent in der Entscheidung nach Lukas 12,35-59», BiKi 16 (1961) 109-112.
*b*3460	12,35-39	SPAEMANN, H., «Advent der Christen im Gleichnis. Eine Meditation über Lk 12,35-39», BiLeb 1 (1960) 266-270.
*b*3461	12,49-53	TANNEHILL, R.C., *The Sword of His Mouth*, «Matthew 10:34-36 // Luke 12:49-53. Not Peace but a Sword» (1975), 140-147.
*b*3462		E.F., «Il endura la croix (Luc 12,49-53)», EV (prédication) 77 (1977) 205-207.
*b*3463		G.C., «Jésus, signe de contradiction (Jr 38,4-6.8-10; He 12,1-4; Lc 12,49-53)», EV (prédication) 80 (1980) 211-212.
*b*3464		Y.B., «Le feu sur la terre (He. 12,1-4; Luc 12,49-53)», EV (prédication) 83 (1983) 196-197.
*b*3465	12,49	KUTTER, P., «Eine 'biblische' Ansprache», BiKi 5 (1950) 48-50.
*b*3466	12,54-56	TANNEHILL, R.C., *The Sword of His Mouth*, «Luke 12:54-56. Interpreting this Time» (1975), 128-134.
*b*3467		SCHNACKENBURG, R., *Deutet die Zeichen der Zeit.* Meditationen zum Advent (Freiburg, Basel, Vienna, Herder, 1976), 124 pp.

b3468   13,1-9   E.F., «Il vint chercher du fruit (Luc 13,1-9)», EV (prédication) 77 (1977)
                      45-47.
b3469   YOUNG, F.W., «Luke 13:1-9», Interpr 31 (1977) 59-63.
b3470   G.C., «La leçon des catastrophes (Lc 13,1-9)», EV (prédication) 80
                      (1980) 35-36.
b3471   13,1-5   JOHNSON, S.E., «A Note on Luke xiii.1-5», AThR 17 (1935) 91-95.
b3472   13,6-9   DERRETT, J.D.M., «Figtrees in the New Testament», HeyJ 14 (1973)
                      249-265, dans DERRETT, J.D.M., Studies in the New Testament (1978),
                      II, 148-164.
b3473   13,10-17   BUSSE, U., Die Wunder des Propheten Jesus, «Die Heilung der
                      verkrüppelten Frau am Sabbat Lk 13,10-17» (1977), 289-304.
b3474   13,18-21   WEDER, H., Die Gleichnisse Jesu als Metaphern, «Die Gleichnisse in
                      Mk 4,1-34; Mt 13,1-52; Lk 8,4-18; 13,18-21» (1980), 99-273.
b3475   13,22-14,24 L'EPLATTENIER, C., «Lecture d'une séquence lucanienne, Luc 13/22
                      à 14/24», ETR 56 (1981) 282-287.
b3476   13,22-30   G.C., «La porte étroite et la porte fermée (Luc 13,22-30)», EV
                      (prédication) 77 (1977) 209-211.
b3477   Y.B., «Efforcez-vous d'entrer... (Luc 13,22-30)», EV (prédication) 80
                      (1980) 212-214; 83 (1983) 209-210.
b3478   13,24   DERRETT, J.D.M., «The Merits of the Narrow Gate», JSNT nº 15
                      (1982) 20-29.
b3479   13,31   PRETE, B., «Il testo di Luca 13,31. Unità letteraria ed insegnamento
                      cristologico», BibOr 24 (1982) 59-79.
b3480   13,33   BUSSE, U., Die Wunder des Propheten Jesus, «Die beiden prophetischen
                      Selbstaussagen Jesu» (1977), 402-414.
b3481   BISHOP, J., «The Power of the Single Purpose», ExpTim 93 (1982)
                      115-116.
b3482   13,34-35   WEINERT, F.D., «Luke, the Temple, and Jesus' Saying about
                      Jerusalem's Abandoned House (Luke 13:34-35)», CBQ 44 (1982) 68-76.
b3483   13,35   ALLISON, D.C., Jr., «Matth. 23:39 - Luke 13:35b as a Conditional
                      Prophecy», JSNT nº 18 (1983) 75-84.
b3484   13,52   ZELLER, D., «Zu einer jüdischen Vorlage von Mt 13,52», BZ 20 (1976)
                      223-226.
b3485   14   PALMER, H., «Just Married, Cannot Come», NT 18 (1976) 241-257.
b3486   14,1-24   ERNST, J., «Gastmahlgespräche: Lk 14,1-24», dans Die Kirche des
                      Anfangs (en collab.) (1978), 57-78.
b3487   14,1-14   G.C., «La dernière place (Lc 14,1-14)», EV (prédication) 77 (1977)
                      221-223.
b3488   14,1-11   GALBIATI, E., «Esegesi degli Evangeli festivi», BibOr 1 (1959)
                      160/20-25.
b3489   14,1-6   BUSSE, U., Die Wunder des Propheten Jesus, «Die Heilung des
                      Wassersüchtigen Lk 14,1-6» (1977), 304-313.
b3490   14,7-14   SCHILLEBEECKX, E., God among us, «Friend, Go up Higher (Luke
                      14.1,7-14; Sirach 3.17f.,28f.)» (1983), 53-55.
b3491   Y.B., «Les invités de Dieu (Luc 14,1a.7-14)», EV (prédication) 83 (1983)
                      210-212.
b3492   14,14   KETTER, P., «Die Auferstehung der Gerechten und der Sünder (Luk.
                      14,14)», BiKi 4 (1949) 10-20.

*b*3493 14,15-24 DORMEYER, D., «Literarische und theologische Analyse der Parabel Lukas 14,15-24», BiLeb 15 (1974) 206-219.

*b*3494 BEATRICE, P.F., «Il significato di *Ev. Thom.* 64 per la critica letteraria della parabola del banchetto (*Mt* 22,1-14/*Lc* 14,15-24)», dans *La parabola degli invitati al banchetto* (en collab.) (1978), 237-277.

*b*3495 DUPONT, J., «La parabola degli invitati al banchetto nel ministero di Gesù», dans *La parabola degli invitati al banchetto* (en collab.) (1978), 279-329.

*b*3496 PERCE, M., «Ricostruzione dell'archetipo letterario comune a *Mt.* 22,1-10 e *Lc* 14,15-24», dans *La parabola degli invitati al banchetto* (en collab.) (1978), 167-236.

*b*3497 14,16-24 GALBIATI, E., «Gli invitati al convito (Lc. 14,16-24)», BibOr 7 (1965) 129-135, dans *Scritti minori* (1979), 581-590.

*b*3498 DUPONT, J., «In parabola magni convivii (Matth. 22,2-4; Luc 14,16-24) historia salutis delineatur», dans *Acta Congressus Internationalis de Theologia Concilii Vaticani II* (en collab.) (1968), 455-459.

*b*3499 FABRIS, R., «La parabola degli invitati alla cena. Analisi redazionale di *Lc.* 14,16-24», dans *La parabola degli invitati al banchetto* (en collab.) (1978), 127-166.

*b*3500 GAETA, G., «Invitati e commensali al banchetto escatologico. Analisi letteraria della parabola di Luca (14,16-24)», dans *La parabola degli invitati al banchetto* (en collab.) (1978), 103-125.

*b*3501 RESENHÖFT, R.W., «Jesu Gleichnis von den Talenten, ergänzt durch die Lukas-Fassung», NTS 26 (1980) 318-331.

*b*3502 14,25-33 G.C., «Le vrai disciple de Jésus-Christ (Lc 14,25-33)», EV (prédication) 77 (1977) 223-224.

*b*3503 Y.B., «Les disciples de Jésus (Lc 14,25-33)», EV (prédication) 80 (1980) 225-226; 83 (1983) 212-213.

*b*3504 14,28-32 DERRETT, J.D.M., «Nisi dominus aedificaverit domum: Towers and Wars (Lk xiv 28-32)», NT 19 (1977) 241-261, dans DERRETT, J.D.M., *Studies in the New Testament* (1982), III, 85-106.

*b*3505 15 BAILEY, K.E., *The Cross and the Prodigal.* The 15th chapter of Luke, seen through the eyes of Middle Eastern peasants (St. Louis, Concordia, 1973), 134 pp.

*b*3506 BONNARD, P., «Approche historico-critique de Luc 15» (1973), dans *Anamnesis* (1980), 93-103.

*b*3507 GROUPE D'ENTREVERNES, *Signes et paraboles* (en collab.), «'Il fallait faire la fête...' Controverse et paraboles (Luc 15)» (1977), 92-142.

*b*3508 SCHNIDER, F., *Die verlorenen Söhne* (Orbis Biblicus et Orientalis, 17) (Freiburg, Schweiz; Göttingen, Vandenhoeck & Ruprecht, 1977), 105 pp.

*b*3509 RAMAROSON, L., «Le coeur du Troisième Évangile: Lc 15», Bibl 60 (1979) 348-360.

*b*3510 BARTOLOME, J.J., «Una costumbre de Jesús y su proprio comentario (Lc 15)», Sal 44 (1982) 669-712.

*b*3511 15,1-32 G.C., «L'inlassable miséricorde du Seigneur (Lc 15,1-32)», EV (prédication) 77 (1977) 224-226.

*b*3512 SCHNIDER, F., *Die verlorenen Söhne.* Strukturanalytische und historisch-kritische Untersuchungen zu Lk 15 (Orbis Biblicus et

Orientalis, 17) (Freiburg, Schweiz, Universitätsverlag; Göttingen, Vandenhoeck & Ruprecht, 1977), 105 pp.

*b*3513   WAELKENS, R., «L'analyse structurale des paraboles. Deux essais: Luc 15,1-32 et Matthieu 13,44-46», RTL 8 (1977) 160-178.

*b*3514   KRUSE, H., «The Return of the Prodigal. Fortunes of a Parable on its Way to the Far East», Or. 47 (1978) 163-214.

*b*3515   G.C., «La parabole de l'enfant prodigue (Lc 15,1-32)», EV (prédication) 80 (1980) 49-50.

*b*3516   VIARD, A., «Un homme avait deux fils (Luc 15,1-2.11-32)», EV (prédication) 83 (1983) 53-55.

*b*3517   Y.B., «Les paraboles du coeur de Dieu (Luc 15,1-32)», EV (prédication) 83 (1983) 213-214.

*b*3518   15,1-10   KAMPHAUS, F., «'...zu suchen, was verloren war.' Homilie zu Lk 15,1-10», BiLeb 8 (1967) 201-203.

*b*3519   DOLTO, F., SÉVÉRIN, G., *L'Évangile au risque de la psychanalyse*, «Le mouton et la drachme perdus» (1978), II, 21-35.

*b*3520   SAWATZKY, H., «Problem at the Party», ExpTim 91 (1980) 270-272.

*b*3521   TOY, J., «The Lost Sheep and the Lost Coin», ExpTim 92 (1981) 276-277.

*b*3522   15,1-7   MOURLON-BEERNAERT, P., «The Lost Sheep: four approaches», TDig 29 (1981) 143-148.

*b*3523   15,1   VÖLKEL, M., «Freund der Zöllner und Sünder», ZNW 69 (1978) 1-10.

*b*3524   15,3-10   DERRETT, J.D.M., «Fresh Light on the Lost Sheep and the Lost Coin», NTS 26 (1979) 36-60, dans DERRETT, J.D.M., *Studies in the New Testament* (1982), III, 59-84.

*b*3525   15,3-7   BISHOP, E.F.F., «The Parable of the Lost or Wandering Sheep», AThR 44 (1962) 44-57.

*b*3526   ARAI, S., «Das Gleichnis vom verlorenen Schaf. Eine traditionsgeschichtliche Untersuchung», AJBI 2 (1976) 111-137.

*b*3527   15,3-6   PETERSEN, W.L., «The Parable of the Lost Sheep in the Gospel of Thomas and the Synoptics», NT 23 (1981) 128-147.

*b*3528   15,4-7   SCHNIDER, F., «Das Gleichnis vom vERLoreren Schaf und seine Redaktoren», Kairos 19 (1977) 146-154.

*b*3529   15,4   BUSSY, F., «Did a Shepherd Leave Sheep upon the Mountains or in the Desert?» AThR 45 (1963) 93-94.

*b*3530   15,8-10   WEDER, H., *Die Gleichnisse Jesu als Metaphern*, «Das Gleichnis von der verlorenen Drachme (Lk 15,8-10)» (1980), 249-252.

*b*3531   15,11-32   FISHER, L.R., «An Amarna Age Prodigal», JSS 3 (1958) 113-122.

*b*3532   SILVA, R., «La parábola del hijo pródigo», CuBi 23 (1966) 259-263.

*b*3533   DELGADO SANCHEZ, J., «Consideraciones sobre la parábola del hijo pródigo», CuBi 29 (1972) 338-341.

*b*3534   LOHFINK, G., «Das Gleichnis vom gütigen Vater. Eine Predigt zu Lk 15,11-32», BiLeb 13 (1972) 138-146.

*b*3535   PATTE, D., «Structural Analysis or The Parable of the Prodigal Son: Toward a Method», dans *Semiology and Parables* (en collab.) (1976), 71-149.

*b*3536   E.F., «Il est retrouvé! (Luc 15,1-2.11-32)», EV (prédication) 77 (1977) 47-50.

b3537   GRELOT, P., «Le père et ses deux fils: Luc XV,11-32», RB 84 (1977)
               321-348, 538-565.
b3538   HOFIUS, O., «Alttestamentliche Motive im Gleichnis vom verlorenen
               Sohn», NTS 24 (1977-78) 240-248.
b3539   PESCH, R., «Zur Exegese Gottes durch Jesus von Nazaret. Eine
               Auslegung des Gleichnisses vom Vater und den beiden Söhnen (Lk
               15,11-32)», dans En collaboration, *Jesus, Ort der Erfahrung Gottes*[2]
               (Freiburg, Basel, Wien, Herder, 1977), 140-189.
b3540   PRICE, J.L., «Luke 15:11-32», Interpr 31 (1977) 64-69.
b3541   SCOTT, B.B., «The Prodigal Son: A Structuralist Interpretation»,
               Semeia 9 (1977) 45-73.
b3542   TOLBERT, M.A., «The Prodigal Son: An Essay in Literary Criticism
               from a Psychoanalytic Perspective», Semeia 9 (1977) 1-20.
b3543   VIA, D.O., Jr., «The Prodigal Son: A Jungian Reading», Semeia 9 (1977)
               21-43.
b3544   DOLTO, F., SÉVÉRIN, G., *L'Évangile au risque de la psychanalyse*,
               «L'enfant prodigue» (1978), II, 59-76.
b3545   XXX, «La parabole du père et de ses deux fils Luc 15/11-32», ETR 55
               (1980) 77-85.
b3546   WEDER, H., *Die Gleichnisse Jesu als Metaphern*, «Die Parabel vom
               verlorenen Sohn (Lk 15,11-32)» (1980), 252-262.
b3547   DUMAIS, M., «Approche historico-critique d'un texte: la parabole du
               père et de ses deux fils (Lc 15,11-32)», SE 33 (1981) 191-214, dans
               L'actualisation du Nouveau Testament (1981), 63-95.
b3548   ROY, M., «Jugement et sanction. Matthieu 25,31-46; Luc 15,11-32;
               16,19-31», CHR 28 (1981) 440-449.
b3549   ALEMANY, J.J., «Lc 15,11-32: Una sugerencia de análisis estructural»,
               Miscelánea Comillas 41 (1983) 167-176.
b3550   15,11-24   FORREST, R.G., «I believe in the forgiveness of sins», ExpTim 92
               (1980) 18-19.
b3551   15,12-13   PÖHLMANN, W., «Die Abschichtung des Verlorenen Sohnes
               (Lk 15,12f.) und die erzählte Welt der Parabel», ZNW 70 (1979)
               194-213.
b3552   15,17   MacLEOD, I., «Enough and to Spare», ExpTim 88 (1977) 114-115.
b3553   KELLOGG, J.C., «Enough to Spare», ExpTim 94 (1983) 272-273.
b3554   15,24.32   BRAUMANN, G., «Tot - lebendig, verloren - gefunden (Lk 15,24
               und 32)», dans *Wort in der Zeit* (en collab.) (1980), 156-164.
b3555   15,25-32   THIEME, K., «Augustinus und der 'Ältere Brude'», dans *Universitas.
               Dienst an Wahrheit und Leben* (en collab.) (1960), I, 79-85.
b3556   16   GENUYT, F., «Le porche du Royaume. Étude du chapitre 16 de
               l'Évangile de Luc», SemBib n° 9 (1978) 10-35.
b3557   FEUILLET, A., «Les paraboles de Luc: Chap. 16», EV (doctrine) 89
               (1979) 241-250, 257-271.
b3558   16,1-13   G.C., «Le bon usage de l'argent (Lc 16,1-13)», EV (prédication) 77 (1977)
               226-228.
b3559   MOLINA, J.-P., «Luc 16/1 à 13: l'injustice *Mamon*», ETR 53 (1978)
               311-375.
b3560   BARTH, M., «The Dishonest Steward and his Lord, Reflections on Luke
               16:1-13», dans *From Faith to Faith* (en collab.) (1979), 65-73.

*b*3561   WEDER, H., *Die Gleichnisse Jesu als Metaphern*, «Die Parabel vom ungerechten Haushalter (Lk 16,1-13)» (1980), 262-267.

*b*3562   Y.B., «Intendants de Dieu (Luc 16,1-13)», EV (prédication) 80 (1980) 243-244; 83 (1983) 225-226.

*b*3563   16,1-9   GALBIATI, E., «Esegesi degli Evangeli festivi», BibOr 3 (1961) 92-96, dans *Scritti minori* (1979), 591-599.

*b*3564   ZIMMERMANN, H., «Die Forderung der Gleichnisse Jesu. Das Gleichnis vom ungerechten Verwalter: Lk 16,1-9», BiLeb 2 (1961) 254-261.

*b*3565   MOORE, F.J., «The Parable of the Unjust Steward», AThR 47 (1965) 103-105.

*b*3566   FEUILLET, A., «La parabole du mauvais riche et du pauvre Lazare (*Lc* 16,19-31), antithèse de la parabole de l'intendant astucieux (*Lc* 16,1-9)», NRT 101 (1979) 212-223.

*b*3567   16,1-8   MAIWORM, J., «Die Verwalter-Parabel», BiKi 13 (1958) 11-18.

*b*3568   PALIARD, C., *Lire l'Écriture, écouter la Parole*. La parabole de l'économe infidèle (Lire la Bible, 53) (Paris, Cerf, 1981), 157 pp.

*b*3569   SCOTT, B.B., «A Master's Praise: Luke 16,1-8a», Bibl 64 (1983) 173-188.

*b*3570   16,5-7   GANDER, G., «Le procédé de l'économe infidèle, décrit Luc 16.5-7, est-il répréhensible ou louable?» VC n⁰ 27-28 (1953) 128-141.

*b*3571   16,6   DERRETT, J.D.M., «'Take thy bond ... and write fifty' (Luke xvi.6): The Nature of the Bond», JTS 23 (1972) 438-440, dans DERRETT, J.D.M., *Studies in the New Testament* (1977), I, 1-3.

*b*3572   16,8-9   MAILLOT, A., «Notules sur Luc 16/8b-9», ETR 44 (1969) 127-130.

*b*3573   16,16   THIERING, B.E., «Are the 'Violent Men' False Teachers?» NT 21 (1979) 293-297.

*b*3574   16,18   NEIRYNCK, F., «De Jezuswoorden over echtscheidint», *Sociologische Verkenningen* 2 (1972) 127-141, dans NEIRYNCK, F., *Evangelica* (1982), 821-834.

*b*3575   LÖVESTAM, E., «Die funktionale Bedeutung der synoptischen Jesusworte über Ehescheidung und Wiederheirat», dans *Theologie aus dem Norden* (en collab.) (1976), 19-28.

*b*3576   16,19-31   MAIWORM, J., «Umgekehrte Gleichnisse», BiKi 10 (1955) 82-85.

*b*3577   PAX, E., «Der Reiche und der arme Lazarus eine Milieustudie», StBiFranc 25 (1975) 254-268.

*b*3578   AMMASSARI, A., *La Resurrezione*, «L'escatologia di Luca nella parabola del ricco cattivo e del povero Lazzaro (Lc. 16,19-31)» (1976), I, 59-70.

*b*3579   G.C., «Lazare et le mauvais riche (Lc 16,19-31)», EV (prédication) 77 (1977) 237-239.

*b*3580   WEHRLI, E.S., «Luke 16:19-31», Interpr 31 (1977) 276-280.

*b*3581   DOLTO, F., SÉVÉRIN, G., *L'Évangile au risque de la psychanalyse*, «Le riche et Lazare» (1978), II, 119-148.

*b*3582   FEUILLET, A., «La parabole du mauvais riche et du pauvre Lazare (*Lc* 16,19-31) antithèse de la parabole de l'intendant astucieux (*Lc* 16,1-9)», NRT 101 (1979) 212-223.

*b*3583   SCHNIDER, F., STENGER, W., «Die offene Tür und die unüberschreitbare Kluft. Strukturanalytische Überlegungen zum

		Gleichnis vom reichen Mann und armen Lazarus (Lk 16,19-31)», NTS 25 (1979) 273-283.
b3584		TOY, J., «The Rich Man and Lazarus», ExpTim 91 (1980) 274-275.
b3585		Y.B., «Un pauvre nommé Lazare... (Luc 16,19-31)», EV (prédication) 80 (1980) 245-246; 83 (1983) 257-258.
b3586		ROY, M., «Jugement et sanction. Matthieu 25,31-46; Luc 15,11-32; 16,19-31», CHR 28 (1981) 440-449.
b3587		SAUZÈDE, J.-P., «Tonalités de la parole. 2 - Une série pour le Carême», ETR 58 (1983) 59-71.
b3588	17	ZMIJEWSKI, J., «Die Eschatologiereden Lk 21 und Lk 17. Überlegungen zum Verständnis und zur Einordnung der lukanischen Eschatologie», BiLeb 14 (1973) 30-40.
b3589	17,1-10	SHELTON, R.M., «Luke 17:1-10», Interpr 31 (1977) 280-285.
b3590	17,5-10	G.C., «Foi et humilité (Lc 17,5-10)», EV (prédication) 77 (1977) 239-241.
b3591		Y.B., «La puissance de la foi (Luc 17,5-10)», EV (prédication) 80 (1980) 257-259; 83 (1983) 258-259.
b3592	17,7-10	DERRETT, J.D.M., «The Parable of the Profitable Servant (Luke xvii.7-10)», dans Studia Evangelica (en collab.) (1982), VII, 165-174.
b3593	17,10	KILGALLEN, J.J., «What Kind of Servants are we? (Luke 17,10)», Bibl 63 (1982) 549-551.
b3594	17,11-18,14	DU BUIT, M., En tous les temps Jésus-Christ, «Paroles du Maître» (1975), II, 7-55.
b3595	17,11-19	BOURS, J., «Vom dankbaren Samariter. Eine Meditation über Lk 17,11-19», BiLeb 1 (1960) 193-198.
b3596		GALBIATI, E., «Esegesi degli Evangeli festivi», BibOr 2 (1960) 171-173.
b3597		BRUNERS, W., Die Reinigung der zehn Aussätzigen und die Heilung des Samariters Lk 17,11-19. Ein Beitrag zur lukanischen Interpretation der Reinigung vom Aussätzigen (Forschung zur Bibel, 23) (Stuttgart, Katholisches Bibelwerk, 1977), 444 pp.
b3598		BUSSE, U., Die Wunder des Propheten Jesus, «Die Heilung der zehn Aussätzigen Lk 17,11-19» (1977), 313-327.
b3599		G.C., «La guérison des dix lépreux (Lc 17,11-19)», EV (prédication) 77 (1977) 253-255.
b3600		McCAUGHEY, T., «Paradigms of Faith in the Gospel of St Luke», IrThQ 45 (1978) 177-184.
b3601		Y.B., «Le chemin de la foi (Luc 17,11-19)», EV (prédication) 80 (1980) 259-260; 83 (1983) 260-261.
b3602		KINGSTON, M.J., «Modern-day Leprosy», ExpTim 92 (1981) 371.
b3603	17,20-18,8	FEUILLET, A., «La double venue du Règne de Dieu et du Fils de l'homme en Luc xvii,20-xviii,8», RT 81 (1981) 5-33.
b3604	17,20-37	ZMIJEWSKI, J., Die Eschatologiereden des Lukas-Evangeliums (BBB 40) (Bonn, Peter Hanstein, 1972), xxxii-591 pp.
b3605	17,20-21	SCHNACKENBURG, R., Deutet die Zeichen der Zeit. Meditationen zum Advent (Freiburg, Basel, Vienna, Herder, 1976), 124 pp.
b3606	17,22-37	RIGAUX, B., «La petite apocalypse de Luc (xvii,22-37)», dans Ecclesia a Spiritu Sancto edocta (en collab.) (1970), 407-438.
b3607	17,26-30	TANNEHILL, R.C., The Sword of His Mouth, «Luke 17:26-30. The Days of Noah and of Lot» (1975), 118-122.
b3608	17,33	LÉON-DUFOUR, X., «Luc 17,33», RSR 69 (1981) 101-112.

b3609 18,1-8 CRANFIELD, C.E.B., «The Parable of the Unjust Judge and the Eschatology of Luke-Acts», SJTh 16 (1963) 297-301.

b3610 DERRETT, J.D.M., «Law in the New Testament: The Parable of the Unjust Judge», NTS 18 (1971/72) 178-191, dans DERRETT. J.D.M., *Studies in the New Testament* (1977), I, 32-47.

b3611 E.F., «Prier toujours sans se décourager (Luc 18,1-8)», EV (prédication) 77 (1977) 255-257.

b3612 ZIMMERMANN, H., «Das Gleichnis vom Richter und der Witwe (Lk 18,1-8)», dans *Die Kirche des Anfangs* (en collab.) (1978), 79-95.

b3613 G.C., «La persévérance dans la prière (Ex. 17,8-13; Lc 18,1-8)», EV (prédication) 80 (1980) 260-262.

b3614 WEDER, H., *Die Gleichnisse Jesu als Metaphern*, «Die Parabel vom Richter und der Witwe (Lk 18,1-8)» (1980), 267-273.

b3615 Y.B., «Être fidèle à Dieu (Luc 18,1-8)», EV (prédication) 83 (1983) 273-274.

b3616 18,2-5 VIA, D.O., «The Parable of the Unjust Judge: A Metaphor of the Unrealized Self», dans *Semiology and Parables* (en collab.) (1976), 1-32.

b3617 18,8 CATCHPOLE, D.R., «The Son of Man's Search for Faith (Luke xviii 8b)», NT 19 (1977) 81-104.

b3618 TYSON, K.H., «Faith on Earth», ExpTim 88 (1977) 111-112.

b3619 18,9-14 COLUNGA, A., «El fariseo y el publicano», CuBi 13 (1956) 136-138.

b3620 GALBIATI, E., «Esegesi degli Evangeli festivi», BibOr 2 (1960) 169-171.

b3621 DREHER, B., «Der Phariäer. Biblisch-homiletische Besinnung zum Evangelium des 10. Sonntags nach Pfingsten (Lk 18,9-14)», BiLeb 8 (1967) 128-132.

b3622 NEUHÄUSLER, E., «'Anstösse' zur Besinnung über das Gleichnis vom Pharisäer und Zöllner», BiLeb 13 (1972) 293-296.

b3623 BIESINGER, A., «Vorbild und Nachahmung - Imitationspsychologische und bibeltheologische Anmerkungen zu Lk 18,9-14», BiKi 32 (1977) 42-45.

b3624 E.F., «Deux hommes au temple (Luc 18,9-14)», EV (prédication) 77 (1977) 257-259.

b3625 MERKLEIN, H., «'Dieser ging als Gerechter nach Hause...' Das Gottesbild Jesu und die Haltung der Menschen nach Lk 18,9-14», BiKi 32 (1977) 34-42.

b3626 DOLTO, F., SÉVÉRIN, G., *L'Évangile au risque de la psychanalyse*, «Le pharisien et le collecteur d'impôts» (1978), II, 103-117.

b3627 G.C., «Qui s'abaisse sera élevé (2 Tm 4,6-18; Lc 18,9-14)», EV (prédication) 80 (1980) 273-274.

b3628 FEUILLET, A., «Le pharisien et le publicain (Luc 18,9-14). La manifestation de la miséricorde divine en Jésus Serviteur souffrant», EV (doctrine) 91 (1981) 657-665.

b3629 RAFFIN, P., «Le pharisien et le publicain (Luc 18,9-14)», EV (prédication) 82 (1982) 260-261.

b3630 SCHMITZ, S., «Psychologische Hilfen zum Verstehen biblischer Texte?» BiKi 38 (1983) 112-118.

b3631 Y.B., «Le pharisien et le publicain (Luc 18,9-14)», EV (prédication) 83 (1983) 274-276.

b3632   18,10-14   MAHR, F., «Der Antipharisäer. Ein Kapitel 'Bibel verfremdet' zu Lk 18,10-14», BiKi 32 (1977) 47.

b3633   SCHNIDER, F., «Ausschliessen und ausgeschlossen werden. Beobachtungen zur Struktur des Gleichnisses vom Pharisäer und Zöllner Lk 18,10-14a», BZ 24 (1980) 42-56.

b3634   18,18-30   CELADA, B., «Distribución de los bienes y seguimiento de Jesús, según Lucas 18:18-30», CuBi 26 (1969) 337-340.

b3635   HUUHTANEN, P., «Die Perikope vom 'reichen Jüngling' unter Berücksichtigung der Akzentuierungen des Lukas», dans Theologie aus dem Norden (en collab.) (1976), 79-98.

b3636   COULOT, C., «La structuration de la péricope de l'homme riche et ses différentes lectures (Mc 10,17-31; Mt 19,16-30; Lc 18,18-30)», RevSR 56 (1982) 240-252.

b3637   SWEZEY, C.M., «Luke 18:18-30», Interpr 37 (1983) 68-73.

b3638   18,25   CELADA, B., «Más acerca del camello y la aguja», CuBi 26 (1969) 157-158.

b3639   18,29-30   GARCIA BURILLO, J., «El ciento por uno (Mc. 10,29-30 par)», EstB 36 (1977) 173-203.

b3640   18,31-43   GALBIATI, E., «Esegesi degli Evangeli festivi», BibOr 4 (1962) 57-63.

b3641   18,35-43   BUSSE, U., Die Wunder des Propheten Jesus, «Die Heilung des Blinden vor Jericho Lk 18,35-43» (1977), 327-334.

b3642   McCAUGHEY, T., «Paradigms of Faith in the Gospel of St Luke», IrThQ 45 (1978) 177-184.

b3643   MEYNET, R., «Au coeur du texte. Analyse rhétorique de l'aveugle de Jéricho selon saint Luc», NRT 103 (1981) 696-710.

b3644   19,1-11   HÜLSBUSCH, W., «Begegnung vor Jerusalem», BiLeb 15 (1974) 220-225.

b3645   19,1-10   E.F., «Zachée, descends vite (Luc 19,1-10)», EV (prédication) 77 (1977) 269-271.

b3646   HOBBIE, F.W., «Luke 19:1-10», Interpr 31 (1977) 285-290.

b3647   VOGELS, W., «L'analyse structurale et la pastorale. L'histoire de Zachée (Lc 19,1-10)», LVit 33 (1978) 231-241.

b3648   G.C., «L'épisode de Zachée (Lc 19,1-10)», EV (prédication) 80 (1980) 274-276.

b3649   O'HANLON, J., «The Story of Zacchaeus and the Lukan Ethic», JSNT n° 12 (1981) 2-26.

b3650   Y.B., «Zachée (Luc 19,1-10)», EV (prédication) 83 (1983) 276-277.

b3651   19,10   HOWELL-JONES, D., «Lost - and Found», ExpTim 92 (1981) 371-372.

b3652   19,11-27   RESENHÖFT, R.W., «Jesu Gleichnis von den Talenten, ergänzt durch die Lukas-Fassung», NTS 26 (1980) 318-331.

b3653   SANDERS, J.T., «The Parable of the Pounds and Lucan Anti-Semitism», TS 42 (1981), 660-668.

b3654   JOHNSON, L.T., «The Lukan Kingship Parable (Lk. 19:11-27)», NT 24 (1982) 139-159.

b3655   19,12-27   WEINERT, F.D., «The Parable of the Throne Claimant (Luke 19:12,14-15a,27) Reconsidered», CBQ 39 (1977) 505-514.

b3656   19,28-40   DEL AGUA, A., «Deraš cristológico en el relato lucano de la entrada de Jesús en Jerusalén: Lc 19,28-40», Miscelánea Comillas 41 (1983) 177-188.

*b*3657   20,5   MUSSIES, G., «The Sense of *sullogizesthai* at Luke xx 5», dans *Miscellanea Neotestamentica* (en collab.) (1978), II, 59-76.

*b*3658   20,9-12   SILVA COSTOYAS, R., «La parábola de los viñadores (estudio crítico-literario e interpretación)», dans *Miscelánea Manuel Cuervo Lopez* (en collab.) (1970), 53-81.

*b*3659   20,13   SCATTOLON, A., «L'*agapêtos* sinottico nella luce della tradizione giudaica», RivB 26 (1978) 2-32.

*b*3660   20,18   DORAN, R., «Luke 20:18: A Warrior's Boast?» CBQ 45 (1983) 61-67.

*b*3661   20,20-26   En collaboration, «Parcours: l'impôt à Cesar (Luc 20,20-26). Étude du dispositif de la véridiction dans un récit», SemBib n° 18 (1980) 8-15.

*b*3662   DERRETT, J.D.M., «Luke's Perspective on Tribute to Caesar», dans *Political Issues in Luke-Acts* (en collab.) (1983), 38-48.

*b*3663   20,21   VAN ROMPAY, L., «The rendering of *prosôpon lambanein* and related expressions in the early oriental versions of the New Testament», OLoP 6/7 (1975-76) 569-575.

*b*3664   20,27-40   AMMASSARI, A., *La Resurrezione*, «L'insegnamento di Gesù sulla Resurrezione in Mt. 22,23-33; Mc. 12,18-27; Lc. 20,27-40» (1976), I, 23-57.

*b*3665   20,27-38   E.F., «Tous sont vivants pour Dieu (Luc 20,27-38)», EV (prédication) 77 (1977) 274-276.

*b*3666   20,34-36   MONTANTI, C., «Lc. 20,34-36 et la filiazione divina degli uomini», BibOr 13 (1971) 255-275.

*b*3667   20,37-38   G.C., «Perspective sur l'au-delà (2 M 7,1-14; Lc 20,37-38)», EV (prédication) 80 (1980) 291-292.

*b*3668   Y.B., «Le Dieu des vivants (2 Mart. d'Isr. 7,1-14; Lc 20,37-38)», EV (prédication) 83 (1983) 290-292.

*b*3669   20,38   TROWITZSCH, M., «Gemeinschaft der Lebenden und der Toten. Lk 20,38 als Text der Ekklesiologie», ZTK 79 (1982) 212-229.

*b*3670   20,42-43   GOURGUES, M., *À la droite de Dieu*, «Marc 12:36 et parallèles (Mt 22:44; Lc 20:42s.)» (1978), 127-143.

*b*3671   20,45-21,36 KECK, F., *Die öffentliche Abschiedsrede Jesu in Lk 20,45-21,36*. Eine redaktions- und motivgeschichtliche Untersuchung (Forschung zur Bibel, 25) (Stuttgart, Katholisches Bibelwerk, 1976), 353 pp.

*b*3672   21   ZMIJEWSKI, J., «Die Eschatologiereden Lk 21 und Lk 17. Überlegungen zum Verständnis und zur Einordnung der lukanischen Eschatologie», BiLeb 14 (1973) 30-40.

*b*3673   21,1-4   WRIGHT, A.G., «The Widow's Mites: Praise or Lament? A Matter of Context», CBQ 44 (1982) 256-265.

*b*3674   21,5-36   LATTANZI, H., «Eschatologici sermonis Domini logica interpretatio», dans *Miscellanea André Combes* (en collab.) (1967), I, 71-92.

*b*3675   ZMIJEWSKI, J., *Die Eschatologiereden des Lukas-Evangeliums* (BBB 40) (Bonn, Peter Hanstein, 1972), xxxii-591 pp.

*b*3676   21,5-19   E.F., «Pas tout de suite la fin (Luc 21,5-19)», EV (prédication) 77 (1977) 301-303.

*b*3677   G.C., «Prédictions apocalyptiques (Ml 3,19-20; 2 Tm. 3,7-12; Lc 21,5-19)», EV (prédication) 80 (1980) 305-307.

*b*3678   Y.B., «Par votre persévérance vous obtiendrez la vie (Luc 21,5-19)», EV (prédication) 83 (1983) 292-293.

*b*3679 21,14-15 MAHONEY, M., «Luke 21:14-15: Editorial Rewriting or Authenticity?» IrThQ 47 (1980) 220-238.

*b*3680 21,20-36 SALAS, A., *Discurso escatológico prelucano.* Estudio de Lucas xxi.20-36 (Biblioteca de 'La Ciudad de Dios', 16) (El Escorial, Ediciones Escurialenses, 1967), 240 pp.

*b*3681 21,20-28 FLUSSER, D., «The Liberation of Jerusalem: A Prophecy in the New Testament», ErIs 10 (1971) 226-236 (English summary).

*b*3682 21,25-36 E.F., «Restez éveillés (Luc 21,25-36)», EV (prédication) 76 (1976) 276-278.

*b*3683 G.C., «Spiritualité de l'avent (Jr 33,14-16; 1 Th. 3,12-4,2; Lc 21,25-36)», EV (prédication) 79 (1979) 323-324.

*b*3684 Y.B., «Elle approche, votre délivrance (Jér. 33,14-16; 1 Th 3,12-4,2; Lc 21,25-28.34-36)», EV (prédication) 82 (1982) 321-322.

*b*3685 21,25-33 GALBIATI, E., «L'avvento liberatore (Lc. 21,25-33)», BibOr 3 (1961) 222-224, dans *Scritti minori* (1979), 645-649.

*b*3686 22-24 MEYNET, R., *Quelle est donc cette Parole?* Lecture 'rhétorique' de l'Évangile de Luc (1-9, 22-24) (Lectio Divina, 99) (Paris, Cerf, 1979), 212 pp., un vol. de planches.

*b*3687 22-23 BOVON, F., *Luc le théologien,* «Le procès, la passion et la mort de Jésus (Lc 22,1-23,56)» (1978), 175-181.

*b*3688 PESCH, R., KRATZ, R., *So liest Man Synoptisch.* Anleitung und Kommentar zum Studium der synoptischen Evangelium. VII. *Passionsgeschichte.* Zweiter Teil (Frankfurt am Main, Knecht, 1980), 174 pp.

*b*3689 UNTERGASSMAIR, F.G., «Thesen zur Sinndeutung des Todes Jesu in der lukanischen Passionsgeschichte», TGl 70 (1980) 180-193.

*b*3690 22,1-38 LÉON-DUFOUR, X., «Das letzte Mahl Jesu und die testamentarische Tradition nach Lk 22», ZKT 103 (1981) 33-55.

*b*3691 22,14-23,56 Y.B., «La Passion de Jésus selon saint Luc (Luc 22,14-23,56)», EV (prédication) 83 (1983) 73-75.

*b*3692 22,14-38 WEREN, W., «The Lord's Supper: An inquiry into the coherence in Lk 22,14-38», dans AUF DER MAUR, H.J., BAKKER, L., VAN DE BUNT, A., WALDRAM, J. (Hrsg.), *Fides Sacramenti, Sacramentum Fidei.* Studies in honour of Pieter Smulders (Assen, The Netherlands, Van Gorcum, 1981), 9-26.

*b*3693 SWEETLAND, D.M., «The Lord's Supper and the Lukan Community», BTB 13 (1983) 23-27.

*b*3694 22,14-20 BÖSEN, W., *Jesusmahl, eucharistisches Mahl, Endzeitmahl.* Ein Beitrag zur Theologie des Lukas (Stuttgarter Bibelstudien, 97) (Stuttgart, Katholisches Bibelwerk, 1980), 144 pp.

*b*3695 LÉON-DUFOUR, X., *Le partage du pain eucharistique selon le Nouveau Testament* (Parole de Dieu) (Paris, Seuil, 1982), 380 pp.

*b*3696 22,15-20 HUSER, T., «Les récits de l'institution de la Cène. Dissemblances et traditions», Hok nº 21 (1982) 28-50.

*b*3697 22,17.19 MASTIN, B.A., «Jesus said grace», SJTh 24 (1971) 449-456.

*b*3698 22,18 LEBEAU, P., *Le vin nouveau du Royaume.* Étude exégétique et patristique sur la parole eschatologique de Jésus à la Cène (Museum Lessianum, section biblique, 5) (Paris, Bruges, Desclée de Brouwer, 1966), 319 pp.

*b*3699   22,19-20   THROCKMORTON, B.H., Jr., «The Longer Reading of Luke 22:19b-20», AThR 30 (1948) 55-56.

*b*3700   22,19   LÉON-DUFOUR, X., «Faites ceci en mémoire de moi», CHR 24 (1977) 200-208.

*b*3701   LÉON-DUF0UR, X., «Do this in memory of me», TDig 26 (1978) 36-39.

*b*3702   22,24-27   RASMUSSEN, L., «Luke 22:24-27», Interpr 37 (1983) 73-76.

*b*3703   22,25-27   SCHLOSSER, J., «La genèse de Luc, XXII,25-27», RB 89 (1982) 52-70.

*b*3704   22,28-30   TRILLING, W., «Die Entstehung des Zwölferkreises. Eine geschichtskritische Überlegung», dans *Die Kirche des Anfangs* (en collab.) (1978), 201-222.

*b*3705   22,29   GUILLET, J., «Luc 22,29. Une formule johannique dans l'évangile de Luc?» RSR 69 (1981) 113-122.

*b*3706   22,32   PRETE, B., «Il senso di *epistrepsas* in Luca 22,32», dans *San Pietro* (en collab.) (1967), 113-135.

*b*3707   SCHNEIDER, G., «'Stärke deine Brüder' (Lk 22,32). Die Aufgabe des Petrus nach Lukas», Catho 30 (1976) 200-206.

*b*3708   22,36-38   DERRETT, J.D.M., «Haggadah and the Account of the Passion» (*Downside Review*, XCVII, nº 329, 1979, 308-315), dans DERRETT, J.D.M., *Studies in the New Testament* (1982), III, 184-192.

*b*3709   22,39-46   FEUILLET, A., «Le récit lucanien de l'agonie de Gethsémani (Lc xxii.39-46)», NTS 22 (1976) 397-417.

*b*3710   FEUILLET, A., *L'agonie de Gethsémani*. Enquête exégétique et théologique suivie d'une étude du 'Mystère de Jésus' de Pascal (Paris, Gabalda, 1977), 345 pp.

*b*3711   NEYREY, J.H., «The Absence of Jesus' Emotions - the Lucan Redaction of Lk 22,39-46», Bibl 61 (1980) 153-171.

*b*3712   STANLEY, D.M., *Jesus in Gethsemane*, «Jesus' Prayer on the Mount of Olives (Lk 22:39-46)» (1980), 188-222.

*b*3713   TOSTENGARD, S., «*Luke* 22:39-46», Interpr 34 (1980) 283-288.

*b*3714   22,39   BISHOP, J., «The Place of Habit in the Spiritual Life», ExpTim 91 (1980) 374-375.

*b*3715   22,43-44   SCHNEIDER, G., «Engel und Blutschweiss (Lk 22,43-44)», BZ 20 (1976) 112-116.

*b*3716   LARKIN, W.J., «The Old Testament Background of Luke xxii.43-44», NTS 25 (1979) 250-254.

*b*3717   DUPLACY, J., «La préhistoire du texte en Luc 22:43-44», dans *New Testament Textual Criticism* (en collab.) (1981), 77-86.

*b*3718   EHRMAN, B.D., PLUNKETT, M.A., «The Angel and the Agony: The Textual Problem of Luke 22:43-44», CBQ 45 (1983) 401-416.

*b*3719   22,54-23,25   DELORME, J., «Le procès de Jésus ou la parole risquée (Lc 22,54-23,25)», RSR 69 (1981) 123-146.

*b*3720   22,63-65   VAN UNNIK, W.C., «Jesu Verhöhnung vor dem Synedrium», ZNW 29 (1930) 310-311, dans *Sparsa Collecta* (1973), I, 3-5.

*b*3721   22,67-68   DERRETT, J.D.M., «Midrash in the New Testament: The Origin of Luke XXII 67-68», ST 29 (1975) 147-156, dans DERRETT, J.D.M., *Studies in the New Testament* (1978), II, 184-193.

*b*3722   22,69   GOURGUES, M., *À la droite de Dieu*, «Marc 14:62 et parallèles (Mt 26:64; Lc 22:69)» (1978), 143-161.

b3723 FLUSSER, D., «At the Right Hand of the Power», Immanuel 14 (1982) 42-46.

b3724 23 BUCHELE, A., *Der Tod Jesu im Lukasevangelium*. Eine redaktionsgeschichtliche Untersuchung zu Lk 23 (Frankfurter Theologische Studien, 26) (Frankfurt a. Main, J. Knecht, 1978), 230 pp.

b3725 23,2 KENNARD, J.S., Jr., «Syrian Coin Hoards and the Tribute Question», AThR 27 (1945) 248-252.

b3726 23,4 SCHMIDT, D., «Luke's 'Innocent' Jesus: A Scriptural Apologetic», dans *Political Issues in Luke-Acts* (en collab.) (1983), 111-121.

b3727 23,6-12 CORBIN, M., «Jésus devant Hérode», CHR 25 (1978) 190-197.

b3728 MÜLLER, K., «Jesus vor Herodes. Eine redaktionsgeschichtliche Untersuchung zu Lk 23,6-12», dans *Zur Geschichte des Urchristentums* (en collab.) (1979), 111-141.

b3729 23,8-12 BUCK, E., «The Function of the Pericope 'Jesus before Herod' in the Passion Narrative of Luke», dans *Wort in der Zeit* (en collab.) (1980), 165-178.

b3730 23,8 HUTCHISON, H., «Beware of the Sensational!» ExpTim 91 (1979) 117-119.

b3731 23,26-49 UNTERGASSMAIR, F.G., *Kreuzweg und Kreuzigung Jesu*. Ein Beitrag zur lukanischen Redaktionsgeschichte und zur Frage nach der lukanischen 'Kreuzestheologie' (Paderborner Theologische Studien, 10) (Paderborn, Schöningh, 1980), viii-237 pp.

b3732 23,27-31 NEYREY, J.H., «Jesus' Address to the Women of Jerusalem (Lk. 23.27-31) - A prophetic judgment Oracle», NTS 29 (1983) 74-86.

b3733 23,33-43 CROWE, J., «The Laos at the Cross. Luke's Crucifixion Scene», dans *The Language of the Cross* (en collab.) (1977), 75-101.

b3734 DERRETT, J.D.M., «The Two Malefactors», dans DERRETT, J.D.M., *Studies in the New Testament* (1982), III, 200-214.

b3735 23,34-46 WILKINSON, J., «The Seven Words from the Cross», SJTh 17 (1964) 69-82.

b3736 23,34 FLUSSER, D., «'Sie wissen nicht, was sie tun'. Geschichte eines Herrnwortes», dans *Kontinuität und Einheit* (en collab.) (1981), 393-410.

b3737 23,35-43 E.F., «Aujourd'hui, avec moi dans le paradis (Luc 23,35-43)», EV (prédication) 77 (1977) 303-305.

b3738 23,35 WEBB, P.M., «Saved», ExpTim 85 (1974) 175-176.

b3739 23,43 DE LA CALLE, F., «'Hoy estarás conmigo en el Paraíso'. ¿Visión inmediata de Dios o purificación en el 'Más allá'?» BibFe 3 (1977) 276-289.

b3740 23,50-52 GHIBERTI, G., «Sepolcro, sepoltura e panni sepolcrali di Gesù. Riconsiderando i dati biblici relativi alla Sindone di Torino», RivB 27 (1979) 123-158.

b3741 24 GIBERT, P., *La résurrection du Christ*. Le témoignage du Nouveau Testament. De l'histoire à la foi (Coll. 'Croire aujourd'hui') (Paris, Desclée de Brouwer; Montréal, Bellarmin, 1975), 106 pp.

b3742 AMMASSARI, A., *La Resurrezione*, «Gli eventi pasquali secondo Luca» (1976), I, 197-206.

b3743 GÄRTNER, B.E., «Der historische Jesus und der Christus des Glaubens. Eine Reflexion über die Bultmannschule und Lukas», dans *Theologie aus dem Norden* (en collab.) (1976), 9-18.

*b*3744   DILLON, R.J., *From Eye-Witnesses to Ministers of the Word.* Tradition and Composition in Luke 24 (Analecta Biblica, 82) (Rome, Biblical Institute Press, 1978), xv-336 pp.

*b*3745   HENDRICKX, H., *The Resurrection Narratives of the Synoptic Gospels* (Manila, East Asian Pastoral Institute, 1978), vii-159 pp.

*b*3746   MEYNET, R., «Comment établir un chiasme», NRT 100 (1978) 233-249.

*b*3747   En collaboration, «Parcours - Luc 24», SemBib n° 14 (1979) 15-27.

*b*3748   CORBIN, M., *L'inouï de Dieu.* Six études christologiques (Paris, Desclée de Brouwer, 1980), «La naissance de la Parole (lecture de Luc 24)», 293-358.

*b*3749   24,1-53   DOLTO, F., SÉVÉRIN, G., *L'Évangile au risque de la psychanalyse,* «'L'éveil' de Jésus» (1978), II, 149-180.

*b*3750   24,1-12   NEIRYNCK, F., «Le récit du tombeau vide dans l'évangile de Luc (Lc 24,1-12)», OLoP 6/7 (1975-76) 427-441, dans NEIRYNCK, F., *Evangelica* (1982), 297-312.

*b*3751   GAIDE, G., «Il n'est pas ici, il est ressuscité (Lc 24,1-12)», dans *La bonne nouvelle de la résurrection* (en collab.) (1981), 28-36.

*b*3752   GAIDE, G., «Les apparitions du Christ ressuscité (Lc 24,1-12)», dans *La bonne nouvelle de la résurrection* (en collab.) (1981), 37-55.

*b*3753   RITT, H., «Die Frauen und die Osterbotschaft. Synopse der Grabesgeschichten (Mk 16,1-8; Mt 27,62-28,15; Lk 24,1-12; Jos 20,1-18)», dans *Die Frau im Urchristum* (en collab.) (1983), 117-133.

*b*3754   24,1-11   DOCKX, S.,«Étapes rédactionnelles du récit des apparitions aux saintes femmes», dans *Chronologies néotestamentaires et Vie de l'Église primitive* (1976), 233-253.

*b*3755   GOULDER, M.D., «Mark xvi.1-8 and Parallels», NTS 24 (1977-78) 235-240.

*b*3756   24,1-10   GUILLAUME, J.-M., *Luc interprète des anciennes traditions sur la résurrection de Jésus* (1979), «La péricope du tombeau vide», 15-43; «Lc. 24,9-10 et le thème des femmes-témoins dans la rédaction de Luc», 43-52.

*b*3757   24,11   DUNFORD, J., «An Unbelievable Story», ExpTim 92 (1981) 184-185.

*b*3758   24,12   MUDDIMAN, J., «A Note on Reading Luke XXIV.12», ETL 48 (1972) 542-548.

*b*3759   NEIRYNCK, F., «The Uncorrected Historic Present in Lk xxiv.12», ETL 48 (1972) 548-553, dans NEIRYNCK, F., *Evangelica* (1982), 329-334.

*b*3760   NEIRYNCK, F., «*Parakupsas blepei.* Lc 24,12 et Jn 20,5», ETL 53 (1977) 113-152, dans NEIRYNCK, F., *Evangelica* (1982), 401-440.

*b*3761   NEIRYNCK, F., «*Apêlthen pros eauton* Lc 24,12 et Jn 20,10», ETL 54 (1978) 104-118, dans NEIRYNCK, F., *Evangelica* (1982), 441-455.

*b*3762   NEIRYNCK, F., «Lc xxiv.12. Les témoins du texte occidental», SuppNT 47 (1978) 45-60, dans NEIRYNCK, F., *Evangelica* (1982), 313-328.

*b*3763   GUILLAUME, J.-M., *Luc interprète des anciennes traditions sur la résurrection de Jésus,* «Pierre au tombeau, Lc., 24,12» (1979), 53-66.

*b*3764   24,13-35   NIELEN, J.M., «Gestalten des Neuen Testamentes», BiKi 10 (1955) 35-49.

*b*3765   SUASSO, H., «Een moderne evangelie-exegese: De Emmausgangers», Bijdr. 16 (1955) 204-207.

*b*3766   LAZZATI, G., «Les voyageurs d'Emmaüs», Communion n° 100 (1971) 67-76.

*b*3767   JEANNE D'ARC, Soeur, *Les pèlerins d'Emmaüs* (Lire la Bible, 47) (Paris, Cerf, 1977), 210 pp.

*b*3768   JEANNE D'ARC, Soeur, «Un grand jeu d'inclusions dans les 'pèlerins d'Emmaüs'», NRT 99 (1977) 62-76.

*b*3769   FEUILLET, A., «L'apparition du Christ à Marie-Madeleine, Jean 20,11-18. Comparaison avec l'apparition aux disciples d'Emmaüs, Luc 24,13-35», EV (doctrine) 88 (1978) 193-204, 209-223.

*b*3770   G.C., «Les disciples d'Emmaüs (Lc 24,13-35)», EV (prédication) 78 (1978) 67-69.

*b*3771   LINDIJER, C.H., «Two creative Encounters in the Work of Luke (Lk xxiv 13-35 and Acts viii 26-40)», dans *Miscellanea Neotestamentica* (en collab.) (1978), II, 77-85.

*b*3772   CERBELAUD, D., «Bribes sur Emmaüs», VS 133 (1979) 4-7.

*b*3773   GUILLAUME, J.-M., *Luc interprète des anciennes traditions sur la résurrection de Jésus*, «Les disciples d'Emmaüs» (1979), 67-159.

*b*3774   RANQUET, J.-G., «Sur la route d'Emmaüs», VS 133 (1979) 26-31.

*b*3775   BERRY, P.J., «The Road to Emmaus», ExpTim 91 (1980) 204-206.

*b*3776   THÉVENOT, X., «Emmaüs, une nouvelle Genèse? Une lecture psychanalytique de *Genèse* 2-3 et *Luc* 24,13-35», MSR 37 (1980) 3-18.

*b*3777   Y.B., «L'auberge d'Emmaüs (Luc 24,13-35)», EV (prédication) 81 (1981) 103-105.

*b*3778   CHARPENTIER, É., «L'officier éthiopien (Ac 8,26-40) et les disciples d'Emmaüs (Lc 24,13-35)», dans *La Pâque du Christ, mystère de salut* (en collab.) (1982), 197-201.

*b*3779   DUPONT, J., «Les disciples d'Emmaüs (Lc 24,13-35)», dans *La Pâque du Christ, mystère de salut* (en collab.) (1982), 167-195.

*b*3780   PERROT, C., «Emmaüs ou la rencontre du Seigneur (Lc 24,13-35)», dans *La Pâque du Christ, mystère de salut* (en collab.) (1982), 159-166.

*b*3781   24,13-33   GIBBS, J.M. «Canon Cuming's 'Service-Endings in the Epistles': A Rejoinder», NTS 24 (1978) 545-547.

*b*3782   24,13-29   JEANNE D'ARC, Soeur, «La catéchèse sur la route d'Emmaüs», LVit 32 (1977) 7-20.

*b*3783   24,26   AMMASSARI, A., *La Resurrezione*, «La Resurrezione del Cristo è soltanto un segno della sua gloria (Lc. 24,26)» (1976), II, 7-18.

*b*3784   24,28-32   JEANNE D'ARC, Soeur, «Le partage du pain à Emmaüs», VS 130 (1976) 896-909.

*b*3785   24,30-31   ABBA, R., «The Unrecognized Guest», ExpTim 92 (1981) 210-212.

*b*3786   24,30   GUILLAUME, J.-M., *Luc interprète des anciennes traditions sur la résurrection de Jésus*, «La scène de la commensalité» (1979), 129-159.

*b*3787   24,33-35   ANNAND, R., «'He Was Seen of Cephas', a suggestion about the first resurrection appearance to Peter», SJTh 11 (1958) 180-187.

*b*3788   24,33   PLEVNIK, J., «'The Eleven and Those with Them' According to Luke», CBQ 40 (1978) 205-211.

*b*3789   24,34-35   NASH, P., «The Emmaus Road Incident», ExpTim 85 (1974) 178-179.

b3790   24,34   GUILLAUME, J.-M., *Luc interprète des anciennes traditions sur la résurrection de Jésus*, «Une formule kerygmatique, Lc., 24,34» (1979), 111-118.

b3791   BARTSCH, H.-W., «Inhalt und Funktion des Urchristlichen Osterglaubens», dans *Studia Biblica 1978* (en collab.) (1980), III, 9-31.

b3792   GRAY, J.R., «The Lord is Risen Indeed», ExpTim 93 (1982) 179-180.

b3793   24,35-48   E.F., «C'est bien moi (Luc 24,35-48)», EV (prédication) 76 (1976) 113-115.

b3794   G.C., «Témoignage de saint Luc en faveur de la résurrection (Lc 24,35-48)», EV (prédication) 79 (1979) 99-100.

b3795   Y.B., «De la reconnaissance à la mission (Ac. 3,13-19; Lc 24,35-48)», EV (prédication) 82 (1982) 97-99.

b3796   24,36-55   STÖGER, A., «Österliche Freude. Meditation über Lk 24,36-55», BiLit 50 (1977) 121-124.

b3797   24,36-49   GUILLAUME, J.-M., *Luc interprète des anciennes traditions sur la résurrection de Jésus*, «L'apparition aux disciples (Lc., 24,36-49)» (1979), 163-201.

b3798   24,36-43   MARTINI, C.M., *La parola di Dio alle origini della Chiesa* (1980), «L'apparizione agli Apostoli in Lc 24,36-43 nel complesso dell'opera lucana» (1974), 259-271.

b3799   Y.B., «Ascension du Seigneur (Act. 1,1-11; Eph 1,17-23; Luc 24,46-53)», EV (prédication) 80 (1980) 113-114.

b3800   24,36-38   KÖHLER, L., «Gebratener Fisch und Honigseim», ZDPV 54 (1931) 289-307.

b3801   DALMAN, G., «Nochmals gebratener Fisch und Honigseim», ZDPV 55 (1932) 80-81.

b3802   24,44-53   RIDOUARD, A., COUNE, M., «Méditation entre Pâques et Pentecôte (Lc 24,44-53)», dans *La bonne nouvelle de la résurrection* (en collab.) (1981), 56-71.

b3803   24,44-49   DUMM, D.R., «Luke 24:44-49 and Hospitality», dans *Sin, Salvation, and the Spirit* (en collab.) (1979), 231-239.

b3804   KINGSBURY, J.D., «Luke 24:44-49», Interpr 35 (1981) 170-174.

b3805   24,46-53   E.F., «Emporté au ciel (Luc 24,46-53)», EV (prédication) 77 (1977) 111-113.

b3806   VIARD, A., «L'ascension de Jésus et le don de l'Esprit», EV 87 (1977) 267-268.

b3807   24,46-49   MATTHEY, J., «La mission de l'Église au temps des apôtres et au temps de Luc», LV n° 153-154 (1981) 61-71.

b3808   PANIMOLLE, S.A., «Lo Spirito, guida della chiesa», dans *Parola, spirito e vita* 4 (1981) 186-201.

b3809   24,46-48   DILLON, R.J., «Easter Revelation and Mission Program in Luke 24:46-48», dans *Sin, Salvation, and the Spirit* (en collab.) (1979), 240-270.

b3810   24,47   DUPONT, J., «La portée christologique de l'évangélisation des nations d'après Luc 24,47», dans *Neues Testament und Kirche* (en collab.) (1974), 125-143.

b3811   24,49   SIEBER, J.H., «The Spirit as the 'Promise of My Father' in Luke 24:49», dans *Sin, Salvation, and the Spirit* (en collab.) (1979), 271-278.

b3812   24,50-53   BENOIT, P., «L'ascension», RB 56 (1949) 161-203, dans *Exégèse et théologie* (1961), I, 313-411.

*b*3813		BOVON, F., *Luc le théologien*, «L'Ascension (Lc 24,50-53 et Ac 1,1-12)» (1978), 181-188.
*b*3814		GUILLAUME, J.-M., «Luc interprète des anciennes traditions sur la résurrection de Jésus, *L'Ascension* (1979), 203-262.
*b*3815		EPP, E.J., «The Ascension in the Textual Tradition of Luke-Acts», dans *New Testament Textual Criticism* (en collab.) (1981), 131-145.
*b*3816		SCHMIDER, F., «Himmelfahrt Jesu - Ende oder Anfange? Zum Verständnis des lukanischen Doppelwerkes», dans *Kontinuität und Einheit* (en collab.) (1981), 158-172.
*b*3817	24,51	ODASSO, G., «L'ascensione nell'evangelo di Luca», BibOr 13 (1971) 107-118.

E. Jean. John. Johannes. Giovanni. Juan.

1. Bibliographie. Bibliography. Bibliographie. Bibliografia. Bibliografía.

*b*3818 SCAMMON, J.H., «Studies in the Fourth Gospel, 1931-1940», AThR 23 (1941) 103-117.

*b*3819 GONZALEZ, A., «Bibliografía sobre S. Juan», CuBi 12 (1955) 306-312.

*b*3820 THYEN, H., «Aus der Literatur zum Johannesevangelium», TRu 39 (1974) 1-69, 222-252, 289-330; 42 (1977) 211-270; 43 (1978) 328-359; 44 (1979) 97-134.

*b*3821 GIBLET, J., «Développements dans la théologie johannique», dans *L'Évangile de Jean* (en collab.) (1977), 45-72.

*b*3822 SCHNACKENBURG, R., «Entwicklung und Stand der johanneischen Forschung seit 1955», dans *L'Évangile de Jean* (en collab.) (1977), 19-44.

*b*3823 INGELAERE, J.-C., «Chronique johannique», ETR 54 (1979) 631-646.

*b*3824 LÉMONON, J.-P., «Repères dans l'exégèse johannique», LV nº 149 (1980) 104-112.

*b*3825 MOLONEY, F.J., «Revisiting John», SB 11 (1980) 9-15.

*b*3826 BECKER, J., «Aus der Literatur zum Johannesevangelium (1978-1980)», TR 47 (1982) 279-301, 305-347.

*b*3827 O'GRADY, J.F., «Recent Developments in Johannine Studies», BTB 12 (1982) 54-58.

2. Introductions. Einleitungen. Introduzioni. Introducciones.

*b*3828 MELUS, F.L., «Características del Evangelio de S. Juan», CuBi 12 (1955) 288-295.

*b*3829 NIETO, E.M., «Introducción a la lectura del 4.º Evangelio», CuBi 12 (1955) 193-206.

*b*3830 SCHULZ, S., *Die Stunde der Botschaft*, «Die Eigenart des vierten Evangeliums» (1967), 297-322.

*b*3831 DAVIES, W.D., *Invitation to the New Testament*, «The Challenge of the Fourth Gospel» (1969), 409-420.

*b*3832 MARTIN, R.P., *New Testament Foundations*, «John's Gospel» (1975), I, 271-287.

*b*3833 BARCLAY, W., *The Gospels and Acts*. Vol. II, The Fourth Gospel. The Acts of the Apostles (London, SCM Press, 1976), 341 pp.

*b*3834 JAUBERT, A., «Lecture de l'évangile selon saint Jean», CE (n.s.) nº 17 (1976) 72 pp.

*b*3835 JAUBERT, A., *Approches de l'Évangile de Jean* (Parole de Dieu) (Paris, Seuil, 1976), 189 pp.

*b*3836 RAURELL, F., «El evangelio de Juan. Fuentes, redacción y teología», EstF 77 (1976) 203-243.

*b*3837   SCOBIE, C.H.H., «New directions in the study of the Fourth Gospel», SR 6 (1976-77)
           185-193.
*b*3838   SANDMEL, S., *Judaism and Christian Beginnings*, «The Gospel According to John»
           (1978), 370-392.
*b*3839   SMALLEY, S.S., *John: Evangelist and Interpreter* (Exeter, UK, Paternoster, 1978),
           285 pp.
*b*3840   En collaboration, *À la découverte de la Bible*, «Avec saint Jean et ses communautés»
           (1980), II, 225-253.
*b*3841   MARTI BAGUE, J.-A., «Juan y su evangelio», CuBi 37 (1980) 37-41.
*b*3842   GOURGUES, M., *Pour que vous croyiez...*, «Vue d'ensemble du quatrième évangile.
           Trois lignes d'exploration» (1982), 13-101.
*b*3843   KING, J.S., «E.F. Scott: 'The Fourth Gospel' - 75 Years On», ExpTim 94 (1983)
           359-363.

3. Commentaires. Commentaries. Kommentare. Commenti. Comentarios.

*b*3844   PAGELS, E.H., *The Johannine Gospel in Gnostic Exegesis.* Heracleon's Commentary on
           John (Society of Biblical Literature. Monograph Series, 17) (Nashville & New York,
           Abingdon Press, 1973), 128 pp.
*b*3845   TEMPLE, S., *The Core of the Fourth Gospel* (London & Oxford, Mowbrays, 1975),
           383 pp.
*b*3846   SCHNEIDER, J., *Das Evangelium nach Johannes* (Theologischer Handkommentar zum
           Neuen Testament, Sonberband) (Berlin, Evangelische Verlagsanstalt, 1976), 348 pp.
*b*3847   SMITH, D.M., *The New Testament Witness for Preaching: John* (Philadelphia, Fortress
           Press, 1976), 114 pp.
*b*3848   BEUTLER, J., «R. Schnackenburg, *Das Johannesevangelium*, III. Teil, Kommentar zu
           Kap. 13-21», Bibl 58 (1977) 457-461.
*b*3849   BLANK, J., *Das Evangelium nach Johannes*, 2 u. 3. Teil (Geistliche Schriftlesung, 4,2-3;
           Erläuterung zum Neuen Testament) (Düsseldorf, Patmos, 1977), 309-223 pp.
*b*3850   DANESI, G., «Un commentario al quarto vangelo (R. Schnackenburg)», RivB 25 (1977)
           423-433.
*b*3851   MOLLA, C.F., *Le Quatrième Évangile* (Geneva, Labor et Fides, 1977), iv-300 pp.
*b*3852   NEIRYNCK, F., avec la collaboration de DELOBEL, J., SNOY, T., VAN BELLE, G.
           et VAN SEGBROECK, F., «L'évangile de Jean. Examen critique du commentaire de
           M.-É. Boismard et A. Lamouille», ETL 53 (1977) 363-478.
*b*3853   MacRAE, G.W., *Invitation to John.* A Commentary on the Gospel of John with
           Complete Text from The Jerusalem Bible (Garden City, NY, Image Books, Doubleday,
           1978), 236 pp.
*b*3854   PERKINS, P., *The Gospel according to St. John.* A Theological Commentary (Herald
           Scriptural Library) (Chicago, Franciscan Herald Press, 1978), xvi-251 pp.
*b*3855   SWAIN, L., *The Gospel according to St John* (New Testament for Spiritual Reading, 4)
           (London, Sheed and Ward, 1978), xi-259 pp.
*b*3856   TOUS, L., *San Juan, un teólogo de hoy.* Comentario al IV Evangelio (Biblioteca Escuela
           Bíblica, Minor 2) (Madrid, Ed. Biblia y Fe, 1978), 152 pp.
*b*3857   BECKER, J., *Das Evangelium nach Johannes.* Kapitel 1-10. Kapitel 11-21
           (Ökumenischer Taschenbuchkommentar zum Neuen Testament, 4,1-2) (Gütersloher
           Taschenbücher Siebenstern, 505, 506) (Gütersloh, Mohn, 1979, 1981), xiv-340 pp.,
           363 pp.

*b*3858 MATEOS, J., BARRETO, J., *El Evangelio de Juan.* Análisis lingüístico y comentario exegetico (Lectura del Nuevo Testament, 4) (Madrid, Ediciones Cristiandad, 1979), 1094 pp.

*b*3859 McPOLIN, J., *John* (New Testament Message, 6) (Wilmington, DE, Glazier, 1979), xii-231 pp.

*b*3860 HAENCHEN, E., *Das Johannesevangelium.* Ein Kommentar (Tübingen, Mohr, 1980), xxxiv-614 pp.

*b*3861 NEWMAN, B.M., NIDA, E.A., *A Translator's Handbook on the Gospel of John* (Helps for Translators) (London, United Bible Societies, 1980), viii-681 pp.

*b*3862 BLANK, J., *Das Evangelium nach Johannes.* I. Teil *a* (Geistliche Schriftlesung, 4/1a) (Düsseldorf, Patmos, 1981), 439 pp.

*b*3863 KIRK, A., OBACH, R.E., *A Commentary on the Gospel of John* (New York, Ramsey, NJ, Toronto, Paulist, 1981), 266 pp.

*b*3864 CANDELA, S., *Evangelo secondo Giovanni.* Introduzione e note (Naples, Giannini, 1982), 478 pp.

*b*3865 GOETTMANN, J., *Saint Jean, Évangile de la nouvelle genèse* (Paris, Cerf-Pneumathèque, 1982), 302 pp.

*b*3866 NEWBIGIN, L., *The Light Has Come.* An Exposition of the Fourth Gospel (Grand Rapids, Eerdmans, 1982), xiv-281 pp.

*b*3867 En collaboration, *Les Évangiles.* Traduction et commentaire des quatre évangiles. Édition entièrement nouvelle faite par l'Association catholique des études bibliques au Canada (ACEBAC). Deuxième édition, revue et augmentée (Montréal, Bellarmin, 1983), 551-728.

*b*3868 SCHNACKENBURG, R., *Das Johannesevangelium.* IV. Teil. Ergänzende Auslegungen und Exkurse (Herders Theologischer Kommentar zum Neuen Testament, IV/4) (Freiburg, Herder, 1984), 236 pp.

4. Critique textuelle. Textual Criticism. Textkritik. Critica testuale. Crítica textual.

*b*3869 DE LA POTTERIE, I., «Een nieuwe papyrus van het vierde evangelie, Pap. Bodmer II. *Un nouveau papyrus du quatrième évangile, Pap. Bodmer II*», Bijdr. 18 (1957) 117-128 (sommaire français).

*b*3870 CLARK, K.W., «The Text of the Gospel of John in Third-Century Egypt», NT 5 (1961-62) 17-24, dans *The Gentile Bias* (1980), 157-164.

*b*3871 SALMON, V., *Histoire de la tradition textuelle de l'original grec du quatrième évangile* (Paris, Letouzey et Ané, 1969), 73 pp.

*b*3872 LEJOLY, R., *Annotations pour une étude du Papyrus 75 Bodmer XV,* c'est-à-dire du texte grec de Jean 1-14 (Dison, Éd. 'Concile', 1976), 78 pp.

*b*3873 DELOBEL, J., «The Bodmer Papyri of John», dans *L'Évangile de Jean* (en collab.) (1977), 317-323.

*b*3874 NEIRYNCK, F., avec la collaboration de DELOBEL, J., SNOY, T., VAN BELLE, G. et VAN SEGBROECK, F., «L'Évangile de Jean. Examen critique du commentaire de M.-É. Boismard et A. Lamouille», ETL 53 (1977) 363-478 («2. La critique textuelle», 383-399).

*b*3875 FEE, G.D., «The Text of John and Mark in the Writings of Chrysostom», NTS 26 (1980) 525-547.

*b*3876 VAN BELLE, G., «The Text of John in N26», ETL 56 (1980) 417-425.

**5. Critique littéraire. Literary Criticism. Literarkritik.
Critica letteraria. Crítica literaria.**

a) Auteur. Authorship. Verfasser. Autore. Autor.

b3877   EISLER, R., «Das Rätsel des Johannesevangeliums», ErJb 1935 3 (1936) 323-511 («Der
         Verfasser, der Schreiber und der Entstehungsort des vierten Evangeliums», 323-365).
b3878   SMALTZ, W.M., «John Son of Zebedee», AThR 35 (1953) 8-17.
b3879   DAVIES, W.D., *Invitation to the New Testament*, «Introduction: Date and Authorship»
         (1969), 373-381.
b3880   CULPEPPER, R.A., *The Johannine School*. An Evaluation of the Johannine-School
         Hypothesis based on an Investigation of the Nature of Ancient Schools (Society of
         Biblical Literature. Dissertation Series, 26) (Missoula, Montana, Scholars Press, 1975),
         310 pp.
b3881   HUDRY-CLERGEON, C., «Le quatrième évangile indique-t-il le nom de son auteur?»
         Bibl 56 (1975) 545-549.

b) But. Purpose. Zweck. Scopo. Fin.

b3882   VAN UNNIK, W.C., «The Purpose of St. John's Gospel», dans *Studia Evangelica*
         (TU 73) (en collab.) (1959), 382-411, dans *Sparsa Collecta* (1973), I, 35-63.
b3883   EPP, E.J., «Wisdom, Torah, Word: The Johannine Prologue and the Purpose of the
         Fourth Gospel», dans *Current Issues in Biblical and Patristic Interpretation* (en collab.)
         (1975), 128-146.
b3884   LEROY, H., «'.... dass Jesus der Christus, der Sohn Gottes ist' - Eigenart und Herkunft
         des Johannesevangeliums», BiKi 30 (1975) 114-117.

c) Milieu. Umwelt. Ambiente. Medio.

b3885   CULLMANN, O., *Der johanneische Kreis*. Sein Platz im Spätjudentum, in der
         Jüngerschaft Jesus und im Urchristentum. Zum Ursprung des Johannesevangelium
         (Tübingen, Mohr, 1975), xii-112 pp.
b3886   CULPEPPER, R.A., *The Johannine School*. An Evaluation of the Johannine-School
         Hypothesis Based on an Investigation of the Nature of Ancient Schools (SBL
         Dissertation Series, 26) (Missoula, Scholars Press, 1975), xviii-310 pp.
b3887   MEEKS, W.A., «'Am I a Jew?' - Johannine Christianity and Judaism», dans *Christianity,
         Judaism and Other Greco-Roman Cults* (en collab.) (1975), I, 163-186.
b3888   BONNARD, P., «Contemplation johannique et mystique hellénistique» (1976), dans
         Anamnesis (1980), 177-185.
b3889   BRAUN, F.-M., «Le cercle johannique et l'origine du quatrième évangile d'après
         O. Cullman», RHPR 56 (1976) 203-214.
b3890   CULLMANN, O., *Le milieu johannique*. Sa place dans le Judaïsme tardif, dans le cercle
         des disciples de Jésus et dans le Christianisme primitif. Étude sur l'origine de l'évangile de
         Jean (Le Monde de la Bible) (Neuchâtel, Paris, Delachaux & Niestlé, 1976), 155 pp.
b3891   SMITH, D.M., «The Milieu of the Johannine Miracle Source: A Proposal», dans *Jews,
         Greeks and Christians* (en collab.) (1976), 164-180.
b3892   MARTYN, J.L., «Glimpses into the History of the Johannine Community», dans
         L'Évangile de Jean (en collab.) (1977), 149-175.

b3893   SCHÜSSLER FIORENZA, E., «The Quest for the Johannine School: The Apocalypse and the Fourth Gospel», NTS 23 (1977) 402-427.

b3894   VOUGA, F., *Le cadre historique et l'intention théologique de Jean* (Beauchesne religions) (Paris, Beauchesne, 1977), 119 pp.

b3895   GRYGLEWICZ, F., «Die Pharisäer und die Johanneskirche», dans *Probleme der Forschung* (SNTU Serie A, Band 3) (1978), 144-158.

b3896   SCHNACKENBURG, R., «Die johanneische Gemeinde und ihre Geisterfahrung», dans *Die Kirche des Anfangs* (en collab.) (1978), 277-306.

b3897   BROWN, R.E., *The Community of the Beloved Disciple* (New York, Ramsey, Toronto, Paulist, 1979), 204 pp.

b3898   BRUCE, F.F., *Peter, Stephen, James, and John*, «John and his Circle» (1979), 120-152.

b3899   COLLINS, A.Y., «Crisis and community in John's gospel», TDig 27 (1979) 313-321.

b3900   GUNTHER, J.J., «The Alexandrian Gospel and Letters of John», CBQ 41 (1979) 581-603.

b3901   RAMOS, F.F., «La Communidad Joánica», dans *Servidor de la Palabra* (en collab.) (1979), 205-250.

b3902   MANNS, F., «L'Évangile de Jean, réponse chrétienne aux décisions de Jabné», StBiFranc 30 (1980) 47-92.

b3903   VOUGA, F., «Les écrits johanniques», LV no 149 (1980) 5-14.

b3904   ZUMSTEIN, J., «L'enracinement historique de l'évangile selon Jean», LV no 149 (1980) 15-30.

b3905   WENGST, K., *Bedrängte Gemeinde und verherrlichter Christus.* Der historische Ort des Johannesevangeliums als Schlüssel zu seiner Interpretation (Biblisch-Theologische Studien, 5) (Neukirchen-Vluyn, Neukirchener, 1981), 142 pp.

b3906   MANNS, F., «L'Évangile de Jean, réponse chrétienne aux décisions de Jabné. Note complémentaire», StBiFranc 32 (1982) 85-108.

b3907   KING, J.S., «R.E. Brown on the History of the Johannine Community», SB 13 (1983) 26-30.

d) Formation. Entstehung. Formazione. Formación.

b3908   LEROY, H., *Rätsel und Missverständnis.* Ein Beitrag zur Formgeschichte des Johannesevangeliums (BBB 30) (Bonn, Peter Hanstein, 1968), xxiii-202 pp.

b3909   NEUGEBAUER, F., *Die Entstehung des Johannesevangeliums.* Altes und Neues zur Frage seines historischen Ursprungs (Arbeiten zur Theologie, 36) (Stuttgart, Calwer, 1968), 40 pp.

b3910   IBUKI, Y., «Offene Fragen zur Aufnahme des Logoshymnus in das vierte Evangelium», AJBI 5 (1979) 105-132.

b3911   MUÑOZ LEON, D., «Las fuentes y estadios de composición del cuarto Evangelio según Boismard-Lamouille», EstB 38 (1979-80) 57-96.

b3912   VON WAHLDE, U.C., «The Terms for Religious Authorities in the Fourth Gospel: A Key to Literary Strata?» JBL 98 (1979) 231-253.

b3913   D'ARAGON, J.-L., BOISMARD, M.-É., «L'évangile de Jean, ou les étapes d'un approfondissement», dans *Jésus aujourd'hui* (1980), III, 75-85.

b3914   MORTON, A.Q., McLEMAN, J., *The Genesis of John* (Edinburgh, St. Andrew Press, 1980), xi-219 pp.

e) Sources. Überlieferungen. Tradizioni. Tradiciones.

Synoptiques (évangiles). Synoptic (Gospels). Synoptiker. Sinottici. Sinópticos (evangelios).

b3915   CRIBBS, F.L., «A Study of the Contacts That Exist Between St. Luke and St. John», dans *Society of Biblical Literature. 1973 Seminar Papers* (en collab.) (1973), II, 1-93.

b3916   BARRETT, C.K., «John and the Synoptic Gospels», ExpTim 85 (1974) 228-233.

b3917   NEIRYNCK, F., «John and the Synoptics», dans *L'Évangile de Jean* (en collab.) (1977), 81-93, dans NEIRYNCK, F., *Jean et les synoptiques* (1979), 363-374.

b3918   NEIRYNCK, F., avec la collaboration de DELOBEL, J., SNOY, T., VAN BELLE, G. et VAN SEGBROECK, F.,«L'Évangile de Jean. Examen critique du commentaire de M.-É. Boismard et A. Lamouille», ETL 53 (1977) 363-478 (4. «Les rapports avec les Synoptiques», 430-450).

b3919   FAGAL, H.E., «John and the Synoptic Tradition», dans *Scripture, Tradition, and Interpretation* (en collab.) (1978), 127-145.

b3920   KITTLAUS, L.R., «John and Mark: A Methodological Evaluation of Norman Perrin's Suggestion», dans *Society of Biblical Literature. 1978 Seminar Papers* (en collab.) (1978), II, 269-279.

b3921   CRIBBS, F.L., «The Agreements That Exist Between Luke and John», dans *Society of Biblical Literature. 1979 Seminar Papers* (en collab.) (1979), I, 215-261.

b3922   NEIRYNCK, F., *Jean et les Synoptiques*. Examen critique de l'exégèse de M.-É. Boismard (Bibliotheca Ephemeridum Theologicarum Lovaniensium, 49) (Leuven, University Press, 1979), xi-428 pp.

b3923   SMITH, M.H., III, «Collected Fragments; On the Priority of John 6 to Mark 6-8», dans *Society of Biblical Literature. 1979 Seminar Papers* (en collab.) (1979), I, 105-108.

b3924   SABBE, M., «John and the Synoptists: Neirynck vs. Boismard», ETL 56 (1980) 125-131.

b3925   SMITH, D.M., «John and the Synoptics: Some Dimensions of the Problem», NTS 26 (1980) 425-444.

b3926   LINDARS, B., «John and the Synoptic Gospels: A Test Case», NTS 27 (1981) 287-294.

b3927   LINDARS, B., «Discourse and Tradition: The use of the sayings of Jesus in the Discourses of the Fourth Gospel», JSNT no 13 (1981) 83-101.

b3928   MAIER, G., «Johannes und Matthäus - Zwiespalt oder Viergestalt des Evangeliums», dans *Gospel Perspectives* (en collab.) (1981), II, 267-291.

b3929   MUDDIMAN, J., «John's Use of Matthew. A British Exponent of the Theory», ETL 59 (1983) 333-337.

b3930   ROBERT, R., «L'exégèse de M.-É. Boismard», RT 83 (1983) 625-638.

Gnose. Gnosis. Gnosi. Gnosis.

b3931   BULTMANN, R., «Die Bedeutung der neuerschlossenen mandäischen und manichäischen Quellen für das Verständnis des Johannesevangeliums», ZNW 24 (1925) 100-146, dans *Exegetica* (1967), 55-104.

b3932   BULTMANN, R., «Johanneische Schriften und Gnosis», *Orientalistische Literaturzeitung* 43 (1940) 150-175, dans *Exegetica* (1967), 230-254.

b3933   JASCHKE, H.-J., «Das Johannesevangelium und die Gnosis im Zeugnis des Irenäus von Lyon», MüTZ 29 (1978) 337-376.

b3934   LIEU, J.M., «Gnosticism and the Gospel of John», ExpTim 90 (1979) 233-237.

Divers. Miscellaneous. Verschiedenes. Diversi. Diversos.

*b*3935   EISLER, R., «Das Rätsel des Johannesevangeliums», ErJb 1935 3 (1936) 323-511 («Die Quellen des Johannesevangeliums», 365-371).

*b*3936   DAVIES, W.D., *Invitation to the New Testament* (1969), «The Sources Behind the Fourth Gospel», 382-388; «Gospel for Two Worlds: The Jewish Background», 389-395; «Gospel for Two Worlds: The Hellenistic Background», 396-408.

*b*3937   PARKER, P., «The Kinship of John and Acts», dans *Christianity, Judaism and Other Greco-Roman Cults* (en collab.) (1975), I, 187-205.

*b*3938   BONNARD, P., «Contemplation johannique et mystique hellénistique» (1976), dans *Anamnesis* (1980), 177-185.

*b*3939   SMITH, D.M., «The Milieu of the Johannine Miracle Source: A Proposal», dans *Jews, Greeks and Christians* (en collab.) (1976), 164-180.

*b*3940   LINDARS, B., «Traditions behind the Fourth Gospel», dans *L'Évangile de Jean* (en collab.) (1977), 107-124.

*b*3941   CARSON, D.A., «Current Source Criticism of the Fourth Gospel: Some Methodological Questions», JBL 97 (1978) 411-429.

*b*3942   LAMAR CRIBBS, F., «The Agreements that Exist between John and Acts», dans *Perspectives on Luke-Acts* (en collab.) (1978), 40-61.

*b*3943   BOCHER, O., «Das Verhältnis der Apokalypse des Johannes zum Evangelium des Johannes», dans *L'Apocalypse johannique et l'Apocalyptique dans le Nouveau Testament* (en collab.) (1980), 289-301.

*b*3944   STURCH, R.L., «The Alleged Eyewitness Material in the Fourth Gospel», dans *Studia Biblica 1978. II. Papers on the Gospels* (en collab.) (1980), 313-327.

*b*3945   GOULDER, M.D., «The Liturgical Origin of St. John's Gospel», dans *Studia Evangelica* (en collab.) (1982), VII, 205-221.

f) Structure. Aufbau. Struttura. Estructura.

*b*3946   GIRARD, M., «La structure heptapartite du quatrième évangile», SR 5 (1975-76) 350-359.

*b*3947   CHARLIER, Célestin (Paul), *Jean l'évangéliste*. Structure dramatique du quatrième évangile, méditation liturgique du prologue (Bible et vie chrétienne, n.s.) (Paris, P. Lethielleux, 1978), 223 pp.

*b*3948   GLUSMAN, E.F., Jr., «Criteria For a Study of the Outlines of Mark and John», dans *Society of Biblical Literature. 1978 Seminar Papers* (en collab.) (1978), II, 239-249.

*b*3949   MAYNARD, A.H., «Common Elements in the Outlines of Mark and John», dans *Society of Biblical Literature. 1978 Seminar Papers* (en collab.) (1978), II, 251-260.

*b*3950   MORRIS, L., «The Composition of the Fourth Gospel», dans *Scripture, Tradition, and Interpretation* (en collab.) (1978), 157-175.

*b*3951   GIRARD, M., «La composition structurelle des sept 'signes' dans le quatrième évangile», SR 9 (1980) 315-324.

*b*3952   GOURGUES, M., *Pour que vous croyiez...*, «Approche littéraire (synchronique), ou à la recherche de la structure de Jean» (1982), 73-101.

*b*3953   RISSI, M., «Der Aufbau des vierten Evangeliums», NTS 29 (1983) 48-54.

g) Philologie. Philology. Philologie. Filologia. Filología.

*b*3954   MARTINI, C.M., *La parola di Dio alle origini della Chiesa* (1980), «Osservazioni sulla terminologia della predicazione nell'opera giovannea» (1964), 215-223.

*b*3955   LATTKE, M., *Einheit im Wort.* Die spezifische Bedeutung von *agape, agapan* und *philein* im Johannesevangelium (Studien zum Alten und Neuen Testament, 41) (München, Kösel, 1975), 279 pp.

*b*3956   SHEDD, R., «Multiple Meanings in the Gospel of John», dans *Current Issues in Biblical and Patristic Interpretation* (en collab.) (1975), 247-258.

*b*3957   BRAUN, F.-M., «La Réduction du Pluriel au Singulier dans l'Évangile et la Première Lettre de Jean», NTS 24 (1977-78) 40-67.

*b*3958   POLLARD, T.E., «The Father-Son and God-Believer Relationships according to St John: a Brief Study of John's Use of Prepositions», dans *L'Évangile de Jean* (en collab.) (1977), 363-369.

*b*3959   RUCKSTUHL, E., «Johannine Language and Style. The Question of Their Unity», dans *L'Évangile de Jean* (en collab.) (1977), 125-147.

*b*3960   SEYNAEVE, J., «Les verbes *apostellô* et *pempô* dans le vocabulaire théologique de saint Jean», dans *L'Évangile de Jean* (en collab.) (1977), 385-389.

*b*3961   DEWEY, K.E., «*Paroimiai* in the Gospel of John», Semeia 17 (1980) 81-99.

*b*3962   WALTHER, J.A., *New Testament Greek Workbook.* An Inductive Study of the Complete Text of the Gospel of John (2nd ed.) (Chicago, London, University of Chicago Press, 1980), xxvi-207 pp.

h) Le 'disciple'. The 'Disciple'. Der 'Jünger'. Il 'discepolo'. El 'discípulo'.

*b*3963   EISLER, R., «Das Rätsel des Johannesevangeliums», ErJb 1935 3 (1936) 323-511 («Der Jünger, den Jesus Liebte», 371-390).

*b*3964   HAWKIN, D.J., «The Function of the Beloved Disciple Motif in the Johannine Redaction», LTP 33 (1977) 135-150.

*b*3965   MINEAR, P.S., «The Beloved Disciple in the Gospel of John. Some Clues and Conjectures», NT 19 (1977) 105-123.

*b*3966   THYEN, H., «Entwicklungen innerhalb der johanneischen Theologie und Kirche im Spiegel von Joh 21 und der Lieblingsjüngertexte des Evangeliums», dans *L'Évangile de Jean* (en collab.) (1977), 259-299.

*b*3967   MORETON, M.B., «The Beloved Disciple Again», dans *Studia Biblica 1978. II. Papers on the Gospels* (en collab.) (1978), 215-218.

*b*3968   DE JONGE, M., «The Beloved Disciple and the date of the Gospel of John», dans *Text and Interpretation* (en collab.) (1979), 99-114.

*b*3969   NEIRYNCK, F., *Jean et les synoptiques,* «Le disciple anonyme et Jn 1,43» (1979), 195-203.

*b*3970   O'GRADY, J.F., «The Role of the Beloved Disciple», BTB 9 (1979) 58-65.

*b*3971   GUNTHER, J.J., «The Relation of the Beloved Disciple to the Twelve», TZ 37 (1981) 129-148.

*b*3972   PAMMENT, M., «The Fourth Gospel's Beloved Disciple», ExpTim 94 (1983) 363-367.

i) Divers. Miscellaneous. Verschiedenes. Diversi. Diversos.

*b*3973   HEDRICK, C.B., «Pageantry in the Fourth Gospel», AThR 15 (1933) 115-124.

*b*3974   GUARDINI, R., «Apostelgestalten», BiKi 2 (1947) 1-12.

*b*3975   BALAGUE, M., «San Juan y los Sinópticos», CuBi 12 (1955) 347-352.

*b*3976   GONZALO MAESO, D., «¿En qué lengua se escribio el IV Evangelio...?» CuBi 12 (1955) 296-305.

b3977 LEROY, H., «Das johanneische Missverständnis als literarische Form», BiLeb 9 (1968) 196-207.

b3978 WEAD, D.W., *The Literary Devices in John's Gospel.* A dissertation (Basel, Friedrich Reinhardt, 1970), 12-130 pp.

b3979 FESTUGIÈRE, A.-J., *Observations stylistiques sur l'Évangile de S. Jean* (Études et commentaires, 84) (Paris, Klincksieck, 1974), 143 pp.

b3980 SMITH, D.M., «The Setting and Shape of a Johannine Narrative Source», JBL 96 (1976) 231-241.

b3981 VON WAHLDE, U.C., «A Redactional Technique in the Fourth Gospel», CBQ 38 (1976) 520-533.

b3982 BOISMARD, M.-É., «Un procédé rédactionnel dans le quatrième évangile: la *Wiederaufnahme*», dans *L'Évangile de Jean* (en collab.) (1977), 235-241.

b3983 BRUCE, F.F., «St. John at Ephesus», BJRL 60 (1977-78) 339-361.

b3984 DE JONGE, M., *Jesus: Stranger from Heaven and Son of God,* «Nicodemus and Jesus: Some Observations on Misunderstanding and Understanding in the Fourth Gospel» (1977), 29-47.

b3985 NEIRYNCK, F., avec la collaboration de DELOBEL, J., SNOY, T., VAN BELLE, G. et VAN SEGBROECK, F., «L'Évangile de Jean. Examen critique du commentaire de M.-É. Boismard et A. Lamouille», ETL 53 (1977) 363-478 («1. La théorie littéraire», 368-382; «3. Les caractéristiques littéraires», 400-429).

b3986 STEVENS, C.T., «The 'I AM' Formula in the Gospel of John», SBT 7,2 (1977) 19-30.

b3987 O'ROURKE, J.J., «Asides in the Gospel of John», NT 21 (1979) 210-219.

b3988 WATTY, W.W., «The Significance of Anonymity in the Fourth Gospel», ExpTim 90 (1979) 209-211.

b3989 DUBOIS, J.-D., «La postérité du quatrième évangile au deuxième siècle», LV n° 149 (1980) 31-48.

b3990 HAWKIN, D.J., «The Johannine Transposition and Johannine Theology», LTP 36 (1980) 89-98.

b3991 KOULOMZINE, N., «Jean le théologien dans la tradition orthodoxe», LV n° 149 (1980) 51-63.

b3992 NEIRYNCK, F., «L'*epanalepsis* et la critique littéraire. À propos de l'évangile de Jean», ETL 56 (1980) 303-338, dans NEIRYNCK, F., *Evangelica* (1982), 143-178.

b3993 O'LEARY, J.S., «Limits to the Understanding of John in Christian Theology», dans *Studia Biblica 1978. II. Papers on the Gospels* (en collab.) (1980), 227-241.

b3994 PESCH, R., *Synoptisches Arbeitsbuch zu den Evangelien. Band 5: Synopse nach Johannes.* Mit einer Auswahlkonkordanz (Köln, Benziger; Gütersloh, Mohn, 1981), 88 pp.

b3995 EVANS, C.A., «On the Quotation Formulas in the Fourth Gospel», BZ 26 (1982) 79-83.

b3996 SCOBIE, C.H.H., «Johannine geography», SR 11 (1982) 77-84.

b3997 HAUSMAN, N., «Nietzsche et Thérèse de Lisieux, interprètes de saint Jean», NRT 105 (1983) 228-242.

6. Théologie. Theology. Theologie. Teologia. Teología.

b3998 HEDRICK, C.B., «The Christianity of the Fourth Gospel», AThR 33 (1951) 209-219.

b3999 HAACKER, K., *Die Stiftung des Heils.* Untersuchungen zur Struktur der johanneischen Theologie (Arbeiten zur Theologie, 47) (Stuttgart, Calwer, 1972), 212 pp.

b4000 FORTNA, R.T., «Theological Use of Locale in the Fourth Gospel», AThR Supplementary Series, n° 3 (1974) 58-95.

b4001   TEMPLE, S., *The Core of the Fourth Gospel* (London-Oxford, Mowbrays, 1975), xii-383 pp.

b4002   BODSON, J., *Regards sur l'Évangile de saint Jean* (Paris, Beauchesne, 1976), 190 pp.

b4003   GOPPELT, L., *Theologie des Neuen Testaments*, «Die Struktur der johanneischen Theologie» (1976), 625-643.

b4004   HARVEY, A.E., *Jesus on Trial*. A Study in the Fourth Gospel (London, SPCK, 1976), viii-140 pp.

b4005   RAURELL, F., «El evangelio de Juan. Fuentes, redacción y teología», EstF 77 (1976) 203-243.

b4006   GIBLET, J., «Développements dans la théologie johannique», dans *L'Évangile de Jean* (en collab.) (1977), 45-72.

b4007   LANGBRANDTNER, W., *Weltferner Gott oder Gott der Liebe*. Der Ketzerstreit in der johanneischen Kirche. Eine exegetisch-religionsgeschichtliche Untersuchung mit Berücksichtigung der koptisch-gnostischen Texte aus Nag-Hammadi (Beiträge zur biblischen Exegese und Theologie, 6) (Frankfurt/M, Bern, Las Vegas, P. Lang, 1977), ix-428 pp.

b4008   LUZARRAGA, J., «En el Evangelio de Juan. Los 'impedimentos' para el encuentro con Jesús», Manr 49 (1977) 23-38.

b4009   VANDERLIP, D.G., «Interpreting the Gospel of John», dans *Scripture, Tradition, and Interpretation* (en collab.) (1978), 296-311.

b4010   COOK, W.R., *The Theology of John* (Chicago, Moody, 1979), 284 pp.

b4011   SUMMERS, R., *Behold the Lamb*. An Exposition of the Theological Themes in the Gospel of John (Nashville, TN, Broadman, 1979), 299 pp.

b4012   CANNIZZO, A., *Vangelo secondo Giovanni*. Parte prima: Il Vangelo come 'anamnesi' (Napoli, Pontificia Facoltà Teologica dell'Italia Meridionale, Sezione S. Luigi, 1980), 113 pp.

b4013   CRANE, T.E., *The Message of Saint John*. The Spiritual Teaching of the Beloved Disciple (Staten Island, N.Y., Alba House, 1980), xii-184 pp.

b4014   HAWKIN, D.J., «The Johannine Transposition and Johannine Theology», LTP 36 (1980) 89-98.

b4015   MOLLAT, D., *La vie et la gloire*. Exégèse spirituelle, «Quatrième évangile et 'Exercices' de saint Ignace» (1980), II, 159-177.

b4016   FINDLAY, J.N., «Thoughts on the Gnosis of St John», RelSt 17 (1981) 441-450.

b4017   HOFRICHTER, P., «Johanneische Thesen», BiLit 54 (1981) 212-216.

b4018   GOURGUES, M., *Pour que vous croyiez...*, «Approche thématique, ou à la recherche d'un axe théologique» (1982), 45-72.

b4019   GONZALEZ BLANCO, A., «El cuarto evangelio es un libro apocalíptico», *Miscelánea Comillas* 41 (1983) 189-203.

b4020   NICHOLSON, G.C., *Death as Departure*. The Johannine Descent-Ascent Schema (SBL Dissertation Series, 63) (Chico, CA, Scholars Press, 1983), xviii-231 pp.

b4021   SCHILLEBEECKX, E., *God among us*, «A Religious House worth Living in (The Gospel of John)» (1983), 188-193.

b4022   ZELLER, D., «Paulus und Johannes», BZ 27 (1983) 167-182.

7. Textes. Texts. Texte. Testi. Textos.

b4023   1-12   DAVIES, W.D., *Invitation to the New Testament*, «The Signs: Jesus and the World» (1969), 440-465.

*b*4024   SMITH, D.M., «The Milieu of the Johannine Miracle Source: A Proposal», dans *Jews, Greeks and Christians* (en collab.) (1976), 164-180.

*b*4025   DE JONGE, M., «Signs and Works in the Fourth Gospel», dans *Miscellanea Neotestamentica* (en collab.) (1978), II, 107-125.

*b*4026   1-4   PANIMOLLE, S.A., *Lettura pastorale del Vangelo di Giovanni.* Vol. 1:1-4 (Lettura pastorale della Bibbia) (Bologna, Ed. Dehoniane, 1978), 464 pp.

*b*4027   1,1-18   BULTMANN, R., «Der religionsgeschichtliche Hintergrund des Prologs zum Johannes-Evangelium», dans *Eucharistêrion.* Festschrift für H. Gunkel, 2. Teil (Göttingen, Vandenhoeck & Ruprecht, 1923), 3-26, dans *Exegetica* (1967), 10-35.

*b*4028   MAIWORM, J., «Der Prolog des Johannesevangeliums als Epilog», BiKi 11 (1956) 51.

*b*4029   BEILNER, W., «Aufbau und Aussage des Johannesprologs», BiKi 20 (1965) 98-106.

*b*4030   BRINKMANN, B., «Prolog und Johannes-Evangelium», BiKi 20 (1965) 106-113.

*b*4031   SUAREZ, P.L., «Orden en el prólogo de San Juan», CuBi 22 (1965) 106-109.

*b*4032   SCHNITZLER, T., «Der Prolog des Johannes-Evangeliums im Zusammenhang der dritten Weihnachtmesse», BiKi 20 (1965) 116-119.

*b*4033   BLANK, J., «Das Johannesevangelium. Der Prolog: Jo 1,1-18», BiLeb 7 (1966) 28-39, 112-127.

*b*4034   BRAUN, F.-M., *Jean le Théologien.* III. Sa théologie. I. Le mystère de Jésus-Christ, «La Lumière des hommes» (1966), 21-35.

*b*4035   JEREMIAS, J., «Zum Logos-Problem», ZNW 59 (1968) 82-85.

*b*4036   DAVIES, W.D., *Invitation to the New Testament*, «The Word Became Flesh» (1969), 421-431.

*b*4037   DIBELIUS, M., «Im Anfang war das ewige Wort. Zu Jo 1,1-18», BiLeb 10 (1969) 237-239.

*b*4038   DU BUIT, M., *En tous les temps Jésus-Christ*, «Le Verbe fait chair» (1974), I, 51-66.

*b*4039   FREED, E.D., «Some Old Testament Influences on the Prologue of John», dans *A Light unto My Path* (en collab.) (1974), 145-161.

*b*4040   EPP, E.J., «Wisdom, Torah, Word: The Johannine Prologue and the Purpose of the Fourth Gospel», dans *Current Issues in Biblical and Patristic Interpretation* (en collab.) (1975), 128-146.

*b*4041   En collaboration, «Le prologue de Jean - Essai de description sémiotique», SemBib no 4 (1976) 14-23.

*b*4042   BORGEN, P., «Der Logos war das wahre Licht. Beiträge zur Deutung des Johanneischen Prologs», dans *Theologie aus dem Norden* (en collab.) (1976), 99-117.

*b*4043   DEEKS, D.G., «The Prologue of St. John's Gospel», BTB 6 (1976) 62-78.

*b*4044   E.F., «Le verbe s'est fait chair (Jn 1,1-18)», EV (prédication) 76 (1976) 292-294.

*b*4045   RAMAROSON, L., «La structure du prologue de Jean», SE 28 (1976) 281-296.

*b*4046   GESE, H., *Zur biblischen Theologie*, «Der Johannesprolog» (1977), 152-201.

*b*4047   JANSSENS, Y., «Une source gnostique du Prologue?» dans *L'Évangile de Jean* (en collab.) (1977), 355-358.

*b*4048   Y.B., «Des signes dérisoires (Jean 1,1-18)», EV (prédication) 77 (1977) 336-338.

*b*4049   HAYWARD, C.T.R., «The Holy Name of the God of Moses and the Prologue of St John's Gospel», NTS 25 (1978-79) 16-32.

*b*4050   DE SAVIGNAC, J., «Religion et sagesse dans le prologue johannique», dans *Sagesse et religion* (en collab.) (1979), 135-146.

*b*4051   HOFRICHTER, P., «'Egeneto anthropos'. Text und Zusätze im Johannesprolog», ZNW 70 (1979) 214-237.

*b*4052   MILLER, E.L., «The *New International Version* on the Prologue of John», HarvTR 72 (1979) 307-311.

*b*4053   SCHMITHALS, W., «Der Prolog des Johannesevangeliums», ZNW 70 (1979) 16-43.

*b*4054   ALETTI, J.-N., «Le Prologue de Jean et la Sagesse», CE (n.s.) n° 32 (1980) 66-69.

*b*4055   EVANS, C.A., «On the Prologue of John and the *Trimorphic Protennoia*», NTS 27 (1981) 395-401.

*b*4056   SIEGWALT, G., «Introduction à une théologie chrétienne de la récapitulation. Remarques sur le contenu dogmatique du prologue de Jean», RTP 113 (1981) 259-278.

*b*4057   GOURGUES, M., *Pour que vous croyiez...*, «Le Verbe fait chair (Jn 1,1-18)» (1982), 105-138.

*b*4058   GIRARD, M., «Analyse structurelle de Jn 1,1-18: l'unité des deux Testaments dans la structure bipolaire du prologue de Jean», SE 35 (1983) 5-31.

*b*4059   MILLER, E.L., «The Logic of the Logos Hymn: A new View», BTS 29 (1983) 552-561.

*b*4060   THEOBALD, M., *Im Anfang war das Wort*. Textlinguistische Studie zum Johannesprolog (SBS 106) (Stuttgart, Katholisches Bibelwerk, 1983), 146 pp.

*b*4061   1,1-14   PERNOT, H., «Le début de l'évangile de Jean», RHR 108 (1933) 193-196.

*b*4062   ZIMMERMANN, H., «Christushymnus und johanneischer Prolog», dans *Neues Testament und Kirche* (en collab.) (1974) 249-265.

*b*4063   IBUKI, Y., «Lobhymnus und Fleischwerdung - Studie über den johanneischen Prolog», AJBI 3 (1977) 132-156.

*b*4064   CHARLIER, Célestin (Paul), *Jean l'évangéliste*. Structure dramatique du quatrième évangile, méditation liturgique du prologue (Bible et Vie chrétienne, n.s.) (Paris, Lethielleux, 1978), 223 pp.

*b*4065   CHARLIER, C., *Le christianisme*, «Dans le sein du Père» (1979), II, 71-95.

*b*4066   FREED, E.D., «Theology Prelude to the Prologue of John's Gospel», SJTh 32 (1979) 257-269.

*b*4067   IBUKI, Y., «Offene Fragen zur Aufnahme des Logoshymnus in das vierte Evangelium», AJBI 5 (1979) 105-132.

b4068 CULPEPPER, R.A., «The Pivot of John's Prologue», NTS 27 (1980) 1-31.

b4069 1,1-8 READ, D.H.C., «Inside John's Gospel: Introducing Jesus», ExpTim 88 (1976) 46-47.

b4070 1,1-3 SCHWARZ, G., «Gen 1,1-2,2a und Joh 1,1a.3a - ein Vergleich», ZNW 73 (1982) 136-137.

b4071 1,3-4 DE LA POTTERIE, I., «De punctuatie en de exegese van Joh 1,3.4 in de traditie (*La ponctuation et l'exégèse de Jn 1,3.4 dans la tradition*)», Bijdr. 16 (1955) 117-135 (sommaire français).

b4072 MILLER, E.L., «Codex Bezae on John i.3-4. One Dot or Two?» TZ 32 (1976) 269-271.

b4073 1,6-26 Y.B., «La joie de l'accueil! (Jn 1,6-8.19-26)», EV (prédication) 78 (1978) 307-308.

b4074 1,9 PRETE, B., «La concordanza del participio *erkhomenon* in Giov. 1,9», BibOr 17 (1975) 195-208.

b4075 1,10-51 NICCACCI, A., «La fede nel Gesù storico e la fede nel Cristo risorto (Gv 1,10-51/20,1-29)», Ant 53 (1978) 423-442.

b4076 1,11-12 REISER, W., «Der Eindringling - Legende zu Joh 1,11.12», BiKi 30 (1975) 123-125.

b4077 1,11 ABBA, R., «God Comes to Man», ExpTim 91 (1979) 51-52.

b4078 HOWELL-JONES, D., «At Home?» ExpTim 90 (1979) 205-206.

b4079 1,12-13 SEGALLA, G., *Volontà di Dio e dell'uomo in Giovanni*, «La volontà dell'uomo e la vita divina (Gv. 1,12C-13)» (1974), 237-258.

b4080 VELLANICKAL, M., *The Divine Sonship of Christians in the Johannine Writings*, «The Power of Becoming Children of God (Jn 1:12-13)» (1977), 105-161.

b4081 CULPEPPER, R.A., «The Pivot of John's Prologue», NTS 27 (1980) 1-31.

b4082 1,13-14 HOFRICHTER, P., *Nicht aus Blut sondern monogen aus Gott geboren*. Textkritische, dogmengeschichtliche und exegetische Untersuchung zu Joh 1,13-14 (Forschung zur Bibel, 31) (Würzburg, Echter Verlag, 1978), 220 pp.

b4083 VICENT CERNUDA, A., «La doble generación de Jesucristo según Jn 1,13.14», EstB 40 (1982) 49-117, 313-344.

b4084 1,13 BRAUN, F.-M., «Qui ex Deo natus est (Jean 1.13)», dans *Aux sources de la tradition chrétienne* (en collab.) (1950), 11-31.

b4085 SCHWANK, B., «Eine textkritische Fehlentscheidung (Jo 1,13) und ihre Auswirkung im Holl. Katechismus», BiKi 24 (1969) 16-17.

b4086 SABOURIN, L., «Who Was Begotten... of God», BTB 6 (1976) 86-90.

b4087 WINANDY, J., «La conception virginale dans le Nouveau Testament», NRT 100 (1978) 706-719.

b4088 1,14-17 DE LA POTTERIE, I., «*Kharis* paulinienne et *kharis* johannique», dans *Jesus und Paulus* (en collab.) (1975), 256-282.

b4089 DE LA POTTERIE, I., *La vérité dans saint Jean*, «Le Verbe fait chair plein de grâce et de vérité» (1977), 117-241.

b4090 HANSON, A.T., «John i 14-18 and Exodus xxxiv», NTS 23 (1977) 90-101.

b4091 1,14 DU TOIT, A.B., «The incarnate word - a study of John 1:14», dans *The Christ of John* (en collab.) (1971), 9-21.

*b*4092   RUCKSTUHL, E., «Und das Wort wurde Fleisch», BiLeb 13 (1972) 235-238.

*b*4093   DE LA POTTERIE, I., *La vérité dans saint Jean*, «'Voir' la gloire du Verbe fait chair, plein de vérité (Jn 1,14)» (1977), 76-78.

*b*4094   COLE, R.G., «We beheld his glory», ExpTim 90 (1978) 50-51.

*b*4095   HARRISON, E.F., «A Study of John 1:14», dans *Unity and Diversity in New Testament Theology* (en collab.) (1978), 23-36.

*b*4096   HELDERMAN, J., «'In ihren Zelten...' Bemerkungen bei Codex XIII Nag Hammadi p. 47:14-18, im Hinblinck auf Joh i 14», dans *Miscellanea Neotestamentica* (en collab.) (1978), I, 181-211.

*b*4097   SCHNACKENBURG, R., «Und das Wort ist Fleisch Geworden», IKZCommunio 8 (1979) 1-9.

*b*4098   DAHMS, J.V., «The Johannine Use of *Monogenēs* reconsidered», NTS 29 (1983) 222-232.

*b*4099   1,15   MICHAELS, J.R., «Origen and the Text of John 1:15», dans *New Testament Textual Criticism* (en collab.) (1981), 87-104.

*b*4100   1,17   PANIMOLLE, S.A., *Il dono della Legge e la Grazia della Verità* (Giov. 1,17) (Teologia oggi, 21) (Roma, AVE, 1973), 550 pp.

*b*4101   PITTENGER, N., «God's Gifts», ExpTim 87 (1976) 366-367.

*b*4102   1,18   BULTMANN, R., «Untersuchungen zum Johannesevangelium. B. *Theon oudeis eôraken pôpote* (John 1,18)», ZNW 29 (1930) 169-193, dans *Exegetica* (1967), 174-197.

*b*4103   LOUW, J.P., «Narrator of the Father - and related terms in Johannine Christology», dans *The Christ of John* (en collab.) (1971), 32-40.

*b*4104   McREYNOLDS, P.R., «John 1:18 in Textual Variation and Translation», dans *New Testament Textual Criticism* (en collab.) (1981), 105-118.

*b*4105   1,19-2,11   CAZEAUX, J., «C'est Moïse qui vous condamnera...», LV n⁰ 149 (1980) 75-88.

*b*4106   1,19-28   GALBIATI, E., «La testimonianza di Giovanni Battista (Io. 1,19-28)», BibOr 4 (1962) 227-233, dans *Scritti minori* (1979), 499-509.

*b*4107   1,20   FREED, E.D., «*Egō Eimi* in John 1:20 and 4:25», CBQ 41 (1979) 288-291.

*b*4108   1,27   PROULX, P., ALONSO SCHÖKEL. L., «Las Sandalias del Mesías Esposo», Bibl 59 (1978) 1-37.

*b*4109   1,28   WIEFEL, W., «Bethabara jenseits des Jordans (Joh. 1,28)», ZDPV 83 (1967) 72-81.

*b*4110   DOCKX, S., «Béthanie au-delà du Jourdain», dans *Chronologies néotestamentaires et Vie de l'Église primitive* (1976), 12-20.

*b*4111   1,29-34   G.C., «Baptême et mission de Jésus (Jn 1,29-34)», EV (prédication) 77 (1977) 349-350.

*b*4112   1,29.36   ROBERTS, J.H., «The Lamb of God», dans *The Christ of John* (en collab.) (1971), 41-56.

*b*4113   BURROWS, E.W., «Did John the Baptist Call Jesus 'The Lamb of God'?» ExpTim 85 (1974) 245-249.

*b*4114   1,29   GREEVES, D., «The Recognized Saviour», ExpTim 93 (1981) 84-86.

*b*4115   PERETTO, E., «Il logion giovanneo 'agnello di Dio, che toglie il peccato del mondo' (Gv 1,29)», dans *Parola e Spirito* (en collab.) (1982), 335-374.

b4116   1,35-51   SPAEMANN, H., «Stunde des Lammes. Meditation über die ersten Jüngerberufungen (Jo 1,35-51)», BiLeb 7 (1966) 58-68.

b4117   HAHN, F., «Die Jüngerberufung Joh 1,35-51», dans *Neues Testament und Kirche* (en collab.) (1974), 172-190.

b4118   ZEVINI, G., «I primi discepoli seguono Gesù (Gv 1,35-51)», dans *Parola, spirito e vita* 2 (1980) 140-153.

b4119   1,35-42   DA SORTINO, P.M., «La vocazione di Pietro secondo la tradizione sinottica e secondo S. Giovanni», dans *San Pietro* (en collab.) (1967), 27-57.

b4120   G.C., «Rencontre du Christ (Jean 1,35-42)», EV (prédication) 76 (1976) 1-3.

b4121   NEIRYNCK, F., *Jean et les synoptiques*, «La journée de la vocation de Simon: 1,40-42 ou 1,35-42?» (1979), 194-195.

b4122   READ, D.H.C., «From the Roots of our Religion», ExpTim 92 (1980) 21-22.

b4123   1,35-40   HANHART, K., «'About the tenth hour'... on Nisan 15 (Jn 1,35-40)», dans *L'Évangile de Jean* (en collab.) (1977), 335-346.

b4124   1,35-36   DU BUIT, M., *En tous les temps Jésus-Christ*, «Le Baptiste parle à ses disciples» (1974), I, 191-196.

b4125   1,37-51   DU BUIT, M., *En tous les temps Jésus-Christ*, «Conversations» (1974), I, 197-201.

b4126   1,40-42   PESCH, R., KRATZ, R., *So liest man synoptisch*, «Jesus beruft Simon, Andreas und die Söhne des Zebedäus» (1975), I, 50-54.

b4127   1,41-42   NEIRYNCK, F., *Jean et les synoptiques*, «Jn 1,41.42 et Mt 16,16-18» (1979), 188-194.

b4128   1,43   NEIRYNCK, F., *Jean et les synoptiques*, «Le disciple anonyme et Jn 1,43» (1979), 195-203.

b4129   1,45-51   PAINTER, J., «Christ and the Church in John 1,45-51», dans *L'Évangile de Jean* (en collab.) (1977), 359-362.

b4130   1,45-46   LEIDIG, E., «Natanael, ein Sohn des Tholomäus», TZ 36 (1980) 374-375.

b4131   1,48   DERRETT, J.D.M., «Figtrees in the New Testament», HeyJ 14 (1973) 249-265, dans DERRETT, J.D.M., *Studies in the New Testament* (1978), II, 148-164.

b4132   1,51   SMALLEY, S.S., «Johannes 1,51 und die Einleitung zum vierten Evangelium», dans *Jesus und der Menschensohn* (en collab.) (1975), 300-313.

b4133   NEYREY, J.H., «The Jacob Allusions in John 1:51», CBQ 44 (1982) 586-605.

b4134   2-4   GALBIATI, E., «Nota sulla struttura del 'libro dei segni' (Io. 2-4)», *Euntes Docete* 25 (1972) 139-144, dans *Scritti minori* (1979), 185-191.

b4135   MOLONEY, F.J., «From Cana to Cana (John 2:1-4:54) and the Fourth Evangelist's Concept of Correct (and Incorrect) Faith», dans *Studia Biblica 1978. II. Papers on the Gospels* (en collab.) (1978), 185-213; Sal 40 (1978) 817-843.

b4136   2   KOLENKOW, A.B., «Two Changing Patterns: Conflicts and the Necessity of Death: John 2 and 12 and Markan Parallels», dans *Society of Biblical Literature. 1979 Seminar Papers* (en collab.) (1979), I, 123-126.

b4137   GENUYT, F., «Les noces de Cana et la Purification du Temple», SemBib nº 31 (1983) 14-33.

b4138   2,1-12   GONZALO MAESO, D., «Una lección de exégesis lingüística, bodas de Caná», CuBi 11 (1954) 352-364.

b4139   PESCH, R., «'Ihr müsst von oben geboren werden'. Eine Auslegung von Jo 2,1-12», BiLeb 7 (1966) 208-219.

b4140   BREUSS, J., *Das Kanawunder*. Hermeneutische und pastorale Überlegungen aufgrund einer phänomenologischen Analyse von Joh 2,1-12 (Biblische Beiträge, 12) (Fribourg, Schweizerisches Katholisches Bibelwerk, 1976), 77 pp.

b4141   DU BUIT, M., *En tous les temps Jésus-Christ*, «Les noces de Cana» (1974), I, 202-210.

b4142   ENGEL, H., «Der Wein göttlichen Heils. Ein Versuch, heute über Jo 2,1-12 zu predigen», BiLeb 12 (1971) 282-285.

b4143   G.C., «Les noces de Cana (Jn 2,1-12)», EV (prédication) 76 (1976) 324-326.

b4144   SERRA, A., *Contributi dell'antica letteratura giudaica per l'esegesi di Giovanni 2,1-12 et 19,25-27* (Scripta Pontificiae Facultatis Theologicae 'Marianum', 31; Nova Series, 3) (Roma, Herder, 1977), 490 pp.

b4145   Y.B., «Pour quelles noces chantons-nous? (Jean 2,1-12)», EV (prédication) 79 (1979) 371-373.

b4146   WULF, F., «Das marianische Geheimnis der Kirche im Licht des Johannesevangeliums», GeistL 50 (1977) 326-334.

b4147   ALFARO, J., «The Mariology of the Fourth Gospel: Mary and the Struggles for liberation», BTB 10 (1980) 3-16.

b4148   COLLINS, R.F., «Cana (Jn. 2:1-12) - The first of his signs or the key to his signs?» IrThQ 47 (1980) 79-95.

b4149   RAUCH, F., «Der neue Wein der Gottesliebe. Eine Hochzeitsmeditation nach Johannes 2,1-12», GeistL 56 (1983) 224-227.

b4150   2,1-11   LEROY, H., «Das Weinwunder zu Kana. Eine exegetische Studie zu Jo 2,1-11», BiLeb 4 (1963) 168-173.

b4151   BRAUN, F.-M., *Jean le Théologien*. III. Sa théologie. I. Le mystère de Jésus-Christ, «Le grand renouveau» (1966), 77-98.

b4152   HARSCH, H., «Tiefenpsychologische Interpretation von Joh 2,1-11», dans *Versuche mehrdimensionaler Schriftauslegung* (en collab.) (1972), 89-103.

b4153   LEROY, H., «Diskussionsbeiträge zur Exegese von Joh 2,1-11», dans *Versuche mehrdimensionaler Schriftauslegung* (en collab.) (1972), 86-88.

b4154   PROUST, J., «Du Texte au sermon (16): Lecture d'un sermon 'Les noces de Cana' (Jean 2/1-11)», ETR 47 (1972) 121-143.

b4155   SCHADE, H., «Zu den frühen Darstellungen der Hochzeit von Kana», dans *Versuche mehrdimensionaler Schriftauslegung* (en collab.) (1972), 104-123.

b4156   SMITMANS, A., «Die Botschaft von Joh 2,1-11 nach der Auslegung der Väter», dans *Versuche mehrdimensionaler Schriftauslegung* (en collab.) (1972), 124-140.

b4157   SMITMANS, A., «Exegese von Joh 2,1-11 im Zusammenhang des Johannesevangeliums», dans *Versuche mehrdimensionaler Schriftauslegung* (en collab.) (1972), 72-85.

b4158 FUNK, R.W., «The Significance of Discourse Structure for the Study of the New Testament», dans *No Famine in the Land* (en collab.) (1975), 209-221.

b4159 DOLTO, F., SÉVÉRIN, G., *L'Évangile au risque de la psychanalyse*, «Cana» (1977), I, 51-61.

b4160 En collaboration, *Mary in the New Testament*, «The Scene at Cana (2:1-11)» (1978), 182-194.

b4161 DE LA POTTERIE, I., «La madre di Gesù e il mistero di Cana», CC 4 (1979) 425-440.

b4162 MACKOWSKI, R.M., «Scholars' Qanah. A Re-examination of the Evidence in Favor of Khirbet-Qanah», BZ 23 (1979) 278-284.

b4163 NEIRYNCK, F., *Jean et les synoptiques*, «Tautên epoiêsen arkhên tôn sêmeiôn (2,11)» (1979), 160-166.

b4164 GIBLIN, C.H., «Suggestion, Negative Response, and Positive Action in St John's Portrayal of Jesus (John ii,1-11; iv,46-54; vii,2-14; xi,1-44)», NTS 26 (1980) 197-211.

b4165 DE LA POTTERIE, I., «Mary and the mystery of Cana», TDig 29 (1981) 40-42.

b4166 LÉONARD, J.M., «Notule sur l'Évangile de Jean. Le récit des noces de Cana et Ésaie 25», ETR 57 (1981) 119-120.

b4167   2,1   HODGSON, L., [Lenten Note on John 2.1], AThR 42 (1960) 112-116.

b4168   2,4   MICHL, J., [Frau, was ist zwischen mir und dir?] BiKi 11 (1956) 98-110

b4169 BOLSINGER, G., [Frau, was ist zwischen mir und dir?] BiKi 12 (1957) 18-19.

b4170   2,10   BAUER, J.B., ['Literarische' Namen und 'literarische' Bräuche], BZ 26 (1982) 258-264.

b4171   2,12-25   FEE, G.D., «The Lemma of Origen's Commentary on John, Book X - An Independent Witness to the Egyptian Textual Tradition?» dans *Society of Biblical Literature. 1972 Proceedings* (en collab.) (1972), 9-16.

b4172 CULLMANN, O., «Von Jesus zum Stephanuskreis und zum Johannesevangelium», dans *Jesus und Paulus* (en collab.) (1975), 44-56.

b4173 G.C., «Le temple du Seigneur (Jean 2,13-25)», EV (prédication) 76 (1976) 49-50.

b4174 Y.B., «Ce temple... je le relèverai (Jean 2,13-25)», EV (prédication) 79 (1979) 51-52.

b4175 TELFORD, W.R., *The Barren Temple and the Withered Tree*. A redaction-critical analysis of the Cursing of the Fig-Tree pericope in Mark's Gospel and its relation to the Cleansing of the Temple tradition (JSNT Supplement Series, 1) (Sheffield, JSOT Press, 1980), xvi-319 pp.

b4176 Y.B., «Le temple de la nouvelle Alliance (Ex. 20,1-17; 1 Co. 1,22-23; Jn 2,13-25)», EV (prédication) 82 (1982) 49-50.

b4177   2,12-22   HUDRY-CLERGEON, C., «Jésus et le Sanctuaire. Étude de Jn 2,12-22», NRT 105 (1983) 535-548.

b4178   2,13-22   BALAGUE, M., «La señal del templo», CuBi 19 (1962) 259-281.

b4179 NEIRYNCK, F., *Jean et les synoptiques*, «Deux sections synoptiques: 2,13-22 et 12,1-11» (1979), 86-91.

b4180 CAMPBELL, R.J., «Evidence for the Historicity of the Fourth Gospel in John 2:13-22», dans *Studia Evangelica* (en collab.) (1982), VII, 101-120.

b4181   2,19-20   AMMASSARI, A., *La Resurrezione*, «Le apparizioni di Gesù alle donne» (1976), I, 85-138.

b4182   2,19   NEREPARAMPIL, L., *Destroy This Temple*. An Exegetico-Theological Study on the Meaning of Jesus' Temple-Logion in Jn 2:19 (Bangalore, Dharmaram Publications, Dharmaram College, 1978), xii-124 pp.

b4183   2,23-3,21   OSCULATI, R., *Fare la verità*. Analisi fenomenologica di un linguaggio religioso (Giovanni: 2,23-3,21) (Studi Bompiani, 2) (Milano, Bompiani, 1974), 130 pp.

b4184   TSUCHIDO, K., «The Composition of the Nicodemus-Episode, John II 23-III 21», AJBI 1 (1975) 91-103.

b4185   3-4   BRAUN, F.-M., *Jean le Théologien*. III. Sa théologie. I. Le mystère de Jésus-Christ, «Le grand renouveau» (1966), 77-98.

b4186   3   ZIMMERMANN, H., «Die Christliche Taufe nach Joh 3», Catho 30 (1976) 81-93.

b4187   DELLING, G., «Die 'Söhne (Kinder) Gottes' im Neuen Testament», dans *Die Kirche des Anfangs* (en collab.) (1978), 615-631.

b4188   NEYREY, J.H., «John III - A Debate over Johannine Epistemology and Christology», NT 23 (1981) 115-127.

b4189   3,1-21   BALAGUE, M., «Diálogo con Nicodemo», CuBi 16 (1959) 193-206.

b4190   WALTER, L., «Lecture d'Évangile. Jean III,1-21: selon la foi et l'incrédulité», EV 87 (1977) 369-378, 385-390.

b4191   En collaboration, «Parcours: Entretien de Jésus avec Nicodème (Jean 3)», SemBib n° 10 (1978) 45-48.

b4192   STÖGER, A., «Das österliche Sakrament der Taufe. Meditation zu Joh 3,1-21», BiLit 52 (1979) 121-124.

b4193   MICHEL, M., «Nicodème ou le non-lieu de la vérité», RevSR 55 (1981) 227-236.

b4194   MILLER, D.G., «John 3:1-21», Interpr 35 (1981) 174-179.

b4195   3,1-17   READ, D.H.C., «Nicodemus», ExpTim 87 (1976) 208-209.

b4196   3,1-15   CANTWELL, L., «The Quest for the Historical Nicodemus», RelSt 16 (1980) 481-486.

b4197   BARABAS, S., «Interpreting the Johannine Literature. John 3:1-15», dans *The Literature and Meaning of Scripture* (en collab.) (1981), 149-172.

b4198   3,1-12   BRAUN, F.-M., *Jean le Théologien*. III. Sa théologie. I. Le mystère de Jésus-Christ, «Le grand renouveau» (1966), 77-98.

b4199   3,1-8   FORREST, R.G., «The Lord God formed man...», ExpTim 91 (1979) 15-17.

b4200   3,3-21   VON ALLMEN, J.-J., *Pastorale du baptême*, «Le baptême, nouvelle naissance» (1978), 33-35.

b4201   3,3-10   VELLANICKAL, M., *The Divine Sonship of Christians in the Johannine Writings*, «The Birth into the Life of the Children of God (Jn 3:3-10)» (1977), 163-225.

b4202   3,3-8   ROSSETTO, G., «Nascere dall'alto (Gv 3,3-8)», dans *Segni e sacramenti nel vangelo di Giovanni* (en collab.) (1977), 45-71.

b4203   3,3   HOWELL-JONES, D., «The Second Birth», ExpTim 92 (1980) 85-86.

b4204   LINDARS, B., «John and the Synoptic Gospels: A Test Case», NTS 27 (1981) 287-294.

b4205   3,5   PAMMENT, M., «John 3:5», NT 25 (1983) 189-190.

*b*4206   SALAS, A., «Nacer del agua y del Espíritu (Jn 3,5)», *Miscelánea Comillas* 41 (1983) 205-212.

*b*4207   3,8   DOIGNON, J., «L'esprit souffle où il veut (Jean III,8) dans la plus ancienne tradition patristique latine», RSPT 62 (1978) 345-359.

*b*4208   3,9   DU PREEZ, J., «'Sperma autou' in John 3:9», dans *Essays on the General Epistles of the New Testament* (en collab.) (1975), 105-112.

*b*4209   3,13-17   Y.B., «La croix glorieuse (Ph. 2,6-11; Jn 3,13-17)», EV (prédication) 80 (1980) 241-243.

*b*4210   3,13-16   RUCKSTUHL, E., «Abstieg und Erhöhung des johanneischen Menschensohns», dans *Jesus und der Menschensohn* (en collab.) (1975), 314-341.

*b*4211   3,13-14   BORGEN, P., «Some Jewish Exegetical Traditions as Background for Son of Man Sayings in John's Gospel (Jn 3,13-14 and context)», dans *L'Évangile de Jean* (en collab.) (1977), 243-258.

*b*4212   3,13   SIDEBOTTOM, E.M., «The Ascent and Descent of the Son of Man in the Gospel of St. John», AThR 39 (1957) 115-122.

*b*4213   3,14-21   G.C., «Amour de Dieu en Jésus-Christ (Jean 3,14-21)», EV (prédication) 76 (1976) 65-67.

*b*4214   Y.B., «Elevé sur la croix, Jésus source de vie», EV (prédication) 79 (1979) 65-67.

*b*4215   3,16-18   Y.B., «Dieu est amour. Ex 34,4b-6.8-9; 2 Cor. 13,11-13; Jn 3,16-18», EV (prédication) 78 (1978) 115-116.

*b*4216   G.C., «Très sainte Trinité (Ex. 34,4-6.8-9; 2 C. 13,11-13; Jn 3,16-18)», EV (prédication) 81 (1981) 161-163.

*b*4217   DAHMS, J.V., «The Johannine Use of Monogenes reconsidered», NTS 29 (1983) 222-232.

*b*4218   3,16   LATTKE, M., *Einheit im Wort*, «Das Problem von Joh 3,16» (1975), 64-85.

*b*4219   SUDBRACK, J., «Denn Gott hat die Welt so sehr geliebt, dass er seinen einzigen Sohn dahingab (Joh 3,16)», GeistL 53 (1980) 383-386.

*b*4220   RITT, H., «'So sehr hat Gott die Welt geliebt...' (Joh 3,16). Gotteserfahrung bei Johannes», dans *'Ich will euer Gott werden'* (SBS 100) (en collab.) (1981), 207-226.

*b*4221   3,20-21   HEMRAJ, S., «The Verb 'To Do' in St. John», dans *Studia Evangelica* (en collab.) (1982), VII, 241-245.

*b*4222   3,21   DE LA POTTERIE, I., *La vérité dans saint Jean*, «Jn 3,21» (1977), 486-520.

*b*4223   COLLANGE, J.-F., «'Faire la vérité': considérations éthiques sur Jean 3,21», RHPR 62 (1982) 415-423.

*b*4224   3,22-4,3   CAMBE, M., «Jésus baptise et cesse de baptiser en Judée. Jean 3/22-4/3», ETR 53 (1978) 98-102.

*b*4225   3,22-36   WILSON, J., «The Integrity of John 3:22-36», JSNT n° 10 (1981) 34-41.

*b*4226   3,22-26   LÉGASSE, S., «Le baptême administré par Jésus (Jn 3,22-26; 4,1-3) et l'origine du baptême chrétien», BLE 78 (1977) 3-30.

*b*4227   3,30   SPAEMANN, H., «Jener muss wachsen, ich aber muss abnehmen Jo 3,30», BiKi 17 (1962) 114-117.

*b*4228   LÖHR, A., «'Er muss wachsen, ich aber abnehmen.' Meditation zur Johanniszeit», BiLeb 8 (1967) 139-145.

*b*4229   3,35   LATTKE, M., *Einheit im Wort*, «Joh 3,35» (1975), 86-96.

*b*4230   4   BALAGUE, M., «Hacia la religión del espíritu», CuBi 18 (1961) 151-166.

*b*4231   STÖGER, A., «Erfülltes Leben (Meditation über Joh 4)», BiLit 52 (1979) 72-75.

*b*4232   CAHILL, J., «Narrative Art in John IV», RelStB 2 (1982) 41-48.

*b*4233   PAMMENT, M., «Is There Convincing Evidence of Samaritan Influence on the Fourth Gospel?» ZNW 73 (1982) 221-230.

*b*4234   4,1-42   GRAF, J., «Jesus und die Samariterin», BiKi 6 (1951) 99-114.

*b*4235   CALVO, J.P., «Jesús y la Samaritana», CuBi 12 (1955) 357-363.

*b*4236   PLANAS, F., «Jesús judío y la Samaritana», CuBi 12 (1955) 225-228.

*b*4237   En collaboration, «Parcours: Jean 4: La Samaritaine», SemBib nº 12 (1978) 36-40.

*b*4238   DOLTO, F., SÉVÉRIN, G., *L'Évangile au risque de la psychanalyse*, «La Samaritaine» (1978), II, 37-57.

*b*4239   BOERS, H., «Discourse Structure and Macro-Structure in the Interpretation of Texts: John 4:1-42 as an Example», dans *SBL 1980 Seminar Papers* (en collab.) (1980), 159-182.

*b*4240   CARMICHAEL, C.M., «Marriage and the Samaritan Woman», NTS 26 (1980) 332-346.

*b*4241   GOURGUES, M., *Pour que vous croyiez...*, «Le sauveur du monde (Jn 4,1-42)» (1982), 139-160.

*b*4242   4,1-3   LÉGASSE, S., «Le baptême administré par Jésus (Jn 3,22-26; 4,1-3) et l'origine du baptême chrétien», BLE 78 (1977) 3-30.

*b*4243   4,1-23   LIMBECK, M., «'Gib mir zu trinken'. Homilie über Jo 4,1-23», BiLeb 4 (1963) 209-214.

*b*4244   4,5-42   Y.B., «Le dimanche de l'eau vive (Ex. 17,3-7; Jn 4,5-42)», EV (prédication) 81 (1981) 53-56.

*b*4245   4,5-26   CANTWELL, L., «Immortal Longings in Sermone Humili: A Study of John 4.5-26», SJTh 36 (1983) 73-86.

*b*4246   4,5-6   SCHENKE, H.-M., «Jakobsbrunnen - Josephsgrab - Sychar. Topographische Untersuchungen und Erwägungen in der Perspektive von Joh. 4,5.6», ZDPV 84 (1968) 159-184.

*b*4247   4,6-15   BRAUN, F.-M., *Jean le Théologien*. III. Sa théologie. I. Le mystère de Jésus-Christ, «Le grand renouveau» (1966), 77-98.

*b*4248   4,10-26   NEYREY, J.H., «Jacob Traditions and the Interpretation of John 4:10-26», CBQ 41 (1979) 419-437.

*b*4249   4,13-14   GROB, F., «La femme samaritaine et l'eau du puits. Jean 4/13-14», ETR 55 (1980) 86-89.

*b*4250   4,20-26   BETZ, O., «'To Worship God in Spirit and in Truth': Reflections on John 4,20-26», dans *Standing Before God* (en collab.) (1981), 53-72.

*b*4251   4,20   BULL, R.J., «An Archaeological Footnote to 'Our Fathers worshipped on this Mountain', Jn iv.20», NTS 23 (1977) 460-462.

*b*4252   4,22   NOLLAND, J., «Impressed Unbelievers as Witnesses to Christ (Luke 4:22a)», JBL 98 (1979) 219-229.

*b*4253   DE LA POTTERIE, I., «'Nous adorons, nous, ce que nous connaissons, car le salut vient des Juifs'. Histoire de l'exégèse et interpretation de Jean 4,22», Bibl 64 (1983) 74-115.

b4254   4,23-24   MUÑOZ LEON, D., «Adoración en espíritu y verdad. Aportación targúmica a la inteligencia de Jn 4,23.24», dans *Homenaje a Juan Prado* (en collab.) (1975), 387-403.

b4255   DE LA POTTERIE, I., *La vérité dans saint Jean*, «Adorer le Père dans l'Esprit et la Vérité (Jn 4,23-24)» (1977), 673-706.

b4256   DE LA POTTERIE, I., «Adorare il Padre nelle Spirito e nella verità», dans *Parola, spirito e vita* 3 (1981) 140-155.

b4257   4,25   FREED, E.D., «*Egō Eimi* in John 1:20 and 4:25», CBQ 41 (1979) 288-291.

b4258   4,34   SEGALLA, G., *Volontà di Dio e dell'uomo in Giovanni*, «La volontà del Padre oggetto della volontà del Figlio (Gv. 4,34; 5,30; 6,38)» (1974), 149-203.

b4259   4,36-38   NICCACCI, A., «Siracide 6,19 e Giovanni 4,36-38», BibOr 23 (1981) 149-153.

b4260   4,41   KILPATRICK, G.D., «John iv 41 *pleion* or *pleious*», NT 18 (1976) 131-132.

b4261   4,42   MATHIOT, É., «Du texte au sermon (19): Jean 4/42», ETR 48 (1973) 265-273.

b4262   4,43-54   BRAUN, F.-M., *Jean le Théologien*. III. Sa théologie. I. Le mystère de Jésus-Christ, «Le grand renouveau» (1966), 77-98.

b4263   4,44   REIM, G., «John iv.44 - Crux or Clue?» NTS 22 (1976) 476-480.

b4264   4,46-54   PESCH, R., KRATZ, R., *So liest man synoptisch*, «Der Hauptmann von Kafarnaum und sein Knecht» (1976), III, 77-83.

b4265   NEIRYNCK, F., avec la collaboration de DELOBEL, J., SNOY, T., VAN BELLE, G. et VAN SEGBROECK, F., «L'Évangile de Jean. Examen critique du commentaire de M.-É. Boismard et A. Lamouille», ETL 53 (1977) 363-478 [«5. Foi et miracle (Jn 4,46-54)», 451-478], dans NEIRYNCK, F., *Jean et les synoptiques* (1979), 93-120.

b4266   GIBLIN, C.H., «Suggestion, Negative Response, and Positive Action in St John's Portrayal of Jesus (John ii,1-11; iv,46-54; vii,2-14; xi,1-44», NTS 26 (1980) 197-211.

b4267   4,52   ROBINSON, B.P., «The Meaning and Significance of 'The Seventh Hour' in John 4:52», dans *Studia Biblica 1978. II. Papers on the Gospels* (en collab.) (1980), 255-262.

b4268   4,54   NEIRYNCK, F., *Jean et les synoptiques*, 'Touto (de) palin deuteron sēmeion (4,54)» (1979), 166-174.

b4269   5-10   PANIMOLLE, S.A., *Lettura pastorale del vangelo di Giovanni*. Vol. II: Gv 5-10 (Lettura pastorale della Bibbia) (Bologna, Ed. Dehoniane, 1981), 501 pp.

b4270   5-6   BRAUN, F.-M., *Jean le Théologien*. III. Sa théologie. I. Le mystère de Jésus-Christ, «Verba et opera» (1966), 99-118.

b4271   5,1-18   KOLENKOW, A.B., «Healing Controversy as a Tie between Miracle and Passion Material for a Proto-Gospel», JBL 95 (1976) 623-638.

b4272   5,1-16   BALAGUE, M., «El bautismo como resurrección del pecado», CuBi 18 (1961) 103-110.

b4273   5,1-9   DEL VERME, M., «La piscina probatica: Gv 5,1-9», BibOr 18 (1976) 109-119.

b4274   5,1-8   ALONSO DIAZ, J., «El paralítico de Betesdá», BibFe 8 (1982) 151-167.

b4275   5,2   CELADA, B., «Bethesdá (Jn 5:2)», CuBi 25 (1968) 102-103.

b4276 5,5-9 NEIRYNCK, F., *Jean et les synoptiques*, «La guérison du paralytique (5,5-9a)» (1979), 175-182.

b4277 5,16-30 GRYGLEWICZ, F., «Die Aussagen Jesu und ihre Rolle in Joh 5,16-30», SNTU Serie A, Band 5 (1980) 5-17.

b4278 5,20 LATTKE, M., *Einheit im Wort*, «Joh 5,20» (1975), 96-101.

b4279 5,24-30 BRAUN, F.-M., *Jean le Théologien*. III. Sa théologie. I. Le mystère de Jésus-Christ, «Le jugement» (1966), 119-122.

b4280 5,24-29 G.C., «La réalité de l'au-delà (Jn 5,24-29)», EV (prédication) 76 (1976) 261-263.

b4281 5,30 SEGALLA, G., *Volontà di Dio e dell'uomo in Giovanni* (1974), «La volontà del Padre oggetto della volontà del Figlio (Gv. 4,34; 5,30; 6,38)», 149-203; «La volontà del Figlio (Gv. 5,30; 6,38)», 205-236.

b4282 5,31-40 VON WAHLDE, U.C., «The Witnesses to Jesus in John 5:31-40 and Belief in the Fourth Gospel», CBQ 43 (1981) 385-404.

b4283 5,31-47 BERNARD, J., «Témoignage pour Jésus-Christ: Jean V,31-47», MSR 36 (1979) 3-55.

b4284 5,33 DE LA POTTERIE, I., *La vérité dans saint Jean*, «Le témoignage de Jean-Baptiste (Jn 5,33)» (1977), 91-100.

b4285 5,39 BRUCE, F.F., *The Time is Fulfilled*, «It is they that bear Witness to me (*John* 5:39)» (1978), 33-53.

b4286 5,40 SEGALLA, G., *Volontà di Dio e dell'uomo in Giovanni*, «La volontà dell'uomo contraria a quella di Dio: 8,34-44; 5,40; 1 Gv. 3,4.8-9» (1974), 284-291.

b4287 5,42 LATTKE, M., *Einheit im Wort*, «Joh 5,42» (1975), 101-106.

b4288 6,1-19,42 SMITH, M., «Mark 6:32-15:47 und John 6:1-19:42», dans *Society of Biblical Literature*. *1978 Seminar Papers* (en collab.) (1978), II, 281-287.

b4289 6 EISLER, R., «Das Rätsel des Johannesevangeliums», ErJb 1935 3 (1936) 323-511 («Das Himmelsbrot und der wahre Weinstock», 495-503).

b4290 KOPP, C., «Die Stäte der Bergpredigt und Brotvermehrung», BiKi 8/3 (1953) 10-16.

b4291 FERNANDEZ, J., «Jesús, pan de vida», CuBi 12 (1955) 218-224.

b4292 STÖGER, A., «Die Eucharistie bei Johannes», BiKi 15 (1960) 41-43.

b4293 SCHLIER, H., «Johannes 6 und das johanneische Verständnis der Eucharistie», dans *Bibel und Zeitgemässer Glaube* (en collab.) (1967), 69-95.

b4294 PREISS, T., «Étude sur le chapitre 6 de l'évangile de Jean, présentée par Richard Dahan», ETR 46 (1971) 143-167.

b4295 KONINGS, J., «The Pre-Markan Sequence in Jn., VI. A Critical Re-examination», dans *L'Évangile selon Marc* (en collab.) (1974), 147-177.

b4296 CROATTO, J.S., «Riletture dell'Esodo nel cap. 6 di San Giovanni», BibOr 17 (1975) 11-20.

b4297 SEGALLA, G., *Gesù. Pane del cielo per la vita del mondo*. Cristologia ed eucaristia in Giovanni (Conoscere il Vangelo, 6) (Padua, Messaggero, 1976), 174 pp.

b4298 CORBIN, M., «Le pain de la vie. La lecture de Jean VI par S. Thomas d'Aquin», RSR 65 (1977) 107-138.

b4299 CROSSAN, J.D., «It Is Written: A Structuralist Analysis of John 6», dans *Society of Biblical Literature*. *1979 Seminar Papers* (en collab.) (1979), I, 197-213.

*b*4300 MOLLAT, D., *Études johanniques*, «Le discours eucharistique» (1979), 111-122.

*b*4301 PHILLIPS, G., «'This Is a Hard Saying: Who Can Be a Listener to It?' The Creation of the Reader in John 6», dans *Society of Biblical Literature. 1979 Seminar Papers* (en collab.) (1979), I, 185-196.

*b*4302 SMITH, M.H., III, «Collected Fragments; On the Priority of John 6 to Mark 6-8», dans *Society of Biblical Literature. 1979 Seminar Papers* (en collab.) (1979), I, 105-108.

*b*4303 STÖGER, A., «Christus, Brot des Lebens. Meditation über Joh 6», BiLit 52 (1979) 192-194.

*b*4304 GIBLET, J., «La chair du fils de l'homme», LV no 149 (1980) 89-103.

*b*4305 GOURGUES, M., «Section christologique et section eucharistique en Jean VI. Une proposition», RB 88 (1981) 515-531.

*b*4306 MUÑOZ LEON, D., «Las fuentes y estadios de composición del Cap. 6.° de S. Juan según Boismard-Lamouille», EstB 39 (1981) 315-338.

*b*4307 GIRARD, M., «L'unité de composition de Jean 6, au regard de l'analyse structurelle», ET 13 (1982) 79-110.

*b*4308 CROSSAN, J.D., «It is Written: A Structuralist Analysis of John 6», Semeia 26 (1983) 3-21.

*b*4309 PHILLIPS, G.A., «'This is as Hard Saying. Who Can Be Listener to It?' Creating a Reader in John 6», Semeia 26 (1983) 23-56.

*b*4310 6,1-25 SCHENKE, L., «Das Szenarium von Joh 6,1-25», TrierTZ 92 (1983) 191-203.

*b*4311 6,1-21 GALBIATI, E., «La moltiplicazione dei pani (Io. 6,1-21)», BibOr 2 (1960) 66-68, dans *Scritti minori* (1979), 539-544.

*b*4312 BLANK, J., «Die johanneische Brotrede. Einführung: Brotvermehrung und Seewandel Jesu: Jo 6,1-21», BiLeb 7 (1966) 193-207.

*b*4313 6,1-15 LECOMTE, P., «Jean 6:1-15», ETR 30, no 4 (1955) 49-52.

*b*4314 G.C., «La multiplication des pains (Jean 6,1-15)», EV (prédication) 76 (1976) 193-195.

*b*4315 PESCH, R., KRATZ, R., *So liest man synoptisch*, «Die erste Speisungswundergeschichte» (1976), III, 43-54.

*b*4316 PANIMOLLE, S.A., «La dottrina eucaristica nel racconto giovanneo della moltiplicazione dei pani (Gv 6,1-15)», dans *Segni e sacramenti nel vangelo di Giovanni* (en collab.) (1977), 73-88.

*b*4317 NEIRYNCK, F., *Jean et les synoptiques*, «La multiplication des pains (6,1-15)» (1979), 182-187.

*b*4318 Y.B., «Le pain partagé (Jean 6,1-15)», EV (prédication) 79 (1979) 195-196; «Ils remplirent douze paniers...», 82 (1982) 193-195.

*b*4319 6,1-13 LÉONARD, J.-M., «Multiplication des pains. 2 Rois 4/42-44 et Jean 6/1-13», ETR 55 (1980) 265-270.

*b*4320 6,15-21 HEIL, J.P., *Jesus Walking on the Sea*. Meaning and Gospel Functions of Matt 14:22-33, Mark 6:45-52 and John 6:15b-21 (Analecta Biblica, 87) (Rome, Biblical Institute Press, 1981), vii-200 pp.

*b*4321 6,15 BALAGUE, M., «Dominica 17.ª per annum: 1ª lectura 2 R 4:42-44; 2.ª lectura Ef 4:1-6; 3.ª lectura Jn 6:15», CuBi 27 (1970) 215-222.

*b*4322 6,16-21 BERG, W., *Die Rezeption alttestamentlicher Motive im Neuen Testament* dargestellt an den Seewandelerzählungen (Freiburg i. Br., Hochschulverlag, 1979), ix-374 pp.

b4323   RITT, H., «Der 'Seewandel Jesu' (Mk 6,45-52 par). Literarische und
                    theologische Aspekte», BZ 23 (1979) 71-84.
b4324   GIBLIN, C.H., «The Miraculous Crossing of the Sea (John 6.16-21)»,
                    NTS 29 (1983) 96-103.
b4325   6,22-71   GOURGUES, M., *Pour que vous croyiez...*, «Le pain de vie (Jn 6,22-71)»
                    (1982), 161-201.
b4326   6,22-59   MUÑOZ, D., «El sustrato targúmico del Discurso de Pan de Vida.
                    Nuevas aportaciones», EstB 36 (1977) 217-226.
b4327   ROBERGE, M., «Le discours sur le pain de vie (Jean 6,22-59).
                    Problèmes d'interprétation», LTP 38 (1982) 265-299.
b4328   THOPMAS, J., «Le discours dans la synagogue de Capharnaüm. Note
                    sur Jean 6,22-59», CHR 29 (1982) 218-223.
b4329   6,22-50   BLANK, J., «'Ich bin das Lebensbrot'. Jo 6,22-50», BiLeb 7 (1966)
                    255-270.
b4330   6,22-24   ROBERGE, M., «Jean VI,22-24. Un problème de critique textuelle»,
                    LTP 34 (1978) 275-289.
b4331   ROBERGE, M., «Jean VI,22-24. Un problème de critique littéraire»,
                    LTP 35 (1979) 139-151.
b4332   6,24-35   BALAGUE, M., «Domingo 18 per annum: 1.ª lectura, Ex 16,2-4; 2.ª
                    lectura Ef 4,17.20-24; 3.ª lectura, Jn 6,24-35», CuBi 27 (1970) 293-303.
b4333   G.C., «Le vrai pain de vie: Jésus lui-même assimilé par la foi (Jean
                    6,24-35)», EV (prédication) 76 (1976) 195-197.
b4334   Y.B., «Jésus, pain de vie (Jean 6,24-35)», EV (prédication) 79 (1979)
                    197-198; 82 (1982) 195-196.
b4335   6,26-71   TRAGAN, P.-R., «Le discours sur le pain de vie: Jean 6,26-71.
                    Remarques sur sa composition littéraire», dans *Segni e sacramenti nel
                    vangelo di Giovanni* (en collab.) (1977), 89-119.
b4336   6,26-58   SCHENKE, L., «Die formale und gedankliche Struktur von Joh
                    6,26-58», BZ 24 (1980) 21-41.
b4337   6,26-51   GAMBINO, G., «Struttura, composizione e analisi letterario-teologica
                    di Gv. 6,26-51b», RivB 24 (1976) 337-358.
b4338   6,26   GROB, F., «'Vous me cherchez, non parce que vous avez vu des signes...'
                    Essai d'explication cohérente de Jean 6,26», RHPR 60 (1980) 429-439.
b4339   6,28-29   VON WAHLDE, U.C., «Faith and Works in Jn vi 28-29», NT 22 (1980)
                    304-315.
b4340   6,32-35   Y.B., «Le pain descendu du ciel pour la vie du monde (Jean 6,32-35)», EV
                    (prédication) 79 (1979) 209-211.
b4341   6,35.48   LÉGASSE, S., «Le pain de la vie», BLE 83 (1982) 243-261.
b4342   6,35   SEISER, S., «Das Brot-Wort Joh 6,35 als christologische
                    Selbstoffenbarung. Ein Unterrichtsmodell», BiKi 34 (1979) 17-25.
b4343   LEE, P., «The Bread of Life», ExpTim 91 (1980) 181-182.
b4344   6,36-40   SEGALLA, G., *Volontà di Dio e dell'uomo in Giovanni* (1974), «La
                    volontà salvifica del Padre (Gv. 6,36-40)», 109-148; «La volontà del
                    Padre oggetto della volontà del Figlio (Gv. 4,34; 5,30; 6,38)», 149-203;
                    «La volontà del Figlio (Gv 5,30; 6,38)», 205-236.
b4345   6,41-51   G.C., «Le vrai pain de vie: Jésus dans l'Eucharistie (Jean 6,41-51)», EV
                    (prédication) 76 (1976) 209-211.
b4346   Y.B., «Lève-toi et mange... (1 R 19,4-8; Ep. 4,30-5,2; Jn 6,41-51)», EV
                    (prédication) 82 (1982) 209-210.

*b*4347 6,51-58 WILKENS, W., «Das Abendmahlszeugnis im vierten Evangelium», EvT 18 (1958) 354-370.

*b*4348 WILCKENS, U., «Der eucharistische Abschnitt der johanneischen Rede vom Lebensbrot (Joh 6,51c-58)», dans *Neues Testament und Kirche* (en collab.) (1974), 220-248.

*b*4349 Y.B., «La parole et le pain (Jean 6,51-58)», EV (prédication) 78 (1978) 116-118; 79 (1979) 225-227.

*b*4350 G.C., «La nourriture eucharistique (Jn 6,51-58)», EV (prédication) 79 (1979) 225-227; «Méditation sur le mystère eucharistique», 81 (1981) 163-164.

*b*4351 VON WAHLDE, U.C., «Wiederaufnahme as a Marker of Redaction in Jn 6,51-58», Bibl 64 (1983) 542-549.

*b*4352 6,53 BARRETT, C.K., «Das Fleisch des Menschensohnes (Joh 6,53)», dans *Jesus und der Menschensohn* (en collab.) (1975), 342-354.

*b*4353 6,55-58 GALBIATI, E., «Il pane della vita (Io. 6,55-58)», BibOr 5 (1963) 101-110, dans *Scritti minori* (1979), 545-561.

*b*4354 6,60-71 FERRARO, G., «Giovanni 6,60-71», RivB 26 (1978) 33-69.

*b*4355 6,60-69 G.C., «Seigneur, à qui irions-nous? (Jean 6,60-69)», EV (prédication) 76 (1976) 212-214.

*b*4356 Y.B., «La décision de la foi (Jean 6,60-69)», EV (prédication) 79 (1979) 227-228; «À qui irions-nous?» 82 (1982) 212-213.

*b*4357 6,63-64 READ, D.H.C., «Your Bible - Dead or Alive?» ExpTim 91 (1979) 49-51.

*b*4358 6,63 STENGER, W., «Der Geist ist es, der lebendig macht, das Fleisch nützt nichts (Joh 6,63)», TrierTZ 85 (1976) 116-122.

*b*4359 KRODEL, G., «John 6:63», Interpr 37 (1983) 283-288.

*b*4360 6,66-69 PESCH, R., KRATZ, R., *So liest man synoptisch*, «Petrus bekennt Jesus als den Messias» (1979), VI, 18-26.

*b*4361 6,69-71 CIPRIANI, S., «La confessione di Pietro in Giov. 6,69-71 e suoi rapporti con quella dei sinottici (Mc. 8,27-33 e paralleli)», dans *San Pietro* (en collab.) (1967), 93-111.

*b*4362 6,69 JOUBERT, H.L.N., «The Holy One of God (John 6:69)», dans *The Christ of John* (en collab.) (1971), 57-69.

*b*4363 7-8 CRADDOCK, J.G., «A Possible Connection between the Letter of James and the Events of John 7 and 8», dans *Studia Evangelica* (en collab.) (1982), VII, 141-144.

*b*4364 7,1-8,20 MICHAELS, J.R., «The Temple Discourse in John», dans *New Dimensions in New Testament Study* (en collab.) (1974), 200-216.

*b*4365 7,1-36 ATTRIDGE, H.W., «Thematic Development and Source Elaboration in John 7:1-36», CBQ 42 (1980) 160-170.

*b*4366 7,2-14 GIBLIN, C.H., «Suggestion, Negative Response, and Positive Action in St John's Portrayal of Jesus (John ii,1-11; iv,46-54; vii,2-14; xi,1-44)», NTS 26 (1980) 197-211.

*b*4367 7,8-12 LUCCHESI, E., «D'un soi-disant Évangile (apocryphe) des douze Apôtres à l'Evangile (canonique) selon saint Jean», Or. 52 (1983) 267.

*b*4368 7,12 HEDMAN, B., «No Middle Ground», ExpTim 90 (1979) 368-369.

*b*4369 7,17 SEGALLA, G., *Volontà di Dio e dell'uomo in Giovanni*, «La volontà del Padre oggetto della volontà dell'uomo in ordine alla fede: 7,17» (1974), 259-274.

*b*4370   7,34   KORTEWEG, T., «'You will seek me and you will not find me' (Jn 7,34).
An Apocalyptic Pattern in Johannine Theology», dans *L'Apocalypse
johannique et l'Apocalyptique dans le Nouveau Testament* (en collab.)
(1980), 349-354.

*b*4371   7,37-39   MIGUENS ANGUEIRA, M., «El agua y el espíritu, en Jn 7,37-39»,
EstB 31 (1972) 369-398.

*b*4372   FEE, G.D., «Once more - John 7 37-39», ExpTim 89 (1977-78) 116-118.

*b*4373   CABA, J., «Jn 7,37-39 en la teología del IV Evangelio sobre la oración de
petición», Greg 63 (1982) 647-675.

*b*4374   PINTO DA SILVA, A., «Giovanni 7,37-39», Sal 45 (1983) 575-592.

*b*4375   7,38   LADARIA, L.F., «Juan 7,38 en Hilario de Poitiers, un análisis de Tr. Ps.
64,13-16», EstE 52 (1977) 123-128.

*b*4376   7,53-8,11   SCHILLING, F.A., «The Story of Jesus and the Adulteress», AThR 37
(1955) 91-106.

*b*4377   VON CAMPENHAUSEN, H.F., «Zur Perikope von der Ehebrecherin
(Joh 7 53 - 8 11)», ZNW 68 (1977) 164-175.

*b*4378   ROUSSEAU, F., «La femme adultère. Structure de Jn 7,53-8,11», Bibl
59 (1978) 463-480.

*b*4379   SIEGERT, F., «Unbeachtete Papiaszitate bei armenischen
Schriftstellern», NTS 27 (1981) 605-614.

*b*4380   8   LONA, H.E., *Abraham in Johannes 8*. Ein Beitrag zur Methodenfrage
(Europäische Hochschulschriften, Reihe xxiii/65) (Bern, H. Lang;
Frankfurt, P. Lang, 1976), 459 pp.

*b*4381   8,1-11   DOLTO, F., SÉVÉRIN, G., *L'Évangile au risque de la psychanalyse*,
«Une femme adultère» (1978), II, 77-101.

*b*4382   E.F., «Va et ne pèche plus (Jn 8,1-11)», EV (prédication) 77 (1977) 50-51.

*b*4383   G.C., «Épisode de la femme adultère (Jn 8,1-11)», EV (prédication) 80
(1980) 50-52.

*b*4384   GERVAIS, P., «Faute et pardon. Jean 8,1-11», CHR 28 (1981) 431-439.

*b*4385   Y.B., «Encore l'incroyable miséricorde (Jean 8,1-11)», EV (prédication)
83 (1983) 72-73.

*b*4386   8,2-11   DE FEO, I., «L'episodio evangelico dell'adultera in una pagina di
Benetto Croce», Div 25 (1981) 72-76.

*b*4387   8,6.8   SCHWARZ, O., «Jer. 17,13 als möglicher alttestamentlicher
Hintergrund zu Jo. 8,6.8», dans *Von Kanaan bis Kerala* (en collab.)
(1982), 239-256.

*b*4388   8,7   FERGUSON, J., «The Woman Taken in Adultery», ExpTim 93 (1982)
280-281.

*b*4389   8,12-30   TSUCHIDO, K., «Tradition and Redaction in John 8,12-30», AJBI 6
(1980) 56-75.

*b*4390   8,12   SEISER, S., «Das Licht-Wort Jesu (Joh 8,12) und seine Enthüllung im
'Zeichen' der Blindenheilung (Joh 9,1-38). Ein Unterrichtsmodell», BiKi
34 (1979) 53-63.

*b*4391   8,24   FREED, E.D., «*Ego Eimi* in John viii.24», JTS 33 (1982) 163-167.

*b*4392   8,25   MILLER, E.L., «The Christology of John 8:25», TZ 36 (1980) 257-265.

*b*4393   8,28   RIEDL, J., «Wenn ihr den Menschensohn erhöht habt, werdet ihr
erkennen (Joh 8,28)», dans *Jesus und der Menschensohn* (en collab.)
(1975), 355-370.

b4394   MORGAN-WYNNE, J.E., «The Cross and the Revelation of Jesus as *egō eimi* in the Fourth Gospel (John 8.28)», dans *Studia Biblica 1978. II. Papers on the Gospels* (en collab.) (1980), 219-226.

b4395   8,30-36   PREISS, T., «L'origine araméenne de Jean 8,30-36», ETR 21 (1946) 345-348.

b4396   8,31-32   SEGALLA, G., «Un appello alla perseveranza nella fede in Gv 8,31-32?» Bibl 62 (1981) 387-389.

b4397   8,31-59   MANNS, F., «*La Vérité vous fera libres.*» Étude exégétique de Jean 8/31-59 (Studium Biblicum Franciscanum, Analecta, 11) (Jerusalem, Franciscan Printing Press, 1976), 221 pp.

b4398   DOZEMAN, T.B., «*Sperma Abraam* in John 8 and Related Literature», CBQ 42 (1980) 342-358.

b4399   8,31-47   BRAUN, F.-M., *Jean le Théologien.* III. Sa théologie. I. Le mystère de Jésus-Christ, «Le jugement» (1966), 119-122.

b4400   VELLANICKAL, M., *The Divine Sonship of Christians in the Johannine Writings*, «Righteousness: Criterion of the Life of the Children of God (1 Jn 2:29-3:10; Jn 8:31-47)» (1977), 227-263.

b4401   8,31-36   LATEGAN, B.C., «The truth that sets man free - John 8:31-36», dans *The Christ of John* (en collab.) (1971), 70-80.

b4402   VELLANICKAL, M., *The Divine Sonship of Christians in the Johannine Writings*, «Impeccability: Fruit of the Life of Divine Sonship (1 Jn 3:9; 5:18-20; Jn 8:31-36)» (1977), 265-294.

b4403   8,31-32   EGENTER, R., «Jo 8,31f. im christlichen Lebensbewusstsein», dans *Wahrheit und Verkündigung* (en collab.) (1967), II, 1583-1605.

b4404   8,31   SWETNAM, J., «The Meaning of *pepisteukotas* in John 8,31», Bibl 61 (1980) 106-109.

b4405   8,34-44   SEGALLA, G., *Volontà di Dio e dell'uomo in Giovanni*, «La volontà dell'uomo contraria a quella di Dio: 8,34-44; 5,40; 1 Gv. 3,4.8-9» (1974), 284-291.

b4406   DE LA POTTERIE, I., *La vérité dans saint Jean* (1977), «Exégèse de Jn 8,32», 825-866; «Vous connaîtrez la vérité (Jn 8,32a)», 550-575.

b4407   HOANG DAC-ANH, S., «La liberté par la Vérité», Ang 54 (1977) 536-565; 55 (1978) 193-211.

b4408   8,39   MEES, M., «Realer oder irrealer Kondizionalsatz in Joh 8:39?» dans *New Testament Textual Criticism* (en collab.) (1981), 119-130.

b4409   8,40   DE LA POTTERIE, I., *La vérité dans saint Jean*, «La vérité 'entendue' de Dieu d'après Jn 8,40» (1977), 64-75.

b4410   8,42   LATTKE, M., *Einheit im Wort*, «Joh 8,42» (1975), 107-114.

b4411   8,44   THOMAS, J., «'Menteur et homicide depuis l'origine'. Lecture de Jean, 8,44», CHR 27 (1980) 225-235.

b4412   8,45-46   DE LA POTTERIE, I., *La vérité dans saint Jean*, «Jn 8,45-46» (1977), 61-64.

b4413   8,45-59   GALBIATI, E., «Esegesi degli Evangeli festivi», BibOr 1 (1959) 64/1 - 64/5.

b4414   MOLLAT, D., *Études johanniques*, «Avant qu'Abraham fût, je suis (Jean 8,45-59)» (1979), 123-134.

b4415   8,58   FREED, E.D., «Who or What was before Abraham in John 8:58?» JSNT no 17 (1983) 52-59.

*b*4416   9   BERNARD, J., «La guérison de Béthesda: Harmoniques judéo-hellénistiques d'un récit de miracle un jour de sabbat», MSR 33 (1976) 3-34; 34 (1977) 13-44.

*b*4417   SABUGAL, S., «La curación del ciego de nacimiento (Jn 9,1-41). ¿Catequesis bautismal o cristológica?» dans *Segni e sacramenti nel vangelo di Giovanni* (en collab.) (1977), 121-164.

*b*4418   SABUGAL, S., *La curación del ciego de nacimiento* (Jn 9,1-41). Análisis exegético y teológico (Madrid, Ed. 'Biblia y Fe', 1977), 140 pp.

*b*4419   G.C., «Le dimanche de la lumière (1 S 16...; Ep. 5,8-14; Jn 9,1-41)», EV (prédication) 78 (1978) 33-35.

*b*4420   REIM, G., «Joh 9 - Tradition und zeitgenössische messianische Diskussion», BZ 22 (1978) 245-253.

*b*4421   FOSSION, A., *Lire les Écritures*, «Jean 9,1-41» (1980), 106-114.

*b*4422   BRODIE, T.L., «Jesus as the New Elisha: Cracking the Code», ExpTim 93 (1981) 39-42.

*b*4423   Y.B., «Le dimanche de la lumière (Ep. 5,8-14; Jn 9,1-41)», EV (prédication) 81 (1981) 56-58.

*b*4424   GOURGUES, M., «L'aveugle-né (Jn 9). Du miracle au signe: typologie des réactions à l'égard du Fils de l'homme», NRT 104 (1982) 381-395.

*b*4425   GOURGUES, M., *Pour que vous croyiez...*, «La lumière du monde (Jn 9,1-41)» (1982), 202-224.

*b*4426   9,1-7   PESCH, R., KRATZ, R., *So liest man synoptisch*, «Blindheit» (1976), II, 72-87.

*b*4427   9,31   SEGALLA, G., *Volontà di Dio e dell'uomo in Giovanni*, «La volontà di Dio e la preghiera (Gv. 9,31; 1 Gv. 3,22; 5,14)» (1974), 295-307.

*b*4428   10   HAHN, F., «Die Hirtenrede in Joh. 10», dans *Theologia Crucis - Signum Crucis* (en collab.) (1979), 185-200.

*b*4429   10,1-21 O'GRADY, J.F., «The Good Shepherd and the Vine and the Branches», BTB 8 (1978) 86-89.

*b*4430   10,1-18 DE VILLIERS, J.L., «The Shepherd and his flock», dans *The Christ of John* (en collab.) (1971), 89-103.

*b*4431   TRAGAN, P.-R., *La parabole du 'Pasteur' et ses explications: Jean, 10,1-18* (Studia Anselmiana, 67) (Roma, Ed. Anselmiana, 1980), 479 pp.

*b*4432   GOURGUES, M., *Pour que vous croyiez...*, «Le pasteur et la porte des brebis (Jn 10,1-18)» (1982), 225-250.

*b*4433   10,1-16 OÑATE, J.A., «La Santa Biblia en la predicación y meditación. Domingo II después de Pascua», CuBi 16 (1959) 113-119.

*b*4434   10,1-10 MARTIN, J.P., «John 10:1-10», Interpr 32 (1978) 171-175.

*b*4435   Y.B., «Vers la vie (Jn 10,1-10)», EV (prédication) 78 (1978) 81-82.

*b*4436   G.C., «Confiance et joie (Ac. 2,14.36-41; 1 P. 2,20-25; Jn 10,1-10)», EV (prédication) 81 (1981) 113-115.

*b*4437   10,1-5   DERRETT, J.D.M., «The Good Shepherd: St. John's Use of Jewish Halakah and Haggadah», ST 27 (1973) 25-50, dans DERRETT, J.D.M., *Studies in the New Testament* (1978), II, 121-147.

*b*4438   10,11-18 GOMEZ, J., «Comentario exegético-doctrinal», CuBi 27 (1970) 113-119.

*b*4439   G.C., «Le bon pasteur (Jean 10,11-18)», EV (prédication) 76 (1976) 115-117.

*b*4440   Y.B., «Le bon pasteur et ses brebis (Jean 10,11-18)», EV (prédication) 79 (1979) 101-102; 82 (1982) 99-100.

b4441   FOSSION, A., *Lire les Écritures*, «Jean 10,11-18» (1980), 137-143.

b4442   HERMANN, I., «Der gute Hirt-Bild und Wirklichkeit. Eine Homilie zu Jo 10,11-16», BiLeb 4 (1963) 70-74.

b4443   10,14   TURNER, W., «The Attractive Shepherd», ExpTim 89 (1977-78) 146-147.

b4444   10,16   MARZOTTO, D., «Un solo unico pastore (Gv. 10,16)», ScuolC 103 (1975) 834-843.

b4445   10,17   LATTKE, M., *Einheit im Wort*, «Joh 10,17» (1975), 114-131.

b4446   10,24-39   BOISMARD, M.-É., «Jésus, le Prophète par excellence, d'après Jean 10,24-39», dans *Neues Testament und Kirche* (en collab.) (1974), 160-171.

b4447   10,27-30   E.F., «Mes brebis jamais ne périront (Jn 10,27-30)», EV (prédication) 77 (1977) 93-95.

b4448   VIARD, A., «Jésus, ses disciples et son Père», EV (doctrine) 87 (1977) 173-174.

b4449   11-12   GLUSMAN, E.F., Jr., «The Cleansing of the Temple and the Anointing at Bethany: The Order of Events in Mark 11/John 11-12», dans *Society of Biblical Literature. 1979 Seminar Papers* (en collab.) (1979), I, 113-117.

b4450   MOURLON BEERNAERT, P., «Parallélisme entre Jean 11 et 12. Étude de structure littéraire et théologique», dans *Genèse et structure d'un texte du Nouveau Testament* (Jn 11) (en collab.) (1981), 123-149.

b4451   DE MERODE, M., «L'accueil triomphal de Jésus selon Jean, 11-12», RTL 13 (1982) 49-62.

b4452   11   NIELEN, J.M., «Gestalten des Neuen Testamentes», BiKi 10 (1955) 35-49.

b4453   BALAGUE, M., «La Resurrección de Lázaro (Jn 11,1-57)», CuBi 19 (1962) 16-29.

b4454   DE LA CHAPELLE, M., «Notre ami Lazare s'est endormi», VS 130 (1976) 258-272.

b4455   DESCAMPS, A., «Une lecture historico-critique», dans *Genèse et structure d'un texte du Nouveau Testament* (Jn 11) (en collab.) (1981), 35-80.

b4456   GARCIA BARDON, S., «Sémantique du texte. Les localisations spatio-temporelles des personnages dans le récit de Jean 11», dans *Genèse et structure d'un texte du Nouveau Testament* (Jn 11) (en collab.) (1981), 213-246.

b4457   GRITTI, J., «L'idéologie dans le texte: Jean 11», dans *Genèse et structure d'un texte du Nouveau Testament* (Jn 11) (en collab.) (1981), 165-184.

b4458   LADRIÈRE, J., «Les aspects performatifs d'un texte de l'évangile», dans *Genèse et structure d'un texte du Nouveau Testament* (Jn 11) (en collab.) (1981), 247-267.

b4459   LAFON, G., «Propositions pour une lecture sémiotique», dans *Genèse et structure d'un texte du Nouveau Testament* (Jn 11) (en collab.) (1981), 185-211.

b4460   MALHERBE, J.-F., «Genèse et/ou structure? À propos de l'articulabilité des approches historico-critique et structurale», dans *Genèse et structure d'un texte du Nouveau Testament* (Jn 11) (en collab.) (1981), 151-163.

*b*4461   PONTHOT, J., «La méthode historico-critique en exégèse application à
                 Jean 11», dans *Genèse et structure d'un texte du Nouveau Testament*
                 (Jn 11) (en collab.) (1981), 81-105.

*b*4462   RENAUD, M., «Questions d'herméneutique autour de Jean 11», dans
                 Genèse et structure d'un texte du Nouveau Testament (Jn 11) (en collab.)
                 (1981), 269-275.

*b*4463   SAUSER, E., «Das Bild von der Auferweckung des Lazarus in der
                 frühchristlichen und in der östlichen Kunst», TrierTZ 90 (1981) 276-288.

*b*4464   SELIS, C., «Principes et méthode d'analyse structurale appliquée à
                 Jean 11», dans *Genèse et structure d'un texte du Nouveau Testament*
                 (Jn 11) (en collab.) (1981), 107-122.

*b*4465   SCHILLEBEECKX, E., *God among us*, «This Sickness does not Lead to
                 Death (John 11)» (1983), 69-72.

*b*4466   11,1-46   BALAGUE, M., «Precedentes del milagro de Cana», CuBi 19 (1962)
                 365-374.

*b*4467   ROCHAIS, G., *Les récits de résurrection des morts dans le Nouveau
                 Testament*, «La résurrection de Lazare (Jn 11,1-46)» (1981), 113-146.

*b*4468   11,1-45   G.C., «Le dimanche du retour à la vie (Ez. 37,12-14; Rm. 8,8-11;
                 Jn 11,1-45)», EV (prédication) 78 (1978) 35-37.

*b*4469   Y.B., «Le dimanche de la vie (Rom. 8,8-11; Jn 11,1-45)», EV
                 (prédication) 81 (1981) 65-67.

*b*4470   11,1-44   MARTIN, J.P., «History and Eschatology in the Lazarus Narrative,
                 John 11,1-44», SJTh 17 (1964) 332-343.

*b*4471   DOLTO, F., SÉVÉRIN, G., *L'Évangile au risque de la psychanalyse*,
                 «Résurrection de Lazare» (1977), I, 125-140.

*b*4472   GIBLIN, C.H., «Suggestion, Negative Response, and Positive Action in
                 St John's Portrayal of Jesus (John ii,1-11; iv,46-54; vii,2-14; xi,1-44)»,
                 NTS 26 (1980) 197-211.

*b*4473   12,9   LEE, G.M., «John XII 9 *o oklos polus*», NT 22 (1980) 95.

*b*4474   11,1-14   SALAS, A., «La resurrección de Lázaro», BibFe 8 (1982) 181-194.

*b*4475   11,33-38 BEUTLER, J., «Psalm 42/43 im Johannesevangelium», NTS 25 (1979)
                 33-57.

*b*4476   11,41-42 WILCOX, M., «The 'Prayer' of Jesus in John xi.41b-42», NTS 24
                 (1977-78) 128-132.

*b*4477   11,45-53 DOLTO, F., SÉVÉRIN, G., *L'Évangile au risque de la psychanalyse*,
                 «Le parfum de Béthanie» (1977), I, 141-150.

*b*4478   11,47-53 GRIMM, W., «Das Opfer eines Menschen. Eine Auslegung von Joh.
                 11,47-53», dans *Israel hat dennoch Gott zum Trost* (en collab.) (1978),
                 61-82.

*b*4479   11,50   KENNEDY, J., «The Abuse of Power», ExpTim 85 (1974) 172-173.

*b*4480   11,54   SCHWANK, B., «Efraim in Joh 11,54», dans *L'Évangile de Jean* (en
                 collab.) (1977), 377-383.

*b*4481   12   KITTLAUS, L.R., «Evidence from Jn. 12 that the Author of John Knew
                 the Gospel of Mark», dans *Society of Biblical Literature. 1979 Seminar
                 Papers* (en collab.) (1979), I, 119-122.

*b*4482   KOLENKOW, A.B., «Two Changing Patterns: Conflicts and the
                 Necessity of Death: John 2 and 12 and Markan Parallels», dans *Society of
                 Biblical Literature. 1979 Seminar Papers* (en collab.) (1979), I, 123-126.

b4483   12,1-11   NEIRYNCK, F., *Jean et les synoptiques*, «Deux sections synoptiques: 2,13-22 et 12,1-11» (1979), 86-91.

b4484   12,1-8   DAUBE, D., «The Anointing at Bethany and Jesus' Burial», AThR 32 (1950) 194-199.

b4485   PRETE, B., «'I poveri' nel racconto giovanneo dell'unzione di Betania (Giov. 12,1-8)», dans *Evangelizare pauperibus* (en collab.) (1978), 429-444.

b4486   MUNRO, W., «The Anointing in Mark 14:3-9 and John 12:1-8», dans *Society of Biblical Literature. 1979 Seminar Papers* (en collab.) (1979), I, 127-130.

b4487   12,3   PRETE, B., «Un'aporia giovannea: il testo di Giov. 12,3», RivB 25 (1977) 357-373.

b4488   12,12-16   MARIADASAN, V., *Le triomphe messianique de Jésus et son entrée à Jérusalem*. Étude critico-littéraire des traditions évangéliques (Mc 11:1-11; Mt 21:1-11; Lc 19:28-38; Jn 12:12-16) (Tindivanam, India, Catechetical Centre, 1978), x-66 pp.

b4489   12,12-19   MARZ, C.-P., *'Siehe, Dein König kommt zu Dir...'* Eine traditionsgeschichtliche Untersuchung zur Einzugsperikope (Erfurter Theologische Studien, 43) (Leipzig, St. Benno-Verlag, 1980), xxxvi-248 pp.

b4490   12,13   HILL, J.S., «*Ta baia tōn phoinikōn* (John 12:13): Pleonasm or Prolepsis?» JBL 101 (1982) 133-135.

b4491   12,20-32   STANLEY, D.M., *Jesus in Gethsemane*, «Innovative Redaction by the Fourth Evangelist (Jn 12:20-32; 17:1-26)» (1980), 223-268.

b4492   12,20-33   FEUILLET, A., *L'agonie de Gethsémani*. Enquête exégétique et théologique suivie d'une étude du 'Mystère de Jésus' de Pascal (Paris, Gabalda, 1977), 345 pp.

b4493   Y.B., «Voir et suivre Jésus (Jn 12,20-33)», EV (prédication) 79 (1979) 66-68; 82 (1982) 52-54.

b4494   12,20-27   MOORE, W.E., «Sir, We Wish to See Jesus - Was this an Occasion of Temptation?» SJTh 20 (1967) 75-93.

b4495   12,20-26   SPAEMANN, H., «'Wenn das Weizenkorn nicht in die Erde fällt...' Meditation zu Jo 12,20-26», BiLeb 8 (1967) 133-139.

b4496   12,21   SELLICK, M.D.L., «To See Jesus», ExpTim 95 (1983) 86-87.

b4497   12,24   WOLF, G., «Si le grain ne meurt», Communion n° 99 (1971) 64-72.

b4498   ARGYLE, A.W., «Fruitfulness Through Death», ExpTim 89 (1977-78) 149.

b4499   12,25   BEARDSLEE, W.A., «Saving One's Life By Losing It», JAmAcRel 47 (1979) 57-72.

b4500   12,27   BALAGUE, M., «La hora de Jesús», CuBi 28 (1971) 134-138.

b4501   BEUTLER, J., «Psalm 42/43 im Johannesevangelium», NTS 25 (1979) 33-57.

b4502   12,28   EVANS, C.A., «The Voice from Heaven: A Note on John 12:28», CBQ 43 (1981) 405-408.

b4503   12,31   COETZEE, J.C., «Christ and the prince of this world in the Gospel and the Epistles of St. John», dans *The Christ of John* (en collab.) (1971), 104-121.

b4504   12,32-33   MacDONALD, W.C., «The Outstretched Arms», ExpTim 92 (1981) 183-184.

*b*4505   12,34   VAN UNNIK, W.C., «The Quotation from the Old Testament in John xii 34», NT 3 (1959) 174-179, dans *Sparsa Collecta* (1973), I, 64-69.

*b*4506   McNEIL, B., «The Quotation at John XII 34», NT 19 (1977) 22-33.

*b*4507   CHILTON, B., «John xii 34 and Targum Isaiah lii 13», NT 22 (1980) 176-178.

*b*4508   BAMPFYLDE, G., «More Light on John XII 34», JSNT n° 17 (1983) 87-89.

*b*4509   12,35   AUER, W., «Bibeltexte - falsch verstanden», BiKi 13 (1958) 85-88.

*b*4510   12,37-43   VAN BOXEL, P., «Die Präexistente Doxa Jesu im Johannesevangelium», Bijdr. 34 (1973) 268-281.

*b*4511   12,40   EVANS, C.A., «The Function of Isaiah 6:9-10 in Mark and John», NT 24 (1982) 124-138.

*b*4512   12,44-50   BORGEN, P., «The Use of Tradition in John 12,44-50», NTS 26 (1979) 18-35.

*b*4513   13,21   MOHR, T.A., *Markus- und Johannespassion*. Redaktions- und traditionsgeschichtliche Untersuchung der Markinischen und Johanneischen Passionstradition (Abhandlungen zur Theologie des Alten und Neuen Testaments, 70) (Zürich, Theologischer Verlag, 1982), 459 pp.

*b*4514   13-17   ZIMMERMANN, H., «Struktur und Aussageabsicht der johanneischen Abschiedsreden (Jo 13-17)», BiLeb 8 (1967) 279-290.

*b*4515   BALAGUE, M., «Los discursos de la última cena», CuBi 30 (1973) 160-164.

*b*4516   BALAGUE, M., *El testamento de Jesús*. Los discursos de la Última Cena (Jn. 13-17) (Madrid, Studium, 1976), 216 pp.

*b*4517   REIM, G., «Probleme der Abschiedsreden», BZ 20 (1976) 117-122.

*b*4518   ONUKI, T., «Die johanneischen Abschiedsreden und die synoptische Tradition - eine traditionskritische und traditionsgeschichtliche Untersuchung», AJBI 3 (1977) 157-268.

*b*4519   LUSSIER, E., *Christ's Farewell Discourse* (Staten Island, NY, Alba House, 1979), x-90 pp.

*b*4520   CARREZ, M., «Les promesses du Paracleet», ET 12 (1981) 323-332.

*b*4521   SIMOENS, Y., *La gloire d'aimer*. Structures stylistiques et interprétatives dans le Discours de la Cène (Jn 13-17) (Analecta Biblica, 90) (Rome, Biblical Institute Press, 1981), xiv-262 pp.

*b*4522   13-14   AHR, P.G., «'He Loves Them to Completion': The Theology of John 13-14», dans *Standing Before God* (en collab.) (1981), 73-89.

*b*4523   13   CANCIAN, D., *Nuovo Comandamento*. Nuova Alleanza. Eucaristia. Nell'interpretazione del capitolo 13 del Vangelo di Giovanni (Collevalenza, Perugia, Ed. 'L'Amore Misericordioso', 1978), 368 pp.

*b*4524   MANNS, F., «Le lavement des pieds. Essai sur la structure et la signification de Jean 13», RevSR 55 (1981) 149-169.

*b*4525   GENUYT, F., «Les deux bains. Analyse sémiotique de Jean 13», SemBib n° 25 (1982) 1-21.

*b*4526   SABBE, M., «The Footwashing in Jn 13 and Its Relation to the Synoptic Gospels», ETL 58 (1982) 279-308.

*b*4527   LÉON-DUFOUR, X., «Situation de Jean 13», dans *Die Mitte des Neuen Testaments* (en collab.) (1983), 131-141.

b4528   SCHILLEBEECKX, E., *God among us*, «Not on Your Life! (John 13; Maundy Thursday)» (1983), 63-68.

b4529   13,1-30   DERRETT, J.D.M., «'Domine, tu mihi lavas pedes?' (Studio su Giovanni 13,1-30)», BibOr 21 (1979) 13-42, dans DERRETT, J.D.M., *Studies in the New Testament* (1982), III, 130-160.

b4530   13,1-20   BRAUN, F.-M., *Jean le théologien*. III. Sa théologie. I. Le mystère de Jésus-Christ, «Le lavement des pieds» (1966), 183-189.

b4531   BEUTLER, J., «Die Heilsbedeutung des Todes Jesu im Johannesevangelium nach Joh 13,1-20», dans *Der Tod Jesu*. Deutungen im Neuen Testament (en collab.) (1976), 188-204.

b4532   MALATESTA, E., «Le lavement des pieds», CHR 23 (1976) 209-223.

b4533   WEISS, H., «Foot Washing in the Johannine Community», NT 21 (1979) 298-325.

b4534   SCHNEIDERS, S.M., «The Foot Washing (John 13:1-20): An Experiment in Hermeneutics», CBQ 43 (1981) 76-92.

b4535   SEGOVIA, F.F., «John 13 1-20, The Footwashing in the Johannine Tradition», ZNW 73 (1982) 31-51.

b4536   13,1-15   RUSCHE, H., «'Herr, du wäschst mir die Füsse?' Betrachtung zu Jo 13,1-15 in Form eines Gebets», BiLeb 6 (1965) 71-72.

b4537   Y.B., «Le lavement de pieds (Jean 13,1-15)», EV (prédication) 78 (1978) 49-50; 82 (1982) 67-68.

b4538   G.C., «Proclamer la mort du Seigneur (Ex. 12,1-14; 1 Co. 11,23-26; Jn 13,1-15)», EV (prédication) 81 (1981) 85-87.

b4539   13,1-11   HULTGREN, A.J., «The Johannine Foot-washing (13.1-11) as Symbol of Eschatological Hospitality», NTS 28 (1982) 539-546.

b4540   13,1   LATTKE, M., *Einheit im Wort*, «Joh 13,1» (1975), 138-161.

b4541   13,7   READ, D.H.C., «Happiness is Doing What You Believe», ExpTim 85 (1973-74) 240-241.

b4542   13,18-30   MORETON, M.B., «The Beloved Disciple Again», dans *Studia Biblica 1978*. II. Papers on the Gospels (en collab.) (1978), 215-218.

b4543   13,21   BEUTLER, J., «Psalm 42/43 im Johannesevangelium», NTS 25 (1979) 33-57.

b4544   FERRARO, G., «'Pneuma' in Giov. 13,21», RivB 18 (1980) 185-211.

b4545   13,31-14,31   DE KERGARADEC, Y., «Nul ne vient au Père que par moi», CHR 25 (1978) 199-208.

b4546   MIGLIASSO, S., *La presenza dell'Assente*. Saggio di analisi letterario-strutturale e di sintesi teologica di Gv. 13,31-14,31 (Roma, Borla, 1979), 291 pp.

b4547   WOLL, D.B., «The Departure of 'The Way': The First Farewell Discourse in the Gospel of John», JBL 99 (1980) 225-239.

b4548   WOLL, D.B., *Johannine Christianity in Conflict*. Authority, Rank, and Succession in the First Farewell Discourse (SBL Dissertation Series, 60) (Chico, CA, Scholars Press, 1981), viii-188 pp.

b4549   13,31-35   E.F., «Je vous donne un commandement nouveau (Jn 13,31-33a.34-35)», EV (prédication) 77 (1977) 95-97.

b4550   VIARD, A., «Gloire de Jésus et amour fraternel», EV 87 (doctrine) (1977) 174-175.

b4551   G.C., «Trois confidences de Jésus le soir de la Cène (Jn 13,31-35)», EV (prédication) 80 (1980) 98-100.

*b*4552   13,34-35   LATTKE, M., *Einheit im Wort*, «Joh 13,34f» (1975), 206-218.

*b*4553   13,34   COLLINS, R.F., «A New Commandment I Give to you... (Jn 13:34)», LTP 35 (1979) 237-261.

*b*4554   14-17   CLARKSON, M.E., «Underneath the Last Discourse», AThR 33 (1951) 12-17.

*b*4555   DAVIES, W.D., *Invitation to the New Testament*, «Farewell Discourses: Jesus and the Church» (1969), 466-480.

*b*4556   STEINMETZ, F.-J., «'...Und ich gehe nimmer, wann ich geh'. Zum Verständnis der johanneischen Abschiedsreden», GeistL 51 (1978) 85-99.

*b*4557   CARSON, D.A., *The Farewell Discourse and Final Prayer of Jesus.* An Exposition of John 14-17 (Grand Rapids, Baker, 1980), 207 pp.

*b*4558   14-16   PAINTER, J., «The Farewell Discourses and the History of Johannine Christianity», NTS 27 (1981) 525-543.

*b*4559   PORSCH, F., «Der 'andere' Paraklet», BiKi 37 (1982) 133-138.

*b*4560   14   LATTKE, M., *Einheit im Wort*, «Joh 14» (1975), 218-245.

*b*4561   LÉGASSE, S., «Le retour du Christ d'après l'évangile de Jean», BLE 81 (1980) 161-174.

*b*4562   14,1-12   G.C., «Le dialogue après la cène (Jn 14,1-12)», EV (prédication) 78 (1978) 82-84.

*b*4563   Y.B., «Jésus, chemin vers le Père (Jn 14,1-12)», EV (prédication) 81 (1981) 115-116.

*b*4564   14,1-9.27   BEUTLER, J., «Psalm 42/43 im Johannesevangelium», NTS 25 (1979) 33-57.

*b*4565   14,1-7   GRIFFITH, A.L., «The Christian Faces Bereavement», ExpTim 87 (1976) 335-337.

*b*4566   14,1-3   THOMAS, D.R., «I will come again», ExpTim 88 (1977) 208-209.

*b*4567   14,2-6   RABANOS, R., «Jesús es el camino, la verdad y la vida», CuBi 12 (1955) 338-346.

*b*4568   14,2-3   FISCHER, G., *Die himmlischen Wohnungen.* Untersuchungen zu Joh 14,2f (Europäische Hochschulschriften, Reihe 23, Theologie 38) (Bern, Frankfurt/M., Peter Lang, 1975), 366 pp.

*b*4569   14,5   GEMMELL, A., «On Being a Christian», ExpTim 89 (1978) 209-211.

*b*4570   14,6   FENSHAM, F.C., «I am the Way, the Truth and the Life», dans *The Christ of John* (en collab.) (1971), 81-88.

*b*4571   DE LA POTTERIE, I., *La vérité dans saint Jean*, «Je suis la Voie, la Vérité et la Vie (Jn 14,6)» (1977), 241-278.

*b*4572   14,7-11   EISLER, R., «Das Rätsel des Johannesevangeliums», ErJb 1935 3 (1936) 323-511 («Die Offenbarung der Dreieinigkeit an Philippus», 457-463).

*b*4573   14,9   POLLARD, T.E., «Jesus and the Samaritan Woman», ExpTim 92 (1981) 147-148.

*b*4574   14,10   GORDON, C.H., «'In' of Predication or Equivalence», JBL 100 (1981) 612-613.

*b*4575   14,12-21   VALETTE, J., «Jean 14, 12-21», ETR 30 nᵒ 4 (1955) 79-81.

*b*4576   14,12-24   STÖGER, A., «Jesus Christus - der Lebende Meditation zu Joh 14,12-24», BiLit 52 (1979) 257-260.

*b*4577   14,15-21   G.C., «La condition et la source du véritable amour (Ac. 8,5-8.14-17; 1 P. 3,15-18; Jn 14,15-21)», EV (prédication) 81 (1981) 131-133.

b4578 14,16-17 DE LA POTTERIE, I., *La vérité dans saint Jean*, «L'autre Paraclet (Jn 14,16-17)» (1977), 341-361.

b4579 14,17 MORGAN-WYNNE, J.E., «A Note on John 14.17b», BZ 23 (1979) 93-96.

b4580 14,18-28 GESTEIRA, M., «Jn 14,18-28: Una clave de interpretación de las apariciones del Resucitado», *Miscelánea Comillas* 41 (1983) 213-226.

b4581 14,23-31 GALBIATI, E., «Gesù e il paralitico (Io. 14,23-31)», BibOr 1 (1959) 96/9-12, dans *Scritti minori* (1979), 651-657.

b4582 14,23-29 E.F., «Si quelqu'un m'aime, il observera ma parole» (Jn 14,23-29)», EV (prédication) 77 (1977) 109-111.

b4583 G.C., «Crises de l'Église et... promesses de Jésus (Ac. 15,1-2.22-29; Jn 14,23-29)», EV (prédication) 80 (1980) 100-101.

b4584 14,23-28 VIARD, A., «Dans la paix du Christ», EV 87 (doctrine) (1977) 266-267.

b4585 14,25-26 READ, D.H.C., «More than a Memory: the Spirit refreshes our Faith», ExpTim 87 (1976) 241-242.

b4586 BLANK, J., «Bindung und Freiheit. Das Verhältnis der nachapostolischen Kirche zu Jesus von Nazaret», BiKi 33 (1978) 19-22.

b4587 14,26 DE LA POTTERIE, I., *La vérité dans saint Jean*, «L'enseignement de l'Esprit-Paraclet (14,26)» (1977), 361-378.

b4588 14,27 BERRY, P.J., «The Road to Emmaus», ExpTim 91 (1980) 204-206.

b4589 PETER, J., «Christ's Peace», ExpTim 94 (1983) 243-244.

b4590 14,28 BARRETT, C.K., «'The Father is greater than I' (Jo 14,28): Subordinationist Christology in the New Testament», dans *Neues Testament und Kirche* (en collab.) (1974), 144-159.

b4591 CIGNELLI, L., «Giovanni 14,28 nell'esegesi di Origene», StBiFranc 25 (1975) 136-163.

b4592 CIGNELLI, L., «Giovanni 14,28 nell'esegesi di S. Ireneo», StBiFranc 27 (1977) 173-196.

b4593 14,30 COETZEE, J.C., «Christ and the prince of this world in the Gospel and the Epistles of St. John», dans *The Christ of John* (en collab.) (1971), 104-121.

b4594 14,31 HAMMER, J., «Eine klare Stellung zu Joh 14,31b», BiKi 14 (1959) 33-40.

b4595 15-16 ALVIERO, N., «Esame letterario di Gv 15-16», Ant 56 (1981) 43-71.

b4596 15 EISLER, R., «Das Rätsel des Johannesevangeliums», ErJb 1935 3 (1936) 323-511 («Das Himmelsbrot und der wahre Weinstock», 495-503).

b4597 SCHNACKENBURG, R., «Aufbau und Sinn von Johannes 15», dans *Homenaje a Juan Prado* (en collab.) (1975), 405-420.

b4598 15,1-16,4 RINALDI, G., «Amore e odio (Giov. 15,1-16,4ª)», BibOr 22 (1980) 97-106.

b4599 15,1-17 GEORGE, A., «Gesù la vite vera (Giov. 15,1-17)», BibOr 3 (1961) 121-125.

b4600 ROSSETTO, G., «'Portare frutti' nella parabola della vera vite», dans *Fondamenti biblici della teologia morale* (en collab.) (1973), 309-327.

b4601 SCHNACKENBURG, R., *Deutet die Zeichen der Zeit. Meditationen zum Advent* (Freiburg, Basel, Vienna, Herder, 1976), 124 pp.

b4602 SEGOVIA, F.F., «The Theology and Provenance of John 15:1-17», JBL 101 (1982) 115-128.

b4603 15,1-8 BURGER, T., «Der wahre Weinstock», BiKi 9 (1954) 113-116.

b4604   G.C., «La vigne et les sarments (Jean 15,1-8)», EV (prédication) 76
                (1976) 117-118.

b4605   O'GRADY, J.F., «The Good Shepherd and the Vine and the Branches»,
                BTB 8 (1978) 86-89.

b4606   Y.B., «La vigne et l'eucharistie (Jean 15,1-8)», EV (prédication) 79 (1979)
                113-115; «Porter du fruit: aimer par des actes», 82 (1982) 100-102.

b4607   15,9-17   LATTKE, M., *Einheit im Wort*, «Joh 15,9-17» (1975), 162-188.

b4608   G.C., «La loi d'amour (Jean 15,9-17)», EV (prédication) 76 (1976)
                129-131.

b4609   Y.B., «Demeurez dans mon amour (Jean 15,9-17)», EV (prédication) 79
                (1979) 115-116; «Puisque l'amour vient de Dieu», 82 (1982) 113-114.

b4610   15,11   GIBSON, G.S., «Joy», ExpTim 94 (1983) 244-245.

b4611   15,13   THYEN, H., «'Niemand hat grössere Liebe als die, dass er sein Leben für
                seine Freunde hingib (Joh 15,13)'. Das Johanneische Verständnis des
                Kreuzestodes Jesu», dans *Theologia Crucis - Signum Crucis* (en collab.)
                (1979), 467-481.

b4612   15,18-16,4   LINDARS, B., «The persecution of Christians in John 15:18-16:4a»,
                dans *Suffering and Martyrdom in the New Testament* (en collab.) (1981),
                48-69.

b4613   SEGOVIA, F.F., «John 15:18-16:4a: A First Addition to the Original
                Farewell Discourse?» CBQ 45 (1983) 210-230.

b4614   15,18-27   BURGER, T., «Der Hass der Welt», BiKi 10 (1955) 15-17.

b4615   15,26-27   DE LA POTTERIE, I., *La vérité dans saint Jean*, «Le Paraclet témoin de
                Jésus (15,26-27)» (1977), 378-399.

b4616   15,26   CHEVALLIER, M.-A., «L'évangile de Jean et le 'Filioque'», RevSR 57
                (1983) 93-111.

b4617   16   LÉGASSE, S., «Le retour du Christ d'après l'évangile de Jean», BLE 81
                (1980) 161-174.

b4618   16,1-15   SMITH, D.M., «John 16:1-15», Interpr 33 (1979) 58-62.

b4619   16,5-14   GALBIATI, E., «Esegesi degli Evangeli festivi», BibOr 2 (1960) 99-102.

b4620   16,7-11   DE LA POTTERIE, I., *La vérité dans saint Jean*, «Le Paraclet et le
                péché du monde (16,7b-11)» (1977), 399-421.

b4621   CARSON, D.A., «The Function of the Paraclete in John 16:7-11», JBL
                98 (1979) 547-566.

b4622   16,7   DE LA POTTERIE, I., *La vérité dans saint Jean*, «Jn 16,7» (1977),
                55-61.

b4623   16,8.10   STENGER, W., «Dikaiosunē in Jo. xvi 8.10», NT 21 (1979) 2-12.

b4624   16,11   COETZEE, J.C., «Christ and the prince of this world in the Gospel and
                the Epistles of St. John *(en collab.) (1971), 104-121.*

b4625   16,12-15 RIEDL, J., «Der Heilige Geist wird euch in alle Wahrheit einführen (Joh
                16,13)», BiLit 44 (1971) 89-94.

b4626   DE LA POTTERIE, I., *La vérité dans saint Jean*, «La révélation de
                l'Esprit et la plénitude de la vérité (16,12-15)» (1977), 422-466.

b4627   G.C., «Le mystère fondamental de notre foi (Jean 16,12-15)», EV
                (prédication) 77 (1977) 127-129.

b4628   VIARD, A., «La mission de l'Esprit et le mystère de la Trinité», EV 87
                (doctrine) (1977) 268-269.

b4629   Y.B., «Vers le Père, dans le Fils, par l'Esprit (Rm. 5,1-5; Jn 16,12-15)»,
                EV (prédication) 80 (1980) 131-133.

*b*4630	16,13-14	HOWELL-JONES, D., «God's Pilgrim People», ExpTim 90 (1978) 45-46.
*b*4631	16,13	KREMER, J., «Jesu Verheissung des Geistes. Zur Verankerung der Aussage von Joh 16,13 im Leben Jesu», dans *Die Kirche des Anfangs* (en collab.) (1978), 247-276.
*b*4632	16,16-33	DIETZFELBINGER, C., «Die eschatologische Freude der Gemeinde in der Angst der Welt (Joh 16,16-33)», EvT 40 (1980) 420-436.
*b*4633	16,16-22	GALBIATI, E., «Esegesi degli Evangeli festivi», BibOr 3 (1961) 58-64.
*b*4634	16,27	LATTKE, M., *Einheit im Wort*, «Joh 16,27» (1975), 188-194.
*b*4635	16,32	NEIRYNCK, F., «*Eis ta idia* Jn 19,27b (et 16,32)», ETL 55 (1979) 357-365, dans NEIRYNCK, F., *Evangelica* (en collab.) (1982), 456-464.
*b*4636		HOWELL-JONES, D., «Never less Alone than when Alone», ExpTim 91 (1980) 338-339.
*b*4637	17	ASMUSSEN, H., «Das Una-Sancta-Erbe der Erlösers für die Erlösten nach Jo 17», dans *Universitas. Dienst an Wahrheit und Leben* (en collab.) (1960), I, 86-92.
*b*4638		PRETE, B., «La preghiera sacerdotale», dans En collaboration, *Il messaggio della salvezza* (Torino-Leumann, Elle di ci, 1966-1970), IV, 985-1004.
*b*4639		MARZOTTO, D., «Giovanni 17 e il Targum di Esodo 19-20», RivB 25 (1977) 375-388.
*b*4640		MOLLAT, D., «La prière de Jésus», dans GUILLET, J., MOLLAT, D., *Apprendre à prier* (1977), 101-127.
*b*4641		THÜSING, W., «Die Bitten des johanneischen Jesus in dem Gebet Joh 17 und die Intentionen Jesu von Nazaret», dans *Die Kirche des Anfangs* (en collab.) (1978), 307-337.
*b*4642		RITT, H., *Das Gebet zum Vater*. Zur Interpretation von Joh 17 (Forschung zur Bibel, 36) (Würzburg, Echter Verlag, 1979), 527 pp.
*b*4643		MOLONEY, F.J., «La preghiera dell'ora di Gesù», dans *Parola, spirito e vita* 3 (1981) 156-167.
*b*4644		SEGALLA, G., «La struttura letteraria di Gv 17», dans *Parola e Spirito* (en collab.) (1982), 375-391.
*b*4645		WALKER, W.O., Jr., «The Lord's Prayer in Matthew and John», NTS 28 (1982) 237-256.
*b*4646		SEGALLA, G., *La preghiera di Gesù al Padre* (Giov. 17) (Brescia, Paideia, 1983), 240 pp.
*b*4647	17,1-26	BALAGUE, M., «La oración sacerdotal (Juan 17,1-26)», CuBi 31 (1974) 67-90.
*b*4648		STANLEY, D.M., *Jesus in Gethsemane*, «Innovative Redaction by the Fourth Evangelist (Jn 12:20-32; 17:1-26)» (1980), 223-268.
*b*4649	17,1-11	G.C., «Ambiance de prière (Ac 1,12-14; Jn 17,1-11a)», EV (prédication) 78 (1978) 86-87.
*b*4650		MINEAR, P.S., «John 17:1-11», Interpr 32 (1978) 175-179.
*b*4651		Y.B., «La prière de l'heure de Jésus (Jn 17,1-11a)», EV (prédication) 81 (1981) 133-135.
*b*4652	17,3	READ, D.H.C., «Our God and Our Death», ExpTim 85 (1974) 368-370.
*b*4653	17,5	VAN BOXEL, P., «Die Präexistente Doxa Jesu im Johannesevangelium», Bijdr. 34 (1973) 268-281.

*b*4654   17,6.26   BRAUN, F.-M., *Jean le Théologien*. III. Sa théologie. I. Le mystère de
                         Jésus-Christ, «Verba et opera» (1966), 99-118.

*b*4655   17,11-19   G.C., «La prière de Jésus pour ses apôtres (Jean 17,11-19)», EV
                         (prédication) 76 (1976) 132-134.

*b*4656   Y.B., «La prière du Seigneur glorifié (Jean 17,11-19)», EV (prédication)
                         79 (1979) 129-131; «Présence, dans l'Église, d'un amour venu de Dieu»,
                         82 (1982) 129-130.

*b*4657   17,15   READ, D.H.C., «Catacomb Christians», ExpTim 94 (1983) 142-144.

*b*4658   17,17-19   DE LA POTTERIE, I., *La vérité dans saint Jean*, «Être sanctifié dans la
                         vérité (Jn 17,17-19)» (1977), 706-783.

*b*4659   17,20-26   LATTKE, M., *Einheit im Wort*, «Joh 17,20-26» (1975), 194-206.

*b*4660   E.F., «Je prie pour ceux qui croient en moi (Jn 17,20-26)», EV
                         (prédication) 77 (1977) 113-115.

*b*4661   G.C., «L'amour sur fond de violence (Ac. 7,55-60; Jn 17,20-26)», EV
                         (prédication) 80 (1980) 114-116.

*b*4662   17,20-24   MINEAR, P.S., *To Die and to Live*, «The Bridge Between Generations /
                         John 17:20-24» (1977), 107-122.

*b*4663   17,20-23   BOURS, J., «'Das alle eins seien!' Meditation zu Johannes 17,20-23»,
                         BiKi 18 (1963) 51-54.

*b*4664   17,20-21   VOSS, G., «Auf ihr Wort hin an mich glauben...», BiLeb 6 (1965)
                         307-309.

*b*4665   17,21-23   GORDON, C.H., «'In' of Predication or Equivalence», JBL 100 (1981)
                         612-613.

*b*4666   17,26   SALAFRANCA, S.G., «'Agápe' en S. Juan 17,26», CuBi 12 (1955)
                         272-281.

*b*4667   18-19   HARVEY, A.E., *Jesus on Trial*. A Study in the Fourth Gospel (London,
                         SPCK, 1976), 140 pp.

*b*4668   Y.B., «La Passion selon saint Jean (Jean 18,1-19,42)», EV (prédication)
                         78 (1978) 50-52.

*b*4669   BRUCE, F.F., «The Trial of Jesus in the Fourth Gospel», dans *Gospel
                         Perspectives* (en collab.) (1980), I, 7-20.

*b*4670   18,1-19   G.C., «Du prétoire au Calvaire (Mt. 26,14-27,66; Jn 18,1-19,42)», EV
                         (prédication) 81 (1981) 83-85.

*b*4671   18,1-12   RICHTER, G., «Die Gefangennahme Jesu nach dem
                         Johannesevangelium (18,1-12)», BiLeb 10 (1969) 26-39.

*b*4672   En collaboration, «Analyse narrative de Jean 18,1-12», SemBib nº 1
                         (1975) 5-8.

*b*4673   18,1-11   SABBE, M., «The Arrest of Jesus in Jn 18,1-11 and Its Relation to the
                         Synoptic Gospels», dans *L'Évangile de Jean* (en collab.) (1977), 203-234.

*b*4674   CHARBONNEAU, A., «L'arrestation de Jésus, une victoire d'après la
                         facture de Jn 18,1-11», SE 34 (1982) 155-170.

*b*4675   18,12-27   DEWEY, K.E., «Peter's Denial Reexamined: John's Knowledge of
                         Mark's Gospel», dans *Society of Biblical Literature. 1979 Seminar Papers*
                         (en collab.) (1979), I, 109-112.

*b*4676   CHARBONNEAU, A., «L'interrogatoire de Jésus d'après la facture
                         interne de Jn 18,12-27», SE 35 (1983) 191-210.

*b*4677   18,13-27   FORTNA, R.T., «Jesus and Peter at the High Priest's House: A Test
                         Case for the Question of the Relation Between Mark's and John's
                         Gospels», NTS 24 (1978) 371-383.

*b*4678 18,15-16 NEIRYNCK, F., «The 'Other Disciple' in Jn 18,15-16», ETL 51 (1975) 113-141, dans NEIRYNCK, F., *Evangelica* (1982), 335-364.

*b*4679 NEIRYNCK, F., *Jean et les synoptiques*, «Pierre et 'l'autre disciple' en 20,1-10 et 18,15-16» (1979), 71-86.

*b*4680 18,15 CORDIER, L., «Neue Perspektiven», BiKi 14 (1959) 116-117.

*b*4681 18,18 EVANS, C.A., «'Peter Warming Himself': The Problem of an Editorial 'Seam'», JBL 101 (1982) 245-249.

*b*4682 18,28-19,16 LÜHRMANN, D., «Der Staat und die Verkündigung. Rudolf Bultmanns Auslegung von Joh 18,28 bis 19,16», dans *Theologia Crucis - Signum Crucis* (en collab.) (1979), 359-375.

*b*4683 EHRMAN, B.D., «Jesus' Trial Before Pilate. John 18:28 - 19:16», BTB 13 (1983) 124-131.

*b*4684 CLERC, D., «Le Roi des Juifs devant Pilate (Jean 18,28-19,16)», dans *Mort de Jésus* (en collab.) (1984), 81-117.

*b*4685 18,28 CHENDERLIN, F., «Distributed Observance of the Passover - A Hypothesis», Bibl 56 (1975) 369-393.

*b*4686 DOCKX, S., «Le 14 Nisan de l'an 30», dans *Chronologies néotestamentaires et Vie de l'Église primitive* (1976), 21-29.

*b*4687 MULDER, H., «John xviii 28 and the Date of the Crucifixion», dans *Miscellanea Neotestamentica* (en collab.) (1978), II, 87-105.

*b*4688 18,31 BAMMEL, E., «Die Blutgerichtsbarkeit in der Römischen Provinz Judäa vor dem ersten jüdischen Aufstand», dans *Studies in Jewish Legal History* (en collab.) (1974), 35-49.

*b*4689 18,33-37 G.C., «Quelle royauté?... (Jn 18,33-37)», EV (prédication) 76 (1976) 274-275.

*b*4690 Y.B., «Le Christ roi de l'univers (Jn 18,33-37)», EV (prédication) 79 (1979) 321-322.

*b*4691 18,36 ALEGRE, X., «Mi Reino no es de este mundo (Jn 18,36)», EstE 54 (1979) 499-525.

*b*4692 ALEGRE, X., «My kingdom is not of this world», TDig 20 (1981) 231-235.

*b*4693 18,37 DE LA POTTERIE, I., *La vérité dans saint Jean* (1977), «Le témoignage de Jésus (Jn 18,37)», 100-115; «1 Jn 2,21; 3,18-19; Jn 18,37», 619-631.

*b*4694 18,39 BAUER, J.B., «'Literarische' Namen und 'literarische' Bräuche», BZ 26 (1982) 258-264.

*b*4695 19,5 SCHNACKENBURG, R., «Die Ecce-homo-Szene und der Menschensohn», dans *Jesus und der Menschensohn* (en collab.) (1975), 371-386.

*b*4696 HOULDEN, J.L., «John 19⁵: 'And he said to them, Behold the man'», ExpTim 92 (1981) 148-149.

*b*4697 SUGGIT, J., «John 19⁵: 'Behold the man'», ExpTim 94 (1983) 333-334.

*b*4698 19,11 ALEGRE, X., «Mi Reino nº es de este mundo (Jn 18,36)», EstE 54 (1979) 499-525.

*b*4699 19,13 BALAGUE, M., «Y lo sentó en el tribunal (Jn 19,13)», EstB 33 (1974) 63-67.

*b*4700 ROBERT, R., «Pilate a-t-il fait de Jésus un juge?» RT 83 (1983) 275-287.

*b*4701 19,14 BRAUN, F.-M., *Jean le théologien*. III. Sa théologie. I. Le mystère de Jésus-Christ, «Voilà votre roi» (1966), 189-193.

*b*4702   19,17-37   ALFARO, J., «The Mariology of the Fourth Gospel: Mary and the
                           Struggles for liberation», BTB 10 (1980) 3-16.

*b*4703   GOURGUES, M., *Pour que vous croyiez...*, «Le crucifié (Jn 19,17-37)»
                           (1982), 251-280.

*b*4704   MINEAR, P.S., «Diversity and Unity: A Johannine Case-Study», dans
                           Die Mitte des Neuen Testaments (en collab.) (1983), 162-175.

*b*4705   19,23-24   DE LA POTTERIE, I., «La tunique sans couture, symbole du Christ
                           grand prêtre?» Bibl 60 (1979) 255-269.

*b*4706   19,25-27   DOLTO, F., SÉVÉRIN, G., *L'Évangile au risque de la psychanalyse*,
                           «Au pied de la Croix» (1977), I, 63-70.

*b*4707   SERRA, A., *Contributi dell' antica letteratura giudaica per l'esegesi di
                           Giovanni 2,1-12 e 19,25-27* (Scripta Pontificiae Facultatis Theologicae
                           'Marianum', 31) (Roma, Herder, 1977), 489 pp.

*b*4708   WULF, F., «Das marianische Geheimnis der Kirche im Licht des
                           Johannesevangeliums», GeistL 50 (1977) 326-334.

*b*4709   En collaboration, *Mary in the New Testament*, «The Mother at the Foot
                           of the Cross (Jn 19:25-27)» (1978), 206-218.

*b*4710   DE TUYA, M., «'Mujer, he ahí a tu hijo...' (Jn 19,25-27): su valoración
                           joanea», dans *Servidor de la Palabra* (en collab.) (1979), 445-487.

*b*4711   19,25   PATRICK, J.G., «Motherhood: its Tragedy and its Triumph», ExpTim
                           94 (1983) 145-146.

*b*4712   19,26-30   WILKINSON, J., «The Seven Words from the Cross», SJTh 17 (1964)
                           69-82.

*b*4713   19,26-27   BOLSINGER, G., «Die grösste Stunde», BiKi 12 (1957) 51-54.

*b*4714   SCHÜRMANN, H., «Jesu letzte Weisung. Jo 19,26-27a», dans *Sapienter
                           ordinare* (en collab.) (1969), 105-123.

*b*4715   19,26   ZUDAIRE, I., «Mujer, he ahí a tu hijo», CuBi 11 (1954) 365-374.

*b*4716   19,27   DE LA POTTERIE, I., «Das Wort Jesu 'Siehe, deine Mutter' und die
                           Annahme der Mutter durch den Jünger (Joh 19,27b)», dans *Neues
                           Testament und Kirche* (en collab.) (1974), 191-219.

*b*4717   NEIRYNCK, F., «*Eis ta idia*. Jn 19,27b (et 16,32)», ETL 55 (1979)
                           357-365, dans NEIRYNCK, F., *Evangelica* (1982), 456-464.

*b*4718   NEIRYNCK, F., «La traduction d'un verset johannique: Jn 19,27b»,
                           ETL 57 (1981) 83-106, dans NEIRYNCK, F., *Evangelica* (1982),
                           465-488.

*b*4719   19,28-38   Y.B., «La mort de Jésus (Jn 19,28-38)», EV (prédication) 82 (1982)
                           81-82.

*b*4720   19,28   BEUTLER, J., «Psalm 42/43 im Johannesevangelium», NTS 25 (1979)
                           33-57.

*b*4721   GALBIATI, E., «Issopo e canna in Gv 19,29», dans *Parola e Spirito* (en
                           collab.) (1982), 393-400.

*b*4722   19,30   KIRCHGÄSSNER, A., «Erneigte das Haupt und gab den Geist auf.
                           Meditation über Jo 19,30», BiKi 25 (1970) 48-52.

*b*4723   19,31-37   E.F., «Ils verront celui qu'ils ont transpercé (Jn 19,31-37)», EV
                           (prédication) 76 (1976) 163-164.

*b*4724   VENETZ, H.-J., «Zeuge des Erhöhten. Ein exegetischer Beitrag zu Joh
                           19,31-37», FreibZ 23 (1976) 81-111.

*b*4725   19,34   WILKINSON, J., «The incident of the blood and water in John 19.34»,
                           SJTh 28 (1975) 149-172.

b4726   MALATESTA, E., «Blood and water from the pierced side of Christ (Jn 19,34)», dans *Segni e sacramenti nel vangelo di Giovanni* (en collab.) (1977), 165-181.

b4727   PENNELLS, S., «The Spear Thrust (Mt. 27.49b, *v.1.* / Jn 19.34)», JSNT nº 19 (1983) 99-115.

b4728   19,37   SCHNACKENBURG, R., «Das Schriftzitat in Joh 19,37», dans *Wort, Lied und Gottesspruch*. Beiträge zu Psalmen und Propheten (en collab.) (1972), 239-247.

b4729   19,38   GHIBERTI, G., «Sepolcro, sepoltura e panni sepolcrali di Gesù. Riconsiderando i dati biblici relativi alla Sindone di Torino», RivB 27 (1979) 123-158.

b4730   20   GHIBERTI, G., *I raconti pasquali del cap. 20 di Giovanni* confrontati con le altre tradizioni neotestamentarie (Studi biblici, 19) (Brescia, Paideia, 1972), 171 pp.

b4731   MOLLAT, D., *Études johanniques*, «La foi pascale selon le chapitre 20 de l'évangile de Jean» (1979), 165-184.

b4732   MANNS, F., «En marge des récits de la résurrection de l'évangile de Jean: le verbe *voir*», RevSR 57 (1983) 10-28.

b4733   20,1-29 NICCACCI, A., «La fede nel Gesù storico e la fede nel Cristo risorto (Gv 1,10-51/20,1-29)», Ant 53 (1978) 423-442.

b4734   20,1-18 AMMASSARI, A., *La Resurrezione*, «Le apparizioni di Gesù alle donne» (1976), I, 85-138.

b4735   NEIRYNCK, F., «Tradition and Redaction in John XX,1-18», dans *Studia Evangelica* (en collab.) (1982), VII, 359-363.

b4736   RITT, H., «Die Frauen und die Osterbotschaft. Synopse der Grabesgeschichten (Mk 16,1-8; Mt 27,62-28,15; Lc 24,1-12; Joh 20,1-18)», dans *Die Frau im Urchristentum* (en collab.) (1983), 117-133.

b4737   20,1-10 CHAPAL, R., «Jean 20:1-10», ETR 30, nº 4 (1955) 63-65.

b4738   MAHONEY, R., *Two Disciples at the Tomb*. The Background and Message of John 20,1-10 (Theologie und Wirklichkeit, 6) (Bern, H. Lang, 1974), 344 pp.

b4739   NEIRYNCK, F., *Jean et les synoptiques*, «Pierre et 'l'autre disciple' en 20,1-10 et 18,15-16» (1979), 71-86.

b4740   SCHNEIDERS, S.M., «The Face Veil: A Johannine Sign (John 20:1-10)», ETB 13 (1983) 94-97.

b4741   20,1-9   E.F., «Il vit et il crut (Jn 20,1-9)», EV (prédication) 76 (1976) 98-100.

b4742   G.C., «La résurrection du Seigneur (Jean 20,1-9)», EV (prédication) 77 (1977) 61-63.

b4743   Y.B., «Dieu l'a ressuscité le troisième jour (Act. 10,34.37-43; Col. 3,1-4; Jn 20,1-9)», EV (prédication) 80 (1980) 81-82.

b4744   MOLLAT, D., «La découverte du tombeau vide (Jn 20,1-9)», dans *La bonne nouvelle de la résurrection* (en collab.) (1981), 72-82.

b4745   20,2-10 MORETON, M.B., «The Beloved Disciple Again», dans *Studia Biblica 1978. II. Papers on the Gospels* (en collab.) (1978), 215-218.

b4746   20,2   MINEAR, P.S., «We don't know where... (John 20:2)», Interpr 30 (1976) 125-139.

b4747   20,3-10 FEUILLET, A., «La découverte du tombeau vide en Jean 20,3-10 et la Foi au Christ ressuscité», EV (doctrine) 87 (1977) 257-266, 273-284.

b4748 FEUILLET, A., «La découverte du tombeau vide en Jean 20.3-10», Hok n⁰ 7 (1977) 1-45.

b4749 GUILLAUME, J.-M., *Luc interprète des anciennes traditions sur la résurrection de Jésus*, «Le 'Sitz im Leben' de Jn., 20,3-10» (1979), 62.

b4750 20,5-7 AUER, E.G., *Vom dritten Tag zum Tag des Herrn. Das Zeugnis vom Grab des Messias* (Metzingen, Ernst Franz, 1975), 93 pp.

b4751 SHORTER, M., «The Sign of the Linen Cloths: The Fourth Gospel and the Holy Shroud of Turin», JSNT n⁰ 17 (1983) 90-96.

b4752 20,5 NEIRYNCK, F., «*Parakupsas blepei.* Lc 24,12 et Jn 20,5», ETL 53 (1977) 113-152, dans NEIRYNCK, F., *Evangelica* (1982), 401-440.

b4753 20,8 GNIDOVEC, F., «Introivit... et vidit et credidit (Jn 20,8)», EstB 41 (1983) 137-155.

b4754 20,9 ZELZER, K., «*Oudepō gar ēdeisan* - 'denn bisher hatten sie nicht verstanden'. Zur Übersetzung und Textbezug von Joh 20,9», BiLit 53 (1980) 104-106.

b4755 20,10 NEIRYNCK, F., «*Apêlthen pros eauton.* Lc 24,12 et Jn 20,10», ETL 54 (1978) 104-118, dans NEIRYNCK, F., *Evangelica* (1982), 441-455.

b4756 20,11-18 FEUILLET, A., «L'apparition du Christ à Marie-Madeleine, Jean 20,11-18. Comparaison avec l'apparition aux disciples d'Emmaüs, Luc 24,13-35», EV (doctrine) 88 (1978) 193-204, 209-223.

b4757 20,11-13 JENKINS, A.K., «Young Man or Angel?» ExpTim 94 (1983) 237-240.

b4758 20,14-16 SUDBRACK, J., «'Sie wandte sich um und sah Jesus dort stehen'. Eine Osterbetrachtung», GeistL 50 (1977) 149-151.

b4759 20,16 WEBSTER, A., «My Master», ExpTim 85 (1974) 206-208.

b4760 20,17 GLASER, G., «Wie Maria Magdalena dem Auferstandenen begegnete. Meditation über Joh 20,17», GesitL 51 (1978) 137-139.

b4761 CHARBEL, A., «Giov. 20,17a: 'Nondum enim ascendi ad Patrem'?» BibOr 21 (1979) 79-83.

b4762 20,19-31 GALBIATI, E., «Esegesi degli Evangeli festivi», BibOr 2 (1960) 68-70.

b4763 E.F., «Pour que vous croyiez... (Jean 20,19-31)», EV (prédication) 76 (1976) 100-102.

b4764 G.C., «Double apparition de Jésus ressuscité au cénacle (Jean 20,19-31)», EV (prédication) 77 (1977) 63-65; 79 (1979) 97-99.

b4765 Y.B., «Le mystère de Pâques et la foi qu'il exige (Jean 20,19-31)», EV (prédication) 78 (1978) 65-67; 80 (1980) 83-84; 82 (1982) 84-85.

b4766 20,19-29 GUILLAUME, J.-M., *Luc interprète des anciennes traditions sur la résurrection de Jésus*, «Jean, 20,19-23 et 24-29» (1979), 188-194.

b4767 MOLLAT, D., *Études johanniques*, «L'apparition du Ressuscité et le don de l'Esprit» (1979), 148-164.

b4768 20,19-23 CASSIEN, Archimandrite, «La Pentecôte Johannique», ETR 13 (1938) 151-176, 254-277, 327-343; 14 (1939) 32-62, 98-100.

b4769 E.F., «Recevez le saint Esprit (Jn 20,19-23)», EV (prédication) 76 (1976) 145-147.

b4770 G.C., «L'avènement de l'Esprit (Jean 20,19-23)», EV (prédication) 77 (1977) 125-127; 81 (1981) 145-147.

b4771 FULLER, R.H., «John 20:19-23», Interpr 32 (1978) 180-184.

b4772 MOLLAT, D., «L'apparition du Ressuscité et le don de l'Esprit (Jn 20,19-23)», dans *La bonne nouvelle de la résurrection* (en collab.) (1981), 83-97.

b4773   20,21-23   GHIBERTI, G., «Il dono dello Spirito e i poteri di Giov. 20,21-23», dans *Segni e sacramenti nel vangelo di Giovanni* (en collab.) (1977), 183-220.

b4774   20,21   ÉTIENNE, P., «Comme le Père m'a envoyé, moi aussi je vous envoie», VC n° 58 (1961) 129-131.

b4775   20,22-23   SCHMITT, J., «Simples remarques sur le fragment Jo., XX,22-23», dans En collaboration, *Mélanges en l'honneur de Monseigneur Michel Andrieu* (*Revue des Sciences Religieuses*, volume hors série) (Strasbourg, Palais Universitaire, 1956), 415-423.

b4776   20,22   DE DURAND, M.-G., «Pentecôte johannique et Pentecôte lucanienne chez certains Pères», BLE 79 (1978) 97-126.

b4777   20,23   DERRETT, J.D.M., «Binding and Loosing (Matt 16:19; 18:18; John 20:23)», JBL 102 (1983) 112-117.

b4778   20,24-31   SEYNAEVE, J., «De l'expérience à la foi (Jn 20,24-31)», dans *La bonne nouvelle de la résurrection* (en collab.) (1981), 98-113.

b4779   20,24-29   BELLET, P., «Analecta Coptica», CBQ 40 (1978) 37-52.

b4780   HILHORST, A., «The Wounds of the Risen Jesus», EstB 41 (1983) 165-167.

b4781   20,26   READ, D.H.C., «How to Hear the Easter Story», ExpTim 79 (1977-78) 178-179.

b4782   20,29   LUND, T.W., «Faith through Doubt», ExpTim 94 (1983) 177-178.

b4783   20,30   DE KRUIJF, T.C., «'Hold the Faith' or 'Come to Belief'? *A Note on John 20,30*», Bijdr. 36 (1975) 439-449.

b4784   20,31   GROENEWALD, E.P., «The Christological meaning of John 20:31», dans *The Christ of John* (en collab.) (1971), 131-140.

b4785   21   JEANNERET, E., «Quatre homélies pour la semaine de Pâques», VC n° 71-72 (1964) 5-10.

b4786   MUSSNER, F., *Petrus und Paulus - Pole der Einheit*, «Petrus und sein Hirtenamt nach Joh 21» (1976), 42-49.

b4787   THYEN, H., «Entwicklungen innerhalb der johanneischen Theologie und Kirche im Spiegel von Joh 21 und der Lieblingsjüngertexte des Evangeliums», dans *L'Évangile de Jean* (en collab.) (1977), 259-299.

b4788   RUCKSTUHL, E., «Zur Aussage und Botschaft von Johannes 21», dans *Die Kirche des Anfangs* (en collab.) (1978), 339-362.

b4789   DE SOLAGES, B., VACHEROT, J.-M., «Le chapitre XXI de Jean est-il de la même plume que le reste de l'Évangile?» BLE 80 (1979) 96-101.

b4790   O'GRADY, J.F., «The Role of the Beloved Disciple», BTB 9 (1979) 58-65.

b4791   OSBORNE, G.R., «John 21: Test Case for History and Redaction in the Resurrection Narratives», dans *Gospel Perspectives* (1981) (en collab.), II, 293-328.

b4792   MINEAR, P.S., «The Original Functions of John 21», JBL 102 (1983) 85-98.

b4793   21,1-19   VIARD, A., «Apparition de Jésus et mission de Simon-Pierre», EV (doctrine) 87 (1977) 172-173.

b4794   Y.B., «Le péché, le repas, la mission (Actes 5,27-32.40-41; Jn 21,1-19)», EV (prédication) 80 (1980) 84-86.

b4795   21,1-14   BEAUMONT, J., «Jean 21:1-14», ETR 30, n° 4 (1955) 65-67.

b4796   En collaboration, «Petite chronique du travail sémiotique», SemBib n° 8 (1977) 42-59.

*b*4797 NEIRYNCK, F., *Jean et les synoptiques, «Touto ēdē triton...* (21,14a). Le récit de la pêche miraculeuse en Jn 21,1-14» (1979), 122-160.

*b*4798 RISSI, M., «Voll grosser Fische, hundertdreiundfünfzig, Joh. 21,1-14», TZ 35 (1979) 73-89.

*b*4799 21,1-9 Y.B., «Résurrection (Jean 21,1-9)», EV (prédication) 78 (1978) 52-54.

*b*4800 21,4-11 DA SORTINO, P.M., «La vocazione di Pietro secondo la tradizione sinottica e secondo S. Giovanni», dans *San Pietro* (en collab.) (1967), 27-57.

*b*4801 21,4-6 READ, D.H.C., «Ongoing Easter: The Sign of the Fish», ExpTim 85 (1974) 208-209.

*b*4802 21,7 SOARDS, M.L., Jr., «*Ton ependutēn diezōsato, ēn gar gymnos*», JBL 102 (1983) 283-284.

*b*4803 21,11 McELENEY, N.J., «153 Great Fishes (John 21,11) - Gematriacal Atbash», Bibl 58 (1977) 411-417.

*b*4804 ROMEO, J.A., «Gematria and John 21:11 - The Children of God», JBL 97 (1978) 263-264.

*b*4805 21,15-17 PEREZ, G., «El Primado de S. Pedro en Jn 21,15-17», CuBi 12 (1955) 229-237.

*b*4806 GHIBERTI, G., «Missione e primato di Pietro secondo Giov. 21», dans *San Pietro* (en collab.) (1967), 167-214.

*b*4807 21,20-24 LÉONARD, J.-M., «Notule sur l'Évangile de Jésus», ETR 58 (1983) 355-357.

III. LES ACTES DES APÔTRES. ACTS OF THE APOSTLES. DIE APOSTELGESCHICHTE. GLI ATTI DEGLI APOSTOLI. HECHOS DE LOS APÓSTOLES.

1. Bibliographie. Bibliography. Bibliographie. Bibliografia. Bibliografía.

*b*4808 GRÄSSER, E., «Acta-Forschung seit 1960», TRu 41 (1976) 141-194, 259-290.

*b*4809 BOVON, F., «Recent trends in Lucan studies», TDig 25 (1977) 217-224.

*b*4810 HYLDAHL, N., «Die Erforschung der Apostelgeschichte - Linien und Tendenzen», dans *Probleme der Forschung*, SNTU, Serie A, Band 3, (1978), 159-167.

*b*4811 KREMER, J., «Einführung in die Problematik heutiger Acta-Forschung anhand von Apg 17,10-13», dans *Les Actes des Apôtres*. Traditions, rédaction, théologie (en collab.) (1979), 11-20.

*b*4812 BRUCE, F.F., «The Acts of the Apostles To-Day», BJRL 65 (1982) 36-56.

*b*4813 PLÜMACHER, E., «Acta-Forschung 1974-1982», TRu 48 (1983) 1-56.

2. Introductions. Einleitungen. Introduzioni. Introducciones.

*b*4814 BLAIKLOCK, E.M., «The Acts of the Apostles as a Document of First Century History», dans *Apostolic History and the Gospel* (en collab.) (1970), 41-54.

*b*4815 VAN UNNIK, W.C., «Luke-Acts, a Storm Center in Contemporary Scholarship», dans *Studies in Luke-Acts*, Essays presented in honour of Paul Schubert (en collab.) (1966), 15-32, dans *Sparsa Collecta* (1973), I, 92-110.

*b*4816 BARCLAY, W., *The Gospels and Acts*. Vol. II, The Fourth Gospel. The Acts of the Apostles (London, SCM Press, 1976), 341 pp.

b4817 PERROT, C., «Les actes des apôtres», dans *Introduction à la Bible* (sous la direction de A. GEORGE et P. GRELOT), Tome III, Volume 2 (1976), 241-295.

b4818 En collaboration, «Une lecture des Actes des apôtres», CE (n.s.) nᵒ 21 (1977) 76 pp.

b4819 CORSANI, B., *Atti degli Apostoli e lettere*. Guida alla lettura della Bibbia (Testimoni della verità) (Torino, Claudiana, 1978), 207 pp.

b4820 FARAONE, J.J., STEWART, J.L., *Paraclete Power* (A Study Guide for Acts of the Apostles) (Staten Island, NY, Alba House, 1978), x-114 pp.

b4821 KARRIS, R.J., «Missionary Communities: A New Paradigm for the Study of Luke-Acts», CBQ 41 (1979) 80-97.

b4822 XXX, «Les Évangiles synoptiques et les Actes des Apôtres», dans *À la découverte de la Bible* (en collab.) (1980), II, 164-224.

b4823 GEIGER, G., *Kirche entsteht*. Ein Arbeitsheft zum ersten Teil der Apostelgeschichte (Gespräche zur Bibel, 10) (Klosterneuburg, Österreichisches Katholisches Bibelwerk, 1980), 48 pp.

b4824 GODIN, A., «Histoire d'un deuil et d'un souffle nouveau», LV nᵒ 153-154 (1981) 123-139.

b4825 WEISER, A., *Die Apostelgeschichte*. Kapitel 1-12 (Ökumenischer Taschenbuchkommentar zum Neuen Testament, 5/1) (Gütersloh, Gerd Mohn; Würzburg, Echter, 1981), 293 pp.

3. Commentaires. Commentaries. Kommentare. Commenti. Comentarios.

b4826 NEWMAN, B.M., NIDA, E.A., *A Translator's Handbook on the Acts of the Apostles* (Helps for Translators) (New York, United Bible Societies, 1972), vii-542 pp.

b4827 NEIL, W., *Acts* (New Century Bible Commentary) (Grand Rapids, Eerdmans; London, Marshall, Morgan & Scott, 1973), 270 pp.

b4828 McBRIDE, A., *The Gospel of the Holy Spirit*. A Commentary on the Acts of the Apostles (New York, Hawthorn Books, 1975), x-145 pp.

b4829 HAULOTTE, E., *Actes des apôtres*. Un guide de lecture (Supplément à *Vie chrétienne*, nᵒ 212) (Paris, 'Vie Chrétienne', 1977), 144 pp.

b4830 OSTER, R., *The Acts of the Apostles*. Part II: 13:1-28:31 (Living Word Commentary, 6) (Austin, TX, Sweet, 1979), 180 pp.

b4831 BAUERNFEIND, O., *Kommentar und Studien zur Apostelgeschichte* (Hrsg. V. Metermann) (Wissenschaftliche Untersuchungen zum Neuen Testament, 22) (Tübingen, Mohr, 1980), xviii-491 pp.

b4832 MARSHALL, I.H., *The Acts of the Apostles*. An introduction and commentary (The Tyndale New Testament Commentary, 5) (Leicester, Inter-Varsity Press; Grand Rapids, Eerdmans, 1980), 427 pp.

b4833 SCHNEIDER, G., *Die Apostelgeschichte* (HerNT 5). I. Teil, 1,1-8,40; II. Teil 9,1-28,31 (Freiburg, Herder, 1980, 1982), 520-440 pp.

b4834 KRODEL, G., *Acts* (Proclamation Commentaries: The New Testament Witnesses for Preaching) (Philadelphia, Fortress, 1981), 10-118 pp.

b4835 PAPA, B., *Atti degli apostoli*. Commento pastorale - I (Lettura pastorale della Bibbia, 10) (Bologna, Ed. Dehoniane, 1981), 383 pp.

b4836 ROLOFF, J., *Die Apostelgeschichte*. Übersetzt und erklärt[17] (NTD 5) (Göttingen, Vandenhoeck & Ruprecht, 1981), iv-389 pp.

b4837 WEISER, A., *Die Apostelgeschichte*. Kapitel 1-12 (Ökumenischer Taschenbuchkommentar zum Neuen Testament, 5/1) (Gütersloh, Mohn, 1981), 293 pp.

b4838 NEIRYNCK, F., «Le Livre des Actes dans les récents commentaires», ETL 59 (1983) 338-349.

b4839 SCHILLE, G., *Die Apostelgeschichte des Lukas* (Theologischer Handkommentar zum Neuen Testament, 5) (Berlin, Evangelische Verlagsanstalt, 1983), xxiii-492 pp.

4. Milieu. Umwelt. Ambiente. Medio.

b4840 MENOUD, P.-H., «L'Église naissante et le judaïsme», ETR 27, n° 1 (1952) 53 pp.

b4841 GOMEZ DE MORALES, M.V., «La comunidad primitiva modelo de consagración a Dios», BibFe 4 (1978) 271-282.

b4842 HUBBARD, B.J., «Luke, Josephus and Rome: A Comparative Approach to the Lukan *Sitz im Leben*», dans *Society of Biblical Literature. 1979 Seminar Papers* (en collab.) (1979), 59-68.

b4843 JOHNSON, L.T., «On Finding the Lukan Community: A Cautious Cautionary Essay», dans *Society of Biblical Literature. 1979 Seminar Papers* (en collab.) (1979), I, 87-100.

b4844 SCHNEIDER, G., «Stephanus, die Hellenisten und Samaria», dans *Les Actes des Apôtres. Traditions, rédaction, théologie* (en collab.) (1979), 215-240.

5. Critique textuelle. Textual Criticism. Textkritik. Critica testuale. Crítica textual.

b4845 SANDERS, H.A., «The Egyptian Text of the Four Gospels and Acts», HarvTR 26 (1933) 77-98.

b4846 STREETER, B.H., «A New Work on the Text of Acts», AThR 15 (1933) 138-141.

b4847 MONTGOMERY, J.A., «The Ethiopic Text of Acts of the Apostles», HarvTR 27 (1934) 169-195.

b4848 CERFAUX, L., «Citations scripturaires et tradition textuelle dans le livre des Actes», dans *Aux sources de la tradition chrétienne* (en collab.) (1950), 43-51.

b4849 MARTINI, C.M., «La figura di Pietro secondo le varianti del Codice D negli Atti degli Apostoli», dans *San Pietro* (en collab.) (1967), 279-289, dans *La parola di Dio alle origini della Chiesa* (1980), 103-113.

b4850 STAGG, F., «Establishing a Text for Luke-Acts», dans *Society of Biblical Literature. 1977 Seminar Papers* (en collab.) (1977), 45-58.

b4851 BAMMEL, E., «Der Text von Apostelgeschichte 15», dans *Les Actes des Apôtres. Traditions, rédaction, théologie* (en collab.) (1979), 439-446.

b4852 BARRETT, C.K., «Is there a theological tendency in Codex Bezae?» dans *Text and Interpretation* (en collab.) (1979), 15-27.

b4853 MARTINI, C.M., «La tradition textuelle des Actes des Apôtres et les tendances de l'Église ancienne», dans *Les Actes des Apôtres. Traditions, rédaction, théologie* (en collab.) (1979), 21-35, dans *La parola di Dio alle origini della Chiesa* (1980), 165-179.

b4854 MARTINI, C.M., «Pierre et Paul dans l'Église ancienne. Considérations sur la tradition textuelle des Actes des Apôtres», dans *Paul de Tarse, apôtre de notre temps* (en collab.) (1979), 261-268, dans *La parola di Dio alle origini della Chiesa* (1980), 181-188.

b4855 WILCOX, M., «Luke and the Bezan Text of Acts», dans *Les Actes des Apôtres. Traditions, rédaction, théologie* (en collab.) (1979), 447-455.

b4856 ROYSE, J.R., «The Ethiopic Support for Codex Vaticanus in Acts», ZNW 71 (1980) 258-262.

b4857 BLACK, M., «The Holy Spirit in the Western Text of Acts», dans *New Testament Textual-Criticism* (en collab.) (1981), 159-170.

*b*4858 BOISMARD, M.-É., «The Texts of Acts: A Problem of Literary Criticism?» dans *New Testament Textual Criticism* (en collab.) (1981), 147-157.

*b*4859 PARKER, D., «A 'Dictation Theory' of Codex Bezae», JSNT nº 15 (1982) 97-112.

6. Critique littéraire. Literary Criticism. Liaterarkritik. Critica letteraria. Crítica literaria.

a) But. Purpose. Zweck. Scopo. Fin.

*b*4860 DUPONT, J., «Le salut des Gentils et la signification du livre des Actes», NTS 6 (1959-60) 132-155, dans *Études sur les Actes des apôtres* (Paris, Cerf, 1967), 393-419.

*b*4861 VAN UNNIK, W.C., «The 'Book of Acts' - The Confirmation of the Gospel», NT 4 (1960) 26-59, dans *Sparsa Collecta* (1973), I, 340-373.

*b*4862 MATTILL, A.J., Jr., «The Purpose of Acts: Schneckenburger Reconsidered», dans *Apostolic History and the Gospel* (en collab.) (1970), 108-122.

*b*4863 FRANKLIN, E., *Christ the Lord*. A Study in the Purpose and Theology of Luke-Acts (London, SPCK, 1975), 241 pp.

*b*4864 O'TOOLE, R.F., «Why Did Luke Write Acts (Lk-Acts)?» BTB 7 (1977) 66-76.

*b*4865 SCHNEIDER, G., «Der Zweck des lukanischen Doppelwerks», BZ 21 (1977) 45-66.

*b*4866 MATTILL, A.J., Jr., «The Date and Purpose of Luke-Acts: Rackham Reconsidered», CBQ 40 (1978) 335-350.

*b*4867 BOVON, F., «Luc: portrait et projet», LV nº 153-154 (1981) 9-18.

*b*4868 GRECH, P., «Jewish Christianity and the Purpose of Acts», dans *Studia Evangelica* (en collab.) (1982), VII, 223-226.

*b*4869 GRECH, P., «Jewish Christianity and the Purpose of Acts», dans *Parola e Spirito* (en collab.) (1982), 645-650.

*b*4870 MADDOX, R., *The Purpose of Luke-Acts* (FRLANT 126) (Göttingen, Vandenhoeck & Ruprecht, 1982), vii-218 pp.

b) Sources. Quellen. Tradizioni. Tradiciones.

*b*4871 BULTMANN, R., «Zur Frage nach den Quellen der Apostelgeschichte», dans *New Testament Essays*. Studies in Memory of T.W. Manson (en collab.) (1959), 68-80, dans *Exegetica* (1967), 412-423.

*b*4872 KILPATRICK, G.D., «Some Quotations in Acts», dans *Les Actes des Apôtres*. Traditions, rédaction, théologie (en collab.) (1979), 81-97.

*b*4873 MORGAN-WYNNE, J.E., «2 Corinthians viii.18f. and the Question of a Traditionsgrundlage for Acts», JTS 30 (1979) 172-173.

*b*4874 RESE, M., «Die Funktion der alttestamentlichen Zitate und Anspielungen in den Reden der Apostelgeschichte», dans *Les Actes des Apôtres*. Traditions, rédaction, théologie (en collab.) (1979), 61-79.

*b*4875 SCHNEIDER, G., «Schrift und Tradition in der theologischen Neuinterpretation der lukanischen Schriften», BiKi 34 (1979) 112-115.

*b*4876 RICHARD, E., «The Old Testament in Acts: Wilcox's Semitisms in Retrospect», CBQ 42 (1980) 330-341.

*b*4877 RICHARD, E., «The Creative Use of Amos by the Author of Acts», NT 24 (1982) 37-53.

c) Discours. Speeches. Reden. Discordi. Discursi.

b4878   DODD, C.H., *The Apostolic Preaching and its Developments*[2] (London, Hodder & Stoughton, 1944), 96 pp.

b4879   TOWNSEND, J.T., «Speeches in Acts», AThR 42 (1960) 150-159.

b4880   DUPONT, J., *Le discours de Milet.* Testament pastoral de Paul (Ac 20,18-36) (Paris, Cerf, 1962), 412 pp.

b4881   DUPONT, J., «Les discours missionnaires des Actes des apôtres, d'après un ouvrage récent», RB 69 (1962) 37-60, dans *Études sur les Actes des apôtres* (Lectio Divina, 45) (Paris, Cerf, 1967), 133-160.

b4882   GHIDELLI, C., «Bibliografia biblica petrina», ScuolC 96 (1968) 62*-110* («I discorsi di S. Pietro», 86*-93*).

b4883   SCHMITT, J., «La prédication apostolique. Les formes. Le contenu», dans WEBER, J.-J., SCHMITT, J. (Éd.), *Où en sont les études bibliques?* (L'Église en son temps, 14) (Paris, Le Centurion, 1968), 107-134.

b4884   BARCLAY, W., «A Comparison of Paul's Missionary Preaching and Preaching to the Church», dans *Apostolic History and the Gospel* (en collab.) (1970), 165-175.

b4885   BROWN, S., «Précis of Eckhard Plümacher, *Lukas als hellenistischer Schriftsteller*», dans *Society of Biblical Literature. 1974 Seminar Papers* (en collab.) (1974), 103-113.

b4886   GASQUE, W.W., «The Speeches of Acts: Dibelius Reconsidered», dans *New Dimensions in New Testament Study* (en collab.) (1974), 232-250.

b4887   WILCKENS, U., *Die Missionsreden der Apostelgeschichte. Form- und traditionsgeschichtliche Untersuchungen* (WMANT 5) (Neukirchen-Vluyn, Neukirchener Verlag, 1974), 238 pp.

b4888   KLIESCH, K., *Das heilsgeschichtliche Credo in den Reden der Apostelgeschichte* (BBB 44) (Bonn, Peter Hanstein, 1975), xxix-266 pp.

b4889   WILCOX, M., «A Foreword to the Study of the Speeches in Acts», dans *Christianity, Judaism and Other Greco-Roman Cults* (en collab.) (1975), I, 206-225.

b4890   DUMAIS, M., *Le langage de l'évangélisation* (1976), 399 pp.

b4891   GUILLET, J., *Les premiers mots de la foi*, «Le discours: l'annonce de l'événement» (1977), 37-70.

b4892   VELTMAN, F., «The Defense Speeches of Paul in Acts», dans *Society of Biblical Literature. 1977 Seminar Papers* (en collab.) (1977), 325-339.

b4893   MIESNER, D.R., «The Circumferential Speeches of Luke-Acts: Patterns and Purpose», dans *Society of Biblical Literature. 1978 Seminar Papers* (1978), II, 223-237.

b4894   RICHARD, E., «*Acts 6:1 - 8:4. The Author's Method of Composition* (SBL Dissertation Series, 41) (Missoula, Montana, Scholars Press, 1978), xiii-379 pp.

b4895   VELTMAN, F., «The Defense Speeches of Paul in Acts», dans *Perspectives on Luke-Acts* (en collab.) (1978), 243-256.

b4896   DOWNING, F.G., «Ethical Pagan Theism and the Speeches in Acts», NTS 27 (1981) 544-563.

b4897   DUMAIS, M., *L'actualisation du Nouveau Testament*, «Le langage évangélique et la vie en cours» (1981), 15-41.

b4898   SCHMITT, J., «Les discours missionnaires des Actes et l'histoire des traditions prépauliniennes», RSR 69 (1981) 165-180.

d) Récits. Narratives. Berichte. Racconti. Relatos.

b4899   BROWN, S., «Précis of Eckhard Plümacher, *Lukas als hellenistischer Schriftsteller*», dans *Society of Biblical Literature. 1974 Seminar Papers* (en collab.) (1974), 103-113.

b4900   PLÜMACHER, E., «Wirklichkeitserfahrung und Geschichtsschreibung bei Lukas. Erwägungen zu den Wir-Stücken der Apostelgeschichte», ZNW 68 (1977) 2-22.

b4901   MIESNER, D.R., «The Missionary Journeys Narrative: Patterns and Implications», dans *Perspectives on Luke-Acts* (en collab.) (1978), 199-214.

b4902   ROBBINS, V.K., «By Land and By Sea: The We-Passages and Ancient Sea Voyages», dans *Perspectives on Luke-Acts* (en collab.) (1978), 215-242.

b4903   BETORI, G., *Perseguitati a causa del Nome.* Strutture dei racconti di persecuzione in Atti 1,12-8,4 (Analecta Biblica, 97) (Rome, Biblical Institute Press, 1981), xv-211 pp.

b4904   FUSCO, V., «Le sezioni-noi degli Atti nella discussione recente», BibOr 25 (1983) 73-86.

e) Philologie. Philology. Philologie. Filologia. Filología.

b4905   PAYNE, D.F., «Semitisms in the Book of Acts», dans *Apostle History and the Gospel* (en collab.) (1970), 134-150.

b4906   KILPATRICK, G.D., «The Historic Present in the Gospels and Acts», ZNW 68 (1977) 258-262.

b4907   HORTON, F.L., Jr., «Reflections on the Semitisms of Luke-Acts», dans *Perspectives on Luke-Acts* (en collab.) (1978), 1-23.

b4908   LACHS, S.T., «Hebrew Elements in the Gospels and Acts», JQR 71 (1980) 31-43.

f) Divers. Miscellaneous. Verschiedenes. Diversi. Diversos.

b4909   JOHNSON, S.E., «A Proposed Form-Critical Treatment of Acts», AThR 21 (1939) 22-31.

b4910   BENOIT, P., «Remarques sur les 'sommaires' de Actes 2.42 à 5», dans *Aux sources de la tradition chrétienne* (en collab.) (1950), 1-10.

b4911   FILSON, F.V., «The Journey Motif in Luke-Acts», dans *Apostolic History and the Gospel* (en collab.) (1970), 68-77.

b4912   TALBERT, C.H., *Literary Patterns, Theological Themes, and the Genre of Luke-Acts* (SBL Monograph Series, 20) (Missoula, Society of Biblical Literature and Scholars Press, 1974), ix-159 pp.

b4913   GASQUE, W.W., *A History of the Criticism of the Acts of the Apostles* (Grand Rapids, Eerdmans, 1975), xii-344 pp.

b4914   DAUBE, D., «A Reform in Acts and Its Models», dans *Jews, Greeks and Christians* (en collab.) (1976), 151-163.

b4915   DUMAIS, M., «Le langage évangélique et la vie en cours. Réflexions sur le modèle biblique», ET 7 (1976) 147-170.

b4916   MULLINS, T.Y., «New Testament Commission Forms, Especially in Luke-Acts», JBL 95 (1976) 603-614.

b4917   BECK, B.E., «The Common Authorship of Luke and Acts», NTS 23 (1977) 346-352.

b4918   HUBBARD, B.J., «Commissioning Stories in Luke-Acts: A Study of their Antecedents, Form and Content», Semeia 8 (1977) 103-126.

b4919   JOHNSON, L.T., *The Literary Function of Possessions in Luke-Acts* (SBL Dissertation Series, 39) (Missoula, Scholars Press, 1977), 241 pp.

*b*4920   HUBBARD, B.J., «The Role of Commissioning Accounts in Acts», dans *Perspectives on Luke-Acts* (en collab.) (1978), 187-198.

*b*4921   LAMAR CRIBBS, F., «The Agreements that Exist between John and Acts», dans *Perspectives on Luke-Acts* (en collab.) (1978), 40-61.

*b*4922   QUINN, J.D., «The Last Volume of Luke: The Relation of Luke-Acts to the Pastoral Epistles», dans *Perspectives on Luke-Acts* (en collab.) (1978), 62-75.

*b*4923   DUPONT, J., «La question du plan des Actes des Apôtres à la lumière d'un texte de Lucien de Samosate», NT 21 (1979) 220-231.

*b*4924   TYSON, J.B., «The Problem of Food in Acts: A Study of Literary Patterns with Particular Reference to Acts 6:1-7», dans *Society of Biblical Literature. 1979 Seminar Papers* (en collab.) (1979), I, 69-85.

*b*4925   KURZ, W.S., «Hellenistic Rhetoric in the Christological Proof of Luke-Acts», CBQ 42 (1980) 171-195.

*b*4926   PRAEDER, S.M., «Luke-Acts and the Ancient Novel», dans *Society of Biblical Literature. 1981 Seminar Papers* (en collab.) (1981), 269-292.

*b*4927   MADDOX, R., *The Purpose of Luke-Acts* (1982), «The Unity and Structure of Luke-Acts and the Question of Purpose», 1-30; «The Special Affinities of Luke and John», 158-179.

*b*4928   O'TOOLE, R.F., «Parallels in Luke-Acts», BZ 27 (1983) 195-212.

7. Paul. Paulus. Paolo. Pablo.

*b*4929   MATTILL, A.J., Jr., «A Spectrum of Opinion on the Value of Acts as a Source for the Reconstruction of the Life and Thought of Paul», dans *Society of Biblical Literature. 1974 Seminar Papers* (en collab.) (1974), II, 63-83.

*b*4930   BRUCE, F.F., «Is The Paul Of Acts The Real Paul?» BJRL 58 (1975-76) 282-305.

*b*4931   BURCHARD, C., «Paulus in der Apostelgeschichte», TLZ 100 (1975) 881-895.

*b*4932   RADL, W., *Paul und Jesus im lukanischen Doppelwerk.* Untersuchungen zu Parallelmotiven im Lukasevangelium und in der Apostelgeschichte (Europäische Hochschulschriften, Reihe XXIII: Theologie, 49) (Bern, H. Lang, 1975), 460 pp.

*b*4933   BARRETT, C.K., «Acts and the Pauline Corpus», ExpTim 88 (1976) 2-5.

*b*4934   WILSON, S.G., «The Portrait of Paul in Acts and the Pastorals», dans *Society of Biblical Literature. 1976 Seminar Papers* (en collab.) (1976), 397-411.

*b*4935   ADINOLFI, M., «San Paolo e le Autorità Romane negli Atti degli Apostoli», Ant 53 (1978) 452-470.

*b*4936   BOVON, F., *Luc le théologien,* «La figure de Paul» (1978), 370-378.

*b*4937   MATTILL, A.J., Jr., «The Value of Acts as a Source for the Study of Paul», dans *Perspectives on Luke-Acts* (en collab.) (1978), 76-98.

*b*4938   BRUCE, F.F., «St. Paul in Macedonia», BJRL 61 (1979) 337-354.

*b*4939   HICKLING, C.J.A., «The Portrait of Paul in Acts 26», dans *Les Actes des Apôtres. Traditions, rédaction, théologie* (en collab.) (1979), 499-503.

*b*4940   JERVELL, J., «Paul in the Acts of the Apostles. Tradition, History, Theology», dans *Les Actes des Apôtres. Traditions, rédaction, théologie* (en collab.) (1979), 297-306.

*b*4941   MARTINI, C.M., «Pierre et Paul dans l'Église ancienne. Considérations sur la tradition textuelle des Actes des Apôtres», dans *Paul de Tarse, apôtre de notre temps* (en collab.) (1979), 261-268.

*b*4942   McNULTY, T.M., «Pauline Preaching: A Speech-Act Analysis», Wor 53 (1979) 207-214.

b4943   ROLOFF, J., «Die Paulus-Darstellung des Lukas. Ihre geschichtlichen Voraussetzungen und ihr theologisches Ziel», EvT 39 (1979) 510-531.

b4944   BAUERNFEIND, O., *Kommentar und Studien zur Apostelgeschichte*, «Zur Frage nach der Entscheidung zwischen Paulus und Lukas (ZST 23 1954 S. 59-88)» (1980), 353-382.

b4945   DOCKX, S., «Luc a-t-il été le compagnon d'apostolat de Paul?» NRT 103 (1981) 385-400.

b4946   HEDRICK, C.W., «Paul's Conversion/Call: A Comparative Analysis of the Three Reports in Acts», JBL 100 (1981), 415-432.

b4947   LÖNING, K., «Paulinismus in der Apostelgeschichte», dans *Paulus in den neutestamentlichen Spätschriften* (en collab.) (1981), 202-234.

b4948   MÜLLER, P.-G., «Der 'Paulinismus' in der Apostelgeschichte. Ein forschungsgeschichtlicher Überblick», dans *Paulus in den neutestamentlichen Spätschriften* (en collab.) (1981), 157-201.

b4949   ROLOFF, J., «Luke's presentation of Paul», TDig 29 (1981) 49-52.

b4950   MADDOX, R., *The Purpose of Luke-Acts*, «The Picture of Paul in Acts» (1982), 66-90.

8. Histoire. History. Geschichte. Storia. Historia.

b4951   BLAIKLOCK, E.M., «The Acts of the Apostles as a Document of First Century History», dans *Apostolic History and the Gospel* (en collab.) (1970), 41-54.

b4952   ZINGG. P., *Das Wachsen der Kirche* (Orbis Biblicus et Orientalis, 3) (Freiburg, Schweiz, Universitätsverlag; Göttingen, Vandenhoeck & Ruprecht, 1974), 345 pp.

b4953   MEEKS, W.A., «Jews and Christians in Antioch in the First Four Centuries», dans *Society of Biblical Literature. 1976 Seminar Papers* (en collab.) (1976), 33-65.

b4954   SCHIERSE, F.J., «Geschichte und Geschichten - Hermeneutische Überlegungen zur Apostelgeschichte», BiKi 31 (1976) 34-38.

b4955   GASQUE, W.W., «La valeur historique des Actes des Apôtres», Hok n° 6 (1977) 12-33.

b4956   GASQUE, W.W., «The Book of Acts and History», dans *Unity and Diversity in New Testament Theology* (en collab.) (1978), 54-72.

b4957   SANDMEL, S., *Judaism and Christian Beginnings*, «Acts of the Apostles» (1978), 399-417.

b4958   WEISER, A., «Die Nachwahl des Mattias (Apg 1,15-26). Zur Rezeption und Deutung urchristlicher Geschichte durch Lukas», dans *Zur Geschichte des Urchristentums* (en collab.) (1979), 97-110.

b4959   ELLIOTT, J.H., «Peter, Silvanus and Mark in I Peter and Acts: Sociological-Exegetical Perspectives on a Petrine Group in Rome», dans *Wort in der Zeit* (en collab.) (1980), 250-267.

b4960   KURZ, W.S., «Luke-Acts and Historiography in the Greek Bible», dans *SBL 1980 Seminar Papers* (en collab.) (1980), 283-300.

b4961   CLAVEL-LÉVÊQUE, M., NOUAILHAT, R., «Ouverture et compromis: les Actes des apôtres, réponse idéologique aux nouvelles réalités impériales», LV n° 153-154 (1981) 35-58.

b4962   GIBERT, P., «L'invention d'un genre littéraire», LV n° 153-154 (1981) 19-33.

b4963   HENGEL, M., «Der Historiker Lukas und die Geographie Palästinas in der Apostelgeschichte», ZDPV 99 (1983) 147-183.

9. Théologie. Theology. Theologie. Teologia. Teología.

b4964   TANNEHILL, R., «Study in the Theology of Luke-Acts», AThR 43 (1961) 195-203.

b4965 VAN UNNIK, W.C., «Die Apostelgeschichte und die Häresien», ZNW 58 (1967) 240-246, dans *Sparsa Collecta* (1973), I, 402-409.

b4966 GUILLET, J., «Die Mitte der Botschaft: Jesu Tod und Auferstehung», IKZCommunio 2 (1973) 225-238.

b4967 MARSHALL, I.H., «'Early Catholicism' in the New Testament», dans *New Dimensions in New Testament Study* (en collab.) (1974), 217-231.

b4968 FRANKLIN, E., *Christ the Lord. A Study in the Purpose and Theology of Luke-Acts* (Philadelphia, Westminster, 1975), xii-241 pp.

b4969 PARKER, P., «The Kinship of John and Acts», dans *Christianity, Judaism and Other Greco-Roman Cults* (en collab.) (1975), I, 187-205.

b4970 RADL, W., *Paulus und Jesus im lukanischen Doppelwerk. Untersuchungen zu Parallelmotiven im Lukasevangelium und in der Apostelgeschichte* (Europäische Hochschulschriften, Reihe XXIII: Theologie, 49) (Bern, H. Lang, 1975), 460 pp.

b4971 RASCO, E., *La teología de Lucas: origen, desarrollo, orientaciones* (Analecta Gregoriana, 201) (Roma, Università Gregoriana Editrice, 1976), 195 pp.

b4972 DÖMER, M., *Das Heil Gottes. Studien zur Theologie des lukanischen Doppelwerkes* (BBB 51) (Bonn, Peter Hanstein, 1978), xlvii-233 pp.

b4973 MARCHADOUR, A., *Un évangile à découvrir*, «Les Actes ou la construction du discours chrétien» (1978), 37-44.

b4974 DUPONT, J., «La conclusion des Actes et son rapport à l'ensemble de l'ouvrage de Luc», dans *Les Actes des Apôtres*. Traditions, rédaction, théologie (en collab.) (1979), 359-404.

b4975 BAUERNFEIND, O., *Kommentar und Studien zur Apostelgeschichte*, «Vorfragen zur Theologie des Lukas» (1980), 383-422.

10. Textes. Texts. Texte. Testi. Textos.

b4976 1,1-15,35 MARTIN, R.A., *Syntactical Evidence of Semitic Sources in Greek Documents* (Septuagint and Cognate Studies, 3) (Missoula, Scholars Press, 1974), vi-165 pp.

b4977 1-8 SNAPE, H.C., «After the Crucifixion of 'The Great Forty Days'», Numen 17 (1970) 188-200.

b4978 1-2 MONTAGUE, G.T., *The Holy Spirit*. Growth of a Biblical Tradition (New York, Paulist Press, 1976), «The Gift of the Spirit on Pentecost: Acts 1-2», 271-288.

b4979   LOHFINK, G., «Der Ablauf der Osterereignisse und die Anfänge der Urgemeinde», TQ 160 (1980) 162-176.

b4980 1 RIEDL, J., «Entstehung und Inhalt des neutestamentlichen Osterglaubens», BiLit 40 (1967) 81-110.

b4981 1,1-26 VAN DER HORST, P.W., «Hellenistic Parallels to the Acts of the Apostles: 1 1-26», ZNW 74 (1983) 17-26.

b4982 1,1-12 BOVON, F., *Luc le théologien*, «L'Ascension (Lc 24,50-53 et Ac 1,1-12)» (1978), 181-188.

b4983 1,1-11 BROWN, S., «The Role of the Prologues in Determining the Purpose of Luke-Acts», dans *Perspectives on Luke-Acts* (en collab.) (1978), 99-111.

b4984   INCH, M.A., «Interpreting Luke-Acts. Acts 1:1-11», dans *The Literature and Meaning of Scripture* (en collab.) (1981), 173-189.

b4985   Y.B., «L'Ascension du Seigneur (Ac. 1,1-11; Luc 24,46-53)», EV (prédication) 83 (1983) 118-119.

b4986 1,1-5 ALFARIC, P., «Les Prologues de Luc», RHR 115 (1937) 37-52.

b4987   ROBBINS, V.K., «Preface in Greco-Roman Biography and Luke-Acts», dans *Society of Biblical Literature. 1978 Seminar Papers* (en collab.) (1978), II, 193-207.

b4988   MARGOT, J.C., *Traduire sans trahir* (Lausanne, Éditions l'Âge d'homme, 1979), «La structure du texte. La chaîne des participants et des événements», 201-212.

b4989   1,1-3   DELEBECQUE, É., «Les deux prologues des Actes des Apôtres», RT 80 (1980) 628-634.

b4990   1,1-2   FEUILLET, A., «Le 'Commencement' de l'Économie Chrétienne d'après He ii.3-4; Mc i.1 et Ac i.1-2», NTS 24 (1977-78) 163-174.

b4991   MENESTRINA, G., «L'incipit dell'epistola 'Ad-Diognetum', Luca 1,1-4 e Atti 1,1-2», BibOr 19 (1977) 215-218.

b4992   1,4-14   LOHFINK, G., «'Was steht ihr da und schauet' (Apg. 1,11). Die 'Himmelfahrt Jesu' im lukanischen Geschichtswerk», BiKi 20 (1965) 43-48.

b4993   1,4-8   PANIMOLLE, S.A., «Lo Spirito, guida della chiesa», dans *Parola, spirito e vita* 4 (1981) 186-201.

b4994   1,6-14   GUILLAUME, J.-M., *Luc interprète des anciennes traditions sur la résurrection de Jésus*, «Actes, 1,6-14» (1979), 239-262.

b4995   1,6-12   EPP, E.J., «The Ascension in the Textual Tradition of Luke-Acts», dans *New Testament Textual Criticism* (en collab.) (1981), 131-145.

b4996   1,6-11   BENOIT, P., «L'ascension», RB 56 (1949) 161-203, dans *Exégèse et théologie* (1961), I, 363-411.

b4997   GUILLAUME, J.-M., *Luc interprète des anciennes traditions sur la résurrection de Jésus*, «L'Ascension» (1979), 203-262.

b4998   DELEBECQUE, É., «Ascension et Pentecôte dans les actes des apôtres», RT 82 (1982) 79-89.

b4999   1,7   LUCCHESI, E., «Précédents non bibliques à l'expression Néo-Testamentaire: 'Les temps et les moments'», JTS 28 (1977) 537-540.

b5000   1,8   VAN UNNIK, W.C., «Der Ausdruck eôs eskhatou tês gês (Apostelgeschichte i 8) und sein alttestamentlicher Hintergrund», dans *Studia Biblica et Semitica* (en collab.) (1966), 335-349, dans *Sparsa Collecta* (1973), I, 386-401.

b5001   THORNTON, T.C.G., «To the end of the earth: Acts 1[8]», ExpTim 89 (1978) 374-375.

b5002   MATTHEY, J., «La mission de l'Église au temps des apôtres et au temps de Luc», LV n° 153-154 (1981) 61-71.

b5003   1,9-12   SCHNIDER, F., «Himmelfahrt Jesu - Ende oder Anfang? Zum Verständnis des lukanischen Doppelwerkes», dans *Kontinuität und Einheit* (en collab.) (1981), 158-172.

b5004   1,9   ABBA, R., «What does Ascension mean?» ExpTim 94 (1983) 210-211.

b5005   1,12-8,4   BETORI, G., *Perseguitati a causa del Nome*. Strutture dei racconti di persecuzione in Atti 1,12-8,4 (Analecta Biblica, 97) (Rome, Biblical Institute Press, 1981), xv-211 pp.

b5006   1,13-14   BLANQUART, F., «La peur des Apôtres», NRT 103 (1981) 563-567.

b5007   1,14   ITURBE, J., «María, la Madre de Jesús, espera al Espíritu Santo en la Sta. Sión», CuBi 11 (1954) 375-379.

b5008   1,15-2,47   PANIER, L., «Comprenez pourquoi vous comprenez! Analyse sémiotique des *Actes* 1,15-2,47», SemBib n° 23 (1981) 20-43.

b5009   1,15-26   JAUREGUI, J.A., *Testimonio apostolado-misión*. Justificación teológica del concepto lucano apóstol-testigo de la resurrección. Análisis Exegético de Act 1,15-26 (Teología Deusto, 3) (Bilbao, Mensajero and Universidad de Deusto, 1973), 253 pp.

b5010   WEISER, A., «Die Nachwahl des Mattias (Apg 1,15-26). Zur Rezeption und Deutung urchristlicher Geschichte durch Lukas», dans *Zur Geschichte des Urchristentums* (en collab.) (1979), 97-110.

b5011   DUPONT, J., «Le douzième Apôtre (Actes 1,15-26). À propos d'une explication récente», BibOr 24 (1982) 193-198.

b5012   1,15-17   SAHLIN, H., «Der Tod des Judas Iskariot nach Ag 1,15ff», ASTI 12 (1983) 148-152.

b5013   1,16-20   MANNS, F., «Un Midrash chrétien: le récit de la mort de Judas», RevSR 54 (1980) 197-203.

b5014   PANIER, L., «La mort de Judas. Éléments d'analyse sémiotique du récit de la Pentecôte», LV n⁰ 153-154 (1981) 111-122.

b5015   1,20   KILPATRICK, G.D., «Some Quotations in Acts», dans *Les Actes des Apôtres. Traditions, rédaction, théologie* (en collab.) (1979), 81-97.

b5016   1,24-26   READ, D.H.C., «A Prayer and a Throw of Dice», ExpTim 91 (1980) 210-211.

b5017   2-5   BENOIT, P., «Remarques sur les 'sommaires' de Actes 2.42 à 5», dans *Aux sources de la tradition chrétienne* (en collab.) (1950), 1-10.

b5018   2-4   MEALAND, D.L., «Community of Goods and Utopian Allusions in Acts II-IV», JTS 28 (1977) 96-99.

b5019   2   CASSIEN, Archimandrite, «La Pentecôte Johannique», ETR 13 (1938) 151-176, 254-277, 327-343; 14 (1939) 32-62, 98-100.

b5020   MINGUEZ, D., *Pentecostés*. Ensayo de Semiótica narrativa en Hch 2 (Analecta Biblica, 75) (Rome, Biblical Institute Press, 1976), 217 pp.

b5021   KOSCHORKE, K., «Eine gnostische Pfingstpredigt. Zur Auseinandersetzung zwischen gnostischem und kirchlichem Christentum am Beispiel der 'Epistula Petri ad Philippum' (NHC VIII,2)», ZTK 74 (1977) 323-343.

b5022   CHEVALLIER, M.-A., *Souffle de Dieu*. Le Saint-Esprit dans le Nouveau Testament, «L'effusion de la Pentecôte» (1978), 173-190.

b5023   DELZANT, A., *La communication de Dieu*. Par-delà utile et inutile. Essai théologique sur l'ordre symbolique (Cogitatio Fidei, 92) (Paris, Cerf, 1978), «Naissance d'un peuple: l'expérience de Dieu par Jésus le Christ (Ac 2)», 253-284.

b5024   GLASER, G., «Das biblische Pfingsten und unser Pfingsten», GeistL 52 (1979) 164-170.

b5025   TIEDE, D.L., «Acts 2:1-47», Interpr 33 (1979) 62-67.

b5026   CHEVALLIER, M.-A., «'Pentecôtes' lucaniennes et 'Pentecôtes' johanniques», RSR 69 (1981) 301-313.

b5027   JUEL, D., «Social Dimensions of Exegesis: The Use of Psalm 16 in Acts 2», CBQ 43 (1981) 543-556.

b5028   PAPA, B., «L'effusione dello Spirito a pentecoste», dans *Parola, spirito e vita* 4 (1981) 142-159.

b5029   DELEBECQUE, É., «Ascension et Pentecôte dans les actes des apôtres», RT 82 (1982) 79-89.

b5030 2,1-13 BROER, I., «Der Geist und die Gemeinde. Zur Auslegung der lukanischen Pfingstgeschichte (Apg 2,1-13)», BiLeb 13 (1972) 261-283.

b5031 WEISER, A., «Die Pfingstpredigt des Lukas», BiLeb 14 (1973) 1-12.

b5032 SAHAGIAN, S., «Le temps de l'Église - Actes 2,1-13», ETR 58 (1983) 359-367.

b5033 2,1-11 Y.B., «L'Esprit Saint à l'oeuvre (Actes 2,1-11)», EV (prédication) 78 (1978) 113-115; 80 (1980) 129-131.

b5034 G.C., «L'Esprit et l'Église (Ac. 2,1-11)», EV (prédication) 79 (1979) 132-134.

b5035 VIARD, A., «Solennité de la pentecôte (Ac. 2,1-11; Jn 20,19-23)», EV (prédication) 83 (1983) 130-131.

b5036 2,1 SALAS, A., «Estaban 'todos' reunidos (Hch 2,1). Precisiones críticas sobre los 'testigos' de Pentecostés», Salm 28 (1981) 299-314.

b5037 2,3 DE DURAND, M.-G., «Pentecôte johannique et Pentecôte lucanienne chez certains Pères», BLE 79 (1978) 97-126.

b5038 2,7-11 STENGER, W., «Beobachtungen zur sogenannten Völkerliste des Pfingstwunders (Apg 2,7-11)», Kairos 21 (1979) 206-214.

b5039 2,9-11 METZGER, B.M., «Ancient Astrological Geography and Acts 2:9-11», dans Apostolic History and the Gospel (en collab.) (1970), 123-133.

b5040 2,12 REID, G.T.H., «The Most Neglected Promise in the Bible», ExpTim 85 (1974) 241-243.

b5041 2,14-41 GHIDELLI, C., «Il discorso di Pietro nel giorno di Pentecoste (Atti 2,14-41)», dans BALLARINI, T. (Ed.), Introduzione alla Bibbia con antologia esegetica (Torino, Marietti, 1966), V, parte 1, 85-110.

b5042 GHIDELLI, C., «Tradizione o redazione nel martyrion di San Pietro a Gerusalemme», dans San Pietro (en collab.) (1967), 215-240.

b5043 2,14-36 EVANS, C.A., «The Prophetic Setting of the Pentecost Sermon», ZNW 74 (1983) 148-150.

b5044 2,14-21 ROBECK, C.M., Jr., «The Gift of Prophecy in Acts and Paul», SBT 5,1 (1975) 15-38; 5,2 (1975) 17-54.

b5045 2,14-17 VOSS, G., «Durch die Rechte Gottes erhöht, hat er den Geist ausgegossen (Apg 2,33). Pfingstgeschehen und Pfingstbotschaft nach Apostelgeschichte Kap 2», BiKi 21 (1966) 45-47.

b5046 2,16-21 KILPATRICK, G.D., «Some Quotations in Acts», dans Les Actes des Apôtres. Traditions, rédaction, théologie (en collab.) (1979), 81-97.

b5047 2,22 FERGUSON, J., «Christ Worker of Miracles», ExpTim 94 (1983) 112-113.

b5048 2,30 O'TOOLE, R.F., «Acts 2:30 and the Davidic Covenant of Pentecost», JBL 102 (1983) 245-258.

b5049 2,32 THEXTON, S.C., «Three in One - One in Three», ExpTim 89 (1978) 244-246.

b5050 FERGUSON, J., «Life in the Risen Christ», ExpTim 94 (1983) 176-177.

b5051 2,33-34 GOURGUES, M., À la droite de Dieu, «Ac 2:33-34» (1978), 164-169.

b5052 2,36 JOHNSTON, G., «New Testament Christology in a Pluralistic Age», dans Biblical Studies (W. Barclay) (en collab.) (1976), 178-193.

b5053 2,38-39 MINGUEZ, D., «Estructura dinámica de la conversión. Reflexión sobre Hch 2,38-39», EstE 54 (1979) 383-394.

b5054 2,38 PESCH, R., «Die Gabe des Heiligen Geistes (Apg 2,38). Der Christ und der Geist nach Lukas. Meditation» BiKi 21 (1966) 52-53.

*b*5055   2,40   LÖVESTAM, E., «Der Rettungsappell in Ag 2,40», ASTI 12 (1983) 84-92.

*b*5056   2,41-4,35   HERMAN, I.Z., «Un Tentativo di analisi strutturale di Atti 2,41-4,35 secondo il metodo di A.J. Greimas», Ant 56 (1981) 467-474.

*b*5057   2,41-43   READ, D.H.C., «Needed: An Aweful Religion», ExpTim 87 (1976) 274-275.

*b*5058   2,42-47   BORI, P.C., *Chiesa primitiva*. L'immagine della comunità delle origini - Atti 2,42-47; 4,32-37 - nella storia della chiesa antica (Testi e ricerche di Scienze religiose, 10) (Brescia, Paideia, 1974), 307 pp.

*b*5059   2,42-45   DEL VERME, M., «La comunione dei beni nella comunità primitiva di Gerusalemme», RivB 23 (1975) 353-382.

*b*5060   2,42   MANZANERA, M., «*Koinonia* en Hch 2,42. Notas sobre su interpretatión y origen histórico-doctrinal», EstE 52 (1977) 307-329.

*b*5061   TOWNSEND, M.J., «Exit the Agape?» ExpTim 90 (1979) 356-361.

*b*5062   2,44-45   DEL VERME, M., *Communione e condivisione dei beni*. Chiesa primitiva e giudaismo esseno-qumranico a confronto (Brescia, Morcelliana, 1977), 150 pp.

*b*5063   2,45   KLAUCK, H.J., «Gütergemeinschaft in der klassischen Antike, in Qumran und im Neuen Testament», RQum 11 (1982) 47-79.

*b*5064   2,47   DELEBECQUE, É., «Trois simples mots chargés d'une lumière neuve», RT 80 (1980) 75-85.

*b*5065   GAMBA, G.G., «Significato letterale e portata dottrinale dell'inciso participiale di Atti 2,47b», Sal 43 (1981) 45-70.

*b*5066   3-5   PANIER, L., «Pour lire les Actes des apôtres, 2e partie: les chapitres 3 à 5», SemBib no 29 (1983) 11-18.

*b*5067   3,1-4,22   MONSARRAT, V., «Actes 3/1-4/22», ETR 53 (1978) 259-267.

*b*5068   3   SCOBIE, C.H.H., «The Use of Source Material in the Speeches of Acts III and VII», NTS 25 (1979) 399-421.

*b*5069   3,1-10   FILIPPINI, R., «Atti 3.1-10: proposta di analisi del racconto», RivB 28 (1980) 305-317.

*b*5070   3,14   KILPATRICK, G.D., «Three Problems of New Testament Text», NT 21 (1979) 289-292.

*b*5071   3,15   MINEAR, P.S., *To Die and to Live*, «The Clarifying Event / Acts 3:15» (1977), 39-65.

*b*5072   JOHNSTON, G., «Christ as Archegos», NTS 27 (1981) 381-385.

*b*5073   3,16   NEIRYNCK, F., «The Miracle Stories in the Acts of the Apostles. An Introduction», dans *Les Actes des Apôtres*. Traditions, rédaction, théologie (en collab.) (1979), 169-213.

*b*5074   3,19-26   KURZ, W.S., «Acts 3:19-26 as a Test of the Role of Eschatology in Lukan Christology», dans *Society of Biblical Literature. 1977 Seminar Papers* (en collab.) (1977), 309-323.

*b*5075   3,19-21   LAMBRECHT, J., «De oudste christologie: Verrijzenis of Verhoging? - *The Oldest Christology: Resurrection or Exaltation?*» Bijdr. 36 (1975) 118-144 (English summary).

*b*5076   BARBI, A., *Il Cristo celeste presente nella Chiesa*. Tradizione e Redazione in Atti 3,19-21 (Analecta Biblica, 64) (Rome, Biblical Institute Press, 1979), 199 pp.

*b*5077   HAHN, F., «Das Problem alter christologischer Überlieferungen in der Apostelgeschichte unter besonderer Berücksichtigung von Act 3,19-21», dans *Les Actes des Apôtres*. Traditions, rédaction, théologie (en collab.) (1979), 129-154.

b5078   3,20-21   BAUERNFEIND, O., *Kommentar und Studien zur Apostelgeschichte*, «Tradition und Komposition in dem Apokatastasisspruch Apostelgeschichte 3,20f. (*Abraham unser Vater*, Festschrift für O. Michel, 1963 S. 13-23)» (1980), 473-483.

b5079   3,22.26   O'TOOLE, R.F., «Some Observations on *anistēmi*, 'I raise', in Acts 3:22,26», SE 31 (1979) 85-92.

b5080   3,23   MARTINI, C.M., *La parola di Dio alle origini della Chiesa* (1980), «L'esclusione dalla communità del popolo di Dio e il nuovo Israele secondo Atti 3,23» (1973), 239-258.

b5081   4,1-31   ADINOLFI, M., «'Obbedire a Dio piuttosto che agli uomini'. La comunità cristiana e il Sinedrio in Atti 4,1-31; 5,17-42», RivB 27 (1979) 69-93.

b5082   4,8-12   GOMEZ, J., «Comentario exegético-doctrinal», CuBi 27 (1970) 113-119.

b5083   BARRETT, C.K., «Salvation Proclaimed. XII. Acts 4⁸⁻¹²», ExpTim 94 (1982) 68-71.

b5084   4,9   DANKER, F.W., «The Endangered Benefactor in Luke-Acts», dans *Society of Biblical Literature. 1981 Seminar Papers* (en collab.) (1981), 39-48.

b5085   4,10   SCHENKE, L., «Die Kontrastformel Apg 4,10b», BZ 26 (1982) 1-20.

b5086   4,31-5,11   METTAYER, A., «Ambiguïté et terrorisme du sacré: Analyse d'un texte des Actes des Apôtres (4,31-5,11)», SR 7 (1978) 415-424.

b5087   4,32-5,16   NOORDA, S.J., «Scene and Summary. A Proposal for Reading Acts 4,32-5,16», dans *Les Actes des Apôtres*. Traditions, rédaction, théologie (en collab.) (1979), 475-483.

b5088   4,32-5,11   COMBET-GALLAND, C., «Actes 4/32-5/11», ETR 52 (1977) 548-553.

b5089   4,32-37   BORI, P.C., *Chiesa primitiva*. L'immagine della comunità delle origini - Atti 2,42-47; 4,32-37 - nella storia della chiesa antica (Testi e ricerche di Scienze religiose, 10) (Brescia, Paideia, 1974), 307 pp.

b5090   DEL VERME, M., «La comunione dei beni nella comunità primitiva di Gerusalemme», RivB 23 (1975) 353-382.

b5091   DEL VERME, M., *Communione e condivisione dei beni*. Chiesa primitiva e giudaismo esseno-qumranico a confronto (Brescia, Morcelliana, 1977), 150 pp.

b5092   4,36   THOMAS, W.D., «New Testament Characters», ExpTim 95 (1983) 87-89.

b5093   5,1-11   MENOUD, P.-H., «La mort d'Ananias et de Saphira (Actes 5.1-11)», dans *Aux sources de la tradition chrétienne* (en collab.) (1950), 146-154.

b5094   DERRETT, J.D.M., «Ananias, Sapphira, and the Right of Property», *Downside Review* 89 (1971) 225-232, dans DERRETT, J.D.M., *Studies in the New Testament* (1977), I, 193-201.

b5095   WEISER, A., «Das Gottesurteil über Hananias und Saphira - Apg 5,1-11», TGl 69 (1979) 148-158.

b5096   GEIGER, G., «Sünde und Tod. Versuch der Neuerzählung der Perikope von Hananias und Saphira (Apg 5,1-11)», BiLit 53 (1980) 160-164.

b5097   5,1-9   DEL VERME, M., «La comunione dei beni nella comunità primitiva di Gerusalemme», RivB 23 (1975) 353-382.

b5098   5,4   CAPPER, B.J., «The Interpretation of Acts 5.4», JSNT n° 19 (1983) 117-131.
b5099   5,13-14   SCHWARTZ, D.R., «Non-Joining Sympathizers (Acts 5,13-14)», Bibl 64 (1983) 550-555.
b5100   5,15   VAN DER HORST, P.W., «Peter's Shadow. The Religio-Historical Background of Acts v.15», NTS 23 (1977) 204-212.
b5101   5,17-42   ADINOLFI, M., «'Obbedire a Dio piuttosto che agli uomini'. La comunità cristiana e il Sinedrio in Atti 4,1-31; 5,17-42», RivB 27 (1979) 69-93.
b5102   5,31   GOURGUES, M., À la droite de Dieu, «Ac 5:31» (1978), 169-178.
b5103   JOHNSTON, G., «Christ as Archegos», NTS 27 (1981) 381-385.
b5104   6-15   BOUWMAN, G., «Samaria im lukanischen Doppelwerk», dans Theologie aus dem Norden (en collab.) (1976), 118-141.
b5105   6,1-11,26   BORSE, U., «Der Rahmentext im Umkreis der Stephanusgeschichte (Apg 6,1-11,26)», BiLeb 14 (1973) 187-204.
b5106   6-9   PANIER, L., «Parcours: pour lire les Actes des apôtres (III)», SemBib n° 30 (1983) 34-42.
b5107   6-8   NEUDORFER, H.-W., Der Stephanuskreis in der Forschungsgeschichte seit F.C. Baur (Monographien und Studienbücher, 309) (Giessen-Basel, Brunnen, 1983), 391 pp.
b5108   6,1-8,4   RICHARD, E., Acts 6:1-8:4. The Author's Method of Composition (SBL Dissertation Series, 41) (Missoula, Scholars Press, 1978), xiv-379 pp.
b5109   6-7   SCOBIE, C.H.H., «North and South: Tension and Reconciliation in Biblical History», dans Biblical Studies (W. Barclay) (en collab.) (1976), 87-98.
b5110   STANTON, G., «Stephen in Lucan Perspective», dans Studia Biblica 1978 (en collab.) (1980), III, 345-360.
b5111   6,1-7   RUSS, R., «Die murrende Kirche - Exegetisch-homiletische Überlegungen zu Apg 6,1-7», BiKi 31 (1976) 38-43.
b5112   DEL VERME, M., «Povertà e aiuto del povero nella chiesa primitiva», dans Evangelizare pauperibus (en collab.) (1978), 405-427.
b5113   TYSON, J.B., «The Problem of Food in Acts: A Study of Literary Patterns with Particular Reference to Acts 6:1-7», dans Society of Biblical Literature. 1979 Seminar Papers (en collab.) (1979), I, 69-85.
b5114   DOMAGALSKI, B., «Waren die 'Sieben' (Apg 6,1-7) Diakone?» BZ 26 (1982) 21-33.
b5115   6,1-6   DOCKX, S., «L'ordination des 'Sept' - Act 6,1-6», dans Chronologies néotestamentaires et Vie de l'Église primitive (1976), 265-288.
b5116   6,1   PESCH, R., GERHART, E., SCHILLING, F., «'Hellenisten' und 'Hebräer'. Zu Apg 9,29 und 6,1», BZ 23 (1979) 87-92.
b5117   WALTER, N., «Apostelgeschichte 6,1 und die Anfänge der Urgemeinde in Jerusalem», NTS 29 (1983) 370-393.
b5118   6,8-8,3   COMBRINK, H.J.B., Structural Analysis of Acts 6:8-8:3 (Stellenbosch Theological Studies, 4) (Cape Town, Dutch Reformed Church Publishers, 1979), 36 pp.
b5119   6,8-8,2   MUSSNER, F., «Wohnung Gottes und Menschensohn nach der Stephanusperikope (Apg 6,8-8,2)», dans Jesus und der Menschensohn (en collab.) (1975), 283-299.

b5120   BOISMARD, M.-É., «Le martyre d'Étienne. Actes 6,8-8,2», RSR 69 (1981) 181-194.

b5121   6,9-14   BRODIE, T.L., «The Accusing and Stoning of Naboth (1 Kgs 21:8-13) as One Component of the Stephen Text (Acts 6:9-14; 7:58a)», CBQ 45 (1983) 417-432.

b5122   7-9   AMMASSARI, A., La Resurrezione, «La nuova condizione celeste del Risorto» (1976), II, 19-28.

b5123   7   SIMON, M., «Saint Stephen and the Jerusalem Temple (The Journal of Ecclesiastical History, II, London, 1951, 127-142)», dans SIMON, M., Le Christianisme antique et son contexte religieux (1981), 153-168.

b5124   PESCH, R., «Der Christ als Nachahmer Christi. Der Tod des Stefanus im Vergleich mit dem Tod Christi», BiKi 24 (1969) 10-11.

b5125   ALMEIDA, I., «Le discours d'Étienne: ébauche d'organisation formelle», SemBib no 8 (1977) 7-41.

b5126   KILGALLEN, J.J., «Acts: Literary and the Theological Turning Points», BTB 7 (1977) 177-180.

b5127   RICHARD, E., «Acts 7: An Investigation of the Samaritan Evidence», CBQ 39 (1977) 190-208.

b5128   BOVON, F., Luc le théologien, «Étienne» (1978), 365-369.

b5129   SCOBIE, C.H.H., «The Use of Source Material in the Speeches of Acts III and VII», NTS 25 (1979) 399-421.

b5130   DONALDSON, T.L., «Moses Typology and the Sectarian Nature of Early Christian Anti-Judaism: A Study in Acts 7», JSNT no 12 (1981) 27-52.

b5131   7,2-53   KLIESCH, K., Das heilsgeschichtliche Credo in den Reden der Apostelgeschichte (BBB 44) (Köln, Bonn, Hanstein, 1975), xx-266 pp.

b5132   KILGALLEN, J., The Stephen Speech. A Literary and Redactional Study of Acts 7,2-53 (Analecta Biblica, 67) (Rome, Biblical Institute Press, 1976), 187 pp.

b5133   7,2-8   MOXNES, H., Theology in Conflict, «A Jewish promise to Christian Jews: Acts 7:2-8 in Luke's interpretation» (1980), 169-177.

b5134   7,9-16   RICHARD, E., «The Polemical Character of the Joseph Episode in Acts 7», JBL 98 (1979) 255-267.

b5135   7,22   GONZALO MAESO, D., «Moisés y la antigua cosmogonía egipcia», CuBi 31 (1974) 97-99.

b5136   7,35-37   VIA, E.J., «An Interpretation of Acts 7:35-37 from the Perspective of Major Themes in Luke-Acts», dans Society of Biblical Literature. 1978 Seminar Papers (en collab.) (1978), II, 209-222.

b5137   7,42-43   KILPATRICK, G.D., «Some Quotations in Acts», dans Les Actes des Apôtres. Traditions, rédaction, théologie (en collab.) (1979), 81-97.

b5138   7,49-50   KILPATRICK, G.D., «Some Quotations in Acts», dans Les Actes des Apôtres. Traditions, rédaction, théologie (en collab.) (1979), 81-97.

b5139   7,55-56   PESCH, R., «Die Vision des Stephanus Apg 7,55f. im Rahmen der Apostelgeschichte», BiLeb 6 (1965) 92-107, 170-183.

b5140   GOURGUES, M., À la droite de Dieu, «Actes 7:55,56» (1978), 178-194.

b5141   7,56   KILPATRICK, G.D., «Again Acts VII.56: Son of Man?» TZ 34 (1978) 232.

b5142   SABBE, M., «The Son of Man Saying in Acts 7,56», dans Les Actes des Apôtres. Traditions, rédaction, théologie (en collab.) (1979), 241-279.

*b*5143   7,58   GARCIA MARTINEZ, M.D., «Pero, ¿por qué? Una curiosidad
                       razonable», CuBi 26 (1969) 208-217.

*b*5144   7,60   BISHOP, E.F.F., «Two Readings from the Arabic Versions of the New
                       Testament», AThR 31 (1949) 176-179.

*b*5145   8,15   RAVAROTTO, E., «La figura e la parte di Pietro in Atti 8-15», dans *San
                       Pietro* (en collab.) (1967), 241-278.

*b*5146   8,4-25   BARRETT, C.K., «Light on the Holy Spirit from Simon Magus (Acts
                       8,4-25)», dans *Les Actes des Apôtres.* Traditions, rédaction, théologie (en
                       collab.) (1979), 281-295.

*b*5147   8,9-25   McL. WILSON, R., «Simon and Gnostic Origins», dans *Les Actes des
                       Apôtres.* Traditions, rédaction, théologie (en collab.) (1979), 485-491.

*b*5148   8,9-24   BEYSCHLAG, M., *Simon Magus und die christliche Gnosis*
                       (Wissenschaftliche Untersuchungen zum Neuen Testament, 16)
                       (Tübingen, Mohr, 1974), vii-249 pp.

*b*5149   DERRETT, J.D.M., «Simon Magnus (Act 8 9-24)», ZNW 73 (1982)
                       52-68.

*b*5150   8,25-40   MINGUEZ, D., «Hechos 8,25-40. Análisis estructural del relato», Bibl
                       57 (1976) 168-191.

*b*5151   O'TOOLE, R.F., «Philip and the Ethiopian Eunuch (Acts VIII 25-40)»,
                       JSNT n° 17 (1983) 25-34.

*b*5152   8,26-40   DINKLER, E., «Philippus und der ANHP AITHIOPS (Apg 8,26-40).
                       Historische und geographische Bemerkungen zum Missionsablauf nach
                       Lukas», dans *Jesus und Paulus* (en collab.) (1975), 85-95.

*b*5153   LINDIJER, C.H., «Two creative Encounters in the Work of Luke (Lk
                       xxiv 13-35 and Acts viii 26-40)», dans *Miscellanea Neotestamentica* (en
                       collab.) (1978), II, 77-85.

*b*5154   DE MEESTER, P., «'Philippe et l'eunuque éthiopien' ou 'Le baptême
                       d'un pèlerin de Nubie'?» NRT 103 (1981) 360-374.

*b*5155   CHARPENTIER, É., «L'officier éthiopien (Ac 8,26-40) et les disciples
                       d'Emmaüs (Lc 24,13-35)», dans *La Pâque du Christ, mystère de salut* (en
                       collab.) (1982), 197-201.

*b*5156   8,26-39   VALENTIN, G., «Schon mal die Bibel gelesen? - Ein Bänkellied zu Apg
                       8,26-39», BiKi 31 (1976) 43-45.

*b*5157   GIBBS, J.M., «Canon Cuming's 'Service-Endings in the Epistles':
                       A Rejoinder», NTS 24 (1978) 545-547.

*b*5158   8,26-27   VAN UNNIK, W.C., «Der Befehl an Philippus», ZNW 47 (1956)
                       181-191, dans *Sparsa Collecta* (1973), 328-339.

*b*5159   8,30   TRUMMER, P., «Verstehst du auch, was du liest? (Apg 8,30)», Kairos
                       22 (1980) 101-113.

*b*5160   9   STECK, O.-H., «Formgeschichtliche Bemerkungen zur Darstellung des
                       Damaskusgeschehens in der Apostelgeschichte», ZNW 67 (1976) 20-28.

*b*5161   SABUGAL, S., «La Mención neotestamentaria de Damasco (Gál 1,17;
                       2 Cor 11,32; Act 9,2-3.8.10 par. 19.22.27 par.) ¿ciudad de Siria o región
                       de Qumrân?» dans *Qumrân. Sa piété, sa théologie et son milieu* (en
                       collab.) (1978), 403-413.

*b*5162   9,1-2   SCHILLING, F.A., «Why Did Paul Go to Damascus?» AThR 16 (1934)
                       199-205.

b5163   9,4-6   DOIGNON, J., «Le dialogue de Jésus et de Paul: Actes 9,4-6. Sa 'pointe' dans l'exégèse latine la plus ancienne (Hilaire, Ambroise, Augustin)», RSPT 64 (1980) 477-489.

b5164   9,10-19   ENTRICAN, W.R., «The Conversion of Saul», ExpTim 93 (1982) 113-114.

b5165   9,18   FULLER, R.H., «Was Paul Baptized?» dans Les Actes des Apôtres. Traditions, rédaction, théologie (en collab.) (1979), 505-508.

b5166   9,29   PESCH, R., GERHART, E., SCHILLING, F., «'Hellenisten' und 'Hebräer'. Zu Apg 9,29 und 6,1», BZ 23 (1979) 87-92.

b5167   9,32-11,18   MUSSNER, F., Petrus und Paulus - Pole der Einheit, «Die 'Bekehrung' des Petrus nach Apg 9,32-11,18» (1976), 28-36.

b5168   9,36-43   ROCHAIS, G., Les récits de résurrection des morts dans le Nouveau Testament, «La résurrection de Tabitha (Ac 9,36-43)» (1981), 147-165.

b5169   10-12   PANIER, L., «Parcours pour lire les Actes des apôtres», SemBib nº 32 (1983) 27-32.

b5170   10,1-11,18   DUBARLE, A.-M., «L'Esprit Saint et la liturgie d'après l'Écriture Sainte», dans En collaboration, Le Saint-Esprit dans la liturgie. Conférences Saint-Serge, XVIe semaine d'études liturgiques, Paris, 1-4 juillet 1969 (Roma, Edizioni Liturgiche, 1977), 71-86.

b5171   HAACKER, K., «Dibelius und Cornelius. Ein Beispiel formgeschichtlicher Überlieferungskritik», BZ 24 (1980) 234-251.

b5172   PESCH, R., «Das Jerusalemer Abkommen und die Lösung des Antiochenischen Konflikts. Ein Versuch über Gal 2, Apg 10,1-11,18, Apg 11,27-30; 12,25 und Apg 15,1-41», dans Kontinuität und Einheit (en collab.) (1981), 105-122.

b5173   10   SELLICK, M.D.L., «The Cornelius Affair», ExpTim 94 (1983) 245-247.

b5174   10,4   VAN UNNIK, W.C., «The Background and Significance of Acts x 4 and 35», Nederlands Theologisch Tijdschrift 4 (1949) 260-283, 336-354, dans Sparsa Collecta (1973), I, 213-258.

b5175   10,23-48   O'CALLAGHAN, J., «Nuevo pergamino de la Vulgata latina (Tabula extra seriem)», Bibl 56 (1975) 410-415.

b5176   10,34-38   Y.B., «Baptême du Seigneur (Actes 10,34-38)», EV (prédication) 83 (1983) 340-341.

b5177   10,35   VAN UNNIK, W.C., «The Background and Significance of Acts x 4 and 35», Nederlands Theologisch Tijdschrift 4 (1949) 260-283, 336-354, dans Sparsa Collecta (1973), I, 213-258.

b5178   10,36   RIESENFELD, H., «The text of Acts x.36», dans Text and Interpretation (en collab.) (1979), 191-194.

b5179   10,38   DANKER, F.W., «The Endangered Benefactor in Luke-Acts», dans Society of Biblical Literature. 1981 Seminar Papers (en collab.) (1981), 39-48.

b5180   11   DELEBECQUE, É., «La montée de Pierre de Césarée à Jérusalem selon le Codex Bezae au chapitre 11 des Actes des Apôtres», ETL 58 (1982) 106-110.

b5181   11,26-28   DELEBECQUE, É., «Saul et Luc avant le premier voyage missionnaire. Comparaison des deux versions des Actes, 11,26-28», RSPT 66 (1982) 551-559.

b5182   11,26   SEARLE, J.D., «Christian - Noun, or Adjective?» ExpTim 87 (1976) 307-308.

b5183   11,27-12,25   POQUE, S., «Une lecture d'Actes 11/27-12/25», ETR 55 (1980) 271-278.

b5184   11,27-30   ROBECK, C.M., Jr., «The Gift of Prophecy in Acts and Paul», SBT 5,1 (1975) 15-38; 5,2 (1975) 17-54.

b5185   PESCH, R., «Das Jerusalemer Abkommen und die Lösung des Antiochenischen Konflikts. Ein Versuch über Gal 2, Apg 10,1-11,18, Apg 11,27-30; 12,25 und Apg 15,1-41», dans Kontinuität und Einheit (en collab.) (1981), 105-122.

b5186   13-28   ROBBINS, V.K., «By Land and by Sea: A Study in Acts 13-28», dans Society of Biblical Literature. 1976 Seminar Papers (en collab.) (1976), 381-396.

b5187   13   PILLAI, C.A.J., Early Missionary Preaching. A Study of Luke's Report in Acts 13 (An Exposition-University Book) (Hicksville, NY, Exposition Press, 1979), viii-155 pp.

b5188   13,1-3   DOCKX, S., «L'ordination de Barnabé et de Saul - Act 13,1-3», NRT 98 (1976) 238-250, dans Chronologies néotestamentaires et Vie de l'Église primitive (1976), 289-301.

b5189   13,7   VAN ELDEREN, B., «Some Archaeological Observations on Paul's First Missionary Journey», dans Apostolic History and the Gospel (en collab.) (1970), 151-161.

b5190   13,13-52   O'TOOLE, R.F., «Christ's Resurrection in Acts 13,13-52», Bibl 60 (1979) 361-372.

b5191   13,16-41   DUMAIS, M., Le langage de l'évangélisation (1976), 399 pp.

b5192   DUMAIS, M., «Le langage des discours d'évangélisation des Actes: une forme de langage symbolique?» dans Les Actes des Apôtres. Traditions, rédaction, théologie (en collab.) (1979), 467-474.

b5193   BUSS, M.-J., Die Missionspredigt des Apostels Paulus im Pisidischen Antiochien. Analyse von Apg 13,16-41 im Hinblick auf die literarische und thematische Einheit der Paulusrede (Forschung zur Bibel, 38) (Stuttgart, Katholisches Bibelwerk, 1980), 170 pp.

b5194   PILLAI, C.A.J., Apostolic Interpretation of History. A Commentary on Acts 13:16-41 (An Exposition-University Book) (Hicksville, NY, Exposition Press, 1980), x-139 pp.

b5195   13,17-22   KLIESCH, K., Das Heilsgeschichtliche Credo in den Reden der Apostelgeschichte (BBB 44) (Köln-Bonn, Peter Hanstein, 1975), 266 pp.

b5196   13,23-37   SCHMITT, J., «Kérygme pascal et lecture scripturaire dans l'instruction d'Antioche (Act. 13,23-37)», dans Les Actes des Apôtres. Traditions, rédaction, théologie (en collab.) (1979), 155-167.

b5197   13,25   PROULX, P., ALONSO SCHÖKEL, L., «Las Sandalias del Mesías Esposo», Bibl 59 (1978) 1-37.

b5198   13,27-28   HARVEY, A.E., Jesus and the Constraints of History, «The Interpretation of Acts 13:27-8» (1982), 174-175.

b5199   13,32-37   DUMAIS, M., Le langage de l'évangélisation, «Le contenu: la lumière des Écritures (vv. 32-37)» (1976), 157-227.

b5200   13,47   GRELOT, P., «Note sur Actes, XIII,47», RB 88 (1981) 368-372.

b5201   14,17   NELLESSEN, E., Zeugnis für Jesus und das Wort, «Das Zeugnis Gottes» (1976), 259-276.

b5202 14,23 NELLESSEN, E., «Die Presbyter der Gemeinden in Lykaonien und Pisidien (Apg 14,23)», dans *Les Actes des Apôtres*. Traditions, rédaction, théologie (en collab.) (1979), 493-498.

b5203 15 STENDAHL, K., *Paul Among Jews and Gentiles and Other Essays*, «Unique Rather Than Universal» (1976), 67-77.

b5204 BAMMEL, E., «Der Text von Apostelgeschichte 15», dans *Les Actes des Apôtres*. Traditions, rédaction, théologie (en collab.) (1979), 439-446.

b5205 KAYE, B.N., «Acts' Portrait of Silas», NT 21 (1979) 13-26.

b5206 PANIMOLLE, S.A., «L'autorité de Pierre en Ga 1-2 et Ac 15», dans *Paul de Tarse, apôtre de notre temps* (en collab.) (1979), 269-289.

b5207 RICHARD, E., «The Divine Purpose: The Jews and the Gentile Mission (Acts 15)», dans *SBL 1980 Seminar Papers* (en collab.) (1980), 267-282.

b5208 15,1-41 PESCH, R., «Das Jerusalemer Abkommen und die Lösung des Antiochenischen Konflikts. Ein Versuch über Gal 2, Apg 10,1-11,18, Apg 11,27-30; 12,25 und Apg 15,1-41», dans *Kontinuität und Einheit* (en collab.) (1981), 105-122.

b5209 15,6 NORTH, J.L., «Is *idein peri* (Acts 15,6, cf. 18.15) a Latinism?» NTS 29 (1983) 264-266.

b5210 15,10 NOLLAND, J., «A Fresh Look at Acts 15.10», NTS 27 (1980) 105-115.

b5211 15,13-21 STROBEL, A., «Das Aposteldekret als Folge des antiochenischen Streites. Überlegungen zum Verhältnis von Wahrheit und Einheit im Gespräch der Kirchen», dans *Kontinuität und Einheit* (en collab.) (1981), 81-104.

b5212 15,16-18 KILPATRICK, G.D., «Some Quotations in Acts», dans *Les Actes des Apôtres*. Traditions, rédaction, théologie (en collab.) (1979), 81-97.

b5213 15,19-20 PERROT, C., «Les décisions de l'Assemblée de Jérusalem», RSR 69 (1981) 195-208.

b5214 15,20-29 MARTINI, C.M., «Il Decreto del Concilio di Gerusalemme», dans *Fondamenti biblici della teologia morale* (en collab.) (1973), 345-355, dans MARTINI, C.M., *La parola di Dio alle origini della Chiesa* (1980), 183-193.

b5215 CATCHPOLE, D.R., «Paul, James and the Apostolic Decree», NTS 23 (1977) 428-444.

b5216 MANNS, F., «Remarques sur Actes 15,20.29», Ant 53 (1978) 443-451.

b5217 GRANT, R.M., «Dietary Laws among Pythagoreans, Jews, and Christians», HarvTR 73 (1980) 299-310.

b5218 15,23-29 SIMON, M., «The Apostolic Decree and its Setting in the ancient Church», BJRL 52 (1970) 437-460, dans SIMON, M., *Le Christianisme antique et son contexte religieux* (1981), 414-437.

b5219 SIMON, M., «De l'Observance Rituelle à l'Ascèse: Recherches sur le Décret Apostolique», RHR 193 (1978) 27-104, dans SIMON, M., *Le Christianisme antique et son contexte religieux* (1981), 727-802.

b5220 DANKER, F.W., «Reciprocity in the Ancient World and in Acts 15:23-29», dans *Political Issues in Luke-Acts* (en collab.) (1983), 49-58.

b5221 16 DELEBECQUE, É., «De Lystres à Philippes (Ac 16) avec le Codex Bezae», Bibl 63 (1982) 395-405.

b5222 16,1-3 WALKER, W.O., Jr., «The Timothy - Titus Problem Reconsidered», ExpTim 92 (1981) 231-235.

*b*5223   16,4   PERROT, C., «Les décisions de l'Assemblées de Jérusalem», RSR 69
                       (1981) 195-208.
*b*5224   16,8   BOWERS, W.P., «Paul's Route through Mysia. A Note on Acts xvi.8»,
                       JTS 30 (1979) 507-511.
*b*5225   16,12   WIKGREN, A.P., «The Problem in Acts 16:12», dans *New Testament*
                       Textual Criticism (en collab.) (1981), 171-178.
*b*5226   16,16-24   VEILLE, M., «Actes 16/16-24», ETR 54 (1979) 271-278.
*b*5227   16,20-21   VAN UNNIK, W.C., «Die Anklage gegen die Apostel in Philippi,
                       Apostelgeschichte xvi 20f.», dans STUIBER, A., HERMANN, A.
                       (Hrsg.), *Mullus*. Festschrift T. Klauser (Münster W., Aschendorff,
                       1964), 366-373, dans *Sparsa Collecta* (1973), I, 374-385.
*b*5228   17,2-4   KEMMLER, D.W., *Faith and Human Reason*. A Study of Paul's
                       Method of Preaching as Illustrated by 1-2 Thessalonians and Acts 17,2-4
                       (SupppNT 40) (Leiden, Brill, 1975), xii-225 pp.
*b*5229   17,4-15   DELEBECQUE, É., «Paul à Thessalonique et à Bérée selon le texte
                       occidental des Actes (xvii,4-15)», RT 83 (1983) 605-615.
*b*5230   17,10-13   KREMER, J., «Einführung in die Problematik heutiger Acta-Forschung
                       anhand von Apg 17,10-13», dans *Les Actes des Apôtres*. Traditions,
                       rédaction, théologie (en collab.) (1979), 11-20.
*b*5231   17,14-16   WAINWRIGHT, A., «Where did Silas Go? (and what was his
                       connection with *Galatians*?)» JSNT n° 8 (1980) 66-70.
*b*5232   17,16-34   ELLIGER, W., *Paulus in Griechenland*, «Athen» (1978), 117-199.
*b*5233   CALLOUD, J., «Paul devant l'Aréopage d'Athènes. Actes 17,16-34»,
                       RSR 69 (1981) 209-248.
*b*5234   O'TOOLE, R.F., «Paul at Athens and Luke's Notion of Worship», RB
                       89 (1982) 185-197.
*b*5235   17,19-34   QUINZA, X., «Aproximación semiológica al discurso de Pablo en el
                       Areópago (Hch 17,19-34)», *Miscelánea Comillas* 41 (1983) 237-242.
*b*5236   17,22-31   DUBARLE, A.-M., *La manifestation naturelle de Dieu d'après*
                       l'Écriture, «Le discours de l'Aréopage (Act. 17,22-31) et son arrière-plan
                       biblique» (1976), 155-200.
*b*5237   DUPONT, J., «Le discours à l'Aréopage (Ac 17,22-31) lieu de rencontre
                       entre christianisme et hellénisme», Bibl 60 (1979) 530-546.
*b*5238   GATTI, V., *Il discorso di Paolo ad Atene*. Storia dell'interpretazione-
                       esegesi-teologia della Missione e delle Religioni (Parma, Pontificia
                       Universitas Gregoriana, 1979), xxxi-312 pp.
*b*5239   SCHNEIDER, G., «Anknüpfung, Kontinuität und Widerspruch in der
                       Areopagrede Apg 17,22-31», dans *Kontinuität und Einheit* (en collab.)
                       (1981), 173-178.
*b*5240   17,22-23   KÜLLING, H., «Zur Bedeutung des *Agnostos Theos*. Eine Exegese zu
                       Apostelgeschichte 17,22.23», TZ 36 (1980) 65-83.
*b*5241   17,23-31   AUFFRET, P., «Essai sur la structure littéraire du discours d'Athènes
                       (Ac xvii 23-31)», NT 20 (1978) 185-202.
*b*5242   17,23   SCHELKLE, K.H., «'Was ihr nicht kennt, das verkünde euch' (Apg
                       17,23). Die Botschaft vom Messias vor den Heiden», BiKi 17 (1962)
                       47-49.
*b*5243   17,28   DOIGNON, J., «'Ipsius enim genus sumus' (Actes 17,28ᵇ) chez Hilaire
                       de Poitiers. De saint Paul à Virgile», JbAC 23 (1980) 58-64.

b5244 18,18-23 LÜDEMANN, G., *Paulus, der Heidenapostel.* Studien zur Chronologie (FRLANT 123) (Göttingen, Vandenhoeck & Ruprecht, 1980), I, 152-206.

b5245 18,24-28 HUNTER, A.M., «Apollos the Alexandrian», dans *Biblical Studies* (W. Barclay) (en collab.) (1976), 147-156.

b5246 19,1-7 SCHREINER, J., «Sonntag nach Christi Himmelfahrt. Homilie zu Apg 19,1-7», BiLeb 8 (1967) 68-71.

b5247 19,1-2 FERGUSON, J., «The Holy Spirit», ExpTim 94 (1983) 240-242.

b5248 19,14 TORREY, C.C., «'Two Sons' in Acts 19:14», AThR 26 (1944) 253-255.

b5249 MASTIN, B.A., «A Note on Acts 19,14», Bibl 59 (1978) 97-99.

b5250 19,24-40 DELEBECQUE, É., «La révolte des orfèvres à Éphèse (Act. xix,24-40)», RT 83 (1983) 419-429.

b5251 20,3-6 DELEBECQUE, É., «Les deux versions du voyage de saint Paul de Corinthe à Troas (Ac 20,3-6)», Bibl 64 (1983) 556-564.

b5252 20,7-12 TRÉMEL, B., «À propos d'Ac 20:7-12: puissance du thaumaturge ou du témoin?» RTP 112 (1980) 359-369.

b5253 20,17-38 MUNCK, J., «Discours d'adieu dans le Nouveau Testament et dans la littérature biblique», dans *Aux sources de la tradition chrétienne* (en collab.) (1950), 155-170.

b5254 CASALEGNO, A., «Il discorso di Mileto (*Atti* 20,17-38)», RivB 25 (1977) 29-58.

b5255 LAMBRECHT, J., «Paul's Farewell-Address at Miletus (Acts 20,17-38)», dans *Les Actes des Apôtres.* Traditions, rédaction, théologie (en collab.) (1979), 307-337.

b5256 PRAST, F., *Presbyter und Evangelium in nachapostolischer Zeit.* Die Abschiedsrede des Paulus in Milet (Apg 20,17-38) im Rahmen der lukanischen Konzeption der Evangeliumsverkündigung (Forschung zur Bibel, 29) (Stuttgart, Katholisches Bibelwerk, 1979), xiii-481 pp.

b5257 GALLI, G. (Ed.), *Interpretazione e strutture.* Le strutture del discorso di Paolo a Mileto (Università di Macerata, Pubblicazioni della Facoltà di Lettere e Filosofia, 7) (Torino, Marietti, 1981), 189 pp.

b5258 PETOFI, J.S., «La struttura della comunicazione in *Atti* 20,17-38», RivB 29 (1981) 359-378.

b5259 20,17-34 VÖGTLE, A., «Exegetische Reflexionen zur Apostolizität des Amtes und zur Amtssukzession», dans *Die Kirche des Anfangs* (en collab.) (1978), 529-582.

b5260 20,18-38 MIGLIORISI, V., «San Paolo e i poveri, in particolare secondo Atti 20,18-38», dans *Evangelizare pauperibus* (en collab.) (1978), 445-454.

b5261 20,18-36 VÖGTLE, A., «'Paulus an die Seelsorger.' Zu Studium und Meditation eines lesenswerten Buches», BiLeb 8 (1967) 71-81.

b5262 20,18-35 BUDESHEIM, T.L., «Paul's Abschiedsrede in the Acts of the Apostles», HarvTR 69 (1976) 9-30.

b5263 ZEILINGER, F., «Lukas, Anwalt des Paulus. Überlegungen zur Abschiedsrede von Milet Apg 20,18-35», BiLit 54 (1981) 167-172.

b5264 20,36-21,16 BOVON, F., «Le Saint-Esprit, l'Église et les relations humaines selon Actes 20,36-21,16», dans *Les Actes des Apôtres.* Traditions, rédaction, théologie (en collab.) (1979), 339-358.

b5265 21,8-14 ROBECK, C.M., Jr., «The Gift of Prophecy in Acts and Paul», SBT 5,1 (1975) 15-38; 5,2 (1975) 17-54.

b5266   21,16-17   DELEBECQUE, É., «La dernière étape du troisième voyage
                    missionnaire de saint Paul selon les deux versions des Actes des Apôtres
                    (21,16-17)», RTL 14 (1983) 446-455.

b5267   21,25   MARTINI, C.M., «Il Decreto del Concilio di Gerusalemme», dans
                    Fondamenti biblici della teologia morale (en collab.) (1973), 345-355,
                    dans MARTINI, C.M., La parola di Dio alle origini della chiesa (1980),
                    283-293.

b5268   CATCHPOLE, D.R., «Paul, James and the Apostolic Decree», NTS 23
                    (1977) 428-444.

b5269   21,27-26,32 LÉGASSE, S., «L'apologétique à l'égard de Rome dans le procès de
                    Paul. Actes 21,27-26,32», RSR 69 (1981) 249-255.

b5270   22,1-21   BUDESHEIM, T.L., «Paul's Abschiedsrede in the Acts of the Apostles»,
                    HarvTR 69 (1976) 9-30.

b5271   22,3   HARRISON, E.F., «Acts 22:3 - A Test Case for Luke's Reliability»,
                    dans New Dimensions in New Testament Study (en collab.) (1974),
                    251-260.

b5272   22,4.8   LYONNET, S., «'La voie' dans les Actes des Apôtres», RSR 69 (1981)
                    149-164.

b5273   22,16   FULLER, R.H., «Was Paul Baptized?» dans Les Actes des Apôtres.
                    Traditions, rédaction, théologie (en collab.) (1979), 505-508.

b5274   23,24.26   BRUCE, F.F., «The Full Name of the Procurator Felix», JSNT n° 1
                    (1978) 33-36.

b5275   24,6-8   DELEBECQUE, É., «S. Paul avec ou sans Lysias en 58, à Césarée (Actes
                    XXIV,6-8)», RT 81 (1981) 426-434.

b5276   24,14-16   PATHRAPANKAL, J., «Christianity as a 'Way' according to the Acts
                    of the Apostles», dans Les Actes des Apôtres. Traditions, rédaction,
                    théologie (en collab.) (1979), 533-539.

b5277   25-26   O'TOOLE, R.F., «Luke's Notion of 'Be Imitators of Me as I am of
                    Christ' Acts 25-26», BTB 8 (1978) 155-161.

b5278   25,11   TAJRA, H.W., «L'appel à César: séparation d'avec le christianisme?»
                    ETR 56 (1981) 593-598.

b5279   26   O'TOOLE, R.F., Acts 26. The Christological Climax of Paul's Defense
                    (Ac 22:1-26:32) (Analecta Biblica, 78) (Rome, Biblical Institute Press,
                    1978), xii-198 pp.

b5280   HICKLING, C.J.A., «The Portrait of Paul in Acts 26», dans Les Actes
                    des Apôtres. Traditions, rédaction, théologie (en collab.) (1979), 499-503.

b5281   26,28-29   HARLÉ, P., «Un 'private-joke' de Paul dans le livre des Actes
                    (xxvi.28-29)», NTS 24 (1978) 527-533.

b5282   27-28   MILES, G.B., TROMPF, G., «Luke and Antiphon: The Theology of
                    Acts 27-28 in the Light of Pagan Beliefs about Divine Retribution,
                    Pollution and Shipwreck», HarvTR 69 (1976) 259-267.

b5283   LADOUCEUR, D., «Hellenistic Preconceptions of Shipwreck and
                    Pollution as a Context for Acts 27-28», HarvTR 73 (1980) 435-450.

b5284   27,1-2   DELEBECQUE, É., «L'embarquement de Paul, captif, à Césarée, pour
                    Rome», LTP 39 (1983) 295-302.

b5285   27,33-37   TOWNSEND, M.J., «Exit the Agape?» ExpTim 90 (1979) 356-361.

b5286   27,44   DOWSON, J., «Saved by the Wreckage», ExpTim 87 (1976) 143-145.

b5287   28   DUPONT, J., «La conclusion des Actes et son rapport à l'ensemble de l'ouvrage de Luc», dans *Les Actes des Apôtres*. Traditions, rédaction, théologie (en collab.) (1979), 359-404.

b5288   28,1-10   KIRCHSCHLÄGER, W., «Fieberheilung in Apg 28 und Lk 4», dans *Les Actes des Apôtres*. Traditions, rédaction, théologie (en collab.) (1979), 509-521.

b5289   28,1-5   MEINARDUS, O.F.A., «St. Paul Shipwrecked In Dalmatia», BA 39 (1976) 145-147.

b5290   28,8   STROUMSA, G.G., «Le couple de l'Ange et de l'Esprit: traditions juives et chrétiennes», RB 88 (1981) 42-61.

b5291   28,12   PITTENGER, N., «Kindness from Barbarians», ExpTim 94 (1983) 208-209.

b5292   28,15   MacLEOD, I., «Jump Leads», ExpTim 85 (1974) 205-206.

b5293   28,16-31   HAUSER, H.J., *Strukturen der Abschlusserzählung der Apostelgeschichte* (Apg 28,16-31) (Analecta Biblica, 86) (Rome, Biblical Institute Press, 1979), xiii-283 pp.

b5294   PRETE, B., «L'arrivo di Paolo a Roma e il suo significato secondo Atti 28,16-31», RivB 31 (1983) 147-187.

b5295   28,17-31   MIESNER, D.R., «The Circumferential Speeches of Luke-Acts: Patterns and Purpose», dans *Society of Biblical Literature. 1978 Seminar Papers* (1978), II, 223-237.

b5296   28,23-24   READ, D.H.C., «How Convincing are the Churches Today?» ExpTim 90 (1979) 244-245.

b5297   28,28-31   DAVIES, P., «The Ending of Acts», ExpTim 94 (1983) 334-335.

b5298   28,30   SAUM, F., «Er lebte... von seinem eigenen Einkommen (Apg 28,30)», BZ 20 (1976) 226-229.

b5299   HANSACK, E., «Nochmals zu Apostelgeschichte 28,30», BZ 21 (1977) 118-121.

IV. LES ÉPÎTRES DU NOUVEAU TESTAMENT.
THE EPISTLES OF THE NEW TESTAMENT.
DIE BRIEFE DES NEUEN TESTAMENTES.
LE EPISTOLE DEL NUOVO TESTAMENTO.
LAS EPÍSTOLAS DEL NUEVO TESTAMENTO.

1. Introduction à S. Paul. Introduction to Paul.
Einführung zu den Paulusbriefen. Introduzione a Paolo. Introducción a Pablo.

a) Bibliographie. Bibliography. Bibliographie. Bibliografia. Bibliografía.

b5300   SABOURIN, L., «Paul and his Thought in Recent Research. Developments in Pauline Thought», RelStB 2 (1982) 63-73, 117-131; 3 (1983) 90-100.

b) Études générales. General Studies. Allgemeine Studien.
Studi generali. Estudios generales.

b5301   HICKLING, C., «On Putting Paul in his Place», dans *What about the New Testament?* (en collab.) (1975), 76-88.

b5302   McKENZIE, J.L., *Light on the Epistles* (Chicago, Thomas More, 1975), 210 pp.

b5303   GRASSI, J.A., *The Secret of Paul the Apostle* (Maryknoll, N.Y., Orbis Books, 1978), vi-170 pp.

b5304   PENNA, R., *Il 'mysterion' paolino*. Traiettoria e costituzione (Supplementi alla *Rivista Biblica*, 10) (Brescia, Paideia, 1978), 104 pp.

b5305   SCHENKE, H.-M., FISCHER, K.M., *Einleitung in die Schriften des Neuen Testaments*. I. Die Briefe des Paulus und Schriften des Paulinismus (Gütersloh, Mohn, 1978), 267 pp.

b5306   WAGNER, G., «Pour comprendre l'apôtre Paul», LV no 139 (1978) 5-20.

b5307   STÖGER, A., «Homilie zu den Paulusbriefen?» BiLit 52 (1979) 76-79.

b5308   GUILLET, J., «L'Apôtre Paul et son autorité», Supp no 133 (1980) 185-194.

b5309   HOOKER, M.D., *A Preface to Paul* (New York, Oxford University Press, 1980), 95 pp.

b5310   JERVELL, J., «Der unbekannte Paulus», dans *Die Paulinische Literatur und Theologie. The Pauline Literature and Theology* (en collab.) (1980), 29-49.

b5311   RICHARDS, H., *Reading Paul Today*. A New Introduction to the Man and His Letters (Atlanta, Knox, 1980), 152 pp.

b5312   BUCKLEY, T.W., *Apostle to the Nations*. The Life and Letters of St. Paul: A Biblical Course (Boston, MA, Daughters of St. Paul, 1981), xiii-513 pp.

b5313   SCHELKLE, K.H., *Paulus*. Leben - Brief - Theologie (Erträge der Forschung, 152) (Darmstadt, Wissenschaftliche Buchgesellschaft, 1981), xviii-261 pp.

b5314   DUNN, J.D.G., «The New Perspective on Paul», BJRL 65 (1983) 95-122.

c) *Vie de Paul. Life of Paul. Leben des Paulus. Vita di Paolo. Vida de Pablo.*

Études générales. General Studies. Allgemeine Studien. Studi generali. Estudios generales.

b5315   BRADFORD, E., *Paul the Traveller* (New York, Macmillan, 1976), viii-246 pp.

b5316   COTHENET, É., «Saint Paul en son temps», CE (n.s.) no 26 (1978) 84 pp.

b5317   GROLLENBERG, L., *Paul*, transl. John Bowden, from the Dutch (London, SCM Press, 1978), 179 pp.

b5318   RESE, M., «Zur Geschichte des frühen Christentums - ein kritischer Bericht über drei neue Bücher», TZ 38 (1982) 98-110.

Chronologie. Chronology. Chronologie. Cronologia. Cronología.

b5319   MINEAR, P.S., «The Jerusalem Fund and Pauline Chronology», AThR 25 (1943) 389-396.

b5320   BUCK, C., «The Collection for the Saints», HarvTR 43 (1950) 1-29.

b5321   DOCKX, S., «Chronologie de saint Paul depuis sa conversion jusqu'à son séjour à Rome», NT 13 (1971) 261-304, dans *Chronologies néotestamentaires et Vie de l'Église primitive* (1971), 45-87.

b5322   DOCKX, S., «Chronologie paulinienne de l'année de la grande collecte», RB 81 (1974) 183-195, dans *Chronologies néotestamentaires et Vie de l'Église primitive* (1976), 107-118.

b5323   SUHL, A., *Paulus und seine Briefe*. Ein Beitrag zur paulinischen Chronologie (Studien zum Neuen Testament, 11) (Gütersloh, Gerd Mohn, 1975), 380 pp.

b5324   DOCKX, S., «Chronologie de saint Paul depuis sa libération de la première captivité romaine et son martyre à Rome», dans *Chronologies néotestamentaires et Vie de l'Église primitive* (1976), 119-128.

b5325   KLEIN, P., «Zum Verständnis von Gal 2 1. Zugleich ein Beitrag zur Chronologie des Urchristentums», ZNW 70 (1979) 250-251.

b5326   DRANE, J.W., «Review of Robert Jewett, *Dating Paul's Life*», JSNT no 9 (1980) 70-75.

*b*5327 LÜDEMANN, G., *Paulus, der Heidenapostel.* I. Studien zur Chronologie (FRLANT 123) (Göttingen, Vandenhoeck & Ruprecht, 1980), 301 pp.

*b*5328 SCHADE, H.-H., *Apokalyptische Christologie bei Paulus,* «Über Chronologie und Echtheit der Paulinen» (1981), 173-190.

*b*5329 WEDDERBURN, A.J.M., «Keeping up with Recent Studies. VIII. Some Recent Pauline Chronologies», ExpTim 92 (1981) 103-108.

Avant la conversion. Before the Conversion. Vor der Bekehrung. Prima della conversione. Antes de la conversión.

*b*5330 DANA, H.E., «Where Did Paul Persecute the Church?» AThR 20 (1938) 16-26.

*b*5331 VAN UNNIK, W.C., «Once again: Tarsus or Jerusalem», *Nederlands Theologisch Tijdschrift* 8 (1954) 160-164, dans *Sparsa Collecta* (1973), I, 321-327.

*b*5332 VAN UNNIK, W.C., «Tarsus or Jerusalem, the City of Paul's Youth» (Translation out of the Dutch by G. Ogg) (London, Epworth Press, 1962), dans *Sparsa Collecta* (1973), I, 259-320.

*b*5333 SCHELKLE, K.H., «Paulus vor Damaskus», BiLeb 8 (1967) 153-157.

*b*5334 DAVIES, W.D., *Invitation to the New Testament,* «The Background of Paul» (1969), 241-253.

*b*5335 HULTGREN, A.J., «Paul's Pre-Christian Persecutions of the Church: Their Purpose, Locale, and Nature», JBL 95 (1976) 97-111.

*b*5336 ADINOLFI, M., «Tarso, patria di stoici», BibOr 19 (1977) 185-194.

*b*5337 COTHENET, É., «La formation de Paul», CE (n.s.) no 26 (1978) 5-11.

*b*5338 BLANK, J., *Paulus.* Von Jesus zum Christentum, «Paulus - Jude und Völkerapostel. Als Frage an Juden und Christen» (1982), 15-41.

*b*5339 SYNGE, E.F., «St Paul's Boyhood and Conversion and his Attitude to Race», ExpTim 94 (1983) 260-263.

Métier. Craft. Handwerk. Mestiere. Oficio.

*b*5340 SILVA, R., «San Pablo y el trabajo manual. ¿Por qué trabajo San Pablo?» CuBi 26 (1969) 131-138.

*b*5341 HOCK, R.F., «The Workshop as a Social Setting for Paul's Missionary Preaching», CBQ 41 (1979) 438-450.

*b*5342 HOCK, R.F., «Paul's Tentmaking and the Problem of His Social Class», JBL 97 (1978) 555-564.

*b*5343 HOCK, R.F., *The Social Context of Paul's Ministry.* Tentmaking and Apostleship (Philadelphia, Fortress Press, 1980), 112 pp.

Conversion, vocation. Bekehrung, Berufung. Conversione, vocazione. Conversión, vocación.

*b*5344 KÜMMEL, W.G., «Römer 7 und die Bekehrung des Paulus» (J.G. Hinrichs'sche Buchhandlung, Leipzig 1929), dans *Römer 7 und das Bild des Menschen im Neuen Testament* (1974), ix-xx-160 pp.

*b*5345 BRUSTON, É., «Saul de Tarse», ETR 12 (1937) 282-301.

*b*5346 PESCH, W., «Die Bekehrung des Apostels Paulus nach dem Zeugnis seiner Briefe», BiKi 16 (1961) 36-38.

*b*5347 KERTELGE, K., «Durch die Gnade Gottes bin ich, was ich bin (1 Kor 15,10). Die Bekehrung des Apostels Paulus und der Heilsweg der Christen», BiKi 23 (1968) 1-5.

*b*5348 DAVIES, W.D., *Invitation to the New Testament,* «On the Road to Damascus» (1969), 254-265.

*b*5349   CHARBEL, A., «Conversione e fede in S. Paolo», BibOr 18 (1976) 39-47.

*b*5350   SABUGAL, S., *Análisis exegético sobre la conversión de San Pablo.* El problema teológico e histórico (Barcelona, Herder, 1976), xxxii-278 pp.

*b*5351   SABUGAL, S., *La conversión de San Pablo.* Damasco: ¿ciudad de Siria o región de Qumrân? (Barcelona, Herder, 1976), 278 pp.

*b*5352   STECK, O.H., «Formgeschichtliche Bemerkungen zur Darstellung des Damaskusgeschchens in der Apostelgeschichte», ZNW 67 (1976) 20-28.

*b*5353   STENDAHL, K., *Paul Among Jews and Gentiles and Other Essays,* «Call Rather Than Conversion» (1976), 7-23.

*b*5354   MINEAR, P.S., *To Die and to Live,* «The Vocation to Invisible Powers / *Ephesians 3:8-10*» (1977), 89-106.

*b*5355   McFAGUE, S., «Conversion: Life on the Edge of the Raft», Interpr 32 (1978) 255-268.

*b*5356   MARTINI, C.M., *La parola di Dio alle origini della Chiesa,* «Alcuni temi letterari di 2 Cor 4,6 e i racconti della conversione di San Paolo negli Atti (Contributo per uno studio sui raffronti Atti - S. Paolo)» (1980), 201-214.

*b*5357   GAGER, J.G., «Some Notes on Paul's Conversion», NTS 27 (1981) 697-704.

*b*5358   HENDRICK, C.W., «Paul's Conversion/Call: A Comparative Analysis of the Three Reports in Acts», JBL 100 (1981) 415-432.

*b*5359   MEINARDUS, O.F., «The Site of the Apostle Paul's Conversion at Kaukab», BA 44 (1981) 57-59.

*b*5360   SCHADE, H.-H., *Apokalyptische Christologie bei Paulus* (1981), «Der Jude Paulus und seine Berufung» (1981), 105-116.

Mission. Sendung. Missione. Misión.

*b*5361   HARLÉ, P.-A., «Perspectives nouvelles sur le ministère de saint Paul (À propos du livre de Johannes Munck: *Paulus und die Heilsgeschichte*)», ETR 32 (1957) 199-212.

*b*5362   DOCKX, S., «L'ordination de Barnabé et de Saul d'après *Actes* 13,1-3», NRT 98 (1976) 238-250.

*b*5363   BLANK, J., «Paulus - Jude und Völkerapostel. Als Frage an Juden und Christen», dans *Paulus - Apostat oder Apostel?* (en collab.) (1977), 147-172.

*b*5364   COTHENET, É., «Vocation de Paul comme apôtre des nations», CE (n.s.) nº 26 (1978) 12-16.

*b*5365   AUS, R.D., «Paul's Travel Plans to Spain and the 'Full Number of the Gentiles' of Rom. xi-25», NT 21 (1979) 232-262.

*b*5366   DE LORENZI, L., «Paul 'diakonos' du Christ et des chrétiens», dans *Paul de Tarse, apôtre de notre temps* (en collab.) (1979), 399-454.

*b*5367   HOWARD, G., *Paul: crisis in Galatia,* «Paul the apostle to the Gentiles» (1979), 20-45.

*b*5368   PESCE, M., «Christ did not send me to baptize, but to evangelize (1 Co 1,17a)», dans *Paul de Tarse, apôtre de notre temps* (en collab.) (1979), 339-362.

*b*5369   MURPHY-O'CONNOR, J., «Pauline Mission before the Jerusalem Conference», RB 89 (1982) 71-91.

Voyages. Journeys. Reisen. Viaggi. Viajes.

*b*5370   SPICQ, C., «San Pablo vino a España», CuBi 23 (1966) 131-150.

*b*5371   METZGER, W., *Die letzte Reise des Apostels Paulus.* Beobachtungen und Erwägungen zu seinem Itinerar nach den Pastoralbriefen (Arbeiten zur Theologie, 59) (Stuttgart, Calwer, 1976), 59 pp.

b5372 ROBBINS, V.K., «By Land and by Sea: A Study in Acts 13-28», dans *Society of Biblical Literature. 1976 Seminar Papers* (en collab.) (1976), 381-396.

b5373 COTHENET, É., «Un grand voyageur», CE (n.s.) n° 26 (1978) 26-69.

b5374 ELLIGER, W., *Paulus in Griechenland*, «Athen» (1978), 117-199.

b5375 MEINARDUS, O.F.A., «Paul's Missionary Journey to Spain: Tradition and Folklore», BA 41 (1979) 61-63.

b5376 MIESNER, D.R., «The Missionary Journeys Narrative: Patterns and Implications», dans *Perspectives on Luke-Acts* (en collab.) (1978), 199-214.

b5377 ROBBINS, V.K., «By Land and By Sea: The We-Passages and Ancient Sea Voyages», dans *Perspectives on Luke-Acts* (en collab.) (1978), 215-242.

b5378 BOWERS, W.P., «Paul's Route through Mysia. A Note on Acts xvi.8», JTS 30 (1979) 507-511.

b5379 BRUCE, F.F., «St. Paul in Macedonia», BJRL 61 (1979) 337-354.

b5380 BORSE, U., «Paulus in Jerusalem», dans *Kontinuität und Einheit* (en collab.) (1981), 43-64.

Collaborateurs. Collaborators. Collaboratori. Mitarbeiter. Colaboradores.

b5381 HUNTER, A.M., «Apollos the Alexandrian», dans *Biblical Studies* (W. Barclay) (en collab.) (1976), 147-156.

b5382 NELLESSEN, E., *Zeugnis für Jesus und das Wort*, «Paulus und Stephanus als Zeugen» (1976), 212-253.

b5383 BÖNIG, M., *Wir haben die Welt erobert*. Die Mitarbeiter des Apostels Paulus (ABCteam 224) (Witten, Bundes-Verlag, 1980), 155 pp.

b5384 DOCKX, S., «Luc a-t-il été le compagnon d'apostolat de Paul?» NRT 103 (1981) 385-400.

b5385 DOCKX, S., «Silas a-t-il été le compagnon de voyage de Paul d'Antioche à Corinthe?» NRT 104 (1982) 749-753.

Ennemis. Opponents. Widersacher. Nemici. Enemigos.

b5386 FRIEDRICH, G., «Die Gegner des Paulus im 2. Korintherbrief», dans BETZ, O., HENGEL, M., SCHMIDT, P. (Hrsg.), *Abraham unser Vater*. Juden und Christen im Gespräch über die Bible. Festschrift für Otto Michel zum 60. Geburtstag (Leiden, Köln, Brill, 1963), 181-215, dans FRIEDRICH, G., *Auf das Wort kommt es an* (1978), 189-223.

b5387 BAUMBACH, G., «Die Frage nach den Irrlehrern in Philippi», Kairos 13 (1971) 252-266.

b5388 DRANE, J.W., *Paul Libertine or Legalist?* (1975), «Who were Paul's Opponents - in Galatia and Corinth?» 78-108; «Were Paul's Opponents Gnostics?» 115-124.

b5389 ELLIS, E.E., «Paul and his Opponents: Trends in Research», dans *Christianity, Judaism and Other Greco-Roman Cults* (en collab.) (1975), I, 264-298.

b5390 HOWARD, G., *Paul: crisis in Galatia*, «Paul's opponents in Galatia» (1979), 1-19.

Captivité. Captivity. Gefangenschaft. Cattività. Cautividad.

b5391 ROWLINGSON, D.T., «Paul's Ephesian Imprisonment: An Evaluation of the Evidence», AThR 32 (1950) 1-7.

b5392 GONZALEZ, B., «San Pablo ante las autoridades romanas», CuBi 18 (1961) 167-178.

b5393 VITTI, A.M., «S. Paolo alla volta di Roma», BibOr 3 (1961) 48-52.

b5394   RUIZ, R., «San Pablo y Roma. Jornadas romanas del apóstol de las gentes», CuBi 19 (1962) 67-85.

b5395   REICKE, B., «Caesarea, Rome and the Captivity Epistles», dans *Apostolic History and the Gospel* (en collab.) (1970), 277-286.

b5396   QUINN, J.D., «Seven Times He Wore Chains (1 Clem. 5.6)», JBL 97 (1978) 574-576.

b5397   QUINN, J.D., «Paul's Last Captivity», dans *Studia Biblica 1978* (en collab.) (1980), III, 289-299.

Pierre et Paul. Peter and Paul. Paulus und Petrus. Pietro e Paolo. Pedro y Pablo.

b5398   KNOCH, O., «Petrus und Paulus in den Schriften der Apostolischen Väter», dans *Kontinuität und Einheit* (en collab.) (1981), 240-260.

b5399   VÖGTLE, A., «Petrus und Paulus nach dem Zweiten Petrusbrief», dans *Kontinuität und Einheit* (en collab.) (1981), 223-239.

b5400   MUNRO, W., *Authority in Paul and Peter.* The Identification of a Pastoral Stratum in the Pauline Corpus and 1 Peter (SNTS Monograph Series, 45) (Cambridge, Cambridge University Press, 1983), viii-226 pp.

Divers. Miscellaneous. Verschiedenes. Diversi. Diversos.

b5401   PRATSCHER, W., «Der Verzicht des Paulus auf finanziellen Unterhalt durch seine Gemeinden: ein Aspekt seiner Missionsweise», NTS 25 (1979) 284-298.

b5402   ENSLIN, M.S., «Emphases and Silences», HarvTR 73 (1980) 219-225.

d) *Milieu. Umwelt. Ambiente. Medio.*

Études générales. General Studies. Allgemeine Abhandlungen. Studi generali. Estudios generales.

b5403   MEEKS, W.A., «The Urban Environment of Pauline Christianity», dans *SBL 1980 Seminar Papers* (en collab.) (1980), 113-122.

b5404   TANNER, R.G., «St. Paul's View of Militia and Contemporary Social Values», dans *Studia Biblica 1978* (en collab.) (1980), III, 377-382.

b5405   MEEKS, W.A., «The Social Context of Pauline Theology», Interpr 36 (1982) 266-277.

b5406   ROLLA, A., «Paolo: giudeo o greco?» dans *Parola e Spirito* (en collab.) (1982), 37-59.

b5407   MEEKS, W.A., *The First Urban Christians.* The Social World of the Apostle Paul (New Haven, London, Yale University Press, 1983), 299 pp.

Judaïsme. Judaism. Judentum. Giudaismo. Judaísmo.

b5408   PASCUAL REGUERO, P., «Saulo de Tarso, el rabino cristiano», CuBi 22 (1965) 329-337.

b5409   CLARK, K.W., «The Israel of God», dans AUNE, D.E. (Ed.), *Studies in New Testament and Early Christian Literature.* Essays in Honor of Allen P. Wilgren (SuppNT 33) (Leiden, Brill, 1972), 161-169, dans *The Gentile Bias* (1980), 21-29.

b5410   VERENO, M., «Paulus zwischen Judentum und Christentum», Kairos 15 (1973) 145-155.

b5411   GOPPELT, L., *Theologie des Neuen Testaments,* «Die Voraussetzungen der paulinischen Theologie» (1976), 362-390.

b5412   LYONNET, S., «Ruolo cosmico di Cristo in Col. 1,15ss. in luce di quello della Tora nel giudaismo», dans *La Cristologia in san Paolo* (en collab.) (1976), 57-79.

b5413 STENDAHL, K., *Paul Among Jews and Gentiles and Other Essays*, «Paul Among Jews and Gentiles» (1976), 1-7.

b5414 SANDERS, E.P., *Paul and Palestinian Judaism*. A Comparison of Patterns of Religion (Philadelphia, Fortress Press, 1977), 627 pp.

b5415 ZWI WERBLOWSKY, R.J., «Paulus in jüdischer Sicht», dans *Paulus - Apostat oder Apostel?* (en collab.) (1977), 135-146.

b5416 SANDMEL, S., *Judaism and Christian Beginnings*, «Paul» (1978), 308-336.

b5417 FORD, J.M., «Paul the Teacher of Israel, Prophet, and Rebellious Elder», dans *Sin, Salvation, and the Spirit* (en collab.) (1979), 289-306.

b5418 HORBURY, W., «Paul and Judaism», ExpTim 90 (1979) 116-118.

b5419 GAVENTA, B.R., «Comparing Paul and Judaism: Rethinking Our Methods», BTB 10 (1980) 37-44.

b5420 COHN-SHERBOK, D., «Paul and Rabbinic Exegesis», SJTh 35 (1982) 117-132.

b5421 PENNA, R., «Les Juifs à Rome au temps de l'apôtre Paul», NTS 28 (1982) 321-347.

b5422 SANDERS, E.P., *Paul, the Law, and the Jewish People* (Philadelphia, Fortress, 1983), xi-227 pp.

Hellénisme. Hellenism. Hellenismus. Ellenismo. Helenismo.

b5423 CONSTANTELOS, D.J., «Vassilios X. Joannides on Paul and the Stoic Philosophers», AThR 42 (1960) 18-28.

b5424 STENDAHL, K., *Paul Among Jews and Gentiles and Other Essays*, «Paul among Jews and Gentiles» (1976), 1-7.

b5425 PENNA, R., «San Paolo (1 Cor 7,29b-31a) e Diogene il Cinico», Bibl 58 (1977) 237-245.

b5426 ADINOLFI, M., «San Paolo e le Autorità Romane negli Atti degli Apostoli», Ant 53 (1978) 452-470.

b5427 BRUCE, F.F., «The Romans through Jewish Eyes», dans *Mélanges offerts à Marcel Simon* (en collab.) (1978), 3-12.

b5428 ELLIGER, W., *Paulus in Griechenland* (1978), 276 pp.

b5429 ESPINEL, J.L., «San Pablo y el Helenismo», dans *Servidor de la Palabra* (en collab.) (1979), 167-203.

b5430 WUELLNER, W., «Greek Rhetoric and Pauline Argumentation», dans *Early Christian Literature and the Classical Intellectual Tradition. In Honorem Robert M. Grant* (en collab.) (1979), 177-188.

b5431 BOWERS, P., «Paul and Religious Propaganda in the First Century», NT 22 (1980) 316-323.

b5432 MEEKS, W.A., «The Urban Environment of Pauline Christianity», dans *SBL 1980 Seminar Papers* (en collab.) (1980), 113-122.

b5433 SAMPLEY, J.P., *Pauline Partnership in Christ*. Christian Community and Commitment in Light of Roman Law (Philadelphia, Fortress, 1980), xii-127 pp.

b5434 TANNER, R.G., «St. Paul and Panaetius», dans *Studia Biblica 1978* (en collab.) (1980), III, 361-375.

b5435 TANNER, R.G., «St. Paul's View of Militia and Contemporary Social Values», dans *Studia Biblica 1978* (en collab.) (1980), III, 377-382.

b5436 TANNER, R.G., «S. Paul and Stoic Physis», dans *Studia Evangelica* (en collab.) (1982), VII, 481-490.

Communauté apostolique. Apostolic Community. Apostolische Gemeinde.
Comunità apostolica. Comunidad apostólica.

b5437   VOUGA, F., «Paul face aux églises de son temps», LV n° 139 (1978) 21-29.
b5438   En collaboration, À la découverte de la Bible, «Paul et ses communautés» (1980), II, 78-129.

e) Personnalité. Personality. Persönlichkeit. Personalità. Personalidad.

Études générales. General Studies. Allgemeine Studien. Studi generali. Estudios generales.

b5439   GUARDINI, R., «Apostelgestalten», BiKi 2 (1947) 1-12.
b5440   DE SANTOS, D., «Energía de caracter y ternura de corazón de San Pablo», CuBi 18 (1961) 26-36.
b5441   WILSON, S.G., «The Portrait of Paul in Acts and the Pastorals», dans Society of Biblical Literature. 1976 Seminar Papers (en collab.) (1976), 397-411.
b5442   RODENAS, A., «San Pablo sometido al psicoanálisis: ¿Un mundo paranoico?» CuBi 34 (1977) 167-177.
b5443   BOVON, F., Luc le théologien, «La figure de Paul» (1978), 370-378.
b5444   TURBESSI, G., «L'Apôtre Paul, 'homme de Dieu' (Biographie spirituelle)», dans Paul de Tarse, apôtre de notre temps (en collab.) (1979), 101-162.
b5445   ARMOGATHE, J.R., Paul ou l'impossible unité (Douze hommes dans l'histoire de l'Église) (Paris, Fayard-Mame, 1980), 217 pp.
b5446   JERVELL, J., «Der unbekannte Paulus», dans Die Paulinische Literatur und Theologie. The Pauline Literature and Theology (en collab.) (1980), 29-49.
b5447   GNILKA, J., «Das Paulusbild im Kolosser- und Epheserbrief», dans Kontinuität und Einheit (en collab.) (1981), 179-193.
b5448   MADROS, P., Susceptibilité et humilité de saint Paul dans sa seconde lettre aux Corinthiens (Jerusalem, Franciscan Printing Press, 1981), 64 pp.
b5449   MONTEFIORE, H., Paul the Apostle (London, Fount Paperbacks/Collins, 1981), 125 pp.
b5450   TROCMÉ, É., «Paul-la-colère: éloge d'un schismatique», RHPR 61 (1981) 341-350.
b5451   VON ALLMEN, D., La famille de Dieu, «Paul et ses enfants» (1981), 181-199.
b5452   COOK, R.B., «St Paul - Preacher, Evangelist or Organizer?» ExpTim 93 (1982) 171-173.
b5453   ALTIZER, T.J.J., «Paul and the Birth of Self-Consciousness», JAmAcRel 51 (1983) 359-370.

Physique de Paul. Physique of Paul. Physik des Paulus. Fisico di Paolo. Físico de Pablo.

b5454   BINDER, H., «Die angebliche Krankheit des Paulus», TZ 32 (1976) 1-13.
b5455   COPESTAKE, D.R., «How Neurotic was Paul?» ExpTim 94 (1983) 200-204.

Mystique. Mystic. Mystik. Mistica. Mística.

b5456   BULTMANN, R., «Ignatius und Paulus», dans Studia Paulina. In honorem Johannis de Zwann (en collab.) (1953), 37-51, dans Exegetica (1967), 400-411.
b5457   BOUTTIER, M., «La Mystique de l'Apôtre Paul, rétrospective et prospective», RHPR 56 (1976) 54-67.
b5458   SCHELKLE, K.H., «Im Leib oder ausser des Leibes», TQ 158 (1978) 285-293.
b5459   CULLMANN, O., «La prière selon les Épîtres pauliniennes», TZ 35 (1979) 90-101.

b5460 LINCOLN, A.T., «'Paul the Visionary': The Setting and of the Rapture to Paradise in II Corinthians XII.1-10», NTS 25 (1979) 204-220.

b5461 PRICE, R.M., «Punished in Paradise (An Exegetical Theory on II Corinthians 12:1-10)», JSNT n° 7 (1980) 33-40.

Apôtre. Apostle. Apostel. Apostolo. Apóstol.

b5462 SILVA, R., «Pablo, obrero cristiano. ¿Cuando y cómo trabajó?» CuBi 25 (1968) 75-86.

b5463 BARCLAY, W., «A Comparison of Paul's Missionary Preaching and Preaching to the Church», dans *Apostolic History and the Gospel* (en collab.) (1970), 165-175.

b5464 BAUM, H., *Mut zum Schwachsein - in Christi Kraft.* Theologische Grundelemente einer missionarischen Spiritualität anhand 2 Kor (Studia Instituti Missiologici, Societas Verbi Divini, 17) (St. Augustin, Steyler, 1977), xxvi-254 pp.

b5465 FUCHS, E., «La faiblesse, gloire de l'apostolat selon Paul (Étude sur 2 Co 10-13)», ETR 55 (1980) 231-253.

b5466 KÖSTER, H., «Apostel und Gemeinde in den Briefen an die Thessalonicher», dans *Kirche.* Festschrift für Günther Bornkamm (en collab.) (1980), 287-298.

b5467 SABOURIN, L., «Paul and his Thought in Recent Research. Paul as Apostle», RelStB 2 (1982) 63-73.

f) Sources. Quellen. Fonti. Fuentes.

Études générales. General Studies. Allgemeine Studien. Studi generali. Estudios generales.

b5468 DAVIES, W.D., *Invitation to the New Testament,* «The Sources» (1969), 233-240.

b5469 STENDAHL, K., *Paul Among Jews and Gentiles and Other Essays,* «Sources and Critiques» (1976), 125-133.

b5470 HILL, A.E., «The Temple of Asclepius: An Alternate Source for Paul's Body Theology», JBL 99 (1980) 437-439.

b5471 KIM, S., *The Origin of Paul's Gospel* (Wissenschaftliche Untersuchungen zum Neuen Testament, 2. Reihe 4) (Tübingen, Mohr, 1981), xii-391 pp.

Ancien Testament. Old Testament. Altes Testament. Antico Testamento. Antiguo Testamento.

b5472 SCHREINER, J., «Jeremia 9,22.23 als Hintergrund des paulinischen Sich-Rühmens», dans *Neues Testament und Kirche* (en collab.) (1974), 530-542.

b5473 VAN DER MINDE, H.-J., *Schrift und Tradition bei Paulus.* Ihr Bedeutung und Funktion im Römerbrief (Paderborn, F. Schöningh, 1976), 221 pp.

b5474 VANNI, U., «*Omoiôma* in Paolo (Rom 1,23; 5,14; 6,5; 8,3; Fil 2,7). Un'interpretazione esegetico-teologica alla luce dell'uso dei LXX», Greg 58 (1977) 321-345, 431-470.

b5475 MARCHADOUR, A., *Un évangile à découvrir,* «Le premier théoricien de la lecture chrétienne» (1978), 53-56.

b5476 WUELLNER, W.H., «Toposforschung und Torahinterpretation bei Paulus und Jesus», NTS 24 (1978) 463-483.

b5477 HICKLING, C.J.A., «Paul's Reading of Isaiah», dans *Studia Biblica 1978* (en collab.) (1980), III, 215-223.

b5478 SCHALLER, B., «Zum Textcharakter der Hiobzitate im paulinischen Schrifttum», ZNW 71 (1980) 21-36.

b5479 HOOKER, M.D., «Beyond the Things that are Written? St Paul's Use of Scripture», NTS 27 (1981) 295-309.

b5480 BLANK, J., *Paulus*. Von Jesus zum Christentum, «Erwägungen zum Schriftverständnis des Paulus» (1982), 192-215.
b5481 DAUTZENBERG, G., «Paulus und das Alte Testament?» BiKi 37 (1982) 21-27.
b5482 DINTER, P.E., «Paul and the Prophet Isaiah», BTS 13 (1983) 48-52.
b5483 HANSON, A.T., *The Living Utterances of God*, «Paul's Interpretation of Scripture» (1983), 44-62.

Évangiles. Gospels. Evangelien. Vangeli. Evangelios.

b5484 PARKER, P., «Paul Kept the Faith», AThR 25 (1943) 399-402.
b5485 DUNCAN, G.S., «From Paul to Jesus», SJTh 2 (1949) 1-12.
b5486 FRASER, J.W., *Jesus & Paul*. Paul as Interpreter of Jesus from Harnack to Kümmel (Abingdon, Marcham Manor, 1974), 244 pp.
b5487 BEN-CHORIN, S., «Jesus und Paulus in Jüdischer Sicht», ASTI 10 (1976) 17-29.
b5488 COLLANGE, J.-F., «De Jésus de Nazareth à Paul de Tarse», LV n° 139 (1978) 87-95.
b5489 FITZMYER, J.A., «The Gospel in the Theology of Paul», Interpr 33 (1979) 339-350.
b5490 STANLEY, D.M., «Significance for Paul of Jesus' Earthly History», dans *Sin, Salvation, and the Spirit* (en collab.) (1979), 279-288.
b5491 NOACK, B., «Teste Paulo: Paul as the Principal Witness to Jesus and Primitive Christianity», dans *Die Paulinische Literatur und Theologie. The Pauline Literature and Theology* (en collab.) (1980), 9-28.

Gnose. Gnosis. Gnosi. Gnosis.

b5492 PAGELS, E.H., *The Gnostic Paul*. Gnostic Exegesis of the Pauline Letters (Philadelphia, Fortress, 1975), xii-180 pp.
b5493 SCHMITHALS, W., «Zur Herkunft der gnostischen Elemente in der Sprache des Paulus», dans *Gnosis. Festschrift für Hans Jonas* (en collab.) (1978), 385-414.

g) Critique textuelle. Textual Criticism. Textkritik.
Critica testuale. Crítica textual.

b5494 BRUSTON, C., «Fragment d'une lettre perdue de l'Apôtre Paul», ETR 5 (1930) 51-57.
b5495 SIBINGA, J.S., «A Fragment of Paul at Amsterdam (0270)», dans *Miscellanea Neotestamentica* (en collab.) (1978), I, 23-44 (1 Cor 15).
b5496 DAHL, N.A., «0230 (=PSI 1306) and the fourth-century Greek-Latin edition of the letters of Paul», dans *Text and Interpretation* (en collab.) (1979), 79-98.
b5497 GIVERSEN, S., «The Pauline Epistles on Papyrus», dans *Die Paulinische Literatur und Theologie. The Pauline Literature and Theology* (en collab.) (1980), 201-212.
b5498 KILPATRICK, G.D., «The Text of the Epistles: the Contribution of Western Witnesses», dans *Text - Wort - Glaube* (en collab.) (1980), 47-68.
b5499 O'NEILL, J.C., «Glosses and Interpolation in the Letters of St Paul», dans *Studia Evangelica* (en collab.) (1982), VII, 379-386.
b5500 OSBURN, C.D., «The Text of the Pauline Epistles in Hippolytus of Rome», SeC 2 (1982), 97-124.

h) Critique littéraire. Literary Criticism. Literarkritik.
  Critica letteria. Crítica literaria.

Formation du 'corpus'. Formation of the Corpus. Entstehung der Sammlung.
Formazione del 'corpus'. Formación del 'corpus'.

*b*5501   DAHL, N.A., «The Origin of the Earliest Prologues to the Pauline Letters», Semeia 12 (1978) 233-277.

*b*5502   NIELSEN, C.M., «Polycarp, Paul and the Scriptures», AThR 47 (1965) 199-216 (Pauline Corpus as Holy Scripture).

*b*5503   SAND, A., «Überlieferung und Sammlung der Paulusbriefe», dans *Paulus in den neutestamentlichen Spätschriften* (en collab.) (1981), 11-24.

*b*5504   NAUTIN, P., «Irénée et la canonicité des Épîtres pauliniennes», RHR 182 (1972) 113-130.

*b*5505   ESCHLIMANN, G.A., «La rédaction des épîtres pauliniennes», RB 53 (1946) 185-196.

*b*5506   ULLMANN, W., «Was heisst deuteropaulinisch?» dans *Studia Evangelica* (en collab.) (1982), VII, 513-522.

Genres littéraires. Literary Genres. Literarische Gattungen. Generi letterari. Géneros literarios.

*b*5507   BAHR, G.J., «Paul and Letter Writing in the First Century», CBQ 28 (1966) 465-477.

*b*5508   STEENSGAARD, P., «Erwägungen zum Problem Evangelium und Paränese bei Paulus», ASTI 10 (1976) 110-128.

*b*5509   MARCHADOUR, A., *Un évangile à découvrir*, «Les lettres du Nouveau Testament» (1978), 63-68.

*b*5510   STOWERS, S.K., *The Diatribe and Paul's Letter to the Romans* (SBL Dissertation Series, 57) (Chico, CA, Scholars Press, 1981), xvii-261 pp.

*b*5511   WHITE, J.L., «Saint Paul and the Apostolic Letter Tradition», CBQ 45 (1983) 433-444.

Philologie. Philology. Philologie. Filologia. Filología.

*b*5512   GINGRICH, F.W., «The Words St. Paul Coined», AThR 17 (1935) 234-236.

*b*5513   VAN UNNIK, W.C., «Aramaisms in Paul», *Vox Theologica* (1943) 117-126, dans *Sparsa Collecta* (1973), I, 129-143.

*b*5514   BURDICK, D.W., «*Oida* and *ginōskō* in the Pauline Epistles», dans *New Dimensions in New Testament Study* (en collab.) (1974), 344-356.

*b*5515   BLACK, M., «Some Greek Words with 'Hebrew' Meanings in the Epistles and Apocalypse», dans *Biblical Studies* (W. Barclay) (en collab.) (1976), 135-146.

Divers. Miscellaneous. Verschiedenes. Diversi. Diversos.

*b*5516   FRIEDRICH, G., «Lohmeyers These über das paulinische Briefpräskript kritisch beleuchtet», TLZ 81 (1956) 343-346, dans *Auf das Wort kommt es an* (1978), 103-106.

*b*5517   DAVIES, W.D., *Invitation to the New Testament*, «The Great Pauline Metaphors» (1969), 310-326.

*b*5518   LONGENECKER, R.N., «Ancient Amanuenses and the Pauline Epistles», dans *New Dimensions in New Testament Study* (en collab.) (1974), 281-297.

*b*5519   KEMMLER, D.W., *Faith and Human Reason. A Study of Paul's Method of Preaching as Illustrated by 1-2 Thessalonians and Acts 17,2-4* (Supplements to Novum Testamentum, XL) (Leiden, Brill, 1975), xii-225 pp.

*b*5520   VON ALLMEN, D., «Pour une synopse paulinienne», Bibl 57 (1976) 74-104.

*b*5521   FISCHER, J.A., «Pauline Literary Forms and Thought Patterns», CBQ 39 (1977) 209-223.
*b*5522   ECKERT, J., «Paulus und Israel. Zu den Strukturen paulinischer Rede und Argumentation», TrierTZ 87 (1978) 1-13.
*b*5523   MALHERBE, A.J., «*Mê genoito* in the Diatribe and Paul», HarvTR 73 (1980) 231-240.
*b*5524   VON ALLMEN, D., *La famille de Dieu*, «L'étude des images dans les épîtres pauliniennes» (1981), 5-52.

i) Théologie. Theology. Theologie. Teologia. Teología.

*b*5525   EASTON, B.S., «The Mind of Christ in Paul», AThR 13 (1931) 207-211.
*b*5526   LAURIOL, É., «La pensée de l'apôtre Paul», ETR 20 (1945) 3-20.
*b*5527   GRAHAM, H.H., «Continuity and Discontinuity in the Thought of St. Paul», AThR 38 (1956) 137-146.
*b*5528   MUSSNER, F., «'Evangelium' und 'Mitte des Evangeliums'», dans *Gott in Welt* (en collab.) (1964), I, 492-514.
*b*5529   FUCHS, E., «Über die Selbstbeherrschung als Bedingung einer christlichen Existenz im Selbstverständnis des Apostels Paulus», dans *Glaube und Erfahrung* (Tübingen, Mohr, 1965), 314-333.
*b*5530   STUHLMACHER, P., «Theologische Probleme gegenwärtiger Paulusinterpretation», TLZ 98 (1973) 721-732.
*b*5531   HANSON, A.T., *Studies in Paul's Technique and Theology* (London, SPCK, 1974), xiv-329 pp.
*b*5532   DRANE, J.W., *Paul Libertine or Legalist?* «How did Paul's Theology Develop?» (1975), 132-136.
*b*5533   HOWARD, R.E., *Newness of Life*. A Study in the Thought of Paul (Grand Rapids, Baker, 1975), 266 pp.
*b*5534   MONTAGUE, G.T., *Building Christ's Body*. The Dynamics of Christian Living According to St. Paul (Herald Scriptural Library) (Chicago, Franciscan Herald, 1975), 121 pp.
*b*5535   WIEFEL, W., «Die missionarische Eigenart des Paulus und das Problem des frühchristlichen Synkretismus», Kairos 17 (1975) 218-231.
*b*5536   HAMMER, P.L., «Canon and Theological Variety: A Study in the Pauline Tradition», ZAW 67 (1976) 83-89.
*b*5537   HEINE, S., *Leibhafter Glaube*. Ein Beitrag zum Verständnis der theologischen Konzeption des Paulus (Freiburg, Herder, 1976), 223 pp.
*b*5538   BARCLAY, W., *The Mind of St Paul* (Glasgow, Collins, 1958; Fount Paperbacks, 1977), 192 pp.
*b*5539   BRUCE, F.F., *Paul: Apostle of the Heart Set Free* (Grand Rapids, Eerdmans, 1977), 491 pp.
*b*5540   EICHHOLZ, G., *Die Theologie des Paulus im Umriss*[2] (Neukirchen-Vluyn, Neukirchener Verlag, 1977), xiv-322 pp.
*b*5541   GONZALEZ RUIZ, J.M., *El Evangelio de Pablo* (Madrid, Marova, 1977), vi-465 pp.
*b*5542   HOOKER, M.D., «Interchange and Atonement», BJRL 60 (1977-78) 462-481.
*b*5543   BRUCE, F.F., «'All Things to All Men': Diversity in Unity and Other Pauline Tensions», dans *Unity and Diversity in New Testament Theology* (en collab.) (1978), 82-99.
*b*5544   CARREZ, M., «Les contradictions théologiques de la pensée paulinienne», LV nᵒ 139 (1978) 39-51.
*b*5545   JOSSUA, J.-P., «Quelques échos d'une lecture de Paul», LV nᵒ 139 (1978) 97-109.

*b*5546 SCHLIER, H., *Grundzüge einer paulinischen Theologie* (Freiburg i. Br., Herder, 1978), 223 pp.

*b*5547 BENOIT, P., «Genèse et évolution de la pensée paulinienne», dans *Paul de Tarse, apôtre de notre temps* (en collab.) (1979), 75-100, dans BENOIT, P., *Exégèse et théologie* (1982), IV, 129-158.

*b*5548 FITZMYER, J.A., «The Gospel in the Theology of Paul», Interpr 33 (1979) 339-350.

*b*5549 GIAVINI, G., «La teologia paolina nella sintesi di G. Eichholz», RivB 27 (1979) 115-121.

*b*5550 LADD, G.E., «Introduction à la pensée de Paul», Hok n° 10 (1979) 18-36.

*b*5551 BEKER, J.C., *Paul the Apostle*. The Triumph of God in Life and Thought (Philadelphia, Fortress, 1980), xii-452 pp.

*b*5552 FEE, G.D., «Hermeneutics and Common Sense: An Exploratory Essay on the Hermeneutics of the Epistles», dans *Inerrancy and Common Sense* (en collab.) (1980), 161-186.

*b*5553 HICKLING, C.J.A., «Centre and Periphery in the Thought of Paul», dans *Studia Biblica 1978* (en collab.) (1980), III, 199-214.

*b*5554 HÜBNER, H., «Pauli Theologiae Proprium», NTS 26 (1980) 445-473.

*b*5555 MARTIN, R.P., *Reconciliation*. A study of Paul's theology (New Foundations Theological Library) (Atlanta, John Knox Press, 1980), 262 pp.

*b*5556 GIBERT, P., *Apprendre à lire saint Paul*. Le Christ au fondement de tout. De la Loi à l'Évangile de la liberté (Croire aujourd'hui) (Paris, Desclée de Brouwer, 1981), 156 pp.

*b*5557 BARRETT, C.K., *Essays on Paul* (London, SPCK, 1982), x-171 pp.

*b*5558 BLANK, J., *Paulus*. Von Jesus zum Christentum. Aspekte der paulinischen Lehre und Praxis (München, Kösel, 1982), 216 pp.

j) Influence. Einfluss. Influenza. Influencia.

*b*5559 SIMON, M., «L'Apôtre Paul dans le symbolisme funéraire chrétien - Sur un fragment de sarcophage avec barque et scène de pêche (*Mélanges d'Archéologie et d'Histoire*, L, Paris, 1933, 156-182)», dans SIMON, M., *Le Christianisme antique et son contexte religieux* (1981), 1-27.

*b*5560 RINALDI, G., «La 'sapienza data' a Paolo (2 Petr. 3,15)», dans *San Pietro* (en collab.) (1967), 395-411.

*b*5561 STRECKER, G., «Paulus in nachpaulinischer Zeit», Kairos 12 (1970) 208-216.

*b*5562 ALEXANDER, N., «The Epistle for Today», dans *Biblical Studies* (W. Barclay) (en collab.) (1976), 99-118.

*b*5563 KÜMMEL, W.G., «Albert Schweitzer et l'apôtre Paul», RHPR 56 (1976) 37-53.

*b*5564 STENDAHL, K., *Paul Among Jews and Gentiles and Other Essays*, «The Apostle Paul and the Introspective Conscience of the West» (1976), 78-96.

*b*5565 VAN DER LOF, L.J., «L'Apôtre Paul dans les Lettres de Saint Jérôme», NT 19 (1977) 150-160.

*b*5566 JOURJON, M., «Paul et son destin posthume dans l'église ancienne», LV n° 139 (1978) 31-38.

*b*5567 MORGAN, R., «Biblical Classics. II. F.C. Baur: Paul», ExpTim 90 (1978) 4-10.

*b*5568 CONZELMANN, H., «Die Schule des Paulus», dans *Theologia Crucis - Signum Crucis* (en collab.) (1979), 85-96.

*b*5569 DASSMANN, E., «Paulus in der Gnosis», JbAC 22 (1979) 123-138.

*b*5570 DASSMANN, E., *Der Stachel im Fleisch*. Paulus in der frühchristlichen Literatur bis Irenäus (Münster, Aschendorff, 1979), xi-335 pp.

*b*5571   LINDEMANN, A., *Paulus im ältesten Christentum*. Das Bild des Apostels und die Rezeption der paulinischen Theologie in der frühchristlichen Literatur bis Marcion (Beiträge zur historischen Theologie, 58) (Tübingen, Mohr, 1979), x-449 pp.

*b*5572   THISELTON, A.C., «Schweitzer's Interpretation of Paul», ExpTim 90 (1979) 132-137.

*b*5573   DE BOER, M.C., «Images of Paul in the Post-Apostolic Period», CBQ 42 (1980) 359-380.

*b*5574   LÜDEMANN, G., «Zum Antipaulinismus im frühen Christentum», EvT 40 (1980) 437-455.

*b*5575   HOSCHORKE, K., «Paulus in den Nag-Hammadi-Texten. Ein Beitrag zur Geschichte der Paulusrezeption im frühen Christentum», ZTK 78 (1981) 177-205.

*b*5576   GRANT, R.M., «Paul, Galen, and Origen», JTS 34 (1983) 533-536.

*b*5577   LÜDEMANN, G., *Paulus, der Heidenapostel*. Band II. Antipaulinismus im frühen Christentum (Göttingen, Vandenhoeck & Ruprecht, 1983), 322 pp.

*b*5578   SIEZLER, J.A., *Pauline Christianity* (The Oxford Bible Series) (Oxford, New York, Oxford University Press, 1983), ix-157 pp.

*b*5579   ZELLER, D., «Paulus und Johannes», BZ 27 (1983) 167-182.

2. Romains. Romans. Römerbrief. Romani. Romanos.

a) Bibliographie. Bibliography. Bibliographie. Bibliografia. Bibliografía.

*b*5580   CAMPBELL, W.S., «Revisiting Romans», SB 12 (1981) 2-10.

*b*5581   CAMPBELL, W.S., «The Romans Debate», JSNT nᵒ 10 (1981) 19-28.

b) Introductions. Einleitungen. Introduzioni. Introducciones.

*b*5582   SCHELKLE, K.H., «Ein Brief nach Rom - Eine Einführung in den Römerbrief», BiKi 28 (1973) 70-72.

*b*5583   KAYE, B.N., «'To the Romans and Others' Revisited», NT 18 (1976) 37-77.

*b*5584   GODSEY, J.D., «The Interpretation of Romans in the History of the Christian Faith», Interpr 34 (1980) 3-16.

*b*5585   FEUILLET, A., «Romains (Épître aux). I. Problèmes d'introduction d'ordre littéraire et historique. II. Structure et thèmes fondamentaux. III. Sotériologie de l'Épître. IV. Enseignement moral. Conclusion», SDB 10 (1982) col. 739-863.

c) Commentaires. Commentaries. Kommentare. Commenti. Comentarios.

*b*5586   BLACK, M., *Romans* (New Century Bible Commentary) (Grand Rapids, Eerdmans; London, Marshall, Morgan & Scott, 1973), 191 pp.

*b*5587   NEWMAN, B.M., NIDA, E.A., *A Translator's Handbook on Paul's Letter to the Romans* (Helps for Translators) (New York, London, United Bible Societies, 1973), vii-325 pp.

*b*5588   DOULIÈRE, R.F., *La justice qui fait vivre*. L'Épître aux Romains. Introduction et Commentaire (Neuchâtel, Éd. de l'Imprimerie Nouvelle E.G. Chave, 1975), 240 pp.

*b*5589   O'NEIL, J.C., *Paul's Letter to the Romans* (The Pelican New Testament Commentaries) (Middlesex, Penguin Books, 1975), 316 pp.

*b*5590   DI MARCO, A., «Il commento alla lettera ai Romani di E. Käsemann», RivB 24 (1976) 243-262.

b5591   JÜNGEL, E., RÖSSLER, D., *Gefangenes Ich-befreiender Geist*. Zwei Tübinger Römerbrief-Auslegungen (München, Kaiser, 1976), 31 pp.

b5592   TORTI, G., *La lettera ai Romani*. Testo, traduzione, introduzione e commento (Studi biblici, 41) (Brescia, Paideia, 1977), 309 pp.

b5593   WILCKENS, U., «Zum Römerbriefkommentar von Heinrich Schlier», TLZ 103 (1978) 849-856.

b5594   BARBOUR, R.S., «Karl Barth: The Epistle to the Romans», ExpTim 90 (1979) 264-268.

b5595   CRANFIELD, C.E.B., *A Critical and Exegetical Commentary on the Epistle to the Romans*, Vol. 2: Commentary on Romans IX-XVI and Essays (International Critical Commentary) (Edinburgh, Clark, 1979), x, pp. 445-927.

b5596   GIRARDIN, B., *Rhétorique et théologique*. Calvin. Le Commentaire de l'*Épître aux Romains* (Théologie historique, 54) (Paris, Beauchesne, 1979), 395 pp.

b5597   HARRISVILLE, R.A., *Romans* (Augsburg Commentary on the New Testament) (Minneapolis, MN, Augsburg, 1980), 263 pp.

b5598   HENDRIKSEN, W., *New Testament Commentary*. Exposition of Paul's Epistle to the Romans. Volume 1: Chapters 1-8 (Grand Rapids, Baker, 1980), ix-303 pp.

b5599   LEENHARDT, F.-J., *L'Épître de Saint Paul aux Romains*[2] (Commentaire du Nouveau Testament, deuxième série, 6) (Genève, Labor et Fides, 1981), 254 pp.

b5600   WILCKENS, U., *Der Brief an die Römer*. 1. Teilband, Röm 1-5; 2. Teilband, Röm 6-11; 3. Teilband, Röm 12-16 (EKK VI/1,2,3) (Zürich, Benziger Verlag; Neukirchen-Vluyn, Neukirchener Verlag, 1978, 1980, 1982), 337 pp., viii-274 pp., 160 pp.

d) But. Purpose. Ziel. Scopo. Fin.

b5601   SUHL, A., «Der konkrete Anlass des Römerbriefes», Kairos 13 (1971) 119-130.

b5602   CAMPBELL, W.S., «Why Did Paul Write Romans?» ExpTim 85 (1974) 264-269.

b5603   HAACKER, K., «Exegetische Probleme des Römerbriefs», NT 20 (1978) 1-21.

b5604   CRANFIELD, C.E.B., *The Epistle to the Romans*, «Paul's Purpose or Purposes in Writing Romans» (1979), 814-823.

b5605   WEDDERBURN, A.J.M., «The Purpose and Occasion of Romans Again», ExpTim 90 (1979) 137-141.

b5606   BRUCE, F.F., «The Romans Debate - Continued», BJRL 64 (1982) 334-359.

b5607   JEWETT, R., «Romans as an Ambassadorial Letter», Interpr 36 (1982) 5-20.

b5608   THEOBALD, M., «Warum schrieb Paulus den Römerbrief?» BiLit 56 (1983) 150-158.

e) Critique textuelle. Textual Criticism. Textkritik.
Critica testuale. Crítica textual.

b5609   GAMBLE, H., *The Textual History of the Letter to the Romans*. A Study in Textual and Literary Criticism (Studies and Documents, 42) (Grand Rapids, Eerdmans, 1977), 151 pp.

b5610   DOIGNON, J., «Les variations des citations de l'épître aux Romains dans l'oeuvre d'Hilaire de Poitiers», RBen 88 (1978) 189-204.

b5611   HÜBNER, H., *Das Gesetz bei Paulus*, «Die Frage nach der Integrität des Römerbriefes» (1978), 58-62.

f) Critique littéraire. Literary Criticism. Literarkritik.
   Critica letteraria. Crítica literaria.

Structure. Aufbau. Struttura. Estructura.

*b*5612   ROLLAND, P., «'Il est notre justice, notre vie, notre salut'. L'ordonnance des thèmes
         majeurs de l'Épître aux Romains», Bibl 56 (1975) 394-404.
*b*5613   KAYE, B.N., *The Thought Structure of Romans with Special Reference to Chapter 6*
         (Fort Worth, TX, Schola Press, 1979), ix-203 pp.
*b*5614   CAMPBELL, W.S., «Romans iii as a Key to the Structure and Thought of the Letter»,
         NT 23 (1981) 22-40.

Divers. Miscellaneous. Verschiedenes. Diversi. Diversos.

*b*5615   VAN DER MINDE, H.-J., *Schrift und Tradition bei Paulus*, «Schrift und Tradition im
         Römerbrief» (1976), 37-121.
*b*5616   WUELLNER, W., «Paul's Rhetoric of Argumentation in Romans: An Alternative to the
         Donfried-Karris Debate over Romans», CBQ 38 (1976) 330-351.
*b*5617   MORTON, A.Q., MICHAELSON, S., THOMPSON, J.D. (Ed.), *A Critical
         Concordance to the Letter of Paul to the Romans* (The Computer Bible, 13) (Wooster,
         OH, Biblical Research Associates, 1977), xvi-338 pp.
*b*5618   STOWERS, S.K., *The Diatribe and Paul's Letter to the Romans* (SBL Dissertation
         Series, 57) (Chico, Scholars Press, 1981), xvii-261 pp.

g) Théologie. Theology. Theologie. Teologia. Teología.

*b*5619   BARTON, G.A., «The Interpretation of the Epistle to the Romans», AThR 21 (1939)
         81-93.
*b*5620   WOOD, A.S., «The Theology of Luther's Lectures on Romans», SJTh 3 (1950) 1-18,
         113-126.
*b*5621   ROLLAND, P., «'Il est notre justice, notre vie, notre salut'. L'ordonnance des thèmes
         majeurs de l'Épître aux Romains», Bibl 56 (1975) 394-404.
*b*5622   HAAS, V.D., «Barth, Bultmann, and *The Letter to the Romans*», SBT 8,1 (1978) 65-76.
*b*5623   CRANFIELD, C.E.B., *The Epistle to the Romans*. Concluding Remarks on Some
         Aspects of the Theology of Romans, «Use of the Old Testament» (1979), II, 862-870.
*b*5624   BAIRD, W., «On Reading Romans in the Church Today», Interpr 34 (1980) 45-58.
*b*5625   JEWETT, R., «Major Impulses in the Theological Interpretation of Romans Since
         Barth», Interpr 34 (1980) 17-31.
*b*5626   FEUILLET, A., «L'histoire du salut dans les lettres aux Galates et aux Romains», EV
         (doctrine) 92 (1982) 257-267.

h) Textes. Texte. Texte. Testi. Textos.

*b*5627   1-11   SCROGGS, R., «Paul as Rhetorician: Two Homilies in Romans 1-11»,
                   dans *Jews, Greeks and Christians* (en collab.) (1976), 271-298.
*b*5628   1-8   ORTIGUES, E., «La composition de l'Épître aux Romains (I-VIII)», VC
                   n⁰ 29-30 (1954) 52-81.
*b*5629   FEUILLET, A., «La vie nouvelle du chrétien d'après Romains I-VIII»,
                   RT 83 (1983) 5-39.

b5630   1-4   DUGANDZIC, I., *Das 'Ja' Gottes in Christus*, «Schriftzitate und Rechtfertigungslehre - Röm 1-4» (1977), 257-271.

b5631   MONTAGNINI, F., *La prospettiva storica della Lettera ai Romani. Esegesi di Rom.* 1-4 (Studi biblici, 54) (Brescia, Paideia, 1980), 163 pp.

b5632   1   WALLS, A.F., «The First Chapter of the Epistle to the Romans and the Modern Missionary Movement», dans *Apostolic History and the Gospel* (en collab.) (1970), 346-357.

b5633   1,1-7 VIARD, A., «L'évangile et l'accomplissement des promesses de Dieu (Romains 1,1-7)», EV (doctrine) 87 (1977) 618-619.

b5634   MARGOT, J.-C., *Traduire sans trahir* (Lausanne, Éditions l'Âge d'homme, 1979), «La traduction de textes à structure complexe», 219-231.

b5635   Y.B., «Le Fils de Dieu né de la race de David (Rm 1,1-7)», EV (prédication) 83 (1983) 322-323.

b5636   1,1-4 VAN DER MINDE, H.-J., *Schrift und Tradition bei Paulus*, «Die Aussage des Apostels über die Schrift und die Zitation einer Traditionsformel im Präskript des Römerbriefes (Röm 1,1-4)» (1976), 38-47.

b5637   DUGANDZIC, I., *Das 'Ja' Gottes in Christus*, «Das in den Schriften 'vorherverheissene' Evangelium Gottes. Röm 1,1-4» (1977), 128-154.

b5638   1,3-4 SCHLIER, H., «Eine christologische Credo-Formel der römischen Gemeinde. Zu Röm 1,3f.», dans REICKE, B. (Hrsg.), *Neues Testament und Geschichte.* Festschrift O. Cullmann (Zürich, Theologischer Verlag; Tübingen, Mohr, 1972), 207-218, dans SCHLIER, H., *Der Geist und die Kirche* (1981), 56-69.

b5639   HENGEL, M., *Der Sohn Gottes.* Die Entstehung der Christologie und die jüdisch-hellenistische Religionsgeschichte (Tübingen, Mohr, 1975), 144 pp.

b5640   PIKAZA, J., «Constituido Hijo de Dios en la resurrección (Rm 1,3-4)», CuBi 32 (1975) 197-206.

b5641   PENNA, R., *Lo Spirito di Cristo*, «Rom. 1,3-4» (1976), 273-275.

b5642   POYTHRESS, V.S., «Is Romans 1,3-4 a Pauline Confession After All?» ExpTim 87 (1976) 180-183.

b5643   LANGEVIN, P.-É., «Quel est le 'Fils de Dieu' de Romains 1,3-4?» SE 29 (1977) 145-177.

b5644   MANNS, F., *Essais sur le Judéo-Christianisme* (Studium Biblicum Franciscanum, Analecta, 12) (Jerusalem, Franciscan Printing Press, 1977), 226 pp.

b5645   En collaboration, *Mary in the New Testament*, «The Birth of Jesus in the Pauline Writings» (1978), 33-49.

b5646   THEOBALD, M., «'Dem Juden zuerst und auch dem Heiden'. Die paulinische Auslegung der Glaubensformel Röm 1,3f», dans *Kontinuität und Einheit* (en collab.) (1981), 376-392.

b5647   1,3   HAACKER, K., «Exegetische Probleme des Römerbriefs», NT 20 (1978) 1-21.

b5648   1,5   VIARD, C., «Écouter», CHR n° 99 (1978) 267-274.

b5649   FRIEDRICH, G., «Muss *upakoē pisteōs* Röm 1 5 mit 'Glaubensgehorsam' übersetzt werden?» ZNW 72 (1981) 118-123.

b5650   1,8-17 BAIRD, W., «Romans 1:8-17», Interpr 33 (1979) 398-403.

b5651 1,14 HOWELL-JONES, D., «Our Universal Debt», ExpTim 89 (1978) 372-373.

b5652 1,15 HUTCHISON, H., «Have you heard the good news?» ExpTim 89 (1977-78) 274-275.

b5653 1,16-11,36 VANNI, U., «La struttura letteraria della Lettera ai Romani (Rom 1,16-11,36). Bilancio e prospettive», dans Parola e Spirito (en collab.) (1982), 439-455.

b5654 1,16-2,29 BASSLER, J.M., Divine Impartiality. Paul and a Theological Axiom (SBL Dissertation Series, 59) (Chico, CA, Scholars Press, 1982), vii-302 pp.

b5655 1,17 CAVALLIN, H.C.C., «'The Righteous Shall Live by Faith.' A Decisive Argument for the Traditional Interpretation», ST 32 (1978) 33-43.

b5656 VAN DAALEN, D.H., «The Revelation of God's Righteousness in Romans 1:17», dans Studia Biblica 1978 (en collab.) (1980), III, 383-389.

b5657 MOODY, R.M., «The Habakkuk Quotation in Romans 1[17]», ExpTim 92 (1981) 205-208.

b5658 VAN DAALEN, D.H., «The 'ēmunah/pistis of Habakkuk 2.4 and Romans 1.17», dans Studia Biblica (en collab.) (1982), VII, 523-527.

b5659 1,18-5,11 JACQUES, X., «Colère de Dieu (Romains 1,18-5,11)», CHR 25 (1978) 100-110.

b5660 1,18-3,20 WILLER, A., Der Römerbrief - eine dekalogische Komposition (Arbeiten zur Theologie, 66) (Stuttgart, Calwer, 1981), 94 pp.

b5661 1,18-32 DUBARLE, A.-M., La manifestation naturelle de Dieu d'après l'Écriture, «Saint Paul: l'épître aux Romains (Rom. 1,18-32; 2,14-16)» (1976), 201-232.

b5662 PIKAZA, J., «Conocimiento de Dios y pecado de los hombres (Rom 1,18-32)», CuBi 33 (1976) 245-267.

b5663 WEDDERBURN, A.J.M., «Adam in Paul's Letter to the Romans», dans Studia Biblica 1978 (en collab.) (1980), III, 413-430.

b5664 POPKES, W., «Zum Aufbau und Charakter von Römer 1.18-32», NTS 28 (1982) 490-501.

b5665 1,18-23 DARLAP, A., «Allgemeine Heilsgeschichte und 'natürliche Offenbarung'», dans Mysterium Salutis (en collab.) (1965), I, 86-90.

b5666 1,20 DE GRIJS, F.J.A., «Theologische aantekeningen over enige wijzen, waarop Romeinen 1,20 is verstaan in de traditie van de rooms katholieke kerk. Theological Remarks about Rom. 1,20 in the Tradition of the Roman Catholic Church», Bijdr. 30 (1969) 66-83 (English summary).

b5667 1,23 VANNI, U., «'Omoiōma in Paolo (Rm 1,23; 6,5: 8,3: Fil 2,7). Un'interpretazione esegetico-teologica alla luce dell'uso dei LXX», Greg 58 (1977) 321-345, 431-470.

b5668 HAACKER, K., «Exegetische Probleme des Römerbriefs», NT 20 (1978) 1-21.

b5669 1,28 THERRIEN, G., «Le discernement moral dans l'épître aux Romains», StMor 6 (1968) 77-135.

b5670 2,1-3,20 CAMBIER, J.-M., «Le jugement de tous les hommes par Dieu seul, selon la vérité, dans Rom 2 1-3 20», ZNW 67 (1976) 187-213.

b5671 CAMBIER, J.-M., «God's judgment, in truth, of all men: Romans 2:1-3:20», TDig 26 (1978) 107-113.

*b*5672   2,1-16   PREGEANT, R., «Grace and Recompense: Reflections on a Pauline
                       Paradox», JAmAcRel 47 (1979) 73-96.

*b*5673   2,14-29   JACQUES, X., «La conscience. Romains 2,14-16.26-29», CHR 28 (1981)
                       414-421.

*b*5674   2,14-16   DUBARLE, A.-M., *La manifestation naturelle de Dieu d'après
                       l'Écriture*, «Saint Paul: l'épître aux Romains (Rom. 1,18-32; 2,14-16)»
                       (1976), 201-232.

*b*5675   2,16   BULTMANN, R., «Glossen im Römerbrief», TLZ 72 (1947) 197-202,
                       dans *Exegetica* (1967), 278-284.

*b*5676   HAACKER, K., «Exegetische Probleme des Römerbriefs», NT 20
                       (1978) 1-21.

*b*5677   2,18   THERRIEN, G., «Le discernement moral dans l'épître aux Romains»,
                       StMor 6 (1968) 77-135.

*b*5678   2,28-29   SCHWEIZER, E., «'Der Jude im Verborgenen..., dessen Lob nicht von
                       Menschen, sondern von Gott kommt'. Zu Röm 2,28f und Mt 6,1-18»,
                       dans *Neues Testament und Kirche* (en collab.) (1974), 115-124.

*b*5679   3   VAN DER MINDE, H.-J., *Schrift und Tradition bei Paulus*, «Schrift
                       und Tradition im dritten Kapitel des Römerbriefes» (1976), 48-67.

*b*5680   HAYS, R.B., «Psalm 143 and the Logic of Romans 3», JBL 99 (1980)
                       107-115.

*b*5681   CAMPBELL, W.S., «Romans iii as a Key to the Structure and Thought
                       of the Letter», NT 23 (1981) 22-40.

*b*5682   3,1-8   PIPER, J., «The Righteousness of God in Romans 3,1-8», TZ 36 (1980)
                       3-16.

*b*5683   HALL, D.R., «Romans 3.1-8 reconsidered», NTS 29 (1983) 183-197.

*b*5684   3,9   FEUILLET, A., «La situation privilégiée des Juifs d'après Rm 3,9»,
                       NRT 105 (1983) 33-46.

*b*5685   3,21-4,22   DUGANDZIC, I., *Das 'Ja' Gottes in Christus*, «Das Zeugnis von 'Gesetz
                       und Propheten' für die sich in Christus offenbarende Gerechtigkeit
                       Gottes. Röm 3,21-4,22. Die Erklärung von 3,21-31» (1977), 158-177.

*b*5686   3,21-31   THEOBALD, M., «Das Gottesbild des Paulus nach Röm 3,21-31»,
                       SNTU 6/7 (1981-82) 131-168.

*b*5687   3,21-28   DONFRIED, K.P., «Romans 3:21-28», Interpr 34 (1980) 59-64.

*b*5688   3,21-26   WONNEBERGER, R., *Syntax und Exegese*. Eine generative Theorie
                       der griechischen Syntax und ihr Beitrag Auslegung des Neuen
                       Testamentes, dargestellt an 2. Korinther 5,2f und Römer 3,21-26
                       (Beiträge zur biblischen Exegese und Theologie, 13) (Bern, Frankfurt/
                       M., Las Vegas, Peter Lang, 1979), 340 pp.

*b*5689   JOHNSON, L.T., «Romans 3:21-26 and the Faith of Jesus», CBQ 44
                       (1982) 77-90.

*b*5690   3,24-26   STUHLMACHER, P., «Zur neueren Exegese von Röm 3,24-26», dans
                       Jesus und Paulus (en collab.) (1975), 315-333.

*b*5691   WILLIAMS, S.K., *Jesus' Death as Saving Event*, «The Meaning of Jesus'
                       Death in Romans 3:24-26» (1975), 5-58.

*b*5692   3,25-26   PIPER, J., «The Demonstration of the Righteousness of God in Romans
                       3:25,26», JSNT n° 7 (1980) 2-32.

*b*5693   MEYER, B.F., «The pre-Pauline Formula in Rom. 3.25-26a», NTS 29
                       (1983) 198-208.

b5694   3,25   ROBECK, C.M., Jr., «What is the Meaning of *Hilastērion* in Romans 3:25?» SBT 4,1 (1974) 21-36.

b5695   3,27-5,11   LODGE, J.G., «James and Paul at Cross-Purposes? James 2,22», Bibl 62 (1981) 195-213.

b5696   3,27   FRIEDRICH, G., «Das Gesetz des Glaubens Römer 3,27», TZ 10 (1954) 401-416, dans *Auf das Wort kommt es an* (1978), 107-122.

b5697   RÄISÄNEN, H., «Das 'Gesetz des Glaubens' (Rom. 3.27) und das 'Gesetz des Geistes' (Rom. 8.2)», NTS 26 (1979) 101-117.

b5698   3,29-30   DAHL, N.A., *Studies in Paul*, «The One God of Jews and Gentiles» (1977), 178-191.

b5699   3,30   GRASSER, E., «'Ein einziger ist Gott' (Röm 3,30). Zum christologischen Gottesverständnis bei Paulus», dans '*Ich will euer Gott werden*' (SBS 100) (en collab.) (1981), 177-205.

b5700   3,31   HÜBNER, H., *Das Gesetz bei Paulus*, «Legem statuimus! (Röm 3,31)» (1978), 118-129.

b5701   4   VAN DER MINDE, H.-J., *Schrift und Tradition bei Paulus*, «Schrift und Tradition im vierten Kapitel des Römerbriefes» (1976), 68-106.

b5702   HÜBNER, H., *Das Gesetz bei Paulus*, «Abraham und die Beschneidung in Röm 4» (1978), 44-50.

b5703   MOXNES, H., *Theology in Conflict*, «The structure of Paul's argument in Romans 4» (1980), 108-116.

b5704   VON ALLMEN, D., *La famille de Dieu*, «Famille d'Abraham et famille de Dieu. Gal. 3,26-4,7 et ses parallèles dans l'épître aux Romains» (1981), 68-146.

b5705   4,1-25   YUBERO, D., «Presencia secular de Abraham», CuBi 12 (1955) 8-15.

b5706   4,1   BRUCE, F.F., *The Time is Fulfilled*, «Abraham our Father (*Romans* 4:1)» (1978), 55-74.

b5707   4,12   SWETNAM, J., «The Curious Crux at Romans 4,12», Bibl 61 (1980) 110-115.

b5708   4,13-22   MOXNES, H., *Theology in Conflict* (1980), «In Defence of the Promise of God: Tradition and Polemics in Rom 4:13-22», 103-290; «'God who gives life to the dead': Rom 4:17 and Paul's interpretation of the promise in 4:13-25», 231-282.

b5709   4,23-25   DUGANDZIC, I., *Das 'Ja' Gottes in Christus*, «Die 'für uns' geschriebene Schrift (Röm 4,23ff; 15,4; 1 Kor 10,1-11)» (1977), 222-248.

b5710   4,25   PEINADOR, M., «Un texto de San Pablo a la luz del paralelismo», CuBi 16 (1959) 339-349.

b5711   CHARBEL, A., «Nota a Rom 4,25: costruzione semitica?» BibOr 17 (1975) 194.

b5712   CHARBEL, A., «Ancora su Rom. 4,25: costruzione semitica?» BibOr 18 (1976) 28.

b5713   5-8   FARICY, R., «Nature, Social Sin, and the Spirit», dans *The Spirit of God in Christian Life* (en collab.) (1977), 75-97.

b5714   5   BULTMANN, R., «Adam und Christus nach Römer 5», ZNW 50 (1959) 145-165, dans *Exegetica* (1967), 424-444.

b5715   RICOEUR, P., «La logique de Jésus. Romains 5», ETR 55 (1980) 420-425.

b5716   5,1-11   DAHL, N.A., *Studies in Paul*, «A Synopsis of Rom. 5:1-11 and 8:1-39» (1977), 88-90.

b5717   5,1-8   VIARD, A., «Le salut, oeuvre de la justice et de l'amour de Dieu (Romains 5,1-8)», EV (prédication) 78 (1978) 56-57.

b5718   5,1-5   Y.B., «La Sainte Trinité (Rm. 5,1-5; Jn 16,12-15)», EV (prédication) 83 (1983) 145-146.

b5719   5,1   MOIR, I.A., «Orthography and Theology: The Omicron-Omega Interchange in Romans 5:1 and Elsewhere», dans New Testament Textual Criticism (en collab.) (1981), 179-183.

b5720   5,2-5   SCHNACKENBURG, R., Deutet die Zeichen der Zeit. Meditationen zum Advent (Freiburg, Basel, Vienna, Herder, 1976), 124 pp.

b5721   5,3-4   DAVIDSON, J.A., «Faith and the Gratuitousness of Suffering», ExpTim 89 (1977-78) 111-112.

b5722   5,6-7   KECK, L.E., «The Post-Pauline Interpretation of Jesus' Death in Rom 5,6-7», dans Theologia Crucis - Signum Crucis (en collab.) (1979), 237-248.

b5723   5,6   SALAS, A., «Reconciliados con Dios por la muerte de Cristo (Rom 5,6). La penitencia, hoy vista desde la Biblia», BibFe 5 (1979) 47-71.

b5724   5,7   LANDAU, Y., «Martyrdom in Paul's Religious Ethics: An Exegetical Commentary on Romans 5:7», Immanuel 15 (1983) 24-38.

b5725   5,9-17   RICOEUR, P., «The Logic of Jesus, the Logic of God», AThR 62 (1980) 37-41.

b5726   5,12-21   SCHNACKENBURG, R., «Die Adam-Christus-Typologie (Röm 5,12-21) als Voraussetzung für das Taufverständnis in Röm 6,1-14», dans Battesimo e giustizia in Rom 6 e 8 (en collab.) (1974), 37-55.

b5727   DAHL, N.A., Studies in Paul, «The Argument in Rom. 5:12-21» (1977), 90-91.

b5728   HAULOTTE, E., «Péché / justice: par 'un seul homme', Romains 5,12-21», LV no 131 (1977) 91-115.

b5729   5,12-19   VIARD, A., «Jésus, nouvel Adam, sauveur de tous les hommes (Romains, 5,12-19)», EV (prédication) 78 (1978) 23-24.

b5730   PEREZ FERNANDEZ, M., «El numeral heis en Pablo como título cristológico. Rom 5,12-19; Gal 3,20; cfr. Rom 9,10», EstB 41 (1983) 325-340.

b5731   5,12-15   ENGLEZAKIS, B., «Rom 5,12-15 and the Pauline Teaching on the Lord's Death. Some Observations», Bibl 58 (1977) 231-236.

b5732   5,12-14   MONTAGNINI, F., Rom. 5,12-14 alla luce del dialogo rabbinico (Associazione biblica italiana, Supplementi alla Rivista Biblica, 4) (Brescia, Paideia, 1971), 85 pp.

b5733   5,12   YUBERO, D., «El sentido de 'ef'o' (in quo) en Rom 5,12», CuBi 13 (1956) 151-155.

b5734   CRANFIELD, C.E.B., «On some of the Problems in the Interpretation of Romans 5,12», SJTh 22 (1969) 324-341.

b5735   JOHNSON, S.L., Jr., «Romans 5:12 - An Exercise in Exegesis and Theology», dans New Dimensions in New Testament Study (en collab.) (1974), 298-316.

b5736   5,13   FRIEDRICH, G., «Amartia ouk ellogeitai, Röm 5,13», TLZ 77 (1952) 523-528, dans Auf das Wort kommt es an (1978), 123-131.

b5737   5,14   VANNI, U., «'Omoiōma in Paolo (Rm 1,23; 6,5; 8,3; Fil 2,7). Un'interpretazione esegetico-teologica alla luce dell'uso dei LXX», Greg 58 (1977) 321-345, 431-470.

b5738   HAACKER, K., «Exegetische Probleme des Römerbriefs», NT 20 (1978) 1-21.

b5739   LARA, R.R., «Por qué murieron los que no pecaron. Una lectura antigua de Rom 5,14», CuBi 36 (1979) 173-195.

b5740   5,15   WILCKENS, U., «Christus, der 'letzte Adam', und der Menschensohn. Theologische Überlegungen zum überlieferungsgeschichtlichen Problem der paulinischen Adam-Christus-Antithese», dans *Jesus und der Menschensohn* (en collab.) (1975), 387-403.

b5741   6,1-8,13   BYRNE, B., «Living out the Righteousness of God: The Contribution of Rom 6:1-8:13 to an Understanding of Paul's Ethical Presuppositions», CBQ 43 (1981) 557-581.

b5742   6   KÜRZINGER, J., «Zur Taufaussage von Röm 6», dans *Universitas. Dienst an Wahrheit und Leben* (en collab.) (1960), I, 93-98.

b5743   DU TOIT, A.B., «*Dikaiosyne* in Röm 6. Beobachtungen zur ethischen Dimension der paulinischen Gerechtigkeitsauffassung», ZTK 76 (1979) 261-291.

b5744   WILCKENS, U., *Der Brief an die Römer.* 2. Teilband, Röm 6-11 (EKK VI/2) (Zürich, Benziger Verlag: Neukirchen-Vluyn, Neukirchener Verlag, 1980), «Der traditions- und religionsgeschichtliche Hintergrund von Römer 6», 42-62.

b5745   WEDDERBURN, A.J.M., «Hellenistic Christian Traditions in Romans 6?» NTS 29 (1983) 337-355.

b5746   6,1-23   HALTER, H., *Taufe und Ethos*, «Röm 6,1-23. Mit Christus gestorben für die Sünde, befreit und beansprucht zu neuem Leben» (1977), 35-89.

b5747   6,1-14   DINKLER, E., «Römer 6,1-14 und das Verhältnis von Taufe und Rechtfertigung bei Paulus», dans *Battesimo e giustizia in Rom 6 e 8* (en collab.) (1974), 83-103.

b5748   SCHNACKENBURG, R., «Die Adam-Christus-Typologie (Röm 5,12-21) als Voraussetzung für das Taufverständnis in Röm 6,1-14», dans *Battesimo e giustizia in Rom 6 e 8* (en collab.) (1974), 37-55.

b5749   PRICE, J.L., «Romans 6:1-14», Interpr 34 (1980) 65-69.

b5750   SELLIN, G., «'Die Auferstehung ist schon geschehen'. Zur Spiritualisierung apokalyptischer Terminologie im Neuen Testament», NT 25 (1983) 220-237.

b5751   6,1-11   DUNN, J.D.G., «Salvation Proclaimed. VI. Romans 6 1-11: Dead and Alive», ExpTim 93 (1982) 259-264.

b5752   6,3-11   DRUWÉ, E., «'Medebegraven en verrezen met Christus'. *Röm VI,3-11 und O. Casel*», Bijdr. 10 (1949) 201-224 (Deutsche Zusammenfassung).

b5753   FERLONI, G., «Le Epistole della Liturgia», BibOr 3 (1961) 97-100.

b5754   VIARD, A., «Mort et résurrection (Rom. 6,3-11; Col. 3,1-4)», EV (prédication) 83 (1983) 87-88.

b5755   Y.B., «Il est ressuscité (Rm 6,3-11; Luc 24,1-12)», EV (prédication) 83 (1983) 75-76, 82-84.

b5756   6,5   VANNI, U., «*Omoiōma* in Paolo (Rm 1,23; 6,5; 8,3; Fil 2,7). Un'interpretazione esegetico-teologica alla luce dell'uso dei LXX», Greg 58 (1977) 321-345, 431-470.

b5757   HAACKER, K., «Exegetische Probleme des Römerbriefs», NT 20 (1978) 1-21.

b5758   SCHRAGE, W., «Ist die Kirche das 'Abbild seines Todes'? Zu Röm 6,5», dans *Kirche.* Festschrift für Günther Bornkamm (en collab.) (1980), 205-219.

b5759   MORGAN, F.A., «Romans 6,5a: United to a Death like Christ's», ETL 59 (1983) 267-302.

b5760   6,12-14   STEENSGAARD, P., «Erwägungen zum Problem Evangelium und Paränese bei Paulus», ASTI 10 (1976) 110-128.

b5761   6,13   HAGEN, W.H., «Two Deutero-Pauline Glosses in Romans 6», ExpTim 92 (1981) 364-367.

b5762   6,15-23   BOUTTIER, M., «La vie du chrétien en tant que service de la justice pour la sainteté. Romains 6 15-23», dans *Battesimo e giustizia in Rom 6 e 8* (en collab.) (1974), 127-154.

b5763   PASTOR, F., «¿Libertad o esclavitud cristiana en Pablo? Rom 6,15-23», dans *Homenaje a Juan Prado* (en collab.) (1975), 443-463.

b5764   6,17-18   BULTMANN, R., «Glossen im Römerbrief», TLZ 72 (1947) 197-202, dans *Exegetica* (1967), 278-284.

b5765   6,17   HAACKER, K., «Exegetische Probleme des Römerbriefs», NT 20 (1978) 1-21.

b5766   6,19   HAGEN, W.H., «Two Deutero-Pauline Glosses in Roman 6», ExpTim 92 (1981) 364-367.

b5767   6,26-27   VALLAURI, E., «I gemiti dello Spirito Santo (*Rom.* 6,26s.)», RivB 27 (1979) 95-113.

b5768   7-8   LANGEVIN, P.-É., «Exégèse et psychanalyse», LTP 36 (1980) 129-137.

b5769   BLANK, J., *Paulus.* Von Jesus zum Christentum, «Gesetz und Geist. Zum Verhältnis von Kapitel 7 und 8 des Römerbriefes» (1982), 86-123.

b5770   GRELOT, P., «La vie dans l'Esprit», CHR 29 (1982) 83-98.

b5771   7   BULTMANN, R., «Römer 7 und die Anthropologie des Paulus», dans *Imago Dei.* Gustav Krüger zum 70. Geburtstag (Giessen, Töpelmann, 1932), 53-62, dans *Exegetica* (1967), 198-209.

b5772   KÜMMEL, W.G., «Römer 7 und die Bekehrung des Paulus» (J.G. Hinrichs'sche Buchhandlung, Leipzig, 1929), dans *Römer 7 und das Bild des Menschen im Neuen Testament* (1948), ix-xx, 1-160.

b5773   SCHNACKENBURG, R., «Römer 7 im Zusammenhang des Römerbriefes», dans *Jesus und Paulus* (en collab.) (1975), 283-300.

b5774   YAGI, S., «Weder persönlich noch generell - zum neutestamentlichen Denken anhand Röm vii», AJBI 2 (1976) 159-173.

b5775   DE KRUYF, T., «The Perspective of Romans vii», dans *Miscellanea Neotestamentica* (en collab.) (1978), II, 127-141.

b5776   ANZ, W., «Zur Exegese von Römer 7 bei Bultmann, Luther, Augustin», dans *Theologia Crucis - Signum Crucis* (en collab.) (1979), 1-15.

b5777   FEUILLET, A., «Loi de Dieu, loi du Christ et loi de l'Esprit d'après les épîtres pauliniennes», NT 22 (1980) 29-65.

b5778   BADER, G., «Römer 7 als Skopus einer theologischen Handlungstheorie», ZTK 78 (1981) 31-56.

b5779   HAMMOND BAMMEL, C.P., «Philocalia IX, Jerome, Epistle 121, and Origen's Exposition of Romans VII», JTS 32 (1981) 50-81.

b5780   7,1-16   SCHMITHALS, W., *Die theologische Anthropologie des Paulus,* «Die Überleitung 7,1-16» (1980), 20-34.

b5781   7,1-6   HALTER, H., *Taufe und Ethos*, «Röm 7,1-6. Tot für das Gesetz, ermächtigt und gefordert zum Dienst in der Neuheit des Geistes» (1977), 90-98.

b5782   VON ALLMEN, D., *La famille de Dieu*, «Les noces du Christ et de l'Église» (1981), 238-256.

b5783   7,7-25   BLANK, J., «Der gespaltene Mensch. Zur Exegese von Röm 7,7-25», BiLeb 9 (1968) 10-20.

b5784   NICKLE, K.F., «Romans 7:7-25», Interpr 33 (1979) 181-187.

b5785   CAMPBELL, D.H., «The Identity of *egō* in Romans 7:7-25», dans *Studia Biblica 1978* (en collab.) (1980), III, 57-64.

b5786   7,7-12   WEDDERBURN, A.J.M., «Adam in Paul's Letter to the Romans», dans *Studia Biblica 1978* (en collab.) (1980), III, 413-430.

b5787   7,14-25   DUNN, J., «Rom 7:14-25 in the theology of Paul», TDig 24 (1976) 230-236.

b5788   DAHL, N.A., *Studies in Paul*, «Confession and Comments in Rom. 7:14-25» (1977), 92-94.

b5789   FUNG, R.Y.K., «The Impotence of the Law: Toward a Fresh Understanding of Romans 7:14-25», dans *Scripture, Tradition, and Interpretation* (en collab.) (1978), 34-48.

b5790   DEUSER, H., «Glaubenserfahrung und Anthropologie. Röm 7,14-25 und Luthers These: *totum genus humanum carnem esse*», EvT 39 (1979) 409-431.

b5791   MARTIN, B.L., «Some Reflections on the Identity of *egō* in Romans 7:14-25», SJTh 34 (1981) 39-47.

b5792   7,16   DOIGNON, J., «'J'acquiesce à la loi' (Rom. 7,16) dans l'exégèse latine ancienne», FreibZ 20 (1982) 131-139.

b5793   7,17-8,39   SCHMITHALS, W., *Die theologische Anthropologie des Paulus*. Auslegung von Röm 7,17-8,39 (Taschenbücher, 1021) (Stuttgart, Kohlhammer, 1980), 204 pp.

b5794   7,22-8,3   BULTMANN, R., «Glossen im Römerbrief», TLZ 72 (1947) 197-202, dans *Exegetica* (1967), 278-284.

b5795   7,24-25   JÜNGEL, E., RÖSSLER, D., *Gefangenes Ich-befreiender Geist*. Zwei Tübinger Römerbrief-Auslegungen (München, Kaiser, 1976), 31 pp.

b5796   8   VON DER OSTEN-SACKEN, P., *Römer 8 als Beispiel paulinischer Soteriologie* (FRLANT 112) (Göttingen, Vandenhoeck & Ruprecht, 1975), 339 pp.

b5797   DAHL, N.A., *Studies in Paul*, «A Synopsis of Rom. 5:1-11 and 8:1-39» (1977), 88-90.

b5798   8,1-11   CRESPY, G., «Rom. 8:1-11», ETR 30, n° 4 (1955) 20-22.

b5799   MOULE, C.F.D., «'Justification' in its relation to the condition *kata pneuma* (Rom. 8:1-11)», dans *Battesimo e giustizia in Rom 6 e 8* (en collab.) (1974), 177-187.

b5800   LANG, F., «Römer 8,1-11 in der Revision des Luthertextes von 1975», ZTK Beiheft 5 (1981) 20-31.

b5801   8,1-4   KECK, L.E., «The Law and 'The Law of Sin and Death' (Rom 8:1-4): Reflections on the Spirit and Ethics in Paul», dans *The Divine Helmsman* (en collab.) (1980), 41-57.

b5802   8,2-11   SCHMITHALS, W., *Die theologische Anthropologie des Paulus*, «Die Erlösung» (1980), 83-117.

*b*5803 8,2 RÄISÄNEN, H., «Das 'Gesetz des Glaubens' (Rom. 3.27) und das 'Gesetz des Geistes' (Rom. 8.2)», NTS 26 (1979) 101-117.

*b*5804 8,3 VANNI, U., «'*Omoiōma* in Paolo (Rom 1,23; 5,14; 6,5; 8,3; Fil 2,7). Un'interpretazione esegetico-teologica alla luce dell'uso dei LXX», Greg 58 (1977) 321-345, 431-470.

*b*5805 VICENT CERNUDA, A., «La génesis humana de Jesucristo según S. Pablo», EstB 37 (1978) 57-77.

*b*5806 WRIGHT, N.T., «The Meaning of *peri amartias* in Romans 8.3», dans *Studia Biblica 1978* (en collab.) (1980), III, 453-459.

*b*5807 8,4 VAN DE SANDT, H.W.M., «Research into Rom. 8,4a: The Legal Claim of the Law», Bijdr. 37 (1976) 252-269.

*b*5808 8,9 PENNA, R., *Lo Spirito di Cristo*, «Lo Spirito di Cristo (Rom. 8,9)» (1976), 237-264.

*b*5809 8,10 FORTNA, R.T., «Romans 8:10 and Paul's Doctrine of the Spirit», AThR 41 (1959) 77-84.

*b*5810 8,12-30 CULLMANN, O., «La prière selon les Épîtres pauliniennes», TZ 35 (1979) 90-101.

*b*5811 8,12-17 SCHMITHALS, W., *Die theologische Anthropologie des Paulus*, «Die Ethik» (1980), 117-137.

*b*5812 8,14-17 DELLING, G., «Die 'Söhne (Kinder) Gottes' im Neuen Testament», dans *Die Kirche des Anfangs* (en collab.) (1978), 615-631.

*b*5813 VON ALLMEN, D., *La famille de Dieu*, «Famille d'Abraham et famille de Dieu. Gal 3,26-4,7 et ses parallèles dans l'épître aux Romains» (1981), 68-146.

*b*5814 Y.B., «La vie dans l'Esprit et selon l'Esprit (Rm. 8,14-17)», EV (prédication) 82 (1982) 145-146.

*b*5815 8,14 SANDERS, J.K., «Led by the Spirit», ExpTim 90 (1979) 307-308.

*b*5816 8,15 VISCHER, W., NGALLY, J., MARGOT, J.-C., «Correspondance où il est question d'Abba, Père», ETR 54 (1979) 684-691.

*b*5817 8,18-23 PEREZ, G., HERNANDEZ, J.F., «Epístolas Dominicales: Domingos 3. y 4. Después de Pentecostés», CuBi 13 (1956) 148-150.

*b*5818 8,18-30 SCHLIER, H., «Das, worauf alles wartet. Eine Auslegung von Römer 8,18-30», dans *Interpretation der Welt* (en collab.) (1965), 599-616.

*b*5819 8,18-25 LAMPE, G.W.H., «The New Testament Doctrine of *Ktisis*», SJTh 17 (1964) 449-462.

*b*5820 WATSON, P.S., «The Travail of Creation», ExpTim 91 (1980) 208-209.

*b*5821 8,19-30 SCHMITHALS, W., *Die theologische Anthropologie des Paulus*, «Die Eschatologie» (1980), 137-175.

*b*5822 8,19 KEHNSCHERPER, G., «Romans 8:19 - On Pauline Belief and Creation», dans *Studia Biblica 1978* (en collab.) (1980), III, 233-243.

*b*5823 KEHNSCHERPER, G., «Theologische und homiletische Aspekte von Röm 8,19», TLZ 104 (1979) 411-424.

*b*5824 KEHNSCHERPER, G., «Romans 8:19 - On Pauline Belief and Creation», dans *Studia Biblica 1978* (en collab.) (1980), III, 233-243.

*b*5825 DENTON, D.R., «*Apokaradokia*», ZNW 73 (1982) 138-140.

*b*5826 8,22 KROPF, R.W., *Teilhard, Scripture, and Revelation. A Study of Teilhard de Chardin's Reinterpretation of Pauline Themes* (Cranbury, New Jersey, London, Associated University Presses, 1980), «Omnis Creatura», 83-106.

*b*5827   8,23   PÉPIN, J., «'Primitiae spiritus'. Remarques sur une citation paulinienne des 'Confessions' de saint Augustin», RHR 140 (1951) 155-202.

*b*5828   8,24   CAMBIER, J., «L'espérance et le salut dans Rom. 8,24», dans *Message et mission* (en collab.) (1968), 77-107.

*b*5829   BISHOP, J., «The Neglected Virtue», ExpTim 89 (1977) 49-50.

*b*5830   8,26-27   MacRAE, G.W., «*Romans 8:26-27*», Interpr 34 (1980) 288-292.

*b*5831   MacRAE, G.W., «A Note on Romans 8:26-27», HarvTR 73 (1980) 227-230.

*b*5832   8,26   WEDDERBURN, A.J.M., «Romans 8.26 - towards a theology of glossolalia?» SJTh 28 (1975) 369-377.

*b*5833   8,28   BAUER, J.B., «...*tois agapōsin ton theon*, Rm 8,28 (I Cor 2,9; I Cor 8,3)», ZNW 50 (1959) 106-112.

*b*5834   CRANFIELD, C.E.B., «Romans 8,28», SJTh 19 (1966) 204-215.

*b*5835   ROSS, J.M., «Panta synergei, Rom. VIII.28», TZ 34 (1978) 82-85.

*b*5836   8,29   LEGIDO, M., «Primogénito; un fragmento de cristología paulina», dans *Miscelánea Manuel Cuervo Lopez* (en collab.) (1970), 27-51.

*b*5837   8,31-39   FIEDLER, P., «Röm 8,31-39 als Brennpunkt paulinischer Frohbotschaft», ZAW 68 (1977) 23-34.

*b*5838   DELLING, G., «Die Entfaltung des 'Deus pro nobis' in Röm 8,31-39», dans *Studien zum Neuen Testament und seiner Umwelt* (SNTU) (en collab.) 4 (1979) 76-96.

*b*5839   8,32   MEILE, E., «Isaaks Opferung. Eine Note an Nils Alstrup Dahl», ST 34 (1980) 111-128.

*b*5840   SCHWARTZ, D.R., «Two Pauline Allusions to the Redemptive Mechanism of the Crucifixion», JBL 102 (1983) 259-268.

*b*5841   8,34   GOURGUES, M., *À la droite de Dieu*, «Romains 8:34» (1978), 45-57.

*b*5842   9-11   HAWKINS, R.M., «The Rejection of Israel: An Analysis of Romans IX-XI», AThR 23 (1941) 329-335.

*b*5843   MARTIN SANCHEZ, B., «El destino de Israel», CuBi 18 (1961) 79-96.

*b*5844   BLACKMAN, E.C., «Divine Sovereignty and Missionary Strategy in Romans 9-11», CanJT 11 (1965) 124-134.

*b*5845   ELLISON, H.L., *The Mystery of Israel*. An Exposition of Romans 9-11 (Grand Rapids, Eerdmans, 1966), 96 pp.

*b*5846   BORGEN, P., *Paul preaches Circumcision and pleases Men* (1983), «From Paul to Luke. Observations toward Clarification of the Theology of Luke-Acts», 43-57 [Cf. CBQ 31 (1969) 168-182].

*b*5847   PLAG, C., *Israels Wege zum Heil*. Eine Untersuchung zu Römer 9 bis 11 (Arbeiten zur Theologie, 40) (Stuttgart, Calwer, 1969), 80 pp.

*b*5848   ZELLER, D., «Israel unter dem Ruf Gottes (Röm 9-11)», IKZCommunio 2 (1973) 289-301.

*b*5849   VON BALTHASAR, H.U., «Aktualität des Themas Kirche aus Juden und Heiden», IKZCommunio 5 (1976) 239-245.

*b*5850   BARTH, M., «Die Stellung des Paulus zu Gesetz und Ordnung», dans *Die Israelfrage nach Röm 9-11* (en collab.) (1977), 245-287.

*b*5851   BENOIT, P., «Conclusion par mode de synthèse», dans *Die Israelfrage nach Röm 9-11* (en collab.) (1977), 217-236.

*b*5852   DAHL, N.A., *Studies in Paul*, «The Future of Israel» (1977), 137-158.

*b*5853   DUGANDZIC, I., *Das 'Ja' Gottes in Christus*, «Schriftzitate und Treue Gottes zu seinen Verheissungen - Röm 9-11» (1977), 272-310.

b5854   KÜMMEL, W.G., «Die Probleme von Römer 9-11 in der gegenwärtigen Forschungslage», dans *Die Israelfrage nach Röm 9-11* (en collab.) (1977), 13-33.

b5855   WORGUL, G.S., Jr., «Romans 9-11 and Ecclesiology», BTB 7 (1977) 99-109.

b5856   FISCHER, J.A., «Dissent Within a Religious Community: Romans 9-11», BTB 10 (1980) 105-110.

b5857   VICENT, R., «Derash homilético en Romanos 9-11», Sal 42 (1980) 751-788.

b5858   CAMPBELL, W.S., «The Freedom and Faithfulness of God in relation to Israel», JSNT no 13 (1981) 27-45.

b5859   HANSON, A.T., «Vessels of Wrath or Instruments of Wrath? Romans ix.22-3», JTS 32 (1981) 433-443.

b5860   MAILLOT, A., «Essai sur les citations vétérotestamentaires contenues dans *Romains* 9 à 11. Ou comment se servir de la Torah pour montrer que le 'Christ est la fin de la Torah'», ETR 57 (1981) 55-73.

b5861   CAMPBELL, W.S., «The Place of Romans ix-xi within the Structure and Thought of the Letter», dans *Studia Evangelica* (en collab.) (1982), VII, 121-131.

b5862   FEUILLET, A., «Les privilèges et l'incrédulité d'Israël d'après les chapitres 9-11 de l'épître aux Romains. Quelques suggestions pour un dialogue fructueux entre Juifs et Chrétiens», EV (doctrine) 92 (1982) 497-506.

b5863   BARTH, M., *The People of God* (JSNT Supplement Series, 5) (Sheffield, JSOT Press, 1983), 101 pp.

b5864   9,1-29   SELB, W., «*Diathēkē* im Neuen Testament», dans *Studies in Jewish Legal History* (en collab.) (1974), 183-196.

b5865   9,1-23   PIPER, J., *The Justification of God*. An Exegetical and Theological Study of Romans 9:1-23 (Grand Rapids, Baker, 1983), xii-316 pp.

b5866   9,1-5   DREYFUS, F., «Le passé et le présent d'Israël (Rom., 9,1-5; 11,1-24)», dans *Die Israelfrage nach Röm 9-11* (en collab.) (1977), 131-151.

b5867   9,6-29   MONTAGNINI, F., «Elezione e libertà, grazia e predestinazione a proposito di Rom. 9,6-29», dans *Die Israelfrage nach Röm 9-11* (en collab.) (1977), 57-86.

b5868   GASTON, L., «Israel's Enemies in Pauline Theology», NTS 28 (1982) 400-423.

b5869   9,6   KOTANSKY, R.D., «A Note on Romans 9:6: *ho logos tou theou* as the Proclamation of the Gospel», SBT 7,1 (1977) 24-30.

b5870   9,14-24   KUHN, H.-W., «Predigt über Röm 9,14-24», dans *Wort in der Zeit* (en collab.) (1980), 288-293.

b5871   9,22-24   ELLINGWORTH, P., «Translation and Exegesis: A Case Study (Rom 9,22ff.)», Bibl 59 (1978) 396-402.

b5872   9,30-10,21   BARRETT, C.K., «Romans 9.30-10.21: Fall and responsibility of Israel», dans *Die Israelfrage nach Röm 9-11* (en collab.) (1977), 99-121.

b5873   9,30-10,4   CRANFIELD, C.E.B., «Romans 9:30-10:4», Interpr 34 (1980) 70-74.

b5874   9,30-33   CRANFIELD, C.E.B., «Some Notes on Romans 9:30-33», dans *Jesus und Paulus* (en collab.) (1975), 35-43.

b5875   10   VAN DER MINDE, H.-J., *Schrift und Tradition bei Paulus*, «Schrift und Tradition im zehnten Kapitel des Römerbriefes» (1976), 107-121.

b5876   10,1-13   LANGEVIN, P.-É., «Sur la Christologie de Romains 10,1-13», LTP 35 (1979) 35-54.

b5877   LANGEVIN, P.-É., «The christology of Romans 10:1-13», TDig 28 (1980) 45-48.

b5878   10,4-13   DUGANDZIC, I., Das 'Ja' Gottes in Christus, «Das Ende des Gesetzes in Christus. Röm 10,4-13» (1977), 57-87.

b5879   10,4   MUSSNER, F., «Christus (ist) des Gesetzes Ende zur Gerechtigkeit für jeden, der glaubt (Röm 10,4)», dans Paulus - Apostat oder Apostel? (en collab.) (1977), 31-44.

b5880   CAMPBELL, W.S., «Christ the End of the Law: Romans 10:4», dans Studia Biblica 1978 (en collab.) (1980), III, 73-81.

b5881   MEYER, P.W., «Romans 10:4 and the End of the Law», dans The Divine Helmsman (en collab.) (1980), 59-78.

b5882   10,5   LINDEMANN, A., «Die Gerechtigkeit aus dem Gesetz. Erwägungen zur Auslegung und zum Textgeschichte von Römer 10 5», ZNW 73 (1982) 231-250.

b5883   10,8-13   VIARD, A., «Le salut et la foi en Jésus-Christ (Romains 10,8-13)», EV (prédication) 83 (1983) 38-39.

b5884   10,45   PAGE, S.H.T., «The Authenticity of the Ransom Logion (Mark 10:45b)», dans Gospel Perspectives (en collab.) (1980), 137-161.

b5885   11   CAMPBELL, W.S., «Salvation for Jews and Gentiles: Krister Stendahl and Paul's Letter to the Romans», dans Studia Biblica 1978 (en collab.) (1980), III, 65-72.

b5886   11,1-24   DREYFUS, F., «Le passé et le présent d'Israël (Rom., 9,1-5; 11,1-24)», dans Die Israelfrage nach Röm 9-11 (en collab.) (1977), 131-151.

b5887   11,11-15   ALLISON, D.C., Jr., «The Background of Romans 11:11-15 in Apocalyptic and Rabbinic Literature», SBT 10 (1980) 229-234.

b5888   11,13-24   DAVIES, W.D., «Romans 11:13-24: A Suggestion», dans Mélanges offerts à Marcel Simon (en collab.) (1978), 131-144.

b5889   11,25-36   JEREMIAS, J., «Einige vorwiegend sprachliche Beobachtungen zu Röm 11,25-36», dans Die Israelfrage nach Röm 9-11 (en collab.) (1977), 193-205.

b5890   11,25-32   CELADA, B., «Llamada permanente a la conciencia cristiana respecto a Israel, en la carta de San Pablo a los Romanos (11:25-32). Un trabajo de Eliseo Rodriguez», CuBi 34 (1977) 279-293.

b5891   11,25   AUS, R.D., «Paul's Travel Plans to Spain and the 'Full Number of the Gentiles' of Rom. xi 25», NT 21 (1979) 232-262.

b5892   11,26   MUSSNER, F., «Ganz Israel wird gerettet werden (Röm 11,26)», Kairos 18 (1976) 241-255.

b5893   MUSSNER, F., «All Israel will be saved (Rom 11:26)», TDig 26 (1978) 113-116.

b5894   PONSOT, H., «Et ainsi tout Israël sera sauvé: Rom. XI,26a», RB 89 (1982) 406-417.

b5895   11,31   VILLUENDAS, L., «El actual pueblo judío y su conversión», CuBi 17 (1960) 269-277.

b5896   JUDANT, D., «À propos de la destinée d'Israël. Remarques concernant un verset de l'épître aux Romains», Div 23 (1979) 108-125.

b5897   11,33-36   SISTI, A., «Il mistero di Dio», BibOr 5 (1963) 95-100.

b5898 12-15 DUGANDZIC, I., *Das 'Ja' Gottes in Christus*, «Schriftzitate und Paränese - Röm 12-15» (1977), 311-313.

b5899 12-13 BARRETT, C.K., «Ethics and Eschatology: a résumé», dans *Dimensions de la vie chrétienne (Rm 12-13)* (en collab.) (1979), 221-235.

b5900 DE LORENZI, L. (Ed.), *Dimensions de la vie chrétienne (Rm 12-13)* (Série Monographique de 'Benedictina', Section Biblico-Oecuménique, 4) (Rome, Abbaye de S. Paul h.l.m., 1979), 294 pp.

b5901 ORTKEMPER, F.-J., *Leben aus dem Glauben*. Christliche Grundhaltungen nach Römer 12-13 (Neutestamentliche Abhandlungen, Neue Folge, 14) (Münster, Aschendorff, 1980), vi-264 pp.

b5902 12 FLENDER, H., «Weisung statt Ermahnung - Einführung in die Bibelarbeit über Röm 12», BiKi 28 (1973) 81-8⁴.

b5903 SCHELKLE, K.H. «Der Christ in der Gemeinde. Eine Auslegung von Röm 12», BiKi 28 (1973) 74-80.

b5904 12,1-8 KOENIG, J., «Vision, Self-offering, and Transformation for Ministry (Rom 12:1-8)», dans *Sin, Salvation, and the Spirit* (en collab.) (1979), 307-323.

b5905 12,1-5 SISTI, A., «Epistole», BibOr 4 (1962) 30-33.

b5906 12,1-2 KNOCH, O., «Wandelt euch durch ein neues Denken. Meditation über Röm 12,1f», BiKi 19 (1964) 89-93.

b5907 EVANS, C., «Romans 12.1-2: The True Worship», dans *Dimensions de la vie chrétienne (Rm 12-13)* (en collab.) (1979), 7-33.

b5908 FUCHS, É., «Réflexion biblique sur Rm 12,1-2», Supp n° 129 (1979) 285-287.

b5909 BLANK, J., *Paulus*. Von Jesus zum Christentum, «Zum Begriff des Opfers nach Röm 12,1-12» (1982), 169-191.

b5910 12,1 WALTER, N., «Christusglaube und Heidnische Religiosität in Paulinischen Gemeinden», NTS 25 (1979) 422-442.

b5911 12,2 THERRIEN, G., «Le discernement moral dans l'épître aux Romains», StMor 6 (1968) 77-135.

b5912 12,3-8 BROCKHAUS, U., *Charisma und Amt*. Die Paulinische Charismenlehre auf dem Hintergrund der frühchristlichen Gemeindefunktionen (Wuppertal, Brockhaus, 1972), 260 pp.

b5913 SANCHEZ BOSCH, J., «Le Corps du Christ et les charismes dans l'épître aux Romains», dans *Dimensions de la vie chrétienne (Rm 12-13)* (en collab.) (1979), 51-72.

b5914 12,9-21 KANJUPARAMBIL, P., «Imperatival Participles in Rom 12:9-21», JBL 102 (1983) 285-288.

b5915 12,9-15 MACDONALD, F.A.J., «Pity or Compassion?» ExpTim 92 (1981) 344-346.

b5916 12,15 READ, D.H.C., «A Church that can Laugh - and Weep», ExpTim 88 (1976) 23-25.

b5917 12,17 PIPER, J., '*Love your enemies*', «Rom 12:17 and 1 Pt 3:9» (1979), 14-17.

b5918 13 MOLNAR, A., «Romains 13 dans l'interprétation de la Première Réforme», ETR 46 (1971) 231-240.

b5919 GOLDSTEIN, H., «Die politischen Paränesen in 1 Petr 2 und Röm 13», BiLeb 14 (1973) 88-104.

b5920 MOXNES, H., BINDEMANN, W., *Romans 13* (Geneva, World Student Christian Federation Europe, 1979), 32 pp.

*b*5921   13,1-7   FRIEDRICH, J., PÖHLMANN, W., STUHLMACHER, P., «Zur historischen Situation und Intention von Röm 13,1-7», ZTK 73 (1976) 131-166.

*b*5922   MOLNAR, A., «Peter Chelčickys Deutung von Röm 13,1-7», TLZ 101 (1976) 481-489.

*b*5923   HOULDEN, J.L., *Ethics and the New Testament*, «Political Obedience» (1973), 80-88.

*b*5924   WILCKENS, U., «Der Gehorsam gegen die Behörden des Staates im Tun des Guten. Zu Römer 13,1-7», dans *Dimensions de la vie chrétienne (Rm 12-13)* (en collab.) (1979), 85-130.

*b*5925   ROMANIUK, K., «Il Cristiano e l'autorità civile in Romani 13,1-7», RivB 27 (1979) 261-269.

*b*5926   LAUB, F., «Der Christ und die staatliche Gewalt - Zum Verständnis der 'Politischen' Paränese Röm 13,1-7 in der gegenwärtigen Diskussion», MüTZ 30 (1979) 257-265.

*b*5927   NEUFELD, K., «Das Gewissen. Ein Deutungsversuch im Anschluss an Röm 13,1-7», BiLeb 12 (1971) 32-45.

*b*5928   FURNISH, V.P., *The Moral Teaching of Paul*, «Christians and the Governing Authorities» (1979), 115-141.

*b*5929   PICCA, J.V., *Romanos 13,1-7*. Un texto discutido. Prolegómenos para su interpretación (Biblioteca di Scienze Religiose, 34) (Roma, Libreria Ateneo Salesiano, 1981), 224 pp.

*b*5930   HEILIGENTHAL, R., «Strategien konformer Ethic im Neuen Testament am Beispiel von Röm. 13.1-7», NTS 29 (1983) 55-61.

*b*5931   13,3-4   VAN UNNIK, W.C., «Lob und Strafe durch die Obrigkeit. Hellenistisches zu Röm 13,3-4», dans *Jesus und Paulus* (en collab.) (1975), 334-343.

*b*5932   13,8-10   SISTI, A., «La legge dell'amore», BibOr 8 (1966) 60-70.

*b*5933   HÜBNER, H., *Das Gesetz bei Paulus*, «Die Erfüllung der Torah» (1978), 76-80.

*b*5934   LYONNET, S., «La charité plénitude de la loi (Rm 13,8-10)», dans *Dimensions de la vie chrétienne (Rm 12-13)* (en collab.) (1979), 151-163.

*b*5935   13,11-14   VÖGTLE, A., «Paraklese und Eschatologie nach Röm 13,11-14», dans *Dimensions de la vie chrétienne (Rm 12-13)* (en collab.) (1979), 179-194.

*b*5936   Y.B., «L'urgence de la croissance dans le Christ (Rm 13,11-14)», EV (prédication) 83 (1983) 306-308.

*b*5937   13,11-13   SCHELKLE, K.H., «Zur biblischen und patristischen Verkündigung der Eschatologie (nach Röm 13,11-13)», dans *Verkündigung und Glaube* (en collab.) (1958), 1-15.

*b*5938   14,22-23   THERRIEN, G., «Le discernement moral dans l'épître aux Romains», StMor 6 (1968) 77-135.

*b*5939   15   BORGEN, P., *Paul preaches Circumcision and pleases Men* (1983), «From Paul to Luke. Observations toward Clarification of the Theology of Luke-Acts», 43-57 [Cf. CBQ 31 (1969) 168-182].

*b*5940   15,4-13   SISTI, A., «La speranza mediante la patienza e la consolazione della Scrittura», BibOr 5 (1963) 206-212.

*b*5941   Y.B., «L'écoute de la parole et l'accueil de nos frères (Rm 15,4-9)», EV (prédication) 83 (1983) 308-309.

b5942   15,4   DUGANDZIC, I., *Das 'Ja' Gottes in Christus*, «Die 'für uns' geschriebene Schrift (Röm 4,23ff; 15,4; 1 Kor 10,1-11)» (1977), 222-248.

b5943   DE LORENZI, L., «L''istruzione' che ci viene da Dio», dans *Parola, spirito e vita* 1 (1980) 141-157.

b5944   DE LORENZI, L., «La *didaskalia* del cristiano secondo Rom 15,4b», dans *Parola e Spirito* (en collab.) (1982), 457-495.

b5945   15,12   FRID, B., «Jesaja und Paulus in Röm 15,12», BZ 27 (1983) 237-241.

b5946   15,14-21   SCHLIER, H., «Die 'Liturgie' des apostolischen Evangeliums (Röm 15,14-21)», dans SEMMELROTH, O. (Hrsg.), *Martyria, Leiturgia, Diakonia* (Mainz, Matthias-Grünewald, 1968), 454 pp.

b5947   15,16   COOPER, R.M., «*Leitourgos Iêsou Christou*. Toward a Theology of Christian Prayer», AThR 47 (1965) 263-275.

b5948   AUS, R.D., «Paul's Travel Plans to Spain and the 'Full Number of the Gentiles' of Rom. xi 25», NT 21 (1979) 232-262.

b5949   15,24.28   LEAL, J., «Planes de San Pablo sobre España», CuBi 20 (1963) 222-225.

b5950   15,33   DELLING, G., «Die Bezeichnung 'Gott des Friedens' und ähnliche Wendungen in den Paulusbriefen», dans *Jesus und Paulus* (en collab.) (1975), 76-84.

b5951   16   ADINOLFI, M., «Le collaboratrici ministeriali di Paolo nelle lettere ai Romani e ai Filippesi», BibOr 17 (1975) 21-32.

b5952   OLLROG, W.H., «Die Abfassungsverhältnisse von Röm 16», dans *Kirche*. Festschrift für Günther Bornkamm (en collab.) (1980), 221-244.

b5953   KLAUCK, H.-J., *Hausgemeinde und Hauskirche im frühen Christentum* (SBS 103) (Stuttgart, Katholisches Bibelwerk, 1981), 120 pp.

b5954   16,25-27   ELLIOTT, J.K., «The Language and Style of the Concluding Doxology to the Epistle to the Romans», ZAW 72 (1981) 124-130.

b5955   HURTADO, L.W., «The Doxology at the End of Romans», dans *New Testament Textual Criticism* (en collab.) (1981), 185-199.

3. I Corinthiens. I Corinthians. Der Erste Korintherbrief. I Corinti. I Corintios.

a) Introductions. Einleitungen. Introduzioni. Introducciones.

b5956   ORR, W.F., WALTHER, J.A., *I Corinthians*. A New Translation. Introduction with a Study of the Life of Paul, Notes, and Commentary (Anchor Bible, 32) (Garden City, New York, Doubleday, 1976), 392 pp.

b5957   SMITH, D.E., «The Egyptian Cults at Corinth», HarvTR 70 (1977) 201-231.

b5958   GIAVINI, G., *Vita peccati e speranze di una chiesa*. Introduzione e note alla Prima Lettera di S. Paolo alla chiesa di Corinto (Milano, Ancora, 1978), 176 pp.

b5959   KROEGER, R., KROEGER, C., «An Inquiry into Evidence of Maenadism in the Corinthian Congregation», dans *Society of Biblical Literature. 1978 Seminar Papers* (en collab.) (1978), II, 331-338.

b) Commentaires. Commentaries. Kommentare. Commenti. Comentarios.

b5960   WALTER, E., SCHELKLE, K.H., *The Epistles to the Corinthians* (New Testament for Spiritual Reading, 7) (London, Sheed and Ward, 1971), 428 pp.

b5961 MURPHY-O'CONNOR, J., *1 Corinthians* (New Testament Message, 10) (Wilmington, DE, Glazier, 1979), xiv-161 pp.

b5962 SENFT, C., *La première épître de saint Paul aux Corinthiens* (Commentaire du Nouveau Testament, deuxième série, VII) (Neuchâtel, Delachaux & Niestlé, 1979), 227 pp.

b5963 FABRIS, R., *La comunità cristiana nella 1ᵃ lettera ai Corinti* (Proposte, 4) (Pordenone, Concordia Sette, 1980), 101 pp.

b5964 WEDER, H., «Un nouveau commentaire de la première épître aux Corinthiens», RTP 113 (1981) 167-171.

b5965 DUMORTIER, F., *Croyants en terres païennes*. Première Épître aux Corinthiens (Paris, Les Éditions ouvrières, 1982), 198 pp.

b5966 WOLFF, C., *Der erste Brief des Paulus an die Korinther*. Zweiter Teil: Auslegung der Kapitel 8-16 (Theologischer Handkommentar zum Neuen Testament, VII/2) (Berlin, Evangelische Verlagsanstalt, 1982), xxiii-230 pp.

c) Critique littéraire. Literary Criticism. Literarkritik.
Critica letteraria. Crítica literaria.

b5967 CARRINGTON, P., «A Christian Midrash on the Pentateuch?» AThR 16 (1934) 206-209.

b5968 RÖLLI, A., «Paulus an die Gemeinde Gottes zu Korinth (1. Kor.-Brief). Das christliche Wagnis zu Korinth», BiKi 5 (1950) 72-105.

b5969 BRAUN, H., *Gesammelte Studien zum Neuen Testament und seiner Umwelt²* (Tübingen, Mohr, 1967), «Exegetische Randglossen zum I. Korintherbrief» (1 Co 1,17; 3,21-23; 4,9; 7,14; 11,31; 15,15.17), 178-204.

b5970 FJÄRSTEDT, B., *Synoptic Tradition in 1 Corinthians*. Themes and Clusters of Theme Words in 1 Corinthians 1-4 and 9 (Uppsala, Universitet, 1974), 191 pp.

b5971 VAN DER MINDE, H.-J., *Schrift und Tradition bei Paulus*, «Schrift und Tradition im Galater- und im ersten Korintherbrief» (1976), 123-188.

b5972 QUESNEL, M., «Les épîtres aux Corinthiens», CE (n.s.) nᵒ 22 (1977) 64 pp.

b5973 ELLIGER, W., *Paulus in Griechenland*, «Korinth» (1978), 200-251.

b5974 YOUNG, F.M., «Notes on the Corinthian Correspondence», dans *Studia Evangelica* (en collab.) (1982), VII, 563-566.

b5975 BAILEY, K.E., «The Structure of I Corinthians and Paul's Theological Method with Special Reference to 4:17», NT 25 (1983) 152-181.

b5976 TUCKETT, C.M., «1 Corinthians and Q», JBL 102 (1983) 607-619.

d) Théologie. Theology. Theologie. Teologia. Teología.

b5977 SPICQ, C., *Agapè dans le Nouveau Testament*, «L'origine de la triade: Foi, espérance, charité» (1959), II, 365-378.

b5978 FRIEDRICH, G., «Christus Einheit und Norm der Christen: Das Grundmotiv des 1. Korintherbriefs», KerDo 9 (1963) 235-258, dans *Auf das Wort kommt es an* (1978), 147-170.

b5979 DRANE, J.W., *Paul Libertine or Legalist?* «1 Corinthians» (1975), 61-71.

b5980 VAN DER MINDE, H.-J., *Schrift und Tradition bei Paulus*, «Die Zitation der Paradosis im ersten Korintherbrief» (1976), 157-188.

b5981 O'LEARY, A., «Preaching Christ Crucified», Way 20 (1980) 15-23.

e) Textes. Texts. Texte. Testi. Textos.

b5982   1-4   FJÄRSTEDT, B., *Synoptic Tradition in 1 Corinthians*. Themes and Clusters of Theme Words in 1 Corinthians 1-4 and 9 (Uppsala, Universitet, 1974), 191 pp.

b5983   DRANE, J.W., *Paul Libertine or Legalist?* «The 'Parties' in Corinth» (1975), 146-147.

b5984   HORSLEY, R.A., «Wisdom of Word and Words of Wisdom in Corinth», CBQ 39 (1977) 224-239.

b5985   DUPONT, J., «Réflexions de saint Paul à l'adresse d'une Église divisée», dans *Paolo a una chiesa divisa* (en collab.) (1980), 219-231.

b5986   KÜMMEL, W.G., «Zusammenfassung des Kolloquiums», dans *Paolo a una chiesa divisa* (en collab.) (1980), 209-218 (Colloquium zu 1 Co 1-4).

b5987   SELLIN, G., «Das 'Geheimnis' der Weisheit und das Rätsel des 'Christuspartei' (zu 1 Kor 1-4)», ZNW 72 (1982) 69-96.

b5988   1-3   HUNTER, A.M., «Apollos the Alexandrian», dans *Biblical Studies* (W. Barclay) (en collab.) (1976), 147-156.

b5989   BRANICK, V.P., «Source and Redaction Analysis of 1 Corinthians 1-3», JBL 101 (1982) 251-269.

b5990   1-2   BARBOUR, R.S., «Wisdom and the Cross in 1 Corinthians 1 and 2», dans *Theologia Crucis - Signum Crucis* (en collab.) (1979), 57-71.

b5991   ALETTI, J.-N., «1 Corinthiens 1-2», CE (n.s.) n° 32 (1980) 48-54.

b5992   1,1-9   VIARD, A., «Saint Paul aux Corinthiens (1 Co 1,1-9)», EV (prédication) 83 (1983) 346-347; «Dans l'attente de la 'révélation' du Christ (1 Corinthiens 1,3-9)», 78 (1978) 295-296.

b5993   1,1-3   Y.B., «Sainte Église (1 Co. 1,1-3)», EV (prédication) 80 (1980) 355-356.

b5994   1,2   LANGEVIN, P.-É., «Ceux qui invoquent le nom du Seigneur (1 Co 1,2)», SE 19 (1967) 373-408; 20 (1968) 113-126; 21 (1969) 71-122.

b5995   MÜLLER, C.D., *Die Erfahrung der Wirklichkeit*. Hermeneutisch-exegetische Versuche mit besonderer Berücksichtigung alttestamentlicher und paulinischer Theologie (Gütersloh, Mohn, 1978), 234 pp.

b5996   1,4-9   MacRAE, G.W., «A Note on 1 Corinthians 1:4-9», ErIs 16 (1982) 171*-175*.

b5997   1,4-8   SISTI, A., «Le Epistole della Liturgia», BibOr 4 (1962) 178-184.

b5998   1,7-9   VON DER OSTEN-SACKEN, P., «Gottes Treue bis zur Parusie. Formgeschichtliche Beobachtungen zu 1 Kor 1 7b-9», ZNW 68 (1977) 176-199.

b5999   1,10-4,21   DAHL, N.A., *Studies in Paul*, «Paul and the Church at Corinth According to 1 Corinthians 1:10-4:21» (1967), 40-61.

b6000   ELLIS, F., «Salvation Through the Wisdom of the Cross (1 Cor 1:10-4:21)», dans *Sin, Salvation, and the Spirit* (en collab.) (1979), 324-333.

b6001   1,10-17   HALTER, H., *Taufe und Ethos*, «1 Kor 1,10-17. Die zu Christus, dem Gekreuzigten, gehören, sind zur Einheit verpflichtet» (1977), 133-141.

b6002   VIARD, A., «Union et divisions dans l'Église (1 Co 1,10-13,17)», EV (prédication) 83 (1983) 347-348.

*b*6003   1,12-14   ANDREWS, M.E., «The Party of Christ in Corinth», AThR 19 (1937) 17-29.

*b*6004   1,12   YOUNG, F.M., «Notes on the Corinthian Correspondence», dans *Studia Evangelica* (en collab.) (1982), VII, 563-566.

*b*6005   1,13-16   DESCAMPS, A., «Le Baptême, fondement de l'unité Chrétienne», dans *Battesimo e giustizia in Rom 6 e 8* (en collab.) (1974), 203-234.

*b*6006   1,13   FERGUSON, J., «Christian Unity», ExpTim 92 (1981) 112-114.

*b*6007   1,17-2,2   BAILEY, K.E., «Recovering the poetic structure of I Cor. i 17-ii 2», NT 17 (1975) 265-296.

*b*6008   1,17   PESCE, M., «Christ did not send me to baptize, but to evangelize (1 Co 1,17a)», dans *Paul de Tarse, apôtre de notre temps* (en collab.) (1979), 339-362.

*b*6009   1,18-2,5   NICOLET, P., SCHNEIDER, F., «Folie de la prédication de la croix (1 Co 1,18-2,5)», dans *Mort de Jésus* (en collab.) (1984), 59-80.

*b*6010   1,18-31   CADIER, J., «1 Cor. 1:18-31», ETR 30, nº 4 (1955) 35-39.

*b*6011   1,18-25   VOLF, M., «The 'Foolishness' and 'Wearness' of God: An Exegesis of 1 Corinthians 1:18-25», SBT 9 (1979) 131-139.

*b*6012   BEST, E., «The Power and the Wisdom of God. I Corinthians I.18-25», dans *Paolo a una chiesa divisa* (en collab.) (1980), 9-39.

*b*6013   WILLIAMS, N.E., «A Perspective on Wisdom», ExpTim 94 (1983) 174-176.

*b*6014   1,24   CIPRIANI, S., «Cristo 'potenza di Dio e sapienza di Dio' in 1 Cor. 1,24», dans *La Cristologia in san Paolo* (en collab.) (1976), 341-360.

*b*6015   1,26-31   SISTI, A., «La 'povertà' della chiesa di Corinto (1 Cor. 1,26-31)», dans *Evangelizare pauperibus* (en collab.) (1978), 325-341.

*b*6016   BANCROFT, M., «God's Holy Fools», ExpTim 93 (1982) 118-119.

*b*6017   VIARD, A., «Sagesse humaine et sagesse de Dieu (1 Co 1,26-31)», EV (prédication) 83 (1983) 349-350.

*b*6018   1,26   WUELLNER, W., «Tradition and Interpretation of the 'Wise-Powerful-Noble' Triad in I Cor 1,26», dans *Studia Evangelica* (en collab.) (1982), VII, 557-562.

*b*6019   1,30   BENDER, W., «Bemerkungen zur Übersetzung von 1 Korinther 1 30», ZNW 71 (1980) 263-268.

*b*6020   2   PEARSON, B.A., *The Pneumatikos-psychikos Terminology in 1 Corinthians*, «Wisdom and the *pneumatikos* in 1 Corinthians 2» (1973), 27-43.

*b*6021   2,1-16   WILCKENS, U., «Zu 1 Kor 2,1-16», dans *Theologia Crucis - Signum Crucis* (en collab.) (1979), 501-537.

*b*6022   WILCKENS, U., «Das Kreuz Christi als die Tiefe der Weisheit Gottes zu I. Kor 2,1-16», dans *Paolo a una chiesa divisa* (en collab.) (1980), 43-81.

*b*6023   2,1-5   VIARD, A., «L'annonce du mystère de Dieu (1 Co 2,1-5)», EV (prédication) 83 (1983) 350-351.

*b*6024   2,6-3,4   WINTER, M., *Pneumatiker und Psychiker in Korinth*. Zum religionsgeschichtlichen Hintergrund von 1. Kor. 2,6-3,4 (Marburger theologische Studien, 12) (Marburg, Elwert, 1975), x-264 pp.

*b*6025   2,6-16   WIDMANN, M., «1 Kor 2,6-16: Ein Einspruch gegen Paulus», ZNW 70 (1979) 44-53.

b6026 2,6-8 GIBLET, J., «La sagesse et la croix selon I Cor. 2,6-8», dans En collaboration, *Savoir, faire, espérer: les limites de la raison* (Bruxelles, Facultés Universitaires Saint-Louis, 1976), II, 755-774.

b6027 CARR, W., «The Rulers of this Age - I Corinthians ii.6-8», NTS 23 (1977) 20-35.

b6028 2,6.8 PESCE, M., *Paolo e gli arconti a Corinto.* Storia della ricerca (1888-1975) ed esegesi di I Cor 2,6.8 (Testi e ricerche di Scienze religiose, 13) (Brescia, Paideia, 1977), 477 pp.

b6029 2,7-14 MENOUD, P., «1 Cor. 2:7-14», ETR 30, no 4 (1955) 82-83.

b6030 2,7 SÖHNGEN, G., «Die paulinische 'Gottesweisheit im Mysterium' als biblische Urkunde und geistlicher Ursprung aller christlichen Theologie», dans *Mysterium Salutis* (en collab.) (1965), I, 910-939.

b6031 2,9 SPARKS, H.F.D., «1 Kor 2 9 a Quotation from the Coptic Testament of Jacob?» ZNW 67 (1976) 269-276.

b6032 BERGER, K., «Zur Diskussion über die Herkunft von I Kor. ii.9», NTS 24 (1977-78) 271-283.

b6033 2,10-12 HAYKIN, M.A.G., «'The Spirit of God': The Exegesis of I Cor. 2:10-12 by Origen and Athanasius», SJTh 35 (1982) 513-528.

b6034 2,13-15 HORSLEY, R.A., «*Pneumatikos* vs. *Psychikos*: Distinctions of Spiritual Status among the Corinthians», HarvTR 69 (1976) 269-288.

b6035 2,14 FULLER, D.P., «The Holy Spirit's Role in Biblical Interpretation», dans *Scripture, Tradition, and Interpretation* (en collab.) (1978), 189-198.

b6036 3,1-3 FRANCIS, J., «'As babes in Christ' - Some proposals regarding I Corinthians 3.1-3», JSNT no 7 (1980) 41-60.

b6037 3,5-17 CHEVALLIER, M.-A., «La construction de la communauté sur le fondement du Christ (1 Co 3,5-17)», dans *Paolo a una chiesa divisa* (en collab.) (1980), 109-129.

b6038 3,5-9 KREMER, J., «'Denn ihr seid Gottes Mitarbeiter. Ihr seid Gottes Ackerfeld'. Eine Meditation über 1 Kor 3,5-9», BiLeb 7 (1966) 150-155.

b6039 3,9-17 CHEVALLIER, M.-A., «Vous êtes la construction de Dieu... le Temple de Dieu (1 Co 3,9 et 16-17)», dans *Paul de Tarse, apôtre de notre temps* (en collab.) (1979), 655-664.

b6040 3,14-15 ALONSO DIAZ, J., «Fluctuaciones de las concepciones escatológicas en la Iglesia primitiva reflejadas en la diversa interpretación de 1 Cor. 3,14-15», CuBi 28 (1971) 278-289.

b6041 3,22-23 GISEL, P., «La liberté; affirmation de soi ou reconnaissance d'un monde porté par la parole. Réflexion biblique et théologique», Supp no 125 (1978) 265-276.

b6042 4,1-5 SISTI, A., «Le Epistole alla Liturgia», BibOr 4 (1962), 219-226.

b6043 LÉON-DUFOUR, X., «Jugement de l'homme et jugement de Dieu. I Co 4,1-5 dans le cadre de 3,18-4,5», dans *Paolo a une chiesa divisa* (en collab.) (1980), 137-153.

b6044 4,2 DAWSON, S., «The Chip on the Shoulder», ExpTim 85 (1974) 373-374.

b6045 4,6-13 McHUGH, J., «Present and Future in the Life of the Community (1 Cor 4,6-13 in the context of 1 Cor 4,6-21)», dans *Paolo a una chiesa divisa* (en collab.) (1980), 177-188.

b6046 4,9-13 RUSS, M., «Ein Narr um Christi willen - Christliche Existenz nach 1 Kor 4,9-13», BiKi 31 (1976) 70-73.

b6047 4,16 SANDERS, B., «Imitating Paul: 1 Cor 4:16», HTR 74 (1981) 353-363.

*b*6048　4,17　　　BAILEY, K.E., «The Structure of I Corinthians and Paul's Theological Method with Special Reference to 4:17», NT 25 (1983) 152-181.

*b*6049　5,1-11,1　QUESNEL, M., «1 Co, 5,1-11,1. Règles de morale et de discipline dans la première épître aux Corinthiens», CE (n.s.) n⁰ 22 (1977) 40-47.

*b*6050　5,1-5　　HAVENER, I., «A Curse for Salvation - 1 Corinthians 5:1-5», dans *Sin, Salvation, and the Spirit* (en collab.) (1979), 334-344.

*b*6051　5,3-5　　MURPHY-O'CONNOR, J., «I Corinthians, V,3-5», RB 84 (1977) 239-245.

*b*6052　5,5　　　MacARTHUR, S.D., «'Spirit' in Pauline Usage: 1 Corinthians 5.5», dans *Studia Biblica 1978* (en collab.) (1980), III, 249-256.

*b*6053　5,6-8　　VIARD, A., «Pâques chrétiennes (1 Co. 5,6-8)», EV (prédication) 79 (1979) 88-89.

*b*6054　5,7-8　　SISTI, A., «La Pasqua cristiana», BibOr 5 (1963) 60-66.

*b*6055　6　　　　RICHARDSON, P., «Judgment, Immorality, and Sexual Ethics in 1 Corinthians 6», dans *SBL 1980 Seminar Papers* (en collab.) (1980), 337-357.

*b*6056　6,1-11　　HALTER, H., *Taufe und Ethos*, «1 Kor 6,1-11. Abgewaschen, geheiligt, gerechtfertigt» (1977), 142-152.

*b*6057　　　　　RICHARDSON, P., «Judgment in Sexual Matters in 1 Corinthians 6:1-11», NT 25 (1983) 37-58.

*b*6058　6,9-11　　ZAAS, P., «1 Corinthians 6:9ff: Was Homosexuality Condoned in the Corinthian Church?» dans *Society of Biblical Literature. 1979 Seminar Papers* (en collab.) (1979), II, 205-212.

*b*6059　6,12-20　MURPHY-O'CONNOR, J., «Corinthian Slogans in 1 Cor 6:12-20», CBQ 40 (1978) 391-396.

*b*6060　　　　　WIÉNER, C., «Notes sur 1 Corinthiens 6,12-20», dans *Le corps et le corps du Christ dans la première épître aux Corinthiens* (en collab.) (1983), 88-93.

*b*6061　6,14　　　SCHNELLE, U., «1 Kor. 6:14 - eine nachpaulinische Glosse», NT 25 (1983) 217-219.

*b*6062　6,16-17　MILLER, J.I., «A Fresh Look at 1 Corinthians 6.16f.», NTS 27 (1980) 125-127.

*b*6063　6,18　　　ROMANIUK, K., «Exégèse du Nouveau Testament et ponctuation», NT 23 (1981) 195-209.

*b*6064　　　　　BYRNE, B., «Sinning against One's Own Body: Paul's Understanding of the Sexual Relationship in 1 Corinthians 6:18», CBQ 45 (1983) 608-616.

*b*6065　6,23-28　KEEL, O., *Jahwe-Visionen und Siegelkunst*, «Die Kerubim im salomonischen Tempel (1 Kön 6,23-28) und Jahwe, der auf den Kerubim Thront» (1977), 15-45.

*b*6066　7　　　　NECKEBROUCK, V., «Paulus' houding togenover het huwelijk in 1 Kor. 7 volgens de hedendaagse exegese», Bijdr. 24 (1963) 171-191.

*b*6067　　　　　ADINOLFI, M., «Il matrimonio nella libertà dell'etica escatologica di 1 Cor. 7», Ant 51 (1976) 133-169.

*b*6068　　　　　ADINOLFI, M., «Motivi parenetici del matrimonio e del celibato in 1 Cor. 7», RivB 26 (1978) 71-91.

*b*6069　　　　　DESCAMPS, A.-L., «Les textes évangéliques sur le mariage», RTL 9 (1978) 259-266; 11 (1980) 5-50.

b6070   CAMBIER, J.-M., «Doctrine paulinienne du mariage chrétien. Étude critique de 1 Co 7 et d'Ep 5,21-33 et essai de leur traduction actuelle», ET 10 (1979) 13-59.

b6071   GIAVINI, G., «I Cor 7. nuove ricerche. Matrimoni misti e 'privilegio paolino'», ScuolC 108 (1980) 255-263.

b6072   WOLBERT, W., *Ethische Argumentation und Paränese in 1 Kor 7* (Moraltheologische Studien. Systematische Abteilung, 8) (Düsseldorf, Patmos, 1981), 264 pp.

b6073   HOUSTON, W.J., «The Words of the Lord and Christian Prophecy: The Irrelevance of I Cor. 7», dans *Studia Evangelica* (en collab.) (1982), VII, 261-264.

b6074   MERKLEIN, H., «'Es ist gut für den Menschen, eine Frau nicht anzufassen'. Paulus und die Sexualität nach 1 Kor 7», dans *Die Frau im Urchristentum* (en collab.) (1983), 225-253.

b6075   MOISER, J., «A Reassessment of Paul's View of Marriage with reference to 1 Cor. 7», JSNT no 18 (1983) 103-122.

b6076   7,1-40   PRETE, B., *Matrimonio e continenza nel cristianesimo delle origini.* Studio su 1 Cor. 7,1-40 (Studi Biblici, 49) (Brescia, Paideia, 1979), 280 pp.

b6077   7,1-7   SCHRAGE, W., «Zur Frontstellung der paulinischen Ehebewertung in 1 Kor 7 1-7», ZNW 67 (1976) 214-234.

b6078   SCHRAGE, W., «The value Paul puts on marriage in 1 Cor 7:1-7», TDig 26 (1978) 212-215.

b6079   COLLINS, R.F., «The Unity of Paul's Paraenesis in 1 Thess 4.3-8. 1 Cor. 7.1-7, a Significant Parallel», NTS 29 (1983) 420-429.

b6080   7,1   PHIPPS, W.E., «Is Paul's Attitude towards Sexual Relations Contained in I Cor. 7.1?» NTS 28 (1982) 125-131.

b6081   7,4   BRUNS, B., «'Die Frau hat über ihren Leib nicht die Verfügungsgewalt, sondern der Mann...' Zur Herkunft und Bedeutung der Formulierung in 1 Kor 7,4», MüTZ 33 (1982) 177-194.

b6082   7,8-24   FISCHER, J.A., «1 Cor. 7:8-24 - Marriage and Divorce», BiRes 23 (1978) 26-36.

b6083   7,8   BOUWMAN, G., «Paulus en het Celibaat - Paul and Celibacy», Bijdr. 37 (1976) 379-390 (English summary).

b6084   7,10-16   SCHÜRMANN, H., «Neutestamentliche Marginalien zur Frage nach der Institutionalität, Unauflösbarkeit und Sakramentalität der Ehe», dans *Kirche und Bibel* (en collab.) (1979), 409-430.

b6085   7,10-11   PESCH, R., «Paulinische 'Kasuistik'. Zum Verständnis von 1 Kor 7,10-11», dans *Homenaje a Juan Prado* (en collab.) (1975), 433-442.

b6086   MURPHY-O'CONNOR, J., «The Divorced Woman in 1 Cor 7:10-11», JBL 100 (1981) 601-606.

b6087   BROOTEN, B., «Konnten Frauen im alten Judentum die Scheidung betreiben? Überlegungen zu Mk 10,11-12 und 1 Kor 7,10-11», EvT 42 (1982) 65-80.

b6088   7,14   MURPHY-O'CONNOR, J., «Works Without Faith in I Cor, VII,14», RB 84 (1977) 349-361.

b6089   7,15-16   WILI, H.-U., «Das Privilegium Paulinum (1 Kor 7,15f) - Pauli eigene Lebenserinnerung?» BZ 22 (1978) 100-108.

b6090   7,16   KUBO, S., «I Corinthians vii.16: Optimistic or Pessimistic?» NTS 24 (1978) 539-544.

b6091   7,17-24   RODENAS, A., «La antítesis libertad-esclavitud, como condición social del cristiano, en I Cr 7,17-24», CuBi 31 (1974) 249-253.

b6092   7,20-24   LAUB, F., *Die Begegnung des frühen Christentums mit der antiken Sklaverei* (SBS 107) (Stuttgart, Katholisches Bibelwerk, 1982), 120 pp.

b6093   7,21   TRUMMER, P., «'Die Chance der Freiheit'. Zur interpretation des *mallon khrēsai* in 1 Kor 7,21», Bibl 56 (1975) 344-368.

b6094   7,25-38   CORDIER, L., «Neue Perspektiven», BiKi 14 (1959) 116-117.

b6095   7,25-35   DREYFUS, F., «L'actualisation de l'Écriture. II. L'action de l'Esprit», RB 86 (1979) 161-193.

b6096   7,29-31   PENNA, R., «San Paolo (1 Cor 7,29b-31a) e Diogene il Cinico», Bibl 58 (1977) 237-245.

b6097   7,32-35   BALCH, D.L., «1 Cor 7:32-35 and Stoic Debates about Marriage, Anxiety, and Distraction», JBL 102 (1983) 429-439.

b6098   7,36-38   DERRETT, J.D.M., «The disposal of virgins» (*Man*, N.S., IX, 1974, 23-30), dans DERRETT, J.D.M., *Studies in the New Testament* (1977), I, 184-192.

b6099   STÖGER, A., «Fragen zur Einheitsübersetzung. Jungfräulichkeit und Ehe», BiLit 55 (1982) 30-31.

b6100   8,10   HORSLEY, R.A., «Consciousness and Freedom among the Corinthians: 1 Corinthians 8-10», CBQ 40 (1978) 574-589.

b6101   FEE, G.D., «*Eidōlothyta*. Once Again: An Interpretation of 1 Corinthians 8-10», Bibl 61 (1980) 172-197.

b6102   BRUNT, J.C., «Love, Freedom, and Moral Responsibility: The Contribution of I Cor. 8-10 to an Understanding of Paul's Ethical Thinking», dans *Society of Biblical Literature. 1981 Seminar Papers* (en collab.) (1981), 19-33.

b6103   8,1-13   MURPHY-O'CONNOR, J., «Freedom or the Ghetto (1 Cor., VIII,1-13; X,23-XI,1)», RB 85 (1979) 543-574.

b6104   8,1-6   HORSLEY, R.A., «Gnosis in Corinth: 1 Corinthians 8.1-6», NTS 27 (1980) 32-51.

b6105   8,6   HORSLEY, R.A., «The Background of the Confessional Formula in 1 Kor 8 6», ZNW 69 (1978) 130-135.

b6106   MURPHY-O'CONNOR, J., «I Cor., VIII,6: Cosmology or Soteriology?» RB 85 (1978) 253-267.

b6107   8,8   MURPHY-O'CONNOR, J., «Food and Spiritual Gifts in 1 Cor 8:8», CBQ 41 (1979) 292-298.

b6108   9   FJÄRSTEDT, B., *Synoptic Tradition in 1 Corinthians*. Themes and Clusters of Theme Words in 1 Corinthians 1-4 and 9 (Uppsala, Universitet, 1974), 191 pp.

b6109   9,4-11   PRATSCHER, W., «Der Verzicht des Paulus auf finanziellen Unterhalt durch seine Gemeinden: ein Aspekt seiner Missionsweise», NTS 25 (1979) 284-298.

b6110   9,5   BOUWMAN, G., «Paulus en het Celibaat - *Paul and Celibacy*», Bijdr. 37 (1976) 379-390 (English summary).

b6111   9,6   ANTONINI, B., «Il lavoro manuale di Paolo apostolo e le sue motivazioni», dans *Evangelizare pauperibus* (en collab.) (1978), 371-382.

b6112   9,15-18   HOCK, R.F., «The Workshop as a Social Setting for Paul's Missionary
                      Preaching», CBQ 41 (1979) 438-450.

b6113   9,19-23   ELLISON, H.L., «Paul and the Law - 'All Things to All Men'», dans
                      Apostolic History and the Gospel (en collab.) (1970), 195-202.

b6114   RICHARDSON, P., «Pauline Inconsistency: I Corinthians 9:19-23 and
                      Galatians 2:11-14», NTS 26 (1980) 347-362.

b6115   9,19   HOCK, R.F., «Paul's Tentmaking and the Problem of His Social Class»,
                      JBL 97 (1978) 555-564.

b6116   9,22   BLACK, D.A., «A Note on 'the Weak' in 1 Corinthians 9,22», Bibl 64
                      (1983) 240-242.

b6117   9,24-10,5   SISTI, A., «Guardare fissi alla meta», BibOr 5 (1963) 14-21.

b6118   9,24   MacDONALD, W.C., «The Team of Runners», ExpTim 94 (1983)
                      369-371.

b6119   10-11   MURPHY-O'CONNOR, J., «Eucharist and Community in First
                      Corinthians», Wor 50 (1976) 370-385.

b6120   10   JESKE, R.L., «The Rock was Christ: The Ecclesiology of 1 Corinthians
                      10», dans Kirche. Festschrift für Günther Bornkamm (en collab.) (1980),
                      245-255.

b6121   10,1-22   WALTER, N., «Christusglaube und Heidnische Religiosität in
                      Paulinischen Gemeinden», NTS 25 (1979) 422-442.

b6122   MEEKS, W.A., «'And Rose up to Play': Midrash and Paraenesis in
                      1 Corinthians 10:1-22», JSNT no 16 (1982) 64-78.

b6123   10,1-13   HALTER, H., Taufe und Ethos, «1 Kor 10,1-13. Sakramentale Rettung
                      unter ethischem Vorbehalt» (1977), 152-163.

b6124   VIARD, A., «Prenez garde de tomber! (1 Corinthiens 10,1-12)», EV
                      (prédication) 83 (1983) 56-58.

b6125   10,1-11   DUGANDZIC, I., Das 'Ja' Gottes in Christus, «Die 'für uns'
                      geschriebene Schrift (Röm 4,23ff; 15,4; 1 Kor 10,1-11)» (1977), 222-248.

b6126   10,2   DESCAMPS, A., «Le Baptême, fondement de l'unité Chrétienne», dans
                      Battesimo e giustizia in Rom 6 e 8 (en collab.) (1974), 203-234.

b6127   10,6-13   SISTI, A., «Le Epistole della Liturgia», BibOr 4 (1962) 132-138.

b6128   10,6-11   PERROT, C., «Les exemples du désert (1 Co. 10.6-11)», NTS 29 (1983)
                      437-452.

b6129   10,9   OSBURN, C.D., «The Text of I Corinthians 10:9», dans New Testament
                      Textual Criticism (en collab.) (1981), 201-212.

b6130   10,16   COHN-SHERBOK, D., «A Jewish Note on to potērion tēs eulogias»,
                      NTS 27 (1981) 704-709.

b6131   SIGAL, P., «Another Note to I Corinthians 10.16», NTS 29 (1983)
                      134-139.

b6132   10,19-29   FÉVRIER, P.-A., «Histoire et exégèse. À propos de 1 Co», dans Le corps
                      et le corps du Christ dans la première épître aux Corinthiens (en collab.)
                      (1983), 161-186.

b6133   10,23-11,1   MURPHY-O'CONNOR, J., «Freedom or the Ghetto (1 Cor., VIII,1-13;
                      X,23-XI,1)», RB 85 (1979) 543-574.

b6134   11   MURPHY-O'CONNOR, J., «Eucharist and Community in First
                      Corinthians», Wor 51 (1977) 56-69.

b6135   11,2-14,40   QUESNEL, M., «1 Co 11,2-14,40. L'Assemblée chrétienne», CE (n.s.)
                      no 22 (1977) 48-54.

*b*6136   11,2-16   MARTIN, W.J., «I Corinthians 11:2-16: An Interpretation», dans
                         Apostolic History and the Gospel (en collab.) (1970), 231-241.
*b*6137   MURPHY-O'CONNOR, J., «The Non-Pauline Character of
                         1 Corinthians 11:2-16?» JBL 95 (1976) 615-621.
*b*6138   COPE, L., «1 Cor 11:2-16; One Step Further», JBL 97 (1978) 435-436.
*b*6139   MEIER, J.P., «On the Veiling of Hermeneutics (1 Cor 11:2-16)», CBQ
                         40 (1978) 212-226.
*b*6140   MURPHY-O'CONNOR, J., «Sex and Logic in 1 Corinthians 11:2-16»,
                         CBQ 42 (1980) 482-500.
*b*6141   CLARK KROEGER, R., CLARK KROEGER, C., «St. Paul's
                         Treatment of Misogyny, Gynephobia, and Sex Segregation in First
                         Corinthians 11:2-6», dans *Society of Biblical Literature. 1979 Seminar
                         Papers* (en collab.) (1979), II, 213-221.
*b*6142   11,3-16   TROMPF, G.W., «On Attitudes toward Women in Paul and Paulinist
                         Literature: 1 Cor 11:3-16 and Its Context», CBQ 42 (1980) 196-215.
*b*6143   11,5   ADINOLFI, M., «La donna che prega o profetizza (1 Cor 11,5a)», dans
                         Studia Hierosolymitana (Bagatti) (en collab.) (1976), II, 124-134.
*b*6144   11,6   MACDONALD, F.A.J., «The Sacrament of the Tenses», ExpTim 90
                         (1979) 172-174.
*b*6145   11,10   SCHWARZ, G., «*Eksousian ekhein epi tēs kephalēs* (1. Korinther
                         11 10)», ZNW 70 (1979) 249.
*b*6146   DERRETT, J.D.M., «Miscellanea: a Pauline Pun and Judas'
                         Punishment», ZAW 72 (1981) 131-133.
*b*6147   11,11-12   KÜRZINGER, J., «Frau und Mann nach 1 Kor 11,11f», BZ 22 (1978)
                         270-275.
*b*6148   11,14   DERRETT, J.D.M., «Religious Hair» (*Man*, N.S., VIII/1, 1973,
                         100-103), dans DERRETT, J.D.M., *Studies in the New Testament*
                         (1977), I, 170-175.
*b*6149   11,17-34   TOWNSEND, M.J., «Exit the Agape?» ExpTim 90 (1979) 356-361.
*b*6150   PERROT, C., «Lecture de 1 Co 11,17-34», dans *Le corps et le corps du
                         Christ dans la première épître aux Corinthiens* (en collab.) (1983), 94-96.
*b*6151   11,17-27   CALLOUD, J., «Le repas du Seigneur. La communauté corps du Christ.
                         Analyses sémiotiques», dans *Le corps et le corps du Christ dans la
                         première épître aux Corinthiens* (en collab.) (1983), 117-129.
*b*6152   11,18-19   PAULSEN, H., «Schisma und Häresie. Untersuchungen zu 1 Kor
                         11,18.19», ZTK 79 (1982) 180-211.
*b*6153   DUPONT, J., «L'Église à l'épreuve de ses divisions (1 Co 11,18-19)»,
                         dans *Paul de Tarse, apôtre de notre temps* (en collab.) (1979), 687-696.
*b*6154   11,19   LE BOULLUEC, A., «Remarques à propos du problème de I Cor. 11,19
                         et du 'logion' de Justin, *Dialogue* 35», dans *Studia Patristica* (1975), XII,
                         328-333.
*b*6155   11,20   RODENAS, A., «Eso no es comer la cena del Señor (1 Cor. 11,20B)»,
                         Salm 22 (1975) 555-561.
*b*6156   GRELOT, P., «Le repas seigneurial (1 Co 11,20)», dans *La Pâque du
                         Christ, mystère de salut* (en collab.) (1982), 203-236.
*b*6157   11,23-26   SKYDSGAARD, K.E., «'In the Night When He Was Betrayed':
                         A Sermon», CanJT 11 (1965) 79-82.
*b*6158   GUILLET, J., *Les premiers mots de la foi*, «Le récit de l'événement
                         Jésus» (1977), 15-36.

| b6159 | | LÉON-DUFOUR, X., *Le partage du pain eucharistique selon le Nouveau Testament* (Parole de Dieu) (Paris, Seuil, 1982), 380 pp. |

b6159   LÉON-DUFOUR, X., *Le partage du pain eucharistique selon le Nouveau Testament* (Parole de Dieu) (Paris, Seuil, 1982), 380 pp.

b6160   Y.B., «Le corps et le sang du Christ (1 Co. 11,23-26)», EV (prédication) 83 (1983) 146-148.

b6161   11,23-25   VAN DER MINDE, H.-J., *Schrift und Tradition bei Paulus*, «Die Herrenmahltradition 1 Kor 11,23-25» (1976), 157-173.

b6162   MERKLEIN, H., «Erwägungen zur Überlieferungsgeschichte der neutestamentlichen Abendmahlstraditionen», BZ 21 (1977) 88-101.

b6163   PESCH, R., *Das Abendmahl und Jesu Todesverständnis* (Quaestiones Disputatae, 80) (Freiburg, Herder, 1978), 125 pp.

b6164   11,23   COLEMAN, P., «The Translation of *paredideto* in 1 Co 11,23», ExpTim 87 (1976) 375.

b6165   MacLEOD, I., «The Night of Betrayal», ExpTim 92 (1981) 312-314.

b6166   11,24-25   CHENDERLIN, F., '*Do This as My Memorial.*' The Semantic and Conceptual Background and Value of *Anamnēsis* in 1 Corinthians 11:24-25 (Analecta Biblica, 99) (Rome, Biblical Institute Press, 1982), xii-320 pp.

b6167   11,24   MASTIN, B.A., «Jesus said grace», SJTh 24 (1971) 449-456.

b6168   LÉON-DUFOUR, X., «Prenez! Ceci est mon corps pour vous», NRT 104 (1982) 223-240.

b6169   DUPLACY, J., «À propos d'un lieu variant de 1 Co 11,24: 'Voici mon corps (- , rompu, donné, etc.) pour vous'», dans *Le corps et le corps du Christ dans la première épître aux Corinthiens* (en collab.) (1983), 27-46.

b6170   11,25   LÉON-DUFOUR, X., «Faites ceci en mémoire de moi», CHR 24 (1977) 200-208.

b6171   LÉON-DUFOUR, X., «Do this in memory of me», TDig 26 (1978) 36-39.

b6172   11,26   VON MEDING, W., «1 Korinther 11,26: Vom geschichtlichen Grund des Abendmahls», EvT 35 (1975) 544-552.

b6173   DUTHEIL, M., «La 'mémoire' du pain et du vin», dans En collaboration, *Mens concordet voci*, pour Mgr A.G. Martimort (Paris, Desclée, 1983), 423-430.

b6174   11,27-29   PRITCHARD, N.M., «Profession of Faith and Admission to Communion in the Light of 1 Corinthians 11 and other Passages», SJTh 33 (1980) 55-70.

b6175   12-14   BROCKHAUS, U., *Charisma und Amt*. Die Paulinische Charismenlehre auf dem Hintergrund der frühchristlichen Gemeindefunktionen (Wuppertal, Brockhaus, 1972), 260 pp.

b6176   PEARSON, B.A., *The Pneumatikos-psychikos Terminology in 1 Corinthians*, «On Spiritual Gifts in 1 Corinthians 12-14» (1973), 44-50.

b6177   MOWRY, M.L., «Charismatic Gifts in Paul», dans *Biblical Studies in Contemporary Thought* (en collab.) (1975), 113-129.

b6178   MONTAGUE, G.T., *The Holy Spirit*. Growth of a Biblical Tradition (New York, Paulist Press, 1976), «The Spirit and the Service of the Body: 1 Corinthians 12-14», 145-184.

b6179   FRAIKIN, D., «'Charismes et ministères' à la lumière de 1 Co 12-14», ET 9 (1978) 455-463.

b6180   THISELTON, A.C., «The 'Interpretation' of Tongues: a new suggestion in the light of Greek usage in Philo and Josephus», JTS 30 (1979) 15-36.

b6181   GRUDEM, W.A., *The Gift of Prophecy in 1 Corinthians* (Lanham, MD, University Press of America, 1982), xxiv-333 pp.

b6182   BOYD, D.G., «Spirit and Church in 1 Corinthians 12-14 and The Acts of the Apostles», dans *Spirit Within Structure* (en collab.) (1983), 55-66.

b6183   12   LOHRMANN, W., *Frucht und Gaben des Heiligen Geistes* (Theologie und Dienst, 13) (Giessen, Basel, Brunnen, 1978), 64 pp.

b6184   TRUMMER, P., «Charismatischer Gottesdienst. Liturgische Impulse aus 1 Kor 12 und 14», BiLit 54 (1981) 173-178.

b6185   12,1-11   GEPPERT, G., «Von der Fülle der Gaben Gottes (1 Kor 12,1-11). Eine Anregung zur Homilie am 10. Sonntag nach Pfingsten», BiLeb 9 (1968) 137-140.

b6186   12,1-3   MEHAT, A., «L'Enseignement sur 'les Choses de l'Esprit' (1 Corinthiens 12,1-3)», RHPR 63 (1983) 395-415.

b6187   12,3-13   Y.B., «L'Esprit habite dans l'Église (Ac. 2,1-11; 1 Co. 12,3-7.12-13)», EV (prédication) 82 (1982) 130-132.

b6188   VIARD, A., «Les dons de l'Esprit Saint (1 Cor 12,3-13)», EV (prédication) 83 (1983) 121-122.

b6189   12,3   DERRETT, J.D.M., «Cursing Jesus (I Cor. xii.3): The Jews as Religious 'Persecutors'», NTS 21 (1974/75) 544-554, dans DERRETT, J.D.M., *Studies in the New Testament* (1978), II, 194-204.

b6190   BASSLER, J.M., «1 Cor 12:3 - Curse and Confession in Context», JBL 101 (1982) 415-418.

b6191   12,10   GRUDEM, W., «A Response to Gerhard Dautzenberg on 1 Co 12.10», BZ 22 (1978) 253-270.

b6192   MARTUCCI, J., «*Diakriseis pneumatōn* (1 Co 12,10)», ET 9 (1978) 465-471.

b6193   STANLEY, D.M., «Idealism and Realism in Paul», Way 21 (1981) 34-46.

b6194   12,12-31   SCHLOSSER, J., «Le corps en 1 Co 12,12-31», dans *Le corps et le corps du Christ dans la première épître aux Corinthiens* (en collab.) (1983), 97-110.

b6195   12,12-26   HILL, A.E., «The Temple of Asclepius: An Alternate Source for Paul's Body Theology», JBL 99 (1980) 437-439.

b6196   12,12-13   DESCAMPS, A., «Le Baptême, fondement de l'unité Chrétienne», dans *Battesimo e giustizia in Rom 6 e 8* (en collab.) (1974), 203-234.

b6197   HALTER, H., *Taufe und Ethos*, «1 Kor 12,12-13. Eingegliedert in den einen Leib Christi, getränkt mit dem einen Geiste» (1977), 163-174.

b6198   12,13   BOUTTIER, M., «*Complexio Oppositorum*: sur les Formules de I Cor. xii.13; Gal. iii.26-8; Col. iii.10,11», NTS 23 (1977) 1-19.

b6199   CUMING, G.J., «'*Epotisthēmen* (I Corinthians 12.13)», NTS 27 (1981) 283-285.

b6200   ROGERS, E.R., «'*Epotisthēmen* again», NTS 29 (1983) 139-142.

b6201   12,27   BERTRAND, D., «Vous êtes le corps du Christ», CHR 28 (1981) 173-183.

b6202   12,31-13,13   VIARD, A., «Les dons spirituels et la charité (1 Co 12,31-13,13)», EV (prédication) 83 (1983) 5-7.

b6203   12,31   LYONNET, S., «Agapè et charismes selon 1 Co 12,31», dans *Paul de Tarse, apôtre de notre temps* (en collab.) (1979), 509-527.

b6204 13 KRONER, R., «A Meditation on I Cor. XIII», AThR 30 (1948) 216-218.

b6205 BARR, A., «Love in the Church: A Study of First Corinthians, Chapter 13», SJTh 3 (1950) 416-425.

b6206 SMEDES, L.B., *Love Within Limits*. A Realist's View of 1 Corinthians 13 (Grand Rapids, Eerdmans, 1978), xii-135 pp.

b6207 PEDERSEN, S., «Agape - der eschatologische Hauptbegriff bei Paulus», dans *Die Paulinische Literatur und Theologie. The Pauline Literature and Theology* (en collab.) (1980), 159-186.

b6208 WISCHMEYER, O., *Der höchste Weg*. Das 13. Kapitel des 1. Korintherbriefes (Studien zum Neuen Testament, 13) (Gütersloh, Mohn, 1981), 256 pp.

b6209 13,3 DACQUINO, P., «L'autentica carità cristiana», BibOr 19 (1977) 41-44.

b6210 13,4-7 READ, D.H.C., «The Way to Go», ExpTim 92 (1981) 310-311.

b6211 13,8-12 READ, D.H.C., «The Quality of Eternity», ExpTim 94 (1983) 272-274.

b6212 13,11 LOUTTIT, H.I., «Man's Growth in the Family of God», AThR 42 (1960) 273-278.

b6213 13,12 CLAVIER, H., «Visions de la terre et vision des dieux», ETR 8 (1933) 83-96.

b6214 14 HOLLENWEGER, W.J., «Narrativité et théologie interculturelle. Un aspect négligé de 1 Co 14», RTP 110 (1978) 209-223.

b6215 HENGEL, M., «Hymn and Christology», dans *Studia Biblica 1978* (en collab.) (1980), III, 173-197.

b6216 TRUMMER, P., «Charismatischer Gottesdienst. Liturgische Impulse aus 1 Kor 12 und 14», BiLit 54 (1981) 173-178.

b6217 14,1-19 CANTINAT, J., «Charismes et bien commun de l'Église», BVC n° 63 (1965) 16-25.

b6218 14,20-25 JOHANSON, B.C., «Tongues, a Sign for Unbelievers? A Structural and Exegetical Study of 1 Cor. XIV.20-25», NTS 25 (1979) 180-203.

b6219 14,21-25 ROBERTS, P., «A Sign - Christian or Pagan?» ExpTim 90 (1979) 199-203.

b6220 14,23 CLARK KROEGER, R., CLARK KROEGER, C., «An Inquiry into Evidence of Maenadism in the Corinthian Congregation», dans *Society of Biblical Literature. 1978 Seminar Papers* (en collab.) (1978), II, 331-338.

b6221 14,26-40 MAILLOT, A., «1 Corinthiens 14/26-40», ETR 45 (1970) 113-129.

b6222 14,33-36 ADINOLFI, M., «Il silenzio della donna in 1 Cor. 14,33b-36», BibOr 17 (1975) 121-128.

b6223 ODELL-SCOTT, D.W., «Let the Women Speak in Church: An Egalitarian Interprétation of 1 Cor 14:33b-36», BTB 13 (1983) 90-93.

b6224 14,34-36 FLANAGAN, N.M., SYNDER, E.H., «Did Paul Put Down Women in 1 Cor 14:34-36?» BTB 11 (1981) 10-12.

b6225 14,34-35 ELLIS, E.E., «The Silenced Wives of Corinth (1 Cor. 14:34-35)», dans *New Testament Textual Criticism* (en collab.) (1981), 213-220.

b6226 15 PEARSON, B.A., *The Pneumatikos-Psychikos Terminology in 1 Corinthians*, «Immortality and Resurrection in 1 Corinthians 15» (1973), 15-26.

b6227 CAVALLIN, H.C.C., *Life After Death*. Paul's Argument for the Resurrection of the Dead in I Cor 15. Part I, An Enquiry into the Jewish

Background (Conjectanea Biblica, N.T. Series, 7:1) (Lund, SWK Gleerup, 1974), 301 pp.

*b*6228   BUCHER, T.G., «Auferstehung Christi und Auferstehung der Toten», MüTZ 27 (1976) 1-32.

*b*6229   ALTERMATH, F., *Du corps psychique au corps spirituel.* Interprétation de 1 Cor. 15,35-49 par les auteurs chrétiens des quatre premiers siècles (Beiträge zur Geschichte der biblischen Exegese, 18) (Tübingen, Mohr, 1977), xi-285 pp.

*b*6230   QUESNEL, M., «1 Co 15; 2 Co 4,7-5,10. Mort et résurrection», CE (n.s.) no 22 (1977) 55-57.

*b*6231   SIBINGA, J.S., «A Fragment of Paul at Amsterdam (0270)», dans *Miscellanea Neotestamentica* (en collab.) (1978), I, 23-44.

*b*6232   FRUTIGER, S., «La mort, et puis... avant? (Étude sur 1 Co 15)», ETR 55 (1980) 199-229.

*b*6233   SCHADE, H.-H., *Apokalyptische Christologie bei Paulus*, «Die Auferstehung der Toten nach 1 K 15» (1981), 191-212.

*b*6234   WAGNER, G., «... encore 1 Corinthiens 5. Si les chrétiens refusent d'agir, alors Christ n'est pas ressuscité», ETR 56 (1981) 599-607.

*b*6235   WEDDERBURN, A.J.M., «The Problem of the Denial of the Resurrection in I Corinthians XV», NT 23 (1981) 229-241.

*b*6236   15,1-19   SIDER, R.J., «St. Paul's Understanding of the Nature and Significance of the Resurrection in I Corinthians xv 1-19», NT 19 (1977) 124-141.

*b*6237   15,1-11   SISTI, A., «San Paolo e la catechesi primitiva», BibOr 5 (1963) 133-139.

*b*6238   PFAMMATTER, J., «Das Auferstehungszeugnis des Paulus 1 Kor 15,1-11», dans RUCKSTUHL, E., PFAMMATER, J., *Die Auferstehung Jesu Christi* (1968), 9-29.

*b*6239   BORGEN, P., *Paul preaches Circumcision and pleases Men*, «From Paul to Luke. Observations toward Clarification of the Theology of Luke-Acts» (1983), 43-57 [Cf. CBQ 31 (1969) 168-182].

*b*6240   DELORME, J., «Linguistique, Sémiotique, Exégèse: à propos du Séminaire de Durham (North Carolina - USA - 16-20 août 1976)», SemBib no 6 (1977) 35-59.

*b*6241   SCHENK, W., «Textlinguistische Aspekte der Strukturanalyse, dargestellt am Beispiel von I Kor. xv.1-11», NTS 23 (1977) 469-477.

*b*6242   CAMBIER, J.-M., «L'affirmation de la résurrection du Christ (1 Co 15,1-11)», dans *La bonne nouvelle de la résurrection* (en collab.) (1981), 138-156.

*b*6243   15,3-8   KREMER, J., «Das Zeugnis für die Auferweckung Christi in 1 Kor 15,3-8», BiKi 22 (1967) 1-7.

*b*6244   KREMER, J., «Die Deutung der Osterbotschaft des Neuen Testamentes durch R. Bultmann und W. Marxsen im Lichte des Auferstehungszeugnisses 1 Kor 15,3-8», BiKi 22 (1967) 7-14.

*b*6245   BROWN, R.E., *The Virginal Conception and Bodily Resurrection of Jesus*, «The Formula in I Corinthians 15:3-8» (1973), 81-96.

*b*6246   AMMASSARI, A., *La Resurrezione*, «La tradizione sulla Resurrezione trasmessa da Paolo (1 Cor. 15,3b-8)» (1976), II, 37-46.

*b*6247   15,3-7   BARTSCH, H.-W., «Inhalt und Funktion des Urchristlichen Osterglaubens», dans *Studia Biblica 1978* (en collab.) (1980), III, 9-31.

b6248 MURPHY-O'CONNOR, J., «Tradition and Redaction in 1 Cor 15:3-7», CBQ 43 (1981) 582-589.

b6249 15,3-5 VAN DER MINDE, H.-J., Schrift und Tradition bei Paulus, «Das Glaubensbekenntnis 1 Kor 15,3-5» (1976), 173-186.

b6250 GUILLET, J., Les premiers mots de la foi, «Le récit de l'événement Jésus» (1977), 15-36.

b6251 KLOPPENBORG, J., «An Analysis of the Pre-Pauline Formula in 1 Cor 15:3b-5 in Light of Some Recent Literature», CBQ 40 (1978) 351-367.

b6252 MUSSNER, F., «Zur stilistischen und semantischen Struktur der Formel 1 Kor 15,3-5», dans Die Kirche des Anfangs (en collab.) (1978), 405-416.

b6253 15,5-11 VIARD, A., «La mort et la résurrection du Christ (1 Cor. 15,5-11)», EV (prédication) 83 (1983) 21-22.

b6254 15,5-8 BISER, E., «Die älteste Ostergeschichte. Zur Jesusmystik des Apostels Paulus», GeistL 55 (1982) 139-148.

b6255 15,5 TRILLING, W., «Die Entstehung des Zwölferkreises. Eine geschichtskritische Überlegung», dans Die Kirche des Anfangs (en collab.) (1978), 201-222.

b6256 15,6 KEARNEY, P.J., «He appeared to 500 Brothers (I Cor. XV 6)», NT 22 (1980) 264-284.

b6257 15,8 GIBSON, G.S., «The Way of the Risen Christ with his Friends», ExpTim 93 (1982) 210-211.

b6258 15,10 READ, D.H.C., «God tells you who you are», ExpTim 89 (1978) 345-347.

b6259 MACDONALD, F.A.J., «Not I, but the Grace of God», ExpTim 91 (1980) 206-207.

b6260 15,12-58 AMMASSARI, A., La Resurrezione, «La Resurrezione di Gesù e quella finale dei morti (1 Cor. 15,12-58)» (1976), II, 59-69.

b6261 15,12-20 BACHMANN, M., «Zur Gedankenführung in 1. Kor. 15,12ff.», TZ 34 (1978) 265-276.

b6262 BUCHER, T.G., «Nochmals zur Beweisführung in 1. Korinther 15,12-20», TZ 36 (1980) 129-152.

b6263 VIARD, A., «Résurrection du Christ et résurrection des morts (1 Cor. 15,12-20)», EV (prédication) 83 (1983) 37-38.

b6264 15,12 HORSLEY, R.A., «'How can some of you say that there is no resurrection of the dead?' Spiritual Elitism in Corinth», NT 20 (1978) 203-231.

b6265 15,14 GRAY, J.R., «The Great 'If'», ExpTim 91 (1980) 179-180.

b6266 15,17 JACOBS, T., «'Als Christus niet is verrezen, is uw geloof waardeloos' (1 Kor. 15,17). 'Ist aber Christus nicht auferstanden, so ist euer Glaube nichtig' (1 Kor. 15,17)», Bijdr. 28 (1967) 260-278 (Deutsche Zusammenfassung).

b6267 15,20-28 SCHWEIZER, E., «1. Korinther 15,20-28 als Zeugnis Paulinischer Eschatologie und ihrer Verwandtschaft mit der Verkündigung Jesu», dans Jesus und Paulus (en collab.) (1975), 301-314.

b6268 SCHWEIZER, E., «1 Corinthians 15:20-28 as Evidence of Pauline Eschatology and Its Relation to the Preaching of Jesus», dans Saved by Hope (en collab.) (1978), 120-132.

b6269		LAMBRECHT, J., «Paul's Christological Use of Scripture in 1 Cor. 15.20-28», NTS 28 (1982) 502-527.
b6270	15,22	CROCKETT, W.V., «Ultimate Restoration of all Mankind: 1 Corinthians 15:22», dans *Studia Biblica 1978* (en collab.) (1980), III, 83-87.
b6271		FERGUSON, J., «The Fall», ExpTim 94 (1982) 20-21.
b6272	15,25-28	GOURGUES, M., *À la droite de Dieu*, «1 Corinthiens 15:25-28» (1978), 195-199.
b6273	15,28	HACKER, H., «'...damit Gott alles in allen sei' (1 Kor 15,28). Wie Gott seine Schöpfung vollenden möchte», GeistL 56 (1983) 178-184.
b6274	15,29	O'NEILL, J.C., «I Corinthians 15²⁹», ExpTim 91 (1980) 310-311.
b6275		MURPHY-O'CONNOR, J., «'Baptized for the Dead' (I Cor, XV,29). A Corinthian Slogan?» RB 88 (1981) 532-543.
b6276	15,31-32	MacDONALD, D.R., «A Conjectural Emendation of 1 Cor 15:31-32: Or the Case of the Misplaced Lion Fight», HarvTR 73 (1980) 265-276.
b6277	15,35-58	USAMI, K., «How are the dead raised? (1 Cor 15,35-58)», Bibl 57 (1976) 468-493.
b6278	15,35-56	DE VAULX, J., «Notes brèves sur 1 Co 15,35-56», dans *Le corps et le corps du Christ dans la première épître aux Corinthiens* (en collab.) (1983), 111-116.
b6279	15,35-49	ALTERMATH, F., *Du corps psychique au corps spirituel*. Interprétation de 1 Cor. 15,35-49 par les auteurs chrétiens des quatre premiers siècles (Beiträge zur Geschichte der biblischen Exegese, 18) (Tübingen, Mohr-Siebeck, 1977), xii-285 pp.
b6280	15,45-49	PENNA, R., «Cristologia adamica e ottimismo antropologico in I Cor. 15,45-49», dans *L'uomo nella Bibbia e nelle culture ad essa contemporanee* (en collab.) (1975), 181-208.
b6281	15,46-47	HORSLEY, R.A., «*Pneumatikos* vs. *Psychikos*: Distinctions of Spiritual Status among the Corinthians», HarvTR 69 (1976) 269-288.
b6282	15,50-53	GILLMAN, J., «Transformation in 1 Cor 15,50-53», ETL 58 (1982) 309-333.
b6283	15,51-53	LÜDEMANN, G., *Paulus, der Heidenapostel*. I. Studien zur Chronologie (FRLANT 123) (Göttingen, Vandenhoeck & Ruprecht, 1980), 301 pp.
b6284	16,19-20	KLAUCK, H.-J., *Hausgemeinde und Hauskirche im frühen Christentum* (SBS 103) (Stuttgart, Katholisches Bibelwerk, 1981), 120 pp.
b6285	16,22	SALGUERO, J., «Maranatha», CuBi 26 (1969) 73-80.

4. II Corinthiens. II Corinthians. II Korintherbrief. II Corinti. II Corintios.

a) Introductions. Einleitungen. Introduzioni. Introducciones.

b6286	DRANE, J.W., *Paul Libertine or Legalist?* «2 Corinthians» (1975), 72-77.
b6287	QUESNEL, M., «Les épîtres aux Corinthiens», CE (n.s.) nº 22 (1977) 64 pp.
b6288	KENT, H.A., *A Heart Opened Wide*: Studies in II Corinthians (New Testament Studies) (Grand Rapids, Baker, 1982), 205 pp.

b) Commentaires. Commentaries. Kommentare. Commenti. Comentarios.

b6289 WALTER, E., SCHELKLE, K.H., *The Epistles to the Corinthians* (New Testament for Spiritual Reading, 7) (London, Sheed and Ward, 1971), 428 pp.

b6290 BARRETT, C.K., *A Commentary on the Second Epistle to the Corinthians* (Black's N.T. Commentaries) (London, Adam & Charles Black, 1973), 354 pp.

b6291 FABRIS, R., *Al servizio della comunità. Seconda lettera di Paolo ai Corinti* (Commenti al Nuovo Testamento) (Turino, Elle Di Ci, 1977), 160 pp.

b6292 FALLON, F.T., *2 Corinthians* (New Testament Message, 11) (Wilmington, DE, Glazier, 1980), viii-117 pp.

b6293 BRATCHER, R.G., *A Translator's Guide to Paul's Second Letter to the Corinthians* (Helps for Translators) (London, New York, Stuttgart, United Bible Societies, 1983), viii-160 pp.

c) Critique littéraire. Literary Criticism. Literarkritik. Critica letteraria. Crítica literaria.

b6294 BRUSTON, C., «Fragment d'une lettre perdue de l'Apôtre Paul», ETR 5 (1930) 51-57.

b6295 CARRINGTON, P., «A Christian Midrash on the Pentateuch?» AThR 16 (1934) 206-209.

b6296 ALONSO DIAZ, J., «¿Cuántas cartas de S. Pablo hay en la actual segunda a los Corintios?» CuBi 21 (1964) 259-263.

b6297 CARREZ, M., «Le 'Nous' en 2 Corinthiens», NTS 26 (1980) 474-486.

d) Textes. Texts. Texte. Testi. Textos.

b6298 1-9 DAHL, N.A., *Studies in Paul*, «On the Literary Integrity of 2 Cor. 1-9» (1977), 38-39.

b6299 1,9 WATSON, N.M., «'... To make us rely not on ourselves but on God who raises the dead' - 2 Cor. 1,9b as the Heart of Paul's Theology», dans *Die Mitte des Neuen Testaments* (en collab.) (1983), 384-398.

b6300 1,12-22 HALTER, H., *Taufe und Ethos*, «2 Kor 1,12-22. Verankert in Christus, versiegelt mit dem Angeld des Geistes» (1977), 174-182.

b6301 1,15-24 VAN UNNIK, W.C., «Reisepläne und Amen-Sagen, Zusammenhang und Gedankenfolge in 2. Korinther i 15-24», dans *Studia Paulina* (en collab.) (1953), 229-239, dans *Sparsa Collecta* (1973), I, 144-159.

b6302 FEE, G.D., «*KHARIS* in II Corinthians i.15: Apostolic Parousia and Paul-Corinth Chronology», NTS 24 (1978) 533-538.

b6303 1,17-22 DUGANDZIC, I., *Das 'Ja' Gottes in Christus*, «Die 'Erfüllung' in Christus. 2 Kor 1,17-22» (1977), 20-56.

b6304 1,18-22 VIARD, A., «Les promesses de Dieu accomplies en Jésus-Christ (2 Corinthiens, 1,18-22)», EV (prédication) 79 (1979) 62-64.

b6305 1,22 RIEGER, J., «Siegel und Angeld», BiLeb 7 (1966) 158-161.

b6306 2,14-4,6 LAMBRECHT, J., «Structure and Line of Thought in 2 Cor 2,14-4,6», Bibl 64 (1983) 344-380.

b6307 2,14-3,6 BARTH, G., «Die Eignung des Verkündigers in 2 Kor 2,14-3,6», dans *Kirche. Festschrift für Günther Bornkamm* (en collab.) (1980), 257-270.

b6308 2,14-17 THRALL, M.E., «A Second Thanksgiving Period in II Corinthians», JSNT no 16 (1982) 101-124.

b6309   McDONALD, J.I.H., «Paul and the Preaching Ministry», JSNT nº 17 (1983) 35-50.

b6310   2,14-16 SCHÜRMANN, H., «Verkündigung - ein existentielles Geschehen. 2 Kor 2,14-16 als Meditation», BiLeb 4 (1963) 130-137.

b6311   2,14   EGAN, R.B., «Lexical Evidence on Two Pauline Passages», NT 19 (1977) 34-62.

b6312   MARSHALL, P., «A Metaphor of Social Shame: thriambeuein in 2 Cor. 2:14», NT 25 (1983) 302-317.

b6313   2,15-3,18 PROVENCE, T.E., «'Who is Sufficient for These Things?' An Exegesis of 2 Corinthians ii 15-iii 18», NT 24 (1982) 54-81.

b6314   3,1-4,6 RICHARD, E., «Polemics, Old Testament, and Theology. A Study of II Cor. III,1-IV,6», RB 88 (1981) 340-367.

b6315   3,1-17   KAISER, W.C., Jr., «The Weightier and Lighter Matters of the Law: Moses, Jesus and Paul», dans Current Issues in Biblical and Patristic Interpretation (en collab.) (1975), 176-192.

b6316   3,4-18   DUGANDZIC, I., Das 'Ja' Gottes in Christus, «Der neue und der alte 'Bund'. 2 Kor 3,4-18» (1977), 88-127.

b6317   3,6.14   CARMIGNAC, J., «II Corinthiens iii.6,14 et le Début de la Formation du Nouveau Testament», NTS 24 (1978) 384-386.

b6318   3,7-4,6 FITZMYER, J.A., «Glory Reflected on the Face of Christ (2 Cor 3:7-4:6) and a Palestinian Jewish Motif», TS 42 (1981) 630-644.

b6319   3,7   VON DER OSTEN-SACKEN, P., «Geist im Buchstaben. Vom Glanz des Mose und des Paulus», EvT 41 (1981) 230-235.

b6320   3,7-18   HANSON, A.T., «The Midrash in II Corinthians 3: A Reconsideration», JSNT nº 9 (1980) 2-28.

b6321   3,12-18 VAN UNNIK, W.C., «'With Unveiled Face', an exegesis of 2 Cor. iii 12-18», NT 6 (1964) 153-169, dans Charis kai sophia (en collab.) (1964), 153-169, dans Sparsa Collecta (1973), I, 194-210.

b6322   3,13-16 MOLINA PALMA, M.A., «La remoción del velo o el acceso a la libertad. Ensayo hermenéutico», EstB 41 (1983) 285-324.

b6323   3,14   DEQUEKER, L., «Het Nieuwe Verbond bij Jeremia, bij Paulus en in de brief aan de Hebreën. La nouvelle Alliance chez Jérémie, chez Paul et dans l'épître aux Hébreux», Bijdr. 33 (1972) 234-261 (English summary).

b6324   KNIAZEFF, A., «Quand le Christ a fait disparaître le voile», dans En collaboration, Eulogia. Miscellanea liturgica in onore di P. Burkhard Neunheuser (Studia Anselmiana, 68; Analecta Liturgica, 1) (Roma, Editrice Anselmiana, 1979), 189-202.

b6325   3,16   SCHUBERT, K., «'Einmal aber wird der Schlier weggenommen' (2 Kor 3,16). Die messianischen Erwartungen im Judentum», BiKi 17 (1962) 50-53.

b6326   3,17-18 SCHMITHALS, W., «Zwei gnostische Glossen im Zweiten Korintherbrief», EvT 18 (1958) 552-573.

b6327   3,17   PENNA, R., Lo Spirito di Cristo, «Lo Spirito del Signore (2 Cor. 3,17b)» (1976), 187-205.

b6328   3,18   DOIGNON, J., «Le Libellé singulier de II Corinthiens 3.18 chez Hilaire de Poitiers: Essai d'explication», NTS 26 (1979) 118-126.

b6329   KREMER, J., «Christliche Schriftauslegung», BiLit 52 (1979) 18-21.

b6330   LAMBRECHT, J., «Transformation in 2 Cor 3,18», Bibl 64 (1983) 243-254.

b6331   4,6   MARTINI, C.M., *La parola di Dio alle origini della Chiesa* (1980), «Alcuni temi letterari di 2 Cor 4,6 e i racconti della conversione di San Paolo negli Atti (Contributo per uno studio sui raffronti Atti - S. Paolo)», 201-214.

b6332   BARROW, H.T., «A Leper's Portrait of Jesus Christ», ExpTim 90 (1979) 111-112.

b6333   READ, D.H.C., «Light for Another Year», ExpTim 93 (1981) 82-83.

b6334   4,7-5,10   QUESNEL, M., «1 Co 15; 2 Co 4,7-5,10. Mort et résurrection», CE (n.s.) nº 22 (1977) 55-57.

b6335   RUPPRECHT, A.A., «Interpreting the Pauline Epistles. II Corinthians 4:7-5:10», dans *The Literature and Meaning of Scripture* (en collab.) (1981), 191-216.

b6336   PENNA, R., «Sofferenze apostoliche, antropologia ed escatologia in 2 Cor 4,7-5,10», dans *Parola e Spirito* (en collab.) (1982), 401-431.

b6337   4,7   AUER, W., «Bibeltexte - falsch verstanden», BiKi 13 (1958) 85-88.

b6338   4,13-18   CADIER, J., «2 Cor. 4:13-18», ETR 30, nº 4 (1955) 69-72.

b6339   5,1-10   HETTLINGER, R.F., «2 Corinthians 5.1-10», SJTh 10 (1957) 174-194.

b6340   BORSE, U., «Zur Todes - und Jenseitserwartung Pauli nach 2 Kor 5,1-10», BiLeb 13 (1972) 129-138.

b6341   HARRIS, M.J., «Paul's View of Death in 2 Corinthians 5:1-10», dans *New Dimensions in New Testament Study* (en collab.) (1974), 317-328.

b6342   LILLIE, W., «An Approach to II Corinthians 5,1-10», SJTh 30 (1977) 59-70.

b6343   5,1-6,10   BULTMANN, R., «Exegetische Probleme des zweiten Korintherbriefes», dans *Symbolae Biblicae Upsalienses* 9 (1947) 3-31 (Uppsala, Wretmans Boktryckeri A.-B.), dans *Exegetica* (1967), 298-322.

b6344   5,2-3   WONNEBERGER, R., «Der Beitrag der generativen Syntax zur Exegese. Ein Beispiel (2. Kor 5,2f) und neuen Thesen», Bijdr. 36 (1975) 312-317.

b6345   WONNEBERGER, R., *Syntax und Exegese*. Eine generative Theorie der griechischen Syntax und ihr Beitrag zur Auslegung des Neuen Testamentes, dargestellt an 2. Korinther 5,2f und Römer 3,21-26 (Beiträge zur biblischen Exegese und Theologie, 13) (Bern, Frankfurt/ M., Las Vegas, Peter Lang, 1979), 340 pp.

b6346   5,3   THRALL, M.E., «'Putting on' or 'Stripping off' in 2 Corinthians 5:3», dans *New Testament Textual Criticism* (en collab.) (1981), 221-237.

b6347   5,4   LAMBRECHT, J., «La vie engloutit ce qui est mortel. Commentaire de 2 Co 5,4c», dans *La Pâque du Christ, mystère de salut* (en collab.) (1982), 237-248.

b6348   5,14-21   CADIER, J., «2 Cor. 5:14-21», ETR 30, nº 4 (1955) 58-63.

b6349   5,16   SCHMITHALS, W., «Zwei gnostische Glossen im Zweiten Korintherbrief», EvT 18 (1958) 552-573.

b6350   HADIDIAN, D.Y., «A Case in Study: 2 Cor. 5:16», dans *From Faith to Faith* (en collab.) (1979), 107-125.

b6351   5,17-21   COUSAR, C.B., «II Corinthians 5:17-21», Interpr 35 (1981) 180-183.

b6352   VIARD, A., «Réconciliés avec Dieu par le Christ (2 Cor 5,17-21)», EV (prédication) 83 (1983) 77-78.

b6353 5,18-21 WALTER, N., «Christusglaube und Heidnische Religiosität in Paulinischen Gemeinden», NTS 25 (1979) 422-442.

b6354 5,19 HOFIUS, O., «Gott hat unter uns aufgerichtet das Wort von der Versöhnung (2 Kor 5 19)», ZNW 71 (1980) 3-20.

b6355 5,20-21 GRAY, J.R., «Christ Made Sin for Us», ExpTim 87 (1976) 173-175.

b6356 6,1-10 FERLONI, G., «Le epistole della liturgia», BibOr 3 (1961) 32-37.

b6357 MEALAND, D.L., «'As having nothing, and yet possessing everything' 2 Kor 6 10c», ZNW 67 (1976) 277-279.

b6358 6,14-7,1 DAHL, N.A., Studies in Paul, «A Fragment and Its Context: 2 Cor. 6:14-7:1» (1977), 62-69.

b6359 FEE, G.D., «II Corinthians vi.14-vii.1 and Food offered to Idols», NTS 23 (1977) 140-161.

b6360 THRALL, M.E., «The Problem of II Cor. vi.14-vii.1 in some recent discussion», NTS 24 (1977-78) 132-148.

b6361 DERRETT, J.D.M., «2 Cor 6,14ff. a Midrash on Dt 22,10», Bibl 50 (1978) 231-250.

b6362 LAMBRECHT, J., «The Fragment 2 Cor vi 14-vii i. A Plea for its Authenticity», dans Miscellanea Neotestamentica (en collab.) (1978), II, 143-161.

b6363 RENSBERGER, D., «2 Corinthians 6:14-7:1 - A Fresh Examination», SBT 8,2 (1978) 25-49.

b6364 7,3 LAMBRECHT, J., «Om samen te sterven en samen te leven. Uitleg van 2 Kor 7,3. - In Order to die together and to live together», Bijdr. 37 (1976) 234-251 (English summary).

b6365 8-9 STEENSGAARD, P., «Erwägungen zum Problem Evangelium und Paränese bei Paulus», ASTI 10 (1976) 110-128.

b6366 OITANA, L., «Esperienza ecclesiale e società. Il significato della colletta di Paolo in favore di Gerusalemme», dans Evangelizare pauperibus (en collab.) (1978), 383-403.

b6367 ZEDDA, S., «La povertà di Cristo secondo S. Paolo (2 Cor. 8,9; Fil. 2,7-9; Col. 1,24?; 2 Cor. 13,3-4?)», dans Evangelizare pauperibus (en collab.) (1978), 343-369.

b6368 GAROFALO, S., «Un chef d'oeuvre pastoral de Paul: la collecte», dans Paul de Tarse, apôtre de notre temps (en collab.) (1979), 575-593.

b6369 8,18-19 MORGAN-WYNNE, J.E., «2 Corinthians viii.18f. and the Question of a Traditionsgrundlage for Acts», JTS 30 (1979) 172-173.

b6370 8,23 EVANS, H., «An Apostolic Partner», ExpTim 90 (1979) 207-209.

b6371 10-13 BULTMANN, R., «Exegetische Probleme des zweiten Korintherbriefes», dans Symbolae Biblicae Upsalienses 9 (1947) 3-31 (Uppsala, Wretmans Boktryckeri A.-B.), dans Exegetica (1967), 298-322.

b6372 BARRÉ, M.L., «Qumran and the 'Weakness' of Paul», CBQ 42 (1980) 216-227.

b6373 FUCHS, E., «La faiblesse, gloire de l'apostolat selon Paul (Étude sur 2 Co 10-13)», ETR 55 (1980) 231-253.

b6374 10,13-16 STRANGE, J.F., «Enigmatic Bible Passages. 2 Corinthians 10:13-16 Illuminated by a Recently Published Inscription», BA 46 (1983) 167-168.

b6375 11,1-12,10 ZMIJEWSKI, J., *Der Stil der paulinischen 'Narrenrede'*. Analyse der Sprachgestaltung in 2 Kor 11,1-12,10 als Beitrag zur Methodik von Stiluntersuchungen neutestamentlicher Texte (BBB 52) (Köln, Hanstein, 1978), 449 pp.

b6376 11,2-4 VON ALLMEN, D., *La famille de Dieu*, «Les noces du Christ et de l'Église» (1981), 238-256.

b6377 11,5-23 THRALL, M.E., «Super-Apostles, Servants of Christ, and Servants of Satan», JSNT n° 6 (1980) 42-57.

b6378 McCLELLAND, S.E., «'Super-Apostles, Servants of Christ, Servants of Satan': A Response», JSNT n° 14 (1982) 82-87.

b6379 11,7 HOCK, R.F., «Paul's Tentmaking and the Problem of His Social Class», JBL 97 (1978) 555-564.

b6380 11,9-12 PRATSCHER, W., «Der Verzicht des Paulus auf finanziellen Unterhalt durch seine Gemeinden: ein Aspekt seiner Missionsweise», NTS 25 (1979) 284-298.

b6381 11,23-30 BINDER, H., «Die angebliche Krankheit des Paulus», TZ 32 (1976) 1-13.

b6382 11,23-29 HODGSON, R., «Paul the Apostle and First Century Tribulation Lists», ZNW 74 (1983) 59-80.

b6383 11,32 SABUGAL, S., «La Mención neotestamentaria de Damasco (Gál 1,17; 2 Cor 11,32; Act 9,2-3.8.10 par. 19.22.27 par.) ¿ciudad de Siria o región de Qumrân?» dans *Qumrân. Sa piété, sa théologie et son milieu* (en collab.) (1978), 403-413.

b6384 KNAUF, E.A., «Zum Ethnarchen des Aretas 2 Kor 11 32», ZAW 74 (1983) 145-147.

b6385 12 CROWNFIELD, D., «Hermeneutics and Transpersonal Experience», JAmAcRel 47 (1979) 245-267.

b6386 12,1-10 SPITTLER, R.P., «The Limits of Ecstasy: An Exegesis of 2 Corinthians 12:1-10», dans *Current Issues in Biblical and Patristic Interpretation* (en collab.) (1975), 259-266.

b6387 LINCOLN, A.T., «'Paul the Visionary': The Setting and Significance of the Rapture to Paradise in II Corinthians XII.1-10», NTS 25 (1979) 204-220.

b6388 PARK, D.M., «Paul's *skolops tē sarki*: Thorn or Stake? (2 Cor. xii 7)», NT 22 (1980) 179-183.

b6389 PRICE, R.M., «Punished in Paradise (An Exegetical Theory on II Corinthians 12:1-10)», JSNT n° 7 (1980) 33-40.

b6390 12,7 ZMIJEWSKI, J., «Kontextbezug und Deutung von 2 Kor 12,7a», BZ 21 (1977) 265-272.

b6391 BARRÉ, M.L., «Qumran and the 'Weakness' of Paul», CBQ 42 (1980) 216-227.

b6392 12,8 MACKAY, D.G.M., «Suffering», ExpTim 91 (1980) 147-148.

b6393 12,9 AUER, W., «Bibeltexte - falsch verstanden», BiKi 13 (1958) 85-88.

b6394 12,21 BULTMANN, R., «Exegetische Probleme des zweiten Korintherbriefes», dans *Symbolae Biblicae Upsalienses* 9 (1947) 3-31 (Uppsala, Wretmans Boktryckeri A.-B.), dans *Exegetica* (1967), 298-322.

*b*6395   13,3-4   ZEDDA, S., «La povertà di Cristo secondo S. Paolo (2 Cor. 8,9; Fil. 2,7-9; Col. 1,24?; 2 Cor. 13,3-4?)», dans *Evangelizare pauperibus* (en collab.) (1978), 343-369.

5. Galates. Galatians. Der Galaterbrief. Galati. Gálatas.

a) Introductions. Einleitungen. Introduzioni. Introducciones.

*b*6396   BORSE, U., *Der Standort des Galaterbriefes* (BBB 41) (Bonn, Peter Hanstein, 1972), xvii-202 pp.

*b*6397   DRANE, J.W., *Paul Libertine or Legalist?* (1975), «The Letter to the Galatian Churches», 5-58; «The Argument of Galatians», 137-139; «The Date of Galatians», 140-143.

*b*6398   HUBBARD, D.A., *Galatians.* Gospel of Freedom (Waco, TX, Word Books, 1977), 118 pp.

*b*6399   WEDDERBURN, A.J.M., «Article Review: Paul: Crisis Galatia», SJTh 33 (1980) 375-385.

b) Commentaires. Commentaries. Kommentare. Commenti. Comentarios.

*b*6400   NEIL, W., *The Letter of Paul to the Galatians* (The Cambridge Bible Commentary on the New English Bible) (Cambridge, Cambridge University Press, 1967), 96 pp.

*b*6401   ARICHEA, D.C., Jr., NIDA, E.A., *A Translator's Handbook on Paul's Letter to the Galatians* (Helps for Translators) (United Bible Societies, 1975), viii-176 pp.

*b*6402   BECKER, J., CONZELMANN, H., FRIEDRICH, G., *Die Briefe an die Galater, Epheser, Philipper, Kolosser, Thessalonicher und Philemon*[14] (NTD 8) (Göttingen, Vandenhoeck & Ruprecht, 1976), «Der Brief an die Galater» (J. Becker), 1-85.

*b*6403   LÜHRMANN, D., *Der Brief an die Galater* (Zürcher Bibelkommentare NT, 7) (Zürich, Theologischer Verlag, 1978), 123 pp.

*b*6404   COTHENET, É., «L'épître aux Galates», CE (n.s.) n⁰ 34 (1980) 64 pp.

*b*6405   OSIEK, C., *Galatians* (New Testament Message, 12) (Wilmington, DE, Glazier, 1980), x-95 pp.

*b*6406   EBELING, G., *Die Wahrheit des Evangeliums.* Eine Lesehilfe zum Galaterbrief (Tübingen, Mohr, 1981), xiv-369 pp.

*b*6407   BRUCE, F.F., *The Epistle to the Galatians.* A Commentary on the Greek Text (New International Greek Testament Commentary) (Grand Rapids, Eerdmans, 1982), xx-305 pp.

*b*6408   GETTY, M.A., *Invitation to the New Testament Epistles I.* A Commentary on Galatians and Romans with Complete Text from The Jerusalem Bible (Garden City, NY, Image Books/Doubleday, 1982), 284 pp.

c) Critique textuelle. Textual Criticism. Textualkritik. Critic testuale. Crítica textual.

*b*6409   BLUHM, H., «Luther and the First Printed English Bible: Epistle to the Galatians», AThR 40 (1958) 264-294.

*b*6410   ESHBAUGH, H., «Textual Variants and Theology. A Study of the Galatians Text of Papyrus 46», JSNT n⁰ 3 (1979) 60-72.

d) Critique littéraire. Literary Criticism. Literarkritik.
   Critica letteraria. Crítica literaria.

b6411   GRANT, R.M., «Hellenistic Elements in Galatians», AThR 34 (1952) 223-226.
b6412   BARTH, M., «Die Einheit des Galater- und Epheserbriefs», TZ 32 (1976) 78-91.
b6413   VAN DER MINDE, H.-J., *Schrift und Tradition bei Paulus*, «Schrift und Tradition im Galater- und im ersten Korintherbrief» (1976), 123-188.

e) Théologie. Theology. Theologie. Teologia. Teología.

b6414   DRANE, J.W., *Paul Libertine or Legalist?* «How Gnostic is Galatians?» (1975), 110-114.
b6415   BETZ, H.D., «In Defense of the Spirit: Paul's Letter to the Galatians as a Document of Early Christian Apologetics», dans *Aspects of Religious Propaganda in Judaism and Early Christianity* (en collab.) (1976), 99-114.
b6416   HÜBNER, H., «Identitätsverlust und paulinische Theologie», KerDo 24 (1978) 181-193.
b6417   LULL, D.J., *The Spirit in Galatia*. Paul's Interpretation of *Pneuma* as Divine Power (SBL Dissertation Series, 49) (Chico, CA, Scholars Press, 1980), xiii-240 pp.
b6418   FEUILLET, A., «L'histoire du salut dans les lettres aux Galates et aux Romains», EV (doctrine) 92 (1982) 257-267.

f) Textes. Texts. Texte. Testi. Textos.

b6419   1-2   LATEGAN, B.C., «Structural Analysis As Basis for Further Exegetical Procedures», dans *Society of Biblical Literature. 1978 Seminar Papers* (en collab.) (1978), I, 341-360.
b6420   PANIMOLLE, S.A., «L'autorité de Pierre en Ga 1-2 et Ac 15», dans *Paul de Tarse, apôtre de notre temps* (en collab.) (1979), 269-289.
b6421   DUNN, J.D.G., «The Relationship between Paul and Jerusalem according to Galatians 1 and 2», NTS 28 (1982) 435-460.
b6422   1,1-10   HOWARD, G., «Paul: crisis in Galatia, *Paul's opponents in Galatia» (1979), 1-19.*
b6423   1,4-5   BOVON, F., «Une formule prépaulinienne dans l'épître aux Galates (Ga 1,4-5)», dans *Mélanges offerts à Marcel Simon* (en collab.) (1978), 91-107.
b6424   1,6-2,14   LÜDEMANN, G., *Paulus, der Heidenapostel*. Band I. Studien zur Chronologie (FRLANT 123) (Göttingen, Vandenhoeck & Ruprecht, 1980), 58-110.
b6425   1,10-2,21 DRANE, J.W., *Paul Libertine or Legalist?* «The Question of Paul's own Position (1.10-2.21)» (1975), 12-23.
b6426   1,10   SARACINO, F., «Come si persuade Dio. Su Gal 1,10a», Bibl 63 (1982) 84-89.
b6427   1,11-2,14 BRUCE, F.F., «Further Thoughts on Paul's Autobiography (Galatians 1:11-2:14)», dans *Jesus und Paulus* (en collab.) (1975), 21-29.
b6428   STENGER, W., «Biographisches und Idealbiographisches in Gal 1,11-2,14», dans *Kontinuität und Einheit* (en collab.) (1981), 123-140.
b6429   1,12   KERTELGE, K., «Apokalypsis Jesou Christou (Gal 1,12)», dans *Neues Testament und Kirche* (en collab.) (1974), 266-281.
b6430   1,13-2,14 HOWARD, G., *Paul: crisis in Galatia*, «Paul the apostle to the Gentiles» (1979), 20-45.

b6431		KILPATRICK, G.D., «Peter, Jerusalem and Galatians 1:13-2:14», NT 25 (1983) 318-326.
b6432	1,17-19	BORSE, U., «Paulus in Jerusalem», dans *Kontinuität und Einheit* (en collab.) (1981), 43-64.
b6433	1,17	SABUGAL, S., «La Mención neotestamentaria de Damasco (Gál 1,17; 2 Cor 11,32; Act 9,2-3.8.10 par.19.22.27 par.) ¿ciudad de Siria o región de Qumrân?» dans *Qumrân. Sa piété, sa théologie et son milieu* (en collab.) (1978), 403-413.
b6434	1,18-20	BAUERNFEIND, O., *Kommentar und Studien zur Apostelgeschichte*, «Die Begegnung zwischen Paulus und Kephas Gal. 1,18-20 (ZNW 46 1955 S. 268-276)» (1980), 464-472.
b6435	1,19	HOWARD, G., «Was James An Apostle? A Reflection on a New Proposal for Gal. 1 19», NT 19 (1977) 63-64.
b6436	1,20	SAMPLEY, J.P., «'Before God, I do not lie' (Gal. I.20). Paul's Self-Defence in the Light of Roman Legal Praxis», NTS 23 (1977) 477-482.
b6437	2	STENDAHL, K., *Paul Among Jews and Gentiles and Other Essays*, «Unique Rather Than Universal» (1976), 67-77.
b6438		PESCH, R., «Das Jerusalemer Abkommen und die Lösung des Antiochenischen Konflikts. Ein Versuch über Gal 2; Apg 10,1-11,18; Apg 11,27-30; 12,25 und Apg 15,1-41», dans *Kontinuität und Einheit* (en collab.) (1981), 105-122.
b6439	2,1-11	CARRINGTON, P., «Peter in Antioch», AThR 15 (1933) 1-15.
b6440	2,1-10	HURTADO, L.W., «The Jerusalem Collection and the Book of Galatians», JSNT nº 5 (1979) 46-62.
b6441		ORCHARD, B., «Ellipsis and Parenthesis in Ga 2:1-10 and 2 Th 2:1-12», dans *Paul de Tarse, apôtre de notre temps* (en collab.) (1979), 249-258.
b6442		McDONALD, J.I.H., «Paul and the Jerusalem Decree: A Reappraisal», dans *Studia Evangelica* (en collab.) (1982), VII, 327-332.
b6443	2,1	KNOX, J., «'Fourteen Years Later': A Note on the Pauline Chronology», *Journal of Religion* 16 (1936) 341-349.
b6444		KLEIN, P., «Zum Verständnis von Gal 2 1. Zugleich ein Beitrag zur Chronologie des Urchristentums», ZNW 70 (1979) 250-251.
b6445		MURPHY-O'CONNOR, J., «Pauline Mission before the Jerusalem Conference», RB 89 (1982) 71-91.
b6446	2,3-5	WALKER, W.O., Jr., «The Timothy - Titus Problem Reconsidered», ExpTim 92 (1981) 231-235.
b6447	2,3-4	ORCHARD, J.B., «Once again the Ellipsis between Gal 2,3 and 2,4», Bibl 57 (1976) 254-255.
b6448	2,6	VAN ROMPAY, L., «The rendering of *prosōpon lambanein* and related expressions in the early versions of the New Testament», OLoP 6/7 (1975-76) 569-575.
b6449		MAVROFIDIS, S., «Gal 2,6b; l'imperfetto e le sue conseguenze storiche», Bibl 64 (1983) 118-121.
b6450	2,9-10	OITANA, L., «Esperienza ecclesiale e società. Il significato della colletta di Paolo in favore di Gerusalemme», dans *Evangelizare pauperibus* (en collab.) (1978), 383-403.
b6451		HAINZ, J., «Gemeinschaft (*koinōnia*) zwischen Paulus und Jerusalem (Gal 2,9f.)», dans *Kontinuität und Einheit* (en collab.) (1981), 30-42.

b6452   2,9   AUS, R.D., «Three Pillars and Three Patriarchs: A Proposal Concerning Gal 2 9», ZNW 70 (1979) 252-261.

b6453   LUHRMANN, D., «Gal 2 9 und die katholischen Briefe. Bemerkungen zum Kanon und zur regula fidei», ZNW 72 (1981) 65-87.

b6454   2,11-3,14   LODGE, J.G., «James and Paul at Cross-Purposes? James 2,22», Bibl 62 (1981) 195-213.

b6455   2,11-21   MARIN, F., «Evangelio de la libertad», EstE 54 (1979) 43-68.

b6456   NEITZEL, H., «Zur Interpretation von Galater 2,11-21», TQ 163 (1983) 15-39, 131-149.

b6457   2,11-18   COHN-SHERBOK, R.D., «Some Reflections on James Dunn's: 'The Incident at Antioch (Gal. 2:11-18)'», JSNT nº 18 (1983) 68-74.

b6458   DUNN, J.D.G., «The Incident at Antioch (Gal. 2:11-18)», JSNT nº 18 (1983) 3-57.

b6459   HOULDEN, J.L., «A Response to J.D.G. Dunn», JSNT nº 18 (1983) 58-67.

b6460   2,11-14   MENESTRINA, G., «Quia reprehensibilis erat (Gal. 2,11-14 nell'esegesi di Agostino e Gerolamo)», BibOr 17 (1975) 33-42.

b6461   LÜHRMANN, D., «Abendmahlsgemeinschaft? Gal 2,11ff», dans Kirche. Festschrift für Günther Bornkamm (en collab.) (1980), 271-286.

b6462   RICHARDSON, P., «Pauline Inconsistency: I Corinthians 9:19-23 and Galatians 2:11-14», NTS 26 (1980) 347-362.

b6463   2,13   BAUCKHAM, R., «Barnabas in Galatians», JSNT nº 2 (1979) 61-70.

b6464   2,14-21   LAMBRECHT, J., «The Line of Thought in Gal. 2.14b-21», NTS 24 (1978) 484-495.

b6465   BUSCEMI, A.M., «La struttura letteraria di Gal 2,14b-21», StBiFranc 31 (1981) 59-74.

b6466   KIEFFER, R., Foi et justification à Antioche. Interprétation d'un conflit (Ga 2,14-21) (Lectio Divina, 111) (Paris, Cerf, 1982), 164 pp.

b6467   2,14-18   BOUWMAN, G., «'Christus Diener der Sünde', Auslegung von Galater 2,14b-18», Bijdr. 40 (1979) 44-54.

b6468   2,14   COLWELL, E.C., «Christianity a Gentile Religion in Galatians ii.14», AThR 14 (1932) 42-47.

b6469   2,15-21   HALTER, H., Taufe und Ethos, «Gal 2,15-21. Mit Christus gestorben dem Gesetz, frei zum Leben in Glaube und Liebe» (1977), 98-108.

b6470   2,15-18   BULTMANN, R., «Zur Auslegung von Galater 2,15-18», dans En collaboration, Ecclesia semper reformanda. Ernst Wolf zum 50. Geburtstag (München, Kaiser, 1952), 41-45, dans Exegetica (1967), 394-399.

b6471   2,16-21   VIARD, A., «La grâce de Dieu offerte au monde en Jésus-Christ (Ga 2,16-21)», EV (prédication) 83 (1983) 149-150.

b6472   2,17   WAGNER, G., «Le repas du Seigneur et la justification par la foi», ETR 36 (1961) 245-254.

b6473   2,20-21   BAUERNFEIND, O., Kommentar und Studien zur Apostelgeschichte, «Der Schluss der Antiochenischen Paulusrede (Theologie als Glaubenswagnis, Festschrift für K. Heim zum 80. Geb. 1954 S. 64-78)» (1980), 449-463.

b6474   2,20   BALAGUE, M., «In fide vivo filii Dei (Gal 2,20)», CuBi 21 (1964) 264-270.

b6475 VON BALTHASAR, H.U., «Der sich für mich dahingegeben hat (Gal 2,20)», GeistL 53 (1980) 416-419.

b6476 3,1-6,10 FEUILLET, A., «Structure de la section doctrinale de Galates III,1-VI,10», RT 82 (1982) 5-39.

b6477 3-4 HOWARD, G., Paul: crisis in Galatia, «Justification by faith» (1979), 46-65.

b6478 3 DUGANDZIC, I., Das 'Ja' Gottes in Christus, «Personifizierende Aussagen über die Schrift in Gal 3» (1977), 198-221.

b6479 3,1-4,11 HAYS, R.B., The Faith of Jesus Christ. An investigation of the Narrative Substructure of Galatians 3:1-4:11 (SBL Dissertation Series, 56) (Chico, CA, Scholars Press, 1983), x-305 pp.

b6480 3,1-18 VAN DER MINDE, H.-J., Schrift und Tradition bei Paulus, «Exegese des dritten Kapitels: vv. 1-18.29» (1976), 126-138.

b6481 3,1-14 WILLIAMSON, L., Jr., «Translations and Interpretation: New Testament», Interpr 32 (1978) 158-170.

b6482 3,6-4,7 DRANE, J.W., Paul Libertine or Legalist? «The Promise to Abraham and his Descendants (3.6-4.7)» (1975), 24-38.

b6483 3,6 EBELING, G., «Fides occidit rationem. Ein Aspekt der theologia crucis in Luthers Auslegung von Gal 3,6», dans Theologis Crucis - Signum Crucis (en collab.) (1979), 97-135.

b6484 3,10-14 HILL, D., «Galatians 3 10-14. Freedom and Acceptance», ExpTim 93 (1982) 196-200.

b6485 3,15-20 HUGHES, J.J., «Hebrews ix 15ff. and Galatians iii 15ff.; a Study in Covenant Practice and Procedure», NT 21 (1979) 27-96.

b6486 3,15-19 SELB, W., «Diathēkē im Neuen Testament», dans Studies in Jewish Legal History (en collab.) (1974), 183-196.

b6487 3,16 LUCCHESI, E., «Nouveau Parallèle entre Saint Paul (Gal. iii 16) et Philon d'Alexandrie (Quaestiones in Genesim)?» NT 21 (1979) 150-155.

b6488 3,19-25 BUSCEMI, A.M., «La funzione della Legge nel piano salvifico di Dio in Gal 3,19-25», StBiFranc 32 (1982) 109-132.

b6489 3,19-20 GARCIA, D., «¿Quién es el mediador de Gal 3,19-20?» CuBi 14 (1957) 400-401.

b6490 VANHOYE, A., «Un médiateur des anges en Ga 3,19-20», Bibl 59 (1978) 403-411.

b6491 3,19 CALLAN, T., «Pauline Midrash: The Exegetical Background of Gal 3:19b», JBL 99 (1980) 549-567.

b6492 3,20 GIAVINI, G., «Gal 3,20: 'Ma non si dà mediatore, e Dio è uno solo'. Una vecchia esegesi da rispolverare?» dans Parola e Spirito (en collab.) (1982), 433-438.

b6493 ROMANIUK, K., «Exégèse du Nouveau Testament et ponctuation», NT 23 (1981) 195-209.

b6494 PEREZ FERNANDEZ, M., «El numeral heis en Pablo como título cristológico. Rom 5,12-19; Gal 3,20; cfr. Rom 9,10», EstB 41 (1983) 325-340.

b6495 3,23-4,7 MARIN, F., «Evangelio de la libertad», EstE 54 (1979) 43-68.

b6496 3,26-4,7 VON ALLMEN, D., La famille de Dieu, «Famille d'Abraham et famille de Dieu. Gal 3,26-4,7 et ses parallèles dans l'épître aux Romains» (1981), 68-146.

b6497 3,26-29 HALTER, H., *Taufe und Ethos*, «Gal 3,26-29. 'In Christus' Söhne Gottes und Erben der Verheissung durch Glaube und Taufe» (1977), 108-117.

b6498 PAULSEN, H., «Einheit und Freiheit der Söhne Gottes - Gal 3 26-29», ZNW 71 (1980) 74-95.

b6499 VIARD, A., «Fils de Dieu en Jésus-Christ (Ga 3,26-29)», EV (prédication) 83 (1983) 150-151.

b6500 3,26-28 DESCAMPS, A., «Le Baptême, fondement de l'unité Chrétienne», dans *Battesimo e giustizia in Rom 6 e 8* (en collab.) (1974), 203-234.

b6501 BOUTTIER, M., «*Complexio Oppositorum*: sur les Formules de I Cor. xii.13; Gal. iii.26-8; Col. iii.10,11», NTS 23 (1977) 1-19.

b6502 3,27 BROOKS, O.S., «A Contextual Interpretation of Galatians 3:27», dans *Studia Biblica 1978* (en collab.) (1980), III, 47-56.

b6503 3,28 LAMARCHE, P., «Ni mâle, ni femelle», CHR 24 (1977) 349-355.

b6504 RICHARDSON, P., *Paul's Ethic of Freedom* (Philadelphia, Westminster, 1979), 181 pp.

b6505 SARACINO, F., «Forme e funzione di una formula paolina: Gal. 3,28», RivB 28 (1980) 385-406.

b6506 WITHERINGTON, B., «Rite and Rights for Women - Galatians 3.28», NTS 27 (1981) 593-604.

b6507 SCHÜSSLER FIORENZA, E., *In Memory of Her*. A Feminist Theological Reconstruction of Christian Origins (London, SCM Press, 1983), «Galatians 3:28», 205-241.

b6508 4,1-7 BUSCEMI, A.M., «Libertà e Huiothesia. Studio esegetico di Gal 4,1-7», StBiFranc 30 (1980) 93-136.

b6509 4,3 HOWARD, G., *Paul: crisis in Galatia*, «Paul's view of the law» (1979), 66-82.

b6510 4,4-7 DELLING, G., «Die Söhne (Kinder) Gottes im Neuen Testament», dans *Die Kirche des Anfangs* (en collab.) (1978), 615-631.

b6511 Y.B., «La foi de Marie (Nb. 6,22-27; Ga. 4,4-7; Lc 2,16-21)», EV (prédication) 83 (1983) 337-338.

b6512 4,4-6 REY, B., «Vie de foi et vie filiale selon saint Paul», MSR 39 (1982) 3-18.

b6513 4,4-5 WINANDY, J., «La conception virginale dans le Nouveau Testament», NRT 100 (1978) 706-719.

b6514 SCHWARTZ, D.R., «Two Pauline Allusions to the Redemptive Mechanism of the Crucifixion», JBL 102 (1983) 259-268.

b6515 4,4 NEUENZEIT, P., «'Als die Fülle der Zeit gekommen war...' (Gal 4,4). Gedanken zum biblischen Zeitverständnis», BiLeb 4 (1963) 223-239.

b6516 En collaboration, *Mary in the New Testament*, «Passages of Possible Marian Import in Galatians» (1978), 40-49.

b6517 VANHOYE, A., «Mary in Galatians 4:4», TDig 28 (1980) 257-259.

b6518 RODD, C.S., «Hallowing the Commonplace», ExpTim 94 (1982) 53-54.

b6519 4,6 PENNA, R., *Lo Spirito di Cristo*, «Lo Spirito del Figlio suo (Gal. 4,6)» (1976), 207-235.

b6520 VISCHER, W., NGALLY, J., MARGOT, J.-C., «Correspondance où il est question d'Abba, Père», ETR 54 (1979) 684-691.

b6521 4,10 LÜHRMANN, D., «Tage, Monate, Jahreszeiten, Jahre (Gal 4,10)», dans *Werden und Wirken des Alten Testaments* (en collab.) (1980), 428-445.

b6522   4,21-6,10   DRANE, J.W., *Paul Libertine or Legalist?* «The Law and Circumcision (4.21-6.10)» (1975), 39-58.

b6523   4,21-31   PASTOR, F., «Alegoría o tipología en Gal. 4,21-31», EstB 34 (1975) 113-119.

b6524   GASTON, L., «Israel's Enemies in Pauline Theology», NTS 28 (1982) 400-423.

b6525   4,22-31   NEUHÄUSLER, E., «Die in Freiheit Geborenen (Gal 4,22-31)», BiLeb 3 (1962) 51-57.

b6526   4,26   FERGUSON, J., «Mothering Sunday», ExpTim 93 (1982) 174-176.

b6527   4,28-29   En collaboration, *Mary in the New Testament*, «Passages of Possible Marian Import in Galatians» (1978), 40-49.

b6528   5   MUSSNER, F., *Theologie der Freiheit nach Paulus* (Quaestiones Disputatae, 75) (Freiburg, Herder, 1976), 83 pp.

b6529   5,1-12   DeVRIES, C.E., «Paul's 'Cutting' Remarks about a Race: Galatians 5:1-12», dans *Current Issues in Biblical and Patristic Interpretation* (en collab.) (1975), 115-120.

b6530   5,1   HARRISVILLE, R.A., «Galatians 5:1», Interpr 37 (1983) 288-293.

b6531   5,11   BORGEN, P., «Observations on the Theme 'Paul and Philo'. Paul's preaching of circumcision in Galatia (Gal. 5:11) and debates on circumcision in Philo», dans *Die Paulinische Literatur und Theologie. The Pauline Literature and Theology* (en collab.) (1980), 85-102.

b6532   5,13-26   HAY, L.S., «Galatians 5:13-26», Interpr 33 (1972) 67-72.

b6533   5,13-25   HALTER, H., *Taufe und Ethos*, «Gal 5,13-25. Freiheit im Kampf zwischen Fleisch und Geist» (1977), 117-133.

b6534   5,13-18   VIARD, A., «Sous la conduite de l'Esprit (Ga 5,1.13-18)», EV (prédication) 83 (1983) 164-165.

b6535   5,14   HÜBNER, H., *Das Gesetz bei Paulus*, «Die Erfüllung der Torah» (1978), 76-80.

b6536   5,16-25   FORREST, R.G., «The Fruit of the Spirit», ExpTim 89 (1977-78) 277-278.

b6537   5,16-24   DAL COVOLO, E., «Il kerygma come critica alla prassi nella parenesi di Gal. 5,16-24», RivB 29 (1981) 379-391.

b6538   5,16   LEE, P., «The Lower Nature and the Spirit», ExpTim 92 (1981) 311-312.

b6539   5,22-23   LOHRMANN, W., *Frucht und Gaben des Heiligen Geistes* (Theologie und Dienst, 13) (Giessen, Basel, Brunnen, 1978), 64 pp.

b6540   FERGUSON, J., «Gentleness», ExpTim 91 (1980) 303-304.

b6541   6,2   SCHÜRMANN, H., «'Das Gesetz des Christus' (Gal 6,2). Jesu Verhalten und Wort als letzgültige sittliche Norm nach Paulus», dans *Neues Testament und Kirche* (en collab.) (1974), 282-300.

b6542   YOUNG, E.M., «'Fulfill the Law of Christ': An Examination of Galatians 6:2», SBT 7,2 (1977) 31-42.

b6543   6,6-10   HURTADO, L.W., «The Jerusalem Collection and the Book of Galatians», JSNT n° 5 (1979) 46-62.

b6544   6,11-18   BUSCEMI, A.M., «Lo sviluppo strutturale e contenutistico in Gal 6,11-18», StBiFranc 33 (1983) 153-192.

b6545   6,14-15   MINEAR, P.S., *To Die and to Live*, «The Crucifixion of the World / Galatians 6:14-15» (1977), 66-88.

b6546   6,14   MINEAR, P.S., «The Crucified World: The Enigma of Galatians 6,14», dans *Theologia Crucis - Signum Crucis* (en collab.) (1979), 395-407.

b6547   6,15   CHILTON, B.D., «Galatians 6[15]: A Call to Freedom before God», ExpTim 89 (1978) 311-313.

b6548   6,17   ANDRIESSEN, P., «Les stigmates de Jésus», Bijdr. 23 (1962) 139-154.

b6549   BEARD, S., «The Marks of Jesus», ExpTim 92 (1981) 343-344.

g) Divers. Miscellaneous. Verschiedenes. Diversi. Diversos.

b6550   BAUCKHAM, R., «Barnabas in Galatians», JSNT no 2 (1979) 61-70.

b6551   HURTADO, L.W., «The Jerusalem Collection and the Book of Galatians», JSNT no 5 (1979) 46-62.

b6552   WAINWRIGHT, A., «Where did Silas Go? (and what was his connection with Galatians?)» JSNT no 8 (1980) 66-70.

6. Éphésiens. Ephesians. Epheserbrief. Efesini. Efesios.

a) Introductions. Einleitungen. Introduzioni. Introducciones.

b6553   BOWEN, C.R., «The Place of Ephesians Among the Letters of Paul», AThR 15 (1933) 279-299.

b6554   EASTON, B.S., «Dr. Goodspeed's Work on Ephesians», AThR 16 (1934) 27-31.

b6555   ROWSTON, D.J., «Changes in Biblical Interpretation today: the Example of Ephesians», BTB 9 (1979) 121-125.

b6556   ALEXANDER, N., «The Epistle for Today», dans Biblical Studies (W. Barclay) (en collab.) (1976), 99-118.

b6557   DAHL, N.A., «Interpreting Ephesians: then and now», TDig 25 (1977) 305-315.

b6558   EFIRD, J.M., Christ, the Church, and the End, «Background Considerations» (1980), 39-52.

b) Commentaires. Commentaries. Kommentare. Commenti. Comentarios.

b6559   THOMPSON, G.H.P., The Letters of Paul to the Ephesians, to the Colossians and to Philemon (The Cambridge Bible Commentary on the New English Bible) (Cambridge, Cambridge University Press, 1967), x-198 pp.

b6560   STAAB, K., Die Thessalonicherbriefe. Die Gefangenschaftsbriefe, 5. Auflage (RegensNT 7.1) (Regensburg, Pustet, 1969), 114-166.

b6561   HUGEDÉ, N., L'épître aux Éphésiens (Genève, Labor et Fides, 1973), 247 pp.

b6562   ERNST, J., Die Briefe an die Philipper, an Philemon, an die Kolosser, an die Epheser (RegensNT) (Regensburg, Pustet, 1974), 452 pp.

b6563   BECKER, J., CONZELMANN, H., FRIEDRICH, G., Die Briefe an die Galater, Epheser, Philipper, Kolosser, Thessalonicher und Philemon[14] (NTD 8) (Göttingen, Vandenhoeck & Ruprecht, 1976), «Der Brief an die Epheser» (H. Conzelmann), 86-124.

b6564   CAIRD, G.B., Paul's Letters from Prison (Ephesians, Philippians, Colossians, Philemon) in the Revised Standard Version. Introduction and Commentary (The New Clarendon Bible. New Testament) (London, New York, Oxford University Press, 1976), vi-224 pp.

b6565   MITTON, C.L., Ephesians (New Century Bible) (Greenwood, SC, Attic Press, 1976), xiv-235 pp.

b6566   VAUGHAN, C., Ephesians. A Study Guide Commentary (Grand Rapids, Zondervan, 1977), iv-137 pp.

*b*6567   SWAIN, L., *Ephesians* (New Testament Message, 13) (Wilmington, DE, Glazier, 1980), xii-114 pp.

*b*6568   TRENCHARD, E., WICKHAM, P., *Una exposición de la epístola a los Efesios* (Cursos de estudio bíblico) (Madrid, Editorial Literatura Bíblica, 1980), 218 pp.

*b*6569   BRATCHER, R.G., NIDA, E.A., *A Translator's Handbook on Paul's Letter to the Ephesians* (Help for Translators) (London, New York, Stuttgart, United Bible Societies, 1982), viii-199 pp.

*b*6570   MUSSNER, F., *Der Brief an die Epheser* (Ökumenischer Taschenbuchkommentar zum Neuen Testament, 10) (Gütersloh, Mohr, 1982), 182 pp.

*b*6571   SCHNACKENBURG, R., *Der Brief an die Epheser* (EKK 10) (Zürich, Benziger Verlag; Neukirchen-Vluyn, Neukirchener Verlag, 1982), 363 pp.

c) *Critique littéraire. Literary Criticism. Literarkritik.*
   Critica letteraria. Crítica literaria.

*b*6572   GOGUEL, M., «Esquisse d'une solution nouvelle du problème de l'épître aux Éphésiens», RHR 111 (1935) 254-284; 112 (1935) 73-99.

*b*6573   BARTH, M., «Die Einheit des Galater- und Epheserbriefs», TZ 32 (1976) 78-91.

*b*6574   DOCKX, S., «Authenticité des lettres de la captivité», dans *Chronologies néotestamentaires et Vie de l'Église primitive* (1976), 179-187.

*b*6575   LINDEMANN, A., «Bemerkungen zu den Adressaten und zum Anlass des Epheserbriefes», ZNW 67 (1976) 235-251.

*b*6576   VANHOYE, A., «L'épître aux Éphésiens et l'épître aux Hébreux», Bibl 59 (1978) 198-230.

*b*6577   LINCOLN, A.T., «The Use of the OT in Ephesians», JSNT n° 14 (1982) 16-57.

d) *Théologie. Theology. Theologie. Teologia. Teología.*

*b*6578   NOYEN, C., «Foi, charité, espérance et 'connaissance' dans les Épîtres de la Captivité», NRT 94 (1972) 897-911, 1031-1052.

*b*6579   EFIRD, J.M., *Christ, the Church, and the End*. Studies in Colossians and Ephesians (Valley Forge, PA, Judson, 1980), 110 pp.

*b*6580   MERKLEIN, H., «Paulinische Theologie in der Rezeption des Kolosser- und Epheserbriefes», dans *Paulus in den neutestamentlichen Spätschriften* (en collab.) (1981), 25-69.

e) *Textes. Texts. Texte. Testi. Textos.*

*b*6581   1-3   CARAGOUNIS, C.C., *The Ephesian Mysterion*. Meaning and Content (Conjectanea Biblica, New Testament Series, 8) (Lund, CWK Gleerup, 1977), 198 pp.

*b*6582   1   O'BRIEN, P.T., «Ephesians I: An Unusual Introduction to a New Testament Letter», NTS 25 (1979) 504-516.

*b*6583   1,1   BEST, E., «Ephesians i.1», dans *Text and Interpretation* (en collab.) (1979), 29-41.

*b*6584   1,3-14   PEREZ, G., «El plan divino de la salvación», CuBi 11 (1954) 149-160.
*b*6585   HALTER, H., *Taufe und Ethos*, «Eph 1,3-14. Versiegelt mit dem Geist der Verheissung» (1977), 227-233.

b6586   SCHNACKENBURG, R., «Die grosse Eulogie Eph 1,3-14», BZ 21 (1977) 67-87.

b6587   MONTAGNINI, F., «Christological Features in Ep 1:3-14», dans *Paul de Tarse, apôtre de notre temps* (en collab.) (1979), 529-539.

b6588   RAMAROSON, L., «La grande bénédiction (Ep 1,3-14)», SE 33 (1981) 93-103.

b6589   1,3-10   KESSLER, P.D., «Eph 1,3-10 (Schriftbetrachtung)», BiLit 40 (1967) 119-122.

b6590   1,3-6   RIMBAULT, L., «Éph. I:3-6», ETR 30, no 4 (1955) 16-17.

b6591   1,11-23   PENNA, R., «La proiezione dell'esperienza comunitaria sul piano storico (Ef. 2,11-22) e cosmico (Ef. 1,20-23)», RivB 26 (1978) 163-186.

b6592   1,12.14   DREYFUS, F., «Pour la louange de sa gloire (Ep 1,12.14). L'origine vétéro-testamentaire de la formule», dans *Paul de Tarse, apôtre de notre temps* (en collab.) (1979), 233-248.

b6593   1,14   RIEGER, J., «Siegel und Angeld», BiLeb 7 (1966) 158-161.

b6594   1,15-2,10   RAMAROSON, L., «Une lecture de Éphésiens 1,15-2,10», Bibl 58 (1977) 388-410.

b6595   1,15-23   RIMBAULT, L., «Éph. 1:15-23», ETR 30, no 4 (1955) 68-69.

b6596   VIARD, A., «Ascension (Ep 1,17-23)», EV (prédication) 83 (1983) 120-121.

b6597   1,20   GOURGUES, M., *À la droite de Dieu*, «Éphésiens 1:20» (1978), 63-73.

b6598   1,22-23   DE LA POTTERIE, I., «Le Christ, Plérôme de l'Église (Ep 1,22-23)», Bibl 58 (1977) 500-524.

b6599   READ, D.H.C., «The Gospel in the Galaxies: What Message for Mars?» ExpTim 89 (1978) 212-213.

b6600   1,23   HERMANS, R., GEYSELS, L., «Efesiërs 1,23: Het pleroma van Gods heilswerk. *Eph. 1,23: Le plérôme de l'oeuvre salvifique de Dieu*», Bijdr. 28 (1967) 279-293 (sommaire français).

b6601   GIBSON, G.S., «The Church - Pattern for Her Life», ExpTim 91 (1980) 306-307.

b6602   2   MUSSNER, F., «Eph 2 als ökumenisches Modell», dans *Neues Testament und Kirche* (en collab.) (1974), 325-336.

b6603   2,1-10   HALTER, H., *Taufe und Ethos*, «Eph 2,1-10. Aus dem Sünden-Tod erweckt mit Christus, erhöht mit ihm zu neuem Leben» (1977), 233-242.

b6604   2,1   BEST, E., «Dead in Trespasses and Sins (Eph. 2.1)», JSNT no 13 (1981) 9-25.

b6605   2,4-10   VIARD, A., «La vie nouvelle accordée par Dieu aux croyants dans le Christ (Ép 2,4-10)», EV (prédication) 79 (1979) 86-88.

b6606   2,8-10   LINCOLN, A.T., «Ephesians 2:8-10: A Summary of Paul's Gospel?» CBQ 45 (1983) 617-630.

b6607   2,8-9   READ, D.H.C., «What Makes an Evangelical?» ExpTim 89 (1978) 309-311.

b6608   2,11-22   BARCLAY, W., «The One, New Man», dans *Unity and Diversity in New Testament Theology* (en collab.) (1978), 73-81.

b6609   RADER, W., *The Church and Racial Hostility*. A History of Interpretation of Ephesians 2:11-22 (Beitrage zur Geschichte der biblischen Exegese, 20) (Tübingen, Mohr, 1978), ix-273 pp.

b6610   WATSON, P.S., «The Blessed Trinity», ExpTim 90 (1979) 242-243.

b6611   HULL, W.E., *Beyond the Barriers* (Nashville, TN, Broadman, 1981), 143 pp.

b6612   2,14-18   STUHLMACHER, P., «'Er ist unser Friede' (Eph 2,14). Zur Exegese und Bedeutung von Eph 2,14-18», dans *Neues Testament und Kirche* (en collab.) (1974), 337-358.

b6613   BURGER, C., *Schöpfung und Versöhnung.* Studien zum liturgischen Gut im Kolosser- und Epheserbrief (Wissenschaftliche Monographien zum Alten und Neuen Testament, 46) (Neukirchen-Vluyn, Neukirchener, 1975), viii-162 pp.

b6614   RAMAROSON, L., «Le Christ, notre paix (Ep 2 14-18)», SE 31 (1979) 373-382.

b6615   2,14   SUDBRACK, J., « ...er ist unser Friede und unsere Versöhnung (Eph. 2,14)», GeistL 56 (1983) 143-144.

b6616   2,15   ROETZEL, C.J., «Jewish Christian - Gentile Christian Relations. A Discussion of Ephesians 2 15a», ZAW 74 (1983) 81-89.

b6617   2,18   GREEVES, F., «One God», ExpTim 87 (1976) 268-269.

b6618   2,19   THEXTON, S.C., «The Communion of Saints», ExpTim 88 (1976) 25-26.

b6619   MORTON, H.O., «No Walls in Heaven», ExpTim 89 (1977-78) 109-111.

b6620   3,2-6   BARTH, M., «Gnade für die Anderen (Eph 3,2-3a.5-6)», dans *Parola e Spirito* (en collab.) (1982), 679-687.

b6621   3,2.6   VIARD, A., «La révélation du mystère du Christ (Ép 3,2.6)», EV (prédication) 82 (1982) 359-361.

b6622   3,8-10   MINEAR, P.S., *To Die and to Live,* «The Vocation to Invisible Powers: *Ephesians 3:8-10*» (1977), 89-106.

b6623   3,14-15   READ, D.H.C., «Families under Fire», ExpTim 92 (1981) 368-369.

b6624   3,17   SISTI, A., «Enraizados y fundados en la caridad», CuBi 29 (1972) 153-157.

b6625   3,18   DAHL, N.A., «Cosmic Dimensions and Religious Knowledge (Eph 3:18)», dans *Jesus und Paulus* (en collab.) (1975), 57-75.

b6626   4-6   BARTH, M., *Ephesians.* Translation and Commentary on Chapters 4-6 (Anchor Bible, 34A) (Garden City, New York, Doubleday, 1974), 851 pp.

b6627   CAVEDO, R., «Non vivere piu come i pagani (Ef. 4-6)», ScuolC 106 (1978) 343-357.

b6628   4,1-5,20   MERKLEIN, H., «Eph 4,1-5,20 als Rezeption von Kol 3,1-17 (zugleich ein Beitrag zur Problematik des Epheserbriefes)», dans *Kontinuität und Einheit* (en collab.) (1981), 194-210.

b6629   4,1-6   BALAGUE, M., «Dominica 17.ª per annum: 1.ª lectura 2 R 4:42-44; 2.ª lectura Ef 4:1-6; 3.ª lectura Jn 6:15», CuBi 27 (1970) 215-222.

b6630   HALTER, H., *Taufe und Ethos,* «Eph 4,1-6. Wandelt würdig der Berufung zur Einheit!» (1977), 242-248.

b6631   4,3   STEINMETZ, F.-J., «'Bewahrt die Einheit des Geistes' (Eph 4,3). Eine paulinische Gewissenserforschung zum Thema 'Kritik and der Kirche'», GeistL 54 (1981) 201-212.

b6632   4,4-5   ROBINSON, J.A.T., «The One Baptism as a Category of New Testament Soteriology», SJTh 6 (1953) 257-274.

b6633   4,11-16   MENOUD, P., «Éphésiens 4:11-16», ETR 30, nᵒ 4 (1955) 75-76.

*b*6634 4,13 PERI, I., «Gelangen zur Vollkommenheit. Zur lateinischen Interpretation von *katantaō* in Eph 4,13», BZ 23 (1979) 269-278.

*b*6635 4,17-24 BALAGUE, M., «Domingo 18 per annum: 1.ª lectura, Ex 16,2-4; 2ª lectura Ef 4,17.20-24; 3.ª lectura, Jn 6,24-35», CuBi 27 (1970) 293-303.

*b*6636 HALTER, H., *Taufe und Ethos*, «Eph 4,17-24. Neue Existenz entsprechend dem neuen Sein» (1977), 248-256.

*b*6637 4,25-5,2 HALTER, H., *Taufe und Ethos*, «Eph 4,25-5,2. Legt ab die Sünden, wandelt in der Liebe!» (1977), 256-269.

*b*6638 5,3-14 HALTER, H., *Taufe und Ethos*, «Eph 5,3-14. Wandelt als Kinder des Lichtes!» (1977), 269-281.

*b*6639 5,4 VAN DER HORST, P.W., «Is Wittiness Unchristian? A Note on *eutrapelia* in Eph v 4», dans *Miscellanea Neotestamentica* (en collab.) (1978), II, 163-177.

*b*6640 5,14 WULF, F., «Wach auf, der du schläfst (Eph 5,14). Weckruf zum Advent», GeistL 51 (1978) 401-406.

*b*6641 5,21-33 CAMBIER, J.-M., «Doctrine paulinienne du mariage chrétien. Étude critique de 1 Co 7 et d'Ep 5,21-33 et essai de leur traduction actuelle», ET 10 (1979) 13-59.

*b*6642 5,21-6,9 THRAEDE, K., «Zum historischen Hintergrund der 'Haustafeln' des NT», dans *Pietas* (en collab.) (1980), 359-368.

*b*6643 DI MARCO, A.S., «Ef. 5,21-6,9: teologia della famiglia», RivB 31 (1983) 189-207.

*b*6644 5,22-33 ROBILLIARD, J.A., «Le symbolisme du mariage selon S. Paul», RSPT 21 (1932) 242-248.

*b*6645 CELADA, B., «Esposa y novia seductora a la vez. Profundidades de un texto de san Pablo en su carta a los fieles de Efeso (Ef 5:22-33)», CuBi 32 (1975) 27-30.

*b*6646 SCHELKLE, K.H., *Der Geist und die Braut*, «Eph 5,22-33» (1977), 121-124.

*b*6647 SCHÜRMANN, H., «Neutestamentliche Marginalien zur Frage nach der Institutionalität, Unauflösbarkeit und Sakramentalität der Ehe», dans *Kirche und Bibel* (en collab.) (1979), 409-430.

*b*6648 VON ALLMEN, D., *La famille de Dieu*, «Les noces du Christ et de l'Église» (1981), 238-256.

*b*6649 5,22-29 NEUHÄUSLER, E., «Das Geheimnis ist gross. Einführung in die Grundbegriffe der Eheperikope, Eph 5,22-29», BiLeb 4 (1963) 155-167.

*b*6650 5,25-27 HALTER, H., *Taufe und Ethos*, «Eph 5,25-27. Eheliche Liebe in der Mimesis Christi» (1977), 281-286.

*b*6651 5,28 BOUWMAN, G., «Eph v 28 - Versuch einer Übersetzung», dans *Miscellanea Neotestamentica* (en collab.) (1978), II, 179-190.

*b*6652 5,32 LA BONNARDIÈRE, A.-M., «L'interprétation augustinienne du *magnum sacramentum* de Éphés. 5,32», dans En collaboration, *Recherches Augustiniennes*, Volume XII (Paris, Études Augustiniennes, 1977), 3-45.

*b*6653 6,10-20 ESPINEL, J.L., «Los criostianos en guerra contra el mal en el mundo según Ef 6,10-20», CuBi 34 (1977) 31-45.

7. Philippiens. Philippians. Philipperbrief. Filippesi. Filipenses.

a) Introductions. Einleitungen. Introduzioni. Introducciones.

b6654 MANSON, T.W., «St. Paul in Ephesus. The Date of the Epistle to the Philippians», BJRL 23 (1939) 192-200.

b6655 FRIEDRICH, G., «Der Brief eines Gefangenen: Bemerkungen zum Philipperbrief», *Monatsschrift für Pastoraltheologie* 44 (1955) 270-280, dans *Auf das Wort kommt es an* (1978), 224-235.

b6656 DACQUINO, P., «Data e provenienza della Lettera ai Filippesi», RivB 6 (1958) 224-234.

b6657 NOYEN, C., «Foi, charité, espérance et 'connaissance' dans les Épîtres de la Captivité», NRT 94 (1972) 897-911, 1031-1052.

b6658 DOCKX, S., «Lieu et date de l'épître aux Philippiens», RB 80 (1973) 230-246, dans *Chronologies néotestamentaires et Vie de l'Église primitive* (1973), 89-105.

b6659 ELLIGER, W., *Paulus in Griechenland*, «Philippi» (1978), 23-77.

b6660 LÉGASSE, S., «L'épître aux Philippiens. L'épître à Philémon», CE (n.s.) nᵒ 33 (1980) 5-50.

b6661 BRUCE, F.F., «St. Paul in Macedonia: 3. The Philippian Correspondence», BJRL 63 (1981) 260-284.

b6662 MENGEL, B., *Studien zum Philipperbrief.* Untersuchungen zum situativen Kontext unter besonderer Berücksichtigung der Frage nach der Ganzheitlichkeit oder Einheitlichkeit eines paulinischen Briefes (Wissenschaftliche Untersuchungen zum Neuen Testament. 2 Reihe, 8) (Tübingen, Mohr, 1982), 343 pp.

b) Commentaires. Commentaries. Kommentare. Commenti. Comentarios.

b6663 GRAYSTON, K., *The Letters of Paul to the Philippians and to the Thessalonians* (Cambridge Bible Commentary on the New English Bible) (Cambridge, Cambridge University Press, 1967), 116 pp.

b6664 STAAB, K., *Die Thesslonicherbriefe. Die Gefangenschaftsbriefe*, 5. Auflage (RegensNT 7.1) (Regensburg, Pustet, 1969), 167-200.

b6665 ERNST, J., *Die Briefe an die Philipper, an Philemon, an die Kolosser, an die Epheser* (RegensNT) (Regensburg, Pustet, 1974), 452 pp.

b6666 MAILLOT, A., *Aux Philippiens d'aujourd'hui* (Genève, Labor et Fides, 1974), 149 pp.

b6667 CAIRD, G.B., *Paul's Letters from Prison* (Ephesians, Philippians, Colossians, Philemon) in the Revised Standard Version. Introduction and Commentary (The New Clarendon Bible. New Testament) (London, New-York, Oxford University Press, 1976), vi-224 pp.

b6668 GIAVINI, G., *Gioia e libertà in Cristo.* Le lettere di San Paolo ai Filippesi e a Filemone (Commenti al Nuovo Testamento) (Torino, Elle Di Ci, 1976), 78 pp.

b6669 MARTIN, R.P., *Philippians* (New Century Bible Commentary) (Grand Rapids, Eerdmans; London, Marshall, Morgan & Scott, 1976, 1982), xvi-176 pp.

b6670 LOH, I.-J., NIDA, E.A., *A Translator's Handbook on Paul's Letter to the Philippians* (Helps for Translators, 19) (Stuttgart, New York, United Bible Societies, 1977), viii-167 pp.

b6671 BARTH, G., *Der Brief an die Philipper* (Zürcher Bibelkommentare NT, 9) (Zürich, Theologischer Verlag, 1979), 87 pp.

b6672 MARIN, F., *Evangelio de la Esperanza.* Evangelio de la Unidad (Madrid, Publicaciones de la Universidad Pontificia Comillas, 1979), 192 pp.

b6673   GETTY, M.A., *Philippians and Philemon* (New Testament Message, 14) (Wilmington, DE, Glazier, 1980), xii-93 pp.

b6674   GROMACKI, R.G., *Stand United in Joy*. An Exposition of Philippians (Grand Rapids, Baker, 1980), 197 pp.

b6675   SCHLIER, H., *Der Philipperbrief* (Kriterien, 54) (Einsiedeln, Johannes Verlag, 1980), 82 pp.

b6676   BRUCE, F.F., *Philippians*. A Good News Commentary (San Francisco, Harper & Row, 1983), xxxiii-154 pp.

c) *Critique textuelle. Textual Criticism. Textkritik.*
   Critica testuale. Crítica textual.

b6677   DALTON, W.J., «The Integrity of Philippians», Bibl 60 (1979) 97-102.

b6678   McL. WILSON, R., «Philippians in Fayyumic», dans *Text and Interpretation* (en collab.) (1979), 245-250.

d) *Critique littéraire. Literary Criticism. Literarkritik.*
   Critica letteraria. Crítica literaria.

b6679   EARLE, R., *Word Meanings in the New Testament*. Volume 5. Philippians - Philemon (Grand Rapids, Baker, 1977), 272 pp.

b6680   COOK, D., «Stephanus Le Moyne and the Dissection of Philippians», JTS 32 (1981) 138-142.

e) *Textes. Texts. Texte. Testi. Textos.*

b6681   1-3   PERRET, J., «Notes bibliques de prédication», VC no 74 (1965) 50-57.
b6682   1-2   CASPER, J., «Paulus grüsst seine erste Gemeinde in Europa», BiLit 14 (1939-40) 46-49.
b6683   1,4-11   MAS, J., «Domingo 2. de Adviento. Ciclo C. 1.ª lectura, Baruc 5:1-9. 2.ª lectura, Filipenses 1:4-6,8-11. 3.ª lectura, Lucas 3:1-6», CuBi 27 (1970) 343-346.
b6684   1,6-11   SISTI, A., «Nell'attesa del giorno di Cristo», BibOr 7 (1965) 265-278.
b6685   1,19   PENNA, R., *Lo Spirito di Cristo*, «Lo Spirito di Gesù Cristo (Phil. 1,19)» (1976), 265-272.
b6686   1,20-24   GEPPERT, G., «'Aufbrechen' und 'Bleiben'. Eine österliche Besinnung zu Phil 1,20-24», BiLeb 8 (1967) 63-68.
b6687   1,20   DENTON, D.R., «*Apokaradokia*», ZNW 73 (1982) 138-140.
b6688   1,23-24   DE VOGEL, C.J., «Reflexions on Philippians i 23-24», NT 19 (1977) 262-274.
b6689   1,23   LÉON-DUFOUR, X., *Face à la mort, Jésus et Paul*, «Le visage aimé de la mort (Ph 1,23)» (1979), 259-261.
b6690   1,27-30   WALTER, N., «Christusglaube und Heidnische Religiosität in Paulinischen Gemeinden», NTS 25 (1979) 422-442.
b6691   1,27   MILLER, E.C., Jr., «*Politeuesthe* in Philippians 1.27: Some Philological and Thematic Observations», JSNT no 15 (1982) 86-96.
b6692   1,28   HAWTHORNE, G.F., «The Interpretation and Translation of Philippians 1,28b», ExpTim 95 (1983) 80-81.
b6693   2,1-13   CAMPBELL, J.C., «The Christian and his Life-Style», ExpTim 92 (1981) 314-315.

*b*6694   2,5-11   SISTI, A., «Sull'esempio di Cristo», BibOr 7 (1965) 61-68.

*b*6695   MOULE, C.F.D., «Further Reflexions on Philippians 2:5-11», dans *Apostolic History and the Gospel* (en collab.) (1970), 264-276.

*b*6696   HENGEL, M., *Der Sohn Gottes*. Die Entstehung der Christologie und die jüdish-hellenistische Religionsgeschichte (Tübingen, Mohr, 1975), 144 pp.

*b*6697   AMMASSARI, A., *La Resurrezione*, «L'esaltazione del Cristo dopo la sua morte (Fil. 2,5-11)» (1976), II, 54-58.

*b*6698   BAUER, K.-A., «Der Weg der Diakonie. Predigt über Phil 2,5-11», EvT 36 (1976) 280-284.

*b*6699   2,5-8   GUILLET, J., «Forme du Christ et formation du chrétien, Philippiens 2,5-8; 3,4-11», CHR 30 (1983) 82-87.

*b*6700   2,5   LOSIE, L.A., «A Note on the Interpretation of Phil 2⁵», ExpTim 90 (1978) 52-53.

*b*6701   2,6-11   PEREZ, G., «Humillación y exaltación de Cristo», CuBi 13 (1956) 4-10, 84-88.

*b*6702   NEUENZEIT, P., «Der Hymnus auf die Entäusserung Christi (Phil 2,6-11)», BiKi 16 (1961) 9-13.

*b*6703   SCHNACKENBURG, R., «Der Christushymnus Phil 2,6-11», dans *Mysterium Salutis* (en collab.) (1970), III.1, 309-322.

*b*6704   DACQUINO, P., «L'umiltà e l'esaltazione dell'Adamo escatologico», BibOr 17 (1975) 241-252.

*b*6705   HOOKER, M.D., «Philippians 2:6-11», dans *Jesus und Paulus* (en collab.) (1975), 151-164.

*b*6706   HOFIUS, O., *Der Christushymnus Philipper 2,6-11*. Untersuchungen zu Gestalt und Aussage eines urchristlichen Psalms (Wissenschaftliche Untersuchungen zum Neuen Testament, 17) (Tübingen, Mohr, 1976), 118 pp.

*b*6707   MURPHY-O'CONNOR, J., «Christological Anthropology in Phil., II,6-11», RB 83 (1976) 25-50.

*b*6708   MANNS, F., *Essais sur le Judéo-Christianisme* (Studium Biblicum Franciscanum Analecta, 12) (Jerusalem, Franciscan Printing Press, 1977), 226 pp.

*b*6709   HOWARD, G., «Phil 2:6-11 and the Human Christ», CBQ 40 (1978) 368-387.

*b*6710   MANNS, F., «Philippians 2:6-11: a Judeo-Christian hymn», TDig 26 (1978) 4-10.

*b*6711   SCHENKE, H.-M., «Die Tendenz der Weisheit zur Gnosis», dans *Gnosis*. Festschrift für Hans Jonas (en collab.) (1978), 351-372.

*b*6712   VIARD, A., «Abaissement et élévation du Christ Jésus (Ph 2,6-11)», EV (prédication) 78 (1978) 57-59.

*b*6713   LUPIERI, E., «La morte di Croce. Contributi per un'analisi di Fil. 2,6-11», RivB 27 (1979) 271-311.

*b*6714   ECKMAN, B., «A Quantitative Metrical Analysis of the Philippians Hymn», NTS 26 (1980) 258-266.

*b*6715   GRUNDMANN, W., *Wandlungen im Verständnis des Heils*. Drei nachgelassene Aufsätze zur Theologie des Neuen Testaments (Arbeiten zur Theologie, 65) (Stuttgart, Calwer, 1980), 59 pp.

b6716 ROBBINS, C.J., «Rhetorical Structure of Phil 2:6-11», CBQ 42 (1980) 73-82.

b6717 SPREAFICO, A., «*Theos/anthrōpos*: Fil. 2,6-11», RivB 28 (1980) 407-415.

b6718 O'LEARY, A., «The Mystery of our Religion», Way 21 (1981) 243-254.

b6719 SCHADE, H.-H., *Apokalyptische Christologie bei Paulus*, «Phil 2,6-11» (1981), 64.

b6720 BARTSCH, H.W., «Der Christushymnus Phil. 2,6-11 und der historische Jesus», dans *Studia Evangelica* (en collab.) (1982), VII, 21-30.

b6721 BASSET, J.-C., «Théologie de la croix et culture indienne. L'interprétation de V. Chakkarai à la lumière de Philippiens 2/6-11», RHPR 63 (1983) 417-434.

b6722 NAGATA, T., «A Neglected Literary Feature of the Christ-Hymn in Phil 2:6-11», AJBI 9 (1983) 184-229.

b6723 VIARD, A., «Jésus crucifié, Seigneur du monde (Ph 2,6-11)», EV (prédication) 83 (1983) 79-80.

b6724 2,7-9 ZEDDA, S., «La povertà di Cristo secondo S. Paolo (2 Cor. 8,9; Fil. 2,7-9; Col. 1,24?; 2 Cor. 13,3-4?)», dans *Evangelizare pauperibus* (en collab.) (1978), 343-369.

b6725 2,7 VANNI, U., «'*Omoiōma* in Paolo (Rm 1,23; 6,5; 8,3; Fil 2,7). Un'interpretazione esegetico-teologica alla luce dell'uso dei LXX», Greg 58 (1977) 321-345, 431-470.

b6726 VICENT CERNUDA, A., «La génesis humana de Jesucristo según S. Pablo», EstB 37 (1978) 57-77, 267-289.

b6727 2,11 GAMBER, K., «In gloria est Dei Patris. Zu einer Textänderung in der Neo-Vulgata», BZ 24 (1980) 262-266.

b6728 2,12-13 PEDERSEN, S., «Mit Furcht und Zittern (Phil. 2,12-13)», ST 32 (1978) 1-31.

b6729 BAUMERT, N., «Wirket euer Heil mit Furcht und Zittern (Phil 2,12f.)», GeistL 52 (1979) 1-9.

b6730 2,13 ROBINSON, W.H., «Your Life has a Plan», ExpTim 88 (1976) 79-80.

b6731 2,30 DE JONGE, H.J., «Eine Konjektur Joseph Scaligers zu Philipper ii 30», NT 17 (1975) 297-302.

b6732 3 BAUMBACH, G., «Die Frage nach den Irrlehrern in Philippi», Kairos 13 (1971) 252-266.

b6733 BOVON, F., «L'homme *nouveau* et la loi chez l'apôtre Paul», dans *Die Mitte des Neuen Testaments* (en collab.) (1983), 22-33.

b6734 THOMAS, J., «Philippiens 3», CHR 30 (1983) 340-349.

b6735 3,4-11 GUILLET, J., «Forme du Christ et formation du chrétien, Philippiens 2,5-8; 3,4-11», CHR 30 (1983) 82-87.

b6736 3,8-14 VIARD, A., «Le salut et la connaissance du Christ Jésus (Ph 3,8-14)», EV (prédication) 83 (1983) 78-79.

b6737 3,8 READ, D.H.C., «And the Winner is... the Star of the Saint?» ExpTim 90 (1978) 46-47.

b6738 3,12-15 ESNAULT, R.-H., «Phil. 3:12-15», ETR 30, n° 4 (1955) 22-26.

b6739 3,12-14 GIBSON, G.S., «A Divine Discontent», ExpTim 94 (1983) 372-373.

b6740 3,12 LOPEZ, E., «En torno a Fil 3,12», EstB 34 (1975) 121-123.

b6741 3,17-4,1 VIARD, A., «Tenez bon dans le Seigneur (Ph 3,17-4,1)», EV (prédication) 83 (1983) 55-56.

b6742   3,17-21   Y.B., «Un exode qui allait s'accomplir à Jérusalem (Gn 15,5-18; Ph
                     3,17-21; Luc 9,28-36)», EV (prédicataion) 83 (1983) 49-51.
b6743   3,20   ALAND, K., «Die Christen und der Staat nach Phil. 3,20», dans
                     Mélanges offerts à Marcel Simon (en collab.) (1978), 247-259.
b6744   4,2-3   ADINOLFI, M., «Le collaboratrici ministeriali di Paolo nelle lettere ai
                     Romani e ai Filippesi», BibOr 17 (1975) 21-32.
b6745   4,4-7   SISTI, A., «Gioia e pace», BibOr 8 (1966) 263-272.
b6746   4,7   WALSH, J., «The Peace that passes Understanding», Way 22 (1982)
                     27-39.
b6747   4,12-20   Y.B., «Paul et une communauté chrétienne (Ph. 4,12-20)», EV
                     (prédication) 81 (1981) 273-275.

8. Colossiens. Colossians. Kolosserbrief. Colossesi. Colosenses.

a) Introductions. Einleitungen. Introduzioni. Introducciones.

b6748   BRADLEY, J., «The Religious Life-Setting of the Epistle to the Colossians», SBT
        2 (1972) 17-36.
b6749   SCHWEIZER, E., «Christianity of the Circumcised and Judaism of the Uncircumcised -
        The Background of Matthew and Colossians», dans *Jews, Greeks and Christians* (en
        collab.) (1976), 245-260.
b6750   GNILKA, J., *Der Kolosserbrief* (HerNT X/1) (Freiburg, Herder, 1980), «Die kolossische
        Häresie», 163-170.

b) Commentaires. Commentaries. Kommentare. Commenti. Comentarios.

b6751   THOMPSON, G.H.P., *The Letters of Paul to the Ephesians, to the Colossians and to
        Philemon* (The Cambridge Bible Commentary on the New English Bible) (Cambridge,
        Cambridge University Press, 1967), x-198 pp.
b6752   STAAB, K., *Die Thessalonicherbriefe. Die Gefangenschaftsbriefe*, 5. Auflage
        (RegensNT 7.1) (Regensburg, Pustet, 1969), 71-105.
b6753   BECKER, J., CONZELMANN, H., FRIEDRICH, G., *Die Briefe an die Galater,
        Epheser, Philipper, Kolosser, Thessalonicher und Philemon*[14] (NTD 8) (Göttingen,
        Vandenhoeck & Ruprecht, 1976), «Der Brief an die Kolosser» (H. CONZELMANN),
        176-202.
b6754   CAIRD, G.B., *Paul's Letters from Prison* (Ephesians, Philippians, Colossians, Philemon)
        in the Revised Standard Version. Introduction and Commentary (The New Clarendon
        Bible. New Testament) (London, New York, Oxford University Press, 1976), vi-224 pp.
b6755   BRATCHER, R.G., NIDA, E.A., *A Translator's Handbook on Paul's Letters to the
        Colossians and to Philemon* (Helps for Translators) (London, United Bible Societies,
        1977), viii-149 pp.
b6756   MARTIN, R.P., *Colossians and Philemon* (New Century Bible Commentary) (Grand
        Rapids, Eerdmans; London, Marshall, Morgan & Scott, 1978), xviii-174 pp.
b6757   GNILKA, J., *Der Kolosserbrief* (HerNT X/1) (Freiburg, Herder, 1980), xiii-249 pp.
b6758   McDONALD, H.D., *Commentary on Colossians and Philemon* (Theta Books) (Waco,
        TX, World, 1980), 197 pp.
b6759   ROGERS, P.V., *Colossians* (New Testament Message, 15) (Wilmington, DE, Glazier,
        1980), xxii-98 pp.

b6760   VAUGHAN, C., *Colossians and Philemon* (Bible Study Commentary) (Grand Rapids, Zondervan, 1980), 137 pp.
b6761   LINDEMANN, A., *Der Kolosserbrief* (Zürcher Bibelkommentare N.T., 10) (Zürich, Theologischer Verlag, 1983), 95 pp.

c) *Critique textuelle. Textual Criticism. Textkritik.*
Critica testuale. Crítica textual.

b6762   MOIR, I.A., «The Text of Colossians in Minuscule Manuscripts Housed in Great Britain. Some Preliminary Comments», dans *Studia Evangelica* (en collab.) (1982), VII, 355-358.

d) *Critique littéraire. Literary Criticism. Literarkritik.*
Critica letteraria. Crítica literaria.

b6763   GEWIESS, J., «Die apologetische Methode des Apostels Paulus gegen die Irrlehre in Kolossä», BiLeb 3 (1962) 258-270.
b6764   LÄHNEMANN, J., *Der Kolosserbrief.* Komposition, Situation und Argumentation (Studien zum Neuen Testament, 3) (Gütersloh, Gerd Mohn, 1971), 196 pp.
b6765   LAMARCHE, P., «Structure de l'épître aux Colossiens», Bibl 56 (1975) 453-463.
b6766   DOCKX, S., «Authenticité des lettres de la captivité», dans *Chronologies néotestamentaires et Vie de l'Église primitive* (1976), 179-187.
b6767   SCHWEIZER, E., «The Letter to the Colossians neither Pauline nor Post-Pauline?» dans *Pluralisme et oecuménisme en recherches théologiques* (en collab.) (1976), 3-16.
b6768   CANNON, G.E., *The Use of Traditional Materials in Colossians* (Macon, GA, Mercer University Press, 1983), viii-253 pp.

e) *Théologie. Theology. Theologie. Teologia. Teología.*

b6769   BARBOUR, R.S., «Salvation and Cosmology: The Setting of the Epistle to the Colossians», SJTh 20 (1967) 257-271.
b6770   NOYEN, C., «Foi, charité, espérance et 'connaissance' dans les Épîtres de la Captivité», NRT 94 (1972) 897-911, 1031-1052.
b6771   BANDSTRA, A.J., «Did the Colossian Errorist Need a Mediator?» dans *New Dimensions in New Testament Study* (en collab.) (1974), 329-343.
b6772   CAMBOUROPOULOS, P., «The Colossian Heresy and its Life-Situation in the Epistle to the Colossians (An Abstract of a Th. M. Dissertation)», SBT 5,2 (1975) 69-70.
b6773   EFIRD, J.M., *Christ, the Church, and the End.* Studies in Colossians and Ephesians (Valley Forge, PA, Judson, 1980), 110 pp.
b6774   YATES, R., «Christ and the Powers of Evil in Colossians», dans *Studia Biblica 1978* (en collab.) (1980), III, 461-468.
b6775   MERKLEIN, H., «Paulinische Theologie in der Rezeption des Kolosser- und Epheserbriefes», dans *Paulus in den neutestamentlichen Spätschriften* (en collab.) (1981), 25-69.

f) *Textes. Texts. Texte. Testi. Textos.*

b6776   1,3-3,4   RAMAROSON, L., «Structure de Colossiens 1,3-3,4», SE 29 (1977) 313-319.

*b*6777   1   GIAVINI, G., «Riflessi della cristologia di Col. 1 sulla lettura di Gen. 1-3», dans *La Cristologia in san Paolo* (en collab.) (1976), 257-267.

*b*6778   ZEILINGER, F., «Versöhnung - Gedanken zum Kolosserbrief (1. Kap.)», BiLit 49 (1976) 434-437.

*b*6779   1,9-23   O'NEILL, J., «The Source of Christology in Colossians», NTS 26 (1979) 87-100.

*b*6780   1,9   ANTONINI, B., «La conoscenza della volontà di Dio in Col. 1,9b», dans *La Cristologia in san Paolo* (en collab.) (1976), 301-340.

*b*6781   1,12-20   MENOUD, P., «Col. I:12-20», ETR 30, no 4 (1955) 5-8.

*b*6782   LOADER, W.R.G., «The Apocalyptic Model of Sonship: Its Origin and Development in New Testament Tradition», JBL 97 (1978) 525-554.

*b*6783   POLLARD, T.E., «Colossians 1.12-20: A Reconsideration», NTS 27 (1981) 572-575.

*b*6784   1,12-14   HALTER, H., *Taufe und Ethos*, «Kol 1,12-14. Errettet aus dem Machtbereich der Finsternis, erlöst im Lichtreich des Sohnes» (1977), 183-190.

*b*6785   1,13   TORRANCE, T.F., «The Pre-eminence of Jesus Christ», ExpTim 89 (1977) 54-55.

*b*6786   1,14-20   CASALE MARCHESELLI, C., «La struttura letteraria di Col 1,(14b).15-20a.b.1.2. La celebrazione cultuale della funzionalità ministeriale del primato-servizio di Gesù Cristo Signore», dans *Parola e Spirito* (en collab.) (1982), 497-519.

*b*6787   CASALE MARCHESELLI, C., «La comunità cristiana di Colossi esprime la sua fede in Gesù Cristo», RivB 31 (1983) 273-291.

*b*6788   1,15-20   LAMPE, G.W.H., «The New Testament Doctrine of *Ktisis*», SJTh 17 (1964) 449-462.

*b*6789   BENOIT, P., «L'hymne christologique de Col. i,15-20. Jugement critique sur l'état des recherches», dans *Christianity, Judaism and Other Greco-Roman Cults* (en collab.) (1975), I, 226-263.

*b*6790   BURGER, C., *Schöpfung und Versöhnung.* Studien zum liturgischen Gut im Kolosser- und Epheserbrief (WMANT 46) (Neukirchen-Vluyn, Neukirchener, 1975), viii-162 pp.

*b*6791   MALY, E.H., «Creation in the New Testament», dans *Biblical Studies in Contemporary Thought* (en collab.) (1975), 104-112.

*b*6792   ALETTI, J.-N., «Créés dans le Christ», CHR 23 (1976) 343-356.

*b*6793   D'AQUINO, P., «Cristo Figlio di Dio e Figlio dell'Uomo (Col 1,15-20)», dans *Studia Hierosolymitana (Bagatti)* (en collab.) (1976), II, 135-145.

*b*6794   DI GIOVANNI, A., «Impianto teoretico e struttura dialettica di Col. 1,15-20», dans *La Cristologia in San Paolo* (en collab.) (1976), 247-256.

*b*6795   GRECH, P., «L'inno cristologico di Col. 1 e la gnosi», dans *La Cristologia in san Paolo* (en collab.) (1976), 81-95.

*b*6796   LYONNET, S., «Ruolo cosmico di Cristo in Col. 1,15ss. in luce di quello della Tora nel giudaismo», dans *La Cristologia in san Paolo* (en collab.) (1976), 57-79.

*b*6797   MONTAGNINI, F., «Linee di convergenza fra la sapienza veterotestamentaria e l'inno cristologico di Col. 1», dans *La Cristologia in san Paolo* (en collab.) (1976), 37-56.

*b*6798   ROSSANO, P., «Riflessi ecumenici di Cristo secondo Col. 1,15-20», dans *La Cristologia in san Paolo* (en collab.) (1976), 382-384.

b6799 SEGALLA, G., «L'inno cristologico di Col. 1,15-20 nel quadro degli altri inni e della cristologia paolina», dans *La Cristologia in san Paolo* (en collab.) (1976), 375-377.

b6800 MANNS, F., «Col. 1,15-20: midrash chrétien de Gen. 1,1», RevSR 53 (1979) 100-110.

b6801 ALETTI, J.-N., «Colossiens 1,15-20», CE (n.s.) no 32 (1980) 54-61.

b6802 GNILKA, J., *Der Kolosserbrief* (HerNT X/1) (Freiburg, Herder, 1980), «Die theologiegeschichtliche Bedeutung des Christusliedes», 77-87.

b6803 ALETTI, J.-N., *Colossiens 1,15-20.* Genre et exégèse du texte. Fonction de la thématique sapientielle (Analecta Biblica, 91) (Rome, Biblical Institute Press, 1981), xii-210 pp.

b6804 BENOIT, P., «L'hymne christologique de Col. 1,15-20. Jugement critique sur l'état des recherches», dans NEUNES, J. (Ed.), *Christianity, Judaism and Other Greco-Roman Cults* (Studies in Judaism in Late Antiquity, 12), Part One (Leiden, Brill, 1975), 226-263; dans BENOIT, P., *Exégèse et théologie* (1982), IV, 159-203.

b6805 LONG, G.E., «The Economy of Grace», ExpTim 95 (1983) 17-18.

b6806 1,15-18 BRINKMAN, B.R., «'Creation' and 'Creature'. I. Some texts and tendencies (excluding *Romans*)», Bijdr. 18 (1957) 129-139.

b6807 1,15 CANTALAMESSA, R., «Cristo immagine di Dio. Le tradizioni patristiche su *Col.* 1,15», dans *La Cristologia in san Paolo* (en collab.) (1976), 269-287.

b6808 VANNI, U., «Immagine di Dio invisibile, primogenito di ogni creazione (Col 1,15)», dans *La Cristologia in san Paolo* (en collab.) (1976), 97-113.

b6809 1,18 DACQUINO, P., «Cristo capo del corpo che è la chiesa (Col. 1,18)», dans *La Cristologia in san Paolo* (en collab.) (1976), 131-175.

b6810 1,19 BERNINI, G., «La pienezza di Cristo alla luce di alcuni testi veterotestamentari (Col. 1,19)», dans *La Cristologia in san Paolo* (en collab.) (1976), 207-219.

b6811 PANIMOLLE, S.A., «L'inabitazione del *plērōma* nel Cristo (Col. 1,19)», dans *La Cristologia in San Paolo* (en collab.) (1976), 177-205.

b6812 1,20 SACCHI, A., «La riconciliazione universale (Col. 1,20)», dans *La Cristologia in san Paolo* (en collab.) (1976), 221-245.

b6813 1,24-29 KINGSTON, M.J., «Suffering», ExpTim 94 (1983) 144-145.

b6814 1,24 KREMER, J., *Was an den Leiden Christi noch mangelt. Eine interpretationsgeschichtliche und exegetische Untersuchung zu Kol. 1,24b* (BBB 12) (Bonn, Peter Hanstein, 1956), 22-207 pp.

b6815 DACQUINO, P., «Il valore della sofferenza cristiana», BibOr 8 (1966) 241-244.

b6816 ZEDDA, S., «La povertà di Cristo secondo S. Paolo (2 Cor. 8,9; Fil 2,7-9; Col. 1,24?; 2 Cor. 13,3-4?)», dans *Evangelizare pauperibus* (en collab.) (1978), 343-369.

b6817 FLEMINGTON, W.F., «On the interpretation of Colossians 1:24», dans *Suffering and Martyrdom in the New Testament* (en collab.) (1981), 84-90.

b6818 1,27 BOWERS, W.P., «A Note on Colossians 1:27a», dans *Current Issues in Biblical and Patristic Interpretation* (en collab.) (1975), 110-114.

b6819 2,1 BEST, E., «Dead in Trespasses and Sins (Eph. 2.1)», JSNT no 13 (1981) 9-25.

*b*6820   2,2-4   BANDSTRA, A.J., «Did the Colossian Errorist Need a Mediator?» dans *New Dimensions in New Testament Study* (en collab.) (1974), 329-343.

*b*6821   2,6-23   HALTER, H., *Taufe und Ethos*, «Kol 2,6-23. Begraben und auferweckt mit Christus, befreit von Sündentod und kosmischem Mächten» (1977), 190-203.

*b*6822   2,6-15   HARRISVILLE, R.A., «God's Mercy - Tested, Promised, Done! An Exposition of Genesis 18:20-32; Luke 11:1-13; Colossians 2:6-15», Interpr 31 (1977) 165-178.

*b*6823   O'NEILL, J., «The Source of Christology in Colossians», NTS 26 (1979) 87-100.

*b*6824   2,8-15   RODD, C.S., «Salvation Proclaimed. XI. Colossians 2$^{8-15}$», ExpTim 94 (1982) 36-41.

*b*6825   2,11-13   SELLIN, G., «'Die Auferstehung ist schon geschehen'. Zur Spiritualisierung apokalyptischer Terminologie im Neuen Testament», NT 25 (1983) 220-237.

*b*6826   2,11   VAN ESBROECK, M., «Col 2,11 'Dans la circoncision du Christ'», dans *Gnosticisme et monde hellénistique* (1980), 68-70.

*b*6827   2,14   WALTER, N., «Die 'Handschrift in Satzungen' Kol 2,14», ZNW 70 (1979) 115-118.

*b*6828   2,15   EGAN, R.B., «Lexical Evidence on Two Pauline Passages», NT 19 (1977) 34-62.

*b*6829   2,17-18   MOIR, I.A., «Some Thoughts on Col. 2,17-18», TZ 35 (1979) 363-365.

*b*6830   2,23   HOLLENBACH, B., «Col. ii.23: Which Things lead to the Fulfilment of the Flesh», NTS 25 (1979) 254-261.

*b*6831   3,1-17   MERKLEIN, H., «Eph 4,1-5,20 als Rezeption von Kol 3,1-17 (zugleich ein Beitrag zur Problematik des Epheserbriefes)», dans *Kontinuität und Einheit* (en collab.) (1981), 194-210.

*b*6832   3,1-8   CRESPY, G., «Col. 3:1-8», ETR 30, n° 4 (1955) 76-79.

*b*6833   3,1-4   HALTER, H., *Taufe und Ethos*, «Kol 3,1-4. Gestorben und erweckt mit Christus: suchet was 'oben' ist!» (1977), 204-209.

*b*6834   VIARD, A., «Une vie nouvelle avec le Christ (Col.3,1-4)», EV (prédication) 78 (1978) 59-60.

*b*6835   3,1   GOURGUES, M., *À la droite de Dieu*, «Colossiens 3:1» (1978), 57-63.

*b*6836   3,5-17   HALTER, H., *Taufe und Ethos*, «Kol 3,5-17. Der alte Mensch ist abgetan, ein neuer ist geworden: zieht den alten aus und den neuen an!» (1977), 209-226.

*b*6837   3,10-11   BOUTTIER, M., «*Complexio Oppositorum*: sur les Formules de I Cor. xii.13; Gal. iii.26-8; Col. iii.10,11», NTS 23 (1977) 1-19.

*b*6838   3,12-21   VIARD, A., «Famille et vie chrétienne (Col. 3,12-21)», EV (prédication) 78 (1978) 329-330; 82 (1982) 358-359.

*b*6839   3,12-17   SPITAL, H.J., «Christliches Leben ist Leben aus der Freude. Eine Homilie über Kol 3,12-17», BiLeb 2 (1961) 53-59.

*b*6840   3,18-4,1   THRAEDE, K., «Zum historischen Hintergrund der 'Haustafeln' des NT», dans *Pietas* (en collab.) (1980), 359-368.

*b*6841   4,14   EVANS, H., «Luke - the Good Companion», ExpTim 91 (1980) 372-374.

g) Divers. Miscellaneous. Verschiedenes. Diversi. Diversos.

b6842   PENNA, A., «La lettera ai Colossesi nei Dialoghi cristologici di S. Cirillo d'Alessandria», dans *La Cristologia in san Paolo* (en collab.) (1976), 289-299.

b6843   GNILKA, J., «Das Paulusbild im Kolosser- und Epheserbrief», dans *Kontinuität und Einheit* (en collab.) (1981), 179-193.

**9. 1 Thessaloniciens. 1 Thessalonians. 1. Thessalonicherbrief.
1 Tessalonicesi. 1 Tesalonicenses.**

a) Introductions. Einleitungen. Introduzioni. Introducciones.

b6844   BEARE, F.W., «The First Letter of St. Paul to the Thessalonians», CanJT 8 (1962) 4-11.

b6845   JEWETT, R., «Enthusiastic Radicalism and the Thessalonian Correspondence», dans *Society of Biblical Literature. 1972 Proceedings* (en collab.) (1972), 181-232.

b6846   ELLIGER, W., *Paulus in Griechenland*, «Thessaloniki» (1978), 78-116.

b6847   BRUCE, F.F., «St. Paul in Macedonia: 2. The Thessalonian Correspondence», BJRL 62 (1980) 328-345.

b6848   KOSTER, H., «Apostel und Gemeinde in den Briefen an die Thessalonicher», dans *Kirche. Festschrift für Günther Bornkamm* (en collab.) (1980), 287-298.

b6849   TRIMAILLE, M., «La première lettre aux Thessaloniciens», CE (n.s.) nᵒ 39 (1982) 76 pp.

b) Commentaires. Commentaries. Kommentare. Commenti. Comentarios.

b6850   GRAYSTON, K., *The Letters of Paul to the Philippians and to the Thessalonians* (Cambridge Bible Commentary on the New English Bible) (Cambridge, Cambridge University Press, 1967), 116 pp.

b6851   STAAB, K., *Die Thessalonicherbriefe. Die Gefangenschaftsbriefe*, 5. Auflage (RegensNT 7.1) (Regensburg, Pustet, 1969), 11-46.

b6852   BECKER, J., CONZELMANN, H., FRIEDRICH, G., *Die Briefe an die Galater, Epheser, Philipper, Kolosser, Thessalonicher und Philemon*[14] (NTD 8) (Göttingen, Vandenhoeck & Ruprecht, 1976), «1. Thessalonicher» (G. FRIEDRICH), 203-251.

b6853   ELLINGWORTH, P., NIDA, E.A., *A Translator's Handbook on Paul's Letters to the Thessalonians* (Helps for Translators) (United Bible Societies, 1976), ix-229 pp.

b6854   MARIN, F., *Evangelio de la Esperanza. Evangelio de la Unidad* (Madrid, Publicaciones de la Universidad Pontificia Comillas, 1979), 192 pp.

b6855   MARXSEN, W., *Der erste Brief an die Thessalonicher* (Zürcher Bibelkommentare) (Zürich, Theologischer Verlag, 1979), 80 pp.

b6856   Équipe nationale de la J.É.C., *Ces chrétiens d'avant les évangiles. Une lecture de la première lettre de Paul aux Thessaloniciens* (Coll. 'Champs nouveaux') (Paris, Le Centurion, 1980), 158 pp.

b6857   GHINI, E., *Lettere di Paolo ai Tessalonicesi. Commento pastorale* (Lettura pastorale della Bibbia, 9) (Bologna, Ed. Dehoniane, 1980), 447 pp.

b6858   TRIMAILLE, M., «La première lettre aux Thessaloniciens», CE (n.s.) nᵒ 39 (1982) 76 pp.

c) Critique textuelle. Textual Criticism. Textkritik.
Critica testuale. Crítica textual.

b6859   NELLESSEN, E., *Untersuchungen zur altlateinischen Überlieferung des erstern Thessalonicherbriefes* (BBB 22) (Bonn, Peter Hanstein, 1965), 307 pp.
b6860   COLLINS, R.F., «A propos the Integrity of 1 Thes», ETL 55 (1979) 67-106.

d) Critique littéraire. Literary Criticism. Literarkritik.
Critica letteraria. Crítica literaria.

b6861   SNYDER, G.F., «Apocalyptic and Didactic Elements in 1 Thessalonians», dans *Society of Biblical Literature. 1972 Proceedings* (en collab.) (1972), 233-244.
b6862   BOERS, H., «The Form-Critical Study of Paul's Letters. I Thessalonians as a Case Study», NTS 22 (1976) 140-158.
b6863   COLLINS, R.F., «I Thes and the Liturgy of the Early Church», BTB 10 (1980) 51-64.
b6864   HOLTZ, T., «Traditionen im 1. Thessalonicherbrief», dans *Die Mitte des Neuen Testaments* (en collab.) (1983), 55-78.
b6865   MALHERBE, A.J., «Exhortation in First Thessalonians», NT 25 (1983) 238-256.

e) Théologie. Theology. Theologie. Teologia. Teología.

b6866   PAX, E., «Konvertitenprobleme im ersten Thessalonicherbrief», BiLeb 13 (1972) 24-37.
b6867   VIARD, A., «L'Évangile de Jésus Christ dans la première épître aux Thessaloniciens», Ang 56 (1979) 413-427.

f) Textes. Texts. Texte. Testi. Textos.

b6868   1,1-3,13   SCHADE, H.-H., *Apokalyptische Christologie bei Paulus*, «Die Erwählten der Endzeit. 1 Th 1,1-3,13» (1981), 117-134.
b6869   1,1-10   SCHLIER, H., «Auslegung des 1. Thessalonicherbriefes (1,1-10)», BiLeb 3 (1962) 16-25.
b6870   1,5-10   Y.B., «Une communauté rayonnante (1 Th. 1,5-10)», EV (prédication) 81 (1981) 289-290.
b6871   1,6-10   ROOSEN, A., «Das Zeugnis des Glaubens in 1 Thessalonicher 1,6-10», dans *In libertatem vocati estis* (en collab.) (1977), 359-383.
b6872   1,9-10   FRIEDRICH, G., «Ein Tauflied hellenistischer Judenchristen: 1. Thess. 1,9f.», TZ 21 (1965) 502-516, dans *Auf das Wort kommt es an* (1978), 236-250.
b6873   SNYDER, G.F., «A Summary of Faith in an Epistolary Context: 1 Thess. 1:9-10», dans *Society of Biblical Literature. 1972 Proceedings* (en collab.) (1972), 355-365.
b6874   HOLTZ, T., «'Euer Glaube an Gott'. Zu Form und Inhalt 1 Thess 1,9f», dans *Die Kirche des Anfangs* (en collab.) (1978), 459-488.
b6875   1,10   HAVENER, I., «The Pre-Pauline Christological Credal Formulae of 1 Thessalonians», dans *Society of Biblical Literature. 1981 Seminar Papers* (en collab.) (1981), 105-128.
b6876   2,1-16   SCHLIER, H., «Auslegung des 1. Thessalonicherbriefes (2,1-16)», BiLeb 3 (1962) 89-97.

b6877   2,1-12   GRIBOMONT, J., «Facti sumus parvuli: la charge apostolique (1 Th
                    2,1-12)», dans *Paul de Tarse, apôtre de notre temps* (en collab.) (1979),
                    311-338.
b6878   2,3   HORBURY, W., «I Thessalonians ii.3 as Rebutting the Charge of False
                    Prophecy», JTS 33 (1982) 492-509.
b6879   2,13-16   OKEKE, G.E., «I Thess. ii.13-16: The Fate of the Unbelieving Jews»,
                    NTS 27 (1980) 127-136.
b6880   SCHMIDT, D., «1 Thess 2:13-16: Linguistic Evidence for an
                    Interpolation», JBL 102 (1983) 269-279.
b6881   2,17-3,13   SCHLIER, H., «Auslegung des 1. Thessalonicherbriefes (2,17-3,13)»,
                    BiLeb 3 (1962) 174-184.
b6882   3,1-2   WAINWRIGHT, A., «Where did Silas Go? (and what was his
                    connection with Galatians?)» JSNT n° 8 (1980) 66-70.
b6883   3,3   BAMMEL, E., «Preparation for the perils of the last days:
                    1 Thessalonians 3:3», dans *Suffering and Martyrdom in the New
                    Testament* (en collab.) (1981), 91-100.
b6884   4   MARTIN SANCHEZ, B., «Cap 4. de la I. Ep. a los Tesalonicenses»,
                    CuBi 17 (1960) 351-354.
b6885   4,1-12   SCHLIER, H., «Auslegung des 1. Thessalonicherbriefes (4,1-12)», BiLeb
                    3 (1962) 240-249.
b6886   HODGSON, R., Jr., «The Testimony Hypothesis», JBL 98 (1979)
                    361-378.
b6887   4,1-8   ADINOLFI, M., «La santità del matrimonio in I Tess. 4.1-8», RivB 24
                    (1976) 165-184.
b6888   ADINOLFI, M., «Etica 'commerciale' e motivi parenetici in 1 Tess.
                    4,1-8», BibOr 19 (1977) 9-20.
b6889   4,1-7   SISTI, A., «Le Epistole della liturgia», BibOr 4 (1962) 64-68.
b6890   4,3-8   COLLINS, R.F., «The Unity of Paul's Paraenesis in 1 Thess 4.3-8. I Cor.
                    7.1-7, a Significant Parallel», NTS 29 (1983) 420-429.
b6891   4,3   COLLINS, R.F., «This is the Will of God: Your Sanctification (I Thess
                    4:3)», LTP 39 (1983) 27-53.
b6892   4,4-5   DOYON, J., «L'exégèse latine ancienne de I Thessaloniciens 4,4-5 sur la
                    possession de notre *uas*. Schemas classiques et éclairages chrétiens», BLE
                    83 (1982) 163-177.
b6893   4,4   WHITTON, J., «A neglected Meaning for SKEUOS in I Thessalonians
                    4.4», NTS 28 (1982) 142-143.
b6894   4,6   ADINOLFI, M., «Le frodi di 1 Tess. 4,6a e l'epiclerato», BibOr 18
                    (1976) 29-38.
b6895   4,13-5,11   SCHLIER, H., «Auslegung des 1. Thessalonicherbriefes (4,13-5,11)»,
                    BiLeb 4 (1963) 19-30.
b6896   COLLINS, R.F., «Tradition, Redaction, and Exhortation in 1 Th
                    4,13-5,11», dans *L'Apocalypse johannique et l'Apocalyptique dans le
                    Nouveau Testament* (en collab.) (1980), 325-343.
b6897   HERMAN, Z.I., «Il significato della morte e della risurrezione di Gesù
                    nel contesto escatologico di 1 Ts. 4,13-5,11», Ant 55 (1980) 327-351.
b6898   REESE, J.M., «A Linguistic Approach to Paul's Exhortation in 1 Thess
                    4:13-5:11», dans *Society of Biblical Literature. 1980 Seminar Papers* (en
                    collab.) (1980), 209-218.

*b*6899   4,13-18   PLEVNIK, J., «The Parousia as Implication of Christ's Resurrection (An Exegesis of 1 Thes 4:13-18)», dans *Word and Spirit* (en collab.) (1975), 199-277.

*b*6900   HYLDAHL, N., «Auferstehung Christi - Auferstehung der Toten (1. Thess. 4,13-18)», dans *Die Paulinische Literatur und Theologie. The Pauline Literature and Theology* (en collab.) (1980), 119-135.

*b*6901   LÜDEMANN, G., *Paulus, der Heidenapostel*. Studien zur Chronologie (FRLANT 123) (Göttingen, Vandenhoeck & Ruprecht, 1980), I, 213-271.

*b*6902   SCHADE, H.-H., *Apokalyptische Christologie bei Paulus*, «Parusie und Entrückung. 1 Th 4,13-18» (1981), 157-172.

*b*6903   4,15-17   ZEDDA, S., *L'escatologia biblica*, «Il testo di I Thess. 4,15-17» (1975), II, 188-192.

*b*6904   LOHR, G., «1 Thess 4 15-17: Das 'Herrenwort'», ZNW 71 (1980) 269-273.

*b*6905   5   COLLINS, R.F., «I Thes and the Liturgy of the Early Church», BTB 10 (1980) 51-64.

*b*6906   5,1-11   FRIEDRICH, G., «1. Thessalonicher 5,1-11, der apologetische Einschub eines Späteren», ZTK 70 (1973) 288-315, dans *Auf das Wort kommt es an* (1978), 251-278.

*b*6907   PLEVNIK, J., «1 Thess 5,1-11: Its Authenticity, Intention and Message», Bibl 60 (1979) 71-90.

*b*6908   5,1   LUCCHESI, E., «Précédents non bibliques à l'expression Néo-Testamentaire: 'Les temps et les moments'», JTS 28 (1977) 537-540.

*b*6909   5,12-28   ROETZEL, C., «1 Thess. 5:12-28: A Case Study», dans *Society of Biblical Literature. 1972 Proceedings* (en collab.) (1972), 367-383.

*b*6910   5,12-18   SCHLIER, H., «Auslegung des 1. Thessalonicherbriefes (5,12-28)», BiLeb 4 (1963) 96-103.

*b*6911   5,19   GREEN, F.P., «Quench not the Spirit», ExpTim 88 (1977) 240-241.

*b*6912   5,23-28   COLLINS, R.F., «I Thes and the Liturgy of the Early Church», BTB 10 (1980) 51-64.

10. II Thessaloniciens. II Thessalonians. II. Thessalonicherbrief. II Tessalonicesi. II Tesalonicenses.

a) Introductions. Einleitungen. Introduzioni. Introducciones.

*b*6913   JEWETT, R., «Enthusiastic Radicalism and the Thessalonian Correspondence», dans *Society of Biblical Literature. 1972 Proceedings* (en collab.) (1972), 181-232.

*b*6914   BRUCE, F.F., «St. Paul in Macedonia: 2. The Thessalonian Correspondence», BJRL 62 (1980) 328-345.

*b*6915   KOSTER, H., «Apostel und Gemeinde in den Briefen an die Thessalonicher», dans *Kirche. Festschrift für Günther Bornkamm* (en collab.) (1980), 287-298.

b) Commentaires. Commentaries. Kommentare. Commenti. Comentarios.

*b*6916   GRAYSTON, K., *The Letters of Paul to the Philippians and to the Thessalonians* (The Cambridge Bible Commentary on the New English Bible) (Cambridge, Cambridge University Press, 1967), 116 pp.

b6917 STAAB, K., *Die Thessalonicherbriefe. Die Gefangenschaftsbriefe*, 5. Auflage (RegensNT 7.1) (Regensburg, Pustet, 1969), 47-63.

b6918 BECKER, J., CONZELMANN, H., FRIEDRICH, G., *Die Briefe an die Galater, Epheser, Philipper, Kolosser, Thessalonicher und Philemon*[14] (NTD 8) (Göttingen, Vandenhoeck & Ruprecht, 1976), «2. Thessalonicher» (G. Friedrich), 252-276.

b6919 ELLINGWORTH, P., NIDA, E.A., *A Translator's Handbook on Paul's Letters to the Thessalonians* (Helps for Translators) (New York, London, United Bible Societies, 1976), ix-229 pp.

b6920 MARIN, F., *Evangelio de la Esperanza*. Evangelio de la Unidad (Madrid, Publicaciones de la Universidad Pontificia Comillas, 1979), 192 pp.

b6921 TRILLING, W., *Der zweite Brief an die Thessalonicher* (EKK 14) (Neukirchen-Vluyn, Neukirchener, 1980), 166 pp.

b6922 MARXSEN, W., *Der zweite Thessalonicherbrief* (Zürcher Bibelkommentare, 11.2) (Zürich, Theologischer Verlag, 1982), 119 pp.

c) Critique littéraire. Literary Criticism. Literarkritik.
   Critica letteraria. Crítica literaria.

b6923 DAY, P., «The Practical Purpose of Second Thessalonians», AThR 45 (1963) 203-206.

b6924 LINDEMANN, A., «Zum Abfassungsweck des Zweiten Thessalonicherbriefes», ZAW 68 (1977) 35-47.

b6925 BAILEY, J.A., «Who wrote II Thessalonians?» NTS 25 (1979) 131-145.

b6926 TRILLING, W., «Literarische Paulusimitation im 2. Thessalonicherbrief», dans *Paulus in den neutestamentlichen Spätschriften* (en collab.) (1981), 146-156.

d) Textes. Texts. Texte. Testi. Textos.

b6927	1	AUS, R.D., «The Relevance of Isaiah 66 7 to Revelation 12 and 2 Thessalonians 1», ZNW 67 (1976) 252-268.
b6928	1,1-10	SCHULZ, A., «Auslegung des 2. Thessalonicherbriefes. Gemeinde auf dem Weg (1,1-10)», BiLeb 8 (1967) 33-42.
b6929	1,11-2,12	SCHULZ, A., «Ausschauen in Nüchternheit (1,11-2,12)», BiLeb 8 (1967) 110-120.
b6930	2	SHAW, R.H., «A Conjecture on the Signs of the End», AThR 47 (1965) 96-102.
b6931	2,1-12	ORCHARD, B., «Ellipsis and Parenthesis in Ga 2:1-10 and 2 Th 2:1-12», dans *Paul de Tarse, apôtre de notre temps* (en collab.) (1979), 249-258.
b6932	2,2	KNOX, J., «A Note on II Thessalonians 2:2», AThR 18 (1936) 72-73.
b6933	2,3-12	MARIN, F., «Pequeña apocalipsis de 2 Tes 2,3-12», EstE 51 (1976) 29-56.
b6934		MARIN, F., «2 Tes 2,3-12. Intentos de comprensión y nuevo planteamiento», EstE 54 (1979) 527-537.
b6935		TOWNSEND, J.T., «II Thessalonians 2:3-12», dans *Society of Biblical Literature. 1980 Seminar Papers* (en collab.) (1980), 233-250.
b6936	2,6-7	ANDRIESSEN, P., «Celui qui retient la venue du Seigneur», Bijdr. 21 (1960) 20-30.
b6937		AUS, R.D., «God's Plan and God's Power: Isaiah 66 and the Restraining Factors of 2 Thess 2:6-7», JBL 96 (1977) 537-553.

*b*6938   BARNOUIN, M., «Les problèmes de traduction concernant II Thess. ii.6-7», NTS 23 (1977) 482-498.

*b*6939   COPPENS, J., «Le *katechon* et le *katechôn*: derniers obstacles à la parousie du Seigneur Jésus», dans *L'Apocalypse johannique et l'Apocalyptique dans le Nouveau Testament* (en collab.) (1980), 345-348.

*b*6940   2,8   PENNA, R., *Lo Spirito di Cristo*, «Lo spirito della sua bocca (2 Thess. 2,8)» (1976), 173-186.

*b*6941   2,13-3,3   SCHULZ, A., «Die Kunst zu trösten (2,13-3,3)», BiLeb 8 (1967) 179-185.

*b*6942   3,4-18   SCHULZ, A., «Die Pflicht des Christen, zu arbeiten (3,4-18)», BiLeb 8 (1967) 256-264.

11. I et II Timothée. I and II Timothy. Timotheusbriefe.
I e II Timoteo. I y II Timoteo.

a) Introductions. Einleitungen. Introduzioni. Introducciones.

*b*6943   BRUSTON, C., «De la date de la première épître de Paul à Timothée», ETR 5 (1930) 272-276.

*b*6944   DE LESTAPIS, S., *L'énigme des Pastorales de saint Paul* (Paris, Gabalda, 1976), 462 pp.

*b*6945   REICKE, B., «Chronologie der Pastoralbriefe», TLZ 101 (1976) 81-94.

*b*6946   HANSON, A.T., «The Domestication of Paul: A Study in the Development of Early Christian Theology», BJRL 63 (1981) 402-418.

*b*6947   VAN BRUGGEN, J., *Die geschichtliche Einordnung der Pastoralbriefe* (Theologische Verlagsgemeinschaft. Monographien und Studien Bücher, 305) (Wuppertal, Brockhaus, 1981), 62 pp.

*b*6948   CHURCHILL, J.H., «The Pastoral Epistles: A Problem for Preachers and Others», dans *Studia Evangelica* (en collab.) (1982), VII, 133-140.

*b*6949   REICKE, B., «Les pastorales dans le ministère de Paul», Hok nº 19 (1982) 47-61.

*b*6950   VERNER, D.C., *The Household of God*. The Social World of the Pastoral Epistles (SBL Dissertation Series, 71) (Chico, Scholars Press, 1983), ix-207 pp.

b) Commentaires. Commentaries. Kommentare. Commenti. Comentarios.

*b*6951   BÜRKI, H., *Der zweite Brief des Paulus an Timotheus, die Briefe an Titus und an Philemon* (Wuppertaler Studienbibel) (Wuppertal, Brockhaus, 1975), 231 pp.

*b*6952   JEREMIAS, J., STROBEL, A., *Die Briefe an Timotheus und Titus. Der Brief an die Hebräer* (NTD 9) (Göttingen, Vandenhoeck & Ruprecht, 1975), 269 pp.

*b*6953   HOULDEN, J.L., *The Pastoral Epistles*. I and II Timothy. Titus (Pelican New Testament Commentaries) (Baltimore, Penguin Books, 1976), 168 pp.

*b*6954   KELLY, J.N.D., *A Commentary on the Pastoral Epistles* (1963) (Thornapple Commentaries) (Grand Rapids, Baker, 1981), viii-264 pp.

*b*6955   BRATCHER, R.G., *A Translator's Guide to Paul's Letters to Timothy and to Titus* (Helps for Translators) (London, New York, Stuttgart, United Bible Societies, 1983), viii-138 pp.

c) *Critique littéraire. Literary Criticism. Literarkritik.*
  Critica letteraria. Crítica literaria.

b6956 CARRINGTON, P., «The Problem of the Pastoral Epistles. Dr. Harrison's Theory Reviewed», AThR 21 (1939) 32-39.

b6957 STENGER, W., «Timotheus und Titus als literarische Gestalten», Kairos 16 (1974) 252-267.

b6958 BROX, N., «*Prophēteia* im ersten Timotheusbrief», BZ 20 (1976) 229-232.

b6959 QUINN, J.D., «The Last Volume of Luke: The Relation of Luke-Acts to the Pastoral Epistles», dans *Perspectives on Luke-Acts* (en collab.) (1978), 62-75.

b6960 ROGERS, P., «The Pastoral Epistles as Deutero-Pauline», IrThQ 45 (1978) 248-260.

b6961 ZMIJEWSKI, J., «Die Pastoralbriefe als pseudepigraphische Schriften - Beschreibung, Erklärung, Bewertung», dans *Studien zum Neuen Testament und seiner Umwelt* (SNTU) (en collab.) 4 (1979) 97-118.

b6962 HANSON, A.T., *The Living Utterances of God*, «The Use of Scripture in the Pastoral Epistles and the Catholic Epistles» (1983), 133-158.

d) *Théologie. Theology. Theologie. Teologia. Teología.*

b6963 BROX, N., «Historische und theologische Probleme der Pastoralbriefe des Neuen Testaments», Kairos 11 (1969) 81-94.

b6964 SCHNACKENBURG, R., «Der erste Petrusbrief und die Pastoralbriefe», dans *Mysterium Salutis* (en collab.) (1970), III.1, 351-360.

b6965 FEUILLET, A., «La doctrine des Épîtres Pastorales et leurs affinités avec l'oeuvre lucanienne», RT 78 (1978) 181-225.

b6966 QUERDRAY, G., «La doctrine des épîtres pastorales: leurs affinités avec l'oeuvre lucanienne», EV (doctrine) 88 (1978) 631-638.

b6967 TRUMMER, P., *Die Paulustradition der Pastoralbriefe* (Beiträge zur biblischen Exegese und Theologie, 8) (Frankfurt a. M., Bern, Las Vegas, Peter Lang, 1978), 279 pp.

b6968 HANSON, A.T., «The Domestication of Paul: A Study in the Development of Early Christian Theology», BJRL 63 (1981) 402-418.

b6969 LOHFINK, G., «Paulinische Theologie in der Rezeption der Pastoralbriefe», dans *Paulus in den neutestamentlichen Spätschriften* (en collab.) (1981), 70-121.

b6970 TRUMMER, P., «Corpus Paulinum - Corpus Pastorale. Zur Ortung der Paulustradition in den Pastoralbriefen», dans *Paulus in den neutestamentlichen Spätschriften* (en collab.) (1981), 122-145.

e) *Textes. Texts. Texte. Testi. Textos.*

I Timothée. I Timothy. I Timotheusbrief. I Timoteo.

b6971 1,3-11 WESTERHOLM, S., «The Law and the 'Just Man' (1 Tim 1,3-11)», ST 36 (1982) 79-95.

b6972 2,1-7 LE FORT, P., «La responsabilité politique de l'Église d'après les épîtres pastorales», ETR 49 (1974) 1-14.

b6973 2,4 ALONSO DIAZ, J., «La salvación universal a partir de la exegesis de 1 Tm 2,4», CuBi 28 (1971) 350-361.

b6974 2,15 MALINGREY, A.-M., «Note sur l'exégèse de I Tim. 2,15», dans *Studia Patristica* (1975), XII, 334-339.

*b*6975	3,2-12	DE LA POTTERIE, I., «'Mari d'une seule femme'. Le sens théologique d'une formule paulinienne», dans *Paul de Tarse, apôtre de notre temps* (en collab.) (1979), 619-638.
*b*6976	3,16	GUNDRY, R.H., «The Form, Meaning and Background of the Hymn Quoted in I Timothy 3:16», dans *Apostolic History and the Gospel* (en collab.) (1970), 203-222.
*b*6977		STENGER, W., *Der Christushymnus 1 Tim 3,16*. Eine strukturanalytische Untersuchung (Regensburger Studien zur Theologie, 6) (Frankfurt/M, Peter Lang, 1977), 287 pp.
*b*6978		METZGER, W., *Der Christushymnus. 1. Timotheus 3.16*. Fragment einer Homologie der paulinischen Gemeinden (Arbeiten zur Theologie, 62) (Stuttgart, Calwer, 1979), 163 pp.
*b*6979		MANNS, F., «Judeo-Christian context of 1 Tim 3:16», TDig 29 (1981) 119-122.
*b*6980		O'LEARY, A., «The Mystery of our Religion», Way 21 (1981) 243-254.
*b*6981	4,5	MUNCK, J., «Discours d'adieu dans le Nouveau Testament et dans la littérature biblique», dans *Aux sources de la tradition chrétienne* (en collab.) (1950), 155-170.
*b*6982	4,6-16	VON LIPS, H., *Glaube - Gemeinde - Amt*. Zum Verständnis der Ordination in den Pastoralbriefen (FRLANT 122) (Göttingen, Vandenhoeck & Ruprecht, 1980), 327 pp.
*b*6983	5,1-2	BURINI, C., «Les 'vieillards', 'nos parents' dans l'Église de Dieu 1 Tm 5,1-2», dans *Paul de Tarse, apôtre de notre temps* (en collab.) (1979), 697-720.
*b*6984	5,18	HARVEY, A.E., «'The Workman is Worthy of His Hire': Fortunes of a Proverb in the Early Church», NT 2 (1982) 209-221.
*b*6985	5,19-23	FULLER, J.W., «Of Elders and Triads in I Timothy 5.19-23», NTS 29 (1983) 258-263.
*b*6986	6,7	MENKEN, M.J.J., «Oti en 1 Tm 6,7», Bibl 58 (1977) 532-541.
*b*6987	6,11-17	BRAND, R.C., Jr., «The Evolution of a Slogan», ExpTim 89 (1978) 247-248.
*b*6988	6,12-16	ESNAULT, R.-H., «1 Tim. 6:12-16», ETR 30, n° 4 (1955) 40-45.
*b*6989	6,20	KÖSTER, H.M., «Um eine neue theologische Sprache - Gedanken zu 1 Tim 6,20», dans *Wahrheit und Verkündigung* (en collab.) (1967), 449-473.

II Timothée. II Timothy. II Timotheusbrief. II Timoteo.

*b*6990	1,3-2,13	VON LIPS, H., *Glaube - Gemeinde - Amt*. Zum Verständnis der Ordination in den Pastoralbriefen (FRLANT 122) (Göttingen, Vandenhoeck & Ruprecht, 1980), 327 pp.
*b*6991	1,5	SPICQ, C., «Loïs, ta grand'maman (II Tim., 1,5)», RB 84 (1977) 362-364.
*b*6992	1,6	MACDONALD, F.A.J., «The Three R's», ExpTim 89 (1978) 343-344.
*b*6993		BOOTH, H., «Stir it up», ExpTim 91 (1980) 369-370.
*b*6994	1,8-10	VIARD, A., «L'évangile du Christ, principe de vie et d'immortalité (2 Tm 1,8-10)», EV (prédication) 78 (1978) 25-26.
*b*6995		XXX, «23 Homélies pour le deuxième dimanche de Carême», dans En collaboration, *Écriture et prédication* (Recherches et débats du Centre Catholique des Intellectuels Français, 84) (1976), 13-94.

*b*6996   1,17   WILHELM-HOOIJBERGH, A.E., «In 2 Tim. 1:17 the Greek and Latin Texts may have a Different Meaning», dans *Studia Biblica 1978* (en collab.) (1980), III, 435-438.

*b*6997   2,8   MACDONALD, F.A.J., «From Interest to Faith», ExpTim 93 (1981) 83-84.

*b*6998   2,18   SELLIN, G., «'Die Auferstehung ist schon geschehen'. Zur Spiritualisierung apokalyptischer Terminologie im Neuen Testament», NT 25 (1983) 220-237.

*b*6999   2,22   METZGER, W., «Die *neōterikaì epithymíai* in 2. Tim. 2,22», TZ 33 (1977) 129-136.

*b*7000   3-4   MUNCK, J., «Discours d'adieu dans le Nouveau Testament et dans la littérature biblique», dans *Aux sources de la tradition chrétienne* (en collab.) (1950), 155-170.

*b*7001   3,16-17   McGONIGAL, T.P., «'Every Scripture is Inspired': An Exegesis of 2 Timothy 3:16-17», SBT 8,1 (1978) 53-64.

*b*7002   3,16   LADD, G.E., «Why Did God Inspire the Bible?» dans *Scripture, Tradition, and Interpretation* (en collab.) (1978), 49-59.

*b*7003   4,6-8   COOK, D., «2 Timothy iv.6-8 and the Epistle to the Philippians», JTS 33 (1982) 168-171.

*b*7004   PEASTON, M., «Disengagement», ExpTim 93 (1982) 180-182.

*b*7005   4,9-18   SCHELKLE, K.H., «Jesus und Paulus lesen die Bibel», BiKi 36 (1981) 277-279.

*b*7006   4,13   SKEAT, T.C., «'Especially the Parchments': a note on 2 Timothy iv.13», JTS 30 (1979) 173-177.

f) Divers. Miscellaneous. Verschiedenes. Diversi. Diversos.

*b*7007   BRUSTON, C., «De la date de la première épître de Paul à Timothée», ETR 5 (1930) 272-276.

*b*7008   DOCKX, S., «Essai de chronologie de la vie de Timothée», dans *Chronologies néotestamentaires et Vie de l'Église primitive* (1976), 167-178.

*b*7009   WILSON, S.G., «The Portrait of Paul in Acts and the Pastorals», dans *Society of Biblical Literature. 1976 Seminar Papers* (en collab.) (1976), 397-411.

*b*7010   FREDE, H.J. (Ed.), *Epistulae ad Thessalonicenses, Timotheum, Titum, Philemonem, Hebraeos.* 9. Lieferung: 1 Tm 6,17 bis Schluss; 2 Tm 1,1-2,17 (Vetus Latina, Die Reste der altlateinischen Bibel, 25) (Freiburg, Herder, 1981), pp. 641-720.

12. Tite. Titus. Titusbrief. Tito.

a) Commentaires. Commentaries. Kommentare. Commenti. Comentarios.

*b*7011   BÜRKI, H., *Der zweite Brief des Paulus an Timotheus, die Briefe an Titus und an Philemon* (Wuppertaler Studienbibel) (Wuppertal, Brockhaus, 1975), 231 pp.

*b*7012   JEREMIAS, J., STROBEL, A., *Die Briefe an Timotheus und Titus. Der Brief an die Hebraër* (NTD 9) (Göttingen, Vandenhoeck & Ruprecht, 1975), 269 pp.

*b*7013   HOULDEN, J.L., *The Pastoral Epistles. I and II Timothy. Titus* (Pelican New Testament Commentaries) (Baltimore, Penguin Books, 1976), 168 pp.

b7014   BRATCHER, R.G., *A Translator's Guide to Paul's Letters to Timothy and to Titus* (Helps for Translators) (London, New York, Stuttgart, United Bible Societies, 1983), viii-138 pp.

b) Critique littéraire. Literary Criticism. Literarkritik.
Critica letteraria. Crítica literaria.

b7015   STENGER, W., «Timotheus und Titus als literarische Gestalten», Kairos 16 (1974) 252-267.
b7016   DE LESTAPIS, S., *L'énigme des Pastorales de saint Paul* (Paris, Gabalda, 1976), 462 pp.
b7017   ROGERS, P., «The Pastoral Epistles as Deutero-Pauline», IrThQ 45 (1978) 248-260.

c) Théologie. Theology. Theologie. Teologia. Teología.

b7018   BROX, N., «Historische und theologische Probleme der Pastoralbriefe des Neuen Testaments», Kairos 11 (1969) 81-94.
b7019   DE LESTAPIS, S., *L'énigme des Pastorales de saint Paul* (Paris, Gabalda, 1976), 462 pp.
b7020   FEUILLET, A., «La doctrine des Épîtres Pastorales et leurs affinités avec l'oeuvre lucanienne», RT 78 (1978) 181-225.

d) Textes. Texts. Texte. Testi. Textos.

b7021   1,6   DE LA POTTERIE, I., «'Mari d'une seule femme'. Le sens théologique d'une formule paulinienne», dans *Paul de Tarse, apôtre de notre temps* (en collab.) (1979), 619-638.

b7022   1,12   LEE, G.M., «Ephimenides in the Epistle to Titus (1,12)», NT 22 (1980) 96.

b7023   2,10-14   MOTT, S.C., «Greek Ethics and Christian Conversion: the Philonic Background of Titus ii 10-14 and iii 3-7», NT 20 (1978) 22-48.

b7024   2,11-14   VIARD, A., «La grâce de Dieu et le salut des hommes (Tite 2,11-14; 3,4-7)», EV (prédication) 82 (1982) 340-341.

b7025   3,4-5   KEUCK, W., «Sein Erbarmen. Zum Titusbrief (3,4f.)», BiLeb 3 (1962) 279-284.

b7026   3,5-6   PENNA, R., *Lo Spirito di Cristo*, «Tit. 3,5b-6» (1976), 288-289.

13. Philémon. Philemon. Philemonbrief. Filemone. Filemón.

a) Introductions. Einleitungen. Introduzioni. Introducciones.

b7027   En collaboration, «L'épître de Paul à Philémon. Proposition de lecture présentée par un groupe de Montpellier», SemBib nº 11 (1978) 7-17.
b7028   DE GAULMYN, M.M., «L'épître de Paul à Philémon. Proposition de lecture présentée par un groupe de Lyon», SemBib nº 11 (1978) 11-25.

b) Commentaires. Commentaries. Kommentare. Commenti. Comentarios.

b7029   THOMPSON, G.H.P., *The Letters of Paul to the Ephesians, to the Colossians and to Philemon* (The Cambridge Bible Commentary on the New English Bible) (Cambridge, Cambridge University Press, 1967), x-198 pp.

*b*7030   STAAB, K., *Die Thessalonicherbriefe. Die Gefangenschaftsbriefe*, 5. Auflage
           (RegensNT 7.1) (Regensburg, Pustet, 1969), 106-113.
*b*7031   ERNST, J., *Die Briefe an die Philipper, an Philemon, an die Kolosser, an die Epheser*
           (RegensNT) (Regensburg, Pustet, 1974), 452 pp.
*b*7032   BÜRKI, H., *Der zweite Brief des Paulus an Timotheus, die Briefe an Titus und an
           Philemon* (Wuppertaler Studienbibel) (Wuppertal, Brockhaus, 1975), 231 pp.
*b*7033   BECKER, J., CONZELMANN, H., FRIEDRICH, G., *Die Briefe an die Galater,
           Epheser, Philipper, Kolosser, Thessalonicher und Philemon*[14] (NTD 8) (Göttingen,
           Vandenhoeck & Ruprecht, 1976), 277-286 (G. Friedrich).
*b*7034   CAIRD, G.B., *Paul's Letters from Prison* (Ephesians, Philippians, Colossians, Philemon)
           in the Revised Standard Version. Introduction and Commentary (The New Clarendon
           Bible) (New Testament) (London, New York, Oxford University Press, 1976), vi-224 pp.
*b*7035   GIAVINI, G., *Gioia e libertà in Cristo. Le lettere di San Paolo ai Filippesi e a Filemone*
           (Commenti al Nuovo Testamento) (Torino, Elle Di Ci, 1976), 78 pp.
*b*7036   BRATCHER, R.G., NIDA, E.A., *A Translator's Handbook on Paul's Letters to the
           Colossians and to Philemon* (Helps for Translators) (London, United Bible Societies,
           1977), viii-149 pp.
*b*7037   HAHN, F., «Paulus und der Sklave Onesimus. Ein beachtenswerter Kommentar zum
           Philemonbrief», EvT 37 (1977) 179-185.
*b*7038   LEHMANN, R., *Épître à Philémon*. Le christianisme primitif et l'esclavage (Genève,
           Labor et Fides, 1978), 95 pp.
*b*7039   MARTIN, R.P., *Colossians and Philemon* (New Century Bible Commentary) (Grand
           Rapids, Eerdmans; London, Marshall, Morgan & Scott, 1978), xviii-174 pp.
*b*7040   GETTY, M.A., *Philippians and Philemon* (New Testament Message, 14) (Wilmington,
           DE, Glazier, 1980), xii-93 pp.
*b*7041   LÉGASSE, S., «L'épître aux Philippiens. L'épître à Philémon», CE (n.s.) nº 33 (1980)
           51-62.
*b*7042   McDONALD, H.D., *Commentary on Colossians and Philemon* (Theta Books) (Waco,
           TX, World, 1980), 197 pp.
*b*7043   VAUGHAN, C., *Colossians and Philemon* (Bible Study Commentary) (Grand Rapids,
           Zondervan, 1980), 137 pp.
*b*7044   SUHL, A., *Der Brief an Philemon* (Zürcher Bibelkommentare NT, 13) (Zürich,
           Theologischer Verlag, 1981), 41 pp.
*b*7045   GNILKA, J., *Der Philemonbrief* (HerNT X/4) (Freiburg, Herder, 1982), xiv-96 pp.

c) Critique littéraire. Literary Criticism. Literarkritik.
   Critica letteraria. Crítica literaria.

*b*7046   SUHL, A., «Der Philemonbrief als Beispiel paulinischer Paränese», Kairos 15 (1973)
           267-279.
*b*7047   ZMIJEWSKI, J., «Beobachtungen zur Struktur des Philemonbriefes», BiLeb 15 (1974)
           273-296.
*b*7048   EARLE, R., *Word Meanings in the New Testament*. Volume 5. Philippians - Philemon
           (Grand Rapids, Baker, 1977), 272 pp.
*b*7049   CHURCH, F.F., «Rhetorical Structure and Design in Paul's Letter to Philemon»,
           HarvTR 71 (1978) 17-33.

d) Théologie. Theology. Theologie. Teologia. Teología.

b7050   PREISS, T., «Vie en Christ et éthique sociale dans l'Épître à Philémon», dans *Aux sources de la tradition chrétienne* (en collab.) (1950), 171-179.

b7051   STEENSGAARD, P., «Erwägungen zum Problem Evangelium und Paränese bei Paulus», ASTI 10 (1976) 110-128.

14. Hébreux. Hebrews. Hebräerbrief. Ebrei. Hebreos.

a) Introductions. Einleitungen. Introduzioni. Introducciones.

b7052   HATCH, W.H.P., «The Position of Hebrews in the Canon of the New Testament», HarvTR 29 (1936) 133-151.

b7053   SUAREZ, P.L., «Cesárea, lugar de la composición de la Epistola a los Hebreos», CuBi 13 (1956) 227-231.

b7054   SEN, F., «Hebreos en el Canon y en el corpus paulino», CuBi 25 (1968) 35-39.

b7055   ANDERSON, C.P., «Hebrews among the letters of Paul», SR 5 (1975-76) 258-266.

b7056   BUCHANAN, G.W., «The Present State of Scholarship on Hebrews», dans *Christianity, Judaism and Other Greco-Roman Cults* (en collab.) (1975), I, 299-330.

b7057   WILLIAMSON, R., «The Background of the Epistle to the Hebrews», ExpTim 87 (1976) 232-237.

b7058   BICKERMAN, E.J., «En marge de l'Écriture: Le titre de l'épître aux Hébreux», RB 88 (1981) 28-41.

b7059   THOMPSON, J.W., *The Beginnings of Christian Philosophy. The Epistle to the Hebrews* (CBQ Monograph Series, 13) (Washington, DC, Catholic Biblical Association of America, 1982), vii-184 pp.

b) Commentaires. Commentaries. Kommentare. Commenti. Comentarios.

b7060   DAVIES, J.H., *A Letter to Hebrews* (The Cambridge Bible Commentary on the New English Bible) (Cambridge, Cambridge University Press, 1967), vii-146 pp.

b7061   JEREMIAS, J., STROBEL, A., *Die Briefe an Timotheus und Titus. Der Brief an die Hebräer* (NTD 9) (Göttingen, Vandenhoeck & Ruprecht, 1975), 269 pp.

b7062   BARCLAY, W., *The Letter to the Hebrews*. Translated with an Introduction and Interpretation (Daily Study Bible) (rev. ed.) (Philadelphia, Westminster, 1976), viii-203 pp.

b7063   LIGHTFOOT, N.R., *Jesus Christ Today*. A Commentary on the Book of Hebrews (Grand Rapids, Baker, 1976), 274 pp.

b7064   HUGHES, P.E., *A Commentary on the Epistle to the Hebrews* (Grand Rapids, Eerdmans, 1977), xvi-623 pp.

b7065   SPICQ, C., *L'épître aux Hébreux* (Sources bibliques) (Paris, Gabalda, 1977), 235 pp.

b7066   CASEY, J., *Hebrews* (New Testament Message, 18) (Wilmington, DE, Glazier, 1980), xvii-101 pp.

b7067   HAGEN, K., *Hebrews Commenting from Erasmus to Bèze. 1516-1598* (Beiträge zur Geschichte der biblischen Exegese, 23) (Tübingen, Mohr-Siebeck, 1981), viii-125 pp.

b7068   JEWETT, R., *Letter to Pilgrims*. A Commentary on the Epistle to the Hebrews (New York, Pilgrim Press, 1981), viii-248 pp.

b7069   ELLINGWORTH, P., NIDA, E.A., *A Translator's Handbook on the Letter to the Hebrews* (Helps for Translators) (London, New York, Stuttgart, United Bible Societies, 1983), viii-364 pp.

b7070   HAGNER, D.A., *Hebrews*. A Good News Commentary (San Francisco, Harper & Row, 1983), xxviii-257 pp.

c) *Critique littéraire. Literary Criticism. Literarkritik.*
   Critica letteraria. Crítica literaria.

Structure. Aufbau. Struttura. Estructura.

b7071   GOURGUES, M., «Remarques sur la 'structure centrale' de l'épître aux Hébreux», RB 84 (1977) 26-37.

b7072   VANHOYE, A., «Literarische Struktur und theologische Botschaft des Hebräerbriefs», dans *Studien zum Neuen Testament und seiner Umwelt* (SNTU) Serie A, Band 4 (1979) 119-147; 5 (1980) 18-49.

b7073   DUSSAUT, L., *Synopse structurelle de l'épître aux Hébreux.* Approche d'Analyse Structurelle (Paris, Cerf, 1981), viii-202 pp.

Ancien Testament. Old Testament. Altes Testament. Antico Testamento. Antiguo Testamento.

b7074   VACCARI, P.A., «Las citas del Antiguo Testamento en la Epístola a los Hebreos», CuBi 13 (1956) 239-243.

b7075   COMBRINK, H.J.B., «Some thoughts on the Old Testament Citations in the Epistle to the Hebrews», dans *Ad Hebraeos* (en collab.), *Neotestamentica* 5 (1971) 22-36.

b7076   McCULLOUGH, J.C., «The Old Testament Quotations in Hebrews», NTS 26 (1980) 363-379.

b7077   SILBERMAN, L.H., «Prophets/Angels: LXX and Qumran Psalm 151 and the Epistle to the Hebrews», dans *Standing Before God* (en collab.) (1981), 91-101.

b7078   HANSON, A.T., *The Living Utterances of God*, «The Interpretation of Scripture in the Deutero-Pauline and the Epistle to the Hebrews» (1983), 90-112.

Divers. Miscellaneous. Verschiedenes. Diversi. Diversos.

b7079   GONZALO MAESO, D., «Lengua original, autor y estilo de la Epístola a los Hebreos», CuBi 13 (1956) 202-215.

b7080   PEREZ, G., «Autenticidad y canonicidad de la Carta a los Hebreos», CuBi 13 (1956) 216-226.

b7081   LOMBARD, H.A., «*Katapausis* in the Letter to the Hebrews», dans *Ad Hebraeos* (en collab.), *Neotestamentica* 5 (1971) 60-71.

b7082   VORSTER, W.S., «The meaning of *parrēsia* in the Epistle to the Hebrews», dans *Ad Hebraeos* (en collab.), *Neotestamentica* 5 (1971) 51-59.

b7083   ZIMMERMANN, H., *Das Bekenntnis der Hoffnung*. Tradition und Redaktion im Hebräerbrief (BBB 47) (Köln, Peter Hanstein, 1977), xix-236 pp.

b7084   VANHOYE, A., «L'épître aux Éphésiens et l'épître aux Hébreux», Bibl 59 (1978) 198-230.

b7085   ELLINGWORTH, P., «Hebrews and 1 Clement: Literary Dependence or Common Tradition?» BZ 23 (1979) 262-269.

b7086   HUGUES, G., *Hebrews and Hermeneutics* (1979), xii-218 pp.

d) Théologie. Theology. Theologie. Teologia. Teología.

b7087 HILLMANN, W., «'Das Wort der Mahnung.' Einführung in die Grundgedanken des Hebräerbriefes», BiLeb 1 (1960) 17-27.

b7088 WILLIAMSON, R., «Platonism and Hebrews», SJTh 16 (1963) 415-424.

b7089 HAGEN, K., «The Problem of Testament in Luther's *Lectures on Hebrews*», HarvTR 63 (1970) 61-90.

b7090 FENSHAM, F.C., «Hebrews and Qumran», dans *Ad Hebraeos* (en collab.), *Neotestamentica* 5 (1971) 9-21.

b7091 MORA, G., *La carta a los Hebreos como escrito pastoral* (Colectánea San Paciano, 20) (Barcelona, Herder, 1974), xxvi-261 pp.

b7092 DEY, L.K.K., *The Intermediary World and Patterns of Perfection in Philo and Hebrews* (Society of Biblical Literature. Dissertation Series, 25) (Missoula, Montana, Scholars Press, 1975), 239 pp.

b7093 GOPPELT, L., *Theologie des Neuen Testaments* (1976), «Die Gemeinde unterwegs - Christus der vollendete Hohepriester (Der Hebräerbrief)» (1976), 569-600.

b7094 MUSSNER, F., *Petrus und Paulus - Pole der Einheit*, «Paulus und der Hebräerbrief» (1976), 111-115.

b7095 HESSION, R., *From Shadow to Substance*. The Rediscovery of the Inner Message of the Epistle to the Hebrews, Centered Around the Words 'Let Us Go On' (Grand Rapids, Zondervan, 1977), 204 pp.

b7096 SPICQ, C., «Melchisédech et l'Épître aux Hébreux. Le sacerdoce de la Nouvelle Alliance», EV (doctrine) 87 (1977) 206-208.

b7097 VANHOYE, A., «Le message de l'épître aux Hébreux», CE (n.s.) n° 19 (1977) 60 pp.

b7098 ZIMMERMANN, H., *Das Bekenntnis der Hoffnung*. Tradition und Redaktion im Hebräerbrief (BBB 47) (Köln, Peter Hanstein, 1977), 236 pp.

b7099 SCHOONHOVEN, C.R., «The 'Analogy of Faith' and the Intent of Hebrews», dans *Scripture, Tradition, and Interpretation* (en collab.) (1978), 92-110.

b7100 HUGHES, G., *Hebrews and Hermeneutics*, «Hebrews as interpretation for a late-apostolic church situation? Methodological notes on the work of E. Grässer» (1979), 137-142.

b7101 SCHROGER, F., «Der Hebräerbrief - paulinisch?» dans *Kontinuität und Einheit* (en collab.) (1981), 211-222.

b7102 FENTON, J.C., «The Argument in Hebrews», dans *Studia Evangelica* (en collab.) (1982), VII, 175-181.

b7103 MICHAUD, J.-P., «Le passage de l'ancien au nouveau, selon l'épître aux Hébreux», SE 35 (1983) 33-52.

e) Textes. Texts. Texte. Testi. Textos.

b7104 1-7 HUGHES, G., *Hebrews and Hermeneutics*, «The Son» (1979), 1-31.

b7105 1,1-16 VIARD, A., «La parole de Dieu proclamée par son Fils (Hébreux 1,1-16)», EV (prédication) 82 (1982) 341-343.

b7106 1,1-14 COCKERILL, G.L., «Heb 1:1-14, 1 Clem 36:1-6 and the High Priest Title», JBL 97 (1978) 437-440.

b7107 1,1-4 FALKE, J., «Die Absolutheit Christi. Meditation über Hebr. 1,1-4», BiLeb 4 (1963) 205-209.

b7108 1,1 FEUILLET, A., «Prophetic call and Jesus baptism», TDig 28 (1980) 29-32.

b7109	1,3.13	GOURGUES, M., *À la droite de Dieu*, «Hébreux 1:3-13» (1978), 90-110.
b7110	1,3	FRANKOWSKI, J., «Early Christian Hymns Recorded in the New Testament. A reconsideration of the question in light of Heb 1,3», BZ 27 (1983) 183-194.
b7111	1,5-4,13	HILLMANN, W., «Lebend und wirksam ist Gottes Wort. Einführung in die Grundgedanken des Hebräerbriefes (1,5-4,13)», BiLeb 1 (1960) 87-99.
b7112	1,5-13	THOMPSON, J.W., «The Structure and Purpose of the Catena in Heb 1:5-13», CBQ 38 (1976) 352-363.
b7113	1,6	HELYER, L.R., «The *Prôtotokos* Title in Hebrews», SBT 6,2 (1976) 3-28.
b7114		VICENT CERNUDA, A., «La introducción del primogénito, según Hebr 1,6», EstB 39 (1981) 107-153.
b7115	2,1-4	AUFFRET, P., «Note sur la structure littéraire d'Hb ii.1-4», NTS 25 (1979) 166-179.
b7116	2,3-4	FEUILLET, A., «Le 'Commencement' de l'Économie Chrétienne d'après He ii.3-4; Mc i.1 et Ac i.1-2», NTS 24 (1977-78) 163-174.
b7117	2,5-3,6	MINEAR, P.S., «An Early Christian Theopoetic?» Semeia 12 (1978) 201-214.
b7118	2,5-18	SWETNAM, J., *Jesus and Isaac. A Study of the Epistle to the Hebrews in the Light of the Aqedah* (Analecta Biblica, 94) (Rome, Biblical Institute Press, 1981), xii-243 pp.
b7119	2,5-9	COPPENS, J., *Le Fils de l'homme néotestamentaire* (BETL 55), «Le Fils de l'homme en Hebr., II,5-9» (1981), 38-43.
b7120	2,6	GRÄSSER, E., «Beobachtungen zum Menschensohn in Hebr 2,6», dans *Jesus und der Menschensohn* (en collab.) (1975), 404-414.
b7121	2,9	BRIDGE, W.H., «The Ascended Christ», ExpTim 85 (1974) 239-240.
b7122	2,10-18	HICKLING, C.J.A., «John and Hebrews: The Background of Hebrews 2.10-18», NTS 29 (1983) 112-116.
b7123	2,10	BUCHHEIM, F., «'Es geziente Gott', durch Leiden zur Vollendung zu führen», GeistL 52 (1979) 9-16.
b7124		JOHNSTON, G., «Christ as Archegos», NTS 27 (1981) 381-385.
b7125	2,11-13	DOORMANN, F., «Deinen Namen will ich meinen Brüdern verkünden (Hebr 2,11-13)», BiLeb 14 (1973) 245-251.
b7126	2,14-18	LYS, D., «Hébreux 2:14-18», ETR 30, n° 4 (1955) 47-49.
b7127		GRÄSSER, E., «Die Heilsbedeutung des Todes Jesu im Hebräer 2,14-18», dans *Theologia Crucis - Signum Crucis* (en collab.) (1979), 165-184.
b7128	2,18	READ, D.H.C., «What Help in our Pain?» ExpTim 92 (1981) 179-180.
b7129		MacDONALD, W.C., «The Temptations of the Cross», ExpTim 93 (1982) 145-146.
b7130	3,1-6	AUFFRET, P., «Essai sur la structure littéraire et l'interprétation d'Hébreux 3,1-6», NTS 26 (1980) 380-396.
b7131		VANHOYE, A., *Prêtres anciens, prêtre nouveau selon le Nouveau Testament*, «Grand prêtre digne de foi (He 3,1-6)» (1980), 114-119.
b7132	3,7-4,11	HAGNER, D.A., «Interpreting the Epistle to the Hebrews. Hebrews 3:7-4:11», dans *The Literature and Meaning of Scripture* (en collab.) (1981), 217-242.

*b*7133 4,14-5,10 FRIEDRICH, G., «Das Lied vom Hohenpriester im Zusammenhang von Hebr. 4,14-5,10», TZ 18 (1962) 95-115, dans *Auf das Wort kommt es an* (1978), 279-299.

*b*7134 4,1-11 HOFIUS, O., *Katapausis*. Die Vorstellung vom endzeitlichen Ruheort im Hebräerbrief (Wissenschaftliche Untersuchungen zum Neuen Testament, 11) (Tübingen, Mohr, 1970), ix-281 pp.

*b*7135 ATTRIDGE, H.W., «'Let us strive to enter that rest': The Logic of Hebrews 4:1-11», HarvTR 73 (1980) 279-288.

*b*7136 4,12-13 PLANAS, F., «La ciencia divina en Hebr. 4,12-13», CuBi 13 (1956) 260-263.

*b*7137 SWETNAM, J., «Jesus as *Logos* in Hebrews 4,12-13», Bibl 62 (1981) 214-224.

*b*7138 4,14-10,31 HILLMANN, W., «Der Hohepriester der künftigen Güter. Einführung in die Grundgedanken des Hebräerbriefes (4,14-10,31)», BiLeb 1 (1960) 157-178.

*b*7139 4,14-16 PANIER, L., «À propos d'un commentaire de l'Épître aux Hébreux», SemBib no 17 (1980) 6-37.

*b*7140 SCHENK, W., «Hebr. iv 14-16. Textlinguistik als Kommentierungsprinzip», NTS 26 (1980) 242-252.

*b*7141 READ, D.H.C., «Jesus Shall Reign - Where? and How?» ExpTim 92 (1981) 239-241.

*b*7142 4,15-16 VANHOYE, A., *Prêtres anciens, prêtre nouveau selon le Nouveau Testament*, «Miséricorde sacerdotale (He 4,15-16)» (1980), 131-136.

*b*7143 5,1-10 VANHOYE, A., «Situation et Signification de Hébreux v. 1-10», NTS 23 (1977) 445-456.

*b*7144 5,1-4 VANHOYE, A., *Prêtres anciens, prêtre nouveau selon le Nouveau Testament*, «Une description de grand prêtre (He 5,1-4)» (1980), 136-141.

*b*7145 5,5-14 BELLET, P., «Analecta Coptica», CBQ 40 (1978) 37-52.

*b*7146 5,5-10 VANHOYE, A., *Prêtres anciens, prêtre nouveau selon le Nouveau Testament*, «Comment le Christ est devenu grand prêtre (He 5,5-10)» (1980), 141-156.

*b*7147 5,7-10 SWETNAM, J., *Jesus and Isaac*. A Study of the Epistle to the Hebrews in the Light of the Aqedah (Analecta Biblica, 94) (Rome, Biblical Institute Press, 1981), xii-243 pp.

*b*7148 5,7-9 VANHOYE, A., «La preghiera di Cristo, sommo sacerdote (Eb 5,7-9)», dans *Parola, spirito e vita* 3 (1981) 183-195.

*b*7149 5,7-8 FEUILLET, A., «L'évocation de l'agonie de Gethsémani dans l'Épître aux Hébreux (5,7-8)», EV (doctrine) 86 (1976) 49-53.

*b*7150 FEUILLET, A., *L'agonie de Gethsémani*. Enquête exégétique et théologique suivie d'une étude du 'Mystère de Jésus' de Pascal (Paris, Gabalda, 1977), 345 pp.

*b*7151 5,7 ATTRIDGE, H.W., «Heard Because of His Reverence (Heb. 5:7)», JBL 98 (1979) 90-93.

*b*7152 WOSCHITZ, K.M., «Erlösende Tränen - zu Hebr 5,7», BiLit 56 (1983) 196-201.

*b*7153 5,11-6,3 THÜSING, W., «'Milch' und 'feste Speise' (1 Kor 3,1f. und Hebr 5,11-6,3)», TrierTZ 76 (1967) 243-246, 261-280.

*b*7154 5,14 KILEY, M., «A Note on Hebrews 5:14», CBQ 42 (1980) 501-503.

b7155   6,4-6   NICOLE, R., «Some Comments on Hebrews 6:4-6 and the Doctrine of the Perseverance of God with the Saints», dans *Current Issues in Biblical and Patristic Interpretation* (en collab.) (1975), 355-364.

b7156   SABOURIN, L., «Crucifying Afresh for One's Repentance (Heb 6:4-6)», BTB 6 (1976) 264-271.

b7157   6,13   GUILLAUME, A., «Hebrew Notes», PEQ 79 (1947) 40-44.

b7158   6,19   EICHLER, A., «Der Hoffnungsanker», ZDPV 59 (1936) 208-214.

b7159   7   THOMPSON, J.W., «The Conceptual Background and Purpose of the Midrash in Hebrews VII», NT 19 (1977) 209-223.

b7160   LONGENECKER, R., «The Melchizedek Argument of Hebrews: A Study in the Development and Circumstantial Expression of New Testament Thought», dans *Unity and Diversity in New Testament Theology* (en collab.) (1978), 161-185.

b7161   VANHOYE, A., *Prêtres anciens, prêtre nouveau selon le Nouveau Testament* (1980), «La figure de Melchisédek (He 7,1-10)», 171-182; «Le prêtre à la manière de Melchisédek (He 7,11-28)», 182-193.

b7162   7,1-10   DEMAREST, B., *A History of Interpretation of Hebrews 7,1-10 from the Reformation to the Present* (Beiträge zur Geschichte der biblischen Exegese, 19) (Tübingen, Mohr-Siebeck, 1976), viii-146 pp.

b7163   ELLINGWORTH, P., «'Like the Son of God': Form and Content in Hebrews 7,1-10», Bibl 64 (1983) 255-262.

b7164   8-9   VANHOYE, A., *Prêtres anciens, prêtre nouveau selon le Nouveau Testament*, «Thème spécifique et structure d'ensemble (He 8,1-9,28)» (1980), 104-199.

b7165   8,1   GOURGUES, M., *À la droite de Dieu*, «Hébreux 8:1 et 10:12» (1978), 110-119.

b7166   8,3-9,10   VANHOYE, A., *Prêtres anciens, prêtre nouveau selon le Nouveau Testament*, «La critique du culte ancien (He 8,3-9,10)» (1980), 199-212.

b7167   8,5   HURST, L.D., «How 'Platonic' Are Heb. viii.5 and ix.23f.?» JTS 34 (1983) 156-168.

b7168   8,11.18   HOFIUS, O., *Katapausis*. Die Vorstellung vom endzeitlichen Ruheort im Hebräerbrief (Wissenschaftliche Untersuchungen zum Neuen Testament, 11) (Tübingen, Mohr, 1970), ix-281 pp.

b7169   8,13   DEQUEKER, L., «Het Nieuwe Verbond bij Jeremia, bij Paulus en in de brief aan de Hebreeën. *La nouvelle Alliance chez Jérémie, chez Paul et dans l'épître aux Hébreux*», Bijdr. 33 (1972) 234-261 (English summary).

b7170   9   THOMPSON, J.W., «Hebrews 9 and Hellenistic Concepts of Sacrifice», JBL 98 (1979) 567-578.

b7171   YOUNG, N.H., «The Gospel according to Hebrews 9», NTS 27 (1981) 198-210.

b7172   9,11-28   VANHOYE, A., *Prêtres anciens, prêtre nouveau selon le Nouveau Testament*, «L'acte sacrificiel du Christ (He 9,11-28)» (1980), 212-235.

b7173   9,11-15   SISTI, A., «Il sacrificio della nuova alleanza», BibOr 9 (1967) 25-37.

b7174   9,11-14   GRAYSTON, K., «Salvation Proclaimed III. Hebrews 9 11-14», ExpTim 93 (1982) 164-168.

b7175   9,14   VANHOYE, A., «Esprit éternel et feu du sacrifice en He 9,14», Bibl 64 (1983) 263-274.

b7176   9,15-22   HUGHES, J.J., «Hebrews ix 15ff. and Galatians iii 15ff.; a Study in Covenant Practice and Procedure», NT 21 (1979) 27-96.

b7177   9,15-16   SELB, W., «*Diathēkē* im Neuen Testament», dans *Studies in Jewish Legal History* (en collab.) (1974), 183-196.

b7178   9,16-17   KILPATRICK, G.D., «*Diathēkē* in Hebrews», ZNW 68 (1977) 263-265.

b7179   9,22   YOUNG, N.H., «*Aimatekkhusia*: A Comment», ExpTim 90 (1979) 180.

b7180   9,23-24   HURST, L.D., «How 'Platonic' Are Heb. viii.5 and ix.23f.?» JTS 34 (1983) 156-168.

b7181   10   VANHOYE, A., *Prêtres anciens, prêtre nouveau selon le Nouveau Testament*, «Un sacrifice efficace» (1980), 236-263.

b7182   10,1   SEN, F., «La verdadera lectura de un texto (Hb 10:1)», CuBi 24 (1967) 165-168.

b7183   BRUCE, F.F., *The Time is Fulfilled*, «A Shadow of Good Things to come (*Hebrews* 10:1)» (1978), 75-94.

b7184   10,12   GOURGUES, M., *À la droite de Dieu*, «Hébreux 8:1 et 10:12» (1978), 110-119.

b7185   10,19   SCHREINER, J., «Im Zeichen der Hoffnung. Meditation zu Hebr 10,19», BiLeb 11 (1970) 214-217.

b7186   10,32-13,25   HILLMANN, W., «Glaube und Verheissung. Einführung in die Grundgedanken des Hebräerbriefes (10,32-13,25)», BiLeb 1 (1960) 237-252.

b7187   11   GRÄSSER, E., «Exegese nach Auschwitz? Kritische Anmerkungen zur hermeneutischen Bedeutung des Holocaust am Beispiel von Hebr 11», KerDo 27 (1981) 152-163.

b7188   11,4   BÉNÉTREAU, S., «La foi d'Abel. Hébreux 11,4» (1979) 623-630.

b7189   11,8   LEE, P., «The Life of Faith», ExpTim 90 (1979) 369-370.

b7190   11,11   IRWIN, J., «The Use of Hebrews 11:11 as Embryological Proof-Text», HarvTR 71 (1978) 312-316.

b7191   11,17-19   SWETNAM, J., *Jesus and Isaac. A Study of the Epistle to the Hebrews in the Light of the Aqedah* (Analecta Biblica, 94) (Rome, Biblical Institute Press, 1981), xii-243 pp.

b7192   11,24-28   HANSON, A.T., «The Reproach of the Messiah in the Epistle to the Hebrews», dans *Studia Evangelica* (en collab.) (1982), VII, 231-240.

b7193   11,31   HANSON, A.T., «Rahab the Harlot in Early Christian Theology», JSNT nº 1 (1978) 53-60.

b7194   12,1-3   LYS, D., «Hébreux 12:1-3», ETR 30, nº 4 (1955) 30-32.

b7195   12,1-2   HORNING, E.B., «Chiasmus, Creedal Structure, and Christology in Hebrews 12:1-2», BiRes 23 (1978) 37-48.

b7196   WATSON, P.S., «All Saints», ExpTim 91 (1979) 17-18.

b7197   12,1   WRIGHT, M., «Playing the Game with God», ExpTim 90 (1979) 308-310.

b7198   12,2   GOURGUES, M., *À la droite de Dieu*, «Hébreux 12:2» (1978), 120-125.

b7199   JOHNSTON, G., «Christ as Archegos», NTS 27 (1981) 381-385.

b7200   12,3   ELLINGWORTH, P., «New Testament Text and Old Testament Context in Heb. 12.3», dans *Studia Biblica 1978* (en collab.) (1980), III, 89-95.

b7201   12,18-24   CASEY, J.M., «Christian assembly in Hebrews: a fantasy island?» TDig 30 (1982) 323-335.

b7202   12,23   HELYER, L.R., «The *Prōtotokos* Title in Hebrews», SBT 6,2 (1976) 3-28.

b7203   12,26-27   VÖGTLE, A., «Das Neue Testament und die Zukunft des Kosmos. Hebr 12,26f. und das Endschicksal des Kosmos», BiLeb 10 (1969) 239-254.

b7204   13,1-6   VANHOYE, A., «La Question Littéraire de Hébreux xiii.1-6», NTS 23 (1977) 121-139.

b7205   13,7-24   LAUB, F., «Verkündigung und Gemeindeamt. Die Autorität der ēgoumenoi Hebr 13,7.17.24», SBTU 6/7 (1981-82) 169-190.

b7206   13,7-17   BROER, I., «Neutestamentliche Ermahnungen an die Verkünder des Wortes», BiLeb 10 (1969) 80-83.

b7207   LARA, R.R., «¿Qué significa 'comer de nuestro propiciatorio'? Lectura de Hebreos 13,7-17», CuBi 37 (1980) 113-135.

b7208   13,9-14   THOMPSON, J.W., «Outside the Camp: A Study of Hebrews 13:9-14», CBQ 40 (1978) 53-63.

b7209   13,10-16   HANSON, A.T., «The Reproach of the Messiah in the Epistle to the Hebrews», dans Studia Evangelica (en collab.) (1982), VII, 231-240.

b7210   13,12   LÜHRMANN, D., «Der Hohepriester ausserhalb des Lagers (Hebr 13 12)», ZNW 69 (1978) 178-186.

b7211   13,20-21   CRANFIELD, C.E.B., «Hebrews 13.20-21», SJTh 20 (1967) 437-441.

15. Jacques. James. Jakobusbrief. Giacomo. Santiago.

a) Introductions. Einleitungen. Introduzioni. Introducciones.

b7212   GUARDINI, R., «Apostelgestalten», BiKi 2 (1947) 1-12.

b7213   BRUIN, P., «Jakobus der Jüngere als Bauernseelsorger», BiKi 4 (1949) 21-24.

b7214   SOUČEK, J.B., «Zu Problemen des Jakobusbriefes», EvT 18 (1958) 460-468.

b7215   CORRIVEAU, R., «Genuine religion», StMor 5 (1967) 113-125.

b7216   GEYSER, A.S., «The Letter of James and the social condition of his addressees», dans Essays on the General Epistles of the New Testament (en collab.) (1975), 25-33.

b7217   AMMASSARI, A., «Lettera di Giacomo: proposta per una legge di libertà», BibOr 18 (1976) 235-240.

b7218   MARTIN, R.P., «The Life-Setting of the Epistle of James in the Light of Jewish History», dans Biblical and Near Eastern Studies (LaSor) (en collab.) (1978), 97-103.

b7219   DAOUST, J., «Les Jacques de l'Évangile», EV (doctrine) 92 (1982) 417-418.

b) Commentaires. Commentaries. Kommentare. Commenti. Comentarios.

b7220   ADAMSON, J.B., *The Epistle of James* (New International Commentary on the New Testament) (Grand Rapids, Eerdmans, 1976), 227 pp.

b7221   BARCLAY, W., *The Letters of James and Peter.* Translated with an Introduction and Interpretation (Daily Study Bible) (rev. ed.) (Philadelphia, Westminster, 1976), xii-352 pp.

b7222   ROBERTS, J.W., *The Letter of James* (The Living Word Commentary, 16) (Austin, Texas, Sweet Publishing, 1977), 180 pp.

b7223   FABRIS, R., *Lettera di Giacomo e Prima lettera di Pietro.* Commento pastorale e attualizzazione (Lettura pastorale della Bibbia, 8) (Bologna, Ed. Dehoniane, 1980), 287 pp.

b7224   KUGELMAN, R., *James & Jude* (New Testament Message, 19) (Wilmington, DE, Glazier, 1980), viii-114 pp.

*b*7225   LAWS, S., *A Commentary on the Epistle of James* (Harper's New Testament Commentaries) (San Francisco, Harper & Row, 1980), x-273 pp.
*b*7226   DAVIDS, P.H., *The Epistle of James*. A Commentary on the Greek Text (New International Greek Testament Commentary) (Grand Rapids, Eerdmans, 1982), xxxviii-226 pp.

c) Critique textuelle. Textual Criticism. Textkritik.
   Critica testuale. Crítica textual.

*b*7227   QUECKE, H., «Ein altes bohairisches Fragment des Jakobusbriefes (P. Heid. Kopt. 452)», Or. 43 (1974) 382-392.
*b*7228   AMPHOUX, C.-B., «La parenté textuelle de sy^h et du groupe 2138 dans l'épître de Jacques», Bibl 62 (1981) 259-271.
*b*7229   AMPHOUX, C.-B., «Quelques témoins grecs des formes textuelles les plus anciennes de l'épître de Jacques», NTS 28 (1982) 91-115.

d) Critique littéraire. Literary Criticism. Literarkritik.
   Critica letteraria. Crítica literaria.

*b*7230   ALONSO DIAZ, J., «Imágenes y comparaciones en la predicación de Santiago», CuBi 26 (1969) 195-200.
*b*7231   COMBRINK, H.J.B., «The structure of 1 Peter», dans *Essays on the General Epistles of the New Testament* (en collab.) (1975), 7-24.
*b*7232   AMPHOUX, C.-B., «Vers une description linguistique de l'épître de Jacques», NTS 25 (1978-79) 58-92.
*b*7233   DAVIDS, P.H., «Tradition and Citation in the Epistle of James», dans *Scripture, Tradition, and Interpretation* (en collab.) (1978), 113-126.
*b*7234   BLONDEL, J.-L., «Theology and paraenesis in James», TDig 28 (1980) 253-256.
*b*7235   AMPHOUX, C.-B., «Systèmes anciens de division de l'épître de Jacques et composition littéraire», Bibl 62 (1981) 390-400.
*b*7236   AMPHOUX, C.-B., «L'emploi du coordonnant dans l'Épître de Jacques», Bibl 63 (1982) 90-101.
*b*7237   BAASLAND, E., «Der Jakobusbrief als Neutestamentliche Weisheitsschrift», ST 36 (1982) 119-139.
*b*7238   CRADDOCK, J.G., «A Possible Connection between the Letter of James and the Events of John 7 and 8», dans *Studia Evangelica* (en collab.) (1982), VII, 141-144.
*b*7239   JOHNSON, L.T., «The Use of Leviticus 19 in the Letter of James», JBL 101 (1982) 391-401.

e) Théologie. Theology. Theologie. Teologia. Teología.

*b*7240   GOPPELT, L., *Theologie des Neuen Testaments*, «Der Jakobusbrief - eine paränetische Theologie der Empirie» (1976), 529-542.
*b*7241   MUSSNER, F., *Petrus und Paulus - Pole der Einheit*, «Paulus und Jakobus» (1976), 115-118.
*b*7242   HOPPE, R., *Der theologische Hintergrund des Jakobusbrief* (Forschung zum Bibel, 28) (Würzburg, Echter Verlag, 1977), 172 pp.
*b*7243   WANKE, J., «Die urchristlichen Lehrer nach dem Zeugnis des Jakobusbriefes», dans *Die Kirche des Anfangs* (en collab.) (1978), 489-511.

b7244   BARTLETT, D.L., «The Epistle of James As a Jewish-Christian Document», dans *Society of Biblical Literature. 1979 Seminar Papers* (en collab.) (1979), II, 173-186.
b7245   MARCUS, J., «The Evil Inclination in the Epistle of James», CBQ 44 (1982) 606-621.

f) Textes. Texts. Texte. Testi. Textos.

b7246   1   RUSCHE, H., «Standhaben in Gott. Einführung in die Grundgedanken des Jakobusbriefes (1,1-27)», BiLeb 5 (1964) 153-163.

b7247   AMPHOUX, C.-B., «Une relecture du chapitre I de l'Épître de Jacques», Bibl 59 (1978) 554-561.

b7248   XXX, «Parcours: le chapitre 1 de l'Épître de Jacques», SemBib n° 17 (1980) 38-45.

b7249   1,12-18   BERTRAND, D., «Jacques 1,12-18», CHR 30 (1983) 212-218.

b7250   1,13   DAVIDS, P.H., «The Meaning of *apeirastos* in James i.13», NTS 24 (1978) 386-392.

b7251   1,19-27   CRANFIELD, C.E.B., «The Message of James», SJTh 18 (1965) 182-193.

b7252   1,25   FABRIS, R., *Legge della libertà in Giacomo* (Associazione biblica italiana. Supplementi alla Rivista Biblica, 8) (Brescia, Paideia, 1977), 306 pp.

b7253   1,26-27   CORRIVEAU, R., «Genuine religion», StMor 5 (1967) 113-125.

b7254   ALONSO SCHÖKEL, L., «Culto y justicia en Sant 1,26-27», Bibl 56 (1975) 537-544.

b7255   2   XXX, «Parcours: Épître de Saint Jacques - Chapitre 2», SemBib n° 19 (1980) 25-31.

b7256   2,1-5   PHIFER, K.G., «Expository Articles. James 2:1-5», Interpr 36 (1982) 278-282.

b7257   2,1-17   MAIER, G., *Reich und arm*. Der Beitrag des Jakobusbriefes (Theologie und Dienst, 22) (Giessen-Basel, Brunnen, 1980), 47 pp.

b7258   2,1-13   RUSCHE, H., «Der Erbarmer hält Gericht. Einführung in die Grundgedanken des Jakobusbriefes (2,1-13a)», BiLeb 5 (1964) 236-247.

b7259   2,12   FABRIS, R., *Legge della libertà in Giacomo* (Associazione biblica italiana. Supplementi alla Rivista Biblica, 8) (Brescia, Paideia, 1977), 306 pp.

b7260   2,14-26   CRANFIELD, C.E.B., «The Message of James», SJTh 18 (1965) 338-345.

b7261   WARD, R.B., «The Works of Abraham. James 2:14-26», HarvTR 61 (1968) 283-290.

b7262   NICOL, W., «Faith and works in the Letter of James», dans *Essays on the General Epistles of the New Testament* (en collab.) (1975), 7-24.

b7263   BURGE, G.M., «'And Threw Them Thus on Paper': Rediscovering the Poetic Form of James 2:14-26», SBT 7,1 (1977) 31-45.

b7264   LORENZEN, T., «Faith without Works does not count before God! James 2,14-26», ExpTim 89 (1978) 231-235.

b7265   BURCHARD, C., «Zu Jakobus 2 14-26», ZNW 71 (1980) 27-45.

b7266   2,14-22   RUSCHE, H., «Vom Lebendigen Glauben und vom rechten Beten. Einführung in die Grundgedanken des Jakobusbriefes (2,14-22; 4,1-10)», BiLeb 6 (1965) 26-37.

b7267   2,18-19   DONKER, C.E., «Der Verfasser des Jak und sein Gegner. *Zum Problem des Einwandes in Jak 2 18-19*», ZNW 72 (1981) 227-240.

b7268   2,18   NEITZEL, H., «Eine alte crux interpretum im Jakobusbrief 2 18», ZNW 73 (1982) 286-293.

b7269   2,19   LUND, T.W., «Belief and Worship», ExpTim 90 (1979) 366-367.

b7270   2,21-23   JACOBS, I., «The Midrashic Background for James ii.21-3», NTS 22 (1976) 457-464.

b7271   2,22   LODGE, J.G., «James and Paul at Cross-Purposes? James 2,22», Bibl 62 (1981) 195-213.

b7272   2,25   HANSON, A.T., «Rahab the Harlot in Early Christian Theology», JSNT no 1 (1978) 53-60.

b7273   3   WANKE, J., «Die urchristlichen Lehrer nach dem Zeugnis des Jakobusbriefes», dans *Die Kirche des Anfangs* (en collab.) (1978), 489-511.

b7274   GENUYT, F., «Parcours: Épître de Jacques Ch. 3», SemBib no 22 (1981) 55-59.

b7275   3,1   BROER, I., «Neutestamentliche Ermahnungen an die Verkünder des Wortes», BiLeb 10 (1969) 80-83.

b7276   3,13-4,10   JOHNSON, L.T., «James 3:13-4:10 and the Topos *peri phthonou*», NT 25 (1983) 327-347.

b7277   3,16-4,3   PERKINS, P., «James 3:16-4:3», Interpr 36 (1982) 283-287.

b7278   4,1-5,6   GENUYT, F., «Parcours: Épître de Jacques 4,1-5,6», SemBib no 23 (1981) 44-56.

b7279   4,1-10   RUSCHE, H., «Vom lebendigen Glauben und von rechten Beten. Einführung in die Grundgedanken des Jakobusbriefes (2,14-22; 4,1-10)», BiLeb 6 (1965) 26-37.

b7280   4,1-4   TOWNSEND, M.J., «James 4,1-4: A Warning against Zealotry?» ExpTim 87 (1976) 211-213.

b7281   4,13-5,11   MAIER, G., *Reich und arm*. Der Beitrag des Jakobusbriefes (Theologie und Dienst, 22) (Giessen-Basel, Brunnen, 1980), 47 pp.

b7282   5,6-20   GENUYT, F., «Épître de Saint-Jacques, ch. 5,6-20», SemBib 24 (1981) 28-36.

b7283   5,7-10   VIARD, A., «Invitation à la patience (Jacques 5,7-10)», EV (doctrine) 87 (1977) 617-618.

b7284   Y.B., «Ayez de la patience (Jc 5,7-10)», EV (prédication) 83 (1983) 321-322.

b7285   5,12   DAUTZENBERG, G., «Ist das Schwurverbot Mt 5,33-37; Jak 5,12 ein Beispiel für die Torakritik Jesu?» BZ 25 (1981) 47-66.

b7286   5,13-18   WILKINSON, J., «Healing in the epistle of James», SJTh 24 (1971) 326-345.

b7287   VOUGA, F., «Jacques 5/13-18», ETR 53 (1978) 103-109.

b7288   5,13-15   COPPENS, J., «Jacq. V,13-15 et l'onction des malades», ETL 53 (1977) 201-207.

b7289   ALBERTON, M., *Un sacrement pour les malades* (Coll. 'Croire et comprendre') (Paris, Le Centurion, 1978), 96-111.

b7290   5,16   BOTTINI, G.C., «Confessione e intercessione in Giacomo 5,16», StBiFranc 33 (1983) 193-226.

b7291   5,17-18   BOTTINI, G.C., *La preghiera di Elia in Giacomo 5,17-18*. Studio della tradizione biblica e giudaica (Studium Biblicum Franciscanum, Analecta, 16) (Jerusalem, Franciscan Printing Press, 1981), 200 pp.

b7292   5,17   THIERING, B.E., «The Three and a Half Years of Elijah», NT 23 (1981) 41-55.

16. I et II Pierre. I and II Peter. I u. II Petrusbrief. I e II Pietro. I. y II. Pedro.

a) *Introductions. Einleitungen. Introduzioni. Introducciones.*

b7293   MICHL, J., «Petrus als Seelsorger», BiKi 3 (1948) 15-24.

b7294   VAN UNNIK, W.C., «Christianity according to I Peter», ExpTim 68 (1956) 79-83, dans VAN UNNIK, W.C., *Sparsa Collecta* (1980), II, 111-120.

b7295   PENNA, A., «Il 'Senatoconsulto' del 35 d.C e la prima lettera di S. Pietro», dans *San Pietro* (en collab.) (1967), 337-366.

b7296   MARXSEN, W., «Der Mitälteste und Zeuge der Leiden Christi. Eine martyrologische Begründung des 'Romprimats' im 1. Petrus-Brief?» dans *Theologia Crucis - Signum Crucis* (en collab.) (1979), 377-393.

b7297   NEUGEBAUER, F., «Zur Deutung und Bedeutung des I. Petrusbriefes», NTS 26 (1979) 61-86.

b7298   CHEVALLIER, M.-A., «Comment lire aujourd'hui la Première Épître de Pierre», dans *Études sur la première lettre de Pierre* (en collab.) (1980), 129-152.

b7299   ELLIOTT, J.H., «Peter, Silvanus and Mark in I Peter and Acts: Sociological-Exegetical Perspectives on a Petrine Group in Rome», dans *Wort in der Zeit* (en collab.) (1980), 250-267.

b7300   LEPELLEY, C., «Le contexte historique de la Première Lettre de Pierre», dans *Études sur la première lettre de Pierre* (en collab.) (1980), 43-64.

b7301   SCHRÖGER, F., *Gemeinde im 1. Petrusbrief*. Untersuchungen zum Selbstverständnis einer christlichen Gemeinde an der Wende vom 1. zum 2. Jahrhundert (Schriften der Universität Passau, Reihe Katholische Theologie, 1) (Passau, Passavia Universitätsverlag, 1981), xii-268 pp.

b) *État de la recherche. State of Research. Forschung zu I. u. II Petrus. Ricerca su I e II Pietro. Investigación sobre I y II Pedro.*

b7302   ELLIOTT, J.H., «The Rehabilitation of an Exegetical Step-Child: 1 Peter in Recent Research», JBL 95 (1976) 243-254.

b7303   COTHENET, É., «Les orientations actuelle de l'exégèse de la première Lettre de Pierre», dans *Études sur la première lettre de Pierre* (en collab.) (1980), 13-42.

b7304   SYLVA, D., «I Peter Studies: The State of the Discipline», BTB 10 (1980) 155-163.

c) *Commentaires. Commentaries. Kommentare. Commenti. Comentarios.*

b7305   DE HAAN, R.W., VANDER LUGT, H., *Good News for Bad Times*. A Study of 1 Peter (Wheaton, IL, Victor Books, 1975), 156 pp.

b7306   BARCLAY, W., *The Letters of James and Peter*. Translated with an Introduction and Interpretation (Daily Study Bible) (rev. ed.) (Philadelphia, Westminster, 1976), xii-352 pp.

*b*7307   HOLMER, U., DE BOOR, W., *Die Briefe des Petrus und der Brief des Judas*
           (Wuppertaler Studienbible) (Wuppertal, Brockhaus, 1976), 295 pp.

*b*7308   SCHELKLE, K.H., *Die Petrusbriefe. Der Judasbrief.* Vierte, erweiterte Auflage
           (HerNT XIII,2) (Freiburg, Herder, 1976), xxvi-258 pp.

*b*7309   GOPPELT, L., *Der Erste Petrusbrief*[8] (HAHN, F., Hrsg.) (Meyers Kommentar, 12/1)
           (Göttingen, Vandenhoeck & Ruprecht, 1978), 358 pp.

*b*7310   BROX, N., *Der erste Petrusbrief* (EKK 21) (Zürich, Benziger; Neukirchen-Vluyn,
           Neukirchener Verlag, 1979), 263 pp.

*b*7311   STÖGER, A., «EKK - ein neues Kommentarwerk (N. BROX, *Der erste Petrusbrief*)»,
           BiLit 52 (1979) 261-265.

*b*7312   ARICHEA, D.C., NIDA, E.A., *A Translator's Handbook on the First Letter from Peter*
           (Helps for Translators) (New York, London, Stuttgart, United Bible Societies, 1980),
           viii-190 pp.

*b*7313   FABRIS, R., *Lettera di Giacomo e Prima lettera di Pietro.* Commento pastorale
           e attualizzazione (Lettura pastorale della Bibbia, 8) (Bologna, Ed. Dehoniane, 1980),
           287 pp.

*b*7314   FUCHS, E., REYMOND, P., *La deuxième épître de saint Pierre. L'épître de saint Jude*
           (Commentaire du Nouveau Testament, 2è série, XIIIb) (Neuchâtel, Delachaux
           & Niestlé, 1980), 194 pp.

*b*7315   PESCH, R., *Die Echtheit eures Glaubens.* Biblische Orientierungen: I. Petrusbrief
           (Freiburg, Herder, 1980), 112 pp.

*b*7316   SENIOR, D., *1 & 2 Peter* (New Testament Message, 20) (Wilmington, DE, Glazier,
           1980), xviii-143 pp.

*b*7317   ELLIOTT, J.H., *A Home for the Homeless.* A Sociological Exegesis of I Peter, Its
           Situation and Strategy (Philadelphia, Fortress, 1981), xiv-306 pp.

*b*7318   CALLOUD, J., GENUYT, F., *La première épître de Pierre.* Analyse sémiotique (Lectio
           Divina, 109) (Paris, Cerf, 1982), 215 pp.

d) Critique textuelle. Textual Criticism. Textkritik. Critica testuale. Crítica textual.

*b*7319   DUPLACY, J., AMPHOUX, C.-B., «À propos de l'histoire du texte de la Première
           Épître de Pierre», dans *Études sur la première lettre de Pierre* (en collab.) (1980), 155-173.

*b*7320   CREHAN, J., «New Light on 2 Peter from the Bodmer Papyrus», dans *Studia Evangelica*
           (en collab.) (1982), VII, 145-149.

d) Critique littéraire. Literary Criticism. Literarkritik.
   Critica letteraria. Crítica literaria.

*b*7321   RIBER, M., «Un modelo de catequesis bautismal. Sugerencias, en torno a la carta
           primera de Pedro, para una catequesis de adultos», CuBi 23 (1966) 323-331.

*b*7322   LACONI, M., «Tracce dello stile e del pensiero di Paolo nella prima lettera di Pietro»,
           dans *San Pietro* (en collab.) (1967), 367-394.

*b*7323   QUACQUARELLI, A., «Similitudini, sentenze e proverbi in S. Pietro», dans *San Pietro*
           (en collab.) (1967), 425-442.

*b*7324   MUSSNER, F., *Petrus und Paulus - Pole der Einheit* (1976), «Das Pseudonym 'Petrus'
           im 1. Petrusbrief», 49-57; «Das Pseudonym 'Symeon Petrus' im 2. Petrusbrief», 58-68.

*b*7325   BROX, N., «Situation und Sprache der Minderheit im ersten Petrusbrief», Kairos 19
           (1977) 1-13.

*b*7326 TENNEY, M.C., «Some Possible Parallels Between 1 Peter and John», dans *New Dimensions in New Testament Study* (en collab.) (1977), 370-377.

*b*7327 BROX, N., «Der erste Petrusbrief in der literarischen Tradition des Urchristentums», Kairos 20 (1978) 182-192.

*b*7328 NEYREY, J.H., «The Form and Background of the Polemic in 2 Peter», JBL 99 (1980) 407-431.

*b*7329 SCHLOSSER, J., «Ancien Testament et Christologie dans la *Prima Petri*», dans *Études sur la première lettre de Pierre* (en collab.) (1980), 65-96.

*b*7330 ELLIOTT, J.H., *A Home for the Homeless*. A Sociological Exegesis of 1 Peter, Its Situations and Strategy (Philadelphia, Fortress Press, 1981), xiv-306 pp.

*b*7331 OSBORNE, P., «L'utilisation des citations de l'Ancien Testament dans la première épître de Pierre», RTL 12 (1981) 64-77.

*b*7332 MUNRO, W., *Authority in Paul and Peter*. The Identification of a Pastoral Stratum in the Pauline Corpus and 1 Peter (SNTS Monograph Series, 45) (Cambridge, Cambridge University Press, 1983), viii-226 pp.

f) Théologie. Theology. Theologie. Teologia. Teología.

*b*7333 BEARE, F.W., «The Teaching of First Peter», AThR 27 (1945) 284-296.

*b*7334 SEGALLA, G., *Volontà di Dio e dell'uomo in Giovanni*, «La prima lettera di Pietro» (1974), 92-95.

*b*7335 GOPPELT, L., *Theologie des Neuen Testaments*, «Die Verantwortung der Christen in der Gesellschaft nach dem 1. Petrusbrief» (1976), 490-508.

*b*7336 HILL, D., «On Suffering and Baptism in I Peter», NT 18 (1976) 181-189.

*b*7337 VANHOYE, A., «1 Pierre au carrefour des théologies du Nouveau Testament», dans *Études sur la première lettre de Pierre* (en collab.) (1980), 97-128.

g) Textes. Texts. Texte. Testi. Textos.

I Pierre. I Peter. I. Petrusbrief. I Pietro. I Pedro.

*b*7338 1,1-2 HEMER, C.J., «The Address of 1 Peter», ExpTim 89 (1978) 239-243.

*b*7339 1,2 AGNEW, F.H., «1 Peter 1:2 - An Alternative Translation», CBQ 45 (1983) 68-73.

*b*7340 1,3-12 KÜHSCHELM, R., «'Lebendige Hoffnung' - zu 1 Petr 1,3-12», BiLit 56 (1983) 202-206.

*b*7341 1,3-9 COTHENET, É., «Liturgie et vie chrétienne d'après I Pierre», dans TRIACCA, A.M., PISTOIA, A. (Éd.), *La liturgie, expression de la foi.* Conférences Saint-Serge, XXVe semaine d'études liturgiques, Paris, 27-30 juin 1978 (Roma, Edizioni Liturgiche, 1979), 97-113.

*b*7342 MARGOT, J.-C., *Traduire sans trahir* (Lausanne, Éditions l'Âge d'homme, 1979), «La traduction de textes à structure complexe», 231-242.

*b*7343 1,9 DAVIDSON, J.A., «The Congregation: Priest and Servant», ExpTim 85 (1974) 336-337.

*b*7344 1,10-12 CALLOUD, J., «Ce que parler veut dire», dans *Études sur la première lettre de Pierre* (en collab.) (1980), 175-206.

*b*7345 1,12 SHIMADA, K., «A Critical Note on I Peter 1,12», AJBI 7 (1981) 146-153.

*b*7346 1,13-2,12 HODGSON, R., Jr., «The Testimony Hypothesis», JBL 98 (1979) 361-378.

*b*7347 1,13 VALLAURI, E., «'Succincti lumbos mentis vestrae' (1 Piet. 1,13). Nota per una traduzione», BibOr 24 (1982) 19-22.

*b*7348 1,16-21 NEYREY, J.H., «The Apologetic Use of the Transfiguration in 2 Peter 1:16-21», CBQ 42 (1980) 504-519.

*b*7349 1,18-19 VAN UNNIK, W.C., «The Redemption in I Peter i 18-19 and the Problem of the First Epistle of Peter», dans *Mededelingen der Nederlandsche Akademie van Wetenschappen*, Afdeeling Letterkunde, Nieuwe Reeks, Deel 5, n⁰ 1, 1942, pp. 1-106, dans VAN UNNIK, W.C., *Sparsa Collecta* (1980), II, 3-82.

*b*7350 1,20 MARTELET, G., «Das Lamm, erwählt vor Grundlegung der Welt», IKZCommunio 9 (1980) 36-44.

*b*7351 2 GOLDSTEIN, H., «Die politischen Paränesen in 1 Petr 2 und Röm 13», BiLeb 14 (1973) 88-104.

*b*7352 2,1-10 SNODGRASS, K.R., «I Peter ii.1-10; its Formation and Literary Affinities», NTS 24 (1977-78) 97-106.

*b*7353 TURNER, J.M., «The People of God», ExpTim 91 (1980) 244-245.

*b*7354 VANHOYE, A., *Prêtres anciens, prêtre nouveau selon le Nouveau Testament*, «Le texte de 1 P 2,1-10» (1980), 270-306.

*b*7355 2,2-3 FRANCIS, J., «'Like newborn babes' - the image of the child in 1 Peter 2:2-3», dans *Studia Biblica 1978* (en collab.) (1980), III, 111-117.

*b*7356 2,4-10 COLECCHIA, L.F., «Rilievi su I Piet. 2,4-10», RivB 25 (1977) 179-194.

*b*7357 2,4-8 SCHLOSSER, J., «Le Christ-Pierre: 1 P 2,4-8», dans *Études sur la première lettre de Pierre* (en collab.) (1980), 72-82.

*b*7358 2,5 MARSHALL, J.S., «A Spiritual House an Holy Priesthood (I Peter II,5)», AThR 28 (1946) 227-228.

*b*7359 HILL, D., «'To Offer Spiritual Sacrifices ...' (1 Peter 2:5): Liturgical Formulations and Christian Paraenesis in I Peter», JSNT n⁰ 16 (1982) 45-63.

*b*7360 2,9 GARCIA CORDERO, M., «El Sacerdocio real en 1 P 2,9», CuBi 16 (1959) 321-323.

*b*7361 SANDEVOIR, P., «Un royaume de prêtres?» dans *Études sur la première lettre de Pierre* (en collab.) (1980), 219-229.

*b*7362 2,11-3,12 BALCH, D.L., *Let Wives Be Submissive*. The Domestic Code in I Peter (SBL Monograph Series, 26) (Chico, CA, Scholars Press, 1981), ix-196 pp.

*b*7363 2,11-19 PEREZ, G., HERNANDEZ, J.F., «Epístolas Dominicales», CuBi 13 (1956) 92-98.

*b*7364 SISTI, A., «Il cristiano nel mondo», BibOr 8 (1966) 70-79.

*b*7365 2,14 VAN UNNIK, W.C., «A Classical Parallel to I Peter ii 14 and 20», NTS 2 (1956) 198-202, dans VAN UNNIK, W.C., *Sparsa Collecta* (1980), II, 106-110.

*b*7366 2,18-3,7 THRAEDE, K., «Zum historischen Hintergrund der 'Haustafeln' des NT», dans *Pietas* (en collab.) (1980), 359-368.

*b*7367 2,18-25 CARREZ, M., «L'esclavage dans la Première Épître de Pierre», dans *Études sur la première lettre de Pierre* (en collab.) (1980), 207-217.

*b*7368   2,20   VAN UNNIK, W.C., «A Classical Parallel to I Peter ii 14 and 20», NTS 2 (1956) 198-202, dans VAN UNNIK, W.C., *Sparsa Collecta* (1980), II, 106-110.

*b*7369   2,21-25   GOLDSTEIN, H., «Die Kirche als Schar derer, die ihrem leidenden Herrn mit dem Ziel der Gottesgemeinschaft nachfolgen. Zum Gemeindeverstänsnis von 1 Peter 2,21-25 und 3,18-22», BiLeb 15 (1974) 38-54.

*b*7370   SCHLOSSER, J., «Le Christ-Serviteur: 1 P 2,21-25», dans *Études sur la première lettre de Pierre* (en collab.) (1980), 83-93.

*b*7371   OSBORNE, T.P., «Guide Lines for Christian Suffering: A Source-Critical and Theological Study of 1 Peter 2,21-25», Bibl 64 (1983) 381-408.

*b*7372   2,22-24   COTHENET, É., «Liturgie et vie chrétienne d'après I Pierre», dans TRIACCA, A.M., PISTOIA, A. (Éd.), *La liturgie, expression de la foi.* Conférences Saint-Serge, XXVe semaine d'études liturgiques, Paris, 27-30 juin 1978 (Roma, Edizioni Liturgiche, 1979), 97-113.

*b*7373   2,25   BARTINA, S., «Pedro manifiesta su poder primacial», CuBi 21 (1964) 333-336.

*b*7374   3,1-6   ERICSON, N.R., «Interpreting the Petrine Literature. 1 Peter 3:1-6», dans *The Literature and Meaning of Scripture* (en collab.) (1981), 243-266.

*b*7375   3,5-6   SCHLOSSER, J., «1 Pierre 3,5b-6», Bibl 64 (1983) 409-410.

*b*7376   3,8-15   FERNANDEZ, J., «Epístola del domingo quinto después de Pentecostés (1 Pe 3,8-15)», CuBi 10 (1962) 290-304.

*b*7377   3,9-12   PIPER, J., «Hope as the Motivation of Love: I Peter 3:9-12», NTS 26 (1980) 212-231.

*b*7378   3,9   PIPER, J., '*Love your enemies*', «Rom 12:17 and 1 Pt 3:9» (1979), 14-17.

*b*7379   3,10   LECOMTE, P., «Aimer la vie. I Pierre 3/10 (Psaume 34/13)», ETR 56 (1981) 288-293.

*b*7380   3,15   PAILIN, D.A., «I Believe (2): The Ground of Faith», ExpTim 88 (1977) 269-271.

*b*7381   3,18-22   BULTMANN, R., «Bekenntnis- und Liedfragmente im ersten Petrusbrief», *Coniectanea Neotestamentica* 11 (1947) 1-14, dans *Exegetica* (1967), 185-187.

*b*7382   GOLDSTEIN, H., «Die Kirche als Schar derer, die ihrem leidenden Herrn mit dem Ziel der Gottesgemeinschaft nachfolgen. Zum Gemeindeverständnis von 1 Peter 2,21-25 und 3,18-22», BiLeb 15 (1974) 38-54.

*b*7383   COTHENET, É., «Liturgie et vie chrétienne d'après I Pierre», dans TRIACCA, A.M., PISTOIA, A. (Éd.), *La liturgie, expression de la foi.* Conférences Saint-Serge, XXVe semaine d'études liturgiques, Paris, 27-30 juin 1978 (Roma, Edizioni Liturgiche, 1979), 97-113.

*b*7384   SHIMADA, K., «The Christological Credal Formula in I Peter 3,18-22 - Reconsidered», AJBI 5 (1979) 154-176.

*b*7385   HANSON, A., «Salvation Proclaimed. I. 1 Peter 3 18-22», ExpTim 93 (1982) 100-108.

*b*7386   LASH, C.J.A., «Fashionable Sports: Hymn-Hunting in I Peter», dans *Studia Evangelica* (en collab.) (1982), VII, 293-297.

b7387 3,18-19 DE LA BONNARDIÈRE, A.-M., «La prédication du Christ aux esprits en prison 1 P 3,18-19 d'après l'interprétation de Saint Augustin», dans *Études sur la première lettre de Pierre* (en collab.) (1980), 247-267.

b7388 3,19 DALTON, W.J., «The Interpretation of 1 Peter 3,19 and 4,6: Light from 2 Peter», Bibl 60 (1979) 547-555.

b7389 PERROT, C., «La descente aux enfers et la prédication aux morts», dans *Études sur la première lettre de Pierre* (en collab.) (1980), 231-246.

b7390 3,20 COOK, D., «I Peter iii.20: An Unnecessary Problem», JTS 31 (1980) 72-78.

b7391 3,21 TRIPP, D.H., «*Eperōtēma* (I Peter 3²¹). A Liturgist's Note», ExpTim 92 (1981) 267-270.

b7392 3,22 GOURGUES, M., *À la droite de Dieu*, «La première épître de Pierre» (1978), 75-87.

b7393 4,6 DALTON, W.J., «The Interpretation of 1 Peter 3,19 and 4,6: Light from 2 Peter», Bibl 60 (1979) 547-555.

b7394 PERROT, C., «La descente aux enfers et la prédication aux morts», dans *Études sur la première lettre de Pierre* (en collab.) (1980), 231-246.

b7395 4,7-11 SISTI, A., «La vita cristiana nell'attesa della parusia», BibOr 7 (1965) 123-128.

b7396 4,14 RODGERS, P.R., «The Longer Reading of 1 Peter 4:14», CBQ 43 (1981) 93-95.

b7397 4,15-16 BAUER, J.B. «Der erste Petrusbrief und die Verfolgung unter Domitian», dans *Die Kirche des Anfangs* (en collab.) (1978), 513-527.

b7398 4,15 BAUER, J.B., «Aut maleficus aut alieni speculator (1 Petr 4,15)», BZ 22 (1978) 109-115.

b7399 5,1-4 MUSSNER, F., *Petrus und Paulus - Pole der Einheit*, «Das Bild des Petrus als Hirten in 1 Petr 5,1-4a» (1976), 55-57.

b7400 5,2 DAVIDSON, J.A., «The Congregation: Priest and Servant», ExpTim 85 (1974) 336-337.

b7401 5,6-11 PEREZ, G., HERNANDEZ, J.F., «Epístolas Dominicales: Domingos 3. y 4. después de Pewntecostés», CuBi 13 (1956) 144-148.

b7402 5,7 SMART, E.R.D., «What's Your Number?» ExpTim 88 (1977) 269.

b7403 5,13 GAMBA, G.G., «L'Evangelista Marco Segretario-'Interprete' della prima lettera di Pietro?» Sal 44 (1982) 61-70.

II Pierre. II Peter. II. Petrusbrief. II Pietro. II Pedro.

b7404 1 DANKER, F.W., «2 Peter 1: A Solemn Decree», CBQ 40 (1978) 64-82.

b7405 1,13 ZMIJEWSKI, J., «Apostolische Paradosis und Pseudepigraphie», BZ 23 (1979) 161-171.

b7406 1,16-18 MUSSNER, F., *Petrus und Paulus - Pole der Einheit*, «Der 'Augenzeuge' der Verklärung Jesu (1,16-18)» (1976), 66-68.

b7407 2,13 TOWNSEND, M.J., «Exit the Agape?» ExpTim 90 (1979) 356-361.

b7408 3,1-13 VON ALLMEN, D., «L'apocalyptique juive et le retard de la parousie en II Pierre 3,1-13», RTP 99 (1966) 255-274.

b7409 3,8-14 VIARD, A., «Retard du jour du Seigneur et miséricorde de Dieu (2 Pierre 3,8-14)», EV (prédication) 78 (1978) 296-298.

b7410 3,10 LENHARD, H., «Noch einmal zu 2 Petr 3 10d», ZNW 69 (1978) 136.

b7411 3,15 RINALDI, G., «La 'sapienza data' a Paolo (2 Petr. 3,15)», dans *San Pietro* (en collab.) (1967), 395-411.

17. I, II, III Jean. - I, II, III John. - Johannesbriefe.
I, II, III Giovanni. - I, II, III Juan.

a) Introductions. Einleitungen. Introduzioni. Introducciones.

b7412 LAPLACE, J., *Discernement pour temps de crise.* L'Épître de Jean (Paris, Le Chalet, 1978), 200 pp.
b7413 SMALLEY, S.S., «What about 1 John?» dans *Studia Biblica 1978* (en collab.) (1980), III, 337-343.
b7414 VIARD, A., «Notes sur la première épître de Saint Jean», EV (prédication) 80 (1980) 7-12.
b7415 VOUGA, F., «Les écrits johanniques», LV nº 149 (1980) 5-14.

b) Commentaires. Commentaries. Kommentare. Commenti. Comentarios.

b7416 RENNES, J., *La première épître de Jean* (Genève, Labor et Fides, 1968), 58 pp.
b7417 HAAS, C., DE JONGE, M., SWELLENGREBEL, J.L., *A Translator' Handbook on the Letters of John* (New York, London, Stuttgart, United Bible Societies, 1972), 171 pp.
b7418 MALATESTA, E., *The Epistles of St. John.* Greek Text and English Translation schematically arranged (Rome, Pontifical Gregorian University, 1973), 69 pp.
b7419 HOULDEN, J.L., *A Commentary on the Johannine Epistles* (Black's New Testament Commentaries) (London, A. & C. Black, 1974), xii-164 pp.
b7420 LAPLACE, J., *Discernement pour temps de crise* (Paris, Le Chalet, 1978), 200 pp.
b7421 MARSHALL, I.H., *The Epistles of John* (The New International Commentary on the New Testament) (Grand Rapids, Eerdmans, 1978), 274 pp.
b7422 WENGST, K., *Der erste, zweite und dritte Brief des Johannes* (Ökumenischer Taschenbuchkommentar zum Neuen Testament, 16) (Gütersloh, Mohn; Würzburg, Echter Verlag, 1978), 261 pp.
b7423 PERKINS, P., *The Johannine Epistles* (New Testament Message, 21) (Wilmington, DE, Glazier, 1979), xxiii-109 pp.
b7424 BROWN, R.E., *The Epistles of John* translated with introduction, notes, and commentary (The Anchor Bible, 30) (Garden City, New York, Doubleday, 1982), xxviii-812 pp.
b7425 FLEINERT-JENSEN, F., *Commentaire de la Première Épître de Jean* (Lire la Bible, 56) (Paris, Cerf, 1982), 143 pp.
b7426 BONNARD, P., *Les épîtres johanniques* (Commentaire du Nouveau Testament, XIIIc) (Genève, Labor et Fides, 1983), 146 pp.

c) Critique textuelle. Textual Criticism. Textkritik. Critica testuale. Crítica textual.

b7427 RICHARDS, W.L., *The Classification of the Greek Manuscripts of the Johannine Epistles* (SBL Dissertation Series, 35) (Missoula, Scholars Press, 1977), xiii-290 pp.
b7428 AMPHOUX, C.-B., «Note sur le classement des manuscrits grecs de 1 Jean», RHPR nº 2 (1981) 125-135.

d) Critique littéraire. Literary Criticism. Literarkritik.
Critica letteraria. Crítica literaria.

b7429   BULTMANN, R., «Analyse des ersten Johannesbriefes», dans *Festgabe für Adolf Jülicher* zum 70. Geburtstag 26 Januar 1927 (Tübingen, Mohr, 1927), 138-158, dans *Exegetica* (1967), 105-123.

b7430   BULTMANN, R., «Die kirchliche Redaktion des ersten Johannesbriefes», dans *In Memoriam Ernst Lohmeyer* (en collab.) (1951), 189-201, dans *Exegetica* (1967), 381-393.

b7431   LOUW, J.P., «Verbal aspect in the first Letter of John», dans *Essays on the General Epistles of the New Testament* (en collab.) (1975), 98-104.

b7432   BONNARD, P., «La première Épître de Jean est-elle johannique?» dans *L'Évangile de Jean* (en collab.) (1977), 301-305, dans *Anamnesis* (1980), 195-200.

b7433   BRAUN, F.-M., «La Réduction du Pluriel au Singulier dans l'Évangile et la Première Lettre de Jean», NTS 24 (1977-78) 40-67.

b7434   HOFFMAN, T.A., «I John and the Qumran Scrolls», BTB 8 (1978) 117-125.

b7435   MALATESTA, E., *Interiority and Covenant*. A Study of *einai en* and *menein en* in the First Letter of Saint John (Analecta Biblica, 69) (Rome, Biblical Institute Press, 1978), 358 pp.

e) Théologie. Theology. Theologie. Teologia. Teología.

b7436   VORSTER, W.S., «Heterodoxy in 1 John», dans *Essays on the General Epistles of the New Testament* (en collab.) (1975), 87-97.

b7437   GRAU, J., *El amor y la verdad*. El mensage de la segunda carta de Juan (Colección 'Pensamiento Evangélico') (Barcelona, Ediciones Evangelicas Europeas, 1973), 105 pp.

b7438   GHIBERTI, G., «Ortodossia e eterodossia nelle lettere giovannee», RivB 30 (1982) 381-400.

b7439   PASTOR, F.-A., «Comunidad y Ministerio en las Epístolas Joaneas», EstE 52 (1977) 39-71.

b7440   LIEU, J.M., «'Authority to become children of God'. A Study of I John», NT 23 (1981) 210-228.

f) Textes. Texts. Texte. Testi. Textos.

I Jean. I John. I Johannesbrief. I Giovanni. I Juan.

b7441   1,1-2   KERR, I.F., «Being Fully Alive», ExpTim 92 (1981) 114-115.

b7442   1,3-7   PERKINS, P., «*Koinōnia* in 1 John 1:3-7: The Social Context of Division in the Johannine Letters», CBQ 45 (1983) 631-641.

b7443   1,5-2,6   HOULDEN, J.L., «Salvation Proclaimed. II. 1 John 1 5 - 2 6: Belief and Growth», ExpTim 93 (1982) 132-136.

b7444   1,6   DE LA POTTERIE, I., *La vérité dans saint Jean*, «1 Jn 1,6», (1977), 520-530.

b7445   1,8   MICHL, J., «Sündhaftigkeit und Sündlosigkeit der Christen (Erklärung von 1 Joh. 1.8)», BiKi 5 (1950) 26-28.

b7446   1,9   CONTI, M., «La riconciliazione in 1 Gv 1,9», Ant 54 (1979) 163-224.

b7447   2,17   SEGALLA, G., *Volontà di Dio e dell'uomo in Giovanni*, «La volontà del Padre come oggetto di quella dell'uomo in ordine alla vita eterna: 1 Gv. 2,17» (1974), 274-280.

b7448 2,21 DE LA POTTERIE, I., *La vérité dans saint Jean*, «1 Jn 2,21; 3,18-19; Jn 18,37» (1977), 619-631.

b7449 2,29-3,10 VELLANICKAL, M., *The Divine Sonship of Christians in the Johannine Writings*, «Righteousness: Criterion of the Life of the Children of God (1 Jn 2:29-3:10; Jn 8:31-47)» (1977), 227-263.

b7450 SEGALLA, G., «L'impeccabilità del credente in 1 *Giov.* 2,29-3,10 alla luce dell'analisi strutturale», RivB 29 (1981) 331-341.

b7451 2,29 VICENT, A., «La filiación divina según *kai* en 1 Jn 2,29 y 3,1», EstB 36 (1977) 85-90.

b7452 3,1-2 GOMEZ, J., «Comentario exegético-doctrinal», CuBi 27 (1970) 113-119.

b7453 VELLANICKAL, M., *The Divine Sonship of Christians in the Johannine Writings*, «The Eschatological Development of the Divine Sonship of Christians (1 Jn 3:1-2)» (1977), 331-351.

b7454 3,1 VICENT, A., «La filiación divina según *kai* en 1 Jn 2,29 y 3,1», EstB 36 (1977) 85-90.

b7455 3,2-3 READ, D.H.C., «What can we know about heaven - and does it matter?» ExpTim 89 (1978) 370-371.

b7456 3,4-9 SEGALLA, G., *Volontà di Dio e dell'uomo in Giovanni*, «La volontà dell'uomo contraria a quella di Dio: 8,34.44; 5,40; 1 Gv. 3,4.8-9» (1974), 284-291.

b7457 3,9 VELLANICKAL, M., *The Divine Sonship of Christians in the Johannine Writings*, «Impeccability: Fruit of the Life of Divine Sonship (1 Jn 3:9; 5:18-20; Jn 8:31-36)» (1977), 265-294.

b7458 3,10-18 SISTI, P.A., «La carità dei figli di Dio», BibOr 9 (1967) 77-87.

b7459 3,10-12 VELLANICKAL, M., *The Divine Sonship of Christians in the Johannine Writings*, «Love: the Expression of the Life of Divine Sonship (1 Jn 3:10-12; 4:7-8)» (1977), 295-316.

b7460 3,12 DE KRUIJF, T.C., «'Nicht wie Kain (der) von Bösen war...' 1 Joh. 3,12», Bijdr. 41 (1980) 47-63 (English Summary).

b7461 3,18-19 DE LA POTTERIE, I., *La vérité dans saint Jean*, «1 Jn 2,21; 3,18-19; Jn 18,37» (1977), 619-631.

b7462 3,18 READ, D.H.C., «Love Made Visible», ExpTim 85 (1974) 306-307.

b7463 DE LA POTTERIE, I., *La vérité dans saint Jean*, «Aimer en acte et dans la vérité (1 Jn 3,18)» (1977), 663-673.

b7464 3,19-22 COURT, J.M., «Blessed Assurance?» JTS 33 (1982) 508-517.

b7465 3,19-20 PRATSCHER, W., «Gott ist grösser als unser Herz. Zur Interpretation von 1. Joh. 3,19f», TZ 32 (1976) 272-281.

b7466 RICHARDSON, C.C., «The Exegesis of 1 John 3,19-20 - An Ecumenical Misinterpretation?» dans WINSLOW, D.F. (Ed.), *Disciplina Nostra*. Essays in Memory of Robert F. Evans (Patristic Monograph Series, 6) (Cambridge, Mass., The Philadelphia Patristic Foundation, 1979), 31-52.

b7467 3,22 SEGALLA, G., *Volontà di Dio e dell'uomo in Giovanni*, «La volontà di Dio e la preghiera (Gv. 9,31; 1 Gv. 3,22; 5,14)» (1974), 295-307.

b7468 3,24 DE LA POTTERIE, I., *La vérité dans saint Jean*, «1 Jn 3,24b» (1977), 290-297.

b7469 4,6 DE LA POTTERIE, I., *La vérité dans saint Jean*, «L'Esprit de la vérité dans 1 Jn 4,6» (1977), 286-310.

*b*7470   4,7-8   VELLANICKAL, M., *The Divine Sonship of Christians in the Johannine Writings*, «Love: the Expression of the Life of Divine Sonship (1 Jn 3:10-12; 4:7-8)» (1977), 295-316.

*b*7471   4,9   DAHMS, J.V., «The Johannine Use of *Monogenēs* reconsidered», NTS 29 (1983) 222-232.

*b*7472   4,11   HUTCHISON, H., «The Danger of Parochialism», ExpTim 92 (1981) 238-239.

*b*7473   4,13   DE LA POTTERIE, I., *La vérité dans saint Jean*, «1 Jn 4,13» (1977), 297-306.

*b*7474   4,16   PAUL, R.J., «Talking about Love», ExpTim 85 (1974) 337-338.

*b*7475   4,17-18   ROMANIUK, K., «'Die vollkommene Liebe treibt die Furcht aus'. Eine Auslegung von 1 Jo 4,17-18», BiLeb 5 (1964) 80-84.

*b*7476   4,19   MARTIN, B., «Ejercicios bíblicos espirituales», CuBi 19 (1962) 56-58.

*b*7477   SEARLE, J.D., «The Initiative of Love», ExpTim 89 (1977-78) 147-148.

*b*7478   5,1-4   VELLANICKAL, M., *The Divine Sonship of Christians in the Johannine Writings*, «Life of Divine Sonship: a Life of Faith (1 Jn 5:1-4)» (1977), 317-330.

*b*7479   5,6   DE LA POTTERIE, I., *La vérité dans saint Jean*, «L'Esprit est la vérité (1 Jn 5,6)» (1977), 310-328.

*b*7480   VENETZ, H.-J., «'Durch Wasser und Blut gekommen'. Exegetische Überlegungen zu 1 Joh 5,6», dans *Die Mitte des Neuen Testaments* (en collab.) (1983), 345-361.

*b*7481   5,7-8   DE JONGE, H.J., «Erasmus and the Comma Johanneum», ETL 56 (1980) 381-389.

*b*7482   5,14   SEGALLA, G., *Volontà di Dio e dell'uomo in Giovanni*, «La volontà di Dio e la preghiera (Gv. 9,31; 1 Gv 3,22; 5,14)» (1974), 295-307.

*b*7483   5,16-17   SCHOLER, D.M., «Sins Within and Sins Without: An Interpretation of 1 John 5:16-17», dans *Current Issues in Biblical and Patristic Interpretation* (en collab.) (1975), 230-246.

*b*7484   5,16   HERKENRATH, J., «Sünde zum Tode», dans *Aus Theologie und Philosophie* (en collab.) (1950), 119-138.

*b*7485   MIGUENS, M., «Sin, Prayer, Life in 1 Jn 5:16», dans *Studia Hierosolymitana (Bagatti)* (en collab.) (1976), II, 64-82.

*b*7486   5,18-20   VELLANICKAL, M., *The Divine Sonship of Christians in the Johannine Writings*, «Impeccability: Fruit of the Life of Divine Sonship (1 Jn 3:9; 5:18-20; Jn 8:31-36)» (1977), 265-294.

*b*7487   5,21   SKA, J.-L., «Petits enfants, prenez garde aux idoles. *1 Jn 5,21*», NRT 101 (1979) 860-874.

II Jean. II John. II Johannesbrief. II Giovanni. II Juan.

*b*7488   1   DE LA POTTERIE, I., *La vérité dans saint Jean* (1977), «Ceux qui possèdent la connaissance de la vérité (2 Jn 1)», 539-550; «Aimer dans la vérité (2 Jn 1; 3 Jn 1)», 657-663.

*b*7489   4   DE LA POTTERIE, I., *La vérité dans saint Jean*, «Marcher dans la vérité (2 Jn 4; 3 Jn 3.4)» (1977), 646-657.

III Jean. III John. III Johannesbrief. III Giovanni. III Juan.

*b*7490   1   DE LA POTTERIE, I., *La vérité dans saint Jean*, «Aimer dans la vérité (2 Jn 1; 3 Jn 1)» (1977), 657-663.

*b*7491   3,4   DE LA POTTERIE, I., *La vérité dans saint Jean*, «Marcher dans la vérité (2 Jn 4; 3 Jn 3.4)» (1977), 646-657.

*b*7492   8   DE LA POTTERIE, I., *La vérité dans saint Jean*, «Les textes de 3 Jn 8» (1977), 873-904.

*b*7493   11   HORVATH, T., «3 Jn 11[b]: An Early Ecumenical Creed?» ExpTim 85 (1974) 339-340.

18. Jude. Judasbrief. Giuda. Judas.

a) Introductions. Einleitungen. Introduzioni. Introducciones.

*b*7494   MASSAUX, É., «Le texte de l'Épître de Jude du Papyrus Bodmer VII P[72])», dans *Scrinium Lovaniense* (en collab.) (1961), 108-125.

*b*7495   EYBERS, I.H., «Aspects of the background of the Letter of Jude», dans *Essays on the General Epistles of the New Testament* (en collab.) (1975), 113-123.

*b*7496   BUSTO SAIZ, J.R., «La carta de Judas a la luz de algunos escritos judíos», EstB 39 (1981) 83-105.

*b*7497   HAHN, F., «Randbemerkungen zum Judasbrief», TZ 37 (1981) 209-218.

b) Commentaires. Commentaries. Kommentare. Commenti. Comentarios.

*b*7498   HOLMER, U., DE BOOR, W., *Die Briefe des Petrus und der Brief des Judas* (Wuppertaler Studienbibel) (Wuppertal, Brockhaus, 1976), 295 pp.

*b*7499   SCHELKLE, K.H., *Die Petrusbriefe. Der Judasbrief.* Vierte, erweiterte Auflage (HerNT XIII,2) (Freiburg, Herder, 1976), xxvi-258 pp.

*b*7500   FUCHS, E., REYMOND, P., *La deuxième épître de saint Pierre. L'épître de saint Jude* (Commentaire du Nouveau Testament, 2è série, XIIIb) (Neuchâtel, Delachaux & Niestlé, 1980), 194 pp.

c) Textes. Texts. Texte. Testi. Textos.

*b*7501   5   OSBURN, C.D., «The Text of Jude 5», Bibl 62 (1981) 107-115.

*b*7502   12   TOWNSEND, M.J., «Exit the Agape?» ExpTim 90 (1979) 356-361.

*b*7503   13   OLESON, J.P., «An Echo of Hesiod's *Theogony* vv. 190-2 in Jude 13», NTS 25 (1979) 492-503.

*b*7504   14-15   OSBURN, C.D., «The Christological Use of I Enoch i.9 in Jude 14, 15», NTS 23 (1977) 334-341.

**V. APOCALYPSE DE JEAN. REVELATION OF JOHN.
OFFENBARUNG DES JOHANNES. APOCALISSE DI GIOVANNI.
APOCALIPSIS DE JUAN.**

a) Bibliographie. Bibliography. Bibliographie. Bibliografia. Bibliografía.

*b*7505   VANNI, U., «Rassegna bibliografica sull'Apocalisse (1970-1975)», RivB 24 (1976) 277-301.

*b*7506   MEGIVERN, J.J., «Wrestling with Revelation», BTB 8 (1978) 147-154.

*b*7507   VANNI, U., «L'Apocalypse johannique. État de la question», dans *L'apocalypse johannique et l'Apocalyptique dans le Nouveau Testament* (en collab.) (1980), 21-46.

*b*7508   MAZZUCCO, C., «A proposito di alcuni studi recenti sull'Apocalisse», RivB 31 (1983) 213-225.

b) Introductions. Einleitungen. Introduzioni. Introducciones.

*b*7509   STAEHELIN, J., «Die Apokalypse», BiLit 12 (1937-38) 311-315.

*b*7510   CEPEDA, J.G., «Esencia y marco del Apocalipsis», CuBi 12 (1955) 16-19.

*b*7511   CEPEDA, J.G., «Para entender el Apocalipsis», CuBi 12 (1955) 353-356.

*b*7512   MEINERTZ, M., «Wesen und Bedeutung der Johannesapokalypse», BiKi 10 (1955) 3-13.

*b*7513   GOLLINGER, H., *Die Kirche in der Bewährung*. Eine Einführung in die Offenbarung des Johannes (Der Christ in der Welt. Eine Euzyklopädie, VI. Reihe, Band 13) (Aschaffenburg, Pattloch, 1973), 107 pp.

*b*7514   SASTRE, J.M., «Un libro desconcertante», CuBi 31 (1974) 254-261.

*b*7515   BÖCHER, O., *Die Johannesapokalypse* (Erträge der Forschung, 41) (Darmstadt, Wissenschaftliche Buchgesellschaft, 1975), xvii-154 pp.

*b*7516   FEUILLET, A., «Jalons pour une meilleure intelligence de l'Apocalypse. Introduction à la partie prophétique», EV (doctrine) 85 (1975) 433-443.

*b*7517   MARCONCINI, B., «Differenti metodi dell'interpretazione dell'Apocalisse», BibOr 18 (1976) 121-131.

*b*7518   BEASLEY-MURRAY, G.R., HOBBS, H.H., ROBBINS, R.F., *Revelation*. Three Viewpoints (Nashville, Broadman, 1977), 248 pp.

*b*7519   BELL, A.A., Jr., «The Date of John's Apocalypse. The Evidence of Some Roman Historians reconsidered», NTS 25 (1978-79) 93-102.

*b*7520   GAROFALO, S., *L'Apocalisse è per oggi*. Miti, mistero e storia (Firenze, Salani, 1978), 334 pp.

*b*7521   HADOT, J., «Les deux auteurs et les deux dates de l'"Apocalypse' de Jean», dans *Problèmes d'histoire du christianisme* (Bruxelles, Éditions de l'Université de Bruxelles, 1979), VIII, 1-28.

*b*7522   LAMBRECHT, J., «The Book of Revelation and Apocalyptic in the New Testament: Colloquium Biblicum Lovaniense XXX (1979)», ETL 55 (1979) 391-397.

*b*7523   PRIGENT, P., «L'Apocalypse: Exégèse Historique et Analyse Structurale», NTS 26 (1979) 127-137.

*b*7524   En collaboration, *À la découverte de la Bible*, «L'Apocalypse: le temps du témoignage» (1980), II, 254-259.

*b*7525   COLLINS, A.Y., «Myth and History In The Book of Revelation: The Problem of Its Date», dans *Traditions in Transformation* (en collab.) (1981), 377-403.

*b*7526   COLLINS, A.Y., «Dating the Apocalypse of John», BiRes 26 (1981) 33-45.

*b*7527   GUNTHER, J.J., «The Elder John, Author of Revelation», JSNT 11 (1981) 3-20.

b7528　MAIER, G., *Die Johannesoffenbarung und die Kirche* (Wissenschaftliche Untersuchungen zum Neuen Testament, 25) (Tübingen, Mohr-Siebeck, 1981), ix-676 pp.

b7529　WHEALON, J.F., «New Patches on an Old Garment: The Book of Revelation», BTB 11 (1981) 54-59.

b7530　MOLLAT, D., *Une lecture pour aujourd'hui: l'Apocalypse*, «L'Apocalypse: un livre sur l'Église pour l'Église» (1982), 13-37.

b7531　PRÉVOST, J.-P., *Pour en finir avec la peur. L'Apocalypse* (De la parole à l'écriture, 2) (Montréal, Éditions Paulines, Socabi; Paris, Médiaspaul, 1983), 65 pp.

c) Commentaires. Commentaries. Kommentare. Commenti. Comentarios.

b7532　GEIGER, A., *Bilder letzter Wirklichkeit. Die Offenbarung des Johannes* (Stuttgarter Kleiner Kommentar - Neues Testament, 18) (Stuttgart, Katholisches Bibelwerk, 1974), 105 pp.

b7533　FORD, J.M., *Revelation* (The Anchor Bible, 38) (Garden City, New York, Doubleday & Company, 1975), xlviii-456 pp.

b7534　BARCLAY, W., *The Revelation of John*. Translated with an Introduction and Interpretation. Vol. 1: *Chapters 1 to 5*. Vol. 2: *Chapters 6 to 22* (Daily Study Bible) (rev. ed.) (Philadelphia, Westminster, 1976), x-184 pp., x-233 pp.

b7535　FRANZMANN, M.H., *The Revelation to John*. A Commentary (St. Louis, Concordia, 1976), 148 pp.

b7536　MOUNCE, R.H., *The Book of Revelation* (The New International Commentary on the New Testament, 17) (Grand Rapids, Eerdmans, 1977), 426 pp.

b7537　BOER, H.R., *The Book of Revelation* (Grand Rapids, Eerdmans, 1979), 157 pp.

b7538　HAILEY, H., *Revelation*. An Introduction and Commentary (Grand Rapids, Baker, 1979), 438 pp.

b7539　SWEET, J.P.M., *Revelation* (Westminster Pelican Commentaries) (Philadelphia, Westminster, 1979), xvi-361 pp.

b7540　CORSINI, E., *Apocalisse prima e dopo* (Torino, Società Editrice Internazionale, 1980), xi-561 pp.

b7541　PRIGENT, P., *'Et le ciel s'ouvrit.'* Apocalypse de saint Jean (Paris, Cerf, 1980), 286 pp.

b7542　BEASLEY-MURRAY, G.R., *The Boom of Revelation* (New Century Bible Commentary) (Grand Rapids, Eerdmans, 1981), 352 pp.

b7543　MAGGIONI, B., *L'Apocalisse per una lettura profetica del tempo presente* (Bibbia per tutti) (Assisi, Cittadella Editrice, 1981), 247 pp.

b7544　MEGIVERN, J.J., «Jacques Ellul's Apocalypse», BTB 11 (1981) 125-128.

b7545　PRIGENT, P., *L'Apocalypse de saint Jean* (Commentaire du Nouveau Testament, XIV) (Lausanne, Paris, Delachaux et Niestlé, 1981), 385 pp.

b7546　SCHÜSSLER FIORENZA, E., *Invitation to the Book of Revelation*. A Commentary on the Apocalypse with Complete Text from *The Jerusalem Bible* (Garden City, NY, Image Books/Doubleday, 1981), 223 pp.

b7547　VÖGTLE, A., *Das Buch mit den sieben Siegeln*. Die Offenbarung des Johannes in Auswahl gedeutet (Freiburg, Basel, Vienna, Herder, 1981), 187 pp.

d) Critique textuelle. Textual Criticism. Textkritik. Critica testuale. Crítica textual.

b7548　VÖÖBUS, A., *The Apocalypse in the Harklean Version*. A facsimile Edition of MS. Mardin Orth. 35, fol. 143r-159v, with an Introduction (Corpus Scriptorum

Christianorum Orientalium, vol. 400, Subsidia, Tomus 56) (Louvain, Secrétariat du Corpus SCO, 1978), 76-36* pp.

b7549   BIRDSALL, J.N., «The Georgian Version of the Book of Revelation», dans *Studia Biblica 1978* (en collab.) (1980), III, 33-45.

b7550   DELOBEL, J., «Le texte de l'Apocalypse: Problèmes de méthode», dans *L'Apocalypse johannique et l'Apocalyptique dans le Nouveau Testament* (en collab.) (1980), 151-166.

b7551   SIEGERT, F., «Unbeachtete Papiaszitate bei armenischen Schriftstellern», NTS 27 (1981) 605-614.

e) Critique littéraire. Literary Criticism. Literarkritik.
   Critica letteraria. Crítica literaria.

Structure. Aufbau. Struttura. Estructura.

b7552   ELLUL, J., *L'Apocalypse.* Architecture en mouvement (Paris, Desclée, 1975), 274 pp.

b7553   SCHÜSSLER FIORENZA, E., «Composition and Structure of the Revelation of John», CBQ 39 (1977) 344-366.

b7554   HAHN, F., «Zum Aufbau der Johannesoffenbarung», dans *Kirche und Bibel* (en collab.) (1979), 145-154.

b7555   LAMBRECHT, J., «A Structuration of Revelation 4,1-22,5», dans *L'Apocalypse johannique et l'Apocalyptique dans le Nouveau Testament* (en collab.) (1980), 77-104.

b7556   VANNI, U., *La struttura letteraria dell'Apocalisse*[2] (Aloisiana, 8a) (Brescia, Morcelliana, 1980), vii-335 pp.

b7557   GOULDER, M.D., «The Apocalypse as an Annual Cycle of Prophecies», NTS 27 (1981) 342-367.

b7558   MONLOUBOU, L., «L'Apocalypse de Jean et sa structure», EV (doctrine) 91 (1981) 80-88.

b7559   GOURGUES, M., «'L'Apocalypse' ou 'les trois Apocalypses' de Jean?» SE 35 (1983) 297-323.

Philologie. Philology. Philologie. Filologia. Filología.

b7560   BLACK, M., «Some Greek Words with 'Hebrew' Meanings in the Epistles and Apocalypse», dans *Biblical Studies* (W. Barclay) (en collab.) (1976), 135-146.

b7561   LANCELLOTTI, A., «Predominante paratassi nella narrativa ebraizzante dell'Apocalisse», StBiFranc 30 (1980) 303-316.

b7562   SATAKE, A., «Inklusio als ein beliebtes Ausdrucksmittel in der Johannesapokalypse», AJBI 6 (1980) 76-113.

b7563   MUSSIES, G., «The Greek of the Book of Revelation», dans *L'Apocalypse johannique et l'Apocalyptique dans le Nouveau Testament* (en collab.) (1980), 167-177.

b7564   LANCELLOTTI, A., «Il KAI narrativo di 'consecuzione' alla maniera del *wayyiqtol* ebraico nell'Apocalisse», StBiFranc 31 (1981) 75-104.

b7565   LANCELLOTTI, A., «Il KAI 'consecutivo' di predizione alla maniera del *weqataltî* ebraico nell'Apocalisse», StBiFranc 32 (1982) 133-146.

Divers. Miscellaneous. Verschiedenes. Diversi. Diversos.

b7566   SAHLIN, H., *Die Bildersprache der Offenbarung Johannis.* Ein Deutungsversuch (Örebro, Sweden, Privately published, n.d.), 183 pp.

b7567   BREWER, R.R., «The Influence of Greek Drame on the Apocalypse of John», AThR 18 (1936) 74-92.

*b*7568 VANNI, U., «Gli apporti specifici dell'analisi letteraria per l'esegesi e l'attualizzazione ermeneutica dell'Apocalisse», RivB 28 (1980) 319-335.

*b*7569 VANNI, U., «Il simbolismo nell'Apocalisse», Greg 61 (1980) 461-506.

*b*7570 GIESEN, H., «Heilszusage angesichts der Bedrängnis. Zu den Makarismen in der Offenbarung des Johannes», SNTU 6/7 (1981-82) 191-223.

f) Ancien Testament. Old Testament. Altes Testament. Antico Testamento. Antiguo Testamento.

*b*7571 JENKINS, F., *The Old Testament in the Book of Revelation* (Grand Rapids, Baker, 1976), 151 pp.

*b*7572 MARCONCINI, B., «L'utilizzazione del T.M. nelle citazioni isaiane dell'Apocalisse», RivB 24 (1976) 113-136.

*b*7573 EFIRD, J.M., *Daniel and Revelation.* A Study of Two Extraordinary Visions (Valley Forge, PA, Judson, 1978), 144 pp.

*b*7574 HANSON, A.T., *The Living Utterances of God*, «Scripture in the Book of Revelation» (1983), 159-177.

g) Évangile de Jean. Gospel of John. Johannesevangelium.
  Vangelo di Giovanni. Evangelio de Juan.

*b*7575 SCHÜSSLER FIORENZA, E., «The Quest for the Johannine School: The Apocalypse and the Fourth Gospel», NTS 23 (1977) 402-427.

*b*7576 BOCHER, O., «Das Verhältnis der Apokalypse des Johannes zum Evangelium des Johannes», dans *L'Apocalypse johannique et l'Apocalyptique dans le Nouveau Testament* (en collab.) (1980), 289-301.

*b*7577 VOUGA, F., «Les écrits johanniques», LV n° 149 (1980) 5-14.

*b*7578 BÖCHER, O., «Johanneisches in der Apokalypse des Johannes», NTS 27 (1981) 310-321.

h) Théologie. Theology. Theologie. Teologia. Teología.

*b*7579 LOWRY, C.W., Jr., «The Meaning of Revelation», AThR 23 (1941) 246-251.

*b*7580 GENTON-SUNIER, N., *Exégèse spirituelle de la Bible.* Apocalypse de Jean (Boudry, Neuchâtel, Baconnière, 1975), 245 pp.

*b*7581 VANNI, U., «La riflessione sapienzale come atteggiamento ermeneutico costante nell'Apocalisse», RivB 24 (1976) 185-197.

*b*7582 MOLLAT, D., *La vie et la gloire.* Exégèse spirituelle, «L'Apocalypse, livre de l'espérance» (1980) II, 125-130.

*b*7583 CANTORE, S., «I sette spiriti», dans *Parola, spirito e vita* 4 (1981) 202-214.

*b*7584 FISCHER, R.M., «Die Christlichkeit der Offenbarung Johannes», TLZ 106 (1981) 165-172.

*b*7585 PRIGENT, P., «L'étrange dans l'apocalypse: une catégorie théologique», LV n° 160 (1982) 49-60.

*b*7586 SELLIN, G., «'Die Auferstehung ist schon geschehen'. Zur Spiritualisierung apokalyptischer Terminologie im Neuen Testament», NT 25 (1983) 220-237.

i) Textes. Texts. Texte. Testi. Textos.

*b*7587 1-3 GOGUEL, M., «Les Nicolaïtes», RH 115 (1937) 5-36.

b7588   HARTMAN, L., «Form and Message. A Preliminary Discussion of 'Partial Texts' in Rev 1-3 and 22,6ff», dans *L'Apocalypse johannique et l'Apocalyptique dans le Nouveau Testament* (en collab.) (1980), 129-149.

b7589   MOLLAT, D., *Une lecture pour aujourd'hui: l'Apocalypse*, «Une tournée pastorale du Christ ressuscité, Apocalypse 1-3» (1982), 39-60.

b7590   1,1-3   PESCH, R., «Offenbarung Jesu Christi. Eine Auslegung von Apk 1,1-3», BiLeb 11 (1970) 15-29.

b7591   1,4-8   VANNI, U., «Un esempio di dialogo liturgico in Ap 1,4-8», Bibl 57 (1976) 453-467.

b7592   1,5-8   Y.B., «Le crucifié reviendra en gloire (Dn 7,13-14; Ap 1,5-8)», EV (prédication) 82 (1982) 306-308.

b7593   1,5-6   WOLFF, C., «Die Gemeinde des Christus in der Apokalypse des Johannes», NTS 27 (1981) 186-197.

b7594   1,6   VANHOYE, A., *Prêtres anciens, prêtre nouveau selon le Nouveau Testament*, «L'oeuvre du Christ et le sacerdoce royal des chrétiens (Ap 1,6)» (1980), 311-320.

b7595   1,9-19 Y.B., «L'évangile du ressuscité (Ap. 1,9-19)», EV (prédication) 83 (1983) 82-84.

b7596   1,9-11 BACON, B.W., «Adhuc in Corpore Constituto», HarvTR 23 (1930) 305-307.

b7597   1,9-10 BROWN, J.E., «Living in Two Worlds», ExpTim 93 (1981) 22-24.
b7598   1,10   VANNI, U., «Il 'Giorno del Signore' in Apoc. 1,10, giorno di purificazione e di discernimento», RivB 26 (1978) 187-199.

b7599   1,12-20 ZEDDA, S., *L'escatologia biblica*, «La sovranità di Cristo, Figlio dell'uomo e agnello (1,12-20; 2-3; 5,1-14)» (1975), II, 447-467.

b7600   1,13-15 ROWLAND, C., «The Vision of the Risen Christ in Rev. i.13ff: The Debt of an Early Christology to an Aspect of Jewish Angelology», JTS 31 (1980) 1-11.

b7601   1,19   VAN UNNIK, W.C., «A Formula describing Prophecy», NTS 9 (1963) 86-94, dans VAN UNNIK, W.C., *Sparsa Collecta* (1980), II, 183-193.

b7602   2-3   PAX, E., «Jüdische und christliche Funde im Bereiche der 'Sieben Kirchen' der Apokalypse», BiLeb 8 (1967) 264-279.

b7603   FEUILLET, A., «Jalons pour une meilleure intelligence de l'Apocalypse. Les lettres aux églises (Chapitres 2 et 3)», EV (doctrine) 85 (1975) 209-223.

b7604   ZEDDA, S., *L'escatologia biblica*, «La sovranità di Cristo, Figlio dell'uomo e agnello (1,12-20; 2-3; 5,1-14)» (1975), II, 447-467.

b7605   GERHARDSSON, B., «Die christologischen Aussagen in den Sendschreiben der Offenbarung (Kap. 2-3)», dans *Theologie aus dem Norden* (en collab.) (1976), 142-166.

b7606   TREVIJANO ETCHEVERRIA, R., «La misión en las iglesias de Asia (Apoc 2-3)», Salm 26 (1979) 205-230.

b7607   STRAUSS, L., *Prophetic Mysteries Revealed*. The Prophetic Significance of the Parables of Matthew 13 and the Letters of Revelation 2-3 (Neptune, NJ, Loizeaux, 1980), 255 pp.

b7608   BACH, D., «La structure au service de la prédication. Les sept lettres d'Apocalypse 2-3 fournissent-elles un canevas de lecture théologique?» ETR 56 (1981) 294-305.

b7609		SARACINO, F., «Quello che lo Spirito dice (Apoc. 2,7 ecc.)», RivB 29 (1981) 3-31.
b7610		POPKES, W., «Die Funktion der Sendschreiben in der Johannes-Apokalypse. Zugleich ein Beitrag zur Spätgeschichte der neutestamentlichen Gleichnisse», ZNW 74 (1983) 90-107.
b7611	2,1-7	THÜSING, W., «Die Bekehrung zur Liebe. Meditation über Apk 2,1-7», BiLeb 5 (1964) 194-197.
b7612		MEYER, F., «Rückkehr zur 'ersten Liebe'», BiLeb 9 (1968) 303-306.
b7613	2,7	GANGEMI, A., «L'albero della vita (Ap. 2,7)», RivB 23 (1975) 383-397.
b7614	2,11	GANGEMI, A., «La morte seconda (Ap. 2,11)», RivB 24 (1976) 3-11.
b7615	2,12-17	MEYER, F., «Der weisse Stein mit dem neuen Namen. Meditation über das Sendschreiben an Pergamon (Apk 2,12-17)», BiLeb 10 (1969) 291-294.
b7616	2,17	GANGEMI, A., «La manna nascosta e il nome nuovo», RivB 25 (1977) 337-356.
b7617	2,26-28	GANGEMI, A., «La stella del mattino (Apoc. 2,26-28)», RivB 26 (1978) 241-274.
b7618	3,8.11	MORGAN, P., «Receiving Gifts», ExpTim 90 (1979) 110-111.
b7619	3,8	LANCELLOTTI, A., «La 'porta aperta' di Ap 3,8 alla luce del linguaggio profetico veterotestamentario dell'Apocalisse di S. Giovanni», dans Studia Hierosolymitana (Bagatti) (en collab.) (1976), II, 146-163.
b7620	3,20	BOURS, J., «'Siehe, ich stehe vor der Tür'. Eine Meditation zu Apk 3,20», BiLeb 4 (1963) 271-277.
b7621		FEUILLET, A., Etudes d'exégèse et de théologie biblique, «Le Cantique des Cantiques et l'Apocalypse» (1975), 333-361.
b7622	4,1-22,5	LAMBRECHT, J., «A Structuration of Revelation 4,1-22,5», dans L'Apocalypse johannique et l'Apocalyptique dans le Nouveau Testament (en collab.) (1980), 77-104.
b7623	4-7	FEUILLET, A., «Quelques énigmes des chapitres 4 à 7 de l'Apocalypse. Suggestions pour l'interprétation du langage imagé de la révélation johannique», EV 86 (doctrine) (1976) 455-459, 471-479.
b7624	4,6	MOLLAT, D., Une lecture pour aujourd'hui: l'Apocalypse, «L'église engagée dans les luttes du monde» (1982), 63-86.
b7625	4-5	FEUILLET, A., «Jalons pour une meilleure intelligence de l'Apocalypse. Introduction à la partie prophétique», EV (doctrine) 85 (1975) 433-443.
b7626		HENGEL, M., «Hymn and Christology», dans Studia Biblica 1978 (en collab.) (1980), III, 173-197.
b7627		MANNS, F., «Traces d'une Haggadah chrétienne dans l'Apocalypse de Jean?» Ant 56 (1981) 265-295.
b7628	4,1	NEUENZEIT, P., «'Ich will dir zeigen, was geschehen muss...' (Apk 4,1). Zum Problem der Tragik im neutestamentlichen Existenzverständnis», BiLeb 1 (1960) 223-236.
b7629	4,6-8	LÉVÊQUE, J., «Les quatre Vivants de l'Apocalypse», CHR 26 (1979) 333-339.
b7630	6,1-16,21	ZEDDA, S., L'escatologia biblica, «Visioni d'anticipo della vittoria di Cristo e della Chiesa (6,1-16,21)» (1975), II, 469-487.

*b*7631   6-7   BILEZIKIAN, G.G., «Interpreting Apocalyptic Literature. Revelation 6-7», dans *The Literature and Meaning of Scripture* (en collab.) (1981), 267-299.

*b*7632   6,1-8   MEYER, F., «Die Furchtbaren Reiter. Meditation zu Apk 6,1-8», BiLeb 12 (1971) 45-48.

*b*7633   6,2   FEUILLET, A., «Quelques énigmes des chapitres 4 à 7 de l'Apocalypse. Suggestions pour l'interprétation du langage imagé de la révélation johannique», EV (doctrine) 86 (1976) 455-459, 471-479.

*b*7634   6,5-6   VANNI, U., «Il terzo 'sigillo' dell'Apocalisse (Ap 6,5-6): simbolo dell'ingiustizia sociale?» Greg 59 (1978) 691-719.

*b*7635   6,9-17 MEYER, F., «Das fünfte und sechste Siegel. Anregungen zu einer Meditation über Offb 6,9-17», BiLeb 13 (1972) 284-289.

*b*7636   6,9-11 FEUILLET, A., «Les martyrs de l'humanité et l'Agneau égorgé. Une interprétation nouvelle de la prière des égorgés en Ap 6,9-11», NRT 99 (1977) 189-207.

*b*7637   FEUILLET, A., «Rev 6:9-11: a new interpretation», TDig 26 (1978) 258-261.

*b*7638   7,1-17 DRAPER, J.A., «The Heavenly Feast of Tabernacles: Revelation 7.1-17», JSNT n⁰ 19 (1983) 133-147.

*b*7639   7,1-8   FEUILLET, A., «Quelques Énigmes des Chapitres 4 à 7 de l'Apocalypse. Suggestions pour l'interprétation du langage imagé de la révélation johannique», EV (doctrine) 86 (1976) 455-459, 471-479.

*b*7640   7,2-14 Y.B., «La Toussaint de l'année sainte (Ap. 7,2-14; Mt. 5,1-12)», EV (prédication) 83 (1983) 289-290.

*b*7641   7,2-12 NELLESSEN, E., «Aufbruch und Vollendung der Königsherrschaft. Eine Meditation zu den Perikopen des Allerheiligenfestes», BiLeb 9 (1968) 222-229.

*b*7642   7,9-17 VIARD,A., «Une foule immense devant le trône de Dieu (Ap. 7,9...17)», EV (prédication) 83 (1983) 91-92.

*b*7643   7,9   JAMES, J.M., «All Saints Entering the Marketplace with Open Hands», ExpTim 90 (1978) 18-19.

*b*7644   9,9   GORDON, R.P., «Loricate locusts in the Targum to Nahum iii 18 and Revelation ix 9», VT 33 (1983) 338-339.

*b*7645   10   MOLLAT, D., *Une lecture pour aujourd'hui: l'Apocalypse*, «À travers les tribulations, l'Église est rassemblée, à travers les persécutions, l'Église est envoyée» (1982), 87-107.

*b*7646   11,1-13 READER, W., «The Riddle of the Identification of the *Polis* in Rev. 11:1-13», dans *Studia Evangelica* (en collab.) (1982), VII, 407-414.

*b*7647   11,3-13 NÜTZEL, J.M., «Zum Schicksal der eschatologischen Propheten», BZ 20 (1976) 59-94.

*b*7648   CHARLIER, J.-P., «Mort et résurrection du Témoin de Dieu selon le cinquième évangile», VS 133 (1979) 324-336.

*b*7649   11,12   ROYSE, J.R., «'Their Fifteen Enemies': The Text of Rev. xi. 12 in P47 and 1611», JTS 31 (1980) 78-80.

*b*7650   11,15   DE JONGE, M., «The Use of the Expression *o khristos* in the Apocalypse of John», dans *L'Apocalypse johannique et l'Apocalyptique dans le Nouveau Testament* (en collab.) (1980), 267-281.

*b*7651   11,19-12,10 E.F., «Un grand signe parut dans le ciel (Ap 11,19-12,10)», EV (prédication) 77 (1977) 207-209.

b7652   12-13   MOLLAT, D., *Une lecture pour aujourd'hui: l'Apocalypse*, «L'Église face aux deux bêtes toujours vivaces: la bête politique et la bête spirituelle» (1982), 109-132.

b7653   12   BELLET, P., «La visión simbólica de la mujer en el Apocalipsis», CuBi 11 (1954) 346-351.

b7654   VILLAPADIERNA, C., «La mujer del Apocalipsis 12, ¿es la Virgen María?» CuBi 11 (1954) 336-345.

b7655   FEUILLET, A., *Études d'exégèse et de théologie biblique*, «Le Cantique des Cantiques et l'Apocalypse» (1975), 333-361.

b7656   McHUGH, J., *The Mother of Jesus in the New Testament* (Garden City, N.Y., Doubleday, 1975), xlviii-510 pp.

b7657   SATAKE, A., «Sieg Christi - Heil der Christen. Eine Betrachtung von Apc XII», AJBI 1 (1975) 105-125.

b7658   AUS, R.D., «The Relevance of Isaiah 66 7 to Revelation 12 and 2 Thessalonians 1», ZNW 67 (1976) 252-268.

b7659   COLLINS, A.Y., *The Combat Myth in the Book of Revelation* (Harvard Dissertations in Religion, 9) (Missoula, Scholars Press, 1976), xvi-292 pp.

b7660   PIKAZA, J., «Apocalipsis XII: El nacimiento pascual del Salvador», Salm 23 (1976) 217-256.

b7661   FEUILLET, A., «Le chapitre XII de l'apocalypse: son caractère synthétique et sa richesse doctrinale», EV (doctrine) 88 (1978) 674-683.

b7662   En collaboration, *Mary in the New Testament*, «The Woman in Revelation 12» (1978), 219-239.

b7663   RADL, W., «Befreiung aus dem Gefängnis», BZ 27 (1983) 81-96.

b7664   12,1-17   KASSING, A., «Das Weib und der Drache», BiKi 15 (1960) 114-116.

b7665   BERGMEIER, R., «Altes und Neues zur 'Sonnenfrau am Himmel (Apk 12)'. Religionsgeschichtliche und quellenkritische Beobachtung zu Apk 12 1-17», ZNW 73 (1982) 97-109.

b7666   12,10   DE JONGE, M., «The Use of the Expression *o khristos* in the Apocalypse of John», dans *L'Apocalypse johannique et l'Apocalyptique dans le Nouveau Testament* (en collab.) (1980), 267-281.

b7667   13,1-10   BUCHANAN, G.W., «The Word of God and the Apocalyptic Vision», dans *Society of Biblical Literature. 1978 Seminar Papers* (en collab.) (1978), II, 183-192.

b7668   13,2   HANHART, K., «The Four Beasts of Daniel's Vision in the Night in the Light of Rev. 13.2», NTS 27 (1981) 576-583.

b7669   13,9-10   PRETE, B., «Il testo di Apocalisse 13,9-10», StBiFranc 27 (1977) 102-118.

b7670   13,18   VAN HARTINGSVELD, L., «Die Zahl des Tieres, die Zahl eines Menschen (Apokalypse xiii 18)», dans *Miscellanea Neotestamentica* (en collab.) (1978), II, 191-201.

b7671   14   VAN SCHAIK, A.P., «*Allos aggelos* in Apk 14», dans *L'Apocalypse johannique et l'Apocalyptique dans le Nouveau Testament* (en collab.) (1980), 217-228.

b7672   14,1   MOLLAT, D., *Une lecture pour aujourd'hui: l'Apocalypse*, «Alors que s'effondre la cité, l'Église rachetée et fidèle suit le Christ» (1982), 133-145.

b7673   14,4   VANNI, U., «Questi seguono l'Agnello dovunque vada (Ap 14,4)», dans *Parola, spirito e vita* 2 (1980) 171-192.

b7674   14,6-7   ROTH, C., «Star and Anchor: Coin Symbolism and the End of Days»,
                        ErIs 6 (1960) 13*-15*.

b7675   14,14   COPPENS, J., «La mention d'un Fils d'homme angélique en Ap 14,14»,
                        dans *L'Apocalypse johannique et l'Apocalyptique dans le Nouveau
                        Testament* (en collab.) (1980), 229.

b7676   16,4-7   COLLINS, A.Y., «The History-of-Religions Approach to
                        Apocalypticism and the 'Angel of the Water' (Rev. 16:4-7)», CBQ 39
                        (1977) 367-381.

b7677   16,17-21   BAUCKHAM, R., «The eschatological Earthquake in the Apocalypse
                        of John», NT 19 (1977) 224-233.

b7678   17,1-20,15   ZEDDA, S., *L'escatologia biblica*, «La vittoria (17,1-20,15)» (1975), II,
                        487-494.

b7679   17,9   GAROFALO, S., «Sette monti, su cui siede la donna (Apoc. 17,9)», dans
                        Kirche und Bibel (en collab.) (1979), 97-104.

b7680   17,10   BEAUVERY, R., «L'Apocalypse au risque de la numismatique», RB 90
                        (1983) 243-260.

b7681   18   COLLINS, A.Y., «Revelation 18: Taunt-Song or Dirge?» dans
                        L'Apocalypse johannique et l'Apocalyptique dans le Nouveau Testament
                        (en collab.) (1980), 185-204.

b7682   19,10   BRUCE, F.F., *The Time is Fulfilled*, «The Spirit of Prophecy (*Revelation*
                        19:10)» (1978), 95-114.

b7683   19,11-22,15   RISSI, M., *The Future of the World*. An Exegetical Study of Revelation
                        19,11-22,15 (Studies in Biblical Theology, 2nd Series, 23) (London, SCM
                        Press, 1972), 120 pp.

b7684   19,11-13   LAWS, S., «The Blood-stained Horseman: Revelation 19.11-13», dans
                        Studia Biblica 1978 (en collab.) (1980), III, 245-248.

b7685   20-22   LUST, J., «The Order of the Final Events in Revelation and in Ezekiel»,
                        dans *L'Apocalypse johannique et l'Apocalyptique dans le Nouveau
                        Testament* (en collab.) (1980), 179-183.

b7686   20   GLASSON, T.F., «The Last Judgement - in Rev. 20 and related
                        Writings», NTS 28 (1982) 528-539.

b7687   20,1-10   LEWIS, A.H., *The Dark Side of the Millennium*. The Problem of Evil in
                        Revelation 20:1-10 (Grand Rapids, Baker Book House, 1980), 65 pp.

b7688   20,4-6   FIORENZA, E., «Die tausendjährige Herrschaft der Auferstandenen
                        (Apk 20,4-6), 1. Teil», BiLeb 13 (1972) 107-124.

b7689   DE JONGE, M., «The Use of the Expression *o khristos* in the
                        Apocalypse of John», dans *L'Apocalypse johannique et l'Apocalyptique
                        dans le Nouveau Testament* (en collab.) (1980), 267-281.

b7690   20,6   VANHOYE, A., *Prêtres anciens, prêtre nouveau selon le Nouveau
                        Testament*, «Sacerdoce et règne des saints (Ap 20,6)» (1980), 330-339.

b7691   20,8   VIVIAN, A., «Gog e Magog nella tradizione biblica, ebraica e cristiana»,
                        RivB 25 (1977) 389-421.

b7692   21,22   GEORGI, D., «Die Visionen vom himmlischen Jerusalem in Apk
                        21 u. 22», dans *Kirche*. Festschrift für Günther Bornkamm (en collab.)
                        (1980), 351-372.

b7693   21,1-22,5   ZEDDA, S., *L'escatologia biblica*, «La consumazione: La Gerusalemme
                        celeste (21,1-22,5)» (1975), II, 499-504.

b7694   PRIGENT, P., «Le temps et le Royaume dans l'Apocalypse», dans *L'Apocalypse johannique et l'Apocalyptique dans le Nouveau Testament* (en collab.) (1980), 231-245.

b7695   21   BÖCHER, O., «Zur Bedeutung der Edelsteine in Offb 21», dans *Kirche und Bibel* (en collab.) (1979), 19-32.

b7696   MOLLAT, D., *Une lecture pour aujourd'hui: l'Apocalypse*, «L'humanité recréée» (1982), 149-173.

b7697   21,1-5   MICHL, J., «Selige Menschen in einer neuen Schöpfung nach Apk 21,1-5», BiKi 16 (1961) 113-115.

b7698   SCHILLEBEECKX, E., *God among us*, «Belief in 'a New Heaven and a New Earth' (Rev. 21.1-5» (1983), 144-148.

b7699   Y.B., «J'ai vu un ciel nouveau et une terre nouvelle (Ap. 21,1-5a)», EV (prédication) 83 (1983) 98-100.

b7700   21,4   GRAY, J.R., «The End of Tears», ExpTim 93 (1982) 279-280.

b7701   21,5   SUDBRACK, J., «'Siehe, ich mache alles neu' (Off 21,5) - Besinnung vor einem spielenden Kind», GeistL 53 (1980) 228-230.

b7702   21,9-22,5   WILCOX, M., «Tradition and Redaction of Rev 21,9-22,5», dans *L'Apocalypse johannique et l'Apocalyptique dans le Nouveau Testament* (en collab.) (1980), 205-215.

b7703   21,10-22,20   VIARD, A., «La nouvelle Jérusalem et la venue du Christ (Ap 21,10-23; 22,12-20)», EV (prédication) 83 (1983) 101-102.

b7704   21,19-20   READER, W.W., «The Twelve Jewels of Revelation 21:19-20. Tradition History and Modern Interpretations», JBL 100 (1981) 433-457.

b7705   21,25   ROBERTSON, E.H., «The City of God», ExpTim 92 (1981) 115-116.

b7706   22   HARTMAN, L., «Form and Message. A Preliminary Discussion of 'Partial Texts' in Rev 1-3 and 22,6ff», dans *L'Apocalypse johannique et l'Apocalyptique dans le Nouveau Testament* (en collab.) (1980), 129-149.

b7707   22,1-2   NICOL, G.G., «The Threat and the Promise», ExpTim 94 (1983) 136-139.

b7708   22,7-19   TREVIJANO ETCHEVERRIA, R., «'El discurso profético de este libro' (Apoc. 22,7.10.18-19)», Sal 29 (1982) 283-308.

b7709   22,12-20   Y.B., «Viens, Seigneur Jésus (Ap. 22,12-14.16-20)», EV (prédication) 83 (1983) 129-130.

b7710   22,16   MOORE, M.S., «Jesus Christ: 'Superstar' (*Revelation* xxii 16b)», NT 24 (1982) 82-91.

b7711   22,17   CANTORE, S., «Chi ascolta dica: 'Vieni!'» dans *Parola, spirito e vita* 1 (1980) 158-174.

b7712   22,20   SALGUERO, J., «Maranatha», CuBi 26 (1969) 73-80.

j) Divers. Miscellaneous. Verschiedenes. Diversi. Diversos.

b7713   SAFFREY, H.D., «Relire l'Apocalypse à Patmos», RB 82 (1975) 385-417.

b7714   GOPPELT, L., *Theologie des Neuen Testaments*, «Die Christen in der nachchristlichen Gesellschaft der Endzeit nach der Offenbarung des Johannes» (1976), 509-528.

b7715   COLLINS, A.Y., «The Political Perspective of the Revelation to John», JBL 96 (1977) 241-256.

b7716   MACKAY, T.W., «Early Christian Exegesis of the Apocalypse», dans *Studia Biblica 1978* (en collab.) (1980), III, 257-263.

*b*7717   SCHMIDT, M., «Biblisch-apokalyptische Frömmigkeit im pietistischen Adel. Johanna
            Eleonora Petersens Auslegung der Johannesapokalypse», dans *Text - Wort - Glaube* (en
            collab.) (1980), 344-358.
*b*7718   AUNE, D.E., «The Social Matrix of the Apocalypse of John», BiRes 26 (1981) 16-32.
*b*7719   AUNE, D.E., «The Influence of Roman Imperial Court Ceremonial on the Apocalypse
            of John», BiRes 28 (1983) 5-26.

QUATRIÈME PARTIE. PART FOUR. VIERTER TEIL.
QUARTA PARTE. CUARTA PARTE.

JÉSUS-CHRIST.
JESUS CHRIST.
JESUS CHRISTUS.
GESÙ CRISTO.
JESUCRISTO.

Bibliographie. Bibliography. Bibliographie. Bibliografia. Bibliografía.

*b*7720   FIEDLER, P., OBERLINNER, L., «Jesus von Nazareth. Ein Literaturbericht», BiLeb 12 (1972) 52-73.

*b*7721   KÜMMEL, W.G., «Ein Jahrzehn Jesusforschung (1965-1975)», TRu 40 (1975) 289-336; 41 (1977) 197-258, 295-363; 43 (1978) 105-161, 233-265; 45 (1980) 40-84, 293-337.

*b*7722   BEAUDE, P.-M., «Questions exégétiques et herméneutiques autour de Jésus», Supp nº 134 (1980) 441-452.

*b*7723   WINLING, R., «Discours sur Jésus et christologie d'après quelques ouvrages récents», RevSR 54 (1980) 337-349.

*b*7724   KÜMMEL, W.G., «Jesusforschung seit 1965: Nachträge 1975-1980 (Teil 1 und 2)», TRu 46 (1981) 317-363; 47 (1982) 136-165, 348-383.

*b*7725   RUNIA, K., «Le débat christologique contemporain», Hok nº 17 (1981) 2-31.

*b*7726   GHIBERTI, G., «Überlegungen zum neueren Stand der Leben-Jesu-Forschung», MüTZ 33 (1982) 99-115.

Actualité. Christ Today. Gegenwärtige Bedeutung Jesu.
Attualità di Gesù. Actualidad de Jesús.

*b*7727   KIRSCH, E., «Interessen bei der Rückfrage nach Jesus», dans *Was haltet ihr von Jesus?* (en collab.) (1975), 128-180.

*b*7728   En collaboration, *¿Quién fue Jesús?* (Bilbao, Desclée de Brouwer, 1977), 97 pp.

*b*7729   BACIOCCHI, J., *Jesucristo y el hombre de hoy* (Madrid, Ed. Marova, 1977), 144 pp.

*b*7730   LABARRIÈRE, P.-J., DUQUOC, C., «Jésus devant quelques grands thèmes de la pensée moderne», dans *Jésus aujourd'hui* (1980), III, 123-132.

*b*7731   REFOULÉ, F., GOURGUES, M., SIX, J.-F., «Jésus dans l'actualité des hommes», dans *Jésus aujourd'hui* (1980), III, 133-142.

*b*7732   O'COLLINS, G., «Christ Today», Way 21 (1981) 3-13.

Adam (Nouvel). Adam (New). Adam (Neuer). Adamo (Nuovo). Adán (Nuevo).

*b*7733   BLACK, M., «The Pauline Doctrine of the Second Adam», SJTh 7 (1954) 170-179.

*b*7734   SCHNACKENBURG, R., «Die Adam-Christus-Typologie (Röm 5,12-21) als Voraussetzung für das Taufverständnis in Röm 6,1-14», dans *Battesimo e giustizia in Rom 6 e 8* (en collab.) (1974), 37-55.

*b*7735   WILCKENS, U., «Christus, der 'letzte Adam', und der Menschensohn. Theologische Überlegungen zum überlieferungsgeschichtlichen Problem der paulinischen Adam-Christus-Antithese», dans *Jesus und der Menschensohn* (en collab.) (1975), 387-403.

b7736   LOADER, W.R.G., «The Apocalyptic Model of Sonship: Its Origin and Development in
        New Testament Tradition», JBL 97 (1978) 525-554.
b7737   SCHADE, H.-H., *Apokalyptische Christologie bei Paulus*, «Die Adam-Christus-
        Typologie» (1981), 69-86.

Agneau de Dieu. Lamb of God. Lamm Gottes. Agnello di Dio. Cordero de Dios.

b7738   FLOROVSKY, G., «The Lamb of God», SJTh 4 (1951) 13-28.
b7739   BULTMANN, R., «Adam und Christus nach Römer 5», ZNW 50 (1959) 145-165, dans
        Exegetica (1967), 424-444.
b7740   DE LA POTTERIE, I., «Ecco l'Agnello di Dio», BibOr 1 (1959) 161-169.
b7741   BRAUN, F.-M., *Jean le théologien*. III. Sa théologie. I. Le mystère de Jésus-Christ, «Le
        sacrifice du Calvaire» (1966), 153-172.
b7742   ROBERTS, J.H., «The lamb of God», dans *The Christ of John* (en collab.) (1971), 41-56.
b7743   BURROWS, E.W., «Did John the Baptist Call Jesus 'The Lamb of God'?» ExpTim 85
        (1974) 245-249.
b7744   O'NEILL, J.C., «The Lamb of God in the Testaments of the Twelve Patriarchs», JSNT
        n° 2 (1979) 2-30.
b7745   MARTELET, G., «Das Lamm, erwählt vor Grundlegung der Welt», IKZCommunio
        9 (1980) 36-44.

Agonie. Agony. Todesangst. Agonia. Agonía.

b7746   COLUNGA, A., «La agonía de Jesús en Getsemani», CuBi 16 (1959) 13-17.
b7747   VON BALTHASAR, H.U., «Ölberg», dans *Mysterium Salutis* (en collab.) (1969), III.2,
        193-198.
b7748   HOLLERAN, J.W., *The Synoptic Gethsemane*. A Critical Study (Analecta
        Gregoriana, 191) (Rome, Gregorian University, 1973), xxxii-222 pp.
b7749   FEUILLET, A., «L'évocation de l'agonie de Gethsémani dans l'Épître aux Hébreux
        (5,7-8)», EV (doctrine) 86 (1976) 49-53.
b7750   FEUILLET, A., «Le récit lucanien de l'agonie de Gethsémani (Lc xxii.39-46)», NTS 22
        (1976) 397-417.
b7751   FEUILLET, A., *L'agonie de Gethsémani*. Enquête exégétique et théologique suivie d'une
        étude du 'Mystère de Jésus' de Pascal (Paris, Gabalda, 1977), 345 pp.
b7752   LÉON-DUFOUR, X., «Jésus à Gethsémani. Essai de lecture synchronique», SE 31
        (1979) 251-268.
b7753   LÉON-DUFOUR, X., *Face à la mort, Jésus et Paul*, «Au jardin de Gethsémani» (1979),
        113-143.
b7754   NEYREY, J.H., «The Absence of Jesus' Emotions - the Lucan Redaction of Lk
        22,39-46», Bibl 61 (1980) 153-171.
b7755   STANLEY, D.M., *Jesus in Gethsemane* (New York, Paulist, 1980), iv-282 pp.
b7756   GUILLET, J., «Gethsémani», CHR 28 (1981) 300-309.

Amour en Jésus. Love in Jesus. Liebe in Jesus. Amore in Gesù. Amor en Jesús.

b7757   QUELLE, C., «Cristo, explosión del Dios amoroso», BibFe 1 (1975) 82-94.
b7758   QUELLE, C., «'Amor' de Jesús a sus padres», BibFe 8 (1982) 61-76.
b7759   SAENZ DE SANTA MARIA, M., «'Amor' de Jesús a su Dios», BibFe 8 (1982) 77-87.

*b*7760 TOUS, L., «'Amor' de Jesús a los marginados», BibFe 8 (1982) 5-14.

*b*7761 VILLAR, E., «'Amor' de Jesús a los desvalidos», BibFe 8 (1982) 26-43.

Apparitions. Erscheinungen. Apparizioni. Apariciones.

*b*7762 CASSIEN, Archimandrite, «La Pentecôte Johannique», ETR 13 (1938) 151-176, 254-277, 327-343; 14 (1939) 32-62, 98-100.

*b*7763 MARTELET, G., «Le mystère du corps et de l'Esprit dans le Christ ressuscité et dans l'Église», VC no 45 (1958) 31-53.

*b*7764 RUCKSTUHL, E., «Die evangelischen Ostererzählungen», dans RUCKSTUHL, E., PFAMMATER, J., *Die Auferstehung Jesu Christi* (1968), 31-59.

*b*7765 RUCKSTUHL, E., «Das Heilsereignis der Auferstehung Jesu und die Erscheinungen des Auferstandenen», dans RUCKSTUHL, E., PFAMMATER, J., *Die Auferstehung Jesu Christi* (1968), 61-111.

*b*7766 GHIBERTI, G., *I racconti pasquali del cap. 20 di Giovanni* confrontati con le altre tradizioni neotestamentarie (Studi biblici, 19) (Brescia, Paideia, 1972), 171 pp.

*b*7767 HUBBARD, B.J., *The Matthean Redaction of a Primitive Apostolic Commissioning.* An Exegesis of Matthew 28,16-20 (SBL Dissertation Series, 19) (Missoula, Montana, Society of Biblical Literature and Scholars Press, 1974), xiii-187 pp.

*b*7768 ALSUP, J.E., *The Post-Resurrection Appearance Stories of the Gospel Tradition.* A History-of-Tradition Analysis (Diss. München, 1973-74) (Calwer Theol. Mon. A, 5) (Stuttgart, Calwer, 1975), 307 pp.

*b*7769 AMMASSARI, A., *La Resurrezione* (1976), «Le apparizioni di Gesù alle donne», I, 85-138; «Gli eventi pasquali secondo Luca», I, 197-206.

*b*7770 DOCKX, S., «Étapes rédactionnelles du récit des apparitions aux saintes femmes», dans *Chronologies néotestamentaires et Vie de l'Église primitive* (1976), 233-253.

*b*7771 GOPPELT, L., *Theologie des Neuen Testaments*, «Jesu Ausgang» (1976), 271-299.

*b*7772 JEANNE D'ARC, Soeur, *Les pèlerins d'Emmaüs* (Lire la Bible, 47) (Paris, Cerf, 1977), 210 pp.

*b*7773 KOLPING, A., «Um den Realitätscharakter der Ostererscheinungen», TR 73 (1977) 441-450.

*b*7774 PERRIN, N., *The Resurrection According to Matthew, Mark, and Luke* (1977), 85 pp.

*b*7775 PAGELS, E.H., «Visions, Appearances, and Apostolic Authority: Gnostic and Orthodox Traditions», dans *Gnosis.* Festschrift für Hans Jonas (en collab.) (1978), 415-430.

*b*7776 SCHLIER, H., *Grundzüge einer paulinischen Theologie*, «Die Erscheinung des Auferstandenen» (1978), 149-154.

*b*7777 GUILLAUME, J.-M., *Luc interprète des anciennes traditions sur la résurrection de Jésus*, «L'apparition aux disciples (Lc., 24,36-49)» (1979), 163-201.

*b*7778 ROUILLARD, P., «Les repas du Ressuscité», VS 133 (1979) 51-64.

*b*7779 BARTSCH, H.-W., «Inhalt und Funktion des Urchristlichen Osterglaubens», dans *Studia Biblica 1978* (en collab.) (1980), III, 9-31.

*b*7780 KEARNEY, P.J., «He appeared to 500 Brothers (I Cor. XV 6)», NT 22 (1980) 264-284.

*b*7781 O'TOOLE, R.F., «Activity of the Risen Jesus in Luke-Acts», Bibl 62 (1981) 471-498.

*b*7782 SCHMITT, J., «Résurrection de Jésus dans le kérygme, la tradition, la catéchèse», SDB 10 (1981) col. 487-582.

*b*7783 VERWEYEN, H., «Die Ostererscheinungen in fundamentaltheologischer Sicht», ZKT 103 (1981) 426-445.

b7784   BARTSCH, H.W., «Inhalt und Funktion des urchristlichen Osterglaubens, mit einer
         Bibliographie zum Thema 'Auferstehung Jesu Christi' 1862-1959 (in Auswahl) und
         1960-1974 von H. RUMPELTES (Frankfurt a. M.) sowie 1975-1980 von Th.
         POLA (Tübingen)», dans *Aufstieg und Niedergang der römischen Welt*, II. *Principat* (en collab.)
         (1982), 25. Band, 1. Halbband, 794-890.
b7785   BISER, E., «Die älteste Ostergeschichte. Zur Jesusmystik des Apostels Paulus», GeistL
         55 (1982) 139-148.
b7786   SCHOTTROFF, L., «Maria Magdalena und die Frauen am Grabe Jesu», EvT 42 (1982)
         3-25.

Ascension. Himmelfahrt. Ascensione. Ascensión.

b7787   FERNANDEZ, J.F., «La Ascensión del Señor», CuBi 11 (1954) 134-142.
b7788   RUSCHE, H., «Meditation zu Himmelfahrt Christi: Jesus der Menschensohn», BiKi 14
         (1959) 52-55.
b7789   LOHFINK, G., «Der historische Ansatz der Himmelfahrt Christi», Catho 17 (1963)
         44-84.
b7790   KERTELGE, K., «Vom Herrentum Jesu und dem Heil der Welt. Gedanken zu einer
         Homilie am Christi-Himmelfahrt-Fest», BiLeb 5 (1964) 137-140.
b7791   LOHFINK, G., «'Wir sind Zeugen dieser Ereignisse' (Apg. 5,32). Die Einheit der
         neutestamentlichen Botschaft von Erhöhung und Himmelfahrt Jesu», BiKi 20 (1965)
         49-52.
b7792   RUCKSTUHL, E., «Auferstehung, Erhöhung und Himmelfahrt Christi», dans
         RUCKSTUHL, E., PFAMMATTER, J., *Die Auferstehung Jesu Christi* (1968), 133-183.
b7793   FRANKLIN, E., «The Ascension and the eschatology of Luke-Acts», SJTh 23 (1970)
         191-200.
b7794   KRETSCHMAR, G., «Festkalender und Memorialstäten Jerusalems in altkirchlicher
         Zeit», ZDPV 87 (1971) 167-205.
b7795   ODASSO, G., «L'ascensione nell'evangelo di Luca», BibOr 13 (1971) 107-118.
b7796   DUQUOC, C., *Christologie*. Essai dogmatique (Paris, Cerf, 1972), «Ascension et
         Pentecôte», II, 229-238.
b7797   STRAWSON, W., «Ascension Day», ExpTim 87 (1976) 239-240.
b7798   DONNE, B.K., «The Significance of the Ascension of Jesus Christ in the New
         Testament», SJTh 30 (1977) 555-568.
b7799   BOVON, F., *Luc le théologien*, «L'Ascension (Lc 24,50-53 et Ac 1,1-12)» (1978),
         181-188.
b7800   GUILLAUME, J.-M., *Luc interprète des anciennes traditions sur la résurrection de Jésus*,
         «L'Ascension» (1979), 203-262.
b7801   O'TOOLE, R.F., «Luke's Understanding of Jesus' Resurrection-Ascension-Exaltation»,
         BTB 9 (1979) 106-114.
b7802   SEGAL, A.F., «Heavenly Ascent in Hellenistic Judaism, Early Christianity and their
         Environment», dans *Aufstieg und Niedergang der römischen Welt*. II. *Principat* (en
         collab.), (1980), 23. Band, 2. Halbband, 1333-1394.
b7803   COLAS, G., «Ascension, exaltation», CHR 28 (1981) 78-87.
b7804   SMITH, M., «Ascent to the Heavens and the Beginning of Christianity», ErJB 50 (1981)
         403-429.
b7805   DELEBECQUE, É., «Ascension et Pentecôte dans les Actes des apôtres», RT 82 (1982)
         79-89.
b7806   SCHMITT, A., «Zum Thema 'Entrückung' im Alten Testament», BZ 26 (1982) 34-49.

b7807 DONNE, B.K., *Christ Ascended*. A Study in the Significance of the Ascension of Jesus Christ in the New Testament (Exeter, UK, Paternoster, 1983), xiii-98 pp.

b7808 KASPER, W., «Christi Himmelfahrt - Geschichte und theologische Bedeutung», IKZCommunio 12 (1983) 205-213.

b7809 MARION, J.-L., «Verklärte Gegenwart», IKZCommunio 12 (1983) 223-231.

b7810 SICARI, A., «Christentum aus dem Geheimnis der Himmelfahrt», IKZCommunio 12 (1983) 232-237.

Baptême. Baptism. Taufe. Battesimo. Bautismo.

b7811 CRANFIELD, C.E.B., «The Baptism of Our Lord - A Study of St. Mark 1.9-11», SJTh 8 (1955) 53-63.

b7812 DE COCK, J., «Het symbolisme van de duif bij het doopsel van Christus. *Le symbolisme de la colombe dans les récits du Baptême de Jésus*», Bijdr. 21 (1960) 363-376 (sommaire français).

b7813 HAHN, F., *Christologische Hoheitstitel*, «Analyse der Verklärungs- und Taufgeschichte» (1963), 334-346.

b7814 BRAUN, F.-M., *Jean le théologien. III. Sa théologie. I. Le mystère de Jésus-Christ*, «La mission du Christ» (1966), 57-75.

b7815 SCHULTE, R., «Die Taufe Jesu», dans *Mysterium Salutis* (en collab.) (1969), III.2, 58-75.

b7816 PESCH, R., KRATZ, R., *So liest man synoptisch*, «Die Taufe Jesu» (1975), I, 34-41.

b7817 SCHÜTZ, C., «Les mystères de la vie publique de Jésus», dans En collaboration, *Christologie et vie du Christ* (Mysterium Salutis, 11) (Paris, Cerf, 1975), 405-428 (baptême du Christ).

b7818 TOSATO, A., «Il battesimo di Gesù e alcuni passi trascurati dello Pseudo-Filone», Bibl 56 (1975) 405-409.

b7819 DIEZ MACHO, A., *Jesucristo 'Único'. La singularidad de Jesucristo* (Santiago Apóstol, 1) (Madrid, Fe Católica, 1976), 67 pp.

b7820 POPPI, A., *L'inizio del Vangelo. Predicazione del Battista. Battesimo e tentazione Gesù* (Conoscere il Vangelo, 4) (Padua, Messaggero, 1976), 205 pp.

b7821 TOSATO, A., «Il battesimo di Gesù e le Odi di Salomone», BibOr 18 (1976) 261-269.

b7822 GIAVINI, G., «L''inizio del Vangelo' e la 'voce celeste' al battesimo di Gesù», ScuolC 105 (1977) 478-486.

b7823 LÉGASSE, S., «Le Baptême de Jésus et le Baptême chrétien», StBiFranc 27 (1977) 51-68.

b7824 FEUILLET, A., «Prophetic call and Jesus baptism», TDig 28 (1980) 29-32.

b7825 GARNET, P., «The Baptism of Jesus and the Son of Man Idea», JSNT no 9 (1980) 49-65.

b7826 HOLLENBACH, P.W., «The Conversion of Jesus: From Jesus the Baptizer to Jesus the Healer», dans *Aufstieg und Niedergang der römischen Welt*, II. *Principat* (en collab.) (1982), 25. Band, 1. Halbband, 196-219.

Cène. Supper (Last). Abendmahl (Letztes). Cena.

Études générales. General Studies. Allgemeine Studien. Studi generali. Estudios generales.

b7827 BURKILL, T.A., «The Last Supper», Numen 3 (1956) 161-177.

b7828 STEINBECK, J., «Das Abendmahl Jesu unter Berücksichtigung moderne Forschung», Numen 6 (1959) 51-60.

*b*7829   KNOCH, O., «Ursprüngliche Gestalt und wesentlicher Gehalt der neutestamentlichen Abendmahlsberichte», BiKi 15 (1960) 37-40.

*b*7830   VON BALTHASAR, H.U., «Eucharistie», dans *Mysterium Salutis* (en collab.) (1969), III.2, 190-193.

*b*7831   HAHN, F., «Zum Stand der Erforschung des urchristlichen Herrenmahls», EvT 35 (1975) 553-563.

*b*7832   ESPINEL, J.L., *La cena del Señor, acción profética* (Madrid, Ed. Edicabi-PPC, 1976), 174 pp.

*b*7833   FELD, H., *Das Verständnis des Abendmahls* (Erträge der Forschung, 50) (Darmstadt, Wissenschaftliche Buchgesellschaft, 1976), xxx-144 pp.

*b*7834   MacLEOD, I., «The Three Perspectives of The Lord's Supper», ExpTim 87 (1976) 337-338.

*b*7835   MERKLEIN, H., «Erwägungen zur Überlieferungsgeschichte der neutestamentlichen Abendmahlstraditionen», BZ 21 (1977) 88-101, 235-244.

*b*7836   PESCH, R., *Wie Jesus das Abendmahl hielt.* Der Grund der Eucharistie (Freiburg, Herder, 1977), 110 pp.

*b*7837   MARSHALL, I.H., *Last Supper and Lord's Supper* (Exeter, UK, Paternoster, 1980; Grand Rapids, Eerdmans, 1981), 191 pp.

*b*7838   HUSER, T., «Les récits de l'institution de la Cène. Dissemblances et traditions», Hok n⁰ 21 (1982) 28-50.

*b*7839   SCHLINK, E., *Ökumenische Dogmatik*, «Das Herrenmahl» (1983), 490-513.

Judaïsme. Judaism. Judentum. Giudaismo. Judaísmo.

*b*7840   FLUSSER, D., «The Last Supper and the Essenes», Immanuel 2 (1973) 23-27.

*b*7841   TESTA, E., «Influssi giudeo-cristiani nella liturgia eucaristica della chiesa primitiva», dans *Studia Hierosolymitana (Bagatti)* (en collab.) (1976), 192-225.

*b*7842   SCHENKER, A., *Das Abendmahl Jesu als Brennpunkt des Alten Testaments.* Begegnung zwischen den beiden Testamenten - eine bibeltheologische Skizze (Biblische Beiträge, 13) (Fribourg, Schweizerisches Katholisches Bibelwerk, 1977), 158 pp.

*b*7843   BADIA, L.F., *The Dead Sea People's Sacred Meal and Jesus' Last Supper* (Washington, DC, University Press of America, 1979), vi-75 pp.

*b*7844   COHN-SHERBOK, D., «A Jewish Note on *to potērion tēs eulogias*», NTS 27 (1981) 704-709.

Textes. Texts. Texte. Testi. Textos.

Évangiles. Gospels. Evangelien. Vangeli. Evangelios.

*b*7845   DOCKX, S., «Le récit du repas pascal, Mc 14,17-26», Bibl 46 (1965) 445-453, dans *Chronologies néotestamentaires et Vie de l'Église primitive* (1976), 199-206.

*b*7846   XXX, «La última cena según la concordia evangélica y extensa paráfrasis», CuBi 34 (1977) 123-144.

*b*7847   LÉON-DUFOUR, X., «Das letzte Mahl Jesu und die testamentarische Tradition nach Lk 22», ZKT 103 (1981) 33-55.

*b*7848   QUESNELL, Q., «The Women at Luke's Supper», dans *Political Issues in Luke-Acts* (en collab.) (1983), 59-79.

Paul. Paulus. Paolo. Pablo.

*b*7849   RIETSCHEL, E., «Der Sinn des Abendmahls nach Paulus», EvT 18 (1958) 269-284.

*b*7850 KLAUCK, H.-J., *Herrenmahl und hellenistischer Kult.* Eine religionsgeschichtliche Untersuchung zum ersten Korintherbrief (Neutestamentliche Abhandlungen, 15) (Münster Westfalen, Aschendorff, 1982), viii-431 pp.

Mort de Jésus. Jesus' Death. Tod Jesu. Morte di Gesù. Muerte de Jesús.

*b*7851 PESCH, R., «Das Abendmahl und Jesu Todesverständnis», dans *Der Tod Jesu.* Deutungen im Neuen Testament (en collab.) (1976), 137-187.
*b*7852 PESCH, R., *Das Abendmahl und Jesu Todesverständnis* (Quaestiones Disputatae, 80) (Freiburg, Herder, 1978), 125 pp.
*b*7853 HAHN, F., «Das Abendmahl und Jesu Todesverständnis», TR 76 (1980) 265-272.

Date. Zeitpunkt. Data. Fecha.

*b*7854 DUJARDIN, É., «La date de l'institution eucharistique dans la tradition chrétienne primitive», RHR 107 (1933) 155-179.
*b*7855 FEIGIN, S.I., «The Date of the Last Supper», AThR 25 (1943) 212-217.
*b*7856 JAUBERT, A., «La date de la dernière Cène», RHR 146 (1954) 140-173.
*b*7857 SCHWANK, B., «War das Letzte Abendmahl am Dienstag in der Karwoche?» BiKi 13 (1958) 34-44.
*b*7858 GILMORE, A., «The Date and Significance of the Last Supper», SJTh 14 (1961) 256-269.
*b*7859 DOCKX, S., «Chronologie du dernier jour de la vie de Jésus», dans *Chronologies néotestamentaires et Vie de l'Église primitive* (1976), 31-43.

Divers. Miscellaneous. Verschiedenes. Diversi. Diversos.

*b*7860 BIZER, E., «Lutherische Abendmahlslehre?» EvT 16 (1956) 1-18.
*b*7861 BIEDER, W., «Das Abendmahl im christlichen Lebenszusammenhang bei Ignatius von Antiochien», EvT 16 (1956) 75-97.
*b*7862 FRIEDRICH, G., «Ursprung, Urform und Urbedeutung des Abensmahls», dans *Abendmahlsgespräch* (Grunstadt, Evangelischen Akademie der Pfalz, 1958), 5-22, dans *Auf das Wort kommt es an* (1978), 301-318.
*b*7863 MARTIN, R.P., *Worship in the Early Church*, «The Last Supper - Its Background and Significance; The Lord's Supper in the Early Church» (1964), 110-129.
*b*7864 MAYOR, S., «The Teaching of John Owen concerning the Lord's Supper», SJTh 18 (1965) 170-181.
*b*7865 LANG, F., «Abendmahl und Bundesgedanke im Neuen Testament», EvT 35 (1975) 524-538.
*b*7866 WAGNER, V., «Der Bedeutungswandel von *bᵉrīt ḥᵃdāšāh* bei der Ausgestaltung der Abendmahlsworte», EvT 35 (1975) 538-544.
*b*7867 GESE, H., *Zur biblischen Theologie*, «Die Herkunft des Herrenmahls» (1977), 107-127.
*b*7868 DESCAMPS, A.-L., «Cénacle et calvaire. Les vues de H. Schürmann», RTL 10 (1979) 335-347.
*b*7869 PERROT, C., *Jésus et l'histoire*, «Le pain, la parole et l'histoire» (1979), 291-322.
*b*7870 ROUET, A., *La messe dans l'histoire* (Dossiers libres) (Paris, Centre Jean-Bart, Cerf, 1979), 156 pp.
*b*7871 BÖSEN, W., *Jesusmahl, Eucharistisches Mahl, Endzeitmahl.* Ein Beitrag zur Theologie des Lukas (Stuttgarter Bibelstudien, 97) (Stuttgart, Katholisches Bibelwerk, 1980), 144 pp.

b7872   REUMANN, J., «'The Problem of the Lord's Supper' as Matrix for Albert Schweitzer's 'Quest of the Historical Jesus'», NTS 27 (1981) 475-487.
b7873   MAGNE, J.-M., «Les paroles sur la coupe», dans Logia (en collab.) (1982), 485-490.
b7874   BAGATTI, B., «L'iconografia della cena del Signore col pesce», StBiFranc 33 (1983) 303-318.

Christologie. Christology. Christologie. Cristologia. Cristología.

Études générales. General Studies. Allgemeine Studien. Studi generali. Estudios generales.

b7875   DIBELIUS, M., «Le Nouveau Testament et l'Histoire des Religions», ETR 5 (1930) 293-316.
b7876   DIBELIUS, M., «La piété chrétienne. Le culte du Christ», ETR 6 (1931) 330-350.
b7877   PITTENGER, W.N., «An Essay in Christology», AThR 14 (1932) 34-41.
b7878   FULLER, R.H., «Some Problems of New Testament Christology», AThR 38 (1956) 146-152.
b7879   ARNALDICH, L., «Perspectivas cristológicas en la historia bíblica primitiva», CuBi 20 (1963) 212-221.
b7880   DAVIES, W.D., Invitation to the New Testament, «The New Person and His New People» (1969), 327-344.
b7881   GONZALEZ FAUS, J.I., Acceso a Jesús. Ensayo de Teología narrativa (Salamanca, Ed. Sigueme, 1970), 226 pp.
b7882   SCHNACKENBURG, R., «Christologie des Neuen Testamentes», dans Mysterium Salutis (en collab.) (1970), III.1, 227-383.
b7883   RAHNER, K., THÜSING, W., Christologie - systematisch und exegetisch (Arbeitsgrundlagen für eine interdisziplinäre Vorlesung (Quaestiones disputatae, 55) (Freiburg, Herder, 1972), 315 pp.
b7884   DIEZ MACHO, A., «La singularidad de Jesucristo», CuBi 30 (1973) 259-287.
b7885   MANZANO MARTIN, B., Jesú, escándalo de los hombres (Barcelona, Confederación Española de Cajas de Ahorro, 1974), 657 pp.
b7886   SALAS, A., PIKAZA, J. (y otros), Cristo, ayer y hoy (Semanas de Estudios Trinitarios, VIII), (Salamanca, Secretariado Trinitario, 1974), 177 pp.
b7887   SCHILSON, A., KASPER, W., Christologie im Präsens. Kritische Sichtung neuer Entwürfe (Freiburg, Herder, 1974), 164 pp.
b7888   SCHLIER, H., «Wer ist Jesus?», dans GNILKA, J. (Hrsg.), Neues Testament und Kirche. Festschrift R. Schnackenburg (Freiburg, Herder, 1974), 359-370, dans SCHLIER, H., Der Geist und die Kirche (1980), 20-32.
b7889   BERNDT, I., «Fragen nach Jesus und an Jesus. Anstelle einer Einführung», dans Was haltet ihr von Jesus? (en collab.) (1975), 9-17.
b7890   CIPRIANI, S., «Problemi di metodologia nello studio della Cristologia neotestamentaria», dans Miscellanea Lateranense (en collab.) (1975), 174-202.
b7891   GONZALEZ DE CARDEDAL, O., Jesus de Nazaret. Aproximación a la cristología (Madrid, Ed. Católica, 1975), 612 pp.
b7892   SCHIERSE, F.J., «Christologie - neutestamentliche Aspekte», dans Was haltet ihr von Jesus? (en collab.) (1975), 206-226.
b7893   SCHILLEBEECKX, E., Jesus. Die Geschichte von einem Lebenden (trans. H. Zulauf) (Freiburg, Herder, 1975), 670 pp.
b7894   SCHNACKENBURG, R., «Wer war Jesus von Nazaret?» dans Was haltet ihr von Jesus? (en collab.) (1975), 18-95.

b7895 SENIOR, D., *Jesus*. A Gospel Portrait (Dayton, OH, Pflaum Press, 1975), vii-181 pp.

b7896 DAHL, N.A., *Jesus in the Memory of the Early Church*. Essays (Minneapolis, Augsburg Publishing House, 1976), 175 pp.

b7897 DIEZ MACHO, A., *Jesucristo único*. La singularidad de Jesucristo (Madrid, Fe Católica, 1976), 67 pp.

b7898 GONZALEZ GIL, M.M., *Cristo*. El misterio de Dios. Cristología y soteriología (Madrid, Ed. Católica, B.A.C., 1976), 476-673 pp.

b7899 GOPPELT, L., *Theologie des Neuen Testaments*, «Jesus Christus (Die Christologie)» (1976), 391-434.

b7900 GUERRERO, J.-R., *Elotro Jesús*. Para un anuncio de Jesús de Nazareth, hoy (Materiales, 15) (Salamanca, Ed. Sigueme, 1976), 363 pp.

b7901 LÜTHI, K., «Systematische Christologie angesichts einiger Ergebnisse der neutestamentlichen Wissenschaft», TLZ 101 (1976) 9-17.

b7902 MARSHALL, I.H., *The Origins of New Testament Christology* (Downers Grove, Il., Inter-Varsity Press, 1976), 132 pp.

b7903 PIKAZA, X., *Los orígenes de Jesús*. Ensayos de cristología bíblica (Salamanca, Ed. Sigueme, 1976), 525 pp.

b7904 En collaboration, *Jesucristo en la historia y en la fe* (Verdad e Imagen, 50) (Madrid, Salamanca, Fundación Juan March - Ed. Sigueme, 1977), 375 pp.

b7905 GUILLET, J., *Les premiers mots de la foi* (1977), «La théologie: la personne de Jésus», 71-91; «La confession de la foi en Jésus», 93-112.

b7906 MOULE, C.F.D., *The Origin of Christology* (Cambridge, London, Cambridge University Press, 1977), x-187 pp.

b7907 MYRE, A., «Prolégomènes christologiques», SE 29 (1977) 195-208.

b7908 BARCLAY, W., *Jesus as thew say Him* (Grand Rapids, Eerdmans, 1978), 300 pp.

b7909 BLAZQUEZ, R., «Cuestiones fundamentales y metodológicas de Cristología», Salm 25 (1978) 423-469.

b7910 COLLANGE, J.-F., «De Jésus de Nazareth à Paul de Tarse», LV no 139 (1978) 87-95.

b7911 JANSSEN, F., «Von der Christologie zur Jesulogie?» TGl 68 (1978) 139-152.

b7912 MOLTMANN, J., «La confession de foi en Jésus Christ. Réflexions bibliques et théologiques», Conci no 138 (1978) 23-30.

b7913 SABOURIN, L., «The Bible and Christ», BTB 8 (1978) 77-85.

b7914 BEILNER, W., «Das bleibend Christliche», BiLit 52 (1979) 228-238.

b7915 BOUTTIER, M., «Evangelium Christi, Evangelium de Christo», RTP 111 (1979) 123-139.

b7916 SCHÄFER, P., «Der Zugang zur Christologie», TGl 69 (1979) 74-88.

b7917 SCHIERSE, F.J., *Christologie* (Leitfaden Theologie, 2) (Düsseldorf, Patmos, 1979), 140 pp.

b7918 LANGEVIN, G. (Éd.), *Jésus aujourd'hui*. Historiens et exégètes à Radio-Canada. I: Sources, méthodes et milieu. II: Vie, message et personnalité. III: Héritage, image et rayonnement (Montréal, Bellarmin, 1980), 140-157-144 pp.

b7919 BISSOLI, C., «La figura di Gesù Cristo secondo il Nuovo Testamento», dans *Annunciare Cristo ai giovani* (en collab.) (1980), 109-131.

b7920 BISSOLI, C., «Il Gesù del Nuovo Testamento», dans *Annunciare Cristo ai giovani* (en collab.) (1980), 153-157.

b7921 HENGEL, M., «Hymnus und Christologie», dans *Wort in der Zeit* (en collab.) (1980), 1-23.

b7922 MANRIQUE, A., «Jesús, el cristo. El debate cristológico en la tradición cristiana», BibFe 6 (1980) 5-16.

b7923   SCHILLEBEECKX, E., «Ich glaube an Jesus von Nazaret», dans *Glaube an Jesus Christus* (en collab.) (1980), 11-27.

b7924   SCHNACKENBURG, R., «Der Ursprung der Christologie», dans *Glaube an Jesus Christus* (en collab.) (1980), 42-63.

b7925   SCHNEIDER, G., «Christologische Aussagen des 'Credo' im Lichte des Neuen Testaments», TrierTZ 89 (1980) 282-292.

b7926   TROCMÉ, É., «L'unité de la figure et la variété des images», dans *Jésus aujourd'hui* (en collab.) (1980), I, 123-130.

b7927   TUCKETT, C., «Christology and the New Testament», SJTh 33 (1980) 401-416.

b7928   COOK, M.L., *The Jesus of Faith*. A Study in Christology (Theological Inquiries) (New York, Ramsey, NJ, Toronto, Paulist, 1981), vii-208 pp.

b7929   HARVEY, A.E. (Ed.), *God Incarnate*. Story and Belief (London, SPCK, 1981), viii-104 pp.

b7930   MOUSON, J., «Genèse de la christologie dans le Nouveau Testament. De l'histoire de Jésus à la confession du Fils de Dieu», dans En collaboration, *Jésus Christ, Fils de Dieu* (Publications des Facultés universitaires Saint-Louis, 18) (Bruxelles, Facultés universitaires Saint-Louis, 1981), 51-114.

b7931   FITZMYER, J.A., *A Christological Catechism*. New Testament Answers (New York, Ramsey, NJ, Paulist, 1982), viii-160 pp.

b7932   STAUFFER, E., «Jesus, Geschichte und Verkündigung», dans *Aufstieg und Niedergang der römischen Welt*, II. *Principat* (en collab.) (1982), 25. Band, 1. Halbband, 3-130.

b7933   MOULE, C.F.D., «Jesus of Nazareth and the Church's Lord», dans *Die Mitte des Neuen Testaments* (en collab.) (1983), 176-186.

b7934   SCHLINK, E., *Ökumenische Dogmatik*, «Die Erhöhung Jesu als Voraussetzung für die Lehre von der Erniedrigung des Sohnes Gottes» (1983), 251-275.

Judaïsme. Judaism. Judentum. Giudaismo. Judaísmo.

b7935   BAUMBACH, G., *Jesus von Nazareth im Lichte der jüdischen Gruppenbildung* (Aufsätze und Vorträge zur Theologie und Religionswissenschaft, 54) (Berlin, Evangelische Verlagsanstalt, 1971), 96 pp.

b7936   KATZ, S., «Christology - a Jewish view», SJTh 24 (1971) 184-200.

b7937   LAPIDE, P.E., «Jesus in der israelischen Literatur», IKZCommunio 2 (1973) 375-382.

b7938   VERMES, G., *Jesus the Jew*. A Historian's Reading of the Gospels (London, W.C. Collins, 1973), 286 pp.

b7939   HUBAUT, M., «Jésus et la loi de Moïse», RTL 7 (1976) 401-425.

b7940   LAPIDE, P.E., «Two Famous Rabbis», ASTI 10 (1976) 97-109 (Rabbi Jeshua of Nazareth; Rabbi Israel of Mezibezh).

b7941   BAUMBACH, G., «Fragen der modernen jüdischen Jesusforschung an die christliche Theologie», TLZ 102 (1977) 625-636.

b7942   BOKSER, B.Z., «Jesus: Jew or Christian?» dans *Jewish Expressions on Jesus* (en collab.) (1977), 201-229.

b7943   HOLLADAY, C.R., *Theios Aner in Hellenistic-Judaism*. A Critique of the Use of This Category in New Testament Christology (SBL Dissertation Series, 40) (Missoula, Scholars Press, 1977), 284 pp.

b7944   KLAUSNER, J., «The Teaching of Jesus», dans *Jewish Expressions on Jesus* (en collab.) (1977), 157-193.

b7945   LAUTERBACH, J.Z., «Jesus in the Talmud», dans *Jewish Expressions on Jesus* (en collab.) (1977), 1-98.

b7946   SANDMEL, S., «The Historical Jesus», dans *Jewish Expressions on Jesus* (en collab.) (1977), 99-115.

b7947   SILVER, A.H., «On Rejecting Treasures», dans *Jewish Expressions on Jesus* (en collab.) (1977), 344-367.

b7948   WEISS-ROSMARIN, T. (Ed.), *Jewish Expressions on Jesus*. An Anthology (New York, Ktav, 1977), xix-421 pp.

b7949   MAIER, J., *Jesus von Nazareth in der talmudischen Überlieferung* (Erträge der Forschung, 82) (Darmstadt, Wissenschaftliche Buchgesellschaft, 1978), xvii-367 pp.

b7950   SANDMEL, S., *Judaism and Christian Beginnings*, «Jesus and Judaism» (1978), 393-398.

b7951   FLUSSER, D.,ZWI WERBLOWSKY, R.J., «Jésus devant la pensée juive», dans *Jésus aujourd'hui* (1980), III, 103-111.

b7952   WILLIAMSON, R., «Philo and New Testament Christology», dans *Studia Biblica 1978* (en collab.) (1980), III, 439-445.

b7953   FLUSSER, D., *Die letzten Tage Jesu in Jerusalem*. Das Passionsgeschehen aus jüdischer Sicht. Bericht über neueste Forschungsergebnisse (trans. H. Zechner, Lese-Zeichen) (Stuttgart, Calwer, 1982), 163 pp.

b7954   SABOURIN, L., «The Jew and Missionary Christianity», RelStB 2 (1982) 131-143.

Ancien Testament. Old Testament. Altes Testament. Antico Testamento. Antiguo Testamento.

b7955   DUESBERG, H., «Gesù lettore della storia sacra», BibOr 7 (1965) 145-151.

b7956   CANTO RUBIO, J., «La formación bíblica de Cristo», CuBi 24 (1967) 220-224.

b7957   FÜGLISTER, N., «Alttestamentliche Grundlagen der neutestamentlichen Christologie», dans *Mysterium Salutis* (en collab.) (1970), III.1, 105-224.

b7958   REINHARDT, K., *Der dogmatische Schriftgebrauch* in der katholischen und protestantischen Christologie von der Aufklärung bis zur Gegenwart (München, F. Schöningh, 1970), xxiv-534 pp.

b7959   CELADA, B., «Comprensión del Antiguo Testamento en su valor autónomo, y la mejor manera de referirlo a Cristo», CuBi 30 (1973) 323-341.

b7960   FRANKEMÖLLE, H., «Neutestamentliche Christologien vor dem Anspruch alttestamentlicher Theologie», BiLeb 15 (1974) 258-272.

b7961   GOPPELT, L., *Theologie des Neuen Testaments*, «Christusgeschehen und Altes Testament nach Paulus» (1976), 376-388.

b7962   LUZARRAGA, J., «Presentación de Jesús a la luz del A.T. en el Evangelio de Juan», EstE 51 (1976) 497-520.

b7963   MINEAR, P.S., *To Heal and to Reveal* (1976), «Jesus as a Prophet like Elijah», 81-101; «Jesus as a Prophet like Moses», 102-121.

b7964   FISCHER, B., «Les titres chrétiens des psaumes dans le nouvel office divin», MD no 135 (1978) 148-157.

b7965   SABOURIN, L., «The Bible and Christ», BTB 8 (1978) 77-85.

b7966   REVENTLOW, H.G., «Der Konflikt zwischen Exegese und Dogmatik: Wilhelm Vischers Ringen um den 'Christus im Alten Testament'», dans *Textgemäss* (en collab.) (1979), 110-122.

b7967   GRELOT, P., «Rapporto fra antico e nuovo testamento in Gesù Cristo», dans *Problemi e prospettive di teologia fondamentale* (en collab.) (1980), 235-257.

b7968   HALL, S.G., «Christology, Prophecy and Scripture», dans *Studia Biblica 1978* (en collab.) (1980), III, 157-171.

Nouveau Testament. New Testament. Neues Testament. Nuovo Testamento. Nuevo Testamento.

Prépaulinisme. Prepaulinism. Vor Paulus. Prepaulinismo.

b7969   GOGUEL, M., «Quelques remarques sur les origines de la christologie. À propos d'un livre récent», RHR 119 (1939) 5-52.

b7970   SCHNACKENBURG, R., «Die nachösterliche Gemeinde und Jesus», dans *Die Aktion Jesu und die Re-Aktion der Kirche* (en collab.) (1972), 119-149.

b7971   WENGST, K., *Christologische Formeln und Lieder des Urchristentums* (Studien zum Neuen Testament, 7) (Gütersloh, Gerd Mohn, 1972), 223 pp.

b7972   LAMBRECHT, J., «De oudste christologie: Verrijzenis of Verhoging? - The Oldest Christology: Resurrection or Exaltation?» Bijdr. 36 (1975) 118-144 (English summary).

b7973   HERON, A., «'Logos, Image, Son': Some Models and Paradigms in Early Christology», dans *Creation, Christ and Culture* (en collab.) (1976), 43-62.

b7974   KOCH, D.-A., «Beobachtungen zum christologischen Schriftgebrauch in den vorpaulinischen Gemeinden», ZNW 71 (1980) 174-191.

b7975   HAVENER, I., «The Pre-Pauline Christological Credal Formulae of 1 Thessalonians», dans *Society of Biblical Literature. 1981 Seminar Papers* (en collab.) (1981), 105-128.

Évangiles. Gospels. Evangelien. Vangeli. Evangelios.

Études générales. General Studies. Allgemeine Studien. Studi generali. Estudios generales.

b7976   BULTMANN, R., «Die Frage nach dem messianischen Bewusstsein Jesu und das Petrus-Bekenntnis», ZNW 19 (1919-20) 165-174, dans *Exegetica* (1967), 1-9.

b7977   KÜMMEL, W.G., «Jesus nach dem synoptischen Kerygma», dans *Römer 7 und das Bild des Menschen im Neuen Testament* (1948), ix-xx, 166-178.

b7978   BARR, J., «Christ in Gospel and Creed», SJTh 8 (1955) 225-237.

b7979   VAN UNNIK, W.C., «Jesus the Christ», NTS 8 (1962) 101-116, dans VAN UNNIK, W.C., *Sparsa Collecta* (1980), II, 248-268.

b7980   SCHNACKENBURG, R., «Die Christologie der Synoptiker im Spannungsfeld von 'irdischer Jesus' und 'verherrlichter Christus'», dans *Mysterium Salutis* (en collab.) (1970), III.1, 272-308.

b7981   GABOURY, A., «Christological Implications Resulting from a Study of the Structure of the Synoptic Gospels», dans *Society of Biblical Literature. 1972 Proceedings* (en collab.) (1972), 97-146.

b7982   PIKAZA, J., DE LA CALLE, F., *Teología de los evangelios de Jesús* (Biblioteca de estudios bíblicos, 6) (Salamanca, Sigueme, 1974), 505 pp.

b7983   VÖGTLE, A., «Theo-logie und Eschato-logie in der Verkündigung Jesu?», dans *Neues Testament und Kirche* (en collab.) (1974), 371-398.

b7984   WERNIK, U., «Frustrated beliefs and eaarly Christianity. A Psychological Enquiry into the Gospels of the New Testament», Numen 22 (1975) 96-130.

b7985   BUSSE, U., *Die Wunder des Propheten Jesus* (1977), «Jesus, der Prophet, im Urteil des Volkes», 381-388; «Jesus, der Prophet, im Urteil der Jünger», 388-402.

b7986   POLAG, A., *Die Christologie der Logienquelle* (WMANT 45) (Neukirchen-Vluyn, Neukirchener Verlag, 1977), ix-213 pp.

b7987   KLOPPENBORG, J.S., «Wisdom Christology in Q», LTP 34 (1978) 129-147.

b7988   FRYE, R.M., «The Jesus of the Gospels: Approaches Through Narrative Structure», dans *From Faith to Faith* (en collab.) (1979), 75-89.

b7989 KIEFFER, R., «La christologie de supériorité dans les évangiles synoptiques», ETR 54 (1979) 579-591.

b7990 GUILLET, J., «Le Jésus de Jean et le Jésus des synoptiques», CE no 31 (n.s.) (1980) 5-9.

b7991 ACHTEMEIER, P.J., «The Ministry of Jesus in the Synoptic Gospels», Interpr 35 (1981) 157-169.

b7992 BLANK, J., Der Jesus des Evangeliums. Entwürfe zur biblischen Christologie (München, Kösel, 1981), 270 pp.

b7993 KAHLEFELD, H., Die Gestalt Jesu in den synoptischen Evangelien (Frankfurt/M, Knecht, 1981), 264 pp.

b7994 KINGSBURY, J.D., Jesus Christ in Matthew, Mark, and Luke (Proclamation Commentaries) (Philadelphia, Fortress Press, 1981), ix-134 pp.

b7995 MICHAELS, J.R., Servant and Son. Jesus in Parable and Gospel (Atlanta, John Knox, 1981), xiii-322 pp.

b7996 KIEFFER, R., «A Christology of Superiority in the Synoptic Gospels», RelStB 3 (1983) 61-75.

Matthieu. Matthew. Matthäus. Matteo. Mateo.

b7997 SCHULZ, S., Die Stunde der Botschaft, «Der Christus» (1967), 197-209.

b7998 SUHL, A., «Der Davidssohn in Matthäus-Evangelium», ZNW 59 (1968) 57-81.

b7999 SCHNACKENBURG, R., «Die Christologie der Synoptiker...: 2. Matthäus», dans Mysterium Salutis (en collab.) (1970), III.1, 285-296.

b8000 CZERSKI, J., «Christologische Ekklesiologie im Matthäusevangelium», BiLeb 12 (1971) 55-66.

b8001 GOPPELT, L., Theologie des Neuen Testaments, «Die Deutung der Erscheinung Jesu durch Matthäus» (1976), 543-568.

b8002 KINGSBURY, J.D., «The Title 'Son of David' in Matthew's Gospel», JBL 95 (1976) 591-602.

b8003 MILAVEC, A., «Matthew's Integration of Sexual and Divine Begetting», BTB 8 (1978) 108-116.

b8004 PREGEANT, R., Christology Beyond Dogma. Matthew's Christ in Process Hermeneutic (SBL Semeia Supplements, 7) (Philadelphia, Fortress, 1978), 176 pp.

b8005 CHARLIER, C., Le christianisme, «Le Jésus de Matthieu et de Luc» (1979), I, 94-101.

b8006 NOLAN, B.M., The Royal Son of God. The Christology of Matthew 1-2 in the Setting of the Gospel (Orbis Biblicus et Orientalis, 23) (Fribourg, Suisse, Éditions Universitaires; Göttingen, Vandenhoeck & Ruprecht, 1979), 282 pp.

b8007 OGAWA, A., L'histoire de Jésus chez Matthieu. La signification de l'histoire pour la théologie matthéenne (Publications Universitaires Européennes, Série 23, Théologie, vol. 116) (Bern, Peter Lang, 1979), 512 pp.

b8008 GIBBS, J.M., «Wisdom, Power and Wellbeing», dans Studia Biblica 1978 (en collab.) (1980), III, 119-155.

b8009 HILL, D., «Son and Servant: An Essay on Matthean Christology», JSNT no 6 (1980) 2-16.

b8010 BEARE, F.W., «Jesus as Teacher and Thaumaturge: the Matthaean Portrait», dans Studia Evangelica (en collab.) (1982), VII, 31-39.

b8011 GERHARDSSON, B., «'An ihren Früchten sollt ihr sie erkennen'. Die Legitimitätsfrage in der matthäischen Christologie», EvT 42 (1982) 113-126.

b8012 LOADER, W.R.G., «Son of David, Blindness, Possession, and Duality in Matthew», CBQ 44 (1982) 570-585.

b8013 MARTIN, B.L., «Matthew on Christ and the Law», TS 44 (1983) 53-70.

Marc. Markus. Marco. Marcos.

b8014 SCHULZ, S., *Die Stunde der Botschaft*, «Das Inkognito des Gottmenschen» (1967), 46-64.

b8015 ALONSO DIAZ, J., «Jesús 'Hijo de Dios' en el evangelio de Marcos», CuBi 21 (1964) 131-136.

b8016 SCHNACKENBURG, R., «Die Christologie der Synoptiker...: 1. Markus», dans *Mysterium Salutis* (en collab.) (1970), III.1, 272-284.

b8017 SCHIERSE, F.J., «Das Christusbild im Markusevangelium - Neuere Untersuchungen zur markinischen Christologie», BiKi 27 (1972) 114-116.

b8018 LANE, W.L., «*Theios Anēr* Christology and the Gospel of Mark», dans *New Dimensions in New Testament Study* (en collab.) (1974), 144-161.

b8019 PERRIN, N., «The Christology of Mark», dans *L'Évangile selon Marc* (en collab.) (1974), 471-485.

b8020 DE BURGOS NUÑEZ, M., «La comunión de Dios con el crucificado. Cristología de Marcos 15,22-39», EstB 37 (1978) 243-266.

b8021 DONAHUE, J.R., «Jesus as the Parable of God in the Gospel of Mark», Interpr 32 (1978) 369-386.

b8022 CHARLIER, C., *Le christianisme*, «Le Jésus de Marc» (1979), I, 85-94.

b8023 ESTRADA, J.A., «Las relaciones Jesús-pueblo-discípulos en el evangelio de Marcos», EstE 54 (1979) 151-170.

b8024 TANNEHILL, R.C., «The Gospel of Mark as Narrative Christology», Semeia nº 16 (1979) 57-95.

b8025 ACHTEMEIER, P.J., «'He Taught Them Many Things': Reflections on Marcan Christology», CBQ 42 (1980) 465-481.

b8026 BUBY, B., «A Christology of Relationship in Mark», BTB 10 (1980) 149-154.

b8027 FRANCE, R.T., «Mark and the Teaching of Jesus», dans *Gospel Perspectives* (en collab.) (1980), 101-136.

b8028 GIBBS, J.M., «Wisdom, Power and Wellbeing», dans *Studia Biblica 1978* (en collab.) (1980), III, 119-155.

b8029 HELD, H.J., «Der Christusweg und die Nachfolge der Gemeinde. Christologie und Ekklesiologie im Markusevangelium», dans *Kirche*. Festschrift für Günther Bornkamm (en collab.) (1980), 79-93.

b8030 JOHNSON, E.S., «According to Mark: The Son of God», ExpTim 92 (1980) 49-51.

b8031 BOTTGER, P.C., *Der König der Juden - das Heil für die Völker*. Die Geschichte Jesu Christi im Zeugnis des Markusevangeliums (Neukirchener Studienbücher, 13) (Neukirchen-Vluyn, Neukirchener Verlag, 1981), 134 pp.

b8032 DUMITRIU, P., *Comment ne pas l'aimer!* Une lecture de l'Évangile selon saint Marc (Paris, Cerf, 1981), 317 pp.

b8033 KINGSBURY, J.D., «The 'Divine Man' as the Key to Mark's Christology - The End of an Era?» Interpr 35 (1981) 243-257.

b8034 MANICARDI, E., *Il cammino di Gesù nel Vangelo di Marco*. Schema narrativo e tema cristologico (Analecta Biblica, 96) (Rome, Biblical Institute Press, 1981), x-221 pp.

b8035 KINGSBURY, J.D., *The Christology of Mark's Gospel* (Philadelphia, Fortress, 1983), xvii-203 pp.

b8036 WEBER, R., «Christologie und 'Messiasgeheimnis': ihr Zusammenhang und Stellenwert in den Darstellungsintentionen des Markus», EvT 43 (1983) 108-125.

Luc. Luke. Lukas. Luca. Lucas.

b8037   NEVIUS, R.C., «*Kyrios* and *Iesous* in St. Luke», AThR 48 (1966) 75-77.

b8038   JONES, D.K., «The Title *Christos* in Luke-Acts», CBQ 32 (1970) 69-76.

b8039   SCHNACKENBURG, R., «Die Christologie der Synoptiker...: 3. Lukas», dans *Mysterium Salutis* (en collab.) (1970), III.1, 296-308.

b8040   FRIEDRICH, G., «Lukas 9,51 und die Entrückungschristologie des Lukas», dans HOFFMANN, J.P. (Hrsg.), *Orientierung an Jesus. Zur Theologie der Synoptiker. Für Josef Schmid* (Freiburg, Herder, 1973), 48-77, dans *Auf das Wort kommt es an* (1978), 26-55.

b8041   JONES, D.L., «The Title *Kurios* in Luke-Acts», dans *Society of Biblical Literature. 1974 Seminar Papers* (en collab.) (1974), 85-101.

b8042   RESSEGUIE, J.L., «The Lukan Portrait of Christ», SBT 4,1 (1974) 5-20.

b8043   TALBERT, C.H., *Literary Patterns, Theological Themes, and the Genre of Luke-Acts* (SBL Monograph Series, 20) (Missoula, Montana, Scholars Press, 1974), «The Patterns and Lucan Christology», 111-124.

b8044   FEUILLET, A., «L'"Exode' de Jésus et le déroulement du mystère rédempteur d'après S. Luc et S. Jean», RT 77 (1977) 181-206.

b8045   BOVON, F., *Luc le théologien*, «La christologie» (1978), 119-210.

b8046   CASSIDY, R.J., *Jesus, Politics, and Society. A Study of Luke's Gospel* (Maryknoll, NY, Orbis Books, 1978), 230 pp.

b8047   CHARLIER, C., *Le christianisme*, «Le Jésus de Matthieu et de Luc» (1979), I, 94-101.

b8048   MATTILL, A.J., Jr., *Luke and the Last Things. A Perspective for the Understanding of Lukan Thought* (Dillsboro, NC, Western North Carolina Press, 1979), xi-247 pp.

b8049   O'TOOLE, R.F., «Luke's Understanding of Jesus' Resurrection-Ascension-Exaltation», BTB 9 (1979) 106-114.

b8050   DUMAIS, M., «Luc, le ministère de Jésus et les Actes des Apôtres», dans *Jésus aujourd'hui* (1980), III, 53-62.

b8051   KURZ, W.S., «Hellenistic Rhetoric in the Christological Proof of Luke-Acts», CBQ 42 (1980) 171-195.

b8052   NÜTZEL, J.M., *Jesus als Offenbarer Gottes nach den lukanischen Schriften* (Forschung zur Bibel, 39) (Würzburg, Echter Verlag, 1980), vi-307 pp.

b8053   RENWART, L., «'Un signe en butte à la contradiction' (Lc 2,34). La christologie dans quelques ouvrages récents», NRT 102 (1980) 716-755.

Jean. John. Johannes. Giovanni. Juan.

b8054   EISLER, R., «Das Rätsel des Johannesevangeliums», ErJb 1935 3 (1936) 323-511 («Der Johanneische 'Jesus'», 451-456; «Die Offenbarung der Dreieinigkeit an Philippus», 457-463; «Der Logos - Leben und Licht», 463-470; «Gnade und Gesetz, die Stimme und das Lamm Gottes», 471-473).

b8055   CULLMANN, O., «*Eiden kai episteusen*. La vie de Jésus, objet de la 'vue' et de la 'foi' d'après le quatrième Évangile», dans *Aux sources de la tradition chrétienne* (en collab.) (1950), 52-61.

b8056   BRAUN, F.-M., *Jean le théologien*. III. Sa théologie. I. Le mystère de Jésus-Christ (1966), xxii-275 pp.

b8057   GNILKA, J., «Der historische Jesus als der gegenwärtige Christus im Johannesevangelium», dans *Bibel und Zeitgemässer Glaube* (en collab.) (1967), 159-171.

b8058   GNILKA, J., «Der historische Jesus als der gegenwärtige Christus im Johannesevangelium», BiLeb 7 (1966) 270-278.

b8059   JOHNSON, S.E., «Notes on the Prophet-King in John», AThR 51 (1969) 35-37.

b8060   SCHULZ, S., *Die Stunde der Botschaft*, «Der Offenbarer» (1967), 323-341.

b8061   SCHNACKENBURG, R., «Johanneische Christologie», dans *Mysterium Salutis* (en collab.) (1970), III.1, 337-350.

b8062   DE VILLIERS, J.L., «The Shepherd and his flock», dans *The Christ of John* (en collab.) (1971), 89-103.

b8063   DU PLESSIS, I.J., «Christ as the Only begotten», dans *The Christ of John* (en collab.) (1971), 22-31.

b8064   DU TOIT, A.B., «The incarnate word - a study of John 1:14», dans *The Christ of John* (en collab.) (1971), 9-21.

b8065   FENSHAM, F.C., «I am the Way, the Truth and the Life», dans *The Christ of John* (en collab.) (1971), 81-88.

b8066   GROENEWALD, E.P., «The Christological meaning of John 20:31», dans *The Christ of John* (en collab.) (1971), 131-140.

b8067   JOUBERT, H.L.N., «The Holy One of God (John 6:69)», dans *The Christ of John* (en collab.) (1971), 57-69.

b8068   LATEGAN, B.C., «The truth that sets man free - John 8:31-36», dans *The Christ of John* (en collab.) (1971), 70-80.

b8069   LOUW, J.P., «Narrator of the Father - and related terms in Johannine Christology», dans *The Christ of John* (en collab.) (1971), 32-40.

b8070   ROBERTS, J.H., «The Lamb of God», dans *The Christ of John* (en collab.) (1971), 41-56.

b8071   MEEKS, W.A., «The Man from Heaven in Johannine Sectarianism», dans *Society of Biblical Literature. 1972 Proceedings* (en collab.) (1972), 285-313.

b8072   VAN BOXEL, P., «Die Präexistente Doxa Jesu im Johannesevangelium», Bijdr. 34 (1973) 268-281.

b8073   FULLER, R.H., «The Incarnation in Historical Perspective», AThR Supplementary Series no 7 (1976) 57-66.

b8074   MOLONEY, F.J., «The Johannine Son of God», Sal 38 (1976) 71-86.

b8075   SUNDBERG, A.C., Jr., «Christologies in the Fourth Gospel», BiRes 21 (1976) 29-37.

b8076   TALAVERO, S., *Pasión y Resurrección en el IV Evangelio.* Interpretación de un 'cristiano de primera hora' (Salamanca, Universidad Pontificia, 1976), 277 pp.

b8077   URICCHIO, F., «Spigolature sulla maggiore grandezza in Gv. Insinuazioni cristologiche inerenti al comparativo *meizōn* nel IV Vangelo», dans *Studia Hierosolymitana (Bagatti)* (en collab.) (1976), II, 83-123.

b8078   BÜHNER, J,A., *Der Gesandte und sein Weg im 4. Evangelium* (Wissenschaftliche Untersuchungen zum Neuen Testament, 2. Reihe, Band 2) (Tübingen, Mohr, 1977), viii-486 pp.

b8079   DE JONGE, M., *Jesus.* Stranger from Heaven and Son of God (1977), «Jesus as Prophet and King in the Fourth Gospel», 49-76; «Variety and Development in Johannine Christology», 193-222.

b8080   STEVENS, C.T., «The 'I AM' Formula in the Gospel of John», SBT 7,2 (1977) 19-30.

b8081   BORING, M.E., «The Influence of Christian Prophecy on the Johannine Portrayal of the Paraclete and Jesus», NTS 25 (1978-79) 113-123.

b8082   COLLINS, R.F., «The Search for Jesus. Reflections on the Fourth Gospel», LTP 34 (1978) 27-48.

b8083   DE JONGE, M., «The Son of God and the Children of God in the Fourth Gospel», dans *Saved by Hope* (en collab.) (1978), 44-63.

b8084   MEALAND, D.L., «The Christology of the Fourth Gospel», SJTh 31 (1978) 449-467.

b8085   MORRIS, L., «The Jesus of Saint John», dans *Unity and Diversity in New Testament Theology* (en collab.) (1978), 37-53.

b8086   RIDDERBOS, H., «The Christology of the Fourth Gospel: History and Interpretation», dans *Saved by Hope* (en collab.) (1978), 15-26.

b8087   DE STAGE, J., «The Human Integrity of St John's Jesus», dans *Studia Biblica 1978. II. Papers on the Gospels* (en collab.) (1980), 75-78.

b8088   GIBLIN, C.H., «Suggestion, Negative Response, and Positive Action in St John's Portrayal of Jesus (John ii,1-11; iv,46-54; vii,12-14; xi,1-44)», NTS 26 (1980) 197-211.

b8089   GUILLET, J., «Jésus Christ dans l'Évangile de Jean», CE no 31 (n.s.) (1980) 62 pp.

b8090   MILLER, E.L., «The Christology of John 8:25», TZ 36 (1980) 257-265.

b8091   ZEVINI, G., «Gesù Cristo nel Vangelo di Giovanni», dans *Annunciare Cristo ai giovani* (en collab.) (1980), 133-152.

b8092   MATSUNAGA, K., «The 'Theos' Christology as the Ultimate Confession of the Fourth Gospel», AJBI 7 (1981) 124-145.

b8093   McPOLIN, J., «The Word was made Flesh», Way 21 (1981) 22-33.

b8094   NEYREY, J.H., «John III - A Debate over Johannine Epistemology and Christology», NT 23 (1981) 115-127.

b8095   BECKER, J., «Ich bin Auferstehung und das Leben. Eine Skizze der johanneischen Christologie», TZ 39 (1983) 138-151.

b8096   SCHNACKENBURG, R., «Paulinische und johanneische Christologie. Ein Vergleich», dans *Die Mitte des Neuen Testaments* (en collab.) (1983), 221-237.

Actes des apôtres. Acts of the Apostles. Apostelgeschichte.
Atti degli apostoli. Hechos de los apóstoles.

b8097   JACOBS, T., «De christologie van de redevoeringen der Handelingen. *Die Christologie der Reden in der Apostelgeschichte*», Bijdr. 28 (1967) 177-196 (sommaire français).

b8098   VOSS, G., «'Zum Herrn und Messias gemacht hat Gott diesen Jesus' (Apg 2,36). Zur Christologie der lukanischen Schriften», BiLeb 8 (1967) 236-248.

b8099   MARTINI, C.M., *La parola di Dio alle origini della Chiesa* (1980), «Riflessioni sulla cristologia degli Atti» (1971), 273-282.

b8100   TALBERT, C.H., *Literary Patterns, Theological Themes, and the Genre of Luke-Acts* (SBL Monograph Series, 20) (Missoula, Montana, Scholars Press, 1974), «The Patterns and Lucan Christology», 111-124.

b8101   HAHN, F., «Das Problem alter christologischer Überlieferungen in der Apostelgeschichte unter besonderer Berücksichtigung von Act 3,19-21», dans *Les Actes des Apôtres*. Traditions, rédaction, théologie (en collab.) (1979), 129-154.

b8102   MATTILL, A.J., Jr., *Luke and the Last Things*. A Perspective for the Understanding of Lukan Thought (Dillsboro, NC, Western North Carolina Press, 1979), xi-247 pp.

b8103   ZIESLER, J.A., «The Name of Jesus in the Acts of the Apostles», JSNT no 4 (1979) 28-41.

b8104   DUMAIS, M., «Luc, le ministère de Jésus et les Actes des Apôtres», dans *Jésus aujourd'hui* (1980), III, 53-62.

b8105   NÜTZEL, J.M., *Jesus als Offenbarer Gottes nach den lukanischen Schriften* (Forschung zur Bibel, 39) (Würzburg, Echter Verlag, 1980), vi-307 pp.

b8106   SISTI, A., «Il nome di Gesù negli Atti degli Apostoli», Ant 55 (1980) 675-694.

b8107   LYONNET, S., «'La voie' dans les Actes des Apôtres», RSR 69 (1981) 149-164.

b8108   O'TOOLE, R.F., «Activity of the Risen Jesus in Luke-Acts», Bibl 62 (1981) 471-498.

Paul. Paulus. Paolo. Pablo.

Études générales. General Studies. Allgemeine Studien. Studi generali. Estudios generales.

*b*8109   BRUSTON, C., «Pour la christologie de saint Paul», ETR 8 (1933) 46-61.

*b*8110   BULTMANN, R., «Jesus und Paulus», Beiheft 2 zur *Evangelischen Theologie* (München, Kaiser, 1936), 68-90, dans *Exegetica* (1967), 210-229.

*b*8111   BUONAIUTI, E., «Christus und Paulus», ErJb 1940-41 9 (1942) 257-294.

*b*8112   BUONAIUTI, E., «Christologie und Ecclesiologie bei Sankt Paulus», ErJb 1940-41 9 (1942) 295-335.

*b*8113   ORTKEMPER, F.-J., «Wir verkünden Christus als den Gekreuzigten (1 Kor 1,23). Die Kreuzesbotschaft des Apostels Paulus als Mitte seines Evangeliums», BiKi 23 (1968) 5-12.

*b*8114   SALGUERO, J., «La fórmula paulína 'en Cristo'», CuBi 25 (1968) 219-224.

*b*8115   DAVIES, W.D., *Invitation to the New Testament*, «The New Way: In Christ» (1969), 345-355.

*b*8116   SCHNACKENBURG, R., «Schwerpunkte paulinischer Christologie: der gekreuzigte Messias, der Sohn Gottes, der Kyrios, der zweite Adam», dans *Mysterium Salutis* (en collab.) (1970), III.1, 323-337.

*b*8117   THRALL, M.E., «The Origin of Pauline Christology», dans *Apostolic History and the Gospel* (en collab.) (1970), 304-316.

*b*8118   THÜSING, W., «Rechtfertigungsgedanke und Christologie in den Korintherbriefen», dans *Neues Testament und Kirche* (en collab.) (1974), 301-324.

*b*8119   ELWELL, W., «The Deity of Christ in the Writings of Paul», dans *Current Issues in Biblical and Patristic Interpretation* (en collab.) (1975), 297-308.

*b*8120   SCHRAGE, W., «Theologie und Christologie bei Paulus und Jesus auf dem Hintergrund der modernen Gottesfrage», EvT 36 (1976) 121-154.

*b*8121   WILCKENS, U., «Christologie und Anthropologie im Zusammenhang der paulinischen Rechtfertigunslehre», ZNW 67 (1976) 64-82.

*b*8122   BLOCH, J., «Der historische Jesus und Paulus», dans *Paulus - Apostat oder Apostel?* (en collab.) (1977), 9-30.

*b*8123   DUGANDZIC, I., *Das 'Ja' Gottes in Christus* (1977), 352 pp.

*b*8124   KAUFMANN, W., «Jésus vis-à-vis Paul, Luther, and Schweitzer», dans *Jewish Expressions on Jesus* (en collab.) (1977), 368-409.

*b*8125   STUHLMACHER, P., «Zur paulinischen Christologie», ZTK 74 (1977) 449-463.

*b*8126   TORRANCE, T.F., «The Pre-eminence of Jesus Christ», ExpTim 89 (1977) 54-55.

*b*8127   SCHLIER, H., *Grundzüge einer paulinischen Theologie*, «Die Gerechtigkeit Gottes in Jesus Christus» (1978), 158-173.

*b*8128   FROITZHEIM, F., *Christologie und Eschatologie bei Paulus* (Forschung zur Bible, 35) (Würzburg, Echter Verlag, 1979), xii-283 pp.

*b*8129   GRECH, P., «Christological Motives in Pauline Ethics», dans *Paul de Tarse, apôtre de notre temps* (en collab.) (1979), 541-558.

*b*8130   ECKERT, J., «Der Gekreuzigte als Lebensmacht. Zur Verkündigung des Todes Jesu bei Paulus», TGl 70 (1980) 193-214.

*b*8131   EFIRD, J.M., *Christ, the Church, and the End*, «The Person and Work of Jesus» (1980), 19-26.

*b*8132   LANGEVIN, P.-É., LYONNET, S., «Les témoignages chrétiens du premier siècle», dans *Jésus aujourd'hui* (en collab.) (1980), I, 47-55.

*b*8133   MURPHY-O'CONNOR, J., «What Paul Knew of Jesus», SB 12 (1981) 35-40.

b8134　SCHADE, H.-H., *Apokalyptische Christologie bei Paulus.* Studien zum Zusammenhang von Christologie und Eschatologie in den Paulusbriefen (Göttinger Theologische Arbeiten, 18) (Göttingen, Vandenhoeck & Ruprecht, 1981), 335 pp.

b8135　AGOURIDES, S., «The Meaning of Christ for Paul. A socioreligious approach», dans *Parola e Spirito* (en collab.) (1982), 651-659.

b8136　SCHNACKENBURG, R., «Paulinische und johanneische Christologie. Ein Vergleich», dans *Die Mitte des Neuen Testaments* (en collab.) (1983), 221-237.

Romains. Romans. Römerbrief. Romani. Romanos.

b8137　CRANFIELD, C.E.B., *The Epistle to the Romans.* Concluding Remarks on Some Aspects of the Theology of Romans, «Christology» (1979), II, 835-840.

b8138　LIEU, J.M., «'Authority to become children of God'. A Study of I John», NT 23 (1981) 210-228.

b8139　LANGEVIN, P.-É., «Sur la christologie de Romains 10,1-13», LTP 35 (1979) 35-54.

b8140　LANGEVIN, P.-É., «The christology of Romans 10:1-13», TDig 28 (1980) 45-48.

Philippiens. Philippians. Philipperbrief. Filipesi. Filipenses.

b8141　MURPHY-O'CONNOR, J., «Christological Anthropology in Phil., II,6-11», RB 83 (1976) 25-50.

b8142　HOWARD, G., «Phil 2:6-11 and the Human Christ», CBQ 40 (1978) 368-387.

Colossiens. Colossians. Kolosserbrief. Colossesi. Colosenses.

b8143　BENOIT, P., «L'hymne christologique de Col. i,15-20. Jugement critique sur l'état des recherches», dans *Christianity, Judaism and Other Greco-Roman Cults* (en collab.) (1975), I, 226-263.

b8144　D'AQUINO, P., «Cristo Figlio di Dio e Figlio dell'Uomo (Col 1,15-20)», dans *Studia Hierosolymitana (Bagatti)* (en collab.) (1976), II, 135-145.

b8145　O'NEILL, J., «The Source of Christology in Colossians», NTS 26 (1979) 87-100.

b8146　YATES, R., «Christ and the Powers of Evil in Colossians», dans *Studia Biblica 1978* (en collab.) (1980), III, 461-468.

b8147　TREVETHAN, T.L., *Our Joyful Confidence.* The Lordship of Jesus in Colossians (An Exposition) (Downers Grove, IL, Inter-Varsity, 1981), 168 pp.

b8148　ROWLAND, C., «Apocalyptic Visions and the Exaltation of Christ in the Letter to the Colossians», JSNT n° 19 (1983) 73-83.

b8149　SCHENK, W., «Christus, das Geheimnis der Welt, als dogmatisches und ethisches Grundprinzip des Kolosserbriefes», EvT 43 (1983) 138-155.

I Thessaloniciens. I Thessalonians. I. Thessalonicherbrief. I Tessalonicesi. I Tesalonicenses.

b8150　HOLTZ, T., «'Euer Glaube an Gott.' Zu Form und Inhalt 1 Thess 1,9f», dans *Die Kirche des Anfangs* (en collab.) (1978), 459-488.

b8151　GARCIA MORENO, A., «La realeza y el señorio de Cristo en Tesalonicenses», EstB 39 (1981) 63-82.

Pastorales. Pastorals. Pastoralbriefe. Pastorali. Pastorales.

b8152　HASLER, V., «Epiphanie und Christologie in den Pastoralbriefen», TZ 33 (1977) 193-209.

b8153   OBERLINNER, L., «Die 'Epiphaneia' des Heilswillens Gottes in Christus Jesus. Zur
         Grundstruktur der Christologie der Pastoralbriefe», ZNW 71 (1980) 192-213.
b8154   SIMONSEN, H., «Christologische Traditionselemente in den Pastoralbriefen», dans *Die
         Paulinische Literatur und Theologie. The Pauline Literature and Theology* (en collab.)
         (1980), 51-62.

Épître aux Hébreux. Epistle to the Hebrews. Hebräerbrief.
Epistola agli Ebrei. Epístola a los Hebreos.

b8155   SPICQ, C., «L'origine johannique de la conception du Christ-prêtre dans l'Épître aux
         Hébreux», dans *Aux sources de la tradition chrétienne* (en collab.) (1950), 258-269.
b8156   SCHNACKENBURG, R., «Die Christologie des Hebräerbriefes», dans *Mysterium
         Salutis* (en collab.) (1970), III.1, 360-366.
b8157   DEY, L.K.K., *The Intermediary World and Patterns of Perfection in Philo and Hebrews*
         (Society of Biblical Literature, Dissertation Series, 25) (Missoula, Montana, Scholars
         Press, 1975), 239 pp.
b8158   ZIMMERMANN, H., *Das Bekenntnis der Hoffnung.* Tradition und Redaktion im
         Hebräerbrief (BBB 47) (Köln, Peter Hanstein, 1977), 236 pp.
b8159   HUGHES, G., *Hebrew and Hermeneutics* (1979), «The Son», 1-31; «Jesus», 75-100.
b8160   LAUB, F., *Bekenntnis und Auslegung.* Die Paränetische Funktion der Christologie im
         Hebräerbrief (Biblische Untersuchungen, 15) (Regensburg, Pustet, 1980), viii-310 pp.
b8161   MURPHY-O'CONNOR, J., VANHOYE, A., «Lettres de Paul et Épître aux Hébreux: le
         second Adam et le Souverain Prêtre», dans *Jésus aujourd'hui* (1980), III, 87-94.
b8162   SCHLIER, H., «Zur Christologie des Hebräerbriefes», dans *Der Geist und die Kirche*
         (1980), 88-100.
b8163   LOADER, W.R.G., *Sohn und Hoherpriester.* Eine traditionsgeschichtliche
         Untersuchung zur Christologie des Hebräerbriefes (WMANT 53) (Neukirchen-Vluyn,
         Neukirchener Verlag, 1981), viii-286 pp.
b8164   WILLIAMSON, R., «The Incarnation of the Logos in Hebrews», ExpTim 95 (1983) 4-8.

I Pierre. I Peter. I. Petrusbrief. I Pietro. I Pedro.

b8165   SCHNACKENBURG, R., «Der erste Petrusbrief und die Pastoralbriefe», dans
         Mysterium Salutis (en collab.) (1970), III.1, 351-360.
b8166   SCHLOSSER, J., «Ancien Testament et Christologie dans la *Prima Petri*», dans *Études
         sur la première lettre de Pierre* (en collab.) (1980), 65-96.

I Jean. I John. I. Johannesbrief. I Giovanni. I Juan.

b8167   BROWN, R.E., «The relationship to the Fourth Gospel shared by the author of I John
         and by his opponents», dans *Text and Interpretation* (en collab.) (1979), 57-68.

Apocalypse. Revelation. Offenbarung. Apocalisse. Apocalipsis.

b8168   SCHNACKENBURG, R., «Das Christusbild der Johannes-Apokalypse», dans
         Mysterium Salutis (en collab.) (1970), III.1, 367-375.
b8169   GERHARDSSON, B., «Die christologischen Aussagen in den Sendschreiben der
         Offenbarung (Kap. 2-3)», dans *Theologie aus dem Norden* (en collab.) (1976), 142-166.
b8170   EZELL, D., *Revelations on Revelation.* New Sounds from Old Symbols (Waco, Texas,
         Word, 1977), 124 pp.

*b*8171 VANNI, U., «L'Apocalypse de Jean, ou la présence de Jésus à l'actualité», dans *Jésus aujourd'hui* (en collab.) (1980), III, 95-101.

*b*8172 DE JONGE, M., «The Use of the Expression *o khristos* in the Apocalypse of John», dans *L'Apocalypse johannique et l'Apocalyptique dans le Nouveau Testament* (en collab.) (1980), 267-281.

*b*8173 BAUCKHAM, R., «The Worship of Jesus in Apocalyptic Christianity», NTS 27 (1981) 322-341.

*b*8174 GOGUEL, M., «The Problem of Jesus», HarvTR 23 (1930) 93-120.

*b*8175 DIBELIUS, M., «La piété chrétienne. Le culte du Christ», ETR 6 (1931) 330-350.

*b*8176 CULLMANN, O., «The Reply of Professor Cullmann to Roman Catholic Critics», SJTh 15 (1962) 36-43.

*b*8177 GREIG, J.C.G., «Abba and Amen: Their Relevance to Christology», dans *Studia Evangelica* (TU 103) (en collab.) (1968), V, 3-13.

*b*8178 FREY, J., SCHWEIZER, E., ANCONA, A., «Le Christ signe de contradiction», Communion nº 102 (1972) 9-33.

*b*8179 KERTELGE, K., «Jesus und die Gemeinde», dans *Die Aktion Jesu und die Re-Aktion der Kirche* (en collab.) (1972), 101-117.

*b*8180 LOCHMAN, J.M., *Christus oder Prometheus?* Die Kernfrage des christlich-marxistischen Dialogs und die Christologie (Stundenbücher, 106) (Hamburg, Furche-Verlag, 1972), 109 pp.

*b*8181 MACHOVEC, M., *Jesus für Atheisten*. Übers. aus dem Tschech. von P. Kruntorad (Stuttgart, Kreuz-Verlag, 1972), xvii-300 pp.

*b*8182 BAUMANN, R., «Zwei nicht-theologische Versuche über Jesus - Rudolf Augstein: Jesus-Menschensohn und Milan Machovec: Jesus für Atheisten», BiKi 28 (1973) 14-18.

*b*8183 CIRILLO, L., «La christologie pneumatique de la cinquième parabole du 'Pasteur' d'Hermas (Par. V,6,5)», RHR 184 (1973) 25-48.

*b*8184 REINHARDT, K., «Die Einzigartigkeit der Person Jesu Christi. Neue Entwürfe», IKZCommunio 2 (1973) 206-224.

*b*8185 HOULDEN, L., «The Place of Jesus», dans *What about the New Testament?* (en collab.) (1975), 103-115.

*b*8186 MACDONALD, W.G., «Christology and 'The Angel of the Lord'», dans *Current Issues in Biblical and Patristic Interpretation* (en collab.) (1975), 324-335.

*b*8187 SIMON, U., «The Multidimensional Picture of Jesus», dans *What about the New Testament?* (en collab.) (1975), 116-126.

*b*8188 KOCH, T., «Albert Schweitzers Kritik des christologischen Denkens - und die sachgemässe Form einer gegenwärtigen Beziehung auf den geschichtlichen Jesus», ZTK 73 (1976) 208-240.

*b*8189 SESBOÜÉ, B., «Le mouvement de la christologie», Et 344 (1976) 257-281.

*b*8190 BEARDSLEE, W.A., «Christology in Scripture and Experience: The Case of Process Theology», dans *Scripture in History & Theology* (en collab.) (1977), 343-355.

*b*8191 BOURGEOIS, H., *Libérer Jésus*. Christologies actuelles (Paris, Le Centurion, 1977), 276 pp.

*b*8192 GIAVINI, G., MOIOLI, G., SEQUERI, P.A., SERENTHA, M., UBBIALI, S., «Cristologie in Italia», ScuolC 105 (1977) 3-165.

*b*8193 MARLÉ, R., «Il problema cristologico nell'esegesi protestante tedesca», CC 4 (1977) 427-437.

*b*8194 MONDIN, B., «The christological Experiment of Hans Küng», BTB 7 (1977) 77-88.

*b*8195 OWEN, H.P., «The Person of Christ in Recent Theology», RelSt 13 (1977) 491-506.

*b*8196   RUPPERT, H.-J., «Einige Bemerkungen zur Lehre des Evangelischen Erwachsenenkatechismus unter besonderer Berücksichtigung der Christologie», KerDo 23 (1977) 233-255.

*b*8197   TRÖGER, K.W., «Doketistische Christologie in Nag-Hammadi-Texten. Ein Beitrag zum Doketismus in frühchristlicher Zeit», Kairos 19 (1977) 45-52.

*b*8198   BORI, P.C., «La riflessione cristologica in alcuni recenti contributi di parte cattolica», dans *Conoscenza storica di Gesù* (en collab.) (1978), 121-154.

*b*8199   COURTH, F., «Die Geschichte Jesu für uns. Zum neuen Jesus-Buch von E. Schillebeeckx», TrierTZ 87 (1978) 116-135.

*b*8200   HALE, R., «Elementi cristologici in tre teologi protestanti contemporanei», dans *Conoscenza storica di Gesù* (en collab.) (1978), 155-196.

*b*8201   HENRY, C.F.H., «Christological Neglect by a Mission-Minded Church», dans *Scripture, Tradition, and Interpretation* (en collab.) (1978), 216-233.

*b*8202   CLARKE, T.E., «Current Christologies», Wor 53 (1979) 438-448.

*b*8203   CONGAR, Y., «Pour une christologie pneumatologique. Note bibliographique», RSPT 63 (1979) 435-441.

*b*8204   DESCAMPS, A.-L., «La christologie de Hans Küng. Réflexions exégétiques», RTL 10 (1979) 51-75.

*b*8205   GALOT, J., «Le problème christologique actuel. Orientations essentielles», EV (doctrine) 89 (1979) 145-156.

*b*8206   HOLTZ, T., «Kenntnis von Jesus und Kenntnis Jesu. Eine Skizze zum Verhältnis zwischen historisch-philologischer Erkenntnis und historisch-theologischem Verständnis», TLZ 104 (1979) 1-12.

*b*8207   HURTADO, L.W., «New Testament Christology: A Critique of Bousset's Influence», TS 40 (1979) 306-317.

*b*8208   MACKEY, J.P., *Jesus, the Man and the Myth*. A Contemporary Christology (New York, Ramsey, NJ, Paulist, 1979), viii-311 pp.

*b*8209   MIESSEN, H., «New directions in christology», TDig 27 (1979) 113-117.

*b*8210   PROVENCHER, N., «L'accès à Jésus de Nazareth selon Alfred Loisy», ET 10 (1979) 239-256.

*b*8211   SCHILLEBEECKX, E., *Jesus.* An Experiment in Christology. Translated by Hubert Hoskins (New York, Seabury Press, 1979), 767 pp.

*b*8212   GIBBS, J.M., «Wisdom, Power and Wellbeing», dans *Studia Biblica 1978* (en collab.) (1980), III, 119-155.

*b*8213   HENGEL, M., «Hymn and Christology», dans *Studia Biblica 1978* (en collab.) (1980), III, 173-197.

*b*8214   KAPKIN RUIZ, D., «Ponencia 2: Para una Cristología desde el Nuevo Testamento», TXav 30 (1980) 57-83.

*b*8215   RIES, J., «Les Titres Néotestamentaires du Christ dans la liturgie Gnostique de Médînet Mâdi», dans *Studia Biblica 1978* (en collab.) (1980), III, 321-336.

*b*8216   SESBOÜÉ, B., «Actualiser les expériences du Nouveau Testament», Et 353 (1980) 241-253.

*b*8217   FITZMYER, J.A., «Nouveau Testament et christologie. Questions actuelles», NRT 103 (1981) 18-47, 187-208.

*b*8218   HURTADO, L.W., «The Study of New Testament Christology: Notes for the Agenda», dans *Society of Biblical Literature. 1981 Seminar Papers* (en collab.) (1981), 185-197.

*b*8219   MUÑOZ LEON, D., «El principio trinitario immanente y la interpretación del Nuevo Testamento», EstB 40 (1982) 19-48, 277-312.

b8220 POKORNY, P., «Christologie et Baptême à l'Époque du Christianisme Primitif», NTS 27 (1981) 368-380.

b8221 SESBOÜÉ, B., *Jésus-Christ dans la tradition de l'Église*. Pour une actualisation de la christologie de Chalcédoine (Jésus et Jésus-Christ, 17) (Paris, Desclée, 1982), 320 pp.

b8222 GORRINGE, T.J., «Title and Metaphor in Christology», ExpTim 95 (1983) 8-12.

b8223 HOLLADAY, C.R., «New Testament Christology: Some Considerations of Method», NT 25 (1983) 257-278.

Conscience. Bewusstsein. Coscienza. Conciencia.

b8224 VÖGTLE, A., «Exegetische Erwägungen über das Wissen und Selbsbewusstsein Jesu», dans *Gott in Welt* (en collab.) (1964), I, 608-667.

b8225 ADINOLFI, M., «Appunti su la scienza e la coscienza di Gesù», BibOr 14 (1972) 181-193.

b8226 DE BACIOCCHI, J., *Jésus Christ dans le débat des hommes*, «Comment Jésus s'est-il compris lui-même?» (1975), 119-135.

b8227 SAENZ DE SANTA MARIA, M., «¿Supo Jesús que era Dios? El problema de su conciencia como hombre», BibFe 2 (1976) 172-184.

b8228 DUPUIS, J., «Conscience du Christ et expérience de l'Advaita», RTL 8 (1977) 448-460.

b8229 BECKERLEGGE, G., «Jesus' Authority and the Problem of his Self-Consciousness», HeyJ 19 (1978) 365-382.

b8230 CHARLIER, C., *Le christianisme*, «Le témoignage de Jésus sur lui-même» (1979), I, 103-120.

b8231 VON BALTHASAR, H.U., «Das Selbstbewusstsein Jesu», IKZCommunio 8 (1979) 30-39.

b8232 MARCHESI, G., «Gesù di Nazareth: tu chi sei? La coscienza filiale del Cristo», CC 1 (1981) 429-443.

b8233 MARCHESI, G., «La coscienza del Cristo Figlio di Dio. Il Padre 'dimora' stabile del Gesù storico», CC 2 (1981) 431-447.

b8234 GALOT, J., «La conscience du Christ et la Foi», EV (doctrine) 92 (1982) 145-153.

b8235 LEIVESTAD, R., «Jesus - Messias - Menschensohn. Die jüdischen Heilandserwartungen zur Zeit der ersten römischen Kaiser und die Frage nach dem messianischen Selbstbewusstsein Jesu», dans *Aufstieg und Niedergang der römischen Welt*, II. *Principat* (en collab.) (1982), 25. Band, 1. Halbband, 220-264.

b8236 SABOURIN, L., «About Jesus' Self-Understanding», RelStB 3 (1983) 129-134.

Corps du Christ. Body of Christ. Leib Christi.
Corpo del Cristo. Cuerpo de Cristo.

b8237 SANDERS, E.P., *Paul and Palestinian Judaism*, «One body, one spirit» (1977), 453-463.

b8238 RAMAROSON, L., «'L'Église, corps du Christ' dans les écrits pauliniens: simples esquisses», SE 30 (1978) 129-141.

b8239 SCHLIER, H., *Grundzüge einer paulinischen Theologie*, «Der Leib Christi» (1978), 194-200.

b8240 SCHNACKENBURG, R., «L'idée de 'Corps du Christ' dans la lettre aux Éphésiens; perspective pour notre temps», dans *Paul de Tarse, apôtre de notre temps* (en collab.) (1979), 665-685.

b8241   KROPF, R.W., *Teilhard, Scripture, and Revelation*. A Study of Teilhard de Chardin's Reinterpretation of Pauline Themes (Cranbury, New Jersey, London, Associated University Presses, 1980), «The Body of Christ», 107-154.
b8242   KAESTLI, J.-D., «Valentinisme italien et valentinisme oriental: leurs divergences à propos de la nature du corps de Jésus», dans *The Rediscovery of Gnosticism* (en collab.) (1980), I, 391-403.
b8243   BERTRAND, D., «Vous êtes le corps du Christ», CHR 28 (1981) 173-183.
b8244   DACQUINO, P., «La chiesa 'corpo del Cristo'», RivB 29 (1981) 315-330.

Créateur. Creator. Schöpfer. Creator. Creador.

b8245   BRINKMAN, B.R., «'Creation' and 'Creature' I. Some texts and tendencies (excluding *Romans*)», Bijdr. 18 (1957) 129-139.
b8246   MUSSNER, F., «Die Schöpfung in Christus», dans *Mysterium Salutis* (en collab.) (1967), II, 455-461.
b8247   BARBOUR, R.S., «Creation, Wisdom and Christ», dans *Creation, Christ and Culture* (en collab.) (1976), 22-42.

Crucifiement. Crucifixion. Kreuzigung. Crocifissione. Crucifixión.

b8248   HEWITT, J.W., «The Use of Nails in the Crucifixion», HarvTR 25 (1932) 29-45.
b8249   PULVER, M., «Jesu Reigen und Kreuzigung nach den Johannes-Akten», ErJb 1942 9 (1943) 141-177.
b8250   MORRIS, L., *The Cross in the New Testament* (Exeter, The Paternoster Press, 1965), 454 pp.
b8251   BRAUN, F.-M., *Jean le théologien*. III. Sa théologie. I. Le mystère de Jésus-Christ (1966), «Le signe du salut», 173-182; «La glorification par la croix», 211-240.
b8252   VON BALTHASAR, H.U., «Der Gang zum Kreuz (Karfreitag)», dans *Mysterium Salutis* (en collab.) (1969), III,2, 185-226.
b8253   VON BALTHASAR, H.U., «Kreuzigung», dans *Mysterium Salutis* (en collab.) (1969), III.2, 208-216.
b8254   BAMMEL, E., «Crucifixion as a Punishment in Palestine», dans *The Trial of Jesus* (en collab.) (1970), 162-165.
b8255   DUQUOC, C., *Christologie*. Essai dogmatique (Paris, Cerf, 1972), «Le Crucifié», II, 31-38.
b8256   DIEZ MERINO, L., «La crucifixión en la antigua literatura judía», EstE 51 (1976) 5-27.
b8257   FORD, J.M., «'Crucify him, crucify him' and the Temple Scroll», ExpTim 87 (1976) 275-278.
b8258   EVANS, O.E., «Jesus Christ (4): The Cross», ExpTim 88 (1977) 306-307.
b8259   FLUSSER, D., «The Crucified One and the Jews», Immanuel 7 (1977) 25-37.
b8260   BAGATTI, B., TESTA, E., *Il Golgota e la Croce*. Ricerche storico-archeologiche (Studium Biblicum Franciscanum, Collectio Minor, 21) (Jerusalem, Franciscan Printing Press, 1978), 161 pp.
b8261   MULDER, H., «John xviii 28 and the Date of the Crucifixion», dans *Miscellanea Neotestamentica* (en collab.) (1978), II, 87-105.
b8262   LAMARCHE, P., «L'humiliation du Christ», CHR 26 (1979) 461-470.
b8263   RUPPERT, L., «Das Skandalon eines gekreuzigten Messias und seine Überwindung mit Hilfe der geprägten Vorstellung vom leidenden Gerechten», dans *Kirche und Bibel* (en collab.) (1979), 319-341.

*b*8264   VARGAS-MACHUCA, A., «Religión y política en la crucifixión de Jesús», CuBi 36 (1979) 7-26.
*b*8265   HENGEL, M., «The folly of the crucifixion», TDig 28 (1980) 243-244.
*b*8266   O'LEARY, A., «Preaching Christ Crucified», Way 20 (1980) 15-23.
*b*8267   GONZALEZ FAUS, J.I., «The relevancy of a crucified God», TDig 20 (1981) 223-225.

**Descente aux enfers. Descent into Hell. Abstieg in die Hölle.
Discesa agli inferi. Descenso a los infiernos.**

*b*8268   DUQUOC, C., *Christologie.* Essai dogmatique (Paris, Cerf, 1972), «Il est descendu aux Enfers», II, 51-69.
*b*8269   BOUCHET, J.-R., «Bienheureuse nuit», VS 133 (1979) 164-171.
*b*8270   MARIE-ABRAHAM, Soeur, «Dans nos enfers Christ est venu», VS 133 (1979) 208-219.
*b*8271   DE LA BONNARDIÈRE, A.-M., «La prédication du Christ aux esprits en prison (1 P 3,18-19) d'après l'interprétation de Saint Augustin», dans *Études sur la première lettre de Pierre* (en collab.) (1980), 247-267.
*b*8272   PERROT, C., «La descente aux enfers et la prédication aux morts», dans *Études sur la première lettre de Pierre* (en collab.) (1980), 231-246.
*b*8273   HOFFMAN, R.J., «Confluence in Early Christian and Gnostic Literature - The *Descensus Christi ad Inferos* (*Acta Pilati* xvii-xxvii)», JSNT nº 10 (1981) 42-60.
*b*8274   MAAS, W., «'Abgestiegen zur Hölle'. Aspekte eines vergessenen Glaubensartikels», IKZCommunio 10 (1981) 1-18.
*b*8275   MILLER, D.L., «The Two Sandals of Christ: Descent into History and into Hell», ErJb 50 (1981) 147-221.
*b*8276   BAGATTI, B., «L'iconografia dell'*Anastasis* o *Discesa agli Inferi*», StBiFranc 32 (1982) 239-272.
*b*8277   MAAS, W., «He descended into hell», TDig 30 (1982) 43-46.

Divinité. Divinity. Gottheit. Divinità. Divinidad.

*b*8278   WAINWRIGHT, A.W., «The Confession 'Jesus is God' in the New Testament», SJTh 10 (1957) 274-299.
*b*8279   SCHIERSE, F.J., «Jesus und Paulus - Hat Paulus Jesus zum Kultgott gemacht?» BiKi 26 (1971) 9-11.
*b*8280   D'ARAGON, J.-L., «Jésus de Nazareth était-il Dieu?» dans *¿Jésus?* (en collab.) (1974), 193-217.
*b*8281   DE BACIOCCHI, J., *Jésus Christ dans le débat des hommes,* «Jésus est-il aussi Dieu?» (1975), 83-99.
*b*8282   ELWELL, W., «The Deity of Christ in the Writings of Paul», dans *Current Issues in Biblical and Patristic Interpretation* (en collab.) (1975), 297-308.
*b*8283   MACDONALD, W.G., «Christology and 'The Antel of the Lord'», dans *Current Issues in Biblical and Patristic Interpretation* (en collab.) (1975), 324-335.
*b*8284   GEORGI, D., «Socioeconomic Reasons for the 'Divine Man' as a Propagandistic Pattern», dans *Aspects of Religious Propaganda in Judaism and Early Christianity* (en collab.) (1976), 27-42.
*b*8285   MOLLAT, D., *Études johanniques,* «La divinité du Christ» (1979), 15-44.
*b*8286   SALAS, A., «Jesús, El Hombre-Dios», BibFe 6 (1980) 96-117.
*b*8287   ARDUSO, F., *La divinidad de Jesús.* Vías de acceso (Santander, Sal Terrae, 1981), 183 pp.

b8288   FRANCE, R., «Jésus l'Unique. Les fondements bibliques d'une confession
         christologique», Hok nº 17 (1981) 32-52.
b8289   HARVEY, A.E., *Jesus and the Constraints of History*, «The Divinity of Jesus in the New
         Testament» (1982), 176-178.

Docteur. Doctor. Lehrer. Dottore. Doctor.

b8290   CHARLIER, C., *Le christianisme*, «Le Docteur de Sagesse» (1979), I, 181-187.

Enfance. Infancy. Kindheit. Infanzia. Infancia.

b8291   SCHULTE, R., «Die Mysterien der 'Vorgeschichte' Jesu», dans *Mysterium Salutis* (en
         collab.) (1969), III.2, 23-56.
b8292   SALAS, A., *La infancia de Jesús (Mt 1-2)*. ¿historia o teología? (Biblioteca Escuela
         Bíblica, 1) (Madrid, Ed. 'Biblia y fe', 1976), 250 pp.
b8293   DIEZ MACHO, A., *La historicidad de los Evangelios de la Infancia*. El entorno de Jesús
         (Santiago Apóstol, 4) (Madrid, Fe Católica, 1977), 132 pp.
b8294   BENOIT, P., «Les récits évangéliques de l'enfance de Jésus», dans BENOIT, P., *Exégèse
         et théologie* (1982), IV, 63-94.
b8295   VON BALTHASAR, H.U., «Die Jungendlichkeit Jesu», IKZCommunio 12 (1983)
         301-305.

Envoyé de Dieu. Divine Agent. Gesandte von Gott. Inviato di Dio. Enviado de Dios.

b8296   SCHULTE, R., «Das Christusereignis als Tat des Vaters», dans *Mysterium Salutis* (en
         collab.) (1970), III.1, 57-84.
b8297   MEEKS, W.A., «The Divine Agent and His Counterfeit in Philo and the Fourth
         Gospel», dans *Aspects of Religious Propaganda in Judaism and Early Christianity* (en
         collab.) (1976), 43-67.
b8298   BUHNER, J.-A., *Der Gesandte und sein Weg im 4. Evangelium*. Die kultur- und
         religionsgeschichtlichen Grundlagen der johanneischen Sendungschristologie sowie ihre
         traditionsgeschichtliche Entwicklung (Wissenschaftliche Untersuchungen zu Neuen
         Testament, Reihe, 2, 2) (Tübingen, Mohr, 1977), viii-486 pp.
b8299   FIEDLER, P., «Anknüpfung und Widerspruch. Überlegungen zum Selbst- und
         Sendungsbewusstsein Jesu», BiKi 32 (1977) 74-76.
b8300   MIRANDA, J.P., *Die Sendung Jesu im vierten Evangelium*. Religions- und
         theologiegeschichtliche Untersuchungen zu den Sendungsformeln (SBS 87) (Stuttgart,
         Katholisches Bibelwerk, 1977), 107 pp.
b8301   GRECH, P., «Il Problema cristologico e l'ermeneutica», dans *Problemi e prospettive di
         teologia fondamentale* (en collab.) (1980), 141-170.

Figures du Christ. Figures of Christ. Typos Christi. Figure del Cristo. Rostros de Cristo.

b8302   CASPER, J., «Isaias zeichnet das Christusbild», BiLiat 12 (1937-38) 100-103.
b8303   JACOB, E., «À propos de l'interprétation de l'Ancien Testament: Méthode
         christologique ou méthode historique?» ETR 20 (1945) 76-82.
b8304   BULTMANN, R., «Ursprung und Sinn der Typologie als Hermeneutischer Methode»,
         TLZ 75 (1950) 205-212, dans *Exegetica* (1967), 369-380.

*b*8305   KNOCH, O., «Das Zeichen des Jonas», BiKi 17 (1962) 15-16.

*b*8306   HAHN, F., *Christologische Hoheitstitel*, «Jesus als der neue Mose» (1963), 380-404.

*b*8307   SCHNEIDER, H., «Moses, der Prophet Jesu Christi», BiKi 18 (1963) 16-19.

*b*8308   NIELEN, J.M., «Die christliche Deutung und Bedeutung der Psalmen», BiKi 24 (1969) 12-16.

*b*8309   ALONSO SCHÖKEL, L., *Il dinamismo della tradizione*, «Verità del Vecchio Testamento» (1970), 17-65.

*b*8310   BARROIS, G.A., *The Face of Christ in the Old Testament* (New York, St. Vladimir's Seminary Press, 1974), 172 pp.

*b*8311   MARTYN, J.L., «We Have Found Elijah», dans *Jews, Greeks and Christians* (en collab.) (1976), 181-219.

*b*8312   BEAUCHAMP, P., «Jésus-Christ n'est pas seul. L'accomplissement des Écritures dans la Croix», RSR 65 (1977) 243-278.

*b*8313   SICRE, J.L., «Psalm 118 and New Testament christology», TDig 26 (1978) 140-144.

*b*8314   WESTERMANN, C., *Theologie des Alten Testaments in Grundzügen*, «Das Alte Testament und Christus» (1978), 192-205.

*b*8315   GRYSON, R., «Melchisédech, type du Christ, selon saint Ambroise», RTL 10 (1979) 176-195.

*b*8316   BOSTOCK, D.G., «Jesus as the New Elisha», ExpTim 92 (1980) 39-41.

*b*8317   GARNET, P., «The Baptism of Jesus and the Son of Man Idea», JSNT no 9 (1980) 49-65.

*b*8318   HAAG, H., «Vom Eigenwert des Alten Testaments», TQ 160 (1980) 2-16.

*b*8319   HAAG, E., «Bund des Volkes, Licht der Heiden (Jes 42,6)», dans *Glaube an Jesus Christus* (en collab.) (1980), 28-41.

*b*8320   REGEARD, P., *Jésus a tant de visages*. L'imagination dans l'expérience de la foi (Paris, Le Centurion, 1980), 230 pp.

*b*8321   SABOURIN, L., *The Bible and Christ*. The Unity of the Two Testaments (New York, Alba House, 1980), ix-188 pp.

*b*8322   LINDARS, B., «Enoch and Christology», ExpTim 92 (1981) 295-299.

*b*8323   NICHOLS, A., «Imagination and Revelation. The Face of Christ in the Old Testament», Way 21 (1981) 270-277.

*b*8324   SABOURIN, L., «Isaac and Jesus in the Targums and the New Testament», RelStB 1 (1981) 37-45.

Fils de David. Son of David. Sohn Davids. Figlio di Davide. Hijo de David.

*b*8325   HAHN, F., *Christologische Hoheitstitel*, «Davidssohn» (1963), 242-279.

*b*8326   SUHL, A., «Der Davidssohn in Matthäus-Evangelium», ZNW 59 (1968) 57-81.

*b*8327   DULING, D.C., «Solomon, Exorcism, and the Son of David», HarvTR 68 (1975) 235-252.

*b*8328   KINGSBURY, J.D., «The Title 'Son of David' in Matthew's Gospel», JBL 95 (1976) 591-602.

*b*8329   DULING, D.C., «The Therapeutic Son of David: An Element in Matthew's Christological Apologetic», NTS 24 (1978) 392-410.

*b*8330   NOLAN, B.M., *The Royal Son of God*. The Christology of Matthew 1-2 in the Setting of the Gospel (Orbis Biblicus et Orientalis, 23) (Fribourg, Suisse, Éditions Universitaires; Göttingen, Vandenhoeck & Ruprecht, 1979), 282 pp.

*b*8331   WILCOX, M., «The Promise of the 'Seed' in the New Testament and the Targumim», JSNT no 5 (1979) 2-20.

*b*8332   VALLAURI, E., «Natus in Bethlehem», TDig 28 (1980) 39-42.

b8333   CHILTON, B., «Jesus ben David: reflections on the Davidssohnfrage», JSNT no 14
         (1982) 88-112.
b8334   LOADER, W.R.G., «Son of David, Blindness, Possession, and Duality in Matthew»,
         CBQ 44 (1982) 570-585.

Fils de Dieu. Son of God. Sohn Gottes. Figlio di Dio. Hijo de Dios.

Études générales. General Studies. Allgemeine Studien. Studi generali. Estudios generales.

b8335   GRUNDMANN, W., «Sohn Gottes», ZNW 47 (1956) 113-133.
b8336   HAHN, F., *Christologische Hoheitstitel*, «Gottessohn» (1963), 280-333.
b8337   SCHULTE, R., «Das Christusereignis als Tat des Vaters», dans *Mysterium Salutis* (en
         collab.) (1970), III.1, 57-84.
b8338   HENGEL, M., *Der Sohn Gottes*. Die Entstehung der Christologie und die
         jüdischhellenistische Religionsgeschichte (Tübingen, Mohr, 1975), 144 pp.
b8339   KUSSNER, F., «Ursprünge und Entfaltung der neutestamentlichen Sohneschristologie.
         Versuch einer Rekonstruktion», dans SCHEFFCZYK, L. (Hrsg.), *Grundfragen der
         Christologie heute* (Quaestiones Disputatae, 72) (Freiburg, Herder, 1975), 77-113.
b8340   SCHILLEBEECKX, E., «Der 'Gott Jesu' und der 'Jesus Gottes'», dans *Was haltet ihr
         von Jesus?* (en collab.) (1975), 227-242.
b8341   GOPPELT, L., *Theologie des Neuen Testaments*, «Der Sohn Gottes» (1976), 394-406.
b8342   GALOT, J., «La filiation divine du Christ. Foi et interprétation», Greg 58 (1977)
         239-275.
b8343   THRALL, M.E., «Jesus Christ (1): Son of God Incarnate», ExpTim 88 (1977) 302-303.
b8344   BAUCKHAM, R., «The Sonship of the Historical Jesus in Christology», SJTh 31 (1978)
         245-260.
b8345   PERROT, C., *Jésus et l'histoire*, «Jésus et le Père» (1979), 273-287.
b8346   SCHILSON, A., «Jesus Christus - Gottes Sohn», BiKi 34 (1979) 12-17.
b8347   GIBLET, J., «Un Messie qui est surtout un Fils», dans *Jésus aujourd'hui* (en collab.)
         (1980), II, 95-103.
b8348   OHLIG, K.-H., «Gottessohnschaft», dans *Glaube an Jesus Christus* (en collab.) (1980),
         64-89.
b8349   FRANCE, R., «Jésus l'Unique. Les fondements bibliques d'une confession
         christologique», Hok no 17 (1981) 32-52.
b8350   GOURGUES, M., «On t'appellera d'un nom nouveau», VS 135 (1981) 108-126.
b8351   McDERMOTT, J.M., «Jesus and the Son of God Title», Greg 62 (1981) 277-318.
b8352   VON ALLMEN, D., *La famille de Dieu*, «Jésus, le Fils de Dieu» (1981), 165-181.
b8353   BLANC, C., «Jésus est Fils de Dieu. L'interprétation d'Origène», BLE 84 (1983) 5-18.

Évangiles synoptiques. Synoptic Gospels. Synoptische Evangelien.
Vangeli sinottici. Evangelios sinópticos.

b8354   JOHNSON, E.S., Jr., «According to Mark: The Son of God», ExpTim 92 (1980) 49-51.
b8355   ALONSO DIAZ, J., «Jesús 'Hijo de Dios' en el evangelio de Marcos», CuBi 21 (1964)
         131-136.
b8356   GEORGE, A., «Jésus Fils de Dieu», RB 72 (1965) 185-209, dans *Études sur l'oeuvre de
         Luc* (1978), 215-236.
b8357   HOFFMANN, P., «Die Offenbarung des Sohnes. Die apokalyptischen Voraussetzungen
         und ihre Verarbeitung im Q-Logion Mt 11,27 par Lk 10,22», Kairos 12 (1970) 270-288.

b8358   STÖGER, A., «Sohn Gottes im Markusevangelium (Bibelmeditation)», BiLit 49 (1976) 31-34, 112-115, 430-433.

b8359   KAZMIERSKI, C.R., *Jesus, the Son of God*. A Study of the Markan Tradition and its Redaction by the Evangelist (Forschung zur Bibel, 33) (Würzburg, Echter Verlag, 1979), xv-247 pp.

b8360   NOLAN, B.M., *The Royal Son of God*. The Christology of Matthew 1-2 in the Setting of the Gospel (Orbis Biblicus et Orientalis, 23) (Fribourg, Suisse, Éditions Universitaires; Göttingen, Vandenhoeck & Ruprecht, 1979), 282 pp.

b8361   HILL, D., «Son and Servant: An Essay on Matthean Christology», JSNT n° 6 (1980) 2-16.

Jean. John. Johannes. Giovanni. Juan.

b8362   DU PLESSIS, I.J., «Christ as the Only begotten», dans *The Christ of John* (en collab.) (1971), 22-31.

b8363   DE JONGE, M., *Jesus: Stranger from Heaven and Son of God*. Jesus Christ and the Christians in Johannine Perspective (Edited and translated by John E. STEELY) (SBL Sources for Biblical Study, 11) (Missoula, Montana, Scholars Press, 1977), x-236 pp.

b8364   GUILLET, J., *Jésus-Christ de l'évangile de Jean*, «Qui est Jésus?» (pp. 30-44); «Le père et le fils» (pp. 45-53), CE n° 31 (n.s.) (1980) 30-53.

Paul. Paulus. Paolo. Pablo.

b8365   LANGEVIN, P.-É., «Quel est le 'Fils de Dieu' de Romains 1,3-4?» SE 29 (1977) 145-177.

b8366   HUGHES, G., *Hebrews and Hermeneutics*, «The Son» (1979), 1-31.

Fils de l'homme. Son of Man. Menschensohn. Figlio dell'uomo. Hijo del hombre.

b8367   PREISS, T., «Le Fils de l'Homme: Fragments d'un cours de christologie du Nouveau Testament», ETR 26 (1951) 78 pp.

b8368   RUSCHE, H., «Meditation zu Himmelfahrt Christi: Jesus der Menschensohn», BiKi 14 (1959) 52-55.

b8369   HAHN, F., *Christologische Hoheitstitel*, «Menschensohn» (1963), 13-66.

b8370   ROCHAIS, G., «Jésus et le Fils de l'homme», dans ¿*Jésus?* (en collab.) (1974), 83-122.

b8371   GOPPELT, L., *Theologie des Neuen Testaments*, «Der Menschensohn» (1976), 226-253.

b8372   JOHNSTON, G., «New Testament Christology in a Pluralistic Age», dans *Biblical Studies* (W. Barclay) (en collab.) (1976), 178-193.

b8373   BLACK, M., «Jesus and the Son of Man», JSNT n° 1 (1978) 4-18.

b8374   SCHMITHALS, W., «Die Worte vom leidenden Menschensohn. Ein Schlüssel zur Lösung des Menschensohn-Problems», dans *Theologia Crucis - Signum Crucis* (en collab.) (1979), 417-445.

b8375   COPPENS, J., «Où en est le problème de Jésus 'Fils de l'homme'», ETL 56 (1980) 282-302.

b8376   GARNET, P., «The Baptism of Jesus and the Son of Man Idea», JSNT n° 9 (1980) 49-65.

b8377   KEARNS, R., *Vorfragen zur Christologie*. II: Überlieferungsgeschichtliche und Rezeptionsgeschichtliche Studie zur Vorgeschichte eines christologischen Hoheitstitels (Tübingen, Mohr, 1980), iv-200 pp.

b8378   MERKLEIN, H., «Die Auferweckung Jesu und die Anfänge der Christologie (Messias bzw. Sohn Gottes und Menschensohn)», ZNW 72 (1981) 1-26.

*b*8379		SCHADE, H.-H., *Apokalyptische Christologie bei Paulus*, «Mensch und Menschensohn» (1981), 64-90.
*b*8380		LINDARS, B., *Jesus Son of Man*. A Fresh Examination of the Son of Man Sayings in the Gospels in the Light of Recent Research (London, SPCK, 1983), xi-244 pp.

Foi. Faith. Glaube. Fede. Fe.

*b*8381		HOWARD, G., «The 'Faith of Christ'», ExpTim 85 (1974) 212-215.
*b*8382		HOULDEN, L., «The Place of Jesus», dans *What about the New Testament?* (en collab.) (1975), 103-115.
*b*8383		THOMAS, J., *Jésus dans l'expérience chrétienne* (Coll. 'Christus', 52, Essais) (Paris, Desclée de Brouwer; Montréal, Bellarmin, 1979), «La foi de Jésus», 41-74.
*b*8384		GUILLET, J., *La foi de Jésus-Christ* (Jésus et Jésus-Christ, 12) (Paris, Desclée, 1980), 190 pp.
*b*8385		GUILLET, J., «L'expérience religieuse de Jésus», dans *Jésus aujourd'hui* (en collab.) (1980), II, 105-113.
*b*8386		GALOT, J., «Gesù ha avuto la fede?» CC 3 (1982) 460-472.
*b*8387		JOHNSON, L.T., «Romans 3:21-26 and the Faith of Jesus», CBQ 44 (1982) 77-90.

Frères de Jésus. Brothers of Jesus. Brüder Jesu. Fratelli di Gesù. Hermanos de Jesús.

*b*8388		BAGATTI, B., «I parenti del Signore a Nazaret», BibOr 7 (1965) 259-264.
*b*8389		OBERLINNER, L., *Historische Überlieferung und Christologische Aussage*. Zur Frage der 'Brüder Jesu' in der Synopse (Forschung zur Bibel, 19) (Stuttgart, Katholisches Bibelwerk, 1975), xi-396 pp.
*b*8390		GARCIA DEL MORAL, A., «Los 'hermanos del Señor' y la perpetua virginidad de María», CuBi 34 (1977) 5-29.
*b*8391		GILLES, J., *Les 'frères et soeurs' de Jésus*. Pour une lecture fidèle des Évangiles (Questions religieuses) (Paris, Aubier Montaigne, 1979), 127 pp.
*b*8392		LAURENT, P.M., «La Vierge Marie et l'"autre Marie'. Leur rôle dans la conversion des cousins de Jésus», EV (doctrine) 93 (1983) 475-478, 493-496.

Généalogie. Genealogy. Abstammung. Genealogia. Genealogía.

*b*8393		RATZINGER, J., «Der Stammbaum Jesu. Eine Homilie», BiLeb 3 (1962) 275-278.
*b*8394		LERLE, E., «Die Ahnenverzeichnisse Jesu. Versuch einer christologischen Interpretation», ZNW 72 (1981) 112-117.
*b*8395		QUELLE, C., «'Amor' de Jesús a sus padres», BibFe 8 (1982) 61-76.

Gloire. Glory. Herrlichkeit. Gloria.

*b*8396		COLUNGA, A., «Está sentado a la diestra de Dios Padre», CuBi 14 (1957) 397-399.
*b*8397		THÜSING, W., «'Wenn ich von der Erde erhöht bin...' (Jn 12,32). Die Erhöhung Jesu nach dem Johannesevangelium», BiKi 20 (1965) 40-42.
*b*8398		BRAUN, F.-M., *Jean le théologien*. III. Sa théologie. I. Le mystère de Jésus-Christ (1966), «La Gloire du Verbe incarné», 195-209; «La glorification par la croix», 211-240.
*b*8399		RUCKSTUHL, E., «Auferstehung, Erhöhung und Himmelfahrt Christi», dans RUCKSTUHL, E., PFAMMATTER, J., *Die Auferstehung Jesu Christi* (1968), 133-183.

*b*8400 DUQUOC, C., *Christologie*. Essai dogmatique (Paris, Cerf, 1972), «Exaltation», II, 71-169.

*b*8401 VAN BOXEL, P., «Die Präexistente Doxa Jesu im Johannesevangelium», Bijdr. 34 (1973) 268-281.

*b*8402 GEORGE, A.R., «The Exaltation of Christ», ExpTim 88 (1977) 239-240.

*b*8403 LOCHMAN, J.M., «Die Herrlichkeit Gottes und die Zukunft des Menschen», EvT 37 (1977) 444-459.

*b*8404 O'TOOLE, R.F., «Luke's Understanding of Jesus' Resurrection-Ascension-Exaltation», BTB 9 (1979) 106-114.

*b*8405 MOLLAT, D., *La vie et la gloire*. Exégèse spirituelle, «Nous avons vu sa gloire» (1980), II, 77-95.

Heure. Hour. Stunde. Ora. Hora.

*b*8406 BRAUN, F.-M., *Jean le théologien*. III. Sa théologie. I. Le mystère de Jésus-Christ, «L'accomplissement de l'oeuvre» (1966), 139-152.

*b*8407 FERRARO, G., *L'"ora' di Cristo nel quarto vangelo* (Aloisiana, 10) (Roma, Herder, 1974), xiv-338 pp.

*b*8408 HANIMANN, J., «À propos de 'l'Heure de Jésus' dans le quatrième évangile», NRT 98 (1976) 544-546.

Historicité. Historicity. Historizität. Storicità. Historicidad.

1. État de la recherche. State of the Research. Forschungszustand.
Situazione delle ricerche. Estado de la investigación.

*b*8409 BARR, A., «More Quests of the Historical Jesus», SJTh 13 (1960) 394-409.

*b*8410 BELL, D.L., «A New Quest of the Historical Jesus - A Critique», AThR 44 (1962) 414-420.

*b*8411 SCHIERSE, F.J., «Der reflektierte Jesus - Vier Kommentare zu historischen und exegetischen Fragen der Evangelienforschung», BiKi 27 (1972) 38-42.

*b*8412 TRILLING, W., «Geschichte und Ergebnisse der historisch-kritischen Jesusforschung», dans *Was haltet ihr von Jesus?* (en collab.) (1975), 181-205.

*b*8413 AULEN, G., *Jesus in Contemporary Historical Research*. Translated by I.H. Hielm (Philadelphia, Fortress Press, 1976), 167 pp.

*b*8414 BROWN, C., «La recherche du Jésus historique», Hok n° 1 (1976) 38-56.

*b*8415 CAIRNS, D., «The Motives and Scope of Historical Inquiry about Jesus», SJTh 29 (1976) 335-355.

*b*8416 DUPONT, J., «A che punto è la ricerca sul Gesù storico?» dans *Conoscenza storica di Gesù* (en collab.) (1978), 7-31.

*b*8417 LATTKE, M., «Neue Aspekte der Frage nach dem historischen Jesus», Kairos 21 (1979) 288-299.

*b*8418 McDONALD, J.I.H., «New Quest - Dead End? So what about the Historical Jesus?» dans *Studia Biblica 1978. II. Papers on the Gospels* (en collab.) (1980), 151-170.

*b*8419 REFOULÉ, F., LATOURELLE, R., «Les méthodes actuelles de la recherche sur Jésus», dans *Jésus aujourd'hui* (en collab.) (1980), 27-35.

2. Études générales. General Studies. Allgemeine Studien. Studi generali. Estudios generales.

*b*8420 DUNCAN, G.S., «From Paul to Jesus», SJTh 2 (1949) 1-12.

b8421   PITTENGER, W.N.,«The Problem of the Historical Jesus», AThR 36 (1954) 89-93.

b8422   BALAGUE, M., «Presencia histórica del Verbo», CuBi 12 (1955) 207-217.

b8423   ANDERSON, H., «The Historical Jesus and the Origins of Christianity», SJTh 13 (1960) 113-136.

b8424   DUDDINGTON, J.W., «The Historic Jesus», AThR 43 (1961) 168-178.

b8425   MARLÉ, R., «Die Frage nach dem 'historischen Jesus'», BiLeb 2 (1961) 142-149.

b8426   NICHOLLS, W., «The Church and the Historical Jesus», SJTh 14 (1961) 15-33.

b8427   LILLIE, W., «'The Jesus of History' in 1961», SJTh 15 (1962) 151-163.

b8428   SMITH, C.W.F., «Is Jesus Dispensable?» AThR 44 (1962) 263-280.

b8429   SCHWEIZER, E., «Critique biblique et prédication de l'Église», ETR 39, no 1 (1964) 53-61.

b8430   DAVIES, W.D., Invitation to the New Testament, «The Historicity of Jesus» (1969), 63-71.

b8431   WALKER, W.O., «The Quest for the Historical Jesus: a Discussion of Methodology», AThR 51 (1969) 38-56.

b8432   LONGENECKER, R.N., «Literary Criteria in Life of Jesus Research: An Evaluation and Proposal», dans Current Issues in Biblical and Patristic Interpretation (en collab.) (1975), 217-229.

b8433   BAZES, M., Jesus the Jew - The Historical Jesus. The True Story of Jesus (Jerusalem, Rubin Mass, 1976), 129 pp.

b8434   HILL, D., «Is the Search for the Historical Jesus Religiously Irrelevant?» ExpTim 88 (1976) 82-85.

b8435   MÜLLER, M., «Der Jesus der Historiker, der historische Jesus und die Christusverkündigung der Kirche», KerDo 22 (1976) 277-298.

b8436   AMATO, A., «Il Gesù storico. Problemi e interpretazioni», Sal 39 (1977) 293-317.

b8437   DE ROSA, G., «Chi è Gesù? Le immagini e la realtà», CC 2 (1977) 427-442.

b8438   DUNN, J.D.G., «Prophetic 'I'-Sayings and the Jesus tradition: The importance of testing prophetic utterances within early Christianity», NTS 24 (1977-78) 175-198.

b8439   KÄSEMANN, E., «Jésus, l'accès aux origines», LV no 134 (1977) 46-64.

b8440   SANDMEL, S., «The Historical Jesus», dans Jewish Expressions on Jesus (en collab.) (1977), 99-115.

b8441   TRILLING, W., «Die Wahrheit von Jesus-Worten in der Interpretation neutestamentlicher Autoren», KerDo 23 (1977) 93-112.

b8442   JÜNGEL, E., «Die Wirksamkeit des Entzogenen. Zum Vorgang geschichtlichen Verstehens als Einführung in die Christologie», dans Gnosis. Festschrift für Hans Jonas (en collab.) (1978), 15-32.

b8443   KERN, W., «Christologie 'von innen' und die historische Jesusfrage», ZKT 100 (1978) 545-559.

b8444   NOLAN, A., Jesus before Christianity (Maryknoll, NY, Orbis Books, 1978), iv-156 pp.

b8445   HUGHES, G., Hebrews and Hermeneutics, «Jesus» (1979), 75-100.

b8446   GRELOT, P., «L'interprétation des sources de la vie de Jésus», dans Jésus aujourd'hui (en collab.) (1980), 57-67.

b8447   GUILLET, J., «L'accesso alla persona di Gesù», dans Problemi e prospettive di teologia fondamentale (en collab.) (1980), 259-277.

b8448   STEIN, R.H., «The 'Criteria' for Authenticity», dans Gospel Perspectives (en collab.) (1980), 225-263.

b8449   BANKS, R.J., «Setting 'The Quest for the Historical Jesus' in a Broader Framework», dans Gospel Perspectives (1981) (en collab.), II, 61-82.

b8450   GOETZ, S.C., BLOMBERG, C.L., «The Burden of Proof», JSNT 11 (1981) 39-63.

b8451 SCHÜRMANN, H., «Kritische Jesuserkenntnis», BiLit 54 (1981) 17-26.
b8452 RIESNER, R., «Der Ursprung der Jesus-Überlieferung», TZ 38 (1982) 493-513.
b8453 SCHÜRMANN, H., «Exegesis and the historical Jesus», TD 30 (1982) 53-54.

3. Sources profanes. Profane Sources. Ausserbiblische Quellen.
Profane fonti. Profanos fuentes.

b8454 DUBARLE, A.-M., «Le témoignage de Josèphe sur Jésus d'après des publications récentes», RB 84 (1977) 38-58.
b8455 FEUILLET, A., «Les anciens historiens profanes et la connaissance de Jésus. Témoignages de Pline le Jeune, - Tacite, - Suétone, - Josèphe et son 'Testimonium Flavianum': le texte, ses caractéristiques, ses problèmes. - Conclusion», EV (doctrine) 87 (1977) 145-153.
b8456 HILL, D., «Jesus and Josephus' 'messianic prophets'», dans Text and Interpretation (en collab.) (1979), 143-154.
b8457 FEUILLET, A., «Flavius Josèphe, témoin des origines chrétiennes, a-t-il parlé du Christ?» EV (doctrine) 93 (1983) 532-539.

4. Évangiles. Gospels. Evangelien. Vangeli. Evangelios.

b8458 SCHNEIDER, H., «Die Echtheit der überlieferten Jesus-Worte», BiKi 14 (1959) 77-78.
b8459 XXX, «'Über die historische Wahrheit der Evangelien'. Unterweisung der Päpstlichen Bibelkommission (ins Deutsche übersetzt von Rudolf Schnackenburg)», BiLeb 5 (1964) 147-153.
b8460 ALONSO DIAZ, J., «Fidelidad y libertad histórica de los Evangelistas», CuBi 23 (1966) 3-10.
b8461 DA SPINETOLI, O., «La storicità degli Evangeli oggi», BibOr 8 (1966) 97-102.
b8462 CREMER, F.G., «Der geschichtliche Jesus und der Christus des Glaubens im Zeugnis des Neuen Testamentes», BiKi 22 (1967) 123-129.
b8463 SCHULZ, S., Die Stunde der Botschaft (1967), «Das Evangelium als Geschichtserzählung» (1967), 9-46.
b8464 ZIMMERMANN, H., «Der methodische Zugang zur Ur-Überlieferung vom Reden und Handeln Jesu», BiKi 24 (1969) 42-48.
b8465 LEHMANN, M., Synoptische Quellenanalyse und die Frage nach dem historischen Jesus. Kriterien der Jesusforschung untersucht in Auseinandersetzung mit Emanuel Hirschs Frühgeschichte des Evangeliums (BZNW 38) (Berlin, De Gruyter, 1970), 218 pp.
b8466 BASTIN, M., «L'annonce de la Passion et les critères de l'historicité», RevSR 50 (1976) 289-329; 51 (1977) 187-213.
b8467 LAMBIASI, F., «L'autenticità storica delle controversie con i Farisei», BibOr 18 (1976) 3-27.
b8468 LÉON-DUFOUR, X., «Les évangiles et l'histoire», dans Introduction à la Bible (sous la direction de A. GEORGE et P. GRELOT), Tome III, Volume 2 (1976), 215-237.
b8469 PETZKE, G., «Die historische Frage nach den Wundertaten Jesu», NTS 22 (1976) 180-204.
b8470 BEAUDE, P.-M., Jésus oublié. Les évangiles et nous (Coll. 'Essais') (Paris, Cerf, 1977), 208 pp.
b8471 CABA, J., El Jesús de los Evangelios. Historia Salutis (Biblioteca de Autores Cristianos, 392) (Madrid, Ed. Católica, 1977), xxxii-335 pp.
b8472 GRELOT, P., «La pratique de la méthode historique en exégèse biblique», dans Les quatre fleuves no 7 (1977) 15-37.

b8473   HERRANZ MARCO, M., *Los evangelios y la crítica histórica* (Madrid, Ed. Cristiandad, 1978), 219 pp.

b8474   LATOURELLE, R., *L'accès à Jésus par les Évangiles*. Histoire et herméneutique (Recherches. Theologie, 20) (Montréal, Bellarmin; Tournai, Desclée, 1978), 270 pp.

b8475   MARCHADOUR, A., *Un évangile à découvrir*, «Le livre face au soupçon de la critique» (1978), 109-121.

b8476   BURKHARDT, H., *Wie geschichtlich sind die Evangelien?* (Theologie und Dienst, 16) (Giessen, Brunnen, 1979), 39 pp.

b8477   CHARLIER, C., *Le christianisme*, «Le témoignage de Jésus sur lui-même» (1979), I, 103-120.

b8478   GNILKA, J., «Die Evangelien und der historische Jesus», dans *Schriftauslegung dient dem Glauben* (en collab.) (1979), 11-34.

b8479   PARKER, J., «Redaktionsgeschichte et valeur historique des Évangiles», Hok n° 12 (1979) 22-46.

b8480   LATOURELLE, R., «L'historicité des évangiles», dans *Jésus aujourd'hui* (en collab.) (1980), I, 17-25.

b8481   TRAUTMANN, M., *Zeichenhafte Handlungen Jesu*. Ein Beitrag zur Frage nach dem geschichtlichen Jesu (Forschung zur Bibel, 37) (Würzburg, Echter Verlag, 1980), viii-586 pp.

b8482   KRAFT, H., «Die Evangelien und die Geschichte Jesu», TZ 37 (1981) 321-341.

b8483   VERWEYEN, H., «Die historische Rückfrage nach den Wundern Jesu», TrierTZ 90 (1981) 41-58.

5. Paul. Paulus. Paolo. Pablo.

b8484   LEAL, J., «Datos que San Pablo puede aportar para la historia de Jesú», dans *Homenaje a Juan Prado* (en collab.) (1975), 477-494.

b8485   BLOCH, J., «Der historische Jesus und Paulus», dans *Paulus - Apostat oder Apostel?* (en collab.) (1977), 9-30.

6. Foi. Faith. Glaube. Fede. Fe.

b8486   CULLMANN, O., *«Eiden kai episteusen*. La vie de Jésus, objet de la 'vue' et de la 'foi' d'après le quatrième Évangile», dans *Aux sources de la tradition chrétienne* (en collab.) (1950), 52-61.

b8487   BULTMANN, R., «Das Verhältnis der urchristlichen Christusbotschaft zum historischen Jesus», dans *Sitzungsberichte der Heidelberger Akademie der Wissenschaften*, Philosophisch-historische Klasse, 3. Abhandlung (Heidelberg, Carl Winter Universitätsverlag, 1960), 5-27, dans BULTMANN, R., *Exegetica* (1967), 445-469.

b8488   SCHREINER, G., «De historische Jezus en de kerygmatische Christus. *Der historische Jesus und der kerygmatische Christus*», Bijdr. 24 (1963) 241-279 (Deutsche Zusammenfassung).

b8489   DARLAP, A., «Das Christusereignis und die Konstitution der besonderen Heilsgeschichte durch das Wort», dans *Mysterium Salutis* (en collab.) (1965), I, 50-70.

b8490   ACKROYD, P.R., «What Kind of Belief about Jesus?» AThR 49 (1967) 281-295.

b8491   PESCH, R., «Vom Christus des Glaubens zum historischen Jesus», BiKi 24 (1969) 37-42.

b8492   TRILLING, W., «Vom historischen Jesus zum Christus des Glaubens», BiKi 24 (1969) 48-52.

b8493 KERTELGE, K., «Der geschichtliche Jesus und das Christusbekenntnis der ersten Gemeinden», BiLeb 13 (1972) 77-88.

b8494 DE BACIOCCHI, J., *Jésus Christ dans le débat des hommes*, «Le Christ de la foi est-il réellement le Jésus de l'histoire» (1975), 31-47.

b8495 MARXSEN, W., «Die urchristlichen Kerygmata und das Ereignis Jesus von Nazareth», ZTK 73 (1976) 42-64.

b8496 COURTH, F., «Wie wird Geschichte zur Heilsgeschichte?» TGl 67 (1977) 381-392.

b8497 DE ROSA, G., «La fede cristiana e la storicità di Gesù», CC 2 (1977) 114-129.

b8498 COOK, M.L., «The Call to Faith of the Historical Jesus», TS 39 (1978) 679-700.

b8499 SESBOÜÉ, B., «Histoire et foi en christologie», NRT 101 (1979) 3-23.

b8500 TOINET, P., «Permanence de la foi et exégèse historico-critique», RT 80 (1981) 381-425.

b8501 GRELOT, P., «La résurrection de Jésus et l'Histoire. Historicité et historialité», dans *Dieu L'a ressuscité d'entre les morts* (en collab.) (1982), 145-179.

7. Divers. Miscellaneous. Verschiedenes. Diversi. Diversos.

b8502 BARR, A., «Bultmann's Estimate of Jesus», SJTh 7 (1954) 337-352.

b8503 DEEGAN, D.L., «Albrecht Ritschl on the Historical Jesus», SJTh 15 (1962) 133-150.

b8504 DEEGAN, D.L., «Martin Kähler: Kerygma and Gospel History», SJTh 16 (1963) 50-67.

b8505 CAMERON, B.J.R., «The Historical Problem in Paul Tillich's Christology», SJTh 18 (1965) 257-272.

b8506 LEHMANN, M., *Synoptische Quellenanalyse und die Frage nach dem historischen Jesus*. Kriterien der Jesusforschung untersucht in Auseinandersetzung mit Emanuel Hirschs Frühgeschichte des Evangeliums (BZNW 38) (Berlin, De Gruyter, 1970), 218 pp.

b8507 VAN TENTE, M., «De historische Jezus en het bijbelse beeld van Jezus als de Christus volgens Paul Tillich. *The relation between the Historical Jesus and the Biblical Picture of Jesus as the Christ, according to Paul Tillich*», Bijdr. 31 (1970) 171-188 (English summary).

b8508 GÄRTNER, B.E., «Der historische Jesus und der Christus des Glaubens. Eine Reflexion über die Bultmannschule und Lukas», dans *Theologie aus dem Norden* (en collab.) (1976), 9-18.

b8509 BAIRD, W., *The Quest of the Christ of Faith*. Reflections on the Bultmann Era (Waco, Texas, Word, 1977), 187 pp.

b8510 PROVENCHER, N., «L'accès à Jésus de Nazareth selon Alfred Loisy», ET 10 (1979) 239-256.

b8511 WIRSCHING, J., «Martin Kähler - Erbe und Auftrag. Bemerkungen zum Stande der Kähler-Forschung», TLZ 104 (1979) 161-171.

b8512 CARLSTON, C.E., «Proverbs, Maxims, and the Historical Jesus», JBL 99 (1980) 87-105.

b8513 REUMANN, J., «'The Problem of the Lord's Supper' as Matrix for Albert Schweitzer's 'Quest of the Historical Jesus'», NTS 27 (1981) 475-487.

Homme. Man. Mensch. Uomo. Hombre.

b8514 AUER, W., «Jesus - oder Christus», BiKi 14 (1959) 3-12.

b8515 DE BACIOCCHI, J., *Jésus Christ dans le débat des hommes*, «À la fois homme et Dieu?» (1975), 101-117.

b8516 GRÄSSER, E., «Der Mensch als Thema der Theologie», dans *Jesus und Paulus* (en collab.) (1975), 129-150.

b8517   SCHILLEBEECKX, E., «Der 'Gott Jesu' und der 'Jesus Gottes'», dans *Was haltet ihr von Jesus?* (en collab.) (1975), 227-242.

b8518   DIEZ MACHO, A., *El Mesías annunciado y esperado.* Perfil humano de Jesús (Santiago Apóstol, 2) (Madrid, Fe Católica, 1976), 115 pp.

b8519   SCHLIER, H., *Grundzüge einer paulinischen Theologie,* «Der Mensch Jesu» (1978), 154-157.

b8520   THOMAS, J., «Jamais tant homme ne fut», CHR 25 (1978) 133-145.

b8521   VICENT CERNUDA, A., «La génesis humana de Jesucristo según S. Pablo», EstB 37 (1978) 57-77.

b8522   LIMBECK, M., «Jesus Christus - Herz der Menschheit», BiKi 34 (1979) 43-47.

b8523   ARNALDEZ, R., *Jésus, Fils de Marie prophète de l'Islam* (Jésus et Jésus-Christ, 13) (Paris, Desclée, 1980), x-256 pp.

b8524   DE STAGE, J., «The Human Integrity of St. John's Jesus», dans *Studia Biblica 1978. II. Papers on the Gospels* (en collab.) (1980), 75-78.

b8525   GUILLET, J., «Le verbe fait chair», CE nº 31 (n.s.) (1980) 23-29.

b8526   SAENZ DE SANTA MARIA, M., «Jesús, El Judío», BibFe 6 (1980) 17-27.

b8527   SALAS, A., «Jesús, El Hombre-Dios», BibFe 6 (1980) 96-117.

b8528   BOUTTIER, M., «L'humanité de Jésus selon saint Luc», RSR 69 (1981) 33-43.

b8529   FRANCE, R., «Jésus l'Unique. Les fondements bibliques d'une confession christologique», Hok nº 17 (1981) 32-52.

b8530   STAUFFER, E., «Jesus, Geschichte und Verkündigung», dans *Aufstieg und Niedergang der römischen Welt,* II. Principat (en collab.) (1982), 25. Band, 1. Halbband, 3-130.

b8531   SCHILLEBEECKX, E., *God among us,* «I Believe in the Man Jesus: the Christ, the Only Beloved Son, Our Lord» (1983), 103-115.

Image de Dieu. Image of God. Gottesebenbild. Immagine di Dio. Imagen de Dios.

b8532   CANTALAMESSA, R., «Cristo immagine di Dio. Le tradizioni patristiche su *Col.* 1,15», dans *La Cristologia in san Paolo* (en collab.) (1976), 269-287.

b8533   HERON, A., «'Logos, Image, Son': Some Models and Paradigms in Early Christology», dans *Creation, Christ and Culture* (en collab.) (1976), 43-62.

b8534   VANNI, U., «Immagine di Dio invisibile, primogenito di ogni creazione (Col. 1,15)», dans *La Cristologia in san Paolo* (en collab.) (1976), 97-113.

Incarnation. Menschwerdung. Incarnazione. Encarnación.

b8535   BISER, E., «Der wunderbare Tausch. Das Mysterium der Menschwerdung im paulinischen und johanneischen Denken», BiKi 15 (1960) 111-113.

b8536   SCHELKLE, K.-H., «Geworden aus dem Weibe - Geboren aus der Jungfrau», BiLeb 3 (1962) 232-240.

b8537   NELLESSEN, E., «Die Verkündigung der Menschwerdung in Mt 2», dans *Jungfrauengeburt gestern und heute* (en collab.) (1969), 185-204.

b8538   XXX, «Gesù, il Figlio di Dio fatto uomo», CC 4 (1977) 521-529.

b8539   LAMBERT, W., «'Gott ist ganz gross und ganz klein!' Eine weihnachtliche Besinnung», GeistL 51 (1978) 468-473.

b8540   VAN BREEMEN, P., «Die Menschwerdung als geschichtliches Ereignis und als fortschreitendes Geschehen», GeistL 51 (1978) 407-414.

b8541   CHARLIER, C., *Le christianisme,* «Fils dans le Fils» (1979), II, 97-113.

*b*8542 SCHEELE, P.-W., «Die Fleischwerdung des Wortes. Biblische Explikation und theologische Implikation», dans *Kirche und Bibel* (en collab.) (1979), 357-388.
*b*8543 SCHNACKENBURG, R., «Und das Wort ist Fleisch Geworden», IKZCommunio 8 (1979) 1-9.
*b*8544 MOREAU, E., '*Et le Verbe s'est fait Juif...*' Lumière du monde (Montsûrs, Résiac; Paris, Pneumathèque, 1980), vi-362 pp.
*b*8545 SCHLINK, E., *Ökumenische Dogmatik*, «Die Erniedrigung des Sohnes Gottes» (1983), 276-353.

Langue. Language. Muttersprache. Lingua. Lengua.

*b*8546 CANTINEAU, J., «Quelle langue parlait le peuple en Palestine au Ier siècle de notre ère?» Sem. 5 (1955) 99-101.
*b*8547 VISCHER, W., «Savez-vous le grec? (Jésus a-t-il parlé grec?)», ETR 45 (1970) 63-87.
*b*8548 DIEZ MERINO, L., «¿Es posible hoy reconstruir la lengua hablada por Jesucristo?» CuBi 29 (1972) 323-328.
*b*8549 SEN, F., «La palabra y la lengua de Jesús. Y el más antiguo Targum», CuBi 29 (1972) 91-92.
*b*8550 HUGHES, P.E., «The Languages Spoken by Jesus», dans *New Dimensions in New Testament Study* (en collab.) (1974), 127-143.
*b*8551 DIEZ MACHO, A., *La lengua hablada por Jesucristo* (Santiago Apóstol, 3) (Madrid, Fe Católica, 1976), 91 pp.
*b*8552 MUSSIES, G., «Jesus' idiolect: a survey», TDig 26 (1978) 254-258.

Lumière. Light. Licht. Luce. Luz.

*b*8553 STÄHLIN, G., «Jesus Christus, das Licht der Welt», dans *Universitas*. Dienst an Wahrheit und Leben (en collab.) (1960), I, 58-78.
*b*8554 BOESPFLUG, F.-D., «Lumière née de la Lumière», VS 131 (1977) 732-752.

Médiateur. Mediator. Mittler. Mediatore. Mediador.

*b*8555 ZELLER, D., «Jesus als Mittler des Glaubens nach dem Markusevangelium», BiLeb 9 (1968) 278-286.
*b*8556 DE KERGARADEC, Y., «Nul ne vient au Père que par moi», CHR 25 (1978) 199-208.
*b*8557 LABARRIÈRE, P.J., «Dieu sans Christ et Dieu du Christ», CHR 25 (1978) 146-158.
*b*8558 ATAL SA ANGANG, D., «Christ, Unique Sauveur et Médiateur», dans *Christianisme et identité africaine* (en collab.) (1980), 189-203.
*b*8559 LINDARS, B., «Jesus as Advocate: A Contribution to the Christology Debate», BJRL 62 (1980) 476-497.
*b*8560 HAHN, F., «Die Schöpfungsmittlerschaft Christi bei Paulus und in den Deuteropaulinen», dans *Parola e Spirito* (en collab.) (1982), 661-678.

Messie. Messiah. Messias. Messia. Mesías.

*b*8561 BULTMANN, R., «Die Frage nach dem messianischen Bewusstsein Jesu und das Petrus-Bekenntnis», ZNW 19 (1919-20) 165-174, dans *Exegetica* (1967), 1-9.

b8562   HOFFMANN, J.G.H., «Jésus messie juif», dans *Aux sources de la tradition chrétienne* (en collab.) (1950), 103-112.

b8563   AUER, W., «Jesus - oder Christus», BiKi 14 (1959) 3-12.

b8564   SCHMID, J., «Jesus, der verheissene Messias nach dem Neuen Testament», BiKi 17 (1962) 42-46.

b8565   VAN UNNIK, W.C., «Jesus the Christ», NTS 8 (1962) 101-116, dans VAN UNNIK, W.C., *Sparsa Collecta* (1980), II, 248-268.

b8566   BARR, O.S., «The Prophet from Nazareth», AThR 45 (1963) 252-263.

b8567   HAHN, F., *Christologische Hoheitstitel* (1963), «Christos», 133-225; «Die Vorstellung vom hohenpriesterlichen Messias und die urchristliche Tradition», 231-241.

b8568   DUQUOC, C., *Christologie*. Essai dogmatique (Paris, Cerf, 1972), «Messianisme», II, 227-280.

b8569   ESPINEL, J.L., «Mesianismo escatológico de Jesús desde sus acciones proféticas», Salm 23 (1976) 99-127.

b8570   BUSSE, U., *Die Wunder des Propheten Jesus* (1977), «Die Johannesanfrage Lk 7,18-23», 176-185; «Der sogenannte messianische 'Wunderbeweis'», 417-423.

b8571   DE JONGE, M., *Jesus*. Stranger from Heaven and Son of God, «Jewish Expectations About the 'Messiah' According to the Fourth Gospel» (1977), 77-116.

b8572   GUBLER, M.-L., *Die frühesten Deutungen des Todes Jesu*. Eine motivgeschichtliche Darstellung aufgrund der neueren exegetischen Forschung (Orbis Biblicus et Orientalis, 15) (Freiburg, Schweiz, Universitätsverlag; Göttingen, Vandenhoeck & Ruprecht, 1977), xv-424 pp.

b8573   SCHOEPS, H.-J., «The Messiahship of Jesus», dans *Jewish Expressions on Jesus* (en collab.) (1977), 194-200.

b8574   ALONSO DIAZ, J., «El compromiso político de Jesús», BibFe 4 (1978) 151-174.

b8575   DE JONGE, M., «The Use of the Expression *o khristos* in the Apocalypse of John», dans *L'Apocalypse johannique et l'Apocalyptique dans le Nouveau Testament* (en collab.) (1980), 267-281.

b8576   GIBLET, J., «Un Messie qui est surtout un Fils», dans *Jésus aujourd'hui* (en collab.) (1980), II, 95-103.

b8577   HÜBNER, H., «Der 'Messias Israels' und der Christus des Neuen Testaments», KerDo 27 (1981) 217-240.

b8578   MERKLEIN, H., «Die Auferweckung Jesu und die Anfänge der Christologie (Messias bzw. Sohn Gottes und Menschensohn)», ZNW 72 (1981) 1-26.

b8579   MUSSNER, F., «Der Messias Jesus», SNTU 6/7 (1981-82) 5-19.

b8580   LEIVESTAD, R., «Jesus - Messias - Menschensohn. Die jüdischen Heilandserwartungen zur Zeit der ersten römischen Kaiser und die Frage nach dem messianischen Selbsbewusstsein Jesu», dans *Aufstieg und Niedergang der römischen Welt*, II. *Principat* (en collab.) (1982), 25. Band, 1. Halbband, 220-264.

b8581   SAUTER, G., «Jesus der Christus. Die Messianität Jesu als Frage an die gegenwärtige», EvT 42 (1982) 324-349.

b8582   ALETTI, J.-N., «Quel messianisme pour les chrétiens? Réflexions pour le temps de Pâques», Et 358 (1983) 549-559.

b8583   PUENTE, G., *Messianisme et idéologie* (Problèmes et controverses) (Paris, Vrin, 1983), iv-361 pp.

b8584   SHERWIN-WHITE, A.N., «The Messianic Mission», JSNT nº 17 (1983) 4-9.

b8585   STEVENS, B.A., «Jesus as the Divine Warrior», ExpTim 94 (1983) 326-329.

Miséricorde. Mercy. Barmherzigkeit. Misericordia.

b8586 LÉGASSE, S., «Jésus et les prostituées», RTL 7 (1976) 137-154.
b8587 DE LA CALLE, F., «'Amor' de Jesús a los pecadores», BibFe 8 (1982) 15-25.

Mission. Sendung. Missione. Misión.

b8588 BRAUN, F.-M., *Jean le théologien* (1966), III. Sa théologie. I. Le mystère de Jésus-Christ, «La mission du Christ», 57-75; «L'accomplissement de l'oeuvre», 139-152.
b8589 LEENHARDT, F.-J., *L'Église*, «Structure tripartite du ministère de Jésus» (1978), 27-35.
b8590 CHARLIER, C., *Le christianisme*, «La Mission du Fils» (1979), II, 21-39.
b8591 LABARRIÈRE, P.-J., DUQUOC, C., «Jésus devant quelques grands thèmes de la pensée moderne», dans *Jésus aujourd'hui* (en collab.) (1980), III, 123-132.
b8592 ACHTEMEIER, P.J., «The Ministry of Jesus in the Synoptic Gospels», Interpr 35 (1981) 157-169.

Mort. Death. Tod. Morte. Muerte.

1. Judaïsme. Judaism. Judentum. Giudaismo. Judaísmo.

b8593 GNILKA, J., «Martyriumsparänese und Sühnetod in synoptischen und jüdischen Traditionen», dans *Die Kirche des Anfangs* (en collab.) (1978), 223-246.
b8594 SCHÜRMANN, H., «Jesu Todesverständnis im Verstehenshorizont seiner Umwelt», TGl 70 (1980) 141-160.
b8595 KASTNING-OLMESDAHL, R., *Die Juden und der Tod Jesu*. Antijüdische Motive in den Evangelischen Religionsbüchern für die Grundsschule (Neukirchen-Vluyn, Neukirchener, l981), ix-238 pp.

2. Nouveau Testament. New Testament. Neues Testament. Nuovo Testamento. Nuevo Testamento.

a) Études générales. General Studies. Allgemeine Studien. Studi generali. Estudios generales.

b8596 BALAGUE, M., «Consummatum est», CuBi 17 (1960) 65-70.
b8597 FLORIS, É., «L'abandon de Jésus et la mort de Dieu», ETR 42 (1967) 277-298.
b8598 LÉON-DUFOUR, X., «Jesus' understanding of his death», TDig 24 (1976) 293-300.
b8599 SCHILLEBEECKX, E., «Jésus et l'échec humain», Conci nº 113 (1976) 115-127.
b8600 COHN, H., *The Trial and Death of Jesus* (New York, Ktav, 1977), xxiv-419 pp.
b8601 HOWARD, V., «Did Jesus Speak about His Own Death?» CBQ 39 (1977) 515-527.
b8602 LÉON-DUFOUR, X., «Le dernier cri de Jésus», Et 348 (1978) 666-682.
b8603 LÉON-DUFOUR, X., «Jésus face à la mort menaçante», NRT 100 (1978) 802-821.
b8604 GOURGUES, M., «Jésus devant sa passion et sa mort», CE (n.s.) nº 30 (1979) 64 pp.
b8605 LÉON-DUFOUR, X., «Jésus à Gethsémani. Essai de lecture synchronique», SE 31 (1979) 251-268.
b8606 LÉON-DUFOUR, X., *Face à la mort, Jésus et Paul*, «Jésus face à la mort imminente» (1979), 101-144.
b8607 ESPINEL MARCOS, J.L., *La Eucaristia del Nuevo Testamento* (Estudio Teológico de San Esteban, Glosas, 7) (Salamanca, Ed. San Esteban, 1980), 300 pp.
b8608 LÉON-DUFOUR, X., «How did Jesus see his death?» TDig 29 (1981) 57-60.

b8609   FRIEDRICH, G., *Die Verkündigung des Todes Jesu im Neuen Testament* (Biblish-Theologische Studien, 6) (Neukirchen-Vluyn, Neukirchener Verlag, 1982), 199 pp.

b8610   RADL, W., «Der Tod Jesu in der Darstellung der Evangelien», TGl 72 (1982) 432-446.

b8611   SEGALLA, G., «Gesù e la sua morte», RivB 30 (1982) 145-160.

b8612   EDITORIALE, «Il problema della morte di Gesù», CC 2 (1983) 3-14.

b8613   SCHÜRMANN, H., *Gottes Reich - Jesu Geschick*. Jesu ureigener Tod im Licht seiner Basileia-Verkündigung (Freiburg, Herder, 1983), 269 pp.

b8614   ZUMSTEIN, J., «La mort de Jésus et les témoignages du Nouveau Testament», dans *Mort de Jésus* (en collab.) (1984), 9-28.

b) Matthieu. Matthew. Matthäus. Matteo. Mateo.

b8615   SENIOR, D., «The Death of Jesus and the Resurrection of the Holy Ones (Mt 27:51-53)», CBQ 38 (1976) 312-329.

b8616   RIEBL, M., *Auferstehung Jesu in der Stunde seines Todes?* Zur Botschaft von Mt 27,51b-53 (SBS 8) (Stuttgart, Katholisches Bibelwerk, 1978), 93 pp.

b8617   AGUIRRE MONASTERIO, R., «El Reino de Dios y la muerte de Jesúas en el Evangelio de Mateo», EstE 54 (1979) 363-382.

b8618   AGUIRRE MONASTERIO, R., *Exégesis de Mateo, 27,51b-53*. Para una teología de la muerte de Jesús en el Evangelio de Mateo (Bíblica Victoriensia, 4) (Vitoria, Spain, Ed. ESET, 1980), 257 pp.

b8619   AGUIRRE MONASTERIO, R., «Cross and Kingdom in Matthew's theology», TDig 29 (1981) 149-153.

c) Luc. Luke. Lukas. Luca. Lucas.

b8620   GEORGE, A., «Le sens de la mort de Jésus», RB 80 (1973) 186-217, dans *Études sur l'oeuvre de Luc* (1978), 185-212.

b8621   FEUILLET, A., «L'"Exode' de Jésus et le déroulement du mystère rédempteur d'après S. Luc et S. Jean», RT 77 (1977) 181-206.

b8622   BOVON, F., *Luc le théologien*, «Le procès, la passion et la mort de Jésus (Lc 22,1-23,56)» (1978), 175-181.

b8623   BÜCHELE, A., *Der Tod Jesu im Lukasevangelium*. Eine redaktionsgeschichtliche Untersuchung zu Lk 23 (Frankfurter Theologische Studien, 26) (Frankfurt a. Main, J. Knecht, 1978), 230 pp.

b8624   FULLER, R.H., «Luke and the Theologia Crucis», dans *Sin, Salvation, and the Spirit* (en collab.) (1979), 214-220.

b8625   KODELL, J., «Luke's Theology of the Death of Jesus», dans *Sin, Salvation, and the Spirit* (en collab.) (1979), 221-230.

b8626   UNTERGASSMAIR, F.G., «Thesen zur Sinndeutung des Todes Jesu in der lukanischen Passionsgeschichte», TGl 70 (1980) 180-193.

b8627   UNTERGASSMAIR, F.G., *Kreuzweg und Kreuzigung Jesu*. Ein Beitrag zur lukanischen Redaktionsgeschichte und zur Frage nach der lukanischen 'Kreuzestheologie' (Paderborner Theologische Studien, 10) (Paderborn, Schöningh, 1980), viii-237 pp.

b8628   CASSIDY, R.J., «Luke's Audience, the Chief Priests, and the Motive for Jesus' Death», dans *Political Issues in Luke-Acts* (en collab.) (1983), 146-167.

b8629   VIA, E.J., «According to Luke, Who Put Jesus to death?» dans *Political Issues in Luke-Acts* (en collab.) (1983), 122-145.

d) Jean. John. Johannes. Giovanni. Juan.

b8630   BRAUN, F.-M., *Jean le théologien*. III. Sa théologie. I. Le mystère de Jésus-Christ, «Le sacrifice du Calvaire» (1966), 153-172.

b8631   RICHTER, G., «Die Deutung des Kreuzestodes Jesu in der Leidensgeschichte des Johannesevangeliums (Jo 13-19)», BiLeb 9 (1968) 21-36.

b8632   BEUTLER, J., «Die Heilsbedeutung des Todes Jesu im Johannesevangelium nach Joh 13,1-20», dans *Der Tod Jesu*. Deutungen im Neuen Testament (en collab.) (1976), 188-204.

b8633   THYEN, H., «'Niemand hat grössere Liebe als die, dass er sein Leben für seine Freunde hingib (Joh 15,13)'. Das Johanneische Verständnis des Kreuzestodes Jesu», dans *Theologia Crucis - Signum Crucis* (en collab.) (1979), 467-481.

b8634   GRIGSBY, B.H., «The Cross as an Expiatory Sacrifice in the Fourth Gospel», JSNT no 15 (1982) 51-80.

e) Actes des apôtres. Acts of the Apostles. Apostelgeschichte.
   Atti dei apostoli. Hechos de los apóstoles.

b8635   ISAAC, J., «The Crime of Deicide», dans *Jewish Expressions on Jesus* (en collab.) (1977), 253-304.

b8636   WILCH, J.R., «Jüdische Schuld am Tode Jesu - Antijudaismus in der Apostelgeschichte?» dans *Wort in der Zeit* (en collab.) (1980), 236-249.

f) Paul. Paulus. Paolo. Pablo.

b8637   ANDRIESSEN, P., «Angoisse de la mort dans l'épître aux Hébreux», NRT 96 (1974) 282-292.

b8638   KERTELGE, K., «Das Verständnis des Todes Jesu bei Paulus», dans *Der Tod Jesu*. Deutungen im Neuen Testament (en collab.) (1976), 114-136.

b8639   ENGLEZAKIS, B., «Rom 5,12-15 and the Pauline Teaching on the Lord's Death. Some Observations», Bibl 58 (1977) 231-236.

b8640   SCHLIER, H., *Grundzüge einer paulinischen Theologie*, «Das Geschehen des Todes Christi» (1978), 132-140.

b8641   CRANFIELD, C.E.B., *The Epistle to the Romans*. Concluding Remarks on Some Aspects of the Theology of Romans, «The Death and Resurrection of Jesus Christ» (1979), II, 826-833.

b8642   ELLIS, F., «Salvation Through the Wisdom of the Cross (1 Cor 1:10-4:21)», dans *Sin, Salvation, and the Spirit* (en collab.) (1979), 324-333.

b8643   GRÄSSER, E., «Die Heilsbedeutung des Todes Jesu in Hebräer 2,14-18», dans *Theologia Crucis - Signum Crucis* (en collab.) (1979), 165-184.

b8644   KECK, L.E., «The Post-Pauline Interpretation of Jesus' Death in Rom 5,6-7», dans *Theologia Crucis - Signum Crucis* (en collab.) (1979), 237-248.

b8645   LÉON-DUFOUR, X., *Face à la mort, Jésus et Paul* (1979), 320 pp.

b8646   LUPIERI, E., «La morte di Croce. Contributi per un'analisi di Fil. 2,6-11», RivB 27 (1979) 271-311.

b8647   ECKERT, J., «Der Gekreuzigte als Lebensmacht. Zur Verkündigung des Todes Jesu bei Paulus», TGl 70 (1980) 193-214.

b8648   HERMAN, Z.I., «Il significato della morte e della risurrezione di Gesù nel contesto escatologico di 1 Ts. 4,13-5,11», Ant 55 (1980) 327-351.

3. Cause. Reason. Ursache. Causa.

*b*8649   DUQUOC, C., *Christologie*. Essai dogmatique (Paris, Cerf, 1972), «Le Condamné», II, 20-30.

*b*8650   ORTIZ MUÑOZ, L., *Cristo, su proceso y su muerte. I: el reo* (Madrid, Fomento Editorial, S.A., 1976), 56 ppp.

*b*8651   GNILKA, J., «Wie urteilte Jesus über seinen Tod?» dans *Der Tod Jesu*. Deutungen im Neuen Testament (en collab.) (1976), 13-50.

*b*8652   VARGAS-MACHUCA, A., «¿Por qué condenaron a muerte a Jesús de Nazaret?» EstE 54 (1979) 441-470.

*b*8653   VARGAS-MACHUCA, A., «Why was Jesus condemned to death?» TDig 29 (1981) 53-56.

*b*8654   HARVEY, A.E., *Jesus and the Constraints of History*, «Political Constraints: The Crucifixion» (1982), 11-35.

*b*8655   LEENHARDT, F.J., *La mort et le testament de Jésus* (Essais bibliques, 6) (Genève, Labor et Fides, 1983), 145 pp.

4. Cène. Supper. Abendmahl (Letztes). Cena.

*b*8656   PESCH, R., «Das Abendmahl und Jesu Todesverständnis», dans *Der Tod Jesu*. Deutungen im Neuen Testament (en collab.) (1976), 137-187.

*b*8657   PESCH, R., *Das Abendmahl und Jesu Todesverständnis* (Quaestiones Disputatae, 80) (Freiburg, Herder, 1978), 125 pp.

*b*8658   HAHN, F., «Das Abendmahl und Jesu Todesverständnis», TR 76 (1980) 265-272.

*b*8659   DALY, R.J., «The Eucharist and Redemption: The Last Supper and Jesus' Understanding of His Death», BTB 11 (1981) 21-27.

5. Résurrection. Resurrection. Auferstehung. Resurrezione. Resurrección.

*b*8660   DE BACIOCCHI, J., *Jésus Christ dans le débat des hommes*, «Sens et valeur des récits de la croix et de Pâques» (1975), 49-82.

*b*8661   ASENDORF, U., «Kreuz und Auferstehung», TLZ 102 (1977) 785-794.

*b*8662   CAVALLIN, H.C., «Tod und Auferstehung der Weisheitslehrer [Is 53; Dn 12]. Ein Beitrag zur Zeichnung des Frame of Reference Jesu», SNTU Serie A, Band 5 (1980) 107-121.

*b*8663   LÉON-DUFOUR, X., «La mort et la résurrection de Jésus», dans *Jésus aujourd'hui* (en collab.) (1980), II, 137-146.

*b*8664   FÉRET, H.-M., *Mort et résurrection du Christ d'après les Évangiles et d'après le linceul de Turin* (Paris, Buchet/Chastel, 1980), 192 pp.

*b*8665   SCHILLEBEECKX, E., *Expérience humaine et foi en Jésus-Christ*. Traduction par J. Doré et C. Bonnet (Paris, Cerf, 1981), «De la mort de Jésus à la proclamation chrétienne de sa résurrection», 83-110.

*b*8666   LANGHAMMER, H., «Tod und Auferweckung Jesu Christi im urchristlichen Kerygma», MüTZ 33 (1982) 44-53.

6. Sacrifice. Opfer. Sacrificio.

*b*8667   SABOURIN, L., «Il sacrificio di Gesù e le realtà cultuali», BibOr 10 (1968) 25-37.

*b*8668   ALONSO, J., «La vida y muerte de Jesús dentro del esquema de pensamiento del sacrificio», CuBi 30 (1973) 67-86.

b8669   HORVATH, T., *The Sacrificial Interpretation of Jesus' Achievement in the New Testament*. Historical Development and Its Reasons (New York, Philosophical Library, 1979), vii-100 pp.

b8670   CHAUVET, L.-M., «Le sacrifice de la messe: un statut chrétien du sacrifice», LV n⁰ 146 (1980) 85-106.

b8671   HENGEL, M., «The Expiatory Sacrifice of Christ», BJRL 62 (1980) 454-475.

b8672   HUVET, R., «Mémoire et sacrifice», ETR 55 (1980) 385-397.

b8673   BUTTE, A., «La mise à mort du Christ est-elle oui ou non sacrificielle?» ETR 57 (1982) 267-268.

b8674   GRIGSBY, B.H., «The Cross as an Expiatory Sacrifice in the Fourth Gospel», JSNT n⁰ 15 (1982) 51-80.

b8675   BADER, G., «Jesu Tod als Opfer», ZTK 80 (1983) 411-431.

7. Salut. Salvation. Heil. Salvezza. Salud.

b8676   VON BALTHASAR, H.U., «Der Tod Gottes als Quellort von Heil, Offenbarung und Theologie», dans *Mysterium Salutis* (en collab.) (1969), III.2, 159-184.

b8677   DUQUOC, C., *Christologie*. Essai dogmatique (Paris, Cerf, 1972), «Rédemption», II, 171-226.

b8678   WILLIAMS, S.K., *Jesus' Death as Saving Event*. The Background and Origin of a Concept (Harvard Dissertations in Religion, 2) (Missoula, Scholars Press, 1975), xi-270 pp.

b8679   BUSSE, U., *Die Wunder des Propheten Jesus*, «Die Errettungstat in der Passion Jesu» (1977), 335-336.

b8680   LÉON-DUFOUR, X., «La mort rédemptrice du Christ selon le Nouveau Testament», dans *Mort pour nos péchés* (en collab.) (1979), 11-44.

b8681   MOINGT, J., «La révélation du salut dans la mort du Christ. Esquisse d'une théologie systématique de la rédemption», dans *Mort pour nos péchés* (en collab.) (1979), 117-172.

b8682   VERGOTE, A., «La mort rédemptrice du Christ à la lumière de l'anthropologie», dans *Mort pour nos péchés* (en collab.) (1979), 45-83.

8. Signification. Deutungen. Significazione. Significación.

b8683   TORRANCE, T.F., «The Atonement and the Oneness of the Church», SJTh 7 (1954) 245-269.

b8684   HOEHNER, H.W., «The Significance of the Year of our Lord's Crucifixion for New Testament Interpretation», dans *New Dimensions in New Testament Study* (en collab.) (1974), 115-126.

b8685   VÖGTLE, A., «Todesankündigungen und Todesverständnis Jesu», dans *Der Tod Jesu*. Deutungen im Neuen Testament (en collab.) (1976), 51-113.

b8686   GUBLER, M.-L., *Die frühesten Deutungen des Todes Jesu*. Eine motivgeschichtliche Darstellung aufgrund der neueren exegetischen Forschung (Orbis Biblicus et Orientalis, 15) (Freiburg, Universitätsverlag; Göttingen, Vandenhoeck & Ruprecht, 1977), xvi-424 pp.

b8687   WEBER, H.-R., *The Cross*. Tradition and Interpretation of the Crucifixion of Jesus in the World of the New Testament (Grand Rapids, Eerdmans, 1978), 162 pp.

b8688   HENGEL, M., «Der stellvertretende Sühnetod Jesu. Ein Beitrag zur Entstehung des urchristlichen Kerygmas», IKZCommunio 9 (1980) 1-25, 135-147.

b8689   O'NEILL, J.C., «Did Jesus teach that his death would be vicarious as well as typical?» dans *Suffering and Martyrdom in the New Testament* (en collab.) (1981), 9-27.

9. Divers. Miscellaneous. Verschiedenes. Diversi. Diversos.

b8690   BRUN, J., «La mort de Socrate et la mort de Jésus», ETR 35 (1960) 197-203.

b8691   VON BALTHASAR, H.U., «Der Gang zu den Toten (Karsamstag)», dans *Mysterium Salutis* (en collab.) (1969), III.2, 227-255.

b8692   AUER, E.G., *Vom dritten Tag zum Tag des Herrn.* Das Zeugnis vom Grab des Messias (Metzingen, Ernst Franz, 1975), 93 pp.

b8693   WERNIK, U., «Frustrated beliefs and early Christianity. A Psychological Enquiry into the Gospels of the New Testament», Numen 22 (1975) 96-130.

b8694   SENIOR, D., «The Death of God's Son and the Beginning of the New Age», dans *The Language of the Cross* (en collab.) (1977), 29-51.

b8695   CAIRD, G.B., «James Denney: The Death of Christ», ExpTim 90 (1979) 196-199.

b8696   DESCAMPS, A.-L., «Cénacle et Calvaire. Les vues de H. Schürmann», RTL 10 (1979) 335-347.

b8697   OBERLINNER, L., *Todeserwartung und Todesgewissheit Jesu.* Zum Problem einer historischen Begründung (SBS 10) (Stuttgart, Katholisches Bibelwerk, 1980), 190 pp.

b8698   KÖNIG, A., «Le Dieu crucifié?» Hok n° 17 (1981) 73-95.

b8699   STUHLMACHER, P., «Sühne oder Versöhnung? Randbemerkungen zu Gerhard Friedrichs Studie: *Die Verkündigung des Todes Jesu im Neuen Testament*», dans *Die Mitte des Neuen Testaments* (en collab.) (1983), 291-316.

Naissance. Birth. Geburt. Nascita. Nacimiento.

b8700   FOERSTER, W., «Bemerkungen und Fragen zur Stätte der Geburt Jesu», ZDPV 57 (1934) 1-6.

b8701   BUONAIUTI, E., «Maria und die jungfräuliche Geburt Jesu», ErJb 1938 6 (1939) 325-363.

b8702   MARTIN SANCHEZ, B., «Tríptico de Meditaciones bíblicas», CuBi 17 (1960) 186-192.

b8703   MIGUENS, M., «In una mangiatoia...», BibOr 2 (1960) 193-198.

b8704   SCHIERSE, F.J., «Weihnachtliche Christusverkündigung. Zum Verständnis der Kindheitsgeschichten», BiLeb 1 (1960) 217-222.

b8705   BINDA, S., «Motivi natalizi», BibOr 4 (1962) 201-204.

b8706   BISHOP, E.F.F., «Bethlehem and the Nativity», AThR 46 (1964) 401-413.

b8707   WILKINSON, J., «Apologetic Aspects of the Virgin Birth of Jesus Christ», SJTh 17 (1964) 159-181.

b8708   RIEDL, J., «Zur lukanischen Weihnachtsbotschaft», BiLit 39 (1966) 341-350.

b8709   VÖGTLE, A., «Die Geburt des Erlösers. Aus einem Weihnachtszyklus», BiLeb 7 (1966) 235-242.

b8710   DÖRING, H., «Jungfrauengeburt in neuer Sicht?» dans *Jungfrauengeburt gestern und heute* (en collab.) (1969), 89-108.

b8711   KÖSTER, H.M., «Die Jungfrauengeburt als theologisches Problem seit David Friedrich Strauss», dans *Jungfrauengeburt gestern und heute* (en collab.) (1969), 35-87.

b8712   SCHMAUS, M., «Dogmatik und Exegese zur Jungfrauengeburt», dans *Jungfrauengeburt gestern und heute* (en collab.) (1969), 215-233.

b8713   WEISER, A., «Überblick über den Verlauf der Diskussion», dans *Jungfrauengeburt gestern und heute* (en collab.) (1969), 205-213.

b8714   BORGEN, P., *Paul preaches Circumcision and pleases Men* (1983), «Ignatius and Traditions on the Birth of Jesus», 155-163 [Cf. *Tidsskrift for teologi og kirke* 42 (1971) 37-44].

b8715 DERRETT, J.D.M., «The Manger: Ritual Law and Soteriology», *Theology* 74 (1971) 566-571, dans DERRETT, J.D.M., *Studies in the New Testament* (1978), II, 48-53.

b8716 DERRETT, J.D.M., «La nascità di Gesù: Storie patristiche e *haggadot* ebraiche», *Conoscenza Religiosa* (1972) 221-225, dans DERRETT, J.D.M., *Studies in the New Testament* (1978), II, 33-38.

b8717 BROWN, R.E., *The Virginal Conception and Bodily Resurrection of Jesus*, «The Problem of the Virginal Conception of Jesus» (1973), 21-68.

b8718 DERRETT, J.D.M., «Further Light on the Narratives of the Nativity», NT 17 (1975) 81-108, dans DERRETT, J.D.M., *Studies in the New Testament* (1978), II, 4-32.

b8719 BECKWITH, R.T., «St Luke, the Date of Christmas and the Priestly Courses at Qumran», RQum 9 (1977) 73-94.

b8720 DICKINSON, H.G., «Jesus Christ (2): The Virgin Birth», ExpTim 88 (1977) 303-304.

b8721 PIKAZA, X., «En torno a 'Los orígenes de Jesús'», Salm 24 (1977) 351-361.

b8722 WICKINGS, H.F., «The Nativity Stories and Docetism», NTS 23 (1977) 457-460.

b8723 En collaboration, *Mary in the New Testament*, «The Birth of Jesus in the Pauline Writings» (1978), 33-49.

b8724 FULLER, R.H., «The Conception/Birth of Jesus as a Christological Moment», JSNT nº 1 (1978) 37-52.

b8725 MACDONALD, F.A.J., «Beginning with Christmas», ExpTim 90 (1978) 83-85.

b8726 MILAVEC, A., «Matthew's Integration of Sexual and Divine Begetting», BTB 8 (1978) 108-116.

b8727 MUÑOZ IGLESIAS, S., «La concepción virginal de Cristo en los Evangelios de la infancia», EstB 37 (1978) 5-28.

b8728 DUBARLE, A.-M., «La conception virginale et la citation d'Is. VII,14 dans l'Évangile de Matthieu», RB 85 (1979) 362-380.

b8729 REICKE, B., «Christ's Birth and Childhood», dans *From Faith to Faith* (en collab.) (1979), 151-165.

b8730 RICHARD, J., «Conçu du Saint-Esprit, né de la Vierge Marie», ET 10 (1979) 291-321.

b8731 RIEDLINGER, H., «Zum gegenwärtigen Verständnis der Geburt Jesu aus der Jungfrau Maria», TGl 69 (1979) 22-61.

b8732 BAGATTI, B., «La 'luce' nell'iconografia della Natività di Gesù», StBiFranc 30 (1980) 233-250.

b8733 FORREST, R.G., «Conceived by the Holy Ghost born of the Virgin Mary», ExpTim 92 (1980) 82-83.

b8734 MARTUCCI, J., «Les récits de la naissance de Jésus», dans *Jésus aujourd'hui* (en collab.) (1980), II, 11-20.

b8735 VALLAURI, E., «Natus in Bethlehem», TDig 28 (1980) 39-42.

b8736 BISER, E., «Die älteste Weihnachtsgeschichte», GeistL 54 (1981) 405-410.

b8737 SALAS, A., «El Evangelio de Navidad», RazFe 208 (1983) 350-361.

b8738 SCHILLEBEECKX, E., *God among us*, «God 'who visits his people' (Christmas)» (1983), 8-12.

Obéissance. Obedience. Gehorsam. Ubbidienza. Obediencia.

b8739 BRAUN, F.-M., *Jean le théologien*. III. Sa théologie. I. Le mystère de Jésus-Christ, «L'accomplissement de l'oeuvre» (1966), 139-152.

b8740 DE LAVERNETTE, G., «Le Christ obéissant selon saint Jean», CHR nº 99 (1978) 351-355.

b8741 PALACIO, C., «Étude comparative de quelques christologies actuelles en relation à l'obéissance de Jésus», Conci n° 159 (1980) 105-117.

b8742 VAN IERSEL, B.M.F., «La voie de l'obéissance. Le chemin de vie de Jésus dans l'évangile de Marc», Conci n° 159 (1980) 45-56.

b8743 MARCHESI, G., «L'obbedienza di Gesù al Padre, compimento dell'Alleanza», CC 4 (1983) 558-572.

Parole de Dieu. Word of God. Wort Gottes. Parola di Dio. Palabra de Dios.

b8744 HAMMER, J., «Herkunft des johanneischen 'Logos'», BiKi 13 (1958) 116-119.

b8745 HERON, A., «'Logos, Image, Son': Some Models and Paradigms in Early Christology», dans Creation, Christ and Culture (en collab.) (1976), 43-62.

b8746 LEENHARDT, F.-J., L'Église, «Structure tripartite du ministère de Jésus» (1978), 27-35.

b8747 WORGUL, G.S., Jr., «Prolegomenon to Jesus as the Word of God: a Note», BTB 9 (1979) 115-120.

b8748 SWETNAM, J., «Jesus as Logos in Hebrews 4,12-13», Bibl 62 (1981) 214-224.

Passion. Leiden. Passione. Pasión.

1. Études générales. General Studies. Allgemeine Studien. Studi generali. Estudios generales.

b8749 OÑATE, J.-A., «Via Crucis», CuBi 17 (1960) 51-60.

b8750 DE TUYA, M., Del Cenaculo al Calvario (Salamanca, Sanesteban, 1962), 656 pp.

b8751 HAHN, F., Christologische Hoheitstitel, «Die Verbindung der Passionstradition mit dem Christos-Titel» (1963), 193-218.

b8752 WILKINSON, J., «The Seven Words from the Cross», SJTh 17 (1964) 69-82.

b8753 SCHULZ, S., Die Stunde der Botschaft, «Die Passionsgeschichte» (1967), 114-142.

b8754 DAVIES, W.D., Invitation to the New Testament, «The Passion» (1969), 481-494.

b8755 VON BALTHASAR, H.U., «Menschwerdung und Passion», dans Mysterium Salutis (en collab.) (1969), III.2, 133-158.

b8756 DUQUOC, C., Christologie. Essai dogmatique (Paris, Cerf, 1972), «Passion», II, 19-69.

b8757 CHABROL, C., «Analyse du 'texte' de la Passion», dans CHABROL, C., MARIN, L., Le récit évangélique (1974), 13-40.

b8758 CHABROL, C., «Structure(s) narrative(s) du texte de la Passion et de la Résurrection», dans CHABROL, C., MARIN, L., Le récit évangélique (1974), 41-63.

b8759 BASTIN, M., Jésus devant sa passion (Lectio Divina, 92) (Paris, Cerf, 1976), 188 pp.

b8760 GOPPELT, L., Theologie des Neuen Testaments, «Jesu Ausgang» (1976), 271-299.

b8761 GENEST, O., «Le Dieu énigmatique de la Passion», dans Dieu, parole et silence (en collab.) (1978), 97-111.

b8762 GOURGUES, M., «Jésus devant sa passion et sa mort», CE (n.s.) n° 30 (1979) 64 pp.

b8763 LAMARCHE, P., «L'humiliation du Christ», CHR 26 (1979) 461-470.

b8764 PESCH, R., Das Evangelium der Urgemeinde. Wiederhergestellt und erläutert (Herderbücherei, 748) (Freiburg, Herder, 1979), 222 pp.

b8765 GENEST, O., «Les annonces de la Passion et de la Résurrection», dans Jésus aujourd'hui (en collab.) (1980), II, 115-128.

b8766 GUILLET, J., «L'accomplissement de la passion», CE n° 31 (n.s.) (1980) 57-62.

*b*8767 PAGELS, E., «Gnostic and Orthodox Views of Christ's Passion: Paradigms for the Christian's Response to Persecution?» dans *The Rediscovery of Gnosticism* (en collab.) (1980), I, 262-288.

*b*8768 CHARPENTIER, É., «Pour une lecture solennelle de la Passion», dans *La Passion selon les quatre évangiles* (en collab.) (1981), 107-123.

*b*8769 LOHFINK, G., *Der letzte Tag Jesu. Die Ereignisse der Passion* (Freiburg, i. Br., Herder, 1981), 96 pp.

*b*8770 STAUFFER, E., «Jesus, Geschichte und Verkündigung», dans *Aufstieg und Niedergang der römischen Welt*, II. *Principat* (en collab.) (1982), 25. Band, 1. Halbband, 3-130.

*b*8771 LOSADA, J., «Historia de la Pasión y catequesis primitiva», *Miscelánea Comillas* 41 (1983) 227-236.

*b*8772 MUESS, C.-R., «La place de la passion et de la résurrection du Christ dans la piété liturgique luthérienne», dans *Liturgie, spiritualité, cultures* (en collab.) (1983), 205-219.

2. Chronologie. Chronology. Chronologie. Cronologia. Cronología.

*b*8773 RICHARDSON, C.C., «Early Patristic Evidences for the Synoptic Chronology of the Passion», AThR 22 (1940) 299-308.

*b*8774 STYLER, G.M., «The Chronology of the Passion Narratives», AThR 23 (1941) 67-78.

*b*8775 GIGLIOLI, A., «L'interprete di Pietro e la cronologia della settimana santa», dans *San Pietro* (en collab.) (1967), 137-165.

*b*8776 DAOUST, J., «Un nouveau calendrier liturgique», EV (doctrine) 85 (1975) 508-510.

*b*8777 FRANCE, R.T., «La chronologie de la semaine sainte», Hok nº 9 (1978) 8-16.

3. Ancien Testament. Old Testament. Altes Testament. Antico Testamento. Antiguo Testamento.

*b*8778 COLUNGA, A., «Los vaticinios proféticos de la Pasión», CuBi 11 (1954) 67-74.

*b*8779 YUBERO, D., «La Pasión de Cristo según los profetas», CuBi 11 (1954) 90-95.

*b*8780 WEGMAN, H., «De Schriftlezingen van Goede Vrijdag in de huidige Romeinse Liturgie - The Readings of the Scripture at Good Friday in the Roman Liturgy Today», Bijdr. 38 (1977) 28-43 (English summary).

*b*8781 GOURGUES, M., «Les Psaumes et Jésus, Jésus et les Psaumes», CE (n.s.) nº 25 (1978) 26-36.

*b*8782 OSWALD, J., «Die Beziehungen zwischen Psalm 22 und dem vormarkinischen Passionsbericht», ZKT 101 (1979) 53-66.

*b*8783 MOO, D.J., *The Old Testament in the Gospel Passion Narratives* (Sheffield, UK, Almond Press, 1983), xi-468 pp.

4. Évangiles synoptiques. Synoptic Gospels. Synoptische Evangelien. Vangeli sinottici. Evangelios sinópticos.

a) Études générales. General Studies. Allgemeine Studien. Studi generali. Estudios generales.

*b*8784 AMADON, G., «The Johannine-Synoptic Argument», AThR 26 (1944) 107-115.

*b*8785 JANSSEN, F., «Die synoptischen Passionsberichte. Ihre theologische Konzeption und literarische Komposition», BiLeb 14 (1973) 40-57.

*b*8786 HENDRICKX, H., *The Passion Narratives of the Synoptic Gospels* (Manila, East Asian Pastoral Institute, 1977), 173 pp.

*b*8787 MATEOS, C., *Los relatos evangélicos de la pasión de Jesús* (Orientación teológica-pastoral) (Valladolid, Ed. Estudio Agustiniano, 1978), 161 pp.

b8788   PESCH, R., KRATZ, R., *So liest man synoptisch*. Anleitung und Kommentar zum Studium der synoptischen Evangelien. VI: Passionsgeschichte, Erster Teil. - VII: Passionsgeschichte. Zweiter Teil (Frankfurt/M, Knecht, 1979, 1980), 112-174 pp.

b8789   DUQUOC, C., «La Passion de Jésus», dans *La Passion selon les quatre évangiles* (en collab.) (1981), 89-105.

b8790   LIMBECK, M. (Hrsg.), *Redaktion und Theologie des Passionsberichtes nach den Synoptikern* (Wege der Forschung, 481) (Darmstadt, Wissenschaftliche Buchgesellschaft, 1981), viii-428 pp.

b8791   VANHOYE, A., «Les récits de la Passion dans les évangiles synoptiques», dans *La Passion selon les quatre évangiles* (en collab.) (1981), 11-63 [voir AS (n.s.) no 19 (1971) 38-67; NRT 89 (1967) 135-163].

b8792   BISER, E., «Die älteste Passionsgeschichte», GeistL 56 (1983) 111-118.

b8793   TROCMÉ, É., *The Passion as Liturgy*. A Study in the Origin of the Passion Narratives in the Four Gospels (London, SCM Press, 1983), 116 pp.

b) Matthieu. Matthew. Matthäus. Matteo. Mateo.

b8794   GAMBA, G.G., «La Passione di Gesù in Matteo», BibOr 13 (1971) 159-190.

b8795   SENIOR, D.P., *The Passion Narrative According to Matthew*. A Redactional Study (BETL 39) (Gembloux, Duculot, 1975), 433 pp.

c) Marc. Mark. Markus. Marco. Marcos.

b8796   KNOCH, O., «Das Schweigen Gottes. Meditation über das Gottesbild des Passionsberichtes des Evangelisten Markus», BiKi 15 (1960) 21-22.

b8797   PESCH, R., «Die Passion des Menschensohnes. Eine Studie zu den Menschensohnworten der vormarkinischen Passionsgeschichte», dans *Jesus und der Menschensohn* (en collab.) (1975), 166-195.

b8798   JUEL, D., *Messiah and Temple*. The Trial of Jesus in the Gospel of Mark (SBL Dissertation Series, 31) (Missoula, Scholars Press, 1977), 223 pp.

b8799   KEMPTHORNE, R., «The Marcan Text of Jesus' Answer to the high Priest (Mark xiv 62)», NT 19 (1977) 197-208.

b8800   ACHTEMEIER, P.J., «Mark as Interpreter of the Jesus Traditions», Interpr 32 (1978) 339-352.

b8801   COOK, M.J., *Mark's Treatment of the Jewish Leaders* (SuppNT 51) (Leiden, Brill, 1978), 104 pp.

b8802   GENEST, O., *Le Christ de la Passion*. Perspective structurale. Analyse de Marc 14,53-15,47, des parallèles bibliques et extra-bibliques (Recherches, 21. Théologie) (Tournai, Desclée et Cie; Montréal, Bellarmin, 1978), 220 pp.

b8803   DORMEYER, D., *Der Sinn des Leidens Jesu*. Historisch-kritische und textpragmatische Analysen zur Markuspassion (SBS 96) (Stuttgart, Katholisches Bibelwerk, 1979), 118 pp.

b8804   NEIRYNCK, F., «L'Évangile de Marc (II). À propos de R. PESCH, *Das Markusevangelium*, 2. Teil», ETL 55 (1979) 1-42.

b8805   ERNST, J., «Die Passionserzählung des Markus und die Aporien der Forschung», TGl 70 (1980) 160-180.

b8806   MANN, D., *Mein Gott, mein Gott, warum hast du mich verlassen?* Eine Auslegung der Passionsgeschichte nach Markus (Neukirchen-Vluyn, Neukirchener, 1980), 72 pp.

b8807   NICKELSBURG, G.W.E., «The Genre and Function of the Markan Passion Narrative», HarvTR 73 (1980) 153-184.

*b*8808   O'GRADY, J.F., «Reflections on the Passion in Mark», BTB 10 (1980) 83-87.

*b*8809   MEYER, R.P., «Die Botschaft der Leidensgeschichte Jesu Christi nach Markus. Bibelarbeit in Gruppen», BiKi 36 (1981) 246-249.

*b*8810   MOHR, T.A., *Markus- und Johannespassion*. Redaktions- und traditionsgeschichtliche Untersuchung der Markinischen und Johanneischen Passionstradition (Abhandlungen zur Theologie des Alten und Neuen Testaments, 70) (Zürich, Theologischer Verlag, 1982), 459 pp.

*b*8811   MARGUERAT, D., VUILLEUMIER, S., «Marc, l'évangile du Dieu crucifié (Marc 14,1-16,8)», dans *Mort de Jésus* (en collab.) (1984), 29-58.

d) Luc. Luke. Lukas. Luca. Lucas.

*b*8812   BLINZLER, J., «Passionsgeschehen und Passionsbericht des Lukasevangeliums», BiKi 24 (1969) 1-4.

*b*8813   STÖGER, A., «Eigenart und Botschaft der lukanischen Passionsgeschichte», BiKi 24 (1969) 4-8.

*b*8814   BOVON, F., *Luc le théologien*, «Le procès, la passion et la mort de Jésus (Lc 22,1-23,56)» (1978), 175-181.

*b*8815   CASSIDY, R.J., *Jesus, Politics, and Society*. A Study of Luke's Gospel (Maryknoll, NY, Orbis Books, 1978), 230 pp.

*b*8816   KLEIN, H., «Die lukanisch-johanneische Passionstradition», ZNW 67 (1976) 155-186.

*b*8817   BECK, B.E., «Imitatio Christi and the Lucan Passion Narrative», dans *Suffering and Martyrdom in the New Testament* (en collab.) (1981), 28-47.

*b*8818   BUCK, E., «The Function of the Pericope 'Jesus before Herod' in the Passion Narrative of Luke», dans *Wort in der Zeit* (en collab.) (1980), 165-178.

e) Jean. John. Johannes. Giovanni. Juan.

*b*8819   STYLER, G., «The Place of the Passion in the Johannine Theology», AThR 29 (1947) 232-238.

*b*8820   LEISTNER, R., *Antijudaismus im Johannesevangelium?* Darstellung des Problems in der neueren Auslegungsgeschichte und Untersuchung der Leidensgeschichte (Theologie und Wirklichkeit, 3) (Bern, Frankfurt/M., Lang, 1974), 231 pp.

*b*8821   BLIGH, J., *The Sign of the Cross*. The Passion and Resurrection of Jesus according to St John (Slough, St Paul Publication, 1975), 112 pp.

*b*8822   HARVEY, A.E., *Jesus on Trial*. A Study in the Fourth Gospel (London, SPCK, 1976), 140 pp.

*b*8823   TALAVERO, S., *Pasión y Resurrección en el IV Evangelio*. Interpretación de un 'cristiano de primera hora' (Salamanca, Universidad Pontificia, 1976), 277 pp.

*b*8824   BRUCE, F.F., «The Trial of Jesus in the Fourth Gospel», dans *Gospel Perspectives* (en collab.) (1980), 7-20.

*b*8825   DE LA POTTERIE, I., «La Passion selon saint Jean (Jn 18,1-19,42)», dans *La Passion selon les quatre évangiles* (en collab.) (1981), 65-87.

*b*8826   GOULDER, M.D., «From Ministry to Passion in John and Luke», NTS 29 (1983) 561-568.

Pasteur. Pastor. Hirte. Pastore. Pastor.

*b*8827   EBEL, B., «Das Bild des Guten Hirten im 22. Psalm nach Erklärungen der Kirchenväter», dans *Universitas*. Dienst an Wahrheit und Leben (en collab.) (1960), I, 48-57.

*b*8828   DE VILLIERS, J.L., «The Shepherd and his flock», dans *The Christ of John* (en collab.) (1971), 89-103.

*b*8829   Y.B., «Le Christ roi de l'univers. Pasteur, sauveur», EV (prédication) 78 (1978) 289-291.

Politique. Politics. Staatsgeschäfte. Politica. Política.

*b*8830   BRANDON, S.G.F., *Jesus and the Zealots*. A Study of the Political Factor in Primitive Christianity (New York, Harper & Row, 1968), vi-186 pp.

*b*8831   CULLMANN, O., *Jésus et les révolutionnaires de son temps*. Culte. Société, Politique (Neuchâtel, Delachaux et Niestlé, 1970), 87 pp.

*b*8832   HENGEL, M., *War Jesus Revolutionär?* (Calwer Heft, 110) (Stuttgart, Calwer, 1970), 47 pp.

*b*8833   KLASSEN, W., «Jesus and the Zealot Option», CanJT 16 (1970) 12-21.

*b*8834   CRESPY, G., «Recherches sur la signification politique de la mort du Christ», LV nº 101 (1971) 89-109.

*b*8835   GEORGE, A., «Jésus devant le problème politique», LV nº 105 (1971) 5-17.

*b*8836   GNILKA, J., «War Jesus Revolutionär?» BiLeb 12 (1971) 67-78.

*b*8837   GUILLET, J., «Jésus et la Politique», RSR 59 (1971) 531-544.

*b*8838   LEAL, J., «Jesús y los revolucionarios de su tiempo según Oscar Cullmann», CuBi 28 (1971) 195-201.

*b*8839   PESCE, M., «Ricerche recenti sulla dimensione politica della vicenda di Gesù», dans *Conoscenza storica di Gesù* (en collab.) (1978), 33-101.

*b*8840   JOSSA, G., *Gesú e i movimenti di liberazione della Palestina* (Biblioteca di cultura religiosa, 37) (Brescia, Paideia, 1980), 347 pp.

*b*8841   SAENZ GALACHE, M., «Jesús, El Revolucionario», BibFe 6 (1980) 55-75.

*b*8842   DE ROSA, G., «Gesù fu un rivoluzionario? Una ricerca critica sulla storia 'politica' die Gesù», CC 1 (1982) 42-54.

Prédicateur. Preacher. Prediger. Predicatore. Predicador.

*b*8843   DU BUIT, M., *En tous les temps Jésus-Christ*, «La prédication de Jésus» (1974), I, 232-247.

*b*8844   BORSCH, F.H., «Jesus, the Wandering Preacher?» dans *What about the New Testament?* (en collab.) (1975), 45-63.

*b*8845   BLANK, J., «Lernprozesse im Jüngerkreis Jesu», TQ 158 (1978) 163-177.

*b*8846   MUSSNER, F., «Die Beschränkung auf einen einzigen Lehrer», dans *Israel hat dennoch Gott zum Trost* (en collab.) (1978), 33-43.

*b*8847   TESTA, E., «I 'Discorsi di Missione' di Gesù», StBiFranc 29 (1979) 7-41.

*b*8848   ALONSO DIAZ, J., «Jesús, El Predicador», BibFe 6 (1980) 41-54.

*b*8849   FRANCE, R.T., «Mark and the Teaching of Jesus», dans *Gospel Perspectives* (en collab.) (1980), 101-136.

*b*8850   GEORGE, A., «La manière ou la pédagogie de Jésus», dans *Jésus aujourd'hui* (en collab.) (1980), I, 131-138.

*b*8851 AGUIRE MONASTERIO, R., «Jesús y la multitud a la luz de los Sinópticos», Salm 28 (1981) 259-282.

*b*8852 DILLON, J.T., «Jésus a-t-il réussi dans sa catéchèse?» LVit 36 (1981) 205-236.

*b*8853 RIESNER, R., *Jesus als Lehrer*. Eine Untersuchung zum Ursprung der Evangelien-Überlieferung (Wissenschaftliche Untersuchungen zum Neuen Testament, 2. Reihe 7) (Tübingen, Mohr, 1981), xii-614 pp.

*b*8854 BEARE, F.W., «Jesus as Teacher and Thaumaturge: the Matthaean Portrait», dans *Studia Evangelica* (en collab.) (1982), VII, 31-39.

*b*8855 YAMAUCHI, I., «Jesus as Teacher Reconsidered», dans *Die Mitte des Neuen Testaments* (en collab.) (1983), 412-426.

Préexistence. Preexistence. Vorleben. Preesistenza. Preexistencia.

*b*8856 BENOIT, P., «Préexistence et incarnation», RB 17 (1970) 5-29, dans BENOIT, P., *Exégèse et théologie* (1982), IV, 11-61.

*b*8857 SCHNEIDER, G., «Präexistenz Christi. Der Ursprung einer neutestamentlichen Vorstellung und das Problem ihrer Auslegung», dans *Neues Testament und Kirche* (en collab.) (1974), 399-412.

*b*8858 SCHNEIDER, G., «Christologische Präexistenzaussagen im Neuen Testament», IKZCommunio 6 (1977) 21-30.

*b*8859 SCHNEIDER, G., «New Testament and preexistence», TDig 25 (1977) 225-227.

*b*8860 CHARLIER, C., *Le christianisme*, «Dans le sein du Père» (1979), II, 71-95.

*b*8861 MERKLEIN, H., «Zur Entstehung der urchristlichen Aussage von präexistenten Sohn Gottes», dans *Zur Geschichte des Urchristentums* (en collab.) (1979), 33-62.

Premier-né. Firstborn. Erstgeboren. Primogenito. Primogénito.

*b*8862 LEGIDO, M., «Primogénito; un fragmento de cristología paulina», dans *Miscelánea Manuel Cuervo Lopez* (en collab.) (1970), 27-51.

*b*8863 HELYER, L.R., «The *Prōtotokos* Title in *Hebrews*», SBT 6,2 (1976) 3-28.

Prêtre. Priest. Priester. Prete. Sacerdote.

*b*8864 SPICQ, C., «L'origine johannique de la conception du Christ-prêtre dans l'Épître aux Hébreux», dans *Aux sources de la tradition chrétienne* (en collab.) (1950), 258-269.

*b*8865 SPICQ, C., «El sacerdocio de Cristo en la Epístola a los Hebreos», CuBi 13 (1956) 232-238.

*b*8866 ALFARO, J., «Christus der Hohepriester», dans *Mysterium Salutis* (en collab.) (1979), III.1, 659-673.

*b*8867 ALFARO, J., «Les fonctions salvifiques du Christ comme prophète, roi et prêtre», dans En collaboration, *Christologie et vie du Christ* (Mysterium Salutis, 11) (Paris, Cerf, 1975), 258-275 (grand prêtre).

*b*8868 CAZELLES, H., «Note sur le ministère apostolique de consécration», *Bulletin de Saint-Sulpice* (Paris), 1 (1975) 302-307.

*b*8869 LUSSIER, E., *Christ's Priesthood according to The Epistle to the Hebrews* (Collegeville, MN, Liturgical Press, 1975), 71 pp.

*b*8870   HORTON, F.L., Jr., *The Melchizedek Tradition*. A Critical Examination of the Sources to the Fifth Century A.D. and in the Epistle to the Hebrews (SNTS 30) (Cambridge, Cambridge University Press, 1976), 192 pp.

*b*8871   DE LA POTTERIE, I., «La tunique sans couture, symbole du Christ grand prêtre?» Bibl 60 (1979) 255-269.

*b*8872   MURPHY-O'CONNOR, J., VANHOYE, A., «Lettres de Paul et Épître aux Hébreux: le second Adam et le Souverain Prêtre», dans *Jésus aujourd'hui* (en collab.) (1980), III, 87-94.

*b*8873   VANHOYE, A., *Prêtres anciens, prêtre nouveau selon le Nouveau Testament* (1980), 373 pp.

*b*8874   VANHOYE, A., «Sacerdoce du Christ et culte chrétien», CHR 28 (1981) 216-230.

*b*8875   WOSCHITZ, K.M., «Das Priestertum Jesu Christi nach dem Hebräerbrief», BiLit 54 (1981) 139-150.

*b*8876   POWELL, D.L., «Christ as High Priest in the Epistle to the Hebrews», dans *Studia Evangelica* (en collab.) (1982), VII, 387-399.

Prière. Prayer. Gebet. Preghiera. Oración.

*b*8877   DE LA POTTERIE, I., «Het gebedsleven van Jezus. *La prière de Jésus*», Bijdr. 8 (1947) 1-35 (sommaire français).

*b*8878   NIELEN, J.M., «Jesus, Vorbild und Lehrer des Betens», BiKi 16 (1961) 21-24.

*b*8879   GNILKA, J., «Jesus und das Gebet», BiLeb 6 (1965) 79-91.

*b*8880   CROUZEL, H., «Das Gebet Jesu», IKZCommunio 2 (1973) 1-15.

*b*8881   FULLER, R.H., «The Incarnation in Historical Perspective», AThR Supplementary Series n⁰ 7 (1976) 57-66.

*b*8882   GUILLET, J., «La prière de Jésus», CHR 24 (1977) 502-504.

*b*8883   MOLLAT, D., «La prière de Jésus», dans GUILLET, J., MOLLAT, D., *Apprendre à prier* (1977), 101-127.

*b*8884   GEORGE, A., «La prière», dans *Études sur l'oeuvre de Luc* (1978), 395-427.

*b*8885   KIRCHSCHLÄGER, W., «Jesu Gebetsverhalten als Paradigma zu Mk 1,35», Kairos 20 (1978) 303-310.

*b*8886   THÜSING, W., «Die Bitten des johanneischen Jesus in dem Gebet Joh 17 und die Intentionen Jesu von Nazaret», dans *Die Kirche des Anfangs* (en collab.) (1978), 307-337.

*b*8887   FINKEL, A., «The Prayer of Jesus in Matthew», dans *Standing Before God* (en collab.) (1981), 131-170.

*b*8888   PANIMOLLE, S.A., «Gesù modello e maestro di preghiera, nel vangelo secondo Luca», dans *Parola, spirito e vita* 3 (1981) 122-139.

*b*8889   VANHOYE, A., «La preghiera di Cristo, sommo sacerdote (Eb 5,7-9)», dans *Parola, spirito e vita* 3 (1981) 183-195.

*b*8890   DUQUOC, C., «La prière de Jésus», Conci n⁰ 179 (1982) 23-31.

Procès. Trial. Prozess. Processo. Proceso.

*b*8891   BICKERMANN, E., «Utilitas Crucis. Observations sur les récits du procès de Jésus dans les Évangiles canoniques», RHR 112 (1935) 169-241.

*b*8892   JAUBERT, A., «Les séances du sanhédrin et les récits de la Passion», RHR 166 (1964) 143-169; 167 (1965) 1-33.

*b*8893   SCHUBERT, K., «Das Verhör Jesu vor dem Hohen Rat», dans *Bibel und Zeitgemässer Glaube* (en collab.) (1967), 97-129.

*b*8894 VON BALTHASAR, H.U., «Prozess und Verurteilung», dans *Mysterium Salutis* (en collab.) (1969), III.2, 203-207.

*b*8895 SCHNEIDER, G., «Jesus vor dem Synedrium», BiLeb 11 (1970) 1-15.

*b*8896 DUQUOC, C., *Christologie*. Essai dogmatique (Paris, Cerf, 1972), «Le Condamné», II, 20-30.

*b*8897 HERRANZ MARCO, M., «El proceso ante el Sanhedrín y el Ministerio Público de Jesús», EstB 34 (1975) 83-111; 35 (1976) 49-78.

*b*8898 RIVKIN, E., «Beth Din, Boulé, Sanhedrin: A Tragedy of Errors», HUCA 46 (1975) 181-199.

*b*8899 FOULON-PIGANIOL, C.-I., «Le rôle du peuple dans le procès de Jésus. Une hypothèse juridique et théologique», NRT 98 (1976) 627-637.

*b*8900 COHN, H., *The Trial and Death of Jesus* (New York, Ktav, 1977), xxiv-419 pp.

*b*8901 PIXNER, B., «Noch einmal das Prätorium. Versuch einer neuen Lösung», ZDPV 95 (1979) 56-86.

*b*8902 COUSIN, H., REFOULÉ, F., «Jésus et le Sanhédrin», dans *Jésus aujourd'hui* (en collab.) (1980), II, 129-136.

*b*8903 STROBEL, A., *Die Stunde der Wahrheit*. Untersuchungen zum Strafverfahren gegen Jesus (Wissenschaftliche Untersuchungen zum Neuen Testament, 21) (Tübingen, Mohr, 1980), vii-150 pp.

*b*8904 BETZ, O., «Probleme des Prozesses Jesu», dans *Aufstieg und Niedergang der römischen Welt*, II. *Principat* (en collab.) (1982), 25. Band, 1. Halbband (1982), 565-647.

*b*8905 WALASKAY, P.W., *'And so we came to Rome'*. The Political Perspective of St Luke (SNTS Monograph Series, 49) (Cambridge, Cambridge University Press, 1983), «The Trial of Jesus», 38-49.

Prophète. Prophet. Profeta.

*b*8906 BARR, O.S., «The Prophet from Nazareth», AThR 45 (1963) 252-263.

*b*8907 HAHN, F., *Christologische Hoheitstitel*, «Der eschatologische Prophet» (1963), 351-404.

*b*8908 SCHOONENBERG, P., «Christus' verlossingsdaad. *Die Erlösungstat Christi*», Bijdr. 27 (1966) 466-484 (Deutsche Zusammenfassung).

*b*8909 JOHNSON, S.E., «Notes on the Prophet-King in John», AThR 51 (1969) 35-37.

*b*8910 ALFARO, J., «Christus der Prophet», dans *Mysterium Salutis* (en collab.) (1970), III.1, 650-659.

*b*8911 DUQUOC, C., *Christologie*. Essai dogmatique (Paris, Cerf, 1972), «Rédemption», II, 171-226.

*b*8912 SCHNIDER, F., *Jesus der Prophet* (Orbis Biblicus et Orientalis, 2) (Freiburg, Universitätsverlag; Göttingen, Vandenhoeck & Ruprecht, 1973), 298 pp.

*b*8913 BOISMARD, É., «Jésus, le Prophète par excellence, d'après Jean 10,24-39», dans *Neues Testament und Kirche* (en collab.) (1974), 160-171.

*b*8914 ALFARO, J., «Les fonctions salvifiques du Christ comme prophète, roi et prêtre», dans En collaboration, *Christologie et vie du Christ* (Mysterium Salutis, 11) (Paris, Cerf, 1975), 245-257 (prophète).

*b*8915 ESPINEL, J.L., «Mesianismo escatológico de Jesús desde sus acciones proféticas», Salm 23 (1976) 99-127.

*b*8916 LIMBECK, M., «Jesus als Prophet - Zur Kritik des Prophetischen», BiKi 31 (1976) 9-12.

*b*8917 MINEAR, P.S., *To Heal and to Reveal* (1976), «Jesus as a Prophet like Elijah», 81-101; «Jesus as a Prophet like Moses», 102-121.

*b*8918   BUSSE, U., *Die Wunder des Propheten Jesus* (1977), «Jesus, der Prophet, im Urteil des Volkes», 381-388; «Jesus, der Prophet, im Urteil der Jünger», 388-402.

*b*8919   DE JONGE, M., *Jesus.* Stranger from Heaven and Son of God, «Jesus as Prophet and King in the Fourth Gospel» (1977), 49-76.

*b*8920   MÜLLER, U.B., «Vision und Botschaft. Erwägungen zur prophetischen Struktur der Verkündigung Jesu», ZTK 74 (1977) 416-448.

*b*8921   ZELLER, D., «Prophetisches Wissen um die Zukunft in synoptischen Jesusworten», ThPh 52 (1977) 258-271.

*b*8922   BRUCE, F.F., *The Time is Fulfilled*, «The Spirit of Prophecy (*Revelation* 19:10)» (1978), 95-114.

*b*8923   LOCHET, L., *Jésus descendu aux enfers* (Paris, Cerf, 1979), 149 pp.

*b*8924   PERROT, C., *Jésus et l'histoire*, «Jésus le Prophète» (1979), 171-200.

*b*8925   AGUIRRE, R.L., *Jesús, el profeta de Galilea* (Bilbao, Desclée de Brouwer, 1980), 334 pp.

*b*8926   FEUILLET, A., «Prophetic call and Jesus baptism», TDig 28 (1980) 29-32.

*b*8927   GALOT, J., «Gesù redentore e liberatore», CC 1 (1980) 423-433.

*b*8928   GOURGUES, M., «Jésus le prophète», dans *Jésus aujourd'hui* (en collab.) (1980), II, 31-41.

*b*8929   HALL, S.G., «Christology, Prophecy and Scripture», dans *Studia Biblica 1978* (en collab.) (1980), III, 157-171.

*b*8930   SAUER, G., «Das 'prophetische Amt Christi' und das 'Amt' des Propheten», EvT 41 (1981) 284-289.

*b*8931   SCHILLEBEECKX, E., *Expérience humaine et foi en Jésus-Christ.* Traduction par J. Doré et C. Bonnet (Paris, Cerf, 1981), «Jésus, le prophète eschatologique mosaïco-messianique», 70-82.

*b*8932   TRÖGER, K.W., «Jesus als Prophet», Kairos 24 (1982) 100-109.

*b*8933   AUNE, D.E., *Prophecy in Early Christianity and the Ancient Mediterranean World* (1983), «The Prophetic Role of Jesus», 153-169; «The Prophecies of Jesus», 171-188.

*b*8934   SCHILLEBEECKX, E., *God among us*, «Jesus the Prophet» (1983), 33-44.

*b*8935   SCHNIDER, F., «Die Prophetenwirksamkeit Jesu und der Glaube an Jesus Christus in den Evangelien», BiKi 38 (1983) 149-152.

Résurrection. Resurrection. Auferstehung. Resurrezione. Resurrección.

1. Études générales. General Studies. Allgemeine Studien. Studi generali. Estudios generales.

*b*8936   GRANT, F.C., «Preaching the Easter Message», AThR 28 (1946) 53-59.

*b*8937   NIEMÖLLER, M., «Le Christ crucifié et ressuscité», ETR 28 (1953) 205-213.

*b*8938   BROX, N., «Auferstehungsglaube und entstehendes Kirchenbewusstsein im Urchristentum», BiLeb 4 (1963) 49-62.

*b*8939   TUSTIN, D., «La mort et la Résurrection du Fils», VC n° 79 (1966) 26-37.

*b*8940   KESSLER, H., «Fragen um die Auferstehung Jesu», BiKi 22 (1967) 18-22.

*b*8941   RIEDL, J., «Entstehung und Inhalt des neutestamentlichen Osterglaubens», BiLit 40 (1967) 81-110.

*b*8942   PFAMMATTER, J.«Ort und Gewicht der Auferstehung Christi in der Urkirche», dans RUCKSTUHL, E., PFAMMATTER, J., *Die Auferstehung Jesu Christi* (1968), 113-131.

*b*8943   RUCKSTUHL, E., «Das Heilsereignis der Auferstehung Jesu und die Erscheinungen des Auferstandenen», dans RUCKSTUHL, E., PFAMMATER, J., *Die Auferstehung Jesu Christi* (1968) 61-111.

b8944 RUCKSTUHL, E., «Auferstehung, Erhöhung und Himmelfahrt Christi», dans RUCKSTUHL, E., PFAMMATTER, J., *Die Auferstehung Jesu Christi* (1968), 133-183.

b8945 DAVIES, W.D., *Invitation to the New Testament*, «The Return of Jesus: The Resurrection» (1969), 495-501.

b8946 VON BALTHASAR, H.U., «Der Gang zum Vater (Ostern)», dans *Mysterium Salutis* (en collab.) (1969), III.2, 256-319.

b8947 CELADA, B., «Resurrección al tercer día, según las Escrituras, Antecedentes antiguo-testamentarios, judíos y orientales», CuBi 27 (1970) 337-342.

b8948 SCHNACKENBURG, R., «Die Auferstehung Jesu Christi als Ausgangs- und Ansatzpunkt der neutestamentlichen Christologie», dans *Mysterium Salutis* (en collab.) (1970), III.1, 230-247.

b8949 FRIEDRICH, G., «Die Auferweckung Jesu, eine Tat Gottes oder ein Interpretament der Jünger?» KerDo 17 (1971) 153-176, dans *Auf das Wort kommt es an* (1978), 319-353.

b8950 PATTE, D., «Proclamer la joyeuse nouvelle de la Résurrection», Communion n° 100 (1971) 51-66.

b8951 DUQUOC, C., *Christologie.* Essai dogmatique (Paris, Cerf, 1972), «Les textes néo-testamentaires», II, 84-93; «Le Seigneur», II, 162-169; «Justice et Résurrection», II, 238-263.

b8952 BROWN, R.E., *The Virginal Conception and Bodily Resurrection of Jesus*, «The Problem of the Bodily Resurrection of Jesus» (1973), 69-129.

b8953 DERRETT, J.D.M., «La resurrezione di Gesù», *Conoscenza Religiosa* (1973) 306-314, dans DERRETT, J.D.M., *Studies in the New Testament* (1977), I, 101-111.

b8954 GUILLET, J., «Die Mitte der Botschaft: Jesu Tod und Auferstehung», IKZCommunio 2 (1973) 225-238.

b8955 HAY, D.M., *Glory at the Right Hand.* Psalm 110 in Early Christianity (Nashville, Abingdon Press, 1973), 176 pp.

b8956 STUHLMACHER, P., «Das Bekenntnis zur Auferweckung Jesu von den Toten und die Biblische Theologie», ZTK 70 (1973) 365-403, dans *Schriftauslegung auf dem Wege zur biblischen Theologie*, 128-166.

b8957 VÖGTLE, A., «Wie kam es zur Artikulierung des Osterglaubens?» BiLeb 14 (1973) 231-244; 15 (1974) 16-37, 102-120, 174-193.

b8958 COUSINEAU, A., «La Résurrection de Jésus: langage et histoire», dans *¿Jésus?* (en collab.) (1974), 131-143.

b8959 PERRY, M., «Easter: Debate and Faith. Part I. The Easter Debate. - Part II. The Easter Faith», ExpTim 85 (1974) 136-139, 164-167.

b8960 DE BACIOCCHI, J., *Jésus Christ dans le débat des hommes*, «Sens et valeur des récits de la croix et de Pâques» (1975), 49-82.

b8961 GHIBERTI, G., «Resurrexit. Gli atti di un simposio e la discussione successiva», RivB 23 (1975) 413-440.

b8962 GIBERT, P., *La résurrection du Christ.* Le témoignage du Nouveau Testament. De l'histoire à la foi (Croire aujourd'hui) (Paris, Desclée de Brouwer, 1975), 106 pp.

b8963 GUILBERT, P., *Il ressuscita le troisième jour* (Foi chrétienne) (Paris, Le Centurion, 1975), 261 pp.

b8964 HASENFRATZ, H.-P., *Die Rede von der Auferstehung Jesu Christi.* Ein methodologischer Versuch (Forum Theologiae Linguisticae, 10) (Bonn, Linguistica Biblica, 1975), 271 pp.

b8965 LAMBRECHT, J., «De oudste christologie: Verrijzenis of Verhoging? - *The Oldest Christology: Resurrection or Exaltation?*» Bijdr. 36 (1975) 118-144 (English summary).

*b*8966   VÖGTLE, A., PESCH, R., *Wie kam es zum Osterglauben?* (Düsseldorf, Patmos, 1975), 184 pp.
*b*8967   AMMASSARI, A., *La Resurrezione* (1976), 280-125 pp.
*b*8968   DESCAMPS, A.-L., «Résurrection de Jésus et 'croyable disponible'», dans En collaboration, *Savoir, faire, espérer: les limites de la raison* (Bruxelles, Facultés Universitaires Saint-Louis, 1976), II, 713-737.
*b*8969   GHIBERTI, G., «Discussione sulla risurrezione di Gesù», RivB 24 (1976) 57-93.
*b*8970   GOPPELT, L., *Theologie des Neuen Testaments*, «Jesu Ausgang» (1976), 271-299.
*b*8971   KREMER, J., «Entstehung und Inhalt des Osterglaubens. Zur neuesten Diskussion», TR 72 (1976) 1-14.
*b*8972   LOSADA, J., «La Resurrección de Jesús. Hecho e interpretación de una experiencia», CuBi 33 (1976) 203-215.
*b*8973   ASENDORF, U., «Kreuz und Auferstehung», TLZ 102 (1977) 785-794.
*b*8974   MARTINI, C.M., *La parola di Dio alle origini della Chiesa* (1980), «Risurrezione di Cristo» (1977), 327-341.
*b*8975   MINEAR, P.S., *To Die and to Live* (1977), 162 pp.
*b*8976   NICOLAS, M.-J., «La résurrection du Christ», RT 77 (1977) 93-129.
*b*8977   PANNENBERG, W., «Résurrection de Jésus et avenir de l'homme», LV nº 134 (1977) 65-83.
*b*8978   RODD, C.S., «Jesus Christ (5): The Resurrection», ExpTim 88 (1977) 307-309.
*b*8979   WATT, R.J.G., «On the Third Day», ExpTim 88 (1977) 276.
*b*8980   GOURGUES, M., *À la droite de Dieu* (1978), 270 pp.
*b*8981   O'COLLINS, G., *What Are They Saying about the Resurrection?* (New York, Paulist, 1978), v-120 pp.
*b*8982   PANNENBERG, W., «Die Auferstehung Jesu und die Zukunft des Menschen», KerDo 24 (1978) 104-117.
*b*8983   VAN BAVEL, T.J., *Auferstehung: Grund oder Objekt des Glaubens an Christus?» dans Probleme der Forschung, SNTU Serie A, Band 3 (1978), 9-23.*
*b*8984   WEISSMAHR, B., «Kann Gott die Auferstehung Jesu durch innerweltliche Kräfte bewirkt haben?» ZKT 100 (1978) 441-469.
*b*8985   BEILNER, W., «Das bleibend Christliche», BiLit 52 (1979) 228-238.
*b*8986   BOUTTIER, M., «Evangelium Christi, Evangelium de Christo», RTP 111 (1979) 123-139.
*b*8987   CHARLIER, C., *Le christianisme*, «Le témoignage du Père» (1979), II, 9-20.
*b*8988   GALVIN, J.P., «The Resurrection of Jesus in Contemporary Catholic Systematics», HeyJ 20 (1979) 123-145.
*b*8989   KREMER, J., «Auferstanden - auferweckt», BZ 23 (1979) 97-98.
*b*8990   NEUMANN, M., FUNK, M.M., «Le partage de la foi en la Résurrection, fondement du ministère chrétien», LVit 34 (1979) 409-434.
*b*8991   SCHILLEBEECKX, E., *Die Auferstehung Jesu als Grund der Erlösung.* Zwischenbericht über die Prolegomena zu einer Christologie (trans. H. Zulauf) (Quaestiones disputatae, 78) (Freiburg, Herder, 1979), 150 pp.
*b*8992   SEASOLTZ, R.K., «Christian Prayer: Experience of the Experience of Jesus' Dying and Rising», Wor 53 (1979) 98-119.
*b*8993   THOMAS, J., *Jésus dans l'expérience chrétienne* (Coll. 'Christus', 52, Essais) (Paris, Desclée de Brouwer; Montréal, Bellarmin, 1979), «L'expérience pascale», 75-95.
*b*8994   BARTSCH, H.-W., «Inhalt und Funktion des Urchristlichen Osterglaubens», dans *Studia Biblica 1978* (en collab.) (1980), III, 9-31.

*b*8995 BARTSCH, H.-W., «Inhalt und Funktion des Urchristlichen Osterglaubens», NTS 26 (1980) 180-196.

*b*8996 BENOIT, P., «La résurrection de Jésus», dans *Jésus aujourd'hui* (en collab.) (1980), II, 147-156.

*b*8997 CAVALLIN, H.C., «Tod und Auferstehung der Weisheitslehrer. Ein Beitrag zur Zeichung des frame of reference Jesu», SNTU Serie A, Band 5 (1980) 107-121.

*b*8998 CRAIG, W.L., «The Bodily Resurrection of Jesus», dans *Gospel Perspectives* (en collab.) (1980), I, 47-74.

*b*8999 GHIBERTI, G., «La risurrezione di Gesù nella problematica attuale», dans *Problemi e prospettive di teologia fondamentale* (en collab.) (1980), 279-316.

*b*9000 JANSEN, J.F., *The Resurrection of Jesus Christ in New Testament Theology* (Philadelphia, Westminster, 1980), 187 pp.

*b*9001 LÉON-DUFOUR, X., «La mort et la résurrection de Jésus», dans *Jésus aujourd'hui* (en collab.) (1980), II, 137-146.

*b*9002 EDITORIALE, «La risurrezione di Cristo e il futuro dell'uomo», CC 2 (1981) 105-113.

*b*9003 BLOCHER, H., «L'importance de la résurrection pour la christologie», Hok n⁰ 17 (1981) 53-72.

*b*9004 MERKLEIN, H., «Die Auferweckung Jesu und die Anfänge der Christologie (Messias bzw. Sohn Gottes und Menschensohn)», ZNW 72 (1981) 1-26.

*b*9005 MOLONEY, F.J., «Faith in the Risen Jesus», Sal 43 (1981) 305-316.

*b*9006 SCHILLEBEECKX, E., *Expérience humaine et foi en Jésus-Christ.* Traduction par J. Doré et C. Bonnet (Paris, Cerf, 1981), «De la mort de Jésus à la proclamation chrétienne de sa résurrection», 83-110.

*b*9007 SCHMITT, J., «Résurrection de Jésus dans le kérygme, la tradition, la catéchèse», SDB 10 (1981) col. 487-582.

*b*9008 SCHNACKENBURG, R., PANNENBERG, W., *Ostern und der neue Mensch* (Freiburg, Herder, 1981), 87 pp.

*b*9009 VIRGOULAY, R., «Phénoménologie du corps et théologie de la résurrection», RevSR 54 (1980) 323-336; 55 (1981) 52-75.

*b*9010 BARTSCH, H.W., «Inhalt und Funktion des urchristlichen Osterglaubens, mit einer Bibliographie zum Thema 'Auferstehung Jesu Christi' 1862-1959 (in Auswahl) und 1960-1974 von H. RUMPELTES (Frankfurt a. M.) sowie 1975-1980 von Th. POLA (Tübingen)», dans *Aufstieg und Niedergang der römischen Welt*, II. *Principat*, (en collab.) (1982), 25. Band, 1. Halbband, 794-890.

*b*9011 DORÉ, J., «Croire en la résurrection de Jésus-Christ», Et 356 (1982) 525-542.

*b*9012 GHIBERTI, G., *La risurrezione di Gesù* (Brescia, Paideia, 1982), 196 pp.

*b*9013 KESICH, V., *The First Day of the New Creation.* The Resurrection and the Christian Faith (Crestwood, NY, St. Vladimir's Seminary Press, 1982), 206 pp.

*b*9014 LANGHAMMER, H., «Tod und Auferweckung Jesu Christi im urchristlichen Kerygma», MüTZ 33 (1982) 44-53.

*b*9015 PESCH, R., «La genèse de la foi en la résurrection de Jésus. Une nouvelle tentative», dans *La Pâque du Christ, mystère de salut* (en collab.) (1982), 51-74.

*b*9016 SCHEFFCZYK, L., «Die Auferstehung Jesu: der Lebensgrund des Glaubens», IKZCommunio 11 (1982) 32-41.

*b*9017 SESBOÜÉ, B., «La résurrection du Christ et le mystère chrétien du corps. Points de repères théologiques en forme de propositions», dans *Dieu L'a ressuscité d'entre les morts* (en collab.) (1982), 181-203.

*b*9018 EDITORIALE, «La risurrezione di Cristo e il mistero dell'uomo», CC 2 (1983) 105-115.

*b*9019 SCHLINK, E., *Ökumenische Dogmatik*, «Die Erhöhung Jesu» (1983), 353-410.

2. Textes. Texts. Texte. Testi. Textos.

Nouveau Testament. New Testament. Neues Testament. Nuovo Testamento. Nuevo Testamento.

*b*9020 SCHMITT, J., «Urkerygma und Evangelienberichte. Bestand und Wandel der neutestamentlichen Auferstehungstradition», BiKi 22 (1967) 14-18.

*b*9021 RUCKSTUHL, E., «Die evangelischen Ostererzählungen», dans RUCKSTUHL, E., PFAMMATER, J., *Die Auferstehung Jesu Christi* (1968), 31-59.

*b*9022 FRIEDRICH, G., «Die Bedeutung der Auferweckung Jesu nach Aussagen des Neuen Testaments», TZ 27 (1971) 305-324, dans *Auf das Wort kommt es an* (1978), 354-373.

*b*9023 VIDAL GARCIA, S., «La fórmula de resurrección 'cristológica simple'», Salm 26 (1979) 385-417.

*b*9024 RODRIGUEZ CARMONA, A., «Origen de las fórmulas neotestamentarias de resurrección con *anistanai* y *egeirein*», EstE 55 (1980) 27-58.

Évangiles synoptiques. Synoptic Gospels. Synoptische Evangelien. Vangeli sinottici. Evangelios sinópticos.

*b*9025 AMMASSARI, A., *La Resurrezione,* «Gesù ha pubblicamente profetizzato la sua Resurrezione? (Mt. 26,61; Mc. 14,58; Gv. 2,19-20) (1976), I, 71-84.

*b*9026 JEANNE D'ARC, Soeur, *Les pèlerins d'Emmaüs* (Lire la Bible, 47) (Paris, Cerf, 1977), 210 pp.

*b*9027 PERRIN, N., *The Resurrection According to Matthew, Mark, and Luke* (Philadelphia, Fortress, 1977), x-85 pp.

*b*9028 HENDRICKX, H., *The Resurrection Narratives of the Synoptic Gospels* (Manila, East Asian Pastoral Institute, 1978), vii-159 pp.

*b*9029 GUILLAUME, J.-M., *Luc interprète des anciennes traditions sur la résurrection de Jésus,* «Le message de la Résurrection dans l'oeuvre de Luc et dans la tradition apostolique» (1979), 265-268.

*b*9030 O'TOOLE, R.F., «Luke's Understanding of Jesus' Resurrection-Ascension-Exaltation», BTB 9 (1979) 106-114.

*b*9031 GENEST, O., «Les annonces de la Passion et de la Résurrection», dans *Jésus aujourd'hui* (en collab.) (1980), II, 115-128.

*b*9032 GUILLET, J., «Les récits évangéliques de la Résurrection», dans *Dieu L'a ressuscité d'entre les morts* (en collab.) (1982), 7-22.

Paul. Paulus. Paolo. Pablo.

*b*9033 OÑATE, J.A., «La Resurrección de Jesús en el pensamiento de S. Pablo», CuBi 19 (1962) 323-333.

*b*9034 KREMER, J., «'Aufgenommen in Herrlichkeit' (1 Tm 3,16). Auferstehung und Erhöhung nach dem Zeugnis der paulinischen Schriften», BiKi 29 (1965) 33-37.

*b*9035 JACOBS, T., «'Als Christus niet is verrezen, is uw geloof waardeloos' (1 Kor. 15,17). 'Ist aber Christus nicht auferstanden, so ist euer Glaube nichtig' (1 Kor. 15,17)», Bijdr. 28 (1967) 260-278 (Deutsche Zusammenfassung).

*b*9036 PFAMMATTER, J., «Das Auferstehungszeugnis des Paulus 1 Kor 15,1-11», dans RUCKSTUHL, E., PFAMMATER, J., *Die Auferstehung Jesu Christi* (1968), 9-29.

*b*9037 PLEVNIK, J., «The Parousia as Implication of Christ's Resurrection (An Exegesis of 1 Thes 4:13-18)», dans *Word and Spirit* (en collab.) (1975), 199-277.

*b*9038 AMMASSARI, A., *La Resurrezione,* «La Resurrezione di Gesù Cristo nelle lettere di San Paolo» (1976), II, 29-46.

b9039 CANTINAT, J., *Réflexions sur la résurrection de Jésus* (d'après saint Paul et saint Marc) (Paris, Gabalda, 1978), 116 pp.

b9040 BACHMANN, M., «Zur Gedankenführung in 1. Kor. 15,12ff.», TZ 34 (1978) 265-276.

b9041 HOLTZ, T., «'Euer Glaube an Gott'. Zu Form und Inhalt 1 Thess 1,9f», dans *Die Kirche des Anfangs* (en collab.) (1978), 459-488.

b9042 CRANFIELD, C.E.B., *The Epistle to the Romans*. Concluding Remarks on Some Aspects of the Theology of Romans, «The Death and Resurrection of Jesus Christ» (1979), II, 826-833.

b9043 HERMAN, Z.I., «Il significato della morte e della risurrezione di Gesù nel contesto escatologico di 1 Ts. 4,13-5,11», Ant 55 (1980) 327-351.

b9044 BISER, E., *Paulus - der letzte Zeuge der Auferstehung*. Antworten für heute (Schlüssel zur Bibel) (Regensburg, Pustet, 1981), 81 pp.

b9045 KIEFFER, R., «Résurrection du Christ et résurrection générale. Essai de structuration de la pensée paulinienne», NRT 103 (1981) 330-344.

b9046 KIRCHSCHLÄGER, W., «Von Christus geprägt. Das paulinische Selbstverständnis als Zeugnis des Osterglaubens», BiKi 36 (1981) 165-170.

b9047 VIDAL, S., *La resurrección de Jesús en las cartas de S. Pablo*. Análisis de las tradiciones (Salamanca, Ed. Sigueme, 1982), 337 pp.

Divers. Miscellaneous. Verschiedenes. Diversi. Diversos.

b9048 O'TOOLE, R.F., «Christ's Resurrection in Acts 13,13-52», Bibl 60 (1979) 361-372.

b9049 ROWLAND, C., «The Vision of the Risen Christ in Rev. i.13ff: The Debt of an Early Christology to an Aspect of Jewish Angelology», JTS 31 (1980) 1-11.

b9050 COTHENET, É., «La portée salvifique de la résurrection du Christ d'après I Pierre», dans *La Pâque du Christ, mystère de salut* (en collab.) (1982), 249-280.

3. Histoire. History. Geschichte. Storia. Historia.

b9051 LOHFINK, G., «Die Auferstehung Jesu und die historische Kritik», BiLeb 9 (1968) 37-53.

b9052 SCHLIER, H., *Grundzüge einer paulinischen Theologie*, «Das Ereignis der Auferweckung Jesu Christi von den Toten» (1978), 140-149.

b9053 SCHELKLE, K.H., «Auferstehung Jesu. Geschichte und Deutung», dans *Kirche und Bibel* (en collab.) (1979), 389-396.

b9054 SCHWEIZER, E., «Auferstehung - Wirklichkeit oder Illusion?» EvT 41 (1981) 2-19.

b9055 DERRETT, J.D.M., *The Anastasis*. The Resurrection of Jesus as an Historical Event (Shipstonon-Stour, Warwickshire, UK, P. Drinkwater, 1982), xiv-166 pp.

b9056 HEMPELMANN, H., *Die Auferstehung Jesu Christi - eine historische Tatsache?* Eine engagierte Analyse (Wuppertal, Brockhaus, 1982), 96 pp.

b9057 STAUDINGER, H., «The Resurrection of Jesus Christ as Saving Event and as 'Object' of Historical Research», SJTh 36 (1983) 309-326.

4. Divers. Miscellaneous. Verschiedenes. Diversi. Diversos.

b9058 MARTIN SANCHEZ, B., «Ejercicios bíblicos espirituales», CuBi 18 (1961) 111-112.

b9059 ALONSO DIAZ, J., «La Resurrección de Jesús en las discusiones recientes», CuBi 27 (1970) 12-23.

b9060 LEAL, J., «Problemática suscitada en torno al libro de Léon-Dufour acerca de la resurrección», CuBi 30 (1973) 342-346.

b9061   OBITTS, S.R., «Historical Explanation and Barth on Christ's Resurrection», dans *Current Issues in Biblical and Patristic Interpretation* (en collab.) (1975), 365-377.

b9062   DESCAMPS, A.-L., «À propos d'un ouvrage important sur la résurrection de Jésus» [cf. DHANIS, É. (Éd.), *Resurrexit*. Actes d'un symposium (Roma, Libreria Editrice Vaticana, 1974], Bibl 58 (1977) 84-105.

b9063   GALVIN, J.P., «Resurrection as *Theologia crucis Jesu*: The Foundational Christology of Rudolf Pesch», TS 38 (1977) 513-525.

b9064   DESCAMPS, A.-L., «La christologie de Hans Küng. Réflexions exégétiques», RTL 10 (1979) 51-75.

b9065   PERRIN, J.-M., «Accueillir chaque jour la résurrection», VS 133 (1979) 555-564.

b9066   GISEL, P., «La résurrection ou l'irruption de la souveraineté de Dieu. Remarques à partir de E. Käsemann», dans *Dieu L'a ressuscité d'entre les morts* (en collab.) (1982), 131-144.

b9067   DEVENISH, P.E., «The So-Called Resurrection of Jesus and Explicit Christian Faith: Wittgenstein's Philosophy and Marxsen's Exegesis as Linguistic Therapy», JAmAcRel 51 (1983) 171-190.

Révélation du Père. Revelation of the Father. Offenbarung des Vaters. Rivelazione del Padre. Revelación del Padre.

b9068   VAN UNNIK, W.C., «The Christian's Freedom of Speech in the New Testament», BJRL 44 (1962) 466-488, dans VAN UNNIK, W.C., *Sparsa Collecta* (1980), II, 269-289.

b9069   STRAMARE, T., «La pienezza della Rivelazione», BibOr 9 (1967) 145-164.

b9070   LOUW, J.P., «Narrator of the Father - and related terms in Johannine Christology», dans *The Christ of John* (en collab.) (1971), 32-40.

b9071   PETERSEN, S., «Die Proklamation Jesu als des eschatologischen Offenbarungsträgers (Mt. xvii 1-13)», NT 17 (1975) 241-264.

b9072   DE LA POTTERIE, I., «Le Christ Sommet de la Révélation», dans *Christianisme et identité africaine* (en collab.) (1980), 169-186.

b9073   GRUENLER, R.G., «Implied Christological Claims in the Core Sayings of Jesus: An Application of Wittgenstein's Phenomenology», dans *Society of Biblical Literature. 1981 Seminar Papers* (en collab.) (1981), 65-77.

b9074   SCHILLEBEECKX, E., *God among us*, «Jesus' Story of God» (1983), 27-32.

Roi. King. König. Re. Rey.

b9075   MEHL, R., «La notion de royauté du Christ», ETR 17 (1942) 51-56.

b9076   DE LA DOLORASA, G., «El reinado temporal de Cristo en los santos Evangelios» CuBi 17 (1960) 278-297.

b9077   JOHNSON, S.E., «Notes on the Prophet-King in John», AThR 51 (1969) 35-37.

b9078   DE JONGE, M., *Jesus*. Stranger from Heaven and Son of God, «Jesus as Prophet and King in the Fourth Gospel» (1977), 49-76.

b9079   LOADER, W.R.G., «Christ at the right hand - Ps. cx.1 in the New Testament», NTS 24 (1977-78) 199-217.

b9080   GEORGE, A., «La royauté de Jésus», dans *Études sur l'oeuvre de Luc* (1978), 257-282.

b9081   SCHILLEBEECKX, E., *God among us*, «He is the King of the Universe (The Feast of 'Christ the King')» (1983), 116-121.

Sagesse. Wisdom. Weisheit. Saggezza. Sabiduría.

*b*9082 BARBOUR, R.S., «Creation, Wisdom and Christ», dans *Creation, Christ and Culture* (en collab.) (1976), 22-42.

*b*9083 CIPRIANI, S., «Cristo 'potenza di Dio e sapienza di Dio' in 1 Cor. 1,24», dans *La Cristologia in san Paolo* (en collab.) (1976), 341-360.

*b*9084 HENGEL, M., «Jesus als messianischer Lehrer der Weisheit und die Anfänge der Christologie», dans *Sagesse et religion* (en collab.) (1979), 147-188.

*b*9085 GILBERT, M., «Maestri di saggezza e Sapienza di Dio», dans *Annunciare Cristo ai giovani* (en collab.) (1980), 91-107.

*b*9086 REESE, J.M., «Christ as Wisdom Incarnate: Wiser than Solomon. Loftier than Lady Wisdom», BTB 11 (1981) 44-47.

Saint. Heiliger. Santo.

*b*9087 SAENZ DE SANTA MARIA, M., «La vida consagrada de Jesús», BibFe 4 (1978) 244-256.

*b*9088 DUQUOC, C., «Sainteté de Jésus et sainteté de l'Esprit», Conci nº 149 (1979) 83-92.

*b*9089 ROVIRA BELLOSO, J., «Quelle est la sainteté de Jésus de Nazareth?» Conci nº 149 (1979) 17-28.

Sauveur. Savior. Heiland. Salvatore. Salvador.

*b*9090 BRAUN, F.-M., *Jean le théologien. III. Sa théologie. I. Le mystère de Jésus-Christ*, «Le signe du salut» (1966), 173-182.

*b*9091 VON BALTHASAR, H.U., «Die biblische Aussage über die Wirkung des Heilshandelns Gottes in Christus», dans *Mysterium Salutis* (en collab.) (1969), III.2, 332-370.

*b*9092 READ, D.H.C., «Meeting the Saviour of the World», ExpTim 87 (1976) 304-305.

*b*9093 THEXTON, S.C., «No Other Name», ExpTim 88 (1976) 80-82.

*b*9094 BUSSE, U., *Die Wunder des Propheten Jesus*, «Der 'irdische' Menschensohn als Heiland der Sünder» (1977), 437-445.

*b*9095 GALOT, J., «Le Christ Sauveur. Problématique contemporaine», EV (doctrine) 89 (1979) 305-314.

*b*9096 VÖGTLE, A., «Hat sich Jesus als Heilsmittler geoffenbart?» BiKi 34 (1979) 4-11.

*b*9097 ATAL SA ANGANG, D., «Christ, Unique Sauveur et Médiateur», dans *Christianisme et identité africaine* (en collab.) (1980), 189-203.

*b*9098 MÜLLER, P.-G., «Jesus und das Heil der Völker», BiKi 35 (1980) 1-7.

*b*9099 FULLER, R.H., «Jesus Christ as Savior in the New Testament», Interpr 35 (1981) 145-156.

*b*9100 LECLÈRE, A., «Jésus-Christ Sauveur», NRT 104 (1982) 161-174.

*b*9101 LINDARS, B., «Christ and Salvation», BJRL 64 (1982) 481-500.

*b*9102 SCHILLEBEECKX, E., *God among us*, «Belief in Jesus as Salvation for the Outcast» (1983), 149-152.

Science. Knowledge. Wissen. Scienza. Ciencia.

*b*9103 GUTWENGER, E., «La science du Christ», Conci nº 11 (1966) 81-94.

b9104   VÖGTLE, A., «Exegetische Erwägungen über das Wissen und Selbsbewusstsein Jesu», dans *Gott in Welt* (en collab.) (1964), I, 608-667.

Seigneur. Lord. Herr. Signore. Señor.

b9105   LOUDEN, R.S., «The Church of the Reigning Lord», SJTh 1 (1948) 66-73.
b9106   O'NEILL, J.C., «The Use of *KURIOS* in the Book of Acts», SJTh 8 (1955) 155-174.
b9107   CULLMANN, O., «'KYRIOS' as Designation for the Oral Tradition concerning Jesus (*Paradosis* and *Kyrios*)», SJTh 3 (1950) 180-197.
b9108   HAHN, F., *Christologische Hoheitstitel*, «Kyrios» (1963), 67-132.
b9109   LANGEVIN, P.-É., «Ceux qui invoquent le nom du Seigneur (1 Co 1,2)», SE 19 (1967) 373-408; 20 (1968) 113-126; 21 (1969) 71-122.
b9110   ALFARO, J., «Christus der Herr», dans *Mysterium Salutis* (en collab.) (1979), III.1, 673-676.
b9111   JONES, D.L., «The Title *Kyrios* in Luke-Acts», dans *Society of Biblical Literature. 1974 Seminar Papers* (en collab.) (1974), 85-101.
b9112   ALFARO, J., «Les fonctions salvifiques du Christ comme prophète, roi et prêtre», dans En collaboration, *Christologie et vie du Christ* (Mysterium Salutis, 11) (Paris, Cerf, 1975), 275-279 (Seigneur).
b9113   GIBBS, J.G., «Pauline theology and rehumanization», SR 5 (1975-76) 373-379.
b9114   ADINOLFI, M., «Ufficio cosmico dell'opera di Cristo», dans *La Cristologia in san Paolo» (en collab.) (1976), 378-381.*
b9115   GEORGE, A., «Jésus 'Seigneur'», dans *Études sur l'oeuvre de Luc* (1978), 237-255.
b9116   HEGERMANN, H., «Der erhöhte Herr in der exegetisch gesichteten neutestamentlichen Darstellung», dans *Schriftauslegung dient dem Glauben* (en collab.) (1979), 35-55.
b9117   SCHWEIZER, E., «The Lordship of Christ», dans *From Faith to Faith* (en collab.) (1979), 53-64.
b9118   GOURGUES, M., «On t'appellera d'un nom nouveau», VS 135 (1981) 108-126.

Serviteur. Servant. Knecht. Servitore. Servidor.

b9119   MUDGE, L.S., «The Servant Lord and His Servant People», SJTh 12 (1959) 113-128.
b9120   SCHNACKENBURG, R., «Jesus, der leidende Gottesknecht nach den Evangelien», BiKi 16 (1961) 6-8.
b9121   HAHN, F., *Christologische Hoheitstitel*, «Die Anschauung vom stellvertretend leidenden Gottesknecht im ältesten Christentum» (1963), 54-66.
b9122   CROSSAN, J.D., «The Servant Parables of Jesus», dans *Society of Biblical Literature. 1973 Seminar Papers* (en collab.) (1973), II, 94-118.
b9123   GUBLER, M.-L., *Die frühesten Deutungen des Todes Jesu. Eine motivgeschichtliche Darstellung aufgrund der neueren exegetischen Forschung* (Orbis Biblicus et Orientalis, 15) (Freiburg, Schweiz, Universitätsverlag; Göttingen, Vandenhoeck & Ruprecht, 1977), xv-424 pp.
b9124   HILL, D., «Son and Servant: An Essay on Matthean Christology», JSNT n° 6 (1980) 2-16.
b9125   CASAS, V., «Jesús de Nazaret: Autoridad hecha servicio», BibFe 7 (1981) 131-144.
b9126   REMAUD, M., «Le Serviteur: Jésus et Israël», NRT 103 (1981) 664-678.
b9127   SCHLINK, E., *Ökumenische Dogmatik* (1983), «Die Erhöhung Jesu», 353-410; «Der Herr», 762-771.

Souffrance. Suffering. Leiden. Sofferenza. Sufrimiento.

b9128 SCHELKLE, K.H., «Das Leiden des Gottesknechtes als Form christlichen Lebens», BiKi 16 (1961) 14-16.

b9129 ROGERS, P., «The Desolation of Jesus in the Gospel», dans *The Language of the Cross* (en collab.) (1977), 53-74.

Tentations. Temptations. Versuchungen. Tentazioni. Tentaciones.

b9130 FUCHS, E., «Notes bibliques de prédication: pour les temps de Pâques et de Pentecôte», VC nº 58 (1961) 214-226 (Mt 6,5-8; Lc 11,5-13; Mt 11,25-27).

b9131 GALBIATI, E., «Le tentazioni di Gesù (Mt. 4,1-11)», BibOr 3 (1961) 26-31, dans *Scritti minori* (1979), 511-520.

b9132 SCHULTE, R., «Die Versuchung Jesu», dans *Mysterium Salutis* (en collab.) (1969), III.2, 71-90.

b9133 KNÖRZER, W., «...dann wollen wir an dich glauben. Kritische Sichtung heutiger Erlösungshoffnungen und Zukunftsmodelle vor dem Hintergrund der Versuchungen Jesu», BiKi 25 (1970) 9-13.

b9134 MICHL, J., «Da trat der Versucher an ihn heren. Die Überlieferung von den Versuchungen Jesu im Neuen Testament», BiKi 25 (1970) 1-5.

b9135 SCHIERSE, F.J., «'Wenn du Gottes Sohn bist...' Was sagen die Versuchungsüberlieferungen des Neuen Testaments über Jesus Christus?» BiKi 25 (1970) 6-8.

b9136 LIMBECK, M., «Flucht oder Annahme? - Das Beispiel Jesu in der Auseinandersetzung mit dem Bösen», BiKi 30 (1975) 41-43.

b9137 PESCH, R., KRATZ, R., *So liest man synoptisch*, «Versuchung in der Wüste» (1975), I, 42-46.

b9138 SCHÜTZ, C., «Les mystères de la vie publique de Jésus», dans En collaboration, *Christologie et vie du Christ* (Mysterium Salutis, 11) (Paris, Cerf, 1975), 428-447 (tentations de Jésus).

b9139 POPPI, A., *L'inizio del Vangelo*. Predicazione del Battista. Battesimo e tentazione di Gesù (Conoscere il Vangelo, 4) (Padua, Messaggero, 1976), 205 pp.

b9140 BADHAM, P., «The Temptations of Jesus», ExpTim 89 (1977-78) 114-115.

b9141 LUZARRAGA, J., «Discernimiento Espiritual en las Tentaciones de Jesús y de la Iglesia», Manr 49 (1977) 129-142.

b9142 MAHNKE, H., *Die Versuchungsgeschichte im Rahmen der synoptischen Evangelien. Ein Beitrag zur frühen Christologie* (Beiträge zur biblischen Exegese und Theologie, 9) (Bern, Frankfurt/M., Peter Lang, 1978), 447 pp.

b9143 FEUILLET, A., «Die Versuchungen Jesu», IKZCommunio 8 (1979) 226-237.

b9144 KNOCKAERT, A., VAN DER PLANCKE, C., «Catéchèses de la tentation», LVit 34 (1979) 123-153.

b9145 QUERDRAY, G., «La tentation de Jésus au désert. Prélude de la Passion», EV (doctrine) 90 (1980) 184-189.

b9146 ZELLER, D., «Die Versuchungen Jesu in der Logienquelle», TrierTZ 89 (1980) 61-73.

Titres. Titles. Titel. Titoli. Títulos.

b9147 DONALDSON, J., «The Title Rabbi in the Gospels - Some Reflections on the Evidence of the Synoptics», JQR 63 (1972) 287-291.

b9148   MYRE, A., «Les titres christologiques: évolution», dans ¿Jésus? (en collab.) (1974), 159-174.

b9149   GOPPELT, L., *Theologie des Neuen Testaments*, «Jesus und die ihm beigelegten Bezeichnungen» (1976), 210-253.

b9150   HERON, A., «'Logos, Image, Son': Some Models and Paradigms in Early Christology», dans *Creation, Christ and Culture* (en collab.) (1976), 43-62.

b9151   BOVON, F., *Luc le théologien*, «Les titres christologiques» (1978), 189-206.

b9152   RIES, J., «Les Titres Néotestamentaires du Christ dans la Liturgie Gnostique de Médînet Mâdi», dans *Studia Biblica 1978* (en collab.) (1980), III, 321-336.

b9153   JOHNSTON, G., «Christ as Archegos», NTS 27 (1981) 381-385.

Tombeau vide. Empty Tomb. Leeres Grab. Vuoto sepolcro. Sepulcro vacío.

b9154   RIEDL, J., «Entstehung und Inhalt des neutestamentlichen Osterglaubens», BiLit 40 (1967) 81-110.

b9155   RUCKSTUHL, E., «Die evangelischen Ostererzählungen», dans RUCKSTUHL, E., PFAMMATER, J., *Die Auferstehung Jesu Christi* (1968), 31-59.

b9156   BROER, I., «Zur heutigen Diskussion der Grabesgeschichte», BiLeb 10 (1969) 40-52.

b9157   ALSUP, J.E., «John Dominic Crossan, 'Empty Tomb and Absent Lord' - A Response», dans *Society of Biblical Literature. 1976 Seminar Papers* (en collab.) (1976), 263-267.

b9158   FEUILLET, A., «La découverte du tombeau vide en Jean 20.3-10», Hok n° 7 (1977) 1-45.

b9159   FEUILLET, A., «La découverte du tombeau vide, en Jean 20,3-10, et la Foi au Christ ressuscité», EV (doctrine) 87 (1977) 257-266, 273-284.

b9160   EVANS, C.A., «Mark's Use of the Empty Tomb Tradition», SBT 8,2 (1978) 50-55.

b9161   GUILLAUME, J.-M., *Luc interprète des anciennes traditions sur la résurrection de Jésus*, «La péricope du tombeau vide» (1979), 15-43.

b9162   NIEMANN, F.-J., «Die Erzählung vom leeren Grab bei Markus», ZKT 101 (1979) 188-199.

b9163   CRAIG, W.L., «The Empty Tomb of Jesus», dans *Gospel Perspectives* (en collab.) (1981), II, 173-200.

b9164   GRAYSTON, K., «The Empty Tomb», ExpTim 92 (1981) 263-267.

b9165   RÖHRIG, F., «Das 'Heilige Grab' im Wandel der Zeiten», BiLit 54 (1981) 41-45.

b9166   GHIBERTI, G., «Dalla sepoltura di Gesù al sepolcro vuoto. Riflessioni metodologiche in margine alla discussione sulla Sindone», dans *Parola e spirito* (en collab.) (1982), 521-548.

b9167   OBERLINNER, L., «Die Verkündigung der Auferweckung Jesu im geöffneten und leeren Grab. Zu einem vernachlässigten Aspekt in der Diskussion um das Grab Jesu», ZNW 73 (1982) 159-182.

b9168   PESCH, R., «Das 'leere Grab' und der Glaube an Jesu Auferstehung», IZKCommunio 11 (1982) 6-20.

Transfiguration. Verklärung. Trasfigurazione. Transfiguración.

b9169   GALBIATI, E., «La Trasfigurazione (Mt. 17,1-9)», BibOr 3 (1961) 146-151, dans *Scritti minori* (1979), 569-579.

b9170   HAHN, F., *Christologische Hoheitstitel*, «Analyse der Verklärungs- und Taufgeschichte» (1963), 334-346.

b9171   BALAGUE, M., «La transfiguración», CuBi 24 (1967) 356-365.

b9172   SCHULTE, R., «Die Verklärung Jesu», dans *Mysterium Salutis* (en collab.) (1969), III.2, 90-97.

b9173   LIEFELD, W.L., «Theological Motifs in the Transfiguration Narrative», dans *New Dimensions in New Testament Study* (en collab.) (1974), 162-179.

b9174   SCHÜTZ, C., «Les mystères de la vie publique de Jésus», dans En collaboration, *Christologie et vie du Christ* (Mysterium Salutis, 11) (Paris, Cerf, 1975), 447-455 (transfiguration de Jésus).

b9175   XXX, «23 Homélies pour le deuxième dimanche de Carême», dans En collaboration, *Écriture et prédication* (Recherches et débats du Centre Catholique des Intellectuels Français, 84) (1976), 13-94.

b9176   KOOY, V.H., «The Transfiguration Motif in the Gospel of John», dans *Saved by Hope* (en collab.) (1978), 64-78.

b9177   PESCH, R., KRATZ, R., *So liest man synoptisch*, «Die Verklärungsgeschichte» (1979), VI, 32-43.

b9178   CHILTON, B.D., «The Transfiguration: Dominical Assurance and Apostolic Vision», NTS 27 (1980) 115-124.

b9179   NEYREY, J.H., «The Apologetic Use of the Transfiguration in 2 Peter 1:16-21», CBQ 42 (1980) 504-519.

b9180   PAMMENT, M., «Moses and Elijah in the Story of the Transfiguration», ExpTim 92 (1981) 338-339.

Vie du Christ. Life of Christ. Leben Christi. Vita del Cristo. Vida de Cristo.

b9181   PARSCH, P., «Ein Aufbau des Lebens Jesu», BiLit 9 (1934-35) 97-101.

b9182   SCOTT, E.F., «Recent Lives of Jesus», HarvTR 27 (1934) 1-31.

b9183   KRAELING, C.H., «Olmstead's Chronology of the Life of Jesus», AThR 24 (1942) 334-354.

b9184   OLMSTEAD, A.T., «The Chronology of Jesus' Life», AThR 24 (1942) 1-26.

b9185   ALT, A., «Die Stätten des Wirkens Jesu in Galiläa territorialgeschichtlich betrachtet», ZDPV 68 (1946-51) 51-72.

b9186   KOHL, K., «Die Lebensverhältnisse Jesu im Lichte des Orients», BiKi 10 (1955) 50-55.

b9187   GRAHAM, H.H., «The 'Lives' of Jesus», AThR 38 (1956) 285-290.

b9188   RANDELLINI, L., «Possiamo ricostruire una biografia di Gesù?» BibOr 1 (1959) 82-88.

b9189   BLINZLER, J., «Die Heimat Jesu», BiKi 25 (1970) 14-20.

b9190   GEORGI, D., «The Records of Jesus in the Light of Ancient Accounts of Revered Men», dans *Society of Biblical Literature. 1972 Proceedings* (en collab.) (1972), 527-542.

b9191   ENDO, S., *A Life of Jesus* (translated from the Japanese by R.A. Schuchert) (New York, Paulist Press, 1973), 179 pp.

b9192   DE BACIOCCHI, J., *Jésus Christ dans le débat des hommes*, «Comment Jésus Christ a-t-il choisi le sens et les étapes de sa vie?» (1975), 11-29.

b9193   DOCKX, S., «Chronologie de la vie de Jésus», dans *Chronologies néotestamentaires et Vie de l'Église primitive* (1976), 3-11.

b9194   TROCMÉ, É., «Albert Schweitzer et la vie de Jésus», RHPR 56 (1976) 28-36.

b9195   BANTLE, F.X., «Evangelienkritik und Glaube eines führenden Wessenbergianers - Pfarrer Joseph Sprissler und das 'Leben Jesu' des Dav. Fr. Strauss», MüTZ 28 (1977) 367-382.

b9196   GUILLET, J., «The Experience of Jesus Christ», Way 17 (1977) 196-203.

b9197   SCHILLEBEECKX, É., «Jésus de Nazareth, le récit d'un vivant», LV no 134 (1977) 5-45.

b9198   ZEITLIN, S., «The Career of Jesus», dans *Jewish Expressions on Jesus* (en collab.) (1977), 116-147.

b9199   NOLAN, A., *Jesus before Christianity* (Maryknoll, NY, Orbis Books, 1978), iv-156 pp.
b9200   PATIN, A., *La avantura de Jesús de Nazaret* (Alcance, 7) (Santander, Sal Terrae, 1978), 166 pp.
b9201   HOLTZ, T., *Jesus aus Nazareth* (Berlin, Leipzig, Union, 1979), 124 pp.
b9202   FERGUSON, J., *Jesus in the Tide of Time.* An Historical Study (London, Boston, MA, Routledge & Kegan Paul, 1980), xi-249 pp.
b9203   REUMANN, J., «Leben-Jesu-Forschung in Eretz-Israel», ErIs 16 (1982) 186*-192*.
b9204   STAUFFER, E., «Jesus, Geschichte und Verkündigung», dans *Aufstieg und Niedergang der römischen Welt*, II. *Principat* (en collab.) (1982), 25. Band, 1. Halbband, 3-130.
b9205   LAMBIASI, F., *Gesù di Nazaret.* Una verifica storica (Casale M., Marietti, 1983), 112 pp.

THÈMES BIBLIQUES.
BIBLICAL THEMES.
BIBLISCHE THEMEN.
TEMI BIBLICI.
TEMAS BÍBLICOS.

Aaron. Aronne. Aarón.

b9206 VALENTIN, H., *Aaron*. Eine Studie zur vorpriesterschriftlichen Aaron-Überlieferung (Orbis Biblicus et Orientalis, 18) (Freiburg, Schweiz, Universitätsverlag; Göttingen, Vandenhoeck & Ruprecht, 1978), viii-441 pp.

b9207 STECK, O.H., «Moses und Aron. Der biblische Stoff und seine Interpretation in der gleichnamigen Oper von Arnold Schönberg», dans *Congress Volume. Vienna 1980* (en collab.) (1981), 405-422.

b9208 HORBURY, W., «The Aaronic Priesthood in the Epistle to the Hebrews», JSNT no 19 (1983) 43-71.

Abandon. Abandonment. Ergebung. Abbandono. Abandono.

b9209 RAVINI, G., «Il tema dell'abbandono», BibOr 1 (1959) 135-138.

Abel. Abele. Abel.

b9210 BÉNÉTREAU, S., «La foi d'Abel. Hébreux 11,4» (1979), 623-630.

b9211 GUTMANN, J., «Cain's Burial of Abel: A Jewish Legendary Motif in Christian and Islamic Art», ErIs 16 (1982) 92*-98*.

Abraham. Abramo.

b9212 BRUSTON, É., «Trois Stades religieux en Israël», ETR 5 (1930) 317-331.

b9213 KNOX, W.L., «Abraham and the Quest for God», HarvTR 28 (1935) 55-60.

b9214 FINKEL, J., «An Arabic Story of Abraham», HUCA 12-13 (1937-38) 387-409.

b9215 GERBERT, P., «Abrahams Berufung», BiKi 5 (1950) 46-47.

b9216 SANDMEL, S., «Philo's Place in Judaism: A Study of Conceptions of Abraham in Jewish Literature», HUCA 25 (1954) 209-237; 26 (1955) 151-332.

b9217 PLANAS, F., «En el seno de Abraham», CuBi 15 (1958) 148-152.

b9218 WESTERMANN, C., *Die Verheissungen an die Väter* (1976), Studien zur Vätergeschichte (FRLANT 116), «Der Abraham-Kreis» (1964) 58-73.

b9219 RUSCHE, H., «Abraham, der 'Freund Gottes' bei Juden, Christen und Moslems», BiLeb 14 (1973) 282-287.

b9220 RUSCHE, H., «Begegnung bei Abraham (Ein 'Glaubensaustausch')», BiLeb 15 (1974) 235-246.

b9221 MASSIGNON, L., «Die drei Gebete Abrahams», IKZCommunio 4 (1975) 19-28.

b9222 VAN SETERS, J., *Abraham in History and Tradition* (New Haven, London, Yale University Press, 1975), xiii-335 pp.

b9223 COHEN, N.G., «Jewish Names as Cultural Indicators in Antiquity», JStJud 7 (1976) 97-128.

b9224 HARRINGTON, D.J., «Abraham Traditions in the Testament of Abraham and in the 'Rewritten Bible' of the Intertestamental Period», dans *Studies on the Testament of Abraham* (en collab.) (1976), 165-171.

b9225 JAROŠ, K., «Abraham, Vater des Glaubens; Glaube als Vertrauen», BiLit 49 (1976) 5-14.

b9226 LONA, H.E., *Abraham in Johannes 8*. Ein Beitrag zur Methodenfrage (Europäische Hochschulschriften, Reihe XXIII, Theologie, 65) (Bern, Herbert Lang, 1976), 459 pp.

b9227 WARD, R.B., «Abraham Traditions in Early Christianity», dans *Studies on the Testament of Abraham* (en collab.) (1976), 173-184.

b9228 BOGAERT, P.M., «La figure d'Abraham dans les Antiquités Bibliques du Pseudo-Philon», dans *Abraham dans la Bible et dans la tradition juive* (en collab.) (1977), 40-61.

b9229 DEQUEKER, L., «La vocation d'Abraham (Gn 12,1-9)», dans *Abraham dans la Bible et dans la tradition juive* (en collab.) (1977), 1-39.

b9230 DUGANDZIC, I., *Das 'Ja' Gottes in Christus*, «Das Zeugnis von 'Gesetz und Propheten' für die sich in Christus offenbarende Gerechtigkeit Gottes. Röm 3,21-4,22. Der 'Schriftbeweis' aus der Geschichte Abrahams. Röm 4,1-22» (1977), 178-197.

b9231 LAMBRECHT, J., «'Abraham, notre père à tous'. La figure d'Abraham dans les Écrits Pauliniens», dans *Abraham dans la Bible et dans la tradition juive* (en collab.) (1977), 118-166.

b9232 BAMBERG, C., «Abraham und Maria: Zur Aktualität der Urbilder unseres Glaubens», GeistL 51 (1978) 10-27.

b9233 BROCK, S.P., «Abraham and the Ravens: A Syriac Counterpart to Jubilees 11-12 and Its implications», JStJud 9 (1978) 135-152.

b9234 BRUCE, F.F., *The Time is Fulfilled*, «Abraham our Father (*Romans* 4:1)» (1978), 55-74.

b9235 WILCOX, M., «The Promise of the 'Seed' in the New Testament and the Targumim», JSNT no 5 (1979) 2-20.

b9236 OBERFORCHER, R., «Abraham, Jeremia, Ijob. Typen des von Gott beanspruchten Menschen», BiLit 52 (1979) 183-191.

b9237 DAOUST, J., «Abraham», EV (doctrine) 90 (1980) 572-574.

b9238 VIRGULIN, S., «La sequela di Abramo», dans *Parola, spirito e vita* 2 (1980) 7-24.

b9239 WCELA, E.A., «The Abraham Stories: History and Faith», BTB 10 (1980) 176-181.

b9240 WISEMAN, D.J., «Abraham reassessed», dans *Essays on the Patriarchal Narratives* (en collab.) (1980), 139-156.

b9241 FREEDMAN, D.N., «'Epigraphic Evidence from Ebla...': A Correction», Bibl 62 (1981) 103.

b9242 HAAG, E., «Abraham und Lot in Gen 18-19», dans *Mélanges bibliques et orientaux en l'honneur de M. Henri Cazelles* (en collab.) (1981), 173-199.

b9243 SAMIR, K., «Corano e Bibbia a confronto. Tre figure bibliche nel Corano», CC 3 (1981) 238-257.

b9244 LETURMY, M., *Abraham a vu mon jour*. Récit (Paris, Gallimard, 1982), 196 pp.

b9245 HELYER, L.R., «The Separation of Abram and Lot: Its Significance in the Patriarchal Narratives», JSOT no 26 (1983) 77-88.

Accomplissement. Accomplishment. Erfüllung. Compimento. Cumplimiento.

b9246 FRIES, H., «Offenbarung als Erfüllung», dans *Mysterium Salutis* (en collab.) (1965), I, 209-231.

b9247 SCHULZ, S., *Die Stunde der Botschaft*, «Die Schrifterfüllung in der Geschichte des Messias» (1967), 164-173.

b9248 DAVIES, W.D., *Invitation to the New Testament*, «The Scriptures Fulfilled» (1969), 163-171.

b9249 DAHL, N.A., *Studies in Paul*, «Promise and Fulfillment» (1972), 121-136.

b9250 BEAUDE, P.-M., «L'accomplissement des prophéties chez Richard Simon», RSPT 60 (1976) 3-36.

b9251 STRAMARE, T., «Il problema delle 'citazioni di adempimento' in Matteo», BibOr 18 (1976) 213-226.

b9252 BEAUCHAMP, P., «Jésus-Christ n'est pas seul. L'accomplissement des Écritures dans la Croix», RSR 65 (1977) 243-278.

b9253 DUGANDZIC, I., *Das 'Ja' Gottes in Christus* (1977), 352 pp.

b9254 BRUCE, F.F., *The Time is Fulfilled* (1978), 128 pp.

b9255 REICKE, B., «The God of Abraham, Isaac, and Jacob in New Testament Theology», dans *Unity and Diversity in New Testament Theology* (en collab.) (1978), 186-194.

b9256 SABOURIN, L., «Matthieu 5,17-20 et le rôle prophétique de la Loi (cf. Mt 11,13)», SE 30 (1978) 303-311.

b9257 WESTERMANN, C., *Theologie des Alten Testaments in Grundzügen*, «Das Alte Testament und Christus» (1978), 192-205.

b9258 VOUGA, F., «Jésus et l'Ancien Testament», LV no 144 (1979) 55-71.

b9259 BEAUDE, P.-M., *L'accomplissement des Écritures. Pour une histoire critique des systèmes de représentation du sens chrétien* (Cogitatio Fidei, 104) (Paris, Cerf, 1980), 343 pp.

b9260 CARROLL, R.P., «Prophecy and Dissonance. A Theoretical Approach to the Prophetic Tradition», ZAW 92 (1980) 108-119.

b9261 GRELOT, P., «Rapporto fra antico e nuovo testamento in Gesù Cristo», dans *Problemi e prospettive di teologia fondamentale* (en collab.) (1980), 235-257.

b9262 JAUBERT, A., D'ARAGON, J.-L., «Jean, ou l'accomplissement en Jésus des institutions juives», dans *Jésus aujourd'hui* (1980), III, 63-73.

b9263 HAHN, F., «Mt 5,17 - Anmerkungen zum Erfüllungsgedanken bei Matthäus», dans *Die Mitte des Neuen Testaments* (en collab.) (1983), 42-54.

Action de grâces. Thanksgiving. Danksagung. Ringraziamento. Acción de gracias.

b9264 GUTHRIE, H.H., *Theology as Thanksgiving*. From Israel's Psalms to the Church's Eucharist (New York, Seabury, 1981), xii-253 pp.

Adam. Adamo. Adán.

b9265 DUPONT-SOMMER, A., «Adam, 'Père du Monde', dans la Sagesse de Salomon (10,1-2)», RHR 119 (1939) 182-203.

b9266 PREISS, T., «L'Anthropos chez l'Apôtre Paul», ETR 28 (1953) 62-68.

b9267 BULTMANN, R., «Adam und Christus nach Römer 5», ZNW 50 (1959) 145-165, dans *Exegetica*, 424-444.

b9268   SIMON, M., «Adam et la Rédemption dans la Perspective de l'Église Ancienne (*Types of Redemption*, Leiden 1970, 62-71)», dans SIMON, M., *Le Christianisme antique et son contexte religieux* (1981), 404-413.

b9269   BUCCELLATI, G., «Adapa, Genesis, and the Notion of Faith», UF 5 (1973) 61-66.

b9270   BIANCHI, U., «Adamo e la storia della salvezza (Paolo e i 'libri di Adamo')», dans *L'uomo nella Bibbia e nelle culture ad essa contemporanee* (en collab.) (1975), 209-223.

b9271   SCHUBERT, U., «Die Erschaffung Adams in einer spanischen Haggadah-Handschrift des 14. Jahrhunderts (Br. Mus. Or. 2884) und ihre spätantike jüdische Bildvorlage», Kairos 18 (1976) 213-217.

b9272   MURPHY-O'CONNOR, J., VANHOYE, A., «Lettres de Paul et Épître aux Hébreux: le second Adam et le Souverain Prêtre», dans *Jésus aujourd'hui* (1980), III, 87-94.

b9273   WEDDERBURN, A.J.M., «Adam in Paul's Letter to the Romans», dans *Studia Biblica 1978* (en collab.) (1980), III, 413-430.

b9274   SAMIR, K., «Corano e Bibbia a confronto. Tre figure bibliche nel Corano», CC 3 (1981) 238-257.

b9275   CALCAGNINI CARLETTI, D., «Note su alcune raffigurazioni dei protoparenti a Roma», dans *Parola e Spirito* (en collab.) (1982), 741-762.

Adoption. Adozione. Adopción.

b9276   DONNER, H., «Adoption oder Legitimation? Erwägungen zur Adoption im Alten Testament auf dem Hintergrund der altorientalischen Rechts», OrAnt 8 (1969) 87-119.

b9277   ALLAM, S., «De l'adoption en Égypte pharaonique», OrAnt 11 (1972) 277-295.

b9278   GREENGUS, S., «Sisterhood Adoption at Nuzi and the 'Wife-Sister' in Genesis», HUCA 46 (1975) 5-31.

b9279   COOK, J.I., «The Concept of Adoption in the Theology of Paul», dans *Saved by Hope* (en collab.) (1978), 133-144.

b9280   PAUL, S.M., «Adoption Formulae», ErIs 14 (1978) 31-36 (English summary).

b9281   PAUL, S.M., «Adoption Formulae: A Study of Cuneiform and Biblical Legal Clauses», Maarav 2, n° 2 (1980) 173-185.

Adultère. Adultery. Ehebruch. Adulterio. Adúltero.

b9282   ADINOLFI, M., «Il desiderio della donna in Matteo 5,28», dans *Fondamenti biblici della teologia morale* (en collab.) (1973), 273-281.

b9283   McKEATING, H., «Sanctions against Adultery in Ancient Israelite Society, with some reflections on Methodology in the study of Old Testament Ethics», JSOT n° 11 (1979) 57-72.

b9284   LANG, B., «'Du Sollst nicht nach der Frau eines anderen verlangen'. Eine neue Deutung des 9. und 10. Gebots», ZAW 93 (1981) 216-224.

b9285   McKEATING, H., «A Response to Dr Phillips», JSOT n° 20 (1981) 25-26.

b9286   PHILLIPS, A., «Another Look at Adultery», JSOT n° 20 (1981) 3-25.

Agneau. Lamb. Lamm. Agnello. Cordero.

b9287   KOESTER, W., «Lamm und Kirche im Johannes-Evangelium», BiKi 7/2 (1952) 1-11; 8/1 (1953) 4-18.

b9288 HARLÉ, P.-A., «L'Agneau de l'Apocalypse et le Nouveau Testament», ETR 31, no 2 (1956) 26-35.

b9289 LORETZ, O., «La tosatura delle pecore nella vita degli Israeliti», BibOr 2 (1960) 157-159.

b9290 DAOUST, J., «Agneau, Gazelle et Cerf dans la Bible», EV 86 (1976) 618-620.

b9291 HOHNJEC, N., '*Das Lamm - to arnion*' in der Offenbarung des Johannes. Eine exegetisch-theologische Untersuchung (Rome, Herder, 1980), 175 pp.

Alliance. Covenant. Bund. Alleanza. Alianza.

a) Études générales. General Studies. Allgemeine Studien. Studi generali. Estudios generales.

b9292 CADIER, J., «Les alliances de Dieu», ETR 31, no 4 (1956) 10-30.

b9293 DUESBERG, H., «Psychologie biblique. II. Importance de la notion d'alliance», SDB 9 (1975) col. 294-307.

b9294 BEAUCHAMP, P., *L'un et l'autre Testament*, «La nouvelle alliance» (1976), 229-274.

b9295 MALATESTA, E., «Covenant and Indwelling», Way 17 (1977) 23-32.

b9296 KUYPER, L.J., «Covenant and History in the Bible», dans *Saved by Hope* (en collab.) (1978), 164-184.

b9297 TERRIEN, S., *The Elusive Presence.* Toward a new Biblical Theology (Religious Perspectives, 26) (New York, Harper & Row, 1978), xxx-511 pp.

b9298 ROBERTSON, O.P., *The Christ of the Covenants* (Grand Rapids, Baker Book House, 1980), viii-308 pp.

b9299 GIRAUDO, C., *La struttura letteraria della preghiera eucaristica.* Saggio sulla genesi letteraria de una forma. Toda veterotestamentaria, Beraka giudaica, Anafora cristiana (Analecta Biblica, 92) (Rome, Biblical Institute Press, 1981), xxiii-388 pp.

b9300 SALGUERO, J., «Relazione tra l'Antica e la Nuova Alleanza», Ang 60 (1983) 165-189.

b) Orient. Oriente.

b9301 KESTEMONT, G., «Le traité entre Mursil II de Hatti et Niqmepa d'Ugarit», UF 6 (1974) 85-127.

b9302 WEINFELD, M., «The Loyalty Oath in the Ancient Near East», UF 8 (1976) 379-414.

b9303 GÖRG, M., «Etymologisch-semantische Perspektiven zu bryt», dans *Bausteine biblischer Theologie* (en collab.) (1977), 25-36.

b9304 JOHAG, I., «ṭwb. Terminus technicus in Vertrags- und Bündnisformularen des Alten Orients und des Alten Testaments», dans *Bausteine biblischer Theologie* (en collab.) (1977), 3-23.

b9305 ZEVIT, Z., «A Phoenician Inscription and Biblical Covenant Theology», IsrEJ 27 (1977) 110-118.

b9306 BUIS, P. «Un traité d'Assurbanipal», VT 28 (1978) 469-472.

b9307 McCARTHY, D.J., *Treaty and Covenant* (new edition), «The Ancient Treaty» (1978), 27-152.

b9308 FENSHAM, F.C., «Notes on Treaty Terminology in Ugaritic Epics», UF 11 (1979) 265-274.

b9309 GEYER, J.B., «Ezekiel 18 and a Hittite Treaty of Muršiliš II», JSOT no 12 (1979) 31-46.

b9310 KITCHEN, K.A., «Egypt, Ugarit, Qatna and Covenant», UF 11 (1979) 453-464.

b9311 McCARTHY, D.J., «Ebla, *orkia temnein, ṭb, šlm*: Addenda to *Treaty and Covenant*[2]», Bibl 60 (1979) 247-253.

*b*9312   TAWIL, H., «Two Notes on the Treaty Terminology of the Sefire Inscription», CBQ 42 (1980) 30-37.

*b*9313   BROWN, J.P., «The Role of Women and the Treaty in the Ancient World», BZ 25 (1981) 1-28.

*b*9314   KALLUVEETTIL, P., *Declaration and Covenant*. A Comprehensive Review of Covenant Formulae from the Old Testament and the Ancient Near East (Analecta Biblica, 88) (Rome, Biblical Institute Press, 1982), xi-284 pp.

*b*9315   McCARTHY, D.J., «Covenant 'Good' and an Egyptian Text», BASOR no 245 (1982) 63-64.

c) Judaïsme. Judaism. Judentum. Giudaismo. Judaísmo.

*b*9316   OESTERREICHER, J., «Unter dem Bogen des Einen Bundes - Das Volk Gottes: seine Zweigestalt und Einheit», dans *Theologische Berichte III. Judentum und Kirche: Volk Gottes* (en collab.) (1974), 27-69.

*b*9317   SANDERS, E.P., «The Covenant as a Soteriological Category and the Nature of Salvation in Palestinian and Hellenistic Judaism», dans *Jews, Greeks and Christians* (en collab.) (1976), 11-44.

*b*9318   SANDERS, E.P., *Paul and Palestinian Judaism* (1977), «The election and the covenant», 84-107; «The covenant and the covenant people», 240-257.

*b*9319   ILG, N., «Ueberlegungen zum Verständnis von *bryt* Berît in den Qumrantexten», dans *Qumrân. Sa piété, sa théologie et son milieu* (en collab.) (1978), 257-263.

*b*9320   GILBERT, M., «Il giudaismo nell'economia della salvezza», CC 2 (1982) 454-467.

*b*9321   THOMPSON, N.H., «The Covenant Concept in Judaism and Christianity», AThR 64 (1982) 502-524.

d) Ancien Testament. Old Testament. Altes Testament. Antico Testamento. Antiguo Testamento.

*b*9322   HAMP, V., «Der neue Bund mit Israel», BiKi 5 (1950) 13-25.

*b*9323   LUBSCZYK, H., «Die katechetische Verwertung der Überlieferung von der Bundeslade», BiLeb 2 (1961) 206-223.

*b*9324   CAQUOT, A., «L'alliance avec Abram (Genèse 15)», Sem. 12 (1962) 51-66.

*b*9325   DEVESCOVI, U., «L'alleanza di Jahvé con Levi (*Mal.* 2,1-9)», BibOr 4 (1962) 205-218.

*b*9326   DEISSLER, A., «Die wesentliche Bundesweisung in der mosaischen und frühprophetischen Gottesbotschaft», dans *Gott in Welt* (en collab.) (1964) I, 445-462.

*b*9327   LOHFINK, N., «Die Wandlung des Bundesbegriffs im Buch Deuteronomium», dans *Gott in Welt* (en collab.) (1964), I, 423-444.

*b*9328   ŠVEDA, S., «Der Bund, das Gesetz und die Propheten», BiKi 19 (1964) 5-9.

*b*9329   DEISSLER, A., «Jahwe als bundeswilliger Gott», dans *Mysterium Salutis* (en collab.) (1967), II, 243-269.

*b*9330   KERN, W., «Die Schöpfung als Voraus-Setzung des Bundes im AT», dans *Mysterium Salutis* (en collab.) (1967), II, 441-454.

*b*9331   DEISSLER, A., «Der Bund zwischen Gott und Volk», BiKi 23 (1968) 128-131.

*b*9332   KOCH, R., «Vers une morale de l'Alliance?» StMor 6 (1968) 7-58.

*b*9333   MAIER, J., «Urim und Tummim. Recht und Bund in der Spannung zwischen Königtum und Priestertum im alten Israel», Kairos 11 (1969) 22-38.

*b*9334   GOSHEN-GOTTSTEIN, M.H., «Ezechiel und Ijob. Zur Problemgeschichte von Bundestheologie und Gott-Mensch-Verhältnis», dans *Wort, Lied und Gottesspruch.* Beiträge zu Psalmen und Propheten (en collab.) (1972), 155-170.

*b*9335 SEILHAMER, F.H., «The Role of Covenant in the Mission and Message of Amos», dans *A Light unto My Path* (en collab.) (1974), 435-451.

*b*9336 HALBE, J., *Das Privilegrecht Jahwes Ex 34,10-26* (1975), «Der literargeschichtliche Ort der Bundesworte», 256-315; «Der traditionsgeschichtliche Horizont der Bundesworte», 341-505.

*b*9337 KOCH, R., «Morale d'Alliance et culte dans l'Ancien Testament», dans *Homenaje a Juan Prado* (en collab.) (1975), 279-298.

*b*9338 BALY, D., *God and History in the Old Testament*, «The God of Sinai» (1976), 22-38.

*b*9339 BUIS, P., *La notion d'alliance dans l'Ancien Testament* (Lectio Divina, 88) (Paris, Cerf, 1976), 213 pp.

*b*9340 CLEMENTS, R.E., «Covenant and Canon in the Old Testament», dans *Creation, Christ and Culture* (en collab.) (1976), 1-12.

*b*9341 KOCH, R., «L''Alliance' et les 'formulaires d'alliance' dans le Pentateuque», StMor 14 (1976) 77-104.

*b*9342 WESTERMANN, C., «Genesis 17 und die Bedeutung von *berit*», TLZ 101 (1976) 161-170.

*b*9343 ABBA, R., «The Origin and Significance of Hebrew Sacrifice», BTB 7 (1977) 123-138.

*b*9344 BARR, J., «Some Semantic Notes on the Covenant», dans *Beiträge zur Alttestamentlichen Theologie* (en collab.) (1977), 23-38.

*b*9345 CAZELLES, H., «Alliance du Sinaï, Alliance de l'Horeb et Renouvellement de l'Alliance», dans *Beiträge zur Alttestamentlichen Theologie* (en collab.) (1977), 69-79.

*b*9346 GROSS, H., «Glaube und Bund. Theologische Bemerkungen zu Genesis 15», dans *Studien zum Pentateuch* (en collab.) (1977), 25-35.

*b*9347 GUNNEWEG, A.H.J., *Vom Verstehen des Alten Testaments*, «Das Alte Testament als Gesetz und Bundesurkunde» (1977), 85-120.

*b*9348 JOHAG, I., «*ṭwb*. Terminus technicus in Vertrags- und Bündnisformularen des Alten Orients und des Alten Testaments», dans *Bausteine biblischer Theologie* (en collab.) (1977), 3-23.

*b*9349 PETERSEN, D.L., «Covenant Ritual: A Traditio-Historical perspective», BiRes 22 (1977) 7-18.

*b*9350 GALLEGO, E., «Israel, un pueblo comprometido», BibFe 4 (1978) 115-135.

*b*9351 GROSS, W., «Bundeszeichen und Bundeschluss in der Priesterschrift», TrierTZ 87 (1978) 98-115.

*b*9352 McCARTHY, D.J., *Treaty and Covenant* (new edition) (1978), 368 pp.

*b*9353 PATRICK, D., «I and Thou in the Covenant Code», dans *Society of Biblical Literature. 1978 Seminar Papers* (en collab.) (1978), 71-86.

*b*9354 BEN-BARAK, Z., «The Mizpah Covenant (I Sam 10 25) - The Source of the Israelite Monarchic Covenant», ZAW 91 (1979) 30-43.

*b*9355 BRUEGGEMANN, W., «Trajectories in OT Literature and the Sociology of Ancient Israel», JBL 98 (1979) 161-185.

*b*9356 BRUEGGEMANN, W., «Covenanting as Human Vocation. A Discussion of the Relation of Bible and Pastoral Care», Interpr 33 (1979) 115-129.

*b*9357 LEVENSON, J.D., «The Davidic Covenant and Its Modern Interpreters», CBQ 41 (1979) 205-219.

*b*9358 MARBÖCK, J., «Bund und Gemeinde», BiLit 52 (1979) 112-120.

*b*9359 MICHAUD, R., *Moïse*. Histoire et théologie (Lire La Bible, 49) (Paris, Cerf, 1979), 193 pp.

*b*9360 SHERIFFS, D.C.T., «The Phrases *ina IGI DN* and *lipĕnēy Yhwh* in Treaty and Covenant Contexts», JNWSemL 7 (1979) 55-68.

*b*9361   VOGELS, W., *God's Universal Covenant.* A Biblical Study (Ottawa, Saint Paul University, University of Ottawa Press, 1979), xv-150 pp.

e) Nouveau Testament. New Testament. Neues Testament. Nuovo Testamento. Nuevo Testamento.

*b*9362   VAN UNNIK, W.C., «La conception paulinienne de la Nouvelle Alliance», dans *Littérature et théologie pauliniennes* (en collab.) (1960), 109-126, dans *Sparsa Collecta* (1973), I, 174-193.

*b*9363   EMERY, P.-Y., «L'alliance nouvelle», VC n° 81 (1967) 39-70.

*b*9364   MILLARD, A.R., «Covenant and Communion in First Corinthians», dans *Apostolic History and the Gospel* (en collab.) (1970), 242-248.

*b*9365   PRETORIUS, F.A.C., «*Diathêkê* in the Epistle to the Hebrews», dans *Ad Hebraeos* (en collab.), *Neotestamentica* 5 (1971) 37-50.

*b*9366   DEQUEKER, L., «Het Nieuwe Verbond bij Jeremia, bij Paulus en in de brief aan de Hebreën. *La nouvelle Alliance chez Jérémie, chez Paul et dans l'épître aux Hébreux*», Bijdr. 33 (1972) 234-261 (English summary).

*b*9367   DEISSLER, A., «Das christliche Bundesdenken», dans *Theologische Berichte III. Judentum und Kirche: Volk Gottes* (en collab.) (1974), 169-186.

*b*9368   SELB, W., «*Diathêkê* im Neuen Testament», dans *Studies in Jewish Legal History* (en collab.) (1974), 183-196.

*b*9369   LANG, F., «Abendmahl und Bundesgedanke im Neuen Testament», EvT 35 (1975) 524-538.

*b*9370   WAGNER, V., «Der Bedeutungswandel von *b*ᵉ*rīt h*ᵃ*dāšāh* bei der Ausgestaltung der Abendmahlsworte», EvT 35 (1975) 538-544.

*b*9371   STEWART, J.S., «The New Covenant», ExpTim 87 (1976) 175-176.

*b*9372   DUGANDZIC, I., *Das 'Ja' Gottes in Christus*, «Der neue und der alte 'Bund', 2 Kor 3,4-18» (1977), 88-127.

*b*9373   SANDERS, E.P., *Paul and Palestinian Judaism*, «Covenantal nomism in Paul» (1977), 511-515.

*b*9374   KUTSCH, E., *Neues Testament - Neuer Bund?* Eine Fehlübersetzung wird korrigiert (Neukirchen-Vluyn, Neukirchener Verlag, 1978), x-179 pp.

*b*9375   MALATESTA, E., *Interiority and Covenant.* A Study of *einai en* and *menein en* in the First Letter of Saint John (Analecta Biblica, 69) (Rome, Biblical Institute Press, 1978), 358 pp.

*b*9376   FEUILLET, A., «Les ouvriers envoyés à la vigne (Mt. XX,1-16)», RT 79 (1979) 5-24.

*b*9377   GROUPE DES DOMBES, *L'Esprit Saint, l'Église et les sacrements* (Taizé, Les Presses de Taizé, 1979), «Le témoignage de l'Écriture: Alliance, Esprit et Sacrements», 37-54.

*b*9378   HUGHES, J.J., «Hebrews ix 15ff. and Galatians iii 15ff.; a Study in Covenant Practice and Procedure», NT 21 (1979) 27-96.

*b*9379   HARTMAN, L., «Bundesideologie in und hinter einigen paulinischen Texten», dans *Die Paulinische Literatur und Theologie. The Pauline Literature and Theology* (en collab.) (1980), 103-118.

*b*9380   SCHENKER, A., «Unwiderrufliche Umkehr und neuer Bund. Vergleich zwischen der Wiederherstellung Israels in Dt 4,25-31; 30,1-14 und dem neuen Bund in Jer 31,31-34», FreibZ 27 (1980) 93-106.

*b*9381   SCHMID, H.H., «Ich will euer Gott sein, und ihr sollt mein Volk sein. Die sogenannte Bundesformel und die Frage nach der Mitte des Alten Testamentes», dans *Kirche. Festschrift für Günther Bornkamm* (en collab.) (1980), 1-25.

*b*9382   LOWE, W.J., «Cosmos and Covenant», Semeia 19 (1981) 107-112.

b9383   MEJIA, J., «La problématique de l'Ancienne et de la Nouvelle Alliance dans Jérémie
         xxxi 31-34 et quelques autres textes», dans *Congress Volume. Vienna 1980* (en collab.)
         (1981), 263-277.

b9384   CAZELLES, H., «La rupture de la Berît selon les Prophètes», dans *Essays in Honour of
         Yigael Yadin*, JJS 33 (1982) 133-144.

b9385   FISCH, H., «Ruth and the structure of covenant history», VT 32 (1982) 425-437.

b9386   LE GALL, R., «Structure de la rencontre eucharistique», RT 82 (1982) 415-435.

b9387   McCARTHY, D.J., «Covenant and Law in Chronicles-Nehemiah», CBQ 44 (1982)
         25-44.

b9388   NICHOLSON, E.W., «The covenant ritual in Exodus xxiv 3-8», VT 32 (1982) 74-86.

b9389   THOMPSON, N.H., «The Covenant Concept in Judaism and Christianity», AThR 64
         (1982) 502-524.

b9390   WISEMAN, D.J., «'Is it peace?' - Covenant and diplomacy», VT 32 (1982) 311-326.

b9391   ALEXANDER, T.D., «Genesis 22 and the Covenant of Circumcision», JSOT nº 25
         (1983) 17-22.

b9392   BRIEND, J., «L'espérance d'une alliance nouvelle», LV nº 165 (1983) 31-43.

b9393   McKENZIE, S.L., WALLACE, H.N., «Covenant Themes in Malachi», CBQ 45 (1983)
         549-563.

b9394   WOZNIAK, J., «Drei verschiedene literarische Beschreibungen des Bundes zwischen
         Jonathan und David», BA 27 (1983) 213-218.

f) Divers. Miscellaneous. Verschiedenes. Diversi. Diversos.

b9395   SCOTT, J.L., «The Covenant in the Theology of Karl Barth», SJTh 17 (1964) 182-198.

b9396   LYALL, F., «Of Metaphors and Analogies: Legal Language and Covenant Theology»,
         SJTh 32 (1979) 1-17.

Amour. Love. Liebe. Amore. Amor.

a) Études générales. General Studies. Allgemeine Studien. Studi generali. Estudios generales.

b9397   SALGUERO, J., «El mandamiento capital y las leyes específicas», CuBi 26 (1969)
         259-293.

b9398   PENNA, A., *Amore nella Bibbia* (Teologia Biblica, 1) (Brescia, Paideia Editrice, 1972),
         169 pp.

b9399   CAÑELLAS, G., «¿Una teología del amor?» BibFe 1 (1975) 125-137.

b9400   SALAS, A., «¿Amor a Dios o amor al prójimo? Respuesta de la Biblia», BibFe 1 (1975)
         110-124.

**b) Amour de Dieu pour les hommes. Love of God for Men. Liebe Gottes den menschen gegenüber.
Amore di Dio per gli uomini. Amor de Dios por los hombres.**

b9401   QUELLE, C., «Cristo, explosión del Dios amoroso», BibFe 1 (1975) 82-94.

b9402   SAENZ DE SANTA MARIA, M., «El cosmos como expresión del amor divino», BibFe
         1 (1975) 21-33.

b9403   SPICQ, C., *L'amour de Dieu révélé aux hommes dans les écrits de saint Jean* (1978), «La
         charité dans le quatrième évangile», 17-98; «La charité dans les épîtres de saint Jean»,
         99-158; «La charité dans l'Apocalypse», 159-172; «Synthèse doctrinale», 173-202.

b9404   MORRIS, L., *Testaments of Love*. A Study of Love in the Bible (Grand Rapids,
         Eerdmans, 1981), x-298 pp.

b9405   SCHLINK, E., *Ökumenische Dogmatik*, «Der sich schenkende Gott» (1983), 774-787.

c) Amour du prochain. Love of Neighbor. Nächstenliebe. Amore del prossimo. Amor al prójimo.

b9406   FUCHS, P.J., «El amor de Dios y del prójimo», CuBi 11 (1954) 21-24.
b9407   BETZ, O., «Die notwendigen und die unnützen Fronten. Jesu Weisungen über Nächstenliebe, Vergebung und Feindesliebe», BiKi 24 (1969) 78-81.
b9408   DEMMER, K., «Mitmenschichkeit - ein neues Wort für eine zeitgemässe Nächstenliebe», BiKi 24 (1969) 85-88.
b9409   GALOT, J., «Qu'il soit pour toi comme le païen et le publicain», NRT 96 (1974) 1009-1030.
b9410   VON RAD, G., *Gottes Wirken in Israel*, «Bruder und Nächster im Alten Testament» (1974), 238-249.
b9411   COLLEDGE, E., WALSH, J., «When you pray... To become the children of God», Way 16 (1976) 146-154.
b9412   PASQUIER, J., «Healing relationships», Way 16 (1976) 208-215.
b9413   STANLEY, D.M., «Power and Weakness. Dialectic of Healing within the Healing Community», Way 16 (1976) 176-188.
b9414   DACQUINO, P., «L'autentica carità cristiana», BibOr 19 (1977) 41-44.
b9415   EULENSTEIN, R., «Und wer ist mein Nächster?» TGl 67 (1977) 127-145.
b9416   LÉGASSE, S., «L'étendue de l'amour interhumain d'après le Nouveau Testament: limites et promesses», RTL 8 (1977) 137-159.
b9417   GALOT, J., «Gesù e il progetto di una società fraterna», CC 4 (1978) 342-353.
b9418   ESPINEL, J.L., «Fundamentación del amor evangélico», CuBi 36 (1979) 163-172.
b9419   LÉGASSE, S., «Interhuman love: New Testament limits and promise», TDig 27 (1979) 9-13.
b9420   OUTKA, G., «On Harming Others», Interpr 34 (1980) 381-393.
b9421   PERLITT, L., «'Ein einzig Volk von Brüdern'. Zur deuteronomischen Herkunft der biblischen Bezeichnung 'Bruder'», dans *Kirche*. Festschrift für Günther Bornkamm (en collab.) (1980), 27-52.
b9422   SCHÜRMANN, H., «Christliche Weltverantwortung im Lichte des Neuen Testaments», Catho 34 (1980) 87-110.

d) Amour des ennemis. Enemy Love. Feindesliebe. Amore dei nemici. Amor a los enemigos.

b9423   HERRANZ, A., «Amor a los enemigos», CuBi 11 (1954) 12-20.
b9424   VAN UNNIK, W.C., «Die Motivierung der Feindesliebe in Lukas vi 32-35», NT 8 (1966) 284-300, dans *Placita Pleiadia* (en collab.) (Leiden, Brill, 1966), 284-300, dans VAN UNNIK, W.C., *Sparsa Collecta* (1973), I, 111-126.
b9425   PIPER, J., *'Love your enemies'* (1979), «The Old Testament», 27-35; «The Teaching of Jesus», 49-63; «Matthew's Use of the Gospel Tradition of Jesus' Command of Enemy Love», 141-152; «Luke's Use of the Gospel Tradition of Jesus' Command of Enemy Love», 153-170.

e) Judaïsme. Judaism. Judentum. Giudaismo. Judaísmo.

b9426   NISSEN, A., *Gott und der Nächste im antiken Judentum*. Untersuchungen zum Doppelgebot der Liebe (Wissenschaftliche Untersuchungen zum Neuen Testament, 15) (Tübingen, Mohr, 1974), xii-587 pp.

*b*9427 PELLETIER, A., «La Philanthropia de tous les jours chez les écrivains juifs hellénisés», dans *Mélanges offerts à Marcel Simon* (en collab.) (1978), 35-44.

*b*9428 PIPER, J., *'Love your enemies'* (1979), «Qumran and Works in the Region of its Influence», 39-45; «Palestinian Judaism outside Qumran», 45-49.

*b*9429 DAVIES, A.T., «Love and Law in Judaism and Christianity», AThR 64 (1982) 454-466.

*b*9430 SHERWIN, B.L., «Law and Love in Jewish Theology», AThR 64 (1982) 467-480.

f) Ancien Testament. Old Testament. Altes Testament. Antico Testamento. Antiguo Testamento.

*b*9431 GANCHO, C., «Panorama del amor», CuBi 17 (1960) 1-13.

*b*9432 LOHFINK, N., «Il 'comandamento primo' nell'Antico Testamento», BibOr 7 (1965) 49-60.

*b*9433 GEORGE, S., «Philanthropie im Buch der Weisheit», BiLeb 11 (1970) 189-198.

*b*9434 ALONSO DIAZ, J., «La experiencia de Job en la órbita del amor de Dios», BibFe 1 (1975) 66-81.

*b*9435 BITTER, S., *Die Ehe des Propheten Hosea* (Göttingen, Vandenhoeck & Ruprecht, 1975), 251 pp.

*b*9436 WALKER, L.L., «'Love' in the Old Testament: Some Lexical Observations», dans *Current Issues in Biblical and Patristic Interpretation* (en collab.) (1975), 277-288.

*b*9437 HABEL, N., «'Only the Jackal Is My Friend'. On Friends and Redeemers in Job», Interpr 31 (1977) 227-236.

*b*9438 THOMPSON, J.A., «Israel's 'lovers'», VT 27 (1977) 475-481.

*b*9439 RICHTER, H.-F., *Geschlechtlichkeit, Ehe und Familie im Alten Testament und seiner Umwelt*. Teil I (Beiträge zur biblischen Exegese und Theologie, 10) (Bern, Frankfurt/M., Las Vegas, Peter Lang, 1978), 204 pp.

*b*9440 SAKENFELD, K.D., *The Meaning of Hesed in the Hebrew Bible*. A New Inquiry (Harvard Semitic Museum. Harvard Semitic Monographs, 17) (Missoula, Scholars Press, 1978), 263 pp.

*b*9441 WHITE, J.B., *A Study of the Language of Love in the Song of Songs and Ancient Egyptian Poetry* (SBL Dissertation Series, 38) (Missoula, Scholars Press, 1978), 217 pp.

*b*9442 KRINETZKI, G., «Die Freundschaftsperikope Sir 6,5-17, in traditionsgeschichtlicher Sicht», BZ 23 (1979) 212-233.

*b*9443 LYS, D., «Le cantique des cantiques, pour une sexualité non-ambiguë», LV no 144 (1979) 39-53.

*b*9444 MURPHY, R., «Un modèle biblique d'intimité humaine, le Cantique des Cantiques», Conci no 141 (1979) 93-99.

*b*9445 ADINOLFI, M., «La coppia nel Cantico dei Cantici», BibOr 22 (1980) 3-29.

*b*9446 SPLETT, J., «'Du bist schön, meine Freundin...' Liebe als Geschenk Gottes und Zeichen des Bundes», GeistL 54 (1981) 422-431.

*b*9447 FOX, M.V., «Love, Passion, and Perception in Israelite and Egyptian Love Poetry», JBL 102 (1983) 219-228.

*b*9448 LANDY, F., «Eros and Hieros in the Song of Songs», HeyJ 24 (1983) 301-307.

g) Nouveau Testament. New Testament. Neues Testament. Nuovo Testamento. Nuevo Testamento.

1) Études générales. General Studies. Allgemeine Studien. Studi generali. Estudios generales.

*b*9449 GRANT, F.C., «Agape, not Eros - nor Caritas», AThR 37 (1955) 67-73.

*b*9450 LILLIE, W., «The Christian Conception of Love», SJTh 12 (1959) 225-242.

*b*9451 LILLIE, W., «Dilige et Quod Vis Fac», SJTh 18 (1965) 444-456.

*b*9452   GNILKA, J., «Zur Liebe befreit», BiLeb 8 (1967) 145-148.

*b*9453   PAVELSKY, R.L., «The Commandment of Love and the Christian Clinical Psychologist», SBT 3 (1973) 57-65.

*b*9454   SAENZ GALACHE, M., «Las 'exigencias' del amor cristiano», BibFe 1 (1975) 95-109.

*b*9455   ERNST, W., «Zur Begründung christlicher Sittlichkeit», StMor 14 (1976) 9-46.

*b*9456   LOSS, N.M., «Amore d'amicizia nel Nuovo Testamento. Contributo ad uno studio lessicologico e religioso sull'uso neotestamentario di *philos, phileô* e loro derivati, e dei loro composti», Sal 39 (1977) 3-55.

*b*9457   SCHÜRMANN, H., «Neutestamentliche Marginalien zur Frage nach der Institutionalität, Unauflösbarkeit und Sakramentalität der Ehe», StMor 16 (1978) 31-45.

*b*9458   GILBERT, B., *New Testament Agape* (Lutterworth, UK, One Step Forward, 1979), 95 pp.

*b*9459   KILGALLEN, J., «L'intimité et le Nouveau Testament», Conci n° 141 (1979) 101-108.

*b*9460   FERGUSON, J., *The Politics of Love*. The New Testament and Non-Violent Revolution (Greenwood, SC, Press Attic Press, no date), x-122 pp.

*b*9461   KILPATRICK, G.D., «*Agapê* as love-feast in the New Testament», dans *Parola e Spirito* (en collab.) (1982), 157-162.

*b*9462   PERKINS, P., *Love Commands in the New Testament* (New York-Ramsey, NJ, Paulist, 1982), v-130 pp.

2) **Évangiles. Gospels. Evangelien. Vangeli. Evangelios.**

Études générales. General Studies. Allgemeine Studien. Studi generali. Estudios generales.

*b*9463   PESCH, W., «Das Höchste aber ist die Liebe. Das Liebesgebot in der Verkündigung Jesu», BiKi 19 (1964) 85-89.

*b*9464   VILLEGAS, M., «El amor, 9,15]esperanza o realidad lograda? Vida cristiana e ideal evangélico», BiFe 1 (1975) 5-20.

*b*9465   GALOT, J., «L'amicizia, valore evangelico», CC 3 (1977) 113-126.

Évangiles synoptiques. Synoptic Gospels. Synoptische Evangelien.
Vangeli sinottici. Evangelios sinópticos.

*b*9466   SPICQ, C., *Agapè dans le Nouveau Testament*, «La Charité dans les synoptiques», I (1958), 11-184.

*b*9467   RAMAROSON, L., «Comme 'Le Bon Samaritain', ne chercher qu'à aimer (Lc 10,29-37)», Bibl 56 (1975) 533-536.

*b*9468   FRIEDRICH, J., *Gott im Bruder?* Eine methodenkritische Untersuchung von Redaktion, Überlieferung und Traditionen in Mt 25,31-46 (Calwer Theologische Monographien, Reihe A: Bibelwissenschaft, 7) (Stuttgart, Calwer, 1977), 196 pp.

*b*9469   FEUILLET, A., «Le caractère universel du jugement et la charité sans frontières en *Mt* 25,31-46», NRT 102 (1980) 179-196.

Jean. John. Johannes. Giovanni. Juan.

*b*9470   DE VILLAPADIERNA, C., «Teología del amor en S. Juan», CuBi 12 (1955) 265-271.

*b*9471   SPICQ, C., *Agapè dans le Nouveau Testament*, «La charité dans le Quatrième Évangile», III (1959), 125-218; «*Philein, philos* et *agapan* dans les Écrits johanniques», III (1959), 219-245.

b9472   LATTKE, M., *Einheit im Wort*. Die spezifische Bedeutung von *agapē, agapan* und *philein* im Johannesevangelium (Studien zum Alten und Neuen Testament, 41) (München, Kösel, 1975), 279 pp.

b9473   CAPDEVILA I MONTANER, V.-M., «Les característiques de la caritat en Sant Joan», EstF 78 (1977) 413-454.

b9474   MINEAR, P.S., «The Beloved Disciple in the Gospel of John. Some Clues and Conjectures», NT 19 (1977) 105-123.

b9475   MORRIS, L., «Love in the Fourth Gospel», dans *Saved by Hope* (en collab.) (1978), 27-43.

b9476   SPICQ, C., *L'amour de Dieu révélé aux hommes dans les écrits de saint Jean* (1978), «La charité dans le quatrième évangile», 17-98; «La charité dans les épîtres de saint Jean», 99-158; «La charité dans l'Apocalypse», 159-172.

b9477   MALATESTA, E., «The Love the Father has given us», Way 22 (1982) 155-163.

b9478   SCHRAGE, W., *Ethik des Neuen Testaments*, «Das Gebot der Bruderliebe in den johanneischen Schriften» (1982), 280-301.

b9479   SEGOVIA, F.F., *Love Relationships in the Johannine Tradition. Agape/Agapan* in I John and the Fourth Gospel (SBL Dissertation Series, 58) (Missoula, Montana, Scholars Press, 1982), xiii-319 pp.

3) Paul. Paulus. Paolo. Pablo.

b9480   BARR, A., «Love in the Church: A Study of First Corinthians, Chapter 13», SJTh 3 (1950) 416-425.

b9481   SPICQ, C., *Agapè dans le Nouveau Testament*, «Le substantif *agapê* dans les Épîtres de saint Paul», II (1959), 9-269; «Conclusion: La morale paulinienne de l'amour», II (1959), 271-305.

b9482   FRIEDRICH, G., «Freiheit und Liebe im ersten Korintherbrief», TZ 26 (1970) 80-98, dans *Auf das Wort kommt es an* (1978), 171-188.

b9483   NOYEN, C., «Foi, charité, espérance et 'connaissance' dans les Épîtres de la Captivité», NRT 94 (1972) 897-911, 1031-1052.

b9484   STENDAHL, K., *Paul Among Jews and Gentiles and Other Essays*, «Love Rather Than Integrity» (1976), 52-67.

b9485   SMEDES, L.B., *Love Within Limits*. A Realist's View of 1 Corinthians 13 (Grand Rapids, Michigan, Eerdmans, 1978), xii-135 pp.

b9486   BURINI, C., «Les 'vieillards', 'nos parents' dans l'Église de Dieu 1 Tm 5,1-2», dans *Paul de Tarse, apôtre de notre temps* (en collab.) (1979), 697-720.

b9487   LYONNET, S., «Agapè et charismes selon 1 Co 12,31», dans *Paul de Tarse, apôtre de notre temps* (en collab.) (1979), 509-527.

b9488   LYONNET, S., «La charité plénitude de la loi (Rm 13,8-10)», dans *Dimensions de la vie chrétienne (Rm 12-13)* (en collab.) (1979), 151-163.

b9489   COLLANGE, J.-F., *De Jésus à Paul*, «L'amour» (1980), 129-161.

b9490   PEDERSEN, S., «Agape - der eschatologische Hauptbegriff bei Paulus», dans *Die Paulinische Literatur und Theologie. The Pauline Literature and Theology* (en collab.) (1980), 159-186.

b9491   DEIDUN, T.J., *New Covenant Morality in Paul* (Analecta Biblica, 89) (Rome, Biblical Institute Press, 1981), xiv-297 pp.

b9492   WISCHMEYER, O., «Traditionsgeschichtliche Untersuchung der paulinischen Aussagen über die Liebe (*agapê*)», ZNW 74 (1983) 222-236.

4) Autres livres du N.T. - Other Books of the N.T. - Sonstige Bücher des N.T.
Altri libri del N.T. - Otros libros del N.T.

*b*9493   FUCHS, J., «El amor de Dios en la Epístola I de S. Juan», CuBi 12 (1955) 238-240.

*b*9494   SPICQ, C., *Agapè dans le Nouveau Testament*, «L'Épître de saint Jacques et les Actes des
           Apôtres», I (1958), 187-207; «*Agapê-agapan* dans les Épîtres de saint Pierre et de saint
           Jude», II (1959), 307-358; «La charité dans l'Apocalypse», III (1959), 111-124; «L'agapè
           dans les Épîtres de saint Jean», III (1959), 246-312.

*b*9495   MENESTRINA, G., «*Agapê*, nelle Lettere di Giovanni», BibOr 19 (1977) 77-80.

*b*9496   VELLANICKAL, M., *The Divine Sonship of Christians in the Johannine Writings*,
           «Love: the Expression of the Life of Divine Sonship (1 Jn 3:10-12; 4:7-8)» (1977),
           295-316.

*b*9497   PIPER, J., «Hope as the Motivation of Love: I Peter 3:9-12», NTS 26 (1980) 212-231.

*b*9498   SEGOVIA, F.F., *Love Relationships in the Johannine Tradition. Agape/Agapan* in I John
           and the Fourth Gospel (SBL Dissertation Series, 58) (Missoula, Montana, Scholars
           Press, 1982), xiii-319 pp.

h) Divers. Miscellaneous. Verschiedenes. Diversi. Diversos.

*b*9499   CRONBACH, A., «The Social Ideals of the Apocrypha and the Pseudepigrapha»,
           HUCA 18 (1944) 119-156.

*b*9500   D'ARCY, M.C., «The Power of Caritas and the Holy Spirit», ErJb 1952 21 (1953)
           285-324.

*b*9501   WISCHMEYER, O., «Vorkommen und Bedeutung von *Agape* in der ausserchristlichen
           Antike», ZNW 69 (1978) 212-238.

*b*9502   SEGOVIA, F.F., «The Love and Hatred of Jesus and Johannine Sectarianism», CBQ 43
           (1981) 258-272.

Anciens. Ancients. Älteste. Anziani. Antepasados.

*b*9503   BARNAUD, J., «Le Presbytérianisme des origines», ETR 5 (1930) 227-248.

*b*9504   CADIER, J., «Pasteurs et Anciens», ETR 21 (1946) 230-234.

*b*9505   LEENHARDT, H., «Presbytérat et pastorat», ETR 21 (1946) 235-245.

*b*9506   VON ALLMEN, J.-J., «Le ministère des anciens», n° 71-72 (1964) 214-256.

*b*9507   KLENGEL, H., «Die Rolle der 'Ältesten' (LU^MEŠŠU. GI) im Kleinasien der
           Hethiterzeit», ZA 57 (1965) 223-236.

*b*9508   REVIV, H., «Elders and 'Saviors'», OrAnt 16 (1977) 201-204.

*b*9509   BETTENZOLI, G., «Gli 'Anziani di Israele'», Bibl 64 (1983) 47-73.

*b*9510   BETTENZOLI, G., «Gli 'Anziani' in Giuda», Bibl 64 (1983) 211-224.

*b*9511   HOPPE, L.J., «Elders and Deuteronomy: A Proposal», ET 14 (1983) 259-272.

Anges. Angels. Engel. Angeli. Angeles.

a) Judaïsme. Judaism. Judentum. Giudaismo. Judaísmo.

*b*9512   KAPLAN, C., «The Angel of Peace, Uriel, Metatron», AThR 13 (1931) 306-313.

*b*9513   LANDSBERGER, F., «The Origin of the Winged Angel in Jewish Art», HUCA 20
           (1947) 227-254.

*b*9514   BISHOP, E.F.F., «Angelology in Judaism, Islam and Christianity», AThR 46 (1964)
           142-154.

*b*9515   SIMON, M., «Remarques sur l'angélolâtrie Juive au Début de l'Ère Chrétienne (*Comptes rendus de l'Académie des Inscriptions & Belles-Lettres*, Paris 1971, 120-134)», dans SIMON, M., *Le Christianisme antique et son contexte religieux* (1981), 450-464.

*b*9516   DEY, L.K.K., *The Intermediary World and Patterns of Perfection in Philo and Hebrews* (SBL Dissertation Series, 25) (Missoula, Montana, Scholars Press, 1975), vii-239 pp.

*b*9517   NIKIPROWETZKY, V., «Note sur l'interprétation littérale de la loi et sur l'angélologie chez Philon d'Alexandrie», dans *Mélanges André Neher* (en collab.) (1975), 181-190.

*b*9518   SCHÄFER, P., *Rivalität zwischen Engeln und Menschen*. Untersuchungen zur rabbinischen Engelvorstellung (Studia Judaica, 8) (Berlin, De Gruyter, 1975), xiv-280 pp.

*b*9519   DELCOR, M., «Le mythe de la chute des anges et de l'origine des géants comme explication du mal dans le monde, dans l'apocalyptique juive. Histoire des traditions», RHR 190 (1976) 3-53.

*b*9520   KOLENKOW, A.B., «The Angelology of the Testament of Abraham», dans *Studies on the Testament of Abraham* (en collab.) (1976), 153-162.

*b*9521   BROWNLEE, W.H., «The cosmic role of angels in the 11Q Targum of Job», JStJud 8 (1977) 83-84.

*b*9522   CHARLESWORTH, J.H., «The Portrayal of the Righteous as an Angel», dans *Ideal Figures in Ancient Judaism* (en collab.) (1980), 135-151.

*b*9523   STROUMSA, G.G., «Le couple de l'Ange et de l'Esprit: traditions juives et chrétiennes», RB 88 (1981) 42-61.

*b*9524   GASTON, L., «Angels and Gentiles in early Judaism and in Paul», SR 11 (1982) 65-75.

b) Ancien Testament. Old Testament. Altes Testament. Antico Testamento. Antiguo Testamento.

*b*9525   LANDSBERGER, F., «The Origin of the Winged Angel in Jewish Art», HUCA 20 (1947) 227-254.

*b*9526   RÜD, A., «St. Michael in der Bibel», BiKi 9 (1954) 111-113.

*b*9527   SEEMANN, M., «Die Engel im Alten Testament», dans *Mysterium Salutis* (en collab.) (1964), II, 954-964.

*b*9528   SEEMANN, M., «Die Engel im Zeugnis der Schrift», dans *Mysterium Salutis* (en collab.) (1967), 954-975.

*b*9529   FÜGLISTER, N., «Ein altisraelitisches Theologumenon: der Jahweengel», dans *Mysterium Salutis* (en collab.) (1970), III.1, 177-180.

*b*9530   DION, P.-E., «Les deux principales formes de l'angélologie de l'Ancien Testament dans leur cadre oriental», SE 28 (1976) 64-82.

*b*9531   DION, P.-E., «Raphaël l'Exorciste», Bibl 57 (1976) 399-413.

*b*9532   CUNCHILLOS, J.-L., «Étude philologique de *mal'āk*. Perspectives sur le *mal'āk* de la divinité dans la Bible hébraïque», dans *Congress Volume. Vienna 1980* (en collab.) (1981), 30-51.

*b*9533   KIRCHSCHLÄGER, W., «Engel, Teufel, Dämonen», BiLit 54 (1981) 98-102.

*b*9534   MACH, M., «Tora-Verleihung durch Engel», dans *Das Alte Testament als geistige Heimat* (en collab.) (1982), 51-70.

c) Nouveau Testament. New Testament. Neues Testament. Nuovo Testamento. Nuevo Testamento.

*b*9535   MANTEL, A., «Die Dienste der Engel nach der Apokalypse des Johannes», BiLeb 2 (1961) 59-64.

*b*9536   SEEMANN, M., «Die Engel nach dem Neuen Testament», dans *Mysterium Salutis* (en collab.) (1967), II, 964-975.

b9537   HEUFELDER, E.M., «Die Engel, Abbilder des Heiligen Geistes», IKZCommunio 2
         (1973) 566-569.
b9538   CAMBE, M., «Puissances célestes (littérature paulinienne)», SDB 9 (1975) col. 336-381.
b9539   COKE, P.T., «The Angels of the Son of Man», dans *Probleme der Forschung* (SNTU
         Serie A, Band 3) (1978), 91-98.
b9540   GEORGE, A., «Les anges», dans *Études sur l'oeuvre de Luc* (1978), 149-183.
b9541   YATES, R., «Christ and the Powers of Evil in Colossians», dans *Studia Biblica 1978* (en
         collab.) (1980), III, 461-468.
b9542   ROWLAND, C., «The Vision of the Risen Christ in Rev. i.13ff: The Debt of an Early
         Christology to an Aspect of Jewish Angelology», JTS 31 (1980) 1-11.
b9543   CARR, W., *Angels and Principalities.* The background, meaning and development of the
         Pauline phrase *hai archai kai hai exousiai* (Society for New Testament Studies
         Monograph Series, 42) (Cambridge, UK, Cambridge University Press, 1981), xii-242 pp.
b9544   GASTON, L., «Angels and Gentiles in early Judaism and in Paul», SR 11 (1982) 65-75.
b9545   BENOIT, P., «Pauline Angelology and Demonology. Reflexions on the Designations of
         the Heavenly Powers and on the Origin of Angelic Evil According to Paul», RelStB 3
         (1983) 1-18.
b9546   TESTA, E., «L'Angelologia dei Giudeo-Cristiani», StBiFranc 33 (1983) 273-302.

d) Divers. Miscellaneous. Verschiedenes. Diversi. Diversos.

b9547   CULIANU, I.P., «Les anges des peuples et la question des origines du gnosticisme», dans
         Gnosticisme et monde hellénistique (1980), 51.
b9548   SCOPELLO, M., «Le mythe de la chute des anges dans l'*Apocryphon de Jean* (II.I) de
         Nag Hammadi», RevSR 54 (1980) 220-230.
b9549   BEYLOT, R., «Une tradition éthiopienne sur la chute des anges», Sem. 32 (1982)
         121-125.

Anne. Anna. Ana.

b9550   FIGUERAS, P., «Syméon et Anne, ou le témoignage de la loi et des prophètes», NT 20
         (1978) 84-99.

Annonce. Announcement. Ankündigung. Annuncio. Anuncio.

b9551   MARTINI, C.M., *La parola di Dio alle origini della Chiesa*, «Il vocabulario
         dell'annuncio nell'Antico e nel Nuovo Testamento (Contributo allo studio semantico di
         higgid e affini)» (1980), 307-325.

Apostolat. Apostolate. Apostelamt. Apostolato. Apostolado.

a) Évangiles synoptiques. Synoptic Gospels. Synoptische Evangelien. Vangeli sinottici. Evangelios sinópticos.

b9552   KNOR, J., «Christus, Erzieher der Apostel», BiKi 13 (1958) 48-51.
b9553   CARREZ, M., «Apostolat et peuple de Dieu dans les Synoptiques», VC no 71-72 (1964)
         42-55.
b9554   MINEAR, P.S., *To Heal and to Reveal*, «The Apostles as Prophets like Jesus» (1976),
         122-147.

b9555 NELLESSEN, E., *Zeugnis für Jesus und das Wort*, «Apostel und Jünger als Zeugen» (1976), 76-211.

b9556 ROVIRA TENAS, J., *Jesús contra el sistema* (Bilbao, Desclée de Brouwer, 1976), 102 pp.

b9557 BUHNER, J.-A., *Der Gesandte und sein Weg im 4. Evangelium*. Die kultur- und religionsgeschichtlichen Grundlagen der johanneischen Sendungschristologie sowie ihre traditionsgeschichtliche Entwicklung (Wissenschaftliche Untersuchungen zu Neuen Testament, Reihe 2, Band 2) (Tübingen, Mohr, 1977), viii-486 pp.

b9558 BEST, E., «Mark's Use of the Twelve», ZNW 69 (1978) 11-35.

b9559 MARTINI, C.M., *L'evangelizzatore in San Luca*. Meditazioni³ (Milano, Editrice Ancora, 1981), 189 pp.

b) Paul. Paulus. Paolo. Pablo.

b9560 DAHL, N.A., *Studies in Paul*, «The Missionary Theology in the Epistle to the Romans» (1956), 70-88.

b9561 FERRIER-WELTY, M., «La transmission de l'Évangile. Recherche sur la relation personnelle dans l'Église d'après les épîtres pastorales», ETR 32 (1957) 75-135.

b9562 BALAGUE, M., «La entrega, nota característica del verdadero apóstol. El fundamento de la espiritualidad paulina», CuBi 22 (1965) 271-278.

b9563 SCHNACKENBURG, R., «Apostles Before and During Paul's Time», dans *Apostolic History and the Gospel* (en collab.) (1970), 287-303.

b9564 DRANE, J.W., *Paul Libertine or Legalist?* «The Apostles» (1975), 144-145.

b9565 BAUM, H., *Mut zum Schwachsein - in Christi Kraft*. Theologische Grundelemente einer missionarischen Spiritualität anhand 2 Kor (Studia Instituti Missiologici, Societas Verbi Divini, 17) (St. Augustin, Steyler, 1977), xxvi-254 pp.

b9566 CHARLIER, C., *Le christianisme*, «Le témoignage de Paul de Tarse» (1979), I, 69-83.

b9567 DESCAMPS, A.-L., «Paul, Apôtre de Jésus-Christ», dans *Paul de Tarse, apôtre de notre temps* (en collab.) (1979), 25-60.

b9568 PESCE, M., «Christ did not send me to baptize, but to evangelize (1 Co 1,17a)», dans *Paul de Tarse, apôtre de notre temps* (en collab.) (1979), 339-362.

b9569 ROSSANO, P., «La communication de l'Évangile selon saint Paul», dans *Paul de Tarse, apôtre de notre temps* (en collab.) (1979), 641-654.

b9570 FUCHS, E., «La faiblesse, gloire de l'apostolat selon Paul (Étude sur 2 Co 10-13)», ETR 55 (1980) 231-253.

b9571 LOWE, H., «Bekenntnis, Apostelamt und Kirche im Kolosserbrief», dans *Kirche*. Festschrift für Günther Bornkamm (en collab.) (1980), 299-314.

b9572 RICHARDSON, P., «Pauline Inconsistency: I Corinthians 9:19-23 and Galatians 2:11-14», NTS 26 (1980) 347-362.

b9573 LOHFINK, G., «Paulinische Theologie in der Rezeption der Pastoralbriefe», dans *Paulus in den neutestamentlichen Spätschriften* (en collab.) (1981), 70-121.

b9574 SABOURIN, L., «Paul and his Thought in Recent Research. Paul as apostle», RelStB 2 (1982) 63-73.

c) Autres livres du N.T. - Other Books of the N.T. - Sonstige Bücher des N.T.
Altri libri del N.T. - Otros libros del N.T.

b9575 DUPONT, J., «L'apôtre comme intermédiaire du salut dans les Actes des Apôtres», RTP 112 (1980) 342-358.

*b*9576 PFITZNER, V.C., «'Pneumatic' Apostleship? Apostle and Spirit in the Acts of the Apostles», dans *Wort in der Zeit* (en collab.) (1980), 210-235.

*b*9577 ZUMSTEIN, J., «L'apôtre comme martyr dans les Actes de Luc», RTP 112 (1980) 371-390.

d) Succession apostolique. Apostolic Succession. Apostolische Nachfolge. Successione apostolica. Sucesión apostólica.

*b*9578 CROCKER, J., «The Apostolic Succession in the Light of the History of the Primitive Church», AThR 18 (1936) 1-21.

*b*9579 MARGOT, J.-C., «L'apostolat dans le Nouveau Testament et la succession apostolique», VC no 43 (1957) 213-225.

*b*9580 BONNARD, P., «Le N.T. connaît-il la transmission d'une fonction apostolique?» VC no 58 (1961) 132-137.

*b*9581 COLSON, J., «La succession apostolique au niveau du premier siècle», VC no 58 (1961) 138-172.

*b*9582 MARTELET, G., «Éléments transmissibles et intransmissibles de la succession apostolique», VC no 58 (1961) 185-198.

*b*9583 STADLER, K., «Les successeurs des apôtres d'après le Nouveau Testament», VC no 71-72 (1964) 67-83.

e) Apocryphes. Apocrypha. Apokryphen. Apocrifi. Apócrifos.

*b*9584 BOVON, F., «La vie des apôtres: traditions bibliques et narrations apocryphes», dans *Les Actes apocryphes des apôtres* (en collab.) (1981), 141-158.

*b*9585 JUNOD, É., «Origène, Eusèbe et la tradition sur la répartition des champs de mission des apôtres (Eusèbe, HE III,1,1-3)», dans *Les Actes apocryphes des apôtres* (en collab.) (1981), 233-248.

*b*9586 KAESTLI, J.-D., «Les scènes d'attribution des champs de mission et de départ de l'apôtre dans les Actes apocryphes», dans *Les Actes apocryphes des apôtres* (en collab.) (1981), 249-264.

*b*9587 PRIEUR, J.-M., «La figure de l'apôtre dans les Actes apocryphes d'André», dans *Les Actes apocryphes des apôtres* (en collab.) (1981), 121-139.

f) Divers. Miscellaneous. Verschiedenes. Diversi. Diversos.

*b*9588 HARLÉ, P.-A., «La Notion biblique d'apostolicité», ETR 40 (1965) 133-148.

*b*9589 LITTLE, P.E., «Some Reflections on Evangelism in the New Testament», dans *Current Issues in Biblical and Patristic Interpretation* (en collab.) (1975), 318-323.

*b*9590 AGNEW, F., «On the Origin of the Term *Apostolos*», CBQ 38 (1976) 49-53.

*b*9591 DOCKX, S., «L'évolution sémantique du terme Apôtre», dans *Chronologies néotestamentaires et Vie de l'Église primitive* (1976), 255-263.

*b*9592 SCHÜRMANN, H., «Engagiert im Engagement Gottes. Besinnung auf die Mitte», GeistL 50 (1977) 166-178.

*b*9593 SANDMEL, S., *Judaism and Christian Beginnings*, «Proselytizing» (1978), 228-235.

*b*9594 SCHUMACHER, J., *Der apostolische Abschluss der Offenbarung Gottes* (Freiburger theologische Studien, 114) (Freiburg, Herder, 1979), 336 pp.

*b*9595 TESTA, E., «L'investitura della funzione apostolica per mezzo di apocalisse», StBiFranc 30 (1980) 137-158.

Arche d'Alliance. Arch of the Alliance. Bundeslade. Arca dell' Alleanza. Arca de la Alianza.

b9596   MORGENSTERN, J., «The Ark, the Ephod, and the Tent of Meeting», HUCA 17 (1942-43) 153-266; 18 (1944) 1-52.

b9597   HARAN, M., «The Ark of the Covenant and the Cherubs», ErIs 5 (1958) 83-90 (English summary).

b9598   FOHRER, G., «Die alttestamentliche Ladeerzählung», JNWSemL 1 (1971) 23-31.

b9599   DAVIS, P.R., «The History of the Ark in the Books of Samuel», JNWSemL 5 (1977) 9-18.

b9600   GÖRG, M., «Eine neue Deutung für kăpporaet», ZAW 89 (1977) 115-118.

b9601   DE TARRAGON, J.-M., «David et l'arche: II Samuel, VI», RB 86 (1979) 514-523.

b9602   DE ROBERT, P., «Arche et guerre sainte», ETR 56 (1981) 51-53.

b9603   MEYERS, C.L., MEYERS, E.M., «The Ark in Art: A Ceramic Rendering of the Torah Shrine from Nabratein», ErIs 16 (1982) 176*-185*.

b9604   HOBERMAN, B., «The Ethiopian Legend of the Ark», BA 46 (1983) 113-114.

Argent. Money. Geld. Denaro. Dinero.

b9605   ELLUL, J., «L'argent», ETR 27, no 4 (1952) 25-66.

b9606   NEUFELD, E., «The Prohibitions against Loans at Interest in Ancient Hebrew Laws», HUCA 26 (1955) 355-412.

b9607   MARTIN, R.P., Worship in the Early Church, «'Concerning the Collection' - Christian Stewardship» (1964), 77-86.

b9608   GAMORAN, H., «Talmudic Usury Laws and Business Loans», JStJud 7 (1976) 129-142.

b9609   DERRETT, J.D.M., «The Rich Fool: A Parable of Jesus concerning Inheritance», HeyJ 18 (1977) 131-151, dans DERRETT, J.D.M., Studies in the New Testament (1978), II, 99-120.

b9610   STÖGER, A., «Das Finanzwesen der Urkirche», BiLit 50 (1977) 96-103.

b9611   BROWN, J.F., «Proverb-Book, Gold-Economy, Alphabet», JBL 100 (1981) 169-191.

b9612   DE CHALENDAR, X., «L'argent. Matthieu 19,30-20,16», CHR 28 (1981) 450-456.

Ascèse. Ascetism. Askese. Ascetica. Ascética.

b9613   BROCK, S.P., «Early Syrian Asceticism», Numen 20 (1973) 1-19.

Asile (droit d'). Right of sanctuary. Asylrecht. Asilo.

b9614   SEYRIG, H., «Les rois Séleucides et la concession de l'asylie», Syr. 20 (1939) 35-39.

b9615   ALT, A., «Eine christliche Asylinschrift aus dem Ostjordanland?» ZDPV 68 (1946-51) 246-248.

b9616   SEYRIG, H., «Tessère relative à l'asylie de Tyr», Syr. 28 (1951) 225-228.

b9617   MILGROM, J., «Sancta contagion and altar/city asylum», dans Congress Volume. Vienna 1980 (en collab.) (1981), 278-310.

Attente. Waiting. Erwartung. Attesa. Espera.

b9618   BARR, J., «Tradition and Expectation in Ancient Israel», SJTh 10 (1957) 24-34.

*b*9619   EMERY, P.-Y., «L'unité des croyants au ciel et sur la terre», VC n° 63 (1962) 240 pp. (Les morts dans le Seigneur et la communion des saints, 37-72).

*b*9620   JOEST, W., «Die Kirche und die Parusie Jesu Christi», dans *Gott in Welt* (en collab.) (1964), I, 536-550.

*b*9621   SCHUBERT, K., «Endzeiterwartung und Weltbewältigung in biblischer Sicht», BiLit 40 (1967) 397-407.

*b*9622   McKAY, J.W., «Psalms of Vigil», ZAW 91 (1979) 229-247.

Au-delà. The Beyond. Jenseits. Al di là. Más allá.

a) Études générales. General Studies. Allgemeine Studien. Studi generali. Estudios generales.

*b*9623   MALO MARTINEZ, J., «Ideas que circulan acerca del lugar y estado en que se encuentran los difuntos», CuBi 32 (1975) 37-43.

*b*9624   FÜGLISTER, N., «Die biblische Anthropologie und die postmortale Existenz des Individuums», Kairos 22 (1980), 129-145.

*b*9625   SALAS, A., *La Biblia ante el 'más allá': ¿inmortalidad o resurrección?* 2. edición (Biblioteca Escuela Bíblica. Minor, 4) (Madrid, Ed. Biblia y Fe, 1980), 239 pp.

*b*9626   SCHWARZ, H., *Beyond the Gates of Death.* A Biblical Examination of Evidence for Life After Death (Minneapolis, MN, Augsburg, 1981), 135 pp.

b) Orient. Oriente.

*b*9627   VON SODEN, W., «Die Unterweltsvision eines assyrischen Kronprinzen», ZA 43 (1936) 1-31.

*b*9628   PARROT, A., «Le 'Refrigerium' dans l'au-delà», RHR 113 (1936) 149-187; 114 (1936) 69-92, 158-196; 115 (1937) 53-89.

*b*9629   EBELING, E., «Eine Beschreibung der Unterwelt in sumerischer Sprache», Or. 18 (1949) 285-287.

*b*9630   JESTIN, R.-R., «La conception sumérienne de la vie post-mortem», Syr. 33 (1956) 113-118.

*b*9631   GUILMOT, M., «La signification des métamorphoses du défunt en Égypte ancienne (d'après les 'Textes des Sarcophages' (c. 2200-1800 av. J.-C.)», RHR 175 (1969) 5-16.

*b*9632   HORNUNG, E., «Zeitliches Jenseits im alten Ägypten», ErJb 47 (1978) 269-307.

c) Judaïsme. Judaism. Judentum. Giudaismo. Judaísmo.

*b*9633   ALONSO DIAZ, J., «La vida ultraterrena en la última época del judaísmo a partir de Daniel», CuBi 21 (1964) 67-75.

*b*9634   HOHEISEL, K., «Tod und Jenseits im ausserbiblischen Judentum des Orients», dans KLIMKEIT, H.-J. (Hrsg.), *Tod und Jenseits im Glauben der Völker* (Wiesbaden, O. Harrassowitz, 1978), 97-109.

*b*9635   ROSSO UBIGLI, L., «La concezione della vita futura a Qumran», RivB 30 (1982) 35-49.

d) Ancien Testament. Old Testament. Altes Testament. Antico Testamento. Antiguo Testamento.

*b*9636   DHORME, É., «L'idée de l'au-delà dans la religion hébraïque», RHR 123 (1941) 113-142.

*b*9637   LOGAN, N.A., «The Old Testament and a Future Life», SJTh 6 (1953) 165-172.

*b*9638 GONZALO MAESO, D., «La creencia en la vida futura a través del Antiguo Testamento», CuBi 15 (1958) 85-92.

*b*9639 RUSSELL, D.S., *Between the Testaments*, «The Resurrection and the Life Beyond» (1960), 143-162.

*b*9640 SALGUERO, J., «Antropología hebrea a incertidumbre sobre la otra vida», CuBi 19 (1962) 86-96.

*b*9641 SALGUERO, J., «Doctrina sobre la vida futura en el segundo de los Maccabeos», CuBi 24 (1967) 20-34.

*b*9642 JELLICOE, S., «Hebrew-Greek Equivalents for the Nether World, its Milieu and Inhabitants, in the Old Testament», Textus 8 (1973) 1-19.

*b*9643 KELLERMANN, U., «Überwindung des Todesgeschicks in der alttestamentlichen Frömmigkeit vor und neben Auferstehungsglauben», ZTK 73 (1976) 259-282.

*b*9644 JAROŠ, K., «Die Vorstellung Altisraels über Tod und Fortleben nach dem Tod», BiLit 51 (1978) 219-231.

*b*9645 KLIMKEIT, H.-J. (Hrsg.), *Tod und Jenseits im Glauben der Völker* (Wiesbaden, Harrassowitz, 1978), 200 pp.

*b*9646 PLÖGER, O., «Tod und Jenseits im Alten Testament», dans En collaboration, *Tod und Jenseits im Glauben der Völker* (Herausgegeben von H.J. KLIMKEIT) (Wiesbaden, O. Harrassowitz, 1978), 77-85.

*b*9647 ADDINALL, P., «The Soul in Pedersen's *Israels*», ExpTim 92 (1981) 299-303.

e) **Nouveau Testament. New Testament. Neues Testament. Nuovo Testamento. Nuevo Testamento.**

*b*9648 GNILKA, J., «Die biblische Jenseitserwartung: Unsterblichkeitshoffnung - Auferstehungsglaube?» BiLeb 5 (1964) 103-116.

*b*9649 ZEDDA, S., «Lo stato intermedio come partecipazione al mistero pasquale, in S. Paolo», BibOr 8 (1966) 213-220.

*b*9650 BAKKER, L., «Geloven in verrijzenis. *Glauben an Auferstehung*», Bijdr. 28 (1967) 294-320 (Deutsche Zusammenfassung).

*b*9651 SCHULZ, S., *Die Stunde der Botschaft,* «Der Ausblick auf das Jenseits» (1967), 292-296.

*b*9652 MERTENS, H., «Naar een verruiming van de existentiële interpretatie van de eschatologische boodschap. *Towards an Extension of the Existential Interpretation of the Eschatological Message*», Bijdr. 34 (1973) 350-370 (English summary).

*b*9653 ERNST, J., «Sterben, Tod und Ewigkeit in der Sicht des Neuen Testamentes», TGl 66 (1976) 382-399.

*b*9654 En collaboration, *El enigma del 'más allá'*. Reflexiones bíblicas sobre el destino del hombre (Biblioteca Escuela Bíblica, Minor 1) (Madrid, Ed. Biblia y Fe, 1977), 143 pp.

*b*9655 MANRIQUE, A., «El premio del 'más allá' en la enseñanza de Jesús», BibFe 3 (1977) 162-177.

*b*9656 LÉON-DUFOUR, X., *Face à la mort, Jésus et Paul,* «La vie après la mort» (1979), 47-61.

*b*9657 SCHWEIZER, E., «Resurrection in the New Testament», TDig 27 (1979) 132-134.

*b*9658 GOURGUES, M., «L'au-delà dans le Nouveau Testament», CE (n.s.) nº 41 (1982) 64 pp.

Aumône. Alms. Almosen. Elemosina. Limosina.

*b*9659 CASPER, J., «Was lehrt und Tobias, der Almosengeber?» BiLit 10 (1935-36) 517-518.

*b*9660 CRONBACH, A., «The Social Ideals of the Apocrypha and the Pseudepigrapha», HUCA 18 (1944) 119-156.

*b*9661   GRANT, R.M., *Early Christianity and Society*, «The Organization of Alms» (1977), 124-145.

*b*9662   COUNTRYMAN, L.W., «Welfare in the Churches of Asia Minor Under the Early Roman Empire», dans *Society of Biblical Literature. 1979 Seminar Papers* (en collab.) (1979), I, 131-146.

*b*9663   SCHMIDT, T.E., «Almsgiving in Luke», SBT 11 (1981) 21-41.

*b*9664   HORN, F.W., *Glaube und Handeln in der Theologie des Lukas* (Göttinger theologische Arbeiten, 26) (Göttingen, Vandenhoeck & Ruprecht, 1983), 400 pp.

Autel. Altar. Altare. Altar.

*b*9665   VAN BUREN, E.D., «Akkadian stepped altars», Numen 1 (1954) 228-234.

*b*9666   STENDEBACH, F.J., «Altarformen im kanaanäisch-israelitischen Raum», BZ 20 (1976) 180-196.

*b*9667   NICHOLSON, E.W., «Blood-spattered altars?» VT 27 (1977) 113-117.

Autorité. Authority. Autorität. Autorità. Autoridad.

*b*9668   EASTON, B.S., «Authority and Liberty in the New Testament», AThR 35 (1953) 166-173.

*b*9669   RINALDI, R., «La gerarchia a servizio di una Chiesa 'democratica'», BibOr 17 (1975) 57-63.

*b*9670   RINALDI, B., «La gerarchia della Chiesa, populo di Dio e corpo di Cristo», BibOr 17 (1975) 113-119.

*b*9671   SCHÜTZ, J.H., *Paul and the Anatomy of Apostolic Authority* (Society for New Testament Studies Monograph Series 26) (New York, Cambridge University Press, 1975), xii-307 pp.

*b*9672   ABBA, R., «The Question of Authority», ExpTim 87 (1976) 145-146.

*b*9673   MINEAR, P.S., *To Heal and to Reveal*, «The Source of Authority» (1976), 3-30.

*b*9674   D'ARAGON, J.-L., «L'autorité dans l'Église», dans *Après Jésus* (en collab.) (1977), 31-48.

*b*9675   MARTUCCI, J., «L'autorité dans l'Ancien Testament», dans *Après Jésus* (en collab.) (1977), 15-29.

*b*9676   REESE, J.M., «How Matthew Portrays the Communication of Christ's Authority», BTB 7 (1977) 139-144.

*b*9677   BROMILEY, G.W., «Authority and Scripture», dans *Scripture, Tradition, and Interpretation* (en collab.) (1978), 9-26.

*b*9678   LEENHARDT, F.-J., *L'Église*, «L'autorité» (1978), 142-162.

*b*9679   MAERTENS, J.-T., «Un rite de pouvoir: l'imposition des mains», SR 7 (1978-79) 25-39.

*b*9680   GNILKA, J., «La relation entre la responsabilité communautaire et l'autorité ministérielle d'après le Nouveau Testament, en tenant compte spécialement du 'corpus paulinum'», dans *Paul de Tarse, apôtre de notre temps* (en collab.) (1979), 455-470.

*b*9681   DASSMANN, E., «Amt und Autorität in frühchristlicher Zeit», IKZCommunio 9 (1980) 399-411.

*b*9682   GUNNEWEG, A.H.J., SCHMITHALS, W., *Herrschaft* (Biblische Konfrontationen, 1012) (Stuttgart, Kohlhammer, 1980), 197 pp.

*b*9683   HOLMBERG, B., *Paul and Power*. The Structure of Authority in the Primitive Church as Reflected in the Pauline Epistles (Philadelphia, Fortress, 1980), viii-232 pp.

b9684 LEHMANN, K., «Zur Ausübung geistlicher Vollmacht. Einige Beobachtungen zum paulinischen Autoritätsverständnis», IKZCommunio 9 (1980) 394-398.

b9685 CAÑELLAS, G., «Teocentrismo jerárquico en el A. Testamento», BibFe 7 (1981) 117-130.

b9686 SALAS, A., «Criterios bíblicos para una revisión de la jerarquía eclesiástica», BibFe 7 (1981) 185-207.

b9687 VAN IERSEL, B., «A qui le Nouveau Testament accorde-t-il la parole décisive?» Conci nº 168 (1981) 27-35.

b9688 PELLETIER, A., «L'autorité divine d'après le Pentateuque grec», VT 32 (1982) 236-242.

b9689 SAENZ GALACHE, M., «Jesús ante los jerarcas instalados», BibFe 8 (1982) 217-230.

Babel.

b9690 SPEISER, E.A., «Word Plays on the Creation Epic's Version of the Founding of Babylon», Or. 25 (1956) 317-323.

b9691 LUZARRAGA, J., «Reflexión bíblica sobre el pecado: Babel, Tiro, Edén», Manr 49 (1977) 249-266.

b9692 BOST, H., «A propos de Babel comme symbole», ETR 56 (1981) 419-429.

Baptême. Baptism. Taufe. Battesimo. Bautismo.

a) Baptême d'eau, d'esprit, de feu. Baptism of Water, Spirit and Fire. Wasser-, Geistes-, Feuertaufe. Battesimo d'acqua, di spirito, di fuoco. Bautismo de agua, de espíritu, de fuego.

b9693 BRUSTON, É., «La notion biblique du baptême», ETR 13 (1938) 67-93.

b9694 DUNN, J.D.G., «Spirit-Baptism and Pentecostalism», SJTh 23 (1970) 397-407.

b9695 CELADA, B., «¿Qué es el Movimiento de Renovación Cristiana en el Espíritu Santo? ¿Cómo se entiende y se aplica hoy el Bautismo en el Espíritu Santo?» CuBi 31 (1974) 102-118.

b9696 BROWN, S., «'Water-Baptism' and 'Spirit-Baptim' in Luke-Acts», AThR 59 (1977) 135-151.

b9697 DUNN, J.D.G., «The Birth of a Metaphor - Baptized in Spirit», ExpTim 89 (1977-78) 134-138, 173-175.

b9698 SCHWAGER, R., «Wassertaufe, ein Gebet um die Geisttaufe?» ZKT 100 (1978) 36-61.

b) Baptême des enfants. Baptism of Infants. Kindertaufe. Battesimo dei bambini. Bautismo de los niños.

b9699 CULLMANN, O., «Les traces d'une vieille formule baptismale dans le Nouveau Testament», RHPR 17 (1937) 424-434.

b9700 MANSON, T.W., «Baptism in the Church», SJTh 2 (1949) 391-403.

b9701 HÉRING, J., «Un texte oublié: Matthieu 18.10. A propos des controverses récentes sur le pédobaptisme», dans *Aux sources de la tradition chrétienne* (en collab.) (1950), 95-102.

b9702 LEENHARDT, F.-J., «Pédobaptisme catholique et pédobaptisme réformé», ETR 25 (1950) 143-206.

b9703 VON ALLMEN, J.-J., «L'Église primitive et le baptême des enfants», VC nº 13 (1950) 43-47.

b9704 VON ALLMEN, J.-J., «Note sur quelques arguments bibliques en faveur du baptême des enfants des chrétiens», dans *Pluralisme et oecuménisme en recherches théologiques* (en collab.) (1976), 105-118.

*b*9705   VON ALLMEN, J.-J., *Pastorale du baptême* (1978), «Est-il légitime d'admettre au baptême des enfants de chrétiens incapables encore de confesser librement la foi?» 71-99; «Les limites d'un pédobaptisme légitime», 99-115; «Les inconvénients du pédobaptisme généralisé», 115-125.

*b*9706   FERGUSON, E., «Inscriptions and the Origin of Infant Baptism», JTS 30 (1979) 37-47.

*b*9707   VERHEUL, A., «Les pratiques baptismales dans la primitive Église source d'inspiration pour l'Église d'aujourd'hui?» dans En collaboration, *Eulogia*. Miscellanea Liturgica in onore di P. Burkhard Neunheuser (Studia Anselmiana, 68; Analecta Liturgica, 1) (Roma, Editrice Anselmiana, 1979), 591-626.

*b*9708   ROUET, A., «Le baptême des enfants dans l'Évangile», dans En collaboration, *Quand l'Église baptise un enfant* (Coll. 'Dossiers libres') (Paris, Cerf, 1980), 70-88.

c) Judaïsme. Judaism. Judentum. Giudaismo. Judaísmo.

*b*9709   ROWLEY, H.H., «Jewish Proselyte Baptism», HUCA 15 (1940) 313-334.

*b*9710   DANIÉLOU, J., «Circoncision et baptême», dans AUER, J., VOLK, H. (Hrsg.), *Theologie in Geschichte und Gegenwart*. Michael Schmaus zum sechzigsten Geburtstag (München, Karl Zink, 1957), 755-776.

*b*9711   QUISPEL, G., «The Birth of the Child. Some Gnostic and Jewish Aspects», ErJb 1971 40 (1973) 285-309.

*b*9712   LÉGASSE, S., «Baptême juif des prosélytes et baptême chrétien», BLE 77 (1976) 3-40.

*b*9713   THIERING, B.E., «Inner and Outer Cleansing at Qumran as a Background to New Testament Baptism», NTS 26 (1980) 266-277.

*b*9714   THIERING, B.E., «Qumran Initiation and New Testament Baptism», NTS 27 (1981) 615-631.

d) Nouveau Testament. New Testament. Neues Testament. Nuovo Testamento. Nuevo Testamento.

Études générales. General Studies. Allgemeine Abhandlungen. Studi generali. Estudios generales.

*b*9715   BACON, B.W., «Is Baptism Syncretistic?» AThR 13 (1931) 155-174.

*b*9716   BRUSTON, É., «La notion biblique du baptême», ETR 13 (1938) 67-93.

*b*9717   BEIRNAERT, L., «La dimension mythique dans le sacramentalisme chrétien», ErJb 1949 17 (1950) 255-286.

*b*9718   LAMPE, G.W.H., «*'Baptisma'* in the New Testament», SJTh 5 (1952) 163-174.

*b*9719   ROBINSON, J.A.T., «The One Baptism as a Category of New Testament Soteriology», SJTh 6 (1953) 257-274.

*b*9720   FOI ET CONSTITUTION, «La signification du baptême», VC n° 59 (1961) 281-307.

*b*9721   MARTIN, R.P., *Worship in the Early Church* (1964), «The Gospel Sacraments - Baptism in the Teaching of Jesus», 87-97; «The Apostolic Practice of Baptism», 98-109.

*b*9722   LOPEZ DE LAS HERAS, L., «Pecado y bautismo: ¿dos fuerzas opuestas?» BibFe 1 (1975) 245-261.

*b*9723   JENSON, R.W., «The Mandate and Promise of Baptism», Interpr 30 (1976) 271-287.

*b*9724   SCHULTE, R., «Bibeltheologisches zur Taufe», dans *Mysterium Salutis* (en collab.) (1976), V, 136-158.

*b*9725   HALTER, H., *Taufe und Ethos*, «Taufe als sakramentale eröffnung der neuen Existenz 'in Christus'» (1977), 289-303.

*b*9726   VON ALLMEN, J.-J., *Pastorale du baptême* (1978), «Le baptême, anticipation du jugement dernier», 26-33; «Le baptême, nouvelle naissance», 33-35; «Le baptême, sacrement de foi», 48-56.

b9727   GIBLET, J., «Aspects du baptême dans le Nouveau Testament», dans En collaboration, *Le baptême, entrée dans l'existence chrétienne* (Publications des Facultés universitaires Saint-Louis, 29) (Bruxelles, Facultés universitaires Saint-Louis, 1983), 35-71.
b9728   NEUNHEUSER, B., «Die Schriftlehre von der Taufe», dans *Handbuch der Dogmengeschichte* (Hrsg. M. SCHMAUS u. a.), Band IV, Faszikel 2. (Freiburg, Herder, 1983), 10-29.
b9729   SCHLINK, E., *Ökumenische Dogmatik*, «Die Taufe» (1983), 479-489.

Tradition prépaulinienne. Prepauline Tradition. Vorpaulinische Tradition.
Tradizione prepaolina. Tradición prepaulina.

b9730   GRANT, F.C., «Early Christian Baptism», AThR 27 (1945) 253-263.
b9731   TORRANCE, T.F., «The Origins of Baptism», SJTh 11 (1958) 158-171.
b9732   LOHFINK, G., «Der Ursprung der christlichen Taufe», TQ 156 (1976) 35-54.
b9733   LOHFINK, G., «The origin of Christian baptism», TDig 25 (1977) 131-133.
b9734   LÉGASSE, S., «Les premiers disciples de Jésus ont-ils été baptisés? Regards sur une ancienne problématique», BLE 79 (1978) 1-18.
b9735   VON ALLMEN, J.-J., *Pastorale du baptême*, «L'origine du baptême chrétien» (1978), 4-12.
b9736   BARTH, G., *Die Taufe in frühchristlicher Zeit* (Biblisch-Theologische Studien, 4) (Neukirchen-Vluyn, Neukirchener, 1981), 151 pp.
b9737   POKORNY, P., «Christologie et Baptême à l'Époque du Christianisme Primitif», NTS 27 (1981) 368-380.

Paul. Paulus. Paolo. Pablo.

b9738   GOGUEL, M., «Le rôle de l'apôtre Paul dans la constitution des sacrements chrétiens (Baptême et Eucharistie)», RHR 117 (1938) 171-204.
b9739   TAYLOR, T.M., «'Abba, Father' and Baptism», SJTh 11 (1958) 62-71.
b9740   KÜRZINGER, J., «Zur Taufaussage von Röm 6», dans *Universitas. Dienst an Wahrheit und Leben* (en collab.) (1960), I, 93-98.
b9741   FUNG, R., «The Doctrine of Baptism in Ephesians», SBT 1 (1971) 6-14.
b9742   DE LORENZI, L., «Il Battesimo in san Paolo», dans *Battesimo e giustizia in Rom 6 e 8* (en collab.) (1974), 1-4.
b9743   DESCAMPS, A., «Le Baptême, fondement de l'unité Chrétienne», dans *Battesimo e giustizia in Rom 6 e 8* (en collab.) (1974), 203-234.
b9744   DINKLER, E., «Römer 6,1-14 und das Verhältnis von Taufe und Rechtfertigung bei Paulus», dans *Battesimo e giustizia in Rom 6 e 8* (en collab.) (1974), 83-103.
b9745   SCHNACKENBURG, R., «Die Adam-Christus-Typologie (Röm 5,12-21) als Voraussetzung für das Taufverständnis in Röm 6,1-14», dans *Battesimo e giustizia in Rom 6 e 8* (en collab.) (1974), 37-55.
b9746   HALTER, H., *Taufe und Ethos*, «Taufe als sakramentale Eröffnung der neuen Existenz 'in Christus'» (1977), 289-303.
b9747   PESCE, M., «Christ did not send me to baptize, but to evangelize (1 Co 1,17a)», dans *Paul de Tarse, apôtre de notre temps* (en collab.) (1979), 339-362.
b9748   SCHLIER, H., «Fragment über die Taufe», dans *Der Geist und die Kirche* (1980), 134-150.
b9749   SCHNELLE, U., *Gerechtigkeit und Christusgegenwart. Vorpaulinische und paulinische Tauftheologie* (Göttinger theologische Arbeiten, 24) (Göttingen, Vandenhoeck & Ruprecht, 1983), 279 pp.

Synoptiques (évangiles). Synoptic (gospels). Synoptiker. Sinottici (vangeli). Sinópticos (evangelios).

b9750   GNILKA, J., «Der Täufer Johannes und der Ursprung der christlichen Taufe», BiLeb 4
         (1963) 39-49.

b9751   LUBSCZYK, H., «Kyrios Jesus. Beobachtungen und Gedanken zum Schluss des
         Markus-Evangeliums», dans *Die Kirche des Anfangs* (en collab.) (1978), 133-174.

b9752   STANDAERT, B.H.M.G.M., *L'évangile selon Marc*, «L'hypothèse d'un contexte
         baptismal» (1978), 498-540.

b9753   PERROT, C., *Jésus et l'histoire*, «Jésus et le mouvement baptiste» (1979), 95-136.

Évangile de Jean. Gospel of John. Johannesevangelium. Vangelo di Giovanni. Evangelio de Juan.

b9754   LINDARS, B., «Word and Sacrament in the Fourth Gospel», SJTh 29 (1976) 49-63.

b9755   ZIMMERMANN, H., «Die Christliche Taufe nach Joh 3», Catho 30 (1976) 81-93.

b9756   ROSSETTO, G., «Nascere dall'alto (Gv 3,3-8)», dans *Segni e sacramenti nel vangelo di
         Giovanni* (en collab.) (1977), 45-71.

b9757   CAMBE, M., «Jésus baptise et cesse de baptiser en Judée. Jean 3/22-4/3», ETR 53 (1978)
         98-102.

Esprit et baptême. Spirit and Baptism. Geist und Taufe.
Spirito e battesimo. Espíritu y bautismo.

b9758   DUBOIS, J.-J., *En marge des phénomènes charismatiques*. Baptême et plénitude du
         Saint-Esprit selon le Nouveau Testament (Genève, Paris, La Maison de la Bible, 1975),
         64 pp.

b9759   HAUFE, G., «Taufe und Heiliger Geist im Urchristentum», TLZ 101 (1976) 561-566.

b9760   CAMELOT, P.-T., «Baptême, confirmation, effusion de l'Esprit», VS 132 (1978)
         843-863.

b9761   VON ALLMEN, J.-J., *Pastorale du baptême*, «La vertu du baptême, c'est l'Esprit-Saint»
         (1978), 35-48.

Types, symboles et rites du baptême. Types, Symbols and Rites of Baptism. Tauftypen, -symbole und -riten.
Tipi, simboli e riti del battesimo. Tipos, Simbolos y ritos del bautismo.

b9762   TESTA, E., «Il rito battesimale nella Chiesa madre», BibOr 2 (1960) 54-57.

b9763   PESCH, R., «Umkehr, Glaube und Taufe. Zu Taufe und Taufformel im Neuen
         Testament», BiLeb 7 (1966) 1-14.

b9764   VON ALLMEN, J.-J., *Pastorale du baptême*, «La célébration du baptême» (1978),
         137-189.

b9765   VERHEUL, A., «Les pratiques baptismales dans la primitive Église source d'inspiration
         pour l'Église d'aujourd'hui?» dans En collaboration, *Eulogia*. Miscellanea Liturgica in
         onore di P. Burkhard Neunheuser (Studia Anselmiana, 68; Analecta Liturgica, 1)
         (Roma, Editrice Anselmiana, 1979), 591-626.

b9766   AGRELO, S., «Leche y miel. Notas de teología bautismal», Ant 55 (1980) 352-367.

b9767   MORETON, M.J., «A Reconsideration of the Origins of a Christian Initiation Rite in the
         Age of the New Testament», dans *Studia Biblica 1978* (en collab.) (1980), III, 265-275.

b9768   PERROT, C., «L'eau, le pain et la confession du Seigneur crucifié», dans *Sacrements de
         Jésus-christ* (en collab.) (Jésus et Jésus-Christ, 18) (Paris, Desclée, 1983), 17-45.

Divers. Miscellaneous. Verschiedenes. Diversi. Diversos.

b9769   PAYNE, E.A., «Professor T.W. Manson on Baptism», SJTh 3 (1950) 50-56.

b9770   VOGEL, H., «The First Sacrament: Baptism», SJTh 7 (1954) 41-58.

b9771   HALTER, H., *Taufe und Ethos* (1977), 735 pp.

b9772   MANRIQUE, A., *Teología bíblica del bautismo*. Formulación de la Iglesia primitiva (Biblioteca Escuela Bíblica, 3) (Madrid, Biblia y Fe, 1977), 272 pp.

b9773   VON ALLMEN, J.-J., *Pastorale du baptême*, «Le baptême agrège au nouveau peuple de Dieu» (1978), 15-26.

b9774   WIDENGREN, G., «Réflexions sur le baptême dans la chrétienté syriaque», dans *Mélanges offerts à Marcel Simon* (en collab.) (1978), 347-357.

b9775   YARNOLD, E.J., «Baptismal Catechesis», dans *The Study of Liturgy* (en collab.) (1978), 61-64.

b9776   TREVIJANO ETCHEVERRIA, R., «El lenguaje bautismal del Apocalipsis», Salm 27 (1980) 165-192.

e) Divers. Miscellaneous. Verschiedenes. Diversi. Diversos.

b9777   WAINWRIGHT, G., «Développements baptismaux depuis 1967», ETR 49 (1974) 67-93.

b9778   CELADA, B., «Es urgente recuperar en el bautismo la dimensión social en el sentido más moderno y realista de esta palabra», CuBi 34 (1977) 257-267.

b9779   MORARD, F., «L'*Apocalypse d'Adam* du Codex V de Nag Hammadi et sa polémique anti-baptismale», RevSR 51 (1977) 214-233.

b9780   CHRISTIANSEN, E.J., «Women and Baptism», ST 35 (1981) 1-8.

Béatitudes. Beatitudes. Seligkeiten. Beatitudini. Bienaventuranzas.

b9781   HERNANDEZ, J.F., «Teoría y práctica de las bienaventuranzas», CuBi 11 (1954) 79-82.

b9782   DODD, C.H., «The Beatitudes», dans *Mélanges bibliques rédigés en l'honneur de André Robert* (Paris, Bloud et Gay, 1957), 404-410.

b9783   HORST, F., «Segen und Fluch in der Bibel», EvT 7 (1957-58) 23-37.

b9784   AUDET, J.-P., «Literary Forms and Contents of a Normal *Eukharistia* in the First Century», dans *Studia Evangelica* (Ed. K. ALAND, F.L. CROSS, J. DANIÉLOU, H. RIESENFELD, W.C. VAN UNNIK) (TU 73) (Berlin, Akademie Verlag, 1959), 643-662.

b9785   BAUMANN, R., «Heil euch, ihr Armen! Die ursprünglich Botschaft der Seligpreisungen», BiKi 19 (1964) 79-85.

b9786   ROBINSON, J.M., «Die Hodajot-Formel in Gebet und Hymnus des Frühchristentums», dans *Apophoreta*. Festschrift für Ernst Haenchen (BZNW 30) (Berlin, Töpelmann, 1964), 194-235.

b9787   JEWETT, R., «The Form and Function of the Homiletic Benedictions», AThR 51 (1969) 18-34.

b9788   BUCCELLATI, G., «Le beatitudini sullo sfondo della tradizione sapienziale Mesopotamica», BibOr 14 (1972) 241-264.

b9789   GUELICH, R.A., «The Matthean Beatitudes: 'Entrance-Requirements' of Eschatological Blessings?» JBL 95 (1976) 415-434.

b9790   KIEFFER, R., «Weisheit und Segen als Grundmotive der Seligpreisungen bei Matthäus und Lukas», dans *Theologie aus dem Norden* (en collab.) (1976), 29-43.

b9791   BLEICKERT, G., «Die Seligpreisungen. Eine meditative Erschliessung», GeistL 51 (1978) 326-338.

b9792   DUPONT, J., «Le message des béatitudes», CE (n.s.) no 24 (1978) 64 pp.

*b*9793   LOPEZ MELUS, F.M., *Las Bienaventuranzas*. Ley fundamental de la vida cristiana (Madrid, PPC/Edicabi, 1978), 368 pp.

*b*9794   MOLLAT, D., *Une lecture pour aujourd'hui: l'Apocalypse*, «Écouter, être vigilant, être avec le Christ, ou les sept béatitudes» (1982), 205-213.

*b*9795   BUCHANAN, G.W., «Matthean Beatitudes and Traditional Promises», dans *New Synoptic Studies* (Ed. W.R. FARMER) (en collab.) (1983), 161-184.

Beauté. Beauty. Schönheit. Bellezza. Belleza.

*b*9796   WESTERMANN, C., «Das Schöne im Alten Testament», dans *Beiträge zur Alttestamentlichen Theologie* (en collab.) (1977), 479-497.

Bénédiction. Benediction. Segnung. Benedizione. Bendición.

*b*9797   CHELHOD, J., «La *baraka* chez les Arabes ou l'influence bienfaisante du sacré», RHR 148 (1955) 68-88.

*b*9798   SCHARBERT, J., *Solidarität in Segen und Fluch im Alten Testament und in seiner Umwelt*. 1. Band: Väterfluch und Vätersegen (BBB 14) (Bonn, Peter Hanstein, 1958), xiii-293 pp.

*b*9799   CARROLL, R.P., «Ancient Israelite prophecy and dissonance theory», Numen 24 (1977) 135-151.

*b*9800   WESTERMANN, C., *Theologie des Alten Testaments in Grundzügen*, «Der segmende Gott und die Schöpfung» (1978), 72-101.

*b*9801   DUGMORE, C.W., «Jewish and Christian Benedictions», dans *Mélanges offerts à Marcel Simon* (en collab.) (1978), 145-152.

*b*9802   BRAULIK, G., «'Durch dich sollen alle Geschlechter der Erde Segen erlangen'. Vom Segen nach dem Alten Testament», BiLit 52 (1979) 172-176.

*b*9803   PIKAZA, X., «La bendición y maldición del Hijo del Hombre (Trasfondo veterotestamentario del 'Benditos-Malditos' de Mt 25.34,41)», Salm 26 (1979) 277-286.

*b*9804   LICHTENBERGER, H., *Studien zum Menschenbild in Texten der Qumrangemeinde*, «Segen und Fluch» (1980), 99-118.

*b*9805   GIRAUDO, C., *La struttura letteria della preghiera eucaristica*. Saggio sulla genesi letteraria de una forma. Toda veterotestamentaria, Beraka giudaica, Anafora cristiana (Analecta Biblica, 92) (Rome, Biblical Institute Press, 1981), xxiii-388 pp.

*b*9806   THURUTHUMALY, J., *Blessing in St Paul* (*Eulogein* in St Paul) (Pontifical Institute Publications, 35) (Always, India, Pontifical Institute of Theology and Philosophy, 1981), vii-328 pp.

*b*9807   JUNG, M.-M., «Fils de bénédiction», VS 136 (1982) 4-15.

Blasphème. Blasphemy. Lästerung. Blasfemia.

*b*9808   BURKILL, T.A., «Blasphemy: St. Mark's as Damnation History», dans *Christianity, Judaism and Other Greco-Roman Cults* (en collab.) (1975), I, 51-74.

*b*9809   BOELAARS, H., «La blasfemia», StMor 17 (1979) 181-229.

Bonheur. Happiness. Gluck. Felicità. Felicidad.

b9810 SPINSANTI, S., PERRONI, M., «Le bonheur des béatitudes», Communion nº 103 (1972) 11-31.
b9811 DUPONT, J., *Les Béatitudes* (Paris, Gabalda, 1973), «Ceux qui pleurent et ceux qui rient», III, 65-78.
b9812 JENSEN, J., «Weal and Woe in Isaiah: Consistency and Continuity», CBQ 43 (1981) 167-187.

Bonté. Goodness. Gute. Bontà. Bondad.

b9813 SPICQ, C., *Agapè dans le Nouveau Testament*, «La Bénignité» (1959), II, 379-391.
b9814 SIOTIS, M.A., «La *krêstotês* de Dieu selon l'Apôtre Paul», dans *Paul de Tarse, apôtre de notre temps* (en collab.) (1979), 201-232.

Caïn. Cain. Kain. Cayno. Caín.

b9815 GOLKA, F.W., «Keine Gnade für Kain (*Genesis* 4,1-16)», dans *Werden und Wirken des Alten Testaments* (en collab.) (1980), 58-73.
b9816 KLEMM, P., «Kain und die Kainiten», ZTK 78 (1981) 391-408.
b9817 MELLINKOFF, R., *The Mark of Cain* (Quantum Books) (Berkeley, Los Angeles, London, University of California Press, 1981), xiv-151 pp.

Célibat. Celibacy. Ehelosigkeit. Celibato.

b9818 HORTELANO, A., «Hacia un sacerdocio pluralistico», StMor 6 (1968) 279-293.
b9819 ADINOLFI, M., «Il celibato di Gesù», BibOr 13 (1971) 145-158.
b9820 BOUWMAN, G., «Paulus en het Celibaat - Paul and Celibacy», Bijdr. 37 (1976) 379-390 (English summary).
b9821 MATURA, T., «Celibacy in the New Testament», TDig 24 (1976) 39-45.
b9822 ADINOLFI, M., «Motivi parenetici del matrimonio e del celibato in 1 Cor. 7», RivB 26 (1978) 71-91.
b9823 COPPENS, J., «Le Célibat essénien», dans *Qumrân. Sa piété, sa théologie et son milieu* (en collab.) (1978), 295-303.
b9824 KODELL, J., «The Celibacy Logion in Matthew 19:12», BTB 8 (1978) 19-23.
b9825 SAENZ GALACHE, M., «Varón y mujer, ¿juntos hacia Dios?» BibFe 4 (1978) 298-311.
b9826 VOGELS, H.-J., *Pflichtzölibat. Eine kritische Untersuchung* (München, Kösel, 1978), 141 pp.
b9827 CAÑELLAS, G., «El celibato en el Antiguo Testamento», BibFe 5 (1979) 241-253.
b9828 DE LA POTTERIE, I., «'Mari d'une seule femme'. Le sens théologique d'une formule paulinienne», dans *Paul de Tarse, apôtre de notre temps* (en collab.) (1979), 619-638.
b9829 ISERLOH, E., «Zölibat im Dilemma zwischen Gesetz und Charisma?» TR 74 (1979) 449-456.
b9830 MARZOTTO, D., «Sulla natura del celibato sacerdotale - Analisi degli ultimi documenti del Magistero (1964-1974)», ScuolC 107 (1979) 591-628.
b9831 MOLONEY, F.J., «Matthew 19,3-12 and Celibacy. A Redactional and Form Critical Study», JSNT nº 2 (1979) 42-60.

b9832 QUELLE, C., «Celibato y virginidad a la luz de la reflexión evangélica», BibFe 5 (1979) 268-286.

b9833 SAENZ DE SANTA MARIA, M., «Jesús, hombre célibe», BibFe 5 (1979) 254-267.

b9834 GAMBA, G.G., «La 'eunuchia' per il Regno dei Cieli. Annotazioni in margine a Matteo 19,10-12», Sal 42 (1980) 243-287.

b9835 MAGNE, J., «Pauvreté et célibat dans les évangiles», dans *Gnosticisme et monde hellénistique* (1980), 109-110.

b9836 CAPORALE, V., «Celibato e verginità senza Cristo?» CC 3 (1982) 12-26.

b9837 MARZOTTO, D., «Il celibato nel Nuovo Testamento», ScuolC 110 (1982) 333-370.

Chair. Flesh. Fleisch. Carne.

b9838 DAVIES, W.D., *Invitation to the New Testament*, «The Flesh» (1969), 432-439.

b9839 CELADA, B., «La 'carne', sus contrarios y equivalentes, en San Pablo. Exegesis de todos los textos», CuBi 28 (1971) 323-349.

b9840 DACQUINO, P., «Le nozioni 'carne' e 'spirito' nella Bibbia», BibOr 13 (1971) 3-7.

b9841 BONNARD, P., «La chair dans le johannisme, et au-delà», dans *Anamnesis* (1980), 187-193.

Chaos. Caos.

b9842 MOLIN, G., «Das Motiv vom Chaoskampf im alten Orient und in den Traditionen Jerusalems und Israels», dans *Memoria Jerusalem* (en collab.) (1977), 13-28.

b9843 McCURLEY, F.R., *Ancient Myths and Biblical Faith* (Philadelphia, Fortress Press, 1983), «Order Versus Chaos», 11-71.

Charismes. Charisms. Charismen. Carismi. Carismas.

a) Études générales. General Studies. Allgemeine Abhandlungen. Studi generali. Estudios generales.

b9844 SCHMIDT, K.L., «Das Pneuma Hagion als Person und als Charisma», ErJb 1945 13 (1946) 187-235.

b9845 O'CONNOR, E.D., «Charisme et institution», NRT 96 (1974) 3-19.

b9846 WAMBACQ, B.N., «Le mot 'charisme'», NRT 97 (1975) 345-355.

b9847 DIAZ ALONSO, J., «Los carismas en la Iglesia y su evolución según la Biblia», CuBi 33 (1976) 163-179.

b9848 LAURENTIN, R., «Les charismes. Précisions de vocabulaire», Conci nº 129 (1977) 13-22.

b9849 LEUBA, J.-L., «Charisme et institution», Hok nº 5 (1977) 3-20.

b9850 MÜHLEN, H., «Sacrament and charism: the Spirit and the church», TDig 25 (1977) 45-49.

b9851 KOENIG, J., *Charismata: God's Gifts for God's People* (Biblical Perspectives on Current Issues) (Philadelphia, Westminster, 1978), 213 pp.

b9852 CONROY, C., «'Leadership' e profezia come doni carismatici», dans *Parola, spirito e vita* 4 (1981) 27-41.

b9853 HAHN, F., «Charisms and office», TDig 20 (1981) 239-243.

b) Ancien Testament. Old Testament. Altes Testament. Antico Testamento. Antiguo Testamento.

*b*9854 WEISMAN, Z., «Charismatic Leaders in the Era of the Judges», ZAW 89 (1977) 399-411.

*b*9855 FREYNE, S., «The Charismatic», dans *Ideal Figures in Ancient Judaism* (en collab.) (1980), 223-258.

*b*9856 GAMBERONI, J., «'... denn sie sind eitel Wunder' (Sach 3,8). - Priesterliches Amt und Charisma an einer Wende des Alten Testamentes», TGl 70 (1980) 58-71.

*b*9857 SCHMIDT, L., «König und Charisma im AT», KerDo 28 (1982) 73-87.

c) Nouveau Testament. New Testament. Neues Testament. Nuovo Testamento. Nuevo Testamento.

*b*9858 GNILKA, J., «Geistliches Amt und Gemeinde nach Paulus», Kairos 11 (1969) 95-104.

*b*9859 SCHWEIZER, E., «Observance of the Law and Charismatic Activity in Matthew», NTS 16 (1969-70) 213-230.

*b*9860 ELLIS, E.E., «The Role of the Christian Prophet in Acts», dans *Apostolic History and the Gospel* (en collab.) (1970), 55-67.

*b*9861 BROCKHAUS, U., *Charisma und Amt.* Die Paulinische Charismenlehre auf dem Hintergrund der frühchristlichen Gemeindefunktionen (Wuppertal, Brockhaus, 1972), 260 pp.

*b*9862 MOWRY, M.L., «Charismatic Gifts in Paul», dans *Biblical Studies in Contemporary Thought* (en collab.) (1975), 113-129.

*b*9863 ROBECK, C.M., Jr., «The Gift of Prophecy in Acts and Paul», SBT 5,1 (1975) 15-38; 5,2 1975) 17-54.

*b*9864 HÄRING, H., «Der Geist und die Erneuerung der Kirche. Ein Literatur Bericht zur katholischen charismatischen Bewegung», BiKi 31 (1976) 14-22.

*b*9865 BENZ, E., «Norm und Heiliger Geist in der Geschichte des Christentums», ErJb 1974 43 (1977) 137-182.

*b*9866 DE MARGERIE, B., «Les charismes donnés à l'Église par l'Esporit-Saint, don de Dieu», Div 21 (1977) 357-382.

*b*9867 DUSSEL, E., «Distinction des charismes», Conci nᵒ 129 (1977) 49-68.

*b*9868 GALOT, J., «L'aspetto carismatico della vita di Gesù», CC 1 (1977) 132-148.

*b*9869 SARTORI, L., «Structure du pouvoir juridique et charismes dans la communauté chrétienne», Conci nᵒ 129 (1977) 69-81.

*b*9870 CAMELOT, P.-T., «Baptême, confirmation, effusion de l'Esprit», VS 132 (1978) 843-863.

*b*9871 DUMAIS, M., «Ministères, charismes et Esprit dans l'oeuvre de Luc», ET 9 (1978) 413-453.

*b*9872 FRAIKIN, D., «'Charismes et ministères' à la lumière de 1 Co 12-14», ET 9 (1978) 455-463.

*b*9873 HOCKEN, P., «The Charismatic Experience», Way 18 (1978) 44-55.

*b*9874 KERTELGE, K., «Offene Frage zum Thema 'Geistliche Amt' und das neutestamentliche Verständnis von der 'repraesentatio Christi'», dans *Die Kirche des Anfangs* (en collab.) (1978), 583-605.

*b*9875 LOHRMANN, W., *Frucht und Gaben des Heiligen Geistes* (Theologie und Dienst, 13) (Giessen, Basel, Brunnen, 1978), 64 pp.

*b*9876 MARTUCCI, J., «*Diakriseis pneumatōn* (1 Co 12,10)», ET 9 (1978) 465-471.

*b*9877 HAHN, F., «Charisma und Amt. Die Diskussion über das kirchliche Amt im Lichte der neutestamentlichen Charismenlehre», ZTK 76 (1979) 419-449.

b9878   LYONNET, S., «Agapè et charismes selon 1 Co 12,31», dans *Paul de Tarse, apôtre de notre temps* (en collab.) (1979), 509-527.

b9879   MUÑOZ IGLESIAS, S., «Carismas y comunidad en el Nuevo Testamento», dans *Servidor de la Palabra* (en collab.) (1979), 287-318.

b9880   SANCHEZ BOSCH, J., «Le Corps du Christ et les charismes dans l'épître aux Romains», dans *Dimensions de la vie chrétienne (Rm 12-13)* (en collab.) (1979), 51-72.

b9881   SCHELKLE, K.H., «Charisma und Amt», TQ 159 (1979) 243-254.

b9882   BENZ, E., «'Mancherlei Gaben, ein Geist': Zur Wiedererkennung der Charismata», ErJb 1976 45 (1980) 315-361.

b9883   MOLLAT, D., *La Parole et l'Esprit*. Exégèse spirituelle, «Dons, charismes, fruits de l'Esprit» (1980), I, 137-141.

b9884   DUMAIS, M., *L'actualisation du Nouveau Testament*, «Ministères, charismes et esprit dans l'oeuvre de Luc» (1981), 97-140.

b9885   GRUDEM, W.A., *The Gift of Prophecy in 1 Corinthians* (Washington, DC, University Press of America, 1982), xxiv-333 pp.

b9886   KOCHER, M., «Présupposés d'une pneumatologie charismatique», Hok n° 24 (1983) 9-32.

b9887   PERROT, C., «Charisme et institution chez Paul», RSR 71 (1983) 81-92.

d) Divers. Miscellaneous. Verschiedenes. Diversi. Diversos.

b9888   CELADA, B., «La actual crisis y los dones del Espíritu», CuBi 29 (1972) 241-242.

b9889   REYERO, A., «Los carismas en que el cristiano espera. 1. Actualidad de los carismas», CuBi 34 (1977) 105-108.

b9890   REYERO, A., «Los carismas en que confiá el cristiano. Los pentecostalismos americanos. ¿Don del espíritu o espíritu de codicia multinacional?» CuBi 34 (1977) 269-277.

b9891   SMYLIE, J.H., «Testing the Spirits in the American Context. Great Awakenings, Pentecostalism, and the Charismatic Movement», Interpr 33 (1979) 32-46.

b9892   GROTHUES, D., «Erfahrungen von Prophetie heute», BiKi 38 (1983) 158-163.

Châtiment. Damnation. Tadel. Condanna. Condenación.

b9893   FAIRHURST, A.M., «The problems posed by the severe sayings attributed to Jesus in the synoptic gospels», SJTh 23 (1970) 77-91.

b9894   ZEDDA, S., *L'escatologia biblica*, «La sorte definitiva nel secolo futuro: la condanna e il premio» (1975), II, 231-242.

b9895   HULTGÅRD, A., *L'eschatologie des Testaments des Douze Patriarches*, «Le thème 'péchés-châtiment-restauration'» (1977), I, 82-199.

b9896   BURKILL, T.A., «St. Mark's Gospel as Damnation History», dans *Studia Evangelica* (en collab.) (1982), VII, 87-89.

b9897   OGUSHI, M., «Der Tadel Jahwes im Alten Testament», dans *Das Alte Testament als geistige Heimat* (en collab.) (1982), 71-79.

b9898   MAYARE, A., «La dynamique du châtiment dans la Bible», NRT 105 (1983) 567-586.

Chérubins. Cherubins. Cherubin. Cherubini. Querubines.

b9899   HARAN, M., «The Ark of the Covenant and the Cherubs», ErIs 5 (1958) 83-90 (English summary).

*b*9900 KEEL, O., *Jahwe-Visionen und Siegelkunst* (1977), «Die Kerubim im salomonischen Tempel (1 Kön 6,23-28) und 'Jahwe, der auf den Kerubin Thront'», 15-45; «Der Heilige - Jes 6,1-4», 46-124.

*b*9901 VOGT, E., «Die vier 'Gesichter' (*pānīm*) der Keruben in Ez», Bibl 60 (1979) 327-347.

*b*9902 VOGT, E., *Untersuchungen zum Buch Ezechiel*, «Die Beschreibung der Keruben und der Räder» (1981), 63-91.

Ciel. Heaven. Himmel. Cielo.

*b*9903 BIETENHARD, H., *Die himmlische Welt im Urchristentum und Spätjudentum* (Wissenschaftliche Untersuchungen zum Neuen Testament, 2) (Tübingen, Mohr, 1951), vi-295 pp.

*b*9904 MAIER, J., «Das Gefährdungsmotiv bei der Himmelsreise in der jüdischen Apokalyptik und Gnosis», Kairos 5 (1963) 18-40.

*b*9905 METZGER, M., «Himmlische und irdische Wohnstatt Jahwes», UF 2 (1970) 139-158.

*b*9906 FORD, J.M., «Heaven», IrThQ 43 (1976) 124-133.

*b*9907 MINEAR, P.S., *To Heal and to Reveal*, «The Symbolism of Heaven» (1976), 31-55.

*b*9908 READ, D.H.C., «Heaven - According to Jesus», ExpTim 87 (1976) 112-113.

*b*9909 ALONSO DIAZ, J., «La vida del justo en el 'más allá'. Fundamentos bíblicos para una doctrina del cielo», BibFe 3 (1977) 148-161.

*b*9910 CONGAR, Y., «Le ciel buisson ardent du monde», VS 131 (1977) 69-79.

*b*9911 LASSUS, L.-A., «La lamentation d'Adam», VS 131 (1977) 80-85.

*b*9912 RODRIGUEZ, M., «El cielo en la doctrina de la Iglesia», BibFe 3 (1977) 133-147.

*b*9913 SAENZ DE SANTA MARIA, M., «El justo y su destino ultraterreno. La solución dada por san Pablo», BibFe 3 (1977) 178-190.

*b*9914 SAENZ GALACHE, M.,«Hacia una formulación desmitificada del cielo. El creyente de hoy ante la enigmatica 'mansión celestial'», BibFe 3 (1977) 191-205.

*b*9915 SALAS, A., «¿Cielo o vivencia en el amor?» BibFe 3 (1977) 206-219.

*b*9916 READ, D.H.C., «What can we know about heaven - and does it matter?» ExpTim 89 (1978) 370-371.

*b*9917 CODY, A., «Le Nouveau Testament», Conci nº 143 (1979) 47-56.

*b*9918 NELIS, J., «Dieu et le ciel dans l'Ancien Testament», Conci nº 143 (1979) 33-45.

*b*9919 ALETTI, J.-N., «Essai sur la symbolique céleste de l'Apocalypse de Jean», CHR 28 (1981) 40-53.

Circoncision. Circumcision. Beschneidung. Circoncisione. Circuncisión.

*b*9920 DANIÉLOU, J., «Circoncision et baptême», dans AUER, J., VOLK, H. (Hrsg.), *Theologie in Geschichte und Gegenwart*. Michael Schmaus zum sechzigsten Geburtstag (München, Karl Zink, 1957), 755-776.

*b*9921 GARCIA AMOR, E., «Apuntes sobre la Circuncisión», CuBi 14 (1957) 101-105.

*b*9922 GALBIATI, E., «La Circoncisione di Gesù (Lc 2,21)», BibOr 8 (1966) 37-45, dans *Scritti minori* (1979), 449-460.

*b*9923 GLASSWELL, M.E., «New Wine in Old Wine-Skins: VIII. Circumcision», ExpTim 85 (1974) 328-332.

*b*9924 HÜBNER, H., *Das Gesetz bei Paulus*, «Abraham und die Beschneidung in Röm 4» (1978), 44-50.

*b*9925 BORGEN, P., «Debates on Circumcision in Philo and Paul», dans PEDERSEN, S. (Hrsg.), *Die Paulinische Literatur und Theologie* (Aarhus, Aros; Göttingen,

Vandenhoeck & Ruprecht, 1980), 85-112; dans *Paul Preaches Circumcision and pleases Men* (1983), 15-32.

*b*9926   ALTHANN, R., «*mwl*, 'Circumcise' with the *lamedh* of Agency», Bibl 62 (1981) 239-240.

*b*9927   LE DÉAUT, R., «Le thème de la circoncision du coeur (Dt. xxx 6; Jér. iv 4) dans les versions anciennes (LXX et Targum) et à Qumrân», dans *Congress Volume. Vienna 1980* (en collab.) (1981), 178-205.

*b*9928   BORGEN, P., «Paul preaches Circumcision and Pleases Men», dans HOOKER, M.D., WILSON, S.G. (Eds.), *Paul and Paulinism* (London, SPCK, 1982), 37-46; dans *Paul Preaches Circumcision and pleases Men* (1983), 33-42.

Coeur. Heart. Herz. Cuore. Corazón.

*b*9929   RUSCHE, H., «Das menschliche Herz nach biblischen Verständnis», BiLeb 3 (1962) 201-206.

*b*9930   BOURS, J., «'Ich gebe ihnen ein Herz, mich zu erkennen'. Zur Meditation von fünf Worten des Propheten Jeremias», BiLeb 5 (1964) 266-271.

*b*9931   COUROYER, B., «La Tablette du coeur», RB 90 (1983) 416-434.

Colère. Wrath. Zorn. Collera. Cólera.

*b*9932   BECK, E., MILLER, G., «Gottes Gerechtigkeit und Gottes Zorn. Ein Beitrag zur paulinischen Theologie», BiKi 16 (1961) 44-48.

*b*9933   JACQUES, X., «Colère de Dieu (Romains 1,18-5,11)», CHR 25 (1978) 100-110.

*b*9934   WESTERMANN, C., «Boten des Zorns. Der Begriff des Zornes Gottes in der Prophetie», dans *Die Botschaft und die Boten* (en collab.) (1981), 147-156.

*b*9935   PITCHER, E.H.V., «Anger - Unrighteous and Righteous», ExpTim 93 (1982) 147-149.

*b*9936   CARNEY, S., «God Damn God: A Reflection On Expressing Anger in Prayer», BTB 13 (1983) 116-120.

Collecte. Collection. Kollekte. Colletta. Colecta.

*b*9937   MARTIN, R.P., *Worship in the Early Church*, «'Concerning the Collection' - Christian Stewardship» (1964), 77-86.

*b*9938   BAHR, G.J., «The Subscriptions in the Pauline Letters», JBL 87 (1968) 27-41.

*b*9939   BERGER, K., «Almosen für Israel: Zum historischen Kontext der Paulinischen Kollekte», NTS 23 (1977) 180-204.

*b*9940   DAHL, N.A., *Studies in Paul*, «Words and Phrases Referring to the Collection» (1977), 37-38.

*b*9941   GRANT, R.M., *Early Christianity and Society*, «The Organization of Alms» (1977), 124-145.

*b*9942   QUESNEL, M., «1 Co 16,1-4, 2 Co 8,9. La collecte pour l'Église de Jérusalem», CE (n.s.) nᵒ 22 (1977) 58.

*b*9943   OITANA, L., «Esperienza ecclesiale e società. Il significato della colletta di Paolo in favore di Gerusalemme», dans *Evangelizare pauperibus* (en collab.) (1978), 383-403.

*b*9944   SECCOMBE, D., «Was there Organized Charity in Jerusalem before the Christians?» JTS 29 (1978) 140-143.

*b*9945 COUNTRYMAN, L.W., «Welfare in the Churches of Asia Minor Under the Early Roman Empire», dans *Society of Biblical Literature. 1979 Seminar Papers* (en collab.) (1979), I, 131-146.

*b*9946 GAROFALO, S., «Un chef-d'oeuvre pastoral de Paul: la collecte», dans *Paul de Tarse, apôtre de notre temps* (en collab.) (1979), 575-593.

*b*9947 HURTADO, L.W., «The Jerusalem Collection and the Book of Galatians», JSNT n⁰ 5 (1979) 46-62.

*b*9948 ECKERT, J., «Die Kollekte des Paulus für Jerusalem», dans *Kontinuität und Einheit* (en collab.) (1981), 65-80.

Colombe. Dove. Taube. Colomba. Paloma.

*b*9949 DE COCK, J., «Het symbolisme van de duif bij het doopsel van Christus. *Le symbolisme de la colombe dans les récits du Baptême de Jésus*», Bijdr. 21 (1960) 363-376 (sommaire français).

*b*9950 SEETHALER, P., «Die Taube des Heiligen Geistes», BiLeb 4 (1963) 115-129.

*b*9951 GARNET, P., «The Baptism of Jesus and the Son of Man Idea», JSNT n⁰ 9 (1980) 49-65.

Combat. Battle. Kampf. Combattimento. Combate.

*b*9952 ZEDDA, S., *L'escatologia biblica*, «La lotta escatologica» (1975), II, 145-158.

*b*9953 CARROLL, R.P., «Rebellion and Dissent in Ancient Israelite Society», ZAW 89 (1977) 176-204.

*b*9954 TYSON, J.B., «Conflict as a Literary Theme in the Gospel of Luke», dans *New Synoptic Studies* (Ed. W.R. FARMER) (en collab.) (1983), 303-327.

Commencement. Beginning. Anfang. Inizio. Principio.

*b*9955 DE LA POTTERIE, I., «La notion de commencement dans les écrits johanniques», dans *Die Kirche des Anfangs* (en collab.) (1978), 379-403.

Communauté. Community. Gemeinchaft. Comunità. Comunidad.

*b*9956 KREMER, J., «Die Aussage des Neuen Testamentes über die Gemeinde und das Gemeindeleben als Kanon moderner Pfarrseellsorge», BiLeb 4 (1963) 282-294.

*b*9957 BROX, N., «Gemeinschaft der Glaubenden», BiLit 39 (1966) 85-95.

*b*9958 BAUMBACH, G., «Gemeinde und Welt im Johannes-Evangelium», Kairos 14 (1972) 121-136.

*b*9959 STANLEY, D.M., «Power and Weakness. Dialectic of Healing within the Healing Community», Way 16 (1976) 176-188.

*b*9960 BOVON, F., *Luc le théologien*, «L'éthique de la communauté» (1978), 403-422.

*b*9961 GNILKA, J., «La relation entre la responsabilité communautaire et l'autorité ministérielle d'après le Nouveau Testament, en tenant compte spécialement du 'corpus paulinum'», dans *Paul de Tarse, apôtre de notre temps* (en collab.) (1979), 455-470.

*b*9962 HAHN, F., «Einheit der Kirche und Kirchengemeinschaft in neutestamentlicher Sicht», dans HAHN, F., KERTELGE, K., SCHNACKENBURG, R., *Einheit der Kirche* (1979), 9-51.

*b*9963 KERTELGE, K., «Abendmahlsgemeinschaft und Kirchengemeinschaft im Neuen Testament und in der Alten Kirche», dans HAHN, F., KERTELGE, K., SCHNACKENBURG, R., *Einheit der Kirche* (1979), 94-132.

*b*9964 MALINA, B., «The Individual and the Community: Personality in the Social World of Early Christianity», BTB 9 (1979) 126-138.

*b*9965 SCHNACKENBURG, R., «Die Einheit der Kirche unter dem Koinonia-Gedanken», dans HAHN, F., KERTELGE, K., SCHNACKENBURG, R., *Einheit der Kirche* (1979), 52-93.

*b*9966 CHERNUS, I., «Individual and Community in the Redaction of the Hekhalot Literature», HUCA 52 (1981) 253-274.

*b*9967 COLLANGE, J.-F., *De Jésus à Paul*, «Du compagnonnage à la communauté» (1980), 205-234.

*b*9968 HUARTE OSACAR, J., *Evangelio y comunidad.* Estudio de teología paulina ('Estudio teológico', Glosas, 8) (Salamanca, Ed. San Esteban, 1983), 311 pp.

*b*9969 KERTELGE, K., «Kerygma und Koinonia. Zur theologischen Bestimmung der Kirche des Urchristentums», dans *Kontinuität und Einheit* (en collab.) (1981), 327-339.

*b*9970 LICHTENBERGER, H., *Studien zum Menschenbild in Texten der Qumrangemeinde*, «Die Gemeinschaft und der einzelne» (1980), 212-218.

Confiance. Confidence. Vertrauen. Fiducia. Confianza.

*b*9971 VONCK, P., «L'expression de confiance dans le Psautier», dans *Message et mission* (en collab.) (1968), 1-51.

Confirmation. Firmung. Confirmazione. Confirmación.

*b*9972 RICHARDSON, C.C., «What is Confirmation?» AThR 23 (1941) 223-230.

*b*9973 BOROBIO, D., *Confirmar hoy.* De la teología a la praxis (Bilbao, Desclée de Brouwer, 1976), 330 pp.

*b*9974 REGLI, S., «Ansätze im Neuen Testament», dans *Mysterium Salutis* (en collab.) (1976), V, 300-305.

*b*9975 MONFORT, F., *La confirmation et l'avenir de l'Église* (Coll. 'Dossiers libres') (Paris, Centre Jean-Bart, Cerf, 1978), 110 pp.

*b*9976 LEHMANN, K., «Zum Schriftzeugnis für die Firmung. Kleines Fragment eines Gesprächs zwischen Exegese und Dogmatik», IKZCommunio 11 (1982) 434-440.

*b*9977 RADL, W., «'Firmung' im Neuen Testament?» IKZCommunio 11 (1982) 427-433.

*b*9978 NEUNHEUSER, B., «Die Schriftlehre von der Firmung», dans SCHMAUS, M. (Hrsg.), *Handbuch der Dogmengeschichte*, Band IV, Faszikel 2 (Freiburg, Herder, 1983), 29-33.

Connaissance. Knowledge. Erkenntnis. Conoscienza. Conocimiento.

*b*9979 CULLMANN, O., «*Eiden kai episteusen.* La vie de Jésus, objet de la 'vue' et de la 'foi' d'après le quatrième Évangile», dans *Aux sources de la tradition chrétienne* (en collab.) (1950), 52-61.

*b*9980 SCHREINER, J., «Persönliche Entscheidung vor Gott nach biblischen Zeugnis. 'Gewissen' in der Bibel», BiLeb 6 (1965) 107-121.

*b*9981 BURDICK, D.W., «*Oida* and *ginôskô* in the Pauline Epistles», dans *New Dimensions in New Testament Study* (en collab.) (1974), 344-356.

*b*9982 BOROWITZ, E.B., «What Knowledge Does Judaism Think It Possesses?» dans *Biblical Studies in Contemporary Thought* (en collab.) (1975), 46-54.

*b*9983 ANTONINI, B., «La conoscenza della volontà di Dio in Col. 1,9b», dans *La Cristologia in san Paolo* (en collab.) (1976), 301-340.

*b*9984 DE LA POTTERIE, I., *La vérité dans saint Jean*, «Connaître la vérité» (1977), 537-592.

*b*9985 RESPLANDIS, C., *Le fruit défendu* (Paris, Le Centurion, 1977), 125 pp.

*b*9986 VIVIANO, B.T., *Study as Worship*. Aboth and the New Testament (Studies in Judaism in Late Antiquity, 26) (Leiden, Brill, 1978), 227 pp.

*b*9987 CERUTTI, M.V., «Note sul conoscere e l'essere conosciuti in alcuni testi paolini e gnostici», RivB 29 (1981) 69-77.

Connaissance de Dieu. Knowledge of God. Gotteserkenntnis.
Conoscienza di Dio. Conocimiento de dios.

*b*9988 PULVER, M., «Gnostische Erfahrung und gnostisches Leben im frühen Christentum (auf Grund der Quellen)», ErJb 1940-41 9 (1942) 231-255.

*b*9989 BOTTERWECK, J., *'Gott erkennen' im Sprachgebrauch des Alten Testamentes* (BBB 2) (Bonn, Peter Hanstein, 1951), 104 pp.

*b*9990 DRESDEN, M.J., «Science», IDB IV (1962), 236-244.

*b*9991 SCHLIER, H., «Die Erkenntnis Gottes nach den Briefen des Apostels Paulus», dans *Gott in Welt* (en collab.) (1964), I, 515-535.

*b*9992 VANDENBROUCKE, F., «Die Ursprünglichkeit der biblischen Mystik», dans *Gott in Welt* (en collab.) (1964), I, 463-491.

*b*9993 CAILLAUX, J.-C., «Au pays de Dieu», Communion n° 7 (1975) 11-13.

*b*9994 DUBARLE, A.-M., *La manifestation naturelle de Dieu d'après l'Écriture* (1976), «La connaissance de Dieu par la nature visible», 19-47; «La connaissance de Dieu chez les païens», 49-75; «Ébauches apologétiques», 77-96; «Emprunts et tâtonnements», 97-123; «La connaissance de Dieu par le monde visible d'après le livre de la Sagesse», 127-154; «Le discours à l'Aréopage (Act. 17,22-31) et son arrière-plan biblique», 155-200; «Saint Paul: l'épître aux Romains (Rom. 1,18-32; 2,14-16)», 201-232.

*b*9995 VON BALTHASAR, H.U., «Gotteserfahrung biblisch und patristisch», IKZCommunio 5 (1976) 497-509.

*b*9996 SEELIGMANN, I.L., «Erkenntnis Gottes und historisches Bewusstsein im alten Israel», dans *Beiträge zur Alttestamentlichen Theologie* (en collab.) (1977), 414-445.

*b*9997 HRUBY, K., «Lecture juive de la torah et connaissance de Dieu», LV n° 144 (1979) 25-38.

*b*9998 DUHAIME, J., «Perception de Dieu et comportement moral chez les sages d'Israël», SE 32 (1980) 193-197.

*b*9999 MÉNARD, J.-E., «Connaissance de Dieu et quête du salut dans le logion 3 de l'Évangile selon Thomas», dans *Gnosticisme et monde hellénistique* (1980), 131-132.

Conquête. Conquest. Eroberung. Conquista.

*b*10000 WRIGHT, G.E., «The Conquest Theme in the Bible», dans *A Light unto My Path* (en collab.) (1974), 509-518.

Conscience. Bewusstsein. Coscienza. Conciencia.

*b*10001 MARIETTA, D.E., Jr., «Conscience in Greek Stoicism», Numen 17 (1970) 176-187.

*b*10002 GOLDENBERG, R., «Commandment and Consciousness in Talmudic Thought», HarvTR 68 (1975) 261-271.

*b*10003 HUFTIER, M., «Le rôle de la conscience», EV (doctrine) 85 (1975) 481-490.

*b*10004 DE LA CALLE, F., «Los limites de la conciencia moral. Reflexiones a la luz del Nuevo Testamento», BibFe 2 (1976) 185-200.

*b*10005 MIELGO, C., «Conciencia colectiva y conciencia individual. El Antiguo Testamento ante la inquietud existencial del hombre», BibFe 2 (1976) 147-158.

*b*10006 SALAS, A., «La conciencia: ¿contraria a la legislación eclesiástica?» BibFe 2 (1976) 213-228.

*b*10007 UÑA JIMENEZ, A., «La conciencia como incógnita. Respuestas del hombre en el curso de la historia», BibFe 2 (1976) 135-146.

*b*10008 HORSLEY, R.A., «Consciousness and Freedom among the Corinthians: 1 Corinthians 8-10», CBQ 40 (1978) 574-589.

*b*10009 STEPIEN, J., «*Syneidesis.* La conscience dans l'anthropologie de Saint Paul», RHPR 60 (1980) 1-20.

*b*10010 JACQUES, X., «La conscience. *Romains* 2,14-16.26-29», CHR 28 (1981) 414-421.

*b*10011 WYSCHOGROD, M., «Judaism and Conscience», dans *Standing Before God* (en collab.) (1981), 313-328.

Consécration. Consecration. Weihe. Consacrazione. Consagración.

*b*10012 TORRANCE, T.F., «Consecration, and Ordination», SJTh 11 (1958) 225-252.

*b*10013 CAÑELLAS, G., «El ideal de consagración a Dios en el Antiguo Testamento», BibFe 4 (1978) 231-243.

*b*10014 GOMEZ DE MORALES, M.V., «La comunidad primitiva modelo de consagración a Dios», BibFe 4 (1978) 271-282.

*b*10015 SAENZ DE SANTA MARIA, M., «La vida consagrada de Jesús», BibFe 4 (1978) 244-256.

Conseils. Counsels. Räte. Consiglii. Consejos.

*b*10016 QUELLE, C., «Los consejos evangélicos. ¿Esencia de la consagración cristiana a Dios?» BibFe 4 (1978) 257-270.

*b*10017 SAENZ GALACHE, M., «Varón y mujer, ¿juntos hacia Dios?» BibFe 4 (1978) 298-311.

*b*10018 SALAS, A., «Dimensión bíblica de los 'votos religiosos'», BibFe 4 (1978) 283-297.

*b*10019 SICARI, A.M., «Die Offenbarung der evangelischen Räte», IKZCommunio 10 (1981) 209-227.

Contemplation. Betrachtung. Contemplazione. Contemplación.

*b*10020 HEILER, F., «Die Kontemplation in der Christlichen Mystik. I. Die Geschichte der Kontemplation in der christlichen Frömmigkeit», ErJb 1933 1 (1934) 245-274; «II. Die Kontemplation in der christlichen Gemeinschaftsmystik», ErJb 1933 1 (1934) 275-300.

*b*10021 GEOLTRAIN, P., «La contemplation à Qoumrân et chez les Thérapeutes», Sem. 9 (1959) 49-57.

Contestation. Bestreitung. Contestazione. Disputa.

b10022   COSTA, A., «A contestação na Igreja Apostólica», EstF 73 (1972) 117-126.

b10023   TRITES, A.A., *The New Testament Concept of Witness* (1977), «The Use of controversy in the Old Testament», 20-34; «The controversy in Isaiah 40-55», 35-47.

b10024   FENTON, J.C., «Controversy in the New Testament», dans *Studia Biblica 1978* (en collab.) (1980), III, 97-110.

b10025   HOFFMANN, P., «Paul, témoin de la contestation», Conci no 178 (1982) 109-116.

b10026   MURPHY, R., «Prophètes et sages comme fauteurs de contradiction», Conci no 178 (1982) 89-96.

b10027   VENETZ, H.-J., «Le rapport avec les contestataires dans les communautés néo-testamentaires», Conci no 178 (1982) 97-108.

b10028   TYSON, J.B., «Conflict as a Literary Theme in the Gospel of Luke», dans *New Synoptic Studies* (Ed. W.R. FARMER) (en collab.) (1983), 303-327.

Conversion. Bekehrung. Conversione. Conversión.

a) Études générales. General Studies. Allgemeine Studien. Studi generali. Estudios generales.

b10029   SCHNIEWIND, J., «The Biblical Doctrine of Conversion», SJTh 5 (1952) 267-281.

b10030   GROSS, H., «Umkehr als Weg zum Heil», BiKi 19 (1964) 42-45.

b10031   LOPEZ MILLAN, V., «Metánoia, conversión y penitencia a través de los profetas y del Nuevo Testamento», CuBi 25 (1968) 259-289.

b10032   SPAEMANN, H., «Das Problem der Bekehrung. Eine biblische Besinnung», BiLeb 9 (1968) 54-57.

b10033   BURKHARDT, H., *Die biblische Lehre von der Bekehrung* (ABCTeam Glauben und Denken, 931) (Giessen, Basel, Brunnen, 1978), 110 pp.

b10034   NOCK, A.D., «The Idea of Conversion», dans *Conversion* (en collab.) (1978), 65-73.

b10035   SINTAS, L., «Crée-moi un coeur pur», CHR 25 (1978) 5-16.

b10036   SKLBA, R.J., «The Call to New Beginnings: A Biblical Theology of Conversion», BTB 11 (1981) 67-73.

b) Ancien Testament. Old Testament. Altes Testament. Antico Testamento. Antiguo Testamento.

b10037   HAGEMEYER, O., «'Lass es uns wiederkehren!' Ein dunkles Schriftwort», BiLeb 10 (1969) 212-218.

b10038   PAREIRA, B.A., *The Call to Conversion in Ezekiel*. Exegesis and Biblical Theology (Roma, Pontificia Universitas Gregoriana, Facultas Theologiae, 1975), 66 pp.

b10039   SCHULTE, R., «Umkehren - Busse tun im AT», dans *Mysterium Salutis* (en collab.) (1976), V, 120-129.

b10040   FABRY, H.-J., «Die Wurzel Šwb in der Qumranliteratur», dans *Qumrân. Sa piété, sa théologie et son milieu* (en collab.) (1978), 285-293.

b10041   LACAN, M.-F., «Conversion and Grace in the Old Testament», dans *Conversion* (en collab.) (1978), 75-96.

b10042   HUNTER, A.V., *Seek the Lord!* A Study of the Meaning and Functions of the Exhortations in Amos, Hosea, Isaiah, Micah and Zephaniah (Baltimore, St Mary's Seminary and University, 1982), xx-324 pp.

b10043   KING, N., «The Hand of the Lord has touched me», Way 22 (1982) 235-244.

*b*10044   MILGROM, J., «Religious Conversion and the Revolt Model for the Formation of Israel», JBL 101 (1982) 169-176.

c) Nouveau Testament. New Testament. Neues Testament. Nuovo Testamento. Nuevo Testamento.

*b*10045   VON BALTHASAR, H.U., «Umkehr im Neuen Testament», IKZCommunio 3 (1974) 481-491.

*b*10046   ALVAREZ VERDES, L., «*Metanoia - metanoein* en el griego extrabíblico», dans *Homenaje a Juan Prado* (en collab.) (1975), 503-525.

*b*10047   CHARBEL, A., «Conversione e fede in S. Paolo», BibOr 18 (1976) 39-47.

*b*10048   GOPPELT, L., *Theologie des Neuen Testaments*, «Die Umkehr als Forderung (Die ethischen Weisungen Jesu)» (1976), 128-170.

*b*10049   GUILLET, J., «Que faut-il faire?» CHR 23 (1976) 22-29.

*b*10050   HUBERFELD, M., «Où est le Dieu qui fait justice?» CHR 23 (1976) 476-484.

*b*10051   SCHULTE, R., «Metanoia im NT», dans *Mysterium Salutis* (en collab.) (1976), V, 129-135.

*b*10052   DUNN, J., «Conversion-initiation dans le livre des Actes», Hok n° 5 (1977) 21-35.

*b*10053   CURRAN, C.E., «Conversion: The Central Message of Jesus», dans *Conversion* (en collab.) (1978), 225-245.

*b*10054   GEORGE, A., «La conversion», dans *Études sur l'oeuvre de Luc* (1978), 351-368.

*b*10055   LACAN, M.-F., «Conversion and Kingdom in the Synoptic Gospels», dans *Conversion* (en collab.) (1978), 97-118.

*b*10056   McFAGUE, S., «Conversion: Life on the Edge of the Raft», Interpr 32 (1978) 255-268.

*b*10057   MINGUEZ, D., «Estructura dinámica de la conversión. Reflexión sobre Hch 2,28-29», EstE 54 (1979) 383-394.

*b*10058   MOLLAT, D., *Études johanniques*, «La conversion» (1979), 56-75.

*b*10059   AUER, J., «Herz-Jesu-Verehrung und Theologie der Umkehr», MüTZ 51 (1980) 241-261.

*b*10060   MARTINI, C.M., *La parola di Dio alle origini della Chiesa* (1980), «La Chiesa primitiva di fronte alla conversione dei pagani: legittimazione di un nuovo metodo missionario» (1980), 295-305.

*b*10061   MERKLEIN, H., «Die Umkehrpredigt bei Johannes dem Täufer und Jesus von Nazaret», BZ 25 (1981) 29-46.

*b*10062   BURKHARDT, H., «La conversion dans l'Église multitudiniste», Hok n° 21 (1982) 10-27.

*b*10063   ENSLIN, M.S., «Paul and Repentence: A Conspicuous Silence», ErIs 16 (1982) 37*-42*.

*b*10064   GIBLET, J., «Les dimensions chrétiennes de la conversion», LVit 37 (1982) 47-57.

*b*10065   HOLLENBACH, P.W., «The Conversion of Jesus: From Jesus the Baptizer to Jesus the Healer», dans *Aufstieg und Niedergang der römischen Welt*, II. *Principat* (1982), 25. Band, 1. Halbband, 196-219.

*b*10066   TAEGER, J.-W., *Der Mensch und sein Heil*. Studien zum Bild des Menschen und zur Sicht der Bekehrung bei Lukas (Studien zum Neuen Testament, 14) (Gütersloh, Mohn, 1982), 244 pp.

*b*10067   URICCHIO, F., «Volti di penitenti in Luca», dans *Parola e Spirito* (en collab.) (1982), 211-272.

Convoitise. Covetousness. Begierde. Cupidigia. Codicia.

*b*10068 RÄISÄNEN, H., «Zum Gebrauch von *epithumia* und *epithumein* bei Paulus», ST 33 (1979) 85-99.
*b*10069 MURPHY, F., «La concupiscence (*Epithumia*), clef du pluralisme moral dans l'Église primitive», Conci nº 170 (1981) 15-24.

Corps. Body. Leib. Corpo. Cuerpo.

a) Études générales. General Studies. Allgemeine Studien. Studi generali. Esturios generales.

*b*10070 LEKO, M., «Il problema etico del corpo. Un saggio di teologia biblica», StMor 13 (1975) 67-107.
*b*10071 LEGRAIN, M., *Le corps humain*, du soupçon à l'évangélisation (Coll. 'Croire et comprendre') (Paris, Centurion, 1978), «La condition humaine dans la Bible. Ancien Testament», 10-19.
*b*10072 DEMEESTÈRE, P., «Corps de louange», CHR 26 (1979) 162-173.
*b*10073 VERGOTE, A., «Le corps. Pensée contemporaine et catégories bibliques», RTL 10 (1979) 159-175.
*b*10074 GRUBER, M.I., *Aspects of Nonverbal Communication in the Ancient Near East* (Studia Pohl, 12) (Roma, Biblical Institute Press, 1980), xxx-770 pp.
*b*10075 CUGNO, A., «Réflexions sur le corps. Désir, mort et parole», dans *Le corps et le corps du Christ dans la première épître aux Corinthiens* (en collab.) (1983), 205-223.

b) Ancien Testament. Old Testament. Altes Testament. Antico Testamento. Antiguo Testamento.

*b*10076 PILCH, J.J., «Biblical Leprosy and Body Symbolism», BTB 11 (1981) 108-113.
*b*10077 WEINBERG, J.P., «Der Mensch im Weltbild des Chronisten: sein Körper», OLoP 13 (1982) 71-89.
*b*10078 LYS, D., «L'arrière-plan et les connotations vétérotestamentaires de *Sarx* et de *Sôma*», dans *Le corps et le corps du Christ dans la première épître aux Corinthiens* (en collab.) (1983), 47-70.

c) Nouveau Testament. New Testament. Neues Testament. Nuovo Testamento. Nuevo Testamento.

*b*10079 BOF, G., «Il *sôma* quale principio della sessualità in Paolo», BibOr 19 (1977) 69-76.
*b*10080 VIRGOULAY, R., «Phénoménologie du corps et théologie de la résurrection», RevSR 54 (1980) 323-336; 55 (1981) 52-75.
*b*10081 BETOULIÈRE, J., ROUQUETTE, J., «1 Cor./Un corps. Atelier psychologie», dans *Le corps et le corps du Christ dans la première épître aux Corinthiens* (en collab.) (1983), 197-203.
*b*10082 BOUTTIER, M., «Incarnation, incorporation, inspiration en 1 Corinthiens», dans *Le corps et le corps du Christ dans la première épître aux Corinthiens* (en collab.) (1983), 257-282.
*b*10083 GROB, F., «L'image du corps et de la tête dans l'Épître aux Éphésiens», ETR 58 (1983) 491-500.
*b*10084 GUÉNEL, V., «Tableau des emplois de *Sôma* dans la première aux Corinthiens», dans *Le Corps et le corps du Christ dans la première épître aux Corinthiens* (en collab.) (1983), 71-85.

*b*10085   GUILLET, J., «Le corps et le sacrement», dans *Le corps et le corps du Christ dans la première épître aux Corinthiens* (en collab.) (1983), 283-293.

*b*10086   LÉON-DUFOUR, X., «Corps du Christ et Eucharistie selon saint Paul», dans *Le corps et le corps du Christ dans la première épître aux Corinthiens* (en collab.) (1983), 225-255.

*b*10087   ROUQUETTE, J., «'Un seul corps.' Nourriture et sexualité dans la première épître aux Corinthiens», dans *Le corps et le corps du Christ dans la première épître aux Corinthiens* (en collab.) (1983), 131-160.

*b*10088   WILDER, F., «Le discorps», dans *Le corps et le corps du Christ dans la première épître aux Corinthiens* (en collab.) (1983), 187-195.

Corps mystique. Mystical Body. Mysticher Leib. Corpo mistico. Cuerpo místico.

*b*10089   WEDDERBURN, A.J.M., «The body of Christ and related concepts in I Corinthians», SJTh 24 (1971) 74-96.

*b*10090   SCHNACKENBURG, R., «L'idée de 'Corps du Christ' dans la lettre aux Éphésiens; perspective pour notre temps», dans *Paul de Tarse, apôtre de notre temps* (en collab.) (1979), 665-685.

Couleur. Color. Farbe. Colore. Color.

*b*10091   BENZ, E., «Die Farbe im Erlebnisbereich der christlichen Vision», ErJb 1972 41 (1974) 265-325.

*b*10092   ROWE, C., «Conceptions of Colour and Colour Symbolism in the Ancient World», ErJb 1972 41 (1974) 327-364.

*b*10093   SCHOLEM, G., «Jerusalem: Farben und ihre Symbolik in der jüdischen Überlieferung und Mystik», ErJb 1972 41 (1974) 1-49.

*b*10094   BRENNER, A., *Colour Terms in the Old Testament* (JSOT Supplement Series, 21) (Sheffield, JSOT Press, 1982), x-296 pp.

Courage. Mut. Coraggio. Valor.

*b*10095   MARROW, S.B., «*Parrhēsia* and the New Testament», CBQ 44 (1982) 431-446.

Crainte de Dieu. Fear of God. Gottesfurcht. Timore di Dio. Temor de Dios.

*b*10096   PFEIFFER, R.H., «The Fear of God», ErIs 3 (1954) 59-62 (Hebrew).

*b*10097   DE CATANZARO, C.J., «Fear, Knowledge, and Love: A Study in Old Testament Piety», CanJT 9 (1963) 166-173.

*b*10098   ROMANIUK, K., «Der Begriff der Furcht in der Theologie des Paulus», BiLeb 11 (1970) 168-175.

*b*10099   ALONSO SCHÖKEL, L., «¿Temer o respetar a Dios?» CuBi 33 (1976) 21-28.

*b*10100   MICHAELI, F., «La sagesse et la crainte de Dieu», Hok nº 2 (1976) 35-44.

*b*10101   MARTIN, P., «Crainte de Dieu, don de l'Esprit Saint», VS 132 (1978) 405-418.

*b*10102   NISHIMURA, T., «Quelques réflexions sémiologiques à propos de 'la crainte de dieu' de quohelet», AJBI 5 (1979) 67-87.

*b*10103   BARRÉ, M.L., «'Fear of God' and the World View of Wisdom», BTB 11 (1981) 41-43.

*b*10104   WILCOX, M., «The 'God-Fearers' in Acts - A Reconsideration», JSNT nº 13 (1981) 102-122.

Création. Creation. Schöpfung. Creazione. Creación.

a) Études générales. General Studies. Allgemeine Studien.
 Studi generali. Estudios generales.

b10105 GOTOR, J.L., «El origen del hombre y del mundo, según la Biblia», CuBi 15 (1958) 93-100.

b10106 HOGUTH, A., «Probleme der Schöpfungstheologie», BiLeb 7 (1966) 161-164.

b10107 FOI ET CONSTITUTION, «Dieu dans la nature et l'histoire», VC no 86 (1968) 7-51 (créateur).

b10108 BERTRAM, G., «Zur begrifflichen Prägung des Schöpferglaubens im griechischen Alten Testament», dans Wort, Lied und Gottesspruch. Beiträge zur Septuaginta (en collab.) (1972), 21-30.

b10109 TUPPY, H., KREMER, J., «Schöpfung zwischen 'Zufall und Notwendigkeit'. Zur Auseinandersetzung mit Jacques Monod», BiKi 28 (1973) 48-51.

b10110 NICOLE, É., «Le Dieu créateur et l'évangélisation», Hok no 7 (1977) 46-61.

b10111 DAVY, M.-M., «Transfiguration et résurrection», VS 133 (1979) 491-503.

b10112 KAPELRUD, A.S., «Ba'al, Schöpfung und Chaos», UF 11 (1979) 407-412.

b10113 HAYES, Z., What Are They Saying About Creation? (A Deus Book) (New York, Ramsey, NJ, Paulist, 1980), vi-120 pp.

b10114 O'BRIEN, J., MAJOR, W., In the Beginning. Creation Myths from Ancient Mesopotamia. Israel and Greece (American Academy of Religion, Aids for the Study of Religion Series, 11) (Chico, CA, Scholars Press, 1982), xii-211 pp.

b10115 SCHILLEBEECKX, E., God among us, «I Believe in God, Creator of Heaven and Earth» (1983), 91-102.

b10116 SCHLINK, E., Ökumenische Dogmatik, «Die Erschaffung der Welt» (1983), 73-100.

b) Orient. Oriente.

b10117 OPPENHEIM, A.L., «Mesopotamian Mythology», Or. 16 (1947) 207-238 (Enûma Eliš); 17 (1948) 17-58 (Gilgamesh).

b10118 BOTTERWECK, G.J., «Die Entstehung der Welt in den altorientalischen Kosmogonien», BiLeb 6 (1965) 184-191.

b10119 PETTAZZONI, R., «Der babylonische Ritus des Akitu und das Gedicht der Weltschöpfung», ErJb 1950 19 (1951) 403-430.

b10120 GASPARRO, G.S., «I miti cosmogonici degli Yezidi», Numen 21 (1974) 197-227; 22 (1975) 24-41.

b10121 O'SHAUGHNESSY, T.J., «God's Purpose in Creating according to the Qur'ān», JSS 20 (1975) 193-209.

b10122 JACOBSEN, T., The Treasures of Darkness. A History of Mesopotamian Religion (New Haven, London, Yale University Press, 1976), 273 pp.

b10123 HORNUNG, E., «Verfall und Regeneration der Schöpfung», ErJb 46 (1977) 411-449.

b10124 MOLIN, G., «Das Motiv vom Chaoskampf im alten Orient und in den Traditionen Jerusalems und Israels», dans Memoria Jerusalem (en collab.) (1977), 13-28.

b10125 KAPELRUD, A.S., «Ba'al, Schöpfung und Chaos», UF 11 (1979) 407-412.

b10126 KAPELRUD, A.S., «Creation in the Ras Shamra Texts», ST 34 (1980) 1-11.

b10127 MARGALIT, B., «The Ugaritic Creation Myth: Fact or Fiction?» UF 13 (1981) 137-145.

b10128 En collaboration, La creación del mundo y del hombre en los textos del Próximo Oriente Antiguo (Estella, Ed. Verbo Divino, 1982), 64 pp.

c) Judaïsme. Judaism. Judentum. Giudaismo. Judaísmo.

*b*10129   SCHOLEM, G., «Schöpfung aus Nichts und Selbstverschränkung Gottes», ErJb 1956 25 (1957) 87-119.

*b*10130   SCHÄFER, P., «Tempel und Schöpfung. Zur Interpretation einiger Heiligtumstraditionen in der rabbinischen Literatur», Kairos 16 (1974) 122-133.

*b*10131   SCHUBERT, U., «Eine jüdische Vorlage für die Darstellung der Erschaffung des Menschen in der sogenannten Cotton-Genesis-Rezension?» Kairos 17 (1975) 1-10.

*b*10132   BLACK, M., «The New Creation in I Enoch», dans *Creation, Christ and Culture* (en collab.) (1976), 13-21.

*b*10133   LICHTENBERGER, H., *Studien zum Menschenbild in Texten der Qumrangemeinde* (1980), «Schöpfungshymnen», 163-173; «Schöpfung», 178-184.

*b*10134   SAENZ BADILLOS, A., «La exégesis de la creación y el paraíso en la obra de Selomoh ibn Gabirol», *Miscelánea Comillas* 41 (1983) 369-382.

*b*10135   TOBIN, T.H., *The Creation of Man*. Philo and the History of Interpretation (CBQ Monograph Series, 14) (Washington, The Catholic Biblical Association of America, 1983), viii-199 pp.

d) Ancien Testament. Old Testament. Altes Testament. Antico Testamento. Antiguo Testamento.

*b*10136   DHORME, É., «Le dieu parent et le dieu maître dans la religion des Hébreux», RHR 105 (1932) 229-244.

*b*10137   LANG, J.B., «Der Demiurg des Priesterkodex (Gen. I bis II,4a) und seine Bedeutung für den Gnostizismus», ErJb 1942 9 (1943) 237-288.

*b*10138   VON RAD, G., *Gottes Wirken in Israel* (1974), «Die biblische Schöpfungsgeschichte» (1955), 108-118.

*b*10139   WOOLLEY, L., «Stories of the Creation and the Flood», PEQ 88 (1956) 14-21.

*b*10140   SORIA, V., «Marduk y Elohim frente a la creación del hombre», CuBi 15 (1958) 105-108.

*b*10141   FRIES, H., «Die Offenbarung in der Schöpfung», dans *Mysterium Salutis* (en collab.) (1965), I, 180-187.

*b*10142   KERN, W., «Die Schöpfung als Voraus-Setzung des Bundes im AT», dans *Mysterium Salutis* (en collab.) (1967), II, 441-454.

*b*10143   BERTRAM, G., «Zur begrifflichen Prägung des Schöpferglaubens im griechischen Alten Testament», dans *Wort, Lied und Gottesspruch*. Beiträge zur Septuaginta (en collab.) (1972), 21-30.

*b*10144   SOGGIN, J.A., *Old Testament and Oriental Studies* (1975), «God the Creator in the First Chapter of Genesis» (1972), 120-129.

*b*10145   ALBERTZ, R., *Weltschöpfung und Menschenschöpfung*. Untersucht bei Deuterojesaja, Hiob und in den Psalmen (Stuttgart, Calwer, 1974), 264 pp.

*b*10146   LANDES, G.M., «Creation Tradition in Proverbs 8:22-31 and Genesis 1», dans *A Light unto My Path* (en collab.) (1974), 279-293.

*b*10147   BARTINA, S., «Procedimientos ternarios en el relato de la creación (Gén 1,1-2,4)», dans *Homenaje a Juan Prado* (en collab.) (1975), 57-87.

*b*10148   SAENZ DE SANTA MARIA, M., «El cosmos como expresión del amor divino», BibFe 1 (1975) 21-33.

*b*10149   VOSBERG, L., *Studien zum Reden vom Schöpfer in den Psalmen* (BEvT 69) (München, Kaiser, 1975), 123 pp.

*b*10150   BALY, D., *God and History in the Old Testament*, «Maker of Heaven and Earth» (1976), 107-118.

b10151 HAAG, E., «Gott als Schöpfer und Erlöser in der Prophetie des Deuterojesaja», TrierTZ 85 (1976) 193-213.

b10152 KIRCHSCHLÄGER, W., «Die Schöpfungstheologie des Deuterojesaja», BiLit 49 (1976) 407-422.

b10153 MARANGON, A., «Rapporti fra cosmo e storia della salvezza in alcuni momenti della tradizione anticotestamentaria», dans *La Cristologia in san Paolo* (en collab.) (1976), 13-35.

b10154 LARSSON, G., «Chronological parallels between the Creation and the Flood», VT 27 (1977) 490-492.

b10155 MOLIN, G., «Das Motiv vom Chaoskampf im alten Orient und in den Traditionen Jerusalems und Israels», dans *Memoria Jerusalem* (en collab.) (1977), 13-28.

b10156 STECK, O.H., «Zwanzig Thesen als alttestamentlicher Beitrag zum Thema 'Die jüdischchristliche Lehre von der Schöpfung in Beziehung zu Wissenschaft und Technik'», KerDo 23 (1977) 277-299.

b10157 HERMISSON, H.-J., «Observations on the Creation Theology in Wisdom», dans *Israelite Wisdom* (en collab.) (1978), 43-57.

b10158 WESTERMANN, C., *Theologie des Alten Testaments in Grundzügen*, «Der segmende Gott und die Schöpfung» (1978), 72-101.

b10159 GANNE, P., *La Création* (Coll. 'Dossiers libres') (Paris, Cerf, 1979), 100 pp.

b10160 KAPELRUD, A.S., «Die Theologie der Schöpfung im Alten Testament», ZAW 91 (1979) 159-170.

b10161 DE MOOR, J.C., «El, the Creator», dans *The Bible World*. Essays in Honor of Cyrus H. Gordon (en collab.) (1980), 171-187.

b10162 GISEL, P., *La création*. Essai sur la liberté et la nécessité, l'histoire et la loi, l'homme, le mal et Dieu (Lieux théologiques, 2) (Genève, Labor et Fides, 1980), «La confession des origines», 19-78.

b10163 MILLER, P.D., Jr., «El, the Creator of Earth», BASOR nº 239 (1980) 43-46.

b10164 RINGGREN, H., «Jahvé et Rahab-Léviatan», dans *Mélanges bibliques et orientaux en l'honneur de M. Henri Cazelles* (en collab.) (1981), 387-393.

b10165 WEIPPERT, H., *Schöpfer des Himmels und der Erde*. Ein Beitrag zur Theologie des Jeremiabuches (SBS 102) (Stuttgart, Katholisches Bibelwerk, 1981), 109 pp.

b10166 LOHFINK, N., «Creation and salvation in Priestly theology», TDig 30 (1982) 3-6.

e) Nouveau Testament. New Testament. Neues Testament. Nuovo Testamento. Nuevo Testamento.

b10167 BRINKMAN, B.R., «'Creation' and 'Creature'. I. Some texts and tendencies (excluding *Romans*)», Bijdr. 18 (1957) 129-139; «II. Texts and tendencies in the Epistle to the *Romans*», Bijdr 18 (1957) 359-374.

b10168 BONNARD, P., «Création et nouvelle création selon le Nouveau Testament», *Foi et Vie* (1959/3-4) 1-14, dans *Anamnesis* (1980), 71-80.

b10169 LAMPE, G.W.H., «The New Testament Doctrine of *Ktisis*», SJTh 17 (1964) 449-462.

b10170 LAMPE, G.W.H., «La doctrine néo-testamentaire de la création», VC nº 73 (1965) 15-28.

b10171 MUSSNER, F., «Die Schöpfung in Christus», dans *Mysterium Salutis* (en collab.) (1967), II, 455-461.

b10172 MALY, E.H., «Creation in the New Testament», dans *Biblical Studies in Contemporary Thought* (en collab.) (1975), 104-112.

b10173 ZEDDA, S., *L'escatologia biblica*, «La caratteristica dell'ultima era: la nuova creazione» (1975), II, 86-102.

*b*10174   GALLOWAY, A.D., «Creation and Covenant», dans *Creation, Christ and Culture* (en collab.) (1976), 108-118.

*b*10175   MARTELET, G., «Der Erstgeborene aller Schöpfung. Für eine christologische Schau der Schöpfung», IKZCommunio 5 (1976) 15-29.

*b*10176   FEUILLET, A., «Le 'Commencement' de l'Économie Chrétienne d'après He ii.3-4, Mc i.1 et Ac i.1-2», NTS 24 (1977-78) 163-174.

*b*10177   MÜLLER, U.B., «Vision und Botschaft. Erwägungen zur prophetischen Struktur der Verkündigung Jesu», ZTK 74 (1977) 416-448.

*b*10178   BIANCHI, U., *La 'Doppia creazione' dell'uomo, negli Alessandrini, nei Cappadoci e nella gnosi* (Roma, Ateneo, 1978), 208 pp.

*b*10179   MAY, G., *Schöpfung aus dem Nichts.* Die Entstehung der Lehre von der creatio ex nihilo (Arbeiten zur Kirchengeschichte, 48) (Berlin, New York, De Gruyter, 1978), xii-196 pp.

*b*10180   BAUMBACH, G., «Die Schöpfung in der Theologie des Paulus», Kairos 21 (1979) 196-205.

*b*10181   NEARY, M., «The Cosmic Emphasis of Paul», IrThQ 48 (1981) 1-26.

*b*10182   SCHLINK, E., *Ökumenische Dogmatik*, «Die Vollendung der neuen Schöpfung» (1983), 709-720.

Croix. Cross. Kreuz. Croce. Cruz.

a) Études générales. General Studies. Allgemeine Studies. Studi generali. Estudios generales.

*b*10183   HENGEL, M., *Crucifixion in the Ancient World and the Folly of the Message of the Cross* (London, SCM Press, 1977), xii-99 pp.

*b*10184   LYONNET, S., «Croce e promozione umana nella Sacra Scrittura», ScuolC 105 (1977) 281-296.

*b*10185   FITZMYER, J.A., «Crucifixion in Ancient Palestine, Qumran Literature, and the New Testament», CBQ 40 (1978) 493-513.

b) Judaïsme. Judaism. Judentum. Giudaismo. Judaísmo.

*b*10186   DIEZ MERINO, L., «La crucifixión en la antigua literatura judía», EstE 51 (1976) 5-27.

*b*10187   DIEZ MERINO, L., «El suplicio de la Crux en la literatura Judía intertestamental», StBiFranc 26 (1976) 31-120.

*b*10188   COHN, H., «The Crucifixion», dans *Jewish Expressions on Jesus* (en collab.) (1977), 305-343.

*b*10189   FIGUERAS, P., «A Midrashic Interpretation of the Cross as a Symbol», StBiFranc 30 (1980) 159-166.

c) Ancien Testament. Old Testament. Altes Testament. Antico Testamento. Antiguo Testamento.

*b*10190   ARMSTRONG, G.T., «The Cross in the Old Testament According to Athanasius, Cyril of Jerusalem and the Cappadocian Fathers», dans *Theologia Crucis - Signum Crucis* (en collab.) (1979), 17-38.

*b*10191   RUPPERT, L., «Das Skandalon eines gekreuzigten Messias und seine Überwindung mit Hilfe der geprägten Vorstellung vom leidenden Gerechten», dans *Kirche und Bibel* (en collab.) (1979), 319-341.

d) Nouveau Testament. New Testament. Neues Testament. Nuovo Testamento. Nuevo Testamento.

*b*10192   MORRIS, L., *The Cross in the New Testament* (Exeter, the Paternoster Press, 1965), 454 pp.

*b*10193   ORTKEMPER, F.-J., «Wir verkünden Christus als den Gekreuzigten (1 Kor 1,23). Die Kreuzesbotschaft des Apostels Paulus als Mitte seines Evangeliums», BiKi 23 (1968) 5-12.

*b*10194   CHEVALLIER, M.-A., «La prédication de la croix dans le Nouveau Testament», ETR 45 (1970) 131-161.

*b*10195   AMMASSARI, A., «Giovanni, figlio di Hagqôl, crocifisso», BibOr 13 (1971) 57-64.

*b*10196   VOGT, J., «Crucifixus etiam pro nobis. Historische Anmerkung zum Kreuzestod», IKZCommunio 2 (1973) 186-191.

*b*10197   RODENAS, A., «Vocabulario y lenguaje de la 'cruz' en el Nuevo Testamento», CuBi 33 (1976) 181-195.

*b*10198   VON DER OSTEN-SACKEN, P., «Leistung und Grenze der johanneischen Kreuzestheologie», EvT 36 (1976) 154-176.

*b*10199   MINEAR, P.S., *To Die and to Live*, «The Crucifixion of the World / *Galatians* 6:14-15» (1977), 66-88.

*b*10200   WILCOX, M., «Upon the Tree' - Deut 21:22-23 in the New Testament», JBL 96 (1977) 85-99.

*b*10201   BAGATTI, B., TESTA, E., *Il Golgota e la Croce*. Ricerche storico-archeologiche (Studium Biblicum Franciscanum, Collectio Minor, 21) (Jerusalem, Franciscan Printing Press, 1978), 161 pp.

*b*10202   WEBER, H.-R., *The Cross*. Tradition and Interpretation of the Crucifixion of Jesus in the World of the New Testament (Grand Rapids, Eerdmans, 1978), 162 pp.

*b*10203   HELLWIG, M.E., «The Central Scandal of the Cross: From Sion to Salvation», dans *Sin, Salvation, and the Spirit* (en collab.) (1979), 187-194.

*b*10204   KLEIN, G., «Sündenverständnis und theologia crucis bei Paulus», dans *Theologia Crucis - Signum Crucis* (en collab.) (1979), 249-282.

*b*10205   VON DER OSTEN-SACKEN, P., «Die paulinische theologia crucis als Form apokalyptischer Theologie», EvT 39 (1979) 477-496.

*b*10206   REESE, J.M., «Paul Proclaims the Wisdom of the Cross; Scandal and Foolishness», BTB 9 (1979) 147-153.

*b*10207   NIELSEN, H.K., «Paulus' Verwendung des Begriffes *dunamis*. Eine Replik zur Kreuzestheologie», dans *Die Paulinische Literatur und Theologie. The Pauline Literature and Theology* (en collab.) (1980), 137-158.

*b*10208   O'LEARY, A., «Preaching Christ Crucified», Way 20 (1980) 15-23.

*b*10209   VAN DER MINDE, H.-J., «Theologia crucis und Pneumaaussagen bei Paulus», Catho 34 (1980) 128-145.

*b*10210   WEDER, H., *Das Kreuz Jesu bei Paulus*. Ein Versuch, über den Geschichtsbezug des christlichen Glaubens nachzudenken (FRLANT 125) (Göttingen, Vandenhoeck & Ruprecht, 1981), 273 pp.

*b*10211   KUHN, H.-W., «Die Kreuzesstrafe während der frühen Kaiserzeit. Ihre Wirklichkeit und Wertung in der Umwelt des Urchristentums», dans *Aufstieg und Niedergang der römischen Welt*, II. *Principat*, 25. Band, 1. Halbband (en collab.) (1982), 648-793.

e) Divers. Miscellaneous. Verschiedenes. Diversi. Diversos.

*b*10212   SCHWEIZER, E., «Zur Interpretation des Kreuzes bei R. Bultmann», dans *Aux sources de la tradition chrétienne* (en collab.) (1950), 228-238.

*b*10213 BLACK, M., «The *Chi-Rho* Sign - Christogram and/or Staurogram?» dans *Apostolic History and the Gospel* (en collab.) (1970), 319-327.

*b*10214 CHEVALLIER, M.-A., «Comment prêcher la Croix aujourd'hui?» ETR 45 (1970) 233-246.

*b*10215 NESTI, P.G., «Saggio bibliografico su 'Mistero della Croce e promozione umana'», ScuolC 105 (1977) 422-428.

*b*10216 PORRO, C., «Sviluppi recenti della teologia della Croce», ScuolC 105 (1977) 378-410.

*b*10217 BÖHLIG, A., «Zur Vorstellung vom Lichtkreuz in Gnostizismus und Manichäismus», dans *Gnosis*. Festschrift für Hans Jonas (en collab.) (1978), 473-491.

*b*10218 DINKLER, E., «Papyrus Yalensis 1 als ältest bekannter christlicher Genesistext. Zur Frühgeschichte des Kreuz-Symbols», ZNW 73 (1982) 281-285.

Culte. Cult. Gottesdienst. Culto.

a) Études générales. General Studies. Allgemeine Studien. Studi generali. Estudios generales.

*b*10219 MOREL, B., «Eutychus et les fondements Bibliques du Culte», ETR 37 (1962) 41-47.

*b*10220 FOI ET CONSTITUTION, «Rapport de la Commission théologique sur le culte», VC nᵒ 65 (1963) 51-68.

*b*10221 ROLLAND, B., «Institutions religieuses», CE (n.s.) nᵒ 27 (1979) 24-36.

*b*10222 TURNER, H.W., *From Temple to Meeting House*. The Phenomenology and Theology of Places of Worship (Religion and Society, 16) (The Hague, Paris, New York, Mouton, 1979), 404 pp.

b) Orient. Oriente.

*b*10223 OTTEN, H., «Zur Kontinuität eines altanatolischen Kultes», ZA 53 (1959) 174-184.

*b*10224 FISHER, E.J., «Cultic Prostitution in the Ancient Near East? A Reassessment», BTB 6 (1976) 225-236.

*b*10225 FRANKEL, D., «A Possible Relative of the Gilat Woman», IsrEJ 27 (1977) 38-39.

*b*10226 PERDUE, L.G., *Wisdom and Cult*. A Critical Analysis of the Views of Cult in the Wisdom Literatures of Israel and the Ancient Near East (1977), 390 pp.

*b*10227 MILGROM, J., «The Alleged Wave-offering in Israel and the Ancient Near East» [IEJ 22 (1972), 33-38], dans MILGROM, J., *Studies in Cultic Theology and Terminology* (1983), 133-138.

c) Judaïsme. Judaism. Judentum. Giudaismo. Judaísmo.

*b*10228 LAUTERBACH, J.Z., «Tashlik. A Study in Jewish Ceremonies», HUCA 11 (1936) 207-340.

*b*10229 EERDMANS, B.D., «Thoda-songs and temple-singers in the pre-exilic period», OTS 1 (1942) 162-175.

*b*10230 BLANK, S.H., «The Dissident Laity in Early Judaism», HUCA 19 (1945-46) 1-42.

*b*10231 BAUMGARTEN, J.M., «Sacrifice and Worship among the Jewish Sectarians of the Dead Sea (Qumran) Scrolls», HavTR 46 (1953) 141-159, dans *Studies in Qumran Law (1977)*, 39-56.

*b*10232 HABERMANN, A.M., «The Phylacteries in Antiquity», ErIs 3 (1954) 174-177 (Hebrew).

*b*10233 LIEBREICH, Y.A., «The Psalms of the Levites for the Days of the Week», ErIs 3 (1954) 170-173 (Hebrew).

b10234 CLARK, K.W., «Worship in the Jerusalem Temple after A.D 70», NTS 6 (1959-60) 269-280, dans *The Gentile Bias* (1980), 9-20.
b10235 STRAUSS, H., «The Fate and Form of the Menorah of the Maccabees», ErIs 6 (1960) 122-129 (English summary).
b10236 RICOTTI, A.L., «I Salmi nel culto giudaico», BibOr 3 (1961) 161-174.
b10237 MARTIN, R.P., *Worship in the Early Church*, «The Jewish Inheritance in the Temple and Synagogue» (1964), 18-27.
b10238 DELCOR, M., «The Selloi of the Oracle of Dodona and the Oracular Priests of the Semitic Religions», dans *Wort, Lied und Gottesspruch*. Beiträge zur Septuaginta (en collab.) (1972), 31-38.
b10239 FIORENZA, E.S., «Cultic Language in Qumran and in the New Testament», CBQ 38 (1976) 159-177.
b10240 APPEL, G., *The Concise Code of Jewish Law* (New York, Ktav, Yeshiva University Press, 1977), vol. I, 358 pp.
b10241 SABOURIN, L., «The Temple and the Cult in Late Judaism», RelStB 1 (1981), 33-37.
b10242 VOGEL, M.-H., «The Distinctive Expression of the Category of Worship in Judaïsm», Bijdr. 32 (1982) 350-382.

d) Ancien Testament. Old Testament. Altes Testament. Antico Testamento. Antiguo Testamento.

b10243 DUS, J., «The Dreros Bilingual and the Tabernacle of Ancient Israelites», JSS 10 (1965) 54-58.
b10244 DE NICOLA, A., «La lucerna cultuale in Israele», BibOr 14 (1972) 79-91.
b10245 STENZEL, A., «Die Kultgemeinde des Alten Bundes», dans *Mysterium Salutis* (en collab.) (1973), IV.2, 19-27.
b10246 BUCK, H.M., «Worship, Idolatry, and God», dans *A Light unto My Path* (en collab.) (1974), 67-82.
b10247 HANSON, P.D., *The Dawn of Apocalyptic*, «The Origins of the Post-Exilic Gierocracy (1975)», 209-279.
b10248 KOCH, R., «Morale d'Alliance et culte dans l'Ancien Testament», dans *Homenaje a Juan Prado* (en collab.) (1975), 279-298.
b10249 CHOLEWINSKI, A., *Heiligkeitsgesetz und Deuteronomium* (1976), 350 pp.
b10250 KEEL, O., «Kultische Brüderlichkeit - Ps 133», FreibZ 23 (1976) 68-80.
b10251 MILGROM, J., «Israel's Sanctuary: The Priestly 'Picture of Dorian Gray'», [RB 83 (1976), 390-399], dans MILGROM, J., *Studies in Cultic Theology and Terminology* (1983), 75-84.
b10252 MILGROM, J., *Cult and conscience*. The *asham* and the priestly doctrine of repentance (Studies in Judaism in Late Antiquity, 18) (Leiden, Brill, 1976), xiii-173 pp.
b10253 MILGROM, J., «Israel's Sanctuary: The Priestly 'Picture of Dorian Gray'», RB 83 (1976) 390-399.
b10254 OTTO, E., «Silo und Jerusalem», TZ 32 (1976) 65-77.
b10255 ROWLEY, H.H., *Worship in Ancient Israel*. Its Forms and Meaning. Edward Cadbury Lectures delivered in the University of Birmingham (London, SPCK, 1976), xv-307 pp.
b10256 KEARNEY, P.J., «Creation and Liturgy: The P Redaction of Ex 25-40», ZAW 89 (1977) 375-387.
b10257 PERDUE, L.G., *Wisdom and Cult* (1977), «The Views of Cult in Israelite Wisdom Literature», 135-260; «Didactic Poems and the Wisdom Psalms», 261-343.
b10258 BACH, D., «Rite et parole dans l'Ancien Testament. Nouveaux éléments apportés par l'étude de *Tôdâh*», VT 28 (1978) 10-19.

b10259   HARAN, M., *Temples and Temple-Service in Ancient Israel*. An Inquiry into the Character of Cult Phenomena and the Historical Setting of the Priestly School (Oxford, At the Clarendon Press, 1978), xviii-394 pp.

b10260   WESTERMANN, C., *Theologie des Alten Testaments in Grundzügen*, «Der Gottesdienst» (1978), 164-180.

b10261   ZENGER, E., «Rite et critique du rite dans l'Ancien Testament», Conci no 132 (1978) 53-65.

b10262   EATON, J.H., «The Psalms and Israelite Worship», dans *Tradition and Interpretation* (en collab.) (1979), 238-273.

b10263   JOHNSON, A.R., *The Cultic Prophet and Israel's Psalmody* (Cardiff, University of Wales Press, 1979), xii-467 pp.

b10264   WOLD, D.J., «The *Kareth* Fenalty in P: Rationale and Cases», dans *Society of Biblical Literature. 1979 Seminar Papers* (en collab.) (1979), I, 1-45.

e) Nouveau Testament. New Testament. Neues Testament. Nuovo Testamento. Nuevo Testamento.

b10265   JONES, B.H., «The Church as a Worshipping Society (Church Congress Syllabus iv.2)», AThR 21 (1939) 293-312.

b10266   MARTIN, R.P., *Worship in the Early Church* (1964), 144 pp.

b10267   STENZEL, A., «Der Kult des Christus Jesus», 27-29; «Der Kult der Gemeinde der Endzeit», 30-44, dans *Mysterium Salutis* (en collab.) (1973), IV. 2, 27-44.

b10268   LYONNET, S., «La nature du culte chrétien», dans «Worship and Ritual in Christianity and other Religions / Culte et Rituel dans le Christianisme et les autres Religions», *Studia Missionalia* (Rome, Gregorian University Press) 23 (1974) 191-211.

b10269   JOHNSSON, W.G., «The Cultus of Hebrews in Twentieth-Century Scholarship», ExpTim 89 (1977-78) 104-108.

b10270   RORDORF, W., «Sonntagnachtgottesdienste der christlichen Frühzeit?» ZNW 68 (1977) 138-141.

b10271   WATKINS, K., «Worship in the Christian Church (Disciples of Christ)», Wor 51 (1977) 486-496.

b10272   EVANS, C., «Romans 12.1-2: The True Worship», dans *Dimensions de la vie chrétienne (Rm 12-13)* (en collab.) (1979), 7-33.

b10273   WALTER, N., «Christusglaube und Heidnische Religiosität in Paulinischen Gemeinden», NTS 25 (1979) 422-442.

b10274   BUCHANAN, G.W., «Worship, Feasts and Ceremonies in the Early Jewish-Christian Church», NTS 26 (1980) 279-297.

b10275   COLLINS, R.F., «I Thes and the Liturgy of the Early Church», BTB 10 (1980) 51-64.

b10276   HENGEL, M., «Hymn and Christology», dans *Studia Biblica 1978* (en collab.) (1980), III, 173-197.

b10277   SMITH, M., «Pauline Worship as Seen by Pagans», HarvTR 73 (1980) 241-249.

b10278   WILLIAMS, J.T., «Cultic Elements in the Fourth Gospel», dans *Studia Biblica 1978. II. Papers on the Gospels* (en collab.) (1980), 339-350.

b10279   BAUCKHAM, R., «The Worship of Jesus in Apocalyptic Christianity», NTS 27 (1981) 322-341.

b10280   KLAUCK, H.-J., *Hausgemeinde und Hauskirche im frühen Christentum* (SBS 103) (Stuttgart, Katholisches Bibelwerk, 1981), 120 pp.

b10281   VANHOYE, A., «Sacerdoce du Christ et culte chrétien», CHR 28 (1981) 216-230.

b10282   BETZ, O., «Early Christian Cult in the Light of Qumran», RelStB 2 (1982) 73-85.

b10283   O'TOOLE, R.F., «Paul at Athens and Luke's Notion of Worship», RB 89 (1982) 185-197.

*b*10284 PERROT, C., «Le culte de l'Église primitive», Conci no 182 (1983) 11-20.

*b*10285 BEN-CHORIN, S., «Die Ketzerformel», dans *Kontinuität und Einheit* (en collab.) (1981), 473-483.

*b*10286 BOECKER, H.J., «Überlegungen zur Kultpolemik der vorexilischen Propheten», dans *Die Botschaft und die Boten* (en collab.) (1981), 169-180.

*b*10287 DE TARRAGON, J.-M., «La *kapporet* est-elle une fiction ou un élément du culte tardif?» RB 88 (1981) 5-12.

*b*10288 HALPERN, B., «The centralization formula in Deuteronomy», VT 31 (1981) 20-38.

*b*10289 VAN DER PLOEG, J.P.M., «Adoration and Praise of God in the Old Testament», dans *Studia Evangelica* (en collab.) (1982), VII, 528-539.

*b*10290 CAZELLES, H., «La liturgie de l'Ancien Testament. Ce qui relève des cultures environnantes et ce qui y relève de Dieu», dans *Liturgie, spiritualité, cultures* (en collab.) (1983), 53-62.

*b*10291 DE BENEDETTI, P., «La liturgia delle feste ebraiche come momento di espressione e di formazione della fede del popolo ebraico», dans En collaboration, *L'anno liturgico* (Studi di liturgia, n.s., 11) (Casale Monferrato, Marietti, 1983), 39-46.

Damnation. Verdamnis. Dannazione. Condenación.

*b*10292 NICOLAS, J.-H., «La seconde mort du pécheur et la fidélité de Dieu», RT 79 (1979) 25-49.

Danger. Gefahr. Pericolo. Peligro.

*b*10293 MAIER, J., «Das Gefährdungsmotiv bei der Himmelsreise in der jüdischen Apokalyptik und 'Gnosis'», Kairos 5 (1963) 18-40.

Danse. Dance. Tanzen. Ballo. Baile.

*b*10294 GRUBER, M.I., «Ten Dance-Derived Expressions in the Hebrew Bible», Bibl 62 (1981) 328-346.

David.

*b*10295 MORGENSTERN, J., «The Historical Antecedents of Amos», HUCA 15 (1940) 59-304 (pp. 59-81).

*b*10296 KIRK, H.E., «The Secondary Strains of Life. A Sermon on David's Fall», Interpr 3 (1949) 164-169.

*b*10297 BONNES, J.-P., *David et les psaumes* (Paris, Seuil, 1957), 192 pp.

*b*10298 BUCCELLATI, G., «Da Saul a David. Le origini della monarchia israelitica alla luce della storiografia contemporanea», BibOr 1 (1959) 99-128.

*b*10299 ADINOLFI, M., «Le 'opere di pietà liturgica' di David in 2 *Cron.* 6,42», BibOr 8 (1966) 31-36.

*b*10300 SOGGIN, J.A., *Das Königtum in Israel.* Ursprünge, Spannungen, Entwicklung (BZAW 104) (Berlin, Töpelmann, 1967), 167 pp.

*b*10301 GONZALEZ NUÑEZ, A., «David, rey de Israel», dans *Miscelánea Manuel Cuervo Lopez* (en collab.) (1970), 17-26.

*b*10302   KAPELRUD, A.S., «The Ugaritic Text RS 24.252 and King David», JNWSemL 3 (1974) 35-39.

*b*10303   GOSSELIN, E.A., *The King's Progress to Jerusalem*. Some Interpretations of David during the Reformation Period and their Patristic and Medieval Background (Humana Civilitas, 2) (Malibu, CA, Undena Publications, 1976), x-131 pp.

*b*10304   METTINGER, T.N.D., *King and Messiah* (1976), 342 pp.

*b*10305   VAN SETERS, J., «Problems in the Literary Analysis of the Court History of David», JSOT n° 1 (1976) 22-29.

*b*10306   GROS LOUIS, K.R.R., «The Difficulty of Ruling Well: King David of Israel», Semeia 8 (1977) 15-33.

*b*10307   ISHIDA, T., *The Royal Dynasties in Ancient Israel*. A Study on the Formation and Development of Royal-Dynastic Ideology (BZAW 142) (Berlin, New York, De Gruyter, 1977), 211 pp.

*b*10308   KEGLER, J., *Politisches Geschehen und theologisches Verstehen*. Zum Geschichtsverständnis in der frühen israelitischen Königszeit (Calwer Theologische Monographien, 8) (Stuttgart, Calwer, 1977), 407 pp.

*b*10309   SOGGIN, J.A., «The Davidic-Solomonic Kingdom», dans *Israelite and Judaean History* (en collab.) (1977), 332-380.

*b*10310   GUNN, D.M., *The Story of King David*. Genre and interpretation (JSOT Supplement Series, 6) (Sheffield, University of Sheffield, 1978), 164 pp.

*b*10311   LEMCHE, N.P., «David's Rise», JSOT n° 10 (1978) 2-25.

*b*10312   LANGLAMET, F., «David et la maison de Saül», RB 86 (1979) 194-213, 385-436, 481-513; 87 (1980) 161-210; 88 (1981) 321-332.

*b*10313   AHLSTRÖM, G.W., «Was David A Jebusite Subject?» ZAW 92 (1980) 285-287.

*b*10314   LEVENSON, J.D., HALPERN, B., «The Political Import of David's Marriages», JBL 99 (1980) 507-518.

*b*10315   McCARTER, P.K., Jr., «The Apology of David», JBL 99 (1980) 489-504.

*b*10316   PIETERSMA, A., «David in the Greek Psalms», VT 30 (1980) 213-226.

*b*10317   VANDERKAM, J.C., «Davidic Complicity in the Deaths of Abner and Eshbaal: A Historical and Redactional Study», JBL 99 (1980) 521-539.

*b*10318   LONG, B., «Wounded Beginnings: David and Two Sons», dans *Images of Man and God* (1981) (en collab.), 26-34.

*b*10319   NOLAN, B.M., «The Figure of David as a Focus for the Christology of Matthew», SB 12 (1981) 46-49.

*b*10320   LANGLAMET, F., «David, fils de Jessé. Une édition prédeutéronomique de l'histoire de la succession», RB 89 (1982) 5-47.

*b*10321   LUST, J., «The Story of David and Goliath in Hebrew and in Greek», ETL 59 (1983) 5-25.

*b*10322   SCHUNCK, K.-D., «Davids 'Schlupfwinkel', in Juda», VT 33 (1983) 110-113.

Décalogue. Decalogue. Dekalog. Decalogo. Decálogo.

*b*10323   GONZALO MAESO, D., «El Decálogo y la Terapéutica psico-física», CuBi 15 (1958) 327-337.

*b*10324   ALONSO DIAZ, J., «Origen y valor religioso del Decálogo», CuBi 22 (1965) 29-42.

*b*10325   NIELSEN, E., *Die Zehn Gebote*. Eine traditionsgeschichtliche Skizze (Acta Theologica Danica, 8) (Leiden, Brill, 1965), 127 pp.

*b*10326   CELADA, B., «Los diez mandamientos en la Biblia y en el Catecismo», CuBi 23 (1966) 352-357.

*b*10327 GONZALO MAESO, D., «El nuevo-viejo Decálogo», CuBi 24 (1967) 323-339.

*b*10328 CAZELLES, H., «Les Origines du Décalogue», ErIs 9 (1969) 14-19.

*b*10329 ZENGER, E., «Psalm 87,6 und die Tafeln von Sinai», dans *Wort, Lied und Gottesspruch.* Beiträge zu Psalmen und Propheten (en collab.) (1972), 97-103.

*b*10330 PENNA, A., «Il Decalogo nell'interpretazione profetica», dans *Fondamenti biblici della teologia morale* (en collab.) (1973), 83-116.

*b*10331 COHEN, M.B., FREEDMAN, D.B., «The Dual Accentuation of the Ten Commandments», dans *Massoretic Studies* 1 (1974) 7-19.

*b*10332 DIEZ MERINO, L., «El Decálogo en el Targum Palestinense», EstB 34 (1975) 23-48.

*b*10333 HARRELSON, W., «Karl Barth on the Decalogue», SR 6 (1976-77) 229-240.

*b*10334 KLEIN, H., «Verbot des Menschendiebstahls im Dekalog? Prüfung einer These Albrecht Alts», VT 26 (1976) 161-169.

*b*10335 DEXINGER, F., «Das Garizimgebot im Dekalog der Samaritaner», dans *Studien zum Pentateuch* (en collab.) (1977), 111-133.

*b*10336 LOHFINK, N., «Die These vom 'deuteronomischen' Dekaloganfang - ein fragwürdiges Ergebnis atomistischer Sprachstatistik», dans *Studien zum Pentateuch* (en collab.) (1977), 99-109.

*b*10337 NICHOLSON, E.W., «The Decalogue as the direct address of God», VT 27 (1977) 422-433.

*b*10338 SENTUCQ, D., «Le Décalogue. Des sources d'un Droit à l'origine du peuple de Dieu», dans *L'Ancien Testament. Approches et lectures* (en collab.) (1977), 173-207.

*b*10339 ALBERTZ, R., «Hintergrund und Bedeutung des Elterngebots im Dekalog», ZAW 90 (1978) 348-374.

*b*10340 EHRLICH, E.L., «Die 10 Gebote», dans *Israel hat dennoch Gott zum Trost* (en collab.) (1978), 11-19.

*b*10341 KOCH, R., «Le sixième (cinquième) commandement (Ex 20,13; Dt 5,17)», StMor 16 (1978) 9-30.

*b*10342 LOCHMAN, J.M., «Die Vorstellung des Namens Gottes im Dekalog als Begründung einer Ethik der Freiheit», TZ 34 (1978) 257-264.

*b*10343 BEN-CHORIN, S., *Die Tafeln des Bundes. Das Zehnwort vom Sinai* (Tübingen, Mohr, 1979), 191 pp.

*b*10344 LANG, B., «Grundrechte des Menschen im Dekalog», BiKi 34 (1979) 75-79.

*b*10345 COUTURIER, G., «La vie familiale comme source de la Sagesse et de la Loi», SE 32 (1980) 177-192.

*b*10346 HARRELSON, W., *The Ten Commandments and Human Rights* (Overtures to Biblical Theology, 8) (Philadelphia, Fortress Press, 1980), xviii-222 pp.

*b*10347 JUCCI, E., «Il decalogo e la polemica anticanaanaica», RivB 28 (1980) 97-109.

*b*10348 KOSTER, M.D., «The numbering of the Ten Commandments in some Peshiṭta manuscripts», VT 30 (1980) 468-473.

*b*10349 LEHMANN, P., «The Commandments and the Common Life», Interpr 34 (1980) 341-355.

*b*10350 LANG, B., «'Du Sollst nicht nach der Frau eines anderen verlangen'. Eine neue Deutung des 9. und 10. Gebots», ZAW 93 (1981) 216-224.

*b*10351 LEMAIRE, A., «Le Décalogue: essai d'histoire de la rédaction», dans *Mélanges bibliques et orientaux en l'honneur de M. Henri Cazelles* (en collab.) (1981), 259-295.

*b*10352 SCHREINER, S., «Der Dekalog in der jüdischen Tradition und im Koran», Kairos 23 (1981) 17-30.

*b*10353 WRIGHT, J.H., «La famille en Israël et le Décalogue: arrière-plan et portée sociale de certains commandements», Hok nº 18 (1981) 14-33.

*b*10354   GRELOT, P., *Problèmes de morale fondamentale*, «Décalogue et morale chrétienne: pour une lecture critique de Saint Thomas d'Aquin» (1982), 103-146.

*b*10355   HOSSFELD, F.-L., *Der Dekalog*. Seine späten Fassungen, die originale Komposition und seine Vorstufen (Orbis Biblicus et Orientalis, 45) (Freiburg, Universitätsverlag; Göttingen, Vandenhoeck & Ruprecht, 1982), 308 pp.

*b*10356   MÜLLER, G., «Der Dekalog im Neuen Testament. Vor-Erwägungen zu einer unerledigten Aufgabe», TZ 38 (1982) 79-97.

*b*10357   SCHÜNGEL-STRAUMANN, H., «Überlegungen zum JAHWE-Namen in den Gottesgeboten des Dekalogs», TZ 38 (1982) 65-78.

*b*10358   MOLINSKI, W., «Die Zehn Gebote. Eine Grundlage für einen ethischen Konsens unter Glaubenden?» StiZ 201 (1983) 53-60.

Déception. Deception. Enttaüschung. Delusione. Decepción.

*b*10359   HAGAN, H., «Deception as Motif and Theme in 2 Sm 9-20; 1 Kgs 1-2», Bibl 60 (1979) 301-326.

Déluge. Flood. Sintflut. Diluvio.

*b*10360   WOOLLEY, L., «Stories of the Creation and the Flood», PEQ 88 (1956) 14-21.

*b*10361   CELADA, B., «El diluvio. Sentido religioso y fondo histórico», CuBi 22 (1965) 206-217.

*b*10362   PETTINATO, G., «Die Bestrafung des Menschengeschlechts durch die Sintflut. Die erste Tafel des Atramḫasis-Epos eröffnet eine neue Einsicht in die Motivation dieser Strafe», Or. 37 (1968) 165-200.

*b*10363   MALO, J., «Afirmaciones ligeras. Puntualización acerca del relato del diluvio», CuBi 30 (1973) 243-245.

*b*10364   SIMOONS-VERMEER, R.E., «The Mesopotamian floodstories: a comparison and interpretation», Numen 21 (1974) 17-34.

*b*10365   LONGACRE, R.E., «The Discourse Structure of the Flood Narrative», dans *Society of Biblical Literature. 1976 Seminar Papers* (en collab.) (1976), 235-262.

*b*10366   PETERSEN, D.L., «The Yahwist on the Flood», VT 26 (1976) 438-446.

*b*10367   FRYMER-KENSKY, T., «The Atrahasis Epic and its Significance for our Understanding of Genesis 1-9», BA 40 (1977) 147-155.

*b*10368   LARSSON, G., «Chronological parallels between the Creation and the Flood», VT 27 (1977) 490-492.

*b*10369   WENHAM, G.J., «The coherence of the flood narrative», VT 28 (1978) 336-348.

*b*10370   GALBIATI, E., «Alle soglie della storia», dans *Secoli sul mondo* (A cura di G. RINALDI) (en collab.) (Torino, Marietti, 1955), 91-115, dans *Scritti minori* (1979), 75-113 («Il diluvio», 95-105).

*b*10371   LEMCHE, N.P., «The Chronology in the Story of the Flood», JSOT no 18 (1980) 52-62.

*b*10372   OBERFORCHER, R., *Die Flutprologe als Kompositionsschlüssel der biblischen Urgeschichte*. Ein Beitrag zur Redaktionskritik (Innsbrucker theologische Studien, 8) (Innsbruck, Tyrolia Verlag, 1981), 677 pp.

*b*10373   KLOOS, C.J.L., «The Flood on Speaking Terms with God», ZAW 94 (1982) 639-642.

Démons. Demons. Dämonen. Demoni. Demonios.

a) Études générales. General Studies. Allgemeine Studien. Studi generali. Estudios generales.

b10374 ZÄHRINGER, D., «Die Dämonen», dans *Mysterium Salutis* (en collab.) (1967), II, 996-1003.

b10375 GONZALEZ, A., «La demonología bíblica en los tres últimos siglos», CuBi 25 (1968) 195-214.

b10376 HEER, J., «Der schlaueste Psychologie - Spirituelle Aspekte zum Thema unseres Heftes», BiKi 30 (1975) 11-14.

b10377 SCHUBERT, K., «Versuchung oder Versucher?» BiLit 50 (1977) 104-113.

b10378 GONZALEZ, G., «God and the devil: conquest of dualism», TDig 26 (1978) 19-23.

b10379 VON BALTHASAR, H.U., «Vorverständnis des Dämonischen», IKZCommunio 8 (1979) 238-242.

b10380 KIRCHSCHLÄGER, W., «Engel, Teufel, Dämonen», BiLit 54 (1981) 98-102.

b) Orient. Oriente.

b10381 ISAAC, D., «Les démons minoens», RHR 118 (1938) 55-91.

b10382 VON SODEN, W., «Eine altbabylonische Beschwörung gegen die Dämonin Lamaštum», Or. 23 (1954) 337-344.

b10383 VON SODEN, W., «Eine altassyrische Beschwörung gegen die Dämonin Lamaštum», Or. 25 (1956) 141-148.

b10384 CULICAN, W., «Phoenician Demons», JNES 35 (1976) 21-24.

b10385 SALAS, A., «Demonios y exorcismos en las religiones primitivas», BibFe 2 (1976) 5-20.

b10386 NIDITCH, S., «Incantation Texts and Formulaic Language: A New Etymology for ḥwmry᾿», Or. 48 (1979) 461-471.

c) Judaïsme. Judaism. Judentum. Giudaismo. Judaísmo.

b10387 CAQUOT, A., «Léviathan et Behémoth dans la troisième 'Parabole' d'Hénoch», Sem. 25 (1975) 111-122.

b10388 PIKAZA, J., «Diablo y demonios en el judaísmo precristiano», BibFe 2 (1976) 36-46.

b10389 GRELOT, P., «Miracles de Jésus et démonologie juive», dans *Les miracles de Jésus selon le Nouveau Testament* (en collab.) (1977), 59-72.

d) Ancien Testament. Old Testament. Altes Testament. Antico Testamento. Antiguo Testamento.

b10390 CAQUOT, A., «Sur quelques démons de l'Ancien Testament (Reshep, Qeteb, Deber)», Sem. 6 (1956) 53-68.

b10391 CAÑELLAS, G., «La demonología en el Antiguo Testamento», BibFe 2 (1976) 21-35.

b10392 LUST, J., «The Demonic Character of Jahweh and the Septuagint of Isaiah», Bijdr. 40 (1979) 2-14 (résumé français).

b10393 RAO, S.P., REDDY, M.P., «Job and his Satan - Parallels in Indian Scripture», ZAW 91 (1979) 416-422.

b10394 TAWIL, H., «'Azazel The Prince of the Steepe: A Comparative Study», ZAW 92 (1980) 43-59.

e) Nouveau Testament. New Testament. Neues Testament. Nuovo Testamento. Nuevo Testamento.

b10395 HAAG, H., *Teufelsglaube* (Tübingen, Katzmann, 1974), 544 pp.

*b*10396   HIERS, R.H., «Satan, demons, and the Kingdom of God», SJTh 27 (1974) 35-47.

*b*10397   LIMBECK, M., «Jesus und die Dämonen - Der exegetische Befund», BiKi 30 (1975) 7-11.

*b*10398   ANNEN, F., *Heil für die Heiden*. Zur Bedeutung und Geschichte der Tradition vom besessenen Gerasener (Mk 5,1-20 parr.) (Frankfurter Theologische Studien, 20) (Frankfurt am Main, Josef Knecht, 1976), 135-162.

*b*10399   GRAY, J.R., «Satan», ExpTim 87 (1976) 240-241.

*b*10400   MANRIQUE, A., «El cristianismo primitivo ante el influjo del demonio», BibFe 2 (1976) 77-87.

*b*10401   PESCH, R., KRATZ, R., *So liest man synoptisch*, «Exorzismen» (1976), II, 15-44; «Streitgespräch um den Sinn der Dämonenaustreibungen» (1978), IV, 25-32.

*b*10402   BEINERT, W., «Müssen Christen an den Teufel glauben?» StiZ 195 (1977) 541-554.

*b*10403   BUSSE, U., *Die Wunder des Propheten Jesus*, «Die Beelzebulperikope Lk 11,14-26» (1977), 275-289.

*b*10404   CELADA, B., «El grave problema de la demonología en el Nuevo Testamento, superado por el de la lucha por la justicia», CuBi 34 (1977) 109-121.

*b*10405   GONZALEZ FAUS, J.I., «Jesús y los demonios. Introducción cristológica a la lucha por la justicia», EstE 52 (1977) 487-519.

*b*10406   GRELOT, P., «Miracles de Jésus et démonologie juive», dans *Les miracles de Jésus selon le Nouveau Testament* (en collab.) (1977), 59-72.

*b*10407   KRUSE, H., «Das Reich Satans», Bibl 58 (1977) 29-61.

*b*10408   MARRANZINI, A., «Si puo credere ancora nel diavolo?» CC 2 (1977) 15-30.

*b*10409   YATES, R., «Jesus and the Demonic in the Synoptic Gospels», IrThQ 44 (1977) 39-57.

*b*10410   LABOURDETTE, M.-M., «L'Ange des ténèbres», VS 132 (1978) 880-894.

*b*10411   MacLAURIN, E.C.B., «Beelzeboul», NT 20 (1978) 156-160.

*b*10412   GEREST, C., «Le démon dans la victoire de Jésus», VS 133 (1979) 249-268.

*b*10413   KÄSEMANN, E., «La guérison des démoniaques», ETR 54 (1979) 231-241.

*b*10414   ALEXANDER, W.M., *Demonic Possession in the New Testament*. Its historical, Medical, and Theological Aspects (Grand Rapids, Baker, 1980), xii-291 pp.

*b*10415   CASAS GARCIA, V., «Jesús, el Exorcista», BibFe 6 (1980) 28-40.

*b*10416   FUCHS, A., *Die Entwicklung der Beelzebulkontroverse bei den Synoptikern* (Studien zum Neuen Testament und seiner Umwelt, Series B, Band 5) (Linz, Studien zum Neuen Testament und seiner Umwelt, 1980), 279 pp.

*b*10417   SPROSTON, W.E., «Satan in the Fourth Gospel», dans *Studia Biblica 1978. II. Papers on the Gospels* (en collab.) (1980), 307-311.

*b*10418   HOLLENBACH, P.W., «Jesus, Demoniacs and Public Authorities: A Socio-historical Study», JAmAcRel 49 (1981) 567-588.

*b*10419   RUSSELL, J.B., *Satan*. The Early Christian Tradition (Ithace, NY, London, Cornell University Press, 1981), 258 pp.

*b*10420   BENOIT, P., «Pauline Angelology and Demonology. Reflexions on the Designations of the Heavenly Powers and on the Origin of Angelic Evil According to Paul», RelStB 3 (1983) 1-18.

f) Divers. Miscellaneous. Verschiedenes. Diversi. Diversos.

*b*10421   DETIENNE, M., «Sur la démonologie de l'ancien pythagorisme», RHR 144 (1959) 17-32.

*b*10422   WILFORD, F.A., «*Daimôn* in Homer», Numen 12 (1965) 217-232.

*b*10423   BECK, E., «Jesus und die Dämonen - Hinweise für Katechese und Predigt», BiKi 30 (1975) 14-16.

*b*10424 SALAS, A., «Culto a Satán y exorcismos hoy», BibFe 2 (1976) 88-104.
*b*10425 SANCHEZ, S., «Los 'daimones' del mundo helénico», BibFe 2 (1976) 47-59.
*b*10426 CULIANU, I.P., «'Démonisation du Cosmos' et dualisme gnostique», RHR 196 (1979) 3-40.

Désert. Desert. Wüste. Deserto. Desierto.

*b*10427 JARVIS, C.S., «The Desert Yesterday and To-day», PEQ 69 (1937) 116-125.
*b*10428 RICHTER, W., «Beobachtungen zur theologischen Systembildung in der alttestamentlichen Literatur anhand des 'kleinen geschichtlichen Credo'», dans *Wahrheit und Verkündigung* (en collab.) (1967), 175-212.
*b*10429 FRITZ, V., *Israel in der Wüste*. Traditionsgeschichtliche Untersuchung der Wüstenüberliefgerung des Jahwisten (Marburger Theologische Studien, 7) (Marburg, N.G. Elwert, 1970), xii-148 pp.
*b*10430 DAVIES, G.I., *The Way of the Wilderness*. A Geographical Study of the Wilderness Itineraries in the Old Testament (Society for Old Testament Study, Monograph Series, 5) (Cambridge, Cambridge University Press, 1979), xii-138 pp.
*b*10431 BONNET, C., «Le désert. Sa signification dans l'Évangile de Marc», Hok n⁰ 13 (1980) 20-34.
*b*10432 CARRETTO, C., «Faire le désert», Hok n⁰ 13 (1980) 35-37.
*b*10433 GALLOPIN, M., «Le désert. Sa signification chez les prophètes Osée, Jérémie et Ézéchiel», Hok n⁰ 13 (1980) 2-19.
*b*10434 ADDINALL, P., «The Wilderness in Pedersen's *Israel*», JSOT n⁰ 20 (1981) 75-83.
*b*10435 COHN, R.L., *The Shape of Sacred Space*, «Liminality in the Wilderness» (1981), 7-23.
*b*10436 GUILLAUME, A., «Die Wüste im Verständnis der ägyptischen Mönche», GeistL 54 (1981) 121-137.
*b*10437 MESHEL, Z., «An Explanation of the Journeys of the Israelites in the Wilderness», BA 45 (1982) 19-20.

Deuil. Sorrow. Trauer. Lutto. Duelo.

*b*10438 FELDMAN, E., *Biblical and Post-Biblical Defilement and Mourning*. Law as Theology (Library of Jewish Law and Ethics) (New York, Yeshiva University Press, Ktav, 1977), xx-196 pp.
*b*10439 HARDMEIER, C., *Texttheorie und biblische Exegese*. Zur rhetorischen Funktion der Trauermetaphorik in der Prophetie (BEvT 79) (München, Kaiser, 1978), 412 pp.
*b*10440 RAHMANI, L.Y., «Ancient Jerusalem's Funerary Customs and Tombs», BA 44 (1981) 171-177, 229-235.

Diaconat. Diaconate. Diakonat. Diaconato. Diaconado.

*b*10441 DOCKX, S., «L'ordination des 'Sept' - Act 6,1-6», dans *Chronologies néotestamentaires et Vie de l'Église primitive* (1976), 265-288.
*b*10442 FERRARO, G., «Evangelizzazione e ministeri ordinati. Il diaconato», CC 2 (1977) 232-246.
*b*10443 DE LORENZI, L., «Paul 'diakonos' du Christ et des chrétiens», dans *Paul de Tarse, apôtre de notre temps* (en collab.) (1979), 399-454.

*b*10444 RUHL, W.J., «Le diaconat aujourd'hui. Sacrement de la présence de l'Église dans le monde de ce temps», LVit 36 (1981) 189-203.
*b*10445 DOMAGALSKI, B., «Waren die 'sieben' (Apg 6,1-7) Diakone?» BZ 26 (1982) 21-33.
*b*10446 LOHFINK, G., «Weibliche Diakone im Neuen Testament», dans *Die Frau im Urchristentum* (en collab.) (1983), 320-338.

Dieu. God. Gott. Dio. Dios.

a) Orient. Oriente.

*b*10447 SCHOLEM, G., «Das Ringen zwischen dem biblischen Gott und dem Gott Plotins in der alten Kabbala», ErJb 1964 33 (1965) 9-50.
*b*10448 VORLANDER, H., *Mein Gott.* Die Vorstellungen vom persönlichen Gott im Alten Orient und im Alten Testament (A.O.A.T., 23) (Kevelaer, Butzon & Bercker; Neukirchen-Vluyn, Neukirchener Verlag, 1975), xv-364 pp.
*b*10449 HATT, J.-J., «Divinités orientales et dieux gaulois», dans *Mélanges offerts à Marcel Simon* (en collab.) (1978), 277-286.
*b*10450 BURKERT, W., «Götterspiel und Götterburleske in altorientalischen und griechischen Mythen», ErJb 51 (1982) 335-367.
*b*10451 WARMENBOL, E., «La stèle de Ruǧm el-'abd (Louvre AO 5055): une image de divinité moabite du IXème-VIIIème siècle av. N.E.», Levant 15 (1983) 63-75.

b) Judaïsme. Judaism. Judentum. Giudaismo. Judaísmo.

*b*10452 KUNN, P., *Gottes Trauer und Klage in der rabbinischen Überlieferung (Talmud und Midrasch)* (Arbeiten zur Geschichte des antiken Judentums und des Urchristentums, 13) (Leiden, Brill, 1978), xiv-559 pp.
*b*10453 SANDMEL, S., *Judaism and Christian Beginnings,* «The Divine» (1978), 168-176.
*b*10454 HRUBY, K., «Lecture juive de la torah et connaissance de dieu», LV nº 144 (1979) 25-38.
*b*10455 SIMON, M., «Jupiter-Yahvé. Sur un essai de Theologie pagano-juive», Numen 23 (1976) 40-66, dans SIMON, M., *Le Christianisme antique et son contexte religieux* (1981), 622-648.
*b*10456 FLUSSER, D., SAFRAI, S., «The Essene Doctrine of Hypostasis and Rabbi Meir», Immanuel 14 (1982) 47-57.

c) Ancien Testament. Old Testament. Altes Testament. Antico Testamento. Antiguo Testamento.

Études générales. General Studies. Allgemeine Abhandlungen. Studi generali. Estudios generales.

*b*10457 YUBERO, D., «El conocimiento bíblico de Dios», CuBi 13 (1956) 23-25.
*b*10458 CAZELLES, H., «Der Gott der Patriarchen», BiLeb 2 (1961) 39-49.
*b*10459 JOHNSON, A.R., *The One and the Many in the Israelite Conception of God* (Cardiff, University of Wales Press, 1961), 45 pp.
*b*10460 EISSFELDT, O., *Kleine Schriften* (Tübingen, Mohr, 1962), «Gott und Götzen im Alten Testament», I, 266-273.
*b*10461 EISSFELDT, O., *Kleine Schriften* (Tübingen, Mohr, 1963), «Der Gott des Tabor und seine Verbreitung», II, 29-54.
*b*10462 DEISSLER, A., «Gottes Selbstoffenbarung im Alten Testament», dans *Mysterium Salutis* (en collab.) (1967), II, 226-269.
*b*10463 ABEL, E.L., «The Nature of the Patriarchal God 'El Sadday'», Numen 20 (1973) 48-59.

b10464 STIER, F., «Die Geschichte einer Tagung. Das Gottesbild des Alten Testaments», BiKi 28 (1973) 110-114.

b10465 COUTURIER, G., «Qui est Yahweh dans l'Ancien Testament?» dans ¿Jésus? (en collab.) (1974), 177-192.

b10466 PROULX, R., «Yahweh-Roi dans l'Ancien Testament», dans ¿Jésus? (en collab.) (1974), 11-23.

b10467 VORLANDER, H., *Mein Gott*. Die Vorstellungen vom persönlichen Gott im Alten Orient und im Alten Testament (A.O.A.T., 23) (Kevelaer, Butzon & Bercker; Neukirchen-Vluyn, Neukirchener Verlag, 1975), xv-364 pp.

b10468 BALY, D., *God and History in the Old Testament*. The Encounter with the Absolutely Other in Ancient Israel (New York, Harper & Row, 1976), 234 pp.

b10469 GÖRG, M., «Anfänge israelitischen Gottesglaubens», Kairos 18 (1976) 256-264.

b10470 WESTERMANN, C., *Theologie des Alten Testaments in Grundzügen*, «Was sagt das Alte Testament von Gott?» (1978), 5-27.

b10471 BEAUCHAMP, P., «Pour une théologie de la lettre», RSR 67 (1979) 481-494.

b10472 WIFALL, W., «Models of God in the Old Testament», BTB 9 (1979) 179-186.

b10473 CAZELLES, H., «Le dieu Jahvé et l'émergence de la religion jahviste», RivB 28 (1980) 33-43.

b10474 OTTO, E., «El und Jhwh in Jerusalem. Historische und theologische Aspekte einer Religionsintegration», VT 30 (1980) 316-329.

b10475 L'HEUREUX, C.E., «Searching for the Origins of God», dans *Traditions in Transformation* (en collab.) (1981), 33-57.

b10476 SEEBASS, H., *Der Gott der ganzen Bibel*. Biblische Theologie zur Orientierung im Glauben (Freiburg, Herder, 1982), 256 pp.

b10477 VAWTER, B., «The God of Hebrew Scriptures», BTB 12 (1982) 3-7.

b10478 WERNER, E., «Hebrew Elements of the *Te Deum*», ErIs 16 (1982) 227*-234*.

b10479 BALENTINE, S.E., *The Hidden God*. The Hiding of the Face of God in the Old Testament (London, Oxford University Press, 1983), xiv-202 pp.

b10480 BROWN, J.P., «Men of the Land and the God of Justice in Greece and Israel», ZAW 95 (1983) 376-402.

Pentateuque. Pentateuch. Pentateuco.

b10481 WILDBERGER, H., «2 Mose 34,4b-10», dans EICHHOLTZ, G., FALKENROTH, A. (Hrsg.), *Hören und fragen* (Neukirchen, Neukirchener Verlag, 1971), Band 6, 456-464, dans *Jahwe und sein Volk* (1979), 210-218.

b10482 GILLARD, G.V., «God in Gen. 1:26 according to Chrysostom», dans *Studia Biblica 1978. I. Papers on Old Testament* (en collab.) (1979), 149-156.

Livres historiques. Historical Books. Geschichtsbücher. Libri storici. Libros históricos.

b10483 SERRAIMA, J., «Dios en el libro de Judit», CuBi 20 (1963) 226-229.

Livres poétiques et sapientiaux. Poetic and Sapiential Books. Die Lehrbücher. Libri poetici e sapienziali. Libros poéticos y sapienciales.

b10484 GRILL, S., «Regen und Unwetter preiset den Herrn! Das Gottesbild der Regen- und Unwetterpsalmen nach dem syrischen Text», BiKi 15 (1960) 5-11 (Psalmen).

b10485 WOLVERTON, W.I., «The Psalmists' Belief in God's Presence», CanJT 9 (1963) 82-94.

b10486 STOOP, F., «Le sens de Dieu dans les psaumes», VC no 91 (1969) 32-46.

b10487   HAAG, H., *Gott und Mensch in den Psalmen* (Theologische Meditationen, 28) (Einsiedeln, Benziger, 1972), 72 pp.

b10488   DUHAIME, J., «Perception de Dieu et comportement moral chez les sages d'Israël», SE 32 (1980) 193-197.

b10489   DUHAIME, J., «Le Dieu de la vie», LTP 36 (1980) 195-204 (Psaumes).

b10490   MONLOUBOU, L., «Dieu dans les psaumes», EV (doctrine) 90 (1980) 130-135.

b10491   RAURELL, F., «Job's ethic and God's freedom», TDig 29 (1981) 133-137.

b10492   KINET, D., «L'ambiguïté des représentations de Dieu et de Satan dans le livre de Job», Conci nᵒ 189 (1983) 55-63.

Livres prophétiques. Prophetic Books. Prophetische Bücher.
Libri profetici. Libros proféticos.

b10493   MARTIN-ACHARD, R., «Ézéchiel, témoin de l'honneur de YHWH», dans *Mélanges André Neher* (en collab.) (1975), 165-174.

b10494   HAAG, E., «Gott als Schöpfer und Erlöser in der Prophetie des Deutero-jesaja», TrierTZ 85 (1976) 193-213.

b10495   WILDBERGER, H., «Der Monotheismus Deuterojesajas», dans DONNER, H., HANHART, R., SMEND, R. (Hrsg.), *Beiträge zur alttestamentlichen Theologie*. Festschrift W. Zimmerli (Göttingen, Vandenhoeck & Ruprecht, 1977), 506-530, dans *Jahwe und sein Volk* (1979), 249-273.

b10496   BULTEAU, M.-G., «Le Dieu *passionné* des prophètes», dans *Dieu, parole et silence* (en collab.) (1978), 45-61.

b10497   FRETHEIM, T.E., «Jonah and Theodicy», ZAW 90 (1978) 227-237.

b10498   JÜNGLING, H.-W., «Aspekte des Redens von Gott bei Hosea», ThPh 54 (1979) 335-359.

b10499   LUST, J., «The Demonic Character of Jahweh and the Septuagint of Isaiah», Bijdr. 40 (1979) 2-14 (résumé français).

b10500   ZIMMERLI, W., «Das Gottesrecht bei den Propheten Amos, Hosea und Jesaja», dans *Werden und Wirken des Alten Testaments* (en collab.) (1980), 216-235.

b10501   BJØRNDALEN, A.J., «Jahwe in den Zukunftsaussagen des Amos», dans *Die Botschaft und die Boten* (en collab.) (1981), 181-202.

b10502   JEREMIAS, J., ʻIch bin wie ein Löwe für Efraim...' (Hos 5,14). Aktualität und Allgemeingültigkeit im prophetischen Reden von Gott am Beispiel von Hos 5,8-14?» dans ʻIch will euer Gott werden' (SBS 100) (en collab.) (1981), 75-95.

b10503   WEIPPERT, H., *Schöpfer des Himmels und der Erde*. Ein Beitrag zur Theologie des Jeremiabuches (SBS 102) (Stuttgart, Katholisches Bibelwerk, 1981), 109 pp.

b10504   GRUBER, M.I., «The Motherhood of God in Second Isaiah», RB 90 (1983) 351-359.

d) Nouveau Testament. New Testament. Neues Testament. Nuovo Testamento. Nuevo Testamento.

Études générales. General Studies. Allgemeine Studies. Studi generali. Estudios generales.

b10505   CLAVIER, H., «La notion de Dieu dans l'enseignement de Jésus-Christ», ETR 7 (1932) 50-77.

b10506   RAHNER, K., «Theos im Neuen Testament», Bijdr. 11 (1950) 212-236; 12 (1951) 24-52.

b10507   PFAMMATTER, J., «Eigenschaften und Verhaltensweisen Gottes im Neuen Testament», dans *Mysterium Salutis* (en collab.) (1967), II, 272-290.

b10508   DUQUOC, C., «Le Dieu de Jésus et la crise de Dieu à notre époque», LV nᵒ 134 (1977) 115-127.

b10509   BERGERON, R., «Le Dieu *paradoxal* de Jésus-Christ», dans *Dieu, parole et silence* (en collab.) (1978), 153-167.

b10510   CHILDS, J.M., Jr., *Christian Anthropology and Ethics* (Philadelphia, Fortress Press, 1978), «The Eschatological Perspective: The Recovery of Eschatology; The Image of God and Eschatology; Eschatological Man», 68-121.

b10511   LABARRIÈRE, P.-J., «Dieu sans Christ et Dieu du Christ», CHR 25 (1978) 146-158.

b10512   REESE, J.M., «The Principal Model of God in the New Testament», BTB 8 (1978) 126-131.

b10513   KELLY, G.B., «The Nature of God in Process Theology: Basic Concepts and Christological Implications», IrThQ 46 (1979) 1-20.

b10514   LAPIDE, P., MOLTMANN, J., *Jüdischer Monotheismus - christliche Trinitätslehre. Ein Gespräch* (München, Kaiser, 1979), 91 pp.

b10515   En collaboration, '*Ich will euer Gott werden.*' Beispiele biblischen Redens von Gott (Stuttgarter Bibelstudien, 100) (Stuttgart, Katholisches Bibelwerk, 1981), 226 pp.

b10516   BERTRAND, D., «L'outrance judéo-chrétienne», CHR 28 (1981) 19-29.

Évangiles. Gospels. Evangelien. Vangeli. Evangelios.

b10517   CLAVIER, H., «La notion de Dieu dans l'enseignement de Jésus-Christ», ETR 7 (1932) 50-77.

b10518   KNOCH, O., «Das Schweigen Gottes. Meditation über das Gottesbild des Passionsberichtes des Evangelisten Markus», BiKi 15 (1960) 21-22.

b10519   PFAMMATTER, J., «Eigenschaften und Verhaltensweisen Gottes im Neuen Testament. 3. Die synoptischen Evangelien; 5. Das johanneische Schrifttum», dans *Mysterium Salutis* (en collab.) (1967), II, 277-280, 284-287.

b10520   GENEST, O., «Le Dieu *énigmatique* de la Passion», dans *Dieu, parole et silence* (en collab.) (1978), 97-111.

b10521   MYRE, A., «Le Dieu *démuni* de l'Évangile», dans *Dieu, parole et silence* (en collab.) (1978), 75-95.

b10522   SCHNEIDER, G., «Gottes Ruf im Evangelium Jesu Christi. Ist nach dem Zeugnis der Bibel ein Glaube ohne Gott möglich?» BiKi 25 (1970) 41-44.

b10523   DUPONT, J., «Le Magnificat comme discours sur Dieu», NRT 102 (1980) 321-343.

b10524   BOVON, F., «Le Dieu de Luc», RSR 69 (1981) 279-300.

b10525   HOFFMANN, P., «'Er weiss, was ihr braucht...' (Mt 6,7). Jesu einfache und konkrete Rede von Gott», dans '*Ich will euer Gott werden*' (SBS 100) (en collab.) (1981), 151-176.

b10526   RITT, H., «'So sehr hat Gott die Welt geliebt...' (Joh 3,16). Gotteserfahrung bei Johannes», dans '*Ich will euer Gott werden*' (SBS 100) (en collab.) (1981), 207-226.

Paul. Paulus. Paolo. Pablo.

b10527   PFAMMATTER, J., «Eigenschaften und Verhaltensweisen Gottes im Neuen Testament. 4. Die Paulusbriefe», dans *Mysterium Salutis* (en collab.) (1967), II, 280-284.

b10528   MORRIS, L., «The Theme of Romans», dans *Apostolic History and the Gospel* (en collab.) (1970), 249-263.

b10529   SCHLIER, H., *Grundzüge einer paulinischen Theologie*, «Der Gott, der Gott ist» (1978), 25-54.

b10530   LINDEMANN, A., «Die Rede von Gott in der paulinischen Theologie», TGl 69 (1979) 357-376.

b10531   SIOTIS, M.A., «La *krêstotês* de Dieu selon l'Apôtre Paul», dans *Paul de Tarse, apôtre de notre temps* (en collab.) (1979), 201-232.

*b*10532 MOXNES, H., *Theology in Conflict*. Studies in Paul's Understanding of God in Romans (SuppNT 53) (Leiden, Brill, 1980), xiv-319 pp.

*b*10533 PIPER, J., «The Demonstration of the Righteousness of God in Romans 3:25,26», JSNT nº 7 (1980) 2-32.

*b*10534 VAN DAALEN, D.H., «The Revelation of God's Righteousness in Romans 1:17», dans *Studia Biblica 1978* (en collab.) (1980), III, 383-389.

*b*10535 GRASSER, E., «'Ein einziger ist Gott' (Röm 3,30). Zum christologischen Gottesverständnis bei Paulus», dans *'Ich will euer Gott werden'* (SBS 100) (en collab.) (1981), 177-205.

Autres livres du N.T. - Other Books of N.T. - Andere Bücher des N.T.
Altri libri del N.T. - Otros libros del N.T.

*b*10536 PFAMMATTER, J., «Eigenschaften und Verhaltensweisen Gottes im Neuen Testament. 5. Das johanneische Schrifttum; 6. Die Johannesapokalypse», dans *Mysterium Salutis* (en collab.) (1967), II, 284-290.

*b*10537 HOLTZ, T., «Gott in der Apokalypse», dans *L'Apocalypse johannique et l'Apocalyptique dans le Nouveau Testament* (en collab.) (1980), 247-265.

e) Divers. Miscellaneous. Verschiedenes. Diversi. Diversos.

*b*10538 PETTAZZONI, R., «On the attributes of God», Numen 2 (1955) 1-27.

*b*10539 MARTUCCI, J., «Le Dieu *silencieux* de la Bible», dans *Dieu, parole et silence* (en collab.) (1978), 13-22.

Dimanche. Sunday. Sonntag. Domenica. Domingo.

*b*10540 DUGMORE, C.W., «Lord's Day and Easter», dans En collaboration, *Neotestamentica et Patristica* (SuppNT 6) (Leiden, Brill, 1962), 272-281.

*b*10541 En collaboration, «Le dimanche», VC nº 79 (1966) 124 pp.

*b*10542 HEITZ, J.J., «L'attente du dernier jour: jugement et grâce», VC nº 79 (1966) 73-98.

*b*10543 PHILIPPE, M.D., «Le repos du Père et l'Alliance éternelle», VC nº 79 (1966) 9-25.

*b*10544 TUSTIN, D., «La mort et la Résurrection du Fils», VC nº 79 (1966) 26-37.

*b*10545 BACCHIOCCHI, S., *From Sabbath to Sunday*. A Historical Investigation of the Rise of Sunday Observance in Early Christianity (Rome, Gregorian University Press, 1977), 372 pp.

*b*10546 BECKWITH, R.T., STOTT, W., *This is the Day*. The Biblical Doctrine of the Christian Sunday in its Jewish and Early Church Setting (London, Marshall, Morgan & Scott, 1978), x-181 pp.

*b*10547 RORDORF, W., «Origine et signification de la célébration du dimanche dans le christianisme primitif», MD nº 148 (1981) 103-122.

*b*10548 BAUCKHAM, R.J., «The Lord's Day», 221-250; «Sabbath and Sunday in the Post-Apostolic Church», 251-298; «Sabbat and Sunday in the Medieval Church in the West», 299-309; «Sabbath and Sunday in the Protestant Tradition», 311-341, dans *From Sabbath to Lord's Day* (en collab.) (1982).

*b*10549 EDWARDS, T.H., Jr., «The Christian Sabbath: Its Promise Today, As a Basic Spiritual Discipline», Wor 56 (1982) 2-15.

*b*10550 GRELOT, P., «Vom Sabbat zum Sonntag», IKZCommunio 11 (1982) 216-225.

Dîmes, taxes. - Tithes, Taxes. - Zehnte, Steuer. - Decima, tasse. - Diezmo, tase.

*b*10551 BRUCE, I.A.F., «Nerva and the *Fiscus Iudaicus*», PEQ 96 (1964) 34-45.

*b*10552 GRANT, R.M., *Early christianity and Society*, «Taxation and Exemption» (1977), 44-65.

*b*10553 CASSIDY, R.J., «Matthew 17:24-27 - A Word on Civil Taxes», CBQ 41 (1979) 571-580.

*b*10554 DEMSKY, A., «The Permitted Villages of Sebaste in the Reḥov Mosaic», IsrEJ 29 (1979) 182-193.

*b*10555 FRANKEL, R., «'Bibra' - A Forbidden Village in the Territory of Tyre», IsrEJ 29 (1979) 194-196.

*b*10556 JAGERSMA, H., «The Tithes in the Old Testament», dans *Remembering all the Way...* (en collab.), OTS 21 (1981) 116-128.

*b*10557 CAQUOT, A., «Le livre des Jubilés, Melkisedeq et les dîmes», dans *Essays in Honour of Yigael Yadin*, JJS 33 (1982) 257-264.

Discernement. Discernment. Unterscheidung. Discernimento. Discernimiento.

*b*10558 THERRIEN, G., «Le discernement moral dans l'épître aux Romains», StMor 6 (1968) 77-135.

*b*10559 VON BALTHASAR, H.U., «Unterscheidung der Geister», IKZCommunio 3 (1974) 193-202.

*b*10560 EARLE, G., «Experience and Discernment», Way 17 (1977) 123-134.

*b*10561 LABOURDETTE, M.-M., «L'Ange des ténèbres», VS 132 (1978) 880-894.

*b*10562 MARTUCCI, J., «*Diakriseis pneumatōn* (1 Co 12,10)», ET 9 (1978) 465-471.

*b*10563 McNAMARA, M., «Critères de discernement en Israël. Vrais et faux prophètes», Conci nᵒ 139 (1978) 11-22.

*b*10564 QUILICI, A., «Esprit, es-tu là?» VS 132 (1978) 824-841.

*b*10565 SOBRINO, J., «La suite de Jésus comme discernement», Conci nᵒ 139 (1978) 23-33.

*b*10566 MÜNDERLEIN, G., *Kriterien wahrer und falscher Prophetie.* Entstehung und Bedeutung im Alten Testament. 2., erw. Aufl. (Europäische Hochschulschriften, Reihe 23, Theologie, Bd. 33) (Bern, Peter Lang, 1979), 160 pp.

*b*10567 BONNARD, P., «Le discernement de la volonté de Dieu dans le christianisme naissant», dans *Anamnesis* (1980), 43-50.

*b*10568 LIENHARD, J.T., «On 'Discernment of Spirits' in the Early Church», TS 41 (1980) 505-529.

*b*10569 STANLEY, D.M., «Idealism and Realism in Paul», Way 21 (1981) 34-46.

Disciple. Jünger. Discepolo. Discípulo.

*b*10570 SCHELKLE, K.H., «Vom Jünger-Sein im Evangelium», BiKi 1 (1946) 24-39.

*b*10571 BEST, E., «Discipleship in Mark: Mark 8,22-10,52», SJTh 23 (1970) 323-337.

*b*10572 NEUHÄUSLER, E., «Jüngerschaft. Ein biblischer Grundbegriff», BiLeb 11 (1970) 67-72.

*b*10573 MERKLEIN, H., «Der Jüngerkreis Jesu», dans *Die Aktion Jesu und die Re-Aktion der Kirche* (en collab.) (1972), 65-100.

*b*10574 SEN, F., «¿Quiénes son los discípulos de Jesús?» CuBi 29 (1972) 207-232.

*b*10575 PESCH, R., «Jüngerschaft und Gottesvolk - Zum Kirchenbild der synoptischen Evangelien», BiKi 28 (1973) 8-11.

*b*10576 MINEAR, P.S., «The Disciples and the Crowds in the Gospel of Matthew», AThR Supplementary Series, nᵒ 3 (1974) 28-44.

*b*10577 FOCANT, C., «The disciples' blindness in Mark's Gospel», TDig 24 (1976) 260-264.

*b*10578 MARTIN, R.P., «Salvation and Discipleship in Luke's Gospel», Interpr 30 (1976) 366-380.

*b*10579 MUSSNER, F., «Christliche Identität in der Sicht des Neuen Testaments», IKZCommunio 5 (1976) 421-430.

*b*10580 NELLESSEN, E., *Zeugnis für Jesus und das Wort,* «Apostel und Jünger als Zeugen» (1976), 76-211.

*b*10581 SATAKE, A., «Das Leiden der Jünger um meinetwillen», ZNW 67 (1976) 4-19.

*b*10582 BEST, E., «The Role of the Disciples in Mark», NTS 23 (1977) 377-401.

*b*10583 DE JONGE, M., *Jesus: Stranger from Heaven and Son of God,* «The Fourth Gospel: The Book of the Disciples» (1977), 1-27.

*b*10584 THEISSEN, G., «'Wir haben alles verlassen' (Mc. X 28). Nachfolge und soziale Entwurzelung in der jüdisch-palästinischen Gesellschaft des I. Jahrhunderts n. Ch.», NT 19 (1977) 161-196.

*b*10585 BLANK, J., «Lernprozesse im Jüngerkreis Jesu», TQ 158 (1978) 163-177.

*b*10586 MATURA, T., *Le radicalisme évangélique.* Aux sources de la vie chrétienne (Lectio Divina, 97) (Paris, Cerf, 1978), 210 pp.

*b*10587 COULOT, C., *Matériaux pour une étude de la relation 'maître et disciple' dans l'Ancien et le Nouveau Testament,* 2 vols. (Strasbourg, Chez l'auteur, 1979), 300-135 pp.

*b*10588 ESTRADA, J.A., «Las relaciones Jesús-pueblo-discípulos en el evangelio de Marcos», EstE 54 (1979) 151-170.

*b*10589 BEARSLEY, P.J., «Mary the Perfect Disciple: A Paradigm for Mariology», TS 41 (1980) 461-504.

*b*10590 DE LA POTTERIE, I., «Dalla sequela dei primi discepoli alla sequela dei cristiani», dans *Parola, spirito e vita* 2 (1980) 195-215.

*b*10591 DELORME, J., «Les disciples de Jésus», dans *Jésus aujourd'hui* (1980), III, 21-30.

*b*10592 KUHN, H.-W., «Nachfolge nach Ostern», dans *Kirche.* Festschrift für Günther Bornkamm (en collab.) (1980), 105-132.

*b*10593 MOLONEY, F.J., *Disciples and Prophets.* A Biblical Model for the Religious Life (London, Darton, Longman and Todd, 1980), xiii-225 pp.

*b*10594 ROGERS, P., «Christian Discipleship», Way 20 (1980) 205-216.

*b*10595 SIKER-GIESELER, J.S., «Disciples and Discipleship in the Fourth Gospel: A Canonical Approach», SBT 10 (1980) 199-227.

*b*10596 BEST, O., *Following Jesus.* Discipleship in the Gospel of Mark (JSNT Supplement Series, 4) (Sheffield, JSOT Press, 1981), 283 pp.

*b*10597 MOLONEY, F.J., «The Vocation of the Disciples in the Gospel of Mark», Sal 43 (1981) 487-516.

*b*10598 FREYNE, S., «The Disciples in Mark and the *MASKILIM* in Daniel. A Comparison», JSNT n° 16 (1982) 7-23.

*b*10599 KLAUCK, H.-J., «Die erzählerische Rolle der Jünger im Markusevangelium. Eine narrative Analyse», NT 24 (1982) 1-26.

*b*10600 PESCE, M., «Discepolato gesuano e discepolato rabbinico. Problemi e prospettive della comparazione», dans *Aufstieg und Niedergang der römischen Welt,* II. *Principat* (en collab.), 25. Band, 1. Halbband (1982), 351-389.

Divination, Wahrsagung. Divinazione. Adivinación.

*b*10601 FAHD, T., «Une pratique cléromantique à la Ka'ba pré-islamique», Sem. 9 (1958) 55-79.

*b*10602 LUST, J., «The Mantic Function of the Prophet», Bijdr. 34 (1973) 234-250.

*b*10603   ARCHI, A., «Il sistema KIN della divinazione ittita», OrAnt 13 (1974) 113-144.
*b*10604   BRAM, J.R., «Fate and Freedom: Astrology vs. Mystery Religions», dans *Society of Biblical Literature. 1976 Seminar Papers* (en collab.) (1976), 326-330.
*b*10605   GRANDJOUAN, J.O., GRANDJOUAN, C., «The Two-Bean Method at Delphi», dans *Society of Biblical Literature. 1976 Seminar Papers* (en collab.) (1976), 330-333.
*b*10606   GREEN, T.M., «Omens and Oracles in the Classical Historians», dans *Society of Biblical Literature. 1976 Seminar Papers* (en collab.) (1976), 333-336.
*b*10607   WHITE, R.J., «Techniques in Early Dream Interpretation», dans *Society of Biblical Literature. 1976 Seminar Papers* (en collab.) (1976), 323-326.
*b*10608   DIETRICH, M., LORETZ, O., «Gebrauch von Götterstatuen in der Mantik von Ugarit (KTU 1.124)», UF 12 (1980) 395-396.
*b*10609   McEWAN, G.J.P., «A Seleucid Augural Request», ZA 70 (1981) 58-69 (Text nr. Ash. 1923.749).

Divorce. Ehescheidung. Divorzio. Divorcio.

a) Études générales. General Studies. Allgemeine Studien. Studi generali. Estudios generales.

*b*10610   En collaboration, *El vínculo matrimonial.* ¿Divorcio o indisolubilidad? (Madrid, Ed. B.A.C., 1978), 577 pp.
*b*10611   SALAS, A., «El divorcio, ¿disuelve el matrimonio? Reflexiones a la luz de la Biblia», BibFe 4 (1978) 75-87.
*b*10612   DELTOMBE, F., «Pour une solution pastorale du problème des divorcés remariés», Supp n° 130 (1979) 329-354.
*b*10613   VARGAS-MACHUCA, A., «Divorcio e indisolubilidad del matrimonio en la Sagrada Escritura», EstB 39 (1981) 19-61.

b) Judaïsme. Judaism. Judentum. Giudaismo. Judaísmo.

*b*10614   GELLER, M.J., «The Elephantine Papyri and Hosea 2,3», JStJud 8 (1977) 139-148.
*b*10615   CAÑELLAS, G., «La praxis del divorcio en el judaísmo bíblico», BibFe 4 (1978) 19-32.
*b*10616   FITZMYER, J.A., «Divorce among First-Century Palestinian Jews», ErIs 14 (1978) 103*-110*.
*b*10617   MUELLER, J.R., «The Temple Scroll and the Gospel Divorce Texts», RQum 10 (1980) 247-256.
*b*10618   BROOTEN, B.J., «Zur Debatte über das Scheidungsrecht der jüdischen Frau», EvT 43 (1983) 466-478.

c) Ancien Testament. Old Testament. Altes Testament. Antico Testamento. Antiguo Testamento.

*b*10619   GELLER, M.J., «The Elephantine Papyri and Hosea 2,3», JStJud 8 (1977) 139-148.
*b*10620   SCHARBERT, J., «Ehe und Eheschliessung in der Rechtsprache des Pentateuch und beim Chronisten», dans *Studien zum Pentateuch* (en collab.) (1977), 213-225.
*b*10621   GALLEGO, E., «El sí y el no del divorcio en los relatos del Génesis», BibFe 4 (1978) 5-18.
*b*10622   TOSATO, A., «Il ripudio: delitto e pena (Mal 2,10-16)», Bibl 59 (1978) 548-553.
*b*10623   SCHREINER, S., «Mischehen - Ehebruch - Ehescheidung. Betrachtungen zu Mal 2,10-16», ZAW 91 (1979) 207-228.

d) Nouveau Testament. New Testament. Neues Testament. Nuovo Testamento. Nuevo Testamento.

*b*10624 EASTON, B.S., «Divorce and the New Testament», AThR 22 (1940) 78-87.

*b*10625 JONES, B.H., «Marriage and Divorce», AThR 24 (1942) 38-62.

*b*10626 RABANOS, P., «El problema del divorcio», CuBi 11 (1954) 83-89, 161-168.

*b*10627 EDWARDS, O.C., Jr., HOLMES, III, U.T., «Marriage and Mating: Creation, Society, and Jesus», AThR Supplementary Series, nᵒ 2 (1973) 4-27.

*b*10628 HOULDEN, J.L., *Ethics and the New Testament*, «Divorce» (1973), 73-80.

*b*10629 STRAMARE, T., «Clausole di Matteo e indissolubilità del matrimonio», BibOr 17 (1975) 65-74.

*b*10630 FITZMYER, J.A., «The Matthean Divorce Texts and Some New Palestinian Evidence», TS 37 (1976) 197-226.

*b*10631 CERETI, G., *Divorzio, nuove nozze e penitenza nella chiesa primitiva* (Bologna, Edizioni Dehoniane, 1977), «Divorzio e nuovo matrimonio nell'antico testamento e nel mondo giudaico», 28-50; «L'insegnamento del nuovo testamento», 70-104.

*b*10632 HAACKER, K., «Der Rechtssatz Jesu zum Thema Ehebruch (Mt 5,28)», BZ 21 (1977) 113-116.

*b*10633 VAWTER, B., «Divorce and the New Testament», CBQ 39 (1977) 528-542.

*b*10634 ALONSO DIAZ, J., «Matrimonio y divorcio. Praxis de la Iglesia», BibFe 4 (1978) 59-74.

*b*10635 CASAS GARCIA, V., «El matrimonio, ¿indisoluble? La praxis del cristianismo primitivo», BibFe 4 (1978) 47-58.

*b*10636 FISCHER, J.A., «1 Cor. 7:8-24 - Marriage and Divorce», BiRes 23 (1978) 26-36.

*b*10637 HEMELSOET, B., «Créé à l'image de Dieu: la question du divorce dans Mark x», dans *Miscellanea Neotestamentica* (en collab.) (1978), II, 49-57.

*b*10638 MANRIQUE, A., «Jesús de Nazaret ante el divorcio», BibFe 4 (1978) 33-46.

*b*10639 STOCK, A., «Matthean Divorce Texts», BTB 8 (1978) 24-33.

*b*10640 WILI, H.-U., «Das Privilegium Paulinum (1 Kor 7,15f) - Pauli eigene Lebenserinnerung?» BZ 22 (1978) 100-108.

*b*10641 FURNISH, V.P., *The Moral Teaching of Paul*, «Sex: Marriage and Divorce» (1979), 30-51.

*b*10642 KILGALLEN, J.J., «To what are the Matthean Exception-Texts (5,32 and 19,9) an Exception?» Bibl 61 (1980) 102-105.

*b*10643 MARIUCCO MARUCCI, C., *Parole di Gesù sul divorzio*. Ricerche scritturistiche previe ad un ripensamento teologico, canonistico e pastorale della dottrina cattolica dell'indissolubilità del matrionio (Aloisiana. Pubblicazioni della Pontificia Facoltà Teologica dell'Italia Meridionale - Sezione 'S. Luigi', 16) (Brescia, Morcelliana, 1982), 452 pp.

*b*10644 CANNIZZO, A., «Parole di Gesù sul divorzio», Conci 1 (1983) 562-566.

Douceur. Sweetness. Milde. Mitezza. Dulzura.

*b*10645 MONTEAU, R., «Pardon et douceur évangéliques», VS 131 (1977) 228-239.

*b*10646 BOUS, M.R., «La douceur, une force maîtrisée», VS 133 (1981) 813-822.

Douze (Les). Twelve (The). Zwölf (Die). Dodici (I). Doce (Los).

*b*10647 ROBINSON, D.F., «A Note on the Twelve Apostles», AThR 26 (1944) 175-192.

*b*10648 COLSON, J., «La succession apostolique au niveau du Ier siècle», VC nᵒ 58 (1961) 138-172.

*b*10649   DÖPFNER, J., «Paulus und Petrus», BiKi 16 (1961) 39-43.

*b*10650   FLUSSER, D., «The *Pesher* of Isaiah and the Twelve Apostles», ErIs 8 (1967) 52-62 (English summary).

*b*10651   GARCIA-MORENO, A., «Cristo forjador de apóstoles», CuBi 25 (1968) 15-24.

*b*10652   BROWNRING, R., *The Twelve Apostles* (New York, Macmillan, 1974), 248 pp.

*b*10653   BEST, E., «Mark's Use of the Twelve», ZNW 69 (1978) 11-35.

*b*10654   LEENHARDT, F.-J., *L'Église*, «Le ministère des Douze» (1978), 36-42.

*b*10655   TRILLING, W., «Die Entstehung des Zwölferkreises. Eine geschichtskritische Überlegung», dans *Die Kirche des Anfangs* (en collab.) (1978), 201-222.

*b*10656   BRUCE, F.F., *Peter, Stephen, James, and John*, «Peter and the Eleven» (1979), 15-48.

*b*10657   GUNTHER, J.J., «The Relation of the Beloved Disciple to the Twelve», TZ 37 (1981) 129-148.

*b*10658   MARTINI, C.M., *L'itinerario spirituale dei Dodici nel Vangelo di Marco* (Letture bibliche) (Rome, Borla, 1981), 114 pp.

*b*10659   DENIS, A.-M., «L'intégration des Douze à l'évangile de Marc», dans *Studia Evangelica* (en collab.) (1982), VII, 161-164.

Dragon. Drache. Dragone. Dragón.

*b*10660   VAN BUREN, E.D., «The Dragon in Ancient Mesopotamia», Or. 15 (1946) 1-45.

*b*10661   VAN BUREN, E.D., «A Further Note on the Dragon in Ancient Mesopotamia», Or. 16 (1947) 251-254.

*b*10662   OSWALT, J., «Le mythe du dragon et l'Ancien Testament», Hok n° 16 (1981) 48-58.

Droit. Law. Recht. Diritto. Derecho.

*b*10663   HERR, T., *Naturrecht aus der kritischen Sicht des Neuen Testamentes* (Abhandlungen zur Sozialethik, 11) (München, Schöningh, 1976), 298 pp.

*b*10664   BAUR, J., *Zum Thema Menschenrechte*. Theologische Versuch und Entwürfe (Stuttgart, Calwer, 1977), 112 pp.

*b*10665   DE WARD, E.F., «Superstition and Judgment: Archaic Methods of Finding a Verdict», ZAW 89 (1977) 1-19.

*b*10666   SENTUCQ, D., «Le Décalogue. Des sources d'un Droit à l'origine du peuple de Dieu», dans *L'Ancien Testament*. Approches et lectures (en collab.) (1977), 173-207.

*b*10667   BLANK, J., «Le droit de Dieu veut la vie de l'homme. Le problème des droits de l'homme dans le Nouveau Testament», Conci n° 144 (1979) 45-55.

*b*10668   HALBE, J., «'Altorientalisches Weltordnungsdenken' und alttestamentliche Theologie. Zur Kritik eines Ideologems am Beispiel des israelitischen Rechts», ZTK 76 (1979) 381-418.

*b*10669   LANG, B., «Grundrechte des Menschen im Dekalog», BiKi 34 (1979) 75-79.

*b*10670   LIMBURG, J., «Les droits de l'homme dans l'Ancien Testament», Conci n° 144 (1979) 37-43.

*b*10671   MARTIN NIETO, E., *Derechos Humanos* (La Biblia, el Concilio y la Constitución) (Madrid, Edicabi/PPC, 1979), 63 pp.

*b*10672   HARRELSON, W., *The Ten Commandments and Human Rights* (Overtures to Biblical Theology, 8) (Philadelphia, Fortress Press, 1980), xviii-222 pp.

*b*10673   WEIL, A., «La Déclaration universelle des droits de l'homme et la Torah», Supp n° 141 (1982) 189-196.

Dualisme. Dualism. Dualismus. Dualismo.

*b*10674   FURLANI, G., «L'antidualismo dei Yezidi», Or. 13 (1944) 236-267.

*b*10675   BIANCHI, U., «Le dualisme en histoire des religions», RHR 159 (1961) 1-46.

*b*10676   BIANCHI, U., «Péché originel et péché 'antécédent'», RHR 170 (1966) 117-126.

*b*10677   BRAUN, F.-M., *Jean le théologien*. III. Sa théologie. I. Le mystère de Jésus-Christ, «Refus des ténèbres» (1966), 37-52.

*b*10678   BIANCHI, U., «Seth, Osiris et l'ethnographie», RHR 179 (1971) 113-135.

*b*10679   CORSANI, B., «L'Apocalisse di Giovanni: Scritto apocalittico, o profetico?» BibOr 17 (1975) 253-268.

*b*10680   ZEDDA, S., *L'escatologia biblica*, «Le realtà escatologiche presenti, il mondo, le tenebre, la morte. Il dualismo giovanneo» (1975), II, 369-387.

*b*10681   ENZ, J.J., «Origin of the Dualism Expressed by 'Sons of Light' and 'Sons of Darkness'», BiRes 21 (1976) 15-18.

*b*10682   CERUTTI, M.V., «Ptahil e Ruha: una fenomenologia del dualismo mandeo», Numen 24 (1977) 186-206.

*b*10683   DE LA POTTERIE, I., *La vérité dans saint Jean*, «Le thème dualiste et le thème johannique (confrontation générale)» (1977), 23-36.

*b*10684   DUHAIME, J., «La rédaction de 1 *QM* XIII et l'évolution du dualisme à Qumrân», RB 84 (1977) 210-238.

*b*10685   DUHAIME, J., «L'instruction sur les deux esprits et les interpolations dualistes à Qumrân (1 QS III,13 - IV,26)», RB 84 (1977) 566-594.

*b*10686   DAVIES, P.R., «Dualism and eschatology in the Qumran War Scroll», VT 28 (1978) 28-36.

*b*10687   COLLINS, J.J., «Dualism and eschatology in 1 QM. A reply to P.R. Davies», VT 29 (1979) 212-216.

*b*10688   CULIANU, I.P., «'Démonisation du Cosmos' et dualisme gnostique», RHR 196 (1979) 3-40.

*b*10689   BERGMEIER, R., *Glaube als Gabe nach Johannes*. Religions- und theologiegeschichtliche Studien zum prädestinatianischen Dualismus im vierten Evangelium (Stuttgart, Kohlhammer, 1980), 331 pp.

*b*10690   DAVIES, P.R., «Dualism and eschatology in 1QM. A rejoinder», VT 30 (1980) 93-97.

*b*10691   DUCHESNE-GUILLEMIN, J., «Gnosticisme et dualisme», dans *Gnosticisme et monde hellénistique* (1980), 41-43.

*b*10692   LICHTENBERGER, H., *Studien zum Menschenbild in Texten der Qumrangemeinde*, «Dualismus» (1980), 190-200.

*b*10693   LIMET, H., «Bénédiction et malédiction des pierres dans le mythe Lugal. E. (un exemple de dualisme dans la pensée mésopotamienne)», dans *Gnosticisme et monde hellénistique* (1980), 47-50.

Eau. Water. Wasser. Acqua. Agua.

*b*10694   KAUPEL, H., «Das Wasser in der Bildsprache der Propheten», BiKi 4 (1949) 1-4.

*b*10695   BEIRNAERT, L., «La dimension mythique dans le sacramentalisme chrétien», ErJb 1949 17 (1950) 255-286.

*b*10696   KOENIG, J., «Sourciers, thaumaturges et scribes», RHR 164 (1963) 17-38, 165-180.

*b*10697   HAUER, C.E., «Water in the Mountain?» PEQ 101 (1969) 44-45.

*b*10698   DELCOR, M., «Rites pour l'obtention de la pluie à Jérusalem et dans le Proche-Orient», RHR 178 (1970) 117-132.

*b*10699 DRIVER, G., «Water in the Mountains!» PEQ 102 (1970) 83-91.

*b*10700 NIEDERLAND, W.G., «Jakobs Kampf am Jabbok. Bemerkungen zur Flusssymbolik», dans *Psychoanalytische Interpretationen biblischer Texte* (en collab.) (1972) 128-138.

*b*10701 WENNING, R., ZENGER, E., «Die verschiedenen Systeme der Wassernutzung im südlichen Jerusalem und die Bezugnahme darauf in biblischen Texten», UF 14 (1982) 279-294.

*b*10702 MANNS, F., *Le symbole eau-Esprit dans le judaïsme ancien* (Studium Biblicum Franciscanum, Analecta, 19) (Jerusalem, Franciscan Printing Press, 1983), 340 pp.

Écologie. Ecology. Ökologie. Ecologia. Ecología.

*b*10703 VON ROHR SAUER, A., «Ecological Notes from the Old Testament», dans *A Light unto My Path* (en collab.) (1974), 421-434.

*b*10704 FRIEDRICH, G., *Ökologie und Bibel*. Neuer Mensch und alter Kosmos (Stuttgart, Kohlhammer, 1982), 112 pp.

*b*10705 HEGERMANN, H., «Biblisch-theologische Erwägungen eines Neutestamentlers zum Problemkreis Ökologie», TZ 39 (1983) 102-118.

*b*10706 HENS-PIAZZA, G., «A Theology of Ecology: God's Image and the Natural World», BTB 13 (1983) 107-110.

*b*10707 PREUSS, H.-D., «Biblisch-theologische Erwägungen eines Alttestamentlers zum Problemkreis Ökologie», TZ 39 (1983) 68-101.

Écouter. Listen. Hören. Ascoltare. Escuchar.

*b*10708 GNILKA, J., «Zur Theologie des Hörens nach den Aussagen des Neuen Testaments», BiLeb 2 (1961) 71-81.

*b*10709 DE LA POTTERIE, I., «L'ascolto e l'interiorizzazione della Parola secondo s. Giovanni», dans *Parola, spirito e vita* 1 (1980) 120-140.

*b*10710 DES ROCHETTES, J., «Gli ascoltatori di Dio nella tradizione ebraica», dans *Parola, spirito e vita* 1 (1980) 80-92.

*b*10711 MARIN, B., «'Ascoltate, oggi, la voce del Signore!' Il terma dell'ascolto nel salmo 95», dans *Parola, spirito e vita* 1 (1980) 59-79.

*b*10712 MELLO, A., «'Ascolta, Israele!' L'ascolto della Parola nel Deuteronomio», dans *Parola, spirito e vita* 1 (1980) 27-41.

*b*10713 PANIMOLLE, S.A., «Parla, Signore, perché il tuo servo ascolta!» dans *Parola, spirito e vita* 1 (1980) 42-58.

Éducation. Erziehung. Educazione. Educación.

*b*10714 CORDIER, L., «Le sens de l'éducation d'après l'Évangile», ETR 10 (1935) 29-48.

Église. Church. Kirche. Chiesa. Iglesia.

a) Ancien Testament. Old Testament. Altes Testament. Antico Testamento. Antiguo Testamento.

*b*10715 BUONAIUTI, E., «Die Ecclesia Spiritualis. I. Die iranischen, griechischen und biblischen Vorläufer der Ecclesia Spiritualis», ErJb 1937 5 (1938) 293-313.

b10716 SMITH, R., «The Relevance of the Old Testament for the Doctrine of the Church», SJTh 5 (1952) 14-23.

b10717 FABRY, H.J., «swd. Der himmlische Thronrat als ekklesiologisches Modell», dans *Bausteine biblischer Theologie* (en collab.) (1977), 99-126.

b10718 MUÑOZ LEON, D., «Un Reino de sacerdotes y una nación santa (Ex 19,6)», EstB 37 (1978) 149-212.

b) Nouveau Testament. New Testament. Neues Testament. Nuovo Testamento. Nuevo Testamento.

1. Études générales. General Studies. Allgemeine Studien. Studi generali. Estudios generales.

b10719 BERNARDIN, J.B., «The Church in the New Testament», AThR 21 (1939) 153-170.

b10720 LEENHARDT, F.-J., «Étude sur l'Église dans le Nouveau Testament», ETR 14 (1939) 107-126, 167-187, 219-248.

b10721 EASTON, B.S., «The Church in the New Testament», AThR 22 (1940) 157-168.

b10722 HICKS, R.L., «The Jewish Background to the New Testament Doctrine of the Church», AThR 30 (1948) 107-117.

b10723 VAN OYEN, H., «Le message social de l'Église et le Nouveau Testament», ETR 23 (1948) 103-106.

b10724 NIELEN, J.M., «Zur Grundlegung einer neutestamentlichen Ekklesiologie», dans *Aus Theologie und Philosophie* (en collab.) (1950), 370-397.

b10725 CELADA, B., «Enseñanzas sobre la Santa Iglesia», CuBi 15 (1958) 360-365.

b10726 WESTPHAL, C., «Marks of the Church», AThR 42 (1960) 91-100.

b10727 NIELEN, J.M., «Macht und Ohnmacht des Christen. Ein Beitrag zur ntl. Auffassung der Kirche», BiLeb 4 (1963) 1-19.

b10728 FEINER, J., «Offenbarung und Kirche - Kirche und Offenbarung», dans *Mysterium Salutis* (en collab.) (1965), I, 497-541.

b10729 VÖGTLE, A., «Kirche und Schriftprinzip nach dem Neuen Testament», BiLeb 12 (1971) 153-162, 260-281.

b10730 BAKER, J.A., «The Myth of the Church», dans *What about the New Testament?* (en collab.) (1975), 165-177.

b10731 RINALDI, R., «La gerarchia a servizio di una Chiesa 'democratica'», BibOr 17 (1975) 57-63.

b10732 MUSSNER, F., «Christliche Identität in der Sicht des Neuen Testaments», IKZCommunio 5 (1976) 421-430.

b10733 BANDERA GONZALEZ, A., *Comunión eclesial y humanidad.* (Estudio teológico de San Esteban, Glosas, 3) (Salamanca, Editorial San Esteban, 1978), 280 pp.

b10734 GEYER, H.-G., «Wahre Kirche? Betrachtungen über die Möglichkeit der Wahrheit einer christlichen Kirche», EvT 38 (1978) 470-495.

b10735 LEENHARDT, F.-J., *L'Église*, «Les trois aspects de la vie de l'Église» (1978), 90-98.

b10736 DESCAMPS, A.-L., «L'origine de l'institution ecclésiale selon le Nouveau Testament», dans En collaboration, *L'Église: institution et foi* (Publications des Facultés universitaires Saint-Louis, 14) (Bruxelles, Facultés universitaires Saint-Louis, 1979), 91-138.

b10737 TROCMÉ, É., «L'Église primitive à la recherche d'elle-même», ETR 54 (1979) 255-256.

b10738 BENOIT, P., GUILLET, J., «L'Église dans le dessein de Dieu», dans *Jésus aujourd'hui* (1980), III, 33-42.

b10739 MARTIN, R.P., *The Family and the Fellowship.* New Testament Images of the Church (Grand Rapids, Eerdmans, 1980), 142 pp.

b10740 KLAUCK, H.-J., «Die Hausgemeinde als Lebensform im Urchristentum», MüTZ 32 (1981) 1-15.

*b*10741 NIEDERWIMMER, K., «Kirche als Diaspora», EvT 41 (1981) 290-300.

*b*10742 SAENZ DE SANTA MARIA, M., «El Papa ¿jerarca autocrata o servidor de la comunidad?» BibFe 7 (1981) 145-163.

*b*10743 VON ALLMEN, J.-J., «Les marques de l'Église», RTP 113 (1981) 97-107.

*b*10744 WAGENHAMMER, H., «'Das Wesen des Christentums ist *sunesthiein*'. Bemerkungen zu einem Programmwort», dans *Kontinuität und Einheit* (en collab.) (1981), 494-507.

*b*10745 BAUMBACH, G., «Die Anfänge der Kirchwerdung im Urchristentum», Kairos 24 (1982) 17-30.

*b*10746 SCHLINK, E., *Ökumenische Dogmatik* (1983), «Die Kirche», 554-591; «Die Erhaltung der Kirche», 626-673.

2. Évangiles synoptiques. Synoptic Gospels. Synoptische Evangelien.
Vangeli sinottici. Evangelios sinópticos.

Études générales. General Studies. Allgemeine Studien. Studi generali. Estudios generales.

*b*10747 LOHSE, E., «Die Gemeinde und ihre Ordnung bei den Synoptikern und bei Paulus», dans *Jesus und Paulus* (en collab.) (1975), 189-200.

*b*10748 GOPPELT, L., *Theologie des Neuen Testaments*, «Jesus und die Kirche» (1976), 254-270.

*b*10749 HERNANDEZ ALONSO, J.J., *La nueva creación*. Teología de la Iglesia del Señor (Salamanca, Ed. Sigueme, 1976), 522 pp.

*b*10750 LOHFINK, G., «Hat Jesus eine Kirche gestiftet?» TQ 161 (1981) 81-97.

*b*10751 LOHFINK, G., «Did Jesus found a church?» TDig 30 (1982) 231-235.

Matthieu. Matthew. Matthäus. Matteo. Mateo.

*b*10752 VIA, D.O., Jr., «The Church as the Body of Christ in the Gospel of Matthew», SJTh 11 (1958) 271-286.

*b*10753 SCHULZ, S., *Die Stunde der Botschaft*, «Die Kirche des Matthäus» (1967), 209-234.

*b*10754 THYSMAN, R., *Communauté et directives éthiques*. La catéchèse de Matthieu (Recherches et synthèses. Section d'exégèse, 1) (Gembloux, Duculot, 1974), 110 pp.

*b*10755 LaVERDIÈRE, E.A., THOMPSON, W.G., «New Testament Communities in Transition: A Study of Matthew and Luke», TS 37 (1976) 567-597.

*b*10756 KÜNZEL, G., *Studien zum Gemeindeverständnis des Matthäus-Evangeliums* (Calwer Theologische Monographien, Reihe A, Bibelwissenschaft, 19) (Stuttgart, Calwer, 1978), 295 pp.

*b*10757 MARGUERAT, D., «L'Église et le monde en Matthieu 13,36-43», RTP 110 (1978) 111-129.

Marc. Mark. Markus. Marco. Marcos.

*b*10758 SCHULZ, S., *Die Stunde der Botschaft*, «Jüngerschaft und Kirche» (1967), 143-156.

*b*10759 HELD, H.J., «Der Christusweg und die Nachfolge der Gemeinde. Christologie und Ekklesiologie im Markusevangelium», dans *Kirche*. Festschrift für Günther Bornkamm (en collab.) (1980), 79-93.

Luc. Luke. Lukas. Luca. Lucas.

*b*10760 MARTINI, C.M., «De originalitate 'temporis Ecclesiae' in historia salutis secundum conceptionem lucanam», dans *Acta Congressus Internationalis de Theologia Concilii Vaticani II* (en collab.) (1968), 479-483.

*b*10761 SCHULZ, S., *Die Stunde der Botschaft,* «Die Una sancta apostolica» (1967), 255-275.
*b*10762 ZINGG, P., *Das Wachsen der Kirche* (Orbis Biblicus et Orientalis, 3) (Freiburg, Schweiz, Universitätsverlag; Göttingen, Vandenhoeck & Ruprecht, 1974), 345 pp.
*b*10763 LOHFINK, G., *Die Sammlung Israels.* Eine Untersuchung zur lukanischen Ekklesiologie (Studien zum Alten und Neuen Testament, 39) (München, Kösel, 1975), 115 pp.
*b*10764 LaVERDIÈRE, E.A., THOMPSON, W.G., «New Testament Communities in Transition: A Study of Matthew and Luke», TS 37 (1976) 567-597.
*b*10765 BOVON, F., *Luc le théologien,* «L'Église» (1978), 309-427.
*b*10766 GILES, K.N., «The Church in the Gospel of Luke», SJTh 34 (1981) 121-146.
*b*10767 BOVON, F., «Israel, die Kirche und die Völker im lukanischen Doppelwerk», TLZ 108 (1983) 403-414.

3. Jean. John. Johannes. Giovanni. Juan.

*b*10768 KOESTER, W., «Lamm und Kirche im Johannes-Evangelium», BiKi 7/2 (1952) 1-11.
*b*10769 BLANK, J., «Ein Hirt und eine Herde. Die Kirche im Johannesevangelium», BiKi 18 (1963) 48-51.
*b*10770 VIA, D.O., Jr., «Darkness, Christ, and the Church in the Fourth Gospel», SJTh 14 (1961) 172-193.
*b*10771 HAACKER, K., «Jesus und die Kirche nach Johannes», TZ 29 (1973) 179-201.
*b*10772 RIEDL, J., «Die Funktion der Kirche nach Johannes - 'Vater, wie du mich in die Welt gesandt hast, so habe auch ich sie in die Welt gesandt' (Joh 17,18)», BiKi 28 (1973) 12-14.
*b*10773 SCHELKLE, K.H., «Kirche im Johannesevangelium», TQ 156 (1976) 277-283.
*b*10774 O'GRADY, J.F., «Johannine Ecclesiology: A Critical Evaluation», BTB 7 (1977) 36-44.
*b*10775 WULF, F., «Das marianische Geheimnis der Kirche im Licht des Johannesevangeliums», GeistL 50 (1977) 326-334.
*b*10776 PAINTER, J., «The Church and Israel in the Gospel of John: A Response», NTS 25 (1978-79) 103-112.
*b*10777 RAMOS, F.F., «La Communidad Joanica», dans *Servidor de la Palabra* (en collab.) (1979), 205-250.
*b*10778 WIEFEL, W., «Die Scheidung von Gemeinde und Welt im Johannesevangelium auf dem Hintergrund der Trennung von Kirche und Synagoge», TZ 35 (1979) 213-227.
*b*10779 LINDEMANN, A., «Gemeinde und Welt im Johannesevangelium», dans *Kirche.* Festschrift für Günther Bornkamm (en collab.) (1980), 133-161.

4. Actes. Acts. Apostelgeschichte. Atti, Hechos.

*b*10780 KNOCH, O., «Die Einheit der Kirche nach der Apostelgeschichte», BiKi 18 (1963) 34-38.
*b*10781 BALLARINI, T., «La collegialità della Chiesa in Atti e Galati», BibOr 6 (1964) 255-262.
*b*10782 BOVON, F., *Luc le théologien,* «L'Église» (1978), 309-427.
*b*10783 DESCAMPS, A.-L., «L'origine de l'institution ecclésiale selon le Nouveau Testament», dans En collaboration, *L'Église: institution et foi* (Publications des Facultés universitaires Saint-Louis, 14) (Bruxelles, Facultés universitaires Saint-Louis, 1979), 91-138.
*b*10784 WEGENAST, K., «Kirche - Angebot oder verstellte Möglichkeit? Zum Problem des Verhältnisses zwischen Jugend und christlicher Gemeinde im Licht urchristlicher Verständnisweisen von Kirche», dans *Kirche.* Festschrift für Günther Bornkamm (en collab.) (1980), 471-490.

*b*10785   KERTELGE, K., «Kerygma und Koinonia. Zur theologischen Bestimmung der Kirche des Urchristentums», dans *Kontinuität und Einheit* (en collab.) (1981), 327-339.

*b*10786   RASCO, E., «Spirito e istituzione nell'opera lucana», RivB 30 (1982) 301-322.

5. Paul. Paulus. Paolo. Pablo.

*b*10787   KOEHNLEIN, H., «La notion de l'Église chez l'apôtre Paul. À propos de publications récentes», RHPR 17 (1937) 357-377.

*b*10788   BUONAIUTI, E., «Christologie und Ecclesiologie bei Sankt Paulus», ErJb 1940-41 9 (1942) 295-335.

*b*10789   BONNARD, P., «L'Église, corps de Christ» (1958), dans *Anamnesis* (1980), 145-158.

*b*10790   MARTELET, G., «Le mystère du corps et de l'Esprit dans le Christ ressuscité et dans l'Église», VC nº 45 (1958) 31-53.

*b*10791   DÖPFNER, J., «Paulus und Petrus», BiKi 16 (1961) 39-43.

*b*10792   BROX, N., «Die Kirche, Säule und Fundament der Wahrheit. Die Einheit der Kirche nach den Pastoralbriefen», BiKi 18 (1963) 44-47.

*b*10793   NEUENZEIT, P., «Ein Herr, ein Glaube, eine Taufe. Die Einheit der Kirche nach den paulinischen Hauptbriefen», BiKi 18 (1963) 39-43.

*b*10794   BALLARINI, T., «La collegialità della Chiesa in Atti e Galati», BibOr 6 (1964) 255-262.

*b*10795   LYONNET, S., «Il mistero della Chiesa», BibOr 6 (1964) 181-190.

*b*10796   SCHNACKENBURG, R., «Die nachösterliche Gemeinde und Jesus», dans *Die Aktion Jesu und die Re-Aktion der Kirche* (en collab.) (1972), 119-149.

*b*10797   HASENHÜTTL, G., «Kirche ohne Herrschaft - Das Kirchenbild der echten paulinischen Briefe», BiKi 28 (1973) 6-8.

*b*10798   LOHSE, E., «Die Gemeinde und ihre Ordnung bei den Synoptikern und bei Paulus», dans *Jesus und Paulus* (en collab.) (1975), 189-200.

*b*10799   DACQUINO, P., «Cristo capo del corpo che è la chiesa (Col. 1,18)», dans *La Cristologia in san Paolo* (en collab.) (1976), 131-175.

*b*10800   ERNST, J., «From the Local Community to the Great Church, Illustrated from the Church Pattern of Philippians and Ephesians», BTB 6 (1976) 237-257.

*b*10801   DE LA POTTERIE, I., «Le Christ, Plérôme de l'Église (Ep 1,22-23)», Bibl 58 (1977) 500-524.

*b*10802   HALTER, H., *Taufe und Ethos*, «Die *ekklesial* begründete und geprägte Existenz» (1977), 427-452.

*b*10803   WEISS, H.-F., «'Volk Gottes' und 'Leib Christi'», TLZ 102 (1977) 411-420.

*b*10804   WORGUL, G.S., Jr., «Romans 9-11 and Ecclesiology», BTB 7 (1977) 99-109.

*b*10805   LEENHARDT, F.-J., *L'Église* (1978), «Les épîtres pauliniennes», 55-72; «Les épîtres pastorales», 73-89.

*b*10806   RAMAROSON, L., «'L'Église, corps du Christ' dans les écrits pauliniens: simples esquisses», SE 30 (1978) 129-141.

*b*10807   SCHLIER, H., *Grundzüge einer paulinischen Theologie*, «Der Leib Christi» (1978), 194-200.

*b*10808   MERKLEIN, H., «Die Ekklesia Gottes. Die Kirchenbegriff bei Paulus und in Jerusalem», BZ 23 (1979) 48-70.

*b*10809   EFIRD, J.M., *Christ, the Church, and the End*, «The Structure and Nature of the Church» (1980), 27-32.

*b*10810   HOLMBERG, B., «Sociological versus Theological Analysis of the Question Concerning a Pauline Church Order», dans *Die Paulinische Literatur und Theologie. The Pauline Literature and Theology* (en collab.) (1980), 187-200.

*b*10811 JESKE, R.L., «The Rock was Christ: The Ecclesiology of 1 Corinthians 10», dans *Kirche*. Festschrift für Günther Bornkamm (en collab.) (1980), 245-255.

*b*10812 LOWE, H., «Bekenntnis, Apostelamt und Kirche im Kolosserbrief», dans *Kirche*. Festschrift für Günther Bornkamm (en collab.) (1980), 299-314.

*b*10813 SALAS, A., «Pablo de Tarso, un hombre para la base», BibFe 7 (1981) 278-294.

*b*10814 FABRIS, R., «Spirito e istituzione in Paolo», RivB 30 (1982) 323-336.

*b*10815 KLAIBER, W., *Rechtfertigung und Gemeinde*. Eine Untersuchung zum paulinischen Kirchenverständnis (FRLANT 127) (Göttingen, Vandenhoeck & Ruprecht, 1982), 306 pp.

*b*10816 LEGIDO LOPEZ, M., *Fraternidad en el mundo*. Un estudio de eclesiológia paulina (Salamanca, Ed. Sigueme, 1982), 434 pp.

*b*10817 WORGUL, G.S., Jr., «People of God, Body of Christ: Pauline Ecclesiological Contrasts», BTB 12 (1982) 24-28.

*b*10818 USAMI, K., *Somatic Comprehension of Unity*. The Church in Ephesus (Analecta Biblica, 101) (Rome, Biblical Institute Press, 1983), xii-219 pp.

6. Autres livres du N.T. - Other Books of the N.T. - Andere Bücher des N.T.
   Altri libri del N.T. - Otros libros del N.T.

*b*10819 DONFRIED, K.P., «Ecclesiastical Authority in 2-3 John», dans *L'Évangile de Jean* (en collab.) (1977), 325-333.

*b*10820 CHEVALLIER, M.-A., «Israël et l'Église selon la première Épître de Pierre», dans *Mélanges offerts à Marcel Simon* (en collab.) (1978), 117-130.

*b*10821 BURCHARD, C., «Gemeinde in der strohernen Epistel. Mutmassungen über Jakobus», dans *Kirche*. Festschrift für Günther Bornkamm (en collab.) (1980), 315-328.

*b*10822 SANDEVOIR, P., «Un royaume de prêtres?» dans *Études sur la première lettre de Pierre* (en collab.) (1980), 219-229.

*b*10823 SATAKE, A., «Kirche und feindliche Welt. Zur dualistischen Auffassung der Menschenwelt in der Johannesapokalypse», dans *Kirche*. Festschrift für Günther Bornkamm (en collab.) (1980), 329-349.

*b*10824 KOHLER, M.E., «La communauté des chrétiens selon la première épître de Pierre», RTP 114 (1982) 1-21.

c) Fondation de l'Église. Foundation of the Church. Entstehung der Kirche.
   Fundazione della Chiesa. Fundación de la Iglesia.

*b*10825 GRANT, F.C., «The Nature of the Church: Historical Origins (Church Congress Syllabus iv.1)», AThR 21 (1939) 190-204.

*b*10826 LEUBA, J.-L., «L'institution et l'événement, défense et illustration», VC n⁰ 19 (1951) 105-127.

*b*10827 HICKS, R.L., «Jesus and His Church», AThR 34 (1952) 85-94.

*b*10828 TORRANCE, T.F., «The Foundation of the Church», SJTh 16 (1963) 113-131.

*b*10829 BROX, N., «Altkirchliche Formen des Anspruchs auf apostolische Kirchenverfassung», Kairos 12 (1970) 113-140.

*b*10830 BEUTLER, J., «Glaube und Institution im Neuen Testament», ThPh 52 (1977) 1-22.

*b*10831 LEENHARDT, F.-J., *L'Église*, «L'apostolicité» (1978), 110-141.

*b*10832 DESCAMPS, A.-L., «L'origine de l'institution ecclésiale selon le Nouveau Testament», dans *L'Église: institution et foi* (en collab.) (Publications des Facultés universitaires Saint-Louis, 14) (Bruxelles, Facultés universitaires Saint-Louis, 1979), 91-138.

*b*10833 KRAFT, H., *Die Entstehung des Christentums* (Darmstadt, Wissenschaftliche Buchgesellschaft, 1981), vii-291 pp.

*b*10834 CHEVALLIER, M.-A., «La fondation de 'l'Église' dans le IVe Évangile», ETR 58 (1983) 343-354.

d) Christ et l'Église. Christ and the Church. Christus und die Kirche.
Cristo e la Chiesa. Cristo y la Iglesia.

*b*10835 MUIRHEAD, I.A., «The Bride of Christ», SJTh 5 (1952) 175-187.

*b*10836 SCHLINK, E., «Christ and the Church», SJTh 10 (1957) 1-23.

*b*10837 BONNARD, P., «L'Église, corps de Christ» (1958), dans *Anamnesis* (1980), 145-158.

*b*10838 VIA, D.O., Jr., «The Church as the Body of Christ in the Gospel of Matthew», SJTh 11 (1958) 271-286.

*b*10839 XXX, *«Le Christ et l'Église» (conférence de* Foi et Constitution*), VC nº 67 (1963)* 242-277.

*b*10840 JOEST, W., «Die Kirche und die Parusie Jesu Christi», dans *Gott in Welt* (en collab.) (1964), I, 536-550.

*b*10841 BENOIT, P., «L'Église corps du Christ», dans En collaboration, *Populus Dei.* II. Ecclesia (Hommage au cardinal Ottaviani) (Rome, 1969), 971-1028, dans BENOIT, P., *Exégèse et théologie* (1982), IV, 205-262.

*b*10842 CHARLIER, C., *Le christianisme*, «Le Corps du Christ» (1979), II, 185-207.

*b*10843 EDITORIALE, «Il cammino della Chiesa nella luce della Risurrezione», CC 2 (1980) 3-11.

*b*10844 DACQUINO, P., «La chiesa 'corpo del Cristo'», RivB 29 (1981) 315-330.

e) Israël et l'Église. Israel and the Church. Israel und die Kirche. Israele e la Chiesa. Israel y la Iglesia.

*b*10845 CAMPBELL, J.C., «God's People and the Remnant», SJTh 3 (1950) 78-85.

*b*10846 VERENO, M., «Israel und Kirche», Kairos 3 (1961) 32-36.

*b*10847 REMAUD, M., «L'attitude des chrétiens à l'égard du judaïsme», NRT 96 (1974) 503-515.

*b*10848 ANTON, A., *La Iglesia de Cristo.* El Israel de la Vieja y de la Nueva Alianza (Biblioteca de Autores Cristianos Maior, 15) (Madrid, Editorial Católica, 1977), xxiv-819 pp.

*b*10849 BOVON, F., *Luc le théologien*, «Israël et l'Église: mission et extension» (1978), 342-361.

*b*10850 CHEVALLIER, M.-A., «Israël et l'Église selon la première Épître de Pierre», dans *Mélanges offerts à Marcel Simon* (en collab.) (1978), 117-130.

*b*10851 SCHELKLE, K.H., «Israel und Kirche im Neuen Testament», dans *Die Kirche des Anfangs* (en collab.) (1978), 607-614.

*b*10852 CORREA, A., ROMERO, A., SANCHEZ, E., «Figuras, tipos y modelos de Iglesia», TXav 31 (1981) 7-33.

*b*10853 GRÄSSER, E., «Zwei Heilswege? Zum theologischen Verhältnis von Israel und Kirche», dans *Kontinuität und Einheit* (en collab.) (1981), 411-429.

*b*10854 SCHELKLE, K.H., «Israel und Kirche im Anfang», TQ 163 (1983) 86-95.

f) Mission de l'Église. Mission of the Church. Auftrag der Kirche. Missione della Chiesa. Misión de la Iglesia.

*b*10855 CLAVIER, H., «La mission de l'Église dans le domaine international», ETR 14 (1939) 148-166, 195-213.

*b*10856 SMITH, C.W.F., «The Tradition and the Mission of the Church (Church Congress Syllabus, 8: 'The Anglican Tradition', Part VI)», AThR 26 (1944) 241-250.

*b*10857 VAN NIFTRIK, G.G., «La responsabilité de l'Église envers le monde d'après la Bible», ETR 23 (1948) 82-89.

*b*10858 TORRANCE, T.F., «The Nature and Mission of the Church», SJTh 2 (1949) 241-270.

b10859   CARREZ, M., «La sainteté de l'Église en rapport avec sa vocation et sa mission dans le monde d'après saint Paul», ETR 41 (1966) 183-195.

b10860   TORRANCE, T.F., «The Mission of the Church», SJTh 19 (1966) 129-143.

b10861   THÜSING, W., «Aufgabe der Kirche und in der Kirche», BiLeb 10 (1969) 65-80.

b10862   DASSMANN, E., «Die Bedeutung des Alten Testaments für das Verständnis des kirchlichen Amtes in der frühpatristischen Theologie», BiLeb 11 (1970) 198-214.

b10863   RUSSELL, N., «Une Église missionnaire», Communion n⁰ 95 (1970) 50-58.

b10864   SILVA, R., «Fundamentación bíblico-teológica de la acción pastoral de la Iglesia», CuBi 27 (1970) 259-276.

b10865   HOWARD, D.M., «Some Reflections on the Mission of the Church», dans *Current Issues in Biblical and Patristic Interpretation* (en collab.) (1975), 309-317.

b10866   BOVON, F., *Luc le théologien*, «Israël et l'Église: mission et extension» (1978), 342-361.

b10867   PERKINS, P., «Le caractère missionnaire de l'Église dans le Nouveau Testament», Conci n⁰ 134 (1978) 13-20.

b10868   RAMIREZ, N.G., «Comunidad Eclesial: Comunión y Misión - Aspecto Bíblico», TXav 28 (1978) 11-41.

b10869   TREVIJANO ETCHEVERRIA, R., «La misión de la iglesia primitiva y los mandatos del Señor en los Evangelios», Salm 25 (1978) 5-36.

b10870   MATTHEY, J., «La mission de l'Église au temps des apôtres et au temps de Luc», LV n⁰ 153-154 (1981) 61-71.

b10871   BASSET, J.-C., «Dernières paroles du ressuscité et mission de l'Église aujourd'hui», RTP 114 (1982) 349-367.

g) Mot 'Église'. Word 'Church'. Wort 'Kirche'. Termine 'Chiesa'. Palabra 'Iglesia'.

b10872   BISHOP, E.F., «'Church' in the New Testament», PEQ 85 (1953) 66-68.

b10873   BERGER, K., «Volksversammlung und Gemeinde Gottes. Zu den Anfängen der christlichen Verwendung von 'ekklesia'», ZTK 73 (1976) 167-207.

h) Peuple de Dieu. People of God. Volk Gottes. Popolo di Dio. Pueblo de Dios.

b10874   LÖHRER, M., «Kirche als Volk Gottes», dans *Theologische Berichte III. Judentum und Kirche: Volk Gottes* (en collab.) (1974), 187-199.

b10875   RINALDI, B., «La gerarchia della Chiesa, popolo di Dio e corpo di Cristo», BibOr 17 (1975) 113-119.

b10876   VON ALLMEN, J.-J., *Pastorale du baptême*, «Le baptême agrège au nouveau peuple de Dieu» (1978), 15-26.

i) Unité de l'Église. Unity of the Church. Einheit der Kirche. Unità della Chiesa. Unidad de la Iglesia.

b10877   CLAVIER, H., «La parole de Dieu et l'unité de l'Église», ETR 11 (1936) 67-97, 160-199.

b10878   MENOUD, P.-H., «L'unité de l'Église selon le Nouveau Testament», ETR 21 (1946) 265-282.

b10879   CULLMAN, O., «The Early Church and the Ecumenical Problem», AThR 40 (1958) 181-189, 294-301.

b10880   GRANT, R.M., «Nationalism and Internationalism in the Early Church», AThR 41 (1959) 167-177.

b10881   KNOCH, O., «Die Einheit der Kirche nach der Apostelgeschichte», BiKi 18 (1963) 34-38.

b10882 STRINGFELLOW, W., «The Unity of the Church as the Witness of the Church», AThR 46 (1964) 394-400.

b10883 EMERY, P.-Y., «Les psaumes et l'unité de l'Église selon saint Augustin», VC nº 75 (1965) 1-183.

b10884 KÄSEMANN, E., «Unité et diversité dans l'ecclésiologie du Nouveau Testament», ETR 41 (1966) 253-258.

b10885 SCHLIER, H., «Über das Prinzip der kirchlichen Einheit im Neuen Testament», Catho 27 (1973) 91-110, dans *Der Geist und die Kirche* (1980), 179-200.

b10886 LEENHARDT, F.-J., *L'Église*, «L'unité» (1978), 186-210.

b10887 SPACCAPELO, N., «Da Israele alla Chiesa dell'età apostolica: unità, pluralità, rapporti Chiesa-mondo», ScuolC 106 (1978) 37-67.

b10888 DUPONT, J., «L'Église à l'épreuve de ses divisions (1 Co 11,18-19)», dans *Paul de Tarse, apôtre de notre temps* (en collab.) (1979), 687-696.

b10889 HAHN, F., KERTELGE, K., SCHNACKENBURG, R., *Einheit der Kirche*. Grundlegung im Neuen Testament (Quaestiones disputatae, 84) (Freiburg, Herder, 1979), 132 pp.

b10890 HAHN, F., «Einheit der Kirche und Kirchengemeinschaft in neutestamentlicher Sicht», dans HAHN, F., KERTELGE, K., SCHNACKENBURG, R., *Einheit der Kirche* (1979), 9-51.

b10891 SCHNACKENBURG, R., «Die Einheit der Kirche unter dem Koinonia-Gedanken», dans HAHN, F., KERTELGE, K., SCHNACKENBURG, R., *Einheit der Kirche* (1979), 52-93.

b10892 WILCKENS, U., «Eucharistie et unité de l'Église», dans *Paul de Tarse, apôtre de notre temps* (en collab.) (1979), 485-508.

b10893 BONNARD, P., «Normativité du Nouveau Testament et exemplarité de l'Église primitive» (1974), dans *Anamnesis* (1980), 13-23.

b10894 DUPONT, J., «Réflexions de saint Paul à l'adresse d'une Église divisée», dans *Paolo a una chiesa divisa* (en collab.) (1980), 219-231.

b10895 KERTELGE, K., «Die eine Kirche Jesu Christi im Zeugnis des Neuen Testaments», Catho 35 (1981) 265-279.

j) Universalisme. Universalism. Universalismus. Universalismo.

b10896 VON BALTHASAR, H.U., «Aktualität des Themas Kirche aus Juden und Heiden», IKZCommunio 5 (1976) 239-245.

k) Divers. Miscellaneous. Verschiedenes. Diversi. Diversos.

b10897 MEHL, R., «Membre de l'Église», VC nº 46 (1958) 167-182.

b10898 DIAS, P.V., *Vielfalt der Kirche in der Vielfalt der Jünger, Zeugen und Diener* (Ökumenische Forschungen, 1,4) (Freiburg, Herder, 1968), 408 pp.

b10899 CARMONA, A.R., «Presente y futuro de la Iglesia», CuBi 30 (1973) 19-25.

b10900 VORGRIMLER, H., «Sünde als Verstoss gegen die Kirche (AT und NT),» 357-363; «Die Reaktion der Kirche auf die Sünde in ihrer Mitte nach dem Neuen Testament», 363-368, dans *Mysterium Salutis* (en collab.) (1976), V, 357-368.

b10901 KERN, W., «Die Kirche - Gottes Kraft in menschlicher Schwäche», GeistL 50 (1977) 321-326.

b10902 LEENHARDT, F.-J., *L'Église*, «L'église épouse et mère» (1978), 163-185.

b10903 En collaboration, *La Iglesia frente al futuro* (Madrid, Verdad y Vida, 1979), 192 pp.

*b*10904   VANHOYE, A., *Prêtres anciens, prêtre nouveau selon le Nouveau Testament*, «L'église du Christ, organisme sacerdotal» (1980), 269-306.

*b*10905   SALAS, A., «Criterios bíblicos para una revisión de la jerarquía eclesiástica», BibFe 7 (1981) 185-207.

*b*10906   BARENZ, R. (Hrsg.), *Die Kirche und die Zukunft des Christentums* (München, Kösel, 1982), 96 pp.

*b*10907   SCHWARZ, R., «Mündige Gemeinden in einer hierarchisch strukturierten Kirche?» BiLit 56 (1983) 111-117.

Élection. Election. Erwählung. Elezione. Elección.

a) Études générales. General Studies. Allgemeine Studien. Studi generali. Estudios generales.

*b*10908   NEUHÄUSLER, E., «Erwählung. Ein biblischer Grundbegriff», BiLeb 8 (1967) 216-220.

*b*10909   ALAND, B., «Erwählungstheologie und Menschenklassenlehre. Die Theologie des Herakleon als Schlüssel zum Verständnis der christlichen Gnosis?» dans *Gnosis and Gnosticism* (en collab.) (1977), 148-181.

*b*10910   HILLMAN, R.J., «Scriptural Election: The Third Way», SBT 7,1 (1977) 46-68.

*b*10911   STEMBERGER, G., «Die Erwählung Israels und das nachbiblische Judentum», BiKi 35 (1980) 8-12.

*b*10912   FELDER, C., «Ambiguïtés raciales dans les récits bibliques», Conci nº 171 (1982) 35-46.

b) Ancien Testament. Old Testament. Altes Testament. Antico Testamento. Antiguo Testamento.

*b*10913   GONZALO MAESO, D., «Santidad del pueblo escogido», CuBi 18 (1961) 276-287.

*b*10914   SCHREINER, J., «Berufung und Erwählung Israels zum Heil der Völker», BiLeb 9 (1968) 94-114.

*b*10915   TRAPIELLO, J.G., «La elección divina en el Antiguo Testamento», CuBi 25 (1968) 351-367.

*b*10916   WILDBERGER, H., «Die Neuinterpretation des Erwählungsglaubens Israels in der Krise der Exilszeit», dans STOEBE, J. (Hrsg.), *Wort - Gebot - Glaube*. Festschrift W. Eichrodt (Abhandlungen zur Theologie des Alten und Neuen Testaments, 59) (Zürich, Zwingli Verlag, 1970), 307-324, dans *Jahwe und sein Volk* (1979), 192-209.

*b*10917   GUILLEN, J., «La elección y sus implicaciones militantes», CuBi 31 (1974) 33-37.

*b*10918   HUONDER, V., *Israel Sohn Gottes* (Orbis Biblicus et Orientalis, 6) (Freiburg, Schweiz, Universitätsverlag; Göttingen, Vandenhoeck & Ruprecht, 1975), 231 pp.

*b*10919   SHAFER, B.E., «The Root *bḥr* and Pre-Exilic Concepts of Chosenness in the Hebrew Bible», ZAW 89 (1977) 20-42.

*b*10920   GARCIA CORDERO, M., «El nacional-monoteísmo en el Antiguo Testamento», dans *Servidor de la Palabra* (en collab.) (1979), 251-285.

*b*10921   COPPENS, J., «L'Élu et les élus dans les Écritures Saintes et les Écrits de Qumrân», ETL 57 (1981) 120-124.

*b*10922   RENDTORFF, R., «Die Erwählung Israels als Thema der deuteronomischen Theologie», dans *Die Botschaft und die Boten* (en collab.) (1981), 75-86.

c) Nouveau Testament. New Testament. Neues Testament. Nuovo Testamento. Nuevo Testamento.

*b*10923   SOLOMON, A.A., «The New Testament Doctrine of Election», SJTh 11 (1958) 406-422.

*b*10924 SANDERS, E.P., *Paul and Palestinian Judaism* (1977), «The election and the covenant», 84-107; «Election and predestination», 257-270.

*b*10925 DREYFUS, F., «Le passé et le présent d'Israël (Rom., 9,1-5; 11,1-24)», dans *Die Israelfrage nach Röm 9-11* (en collab.) (1977), 131-151.

*b*10926 MONTAGNINI, F., «Elezione e libertà, grazia e predestinazione a proposito di Rom. 9,6-29», dans *Die Israelfrage nach Röm 9-11* (en collab.) (1977), 57-86.

*b*10927 LIMBECK, M., «Auserwählt - doch nicht für den Himmel!» BiKi 35 (1980) 17-22.

*b*10928 MAYER, B., «Trotz allem in der Gewissheit des Heils. Zur Frage der göttlichen Vorherbestimmung bei Paulus», BiKi 35 (1980) 13-16.

Élie. Elias. Elia. Elías.

*b*10929 SCHABES, L., «Der Prophet Elias», BiLit 9 (1934-35) 433-434.

*b*10930 MORGENSTERN, J., «The Historical Antecedents of Amos», HUCA 15 (1940) 59-304 (pp. 167-194).

*b*10931 KOPP, C., «Elia, il Carmelo e i Carmelitani», BibOr 3 (1961) 53-57.

*b*10932 REINELT, H., «Elias, Eiferer für den Gott des Bundes», BiKi 19 (1964) 12-17.

*b*10933 COHEN, M.A., «In All Fairness to Ahab - A Socio-Political Consideration of the Ahab-Elijah Controversy», ErIs 12 (1975) 87*-94*.

*b*10934 BAUCKHAM, R., «The Martyrdom of Enoch and Elijah: Jewish or Christian?» JBL 95 (1976) 447-458.

*b*10935 JAROŠ, K., «Elia - der Anspruch Gottes in der Politik», BiLit 49 (1976) 87-95.

*b*10936 MARTYN, J.L., «We Have Found Elijah», dans *Jews, Greeks and Christians* (en collab.) (1976), 181-219.

*b*10937 MINEAR, P.S., *To Heal and to Reveal*, «Jesus as a Prophet like Elijah» (1976), 81-101.

*b*10938 VON NORDHEIM, E., «Ein Prophet kündigt sein Amt auf (Elia am Horeb)», Bibl 59 (1978) 153-173.

*b*10939 WIENER, A., *The Prophet Elijah in the Development of Judaism*. A Depth-Psychological Study (The Littman Library of Jewish Civilization (London, Routledge & Kegan Paul, 1978), xii-248 pp.

*b*10940 BOTTINI, G.C., «Una aggadah giudaica su Elia ripresa dai Padri», StBiFranc 30 (1980) 167-176.

*b*10941 COOTE, R.B., «Yahweh Recalls Elijah», dans *Traditions in Transformation* (en collab.) (1981), 115-120.

*b*10942 PAVONCELLO, N., «Il profeta Elia nella liturgia ebraica», RivB 29 (1981) 393-404.

*b*10943 SKEHAN, P., «St. Patrick and Elijah», dans *Mélanges Dominique Barthélemy* (en collab.) (1981), 471-483.

*b*10944 BROWER, K., «Elijah in the Markan Passion Narrative», JSNT no 18 (1983) 85-101.

Élisée. Elisha. Elisäus. Eliseo.

*b*10945 MORGENSTERN, J., «The Historical Antecedents of Amos», HUCA 15 (1940) 59-304 (pp. 225-240).

*b*10946 SCHWEIZER, H., *Elischa in den Kriegen*. Literaturwissenschaftliche Untersuchung von 2 Kön. 3; 6,8-23; 6,24-7,20 (Studien zum Alten und Neuen Testament, 37) (München, Kösel, 1974), 452 pp.

*b*10947 BOSTOCK, D.G., «Jesus as the New Elisha», ExpTim 92 (1980) 39-41.

Emmanuel. Emanuele. Emmanuel.

b10948   TESTA, E., «L'Emmanuele e la Santa Sion», StBiFranc 25 (1975) 171-192.

Endurcissement. Obduracy. Verstockung. Indurimento. Enduricimiento.

b10949   NEUHÄUSLER, E., «Verstockung. Ein biblischer Grundbegriff», BiLeb 9 (1968)
         154-156.
b10950   KILIAN, R., «Der Verstockungsauftrag Jesajas», dans *Bausteine biblischer Theologie* (en
         collab.) (1977), 209-225.
b10951   KUYPER, L.J., «The hardness of heart according to biblical perspective», SJTh 27
         (1974) 459-474.
b10952   WILSON, R.R., «The Hardening of Pharaoh's Heart», CBQ 41 (1979) 18-36.
b10953   COUROYER, B., «'Avoir la nuque raide': ne pas incliner l'oreille», RB 88 (1981)
         216-225.

Enfance. Infancy. Kindheit. Infanzia. Infancia.

b10954   CLAVIER, H., «Jésus et l'enfant», ETR 8 (1933) 243-255.
b10955   GALBIATI, E., «L'adolescente nella Bibbia. Riflessioni bibliche sull'adolescenza», dans
         Enciclopedia dell'adolescenza (en collab.) (Brescia, Queriniana, 1965), 161-188, dans
         Scritti minori (1979), 347-377.
b10956   TRILLHAAS, W., «Die Kinder im Evangelium. Eine Meditation», dans *Interpretation
         der Welt* (en collab.) (1965), 617-627.
b10957   GREEN, A.R.W., *The Role of Human Sacrifice in the Ancient Near East* (American
         Schools of Oriental Research, Dissertation Series, 1) (Missoula, Scholars Press, 1975),
         xvi-393 pp.
b10958   BEST, E., «Mark 10:13-16: The Child as Model Recipient», dans *Biblical Studies* (W.
         Barclay) (en collab.) (1976), 119-134.
b10959   SCHELKLE, K.H., *Der Geist und die Braut*, «Ehe und Kind» (1977), 139-144.
b10960   VAN DER HORST, P.W., «Seven Months' Children in Jewish and Christian Literature
         from Antiquity», ETL 54 (1978) 346-360.
b10961   HAUFE, G., «Das Kind im Neuen Testament», TLZ 104 (1979) 625-638.
b10962   FRANCIS, J., «'As babes in Christ' - Some proposals regarding I Corinthians 3.1-3»,
         JSNT n° 7 (1980) 41-60.
b10963   FRANCIS, J., «'Like newborn babes' - the image of the child in 1 Peter 2:2-3», dans
         Studia Biblica 1978 (en collab.) (1980), III, 111-117.
b10964   LASSUS, L.-A., «Christ de l'homme-enfant», VS 134 (1980) 18-28.
b10965   THEODORIDES, A., NASTER, P., RIES, J., *L'enfant dans les civilisations orientales*
         (Acta Orientalia Belgica, 2) (Louvain, Peeters, 1980), x-184 pp.
b10966   STOCKTON, I., «Children, Church and Kingdom», SJTh 36 (1983) 87-97.

Enfer. Hell. Hölle. Inferno. Infierno.

b10967   MARTIN SANCHEZ, B., «Ejercicios bíblicos espirituales», CuBi 17 (1960) 246-248.
b10968   VON SODEN, W., «Assyriologische Erwägungen zu einem neuen Buch über die
         Totenreichvorstellungen im Alten Testament», UF 2 (1970) 331-332.

b10969 JELLICOE, S., «Hebrew-Greek Equivalents for the Nether World, its Milieu and Inhabitants, in the Old Testament», Textus 8 (1973) 1-19.

b10970 TESTA, E., «I Novissimi e la loro localizzazione nella Teologia ebraica e giudeo-cristiana», StBiFranc 26 (1976) 121-169.

b10971 MANRIQUE, A., «El creyente ante la doctrina eclesiástica sobre el infierno», BibFe 3 (1977) 5-14.

b10972 PIKAZA, X., «¿Sufren los condenados el tormento del fuego? El problema del infierno en el mensaje de Jesús», BibFe 3 (1977) 43-56.

b10973 QUELLE, C., «La visión bíblica del infierno, respuesta al creyente de hoy», BibFe 3 (1977) 73-86.

b10974 SALAS, A., «La reflexión bíblica ante el destino del impio. Origen de la problématica sobre un castigo en el 'más allá'», BibFe 3 (1977) 15-26.

b10975 SALAS, A., «El infierno como vivencia del no-amor», BibFe 3 (1977) 87-101.

b10976 SERRANO, A., «El 'Sheol' bíblico y el 'Hades' griego. ¿Anticipo del infierno cristiano?» BibFe 3 (1977) 27-42.

b10977 MAAS, W., «'Abgestiegen zur Hölle'. Aspekte eines vergessenen Glaubensartikels», IKZCommunio 10 (1981) 1-18.

Ennemis. Enemies. Widersacher. Nemici. Enemigos.

b10978 EERDMANS, B.D., «Established religion (the enemies in the psalms)», OTS 4 (1947) 27-35.

b10979 KEEL-LEU, O., «Der Bedrängte Beter - Wer sind die Feinde in den Psalmen?» BiKi 26 (1971) 103-107.

b10980 PIPER, J., «*Love your enemies*» (1979), 273 pp.

b10981 BERGER, K., «Die impliziten Gegner. Zur Methode des Erschliessens von 'Gegnern' in neutestamentlichen Texten», dans *Kirche*. Festschrift für Günther Bornkamm (en collab.) (1980), 373-400.

b10982 STRÖLE, B., «Psalmen - Lieder der Verfolgten», BiKi 35 (1980) 42-47.

Épiscopat. Episcopacy. Bischofsamt. Episcopato. Episcopado.

b10983 DE ARMELLADA, B., «Para una teología bíblica del episcopado», dans En collaboration, *XXII Semana Española de Teología* (17-28 Sept. 1962). *Teología del episcopado. Otros Estudios* (Madrid, Consejo superior de investigaciones científicas, 1963), 31-52.

b10984 DAY, P., «The Episcopate», AThR 46 (1964) 371-389.

b10985 LODS, M., «Le ministère épiscopal comme ministère d'unité dans l'église ancienne», Hok nº 4 (1977) 1-17.

b10986 SESBOÜÉ, B., «Le ministère épiscopal», Et 346 (1977) 381-400.

b10987 LOHSE, E., «Episkopos in den Pastoralbriefen», dans *Kirche und Bibel* (en collab.) (1979), 225-231.

b10988 BROWN, R.E., «*Episkopē* and *Episkopos*: The New Testament Evidence», TS 41 (1980) 322-338.

b10989 LOHSE, E., «Die Entstehung des Bischofsamtes in der frühen Christenheit», ZNW 71 (1980) 58-73.

b10990 COUNTRYMAN, L.W., «Christian Equality and the Early Catholic Episcopate», AThR 63 (1981) 115-138.

b10991 JAY, E.G., «From Presbyters-Bishops to Bishops and Presbyters», SeC 1 (1981) 125-162.

b10992 MANRIQUE, A., «La misión del obispo vista desde el Nuevo Testamento», BibFe 7 (1981) 164-177.

b10993 THIERING, B.E., «*Mebaqqer* and *Episkopos* in the Light of the Temple Scroll», JBL 100 (1981) 59-74.

b10994 DASSMANN, E., «Hausgemeinde und Bischofsamt», dans *Vivarium* (en collab.) (1984), 82-97.

Épreuve. Proof. Prüfung. Prova. Prueba.

b10995 LICHT, J., «'Testing' in the Hebrew Scriptures and in Judaism of the Second Temple Period», Immanuel 4 (1974) 18-23.

b10996 STAROBINSKI-SAFRAN, E., «Sur le sens de l'épreuve», RTP 114 (1982) 23-35.

Erreur. Falsehood. Irrtum. Errore. Error.

b10997 OVERHOLT, T.W., *The Threat of Falsehood.* A Study in the Theology of the Book of Jeremiah (Studies in Biblical Theology, 2nd Series, 16) (London, SCM Press, 1970), 110 pp.

b10998 DE LA POTTERIE, I., *La vérité dans saint Jean*, «L'égarement et la vérité» (1977), 954-980.

Eschatologie. Eschatology. Eschatologie. Escatologia. Escatología.

a) Études générales. General Studies. Allgemeine Studien. Studi generali. Estudios generales.

b10999 CELADA, B., «¿En qué sentido interesa a la Biblia hablar del principio y fin de todas las cosas?» CuBi 28 (1971) 267-277.

b11000 SEN, F., «El término 'escatología' sería mejor que desapareciera», CuBi 28 (1971) 239-241.

b11001 GALBIATI, E., «Sviluppo storico e caratteristiche dell'escatologia biblica», ScuolC 101 (1973) 605-619, dans *Scritti minori* (1979), 237-257.

b11002 MARSHALL, I.H., «Slippery Words. I. Eschatology», ExpTim 89 (1977-78) 264-269.

b11003 LIEDKE, G. (Hrsg.), *Eschatologie und Frieden* (Heidelberg, Forschungsstätte der Evangelischen Studiengemeinschaft, 1978), Band 1. Eschatologie und Frieden in gegenwärtigen kirchlichen Diskussionen, ix-368 pp.; Band 2. Eschatologie und Frieden in biblischen Texten, viii-409 pp.; Band 3. Zukunftserwartung und Frieden in gegenwärtigen Weltanschauungen und Religionen, ix-440 pp.

b11004 SCHUBERT, K., «Biblische Endzeiterwartung und biblischer Fortschrittsglaube», BiLit 51 (1978) 96-100.

b11005 ALFARO, J., «Escatología, hermenéutica y lenguaje», Salm 27 (1980) 233-246.

b11006 BERGER, K., «Hellenistisch-heidnische Prodigien und die Vorzeichen in der jüdischen und christlichen Apokalyptik», dans *Aufstieg und Niedergang der römischen Welt* (en collab.) (1980), 23. Band, 2. Halbband, 1428-1469.

b11007 CARMIGNAC, J., «Rectification d'une erreur concernant l'Eschatologie», NTS 26 (1980) 252-258.

b11008 NEIRYNCK, F., «L'origine du terme 'eschatologie'. Une rectification», ETL 56 (1980) 414-416.

b11009 SAUER, V.J., *The Eschatology Handbook.* The Bible Speaks to Us Today About Endtimes (Atlanta, John Knox, 1981), xi-144 pp.

*b*11010 VERWEYEN, H., «Eschatologie heute», TR 79 (1983) 1-12.

b) Judaïsme. Judaism. Judentum. Giudaismo. Judaísmo.

*b*11011 BIETENHARD, H., *Die himmlische Welt im Urchristentum und Spätjudentum* (Wissenschaftliche Untersuchungen zum Neuen Testament, 2) (Tübingen, Mohr, 1951), vi-295 pp.

*b*11012 BLACK, M., «The Eschatology of the Similitudes of Enoch», JTS 3 (1952) 1-10.

*b*11013 ALONSO DIAZ, J., «La esperanza judía de la desaparición del pecado en la era escatológica, y la 'segunda penitencia' del cristianismo», CuBi 29 (1972) 259-272.

*b*11014 GROSS, H., «Grundzüge alttestamentlicher und frühjüdischer Eschatologie», dans *Mysterium Salutis* (en collab.) (1976), V, 701-721.

*b*11015 NICKELSBURG, G.W.E., Jr., «Eschatology in the Testament of Abraham: A Study of the Judgment Scene in the Two Recensions», dans *Studies on the Testament of Abraham* (en collab.) (1976), 23-64.

*b*11016 HULTGÅRD, A., *L'eschatologie des Testaments des Douze Patriarches.* Interprétation des textes (Historia religionum, 6) (Stockholm, Almqvist & Wiksell International, 1977), 396 pp.

*b*11017 SANDERS, E.P., *Paul and Palestinian Judaism*, «Reward and punishment and the world to come» (1977), 125-147.

*b*11018 GORDON, R.P., «The Targumists as eschatologists», dans *Congress Volume. Göttingen 1977* (en collab.) (1978), 113-130.

*b*11019 COLLINS, J.J., «Patterns of Eschatology at Qumran», dans *Traditions in Transformation* (en collab.) (1981), 351-375.

*b*11020 JEREMIAS, J., «Zur Eschatology des Hoseabuches», dans *Die Botschaft und die Boten* (en collab.) (1981), 217-234.

*b*11021 GRABBE, L.L., «The End of the World in Early Jewish and Christian Calculations», RQum 11 (1982) 107-108.

c) Qumran.

*b*11022 RINALDI, G., «L''ultimo periodo' della storia (1QSa)», BibOr 7 (1965) 161-185.

*b*11023 COLLINS, J.J., «Dualism and eschatology in 1 QM. A reply to P.R. Davies», VT 29 (1979) 212-216.

*b*11024 DAVIES, P.R., «Dualism and eschatology in 1QM. A rejoinder», VT 30 (1980) 93-97.

d) Ancien Testament. Old Testament. Altes Testament. Antico Testamento. Antiguo Testamento.

*b*11025 KNIGHT, G.A.F., «Eschatology in the Old Testament», SJTh 4 (1951) 355-362.

*b*11026 GALBIATI, E., «L'escatologia individuale nell'Antico Testamento», RivB 10 (1962) 113-135, dans *Scritti minori* (1979), 211-235.

*b*11027 SCHREINER, J., «Das Ende der Tage. Die Botschaft von der Endzeit in den alttestamentlichen Schriften», BiLeb 5 (1964) 180-194.

*b*11028 SINT, J., «Eschatologie im Alten Testament», dans *Bibel und Zeitgemässer Glaube* (en collab.) (1967), 203-208.

*b*11029 KÖHLER, W., «Prophetie und Eschatologie in der neueren alttestamentlichen Forschung», BiLeb 9 (1968) 57-81.

*b*11030 ROMANIUK, K., «Die Eschatologie des Buches der Weisheit», BiLeb 10 (1969) 198-211.

*b*11031   COLLADO BERTOMEU, V., *Escatologías de los Profetas.* Estudio literario
           comparativo (Valencia, Institución San Jerónimo, 1972), 336 pp.

*b*11032   COPPENS, J., «La mission du Serviteur de Yahvé et son statut eschatologique», ETL 48
           (1972) 343-371.

*b*11033   ALONSO DIAZ, J., «El Mesías y la realización de la justicia escatológica», Salm 23
           (1976) 61-84.

*b*11034   CAIRD, G.B., «Eschatology and Politics: Some Misconceptions», dans *Biblical Studies*
           (W. Barclay) (en collab.) (1976), 72-86.

*b*11035   GARCIA CORDERO, M., «Del mesianismo a la escatología en el A.T.», Salm 23 (1976)
           15-59.

*b*11036   GROSS, H., «Grundzüge alttestamentlicher und frühjüdischer Eschatologie», dans
           Mysterium Salutis (en collab.) (1976), V, 701-721.

*b*11037   HABETS, G., «Eschatologie - Eschatologisches», dans *Bausteine biblischer Theologie* (en
           collab.) (1977), 351-369.

*b*11038   PREUSS, H.D. (Hrsg.), *Eschatologie im Alten Testament* (Wege der Forschung, 480)
           (Darmstadt, Wissenschaftliche Buchgesellschaft, 1978), vii-513 pp.

*b*11039   TALMON, S., «Eschatologie und Geschichte im biblischen Judentum», dans *Zukunft.*
           Zur Eschatologie bei Juden und Christen (Schriften der Katholischen Akademie in
           Bayern, 98) (Patmos Paperbacks) (Düsseldorf, Patmos, 1980), 13-50.

*b*11040   WERNER, W., *Eschatologische Texte in Jesaja 1-39.* Messias, Heiliger, Rest, Völker
           (Forschung zur Bibel, 46) (Würzburg, Echter Verlag, 1982), 255 pp.

*b*11041   NICCACCI, A., «La foi eschatologique d'Israël à la lumière de quelques conceptions
           égyptiennes», StBiFranc 33 (1983) 7-14.

e) Nouveau Testament. New Testament. Neues Testament. Nuovo Testamento. Nuevo Testamento.

1. Études générales. General Studies. Allgemeine Studien. Studi generali. Estudios generales.

*b*11042   GOGUEL, M., «Eschatologie et Apocalyptique dans le christianisme primitif», RHR
           106 (1932) 381-434, 489-524.

*b*11043   CLARK, K.W., «Realized Eschatology», JBL 59 (1940) 367-383, dans *The Gentile Bias*
           (1980), 48-64.

*b*11044   GOGUEL, M., «Pneumatisme et eschatologie dans le christianisme primitif», RHR 132
           (1946) 124-169; 133 (1947) 103-161.

*b*11045   BIETENHARD, H., *Die himmlische Welt im Urchristentum und Spätjudentum*
           (Wissenschaftliche Untersuchungen zum Neuen Testament, 2) (Tübingen, Mohr, 1951),
           vi-295 pp.

*b*11046   BARRETT, C.K., «New Testament Eschatology», SJTh 6 (1953) 136-155, 225-243.

*b*11047   OWEN, H.P., «Eschatology and Ethics in the New Testament», SJTh 15 (1962) 369-382.

*b*11048   JOEST, W., «Die Kirche und die Parusie Jesu Christi», dans *Gott in Welt* (en collab.)
           (1964), I, 536-550.

*b*11049   SCHÜRMANN, H., «Das hermeneutische Hauptproblem der Verkündigung Jesu», dans
           Gott in Welt (en collab.) (1964), I, 579-607.

*b*11050   VISSER, A.J., «A Bird's-eye view of ancient Christian eschatology», Numen 14 (1967)
           4-22.

*b*11051   SCHÜRMANN, H., «Die Symbolhandlungen Jesu als eschatologisches
           Erfüllungszeichen», BiLeb 11 (1970) 29-41, 73-78.

*b*11052   BLANK, J., «Was wollte Jesu? - Zur eschatologischen Konzeption des historischen
           Jesus», BiKi 28 (1973) 2-5.

b11053 MERTENS, H., «Naar een verruiming van de existentiële interpretatie van de eschatologische boodschap. *Towards an Extension of the Existential Interpretation of the Eschatological Message*», Bijdr. 34 (1973) 350-370 (English summary).

b11054 WIEDERKEHR, D., *Perspektiven der Eschatologie* (Einsiedeln, Benziger, 1974), 315 pp.

b11055 GRESHAKE, G., LOHFINK, G., *Naherwartung - Auferstehung - Unsterblichkeit*. Untersuchungen zur christlichen Eschatologie (Quaestiones Disputatae, 71) (Freiburg, Herder, 1975), 160 pp.

b11056 ZEDDA, S., *L'escatologia biblica* (1975), «La vita cristiana come attesa della parusia», II, 15-32; «Secolo presente e secolo futuro», II, 77-81; «L'ultima era, era dello Spirito e della Chiesa», II, 83-143; «Il tempo della Chiesa; suoi caratteri escatologici», II, 397-404; «Escatologia individuale», II, 505-515; «Escatologia progressiva e teologia della storia», II, 519-546; «Escatologia progressiva e vita cristiana», II, 547-557.

b11057 SCHELKLE, K.H., «Neutestamentliche Eschatologie», dans *Mysterium Salutis* (en collab.) (1976), V, 723-776.

b11058 HALTER, H., *Taufe und Ethos*, «Die eschatologisch begründete und geprägte Existenz» (1977), 339-409.

b11059 MÜLLER, U.B., «Vision und Botschaft. Erwägungen zur prophetischen Struktur der Verkündigung Jesu», ZTK 74 (1977) 416-448.

b11060 SCHÜRMANN, H., «La salvación escatológica de Dios y la responsabilidad del hombre frente a la totalidad del mundo», Salm 24 (1977) 465-494.

b11061 STINSON, C., «On the Time-Eternity 'Link': Some Aspects of Recent Christian Eschatology», RelSt 13 (1977) 49-62.

b11062 CHILDS, J.M., Jr., *Christian Anthropology and Ethics* (Philadelphia, Fortress Press, 1978), «The Eschatological Perspective: The Recovery of Eschatology; The Image of God and Eschatology; Eschatological Man», 68-121.

b11063 HOEKEMA, A.A., *The Bible and the Future* (Grand Rapids, Eerdmans, 1978), 344 pp.

b11064 CARMIGNAC, J., *Le Mirage de l'Eschatologie*. Royauté, Règne et Royaume de Dieu...sans Eschatologie (Paris, Letouzey & Ané, 1979), 250 pp.

b11065 HANSON, R.P.C., «The Significance of the Doctrine of the Last Things for Christian Belief», BJRL 62 (1979) 115-131.

b11066 MEYER, B.F., *The Aims of Jesus* (London, SCM Press, 1979), 335 pp.

b11067 VISCHER, W., «La réponse de Jésus à nos questions dernières», dans *From Faith to Faith* (en collab.) (1979), 127-150.

b11068 GLASSON, T.F., *Jesus and the End of the World* (Edinburgh, St. Andrew Press, 1980), ix-145 pp.

b11069 SCHNACKENBURG, R., «Das Neue und Besondere christlicher Eschatologie», dans *Zukunft*. Zur Eschatologie bei Juden und Christen (Schriften der Katholischen Akademie in Bayern, 98) (Patmos Paperbacks) (Düsseldorf, Patmos, 1980), 51-78.

b11070 CRANFIELD, C.E.B., «Thoughts on New Testament Eschatology», SJTh 35 (1982) 497-512.

b11071 CRAWFORD, B.S., «Near Expectation in the Sayings of Jesus», JBL 101 (1982) 225-244.

b11072 GRABBE, L.L., «The End of the World in Early Jewish and Christian Calculations», RQum 11 (1982) 107-108.

b11073 HARVEY, A.E., *Jesus and the Constraints of History*, «Jesus and Time: the Constraint of an Ending» (1982), 66-97.

b11074 KÜMMEL, W.G., «Ein Jahrhundert Erforschung der Eschatologie des Neuen Testaments», TLZ 107 (1982) 81-96.

b11075   LINCOLN, A.T., «Sabbath, Rest, and Eschatology in the New Testament», dans *From Sabbath to Lord's Day* (en collab.) (1982), 197-220.

b11076   VANNI, U., «Punti di tensione escatologica nel N.T.», RivB 30 (1982) 363-380.

2. Évangiles synoptiques. Synoptic Gospels. Synoptische Evangelien. Vangeli sinottici. Evangelios sinópticos

b11077   MIEGGE, G., «Le 'Notre Père', prière du temps présent», ETR 35 (1960) 237-253.

b11078   CRANFIELD, C.E.B., «The Parable of the Unjust Judge and the Eschatology of Luke-Acts», SJTh 16 (1963) 297-301.

b11079   SCHNACKENBURG, R., «Kirche und Parusie», dans *Gott in Welt* (en collab.) (1964), I, 551-578.

b11080   DA SPINETOLI, O., «L'impostazione del problema escatologico in S. Matteo», BibOr 8 (1966) 185-211.

b11081   SCHULZ, S., *Die Stunde der Botschaft*, «Der Entwurf der Hoffnung» (1967), 94-114.

b11082   FRANKLIN, E., «The Ascension and the eschatology of Luke-Acts», SJTh 23 (1970) 191-200.

b11083   JEREMIAS, J., «L'attente de la fin prochaine dans les paroles de Jésus», dans *L'infaillibilité* (en collab.) (1970), 185-199.

b11084   KELBER, W.H., «The History of the Kingdom in Mark - Aspects of Markan Eschatology», dans *Society of Biblical Literature. 1972 Proceedings* (en collab.) (1972), 63-95.

b11085   ZMIJEWSKI, J., *Die Eschatologiereden des Lukas-Evangeliums* (BBB 40) (Bonn, Peter Hanstein, 1972), xxxii-591 pp.

b11086   VÖGTLE, A., «Theo-logie und Eschato-logie in der Verkündigung Jesu?» dans *Neues Testament und Kirche* (en collab.) (1974), 371-398.

b11087   VÖGTLE, A., «Der 'eschatologische' Bezug der Wir-Bitten des Vaterunser», dans *Jesus und Paulus* (en collab.) (1975), 344-362.

b11088   EDWARDS, R.A., *A Theology of Q*. Eschatology, Prophecy and Wisdom (Philadelphia, Fortress Press, 1976), 173 pp.

b11089   FRIZZI, G., «*Mandare-inviare* in Luca-Atti: una chiave importante per la comprensione dell'escatologia di Luca», RivB 24 (1976) 359-401.

b11090   RIGAUX, B., «La redécouverte de la dimension eschatologique de l'Évangile», RHPR 56 (1976) 3-27.

b11091   RUTHILD, G., *Die lukanischen Endzeitreden*. Studien zur Eschatologie des Lukas-Evangeliums (Europäische Hochschulschriften, Reihe 23, Theologie, 16) (Bern, Frankfurt/M., Peter Lang, 1976), 277 pp.

b11092   SCHELKLE, K.H., «Eschatologie der Synopse», dans *Mysterium Salutis* (en collab.) (1976), V, 732-750.

b11093   BAUCKHAM, R., «Synoptic Parousia Parables and the Apocalypse», NTS 23 (1977) 162-176.

b11094   SABOURIN, L., «You will not have gone through all the towns of Israel, before the Son of Man comes (Mt 10:23b)», BTB 7 (1977) 5-11.

b11095   BOVON, F., *Luc le théologien*, «Le dessein de dieu. Histoire du salut et eschatologie» (1978), 11-84.

b11096   ERNST, J., *Herr des Geschichte*. Perspektiven der lukanischen Eschatologie (SBS 88) (Stuttgart, Katholisches Bibelwerk, 1978), 127 pp.

b11097   GEORGE, A., «L'eschatologie», dans *Études sur l'oeuvre de Luc* (1978), 321-347.

b11098   OGAWA, A., *L'histoire de Jésus chez Matthieu*. La signification de l'histoire pour la théologie matthéenne (Publications Universitaires Européennes, Série 23, Théologie, 116) (Bern, Peter Lang, 1979), 512 pp.

b11099 FEUILLET, A., «La double venue du Règne de Dieu et du Fils de l'homme en Luc xvii, 20-xviii,8», RT 81 (1981) 5-33.

b11100 HIERS, R.H., *Jesus and the Future*. Unresolved Questions for Understanding and Faith (Atlanta, John Knox, 1981), xv-160 pp.

b11101 CARLSTON, C.E., «Wisdom and Eschatology in Q», dans *Logia* (en collab.) (1982), 101-119.

b11102 MADDOX, R., *The Purpose of Luke-Acts*, «The Lucan Eschatology» (1982), 100-157.

b11103 COLLISON, J.G.F., «Eschatology in the Gospel of Luke», dans *New Synoptic Studies* (Ed. W.R. FARMER) (en collab.) (1983), 363-371.

3. Jean. John. Johannes. Giovanni. Juan.

b11104 PREISS, T., «Le Fils de l'Homme dans le quatrième Évangile», ETR 28 (1953) 7-61.

b11105 RAMOS, F.F., «Escatología existencial (El Cuarto Evangelio)», Salm 23 (1976) 163-216.

b11106 SCHELKLE, K.H., «Eschatologie des Johannesevangeliums», dans *Mysterium Salutis* (en collab.) (1976), V, 762-765.

b11107 DE JONGE, M., *Jesus: Stranger from Heaven and Son of God*, «Eschatology and Ethics in the Fourth Gospel» (1977), 169-191.

b11108 MATTILL, A.J., Jr., «Johannine Communities behind the Fourth Gospel: Georg Richter's Analysis», TS 38 (1977) 294-315.

b11109 BOISMARD, M.-É., «Deux exemples d'évolution 'régressive'», LV no 149 (1980) 65-74.

b11110 WANKE, J., «Die Zukunft des Glaubenden. Theologische Erwägungen zur johanneischen Eschatology», TGl 71 (1981) 129-139.

b11111 PAMMENT, M., «Eschatology and the Fourth Gospel», JSNT no 15 (1982) 81-85.

4. Actes des apôtres. Acts of the Apostles. Apostelgeschichte. Atti degli apostoli. Hechos de los apóstoles.

b11112 FRANKLIN, E., *Christ the Lord*. A Study in the Purpose and Theology of Luke-Acts (London, SPCK, 1975), 241 pp.

b11113 ZEDDA, S., *L'escatologia biblica*, «L'escatologia degli Atti degli Apostoli» (1975), II, 259-268.

b11114 FRIZZI, G., «*Mandare-inviare* in Luca-Atti: una chiave importante per la comprensione dell'escatologia di Luca», RivB 24 (1976) 359-401.

b11115 KURZ, W.S., «Acts 3:19-26 as a Test of the Role of Eschatology in Lukan Christology», dans *Society of Biblical Literature. 1977 Seminar Papers* (en collab.) (1977), 309-323.

b11116 GRÄSSER, E., «Die Parusieerwartung in der Apostelgeschichte», dans *Les Actes des Apôtres*. Traditions, rédaction, théologie (en collab.) (1979), 99-127.

5. Paul. Paulus. Paolo. Pablo.

b11117 SCHELKLE, K.H., «Zur biblischen und patristischen Verkündigung der Eschatologie (nach Röm 13, 11-13)», dans *Verkündigung und Glaube* (en collab.) (1958), 1-15.

b11118 ANDRIESSEN, P., «Celui qui retient la venue du Seigneur», Bijdr. 21 (1960) 20-30.

b11119 BANKS, B., «Eschatological Gleanings from Philippians», SBT 4 (1974) 30-44.

b11120 SCHWEIZER, E., «1. Korinther 15,20-28 als Zeugnis Paulinischer Eschatologie und ihrer Verwandtschaft mit der Verkündigung Jesu», dans *Jesus und Paulus* (en collab.) (1975), 301-314.

b11121 ZEDDA, S., *L'escatologia biblica*, «L'Escatologia di san Paolo» (1975), II, 9-256.

b11122 SCHELKLE, K.H., «Eschatologie des Paulus (und der deuteropaulinischen Schriften)», dans *Mysterium Salutis* (en collab.) (1976), V, 750-762.

b11123   TURRADO, L., «El tema escatológico en el pensamiento de san Pablo», Salm 23 (1976) 129-161.

b11124   BRUNNER, P., «Eschata. Theologische Grundlinien und Andeutungen», KerDo 23 (1977) 2-24.

b11125   HALTER, H., *Taufe und Ethos*, «Die *eschatologisch* begründete und geprägte Existenz nach den Briefen an die Kolosser und Epheser» (1977), 384-409.

b11126   SANDERS, E.P., *Paul and Palestinian Judaism*, «The future expectation and its present guarantee» (1977), 447-453.

b11127   BAUMBACH, G., «Die Zukunftserwartung nach dem Philipperbrief», dans *Die Kirche des Anfangs* (en collab.) (1978), 435-457.

b11128   MacRAE, G.W., «Heavenly Temple and Eschatology in the Letter to the Hebrews», Semeia 12 (1978) 179-199.

b11129   SCHWEIZER, E., «1 Corinthians 15:20-28 as Evidence of Pauline Eschatology and Its Relation to the Preaching of Jesus», dans *Saved by Hope* (en collab.) (1978), 120-132.

b11130   THISELTON, A.C., «Realized Eschatology at Corinth», NTS 24 (1978) 510-526.

b11131   FROITZHEIM, F., *Christologie und Eschatologie bei Paulus* (Forschung zur Bibel, 35) (Würzburg, Echter Verlag, 1979), xii-283 pp.

b11132   VÖGTLE, A., «Paraklese und Eschatologie nach Röm 13,11-14», dans *Dimensions de la vie chrétienne* (Rm 12-13) (en collab.) (1979), 179-194.

b11133   NEYREY, J.H., «Eschatology in 1 Thessalonians: The Theological Factor in 1:9-10; 2:4-5; 3:11-13; 4:6 and 4:13-18», dans *SBL 1980 Seminar Papers* (en collab.) (1980), 219-231.

b11134   EFIRD, J.M., *Christ, the Church, and the End*, «The Eschatology of the Early Church», (1980), 33-37.

b11135   PEDERSEN, S., «Agape - der eschatologische Hauptbegriff bei Paulus», dans *Die Paulinische Literatur und Theologie. The Pauline Literature and Theology* (en collab.) (1980), 159-186.

b11136   SCHMITHALS, W., *Die theologische Anthropologie des Paulus*, «Die Eschatologie» (1980), 137-175.

b11137   LINCOLN, A.T., *Paradise Now and Not Yet*. Studies in the role of the heavenly dimension in Paul's thought with special reference to his eschatology (SNTS Monograph series, 43) (Cambridge, Cambridge University Press, 1981), xiii-277 pp.

b11138   MEARNS, C.L., «Early Eschatological Development in Paul: the evidence of I and II Thess.», NTS 27 (1981) 137-157.

b11139   SCHADE, H.-H., *Apokalyptische Christologie bei Paulus*, «Christologie und präsentisch-apokalyptische Eschatologie» (1981), 91-104.

b11140   STANLEY, D.M., «The Glory about to be revealed», Way 22 (1982) 273-286.

b11141   NEBE, G., *'Hoffnung' bei Paulus. Elpis* und ihre Synonyme im Zusammenhang der Eschatologie (Studien zur Umwelt des Neuen Testaments, 16) (Göttingen, Vandenhoech & Ruprecht, 1983), 440 pp.

6. I et II Pierre. - I and II Peter. - I. und II. Petrusbriefe.
I e II Pietro. - I y II Pedro.

b11142   GALBIATI, E., «L'escatologia delle lettere di S. Pietro», dans *San Pietro*. Atti della XIX Settimana Biblica (en collab.) (Brescia, Paideia, 1967), 413-423, dans *Scritti minori* (1979) 259-269.

b11143   ZEDDA, S., *L'escatologia biblica* (1975), «L'escatologia della Iª di Pietro», II, 277-284; «L'Escatologia della IIª di Pietro», II, 285-292.

7. Apocalypse de S. Jean. Apocalypse of St. John. Die geheime Offenbarung. Apocalisse di S. Giovanni. Apocalipsis de S. Juan.

b11144 ZEDDA, S., *L'escatologia biblica*, «L'escatologia dell'apocalisse» (1975), II, 427-515.

b11145 GUNTHER, H.W., *Der Nah- und Enderwartungshorizon in der Apokalypse des heiligen Johannes* (Forschung zur Bibel, 41) (Würzburg, Echter Verlag, 1980), 315 pp.

8. Autres livres du N.T. - Other Books of the N.T. - Andere Bücher des N.T. Altri libri del N.T. - Otros libros del N.T.

b11146 ZEDDA, S., *L'escatologia biblica*, «L'escatologia della lettera di San Giacomo» (1975), II, 269-275.

b11147 ZEDDA, S., *L'escatologia biblica*, «L'Escatologia della lettera di San Giuda» (1975) II, 293-295.

b11148 ZEDDA, S., *L'escatologia biblica*, «L'Escatologia di San Giovanni (Quarto Vangelo e Lettere)» (1975), II, 297-425.

f) Divers. Miscellaneous. Verschiedenes. Diversi. Diversos.

b11149 NYGREN, A., «L'Écriture Sainte et le témoignage actuel de l'Église», ETR 23 (1948) 67-70.

b11150 BEINERT, W., «Die Verantwortung des Christen für die Zukunft des Kosmos», Catho 31 (1977) 1-16.

b11151 ERICKSON, M.J., *Contemporary Options in Eschatology. A Study of the Millennium* (Grand Rapids, Baker, 1977), 197 pp.

b11152 GLASSON, T.F., «Schweitzer's Influence - Blessing or Bane?» JTS 28 (1977) 289-302.

b11153 MÉNARD, J.-E., «Apocalyptique et gnose: leur eschatologie respective», dans *L'Apocalyptique* (en collab.) (1977), 159-177.

b11154 PASQUIER, A., «L'eschatologie dans l'*Évangile selon Marie*: étude des notions de nature et d'image», dans *Colloque international sur les textes de Nag Hammadi* (en collab.) (1981), 390-404.

b11155 STROUMSA, G.G., «Aspects de l'eschatologie manichéenne», RHR 198 (1981) 163-181.

b11156 TREVIJANO ETCHEVERRIA, R., «La escatología del Evangelio de Tomás (logion 3)», Salm 28 (1981) 415-441.

b11157 IONA, H., «Attente et savoir de la fin. Apocalyptique et eschatologie néotestamentaires», LV no 160 (1982) 25-33.

Esclavage. Slavery. Sklaverei. Schiavitù. Esclavitud.

b11158 FALK, Z.W., «Manumission by Sale», JSS 3 (1958) 127-128.

b11159 LEVY, J., «The Biblical Institution of D^{e}rôr in the Light of Akkadian Documents», ErIs 5 (1958) 21*-31*.

b11160 GAYER, R., *Die Stellung des Sklaven in den paulinischen Gemeinden und bei Paulus: zugleich ein sozialgeschichtlich vergleichender Beitrag zur Wertung des Sklaven in der Antike* (Europäische Hochschulschriften, Reihe 23, Theologie, 78) (Bern, Frankfurt/M., Peter Lang, 1976), 358 pp.

b11161 LEMCHE, N.P., «The manumission of slaves - the fallow year - the sabbatical year - the jobel year», VT 26 (1976) 38-59.

b11162 LIPINSKI, E., «L''esclave hébreu'», VT 26 (1976) 120-124.

*b*11163   ROBLEDA, O., *Il diritto degli schiavi nell'antica Roma* (Roma, Gregoriana Università, 1976), viii-203 pp.

*b*11164   SPICQ, C., «Le vocabulaire de l'esclavage dans le Nouveau Testament», RB 85 (1978) 201-226.

*b*11165   BROCKMEYER, N., *Antike Sklaverei* (Erträge der Forschung, 116) (Darmstadt, Wissenschaftliche Buchgesellschaft, 1979), xv-392 pp.

*b*11166   GELB, I.J., «Definition and Discussion of Slavery and Serfdom», UF 11 (1979) 283-297.

*b*11167   CARREZ, M., «L'esclavage dans la Première Épître de Pierre», dans *Études sur la première lettre de Pierre* (en collab.) (1980), 207-217.

*b*11168   ARNAUD, D., «Humbles et superbes à Emar (Syrie) à la fin de l'âge du Bronze récent», dans *Mélanges bibliques et orientaux en l'honneur de M. Henri Cazelles* (en collab.) (1981), 1-14.

*b*11169   VON ALLMEN, D., *La famille de Dieu*, «L'esclave dans la famille» (1981), 199-209.

*b*11170   WIEDEMANN, T., *Greek and Roman Slavery* (Baltimore, MD, Johns Hopkins University Press; London, Croom Helm, 1981), xviii-284 pp.

*b*11171   LAUB, F., *Die Begegnung des frühen Christentums mit der antiken Sklaverei* (SBS 107) (Stuttgart, Katholisches Bibelwerk, 1982), 120 pp.

*b*11172   PETSCHOW, H.P.H., «Die Sklavenkaufverträge des sandabakku Enlil-kidinni von Nippur (I)», Or. 52 (1983) 143-155.

Espace. Space. Raum. Spazio. Espacio.

*b*11173   BRUEGGEMANN, W., «Israel's Sense of Place in Jeremiah», dans *Rhetorical Criticism* (en collab.) (1974), 149-165.

*b*11174   FORTNA, R.T., «Theological Use of Locale in the Fourth Gospel», AThR Supplementary Series, nᵒ 3 (1974) 58-95.

*b*11175   MOLLAT, D., *Études johanniques*, «Le vocabulaire spatial» (1979), 102-110.

Espérance. Hope. Hoffnung. Speranza. Esperanza.

a) Études générales. General Studies. Allgemeine Studien. Studi generali. Estudios generales.

*b*11176   XXX, «La signification biblique de l'espérance», VC nᵒ 22 (1952) 89-92.

*b*11177   RUSCHE, H., «Die verborgene Hoffnung der Welt», BiLeb 2 (1961) 198-205.

*b*11178   NEUHÄUSLER, E., «Hoffnung. Ein biblischer Grundbegriff», BiLeb 9 (1968) 306-312.

*b*11179   ALONSO DIAZ, J., *De la esperanza de Israel a la esperanza cristiana* (Madrid, Ed. PPC-Edicabi, 1975), 203 pp.

*b*11180   SINTAS, L., «Tout commence par l'espérance», CHR 23 (1976) 263-275.

*b*11181   MARTUCCI, J., «L'espérance des pauvres», dans GIGUÈRE, P.A., MARTUCCI, J., MYRE, A., *Cri de Dieu, espoir des pauvres* (1977), 33-65.

*b*11182   LIMBECK, M., «Vom Werden und Wachsen der biblisch-christlichen Hoffnung», BiKi 33 (1978) 88-90.

*b*11183   WOSCHITZ, K.M., *Elpis - Hoffnung*. Geschichte, Philosophie, Exegese, Theologie eines Schlüsselbegriffs (Freiburg i. Br., Herder, 1979), xvi-776 pp.

*b*11184   GOURGUES, M., «L'an prochain à Jérusalem», VS 134 (1980) 610-630.

*b*11185   WOSCHITZ, K.M., *Elpis. Hoffnung* (Wien, Herder, 1980), 772 pp.

*b*11186   SCHMIDT, W.H., BECKER, J., *Zukunft und Hoffnung* (Biblische Konfrontationen, 1014) (Stuttgart, Kohlhammer, 1981), 202 pp.

*b*11187   STÖGER, A., «Zur biblischen Mediation über die Hoffnung. Ein Literaturbericht», BiLit
55 (1982) 214-221.

*b*11188   GRELOT, P., *Dans les angoisses: l'espérance* (Parole de Dieu) (Paris, Seuil, 1983),
383 pp.

b) Judaïsme. Judaism. Judentum. Giudaismo. Judaísmo.

*b*11189   HARTMAN, D., «Sinai and Exodus: Two Grounds for Hope in the Jewish Tradition»,
RelSt 14 (1978) 373-387.

*b*11190   LANG, B., «Die Geburt der jüdischen Hoffnungstheologie», BiKi 33 (1978) 74-78.

*b*11191   GRELOT, P., *L'espérance juive à l'heure de Jésus* (1978), «L'espérance dans le Judaïsme
en crise», 30-60; «L'espérance chez les Esséniens», 61-90; «L'espérance chez les
Pharisiens», 91-103; «L'espérance dans la Diaspora grecque», 104-116.

c) Ancien Testament. Old Testament. Altes Testament. Antico Testamento. Antiguo Testamento.

*b*11192   KILIAN, R., «Die Hoffnung auf Heimkehr in der Priesterschrift», BiLeb 7 (1966) 39-51.

*b*11193   SCHMIDT, W.H., «Transzendenz in alttestamentlicher Hoffnung. Erwägungen zur
Geschichte der Heilserwartung im Alten Testament», Kairos 11 (1969) 201-217.

*b*11194   SCHREINER, J., «Die Hoffnung der Zukunftsschau Israels», dans *Sapienter ordinare*
(en collab.) (1969), 29-48.

*b*11195   ZIMMERLI, W., *Man and his Hope in the Old Testament* (Studies in Biblical Theology,
2nd Series, 20) (London, SCM Press, 1971), 174 pp.

*b*11196   BRIGHT, J., *Covenant and Promise* (London, SCM Press, 1977), 207 pp.

*b*11197   BRAULIK, G., «Die Angst vor dem Gelobten Land oder: vom Aushalten der
Hoffnung», BiKi 33 (1978) 79-83.

*b*11198   KEGLER, J., «Hoffnung in Krisenzeiten. Prophetische Entwürfe für eine menschliche
Zukunft im Alten Testament», dans *Das Alte Testament als geistige Heimat* (en collab.)
(1982), 80-109.

*b*11199   WALSH, J.T., «Despair as a Theological Virtue in the Spirituality of Ecclesiastes», BTB
12 (1982) 46-49.

d) Nouveau Testament. New Testament. Neues Testament. Nuovo Testamento. Nuevo Testamento.

*b*11200   BARR, A., «'Hope' (*elpis, elpizô*) in the New Testament», SJTh 3 (1950) 68-77.

*b*11201   FEDELE, L., «La Speranza cristiana nelle lettere di S. Paolo», dans *Studi di scienze
ecclesiastiche* (en collab.) (1960), 19-67.

*b*11202   CAMBIER, J., «L'espérance et le salut dans Rom. 8,24», dans *Message et mission* (en
collab.) (1968), 77-107.

*b*11203   NOYEN, C., «Foi, charité, espérance et 'connaissance' dans les Épîtres de la Captivité»,
NRT 94 (1972) 897-911, 1031-1052.

*b*11204   FLECHA ANDRÉS, J.-R., *Esperanza y moral en el Nuevo Testamento* (León, Spain,
Libreria Sema, 1975), xlv-133 pp.

*b*11205   BONORA, A., *La speranza del cristiano nel Vangelo di Marco* (Conoscere il Vangelo, 8)
(Padua, Messaggero, 1976), 143 pp.

*b*11206   HUARTE, J., «E. Bloch y el modelo bíblico de la esperanza cristiana», CuBi 33 (1976)
269-278.

*b*11207   BISHOP, J., «The Neglected Virtue», ExpTim 89 (1977) 49-50.

*b*11208   MORAN, A., «Esperanza marxista y esperanza cristiana», CuBi 34 (1977) 55-60.

*b*11209 PANNENBERG, W., «Résurrection de Jésus et avenir de l'homme», LV no 134 (1977) 65-83.

*b*11210 LÉON-DUFOUR, X., *Face à la mort, Jésus et Paul*, «La souffrance et l'espérance du monde» (1979), 237-257.

*b*11211 DENTON, D.R., «Hope and Perseverance», SJTh 34 (1980) 313-320 (Paul).

*b*11212 PIPER, J., «Hope as the Motivation of Love: I Peter 3:9-12», NTS 26 (1980) 212-231.

*b*11213 COTHENET, É., «Le réalisme de l'espérance chrétienne selon I Pierre», NTS 27 (1981) 564-572.

*b*11214 VIARD, C., «Pâque de Jésus, avenir de l'homme», CHR 28 (1981) 54-64.

*b*11215 MOLLAT, D., *Une lecture pour aujourd'hui: l'Apocalypse*, «L'Apocalypse, livre de l'espérance» (1982), 215-219.

*b*11216 NEBE, G., *'Hoffnung' bei Paulus. Elpis* und ihre Synonyme im Zusammenhang der Eschatologie (Studien zur Umwelt des Neuen Testaments, 16) (Göttingen, Vandenhoeck & Ruprecht, 1983), 440 pp.

Esprit. Spirit. Geist. Spirito. Espíritu.

a) Études générales. General Studies. Allgemeine Studien. Studi generali. Estudios generales.

*b*11217 SCHMIDT, K.L., «Das Pneuma Hagion als Person und als Charisma», ErJb 1945 13 (1946) 187-235.

*b*11218 WILI, W., «Die Geschichte des Geistes in der Antike», ErJb 1945 13 (1946) 49-93.

*b*11219 D'ARCY, M.C., «The Power of Caritas and the Holy Spirit», ErJb 1952 21 (1953) 285-324.

*b*11220 DACQUINO, P., «Le nozioni 'carne' e 'spirito' nella Bibbia», BibOr 13 (1971) 3-7.

*b*11221 VISCHER, W., «L'Esprit Saint», ETR 50 (1975) 225-229.

*b*11222 DOBBIN, E.J., «Towards a Theology of the Holy Spirit», HeyJ 17 (1976) 5-19, 129-149.

*b*11223 DUPUIS, J., «L'économie cosmique de l'Esprit et les saintes Écritures des traditions religieuses», VS 130 (1976) 729-746.

*b*11224 KLEIN, J.-L., «L'Esprit et l'Écriture», ETR 51 (1976) 149-163.

*b*11225 PARENT, R., «Le Dieu *redécouvert*: l'Esprit», dans *Dieu, parole et silence* (en collab.) (1978), 169-186.

*b*11226 QUILICI, A., «Esprit, es-tu là?» VS 132 (1978) 824-841.

*b*11227 HENRY, A.-M., «Les feux de l'Esprit dans le monde des religions», VS 133 (1979) 528-534.

*b*11228 MOULE, C.F.D., *The Holy Spirit* (Oxford, Mowbray, 1978; Grand Rapids, Eerdmans, 1979), viii-120 pp.

*b*11229 PEIFER, C., «The Experience of Sin, Salvation, and the Spirit as a Prerequisite for the Understanding of the Scriptures», dans *Sin, Salvation, and the Spirit* (en collab.) (1979), 3-20.

*b*11230 SCHWEIZER, E., «Qu'est-ce que le Saint-Esprit? Une introduction de théologie biblique», Conci no 148 (1979) 11-20.

*b*11231 MEEKS, M.D., «Gott und die Ökonomie des Heiligen Geistes», EvT 40 (1980) 40-58.

*b*11232 RICHARD, J., «Pour une théologie de l'Esprit-Saint», LTP 36 (1980) 47-75.

*b*11233 WILLIAMS, J., *The Holy Spirit, Lord and Life-Giver*. A Biblical Introduction to the Doctrine of the Holy Spirit (Neptune, NJ, Loizeaux, 1980), 320 pp.

*b*11234 NISSIM, G.-M., «Quand l'Esprit se fait Parole», VS 135 (1981) 678-689.

*b*11235 CAZELLES, H., «Prolégomène à une étude de l'Esprit dans la Bible», dans *Von Kanaan bis Kerala* (en collab.) (1982), 75-90.

*b*11236 MEYNELL, H., «Two Directions for Pneumatology», RelStB 2 (1982) 101-117.
*b*11237 PORSCH, F., «Gottes Kraft - genannt Geist», BiKi 37 (1982) 114-118.
*b*11238 JÜNGEL, E., «Zur Lehre vom Heiligen Geist. Thesen», dans *Die Mitte des Neuen Testaments* (en collab.) (1983), 97-118.
*b*11239 KOCHER, M., «Présupposés d'une pneumatologie charismatique», Hok n° 22 (1983) 21-42; n° 23 (1983) 49-60.
*b*11240 MAIER, C., *Heiliger Geist und Schriftauslegung* (Theologie und Dienst, 34) (Wuppertal, Brockhaus, 1983), 45 pp.
*b*11241 O'DONNELL, J., «Theology of the Holy Spirit», Way 23 (1983) 48-64, 135-147.

b) Judaïsme. Judaism. Judentum. Giudaismo. Judaísmo.

*b*11242 PULVER, M., «Das Erlebnis des Pneuma bei Philon», ErJb 1945 13 (1946) 111-132.
*b*11243 SCHWEIZER, E., *Heiliger Geist*, «Das Judentum in der Zeit zwischen dem Alten und Neuen Testament» (1975), 43-66.
*b*11244 ISAACS, M.E., *The Concept of Spirit*. A Study of Pneuma in Hellenistic Judaism and its Bearing on the New Testament (Heythrop Monographs, 1) (London, Heythrop College, 1976), x-185 pp.
*b*11245 PENNA, R., *Lo Spirito di Cristo* (1976), «La letteratura rabbinica», 117-134; «Il giudaismo ellenistico», 135-144.
*b*11246 CHEVALLIER, M.-A., *Souffle de Dieu. Le Saint-Esprit dans le Nouveau Testament*, «Le souffle de Dieu dans le Judaïsme de langue hébraïque ou araméenne aux abords de l'ère chrétienne» (1978), 44-73.
*b*11247 MANNS, F., *Le symbole eau-Esprit dans le judaïsme ancien* (Studium Biblicum Franciscanum, Analecta, 19) (Jerusalem, Franciscan Printing Press, 1983), 340 pp.

c) Qumrân.

*b*11248 MONTAGUE, G.T., *The Holy Spirit*. Growth of a Biblical Tradition (New York, Paulist Press, 1976), «The Spirit in the Community at Qumran», 116-125.
*b*11249 PENNA, R., *Lo Spirito di Cristo*, «I manoscriti di Qumran» (1976), 93-116.
*b*11250 CHEVALLIER, M.-A., *Souffle de Dieu. Le Saint-Esprit dans le Nouveau Testament*, «Le Judaïsme sectaire de Qumrân», (1978), 51-57.
*b*11251 DES ROCHETTES, J., «Gli Spiriti nella Regola della comunità di Qumran», dans *Parola, spirito e vita* 4 (1981), 74-86.
*b*11252 SHAFAAT, A., «Geber of the Qumran Scrolls and the Spirit Paraclete of the Gospel of John», NTS 27 (1981) 263-269.

d) Hellénisme. Hellenism. Hellenismus. Ellenismo. Helenismo.

*b*11253 SCHMITT, P., «Geist und Seele. Studie über Logos, Nous und Psyche bei Heraklit und Platon und über einige späte Nachwirkungen dieser Begriffe», ErJb 1945 13 (1946) 133-185.
*b*11254 WILI, W., «Die Geschichte des Geistes in der Antike», ErJb 1945 13 (1946) 49-93.
*b*11255 PENNA, R., *Lo spirito di Cristo*, «La letteratura greca» (1976), 145-151.
*b*11256 CHEVALLIER, M.-A., *Souffle de Dieu*. Le Saint-Esprit dans le Nouveau Testament, «La notion de *pneuma* dans le monde grec et hellénistique» (1978), 36-43.

e) Ancien Testament. Old Testament. Altes Testament. Antico Testamento. Antiguo Testamento.

*b*11257 PEDERSEN, J., «Scepticisme israélite», RHPR 10 (1930) 317-370.

b11258 LAMORTE, A., «Notion de Rouah chez les prophètes», ETR 8 (1933) 97-111.

b11259 DUSSAUD, R., «La *néphesh* et la *rouah* dans le 'Livre de Job'», RHR 129 (1945) 17-30.

b11260 KNEPPER, M., «Geist der Weisheit und des Verstandes...», BiKi 13 (1958) 66-77.

b11261 ŠVEDA, S., «Ich giesse meinen Geist auf alles Fleisch (Joel 3,1). Alttestamentliche Geistverheissung in lukanischer Deutung», BiKi 21 (1966) 37-41.

b11262 MASSO, R., «La promesa del Espíritu», CuBi 29 (1972) 342-348.

b11263 SCHWEIZER, E., *Heiliger Geist*, «Das Zeugnis des Alten Testamentes» (1975), 19-42.

b11264 MARTINELLI, A., *Lo Spirito di Dio e la gioia nell'Antico Testamento* (Teologia viva, 1) (Bologna, Edizioni Francescane, 1976), «Lo spirito di Dio nell'Antico Testamento», 25-49.

b11265 MONTAGUE, G.T., *The Holy Spirit.* Growth of a Biblical Tradition (New York, Paulist Press, 1976), «The Old Testament», 3-124.

b11266 PENNA, R., *Lo Spirito di Cristo*, «Lo Spirito e il Messia nell'Antico Testamento» (1976), 25-57.

b11267 BERNHARD VON CLAIRVAUX, «Erfahrung der Geistes. 8. Ansprache zum Hohenlied. Eingeführt und übersetzt von Josef Sudbrack», GeistL 50 (1977) 427-436.

b11268 CHEVALLIER, M.-A., *Souffle de Dieu.* Le Saint-Esprit dans le Nouveau Testament, «Le souffle de Dieu dans l'Ancien Testament» (1978), 19-35.

b11269 KAPELRUD, A.S., «The Spirit and the Word in the Prophets», ASTI 11 (1978) 40-47.

b11270 LABERGE, L., «Ministères et esprit dans les communautés postexiliques», ET 9 (1978) 379-411.

b11271 CAZELLES, H., «L'Esprit Saint dans l'Ancien Testament», dans *Les quatre fleuves* (Paris, Beauchesne) no 9 (1979) 5-22.

b11272 NISSIM, G.M., «L'esprit et le coeur de l'homme. Commentaire d'Ézéchiel 37,1-14», VS 133 (1979) 565-583.

b11273 GILBERT, M., «Spirito, Sapienza e Legge secondo Ben Sira e il Libro della Sapienza», dans *Parola, spirito e vita* 4 (1981) 65-73.

b11274 KOCH, R., «La portée anthropologique de la *Rüach* selon l'Ancien Testament», StMor 19 (1981) 133-151.

b11275 LUYSTER, R., «Wind and Water: Cosmogonic Symbolism in the Old Testament», ZAW 93 (1981) 1-10.

b11276 MARIN, B., «Lo Spirito creatore nel salmo 'Miserere' (Sal 51)», dans *Parola, spirito e vita* 4 (1981) 6-26.

b11277 SAUTER, G., «Geist und Freiheit. Geistvorstellungen und die Erwartung des Geistes», EvT 41 (1981) 212-223.

b11278 WESTERMANN, C., «Geist im Alten Testament», EvT 41 (1981) 223-230.

f) Nouveau Testament. New Testament. Neues Testament. Nuovo Testamento. Nuevo Testamento.

1. Études générales. General Studies. Allgemeine Studien. Studi generali. Estudios generales.

b11279 GOGUEL, M., «Pneumatisme et eschatologie dans le christianisme primitif», RHR 132 (1946) 124-169; 133 (1947) 103-161.

b11280 JOHNSTON, G., «The Doctrine of the Holy Spirit in the New Testament», SJTh 1 (1948) 47-54, 233-240.

b11281 GONZALEZ, A., «El 'espíritu' de Dios sobre su pueblo», CuBi 12 (1955) 324-337.

b11282 BONNARD, P., «La tradition dans le Nouveau Testament», RHPR 40 (1960) 20-31, dans *Anamnesis* (1980), 25-35.

b11283 BUTLER, B.C., «Spirit and Institution in the New Testament», dans *Studia Evangelica* (TU 88) (en collab.) (1964), III, 138-165.

b11284 VAN UNNIK, W.C., «The Holy Spirit in the New Testament», dans *De Spiritu Sancto* (Utrecht, 1964), 63-75, dans VAN UNNIK, W.C., *Sparsa Collecta* (1980), II, 323-332.

b11285 GAUTHIER, L., «La présence du Père et du Fils par l'Esprit», VC n° 79 (1966) 41-50.

b11286 KRETSCHMAR, G., «Le développement de la doctrine du Saint-Esprit du N.T. à Nicée», VC n° 88 (1968) 5-55.

b11287 SCHLIER, H., «Über den Heiligen Geist nach dem Neuen Testament», *Wort und Wahrheit* 28 (1973) 24-33, dans *Der Geist und die Kirche* (1980), 151-164.

b11288 DUNN, J.D.G., *Jesus and the Spirit*. A Study of the Religious and Charismatic Experience of Jesus and the First Christians as Reflected in the New Testament (New Testament Library) (London, SCM, 1975), xii-515 pp.

b11289 SCHWEIZER, E., *Heiliger Geist*, «Der Heilige Geist im Neuen Testament» (1975), 67-168.

b11290 BEUTLER, J., «Geistliche Führung nach dem Neuen Testament», GeistL 49 (1976) 435-445.

b11291 CASAS GARCIA, V., «La llamada de la libertad. La revelación neotestamentaria ante la legislación del judaísmo», BibFe 2 (1976) 288-307.

b11292 MIGUELEZ, S., «Del espíritu de la Ley a la Ley del Espíritu. El creyente ante el planteamiento neotestamentario de la ley», BibFe 2 (1976) 276-287.

b11293 MONTAGUE, G.T., *The Holy Spirit*. Growth of a Biblical Tradition (New York, Paulist Press, 1976), «The New Testament», 125-365.

b11294 BENZ, E., «Norm und Heiliger Geist in der Geschichte des Christentums», ErJb 1974 43 (1977) 137-182.

b11295 PARENT, R., «Le Dieu *redécouvert*: l'Esprit», dans *Dieu, parole et silence* (en collab.) (1978), 169-186.

b11296 DREYFUS, F., «L'actualisation de l'Écriture. II. L'action de l'Esprit», RB 86 (1979) 161-193.

b11297 JAUBERT, A., «L'esprit dans le Nouveau Testament», dans *Les quatre fleuves* (Paris, Beauchesne) n° 9 (1979) 23-32.

b11298 KOSCHORKE, K., «Eine neugefundene gnostische Gemeindeordnung. Zum Thema Geist und Amt im frühen Christentum», ZTK 76 (1979) 30-60.

b11299 GRUNDMANN, W., *Wandlungen im Verständnis des Heils*. Drei nachgelassene Aufsätze zur Theologie des Neuen Testaments (Arbeiten zur Theologie, 65) (Stuttgart, Calwer, 1980), 59 pp.

b11300 CANTALAMESSA, R., *Lo Spirito Santo nella vita de Gesù*. Il mistero dell'unzione (Milano, Editrice Ancora, 1982), 110 pp.

b11301 BROWN, R.E., «Diverse Views of the Spirit In the New Testament», Wor 57 (1983) 225-236.

b11302 EWERT, D., «The Spirit and the Blessed Hope», dans *Spirit Within Structure* (en collab.) (1983), 79-97.

b11303 SCHLINK, E., *Ökumenische Dogmatik*, «Die Ausgiessung des Heiligen Geistes» (1983), 537-553.

b11304 VILCHEZ, J., «Presencia y experiencia del Espíritu», *Miscelánea Comillas* 41 (1983) 293-299.

2. Synoptiques (Évangiles). Synoptic (Gospels). Synoptiker. Sinottici (vangeli). Sinópticos (evangelios).

b11305 SEETHALER, P., «Die Taube des Heiligen Geistes», BiLeb 4 (1963) 115-129.

b11306 PARENTE, P., «Spiritus Sanctus superveniet in te», dans *Ecclesia a Spiritu Sancto edocta* (en collab.) (1970), 3-17.

b11307 GERO, S., «The Spirit as a Dove at the Baptism of Jesus», NT 18 (1976) 17-35.

*b*11308 GALOT, J., «L'aspetto carismático della vita di Gesù», CC 1 (1977) 132-148.

*b*11309 CHEVALLIER, M.-A., *Souffle de Dieu*. Le Saint-Esprit dans le Nouveau Testament, «Témoignages synoptiques» (1978), 91-153.

*b*11310 MARSH, T., «Holy Spirit in Early Christian Teaching», IrThQ 45 (1978) 101-116.

*b*11311 KINGSBURY, J.D., «The Spirit and the Son of God in Mark's Gospel», dans *Sin, Salvation, and the Spirit* (en collab.) (1979), 195-202.

*b*11312 LULL, D.J., «The Spirit and the Creative Transformation of Human Existence», JAmAcRel 47 (1979) 39-55.

3. Luc (Évangile, Actes). Luke (Gospel, Acts). Lukas (Evangelium, Apostelgeschichte). Luca (Vangelo, Atti). Lucas (Evangelio, Hechos).

*b*11313 LAMPE, G.W.H., «The Holy spirit in the Writings of St Luke», dans NINEHAM, D.E. (Ed.), *Studies in the Gospels*. Essays in Memory of R.H. Lightfoot (Oxford, Basil Blackwell, 1957), 159-200.

*b*11314 KNOCH, O., «Die Einheit der Kirche nach der Apostelgeschichte», BiKi 18 (1963) 34-38.

*b*11315 ADLER, N., «Die Kirche baute sich auf... und mehrte sich durch den Beistand des Heiligen Geistes (Apg 9,31). Die Kirche und der Heilige Geist nach der Apostelgeschichte», BiKi 21 (1966) 48-51.

*b*11316 MICHL, J., «Der Geist des Herrn ruht auf mir (Lk 4,18). Jesus, Träger und Spender des Heiligen Geistes nach Lukas», BiKi 21 (1966) 42-45.

*b*11317 MONTAGUE, G.T., *The Holy Spirit*. Growth of a Biblical Tradition (New York, Paulist Press, 1976), «The Evangelist of the Holy Spirit», 253-270.

*b*11318 NELLESSEN, E., *Zeugnis für Jesus und das Wort*, «Zeugnis und Geist» (1976), 253-258.

*b*11319 En collaboration, «Une lecture des Actes des apôtres», CE (n.s.) nº 21 (1977) 76 pp.

*b*11320 BOVON, F., *Luc le théologien*, «Le Saint-Esprit» (1978), 211-254.

*b*11321 CHEVALLIER, M.-A., *Souffle de Dieu*. Le Saint-Esprit dans le Nouveau Testament, «Textes particuliers à Luc: Évangile et Actes» (1978), 160-234.

*b*11322 DUMAIS, M., «Ministères, charismes et Esprit dans l'oeuvre de Luc», ET 9 (1978) 413-453.

*b*11323 MARSH, T., «Holy Spirit in Early Christian Teaching», IrThQ 45 (1978) 101-116.

*b*11324 McPOLIN, J., «Holy Spirit in Luke and John», IrThQ 45 (1978) 117-131.

*b*11325 BARRETT, C.K., «Light on the Holy Spirit from Simon Magus (Acts 8,4-25)», dans *Les Actes des Apôtres*. Traditions, rédaction, théologie (en collab.) (1979), 281-295.

*b*11326 GEORGE, A., «L'Esprit Saint dans l'oeuvre de Luc», RB 85 (1979) 500-542.

*b*11327 SIEBER, J.H., «The Spirit as the 'Promise of My Father' in Luke 24:49», dans *Sin, Salvation, and the Spirit* (en collab.) (1979), 271-278.

*b*11328 PFITZNER, V.C., «'Pneumatic' Apostleship? Apostle and Spirit in the Acts of the Apostles», dans *Wort in der Zeit* (en collab.) (1980), 210-235.

*b*11329 BLACK, M., «The Holy Spirit in the Western Text of Acts», dans *New Testament Textual Criticism* (en collab.) (1981), 159-170.

*b*11330 DUMAIS, M., *L'actualisation du Nouveau Testament*, «Ministères, charismes et esprit dans l'oeuvre de Luc» (1981), 97-140.

*b*11331 CHEVALLIER, M.-A., «Luc et l'Esprit saint. À la mémoire du P. Augustin George (1915-1977)», RSR 56 (1982) 1-16.

*b*11332 RASCO, E., «Spirito e istituzione nell'opera lucana», RivB 30 (1982) 301-322.

4. Jean. John. Johannes. Giovanni. Juan.

b11333   CASSIEN, Archimandrite, «La Pentecôte Johannique», ETR 13 (1938) 151-176, 254-277, 327-343; 14 (1939) 32-62, 98-100.

b11334   DAVIES, W.D., *Invitation to the New Testament*, «The Spirit and the Commandment» (1969), 502-514.

b11335   CASABO SUQUE, J.M., *La teología moral en san Juan*, «La inhabitación de Dios en el cristiano» (1970), 251-273.

b11336   FLOOR, L., «The Lord and the Holy spirit in the fourth Gospel», dans *The Christ of John* (en collab.) (1971), 122-130.

b11337   RIEDL, J., «Der Heilige Geist wird euch in alle Wahrheit einführen (Joh 16,13)», BiLit 44 (1971) 89-94.

b11338   MIGUENS ANGUEIRA, M., «El agua y el espíritu, en Jn 7,37-39», EstB 31 (1972) 369-398.

b11339   SCHLIER, H., «Der Heilige Geist als Interpret nach dem Johannesevangelium», IKZCommunio 2 (1973) 97-108, dans *Der Geist und die Kirche* (1980), 165-178.

b11340   BENJAMIN, H.S., «Pneuma in John and Paul. A Comparative Study of the Term with Particular Reference to the Holy Spirit», BTB 6 (1976) 27-48.

b11341   READ, D.H.C., «More than a Memory: the Spirit refreshes our Faith», ExpTim 87 (1976) 241-242.

b11342   STENGER, W., «Der Geist ist es, der lebendig macht, das Fleisch nützt nichts (Joh 6,63)», TrierTZ 85 (1976) 116-122.

b11343   DE LA POTTERIE, I., «Parole et esprit dans S. Jean», dans *L'Évangile de Jean* (en collab.) (1977), 177-201.

b11344   DE LA POTTERIE, I., *La vérité dans saint Jean*, «Le paraclet, l'esprit de la vérité» (1977), 329-466.

b11345   GHIBERTI, G., «Il dono dello Spirito e i poteri di Giov. 20,21-23», dans *Segni e sacramenti nel vangelo di Giovanni* (en collab.) (1977), 183-220.

b11346   SCHOONENBERG, P.J.A.M., «Spirit Christology and Logos Christology», Bijdr. 38 (1977) 350-375.

b11347   KREMER, J., «Jesu Verheissung des Geistes. Zur Verankerung der Aussage von Joh. 16,13 im Leben Jesu», dans *Die Kirche des Anfangs* (en collab.) (1978), 247-276.

b11348   McPOLIN, J., «Holy Spirit in Luke and John», IrThQ 45 (1978) 117-131.

b11349   SCHNACKENBURG, R., «Die johanneische Gemeinde und ihre Geisterfahrung», dans *Die Kirche des Anfangs* (en collab.) (1978), 277-306.

b11350   DAWE, D.G., «The Divinity of the Holy spirit», Interpr 33 (1979) 19-31.

b11351   GRYGLEWICZ, F., «Die Aussagen über den Heiligen Geist im vierten Evangelium. Überlieferung und Redaktion», dans *Studien zum Neuen Testament und seiner Umwelt* (SNTU) (en collab.), 4 (1979) 45-53.

b11352   RAMOS, F.F., «La Communidad Joánica», dans *Servidor de la Palabra* (en collab.) (1979), 205-250.

b11353   FERRARO, G., «'Pneuma' in Giov. 13,21», RivB 18 (1980) 185-211.

b11354   MOLLAT, D., *La Parole et l'Esprit*. Exégèse spirituelle, «Le Christ source de l'Esprit» (1980), I, 79-100.

b11355   CARREZ, M., «Les promesses du Paraclet», ET 12 (1981) 323-332.

b11356   DE LA POTTERIE, I., «Gesù e lo Spirito secondo il Vangelo di Giovanni», dans *Parola, spirito e vita* 4 (1981) 114-129.

b11357   FERRARO, G., *Lo Spirito Santo nel quarto vangelo* (Letture bibliche) (Roma, Borla, 1981), 169 pp.

*b*11358   FERRARO, G., «Lo Spirito della verità nel Vangelo di Giovanni», dans *Parola, spirito e vita* 4 (1981) 130-141.

*b*11359   FERRARO, G., «Il paraclito, lo Spirito di verità, nel commento del Caietano al quarto Vangelo», Ang 59 (1982) 117-152.

*b*11360   HEER, J., «Der Geist ist es, der lebendig macht», BiKi 37 (1982) 139-142.

*b*11361   PORSCH, F., «Der 'andere' Paraklet», BiKi 37 (1982) 133-138.

*b*11362   FERRARO, G., «L'esegesi dei testi pneumatologici nelle 'Enarrationes in Joannem' di Sant'Alberto Magno», Ang 60 (1983) 40-79.

*b*11363   ISAACS, M.E., «The Prophetic Spirit in the Fourth Gospel», HeyJ 24 (1983) 391-407.

5. Paul. Paulus. Paolo. Pablo.

*b*11364   SCHMIDT, K.L., «Die Natur- und Geistkräfte im Paulinischen Erkennen und Glauben», ErJb 1946 14 (1947) 87-143.

*b*11365   FORTNA, R.T., «Romans 8:10 and Paul's Doctrine of the Spirit», AThR 41 (1959) 77-84.

*b*11366   FEMIANO, S., «The Holy Spirit in Luther's Commentary on Galatians», CanJT 8 (1962) 43-48.

*b*11367   WARNACH, V., «Das Wirken des Pneuma in den Gläubigen nach Paulus», dans *Pro Veritate* (en collab.) (1963), 156-202.

*b*11368   WENDLAND, H.-D., «Das Wirken des Heiligen Geistes in den Gläubigen nach Paulus», dans *Pro Veritate* (en collab.) (1963), 133-156.

*b*11369   HARLÉ, P.-A., «Le Saint-Esprit et l'Église chez saint Paul», VC n° 74 (1965) 13-29.

*b*11370   CHEVALLIER, M.-A., *Esprit de Dieu, Paroles d'hommes*. Le rôle de l'Esprit dans les ministères de la parole selon l'apôtre Paul (Neuchâtel, Delachaux et Niestlé, 1966), 253 pp.

*b*11371   DACQUINO, P., «La vita morale e l'azione dello Spirito secondo S. Paolo», dans *Fondamenti biblici della teologia morale* (en collab.) (1973), 357-373.

*b*11372   MOULE, C.F.D., «'Justification' in its relation to the condition *kata pneuma* (Rom. 8:1-11)», dans *Battesimo e giustizia in Rom 6 e 8* (en collab.) (1974), 177-187.

*b*11373   KNOCH, O., *Der Geist Gottes und der neue Mensch*. Der Heilige Geist als Grundkraft und Norm des christlichen Lebens in Kirche und Welt nach dem Zeugnis des Apostels Paulus (Geist und Leben) (Stuttgart, Katholisches Bibelwerk, 1975), 269 pp.

*b*11374   LADD, G.E., «The Holy Spirit in Galatians», dans *Current Issues in Biblical and Patristic Interpretation* (en collab.) (1975), 211-216.

*b*11375   BENJAMIN, H.S., «Pneuma in John and Paul. A Comparative Study of the Term with Particular Reference to the Holy Spirit», BTB 6 (1976) 27-48.

*b*11376   BRUCE, F.F., «Christ and Spirit in Paul», BJRL 59 (1976-77) 259-285.

*b*11377   GOPPELT, L., *Theologie des Neuen Testaments*, «Das Wirken des Geistes» (1976), 447-453.

*b*11378   PENNA, R., *Lo Spirito di Cristo*. Cristologia e pneumatologia secondo un'originale formulazione paolina (Supplementi alla *Rivista Biblica*, 7) (Brescia, Paideia, 1976), 359 pp.

*b*11379   AHERN, B.M., «The Law of the Spirit of Holiness», dans *The Spirit of God in Christian Life* (en collab.) (1977), 3-22.

*b*11380   CAMELOT, P.-T., «Dieu: un Esprit qui fait vivre», Conci n° 130 (1977) 35-43.

*b*11381   HALTER, H., *Taufe und Ethos*, «Die *pneumatologisch* begründete und geprägte Existen» (1977), 409-427.

*b*11382   ADINOLFI, M., «Lo Spirito di Cristo. Un recente contributo alla teologia paolina», RivB 26 (1978) 201-210.

b11383 MARSH, T., «Holy Spirit in Early Christian Teaching», IrThQ 45 (1978) 101-116.

b11384 SCHLIER, H., Grundzüge einer paulinischen Theologie, «Der Geist» (1978), 179-194.

b11385 CRANFIELD, C.E.B., The Epistle to the Romans. Concluding Remarks on Some Aspects of the Theology of Romans, «The Holy Spirit» (1979), II, 840-844.

b11386 HOFFMAN, R.J., «Meméristai ho Christós? Anti-Enthusiast Polemic from Paul to Augustine», ST 33 (1979) 149-164.

b11387 MEYER, P.W., «The Holy Spirit in the Pauline Letters. A Contextual Exploration», Interpr 33 (1979) 3-18.

b11388 QUINN, J.D., «The Holy Spirit in the Pastoral Epistles», dans Sin, Salvation, and the Spirit (en collab.) (1979), 345-368.

b11389 RÄISÄNEN, H., «Das 'Gesetz des Glaubens' (Rom. 3.27) und das 'Gesetz des Geistes' (Rom. 8.2)», NTS 26 (1979) 101-117.

b11390 VALLAURI, E., «I gemiti dello Spirito Santo (Rom. 6,26s.)», RivB 27 (1979) 95-113.

b11391 LULL, D.J., The Spirit in Galatia. Paul's Interpretation of pneuma as Divine Power (SBL Dissertation Series, 49) (Missoula, Scholars Press, 1980), xiii-240 pp.

b11392 MacARTHUR, S.D., «'Spirit' in Pauline Usage: 1 Corinthians 5.5», dans Studia Biblica 1978 (en collab.) (1980), III, 249-256.

b11393 VAN DER MINDE, H.-J., «Theologia crucis und Pneumaaussagen bei Paulus», Catho 34 (1980) 128-145.

b11394 VANNI, U., «Lo Spirito e la libertà secondo Paolo», dans Parola, spirito e vita 4 (1981) 173-185.

b11395 FABRIS, R., «Spirito e istituzione in Paolo», RivB 30 (1982) 323-336.

b11396 GRELOT, P., «La vie dans l'Esprit», CHR 29 (1982) 83-98.

b11397 KACZYNSKI, E., «'Lex spiritus' in S. Paolo e la sua interpretazione in S. Tommaso», Ang 59 (1982) 455-474.

b11398 MÉNARD, C., «Le statut sémiologique de l'Esprit comme personnage dans les écrits pauliniens», LTP 39 (1983) 303-326.

6. Autres livres du N.T. - Other Books of N.T. - Andere Bücher N.T.
Altri libri del N.T. - Otros libros del N.T.

b11399 DE LA POTTERIE, I., La vérité dans saint Jean, «L'esprit et la vérité dans la première épître» (1977), 281-328.

b11400 SARACINO, F., «Quello che lo Spirito dice (Apoc. 2,7, ecc.)», RivB 29 (1981) 3-31.

b11401 BOYD, D.G., «Spirit and Church in 2 Corinthians 12-14 and the Acts of the Apostles», dans Spirit Within Structure (en collab.) (1983), 55-66.

g) Action, dons de l'Esprit. Action, Gifts of the Spirit. Handeln, Gaben des Geistes.
Azione, doni dello Spirito. Acción, dones del Espíritu.

b11402 BOOBYER, G., Fruits of the Spirit according to New Testament Teaching (Richmond, IN, Friends United Press, 1976), viii-78 pp.

b11403 LOHRMANN, W., Frucht und Gaben des Heiligen Geistes (Theologie und Dienst, 13) (Giessen, Basel, Brunnen, 1978), 64 pp.

b11404 CHARLIER, C., Le christianisme (1979), «L'expansion en Esprit», II, 41-67; «L'Onction de l'Esprit», II, 115-141; «L'action de l'Esprit», II, 209-228.

b11405 GAFFIN, R.B., Perspectives on Pentecost. Studies in New Testament Teaching on the Gifts of the Holy Spirit (Grand Rapids, Baker, 1979), 127 pp.

b11406 MOLLAT, D., La Parole et l'Esprit. Exégèse spirituelle, «Dons, charismes, fruits de l'Esprit» (1980), I, 137-141.

*b*11407 GIESEN, H., «Der Heilige Geist als Ursprung und Kraft christlichen Lebens», BiKi 37 (1982) 126-132.

*b*11408 RADL, W., «'Firmung' im Neuen Testament?» IKZCommunio 11 (1982) 427-433.

h) Christ et Esprit. Christ and Spirit. Christus and Geist. Cristo e Spirito. Cristo y Espíritu.

*b*11409 STRÄTER, C., «Christus, de levengevende Geest», Bijdr. 8 (1947) 183-193.

*b*11410 VAN UNNIK, W.C., «Jesus the Christ», NTS 8 (1962) 101-116, dans VAN UNNIK, W.C., *Sparsa Collecta* (1980), II, 248-268.

*b*11411 WOODHOUSE, H.F., «Life in Christ and Life in the Spirit», AThR 47 (1965) 289-293.

*b*11412 DAVIES, W.D., *Invitation to the New Testament*, «The New Way: The Spirit and the Law of Christ» (1969), 356-370.

*b*11413 BOISSET, L., «Vivre dans l'Esprit de Jésus-Christ», LV nº 125 (1975) 100-112.

*b*11414 QUERALT, A., «Christ the Lord and the Holy Spirit», dans *The Spirit of God in Christian Life* (en collab.) (1977), 98-147.

*b*11415 GILLIÉRON, B., *Le Saint-Esprit, actualité du Christ* (Essais bibliques, nº 1) (Genève, Labor et Fides, 1978), 152 pp.

*b*11416 CONGAR, Y., «Pour une christologie pneumatologique. Note bibliographique», RSPT 63 (1979) 435-441.

*b*11417 DUQUOC, C., «Sainteté de Jésus et sainteté de l'Esprit», Conci nº 149 (1979) 83-92.

*b*11418 RICHARD, J., «Conçu du Saint-Esprit, né de la Vierge Marie», ET 10 (1979) 291-321.

*b*11419 MOLLAT, D., *La Parole et l'Esprit*. Exégèse spirituelle, «Le Christ source de l'Esprit» (1980), I, 79-100.

*b*11420 PENNA, R., «Lo Spirito di Gesù Cristo», dans *Parola, spirito e vita* 4 (1981) 160-172.

*b*11421 HUNTER, H., «Spirit Christology: Dilemma and Promise (1)», HeyJ 24 (1983) 127-140.

i) Église et Esprit. Church and Spirit. Kirche und Geist. Chiesa e Spirito. Iglesia y Espíritu.

*b*11422 BONNARD, P., «L'Esprit et l'Église selon le Nouveau Testament», RHPR 37 (1957) 81-90, dans *Anamnesis* (1980), 51-60.

*b*11423 ZIZIOULAS, J.D., «Die Pneumatologische Dimension der Kirche», IKZCommunio 2 (1973) 133-147.

*b*11424 ZEDDA, S., *L'escatologia biblica*, «L'ultima era, era dello Spirito e della Chiesa» (1975), II, 83-143.

*b*11425 OPSAHL, P.D. (Ed.), *The Holy Spirit in the Life of the Church* (Minneapolis, Augsburg, 1978), 288 pp.

*b*11426 LE GUILLOU, M.J., «The Breath of the Spirit and the Freedom of the Church», Way 19 (1979) 48-55.

*b*11427 MARCHESI, G., «Lo Spirito Santo principio dell'unità della Chiesa», CC 2 (1983) 329-343.

j) Expérience de l'Esprit. Experience of the Spirit. Geistserfahrung.
   Esperienza dello Spirito. Experiencia del Espíritu.

*b*11428 PREISS, T., «Le témoignage intérieur du Saint-Esprit», ETR 18 (1943) 118-134.

*b*11429 PARENTE, P., «Spiritus Sanctus superveniet in te», dans *Ecclesia a Spiritu Sancto edocta* (en collab.) (1970), 3-17.

*b*11430 WINN, A.C., «The Holy Spirit and the Christian Life», Interpr 33 (1979) 47-57.

*b*11431 CAMELOT, P.-T., «L'Esprit qui fait vivre. À propos de l'expérience de l'Esprit», VS 134 (1980) 421-436.

*b*11432 MOLLAT, D., *La Parole de l'Esprit.* Exégèse spirituelle, «L'expérience de l'Esprit Saint selon le Nouveau Testament» (1980), I, 101-125.

*b*11433 CAMELOT, P.-T., «Esprit Saint et vie spirituelle», VS 135 (1981) 644-651.

*b*11434 NORMAND, J., «The Present Spirit», ExpTim 92 (1981) 241-242.

*b*11435 PLÉ, A., «Habités par l'Esprit Saint», VS 135 (1981) 669-676.

k) Prière et Esprit. Prayer and Spirit.
Gebet und Geist. Preghiera e Spirito. Oración y Espíritu.

*b*11436 DE MENASCE, P., «L'expérience de l'Esprit dans la mystique chrétienne», ErJb 1945 13 (1946) 355-384.

*b*11437 MOLLAT, D., *La Parole et l'Esprit.* Exégèse spirituelle, «Le Saint-Esprit Maître de la prière chrétienne» (1980), I, 127-136.

*b*11438 JACQUEMONT, P., «L'Esprit Saint, maître de prière», Conci nº 179 (1982) 41-47.

l) Sacrements et Esprit. Sacraments and Spirit. Sakramente und Geist.
Sacramenti e Spirito. Sacramentos y Espíritu.

*b*11439 HAUFE, G., «Taufe und Heiliger Geist im Urchristentum», TLZ 101 (1976) 561-566.

*b*11440 CAMELOT, P.-T., «Baptême, confirmation, effusion de l'Esprit», VS 132 (1978) 843-863.

*b*11441 CHEVALLIER, M.-A., *Souffle de Dieu.* Le Saint-Esprit dans le Nouveau Testament, «La communication du souffle: le lien avec le baptême d'eau» (1978), 195-208.

*b*11442 FUENTE, A.G., «El Espíritu Santo y los sacramentos: el dato bíblico», Ang 55 (1978) 12-57.

*b*11443 VON ALLMEN, J.-J., *Pastorale du baptême,* «La vertu du baptême, c'est l'Esprit-Saint» (1978), 35-48.

*b*11444 GROUPE DES DOMBES, *L'Esprit Saint, l'Église et les sacrements* (Taizé, Les Presses de Taizé, 1979), «Le témoignage de l'Écriture: Alliance, Esprit et Sacrements», 37-54.

m) Divers. Miscellaneous. Verschiedenes. Diversi. Diversos.

*b*11445 LEUBA, J.-L., «Le rapport entre l'Esprit et la tradition selon le Nouveau Testament», VC nº 50, (1959) 133-150.

*b*11446 DUBARLE, A.-M., «L'Esprit Saint et la liturgie d'après l'Écriture Sainte», dans En collaboration, *Le Saint-Esprit dans la liturgie.* Conférences Saint-Serge, XVIe semaine d'études liturgiques, Paris, 1-4 juillet 1969 (Roma, Edizioni Liturgiche, 1977), 71-86.

*b*11447 FULLER, D.P., «The Holy Spirit's Role in Biblical Interpretation», dans *Scripture, Tradition, and Interpretation* (en collab.) (1978), 189-198.

*b*11448 HÄRING, H., «L'Esprit, instance de légitimation du ministère», Conci nº 148 (1979) 101-113.

*b*11449 LÉON-DUFOUR, X., *Face à la mort, Jésus et Paul,* «L'Esprit-Saint et la souffrance» (1979), 243-256.

*b*11450 SEARS, R.T., «Receive the Holy Spirit», Way 19 (1979) 25-38.

*b*11451 LANDAU, R., «'Komm, Heiliger Geist, du Tröster wert...' Gestaltungen des Heiligen Geistes», EvT 41 (1981) 185-211.

*b*11452 WEISMAN, Z., «The Personal Spirit as Imparting Authority», ZAW 93 (1981) 225-234.

*b*11453 CONGAR, Y., «The Spirit as God's feminity», TDig 30 (1982) 129-132.

*b*11454 DUNN, J.D.G., «Rediscovering the Spirit», ExpTim 94 (1982) 9-18.

*b*11455 FERRARO, G., «Lo Spirito Santo nei *Commentaria in Ioannem* di S. Bruno Astense Vescovo di Segni», dans *Parola e Spirito* (en collab.) (1982), 623-644.

*b*11456 FRAIGNEAU-JULIEN, B., «Le Dieu vivant donne aux hommes sa Parole dans l'Esprit», NRT 104 (1982) 481-494.
*b*11457 LIMBECK, M., «Vom Geist reden sie alle», BiKi 37 (1982) 118-126.

Étienne. Steven. Stephanus. Stefano. Esteban.

*b*11458 RINALDI, G., «Stefano», BibOr 6 (1964) 153-162.
*b*11459 DOCKX, S., «Date de la mort d'Étienne le protomartyr», Bibl 55 (1974) 65-73, dans *Chronologies néotestamentaires et Vie de l'Église primitive* (1976), 189-196.
*b*11460 NELLESSEN, E., *Zeugnis für Jesus und das Wort*, «Paulus und Stephanus als Zeugen» (1976), 212-253.
*b*11461 BOVON, F., *Luc le théologien*, «Étienne» (1978), 365-369.
*b*11462 BRUCE, F.F., *Peter, Stephen, James, and John*, «Stephen and Other Hellenists» (1979), 49-85.
*b*11463 STANTON, G., «Stephen in Lucan Perspective», dans *Studia Biblica 1978* (en collab.) (1980), III, 345-360.

Eucharistie. Eucharist. Eucharistie. Eucaristia. Eucaristía.

a) Judaïsme. Judaism. Judentum. Giudaismo. Judaísmo.

*b*11464 GALBIATI, E., «*Gratias agens benedixit.* Un uso giudaico conservato nella liturgia eucaristica», *Ambrosius* 30 (1954) 201-205, dans *Scritti minori* (1979), 717-722.
*b*11465 GALBIATI, E., «Il substrato biblico del Canone romano», dans *Il canone della Messa* (en collab.) (Milano, Opera della Regalità di N.S., 1968), 13-32, dans *Scritti minori* (1979), 751-768.
*b*11466 TALLEY, T.J., «From *Berakah* to *Eucharistia*: A Reopening Question», Wor 50 (1976) 115-137.
*b*11467 MARCHESI, G., «Il contesto ebraico dell'istituzione dell'Eucaristia», CC 4 (1983) 119-133.
*b*11468 MOLONEY, R., «The Early Eucharist: The Jewish Background», IrTh 47 (1980) 34-42.
*b*11469 GIRAUDO, C., *La struttura litteraria della preghiera eucaristica.* Saggio sulla genesi letteraria de una forma. Toda veterotestamentaria, Bᵉraka giudaica, Anafora cristiana (Analecta Biblica, 92) (Rome, Biblical Institute Press, 1981), xxiii-388 pp.

b) Nouveau Testament. New Testament. Neues Testament. Nuovo Testamento. Nuevo Testamento.

1. Études générales. General Studies. Allgemeine Studien. Studi generali. Estudios generales.

*b*11470 DE MONTCHEUIL, Y., *Mélanges théologiques* (Théologie, 9) (Paris, Aubier, 1946), «L'Eucharistie dans le Nouveau Testament», 23-48.
*b*11471 BURKILL, T.A., «The Last Supper», Numen 3 (1956) 161-177.
*b*11472 NEUENZEIT, P., «Eucharistic und Abendmahl im Neuen Testament. Ein Literaturbericht», BiLeb 1 (1960) 132-137.
*b*11473 BONNARD, P., «L'anamnèse, structure fondamentale de la théologie chrétienne au Ier siècle (1961)», dans *Anamnesis* (1980), 1-11.
*b*11474 FROST, S.B., «Towards a Biblical Doctrine of Holy Communion», CanJT 7 (1961) 20-31.
*b*11475 MARTIN, R.P., *Worship in the Early Church* (1964), «The Last Supper - Its Background and Significance», 110-119; «The Lord's Supper in the Early Church», 120-129.

*b*11476   BETZ, J., «Das Abendmahl Jesu nach den ntl. Einsetzungsberichten», 186-205; «Das Abendmahl nach dem ubrigen NT», 205-209, dans *Mysterium Salutis* (en collab.) (1973), IV.2, 186-209.

*b*11477   HAHN, F., «Zum Stand der Erforschung des urchristlichen Herrenmahls», EvT 35 (1975) 553-563.

*b*11478   POLAG, A., «Dank und Trost - Wiedererweckung der eucharistischen Frömmigkeit», BiKi 31 (1976) 113-115.

*b*11479   COPPENS, J., «L'Eucharistie des temps apostoliques», ETL 103 (1977) 192-201.

*b*11480   MERKLEIN, H., «Erwägungen zur Überlieferungsgeschichte der neutestamentlichen Abendmahlstraditionen», BZ 21 (1977) 88-101, 235-244.

*b*11481   MOLONEY, R., «The Early Eucharist: An Hypothesis of Development», IrThQ 45 (1978) 167-176.

*b*11482   BETZ, J., *Eucharistie*. In der Schrift und Patristik (Handbuch der Dogmengeschichte, Band IV, Faszikel 4a) (Freiburg, Herder, 1979), «Die Eucharistie nach dem Neuen Testament», 1-23.

*b*11483   MACDONALD, F.A.J., «The Sacrament of the Tenses», ExpTim 90 (1979) 172-174.

*b*11484   PERROT, C., «L'Eucharistie dans le Nouveau Testament», MD n° 137 (1979) 109-125.

*b*11485   ESPINEL MARCOS, J.L., *La Eucaristia del Nuevo Testamento* (Estudio Teológico de San Esteban, Glosas, 7) (Salamanca, Editorial San Esteban, 1980), 300 pp.

*b*11486   MOLLAT, D., *La vie et la gloire*. Exégèse spirituelle, «La célébration eucharistique» (1980), II, 55-75.

*b*11487   LÉON-DUFOUR, X., «Faites cela en mémoire de moi», Et 354 (1981) 831-842.

*b*11488   MARCHADOUR, A., «L'institution eucharistique: liturgie et événement historique», CE (n.s.) n° 37 (1981) 30-41.

*b*11489   SESBOÜÉ, B., «Eucharistie: deux générations de travaux», Et 355 (1981) 99-115.

*b*11490   LE GALL, R., «Structure de la rencontre eucharistique», RT 82 (1982) 415-435.

*b*11491   LÉON-DUFOUR, X., *Le partage du pain eucharistique selon le Nouveau Testament* (Parole de Dieu, 21) (Paris, Seuil, 1982), 380 pp.

2. Paroles de l'institution. Eucharistic Words. Abendmahlsworten.
Parole dell'istituzione. Palabras de la institución.

*b*11492   MORALDI, L., «L'Eucarestia nei Sinottici e in S. Paolo», StBiFranc 10 (1959-60) 36-64.

*b*11493   DIEZ MACHO, A., «Las palabras de la Consagración Eucarística», CuBi 32 (1975) 5-26.

*b*11494   EMMINGHAUS, J.H., «Stammen die Einsetzungsworte der Eucharistie von Jesus selber?» BiLit 53 (1980) 36-38.

*b*11495   RUCKSTUHL, E., «Neue and alte Überlegungen zu den Abendmahlsworten Jesu», SNTU Serie A, Band 5 (1980) 79-106.

*b*11496   JOHNSON, P.F., «A Suggested Understanding of the Eucharistic Words», dans *Studia Evangelica* (en collab.) (1982), VII, 265-270.

*b*11497   LÉON-DUFOUR, X., «Prenez! Ceci est mon corps pour vous», NRT 104 (1982) 223-240.

3. Jean. John. Johannes. Giovanni. Juan.

*b*11498   PROUDMAN, C.L.J., «The Eucharist in the Fourth Gospel», CanJT 12 (1966) 212-216.

*b*11499   HOWARD, J.K., «Passover and Eucharist in the Fourth Gospel», SJTh 20 (1967) 329-337.

*b*11500   SCHLIER, H., «Johannes 6 und das johanneische Verständnis der Eucharistie», dans *Bibel und Zeitgemässer Glaube* (en collab.) (1967), 69-95.

*b*11501   LINDARS, B., «Word and Sacrament in the Fourth Gospel», SJTh 29 (1976) 49-63.
*b*11502   SEGALLA, G., *Gesù.* Pane del cielo per la vita del mondo. Cristologia ed eucaristia in Giovanni (Conoscere il Vangelo, 6) (Padua, Messaggero, 1976), 174 pp.
*b*11503   PANIMOLLE, S.A., «La dottrina eucaristica nel racconto giovanneo della moltiplicazione dei pani (Gv 6,1-15)», dans *Segni e sacramenti nel vangelo di Giovanni* (en collab.) (1977), 73-88.
*b*11504   MARCHADOUR, A., «L'Eucharistie dans l'évangile de Jean», CE (n.s.) n° 37 (1981) 50-60.

4. Paul. Paulus. Paolo. Pablo.

*b*11505   GOGUEL, M., «Le rôle de l'apôtre Paul dans la constitution des sacrements chrétiens (Baptême et Eucharistie)», RHR 117 (1938) 171-204.
*b*11506   MILLARD, A.R., «Covenant and Communion in First Corinthians», dans *Apostolic History and the Gospel* (en collab.) (1970), 242-248.
*b*11507   VON MEDING, W., «I Korinther 11,26: Vom geschichtlichen Grund des Abendmahls», EvT 35 (1975) 544-552.
*b*11508   MURPHY-O'CONNOR, J., «Eucharist and Community in First Corinthians», Wor 51 (1977) 56-69.
*b*11509   LÜHRMANN, D., «Abendmahlsgemeinschaft? Gal 2,11ff», dans *Kirche.* Festschrift für Günther Bornkamm (en collab.) (1979), 271-286.
*b*11510   LÉGASSE, S., «L'Eucharistie selon saint Paul», CE (n.s.) n° 37 (1981) 42-49.
*b*11511   BLANK, J., *Paulus.* Von Jesus zum Christentum, «Der 1. Korintherbrief als Frage an die Kirchen heute» (1982), 127-147.
*b*11512   LÉON-DUFOUR, X., «Corps du Christ et Eucharistie selon saint Paul», dans *Le corps et le corps du Christ dans la première épître aux Corinthiens* (en collab.) (1983), 225-255.

c) Jésus. Jesus. Geù. Jesús.

*b*11513   LEENHARDT, F.J., *Ceci est mon corps* (Neuchâtel, Paris, Delachaux, 1955), 76 pp.
*b*11514   GIBLET, J., «La chair du fils de l'homme», LV n° 149 (1980) 89-103.
*b*11515   TILLARD, J.M.R., «L'Eucharistie, mémorial de Jésus», dans *Jésus aujourd'hui* (1980), III, 11-20.
*b*11516   LEENHARDT, F.J., *La mort et le testament de Jésus* (Essais bibliques, 6) (Genève, Labor et Fides, 1983), 145 pp.
*b*11517   PERROT, C., «L'eau, le pain et la confession du Seigneur crucifié», dans En collaboration, *Sacrements de Jésus-Christ* (Jésus et Jésus-Christ, 18) (Paris, Desclée, 1983), 17-45.

d) Rites. Riten. Riti. Ritos.

*b*11518   KNOCH, O., «Die Entfaltung des eucharistischen Gottesdienstes in der nachapostolischen Zeit bis zum Jahre 150 n. Chr.», BiKi 15 (1960) 47-48.
*b*11519   NIELEN, J.M., «Die Eucharistiefeier der ältesten Christenheit nach den Aussagen des Neuen Testamentes», BiKi 15 (1960) 43-46.
*b*11520   AUNE, D.E., «The Presence of God in the Community: The Eucharist in its Early Christian Cultic Context», SJTh 29 (1976) 451-459.
*b*11521   JONES, C.P.M., «The New Testament», dans *The Study of Liturgy* (en collab.) (1978), 148-169.
*b*11522   RENNINGS, H., «Neue biblische Elemente der Messordnung», BiKi 25 (1970) 69-72.

b11523 BUCHANAN, G.W., «Worship, Feasts and Ceremonies in the Early Jewish-Christian Church», NTS 26 (1980) 279-297.

e) Pâque. Easter. Osterfest. Pasque. Pascua.

b11524 NICOLAU, M., *Nueva Pascua de la Nueva Alianza* (Madrid, Studium, 1973), 412 pp.

b11525 FEELEY-HARNIK, G., *The Lord's Table.* Eucharist and Passover in Early Christianity (Symbole and Culture) (Philadelphia, University of Pennsylvania Press, 1981), xii-184 pp.

b11526 MARTINI, C.M., «L'Eucaristia memoriale della Pasqua di Cristo, forma di vita della Chiesa», CC 2 (1982) 430-442.

f) Repas. Meal. Mahl. Pasto. Comida.

b11527 MESLIN, M., «Convivialité ou communion sacramentelle? Repas mithraïque et eucharistie chrétienne», dans *Mélanges offerts à Marcel Simon* (en collab.) (1978), 295-305.

b11528 ROUILLARD, P., «From Human Meal to Christian Eucharist», Wor 52 (1978) 425-439; 53 (1979) 40-56.

b11529 BÖSEN, W., *Jesusmahl, Eucharistisches Mahl, Endzeitmahl.* Ein Beitrag zur Theologie des Lukas (Stuttgarter Bibelstudien, 97) (Stuttgart, Katholisches Bibelwerk, 1980), 144 pp.

b11530 JOSUTTIS, M., MARTIN, G.M. (Hrsg.), En collaboration, *Das heilige Essen.* Kulturwissenschaftliche Beiträge zum Verständnis des Abendmahls (Stuttgart, Berlin, Kreuz, 1980), 125 pp.

b11531 ROGUET, A.-M., «Du repas au sacrifice», VS 135 (1981) 63-77.

b11532 SCHÜSSLER FIORENZA, E., «Table partagée et célébration de l'eucharistie», Conci nº 172 (1982) 11-25.

g) Sacrifice. Opfer. Sacrificio.

b11533 CHEVALLIER, M.-A., «Prédication de la Croix par la célébration de la Cène», ETR 45 (1970) 381-388.

b11534 KILPATRICK, G.D., «Eucharist as Sacrifice and Sacrament in the New Testament», dans *Neues Testament und Kirche* (en collab.) (1974), 429-433.

b11535 POWER, D.N., «Words That Crack: The Uses of 'Sacrifice' in Eucharistic Discourse», Wor 53 (1979) 386-404.

b11536 CHAUVET, L.-M., «Le sacrifice de la messe: un statut chrétien du sacrifice», LV nº 146 (1980) 85-106.

b11537 DALY, R.J., «The Eucharist and Redemption: The Last Supper and Jesus' Understanding of His Death», BTB 11 (1981) 21-27.

h) Unité. Unity. Einheit. Unità. Unidad.

b11538 DASSMANN, E., «Eucharistie als wirksames Zeichen christlicher Brüderlichkeit. Eine patristisch-biblische Erwägung zum Fronleichnamsfest», BiLeb 13 (1972) 48-51.

b11539 KERTELGE, K., «Abendmahlsgemeinschaft und Kirchengemeinschaft im Neuen Testament und in der Alten Kirche», dans HAHN, F., KERTELGE, K., SCHNACKENBURG, R., *Einheit der Kirche* (1979), 94-132.

b11540 KÜHN, U., «Das Abendmahl - Eucharistie der Gemeinde Jesu», KerDo 25 (1979) 289-302.

*b*11541   WILCKENS, U., «Eucharistie et unité de l'Église», dans *Paul de Tarse, apôtre de notre temps* (en collab.) (1979), 485-508.
*b*11542   HAHN, F., «Thesen zur Frage einheitsstiftender Elemente in Lehre und Praxis des urchristlichen Herrenmahls», dans *Kirche. Festschrift für Günther Bornkamm* (en collab.) (1980), 415-424.
*b*11543   WILCKENS, U., «The Eucharist and church unity», TDig 28 (1980) 227-231.
*b*11544   B L A N K , J., *Paulus. Von Jesus zum Christentum*, «Eucharistie und Kirchengemeinschaft» (1982), 148-168.
*b*11545   GOURGUES, M., «Eucharistie et communauté chez saint Paul et les synoptiques», ET 13 (1982) 57-78.

i) **Divers. Miscellaneous. Verschiedenes. Diversi. Diversos.**

*b*11546   BAUM, J., «Die symbolischen Darstellungen der Eucharistie», ErJb 1944 11 (1945) 327-346.
*b*11547   SEEMANN, M., «La catéchèse sur l'eucharistie dans une perspective biblique et oecuménique», VC n° 77 (1966) 50-64.
*b*11548   DECROOS, M., «De eucharistische liturgie van Didachè 9 en 10. *La liturgie eucharistique de Didachè 9 et 10*», Bijdr. 28 (1967) 376-398 (sommaire français).
*b*11549   LANG, F., «Abendmahl und Bundesgedanke im Neuen Testament», EvT 35 (1975) 524-538.
*b*11550   PESCH, O.H., «Eucharistie heute - Ehrlicher Versuch eines Rückwegs nach vorn», BiKi 31 (1976) 102-112.
*b*11551   HINTZEN, G., «Sakramentale und personale Zeichenwirkung. Neue Deutungsversuche der eucharistischen Wandlung», BiKi 32 (1977) 112-119.
*b*11552   CHAUVET, L.-M., «L'Eucharistie parmi les sacrements», MD n° 137 (1979) 49-72.
*b*11553   STEINMETZ, D.C., «Scripture and the Lord's Supper in Luther's Theology», Interpr 37 (1983) 253-265.
*b*11554   SYKES, S.W., «Story and Eucharist», Interpr 37 (1983) 365-376.

Ève. Eva.

*b*11555   HIGGINS, J.M., «The Myth of Eve: The Temptress», JAmAcRel 44 (1976) 639-647.
*b*11556   GERO, S., «The Seduction of Eve and the Trees of Paradise - A Note on a Gnostic Myth», HarvTR 71 (1978) 299-301.

Exaltation. Erhöhung. Esaltazione. Exaltación.

*b*11557   BOUTTIER, M., «Résurrection et exhaltation (Chronique bibliographique)», ETR 48 (1973) 507-516.
*b*11558   LAMBRECHT, J., «De oudste christologie: Verrijzenis of Verhoging? - *The Oldest Christology: Resurrection or Exaltation?*» Bijdr. 36 (1975) 118-144 (English summary).
*b*11559   RUPPERT, L., «Erhöhungsvorstellungen im Alten Testament», BZ 22 (1978) 199-220.
*b*11560   MANN, T.W., *Divine Presence and Guidance in Israelite Traditions*. The Typology of Exaltation (Johns Hopkins Near Eastern Studies) (Baltimore, London, Johns Hopkins University Press, 1977), x-310 pp.

Excommunication. Kirchenbann. Scomunica. Excomunión.

*b*11561   GIESEN, H., «Zum Problem der Exkommunikation nach den Matthäus-Evangelium», StMor 8 (1970) 185-269.

*b*11562   BAUMGARTEN, J.M., «The Exclusion of 'Netinim' and Proselytes in 4Q Florilegium», RQum 8 (1972) 87-96, dans *Studies in Qumran Law* (1977), 75-87.

*b*11563   PAUL, A., «Le christianisme primitif: diaspora, dissémination et exclusion», LV n⁰ 141 (1979) 5-16.

*b*11564   WOLD, D.J., «The *Kareth* Penalty in P: Rationale and Cases», dans *Society of Biblical Literature. 1979 Seminar Papers* (en collab.) (1979), I, 1-45.

*b*11565   COLLINS, A.Y., «The Function of 'Excommunication' in Paul», HarvTR 73 (1980) 251-263.

Exil. Exile. Exil. Esilio. Exilio.

*b*11566   HAUGE, M.R., «The Struggles of the Blessed in Estrangement», ST 29 (1975) 1-30, 113-146.

*b*11567   KNIBB, M.A., «The Exile in the Literature of the Intertestamental Period», HeyJ 17 (1976) 253-272.

*b*11568   GOWAN, D.E., «The Exile in Jewish Apocalyptic», dans *Scripture in History & Theology* (en collab.) (1977), 205-223.

*b*11569   ALTMANN, A., «'Exil' und 'Rückkehr' in heutiger jüdischer Sicht», dans *Exil-Diaspora-Rückkehr* (en collab.) (1978), 95-110.

*b*11570   MOSIS, R., «Das Babylonische Exil Israels in der Sicht christlicher Exegese», dans *Exil-Diaspora-Rückkehr* (en collab.) (1978), 55-77.

*b*11571   TALMON, S., «'Exil' und 'Rückkehr' in der Ideenwelt des Alten Testaments», dans *Exil-Diaspora-Rückkehr* (en collab.) (1978), 30-54.

*b*11572   BERTRAND, D., «Il n'y a plus de Temple», CHR n⁰ 101 (1979) 50-65.

*b*11573   GOWAN, D.E., «Losing the Promised Land - the Old Testament Considers the Inconceivable», dans *From Faith to Faith* (en collab.) (1979), 247-268.

*b*11574   LUST, J., «'Gathering and Return' in Jeremiah and Ezekiel», dans *Le livre de Jérémie* (en collab.) (BETL 44) (1981), 119-142.

*b*11575   KNIBB, M.A., «Exile in the Damascus Document», JSOT n⁰ 25 (1983) 99-117.

Exode. Exodus. Esodo. Exodo.

*b*11576   RUSCHE, H., «Der neue Exodus», BiKi 14 (1959) 74-76.

*b*11577   BEAUDET, R., «La typologie de l'exode dans le second-Isaïe», dans *Études théologiques* (en collab.) (1963), 11-21.

*b*11578   ADINOLFI, M., «Temi dell'Esodo nella 1 Petr.», dans *San Pietro* (en collab.) (1967), 319-336.

*b*11579   RICHTER, W., «Beobachtungen zur theologischen Systembildung in der alttestamentlichen Literatur anhand des 'kleinen geschichtlichen Credo'», dans *Wahrheit und Verkündigung* (en collab.) (1967), I, 175-212.

*b*11580   CAÑELLAS, G., «El antiguo y el nuevo éxodo, acontecimientos liberadores», BibFe 1 (1975) 354-367.

*b*11581   CROATTO, J.S., «Riletture dell'Esodo nel cap. 6 di San Giovanni», BibOr 17 (1975) 11-20.

*b*11582 SCHMITT, R., *Exodus und Passah: ihr Zusammenhang im Alten Testament* (Orbis Biblicus et Orientalis, 7) (Freiburg, Universitätsverlag; Göttingen, Vandenhoeck & Ruprecht, 1975), 112 pp.

*b*11583 WEIMAR, P., ZENGER, E., *Exodus*. Geschichten und Geschichte der Befreiung Israels (SBS 75) (Stuttgart, KBW Verlag, 1975), 180 pp.

*b*11584 ALVAREZ VERDES, L., «¿Salvación o Liberación?» StMor 14 (1976) 159-188.

*b*11585 DE LA POTTERIE, I., *La vérité dans saint Jean*, «La libération d'Égypte» (1977), 808-811.

*b*11586 FENSHAM, F.C., «Transgression and Penalty in the Book of the Covenant Code», JNWSemL 5 (1977) 23-41.

*b*11587 NORIN, S.I.L., *Er spaltete das Meer*. Die Auszugsüberlieferung in Psalmen und Kult des alten Israel (Conjectanea Biblica, O.T. Series, 9) (Lund, Gleerup, 1977), xiv-235 pp.

*b*11588 HARTMAN, D., «Sinai and Exodus: Two Grounds for Hope in the Jewish Tradition», RelSt 14 (1978) 373-387.

*b*11589 SAUTER, G., «'Exodus' und 'Befreiung' als theologische Metaphern. Ein Beispiel zur Kritik von Allegorese und missverstandenen Analogien in der Ethik», EvT 38 (1978) 538-559.

*b*11590 CERBELAUD, D., «La Sagesse a bâti sa maison», VS 134 (1980) 398-403.

*b*11591 JOHNSTONE, W., «The Exodus as Process», ExpTim 91 (1980) 358-363.

*b*11592 SIMIAN-YOFRE, H., «Exodo en Deuteroisaías», Bibl 61 (1980) 530-553.

*b*11593 SPREAFICO, A., «Il Terzo Esodo: schemi e immagini», RivB 18 (1980) 129-156.

*b*11594 DORON, P., «The Motif of the Exodus in the OT», SB 13 (1982) 5-8.

*b*11595 MOLLAT, D., *Une lecture pour aujourd'hui: l'Apocalypse*, «En marche vers la gloire: l'Apocalypse, livre de l'exode chrétien» (1982), 175-187.

Exorcisme. Exorcism. Exorzismus. Esorcismo. Exorcismo.

*b*11596 ANNEN, F., *Heil für die Heiden*. Zur Bedeutung und Geschichte der Tradition vom besessenen Gerasener (Mk 5,1-20 parr.) (Frankfurter Theologische Studien, 20) (Frankfurt am Main, Josef Knecht, 1976), vii-253 pp.

*b*11597 CASAS GARCIA, V., «Los exorcismos de Jesús: posesos y endemoniados», BibFe 2 (1976) 60-76.

*b*11598 KIRCHSCHLÄGER, W., «Exorzismus in Qumran?» Kairos 18 (1976) 135-153.

*b*11599 PESCH, R., KRATZ, R., *So liest man synoptisch*, «Exorzismen» (1976), II, 15-44.

*b*11600 SALAS, A., «Demonios y exorcismos en las religiones primitivas», BibFe 2 (1976) 5-20.

*b*11601 BUSSE, U., *Die Wunder des Propheten Jesus*, «Die luk. Interpretation der Exorzismen als eschatologische Heilsvermittlung» (1977), 428-434.

*b*11602 KÄSEMANN, E., «La guérison des démoniaques», ETR 54 (1979) 231-241.

*b*11603 CASAS GARCIA, V., «Jesús, El Exorcista», BibFe 6 (1980) 28-40.

*b*11604 GUILLEMETTE, P., «La forme des récits d'exorcisme de Bultmann. Un dogme à reconsidérer», ET 11 (1980) 177-193.

*b*11605 KIRCHSCHLAGER, W., *Jesu exorzistisches Wirken aus der Sicht des Lukas*. Ein Beitrag zur lukanischen Redaktion (Österreichische Biblische Studien, 3) (Klosterneuburg, Österreichisches Katholisches Bibelwerk, 1981), 331 pp.

Expérience. Erfahrung. Esperienza. Experiencia.

*b*11606 HENRY, M.-L., *Prophet und Tradition*, «Individuelle Gottesbeziehung als Problem der Tradition» (1969), 5-10.

*b*11607   FESTORAZZI, F., «Il valore dell'esperienza e la morale sapienziale», dans *Fondamenti biblici della teologia morale* (en collab.) (1973), 117-146.

*b*11608   ALONSO SCHÖKEL, L., «The Experience of the Psalmist», Way 17 (1977) 186-195.

*b*11609   EARLE, G., «Experience and Discernment», Way 17 (1977) 123-134.

*b*11610   GUILLET, J., «The Experience of Jesus Christ», Way 17 (1977) 196-203.

*b*11611   McCARTHY, D.J., «Law and Religious Experience: The Old Testament», Way 17 (1977) 163-174.

*b*11612   STANLEY, D.M., «Experience in the Apostolic Church», Way 17 (1977) 204-216.

*b*11613   VON BALTHASAR, H.U., «Biblical and patristic experience of God», TDig 25 (1977) 206-209.

*b*11614   YARNOLD, E., «Sin and Experience», Way 17 (1977) 104-113.

*b*11615   ZENGER, E., «Enttäuschungen - Endpunkt oder Neuanfang? Alttestamentliche Überlegungen zu einer menschlichen und göttlichen Grunderfahrung», BiKi 36 (1981) 154-158.

*b*11616   WALSH, J., «The Blessed Vision of Peace», Way 22 (1982) 253-261.

Expiation. Sühne. Espiazione. Expiación.

*b*11617   YERKES, R.K., «Atonement», AThR 29 (1947) 28-33.

*b*11618   SCHMID, J., «Sünde und Sühne im Judentum», BiLeb 6 (1965) 16-26.

*b*11619   CAQUOT, A., «Purification et expiation selon le psaume LI», RHR 169 (1966) 133-154.

*b*11620   SABOURIN, L., «Il sacrificio di Gesù e le realtà cultuali», BibOr 10 (1968) 25-37.

*b*11621   CRAWFORD, R.G., «Is the penal theory of the Atonement scriptural?» SJTh 23 (1970) 257-272.

*b*11622   BRICHTO, H.C., «On Slaughter and Sacrifice, Blood and Atonement», HUCA 47 (1976) 19-55.

*b*11623   FÜGLISTER, N., «Sühne durch Blut. Zur Bedeutung von Leviticus 17,11», dans *Studien zum Pentateuch* (en collab.) (1977), 143-164.

*b*11624   GARNET, P., *Salvation and Atonement in the Qumran Scrolls*, «*Kpr* Usage in the Old Testament and the Scrolls» (1977), 124-135.

*b*11625   GESE, H., *Zur biblischen Theologie*, «Die Sühne» (1976), 85-106.

*b*11626   HOOKER, M.D., «Interchange and Atonement», BJRL 60 (1977-78) 462-481.

*b*11627   GNILKA, J., «Martyriumsparänese und Sühnetod in synoptischen und jüdischen Traditionen», dans *Die Kirche des Anfangs* (en collab.) (1978), 223-246.

*b*11628   HENGEL, M., «Der stellvertretende Sühnetod Jesu (II). Ein Beitrag zur Entstehung des urchristlichen Kerygmas», IKZCommunio 9 (1980) 1-25, 135-147.

*b*11629   LICHTENBERGER, H., *Studien zum Menschenbild in Texten der Qumrangemeinde*, «Reinigung und Sühne» (1980), 118-122.

*b*11630   JANOWSKI, B., *Sühne als Heilsgeschehen*. Studien zur Sühnetheologie der Priesterschrift und zur Wurzel KPR im Alten Orient und im Alten Testament (WMANT 55) (Neukirchen-Vluyn, Neukirchener Verlag, 1982), xiv-394 pp.

*b*11631   LEANEY, A.R.C., «The Akedah, Paul and the Atonement, or: Is a Doctrine of the Atonement Possible?» dans *Studia Evangelica* (en collab.) (1982), VII, 307-315.

*b*11632   SCHENKER, A., «*köper* et expiation», Bibl 63 (1982) 32-46.

*b*11633   SCHWAGER, R., «Versöhnung und Sühne», ThPh 58 (1983) 217-225.

*b*11634   DESPLAND, J., BOINNARD, Y., «Ancien Testament: aux sources des thèmes de l'"expiation' et du 'rachat'», dans *Mort de Jésus* (en collab.) (1984), 119-128.

Extrême-Onction. Extreme-Unction. Krankensalbung. Estrema Unzione. Extremaunción.

*b*11635   ALONSO, J., «Unción de enfermos y sacramento en la carta de Santiago», CuBi 25 (1968) 87-94.
*b*11636   FEINER, J., «Das Salbungsgebet in seinem heilsgeschichtlichen Zusammenhang», dans *Mysterium Salutis* (en collab.) (1976), V, 495-508.
*b*11637   ALBERTON, M., *Un sacrement pour les malades* (Coll. 'Croire et comprendre') (Paris, Centurion, 1978), 173 pp.

Faibles. Weak. Schwache. Deboli. Débiles.

*b*11638   BONNARD, P., «Faiblesse et puissance du chrétien selon saint Paul», ETR 33 (1958) 61-70, dans *Anamnesis* (1980), 159-167.
*b*11639   FENSHAM, F.C., «Widow, Orphan, and the Poor in Ancient Near Eastern Legal and Wisdom Literature», JNES 21 (1962) 129-139, dans *Studies in Ancient Israelite Wisdom* (en collab.) (1976), 161-171.
*b*11640   STENDAHL, K., *Paul Among Jews and Gentiles and Other Essays*, «Weakness Rather Than Sin» (1976), 40-52.
*b*11641   MURPHY-O'CONNOR, J., «Freedom or the Ghetto (1 Cor., VIII,1-13; X,23-XI,1)», RB 85 (1979) 543-574.
*b*11642   BARRÉ, M.L., «Qumran and the 'Weakness' of Paul», CBQ 42 (1980) 216-227.
*b*11643   BROER, I., «Plädierte Jesus für Gewalttlosigkeit?» BiKi 37 (1982) 61-69.
*b*11644   DIAZ, A., «Jesús ante los explotadores», BibFe 8 (1982) 274-288.
*b*11645   TOUS, L., «'Amor' de Jesús a los marginados», BibFe 8 (1982) 5-14.
*b*11646   BLACK, D.A., «A Note on 'the Weak' in 1 Corinthians 9,22», Bibl 64 (1983) 240-242.

Faim. Hunger. Fame. Hambre.

*b*11647   SCHULT, H., «Marginalie zum 'Strab des Brotes'», ZDPV 87 (1971) 206-208.
*b*11648   GUILLEN, J., «El hambre en la Biblia», CuBi 31 (1974) 151-156.
*b*11649   CERBELAUD, D., «Mangez et buvez, bien-aimés!» VS 135 (1981) 4-8.

Famille. Family. Familie. Famiglia. Família.

a) **Études générales. General Studies. Allgemeine Studien. Studi generali. Estudios generales.**

*b*11650   DUESBERG, H., «Psychologie biblique. La famille», SDB 9 (1975) col. 317-336.
*b*11651   DUMAS, A., «La référence à l'Écriture dans la réflexion protestante sur la sexualité et la famille», dans *Écriture et pratique chrétienne* (en collab.) (1978), 69-93.
*b*11652   SIMON, R., «La référence à l'Écriture dans la réflexion sur la sexualité et la famille chez les catholiques», dans *Écriture et pratique chrétienne* (en collab.) (1978), 95-113.
*b*11653   LIVERANI, B., GIAVINI, G., *La famiglia nella Bibbia* (Ricerca Biblico-Pastorale) (Bologna, Dehoniane, 1980), 93 pp.

b) **Orient. Oriente.**

*b*11654   ALLAM, S., «Les obligations et la famille sous la Société égyptienne», OrAnt 16 (1977) 89-97.

c) Judaïsme. Judaism. Judentum. Giudaismo. Judaísmo.

b11655 DE BOER, P.A.H., *Fatherhood and motherhood in Israelite and Judean piety* (Haskell Lectures, 1974) (Leiden, Brill, 1974), ix-57 pp.

b11656 BLIDSTEIN, G., *Honor Thy Father and Mother.* Filial Responsibility in Jewish Law and Ethics (Library of Jewish Law and Ethics) (New York, Ktav, 1976), xiv-234 pp.

d) Ancien Testament. Old Testament. Altes Testament. Antico Testamento. Antiguo Testamento.

b11657 CHAMBERLAYNE, J.H., «Kinship Relationships among the early Hebrews», Numen 10 (1963) 153-166.

b11658 LEVINE, E., «On Intra-familial Institutions of the Bible», Bibl 57 (1976) 554-559 (Levirate and Goel, especially in the Book of Ruth).

b11659 ALBERTZ, R., «Hintergrund und Bedeutung des Elterngebots im Dekalog», ZAW 90 (1978) 348-374.

b11660 RICHTER, H.-F., *Geschlechtlichkeit, Ehe und Familie im Alten Testament und seiner Umwelt* (Beiträge zur biblischen Exegese und Theologie, 10) (Bern, Frankfurt/M., Las Vegas, Peter Lang, 1978), 204 pp.

b11661 CONRAD, J., «Welche Bedeutung hatte die Familie für die Religion Altisraels?» TKZ 105 (1980) 481-488.

b11662 COUTURIER, G., «La vie familiale comme source de la Sagesse et de la Loi», SE 32 (1980) 177-192.

b11663 PHILLIPS, A., «Another example of family law», VT 30 (1980) 240-245.

b11664 WRIGHT, J.H., «La famille en Israël et le Décalogue: arrière-plan et portée sociale de certains commandements», Hok no 18 (1981) 14-33.

e) Nouveau Testament. New Testament. Neues Testament. Nuovo Testamento. Nuevo Testamento.

b11665 VON ALLMEN, D., *La famille de Dieu* (1981), lxvii-330 pp. (Paul).

b11666 GNILKA, J., *Der Kolosserbrief* (HerNT X/1) (Freiburg, Herder, 1980), «Die Haustafeln», 205-216.

b11667 PIKAZA, J., «Jesús y la familia», CuBi 32 (1975) 107-109.

b11668 COYLE, J.K., «*Empire and Eschaton*: The Early Church and the Question of Domestic Relationships», ET 12 (1981) 35-94.

b11669 CLARK, S.B., *Man and Woman in Christ.* An Examination of the Roles of Men and Women in Light of Scripture and the Social Sciences (Ann Arbor, Michigan, Servant Books, 1980), xiii-753 pp.

Femme. Woman. Frau. Donna. Mujer.

a) Études générales. General Studies. Allgemeine Studien. Studi generali. Estudios generales.

b11670 JENTGENS, G., «Die Heilige Schrift und die Frauen», BiKi 9 (1954) 34-46.

b11671 FLORENTIN-SMYTH, F., «Ce que la Bible ne dit pas de la femme», ETR 40 (1965) 76-89.

b11672 GONZALO MAESO, D., «Misión relevante de la mujer en la Biblia», CuBi 28 (1971) 202-207.

b11673 En collaboration, *La mujer en la Biblia* (Madrid, Federación de Agustinos Españoles, Escuela Bíblica, 1975), 143 pp.

*b*11674 ALONSO DIAZ, J., «Proceso de dignificación de la mujer a través de la Biblia», RazFe 192 (1975) 181-193.

*b*11675 ALONSO DIAZ, J., «Proceso de dignificación de la mujer a través de la Biblia», CuBi 32 (1975) 165-196.

*b*11676 ALONSO DIAZ, J., *Proceso de dignificación de la mujer a través de la Biblia* (Madrid, Universidad Pontificia de Comillas, 1975), 48 pp.

*b*11677 CELADA, B., «El eje del pensamiento bíblicos acerca del papel y la dignidad de la mujer va de Génesis 2 a San Pablo», CuBi 32 (1975) 119-123.

*b*11678 GOODWATER, L., *Women in Antiquity*. An annotated Bibliography (Metuchen, NJ, Scarecrow Press, 1975), iv-171 pp.

*b*11679 TESTA BAPPENHEIM, I., LAMPUGNANI, F., *Bibbia e antropologia*, «Matriarcato» (1976), 205-233.

*b*11680 SCHELKLE, K.H., *Der Geist und die Braut*. Frauen in der Bibel (Düsseldorf, Patmos, 1977), 176 pp.

*b*11681 TISCHLER, N.M., *Legacy of Eve*. Women of the Bible (Atlanta, John Knox, 1977), 128 pp.

*b*11682 FISCHER, J.A., *God Said: Let There Be Woman*. A Study of Biblical Women (Staten Island, NY, Alba House, 1979), xiii-115 pp.

*b*11683 CLARK, S.B., *Man and Woman in Christ*. An Examination of the Roles of Men and Women in Light of Scripture and the Social Sciences (Ann Arbor, MI, Servant Books, 1980), xiii-753 pp.

*b*11684 HAUGHTON, R., «Dieu est-il masculin?» Conci nº 154 (1980) 77-85.

*b*11685 ADINOLFI, M., *Il femminismo della Bibbia* (Spicilegium Pontificii Athenaei Antoniani, 22) (Roma, Antonianum, 1981), 343 pp.

*b*11686 GIAVINI, G., «La donna nella Bibbia. Appunti per un discorso», ScuolC 109 (1981) 258-269.

*b*11687 HURLEY, J.B., *Man and Woman in Biblical Perspective* (Contemporary Evangelical Perspectives) (Grand Rapids, Zondervan, 1981), 288 pp.

*b*11688 MONLOUBOU, L., «Modernité de la femme biblique», BLE 82 (1981) 243-262.

*b*11689 NUNNALLY-COX, J., *Foremothers, Women of the Bible* (New York, Seabury, 1981), xv-167 pp.

*b*11690 BASS, D., «Women's Studies and Biblical Studies: An Historical Perspective», JSOT nº 22 (1982) 6-12.

*b*11691 RUSSELL, L.M., «Feminist Critique: Opportunity For Cooperation», JSOT nº 22 (1982) 67-71.

*b*11692 TRIBLE, P., «The Effects of Women's Studies on Biblical Studies», JSOT nº 22 (1982) 3-5.

*b*11693 MOLTMANN-WENDEL, E., «Maternité ou amitié», Conci nº 188 (1983) 47-55.

*b*11694 TOLBERT, M.A., «Defining the Problem: The Bible and Feminist Hermeneutics», Semeia 28 (1983) 113-126.

b) Orient. Oriente.

*b*11695 GORDON, C.H., «The Status of Woman Reflected in the Nuzi Tablets», ZA 43 (1936) 146-169.

*b*11696 CULIANU, I.P., «La femme céleste et son ombre», Numen 23 (1976) 191-209.

*b*11697 FAU, G., *L'émancipation féminine dans la Rome antique* (Confluents, 4) (Paris, Les Belles Lettres, 1978), iv-218 pp.

*b*11698 BEN-BARAK, Z., «Inheritance by daughters in the Ancient Near East», JSS 25 (1980) 22-33.

b11699 BROWN, J.P., «The Role of Women and the Treaty in the Ancient World», BZ 25 (1981) 1-28.

b11700 ALBENDA, P., «Western Asiatic Women in the Iron Age: Their Image Revealed», BA 46 (1983) 82-88.

c) Judaïsme. Judaism. Judentum. Giudaismo. Judaísmo.

b11701 BAUMGARTEN, J.M., «On the Testimony of Women in 1QSa», JBL 76 (1957) 266-269, dans *Studies in Qumran Law* (1977), 183-186.

b11702 SEN, F., «Una muestra de la corriente misógina», CuBi 32 (1975) 133-136.

b11703 SWIDLER, L., *Women in Judaism.* The Status of Women in Formative Judaism (Metuchen, NJ, Scarecrow Press, 1976), vi-242 pp.

b11704 MEISELMAN, M., *Jewish Woman in Jewish Law* (Library of Jewish Law and Ethics, 6) (New York, Ktav, 1978), 218 pp.

b11705 MEYERS, C., «The roots of restriction: women in early Israel», BA 41 (1978) 91-103.

b11706 PERELMUTER, H.G., «Rabbinical Tradition on the Role of Women», dans STUHLMUELLER, C. (Ed.), *Women and Priesthood.* Future Directions (Collegeville, Minnesota, The Liturgical Press, 1978), 111-120.

b11707 ANDREASEN, N.-E.A., «The Role of the Queen Mother in Israelite Society», CBQ 45 (1983) 179-194.

d) Ancien Testament. Old Testament. Altes Testament. Antico Testamento. Antiguo Testamento.

b11708 HORTON, F.L., Jr., «Form and Structure in Laws Relating to Women: Leviticus 18:6-18», dans *Society of Biblical Literature. 1973 Seminar Papers* (en collab.) (1973), I, 20-33.

b11709 DELCOR, M., «La vision de la femme dans l'épha de Zach, 5,5-11 à la lumière de la littérature hittite», RHR 187 (1975) 137-145.

b11710 LANG, B., *Frau Weisheit.* Deutung einer biblischen Gestalt (Düsseldorf, Patmos, 1975), 204 pp.

b11711 SEN, F., «Función, aprecio y menosprecio de la mujer en los relatos de la Creación y el Paraíso. El marco literario de los capítulos segundo y tercero del Génesis», CuBi 32 (1975) 125-131.

b11712 GILBERT, M., «Ben Sira et la femme», RTL 7 (1976) 426-442.

b11713 OTWELL, J.H., *And Sarah Laughed.* The Status of Women in the Old Testament (Philadelphia, Westminster Press, 1977), 222 pp.

b11714 WILLIAMS, A.J., «The Relationship of Genesis 3 20 to the Serpent», ZAW 89 (1977) 357-374.

b11715 HIGGINS, J.M., «Anastasius Sinaita and the Superiority of the Woman», JBL 97 (1978) 253-256.

b11716 RÜESCH, P., *Die unbekannte Frau.* Eine biblische Schau zu ihren Wesen und Auftrag (Basel, Giessen, Brunnen Verlag, 1978), 80 pp.

b11717 AMSLER, S., «La sagesse de la femme», dans *La Sagesse de l'Ancien Testament* (en collab.) (1979), 112-116.

b11718 HOROWITZ, M.C., «The Image of God in Man - Is Woman Included?» HarvTR 72 (1979) 175-206.

b11719 DE MÉRODE-DE CROY, M., «Rôle de la femme dans l'Ancien Testament», Conci no 154 (1980) 87-95.

b11720 CAMP, C.V., «The Wise Women of 2 Samuel: A Role Model for Women in Early Israel», CBQ 43 (1981) 14-29.

*b*11721 DONALDSON, M.E., «Kinship Theory in the Patriarchal Narratives. The Case of the Barren Wife», JAmAcRel 49 (1981) 77-87.

*b*11722 SOGGIN, J.A., «Jezabel, oder die fremde Frau», dans *Mélanges bibliques et orientaux en l'honneur de M. Henri Cazelles* (en collab.) (1981), 453-459.

*b*11723 CRAGHAN, J.F., «Esther, Judith, and Ruth: Paradigms for Human Liberation», BTB 12 (1982) 11-19.

*b*11724 SAKENFELD, K.D., «Old Testament Perspectives: Methodological Issues», JSOT nº 22 (1982) 13-20.

*b*11725 CRAVEN, T., «Tradition and Convention in the Book of Judith», Semeia 28 (1983) 49-61.

*b*11726 EXUM, J.C., «'You Shall Let Every Daughter Live': A Study of Exodus 1:8-2:10», Semeia 28 (1983) 63-82.

e) Nouveau Testament. New Testament. Neues Testament. Nuovo Testamento. Nuevo Testamento.

1. Études générales. General Studies. Allgemeine Studien. Studi generali. Estudios generales.

*b*11727 LEENHARDT, F.-J., «La place de la femme dans l'Église d'après le Nouveau Testament», ETR 23 (1948) 3-50.

*b*11728 MENOUD, P.-H., «L'image chrétienne de la femme», VC nº 16 (1950) 165-175.

*b*11729 DEL CASTILLO, A., *La emancipación de la mujer romana en el siglo I d.C* (Colección monográfica Universidad de Granada, 42) (Granada, Publicaciones de la Universidad de Granada, 1976), xii-303 pp.

*b*11730 GAROFALO, S., «Sette monti, su cui siede la donna (Apoc. 17,9)», dans *Kirche und Bibel* (en collab.) (1979), 97-104.

*b*11731 COLLANGE, J.F., *De Jésus à Paul*, «L'homme et la femme» (1980), 265-286.

*b*11732 RAMING, I., «De la liberté de l'Évangile à l'Église masculine pétrifiée. Naissance et développement de la suprématie masculine dans l'Église», Conci nº 154 (1980) 11-22.

*b*11733 STEPHENS, S., *A New Testament View of Women* (Nashville, TN, Broadman, 1980), 182 pp.

*b*11734 BORRESEN, K., «Femmes et hommes dans la création et dans l'Église», Conci nº 166 (1981) 101-111.

*b*11735 MOLONEY, F.J., *Woman in the New Testament* (Sydney, St. Paul Publications, 1981), 89 pp.

*b*11736 SCHÜSSLER FIORENZA, E., «Feminist Theology and New Testament Interpretation», JSOT nº 22 (1982) 32-46.

*b*11737 BUSSMANN, M., «Anliegen und Ansatz feministischer Theologie», dans *Die Frau im Urchristentum* (en collab.) (1983), 339-358.

*b*11738 BUSSMANN, C., «Gibt es christologische Begründungen für eine Unterordnung der Frau im Neuen Testament», dans *Die Frau im Urchristentum* (en collab.) (1983), 254-262.

*b*11739 GEIGER, R., «Die Stellung der geschiedenen Frau in der Umwelt des Neuen Testamentes», dans *Die Frau im Urchristentum* (en collab.) (1983), 134-157.

*b*11740 SCHÜSSLER FIORENZA, E., *In Memory of Her*. A Feminist Theological Reconstruction of Christian Origins (London, SCM Press, 1983), xxv-357 pp.

2. Évangiles. Gospels. Evangelien. Vangeli. Evangelios.

Études générales. General Studies. Allgemeine Studien. Studi generali. Estudios generales.

*b*11741 MARQUARDT, P.G., «Die Stellung der Frau in den Evangelien», BiKi 11 (1956) 2-10.

*b*11742   SCHELKLE, K.H., *Der Geist und die Braut*, «Frauen in Jüngergemeinde und Kirche» (1977), 147-167.

*b*11743   LAURENTIN, R., «Jésus et les femmes: Une révolution méconnue», Conci nº 154 (1980) 97-108.

*b*11744   LÉON-DUFOUR, X., GEOLTRAIN, P., «L'attitude de Jésus par rapport à la femme», dans *Jésus aujourd'hui* (en collab.) (1980), II, 63-73.

*b*11745   CHRISTIANSEN, E.J., «Women and Baptism», ST 35 (1981) 1-8.

*b*11746   QUÉRÉ, F., *Les femmes de l'Évangile* (Paris, Seuil, 1982), 190 pp.

*b*11747   SALAS, A., «'Amor' de Jesús a la mujer», BibFe 8 (1982) 44-60.

*b*11748   BLANK, J., «Frauen in den Jesusüberlieferungen», dans *Die Frau im Urchristentum* (en collab.) (1983), 9-91.

Évangiles synoptiques. Synoptic Gospels. Synoptische Evangelien. Vangeli sinottici. Evangelios sinópticos.

*b*11749   SCHELKLE, K.H., «Die Frauen im Stammbaum Jesus», BiKi 18 (1963) 113-115.

*b*11750   MALY, E.H., «Women and the Gospel of Luke», BTB 10 (1980) 99-104.

*b*11751   MUNRO, W., «Women Disciples in Mark?» CBQ 44 (1982) 225-241.

*b*11752   STRUTHERS MALBON, E., «Fallible Followers: Women and Men in the Gospel of Mark», Semeia 28 (1983) 29-48.

Jean. John. Johannes. Giovanni. Juan.

*b*11753   MICHAUD, J.-P., «Marie et la Femme selon saint Jean», ET 7 (1976) 379-396.

*b*11754   COLLINS, A.Y., «New Testament Perspectives: The Gospel of John», JSOT nº 22 (1982) 47-53.

*b*11755   SCHNEIDERS, S.M., «Women in the Fourth Gospel and the Role of Women in the Contemporary Church», BTB 12 (1982) 35-45.

Paul. Paulus. Paolo. Pablo.

*b*11756   KÄHLER, E., *Die Frau in den paulinischen Briefen* unter besonderer Berücksichtigung des Begriffes der Unterordnung (Zürich, Frankfurt a. M., Gotthelf, 1960), 311 pp.

*b*11757   ADINOLFI, M., «Le collaboratrici ministeriali di Paolo nelle lettere ai Romani e ai Filippesi», BibOr 17 (1975) 21-32.

*b*11758   ADINOLFI, M., «Il silenzio della donna in 1 Cor. 14,33b-36», BibOr 17 (1975) 121-128.

*b*11759   DUBARLE, A.-M., «Paul et l'antiféminisme», RSPT 60 (1976) 261-280.

*b*11760   FEUILLET, A., «Is Paul anti-feminist?» TDig 24 (1976) 29-35.

*b*11761   SCHELKLE, K.H., *Der Geist und die Braut*, «Briefe des Paulus» (1977), 159-167.

*b*11762   KROEGER, R.C., «An Inquiry into Evidence of Maenadism in the Corinthian Congregation», dans *Society of Biblical Literature. 1978 Seminar Papers* (en collab.) (1978), II, 331-338.

*b*11763   KÜRZINGER, J., «Frau und Mann nach 1 Kor 11,11f», BZ 22 (1978) 270-275.

*b*11764   STEIN, D., «Le statut des femmes dans les lettres de Paul», LV nº 139 (1978) 63-85.

*b*11765   KROEGER, R.C., KROEGER, C.C., «St. Paul's Treatment of Misogyny, Gynephobia, and Sex Segregation in First Corinthians 11:2-6», dans *Society of Biblical Literature. 1979 Seminar Papers* (en collab.) (1979), II, 213-221.

*b*11766   FURNISH, V.P., *The Moral Teaching of Paul*, «Women in the Church» (1979), 84-114.

*b*11767   MacDONALD, D., «Virgins, Widows, and Paul in Second Century Asia Minor», dans *Society of Biblical Literature. 1979 Seminar Papers* (en collab.) (1979), I, 169-184.

*b*11768 CLEARY, F.X., «Women in the New Testament: St. Paul and the Early Pauline Churches», BTB 10 (1980) 78-82.

*b*11769 DE MERODE, M., «An early theology of woman?» TDig 28 (1980) 21-24.

*b*11770 MURPHY-O'CONNOR, J., «Sex and Logic in 1 Corinthians 11:2-16», CBQ 42 (1980) 482-500.

*b*11771 TROMPF, G.W., «On Attitudes toward Women in Paul and Paulinist Literature: 1 Cor 11:3-16 and Its Context», CBQ 42 (1980) 196-215.

*b*11772 FLANAGAN, N.M., SNYDER, E.H., «Die Paul Put Down Women in 1 Cor 14:34-36?» BTB 11 (1981) 10-12.

*b*11773 WITHERINGTON, B., «Rite and Rights for Women - Galatians 3.28», NTS 27 (1981) 593-604.

*b*11774 DAUTZENBERG, G., «Zur Stellung der Frauen in den paulinischen Gemeinden», dans *Die Frau im Urchristentum* (en collab.) (1983), 182-224.

*b*11775 MÜLLER, K., «Die Haustafel des Kolosserbriefes und das antike Frauenthema. Eine kritische Rückschau auf alte Ergebnisse», dans *Die Frau im Urchristentum* (en collab.) (1983), 263-319.

*b*11776 WALKER, W.O., Jr., «The 'Theology of Woman's Place' and the 'Paulinist' Tradition», Semeia 28 (1983) 101-112.

4. Divers. Miscellaneous. Verschiedenes. Diversi. Diversos.

*b*11777 SCHELKLE, K.H., *Der Geist und die Braut,* «Apostelgeschichte» (1977), 153-158.

*b*11778 BALCH, D.L., *Let Wives Be Submissive.* The Domestic Code in I Peter (SBL Monograph Series, 26) (Missoula, Montana, Scholars Press, 1981), v-196 pp.

f) Ministère. Ministry. Amt. Ministero. Ministerio.

*b*11779 ADINOLFI, M., «Le collaboratrici ministeriali di Paolo nelle lettere ai Romani e ai Filippesi», BibOr 17 (1975) 21-32.

*b*11780 LONGSTAFF, T.R.W., «The Ordination of Women: A Biblical Perspective», AThR 57 (1975) 316-327.

*b*11781 BARNHOUSE, R.T., FAHEY, M., ORAM, B., WALKER, B.T., «The Ordination of Women to the Priesthood: An Annotated Bibliography», AThR Supplementary Series, n° 6 (1976) 81-106.

*b*11782 SCHÜSSLER FIORENZA, E., «Le rôle des femmes dans le mouvement chrétien primitif», Conci n° 111 (1976) 13-25.

*b*11783 SCHELKLE, K.H., *Der Geist und die Braut,* «Frauen in Familie, Kultgemeinde und Volksgeschichte» (1977), 58-68.

*b*11784 DUVAL, B., «L'argumentation de quelques théologiens de langue française au sujet de l'ordination des femmes (L. Bouyer, Y. Congar, J. Galot, J. Vinatier)», Supp n° 127 (1978) 593-607.

*b*11785 JAUBERT, A., «Le rôle des femmes dans le peuple de Dieu. Recherche de critères en référence à l'Écriture», dans *Écriture et pratique chrétienne* (en collab.) (1978), 53-68.

*b*11786 JOHNSTON, R.K., «The Role of Women in the Church and Home: An Evangelical Testcase in Hermeneutics», dans *Scripture, Tradition, and Interpretation* (en collab.) (1978), 234-259.

*b*11787 KARRIS, R.J., «The Role of Women according to Jesus and the Early Church», dans STUHLMUELLER, C. (Ed.), *Women and Priesthood.* Future Directions (Collegeville, MN, The Liturgical Press, 1978), 47-57.

*b*11788 MICHAUD, J.-P., «L'attitude du Christ et la pratique des Apôtres. Le poids des arguments retenus par le document romain», ET 9 (1978) 37-50.

*b*11789 STUHLMUELLER, C. (Ed.), *Women and Priesthood:* Future Directions. A Call to Dialogue from the Faculty of The Catholic Theological Union at Chicago (Collegeville, MN, Liturgical Press, 1978), viii-252 pp.

*b*11790 CBA Task Force on the Role of Women in Early Christianity, «Women and Priestly Ministry: The New Testament Evidence», CBQ 41 (1979) 608-613.

*b*11791 MacDONALD, D., «Virgins, Widows, and Paul in Second Century Asia Minor», dans *Society of Biblical Literature. 1979 Seminar Papers* (en collab.) (1979), I, 169-184.

*b*11792 BRENNAN, M., «Femmes et hommes dans les fonctions ecclésiales», Conci n° 154 (1980) 121-128.

*b*11793 CLARK, S.B., *Man and Woman in Christ.* An Examination of the Roles of Men and Women in Light of Scripture and the Social Sciences (Ann Arbor, Michigan, Servant Books, 1980), xiii-753 pp.

*b*11794 JEWETT, P.K., *The Ordination of Women.* An Essay on the Office of Christian Ministry (Grand Rapids, Eerdmans, 1980), xi-148 pp.

*b*11795 TETLOW, E.M., *Women and Ministry in the New Testament* (Ramsey, NJ, New York, Paulist, 1980), 164 pp.

*b*11796 ASEN, B.A., «Women and the ministerial priesthood: an annotated bibliography», TDig 20 (1981) 329-342.

*b*11797 BROOTEN, B.J., «Inscriptional Evidence for Women as Leaders in the Ancient Synagogue», dans *Society of Biblical Literature. 1981 Seminar Papers* (en collab.) (1981), 1-17.

*b*11798 COUSIN, H., «Dans sa chair, il a détruit le mur de séparation», LV n° 151 (1981) 82-89.

*b*11799 BROOTEN, B.J., *Women Leaders in the Ancient Synagogue.* Inscriptional Evidence and Background Issues (Chico, CA, Scholars Press, 1982), x-281 pp.

*b*11800 LOHFINK, G., «Weibliche Diakone im Neuen Testament», dans *Die Frau im Urchristentum* (en collab.) (1983), 320-338.

*b*11801 WEISER, A., «Die Rolle der Frau in der urchristlichen Mission», dans *Die Frau im Urchristentum* (en collab.) (1983), 158-181.

Feu. Fire. Feuer. Fuoco. Fuego.

*b*11802 DEROY, L., «Le culte du foyer dans la Grèce mycénienne», RHR 137 (1950) 26-43.

*b*11803 RINALDI, G., «La preparazione dell'argento e il fuoco purificatore», BibOr 5 (1963) 53-59.

*b*11804 LAUGHLIN, J.C.H., «The 'Strange Fire' of Nadab and Abihu», JBL 95 (1976) 559-565.

*b*11805 BARRIOLA, M.A., *El Espíritu Santo y la Praxis Cristiana.* El tema del camino en la teología de San Pablo (Montevideo, Instituto Teológico de Uruguay, 1977), 434 pp.

*b*11806 KHLOPIN, I.N., «Spuren des Feuerkultes in Urartu», OLoP 8 (1977) 57-62.

*b*11807 PIKAZA, X., «¿Sufren los condenados el tormento del fuego? El problema del infierno en el mensaje de Jesús», BibFe 3 (1977) 43-56.

Fidélité. Fidelity. Treue. Fideltà. Fidelidad.

*b*11808 EMERY, P.-Y., «La fidélité de Dieu», VC n° 93 (1970) 85-97.

*b*11809 VON BALTHASAR, H.U., «Wo ist die Treue daheim?» IKZCommunio 5 (1976) 97-110.

b11810   DUGANDZIC, I., *Das 'Ja' Gottes in Christus*, «Schriftzitate und Treue Gottes zu seinen
         Verheissungen - Röm 9-11» (1977), 272-310.
b11811   VON DER OSTEN-SACKEN, P., «Gottes Treue bis zur Parusie. Formgeschichtliche
         Beobachtungen zu 1 Kor 1 7b-9», ZNW 68 (1977) 176-199.
b11812   SCHNEIDERS, S.M., «Reflections on Commitment in the Gospel According to John»,
         BTB 8 (1978) 40-48.
b11813   NICOLAS, J.-H., «La seconde mort du pécheur et la fidélité de Dieu», RT 79 (1979)
         25-49.
b11814   LABERGE, L., «Le drame de la fidélité chez Jérémie», ET 11 (1980) 9-31.
b11815   GOMEZ, I.M., *La Fidelidad* (Zamora, Ed. Monte Casino, 1981), 175 pp.

Fils. Son. Sohn. Figlio. Hijo.

b11816   EISSFELDT, O., «Sohnespflichten im Alten Orient», Syr. 43 (1966) 39-47.
b11817   BLIDSTEIN, G., *Honor Thy Father and Mother*. Filial Responsibility in Jewish Law and
         Ethics (Library of Jewish Law and Ethics) (New York, Ktav, 1976), xiv-234 pp.

Fils de Dieu. Son of God. Sohn Gottes. Figlio di Dio. Hijo de Dios.

a) Ancien Testament. Old Testament. Altes Testament. Antico Testamento. Antiguo Testamento.

b11818   DE FRAINE, J., «Quel est le sens exact de la filiation divine dans Ps 2, 7?» Bijdr. 16
         (1955) 349-356.
b11819   SCHLISSKE, W., *Gottessöhne und Gottessohn im Alten Testament*. Phasen der
         Entmythisierung im Alten Testament (BWANT 97) (Stuttgart, Kohlhammer, 1973),
         204 pp.
b11820   METTINGER, T.N.D., *King and Messiah*, «Divine Sonship and the Davidic Covenant»
         (1976), 254-293.
b11821   VELLANICKAL, M., *The Divine Sonship of Christians in the Johannine Writings*, «The
         Divine Sonship of Man in the Old Testament» (1977), 9-27.
b11822   CLINES, D.J.A., «The Significance of the 'Sons of God' Episode (Genesis 6:1-4) in the
         Context of the 'Primeval History' (Genesis 1-11)», JSOT no 13 (1979) 33-46.
b11823   ESLINGER, L., «A Contextual Identification of the *bene ha'elohim* and *benoth ha'adam*
         in Genesis 6:1-4», JSOT no 13 (1979) 65-73.
b11824   HAAG, H., «'Fils de Dieu' dans les langues et la conceptualité de l'Ancien Testament»,
         Conci no 173 (1982) 57-65.

b) Nouveau Testament. New Testament. Neues Testament. Nuovo Testamento. Nuevo Testamento.

1. Études générales. General Studies. Allgemeine Studien. Studi generali. Estudios generales.

b11825   GRUNDMANN, W., «Sohn Gottes», ZNW 47 (1956) 113-133.
b11826   HAHN, F., *Christologische Hoheitstitel*, «Gottessohn» (1963), 280-333.
b11827   DE JONGE, M., *Jesus*. Stranger from Heaven and Son of God, «The Son of God and the
         Children of God» (1977), 141-168.
b11828   DELLING, G., «Die 'Söhne (Kinder) Gottes' im Neuen Testament», dans *Die Kirche des
         Anfangs* (en collab.) (1978), 615-631.
b11829   LOADER, W.R.G., «The Apocalyptic Model of Sonship: Its Origin and Development in
         New Testament Tradition», JBL 97 (1978) 525-554.

*b*11830 WHITE, R.E.O., *Biblical Ethics* (1979), «The Family of God and the Life of Sonship», 64-77; «The Son of God and the Life of Imitation», 109-123.

*b*11831 VON ALLMEN, D., *La famille de Dieu*, «Vous êtes fils» (1981), 147-156.

*b*11832 VAN IERSEL, B.M.F., «'Fils de Dieu' dans le Nouveau Testament», Conci nº 173 (1982) 67-83.

2. Évangiles synoptiques. Synoptic Gospels. Synoptische Evangelien. Vangeli sinottici. Evangelios sinópticos.

*b*11833 GRUNDMANN, W., «Sohn Gottes», ZNW 47 (1956) 113-133.

*b*11834 DESCAMPS, A.-L., «Pour une histoire du titre 'Fils de Dieu'. Les antécédents par rapport à Marc», dans *L'ÉVangile selon Marc* (en colllab.) (1974), 529-571.

*b*11835 STÖGER, A., «Sohn Gottes im Markusevangelium (Bibelmeditation)», BiLit 49 (1976) 31-34, 112-115, 430-433.

*b*11836 VELLANICKAL, M., *The Divine Sonship of Christians in the Johannine Writings*, «The Divine Sonship of Christians in the synoptic Gospels» (1977), 53-68.

*b*11837 HIGGINS, A.J.B., *The Son of Man in the Teaching of Jesus* (SNTS Monograph Series, 39) (Cambridge, Cambridge University Press, 1980), «The Son of man in the synoptic gospels in recent study», 29-53; «The Synoptic texts», 55-122.

*b*11838 TUCKETT, C., «The Present Son of Man», JSNT nº 14 (1982) 58-81.

3. Jean. John. Johannes. Giovanni. Juan.

*b*11839 VELLANICKAL, M., *The Divine Sonship of Christians in the Johannine Writings*, xl-400 pp.

*b*11840 DE JONGE, M., «The Son of God and the Children of God in the Fourth Gospel», dans *Saved by Hope* (en collab.) (1978), 44-63.

4. Paul. Paulus. Paolo. Pablo.

*b*11841 VELLANICKAL, M., *The Divine Sonship of Christians in the Johannine Writings*, «The Pauline Doctrine of Christian Sonship» (1977), 69-87.

*b*11842 HOLTZ, T., «'Euer Glaube an Gott.' Zu Form und Inhalt 1 Thess l,9f», dans *Die Kirche des Anfangs* (en collab.) (1978), 459-488.

*b*11843 BYRNE, B., *'Sons of God' - 'Seed of Abraham'*. A Study of the Idea of the Sonship of God of All Christians in Paul against the Jewish Background (Analecta Biblica, 83) (Rome, Biblical Institute Press, 1979), xi-288 pp

*b*11844 PAULSEN, H., «Einheit und Freiheit der Söhne Gottes - Gal 3 26-29», ZNW 71 (1980) 74-95.

*b*11845 REY, B., «Vie de foi et vie filiale selon saint Paul», MSR 39 (1982) 3-18.

5. Divers. Miscellaneous. Verschiedenes. Diversi. Diversos.

*b*11846 VELLANICKAL, M., *The Divine Sonship of Christians in the Johannine Writings*, «The Divine Sonship of Man in Later Judaism» (1977), 29-43.

*b*11847 VICENT, A., «La filiación divina según *kai* en 1 Jn 2,29 y 3,1», EstB 36 (1977) 85-90.

*b*11848 SCHENKER, A., «Gott als Vater - Söhne Gottes. Ein vernachlässigter Aspekt einer biblischen Metapher», FreibZ 25 (1978) 1-55.

Fils de l'homme. Son of Man. Menschensohn. Figlio dell'uomo. Hijo del Hombre.

a) Études générales. General Studies. Allgemeine Studien. Studi generali. Estudios generales.

*b*11849 MANSON, W., «The Son of Man and History», SJTh 5 (1952) 113-122.
*b*11850 SEETHALER, P., «Kleine Studie über den 'Menschensohn'», BiKi 11 (1956) 85-87.
*b*11851 BORSCH, F.H., «The Son of Man», AThR 45 (1963) 174-190.
*b*11852 CLOSS, A., «Himmelssohn und Menschensohn», Kairos 6 (1964) 33-45.
*b*11853 HAUFE, G., «Le problème du Fils de l'Homme: état de la question», ETR 42 (1967) 311-322.
*b*11854 GELSTON, A., «A Sidelight on the 'Son of Man'», SJTh 22 (1969) 189-196.
*b*11855 COLPE, C., «Der Begriff 'Menschensohn' und die Methode der Erforschung messianischer Prototypen», Kairos 11 (1969) 241-263; 12 (1970) 81-112; 13 (1971) 1-17.
*b*11856 MOULE, C.F.D., «Neglected Features in the Problem of 'The Son of Man'», dans *Neues Testament und Kirche* (en collab.) (1974), 413-428.
*b*11857 CASEY, P.M., «The Son of Man Problem», ZNW 67 (1976) 147-154.
*b*11858 BOWKER, J., «The Son of Man», JTS 28 (1977) 19-48.
*b*11859 BROWN, J.P., «The Son of Man: 'This fellow'», Bibl 58 (1977) 361-387.
*b*11860 VERMES, G., «'The Son of Man' Debate», JSNT n° 1 (1978) 19-32.
*b*11861 FITZMYER, J.A., «Another View of the 'Son of Man' Debate», JSNT n° 4 (1979) 58-68.
*b*11862 HOOKER, M.D., «Is the Son of Man problem really insoluble?» dans *Text and Interpretation* (en collab.) (1979), 155-168.
*b*11863 COLPE, C., «Neue Untersuchungen zum Menschensohn-Problem», TR 77 (1981) 353-373.
*b*11864 LINDARS, B., «The New Look on the Son of Man», BJRL 63 (1981) 437-462.
*b*11865 TUCKETT, C., «Recent Work on the Son of Man», SB 12 (1981) 14-18.
*b*11866 GERLEMAN, G., *Der Menschensohn* (Studia Biblica, 1) (Leiden, Brill, 1983), x-79 pp.
*b*11867 STURCH, R.L., «The Replacement of 'Son of Man' by a Pronoun», ExpTim 94 (1983) 333.
*b*11868 WALKER, W.O., Jr., «The Son of Man: Some Recent Developments», CBQ 45 (1983) 584-607.

b) Judaïsme. Judaism. Judentum. Giudaismo. Judaísmo.

*b*11869 RUSSELL, D.S., *Between the Testaments*, «The Messiah and the Son of Man» (1960), 119-142.
*b*11870 FÜGLISTER, N., «Der Menshensohn der spät- und nachalttestamentlichen Apokalyptik», dans *Mysterium Salutis* (en collab.) (1970), III.1, 185-195.
*b*11871 COPPENS, J. «Le Fils d'homme dans le judaïsme de l'époque néotestamentaire», OLoP 6/7 (1975-76) 59-73.
*b*11872 SCHWEIZER, E., «Menschensohn und eschatologischer Mensch im Frühjudentum», dans *Jesus und der Menschensohn* (en collab.) (1975), 100-116.
*b*11873 THEISOHN, J., *Der Ausserwählte Richter*. Untersuchungen zum traditionsgeschichtlichen Ort der Menschensohngestalt der Bilderreden des äthiopischen Henoch (Studien zur Umwelt des Neuen Testaments, 12) (Göttingen, Vandenhoeck & Ruprecht, 1975), xiv-308 pp.
*b*11874 BLACK, M., «The 'Parables' of Enoch (1 En 37-71) and the 'Son of Man'», ExpTim 88 (1976) 5-8.
*b*11875 CASEY, M., «The Use of Term 'Son of Man' in the Similitudes of Enoch», JStJud 7 (1976) 11-29.

b11876 GLASSON, T.F., «The Son of Man Imagery: Enoch xiv and Daniel vii», NTS 23 (1977) 82-90.

b11877 WILSON, F.M., «The Son of Man in Jewish Apocalyptic Literature», SBT 8,1 (1978) 28-52.

b11878 COLLINS, J.J., «The Son of Man Who Has Righteousness», dans Society of Biblical Literature. 1979 Seminar Papers (en collab.) (1979) II, 1-13 (I Henoch 46).

b11879 COLLINS, J.J., «The Heavenly Representative: The 'Son of Man' in the Similitudes of Enoch», dans Ideal Figures in ancient Judaism (en collab.) (1980), 111-133.

b11880 COPPENS, J., «Le dossier non biblique de l'expression araméenne br 'nš», ETL 56 (1980) 122-124.

b11881 HIGGINS, A.J.B., The Son of Man in the Teaching of Jesus (SNTS Monograph Series, 39) (Cambridge, Cambridge University Press, 1980), «The Son of man and ancient Judaism», 3-28.

b11882 COPPENS, J., «Le Fils d'homme dans les traditions juives postbibliques hormis le Livre des Paraboles de l'Hénoch éthiopien», ETL 57 (1981) 58-82.

b11883 LEIVESTAD, R., «Jesus - Messias - Menschensohn. Die jüdischen Heilandserwartungen zur Zeit der ersten römischen Kaiser und die Frage nach dem messianischen Selbsbewusstsein Jesu», dans Aufstieg und Niedergang der römischen Welt, II. Principat, (en collab.), 25. Band, 1. Halbband (1982), 220-264.

b11884 JACOBSON, H., «The 'Son of Man' in Ps.-Philo Liber antiquitatum biblicarum», JTS 34 (1983) 531-533.

c) Ancien Testament. Old Testament. Altes Testament. Antico Testamento. Antiguo Testamento.

b11885 BLACK, M., «Servant of the Lord and Son of Man», SJTh 6 (1953) 1-11.

b11886 COPPENS, J., «Le chapitre VII de Daniel», ETL 39 (1963) 87-94.

b11887 PROUDMAN, C.L.J., «Remarks on the 'Son of Man'», CanJT 12 (1966) 128-131.

b11888 BLACK, M., «Die Apotheose Israels: eine neue Interpretation des danielischen 'Menschensohns'», dans Jesus und der Menschensohn (en collab.) (1975), 92-99.

b11889 DEISSLER, A., «Der 'Menschensohn' und 'das Volk der Heiligen des Höchsten' in Dan 7», dans Jesus und der Menschensohn (en collab.) (1975), 81-91.

b11890 FEUILLET, A., Études d'exégèse et de théologie biblique, «Le Fils de l'homme de Daniel et la tradition biblique» (1975), 435-493.

b11891 LORETZ, O., «Aspekte der kanaanäischen Gottes-So(//ö)hn(e)-Tradition im Alten Testament», UF 7 (1975) 586-589.

b11892 MÜLLER, K., «Der Menschensohn im Danielzyklus», dans Jesus und der Menschensohn (en collab.) (1975), 37-80.

b11893 BLACK, M., «The Throne-Theophany Prophetic Commission and the 'Son of Man': A Study in Tradition-History», dans Jews, Greeks and Christians (en collab.) (1976), 57-73.

b11894 CASEY, M., «The Corporate Interpretation of 'One like a Son of Man' (Dan. VII 13) at the Time of Jesus», NT 18 (1976) 167-180.

b11895 KEARNS, R., Vorfragen zur Christologie. I. Morphologische und Semasiologische Studie zur Vorgeschichte eines christologischen Hoheitstitels (Tübingen, Mohr, 1978), iv-207 pp.

b11896 CASEY, M., Son of Man. The interpretation and influence of Daniel 7 (London, SPCK, 1979), xv-272 pp.

b11897 FERCH, A.J., «Daniel 7 and Ugarit: A Reconsideration», JBL 99 (1980) 75-86.

b11898 MOLONEY, F.J., «The Re-interpretation of Psalm VIII and the Son of Man Debate», NTS 27 (1981) 656-672.

*b*11899 SAHLIN, H., «Wie Wurde ursprünglich die Benennung 'Der Menschensohn' verstanden?» ST 37 (1983) 147-179.

d) Nouveau Testament. New Testament. Neues Testament. Nuovo Testamento. Nuevo Testamento.

1. Études générales. General Studies. Allgemeine Studien. Studi generali. Estudios generales.

*b*11900 TINSLEY, E.J., «The Sign of the Son of Man», SJTh 8 (1955) 297-306.
*b*11901 GOPPELT, L., *Theologie des Neuen Testaments*, «Der Menschensohn» (1976), 226-253.
*b*11902 COKE, P.T., «The Angels of the Son of Man», dans *Probleme der Forschung* (SNTU Serie A, Band 3) (1978), 91-98.
*b*11903 PERROT, C., *Jésus et l'histoire*, «Le Fils de l'homme» (1979), 241-272.
*b*11904 GUILLET, J., «Le fils de l'homme», CE n⁰ 31 (n.s.) (1980) 54-56.
*b*11905 COPPENS, J., *La relève apocalytique du messianisme royal.* III: Le Fils de l'homme néotestamentaire (Leuven, Peeters, Leuven University Press, 1981), xiv-197 pp.

2. Évangiles synoptiques. Synoptic Gospels. Synoptische Evangelien. Vangeli sinottici. Evangelios sinópticos.

*b*11906 COPPENS, J., «Les logia du Fils de l'Homme dans l'évangile de Marc», dans *L'Évangile selon Marc* (en collab.) (1974), 487-528.
*b*11907 DESCAMPS, A.-L., «Pour une histoire du titre 'Fils de Dieu'. Les antécédents par rapport à Marc», dans *L'Évangile selon Marc* (en collab.) (1974), 529-571.
*b*11908 GNILKA, J., «Das Elend vor dem Menschensohn (Mk 2,1-12)», dans *Jesus und der Menschensohn* (en collab.) (1975), 196-209.
*b*11909 HAHN, F., «Die Rede von der Parusie des menschensohnes Markus 13», dans *Jesus und der Menschensohn* (en collab.) (1975), 240-266.
*b*11910 HIGGINS, A.J.B., «'Menschensohn' oder 'ich' in Q: Lk 12,8-9/Mt 10,32-33?» dans *Jesus und der Menschensohn* (en collab.) (1975), 117-123.
*b*11911 PESCH, R., «Die Passion des Menschensohnes. Eine Studie zu den Menschensohnworten der vormarkinischen Passionsgeschichte», dans *Jesus und der Menschensohn* (en collab.) (1975), 166-195.
*b*11912 SABOURIN, L., «La venue prochaine du Fils de l'homme d'après Mt 10,23b», dans *Homenaje a Juan Prado* (en collab.) (1975), 373-386.
*b*11913 SCHNEIDER, G., «'Der Menschensohn' in der lukanischen Christologie», dans *Jesus und der Menschensohn* (en collab.) (1975), 267-282.
*b*11914 SCHÜRMANN, H., «Beobachtungen zum Menschensohn-Titel in der Redequelle. Sein Vorkommen in Abschluss- und Einleitungswendungen», dans *Jesus und der Menschensohn* (en collab.) (1975), 124-147.
*b*11915 GRAHAM, H.H., «The Gospel According to St. Mark: Mystery and Ambiguity», AThR Supplementary Series, n⁰ 7 (1976) 43-55.
*b*11916 BUSSE, U., *Die Wunder des Propheten Jesus*, «Der 'irdische' Menschensohn als Heiland der Sünder» (1977), 437-445.
*b*11917 CATCHPOLE, D.R., «The Son of Man's Search for Faith (Luke xviii 8b)», NT 19 (1977) 81-104.
*b*11918 MÜLLER, M., «Über den Ausdruck 'Menschensohn' in den Evangelien», ST 31 (1977) 65-82.
*b*11919 ORBE, A., «El Hijo del hombre come y bebe (Mt 11,19; Lc 7,34)», Greg 58 (1977) 523-555.
*b*11920 MARSH, J., «Meditations in Matthew», dans *Studia Biblica 1978. II. Papers on the Gospels* (en collab.) (1978), 129-149.

b11921   McDERMOTT, J.M., «Luc, XII,8-9: Pierre angulaire», RB 85 (1979) 381-401.

b11922   GARNET, P., «The Baptism of Jesus and the Son of Man Idea», JSNT nᵒ 9 (1980) 49-65.

b11923   HIGGINS, A.J.B., *The Son of Man in the Teaching of Jesus* (SNTS Monograph Series, 39) (New York, Cambridge, UK, London, Cambridge University Press, 1980), x-177 pp.

b11924   COPPENS, J., *Le Fils de l'homme néotestamentaire* (1981), «Les logia du Fils de l'homme dans la Quelle», 105-107; «Les logia du Fils de l'homme dans l'Évangile de Marc», 109-149; «Le Fils de l'homme dans la Quelle», 155-186.

b11925   CIHOLAS, P., «Son of Man in the Synoptic Gospels», BTB 11 (1981) 17-20.

b11926   MARTIN, F., «Le signe du fils de l'homme. Analyse des chapitres 24 et 25 de l'évangile de Matthieu», LV nᵒ 160 (1982) 61-77.

b11927   TUCKETT, C., «The Present Son of Man», JSNT nᵒ 14 (1982) 58-81.

b11928   VÖGTLE, A., «Bezeugt die Logienquelle die authentische Redeweise Jesu vom 'Menschensohn'?» dans *Logia* (en collab.) (1982), 77-99.

b11929   WALKER, W.O., Jr., «The Son of Man Question and the Synoptic Problem», NTS 28 (1982) 374-388.

b11930   LINDARS, B., *Jesus Son of Man*. A Fresh Examination of the Son of Man Sayings in the Gospels in the Light of Recent Research (London, SPCK, 1983), xi-244 pp.

b11931   PAMMENT, M., «The Son of Man in the First Gospel», NTS 29 (1983) 116-129.

b11932   WALKER, W.O., Jr., «The Son of Man Question and the Synoptic Problem», dans *New Synoptic Studies* (Ed. W.R. FARMER) (en collab.) (1983), 261-301.

3. Jean. John. Johannes. Giovanni. Juan.

b11933   PREISS, T., «Le Fils de l'Homme dans le quatrième évangile», ETR 28 (1953) 7-61.

b11934   SIDEBOTTOM, E.M., «The Ascent and Descent of the Son of Man in the Gospel of St. John», AThR 39 (1957) 115-122.

b11935   BARRETT, C.K., «Das Fleisch des Menschensohnes (Joh 6,53)», dans *Jesus und der Menschensohn* (en collab.) (1975), 342-354.

b11936   RIEDL, J., «Wenn ihr den Menschensohn erhöht habt, werdet ihr erkennen (Joh 8,28)», dans *Jesus und der Menschensohn* (en collab.) (1975), 355-370.

b11937   RUCKSTUHL, E., «Abstieg und Erhöhung des johanneischen Menschensohns», dans *Jesus und der Menschensohn* (en collab.) (1975), 314-341.

b11938   SCHNACKENBURG, R., «Die Ecce-homo-Szene und der Menschensohn», dans *Jesus und der Menschensohn* (en collab.) (1975), 371-386.

b11939   COPPENS, J., «Le Fils de l'Homme dans l'Évangile johannique», ETL 52 (1976) 28-81.

b11940   MOLONEY, F.J., «The Johannine Son of Man», BTB 6 (1976) 177-189.

b11941   BORGEN, P., «Some Jewish Exegetical Traditions as Background for Son of Man Sayings in John's Gospel (Jn 3,13-14 and context)», dans *L'Évangile de Jean* (en collab.) (1977), 243-258.

b11942   COPPENS, J., «Le logia johannique du Fils de l'homme», dans *L'Évangile de Jean* (en collab.) (1977), 311-315.

b11943   COPPENS, J., «Miscellanées bibliques. XCI. Le Fils de l'homme johannique», ETL 54 (1978) 126-130.

b11944   COPPENS, J., *Le Fils de l'homme néotestamentaire*, «Les logia du Fils de l'homme dans l'Évangile johannique» (1981), 45-103.

4. Actes des apôtres. Acts of the Apostles. Apostelgeschichte. Atti degli apostoli. Hechos de los apóstoles.

b11945 MUSSNER, F., «Wohnung Gottes und Menschensohn nach der Stephanusperikope (Apg 6,8-8,2)», dans *Jesus und der Menschensohn* (en collab.) (1975), 283-299.

b11946 SABBE, M., «The Son of Man Saying in Acts 7,56», dans *Les Actes des Apôtres. Traditions, rédaction, théologie* (en collab.) (1979), 241-279.

5. Paul. Paulus. Paolo. Pablo.

b11947 COPPENS, J., «Le Fils de l'homme dans le dossier paulinien», ETL 52 (1976) 309-330, dans COPPENS, J., *Le Fils de l'homme néotestamentaire* (1981), 23-44.

b11948 GRÄSSER, E., «Beobachtungen zum Menschensohn in Hebr 2,6», dans *Jesus und der Menschensohn* (en collab.) (1975), 404-414.

6. Apocalypse. Offenbarung. Apocalisse. Apocalipsis.

b11949 LOHSE, E., «Der Menschensohn in der Johannesapokalypse», dans *Jesus und der Menschensohn* (en collab.) (1975), 415-420.

b11950 COPPENS, J., «La mention d'un Fils d'homme angélique en Ap 14,14», dans *L'Apocalypse johannique et l'Apocalyptique dans le Nouveau Testament* (en collab.) (1980), 229.

b11951 ROWLAND, C., «The Vision of the Risen Christ in Rev. i.13ff: The Debt of an Early Christology to an Aspect of Jewish Angelology», JTS 31 (1980) 1-11.

e) Divers. Miscellaneous. Verschiedenes. Diversi. Diversos.

b11952 BULTEAU, M.-G., «Le Fils de l'homme dans la littérature apocalyptique», dans *¿Jésus?* (en collab.) (1974), 69-81.

b11953 SMITH, M.S., «The 'Son of Man' in Ugaritic», CBQ 45 (1983) 59-60.

Foi. Faith. Glaube. Fede. Fe.

a) Études générales. General Studies. Allgemeine Studien. Studi generali. Estudios generales.

b11954 FUSTER IBARRA, V., «Apuntes bíblicos», CuBi 18 (1961) 247-251.

b11955 TRÜTSCH, J., PFAMMATTER, J., «Glaube nach der Heiligen Schrift», dans *Mysterium Salutis* (en collab.) (1965), I, 796-816.

b11956 LUBSCZYK, H., «Die Einheit der Schrift. Zur hermeneutischen Relevanz der Urbekenntnis im Alten und Neuen Testament», dans *Sapienter ordinare* (en collab.) (1969), 73-104.

b11957 BAMBERG, C., «Abraham und Maria: Zur Aktualität der Urbilder unseres Glaubens», GeistL 51 (1978) 10-27.

b11958 LANG, B., «Les confessions de foi dans l'Ancien et le Nouveau Testament», Conci n° 138 (1978) 13-22.

b11959 KIRCHSCHLÄGER, W., «Leben aus dem Glauben nach dem Zeugnis der Bibel», BiLit 53 (1980) 30-35.

b11960 BARR, J., «The Bible as a Document of Believing Communities», dans *The Bible as a Document of the University* (en collab.) (1981), 25-47.

b) Ancien Testament. Old Testament. Altes Testament. Antico Testamento. Antiguo Testamento.

*b*11961   BRUSTON, É., «La foi de l'Ecclésiaste», ETR 15 (1940) 11-25.

*b*11962   WILDBERGER, H., «'Glauben', Erwägungen zu *h'myn*», SuppVT 16 (1967) 372-386, dans *Jahwe und sein Volk* (1979), 146-160.

*b*11963   BUCCELLATI, G., «Adapa, Genesis, and the Notion of Faith», UF 5 (1973) 61-66.

*b*11964   GRIMM, D., «Geschichtliche Erinnerungen im Glauben Israels», TZ 32 (1976) 257-268.

*b*11965   JAROŠ, K., «Abraham, Vater des Glaubens; Glaube als Vertrauen», BiLit 49 (1976) 5-14.

*b*11966   WALLIS, G., «Die geschichtliche Erfahrung und das Bekenntnis zu Jahwe im Alten Testament», TLZ 101 (1976) 801-816.

*b*11967   KRAUS, H.-J., «Vom Kampf des Glaubens. Eine biblisch-theologische Studie», dans *Beiträge zur Alttestamentlichen Theologie* (en collab.) (1977), 239-256.

*b*11968   ACKROYD, P., «Faith and its reformulation in the post-exilic period: sources», TDig 27 (1979) 323-334.

*b*11969   ACKROYD, P., «Faith and its reformulation in the post-exilic period: prophetic material», TDig 27 (1979) 335-346.

*b*11970   CAZELLES, H., «La liturgie confession de foi dans l'Ancien Testament», dans TRIACCA, A.M., PISTOIA, A. (Ed.), *La liturgie, expression de la foi.* Conférences Saint-Serge, vingt-cinquième semaine d'études liturgiques, Paris, 27-30 juin 1978) (Roma, Edizioni Liturgiche, 1979), 89-96.

*b*11971   CRESS, D.A., «Isaiah 7:9 and Propositional Accounts of the Nature of Religious Faith», dans *Studia Biblica 1978. I. Papers on Old Testament* (en collab.) (1979), 111-117.

*b*11972   KÖRNER, J., «Das Wesen des Glaubens nach dem Alten Testament», TLZ 104 (1979) 713-720.

*b*11973   OSSWALD, E., «Glaubenszuversicht und Glaubensanfechtung im Alten Testament unter besonderer Berücksichtigung der Psalmen», TLZ 104 (1979) 705-712.

*b*11974   CRENSHAW, J.L., «The Birth of Skepticism in Ancient Israel», dans *The Divine Helmsman* (en collab.) (1980), 1-19.

*b*11975   HALS, R.M., *Grace and Faith in the Old Testament* (Minneapolis, Augsburg, 1980), 95 pp.

*b*11976   BOISVERT, L., *Bible et cheminement de foi* (Lectures bibliques, 13) (Montréal, Éditions Paulines & Apostolat des Éditions, 1981), 139 pp.

c) Nouveau Testament. New Testament. Neues Testament. Nuovo Testamento. Nuevo Testamento.

1. Études générales. General Studies. Allgemeine Studien. Studi generali. Estudios generales.

*b*11977   KERSTIENS, F., «Der Glaube Mariens», BiLeb 8 (1967) 204-208.

*b*11978   SCHULZ, S., *Die Stunde der Botschaft*, «Wort und Glaube» (1967), 341-359.

*b*11979   TROCMÉ, É., «Le christianisme primitif un mythe historique?» ETR 40 (1974) 15-29.

*b*11980   WERNIK, U., «Frustrated beliefs and early Christianity. A Psychological Enquiry into the Gospels of the New Testament», Numen 22 (1975) 96-130.

*b*11981   DEWAILLY, L.-M., «Réalisme du salut et des langages de la foi», MD n° 126 (1976) 42-70.

*b*11982   FUCHS, E., «Sola fide. Der Kampf um einen Stilbruch», ZTK 73 (1976) 306-314.

*b*11983   GOPPELT, L., *Theologie des Neuen Testaments*, «Der Glaube» (1976) 454-464.

*b*11984   BEUTLER, J., «Glaube und Institution im Neuen Testament», ThPh 52 (1977) 1-22.

*b*11985   BLANCH, S., «I Believe (1): The Nature of Faith», ExpTim 88 (1977) 243-244.

b11986   FAUX, J.-M., *La Foi du Nouveau Testament* (Brussels, Institut d'Études Théologiques, 1977), 402 pp.

b11987   GUILLET, J., *Les premiers mots de la foi*. De Jésus à l'Église (Coll. 'Croire et comprendre') (Paris, Le Centurion, 1977), 128 pp.

b11988   HUTCHISON, H., «The By-Products of Belief», ExpTim 88 (1977) 211-213.

b11989   LOHSE, E., «Emuna und Pistis - Jüdisches und urchristliches Verständnis des Glaubens», ZNW 68 (1977) 147-163.

b11990   THRALL, M., «Alternative Versions of Christian Faith», ExpTim 88 (1977) 115-119.

b11991   AUBIN, P., «La dynamique du Credo», CHR 25 (1978) 181-189.

b11992   MODRAS, R., «Fonctions et limites des énoncés de la foi», Conci nº 138 (1978) 49-58.

b11993   MOLTMANN, J., «La confession de foi en Jésus-Christ. Réflexions bibliques et théologiques», Conci nº 138 (1978) 23-30.

b11994   VASSEROT-MERLE, P., «La Bible et la décision morale», LV nº 136 (1978) 79-99.

b11995   BERTRAND, D., «Il n'y a plus de Temple», CHR nº 101 (1979) 50-65.

b11996   LOHSE, E., «Emuna and Pistis», TDig 27 (1979) 148-150.

b11997   STEINMETZ, F.-J., «Hoffnung für alle - Geheimnis des Glaubens», GeistL 52 (1979) 425-428.

b11998   THOMAS, J., *Jésus dans l'expérience chrétienne* (Coll. 'Christus', nº 52, Essais) (Paris, Desclée de Brouwer; Montréal, Bellarmin, 1979), «La foi de Jésus», 41-74.

b11999   VAN NESS GOETCHIUS, E., «The Concept of Evangelism in the New Testament: Some Key Terms», AThR Supplement Series, nº 8 (1979) 81-92.

b12000   COLLANGE, J.-F., *De Jésus à Paul*, «La foi» (1980), 161-185.

b12001   MARTINI, C.-M., «Iniziazione cristiana e teologia fondamentale. Riflessione sulle tappe della maturità cristiana nella chiesa primitiva», dans *Problemi e prospettive di teologia fondamentale* (en collab.) (1980), 85-91.

b12002   STANLEY, D.M., *Jesus in Gethsemane*, «Four Individual Approaches to Christian Faith» (1980), 56-89.

b12003   ROBINSON, J.M., «Jesus: From Easter to Valentinus (or to the Apostles' Creed)», JBL 101 (1982) 5-37.

2. Évangiles synoptiques. Synoptic Gospels. Synoptische Evangelien. Vangeli sinottici. Evangelios sinópticos.

b12004   MERLI, D., «Glauben und Vertrauen in den Wundererzählungen der Evangelien. Überlegungen zu einem biblischen Grundbegriff», BiLeb 14 (1973) 210-215.

b12005   GALOT, J., «Riflessioni sul primo atto di fede cristiana. Maria la prima credente», CC 1 (1978) 27-39.

b12006   McCAUGHEY, T., «Paradigms of Faith in the Gospel of St Luke», IrThQ 45 (1978) 177-184.

b12007   SCHWEIZER, E., «The Portrayal of the Life of Faith in the Gospel of Mark», Interpr 32 (1978) 387-399.

b12008   LOHSE, E., «Glaube und Wunder. Ein Beitrag zur *theologia crucis* in den synoptischen Evangelien», dans *Theologia Crucis - Signum Crucis* (en collab.) (1979), 335-350.

b12009   PLEVNIK, J., «The Origin of Easter Faith according to Luke», Bibl 61 (1980) 492-508.

b12010   POUSSET, É., «Foi et non-foi dans l'Évangile de saint Marc», LVit 35 (1980) 335-351.

b12011   HAHN, F., «Das Verständnis des Glaubens in Markusevangelium», dans *Glaube im Neuen Testament* (en collab.) (1982), 43-67.

b12012   KLEIN, H., «Das Glaubensverständnis im Matthäusevangelium», dans *Glaube im Neuen Testament* (en collab.) (1982), 29-42.

b12013   SCHENK, W., «Glaube im lukanischen Dopppelwerk», dans *Glaube im Neuen Testament* (en collab.) (1982), 69-92.

*b*12014   STRECKER, G., «Vaterunser und Glaube», dans *Glaube im Neuen Testament* (en collab.) (1982), 11-28.

3. Jean. John. Johannes. Giovanni. Juan.

*b*12015   CULLMANN, O., «*Eiden kai episteusen*. La vie de Jésus, objet de la 'vue' et de la 'foi' d'après le quatrième Évangile», dans *Aux sources de la tradition chrétienne* (en collab.) (1950), 52-61.

*b*12016   REYMOND, P., HARLÉ, P.-A., «Notes bibliques de prédication: pour les temps du Carême, de la Passion et de Pâques», VC n° 57 (1961) 99-115.

*b*12017   SCHNACKENBURG, R., «Offenbarung und Glaube im Johannesevangelium», BiLeb 7 (1966) 165-180.

*b*12018   BEUTLER, J., «Glaube und Zeugnis im Johannesevangelium», Bijdr. 34 (1973) 60-68.

*b*12019   BOGART, J., *Orthodox and Heretical Perfectionism in the Johannine Community as Evident in the First Epistle of John* (SBL Dissertation Series, 33) (Missoula, Scholars Press, 1977), 190 pp.

*b*12020   NEIRYNCK, F., Avec la collaboration de J. DELOBEL, T. SNOY, G. VAN BELLE et F. VAN SEGBROECK, «L'Évangile de Jean. Examen critique du commentaire de M.-É. Boismard et A. Lamouille», ETL 53 (1977) 363-478 («5. Foi et miracle. Jn 4,46-54»), 451-478.

*b*12021   MOLONEY, F.J., «From Cana to Cana (John 2:1-4:54) and the Fourth Evangelist's Concept of Correct (and Incorrect) Faith», dans *Studia Biblica 1978. II. Papers on the Gospels* (en collab.) (1978), 185-213; Sal 40 (1978) 817-843.

*b*12022   MOLLAT, D., *Études johanniques*, «La foi» (1979) 76-90.

*b*12023   NEIRYNCK, F., *Jean et les synoptiques*, «Foi et miracle: Le fonctionnaire royal en 4,46-54» (1979), 93-120.

*b*12024   JAUBERT, A., «La symbolique des femmes dans les traditions religieuses: une reconsidération de l'Évangile de Jean», RUO 50 (1980) 114-121.

*b*12025   VON WAHLDE, U.C., «The Witnesses to Jesus in John 5:31-40 and Belief in the Fourth Gospel», CBQ 43 (1981) 385-404.

*b*12026   WALTER, N., «Glaube und irdischer Jesus im Johannesevangelium», dans *Studia Evangelica* (en collab.) (1982), VII, 547-552.

*b*12027   IBUKI, Y., «Viele glaubten an ihn - Auseinandersetzung mit dem Glauben im Johannesevangelium», AJBI 9 (1983) 128-183.

4. Paul. Paulus. Paolo. Pablo.

*b*12028   ALONSO DIAZ, J., «La estructura de la fe, según la Epístola a los Hebreos», CuBi 13 (1956) 244-250.

*b*12029   DUPONT, J., «The Conversion of Paul, and its Influence on his Understanding of Salvation by Faith», dans *Apostolic History and the Gospel* (en collab.) (1970), 176-194.

*b*12030   RUSCHE, H., «Glauben und Leben nach dem Hebräerbrief. Einführende Bemerkungen», BiLeb 12 (1971) 94-104.

*b*12031   CHARBEL, A., «Conversione e fede in S. Paolo», BibOr 18 (1976) 39-47.

*b*12032   SCHLIER, H., *Grundzüge einer paulinischen Theologie*, «Der Glaube» (1978), 216-223.

*b*12033   BÉNÉTREAU, S., «La foi d'Abel. Hébreux 11,4» (1979) 623-630.

*b*12034   KERN, W., «Mein Glaube - und die Anderen. Biblische Überlegungen mit dem Apostel Paulus», GeistL 52 (1979) 454-463.

*b*12035   LOHSE, E., «Sola fide», dans *Paul de Tarse, apôtre de notre temps* (en collab.) (1979), 473-483.

*b*12036 THOMAS, J., *Jésus dans l'expérience chrétienne* (Coll. 'Christus', no 52, Essais) (Paris, Desclée de Brouwer; Montréal, Bellarmin, 1979), «La foi des premiers disciples», 96-113.

*b*12037 HULTGREN, A.J., «The *Pistis Christou* Formulation in Paul», NT 22 (1980) 248-263.

*b*12038 FRIEDRICH, G., «Muss *upakoê pisteôs* Röm 1 5 mit 'Glaubensgehorsam' übersetzt werden?» ZNW 72 (1981) 118-123.

*b*12039 VIARD, A., «Le salut par la foi dans l'épître aux Hébreux», Ang 58 (1981) 115-136.

*b*12040 FRIEDRICH, G., «Glaube und Verkündigung bei Paulus», dans *Glaube im Neuen Testament* (en collab.) (1982), 93-113.

*b*12041 KRETSCHMAR, G., «Der paulinische Glaube in den Pastoralbriefen», dans *Glaube im Neuen Testament* (en collab.) (1982), 115-140.

*b*12042 HAACKER, K., «Der Glaube im Hebräerbrief und die hermeneutische Bedeutung des Holocaust», TZ 39 (1983) 152-165.

5. Jacques. James. Jakobus. Giacomo. Santiago.

*b*12043 NICOL, W., «Faith and works in the Letter of James», dans *Essays on the General Epistles of the New Testament* (en collab.) (1975), 7-24.

*b*12044 LODGE, J.G., «James and Paul at Cross-Purposes? James 2,22», Bibl 62 (1981) 195-213.

6. Pierre. Peter. Petrus. Pietro. Pedro.

*b*12045 BULTMANN, R., «Bekenntnis- und Liedfragmente im ersten Petrusbrief», *Coniectanea Neotestamentica* 11 (1947) 1-14, dans *Exegetica* (1967), 285-297.

*b*12046 BOVON, F., «Foi chrétienne et religion populaire dans la première épître de Pierre», ETR 43 (1978) 25-41.

7. Divers. Miscellaneous. Verschiedenes. Diversi. Diversos.

*b*12047 VELLANICKAL, M., *The Divine Sonship of Christians in the Johannine Writings*, «Life of Divine Sonship: a Life of Faith (1 Jn 5:1-4)» (1977), 317-330.

*b*12048 VON ALLMEN, J.-J., *Pastorale du baptême*, «Le baptême, sacrement de foi» (1978), 48-56.

*b*12049 REYMOND, B., «Ménégoz, Bultmann, Tillich: Réflexions sur trois étapes modernes du fidéisme protestant», SR 8 (1979) 153-158.

*b*12050 BARTH, G., «Pistis in hellenistischer Religiosität», ZNW 73 (1982) 110-126.

Folie. Folly. Torheit. Follia. Locura.

*b*12051 CAQUOT, A., «Sur une désignation vétéro-testamentaire de 'l'insensé'», RHR 155 (1959) 1-16.

*b*12052 KRAUS, A., «The Sin of Folly», dans *Standing Before God* (en collab.) (1981), 289-300.

Foule. Crowd. Menge. Folla. Gentío.

*b*12053 CITRON, B., «The Multitude in the Synoptic Gospels», SJTh 7 (1954) 408-418.

Fraternité. Brotherhood. Bruderliebe. Fratellanza. Fraternidad.

b12054   RUSCHE, H., «Wo ist dein Bruder? Stationen biblischer Besinnung», BiLeb 4 (1963) 62-70.

b12055   VON RAD, G., *Gottes Wirken in Israel*, «Bruder und Nächster im Alten Testament» (1974), 238-249.

b12056   GALOT, J., «Gesù e il progetto di una società fraterna», CC 4 (1978) 342-353.

b12057   ECKERT, J., «La réalisation de la fraternité dans les premières communautés chrétiennes», Conci no 150 (1979) 35-43.

b12058   PERLITT, L., «'Ein einzig Volk von Brüdern'. Zur deuteronomischen Herkunft der biblischen Bezeichnung 'Bruder'», dans *Kirche*. Festschrift für Günther Bornkamm (en collab.) (1980), 27-52.

b12059   RUGGIERI, G., «L'Église refait sienne la fraternité évangélique», Conci no 166 (1981) 41-53.

b12060   VON ALLMEN, D., *La famille de Dieu*, «Frères et soeurs» (1981), 156-165.

b12061   HOET, R., *'Omnes autem vos fratres estis.'* Étude du concept ecclésiologique des 'frères' selon Mt 23,8-12 (Analecta Gregoriana, 232) (Roma, Università Gregoriana Editrice, 1982), ix-226 pp.

Galilée. Galilee. Galiläa. Galilea.

b12062   FORTNA, R.T., «Theological Use of Locale in the Fourth Gospel», AThR Supplementary Series, no 3 (1974) 58-95.

b12063   MATSUNAGA, K., «The Galileans in the Fourth Gospel», AJBI 2 (1976) 139-158.

b12064   MEYERS, E.M., «Galilean Regionalism as a Factor in Historial Reconstruction», BASOR no 221 (1976) 93-101.

b12065   FREYNE, S., «The Galileans in the Light of Josephus' *Vita*», NTS 26 (1980) 397-413.

b12066   ARMENTI, J.R., «On the Use of the Term 'Galileans' in the Writings of Josephus Flavius: A Brief Note», JQR 72 (1981) 45-50.

b12067   BASSLER, J.M., «The Galileans: A Neglected Factor in Johannine Community Research», CBQ 43 (1981) 243-257.

b12068   FELDMAN, L.H., «The Term 'Galileans' in Josephus», JQR 72 (1981) 50-52.

b12069   MAYER, R., «Der Anfang des Evangeliums in Galiläa», BiKi 36 (1981) 213-221.

b12070   MARTINEZ, G.B., «Origen y significación primera del nombre Galilea», EstB 40 (1982) 119-126.

b12071   MALBON, E.S., «Galilee and Jerusalem History and Literature in Marcan Interpretation», CBQ 44 (1982) 242-255.

b12072   JOSSA, G., «Chi sono i Galilei nella *Vita* di Flavio Giuseppe?» RivB 31 (1983) 329-339.

Gloire. Glory. Herrlichkeit. Gloria.

a) Études générales. General Studies. Allgemeine Studien. Studi generali. Estudios generales.

b12073   LOCHMAN, J.M., «Die Herrlichkeit Gottes und die Zukunft des Menschen», EvT 37 (1977) 444-459.

b) Ancien Testament. Old Testament. Altes Testament. Antico Testamento. Antiguo Testamento.

*b*12074   FUCHS, Eric, «Gloire de Dieu, gloire de l'homme. Essai sur les termes *kauchasthai, kauchèma, kauchèsis* dans la Septante», RTP 27 (1977) 321-332.
*b*12075   RUPPERT, L., «Erhöhungsvorstellungen im Alten Testament», BZ 22 (1978) 199-220.
*b*12076   EVERSON, A.J., «Ezekiel and the Glory of the Lord Tradition», dans *Sin, Salvation, and the Spirit* (en collab.) (1979), 163-176.
*b*12077   RAURELL, F., «The Religious Meaning of 'Doxa' in the Book of Wisdom», dans *La Sagesse de l'Ancien Testament* (en collab.) (1979), 370-383.

c) Nouveau Testament. New Testament. Neues Testament. Nuovo Testamento. Nuevo Testamento.

*b*12078   BRAUN, F.-M., *Jean le théologien.* III. Sa théologie. I. Le mystère de Jésus-Christ, «La Gloire du Verbe incarné; la glorification par la Croix» (1966), 195-240.
*b*12079   DAVIES, W.D., *Invitation to the New Testament,* «The Gospel as the Glory of God» (1969), 39-49.
*b*12080   PAMMENT, M., «The meaning of *doxa* in the Fourth Gospel», ZNW 74 (1983) 12-16.

Glossolalie. Glossolalia. Glossolalie. Glossolalia. Glosolalía.

*b*12081   ALPHANDERY, P., «La glossolalie dans le prophétisme médiéval latin», RHR 104 (1931) 417-436.
*b*12082   BACHMAN, J.W., «I would that ye all spake in tongues, but...», AThR 35 (1953) 244-247.
*b*12083   HARPUR, T.W., «The Gift of Tongues and Interpretation», CanJT 12 (1966) 164-171.
*b*12084   TUGWELL, S., «Le don des langues d'après le Nouveau Testament», VS 128 (1974) 49-62.
*b*12085   WANSBROUGH, H., «Speaking in tongues», Way 14 (1974) 193-201.
*b*12086   BEST, E., «The interpretation of tongues», SJTh 28 (1975) 45-62.
*b*12087   WEDDERBURN, A.J.M., «Romans 8.26 - towards a theology of glossolalia?» SJTh 28 (1975) 369-377.
*b*12088   HARRISVILLE, R.A., «Speaking in Tongues: A Lexicographical Study», CBQ 38 (1976) 35-48.
*b*12089   STENDAHL, K., *Paul Among Jews and Gentiles and Other Essays,* «Glossolalia - The New Testament Evidence» (1976), 109-124.
*b*12090   BARTHEL, P., «De la glossolalie religieuse en Occident», RTP 27 (1977) 113-135.
*b*12091   SULLIVAN, F.A., «'Speaking in Tongues' in the New Testament and in the Modern Charismatic Renewal», dans *The Spirit of God in Christian Life* (en collab.) (1977), 23-74.
*b*12092   JOHANSON, B.C., «Tongues, a Sign for Unbelievers? A Structural and Exegetical Study of 1 Corinthians XIV.20-25», NTS 25 (1979) 180-203.
*b*12093   THISELTON, A.C., «The 'Interpretation' of Tongues: a new suggestion in the light of Greek usage in Philo and Josephus», JTS 30 (1979) 15-36.
*b*12094   WILLIAMS, C.G., *Tongues of the Spirit.* A Study of Pentecostal Glossolalia and Related Phenomena (Cardiff, University of Wales Press, 1981), xiii-276 pp.

Goël. Goel

*b*12095 LEGGETT, D.A., *The Levirate and Goel Institutions in the Old Testament* with Special Attention to the Book of Ruth (Cherry Hill, NJ, Mack Publishing Company, 1974), ix-351 pp.

Gog.

*b*12096 VIVIAN, A., «Gog e Magog nella tradizione biblica, ebraica e cristiana», RivB 25 (1977) 389-421.

Grâce. Grace. Gnade. Grazia. Gracia.

a) Études générales. General Studies. Allgemeine Studien. Studi generali. Estudios generales.

*b*12097 WEIGER, J., «Gesetz und Gnade», dans *Interpretation der Welt* (en collab.) (1965), 628-637.
*b*12098 MUSCHALEK, G., «Die biblisch-patristische Lehre von Gnade und Natur», dans *Mysterium Salutis* (en collab.) (1967) II, 546-550.
*b*12099 MARTIN SANCHEZ, B., «Temas bíblicos. La gracia actual», CuBi 26 (1969) 43-44.

b) Ancien Testament. Old Testament. Altes Testament. Antico Testamento. Antiguo Testamento.

*b*12100 TORRANCE, T.F., «The Doctrine of Grace in the Old Testament», SJTh 1 (1948) 55-65.
*b*12101 GROSS, H., «Gnade im Alten Testament», dans *Mysterium Salutis* (en collab.) (1973), IV. 2, 599-609.
*b*12102 LACAN, M.-F., «Conversion and Grace in the Old Testament», dans *Conversion* (en collab.) (1978), 75-96.
*b*12103 HALS, R.M., *Grace and Faith in the Old Testament* (Minneapolis, Augsburg, 1980), 95 pp.
*b*12104 KINET, D., «Gnade im Verständnis des Alten Testaments», BiKi 35 (1980) 91-95.
*b*12105 BRAULIK, G., «Gesetz als Evangelium. Rechtfertigung und Begnadigung nach der deuteronomischen Tora», ZTK 79 (1982) 127-160.

c) Nouveau Testament. New Testament. Neues Testament. Nuovo Testamento. Nuevo Testamento.

*b*12106 MUSSNER, F., «Die ntl. Gnadentheologie in Grundzügen», dans *Mysterium Salutis* (en collab.) (1973), IV. 2, 611-628.
*b*12107 DE LA POTTERIE, I., «*Kharis* paulinienne et *kharis* johannique», dans *Jesus und Paulus* (en collab.) (1975), 256-282.
*b*12108 AHERN, B.M., «By the Grace of God», Way 17 (1977) 3-11.
*b*12109 MONTAGNINI, F., «Elezione e libertà, grazia e predestinazione a proposito di Rom. 9,6-29», dans *Israelfrage nach Röm 9-11* (en collab.) (1977), 57-86.
*b*12110 PANIMOLLE, S.A., «La *kharis* negli Atti e nel quarto vangelo», RivB 25 (1977) 143-158.
*b*12111 PREGEANT, R., «Grace and Recompense: Reflections on a Pauline Paradox», JAmAcRel 47 (1979) 73-96.
*b*12112 HENSEL, G., «Zu neuem Ansehen... wie eine Christengemeinde ganz neu die Gnade entdeckte», BiKi 35 (1980) 95-106.

*b*12113 SCHILLEBEECKX, E., *Christ*. The Experience of Jesus as Lord. Translated by John Bowden (New York, Seabury Press, 1980), 925 pp.

*b*12114 KOENIG, J., «Occasions of Grace in Paul, Luke, and First Century Judaism», AThR 64 (1982) 562-576.

Guerre. War. Krieg. Guerra.

a) Orient. Oriente.

*b*12115 BARKOCHVA, B., *The Seleucid Army*. Organisation and Tactics in the Great Campaigns (Cambridge Classical Studies) (New York, London, Cambridge University Preess, 1976), xii-306 pp.

*b*12116 MAYER, W., «Gedanken zum Einsatz von Streitwagen und Reitern in neuassyrischer Zeit», UF 10 (1978) 175-186.

*b*12117 LIEBOWITZ, H., «Military and Feast Scenes on Late Bronze Palestinian Ivories», IsrEJ 30 (1980) 162-169.

*b*12118 NEUFELD, E., «Insects as Warfare Agents in the Ancient Near East (Ex 23:28; Deut. 7:20; Josh. 24:12; Isa. 7:18-20)», Or. 49 (1980) 30-57.

*b*12119 HEINTZ, J.-G., «Prophétisme et guerre sainte selon les archives royales de Mari et l'Ancien Testament», ETR 56 (1981) 47-49.

*b*12120 PENNELLS, E., «Middle Bronze Age Earthworks: A Contemporary Engineering Evaluation», BA 46 (1983) 57-61.

b) Judaïsme. Judaism. Judentum. Giudaismo. Judaísmo.

*b*12121 HENGEL, M., *Die Zeloten*. Untersuchungen zur jüdischen Freiheitsbewegung in der Zeit von Herodes I. bis 70 n. Chr. (Arbeiten zur Geschichte des Spätjudentums und Urchristentums, 1) (Leiden, Köln, Brill, 1961), xiv-406 pp.

*b*12122 CARROLL, R.P., «Rebellion and Dissent in Ancient Israelite Society», ZAW 89 (1977) 176-204.

*b*12123 CARMIGNAC, J., «La future intervention de Dieu selon la pensée de Qumrân», dans *Qumrân. Sa piété, sa théologie et son milieu* (en collab.) (1978), 219-229.

*b*12124 GENOT-BISMUTH, J., «Pacifisme plarisien et sublimation de l'idée de guerre aux origines du rabbinisme», ETR 56 (1981) 73-89.

*b*12125 STACEY, W.D., «A Pre-Battle Rite in Ancient Israel?» dans *Studia Evangelica* (en collab.) (1982), VII, 471-473.

*b*12126 MARKS, R.G., «Dangerous Hero: Rabbinic Attitudes Toward Legendary Warriors», HUCA 54 (1983) 181-194.

c) Ancien Testament. Old Testament. Altes Testament. Antico Testamento. Antiguo Testamento.

*b*12127 SOGGIN, J.A., *Old Testament and Oriental Studies* (1975), «The Prophets on Holy War as Judgment against Israel» (1960), 67-71.

*b*12128 GELSTON, A., «The Wars of Israel», SJTh 17 (1964) 325-331.

*b*12129 CRAIGIE, P.C., «Yahweh is a Man of Wars», SJTh 22 (1969) 183-188.

*b*12130 CATHCART, K.J., «The Divine Warrior and the War of Yahweh in Nahum», dans *Biblical Studies in Contemporary Thought* (en collab.) (1975), 68-76.

*b*12131 BALY, D., *God and History in the Old Testament*, «The Holy War» (1976), 46-52.

*b*12132 ROSE, M., «'Entmilitarisierung des Kriegs'? (Erwägungen zu den Patriarchen-Erzählungen der Genesis)», BZ 20 (1976) 197-211.

*b*12133 KEGLER, J., *Politisches Geschehen und theologisches Verstehen*. Zum Geschichtsverständnis in der frühen israelitischen Königszeit (Calwer Theologische Monographien, 8) (Stuttgart, Calwer, 1977), 407 pp.

*b*12134 KRAUS, H.-J., «Vom Kampf des Glaubens. Eine biblisch-theologische Studie», dans *Beiträge zur Alttestamentlichen Theologie* (en collab.) (1977), 239-256.

*b*12135 CRAIGIE, P.C., *The Problem of War in the Old Testament* (Grand Rapids, Michigan, Eerdmans, 1978), 125 pp.

*b*12136 WEINFELD, M., «'They Fought from Heaven' - Divine Intervention in War in Ancient Israel and in the Ancient Near East», ErIs 14 (1978) 23-30 (English summary).

*b*12137 MALAMAT, A., «Israelite Conduct of War in the Conquest of Canaan», dans *Symposia* (en collab.) (1979), 35-55.

*b*12138 LIND, M.C., *Yahweh is a Warrior*. The Theology of Warfare in Ancient Israel (Scottdale, Pennsylvania; Kitchener, Ontario, Herald Press, 1980), 232 pp.

*b*12139 DE PURY, A., «La guerre sainte israélite: réalité historique ou fiction littéraire? L'état des recherches sur un thème de l'Ancien Testament», ETR 56 (1981) 5-38.

*b*12140 DE ROBERT, P., «Arche et guerre sainte», ETR 56 (1981) 51-53.

*b*12141 ELLUL, D., «Variations sur le thème de la guerre sainte dans le Deutéro-Zacharie», ETR 56 (1981) 55-71.

*b*12142 HEINTZ, J.-G., «Idéologie et institutions de la 'guerre sainte' chez les Hébreux et dans le monde sémitique ambiant. Bibliographie», ETR 56 (1981) 39-45.

*b*12143 PIKAZA, J., «Guerra y paz en la Biblia», RazFe 207 (1983) 40-55.

d) Nouveau Testament. New Testament. Neues Testament. Nuovo Testamento. Nuevo Testamento.

*b*12144 COOKE, B., «The 'War-Myth' in 2nd Century Christian Teaching», dans *No Famine in the Land* (en collab.) (1975), 235-250.

*b*12145 SWIFT, L.J., «War and the Christian Conscience. I. The Early Years», dans *Aufstieg und Niedergang der römischen Welt*. II. *Principat* (en collab.) (1979), 23. Band. 1. Halbband, 835-868.

*b*12146 TANNER, R.G., «St. Paul's View of Militia and Contemporary Social Values», dans *Studia Biblica 1978* (en collab.) (1980), III, 377-382.

*b*12147 PONS, J., *L'oppression dans l'Ancien Testament* (Paris, Letouzey & Ané), 250 pp.

Haine. Hatred. Hass. Odio.

*b*12148 SCHALL, J.V., «The Experience of Hatred», Way 17 (1977) 288-300.

Hénoch. Enoc. Henoc.

*b*12149 THEISOHN, J., *Der auserwählte Richter*. Untersuchungen zum traditionsgeschichtlichen Ort der Menschensohngestalt des Äthiopischen Henoch (Studien zur Umwelt des Neuen Testaments, 12) (Göttingen, Vandenhoeck & Ruprecht, 1975), xiv-308 pp.

*b*12150 BAUCKHAM, R., «The Martyrdom of Enoch and Elijah: Jewish or Christian?» JBL 95 (1976) 447-458.

*b*12151 ADLER, W., «Enoch in Early Christian Literature», dans *Society of Biblical Literature. 1978 Seminar Papers* (en collab.) (1978), I, 271-275.

*b*12152 HIMMELFARB, M., «A Report on Enoch in Rabbinic Literature», dans *Society of Biblical Literature. 1978 Seminar Papers* (en collab.) (1978), I, 259-269.

b12153   KRAFT, R.A., «Philo (Josephus, Sirach and Wisdom of Solomon) on Enoch», dans
          Society of Biblical Literature. 1978 Seminar Papers (en collab.) (1978), I, 253-257.
b12154   VANDERKAM, J.C., «Enoch Traditions in Jubilees and Other Second-Century
          Sources», dans *Society of Biblical Literature. 1978 Seminar Papers* (en collab.), (1978), I,
          229-251.
b12155   LUCIANI, F., «La sorte di Enoch in un ambiguo passo targumico», BibOr 22 (1980)
          125-158.
b12156   BECKWITH, R.T., «The earliest Enoch Literature and its Calendar: Marks of their
          Origin, Date and Motivation», RQum 10 (1981) 365-403.
b12157   LINDARS, B., «Enoch and Christology», ExpTim 92 (1981) 295-299.
b12158   DIMANT, D., «The biography of Enoch and the books of Enoch», VT 33 (1983) 14-29.
b12159   LUCIANI, F., «Le vicende di Enoc nell'interpretazione di Filone Alessandrino», RivB
          81 (1983) 43-68.

Hérésie. Heresy. Ketzerei. Eresia. Herejía.

b12160   DRIJVERS, H.J.W., «Quq and the Quqites. An unknown sect in Edessa in the second
          century A.D.», Numen 14 (1967) 104-129.
b12161   WENGST, K., *Häresie und Orthodoxie im Spiegel des ersten Johannesbriefes* (Gütersloh,
          Mohn, 1976), 87 pp.
b12162   BLANK, J., «Zum Problem 'Häresie und Orthodoxie' im Urchristentum», dans *Zur
          Geschichte der Urchristentums* (en collab.) (1979), 142-160.
b12163   SIMON, M., «From Greek Hairesis to Christian Heresy (*Early Christian Literature and
          the Classical Intellectual Tradition*, Festschrift R.M. Grant, Paris 1979, 101-116)», dans
          SIMON, M., *Le Christianisme antique et son contexte religieux* (1981), 821-836.
b12164   PAULSEN, H., «Schisma und Häresie. Untersuchungen zu 1 Kor 11,18.19», ZTK 79
          (1982) 180-211.

Héritage. Inheritance. Erbe. Eredità. Herencia.

b12165   DERRETT, J.D.M., «The rich fool: a parable of Jesus concerning inheritance», HeyJ 18
          (1977) 131-151.
b12166   BEN-BARAK, Z., «Inheritance by daughters in the Ancient Near East», JSS 25 (1980)
          22-33.
b12167   DAVIES, E.W., «Inheritance rights and the Hebrew levirate marriage», VT 31 (1981)
          138-144, 257-268.
b12168   GOTTLIER, I., «Succession in Elephantine and Jewish Law», JSS 26 (1981) 193-203.

Histoire. History. Geschichte. Storia. Historia.

a) Études générales. General Studies. Allgemeine Studien. Studi generali. Estudios generales.

b12169   HINCKLEY, N.G., «Creation, Nature and History», AThR 41 (1959) 303-312.
b12170   SALGUERO, J., «La Biblia, Historia Santa», CuBi 17 (1960) 71-77.
b12171   DILLEY, F.B., «Does the 'God Who Acts' Really Act?» AThR 47 (1965) 66-80.
b12172   FRIES, H., «Die Offenbarung in der besonderen Heilsgeschichte», dans *Mysterium
          Salutis* (en collab.) (1965), I, 188-234.
b12173   LAMBRECHT, J., «Cullmann over Heilsgeschichte. *Cullmann on the History of
          Salvation*», Bijdr. 27 (1966) 531-546 (English summary).

*b*12174 FOI ET CONSTITUTION, «Dieu dans la nature et l'histoire», VC n° 86 (1968) 7-51.

*b*12175 LATTANZI, U., «Le leggi della storia nella visione biblica», dans *Studi e Richerche di Scienze Religiose in onore dei Santi Apostoli Pietro e Paolo* (en collab.) (1968), 79-93.

*b*12176 SOGGIN, J.A., *Old Testament and Oriental Studies* (1975), «God and History in Biblical Thought» (1970), 59-66.

*b*12177 GEFFRÉ, C., «La Théologie de l'histoire comme problème herméneutique: M. Pannenberg», ETR 46 (1971) 13-27.

*b*12178 LIVERANI, M., «Memorandum on the Approach to Historiographic Texts», Or. 42 (1973) 178-194.

*b*12179 SCHUBERT, K., «Geschichte und Heilsgeschichte», Kairos 15 (1973) 89-101.

*b*12180 ZEDDA, S., *L'escatologia biblica*, «Escatologia progressiva e teologia della storia» (1975), II, 519-546.

*b*12181 BARR, J., «Story and history in biblical theology», TDig 24 (1976) 265-271.

*b*12182 KARPP, H., «Das Aufkommen des Begriffs 'Biblizismus'», ZTK 73 (1976) 65-91.

*b*12183 BUCK, H.M., «Story and Celebration», dans *Scripture in History & Theology* (en collab.) (1977), 357-372.

*b*12184 POUSSET, É., «Sur la Révélation», NRT 99 (1977) 340-359.

*b*12185 SCHREINER, G.W., «The Contemporaneity of the Bible», dans *Structure in History & Theology* (en collab.) (1977), 373-388.

*b*12186 DAVIES, G.I., «Apocalyptic and Historiography», JSOT n° 5 (1978) 15-28.

*b*12187 HOEKEMA, A.A., *The Bible and the Future* (Grand Rapids, Eerdmans, 1978), 344 pp.

*b*12188 MIHLENBERG, E., «Gott in der Geschichte», KerDo 24 (1978) 244-261.

*b*12189 RICOEUR, P., «The Narrative Function», Semeia 13 (1978) 177-202.

*b*12190 CASALEGNO, A., «Da Israele alla Chiesa: un camino di apertura al 'diverso'. Rivelazione biblica e inculturazione», CC 1 (1979) 116-132.

*b*12191 LANG, B., «Der Exeget zwischen historischer Distanz und theologischer Mitverantwortung», TQ 159 (1979) 40-43.

*b*12192 BARR, J., *The Scope and Authority of the Bible* (Explorations in Theology, 7) (London, SCM Press, 1980), x-150 pp.

*b*12193 ODEN, R.A., Jr., «Hermeneutics and Historiography: Germany and America», dans *SBL 1980 Seminar Papers* (en collab.) (1980), 135-157.

*b*12194 GISEL, P., «Ernst Käsemann: une théologie de l'histoire?» Hok n° 18 (1981) 1-10.

*b*12195 OBAYASHI, H., «Agape and the Dynamics of History», ST 35 (1981) 9-31.

*b*12196 BARRETT, C.K., «Quomodo historia conscribenda sit», NTS 28 (1982) 303-320.

*b*12197 LEMKE, W.E., «Revelation through History in Recent Biblical Theology. A Critical Appraisal», Interpr 36 (1982) 34-46.

*b*12198 PRATO, G.L., «Dalla 'rivelazione come storia' alla 'storia teofanica'. Rassegna metodologica di teologia biblica», dans *Parola e Spirito* (en collab.) (1982), 549-573.

*b*12199 TEEPLE, H.M., *The Historical Approach to the Bible* (Truth in Religion, 2) (Evanston, IL, Religion and Ethics Institute, 1982), xi-323 pp.

b) Orient. Oriente.

*b*12200 KRAMER, S.N., «Sumerian Historiography», ErIs 3 (1954) 51-57 (Hebrew).

*b*12201 WYATT, N., «Some Observations on the Idea of History among the West Semitic Peoples», UF 11 (1979) 825-832.

*b*12202 WEVERS, J.W., «Histories and Historians of the Ancient Near East: Preface», Or. 49 (1980) 137-139.

*b*12203 VAN SETERS, J., «Histories and Historians of the Ancient Near East: The Israelites», Or. 50 (1981) 137-195.

b12204   FRANCE, R.T., «Jewish historiography, midrash, and the Gospels», dans *Gospel Perspectives* (en collab.) (1983), III, 99-127.

b12205   VAN SETERS, J., *In Search of History.* Historiography in the Ancient World and the Origins of Biblical History (New Haven, London, Yale University Press, 1983), xiv-399 pp.

c) Judaïsme. Judaism. Judentum. Giudaismo. Judaísmo.

b12206   URBACH, E.E., «Halakhah and History», dans *Jews, Greeks and Christians* (en collab.) (1976), 112-128.

b12207   NEUSNER, J., *Beyond Historicism, After Structuralism.* Story as History in Ancient Judaism (The 1980 Harry Spindel Memorial Lecture) (Brunswick, ME, Bowdoin College, 1980), 30 pp.

d) Ancien Testament. Old Testament. Altes Testament. Antico Testamento. Antiguo Testamento.

1. Études générales. General Studies. Allgemeine Studien. Studi generali. Estudios generales.

b12208   JACOB, E., «La tradition historique en Israël», ETR 21 (1946) 5-208.

b12209   VON RAD, G., *Gottes Wirken in Israel,* «Theologische Geschichtsschreibung im Alten Testament» (1974), 175-190 [Cf. TZ 4 (1948) 161-174].

b12210   LYS, D., «À la recherche d'une méthode pour l'exégèse de l'Ancien Testament», ETR 30 n° 3 (1955) 1-73.

b12211   VAN HEMERT, G., «Over de tweede bijbelkwestie. *Über das zweite Bibelproblem*», Bijdr. 21 (1960) 1-18 (Deutsche Zusammenfassung).

b12212   LACOCQUE, A., «La liberté et l'histoire dans l'Ancien Testament», ETR 37 (1962) 139-153.

b12213   JONES, D.R., «History and Tradition in Old Testament Studies», SJTh 17 (1964) 211-225.

b12214   SCHARBERT, J., «Heilsgeschichte und Heilsordnung des Alten Testamentes», dans *Mysterium Salutis* (en collab.) (1967), II,1076-1142.

b12215   CRENSHAW, J.L., «Method in Determining Wisdom Influence upon 'Historical' Literature», JBL 88 (1969) 129-142, dans *Studies in Ancient Israelite Wisdom* (en collab.) (1976), 481-494.

b12216   JOHNSTONE, W., «The mythologising of history in the Old Testament», SJTh 24 (1971) 201-217.

b12217   HENNINGER, J., «Der Glaube an den einen Gott - Über religiöse Strukturen nomadischer Gruppen», BiKi 27 (1972) 13-16.

b12218   STENDEBACH, E.J., «Gott in der Geschichte - Die Erfahrung Jahwes in der Geschichte Israels», BiKi 27 (1972) 3-8.

b12219   VAWTER, B., «History and Kerygma in the Old Testament», dans *A Light unto My Path* (en collab.) (1974), 475-491.

b12220   SCHMIDT, W.H., *Alttestamentlicher Glaube in seiner Geschichte* (Neukirchener Studienbücher, 6) (Neukirchen-Vluyn, Neukirchener Verlag, 1975), 278 pp.

b12221   BALY, D., *God and History in the Old Testament* (1976), 234 pp.

b12222   DE VRIES, S.J., *Yesterday, Today and Tomorrow.* Time and History in the Old Testament (Grand Rapids, Eerdmans; London, SPCK, 1976), 389 pp.

b12223   GRIMM, D., «Geschichtliche Erinnerungen im Glauben Israels», TZ 32 (1976) 257-268.

b12224 MARANGON, A., «Rapporti fra cosmo e storia della salvezza in alcuni momenti della tradizione anticotestamentaria», dans *La Cristologia in san Paolo* (en collab.) (1976), 13-35.

b12225 MENDENHALL, G.E., «Migration Theories vs. Culture Change as an Explanation for Early Israel», dans *Society of Biblical Literature. 1976 Seminar Papers* (en collab.) (1976), 135-143.

b12226 MILLER, J.M., *The Old Testament and the Historian* (Old Testament Series) (Philadelphia, Fortress Press, 1976), 87 pp.

b12227 WALLIS, G., «Die geschichtliche Erfahrung und das Bekenntnis zu Jahwe im Alten Testament», TLZ 101 (1976) 801-816.

b12228 COURTH, F., «Wie wird Geschichte zur Heilsgeschichte?» TGl 67 (1977) 381-392.

b12229 GUNNEWEG, A.H.J., *Vom Verstehen des Alten Testaments*, «Das Alte Testament als Geschichtsbuch» (1977), 146-182.

b12230 KEGLER, J., *Politisches Geschehen und theologisches Verstehen*. Zum Geschichtsverständnis in der frühen israelitischen Königszeit (Calwer Theologische Monographien, 8) (Stuttgart, Calwer, 1977), 407 pp.

b12231 SEELIGMANN, I.L., «Erkenntnis Gottes und historisches Bewusstsein im alten Israel», dans *Beiträge zur Alttestamentlichen Theologie* (en collab.) (1977), 414-445.

b12232 LOHFINK, N., «Die Gattung der 'Historischen Kurzgeschichte' in den letzten Jahren von Juda und in der Zeit des Babylonischen Exils», ZAW 90 (1978) 319-347.

b12233 WESTERMANN, C., *Theologie des Alten Testaments in Grundzügen* (1978), «Die rettende Gott und die Geschichte», 28-71; «Die theologische Geschichtsdeutung, die grossen Geschichtswerke des Alten Testaments», 183-191.

b12234 BICKERT, R., «Die Geschichte und das Handeln Jahwes. Zur Eigenart einer deuteronomistischen Offenbarungsauffassung in den Samuelbüchern», dans *Textgemäss* (en collab.) (1979), 9-27.

b12235 BUTTERFIELD, H., *Writings on Christianity and History* (New York, Oxford University Press, 1979), «The Originality of the Old Testament», 77-95.

b12236 COGGINS, R.J., «History and Story in Old Testament Study», JSOT nº 11 (1979) 36-46.

b12237 COLLINS, J.J., «The 'Historical Character' of the Old Testament in Recent Biblical Theology», CBQ 41 (1979) 185-204.

b12238 FREEDMAN, D.N., «Early Israelite Poetry and Historical Reconstructions», dans *Symposia* (en collab.) (1979), 85-96.

b12239 HUGHES, G., *Hebrews and Hermeneutics*, «History» (1979), 35-74.

b12240 PORTER, J.R., «Old Testament Historiography», dans *Tradition and Interpretation* (en collab.) (1979), 125-162.

b12241 TROMPF, G.W., «Notions of historical recurrence in classical Hebrew historiography», dans *Studies in the Historical Books of the Old Testament* (en collab.) (1979), 213-229.

b12242 VATER, A.M., «Story Patterns for a *Sitz*: A Form- or Literary-Critical Concern?» JSOT nº 11 (1979) 47-56.

b12243 WYATT, N., «The Old Testament Historiography of the Exilic Period», ST 33 (1979) 45-67.

b12244 JEREMIAS, Jörg, «Gott und Geschichte im Alten Testament. Überlegungen zum Geschichtsverständnis im Nord- und Südreich Israels», EvT 40 (1980) 381-396.

b12245 THOMPSON, T.L., «History and Tradition: A Response to J.B. Geyer», JSOT nº 15 (1980) 57-61.

b12246 GERSHON, B., «The Formula X-*ymy* and X-*yôm*. Some Characteristics of Historiographical Writing in Israel», ZAW 93 (1981) 183-196.

b12247   HERION, G.A., «The Role of Historical Narrative in Biblical Thought: The Tendencies Underlying Old Testament Historiography», JSOT no 21 (1981) 25-57.

b12248   LAUHA, A., «Kohelets Verhältnis zur Geschichte», dans *Die Botschaft und die Boten* (en collab.) (1981), 393-401.

b12249   SAEBØ, M., «Offenbarung in der Geschichte und als Geschichte», ST 35 (1981) 55-71.

b12250   SASSON, J.M., «On Choosing Models for Recreating Israelite Pre-Monarchic History», JSOT no 21 (1981) 3-24.

b12251   VAN SETERS, J., «Histories and Historians of the Ancient Near East: The Israelites», Or. 50 (1981) 137-185.

b12252   SCHMITT, R., *Abschied von der Heilsgeschichte?* Untersuchungen zum Verständnis von Geschichte im Alten Testament (Europäische Hochschulschriften, XXIII/195) (Frankfurt am Main, Bern, Peter Lang, 1982), 241 pp.

b12253   VAN SETERS, J., *In Search of History*, «Israelite Historiography» (1983), 209-248.

2. Pentateuque. Pentateuch. Pentateuco.

b12254   SCHARBERT, J., «Israelitische Geschichtsschreibung im Buche Genesis», BiKi 17 (1962) 66-69.

b12255   SCHNEIDER, H., «Das Buch Exodus, ein Hauptdokument der Heilsgeschichte», BiKi 18 (1963) 2-6.

b12256   FENZ, A.K., «Zum Problem der Geschichte im Pentateuch», BiLit 40 (1967) 143-158, 241-258.

b12257   LOHFINK, N., «Die Priesterschrift und die Geschichte», dans *Congress Volume. Göttingen 1977* (en collab.) (1978), 189-225.

b12258   SEELIGMANN, I.L., «Die Auffassung von der Prophetie in der deuteronomistischen und chronistischen Geschichtsschreibung (mit einem Exkurs über das Buch Jeremia)», dans *Congress Volume. Göttingen 1977* (en collab.) (1978), 254-284.

b12259   SCHMITT, H.-C., «'Priesterliches' und 'prophetisches' Geschichtsverständnis in der Meerwundererzählung Ex 13,17-14,31. Beobachtungen zur Endredaktion des Pentateuch», dans *Textgemäss* (en collab.) (1979), 139-155.

b12260   DAVIS, J.J., «Genesis, Inerrancy, and the Antiquity of Man», dans *Inerrancy and Common Sense* (en collab.) (1980), 137-159.

b12261   GEYER, J.B., «The Joseph and Moses Narrative: Folk-Tale and History», JSOT no 15 (1980) 51-56.

b12262   WCELA, E.A., «The Abraham Stories: History and Faith», BTB 10 (1980) 176-181.

b12263   KOCH, K., «Das Profetenschweigen des deuteronomistischen Geschichtswerks», dans *Die Botschaft und die Boten* (en collab.) (1981), 115-128.

b12264   LOHFINK, N., «Kerygmata des Deuteronomistischen Geschichtswerks», dans *Die Botschaft und die Boten* (en collab.) (1981), 87-100.

b12265   KALLAI, Z., «The Wandering-Traditions from Kadesh-Barnea to Canaan: A Study in Biblical Historiography», dans *Essays in Honour of Yigael Yadin*, JJS 33 (1982) 175-184.

b12266   GIBERT, P., «Nature et histoire dans la Genèse et les Psaumes», LV no 161 (1983) 5-14.

3. Livres historiques. Historical Books. Geschichtsbücher. Libri Storici. Libros históricos.

b12267   ROSE, M., «Bemerkungen zum historischen Fundament das Josia-Bildes in II Reg 22f», ZAW 89 (1977) 50-63.

b12268   LEVENSON, J.D., «1 Samuel 25 as Literature and as History», CBQ 40 (1978) 11-28.

b12269   DORAN, R., «2 Maccabees and 'Tragic History'», HUCA 50 (1979) 107-114.

*b*12270 GIBERT, O., *La Bible à la naissance de l'histoire*. Au temps de Saül, David et Salomon (Paris, Fayard, 1979), 446 pp.

*b*12271 BERG, S.B., «After the Exile: God and History in the Books of Chronicles and Esther», dans *The Divine Helmsman* (en collab.) (1980), 107-127.

*b*12272 MULLEN, E.T., Jr., «The 'Minor Judges': Some Literary and Historical Considerations», CBQ 44 (1982) 185-201.

*b*12273 VAN SETERS, J., *In Search of History* (1983), «Historiography in the Books of Samuel», 249-291; «Structure, Genre, and Theme in the Books of Kings», 292-321; «The Deuteronomist from Joshua to Samuel», 322-353.

4. Prophètes. Prophets. Propheten. Profeti. Profetas.

*b*12274 JACOB, E., «Les prophètes du VIIIe siècle et la philosophie de l'histoire», ETR 18 (1943) 59-67.

*b*12275 JACOB, E., «La tradition historique en Israël», ETR 21 (1946) 5-208.

*b*12276 VON RAD, G., *Gottes Wirken in Israel*, «Die Wege Gottes in der Weltgeschichte nach dem Zeugnis der Propheten» (1974), 213-229.

*b*12277 ZIMMERLI, W., «Wahrheit und Geschichte in der alttestamentlichen Schriftprophetie», dans *Congress Volume. Göttingen 1977* (en collab.) (1978), 1-15.

*b*12278 WILDBERGER, H., «Jesajas Verständnis der Geschichte», SuppVT 9 (1963) 83-117, dans *Jahwe und sein Volk* (1979), 75-109.

*b*12279 SOGGIN, J.A., «Hosea und die Aussenpolitik Israels», dans *Prophecy*. Essays presented to Georg Fohrer (en collab.) (1980), 131-136.

*b*12280 STECK, O.H., «Weltgeschehen und Gottesvolk im Buch Daniel», dans *Kirche*. Festschrift für Günther Bornkamm (en collab.) (1980), 53-78.

*b*12281 WHITE, J.B., «Universalization of History in Deutero-Isaiah», dans *Scripture in Context* (en collab.) (1980), 179-195.

e) Nouveau Testament. New Testament. Neues Testament. Nuovo Testamento. Nuevo Testamento.

1. Études générales. General Studies. Allgemeine Studien. Studi generali. Estudios generales.

*b*12282 BULTMANN, R., «Heilsgeschichte und Geschichte», TLZ 73 (1948) 659-666, dans *Exegetica* (1967), 356-368.

*b*12283 QUISPEL, G., «Zeit und Geschichte im antiken Christentum», ErJb 1951 20 (1952) 115-140.

*b*12284 BRANDON, S.G.F., «The historical element in primitive Christianity», Numen 2 (1955) 156-167.

*b*12285 LÖWITH, K., «Christentum und Geschichte», Numen 2 (1955) 147-155.

*b*12286 DAVIES, W.D., *Invitation to the New Testament*, «Hope Fulfilled: A Philosophy of History» (1969), 194-309.

*b*12287 COURTH, F., «Wie wird Geschichte zur Heilsgeschichte? Zum Gespräch mit E. Schillebeeckx», TGl 67 (1977) 381-392.

*b*12288 WALTER, N., «'Historischer Jesus' und Osterglaube», TLZ 101 (1976) 321-338.

*b*12289 COOK, M.L., «The Call to Faith of the Historical Jesus», TS 39 (1978) 679-700.

*b*12290 EISMAN, M.M., «A Tale of Three Cities», BA 41 (1978) 47-60.

*b*12291 REICKE, B., «The God of Abraham, Isaac, and Jacob in New Testament Theology», dans *Unity and Diversity in New Testament Theology* (en collab.) (1978), 186-194.

*b*12292 BUTTERFIELD, H., *Writings on Christianity and History* (New York, Oxford University Press, 1979), «The Modern Historian and New Testament History», 96-110.

b12293 HENGEL, M., *Zur urchristlichen Geschichtsschreibung* (Stuttgart, Calwer, 1979), 120 pp.

b12294 AKPUNONU, P.D., «Christianity is a Historical Religion», dans *Christianisme et identité africaine* (en collab.) (1980), 121-131.

b12295 DE LA POTTERIE, I., «Storia e verità», dans *Problemi e prospettive di teologia fondamentale* (en collab.) (1980), 115-139.

b12296 HARTMANN, K., *Atlas-Tafel-Werk zu Bibel und Kirchengeschichte*. Band II: Neues Testament und Geschichte der Kirche bis zu Karl dem Grossen (Stuttgart, Quell, 1980), vi-170 pp.

b12297 FRANCE, R.T., «Jewish historiography, midrash, and the Gospels», dans *Gospel Perspectives* (en collab.) (1983), III, 99-127.

2. Évangiles synoptiques. Synoptic Gospels. Synoptische Evangelien. Vangeli sinottici. Evangelios sinópticos.

b12298 ROBINSON, J.M., «Mark's Understanding of History», SJTh 9 (1956) 393-409.

b12299 SCHULZ, S., *Die Stunde der Botschaft*, «Das Evangelium als Geschichtserzählung» (1967), 9-46.

b12300 MANEK, J., «Geschichte und Gericht in der Theologie des Lukas», Kairos 13 (1971) 243-251.

b12301 PRETE, B., *Storia e Teologia nel vangelo di Luca* (Agnitio Mysterii, 3) (Bologna, Edizioni Studio Teologico Domenicano, 1973), 261 pp.

b12302 LAMBIASI, F., *L'autenticità storica dei vangeli*. Studio di criteriologia (Studi biblici, 4) (Bologna, Dehoniane, 1976), 272 pp.

b12303 DRURY, J., *Tradition and Design in Luke's Gospel*. A Study in Early Christian Historiography (Atlanta, John Knox, 1977), xiii-208 pp.

b12304 TAGAWA, K., «'Galilée et Jérusalem': l'attention portée par l'évangéliste Marc à l'histoire de son temps», RHPR 57 (1977) 439-470.

b12305 BOVON, F., *Luc le théologien*, «Le dessein de Dieu. Histoire du salut et eschatologie» (1978), 11-84.

b12306 BRUCE, F.F., *The Time is Fulfilled*, «The Time is fulfilled (*Mark* 1:15)» (1978), 13-32.

b12307 GLASSWELL, M.E., «St Mark's Attitude to the Relationship between History and the Gospel», dans *Studia Biblica 1978. II. Papers on the Gospels* (en collab.) (1978), 115-127.

b12308 OGAWA, A., *L'histoire de Jésus chez Matthieu*. La signification de l'histoire pour la théologie matthéenne (Publications Universitaires Européennes, Série 23, Théologie, 116) (Frankfurt/M, P. Lang, 1979), 512 pp.

b12309 PERROT, C., *Jésus et l'histoire*, «Les Évangiles et l'histoire» (1979), 21-93.

b12310 FRANCE, R.T., «Mark and the Teaching of Jesus», dans *Gospel Perspectives* (en collab.) (1980), 101-136.

b12311 GLASSWELL, M.E., «St Mark's Attitude to the Relationship between History and the Gospel», dans *Studia Biblica 1978. II. Papers on the Gospels* (en collab.) (1980), 115-127.

b12312 KURZ, W.S., «Luke-Acts and Historiography in the Greek Bible», dans *SBL 1980 Seminar Papers* (en collab.) (1980), 283-300.

b12313 TIEDE, D.L., *Prophecy and History in Luke-Acts* (Philadelphia, Fortress, 1980), ix-166 pp.

b12314 HOKHMA, «Questions à Ernst Käsemann», Hok no 18 (1981) 11-13.

b12315 ROBINSON, J.M., «The Problem of History in Mark and Other Marcan Studies *(Philadelphia, Fortress, 1982), 143 pp.*

b12316 PAYNE, P.B., «Midrash and history in the Gospels with special reference to R.H. Gundry's Matthew», dans *Gospel Perspectives* (en collab.) (1983), III, 177-215.

*b*12317 SIMONSEN, H., «The Gospel Literature as a Source for the History of Primitive Christianity», ST 37 (1983) 3-16.

3. Jean. John. Johannes. Giovanni. Juan.

*b*12318 ANDREWS, M.E., «The Super-Historical Gospel: F.C. Baur's Criticism of the Gospel of John», AThR 26 (1944) 212-224.

*b*12319 SCHNEIDERS, S.M., «History and Symbolism in the Fourth Gospel», dans *L'Évangile de Jean* (en collab.) (1977), 371-376.

*b*12320 FAGAL, H.E., «John and the Synoptic Tradition», dans *Scripture, Tradition, and Interpretation* (en collab.) (1978), 127-145.

*b*12321 CARSON, D.A., «Historical Tradition in the Fourth Gospel: after Dodd, what?» dans *Gospel Perspectives* (1981) (en collab.), II, 83-145.

4. Actes des apôtres. Acts of the Apostles. Apostelgeschichte. Atti degli apostoli. Hechos de los apóstoles.

*b*12322 BAUERNFEIND, O., *Kommentar und Studien zur Apostelgeschichte* (1980), «Die Geschichtsauffassung des Urchristentums (*Zeitschrift für Systematische Theologie* 15 1938 S. 347-378)», 425-448.

*b*12323 BLAIKLOCK, E.M., «The Acts of the Apostles as a Document of First Century History», dans *Apostolic History and the Gospel* (en collab.) (1979), 41-54.

*b*12324 MANEK, J., «Geschichte und Gericht in der Theologie des Lukas», Kairos 13 (1971) 243-251.

*b*12325 DRURY, J., *Tradition and Design in Luke's Gospel*. A Study in Early Christian Historiography (Atlanta, John Knox Press, 1976), 208 pp.

*b*12326 GASQUE, W.W., «La valeur historique des Actes des Apôtres», Hok nᵒ 3 (1976) 82-91; nᵒ 6 (1977) 12-33.

*b*12327 HEMER, C.J., «Luke the Historian», BJRL 60 (1977) 28-51.

*b*12328 PLÜMACHER, E., «Wirklichkeitserfahrung und Geschichtsschreibung bei Lukas. Erwägungen zu den Wir-Stücken der Apostelgeschichte», ZNW 68 (1977) 2-22.

*b*12329 GASQUE, W.W., «The Book of Acts and History», dans *Unity and Diversity in New Testament Theology* (en collab.) (1978), 54-72.

*b*12330 LEGRAND, L., «Les devanciers de Paul dans la mission selon les Actes des Apôtres», dans *Paul de Tarse, apôtre de notre temps* (en collab.) (1979), 61-74.

*b*12331 PLÜMACHER, E., «Die Apostelgeschichte als historische Monografie», dans *Les Actes des Apôtres*. Traditions, rédaction, théologie (en collab.) (1979), 457-466.

*b*12332 ROLOFF, J., «Die Paulus-Darstellung des Lukas. Ihre geschichtlichen Voraussetzungen und ihr theologisches Ziel», EvT 39 (1979) 510-531.

*b*12333 SCHNEIDER, G., «Apostelgeschichte und Kirchengeschichte», IKZCommunio 8 (1979) 481-487.

*b*12334 VAN UNNIK, W.C., «Luke's Second Book and the Rules of Hellenistic Historiography», dans *Les Actes des Apôtres*. Traditions, rédaction, théologie (en collab.) (1979), 37-60.

*b*12335 MARTINI, C.M., *La parola di Dio alle origini della Chiesa* (1980), «De originalitate 'temporis Ecclesiae' in historia salutis secundum conceptionem lucanam» (1968), 233-237.

*b*12336 CLAVEL-LÉVÊQUE, M., NOUAILHAT, R., «Ouverture et compromis: les Actes des apôtres, réponse idéologique aux nouvelles réalités impériales», LV nos 153-154 (1981) 35-58.

b12337   JERVELL, J., «The Acts of the Apostles and the History of Early Christianity», ST 37 (1983) 17-32.

5. Paul. Paulus. Paolo. Pablo.

b12338   MUSSNER, F., «Die Geschichtstheologie des Epheserbriefes», BiLeb 5 (1964) 8-12.

b12339   LINDEMANN, A., *Die Aufhebung der Zeit.* Geschichtsverständnis und Eschatologie im Epheserbrief (Studien zum Neuen Testament, 12) (Gütersloh, Mohn, 1975), 288 pp.

b12340   BENOIT, P., «Conclusion par mode de synthèse», dans *Die Israelfrage nach Röm 9-11* (en collab.) (1977), 217-236.

b12341   STEGEMANN, E., «Alt und Neu bei Paulus und in den Deutero-paulinien (Kol - Eph)», EvT 37 (1977) 508-536.

b12342   LARSSON, E., «Die paulinischen Schriften als Quellen zur Geschichte des Urchristentums», ST 37 (1983) 33-53.

6. Apocalypse. Offenbarung. Apocalisse. Apocalipsis.

b12343   ZIMMERMANN, H., «Heilsgeschichte und Weltgeschichte in der Johannes-Apokalypse», BiLeb 1 (1960) 75-86.

b12344   HARNISCH, W., «Das Geschichtsverständnis der Apokalyptik», BiKi 29 (1974) 121-125.

b12345   COURT, J.M., *Myth and History in the Book of Revelation* (London, S.P.C.K., 1979), viii-200 pp.

f) Divers. Miscellaneous. Verschiedenes. Diversi. Diversos.

b12346   BRANDON, S.G.F., «The Ritual Perpetuation of the Past», Numen 6 (1959) 112-129.

b12347   BARTINA, S., «Orden Censal de Gayo Vibio Máximo», CuBi 17 (1960) 96-101.

b12348   DARLAP, A., «Das Christusereignis und die Konstitution der besonderen Heilsgeschichte durch das Wort», dans *Mysterium Salutis* (en collab.) (1965), I, 59-70.

b12349   DEXINGER, F., «Die Darstellung des Themas Heilsgeschichte in der Konstitution über die göttliche Offenbarung», BiLit 41 (1968) 208-232.

b12350   MENSCHING, G., «Der Buddhismus, eine geschichtslose Religion - Der Heilsweg einer mystischen Religion als Erlösung von der Geschichte», BiKi 27 (1972) 8-12.

b12351   ROBERTS, J.J.M., «Myth Versus History: Relaying the Comparative Foundations», CBQ 38 (1976) 1-13.

b12352   GOTTWALD, N.K., «The impact of ancient Israel on our social world», TDig 25 (1977) 335-346.

Homme. Man. Mensch. Uomo. Hombre.

a) Études générales. General Studies. Allgemeine Studien. Studi generali. Estudios generales.

b12353   DESSAUER, F., «Mensch und Kosmos», ErJb 1947 15 (1948) 75-147.

b12354   SCHMIDT, K.L., «Homo imago Dei im Alten und Neuen Testament», ErJb 1947 15 (1948) 149-195.

b12355   SCHLINK, E., «Die biblische Lehre vom Ebenbilde Gottes», dans *Pro Veritate* (en collab.) (1963), 1-23.

b12356   SCHNACKENBURG, R., «Der Mensch vor Gott. Zum Menschenbild der Bibel», BiLeb 4 (1963) 79-95.

b12357 SÖHNGEN, G., «Die biblische Lehre von der Gottebenbildlichkeit des Menschen», dans *Pro Veritate* (en collab.) (1963), 23-57.

b12358 DACQUINO, P., «Le nozioni 'carne' e 'spirito' nella Bibbia», BibOr 13 (1971) 3-7.

b12359 PIPER, J., «The Image of God: An Approach from Biblical and Systematic Theology», SBT 1 (1971) 15-32.

b12360 DOCKX, S., «Man's eschatological condition», SJTh 27 (1974) 20-34.

b12361 DUESBERG, H., «Psychologie biblique», SDB 9 (1975) col. 260-336.

b12362 GIAVINI, G., «Chi è l'uomo? La risposta di A.H. Heschel», dans *L'uomo nella Bibbia e nelle culture ad essa contemporanee* (en collab.) (1975), 225-233.

b12363 RAURELL, F., «El hombre bíblico y su medio ambiente. Elementos para la formación de una nueva conciencia ecológica», EstF 77 (1976) 303-339.

b12364 TESTA-BAPPENHEIM, I., «Rilevazioni antropologiche in testo biblico alla luce degli insegnamenti del 'Vaticano 2o'», BibOr 18 (1976) 197-212.

b12365 LYONNET, S., «Croce e promozione umana nella Sacra Scrittura», ScuolC 105 (1977) 281-296.

b12366 CHILDS, J.M., Jr., *Christian Anthropology and Ethics* (Philadelphia, Fortress Press, 1978), «The Eschatological perspective: The Recovery of Eschatology; The Image of God and Eschatology; Eschatological Man», 68-121.

b12367 LEGRAIN, M., *Le corps humain*, du soupçon à l'évangélisation (Coll. 'Croire et comprendre') (Paris, Le Centurion, 1978), «La condition humaine dans la Bible. Nouveau Testament», 19-29.

b12368 MARCHESI, G., «L'uomo: un essere per la morte?» CC 4 (1978) 234-248.

b12369 ROUET, A., «Male and female - they believed in him», TDig 26 (1978) 202-205.

b12370 En collaboration, *El hombre*. Procedencia y proyecto (Madrid, Editorial Cisneros, 1979), 331 pp.

b12371 CHARLIER, C., *Le christianisme*, «L'homme selon la Bible: une question» (1979), I, 189-201.

b12372 MARIANI, B. (Ed.), *La dignità dell'uomo* nell'ordine della natura e della grazia e la promozione del suo essere alla luce della S. Scrittura (Pubblicazioni dell'Istituto Apostolico, Pontificia Università Antoniana, 5) (Roma, Antonianum, 1979), 491 pp.

b12373 OGLESBY, W.B., Jr., «Implications of Anthropology for Pastoral Care and Counselling», Interpr 33 (1979) 157-171.

b12374 FÜGLISTER, N., «Die biblische Anthropologie und die postmortale Existenz des Individuums», Kairos 22 (1980), 129-145.

b12375 GIBBS, J.M., «Wisdom, Power and Wellbeing», dans *Studia Biblica 1978* (en collab.) (1980), III, 119-155.

b12376 BEERNAERT, P., «Coeur - langue - mains dans la Bible. Un langage sur l'homme», CE (n.s.) no 46 (1983) 64 pp.

b12377 FAUQUET, Y., «L'humanisme biblique est un humanisme liturgique. Essai», dans *Liturgie, spiritualité, cultures* (en collab.) (1983), 91-100.

b) Orient. Oriente.

b12378 DUSSAUD, R., «La Notion d'âme chez les Israélites et les Phéniciens», Syr. 16 (1935) 267-277.

b12379 DESSAUER, F., «Mensch und Kosmos», ErJb 1947 15 (1948) 75-147.

b12380 CHELHOD, J., «La face et la personne chez les Arabes», RHR 151 (1957) 231-241.

b12381 THAUSING, G., «Die Konstitutionen der menschlichen Persönlichkeit im alten Ägypten», Kairos 3 (1961) 149-152.

b12382   KAMMENHUBER, A., «Die hethitischen Vorstellungen von Seele und Leib, Herz und
            Leibesinnerem, Kopf und Person», ZA 56 (1964) 150-212; 57 (1965) 177-222.
b12383   FIORENZA, F.P., BETZ, J.B., «Das griechische und hebräische
            Menschenverständnis», dans Mysterium Salutis (en collab.) (1967) II, 584-594.
b12384   JACOBSOHN, H., «Gestaltwandel der Götter und des Menschen im alten Ägypten»,
            ErJb 1969 38 (1972) 9-43.
b12385   ALFONSI, L., «Il concetto dell'uomo nella cultura romano-arcaica», dans L'uomo nella
            Bibbia e nelle culture ad essa contemporanee (en collab.) (1975), 69-74.
b12386   CAGNI, L., «Creazione e destinazione dell'uomo secondo i Sumeri e gli Assiro-
            Babilonesi», dans L'uomo nella Bibbia e nelle culture ad essa contemporanee (en collab.)
            (1975), 9-25.
b12387   DIANO, C., «L'uomo. L'evento e gli dei nella Grecia del V secolo a.C», dans L'uomo
            nella Bibbia e nelle culture ad essa contemporanee (en collab.) (1975), 51-67.
b12388   GARBINI, G., «L'uomo nell'Antico Oriente: semantica di un modo di esistere», dans
            L'umo nella Bibbia e nelle culture ad essa contemporanee (en collab.) (1975), 27-34.
b12389   ALDERINK, L.J., «Body and Soul: Orphic Anthropology», dans Society of Biblical
            Literature. 1977 Seminar Papers (en collab.) (1977), 387-395.
b12390   MOLIN, G., «Das Menschenbild des Alten Testamentes», BiLit 52 (1979) 104-111.

c) Judaïsme. Judaism. Judentum. Giudaismo. Judaísmo.

b12391   WOLVERTON, W.I., «The Double-Minded Man in the Light of Essene Psychology»,
            AThR 38 (1956) 166-175.
b12392   MAIER, G., Mensch und freier Wille, Nach den jüdischen Religionsparteien zwischen
            Ben Sira und Paulus (Wissenschaftliche Untersuchungen zum Neuen Testament, 12)
            (Tübingen, Mohr, 1971), vii-426 pp.
b12393   CAVALLETTI, S., «Considerazioni sull'antropologia rabbinica», dans L'uomo nella
            Bibbia e nelle culture ad essa contemporanee (en collab.) (1975), 155-161.
b12394   SANDMEL, S., Judaism and Christian Beginnings, «Mankind, Israel, and Torah»
            (1978), 177-185.
b12395   KÖSTER, H., Einführung in das Neue Testament im Rahmen der Religionsgeschichte
            und Kulturgeschichte der hellenistischen und römischen Zeit (De Gruyter Lehrbuch)
            (Berlin, De Gruyter, 1980), xix-801 pp.
b12396   LICHTENBERGER, H., Studien zum Menschenbild in Texten der Qumrangemeinde
            (Studien zum Umwelt des Neuen Testaments, 15) (Göttingen, Vandenhoeck
            & Ruprecht, 1980), 282 pp.
b12397   MELNICK, R., «On the Philonic Conception of the Whole Man», JStJud 11 (1980) 1-32.

d) Gnose. Gnosis. Gnosi. Gnosis.

b12398   QUISPEL, G., «La conception de l'homme dans la gnose Valentinienne», ErJb 1947 15
            (1948) 249-286.
b12399   QUISPEL, G., «L'homme gnostique (La doctrine de Basilide)», ErJb 1948 16 (1949)
            89-139.
b12400   TRÖGER, K.-W., «Die gnostische Anthropologie», Kairos 23 (1981) 31-42.

e) Ancien Testament. Old Testament. Altes Testament. Antico Testamento. Antiguo Testamento.

1. Études générales. General Studies. Allgemeine Studien. Studi generali. Estudios generales.

*b*12401 DUSSAUD, R., «La Notion d'âme chez les Israélites et les Phéniciens», Syr. 16 (1935) 267-277.

*b*12402 LYS, D., «L'homme dans l'Ancien Testament», ETR 34 (1959) 31-49.

*b*12403 SALGUERO, J., «Antropología hebrea e incertidumbre sobre la otra vida», CuBi 19 (1962) 86-96.

*b*12404 FIORENZA, F.P., BETZ, J.B., «Das griechische und hebräische Menschenverständnis», dans *Mysterium Salutis* (en collab.) (1967), II, 584-594.

*b*12405 SEIBEL, W., «Die Gottebenbildlichkeit des Menschen», dans *Mysterium Salutis* (en collab.) (1967), II, 806-808.

*b*12406 BARUCQ, A., «Israele e umanesimo», BibOr 11 (1969) 97-107.

*b*12407 FOHRER, G., *Theologische Grundstrukturen des Alten Testaments* (Berlin, New York, De Gruyter, 1972), «Die personale Struktur», 133-140.

*b*12408 HARVEY, J., «Anthropologie de l'Ancien Testament et Résurrection», dans ¿*Jésus*? (en collab.) (1974), 125-129.

*b*12409 ANDERSON, B.W., «Human Dominion Over Nature», dans *Biblical Studies in Contemporary Thought* (en collab.) (1975), 27-45.

*b*12410 GALLEGO, E., «Ese ser llamado hombre», BibFe 1 (1975) 34-48.

*b*12411 SCHUBERT, U., «Eine jüdische Vorlage für die Darstellung der Erschaffung des Menschen in der sogenannten Cotton-Genesis-Rezension?» Kairos 17 (1975) 1-10.

*b*12412 RUPPERT, L., «Der alte Mensch aus der Sicht des Alten Testamentes», TrierTZ 85 (1976) 270-281.

*b*12413 SEEBASS, H., «Über den Beitrag des Alten Testaments zu einer theologischen Anthropologie», KerDo 22 (1976) 41-63.

*b*12414 STENDEBACH, F.J., «Die Bedeutung einer alttestamentlichen Anthropologie für die Verkündigung und die theologische Erwachsenenbildung», dans *Bausteine biblischer Theologie* (en collab.) (1977), 333-349.

*b*12415 ROGERSON, J.W., *Anthropology and the Old Testament* (Growing Points in Theology) (Oxford, Basil Blackwell; Atlanta, John Knox Press, 1978), 127 pp.

*b*12416 CULLEY, R.C., «Anthropology and Old Testament Studies: An Introductory Comment», Semeia 21 (1981) 1-5.

*b*12417 MEINHOLD, A., «Menschsein in der Welt vor Gott. Alttestamentliche Perspektiven», TLZ 107 (1982) 241-257.

*b*12418 MALCHOW, B.V., «Wisdom's Contribution to Dialogue», BTB 13 (1983) 111-115.

*b*12419 SCHLINK, E., *Ökumenische Dogmatik*, «Die Bestimmung des Menschen» (1983), 101-122.

2. Pentateuque. Pentateuch. Pentateuco.

*b*12420 TRINICK, J., «Creavit Deus hominem ad imaginem suam: ...masculum et feminam», Bijdr. 22 (1961) 31-38.

*b*12421 KOCH, R., «La condition humaine selon Genèse 1-11», StMor 4 (1966) 115-139.

*b*12422 SEIBEL, W., «Der Urstand (des Menschen)», dans *Mysterium Salutis* (en collab.) (1967), II, 818-822.

*b*12423 SCHARBERT, J., «Fleisch, Geist und Seele in der Pentateuch-Septuaginta», dans *Wort, Lied und Gottesspruch. Beiträge zur Septuaginta* (en collab.) (1972), 121-143.

b12424 CREAGER, H.L., «The Divine Image», dans *A Light unto My Path* (en collab.) (1974), 103-118.

b12425 WILSON, S.G., «New Wine in Old Wineskins: IX. Image of God», ExpTim 85 (1974) 356-361.

b12426 SOGGIN, J.A., «Ad immagine e somiglianza di Dio», dans *L'uomo nella Bibbia e nelle culture ad essa contemporanee* (en collab.) (1975), 75-77.

b12427 BALY, D., *God and History in the Old Testament*, «God, the Creator, and Man, the Created» (1976), 119-132.

b12428 DUFAY, R., «L'homme image de Dieu», CHR 23 (1976) 312-324.

b12429 HOUSTON, W., «'And let them have Dominion...' Biblical Views of Man in Relation to the Environmental Crisis», dans *Studia Biblica 1978. I. Papers on Old Testament* (en collab.) (1979), 161-184.

b12430 WILDBERGER, H., «Das Abbild Gottes. Gen. 1,26-30», TZ 21 (1965) 245-259, 480-501, dans *Jahwe und sein Volk* (1979), 110-145.

b12431 ZIMMERLI, W., «Der Mensch im Rahmen der Natur nach den Aussagen des ersten biblischen Schöpfungsberichtes», ZTK 76 (1979) 139-158.

b12432 GERLEMAN, G., «*Adam* und die alttestamentliche Anthropologie», dans *Die Botschaft und die Boten* (en collab.) (1981), 319-333.

b12433 GROSS, W., «Die Gottebenbildlichkeit des Menschen im Kontext der Priesterschrift», TQ 161 (1981) 244-264.

3. Livres historiques. Historical Books. Geschichtsbücher.
Libri storici. Libros históricos.

b12434 OTTO, E., «Die 'synthetische Lebensauffassung' in der frühköniglichen Novellistik Israels. Ein Beitrag zur alttestamentlichen Anthropologie», ZTK 74 (1977) 371-400.

b12435 WEINBERG, J.P., «Der Mensch im Weltbild des Chronisten: seine Psyche», VT 33 (1983) 298-316.

4. Livres sapientiaux. Sapiential Books. Lehrbücher.
Libri sapienziali. Libros sapienciales.

b12436 EISING, H., «Das Menschenleben im Buche Ijob», dans *Memoria Jerusalem* (en collab.) (1977), 43-57.

b12437 ALONSO-SCHÖKEL, L., «The Vision of Man in Sirach 16:24-17:14», dans *Israelite Wisdom* (en collab.) (1978), 235-245.

b12438 PEREZ, G., «Humanismo y religión en los sabios de Israel», Salm 26 (1979) 349-383; 27 (1980) 5-33.

b12439 HABEL, N.C., «'Naked I Came...': Humanness in the Book of Job», dans *Die Botschaft und die Boten* (en collab.) (1981), 373-392.

5. Autres livres A.T. - Other Books O.T. - Andere Bücher A.T.
Altri libri A.T. - Otros libros A.T.

b12440 HAAG, H., *Gott und Mensch in den Psalmen* (Theologische Meditationen, 28) (Einsiedeln, Benziger, 1972), 72 pp.

b12441 GOEKE, H., «Die Anthropologie der individuellen Klagelieder», BiLeb 14 (1973) 13-29, 112-137.

b12442 ALBERTZ, R., *Weltschöpfung und Menschenschöpfung*, Untersucht bei Deuterojesaja, Hiob und in den Psalmen (Stuttgart, Calwer, 1974), 264 pp.

b12443 BERNINI, G., «Alcuni aspetti dell'antropologia nel Salterio», dans *L'uomo nella Bibbia e nelle culture ad essa contemporanee* (en collab.) (1975), 147-153.

b12444 SEYBOLD, K., «Die anthropologischen Beiträge aus Jesaja 2», ZTK 74 (1977) 401-415.

f) Nouveau Testament. New Testament. Neues Testament. Nuovo Testamento. Nuevo Testamento.

1. Études générales. General Studies. Allgemeine Studien. Studi generali. Estudios generales.

b12445 SCHLIER, H., «Vom Menschenbild des Neuen Testaments», dans VON RAD, G., SCHLIER, H., WOLF, E., *Der alte und neue Mensch* (BEvT 8) (München, Kaiser, 1942), 24-36, dans SCHLIER, H., *Der Geist und die Kirche* (1980), 251-264.

b12446 KÜMMEL, W.G., «Das Bild des Menschen im Neuen Testament» (1948), dans *Römer 7 und das Bild des Menschen im Neuen Testament* (1974), 161-214.

b12447 REFOULÉ, F., «Immortalité de l'âme et résurrection de la chair», RHR 163 (1963) 11-52.

b12448 FIORENZA, F.P., BETZ, J.B., «Das neutestamentliche Menschenverständnis», dans *Mysterium Salutis* (en collab.) (1967), II, 594-602.

b12449 FRITZSCHE, H., «Theologische Erwägungen zum Verhältnis von Mensch und Natur im Umkreis von Gesetz und Evangelium», TLZ 102 (1977) 545-560.

b12450 KLEIN, G., «Der Mensch als Thema neutestamentlicher Theologie», ZTK 75 (1978) 336-349.

b12451 VASSEROT-MERLE, P., «La Bible et la décision morale», LV n° 136 (1978) 79-99.

b12452 GUTHRIE, S.C., Jr., «Pastoral Counseling. Trinitarian Theology, and Christian Anthropology», Interpr 33 (1979) 130-143.

b12453 MALINA, B., «The Individual and the Community: Personality in the Social World of Early Christianity», BTB 9 (1979) 126-138.

b12454 GIBBS, J.M., «Wisdom, Power and Wellbeing», dans *Studia Biblica 1978* (en collab.) (1980), III, 119-155.

b12455 MARTIN, F., «Raíces Bíblicas del Principio y Fundamento», Manr 52 (1980) 249-266.

b12456 LADARIA, L.F., «La noción cristiana del hombre», RazFe 207 (1983) 376-386.

2. Évangiles. Gospels. Evangelien. Vangeli. Evangelios.

b12457 DAUTZENBERG, G., *Sein Leben bewahren. Psukhê* in den Herrenworten der Evangelien (StANT 14) (München, Kögel, 1966), 181 pp.

b12458 KÜMMEL, W.G., «Die johanneische Theologie» (1948), dans *Römer 7 und das Bild des Menschen im Neuen Testament* (1974), 199-206.

b12459 CORSANI, B., «L'uomo nelle parabole di Gesù», dans *L'uomo nella Bibbia e nelle culture ad essa contemporanee* (en collab.) (1975), 163-170.

b12460 DIEZ MACHO, A., *Actitud de Jesús ante el hombre* (Madrid, Studium, 1976), 92 pp.

b12461 SATAKE, A., «Zwei Typen von Menschenbildern in den Gleichnissen Jesu», AJBI 4 (1978) 45-84.

b12462 BLANK, J., «Der Mensch vor der radikalen Alternative», Kairos 22 (1980), 146-156.

3. Paul. Paulus. Paolo. Pablo.

b12463 KÜMMEL, W.G., «Grundbegriffe der paulinischen Anthropologie» (1929), dans *Römer 7 und das Bild des Menschen im Neuen Testament* (1974), 14-35.

b12464 BULTMANN, R., «Römer 7 und die Anthropologie des Paulus», dans *Imago Dei. Gustav Krüger zum 70. Geburtstag* (Giessen, Töpelmann, 1932), 53-62, dans *Exegetica* (1967), 198-209.

*b*12465   GRANT, R.M., «The Anthropology of St. Paul», AThR 22 (1940) 199-203.

*b*12466   SCHMIDT, K.L., «Die Natur- und Geistkräfte im Paulinischen Erkennen und Glauben», ErJb 1946 14 (1947) 87-143.

*b*12467   KÜMMEL, W.G., «Paulus» (1948), dans *Römer 7 und das Bild des Menschen im Neuen Testament* (1974), 178-198.

*b*12468   PREISS, T., «L'Anthropos chez l'Apôtre Paul», ETR 28 (1953) 62-68.

*b*12469   VAN UNNIK, W.C., «Some Aspects of Anthropology in the Work of Paul», dans *Waarheid, Wijsheid, Leven.* Feestbundel voor Prof. Dr. J. Severijn (Kampen, Kok, 1956), 37-46, dans *Sparsa Collecta* (1973), I, 160-173.

*b*12470   BONNARD, P., «Faiblesse et puissance du chrétien selon saint Paul» (1958), dans *Anamnesis* (1980), 159-167.

*b*12471   LEANEY, A.R.C., «The Doctrine of Man in 1 Corinthians», SJTh 15 (1962) 394-399.

*b*12472   BONNARD, P., «L'intelligence chez saint Paul» (1968), dans *Anamnesis* (1980), 133-143.

*b*12473   DAVIES, W.D., *Invitation to the New Testament*, «Man and the Universe» (1969), 266-277.

*b*12474   LEKO, M., «Il problema etico del corpo. Un saggio di teologia biblica», StMor 13 (1975) 67-107.

*b*12475   MONTAGNINI, F., «Aspetti originali dell'antropologia paolina», dans *L'uomo nella Bibbia e nelle culture ad essa contemporanee* (en collab.) (1975), 171-180.

*b*12476   PENNA, R., «Cristologia adamica e ottimismo antropologico in I Cor. 15,45-49», dans *L'uomo nella Bibbia e nelle culture ad essa contemporanee* (en collab.) (1975), 181-208.

*b*12477   BOF, G., *Una antropologia cristiana nelle lettere di S. Paolo* (Brescia, Morcelliana, 1976), 124 pp.

*b*12478   RÜGER, H.P., «Hieronymus, die Rabbinen und Paulus. Zur Vorgeschichte des Begriffspaars innerer und äusserer Mensch», ZNW 68 (1977) 132-137.

*b*12479   FIEDLER, P., «Wozu erlöst Erlösung? Der 'neue Mensch' nach Paulus», BiKi 33 (1978) 2-6.

*b*12480   KÜRZINGER, J., «Frau und Mann nach 1 Kor 11,11f», BZ 22 (1978) 270-275.

*b*12481   SCHLIER, H., *Grundzüge einer paulinischen Theologie*, «'Leib' und 'Fleisch'» (1978), 97-106.

*b*12482   ESPINEL, J.L., «San Pablo y el Helenismo», dans *Servidor de la Palabra* (en collab.) (1979), 167-203.

*b*12483   ZIESLER, J.A., «Anthropology of Hope», ExpTim 90 (1979) 104-109.

*b*12484   GIBBS, J.M., «Wisdom, Power and Wellbeing», dans *Studia Biblica 1978* (en collab.) (1980), III, 119-155.

*b*12485   STEPIEN, J., «*Syneidesis.* La conscience dans l'anthropologie de Saint Paul», RHPR 60 (1980) 1-20.

*b*12486   TAEGER, J.-W., «Paulus und Lukas über den Menschen», ZNW 71 (1980) 96-108.

*b*12487   SCHADE, H.-H., *Apokalyptische Christologie bei Paulus*, «Mensch und Menschensohn» (1981), 64-90.

*b*12488   KIEFFER, R., «Einige Überlegungen zum Menschenbild bei Paulus in Verbindung mit dem Heilsereignis», dans *Studia Evangelica* (en collab.) (1982), VII, 287-292.

4. Pierre. Peter. Petrus. Pietro. Pedro.

*b*12489   FRATTALLONE, R., «Antropologia naturale e sopranaturale nella prima lettera di San Pietro», StMor 5 (1967) 41-111.

Homosexualité. Homosexuality. Homosexualität. Omosessualità. Homosexualidad.

*b*12490 BAHNSEN, G.L., *Homosexuality.* A Biblical View (Grand Rapids, Baker, 1978), ii-152 pp.

*b*12491 HORNER, T., *Jonathan Loved David.* Homosexuality in Biblical Times (Philadelphia, Westminster, 1978), 163 pp.

*b*12492 FURNISH, V.P., *The Moral Teaching of Paul,* «Homosexuality» (1979), 52-83.

*b*12493 ZAAS, P., «1 Corinthians 6:9ff: Was Homosexuality Condoned in the Corinthian Church?» dans *Society of Biblical Literature. 1979 Seminar Papers* (en collab.) (1979), II, 205-212.

*b*12494 STRECKER, G., «Homosexualität in biblischer Sicht», KerDo 28 (1982) 127-141.

Hospitalité. Hospitality. Gastfreundschaft. Ospitalità. Hospitalidad.

*b*12495 RUSCHE, H., «Gastfreundschaft. Ein biblischer Grundbegriff», BiLeb 6 (1965) 221-223.

*b*12496 SCHREINER, J., «Gastfreundschaft im Zeugnis der Bibel», TrierTZ 89 (1980) 50-60.

Huile. Oil. Öl. Olio. Aceite.

*b*12497 BAUMGARTEN, J.M., «The Essene Avoidance of Oil and the Law of Purity», RQum 6 (1967) 183-193, dans *Studies in Qumran Law* (1977), 88-97.

Humilité. Humility. Demut. Umiltà. Humildad.

*b*12498 MARTIN SANCHEZ, B., «Ejercicios bíblicos espirituales», CuBi 17 (1960) 298-300.

*b*12499 SALAS, A., «¿Ama dios al desvalido? Los 'pobres' y los 'humildes' en la revelación bíblica», BibFe 1 (1975) 49-65.

*b*12500 BEIL, A., «Soziale Aufrichtigkeit und Demut; eine biblisch-liturgische Gewissenserforschung», BiLit 49 (1976) 35-41.

*b*12501 BIANCHI, E., «Le statut des 'sans-dignité' dans l'Ancien Testament», Conci nº 150 (1979) 15-23.

*b*12502 WANSBROUGH, H., «The Lowliness of Mary», Way 20 (1980) 176-183.

*b*12503 DE SANTA MARIA, M., «La humildad de la esclava», BibFe 9 (1983) 249-258.

Idolâtrie. Idolatry. Götzendienst. Idolatria. Idolatría.

*b*12504 WALLACH, L., «A Palestinian Polemic Against Idolatry», HUCA 19 (1945-46) 389-404.

*b*12505 VISCHER, W., «Tu ne te feras pas d'image», ETR 31, nº 1 (1956) 8-18.

*b*12506 URBACH, E.A., «The Laws of Idolatry in the Light of Historical and Archaeological Facts in the Third Century», ErIs 5 (1958) 189-205 (English summary).

*b*12507 BUCK, H.M., «Worship, Idolatry, and God», dans *A Light unto My Path* (en collab.) (1974), 67-82.

*b*12508 DUBARLE, A.-M., *La manifestation naturelle de Dieu d'après l'Écriture,* «La polémique contre les idoles» (1976), 86-96.

*b*12509 OSTER, R., «The Ephesian Artemis as an Opponent of Early Christianity», JbAC 19 (1976) 24-44.

*b*12510 GRINTZ, J.M., «Some observations on the 'High-Place' in the history of Israel», VT 27 (1977) 111-113.

*b*12511 FAUR, J., «The Biblical Idea of Idolatry», JQR 69 (1978) 1-15.

*b*12512 GOLKA, F.W., «Schwierigkeiten bei der Datierung des Fremdgötterverbotes», VT 28 (1978) 352-354.

*b*12513 CLIFFORD, R.J., «The Function of Idol Passages in Second Isaiah», CBQ 42 (1980) 450-464.

*b*12514 JUCCI, E., «Il decalogo e la polemica anticanaanaica», RivB 28 (1980) 97-109.

*b*12515 DELCOR, M., «Les cultes étrangers en Israël au moment de la réforme de Josias d'après 2 R 23. Étude de religions sémitiques comparées», dans *Mélanges bibliques et orientaux en l'honneur de M. Henri Cazelles* (en collab.) (1981), 91-123.

*b*12516 SIMON, M., «Les Dieux antiques dans la pensée chrétienne (*Zeitschrift für Religions- und Geistesgeschichte*, VI, Leiden/Köln 1954, 97-114)», dans SIMON, M., *Le Christianisme antique et son contexte religieux* (1981), 187-204.

*b*12517 SMITH, M., «Helios in Palestine», ErIs 16 (1982) 199*-214*.

*b*12518 BRICHTO, H.C., «The Worship of the Golden Calf: A Literary Analysis of a Fable on Idolatry», HUCA 54 (1983) 1-44.

Image. Ebenbild. Immagine. Imagen.

*b*12519 VRIEZEN, T.C., «La création de l'homme d'après l'image de Dieu», OTS 2 (1943) 87-105.

*b*12520 SCHMIDT, K.L., «Homo imago Dei im Alten und Neuen Testament», ErJb 1947 15 (1948) 149-195.

*b*12521 LEROY, J., «L'illustration de la Bible chez les Juifs», RHR 138 (1950) 160-175.

*b*12522 VISCHER, W., «Tu ne te feras pas d'image», ETR 31, n° 1 (1956) 8-18.

*b*12523 SCHLINK, E., «Die biblische Lehre vom Ebenbilde Gottes», dans *Pro Veritate* (en collab.) (1963), 1-23.

*b*12524 SÖHNGEN, G., «Die biblische Lehre von der Gottebenbildlichkeit des Menschen», dans *Pro Veritate* (en collab.) (1963), 23-57.

*b*12525 SEIBEL, W., «Die Gottebenbildlichkeit des Menschen», dans *Mysterium Salutis* (en collab.) (1967), II, 806-808.

*b*12526 QUISPEL, G., «Das Ewige Ebenbild des Menschen. Zur Begegnung mit dem Selbst in der Gnosis», ErJb 1967 36 (1968) 9-30.

*b*12527 PIPER, J., «The Image of God: An Approach from Biblical and Systematic Theology», SBT 1 (1971) 15-32.

*b*12528 CREAGER, H.L., «The Divine Image», dans *A Light unto My Path* (en collab.) (1974), 103-118.

*b*12529 SCHWANZ, P., «Der Wandel in der Gottebenbildlichkeits-Vorstellung vom Neuen Testament zur frühen Patristik», Kairos 16 (1974) 268-294.

*b*12530 WILSON, S.G., «New Wine in Old Wineskins: IX. Image of God», ExpTim 85 (1974) 356-361.

*b*12531 ADINOLFI, M., «*Eikôn* nel 'De Iside et Osiride' di Plutarco», dans *La Cristologia in San Paolo* (en collab.) (1976), 115-129.

*b*12532 CANTALAMESSA, R., «Cristo immagine di Dio. Le tradizioni patristiche su *Col.* 1,15», dans *La Cristologia in san Paolo* (en collab.) (1976), 269-287.

*b*12533 DUFAY, R., «L'homme image de Dieu», CHR 23 (1976) 312-324.

*b*12534 GREEVES, F., «The Image of God», ExpTim 88 (1976) 78-79.

b12535 VANNI, U., «Immagine di Dio invisibile, primogenito di ogni creazione (Col. 1,15)», dans *La Cristologia in san Paolo* (en collab.) (1976), 97-113.

b12536 BURGHARDT, W.J., «Free like God: recapturing an ancient anthropology», TDig 26 (1978) 343-364.

b12537 HOROWITZ, M.C., «The Image of God in Man - Is Woman Included?» HarvTR 72 (1979) 175-206.

b12538 WILDBERGER, H., «Das Abbild Gottes. Gen. 1,26-30», TZ 21 (1965) 245-259, 480-501, dans *Jahwe und sein Volk* (1979), 110-145.

b12539 KLINE, M.G., *Images of the Spirit* (Grand Rapids, Baker Book House, 1980), 160 pp.

b12540 DION, P.-E., FRAIKIN, D., «Ressemblance et image de Dieu. I. Égypte et Mésopotamie. II. Ancien Testament. Les textes sacerdotaux. III. Période hellénistique. IV. Nouveau Testament», SDB 10 (1981) col. 365-414.

Imitation. Nachahmung. Imitazione. Imitación.

a) Judaïsme. Judaism. Judentum. Giudaismo. Judaísmo.

b12541 DI SEGNI, R., «La sequela del Maestro nella tradizione rabbinica», dans *Parola, spirito e vita* 2 (1980), 71-80.

b) Ancien Testament. Old Testament. Altes Testament. Antico Testamento. Antiguo Testamento.

b12542 KOCH, R., «L'imitation de Dieu dans la morale de l'Ancien Testament», StMor 2 (1964) 73-88.

b12543 HELFMEYER, F.J., *Die Nachfolge Gottes im Alten Testament* (BBB 29) (Bonn, Peter Hanstein, 1968), xxii-222 pp.

b12544 VIRGULIN, S., «La sequela di Abramo», dans *Parola, spirito e vita* 2 (1980) 7-24.

c) Nouveau Testament. New Testament. Neues Testament. Nuovo Testamento. Nuevo Testamento.

1. Études générales. General Studies. Allgemeine Studien. Studi generali. Estudios generales.

b12545 NIELEN, J.M., «Die Kultsprache (Nachfolge und Nachahmung) im neutestamentlichen Schrifttum», BiLeb 6 (1965) 1-15.

b12546 COX, D., «New Testament Sources and the Religious Life», Ant 51 (1976) 377-393.

b12547 DUMAS, A., «La prédication de Jésus-Christ», RSR 65 (1977) 227-238.

b12548 OBERLINNER, L., «Identifikation mit Jesus? Jesu Leben und Botschaft als Norm und Massstab christlicher Identität», BiKi 32 (1977) 76-78.

b12549 CROUZEL, H., «L'imitation et la 'suite' de Dieu et du Christ dans les premiers siècles chrétiens, ainsi que leurs sources gréco-romaines et hébraïques», JbAC 21 (1978) 7-41.

b12550 MACDONALD, W.C., «Following Jesus Today», ExpTim 90 (1978) 86-87.

b12551 REFOULÉ, F., «Jesus: framework of Christian action», TDig 27 (1979) 143-147.

b12552 WHITE, R.E.O., *Biblical Ethics*, «The Son of God and the Life of Imitation» (1979), 109-123.

b12553 KUHN, H.-W., «Nachfolge nach Ostern», dans *Kirche*. Festschrift für Günther Bornkamm (en collab.) (1980), 105-132.

b12554 MORETON, M.J., «A Reconsideration of the Origins of a Christian Initiation Rite in the Age of the New Testament», dans *Studia Biblica 1978* (en collab.) (1980), III, 265-275.

b12555 PAPA, B., «Il cristianesimo come via», dans *Parola, spirito e vita* 2 (1980) 154-170.

*b*12556   JOIS, J., «Seguir a Cristo e imitar a Cristo. Un estudio bíblico responsable», CuBi 38 (1981) 35-56.

2. Évangiles synoptiques. Synoptic Gospels. Synoptische Evangelien. Vangeli sinottici. Evangelios sinópticos.

*b*12557   DESCAMPS, A., *Les justes et la justice dans les évangiles et le christianisme primitif* (1950), 187-199.

*b*12558   DI PINTO, L., «'Seguire Gesù' secondo i Vangeli sinottici», dans *Fondamenti biblici della teologia morale* (en collab.) (1973), 187-251.

*b*12559   KINGSBURY, J.D., «The Verb *Akolouthein* ('To Follow') as an Index of Matthew's View of his Community», JBL 97 (1978) 56-73.

*b*12560   O'TOOLE, R.F., «Luke's Notion of 'Be Imitators of Me as I am of Christ' (Acts 25-26)», BTB 8 (1978) 155-161.

*b*12561   BECK, B.E., «Imitatio Christi and the Lucan Passion Narrative», dans *Suffering and Martyrdom in the New Testament* (en collab.) (1981), 28-47.

3. Paul. Paulus. Paolo. Pablo.

*b*12562   GRECH, P., «Christological Motives in Pauline Ethics», dans *Paul de Tarse, apôtre de notre temps* (en collab.) (1979), 541-558.

*b*12563   COLLANGE, J.-F., *De Jésus à Paul*, «De la suivance à l'imitation» (1980), 188-204.

*b*12564   LOHFINK, G., «Paulinische Theologie in der Rezeption der Pastoralbriefe», dans *Paulus in den neutestamentlichen Spätschriften* (en collab.) (1981), 70-121.

*b*12565   WOLBERT, W., «Vorbild und paränetische Autorität. Zum Problem des 'Nachahmung' des Paulus», MüTZ 32 (1981) 249-270.

4. Divers. Miscellaneous. Verschiedenes. Diversi. Diversos.

*b*12566   MAYNARD, J.A.F., «The Church as a Fellowship (Church Congress Syllabus iv.3)», AThR 22 (1940) 36-50.

*b*12567   LEE, E.K., «Words denoting 'Pattern' in the New Testament», NTS 8 (1961-62) 166-173.

*b*12568   RODRIGUEZ LARA, R., «'Imitar y seguir': evocación evangélica de los Ejercicios de San Ignacio», *Miscelánea Comillas* 41 (1983) 301-309.

Immortalité. Immortality. Unsterblichkeit. Immortalità. Inmortalidad.

*b*12569   BUONAIUTI, E., «Wiedergeburt, Unsterblichkeit und Auferstehung im Urchristentum», ErJb 1939 7 (1940) 291-320.

*b*12570   VAN DER LEEUW, G., «Unsterblichkeit», ErJb 18 (1950) 183-206.

*b*12571   NILSSON, M.P., «Die astrale Unsterblichkeit und die kosmische Mystik», Numen 1 (1954) 106-119.

*b*12572   SCHMAUS, M., «Unsterblichkeit der Geistseele oder Auferstehung von den Toten?» dans *Pro Veritate* (en collab.) (1963) 311-337.

*b*12573   VON CAMPENHAUSEN, H., «Tod, Unsterblichkeit und Auferstehung», dans *Pro Veritate* (en collab.) (1963), 295-311.

*b*12574   GUILMOT, M., «L'espoir en l'immortalité dans l'Égypte ancienne des origines au Moyen Empire», RHR 165 (1964) 145-163; 166 (1964) 1-20.

*b*12575   SNAITH, N.H., «Justice and Immortality», SJTh 17 (1964) 309-324.

*b*12576   GLUECK, N., «Nabatean Symbols of Immortality», ErIs 8 (1967) 37*-41*.

*b*12577 BEASLEY-MURRAY, G.R., «The contribution of the Book of Revelation to the Christian belief in immortality», SJTh 27 (1974) 76-93.

*b*12578 BRUCE, F.F., «Paul on immortality», SJTh 24 (1971) 457-472.

*b*12579 ROYSE, J.R., «Philo and the Immortality of the Race», JStJud 11 (1980) 33-37.

*b*12580 BLANDINO, G., «La Rivelazione e l'immortalità dell''io' umano», CC 3 (1981) 209-224.

*b*12581 TORRANCE, T.F., «Immortality and Light», RelSt 17 (1981) 147-161.

Imposition des mains. Laying on of Hands. Auflegung der Hände. Imposiziome delle mani. Imposición de las manos.

*b*12582 GOWEN, H.H., «Manuum Impositio», AThR 19 (1937) 288-296.

*b*12583 PORTER, H.B., «Laying Hands on the Sick», AThR 36 (1954) 83-89.

*b*12584 TORRANCE, T.F., «Consecration, and Ordination», SJTh 11 (1958) 225-252.

*b*12585 MAERTENS, J.-T., «Un rite de pouvoir: l'imposition des mains», SR 6 (1976-77) 637-649; 7 (1978-79) 25-39.

*b*12586 DUBARLE, A.-M., «L'Esprit Saint et la liturgie d'après l'Écriture Sainte», dans En collaboration, *Le Saint-Esprit dans la liturgie.* Conférences Saint-Serge, XVIe semaine d'études liturgiques, Paris, 1-4 juillet 1969 (Roma, Edizioni Liturgiche, 1977), 71-86.

*b*12587 PÉTER, R., «L'imposition des mains dans l'Ancien Testament», VT 27 (1977) 48-55.

*b*12588 CAMELOT, P.-T., «Baptême, confirmation, effusion de l'Esprit», VS 132 (1978) 843-863.

*b*12589 COPPENS, J., «L'imposition des mains dans les Actes des Apôtres», dans *Les Actes des Apôtres.* Traditions, rédaction, théologie (en collab.) (1979), 405-438.

*b*12590 KILMARTIN, E.J., «Ministère et ordination dans l'Église chrétienne primitive», MD n° 138 (1979) 49-92.

*b*12591 VOGELS, W., «The Spirit in Joshua and the Laying on of Hands by Moses», LTP 38 (1982) 3-7.

*b*12592 SANSOM, M.C., «Laying On of Hands in the Old Testament», ExpTim 94 (1983) 323-326.

Incarnation. Menschwerdung. Incarnazione. Encarnación.

*b*12593 MEEKS, W.A., «The Man from Heaven in Johannine Sectarianism», dans *Society of Biblical Literature. 1972 Proceedings* (en collab.) (1972), 285-313.

*b*12594 GEERLINGS, W., «Inkarnation und Kirche», BiKi 34 (1979) 47-53.

*b*12595 MOLLAT, D., *Études johanniques,* «Saint Jean, théologien de l'Incarnation» (1979), 45-55.

*b*12596 SCHEELE, P.-W., «Die Fleischwerdung des Wortes. Biblische Explikation und theologische Implikation», dans *Kirche und Bibel* (en collab.) (1979), 357-388.

*b*12597 DUNN, J.D.G., *Christology in the Making.* A New Testament Inquiry Into the Origins of the Doctrine of the Incarnation (Philadelphia, Westminster, 1980), xvii-443 pp.

Inceste. Incest. Inzest. Incesto.

*b*12598 NEMOY, L., «Two Controversial Points in the Karaite Law of Incest», HUCA 49 (1978) 247-265.

*b*12599 BIGGER, S.F., «The Family Laws of Leviticus 18 in their Setting», JBL 98 (1979) 187-203.

*b*12600 HALBE, J., «Die Reihe der Inzestverbote Lev 18 7-18», ZAW 92 (1980) 60-88.

Individu. Individual. Individuum. Individuo.

*b*12601 MALINA, B., «The Individual and the Community: Personality in the Social World of Early Christianity», BTB 9 (1979) 126-138.
*b*12602 CHERNUS, I., «Individual and Community in the Redaction of the Hekhalot Literature», HUCA 52 (1981) 253-274.
*b*12603 LICHTENBERGER, H., *Studien zum Menschenbild in Texten der Qumrangemeinde,* «Die Gemeinschaft und der einzelne» (1980), 212-218.

Intercession. Fürsprache. Intercessione. Intercesión.

*b*12604 BRUSTON, É., «Le ministère d'intercession en Israël», ETR 9 (1934) 255-272.

Ironie. Irony. Ironie. Ironia. Ironía.

*b*12605 CLAVIER, H., «La mérhode ironique dans l'enseignement de Jésus», ETR 4 (1929) 223-241, 323-344; 5 (1930) 211-226.
*b*12606 POLK, T., «The Wisdom of Irony: A Study of *Hebel* and its relation to Joy and the Fear of God in Ecclesiastes», SBT 6,1 (1976) 3-17.
*b*12607 WILLIAMS, J.G., «Irony and Lament: Clues to Prophetic Consciousness», Semeia 8 (1977) 51-74.
*b*12608 DE ROBERT, A., «L'ironie et la Bible», ETR 55 (1980) 3-30.
*b*12609 BESANCON SPENCER, A., «The Wise Fool (and the Foolish Wise.) A Study of Irony in Paul», NT 23 (1981) 349-360.
*b*12610 HOLBERT, J.C., «'Deliverance Belongs to Yahweh!' Satire in the Book of Jonah», JSOT nᵒ 21 (1981) 59-81.

Isaac. Isaak. Isaac.

*b*12611 GRELOT, P., «La naissance d'Isaac et celle de Jésus», NRT 94 (1972) 462-487, 561-585.
*b*12612 GUIGUI, A., «Le sacrifice d'Isaac (Gn 22,1)», dans *Abraham dans la Bible et dans la tradition juive* (en collab.) (1977), 89-117.
*b*12613 BRAUN, F.-M., «Le sacrifice d'Isaac dans le quatrième évangile d'après le Targum», NRT 101 (1979) 481-497.
*b*12614 VESCO, J.-L., «La Pâque d'Abraham», VS 133 (1979) 338-350.
*b*12615 WHITE, H.C., «The Initiation Legend of Isaac», ZAW 91 (1979) 1-30.
*b*12616 CHILTON, B.D., «Isaac and the Second Night: A Consideration», Bibl 61 (1980) 78-88.
*b*12617 SABOURIN, L., «Isaac and Jesus in the Targums and the NT», RelStB 1 (1981) 37-45.
*b*12618 SWETNAM, J., *Jesus and Isaac.* A Study of the Epistle to the Hebrews in the Light of the Aqedah (Analecta Biblica, 94) (Rome, Biblical Institute Press, 1981), xii-243 pp.
*b*12619 GISPEN, W.H., «A Blessed Son of Abraham», dans *Von Kanaan bis Kerala* (en collab.) (1982), 123-129.

Israël. Israel. Israele. Israel.

a) Études générales. General Studies. Allgemeine Studien. Studi generali. Estudios generales.

*b*12620 VOGEL, M.H., «Some Reflections on the Question of Jewish Identity», Bijdr. 31 (1970) 2-32.

*b*12621 GALBIATI, E., «Il ruolo d'Israele nella 'economia' della salvezza», dans *Theologia* (Athēnai) 42 (1971) 342-353, dans *Scritti minori* (1979), 271-285.

*b*12622 SCHUBERT, K., «Ein Geheimnis des Glaubens - Die Relevanz des Judentums für die Heilsgeschichte», BiKi 29 (1974) 38-41.

*b*12623 LASOR, W., *Israel*. A Biblical View (Grand Rapids, Eerdmans, 1976), 108 pp.

*b*12624 SEGRE, A., «La Bible et le peuple juif», Conci n° 112 (1976) 101-112.

*b*12625 REMAUD, M., «Réflexions sur la permanence d'Israël», NRT 99 (1977) 507-517.

*b*12626 GALBIATI, E., «La funzione d'Israele nella 'economia' della salvezza», BibOr 20 (1978) 5-16.

*b*12627 JANECKO, B., «Israel, Prophecy and Politics», BTB 8 (1978) 177-183.

*b*12628 MÜLLER, P.-G., «Mussners Traktat über die Juden», BiKi 34 (1979) 141-146.

*b*12629 MUSSNER, F., *Traktat über die Juden* (München, Kösel, 1979), 398 pp.

*b*12630 HESSE, F., «Die Israelfrage in neueren Entwürfen Biblischer Theologie», KerDo 27 (1981) 180-197.

b) Judaïsme. Judaism. Judentum. Giudaismo. Judaísmo.

*b*12631 KADUSHIN, M., «Aspects of the Rabbinic Concept of Israel. A Study in the Mekilta», HUCA 19 (1945-46) 57-96.

*b*12632 POSEN, J., «Israel als Werkzeug des Heils in der Sicht der jüdischen Überlieferung», Kairos 11 (1969) 217-224.

*b*12633 THOMA, C., «Das jüdische Volk-Gottes-Verständnis zur Zeit Jesu», dans *Theologische Berichte III. Judentum und Kirche: Volk Gottes* (en collab.) (1974), 93-117.

*b*12634 HUONDER, V., *Israel Sohn Gottes*. Zur Deutung eines alttestamentlichen Themas in der jüdischen Exegese des Mittelalters (Orbis Biblicus et Orientalis, 6) (Freiburg, Schweiz, Universitätsverlag; Göttingen, Vandenhoeck & Ruprecht, 1975), 231 pp.

*b*12635 HULTGÅRD, A., *L'eschatologie des Testaments des Douze Patriarches*, «L'unité retrouvée d'Israël» (1977), I, 200-203.

*b*12636 NEHER, A., *Clefs pour le judaïsme* (Coll. 'Clefs') (Paris, Seghers, 1977), 191 pp.

*b*12637 THOMA, C., «Jüdische und christliche Exilserfahrungen und Exilstheologien. Deutung des nachbiblischen Judentums aus christlichtheologischer Sicht», dans *Exil-Diaspora-Rückkehr* (en collab.) (1978), 78-94.

*b*12638 GRANT, R.M., «Eusebius, Josephus and the Fate of the Jews», dans *Society of Biblical Literature. 1979 Seminar Papers* (en collab.) (1979), II, 69-86.

*b*12639 DORFF, E.N., «The Covenant: How Jews Understand Themselves and Others», AThR 64 (1982) 481-501.

c) Ancien Testament. Old Testament. Altes Testament. Antico Testamento. Antiguo Testamento.

*b*12640 McL. WILSON, R., «Genesis 1.26 and the New Testament», Bijdr. 20 (1959) 117-125.

*b*12641 MARTIN-ACHARD, R., «Israël, peuple sacerdotal», VC n° 71-72 (1964) 11-28.

*b*12642 BOTTERWECK, G.J., «Gott und Mensch in den alttestamentlichen Löwenbildern», dans *Wort, Lied und Gottesspruch. Beiträge zu Psalmen und Propheten* (en collab.) (1972), 117-128.

b12643   EISSFELDT, O., «Jahwes Königsprädizierung als Verklärung national-politischer Ansprüche Israels», dans *Wort, Lied und Gottesspruch.* Beiträge zu Psalmen und Propheten (en collab.) (1972), 51-55.

b12644   OESTERREICHER, J., «Unter dem Bogen des Einen Bundes - Das Volk Gottes: seine Zweigestalt und Einheit», dans *Theologische Berichte III. Judentum und Kirche: Volk Gottes* (en collab.) (1974), 27-69.

b12645   SCHMID, R., «Israel als Volk Gottes von den Anfängen bis zum babylonischen Exil», dans *Theologische Berichte III. Judentum und Kirche: Volk Gottes* (en collab.) (1974), 71-85.

b12646   SCHUBERT, K., THOMA, C., «Israel als Volk Gottes vom babylonischen Exil bis zur Hasmonäerzeit», dans *Theologische Berichte III. Judentum und Kirche: Volk Gottes* (en collab.) (1974), 87-92.

b12647   VON RAD, G., *Gottes Wirken in Israel,* «Das Geheimnis des alttestamentlichen Israel» (1974), 91-107.

b12648   HUONDER, V., *Israel Sohn Gottes* (Orbis Biblicus et Orientalis, 6) (Freiburg, Schweiz, Universitätsverlag: Göttingen, Vandenhoeck & Ruprecht, 1975), 231 pp.

b12649   WEINFELD, M., «Jeremiah and the Spiritual Metamorphosis of Israel», ZAW 88 (1976) 17-56.

b12650   WILLIAMSON, H.G.M., *Israel in the Books of Chronicles* (Cambridge, Cambridge University Press, 1977), xi-170 pp.

b12651   DANIEL, J.L., «Anti-Semitism in the Hellenistic-Roman Period», JBL 98 (1979) 45-65.

b12652   LEMCHE, N.P., «'Hebrew' as a National Name for Israel», ST 33 (1979) 1-23.

b12653   MARIA, L.N., «Uso e valore dei nomi di Dio e dei nomi del popolo nel libro di Amos», Sal 41 (1979) 425-440.

b12654   VIALLANEIX, N., «Kierkegaard, l'Ancien Testament et Israël», ETR 54 (1979) 547-577.

d) Nouveau Testament. New Testament. Neues Testament. Nuovo Testamento. Nuevo Testamento.

1. Études générales. General Studies. Allgemeine Studien. Studi generali. Estudios generales.

b12655   MEINERTZ, M., «Die Judenfrage, vom Neuen Testament aus gesehen», BiKi 7/1 (1952) 1-20.

b12656   RIBER, M., «Israel a la luz de la unidad cristiana», CuBi 16 (1959) 162-166.

b12657   SCHUBERT, K., «Das alte Bundesvolk. Versuch eines christlichen Verständnis vom Wesen des Judentums», Kairos 12 (1970) 161-182.

b12658   GEIST, H., «Jesus vor Israel - der Ruf zur Sammlung», dans *Die Aktion Jesu und die Re-Aktion der Kirche* (en collab.) (1972), 31-64.

b12659   REMAUD, M., «L'attitude des chrétiens à l'égard du judaïsme», NRT 96 (1974) 503-515.

b12660   DUBOIS, M.J., «A Christian View of Jews, Judaism and Israel», Immanuel 7 (1977) 78-91.

b12661   ISAAC, J., «The Crime of Deicide», dans *Jewish Expressions on Jesus* (en collab.) (1977), 253-304.

b12662   COOK, M.J., *Mark's Treatment of the Jewish Leaders* (SuppNT 51) (Leiden, Brill, 1978), 104 pp.

b12663   EPP, E.J., «Jews and Judaism in *The Living New Testament*», dans *Biblical and Near Eastern Studies* (LaSor) (en collab.) (1978), 80-96.

b12664   LINDESKOG, G., «Jews and Judaism in the New Testament. Four theses», ASTI 11 (1978) 63-67.

*b*12665   SANDMEL, S., *Anti-Semitism in the New Testament?* (Philadelphia, Fortress, 1978), xxi-168 pp.

*b*12666   GOLDSTEIN, H. (Hrsg.), *Gottesverächter und Menschenfeinde?* Juden zwischen Jesus und frühchristliche Kirche (Patmos-Paperbacks) (Düsseldorf, Patmos, 1979), 304 pp.

*b*12667   RESE, M., «Antisemitismus und neutestamentliche Forschung. Anmerkungen zu dem Thema Gerhard Kittel und die Judenfrage», EvT 39 (1979) 557-570.

*b*12668   BEN-CHORIN, S., «Antijüdische Elemente im Neuen Testament», EvT 40 (1980) 203-214.

*b*12669   DUBOIS, M., «Communauté chrétienne et communauté juive, hier et aujourd'hui», dans *Jésus aujourd'hui* (1980), III, 113-122.

*b*12670   ECKERT, J., «L'Évangile pour Israël et les nations. Le problème du caractère absolu du christianisme dans le Nouveau Testament», CHR n⁰ 155 (1980) 49-59.

*b*12671   BEAUCHAMP, P., «Être un héritier de la Bible. Le trait d'union judéo-chrétien», Et 354 (1981) 239-254.

*b*12672   BEA, A., «Sono gli ebrei un popolo 'deicida' e 'maledetto da Dio'?» CC 1 (1982) 430-446.

*b*12673   MACCOBY, H., *The Sacred Executioner.* Human Sacrifice and the legacy of Guilt (London, Thames & Hudson, 1982), 208 pp.

*b*12674   MUSSNER, F., «Die Juden im Neuen Testament», BiLit 55 (1982) 4-14.

*b*12675   SCHRAGE, W., «Ja und Nein - Bemerkungen eines Neutestamentlers zur Diskussion von Christen und Juden», EvT 42 (1982) 126-151.

*b*12676   BAUMBACH, G., «Antijudaismus im Neuen Testament», Kairos 25 (1983) 68-85.

*b*12677   COOK, J.I., «The Christian Witness to the Jews», SJTh 36 (1983) 145-161.

**2. Évangiles synoptiques. Synoptic Gospels. Synoptische Evangelien.
Vangeli sinottici. Evangelios sinópticos.**

*b*12678   BURKILL, T.-A., «L'antisémitisme dans l'Évangile selon saint Marc», RHR 154 (1958) 10-33.

*b*12679   GEORGE, A., «Israël», RB 75 (1968) 481-525, dans GEORGE, A., *Études sur l'oeuvre de Luc* (1978), 87-125.

*b*12680   WAINWRIGHT, A.W., «Luke and the Restoration of the Kingdom to Israel», ExpTim 89 (1977-78) 76-79.

*b*12681   BROWN, S., «The Mission to Israel in Matthew's Central Section (Mt 9 35-11 1)», ZNW 69 (1978) 73-90.

*b*12682   COOK, M.J., *Mark's Treatment of the Jewish Leaders* (SuppNT 51) (Leiden, Brill, 1978), 104 pp.

*b*12683   BAARLINK, H., «Zur Frage nach dem Antijudaismus im Markusevangelium», ZNW 70 (1979) 166-193.

*b*12684   SANDERS, J.T., «The Parable of the Pounds and Lucan Anti-Semitism», TS 42 (1981) 660-668.

*b*12685   RUSSELL, E.A., «The Image of the Jew in Matthew's Gospel», dans *Studia Evangelica* (en collab.) (1982), VII, 427-442.

*b*12686   COOK, M.J., «Interpreting 'Pro-Jewish' Passages in Matthew», HUCA 54 (1983) 135-146.

3. Jean. John. Johannes. Giovanni. Juan.

*b*12687   LEISTNER, R., *Antijudaismus im Johannesevangelium?* Darstellung des Problems in der neueren Auslegungsgeschichte und Untersuchung der Leidensgeschichte (Theologie und Wirklichkeit, 3) (Bern, Frankfurt/M., Lang, 1974), 231 pp.

*b*12688 SHEPHERD, M.H., Jr., «The Jews in the Gospel of John: Another Level of Meaning», AThR Supplementary Series, n⁰ 3 (1974) 95-112.

*b*12689 MEEKS, W.A., «'Am I a Jew?' - Johannine Christianity and Judaism», dans *Christianity, Judaism and Other Greco-Roman Cults* (en collab.) (1975), I, 163-186.

*b*12690 LOWE, M., «Who were the *Ioudaioi*?» NT 18 (1976) 101-130.

*b*12691 HICKLING, C.J.A., «Attitudes to Judaism in the Fourth Gospel», dans *L'Évangile de Jean* (en collab.) (1977), 347-354.

*b*12692 PAINTER, J., «The Church and Israel in the Gospel of John: A Response», NTS 25 (1978-79) 103-112.

*b*12693 THYEN, H., «Das Heil kommt von den Juden», dans *Kirche*. Festschrift für Günther Bornkamm (en collab.) (1980), 163-184.

*b*12694 BASSLER, J.M., «The Galileans: A Neglected Factor in Johannine Community Research», CBQ 43 (1981) 243-257.

*b*12695 HAHN, F., «'Die Juden' in Johannesevangelium», dans *Kontinuität und Einheit* (en collab.) (1981), 430-438.

*b*12696 CHAVE, P., «The Jews», ExpTim 93 (1982) 176-177.

*b*12697 VON WAHLDE, U.C., «The Johannine 'Jews': A Critical Survey», NTS 28 (1982) 33-60.

*b*12698 REIM, G., «Targum und Johannesevangelium», BZ 27 (1983) 1-13.

*b*12699 REIM, G., «Johannesevangelium und Synagogengottesdienst», BZ 27 (1983) 101.

4. Actes des apôtres. Acts of the Apostles. Apostelgeschichte.
Atti degli apostoli. Hechos de los apóstoles.

*b*12700 MÜLLER, P.-G., «Die jüdische Entscheidung gegen Jesus nach der Apostelgeschichte», dans *Les Actes des Apôtres*. Traditions, rédaction, théologie (en collab.) (1979), 523-531.

*b*12701 WILCH, J.R., «Jüdische Schuld am Tode Jesu - Antijudaismus in der Apostelgeschichte?» dans *Wort in der Zeit* (en collab.) (1980), 236-249.

5. Paul. Paulus. Paolo. Pablo.

*b*12702 ELLISON, H.L., *The Mystery of Israel*. An Exposition of Romans 9-11 (Grand Rapids, Eerdmans, 1966), 96 pp.

*b*12703 GONZALEZ, S., «Israel y la epístola a los Romanos», CuBi 19 (1962) 220-234.

*b*12704 MUSSNER, F., «Ganz Israel wird gerettet werden (Röm 11,26)», Kairos 18 (1976) 241-255.

*b*12705 BARRETT, C.K., «Romans 9.30-10.21: Fall and responsibility of Israel», dans *Die Israelfrage nach Röm 9-11* (en collab.) (1977), 99-121.

*b*12706 BARTH, M., «Das Volk Gottes. Juden und Christen in der Botschaft des Paulus», dans *Paulus - Apostat oder Apostel?* (en collab.) (1977), 45-134.

*b*12707 BENOIT, P., «Conclusion par mode de synthèse», dans *Die Israelfrage nach Röm 9-11* (en collab.) (1977), 217-236.

*b*12708 DAHL, N.A., *Studies in Paul*, «The Future of Israel» (1977), 137-158.

*b*12709 DAVIES, W.D., «Presidential Address: Paul and the People of Israel», NTS 24 (1977-78) 4-39.

*b*12710 DREYFUS, F., «Le passé et le présent d'Israël (Rom. 9,1-5; 11,1-24)», dans *Die Israelfrage nach Röm 9-11* (en collab.) (1977), 131-151.

*b*12711 ECKERT, J., «Paulus und Israel. Zu den Strukturen paulinischer Rede und Argumentation», TrierTZ 87 (1978) 1-13.

*b*12712 CAMPBELL, W.S., «Salvation for Jews and Gentiles: Krister Stendahl and Paul's Letter to the Romans», dans *Studia Biblica 1978* (en collab.) (1980), III, 65-72.

*b*12713 OKEKE, G.E., «I Thess. ii.13-16: The Fate of the Unbelieving Jews», NTS 27 (1980) 127-136.

*b*12714 RESE, M., «Die Rolle Israels im apokalyptischen Denken des Paulus», dans *L'Apocalypse johannique et l'Apocalyptique dans le Nouveau Testament* (en collab.) (1980), 311-318.

*b*12715 SCHMITHALS, W., «Judaisten in Galatien?» ZNW 74 (1983) 27-58.

e) Divers. Miscellaneous. Verschiedenes. Diversi. Diversos.

*b*12716 GONZALO MAESO, D., «La Biblia en el nuevo Estado de Israel», CuBi 15 (1958) 129-147.

*b*12717 ALVAREZ MAESTRO, J., «Teología de la historia de Israel según san Agustín», dans *Miscelánea Manuel Cuervo Lopez* (en collab.) (1970), 83-99.

*b*12718 BLOCH, Y., «The Foundations of Anti-Judaism in Christianity», Immanuel 1 (1972) 51-53.

*b*12719 THOMA, C., «Der Staat Israel - eine crux theologiae», BiKi 29 (1974) 48-50.

*b*12720 DE BENEDETTI, P., «Sull'applicazione della Dichiarazione Conciliare 'Nostra Aetate'», BibOr 18 (1976) 69-74.

*b*12721 BROCKE, M.D., «On the Jewish Origin of the 'Improperia'», Immanuel 7 (1977) 44-51.

*b*12722 GIRONELLA, J.M., *El escándalo de Tierra Santa* (Barcelona, Ed. Plaza y Janés, 1977), 623 pp.

*b*12723 PORTER, J.R., «Johs. Pedersen: Israel», ExpTim 90 (1978) 36-40.

*b*12724 BROX, N., «'Sara zum Beispiel...' Israel im 1. Petrusbrief», dans *Kontinuität und Einheit* (en collab.) (1981), 484-493.

*b*12725 SCHMITT, J.J., «The Gender of Ancient Israel», JSOT no 26 (1983) 115-125.

*b*12726 VALVERDE, C., «Marx y los judíos», *Miscelánea Comillas* 41 (1983) 423-432.

Ivresse. Enthusiasm. Rausch. Ebbrezza. Arrebato.

*b*12727 STOLZ, F., «Rausch, Religion and Realität in Israel und seiner Umwelt», VT 26 (1976) 170-186.

Jacob. Jakob. Giacobbe. Jacob.

*b*12728 VRIEZEN, T.C., «La tradition de Jacob dans Osée XII», OTS 1 (1942) 64-78.

*b*12729 WESTERMANN, C., *Die Verheissungen an die Väter.* Studien zur Vätergeschichte (FRLANT 116), «Jakob-Esau-Kreis» (1964), 74-83.

*b*12730 SCHENKE, H.-M., «Jakobsbrunnen - Josephsgrab - Sychar. Topographische Untersuchungen und Erwägungen in der Perspektive von Joh. 4,5-6», ZDPV 84 (1968) 159-184.

*b*12731 HEUSCHEN, J.M., «Jacob of de Genadevolle uitverkiezing», dans *Ecclesia a Spiritu Sancto edocta* (en collab.) (1970), 383-406.

*b*12732 BÖHLIG, A., «Jacob as an Angel in Gnosticism and Manicheism», dans *Nag Hammadi and Gnosis* (en collab.) (1978), 122-130.

*b*12733 NEYREY, J.H., «Jacob Traditions and the Interpretation of John 4:10-26», CBQ 41 (1979) 419-437.

b12734 TROMP, N., «Jacob in Psalm 24: Apposition, Aphaeresis or Apostrophe?» dans *Von Kanaan bis Kerala* (en collab.) (1982), 271-282.

b12735 ODEN, R.A., Jr., «Jacob as Father, Husband, and Nephew: Kinship Studies and the Patriarchal Narratives», JBL 102 (1983) 189-205.

Jalousie de Dieu. Jealousy of God. Eifersucht Gottes. Gelosia di Dio. Celos de Dios.

b12736 HENGEL, M., *Die Zeloten.* Untersuchungen zur jüdischen Freiheitsbewegung in der Zeit von Herodes I. bis 70 n. Chr. (Arbeiten zur Geschichte des Spätjudentums und Urchristentums, 1) (Leiden, Köln, Brill, 1961), xiv-406 pp.

b12737 BERG, W., «Die Eifersucht Gottes - ein problematischer Zug des alttestamentlichen Gottesbildes?» BZ 23 (1979) 197-211.

b12738 LOGAN, A.H.B., «The Jealousy of God: Exodus 20:5 in Gnostic and Rabbinic Theology», dans *Studia Biblica 1978. I. Papers on Old Testament* (en collab.) (1979), 197-203.

Jean-Baptiste. John the Baptist. Johannes der Täufer. Gian-Battista. Gianbattista

a) Études générales. General Studies. Allgemeine Studien. Studi generali. Estudios generales.

b12739 BLINZLER, J., «Die Johannesjünger und die junge Kirche», BiKi 17 (1962) 110-113.

b12740 MICHL, J., «Herkunft, Geburt und Sendung Johannes des Täufers», BiKi 17 (1962) 98-101.

b12741 SCHICK, E., «Schicksal und heilsgeschichtliche Bedeutung des Täufers», BiKi 17 (1962) 106-110.

b12742 TRILLING, W., «Wirken und Botschaft des Täufers», BiKi 17 (1962) 102-105.

b12743 GNILKA, J., «Der Täufer Johannes und der Ursprung der christlichen Taufe», BiLeb 4 (1963) 39-49.

b12744 HAHN, F., *Christologische Hoheitstitel,* «Johannes der Täufer als endzeitlicher Elia» (1963), 371-380.

b12745 BAGATTI, B., «Probabile figura del Precursore in un graffito di Nazaret», OrAnt 3 (1964) 61-66.

b12746 KAHLEFELD, H., «Die Gestalt des Täufers in den Evangelien», BiKi 25 (1970) 20-23.

b12747 PAYOT, C., «Jean-Baptiste censuré», ETR 45 (1970) 273-283.

b12748 DU BUIT, M., *En tous les temps Jésus-Christ* (1974), «La fin du Baptiste», I, 213-222; «Jésus parle de Jean», I, 223-231.

b12749 CHEVALLIER, M.-A., *Souffle de Dieu.* Le Saint-Esprit dans le Nouveau Testament, «Le souffle dans la prédication de Jean-Baptiste» (1978), 91-108.

b12750 PERROT, C., *Jésus et l'histoire,* «Jean le baptiste et Jésus le nazôréen» (1979), 115-136.

b12751 Y.B., «Choisi, joyeux, témoin», EV (prédication) 79 (1979) 161-163.

b12752 LAURENTIN, R., TROCMÉ, É., «Les commencements: la mère et le précurseur», dans *Jésus aujourd'hui* (en collab.) (1980), II, 21-30.

b12753 GAROFALO, S., *Con il Battista incontro a Cristo* (Milano, Editrice Ancora, 1981), 139 pp.

b12754 KRAFT, H., *Die Entstehung des Christentums* (Darmstadt, Wissenschaftliche Buchgesellschaft, 1981), vii-291 pp.

b12755 MERKLEIN, H., «Die Umkehrpredigt bei Johannes dem Täufer und Jesus von Nazaret», BZ 25 (1981) 29-46.

b12756 POKORNY, P., «Christologie et Baptême à l'Époque du Christianisme Primitif», NTS 27 (1981) 368-380.

b12757 DE CLERMONT-TONNERRE, É., «De l'Avent à la Vie: Jean le Baptiste», VS 136 (1982) 176-187.

b12758 LINDESKOG, G., «Johannes der Täufer», ASTI 12 (1983) 55-83.

b12759 SCHENK, W., «Gefangenschaft und Tod des Täufers. Erwägungen zur Chronologie und ihren Konsequenzen», NTS 29 (1983) 453-483.

b) Qumran.

b12760 PATON, R., «Juan el Bautista y los escritos de Qumran», CuBi 22 (1965) 146-156.

b12761 DAOUST, J., «Jean-Baptiste était-il Essénien?» EV 86 (1976) 616-618.

b12762 COTHENET, É., «Jean-Baptiste», dans «Qumrân et découvertes au désert de Juda», SDB 9 (1978) col. 981-996.

b12763 DAVIES, S.L., «John the Baptist and Essene Kashruth», NTS 29 (1983) 569-571.

c) Évangiles synoptiques. Synoptic Gospels. Synoptische Evangelien. Vangeli sinottici. Evangelios sinópticos.

b12764 JONES, J.L., «References to John the Baptist in the Gospel according to St. Matthew», AThR 41 (1959) 298-302.

b12765 PESCH, R., KRATZ, R., *So liest man synoptisch*, «Messianische Verkündigung des Täufers» (1975), I, 17-33.

b12766 COPE, L., «The Death of John the Baptist in the Gospel of Matthew; or, the Case of the Confusing Conjunction», CBQ 38 (1976) 515-519.

b12767 WOLFF, C., «Zur Bedeutung Johannes des Täufers im Markusevangelium», TLZ 102 (1977) 857-865.

b12768 FAGAL, H.E., «John and the Synoptic Tradition», dans *Scripture, Tradition, and Interpretation* (en collab.) (1978), 127-145.

b12769 GEORGE, A., «Le parallèle entre Jean-Baptiste et Jésus en Lc 1-2», dans En collaboration, *Mélanges bibliques en hommage au R.P. Béda Rigaux* (Gembloux, Duculot, 1970), 147-171, dans GEORGE, A., *Études sur l'oeuvre de Luc* (1978), 43-65.

b12770 BÖCHER, O., «Lukas und Johannes der Täufer», dans *Studien zum Neuen Testament und seiner Umwelt* (SNTU) (en collab.), 4 (1979) 27-44.

b12771 BACHMANN, M., «Johannes der Täufer bei Lukas: Nachzügler oder Vorläufer?» dans *Wort in der Zeit* (en collab.) (1980), 123-155.

b12772 LAURENTIN, R., TROCMÉ, É., «Les commencements: la mère et le précurseur», dans *Jésus aujourd'hui* (en collab.) (1980), II, 21-30.

b12773 MEIER, J.P., «John the Baptist in Matthew's Gospel», JBL 99 (1980) 383-405.

d) Jean. John. Johannes. Giovanni. Juan.

b12774 DE LA POTTERIE, I., *La vérité dans saint Jean*, «Le témoignage de Jean-Baptiste (Jn 5,33)» (1977), 91-100.

b12775 GALBIATI, E., «La testimonianza di Giovanni Battista (Io. 1,19-28)», BibOr 4 (1972) 227-233, dans *Scritti minori* (1979), 499-509.

b12776 VOIGT, S., «Topo-geografia e Teologia del Battista nel IV Vangelo», StBiFranc 27 (1977) 69-101.

b12777 TROCMÉ, É., «Jean-Baptiste dans le quatrième Évangile», RHPR 60 (1980) 129-151.

Jérusalem. Jerusalem. Gerusalemme. Jerusalén.

a) Études générales. General Studies. Allgemeine Studien. Studi generali. Estudios generales.

b12778 SCHMIDT, K.L., «Jerusalem als Urbild und Abbild», ErJb 18 (1950) 207-248.

b12779 KALLAI, Z., TADMOR, H., «Bīt Ninurta = Beth Horon. On the History of the Kingdom of Jerusalem in the Amarna Period», ErIs 9 (1969) 138-147 (English summary).

b12780 GRUBER, W., «Jerusalem - Wegzeichen der Hoffnung», dans *Memoria Jerusalem* (en collab.) (1977), 223-236.

b12781 EISMAN, M.M., «A Tale of Three Cities», BA 41 (1978) 47-60.

b12782 CAÑELLAS, G., *Cara y cruz del cautiverio.* La destrucción de Jerusalén, ¿caos o esperanza? (Biblioteca Escuela Bíblica. Minor, 3) (Madrid, Ed. Biblia y Fe, 1980), 86 pp.

b12783 GOURGUES, M., «L'an prochain à Jérusalem», VS 134 (1980) 610-630.

b12784 OTTO, E., *Jerusalem.* Die Geschichte der Heiligen Stadt von den Anfängen bis zur Kreuzfahrerzeit (Urban-Taschenbücher, 308) (Stuttgart, Kohlhammer, 1980), 236 pp.

b12785 SCHMITT, J.J., «Pre-Israelite Jerusalem», dans *Scripture in Context* (en collab.) (1980), 101-121.

b12786 COHN, R.L., *The Shape of Sacred Space*, «The Senses of a Center» (1981), 63-79.

b) Judaïsme. Judaism. Judentum. Giudaismo. Judaísmo.

b12787 DOEVE, J.W., «Le domaine du temple de Jérusalem», dans *La littérature juive entre Tenach et Mischna* (en collab.) (1974), 118-163.

b12788 AVI-YONAH, M., *Jerusalem the Holy* (New York, Schocken, 1976), iv-131 pp.

b12789 FLUSSER, D., «Jerusalem in the literature of the Second Temple period», Immanuel 6 (1976) 43-45.

b12790 HARNONCOURT, P., «'Jerusalem' in den Liedern des neuen Gesangbuches GOTTESLOB», dans *Memoria Jerusalem* (en collab.) (1977), 205-222.

b12791 LICHT, J., «An Ideal Town Plan from Qumran - The Description of the New Jerusalem», IsrEJ 29 (1979) 45-59.

b12792 STAROBINSKI-SAFRAN, E., «Aspects de Jérusalem dans les écrits rabbiniques», RTP 112 (1980) 151-161.

b12793 GOLDENBERG, R., «Early Rabbinic Explanations of the Destruction of Jerusalem», dans *Essays in Honour of Yigael Yadin*, JJS 33 (1982) 517-525.

c) Ancien Testament. Old Testament. Altes Testament. Antico Testamento. Antiguo Testamento.

b12794 THOMAS, D.W., «Jerusalem in the Lachish Ostraca», PEQ 78 (1946) 86-91.

b12795 KRAUSS, S., «Moriah-Ariel», PEQ 79 (1947) 45-55, 102-111.

b12796 CASSUTO, M.D.U., «Jerusalem in the Pentateuch», ErIs 3 (1954) 15-17 (Hebrew).

b12797 KRAUS, H.-J., «Archälogische und topographische Probleme Jerusalems im Lichte der Psalmenexegese», ZDPV 75 (1959) 125-140.

b12798 VILNAY, Z., «Pictures of Jerusalem and its Holy Places», ErIs 6 (1960) 149-161 (English summary).

b12799 WOLVERTON, W.I., «The Meaning of the Psalms», AThR 47 (1965) 16-33.

b12800 BAMBERG, C., «Die unheilige und die heilige Stadt», BiLit 41 (1968) 308-319.

b12801 METZGER, M., «Himmlische und irdische Wohnstatt Jahwes», UF 2 (1970) 139-158.

b12802 BROSHI, M., «La population de l'ancienne Jérusalem», RB 82 (1975) 5-14.

b12803 OTTO, E., «Silo und Jerusalem», TZ 32 (1976) 65-77.

b12804 WALLIS, G., «Jerusalem und Samaria als Königsstädte. Auseinandersetzung mit einer These Albrecht Alts», VT 26 (1976) 480-496.

b12805 HAAG, H., «Jerusalemer Profanbauten in den Psalmen», ZDPV 93 (1977) 87-96.

b12806 HANHART, R., «Die jahwefeindliche Stadt. Ein Kapitel aus 'Israel in hellenistischer Zeit'», dans Beiträge zur Alttestamentlichen Theologie (en collab.) (1977), 152-163.

b12807 FLANAGAN, J.W., «The Relocation of the Davidic Capital», JAmAcRel 47 (1979) 223-244.

b12808 GREENBERG, M., «The Vision of Jerusalem in Ezekiel 8-11: A Holistic Interpretation», dans The Divine Helmsman (en collab.) (1980), 143-164.

b12809 ASURMENDI, J.M., «Sofonías y Jerusalén. Análisis estilístico», Salm 28 (1981) 153-169.

b12810 MARTIN-ACHARD, R., «Ésaïe liv et la nouvelle Jérusalem», dans Congress Volume. Vienna 1980 (en collab.) (1981), 238-262.

d) Nouveau Testament. New Testament. Neues Testament. Nuovo Testamento. Nuevo Testamento.

b12811 RINALDI, G., «L'ascesa di Gerusalemme», BibOr 1 (1959) 129-132.

b12812 DAVIES, W.D., The Gospel and the Land. Early Christianity and Jewish Territorial Doctrine (Berkeley, University of California Press, 1974), 521 pp.

b12813 DAVIES, W.D., «Jérusalem et la terre dans la tradition chrétienne», RHPR 55 (1975) 491-533.

b12814 ELLIOTT, J.K., «Jerusalem in Acts and the Gospels», NTS 23 (1977) 462-469.

b12815 ERNST, J., «Die griechische Polis - das himmlische Jerusalem», TGl 67 (1977) 240-258.

b12816 TRUMMER, P., «Die Bedeutung Jerusalem für die ntl. Chronologie», dans Memoria Jerusalem (en collab.) (1977), 129-142.

b12817 ZEHRER, F., «Gedanken zum Jerusalem-Motiv im Lukasevangelium», dans Memoria Jerusalem (en collab.) (1977), 117-127.

b12818 ZEILINGER, F., «Das himmlische Jerusalem. Untersuchungen zur Bildersprache der Johannesapokalypse und des Hebräerbriefs», dans Memoria Jerusalem (en collab.) (1977), 143-165.

b12819 CAMPBELL, K.M., «The New Jerusalem in Matthew 5.14», SJTh 31 (1978) 335-363.

b12820 BACHMANN, M., Jerusalem und der Tempel. Die geographisch-theologischen Elemente in der lukanischen Sicht des jüdischen Kulturzentrums (Beiträge zur Wissenschaft vom Alten und Neuen Testament, 109) (Stuttgart, Kohlhammer, 1979), 500 pp.

b12821 GEORGI, D., «Die Visionen vom himmlischen Jerusalem in Apk 21 u. 22», dans Kirche. Festschrift für Günther Bornkamm (en collab.) (1980), 351-372.

b12822 MACKOWSKI, R.M., Jerusalem, City of Jesus. An Exploration of the Traditions, Writings, and Remains of the Holy City from the Time of Christ (Grand Rapids, Eerdmans, 1980), x-221 pp.

b12823 MOLLAT, D., La vie et la gloire. Exégèse spirituelle, «Le peuple de Dieu eschatologique et la Jérusalem céleste» (1980), II, 97-123.

b12824 BIGUZZI, G., «Gesù, il discepolo e Gerusalemme nel vangelo di Marco», RivB 29 (1981) 177-186.

b12825 DE LA POTTERIE, I., «Les deux noms de Jérusalem dans l'évangile de Luc», RSR 69 (1981) 57-70.

Jeûne. Fasting. Fasten. Digiuno. Ayuno.

*b*12826   VAJDA, G., «Jeûne Musulman et Jeûne Juif», HUCA 12-13 (1937-38) 367-385.
*b*12827   SALGUERO, J., «La práctica del ayuno en la Sagrada Escritura», CuBi 25 (1968) 145-152.
*b*12828   BRONGERS, H.A., «Fasting in Israel in Biblical and Post-Biblical Times», dans *Instruction and Interpretation* (en collab.) (1977), 1-21.
*b*12829   WAIBEL, M., «Die Auseinandersetzung mit der Fasten- und Sabbatpraxis Jesu in urchristlichen Gemeinden», dans *Zur Geschichte des Urchristentums* (en collab.) (1979), 63-96.

Jeunesse. Youth. Jugend. Gioventù. Juventud.

*b*12830   GALBIATI, E., «L'adolescente nella Bibbia. Riflessioni bibliche sull'adolescenza», dans *Enciclopedia dell'adolescenza* (en collab.) (Brescia, Queriniana, 1965), 161-188, dans *Scritti minori* (1979), 347-377.
*b*12831   GEREST, C., «Se renouvelle ta jeunesse», VS 134 (1980) 41-55.
*b*12832   LOUVEL, F., «La jeunesse de Dieu», VS 134 (1980) 8-17.
*b*12833   QUALICI, A., «Ne vous trompez pas de jeunesse», VS 134 (1980) 57-71.

Job. Hiob. Giobbe. Job.

*b*12834   GONZALEZ, A., «Job, l'homme souffrant», Conci nº 119 (1976) 51-56.
*b*12835   LÉVÊQUE, J., «Job's suffering and transformation», TDig 26 (1978) 134-138.
*b*12836   CHIRPAZ, F., «Ernst Bloch et la révolte de Job», Conci nº 189 (1983) 43-53.
*b*12837   ROUILLARD, P., «La figure de Job dans la liturgie: indignation, résignation ou silence?» Conci nº 189 (1983) 19-25.
*b*12838   WESTERMAN, C., «Le double visage de Job», Conci nº 189 (1983) 29-41.

Joie. Joy. Freude. Gioia. Alegría.

*b*12839   GANCHO HERNANDEZ, C., «La alegría en el Nuevo Testamento», CuBi 14 (1957) 65-79.
*b*12840   FALKE, J., «Die christliche Freude», BiLeb 5 (1964) 217-220.
*b*12841   RUSCHE, H., «Die Freude. Ein biblischer Grundbegriff», BiLeb 5 (1964) 141-143.
*b*12842   DE VILLIERS, J.L., «Joy in suffering in 1 Peter», dans *Essays on the General Epistles of the New Testament* (en collab.) (1975), 64-86.
*b*12843   MARTINELLI, A., *Maria, la chiesa, la donna et la gioia messianica* (Teologia viva, 2) (Bologna, Edizioni Francescane, 1975), 142 pp.
*b*12844   MARTINELLI, A., *Lo Spirito di Dio e la gioia nell'Antico Testamento* (Teologia viva, 1) (Bologna, Edizioni Francescane, 1976), «La gioia nell'Antico Testamento», 17-24.
*b*12845   OTTO, E., SCHRAMM, T., *Fest und Freude* (Kohlhammer Taschenbücher, 1003) (Stuttgart, Kohlhammer, 1977), 168 pp.
*b*12846   STÖGER, A., «Jesu Jubelruf - Quell seiner Freude. Meditation über Lk 10, 21f.», BiLit 50 (1977) 187-190.
*b*12847   BECKER, J., «Jesu Frohbotschaft und Freudenmahl für die Armen», BiKi 33 (1978) 43-47.
*b*12848   BERNADICOU, P.J., «The Lukan Theology of Joy (Revisited)», SE 30 (1978) 57-80.

b12849 HAAG, H., «'... und du sollst fröhlich sein!' Über die Freude im Alten Testament», BiKi 33 (1978) 38-43.
b12850 LOHFINK, G., «Die Sehnsucht nach dem Fest», BiKi 33 (1978) 53-56.
b12851 MacDONALD, W.C., «The Joy that the Lord Gives», ExpTim 89 (1978) 211-212.
b12852 DIETZFELBINGER, C., «Die eschatologische Freude der Gemeinde in der Angst der Welt (Joh 16,16-33)», EvT 40 (1980) 420-436.
b12853 WILMS, F.-E., *Freude vor Gott: Kult und Fest in Israel* (Schlüssel zur Bibel) (Regensburg, Pustet, 1981), 469 pp.
b12854 WHYBRAY, R.N., «Qoheleth, Preacher of Joy», JSOT nⁿ 23 (1982) 87-98.

Jonas. Jonah. Jona. Giona. Jonás.

b12855 GOLDBERG, A., «Jonas in der jüdischen Schriftauslegung», BiKi 17 (1962) 17-18.
b12856 KNOCH, O., «Das Zeichen des Jonas», BiKi 17 (1962) 15-16.
b12857 MERLI, D., «Il Segno di Giona», BibOr 14 (1972) 61-77.
b12858 LADAME, J., «Jonas, le prophète du malheur. Les 'grandes vérités'», EV (prédication) 78 (1978) 37-39.
b12859 SCHMITT, G., «Das Zeichen des Jona», ZNW 69 (1978) 123-129.
b12860 CORRENS, D., «Jona und Salomo», dans *Wort in der Zeit* (en collab.) (1980), 86-94.
b12861 MORA, V., «Jonas», CE nⁿ 36 (1981) 64 pp.
b12862 MORA, V., *Le signe de Jonas* (Lire la Bible, 63) (Paris, Cerf, 1983), 151 pp.

Joseph. Giuseppe. José. (A.T.)/(O.T.)

b12863 VON RAD, G., *Gottes Wirken in Israel* (1974), «Die Josephsgeschichte» (1954), 22-41.
b12864 ARENHOEVEL, D., «Die Gestalt des Joseph in der Überlieferung des Alten Testamentes», BiKi 21 (1966) 8-10.
b12865 GOLDBERG, A.M., «Joseph in der Sicht des Judentums der Antike», BiKi 21 (1966) 11-15.
b12866 SCHULZ, A., «Erwählter und Glaubender. Joseph im Neuen Testament und in der Liturgie», BiKi 21 (1966) 15-18.
b12867 VELTEN, G., «Du texte au sermon (14): Joseph, Gn 39, 41, 47/13-26», ETR 46 (1971) 349-354.
b12868 GROTTANELLI, C., «Spunti comparativi per la storia biblica di Giuseppe», OrAnt 15 (1976) 115-140.
b12869 RICHARD, E., «The Polemical Character of the Joseph Episode in Acts 7», JBL 98 (1979) 255-267.
b12870 WILLIAMS, J.G., «Number Symbolism and Joseph as Symbol of Completion», JBL 98 (1979) 86-87.
b12871 GROTANNELLI, C., «Giuseppe nel pozzo - II. Il motivo e il suo contesto nel folklore», OrAnt 22 (1983) 267-290.

Joseph. Giuseppe. José. (N.T.)

b12872 DEL NIÑO JESÚS, J.A., *San José. Su misión, su tiempo, su vida* (Valladolid, Centro Español de Investigaciones Josefinas, 1966), 270 pp.
b12873 VISCHER, W., «Comment arriva la naissance de Jésus-Christ», ETR 37 (1962) 365-370.

*b*12874   MOTTÉ, M., «'Mann des Glaubens'. Die Gestalt Josephs nach dem Neuen Testament», BiLeb 11 (1970) 176-189.

*b*12875   DIEZ MACHO, A., *La historicidad de los Evangelios de la Infancia*. El entorno de Jesús (Santiago Apóstol, 4) (Madrid, Fe Católica, 1977), 132 pp.

*b*12876   MILAVEC, A., «Matthew's Integration of Sexual and Divine Begetting», BTB 8 (1978) 108-116.

*b*12877   CAÑELLAS, G., «José, el artesano», BibFe 6 (1980) 270-280.

*b*12878   CASTEDO, J., «José y el creyente, hoy», BibFe 6 (1980) 333-337.

*b*12879   DE LA CALLE, F., «José, el esposo», BibFe 6 (1980) 293-303.

*b*12880   IRIARTE, M.E., «José, el justo», BibFe 6 (1980) 281-292.

*b*12881   MANRIQUE, A., «José en la tradición cristiana», BibFe 6 (1980) 261-269.

*b*12882   SALAS, A., «José, el padre», BibFe 6 (1980) 304-332.

Jour de Yahvé. Day of Yahweh. Tag Jahwes. Giorno di Jahve. Día de Yahvé.

*b*12883   JACOB, E., «Le jour de l'Éternel», ETR 17 (1942) 10-27.

*b*12884   SCHUNCK, K.-D., «Der 'Tag JAHWES' in der Verkündigung der Propheten», Kairos 11 (1969) 14-21.

*b*12885   TRAPIELLO, J.G., «La noción del 'día de Yahve' en el Antiguo Testamento», CuBi 26 (1969) 331-336.

*b*12886   GALBIATI, E., «Il giorno di Jahvé», *Vita e Pensiero* 53 (1970) 611-620, dans *Scritti minori* (1979), 193-209.

*b*12887   HAAG, E., «Der Tag Jahwes im Alten Testament», BiLeb 13 (1972) 238-248.

*b*12888   STUART, D., «The Sovereign's Day of Conquest: A Possible Ancient Near Eastern Reflex of the Israelite 'Day of Yahweh'», BASOR nᵒ 221 (1976) 159-164.

*b*12889   HAUSMANN, M., «Der grosse und schreckliche Tag des Herrn», dans *Israel hat dennoch Gott zum Trost* (en collab.) (1978), 85-91.

*b*12890   VANNI, U., «Il 'Giorno del Signore' in Apoc. 1,10, giorno di purificazione e di discernimento», RivB 26 (1978) 187-199.

*b*12891   ELLUL, D., «Joël», ETR 54 (1979) 426-437.

*b*12892   HOFFMANN, Y., «The Day of the Lord as a Concept and a Term in the Prophetic Literature», ZAW 93 (1981) 37-50.

*b*12893   SCHADE, H.-H., *Apokalyptische Christologie bei Paulus*, «Die Erwartung des Tages des Herrn und ihr sprachlicher Ausdruck» (1981), 27-45.

*b*12894   FOHRER, G., «Der Tag JHWHs», ErIs 16 (1982) 43*-50*.

Jubilé. Jubilee. Jubeljahr. Giubileo. Jubileo.

*b*12895   SLOAN, R.B., *The Favorable Year of the Lord*. A Study of Jubilary Theology in the Gospel of Luke (Fort Worth, TX, Schola Press, 1977), v-213 pp.

Judas. Giuda. Judas.

*b*12896   HERBER, J., «La mort de Judas», RHR 129 (1945) 47-56.

*b*12897   LÜTHI, K., «Das Problem des Judas Iskariot - neu untersucht», EvT 16 (1956) 98-114.

*b*12898   GÄRTNER, B., *Die Rätselhaften Termini Nazoräer und Iskariot* (Lund, Gleerup, 1957), 68 pp.

*b*12899   CELADA, B., «El nombre de 'Iscariote'», CuBi 24 (1967) 41.

b12900 SILVA, R., «¿Cómo murió Judas, el traidor?» CuBi 24 (1967) 35-40.

b12901 VAN UNNIK, W.C., «The Death of Judas in Saint Matthew's Gospel», AThR Supplementary Series, no 3 (1974) 44-57.

b12902 FLANAGAN, J.W., «Judah in All Israel», dans *No Famine in the Land* (en collab.) (1975), 101-116.

b12903 JENS, W., *Der Fall Judas* (Stuttgart, Kreuz, 1975), 95 pp.

b12904 GOLDSCHMIDT, H.L., LIMBECK, M., *Heilvoller Verrat?* Judas im Neuen Testament (Stuttgart, Katholisches Bibelwerk, 1976), 101 pp.

b12905 EHRMAN, A., «Judas Iscariot and Abba Saqqara», JBL 97 (1978) 572-573.

b12906 ARBEITMAN, Y., «The Suffix of Iscariot», JBL 99 (1980) 122-124.

b12907 DERRETT, J.D.M., «Miscellanea: a Pauline Pun and Judas' Punishment», ZNW 72 (1981) 131-133.

b12908 ROQUEFORT, D., «Judas: une figure de la perversion», ETR 58 (1983) 501-513.

b12909 SAHLIN, H., «Der Tod des Judas Iskariot nach Ag 1,15ff», ASTI 12 (1983) 148-152.

Jugement. Judgment. Gericht. Giudizio. Juicio.

a) Ancien Testament. Old Testament. Altes Testament. Antico Testamento. Antiguo Testamento.

b12910 WOLVERTON, W.I., «King's 'Justice' in Pre-Exilic Israel», AThR 41 (1959) 276-286.

b12911 ZIMMERLI, W., *Grundriss der alttestamentlichen Theologie*, «Gericht und Heil nach der Verkündigung der grossen Schriftpropheten» (1972), 159-200.

b12912 HALBE, J., *Das Privilegrecht Jahwes Ex 34,10-26*, «Ri 2,1-5: Das Hauptgebot in der Gerichtsrede» (1975), 346-391.

b12913 KEEL, O., «Rechttun oder Annahme des drohenden Gerichts?» BZ 21 (1977) 200-218.

b12914 NIELSEN, K., *Yahweh as Prosecutor and Judge* (JSOT Supplement Series, 9) (Sheffield, The University of Sheffield, 1978), 104 pp.

b12915 WESTERMANN, C., *Theologie des Alten Testaments in Grundzügen*, «Gottes Gericht und Gottes Erbarmen» (1978), 102-133.

b12916 NIELSEN, K., «Das Bild des Gerichts (rib-pattern) in Jes. i-xii. Eine Analyse der Beziehungen zwischen Bildsprache und dem Anliegen der Verkündigung», VT 29 (1979) 309-324.

b12917 SKA, J.-L., «La sortie d'Égypte (Ex 7-14) dans le récit sacerdotal (Pg) et la tradition prophétique», Bibl 60 (1979) 191-215.

b12918 MILLER, P.D., Jr., *Sin and Judgment in the Prophets*. A Stylistic and Theological Analysis (SBL Monograph Series, 27) (Chico, CA, Scholars Press, 1982), x-143 pp.

b12919 OGUSHI, M., «Der Tadel Jahwes im Alten Testament», dans *Das Alte Testament als geistige Heimat* (en collab.) (1982), 71-79.

b) Nouveau Testament. New Testament. Neues Testament. Nuovo Testamento. Nuevo Testamento.

b12920 BRAUN, F.-M., *Jean le Théologien*. III. Sa théologie. I. Le mystère de Jésus-Christ, «Le jugement» (1966), 119-122.

b12921 MANEK, J., «Geschichte und Gericht in der Theologie des Lukas», Kairos 13 (1971) 243-251.

b12922 DUQUOC, C., *Christologie*. Essai dogmatique (Paris, Cerf, 1972), «Parousie et Jugement», II, 310-317.

b12923 SCHELKLE, K.H., «Gericht», BiLeb 15 (1974) 159-173.

b12924 ZEDDA, S., *L'escatologia biblica* (1975), «L'inaugurazione definitiva del secolo futuro: il giudizio», II, 225-229; «Le realtà escatologiche presenti: il giudizio», II, 389-395.

*b*12925 DONFRIED, K.P., «Justification and Last Judgment in Paul», Interpr 30 (1976) 140-152.

*b*12926 DONFRIED, K.P., «Justification and Last Judgment in Paul», ZNW 67 (1976) 90-110.

*b*12927 STENDAHL, K., *Paul Among Jews and Gentiles and Other Essays*, «Judgment and Mercy» (1976), 97-108.

*b*12928 DE LA POTTERIE, I., *La vérité dans saint Jean*, «Témoignage et jugement» (1977), 112-115.

*b*12929 FRIEDRICH, J., *Gott im Bruder?* Eine methodenkritische Untersuchung von Redaktion, Überlieferung und Traditionen in Mt 25,31-46 (Calwer Theologische Monographien, Reihe A: Bibelwissenschaft, 7) (Stuttgart, Calwer, 1977), 196 pp.

*b*12930 CAMBIER, J.-M., «God's judgment, in truth, of all men: Romans 2:1-3:20», TDig 26 (1978) 107-113.

*b*12931 VON ALLMEN, J.-J., *Pastorale du baptême*, «Le baptême, anticipation du jugement dernier» (1978), 26-33.

*b*12932 BRANDENBURGER, E., *Das Recht des Weltenrichters.* Untersuchung zu Matthäus 25,31-46 (SBS 99) (Stuttgart, Katholisches Bibelwerk, 1980), 152 pp.

*b*12933 FEUILLET, A., «Le caractère universel du jugement et la charité sans frontières en *Mt* 25,31-46», NRT 102 (1980) 179-196.

*b*12934 GIESEN, H., «'Herrschaft der Himmel' und Gericht. Zum Gerichtsverständnis des Matthäusevangeliums», StMor 18 (1980) 195-222.

*b*12935 PIKAZA, X., «Salvación y condena del Hijo del Hombre (Trasfondo Veterotestamentario y Judío de Mt 25,34,41,46)», Salm 27 (1980) 419-438.

*b*12936 STOCK, K., «Gott der Richter. Der Gerichtsgedanke als Horizont der Rechtfertigungslehre», EvT 40 (1980) 240-256.

*b*12937 MARGUERAT, D., *Le Jugement dans l'Évangile de Matthieu* (Le Monde de la Bible) (Genève, Labor et Fides, 1981), iv-598 pp.

*b*12938 ROY, M., «Jugement et sanction. Matthieu 25,31-46; Luc 15,11-32; 16,19-31», CHR 28 (1981) 440-449.

*b*12939 SCHADE, H.-H., *Apokalyptische Christologie bei Paulus*, «Gericht und Heil» (1981), 46-63.

*b*12940 GLASSON, T.F., «The Last Judgment - in Rev. 20 and related Writings», NTS 28 (1982) 528-539.

c) **Divers. Miscellaneous. Verschiedenes. Diversi. Diversos.**

*b*12941 CRONBACH, A., «The Social Ideals of the Apocrypha and the Pseudepigrapha», HUCA 18 (1944) 119-156.

*b*12942 BRANDON, S.G.F., «A problem of the Osirian judgment of the dead», Numen 5 (1958) 110-127.

*b*12943 MARTIN, B., «Tríptico de Meditaciones bíblicas», CuBi 17 (1960) 102-107.

*b*12944 HULTGÅRD, A., *L'eschatologie des Testaments des Douze Patriarches*, «La résurrection et le jugement» (1977), I, 230-264.

Justice, justification. Gerechtigkeit, Rechtfertigung.
Giustizia, giustificazione. Justicia, justificación.

a) **Études générales. General Studies. Allgemeine Studien. Studi generali. Estudios generales.**

*b*12945 GOYDER, G., «The Relevance of Biblical Justice to Industry», SJTh 9 (1956) 264-277.

*b*12946 MIGUELEZ, S., «La justicia de Dios ante el pecado del hombre», BibFe 1 (1975) 191-200.

*b*12947 ALONSO DIAZ, J., «Términos bíblicos de 'Justicia Social' y traducción de 'equivalencia dinámica'», EstE 51 (1976) 95-128.

*b*12948 ALONSO, J., «Las 'Buenas obras' (o la 'justicia') dentro de la estructura de los principales telas de la Teología Bíblica», EstE 52 (1977) 445-486.

*b*12949 BRECHT, M., «Iustitia Christi. Die Entdeckung Martin Luthers», ZTK 74 (1977) 179-223.

*b*12950 SANDERS, E.P., *Paul and Palestinian Judaism*, «The righteousness of God and the righteousness of man» (1977), 305-312.

*b*12951 ALONSO DIAZ, J., «La 'justicia interhumana' idea básica de la Biblia», CuBi 35 (1978) 163-195.

*b*12952 ALONSO DIAZ, J., *Términos bíblicos de 'justicia social' y traducción de 'equivalencia dinámica'* (Fascículos Bíblicos, 1) (Madrid, Edicabi-PPC, 1978), 31 pp.

*b*12953 CHILDRESS, J.F., «Scripture and Christian Ethics. Some Reflections on the Role of Scripture in Moral Deliberation and Justification», Interpr 34 (1980) 371-380.

*b*12954 SPLETT, J., «Gottes Gerechtigkeit», ThPh 55 (1980) 404-417.

*b*12955 STOCK, K., «Gott der Richter. Der Gerichtsgedanke als Horizont der Rechtfertigungslehre», EvT 40 (1980) 240-256.

*b*12956 SABOURIN, L., «The Bible and Social Justice», RelStB 1 (1981) 66-74.

*b*12957 COSTE, R., «Les fondements biblico-théologiques de la justice et de la paix», NRT 105 (1983) 179-217.

*b*12958 MARTIN NIETO, E., «Justicia y Biblia», *Miscelánea Comillas* 41 (1983) 269-280.

b) Judaïsme. Judaism. Judentum. Giudaismo. Judaísmo.

*b*12959 SCHOLEM, G., «Die Lehre vom 'Gerechten' in der jüdischen Mystik», ErJb 1958 27 (1959) 237-297.

*b*12960 SANDERS, E.P., *Paul and Palestinian Judaism*, «The persistence of the view of Rabbinic religion as one of legalistic works-righteousness» (1977), 33-59.

*b*12961 SANDMEL, S., *Judaism and Christian Beginnings*, «Righteousness and Sin, and Their Sequels» (1978), 186-191.

*b*12962 BERMAN, D., «Hasidim in Rabbinic Traditions», dans *Society of Biblical Literature. 1979 Seminar Papers* (en collab.) (1979), II, 15-33.

*b*12963 PRZYBYLSKI, B., *Righteousness in Matthew and his world of thought*, «Tsedeq, tsedaqah and tsaddiq in the Tannaitic literature» (1980), 39-76.

*b*12964 EPSZTEIN, L., *La justice sociale dans le Proche-Orient ancien et le peuple de la Bible* (Études annexes de la Bible de Jérusalem) (Paris, Cerf, 1983), 272 pp.

c) Ancien Testament. Old Testament. Altes Testament. Antico Testamento. Antiguo Testamento.

1. Études générales. General Studies. Allgemeine Studien. Studi generali. Estudios generales.

*b*12965 SNAITH, N.H., «Justice and Immortality», SJTh 17 (1964) 309-324.

*b*12966 CRENSHAW, J.L., «Popular Questioning of the Justice of God in Ancient Israel», ZAW 82 (1970) 380-395, dans *Studies in Ancient Israelite Wisdom* (en collab.) (1976), 289-304.

*b*12967 CRÜSEMANN, F., «Jahwes Gerechtigkeit ($ṣ^e dāqā/ṣädäq$) im Alten Testament», EvT 36 (1976) 427-450.

*b*12968 STENDEBACH, F.J., «Gerechtigkeit als Treue», BiKi 34 (1979) 79-85.

b12969 GARCIA TRAPIELLO, J., «El rey de Israel, valedor de la justicia social», Salm 28 (1981) 171-192.

b12970 GROSS, H., «'Rechtfertigung' im Alten Testament. Bibeltheologische Beobachtungen», dans *Kontinuität und Einheit* (en collab.) (1981), 17-29.

b12971 VOELTZEL, R., «Le juste», RHPR 62 (1982) 233-238.

b12972 EPSZTEIN, L., *La justice sociale dans le Proche-Orient ancien et le peuple de la Bible* (Paris, Cerf, 1983), 272 pp.

2. Prophètes. Prophets. Propheten. Profeti. Profetas.

b12973 SCULLION, J.J., «ṣedeq-ṣedaqah in Isaiah cc. 40-66 with special reference to the continuity in meaning between Second and Third Isaiah», UF 3 (1971) 335-348.

b12974 CRENSHAW, J.L., *Hymnic Affirmation of Divine Justice*. The Doxologies of Amos and Related Texts in the Old Testament (SBL Dissertation Series, 24) (Missoula, Montana, Scholars Press, 1975), xii-178 pp.

b12975 REITERER, F.V., *Gerechtigkeit als Heil. Tsdq* bei Deuterojesaja. Aussage und Vergleich mit der alttestamentlichen Tradition (Graz, Austria, Akademische Druck-u. Verlagsanstalt, 1976), 226 pp.

b12976 COUTURIER, G., «Le prophète: conscience révoltée de son peuple», dans *Après Jésus* (en collab.) (1977), 51-71.

b12977 OLLEY, J.W., *'Righteousness' in the Septuagint of Isaiah*. A Contextual Study (SBL Septuagint and Cognate Studies Series, 8) (Missoula, Montana, Scholars Press, 1979), ix-191 pp.

b12978 SCHMIDT, W.H., «'Rechtfertigung des Gottlosen' in der Botschaft der Propheten», dans *Die Botschaft und die Boten* (en collab.) (1981), 157-168.

b12979 WISSER, L., *Jérémie, critique de la vie sociale*. Justice sociale et connaissance de Dieu dans le livre de Jérémie (Le monde de la Bible) (Genève, Labor et Fides, 1982), 262 pp.

b12980 MAYS, J.L., «Justice. Perspectives from the Prophetic Tradition», Interpr 37 (1983) 5-17.

3. Autres livres A.T. - Other Books O.T. - Andere Bücher A.T.
Altri libri A.T. - Otros libros A.T.

b12981 AURELIO, T., «La giustizia di Sara e Tobia», BibOr 18 (1976) 273-282.

b12982 ALONSO SCHÖKEL, L., «Toward a Dramatic Reading of the Book of Job», Semeia 7 (1977) 45-61.

b12983 COX, D., «*Sedaqa* and *Mispat*: The Concept of Righteousness in Later Wisdom», StBiFranc 27 (1977) 33-50.

b12984 DUHAIME, J., «Le Dieu *vengeur* des Psaumes», dans *Dieu, parole et silence* (en collab.) (1978), 63-73.

b12985 OLIVIER, J.P.J., «The Sceptre of Justice and Ps. 45,7b», JNWSemL 7 (1979) 45-54.

b12986 CELADA, B., «El libro de la Sabiduría, recuperado para la causa de la justicia», CuBi 37 (1980) 43-55.

b12987 SCHMID, H.H., «Gerechtigkeit und Glaube. Genesis 15,1-6 und sein biblischtheologischer Kontext», EvT 40 (1980) 396-420.

b12988 BRAULIK, G., «Gesetz als Evangelium. Rechtfertigung und Begnadigung nach der deuteronomischen Tora», ZTK 79 (1982) 127-160.

b12989 MALCHOW, B.V., «Social Justice in the Wisdom Literature», BTB 12 (1982) 120-124.

d) Nouveau Testament. New Testament. Neues Testament. Nuovo Testamento. Nuevo Testamento.

1. Études générales. General Studies. Allgemeine Studien. Studi generali. Estudios generales.

*b*12990 BONNARD, P., «La justice de Dieu et l'Histoire» (1968), dans *Anamnesis* (1980), 169-176.

*b*12991 SCHELKLE, K.H., «Gerechtigkeit nach dem Neuen Testament», BiLeb 9 (1968) 83-94.

*b*12992 DE KRUIJF, T.C., «Justice and Peace in the New Testament», Bijdr. 32 (1971) 367-383.

*b*12993 DUQUOC, C., *Christologie*. Essai dogmatique (Paris, Cerf, 1972), «Justice et Résurrection», II, 238-263.

*b*12994 BIANCHI, H., «Tsedeka-Justice», Bijdr. 34 (1973) 306-318.

*b*12995 GOPPELT, L., *Theologie des Neuen Testaments*, «Das Evangelium als die Offenbarung der Gerechtigkeit Gottes» (1976), 465-471.

*b*12996 MUSSNER, F., *Petrus und Paulus - Pole der Einheit*. Eine Hilfe für die Kirchen (Quaestiones Disputatae, 76) (Freiburg, Herder, 1976), 143 pp.

*b*12997 RIGAUX, B., «La justice dans le Nouveau Testament», dans En collaboration, *Savoir, faire, espérer: les limites de la raison* (Bruxelles, Facultés universitaires Saint-Louis, 1976), II, 775-796.

*b*12998 BERGER, K., «Neues Material zur 'Gerechtigkeit Gottes'», ZNW 68 (1977) 266-275.

*b*12999 SCHLIER, H., *Grundzüge einer paulinischen Theologie*, «Die Erscheinung der Gerechtigkeit Gottes in Jesus Christus» (1978), 122-177.

*b*13000 TAKIZAWA, K., «'Rechtfertigung' im Buddhismus und im Christentum», EvT 39 (1979) 182-195.

*b*13001 FORDE, G.O., «The Exodus from Virtue to Grace Justification by Faith Today», Interpr 34 (1980) 32-44.

*b*13002 McGRATH, A.E., «Justice and Justification: Semantic and Juristic Aspects of the Christian Doctrine of Justificiation», SJTh 35 (1982) 403-418.

*b*13003 WATSON, N.M., «Justified by Faith, judged by Works - an Antinomy?» NTS 29 (1983) 209-221.

2. Évangiles synoptiques. Synoptic Gospels. Synoptische Evangelien.
   Vangeli sinottici. Evangelios sinópticos.

*b*13004 SCHULZ, S., *Die Stunde der Botschaft*, «Der Weg der Gerechtigkeit» (1967), 174-197.

*b*13005 SEYNAEVE, J., «La justice nouvelle (*Matthieu*, V,17-20)», dans *Message et Mission* (en collab.) (1968), 53-75.

*b*13006 SAILLARD, M., «La justice dans l'évangile», LV n° 135 (1978) 67-76.

*b*13007 ADINOLFI, M., «Giustizia nel terzo vangelo», RivB 27 (1979) 233-260.

*b*13008 OGAWA, A., «Paraboles de l'Israël véritable? Reconsidération critique de Mt. xxi-28-xxii 14», NT 21 (1979) 121-149.

*b*13009 PRZYBYLSKI, B., *Righteousness in Matthew and his world of thought* (1980), «The problem of the meaning and significance of the Matthaean concept of righteousness», 1-12; «The meaning of *dikaiosynē, eleēmosynē* and *dikaios* in the Gospel of Matthew», 77-104; «The relative significance of the concept of righteousness in the Gospel of Matthew», 105-115; «The provisional function of the Matthaean concept of righteousness», 116-123.

3. Paul. Paulus. Paolo. Pablo.

*b*13010 LANG, J.B., «Paulinische und analytische Seelenführung», ErJb 1935 3 (1936) 513-543.

*b*13011   BECK, E., MILLER, G., «Gottes Gerechtigkeit und Gottes Zorn. Ein Beitrag zur paulinischen Theologie», BiKi 16 (1961) 44-48.

*b*13012   WAGNER, G., «Le repas du Seigneur et la justification par la foi», ETR 36 (1961) 245-254.

*b*13013   BULTMANN, R., «*Dikaiosunên Theou*», JBL 83 (1964) 12-16, dans *Exegetica* (1967), 470-475.

*b*13014   DAHL, N.A., *Studies in Paul*, «The Doctrine of Justification: Its Social Function and Implications» (1964), 95-120.

*b*13015   KERTELGE, K., «Rechtfertigung bei Paulus als Heilswirklichkeit und Heilsverwirklichung», BiLeb 8 (1967) 83-93.

*b*13016   HEROLD, G., *Zorn und Gerechtigkeit Gottes bei Paulus* (Bern, H. Lang; Frankfurt a. M., P. Lang, 1973), 387 pp.

*b*13017   DINKLER, E., «Römer 6,1-14 und das Verhältnis von Taufe und Rechtfertigung bei Paulus», dans *Battesimo e giustizia in Rom 6 e 8* (en collab.) (1974), 83-103.

*b*13018   LOHSE, E., «Die Gerechtigkeit Gottes in der Paulinischen Theologie», dans *Battesimo e giustizia in Rom 6 e 8* (en collab.) (1974), 7-26.

*b*13019   MOULE, C.F.D., «'Justification' in its relation to the condition *kata pneuma* (Rom. 8:1-11)», dans *Battesimo e giustizia in Rom 6 e 8* (en collab.) (1974), 177-187.

*b*13020   THÜSING, W., «Rechtfertigungsgedanke und Christologie in den Korintherbriefen», dans *Neues Testament und Kirche* (en collab.) (1974), 301-324.

*b*13021   DONFRIED, K.P., «Justification and Last Judgment in Paul», Interpr 30 (1976) 140-152.

*b*13022   DONFRIED, K.P., «Justification and Last Judgment in Paul», ZNW 67 (1976) 90-110.

*b*13023   MUSSNER, F., *Petrus und Paulus - Pole der Einheit* (1976), «Der Zusammenstoss des Paulus mit Petrus in Antiochien und die Basissätze der paulinischen Rechtfertigungslehre», 86-89; «Transformationen der 'Basissätze' der paulinischen Rechtfertigungslehre im 'Corpus Paulinum'», 89-106; «Die paulinische Rechtfertigungslehre in der Apostelgeschichte», 106-108; «Die paulinische Rechtfertigungslehre und die johanneische Glaubenstheologie», 109-111.

*b*13024   STENDAHL, K., *Paul among Jews and Gentiles and Other Essays*, «Justification Rather Than Forgiveness» (1976), 23-40.

*b*13025   WILCKENS, U., «Christologie und Anthropologie in Zusammenhang der paulinischen Rechtfertigunslehre», ZNW 67 (1976) 64-82.

*b*13026   WATSON, N.M., «Simplifying the Righteousness of God: A Critique of J.C. O'Neill's Romans», SJTh 30 (1977) 453-469.

*b*13027   HÜBNER, H., *Das Gesetz bei Paulus*, «Gerechtigkeit Gottes und Gerechtigkeit» (1978), 104-118.

*b*13028   SCHLIER, H., *Grundzüge einer paulinischen Theologie* (1978), «Die Gerechtigkeit Gottes», 48-54; «Die Gerechtigkeit Gottes in Jesus Christus», 158-173.

*b*13029   CRANFIELD, C.E.B., *The Epistle to the Romans*. Concluding Remarks on Some Aspects of the Theology of Romans, «God's Righteousness from Faith to Faith» (1979), 824-826.

*b*13030   DU TOIT, A.B., «*Dikaiosyne* in Röm 6. Beobachtungen zur ethischen Dimension der paulinischen Gerechtigkeitsauffassung», ZTK 76 (1979) 261-291.

*b*13031   HOWARD, G., *Paul: crisis in Galatia*, «Justification by faith» (1979), 46-65.

*b*13032   PREGEANT, R., «Grace and Recompense: Reflections on a Pauline Paradox», JAmAcRel 47 (1979) 73-96.

*b*13033   PIPER, J., «The Demonstration of the Righteousness of God in Romans 3:25,26», JSNT n° 7 (1980) 2-32.

*b*13034 PIPER, J., «The Righteousness of God in Romans 3,1-8», TZ 36 (1980) 3-16.

*b*13035 VAN DAALEN, D.H., «The Revelation of God's Righteousness in Romans 1:17», dans *Studia Biblica 1978* (en collab.) (1980), III, 383-389.

*b*13036 WILLIAMS, S.K., «The 'Righteousness of God' in Romans», JBL 99 (1980) 241-290.

*b*13037 ZELLER, D., «Zur Pragmatik der paulinischen Rechtfertigungslehre», ThPh 56 (1981) 204-217.

*b*13038 BLANK, J., *Paulus*. Von Jesus zum Christentum, «Warum sagt Paulus: - 'Aus Werken des Gesetzes wird niemand gerecht'?» (1982), 42-68.

*b*13039 BLÄSER, P., «Paulus und Luther über 'Gottes Gerechtigkeit'», Catho 36 (1982) 269-279.

*b*13040 PENNA, R., «La giustificazione in Paolo e in Giacomo», RivB 30 (1982) 337-362.

*b*13041 THISELTON, A.C., «On the Logical Grammar of Justification in Paul», dans *Studia Evangelica* (en collab.) (1982), vii, 491-495.

*b*13042 SCHNELLE, U., *Gerechtigkeit und Christusgegenwart*. Vorpaulinische und paulinische Tauftheologie (Göttinger theologische Arbeiten, 24) (Göttingen, Vandenhoeck & Ruprecht, 1983), 279 pp.

4. Jacques. James. Jakobus. Giacomo. Santiago.

*b*13043 WENDLAND, H.-D., *Ethik des Neuen Testaments*, «Der Jakobusbrief. Die Tat-Gerechtigkeit der guten Werke» (1970), 104-109.

*b*13044 PENNA, R., «La giustificazione in Paolo e in Giacomo», RivB 30 (1982) 337-362.

Kérygme. Kerygma. Kerigma.

*b*13045 DODD, C.H., *The Apostolic Preaching and its Developments*[2] (London, Hodder & Stoughton, 1944), 96 pp.

*b*13046 VISCHER, W., «Le 'Kérygma' de l'Ancien Testament (trad. R.H. Esnault)», ETR 30, nᵒ 2 (1955) 24-48.

*b*13047 VINCENT, J.J., «Didactic Kerygma in the Synoptic Gospels», SJTh 10 (1957) 262-273.

*b*13048 BLACKMAN, E.C., «Jesus Christ Yesterday: The Historical Basis of the Christian Faith», CanJT 7 (1961) 118-127.

*b*13049 SISTI, A., «San Paolo e la catechesi primitiva», BibOr 5 (1963) 133-139.

*b*13050 RAHNER, K., LEHMANN, K., «Kerygma und Dogma», dans *Mysterium Salutis* (en collab.) (1965), I, 622-703.

*b*13051 RICHTER, W., «Beobachtungen zur theologischen Systembildung in der alttestamentlichen Literatur anhand des 'kleinen geschichtlichen Credo'», dans *Wahrheit und Verkündigung* (en collab.) (1967), 175-212.

*b*13052 SCHEFFCZYK, L., «Das Kerygma in der Sprache der Antike und das Problem seiner zeitgemässen Aussprache heute», dans *Bibel und zeitgemässen Glaube* (en collab.) (1967), 173-198.

*b*13053 GLASSON, T.F., «Kerygma or Martyria?» SJTh 22 (1969) 90-95.

*b*13054 HIGGINS, A.J.B., «The Preface to Luke and the Kerygma in Acts», dans *Apostolic History and the Gospel* (en collab.) (1970), 78-91.

*b*13055 GUILLET, J., «Die Mitte der Botschaft: Jesu Tod und Auferstehung», IKZCommunio 2 (1973) 225-238.

*b*13056 VAWTER, B., «History and Kerygma in the Old Testament», dans *A Light unto My Path* (en collab.) (1974), 475-491.

*b*13057 KLIESCH, K., *Das Heilsgeschichtliche Credo in den Reden der Apostelgeschichte* (BBB 44) (Köln, Bonn, Peter Hanstein, 1975), 266 pp.

*b*13058 LAMBRECHT, J., «De oudste christologie: Verrijzenis of Verhoging? - *The Oldest Christology: Resurrection or Exaltation?*» Bijdr. 36 (1975) 118-144 (English summary).

*b*13059 DUMAIS, M., *Le langage de l'évangélisation* (1976), 399 pp.

*b*13060 KREMER, J., «Entstehung und Inhalt des Osterglaubens. Zur neuesten Diskussion», TR 72 (1976) 1-14.

*b*13061 MARXSEN, W., «Die urchristlichen Kerygmata und das Ereignis Jesus von Nazareth», ZTK 73 (1976) 42-64.

*b*13062 MÜLLER, M., «Der Jesus der Historiker, der historische Jesus und die Christusverkündigung der Kirche», KerDo 22 (1976) 277-298.

*b*13063 VAN DER MINDE, H.-J., *Schrift und Tradition bei Paulus*, «Das Glaubensbekenntnis 1 Kor 15,3-5» (1976), 173-186.

*b*13064 FRANKEMÖLLE, H., «Glaubensbekenntnisse», TrierTZ 86 (1977) 131-148, 192-200.

*b*13065 AUBIN, P., «La dynamique du Credo», CHR 25 (1978) 181-189.

*b*13066 BURCHARD, C., «Formen der Vermittlung christlichen Glaubens im Neuen Testament. Beobachtungen anhand von *kêrugma, marturia* und verwandten Wörten», EvT 38 (1978) 313-340.

*b*13067 GOURGUES, M., *À la droite de Dieu* (1978), 270 pp.

*b*13068 GUILLAUME, J.-M., *Luc interprète des anciennes traditions sur la résurrection de Jésus*, «Le kérygme» (1979), 111-127.

*b*13069 KOULOMZINE, N., «Kérygme apostolique et confession de foi», dans TRIACCA, A.M., PISTOIA, A. (Éd.), *La liturgie, expression de la foi*. Conférences Saint-Serge, Vingt-cinquième semaine d'études liturgiques, Paris, 27-30 juin 1978 (Roma, Edizioni Liturgiche, 1979), 201-211.

*b*13070 MUHLACK, G., *Die Parallelen von Lukas-Evangelium und Apostelgeschichte* (Theologie und Wirklichkeit, 8) (Frankfurt/M., Peter Lang, 1979), 209 pp.

*b*13071 O'GRADY, J.F., «The Origins of the Gospels: Mark», BTB 9 (1979) 154-164.

*b*13072 VAN NESS GOETCHIUS, E., «The Concept Evangelism in the New Testament: Some Key Terms», AThR Supplement Series, nº 8 (1979) 81-92.

*b*13073 BARTSCH, H.-W., «Inhalt und Funktion des Urchristlichen Osterglaubens», NTS 26 (1980) 180-196.

*b*13074 McDONALD, J.I.H., *Kerygma and Didache*. The articulation and structure of the earliest Christian message (SNTS Monograph Series, 37) (Cambridge, Cambridge University Press, 1980), 247 pp.

Laïc. Layman. Laie. Laico.

*b*13075 BLANK, S.H., «The Dissident Laity in Early Judaism», HUCA 19 (1945-46) 1-42.

*b*13076 LATTANZI, H., «De laicorum habitu ad hierarchiae munera in Novo Testamento», Div 6 (1962) 513-524.

*b*13077 BONNARD, P., «Ministères et laïcat chez saint Paul», VC nº 71-72 (1964) 56-66.

*b*13078 SAENZ DE SANTA MARIA, M., «Jesús o la religiosidad del laicado», BibFe 7 (1981) 264-277.

*b*13079 SAENZ GALACHE, M., «El seglar en la Iglesia, ayer y hoy», BibFe 7 (1981) 295-310.

Lèpre. Leprosy. Aussatz. Lebbra. Lepra.

*b*13080 HULSE, E.V., «The Nature of Biblical 'Leprosy' and the Use of Alternative Medical Terms in Modern Translations of the Bible», PEQ 107 (1975) 87-105.

*b*13081 WILKINSON, J., «Leprosy and Leviticus: The Problem of Description and Identification», SJTh 30 (1977) 153-169.

*b*13082 WILKINSON, J., «Leprosy and Leviticus: A Problem of Semantics and Translation», SJTh 31 (1978) 153-166.

*b*13083 PILCH, J.J., «Biblical Leprosy and Body Symbolism», BTB 11 (1981) 108-113.

Lévi. Levi. Leví.

*b*13084 HULTGÅRD, A., *L'eschatologie des Testaments des Douze Patriarches*, «Lévi et Juda» (1977), I, 15-81.

Lévites. Levites. Leviten. Leviti. Levitas.

*b*13085 DE VILLAPADIERNA, C., «¿Ley del levirato en I Corintios 7?» EstF 67 (1966) 77-88.

*b*13086 LEGGETT, D.A., *The Levirate and Goel Institutions in the Old Testament* with Special Attention to the Book of Ruth (Cherry Hill, N.J., Mack Publishing Company, 1974), ix-351 pp.

*b*13087 HALPERN, B., «Levitic Participation in the Reform Cult of Jeroboam I», JBL 95 (1976) 31-42.

*b*13088 LEVINE, E., «On Intra-familial Institutions of the Bible», Bibl 57 (1976) 554-559 (Levirate and Goel, especially in the book of Ruth).

*b*13089 ABBA, R., «Priests and Levites in Deuteronomy», VT 27 (1977) 257-267.

*b*13090 PETERSEN, D.L., *Late Israelite Prophecy*. Studies in Deutero-Prophetic Literature and in Chronicles (SBL Monograph Series, 23) (Missoula, Scholars Press, 1977), 104 pp.

*b*13091 MILGROM, J., «Studies in the Temple Scroll», JBL 97 (1978) 501-523.

*b*13092 ROBINSON, R.B., «The Levites in the Pre-Monarchic Period», SBT 8,2 (1978) 3-24.

*b*13093 AULD, A.G., «The 'Levitical Cities': Text and History», ZAW 91 (1979) 194-206.

*b*13094 POLK, T., «The Levites in the Davidic-Solomonic Empire», SBT 9,1 (1979) 3-22.

*b*13095 ALLAN, N., «Some Levitical Traditions Considered with Reference to the Status of Levites in Pre-Exilic Israel», HeyJ 21 (1980) 1-13.

*b*13096 GRYSON, R., «Les Lévites, figure du sacerdoce véritable, selon saint Ambroise», ETL 56 (1980) 89-112.

*b*13097 HULTGÅRD, A., «The Ideal 'Levite', the Davidic Messiah, and the Saviour Priest in the Testaments of the Twelve Patriarchs», dans *Ideal Figures in Ancient Judaism* (en collab.) (1980), 93-110.

*b*13098 DAVIES, E.W., «Inheritance rights and the Hebrew levirate marriage», VT 31 (1981) 138-144; 31 (1981) 257-268.

*b*13099 JEPSEN, A., «Mose und die Leviten. Ein Beitrag zur Frühgeschichte Israels und zur Sammlung des alttestamentlichen Schrifttum», VT 31 (1981) 318-323.

*b*13100 SCHMITT, G., «Der Ursprung des Levitentums», ZAW 94 (1982) 575-599.

*b*13101 MILGROM, J., «The Term 'Aboda», dans *Studies in Levitical Terminology* (Berkeley, Univ. of California, 1970), 60-87, dans MILGROM, J., *Studies in Cultic Theology and Terminology* (1983), 18-46.

*b*13102 RICHTER, H.-F., «Zum Levirat im Buch Ruth», ZAW 95 (1983) 123-126.

Liberté. Liberty. Freiheit. Libertà. Libertad.

a) Études générales. General Studies. Allgemeine Studien. Studi generali. Estudios generales.

b13103   ALONSO DIAZ, J., «De la 'liberación' nacionalista judía en el Antiguo Testamento a la 'liberación' espiritual cristiana en el Nuevo Testamento», CuBi 31 (1974) 3-18.

b13104   RABANOS, R., «Salida de la esclavitud», CuBi 31 (1974) 262-267.

b13105   ALONSO DIAZ, J., «Biblia y liberación. Perspectivas materiales y espirituales en la inquietud liberacionista», BibFe 1 (1975) 337-353.

b13106   CAÑELLAS, G., «El antiguo y el nuevo exodo, acontecimientos liberadores», BibFe 1 (1975) 354-367.

b13107   LAGO TOIMIL, M., «Tensión presente-futuro en la problemática liberacionista», BibFe 1 (1975) 398-410.

b13108   MANRIQUE, A., «El hombre bíblico, clave para una auténtica solución liberacionista», BibFe 1 (1975) 427-536.

b13109   SALGUERO, J., «Concetto biblico di salvezza-liberazione», Ang 53 (1976) 11-55.

b13110   AHERN, B.M., «El tema de la liberación en la Sagrada Escritura», Salm 24 (1977) 495-510.

b13111   VON BALTHASAR, H.U., «Consideraciones histórico-salvíficas sobre la teología de la liberación», Salm 24 (1977) 511-524.

b13112   BERKHOF, H., «Meditation über 'Befreiung'», EvT 38 (1978) 463-469.

b13113   BURGHARDT, W.J., «Free like God: recapturing ancient anthropology», TDig 26 (1978) 343-364.

b13114   GISEL, P., «La liberté; affirmation de soi ou reconnaissance d'un monde porté par la parole. Réflexion biblique et théologique», Supp nᵒ 125 (1978) 265-276.

b13115   LIEDKE, G. (Hrsg.), *Eschatologie und Frieden* (Heidelberg, Forschungsstätte der Evangelischen Studiengemeinschaft, 1978), Band 1. *Eschatologie und Frieden in gegenwärtigen kirchlichen Diskussionen*, ix-368 pp.; Band 2. *Eschatologie und Frieden in biblischen Texten*, viii-409 pp.; Band 3. *Zukunftserwartung und Frieden in gegenwärtigen Weltanschauungen und Religionen*, ix-440 pp.

b13116   SABUGAL, S., *¿Liberación y secularización?* Intento de una respuesta bíblica (Barcelona, Herder, 1978), 381 pp.

b13117   SAUTER, G., «'Exodus' und 'Befreiung' als theologische Metaphern. Ein Beispiel zur Kritik von Allegorese und missverstandenen Analogien in der Ethik», EvT 38 (1978) 538-559.

b13118   SIMIAN-YOFRE, H., «Die Theologie der Befreiung und ihre bibeltheologischen Voraussetzungen», StiZ 196 (1978) 807-818.

b13119   TOPEL, L.J., *The Way to Peace*. Liberation Through the Bible (Maryknoll, New York, Orbis Books, 1979), viii-199 pp.

b13120   HALPERIN, J., «Témoignage sur la liberté religieuse dans la Bible et le judaïsme», dans En collaboration, *La liberté religieuse dans le judaïsme, le christianisme et l'Islam* (Cogitatio Fidei, 110) (Paris, Cerf, 1981), 89-99.

b13121   WHITE, L.J., «Biblical Theologians and Theologies of Liberation - Part I: Canon-Supporting Framework. - Part II: Midrash Applies Text to Context», BTB 11 (1981) 35-40, 98-103.

b13122   KIRCHSCHLAGER, W., «Voraussetzungen und Wege des Friedens», BiLit 56 (1983) 100-111.

b) Judaïsme. Judaism. Judentum. Giudaismo. Judaísmo.

*b*13123 DAVIES, W.D., «Torah and Dogma: A Comment», HarvTR 61 (1968) 87-105.
*b*13124 MAIER, G., *Mensch und freier Wille*. Nach den jüdischen Religionsparteien zwischen Ben Sira und Paulus (Wissenschaftliche Untersuchungen zum Neuen Testament, 12) (Tübingen, Mohr, 1971), vii-426 pp.

c) Ancien Testament. Old Testament. Altes Testament. Antico Testamento. Antiguo Testamento.

*b*13125 LEVY, J., «The Biblical Institution of D^erôr in the Light of Akkadian Documents», ErIs 5 (1958) 21*-31*.
*b*13126 LACOCQUE, A., «La liberté et l'histoire dans l'Ancien Testament», ETR 37 (1962) 139-153.
*b*13127 ALVAREZ VERDES, L., «¿Salvación o Liberación?» StMor 14 (1976) 159-188.
*b*13128 DEMEESTÈRE, P., «C'est devant Yahvé que je danse», CHR 23 (1976) 50-62.
*b*13129 SMEND, R., «Essen und Trinken - ein Stück Weltlichkeit des Alten Testaments», dans *Beiträge zur Alttestamentlichen Theologie* (en collab.) (1977), 446-459.
*b*13130 WILLI, T., «Die Freiheit Israels. Philogische Notizen zu den Wurzelh *ḥpš, 'zb* und *drr*», dans *Beiträge zur Alttestamentlichen Theologie* (en collab.) (1977), 531-546.
*b*13131 LOCHMAN, J.M., «Die Vorstellung des Names Gottes im Dekalog als Begründung einer Ethik der Freiheit», TZ 34 (1978) 257-264.
*b*13132 WEIMAR, P., «Zur Freiheit geschaffen. Aspekte des alttestamentlichen Freiheitsverständnisses», BiKi 34 (1979) 86-90.
*b*13133 ELLUL, J., «Le sens et le jeu de la liberté dans la Bible», dans *La Bible au présent* (en collab.) (1982), 89-104.

d) Nouveau Testament. New Testament. Neues Testament. Nuovo Testamento. Nuevo Testamento.

1. Études générales. General Studies. Allgemeine Studien. Studi generali. Estudios generales.

*b*13134 EASTON, B.S., «Authority and Liberty in the New Testament», AThR 35 (1953) 166-173.
*b*13135 VAN UNNIK, W.C., «The Christian's Freedom of Speech in the New Testament», BJRL 44 (1962) 466-488, dans VAN UNNIK, W.C., *Sparsa Collecta* (1980), II, 269-289.
*b*13136 SCHELKLE, K.H., «Freiheit nach dem Neuen Testament», BiLeb 9 (1968) 157-164.
*b*13137 PIRONIO, E., «La libération, thème biblique et pascal», Communion n° 97 (1971) 28-51.
*b*13138 WEBER, H.-R., «Libérateur ou Prince de la paix?» ETR 48 (1973) 317-349.
*b*13139 ALVAREZ VERDES, L., «Teología de la liberación y señorio de Cristo», CuBi 31 (1974) 131-150.
*b*13140 LOPEZ, A., «El mensaje liberador de Jesús», BibFe 1 (1975) 368-384.
*b*13141 SAENZ GALACHE, M., «Las limitaciones del hombre liberado», BibFe 1 (1975) 411-426.
*b*13142 BÖCKLE, F., «Die freimachende Freiheit», dans *Mysterium Salutis* (en collab.) (1976), V, 54-62.
*b*13143 CASAS GARCIA, V., «La llamada de la libertad. La revelación neotestamentaria ante la legislación del judaísmo», BibFe 2 (1976) 288-307.
*b*13144 WEBB, P., «Preparing People for Freedom», ExpTim 88 (1976) 22-23.
*b*13145 BOFF, L., «Jésus libérateur. Élaboration d'une christologie à partir de l'Amérique latine opprimée», LV n° 134 (1977) 85-113.
*b*13146 DEGENHARDT, J.J., «Von der Freiheit der Kinder Gottes. Eine Ansprache», BiKi 32 (1977) 110-111.

b13147 KLEIN, P., «Der Stellenwert der 'kreativen Freiheit' in der christlichen Ethik», dans *In libertatem vocati estis* (en collab.) (1977), 79-99.

b13148 PESCH, R., «Jesus - ein freier Mann. Eine Auslegung der neutestamentlichen Überlieferung», BiKi 32 (1977) 103-109.

b13149 SCHLIER, H., «Über die christliche Freiheit», GeistL 50 (1977) 178-193.

b13150 HERZOG, F., «Liberation and Imagination», Interpr 32 (1978) 227-241.

b13151 SCHLIER, H., «Christian freedom», TDig 26 (1978) 138-139.

b13152 VALADIER, P., «La liberté du croyant», CHR n⁰ 99 (1978) 293-304.

b13153 ESPEJA PARDO, J., *Jesucristo, palabra de libertad* (Studio teológico de San Esteban, Glosas, 5) (Salamanca, Ed. San Esteban, 1979), 318 pp.

b13154 HAUBST, R., «Gottes Wirken und die menschliche Freiheit», TrierTZ 88 (1979) 175-193.

b13155 MARTI-BAGUE, J.A., «La libertad en los escritos del N.T.», EstF 80 (1979) 427-433.

b13156 SCHÜRMANN, H., «Eschatology and world involvement», TDig 27 (1979) 223-225.

b13157 COLLANGE, J.-F., *De Jésus à Paul*, «La liberté» (1980), 89-120.

b13158 GALOT, J., «Maria e la liberazione dell'umanità», CC 2 (1980) 218-230.

b13159 SALAS, A., «Jesús, El Libertador», BibFe 6 (1980) 76-95.

b13160 DE SOOS, T., «La liberté», CHR 28 (1981) 466-474.

b13161 KUSTERMANN, A.P., «Biblische Motive als Argumente im Autonomie-Denken der Aufklärung», TZ 161 (1981) 33-42.

b13162 SAUTER, G., «Geist und Freiheit. Geistvorstellungen und die Erwartung des Geistes», EvT 41 (1981) 212-223.

b13163 MURRAY, D., «The Spirit of God and True Freedom», IrThQ 49 (1982) 50-58.

b13164 DEIDUN, T., «True Freedom: A Scriptural Meditation», Way 23 (1983) 12-21.

b13165 IMHOF, P., «Das Geschenk des Auferstandenen. Der Friede jenseits von Recht und Unrecht», GeistL 56 (1983) 137-142.

b13166 SCHILLEBEECKX, E., *God among us*, «Liberation from Panic (Easter Faith)» (1983), 122-127.

2. Évangiles synoptiques. Synoptic Gospels. Synoptische Evangelien. Vangeli sinottici. Evangelios sinópticos.

b13167 CHENU, M.-D., «Liberté évangélique et mythe de la libération», Communion n⁰ 97 (1971) 22-27.

b13168 SALAS, A., «'Vuestra liberación está cerca' (Lc 31,28). Dimensión histórico-salvífica de la teología de la liberación», CuBi 31 (1974) 157-163.

b13169 TURRADO, L., «El Evangelio y la ley», dans *Homenaje a Juan Prado* (en collab.) (1975), 465-475.

b13170 RINALDI, B., «Proclamare ai prigionieri la liberazione (Lc. 4,18)», BibOr 18 (1976) 241-245.

b13171 BROER, I., *Freiheit vom Gesetz und Radikalisierung des Gesetzes*. Ein Beitrag zur Theologie des Evangelisten Matthäus (SBS 98) (Stuttgart, Katholisches Bibelwerk, 1980), 144 pp.

3. Jean. John. Johannes. Giovanni. Juan.

b13172 DE LA POTTERIE, I., *La vérité dans saint Jean*, «La libération par la vérité» (1977), 789-866.

b13173 HOANG DAC-ANH, S., «La liberté par la Vérité», Ang 55 (1978) 193-211.

4. Paul. Paulus. Paolo. Pablo.

Études générales. General Studies. Allgemeine Studien. Studi generali. Estudios generales.

b13174 WEDELL, H., «The Idea of Freedom in the Teaching of the Apostle Paul», AThR 32 (1950) 204-216.

b13175 GIBBS, J.G., «Pauline theology and rehumanization», SR 5 (1975-76) 373-379.

b13176 TOUS, L., «Pablo, mensajero y testigo de la libertad», BibFe 1 (1975) 385-397.

b13177 MUSSNER, F., *Theologie der Freiheit nach Paulus* (Quaestiones Disputatae, 75) (Freiburg, Basel, Vienna, Herder, 1976), ii-83 pp.

b13178 BERTHOUZOZ, R., «Liberté grecque et théologie de la liberté selon S. Paul», dans En collaboration, *Autonomie. Dimensions éthiques de la liberté* (Études d'éthique chrétienne, Studien zur theologischen Ethik, 4) (Fribourg, Éditions Universitaires; Paris, Cerf, 1978), 221 pp.

b13179 CONE, J.H., «Accusé Paul, levez-vous», LV n° 139 (1978) 53-62.

b13180 EPP, E.J., «Paul's Diverse Imageries of the Human Situation and His Unifying Theme of Freedom», dans *Unity and Diversity in New Testament Theology* (en collab.) (1978), 100-116.

b13181 MALINA, B.J., «Freedom: A Theological Inquiry into the Dimensions of a Symbol», BTB 8 (1978) 62-76.

b13182 CAMBIER, J.-M., «Paul de Tarse, un homme libre, nous interpelle aujourd'hui», dans *Paul de Tarse, apôtre de notre temps* (en collab.) (1979), 751-794.

b13183 BEUTLER, J., «Von der Freiheit des Christen. Paulus und das Gesetz», StiZ 198 (1980) 167-175.

b13184 STANLEY, D.M., «Idealism and Realism in Paul», Way 21 (1981) 34-46.

b13185 VANNI, U., «Lo Spirito e la libertà secondo Paolo», dans *Parola, spirito e vita* 4 (1981) 173-185.

b13186 WILCKENS, U., «Zur Entwicklung des paulinischen Gesetzesverständnis», NTS 28 (1982) 154-190.

b13187 PASTOR-RAMOS, F., «Originalidad de la fórmulas paulinas sobre la libertad», *Miscelánea Comillas* 41 (1983) 243-248.

Romains. Romans. Römerbrief. Romani. Romanos.

b13188 PASTOR, F., «¿Libertad o esclavitud cristiana en Pablo? Rom 6,15-23», dans *Homenaje a Juan Prado* (en collab.) (1975), 443-463.

b13189 MONTAGNINI, F., «Elezione e libertà, grazia e predestinazione a proposito di Rom. 9,6-29», dans *Die Israelfrage nach Röm 9-11* (en collab.) (1977), 57-86.

b13190 SCHOTTROFF, L., «Die Schreckensherrschaft der Sünde und die Befreiung durch Christus nach dem Römerbrief des Paulus», EvT 39 (1979) 497-510.

b13191 SCHOTTROFF, L., «Sin's reign of terror in Romans», TDig 28 (1980) 129-132.

Galates. Galatians. Galaterbrief. Galati. Gálatas.

b13192 PASTOR RAMOS, F., *La libertad en la Carta a los Gálatas.* Estudio exegético-teológico (Publicaciones de la Universidad Pontificia Comillas de Madrid. Serie I. Estudios 9, Teología I,6) (Madrid, EAPSA, 1977), 343 pp.

b13193 CHILTON, B.D., «Galatians 6^{15}: A Call to Freedom before God», ExpTim 89 (1978) 311-313.

I Corinthiens. I Corinthians. Der Erste Korintherbrief. I Corinti. I Corintios.

b13194   FRIEDRICH, G., «Freiheit und Liebe im ersten Korintherbrief», TZ 26 (1970) 80-98, dans *Auf das Wort kommt es an* (1978), 171-188.

b13195   FEUILLET, A., «Le problème de la liberté dans la Première Épître aux Corinthiens», dans *Humanisme et foi chrétienne* (en collab.) (1976), 547-563.

b13196   HORSLEY, R.A., «Consciousness and Freedom among the Corinthians: 1 Corinthians 8-10», CBQ 40 (1978) 574-589.

b13197   MURPHY-O'CONNOR, J., «Freedom or the Ghetto (1 Cor., VIII,1-13; X,23-XI,1)», RB 85 (1979) 543-574.

5. Jacques. James. Jakobusbrief. Giacomo. Santiago.

b13198   AMMASSARI, A., «La lettera di Giacomo: proposta per una legge di libertà», BibOr 18 (1976) 235-240.

b13199   FABRIS, R., *Legge della libertà in Giacomo* (Associazione biblica italiana. Supplementi alla Rivista Biblica, 8) (Brescia, Paideia, 1977), 306 pp.

Lieux sacrés. Sacred Places. Heilige Orte. Luoghi sacri. Lugares sagrados.

b13200   MULLINS, T.Y., «Topos as a New Testament Form», JBL 99 (1980) 541-547.

Logos.

b13201   HAMMER, J., «Herkunft des johanneischen 'Logos'», BiKi 13 (1958) 116-119.

b13202   JEREMIAS, J., «Zum Logos-Problem», ZNW 59 (1968) 82-85.

b13203   CAQUOT, A., «Léviathan et Behémoth dans la troisième 'Parabole' d'Hénoch», Sem. 25 (1975) 111-122.

b13204   CAHILL, P.J., «The Johannine *Logos* as Center», CBQ 38 (1976) 54-72.

b13205   JENDORFF, B., *Der Logosbegriff.* Seine philosophische Grundlegung bei Heraklit von Ephesos und seine theologische Indienstnahme durch Johannes den Evangelisten (Europäische Hochschulschriften, Reihe XX, Philosophie, 19) (Frankfurt/M, Lang, 1976), 106 pp.

b13206   KEE, H.C., «Myth and Miracle: Isis, Wisdom and the Logos of John», dans OLSON, A.M. (Ed.), *Myth, Symbol and Reality* (Notre Dame & London, University of Notre Dame Press, 1980), 165-183.

b13207   RINGGREN, H., «Jahvé et Rahab-Léviatan», dans *Mélanges bibliques et orientaux en l'honneur de M. Henri Cazelles* (en collab.) (1981), 387-393.

b13208   ALLDRIT, N.S.F., «The Logos Outside St John», dans *Studia Evangelica* (en collab.) (1982), VII, 1-4.

Loi. Law. Gesetz. Legge. Ley.

a) Études générales. General Studies. Allgemeine Studien. Studi generali. Estudios generales.

b13209   MONTGOMERY, J.A., «Law and Religion in the Ancient World as Illustrated in the Bible», AThR 23 (1941) 293-306.

b13210   HEMPEL, J., «On the Problem of the Law in the Old and New Testaments», AThR 34 (1952) 227-232.

*b*13211 McL. WILSON, R., «*Nomos*: The Biblical Significance of Law», SJTh 5 (1952) 36-48.

*b*13212 BRING, R., «Preaching the Law», SJTh 13 (1960) 1-32.

*b*13213 MANTEL, H.D., «Gesetz - Form oder Inhalt? Die Heiligung des Lebens durch das Gesetz», BiKi 29 (1974) 45-47.

*b*13214 KAISER, W.C., Jr., «The Weightier and Lighter Matters of the Law: Moses, Jesus and Paul», dans *Current Issues in Biblical and Patristic Interpretation* (en collab.) (1975), 176-192.

*b*13215 HÜBNER, H., «Das Gesetz als elementares Thema einer Biblischen Theologie?» KerDo 22 (1976) 250-276.

*b*13216 FELDMAN, E., *Biblical and Post-Biblical Defilement and Mourning*. Law as Theology (Library of Jewish Law and Ethics) (New York, Yeshiva University Press, Ktav, 1977), xx-196 pp.

*b*13217 ALONSO DIAZ, J., *Actitudes bíblicas ante la ley* (Fascículos Bíblicos, 12) (Madrid, Edicabi-PPC, 1978), 36 pp.

*b*13218 STUHLMACHER, P., «Das Gesetz als Thema biblischer Theologie», ZTK 75 (1978) 251-280.

*b*13219 BLANCH, S., *The Trumpet in the Morning* (London, Hodder & Stoughton, 1979), 190 pp.

*b*13220 NEUSNER, J., «Scriptural, Essenic, and Mishnaic Approaches to Civil Law and Government: Some Comparative Remarks», HarvTR 73 (1980) 419-434.

*b*13221 SMEND, R., LUZ, U., *Gesetz* (Biblische Konfrontationen, 1015) (Stuttgart, Kohlhammer, 1981), 156 pp.

*b*13222 DAVIES, A.T., «Love and Law in Judaism and Christianity», AThR 64 (1982) 454-466.

*b*13223 HOFIUS, O., «Das Gesetz des Mose und das Gesetz Christi», ZTK 80 (1983) 262-286.

b) Orient. Oriente.

*b*13224 KRAMER, S.N., FALKENSTEIN, A., «Ur-Nammu Law Code», Or. 23 (1954) 40-51.

*b*13225 HAASE, R., «Zu den hethitischen Gesetzen», ZA 54 (1961) 100-104.

*b*13226 HARRIS, R., «The *nadītu* Laws of the Code of Hammurapi in Praxis», Or. 30 (1961) 163-169.

*b*13227 WISEMAN, D.J., «The Laws of Hammurabi Again», JSS 8 (1962) 161-172.

*b*13228 KLIMA, J., «Die juristischen Gegebenheiten in den Prologen und Epilogen der mesopotamischen Gesetzeswerke», dans *Travels in the World of the Old Testament* (en collab.) (1974), 146-169.

*b*13229 SMITH, M., «East Mediterranean Law Codes of the Early Iron Age», ErIs 14 (1978) 38*-43*.

*b*13230 FRYMER-KENSKY, T., «Tit for Tat: The Principle of Equal Retribution in Near Eastern and Biblical Law», BA 43 (1980) 230-234.

*b*13231 SONSINO, R., *Motive Clauses in Hebrew Law*. Biblical Forms and Near Eastern Parallels (Chico, CA, Scholars Press, 1980), xix-336 pp.

*b*13232 FRYMER-KENSKY, T., «Patriarchal Family Relationships and Near Eastern Law», BA 44 (1981) 209-214.

*b*13233 EPSZTEIN, L., *La justice sociale dans le Proche-Orient ancien et le peuple de la Bible* (Études annexes de la Bible de Jérusalem) (Paris, Cerf, 1983), «Les lois mésopotamiennes», 19-39; «La Mat égyptienne», 41-78.

*b*13234 KRAMER, S.N., «The Ur-Nammu Law Code: Who Was Its Author?» Or. 52 (1983) 453-456.

c) Judaïsme. Judaism. Judentum. Giudaismo. Judaísmo.

*b*13235 BAMBERGER, B.J., «Revelations of Torah After Sinai», HUCA 16 (1941) 97-113.

*b*13236 RUSSELL, D.S., *Between the Testaments*, «Torah Religion» (1960), 42-48.

*b*13237 HEINEMANN, I., *La Loi dans la pensée juive* (De la Bible à Rosenzweig) (adaptation française par Charles TOUATI) (Coll. 'Présences du judaïsme') (Paris, Albin Michel, 1962), 256 pp.

*b*13238 DAVIES, W.D., «Torah and Dogma: A Comment», HarvTR 61 (1968) 87-105.

*b*13239 SACCHI, P., «Appunti per una storia della crisi della legge nel giudaismo del tempo di Gesù», BibOr 12 (1970) 199-211.

*b*13240 BAUMGARTEN, J.M., «The Unwritten Law in the Pre-Rabbinic Period», JStJud 3 (1972) 7-29, dans *Studies in Qumran Law* (1977), 13-35.

*b*13241 BERGER, K., *Die Gesetzesauslegung Jesu*. Ihr historischer Hintergrund im Judentum und im Alten Testament. Teil I: *Markus und Parallelen* (WMANT 40) (Neukirchen-Vluyn, Neukirchener, 1972), xi-631 pp.

*b*13242 WERBLOWSKY, R.J.Z., «Tora als Gnade», Kairos 15 (1973) 156-163.

*b*13243 AGASSI, J., «Conventions of Knowledge in Talmudic Law», dans *Studies in Jewish Legal History* (en collab.) (1974), 16-34.

*b*13244 HARARI, A., «Desuetude», dans *Studies in Jewish Legal History* (en collab.) (1974), 101-113.

*b*13245 JACKSON, B.S., «The Fence-Breaker and the *actio de pastu pecoris* in Early Jewish Law», dans *Studies in Jewish Legal History* (en collab.) (1974), 123-136.

*b*13246 NOVAK, D., *Law and Theology in Judaism* (New York, Ktav, 1974), xvi-176 pp.

*b*13247 PATTERSON, D., «Ancient Hebrew Law in Modern Hebrew Literature», dans *Studies in Jewish Legal History* (en collab.) (1974), 169-180.

*b*13248 GOLDENBERG, R., «Commandment and Consciousness in Talmudic Thought», HarvTR 68 (1975) 261-271.

*b*13249 KAISER, W.C., Jr., «The Weightier and Lighter Matters of the Law: Moses, Jesus and Paul», dans *Current Issues in Biblical and Patristic Interpretation* (en collab.) (1975), 176-192.

*b*13250 NIKIPROWETZKY, V., «Note sur l'interprétation littérale de la loi et sur l'angélologie chez Philon d'Alexandrie», dans *Mélanges André Neher* (en collab.) (1975), 181-190.

*b*13251 PATTE, D., *Early Jewish Hermeneutic in Palestine*, «The Use of Scripture in the Schools: Written and Oral Toroth» (1975), 87-115.

*b*13252 GREENE, W., «Extra-legal Juridical Prerogatives», JStJud 7 (1976) 152-176.

*b*13253 MYRE, A., «La loi de la nature et la loi mosaïque selon Philon d'Alexandrie», SE 28 (1976) 163-181.

*b*13254 BASSER, H., «Superstitious Interpretations of Jewish Law», JStJud 8 (1977) 127-138.

*b*13255 BAUMGARTEN, J.M., *Studies in Qumran Law* (Studies in Judaism in Late Antiquity, 24) (Leiden, Brill, 1977), xiii-209 pp.

*b*13256 BUBER, M., «Two Types of Faith», dans *Jewish Expressions on Jesus* (en collab.) (1977), 230-252.

*b*13257 EHRLICH, E.L., «Tora im Judentum», EvT 37 (1977) 536-549.

*b*13258 KLINGENBERG, E., *Das israelitische Zinsverbot in Torah, Misnah und Talmud* (Abhandlungen der Akademie der Wissenschaften und der Literatur, Mainz; Geistes- und Sozialwissenschaftlichen Klasse, 1977, 7) (Wiesbaden, F. Steiner, 1977), 102 pp.

*b*13259 SANDERS, E.P., *Paul and Palestinian Judaism*, «The Law, the human plight and the relationship of the solutions to it» (1977), 474-511.

*b*13260 GALSTON, M., «The Purpose of the Law According to Maimonides», JQR 69 (1978) 27-51.

b13261 HORSLEY, R.A., «The Law of Nature in Philo and Cicero», HarvTR 71 (1978) 35-59.

b13262 SCHWARTZ, M.B., «Appeals in the Jewish Courts of Palestine in the Third Century, C.E.», HUCA 49 (1978) 187-203.

b13263 VIVIANO, B.T., *Study as Worship*. Aboth and the new Testament (Studies in Judaism in Late Antiquity, 26) (Leiden, Brill, 1978), xi-227 pp.

b13264 HRUBY, K., «Lecture juive de la torah et connaissance de Dieu», LV nº 144 (1979) 25-38.

b13265 KANTER, S., *Rabban Gamaliel II*. The Legal Traditions (Brown Judaic Studies, 8) (Chico, CA, Scholars Press, 1980), xxii-340 pp.

b13266 LICHTENBERGER, H., *Studien zum Menschenbild in Texten der Qumrangemeinde*, «Gesetz» (1980), 200-212.

b13267 NEUSNER, J., «Scriptural, Essenic, and Mishnaic Approaches to Civil Law and Government: Some Comparative Remarks», HarvTR 73 (1980) 419-434.

b13268 RÄISÄNEN, H., «Legalism and Salvation by the Law. Paul's portrayal of the Jewish religions as a historical and theological problem», dans *Die Paulinische Literatur und Theologie. The Pauline Literature and Theology* (en collab.) (1980), 63-83.

b13269 DAUBE, D., *Ancient Jewish Law*. Three Inaugural lectures (Leiden, Brill, 1981), 129 pp.

b13270 DERRETT, J.D.M., «Law and Society in Jesus's World», dans *Aufstieg und Niedergang der römischen Welt*, II. *Principat* (en collab.) (1982), 25. Band. 1. Halbband, 477-564.

b13271 HARVEY, A.E., *Jesus and the Constraints of History*, «The Constraint of Law» (1982), 36-65.

b13272 SHERWIN, B.L., «Law and Love in Jewish Theology», AThR 64 (1982) 467-480.

b13273 VERMES, G., «A Summary of the Law by Flavius Josephus», NT 24 (1982) 289-303.

b13274 REDDITT, P.L., «The Concept of *Nomos* in Fourth Maccabees», CBQ 45 (1983) 249-270.

b13275 SCHIFFMAN, L.H., *Sectarian Law in the Dead Sea Scrolls*. Courts, Testimony and the Penal Code (Brown Judaic Studies, 33) (Chico, CA, Scholars Press, 1983), xvi-278 pp.

d) Ancien Testament. Old Testament. Altes Testament. Antico Testamento. Antiguo Testamento.

1. Études générales. General Studies. Allgemeine Studien. Studi generali. Estudios generales.

b13276 RAPAPORT, I., «The Origins of Hebrew Law», PEQ 73 (1941) 158-167.

b13277 LEOVY, J.G., TAYLOR, G.M., «Law and Social Development in Israel», AThR 39 (1957) 9-24.

b13278 REYMOND, P., «L'amour de Dieu dans le don de la loi», VC nº 56 (1960) 299-306.

b13279 FENSHAM, F.C., «The Possibility of the Presence of Casuistic Legal Material at the Making of the Covenant at Sinai», PEQ 93 (1961) 143-146.

b13280 KRAUS, H.-J., «Zum Gesetzesverständnis der nachprophetischen Zeit», Kairos 11 (1969) 122-133.

b13281 WAGNER, V., *Rechtssätze in gebundener Sprache und Rechtssatzreihen im israelitischen Recht*. Ein Beitrag zur Gattungsforschung (BZAW 127) (Berlin, New York, De Gruyter, 1972), 72 pp.

b13282 HALS, R.M., «Is There a Genre of Preached Law?» dans *Society of Biblical Literature. 1973 Seminar Papers* (en collab.) (1973), I, 1-12.

b13283 PATRICK, D., «Critical Remarks on Several of Liedke's Theses», dans *Society of Biblical Literature. 1973 Seminar Papers* (en collab.) (1973), I, 13-19.

b13284 CARMICHAEL, C.M., «A Time for War and a Time for Peace: The Influence of the Distinction upon some Legal and Literary Material», dans *Studies in Jewish Legal History* (en collab.) (1974), 50-63.

*b*13285   BEAUCHAMP, P., *L'un et l'autre Testament*, «La loi» (1976), 39-73.

*b*13286   CARMICHAEL, C.M., «On Separating Life and Death: An Explanation of Some Biblical Laws», HarvTR 69 (1976) 1-7.

*b*13287   GALLEGO, E., «El camino de la Ley y la Ley como camino. Reflexiones sobre la ley a la luz del Antiguo Testamento», BibFe 2 (1976) 261-275.

*b*13288   OPPENHEIMER, A., «Oral Law in the Book of Maccabees», Immanuel 6 (1976) 34-42.

*b*13289   GESE, H., *Zur biblischen Theologie*, «Das Gesetz» (1977), 55-84.

*b*13290   GUNNEWEG, A.H.J., *Vom Verstehen des Alten Testaments*, «Das Alte Testament als Gesetz und Bundesurkunde» (1977), 85-120.

*b*13291   McCARTHY, D.J., «Law and Religious Experience: The Old Testament», Way 17 (1977) 163-174.

*b*13292   DORON, P., «Motive Clauses in the Laws of Deuteronomy: Their Forms, Functions, and Contents», HebAnR 2 (1978) 61-77.

*b*13293   RENKER, A., *Die Tora bei Maleachi*. Ein Beitrag zur Bedeutungsgeschichte von Tôra im Alten Testament (Freiburger theologische Studien, 112) (Freiburg, Herder, 1978), 270 pp.

*b*13294   REVIV, H., «The Traditions Concerning the Inception of the Legal System in Israel: Significance and Dating», ErIs 14 (1978) 19-22 (English summary).

*b*13295   WESTERMANN, C., *Theologie des Alten Testaments in Grundzügen*, «Gebot und Gesetz im Alten Testament» (1978), 154-164.

*b*13296   BARTON, J., «Natural Law and Poetic Justice in the Old Testament», JTS 30 (1979) 1-14.

*b*13297   BEAUCHAMP, P., «'Comprendre l'Ancien Testament'. Compte rendu d'un livre de A.H.J. Gunneweg», RSR 67 (1979) 45-58.

*b*13298   FORD, J.M., «Jewish Law and Animal Symbolism», JStJud 10 (1979) 203-212.

*b*13299   COUTURIER, G., «La vie familiale comme source de la Sagesse et de la Loi», SE 32 (1980) 177-192.

*b*13300   LEVENSON, J.D., «The Theologies of Commandment in Biblical Times», HarvTR 73 (1980) 17-33.

*b*13301   SONSINO, R., *Motive Clauses in Hebrew Law*. Biblical Forms and Near Eastern Parallels (SBL Dissertation Series, 45) (Chico, CA, Scholars Press, 1980), xx-336 pp.

*b*13302   WALLIS, G., «Torah und Nomos», TLZ 105 (1980) 321-332.

*b*13303   BOGAERT, P.-M., «Signification et rôle de la Loi dans l'Ancien Testament», dans En collaboration, *La loi dans l'éthique chrétienne* (Publications des Facultés universitaires Saint-Louis, 19) (Bruxelles, Facultés universitaires Saint-Louis, 1981), 111-138.

*b*13304   DAUBE, D., *Ancient Jewish Law*. Three Inaugural Lectures (Leiden, Brill, 1981), xii-129 pp.

*b*13305   MACH, M., «Tora-Verleihung durch Engel», dans *Das Alte Testament als geistige Heimat* (en collab.) (1982), 51-70.

*b*13306   MARTIN-ACHARD, R., «Brèves remarques sur la signification théologique de la loi selon l'Ancien Testament», ETR 57 (1982) 343-359.

*b*13307   BLENKINSOPP, J., *Wisdom and Law in the Old Testament*. The Ordering of Life in Israel and Early Judaism (The Oxford Bible Series) (Oxford University Press, 1983), x-172 pp.

*b*13308   MANTEL, H., «The Antiquity of the Oral Law», ASTI 12 (1983) 93-112.

*b*13309   MILGROM, J., «The Biblical Diet Laws as an Ethical System», Interpr 17 (1963) 288-301, dans MILGROM, J., *Cultic Theology and Terminology* (1983), 104-118.

*b*13310   SCHLINK, E., *Ökumenische Dogmatik*, «Das Gesetz» (1983), 234-251.

2. Pentateuque. Pentateuch. Pentateuco.

b13311 MORGENSTERN, J., «The Decalogue of the Holiness Code», HUCA 26 (1955) 1-27.

b13312 GONZALO MAESO, D., «La legislación mosaica y el Código de Hammurabi», CuBi 20 (1963) 89-108.

b13313 WILDBERGER, H., «19. Sonntag nach Trinitatis, 2 Mose 34,4b-10», dans EICHHOLTZ, G., FALKENROTH, A. (Hrsg.), *Hören und fragen* (Neukirchen, Neukirchener Verlag, 1971), VI, 456-464, dans *Jahwe und sein Volk* (1979), 210-218.

b13314 HORTON, F.L., Jr., «Form and Structure in Laws Relating to Women: Leviticus 18:6-18», dans *Society of Biblical Literature. 1973 Seminar Papers* (en collab.) (1973), I, 20-33.

b13315 ATLAS, S., «*Dina D'malchuta* Delimited», HUCA 46 (1975) 269-288 (categories of laws).

b13316 GILMER, H.W., *The If-You Form in Israelite Law* (SBL Dissertation Series, 15) (Missoula, Montana, Scholars Press, 1975), 139 pp.

b13317 CHOLEWINSKI, A., *Heiligkeitsgesetz und Deuteronomium* (1976), 350 pp.

b13318 BRAULIK, G., «Weisheit, Gottesnähe und Gesetz. Zum Kerygma von Deuteronomium 4,5-8», dans *Studien zum Pentateuch* (en collab.) (1977), 165-195.

b13319 FENSHAM, F.C., «Transgression and Penalty in the Book of the Covenant Code», JNWSemL 5 (1977) 23-41.

b13320 LOHFINK, N., «Culture Shock and Theology. A Discussion of Theology as a Cultural and a Sociological Phenomenon Based on the Example of a Deuteronomic Law», BTB 7 (1977) 12-22.

b13321 SANDMEL, S., *Judaism and Christian Beginnings*, «The Realms of Torah» (1978), 192-199.

b13322 KAUFMAN, S.A., «The Structure of the Deuteronomic Law», Maarav 1 (1979) 105-158.

b13323 DION, P.-E., «Tu feras disparaître le mal du milieu de toi», RB 87 (1980) 321-349.

b13324 WENHAM, G.J., McCONVILLE, J.G., «Drafting techniques in some Deuteronomic laws», VT 30 (1980) 248-252.

b13325 MAYES, A.D.H., «Deuteronomy: Law of Moses or Law of God?» dans *Proceedings of the Irish Biblical Association* (en collab.), 5 (1981) 36-54.

3. Libres prophétiques. Prophetic Books. Die prophetischen Bücher. Libri profetici. Libros proféticos.

b13326 SCHUBERT, K., «Gesetz und Prophetismus», BiLit 39 (1966) 96-104.

b13327 JENSEN, J., *The Use of tôrâ by Isaiah* (1973), 156 pp.

b13328 BERGREN, R.V., *The Prophets and the Law* (Monographs of the Hebrew Union College, 4) [Cincinnati, Hebrew Union College - Jewish Institute of Religion, 1974 (1975)], xv-231 pp.

b13329 RAMSEY, G.W., «Speech-Forms in Hebrew Law and Prophetic Oracles», JBL 96 (1977) 45-58.

b13330 RENKER, A., *Die Tôrā bei Maleachi. Ein Beitrag zur Bedeutungsgeschichte von Tôrā im Alten Testament* (Freiburger Theologische Studien, 112) (Freiburg, Herder, 1979), 269 pp.

b13331 HARAN, M., «The Law Code of Ezekiel XL-XLVIII and its Relation to the Priestly School», HUCA 50 (1979) 45-71.

b13332 BARTON, J., «Ethics in Isaiah of Jerusalem», JTS 32 (1981) 1-18.

4. Autres livres A.T. - Other Books A.T. - Andere Bücher A.T.
   Altri libri A.T. - Otros libros A.T.

*b*13333   MARBÖCK, J., «Gesetz und Weisheit. Zum Verständnis des Gesetzes bei Jesus Ben Sira», BZ 20 (1976) 1-21.

*b*13334   GAMBERONI, J., «Das 'Gesetz des Mose' im Buch Tobias», dans *Studien zum Pentateuch* (en collab.) (1977), 227-242.

e) Nouveau Testament. New Testament. Neues Testament. Nuovo Testamento. Nuevo Testamento.

1. Études générales. General Studies. Allgemeine Studien. Studi generali. Estudios generales.

*b*13335   HENTSCH, W., «L'Évangile et la Loi», VC n° 25-26 (1953) 44-59.

*b*13336   BARBOUR, R.S., «Loyalty and Law in New Testament Times», SJTh 11 (1958) 337-351.

*b*13337   THYSMAN, R., «Le Christ, loi du chrétien?» dans *Message et mission* (en collab.) (1968), 155-189.

*b*13338   ALONSO DIAZ, J., «Jesús frente a la piedad nomística de su tiempo», CuBi 27 (1970) 211-214.

*b*13339   TURRADO, L., «El Evangelio y la Ley», dans *Homenaje a Juan Prado* (en collab.) (1975), 465-475.

*b*13340   GOPPELT, L., *Theologie des Neuen Testaments*, «Jesu Stellung zum Gesetz als Norm» (1976), 138-156.

*b*13341   HUBAUT, M., «Jésus et la loi de Moïse», RTL 7 (1976) 401-425.

*b*13342   MILLER, C.H., «Old Testament law: abrogated by Jesus?» TDig 24 (1976) 185-187.

*b*13343   QUELLE, C., «El Evangelio o la Ley sublimada», BibFe 2 (1976) 308-319.

*b*13344   SAENZ GALACHE, M., «Ley y amor, ¿fuerzas opuestas?» BibFe 2 (1976) 320-335.

*b*13345   SALAS, A., «Ley natural o Ley cosmica? Vida cristiana en un mundo desacralizado», BibFe 2 (1976) 353-367.

*b*13346   VILLEGAS, M., «Ley eclesiástica e ideal evangélico», BibFe 2 (1976) 336-352.

*b*13347   DERRETT, J.D.M., «Gesù maestro della legge», *Conoscenza Religiosa*, 1974, 49-63, dans DERRETT, J.D.M., *Studies in the New Testament* (1978), II, 76-91.

*b*13348   STUHLMACHER, P., «Das Gesetz als Thema biblischer Theologie», ZTK 75 (1978) 251-280.

*b*13349   THOMAS, J., «La loi sans lois», CHR n° 100 (1978) 435-443.

*b*13350   PERROT, C., *Jésus et l'histoire*, «Jésus et la Loi» (1979), 150-166.

*b*13351   COLLANGE, J.-F., *De Jésus à Paul*, «Du maître de la loi à sa maîtresse» (1980), 234-256.

*b*13352   AUBERT, J.-M., «Loi et Évangile», dans *Loi et Évangile* (en collab.) (1981), 217-229.

*b*13353   GIBLET, J., «La loi du Christ», dans En collaboration, *La loi dans l'éthique chrétienne* (Publications des Facultés universitaires Saint-Louis, 19) (Bruxelles, Facultés universitaires Saint-Louis, 1981), 139-184.

*b*13354   GISEL, P., «La Loi, la christologie et le monde. Perspective à partir de Calvin et Luther. Réponse au professeur Jean-Louis Leuba», dans *Loi et Évangile* (en collab.) (1981), 110-118.

*b*13355   LEUBA, J.-L., «La loi chez les Réformateurs et dans le protestantisme actuel», dans *Loi et Évangile* (en collab.) (1981), 91-109.

*b*13356   PINCKAERS, S., «La Loi de l'Évangile ou Loi nouvelle selon saint Thomas», dans *Loi et Évangile* (en collab.) (1981), 57-79.

*b*13357   PINTO DE OLIVEIRA, C., «Loi et légalisme en éthique chrétienne», dans *Loi et Évangile* (en collab.) (1981), 172-195.

b13358 VEREECKE, L., «Loi et Évangile selon Guillaume d'Ockham», dans *Loi et Évangile* (en collab.) (1981), 80-90.

b13359 GALLEGO, E., «Jesús ante los puritanos engreídos», BibFe 8 (1982) 245-258.

b13360 SANDERS, E.P., «Jesus, Paul and Judaism», dans *Aufstieg und Niedergang der römischen Welt*, II. *Principat* (en collab.) (1982), 25. Band, 1. Halbband, 390-450.

b13361 WESTERHOLM, S., «Jesus, the Pharisees, and the Application of Divine Law», ET 13 (1982) 191-210.

b13362 DUNN, J.D.G., «Jesus and the Constraint of Law», JSNT n° 17 (1983) 10-18.

b13363 FORDE, G.O., «Law and Gospel in Luther's Hermeneutic», Interpr 37 (1983) 240-252.

b13364 SANDERS, E.P., «Jesus and the Constraint of Law», JNST n° 17 (1983) 19-24.

b13365 SCHLINK, E., *Ökumenische Dogmatik*, «Die Mahnung» (1983), 444-470.

2. Évangiles synoptiques. Synoptic Gospels. Synoptische Evangelien. Vangeli sinottici. Evangelios sinópticos.

Études générales. General Studies. Allgemeine Studien. Studi generali. Estudios generales.

b13366 HUBAUT, M., «Jésus et la loi de Moïse», RTL 7 (1976) 401-425.

b13367 GUILLEMETTE, P., «Jésus et la loi chez les synoptiques», dans *Après Jésus* (en collab.) (1977), 73-95.

Matthieu. Matthew. Matthäus. Matteo. Mateo.

b13368 SCHWEIZER, E., «Observance of the Law and Charismatic Activity in Matthew», NTS 16 (1969-70) 213-230.

b13369 SIMONSEN, H., «Die Auffassung von Gesetz im Matthäusevangelium», dans *Theologie aus dem Norden* (en collab.) (1976), 44-67.

b13370 LUZ, U., «Die Erfüllung des Gesetzes bei Matthäus (Mt 5,17-20)», ZTK 75 (1978) 398-435.

b13371 OGAWA, A., *L'histoire de Jésus chez Matthieu. La signification de l'histoire pour la théologie matthéenne* (Publications Universitaires Européennes, Série 23, Théologie, 116) (Bern, Peter Lang, 1979), 512 pp.

b13372 BROER, I., *Freiheit vom Gesetz und Radikalisierung des Gesetzes. Ein Beitrag zur Theologie des Evangelisten Matthäus* (SBS 98) (Stuttgart, Katholisches Bibelwerk, 1980), 144 pp.

b13373 CARRIÈRE, J.-M., «La loi. Matthieu 5-7», CHR 28 (1981) 422-430.

b13374 DUMBRELL, W.J., «The Logic of the Role of the Law in Matthew v 1-20», NT 23 (1981) 1-21.

b13375 MARGUERAT, D., «L'avenir de la loi: Matthieu à l'épreuve de Paul», ETR 57 (1982) 361-373.

b13376 MARTIN, B.L., «Matthew on Christ and the Law», TS 44 (1983) 53-70.

Marc. Mark. Markus. Marco. Marcos.

b13377 SCHULZ, S., *Die Stunde der Botschaft*, «Der Wille Gottes und das mosaische Gesetz» (1967), 79-94.

b13378 DERRETT, J.D.M., «Law in the New Testament: *Si scandalizaverit te manus tua abscinde illam* (Mk. ix. 42) and Comparative Legal History», *Revue Internationale des Droits de l'Antiquité*, 3rd ser., 20 (1973) 11-36, dans DERRETT, J.D.M., *Studies in the New Testament* (1977), I, 4-31.

*b*13379   HÜBNER, H., «Mark vii.1-23 und das 'Jüdisch-Hellenistische' Gesetzesverständnis», NTS 22 (1976) 319-345.

*b*13380   LAMBRECHT, J., «Jesus and the Law. An Investigation of Mk 7,1-23», ETL 103 (1977) 24-79.

*b*13381   WILSON, S.G., *Luke and the Law* (SNTS Monograph Series, 50) (Cambridge, Cambridge University Press, 1983), vii-142 pp.

3. Jean. John. Johannes. Giovanni. Juan.

*b*13382   DE LA POTTERIE, I., *La vérité dans saint Jean*, «Liberté et Loi» (1977), 811-814.

*b*13383   STUHLMACHER, P., «Das Gesetz als Thema biblischer Theologie», ZTK 75 (1978) 251-280.

4. Actes des apôtres. Acts of the Apostles. Apostelgeschichte. Atti. Hechos.

*b*13384   WILSON, S.G., «Law and Judaism in Acts», dans *Society of Biblical Literature. 1980 Seminar Papers* (en collab.) (1980), 251-265.

*b*13385   WILSON, S.G., *Luke and the Law* (SNTS Monograph Series, 50) (Cambridge, Cambridge University Press, 1983), vii-142 pp.

5. Paul. Paulus. Paolo. Pablo.

Études générales. General Studies. Allgemeine Studien. Studi generali. Estudios generales.

*b*13386   CLAVIER, H., «Antilégalisme et nomisme», ETR 7 (1932) 359-368.

*b*13387   CRANFIELD, C.E.B., «St. Paul and the Law», SJTh 17 (1964) 43-68.

*b*13388   DAVIES, W.D., *Invitation to the New Testament*, «The New Way: The Spirit and the Law of Christ» (1969), 356-370.

*b*13389   ELLISON, H.L., «Paul and the Law - 'All Things to All Men'», dans *Apostolic History and the Gospel* (en collab.) (1970), 195-202.

*b*13390   DRANE, J.W., *Paul Libertine or Legalist?* «The Law and Circumcision (4.21-6.10)» (1975), 39-58.

*b*13391   KAISER, W.C., Jr., «The Weightier and Lighter Matters of the Law: Moses, Jesus and Paul», dans *Current Issues in Biblical and Patristic Interpretation* (en collab.) (1975), 176-192.

*b*13392   MIGUELEZ, S., «Del espíritu de la Ley a la Ley del Espíritu. El creyente ante el planteamiento neotestamentario de la ley», BibFe 2 (1976) 276-287.

*b*13393   SANDERS, E.P., *Paul and Palestinian Judaism* (1977), «The commandments», 270-271; «The Law, the human plight and the relationship of the solutions to it», 474-511.

*b*13394   VON DER OSTEN-SACKEN, P., «Das paulinische Verständnis des Gesetzes im Spannungsfeld von Eschatologie und Geschichte. Erläuterungen zum Evangelium als Faktor von theologischem Antijudaismus», EvT 37 (1977) 549-587.

*b*13395   HÜBNER, H., *Das Gesetz bei Paulus*. Ein Beitrag zum Werden der paulinischen Theologie (FRLANT 119) (Göttingen, Vandenhoeck & Ruprecht, 1978), 195 pp.

*b*13396   SCHLIER, H., *Grundzüge einer paulinischen Theologie*, «Das Gesetz» (1978), 77-97.

*b*13397   STUHLMACHER, P., «Das Gesetz als Thema biblischer Theologie», ZTK 75 (1978) 251-280.

*b*13398   WUELLNER, W.H., «Toposforschung und Torahinterpretation bei Paulus und Jesus», NTS 24 (1978) 463-483.

*b*13399   MARIN, F., «Evangelio de la libertad», EstE 54 (1979) 43-68.

*b*13400 FEUILLET, A., «Loi de Dieu, loi du Christ et loi de l'Esprit d'après les épîtres pauliniennes», NT 22 (1980) 29-65.

*b*13401 RÄISÄNEN, H., «Legalism and Salvation by the Law. Paul's portrayal of the Jewish religions as a historical and theological problem», dans *Die Paulinische Literatur und Theologie. The Pauline Literature and Theology* (en collab.) (1980), 63-83.

*b*13402 RÄISÄNEN, H., «Paul's Theological Difficulties with the Law», dans *Studia Biblica 1978* (en collab.) (1980), III, 301-320.

*b*13403 DEIDUN, T.J., *New Covenant Morality in Paul* (Analecta Biblica, 89) (Rome, Biblical Institute Press, 1981), xiv-297 pp.

*b*13404 FUCHS, E., «Qui est l'Autre de la Loi?» dans *Loi et Évangile* (en collab.) (1981), 29-32.

*b*13405 RHYNE, C.T., *Faith Establishes the Law* (SBL Dissertation Series, 55) (Chico, CA, Scholars Press, 1981), x-193 pp.

*b*13406 SESSOLO, P., «The lasting significance of Pauline 'commands'», TDig 29 (1981) 9-13.

*b*13407 BOVON, F., «L'homme nouveau et la loi chez l'apôtre Paul», dans *Die Mitte des Neuen Testaments* (en collab.) (1983), 22-33.

Romains. Romans. Römerbrief. Romani. Romanos.

*b*13408 SACCHI, A., «La legge naturale nella Lettera ai Romani», dans *Fondamenti biblici della teologia morale* (en collab.) (1973), 375-389.

*b*13409 HAHN, F., «Das Gesetzesverständnis im Römer- und Galaterbrief», ZNW 67 (1976) 29-63.

*b*13410 BARTH, M., «Die Stellung des Paulus zu Gesetz und Ordnung», dans *Die Israelfrage nach Röm 9-11* (en collab.) (1977), 245-287.

*b*13411 DUGANDZIC, I., *Das 'Ja' Gottes in Christus*, «Das Ende des Gesetzes in Christus. Röm 10,4-13» (1977), 57-87.

*b*13412 HÜBNER, H., *Das Gesetz bei Paulus*, «Nomos im Römerbrief» (1978), 44-80.

*b*13413 CRANFIELD, C.E.B., *The Epistle to the Romans*. Concluding Remarks on Some Aspects of the Theology of Romans, «The OT Law» (1979), II, 845-862.

*b*13414 RÄISÄNEN, H., «Das 'Gesetz des Glaubens' (Rom. 3.27) und das 'Gesetz des Geistes' (Rom. 8.2)», NTS 26 (1979) 101-117.

*b*13415 CAMPBELL, W.S., «Christ the End of the Law: Romans 10:4», dans *Studia Biblica 1978* (en collab.) (1980), III, 73-81.

*b*13416 MEYER, P.W., «Romans 10:4 and the End of the Law», dans *The Divine Helmsman* (en collab.) (1980), 59-78.

*b*13417 TRÉMEL, B., «L'Évangile et la Loi selon l'épître aux Romains», dans *Loi et Évangile* (en collab.) (1981), 15-28.

*b*13418 ZELLER, D., «Der Zusammenhang von Gesetz und Sünde im Römerbrief. Kritischer Nachvollzug der Auslegung von Ulrich Wilckens», TZ 38 (1982) 193-212.

Galates. Galatians. Galaterbrief. Galati. Gálatas.

*b*13419 HAHN, F., «Das Gesetzesverständnis im Römer- und Galaterbrief», ZNW 67 (1976) 29-63.

*b*13420 HÜBNER, H., *Das Gesetz bei Paulus*, «Nomos im Galaterbrief» (1978), 16-43.

*b*13421 HOWARD, G., *Paul: crisis in Galatia*, «Paul's view of the law» (1979), 66-82.

Longévité. Longevity. Langlebigkeit. Longevità. Longevidad.

*b*13422   MALAMAT, A., «Longevity in the Bible and in the Ancient Near East», ErIs 16 (1982)
146-151.

Louange. Praise. Lob. Lode. Alabanza.

*b*13423   HAGEMEYER, O., «'Preiset Gott!' Zum biblischen Hallelu-Jah», BiLeb 11 (1970)
145-149.
*b*13424   DEMEESTÈRE, P., «Corps de louange», CHR 26 (1979) 162-173.
*b*13425   MAISONNEUVE, J.-P., «Le chant de Dieu», CHR 26 (1979) 186-194.
*b*13426   SCHLINK, E., *Ökumenische Dogmatik*, «Der Lobpreis Gottes» (1983), 724-742.

Lumière. Light. Licht. Luce. Luz.

*b*13427   PULVER, M., «Die Lichterfahrung im Johannes-Evangelium, im Corpus Hermeticum,
in der Gnosis und in der Ostkirche», ErJb 1943 10 (1944) 253-296.
*b*13428   BULTMANN, R., «Zur Geschichte der Lichtsymbolik im Altertum», *Philologus* 97
(1948) 1-36, dans *Exegetica* (1967), 323-355.
*b*13429   FUSTER, R., «Luz y tinieblas», CuBi 12 (1955) 282-287.
*b*13430   STÄHLIN, G., «Jesus Christus, das Licht der Welt», dans *Universitas*. Dienst an
Wahrheit und Leben (en collab.) (1960), I, 58-78.
*b*13431   BRAUN, F.-M., *Jean le Théologien*. III. Sa théologie. I. Le mystère de Jésus-Christ, «La
lumière des hommes» (1966), 21-35.
*b*13432   DE NICOLA, A., «La lucerna cultuale in Israele», BibOr 14 (1972) 79-91.
*b*13433   AGRELO, S., «El tema bíblico de la luz», Ant 50 (1975) 353-417.
*b*13434   BOESPFLUG, F.-D., «Lumière née de la Lumière», VS 131 (1977) 732-752.
*b*13435   FILORAMO, G., *Luce e gnosi*. Saggio sull'illuminazione nello gnosticismo (Studia
Ephemeridis 'Augustinianum', 15) (Roma, Institutum Patristicum 'Augustinianum',
1980), 165 pp.

Lune. Moon. Mond. Luna.

*b*13436   RAHNER, H., «Das christliche Mysterium von Sonne und Mond», ErJb 1943 10 (1944)
305-404.

Mages. Magi. Magier. Magi. Magos.

*b*13437   PRZYLUSKI, J., «Les Mages et les Mèdes», RHR 122 (1940) 85-101.
*b*13438   SCHELKLE, K.H., «Epiphania Domini. Eine Homilie», BiLeb 7 (1966) 301-304.
*b*13439   SCHMAHL, G., «Magier aus dem Osten und die Heiligen Drei Könige», TrierTZ 87
(1978) 295-303.
*b*13440   RAHMANI, L.Y., «The Adoration of the Magi on Two Sixth-Century C.E. Eulogia
Tokens», IsrEJ 29 (1979) 34-36.

Magie. Magic. Magie. Magia.

*b*13441   EBELING, E., «Ein babylonisches Beispiel schwarzer Magie», Or. 20 (1951) 167-170.

*b*13442   SCAZZOSO, P., «Magia ellenistica e miracolo cristiano», BibOr 3 (1961) 136-141.

*b*13443   MÜLLER, H.-P., «Magisch-mantische Weisheit und die Gestalt Daniels», UF 1 (1969) 79-94.

*b*13444   BLYTHIN, I., «Magic and Methodology», Numen 17 (1970) 45-59.

*b*13445   GOLDIN, J., «The Magic of Magic and Superstition», dans *Aspects of Religious Propaganda in Judaism and Early Christianity* (en collab.) (1976), 115-147.

*b*13446   BASSER, H., «Superstitious Interpretations of Jewish Law», JStJud 8 (1977) 127-138.

*b*13447   AUNE, D.E., «Magic in Early Christianity», dans *Aufstieg und Niedergang der römischen Welt.* II. *Principat* (en collab.) (1980), 23. Band, 2. Teil, 1507-1557.

*b*13448   POUPON, G., «L'accusation de magie dans les Actes apocryphes», dans *Les Actes apocryphes des apôtres* (en collab.) (1981), 71-93.

*b*13449   REMUS, H., «'Magic or Miracle'? Some Second Century Instances», SeC 2 (1982) 127-156.

*b*13450   BÜHNER, J.-A., «Jesus und die antike Magie. Bemerkungen zu Morton Smith, *Jesus der Magier*», EvT 43 (1983) 156-175.

Main. Hand. Mano.

*b*13451   OHLMEYER, A., «Die Hände Jesu», BiKi 12 (1957) 66-68.

*b*13452   FALK, Z.W., «Gestures Expressing Affirmation», JSS 4 (1959) 268-269.

*b*13453   WINKLER, C., «Die Hand Gottes im Alten Testament», BiLeb 10 (1969) 295-299.

*b*13454   SHROER, S., «Zur Deutung der Hand unter der Grabinschrift von Chirbet el Qôm», UF 15 (1983) 191-199.

Mal. Evil. Böse. Male. Mal.

*b*13455   DEWAILLY, L.-M., *La jeune Église de Thessalonique* (Paris, Cerf, 1963), «Et le mal?» 110-116.

*b*13456   HEER, J., «Einverstanden mit dem Unverstandenen - Spirituelle Aspekte zum Thema unseres Heftes», BiKi 30 (1975) 55-57.

*b*13457   STENDEBACH, F.J., «Das Böse und der Satan - Der Ursprung des Bösen in der Heiligen Schrift», BiKi 30 (1975) 2-7.

*b*13458   TENZLER, J., «Der imaginierte Teufel - Zum tiefenpsychologischen Aspekt des Bösen», BiKi 30 (1975) 44-50.

*b*13459   DELCOR, M., «Le mythe de la chute des anges et de l'origine des géants comme explication du mal dans le monde, dans l'apocalyptique juive. Histoire des traditions», RHR 190 (1976) 3-53.

*b*13460   HAYMAN, A.P., «Rabbinic Judaism and the Problem of Evil», SJTh 29 (1976) 461-476.

*b*13461   DEWERMANN, E., *Strukturen des Bösen. Die jahwistische Urgeschichte.* Teil I. Die jahwistische Urgeschichte in exegetischer Sicht (1977); Teil II. Die jahwistische Urgeschichte in psychoanalytischer Sicht (1977); Teil III. Die jahwistische Urgeschichte in philosophischer Sicht (1978) (Paderborn, Schöningh, 1977-78), lxiv-355, xxxiv-680, lxviii-656 pp.

*b*13462   KELLER, C.-A., «Das Problem des Bösen in Apokalyptik und Gnostik», dans *Gnosis and Gnosticism* (en collab.) (1977), 70-90.

*b*13463   THOMPSON, A.L., *Responsability for Evil in the Theodicy of IV Ezra.* A Study Illustrating the Significance of Form and Structure for the Meaning of the Book (SBL Dissertation Series, 29) (Missoula, Montana, Scholars Presss, 1977), xv-195 pp.

*b*13464   BARKER, M., «The Evil in Zechariah», HeyJ 19 (1978) 12-27.

*b*13465   WALSH, J., «Deliver us from Evil», Way 18 (1978) 112-121.
*b*13466   LACOCQUE, A., «Job and the symbolism of evil», BiRes 24-25 (1979-80) 7-19.
*b*13467   LAFONT, C., «L'excès du malheur et la reconnaissance de Dieu», NRT 101 (1979) 724-739.
*b*13468   GEYER, C.-F., «Zur Bewältigung des Dysteleologischen im Alten und Neuen Testament», TZ 37 (1981) 219-235.
*b*13469   BLOCHER, H., «La pensée chrétienne et le mal», Hok n⁰ 19 (1982) 3-21.
*b*13470   NOORT, E., «JHWH und das Böse. Bemerkungen zu einer Verhältnisbestimmung», OTS 23 (1982) 120-136.
*b*13471   SACCHI, P., «Ordine cosmico e prospettiva ultraterrena nel postesilio», RivB 30 (1982) 11-33.
*b*13472   BLOCHER, H., «La pensée chrétienne et le mal», Hok n⁰ 22 (1983) 1-20; n⁰ 23 (1983) 61-86.

Maladie. Sickness. Krankheit. Malattia. Enfermedad.

*b*13473   SEYBOLD, K., «Krankheit und Heilung - Soziale Aspecte in den Psalmen», BiKi 26 (1971) 107-111.
*b*13474   ALBERTON, M., *Un sacrement pour les malades* (Coll. 'Croire et comprendre') (Paris, Le Centurion, 1978), «Retour à la Bible», 41-49; «Jésus et les malades», 54-66.
*b*13475   SEYBOLD, K., MÜLLER, U.B., *Krankheit und Heilung* (Biblische Konfrontationen, Taschenbücher, 1008) (Stuttgart, Kohlhammer, 1978), 176 pp.
*b*13476   RAFFIN, P., «Il a pris nos infirmités et s'est chargé de nos maladies», VS 133 (1979) 737-747.
*b*13477   VELLMER, E., «Psalmen in einem Krankenhaus», dans *Textgemäss* (en collab.) (1979), 156-168.
*b*13478   VILLAR, E., «'Amor' de Jesús a los desvalidos», BibFe 8 (1982) 26-43.

Malédiction. Curse. Verfluchung. Maledizione. Maldición.

*b*13479   SCHARBERT, J., *Solidarität in Segen und Fluch im Alten Testament und in seiner Umwelt*. 1. Band: Väterfluch und Vätersegen (BBB 14) (Bonn, Peter Hanstein, 1958), xiii-293 pp.
*b*13480   SCHMID, R., «Die Fluchpsalmen im christlichen Gebet», dans *Theologie im Wandel* (en collab.) (1967), 377-393.
*b*13481   WIEFEL, W., «Fluch und Sakralrecht», Numen 16 (1969) 211-233.
*b*13482   BELLEFONTAINE, E., «The Curses of Deuteronomy 27: Their Relationship to the Prohibitives», dans *No Famine in the Land* (en collab.) (1975), 49-61.
*b*13483   CARROLL, R.P., «Ancient Israelite prophecy and dissonance theory», Numen 24 (1977) 135-151.
*b*13484   DEMSKY, A., «Mesopotamian and Canaanite Literary Traditions in the Ahiram Curse Formula», ErIs 14 (1978) 7-11 (English summary).
*b*13485   FORD, L.S., «The Divine Curse Understood in Terms of Persuasion», Semeia 24 (1982) 81-87.
*b*13486   LICHTENBERGER, H., *Studien zum Menschenbild in Texten der Qumrangemeinde*, «Segen und Fluch» (1980), 99-118.
*b*13487   MILLER, P.D., Jr., «Trouble and Woe. Interpreting the Biblical Laments», Interpr 37 (1983) 32-45.

Mammon. Mammona.

*b*13488 MARTIN-ACHARD, R., «Notes sur Mammon», ETR 28 (1953) 137-141.

Manne. Manna. Maná.

*b*13489 DE BOER, P.A.H., *Fatherhood and motherhood in Israelite and Judean piety* (Haskell Lectures, 1974) (Leiden, Brill, 1974), ix-57 pp.

*b*13490 GRAYSON, A.K., VAN SETERS, J., «The Childless Wife in Assyria and the Stories of Genesis», Or. 44 (1975) 485-486.

*b*13491 GANGEMI, A., «La manna nascosta e il nome nuovo», RivB 25 (1977) 337-356.

*b*13492 SCHELKLE, K.H., *Der Geist und die Braut*, «Geburt und Mutterschaft» (1977), 135-138.

*b*13493 RICHARDEAU, J.L., «Maturité Psychologique et Maturité Spirituelle», Hok no 16 (1981) 1-14.

Mariage. Marriage. Ehe. Matrimonio.

a) Études générales. General Studies. Allgemeine Studien. Studi generali. Estudios generales.

*b*13494 CANTO RUBIO, J., «La pastoral de conjunto», CuBi 25 (1968) 225-229.

*b*13495 DUSS-VON WERDT, J., «Der exegetische Befund», dans *Mysterium Salutis* (en collab.) (1973), IV.2, 434-439.

*b*13496 AMMASSARI, A., *Un profilo biblico del matrimonio*. Note di esegesi (Roma, Editrice A.V.E., 1977), 167 pp.

*b*13497 CERETI, G., *Divorzio, nuove nozze e penitenza nella chiesa primitiva* (Bologna, Ed. Dehoniane, 1977), «Matrimonio e divorzio nel diritto romano e nella società greco-romana», 51-69.

*b*13498 BLEICKERT, G., «Ehe und Glaube», TrierTZ 87 (1978) 275-294.

*b*13499 DIEZ MACHO, A., *Indisolubilidad del matrimonio y divorcio en la Biblia*. La sexualidad en la Biblia (Santiago Apóstol, 6) (Madrid, Fe Católica, 1978), 346 pp.

*b*13500 HURLEY, J.B., *Man and Woman in Biblical Perspective*. A Study in Role Relationships and Authority (Leicester, Inter-Varsity Press, 1981), 288 pp.

*b*13501 COTTIAUX, J., *La sacralisation du mariage*. De la Genèse aux incises matthéennes (Paris, Cerf, 1982), 793 pp.

*b*13502 TURNER, P., «The Marriage Canons of the Episcopal Church: (1) Scripture and Tradition», AThR 65 (1983) 371-393.

b) Orient. Oriente.

*b*13503 VAN BUREN, E.D., «The Sacred Marriage in Early Times in Mesopotamia», Or. 13 (1944) 1 - 72 .

*b*13504 RENGER, J., «Who Are all Those People?» Or. 42 (1973) 259-273.

*b*13505 HOWARD, I.K.A., «Mut'a Marriage reconsidered in the Context of the Formal Procedures for Islamic Marriage», JSS 20 (1975) 82-92.

c) Judaïsme. Judaism. Judentum. Giudaismo. Judaísmo.

*b*13506 VERMES, G., «Sectarian Matrimonial Halakhah in the Damascus Rule», dans *Studies in Jewish Legal History* (en collab.) (1974), 197-202.

*b*13507   YARON, R., «Mistake-Occasioned Palingamy», dans *Studies in Jewish Legal History* (en collab.) (1974), 203-226.

*b*13508   WEIR, S., KAMAR, W., «Costumes and Wedding Customs in Bayt Dajan», PEQ 107 (1975) 39-51.

*b*13509   TOSATO, A., *Il Matrimonio nel Giudaismo Antico e nel Testamento.* Appunti per una storia della concezione del matrimonio (Roma, Città Nuova Editrice, 1976), 118 pp.

*b*13510   CERETI, G., *Divorzio, nuove nozze e penitenza nella chiesa primitiva* (Bologna, Ed. Dehoniane, 1977), «Divorzio e nuovo matrimonio nell'antico testamento e nel mondo giudaico», 28-50.

*b*13511   WEISS, G., «A Testimony from the Cairo Geniza Documents Son-in-law - Mother-in-law Relations», JQR 68 (1977) 99-103.

*b*13512   GELLER, M.J., «New Sources for the Origins of the Rabbinic Ketubah», HUCA 49 (1978) 227-245.

d) Ancien Testament. Old Testament. Altes Testament. Antico Testamento. Antiguo Testamento.

*b*13513   DOMS, H., «Zur biblischen Sicht der Ehe. Altes Testament», dans *Mysterium Salutis* (en collab.) (1967), II, 724-727.

*b*13514   DE NICOLA, A., «La moglie della tua giovinezza», BibOr 12 (1970) 153-183.

*b*13515   BITTER, S., *Die Ehe des Propheten Hosea.* Eine Auslegungsgeschichtliche Untersuchung (Göttinger Theologische Arbeiten, 3) (Göttingen, Vandenhoeck & Ruprecht, 1975), 251 pp.

*b*13516   GREENGUS, S., «Sisterhood Adoption at Nuzi and the 'Wife-Sister' in Genesis», HUCA 46 (1975) 5-31.

*b*13517   CERETI, G., *Divorzio, nuove nozze e penitenza nella chiesa primitiva* (Bologna, Ed. Dehoniane, 1977), «Divorzio e nuovo matrimonio nell'antico testamento e nel mondo giudaico», 28-50.

*b*13518   SCHARBERT, J., «Ehe und Eheschliessung in der Rechtsprache des Pentateuch und beim Chronisten», dans *Studien zum Pentateuch* (en collab.) (1977), 213-225.

*b*13519   SCHELKLE, K.H., *Der Geist und die Braut,* «Frau und Ehe in Israel» (1977), 34-57.

*b*13520   GILBERT, M., «Une seule chair (Gn 2,24)», NRT 100 (1978) 66-89.

*b*13521   BOSSMAN, D., «Ezra's Marriage Reform: Israel Redefined», BTB 9 (1979) 32-38.

*b*13522   SCHREINER, S., «Mischehen - Ehebruch - Ehescheidung. Betrachtungen zu Mal 2,10-16», ZAW 91 (1979) 207-228.

*b*13523   ADINOLFI, M., «La coppia nel Cantico dei Cantici», BibOr 22 (1980) 3-29.

*b*13524   PHILLIPS, A., «Another example of family law», VT 30 (1980) 240-245.

*b*13525   KLEIN, H., «Natur und Recht. Israels Umgang mit dem Hochzeitsbrauchtum seiner Umwelt», TZ 37 (1981) 3-18.

*b*13526   RÖMER, W.H., «Einige Überlegungen zur 'Heiligen Hochzeit' nach altorientalischen Texten», dans *Von Kanaan bis Kerala* (en collab.) (1982), 411-428.

*b*13527   PEREZ, G., «Aportación de los sabios de Israel al matrimonio cristiano», *Miscelánea Comillas* 41 (1983) 357-368.

e) Nouveau Testament. New Testament. Neues Testament. Nuovo Testamento. Nuevo Testamento.

1. Études générales. General Studies. Allgemeine Studien. Studi generali. Estudios generales.

*b*13528   JONES, B.H., «Marriage and Divorce», AThR 24 (1942) 38-62.

*b*13529   DOMS, H., «Zur biblischen Sicht der Ehe. Neues Testament», dans *Mysterium Salutis* (en collab.) (1967), II, 727-737.

*b*13530   PESCH, R., «Die neutestamentliche Weisung für die Ehe», BiLeb 9 (1968) 208-221.

*b*13531   EDWARDS, O.C., Jr., HOLMES, III, U.T., «Marriage and Mating: Creation, Society, and Jesus», AThR Supplementary Series, n° 2 (1973) 4-27.

*b*13532   O'BRIEN WICKER, K., «First Century Marriage Ethics: A Comparative Study of the Household Codes and Plutarch's Conjugal Precepts», dans *No Famine in the Land* (en collab.) (1975), 141-153.

*b*13533   TOSATO, A., *Il Matrimonio nel Giudaismo Antico e nel Nuovo Testamento*. Appunti per una storia della concezione del matrimonio (Rome, Città Nuova Editrice, 1976), 118 pp.

*b*13534   CERETI, G., *Divorzio, nuove nozze e penitenza nella chiesa primitiva* (Bologna, Ed. Dehoniane, 1977), «Matrimonio e divorzio nel diritto romano e nella società greco-romana», 51-69; «L'insegnamento del nuovo testamento», 70-104.

*b*13535   SCHELKLE, K.H., *Der Geist und die Braut*, «Ehe im Neuen Testament» (1977), 69-144.

*b*13536   Commission théologique internationale, *Problèmes doctrinaux du mariage chrétien* (Lex Spiritus Vitae, 4) (Louvain-la-Neuve, Centre Cerfaux-Lefort, 1979), 377 pp.

*b*13537   DURKIN, M., «Intimité et mariage, prolongement du mystère du Christ et de l'Église», Conci n° 141 (1979) 109-117.

*b*13538   SCHÜRMANN, H., «Neutestamentliche Marginalien zur Frage nach der Institutionalität, Unauflösbarkeit und Sakramentalität der Ehe», dans *Kirche und Bibel* (en collab.) (1979), 409-430.

2. Évangiles. Gospels. Evangelien. Vangeli. Evangelios.

*b*13539   TOSATO, A., *Il Matrimonio nel Giudaismo Antico e nel Nuovo Testamento*, «La concezione del matrimonio nel giudaismo antico e nel Vangelo» (1976), 49-80.

*b*13540   SCHELKLE, K.H., *Der Geist und die Braut*, «Synoptische Evangelien» (1977), 74-96.

*b*13541   DESCAMPS, A.-L., «Les textes évangéliques sur le mariage», RTL 9 (1978) 259-286; 11 (1980) 5-50.

*b*13542   CARMICHAEL, C.M., «Marriage and the Samaritan Woman», NTS 26 (1980) 332-346.

3. Paul. Paulus. Paolo. Pablo.

*b*13543   ADINOLFI, M., «La santità del matrimonio in I Tess. 4,1-8», RivB 24 (1976) 165-184.

*b*13544   ADINOLFI, M., «Il matrimonio nella libertà dell'etica escatologica di 1 Cor. 7», Ant 51 (1976) 133-169.

*b*13545   SCHRAGE, W., «Zur Frontstellung der paulinischen Ehebewertung in 1 Kor 7 1-7», ZNW 67 (1976) 214-234.

*b*13546   TOSATO, A., *Il Matrimonio nel Giudaismo Antico e nel Nuovo Testamento*, «La concezione del matrimonio nell'epistolario paolino» (1976), 81-98.

*b*13547   SCHELKLE, K.H., *Der Geist und die Braut* (1977), «Briefe des Paulus», 97-117; «Pastoralbriefe», 124-129.

*b*13548   ADINOLFI, M., «Motivi parenetici del matrimonio e del celibato in 1 Cor. 7», RivB 26 (1978) 71-91.

*b*13549   FISCHER, J.A., «1 Cor. 7:8-24 - Marriage and Divorce», BiRes 23 (1978) 26-36.

*b*13550   SCHRAGE, W., «The value Paul puts on marriage in 1 Cor 7:1-7», TDig 26 (1978) 212-215.

*b*13551   WILI, H.-U., «Das Privilegium Paulinum (1 Kor 7,15f) - Pauli eigene Lebenserinnerung?» BZ 22 (1978) 100-108.

*b*13552   CAMBIER, J.-M., «Doctrine paulinienne du mariage chrétien. Étude critique de 1 Co 7 et d'Ep 5,21-33 et essai de leur traduction actuelle», ET 10 (1979) 13-59.

*b*13553   GIAVINI, G., «I Cor 7, nuove ricerche. Matrimoni misti e 'privilegio paolino'», ScuolC
108 (1980) 255-263.

*b*13554   GNILKA, J., *Der Kolosserbrief* (HerNT X/1) (Freiburg, Herder, 1980), «Die
Haustafeln», 205-216.

*b*13555   BENOIT, P., «Le mariage chrétien selon saint Paul», *The Clergy Review*, 65 (1980)
309-321, dans BENOIT, P., *Exégèse et théologie* (1982) IV, 263-290.

*b*13556   MOISER, J., «A Reassessment of Paul's View of Marriage with reference to 1 Cor. 7»,
JSNT no 18 (1983) 103-122.

Marie. Mary. Maria. María.

a) Études générales. General Studies. Allgemeine Studien. Studi generali. Estudios generales.

*b*13557   RINALDI, B., «Maria SS. specchio della tenerezza divina?» BibOr 8 (1966) 221-228.

*b*13558   VON SODEN, W., «Mirjām - Maria '(Gottes-)Geschenk'», UF 2 (1970) 269-272.

*b*13559   DIEZ MERINO, L., «La tumba de María en el Valle del Cedrón. Tradición de la Iglesia
de Jerusalén», CuBi 30 (1973) 205-220.

*b*13560   BAGATTI, B., «Ricerche sull'iconografia della Koimesis o Dormitio Mariae»,
StBiFranc 25 (1975) 225-253.

*b*13561   SPEDALIERI, F., *Maria nella scrittura e nella tradizione della chiesa primitiva*. Vol. II:
Studi e problemi. Parte II: I privilegi della Madre di Dio Redentore (Roma, Herder,
1975), 219 pp.

*b*13562   CARROLL, E.R., «Theology on the Virgin Mary: 1966-1975», TS 37 (1976) 253-289.

*b*13563   BAGATTI, B., «L'apporto degli scavi di Terra Santa alla conoscenza di Maria», Sal 40
(1978) 151-156.

*b*13564   POZO, C., *María en la Escritura y en la fe de la Iglesia* (Madrid, Ed. Católica, B.A.C.
popular, 1979), 172 pp.

*b*13565   GALOT, J., «Maria e la liberazione dell'umanità», CC 2 (1980) 218-230.

*b*13566   SAENZ GALACHE, M., «María, La Doncella», BibFe 6 (1980) 156-171.

*b*13567   SCHÖNDORF, H., «Mutter - Schwester - Jüngerin. Biblische Erwägungen zur Gestalt
Mariens», GeistL 56 (1983) 185-191.

b) Judaïsme. Judaism. Judentum. Giudaismo. Judaísmo.

*b*13568   BEN-CHORIN, S., «La Mère de Jésus dans la perspective juive», Conci no 188 (1983)
39-46.

c) Ancien Testament. Old Testament. Altes Testament. Antico Testamento. Antiguo Testamento.

*b*13569   COLUNGA, A., «María en el Cantar de los Cantares», CuBi 11 (1954) 249-252.

*b*13570   CUBILLO, L., «Figuras marianas en el Antiguo Testamento», CuBi 11 (1954) 271-274.

*b*13571   GONZALO MAESO, D., «Paráfrasis mariana del Cantar de los Cantares», CuBi 11
(1954) 252-270.

*b*13572   PEINADOR, M., «La revelación progresiva de la maternidad espiritual de María en
el A.T.», CuBi 11 (1954) 198-206.

*b*13573   RABANOS, P., «La Virgen María en el profeta Isaías», CuBi 11 (1954) 225-236.

*b*13574   ULECIA, A.G., «La profecía mariana de Migueas», CuBi 11 (1954) 237-244.

*b*13575   HAAG, E., «Judith als Typus der Gottesmutter Maria», BiKi 19 (1964) 46-50.

*b*13576   HAAG, H., «Is 7,14 als alttestamentliche Grundstelle der Lehre von der *Virginitas
Mariae*», dans *Jungfrauengeburt gestern und heute* (en collab.) (1969), 137-144.

*b*13577   SCHILDENBERGER, J., «Die jungfräuliche Mutter Maria im Alten Testament», dans *Jungfrauengeburt gestern und heute* (en collab.) (1969), 109-136.

*b*13578   FEUILLET, A., *Études d'exégèse et de théologie biblique*, «De fundamento mariologiae in prophetiis messianicis Veteris Testamenti» (1975), 205-221.

*b*13579   COLOMBO, D., *Maria nelle attese d'Israele* (Fons Signatus, 24) (Pallanza, Centro Mariano Chaminade, 1979), 155 pp.

d) Nouveau Testament. New Testament. Neues Testament. Nuovo Testamento. Nuevo Testamento.

1. Études générales. General Studies. Allgemeine Studien. Studi generali. Estudios generales.

*b*13580   DIAZ, J., «El Evangelio de María», CuBi 11 (1954) 193-197.

*b*13581   GONZALO MAESO, D., «Exégesis lingüística del Avemaría», CuBi 11 (1954) 302-319.

*b*13582   GRABER, R., «Maria als neue Schöpfung», BiKi 8/3 (1953) 4-14.

*b*13583   MICHL, J., «Die Jungfrauengeburt im Neuen Testament», dans *Jungfrauengeburt gestern und heute* (en collab.) (1969), 145-184.

*b*13584   MÜLLER, A., «Marias Stellung und Mitwirkung im Christusereignis», dans *Mysterium Salutis* (en collab.) (1969), III.2, 393-504.

*b*13585   SÖLL, G., «Die Anfänge mariologischer Tradition», dans *Kirche und Überlieferung* (en collab.) (1960), 35-51.

*b*13586   MARTINELLI, A., *Maria, la chiesa, la donna et la gioia messianica* (Teologia viva, 2) (Bologna, Edizioni Francescane, 1975), 142 pp.

*b*13587   McHUGH, J., *The Mother of Jesus in the New Testament* (Garden City, NY, Doubleday, 1975), xlviii-510 pp.

*b*13588   ARNOLD, J., «Marie, Mère de Dieu et des femmes. Étude d'une suite d'images», Conci no 111 (1976) 51-62.

*b*13589   BAGATTI, P., «La morte e sepoltura di Maria secondo i nuovi dati», dans *Il fine ultimo dell'uomo secondo la S. Scrittura...* (en collab.) (1977), 261-265.

*b*13590   DIP, G., «María en el Nuevo Testamento», CuBi 34 (1977) 83-98.

*b*13591   En collaboration, *Mary in the New Testament* (1978), xii-323 pp.

*b*13592   MEINHOLD, P., *Maria in der Ökumene*. Die Mutter Jesu im Neuen Testament (Institut für europäische Geschichte, Mainz Vorträge, 72) (Wiesbaden, Franz Steiner, 1978), 45 pp.

*b*13593   MIGUENS, M., *Mary 'The Servant of the Lord'*. An Ecumenical Proposal (Boston, Daughters of St. Paul, 1978), 196 pp.

*b*13594   RUETHER, R.R., *Mary - The Feminine Face of the Church* (London, SCM Press, 1979), 80 pp.

*b*13595   BEARSLEY, P.J., «Mary the Perfect Disciple: A Paradigm for Mariology», TS 41 (1980) 461-504.

*b*13596   BRANICK, V.P. (Ed.), *Mary, the Spirit and the Church* (Ramsey, NJ, Paulist, 1980), vii-110 pp.

*b*13597   OUELLE, C., «María, La Esclava», BibFe 6 (1980) 172-183.

*b*13598   SAENZ GALACHE, M., «María, La Doncella», BibFe 6 (1980) 156-171.

*b*13599   VILLAR, E., «María, La Privilegiada. El debate mariológico en la tradición cristiana», BibFe 6 (1980) 141-155.

*b*13600   WANSBROUGH, H., «The Lowliness of Mary», Way 20 (1980) 176-183.

*b*13601   GEORGE, A., *Marie dans le Nouveau Testament* (Coll. 'Voici ta Mère') (Paris, Desclée de Brouwer - Cahiers marials, 1981), 154 pp.

*b*13602   En collaboration, *María en el Nuevo Testamento* (Salamanca, Ed. Sigueme, 1982), 299 pp.

*b*13603   MAHONEY, R., «Die Mutter Jesu im Neuen Testament», dans *Die Frau im Urchristentum* (en collab.) (1983), 92-116.

*b*13604   McKENZIE, J., «La Mère de Jésus dans le Nouveau Testament», Conci n° 188 (1983) 25-38.

*b*13605   PALAZZINI, P., «La regalità di Maria», Div 27 (1983) 3-8.

2. Évangiles synoptiques. Synoptic Gospels. Synoptische Evangelien.
   Vangeli sinottici. Evangelios sinópticos.

*b*13606   En collaboration, *Mary in the New Testament* (1978), «Mary in the Gospel of Mark», 51-72; «Mary in the Gospel of Matthew», 73-103; «Mary in the Gospel of Luke and the Acts of the Apostles», 105-177.

*b*13607   GEORGE, A., «La mère de Jésus» (1978), dans *Études sur l'oeuvre de Luc* (1978), 429-464.

*b*13608   MUÑOZ IGLESIAS, S., «La concepción virginal de Cristo en los Evangelios de la infancia», EstB 37 (1978) 5-28.

*b*13609   DUBARLE, A.-M., «La conception virginale et la citation d'Is., VII,14 dans l'Évangile de Matthieu», RB 85 (1979) 362-380.

*b*13610   PÉTRIN, J., *Le sens de l'oeuvre de saint Luc et le mystère marial* (Ottawa, Séminaire Saint-Paul, Éditions de l'Université d'Ottawa, 1979), 107 pp.

*b*13611   SALGUERO, J., «María, la 'Sierva del Señor' (Lc 1,38)», dans *Servidor de la Palabra* (en collab.) (1979), 369-396.

*b*13612   QUÉRÉ, F., *Les femmes de l'Évangile* (Paris, Seuil, 1982), 190 pp.

3. Jean. John. Johannes. Giovanni. Juan.

*b*13613   QUIÉVREUX, F., «La maternité spirituelle de la mère de Jésus dans l'Évangile de saint Jean», VC n° 21 (1952) 15-38.

*b*13614   BROWN, R.E., «The 'Mother of Jesus' in the Fourth Gospel», dans *L'Évangile de Jean* (en collab.) (1977), 307-310.

*b*13615   COLOMBO, D., *La Donna nella Bibbia.* Maria nel Vangelo e nell'Apocalisse di S. Giovanni (Fons Signatus 17, 20) (Pallanza, Centro Mariano Chaminade, 1977), 142 pp.

*b*13616   WULF, F., «Das marianische Geheimnis der Kirche im Licht des Johannesevangeliums», GeistL 50 (1977) 326-334.

*b*13617   En collaboration, *Mary in the New Testament*, «The Mother of Jesus in the Gospel of John» (1978), 179-218.

*b*13618   DE LA POTTERIE, I., «La madre di Gesù e il mistero di Cana», CC 4 (1979) 425-440.

*b*13619   ALFARO, J., «The Mariology of the Fourth Gospel: Mary and the Struggles for liberation», BTB 10 (1980) 3-16.

*b*13620   TOUS, L., «María y la Iglesia. La madre de Jesús en el IV evangelio», BibFe 6 (1980) 226-234.

*b*13621   DE LA POTTERIE, I., «Mary and the mystery of Cana», TDig 29 (1981) 40-42.

4. Actes des apôtres. Acts of the Apostles. Apostelgeschichte. Atti degli apostoli. Hechos de los apóstoles.

*b*13622   En collaboration *Mary in the New Testament*, «Mary in the Gospel of Luke and the Acts of the Apostles» (1978), 105-177.

*b*13623   PIKAZA, X., *María y el Espíritu Santo* (Hech. 1,14). Apuntes para una mariología pneumatológica (Salamanca, Secretariado Trinitario, 1981), 83 pp.

5. Paul. Paulus. Paolo. Pablo.

*b*13624 RICHARD, J., «Conçu du Saint-Esprit, né de la Vierge Marie», ET 10 (1979) 291-321.

*b*13625 VANHOYE, A., «Mary in Galatians 4:4», TDig 28 (1980) 257-259.

e) Apocryphes. Apocrypha. Apokryphen. Apocrifi. Apócrifos.

*b*13626 TURRADO, L., «María en los Evangelios apócrifos», CuBi 11 (1954) 380-390.

*b*13627 SÖLL, G., «Haben das Heidentum und die Apokryphen die Marienverehrung illegitim beeinflusst?» dans *Jungfrauengeburt gestern und heute* (en collab.) (1969), 25-33.

*b*13628 BUCK, F., «Are the 'Ascension of Isaiah' and the 'Odes of Salomon' Witnesses to an Early Cult of Mary?» dans *De Primordiis cultus mariani* (en collab.) (1970), IV, 371-399.

*b*13629 CIGNELLI, L., «Il prototipo giudeo-cristiano degli apocrifi assunzionisti», dans *Studia Hierosolymitana (Bagatti)* (en collab.) (1976), II, 259-277.

f) Conception immaculée. Immaculate Conception. Unbefleckte Empfängnis. Concezione immaculata. Concepción inmaculada.

*b*13630 BUONAIUTI, E., «Die Heilige Maria Immaculata in der christlichen Überlieferung», ErJb 1938 6 (1939) 364-402.

g) Maternité. Maternity. Mutterschaft. Maternità. Maternidad.

*b*13631 CASPER, J., «Die Gottesmutter Maria», BiLit 14 (1939-40) 111-115.

*b*13632 HERNANDEZ, J.F., «La maternidad divina de María», CuBi 12 (1955) 147-152.

*b*13633 BACHL, G., «Veneration of the Mother of Jesus», TDig 26 (1978) 54-56.

*b*13634 SALAS, A., «María, La Madre», BibFe 6 (1980) 184-204.

*b*13635 WITT, R.E., «The Myth of God's Mother Incarnate», dans *Studia Biblica 1978* (en collab.) (1980), III, 447-452.

h) Virginité. Virginity. Jungfräulichkeit. Verginità. Virginidad.

*b*13636 BUONAIUTI, E., «Maria und die jungfräuliche Geburt Jesu», ErJb 1938 6 (1939) 325-363.

*b*13637 BALAGUE, M., «La virginidad de María», CuBi 11 (1954) 281-292.

*b*13638 BRODMANN, B., «Mariens Jungfräulichkeit», BiKi 10 (1955) 98-110.

*b*13639 HERNANDEZ, J.F., «La virginidad de María», CuBi 13 (1956) 72-83.

*b*13640 WILKINSON, J., «Apologetic Aspects of the Virgin Birth of Jesus Christ», SJTh 17 (1964) 159-181.

*b*13641 DÖRING, H., «Jungfrauengeburt in neuer Sicht?» dans *Jungfrauengeburt gestern und heute* (en collab.) (1969), 89-108.

*b*13642 KÖSTER, H.M., «Die Jungfrauengeburt als theologisches Problem seit David Friedrich Strauss», dans *Jungfrauengeburt gestern und heute* (en collab.) (1969), 35-87.

*b*13643 MICHL, J., «Die Jungfrauengeburt im Neuen Testament», dans *Jungfrauengeburt gestern und heute* (en collab.) (1969), 145-184.

*b*13644 SCHMAUS, M., «Dogmatik und Exegese zur Jungfrauengeburt», dans *Jungfrauengeburt gestern und heute* (en collab.) (1969), 215-233.

*b*13645 WEISER, A., «Überblick über den Verlauf der Diskussion», dans *Jungfrauengeburt gestern und heute* (en collab.) (1969), 205-213.

*b*13646 BROWN, R.E., *The Virginal Conception and Bodily Resurrection of Jesus*, «The Problem of the Virginal Conception of Jesus» (1973), 21-68.

*b*13647   MIGUENS, M., «La virginidad de María. El silencio del Nuevo Testamento», EstB 33 (1974) 245-264, 357-381.

*b*13648   MIGUENS, M., *The Virgin Birth*. An Evaluation of Scriptural Evidence (Westminster, MD, Christian Classics, 1975), iv-169 pp.

*b*13649   PORTELA, C., «La Virgen María», CuBi 33 (1976), 43-64.

*b*13650   DICKINSON, H.G., «Jesus Christ (2): The Virgin Birth», ExpTim 88 (1977) 303-304.

*b*13651   SCHEFFCZYK, L., «Exegese und Dogmatik zur *virginitas post partum*», MüTZ 28 (1977) 291-301.

*b*13652   BAGATTI, B., «L'apporto degli scavi di Terra Santa alla conoscenza di Maria», Sal 40 (1978) 151-156.

*b*13653   WINANDY, J., «La conception virginale dans le Nouveau Testament», NRT 100 (1978) 706-719.

*b*13654   WULF, F., «The Marian mystery in John's Gospel», TDig 26 (1978) 243-245.

*b*13655   CHARLIER, J.-P., «Du berceau au tombeau», VS 133 (1979) 8-25, 172-191.

*b*13656   GALOT, J., «Maria e il mistero del Cristo. Il ruolo della donna nell'opera della salvezza», CC 2 (1979) 220-231.

*b*13657   LOHFINK, G., «Gehört die Jungfrauengeburt zur biblischen Heilsbotschaft?» TQ 159 (1979) 304-306.

*b*13658   RIEDLINGER, H., «Zum gegenwärtigen Verständnis der Geburt Jesu aus der Jungfrau Maria», TGl 69 (1979) 22-61.

*b*13659   SALAS, A., «María, La Virgen», BibFe 6 (1980) 205-225.

*b*13660   SUDBRACK, J., «Dasein im Hören auf Gott - Über die Unbefleckte Empfängnis Marias», GeistL 53 (1980) 146-149.

*b*13661   VAN ESBROECK, M., «Les textes littéraires sur l'Assomption avant le Xe siècle», dans *Les Actes apocryphes des apôtres* (en collab.) (1981), 265-285.

*b*13662   WINANDY, J., «Note complémentaire sur la conception virginale dans le Nouveau Testament», NRT 104 (1982) 425-431.

Martyre. Martyr. Martyrium. Martirio.

*b*13663   GIET, S., «L'origine du nom de martyr», dans En collaboration, *Mélanges en l'honneur de Monseigneur Michel Andrieu* (*Revue des Sciences Religieuses*, volume hors série) (Strasbourg, Palais Universitaire, 1956), 181-187.

*b*13664   FLUSSER, D., «Martyrdom in Second Temple Judaism and in Early Christianity», Immanuel 1 (1972) 37-38.

*b*13665   WILLIAMS, S.K., *Jesus' Death as Saving Event* (1975), «Traditions of the Maccabean Martyrs from Daniel to II Maccabees and Josephus», 59-90; «The Death of the Martyrs in IV Maccabees», 165-202.

*b*13666   GNILKA, J., «Martyriumsparänese und Sühnetod in synoptischen und jüdischen Traditionen», dans *Die Kirche des Anfangs* (en collab.) (1978), 223-246.

*b*13667   KELLERMANN, U., *Auferstanden in dem Himmel*. 2 Makkabäer 7 und die Auferstehung der Märtyrer (SBS 95) (Stuttgart, Katholisches Bibelwerk, 1979), 156 pp.

*b*13668   LAMPE, G.W.H., «Martyrdom and inspiration», dans *Suffering and Martyrdom in the New Testament* (en collab.) (1981), 118-135.

*b*13669   LASH, N., «What might martyrdom mean?» dans *Suffering and Martyrdom in the New Testament* (en collab.) (1981), 183-198.

*b*13670   MORARD, F., «Souffrance et martyre dans les Actes apocryphes», dans *Les Actes apocryphes des apôtres* (en collab.) (1981), 95-108.

*b*13671 AMARU, B.H., «The Killing of the Prophets: Unraveling a Midrash», HUCA 54 (1983) 153-180.

*b*13672 TALBERT, C.H., «Martyrdom in Luke-Acts and the Lukan Social Ethics», dans *Political Issues in Luke-Acts* (en collab.) (1983), 99-110.

Maternité. Maternity. Mutterschaft. Maternità. Maternidad.

*b*13673 PLAUTZ, W., «Zur Frage des Mutterrechts im Alten Testament», ZAW 74 (1962) 9-30.

Médiation. Mediation. Mittlerschaft. Mediazione. Mediación.

*b*13674 MARTIN-ACHARD, R., «Moïse, figure du médiateur, selon l'Ancien Testament», dans *La figure de Moïse* (en collab.) (1978), 9-30.

*b*13675 THORNTON, M., «Spirituality in the Modern World. II. Meditation and Modern Biblical Studies», ExpTim 89 (1978) 164-167.

Melchisédech. Melchizedech. Melchisedecche. Melquisedec.

*b*13676 PANIKKER, R., «Eine Betrachtung über Melchisedech», Kairos 1 (1959) 5-17.

*b*13677 GALBIATI, E., «L'episodio di Melchisedech nella struttura del cap. 14 della Genesi», dans *Miscellanea Carlo Figini* (en collab.) (Venegono Inferiore, La Scuola Cattolica, 1964), 3-10, dans *Scritti minori* (1979), 157-167.

*b*13678 SCHMID, H., «Melchisedek und Abraham, Zadok und David», Kairos 7 (1965) 148-151.

*b*13679 SEN, F., «Melkisedek», CuBi 24 (1967) 91-93.

*b*13680 HORTON, F.L., Jr., *The Melchizedek Tradition. A Critical Examination of the Sources to the Fifth Century A.D. and in the Epistle to the Hebrews* (SBTS 30) (Cambridge, Cambridge University Press, 1976), 192 pp.

*b*13681 SPICQ, C., «Melchisédech et l'Épître aux Hébreux. Le sacerdoce de la Nouvelle Alliance», EV 87 (1977) 206-208.

*b*13682 LONGENECKER, R., «The Melchizedek Argument of Hebrews: A Study in the Development and Circumstantial Expression of New Testament Thought», dans *Unity and Diversity in New Testament Theology* (en collab.) (1978), 161-185.

*b*13683 PETUCHOWSKI, J.J., *Melchisedech - Urgestalt der Ökumene* (Freiburg i. B., Herder, 1978), 111 pp.

*b*13684 RODRIGUEZ CARMONA, A., «La figura de Melquisedec en la literatura targúmica», EstB 37 (1978) 79-102.

*b*13685 GRYSON, R., «Melchisédech, type du Christ, selon saint Ambroise», RTL 10 (1979) 176-195.

*b*13686 PETUCHOWSKI, J.J., *Melchisedech. Urgestalt der Ökumene* (Freiburg, Herder, 1979), 111 pp.

*b*13687 READ, D.H.C., «Melchizedek - and the Quest for Peace», ExpTim 91 (1979) 14-15.

*b*13688 VANHOYE, A., *Prêtres anciens, prêtre nouveau selon le Nouveau Testament* (1980), «La figure de Melchisédek (He 7,1-10)», 171-182; «Le prêtre à la manière de Melchisédek (He 7,11-28)», 182-193.

*b*13689 KOBELSKI, P.J., *Melchizedek and Melchireša'* (CBQ Monograph Series, 10) (Washington, DC, Catholic Biblical Association, 1981), x-166 pp.

*b*13690 CAQUOT, A., «Le livre des Jubilés, Melkisedeq et les dîmes», dans *Essays in Honour of Yigael Yadin*, JJS 33 (1982) 257-264.

*b*13691   MARSHALL, J.L., «Melchizedek in Hebrews, Philo and Justin Martyr», dans *Studia Evangelica* (en collab.) (1982), VII, 339-342.

Mensonge. Lie. Lüge. Menzogna. Mentira.

*b*13692   OVERHOLT, T.W., *The Threat of Falsehood.* A Study in the Theology of the Book of Jeremiah (Studies in Biblical Theology, 2nd Series, 16) (London, SCM Press, 1970), 110 pp.

*b*13693   WALDMAN, N.M., «A Note on Excessive Speech and Falsehood», JQR 67 (1976) 142-145.

*b*13694   DE LA POTTERIE, I., *La vérité dans saint Jean*, «Le mensonge et la vérité» (1977), 906-954.

*b*13695   THOMAS, S.J., «'Menteur et homicide depuis l'origine'. Lecture de Jean, 8,44», CHR 27 (1980) 225-235.

Mer. Sea. Meer. Mare. Mar.

*b*13696   BLEEKER, C.J., «Quelques réflexions sur la signification religieuse de la mer», Numen 6 (1959) 234-240.

*b*13697   LOEWENSTAMM, S.E., «The Ugaritic Myth of the Sea and its Biblical Counterparts», ErIs 9 (1969) 96-101 (English summary).

*b*13698   LELIÈVRE, A., «YHWH et la Mer dans les Psaumes», RHPR 56 (1976) 253-275.

*b*13699   FANTAR, M., *Le dieu de la mer chez les Phéniciens et les Puniques* (Pubblicazioni del Centro di Studio per la Civiltà Fenicia e Punica, 16; Studi Semitici, 48) (Roma, Consiglio Nazionale delle Ricerche, 1977), 131 pp.

*b*13700   LUBETSKI, M., «New Light on Old Seas», JQR 68 (1977) 65-77.

*b*13701   FOLLIS, E.R., «Israel and the Sea», dans *Society of Biblical Literature. 1978 Seminar Papers* (en collab.) (1978), I, 407-415.

*b*13702   COATS, G.W., «The Sea Tradition in the Wilderness Theme: A review», JSOT n° 12 (1979) 2-8.

*b*13703   WIFALL, W., «The Sea of Reeds as Sheol», ZAW 92 (1980) 325-332.

*b*13704   WALDMAN, N.M., «The wealth of mountain and sea: the background of a biblical image», JQR 71 (1981) 176-180.

*b*13705   STRÖMBERG KRANTZ, E., *Der Schiffes Weg mitten im Meer.* Beitrage zur Erforschung der nautischen Terminologie des Alten Testaments (Conjectanea Biblica. Old Testament Series, 19) (Lund, CWK Gleerup, 1982), 225 pp.

*b*13706   BATTO, B.F., «The Reed Sea: *Requiescat in Pace*», JBL 102 (1983) 27-35.

Mérite. Merit. Verdienst. Merito.

*b*13707   SANDERS, E.P., *Paul and Palestinian Judaism* (1977), «Obedience and disobedience, reward and punishment», 107-125; «Reward and punishment and the world to come», 125-147.

*b*13708   McDONALD, J.I.H., «The Concept of Reward in the Teaching of Jesus», ExpTim 89 (1977-78) 269-273.

Messianisme. Messianism. Messianismus. Messianismo. Mesianismo.

a) Études générales. General Studies. Allgemeine Studien. Studi generali. Estudios generales.

*b*13709 ROTH, C., «Messianic Symbols in Palestinian Archaeology», PEQ 87 (1955) 151-164.

*b*13710 BALAGUE, M., «La esperanza mesiánica», CuBi 16 (1959) 65-75.

*b*13711 SINT, J., «Messianologie», dans *Bibel und Zeitgemässer Glaube* (en collab.) (1967), 208-228.

*b*13712 ZANDEE, J., «Le Messie. Conceptions de la royauté dans les religions du Proche-Orient ancien», RHR 180 (1971) 3-28.

*b*13713 SCHROEDER, R., *Le messie de la Bible*. Sa divinité selon les Écritures (Braine-l'Alleud, Belgique, Éditeurs de littérature Biblique, 1974), 144 pp.

*b*13714 ALONSO DIAZ, J., «El Mesías y la realización de la justicia escatológica», Salm 23 (1976) 61-84.

*b*13715 GESE, H., *Zur biblischen Theologie*, «Der Messias» (1977), 128-151.

*b*13716 LAPOINTE, R., «La métaphore messianique», SE 29 (1977) 179-193.

*b*13717 CAZELLES, H., «Biblical Messianism», dans *Studia Biblica 1978. I. Papers on Old Testament* (en collab.) (1979), 49-58.

b) Judaïsme. Judaism. Judentum. Giudaismo. Judaísmo.

1. Études générales. General Studies. Allgemeine Studien. Studi generali. Estudios generales.

*b*13718 BEASLEY-MURRAY, G.R., «The Two Messiahs in the Testament of the Twelve Patriarchs», JTS 48 (1947) 1-12.

*b*13719 RUSSELL, D.S., *Between the Testaments*, «The Messiah and the Son of Man» (1960), 119-142.

*b*13720 SCHOLEM, G., «Zum Verständnis der messianischen Idee im Judentum», ErJb 1959 28 (1960) 193-239.

*b*13721 SCHUBERT, K., «'Einmal aber wird der Schlier weggenommen' (2 Kor 3,16). Die messianischen Erwartungen im Judentum», BiKi 17 (1962) 50-53.

*b*13722 SCHOLEM, G., «Die Krise der Tradition im jüdischen Messianismus», ErJb 1968 37 (1970) 9-44.

*b*13723 AMIR, Y., «The Messianic Idea in Hellenistic Judaism», Immanuel 2 (1973) 58-60.

*b*13724 LEVEY, S.H., *The Messiah*. An Aramaic Interpretation. The Messianic Exegesis of the Targum (Monographs of the Hebrew Union College, 2) (Cincinnati, Hebrew Union College Jewish Institute of Religion, 1974), xxi-180 pp.

*b*13725 DEXINGER, F., «Ein 'Messianisches Szenarium' als Gemeingut des Judentums in nachherodianischer Zeit?» Kairos 17 (1975) 249-278.

*b*13726 WACHOLDER, B.Z., «Chronomessianism: The Timing of Messianic Movements and the Calendar of Sabbatical Cycles», HUCA 46 (1975) 201-218.

*b*13727 WÄCHTER, L., «Jüdischer und christlicher Messianismus», Kairos 18 (1976) 119-134.

*b*13728 HULTGÅRD, A., *L'eschatologie des Testaments des Douze Patriarches*, «Le messie» (1977), I, 203-230.

*b*13729 FRANKEMÖLLE, H., «Jüdische Messiaserwartung und christlicher Messiasglaube», Kairos 20 (1978) 97-109.

*b*13730 WILCOX, M., «The Promise of the 'Seed' in the New Testament and the Targumim», JSNT nᵒ 5 (1979) 2-20.

*b*13731 BROOKE, G.J., «The Amos-Numbers Midrash (CD 7 13b-8 1a) and Messianic Expectation», ZAW 92 (1980) 397-403.

*b*13732 FRANKEMÖLLE, H., «Jewish and Christian messianism», TDig 28 (1980) 233-236.

*b*13733 HULTGÅRD, A., «The Ideal 'Levite', the Davidic Messiah, and the Saviour Priest in the Testaments of the Twelve Patriarchs», dans *Ideal Figures in Ancient Judaism* (en collab.) (1980), 93-110.

*b*13734 WURZ, H., «Die Messiashoffnung zwischen Alten und Neuen Testament», BiLit 53 (1980) 140-146.

*b*13735 BOWMAN, S., «Messianic Expectations in the Peloponnesos», HUCA 52 (1981) 195-202.

*b*13736 HORBURY, W., «Suffering and messianism in Yose ben Yose», dans *Suffering and Martyrdom in the New Testament* (en collab.) (1981), 143-182.

*b*13737 PEREZ FERNANDEZ, M., *Tradiciones Mesiánicas en el Targum Palestinense.* Estudios exegéticos (Valencia-Jerusalem, Institución San Jerónimo, 1981), 359 pp.

*b*13738 PETUCHOWSKI, J., «Die messianische Dialektik im Judentum», Kairos 23 (1981) 66-74.

*b*13739 LEIVESTAD, R., «Jesus - Messias - Menschensohn. Die jüdischen Heilandserwartungen zur Zeit der ersten römischen Kaiser und die Frage nach dem messianischen Selbsbewusstsein Jesu», dans *Aufstieg und Niedergang der römischen Welt*, II. *Principat* (en collab.) (1982), 25. Band, 1. Halbband, 220-264.

*b*13740 POLISH, D.F., «Contemporary Jewish Attitudes to Mission and Conversion», dans *Christian Mission - Jewish Mission* (en collab.) (1982), 147-169.

*b*13741 TAUBES, J., «The Price of Messianism», dans *Essays in Honour of Yigael Yadin*, JJS 33 (1982) 595-600.

*b*13742 ABÉCASSIS, A.«Projet hébraïque et attente juive»,dans En collaboration, *Le retour du Christ* (Publications des Facultés universitaires Saint-Louis, 31) (Bruxelles, Facultés universitaires Saint-Louis, 1983), 31-59.

*b*13743 HENGEL, M.,«Messianische Hoffnung und politischer'Radikalismus' in der 'jüdisch-hellenistischen Diaspora'», dans *Apocalypticism in the Mediterranean World and the Near East* (en collab.) (1983), 655-686.

2. Qumrân.

*b*13744 SILBERMAN, L.H., «The two 'Messiahs' of the Manual of Discipline», VT 5 (1955) 77-82.

*b*13745 CELADA, B., «En Qumán esperaban do Mesías», CuBi 23 (1966) 282-285.

*b*13746 SEN, F., «Los Mesías de Qumrán. Testos mesiánicos», CuBi 29 (1972) 158-167.

*b*13747 ADINOLFI, M., «Sul messianismo sacerdotale», BibOr 19 (1977) 101-111.

*b*13748 HULTGÅRD, A., *L'eschatologie des Testaments des Douze Patriarches*, «Le prêtre-sauveur et les figures messianiques des textes esséniens de Qumran» (1977), I, 304-310.

*b*13749 CAQUOT, A., «Le messianisme qumrânien», dans *Qumrân. Sa piété, sa théologie et son milieu* (en collab.) (1978), 231-247.

*b*13750 SCHWARTZ, D.R., «The Messianic Departure from Judah (4 Q Patriarchal Blessings)», TZ 37 (1981) 257-266.

c) Ancien Testament. Old Testament. Altes Testament. Antico Testamento. Antiguo Testamento.

1. Études générales. General Studies. Allgemeine Studien. Studi generali. Estudios generales.

*b*13751 GRILL, S., «Messianische Weissagungen und Vorbilder», BiLit 9 (1934-35) 135-139.

*b*13752 PIDOUX, G., «L'espérance messianique d'Israël», ETR 27, n° 3 (1952) 65-74.

b13753 SCHILLING, O., «'... wider Gott und seinen Gesalbten.' Davidssohn - Gottessohn - Heilsbringer», BiLeb 2 (1961) 261-277.

b13754 GROSS, H., «'Ein Zepter wird sich erheben aus Israel' (Num 24,17). Die messianische Hoffnung im Alten Testament», BiKi 17 (1962) 34-37.

b13755 SCHULZ, S., *Die Stunde der Botschaft*, «Die Schrifterfüllung in der Geschichte des Messias» (1967), 164-173.

b13756 LIPINSKI, E., «Études sur des textes 'messianiques' de l'Ancien Testament», Sem. 20 (1970) 41-57.

b13757 ALONSO DIAZ, J., «La esperanza davidico-mesiánica a partir de la crisis del destierro», CuBi 28 (1971) 72-85.

b13758 YELLE, V., «Les titres de Dieu et du Messie dans l'Ancien Testament», dans *¿Jésus?* (en collab.) (1974), 147-157.

b13759 BRIGHT, J., *Covenant and Promise* (London, SCM Press, 1976), 207 pp.

b13760 GARCIA CORDERO, M., «Del mesianismo a la escatología en el A.T.», Salm 23 (1976) 15-59.

b13761 MARTINELLI, A., *Lo Spirito di Dio e la gioia nell'Antico Testamento* (Teologia viva, 1) (Bologna, Edizioni Francescane, 1976), «Lo spirito di Dio e la gioia nell'era messianica», 51-96.

b13762 BECKER, J., *Messiaserwartung im Alten Testament* (SBS 83) (Stuttgart, Katholisches Bibelwerk, 1977), 94 pp.

b13763 CAZELLES, H., *Le Messie de la Bible*. Christologie de l'Ancien Testament (Jésus et Jésus-Christ, 7) (Paris, Tournai, Desclée, 1978), 240 pp.

b13764 LANG, B., «Messias und Messiaserwartung im alten Israel», BiKi 33 (1978) 110-115.

b13765 CHARLIER, C., *Le christianisme*, «Le témoignage de l'Ancien Testament: l'enracinement juif» (1979), I, 121-138.

b13766 MONSENGWO-PASINYA, L., «Deux textes messianiques de la Septante: Gn 49,10 et Ez 21,32», Bibl 61 (1980) 357-376.

b13767 WURZ, H., «Die Messiashoffnung des Alten Testaments», BiLit 53 (1980) 88-93.

b13768 REDFORD, J., «The Messiah and the Meaning of Scripture», SB 12 (1982) 62-67.

b13769 RUNNALLS, D., «The King as Temple Builder: A Messianic Typology», dans *Spirit Within Structure* (en collab.) (1983), 15-37.

2. Prophètes. Prophets. Propheten. Profeti. Profetas.

b13770 CAQUOT, A., «Le messianisme d'Ézéchiel», Sem. 14 (1964) 5-23.

b13771 WILDBERGER, H., «Die Thronnamen des Messias, Jes. 9,5b», TZ 16 (1960) 314-332, dans *Jahwe und sein Volk* (1979), 56-74.

b13772 FEUILLET, A., *Études d'exégèse et de théologie biblique*, «Le messianisme du livre d'Isaïe. Ses rapports avec l'histoire et les traditions d'Israël» (1975), 223-259.

b13773 WILDBERGER, H., «Das Freundenmahl auf dem Zion. Erwägungen zu Jes 25,6-8», TZ 33 (1977) 373-383, dans *Jahwe und sein Volk* (1979), 274-284.

b13774 BECKWITH, R.T., «Daniel 9 and the Date of Messiah's Coming in Essene, Hellenistic, Pharisaic, Zealot and Early Christian Computation», RQum 10 (1981) 521-542.

b13775 SICRE, J.L., «La actitud del profeta Oseas ante la monarquía y el mesianismo», *Miscelánea Comillas* 41 (1983) 101-110.

3. Psaumes. Psalms. Psalmen. Salmi. Salmos.

b13776 RUSSELL, S.H., «Calvin and the Messianic Interpretation of the Psalms», SJTh 21 (1968) 37-47.

4. Autres livres A.T. - Other Books O.T. - Andere Bücher A.T.
  Altri libri A.T. - Otros libros A.T.

*b*13777   CAQUOT, A., «Ben Sira et le messianisme», Sem. 16 (1966) 43-68.

*b*13778   GALBIATI, E., «Il messianismo nel libro di Tobia», dans *Il Messianismo*. Atti della
             XVIII Settimana Biblica (en collab.) (Brescia, Paideia, 1966), 193-203, dans *Scritti
             minori* (1979), 287-298.

d) Nouveau Testament. New Testament. Neues Testament. Nuovo Testamento. Nuevo Testamento.

1. Études générales. General Studies. Allgemeine Studien. Studi generali. Estudios generales.

*b*13779   HICKS, R.L., «Messiah, Second Moses, Son of Man», AThR 33 (1951) 24-29.

*b*13780   BURROWS, M., «The Messiahs of Aaron and Israel», AThR 34 (1952) 202-206.

*b*13781   HAHN, F., *Christologische Hoheitstitel*, «Christos» (1963), 133-225.

*b*13782   SCHELKLE, K.H., «'Was ihr nicht kennt, das verkünde euch' (Apg 17,23). Die
             Botschaft vom Messias vor den Heiden», BiKi 17 (1962) 47-49.

*b*13783   SCHULZ, S., *Die Stunde der Botschaft*, «Die Schrifterfüllung in der Geschichte des
             Messias» (1969), 164-173.

*b*13784   DUQUOC, C., *Christologie*. Essai dogmatique (Paris, Cerf, 1972), «Messianisme», II,
             354 pp.

*b*13785   BASTIN, M., *Jésus devant sa passion* (Lectio Divina, 92) (Paris, Cerf, 1976), 188 pp.

*b*13786   DIEZ MACHO, A., *El Mesías annunciado y esperado*. Perfil humano de Jesús (Santiago
             Apóstol, 2) (Madrid, Fe Católica, 1976), 115 pp.

*b*13787   WÄCHTER, L., «Jüdischer und christlicher Messianismus», Kairos 18 (1976) 119-134.

*b*13788   FRANKEMÖLLE, H., «Jüdische Messiaserwartung und christlicher Messiasglaube»,
             Kairos 20 (1978) 97-109.

*b*13789   ALONSO DIAZ, J., «El fracaso o la esperanza fallida del 'Reino' (tal como lo esperaban)
             y su repercusión en el cristianismo», EstE 54 (1979) 471-497.

*b*13790   RUPPERT, L., «Das Skandalon eines gekreuzigten Messias und seine Überwindung mit
             Hilfe der geprägten Vorstellung vom leidenden Gerechten», dans *Kirche und Bibel* (en
             collab.) (1979), 319-341.

*b*13791   WILCOX, M., «The Promise of the 'Seed' in the New Testament and the Targumim»,
             JSNT n° 5 (1979) 2-20.

*b*13792   HÜBNER, H., «Der 'Messias Israels' und der Christus des Neuen Testaments», KerDo
             27 (1981) 217-240.

*b*13793   MUSSNER, F., «Der Messias Jesus», SNTU 6/7 (1981-82) 5-19.

2. Évangiles synoptiques. Synoptic Gospels. Synoptische Evangelien.
  Vangeli sinottici. Evangelios sinópticos.

*b*13794   FRIEDRICH, G., «Beobachtungen zur messianischen Hohepriestererwartung in den
             Synoptikern», ZTK 53 (1956) 265-311, dans *Auf das Wort kommt es an* (1978), 56-102.

*b*13795   DE LA POTTERIE, I., «La confessione messianica di Pietro in Marco 8,27-33», dans
             San Pietro (en collab.) (1967), 59-77.

*b*13796   GNILKA, J., «'Für wen halten die Leute des Menschen Sohn?' (Mt 16,13). Die
             Messiaserwartungen zur Zeit Jesu», BiKi 17 (1962) 38-41.

*b*13797   MOULE, C.F.D., «On Defining the Messianic Secret in Mark», dans *Jesus und Paulus*
             (en collab.) (1975), 239-252.

*b*13798   ALEMANY BRIZ, J.J., «Mesianismo sufriente de Jesús en el evangelio de Mateo», CuBi
             33 (1976) 3-19.

*b*13799 RÄISÄNEN, H., *Das 'Messiasgeheimnis' im Markusevangelium*. Ein redaktionskritischer Versuch (Schriften der Finnischen Exegetischen Gesellschaft, 28) (Helsinki, Finnish Exegetical Society, 1976), 192 pp.

*b*13800 JUEL, D., *Messiah and Temple*. The Trial of Jesus in the Gospel of Mark (SBL Dissertation Series, 31) (Missoula, Scholars Press, 1977), 223 pp.

*b*13801 KILGALLEN, J.J., «The Messianic Secret and Mark's Purpose», BTB 7 (1977) 60-65.

*b*13802 BRUCE, F.F., «The Davidic Messiah in Luke-Acts», dans *Biblical and Near Eastern Studies* (LaSor) (en collab.) (1978), 7-17.

*b*13803 COUTTS, J., «The Messianic Secret and the Enemies of Jesus», dans *Studia Biblica 1978. II. Papers on the Gospels* (en collab.) (1980), 37-46.

*b*13804 LAMARCHE, P., «Marc et Matthieu: le secret messianique et la venue du Royaume», dans *Jésus aujourd'hui* (1980), III, 43-51.

*b*13805 POWLEY, B.G., «Vincent Taylor and the Messianic Secret in Mark's Gospel», dans *Studia Biblica 1978. II. Papers on the Gospels* (en collab.) (1980), 243-246.

*b*13806 BLEVINS, J.L., *The Messianic Secret in Markan Research, 1901-1976* (Washington, DC, University Press of America, 1981), iv-227 pp.

*b*13807 DUNN, J.D.G., «Le secret messianique chez Marc», Hok n° 18 (1981) 34-56.

*b*13808 POWLEY, B.G., «Revisiting Mark», SB 12 (1981) 40-45.

3. Apocalypse. Geheime Offenbarung. Apocalisse. Apocalipsis.

*b*13809 BEALE, G.K., «The Problem of the Man from the Sea in IV Ezra 13 and its Relation to the Messianic Concept in John's Apocalypse», NT 25 (1983) 182-188.

Millénarisme. Millenarium. Millenarismus. Millenarismo. Milenarismo.

*b*13810 BIETENHARD, H., «The Millennial Hope in the Early Church», SJTh 6 (1953) 12-30.

*b*13811 PRIGENT, P., «Le millénium dans l'apocalypse johannique», dans *L'Apocalyptique* (en collab.) (1977), 139-156.

Ministère. Ministry. Amt. Ministero. Ministerio.

a) Bibliographie. Bibliography. Bibliographie. Bibliografia. Bibliografía.

*b*13812 DUBUISSON, P., «Bulletin bibliographique sur les Ministères depuis le 1er janvier 1973», *Bulletin de Saint-Sulpice* (Paris), 1 (1975) 267-301.

*b*13813 TERRIEN, L.B., «Bulletin de bibliographie anglophone sur les ministères», *Bulletin de Saint-Sulpice* (Paris), 3 (1977) 278-298; 8 (1982) 254-271; 9 (1983) 230-245.

*b*13814 CHOPIN, C., «Bulletin bibliographique sur les ministères», *Bulletin de Saint-Sulpice* (Paris), 8 (1982) 272-305; 9 (1983) 247-279.

b) Études générales. General Studies. Allgemeine Studien. Studi generali. Estudios generales.

*b*13815 DE BACIOCCHI, J., «Ministère et médiation sacerdotale», VC n° 60 (1961) 378-389.

*b*13816 PFNÜR, V., «Kirche und Amt. Neuere Literatur zur ökumenischen Diskussion um die Amtsfrage», Catho, Beiheft 1, 1975, 32 pp.

*b*13817 SHELP, E.E., SUNDERLAND, R. (Eds.), *A Biblical Basis for Ministry* (Philadelphia, Westminster, 1981), 238 pp.

c) Judaïsme. Judaism. Judentum. Giudaismo. Judaísmo.

b13818   EMMINGHAUS, J.H., «Amtsverständnis und Amtsübertragung im Judentum und in der frühen Kirche des 1. Jahrhunderts», BiLit 50 (1977) 174-186.
b13819   EMMINGHAUS, J.M., «Office in Judaism and the first-century church», TDig 26 (1978) 247-251.

d) Ancien Testament. Old Testament. Altes Testament. Antico Testamento. Antiguo Testamento.

b13820   BRUSTON, É., «Le ministère d'intercession en Israël», ETR 9 (1934) 255-272.
b13821   AMSLER, S., «Les ministères de l'ancienne alliance: rois, prêtres et prophètes», VC nᵒ 71-72 (1964) 29-41.
b13822   VISCHER, W., «Les Modèles de notre ministère pastoral dans l'Ancien Testament», ETR 40 (1965) 233-254.
b13823   LABERGE, L., «Ministères et esprit dans les communautés postexiliques», ET 9 (1978) 379-411.
b13824   GAMBERONI, J., «'...denn sie sind eitel Wunder' (Sach 3,8). - Priesterliches Amt und Charisma an einer Wende des Alten Testamentes», TGl 70 (1980) 58-71.
b13825   CONGAR, Y., «Sur la trilogie Prophète-Roi-Prêtre», RSPT 67 (1983) 97-115.

e) Nouveau Testament. New Testament. Neues Testament. Nuovo Testamento. Nuevo Testamento.

1. Études générales. General Studies. Allgemeine Studien. Studi generali. Estudios generales.

b13826   BARNAUD, J., «Le ministère de la Parole dans l'Église primitive», ETR 21 (1946) 218-229.
b13827   CADIER, J., «Pasteurs et Anciens», ETR 21 (1946) 230-234.
b13828   LEENHARDT, H., «Presbytérat et pastorat», ETR 21 (1946) 235-245.
b13829   BEARE, F.W., «The Ministry in the New Testamemt Church», AThR 37 (1955) 3-19.
b13830   VON ALLMEN, J.-J., «La vie pastorale», VC nᵒ 40 (1956) 169-239.
b13831   BONNARD, P., «Le N.T. connaît-il la transmission d'une fonction apostolique?» VC nᵒ 58 (1961) 132-137.
b13832   HARLÉ, P.-A., «Sacerdoce et ministère dans le N.T.», VC nᵒ 60 (1961) 357-371.
b13833   LATTANZI, H., «De laicorum habitu ad hierarchiae munera in Novo Testamento», Div 6 (1962) 513-524.
b13834   FRIEDRICH, G., «Das Amt im Neuen Testament», Korrespondenzblatt des Pfarrervereins der Evang.-Luth. Kirche in Bayern 78 (1963) 1-6, dans Auf das Wort kommt es an (1978), 416-430.
b13835   MÜHLEN, H., «Das Pneuma Jesu und die Zeit, zur Theologie des Amtes», Catho 17 (1963) 249-276.
b13836   SISTI, A., «I ministri della parola», BibOr 5 (1963) 174-180.
b13837   RAMSEYER, J.-P., «La spécificité du ministère pastoral», VC nᵒ 71-72 (1964) 191-213.
b13838   KERTELGE, K., «Verkündigung und Amt im Neuen Testament», BiLeb 10 (1969) 189-198.
b13839   SCHIERSE, F.J., «Die 'Sache Jesu' - ein biblischer Begriff?» BiLeb 10 (1969) 300-306.
b13840   SAND, A., «Witwenstand und Ämterstrukturen in den urchristlichen Gemeinden», BiLeb 12 (1971) 186-197.
b13841   DUPUY, B.D., «Verschiedenheit der Dienstämter im Neuen Testament», dans Mysterium Salutis (en collab.) (1973), IV.2, 492-498.
b13842   LEMAIRE, A., «Les ministères dans la recherche néo-testamentaire. État de la question», MD nᵒ 115 (1973) 30-60.

*b*13843 THÜSING, W., «Dienstfunktion und Vollmacht kirchlicher Ämter nach dem Neuen Testament», BiLeb 14 (1973) 77-88.

*b*13844 PARRA, A., «Ministerios en el Nuevo Testamento», EXav 25 (1975) 5-18.

*b*13845 QUINN, J.D., «Ministry in the New Testament», dans *Biblical Studies in Contemporary Thought* (en collab.) (1975), 130-160.

*b*13846 ECHTERNACH, H., «Das Papsttum - evangelisch gesehen», Catho 30 (1976) 320-355.

*b*13847 GIAVINI, G., «Ministero e ministeri alla luce del Nuovo Testamento», ScuolC 104 (1976) 558-563.

*b*13848 MIGUENS, M., *Church Ministries in New Testament Times* (Arlington, VA, Christian Culture Press, 1976), xviii-221 pp.

*b*13849 EMMINGHAUS, J.H., «Amtsverständnis und Amtsübertragung im Judentum und in der frühen Kirche des 1. Jahrhunderts», BiLit 50 (1977) 174-186.

*b*13850 GRIFFE, É., «De l'Église des Apôtres à l'Église des presbytres», BLE 78 (1977) 81-102.

*b*13851 MÜHLSTEIGER, J., «Zum Verfassungsrecht der Frühkirche», ZKT 99 (1977) 129-155.

*b*13852 VÖGTLE, A., «Kirche und Amt im Werden», MüTZ 28 (1977) 158-179.

*b*13853 KERTELGE, K., «Offene Frage zum Thema 'Geistliches Amt' und das neutestamentliche Verständnis von der 'repraesentatio Christi'», dans *Die Kirche des Anfangs* (en collab.) (1978), 583-605.

*b*13854 LEENHARDT, F.-J., *L'Église* (1978), «Structure tripartite du ministère de Jésus», 27-35; «Le ministère des Douze», 36-42; «L'entrée de Césarée», 43-54.

*b*13855 VÖGTLE, A., «Exegetische Reflexionen zur Apostolizität des Amtes und zur Amtssukzession», dans *Die Kirche des Anfangs* (en collab.) (1978), 529-582.

*b*13856 GNILKA, J., «La relation entre la responsabilité communautaire et l'autorité ministérielle d'après le NT, en tenant compte spécialement du 'corpus paulinum'», dans *Paul de Tarse, apôtre de notre temps* (en collab.) (1979), 455-470.

*b*13857 HAHN, F., «Charisma und Amt. Die Diskussion über das kirchliche Amt im Licht der neutestamentlichen Charismenlehre», ZTK 76 (1979) 419-449.

*b*13858 HÄRING, H., «L'Esprit, instance de légitimation du ministère», Conci no 148 (1979) 101-113.

*b*13859 KILMARTIN, E.J., «Ministère et ordination dans l'Église chrétienne primitive», MD no 138 (1979) 49-92.

*b*13860 KOSCHORKE, K., «Eine neugefundene gnostische Gemeindeordnung. Zum Thema Geist und Amt im Frühen Christentum», ZTK 76 (1979) 30-60.

*b*13861 NEUMANN, M., FUNK, M.M., «Le partage de la foi en la Résurrection, fondement du ministère chrétien», LVit 34 (1979) 409-434.

*b*13862 BROWN, R.E., «*Episkopē* and *Episkopos*: The New Testament Evidence», TS 41 (1980) 322-338.

*b*13863 DASSMANN, E., «Amt und Autorität in frühchristlicher Zeit», IKZCommunio 9 (1980) 399-411.

*b*13864 DE HALLEUX, A., «Les ministères dans la *Didachè*», Ir 53 (1980) 5-29.

*b*13865 EDWARDS, P., «Shared Ministry», Way 20 (1980) 36-49.

*b*13866 ERNST, J., «Das Amt im Neuen Testament - Gestalt und Gehalt», TGl 70 (1980) 72-85.

*b*13867 O'TOOLE, R.F., «New Testament Reflections on Ministry», BTB 10 (1980) 140-148.

*b*13868 SCHILLEBEECKX, E., *Le ministère dans l'Église*. Service de présidence de la communauté de Jésus-Christ. Traduit du néerlandais par Michel Kesterman (Paris, Cerf, 1981), «L'histoire des communautés du Nouveau Testament», 17-60.

*b*13869 VANHOYE, A., «Le ministère dans l'Église. Réflexions à propos d'un ouvrage récent. 1. Les données du Nouveau Testament», NRT 104 (1982) 722-738.

*b*13870   BARRS, J., *Shepherds and Sheeps*. A Biblical View of Leading and Following (Downers Grove, IL, InterVarsity, 1983), 98 pp.

*b*13871   ROLLAND, P., «Le ministère pastoral, ambassade au nom du Christ», NRT 105 (1983) 161-178.

*b*13872   SCHLINK, E., *Ökumenische Dogmatik*, «Charisma und Amt» (1983), 591-625.

*b*13873   TRILLING, W., «Zum 'Amt' im Neuen Testament. Eine methodologische Besinnung», dans *Die Mitte des Neuen Testaments* (en collab.) (1983), 317-344.

2. Évangiles synoptiques. Synoptic Gospels. Synoptische Evangelien.
Vangeli sinottici. Evangelios sinópticos.

*b*13874   GEORGE, A., «Les ministères», dans DELORME, J. (Dir.), *Le ministère et les ministères selon le Nouveau Testament* (Paris, Seuil, 1974), «L'oeuvre de Luc: Actes et Évangiles», 207-240; dans GEORGE, A., *Études sur l'oeuvre de Luc* (1978), 369-394.

*b*13875   BOVON, F., *Luc le théologien*, «Les ministères et la discipline» (1978), 379-403.

*b*13876   DUMAIS, M., «Ministères, charismes et Esprit dans l'oeuvre de Luc», ET 9 (1978) 413-453, dans *L'actualisation du Nouveau Testament* (Lectio Divina, 107) (Paris, Cerf, 1981), 97-140.

3. Actes des apôtres. Acts of the Apostles. Apostelgeschichte. Atti degli apostoli. Hechos de los apóstoles.

*b*13877   MAISCH, I., «Dienst am Wort und für die Tische. Vier Worte aus der Apostelgeschichte zum kirchlichen Dienst», BiLeb 10 (1969) 83-87.

*b*13878   GEORGE, A., «Les ministères», dans DELORME, J. (Dir.), *Le ministère et les ministères selon le Nouveau Testament* (Paris, Seuil, 1974), «L'oeuvre de Luc: Actes et Évangiles», 207-240, et dans GEORGE, A., *Études sur l'oeuvre de Luc* (1978), 369-394.

4. Paul. Paulus. Paolo. Pablo.

*b*13879   BONNARD, P., «Ministères et laïcat chez saint Paul», VC n⁰ 71-72 (1964) 56-66.

*b*13880   CHEVALLIER, M.-A., *Esprit de Dieu, Paroles d'hommes*. Le rôle de l'Esprit dans les ministères de la parole selon l'apôtre Paul (Neuchâtel, Delachaux et Niestlé, 1966), 253 pp.

*b*13881   BROCKHAUS, U., *Charisma und Amt*. Die Paulinische Charismenlehre auf dem Hintergrund der frühchristlichen Gemeindefunktionen (Wuppertal, Brockhaus, 1972), 260 pp.

*b*13882   COUSINEAU, A., «Le sens de 'presbuteros' dans les Pastorales», SE 28 (1976) 147-162.

*b*13883   LOHFINK, G., «Die Normativität der Amtsvorstellungen in den Pastoralbriefen», TQ 157 (1977) 93-106.

*b*13884   FRAIKIN, D., «'Charismes et ministères' à la lumière de 1 Co 12-14», ET 9 (1978) 455-463.

*b*13885   DE LORENZI, L., «Paul 'diakonos' du Christ et des chrétiens», dans *Paul de Tarse, apôtre de notre temps* (en collab.) (1979), 399-454.

*b*13886   SANCHEZ BOSCH, J., «Le charisme des Pasteurs dans le corpus paulinien», dans *Paul de Tarse, apôtre de notre temps* (en collab.) (1979), 363-397.

*b*13887   FUNK, A., *Status und Rollen in den Paulusbriefen*. Eine inhaltsanalytische Untersuchung zur Religionssoziologie (Innsbrucker Theologische Studien, 7) (Innsbruck, Tyrolia, 1981), 224 pp.

*b*13888   LEONARDI, G., «Venuti per servire, non per essere serviti», dans *Parola e Spirito* (en collab.) (1982), 163-194.

*b*13889   PERROT, C., «Charisme et institution chez Paul», RSR 71 (1983) 81-92.

5. I-III Jean. - I-III John - Johannesbriefe - I-III Giovanni. - I-III Juan.

*b*13890 PASTOR, F.-A., «Comunidad y Ministerio en las Epístolas Joaneas», EstE 52 (1977) 39-71.

6. I Pierre. - I Peter. - I. Petrusbrief. - I Pietro. - I Pedro.

*b*13891 VÖGTLE, A., «Exegetische Reflexionen zur Apostolizität des Amtes und zur Amtssukzession», dans *Die Kirche des Anfangs* (en collab.) (1978), 529-582.

Miracle. Wunder. Miracolo. Milagro.

a) Études générales. General Studies. Allgemeine Studien. Studi generali. Estudios generales.

*b*13892 HALL, F.J., «Miracle», AThR 13 (1931) 175-186.
*b*13893 SCHADE, H., «Hinweise zur ganzheitlichen Schau biblischer Wunder in der Kunst der frühen Mittelalters», dans *Versuche mehrdimensionaler Schriftauslegung* (en collab.) (1972), 42-61.
*b*13894 STEINHART, E., «Wunder und Geschichte - Ein Beitrag zur gegenwärtigen Diskussion», BiKi 29 (1974) 13-16.
*b*13895 TENZLER, J., «Tiefenpsychologie und Wunderfrage - Der kognitive Teilbetrag der Tiefenpsychologie zur Exegese biblischer Wunder», BiKi 29 (1974) 6-10.
*b*13896 WEISSMAHR, B., «Zauber. Mirakel. Wunder. Auf der Suche nach einem ausgewogenen Wunderverständnis», BiKi 29 (1974) 2-5.
*b*13897 BRON, B., *Das Wunder* (Göttingen, Vandenhoeck & Ruprecht, 1975), 346 pp.
*b*13898 DENNISON, W.D., «Miracles as 'Signs': Their Significance for Apologetics», BTB 6 (1976) 190-202.
*b*13899 LÉON-DUFOUR, X., «Parler de miracle aujourd'hui», Et 344 (1976) 437-454.
*b*13900 SCHÜSSLER FIORENZA, E., «Miracles, Mission, and Apologetics: An Introduction», dans *Aspects of Religious Propaganda in Judaism and Early Christianity* (en collab.) (1976), 1-25.
*b*13901 LÉON-DUFOUR, X., «Approches diverses du miracle», dans *Les miracles de Jésus selon le Nouveau Testament* (1977), 11-39.
*b*13902 SABOURIN, L., *The Divine Miracles Discussed and Defended* (Rome, Catholic Book Agency, 1977), 276 pp.
*b*13903 KAYE, B., ROGERSON, J.W., *Miracles and Mysteries in the Bible* (Philadelphia, Westminster Press, 1976, 1978), 144 pp.
*b*13904 KIRCHSCHLÄGER, W., «Wie über Wunder reden?» BiLit 51 (1978) 252-254.
*b*13905 GLOCKNER, R., *Biblischer Glaube ohne Wunder?* (Sammlung Horizonte, Neue Folge, 15) (Einsiedeln, Johannes, 1979), 132 pp.
*b*13906 MARTIN, R.C., «The Role of the Basrah Mu'tazilah in Formulating the Doctrine of the Apologetic Miracle», JNES 39 (1980) 175-189.
*b*13907 SMITH, G., «Jewish, Christian, and Pagan Views of Miracle Under the Flavian Emperors», dans *Society of Biblical Literature. 1981 Seminar Papers* (en collab.) (1981), 341-348.
*b*13908 BLANDINO, G., «Miracolo e leggi della natura», CC 1 (1982) 224-238.

b) Judaïsme. Judaism. Judentum. Giudaismo. Judaísmo.

b13909 GUTTMANN, A., «The Significance of Miracles for Talmudic Judaism», HUCA 20 (1947) 363-406.

b13910 HRUBY, K., «Perspectives rabbiniques sur le miracle», dans *Les miracles de Jésus selon le Nouveau Testament* (1977), 73-94.

b13911 BAUMGARTEN, A.I., «Miracles and Halakah in Rabbinic Judaism», JQR 73 (1982-83) 238-253.

b13912 SCHUBERT, K., «Wunderberichte und ihr Kerygma in der rabbinischen Tradition», Kairos 24 (1982) 31-36.

c) Hellénisme. Hellenism. Hellenismus. Ellenismo. Helenismo.

b13913 SCAZZOSO, P., «Magia ellenistica e miracolo cristiano», BibOr 3 (1961) 136-141.

b13914 KOLENKOW, A.B., «A Problem of Power: How Miracle Doers Counter Charges of Magic in the Hellenistic World», dans *Society of Biblical Literature. 1976 Seminar Papers* (en collab.) (1976), 105-110.

b13915 GEORGE, A., «Miracles dans le monde hellénistique», dans *Les Miracles de Jésus selon le Nouveau Testament* (1977), 95-108.

b13916 BERGER, K., «Hellenistisch-heidnische Prodigien und die Vorzeichen in der jüdischen und christlichen Apokalyptik», dans *Aufstieg und Niedergang der römischen Welt* (en collab.) (1980), 23. Band, 2. Halbband, 1428-1469.

b13917 KOLENKOW, A.B., «Relationships between Miracle and Prophecy in the Greco-Roman World and Early Christianity», dans *Aufstieg und Niedergang der römischen Welt* (en collab.) (1980), 23. Band, 2. Halbband, 1470-1506.

b13918 VAN CANGH, J.-M., «Santé et salut dans les miracles d'Épidaure, d'Apollonius de Tyane et du Nouveau Testament», dans *Gnosticisme et monde hellénistique* (en collab.) (1980), 78-81.

b13919 REMUS, H., «Does Terminology Distinguish Early Christian from Pagan Miracles?» JBL 101 (1982) 531-551.

d) Ancien Testament. Old Testament. Altes Testament. Antico Testamento. Antiguo Testamento.

b13920 ALFRINK, B.J., «Die Wundererzählungen des AT als 'Volkserzählung'», BiKi 14 (1959) 87-88.

b13921 SCHARBERT, J., «Was versteht das Alte Testament unter Wunder?» BiKi 22 (1967) 37-42.

b13922 CULLEY, R.C., «Themes and Variations in Three Groups of OT Narratives», Semeia no 3 (1975) 3-13.

b13923 LONG, B.O., «The Social Setting for Prophetic Miracle Stories», Semeia no 3 (1975) 46-63.

b13924 CARREZ, M., «L'héritage de l'Ancien Testament», dans *Les miracles de Jésus selon le Nouveau Testament* (en collab.) (1977), 45-58.

b13925 SABOURIN, L., «He has worked Marvels», Way 18 (1978) 243-251.

b13926 WILMS, F.-E., *Wunder im Alten Testament* (Schlüssel zur Bibel) (Regensburg, Pustet, 1979), 368 pp.

e) Nouveau Testament. New Testament. Neues Testament. Nuovo Testamento. Nuevo Testamento.

1. Études générales. General Studies. Allgemeine Studien. Studi generali. Estudios generales.

*b*13927   MENOUD, P.-H., «La signification du miracle dans le Nouveau Testament», RHPR 28-29 (1948-49) 173-192.

*b*13928   MENOUD, P.-H., «Miracle et sacrement dans le Nouveau Testament», VC n⁰ 24 (1952) 139-154.

*b*13929   DREHER, B., «Die Verkündigung der Wunder Jesu in der Katechese», BiKi 22 (1967) 47-57.

*b*13930   SCHIERSE, F.J., «Wunder in der Verkündigung - Was Gott durch Jesus und seine Kirche tun will», BiKi 29 (1974) 10-13.

*b*13931   LANGEVIN, P.-É., «La signification du miracle dans le message du Nouveau Testament», SE 27 (1975) 161-186.

*b*13932   MARTUCCI, J., «Les récits de miracle: influence des récits de l'Ancien Testament sur ceux du Nouveau», SE 27 (1975) 133-146.

*b*13933   ACHTEMEIER, P.J., «Jesus and the Disciples as Miracle Workers in the Apocryphal New Testament», dans *Aspects of Religious Propaganda in Judaism and Early Christianity* (en collab.) (1976), 149-186.

*b*13934   GOPPELT, L., *Theologie des Neuen Testaments*, «Jesu Heilswirken als Ausdruck der eschatologischen Erneuerung» (1976), 189-206.

*b*13935   LÉON-DUFOUR, X., «Hablar del milagro hoy», RazFe 193 (1976) 243-259.

*b*13936   BEIRNAERT, L., «Approche psychanalytique», dans *Les miracles de Jésus selon le Nouveau Testament* (en collab.) (1977), 183-188.

*b*13937   BETZ, O., GRIMM, W., *Wesen und Wirklichkeit der Wunder Jesu.* Heilungen-Rettungen-Zeichen-Aufleuchtungen. Jes. 60.5: «Da wirst du schauen und strahlen, dein Hertz wird beben und weit werden» (Arbeiten zum Neuen Testament und Judentum, 2) (Frankfurt/M, Peter Lang, 1977), vii-155 pp.

*b*13938   BUSSE, U., *Die Wunder des Propheten Jesus* (1977), 512 pp.

*b*13939   CALLOUD, J., COMBET, G., DELORME, J., «Essai d'analyse sémiotique», dans *Les miracles de Jésus selon le Nouveau Testament* (en collab.) (1977), 151-181.

*b*13940   GRELOT, P., «Miracles de Jésus et démonologie juive», dans *Les miracles de Jésus selon le Nouveau Testament* (en collab.) (1977), 59-72.

*b*13941   LÉGASSE, S., «L'historien en quête de l'événement», dans *Les miracles de Jésus selon le Nouveau Testament* (en collab.) (1977), 109-145.

*b*13942   LÉON-DUFOUR, X., «Structure et fonction du récit de miracle», dans *Les miracles de Jésus selon le Nouveau Testament* (en collab.) (1977), 289-353.

*b*13943   LÉON-DUFOUR, X., «Conclusion», dans *Les miracles de Jésus selon le Nouveau Testament* (en collab.) (1977), 355-374.

*b*13944   ACHTEMEIER, P.J., «An imperfect union: reflections on Gerd Theissen, *Urchristliche Wundergeschichten*», Semeia 11 (1978) 49-68.

*b*13945   BETZ, H.D., «The Early Christian Miracle Story: Some Observations on the Form Critical Problem», Semeia 11 (1978) 69-81.

*b*13946   BOERS, H., «Sisyphus and his rock, concerning Gerd Theissen, *Urchristliche Wundergeschichten*», Semeia 11 (1978) 1-48.

*b*13947   DONAHUE, J.R., «Miracle, Mystery and Parable», Way 18 (1978) 252-262.

*b*13948   FUNK, R.W., «The Form of the New Testament Healing Miracle Story», Semeia 12 (1978) 57-96.

*b*13949   PERROT, C., *Jésus et l'histoire*, «Les signes du Règne de Dieu» (1979), 201-240.

*b*13950   MARTORELL, J., *Los milagros de Jesús* (Series Academica, 2) (Valencia, Facultad de
          Teología 'San Vicente Ferrer', 1980), 94 pp.
*b*13951   SUHL, A. (Hrsg.), *Der Wunderbegriff im Neuen Testament* (Wege der Forschung, 295)
          (Darmstadt, Wissenschaftliche Buchgesellschaft, 1980), 524 pp.
*b*13952   BORGEN, P., «Miracles of Healing in the New Testament», ST 35 (1981) 91-106.
*b*13953   ZELLER, D., «Wunder und Bekenntnis. Zum Sitz im Leben urchristlicher
          Wundergeschichten», BZ 25 (1981) 204-222.
*b*13954   GONZALEZ FAUS, J.I., «¿Qué pensar de los milagros de Jesús?» RazFe 205 (1982)
          479-494.
*b*13955   HARVEY, A.E., *Jesus and the Constraints of History*, «The Intelligibility of Miracle»
          (1982), 98-119.
*b*13956   BORGEN, P., *Paul preaches Circumcision and pleases Men*, «Miracles of Healing in the
          New Testament» (1983), 115-130 [Cf. ST 35 (1981) 91-106].

2. **Évangiles synoptiques. Synoptic Gospels. Synoptische Evangelien.**
   Vangeli sinottici. Evangelios sinópticos.

Études générales. General Studies. Allgemeine Studien. Studi generali. Estudios generales.

*b*13957   VÖGTLE, A., «Jesu Wunder einst und heute», BiLeb 2 (1961) 234-254.
*b*13958   KAMPHAUS, F., «Die Wunderberichte der Evangelien», BiLeb 6 (1965) 122-135.
*b*13959   ŠVÉDA, S., «Hat Jesus Wunder gewirkt?» BiKi 22 (1967) 42-46.
*b*13960   KERTELGE, K., «Zur Interpretation der Wunder Jesu. Ein Literaturbericht», BiLeb 9
          (1968) 140-153.
*b*13961   SCHULTE, R., «Die Wunder Jesu», dans *Mysterium Salutis* (en collab.) (1969), III.2,
          97-123.
*b*13962   MERLI, D., «Glauben und Vertrauen in den Wundererzählungen der Evangelien.
          Überlegungen zu einem biblischen Grundbegriff», BiLeb 14 (1973) 210-215.
*b*13963   HOBBS, E.C., «Gospel Miracle Story and Modern Miracle Stories», AThR
          Supplementary Series, nº 3 (1974) 117-126.
*b*13964   THEISSEN, G., *Urchristliche Wundergeschichten*. Ein Beitrag zur formgeschichtlichen
          Erforschung der synoptischen Evangelien (Studien zum Neuen Testament, 8)
          (Gütersloh, Gerd Mohn, 1974), 319 pp.
*b*13965   SCHÜTZ, C., «Les mystères de la vie publique de Jésus», dans En collaboration,
          Christologie et vie du Christ (Mysterium Salutis, 11) (Paris, Cerf, 1975), 456-489
          (miracles de Jésus).
*b*13966   LANDUCCI, P.C., «La verità dei miracoli di Gesù», Div 20 (1976) 204-208.
*b*13967   MAERTENS, J.-T., «La structure des récits de miracles dans les synoptiques», SR 6
          (1976-77) 253-266.
*b*13968   PESCH, R., KRATZ, R., *So liest man synoptisch*, «Heilungen» (1976), II, 45-87.
*b*13969   PETZKE, G., «Die historische Frage nach den Wundertaten Jesu», NTS 22 (1976)
          180-204.
*b*13970   BETZ, O., GRIMM, W., *Wesen und Wirklichkeit der Wunder Jesu*. Heilungen -
          Rettungen - Zeichen - Aufleuchtungen (Arbeiten zum Neuen Testament une
          Judentum, 2) (Bern, Frankfurt/M., Las Vegas, Peter Lang, 1977), 163 pp.
*b*13971   BUSSE, U., *Die Wunder des Propheten Jesus* (1977), 512 pp.
*b*13972   FEUILLET, A., «Le règne de Dieu et les miracles de Jésus d'après les évangiles
          synoptiques», EV (doctrine) 87 (1977) 655-669.

*b*13973 GEORGE, A., «Le miracle», dans LÉON-DUFOUR, X. (Éd.), *Les miracles de Jésus selon le Nouveau Testament* (Paris, Seuil, 1977), 249-268, dans GEORGE, A., *Études sur l'oeuvre de Luc* (1978), 133-148.

*b*13974 Groupe d'Entrevernes, *Signes et paraboles*, «Miracles et paraboles dans le récit évangélique» (1977), 172-212.

*b*13975 SLATER, G., «Jesus Christ (3): The Miracles», ExpTim 88 (1977) 304-307.

*b*13976 YATES, R., «Jesus and the Demonic in the Synoptic Gospels», IrThQ 44 (1977) 39-57.

*b*13977 En collaboration, «Les récits de miracles dans le récit évangélique: remarques de grammaire narrative», SemBib n° 10 (1978) 27-44.

*b*13978 DONAHUE, J.R., «Miracle, Mystery and Parable», Way 18 (1978) 252-262.

*b*13979 NIELSEN, H.K., «Ein Beitrag zur Beurteilung der Tradition über die Heilungstätigkeit Jesu», dans *Probleme der Forschung*, SNTU Serie A, Band 3 (1978), 58-90.

*b*13980 STANLEY, D.M., «Believe the Works», Way 18 (1978) 272-286.

*b*13981 STEINER, A., WEYMANN, V. (Hrsg.), *Wunder Jesu* (Bibelarbeit in der Gemeinde: Themen und Materialien, 2) (Basel, Reinhardt Verlag, 1978), 197 pp.

*b*13982 WIRE, A.C., «The Structure of the Gospel Miracle Stories and Their Tellers», Semeia 11 (1978) 83-113.

*b*13983 BOUCHET, J.-R., «Le Christ vrai médecin», VS 133 (1979) 679-688.

*b*13984 CHEVIGNARD, B.-M., «Lève-toi et marche», VS 133 (1979) 729-736.

*b*13985 LOHSE, E., «Glaube und Wunder. Ein Beitrag zur theologia crucis in den synoptischen Evangelien», dans *Theologia Crucis - Signum Crucis* (en collab.) (1979), 335-350.

*b*13986 PERROT, C., *Jésus et l'histoire*, «Les signes du Règne de Dieu» (1979), 201-240.

*b*13987 LÉON-DUFOUR, X., «Jésus le thaumaturge, ou les miracles dans les évangiles», dans *Jésus aujourd'hui* (en collab.) (1980), II, 43-52.

*b*13988 GIAVINI, G., «I cosiddetti 'miracoli' di Gesù nei Vangeli canonici», ScuolC 109 (1981) 159-166.

*b*13989 VERMEYEN, H., «Die historische Rückfrage nach den Wundern Jesu», TrierTZ 90 (1981) 41-58.

*b*13990 CAÑELLAS, G., «Los 'milagros' de Jesús», BibFe 8 (1982) 111-120.

*b*13991 CASAS, V., «La multiplicación de los panes», BibFe 8 (1982) 121-135.

*b*13992 GONZALEZ FAUS, J.I., *El clamor del reino*. Estudio sobre los milagros de Jesús (Salamanca, Ed. Sigueme, 1982), 214 pp.

*b*13993 NDIAYE, B., «Jésus, parole régénératrice», LV n° 159 (1982) 15-27.

Matthieu. Matthew. Matthäus. Matteo. Mateo.

*b*13994 LÉGASSE, S., «Les miracles de Jésus selon Matthieu», dans *Les miracles de Jésus selon le Nouveau Testament* (en collab.) (1977), 227-247.

*b*13995 DULING, D.C., «The Therapeutic Son of David: An Element in Matthew's Christological Apologetic», NTS 24 (1978) 392-410.

*b*13996 KINGSBURY, J.D., «Observations on the 'Miracle Chapters' of Matthew 8-9», CBQ 40 (1978) 559-573.

*b*13997 GERHARDSSON, B., *The Mighty Acts of Jesus According to Matthew* (Scripta Minora Regiae Societatis Humaniorum Litterarum Lundensis 1978-1979, 5) (Lund, Gleerup, 1979), 94 pp.

*b*13998 HEIL, J.P., «Significant Aspects of the Healing Miracles in Matthew», CBQ 41 (1979) 274-287.

*b*13999 BEARE, F.W., «Jesus as Teacher and Thaumaturge: the Matthaean Portrait», dans *Studia Evangelica* (en collab.) (1982), VII, 31-39.

*b*14000   LOADER, W.R.G., «Son of David, Blindness, Possession, and Duality in Matthew»,
           CBQ 44 (1982) 570-585.

Marc. Mark. Markus. Marco. Marcos.

*b*14001   SCHULZ, S., *Die Stunde der Botschaft*, «Wunder und Wunderverständnis bei Markus»
           (1967), 64-79.
*b*14002   KOCH, D.-A., *Die Bedeutung der Wundererzählungen für die Christologie des
           Markusevangeliums* (BZAW 42) (Berlin, New York, De Gruyter, 1975), 217 pp.
*b*14003   LAMARCHE, P., «Les miracles de Jésus selon Marc», dans *Les miracles de Jésus selon le
           Nouveau Testament* (en collab.) (1977), 213-226.
*b*14004   STEINMETZ, F.-J., «Das Rätsel der Schweige-Gebote im Markus-Evangelium», GeistL
           50 (1977) 92-102.
*b*14005   ACHTEMEIER, P.J., «'And they followed him': Miracles and Discipleship in Mark
           10:46-52», Semeia 11 (1978) 115-145.
*b*14006   MEYE, R., «Psalm 107 as 'Horizon' for Interpreting the Miracle Stories of Mark
           4:35-8:26», dans *Unity and Diversity in New Testament Theology* (en collab.) (1978), 1-13.
*b*14007   STURCH, R.L., «The Markan Miracles and the Other Synoptists», ExpT 89 (1978)
           375-376.
*b*14008   RITT, H., «Der 'Seewandel Jesu' (Mk 6, 45-52 par). Literarische und theologische
           Aspekte», BZ 23 (1979) 71-84.
*b*14009   FISHER, K.M., VON WAHLDE, U.C., «The Miracles of Mark 4:35-5:43: Their
           Meaning and Function in the Gospel Framework», BTB 11 (1981) 13-16.

Luc. Luke. Lukas. Luca. Lucas.

*b*14010   BUSSE, U., *Die Wunder des Propheten Jesus*. Die Rezeption, Komposition und
           Interpretation der Wundertradition im Evangelium des Lukas (Forschung zur Bibel, 24)
           (Stuttgart, Katholisches Bibelwerk, 1977), viii-512 pp.
*b*14011   GEORGE, A., «Le miracle dans l'oeuvre de Luc», dans *Les miracles de Jésus selon le
           Nouveau Testament* (en collab.) (1977), 249-268.
*b*14012   ACHTEMEIER, P.J., «The Lukan Perspective on the Miracles of Jesus: A Preliminary
           Sketch», dans *Perspectives on Luke-Acts* (en collab.) (1978), 153-167.
*b*14013   GEORGE, A., «Les récits de miracles. Caractéristiques lucaniennes», dans GEORGE,
           A., dans *Études sur l'oeuvre de Luc* (1978), 67-84.
*b*14014   MUHLACK, G., *Die Parallelen von Lukas-Evangelium und Apostelgeschichte*
           (Theologie und Wirklichkeit, 8) (Frankfurt/M., Peter Lang, 1979), 209 pp.
*b*14015   HORN, F.W., *Glaube und Handeln in der Theologie des Lukas* (Göttinger theologische
           Arbeiten, 26) (Göttingen, Vandenhoeck & Ruprecht, 1983), 400 pp.

Jean. John. Johannes. Giovanni. Juan.

*b*14016   WILKINSON, J., «A Study of Healing in the Gospel according to John», SJTh 20 (1967)
           442-461.
*b*14017   LOHSE, E., «Miracles in the Fourth Gospel», dans *What about the New Testament?* (en
           collab.) (1975), 64-75.
*b*14018   DE JONGE, M., *Jesus*. Stranger from Heaven and Son of God, «Signs and Works in the
           Fourth Gospel» (1977), 117-140.
*b*14019   LÉON-DUFOUR, X., «Les miracles de Jésus selon Jean», dans *Les miracles de Jésus
           selon le Nouveau Testament* (en collab.) (1977), 269-286.

*b*14020 NEIRYNCK, F., Avec la collaboration de J. DELOBEL, T. SNOY, G. VAN BELLE et G. VAN SEGBROECK, «L'Évangile de Jean. Examen critique du commentaire de M.-É. Boismard et A. Lamouille», ETL 53 (1977) 363-478 («5. Foi et miracle, Jn 4.46-54», 451-478).

*b*14021 SEGALLA, G., «Segno giovanneo e sacramenti», dans *Segni e sacramenti nel vangelo di Giovanni* (en collab.) (1977), 17-44.

*b*14022 COLLINS, R.F., «Cana (Jn. 2:1-12) - The first of his signs or the key to his signs?», IrThQ 47 (1980) 79-95.

*b*14023 ALONSO DIAZ, J., «El paralítico de Betesda», BibFe 8 (1982) 151-167.

*b*14024 SALAS, A., «La resurrección de Lázaro», BibFe 8 (1982) 181-194.

Actes des apôtres. Acts of the apostles. Apostelgeschichte. Atti degli apostoli. Hechos de los apóstoles.

*b*14025 BUSSE, U., *Die Wunder des Propheten Jesus*, «Das Wirken Jesu aus der Retrospektive der Apostelgeschichte» (1977), 337-361.

*b*14026 ECKERT, J., «Zeichen u. Wunder in der Sicht des Paulus u. der Apostelgeschichte», TrierTZ 88 (1979) 19-33.

*b*14027 MUHLACK, G., *Die Parallelen von Lukas-Evangelium und Apostelgeschichte* (Theologie und Wirklichkeit, 8) (Frankfurt/M., Peter Lang, 1979), 209 pp.

*b*14028 NEIRYNCK, F., «The Miracle Stories in the Acts of the Apostles. An Introduction», dans *Les Actes des Apôtres*. Tradition, rédaction, théologie (en collab.), 169-213, dans NEIRYNCK, F., *Evangelica* (1982), 835-879.

Paul. Paulus. Paolo. Pablo.

*b*14029 ECKERT, J., «Zeichen u. Wunder in der Sicht des Paulus u. der Apostelgeschichte», TrierTZ 88 (1979) 19-33.

*b*14030 JERVELL, J., «Die Zeichen des Apostels. Die Wunder beim lukanischen und paulinischen Paulus», dans *Studien zum Neuen Testament und seiner Umwelt* (SNTU) 4 (1979) 54-75.

Jacques. James. Jakobusbrief. Giacomo. Santiago.

*b*14031 WILKINSON, J., «Healing in the epistle of James», SJTh 24 (1971) 326-345.

Miséricorde. Mercy. Barmherzigkeit. Misericordia.

a) Ancien Testament. Old Testament. Altes Testament. Antico Testamento. Antiguo Testamento.

*b*14032 McKEATING, H., «Divine Forgiveness in the Psalms», SJTh 18 (1965) 69-83.

*b*14033 WESTERMANN, C., *Theologie des Alten Testaments in Grundzügen*, «Gottes Gericht und Gottes Erbarmen» (1978), 102-133.

*b*14034 PLÉ, A., «C'est la miséricorde que je veux», Supp n° 134 (1980) 357-369.

b) Nouveau Testament. New Testament. Neues Testament. Nuovo Testamento. Nuevo Testamento.

*b*14035 RINALDI, B., «Maria SS. specchio della tenerezza divina?» BibOr 8 (1966) 221-228.

*b*14036 STENDAHL, K., *Paul Among Jews and Gentiles and Other Essays*, «Judgment and Mercy» (1976), 97-108.

*b*14037   LIMBECK, M., «'Stecke dein Schwert in die Scheide...!' Die Jesusbewegung im
Unterschied zu den Zeloten», BiKi 37 (1982) 98-104.
*b*14038   SALAS, A., «Jesús ante los inmisericordes», BibFe 8 (1982) 289-302.

Mission. Sendung. Missione. Misión.

a) **Études générales. General Studies. Allgemeine Studien. Studi generali. Estudios generales.**

*b*14039   NEUHÄUSLER, E., «Sendung und Gesandte. Biblische Grundbegriffe», BiLeb 10
(1969) 151-155.
*b*14040   WEAD, D.W., «The Centripetal Philosophy of Mission», dans *Scripture, Tradition, and
Interpretation* (en collab.) (1978), 176-186.
*b*14041   GATTI, E., *Temi biblici sulla missione* (Quaderni Missione Oggi, 3/4) (Bologna, Editrice
Missionaria Italiana, 1980), 188 pp.
*b*14042   TESTA, E., *La missione e la catechesi nella Bibbia* (Studia Urbaniana, 14) (Brescia,
Paideia; Roma, Urbaniana University Press, 1981), 439 pp.

b) **Judaïsme. Judaism. Judentum. Giudaismo. Judaísmo.**

*b*14043   SIGAL, G., *The Jew and the Christian Missionary*. A Jewish Response to Missionary
Christianity (New York, Ktav, 1981), xix-311 pp.
*b*14044   SIMON, M., «Sur les Débuts du Prosélytisme Juif (*Hommages à André Dupont-Sommer*,
Paris 1971, 509-520)», dans SIMON, M., *Le Christianisme antique et son contexte
religieux* (1981), 465-476.
*b*14045   COHEN, M.A., «The Mission of Israel: A Theologico-Historical Analysis», dans
Christian Mission - Jewish Mission (en collab.) (1982), 46-79.
*b*14046   TESTA, E., «Gli 'Apostoli della terra di Israele' secondo i documenti rabbinici
e cristiani», dans *Parola e Spirito* (en collab.) (1982), 89-104.

c) **Ancien Testament. Old Testament. Altes Testament. Antico Testamento. Antiguo Testamento.**

*b*14047   BLANK, S.H., «Studies in Deutero-Isaiah», HUCA 15 (1940) 1-46.
*b*14048   LAUHA, A., «'Der Bund des Volkes'. Ein Aspekt der deuterojesajanischen
Missionstheologie», dans *Beiträge zur Alttestamentlichen Theologie* (en collab.) (1977),
257-261.

d) **Nouveau Testament. New Testament. Neues Testament. Nuovo Testamento. Nuevo Testamento.**

1. **Études générales. General Studies. Allgemeine Studien. Studi generali. Estudios generales.**

*b*14049   BARNAUD, J., «Les premiers pas de la mission chrétienne», ETR 14 (1939) 3-16.
*b*14050   GONZALEZ, A., «Hombre de Dios», CuBi 11 (1954) 143-148.
*b*14051   NELLESSEN, E., «Gesalbt und gesandt. Ein Beitrag zur Grundlegung der christlichen
Spiritualität in der Botschaft des Neuen Testaments», BiLeb 8 (1967) 186-195.
*b*14052   WILKINSON, J., «The mission charge to the Twelve and modern medical missions»,
SJTh 27 (1974) 313-321.
*b*14053   SCHÜSSLER FIORENZA, E., «Miracles, Mission, and Apologetics: An Introduction»,
dans *Aspects of Religious Propaganda in Judaism and Early Christianity* (en collab.)
(1976), 1-25.
*b*14054   LEGRAND, L., «Les devanciers de Paul dans la mission selon les Actes des Apôtres»,
dans *Paul de Tarse, apôtre de notre temps* (en collab.) (1979), 61-74.

*b*14055 VINCENT, J.J., «Pluralism and Mission in the New Testament», dans *Studia Biblica 1978* (en collab.) (1980), III, 391-402.

*b*14056 HOECKMAN, R., «Christian Mission», Ang 58 (1981) 312-322.

*b*14057 BOVON, F., «Pratiques missionnaires et communication de l'Évangile dans le christianisme primitif», RTP 114 (1982) 369-381.

*b*14058 DeRIDDER, R.R., «A Reformed, Evangelical Perspective of Mission», dans *Christian Mission - Jewish Mission* (en collab.) (1982), 101-118.

*b*14059 FISHER, E.J., «Historical Development in the Theology of Christian Mission», dans *Christian Mission - Jewish Mission* (en collab.) (1982), 4-45.

*b*14060 McGARRY, M.B., «Contemporary Roman Catholic Understandings of Mission», dans *Christian Mission - Jewish Mission* (en collab.) (1982), 119-146.

*b*14061 PESCH, R., «Voraussetzungen und Anfänge der urchristlichen Mission», dans *Mission im Neuen Testament* (en collab.) (1982), 11-70.

*b*14062 STOWE, D.M., «A Contemporary Understanding of Mission from a Protestant Orientation and Tradition», dans *Christian Mission - Jewish Mission* (en collab.) (1982), 80-100.

2. Évangiles. Gospels. Evangelien. Vangeli. Evangelios.

*b*14063 BRAUN, F.-M., *Jean le théologien*. III. Sa théologie. I. Le mystère de Jésus-Christ, «La mission du Christ» (1966), 57-75.

*b*14064 GNILKA, J., «Der Missionsauftrag des Herrn nach Mt 28 und Apg 1», BiLeb 9 (1968) 1-9.

*b*14065 MIRANDA, J.P., *Der Vater, der mich gesandt hat².* Religionsgeschichtliche Untersuchungen zu den johanneischen Sendungsformeln (Europäische Hochschulschriften, Reihe 23, Theologie 7) (Bern, Frankfurt/M., Las Vegas, Peter Lang, 1976), 516 pp.

*b*14066 BROWN, S., «The Two-fold Representation of the Mission in Matthew's Gospel», ST 31 (1977) 21-32.

*b*14067 HUBBARD, B.J., «Commissioning Stories in Luke-Acts: A Study of their Antecedents, Form and Content», Semeia 8 (1977) 103-126.

*b*14068 BOSOLD, I., *Pazifismus and prophetische Provokation.* Das Grussverbot Lk 10,4b und sein historischer Kontext (SBS 90) (Stuttgart, Katholisches Bibelwerk, 1978), 98 pp.

*b*14069 LUZARRAGA, J., *'Oración y Misión' en el evangelio de Juan* (Teologi/a Deusto, 11) (Bilbao, Universidad de Deusto, 1978), 200 pp.

*b*14070 FRANKEMÖLLE, H., «Zur Theologie der Mission im Matthäusevangelium», dans *Mission im Neuen Testament* (en collab.) (1982), 93-129.

*b*14071 KREMER, J., «Weltweites Zeugnis für Christus in der Kraft des Geistes. Zur lukanischen Sicht der Mission», dans *Mission im Neuen Testament* (en collab.) (1982), 145-163.

*b*14072 SCHNEIDER, G., «Der Missionsauftrag Jesu in der Darstellung der Evangelien», dans *Mission im Neuen Testament* (en collab.) (1982), 71-92.

*b*14073 STOCK, K., «Theologie der Mission bei Markus», dans *Mission im Neuen Testament* (en collab.) (1982), 130-144.

3. Paul. Paulus. Paolo. Pablo.

*b*14074 HARLÉ, P.-A., «Perspectives nouvelles sur le ministère de saint Paul. (À propos du livre de Johannes Munck: 'Paulus und die Heilsgeschichte')», ETR 32 (1957) 199-212.

*b*14075 ZELLER, D., «Theologie der Mission bei Paulus», dans *Mission im Neuen Testament* (en collab.) (1982), 164-189.

Moïse. Moses. Mosè. Moisés.

a) Judaïsme. Judaism. Judentum. Giudaismo. Judaísmo.

*b*14076 MACDONALD, J., «The Samaritan Doctrine of Moses», SJTh 13 (1960) 149-162.

*b*14077 SIRAT, C., «Un midraš juif en habit musulman: la vision de Moïse sur le mont Sinaï», RHR 168 (1965) 15-28.

*b*14078 ABRAMSKY, S., «On the Kenite-Midianite Background of Moses' Leadership», ErIs 12 (1975) 35-39 (English summary).

*b*14079 RI, S.-M. (Andreas), «Mosesmotive in den Fresken der Katakombe der Via Latina im Lichte der rabbinischen Tradition», Kairos 17 (1975) 57-80.

*b*14080 LOEWENSTAMM, S.E., «The Death of Moses», dans *Studies on the Testament of Abraham* (en collab.) (1976), 185-217.

*b*14081 LOEWENSTAMM, S.E., «The Testament of Abraham and the Texts Concerning the Death of Moses», dans *Studies on the Testament of Abraham* (en collab.) (1976), 219-225.

*b*14082 PETIT, M., «À Propos d'une traversée exemplaire du désert du Sinaï selon Philon (*Hypothetica* VI, 2-3.8): Texte biblique et apologétique concernant Moïse chez quelques écrivains juifs», Sem. 26 (1976) 137-142.

*b*14083 RI, S.-M. (Andreas), «Zum Problem einer jüdischen Vorlage bei den Mosesszenen auf der Holztüre der Basilika von St. Sabina in Rom», Kairos 18 (1976) 218-222.

*b*14084 STAROBINSKI-SAFRAN, E., «La mort et la survie de Moïse d'après la tradition rabbinique», dans *La figure de Moïse* (en collab.) (1978), 31-45.

*b*14085 STAROBINSKI-SAFRAN, E., «La prophétie de Moïse et sa portée d'après Philon», dans *La figure de Moïse* (en collab.) (1978), 67-80.

*b*14086 WILLIAMSON, R., «Philo and New Testament Christology», ExpTim 90 (1979) 361-365.

b) Ancien Testament. Old Testament. Altes Testament. Antico Testamento. Antiguo Testamento.

*b*14087 BRUSTON, É., «Trois Stades religieux en Israël», ETR 5 (1930) 317-331.

*b*14088 KRAPPE, A.H., «La naissance de Moïse», RHR 107 (1933) 126-133.

*b*14089 GELIN, A., «Moses im Alten Testament», BiLeb 3 (1962) 97-110.

*b*14090 SCHNEIDER, H., «Moses, die grosse Mittlergestalt des Heils», BiKi 18 (1963) 7-11.

*b*14091 SCHNEIDER, H., «Gott rettet und formt sein Volk durch Moses», BiKi 18 (1963) 11-15.

*b*14092 SCHNEIDER, H., «Moses, der Prophet Jesu Christi», BiKi 18 (1963) 16-19.

*b*14093 SCHREINER, J., «Moses, der 'Mann Gottes'», BiLeb 8 (1967) 94-109.

*b*14094 DAICHES, D., *Moses*. Man in the Wilderness (London, Weidenfeld and Nicolson, 1975), 264 pp.

*b*14095 LANDMAN, L., «Some Aspects of Traditions received from Moses at Sinai», JQR 67 (1976) 111-128.

*b*14096 SCHMIDT, W.H., «Jahwe in Ägypten. Unabgeschlossene historische Spekulationen über Moses Bedeutung für Israels Glauben», Kairos 18 (1976) 43-54.

*b*14097 GRÄVE, K., «Meditationen zu Szenen aus dem Leben des Mose», GeistL 49 (1976) 389-395; 50 (1977) 68-74.

*b*14098 THOMPSON, T.L., IRVIN, D., «The Joseph and Moses Narratives», dans *Israelite and Judaean History* (en collab.) (1977), 149-212.

*b*14099 BUIS, P., «Les conflits entre Moïse et Israël dans Exode et Nombres», VT 28 (1978) 257-270.

*b*14100 MARTIN-ACHARD, R., «Moïse, figure du médiateur, selon l'Ancien Testament», dans *La figure de Moïse* (en collab.) (1978), 9-30.

*b*14101 OGDEN, G.S., «Moses and Cyrus. Literary affinities between the Priestly presentation of Moses in Exodus vi-viii and the Cyrus Song in Isaiah xliv 24-xlv 13», VT 28 (1978) 195-203.

*b*14102 TIGAY, J.H., «'Heavy of Mouth' and 'Heavy of Tongue': on Moses' Speech Difficulty», BASOR n° 231 (1978) 57-67.

*b*14103 BUTLER, T.C., «An Anti-Moses Tradition», JSOT n° 12 (1979) 9-15 (in *Exodus*).

*b*14104 CAZELLES, H., *À la recherche de Moïse* (Paris, Cerf, 1979), 177 pp.

*b*14105 MANN, T.W., «Theological Reflections on the Denial of Moses», JBL 98 (1979) 481-494.

*b*14106 MICHAUD, R., *Moïse*. Histoire et théologie (Lire la Bible, 49) (Paris, Cerf, 1979), 193 pp.

*b*14107 RIEBL, M., «Dreimal: Berufung des Mose. Eine Bibelarbeit», BiLit 53 (1980) 213-218.

*b*14108 NOHRNBERG, J., «Moses», dans *Images of Man and God* (en collab.) (1981), 35-57.

*b*14109 STECK, O.H., «Moses und Aron. Der biblische Stoff und seine Interpretation in der gleichnamigen Oper von Arnold Schönberg», dans *Congress Volume. Vienna 1980* (en collab.) (1981), 405-422.

*b*14110 NIELSEN, E., «Moses and the Law», VT 32 (1982) 87-98.

c) Nouveau Testament. New Testament. Neues Testament. Nuovo Testamento. Nuevo Testamento.

*b*14111 HAHN, F., *Christologische Hoheitstitel*, «Jesus als der neue Mose» (1963), 380-404.

*b*14112 MINEAR, P.S., *To Heal and to Reveal*, «Jesus as a Prophet like Moses» (1976), 102-121.

*b*14113 BOVON, F., «La figure de Moïse dans l'oeuvre de Luc», dans *La figure de Moïse* (en collab.) (1978), 47-65.

*b*14114 D'ANGELO, M.R., *Moses in the Letter to the Hebrews* (SBL Dissertation Series, 42) (Missoula, Scholars Press, 1979), ix-270 pp.

*b*14115 DONALDSON, T.L., «Moses Typology and the Sectarian Nature of Early Christian Anti-Judaism: A Study in Acts 7», JSNT n° 12 (1981) 27-52.

d) Divers. Miscellaneous. Verschiedenes. Diversi. Diversos.

*b*14116 HOLLADAY, C.R., «The Portrait of Moses in Ezekiel the Tragedian», dans *Society of Biblical Literature. 1976 Seminar Papers* (en collab.) (1976), 447-452.

*b*14117 GOULET, R., «Porphyre et la datation de Moïse», RHR 192 (1977) 137-163.

*b*14118 CHRISTIE, Y., «La figure de Moïse dans l'art chrétien des IIIe-IVe siècles», dans *La figure de Moïse* (en collab.) (1978), 99-106.

*b*14119 DE CAPRONA, P., «Moïse dans l'Islam», dans *La figure de Moïse* (en collab.) (1978), 129-141.

*b*14120 FAESSLER, M., «Le Nom de Moïse et le Nom de Dieu. L'interprétation freudienne et son dépassement théologique possible», dans *La figure de Moïse* (en collab.) (1978), 143-156.

*b*14121 JUNOD, É., «Moïse, exemple de la perfection, selon Grégoire de Nysse», dans *La figure de Moïse* (en collab.) (1978), 81-98.

*b*14122 WÜEST, F., «La figure de Moïse comme préfiguration du Christ dans l'art paléochrétien», dans *La figure de Moïse* (en collab.) (1978), 109-127.

*b*14123 MONLOUBOU, L., «Moïse et la recherche biblique contemporaine», EV (doctrine) 90 (1980) 400-405.

b14124   SAMIR, K., «Corano e Bibbia a confronto. Tre figure bibliche nel Corano», CC 3 (1981) 238-257.

b14125   BROCK, S., «Some Syriac Legends concerning Moses», dans *Essays in Honour of Yigael Yadin*, JJS 33 (1982) 237-255.

Monachisme. Monachism. Mönchtum. Monachesimo. Monaquismo.

b14126   NÖTSCHER, F., «Jüdische Mönchsgemeinde und Ursprung des Christentums nach den jüngst am Toten Meer aufgefundenen hebräischen Handschriften», BiKi 7/1 (1952) 21-38.

b14127   SEN, F., «¿Precursores del monacato cristiano en Qumran?» CuBi 28 (1971) 9-13.

b14128   FERNANDEZ MARCOS, N., «La Biblia y los orígenes del monaquismo», *Miscelánea Comillas* 41 (1983) 383-396.

Monde. World. Welt. Mondo. Mundo.

b14129   BAUMBACH, G., «Gemeinde und Welt im Johannes-Evangelium», Kairos 14 (1972) 121-136.

b14130   VON RAD, G., *Gottes Wirken in Israel*, «Natur- und Welterkenntnis im Alten Testament» (1974), 119-140.

b14131   ZEDDA, S., *L'escatologia biblica*, «Le realtà escatologiche presenti, il mondo, le tenebre, la morte. Il dualismo giovanneo» (1975), II, 369-387.

b14132   FARICY, R., «Nature, Social Sin, and the Spirit», dans *The Spirit of God in Christian Life* (en collab.) (1977), 75-97.

b14133   MARGUERAT, D., «L'Église et le monde en Matthieu 13,36-43», RTP 110 (1978) 111-129.

b14134   WIEFEL, W., «Die Scheidung von Gemeinde und Welt im Johannesevangelium auf dem Hintergrund der Trennung von Kirche und Synagoge», TZ 35 (1979) 213-227.

b14135   SATAKE, A., «Kirche und feindliche Welt. Zur dualistischen Auffassung der Menschenwelt in der Johannesapokalypse», dans *Kirche. Festschrift für Günther Bornkamm* (en collab.) (1980), 329-349.

b14136   DUMAIS, M., «La rencontre de la foi et des cultures», LV nos 153-154 (1981) 72-86.

Monogamie. Monogamy. Einehe. Monogamia.

b14137   TESTA BAPPENHEIM, I., LAMPUGNANI, F., *Bibbia e antropologia*, «La Monogamia» (1976), 185-196.

Monothéisme. Monotheism. Monotheismus. Monoteismo. Monoteísmo.

a) Études générales. General Studies. Allgemeine Studien. Studi generali. Estudios generales.

b14138   O'CALLAGHAN, R.T., «Monotheism and the Historical Process - A Recent Study», Or. 20 (1951) 216-236.

b14139   BAUSANI, A., «Can Monotheism be taught?» Numen 10 (1963) 167-201.

b14140   KNIGHT, G.A.F., «The Lord is One», ExpTim 79 (1967-68) 8-10.

b14141   GARCIA CORDERO, M., *Teología de la Biblia* (Madrid, La Editorial Católica, 1972), «El Dios único», II, 339-372.

*b*14142   ARGYLE, A.W., «God Above and Within», ExpTim 87 (1976) 369-370.
*b*14143   CORBIN, H., «Le paradoxe du Monothéisme», ErJb 1976 45 (1980) 69-133.

b) Orient. Oriente.

*b*14144   LAMBERT, M., «Polythéisme et monolatrie des cités sumériennes», RHR 157 (1960) 1-20.
*b*14145   POSENER, G., «Sur le monothéisme dans l'ancienne Égypte», dans *Mélanges bibliques et orientaux en l'honneur de M. Henri Cazelles* (en collab.) (1981), 347-351.

c) Judaïsme. Judaism. Judentum. Giudaismo. Judaísmo.

*b*14146   COHON, S.S., «The Unity of God. A Study in Hellenistic and Rabbinic Theology», HUCA 26 (1955) 425-479.
*b*14147   AMIR, Y., «Die Begegnung des biblischen und des philosophischen Monotheismus als Grundthema des jüdischen Hellenismus», EvT 38 (1978) 2-19.
*b*14148   LAPIDE, P., MOLTMANN, J., *Jüdischer Monotheismus - christliche Trinitätslehre. Ein Gespräch* (München, Kaiser, 1979), 91 pp.

d) Ancien Testament. Old Testament. Altes Testament. Antico Testamento. Antiguo Testamento.

*b*14149   JAMES, F., «Was there Monotheism in Israel before Amos?» AThR 14 (1932) 130-142.
*b*14150   BLANK, S.H., «Studies in Deutero-Isaiah», HUCA 15 (1940) 1-46.
*b*14151   EERDMANS, B.D., «On the road to monotheism», OTS 1 (1942) 105-125.
*b*14152   LABUSCHAGNE, C.J., *The Incomparability of Yahweh in the Old Testament* (Leiden, Brill, 1966), 164 pp.
*b*14153   DEISSLER, A., «Der welttranszendente Gott», dans *Mysterium Salutis* (en collab.) (1967), II, 235-242.
*b*14154   UFFENHEIMER, B., «Yechezkel Kaufmann: Historian and Philosopher of Biblical Monotheism», Immanuel 3 (1974) 9-21.
*b*14155   VON RAD, G., *Gottes Wirken in Israel*, «Zur Entstehung des mosaischen Monotheismus» (1974), 163-174.
*b*14156   KOCH, K., «Šaddaj», VT 26 (1976) 299-332.
*b*14157   NIELSEN, E., «Weil Jahwe unser Gott ein Jahwe ist (Dtn 6,4f.)», dans *Beiträge zur Alttestamentlichen Theologie* (en collab.) (1977), 288-301.
*b*14158   GOLKA, F.W., «Schwierigkeiten bei der Datierung des Fremdgötterverbotes», VT 28 (1978) 352-354.
*b*14159   GARCIA CORDERO, M., «El nacional-monoteísmo en el Antiguo Testamento», dans *Servidor de la Palabra* (en collab.) (1979), 251-285.
*b*14160   WILDBERGER, H., «Der Monotheismus Deuterojesajas», dans DONNER, H., HANHART, R., SMEND, R. (Hrsg.), *Beiträge zur alttestamentlichen Theologie. Festschrift W. Zimmerli* (Göttingen, Vandenhoeck & Ruprecht, 1977), 506-530, dans WILDBERGER, H., *Jahwe und sein Wolk* (1979), 249-273.
*b*14161   KEEL, O. (Hrsg.) *Monotheismus im Alten Israel und seiner Umwelt* (Biblische Beiträge, 14) (Einsiedeln, Schweizerisches Katholisches Bibelwerk, Benziger, 1980), 193 pp.
*b*14162   HRUBY, K., «The Proclamation of the Unity of God as Actualization of the Kingdom», dans *Standing Before God* (en collab.) (1981), 183-193.
*b*14163   LANG, B. (Hrsg.), *Der einzige Gott. Die Geburt des biblischen Monotheismus* (München, Kösel, 1981), 149 pp.

b14164   SIMON, M., «Theos Hypsistos (*Ex Orbe Religionum I, Festschrift Widengren,* Leiden 1972, 372-385)», dans SIMON, M., *Le Christianisme antique et son contexte religieux* (1981), 495-508.

b14165   STROLZ, W., «The Unique One: The Uniqueness of God according to Deutero-Isaiah», dans *Standing Before God* (en collab.) (1981), 257-266.

b14166   UFFENHEIMER, B., «Biblical Theology and Monotheistic Myth», Immanuel 14 (1982) 7-25.

e) Nouveau Testament. New Testament. Neues Testament. Nuovo Testamento. Nuevo Testamento.

b14167   JOHNSON, S.E., «Thoughts on Early Christian Monotheism», AThR 31 (1949) 103-111.

b14168   SCHELKLE, K.H., «Das Gottesbild des Neuen Testamentes. Gott der Eine. Ein Kapitel aus der neutestamentlichen Theologie», BiKi 15 (1960) 12-20.

b14169   DEMKE, C., «'Ein Gott und viele Herren'. Die Verkündigung des einen Gottes in den Briefen des Paulus», EvT 36 (1976) 473-484.

b14170   DAHL, N.A., *Studies in Paul,* «The One God of Jews and Gentiles» (1977), 178-191.

b14171   CORBIN, M., «Dieu au plus haut des cieux», NRT 104 (1982) 176-188.

b14172   DUNN, J.D.G., «Was Christianity a Monotheistic Faith from the Beginning?» SJTh 35 (1982) 303-336.

Montagne. Mountain. Berg. Montagna. Montaña.

b14173   COHN, R.L., *The Shape of Sacred Space,* «Mountains in the Biblical Cosmos» (1981), 25-41.

b14174   WALDMAN, N.M., «The wealth of mountain and sea: the background of a biblical image», JQR 71 (1981) 176-180.

b14175   McCURLEY, F.R., *Ancient Myths and Biblical Faith* (Philadelphia, Fortress Press, 1983), «The Quality of the Sacred Mountain», 125-182.

Morale. Moral. Sittlichkeit. Morale. Moral.

a) Études générales. General Studies. Allgemeine Studien. Studi generali. Estudios generales.

b14176   ENDRES, J., «Genügt eine rein biblische Moraltheologie?» StMor 2 (1964) 43-72.

b14177   CAPONE, D., «Teologia morale e storicità della persona», dans *Fondamenti biblici della teologia morale* (en collab.) (1973), 45-60.

b14178   DI GIOVANNI, A., «L'"opzione fondamentale' nella Bibbia», dans *Fondamenti biblici della teologia morale* (en collab.) (1973), 61-82.

b14179   DI PINTO, L., «Contributi dati, problemi rimasti», dans *Fondamenti biblici della teologia morale* (en collab.) (1973), 404-409.

b14180   HAMEL, É., «La legge morale e i problemi che pone al biblista», dans *Fondamenti biblici della teologia morale* (en collab.) (1973), 23-44.

b14181   MONGILLO, D., «Rilievi da parte di un moralista», dans *Fondamenti biblici della teologia morale* (en collab.) (1973), 392-398.

b14182   SCHNEIDER, G., «Biblische Begründung ethischer Normen», BiLeb 14 (1973) 153-164.

b14183   VALORI, P., «Rivelazione biblica e filosofia morale», dans *Fondamenti biblici della teologia morale* (en collab.) (1973), 15-21.

*b*14184 STENDEBACH, F.J., «Die Frage nach Gut und Böse - Sittliche Normen und ihre Vorbedingungen in der Heiligen Schrift», BiKi 30 (1975) 38-41.

*b*14185 BALCH, D.L., «Household Ethical Codes in Peripatetic, Neopythagorean and Early Christian Moralists», dans *Society of Biblical Literature. 1977 Seminar Papers* (en collab.) (1977), 397-404.

*b*14186 COPPENS, J., «Miscellanées bibliques. XC. La Référence aux Livres Saints en vue de l'Agir moral des Croyants», ETL 53 (1977) 495-500.

*b*14187 MURPHY, R., «Formation morale», Conci n⁰ 130 (1977) 45-53.

*b*14188 RAMOS, F.F., «Sagrada Escritura y moral cristiana», Salm 24 (1977) 5-47.

*b*14189 STÖCKLE, B., «Auf der Suche nach dem Vorbild. Einige moraltheologische Anmerkungen zum Problem der Identifikation», BiKi 32 (1977) 79-81.

*b*14190 ARRIBARD, P., «La référence à l'Écriture en vue de l'agir des croyants: le point de vue d'un moraliste», dans *Écriture et pratique chrétienne* (en collab.) (1978), 27-34.

*b*14191 VASSEROT-MERLE, P., «La Bible et la décision morale», LV n⁰ 136 (1978) 79-99.

*b*14192 BECKER, J., «Das Problem der Schriftgemässheit der Ethik», dans En collaboration, *Handbuch der christlichen Ethik* (Freiburg, Herder; Gütersloh, Mohn, 1978), I, 243-269.

*b*14193 FISCHER, J.A., «Ethics and Wisdom», CBQ 40 (1978) 293-310.

*b*14194 LOHFINK, N., PESCH, R., *Weltgestaltung und Gewaltlosigkeit. Ethische Aspekte des Alten und Neuen Testaments in ihrer Einheit und ihrem Gegenzatz* (Schriften der Katholischen Akademie in Bayern, 87) (Düsseldorf, Patmos, 1978), 80 pp.

*b*14195 RENAUD, B., «La référence à l'Écriture en vue de l'agir des croyants: le point de vue d'un bibliste», dans *Écriture et pratique chrétienne* (en collab.) (1978), 17-27.

*b*14196 INHOFFEN, P., «Biblische Normen oder gemeindliches Ethos? Zur Erneuerung der Moraltheologie aus der Schrift», dans *Kirche und Bibel* (en collab.) (1979), 155-172.

*b*14197 WHITE, R.E.O., *Biblical Ethics* (Atlanta, Knox, 1979), 254 pp.

*b*14198 CHILDRESS, J.F., «Scripture and Christian Ethics. Some Reflections on the Role of Scripture in Moral Deliberation and Justification», Interpr 34 (1980) 371-380.

*b*14199 GILL, D., «Aspects of Religious Morality in Early Greek Epic», HarvTR 73 (1980) 373-418.

*b*14200 HAUERWAS, S., «The Moral Authority of Scripture. The Politics and Ethics of Remembering», Interpr 34 (1980) 356-370.

*b*14201 LEHMANN, P., «The Commandments and the Common Life», Interpr 34 (1980) 341-355.

*b*14202 MUNSEY, B. (Ed.), *Moral development, Moral Education and Kohlberg. Basic Issues in Philosophy, Psychology, Religion, and Education* (Birmingham, Religious Education Press, 1980), 478 pp.

*b*14203 OUTKA, G., «On Harming Others», Interpr 34 (1980) 381-393.

*b*14204 GERHARDSSON, B., *The Ethos of the Bible* (Translated from the Swedish by S. Westerholm) (Philadelphia, Fortress Press, 1982), viii-152 pp.

*b*14205 HAHN, F., «Die christologische Begründung urchristlicher Paränese», ZNW 72 (1981) 88-99.

*b*14206 WATTIAUX, H., «La référence à l'Écriture sainte en vue de l'agir moral des chrétiens. Raisons d'une option», RTL 14 (1983) 53-70.

b) Judaïsme. Judaism. Judentum. Giudaismo. Judaísmo.

*b*14207 PERROT, C., «Halakha juive et morale chrétienne: fonctionnement et références», dans *Écriture et pratique chrétienne* (en collab.) (1978), 35-51.

*b*14208 WHITE, R.E.O., *Biblical Ethics* (1979), «Legacies of Later Judaism», 31-52; «Jesus and His Jewish Inheritance», 53-63.

*b*14209 BOULTON, W.G., *Is Legalism a Heresy?* The Legacy of the Pharisees in Christian Ethics (New York, Ramsey, NJ, Paulist, 1982), vi-130 pp.

*b*14210 GERHARDSSON, B., *The Ethos of the Bible*, «The Ethos of the Jewish Theocracy» (1981), 17-31.

c) Ancien Testament. Old Testament. Altes Testament. Antico Testamento. Antiguo Testamento.

*b*14211 RICHARDSON, A., «Autorité et rôle actuels de l'éthique de l'Ancien Testament», ETR 23 (1948) 37-40.

*b*14212 DAVIDSON, R., «Some Aspects of the Old Testament Contribution to the Pattern of Christian Ethics», SJTh 12 (1959) 373-387.

*b*14213 KOCH, R., «L'imitation de Dieu dans la morale de l'Ancien Testament», StMor 2 (1964) 73-88.

*b*14214 ALONSO DIAZ, J., «Sombras del A.T. en el aspecto moral», CuBi 24 (1967) 67-74.

*b*14215 JASPER, F.N., «Reflections on the Moral Teaching of the Prophets», SJTh 21 (1968) 462-476.

*b*14216 FLETCHER, V.H., «The fundamental shape of Old Testament ethics», SJTh 24 (1971) 47-73.

*b*14217 FESTORAZZI, F., «Il valore dell'esperienza e la morale sapienziale», dans *Fondamenti biblici della teologia morale* (en collab.) (1973), 117-146.

*b*14218 GALBIATI, E., «Riflessioni sulle relazioni concernenti l'Antico Testamento», dans *Fondamenti biblici della teologia morale* (en collab.) (1973), 399-400.

*b*14219 PENNA, A., «Il Decalogo nell'interpretazione profetica», dans *Fondamenti biblici della teologia morale* (en collab.) (1973), 83-116.

*b*14220 SCHARBERT, J., «Methodische Überlegungen zur Auswertung der Prophetenbücher für die Moraltheologie», StMor 13 (1975) 9-39.

*b*14221 CHOLEWINSKI, A., *Heiligkeitsgesetz und Deuteronomium* (1976), 350 pp.

*b*14222 AMSLER, S., «La Motivation de l'Éthique dans la Parénèse du Deutéronome», dans *Beiträge zur Alttestamentlichen Theologie* (en collab.) (1977), 11-22.

*b*14223 GARCIA TRAPIELLO, J., *El problema de la moral en el Antiguo Testamento* (Barcelona, Herder, 1977), 246 pp.

*b*14224 BONNET, G., *Au nom de la Bible et de l'Évangile, quelle morale?* (Paris, Le Centurion, 1978), «L'ancienne Alliance», 21-75.

*b*14225 GARCIA TRAPIELLO, J., «¿No sería mejor prescindir del Antiguo Testamento en la formación moral del pueblo?» CuBi 35 (1978) 225-227.

*b*14226 HAAG, H., *Und du sollst fröhlich sein.* Lebensbejahung im Alten Testament (Stuttgart, Katholisches Bibelwerk, 1978), 112 pp.

*b*14227 WHITE, R.E.O., *Biblical Ethics*, «Legacies of Earlier Hebrew Religion» (1979), 13-30.

*b*14228 DUHAIME, J., «Perception de Dieu et comportement moral chez les sages d'Israël», SE 32 (1980) 193-197.

*b*14229 KNIGHT, D.A., «Jeremiah and the Dimensions of the Moral Life», dans *The Divine Helmsman* (en collab.) (1980), 87-105.

*b*14230 DAVIES, E.W., *Prophecy and Ethics.* Isaiah and the Ethical Traditions of Israel (JSOT Supplement Series, 16) (Sheffield, JSOT Press, 1981), 184 pp.

*b*14231 SHEPHERD, J.J., «Man's Morals and Israel's Religion», ExpTim 92 (1981) 171-174.

*b*14232 TESTA, E., *La Morale dell'Antico Testamento* (Brescia, Morcelliana, 1981), 378 pp.

*b*14233 GRELOT, P., *Problèmes de morale fondamentale*, «L'Ancien Testament et la morale chrétienne» (1982), 13-38.

d) Nouveau Testament. New Testament. Neues Testament. Nuovo Testamento. Nuevo Testamento.

1. Études générales. General Studies. Allgemeine Studien. Studi generali. Estudios generales.

*b*14234 EASTON, B.S., «The Ethic of Jesus in the New Testament», AThR 14 (1932) 1-12.

*b*14235 HARRIS, T.L., «Is There a Christian Ethic?» AThR 14 (1932) 209-221.

*b*14236 EHRENBERG, H., «Autorité et rôle actuels de l'éthique du Nouveau Testament», ETR 23 (1948) 22-26.

*b*14237 HORTON, W.M., «Autorité et rôles actuels de l'éthique du Nouveau Testament», ETR 23 (1948) 27-31.

*b*14238 OWEN, H.P., «Eschatology and Ethics in the New Testament», SJTh 15 (1962) 369-382.

*b*14239 KAMLAH, E., *Die Form der katalogischen Paränese im Neuen Testament* (Wissenschaftliche Untersuchungen zum Neuen Testament, 7) (Tübingen, Mohr, 1964), viii-245 pp.

*b*14240 LILLIE, W., «Dilige et Quod Vis Fac», SJTh 18 (1965) 444-456.

*b*14241 KERTELGE, K., «Neutestamentliche Ethik. Ein Literaturbericht», BiLeb 12 (1971) 126-140.

*b*14242 HOULDEN, J.L., *Ethics and the New Testament* (1973), 134 pp.

*b*14243 TESTA, E., «La struttura mitica della morale giudeo-cristiana», dans *Fondamenti biblici della teologia morale* (en collab.) (1973), 147-171.

*b*14244 EVANS, S., «Walking in Newness of Life», dans *What about the New Testament?* (en collab.) (1975), 198-206.

*b*14245 SANDERS, J.T., *Ethics in the New Testament*. Change and Development (Philadelphia, Fortress, 1975), xiii-144 pp.

*b*14246 ERNST, W., «Zur Begründung christlicher Sittlichkeit», StMor 14 (1976) 9-46.

*b*14247 LORENZO SALAS, G., *Cristianismo a examen* (Mundo Nuevo, 42) (Santander, Sal Terrae, 1976), 267 pp.

*b*14248 MONTAGNINI, F., «Stile e provocazione morale nel N.T.», dans *Studia Hierosolymitana (Bagatti)* (en collab.) (1976), II, 164-168.

*b*14249 MONTAGNINI, F., *Messaggio del Regno e appello morale nel Nuovo Testamento* (Brescia, Morcelliana, 1976), 198 pp.

*b*14250 OSBORN, E., *Ethical Patterns in Early Christian Thought* (Cambridge, Cambridge University Press, 1976), x-252 pp.

*b*14251 ROBERTS, R., «Rudolf Bultmann's View of Christian Ethics», SJTh 29 (1976) 115-135.

*b*14252 BALCH, D.L., «Household Ethical Codes in Peripatetic, Neopythagorean and Early Christian Moralists», dans *Society of Biblical Literature. 1977 Seminar Papers* (en collab.) (1977), 397-404.

*b*14253 CONGAR, Y., «Réflexion et propos sur l'originalité d'une éthique chrétienne», dans *In libertaten vocati estis* (en collab.) (1977), 31-40.

*b*14254 HAHN, F., «Neutestamentliche Grundlagen einer christlichen Ethik», TrierTZ 86 (1977) 31-41.

*b*14255 HALTER, H., *Taufe und Ethos* (1977), 735 pp.

*b*14256 POHIER, J., «Prêcher sur la montagne ou souper avec les putains?» Conci nᵒ 130 (1977) 85-93.

*b*14257 RIGALI, N., «Christ et morale», Conci nᵒ 130 (1977) 25-34.

*b*14258 SCHWEIZER, E., «Die Weltlichkeit des Neuen Testamentes: die Haustafeln», dans *Beiträge zur Alttestamentlichen Theologie* (en collab.) (1977), 397-413.

*b*14259 BECKER, J., «Das Problem der Schriftgemässheit der Ethik», dans En collaboration, *Handbuch der christlichen Ethik* (Freiburg, Herder; Gütersloh, Mohn, 1978), I, 243-269.

*b*14260   MÜLLER, G., «Modern Technology and Judaeo-Christian Ethics», dans *Israel hat dennoch Gott zum Trost* (en collab.) (1978), 107-120.

*b*14261   STRECKER, G., «Strukturen einer neutestamentlichen Ethik», ZTK 75 (1978) 117-146.

*b*14262   STRECKER, G., «Ziele und Ergebnisse einer neutestamentlichen Ethik», NTS 25 (1978-79) 1-15.

*b*14263   THOMAS, J., «La loi sans lois», CHR no 100 (1978) 435-443.

*b*14264   LARRANETA OLLETA, R., *Una moral de felicidad* (Estudio teológico de San Esteban. Glosas, 4) (Salamanca, Editorial San Esteban, 1979), 349 pp.

*b*14265   SCHÜRMANN, H., «Du caractère obligatoire des normes et directives morales du Nouveau Testament», dans RATZINGER, J., DELHAYE, P., *Principes d'éthique chrétienne* (Paris, Lethielleux; Namur, Culture et Vérité, Le Sycomore, 1979), 37-71.

*b*14266   SEGALLA, G., «'New Testament ethics': a survey (1933-1976)», TDig 27 (1979) 3-8.

*b*14267   WHITE, R.E.O., *Biblical Ethics* (1979), «The Family of God and the Life of Sonship», 64-77; «Ethics in the Primitive Church», 124-133.

*b*14268   BERGERON, R., «Jésus et le fondement de la décision», SE 32 (1980) 143-151.

*b*14269   COLLANGE, J.-F., DAVIES, W.D., «À propos d'une thèse récente. Vers une Éthique du Nouveau Testament. De l'éthique de Jésus de Nazareth à celle de l'apôtre Paul», RHPR 60 (1980) 313-325.

*b*14270   GAUDETTE, P., «Jésus et la décision morale du chrétien. Points de réflexion», SE 32 (1980) 153-159.

*b*14271   LOHSE, E., «Kirche im Alltag. Erwägungen zur theologischen Begründung der Ethik im Neuen Testament», dans *Kirche*. Festschrift für Günther Bornkamm (en collab.) (1980), 401-414.

*b*14272   LÜHRMANN, D., «Neutestamentliche Haustafeln und antike Ökonomie», NTS 27 (1980) 83-97.

*b*14273   BLANK, J., «Unité et pluralité dans l'éthique néo-testamentaire», Conci no 170 (1981) 109-119.

*b*14274   DAUTZENBERG, G., «Neutestamentliche Ethik und autonome Moral», TQ 161 (1981) 43-55.

*b*14275   GRELOT, P., «L'Église et l'enseignement de la morale», EV (doctrine) 91 (1981) 465-476, 481-489.

*b*14276   HAHN, F., «Die christologische Begründung urchristlicher Paränese», ZAW 72 (1981) 88-99.

*b*14277   BICKERSTETH, J.E., «The Place of the New Testament in Christian Morals», dans *Studia Evangelica* (en collab.) (1982), VII, 55-65.

*b*14278   GRELOT, P., *Problèmes de morale fondamentale* (1982), «Le fondement des normes morales en théologie chrétienne», 67-101; «L'Église et l'enseignement de la morale», 147-267.

*b*14279   HÄRING, B., «Il carattere specifico della morale cristiana. In ascolto di precise esigenze bibliche», dans *Parola e Spirito* (en collab.) (1982), 1209-1219.

*b*14280   SCHRAGE, W., *Ethik des Neuen Testaments* (Grundrisse zum Neuen Testament, 4) (Göttingen, Vandenhoeck & Ruprecht, 1982), 340 pp.

*b*14281   MARTIN, F., «Est-il permis le sabbat de faire le bien ou le mal?» LV no 164 (1983) 69-79.

*b*14282   SCHRAGE, W., «Zur Frage nach der Einheit und Mitte neutestamentlicher Ethik», dans *Die Mitte des Neuen Testaments* (en collab.) (1983), 238-253.

*b*14283   SCHWARZ, R., «Ansätze kirchlicher Rechtssetzung im NT», BiLit 56 (1983) 206-208.

*b*14284   TAMBASCO, A.J., «The Bible and Nuclear War: A Case Study in Methodology for Christian Biblical Ethics», BTB 13 (1983) 75-81.

b14285 ZIEGLER, J.G., «Zur Begründung einer Christozentrischen Moraltheologie», TrierTZ 92 (1983) 1-21.

2. Évangiles. Gospels. Evangelien. Vangeli. Evangelios.

Études générales. General Studies. Allgemeine Studien. Studi generali. Estudios generales.

b14286 GRANT, F.C., «The Impracticability of the Gospel Ethics», dans *Aux sources de la tradition chrétienne* (en collab.) (1950), 86-94.
b14287 RHYS, H., «Form of our Lord's Ethical Teaching», AThR 43 (1961) 131-144.
b14288 GIAVINI, G., «Il discorso della montagna e il valore delle norme etiche del N.T.», dans *Fondamenti biblici della teologia morale* (en collab.) (1973), 253-272.
b14289 HOULDEN, J.L., *Ethics and the New Testament*, «The Lord» (1973), 101-114.
b14290 PALAZZINI, P., «Gli autentici valori morali del Vangelo», Div 19 (1975) 16-34.
b14291 BÖCKLE, F., «Von Evangelium gefordert», dans *Mysterium Salutis* (en collab.) (1976), V, 63-84.
b14292 BONNET, G., *Au nom de la Bible et de l'Évangile, quelle morale?* (Paris, Le Centurion, 1978), «Les évangiles», 79-111.
b14293 GRANT, R.M., «The Sermon on the Mount in Early Christianity», Semeia 12 (1978) 215-231.
b14294 HAUERWAS, S.M., «Jesus: the story of the Kingdom», TDig 26 (1978) 303-324.
b14295 CAILHIER, Y., «L'enseignement moral de Jésus», dans *Jésus aujourd'hui* (en collab.) (1980), II, 53-62.
b14296 PALAZZINI, P., «Morale evangelica perenne né vecchia né nuova», Div 24 (1980) 68-75.
b14297 DESCAMPS, A.-L., «Le Discours sur la montagne. Esquisse de théologie biblique», RTL 12 (1981) 5-39.
b14298 FUCHS, E., «Loi et Évangile: de l'anthropologie à l'éthique», dans *Loi et Évangile* (en collab.) (1981), 230-240.
b14299 BLANK, J., *Paulus. Von Jesus zum Christentum*, «Evangelium und Gesetz. Zur theologischen Relativierung und Begründung ethischer Normen» (1982), 69-85.
b14300 SCHÜRMANN, H., «Moraltheologische Ansätze in den Mahnungen und Weisungen Jesu. Quaestiones disputandae», TGl 72 (1982) 446-450.
b14301 GRELOT, P., «La morale évangélique dans un monde sécularisé. Réflexion à partir de l'Écriture sainte», RTL 14 (1983) 5-52.
b14302 RONZE, B., *Faire la vérité*. L'Évangile et le comportement (Coll. 'Essais') (Paris, Cerf, 1983), 240 pp.

Évangiles synoptiques. Synoptic Gospels. Synoptische Evangelien.
Vangeli sinottici. Evangelios sinópticos.

b14303 MANSON, W., «The Norm of the Christian Life in the Synoptic Gospels», SJTh 3 (1950) 33-42.
b14304 BUIJS, L., «De Theologia Morali et Sermone Montano», StMor 2 (1964) 11-41.
b14305 HOULDEN, J.L., *Ethics and the New Testament* (1973), «Mark», 41-46; «Matthew», 47-54; «Luke», 55-60.
b14306 THYSMAN, R., *Communauté et directives éthiques*. La catéchèse de Matthieu (Recherches et synthèses. Section d'exégèse, 1) (Gembloux, Duculot, 1974), 110 pp.
b14307 BOVON, F., *Luc le théologien*, «L'éthique de la communauté» (1978), 403-422.
b14308 BONNARD, P., «Six remarques sur l'exposé de Jean Zumstein», dans *Loi et Évangile* (en collab.) (1981), 52-53.

*b*14309 GRASSI, J.A., «'I was Hungry and You Gave Me to Eat.' The Divine Identification Ethic in Matthew», BTB 11 (1981) 81-84.

*b*14310 O'HANLON, J., «The Story of Zacchaeus and the Lukan Ethic», JSNT nº 12 (1981) 2-26.

*b*14311 ZUMSTEIN, J., «Loi et Évangile dans le témoignage de Matthieu», dans *Loi et Évangile* (en collab.) (1981), 33-51.

*b*14312 GERHARDSSON, B., *The Ethos of the Bible*, «Early Christianity's Ethos According to Matthew» (1981), 33-62.

*b*14313 LÖFBERG, J., *Spiritual or Human Value?* An Evaluation - Systematical Reconstruction and Analysis of the Preaching of Jesus in the Synoptical Gospels (Studia Philosophiae Religionis, 10) (Lund, CWK Gleerup, 1982), 224 pp.

*b*14314 ARAI, S., «Individual- und Gemeindeethik bei Lukas», AJBI 9 (1983) 88-127.

*b*14315 HORN, F.W., *Glaube und Handeln in der Theologie des Lukas* (Göttinger theologische Arbeiten, 26) (Göttingen, Vandenhoeck & Ruprecht, 1983), 400 pp.

Jean. John. Johannes. Giovanni. Juan.

*b*14316 CLARKSON, M.E., «The Ethics of the Fourth Gospel», AThR 31 (1949) 112-115.

*b*14317 HUMBERT, A., «L'observance des commandements dans les écrits Johanniques (Évangile et Première Épître)», StMor 1 (1963) 187-219.

*b*14318 DE LA POTTERIE, I., «I precetti morali nel loro riferimento a Cristo secondo S. Giovanni», dans *Fondamenti biblici della teologia morale* (en collab.) (1973), 329-344.

*b*14319 HOULDEN, J.L., *Ethics and the New Testament*, «John» (1973), 35-41.

*b*14320 ROSSETTO, G., «'Portare frutti' nella parabola della vera vite», dans *Fondamenti biblici della teologia morale* (en collab.) (1973), 309-327.

*b*14321 DE JONGE, M., *Jesus*. Stranger from Heaven and Son of God, «Eschatology and Ethics in the Fourth Gospel» (1977), 169-191.

*b*14322 BROWN, R.E., «The relationship to the Fourth Gospel shared by the author of I John and by his opponents», dans *Text and Interpretation* (en collab.) (1979), 57-68.

*b*14323 WHITE, R.E.O., *Biblical Ethics*, «Johannine Rigour» (1979), 196-203.

*b*14324 GERHARDSSON, B., *The Ethos of the Bible*, «Early Christianity's Ethos According to John» (1981), 93-116.

3. Actes des apôtres. Acts of the Apostles. Apostelgeschichte.
   Atti degli apostoli. Hechos de los apóstoles.

*b*14325 DOWNING, F.G., «Ethical Pagan Theism and the Speeches in Acts», NTS 27 (1981) 544-563.

4. Paul. Paulus. Paolo. Pablo.

*b*14326 HATCH, W.H.P., «Jesus' Summary of the Law and the Achievement of the Moral Ideal According to St Paul», AThR 18 (1936) 129-140.

*b*14327 CONGAR, Y., «Die Kasuistik des heiligen Paulus», dans *Verkündigung und Glaube* (en collab.) (1958), 16-41.

*b*14328 BULTMANN, R., «Das Problem der Ethik bei Paulus», ZNW 23 (1924) 123-140, dans *Exegetica* (1967), 36-54.

*b*14329 DACQUINO, P., «La vita morale e l'azione dello Spirito secondo S. Paolo», dans *Fondamenti biblici della teologia morale* (en collab.) (1973), 357-373.

*b*14330 HOULDEN, J.L., *Ethics and the New Testament*, «Paul Interpreted» (1973), 60-66.

b14331 ORTKEMPER, F.J., «Leben aus dem Glauben - Indikativ und Imperativ bei Paulus und die kirchliche Moralpredigt heute», BiKi 28 (1973) 85-89.

b14332 ROSSANO, P., «Morale ellenistica e morale paolina», dans *Fondamenti biblici della teologia morale* (en collab.) (1973), 173-185.

b14333 SACCHI, A., «La legge naturale nella Lettera ai Romani», dans *Fondamenti biblici della teologia morale* (en collab.) (1973), 375-389.

b14334 SCHÜRMANN, H., «'Das Gesetz des Christus' (Gal 6,2). Jesu Verhalten und Wort als letzgültige sittliche Norm nach Paulus», dans *Neues Testament und Kirche* (en collab.) (1974), 282-300.

b14335 GRABSKA, S., «Comment lire les lettres de Saint Paul pour utiliser son enseignement dans la théologie morale chrétienne», StMor 13 (1975) 41-65.

b14336 DI PINTO, L., *Volontà di Dio e legge antica nell'Epistola agli Ebrei*. Contributo ai fondamenti biblici della teologia morale (Naples, Gregorian, 1976), 107 pp.

b14337 ADINOLFI, M., «La dialettica indicativo-imperativo nelle Lettere paoline», Ant 52 (1977) 626-646.

b14338 QUESNEL, M., «1 Co. 5,1-11,1. Règles de morale et de discipline dans la première épître aux Corinthiens», CE (n.s.) n° 22 (1977) 40-47.

b14339 ZEDDA, S., «Valori umani e motivazioni escatologiche nell'etica di S. Paolo», dans *Il fine ultimo dell'uomo secondo la S. Scrittura...* (en collab.) (1977), 213-231.

b14340 BONNET, G., *Au nom de la Bible et de l'Évangile, quelle morale?* (Paris, Le Centurion, 1978), «Le message de Paul», 112-162.

b14341 FURNISH, V.P., *Theology and Ethics in Paul* (Nashville, Abingdon, 1978), 304 pp.

b14342 CULLMANN, O., «Les conséquences éthiques de la perspective paulinienne du temps de l'Église», dans *Paul de Tarse, apôtre de notre temps* (en collab.) (1979), 559-574.

b14343 FESTORAZZI, F., «Originalità della morale cristiana secondo San Paolo», dans *Dimensions de la vie chrétienne (Rm 12-13)* (en collab.) (1979), 237-256.

b14344 FURNISH, V.P., *The Moral Teaching of Paul*. Selected Issues (Nashville, Abingdon, 1979), 144 pp.

b14345 GRECH, P., «Christological Motives in Pauline Ethics», dans *Paul de Tarse, apôtre de notre temps* (en collab.) (1979), 541-558.

b14346 RICHARDSON, P., *Paul's Ethic of Freedom* (Philadelphia, Westminster, 1979), 181 pp.

b14347 SCHWEIZER, E., «Traditional ethical patterns in the Pauline and post-Pauline letters and their development (Lists of vices and house-tables)», dans *Text and Interpretation* (en collab.) (1979), 195-209.

b14348 STRECKER, G., «Autonome Sittlichkeit und das Proprium der christlichen Ethik bei Paulus», TLZ 104 (1979) 865-872.

b14349 WHITE, R.E.O., *Biblical Ethics* (1979), «Ethics in the Primitive Church», 124-133; «Pauline Moral Theology», 134-156; «Paul's Ethical Directives», 157-187.

b14350 GNILKA, J., *Der Kolosserbrief* (HerNT X/1) (Freiburg, Herder, 1980), «Die Haustafeln», 205-216.

b14351 KECK, L.E., «The Law and 'The Law of Sin and Death' (Rom 8:1-4): Reflections on the Spirit and Ethics in Paul», dans *The Divine Helmsman* (en collab.) (1980), 41-57.

b14352 BYRNE, B., «Living out the Righteousness of God: The Contribution of Rom 6:1-8:13 to an Understanding of Paul's Ethical Presuppositions», CBQ 43 (1981) 557-581.

b14353 DEIDUN, T.J., *New Covenant Morality in Paul* (Analecta Biblica, 89) (Rome, Biblical Institute Press, 1981), xiv-297 pp.

b14354 HOLTZ, T., «Zur Frage der inhaltlichen Weisungen bei Paulus», TLZ 106 (1981) 385-400.

*b*14355   SCHADE, H.-H., *Apokalyptische Christologie bei Paulus*, «Die Begründung der Ethik nach 1 Th» (1981), 135-156.

*b*14356   GERHARDSSON, B., *The Ethos of the Bible*, «Early Christianity's Ethos According to Paul» (1981), 63-92.

*b*14357   SCHRAGE, W., *Ethik des Neuen Testaments* (1982), «Die christologische Ethik des Paulus», 155-230; «Die Ethik der Weltverantwortung in den Deuteropaulinen», 231-265; «Die Mahnungen zu das wandernde Gottesvolk im Hebräerbrief», 302-306.

*b*14358   TAMBASCO, A., «Pauline Ethics: An Application of Liberation Hermeneutics», BTB 12 (1982) 125-127.

5. Jacques. James. Jakobus. Giacomo. Santiago.

*b*14359   HUMBERT, A., «Examen des principales motivations religieuses dans l'enseignement moral de l'Épître de Jacques», dans *In libertatem vocati estis* (en collab.) (1977), 385-400.

*b*14360   BLONDEL, J.-L., «Le fondement théologique de la parénèse dans l'épître de Jacques», RTP 111 (1979) 141-152.

*b*14361   PERDUE, L.G., «Paraenesis and the Epistle of James», ZNW 72 (1981) 241-256.

*b*14362   LAWS, S., «The Doctrinal Basis for the Ethics of James», dans *Studia Evangelica* (en collab.) (1982), VII, 299-305.

*b*14363   SCHRAGE, W., *Ethik des Neuen Testaments*, «Die Paränese des Jakobusbriefes» (1982), 266-279.

6. Pierre. Peter. Petrus. Pietro. Pedro.

*b*14364   REFOULÉ, F., «Bible et éthique sociale. Lire aujourd'hui 1 Pierre», Supp n⁰ 131 (1979) 457-482.

*b*14365   WHITE, R.E.O., *Biblical Ethics*, «Petrine counsels» (1979), 188-195.

*b*14366   BALCH, D.L., *Let Wives Be Submissive*. The Domestic Code in I Peter (SBL Monograph Series, 26) (Missoula, Montana, Scholars Press, 1981), v-196 pp.

7. Apocalypse. Geheime Offenbarung, Apocalisse. Apocalipsis.

*b*14367   SCHRAGE, W., *Ethik des Neuen Testaments*, «Eschatologische Mahnung in der Johannesoffenbarung» (1982), 307-324.

Mort. Death. Tod. Morte. Muerte.

a) Études générales. General Studies. Allgemeine Studien. Studi generali. Estudios generales.

*b*14368   SIMON, M., «*Tharsei oudeis athanatos*», RHR 113 (1936) 188-206.

*b*14369   JAMES, E.O., «Myth and Ritual», ErJb 1949 17 (1950) 79-120.

*b*14370   CANAAN, T., «Palästinische Sitten und Gebräuche um den Tod», ZDPV 75 (1959) 97-115.

*b*14371   VON CAMPENHAUSEN, H., «Tod, Unsterblichkeit und Auferstehung», dans *Pro Veritate* (en collab.) (1963), 295-311.

*b*14372   SCHREINER, J., «Geburt und Tod in biblischer Sicht», BiLeb 7 (1966) 127-150.

*b*14373   PESCH, R., «Zur Theologie des Todes», BiLeb 10 (1969) 9-16.

*b*14374   SCHOLL, N., *Tod und Leben*. Biblische Perspektiven (Reihe Spielraum, 20) (München, Pfeiffer, 1974), 126 pp.

*b*14375   ZEDDA, S., *L'escatologia biblica*, «La 'morte'» (1975), II, 89-100.

*b*14376   GARI-JAUNE, L., «Diversa attitudine biblica davanti alla morte e le sue implicazioni attuali», dans *Il fine ultimo dell'uomo secondo la S. Scrittura...* (en collab.) (1977), 59-66.

*b*14377   GRESHAKE, G., «Tod und Auferstehung - Alte Probleme neu überdacht», BiKi 32 (1977) 2-11.

*b*14378   KNOCH, O., *'Wirst Du an den Toten wunderwirken?'* Sterben, Tod und ewiges Leben im Zeugnis der Bibel. Ein besinnliches Lesebuch (Schlüssel zur Bibel) (Regensburg, Pustet, 1977), 288 pp.

*b*14379   NODET, É., «Réflexions bibliques sur la vie et la mort», LV nº 138 (1978) 53-65.

*b*14380   En collaboration, «La sagesse et la mort», CE (n.s.) nº 28 (1979) 43-51.

*b*14381   BAILEY, L.R., Sr., *Biblical Perspectives on Death* (Overtures to Biblical Theology) (Philadelphia, Fortress Press, 1979), xvi-159 pp.

*b*14382   BAMBERG, C., «Der Tod als Geheimnis», GeistL 52 (1979) 83-96.

*b*14383   GIBSON, J.C.L., «The Last Enemy», SJTh 32 (1979) 151-169.

*b*14384   MARCHADOUR, A., «Mort et vie dans la Bible», CE (n.s.) nº 29 (1979) 5-49.

b) Orient. Oriente.

*b*14385   RANKE, H., «The Origin of the Egyptian Tomb Statue», HarvTR 28 (1935) 45-53.

*b*14386   WEILL, R., «Ceux qui n'avaient pas de tombeau dans l'Égypte ancienne», RHR 118 (1938) 5-32.

*b*14387   DEONNA, W., «Croyances funéraires: La soif des morts. - Le mort musicien», RHR 119 (1939) 53-81.

*b*14388   ALLBERRY, C.R.C., «Symbole von Tod und Wiedergeburt im Manichäismus», ErJb 1939 7 (1940) 113-149.

*b*14389   CANAAN, T., «Der Mord in Sitten und Gebräuchen bei den Arabern Jordaniens», ZDPV 80 (1944) 85-98.

*b*14390   GOEDICKE, H., «The Egyptian Idea of Passing from the Life to Death (An Interpretation)», Or. 24 (1955) 225-239.

*b*14391   BLEEKER, C.J., «Isis and Nephthus as wailing women», Numen 5 (1958) 1-17.

*b*14392   MORENZ, S., «Ägyptischer Totenglaube im Rahmen der Struktur ägyptischer Religion», ErJb 1965 34 (1966) 399-446.

*b*14393   GIBSON, J.C.L., «The Last Enemy», SJTh 32 (1979) 151-169.

*b*14394   ALSTER, B. (Ed.), *Death in Mesopotamia.* Papers read at the XXVIe Rencontre Assyriologique internationale (Mesopotamia. Copenhagen Studies in Assyriology, 8) (Copenhagen, Akademisk Forlag, 1980), 302 pp.

*b*14395   DIETRICH, M., LORETZ, O., «Totenverehrung in Māri (12803) und Ugarit (KTU 1.161)», UF 12 (1980) 381-382.

*b*14396   HERSHBELL, J.P., *Pseudo-Plato, Axiochus* (SBL Texts and Translations, 21; Graeco-Roman Religion Series, 6) (Chico, CA, Scholars Press, 1981), viii-90 pp.

*b*14397   BIENKOWSKI, P.A., «Some Remarks on the Practice of Cremation in the Levant», Levant 14 (1982) 80-89.

*b*14398   SPENCER, A.J., *Death in Ancient Egypt* (Harmondsworth, Penguin Books, 1982), 256 pp.

*b*14399   RIES, J., «Mort et survie selon les doctrines de Mani», dans RIES, J. (Éd.), *La mort selon la Bible, dans l'antiquité classique et selon le manichéisme* (Collection Cerfaux-Lefort, 5) (Louvain-la-Neuve, Centre d'histoire des religions, 1983), 15-83.

*b*14400   SHAY, T., «Burial Customs at Jericho in the Intermediate Bronze Age: A Componential Analysis», Tel Aviv 10 (1983) 26-37.

c) Judaïsme. Judaism. Judentum. Giudaismo. Judaísmo.

*b*14401   BAMMEL, E., «Die Blutgerichtsbarkeit in der Römischen Provinz Judäa vor dem ersten jüdischen Aufstand», dans *Studies in Jewish Legal History* (en collab.) (1974), 35-49.

*b*14402   WILLIAMS, S.K., *Jesus' Death as Saving Event*, «The Death of the Martyrs in IV Maccabees» (1975), 165-202.

*b*14403   SALDARINI, A.J., «Last Words and Deathbed Scenes in Rabbinic Literature», JQR 68 (1977) 28-45.

*b*14404   COLLINS, J.J., «The Root of Immortality: Death in the Context of Jewish Wisdom», HarvTR 71 (1978) 177-192.

*b*14405   HOHEISEL, K., «Tod und Jenseits im ausserbiblischen Judentum des Orients», dans KLIMKEIT, H.-J. (Hrsg.), *Tod und Jenseits im Glauben der Völker* (Wiesbaden, Harrassowitz, 1978), 97-109.

*b*14406   RAPHAËL, F., «Symbolique de la vie et de la mort dans le judaïsme», dans C.I.S.R., *Actes, 14ème conférence internationale de sociologie des religions*, Strasbourg 1977 (Paris, Secrétariat C.I.S.R., 1978), 127-147.

*b*14407   ROBINSON, P.A., «To Stretch out the Feet: A Formula for Death in the Testaments of the Twelve Patriarchs», JBL 97 (1978) 369-374.

*b*14408   SANDMEL, S., *Judaism and Christian Beginnings*, «Death; Afterlife; Messiah» (1978), 200-208.

*b*14409   THOMA, C., «Peine de mort et torture dans la tradition juive», Conci nᵒ 140 (1978) 81-92.

*b*14410   WÄCHTER, L., «Spekulationen über den Tod im rabbinischen Judentum», Kairos 20 (1978) 81-97.

*b*14411   DE JONGE, M., «Again: 'To Stretch Out the Feet' in the Testaments of the Twelve Patriarchs», JBL 99 (1980) 120-121.

*b*14412   RODRIGUEZ CARMONA, A., «Concepto de 'muerte' en el Targum Palestinense del Pentateuco», EstB 41 (1983) 107-136.

d) Ancien Testament. Old Testament. Altes Testament. Antico Testamento. Antiguo Testamento.

*b*14413   VON RAD, G., *Gottes Wirken in Israel* (1974), «Alttestamentliche Glaubensaussagen vom Leben und vom Tod» (1938), 250-267.

*b*14414   SOGGIN, J.A., *Old Testament and Oriental Studies* (1975), «Child Sacrifice and Cult of the Dead in the Old Testament» (1969), 84-87.

*b*14415   HARVEY, J., «Anthropologie de l'Ancien Testament et Résurrection», dans *¿Jésus?* (en collab.) (1974), 125-129.

*b*14416   WILLIAMS, S.K., *Jesus' Death as Saving Event*, «Suffering and Death in the Old Testament and other Jewish Writings» (1975), 91-135.

*b*14417   CARMICHAEL, C.M., «On Separating Life and Death: An Explanation of Some Biblical Laws», HarvTR 69 (1976) 1-7.

*b*14418   CHRIST, H., *Blutvergiessen im Alten Testament*. Der gewaltsame Tod des Menschen untersucht am hebräischen Wort *dam* (Universität Basel, Band XII der Theologischen Dissertationen) (Basel, Friedrich Reinhardt Kommissionsverlag, 1977), 236 pp.

*b*14419   FELDMAN, E., *Biblical and post-biblical Defilement and Mourning*. Law as Theology (The Library of Jewish Law and Ethics) (New York, Yeshiva University Press, Ktav, 1977), xx-196 pp.

*b*14420   GESE, H., *Zur biblischen Theologie*, «Der Tod im Alten Testament» (1977), 31-54.

*b*14421   CRENSHAW, J.L., «The Shadow of Death in Qoheleth», dans *Israelite Wisdom* (en collab.) (1978), 205-216.

*b*14422   JAROŠ, K., «Die Vorstellung Altisraels über Tod und Fortleben nach dem Tod», BiLit 51 (1978) 219-231.

*b*14423   KOCH, R., «Le sixième (cinquième) commandement (Ex 20,13; Dt 5,17)», StMor 16 (1978) 9-30.

*b*14424   PLÖGER, O., «Tod und Jenseits im Alten Testament», dans KLIMKEIT, H.-J. (Hrsg.), *Tod und Jenseits im Glauben der Völker* (Wiesbaden, Harrassowitz, 1978), 77-85.

*b*14425   HERMANN, W., «Jahwes Triumph über Mot», UF 11 (1979) 371-377.

*b*14426   BREIT, H., «Die Sinndeutung des Todes im Alten Testament und bei Karl Marx», dans *Werden und Wirken des Alten Testaments* (en collab.) (1980), 460-470.

*b*14427   COMBS, E., POST, K., «Historicity and Necessity: Death in Genesis and the Chandogya Upanisad», SR 9 (1980) 41-52.

*b*14428   LORENZ, B., «Bemerkungen zum Totenkult im Alten Testament», VT 32 (1982) 229-234.

*b*14429   DESCAMPS, A.-L., «La mort selon l'Écriture», dans RIES, J. (Éd.), *La mort selon la Bible, dans l'antiquité classique et selon le manichéisme* (Collection Cerfaux-Lefort, 5) (Louvain-la-Neuve, Centre d'histoire des religions, 1983), 15-89.

*b*14430   FESTORAZZI, F., «La dimensione salvifica del binomio morte-vita (Qohelet e Sapienza)», RivB 30 (1983) 91-109.

*b*14431   SISTI, A., «Antiche prospettive veterotestamentarie intorno alla morte», BibOr 25 (1983) 3-9.

*b*14432   SISTI, A., «Vita e morte nel libro della sapienza», BibOr 25 (1983) 49-61.

*b*14433   SISTI, A., «La morte prematura in Sap. 4,7-17», RivB 31 (1983) 129-146.

e) Nouveau Testament. New Testament. Neues Testament. Nuovo Testamento. Nuevo Testamento.

1. Études générales. General Studies. Allgemeine Studien. Studi generali. Estudios generales.

*b*14434   RIESENFELD, H., «La descente dans la mort», dans *Aux sources de la tradition chrétienne* (en collab.) (1950), 207-217.

*b*14435   EMERY, P.-Y., «L'unité des croyants au ciel et sur la terre», VC n° 63 (1962) 240 pp. (Les morts dans le Seigneur et la communion des saints, 37-72).

*b*14436   KAMPHAUS, F., «Mit den toten leben. Eine Besinnung», BiLeb 15 (1974) 66-70.

*b*14437   BRAGUE, R., «Vom Sinn christlichen Sterbens», IKZCommunio 4 (1975) 481-493.

*b*14438   ERNST, J., «Sterben, Tod und Ewigkeit in der Sicht des Neuen Testamentes», TGl 66 (1976) 382-399.

*b*14439   PESCH, O.H., «Tod und Glaube. Der Christ und sein Sterben», GeistL 49 (1976) 363-383.

*b*14440   RAHNER, K., «Der Tod als Erscheinung der Sünde. Der Tod als Mitsterben mit Jesus und als Ereignis der Gnade», dans *Mysterium Salutis* (en collab.) (1976), V, 484-492.

*b*14441   SCHELKLE, K.H., «Tod und Leben», dans *Mysterium Salutis* (en collab.) (1976), V, 773-776.

*b*14442   EZELL, D., *Revelations on Revelation. New Sounds From Old Symbols* (Waco, Texas, Word, 1977), 124 pp.

*b*14443   PESCH, O.H., «Death and faith», TDig 25 (1977) 122-125.

*b*14444   KLIMKEIT, H.-J. (Hrsg.), *Tod und Jenseits im Glauben der Völker* (Wiesbaden, Harrassowitz, 1978), 200 pp.

*b*14445   LÉON-DUFOUR, X., «Jésus face à la mort menaçante», NRT 100 (1978) 802-821.

*b*14446   MARCHESI, G., «L'uomo: un essere per la morte?» CC 4 (1978) 234-248.

b14447 ZIMMERMANN, H., «Tod und Auferstehung im neutestamentlichen Frühchristentum», dans KLIMKEIT, H.-J. (Hrsg.), *Tod und Jenseits im Glauben der Völker* (Wiesbaden, Harrassowitz, 1978), 86-96.

b14448 GOURGUES, M., «Jésus devant sa passion et sa mort», CE (n.s.) no 30 (1979) 64 pp.

b14449 LÉON-DUFOUR, X., «Jésus à Gethsémani. Essai de lecture synchronique», SE 31 (1979) 251-268.

b14450 LÉON-DUFOUR, X., «Perdre sa vie, selon l'Évangile», Et 351 (1979) 395-409.

b14451 LÉON-DUFOUR, X., *Face à la mort, Jésus et Paul* (1979), 320 pp.

b14452 SCHLIER, H., «Der Tod im urchristlichen Denken», dans *Der Geist und die Kirche* (1980), 101-116.

2. Jean. John. Johannes. Giovanni. Juan.

b14453 THOMAS, R.W., «The Meaning of the Terms 'Life' and 'Death' in the Fourth Gospel and in Paul», SJTh 21 (1968) 199-212.

b14454 ZEDDA, S., *L'escatologia biblica*, «Le realtà escatologiche presenti, il mondo, le tenebre, la morte. Il dualismo giovanneo» (1975), II, 369-387.

3. Paul. Paulus. Paolo. Pablo.

b14455 THOMAS, R.W., «The Meaning of the Terms 'Life' and 'Death' in the Fourth Gospel and in Paul», SJTh 21 (1968) 199-212.

b14456 ANDRIESSEN, P., «Angoisse de la mort dans l'épître aux Hébreux», NRT 96 (1974) 282-292.

b14457 HARRIS, M.J., «Paul's View of Death in 2 Corinthians 5:1-10», dans *New Dimensions in New Testament Study* (en collab.) (1974), 317-328.

b14458 SCHLIER, H., *Grundzüge einer paulinischen Theologie*, «Der Tod» (1978), 107-121.

b14459 LÉON-DUFOUR, X., *Face à la mort, Jésus et Paul*, «Paul face à la mort» (1979), 173-278.

b14460 MINEAR, P.S., «Some Pauline Thoughts on Dying: A Study of 2 Corinthians», dans *From Faith to Faith* (en collab.) (1979), 91-106.

b14461 WHITELEY, D.E.H., «Death and the Care of the Bereaved», dans *Paul de Tarse, apôtre de notre temps* (en collab.) (1979), 721-749.

b14462 DE LAVERNETTE, G., «Vaincre la peur de la mort selon l'Épître aux Hébreux», CHR no 116 (1982) 465-470.

b14463 LAMBERT, P., «La mort dans la pensée de saint Paul», VS 137 (1983) 580-587.

Mystère. Mystery. Mysterium. Mistero.

b14464 BUONAIUTI, E., «Die Erlösung in dem orphischen Mysterien», ErJb 1936 4 (1937) 165-181.

b14465 OTTO, W.F., «Der Sinn der eleusinischen Mysterien», ErJb 1939 7 (1940) 83-112.

b14466 DE MENASCE, P., «Les mystères et la religion de l'Iran», ErJb 1944 11 (1945) 167-186.

b14467 PULVER, M., «Vom Spielraum gnostischer Mysterienpraxis», ErJb 1944 11 (1945) 277-325.

b14468 RAHNER, H., «Das christliche Mysterium und die heidnischen Mysterien», ErJb 1944 11 (1945) 347-449.

b14469 SÖHNGEN, G., «Die paulinische 'Gottesweisheit im Mysterium' als biblische Urkunde und geistlicher Ursprung aller christlichen Theologie», dans *Mysterium Salutis* (en collab.) (1965), I, 910-939.

*b*14470 SCHULTE, R., «Mysterion im NT», dans *Mysterium Salutis* (en collab.) (1973), IV.2, 75-82.

*b*14471 WILSON, T.E., *Mystery Doctrines of the New Testament.* God's Sacred Secrets (Neptune, NJ, Loizeaux Brothers, 1975), 123 pp.

*b*14472 MÉNARD, J.-E., «Mystère et gnose», LTP 32 (1976) 131-144.

*b*14473 CARAGOUNIS, C.C., *The Ephesian Mysterion.* Meaning and Content (Coniectanea Biblica, New Testament Series, 8) (Lund, Gleerup, 1977), xii-200 pp.

*b*14474 AHERN, B.M., «Pauline Mysticism», Way 18 (1978) 3-12.

*b*14475 HARVEY, A.E., «The Use of Mystery Language in the Bible», JTS 31 (1980) 320-336.

*b*14476 WIENS, D.H., «Mystery Concepts in Primitive Christianity and in its Environment», dans *Aufstieg und Niedergang der römischen Welt* (en collab.) (1980), 23. Band, 2. Halbband, 1248-1284.

*b*14477 PETUCHOWSKI, J.J., «Judaism as 'Mystery' - The Hidden Agenda?» HUCA 52 (1981) 141-152.

Mystique. Mystic. Mystik. Mistica. Mística.

*b*14478 VAJDA, G., «Les origines et le développement de la Kabbale juive, d'après quelques travaux récents», RHR 134 (1948) 120-167.

*b*14479 NEHER, A., «Le voyage mystique des quatre», RHR 140 (1951) 59-82.

*b*14480 HEILER, F., «Der Gottesbegriff der Mystik», Numen 1 (1954) 161-183.

*b*14481 VANDENBROUCKE, F., «Die Ursprünglichkeit der biblischen Mystik», dans *Gott in Welt* (en collab.) (1964), I, 463-491.

*b*14482 AHERN, B.M., «Pauline Mysticism», Way 18 (1978) 3-12.

*b*14483 McPOLIN, J., «Johannine Mysticism», Way 18 (1978) 25-35.

*b*14484 SCHOLEM, G., *Die jüdische Mystik in ihren Hauptströmungen* (Suhrkamp-Taschenbuch Wissenschaft, 330) (Frankfurt am Main, Suhrkamp, 1980), xvi-490 pp.

*b*14485 CHERNUS, I., «Visions of God in Merkabah Mysticism», JStJud 13 (1982) 123-146.

Mythe. Myth. Mythos. Mito.

a) Études générales. General Studies. Allgemeine Studien. Studi generali. Estudios generales.

*b*14486 JAMES, E.O., «Myth and Ritual», ErJb 1949 17 (1950) 79-120.

*b*14487 GASTER, T.H., «Myth and Story», Numen 1 (1954) 184-212.

*b*14488 SCHÜTZ, R., «Ernste Sorgen um die Mythen der Bibel», EvT 16 (1956) 274-281.

*b*14489 ELIADE, M., «La vertu créatrice du mythe», ErJb 1956 25 (1957) 59-85.

*b*14490 SACKSTEDER, W., «The Religious Functions of Myth», AThR 48 (1966) 41-62.

*b*14491 JACOBSOHN, H., «Der altägyptische, der christliche und der moderne Mythos», ErJb 1968 37 (1970) 411-448.

*b*14492 DEWAILLY, L.-M., «Réalisme du salut et des langages de la foi», MD nº 126 (1976) 42-70.

*b*14493 HOLLEMAN, A.W.J., «Myth and historiography: the tale of the 306 Fabii», Numen 23 (1976) 210-218.

*b*14494 ROBERTS, J.J.M., «Myth *Versus* History: Relaying the Comparative Foundations», CBQ 38 (1976) 1-13.

*b*14495 WILES, M.F., «'Myth' in Theology», BJRL 59 (1976-77) 226-246.

*b*14496 LAWSON, E.T., «The Explanation of Myth and Myth as Explanation», JAmAcRel 46 (1978) 507-523.

*b*14497   LÉVI-STRAUSS, C., *Myth and Meaning*. Five talks for radio (Toronto, University of Toronto Press, 1978), 54 pp.

*b*14498   ROGERSON, J.W., «Slippery Words. V. Myth», ExpTim 90 (1978) 10-14.

*b*14499   CARLOYE, J., «Myths as Religious Explanations», JAmAcRel 48 (1980) 175-189.

*b*14500   RUDHARDT, J., «Mythe, langue et expérience religieuse», Numen 27 (1980) 83-104.

*b*14501   LEACH, E., AYCOCK, D.A., *Structuralist Interpretations of Biblical Myth* (Cambridge, Cambridge University Press, 1983), vii-132 pp.

*b*14502   McCURLEY, F.M., *Ancient Myths and Biblical Faith*. Scriptural Transformations (Philadelphia, Fortress Press, 1983), xiv-192 pp.

b) Orient. Oriente.

*b*14503   DUSSAUD, R., «La mythologie phénicienne d'après les Tablettes de Ras-Shamra», RHR 104 (1931) 353-408.

*b*14504   MESSINA, G., «Mito, leggenda e storia nella tradizione iranica», Or. 4 (1935) 257-290.

*b*14505   BURMESTER, O.H.E., «Egyptian Mythology in the Coptic Apocrypha», Or. 7 (1938) 355-367.

*b*14506   KERÉNYI, K., «Mythologie und Gnosis», ErJb 1940-41 9 (1942) 157-229.

*b*14507   OPPENHEIM, A.L., «Mesopotamian Mythology», Or. 16 (1947) 207-238 (Enûma Eliš); 17 (1948) 17-58, 129-158.

*b*14508   WITZEL, M., «Zur sumerischen Mythologie», Or. 17 (1948) 393-415.

*b*14509   O'CALLAGHAN, R.T., «Ritual, Myth and Drama in the Ancient Literature», Or. 22 (1953) 418-425.

*b*14510   ALBRIGHT, W.F., «Dwarf Craftsmen in the Keret Epic and Elsewhere in the North-West Semitic Mythology», ErIs 3 (1954) 58-59 (Hebrew).

*b*14511   GIBSON, J.C.L., DRIVER, G.R., *Canaanite Myths and Legends* (Edinburgh, T. & T. Clark, 1978), xx-168 pp.

c) Ancien Testament. Old Testament. Altes Testament. Antico Testamento. Antiguo Testamento.

*b*14512   WERBLOWSKY, R.J.Z., «Hanouca et Noël ou Judaïsme et Christianisme. Note phénoménologique sur les rapports du mythe et de l'histoire», RHR 145 (1954) 30-68.

*b*14513   DAVIES, G.H., «An Approach to the Problem of Old Testament Mythology», PEQ 88 (1956) 83-91.

*b*14514   WOLVERTON, W.I., «The Meaning of the Psalms», AThR 47 (1965) 16-33.

*b*14515   JOHNSTONE, W., «The mythologising of history in the Old Testament», SJTh 24 (1971) 201-217.

*b*14516   MÜLLER, H.-P., «Zum Funktion des Mythischen in der Prophetie des Jesaja», Kairos 13 (1971) 266-281.

*b*14517   SCHREINER, J., «Mythos und Altes Testament», BiLeb 12 (1971), 141-153.

*b*14518   COLLINS, J.J., *The Apocalyptic Vision of the Book of Daniel* (Harvard Semitic Museum, Harvard Semitic Monographs, 16) (Missoula, Scholars Press, 1977), xx-239 pp.

*b*14519   PETERSEN, C., *Mythos im Alten Testament*. Bestimmung des Mythosbegriffs und Untersuchung der mythischen Elemente in den Psalmen (BZAW 157) (Berlin, De Gruyter, 1982), xvii-280 pp.

*b*14520   CARROLL, M.P., «Myth, methodology and transformation in the Old Testament: The stories of Esther, Judith, and Susanna», SR 12 (1983) 301-312.

d) Nouveau Testament. New Testament. Neues Testament. Nuovo Testamento. Nuevo Testamento.

*b*14521 BEIRNAERT, L., «La dimension mythique dans le sacramentalisme chrétien», ErJb 1949 17 (1950) 255-286.
*b*14522 CULLMANN, O., «Le mythe dans les écrits du Nouveau Testament», Numen 1 (1954) 120-135.
*b*14523 MUSSNER, F., «Thomas v. Aquin über die Entmythologisierung», Catho 19 (1965) 192-198.
*b*14524 MALBON, E.S., «Mythic Structure and Meaning in Mark», Semeia n° 16 (1979) 97-132.
*b*14525 MANN, U., «Die Gegenwart des tragischen Mythos im christlichen Heilsgeschehen», ErJb 48 (1979) 373-425.
*b*14526 GRELOT, P., «Évangile et mythologie», dans *Jésus aujourd'hui* (en collab.) (1980), I, 69-79.

e) Bultmann.

*b*14527 BARTHEL, P., «Introduction aux problèmes de la démythisation du N.T.», ETR 29 (1954) 5-20.
*b*14528 BULTMANN, R., «Au sujet du problème de la démythisation, réponse à Jaspers», ETR 29 (1954) 76-90.
*b*14529 JASPERS, K., «Wahreit und Unheil der Bultmannschen Entmythologisierung (Ce qu'il y a de vrai et de fâcheux dans la démythisation bultmannienne), traduction P. Barthel», ETR 29 (1954) 21-75.
*b*14530 GALLOWAY, A.D., «Religious Symbols and Demythologising», SJTh 10 (1957) 361-369.
*b*14531 MARQUARDT, P.G., «Anregungen aus Bultmanns Entmythologisierungsprogramm für den katholischen Theologen», BiKi 12 (1957) 2-13.
*b*14532 CRESPY, G., «Science et mythe chez Bultmann», ETR 33 (1958) 129-141.
*b*14533 BENNIE, A.P.B., «Bultmann and the Theological Significance of Myth», AThR 42 (1960) 316-325.
*b*14534 DIEM, H., «Bultmanns Programm der Entmythologisierung 'Irrweg oder Lösung?'» Bijdr. 27 (1966) 391-397.
*b*14535 BULTMANN, R., «Jesus Christ and Mythology», dans BOWDEN, J., RICHMOND, J. (Eds.), *A Reader in Contemporary Theology* (London, SCM Press, 1967), 36-46.
*b*14536 RUDOLPH, K., «Der Beitrag der Religionswissenschaft zum Problem der sogenannten Entmythologisierung», Kairos 12 (1970) 183-207.
*b*14537 CAHILL, P.J., «Myth and Meaning: Demythologizing Revisited», dans *No Famine in the Land* (en collab.) (1975), 275-291.
*b*14538 BAIRD, W., «The Problem of the Gnostic Redeemer and Bultmann's Program of Demythologizing», dans *Theologia Crucis - Signum Crucis* (en collab.) (1979), 39-56.

Naissance. Birth. Geburt. Nascita. Nacimiento.

*b*14539 SCHREINER, J., «Geburt und Tod in biblischer Sicht», BiLeb 7 (1966) 127-150.

Nature. Natur. Natura. Naturaleza.

*b*14540 HASPECKER, J., «Religiöse Naturbetrachtung im Alten Testament», BiLeb 5 (1964) 116-130.

b14541   ROGERSON, J.W., «The Old Testament View of Nature: Some Preliminary Questions»,
         dans *Instruction and Interpretation* (en collab.) (1977), 67-84.
b14542   STECK, O.H., «Alttestamentliche Impulse für eine Theologie der Natur», TZ 34 (1978)
         202-211.
b14543   SCHUNCK, K.-D., «Die Auffassung des Alten Testaments von der Natur», TLZ 104
         (1979) 401-412.
b14544   ADDINALL, P., «Walther Eichrodt and the Old Testament View of Nature», ExpTim
         92 (1981) 174-178.
b14545   WEINBURG, J.P., «Die Natur im Weltbild des Chronisten», VT 31 (1981) 324-345.
b14546   GRELOT, P., *Problèmes de morale fondamentale*, «Note sur l'idée de nature en théologie
         morale» (1982), 39-65.
b14547   GIBERT, P., «Nature et histoire dans la Genèse et les Psaumes», LV nº 161 (1983) 5-14.

Noé. Noah. Noe. Noè. Noé.

b14548   AUER, W., «Ich fand die Arche Noah», BiKi 12 (1957) 86-87.
b14549   COHEN, H.H., *The Drunkenness of Noah* (Judaic Studies, IV) (Alabama, The
         University of Alabama Press, 1974), 177 pp.
b14550   BASTOMSKY, S.J., «Noah, Italy and the Sea-Peoples», JQR 67 (1976) 146-153.
b14551   BAILEY, L.R., «Wood from 'Mount Ararat': Noah's Ark?» BA 40 (1977) 137-146.
b14552   HOENIG, S.B., «The Biblical Designation for 'Pupil'», JQR 70 (1980) 176-177.
b14553   SCHILLING, K., «Noach. Hinführung zur Bildmeditation», BiKi 35 (1980) 23-25.
b14554   VANDERKAM, J.C., «The Righteousness of Noah», dans *Ideal Figures in Ancient
         Judaism* (en collab.) (1980), 13-32.

Nom. Name. Nome. Nombre.

b14555   GONZALO MAESO, D., «Cuestiones y problemas de la onomástica bíblica», CuBi 16
         (1959) 18-28.
b14556   ANBAR, M., «Les Ismaélites et les nomades chameliers», VT 26 (1976) 497.
b14557   COHEN, N.G., «Jewish Names as Cultural Indicators in Antiquity», JStJud 7 (1976)
         97-128.
b14558   STOLPER, M.W., «A Note on Yahwistic Personal Names in the Murašû Texts»,
         BASOR nº 222 (1976) 25-28.
b14559   JENKINS, A.K., «A Great Name: Genesis 12:2 and the Editing of the Pentateuch»,
         JSOT nº 10 (1978) 41-57.
b14560   ODELAIN, O., SÉGUINEAU, R., *Dictionnaire des noms propres de la Bible* (Paris,
         Cerf, Desclée de Brouwer, 1978), 492 pp.
b14561   POZNANSKI, L., «À propos de la collation du nom dans le monde antique», RHR 194
         (1978) 113-127.
b14562   RAINEY, A.F., «The Toponymies of Eretz-Israel», BASOR nº 231 (1978) 1-17.
b14563   ZADOK, R., «West Semitic Personal Names in the Murašû Documents», BASOR
         nº 231 (1978) 73-78.
b14564   VOGELS, W., «Dis-moi ton nom, toi qui m'appelles par mon nom. Le nom dans la
         Bible», SE 33 (1981) 73-92.

Nom de Dieu. Name of God. Name Gottes.
Nome di Dio. Nombre de Dios.

a) Études générales. General Studies. Allgemeine Studien. Studi generali. Estudios generales.

b14565 LOWRIE, W., «Proper Name of God», AThR 41 (1959) 245-252.
b14566 SCHOLEM, G., «Der Name Gottes und die Sprachtheorie der Kabbala», ErJb 1970 39 (1973) 243-299.
b14567 BROWNLEE, W.H., «The Ineffable Name of God», BASOR nº 226 (1977) 39-46.
b14568 MANARANCHE, A., *Des Noms pour Dieu* (Paris, Fayard, 1980), 318 pp.
b14569 LOCHMAN, J.M., «Transzendenz und Gottesname: Freiheit in der Perspektive der Philosophie von Karl Jaspers und in biblischer Sicht», TZ 39 (1983) 227-244.

b) Orient. Oriente.

b14570 RONZEVALLE, S., «Sima-Athéna-Némésis», Or. 3 (1934) 121-146.
b14571 SCHNEIDER, N., «Zu einigen theophorischen Götternamen der Ur III-Urkunden», Or. 14 (1945) 1-17.
b14572 DU MESNIL DU BUISSON, R., «Le vrai nom de Bôl, prédécesseur de Bêl à Palmyre», RHR 158 (1960) 145-160.
b14573 WEINFELD, M., «The Moloch Cult and its Ancient Near Eastern Background», Immanuel 2 (1973) 21-22.
b14574 DIETRICH, M., LORETZ, O., SANMARTIN, J., «Die ugaritischen und hebräischen Gottesnamen *il, ilh, ilhm, 'l, 'lwh, 'lhjm*», UF 7 (1975) 552-553.
b14575 MESHEL, Z., MEYERS, C., «The name of God in the wilderness of Zin», BA 39 (1976) 6-10.
b14576 VIGANO, L., «Il fenomeno stilistico di break-up di nomi divini nei testi di Ras Samra», RivB 24 (1976) 225-242.
b14577 GWALTNEY, W.C., Jr., «Indices of Proper Names from the *El* Old Assyrian Texts», HUCA 48 (1977) 19-68.
b14578 DAHOOD, M., «The Ebla tablets and Old Testament theology», TDig 27 (1979) 303-311.
b14579 DE MEYER, F., «*kbd* comme nom divin en éblaïte, ougaritique et hébreu», RTL 11 (1980) 225-228.
b14580 DIETRICH, M., LORETZ, O., «Die Ba'al-Titel *b'l arṣ* und *aliy qrdm*», UF 12 (1980) 391-393.
b14581 DIETRICH, M., LORETZ, O., «Kennen die ug. Texte den babylonischen Gottesnamen Lillu(m)?» UF 12 (1980) 403.
b14582 POMPONIO, F., «I nomi divini nei testi di Ebla», UF 15 (1983) 141-156.

c) Judaïsme. Judaism. Judentum. Giudaismo. Judaísmo.

b14583 BEN-HAYYIM, Z., «On the Pronunciation of the Tetragrammaton by the Samaritans», ErIs 3 (1954) 147-154 (Hebrew).
b14584 VISCHER, W., «YAHVO plutôt que YAHWÉ», ETR 50 (1975) 195-202.
b14585 DAHL, N.A., SEGAL, A.F., «Philo and the Rabbis on the Names of God», JStJud 9 (1978) 1-28.
b14586 ISBELL, C.D., «The Divine Name *'hyh* As a Symbol of Presence in Israelite Tradition», HebAnR 2 (1978) 101-118.

*b*14587 STEGEMANN, H., «Religionsgeschichtliche Erwägungen zu den Gottesbezeichnungen in den Qumrantexten», dans *Qumrân. Sa piété, sa théologie et son milieu* (en collab.) (1978), 195-217.

*b*14588 NEBE, G.-W., «Psalm 104 11 aus Höhle 4 von Qumran (4 QPs^d) und der Ersatz des Gottesnamens», ZAW 93 (1981) 284-290.

*b*14589 LÉVINAS, E., *L'au-delà du verset*, «Le Nom de Dieu d'après quelques textes talmudiques» (1982), 143-157.

d) Ancien Testament. Old Testament. Altes Testament. Antico Testamento. Antiguo Testamento.

*b*14590 SMITH, C.R., «The Stories of Shechem. Three Questions», JST 47 (1946) 33-38 ('El-berith').

*b*14591 DHORME, É., «Le nom du Dieu d'Israël», RHR 141 (1952) 5-18.

*b*14592 GONZALO MAESO, D., «Onomastica divina», CuBi 17 (1960) 14-29.

*b*14593 GERHARDT, W., Jr., «The Hebrew/Israelite Weather-Deity», Numen 13 (1966) 128-143.

*b*14594 WILDBERGER, H., «Gottesnamen und Gottesepitheta bei Jesaja», dans LURIA, B.Z. (Hrsg.), *Zer li'gevurot*. Festschrift Z. Shazar (Jerusalem, Kirjat Sepaer, 1972-73), 699-728; dans WILDBERGER, H., *Jahwe und sein Volk* (1979), 219-248.

*b*14595 VIGANO, L., *Nomi e titoli di YHWH alla luce del semitico del Nord-ovest* (Biblica et Orientalia, 31) (Roma, Biblical Institute Press, 1976), xix-247 pp.

*b*14596 BERTRAM, G., «Theologische Aussagen im griechischen Alten Testament: Gottesnamen», ZNW 69 (1978) 239-246.

*b*14597 DAHL, N.A., SEGAL, A.F., «Philo and the Rabbis on the Names of God», JStJud 9 (1978) 1-28.

*b*14598 MARIA, L.N., «Uso e valore dei nomi di Dio e dei nomi del popolo nel libro di Amos», Sal 41 (1979) 425-440.

*b*14599 WIFALL, W., «Models of God in the Old Testament», BTB 9 (1979) 179-186.

*b*14600 DAHOOD, M., «The Composite Divine Name in Psalms 89,16-17 and 140,9», Bibl 61 (1980) 277-278.

*b*14601 PHILONENKO, M., «Une intaille magique au nom de IAO», Sem. 30 (1980) 57-60.

*b*14602 METTINGER, T.N.D., *The Dethronement of Sabaoth: Studies in the Shem and Kabod Theologies* (Coniectanea Biblica, Old Testament Series, 18) (Lund, Gleerup, 1982), 158 pp.

e) *'El, 'Elohim.*

*b*14603 LORETZ, O., «Jahwe und El», BiKi 24 (1969) 53-59.

*b*14604 ODEN, R.A., Jr., «*Ba'al Šāmēm* and *'Ēl*», CBQ 39 (1977) 457-473.

*b*14605 HAYWARD, C.T.R., «The Holy Name of the God of Moses and the Prologue of St John's Gospel», NTS 25 (1978-79) 16-32.

*b*14606 LUBSCZYK, H., «Elohim beim Jahwisten», dans *Congress Volume. Göttingen 1977* (en collab.) (1978), 226-253.

f) *Shadday.*

*b*14607 TUR-SINAI, N.H., «El-Shadday», ErIs 3 (1954) 39-41 (Hebrew).

*b*14608 KOCH, K., «Šaddaj», VT 26 (1976) 299-332.

*b*14609 LORETZ, O., «Der kanaanäische Ursprung des biblischen Gottesnamens El *Šaddaj*», UF 12 (1980) 420-421.

*b*14610 PASSONI DELL'ACQUA, A., «'El Šaddaj: un nome divino ancora misterioso. Analisi delle testimonianze bibliche e del loro contesto», BibOr 22 (1980) 31-54.

*b*14611 WIFALL, W., «El Shaddai or El of the Fields», ZAW 92 (1980) 24-32.

g) *Yahweh.*

*b*14612 BRUSTON, É., «Yah et Yahvé», ETR 20 (1945) 73-75.

*b*14613 DELCOR, M., «Des diverses manières d'écrire le tétragramme sacré dans les anciens documents hébraïques», RHR 147 (1955) 145-173.

*b*14614 RENCKENS, H., «De Naam Jahweh als samenvatting van Israëls Godsbesef. *Le nom de Yahvé comme expression compréhensive du sens de Dieu chez le peuple d'Israel*», Bijdr. 19 (1958) 117-136 (sommaire français).

*b*14615 KINYONGO, J., *Origine et signification du nom divin Jahvé* à la lumière de récents travaux et de traditions sémitico-bibliques (BBB 35) (Bonn, Peter Hanstein, 1970), xix-152 pp.

*b*14616 PARKE-TAYLOR, G.H., *Yahweh*. The Divine Name in the Bible (Waterloo, Ontario, Wilfred Laurier University Press, 1975), ix-134 pp.

*b*14617 VISCHER, W., «YAHWO plutôt que YAHWÉ», ETR 50 (1975) 195-202.

*b*14618 COUTURIER, G., «Le Dieu *présent*: Yahweh», dans *Dieu, parole et silence* (en collab.) (1978), 23-44.

*b*14619 ROSE, M., *Jahwe*. Zum Streit um den alttestamentlichen Gottesnamen (Theologische Studien, 122) (Zürich, Theologischer Verlag, 1978), 44 pp.

*b*14620 JANZEN, J.G., «What's in a Name? 'Yahweh' in Exodus 3 and the Wider Biblical Context», Interpr 33 (1979) 227-239.

*b*14621 SCHMIDT, W.H., «Der Jahwename und Ex 3,14», dans *Textgemäss* (en collab.) (1979), 123-138.

*b*14622 TSEVAT, M., *The Meaning of the Book of Job and Other Biblical Studies*. Essays on the Literature and Religion of the Hebrew Bible (Ktav, New York, Institute for Jewish Studies, 1980), viii-216 pp.

*b*14623 MÜLLER, H.-P., «Der Jahwename und seine Deutung Ex 3,14 im Licht der Textpublikationen aus Ebla», Bibl 62 (1981) 305-327.

*b*14624 SAEBØ, M., «Offenbarung oder Verhüllung? Bemerkungen zum Charakter des Gottesnamens in Ex 3,13-15», dans *Die Botschaft und die Boten* (en collab.) (1981), 43-55.

*b*14625 SCHÜNGEL-STRAUMANN, H., «Überlegungen zum JAHWE-Namen in den Gottesgeboten des Dekalogs», TZ 38 (1982) 65-78.

h) Divers. Miscellaneous. Verschiedenes. Diversi. Diversos.

*b*14626 FRIES, H., «Wie wird heute nach Gott gefragt?» BiKi 25 (1970) 45-48.

*b*14627 STENGER, W., «Die Gottesbezeichnung 'lebendiger Gott' im Neuen Testament», TrierTZ 87 (1978) 61-69.

*b*14628 LORETZ, O., «Vom Baal-Epitheton *adn* zu Adonis und Adonaj», UF 12 (1980) 287-292.

*b*14629 PFEIL, H., «Die Frage nach der Veränderlichkeit und Geschichtlichkeit Gottes», MüTZ 31 (1980) 1-23.

Nourriture. Food. Nahrung. Nutrimento. Alimento.

*b*14630 PAX, E., «'Essen und Trinken'. Streiflichter aus neutestamentlicher und nachbiblischer Zeit», BiLeb 10 (1969) 275-291.

b14631   SMEND, R., «Essen und Trinken - ein Stück Weltlichkeit des Alten Testaments», dans
         Beiträge zur Alttestamentlichen Theologie (en collab.) (1977), 446-459.
b14632   SIMON, M., «De l'observance rituelle à l'ascèse: recherches sur le Décret apostolique»,
         RHR 193 (1978) 27-104.
b14633   TYSON, J.B., «The Problem of Food in Acts: A Study of Literary Patterns with
         Particular Reference to Acts 6:1-7», dans *Society of Biblical Literature. 1979 Seminar
         Papers* (en collab.) (1979), I, 69-85.
b14634   GRANT, R.M., «Dietary Laws among Pythagoreans, Jews, and Christians», HarvTR 73
         (1980) 299-310.

Nouveauté. Newness. Neuheit. Novità. Novedad.

b14635   HOWARD, G., «The Tetragram and the New Testament», JBL 96 (1977) 63-83.
b14636   MYRE, A., «Le changement dans le Nouveau Testament: L'ouverture aux païens», dans
         Après Jésus (en collab.) (1977), 115-163.
b14637   PROULX, R., «Le changement dans l'Ancien Testament», dans *Après Jésus* (en collab.)
         (1977), 99-114.
b14638   THOMAS, J., «Ciel nouveau, terre nouvelle», CHR 28 (1981) 88-97.
b14639   BRIEND, J., «Le peuple d'Israël et l'espérance du Nouveau», dans En collaboration,
         L'Ancien et le Nouveau. Travaux de l'U.E.R. de théologie et de sciences religieuses (Paris)
         (Cogitatio Fidei, 111) (Paris, Cerf, 1982), 59-92.
b14640   PATAI, R., «Biblical Figures as Alchemists», HUCA 54 (1983) 195-229.

Obéissance. Obedience. Gehorsam. Obbedienza. Obediencia.

b14641   HUMBERT, A., «L'observance des commandements dans les écrits Johanniques
         (Évangile et Première Épître)», StMor 1 (1963) 187-219.
b14642   DUMAS, A., «La soumission mutuelle dans les épîtres», Communion no 96 (1970) 4-19.
b14643   SANDERS, E.P., *Paul and Palestinian Judaism*, «Obedience and disobedience; reward
         and punishment» (1977), 107-125.
b14644   BOURGEOIS, H., «Fils et serviteurs», CHR no 99 (1978) 275-285.
b14645   DE LAVERNETTE, G., «Le Christ obéissant selon saint Jean», CHR no 99 (1978)
         351-355.
b14646   DHÔTEL, J.-C., «Ta volonté, ma volonté», CHR no 99 (1978) 286-292.
b14647   VIARD, C., «Écouter», CHR no 99 (1978) 267-274.
b14648   WHITE, R.E.O., *Biblical Ethics*, «The Kingdom of God and the Life of Obedience»
         (1979), 78-108.
b14649   VAN IERSEL, B.M.F., «La voie de l'obéissance. Le chemin de vie de Jésus dans
         l'évangile de Marc», Conci no 159 (1980) 45-56.
b14650   HADIDIAN, D.Y., «The Spirit and the Life of Obedience», dans *Spirit Within Structure*
         (en collab.) (1983), 67-78.

Oeil. Eye. Auge. Occhio. Ojo.

b14651   McCARTHY, C., «The Apple of the Eye», dans *Mélanges Dominique Barthélemy* (en
         collab.) (1981), 289-295.

Oeuvres. Works. Werke. Opere. Obras.

*b*14652 VAN UNNIK, W.C., «The Teaching of Good Works in I Peter», NTS 1 (1954) 92-110, dans VAN UNNIK, W.C., *Sparsa Collecta* (1980), II, 83-105.
*b*14653 NICOL, W., «Faith and works in the Letter of James», dans *Essays on the General Epistles of the New Testament* (en collab.) (1975), 7-24.
*b*14654 ALONSO, J., «Las 'Buenas obras' (o la 'justicia') dentro de la estructura de los principales telas de la Teología Bíblica», EstE 52 (1977) 445-486.
*b*14655 DE LA POTTERIE, I., *La vérité dans saint Jean*, «Les oeuvres» (1977), 509-514.
*b*14656 RIESENFELD, H., «Eine Ergänzung zur Mitte der Botschaft: ihre Wirkungfruchtbares Leben», dans *Die Mitte des Neuen Testaments* (en collab.) (1983), 187-192.

Ombre. Shadow. Schatten. Ombra. Sombra.

*b*14657 BORDREUIL, P., «A l'ombre d'Élohim», RHPR 46 (1966) 368-391.

Onction. Unction. Salbung. Unzione. Unción.

*b*14658 LYS, D., «L'onction dans la Bible», ETR 29, n° 3 (1954) 3-54.
*b*14659 VAN UNNIK, W.C., «Jesus the Christ», NTS 8 (1962) 101-116, dans VAN UNNIK, W.C., *Sparsa Collecta* (1980), II, 248-268.
*b*14660 METTINGER, T.N.D., *King and Messiah*, «The Anointing of the King» (1976), 185-232.
*b*14661 WEISMAN, Z., «Anointing as a Motif in the Making of the Charismatic King», Bibl 57 (1976) 378-398.
*b*14662 COPPENS, J., «Jacques V,13-15 et l'onction des malades», ETL 53 (1977) 201-207.
*b*14663 ROMANIUK, K., «Weihbischof: Die Krankensalbung. Eine bibeltheologische Studie», IKZCommunio 12 (1983) 413-419.

Oracles. Orakel. Oracoli. Oráculos.

*b*14664 GREEN, T.M., «Omens and Oracles in the Classical Historians», dans *Society of Biblical Literature. 1976 Seminar Papers* (en collab.) (1976), 333-336.

Ordination. Ordinazione. Ordenación.

*b*14665 BARKLEY, J.M., «La signification de l'ordination», VC n° 43 (1957) 226-250.
*b*14666 TORRANCE, T.F., «Consecration, and Ordination», SJTh 11 (1958) 225-252.
*b*14667 HAWKINS, F., «Orders and Ordination in the New Testament», dans *The Study of Liturgy* (en collab.) (1978), 290-297.
*b*14668 HOFFMAN, L.A., «L'ordination juive à la veille du christianisme», MD n° 138 (1979) 7-47.
*b*14669 KILMARTIN, E.J., «Ministère et ordination dans l'Église chrétienne primitive», MD n° 138 (1979) 49-92.
*b*14670 VON LIPS, H., *Glaube - Gemeinde - Amt.* Zum Verständnis der Ordination in den Pastoralbriefen (FRLANT 122) (Göttingen, Vandenhoeck & Ruprecht, 1980), 327 pp.
*b*14671 QUINN, J.D., «Die Ordination in den Pastoralbriefen», IZKCommunio 10 (1981) 410-420.

Orthodoxie. Orthodoxy. Orthodoxie. Ortodossia. Ortodoxia.

*b*14672 MINGIOLI, R., «The Idea of Christian Orthodoxy in the Pastoral Epistles», AThR 21
(1939) 186-189.

*b*14673 KRAFT, R.A., «The Development of the Concept of 'Orthodoxy' in Early Christianity»,
dans *Current Issues in Biblical and Patristic Interpretation* (en collab.) (1975), 47-59.

*b*14674 VORSTER, W.S., «Heterodoxy in 1 John», dans *Essays on the General Epistles of the New
Testament* (en collab.) (1975), 87-97.

*b*14675 AUNE, D.E., «Orthodoxy in first Century Judaism? A Response to N.J. McEleney»,
JStJud 7 (1976) 1-10.

*b*14676 GRABBE, L.L., «Orthodoxy in First Century Judaism», JStJud 8 (1977) 149-153.

*b*14677 McELENEY, N.J., «Orthodoxy in Judaism of the First Christian Century», JStJud 9
(1978) 83-88.

Païens. Pagans. Heiden. Pagani. Paganos.

a) Judaïsme. Judaism. Judentum. Giudaismo. Judaísmo.

*b*14678 POHLMANN, K.-F., *Studien zum dritten Esra* (FRLANT 104) (Göttingen,
Vandenhoeck & Ruprecht, 1970), «Die Pagenerzählung 3,1-5,6 im dritten Esra», 35-52.

*b*14679 KRAABEL, A.T., «Paganism and Judaism: The Sardis Evidence», dans *Mélanges offerts
à Marcel Simon* (en collab.) (1978), 13-33.

*b*14680 COHEN, Y., «The Attitude to the Gentile in the Halakhah and in Reality in the
Tannaitic Period», Immanuel 9 (1979) 32-41.

*b*14681 DOWNING, F.G., «Common Ground with Paganism in Luke and Josephus», NTS 28
(1982) 546-559.

*b*14682 SCHIFFMAN, L.H., «Legislation Concerning Relations with Non-Jews in the *Zadokite
Fragments* and in Tannaitic Literature», RQum 11 (1983) 379-389.

b) Ancien Testament. Old Testament. Altes Testament. Antico Testamento. Antiguo Testamento.

*b*14683 JUNKER, H., «Der alttestamentliche Bann gegen heidnische Völker als
moraltheologisches und offenbarungsgeschichtliches Problem», dans *Aus Theologie und
Philosophie* (en collab.) (1950), 164-179.

*b*14684 McALPINE, T.H., «The Word Against the Nations», SBT 5,1 (1975) 3-14.

*b*14685 SIMON, M., «Jupiter-Yahvé: Sur un essai de théologie pagano-juive», Numen 23 (1976)
40-66.

*b*14686 MURPHY, R., «'Nation' dans l'Ancien Testament», Conci n° 121 (1977) 99-105.

*b*14687 SCHMIDT, W.H., «'Rechtfertigung des Gottlosen' in der Botschaft der Propheten»,
dans *Die Botschaft und die Boten* (en collab.) (1981), 157-168.

c) Nouveau Testament. New Testament. Neues Testament. Nuovo Testamento. Nuevo Testamento.

1. Études générales. General Studies. Allgemeine Studien. Studi generali. Estudios generales.

*b*14688 GRILL, S., «Omnes dii gentium daemonia?» Kairos 3 (1961) 81-84.

*b*14689 VAN UNNIK, W.C., «Die Rücksicht auf die Reaktion der Nicht-Christen als Motiv in
der altchristlichen Paränese», dans ELTESTER, W. (Hrsg.), *Judentum, Urchristentum,
Kirche*[2]. *Festschrift für Joachim Jeremias (BZNW 26) (Berlin, Töpelman, 1964), dans
VAN UNNIK, W.C., Sparsa Collecta (1980), II, 307-320.*

*b*14690 PAX, E., «Das Heidentum Palästinas in römischer Zeit», BiLeb 7 (1966) 278-292.

*b*14691 MYRE, A., «Le changement dans le Nouveau Testament: L'ouverture aux païens», dans *Après Jésus* (en collab.) (1977), 115-163.

*b*14692 BENKO, S., «Pagan Criticism of Christianity During the First Two Centuries A.D.», dans *Aufstieg und Niedergang der römischen Welt* (en collab.) (1980), 23. Band, 2. Halbband, 1055-1118.

*b*14693 CONTRERAS, C.A., «Christian Views of Paganism», dans *Aufstieg und Niedergang der römischen Welt* (en collab.) (1980), 23. Band, 2. Halbband, 974-1022.

*b*14694 HANSON, R.P.C., «The Christian Attitute to Pagan Religions up to the Time of Constantine the Great», dans *Aufstieg und Niedergang der römischen Welt* (en collab.) (1980) 23. Band, 2. Halbband, 910-973.

*b*14695 MARTINI, C.M., *La parola di Dio alle origini della Chiesa*, «La Chiesa primitiva di fronte alla conversione dei pagani: legittimazione di un nuovo metodo missionario» (1980), 295-305.

*b*14696 TRÉMEL, B., «Voie du salut et religion populaire: Paul et Luc face au risque de paganisation», LV nos 153-154 (1981) 87-110.

*b*14697 KIEFFER, R., RYDBECK, L., *Existence païenne au début du christianisme* (Études annexes de la Bible de Jérusalem) (Paris, Cerf, 1983), 170 pp.

2. Évangiles. Gospels. Evangelien. Vangeli. Evangelios.

*b*14698 CLARK, K.W., «The Gentile Bias in Matthew», JBL 66 (1947) 165-172, dans *The Gentile Bias* (1980), 1-8.

*b*14699 GAY, G., «The Judgment of the Gentiles in Matthew's Theology», dans *Scripture, Tradition, and Interpretation* (en collab.) (1978), 199-215.

*b*14700 MEIER, J.P., «Nations or Gentiles in Matthew 28:18?» CBQ 39 (1977) 94-102.

*b*14701 MYRE, A., «Le changement dans le Nouveau Testament: l'ouverture aux païens», dans *Après Jésus* (en collab.) (1977), 115-163.

*b*14702 BROWN, S., «The Matthean Community and the Gentile Mission», NT 22 (1980) 193-221.

3. Paul. Paulus. Paolo. Pablo.

*b*14703 DUBARLE, A.-M., *La manifestation naturelle de Dieu d'après l'Écriture*, «La connaissance de Dieu chez les païens» (1976), 49-75.

*b*14704 BLANK, J., «Paulus - Jude and Völkerapostel. Als Frage an Juden und Christen», dans *Paulus - Apostat oder Apostel?* (en collab.) (1977), 147-172.

*b*14705 DAVIES, W.D., «Presidential Address: Paul and the People of Israel», NTS 24 (1977-78) 4-39.

*b*14706 SANDERS, E.P., *Paul and Palestinian Judaism*, «The Gentiles» (1977), 206-212.

*b*14707 AUS, R.D., «Paul's Travel Plans to Spain and the 'Full Number of the Gentiles' of Rom. xi 25», NT 21 (1979) 232-262.

*b*14708 WALTER, N., «Christusglaube und Heidnische Religiosität in Paulinischen Gemeinden», NTS 25 (1979) 422-442.

*b*14709 DABELSTEIN, R., *Die Beurteilung der 'Heiden' bei Paulus* (Bern, Frankfurt/M., Peter Lang, 1981), 245 pp.

*b*14710 TRÉMEL, B., «Voie du salut et religion populaire: Paul et Luc face au risque de paganisation», LV nos 153-154 (1981) 87-110.

*b*14711 SYNGE, E.F., «St Paul's Boyhood and Conversion and his Attitude to Race», ExpTim 94 (1983) 260-263.

Paix. Peace. Friede. Pace. Paz.

a) Études générales. General Studies. Allgemeine Studien. Studi generali. Estudios generales.

b14712 CRONBACH, A., «The Social Ideals of the Apocrypha and the Pseudepigrapha», HUCA 18 (1944) 119-156.

b14713 HOFFMANN, A., «Zur Bibelaktion 1969. 5 Friedensthesen - 2 Friedensgebote - 1 Wortgottesdienst - Materialdienst», BiKi 23 (1968) 81-86.

b14714 MIKAT, P., «Schalom - Eirene - Heil - Friede», BiKi 23 (1968) 78-80.

b14715 RUSCHE, H., «Das Zeichen Jerusalem (Überlegungen zum Frieden)», BiLeb 15 (1974) 246-249.

b14716 KREMER, J., «Der Frieden - eine Gabe Gottes. Bibeltheologische Erwägungen», StiZ 200 (1982) 161-173.

b14717 WANSBROUGH, H., «Blessed are the Peacemakers», Way 22 (1982) 10-17.

b14718 COSTE, R., «Les fondements biblico-théologiques de la justice et de la paix», NRT 105 (1983) 179-217.

b14719 PIKAZA, J., «Guerra y paz en la Biblia», RazFe 207 (1983) 40-55.

b14720 RIZZI, A., «Reflections for an Anthropology of Peace», RelStB 3 (1983) 121-129.

b) Judaïsme. Judaism. Judentum. Giudaismo. Judaísmo.

b14721 BRAULIK, G., «Menuchah - Die Ruhe Gottes und des Volkes im Lande», BiKi 23 (1968) 75-78.

b14722 GENOT-BISMUTH, J., «Pacifisme pharisien et sublimation de l'idée de guerre aux origines du rabbinisme», ETR 56 (1981) 73-89.

c) Ancien Testament. Old Testament. Altes Testament. Antico Testamento. Antiguo Testamento.

b14723 JACOB, E., «L'idéal de paix dans les espérances d'avenir de l'Ancien Testament», ETR 19 (1944) 3-13.

b14724 AUER, W., «Der Friede im Buche Isaias», BiKi 12 (1957) 35-43.

b14725 READ, D.H.C., «Melchizedek - and the Quest for Peace», ExpTim 91 (1979) 14-15.

b14726 McCARTHY, D.J., «Psalm 85 and the Meaning of Peace», Way 22 (1982) 3-9.

b14727 STUHLMUELLER, C., «The Prophetic Combat for Peace», Way 22 (1982) 79-87.

d) Nouveau Testament. New Testament. Neues Testament. Nuovo Testamento. Nuevo Testamento.

b14728 STRATON, H.H., «Jesus, Exegesis, and War», AThR 26 (1944) 42-48.

b14729 MENOUD, P.-H., «La paix chrétienne», VC nº 22 (1952) 58-67.

b14730 DE KRUIJF, T.C., «Justice and Peace in the New Testament», Bijdr. 32 (1971) 367-383.

b14731 SCHLIER, H., «Der Friede nach dem Apostel Paulus», Geist 44 (1971) 282-296, dans Der Geist und die Kirche (1980), 117-133.

b14732 WEBER, H.-R., «Libérateur ou Prince de la paix?» ETR 48 (1973) 317-349.

b14733 DELLING, G., «Die Bezeichnung 'Gott des Friedens' und ähnliche Wendungen in den Paulusbriefen», dans Jesus und Paulus (en collab.) (1975), 76-84.

b14734 MANIGNE, J.-P., «La sérénité du Christ», VS 130 (1976) 179-186.

b14735 PENNA, R., «L'évangile de la paix», dans Paul de Tarse, apôtre de notre temps (en collab.) (1979), 175-199.

b14736 DEMEESTÈRE, P., «Violence ou naissance», CHR 27 (1980) 166-180.

b14737 KLASSEN, W., «'A Child of Peace' (Luke 10.6) in First Century Context», NTS 27 (1981) 488-506.

b14738 BEUTLER, J., «Friedenssehnsucht - Friedensengagement nach dem Neuen Testament», StiZ 200 (1982) 291-306.

b14739 BRANDENBURGER, E., «Perspektiven des Friedens im Neuen Testament», BiKi 37 (1982) 50-60.

b14740 DONAHUE, J.R., «The Good News of Peace», Way 22 (1982) 88-99.

b14741 McPOLIN, J., «Peace in Conflict», Way 22 (1982) 262-272.

b14742 WALSH, J., «The Peace that passes Understanding», Way 22 (1982) 27-39.

b14743 CIGNELLI, L., «Il tema del 'Cristo-Pace' nell'esegesi patristica», StBiFranc 33 (1983) 227-272.

b14744 SWARTLEY, W.M., «Politics and Peace (*Eirene*) in Luke's Gospel», dans *Political Issues in Luke-Acts* (en collab.) (1983), 18-37.

Pâque. Easter. Osterfest. Pasqua. Pascua.

a) Pâque juive. Jewish Easter. Jüdisches Osterfest. Pasqua giudaica. Pascua judía.

b14745 SCHOFIELD, J.N., «The Samaritan Passover», PEQ 68 (1936) 93-96.

b14746 AMADON, G., «Important Passover Texts in Josephus and Philo», AThR 27 (1945) 109-115.

b14747 THIELE, E.R., «The Day and Hour of Passover Observance in New Testament Times», AThR 28 (1946) 163-168.

b14748 KRAUS, H.-J., «Zur Geschichte des Passah-Massot-Festes im Alten Testament», EvT 18 (1958) 47-67.

b14749 XXX, *La Pâque dans la conscience juive*. Choix de textes et de documents (Coll. 'Présence du judaïsme') (Paris, Albin Michel, 1959), 183 pp.

b14750 HAAG, H., «Das Pascha als alttestamentliche Bundesfeier», BiKi 15 (1960) 34-36.

b14751 ATKINSON, C.W., «The Ordinances of Passover-Unleavened Bread», AThR 44 (1962) 70-85.

b14752 ROTH, C., «Majolica Passover Plates of the XVIth-XVIIIth Centuries», ErIs 7 (1964) 107*-111*.

b14753 CAVALLETTI, S., «Le fonti del 'seder' pasquale», BibOr 7 (1965) 153-160.

b14754 LAAF, P., *Die Pascha-Feier Israels*. Eine literarkritische und überlieferungsgeschichtliche Studie (BBB 36) (Bonn, Peter Hanstein, 1970), xxvi-187 pp.

b14755 DE NICOLA, A., «La Pasqua dei Samaritani», BibOr 13 (1971) 49-56.

b14756 CHENDERLIN, F., «Distributed Observance of the Passover - A Hypothesis», Bibl 56 (1975) 369-393.

b14757 SCHMITT, R., *Exodus und Passah* (Orbis Biblicus et Orientalis, 7) (Freiburg, Schweiz, Universitätsverlag; Göttingen, Vandenhoeck & Ruprecht, 1975), 112 pp.

b14758 CHENDERLIN, F., «Distributed Observance of the Passover - A Preliminary Test of the Hypothesis», Bibl 57 (1976) 1-24.

b14759 FLUSSER, D., «Some Notes on Easter and the Passover Haggadah», Immanuel 7 (1977) 52-60.

b14760 GESE, H., *Zur biblischen Theologie*, «Die Herkunft des Herrenmahls» (1977), 107-127.

b14761 SCHREINER, J., «Exodus 12,21-23 und das israelitische Pascha», dans *Studien zum Pentateuch* (en collab.) (1977), 69-90.

b14762 WAMBACQ, B.N., «J. Henninger, *Les fêtes du printemps chez les Sémites et la Pâque israélite*», Bibl 58 (1977) 441-444.

b14763   ROS GARMENDIA, S., *La Pascua en el Antiguo Testamento* (Bíblica Victoriensia: Monografías Bíblicas de la Facultad Teológica del Norte de España, 3) (Vitoria, España, Editorial Eset, 1978), xliii-322 pp.

b14764   DAVIES, P.R., «The Sacrifice of Isaac and Passover», dans *Studia Biblica 1978. I. Papers on Old Testament* (en collab.) (1979), 127-132.

b14765   HOFFMAN, L.A., «A Symbol of Salvation in the Passover Haggadah», Wor 53 (1979) 519-537.

b14766   BRAULIK, G., «Pascha - von der alttestamentlichen Feier zum neutestamentlichen Fest», BiKi 36 (1981) 159-165.

b14767   MARCHADOUR, A., «La PÂQUE: son évolution jusqu'au temps de Jésus», CE (n.s.) nᵒ 37 (1981) 14-18.

b14768   TABORY, J., «The Passover Eve Ceremony - An Historical Outline», Immanuel 12 (1981) 32-43.

b) Pâque chrétienne. Christian Easter. Christliches Osterfest. Pasqua cristiana. Pascua cristiana.

b14769   RIBER, M., «Catequesis Bíblico-Litúrgica sobre el misterio pascual», CuBi 20 (1963) 37-44.

b14770   HOMARD, J.K., «Passover and Eucharist in the Fourth Gospel», SJTh 20 (1967) 329-337.

b14771   RIEDL, J., «Entstehung und Inhalt des neutestamentlichen Osterglaubens», BiLit 40 (1967) 81-110.

b14772   QUESNEL, M., *Les épîtres aux Corinthiens*, «Mort et résurrection», CE (n.s.) nᵒ 22 (1977) 55-57.

b14773   SCHEER, A., «La veillée pascale, rite de passage? Recherche sur l'essence de la célébration pascale», Conci nᵒ 132 (1978) 67-80.

b14774   SERRANO, V., *La Pascua de Jesús en su tiempo y en el nuestro* (Madrid, Centro de Estudios Judeo-Cristianos, 1978), 166 pp.

b14775   CHARLIER, J.-P., «Mort et résurrection du Témoin de Dieu selon le cinquième évangile», VS 133 (1979) 324-336.

b14776   En collaboration, «Pour une 'Pâque hebdomadaire'», Communion 22-23 (1980) 80 pp.

b14777   BARTSCH, H.-W., «Inhalt und Funktion des urchristlichen Osterglaubens», NTS 26 (1980) 180-196.

b14778   FEELEY-HARNIK, G., *The Lord's Table.* Eucharist and Passover in Early Christianity (Symbol and Culture) (Philadelphia, University of Pennsylvania Press, 1981), 184 pp.

b14779   MANNS, F., «Traces d'une Haggadah chrétienne dans l'Apocalypse de Jean?» Ant 56 (1981) 265-295.

b14780   VIARD, C., «Pâque de Jésus, avenir de l'homme», CHR 28 (1981) 54-64.

b14781   CHARY, T., «Pâques, mystère de salut permanent», dans *La Pâque du Christ, mystère de salut* (en collab.) (1982), 19-31.

b14782   DURRWELL, F.-X., «La Pâque du Christ selon l'Écriture», dans *La Pâque du Christ, mystère de salut* (en collab.) (1982), 9-18.

b14783   SABOURIN, L., «Easter in the early church», RelStB 2 (1982) 23-32.

Paraclet. Paraclete. Paraklet. Paraclito. Paracleto.

b14784   EISLER, R., «Das Rätsel des Johannesevangeliums», ErJb 1935 3 (1936) 323-511 («Der Parakletsprüche», 391-414; «Simon Magus - Der Paraklet», 414-422).

b14785   PREISS, T., «Le Fils de l'Homme dans le quatrième évangile», ETR 28 (1953) 7-61.

*b*14786   FORESTELL, J.T., «Jesus and the Paraclete in the Gospel of John», dans *Word and Spirit* (en collab.) (1975), 151-197.

*b*14787   DE LA POTTERIE, I., *La vérité dans saint Jean*, «Le paraclet, l'esprit de la vérité» (1977), 329-466.

*b*14788   BORING, M.E., «The Influence of Christian Prophecy on the Johannine Portrayal of the Paraclete and Jesus», NTS 25 (1978-79) 113-123.

*b*14789   CARSON, D.A., «The Function of the Paraclete in John 16:7-11», JBL 98 (1979) 547-566.

*b*14790   WILCKENS, U., «Der Paraklet und die Kirche», dans *Kirche*. Festschrift für Günther Bornkamm (en collab.) (1980), 185-203.

*b*14791   GRAYSTON, K., «The Meaning of PARAKLETOS», JSNT nº 13 (1981) 67-82.

*b*14792   SHAFAAT, A., «Geber of the Qumran Scrolls and the Spirit Paraclete of the Gospel of John», NTS 27 (1981) 263-269.

*b*14793   MANNS, F., «Le Paraclet dans l'Évangile de Jean», StBiFranc 33 (1983) 99-152.

Paradis. Paradise. Paradies. Paradiso. Paraíso.

*b*14794   DE LANGHE, R., «La Terre Promise et le Paradis d'après l'Apocryphe de la Genèse», dans *Scrinium Lovaniense* (en collab.) (1961), 126-135.

*b*14795   HAAG, E., *Der Mensch am Anfang*. Die altestamentliche Paradiesvorstellung nach Gn. 2-3 (Trierer Theologische Studien, 24) (Trier, Paulinus-Verlag, 1970), vii-209 pp.

*b*14796   HAAG, E., «Ez 31 und die alttestamentliche Paradiesvorstellung», dans *Wort, Lied und Gottesspruch*. Beiträge zu Psalmen und Propheten (en collab.) (1972), 171-178.

*b*14797   TILLMANS, W.G., «De oude Paradijssymboliek. Een verkenning - *La symbolique ancienne du Paradis. Une esquisse*», Bijdr. 36 (1975) 350-390 (sommaire français).

*b*14798   TESTA, E., «Il Golgota, porto della quiete», dans *Studia Hierosolymitana (Bagatti)* (en collab.) (1976), I, 197-244.

*b*14799   TESTA, E., «I Novissimi e la loro localizzazione nella Teologia ebraica e giudeo-cristiana», StBiFranc 26 (1976) 121-169.

*b*14800   KRONHOLM, T., «The Trees of Paradise in the Hymns of Ephraem Syrus», ASTI 11 (1978) 48-56.

*b*14801   LEMAIRE, A., «Le Pays d'Eden et le Bit-Adini. Aux origines d'un mythe», Syr. 58 (1981) 313-330.

*b*14802   LINCOLN, A.T., *Paradise Now and Not Yet*. Studies in the role of the heavenly dimension in Paul's thought with special reference to his eschatology (SNTS Monograph Series, 43) (Cambridge, Cambridge University Press, 1981), xiii-277 pp.

Pardon. Forgiveness. Vergebung. Perdono. Perdón.

a) Études générales. General Studies. Allgemeine Studien. Studi generali. Estudios generales.

*b*14803   SCHALL, J.V., «The Experience of Hatred», Way 17 (1977) 299-300.

*b*14804   MALY, E.H., «Sin and Forgiveness in the Scriptures», dans *Sin, Salvation, and the Spirit* (en collab.) (1979), 40-48.

b) Ancien Testament. Old Testament. Altes Testament. Antico Testamento. Antiguo Testamento.

*b*14805   CAZELLES, H., «Alliance nouvelle, coeur nouveau», CHR 25 (1978) 90-99.

*b*14806   MANNUCCI, V., «Peccato, perdono e riconciliazione nell'Antico Testamento», BibOr
          25 (1983) 87-96.

c) Nouveau Testament. New Testament. Neues Testament. Nuovo Testamento. Nuevo Testamento.

*b*14807   MARTELET, G., «Remets-nous nos dettes, comme nous remettons les leurs à ceux qui
          nous doivent», VC n° 38 (1956) 79-84.
*b*14808   SPINSANTI, S., «La visite de Dieu dans le pardon», Communion n° 100 (1971) 11-25.
*b*14809   LEROY, H., *Zur Vergebung der Sünden*. Die Botschaft der Evangelien (Stuttgarter
          Bibelstudien, 73) (Stuttgart, Katholisches Bibelwerk, 1974), 114 pp.
*b*14810   CROSSAN, J.D., «Jesus and Pacifism», dans *No Famine in the Land* (en collab.) (1975),
          195-208.
*b*14811   WENGST, K., «Versöhnung und Befreiung. Ein Aspekt des Themas 'Schuld und
          Vergebung' im Lichte des Kolosserbriefes», EvT 36 (1976) 14-26.
*b*14812   MONTEAU, R., «Pardon et douceur évangéliques», VS 131 (1977) 228-239.
*b*14813   DE LA CALLE, F., «El evangelio ¿nuevo módulo de reconciliación?» BibFe 5 (1979)
          34-46.
*b*14814   PIPER, J., *Love your enemies* (1979), «Matthew's Use of the Gospel Tradition of Jesus'
          Command of Enemy Love», 141-152; «Luke's Use of the Gospel Tradition of Jesus'
          Command of Enemy Love», 153-170.
*b*14815   GEREST, C., «Se renouvelle ta jeunesse», VS 134 (1980) 41-55.
*b*14816   GERVAIS, P., «Faute et pardon. Jean 8,1-11», CHR 28 (1981) 431-439.
*b*14817   KLAUCK, H.-J., «Die Frage der Sündenvergebung in der Perikope von der Heilung des
          Gelähmten (Mk 2,1-12 parr)», BZ 25 (1981) 223-248.
*b*14818   MONGILLO, D., «'...in remissione dei peccati' (Mt 26,28). La condizione umana in
          prospettiva storico-salvifica», dans *Parola e Spirito* (en collab.) (1982), 1279-1288.
*b*14819   FORD, J.M., «Reconciliation and Forgiveness in Luke's Gospel», dans *Political Issues in
          Luke-Acts* (en collab.) (1983), 80-98.
*b*14820   SALAS, A., «¡Padre, perdónanos nuestras ofensas!» BibFe 9 (1983) 52-63.

Parfum. Perfume. Wohlgeruch. Profumo. Perfume.

*b*14821   BRENNER, A., «Aromatics and Perfumes in the Song of Songs», JSOT n° 25 (1983)
          75-81.

Parjure. Perjury. Meineid. Spergiuro. Perjurio.

*b*14822   SWEZEY, C.M., «Exodus 20:16 - 'Thou shalt not bear false witness against thy
          neighbors'», Interpr 34 (1980) 405-410.
*b*14823   LANG, B., «Das Verbot des Meineids im Dekalog», TQ 161 (1981) 97-105.

Parole de Dieu. Word of God. Wort Gottes. Parola di Dio. Palabra de Dios.

a) Études générales. General Studies. Allgemeine Studien. Studi generali. Estudios generales.

*b*14824   LAMORTE, A., «Tradition et parole de Dieu», ETR 12 (1937) 250-256.
*b*14825   McCONNACHIE, J., «The Uniqueness of the Word of God», SJTh 1 (1948) 113-135.
*b*14826   REYERO, S., «Eficacia de la Sagrada Escritura, según el P. Fr. Alonso Cabrera», CuBi
          15 (1958) 353-356.

*b*14827 CAMON AZNAR, J., «La Divinidad por la palabra», CuBi 19 (1962) 3-5.

*b*14828 REGAN, A., «The word of God and the ministry of preaching», StMor 1 (1963) 389-449.

*b*14829 SILVA, R., «La revelación por la Palabra», CuBi 24 (1967) 132-137.

*b*14830 YUBERO, D., «La Biblia, palabra de Dios, en nuestra vida y ministerio sacerdotal», CuBi 28 (1971) 259-266.

*b*14831 BARBOUR, R.S., «The Bible - Word of God?» dans *Biblical Studies* (W. Barclay) (en collab.) (1976), 28-42.

*b*14832 KLEIN, J.-L., «L'Esprit et l'Écriture», ETR 51 (1976) 149-163.

*b*14833 GOLUB, I., «The Word: Biblical and Poetic», BTB 7 (1977) 168-171.

*b*14834 GORRINGE, T., «In Defence of the Identification: Scripture as Word of God», SJTh 32 (1979) 303-318.

*b*14835 BEIL, A., «Favete linguis», BiLit 53 (1980) 147-155.

*b*14836 MOLLAT, D., *La Parole et l'Esprit*. Exégèse spirituelle, «Parole de Dieu force de salut» (1980), I, 167-177.

*b*14837 BROWN, R.E., «'And the Lord Said'? Biblical Reflections on Scripture as the Word of God», TS 42 (1981) 3-19.

*b*14838 FERLAY, P., «De Dieu qui crée à Dieu qui parle», NRT 104 (1982) 189-200.

*b*14839 LOUIS, B., «Das Wort des Menschen an Gott - das Wort Gottes an den Menschen», GeistL 55 (1982) 324-335.

*b*14840 VOGELS, W., «La parole de Dieu comme nourriture», dans *La Pâque du Christ, mystère de salut* (en collab.) (1982), 33-50.

*b*14841 MÜLLER, P.G., «Der 'Tisch des Wortes' im Gemeindeaufbau», BiKi 38 (1983) 163-167.

b) Orient. Oriente.

*b*14842 JACOBSOHN, H., «Das göttliche Wort und der göttliche Stein im alten Ägypten», ErJb 1970 39 (1973) 217-241.

*b*14843 MORIARTY, F.L., «Wort as Power in the Ancient Near East», dans *A Light unto My Path* (en collab.) (1974), 345-362.

c) Judaïsme. Judaism. Judentum. Giudaismo. Judaísmo.

*b*14844 LAUTERBACH, J.Z., «The Belief in the Power of the Word», HUCA 14 (1939) 287-302.

*b*14845 SABOURIN, L., «The MEMRA of God in the Targums», BTB 6 (1976) 79-85.

d) Ancien Testament. Old Testament. Altes Testament. Antico Testamento. Antiguo Testamento.

*b*14846 NIELEN, J.M., «Zur Theologie des Wortes», BiLeb 2 (1961) 1-16.

*b*14847 DE FRAINE, J., «L'efficacia della parola di Dio», BibOr 8 (1966) 1-10.

*b*14848 HARROP, G.G., «But Now Mine Eye Seeth Thee», CanJT 12 (1966) 80-84.

*b*14849 GONZALO MAESO, D., «Frases bíblicas», CuBi 29 (1972) 22-27.

*b*14850 CUNCHILLOS, J.-L., *La Bible. Première lecture de l'Ancien Testament -I*, «La Bible est message de Dieu en parole humaine» (1974), 13-22.

*b*14851 MURPHY, R.E., «The Old Testament as Word of God», dans *A Light unto My Path* (en collab.) (1974), 363-374.

*b*14852 COX, D., «Inspired radicals. The prophets of the eight Century», StBiFranc 25 (1975) 90-103.

*b*14853 WALDMAN, N.M., «A Note on Excessive Speech and Falsehood», JQR 67 (1976) 142-145.

*b*14854 BLAQUART, J.L., «Parole de Dieu et prophètes d'Amos à Ézéchiel», dans *L'Ancien Testament*. Approches et Lectures (en collab.) (1977), 15-30.

*b*14855 MELLO, A., «'Ascolta, Israele!' L'ascolto della Parola nel Deuteronomio», dans *Parola, spirito e vita* 1 (1980) 27-41.

*b*14856 GIBSON, G.S., «The Word of God in the Old Testament», ExpTim 94 (1982) 51-52.

*b*14857 SABOURIN, L., «Yahwéh et sa parole dans l'histoire», dans *Parola e Spirito* (en collab.) (1982) 575-583.

*b*14858 ZIMMERLI, W., «Jahwes Wort bei Deuterojesaja», VT 32 (1982) 104-124.

e) Nouveau Testament. New Testament. Neues Testament. Nuovo Testamento. Nuevo Testamento.

1. Études générales. General Studies. Allgemeine Studien. Studi generali. Estudios generales.

*b*14859 CLAVIER, H., «La parole de Dieu et l'unité de l'Église», ETR 11 (1936) 67-97, 160-199.

*b*14860 BARNAUD, J., «Le ministère de la Parole dans l'Église primitive», ETR 21 (1946) 218-229.

*b*14861 MACNICOL, J.D.A., «Word and Deed in the New Testament», SJTh 5 (1952) 237-248.

*b*14862 MARLÉ, R., «Bemerkungen zur Theologie des Wortes bei Bultmann», Catho 14 (1960) 23-34.

*b*14863 MARTIN, R.P., *Worship in the Early Church*, «The Ministry of the Word» (1964), 66-76.

*b*14864 KNOCH, O., «Das Wort Gottes als Formprinzip des christlichen Lebens», BiKi 25 (1970) 73-78.

*b*14865 BOUTTIER, M., «Commencement, force et fin de l'évangile», ETR 51 (1976) 465-493.

*b*14866 LEENHARDT, F.-J., *L'Église*, «Structure tripartite du ministère de Jésus» (1978), 27-35.

*b*14867 SCHLIER, H., *Grundzüge einer paulinischen Theologie*, «Das Evangelium» (1978), 200-215.

*b*14868 CALLOUD, J., «Ce que parler veut dire», dans *Études sur la première lettre de Pierre* (en collab.) (1980), 175-206.

*b*14869 DEMEESTÈRE, P., «Violence ou naissance», CHR 27 (1980) 166-180.

*b*14870 JUNG, M.-M., «Le Verbe s'est fait chair», VS 135 (1981) 53-61.

*b*14871 NDIAYE, B., «Jésus, parole régénératrice», LV n° 159 (1982) 15-28.

2. Évangiles synoptiques. Synoptic Gospels. Synoptische Evangelien.
   Vangeli sinottici. Evangelios sinópticos.

*b*14872 FROST, G., «The Word of God in the Synoptic Gospels», SJTh 16 (1963) 186-194.

3. Jean. John. Johannes. Giovanni. Juan.

*b*14873 LEROY, H., «Und das Wort ist Fleisch geworden», BiKi 20 (1965) 114-116.

*b*14874 SCHULZ, S., *Die Stunde der Botschaft*, «Wort und Glaube» (1967), 341-359.

*b*14875 DE LA POTTERIE, I., *La vérité dans saint Jean*, «La vérité et le vocabulaire de la parole» (1977), 39-64.

*b*14876 DE LA POTTERIE, I., «Parole et esprit dans S. Jean», dans *L'Évangile de Jean* (en collab.) (1977), 177-201.

*b*14877 FREED, E.D., «Theology Prelude to the Prologue of John's Gospel», SJTh 32 (1979) 257-269.

Parousie. Parousia. Parusie. Parusia. Parusía.

a) Études générales. General Studies. Allgemeine Studien. Studi generali. Estudios generales.

*b*14878   SIMON, M., «Retour du Christ et reconstruction du Temple dans la pensée chrétienne primitive», dans *Aux sources de la tradition chrétienne* (en collab.) (1950), 247-257.
*b*14879   HAHN, F., *Christologische Hoheitstitel*, «Der wiederkommende 'Herr'» (1963), 95-112.
*b*14880   JOEST, W., «Die Kirche und die Parusie Jesu Christi», dans *Gott in Welt* (en collab.) (1964), I, 536-550.
*b*14881   SCHNACKENBURG, R., «Kirche und Parusie», dans *Gott in Welt* (en collab.) (1964), I, 551-578.
*b*14882   SMALLEY, S., «The Theatre of Parousia», SJTh 17 (1964) 406-413.
*b*14883   DUQUOC, C., *Christologie.* Essai dogmatique (Paris, Cerf, 1972), «Parousie», II, 281-317.
*b*14884   MÜLLER, K., «Jesu Naherwartung und die Anfänge der Kirche», dans *Die Aktion Jesu und die Re-Aktion der Kirche* (en collab.) (1972), 9-29.
*b*14885   EBIED, R.Y., YOUNG, M.J.L., «An exposition of the Islamic doctrine of Christ's second coming as presented by a Bosnian Muslim scholar», OLoP 5 (1974) 127-137.
*b*14886   AUNE, D.E., «The Significance of the Delay of the Parousia for Early Christianity», dans *Current Issues in Biblical and Patristic Interpretation* (en collab.) (1975), 87-109.
*b*14887   MARE, W.H., «A Study of the New Testament Concept of the Parousia», dans *Current Issues in Biblical and Patristic Interpretation* (en collab.) (1975), 336-345.
*b*14888   SISTI, A., «Nell'attesa della tua venuta», BibOr 17 (1975) 49-55.
*b*14889   ZEDDA, S., *L'escatologia biblica*, «La parusia» (1975), II, 159-194.
*b*14890   BREUNING, W., «Das Parusiegeschehen: Person und Werk Jesu Christi als Grund, Inhalt und Ziel der eschatologischen Vollendung», dans *Mysterium Salutis* (en collab.) (1976), V, 781-843.
*b*14891   LÉGASSE, S., «Le retour du Christ d'après l'évangile de Jean», BLE 81 (1980) 161-174.
*b*14892   CALLAN, T., «Psalm 110:1 and the Origin of the Expectation that Jesus Will Come Again», CBQ 44 (1982) 622-636.
*b*14893   BEASLEY-MURRAY, G.R., *The Coming of God.* The Emmanuel Ajahi Dahunsi Memorial New Testament Lectures 1981 (Exeter, Paternoster Press, 1983), 63 pp.

b) Évangiles synoptiques. Synoptic Gospels. Synoptische Evangelien.
   Vangeli sinottici. Evangelios sinópticos.

*b*14894   HOLMAN, C.L., «The Idea of an Imminent Parousia in the Synoptic Gospels», SBT 3 (1973) 15-31.
*b*14895   BAUCKHAM, R., «Synoptic Parousia Parables and the Apocalypse», NTS 23 (1977) 162-176.
*b*14896   WEISER, A., «Von der Predigt Jesu zur Erwartung der Parusie. Überlieferungsgeschichtliches zum Gleichnis vom Türhüter», BiLeb 12 (1971) 25-31.
*b*14897   OWEN, H.P., «The Parousia of Christ in the Synoptic Gospels», SJTh 12 (1959) 171-192.

c) Actes des apôtres. Acts of the Apostles. Apostelgeschichte.
   Atti degli apostoli. Hechos de los apóstoles.

*b*14898   GRÄSSER, E., «Die Parusieerwartung in der Apostelgeschichte», dans *Les Actes des Apôtres.* Traditions, rédaction, théologie (en collab.) (1979), 99-127.

d) Paul. Paulus. Paolo. Pablo.

*b*14899   HOLTZ, T., «'Euer Glaube an Gott.' Zu Form und Inhalt 1 Thess 1,9f», dans *Die Kirche des Anfangs* (en collab.) (1978), 459-488.

*b*14900   RADL, W., *Ankunft des Herrn.* Zur Bedeutung und Funktion der Parusieaussagen bei Paulus (Beiträge zur biblischen Exegese und Theologie, 15) (Frankfurt/M., Bern, Peter Lang, 1980), 341 pp.

*b*14901   SCHADE, H.-H., *Apokalyptische Christologie bei Paulus*, «Parusie und Entrückung. 1 Th 4,13-18» (1981), 157-172.

Pasteur. Pastor. Hirte. Pastore. Pastor.

*b*14902   THOMSON, J.G.S.S., «The Shepherd-Ruler Concept in the OT and its Application in the NT», SJTh 8 (1955) 406-418.

*b*14903   VISCHER, W., «Les Modèles de notre ministère pastoral dans l'Ancien Testament», ETR 40 (1965) 233-254.

*b*14904   WALLIS, G., «Pastor bonus - Eine Betrachtung zu den Hirtenstücken des Deutero- und Tritosacharja-Buches», Kairos 12 (1970) 220-234.

*b*14905   SANCHEZ BOSCH, J., «Le charisme des Pasteurs dans le corpus paulinien», dans *Paul de Tarse, apôtre de notre temps* (en collab.) (1979), 363-397.

Paternité. Paternity. Vaterschaft. Paternità. Paternidad.

*b*14906   CLAVIER, H., «La notion de Dieu dans l'enseignement de Jésus-Christ», ETR 7 (1932) 50-77.

*b*14907   BAUMANN, R., «Abba, lieber Vater. Zum biblischen Gottesbild», BiKi 22 (1967) 73-78.

*b*14908   DE BOER, P.A.H., *Fatherhood and Motherhood in Israelite and Judean Piety* (Leiden, Brill, 1974), ix-57 pp.

*b*14909   TELLENBACH, H. (Hrsg.), *Das Vaterbild in Mythos und Geschichte.* Ägypten, Griechenland, Altes Testament, Neues Testaments (Stuttgart, Kohlhammer, 1976), 164 pp.

*b*14910   GORDON, C.H., «Paternity at Two Levels», JBL 96 (1977) 101.

*b*14911   NEL, P., «The Concept 'Father' in the Wisdom Literature of the Ancient Near East», JNWSemL 5 (1977) 53-66.

*b*14912   VERGOTE, A., «Dieu notre père», Conci n⁰ 130 (1977) 15-24.

*b*14913   SCHENKER, A., «Gott als Vater - Söhne Gottes. Ein vernachlässigter Aspekt einer biblischen Metapher», FreibZ 25 (1978) 1-55.

*b*14914   CHARLIER, C., *Le christianisme*, «Les enfants du Père» (1979), II, 145-183.

*b*14915   GOURGUES, M., «On t'appellera d'un nom nouveau», VS 135 (1981) 108-126.

*b*14916   GEFFRÉ, C., «'Père' comme Nom propre de Dieu», Conci n⁰ 163 (1981) 67-77.

*b*14917   VON ALLMEN, D., *La famille de Dieu*, «Dieu, le Père» (1981), 209-238.

*b*14918   ZELLER, D., «God as Father in the Proclamation and in the Prayer of Jesus», dans *Standing Before God* (en collab.) (1981), 117-129.

*b*14919   RAGOZZINO, G., «Sul concetto di paternità divina nelle tradizioni extrabibliche», dans *Parola e Spirito* (en collab.) (1982), 61-87.

Patriarches. Patriarchs. Patriarchen. Patriarchi. Patriarcas.

a) Études générales. General Studies. Allgemeine Studien. Studi generali. Estudios generales.

*b*14920 BAINTON, R.H., «The Immoralities of the Patriarchs according to the Exegesis of the Late Middle Ages and of the Reformation», HarvTR 23 (1930) 39-49.

*b*14921 CHAMBERLAYNE, J.H., «Kinship Relationships among the early Hebrews», Numen 10 (1963) 153-166.

*b*14922 BLYTHIN, I., «The Patriarchs and the Promise», SJTh 21 (1968) 56-73.

*b*14923 STEMBERGER, G., «Die Patriarchenbilder der Katakombe in der Via Latina im Lichte der jüdischen Tradition», Kairos 16 (1974) 19-78.

*b*14924 JEREMIAS, C., «Die Erzväter in der Verkündigung der Propheten», dans *Beiträge zur Alttestamentlichen Theologie* (en collab.) (1977), 206-222.

*b*14925 WISEMAN, D.J., «They Lived in Tents», dans *Biblical and Near Eastern Studies* (LaSor) (en collab.) (1978), 195-200.

*b*14926 GOLDINGAY, J., «The patriarchs in Scripture and history», dans *Essays on the Patriarchal Narratives* (en collab.) (1980), 11-42.

*b*14927 SELMAN, M.J., «Comparative Customs and the Patriarchal Age», dans *Essays on the Patriarchal Narratives* (en collab.) (1980), 93-138.

*b*14928 FRYMER-KENSKY, T., «Patriarchal Family Relationships and Near Eastern Law», BA 44 (1981) 209-214.

*b*14929 MATTHEWS, V.H., «Pastoralists and Patriarchs», BA 44 (1981) 215-218.

b) Critique littéraire. Literary Criticism. Literarkritik. Critica letteraria. Crítica literaria.

*b*14930 VON RAD, G., *Gottes Wirken in Israel* (1974), «Biblische Josephserzählung und Josephsroman» (1965), 285-304.

*b*14931 DENVER, W.G., CLARK, W.M., «The Patriarchal Traditions», dans *Israelite and Judaean History* (en collab.) (1977), 70-148.

*b*14932 McKANE, W., *Studies in the Patriarchal Narratives* (Edinburgh, Handsel Press, 1979), x-259 pp.

*b*14933 MILLARD, A.R., «Methods of studying the patriarchal narratives as ancient texts», dans *Essays on the Patriarchal Narratives* (en collab.) (1980), 43-58.

c) Religion. Religione. Religión.

*b*14934 AMMASSARI, A., *La religione dei patriarchi*, «La religione dei Patriarchi» (1976), 233-249.

*b*14935 DUBARLE, A.-M., *La manifestation naturelle de Dieu d'après l'Écriture*, «La connaissance de Dieu dans la Genèse: la religion des patriarches» (1976), 49-57.

*b*14936 WYATT, N., «The Problem of the 'God of the Fathers'», ZAW 90 (1978) 101-104.

*b*14937 VAN SETERS, J., «The Religion of the Patriarchs in Genesis», Bibl 61 (1980) 220-233.

*b*14938 WENHAM, G.J., «The religion of the patriarchs», dans *Essays on the Patriarchal Narratives* (en collab.) (1980), 157-188.

Pauvreté. Poverty. Armut. Povertà. Pobreza.

a) Études générales. General Studies. Allgemeine Studien. Studi generali. Estudios generales.

*b*14939   CRONBACH, A., «The Social Ideals of the Apocrypha and the Pseudepigrapha», HUCA 18 (1944) 119-156.
*b*14940   MARTIN SANCHEZ, B., «Ejercicios bíblicos espirituales», CuBi 17 (1960) 298-300.
*b*14941   DA SPINETOLI, O., «I 'poveri del Signore'», BibOr 6 (1964) 3-16.
*b*14942   CANTO RUBIO, J., «Sentido bíblico de la pobreza», CuBi 22 (1965) 268-270.
*b*14943   RUSCHE, H., «Die erwählten Armen. Eine biblische Besinnung», BiLeb 11 (1970) 46-51.
*b*14944   DEL CARMEN PORTELA, M., «Concepto bíblico de la pobreza», CuBi 30 (1973) 234-242.
*b*14945   GUTIERREZ, G., «Theologie der Befreiung: Armut als Solidarität und Protest», BiLeb 14 (1973) 252-271.
*b*14946   SALAS, A., «¿Ama Dios al desvalido? Los 'pobres' y los 'humildes' en la revelación bíblica», BibFe 1 (1975) 49-65.
*b*14947   MINEAR, P.S., *To Heal and to Reveal*, «The Necessity of the Impossible» (1976), 56-77.
*b*14948   CONGAR, Y., «La pauvreté comme liberté», Conci nº 124 (1977) 125-133.
*b*14949   SCHWANTES, M., *Das Recht der Armen* (Beiträge zur Biblischen Exegese und Theologie, 4) (Frankfurt, Bern, P. Lang, 1977), 312 pp.
*b*14950   DAUTZENBERG, G., «Biblische Perspektiven zum Problemfeld Eigentum und Reichtum», dans En collaboration, *Handbuch der christlichen Ethik* (Freiburg, Herder; Gütersloh, Mohn, 1978), II, 353-362.
*b*14951   BOERMA, C., *Rich Man, Poor Man - and the Bible* (London, SCM Press, 1979), 128 pp.
*b*14952   AMALORPAVADASS, D.S., «Les pauvres sans voix et sans pouvoir», Conci nº 166 (1981) 77-88.

b) Orient. Oriente.

*b*14953   FENSHAM, F.C., «Widow, Orphan, and the Poor in Ancient Near Eastern Legal and Wisdom Literature», JNES 21 (1962) 129-139, dans *Studies in Ancient Israelite Wisdom* (en collab.) (1976), 161-171.

c) Judaïsme. Judaism. Judentum. Giudaismo. Judaísmo.

*b*14954   DONALD, T., «The Semantic Field of Rich and Poor in the Wisdom Literature of Hebrew and Accadian», OrAnt 3 (1964) 27-41.
*b*14955   DEL VERME, M., «La comunione dei beni tra gli Esseni e a Qumran», dans *Studia Hierosolymitana (Bagatti)* (en collab.) (1976), II, 226-258.
*b*14956   DEL VERME, M., *Comunione e condivisione dei beni. Chiesa primitiva e giudaismo esseno-qumranico a confronto* (Brescia, Morcelliana, 1977), 150 pp.
*b*14957   MORALDI, L., «Poveri e povertà tra gli esseni di Qumran», dans *Evangelizare pauperibus* (en collab.) (1978), 293-309.

d) Ancien Testament. Old Testament. Altes Testament. Antico Testamento. Antiguo Testamento.

*b*14958   GONZALEZ, A., «Los 'pobres' heredan», CuBi 15 (1958) 162-177.
*b*14959   NUÑEZ ALBACETE, H.M., «Tipos de pobre en el Antiguo Testamento», CuBi 23 (1966) 11-21.

*b*14960 GIGUÈRE, P.-A., «Partager la détresse des pauvres, dans la Bible», dans GIGUÈRE, P.-A., MARTUCCI, J., MYRE, A., *Cri de Dieu, espoir des pauvres* (1977), 15-32.

*b*14961 BERNINI, G., «Identificazione, condizione e sorte degli *'anawim* nel Salmo 37», dans *Evangelizare pauperibus* (en collab.) (1978), 277-292.

*b*14962 CAVEDO, R., «La speranza del povero in Tobia», dans *Evangelizare pauperibus* (en collab.) (1978), 317-324.

*b*14963 GOZZO, S., «Gli 'anawim nel libro di Sofonia», dans *Evangelizare pauperibus* (en collab.) (1978), 237-259.

*b*14964 GRECH, P., «Il dramma del povero in Qohelet», dans *Evangelizare pauperibus* (en collab.) (1978), 311-315.

*b*14965 LOSS, N.M., «Il tema della povertà nei libri storici e profetici dell'Antico Testamento», dans *Evangelizare pauperibus* (en collab.) (1978), 47-106.

*b*14966 LOSS, N.M., «Primo gruppo: libri storici e profetici dell'A.T.», dans *Evangelizare pauperibus* (en collab.) (1978), 456-458.

*b*14967 PENNA, A., «I 'poveri' secondo il Deuteronomio», dans *Evangelizare pauperibus* (en collab.) (1978), 219-228.

*b*14968 RANON, A., «'Evangelizare pauperibus' nei Salmi e nei Sapienziali», dans *Evangelizare pauperibus* (en collab.) (1978), 107-125.

*b*14969 RANON, A., «Secondo gruppo: Salmi-Sapienziali», dans *Evangelizare pauperibus* (en collab.) (1978), 458-460.

*b*14970 BIANCHI, E., «Le statut des 'sans-dignité' dans l'Ancien Testament», Conci nᵒ 150 (1979) 15-23.

*b*14971 GALLEGO, E., «Vosotros, los pobres», BibFe 5 (1979) 117-132.

*b*14972 WOLD, D.J., «The *Kareth* Fenalty in P: Rationale and Cases», dans *Society of Biblical Literature. 1979 Seminar Papers* (en collab.) (1979), I, 1-45.

*b*14973 LANG, B., «The Social Organisation of Peasant Poverty in Biblical Israel», JSOT nᵒ 24 (1982) 47-63.

e) Nouveau Testament. New Testament. Neues Testament. Nuovo Testamento. Nuevo Testamento.

1. Études générales. General Studies. Allgemeine Studien. Studi generali. Estudios generales.

*b*14974 HUMBERT, A., «L'attitude des premiers chrétiens devant les biens temporels», StMor 4 (1966) 193-239.

*b*14975 FUCHS, C., «Richesse du pauvre», Communion nᵒ 7 (1975) 5-10.

*b*14976 BÖCKMANN, A., «L'Église et les pauvres: les impulsions du Nouveau Testament», Conci nᵒ 124 (1977) 53-64.

*b*14977 MARTUCCI, J., «L'espérance des pauvres», dans GIGUÈRE, P.-A., MARTUCCI, J., MYRE, A., *Cri de Dieu, espoir des pauvres* (1977), 33-65.

*b*14978 COLOMBO, G., «'Evangelizare pauperibus': Riflessione teologica», dans *Evangelizare pauperibus* (en collab.) (1978), 29-46.

*b*14979 DEL VERME, M., «Povertà e aiuto del povero nella chiesa primitiva», dans *Evangelizare pauperibus* (en collab.) (1978), 405-427.

*b*14980 DUPONT, J., «Jésus annonce la bonne nouvelle aux pauvres», dans *Evangelizare pauperibus* (en collab.) (1978), 127-189.

*b*14981 ESCUDERO FREIRE, C., *Devolver et Evangelio a los pobres* (Salamanca, Ed. Sigueme, 1978), 460 pp.

*b*14982 FABRIS, R., «Terzo gruppo; il Gesù storico», dans *Evangelizare pauperibus* (en collab.) (1978), 461-463.

b14983   MANRIQUE, A., «El mensaje evangélico de Jesús ante la problemática socio-política», BibFe 4 (1978) 175-187.

b14984   MARTINI, C.M., «Quarto-quinto gruppo: Matteo, Atti, Giovanni, Paolo, Giacomo», dans *Evangelizare pauperibus* (en collab.) (1978), 463-468.

b14985   MATURA, T., *Le radicalisme évangélique*. Aux sources de la vie chrétienne (Lectio Divina, 97) (Paris, Cerf, 1978), 210 pp.

b14986   MYRE, A., «Le Dieu *démuni* de l'Évangile», dans *Dieu, parole et silence* (en collab.) (1978), 75-95.

b14987   SCHOTTROFF, L., STEGEMANN, W., *Jesus von Nazareth - Hoffnung der Armen* (Urban-Taschenbücher, T-Reihe, 639) (Stuttgart, Kohlhammer, 1978), 164 pp.

b14988   TILLARD, J.M.R., «Le propos de pauvreté et l'exigence évangélique», NRT 100 (1978) 207-232, 359-372.

b14989   CASAS GARCIA, V., «Jesús de Nazaret, povre al servicio de los pobres», BibFe 5 (1979) 133-147.

b14990   COUNTRYMAN, L.W., «Welfare in the Churches of Asia Minor Under the Early Roman Empire», dans *Society of Biblical Literature. 1979 Seminar Papers* (en collab.) (1979), I, 131-146.

b14991   SAENZ GALACHE, M., «Pobreza evangélica y triunfalismo eclesial», BibFe 5 (1979) 177-188.

b14992   SOBRINO, J., «Relation de Jésus avec les pauvres et les déclassés. Importance pour la morale fondamentale», Conci nº 150 (1979) 25-34.

b14993   MAGNE, J., «Pauvreté et célibat dans les évangiles», dans *Gnosticisme et monde hellénistique* (1980), 109-110.

b14994   GUINAN, M.D., *Gospel Poverty*. Witness to the Risen Christ. A Study in Biblical Spirituality (New York, Ramsey, NJ, Paulist, 1981), 95 pp.

b14995   LOHSE, E., «Das Evangelium für die Armen», ZNW 72 (1981) 51-64.

2. *Évangiles synoptiques. Synoptic Gospels. Synoptische Evangelien.*
   Vangeli sinottici. Evangelios sinópticos.

b14996   KNEPPER, M., «Die 'Armen' der Bergpredigt Jesu», BiKi 8/1 (1953) 19-27.

b14997   MYRE, A., «'Heureux les pauvres'. Histoire passée et future d'une parole», dans GIGUÈRE, P.-A., MARTUCCI, J., MYRE, A., *Cri de Dieu, espoir des pauvres* (1977) 67-125.

b14998   FABRIS, R., «Terzo gruppo; Il Gesù storico», dans *Evangelizare pauperibus* (en collab.) (1978), 461-463.

b14999   LOPEZ MELUS, F.M., *Las Bienaventuranzas*. Ley fundamental de la vida cristiana (Madrid, PPC/Edicabi, 1978), 368 pp.

b15000   SAENZ GALACHE, M., «Pobreza evangélica y triunfalismo eclesial», BibFe 5 (1979) 177-188.

b15001   SIMON, M.L., «Bienaventurados los pobres de espíritu (Mt 5,3)», BibFe 5 (1979) 148-162.

3. *Luc/Actes. Luke/Acts. Lukas/Apostelgeschichte. Luca/Atti. Lucas/Hechos.*

b15002   DEL VERME, M., «La comunione dei beni nella comunità primitiva di Gerusalemme», RivB 23 (1975) 353-382.

b15003   KARRIS, R.J., «The Lukan Sitz im Leben: Methodology and Prospects», dans *Society of Biblical Literature. 1976 Seminar Papers* (en collab.) (1976), 219-233.

b15004   HAUERWAS, S., «The Politics of Charity», Interpr 31 (1977) 251-262.

*b*15005 JOHNSON, L.T., *The Literary Function of Possessions in Luke-Acts* (SBL Dissertation Series, 39) (Missoula, Montana, Scholars Press, 1977), 241 pp.

*b*15006 MEALAND, D.L., «Community of Goods and Utopian Allusions in Acts II-IV», JTS 28 (1977) 96-99.

*b*15007 BOVON, F., *Luc le théologien*, «L'éthique de la communauté» (1978), 403-422.

*b*15008 DEL VERME, M., «Povertà e aiuto del povero nella chiesa primitiva», dans *Evangelizare pauperibus* (en collab.) (1978), 405-427.

*b*15009 KARRIS, R.J., «Poor and Rich: The Lukan Sitz im Leben», dans *Perspectives on Luke-Acts* (en collab.) (1978), 112-125.

*b*15010 MIGLIORISI, V., «San Paolo e i poveri, in particolare secondo Atti 20,18-38», dans *Evangelizare pauperibus* (en collab.) (1978), 445-454.

*b*15011 PILGRIM, W.E., *Good News to the Poor*. Wealth and Poverty in Luke-Acts (Minneapolis, MN, Augsburg, 1981), 198 pp.

4. Jean. John. Johannes. Giovanni. Juan.

*b*15012 PRETE, B., «'I poveri' nel racconto giovanneo dell'unzione di Betania (Giov. 12,1-8)», dans *Evangelizare pauperibus* (en collab.) (1978), 429-444.

5. Paul. Paulus. Paolo. Pablo.

*b*15013 OITANA, L., «Esperienza ecclesiale e società. Il significato della colletta di Paolo in favore di Gerusalemme», dans *Evangelizare pauperibus* (en collab.) (1978), 383-403.

*b*15014 SISTI, A., «La 'povertà' della chiesa di Corinto (1 Cor. 1,26-31)», dans *Evangelizare pauperibus* (en collab.) (1978), 325-341.

*b*15015 VANNI, U., «Povertà e annuncio in Paolo», dans *Evangelizare pauperibus* (en collab.) (1978), 191-205.

*b*15016 ZEDDA, S., «La povertà di Cristo secondo S. Paolo (2 Cor. 8,9; Fil. 2,7-9; Col. 1,24(?); 2 Cor. 13,3-4?)», dans *Evangelizare pauperibus* (en collab.) (1978), 343-369.

Péché. Sin. Sünde. Peccato. Pecado.

a) **Études générales. General Studies. Allgemeine Studien. Studi generali. Estudios generales.**

*b*15017 BONNARD, P., «Cinq remarques bibliques sur le péché», ETR 33 (1958) 71-82, dans *Anamnesis* (1980), 61-70.

*b*15018 MARTIN SANCHEZ, B., «Origen del mal. La libertad», CuBi 24 (1967) 298-299.

*b*15019 SCHOONENBERG, P., «Das Wesen der Sünde», dans *Mysterium Salutis* (en collab.) (1967), II, 848-867.

*b*15020 QUELLE, C., «¿Cuando terminará la fuerza del pecado?» BibFe 1 (1975) 262-277.

*b*15021 SAENZ DE SANTA MARIA, M., «El pecado bíblico: ¿transgresión concreta o situación existencial?» BibFe 1 (1975) 233-244.

*b*15022 SALGUEIRO, J.A., «El pecado en la revelación bíblica. Análisis filológico de los conceptos y sus motivaciones teológicas», BibFe 1 (1975) 177-190.

*b*15023 LUZARRAGA, J., «Reflexión bíblica sobre el pecado: Babel, Tiro, Edén», Manr 49 (1977) 249-266.

*b*15024 ANDERSON, B.W., «Sin and the Powers of Chaos», dans *Sin, Salvation, and the Spirit* (en collab.) (1979), 71-84.

*b*15025 GALBIATI, E., «Dolore, peccato, Bibbia», *Anime e corpi* 59 (1975) 261-276, dans *Scritti minori* (1979), 321-325.

b15026   MALY, E.H., «Sin and Forgiveness in the Scriptures», dans *Sin, Salvation, and the Spirit* (en collab.) (1979), 40-48.

b15027   PEIFER, C., «The Experience of Sin, Salvation, and the Spirit as a Prerequisite for the Understanding of the Scriptures», dans *Sin, Salvation, and the Spirit* (en collab.) (1979), 3-20.

b15028   RÉMY, P., *Et le péché, qu'en dire?* (Coll. 'Croire et comprendre') (Paris, Le Centurion, 1979), 173 pp.

b15029   SABOURIN, L., «La rémission des péchés: Écriture sainte et pratique ecclésiale», SE 32 (1980) 299-315.

b15030   CONDON, K., «The Sense of Sin», IrThQ 49 (1982) 155-171.

b15031   EDITORIALE, «Riscoprire oggi il senso del peccato», CC 1 (1983) 521-532.

b) Orient. Oriente.

b15032   GARCIA DE LA FUENTE, O., *Los dioses y el pecado en Babilonia* (Biblioteca de 'La Ciudad de Dios', 6) (El Escorial, Ediciones Escurialenses, 1961), 112 pp.

c) Judaïsme. Judaism. Judentum. Giudaismo. Judaísmo.

b15033   SCHMID, J., «Sünde und Sühne im Judentum», BiLeb 6 (1965) 16-26.

b15034   HULTGÅRD, A., *L'eschatologie des Testaments des Douze Patriarches*, «Le thème 'péchés-châtiment-restauration'» (1977), I, 82-199.

b15035   SANDMEL, S., *Judaism and Christian Beginnings*, «Righteousness and Sin, and Their Sequels» (1978), 186-191.

b15036   MILGROM, J., «The Cultic Šᵉgāgāh and Its Influence in Psalms and Job», JQR 58 (1967), 115-125, dans MILGROM, J., *Studies in Cultic Theology and Terminology* (1983), 122-132.

d) Ancien Testament. Old Testament. Altes Testament. Antico Testamento. Antiguo Testamento.

1. Études générales. General Studies. Allgemeine Studien. Studi generali. Estudios generales.

b15037   RHYS, J.H.W., «A Study of the Understanding of Sin in the Scriptures», AThR 35 (1953) 18-27.

b15038   ZIFFER, W., «Le Péché comme paresse», ETR 45 (1970) 259-272.

b15039   KOCH, R., «La rémission et la confession des péchés selon l'Ancien Testament», StMor 10 (1972) 219-247.

b15040   KOCH, R., *Il Peccato nel Vecchio Testamento*. La rottura dell'Alleanza (Teologia Morale Oggi, 7) (Roma, Edizioni Paoline, 1974), 207 pp.

b15041   WESTERMANN, C., *Theologie des Alten Testament in Grundzügen*, «Gottes Gericht und Gottes Erbarmen» (1978), 102-133.

b15042   YOUNGBLOOD, R., «A New Look at Three Old Testament Roots for 'Sin'», dans *Biblical and Near Eastern Studies* (LaSor) (en collab.) (1978), 201-205.

b15043   KOCH, R., «Die ganzheitliche Wirklichkeitserfassung des alttestamentlichen Sünderbegriffs», dans *Parola e Spirito* (en collab.) (1982), 585-598.

b15044   MILLER, P.D., Jr., *Sin and Judgment in the Prophets*. A Stylistic and Theological Analysis (SBL Monograph Series, 27) (Chico, CA, Scholars Press, 1982), x-143 pp.

b15045   MANNUCCI, V., «Peccato, perdono e riconciliazione nell'Antico Testamento», BibOr 25 (1983) 87-96.

b15046   SCHLINK, E., *Ökumenische Dogmatik*, «Die Verfehlung des Menschen» (1983), 122-145.

2. *Péché originel. Original Sin. Erbsünde. Peccato originale. Pecado original.*

*b*15047 COHON, S.S., «Original Sin», HUCA 21 (1948) 275-330.

*b*15048 DE BACIOCCHI, J., «Vues catholiques sur l'état de péché originel», VC n° 42 (1957) 88-103.

*b*15049 CUADRADO, G., «La noción paulina del pecado original», CuBi 16 (1959) 152-161.

*b*15050 GARCIA CORDERO, M., «Naturaleza del pecado del Paraíso», CuBi 17 (1960) 344-347.

*b*15051 SCHOONENBERG, P., «Zonde der wereld en erfzonde. *Sünde der Welt und Erbsünde*», Bijdr. 24 (1963) 349-389 (Deutsche Zusammenfassung).

*b*15052 BIANCHI, U., «Péché originel et péché 'antécédent'», RHR 170 (1966) 117-126.

*b*15053 HAAG, H., «Katholische Tübinger Exegese rund um die Sündenfallerzählung», dans *Theologie im Wandel* (en collab.) (1967), 333-355.

*b*15054 SCHOONENBERG, P., «Die Erbsünde ist in der Schrift impliziert», dans *Mysterium Salutis* (en collab.) (1967), II, 899-906.

*b*15055 SEIBEL, W., «Der Urstand (des Menschen)», dans *Mysterium Salutis* (en collab.) (1967), II, 818-822.

*b*15056 KOCH, R., «Les origines de l'histoire du salut», dans *Acta Congressus Internationalis de Theologia Concilii Vaticani II* (en collab.) (1968), 465-473.

*b*15057 VANNESTE, A., «Le péché originel est-il un péché historique?» dans *Message et mission* (en collab.) (1968), 129-154.

*b*15058 VANNESTE, A., «De erfzonde. Repliek op vragen en moeilijkheden. *Le péché originel*», Bijdr. 33 (1972) 152-175 (sommaire français).

*b*15059 SCHUBERT, K., «Sündenfall und Vertreibung aus dem Paradies in der Katakombe der Via Latina im Lichte der jüdischen Tradition», Kairos 16 (1974) 14-18.

*b*15060 DE LA CALLE, F., «Cómo explicar hoy la transmisión del pecado original», BibFe 1 (1975) 217-232.

*b*15061 GALLEGO, E., «El pecado original, en sus expresiones literarias», BibFe 1 (1975) 201-216.

*b*15062 VANNESTE, A., «Où en est le problème du péché originel?» ETL 52 (1976) 143-161.

*b*15063 BRÉCHON, P., TRONCHON, L., «Le péché originel dans la catéchèse. Évolution et orientations actuelles», LV n° 131 (1977) 15-34.

*b*15064 DUQUOC, C., «Péché originel et transformations théologiques», LV n° 131 (1977) 41-56.

*b*15065 RESPLANDIS, C., *Le fruit défendu* (Paris, Le Centurion, 1977), 125 pp.

*b*15066 SIMON, M., «L'histoire d'une recherche», LV n° 131 (1977) 5-13.

*b*15067 ALBERTZ, H., «Predigt über Gen 2,25-3,24», EvT 38 (1978) 460-462.

*b*15068 UBBIALI, S., «Peccato personale e peccato originale», ScuolC 107 (1979) 450-488.

*b*15069 DE VILLALMONTE, A., «El Nuevo Testamento ¿conoce el 'pecado original'?» EstF 81 (1980) 263-353.

*b*15070 RAURELL, F., «Una obra reciente sobre el pecado original», EstF 81 (1980) 169-181.

*b*15071 STOEBE, H.J., «Sündenbewusstsein und Glaubensuniversalismus. Gedanken zu Genesis Kapitel 3», TZ 36 (1980) 197-207.

*b*15072 VANNESTE, A., «Le péché originel. Vingt-cinq ans de controverses», ETL 56 (1980) 139-146.

*b*15073 BAKER, J., «The Myth of Man's 'Fall' - A Reappraisal», ExpTim 92 (1981) 235-237.

*b*15074 LOHFINK, N., SAND, A., SCHERER, G., BREUNING, W., *Zum Problem der Erbsünde.* Theologische und philosophische Versuche (Essen, Ludgerus Verlag, 1981), 231 pp.

*b*15075 SABOURIN, L., «Original Sin Again», RelStB 1 (1981) 88-101.

e) Nouveau Testament. New Testament. Neues Testament. Nuovo Testamento. Nuevo Testamento.

1. Études générales. General Studies. Allgemeine Studien. Studi generali. Estudios generales.

b15076 MOLLEGEN, A.T., «The Christian Doctrine of Sin», AThR 20 (1938) 276-295.
b15077 HERKENRATH, J., «Sünde zum Tode», dans *Aus Theologie und Philosophie* (en collab.) (1950), 119-138.
b15078 NYGREN, A., «Christ and the Forces of Destruction», SJTh 4 (1951) 363-375.
b15079 HUMBERT, A., «Les péchés de sexualité dans le Nouveau Testament», StMor 8 (1970) 149-183.
b15080 LIGIER, L., «Die Offenbarung der Sünde im Mysterium Christi», IKZCommunio 2 (1973) 505-534.
b15081 LOPEZ DE LAS HERAS, L., «Pecado y bautismo: ¿dos fuerzas opuestas?» BibFe 1 (1975) 245-261.
b15082 SALAS, A., «¿Qué se entiende hoy por pecado? Hacia un enfoque bíblico de la moral cristiana», BibFe 1 (1975) 278-295.
b15083 FIEDLER, P., *Jesus und die Sünder* (Beiträge zur biblischen Exegese und Theologie, 3) (Bern, Frankfurt/M., Las Vegas, Peter Lang, 1976), 413 pp.
b15084 GOPPELT, L., *Theologie des Neuen Testaments*, «Heil für die Sünder» (1976), 177-185.
b15085 VORGRIMLER, H., «Sünde als Verstoss gegen die Kirche» (AT und NT), 357-363; «Die Reaktion der Kirche auf die Sünde in ihrer Mitte nach dem Neuen Testament», 363-368, dans *Mysterium Salutis* (en collab.) (1976), V, 357-368.
b15086 YARNOLD, E., «Sin and Experience», Way 17 (1977) 104-113.
b15087 EDITORIALE, «Peccato dell'uomo e salvezza in Gesù Cristo», CC 1 (1978) 521-529.
b15088 LIMBECK, M., «Die Sühne der Sünden. Eine verhängnisvoll vernachlässigte Möglichkeit», BiKi 33 (1978) 15-19.
b15089 THOMAS, J., «J'étais pécheur», CHR 25 (1978) 39-49.
b15090 VANNI, U., «I peccati nell'Apocalisse e nelle lettere di Pietro, di Giacomo, di Giuda», ScuolC 106 (1978) 372-386.
b15091 NICOLAS, J.-H., «Guéris par les plaies du Christ ressuscité», VS 133 (1979) 711-726.
b15092 DE VILLALMONTE, A., «¿El Nuevo Testamento conoce el 'pecado original'?» EstF 81 (1980) 263-353.
b15093 LARRAÑETA, R., «Vidas tachadas. Para una actitud más evangélica ante los pecadores públicos», CuBi 37 (1980) 83-92.
b15094 ADNÈS, P., «Y a-t-il des péchés irrémissibles?» EV (première partie) 93 (1983) 503-508.
b15095 SANDERS, E.P., «Jesus and the Sinners», JSNT n⁰ 19 (1983) 5-36.

2. Évangiles synoptiques. Synoptic Gospels. Synoptische Evangelien.
Vangeli sinottici. Evangelios sinópticos.

b15096 BARRAGLIO, G., «I peccati nel vangelo di Matteo», ScuolC 106 (1978) 213-226.
b15097 FABRIS, R., «Peccati e peccatori nel vangelo di Luca», ScuolC 106 (1978) 227-234.
b15098 FARMER, W.R., «Who are the 'Tax Collectors and Sinners' in the Synoptic Tradition?» dans *From Faith to Faith* (en collab.) (1979), 167-174.
b15099 DE LA CALLE, F., «'Amor' de Jesús a los pecadores», BibFe 8 (1982) 15-25.

3. Jean. John. Johannes. Giovanni. Juan.
1 Jean. 1 John. 1 Johannesbrief. 1 Giovanni. 1 Juan.

b15100 BRAUN, F.-M., *Jean le théologien. III. Sa théologie. I. Le mystère de Jésus-Christ*, «Refus des ténèbres» (1966), 37-52.

*b*15101 SCHOLER, D.M., «Sins Within and Sins Without: An Interpretation of 1 John 5:16-17», dans *Current Issues in Biblical and Patristic Interpretation* (en collab.) (1975), 230-246.

*b*15102 DE LA POTTERIE, I., *La vérité dans saint Jean*, «Le péché et la vérité» (1977), 980-1002.

*b*15103 VELLANICKAL, M., *The Divine Sonship of Christians in the Johannine Writings*, «Impeccability: Fruit of the Life of Divine Sonship (1 Jn 3:9; 5:18-20; Jn 8:31-36)» (1977), 265-294.

*b*15104 MAGGIONI, B., «Il peccato in S. Giovanni (Gv. et 1 Gv.)», ScuolC 106 (1978) 235-252.

*b*15105 SWADLING, H.C., «Sin and Sinlessness in I John», SJTh 35 (1982) 205-211.

4. Actes des apôtres. Acts of the Apostles. Apostelgeschichte. Atti degli apostoli. Hechos de los apóstoles.

*b*15106 GHIDELLI, C., «Situazioni di peccato secondo il libro degli Atti», ScuolC 106 (1978) 253-265.

5. Paul. Paulus. Paolo. Pablo.

*b*15107 DAVIES, W.D., *Invitation to the New Testament*, «The Ancient Enemy» (1969), 278-293.

*b*15108 STENDAHL, K., *Paul Among Jews and Gentiles and Other Essays*, «Weakness Rather Than Sin» (1976), 40-52.

*b*15109 WENGST, K., «Versöhnung und Befreiung. Ein Aspekt des Themas 'Schuld und Vergebung' im Lichte des Kolosserbriefes», EvT 36 (1976) 14-26.

*b*15110 CASAS GARCIA, V., «El destino de los malvados. La solución dada por Pablo de Tarso», BibFe 3 (1977) 57-72.

*b*15111 SANDERS, E.P., *Paul and Palestinian Judaism*, «Fulfilment and transgression; the nature of sin; reward and punishment» (1977), 271-298.

*b*15112 BALLARINI, T., «Il peccato nell'epistola agli Ebrei», ScuolC 106 (1978) 358-371.

*b*15113 CAVEDO, R., «Non vivere piu come i pagani (Ef. 4-6)», ScuolC 106 (1978) 343-357.

*b*15114 GIAVINI, G., «'Tutto è vostro, voi siete di Cristo!' I peccati del cristiano in 1 Corinti», ScuolC 106 (1978) 266-289.

*b*15115 RAMAZZOTTI, B., «Etica cristiana e peccati nelle lettere ai Romani e ai Galati», ScuolC 106 (1978) 290-342.

*b*15116 SCHLIER, H., *Grundzüge einer paulinischen Theologie*, «Die Sünde» (1978), 64-77.

*b*15117 KLEIN, G., «Sündenverständnis und theologia crucis bei Paulus», dans *Theologia Crucis - Signum Crucis* (en collab.) (1979), 249-282.

*b*15118 LÉON-DUFOUR, X., *Face à la mort. Jésus et Paul*, «Le péché, aiguillon de la mort» (1979), 221-229.

*b*15119 RÄISÄNEN, H., «Zum Gebrauch von *epithumia* kai *epithumein* bei Paulus», ST 33 (1979) 85-99.

*b*15120 SCHOTTROFF, L., «Die Schreckensherrschaft der Sünde und die Befreiung durch Christus nach dem Römerbrief des Paulus», EvT 39 (1979) 497-510.

*b*15121 SCHMITHALS, W., *Die theologische Anthropologie des Paulus*, «Die Sünde» (1980), 34-83.

*b*15122 SCHOTTROFF, L., «Sin's reign of terror in Romans», TDig 28 (1980) 129-132.

*b*15123 ZELLER, D., «Der Zusammenhang von Gesetz und Sünde im Römerbrief. Kritischer Nachvollzug der Auslegung von Ulrich Wilckens», TZ 38 (1982) 193-212.

Pèlerin. Pilgrim. Pilger. Pellegrino. Peregrino.

*b*15124 RUSCHE, H., «Das Bild von der Wanderung. Eine Meditation», BiKi 14 (1959) 82-87.
*b*15125 FINATERI, S., «Il cristiano pellegrino verso Dio secondo la lettera agli Ebrei», dans
          Il fine ultimo dell'uomo secondo la S. Scrittura... (en collab.) (1977), 233-248.
*b*15126 JOHNSON, W.G., «The Pilgrimage Motif in the Book of Hebrews», JBL 97 (1978)
          239-251.

Pénitence. Penance. Busse. Penitenza. Penitencia.

*b*15127 LOPEZ MILLAN, V., «Metanoia, conversión y penitencia a través de los profetas y del
          Nuevo Testamento», CuBi 25 (1968) 259-289.
*b*15128 SANDMEL, S., *Judaism and Christian Beginnings*, «Penitence and Fast-Days» (1978),
          224-227.

Pénitence (sacrement). Penance (Sacrament). Busssakrament.
Penitenza (sacramento). Penitencia (sacramento).

*b*15129 KOCH, R., «La rémission et la confession des péchés selon l'Ancien Testament», StMor
          10 (1972) 219-247.
*b*15130 RAMOS-REGIDOR, J., *El sacramento de la Penitencia.* Reflexión teológica a la luz de
          la Biblia, la historia y la pastoral (Salamanca, Ed. Siguéme, 1975), 465 pp.
*b*15131 VORGRIMLER, H., «Bibeltheologie des Busssakraments», dans *Mysterium Salutis* (en
          collab.) (1976), V, 384-408.
*b*15132 VORGRIMLER, H., «Die biblische Begründung des Busssakraments», dans
          SCHMAUS, M. u.a., Handbuch der Dogmengeschichte, *4. Band, 3. Faszikel,* Busse und
          Krankensalbung *(Freiburg, Herder, 1978),* 3-27.
*b*15133 JACQUEMONT, P., «De l'exclusion du sacrement au sacrement de la réconciliation»,
          LV nº 141 (1979) 59-65.
*b*15134 SALAS, A., «Reconciliados con Dios por la muerte de Cristo (Rom 5,6). La penitencia,
          hoy vista desde la Biblia», BibFe 5 (1979) 47-71.
*b*15135 SABOURIN, L., «La rémission des péchés: Écriture sainte et pratique ecclésiale», SE 32
          (1980) 299-315.
*b*15136 ADNÈS, P., «Le sacrement de pénitence. Ses fondements vétérotestamentaires», EV
          (doctrine) 93 (1983) 305-310.
*b*15137 ADNÈS, P., «Le sacrement de pénitence. Ses fondements néotestamentaires», EV
          (doctrine) 93 (1983) 385-392.
*b*15138 MARTINEZ SIERRA, A., «Bases bíblicas del sacramento de la reconciliación»,
          Miscelánea Comillas 41 (1983) 311-320.

Pentecôte. Pentecost. Pfingsten. Pentecoste. Pentecostés.

*b*15139 DELCOR, M., «Das Bundesfest in Qumran und das Pfingstfest», BiLeb 4 (1963) 188-204.
*b*15140 DUQUOC, C., *Christologie.* Essai dogmatique (Paris, Cerf, 1972), «Ascension et
          Pentecôte», II, 229-238.
*b*15141 GOURGUES, M., «Lecture christologique du Psaume CX et fête de la Pentecôte», RB
          83 (1976) 5-24.

*b*15142 COCCHINI, F., «L'evoluzione storico-religiosa della festa di Pentecoste», RivB 25 (1977) 297-326.

*b*15143 LAAF, P., «*ḥg chb'wt*, das Wochenfest», dans *Bausteine biblischer Theologie* (en collab.) (1977), 169-183.

*b*15144 MARSHALL, I.H., «The Significance of Pentecost», SJTh 30 (1977) 347-369.

*b*15145 MATTA-EL-MESKÏN, P., «La Pentecôte», Ir 50 (1977) 5-45.

*b*15146 CHEVALLIER, M.-A., *Souffle de Dieu*. Le Saint-Esprit dans le Nouveau Testament, «L'effusion de la Pentecôte» (1978), 173-190.

*b*15147 GLASER, G., «Das biblische Pfingsten und unser Pfingsten», GeistL 52 (1979) 164-170.

*b*15148 CHEVALLIER, M.-A., «'Pentecôtes' lucaniennes et 'Pentecôtes' johanniques», RSR 69 (1981) 301-313.

*b*15149 PAPA, B., «L'effusione dello Spirito a pentecoste», dans *Parola, spirito e vita* 4 (1981) 142-159.

*b*15150 REGAN, P., «The Fifty Days and the Fiftieth Day», Wor 55 (1981) 194-218.

*b*15151 BISER, E., «Die älteste Pfingstgeschichte. Zur Archäologie des Glaubens», GeistL 56 (1983) 199-213.

Perfection. Volkommenheit. Perfezione. Perfección.

*b*15152 TITTMANN, G.F., «How Can We Say that Jesus is Perfect?» AThR 36 (1954) 201-204.

*b*15153 FERNANDEZ, J., «La *Teleiosis* o perfección cristiana en la Epistola a los Hebreos», CuBi 13 (1956) 249-259.

*b*15154 CELADA, B., «Perfecci/n cristiana y perfección del estado religioso. Iniciamos la exposición detallada de tres series paralelas de textos evangélicos», CuBi 25 (1968) 323-327.

*b*15155 CELADA, B., «Perfección, mandatos y consejos», CuBi 28 (1971) 3-8.

*b*15156 DEY, L.K.K., *The Intermediary World and Patterns of Perfection in Philo and Hebrew* (SBL Dissertation Series, 25) (Missoula, Scholars Press, 1975), xi-239 pp.

*b*15157 BOGART, J., *Orthodox and Heretical Perfectionism in the Johannine Community as Evident in the First Epistle of John* (SBL Dissertation Series, 33) (Missoula, Scholars Press, 1977), 190 pp.

*b*15158 CARLSTON, C., «The Vocabulary of Perfection in Philo and Hebrews», dans *Unity and Diversity in New Testament Theology* (en collab.) (1978), 133-160.

*b*15159 MATURA, T., *Le radicalisme évangélique. Aux sources de la vie chrétienne* (Lectio Divina, 97) (Paris, Cerf, 1978), 210 pp.

*b*15160 HUGHES, G., *Hebrews and Hermeneutics*, «Excursus 1. 'Perfection' in the epistle» (1979), 32-34.

*b*15161 ZMIJEWSKI, J., «Christliche 'Volkommenheit'. Erwägungen zur Theologie des Jakobusbriefes», SNTU Serie A, Band 5 (1980) 50-78.

*b*15162 BELLET, M., «Soyez parfaits», CHR 28 (1981) 475-483.

*b*15163 PETERSON, D., *Hebrews and Perfection*. An Examination of the Concept of Perfection in the 'Epistle to the Hebrews' (SNTS Monograph Series, 47) (Cambridge, Cambridge University Press, 1982), x-313 pp.

Persécution. Persecution. Verfolgung. Persecuzione. Persecución.

*b*15164 SISTI, A., «La figura del giusto perseguitato in Sap. 2,12-20», BibOr 19 (1977) 129-144.

*b*15165 DUPONT, J., «La persécution comme situation missionnaire (Marc 13,9-11)», dans *Die Kirche des Anfangs* (en collab.) (1978), 97-114.

*b*15166 DEHANDSCHUTTER, B., «La persécution des chrétiens dans les Actes des Apôtres», dans *Les Actes des Apôtres*. Tradition, rédaction, théologie (en collab.) (1979), 541-546.

*b*15167 HULTGREN, A.J., *Jesus and His Adversaries*. The Form and Function of the Conflict Stories in the Synoptic Tradition (Minneapolis, MN, Augsburg, 1979), 223 pp.

*b*15168 PAGELS, E., «Gnostic and Orthodox Views of Christ's Passion: Paradigms for the Christian's Response to Persecution?» dans *The Rediscovery of Gnosticism* (en collab.) (1980), I, 262-288.

*b*15169 BETORI, G., *Perseguitati a causa del Nome*. Strutture dei racconti di persecuzione in Atti 1,12-8,4 (Analecta Biblica, 97) (Roma, Biblical Institute Press, 1981), xv-211 pp.

*b*15170 LINDARS, B., «The persecution of Christians in John 15:18-16:4a», dans *Suffering and Martyrdom in the New Testament* (en collab.) (1981), 48-69.

*b*15171 PONS, J., *L'oppression dans l'Ancien Testament* (Paris, Letouzey & Ané, 1981), 250 pp.

*b*15172 MOLLAT, D., *Une lecture pour aujourd'hui: l'Apocalypse*, «À travers les tribulations, l'Église est rassemblée, à travers les persécutions, l'Église est envoyée» (1982), 87-107.

*b*15173 COLLINS, A.Y., «Persecution and Vengeance in the Book of Revelation», dans *Apocalypticism in the Mediterranean World and the Near East* (en collab.) (1983), 729-749.

Personnalité collective. Collective Personality. Kollektive Persönlichkeit.
Personalità collettiva. Personalidad colectiva.

*b*15174 CELADA, B., «'Personalidad corporativa', concepto clave», CuBi 33 (1976) 217-218.

Peuple de Dieu. People of God. Volk Gottes.
Popolo di Dio. Pueblo de Dios.

a) Études générales. General Studies. Allgemeine Studien. Studi generali. Estudios generales.

*b*15175 SLENCZKA, R., «Gottesvolk und Volkskirche», KerDo 23 (1977) 188-204.

*b*15176 SABOURIN, L., *The Bible and Christ*. The Unity of the Two Testaments (New York, Alba House, 1980), ix-188 pp.

*b*15177 SLOYAN, G.S., «Who Are the People of God?» dans *Standing Before God* (en collab.) (1981), 103-114.

b) Judaïsme. Judaism. Judentum. Giudaismo. Judaísmo.

*b*15178 THOMA, C., «Das jüdische Volk-Gottes-Verständnis zur Zeit Jesu», dans *Theologische Berichte III. Judentum und Kirche: Volk Gottes* (en collab.) (1974), 93-117.

*b*15179 FIGUERAS, P., «Israel 'Pueblo de Dios' en la literatura rabínica», CuBi 33 (1976) 107-118.

*b*15180 BAUMBACH, G., «'Volk Gottes' im Frühjudentum», Kairos 21 (1979) 30-47.

c) Ancien Testament. Old Testament. Altes Testament. Antico Testamento. Antiguo Testamento.

*b*15181 HAGGENMÜLLER, O., «Erinnern und Vergessen Gottes und der Menschen», BiLeb 3 (1962) 75-89.

*b*15182 BALAGUE, M., «El pueblo de Dios», CuBi 27 (1970) 322-330; 28 (1971) 39-45.

*b*15183 SCHMID, R., «Israel als Volk Gottes von den Anfängen bis zum babylonischen Exil», dans *Theologische Berichte III. Judentum und Kirche: Volk Gottes* (en collab.) (1974), 71-85.

b15184 MUÑOZ LEON, D., «Un Reino de sacerdotes y una nación santa (Ex 19,6)», EstB 37 (1978) 149-212.
b15185 STECK, O.H., «Weltgeschehen und Gottesvolk im Buch Daniel», dans *Kirche. Festschrift für Günter Bornkamm* (en collab.) (1980), 53-78.
b15186 GARCIA BIEDMA, J., «La base en la consciencia religiosa de Israel», BibFe 7 (1981) 240-252.

d) Nouveau Testament. New Testament. Neues Testament. Novo Testamento. Nuevo Testamento.

b15187 DE KRUIJF, T.C., «Das Volk Gottes im Neuen Testament», dans *Theologische Berichte III. Judentum und Kirche: Volk Gotte* (en collab.) (1974), 119-156.
b15188 VAN DAMME, D., «Gottesvolk und Gottesreich in der christlichen Antike», dans *Theologische Berichte III. Judentum und Kirche: Volk Gottes* (en collab.) (1974), 157-168.
b15189 VAN DER WAAL, C., «The 'People of God' in the Epistle to the Hebrews», dans *Ad Hebraeos* (en collab.), *Neotestamentica* 5 (1971) 83-92.
b15190 BARTH, M., *The People of God* (JSNT Supplement Series, 5) (Sheffield, JSOT Press, 1983), 101 pp.
b15191 MOLLAT, D., *La vie et la gloire.* Exégèse spirituelle, «Le peuple de Dieu eschatologique et la Jérusalem céleste» (1980), II, 97-123.

Pierre. Peter. Petrus. Pietro. Pedro.

a) Bibliographie. Bibliography. Bibliographie. Bibliografia. Bibliografía.

b15192 GHIDELLI, C., «Bibliografia biblica petrina», ScuolC 96 (1968) 62*-110*.
b15193 CITRINI, T., «La ricerca su Simon Pietro. Traguardi e itinerari a trent'anni dal libro di Cullmann», ScuolC 111 (1983) 512-556.

b) Études générales. General Studies. Allgemeine Studien. Studi generali. Estudios generales.

b15194 GUARDINI, R., «Apostelgestalten», BiKi 2 (1947) 1-12.
b15195 DANIÉLOU, J., «Pierre dans le judéo-christianisme hétérodoxe», dans *San Pietro* (en collab.) (1967), 443-458.
b15196 TESTA, E., «S. Pietro nel pensiero dei giudeo-cristiani», dans *San Pietro* (en collab.) (1967), 459-500.
b15197 SCHELKLE, K.H., «Petrus in den Briefen des Neuen Testamentes», BiKi 23 (1968) 46-50.
b15198 DOCKX, S., «Chronologie de la vie de saint Pierre», RSR 62 (1974) 221-244, dans *Chronologies néotestamentaires et Vie de l'Église primitive* (1976), 129-146.
b15199 PERKINS, P., «Peter in gnostic Revelation», dans *Society of Biblical Literature. 1974 Seminar Papers* (en collab.) (1974), II, 1-13.
b15200 En collaboration, *Pedro en el Nuevo Testamento* (Colección Palabra Inspirada, 15), Santader, Ed. Sal Terrae, 1977), 166 pp.
b15201 BRUCE, F.F., *Peter, Stephen, James, and John,* «Peter and the Eleven» (1979), 15-48.
b15202 CAMELOT, P.-T., «La première rencontre avec le Seigneur de Pâques», VS 133 (1979) 32-42.
b15203 PESCH, R., *Simon-Petrus.* Geschichte und geschichtliche Bedeutung des ersten Jüngers Jesu Christi (Päpste und Papsttum, 15) (Stuttgart, Hiersemann, 1980), vii-193 pp.

*b*15204 WILHELM-HOOIJBERGH, A.E., «The Martyrdom of Peter was Before the Fire in Rome», dans *Studia Biblica 1978* (en collab.) (1980), III, 431-433.

*b*15205 BERGER, K., «Unfehlbare Offenbarung. Petrus in der gnostischen und apokalyptischen Offenbarungsliteratur», dans *Kontinuität und Einheit* (en collab.) (1981), 261-326.

*b*15206 O'COLLINS, G., «Peter as Easter Witness», HeyJ 22 (1981) 1-18.

c) Archéologie. Archeology. Archaologie. Archeologia. Arqueología.

*b*15207 MARTINEZ FAZIO, L., «Questioni principali sulla tomba e sulle reliquie di Pietro», dans *San Pietro* (en collab.) (1967), 533-534.

*b*15208 STOCKMEIER, P., «Die römische Petrustradition - das Petrusgrab», BiKi 23 (1968) 50-55.

d) Évangiles synoptiques. Synoptic Gospels. Synoptische Evangelien. Vangeli sinottici. Evangelios sinópticos.

*b*15209 BRUSTON, É., «Les promesses de Jésus et l'apôtre Pierre», ETR 19 (1944) 115-130.

*b*15210 SALTET, L., «Rétablissement du texte de saint Marc, XIV,30 et de l'unité primitive de la tradition évangélique sur les reniements de saint Pierre», dans *Mélanges offerts au R.P. Ferdinand Cavallera* (en collab.) (1948), 31-45.

*b*15211 HOFFMANN, P., «Der Petrus-Primat im Matthäusevangelium», dans *Neues Testament und Kirche* (en collab.) (1974), 94-114.

*b*15212 MUSSNER, F., *Petrus und Paulus - Pole der Einheit* (1976), «Petrus bei Markus», 9-10; «Petrus in der matthäischen Redaktion», 11-14; «Petrus in der lukanischen Redaktion», 22-39.

*b*15213 ZIMMERMANN, H., «Die innere Struktur der Kirche und das Petrusamt nach Mt 18», Catho 30 (1976) 168-183.

*b*15214 BEST, E., «Peter in the Gospel according to Mark», CBQ 40 (1978) 547-558.

*b*15215 LEENHARDT, F.-J., *L'Église*, «L'entretien de Césarée» (1978), 43-54.

*b*15216 KINGSBURY, J.D., «The Figure of Peter in Matthew's Gospel as a Theological Problem», JBL 98 (1979) 67-83.

*b*15217 SALERNO, A., «Un nuovo aspetto del primato di Pietro in Mt. 10,2 et 16,18-19», RivB 28 (1980) 435-439.

*b*15218 ERNST, J., «Simon - Kephas - Petrus. Historische und typologische Perspektiven im Markusevangelium», TGl 71 (1981) 438-456.

*b*15219 DERRETT, J.D.M., «Binding and Loosing (Matt 16:19 18:18; John 29:23)», JBL 102 (1983) 112-117.

*b*15220 LANCELLOTTI, A., «La casa di Pietro a Cafarnao nei Vangeli sinottici. Redazione e tradizione», Ant 58 (1983) 48-69.

e) Jean. John. Johannes. Giovanni. Juan.

*b*15221 GHIBERTI, G., «Missione e primato di Pietro secondo Giov. 21», dans *San Pietro* (en collab.) (1967), 167-214.

*b*15222 MUSSNER, F., *Petrus und Paulus - Pole der Einheit*, «Petrus im Johannesevangelium» (1976), 40-49.

*b*15223 DEWEY, K.E., «Peter's Denial Reexamined: John's Knowledge of Mark's Gospel», dans *Society of Biblical Literature. 1979 Seminar Papers* (en collab.) (1979), I, 109-112.

*b*15224 DE LA CHAPELLE, M., «Ensemble parce que différents», VS 134 (1980) 110-129.

**f) Actes des apôtres. Acts of the Apostles. Apostelgeschichte.
Atti degli apostoli. Hechos de los apóstoles.**

*b*15225 MARTINI, C.M., *La parola di Dio alle origini della Chiesa* (1980), «La figura di Pietro secondo le varianti del codice D negli Atti degli Apostoli», dans *San Pietro* (en collab.) (1967), 279-289.

*b*15226 PANIMOLLE, S.A., «L'autorité de Pierre en Ga 1-2 et Ac 15», dans *Paul de Tarse, apôtre de notre temps* (en collab.) (1979), 269-289.

g) Paul. Paulus. Paolo. Pablo.

*b*15227 MUSSNER, F., *Petrus und Paulus - Pole der Einheit*, «Petrus in den Paulusbriefen» (1976), 77-85.

*b*15228 PESCH, R., «Peter in the Mirror of Paul's Letters», dans *Paul de Tarse, apôtre de notre temps* (en collab.) (1979), 291-309.

h) Pierre. Peter. Petrusbriefe. Pietro. Pedro.

*b*15229 MARXSEN, W., «Der Mitälteste und Zeuge der Leiden Christi. Eine martyrologische Begründung des 'Romprimats' im 1. Petrus-Brief?» dans *Theologia Crucis - Signum Crucis* (en collab.) (1979), 377-393.

*b*15230 VÖGTLE, A., «Petrus und Paulus nach dem Zweiten Petrusbrief», dans *Kontinuität und Einheit* (en collab.) (1981), 223-239.

i) Nom. Name. Nome. Nombre.

*b*15231 BETZ, J., «Christus - petra - Petrus», dans *Kirche und Überlieferung* (en collab.) (1960), 1-21.

*b*15232 FITZMYER, J.A., «Aramaic *Kepha'* and Peter's Name in the New Testament», dans *Text and Interpretation* (en collab.) (1979), 121-132.

*b*15233 GHERARDINI, B., «Pietro, la roccia», Div 23 (1979) 335-345.

*b*15234 LAMPE, P., «Das Spiel mit dem Petrusnamen, Matt. xvi.18», NTS 25 (1979) 227-245.

j) Primat. Primate. Primado.

*b*15235 BETZ, J., «Christus - petra - Petrus», dans *Kirche und Überlieferung* (en collab.) (1960), 1-21.

*b*15236 RIMOLDI, A., «Titoli petrini riguardanti il primato nelle fonti letterarie cristiane dalle origini al Concilio di Calcedonia», dans *San Pietro* (en collab.) (1967), 501-532.

*b*15237 KARRER, O., «Simon Petrus, Jünger, Apostel, Felsenfundament», BiKi 23 (1968) 37-43.

*b*15238 SLOYAN, G.S., «Postbiblical Development of the Petrine Ministry», dans *No Famine in the Land* (en collab.) (1975), 223-233.

*b*15239 BROX, N., «Probleme einer Frühdatierung römischen Primats», Kairos 17 (1976) 81-99.

*b*15240 ECHTERNACH, H., «Das Papsttum - evangelisch gesehen», Catho 30 (1976) 320-355.

*b*15241 SCHNACKENBURG, R., «Die Stellung des Petrus zu den anderen Aposteln», Catho 30 (1976) 184-199.

*b*15242 SUENENS, L.-J., «Vocation, conversion, mission de Pierre», LVit 35 (1980) 199-210.

*b*15243 GALOT, J., «Il potere conferito a Pietro», CC 3 (1981) 15-29.

*b*15244 SAENZ DE SANTA MARIA, M., «El Papa ¿jerarca autócrata o servidor de la comunidad?» BibFe 7 (1981) 145-163.

k) **Pierre et Paul. Peter and Paul. Petrus u. Paulus. Pietro e Paolo. Pedro y Pablo.**

*b*15245   TURRADO, L., «Pedro y Pablo en los primeros años de la vida de la Iglesia», CuBi 15 (1958) 65-76.
*b*15246   DÖPFNER, J., «Paulus und Petrus», BiKi 16 (1961) 39-43.
*b*15247   G.C., «Apôtres du Christ. Saints Pierre et Paul», EV (prédication) 78 (1978) 148-149.
*b*15248   MUSSNER, F., *Petrus und Paulus - Pole der Einheit.* Eine Hilfe für die Kirchen (Quaetiones Disputatae, 76) (Freiburg, Herder, 1976), 143 pp.

Piété. Piety. Frömmigkeit. Pietà. Piedad.

*b*15249   DIBELIUS, M., «La piété chrétienne. Le culte du Christ», ETR 6 (1931) 330-350.
*b*15250   BARBERO PECES, E., «La piedad cristiana según las epístolas pastorales», CuBi 17 (1960) 129-144, 321-334.
*b*15251   HAMPE, J.C., «Die Heilige Schrift und die protestantische Frömmigkeit», BiKi 18 (1963) 78-81.
*b*15252   KARRER, O., «Die Heilige Schrift und die katholische Frömmigkeit», BiKi 18 (1963) 74-77.
*b*15253   BORMANN, P., «Wort Gottes und Frömmigkeit», BiKi 20 (1965) 65-69.
*b*15254   CELADA, B., «'Amor a Dios'. Invitación a una revisión», CuBi 24 (1967) 42-54.
*b*15255   SCHOLEM, G., «Three Types of Jewish Piety», ErJb 1969 38 (1972) 331-348.
*b*15256   ANDERSON, G.W., «'Sicut cervus': evidence in the Psalter of private devotion in ancient Israel», VT 30 (1980) 388-397.
*b*15257   SPICQ, C., «Religion (vertu de)», SDB 10 (1981) col. 210-240.
*b*15258   LEBRAM, J.C.H., «The Piety of the Jewish Apocalyptists», dans *Apocalypticism in the Mediterranean World and the Near East* (en collab.) (1983), 171-210.

Pilate. Pilatus. Pilato.

*b*15259   BARTINA, S., «Poncio Pilato en una inscripción monumentaria palestinense», CuBi 19 (1962) 170-175.

Plainte. Lament. Klage. Lamento.

*b*15260   SCHEIBER, A., «Lacrimatoria and the Jewish Sources», IsrEJ 25 (1975) 152-153.
*b*15261   KUNN, P., *Gottes Trauer und Klage in der rabbinischen Überlieferung* (Talmud und Midrasch) (Arbeiten zur Geschichte des antiken Judentums und des Urchristentums, 13) (Leiden, Brill, 1978), xiv-559 pp.
*b*15262   AHUIS, F., *Der klagende Gerichtsprophet.* Studien zur Klage in der Überlieferung von den alttestamentlichen Gerichtspropheten (Calwer Theologische Monographien, A 12) (Stuttgart, Calwer, 1982), x-234 pp.
*b*15263   FUCHS, O., *Die Klage als Gebet.* Eine theologische Besinnung am Beispiel des Psalms 22 (München, Kösel, 1982), 372 pp.

Plérôme. Pleroma.

*b*15264   MOULE, C.F.D., «'Fulness' and 'Fill' in the New Testament», SJTh 4 (1951) 79-86.

*b*15265 BERNINI, G., «La pienezza di Cristo alla luce di alcuni testi veterotestamentari (Col. 1,19)», dans *La Cristologia in san Paolo* (en collab.) (1976), 207-219.

*b*15266 PANIMOLLE, S.A., «L'inabitazione del *plêrôma* nel Cristo (Col. 1,19)», dans *La Cristologia in san Paolo* (en collab.) (1976), 177-205.

*b*15267 DE LA POTTERIE, I., «Le Christ, Plérôme de l'Église (Ep 1,22-23)», Bibl 58 (1977) 500-524.

*b*15268 KROPF, R.W., *Teilhard, Scripture, and Revelation.* A Study of Teilhard de Chardin's Reinterpretation of Pauline Themes (Cranbury, NJ, London, Associated University Presses, 1980), «The Pleroma», 155-207.

Pluie. Rain. Regen. Pioggia. Lluvia.

*b*15269 PATAI, R., «The 'Control of Rain' in Ancient Palestine», HUCA 14 (1939) 251-286.

*b*15270 DELCOR, M., «Rites pour l'obtention de la pluie à Jérusalem et dans le Proche-Orient», RHR 178 (1970) 117-132.

Pluralisme. Pluralism. Pluralismus. Pluralismo.

*b*15271 DE ROBERT, F., «Un seul Seigneur, une seule foi», ETR 49 (1974) 529-534.

*b*15272 AUDET, L., «Le pluralisme dans l'Église primitive», dans *Après Jésus* (en collab.) (1977), 181-196.

*b*15273 YELLE, V., «Le pluralisme dans l'Ancien Testament», dans *Après Jésus* (en collab.) (1977), 167-179.

*b*15274 VINCENT, J.J., «Pluralism and Mission in the New Testament», dans *Studia Biblica 1978* (en collab.) (1980), III, 391-402.

*b*15275 GONZALEZ LAMADRID, A., «Unidad de fe: Pluralidad de teologías», *Miscelánea Comillas* 41 (1983) 281-291.

Poisson. Fisch. Pesce. Pez.

*b*15276 CARRINGTON, P., «The Ichthyology of the Gospels», AThR 37 (1955) 50-55.

Politique. Politics. Staatsgeschäfte. Politica. Política.

a) Études générales. General Studies. Allgemeine Studien. Studi generali. Estudios generales.

*b*15277 PEUKERT, H., «Was will die 'Politische Theologie'?» BiKi 26 (1971) 36-39.

*b*15278 DE MURALT, A., «Amtspriestertum und königliches Priestertum. Beitrag zum Studien der politischen Extremismen», dans *Kerygma und Mythos VII-1* (en collab.) (1979), 55-66.

*b*15279 LEUBA, J.-L., «Die Aktualität der lutherischen Lehre von den zwei Reichen», dans *Kerygma und Mythos VII-1* (en collab.) (1979), 26-35.

*b*15280 BARR, J., «The Bible as a Political Document», BJRL 62 (1980) 268-289.

*b*15281 GRESCHAT, M., «Bibelkritik und Politik. Anmerkungen zu Spinozas Theologisch-politischen Traktat», dans *Text - Wort - Glaube* (en collab.) (1980), 324-343.

*b*15282 PRIEST, J.E., *Governmental and Judicial Ethics in the Bible and Rabbinic Literature* (New York, Ktav, 1980), xvii-313 pp.

*b*15283 TALMON, S., «The Biblical Idea of Statehood», dans *The Bible World*. Essays in Honor of Cyrus H. Gordon (en collab.) (1980), 239-248.

b) Ancien Testament. Old Testament. Altes Testament. Antico Testamento. Antiguo Testamento.

*b*15284 VAN VEENEN, S.F., «Signification de l'Ancien Testament pour des questions morales et politiques», ETR 23 (1948) 32-36.

*b*15285 CELADA, B., «Los profetas del Antiguo Testamento, la política y la sociología», CuBi 23 (1966) 43-45.

*b*15286 CELADA, B., «Modo de intervenir Isaías y Jeremías en política», CuBi 25 (1968) 95-99.

*b*15287 HOSSFELD, F.-L., «Prophet und Politik in Israel - Die alttestamentlichen Propheten und die politische Wirklichkeit», BiKi 26 (1971) 39-43.

*b*15288 HARVEY, J., «Valeur et limites d'une transposition moderne des données socio-politiques de l'Ancien Testament», SE 26 (1974) 161-172.

*b*15289 TRAPIELLO, J.G., «La autoridad civil en el pensamiento del Antiguo Testamento», CuBi 31 (1974) 38-43.

*b*15290 ZIMMERLI, W., «Jesaja und Hiskia», *Wort und Geschichte* (en collab.), 199-208, dans *Studien zur alttestamentlichen Theologie und Prophetie* (München, Kaiser, 1974), II, 88-103.

*b*15291 CAIRD, G.B., «Eschatology and Politics: Some Misconceptions», dans *Biblical Studies* (W. Barclay) (en collab.) (1976), 72-86.

*b*15292 KEGLER, J., *Politisches Geschehen und theologisches Verstehen*. Zum Geschichtsverständnis in der frühen israelitischen Königszeit (Calwer Theologische Monographien, 8) (Stuttgart, Calwer, 1977), 407 pp.

*b*15293 MATTIOLI, A., «Idee e lotte in Israele per una gestione democratica del potere», dans *Il fine último dell'uomo secondo la S. Scrittura...* (en collab.) (1977), 67-108.

*b*15294 BRUEGGEMANN, W., *The Prophetic Imagination* (Philadelphia, Fortress, 1978), 127 pp.

*b*15295 DION, P.-E., «Quelques aspects de l'interaction entre religion et politique dans le Deutéronome», SE 30 (1978) 39-55.

*b*15296 VOGELS, W., «Les prophètes et la division du royaume», SR 8 (1979) 15-26.

*b*15297 DAVIES, G.H., «Amos - The Prophet of Re-Union», ExpTim 92 (1981) 196-200.

*b*15298 SMEND, R., «Der Ort des Staates im Alten Testament», ZTK 80 (1983) 245-261.

*b*15299 SCHÄFER-LICHTENBERGER, C., *Stadt und Eidgenossenschaft im Alten Testament*. Eine Auseinandersetzung mit Max Webers Studie 'Das antike Judentum' (BZAW 156) (Berlin, New York, De Gruyter, 1983), xi-485 pp.

c) Nouveau Testament. New Testament. Neues Testament. Nuovo Testamento. Nuevo Testamento.

*b*15300 DINKLER, E., «Jesu Wort vom Kreuztragen», dans ELTESTER, W. (Hrsg.), *Neutestamentliche Studien zür Rudolf Bultmann²* (BZNW 21) (Berlin, Töpelmann, 1957), 110-129.

*b*15301 BRANDON, S.G.F., *Jesus and the Zealots*. A Study of the Political Factor in Primitive Christianity (New York, Harper & Row, 1968), 6-186 pp.

*b*15302 CRANFIELD, C.E.B., «The Christian's Political Responsibility according to the New Testament», SJTh 15 (1962) 176-192.

*b*15303 CELADA, B., «El cristiano primitivo y la política», CuBi 22 (1965) 290-294.

*b*15304 CULLMANN, O., *Jésus et les révolutionnaires de son temps*. Culte. Société. Politique (Neuchâtel, Delachaux et Niestlé, 1970), 87 pp.

*b*15305 BROX, N., «Hinnahme des Bestehenden - Zur Staatstheologie des Neuen Testaments», BiKi 26 (1971) 47-50.

*b*15306 CRESPY, G., «Recherches sur la signification politique de la mort du Christ», LV nº 101 (1971) 89-109.

*b*15307 HENGEL, M., *Gewalt und Gewaltlosigkeit.* Zur 'politischen Theologie' in neutestamentlicher Zeit (Calwer Heft, 118) (Stuttgart, Calwer, 1971), 68 pp.

*b*15308 SCHRAGE, W., *Die Christen und der Staat nach dem Neuen Testament* (Gütersloh, Mohn, 1971), 83 pp.

*b*15309 GARCIA CORDERO, M., «Mensaje evangélico y autoridad civil en el Nuevo Testamento», CuBi 29 (1972) 3-21.

*b*15310 LE FORT, P., «La responsabilité politique de l'Église d'après les épîtres pastorales», ETR 49 (1974) 1-14.

*b*15311 MARTUCCI, J., «La révolution de Jésus», dans ¿*Jésus?* (en collab.) (1974), 49-65.

*b*15312 CAMBE, M., «Puissances célestes (littérature paulinienne)», SDB 9 (1975) col. 336-381.

*b*15313 RINALDI, B., «Relazione tra socialismo e cristianesimo», BibOr 17 (1975) 233-240.

*b*15314 FRIEDRICH, J., PÖHLMANN, W., STUHLMACHER, P., «Zur historischen Situation und Intention von Röm 13,1-7», ZTK 73 (1976) 131-166.

*b*15315 COLLINS, A.Y., «The Political Perspective of the Revelation to John», JBL 96 (1977) 241-256.

*b*15316 GRANT, R.M., *Early Christianity and Society,* «Taxation and Exemption» (1977), 44-65.

*b*15317 GRANT, R.M., *Early Christianity and Society,* «Christian Devotion to the Monarchy» (1977), 13-43.

*b*15318 RUSSELL, E.A., «Church and State in the New Testament», IrThQ 44 (1977) 192-207.

*b*15319 ALAND, K., «Die Christen und der Staat nach Phil. 3,20», dans *Mélanges offerts à Marcel Simon* (en collab.) (1978), 247-259.

*b*15320 ALONSO DIAZ, J., «El compromiso político de Jesús», BibFe 4 (1978) 151-174.

*b*15321 CASAS, V., «Ambiente socio-político en el judaísmo contemporáneo de Jesús», BibFe 4 (1978) 136-150.

*b*15322 CASSIDY, R.J., *Jesus, Politics, and Society.* A Study of Luke's Gospel (Maryknoll, NY, Orbis Books, 1978), 230 pp.

*b*15323 MANRIQUE, A., «El mensaje evangélico de Jesús ante la problemática socio-política», BibFe 4 (1978) 175-187.

*b*15324 PESCE, M., «Ricerche recenti sulla dimensione politica della vicenda di Gesù», dans *Conoscenza storica di Gesù* (en collab.) (1978), 33-101.

*b*15325 SALAS, A., «Cristianos y política, hoy. El compromiso político a la vista del Evangelio», BibFe 4 (1978) 188-201.

*b*15326 ALAND, K., «Das Verhältnis von Kirche und Staat in der Frühzeit», dans *Aufstieg und Niedergang der römischen Welt.* II. *Principat* (en collab.) (1979), 23. Band, 1. Halbband, 60-246.

*b*15327 CIPRIANI, S., «Saint Paul et la 'politique'», dans *Paul de Tarse, apôtre de notre temps* (en collab.) (1979), 595-618.

*b*15328 FURNISH, V.P., *The Moral Teaching of Paul,* «Christians and the Governing Authorities» (1979), 115-141.

*b*15329 LÉGASSE, S., «Les chrétiens et le pouvoir séculier d'après l'Apocalypse johannique», BLE 80 (1979) 81-95.

*b*15330 LÜHRMANN, D., «Der Staat und die Verkündigung. Rudolf Bultmanns Auslegung von Joh 18,28 bis 19,16», dans *Theologia Crucis - Signum Crucis* (en collab.) (1979), 359-375.

b15331 MILLER, L., «La politique de Jésus ou le radicalisme évangélique», Hok n° 14 (1980) 71-78.
b15332 MONTAGNINI, F., «Una lettura politica di Gesù è ancora possibile?» BibOr 24 (1982) 229-232.
b15333 O'TOOLE, R.F., «Luke's Position on Politics and Society in Luke-Acts», dans *Political Issues in Luke-Acts* (en collab.) (1983), 1-17.
b15334 PERROT, C., «Jésus et le pouvoir impérial», LTP 39 (1983) 283-294.
b15335 WALASKAY, P.W., *'And so we came to Rome'*. The Political Perspective of St Luke (SNTS Monograph Series, 49) (Cambridge, Cambridge University Press, 1983), xii-121 pp.

Polythéisme. Polytheism. Polytheismus. Politeismo. Politeísmo.

b15336 BRELICH, A., «Der Polytheismus», Numen 7 (1960) 123-136.
b15337 LAMBERT, M., «Polythéisme et monolatrie des cités sumériennes», RHR 157 (1960) 1-20.

Prédestination. Predestination. Prädestination. Predestinazione. Predestinación.

b15338 MONTAGNINI, F., «Elezione e libertà, grazia e predestinazione a proposito di Rom. 9,6-29», dans *Die Israelfrage nach Röm 9-11* (en collab.) (1977), 57-86.
b15339 SANDERS, E.P., *Paul and Palestinian Judaism*, «Election and predestination» (1977), 257-270.
b15340 BERGMEIER, R., *Glaube als Gabe nach Johannes*. Religions- und theologiegeschichtliche Studien zum prädestinatianischen Dualismus im vierten Evangelium (Beiträge zur Wissenschaft vom Alten und Neuen Testaments, 112) (Stuttgart, Kohlhammer, 1980), 331 pp.
b15341 LICHTENBERGER, H., *Studien zum Menschenbild in Texten der Qumrangemeinde*, «Erwählung, Determination und Prädestination» (1980), 184-200.

Prémices. Firstfruits. Erste Früchte. Primizie. Primicias.

b15342 GILULA, M., «An Offering of 'First Fruits' in Ancient Egypt», Tel Aviv 1 (1974) 43-44.
b15343 GREEN, F.P., «First-Fruits», ExpTim 87 (1976) 367-368.

Présence de Dieu. Presence of God. Gegenwart Gottes. Presenza di Dio. Presencia de Dios.

b15344 KERÉNYI, K., «Dramatische Gottesgegenwart in der griechischen Religion», ErJb 1950 19 (1951) 13-39.
b15345 SCHOLEM, G., «Zur Entwicklungsgeschichte der Kabbalistischen Konzeption der Schechinah», ErJb 1952 21 (1953) 45-107.
b15346 WOLVERTON, W.I., «The Psalmists' Belief in God's Presence», CanJT 9 (1963) 82-94.
b15347 ALONSO DIAZ, J., «Santuario y presencia divina en el Antiguo Testamento», CuBi 22 (1965) 262-267.
b15348 LASIERRA, L., «Presencia de Dios en el Antiguo Testamento», CuBi 25 (1968) 328-350.
b15349 En collaboration, *Presencia y ausencia de Dios* (Madrid, Editorial Cisneros, 1976), 255 pp.
b15350 ARGYLE, A.W., «God Above and Within», ExpTim 87 (1976) 369-370.

*b*15351 AUNE, D.E., «The Presence of God in the Community: The Eucharist in its Early Christian Cultic Context», SJTh 29 (1976) 451-459.

*b*15352 COUSINEAU, A., «La présence de Dieu dans le Nouveau Testament», dans *Après Jésus* (en collab.) (1977), 209-221.

*b*15353 PROULX, R., «Une forme inédite de la présence de Dieu dans l'Ancien Testament», dans *Après Jésus* (en collab.) (1977), 199-208.

*b*15354 COUTURIER, G., «Le Dieu *présent*: Yahweh», dans *Dieu, parole et silence* (en collab.) (1978), 23-44.

*b*15355 TERRIEN, S., *The Elusive Presence*. Toward a New Biblical Theology (Religious Perspectives, 26) (New York, Harper & Row, 1978), xxx-511 pp.

*b*15356 GÖRG, M., «'Ich bin mit Dir'. Gewicht und Anspruch einer Redeform im Alten Testament», TGl 70 (1980) 214-240.

*b*15357 JACOB, E., «Une théologie biblique de la présence», RHPR 60 (1980) 461-464.

Prêt. Loan. Darlehen. Prestito. Préstamo.

*b*15358 SCHELKLE, K.H., «Lohn und Strafe nach dem Neuen Testament», BiLeb 10 (1969) 89-111.

Prière. Prayer. Gebet. Preghiera. Oración.

a) Études générales. General Studies. Allgemeine Studien. Studi generali. Estudios generales.

*b*15359 DREHER, B., «Die häusliche Bibelandacht», BiKi 20 (1965) 76-82.

*b*15360 REYERO, A., «Algo muy importante acerca del Padre Nuestro y la oración en general. Con el P. Alonso Diaz y otros profesores de Comillas», CuBi 32 (1975) 137-142.

*b*15361 VON BALTHASAR, H.U., «Vom immerwährenden Gebet», IKZCommunio 4 (1975) 206-217.

*b*15362 LOHFINK, G., «Das Bittgebet und die Bibel», TQ 157 (1977) 23-26.

*b*15363 LUSSIER, E., *Biblical Prayer* (Collegeville, MN, Liturgical Press, 1977), xix-138 pp.

*b*15364 ROUET, A., «Vers Dieu ou en Dieu?» CHR 24 (1977) 389-399.

*b*15365 SIEGWALT, G., «Das Gebet und die physikalischtechnische Welt», KerDo 23 (1977) 256-276.

*b*15366 HAMMAN, A., «La prière chrétienne et la prière païenne, formes et différences», dans *Aufstieg und Niedergang der römischen Welt* (en collab.) (1980), 23. Band, 2. Halbband, 1190-1247.

*b*15367 TILLARD, J.M.R., «La prière apostolique», LVit 35 (1980) 353-368.

*b*15368 MAGRASSI, M., «Le 'leggi strutturali' del dialogo con Dio», dans *Parola, spirito e vita* 3 (1981) 7-10.

*b*15369 SHEPHERD, N.L., «Good Prayer and Bad Prayer», ExpTim 92 (1981) 140-141.

*b*15370 GREENBERG, M., «The Patterns of Prayers of Petition in the Bible», ErIs 16 (1982) 47-55.

*b*15371 MEYER, H.B., «Das Werden der literarischen Struktur des Hochgebetes. Hinweise zu einer wichtigen Neuerscheinung», ZKT 105 (1983) 184-202.

*b*15372 PLEVNIK, J., «Divine Call and Human Response: Praying with the Word», Way 23 (1983) 148-159.

b) Orient. Oriente.

b15373   PICARD, C., «Le geste de la prière funéraire en Grèce et en Étrurie», RHR 114 (1936) 137-157.
b15374   SEGELBERG, E., «Prayer among the Gnostic? The evidence of some Nag Hammadi Documents», dans *Gnosis and Gnosticism* (en collab.) (1977), 55-69.

c) Judaïsme. Judaism. Judentum. Giudaismo. Judaísmo.

b15375   ITALIENER, B., «The Mussaf-Kedushah», HUCA 26 (1955) 413-424.
b15376   PRICE, C.P., «Jewish Morning Prayer and Early Christian Anaphoras», AThR 43 (1961) 153-168.
b15377   TALLEY, T.J., «From *Berakah* to *Eucharistia*: A Reopening Question», Wor 50 (1976) 115-137.
b15378   APPEL, G., *The Concise Code of Jewish Law* (New York, Ktav, Yeshiva University Press, 1977), vol. I, 358 pp.
b15379   HEINEMANN, J., *Prayer in the Talmud.* Forms and Patterns (Studia Judaica, 9) (Berlin, De Gruyter, 1977), x-320 pp.
b15380   TALMON, S., «The Emergence of Institutionalized Prayer in Israel in the Light of Qumran Literature», dans *Qumrân. Sa piété, sa théologie et son milieu* (en collab.) (1978), 265-284.
b15381   CHARLESWORTH, J.H., «A Prolegomenon to a New Study of the Jewish Background of the Hymns and Prayers in the New Testament», dans *Essays in Honour of Yigael Yadin*, JJS 33 (1982) 265-285.

d) Ancien Testament. Old Testament. Altes Testament. Antico Testamento. Antiguo Testamento.

1. Études générales. General Studies. Allgemeine Studien. Studi generali. Estudios generales.

b15382   AP-THOMAS, D.R., «Some Notes on the Old Testament Attitude to Prayer», SJTh 9 (1956) 422-429.
b15383   HASPECKER, J., «Israels Gespräch mit Gott. Bittgebete aus den erzählenden Schriften des Alten Testaments», BiLeb 2 (1961) 81-92, 157-170.
b15384   PAUTREL, R., *Vers toi ils ont crié.* La prière dans les récits de l'Ancien Testament, *Supplément à Vie Chrétienne*, nov. 1971 - mars 1972, n° 141-145, 143 pp.
b15385   BUCK, F., «Prayer in the Old Testament», dans *Word and Spirit* (en collab.) (1975), 61-110.
b15386   MADL, H., «Die Gottesbefragung mit dem Verb *šā'al*», dans *Bausteine biblischer Theologie* (en collab.) (1977), 37-70.
b15387   WESTERMANN, C., *Theologie des Alten Testaments in Grundzügen*, «Die Antwort im Reden» (1978), 134-153.
b15388   VAN DER PLOEG, J.P.M., «Adoration and Praise of God in the Old Testament», dans *Studia Evangelica* (en collab.) (1982), VII, 528-539.

2. Pentateuque. Pentateuch. Pentateuch. Pentateuco.

b15389   MASSIGNON, L., «Die drei Gebete Abrahams», IKZCommunio 4 (1975) 19-28.
b15390   MELLO, A., «L'intercessione di Mosè (Es 32)», dans *Parola, spirito e vita* 3 (1981) 25-34.
b15391   WERNST, U., «L'intercessione di Abrama per i peccatori», dans *Parola, spirito e vita* 3 (1981) 13-24.

3. Prophètes. Prophets. Propheten. Profeti. Profetas.

b15392 BLANK, S.H., «The Confessions of Jeremiah and the Meaning of Prayer», HUCA 21 (1948) 331-354.
b15393 KRINETZKI, L., «Jeremias als Beter», BiKi 16 (1961) 74-80.
b15394 STRUS, A., «Geremia - Profeta di preghiera e di intercessione», Sal 43 (1981) 531-550.

4. Psaumes. Psalms. Salmen. Salmi. Salmos.

b15395 GÜNTHER, J., «Die Psalmen als Schule des Gebetes», BiKi 13 (1958) 7-11.
b15396 BARUCQ, A., «La lode divina nei Salmi», BibOr 1 (1959) 66-77.
b15397 RICHARDSON, R.D., «Psalm as Christian Prayers and Praises», AThR 42 (1960) 326-346.
b15398 WALTER, E., «Wegweisungen zum Psalmenbeten. 'Psalter und Harfe, wacht auf'», BiLeb 2 (1961) 277-291.
b15399 SCHMID, R., «Die Fluchpsalmen im christlichen Gebet», dans *Theologie im Wandel* (en collab.) (1967), 377-393.
b15400 EICHHORN, D., *Gott als Fels, Burg und Zuflucht. Eine Untersuchung zum Gebet des Mittlers in den Psalmen* (Europäische Hochschulschriften, Reihe 23, Theologie, 4) (Bern, Frankfurt/M., Peter Lang, 1973), 146 pp.
b15401 STUHLMUELLER, C., «The Reality of Presence and Praise In the Psalms», dans *Biblical Studies in Contemporary Thought* (en collab.) (1975), 77-87.
b15402 XXX, *Parole et Esprit du psautier chrétien* (Paris, Téqui, 1976), III, 7-37.
b15403 LOUF, A., «À l'école des Psaumes», CHR 24 (1977) 419-431.
b15404 BEAUCHAMP, P., «La prière à l'école des Psaumes», Et 348 (1978) 101-113.
b15405 BEUKEN, W.A.M., «Psalm 39: Some Aspects of the Old Testament Understanding of Prayer», HeyJ 19 (1978) 1-11.
b15406 BONHOEFFER, D., *Das Gebetbuch der Bibel. Eine Einführung in die Psalmen. Mit einem Einblick in Bonhoeffers Leben und Schaffen von Eberhard Bethge* (9. Auflage) (Neuhausen-Stuttgart, Hänssler-Verlag, 1978), 47 pp.
b15407 HEINEN, K., «Die Psalmen - Gebete für Christen?» BiLit 51 (1978) 232-235.
b15408 MONLOUBOU, L., «La louange et l'histoire», NRT 100 (1978) 679-705.
b15409 McKAY, J.W., «Psalms of Vigil», ZAW 91 (1979) 229-247.
b15410 HINRICHER, G., «Die Fluch- und Vergeltungspsalmen im Stundengebet», BiKi 35 (1980) 55-59.
b15411 LANDAU, R., «...der hoch in der Höhe thront - der tief in die Tiefe sieht. Einige Aspekte zur Bedeutung des Psalters für die Praxis der Kirche», dans *Werden und Wirken des Alten Testaments* (en collab.) (1980), 334-354.
b15412 MURPHY, R.E., «The Faith of the Psalmist», Interpr 34 (1980) 229-239.
b15413 SCHENKER, A., «Das Gebet im Lichte der Psalmen. Skizze einer Theologie der Psalmen», BiKi 35 (1980) 37-41.
b15414 SCHNEIDER, S., «Das Denken in Bilden als Voraussetzung für das persönliche Psalmenbeten», BiKi 35 (1980) 47-54.
b15415 WAHL, T.P., «Praying Israel's Psalms Responsibly as Christians: An Exercise in Hermeneutic», Wor 54 (1980) 386-396.
b15416 ASENSIO, F., «Encuentro de la oración del Salmista con la cristiana en la visión del Crisóstomo», EstB 39 (1981) 201-221.
b15417 BOUCHET, J.-R., «Une prière pour aujourd'hui», VS 135 (1981) 19-26.
b15418 GOLDINGAY, J., «The Dynamic Cycle of Praise and Prayer in the Psalms», JSOT no 20 (1981) 85-90.

*b*15419   ALONSO SCHÖKEL, L., «La preghiera della sera: il salmo 4», dans *Parola, spirito e vita* 3 (1981) 59-72.

*b*15420   MONLOUBOU, L., «La prière selon les psalmistes», EV (doctrine) 92 (1982) 385-398, 449-460.

*b*15421   KNOCKAERT, A., «Intérioriser les psaumes», LVit 38 (1983) 51-61.

*b*15422   MONLOUBOU, L., «La prière selon les psalmistes. Les hymnes narratifs dits psaumes d'action de grâce», EV (doctrine) 93 (1983) 392-399.

*b*15423   MONLOUBOU, L., «La prière selon les psalmistes. Les hymnes narratifs. Compléments», EV (doctrine) 93 (1983) 641-644.

5. Autres livres A.T. - Other Books O.T. - Andere Bücher A.T.
  Altri libri A.T. - Otros libros A.T.

*b*15424   PATRICK, D., «Job's Address of God», ZAW 91 (1979) 268-282.

*b*15425   GIRAUDO, C., «Confessare il Signore: la preghiera penitenziale di Ne 9», dans *Parola, spirito e vita* 3 (1981) 35-46.

*b*15426   VIRGULIN, S., «La preghiera nel libro di Tobia», dans *Parola, spirito e vita* 3 (1981), 47-58.

e) Nouveau Testament. New Testament. Neues Testament. Nuovo Testamento. Nuevo Testamento.

1. Études générales. General Studies. Allgemeine Studien. Studi generali. Estudios generales.

*b*15427   MARTIN, R.P., *Worship in the Early Church* (1964), «The Prayers and Praises of the New Testament», 28-38; «Hymns and Spiritual Songs», 39-52.

*b*15428   NIELEN, J.M., «Das Gebet im Neuen Testament», BiLeb 5 (1964) 1-7.

*b*15429   FRIEDRICH, G., «Die Fürbitte im Neuen Testament», *Nachrichten der Evang.-Luth. Kirche in Bayern* 23 (1968) 441-445, 462-466, dans *Auf das Wort kommt es an* (1978), 431-456.

*b*15430   CABA, J., *La oración de petición.* Estudio exegético sobre los evangelios sinópticos y los escritos joaneos (Analecta Biblica, 62) (Roma, Pontificio Istituto Biblico, 1974), 389 pp.

*b*15431   MARION, J.-L., «Intimität durch Abstand: Grundgesetz christlichen Betens», IKZCommunio 4 (1975) 218-227.

*b*15432   SEASOLTZ, R.K., «Christian Prayer: Experience of the Experience of Jesus' Dying and Rising», Wor 53 (1979) 98-119.

*b*15433   MOLLAT, D., *La Parole et l'Esprit.* Exégèse spirituelle (1980), «Le Saint-Esprit Maître de la prière chrétienne», I, 127-136; «La prière selon le Nouveau Testament», I, 179-199.

*b*15434   DE LA POTTERIE, I., «Adorare il Padre nello Spirito e nella verità», dans *Parola, spirito e vita* 3 (1981) 140-155.

*b*15435   MacRAE, G.W. (Ed.), *Prayer in Late Antiquity and in Early Christianity* (Tantur Yearbuch/Annales/Jahrbuch 1978-79) (Tantur-Jerusalem, Ecumenical Institute for Advanced Theological Studies, 1981), 146 pp.

*b*15436   JACQUEMONT, P., «L'Esprit Saint, maître de prière», Conci n° 179 (1982) 41-47.

*b*15437   PLATHOW, M., «Geist und Gebet», KerDo 29 (1983) 47-65.

2. Évangiles synoptiques. Synoptic Gospels. Synoptische Evangelien.
  Vangeli sinottici. Evangelios sinópticos.

*b*15438   GEORGE, A., «La prière», dans *Études sur l'oeuvre de Luc* (1978), 395-427.

*b*15439   DUPONT, J., «La prière et son efficacité dans l'Évangile de Luc», RSR 69 (1981) 45-55.

*b*15440   DUPONT, J., «The efficacy of prayer in Luke's gospel», TDig 30 (1982) 25-26.

*b*15441 BIGUZZI, G., «Mc. 11,23-25 e il Pater», RivB 27 (1979) 57-68.

*b*15442 TRITES, A.A., «Some Aspects of Prayer in Luke-Acts», dans *Society of Biblical Literature. 1977 Seminar Papers* (en collab.) (1977), 59-77.

*b*15443 DE LORENZI, L., «La preghiera del discepolo: il 'Padre nostro' secondo Mt 6,9-13», dans *Parola, Spirito e vita* 3 (1981) 106-121.

*b*15444 TRITES, A.A., «The Prayer Motif in Luke-Acts», dans *Perspectives on Luke-Acts* (en collab.) (1978), 168-186.

*b*15445 VAN PARYS, M., «Unification de l'homme dans le Nom. Exégèse de Mt. 18,19-20», Ir 50 (1977) 345-358.

*b*15446 EDMONDS, P., «The Lucan Our Father: A Summary of Luke's Teaching on Prayer?» ExpTim 91 (1980) 140-143.

*b*15447 MONLOUBOU, L., *La prière selon saint Luc* (Lectio Divina, 89) (Paris, Cerf, 1976), 247 pp.

3. Jean. John. Johannes. Giovanni. Juan.

*b*15448 MOLLAT, D., «Saint Jean, maître à prier», dans GUILLET, J., MOLLAT, D., *Apprendre à prier* (1977), 65-99.

*b*15449 VON CAMPENHAUSEN, H.F., «Gebetserhörung in den überlieferten Jesusworten und in der Reflexion des Johannes», KerDo 23 (1977) 157-171.

*b*15450 LUZARRAGA, J., *'Oración y Misión' en el evangelio de Juan* (Teología Deusto, 11) (Bilbao, Universidad de Deusto, 1978), 268 pp.

*b*15451 MOLONEY, F.J., «La preghiera dell'ora di Gesù», dans *Parola, spirito e vita* 3 (1981) 156-167.

*b*15452 CABA, J., «Jn 7,37-39 en la teología del IV Evangelio sobre la oración de petición», Greg 63 (1982) 647-675.

4. Actes des apôtres. Acts of the Apostles. Apostelgeschichte. Atti degli apostoli. Hechos de los apóstoles.

*b*15453 MOLLAT, D., «La prière de la communauté chrétienne primitive selon les Actes des Apôtres», dans GUILLET, J., MOLLAT, D., *Apprendre à prier* (1977), 53-63.

*b*15454 TRITES, A.A., «Some Aspects of Prayer in Luke-Acts», dans *Society of Biblical Literature. 1977 Seminar Papers* (en collab.) (1977), 59-77.

*b*15455 TRITES, A.A., «The Prayer Motif in Luke-Acts», dans *Perspectives on Luke-Acts* (en collab.) (1978), 168-186.

5. Paul. Paulus. Paolo. Pablo.

*b*15456 NIELEN, J.M., «Das Beten der ersten Christen nach dem Zeugnis der paulinischen Briefe», BiKi 16 (1961) 49-52.

*b*15457 MARCHESELLI, C.C., *La preghiera in S. Paolo* (Biblioteca Teologica Napoletana, 5) (Napoli, Laurenziana, 1975), xiv-220 pp.

*b*15458 PROVERA, M., «Preghiera e vita nelle lettere paoline», dans *Studia Hierosolymitana (Bagatti)* (en collab.) (1976), II, 169-179.

*b*15459 GUILLET, J., «Saint Paul, maître à prier», dans GUILLET, J., MOLLAT, D., *Apprendre à prier* (1977), 11-38.

*b*15460 CULLMANN, O., «La prière selon les Épîtres pauliniennes», TZ 35 (1979) 90-101.

*b*15461 STENDAHL, K., «Paul at Prayer», Interpr 34 (1980) 240-249.

*b*15462 ZEDDA, S., «La preghiera apostolica in Paolo», dans *Parola, spirito e vita* 3 (1981) 168-182.

*b*15463 CULLMANN, O., «La prière selon les Épîtres pauliniennes», Hok n° 20 (1982) 3-15.
*b*15464 MONLOUBOU, L., *Saint Paul et la prière*. Prière et évangélisation (Lectio Divina, 110) (Paris, Cerf, 1982), 137 pp.

6. Apocalypse. Geheime Offenbarung. Apocalisse. Apocalipsis.

*b*15465 MOLLAT, D., «La liturgie dans l'Apocalypse de saint Jean», dans GUILLET, J., MOLLAT, D., *Apprendre à prier* (1977), 129-138.
*b*15466 TREVIJANO ETCHEVERRIA, R., «La oración en el Apocalipsis», Salm 30 (1983) 41-62.

Progrès. Growth. Wachstum. Progresso. Progreso.

*b*15467 LOUTTIT, H.I., «Man's Growth in the Family of God», AThR 42 (1960) 273-278.
*b*15468 LEUBA, J.-L., «L'Évangile et le progrès», VC n° 73 (1965) 70-92.

Promesse. Promise. Verheissung. Promessa. Promesa.

a) Études générales. General Studies. Allgemeine Studien. Studi generali. Estudios generales.

*b*15469 LANGKAMMER, H., «Die Verheissung vom Erbe. Ein Beitrag zur biblischen Sprache», BiLeb 8 (1967) 157-165.
*b*15470 MERTENS, A., «'Gemäss den Schriften' - Das Schema von Verheissung und Erfüllung in der Homiletik», BiKi 29 (1974) 75-80.
*b*15471 MOXNES, H., *Theology in Conflict*, «Philo and the promise to Abraham: encountering Greek Alexandria» (1980), 130-164.

b) Ancien Testament. Old Testament. Altes Testament. Antico Testamento. Antiguo Testamento.

*b*15472 BLYTHIN, I., «The Patriarchs and the Promise», SJTh 21 (1968) 56-73.
*b*15473 DE PURY, A., «La promesse patriarcale. Origine, interprétations et actualisations», ETR 51 (1976) 351-366.
*b*15474 WESTERMANN, C., *Die Verheissungen an die Väter*. Studien zur Vätergeschichte (FRLANT 116) (Göttingen, Vandenhoeck & Ruprecht, 1976), 171 pp.
*b*15475 SEEBASS, H., «Landverheissung an die Väter», EvT 37 (1977) 210-229.
*b*15476 CARROLL, R.P., *When Prophecy Failed*. Reactions and Responses to Failure in the Old Testament Prophetic Traditions (London, SCM Press, 1979), vi-250 pp.
*b*15477 RUPRECHT, E., «Vorgegebene Tradition und theologische Gestaltung in Genesis xii 1-3», VT 29 (1979) 171-188.
*b*15478 EMERTON, J.A., «The origin of the promises to the Patriarchs in the older sources of the book of Genesis», VT 32 (1982) 14-32.
*b*15479 SCHLINK, E., *Ökumenische Dogmatik*, «Die Verheissung» (1983), 218-234.
*b*15480 SEEBASS, H., «Gehörten Verheissungen zum ältesten Bestand der Väter Erzählungen?» Bibl 64 (1983) 189-210.

c) Nouveau Testament. New Testament. Neues Testament. Nuovo Testamento. Nuevo Testamento.

*b*15481 DAHL, N.A., *Studies in Paul*, «Promise and Fulfillment» (1972), 121-136.

*b*15482 MOXNES, H., *Theology in Conflict* (1980), «In Defence of the Promise of God: Tradition and Polemics in Rom 4:13-22», 103-290; «Paul'use of the promise theme in Galatians and Romans», 207-230.

*b*15483 FRIES, H., «Offenbarung als Verheissung», dans *Mysterium Salutis* (en collab.) (1965), I, 191-209.

Prophétisme. Prophetism. Prophetentum. Profetismo.

a) Études générales. General Studies. Allgemeine Studien. Studi generali. Estudios generales.

*b*15484 BEST, E., «Prophets and Preachers», SJTh 12 (1959) 129-150.

*b*15485 SCHEDL, K.C., «Ursprüch und Formen des Prophetischen», BiKi 19 (1964) 2-4.

*b*15486 DEL CERRO CALDERON, G., «El Ministerio Profético en la Iglesia y en la Biblia», CuBi 23 (1966) 220-227.

*b*15487 CELADA, B., «No se puede confundir al profeta con el empleado», CuBi 25 (1968) 30-34.

*b*15488 PILZ, W.B., «Themenfeld Propheten - Eine Skizze für die Sekundarstufe 1», BiKi 31 (1976) 13.

*b*15489 STENDEBACH, F.J., «Was macht den Propheten aus? - Zum Erscheinungsbild des Prophetischen», BiKi 31 (1976) 2-8.

*b*15490 McKANE, W., «Prophecy and the Prophetic Literature», dans *Tradition and Interpretation* (en collab.) (1979), 163-188.

*b*15491 WILSON, R.R., «Prophecy and Ecstasy: A Reexamination», JBL 98 (1979) 321-337.

*b*15492 AMSLER, S., «Les prophètes et la communication par les actes», dans *Werden und Wirken des Alten Testaments* (en collab.) (1980), 194-201.

*b*15493 STUHLMUELLER, C., «What Price Prophecy?» Way 20 (1980) 167-175.

*b*15494 BURRIDGE, K.O.L., «Reflections on Prophecy and Prophetic Groups», Semeia 21 (1981) 99-102.

b) Orient. Oriente.

*b*15495 MALAMAT, A., «'Prophecy' in the Mari Documents», ErIs 4 (1956) 74-84 (English summary).

*b*15496 MALAMAT, A., «History and Prophetic Vision in a Mari Letter», ErIs 5 (1958) 67-73 (English summary).

*b*15497 HAYES, J.H., «Prophetism at Mari and Old Testament Parallels», AThR 49 (1967) 397-409.

*b*15498 MALAMAT, A., «Prophetic Revelations in New Documents from Mari and the Bible», ErIs 8 (1967) 231-240 (English summary).

*b*15499 TRAPIELLO, J.G., «Profetismo 'profesional' en Israel y pueblos vecinos», CuBi 24 (1967) 138-151.

*b*15500 HUFFMON, H.B., «Prophecy in the Mari Letters», BA 31 (1968) 101-124.

*b*15501 KOENIG, J., «Tradition iahviste et influence babylonienne à l'aurore du judaïsme», RHR 173 (1968) 1-42, 133-172.

*b*15502 ROSS, J.F., «Prophecy in Hamath, Israel, and Mari», HarvTR 63 (1970) 1-28.

*b*15503 HEINTZ, J.-G., «Langage prophétique et 'style de cour' selon *Archives royales de Mari, X* et l'Ancien Testament», Sem. 22 (1972) 5-12.

*b*15504 KOCH, K., «Die Briefe 'profetischen' Inhalts aus Mari. Bemerkungen zu Gattung und Sitz im Leben», UF 4 (1972) 53-77.

*b*15505 HUFFMON, H.B., «Prophetic Oracles in the Ancient Near East», dans *Society of Biblical Literature. 1974 Seminar Papers* (en collab.) (1974), I, 101-104.

*b*15506 JOMIER, J., «Prophétisme biblique et prophétisme coranique», RT 77 (1977) 600-609.

*b*15507 NOORT, E., *Untersuchungen zum Gottesbescheid in Mari.* Die 'Mariprophetie' in der alttestamentlichen Forschung (Alter Orient und Altes Testament, 202) (Kevelaer, Butzon & Bercker; Neukirchen-Vluyn, Neukirchener Verlag, 1977), x-159 pp.

*b*15508 KOCH, K., *Die Propheten.* I. Assyrische Zeit; II. Babylonisch-persische Zeit (Urban-Taschenbücher, 280, 281) (Stuttgart, Kohlhammer, 1978, 1980), 184-216 pp.

*b*15509 KOLENKOW, A.B., «Relationships between Miracle and Prophecy in the Greco-Roman World and Early Christianity», dans *Aufstieg und Niedergang der römischen Welt* II. *Principat* (en collab.) (1980), 23. Band, 2. Halbband, 1470-1506.

*b*15510 MALAMAT, A., «A Mari prophecy and Nathan's dynastic Oracle», dans *Prophecy. Essays presented to Georg Fohrer* (en collab.) (1980), 68-82.

*b*15511 POLLEY, M.E., «Hebrew Prophecy Within the Council of Yahweh, Examined in its Ancient Near Eastern Setting», dans *Scripture in Context* (en collab.) (1980), 141-156.

*b*15512 BROWN, J.P., «The Mediterranean Seer and Shamanism», ZAW 93 (1981) 374-400.

*b*15513 HEINTZ, J.-G., «Prophétisme et guerre sainte selon les archives royales de Mari et l'Ancien Testament», ETR 56 (1981) 47-49.

*b*15514 AUNE, D.E., *Prophecy in Early Christianity and the Ancient Mediterranean World* (1983), «Greco-Roman Prophecy: Oracular Places and Persons», 23-48; «The Form and Function of Greco-Roman Oracles», 49-79.

c) Judaïsme. Judaism. Judentum. Giudaismo. Judaísmo.

*b*15515 BLANK, S.H., *Prophetic Thought.* Essays and Addresses (Cincinnati, Hebrew Union College Press, 1977), x-167 pp.

*b*15516 KAPLAN, L., «Maimonides on the Miraculous Element in Prophecy», HarvTR 70 (1977) 233-256.

*b*15517 JACOB, E., «La dimension du prophétisme d'après Martin Buber et Abraham J. Heschel», dans *Prophecy. Essays presented to Georg Fohrer* (en collab.) (1980), 26-34.

*b*15518 AUNE, D.E., «The Use of *prophêtês* in Josephus», JBL 101 (1982) 419-421.

*b*15519 AUNE, D.E., *Prophecy in Early Christianity and the Ancient Mediterranean World*, «Prophecy in Early Judaism» (1983), 103-152.

d) Ancien Testament. Old Testament. Altes Testament. Antico Testamento. Antiguo Testamento.

1. Études générales. General Studies. Allgemeine Studien. Studi generali. Estudios generales.

*b*15520 SCHABES, L., «Die Propheten des Alten Testamentes», BiLit 9 (1934-35) 29-32.

*b*15521 WOLFF, H.W., «Hauptprobleme alttestamentlicher Prophetie», EvT 15 (1955) 116-168, dans *Gesammelte Studien zum Alten Testament*[2] (München, Kaiser, 1973), 206-231.

*b*15522 GARCIA CORDERO, M., «El profetismo israelita», CuBi 18 (1961) 195-235.

*b*15523 CELADA, B., «Profetas y profetas», CuBi 23 (1966) 30-35.

*b*15524 CUNCHILLOS, J.-L., *La Bible. Première lecture de l'Ancien Testament -I*, «Les prophètes» (1974), 133-138.

*b*15525 BEAUCHAMP, P., *L'un et l'autre Testament*, «Les prophètes» (1976), 74-105.

*b*15526 FOHRER, G., *Die Propheten des Alten Testaments.* Band 1. Die Propheten des 8. Jahrhunderts (1974), 176 pp.; Band 2. Die Propheten des 7. Jahrhunderts (1974), 175 pp.; Band 3. Die Propheten des frühen 6. Jarhunderts (1975), 237 pp.; Band 4. Die Propheten um die Mitte des 6. Jahrhunderts (1975), 159 pp.; Band 5. Die Propheten des ausgehenden 6. und des 5. Jahrhunderts (1976), 182 pp.; Band 6. Die Propheten seit dem 4. Jahrhundert (1976), 134 pp.; Band 7. Prophetenerzählungen (1977), 195 pp. (Gütersloh, Gerd Mohn, 1974-1977).

b15527 MARKERT, L., WANKE, G., «Die Propheteninterpretation. Anfragen und Überlegungen», KerDo 22 (1976) 191-220.

b15528 GAMBERONI, J., «... o, wenn doch das ganze Volk Jahwes Propheten wären ...!» TGl 67 (1977) 113-126.

b15529 McKANE, W., «Prophecy and the Prophetic Literature», dans *Tradition and Interpretation* (en collab.) (1979), 163-188.

b15530 BAKER, J., *The Prophetic Line*. The Genius of Hebrew Religion (Edinburgh, St. Andrew Press, 1980), 137 pp.

b15531 GOTTWALD, N.K., «Problem and Promises in the Comparative Analysis of Religious Phenomena», Semeia 21 (1981) 103-112.

b15532 BRUCE, F.F., «Robertson Smith and 'The Prophets of Israel'», ExpTim 95 (1983) 45-49.

b15533 MONLOUBOU, L., «Les prophètes de l'Ancien Testament», CE (n.s.) nº 43 (1983) 64 pp.

2. *Histoire des prophètes. History of the Prophets. Geschichte der Propheten. Storia dei profeti. Historia de los profetas.*

b15534 CARMONA, J., «Las corporaciones proféticas en el A.T.», CuBi 11 (1954) 34-38.

b15535 SELIGMANN, Y.A., «On the History and Nature of Prophecy in Israel», ErIs 3 (1954) 125-132 (Hebrew).

b15536 RICHTER, F., «Das Prophetentum des Alten Bundes», BiKi 10 (1955) 66-81.

b15537 ORLINSKY, H.M.,«The Seer in Ancient Israel», OrAnt 4 (1965) 153-174.

b15538 ALONSO DIAZ, J., «El nuevo típo de profeta que inicia Amós», CuBi 23 (1966) 36-42.

b15539 LARREA, A., «Los profetas de la época de la decadencia», CuBi 28 (1971) 34-38.

b15540 COX, D., «Inspired radicals. The prophets of the eight Century», StBiFranc 25 (1975) 90-103.

b15541 BALY, D., *God and History in the Old Testament*, «The Climax of Prophetic Thought» (1976), 159-206.

b15542 NÜTZEL, J.M., «Zum Schicksal der eschatologischen Propheten», BZ 20 (1976) 59-94.

b15543 CARROLL, R.P., «Ancient Israelite prophecy and dissonance theory», Numen 24 (1977) 135-151.

b15544 HARAN, M., «From early to classical prophecy: continuity and change», VT 27 (1977) 385-397.

b15545 KAUFMANN, Y., *History of the Religion of Israel*, «The End of Prophecy» (1977), IV, 449-484.

b15546 PETERSEN, D.L., *Late Israelite Prophecy*. Studies in Deutero-Prophetic Literature and in Chronicles (SBL Monograph Series, 23) (Missoula, Scholars Press, 1977), 104 pp.

b15547 SCHMITT, H.-C., «Prophetie und Tradition. Beobachtungen zur Frühgeschichte des israelitischen Nabitums», ZTK 74 (1977) 255-272.

b15548 ZIMMERLI, W., «Der 'Prophet' im Pentateuch», dans *Studien zum Pentateuch* (en collab.) (1977), 197-211.

b15549 SEELIGMANN, I.L., «Die Auffassung von der Prophetie in der deuteronomistischen und chronistischen Geschichtsschreibung (mit einem Exkurs über das Buch Jeremia)», dans *Congress Volume. Göttingen 1977* (en collab.) (1978), 254-284.

b15550 WILSON, R.R., «Early Israelite Prophecy», Interpr 32 (1978) 3-16.

b15551 WOLFF, H.W., «Prophecy from the Eighth through the Fifth Century», Interpr 32 (1978) 17-30.

*b*15552   GEORGE, P.M., DRISKILL, J.D., «Ancient Hebrew Religious Beliefs and the Evolution of Prophets», BTB 9 (1979) 66-77.

*b*15553   SKA, J.-L., «La sortie d'Égypte (Ex 7-14) dans le récit sacerdotal (Pg) et la tradition prophétique», Bibl 60 (1979) 191-215.

*b*15554   VOGELS, W., «Il n'y aura plus de prophète!» NRT 101 (1979) 844-859.

*b*15555   ANDREW, M.E., «Post-Exilic Prophets and the Ministry of Creating Community», ExpTim 93 (1981) 42-46.

*b*15556   HERMISSON, H.-J., «Zeitbezug des prophetischen Wortes», KerDo 27 (1981) 96-110.

*b*15557   AUNE, D.E., *Prophecy in Early Christianity and the Ancient Mediterranean World*, «Ancient Israelite Prophecy» (1983), 81-101.

*b*15558   WANKE, G., «Prophecy and Psalms in the Persian period», dans *The Cambridge History of Judaism* (en collab.) (1984) I, 162-188.

3. Théologie. Theology. Theologie. Teologia. Teología.

*b*15559   DONNER, H., «Die soziale Botschaft der Propheten im Lichte der Gesellschaftsordnung in Israel», OrAnt 2 (1963) 229-245.

*b*15560   LORETZ, O., «Die prophetische Kritik des Rentenkapitalismus. Grundlagen-Probleme der Prophetenforschung», UF 7 (1975) 271-278.

*b*15561   WOLFF, H.W., «Die eigentliche Botschaft der klassischen Propheten», dans *Beiträge zur Alttestamentlichen Theologie* (en collab.) (1977), 547-557.

e) Nouveau Testament. New Testament. Neues Testament. Nuovo Testamento. Nuevo Testamento.

1. Études générales. General Studies. Allgemeine Studien. Studi generali. Estudios generales.

*b*15562   MOULE, C.F.D., «'Fulness' and 'Fill' in the New Testament», SJTh 4 (1951) 79-86.

*b*15563   KLEIN, W.C., «The Church and its Prophets», AThR 44 (1962) 1-17.

*b*15564   BORING, M.E., «'What Are We Looking for?' Toward a Definition of the Term 'Christian Prophet'», dans *Society of Biblical Literature. 1973 Seminar Papers* (en collab.) (1973), II, 142-154.

*b*15565   ASH, J.L., Jr., «The Decline of Ecstatic Prophecy in the Early Church», TS 37 (1976) 227-252.

*b*15566   GARCIA GOMEZ, A., «Conciencia cristiana y denuncia profética, hoy», BibFe 2 (1976) 201-212.

*b*15567   DUNN, J.D.G., «Prophetic 'I'-Sayings and the Jesus tradition: The importance of testing prophetic utterances within early Christianity», NTS 24 (1977-78) 175-198.

*b*15568   CHEVALLIER, M.-A., *Souffle de Dieu. Le Saint-Esprit dans le Nouveau Testament*, «Le souffle prophétique» (1978), 163-170.

*b*15569   HILL, D., *New Testament Prophecy* (New Foundations Theological Library) (Atlanta, John Knox, 1979), xiv-241 pp.

*b*15570   HALL, S.G., «Christology, Prophecy and Scripture», dans *Studia Biblica 1978* (en collab.) (1980), III, 157-171.

*b*15571   McDONALD, J.I.H., *Kerygma and Didache*. The articulation and structure of the earliest Christian message (SNTS Monograph Series, 37) (Cambridge, Cambridge University Press, 1980), 247 pp.

*b*15572   BARNETT, P.W., «The Jewish Sign Prophets - A.D. 40-70 - Their Intentions and Origin», NTS 27 (1981) 679-697.

*b*15573   AUNE, D.E., «The Odes of Solomon and Early Christian Prophecy», NTS 28 (1982) 435-460.

*b*15574 AUNE, D.E., *Prophecy in Early Christianity and the Ancient Mediterranean World* (1983), «The Character of Early Christian Prophecy», 189-231; «Christian Prophets and the Sayings of Jesus», 233-245; «The Form and Content of Early Christian Prophecy», 247-316; «The Basic Features of Early Christian Prophetic Speech», 317-338.

*b*15575 BORING, M.E., «Christian Prophecy and the Sayings of Jesus: the State of the Question», NTS 29 (1983) 104-112.

*b*15576 DAUTZENBERG, G., «Propheten in urchristlichen Gemeinden», BiKi 38 (1983) 153-158.

2. *Évangiles synoptiques. Synoptic Gospels. Synoptische Evangelien. Vangeli sinottici. Evangelios sinópticos.*

*b*15577 MINEAR, P.S., «False Prophecy and Hypocrisy in the Gospel of Matthew», dans *Neues Testament und Kirche* (en collab.) (1974) 76-93.

*b*15578 BORING, M.E., «Christian Prophecy and Matthew 10:23: A Test Exegesis», dans *Society of Biblical Literature. 1976 Seminar Papers* (en collab.) (1976), 127-133.

*b*15579 EDWARDS, R.A., «Christian Prophecy and the Q Tradition», dans *Society of Biblical Literature. 1976 Seminar Papers* (en collab.) (1976), 119-126.

*b*15580 EDWARDS, R.A., *A Theology of Q.* Eschatology, Prophecy, and Wisdom (Philadelphia, Fortress Press, 1976), 173 pp.

*b*15581 MICHAELS, J.R., «Christian Prophecy and Matthew 23:8-12: A Test Exegesis», dans *Society of Biblical Literature. 1976 Seminar Papers* (en collab.) (1976), 305-310.

*b*15582 SCHMEICHEL, W., «Christian Prophecy in Lukan Thought: Luke 4:16-30 as a Point of Departure», dans *Society of Biblical Literature. 1976 Seminar Papers* (en collab.) (1976), 293-304.

*b*15583 BORING, M.E., *Sayings of the Risen Jesus.* Christian Prophecy in the Synoptic Tradition (SNTS Monograph Series, 46) (Cambridge, Cambridge University Press, 1982), xv-327 pp.

*b*15584 BORING, M.E., «Christian Prophecy and the Sayings of Jesus: the State of the Question», NTS 29 (1983) 104-112.

3. *Jean. John. Johannes. Giovanni. Juan.*

*b*15585 BÜHNER, J.-A., *Der Gesandte und sein Weg im 4. Evangelium.* Die kultur- und religionsgeschichtlichen Grundlagen der johanneischen Sendungschristologie sowie ihre traditionsgeschichtliche Entwicklung (Wissenschaftliche Untersuchungen zu Neuen Testament, Reihe, 2, Band 2) (Tübingen, Mohr, 1977), viii-486 pp.

*b*15586 SCHNACKENBURG, R., «Die johanneische Gemeinde und ihre Geisterfahrung», dans *Die Kirche des Anfangs* (en collab.) (1978), 277-306.

*b*15587 VAN UNNIK, W.C., «A Greek characteristic of prophecy in the Fourth Gospel», dans *Text and Interpretation* (en collab.) (1979), 211-229.

4. *Actes des apôtres. Acts of the Apostles. Apostelgeschichte. Atti degli apostoli. Hechos de los apóstoles.*

*b*15588 ELLIS, E.E., «The Role of the Christian Prophet in Acts», dans *Apostolic History and the Gospel* (en collab.) (1979), 55-67.

*b*15589 ROBECK, C.M., Jr., «The Gift of Prophecy in Acts and Paul», SBT 5,1 (1975) 15-38; 5,2 (1975) 17-54.

5. Paul. Paulus. Paolo. Pablo.

*b*15590   DAUTZENBERG, G., *Urchristliche Prophetie.* Ihre Erforschung, ihre Voraussetzungen
          im Judentum und ihre Struktur im ersten Korintherbrief (Beiträge zur Wissenschaft vom
          Alten und Neuen Testament, 104) (Stuttgart, Kohlhammer, 1975), 320 pp.
*b*15591   GILLESPIE, T.W., «A Pattern of Prophetic Speech in First Corinthians», JBL 97 (1978)
          74-95.
*b*15592   ROBECK, C.M., Jr., «The Gift of Prophecy in Acts and Paul», SBT 5,1 (1975) 15-38; 5,2
          (1975) 17-54.
*b*15593   GRUDEM, W.A., *The Gift of Prophecy in 1 Corinthians* (Washington, DC, University
          Press of America, 1982), xxiv-333 pp.

6. Apocalypse. Geheime Offenbarung. Apocalisse. Apocalipsis.

*b*15594   BORING, M.E., «The Apocalypse as Christian Prophecy», dans *Society of Biblical
          Literature. 1974 Seminar Papers* (en collab.) (1974), II, 43-62.
*b*15595   SCHÜSSLER FIORENZA, E., «Apokalypsis and Propheteia. The Book of Revelation
          in the Context of Early Christian Prophecy», dans *L'Apocalypse johannique et
          l'Apocalyptique dans le Nouveau Testament* (en collab.) (1980), 105-128.

f) **Nature de la prophétie. Nature of Prophecy. Wesen der Prophezeiung.**
   Natura del profetismo. Naturaleza della profecía.

*b*15596   ALONSO-SCHÖKEL, L., «L'infaillibilité de l'oracle prophétique», dans *L'infaillibilité*
          (en collab.) (1970), 495-503.
*b*15597   BERLIN, A., «A Rejoinder to John A. Miles, Jr., with Some Observations on the Nature
          of Prophecy», JQR 66 (1975-76) 227-235.
*b*15598   RABE, V.W., «The Origins of Prophecy», BASOR no 221 (1976) 125-128.
*b*15599   BRUEGGEMANN, W., *The Prophetic Imagination* (Philadelphia, Fortress, 1978),
          127 pp.
*b*15600   CURTIS, J.B., «A folk etymology of *nābî'*», VT 29 (1979) 491-493.
*b*15601   NEUMANN, P.H.A., *Das Prophetenverständnis in deutschsprachigen Forschung seit
          Heinrich Ewald* (Wege der Forschung, 307) (Darmstadt, Wissenschaftliche
          Buchgesellschaft, 1979), vii-628 pp.
*b*15602   AMSLER, S., «Les prophètes et la communication par les actes», dans *Werden und
          Wirken des Alten Testaments* (en collab.) (1980), 194-201.
*b*15603   CONROY, C., «'Leadership' e profezia come doni carismatici», dans *Parola, spirito e vita*
          4 (1981) 27-41.
*b*15604   HAAG, E., «Jahwes Opposition oder die Autorität der Propheten Israels», TrierTZ 90
          (1981) 224-237.
*b*15605   BARTON, J., «'The Law and the Prophets'. Who are the Prophets?» OTS 23 (1982) 1-18.
*b*15606   AULD, A.G., «Prophets Through the Looking Glass: Between Writings and Moses»,
          JSNT no 27 (1983) 3-23.
*b*15607   AULD, A.G., «Prophets Through the Looking Glass: A Response», JSOT no 27 (1983)
          41-44.
*b*15608   CARROLL, R., «Poets Not Prophets», JSOT no 27 (1983) 25-31.
*b*15609   WILLIAMSON, H.G.M., «A Response to A.G. Auld», JSOT no 27 (1983) 33-39.

g) Vocation des prophètes. Vocation of the Prophets. Berufung der Propheten.
Vocazione dei profeti. Vocación de los profetas.

b15610 KILIAN, R., «Die prophetischen Berufungsberichte», dans *Theologie im Wandel* (en collab.) (1967), 356-376.

b15611 RIDDERBOS, N.H., «Einige Bemerkungen über den Propheten als Boten von Jahwe», dans *Travels in the World of the Old Testament* (en collab.) (1974), 211-216.

b15612 SCHREINER, J., «Jeremiasberufung (Jer 1,4-19), eine Textanalyse», dans *Homenaje a Juan Prado* (en collab.) (1975), 131-145.

b15613 GÖRG, M., «Der Einwand im prophetischen Berufungsschema», TrierTZ 85 (1976) 161-166.

b15614 TUCKER, G.M., «Prophetic Speech», Interpr 32 (1978) 31-45.

b15615 LANG, B., *Wie wird man Prophet in Israel?* Aufsätze zum Alten Testament (Düsseldorf, Patmos, 1980), 199 pp.

b15616 BUSS, M.J., «An Anthropological Perspective Upon Prophetic Call Narratives», Semeia 21 (1981) 9-30.

h) Expérience du prophète. Experience of the Prophet. Erfahrung des Propheten.
Esperienza del profeta. Experiencia del profeta.

b15617 BUBER, M., «Sinnbildliche und sakramentale Existenz im Judentum. I. Die sinnbildliche Existenz in der Welt der Prophetie», ErJb 1934 2 (1935) 339-351.

b15618 OBBINK, H.T., «The Forms of Prophetism», HUCA 14 (1939) 23-28.

b15619 ALONSO DIAZ, J., «Valoración de las experiencias religiosas proféticas dentro del nuevo tipo de profecía en Israel», CuBi 30 (1973) 195-204.

b15620 KOCH, R., «Die Gotteserfahrung der Propheten», dans *In libertatem vocati estis* (en collab.) (1977), 323-344.

b15621 MORIARTY, F.L., «The Prophets and the Presence», Way 17 (1977) 175-185.

b15622 KAPELRUD, A.S., «The Spirit and the Word in the Prophets», ASTI 11 (1978) 40-47.

b15623 PARKER, S.B., «Possession trance and prophecy in pre-exilic Israel», VT 28 (1978) 271-285.

b15624 WILSON, R.R., «Prophecy and Ecstacy: A Reexamination», JBL 98 (1979) 321-337.

b15625 CARROLL, R.P., «Prophecy and Dissonance. A Theoretical Approach to the Prophetic Tradition», ZAW 92 (1980) 108-119.

b15626 AMSLER, S., «La parole visionnaire des prophètes», VT 31 (1981) 359-363.

b15627 OVERHOLT, T.W., «Prophecy: The Problem of Cross-Cultural Comparison», Semeia 21 (1981) 55-78.

b15628 OVERHOLT, T.W., «Model, Meaning, and Necessity», Semeia 21 (1981) 129-132.

b15629 ZIMMERLI, W., «Frucht der Anfechtung des Propheten», dans *Die Botschaft und die Boten* (en collab.) (1981), 131-146.

i) Ministère des prophètes. Ministry of the Prophets. Amt der Propheten.
Ministero dei profeti. Ministerio de los profetas.

b15630 STENZEL, M., «Alttestamentliche Propheten als Redner und Schriftsteller», BiKi 5 (1950) 33-40.

b15631 PLÖGER, O., «Priester und Prophet», ZAW 63 (1951) 157-192, dans *Aus der Spätzeit des Alten Testaments* (1951), 7-42.

b15632 BEST, E., «Prophets and Preachers», SJTh 12 (1959) 129-150.

b15633 STIER, F., «Boten des Wortes Gottes», BiKi 16 (1961) 66-68.

*b*15634   AMSLER, S., «Les ministères de l'ancienne alliance: rois, prêtres et prophètes», no 71-72 (1964) 29-41.

*b*15635   SCHEDL, K.C., «Die heilsgeschichtliche Funktion der Propheten», BiKi 19 (1964) 9-12.

*b*15636   SCHUBERT, K., «Gesetz und Prophetismus», BiLit 39 (1966) 96-104.

*b*15637   GEYER, C.F., «Prophetie als Revolution», BiKi 24 (1969) 139-141.

*b*15638   SCHMIDT, W.H., «Prophetisches Zukunftswort und priesterliche Weisung», Kairos 12 (1970) 289-308.

*b*15639   LUST, J., «The Mantic Function of the Prophet», Bijdr. 34 (1973) 234-250.

*b*15640   RENICH FRASER, E., «Symbolic Acts of the Prophets», SBT 4 (1974) 45-53.

*b*15641   RIDDERBOS, N.H., «Einige Bemerkungen über den Propheten als Boten von Jahwe», dans *Travels in the World of the Old Testament* (en collab.) (1974), 211-216.

*b*15642   CARROLL, R.P., «A Non-Cogent Argument in Jeremiah's Oracles against the Prophets», ST 30 (1976) 43-51.

*b*15643   HERRMANN, S., *Ursprung und Funktion der Prophetie in alten Israel* (Rheinisch-Westfälische Akademie der Wissenschaften. Geisteswissenschaften: Vorträge G208) (Wiesbaden, Westdeutscher Verlag, 1976), 63 pp.

*b*15644   MINEAR, P.S., *To Heal and to Reveal* (1976), 179 pp.

*b*15645   CARROLL, R.P., «Ancient Israelite prophecy and dissonance theory», Numen 24 (1977) 135-151.

*b*15646   COUTURIER, G., «Le prophète: conscience révoltés de son peuple», dans *Après Jésus* (en collab.) (1977), 51-71.

*b*15647   OVERHOLT, T.W., «Jeremiah and the Nature of the Prophetic Process», dans *Scripture in History & Theology* (en collab.) (1977), 129-150.

*b*15648   RHODES, A.B., «Israel's Prophets As Intercessors», dans *Scripture in History & Theology* (en collab.) (1977), 107-128.

*b*15649   WILSON, R.R., «Prophecy and Society in Ancient Israel: The Present State of the Inquiry», dans *Society of Biblical Literature. 1977 Seminar Papers* (en collab.) (1977), 341-358.

*b*15650   BEUKEN, W.A.M., «I Samuel 28: The Prophet as 'Hammer of Witches'», JSOT no 6 (1978) 3-17.

*b*15651   MUFFS, Y., «Reflections on Prophetic Prayer in the Bible», ErIs 14 (1978) 48-54 (English summary).

*b*15652   VERMEYLEN, J., «Les prophètes de la conversion face aux traditions sacrales de l'Israël ancien», RTL 9 (1978) 5-32.

*b*15653   WOLFF, H.W., «Wie verstand Micha von Moreschet sein prophetisches Amt?» dans *Congress Volume. Göttingen 1977* (en collab.) (1978), 403-417.

*b*15654   HADEY, J., «Jérémie et le Temple. Le conflit de la parole prophétique et de la tradition religieuse. Jérémie 7,1-15; 26,1-19», ETR 54 (1979) 438-443.

*b*15655   JOHNSON, A.R., *The Cultic Prophet and Israel's Psalmody* (Cardiff, University of Wales Press, 1979), xii-467 pp.

*b*15656   ROBERTS, J.J.M., «A Christian Perspective on Prophetic Prediction», Interpr 33 (1979) 240-253.

*b*15657   MORIARTY, F.L., «Preacher and Prophet», Way 20 (1980) 3-14.

*b*15658   WIFALL, W., «Israel's Prophets: Viziers of the King», BTB 10 (1980) 169-175.

*b*15659   GALLEGO, E., «¿Profetas de la base o profetas del señor?» BibFe 7 (1981) 253-263.

*b*15660   HERMISSON, H.-J., «Zeitbezug des prophetischen Wortes», KerDo 27 (1981) 96-110.

*b*15661   LEWIS, I.M., «Prophets and their Publics», Semeia 21 (1981) 113-117.

*b*15662   PETERSEN, D.L., *The Roles of Israel's Prophets* (JSOT Supplement Series, 17) (Sheffield, JSOT Press, 1981), 131 pp.

*b*15663 SAUER, G., «Das 'prophetische Amt Christi' und das 'Amt' des Propheten», EvT 41 (1981) 284-289.

*b*15664 STENDEBACH, F.-J., «Prophetie und Lehre», BiKi 36 (1981) 270-276.

*b*15665 HUNTER, A.V., *Seek the Lord*! A Study of the Meaning and Functions of the Exhortations in Amos, Hosea, Isaiah, Micah and Zephaniah (Baltimore, St Mary's Seminary and University, 1982), xx-324 pp.

*b*15666 GROSS, H., «Gab es ein prophetisches Amt in Israel?» BiKi 38 (1983) 134-139.

j) Société et prophètes. Society and Prophets. Gesellschaft und Propheten.
Società e profeti. Sociedad y prophetas.

*b*15667 LONG, B.O., «The Social Setting for Prophetic Miracle Stories», Semeia n⁰ 3 (1975) 46-63.

*b*15668 BUSS, M.J., «The social psychology of prophecy», dans *Prophecy. Essays presented to Georg Fohrer* (en collab.) (1980), 1-11.

*b*15669 WILSON, R.R., *Prophecy and Society in Ancient Israel* (Philadelphia, Fortress Press, 1980), xiv-332 pp.

*b*15670 BUSS, M.J., «On Social and Individual Aspects of Prophecy», Semeia 21 (1981) 121-123.

*b*15671 OVERHOLT, T.W., «Seeing is Believing: The Social Setting of Prophetic Acts of Power», JSOT n⁰ 23 (1982) 3-31.

k) Politique et prophètes. Politics and Prophets. Politik und Propheten.
Politica e profeti. Política y profetas.

*b*15672 CELADA, B., «Los profetas del Antiguo Testamento, la política y la sociología», CuBi 23 (1966) 43-45.

*b*15673 HOLLADAY, J.S., Jr., «Assyrian Statecraft and the Prophets of Israel», HarvTR 63 (1970) 29-51.

*b*15674 RUIZ, G., «La actividad política de los profetas y el pueblo del país», CuBi 31 (1974) 19-22.

*b*15675 VOGELS, W., «Les prophètes et la division du royaume», SR 8 (1979) 15-26.

*b*15676 LANG, B., «Prophetie, prophetische Zeichenhandlung und Politik in Israel», TQ 161 (1981) 275-280.

*b*15677 KINET, D., «Prophet und Politik», BiKi 38 (1983) 144-149.

l) Faux prophètes. False Prophets. Falsche Propheten. Falsi profeti. Falsos profetas.

*b*15678 MINEAR, P.S., «False Prophecy and Hypocrisy in the Gospel of Matthew», dans *Neues Testament und Kirche* (en collab.) (1974) 76-93.

*b*15679 En collaboration, *Profetas verdaderos, profetas falsos* (Salamanca, Ed. Sigueme, 1976), 169 pp.

*b*15680 MEYER, I., *Jeremia und die falschen Propheten* (Orbis Biblicus et Orientalis, 13) (Freiburg, Schweiz, Universitätsverlag; Göttingen, Vandenhoeck & Ruprecht, 1977), 155 pp.

*b*15681 VOGELS, W., «Comment discerner le prophète authentique?» NRT 99 (1977), 681-701.

*b*15682 McNAMARA, M., «Critères de discernement en Israël. Vrais et faux prophètes», Conci n⁰ 139 (1978) 11-22.

*b*15683 CAVALLIN, H.C.C., «The False Teachers of 2 Pt as Pseudo-prophets», NT 21 (1979) 263-270.

b15684   MÜNDERLEIN, G., *Kriterien wahrer und falscher Prophetie*. Entstehung und
          Bedeutung im Alten Testament. 2., erw. Aufl. (Europäische Hochschulschriften,
          Reihe 23, Theologie, Bd. 33) (Bern, Peter Lang, 1979), 160 pp.
b15685   GIBERT, P., «Vrai et faux prophète», LV nᵒ 165 (1983) 21-30.
b15686   HOSSFELD, F.-L., «Wahre und falsche Propheten in Israel», BiKi 38 (1983) 139-144.

Prostitution. Unzucht. Prostituzione. Prostitución.

b15687   LÉGASSE, S., «Jésus et les prostituées», RTL 7 (1976) 137-154.
b15688   DION, P.-E., «Did Cultic Prostitution Fall into Oblivion during the Postexilic Era?
          Some Evidence from Chronicles and the Septuagint», CBQ 43 (1981) 41-48.

Providence. Vorsehung. Providenza. Providencia.

b15689   VON RAD, G., *Gottes Wirken in Israel* (1974), «Die Wirklichkeit Gottes» (1958),
          141-162.
b15690   HAGGENMÜLLER, O., «Erinnern und Vergessen Gottes und der Menschen», BiLeb 3
          (1962) 1-15.
b15691   DILLEY, F.B., «Does the 'God Who Acts' Really Act?» AThR 47 (1965) 66-80.
b15692   DIAZ ESTEBAN, F., «El Dios que oye», CuBi 23 (1966) 358-363.
b15693   SCHULZ, S., *Die Stunde der Botschaft*, «Die Mitte der Vorsehungsgeschichte» (1967),
          284-291.
b15694   FOI ET CONSTITUTION, «Dieu dans la nature et l'histoire», VC nᵒ 86 (1968) 7-51.
b15695   MANN, T.W., *Divine Presence and Guidance in Israelite Traditions*. The Typology of
          Exaltation (Johns Hopkins Near Eastern Studies) (Baltimore, London, Johns Hopkins
          University Press, 1977), x-310 pp.
b15696   PANNENBERG, W., «El Dios de la Historia. El Dios trinitario y la verdad de la
          Historia», Salm 24 (1977) 259-277.
b15697   CAÑELLAS, G., «Yahvé, unico Dios y señor de la Historia», CuBi 35 (1978) 197-213.
b15698   HAMM, D., «You are precious in my Sight», Way 18 (1978) 193-203.
b15699   KELLY, J.J., «God at Work», Way 18 (1978) 163-173.
b15700   WANSBROUGH, H., «Paul and Providence», Way 18 (1978) 184-192.
b15701   BLEICH, J.D., «Duran's View of the Nature of Providence», JQR 69 (1979) 208-225.
b15702   GÖRG, M., «'Ich bin mit Dir'. Gewicht und Anspruch einer Redeform im Alten
          Testament», TGl 70 (1980) 214-240.
b15703   JEREMIAS, Jörg, «Gott und Geschichte im Alten Testament. Überlegungen zum
          Geschichtsverständnis im Nord- und Südreich Israels», EvT 40 (1980) 381-396.
b15704   MEALAND, D.L., «'Paradisial' Elements in the Teaching of Jesus», dans *Studia Biblica
          1978. II. Papers on the Gospels* (en collab.) (1980), 179-184.
b15705   SANDMEL, S., «Some Comments on Providence in Philo», dans *The Divine Helmsman*
          (en collab.) (1980), 79-85.

Prudence. Klugheit. Prudenza. Prudencia.

b15706   SANDERS, J.T., «Ben Sira's Ethics of Caution», HUCA 50 (1979) 73-106.

Publicains. Tax Collectors. Zöllner. Pubblicani. Publicanos.

*b*15707   FARMER, W.R., «Who are the 'Tax Collectors and Sinners' in the Synoptic Tradition?» dans *From Faith to Faith* (en collab.) (1979), 167-174.

*b*15708   FRICKEL, J., «Die Zöllner, Vorbild der Demut und wahrer Gottesverehrung», dans *Pietas* (en collab.) (1980), 369-380.

*b*15709   HERRENBRUCK, F., «Wer waren die 'Zöllner'?» ZNW 72 (1981) 178-194.

Puissance. Power. Macht. Potenza. Poder.

*b*15710   FORSTER, A.H., «The Meaning of Power for St. Paul», AThR 32 (1950) 177-185.

*b*15711   BONNARD, P., «Faiblesse et puissance du chrétien selon saint Paul», ETR 33 (1958) 61-70, dans *Anamnesis* (1980), 159-167.

*b*15712   HERMANN, W., «Jahwes Triumph über Mot», UF 11 (1979) 371-377.

*b*15713   SICRE, J.L., *Los dioses alvidados*. Poder y riqueza en los profetas preexilicos (Institución San Jerónimo para la investigación bíblica, Estudios y monografías, 3; estudios de Antiguo Testamento, 1) (Madrid, Ed. Cristiandad, 1979), 203 pp.

*b*15714   BEST, E., «The Power and the Wisdom of God. I Corinthians I.18-25», dans *Paolo a una chiesa divisa* (en collab.) (1980), 9-39.

*b*15715   NIELSEN, H.K., «Paulus' Verwendung des Begriffes *Dunamis*. Eine Replik zur Kreuzestheologie», dans *Die Paulinische Literatur und Theologie. The Pauline Literature and Theology* (en collab.) (1980), 137-158.

*b*15716   SMULDERS, P., «'God Father All-sovereign'; New Testament Use, the Creeds and the Liturgy: an Acclamation? Some Riddles in the Apostles' Creed, III», Bijdr. 41 (1980) 3-15.

*b*15717   LOCHMAN, J.M., «Dein ist die Kraft: Die Macht Gottes und die Welt der Mächte», TZ 37 (1981) 45-61.

*b*15718   DIAZ, A., «Jesús ante los explotadores», BibFe 8 (1982) 274-288.

*b*15719   LOHFINK, N., «Das Alte Testament: Aufdeckung und Krise der Gewalt», BiKi 37 (1982) 38-44.

*b*15720   MARROW, S.B., *Speaking the Word Fearlessly*. Boldness in the New Testament (New York, Ramsey, NJ, Paulist, 1982), vi-70 pp.

*b*15721   SCHENKER, A., «Wege gewaltfreier Konfliktlösung im Alten Testament», BiKi 37 (1982) 44-50.

Puits. Well. Brennen. Pozzo. Pozo.

*b*15722   DU BUIT, M., «Puits», SDB 9 (1975) col. 381-386.

*b*15723   BRIEND, J., «Puits de Jacob», SDB 9 (1975) col. 386-398.

Punition. Doom. Strafe. Punizione. Castigo.

*b*15724   LILLIE, W., «Towards A Biblical Doctrine of Punishment», SJTh 21 (1968) 449-461.

*b*15725   GALBIATI, E., «Dolore, peccato, Bibbia», *Anime e corpi* 59 (1975) 261-276, dans *Scritti minori* (1979), 321-335.

*b*15726   SALAS, A., «La reflexión bíblica ante el destino del impio. Origen de la problemática sobre un castigo en el 'más allá'», BibFe 3 (1977) 15-26.

*b*15727 SANDERS, E.P., *Paul and Palestinian Judaism*, «Obedience and disobedience; reward and punishment» (1977), 107-125.

*b*15728 CARMICHAEL, C.M., «A common element in five supposedly disparate laws», VT 29 (1979) 129-142.

*b*15729 McKANE, W., «Poison, trial by ordeal and the cup of wrath», VT 30 (1980) 474-492.

Pureté. Purity. Reinheit. Puressa. Pureza.

a) Orient. Oriente.

*b*15730 VIEYRA, M., «Rites de purification hittites», RHR 119 (1939) 121-153.

*b*15731 BOUSQUET, G.-H., «La pureté rituelle en Islâm (Étude de fiqh et de sociologie religieuse)», RHR 138 (1950) 53-71.

*b*15732 MASSON, O., «À propos d'un rituel hittite pour la lustration d'une armée: le rite de purification par le passage entre les deux parties d'une victime», RHR 137 (1950) 5-25.

*b*15733 BLEEKER, C.J., «Guilt and Purification in ancient Egypt», Numen 13 (1966) 81-87.

*b*15734 MEEKS, D., «Pureté et impureté. Pureté et purification en Égypte», SDB 9 (1975) col. 430-452.

*b*15735 SEUX, M.-J., «Pureté et impureté. Pur et impur en Mésopotamie», SDB 9 (1975) col. 452-459.

*b*15736 CAZELLES, H., «Pureté et impureté. Ugarit», SDB 9 (1975) col. 470-473.

*b*15737 HENNINGER, J., «Pureté et impureté. L'impureté des aliments et du sang chez les peuples sémitiques», SDB 9 (1975) col. 473-491.

b) Judaïsme. Judaism. Judentum. Giudaismo. Judaísmo.

*b*15738 DUPONT-SOMMER, A., «Culpabilité et rites de purification dans la secte juive de Qoumrân», Sem. 15 (1965) 61-70.

*b*15739 BAUMGARTEN, J.M., «The Essene Avoidance of Oil and the Laws of Purity», RQum 6 (1967) 183-193, dans *Studies in Qumran Law* (1977), 88-97.

*b*15740 NEUSNER, J., *A history of the Mishnaic law of purities*. Twenty-two parts (Studies in Judaism in Late Antiquity, 6) (Leiden, Brill, 1974-77).

*b*15741 NEUSNER, J., «Method and Substance in the History of Judaic Ideas: An Exercise», dans *Jews, Greeks and Christians* (en collab.) (1976), 89-111.

*b*15742 LANDMAN, L., «Neusner's *The Idea of Purity*», JQR 70 (1979) 57-62.

*b*15743 NEUSNER, J., «Geschichte und rituelle Reinheit im Judentum des 1. Jahrhunderts n. Chr.», Kairos 21 (1979) 119-132.

*b*15744 SUTER, D., «Fallen Angel, Fallen Priest: The Problem of Family Purity in I Enoch 6-16», HUCA 50 (1979) 115-135.

*b*15745 LICHTENBERGER, H., *Studien zum Menschenbild in Texten der Qumrangemeinde*, «Reinigung und Sühne» (1980), 118-122.

*b*15746 THIERING, B.E., «Inner and Outer Cleansing at Qumran as a Background to New Testament Baptism», NTS 26 (1980) 266-277.

c) Ancien Testament. Old Testament. Altes Testament. Antico Testamento. Antiguo Testamento.

*b*15747 RINALDI, G., «La preparazione dell'argento e il fuoco purificatore», BibOr 5 (1963) 53-59.

*b*15748 KORNFELD, W., «Reine und unreine Tiere im Alten Testament», Kairos 7 (1965) 134-147.

*b*15749 CAQUOT, A., «Purification et expiation selon le psaume LI», RHR 169 (1966) 133-154.

*b*15750 HARRELSON, W., «Guilt and Rites of Purification related to the Fall of Jerusalem in 587 B.C.», Numen 15 (1968) 218-221.

*b*15751 PASCHEN, W., *Rein und Unrein*. Untersuchung zur biblischen Wortgeschichte (StANT 24) (München, Kösel, 1970), 219 pp.

*b*15752 CAZELLES, H., «Pureté et impureté. II. Ancien Testament», SDB 9 (1975) col. 491-508.

*b*15753 BRIN, G., «The Firstling of Unclean Animals», JQR 68 (1977) 1-15.

*b*15754 FELDMAN, E., *Biblical and Post-Biblical Defilement and Mourning*. Law as Theology (Library of Jewish Law and Ethics) (New York, Yeshiva University Press, Ktav, 1977), xx-196 pp.

*b*15755 ZATELLI, I., *Il campo lessicale degli aggettivi di purità in ebraico biblico* (Quaderni di Semitistica, 7) (Firenze, Istituto di Linguistica e di Lingue Orientali, University of Florence, 1978), x-138 pp.

*b*15756 CORTESE, E., «Le ricerche sulla concezione 'Sacerdotale' circa puro-impuro nell'ultimo decennio», RivB 27 (1979) 339-358.

*b*15757 WOLD, D.J., «The *Kareth* Fenalty in P: Rationale and Cases», dans *Society of Biblical Literature. 1979 Seminar Papers* (en collab.) (1979), I, 1-45.

*b*15758 MACCOBY, H., «The Washing of Cups», JSNT n° 14 (1982) 3-15.

d) Nouveau Testament. New Testament. Neues Testament. Nuovo Testamento. Nuevo Testamento.

*b*15759 COTHENET, É., «Pureté et impureté. III. Nouveau Testament», SDB 9 (1975) col. 508-554.

*b*15760 TOUS, L., «La purificación del cristiano según San Pablo», BibFe 3 (1977) 290-300.

*b*15761 JENSEN, J., «Does *porneia* mean Fornication? A Critique of Bruce Malina», NT 20 (1978) 161-184.

*b*15762 SIMON, M., «De l'observance rituelle à l'ascèse: recherches sur le Décret apostolique», RHR 193 (1978) 27-104.

Purgatoire. Purgatory. Fegefeuer. Purgatorio.

*b*15763 SPICQ, C., «Purgatoire», SDB 9 (1975) col. 555-565.

*b*15764 TESTA, E., «I Novissimi e la loro localizzazione nella Teologia ebraica e giudeo-cristiana», StBiFranc 26 (1976) 121-169.

*b*15765 ALONSO DIAZ, J., «¿Existe una purificatión ultraterrena? La respuesta del judaísmo bíblico», BibFe 3 (1977) 259-275.

*b*15766 MIGUELEZ, S., «El Purgatorio en la doctrina de la Iglesia», BibFe 3 (1977) 249-258.

*b*15767 QUELLE, C., «El Purgatorio, ¿realidad temporal o teologal?» BibFe 3 (1977) 301-314.

*b*15768 SALAS, A., «El sentido del Purgatorio, hoy», BibFe 3 (1977) 315-333.

*b*15769 OMBRES, R., *Theology of Purgatory* (Theology Today Series, 24) (Dublin, Cork, The Mercier Press, 1978), «The Biblical Foundations», 16-26.

*b*15770 SEIBEL, F., «Purgatory: an interpretation», TDig 26 (1978) 40-42.

Races. Rassen. Razze. Razas.

*b*15771 FELDER, C., «Ambiguïtés raciales dans les récits bibliques», Conci n° 171 (1982) 35-46.

Rahab. Rachab.

*b*15772   HANSON, A.T., «Rahab the Harlot in Early Christian Theology», JSNT n° 1 (1978) 53-60.
*b*15773   LANGLAMET, F., «Rahab», SDB 10 (1979) col. 1065-1092.
*b*15774   MARX, A., «Rahab, prostituée et prophétesse, Josué 2 et 6», ETR 55 (1980) 72-76.
*b*15775   BEEK, M.A., «Rahab in the Light of Jewish Exegesis», dans *Von Kanaan bis Kerala* (en collab.) (1982), 37-44.
*b*15776   BROWN, R.E., «Rachab in Mt 1,5 Probably is Rahab of Jericho», Bibl 63 (1982) 79-80.

Rebecca.

*b*15777   NIKIPROWETZKY, V., «Rébecca, Vertu de Constance et Constance de Vertu chez Philon d'Alexandrie», Sem. 26 (1976) 109-136.
*b*15778   SHARP, D.B., «In Defense of Rebecca», BTB 10 (1980) 164-168.

Recherche de Dieu. Looking for God. Suche Gottes.
Ricerca di Dio. Búsqueda de Dios.

*b*15779   KNOX, W.L., «Abraham and the Quest for God», HarvTR 28 (1935) 55-60.
*b*15780   BOURS, J., «Sehnsucht nach Gott. Meditationen zu Worten des Propheten Isaias im Lichte des Neuen Testaments», BiLeb 8 (1967) 290-296.
*b*15781   BESNARD, A.-M., «C'est ta face, Seigneur, que je cherche», VS 130 (1976) 749-752.
*b*15782   HAAG, E., «Die Sehnsucht nach dem lebendigen Gott im Zeugnis des Psals 42/43», GeistL 49 (1976) 167-177.
*b*15783   ASENSIO, F., «Una faceta bíblica del 'acercamiento humano-divino' en el Antiguo Testamento», EstB 36 (1977) 5-19.
*b*15784   DINTER, P.E., «Preaching and the Inquiring of God», Wor 52 (1978) 223-236.
*b*15785   PERANI, M., «Crisi della sapienza e ricerca di Dio nel libro di Giobbe», RivB 18 (1980) 157-184.
*b*15786   AMMASSARI, A., «La ricerca di Dio nella Bibbia», BibOr 23 (1981) 11-17.
*b*15787   DIEZ MERINO, L., «Il vocabolario relativo alla 'ricerca di Dio' nell'A.T.», BibOr 24 (1982) 81-96, 129-145, 207-218.

Réconciliation. Reconciliation. Versöhnung. Riconciliazione. Reconciliación.

a) **Études générales. General Studies. Allgemeine Studien. Studi generali. Estudios generales.**

*b*15788   HUXTABLE, J., «Reconciled and Reconciling», ExpTim 88 (1977) 109-111.
*b*15789   MARSHALL, I.H., «The Meaning of 'Reconciliation'», dans *Unity and Diversity in New Testament Theology* (en collab.) (1978), 117-132.
*b*15790   VIDAL, M., «Hacia una 'nueva' Teología y Pastoral de la reconciliación», BibFe 5 (1979) 72-82.

b) **Ancien Testament. Old Testament. Altes Testament. Antico Testamento. Antiguo Testamento.**

*b*15791   CAÑELLAS, G., «Fundamento veterotestamentario de la reconciliación», BibFe 5 (1979) 21-33.

b15792 SCHENKER, A., *Versöhnung und Sühne*. Wege gewaltfreier Konfliktlösung im Alten Testament, mit einem Ausblick auf das Neue Testament (Biblische Beiträge, 15) (Einsiedeln, Schweizerisches Katholisches Bibelwerk, 1981), 179 pp.

b15793 SCHWAGER, R., «Versöhnung und Sühne», ThPh 58 (1983) 217-225.

c) Nouveau Testament. New Testament. Neues Testament. Nuovo Testamento. Nuevo Testamento.

1. Études générales. General Studies. Allgemeine Studien. Studi generali. Estudios generales.

b15794 JÜNGEL, E., «Das Sein Jesu Christi als Ereignis der Versöhnung Gottes mit einer gottlosen Welt: Die Hingabe des Gekreuzigten», EvT 38 (1978) 510-517.

b15795 JACQUEMONT, P., «De l'exclusion du sacrement au sacrement de la réconciliation», LV nº 141 (1979) 59-65.

b15796 MANRIQUE, A., «La praxis de la reconciliación en la tradición cristiana», BibFe 5 (1979) 5-20.

b15797 BERTRAND, D., «Lier et délier. Incapables de réconciliation», CHR 27 (1980) 194-203.

b15798 MARTIN, R.P., «New Testament Theology: A Proposal. The Theme of Reconciliation», ExpTim 91 (1980) 364-368.

b15799 MESSIÉ, P., «L'Esprit nous réconcilie», NRT 102 (1980) 62-73.

b15800 CZAJKOWSKI, M., «Lasst euch versöhnen mit Gott - durch Jesus Christus. Eine biblische Predigt zur Völkerversöhnung», GeistL 54 (1981) 99-105.

b15801 O'COLLINS, G., «Our Peace and Reconciliation», Way 22 (1982) 112-121.

b15802 GALOT, J., «La riconciliazione con Dio o con gli uomini nella Chiesa», CC 1 (1983) 209-221.

2. Paul. Paulus. Paolo. Pablo.

b15803 FITZMYER, J.A., «Reconciliation in Pauline Theology», dans *No Famine in the Land* (en collab.) (1975), 155-177.

b15804 SACCHI, A., «La riconciliazione universale (Col. 1,20)», dans *La Cristologia in san Paolo* (en collab.) (1976), 221-245.

b15805 SALAS, A., «Reconciliados con Dios por la muerte de Cristo (Rom 5,6). La penitencia, hoy vista desde la Biblia», BibFe 5 (1979) 47-71.

b15806 HOFIUS, O., «Erwägungen zur Gestalt und Herkunft des paulinischen Versöhnungsgedankens», ZTK 77 (1980) 186-199.

b15807 MARTIN, R.P., *Reconciliation*. A Study of Paul's Theology (New Foundations Theological Library) (Atlanta, John Knox, 1981), x-262 pp.

3. Autres livres N.T. - Other Books N.T. - Andere Bücher N.T.
*   Altri libri N.T. - Otros libros N.T.*

b15808 KENNARD, J.S., Jr., «The Reconciliation Tendenz in Matthew», AThR 28 (1946) 159-163.

b15809 CONTI, M., «La riconciliazione in 1 Gv 1,9», Ant 54 (1979) 163-224.

b15810 DE LA CALLE, F., «El evangelio ¿nuevo módulo de reconciliación?» BibFe 5 (1979) 34-46.

b15811 MANNUCCI, V., «Spunti per una teologia della riconciliazione nei Sinottici e in Giovanni», BibOr 25 (1983) 145-153.

Rédemption. Redemption. Erlösung. Redenzione. Redención.

a) Études générales. General Studies. Allgemeine Studien. Studi generali. Estudios generales.

*b*15812   FOI ET CONSTITUTION, «Dieu dans la nature et l'histoire», VC n⁰ 86 (1968) 7-51.
*b*15813   GRESHAKE, G., «Erlöste Freiheit. Eine Neuinterpretation der Erlösungslehre Anselms von Canterbury», BiKi 33 (1978) 7-14.
*b*15814   SCHWAGER, R., *Brauchen wir einen Sündenbock?* Gewalt und Erlösung in den biblischen Schriften (München, Kösel, 1978), 239 pp.
*b*15815   STOCK, A., «The Development of the Concept of Redemption», dans *Sin, Salvation, and the Spirit* (en collab.) (1979), 49-64.
*b*15816   JANOWSKI, B., «Auslösung des verwirkten Lebens. Zur Geschichte und Struktur der biblischen Lösegeldvorstellung», ZTK 79 (1982) 25-59.
*b*15817   MONLOUBOU, L., «Rédemption - réconciliation. Étude biblique», EV (première partie) 93 (1983) 599-605.

b) Orient. Oriente.

*b*15818   BUONAIUTI, E., «Die Erlösung in den orphischen Mysterien», ErJb 1936 4 (1937) 165-181.
*b*15819   PUECH, H.-C., «Der Begriff der Erlösung im Manichäismus», ErJb 1936 4 (1937) 183-286.
*b*15820   TALBERT, C.H., «The Myth of a Descending-Ascending Redeemer in Mediterranean Antiquity», NTS 22 (1976) 418-439.
*b*15821   HILLERS, D.R., «Redemption in Letters 6 and 2 from Hermopolis», UF 11 (1979) 379-382.

c) Gnose. Gnosis. Gnosi.

*b*15822   BAYNES, C.A., «Der Erlösungsgedanke in der christlichen Gnosis», ErJb 1937 5 (1938) 155-209.
*b*15823   BIANCHI, U., «La Rédemption dans les livres d'Adam», Numen 18 (1971) 1-8.
*b*15824   HELMBOLD, A.K., «Redeemer Hymns - Gnostic and Christian», dans *New Dimensions in New Testament Study* (1974) 71-78.
*b*15825   PEARSON, B.A., «The Figure of Norea in Gnostic Literature», dans *Proceedings of the International Colloquium on Gnosticism.* Stockholm, August 20-25 1973 (en collab.) (1977), 143-152.

d) Judaïsme. Judaism. Judentum. Giudaismo. Judaísmo.

*b*15826   GARNET, P., *Salvation and Atonement in the Qumran Scrolls* (1977), viii-152 pp.

e) Ancien Testament. Old Testament. Altes Testament. Antico Testamento. Antiguo Testamento.

*b*15827   LEVISON, N., «Lutron», SJTh 12 (1959) 277-285.
*b*15828   BEATTIE, D.R.G., «Redemption in Ruth, and related Matters: A Response to Jack M. Sasson», JSOT n⁰ 5 (1978) 65-68.
*b*15829   BEAUCAMP, É., «Aux origines du mot 'rédemption'. Le 'rachat' dans l'Ancien Testament», LTP 34 (1978) 49-56.
*b*15830   SASSON, J.M., «The Issue of *Ge'ullāh* in *Ruth*», JSOT n⁰ 5 (1978) 52-64.

*b*15831 BEAUCAMP, É., «Alle origini della parola 'redenzione'. Il 'riscatto' nell'Antico Testamento», BibOr 21 (1979) 3-11.
*b*15832 CUNCHILLOS, J.L., «Rachat. I. Ancien Testament», SDB 10 (1979) col. 1045-1054.
*b*15833 GRAYSTON, K., «*Ilaskesthai* and related words in LXX», NTS 27 (1981) 640-656.
*b*15834 JANOWSKI, B., «Auslösung des verwirkten Lebens. Zur Geschichte und Struktur der biblischen Lösegeldvorstellung», ZTK 79 (1982) 25-59.

f) **Nouveau Testament. New Testament. Neues Testament. Nuovo Testamento. Nuevo Testamento.**

*b*15835 BOVER, J.M., «Los grandes problemas de la corredención mariana», EstE 16 (1942) 185-219.
*b*15836 RICHARDSON, C.C., «Christian Redemption», AThR 26 (1944) 33-41.
*b*15837 PEREZ, G., «La Redención en el Nuevo Testamento», CuBi 11 (1954) 7-11, 75-78.
*b*15838 TORRANCE, T.F., «The Atonement and the Oneness of the Church», SJTh 7 (1954) 245-269.
*b*15839 SABOURIN, L., «Il sacrificio di Gesù e le realtà cultual», BibOr 10 (1968) 25-37.
*b*15840 DUQUOC, C., *Christologie*. Essai dogmatique (Paris, Cerf, 1972), «Rédemption», II, 171-226.
*b*15841 SCHNACKENBURG, R. (mit Teilbeiträgen von Otto KNOCH und Wilhelm BREUNING) «Ist der Gedanke des Sühnetodes Jesu der einzige Zugang zum Verständnis unserer Erlösung durch Jesus Christus?» dans *Der Tod Jesu. Deutungen im Neuen Testament* (en collab.) (1976), 205-230.
*b*15842 SANDERS, E.P., *Paul and Palestinian Judaism*, «Atonement» (1977), 157-180, 298-305.
*b*15843 CAIRD, G.B., «James Denney: The Death of Christ», ExpTim 90 (1979) 196-199.
*b*15844 CARREZ, M., «Rachat. II. Nouveau Testament», SDB 10 (1979) col. 1055-1064.
*b*15845 LÉON-DUFOUR, X., *Face à la mort, Jésus et Paul*, «Jésus a-t-il présenté sa mort comme rédemptrice?» (1979), 90-96.
*b*15846 NICOLAS, J.-H., «Guéris par les plaies du Christ ressuscité», VS 133 (1979) 711-726.
*b*15847 TURRADO, L., «La redención humana por Cristo en su aspecto penal», dans *Servidor de la Palabra* (en collab.) (1979), 419-443.
*b*15848 DERRETT, J.D.M., «The Iscariot, M^{e}sira, and the Redemption», JSNT n° 8 (1980) 2-23.
*b*15849 GALOT, J., «Gesù redentore e liberatore», CC 1 (1980) 423-433.
*b*15850 HENGEL, M., «The Expiatory Sacrifice of Christ», BJRL 62 (1980) 454-475.
*b*15851 HENGEL, M., «Der stellvertretende Suhnetod Jesu. Ein Beitrag zur Entstehung des urchristlichen Kerygmas», IKZCommunio 9 (1980) 1-25.
*b*15852 VAN UNNIK, W.C., «The Redemption in I Peter i 18-19 and the Problem of the First Epistle of Peter», dans *Mededelingen der Nederlandsche Akademie van Wetenschappen, Afdeeling Letterkunde*, Nieuwe Reeks, Deel 5, No 1, 1942, 1-106, dans VAN UNNIK, W.C., *Sparsa Collecta* (1980), II, 3-82.
*b*15853 VON BALTHASAR, H.U., «Crucifixus etiam pro nobis», IKZCommunio 9 (1980) 26-35.
*b*15854 PIKAZA, X., «Año de la redención y años de la redención», CuBi 38 (1981) 57-59.

Refuge. Zufluchtsort. Rifugio. Refugio.

*b*15855 DINUR, B., «The Religious Character of the Cities of Refuge and the Ceremony of Admission into Them», ErIs 3 (1954) 135-146 (Hebrew).
*b*15856 DE VAULX, J., «Refuge (Droit d'asile et villes de refuge dans l'Ancien Testament)», SDB 9 (1979) col. 1480-1510.

Renoncement. Renouncement. Verzicht. Rinuncia. Renunciamento.

b15857 LÉON-DUFOUR, X., «Perdre sa vie, selon l'Évangile», Et 351 (1979) 395-409.
b15858 HAAS, Y., «L'exigence du renoncement au monde dans les *Actes de Pierre et des Douze Apôtres*, les *Apophtegmes des Pères du Désert* et la *Pistis Sophia*», dans *Colloque international sur les textes de Nag Hammadi* (en collab.) (1981), 295-303.

Repas. Meal. Mahl. Pasto. Comida.

a) **Études générales. General Studies. Allgemeine Studien. Studi generali. Estudios generales.**

b15859 TOWNSEND, M.J., «Exit the Agape?» ExpTim 90 (1979) 356-361.
b15860 MÉNARD, J.-E., «Les repas 'sacrés' des Gnostiques», RevSR 55 (1981) 43-51.

b) **Judaïsme. Judaism. Judentum. Giudaismo. Judaísmo.**

b15861 SCHIFFMAN, L.H., «Communal Meals At Qumran», RQum 10 (1979) 45-56.
b15862 DUTHEIL, J., «Les repas au temps de Jésus. Les pratiques juives de la table», CE (n.s.) no 37 (1981) 19-29.

c) **Ancien Testament. Old Testament. Altes Testament. Antico Testamento. Antiguo Testamento.**

b15863 WILDBERGER, H., «Das Freundenmahl auf dem Zion. Erwägungen zu Jes 25,6-8», TZ 33 (1977) 373-383, dans *Jahwe und sein Volk* (1979), 274-284.
b15864 MONLOUBOU, L., «L'Ancien Testament à table», CE (n.s.) no 37 (1981) 5-13.

d) **Nouveau Testament. New Testament. Neues Testament. Nuovo Testamento. Nuevo Testamento.**

b15865 PAX, E., «'Essen und Trinken'. Streiflichter aus neutestamentlicher und nachbiblischer Zeit», BiLeb 10 (1969) 275-291.
b15866 MESLIN, M., «Convivialité ou communion sacramentelle? Repas mithraïque et eucharistie chrétienne», dans *Mélanges offerts à Marcel Simon* (en collab.) (1978), 295-305.
b15867 ROUILLARD, P., «From Human Meal to Christian Eucharist», Wor 52 (1978) 425-439; 53 (1979) 40-56.
b15868 PERROT, C., *Jésus et l'histoire*, «Le pain, la parole et l'histoire» (1979), 291-322.
b15869 ROUILLARD, P., «Les repas du Ressuscité», VS 133 (1979) 51-64.
b15870 BÖSEN, W., *Jesusmahl, eucharistisches Mahl, Endzeitmahl*. Ein Beitrag zur Theologie des Lukas (SBS 97) (Stuttgart, Katholisches Bibelwerk, 1980), 144 pp.
b15871 SMITH, D.E., «Meals and Morality in Paul and His World», dans *Society of Biblical Literature. 1981 Seminar Papers* (en collab.) (1981), 319-339.
b15872 KLAUCK, H.-J., *Herrenmahl und hellenistischer Kult*. Eine religionsgeschichtliche Untersuchung zum ersten Korintherbrief (Neutestamentliche Abhandlungen, NF, 15) (Münster Westfalen, Aschendorff, 1982), viii-431 pp.
b15873 SCHÜSSLER FIORENZA, E., «Table partagée et célébration de l'eucharistie», Conci no 172 (1982) 11-25.

Repentir. Repent. Reue. Pentimento. Arrepentimiento.

b15874 KUYPER, L.J., «The Suffering and the Repentance of God», SJTh 22 (1969) 257-277.

b15875   JEREMIAS, Jörg, *Die Reue Gottes.* Aspekte alttestamentlicher Gottesvorstellung (Biblische Studien, 65) (Neukirchen-Vluyn, Neukirchener Verlag, 1975), 127 pp.

b15876   MILGROM, J., *Cult and conscience.* The *asham* and the priestly doctrine of repentance (Studies in Judaism in Late Antiquity, 18) (Leiden, Brill, 1976), xiii-173 pp.

b15877   BARTLETT, D.L., «Jeremiah 31:15-20», Interpr 32 (1978) 73-78.

b15878   MILGROM, J., «The Priestly Doctrine of Repentance» [RB 82 (1975), 186-205], dans MILGROM, J., *Studies in Cultic Theology and Terminology* (1983), 47-66.

Rephaïm. Rephaim.

b15879   GRAY, J., «The Rephaim», PEQ 81 (1949) 127-139.

b15880   GRAY, J., «*Dtn* and *Rp'um* in Ancient Ugarit», PEQ 84 (1952) 39-41.

b15881   CAQUOT, A., «Les Rephaim ougaritiques», Syr. 37 (1960) 75-93.

b15882   L'HEUREUX, C., «The Ugaritic and Biblical Rephaim», HarvTR 67 (1975) 265-274.

b15883   L'HEUREUX, C., «The Ugaritic Rephaim Texts: CTA 20-22. Translations and Philological Notes», dans *Society of Biblical Literature. 1977 Seminar Papers* (en collab.) (1977), 285-308.

b15884   HORWITZ, W.J., «The Significance of the Rephaim, *rm.aby.btk.rpim*», JNWSemL 7 (1979) 37-43.

b15885   CAQUOT, A., «Rephaïm», SDB 10 (1981) col. 344-357.

Repos. Rest. Ruhe. Riposo. Descanso.

b15886   HOFIUS, O., *Katapausis.* Die Vorstellung vom endzeitlichen Ruheort im Hebräerbrief (Wissenschaftliche Untersuchungen zum Neuen Testament, 11) (Tübingen, Mohr, 1970), ix-281 pp.

b15887   ROTH, W., «The Deuteronomic Rest-Theology: A Redaction-Critical Study», BiRes 21 (1976) 5-14.

b15888   MÉNARD, J.-E., «Le repos, salut du gnostique», RevSR 51 (1977) 71-88.

b15889   DE MEDINA, A., «Le repos du 7e jour», CHR 27 (1980) 297-307.

b15890   RAGUIN, Y., «Le repos du Christ et celui du Bouddha», CHR 27 (1980) 308-319.

b15891   ROBINSON, G., «The Idea of Rest in the Old Testament and the Search for the Basic Character of Sabbath», ZAW 92 (1980) 32-42.

Respect. Respekt. Rispetto. Respeto.

b15892   CRESPY, G., «Le respect de soi: perspectives bibliques», ETR 29, nº 2 (1954) 10-26.

b15893   DECOURTRAY, A., «Jésus et le respect des autres», Supp nº 134 (1980) 371-372.

Responsabilité. Responsability. Verantwortlichkeit.
Responsabilità. Responsabilidad.

b15894   BARRETT, C.K., «Romans 9.30-10.21: Fall and responsibility of Israel», dans *Die Israelfrage nach Röm 9-11* (en collab.) (1977), 99-121.

b15895   JOYCE, P.M., «Individual Responsibility in Ezekiel 18?» dans *Studia Biblica 1978. I. Papers on Old Testament* (en collab.) (1979), 185-196.

*b*15896   THOMPSON, A.L., *Responsability for Evil in the Theodicy of IV Ezra*. A Study
            Illustrating the Significance of Form and Structure for the Meaning of the Book (SBL
            Dissertation Series, 29) (Scholars Press, Missoula, Montana, 1977), xv-195 pp.
*b*15897   MAON, P., «Responsabilité», SDB 10 (1981) col. 357-365.

Reste d'Israël. Remnant of Israel. Rest Israels. Resto d'Israele. Resto de Israel.

*b*15898   CAMPBELL, J.C., «God's People and the Remnant», SJTh 3 (1950) 78-85.
*b*15899   GERLEMAN, G., «Rest und Überschuss. Eine terminologische Studie», dans *Travels in
            the World of the Old Testament* (en collab.) (1974), 71-74.
*b*15900   JONES, E., «The Challenge of being a Remnant», ExpTim 87 (1976) 111-112.
*b*15901   MANRIQUE, A., «Conciencia de 'resto fiel' en el cristianismo primitivo», BibFe 2 (1976)
            159-171.
*b*15902   ANDERSON, G.W., «The Idea of the Remnant in the Book of Zephaniah», ASTI 11
            (1978) 11-14.
*b*15903   DREYFUS, F., «Reste d'Israël», SDB 10 (1981) col. 414-437.

Résurrection. Resurrection. Auferstehung. Risurrezione. Resurrección.

a) **Études générales. General Studies. Allgemeine Studien. Studi generali. Estudios generales.**

*b*15904   JAMES, E.O., «Myth and Ritual», ErJb 1949 17 (1950) 79-120.
*b*15905   CULLMANN, O., «Immortalité de l'âme et résurrection des morts», VC n° 38 (1956)
            58-78.
*b*15906   RUSSELL, D.S., *Between the Testaments*, «The Resurrection and the Life Beyond»
            (1960), 143-162.
*b*15907   SCHMAUS, M., «Unsterblichkeit der Geistseele oder Auferstehung von den Toten?»
            dans *Pro Veritate* (en collab.) (1963), 311-337.
*b*15908   VON CAMPENHAUSEN, H., «Tod, Unsterblichkeit und Auferstehung», dans *Pro
            Veritate* (en collab.) (1963), 295-311.
*b*15909   MOLTMANN, J., «Resurrection as Hope», HarvTR 61 (1968) 129-147.
*b*15910   BOUTTIER, M., «Résurrection et exhaltation (Chronique bibliographique)», ETR 48
            (1973) 507-516.
*b*15911   ORELLA, J.L. e o., *Resurrección de Cristo y de los muertos* (Teología - Deusto, 5)
            (Bilbao, Universidad de Deusto, 1974), 237 pp.
*b*15912   SCHELKLE, K.H., «Die Auferstehung der Toten», BiLeb 15 (1974) 54-66.
*b*15913   ZEDDA, S., *L'escatologia biblica*, «L'inaugurazione definitiva del secolo futuro: la
            risurrezione» (1975), II, 195-223.
*b*15914   LLIMONA, J., «Nota crítico-bibliográfica sobre la resurrección», EstF 77 (1976)
            111-122.
*b*15915   TORRANCE, T.F., *Space, Time and Resurrection* (Grand Rapids, Eerdmans, 1976),
            xiv-196 pp.
*b*15916   WAMBACQ, B.N., «La Resurrección», CuBi 33 (1976) 85-106.
*b*15917   DIEZ MACHO, A.,*La resurrección de Jesucristo y la del hombre en la Biblia* (Madrid,
            Ed. Fe Católica, 1977), 299 pp.
*b*15918   EZELL, D., *Revelations on Revelation*. New Sounds From Old Symbols (Waco, Texas,
            Word, 1977), 124 pp.
*b*15919   GRESHAKE, G., «Tod und Auferstehung - Alte Probleme neu überdacht», BiKi 32
            (1977) 2-11.

*b*15920 KNOCH, O., *'Wirst Du an den Toten wunderwirken?'* Sterben, Tod und ewiges Leben im Zeugnis der Bibel. Ein besinnliches Lesebuch (Schlüssel zur Bibel) (Regensburg, Pustet, 1977), 288 pp.

*b*15921 GRESHAKE, G., «Death and resurrection», TDig 26 (1978) 16-18.

*b*15922 KAKUSCHKE, R. (Hrsg.), *Auferstehung - Tod und Leben* (Analysen und Projekte zum Religionsunterricht, 12) (Göttingen, Vandenhoeck & Ruprecht, 1978), 220 pp.

*b*15923 CHMIEL, J., «Semantics of the Resurrection», dans *Studia Biblica 1978. I. Papers on Old Testament* (en collab.) (1979), 59-64.

*b*15924 MARCHADOUR, A., «Mort et vie dans la Bible», CE (n.s.) nº 29 (1979) 51-57.

*b*15925 NICOLAS, M.-J., «Le corps humain et sa résurrection», RT 79 (1979) 533-545.

*b*15926 PERRIN, J.-M., «Accueillir chaque jour la résurrection», VS 133 (1979) 555-564.

*b*15927 GREENSPOON, L.J., «The Origin of the Idea of Resurrection», dans *Traditions in Transformation* (en collab.) (1981), 247-321.

*b*15928 SCHWEIZER, E., «Auferstehung - Wirklichkeit oder Illusion?» EvT 41 (1981) 2-19.

*b*15929 VIRGOULAY, R., «Phénoménologie du corps et théologie de la résurrection», RevSR 54 (1980) 323-336; 55 (1981) 52-75.

b) Orient. Oriente.

*b*15930 ALLBERRY, C.R.C., «Symbole von Tod und Wiedergeburt im Manichäismus», ErJb 1939 7 (1940) 113-149.

*b*15931 VIROLLEAUD, C., «Die Idee der Wiedergeburt bei den Phöniziern. I. Die klassische Adonislegende», ErJb 1939 7 (1940) 21-40.

*b*15932 VIROLLEAUD, C., «Die Idee der Wiedergeburt bei den Phöniziern. II. Der Gott Baal nach den Dichtungen von Ras-Shamra», ErJb 1939 7 (1940) 40-60.

*b*15933 CORBIN, H., «Terre Céleste et Corps de Résurrection d'après quelques Traditions Iraniennes», ErJb 1953 22 (1954) 97-194.

*b*15934 VON SODEN, W., «Gibt es ein Zeugnis dafür, dass die Babylonier an die Wiederauferstehung Marduks geglaubt haben? ZA 51 (1955) 130-166.

*b*15935 THAUSING, G., «Betrachtungen zur altägyptischen Auferstehung», Kairos 7 (1965) 187-194.

*b*15936 YAMAUCHI, E.M., «Additional Notes on Tammuz», JSS 11 (1966) 10-15.

c) Judaïsme. Judaism. Judentum. Giudaismo. Judaísmo.

*b*15937 STEMBERGER, G., «Zur Auferstehungslehre in der rabbinischen Literatur», Kairos 15 (1973) 238-266.

*b*15938 HULTGÅRD, A., *L'eschatologie des Testaments des Douze Patriarches*, «La résurrection et le jugement» (1977), I, 230-264.

*b*15939 RODRIGUEZ CARMONA, A., *Targum y Resurección.* Estudio de los textos del targum palestinense sobre la resurrección (Biblioteca Teológica Granadina, 18) (Granada, Facultad de Teología, 1978), xiv-222 pp.

*b*15940 RODRIGUEZ CARMONA, A., «El vocabulario neotestamentario de Resurrección a la luz del Targum y literatura intertestamentaria», EstB 38 (1979-80) 97-113.

*b*15941 GALVIN, J.P., «A Recent Jewish View of the Resurrection», ExpTim 91 (1980) 277-279.

*b*15942 KIRSCHNER, R.S., «Maimonides' Fiction of Resurrection», HUCA 52 (1981) 163-193.

d) Ancien Testament. Old Testament. Altes Testament. Antico Testamento. Antiguo Testamento.

*b*15943 VIRGULIN, S., «La risurrezione dai morti in Is. 26,14-19», BibOr 14 (1972) 49-60.

b15944   CELADA, B., «Hacia una exposición exacta de lo que nos enseña el Antigo Testamento acerca de la victoria sobre la muerte y la resurrección», CuBi 30 (1973) 299-315.

b15945   BREAM, H.N., «Life without Resurrection: Two Perspectives from Qohelet», dans *A Light unto My Path* (en collab.) (1974), 49-65.

b15946   KELLERMANN, U., «Überwindung des Todesgeschicks in der alttestamentlichen Frömmigkeit vor und neben Auferstehungsglauben», ZTK 73 (1976) 259-282.

b15947   SCHMITT, A., «Die Totenerweckung in 1 Kön. xvii 17-24. Eine form- und gattungskritische Untersuchung», VT 27 (1977) 454-474.

b15948   WIFALL, W., «The Status of 'Man' as Resurrection», ZAW 90 (1978) 382-394.

b15949   KELLERMANN, U., *Auferstanden in den Himmel.* 2. Makkabäer 7 und die Auferstehung der Märtyrer (SBS 95) (Stuttgart, Katholisches Bibelwerk, 1979), 156 pp.

b15950   HASEL, G.F., «Resurrection in the Theology of Old Testament Apocalyptic», ZAW 92 (1980) 267-284.

b15951   MARTIN-ACHARD, R., «Trois remarques sur la résurrection des morts dans l'Ancien Testament», dans *Mélanges bibliques et orientaux en l'honneur de M. Henri Cazelles* (en collab.) (1981), 301-317.

b15952   MARTIN-ACHARD, R., «Résurrection dans l'Ancien Testament et le judaïsme», SDB 10 (1981) col. 437-487.

b15953   MOORE, M.S., «Résurrection and Immortality: Two Motifs Navigating Confluent Theological Streams in the Old Testament (Dan 12,1-4)», TZ 39 (1983) 17-34.

e) Nouveau Testament. New Testament. Neues Testament. Nuovo Testamento. Nuevo Testamento.

1. Études générales. General Studies. Allgemeine Studien. Studi generali. Estudios generales.

b15954   BUONAIUTI, E., «Wiedergeburt, Unsterblichkeit und Auferstehung im Urchristentum», ErJb 1939 7 (1940) 291-320.

b15955   CULLMANN, O., «La foi en la résurrection et l'espérance de la résurrection dans le Nouveau Testament», ETR 18 (1943) 3-8.

b15956   REFOULÉ, F., «Immortalité de l'âme et résurrection de la chair», RHR 163 (1963) 11-52.

b15957   BAKKER, L., «Geloven in verrijzenis. *Glauben an Auferstehung*», Bijdr. 28 (1967) 294-320 (Deutsche Zusammenfassung).

b15958   DAVIES, W.D., *Invitation to the New Testament*, «The Return of Jesus: The Resurrection» (1969), 495-501.

b15959   BENOIT, P., «Résurrection à la fin des temps ou dès la mort?» Conci nº 60 (1970) 91-100, dans BENOIT, P., *Exégèse et théologie* (1982) IV, 113-125.

b15960   En collaboration, *Resurrección de Cristo y de los muertos* (Universidad de Deusto) (Bilbao, Ed. Mensahero, 1974), 237 pp.

b15961   BUCHER, T.G., «Auferstehung Christi und Auferstehung der Toten», MüTZ 27 (1976) 1-32.

b15962   SELBY, P., *Look for the Living.* The Corporate Nature of Resurrection Faith (Philadelphia, Fortress Press, 1976), 212 pp.

b15963   READ, D.H.C., «How to Hear the Easter Story», ExpTim 79 (1977-78) 178-179.

b15964   VAN BAVEL, T.J., «Auferstehung: Grund oder Objekt des Glaubens an Christus?» dans *Probleme der Forschung*, SNTU, Serie A, Band 3 (1978), 9-23.

b15965   ZIMMERMANN, H., «Tod und Auferstehung im neutestamentlichen Frühchristentum», dans KLIMKEIT, H.-J. (Hrsg.), *Tod und Jenseits im Glauben der Völker* (Wiesbaden, Harrassowitz, 1978), 86-96.

b15966   DAVY, M.-M., «Transfiguration et résurrection», VS 133 (1979) 492-503.

b15967 MÜHLBERGER, S., *Hoffen auf Leben*. Ein Arbeitsheft zu Ostertexten aus Briefen des NT (Gespräche zur Bibel, 7) (Klosterneuburg, Österreichisches Katholisches Bibelwerk, 1979), 48 pp.

b15968 SCHWEIZER, E., «Resurrection in the New Testament», TDig 27 (1979) 132-134.

b15969 En collaboration, *La bonne nouvelle de la résurrection* (1981), 160 pp.

b15970 COHN-SHERBOK, D.M., «Jesus' Defence of the Resurrection of the Dead», JSNT n° 11 (1981) 64-73.

b15971 ROCHAIS, G., *Les récits de résurrection des morts dans le Nouveau Testament* (1981), xv-252 pp. (Lc 7,11-17; Mc 5,21-43 par; Mt 9,18-26; Jn 11,1-46; Ac 9,36-43).

b15972 NICOLAS, M.-J., «Croire en la résurrection», RT 82 (1982) 357-391.

b15973 SCHILLEBEECKX, E., *God among us*, «I Believe in the Resurrection of the Body» (1983), 128-138.

2. Évangiles synoptiques. Synoptic Gospels. Synoptische Evangelien. Vangeli sinottici. Evangelios sinópticos.

b15974 KETTER, P., «Die Auferstehung der Gerechten und der Sünder (Luk. 14,14)», BiKi 4 (1949) 10-20.

b15975 PESCH, R., KRATZ, R., *So liest man synoptisch*, «Totenweckungen» (1976), II, 89-99.

b15976 BUSSE, U., *Die Wunder des Propheten Jesus* (1977), «Die Erweckung des Jünglings von Nain Lk 7,11-17», 161-175; «Die Heilung der Blutflüssigen und die Erweckung der Tochter des Jairus Lk 8,40-56», 219-231.

b15977 PERRIN, N., *The Resurrection According to Matthew, Mark, and Luke* (1977), 85 pp.

b15978 GUILLAUME, J.-M., *Luc interprète des anciennes traditions sur la résurrection de Jésus*, «Le message de la Résurrection dans l'oeuvre de Luc et dans la tradition apostolique» (1979), 265-268.

3. Jean. John. Johannes. Giovanni. Juan.

b15979 TALAVERO, S., *Pasión y Resurrección en el IV Evangelio*. Interpretación de un 'cristiano de primera hora' (Salamanca, Universidad Pontificia, 1976), 277 pp.

4. Actes des apôtres. Acts of the Apostles. Apostelgeschichte. Atti degli apostoli. Hechos de los apóstoles.

b15980 HIGGINS, A.J.B., «The Preface to Luke and the Kerygma in Acts», dans *Apostolic History and the Gospel* (en collab.) (1970), 78-91.

b15981 MARSHALL, I.H., «The Resurrection in the Acts of the Apostles», dans *Apostolic History and the Gospel* (en collab.) (1970), 92-107.

b15982 GUILLET, J., «Die Bezeugung der Auferstehung nach der Apostelgeschichte», IKZCommunio 11 (1982) 21-31.

5. Paul. Paulus. Paolo. Pablo.

b15983 PFAMMATTER, J., «Auferstehung Christi, Auferstehung der Christen und Vollendung der Heilsgeschichte in paulinischer Sicht», dans RUCKSTUHL, E., PFAMMATTER, J., *Die Auferstehung Jesu Christi* (1968), 185-205.

b15984 CAVALLIN, H.C.C., *Life After Death*. Paul's Argument for the Resurrection of the Dead in I Cor 15. Part I, An Enquiry into the Jewish Background (Conjectanea Biblica, N.T. Series, 7:1) (Lund, SWK Gleerup, 1974), 301 pp.

b15985 USAMI, K., «How are the dead raised? (1 Cor 15,35-58)», Bibl 57 (1976) 468-493.

b15986 SAENZ DE SANTA MARIA, M., «El justo y su destino ultraterreno. La solución dada por san Pablo», BibFe 3 (1977) 178-190.

b15987   SIDER, R.J., «St. Paul's Understanding of the Nature and Significance of the Resurrection in I Corinthians xv 1-19», NT 19 (1977) 124-141.

b15988   GAFFIN, R.B., *The Centrality of the Resurrection.* A Study in Paul's Soteriology (Baker Biblical Monograph) (Grand Rapids, Baker, 1978), 155 pp.

b15989   HORSLEY, R.A., «'How can some of you say that there is no resurrection of the dead?' Spiritual Elitism in Corinth», NT 20 (1978) 203-231.

b15990   HYLDAHL, N., «Auferstehung Christi - Auferstehung der Toten (1. Thess. 4,13-18)», dans *Die Paulinische Literatur und Theologie. The Pauline Literature and Theology* (en collab.) (1980), 119-135.

b15991   MOXNES, H., *Theology in Conflict,* «'God who gives life to the dead': Rom 4:17 and Paul's interpretation of the promise in 4:13-25» (1980), 231-282.

b15992   KIEFFER, R., «Résurrection du Christ et résurrection générale. Essai de structuration de la pensée paulinienne», NRT 103 (1981) 330-344.

b15993   WEDDERBURN, A.J.M., «The Problem of the Denial of the Resurrection in I Corinthians XV», NT 23 (1981) 229-241.

b15994   KIEFFER, R., «Christ's Resurrection and ours. The structure of Pauline thought», RelStB 2 (1982) 15-23.

6. Jacques. James. Jakobusbrief. Giacomo. Santiago.

b15995   AMMASSARI, A., *La Risurrezione,* «La lettera di Giacomo» (1976), II, 47-52.

Rétribution. Retribution. Vergeltung. Retribuzione. Retribución.

a) Études générales. General Studies. Allgemeine Studien. Studi generali. Estudios generales.

b15996   BROCKE, M., «Tun und Lohn im nachbiblischen Judentum», BiLeb 8 (1967) 166-178.

b15997   FRYMER-KENSKY, T., «Tit for Tat: The Principle of Equal Retribution in Near Eastern and Biblical Law», BA 43 (1980) 230-234.

b15998   La Direction, «Rétribution», SDB 10 (1982) col. 582-586.

b) Ancien Testament. Old Testament. Altes Testament. Antico Testamento. Antiguo Testamento.

b15999   IGLESIAS GONZALEZ, M., «El problema de la retribución divina en el Antiguo Testamento», CuBi 22 (1965) 160-167.

b16000   ALONSO DIAZ, J., «Comienzos de orientación de las ideas retributivas de los hebreos hacia el individualismo, antes de Ezekiel», CuBi 24 (1967) 17-19.

b16001   KUNTZ, J.K., «The Retribution Motiv in Psalmic Wisdom», ZAW 89 (1977) 223-233.

b16002   BRAUN, R.L., «Chronicles, Ezra, and Nehemiah: theology and literary history», dans *Studies in the Historical Books of the Old Testament* (en collab.) (1978), 52-64.

c) Nouveau Testament. New Testament. Neues Testament. Nuovo Testamento. Nuevo Testamento.

b16003   REICKE, B., «The New Testament Conception of Reward», dans *Aux sources de la tradition chrétienne* (en collab.) (1950), 195-206.

b16004   ZEDDA, S., *L'escatologia biblica,* «La sorte definitiva nel secolo futuro: la condanna e il premio» (1975), II, 231-242.

b16005   MILES, G.B., TROMPF, G., «Luke and Antiphon: The Theology of Acts 27-28 in the Light of Pagan Beliefs about Divine Retribution, Pollution and Shipwreck», HarvTR 69 (1976) 259-267.

*b*16006 McDONALD, J.I.H., «The Concept of Reward in the Teaching of Jesus», ExpTim 89 (1977-78) 269-273.

Rêve. Dream. Traum. Sogno. Sueño.

*b*16007 DEHANDSCHUTTER, B., «Le rêve dans l'Apocryphe de la Genèse», dans *La littérature juive entre Tenach et Mischna* (en collab.) (1974), 48-55.
*b*16008 STEMBERGER, B., «Der Traum in der rabbinischen Literatur», Kairos 18 (1976) 1-42.
*b*16009 HANSON, J.S., «Dreams and Visions in the Graeco-Roman World and Early Christianity», dans *Aufstieg und Niedergang der römischen Welt* (en collab.) (1980), 23. Band, 2. Halbband, 1395-1427.

Révélation. Revelation. Offenbarung. Rivelazione. Revelación.

a) Études générales. General Studies. Allgemeine Studien. Studi generali. Estudios generales.

*b*16010 MALMBERG, F., «De afsluiting van het 'depositum fidei' (*Quand la révélation fut-elle close?*)» Bijdr. 13 (1952) 31-44 (sommaire français).
*b*16011 MENOUD, P.-H., «Révélation et tradition», VC n⁰ 25-26 (1953) 2-10.
*b*16012 RICHARDSON, A., «Gnosis and Revelation in the Bible and in Contemporary Thought», SJTh 9 (1956) 31-45.
*b*16013 THEUNIS, F., «Het apriorische openbaringsbegrip van Rudolf Bultmann. *Rudolf Bultmanns apriorischer Offenbarungsbegriff*», Bijdr. 23 (1962) 268-286 (Deutsche Zusammenfassung).
*b*16014 FRIES, H., «Die beiden Gestalten und Verwirklichungsweisen der Offenbarung im Lichte der Heiligen Schrift», dans *Mysterium Salutis* (en collab.) (1965), I, 180-238.
*b*16015 HUERGO FERNANDEZ, J., «En torno a la idea de revelación», CuBi 22 (1965) 259-261.
*b*16016 COLLESS, B.E., «Divine Education», Numen 17 (1970) 118-143.
*b*16017 SEYBOLD, M. et autres, *La révélation dans l'Écriture, la patristique, la scolastique* (Histoire des Dogmes, 1: Les fondements de la foi) (Paris, Cerf, 1974), 388 pp.
*b*16018 POUSSET, É., «Sur la Révélation», NRT 99 (1977) 340-359.
*b*16019 RICOEUR, P., «Toward a Hermeneutic of the Idea of Revelation», HarvTR 70 (1977) 1-37.
*b*16020 BEAUDE, J., «Des multiples usages de l'Écriture au XVIIe siècle», RSPT 64 (1980) 421-422.
*b*16021 FISHBANE, M., «Revelation and Tradition: Aspects of Inner-Biblical Exegesis», JBL 99 (1980) 343-361.
*b*16022 SHEPHERD, J.J., «The Concept of Revelation», RelSt 16 (1980) 425-437.
*b*16023 HAAG, H., GUILLET, J., «Révélation. I. Ancien Testament. II. Nouveau Testament», SDB 10 (1982) col. 586-618.

b) Judaïsme. Judaism. Judentum. Giudaismo. Judaísmo.

*b*16024 BAMBERGER, B.J., «Revelations of Torah After Sinai», HUCA 16 (1941) 97-113.
*b*16025 WEIL, G.E., «Saintes Écritures ou l'Écriture de l'Alliance», RSR 66 (1978) 585-615.
*b*16026 PETUCHOWSKI, J.J., STROLZ, W. (Hrsg.), *Offenbarung im jüdischen und christlichen Glaubensverständnis* (Quaestiones Disputatae, 92) (Freiburg, Herder, 1981), 263 pp.

b16027 LÉVINAS, E., *L'au-delà du verset*, «La révélation dans la tradition juive» (1982), 158-181.

b16028 BASSER, H.W., «The rabbinic attempt to democratize salvation and revelation», SR 12 (1983) 27-33.

c) Ancien Testament. Old Testament. Altes Testament. Antico Testamento. Antiguo Testamento.

b16029 LYS, D., «À la recherche d'une méthode pour l'exégèse de l'Ancien Testament», ETR 30 nº 3 (1955) 1-73.

b16030 GROSS, H., «Zur Offenbarungsentwicklung im Alten Testament», dans *Gott in Welt* (en collab.) (1964), I, 407-422.

b16031 ALONSO SCHÖKEL, L., *Il dinamismo della tradizione* (1970), «La storia rivelatrice e la sua interpretazione», 67-104; «La parola rivelatrice e la sua interpretazione», 105-176.

b16032 DE PURY, A., «Sagesse et Révélation dans l'Ancien Testament», RTP 27 (1977) 1-50.

b16033 GUNNEWEG, A.H.J., «Religion oder Offenbarung. Zum hermeneutischen Problem des Alten Testaments», ZTK 74 (1977) 151-178.

b16034 BICKERT, R., «Die Geschichte und das Handeln Jahwes. Zur Eigenart einer deuteronomistischen Offenbarungsauffassung in den Samüelbuchern», dans *Textgemäss* (en collab.) (1979), 9-27.

b16035 SAEBØ, M., «Offenbarung in der Geschichte und als Geschichte», ST 35 (1981) 55-71.

d) Nouveau Testament. New Testament. Neues Testament. Nuovo Testamento. Nuevo Testamento.

b16036 EVANS, D., MARTUCCI, J., «Protestant and Roman Views of Revelation. 1. Protestant Views. 2. A Roman Catholic Commentary», CanJT 10 (1964) 258-270.

b16037 FEINER, J., «Offenbarung und Kirche - Kirche und Offenbarung», dans *Mysterium Salutis* (en collab.) (1965), I, 497-541.

b16038 FRIES, H., «Das katholische Verständnis von Offenbarung nach dem Vaticanum I», dans *Mysterium Salutis* (en collab.) (1965), I, 162-169.

b16039 SCHNACKENBURG, R., «Offenbarung und Glaube im Johannesevangelium», BiLeb 7 (1966) 165-180.

b16040 BARTH, K., «The Christian Understanding of Revelation», dans BOWDEN, J., RICHMOND, J. (Eds.), *A Reader Contemporary Theology* (London, SCM Press, 1967), 26-33.

b16041 STRAMARE, T., «La pienezza della Rivelazione», BibOr 9 (1967) 145-164.

b16042 DE GRIJS, F.J.A., «Theologische aantekeningen over enige wijzen waarop Romeinen 1,20 is verstaan in de traditie van de rooms katholieke kerk. *Theological Remarks about Rom. 1,20 in the Tradition of the Roman Catholic Church*», Bijdr. 30 (1969) 66-83 (English summary).

b16043 HOFFMANN, P., «Die Offenbarung des Sohnes. Die Apokalyptischen Voraussetzungen und ihre Verarbeitung im Q-Logion Mt 11,27 par Lk 10,22», Kairos 12 (1970) 270-288.

b16044 LADD, G.E., «Revelation and Tradition in Paul», dans *Apostolic History and the Gospel* (en collab.) (1970), 223-230.

b16045 DE LA POTTERIE, I., *La vérité dans saint Jean*, «La vérité et le vocabulaire de la parole» (1977), 39-64.

b16046 BRUCE, F.F., «'All Things to All Men': Diversity in Unity and Other Pauline Tensions», dans *Unity and Diversity in New Testament Theology* (en collab.) (1978), 82-99.

b16047 CAVIGLIA, G., «L'idea di 'rivelazione' nel cristianesimo e nelle religioni non cristiane», Sal 40 (1978) 779-816.

b16048 SCHLIER, H., *Grundzüge einer paulinischen Theologie*, «Der offenbare Gott» (1978), 34-44.

b16049 DREYFUS, F., «L'actualisation de l'Écriture. II. L'action de l'Esprit», RB 86 (1979) 161-193.

b16050 SCHUMACHER, J., *Der apostolische Abschluss der Offenbarung Gottes* (Freiburger theologische Studien, 114) (Freiburg, Herder, 1979), 336 pp.

b16051 DE LA POTTERIE, I., «Le Christ Sommet de la Révélation», dans *Christianisme et identité africaine* (en collab.) (1980), 169-186.

b16052 KROPF, R.W., *Teilhard, Scripture, and Revelation*. A Study of Teilhard de Chardin's Reinterpretation of Pauline Themes (Cranbury, NJ, London, Associated University Presses, 1980), «Teilhard's Theory of Revelation in Process», 255-294.

e) Révélation naturelle. Natural Revelation. Natürliche Offenbarung.
Naturale rivelazione. Natural revelación.

b16053 DARLAP, A., «Allgemeine Heilsgeschichte und 'natürliche Offenbarung'», dans *Mysterium Salutis* (en collab.) (1965), I, 86-90.

b16054 DUBARLE, A.-M., *La manifestation naturelle de Dieu d'après l'Écriture* (1976), 265 pp.

b16055 VAN DER NOLLE, H.-C., «Bultmann's vision of God's revelation in creation», TDig 26 (1978) 160-164.

b16056 SCHLINK, E., *Ökumenische Dogmatik*, «Die Erhaltung des Menschen» (1983), 146-175.

f) Histoire et révélation. History and Revelation. Geschichte und Offenbarung.
Storia e rivelazione. Historia y revelación.

b16057 STENDEBACH, F.J., «Gott in der Geschichte - Die Erfahrung Jahwes in der Geschichte Israels», BiKi 27 (1972) 3-8.

b16058 En collaboration, *La Revelación como Historia* (Salamanca, Ed. Sigueme, 1977), 190 pp.

b16059 BACINONI, V., «Révélation-Dans l'Histoire», dans *Christianisme et identité africaine* (en collab.) (1980), 133-148.

b16060 MONSENGWO-PASINYA, L., «Révélation-Dans l'Histoire», dans *Christianisme et identité africaine* (en collab.) (1980), 149-168.

b16061 SAEBØ, M., «Offenbarung in der Geschichte und als Geschichte. Bemerkungen zu einem aktuellen Thema aus alttestamentlicher Sicht», ST 35 (1981) 55-71.

b16062 LEMKE, W.E., «Revelation through History in Recent Biblical Theology. A Critical Appraisal», Interpr 36 (1982) 34-46.

Révolution. Revolution. Rivoluzione. Revolución.

b16063 MARTUCCI, J., «La révolution de Jésus», dans ¿Jésus? (en collab.) (1974), 49-65.

b16064 AMAYA, I.E., «The New Testament and the Theology of Revolution (An Abstract of a Th.D. Dissertation)», SBT 5,2 (1975) 71-72.

b16065 CARROLL, R.P., «Rebellion and Dissent in Ancient Israelite Society», ZAW 89 (1977) 176-204.

b16066 PERKINS, P., «The Rebellion Myth in Gnostic Apocalypses», dans *Society of Biblical Literature. 1978 Seminar Papers* (en collab.) (1978), I, 15-30.

Richesse. Riches. Reichtum. Ricchezza. Riqueza.

a) Études générales. General Studies. Allgemeine Studien. Studi generali. Estudios generales.

b16067   CRONBACH, A., «The Social Ideals of the Apocrypha and the Pseudepigrapha», HUCA 18 (1944) 119-156.
b16068   DAUTZENBERG, G., «Biblische Perspektiven zum Problemfeld Eigentum und Reichtum», dans En collaboration, *Handbuch der christlichen Ethik* (Freiburg, Herder; Gütersloh, Mohn, 1978), II, 353-362.
b16069   LÉGASSE, S., «Richesse», SDB 10 (1982) col. 645-687.

b) Judaïsme. Judaism. Judentum. Giudaismo. Judaísmo.

b16070   MEALAND, D.L., «Philo of Alexandria's Attitude to Riches», ZNW 69 (1978) 258-264.
b16071   SCHMIDT, T.E., «Hostility to Wealth in Philo of Alexandria», JSNT nº 19 (1983) 85-97.

c) Ancien Testament. Old Testament. Altes Testament. Antico Testamento. Antiguo Testamento.

b16072   TESTA, E., «I beni materiali nel contesto della salvezza secondo i profeti», dans *Il fine ultimo dell'uomo secondo la S. Scrittura...* (en collab.) (1977), 249-259.
b16073   SICRE, J.L., *Los dioses alvidados*. Poder y riqueza en los profetas preexilicos (Institución San Jerónimo para la investigación bíblica, Estudios y monografías, 3; Estudios de Antiguo Testamento, 1) (Madrid, Cristiandad, 1979), 203 pp.

d) Nouveau Testament. New Testament. Neues Testament. Nuovo Testamento. Nuevo Testamento.

b16074   DAHL, N.A., *Studies in Paul*, «Paul and Possessions» (1947), 22-36.
b16075   MARTIN, E., «¿Se pueden salvar los ricos?» CuBi 11 (1954) 25-29.
b16076   HOULDEN, J.L., *Ethics and the New Testament*, «Wealth» (1973), 88-92.
b16077   GRANT, R.M., *Early Christianity and Society* (1977), «Taxation and Exemption», 44-65; «Private Property», 96-123.
b16078   JOHNSON, L.T., *The Literary Function of Possessions in Luke-Acts* (SBL Dissertation Series, 39) (Missoula, Montana, Scholars Press, 1977), 241 pp.
b16079   MALONE, D., «Riches and Discipleship: Mark 10:23-31», BTB 9 (1979) 78-88.
b16080   NICKELSBURG, G.W.E., «Riches, the Rich, and God's Judgment in I Enoch 92-105 and the Gospel according to Luke», NTS 25 (1979) 324-344.
b16081   JOHNSON, L.T., *Sharing Possessions. Mandate and Symbol of Faith* (Overtures to Biblical Theology, 9) (Philadelphia, Fortress, 1981), xvi-160 pp.
b16082   CASAS, V., «Jesús ante los ricos codiciosos», BibFe 8 (1982) 259-273.

Rire. Laugh. Lachen. Ridere. Reir.

b16083   BEUKEN, W., «Goddelijke lach. *Göttliches Lachen*», Bijdr. 22 (1961) 117-132 (Deutsche Zusammenfassung).

Royaume. Kingdom. Reich. Regno. Reino.

a) Études générales. General Studies. Allgemeine Studien. Studi generali. Estudios generales.

b16084   BRIGHT, J., *The Kingdom of God* (Nashville, Abingdon, 1949), 288 pp.

*b*16085 RIBER, M., «El annuncio del Reino en la catequesis», CuBi 27 (1970) 90-105.

*b*16086 CELADA, B., «Importancia del tema del rey en la literatura bíblica», CuBi 29 (1972) 49-53.

*b*16087 CELADA, B., «Teocracia», CuBi 31 (1974) 44-46.

*b*16088 HIERS, R.H., «Satan, demons, and the Kingdom of God», SJTh 27 (1974) 35-47.

*b*16089 SCHELKLE, K.H., «Königsherrschaft Gottes», BiLeb 15 (1974) 120-135.

*b*16090 WENZ, H., *Theologie des Reiches Gottes* (Evangelische Zeitstimmen, 73) (Hamburg, Herbert Reich, 1975), 103 pp.

*b*16091 BEISSER, F., *Das Reich Gottes* (Göttingen, Vandenhoeck & Ruprecht, 1976), 229 pp.

*b*16092 SCHELKLE, K.H., «Königsherrschaft Gottes», dans *Mysterium Salutis* (en collab.) (1976), V, 724-732.

*b*16093 GLASSON, T.F., «Schweitzer's Influence - Blessing or Bane?» JTS 28 (1977) 289-302.

*b*16094 GRAY, J., *The Biblical Doctrine of the Reign of God* (Edinburgh, T. T. Clark, 1979), xiv-401 pp.

*b*16095 HRUBY, K., «La proclamation de l'unicité de Dieu comme actualisation du Royaume», dans TRIACCA, A.M., PISTOIA, A. (Éds), *La liturgie, expression de la foi*. Conférences Saint-Serge, XXVe semaine d'études liturgiques, Paris, 27-30 juin 1978 (Roma, Edizioni Liturgiche, 1979), 147-158.

*b*16096 PELLAND, G., «Le thème biblique du Règne chez saint Hilaire de Poitiers», Greg 60 (1979) 639-674.

*b*16097 WALTHER, J.A., «Late Reflections on the Kingdom of God», dans *From Faith to Faith* (en collab.) (1979), 175-189.

*b*16098 WHITE, R.E.O., *Biblical Ethics*, «The Kingdom of God and the Life of Obedience» (1979), 78-108.

*b*16099 CARSON, D.A., «Divine Sovereignty and Human Responsibility in Philo», NT 23 (1981) 148-164.

*b*16100 CARSON, D.A., *Divine Sovereignty and Human Responsibility*. Biblical Perspectives in Tension (New Foundations Theological Library) (Atlanta, John Knox, 1981), xii-271 pp.

*b*16101 COPPENS, J., CARMIGNAC, J., FEUILLET, A., COTHENET, É., PRIGENT, P., «Règne (ou Royaume) de dieu. I. Ancien Testament et Apocryphes. II. Qumrân. III. Évangiles synoptiques. IV. Épîtres pauliniennes. V. Littérature johannique», SDB 10 (1981) col. 1-199.

*b*16102 STEWART, J.V., «The Nearness and the Distance of God. An Enquiry into the Meaning of the Idea of the Kingdom in the Present Time», dans *Studia Evangelica* (en collab.) (1982), VII, 475-480.

*b*16103 SCHLINK, E., *Ökumenische Dogmatik*, «Die Regierung der Welt» (1983), 190-206.

*b*16104 STOCKTON, I., «Children, Church and Kingdom», SJTh 36 (1983) 87-97.

b) Orient. Oriente.

*b*16105 GRAY, J., «Royal Substitution in the Ancient Near East», PEQ 87 (1955) 180-182.

*b*16106 DAUMAS, F., «Le sens de la royauté égyptienne. À propos d'un livre récent», RHR 160 (1961) 129-148.

*b*16107 SAUREN, H., «L'intronisation du roi en Israël à la lumière d'une lettre de Mari (ARM X,5)», OLoP 2 (1971) 5-12.

*b*16108 ZANDEE, J., «Le Messie. Conceptions de la royauté dans les religions du Proche-Orient ancien», RHR 180 (1971) 3-28.

*b*16109 SAUREN, H., «Ideen zum sumerischen Königtum», Or. 45 (1976) 75-76.

*b*16110 SERGENT, B., «La représentation spartiate de la royauté», RHR 189 (1976) 3-52.

*b*16111   BEN-BARAK, Z., «The Coronation Ceremony in Ancient Mesopotamia», OLoP 11 (1980) 55-67.

*b*16112   SAUREN, H., «Die Königstheologie in der Kunst des 3. Jahrtausends», OLoP 13 (1982) 45-53.

c) Ancien Testament. Old Testament. Altes Testament. Antico Testamento. Antiguo Testamento.

*b*16113   PATAI, R., «Hebrew Installation Rites», HUCA 20 (1947) 143-225.

*b*16114   DE FRAINE, J., «De oud-Oosterse Koningsidee in het Oude Testament (*L'idéologie royale dans l'Ancien Proche Orient et dans l'Ancien Testament)*», Bijdr. 14 (1953) 117-131 (sommaire français).

*b*16115   GROSS, H., *Weltherrschaft als religiöse Idee im Alten Testament* (BBB 6) (Bonn, Peter Hanstein, 1953), 157 pp.

*b*16116   WILDBERGER, H., «Samuel und die Entstehung des israelitischen Königstums», TZ 13 (1957) 442-469, dans *Jahwe und sein Volk* (1979), 28-55.

*b*16117   DE FRAINE, J., «Teocrazia e monarchia in Israele», BibOr 1 (1959) 4-11.

*b*16118   AMSLER, S., «Les ministères de l'ancienne alliance: rois, prêtres et prophètes», n° 71-72 (1964) 29-41.

*b*16119   HEMPEL, J., «Gottes Selbstbeherrschung als Problem des Monotheismus und der Eschatologie», dans *Gottes Wort und Gottes Land* (en collab.) (1965), 56-66.

*b*16120   SOGGIN, J.A., *Das Königtum in Israel*. Ursprünge, Spannungen, Entwicklung (BZAW 104) (Berlin, Töpelmann, 1967), 167 pp.

*b*16121   FÜGLISTER, N., «Der königliche Heilsmittler», dans *Mysterium Salutis* (en collab.) (1970), III.1, 107-134.

*b*16122   PROULX, R., «Yahweh-Roi dans l'Ancien Testament», dans *¿Jésus?* (en collab.) (1974), 11-23.

*b*16123   CAZELLES, H., «La vocation d'Isaïe (ch. 6) et les rites royaux», dans *Homenaje a Juan Prado* (en collab.) (1975), 89-108.

*b*16124   RAINEY, A.F., «The Prince and the Pauper», UF 7 (1975) 427-432.

*b*16125   EATON, J.H., *Kingship and the Psalms* (Studies in Biblical Theology, Second Series, 32) (London, SCM Press, 1976), xii-227 pp.

*b*16126   IN DER SMITTEN, W.T., *Gottesherrschaft und Gemeinde*. Beobachtungen an Frühformen eines jüdischen Nationalismus in der Spätzeit des Alten Testaments (Europäische Hochschulschriften, 23/42) (Bern, H. Lang; Frankfurt, P. Lang, 1976), 117 pp.

*b*16127   JANZEN, W., «God as Warrior and Lord: A Conversation with G.E. Wright», BASOR n° 220 (1976) 73-75.

*b*16128   METTINGER, T.N.D., *King and Messiah*. The Civil and Sacral Legitimation of the Israelite Kings (Coniectanea Biblica, O.T. Series, 8) (Lund, Gleerup, 1976), 342 pp.

*b*16129   COPPENS, J., «La royauté de Yahvé dans le Psautier», ETL 53 (1977) 297-362; 54 (1978) 1-59.

*b*16130   GALBIATI, E., «Il carattere sacro della regalità nell'antico Israele», BibOr 19 (1977) 89-100.

*b*16131   ISHIDA, T., *The Royal Dynasties in Ancient Israel*. A Study on the Formation and Development of Royal-Dynastic Ideology (BZAW 142) (Berlin, New York, De Gruyter, 1977), 211 pp.

*b*16132   McCARTHY, D.J., «T.N.D. Mettinger, *King and Messiah*. The Civil and Sacral Legitimation of the Israelite King», Bibl 58 (1977) 447-452.

*b*16133 CRUSEMANN, F., *Der Widerstand gegen das Königtum*. Die antikönigliche Texte des Alten Testamentes und der Kampf um den frühen israelitischen Staat (WMANT 49) (Neukirchen-Vluyn, Neukirchener Verlag, 1978), viii-257 pp.

*b*16134 QUINTENS, W., «La vie du roi dans le Psaume 21», Bibl 59 (1978) 516-541.

*b*16135 BRAUN, R.L., «Chronicles, Ezra, and Nehemiah: theology and literary history», dans *Studies in the Historical Books of the Old Testament* (en collab.) (1979), 52-64.

*b*16136 COPPENS, J., *La relève apocalyptique du messianisme royal* (1979), «La Royauté de Yahvé dans le Psautier», I, 89-214; «La Royauté de Yahvé dans les textes vétéro- et intertestamentaires en dehors du Psautier», I, 215-264; «Les Origines et le Développement de la Croyance en la Royauté de Yahvé», I, 265-274.

*b*16137 GROSS, H., «Der Universalitätsanspruch des Reiches Gottes nach dem Alten Testament», dans *Kirche und Bibel* (en collab.) (1979), 105-119.

*b*16138 KOCH, K., «Offenbaren wird sich das Reich Gottes», NTS 25 (1979) 158-165.

*b*16139 LEMAIRE, A., «Note sur le titre BN HMLK dans l'ancien Israël», Sem. 29 (1979) 59-65.

*b*16140 STARKE, F., «Ḫalmašuit im Anitta-Text und die hethitische Ideologie vom Königtum», ZA 69 (1979) 47-120.

*b*16141 STOLZ, F., «Einsicht und Erfolg - ein Element alttestamentlicher Königsideologie», TGl 69 (1979) 343-356.

*b*16142 ZIMMERLI, W., «Das Gottesrecht bei den Propheten Amos, Hosea und Jesaja», dans *Werden und Wirken des Alten Testaments* (en collab.) (1980), 216-235.

*b*16143 CAÑELLAS, G., «Teocentrismo jerárquico en el Antiguo Testamento», BibFe 7 (1981) 117-130.

*b*16144 GARCIA TRAPIELLO, J., «El rey de Israel, valedor de la justicia social», Salm 28 (1981) 171-192.

*b*16145 GUNNEWEG, A.H.J., «Herrschaft Gottes und Herrschaft des Menschen. Eine alttestamentliche Aporie von aktueller Bedeutung», KerDo 27 (1981) 164-179.

*b*16146 HALPERN, B., *The Constitution of the Monarchy in Israel* (Harvard Semitic Monographs, 25) (Chico, CA, Scholars Press, 1981), xxviii-410 pp.

*b*16147 SCHÜNGEL-STRAUMANN, H., «Kritik am Königtum im Alten Testament», BiKi 36 (1981) 194-201.

*b*16148 TEUBNER, M.M., «Soziale Gesetzgebung in Israel und die kapitalistischen Auswüchse der Königszeit», BiKi 36 (1981) 206-212.

*b*16149 SCHMIDT, L., «König und Charisma im Alten Testament», KerDo 28 (1982) 73-87.

*b*16150 WEINFELD, M., «The King as the Servant of the People: The Source of the Idea», dans *Essays in Honour of Yigael Yadin*, JJS 33 (1982) 189-194.

*b*16151 WELTEN, P., «Königsherrschaft Jahwes und Thronbesteigung. Bemerkungen zu unerledigten Fragen», VT 32 (1982) 297-310.

d) Nouveau Testament. New Testament. Neues Testament. Nuovo Testamento. Nuevo Testamento.

1. Études générales. General Studies. Allgemeine Studien. Studi generali. Estudios generales.

*b*16152 FASCHER, E., «Gottes Königtum im Urchristentum», Numen 4 (1957) 85-113.

*b*16153 SCHNACKENBURG, R., «Das 'Reich Gottes' im Neuen Testament», BiLeb 1 (1960) 143-156.

*b*16154 DAVIES, W.D., *Invitation to the New Testament*, «The Gospel of the Kingdom of God» (1969), 147-162.

*b*16155 MÜLLER, K., «Jesu Naherwartung und die Anfänge der Kirche», dans *Die Aktion Jesu und die Re-Aktion der Kirche* (en collab.) (1972), 9-29.

*b*16156   AUDET, L., «Le Royaume, centre de la prédication de Jésus», dans ¿*Jésus?* (en collab.)
           (1974), 25-37.

*b*16157   GOPPELT, L., *Theologie des Neuen Testaments*, «Das Kommen der Gottesherrschaft»
           (1976), 94-127.

*b*16158   PERRIN, N., *Jesus and the Language of the Kingdom*. Symbol and Metaphor in New
           Testament Interpretation (London, SCM Press, 1976), 225 pp.

*b*16159   BEAUDE, P.-M., *Jésus oublié*. Les évangiles et nous (Coll. 'Essais') (Paris, Cerf, 1977),
           208 pp.

*b*16160   BOUCHER, M., *The Mysterious Parable*, «The Mystery of the Kingdom» (1977), 80-85.

*b*16161   ESPINEL, J.L., «El optimismo de Jesús respecto del Reino de Dios», CuBi 34 (1977)
           47-54.

*b*16162   GRANT, R.M., *Early Christianity and Society*, «Christian Devotion to the Monarchy»
           (1977), 13-43.

*b*16163   BARBAGLIO, G., «Il regno di Dio e Gesù di Nazaret», dans *Conoscenza storica di Gesù*
           (en collab.) (1978), 103-119.

*b*16164   GALOT, J., «Gesù ha predicato un Regno di Dio 'politico'?» CC 3 (1978) 105-118.

*b*16165   MERKLEIN, H., *Die Gottesherrschaft als Handlungsprinzip*. Untersuchung zur Ethik
           Jesu (Forschung zur Bibel, 34) (Würzburg, Echter Verlag, 1978), 339 pp.

*b*16166   MITTON, C.L., *Your Kingdom come* (Grand Rapids, Eerdmans, 1978), viii-151 pp.

*b*16167   ALONSO DIAZ, J., «El fracaso o la esperanza fallida del 'Reino' (tal como lo esperaban)
           y su repercusión en el cristianismo», EstE 54 (1979) 471-497.

*b*16168   BOUTTIER, M., «Evangelium Christi, Evangelium de Christo», RTP 111 (1979)
           123-139.

*b*16169   COPPENS, J., *La relève apocalyptique du messianisme royal*, «La Relecture
           néotestamentaire de la Croyance en la Royauté divine. Sa problématique» (1979), I,
           275-302.

*b*16170   DAL COVOLO, E., «Il Regno di Dio in alcune testimonianze del secondo secolo.
           Appunti per la storia di un concetto neotestamentario», RivB 27 (1979) 313-324.

*b*16171   DAUTZENBERG, G., «Der Wandel der Reich-Tottes-Verkündigung in der
           urchristlichen Mission», dans *Zur Geschichte der Urchristentums* (en collab.) (1979),
           11-32.

*b*16172   SCHLOSSER, J., «Le règne de Dieu dans les dits de Jésus», RevSR 53 (1979) 164-176.

*b*16173   HUNTER, A.M., *Christ and the Kingdom* (Edinburgh, St. Andrew Press, 1980),
           xii-110 pp.

*b*16174   MILLER, L., «La politique de Jésus ou le radicalisme évangélique», Hok n° 14 (1980)
           71-78.

*b*16175   NORDSIECK, R., *Reich Gottes - Hoffnung der Welt*. Das Zentrum der Botschaft Jesu
           (Neukirchener Studienbücher, 12) (Neukirchen-Vluyn, Neukirchener, 1980), 224 pp.

*b*16176   RUNIA, K., «Le Royaume de Dieu et la Société», Hok n° 14 (1980) 2-18.

*b*16177   RODRIGUEZ CARMONA, A., «El Reino de Dios en el pensamiento de Jesús», EstB 39
           (1981) 249-284.

*b*16178   SCOTT, B.B., *Jesus, Symbol-Maker for the Kingdom* (Philadelphia, Fortress, 1981),
           viii-182 pp.

*b*16179   VARRO, R., «Le royaume entre ciel et terre», CHR 28 (1981) 30-39.

*b*16180   SCHÜRMANN, H., «Das Zeugnis der Redenquelle für die Basileia-Verkündigung
           Jesu», dans *Logia* (en collab.) (1982), 121-200.

*b*16181   WILCKENS, U., «Jesus' preaching of the Kingdom of God», dans *Parola e Spirito* (en
           collab.) (1982), 599-609.

2. *Évangiles synoptiques. Synoptic Gospels. Synoptische Evangelien.*
   Vangeli sinottici. Evangelios sinópticos.

*b*16182 LOHSE, E., «Die Gottesherrschaft in den Gleichnissen Jesu», EvT 18 (1958) 145-157.

*b*16183 DAVIES, W.D., *Invitation to the New Testament* (1969), «The Agent of the Kingdom», 172-190; «The Demand of the Kingdom», 191-197.

*b*16184 KELBER, W.H., «The History of the Kingdom in Mark - Aspects of Markan Eschatology», dans *Society of Biblical Literature. 1972 Proceedings* (en collab.) (1972), 63-95.

*b*16185 BOUTTIER, M., «Les paraboles du maître dans la tradition synoptique», ETR 48 (1973) 175-195.

*b*16186 WEEDEN, T.J., «The Conflict Between Mark and His Opponents Over Kingdom Theology», dans *Society of Biblical Literature. 1973 Seminar Papers* (en collab.) (1973), II, 203-241.

*b*16187 MERK, O., «Das Reich Gottes in den lukanischen Schriften», dans *Jesus und Paulus* (en collab.) (1975), 201-220.

*b*16188 BERGMANN, W., *Die zehn Gleichnisse vom Reich der Himmel* (Dinglinger Taschenbücher, 700) (Lahr, Dinglingen, Verlag der St.-Johannis-Druckerei C. Schweickhardt, 1976), 103 pp.

*b*16189 GRAHAM, H.H., «The Gospel According to St. Mark: Mystery and Ambiguity», AThR Supplementary Series, n° 7 (1976) 43-55.

*b*16190 PERRIN, N., *Jesus and the Language of the Kingdom.* Symbol and Metaphor in New Testament Interpretation (London, SCM Press, 1976), 225 pp.

*b*16191 BREECH, E., «Kingdom of God and the Parables of Jesus», Semeia 12 (1978) 15-40.

*b*16192 CHILTON, B.D., «Regnum Dei Deus Est», SJTh 31 (1978) 261-270.

*b*16193 FEUILLET, A., «Le caractère purement religieux et universel du Règne de Dieu d'après les Évangiles Synoptiques», Div 22 (1978) 153-175.

*b*16194 GEORGE, A., «Le règne de Dieu», dans *Études sur l'oeuvre de Luc* (1978), 285-306.

*b*16195 GRUNDMANN, W., «Weisheit im Horizont des Reiches Gottes. Eine Studie zur Verkündigung Jesu nach der Spruchüberlieferung Q», dans *Die Kirche des Anfangs* (en collab.) (1978), 175-199.

*b*16196 LACAN, M.-F., «Conversion and Kingdom in the Synoptic Gospels», dans *Conversion* (en collab.) (1978), 97-118.

*b*16197 MARGUERAT, D., «L'Église et le monde en Matthieu 13,36-43», RTP 110 (1978) 111-129.

*b*16198 AGUIRRE, R., «El Reino de Dios y la muerte de Jesús en el Evangelio de Mateo», EstE 54 (1979) 363-382.

*b*16199 LAMARCHE, P., «Marc et Matthieu: le secret messianique et la venue du Royaume», dans *Jésus aujourd'hui* (1980), III, 43-51.

*b*16200 PAMMENT, M., «The Kingdom of Heaven According to the First Gospel», NTS 27 (1981) 211-232.

*b*16201 RICOEUR, P., «The 'Kingdom' in the Parables of Jesus», AThR 63 (1981) 165-169.

*b*16202 BAIRD, J.A., *Rediscovering the Power of the Gospels.* Jesus' Theology of the Kingdom (Wooster, OH, Iona Press, 1982), xi-237 pp.

*b*16203 GIESEN, H., «Jésus et l'imminence du règne de Dieu selon Marc», dans *La Pâque du Christ, mystère de salut* (en collab.) (1982), 91-119.

*b*16204 SAND, A., *Reich Gottes und Eheverzicht im Evangelium nach Matthäus* (SBS 109) (Stuttgart, Katholisches Bibelwerk, 1983), 82 pp.

*b*16205 SCHÜRMANN, H., *Gottes Reich - Jesu Geschick.* Jesu ureigener Tod im Licht seiner Basileia-Verkündigung (Herder, Freiburg, 1983), 269 pp.

3. Autres livres du N.T. - Other Books N.T. - Andere Bücher N.T.
   Altri libri N.T. - Otros libros N.T.

b16206 ALEGRE, X., «Mi Reino no es de este mundo (Jn 18,36)», EstE 54 (1979) 499-525.
b16207 PRIGENT, P., «Le temps et le Royaume dans l'Apocalypse», dans *L'Apocalypse johannique et l'Apocalyptique dans le Nouveau Testament* (en collab.) (1980), 231-245.

Sabbat. Sabbath. Sabbat. Sabato. Sabado.

a) Études générales. General Studies. Allgemeine Studien. Studi generali. Estudios generales.

b16208 BROWN, J., «Karl Barth's Doctrine of the Sabbath», SJTh 19 (1966) 409-425.
b16209 BROWN, J., «The Doctrine of the Sabbath in Karl Barth's», SJTh 20 (1967) 1-24.
b16210 BACCHIOCCHI, S., *Divine Rest for Human Restlessness.* A Theological Study of the Good News of the Sabbath for Today (Rome, Gregorian University Press, 1980), 319 pp.
b16211 LINCOLN, A.T., «From Sabbath to Lord's Day: A Biblical and Theological Perspective», dans *From Sabbath to Lord's Day* (en collab.) (1982), 343-412.

b) Judaïsme. Judaism. Judentum. Giudaismo. Judaísmo.

b16212 BAUMGARTEN, J.M., «The Counting of the Sabbath in Ancient Sources», VT 16 (1966) 277-286, dans *Studies in Qumran Law* (1977), 115-123.
b16213 HALPERIN, J., LEVITTE, G. (Éds.), *Le shabbat dans la conscience juive* (Paris, Congrès Juif Mondial, Presses Universitaires de France, 1975), x-162 pp.
b16214 SEGRE, A., «Il sabato nella storia e nella tradizione ebraica», dans *L'uomo nella Bibbia e nelle culture ad essa contemporanee* (en collab.) (1975), 79-145.
b16215 HALLO, W.W., «New Moons and Sabbaths: A Case-Study in the Contrastive Approach», HUCA 48 (1977) 1-18.
b16216 MILGROM, J., «'Sabbath' and 'Temple City' in the Temple Scroll», BASOR n⁰ 232 (1979) 25-27.
b16217 SHARVIT, B., «The Sabbath of the Judean Desert Sect», Immanuel 9 (1979) 42-48.
b16218 ROWLAND, C., «A Summary of Sabbath Observance in Judaism at the Beginning of the Christian Era», dans *From Sabbath to Lord's Day* (en collab.) (1982), 43-55.

c) Ancien Testament. Old Testament. Altes Testament. Antico Testamento. Antiguo Testamento.

b16219 LAUTERBACH, J.Z., «The Origin and Development of Two Sabbath Ceremonies», HUCA 15 (1940) 367-424.
b16220 NORTH, R., «The Derivation of Sabbath», Bibl 36 (1955) 182-201.
b16221 BAUMGARTEN, J.M., «The Counting of the Sabbath in Ancient Sources», VT 16 (1966) 277-286, dans *Studies in Qumran Law* (1977), 115-123.
b16222 ANDREASEN, N.-E.A., *The Old Testament Sabbath.* A Tradition-Historical Investigation (SBL Dissertation Series, 7) (Missoula, Montana, Society of Biblical Literature, 1972), xii-301 pp.
b16223 WILLSHAW, T.M., «A Joyous Sign», ExpTim 79 (1977-78) 179-180.
b16224 HOENIG, S.B., «The Designated Number of Kinds of Labor Prohibited on the Sabbath», JQR 68 (1978) 193-208.
b16225 ROBINSON, G., «The Prohibition of strange fire in ancient Israel. A new look at the case of gathering wood and kindling fire on the sabbath», VT 28 (1978) 301-317.
b16226 GORDON, C.H., «The Seventh Day», UF 11 (1979) 299-301.

*b*16227 DRESSLER, H.H.P., «The Sabbath in the Old Testament», dans *From Sabbath to Lord's Day* (en collab.) (1982), 21-41.

*b*16228 ROBINSON, G., «The Idea of Rest in the Old Testament and the Search for the Basic Character of Sabbath», ZAW 92 (1980) 32-42.

*b*16229 SIKER-GIESELER, J.S., «The Theology of the Sabbath in the Old Testament. A Canonical Approach», SBT 11 (1981) 5-20.

d) Nouveau Testament. New Testament. Neues Testament. Nuovo Testamento. Nuevo Testamento.

1. Études générales. General Studies. Allgemeine Studien. Studi generali. Estudios generales.

*b*16230 TOLEDO, R.G., «Jesús y el sábado», CuBi 20 (1963) 5-32.

*b*16231 LEITCH, J.W., «Lord Also of the Sabbath», SJTh 19 (1966) 426-433.

*b*16232 NEUHÄUSLER, E., «Jesu Stellung zum Sabbat. Versuch einer Interpretation», BiLeb 12 (1971) 1-16.

*b*16233 JAY, B., «Jésus et le sabbat», ETR 50 (1975) 65-68.

*b*16234 WAIBEL, M., «Die Auseinandersetzung mit der Fasten- und Sabbatpraxis Jesu in urchristlichen Gemeinden», dans *Zur Geschichte des Urchristentums* (en collab.) (1979), 63-96.

*b*16235 BAUCKHAM, R.J., «Sabbath and Sunday in the Post-Apostolic Church», dans *From Sabbath to Lord's Day* (en collab.) (1982), 251-298.

*b*16236 GRELOT, P., «Vom Sabbat zum Sonntag», IKZCommunio 11 (1982) 216-225.

*b*16237 LINCOLN, A.T., «Sabbath, Rest, and Eschatology in the New Testament», dans *From Sabbath to Lord's Day* (en collab.) (1982), 197-220.

2. Évangiles. Gospels. Evangelien. Vangeli. Evangelios.

*b*16238 LEVINE, E., «The Sabbath Controversy according to Matthew», NTS 22 (1976) 480-483.

*b*16239 BUSSE, U., *Die Wunder des Propheten Jesus*, «Die Heilung der verkrüppelten Frau am Sabbat Lk 13,10-17» (1977), 289-304.

*b*16240 DIETZFELBINGER, C., «Vom Sinn der Sabbatheilungen Jesu», EvT 38 (1978) 281-298.

*b*16241 COHN-SHERBOK, D.M., «An Analysis of Jesus' Arguments Concerning the Plucking of Grain on the Sabbath», JSNT no 2 (1979) 31-41.

*b*16242 CARSON, D.A., «Jesus and the Sabbath in the Four Gospels», dans *From Sabbath to Lord's Day* (en collab.) (1982), 57-97.

*b*16243 TURNER, M.M.B., «The Sabbath, Sunday, and the Law in Luke/Acts», dans *From Sabbath to Lord's Day* (en collab.) (1982), 99-157.

3. Paul. Paulus. Paolo. Pablo.

*b*16244 DE LACEY, D.R., «The Sabbath/Sunday Question and the Law in the Pauline Corpus», dans *From Sabbath to Lord's Day* (en collab.) (1982), 159-195.

Sacerdoce. Priesthood. Priestertum. Sacerdozio. Sacerdocio.

a) Études générales. General Studies. Allgemeine Studien. Studi generali. Estudios generales.

*b*16245 DE BACIOCCHI, J., «Ministère et médiation sacerdotale», VC no 60 (1961) 378-389.

*b*16246 CELADA, B., «Sacerdotes en crisis grave o total. Reflexiones bíblicas», CuBi 31 (1974) 268-281.

*b*16247 CAQUOT, A., «La pérennité du sacerdoce», dans *Mélanges offerts à Marcel Simon* (en collab.) (1978), 109-116.

*b*16248 REINELT, H., «Wesentliche Aufgaben der Priesters nach der Aussage der Heiligen Schrift», dans *Kirche und Bibel* (en collab.) (1979), 291-299.

*b*16249 GALOT, J., «L'origine del ministero sacerdotale», CC 3 (1980) 209-220.

b) Orient. Oriente.

*b*16250 DHORME, É., «Quelques prêtres assyriens d'après leur correspondance», RHR 113 (1936) 125-148; 116 (1937) 5-25.

*b*16251 RENGER, J., «Untersuchungen zum Priestertum in der altbabylonischen Zeit», ZA 58 (1967) 110-188; 59 (1969) 104-230.

c) Judaïsme, Qumrân. - Judaism, Qumran. - Judentum, Qumran.
   Giudaismo, Qumran. - Judaísmo, Qumran.

*b*16252 LIVER, J., «The 'Sons of Zadok the Priest' in the Dead Sea Sect», ErIs 8 (1967) 71-81 (English summary).

*b*16253 BURGMANN, H., «Gerichtsherr und Generalankläger: Jonathan und Simon», RQum 9 (1977) 3-72.

*b*16254 HULTGÅRD, A., *L'eschatologie des Testaments des Douze Patriarches* (1977), «Le prêtre-sauveur», I, 268-381; «Le prêtre-sauveur et les figures messianiques des textes esséniens de Qumran», I, 304-310; «L'idéal du prêtre-sauveur dans le cadre du monde ambiant», I, 326-368.

*b*16255 RUSSELL, D.S., «Biblical Classics: XI. Edwyn Bevan: Jerusalem under the High Priests», ExpTim 90 (1979) 292-294.

*b*16256 HULTGÅRD, A., «The Ideal 'Levite', the Davidic Messiah, and the Saviour Priest in the Testaments of the Twelve Patriarchs», dans *Ideal Figures in Ancient Judaism* (en collab.) (1980), 93-110.

*b*16257 SCHWARTZ, D.R., «Priesthood and Priestly Descent: Josephus, *Antiquities* 10.80», JST 32 (1981) 129-135.

d) Ancien Testament. Old Testament. Altes Testament. Antico Testamento. Antiguo Testamento.

*b*16258 DHORME, É., «Prêtres, devins et mages dans l'ancienne religion des Hébreux», RHR 108 (1933) 113-143.

*b*16259 AUER, W., «Jeremias und die Priester», BiKi 16 (1961) 81-82.

*b*16260 AMSLER, S., «Les ministères de l'ancienne alliance: rois, prêtres et prophètes», VC nº 71-72 (1964) 29-41.

*b*16261 FÜGLISTER, N., «Der priesterliche Heilsmittler», dans *Mysterium Salutis* (en collab.) (1970), III.1, 134-147.

*b*16262 SCHMIDT, W.H., «Prophetisches Zukunftswort und priesterliche Weisung», Kairos 12 (1970) 289-308.

*b*16263 CELADA, B., «Perfil del sacerdote en el Antiguo Testamento. Concomitancias o antagonismos con el profeta. Estima o desestima», CuBi 28 (1971) 290-297.

*b*16264 ARMERDING, C.E., «Were David's Sons Really Priests?» dans *Current Issues in Biblical and Patristic Interpretation* (en collab.) (1975), 75-86.

*b*16265 MOSCATI STEINDLER, G., «Le classi sacerdotali», BibOr 17 (1975) 187-193.

*b*16266 ADINOLFI, M., «Sul messianismo sacerdotale», BibOr 19 (1977) 101-111.

*b*16267 SCHREINER, S., «Psalm cx und die Investitur des Hohenpriesters», VT 27 (1977) 216-222.

*b*16268 ABBA, R., «Priests and Levites in Ezekiel», VT 28 (1978) 1-9.

*b*16269 CAÑELLAS, G., «El ideal de consagración a Dios en el Antiguo Testamento», BibFe 4 (1978) 231-243.

*b*16270 GARCIA TRAPIELLO, J., «El sacerdocio en el antiguo Israel», CuBi 35 (1978) 83-97.

*b*16271 HARAN, M., *Temples and Temple-Service in Ancient Israel.* An Inquiry into the Character of Cult Phenomena and the Historical Setting of the Priestly School (Oxford, At the Clarendon Press, 1978), xviii-394 pp.

*b*16272 MILGROM, J., «Priestly Terminology and the Political and Social Structure of Pre-Monarchic Israel», JQR 69 (1978) 65-81.

*b*16273 STUHLMUELLER, C., «Culture, Leadership and Symbolism in the Old Testament», dans STUHLMUELLER, C. (Ed.), *Women and Priesthood.* Future Directions (Collegeville, Minnesota, The Liturgical Press, 1978), 25-45.

*b*16274 ALLAN, N., «Some Levitical Traditions Considered with Reference to the Status of Levites in Pre-Exilic Israel», HeyJ 21 (1980) 1-13.

*b*16275 VANHOYE, A., *Prêtres anciens, prêtre nouveau selon le Nouveau Testament,* «La réalité complexe du sacerdoce ancien» (1980), 34-54.

*b*16276 ALLAN, N., «The Identity of the Jerusalem Priesthood during the Exile», HeyJ 23 (1982) 259-269.

*b*16277 OLYAN, S., «Zadok's Origins and the Tribal Politics of David», JBL 101 (1982) 177-193.

*b*16278 MILGROM, J., «Priestly Terminology and the Political and Social Structure of Pre-Monarchic Israel», JQR 69 (1978) 65-81, dans MILGROM, J., *Studies in Cultic Theology and Terminology* (1983), 1-17.

e) Nouveau Testament. New Testament. Neues Testament. Nuovo Testamento. Nuevo Testamento.

1. Études générales. General Studies. Allgemeine Studien. Studi generali. Estudios generales.

*b*16279 BARNAUD, J., «Le Presbytérianisme des origines», ETR 5 (1930) 227-248.

*b*16280 LEENHARDT, H., «Presbytérat et pastorat», ETR 21 (1946) 235-245.

*b*16281 SCOTT, W.M.F., «Priesthood in the New Testament», SJTh 10 (1957) 399-415.

*b*16282 HARLÉ, P.-A., «Sacerdoce et ministère dans le Nouveau Testament», VC n° 60 (1961) 357-371.

*b*16283 COLSON, J., *Ministre de Jésus-Christ ou le sacerdoce de l'Évangile.* Étude sur la condition sacerdotale des ministres chrétiens dans l'Église primitive (Théologie historique, 4) (Paris, Beauchesne, 1966), 391 pp.

*b*16284 VOLK, H., «Bischof: Priestertum heute», IKZCommunio 1 (1972) 498-517; 2 (1973) 45-58.

*b*16285 BIEMER, G., «Der Priester - Koproduzent oder Produkt? Wie sollen sich Priester Konkret mit der Kirche identifizieren?» BiKi 32 (1977) 82-84.

*b*16286 MORAN, A., «Sacerdocio común de los fieles y sacerdocio ministerial», EstE 52 (1977) 331-353.

*b*16287 SCHÜRMANN, H., «Die zwei unterschiedlichen Berufungen, Dienste und Lebensweisen im einen Presbyterium», dans *In libertatem vocati estis* (en collab.) (1977), 401-420.

*b*16288 VANHOYE, A., «Common and ministerial priesthood», TDig 25 (1977) 157-161.

*b*16289 GAUVREAU, L.-P., «El Ministerio Presbiteral según el Nuevo Testamento», TXav 28 (1978) 65-78.

*b*16290 SCHÜRMANN, H., *Die Mitte des Lebens finden*. Orientierung für geistliche Berufe (Freiburg, Herder, 1979), 144 pp.

*b*16291 KÖTTING, B., «Die Aufnahme des Begriffs 'Hiereus' in den christlichen Sprachgebrauch», dans *Text - Wort - Glaube* (en collab.) (1980), 112-120.

*b*16292 VANHOYE, A., *Prêtres anciens, prêtre nouveau selon le Nouveau Testament* (Parole de Dieu, 20) (Paris, Seuil, 1980), 374 pp.

*b*16293 GALOT, J., «Le sacerdoce catholique», EV (doctrine) 91 (1981) 529-536, 641-653, 689-696.

*b*16294 MOINGT, J., «Prêtre 'selon le Nouveau Testament'. À propos d'un livre récent», RSR 69 (1981) 573-598.

*b*16295 GALOT, J., «L'institution du sacerdoce ministériel», EV (doctrine) 92 (1982) 342-352.

*b*16296 GALOT, J., «Le sacerdoce dans la doctrine et la conscience de Paul», EV (doctrine) 92 (1982) 401-407.

*b*16297 GALOT, J., «Développement du ministère sacerdotal dans les premières communautés chrétiennes», EV (doctrine) 92 (1982) 689-706.

*b*16298 LARRABE, J.L., «Hacia una espiritualidad sacerdotal enraizada en Jesús y los Apóstoles», Manr 54 (1982) 99-132.

*b*16299 SABOURIN, L., «Questions on Christian Priesthood», RelStB 2 (1982) 1-15.

*b*16300 VOKES, F.E., «The Origin and Place of Presbyters in the New Testament Church», dans *Studia Evangelica* (en collab.) (1982), VII, 541-545.

2. Hébreux. Hebrews. Hebräerbrief. Ebrei. Hebreos.

*b*16301 CLARKSON, M.E., «The Antecedents of the High-Priest Theme in Hebrews», AThR 29 (1947) 89-95.

*b*16302 SPICQ, C., «L'origine johannique de la conception du Christ-prêtre dans l'Épître aux Hébreux», dans *Aux sources de la tradition chrétienne* (en collab.) (1950), 258-269.

*b*16303 RABANOS, R., «Sacerdocio de Melquísedec, sacerdocio de Aarón y sacerdocio de Cristo», CuBi 13 (1956) 264-275.

*b*16304 LUSSIER, E., *Christ's Priesthood according to The Epistle to the Hebrews* (Collegeville, MN, Liturgical Press, 1975), 71 pp.

*b*16305 HORTON, F.L., Jr., *The Melchizedek Tradition*. A Critical Examination of the Sources to the Fifth Century A.D. and in the Epistle to the Hebrews (SNTS 30) (Cambridge, Cambridge University Press, 1976), 192 pp.

*b*16306 SPICQ, C., «Melchisedech et l'épître aux Hébreux», EV (doctrine) 87 (1977) 206-208.

*b*16307 MEES, M., «Die Hohepriester-Theologie des Hebräerbriefes im Vergleich mit dem Ersten Clementsbrief», BZ 22 (1978) 115-124.

*b*16308 VANHOYE, A., *Prêtres anciens, prêtre nouveau selon le Nouveau Testament* (1980), 373 pp.

*b*16309 WOSCHITZ, K.M., «Das Priestertum Jesu Christi nach dem Hebräerbrief», BiLit 54 (1981) 139-150.

*b*16310 PATFOORT, A., «Prêtres anciens, prêtre nouveau selon le Nouveau Testament», Ang 59 (1982) 79-88.

*b*16311 HORBURY, W., «The Aaronic Priesthood in the Epistle to the Hebrews», JSNT n⁰ 19 (1983) 43-71.

3. I Pierre. I Peter. I Petrusbrief. I Pietro. I Pedro.

*b*16312 DACQUINO, P., «Il sacerdozio del nuovo popolo di Dio e la prima lettera di Pietro», dans *San Pietro* (en collab.) (1967), 291-317.

*b*16313 SANDEVOIR, P., «Un royaume de prêtres?» dans *Études sur la première lettre de Pierre* (en collab.) (1980), 219-229.

f) Sacerdoce des fidèles. Believers' Priesthood. Allgemeines Priestertum.
Sacerdozio dei fedeli. Sacerdocio de los fieles.

*b*16314 BACKES, I., «Das allgemeine Priestertum der Gläubigen», dans *Aus Theologie und Philosophie* (en collab.) (1950), 9-33.

*b*16315 PFAMMATTER, J., «Vom allgemeinen Priestertum der Gläubigen», BiLeb 4 (1963) 184-188.

*b*16316 MARTIN-ACHARD, R., «Israël, peuple sacerdotal», VC n° 71-72 (1964) 11-28.

*b*16317 HORTELANO, A., «Hacia un sacerdocio pluralistico», StMor 6 (1968) 279-293.

*b*16318 FLOOR, L., «The General Priesthood of Believers in the Epistle to the Hebrews», dans *Ad Hebraeos* (en collab.), *Neotestamentica* 5 (1971) 72-82.

*b*16319 MORAN, A., «Sacerdocio común de los fieles y sacerdocio ministerial», EstE 52 (1977) 331-353.

*b*16320 MUÑOZ LEON, D., «Un Reino de sacerdotes y una nación santa (Ex 19,6)», EstB 37 (1978) 149-212.

*b*16321 VANHOYE, A., *Prêtres anciens, prêtre nouveau selon le Nouveau Testament* (1980), «L'Église du Christ, organisme sacerdotal», 269-306 (1 P 2,1-10); «Les chrétiens, rois et prêtres», 307-340 (Ap 1,6; 5,10; 20,6).

*b*16322 GALOT, J., «Sacerdoce commun et sacerdoce ministériel», EV (doctrine) 92 (1982) 433-444.

Sacré (Le). The Holy. Das Heilige. Il sacro. Lo sagrado.

*b*16323 CHELHOD, J., «La notion ambiguë du sacré chez les Arabes et dans l'Islam», RHR 159 (1961) 67-79.

*b*16324 VON SODEN, W., «Zur Stellung des 'Geweihten' (*qdš*) in Ugarit», UF 2 (1970) 329-330.

*b*16325 COLPE, C. (Hrsg.), *Die Diskussion um das 'Heilige'* (Wege der Forschung, 305) (Darmstadt, Wissenschaftliche Buchgesellschaft, 1977), xxv-500 pp.

*b*16326 KORNFELD, W.J., «QDŠ und Gottesrecht im Alten Testament», dans *Congress Volume. Vienna 1980* (en collab.) (1981), 1-9.

*b*16327 TERRIEN, S., «The Numinous, the Sacred and the Holy in Scripture», BTB 12 (1982) 99-108.

Sacrement. Sacrament. Sakrament. Sacramento.

*b*16328 GRANT, F.C., «The Anglican Doctrine of the Sacraments», AThR 23 (1941) 23-46.

*b*16329 MENOUD, P.-H., «Miracle et sacrement dans le Nouveau Testament», VC n° 24 (1952) 139-154.

*b*16330 QUESNEL, M., *Aux sources des sacrements* (Rites et symboles, 7) (Paris, Cerf, 1977), 135 pp.

*b*16331 BOVON, F., *Luc le théologien*, «Les ministères et la discipline» (1978), 379-403.

*b*16332 FUENTE, A.G., «El Espíritu Santo y los sacramentos: el dato bíblico», Ang 55 (1978) 12-57.

*b*16333 HAHN, F., «Die Sakramente der Kirche in der Confession Augustana auf dem Grund der apostolischen Tradition», KerDo 27 (1981) 287-308.

*b*16334 MATSUNAGA, K., «Is John's Gospel Anti-Sacramental? - A New Solution in the Light of the Evangelist's Milieu», NTS 27 (1981) 516-524.

Sacrifice. Opfer. Sacrificio.

a) Études générales. General Studies. Allgemeine Studien. Studi generali. Estudios generales.

*b*16335 VAN BAAREN, T.P., «Theoretical speculations on sacrifice», Numen 11 (1964) 1-12.
*b*16336 DOMBROWSKI, B.W.W., «Killing in sacrifice: the most profound experience of God?» Numen 23 (1976) 136-144.
*b*16337 VAN BAAL, J., «Offering, sacrifice and gift», Numen 23 (1976) 161-178.
*b*16338 BUTTE, A., «Loi et Sagesse du sacrifice perpétuel», Hok n⁰ 10 (1979) 11-16.
*b*16339 GUILLET, J., «René Girard et le sacrifice», Et 351 (1979) 91-102.
*b*16340 MACCOBY, H., *The Sacred Executioner*. Human Sacrifice and the Legacy of Guilt (London, Thames & Hudson, 1982), 208 pp.

b) Orient. Oriente.

*b*16341 BÖHL, F., «Das Menschenopfer bei den alten Sumerern», ZA 39 (1930) 83-98.
*b*16342 PAULME, D., «La notion de sacrifice chez un peuple 'fétichiste' (les Kissi de la Guinée française)», RHR 132 (1946) 48-66.
*b*16343 URIE, D.M.L., «Sacrifice among the West-Semites», PEQ 81 (1949) 67-82.
*b*16344 VAN BUREN, E.D., «An Enlargement on a given Theme», Or. 20 (1951) 15-69 (The presentation of a goat to a divinity).
*b*16345 CHELHOD, J., «Le sacrifice arabe nommé 'ḍaḥiya'», RHR 142 (1952) 206-215.
*b*16346 WEINFELD, M., «The Worship of Molech and of the Queen of Heaven and its Background», UF 4 (1972) 133-154.
*b*16347 CHARBEL, A., «Sacrificio di comunione presso i Greci», BibOr 16 (1974) 263-273.
*b*16348 GREEN, A.R.W., *The Role of Human Sacrifice in the Ancient Near East* (ASOR Dissertation Series, 1) (Missoula, Montana, Scholars Press, 1975), xvi-383 pp.
*b*16349 XELLA, P., «A proposito del sacrificio umano nel mondo mesopotamico», Or. 45 (1976) 185-196.
*b*16350 GARBINI, G., «Terminologia sacrificale fenicia: *pg*ˤ», BibOr 21 (1979) 109-113.
*b*16351 BROWN, J.P., «The sacrificial cult and its critique in Greek and Hebrew», JSS 24 (1979) 159-173; 25 (1980) 1-21.
*b*16352 DARAKI, M., «Aspects du sacrifice dionysiaque», RHR 197 (1980) 131-157.

c) Judaïsme. Judaism. Judentum. Giudaismo. Judaísmo.

*b*16353 BAUMGARTEN, J.M., «Sacrifice and Worship among the Jewish Sectarians of the Dead Sea (Qumran) Scrolls», HarvTR 46 (1953) 141-159, dans *Studies in Qumran Law* (1977), 39-56.
*b*16354 ADINOLFI, M., «Gli omologhi del sacrificio di espiazione nel giudaismo antico», BibOr 20 (1978) 113-122.
*b*16355 GONZALEZ DE CARDEDAL, O., «Dios en la historia. El Holocausto como lugar y problema teológico en el judaísmo», Salm 30 (1983) 191-224.

d) Ancien Testament. Old Testament. Altes Testament. Antico Testamento. Antiguo Testamento.

*b*16356 DOBBIE, R., «Deuteronomy and the Prophetic Attitude to Sacrifice», SJTh 12 (1959) 68-82.

*b*16357 DIAZ ESTEBAN, F., «Los sacrificios de niños y el 'tófet'», CuBi 24 (1967) 282-288.

*b*16358 GALBIATI, E., «I segni sacri nell'Antico Testamento», *Sacra Doctrina* 45 (1967) 13-26, dans *Scritti minori* (1979), 299-319.

*b*16359 SOGGIN, J.A., *Old Testament and Oriental Studies* (1975), «Child Sacrifice and Cult of the Dead in the Old Testament» (1969), 84-87.

*b*16360 SOGGIN, J.A., «A proposito di sacrifici di fanciulli e di culto dei morti nell'Antico Testamento», OrAnt 8 (1969) 215-217.

*b*16361 MILGROM, J., «Sin-offering or Purification-offering?» VT 21 (1971) 237-239, dans MILGROM, J., *Studies in Cultic Theology and Terminology* (1983), 67-69.

*b*16362 ASENSIO, F., «Observaciones sobre el 'holocausto' y el sacrificio 'pacífico' en el culto de Israel», dans *Worship and Ritual in Christianity and other Religions / Culte et Rituel dans le Christianisme et les autres Religions. Studia Missionalia* (Rome, Gregorian University Press) 23 (1974) 191-211.

*b*16363 WEINFELD, M., «Burning Babies in Ancient Israel. A Rejoinder to Morton Smith's Article in JAOS 95 (1975), pp. 477-479», UF 10 (1978) 411-413.

*b*16364 MILGROM, J., *Cult and Conscience.* The ASHAM and the Priestly Doctrine of Repentance (SJLA, 18) (Leiden, Brill, 1976), xiii-173 pp.

*b*16365 MILGROM, J., «Two kinds of ḥaṭṭā'ṭ», VT 26 (1976) 333-337, dans MILGROM, J., *Studies in Cultic Theology and Terminology* (1983), 70-74.

*b*16366 MILGROM, J., «Profane Slaughter and a Formulaic Key to the Composition of Deuteronomy», HUCA 47 (1976) 1-17.

*b*16367 ABBA, R., «The Origin and Significance of Hebrew Sacrifice», BTB 7 (1977) 123-138.

*b*16368 COLLINS, J.J., «The Meaning of Sacrifice: A Contrast of Methods», BiRes 22 (1977) 19-34.

*b*16369 DAVIES, D., «An Interpretation of Sacrifice in Leviticus», ZAW 89 (1977) 387-399.

*b*16370 DURAND, X., «Du rituel sacrificiel au sacrifice biblique», dans *L'Ancien Testament. Approches et lectures* (en collab.) (1977), 31-61.

*b*16371 MILGROM, J., «Concerning Jeremiah's Repudiation of Sacrifice», ZAW 89 (1977) 273-275.

*b*16372 PETERSEN, D.L., «Response [to J.J. COLLINS, BiRes 22 (1977) 19-34]», BiRes 22 (1977) 35-37.

*b*16373 DAVIES, P.R., CHILTON, B.D., «The Aqedah: A Revised Tradition History», CBQ 40 (1978) 514-546.

*b*16374 GADEGAARD, N.H., «On the So-Called Burnt Offering Altar in the Old Testament», PEQ 110 (1978) 35-45.

*b*16375 BROWN, J.P., «The sacrificial cult and its critique in Greek and Hebrew», JSS 24 (1979) 159-173; 25 (1980) 1-21.

*b*16376 GOODSIR, R., «Animal Sacrifice - Delusion or Deliverance?» dans *Studia Biblica 1978. I. Papers on Old Testament* (en collab.) (1979), 157-160.

*b*16377 JANOWSKI, B., «Erwägungen zur Vorgeschichte des isrealitischen šᵉlamîm-Opfers», UF 12 (1980) 231-260.

*b*16378 RIGBY, P., «A Structural Analysis of Israelite Sacrifice and Its Other Institutions», ET 11 (1980) 299-351.

*b*16379 HASEL, G.F., «The Meaning of the Animal Rite in Gen. 15», JSOT no 19 (1981) 61-78.

*b*16380 MILGROM, J., «The paradox of the red cow (Num. xix)», VT 31 (1981) 62-72.

*b*16381 MONLOUBOU, L., «L'Ancien Testament à table», CE (n.s.) no 37 (1981) 5-13.

b16382 COUTURIER, G., «Le sacrifice d'"action de grâce'», ET 13 (1982) 5-34.

b16383 RIGBY, P., «A Structural Analysis of Israelite Sacrifice and Its Other Institutions», ET 11 (1980) 299-351.

e) Nouveau Testament. New Testament. Neues Testament. Nuovo Testamento. Nuevo Testamento.

b16384 MASCALL, E.L., «Sonship and Sacrifice», CanJT 8 (1962) 88-101.

b16385 THÜSING, W., «Das Opfer der Christen nach dem Neuen Testament», BiLeb 6 (1965) 37-50.

b16386 SISTI, A., «Il sacrificio della nuova alleanza», BibOr 9 (1967) 25-37.

b16387 ALONSO, J., «La vida y muerte de Jesús dentro del esquema de pensamiento del sacrificio», CuBi 30 (1973) 67-86.

b16388 DALY, R.J., «The New Testament Concept of Christian Sacrificial Activity», BTB 8 (1978) 99-107.

b16389 DALY, R.J., Christian Sacrifice. The Judaeo-Christian Background before Origen (Catholic University of America Studies in Christian Antiquity, 18) (Washington, Catholic University of America, 1978), xviii-587 pp.

b16390 DALY, R.J., The Origins of the Christian Doctrine of Sacrifice (Philadelphia, Fortress, 1978), viii-152 pp.

b16391 NICOLAS, M.-J., «Le sens chrétien du sacrifice», VS 133 (1979) 351-374.

b16392 THOMPSON, J.W., «Hebrews 9 and Hellenistic Concepts of Sacrifice», JBL 98 (1979) 567-578.

b16393 TURRADO, L., «La redención humana por Cristo en su aspecto penal», dans Servidor de la Palabra (en collab.) (1979), 419-443.

b16394 YOUNG, F.M., The Use of Sacrificial Ideas in Greek Christian Writers from the New Testament to John Chrysostom (Patristic Monograph Series, 5) (Cambridge, MA, Philadelphia Patristic Foundation, 1979), iv-317 pp.

b16395 BUCHANAN, G.W., «Worship, Feasts and Ceremonies in the Early Jewish-Christian Church», NTS 26 (1980) 279-297.

b16396 CHAUVET, L.-M., «Le sacrifice de la messe: un statut chrétien du sacrifice», LV nᵒ 146 (1980) 85-106.

b16397 FERGUSON, E., «Spiritual Sacrifice in Early Christianity and its Environment», dans Aufstieg und Niedergang der römischen Welt (en collab.) (1980), 23. Band, 2. Halbband, 1151-1189.

b16398 HUVET, R., «Mémoire et sacrifice», ETR 55 (1980) 385-397.

b16399 VANHOYE, A., Prêtres anciens, prêtre nouveau selon le Nouveau Testament (1980), 373 pp.

b16400 SWETNAM, J., Jesus and Isaac. A Study of the Epistle to the Hebrews in the Light of the Aqedah (Analecta Biblica, 94) (Rome, Biblical Institute Press, 1981), xii-243 pp.

b16401 VANHOYE, A., «Sacerdoce du Christ et culte chrétien», CHR 28 (1981) 216-230.

b16402 BLANK, J., Paulus. Von Jesus zum Christentum, «Zum Begriff des Opfers nach Röm 12,1-12» (1982), 169-191.

Sadoc. Zadok. Sadok.

b16403 GUNNEWEG, A.H.J., Leviten und Priester (FRLANT 73) (Göttingen, Vandenhoeck & Ruprecht, 1959), «Zadok und die Zadokiden», 98-116.

Sagesse. Wisdom. Weisheit. Sapienza. Sabiduría.

a) Études générales. General Studies. Allgemeine Studien. Studi generali. Estudios generales.

b16404 CELADA, B., «Sabiduría internacional en la Biblia», CuBi 23 (1966) 108-111.

b16405 MURPHY, R.E., «Wisdom - Theses and Hypotheses», dans *Israelite Wisdom* (en collab.) (1978), 35-42.

b16406 WHYBRAY, R.N., «Slippery Words. IV. Wisdom», ExpTim 89 (1978) 359-362.

b16407 En collaboration, «Aux racines de la sagesse», CE (n.s.) nº 28 (1979) 64 pp.

b16408 GILBERT, M., «Maestri di saggezza e Sapienza di Dio», dans *Annunciare Cristo ai giovani* (en collab.) (1980), 91-107.

b16409 MOLLAT, D., *La Parole et l'Esprit*. Exégèse spirituelle, «Parole de Dieu et sagesse de l'homme» (1980), I, 149-165.

b16410 BERGMEIER, R., «Weisheit-Dike-Lichtjungfrau», JStJud 12 (1981) 75-86.

b) Orient. Oriente.

b16411 FESTUGIÈRE, A.-J., «Grecs et sages orientaux», RHR 130 (1945) 29-41.

b16412 SCOTT, R.B.Y., «Folk Proverbs of the Ancient Near East», dans *Transactions of the Royal Society of Canada* 15 (1961) 47-56, dans *Studies in Ancient Israelite Wisdom* (en collab.) (1976), 417-426.

b16413 ROSENGARTEN, Y., «Le nom et la fonction de 'sage' dans les pratiques religieuses de Sumer et d'Akkad», RHR 162 (1962) 133-146.

b16414 KITCHEN, K.A., «Studies in Egyptian Wisdom Literature», OrAnt 8 (1969) 189-208; 9 (1979) 203-210.

b16415 WÜRTHWEIN, E., «Die Weisheit Ägyptens und das Alte Testament», dans *Wort und Existenz*. Studien zum Alten Testament by Ernst Würthwein (Vandenhoeck & Ruprecht, 1970), 197-216, dans *Studies in Ancient Israelite Wisdom* (en collab.) (1976), 113-133 (English Translation).

b16416 BUCCELLATI, G., «Tre saggi sulla sapienza mesopotamica», OrAnt 11 (1972) 1-36, 81-100, 161-178.

b16417 GEMSER, B., «The Instructions of 'Onchsheshonqy and Biblical Wisdom Literature», VTSupp 7 (1960) 102-128, dans *Studies in Ancient Israelite Wisdom* (en collab.) (1976), 134-160.

b16418 CAQUOT, A., «Israelite Perceptions of Wisdom and Strength in the Light of the Ras Shamra Texts», dans *Israelite Wisdom* (en collab.) (1978), 25-33.

b16419 SCHENKE, H.-M., «Die Tendenz der Weisheit zur Gnosis», dans *Gnosis*. Festschrift für Hans Jonas (en collab.) (1978), 351-372.

b16420 CAZELLES, H., «Les nouvelles études sur Sumer (Alster) et Mari (Marzal) nous aident-elles à situer les origines de la sagesse israélite?» dans *La Sagesse de l'Ancien Testament* (en collab.) (1979), 17-27.

b16421 LECLANT, J., «Les sagesses de l'Égypte pharaonique. État de la bibliographie récente», dans *Sagesse et religion* (en collab.) (1979), 7-19.

b16422 FONTAINE, C.R., «A Modern Look at Ancient Wisdom: The Instruction of Ptahhotep Revisited», BA 44 (1981) 155-160.

c) Judaïsme. Judaism. Judentum. Giudaismo. Judaísmo.

b16423 LIPSCOMB, W.L., SANDERS, J.A., «Wisdom at Qumran», dans *Israelite Wisdom* (en collab.) (1978), 277-285.

*b*16424   MILGROM, J., «Studies in the Temple Scroll», JBL 97 (1978) 501-523.
*b*16425   ROMANIUK, K., «Le Thème de la Sagesse dans les Documents de Qumrân», RQum 9 (1978) 429-435.

d) Ancien Testament. Old Testament. Altes Testament. Antico Testamento. Antiguo Testamento.

1. Études générales. General Studies. Allgemeine Studien. Studi generali. Estudios generales.

*b*16426   GOWEN, H.H., «The Divine Wisdom», AThR 13 (1931) 377-387.
*b*16427   ZIMMERLI, W., «Zur Struktur der alttestamentlichen Weisheit», ZAW 51 (1933) 177-204, dans *Studies in Ancient Israelite Wisdom* (en collab.) (1976), 175-207 (English Translation).
*b*16428   PFEIFFER, R.H., «Wisdom and Vision in the Old Testament», ZAW 52 (1934) 93-101, dans *Studies in Ancient Israelite Wisdom* (en collab.), 305-313.
*b*16429   GORDIS, R., «Quotations in Wisdom Literature», JQR 30 (1939/40) 123-147, dans *Studies in Ancient Israelite Wisdom* (en collab.) (1976), 220-244.
*b*16430   VILLAPADIERNA, C., «Principios de pedagogía en los libros Sapienciales», CuBi 12 (1955) 86-99.
*b*16431   BOXLER, K., «Salomons erste Liebe», BiKi 12 (1957) 77-79.
*b*16432   PRIEST, J.F., «Where is Wisdom to Be Placed?» JAmAcRel 31 (1963) 275-282, dans *Studies in Ancient Israelite Wisdom* (en collab.) (1976), 281-288.
*b*16433   ZIMMERLI, W., «The Place and Limit of the Wisdom in the Framework of the Old Testament Theology», SJTh 17 (1964) 146-158, dans *Studies in Ancient Israelite Wisdom* (en collab.) (1976), 314-326.
*b*16434   GEMSER, B., «The Spiritual Structure of Biblical Aphoristic Wisdom», dans *Adhuc Loquitur:* Collected Essays of Dr. B. Gemser (Eds. A. VAN SELMS, A.S. VAN DER WOUDE) (Leiden, Brill, 1968), 138-149, dans *Studies in Ancient Israelite Wisdom* (en collab.) (1976), 208-219.
*b*16435   CRENSHAW, J.L., «Method in Determining Wisdom Influence upon 'Historical' Literature», JBL 88 (1969) 129-142, dans *Studies in Ancient Israelite Wisdom* (en collab.) (1976), 481-494.
*b*16436   VON RAD, G., *Gottes Wirken in Israel,* «Weisheit in Israel» (1974), 230-237.
*b*16437   CRENSHAW, J.L., «Studies in Ancient Israelite Wisdom: Prolegomenon», dans *Studies in Ancient Israelite Wisdom* (en collab.) (1976), 1-60 (bibliography).
*b*16438   MAILLOT, A., «La Sagesse dans l'Ancien Testament», ETR 51 (1976) 333-349.
*b*16439   MICHAÉLI, F., «La sagesse et la crainte de Dieu», Hok n⁰ 2 (1976) 35-44.
*b*16440   DE PURY, A., «Sagesse et Révélation dans l'Ancien Testament», RTP 27 (1977) 1-50.
*b*16441   RENDTORFF, R., «Geschichtliches und weisheitliches Denken im Alten Testament», dans *Beiträge zur Alttestamentlichen Theologie* (en collab.) (1977), 344-353.
*b*16442   TIMM, H., «'Das weite Herz' Religiöses Philosophieren in Israel. Zu Gerhard von Rads Weisheits-Buch», ZTK 74 (1977) 224-237.
*b*16443   BUTTE, A., «La Loi et la Sagesse», Hok n⁰ 9 (1978) 1-7.
*b*16444   AMSLER, S., «La sagesse de la femme», dans *La Sagesse de l'Ancien Testament* (en collab.) (1979), 112-116.
*b*16445   BONNARD, P.-E., «De la Sagesse personnifiée dans l'Ancien Testament à la Sagesse en personne dans le Nouveau», dans *La Sagesse de l'Ancien Testament* (en collab.) (1979), 117-149.
*b*16446   LANG, B., «Schule und Unterricht im alten Israel», dans *La Sagesse de l'Ancien Testament* (en collab.) (1979), 186-201.

*b*16447   COUTURIER, G., «La vie familiale comme source de la Sagesse et de la Loi», SE 32
(1980) 177-192.

*b*16448   GILBERT, M., «La Sagesse personnifiée dans les textes de l'Ancien Testament», CE
(n.s.) n° 32 (1980) 5-43.

*b*16449   PELLETIER, A., «Ce n'est pas la sagesse, mais le Dieu sauveur qui aime l'humanité»,
RB 87 (1980) 397-403.

*b*16450   MORGAN, D.F., *Wisdom in the Old Testament Traditions* (Oxford, Basil Blackwell,
1981), 180 pp.

*b*16451   MORIARTY, F., «Living with Tradition: Israel's Quest for Wisdom», Way 21 (1981)
83-94.

*b*16452   WILLIAMS, J.G., *Those who ponder Proverbs.* Aphoristic Thinking and Biblical
Literature (Sheffield, Almond Press, 1981), 128 pp.

*b*16453   BLENKINSOPP, J., *Wisdom and Law in the Old Testament.* The Ordering of Life in
Israel and Early Judaism (The Oxford Bible Series) (Oxford, Oxford University Press,
1983), ix-172 pp.

*b*16454   GOLKA, F.W., «Die israelitische Weisheitsschule oder 'des Kaisers neue Kleider'», VT
33 (1983) 257-270.

2. Psaumes. Psalms. Psalmen. Salmi. Salmos.

*b*16455   MURPHY, R.E., «A Consideration of the Classification 'Wisdom Psalms'», VTSupp 9
(1962) 156-167, dans *Studies in Ancient Israelite Wisdom* (en collab.) (1976), 456-467.

*b*16456   LUYTEN, J., «Psalm 73 and Wisdom», dans *La Sagesse de l'Ancien Testament* (en
collab.) (1979), 59-81.

*b*16457   VAN DER PLOEG, J.P.M., «Le Psaume 119 et la sagesse», dans *La Sagesse de l'Ancien
Testament* (en collab.) (1979), 82-87.

3. Proverbes. Proverbs. Sprüche. Proverbi. Proverbios.

*b*16458   BARTINA, S., «La Sabiduría en Proverbios 8,22-36», EstB 35 (1976) 5-21.

*b*16459   MURPHY, R.E., «The Faces of Wisdom in the Book of Proverbs», dans *Mélanges
bibliques et orientaux en l'honneur de M. Henri Cazelles* (en collab.) (1981), 337-345.

4. Qohelet (Ecclésiaste). Ecclesiastés. Qohelet.

*b*16460   WILLIAMS, J.G., «What Does It Profit a Man? The Wisdom of Koheleth», *Judaism* 20
(1971) 179-193, dans *Studies in Ancient Israelite Wisdom* (en collab.) (1976), 385-389.

*b*16461   MÜLLER, H.-P., «Neige der althebräischen 'Weisheit'. Zum Denken Qohäläts», ZAW
90 (1978) 238-264.

*b*16462   OGDEN, G.S., «Qohelet ix 17-x 20. Variations on the theme of wisdom's strength and
vulnerability», VT 30 (1980) 27-37.

5. Sagesse. Wisdom. Weisheit. Sapienza. Sabiduría.

*b*16463   DI LELLA, A.A., «Conservative and Progressive Theology: Sirach and Wisdom», CBQ
38 (1966) 139-154, dans *Studies in Ancient Israelite Wisdom* (en collab.) (1976), 401-416.

*b*16464   BEAUCHAMP, P., «Épouser la Sagesse - ou n'épouser qu'elle? Une énigme du Livre de
la Sagesse», dans *La Sagesse de l'Ancien Testament* (en collab.) (1979), 347-369.

*b*16465   GILBERT, M., «Spirito, Sapienza e Legge secondo Ben Sira e il Libro della Sapienza»,
dans *Parola, spirito e vita* 4 (1981) 65-73.

6. Siracide (Ecclésiastique). Sirach. Siracide. Ben Sirac.

b16466 RICKENBACHER, O., *Weisheits Perikopen bei Ben Sira* (Orbis Biblicus et Orientalis, 1) (Freiburg, Schweiz, Universitätsverlag; Göttingen, Vandenhoeck & Ruprecht, 1973), x-214-15 pp.

b16467 JACOB, E., «Wisdom and Religion in Sirach», dans *Israelite Wisdom* (en collab.) (1978), 247-260.

b16468 JACOB, E., «Sagesse et religion chez Ben Sira», dans *Sagesse et religion* (en collab.) (1979), 83-98.

b16469 GILBERT, M., «Spirito, Sapienza e Legge secondo Ben Sira e il Libro della Sapienza», dans *Parola, spirito e vita* 4 (1981) 65-73.

7. Prophètes. Prophets. Propheten. Profeti. Profetas.

b16470 TERRIEN, S., «Amos and Wisdom», dans ANDERSON, B.W., HARRELSON, W. (Eds.), *Israel's Prophetic Heritage.* Essays in honor of James Muilenburg (New York, Harper & Brothers, 1962), 108-115, dans *Studies in Ancient Israelite Wisdom* (en collab.) (1976), 448-455.

b16471 MORGAN, D.F., «Wisdom and the Prophets», dans *Studia Biblica 1978. I. Papers on Old Testament* (en collab.) (1979), 209-244.

b16472 VERMEYLEN, J., «Le Proto-Isaïe et la sagesse d'Israël», dans *La Sagesse de l'Ancien Testament* (en collab.) (1979), 39-58.

8. Autres livres A.T. - Other Books O.T. - Andere Bücher A.T.
Altri libri A.T. - Otros libros A.T.

b16473 TUTTLE, G.A., «Wisdom and Habakkuk», SBT 3 (1973) 3-14.

b16474 ROSE, A.S., «The 'Principles' of Divine Election. Wisdom in 1 Samuel, 16», dans *Rhetorical Criticism* (en collab.) (1974), 43-67.

b16475 BREKELMANS, C., «Wisdom Influence in Deuteronomy», dans *La Sagesse de l'Ancien Testament* (en collab.) (1979), 28-38.

b16476 SADGROVE, M., «The Song of Songs as Wisdom Literature», dans *Studia Biblica 1978. I. Papers on Old Testament* (en collab.) (1979), 245-248.

e) Nouveau Testament. New Testament. Neues Testament. Nuovo Testamento. Nuevo Testamento.

b16477 PREISS, T., «Jésus et la Sagesse», ETR 28 (1953) 69-75.

b16478 SÖHNGEN, G., «Die paulinische 'Gottesweisheit im Mysterium' als biblische Urkunde und geistlicher Ursprung aller christlichen Theologie», dans *Mysterium Salutis* (en collab.) (1965), I, 910-939.

b16479 PERRIN, N., «Wisdom and Apocalyptic in the Message of Jesus», dans *Society of Biblical Literature. 1972 Proceedings* (en collab.) (1972), 543-572.

b16480 ELLIS, E.E., «'Weisheit' und 'Erkenntnis' im 1. Korintherbrief», dans *Jesus und Paulus* (en collab.) (1975), 109-128.

b16481 WILKEN, R.L. (Ed.), *Aspects of Wisdom in Judaism and Early Christianity* (Notre Dame, University of Notre Dame Press, 1975), xxii-218 pp.

b16482 EDWARDS, R.A., *A Theology of Q: Eschatology, Prophecy and Wisdom* (Philadelphia, Fortress Press, 1976), 173 pp.

b16483 LYONNET, S., «Ruolo cosmico di Cristo in Col. 1,15ss. in luce di quello della Tora nel giudaismo», dans *La Cristologia in san Paolo* (en collab.) (1976), 57-79.

*b*16484 VANNI, U., «La riflessione sapienzale come atteggiamento ermeneutico costante nell'Apocalisse», RivB 24 (1976) 185-197.

*b*16485 HORSLEY, R.A., «Wisdom of Word and Words of Wisdom in Corinth», CBQ 39 (1977) 224-239.

*b*16486 GRUNDMANN, W., «Weisheit im Horizont des Reiches Gottes. Eine Studie zur Verkündigung Jesu nach der Spruchüberlieferung Q», dans *Die Kirche des Anfangs* (en collab.) (1978), 175-199.

*b*16487 BARBOUR, R.S., «Wisdom and the Cross in 1 Corinthians 1 and 2», dans *Theologia Crucis - Signum Crucis* (en collab.) (1979), 57-71.

*b*16488 DE SAVIGNAC, J., «Religion et sagesse dans le prologue johannique», dans *Sagesse et religion* (en collab.) (1979), 135-146.

*b*16489 HENGEL, M., «Jesus als messianischer Lehrer der Weisheit und die Anfänge der Christologie», dans *Sagesse et religion* (en collab.) (1979), 147-188.

*b*16490 REESE, J.M., «Paul Proclaims the Wisdom of the Cross: Scandal and Foolishness», BTB 9 (1979) 147-153.

*b*16491 VOLF, M., «The 'Foolishness' and 'Weakness' of God: An Exegesis of 1 Corinthians 1:18-25», SBT 9 (1979) 131-139.

*b*16492 AHERN, B.M., «Human Wisdom and Spiritual Power», Way 20 (1980) 243-252.

*b*16493 ALETTI, J.-N., «Le Christ et la Sagesse dans les textes du Nouveau Testament», CE (n.s.) n⁰ 32 (1980) 44-73.

*b*16494 ALETTI, J.-N., «Paul et la Sagesse», CE (n.s.) n⁰ 32 (1980) 48-62.

*b*16495 ALETTI, J.-N., «Les évangiles synoptiques et la Sagesse», CE (n.s.) n⁰ 32 (1980) 63-65.

*b*16496 WILCKENS, U., «Das Kreuz Christi als die Tiefe der Weisheit Gottes zu I. Kor 2,1-16», dans *Paolo a una chiesa divisa* (en collab.) (1980), 43-81.

Sainteté. Sanctity. Heiligkeit. Santità. Santidad.

*b*16497 THURIAN, M., «Le mémorial des saints», VC n⁰ 49 (1959) 7-28.

*b*16498 CARREZ, M., «La sainteté de l'Église en rapport avec sa vocation et sa mission dans le monde d'après saint Paul», ETR 41 (1966) 183-195.

*b*16499 ULRICH, F., «Vom Wesen christlicher Heiligkeit», IKZCommunio 1 (1972) 385-409.

*b*16500 BOUTTIER, M., «La vie du chrétien en tant que service de la justice pour la sainteté. Romains 6 15-23», dans *Battesimo e giustizia in Rom 6 e 8* (en collab.) (1974), 127-154.

*b*16501 QUAEGEBEUR, J., «Les 'Saints' égyptiens préchrétiens», OLoP 8 (1977) 129-143.

*b*16502 WALSH, J., «Sanctification and Humanization», Way 17 (1977) 40-50.

*b*16503 BETTENZOLI, G., *Geist der Heiligkeit.* Traditionsgeschichtliche Untersuchung des QDS-Begriffes im Buch Ezechiel (Quaderni di Semitistica, 8) (Firenze, Istituto di Linguistica e di Lingue Orientali, 1979), x-255 pp.

*b*16504 ROVIRA BELLOSO, J., «Quelle est la sainteté de Jésus de Nazareth?» Conci n⁰ 149 (1979) 17-28.

*b*16505 WERNER, E., «Traces of Jewish Hagiolatry», HUCA 51 (1980) 39-60.

*b*16506 ZIMMERLI, W., «'Heiligkeit' nach dem sogenannten Heiligkeitsgesetz», VT 30 (1980) 493-512.

*b*16507 GONZALEZ FAUS, J., «La humanidad y la divinidad de Jesús. La humanidad y santidad de la Iglesia», RazFe 207 (1983) 506-514.

*b*16508 MINEAR, P.S., «Holy People, Holy Land, Holy City. The Genesis and Genius of Christian Attitudes», Interpr 37 (1983) 18-31.

Salomon. Salomone. Salomón.

b16509 ALT, A., «Die Weisheit Salomos», TLZ 76 (1951) 139-144, dans *Studies in Ancient Israelite Wisdom* (en collab.) (1976), 102-112 (English Translation).
b16510 SCOTT, R.B.Y., «Solomon and the Beginnings of Wisdom in Israel», VTSupp 3 (1955) 262-279, dans *Studies in Ancient Israelite Wisdom* (en collab.) (1976), 84-101.
b16511 BOXLER, K., «Salomons erste Liebe», BiKi 12 (1957) 77-79.
b16512 CANCIANI, F., PETTINATO, G., «Salomos Thron, philologische und archäologische Erwägungen», ZDPV 81 (1965) 88-108.
b16513 SOGGIN, J.A., *Das Königtum in Israel*. Ursprünge, Spannungen, Entwicklung (BZAW 104) (Berlin, Töpelmann, 1967), 167 pp.
b16514 BRAUN, R., «Solomon, the Chosen Temple Builder: The Significance of I Chronicles 22, 28 and 29 for the Theology of Chronicles», JBL 95 (1976) 581-590.
b16515 FELDMAN, L.H., «Josephus as an Apologist of the Greco-Roman World: His Portrait of Solomon», dans *Aspects of Religious Propaganda in Judaism and Early Christianity* (en collab.) (1976), 68-98.
b16516 LANGLAMET, F., «Pour ou contre Salomon? La rédaction prosalomonienne de I Rois, I-II», RB 83 (1976) 321-379, 481-528.
b16517 WILLIAMSON, H.G.M., «The accession of Solomon in the books of Chronicles», VT 26 (1976) 351-361.
b16518 RUPRECHT, K., «Die Zuverlässigkeit der Überlieferung von Salomos Tempelgründung», ZAW 89 (1977) 205-214.
b16519 SOGGIN, J.A., «The Davidic-Solomonic Kingdom», dans *Israelite and Judaean History* (en collab.) (1977), 332-380.
b16520 FABER VAN DER KEULEN, H.E., *Das Salomo-Bild hellenistisch-jüdischen Schrifttum* (Kampen, Theologische Akademie - J. Calvijnstichting, 1978), xv-178 pp.
b16521 STONE, M.E., «Concerning the Penitence of Solomon», JTS 29 (1978) 1-19.
b16522 DUBARLE, A.-M., «Le jugement de Salomon: un coeur à l'écoute», RSPT 63 (1979) 419-427.
b16523 CORRENS, D., «Jona und Salomo», dans *Wort in der Zeit* (en collab.) (1980), 86-94.
b16524 ABRAMSKY, S., «The Chronicler's View of King Salomon», ErIs 16 (1982) 3-14.
b16525 GREEN, H.B., «Solomon the Son of David in Matthaean Typology», dans *Studia Evangelica* (en collab.) (1982), VII, 227-230.
b16526 PETERCA, V., «Salomone nel libro greco dei Re - detto dei Regni», RivB 30 (1982) 175-196.

Salut. Salvation. Heil. Salvezza. Salud.

a) **Études générales. General Studies. Allgemeine Studien. Studi generali. Estudios generales.**

b16527 ROBINSON, J.M., «Heilsgeschichte und Lichtungsgeschichte», EvT 22 (1962) 113-141.
b16528 CARREZ, M., «Du salut comme histoire: Oscar Cullmann aujourd'hui», ETR 41 (1966) 119-130.
b16529 DEXINGER, F., «Die Darstellung des Themas Heilsgeschichte in der Konstitution über die göttliche Offenbarung», BiLit 41 (1968) 208-232.
b16530 LAMBRECHT, J., «Cullmann over Heilsgeschichte. *Cullmann on the History of Salvation*», Bijdr. 27 (1966) 531-546 (English summary).
b16531 CULLMANN, O., «Actualité de l'histoire du salut», ETR 44 (1969) 89-98.

*b*16532 VON BALTHASAR, H.U., «Die biblische Aussage über die Wirkung des Heilshandelns Gottes in Christus», dans *Mysterium Salutis* (en collab.) (1969), III.2, 332-370.

*b*16533 PETER, J., «Salvation history as a model for theological thought», SJTh 23 (1970) 1-12.

*b*16534 ZEDDA, S., *L'escatologia biblica*, «Concezione temporale della salvezza: carattere escatologico della storia della salvezza» (1975), II, 33-75.

*b*16535 DE MARGERIE, B., «Diffusion de la Bible et Économie du Salut», EV 86 (1976) 40-47.

*b*16536 SALGUERO, J., «Concetto biblico di salvezza-liberazione», Ang 53 (1976) 11-55.

*b*16537 COURTH, F., «Wie wird Geschichte zur Heilsgeschichte? Zum Gespräch mit E. Schillebeeckx», TGl 67 (1977) 381-392.

*b*16538 WINLING, R., «Une manière de dire le salut: 'être avec Dieu'. Étude d'ordre linguistique et théologique», RevSR 51 (1977) 89-139.

*b*16539 KRAUTTER, B., SEISER, S., «Erlösung als präsentisches Geschehen und als eschatologische Hoffnung. Ein Unterrichtsmodell I; Ein Unterrichtsmodell II», BiKi 33 (1978) 22-29, 57-66.

*b*16540 MOLLAT, D., *La Parole et l'Esprit*. Exégèse spirituelle, «Parole de Dieu force de salut» (1980), 167-177.

*b*16541 MORALDI, L., «Per una corretta lettura della soteriologia biblica», ScuolC 107 (1980) 313-343.

*b*16542 SCHLINK, E., *Ökumenische Dogmatik*, «Der Liebesratschluss Gottes» (1983), 793-804.

b) Judaïsme. Judaism. Judentum. Giudaismo. Judaísmo.

*b*16543 POSEN, J., «Israel als Werkzeug des Heils in der Sicht der jüdischen Überlieferung», Kairos 11 (1969) 217-224.

*b*16544 GARNET, P., *Salvation and Atonement in the Qumran Scrolls* (1977), viii-152 pp.

*b*16545 STEMBERGER, G., «Heilsvorstellungen im nachbiblischen Judentum», BiKi 33 (1978) 115-121.

*b*16546 HOFFMAN, L.A., «A Symbol of Salvation in the Passover Haggadah», Wor 53 (1979) 519-537.

*b*16547 LICHTENBERGER, H., *Studien zum Menschenbild in Texten der Qumrangemeinde* (1980), «Heilsbekenntnisse», 66-73; «Heilsvorstellungen», 218-230.

*b*16548 GARNET, P., «Some Qumran Exegetical Cruces in the Light of Exilic Soteriology», dans *Studia Evangelica* (en collab.) (1982), VII, 201-204.

*b*16549 BASSER, H.W., «The rabbinic attempt to democratize salvation and revelation», SR 12 (1983) 27-33.

c) Ancien Testament. Old Testament. Altes Testament. Antico Testamento. Antiguo Testamento.

*b*16550 GELSTON, A., «The Missionary Message of Second Isaiah», SJTh 18 (1965) 308-318.

*b*16551 HASPECKER, J., «Natur und Heilserfahrung in Altisrael», BiLeb 7 (1966) 83-97.

*b*16552 SCHARBERT, J., «Heilsgeschichte und Heilsordnung des Alten Testamentes», dans *Mysterium Salutis* (en collab.) (1967), II, 1076-1142.

*b*16553 HASPECKER, J., «Natur und Heilsdenken bei den Propheten», BiLeb 9 (1968) 237-249.

*b*16554 FÜGLISTER, N., «Der königliche Heilsmittler», dans *Mysterium Salutis* (en collab.) (1970), III.1, 107-134.

*b*16555 SISTI, P.A., «Creazione e storia della salvezza», BibOr 12 (1970) 105-121.

*b*16556 CUNCHILLOS, J.-L., *La Bible. Première lecture de l'Ancien Testament -I*, «La Bible est une histoire du salut, de la libération» (1974), 35-45.

*b*16557 COX, D., «Inspired radicals. The prophets of the eight Century», StBiFranc 25 (1975) 90-103.

*b*16558   ZEDDA, S., *L'escatologia biblica*, «La tappa della preparazione» (1975), II, 39-52.

*b*16559   HAAG, E., «Gott als Schöpfer und Erlöser in der Prophetie des Deuterojesaja», TrierTZ 85 (1976) 193-213.

*b*16560   DALY, R.J., «The Soteriological Significance of the Sacrifice of Isaac», CBQ 39 (1977) 45-75.

*b*16561   FESTORAZZI, F., «Modelli interpretativi della salvezza nell'Antico Testamento», RivB 25 (1977) 246-267.

*b*16562   GOUDERS, K., «In Jahwe ist Israels Heil. Exodus, Erlösung und Heil», dans *Bausteine biblischer Theologie* (en collab.) (1977), 303-317.

*b*16563   HÖFFKEN, P., «Zu den Heilszusätzen in der Völkerorakelsammlung des Jeremiabuches», VT 27 (1977) 398-412.

*b*16564   MARBÖCK, J., «Das Gebet um die Rettung Zions Sir 36,1-22 (G: 33,1-13a; 36,16b-22) im Zusammenhang der Geschichtsschau Ben Siras», dans *Memoria Jerusalem* (en collab.) (1977), 93-115.

*b*16565   DALEY, B., «Die Soteriologie in der Heiligen Schrift», dans STUDER, B., unter Mitarbeit von B. DALEY, *Soteriologie in der Schrift und Patristik* (Handbuch der Dogmengeschichte, Band III, Faszikel 2a) (Freiburg, Basel, Wien, Herder, 1978), «Das Alte Testament», 1-13.

*b*16566   LOHFINK, N., «Creazione e salvezza secondo il Codice sacerdotale», BibOr 20 (1978) 87-96.

*b*16567   WESTERMANN, C., *Theologie des Alten Testaments in Grundzügen*, «Der rettende Gott und die Geschichte» (1978), 28-71.

*b*16568   McKAY, J.W., «Psalms of Vigil», ZAW 91 (1979) 229-247.

*b*16569   MURPHY, R.E., «Wisdom and Salvation», dans *Sin, Salvation, and the Spirit* (en collab.) (1979), 177-183.

*b*16570   VAWTER, B., «Salvation Is a Family Affair», dans *Sin, Salvation, and the Spirit* (en collab.) (1979) 65-70.

*b*16571   ALONSO SCHÖKEL, L., *Salvación y Liberación*. Apuntes de Soteriología del Antiguo Testamento (Cuadernos Bíblicos, 5) (Valencia, Institución San Jerónimo, 1980), 131 pp.

*b*16572   FILTEAU, J.-C., «La racine *ys'*. Une des expressions du salut dans l'Ancien Testament hébraïque», LTP 37 (1981) 135-157.

*b*16573   BEAUCAMP, É., «Sagesse et salut dans l'Ancien Testament», LTP 38 (1982) 239-244.

*b*16574   DESELAERS, P., «Yahweh: physician of his people», TDig 30 (1982) 251-254.

*b*16575   LOHFINK, N., «Creation and salvation in Priestly theology», TDig 30 (1982) 3-6.

*b*16576   PLAMONDON, P.-H., «Sur le chemin du salut avec le IIe Isaïe», NRT 104 (1982) 241-266.

*b*16577   WODECKI, B., «Der Heilsuniversalismus bei Trito-Jesaja», VT 32 (1982) 248-252.

*b*16578   SCHLINK, E., *Ökumenische Dogmatik*, «Das Bekenntnis Gottes des Erlösers» (1983), 524-536.

d) Nouveau Testament. New Testament. Neues Testament. Nuovo Testamento. Nuevo Testamento.

1. Études générales. General Studies. Allgemeine Studien. Studi generali. Estudios generales.

*b*16579   PITTENGER, W.N., «The Christian Doctrine of Salvation (*Church Congress Syllabus* iii.2)», AThR 21 (1939) 40-48.

*b*16580   McL. WILSON, R., «*Soteria*», SJTh 6 (1953) 406-416.

*b*16581   CERFAUX, L., «Le message des apôtres à toutes les nations», dans *Scrinium Lovaniense* (en collab.) (1961), 99-107.

*b*16582 SIMON, M., «Remarques sur la Sotériologie du Nouveau Testament (*The Saviour God*, Manchester 1963, 144-160)», dans SIMON, M., *Le Christianisme antique et son contexte religieux* (1981), 260-275.

*b*16583 FLUSSER, D., «Salvation Present and Future», Numen 16 (1969) 139-155.

*b*16584 VON BALTHASAR, H.U., «Die biblische Aussage über die Wirkung des Heilshandelns Gottes in Christus», dans *Mysterium Salutis* (en collab.) (1969), III.2, 332-370.

*b*16585 ROMANIUK, K., «Motive des Heilshandelns Gottes nach dem Neuen Testament. Aus dem Problembereich der Erlösungslehre», BiLeb 13 (1972) 16-24.

*b*16586 SIMON, M., «On some Aspects of early Christian Soteriology (*Man and his salvation*, Studies in Memory of S.G.F. Brandon, Manchester 1973, 264-279)», dans SIMON, M., *Le Christianisme antique et son contexte religieux* (1981), 509-525.

*b*16587 KÜMMEL, W.G., «Heilsgeschichte im Neuen Testament?» dans *Neues Testament und Kirche* (en collab.) (1974), 434-457.

*b*16588 GONZALEZ GIL, M.M., *Cristo. El misterio de Dios. Cristología y soteriología* (Madrid, Editorial Católica, B.A.C., 1976), 476-673 pp.

*b*16589 GOPPELT, L., *Theologie des Neuen Testaments*, «Heil für die Sünder» (1976), 177-185.

*b*16590 SCHNACKENBURG, R., mit Teilbeiträgen von Otto KNOCH und Wilhelm BREUNING, «Ist der Gedanke des Sühnetodes Jesu der einzige Zugang zum Verständnis unserer Erlösung durch Jesus Christus?» dans *Der Tod Jesu. Deutungen im Neuen Testament* (en collab.) (1976), 205-230.

*b*16591 FABRIS, R., «Modelli interpretativi della salvezza nel Nuovo Testamento», RivB 25 (1977) 268-296.

*b*16592 SCHMITT, J., «La genèse de la sotériologie apostolique», RevSR 51 (1977) 40-53.

*b*16593 Editoriale, «Peccato dell'uomo e salvezza in Gesù Cristo», CC 1 (1978) 521-529.

*b*16594 DALEY, B., «Die Soteriologie in der Heiligen Schrift», dans STUDER, B., unter Mitarbeit von DALEY, B., *Soteriologie in der Schrift und Patristik* (Handbuch der Dogmengeschichte, Band III, Faszikel 2a) (Freiburg, Herder, 1978), 13-54 (Das Neue Testament).

*b*16595 GARNET, P., «Jesus and the Exilic Soteriology», dans *Studia Biblica 1978. II. Papers on the Gospels* (en collab.) (1978), 111-114.

*b*16596 PANNENBERG, W., «Die Auferstehung Jesu und die Zukunft des Menschen», KerDo 24 (1978) 104-117.

*b*16597 CHEVIGNARD, B.-M., «Lève-toi et marche», VS 133 (1979) 729-736.

*b*16598 GRUNDMANN, W., *Wandlungen im Verständnis des Heils*. Drei nachgelassene Aufsätze zur Theologie des Neuen Testaments (Arbeiten zur Theologie, 65) (Stuttgart, Calwer, 1980), 59 pp.

*b*16599 BRAATEN, C.E., «The Christian Doctrine of Salvation», Interpr 35 (1981) 117-131.

*b*16600 FULLER, R.H., «Jesus Christ as Savior in the New Testament», Interpr 35 (1981) 145-156.

*b*16601 LADD, G., «La théologie du Nouveau Testament à la recherche d'une perspective», Hok n° 16 (1981) 25-47.

*b*16602 SLUSSER, M., «Primitive Christian Soteriological Themes», TS 44 (1983) 555-569.

*b*16603 YOUNG, F.M., «Salvation Proclaimed. XIII. Some Concluding Reflections», ExpTim 94 (1983) 100-104.

2. *Évangiles synoptiques. Synoptic Gospels. Sinoptiker. Vangeli sinottici. Evangelios sinópticos.*

*b*16604 VAN UNNIK, W.C., «L'usage de *sôzein*, 'sauver' et des dérivés dans les évangiles synoptiques», dans *La formation des évangiles* (en collab.) (1957), 178-194, dans *Sparsa Collecta* (1973), 16-34.

*b*16605 DAUTZENBERG, G., *Sein Leben bewahren. Psukhê* in den Herrenworten der Evangelien (StANT 14) (München, Kögel, 1966), 181 pp.

*b*16606 SCHULZ, S., *Die Stunde der Botschaft*, «Der Heilsplan Gottes» (1967), 275-283.

*b*16607 CELADA, B., «Textos evangélicos acerca del número de los que se salvan», CuBi 26 (1969) 159-160.

*b*16608 KINGSBURY, J.D., «The Structure of Matthew's Gospel and His Concept of Salvation-History», CBQ 35 (1973) 451-474.

*b*16609 GLÖCKNER, R., *Die Verkündigung des Heils beim Evangelisten Lukas* (Walberberger Studien, Theologische Reihe, 9) (Mainz, Grünewald, 1976), xxii-246 pp.

*b*16610 GOPPELT, L., *Theologie des Neuen Testaments*, «Lukas - der Theologe der Heilsgeschichte» (1976), 600-624.

*b*16611 LÉVÊQUE, J., «Aujourd'hui le salut. Témoignage de Luc», VS 130 (1976) 806-817.

*b*16612 MARTIN, R.P., «Salvation and Discipleship in Luke's Gospel», Interpr 30 (1976) 366-380.

*b*16613 GEORGE, A., «L'emploi chez Luc du vocabulaire de salut», NTS 23 (1977) 308-320, ou «Le vocabulaire de salut», dans GEORGE, A., *Études sur l'oeuvre de Luc* (1978), 307-320.

*b*16614 BUSSE, U., *Die Wunder des Propheten Jesus*, «Die soteriologische Dimension der luk. Wunderkonzeption» (1977), 428-450.

*b*16615 BOVON, F., *Luc le théologien* (1978), «Le dessein de Dieu. Histoire du salut et eschatologie», 11-84; «Le salut», 255-284; «La réception du salut», 285-307.

*b*16616 FLANAGAN, N., «The What and How of Salvation in Luke-Acts», dans *Sin, Salvation, and the Spirit* (en collab.) (1979), 203-213.

*b*16617 KINGSBURY, J.D., *Jesus Christ in Matthew, Mark, and Luke* (Proclamation Commentaries) (Philadelphia, Fortress Press, 1981), ix-134 pp.

*b*16618 TRÉMEL, B., «Voie du salut et religion populaire: Paul et Luc face au risque de paganisation», LV nos 153-154 (1981) 87-110.

*b*16619 BOVON, F., «Israel, die Kirche und die Völker im lukanischen Doppelwerk», TLZ 108 (1983) 403-414.

3. Jean. John. Johannes. Giovanni. Juan.

*b*16620 LATTKE, M., «Sammlung durchs Wort - Erlöser, Erlösung und Erlöste im Johannesevangelium», BiKi 30 (1975) 118-122.

4. Actes des apôtres. Acts of the Apostles. Apostelgeschichte. Atti degli apostoli. Hechos de los apóstoles.

*b*16621 VAN UNNIK, W.C., «The 'Book of Acts' - The Confirmation of the Gospel», NT 4 (1960) 26-59, dans *Sparsa Collecta* (1973), I, 340-373.

*b*16622 BOVON, F., *Luc le théologien*, «Le dessein de Dieu. Histoire du salut et eschatologie» (1978), 11-84.

*b*16623 FLANAGAN, N., «The What and How of Salvation in Luke-Acts», dans *Sin, Salvation, and the Spirit* (en collab.) (1979), 203-213.

5. Paul. Paulus. Paolo. Pablo.

*b*16624 LIGHTBOURN, F.C., «'Double Soteriology' in Paul», AThR 18 (1936) 65-71.

*b*16625 CAMBIER, J., «L'espérance et le salut dans Rom. 8,24», dans *Message et mission* (en collab.) (1968), 77-107.

*b*16626 DUPONT, J., «The Conversion of Paul, and its Influence on his Understanding of Salvation by Faith», dans *Apostolic History and the Gospel* (en collab.) (1970), 176-194.

*b*16627 ALONSO DIAZ, J., «Del Pablo particularista al Pablo universalista», CuBi 28 (1971) 298-302.

*b*16628 BENOIT, P., «Conclusion par mode de synthèse», dans *Die Israelfrage nach Röm 9-11* (en collab.) (1977), 217-236.

*b*16629 SANDERS, E.P., *Paul and Palestinian Judaism* (1977), «Salvation by membership in the covenant and atonement», 147-182; «Fulfilment and transgression; the nature of sin; reward and punishment», 271-298; «Pauline soteriology», 447-474.

*b*16630 GUILLEMETTE, P., «Le Dieu *sauveur* de Paul», dans *Dieu, parole et silence* (en collab.) (1978), 113-127.

*b*16631 CAMPBELL, W.S., «Salvation for Jews and Gentiles: Krister Stendahl and Paul's Letter to the Romans», dans *Studia Biblica 1978* (en collab.) (1980), III, 65-72.

*b*16632 RÄISÄNEN, H., «Legalism and Salvation by the Law. Paul's portrayal of the Jewish religions as a historical and theological problem», dans *Die Paulinische Literatur und Theologie. The Pauline Literature and Theology* (en collab.) (1980), 63-83.

*b*16633 MUSSNER, F., «Heil für alle. Der Grundgedanke des Römerbriefs», Kairos 23 (1981) 207-214.

*b*16634 SCHADE, H.-H., *Apokalyptische Christologie bei Paulus*, «Gericht und Heil» (1981), 46-63.

*b*16635 TRÉMEL, B., «Voie du salut et religion populaire: Paul et Luc face au risque de paganisation», LV nos 153-154 (1981) 87-110.

*b*16636 VIARD, A., «Le salut par la foi dans l'épître aux Hébreux», Ang 58 (1981) 115-136.

e) Gnose. Gnosis. Gnosi. Gnosis.

*b*16637 MÉNARD, J.-E., «Le repos, salut du gnostique», RevSR 51 (1977) 71-88.

*b*16638 RIES, J., «Le dialogue gnostique du Salut dans les textes manichéens coptes», OLoP 6/7 (1975-76) 509-520.

*b*16639 BARC, B., «La symbolique du salut dans l'évangile selon Philippe», dans *Gnosticisme et monde hellénistique* (1980), 133-135.

*b*16640 MORALDI, L., «L'universo reintegrato: prospettive gnostiche di salvezza», RivB 30 (1982) 127-143.

Salutations. Grüsse. Saluti. Saludos.

*b*16641 D'ACQUINO, P., «Gli antichi saluti cristiani», BibOr 12 (1970) 241-245.

Sang. Blood. Blut. Sangue. Sangre.

*b*16642 CANAAN, T., «Das Blut in den Sitten und im Aberglauben des palästinischen Arabers», ZDPV 79 (1943) 8-23.

*b*16643 BRAUN, F.-M., *Jean le théologien. III. Sa théologie. I. Le mystère de Jésus-Christ*, «Le sacrifice du Calvaire» (1966), 153-172.

*b*16644 MARTIN SANCHEZ, B., «El uso de la sangre. ¿Se prohibe en la Biblia comerla y hacer transfusiones?» CuBi 32 (1975) 209-212.

*b*16645 BRICHTO, H.C., «On Slaughter and Sacrifice, Blood and Atonement», HUCA 47 (1976) 19-55.

*b*16646   CHRIST, H., *Blutvergiessen im Alten Testament*. Der gewaltsame Tod des Menschen untersucht am hebräischen Wort *dam* (Universität Basel, Band XII der Theologischen Dissertationen) (Basel, Friedrich Reinhardt Kommissionsverlag, 1977), 236 pp.

*b*16647   FÜGLISTER, N., «Sühne durch Blut. Zur Bedeutung von Leviticus 17,11», dans *Studien zum Pentateuch* (en collab.) (1977), 143-164.

*b*16648   SCHENKER, A., «Das Zeichen des Blutes und die Gewissheit der Vergebung im Alten Testament», MüTZ 34 (1983) 195-213.

Satan. Satana. Satán.

*b*16649   BRAUN, F.-M., *Jean le théologien*. III. Sa théologie. I. Le mystère de Jésus-Christ, «Refus des ténèbres» (1969), 37-52.

*b*16650   COETZEE, J.C., «Christ and the prince of this world in the Gospel and the Epistles of St. John», dans *The Christ of John* (en collab.) (1971), 104-121.

*b*16651   KRUSE, H., «Das Reich Satans», Bibl 58 (1977) 29-61.

*b*16652   ANDERSON, B.W., «Sin and the Powers of Chaos», dans *Sin, Salvation, and the Spirit* (en collab.) (1979), 71-84.

*b*16653   SPROSTON, W.E., «Satan in the Fourth Gospel», dans *Studia Biblica 1978. II. Papers on the Gospels* (en collab.) (1980), 307-311.

*b*16654   GAYLORD, H.E., «How Satanael lost his '-el'», dans *Essays in Honour of Yigael Yadin*, JJS 33 (1982) 303-309.

*b*16655   KINET, D., «L'ambiguïté des représentations de Dieu et de Satan dans le livre de Job», Conci n° 189 (1983) 55-63.

*b*16656   MANRIQUE, A., «¡Padre, líbranos del Maligno!» BibFe 9 (1983) 75-83.

Saül. Saul. Saulle. Saúl.

*b*16657   BUCCELLATI, G., «Da Saul a David. Le origini della monarchia israelitica alla luce della storiografia contemporanea», BibOr 1 (1959) 99-128.

*b*16658   SOGGIN, J.A., *Das Königtum in Israel*. Ursprünge, Spannungen, Entwicklung (BZAW 104) (Berlin, Töpelmann, 1967), 167 pp.

*b*16659   GRIFO, E., «El desequilibrado Saúl y el psiquiatra David», CuBi 28 (1971) 232-238.

*b*16660   CELADA, B., «Saúl, el primer 'mesías, crucificado'», CuBi 29 (1972) 331-337.

*b*16661   BLENKINSOPP, J., «The Quest of the Historical Saul», dans *No Famine in the Land* (en collab.) (1975), 75-99.

*b*16662   LANGLAMET, F., «David et la maison de Saül», RB 86 (1979) 194-213, 385-436, 481-513; 87 (1980) 161-210; 88 (1981) 321-332.

*b*16663   GUNN, D., «A Man Given Over to Trouble: The Story of King Saul», dans *Images of Man and God* (1981) (en collab.), 89-112.

*b*16664   HUMPHREYS, W.L., «From Tragic Hero to Villain: a Study of the Figure of Saul and the Development of 1 Samuel», JSOT n° 22 (1982) 95-117.

*b*16665   PRESTON, T.R., «The Heroism of Saul: Patterns of Meaning in the Narrative of the Early Kingship», JSOT n° 24 (1982) 27-46.

Sécularisation. Secularization. Säkularisierung. Secolarizzazione. Secularisación.

*b*16666   RENCKENS, H., «Geloof en religie in het Oude Testament. *Säkularisation und Altes Testament*», Bijdr. 27 (1966) 412-421 (Deutsche Zusammenfassung).

Serment. Oath. Eid. Giuramento. Juramento.

*b*16667 BENVENISTE, E., «L'expression du serment dans la Grèce ancienne», RHR 134 (1948) 81-94.

*b*16668 EBELING, E., «Eine Beschwörung der Gattung Ušburruda», Or. 22 (1953) 358-361.

*b*16669 TALMON, S., «*Amen* as an Introductory Oath Formula», Textus 7 (1969) 124-129.

*b*16670 FALK, Z.W., «Binding and Loosing», dans *Studies in Jewish Legal History* (en collab.) (1974), 92-100.

*b*16671 SCHEIBER, A., «A Medieval Form of Jewish Oath», dans *Studies in Jewish Legal History* (en collab.) (1974), 181-182.

*b*16672 EBACH, J., RUTERSWÖRDEN, U., «Unterweltsbeschwörung im Alten Testament», UF 9 (1977) 57-70.

*b*16673 GIESEN, G., «Semantische Vorfragen zur Wurzel *šb'* 'schwören'», dans *Bausteine biblischer Theologie* (en collab.) (1977), 127-143.

*b*16674 EBACH, J., RUTERSWÖRDEN, U., «Unterweltsbeschwörung im Alten Testament. Untersuchungen zur Begriffs und Religionsgeschichte des *'ōb*. Teil II», UF 12 (1980) 205-220.

*b*16675 GIESEN, G., *Die Wurzel šb', 'schwören'*. Eine semasiologische Studie zum Eid im Alten Testament (BBB, 56) (Königstein, Ts., Peter Hanstein, 1981), xii-445 pp.

*b*16676 FARBER, W., «Zur älteren akkadischen Beschwörungsliteratur», ZA 71 (1982) 51-72.

Serpent. Schlange. Serpente. Serpiente.

*b*16677 SOGGIN, J.A., *Old Testament and Oriental Studies*, «The Fall of Man in the Third Chapter of Genesis» (1962), 88-111.

*b*16678 FERWERDA, R., «Le Serpent, le noeud d'Hercule et le caducée d'Hermès. Sur un passage orphique chez Athénagore», Numen 20 (1973) 104-115.

*b*16679 WILLIAMS, A.J., «The Relationship of Genesis 3 20 to the Serpent», ZAW 89 (1977) 357-374.

*b*16680 McEWAN, G.J.P., «ᵈMUŠ and Related Matters», Or. 52 (1983) 215-229.

Serviteur. Servant. Knecht. Servitore. Servidor.

a) Études générales. General Studies. Allgemeine Studien. Studi generali. Estudios generales.

*b*16681 PAULUS, J., «Le thème du juste souffrant dans la pensée grecque et hébraïque», RHR 121 (1940) 18-66.

*b*16682 FISCHEL, H.A., «Die Deuterojesaianischen Gottesknechtslieder in der Juedischen Auslegung», HUCA 18 (1944) 53-76.

*b*16683 BLACK, M., «Servant of the Lord and Son of Man», SJTh 6 (1953) 1-11.

*b*16684 FEUILLET, A., *Études d'exégèse et de théologie biblique*, «Les poèmes du Serviteur» (1975), 119-179.

*b*16685 KRUSE, C.G., «The Servant Songs: Interpretive Trends since C.R. North», SBT 8,1 (1978) 3-27.

*b*16686 REICKE, B., «Der Gottesknecht im Alten und Neuen Testament», TZ 35 (1979) 342-350.

*b*16687 GRELOT, P., *Les poèmes du Serviteur*. De la lecture critique à l'herméneutique (Lectio Divina, 103) (Paris, Cerf, 1981), 282 pp.

*b*16688 REICKE, B., «God's servant in Old and New Testaments», TDig 29 (1981) 43-46.

b) Ancien Testament. Old Testament. Altes Testament. Antico Testamento. Antiguo Testamento.

*b*16689   BLANK, S.H., «Studies in Deutero-Isaiah», HUCA 15 (1940) 1-46.

*b*16690   NORTH, C.R., «The Suffering Servant: Current Scandinavian Discussions», SJTh 3 (1950) 363-379.

*b*16691   FÜGLISTER, N., «Exilische Schrifttexte: der Gottesknecht», dans *Mysterium Salutis* (en collab.) (1979), III.1, 151-173.

*b*16692   COPPENS, J., «La mission du Serviteur de Yahvé et son statut eschatologique», ETL 48 (1972) 343-371.

*b*16693   BONNARD, P.-É., «Relire ÉSaïe 40-66», ETR 50 (1975) 351-359.

*b*16694   COPPENS, J., «Le Serviteur de Yahvé», ETL 52 (1976) 344-346.

*b*16695   RUPPERT, L., «Le Serviteur souffrant», Conci nº 119 (1976) 63-72.

*b*16696   HAAG, E., «Das Opfer des Gottesknechts (Jes 53,10)», TrierTZ 86 (1977) 81-98.

*b*16697   WIÉNER, C., «Le deuxième Isaïe», CE (n.s.) nº 20 (1977) 64 pp.

*b*16698   METTINGER, T.N.D., «Die Ebed-Jahwe-Lieder. Ein fragwürdiges Axiom», ASTI 11 (1978) 68-76.

*b*16699   WARD, J.M., «The Servant's Knowledge in Isaiah 40-50», dans *Israelite Wisdom* (en collab.) (1978), 121-136.

*b*16700   KIDA, K., «Second Isaiah and the Suffering Servant - A New Proposal for a Solution», AJBI 5 (1979) 45-66.

*b*16701   PHILLIPS, A., «The Servant - Symbol of Divine Powerlessness», ExpTim 90 (1979) 370-374.

*b*16702   DAY, J., «*Da'aṯ* 'humiliation' in the light of Isaiah liii 3 and Daniel xii 4, and the oldest known interpretation of the suffering servant», VT 30 (1980) 97-103.

*b*16703   HERMISSON, H.-J., «Der Lohn des Knechts», dans *Die Botschaft und die Boten* (en collab.) (1981), 269-287.

*b*16704   NUÑEZ REGODON, J., «El universalismo de los cantos del Siervo», *Miscelánea Comillas* 41 (1983) 67-76.

c) Nouveau Testament. New Testament. Neues Testament. Nuovo Testamento. Nuevo Testamento.

*b*16705   MUDGE, L.S., «The Servant Lord and His Servant People», SJTh 12 (1959) 113-128.

*b*16706   HAHN, F., *Christologische Hoheitstitel*, «Die Anschauung vom stellvertretend leidenden Gottesknecht im ältesten Christentum» (1963), 54-66.

*b*16707   BOUTTIER, M., «Les Paraboles du maître dans la tradition synoptique», ETR 48 (1973) 175-195.

*b*16708   REMAUD, M., «Le Serviteur: Jésus et Israël», NRT 103 (1981) 664-678.

Seth.

*b*16709   WISSE, F., «The Sethians and the Nag Hammadi Library», dans *Society of Biblical Literature. 1972 Proceedings* (en collab.) (1972), 601-607.

*b*16710   GIBBONS, J.A., «The Second Logos of the Great Seth: Considerations and Questions», dans *Society of Biblical Literature. 1973 Seminar Papers* (en collab.) (1973), II, 242-261.

*b*16711   ADLER, W., «Materials Relating to Seth in an Anonymous Chronographer ('Pseudo-Malalas') and in the Chronography of George Syncellus», dans *Society of Biblical Literature. 1977 Seminar Papers* (en collab.) (1977), 13-15.

*b*16712   KOLENKOW, A.B., «Trips to the Other World in Antiquity and the Story of Seth in the Life of Adam and Eve», dans *Society of Biblical Literature. 1977 Seminar Papers* (en collab.) (1977), 1-11.

*b*16713 MacRAE, G.W., «Seth in Gnostic Texts and Traditions», dans *Society of Biblical Literature. 1977 Seminar Papers* (en collab.) (1977), 17-24.

*b*16714 PEARSON, B.A., «Egyptian Seth and Gnostic Seth», dans *Society of Biblical Literature. 1977 Seminar Papers* (en collab.) (1977), 25-43.

Sexualité. Sexuality. Geschlechtlichkeit. Sessualità. Sexualidad.

a) Études générales. General Studies. Allgemeine Studien. Studi generali. Estudios generales.

*b*16715 JEWETT, P.K., *Man as Male and Female*. A Study in Sexual Relationships from a Theological Point of View (Grand Rapids, Eerdmans, 1975), 200 pp.

*b*16716 MAHÉ, J.P., «Le sens des symboles sexuels dans quelques textes hermétiques et gnostiques», dans *Les textes de Nag Hammadi* (en collab.) (1975), 123-145.

*b*16717 LOSS, N.M., «Bibbia e sessualità. Una situazione 'moderna' interroga la parola di Dio scritta», Sal 38 (1976) 285-325.

*b*16718 TESTA BAPPENHEIM, I., LAMPUGNANI, F., *Bibbia e antropologia*, «La sessualità» (1976), 177-185.

*b*16719 COLLINS, R.F., «The Bible and Sexuality», BTB 7 (1977) 149-167.

*b*16720 DELHAYE, P., WATTIAUX, H., «L'enseignement de la Sainte Écriture sur la sexualité», EV (doctrine) 87 (1977) 193-198.

*b*16721 DIEZ MACHO, A., *Indisolubilidad del matrimonio y divorcio en la Biblia*. La sexualidad en la Biblia (Santiago Apóstol, 6) (Madrid, Fe Católica, 1978), 346 pp.

*b*16722 DUMAS, A., «La référence à l'Écriture dans la réflexion protestante sur la sexualité et la famille», dans *Écriture et pratique chrétienne* (en collab.) (1978), 69-93.

*b*16723 SIMON, R., «La référence à l'Écriture dans la réflexion sur la sexualité et la famille chez les catholiques», dans *Écriture et pratique chrétienne* (en collab.) (1978), 95-113.

*b*16724 GUINDON, A., «Gestuelle sexuelle et révélation de Dieu», ET 11 (1980) 371-398.

*b*16725 JENSEN, J., «Human Sexuality in the Scriptures», dans En collaboration, *Human Sexuality and Personhood* (St Louis, Pope John Center, 1981), 254 pp.

*b*16726 McCURLEY, F.R., *Ancient Myths and Biblical Faith* (Philadelphia, Fortress Press, 1983), «Divine and Human Sexuality», 73-123.

b) Ancien Testament. Old Testament. Altes Testament. Antico Testamento. Antiguo Testamento.

*b*16727 ENGLERT, D.M.C., «Bowdlerizing in the Old Testament», dans *A Light unto My Path* (en collab.) (1974), 141-143.

*b*16728 RICHTER, H.-F., *Geschlechtlichkeit, Ehe und Familie im Alten Testament und seiner Umwelt*. Teil I (Beiträge zur biblischen Exegese und Theologie, 10) (Bern, Frankfurt/M., Las Vegas, Peter Lang, 1978), 204 pp.

*b*16729 BIGGER, S.F., «The Family Laws of Leviticus 18 in their Setting», JBL 98 (1979) 187-203.

*b*16730 LYS, D., «Le cantique des cantiques, pour une sexualité non-ambiguë», LV n° 144 (1979) 39-53.

*b*16731 MURAOKA, T., «Sir. 51,13-30: An Erotic Hymn to Wisdom?» JStJud 10 (1979) 166-178.

*b*16732 ADINOLFI, M., «La coppia nel Cantico dei Cantici», BibOr 22 (1980) 3-29.

*b*16733 HAUGHTON, R., «Dieu est-il masculin?» Conci n° 154 (1980) 77-85.

*b*16734 GERSTENBERGER, E.S., «Herrschen oder Lieben: Zum Verhältnis der Geschlechter im Alten Testament», dans *Die Botschaft und die Boten* (en collab.) (1981), 335-347.

*b*16735   MEYERS, C., «Procreation, Production, and Protection: Male-Female Balance in Early Israel», JAmAcRel 51 (1983) 569-594.

c) Nouveau Testament. New Testament. Neues Testament. Nuovo Testamento. Nuevo Testamento.

1. Études générales. General Studies. Allgemeine Studien. Studi generali. Estudios generales.

*b*16736   HUMBERT, A., «Les péchés de sexualité dans le Nouveau Testament», StMor 8 (1970) 149-183.

*b*16737   O'ROURKE, J.J., «Does the New Testament Condemn Sexual Intercourse outside Marriage?» TS 37 (1976) 478-479.

*b*16738   DUMAIS, M., «Couple et sexualité selon le Nouveau Testament», ET 8 (1977) 47-72.

*b*16739   FRIEDRICH, G., *Sexualität und Ehe*. Rückfragen an das Neue Testament (Biblisches Forum, 11) (Stuttgart, Katholisches Bibelwerk, 1977), 157 pp.

*b*16740   COLLINS, R.F., «The Bible and Sexuality: The New Testament», BTB 8 (1978) 3-18.

*b*16741   COTTIER, G., «The Christian conception of sexuality», TDig 26 (1978) 218-222.

*b*16742   DUMAIS, M., «New Testament sexuality», TDig 26 (1978) 210-211.

*b*16743   SIMON, M., «De l'observance rituelle à l'ascèse: recherches sur le Décret apostolique», RHR 193 (1978) 27-104.

*b*16744   FUCHS, E., *Le désir et la tendresse*. Sources et histoire d'une éthique chrétienne de la sexualité du mariage (Le champ éthique, 1) (Genève, Labor et Fides, 1979), viii-249 pp.

*b*16745   DUMAIS, M., *L'actualisation du Nouveau Testament*, «Couple et sexualité selon le Nouveau Testament» (1981), 141-169.

2. Matthieu. Matthew. Matthäus. Matteo. Mateo.

*b*16746   BORDES, F., GAUDET, P.P., «La sexualité. Matthieu 19,1-12», CHR 28 (1981) 457-465.

3. Paul. Paulus. Paolo. Pablo.

*b*16747   BOF, G., «Il *sôma* quale principio della sessualità in Paolo», BibOr 19 (1977) 69-76.

*b*16748   KLASSEN, W., «Foundations for Pauline Sexual Ethics», dans *Society of Biblical Literature. 1978 Seminar Papers* (en collab.) (1978), II, 159-181.

*b*16749   CLARK KROEGER, R., CLARK KROEGER, C., «St. Paul's Treatment of Misogyny, Gynephobia, and Sex Segregation in First Corinthians 11:2-6», dans *Society of Biblical Literature. 1979 Seminar Papers* (en collab.) (1979), II, 213-221.

*b*16750   MEYER, L.H., SNYDER, G.F. «Sexuality: Its Social Reality and Theological Understanding in 1 Corinthians?» dans *SBL 1980 Seminar Papers* (en collab.) (1980), 359-370.

*b*16751   RICHARDSON, P., «Judgment, Immorality, and Sexual Ethics in 1 Corinthians 6», dans *SBL 1980 Seminar Papers* (en collab.) (1980), 337-357.

Signe, Symbole. Sign, Symbol. Zeichen, Symbol.
Segno, Simbolo. Signo, Simbolo.

a) Études générales. General Studies. Allgemeine Studien. Studi generali. Estudios generales.

*b*16752   FRANSEN, P.F., «Symboliek en bijbelse taal. *Symbolique et langage biblique*», Bijdr. 28 (1967) 152-176 (sommaire français).

*b*16753 GOURGUES, M., *À la droite de Dieu*, «Un certain type de fonctionnement de la réflexion chrétienne primitive - Une 'théologie symbolique'» (1978), 219-231.

*b*16754 SCHILDENBERGER, J., «Die Vertauschung der Aussagen über Zeichen und Bezeichnetes. Eine hermeneutisch bedeutsame Redeweise», dans *Kirche und Bibel* (en collab.) (1979), 397-408.

*b*16755 MOLLAT, D., *La vie et la gloire*. Exégèse spirituelle, «Les signes des temps dans la Bible» (1980), II, 19-38.

*b*16756 LACOCQUE, A., «Apocalyptic Symbolism: A Ricoeurian Hermeneutical Approach», BiRes 26 (1981) 6-15.

b) Ancien Testament. Old Testament. Altes Testament. Antico Testamento. Antiguo Testamento.

*b*16757 LYS, D., «À la recherche d'une méthode pour l'exégèse de l'Ancien Testament», ETR 30, n° 3 (1955) 1-73.

*b*16758 GALBIATI, E., «I segni sacri nell'Antico Testamento», *Sacra Doctrina* 45 (1967) 13-26, dans *Scritti minori* (1979), 299-319.

*b*16759 LACK, R., *Letture strutturaliste dell'antico testamento*, «Il mondo dell'immagine e del simbolo» (1978), 9-20.

c) Nouveau Testament. New Testament. Neues Testament. Nuovo Testamento. Nuevo Testamento.

1. Études générales. General Studies. Allgemeine Studien. Studi generali. Estudios generales.

*b*16760 TINSLEY, E.J., «The Sign of the Son of Man», SJTh 8 (1955) 297-306.

*b*16761 PERRIN, N., *Jesus and the Language of the Kingdom*. Symbol and Metaphor in New Testament Interpretation (London, SCM Press, 1976), 225 pp.

*b*16762 VANNI, U., «Il simbolismo nell'Apocalisse», Greg 61 (1980) 461-506.

*b*16763 SCOTT, B.B., *Jesus, Symbol-Maker for the Kingdom* (Philadelphia, Fortress, 1981), viii-182 pp.

2. Jean. John. Johannes. Giovanni. Juan.

*b*16764 SHEDD, R., «Multiple Meanings in the Gospel of John», dans *Current Issues in Biblical and Patristic Interpretation* (en collab.) (1975), 247-258.

*b*16765 SCHNEIDERS, S.M., «History and Symbolism in the Fourth Gospel», dans *L'Évangile de Jean* (en collab.) (1977), 371-376.

*b*16766 SCHNEIDERS, S.M,, «Symbolism and the sacramental principle in the Fourth Gospel», dans *Segni e sacramenti nel vangelo di Giovanni* (en collab.) (1977), 221-235.

*b*16767 SEGALLA, G., «Segno giovanneo e sacramenti», dans *Segni e sacramenti nel vangelo di Giovanni* (en collab.) (1977), 17-44.

*b*16768 DE JONGE, M., «Signs and Works in the Fourth Gospel», dans *Miscellanea Neotestamentica* (en collab.) (1978), II, 107-125.

*b*16769 LÉON-DUFOUR, X., «Autour du *sêmeion* johannique», dans *Die Kirche des Anfangs* (en collab.) (1978), 363-378.

*b*16770 MOLLAT, D., *Études johanniques*, «Le sèmeion» (1979), 91-101.

*b*16771 LÉON-DUFOUR, X., «Towards a Symbolic Reading of the Fourth Gospel», NTS 27 (1981) 439-456.

*b*16772 CLARK, D.K., «Signs in Wisdom and John», CBQ 45 (1983) 201-209.

Silence. Schweigen. Silenzio. Silencio.

*b*16773   KNOCH, O., «Das Schweigen Gottes. Meditation über das Gottesbild des Passionsberichtes des Evangelisten Markus», BiKi 15 (1960) 21-22.

*b*16774   CECCHETTI, P.I., *Scritti di Monsignore Paolo Igino Cecchetti*, «Tibi Silentium Laus» (1967), 3-53.

*b*16775   STEINMETZ, F.-J., «Das Rätsel der Schweige-Gebote im Markus-Evangelium», GeistL 50 (1977) 92-102.

*b*16776   MARTUCCI, J., «Le Dieu *silencieux* de la Bible», dans *Dieu, parole et silence* (en collab.) (1978), 13-22.

*b*16777   VOGELS, W., «Il n'y aura plus de prophète!» NRT 101 (1979) 844-859.

Sinaï. Sinai. Sinaí.

*b*16778   KOENIG, J., «Le Sinaï, montagne de feu dans un désert de ténèbres», RHR 167 (1965) 129-155.

*b*16779   ZUBER, B., *Vier Studien zu den Ursprüngen Israels*. Die Sinaifrage und Probleme der Volks- und Traditionsbildung (Orbis Biblicus et Orientalis, 9) (Freiburg, Schweiz, Universitätsverlag; Göttingen, Vandenhoeck & Ruprecht, 1976), 152 pp.

*b*16780   PERLITT, L., «Sinai und Horeb», dans *Beiträge zur Alttestamentlichen Theologie* (en collab.) (1977), 302-322.

*b*16781   HARTMAN, D., «Sinai and Exodus: Two Grounds for Hope in the Jewish Tradition», RelSt 14 (1978) 373-387.

*b*16782   McCARTHY, D.J., *Treaty and Covenant* (new edition), «Sinai» (1978), 243-276.

*b*16783   COHN, R.L., *The Shape of Sacred Space*, «The Sinai Symbol» (1981), 43-61.

*b*16784   SCHWARTZ, J., «Sinai in Jewish Thought and Tradition», Immanuel 13 (1981) 7-14.

Société. Society. Gesellschaft. Società. Sociedad.

*b*16785   GARCIA TRAPIELLO, J., «Preocupación social en el Antiguo Testamento», Ang 55 (1978) 161-192.

Sodome. Sodom.

*b*16786   CULHANE, A., «Sodom and Gomorrah: Perception and Possibility», dans *Sin, Salvation, and the Spirit* (en collab.) (1979), 87-114.

*b*16787   KEEL, O., «Wer zerstörte Sodom?» TZ 35 (1979) 10-17.

Soleil. Sun. Sonne. Sole. Sol.

*b*16788   CUMONT, F., «Deux monuments des cultes solaires», Syr. 14 (1933) 381-395.

*b*16789   KERÉNYI, K., «Vater Helios», ErJb 1943 10 (1944) 81-124.

*b*16790   NAGEL, G., «Le culte du Soleil dans l'ancienne Égypte», ErJb 1943 10 (1944) 9-56.

*b*16791   RAHNER, H., «Das christliche Mysterium von Sonne und Mond», ErJb 1943 10 (1944) 305-404.

*b*16792   WILL, E., «Une figure du culte solaire d'Aurélien: *Jupiter consul vel consulens*», Syr. 36 (1959) 193-201.

*b*16793 PETTINATO, G., «Is. 2,7 e il culto del sole in Giuda nel sec. VIII av. Cr.», OrAnt 4 (1965) 1-30.
*b*16794 SMITH, M., «Helios in Palestine», ErIs 16 (1982) 199*-214*.

Solidarité. Solidarity. Solidarität. Solidarietà. Solidaridad.

*b*16795 SCHARBERT, J., *Solidarität in Segen und Fluch im Alten Testament und in seiner Umwelt*. 1. Band; Väterfluch und Vätersegen (BBB 14) (Bonn, Peter Hanstein, 1958), xiii-293 pp.
*b*16796 EMERY, P.-Y., «L'unité des croyants au ciel et sur la terre», VC n° 63 (1962) 240 pp. («La solidarité des croyants dans la communion des saints», 17-36).
*b*16797 GALBIATI, E., «La solidarietà umana nel messaggio biblico», dans *Umanesimo ed Evangelizzazione*. Atti della IX Settimana di studi missionari, Milano, 9-13 settembre 1968 (Milano, Vita e Pensiero, 1969), 3-9, dans *Scritti minori* (1979), 337-346.
*b*16798 LIGIER, L., «Die Offenbarung der Sünde im Mysterium Christi», IKZCommunio 2 (1973) 505-534.
*b*16799 MIELGO, C., «Conciencia colectiva y conciencia individual. El Antiguo Testamento ante la inquietud existencial del hombre», BibFe 2 (1976) 147-158.

Solitude. Einsamkeit. Solitudine. Soledad.

*b*16800 VAN UNNIK, W.C., «Solitude and Community in the New Testament», *Vox Theologica* 28 (1957-58) 81-86, dans VAN UNNIK, W.C., *Sparsa Collecta* (1980), II, 241-247.
*b*16801 MALATESTA, E., «Jesus and loneliness», Way 16 (1976) 243-253.

Sort. Destiny. Schicksal. Sorte. Suerte.

*b*16802 DAVID, M., «La théorie astrobiologique et la notion babylonienne de Destin», RHR 131 (1946) 73-80.
*b*16803 BLEEKER, C.J., «Die Idee des Schicksals in der altägyptischen Religion», Numen 2 (1955) 28-45.

Souffrance. Suffering. Leiden. Sofferenza. Sufrimiento.

a) Études générales. General Studies. Allgemeine Studien. Studi generali. Estudios generales.

*b*16804 BLANK, S.H., «'Doest Thou Well To Be Angry?' A Study in Self-Pity», HUCA 26 (1955) 29-41.
*b*16805 THURIAN, M., «La souffrance dans le plan de Dieu», VC n° 46 (1958) 116-137.
*b*16806 PEINADOR, M., «Los dolores de parto en la Sagrada Escritura», CuBi 17 (1960) 177-182.
*b*16807 SALGUERO, J., «El dolor es disciplina divina para educar al justo», CuBi 21 (1964) 323-332.
*b*16808 SALGUERO, J., «El dolor es meritorio y será recompensado en la vida futura», CuBi 22 (1965) 131-141.
*b*16809 MARTIN SANCHEZ, B., «Temas bíblicos. Problema del dolor», CuBi 25 (1968) 235-237.
*b*16810 KUYPER, L.J., «The Suffering and the Repentance of God», SJTh 22 (1969) 257-277.

*b*16811 GONZALEZ, A., «L'homme souffrant», Conci n° 119 (1976) 51-56.
*b*16812 GALOT, J., «La révélation de la souffrance de Dieu», SE 31 (1979) 159-171.
*b*16813 GALOT, J., «La réalité de la souffrance de Dieu», NRT 101 (1979) 224-245.
*b*16814 GALOT, J., «Sofferenza dell'uomo e parola di Dio», CC 4 (1981) 429-445.
*b*16815 GEYER, C.-F., «Zur Bewältigung des Dysteleologischen im Alten und Neuen Testament», TZ 37 (1981) 219-235.
*b*16816 HRYNIEWICZ, W., «Le Dieu souffrant? Réflexions sur la notion chrétienne de Dieu», ET 12 (1981) 333-356.
*b*16817 WOLFINGER, F., «Toward a theology of suffering», TDig 29 (1981) 34-36.

b) Judaïsme. Judaism. Judentum. Giudaismo. Judaísmo.

*b*16818 LEANEY, A.R.C., «The Eschatological Significance of Human Suffering in the Old Testament and the Dead Sea Scrolls», SJTh 16 (1963) 286-296.
*b*16819 SANDERS, E.P., «R. Akiba's View of Suffering», JQR 63 (1972) 332-351.
*b*16820 HORBURY, W., «Suffering and Messianism in Yose ben Yose», dans *Suffering and Martyrdom in the New Testament* (en collab.) (1981), 143-182.
*b*16821 McNEIL, B., «Suffering and Martyrdom in the Odes of Solomon», dans *Suffering and Martyrdom in the New Testament* (en collab.) (1981), 136-142.

c) Ancien Testament. Old Testament. Altes Testament. Antico Testamento. Antiguo Testamento.

*b*16822 SCHARBERT, J., *Der Schmerz im Alten Testament* (BBB 8) (Bonn, Peter Hanstein, 1955), 235 pp.
*b*16823 SALGUERO, J., «Origen y causa del dolor según el Antiguo Testamento», CuBi 19 (1962) 138-149.
*b*16824 SALGUERO, J., «Soluciones incompletas del problema del dolor en el Antiguo Testamento», CuBi 19 (1962) 342-364.
*b*16825 LEANEY, A.R.C., «The Eschatological Significance of Human Suffering in the Old Testament and the Dead Sea Scrolls», SJTh 16 (1963) 286-296.
*b*16826 SALGUERO, J., «El dolor constituye una prueba saludable para el hombre», CuBi 20 (1963) 280-299.
*b*16827 ARENHOEVEL, D., «Ereifere dich nicht über die Frevler! Die Frage nach dem Sinn des Leidens im Alten Testament», BiKi 20 (1965) 2-5.
*b*16828 DEISSLER, A., «Das Leidensproblem in den Psalmen 37, 49 und 73», BiKi 20 (1965) 13-15.
*b*16829 WILLIAMS, S.K., *Jesus' Death as Saving Event*, «Suffering and Death in the Old Testament and other Jewish Writings» (1975), 91-135.
*b*16830 RUPRECHT, E., «Leiden und Gerechtigkeit bei Hiob», ZTK 73 (1976) 424-445.
*b*16831 WESTERMANN, C., «Appel jailli de l'abîme», Conci n° 119 (1976) 73-85.
*b*16832 BRUEGGEMANN, W., «The Formfulness of Grief», Interpr 31 (1977) 263-275.
*b*16833 STUHLMUELLER, C., «Faith and Abandonment in the Psalms of Supplication», dans *The Language of the Cross* (en collab.) (1977), 1-28.
*b*16834 WELTEN, P., «Leiden und Leidenserfahrung im Buch Jeremia», ZTK 74 (1977) 123-150.
*b*16835 En collaboration, «La sagesse et la souffrance», CE (n.s.) n° 28 (1979) 52-57.
*b*16836 WELLENS, A., «Job», CHR 28 (1981) 340-349.
*b*16837 JACOBS, E., «Le Dieu souffrant, un thème théologique vétérotestamentaire», ZAW 95 (1983) 1-8.
*b*16838 MOORE, M.S., «Human Suffering in Lamentations», RB 90 (1983) 534-555.

d) Nouveau Testament. New Testament. Neues Testament. Nuovo Testamento. Nuevo Testamento.

1. Études générales. General Studies. Allgemeine Studien. Studi generali. Estudios generales.

b16839 LÉON-DUFOUR, X., *Face à la mort, Jésus et Paul*, «La souffrance et l'espérance du monde» (1979), 237-257.

b16840 RUPPERT, L., «Das Skandalon eines gekreuzigten Messias und seine Überwindung mit Hilfe der geprägten Vorstellung vom leidenden Gerechten», dans *Kirche und Bibel* (en collab.) (1979), 319-341.

b16841 WINKLER, E., «Die Frage nach dem Sinn des Leidens in der Seelsorge», TLZ 104 (1979) 81-94.

b16842 NISSEN, J., «The Problem of Suffering and Ethics in the New Testament», dans *Studia Biblica 1978* (en collab.) (1980), III, 277-287.

b16843 HOOKER, M.D., «Interchange and suffering», dans *Suffering and Martyrdom in the New Testament* (en collab.) (1981), 70-83.

b16844 HRYNIEWICZ, W., «Le Dieu souffrant? Réflexions sur la notion chrétienne de Dieu», ET 12 (1981) 333-356.

b16845 GRELOT, P., *Dans les angoisses: l'espérance* (Parole de Dieu) (Paris, Seuil, 1983), 383 pp.

2. Évangiles. Gospels. Evangelien. Vangeli. Evangelios.

b16846 SCHULZ, A., «Wer mein Jünger sein will, der nehme täglich sein Kreuz auf sich. Meditation», BiKi 24 (1969) 9.

b16847 GONZALEZ-FAUS, J., «Jésus, figure de l'homme souffrant», Conci nº 119 (1976) 87-98.

b16848 SATAKE, A., «Das Leiden der Jünger um meinetwillen», ZNW 67 (1976) 4-19.

b16849 KEHL, M., «Maria durch ein Dornwald ging. Eine Weihnachtsmeditation», GeistL 50 (1977) 468-470.

b16850 ROGERS, P., «The Desolation of Jesus in the Gospel», dans *The Language of the Cross* (en collab.) (1977), 53-74.

b16851 GOURGUES, M., «Jésus devant sa passion et sa mort», CE (n.s.) nº 30 (1979) 64 pp.

b16852 LÉON-DUFOUR, X., «Perdre sa vie, selon l'Évangile», Et 351 (1979) 395-409.

b16853 SICARI, A.M., «Am Kreuzungspunkt zwischen der Passion Christi und der Passion jedes Menschen», IKZCommunio 9 (1980) 45-57.

3. Paul. Paulus. Paolo. Pablo.

b16854 KREMER, J., «'Die Gemeinschaft seiner Leiden' (Phil 3,10). Meditation über den Sinn des Leidens im Leben der Christen nach den Aussagen des Apostels Paulus», BiKi 23 (1968) 13-16.

b16855 WALTER, N., «Die Philipper und das Leiden. Aus den Anfängen einer heidenchristlichen Gemeinde», dans *Die Kirche des Anfangs* (en collab.) (1978), 417-434.

b16856 LÉON-DUFOUR, X., *Face à la mort, Jésus et Paul*, «L'Esprit-Saint et la souffrance» (1979), 243-256.

b16857 LOHFINK, G., «Paulinische Theologie in der Rezeption der Pastoralbriefe», dans *Paulus in den neutestamentlichen Spätschriften* (en collab.) (1981), 70-121.

b16858 ROGERS, P.V., «Peace Through the Cross», Way 22 (1982) 195-203.

b16859 HODGSON, R., «Paul the Apostle and First Century Tribulation Lists», ZNW 74 (1983) 59-80.

4. I Pierre. - I Peter. - I. Petrusbrief. - I Pietro. - I Pedro.

b16860   SCHELKLE, K.H., «Das Leiden des Gottesknechtes als Form christlichen Lebens»,
          BiKi 16 (1961) 14-16.
b16861   DE VILLIERS, J.L., «Joy in suffering in 1 Peter», dans *Essays on the General Epistles of
          the New Testament* (en collab.) (1975), 64-86.
b16862   MILLAUER, H., *Leiden als Gnade*. Eine traditionsgeschichtliche Untersuchung zur
          Leidenstheologie des ersten Petrusbriefes (Europäische Hochschulschriften, Reihe 23,
          Theologie 56) (Bern, Frankfurt/M., München, Peter Lang, 1976), iv-225 pp.
b16863   HOLDSWORTH, J., «The Sufferings in 1 Peter and 'Missionary Apocalyptic'», dans
          Studia Biblica 1978 (en collab.) (1980), III, 225-232.

5. Divers. Miscellaneous. Verschiedenes. Diversi. Diversos.

b16864   BARRETT, C.K., «Theologia Crucis - in Acts?» dans *Theologia Crucis - Signum Crucis*
          (en collab.) (1979), 73-84.
b16865   SWEET, J.P.M., «Maintaining the testimony of Jesus: the suffering of Christians in the
          Revelation of John», dans *Suffering and Martyrdom in the New Testament* (en collab.)
          (1981), 101-117.

Succès. Success. Erfolg. Successo. Éxito.

b16866   SCHMIDT, L., *Menschlicher Erfolg und Jahwes Initiative* (WMANT 38) (Neukirchen-
          Vluyn, Neukirchener Verlag, 1970), 246 pp.

Superstition. Aberglaube. Superstizione. Superstición.

b16867   CANAAN, T., «Das Haus in den Sitten und im Aberglauben des palästinensischen
          Arabers», StBiFranc 14 (1963-64) 145-160.
b16868   DE WARD, E.F., «Superstition and Judgment: Archaic Methods of Finding a Verdict»,
          ZAW 89 (1977) 1-19.
b16869   SMITH, M., «Superstitio», dans *Society of Biblical Literature. 1981 Seminar Papers* (en
          collab.) (1981), 349-355.

Syncrétisme. Syncretism. Synkretismus. Sincretismo.

b16870   SOGGIN, J.A., «Der offiziell geförderte Synkretismus in Israel während des
          10. Jahrhunderts», ZAW 78 (1966) 179-204.
b16871   CELADA, B., «Sincretismo, que no es oecumenismo, contrario a la ortodoxia yavista»,
          CuBi 29 (1972) 277-282.
b16872   SIMON, M., «Zum Problem des jüdisch-griechischen Synkretismus», Kairos 17 (1975)
          89-99.
b16873   WIEFEL, W., «Die missionarische Eigenart des Paulus und das Problem des
          frühchristlichen Synkretismus», Kairos 17 (1975) 218-231.
b16874   DUBARLE, A.-M., *La manifestation naturelle de Dieu d'après l'Écriture*, «La religion
          d'Israël et ses emprunts aux religions étrangères» (1976), 97-105.
b16875   ALBERTZ, R., *Persönliche Frömmigkeit und offizielle Religion*. Religionsinterner
          Pluralism in Israel und Babylon (Calwer Theologische Monographien, Reihe A, Band 9)
          (Stuttgart, Calwer, 1978), x-302 pp.

Talion. Retaliation. Talion. Taglione. Talión.

*b*16876 CARDASCIA, G., «La place du talion dans l'histoire du droit pénal à la lumière des droits du Proche-Orient ancien», dans En collaboration, *Mélanges offerts à Jean Dauvillier* (Toulouse, Centre d'histoire juridique mérridionale, 1979), 169-183.

*b*16877 FIENSY, D., «Lex Talionis in the Apocalypse of Peter», HarvTR 76 (1983) 255-258.

Témoignage. Testimony. Zeugnis. Testimonianza. Testimonio.

a) Études générales. General Studies. Allgemeine Studien. Studi generali. Estudios generales.

*b*16878 RICOEUR, P., «The Hermeneutics of Testimony», AThR 61 (1979) 435-461.

b) Ancien Testament. Old Testament. Altes Testament. Antico Testamento. Antiguo Testamento.

*b*16879 TRITES, A.A., *The New Testament Concept of Witness* (1977), «The witness terminology of the Septuagint», 16-19; «The use of controversy in the Old Testament», 20-34; «The controversy in Isaiah 40-55», 35-47; «The idea of witness in other Jewish writings», 48-65; «The use of witnesses and evidence in rabbinical literature», 231-239.

*b*16880 KIRCHSCHLÄGER, W., «Leben aus dem Glauben nach dem Zeugnis der Bibel», BiLit 53 (1980) 30-35.

c) Nouveau Testament. New Testament. Neues Testament. Nuovo Testamento. Nuevo Testamento.

1. Études générales. General Studies. Allgemeine Studien. Studi generali. Estudios generales.

*b*16881 PREISS, T., «Le témoignage intérieur du Saint-Esprit», ETR 18 (1943) 118-134.

*b*16882 WEISER, A., «Zeugnis und Erfahrung nach dem Neuen Testament», BiLeb 15 (1974) 75-86.

*b*16883 NELLESSEN, E., *Zeugnis für Jesus und das Wort* (1976), 321 pp.

*b*16884 VON ALLMEN, J.-J., «Le prédicateur, témoin de l'Évangile», Ir 49 (1976) 333-349, 453-485.

*b*16885 TRITES, A.A., *The New Testament Concept of Witness* (1977), 294 pp.

2. Jean. John. Johannes. Giovanni. Juan.

*b*16886 HINDLEY, J.C., «Witness in the Fourth Gospel», SJTh 18 (1965) 319-337.

*b*16887 BEUTLER, J., «Glaube und Zeugnis im Johannesevangelium», Bijdr. 34 (1973) 60-68.

*b*16888 DE LA POTTERIE, I., *La vérité dans saint Jean*, «Témoigner pour la vérité» (1977), 79-116.

*b*16889 TRITES, A.A., *The New Testament Concept of Witness*, «The concept of witness in the Fourth Gospel» (1977), 78-127.

3. Divers. Miscellaneous. Verschiedenes. Diversi. Diversos.

*b*16890 NELLESSEN, E., *Zeugnis für Jesus und das Wort*. Exegetische Untersuchungen zum lukanischen Zeugnisbegriff (BBB 43) (Bonn, Peter Hanstein, 1976), xxxiv-321 pp.

*b*16891 TRITES, A.A., *The New Testament Concept of Witness* (1977), «The concept of witness in the Book of Acts», 128-153; «The concept of witness in the Book of Revelation», 154-174; «The idea of witness in the Epistles, the Pauline Epistles», 199-212.

*b*16892   DEHANDSCHUTTER, B., «The Meaning of Witness in the Apocalypse», dans *L'Apocalypse johannique et l'Apocalyptique dans le Nouveau Testament* (en collab.) (1980), 283-288.

Temple. Tempel. Tempio. Templo.

a) **Études générales. General Studies. Allgemeine Studien. Studi generali. Estudios Generales.**

*b*16893   ROSENAU, H., «Some Aspects of the Pictorial Influence of the Jewish Temple», PEQ 68 (1936) 157-162.

*b*16894   CAHN, W., «Solomonic Elements in Romanesque Art», dans *The Temple of Solomon* (en collab.) (1976), 45-72.

*b*16895   SOUCEK, P., «The Temple of Solomon in Islamic Legend and Art», dans *The Temple of Solomon* (en collab.) (1976), 73-123.

*b*16896   TERRIEN, S., *The Elusive Presence.* Toward a New Biblical Theology (Religious Perspectives, 26) (New York, Harper & Row, 1978), xxx-511 pp.

*b*16897   BERTRAND, D., «Il n'y a plus de Temple», CHR nᵒ 101 (1979) 50-65.

b) **Orient. Oriente.**

*b*16898   BURROWS, E., «Problems of the *abzu*», Or. 1 (1932) 231-256.

*b*16899   AMY, R., «Temples à escaliers», Syr. 27 (1950) 82-136.

*b*16900   STERN, H., «Les Origines de l'architecture de la mosquée omeyyade à l'occasion d'un livre de J. Sauvaget», Syr. 28 (1951) 269-279.

*b*16901   LENZEN, H.J., «Mesopotamische Tempelanlagen von der Frühzeit bis zum zweiten Jahrtausend», ZA 51 (1955) 1-36.

*b*16902   WIDENGREN, G., «Aspetti simbolici dei templi e luoghi di culto del Vicino Oriente Antico», Numen 7 (1960) 1-25.

*b*16903   KAPELRUD, A.S., «Temple Building, a Task for Gods and Kings», Or. 32 (1963) 56-62.

*b*16904   WRIGHT, G.R.H., «Pre-Israelite Temples in the Land of Canaan», PEQ 103 (1971) 17-32.

*b*16905   STENDEBACH, F.J., «Altarformen im kanaanäisch-israelitischen Raum», BZ 20 (1976) 180-196.

*b*16906   ALON, D., «A Chalcolothic Temple at Gilath», BA 40 (1977) 63-70.

*b*16907   CLAMER, C., USSISHKIN, D., «A Canaanite Temple at Tell Lachish», BA 40 (1977) 71-76.

*b*16908   EISENBERG, E., «The Temples at Tell Kittan», BA 40 (1977) 77-81.

*b*16909   MAZAR, A., «Additional Philistine Temples at Tell Qasile», BA 40 (1977) 82-88.

*b*16910   STERN, E., «A late Bronze Temple at Tell Mevorakh», BA 40 (1977) 89-91.

*b*16911   CLIFFORD, R.J., «The Temple in the Ugaritic Myth of Baal», dans *Symposia* (en collab.) (1979), 137-145.

*b*16912   SHILOH, Y., «Iron Age Sanctuaries and Cult Elements in Palestine», dans *Symposia* (en collab.) (1979), 147-157.

*b*16913   MAZAR, A., «The 'Bull Site' - An Iron Age I Open Cult Place», BASOR nᵒ 247 (1982) 27-42.

c) **Judaïsme. Judaism. Judentum. Giudaismo. Judaísmo.**

*b*16914   BIKERMAN, E., «Une proclamation séleucide relative au temple de Jérusalem», Syr. 25 (1946-48) 67-85.

*b*16915 DIEBNER, B., «Die Orientierung des Jerusalemer Tempels und die 'Sacred Direction' der frühchristlichen Kirchen», ZDPV 87 (1971) 153-166.

*b*16916 DOEVE, J.W., «Le domaine du temple de Jérusalem», dans *La littérature juive entre Tenach et Mischna* (en collab.) (1974), 118-163.

*b*16917 SCHÄFER, P., «Tempel und Schöpfung. Interpretation einiger Heiligtumstraditionen in der rabbinischen Literatur», Kairos 16 (1974) 122-133.

*b*16918 SAFRAI, S., «Pilgrimage to Jerusalem at the Time of the Second Temple», Immanuel 5 (1975) 51-62.

*b*16919 GUNTHER, J.J., «The Epistle of Barnabas and the Final Rebuilding of the Temple», JStJud 7 (1976) 143-151.

*b*16920 GUTMANN, J., «The Messianic Temple in Spanish Medieval Hebrew Manuscripts», dans *The Temple of Solomon* (en collab.) (1976), 125-145.

*b*16921 BAUMGARTEN, J.M., *Studies in Qumran Law*, «The Essenes and the Temple - A Reappraisal» (1977), 57-74.

*b*16922 MILGROM, J., «Studies in the Temple Scroll», JBL 97 (1978) 501-523.

*b*16923 NOLLAND, J., «A Misleading Statement of the Essene Attitude to the Temple», RQum 9 (1978) 555-562.

*b*16924 CAMPBELL, E.F., Jr., «Jewish Shrines of the Hellenistic and Persian Periods», dans *Symposia* (en collab.) (1979), 159-167.

*b*16925 SCHWARTZ, D.R., «The Three Temples of 4 Q Florilegium», RQum 10 (1979) 83-91.

*b*16926 TURNER, H.W., *From Temple to Meeting House*. The Phenomenology and Theology of Places of Worship (Religion and Society, 16) (The Hague, Paris, New York, Mouton, 1979), 404 pp.

*b*16927 OTTOSSON, M., *Temples and Cult Places in Palestine* (Uppsala, Almqwist & Wiksell International, 1980), 137 pp.

*b*16928 SABOURIN, L., «The Temple and the Cult in Late Judaism», RelStB 1 (1981) 33-37.

*b*16929 DAVIES, P.R., «The Ideology of the Temple in the Damascus Document», dans *Essays in Honour of Yigael Yadin*, JJS 33 (1982) 287-301.

d) Ancien Testament. Old Testament. Altes Testament. Antico Testamento. Antiguo Testamento.

*b*16930 SCHULT, H., «Der Debir im salomonischen Tempel», ZDPV 80 (1944) 46-54.

*b*16931 HANNAY, T., «The Temple», SJTh 3 (1950) 278-287.

*b*16932 SIMON, M., «La Prophétie de Nathan et le Temple», RHPR 32 (1952) 41-58, dans SIMON, M., *Le Christianisme antique et son contexte religieux* (1981), 169-186.

*b*16933 PELLETIER, A., «Le grand rideau du Temple de Jérusalem», Syr. 35 (1958) 218-226.

*b*16934 YEIVIN, S., «Jachin and Boaz», PEQ 91 (1959) 6-22.

*b*16935 DIEBNER, B., «Die Orientierung des Jerusalemer Tempels und die 'Sacred Direction' der frühchristlichen Kirchen», ZDPV 87 (1971) 153-166.

*b*16936 RUPRECHT, K., «Nachrichten von Erweiterung und Renovierung des Tempels in 1. Könige 6», ZDPV 88 (1972) 38-52.

*b*16937 WELTEN, P., «Kulthöhe und Jahwetempel», ZDPV 88 (1972) 19-37.

*b*16938 CANTO RUBIO, J., «La arquitectura del templo, expresión de la política salomónica», CuBi 30 (1973) 358-360.

*b*16939 OUELLETTE, J., «The Basic Structure of Solomon's Temple and Archaeological Research», dans *The Temple of Solomon* (en collab.) (1976), 1-20.

*b*16940 DONNER, H., «Der Felsen und der Tempel», ZDPV 93 (1977) 1-11.

*b*16941 FRITZ, V., *Tempel und Zelt*. Studien zum Tempelbau in Israel und zu dem Zeltheiligtum der Priesterschrift (WMANT 47) (Neukirchen-Vluyn, Neukirchener Verlag, 1977), x-208 pp.

*b*16942   GRINTZ, J.M., «Some observations on the 'High-Place' in the history of Israel», VT 27 (1977) 111-113.

*b*16943   HARAN, M., «A Temple at Dor?» IsrEJ 27 (1977) 12-15.

*b*16944   MALATESTA, E., «Covenant and Indwelling», Way 17 (1977) 23-32.

*b*16945   RUPRECHT, K., *Der Tempel von Jerusalem.* Gründung Salomos oder jebusitisches Erbe? (BZAW 144) (Berlin, New York, De Gruyter, 1977), 109 pp.

*b*16946   RUPRECHT, K., «Die Zuverlässigkeit der Überlieferung von Salomos Tempelgründung», ZAW 89 (1977) 205-214.

*b*16947   VON NORDHEIM, E., «König und Tempel. Der Hintergrund des Tempelverbotes in 2 Samuel vii», VT 27 (1977) 434-453.

*b*16948   HARAN, M., *Temples and Temple Service in Ancient Israel.* An Inquiry into the Character of Cult Phenomena and the Historical Setting of the Priestly School (Oxford, Clarendon Press, 1978), xviii-394 pp.

*b*16949   VAN DYKE PARUNAK, H., «Was Solomon's Temple Aligned to the Sun?» PEQ 110 (1978) 29-33.

*b*16950   BRAUN, R.L., «Chronicles, Ezra, and Nehemiah: theology and literary history», dans *Studies in the Historical Books of the Old Testament* (en collab.) (1979), 52-64.

*b*16951   CAMPBELL, E.F., Jr., «Jewish Shrines of the Hellenistic and Persian Periods», dans *Symposia* (en collab.) (1979), 159-167.

*b*16952   WELTEN, P., «Lade-Tempel-Jerusalem. Zur Theologie der Chronikbücher», dans *Textgemäss* (en collab.) (1979), 169-183.

*b*16953   BUSINK, T.A., *Der Tempel von Jerusalem von Salomo bis Herodes.* Eine archäologisch-historische Studie unter Berücksichtigung des westsemitischen Tempelbaus. Band 2: Von Ezechiel bis Middot (Leiden, Brill, 1980), xxxi - pp. 701-1612.

*b*16954   FRIEDMAN, R.E., «The Tabernacle in the Temple», BA 43 (1980) 241-248.

*b*16955   LÉGASSE, S., «Les voiles du temple de Jérusalem. Essai de parcours historique», RB 87 (1980) 560-589.

*b*16956   WAINWRIGHT, J.A., «Zoser's Pyramid and Solomon's Temple», ExpTim 91 (1980) 137-140.

*b*16957   AYALI, M., «Gottes und Israels Trauer über die Zerstörung des Tempels», Kairos 23 (1981) 215-231.

*b*16958   KAUFMAN, A.S., «The Eastern Wall of the Second Temple at Jerusalem Revealed», BA 44 (1981) 108-115.

*b*16959   BAUMGARTEN, J.M., «Exclusions from the Temple: Proselytes and Agrippa I», dans *Essays in Honour of Yigael Yadin*, JJS 33 (1982) 215-225.

*b*16960   MEYERS, C.L., «The Elusive Temple», BA 45 (1982) 33-41.

*b*16961   MEYERS, C.L., «Jachin and Boaz in Religious and Political Perspective», CBQ 45 (1983) 167-178.

e) Nouveau Testament. New Testament. Neues Testament. Nuovo Testamento. Nuevo Testamento.

*b*16962   SIMON, M., «Retour du Christ et reconstruction du Temple dans la pensée chrétienne primitive», dans *Aux sources de la tradition chrétienne* (en collab.) (1950), 247-257.

*b*16963   GOMEZ, F., «Dios... no habita en templos manufactos», CuBi 26 (1969) 139-156.

*b*16964   DAVIES, W.D., *The Gospel and the Land.* Early Christianity and Jewish Territorial Doctrine (Berkeley, University of California Press, 1974), 521 pp.

*b*16965   CULLMANN, O., «Von Jesus zum Stephanuskreis und zum Johannesevangelium», dans *Jesus und Paulus* (en collab.) (1975), 44-56.

*b*16966   FERBER, S., «The Temple of Solomon in Early Christian and Byzantine Art», dans *The Temple of Solomon* (en collab.) (1976), 21-43.

*b*16967 GRANT, R.M., *Early Christianity and Society*, «Temples, Churches, and Endowments» (1977), 146-163.

*b*16968 MacRAE, G.W., «Heavenly Temple and Eschatology in the Letter to the Hebrews», Semeia 12 (1978) 179-199.

*b*16969 BACHMANN, M., *Jerusalem und der Temple*. Die geographisch-theologischen Elemente in der lukanischen Sicht des jüdischen Kulturzentrums (Beiträge zur Wissenschaft vom Alten und Neuen Testament, 109) (Stuttgart, Kohlhammer, 1979), 500 pp.

*b*16970 CHEVALLIER, M.-A., «Vous êtes la construction de Dieu... le Temple de Dieu (1 Co 3,9 et 16-17)», dans *Paul de Tarse, apôtre de notre temps* (en collab.) (1979), 655-664.

*b*16971 PERROT, C., *Jésus et l'histoire*, «La question du Temple» (1979), 141-150.

*b*16972 WEINERT, F.D., «The Meaning of the Temple in Luke-Acts», BTB 11 (1981) 85-89.

*b*16973 THROCKMORTON, B.H., «The *naos* in Paul», dans *Studia Evangelica* (en collab.) (1982), VII, 497-503.

Temps. Time. Zeit. Tempo. Tiempo.

a) Études générales. General Studies. Allgemeine Studien. Studi generali. Estudios generales.

*b*16974 MÜLLER, L., «Die Siebentage-Woche», BiKi 14 (1959) 88-90.

*b*16975 BENZ, E., «Zeit, Endzeit, Ewigkeit», ErJB 47 (1978) 1-39.

*b*16976 DE VRIES, S., «Le temps dans la Bible», Conci n° 162 (1981) 15-31.

b) Orient. Oriente.

*b*16977 CORBIN, H., «Le Temps Cyclique dans le Mazdéisme et dans l'Ismaélisme», ErJb 1951 20 (1952) 149-217.

*b*16978 VIDAL-NAQUET, P., «Temps des dieux et temps des hommes. Essai sur quelques aspects de l'expérience temporelle chez les Grecs», RHR 157 (1960) 55-80.

c) Judaïsme. Judaism. Judentum. Giudaismo. Judaísmo.

*b*16979 GOODENOUGH, E.R., «Evaluation of Symbols recurrent in Time, as illustrated in Judaism», ErJb 1951 20 (1952) 285-319.

*b*16980 LICHT, J., «The Doctrine of 'Times' according to the Sect of Qumran and other 'Computers of Seasons'», ErIs 8 (1967) 63-70 (English summary).

*b*16981 VAN GOUDOEVER, J., «A Study on the Idea of Mid-Time», Bijdr. 33 (1972) 262-307.

d) Ancien Testament. Old Testament. Altes Testament. Antico Testamento. Antiguo Testamento.

*b*16982 DE VRIES, S.J., *Yesterday, Today and Tomorrow*. Time and History in the Old Testament (Grand Rapids, Eerdmans; London, SPCK, 1976), 389 pp.

*b*16983 PETITJEAN, A., «Les conceptions vétérotestamentaires du temps», RHPR 56 (1976) 383-400.

*b*16984 DE VRIES, S.J., «Observations on Quantitative and Qualitative Time in Wisdom and Apocalyptic», dans *Israelite Wisdom* (en collab.) (1978), 263-276.

*b*16985 PERANI, M., «La concezione ebraica del tempo: appunti per una storia del problema», RivB 26 (1978) 401-421.

*b*16986   RIZZI, A., «Categorie culturali odierne nell'interpretazione del tempo», dans En collaboration, *L'anno liturgico* ('Studi di liturgia', n.s., 11) (Casale Montferrato, Marietti, 1983), 11-22.

e) Nouveau Testament. New Testament. Neues Testament. Nuovo Testamento. Nuevo Testamento.

*b*16987   STRÄTER, C., «Christus en de Tijd», Bijdr. 7 (1946) 274-283 (Deutsche Zusammenfassung).
*b*16988   QUISPEL, G., «Zeit und Geschichte im antiken Christentum», ErJb 1951 20 (1952) 115-140.
*b*16989   MINEAR, P.S., «The Time of Hope in the New Testament», SJTh 6 (1953) 337-361.
*b*16990   FRIES, H., «Die Zeit als Element der christlichen Offenbarung», dans *Interpretation der Welt* (en collab.) (1965), 701-712.
*b*16991   NEUHÄUSLER, E., «Der entscheidende Augenblick im Zeugnis des Neuen Testaments ('Jetzt', 'Heute')», BiLeb 13 (1972) 1-16.
*b*16992   PASQUALETTI, T., «Note sulle determinazioni temporali del vangelo secondo Luca», RivB 23 (1975) 399-412.
*b*16993   DE LA POTTERIE, I., «La notion de 'commencement' dans les écrits johanniques», dans *Die Kirche des Anfangs* (en collab.) (1978), 379-403.
*b*16994   HELGELAND, J., «Time and Space: Christian and Roman», dans *Aufstieg und Niedergang der römischen Welt* (en collab.) (1980), 23. Band, 2. Halbband, 1285-1305.
*b*16995   TALLEY, T., «Une héortologie chrétienne», Conci nº 162 (1981) 33-44.

f) Gnose. Gnosis. Gnosi.

*b*16996   PUECH, H.-C., «La Gnose et le Temps», ErJb 1951 20 (1952) 57-113.
*b*16997   POIRIER, P.-H., TARDIEU, M., «Catégories du temps dans les écrits gnostiques non valentiniens», LTP 37 (1981) 3-13.

Ténèbres. Darkness. Finsternis. Tenebre. Tinieblas.

*b*16998   FUSTER, R., «Luz y tinieblas», CuBi 12 (1955) 282-287.
*b*16999   BRAUN, F.-M., *Jean le théologien*. III. Sa théologie. I. Le mystère de Jésus-Christ, «Refus des ténèbres» (1966), 37-52.
*b*17000   ZEDDA, S., *L'escatologia biblica*, «Le realtà escatologiche presenti, il mondo, le tenebre, la morte. Il dualismo giovanneo» (1975), II, 369-387.
*b*17001   THORNTON, T.C.G., «The Hours of Darkness», ExpTim 90 (1979) 341-342.

Tentation. Temptation. Versuchung. Tentazione. Tentación.

*b*17002   ANDREWS, M.E., «*Peirasmos*: A Study in Form Criticism», AThR 24 (1942) 229-244.
*b*17003   HOUK, C.B., «*Peirasmos*. The Lord's Prayer, and the Massah Tradition», SJTh 19 (1966) 216-225.
*b*17004   SCHUBERT, K., «Versuchung oder Versucher?» BiLit 50 (1977) 104-113.
*b*17005   THEXTON, S.C., «Facing the Test», ExpTim 92 (1981) 143-145.

Tente. Tent. Zelt. Tenda. Tienda.

b17006 MORGENSTERN, J., «The Ark, the Ephod, and the Tent-of-Meeting», HUCA 17 (1943) 153-266; 18 (1944) 1-52.

b17007 PELZL, B., «Das Zeltheiligtum von Ex. 25ff. Die Frage nach der Möglichkeit seiner Errichtung», UF 7 (1975) 379-387.

Terre. Earth. Erde. Terra. Tierra.

a) Judaïsme. Judaism. Judentum. Giudaismo. Judaísmo.

b17008 DE LANGHE, R., «La Terre Promise et le Paradis d'après l'Apocryphe de la Genèse», dans *Scrinium Lovaniense* (en collab.) (1961), 126-135.

b17009 DAVIES, W.D., «La dimension 'territoriale' du judaïsme», RSR 66 (1978) 533-568.

b17010 AMARU, B.H., «Land Theology in Josephus' *Jewish Antiquities*», JQR 71 (1981) 201-229.

b17011 GORDON, R.P., «*Terra Sancta* and the Territorial Doctrine of the Targum to the Prophets», dans *Interpreting the Hebrew Bible* (en collab.) (1982), 119-131.

b) Ancien Testament. Old Testament. Altes Testament. Antico Testamento. Antiguo Testamento.

b17012 VON RAD, G., «Verheissenes Land und Jahwes Land», ZDPV 66 (1943) 191-204.

b17013 HENREY, K.H., «Land Tenure in the Old Testament», PEQ 86 (1954) 5-15.

b17014 FENSHAM, F.C., «An Ancient Tradition of the Fertility of Palestine», PEQ 98 (1966) 166-169.

b17015 CORTESE, E., *La terra di Canaan nella storia sacerdotale del Pentateuco* (Associazione Biblica Italiana. Supplementi alla *Rivista Biblica*, 5) (Brescia, Paideia, 1972), 205 pp.

b17016 VON WALDOW, H.E., «Israel and Her Land: Some Theological Considerations», dans *A Light unto My Path* (en collab.) (1974), 493-508.

b17017 JACOB, E., «Le prophète Jérémie et la terre d'Israël», dans *Mélanges André Neher* (en collab.) (1975), 155-164.

b17018 JACOB, E., «Les trois racines d'une théologie de la 'Terre' dans l'Ancien Testament», RHPR 55 (1975) 469-480.

b17019 KELLER, B., «La Terre dans le livre d'Ézéchiel», RHPT 55 (1975) 481-490.

b17020 RENDTORFF, R., *Israel und sein Land*. Theologische Überlegungen zu einem politischen Problem (Theologische Existenz heute, 188) (München, Kaiser, 1975), 53 pp.

b17021 DE PURY, A., «La promesse patriarcale. Origine, interprétations et actualisations», ETR 51 (1976) 351-366.

b17022 LANDOUSIES, J., «Le don de la terre de Palestine», NRT 98 (1976) 324-336.

b17023 HONNAY, L., «Un peuple et son pays. Réponse à Albert de Pury», ETR 52 (1977) 259-265.

b17024 SEEBASS, H., «Landverheissung an die Väter», EvT 37 (1977) 210-229.

b17025 ALFARO, J.I., «The Land - Stewardship», BTB 8 (1978) 51-61.

b17026 CORTESE, E., «Num. 33,50-56 e la teologia sacerdotale della terra», RivB 28 (1980) 59-77.

b17027 GONZALEZ LAMADRID, A., *La fuerza de la tierra*. Geografía, Historia y Teología de Palestina (Salamanca, Ed. Sigueme, 1981), 295 pp.

b17028 OHLER, A., «Landbesitz - Teilhabe am Gotteserbe. Alttestamentliche Vorstellungen von Grundbesitz, Grunderwerb und Solidarität mit den Armen», BiKi 36 (1981) 201-206.

*b*17029   NA'AMAN, N., «The Inheritances of the Cis-Jordanian Tribes of Israel and the 'Land that yet Remaineth'», ErIs 16 (1982) 152-158.

c) Nouveau Testament. New Testament. Neues Testament. Nuovo Testamento. Nuevo Testamento.

*b*17030   DAVIES, W.D., *The Gospel and the Land*. Early Christianity and Jewish Territorial Doctrine (Berkeley, University of California Press, 1974), 521 pp.
*b*17031   DAVIES, W.D., «Jérusalem et la terre dans la tradition chrétienne», RHPR 55 (1975) 491-533.
*b*17032   LAMADRID, A.G., «Canaán y América. La Biblia y la teología medieval ante la conquista de la tierra», Salm 28 (1981) 329-346.

Théophanie. Theophany. Gotteserscheinung. Teofania. Teofanía.

*b*17033   KOENIG, J., «Aux origines des théophanies iahvistes», RHR 169 (1966) 1-36.
*b*17034   DEISSLER, A., «Gottes Selbstoffenbarung im Alten Testament», dans *Mysterium Salutis* (en collab.) (1967), II, 229-231.
*b*17035   LIPINSKI, E., «Psaumes. Les théophanies», SDB 8 (1973) col. 16-23.
*b*17036   TERRIEN, S., *The Elusive Presence*. Toward a New Biblical Theology (Religious Perspectives, 26) (New York, Harper & Row, 1978), xxx-511 pp.
*b*17037   WILLIAMS, J.G., «Deciphering the Unspoken: The Theophany of Job», HUCA 49 (1978) 59-72.
*b*17038   KLINE, M.G., *Images of the Spirit* (Grand Rapids, Michigan, Baker Book House, 1980), 160 pp.

Tolérance. Tolerance. Toleranz. Tolleranza. Tolerancia.

*b*17039   HOULDEN, J.L., *Ethics and the New Testament*, «Toleration» (1973), 92-100.
*b*17040   HEINE, S., «Glaubensüberzeugung und Toleranz. Eine biblische Rede», BiLit 55 (1982) 15-22.

Torture. Folter. Tortura.

*b*17041   SALGUERO, J., «Crueldades de los hebreos para con los vencidos. Su moralidad», CuBi 21 (1964) 205-223.
*b*17042   THOMA, C., «Peine de mort et torture dans la tradition juive», Conci n° 140 (1978) 81-92.

Toucher. Touch. Gefühl. Tatto. Tacto.

*b*17043   BOESPFLUG, F.-D., «Jésus le toucha...», VS 133 (1979) 651-678.

Tradition. Überlieferung. Tradizione. Tradición.

a) Études générales. General Studies. Allgemeine Studien. Studi generali. Estudios generales.

*b*17044   LAMORTE, A., «Tradition et parole de Dieu», ETR 12 (1937) 250-256.
*b*17045   CULLMANN, O., «Scripture and Tradition», SJTh 6 (1953) 113-135.

*b*17046 MENOUD, P.-H., «Révélation et tradition», VC n° 25-26 (1953) 2-10.

*b*17047 SKYDSGAARD, K.E., «Scripture and Tradition: Remarks on the Problem of Tradition in Theology Today», SJTh 9 (1956) 337-358.

*b*17048 LEENHARDT, F.-J., «'Sola scriptura' ou: Écriture et Tradition», ETR 36 (1961) 5-46.

*b*17049 THURIAN, M., «La tradition», VC n° 57 (1961) 49-98.

*b*17050 SALGUERO, J., «La Biblia y la Tradición», CuBi 19 (1962) 30-38.

*b*17051 BOYER, C., *Questions actuelles de théologie* (Rome, Officium Libri Catholici, 1965), «Écriture et Tradition», 61-106.

*b*17052 LENGSFELD, P., «Tradition und Heilige Schrift - ihr Verhältnis», dans *Mysterium Salutis* (en collab.) (1965) I, 463-494.

*b*17053 BETTI, U., «De sacra Traditione iuxta Constitutionem dogmaticam 'Dei Verbum'», dans *Acta Congressus Internationalis de Theologia Concilii Vaticani II* (en collab.) (1968), 524-534.

*b*17054 LENGSFELD, P., «De mutua interpretatione S. Scripturae e dogmatum Traditionis», dans *Acta Congressus Internationalis de Theologia Concilii Vaticani II* (en collab.) (1968), 555-561.

*b*17055 SANCHEZ, B.M., KARRER, O., «Tradición y Biblia», CuBi 25 (1968) 153-157.

*b*17056 ALONSO SCHÖKEL, L., *Il dinamismo della tradizione* (1970), 285 pp.

*b*17057 YUBERO, D., «Escritura y Tradición», CuBi 29 (1972) 131-143.

*b*17058 HABEL, N.C., «Appeal to Ancient Tradition as a Literary Form», dans *Society of Biblical Literature. 1973 Seminar Papers* (en collab.) (1973), I, 34-54.

*b*17059 GRANT, R.M., «From Tradition to Scripture and Back», dans *Perspectives on Scripture and Tradition* (en collab.) (1976), 18-36.

*b*17060 LONG, B.O., «Recent Field Studies in Oral Literature and the Question of *Sitz im Leben*», Semeia 5 (1976) 35-49.

*b*17061 BAUER, J.B., «Das Verständnis der Tradition in der Patristik», Kairos 20 (1978) 193-208.

*b*17062 BRODIE, L., «Creative Writing: Missing in Biblical Research», BTB 8 (1978) 34-39.

*b*17063 NINEHAM, D.E., *The Use and Abuse of the Bible*. A Study of the Bible in an Age of Rapid Cultural Change (SPCK Large Paperbacks, 33) (London, SPCK, 1978), xii-295 pp.

*b*17064 VORBICHLER, A., «Die Bedeutung der Tradition im Islam», Kairos 20 (1978) 293-302.

*b*17065 XXX, «Tradition orale et mémoration des évangiles. Une expérience en milieu traditionnel africain», MD n° 140 (1979) 125-151.

*b*17066 BRAY, G., «Écriture et tradition chez Tertullien», Hok n° 10 (1979) 1-10.

*b*17067 DREYFUS, F., «L'actualisation de l'Écriture. III. La place de la Tradition», RB 86 (1979) 321-384.

*b*17068 DUPUY, B., «Tradition et vérité», RevSR 53 (1979) 220-233.

*b*17069 COLPE, C., «Heidnische, jüdische und christliche Überlieferung in den Schriften aus Nag Hammadi IX», JbAC 23 (1980) 108-127.

*b*17070 FISHBANE, M., «Revelation and Tradition: Aspects of Inner-Biblical Exegesis», JBL 99 (1980) 343-361.

*b*17071 SIMON, M., «À propos de la crise moderniste: Écriture et Tradition chez Alfred Loisy», dans *Text - Wort - Glaube* (en collab.) (1980), 359-376.

*b*17072 ANDERSON, B.W., «Tradition and Scripture in the Community of Faith», JBL 100 (1981) 5-21.

*b*17073 BRADSHAW, J., «Oral Transmission and Human Memory», ExpTim 92 (1981) 303-307.

b) Judaïsme. Judaism. Judentum. Giudaismo. Judaísmo.

*b*17074   COHON, S.S., «Authority in Judaism», HUCA 11 (1936) 593-646.

*b*17075   FINKELSTEIN, L., «The Transmission of Early Rabbinic Tradition», HUCA 16 (1941) 115-135.

*b*17076   JACOB, E., «La tradition historique en Israël», ETR 21 (1946) 5-208.

*b*17077   RUSSELL, D.S., *Between the Testaments*, «The Sacred Writings» (1960), 58-74.

*b*17078   SCHOLEM, G., «Tradition und Kommentar als religiöse Kategorien im Judentum», ErJb 1962 31 (1963) 19-48.

*b*17079   WIDENGREN, G., «Tradition and Literature in Early Judaism and the Early Church», Numen 10 (1963) 42-86.

*b*17080   SIMON, M., «The ancient Church and Rabbinical Tradition (*Holy Book and Holy Tradition*, Manchester 1968, 94-112)», dans SIMON, M., *Le Christianisme antique et son contexte religieux* (1981), 371-389.

*b*17081   SCHOLEM, G., «Die Krise der Tradition im jüdischen Messianismus», ErJb 1968 37 (1970) 9-44.

*b*17082   BROWN, R., «Midrashim as Oral Traditions», HUCA 47 (1976) 181-189.

*b*17083   URBROCK, W.J., «Oral Antecedents to Job: A Survey of Formulas and Formulaic Systems», Semeia 5 (1976) 111-137.

*b*17084   EHRLICH, E.L., «Tora im Judentum», EvT 37 (1977) 536-549.

*b*17085   GOODBLATT, D., «Local Traditions in the Babylonian Talmud», HUCA 48 (1977) 187-217.

*b*17086   LENHARDT, P., «Voies de la continuité juive. Aspects de la relation maître-disciple d'après la littérature rabbinique ancienne», RSR 66 (1978) 489-516.

*b*17087   NEUSNER, J., «L'Écriture et la tradition dans le judaïsme: l'exemple de la Mishna», SR 9 (1980) 451-467.

*b*17088   NEUSNER, J., «L'Écriture et la Tradition dans le Judaïsme: l'exemple de la Mishna», RHPR 61 (1981) 3-22.

*b*17089   NEUSNER, J., «Schrift und Tradition im Judentum», Kairos 23 (1981) 51-66.

*b*17090   PETUCHOWSKI, J.J., «Bibel und Tradition im rabbinischen Judentum», TQ 161 (1981) 106-115.

*b*17091   RIESNER, R., «Éducation élémentaire juive et tradition évangélique», Hok n° 21 (1982) 51-64.

c) Ancien Testament. Old Testament. Altes Testament. Antico Testamento. Antiguo Testamento.

*b*17092   SUASSO, H., «Heilige Schrift en traditie in het Oude Testament (*Holy Scripture and the Israelitic tradition*)», Bijdr. 15 (1954) 1-24 (English summary).

*b*17093   BARR, J., «Tradition and Expectation in Ancient Israel», SJTh 10 (1957) 24-34.

*b*17094   LENGSFELD, P., «Tradition in alttestamentlicher Zeit», dans *Mysterium Salutis* (en collab.) (1965), I, 255-263.

*b*17095   COOTE, R.B., «The Application of Oral Theory to Biblical Hebrew Literature», Semeia 5 (1976) 51-64.

*b*17096   CULLEY, R.C., «Oral Tradition and the Old Testament: Some Recent Discussion», Semeia 5 (1976) 1-33.

*b*17097   GUNN, D.M., «On Oral Tradition: A Response to John Van Seters», Semeia 5 (1976) 155-163.

*b*17098   LANDMAN, L., «Some Aspects of Traditions received from Moses at Sinai», JQR 67 (1976) 111-128.

*b*17099 LORD, A.B., «Formula and Non-Narrative Theme in South Slavic Oral Epic and the Old Testament», Semeia 5 (1976) 93-105.

*b*17100 VAN SETERS, J., «Oral Patterns or Literary Conventions in Biblical Narrative», Semeia 5 (1976) 139-154.

*b*17101 WHITAKER, R.E., «Response», Semeia 5 (1976) 107-110.

*b*17102 WITTIG, S., «Theories of Formulaic Narrative», Semeia 5 (1976) 65-91.

*b*17103 ZUBER, B., *Vier Studien zu den Ursprüngen Israels. Die Sinaifrage und Probleme der Volks- und Traditionsbildung* (Orbis Biblicus et Orientalis, 9) (Göttingen, Vandenhoeck & Ruprecht, 1976), 152 pp.

*b*17104 FRIEDLANDER, A.H., «Christliche Theologie und Antijudaismus. Die Kategorie 'Alt-Neu' in der hebräischen Bibel und Tradition», EvT 37 (1977) 502-508.

*b*17105 CHILDS, B.S., «The Canonical Shape of the Prophetic Literature», Interpr 32 (1978) 46-55.

*b*17106 VERMEYLEN, J., «Les prophètes de la conversion face aux traditions sacrales de l'Israël ancien», RTL 9 (1978) 5-32.

*b*17107 ALLERHAND, J., «Der historische Hintergrund der *Sprüche der Väter* und ihre Ethik», Kairos 21 (1979) 133-180.

*b*17108 FONTAINE, C.R., *Traditional Sayings in the Old Testament. A* Contextual Study (Sheffield, The Almond Press, 1982), viii-279 pp.

*b*17109 HELLER, J., «Der Traditionsprozess in der Auffassung der Prager Alttestamentler», VT 32 (1982) 219-224.

d) Nouveau Testament. New Testament. Neues Testament. Nuovo Testamento. Nuevo Testamento.

1. Études générales. General Studies. Allgemeine Studien. Studi generali. Estudios generales.

*b*17110 MARTIN, B., «La Sagrada Escritura y la Tradición apostica», CuBi 15 (1958) 22-26.

*b*17111 DANIÉLOU, J., «Les traditions secrètes des Apôtres», ErJb 1962 31 (1963) 199-215.

*b*17112 WIDENGREN, G., «Tradition and Literature in Early Judaism and the Early Church», Numen 10 (1963) 42-86.

*b*17113 FEINER, J., «Offenbarung und Kirche - Kirche und Offenbarung», dans *Mysterium Salutis* (en collab.) (1965), I, 497-541.

*b*17114 LENGSFELD, P., «Tradition in neutestamentlicher Zeit», dans *Mysterium Salutis* (en collab.) (1965), I, 263-282.

*b*17115 BROX, N., «Die Kontinuität der Auslegung des Neuen Testaments im Traditionsprozess», BiLit 40 (1967) 3-26.

*b*17116 GRANT, R.M., «The Creation of the Christian Tradition», dans *Perspectives on Scripture and Tradition* (en collab.) (1976), 1-17.

*b*17117 SMART, J.D., «The Treacherousness of Tradition», Interpr 30 (1976) 18-25.

*b*17118 SCHIERSE, F.J., «Tradition und Traditionen im Neuen Testament», StiZ 196 (1978) 95-107.

*b*17119 BEST, E., «Scripture, Tradition and the Canon of the New Testament», BJRL 61 (1979) 258-289.

*b*17120 DREYFUS, F., «L'actualisation de l'Écriture. II. L'action de l'Esprit», RB 86 (1979) 161-193.

*b*17121 KNOCH, O., «Wie benützt die nachapostolische Kirche das Wort der Heiligen Schrift?» BiKi 34 (1979) 116-122.

*b*17122 SCHMITT, J., «L'autorité de la Tradition aux temps apostoliques», RevSR 53 (1979) 209-219.

*b*17123 BONNARD, P., «La tradition dans le Nouveau Testament», dans *Anamnesis* (1980), 25-35.

*b*17124 HAHN, F., «Die Heilige Schrift als älteste christliche Tradition und als Kanon», EvT 40 (1980) 456-466.

*b*17125 McDONALD, J.I.H., *Kerygma and Didache.* The articulation and structure of the earliest Christian message (SNTS Monograph Series, 37) (Cambridge, Cambridge University Press, 1980), 247 pp.

*b*17126 MÜLLER, U.B., «Zur Rezeption Gesetzeskritischer Jesusüberlieferung im frühen Christentum», NTS 27 (1981) 158-185.

*b*17127 RIESNER, R., «Der Ursprung der Jesus-Überlieferung», TZ 38 (1982) 493-513.

2. *Évangiles synoptiques. Synoptic Gospels. Synoptische Evangelien.*
Vangeli sinottici. Evangelios sinópticos.

*b*17128 BEST, E., «Mark's Preservation of the Tradition», dans *L'Évangile selon Marc* (en collab.) (1974), 21-34.

*b*17129 LIMBECK, M., «Das Recht des Herkömmlichen - Tradition und Fortschrift im Matthäusevangelium», BiKi 29 (1974) 80-85.

*b*17130 KELBER, W.H., «Mark and Oral Tradition», Semeia n° 16 (1979) 7-55.

*b*17131 PAGE, S.H.T., «The Authenticity of the Ransom Logion (Mark 10:45b)», dans *Gospel Perspectives* (en collab.) (1980), 137-161.

3. *Paul. Paulus. Paolo. Pablo.*

*b*17132 LADD, G.E., «Revelation and Tradition in Paul», dans *Apostolic History and the Gospel* (en collab.) (1970), 223-230.

*b*17133 GOPPELT, L., *Theologie des Neuen Testaments,* «Die Voraussetzungen der paulinischen Theologie» (1976), 362-390.

*b*17134 VAN DER MINDE, H.-J., *Schrift und Tradition bei Paulus.* Ihr Bedeutung und Funktion im Römerbrief (Paderborn, F. Schöningh, 1976), 221 pp.

*b*17135 STEGEMANN, E., «Alt und Neu bei Paulus und in den Deutero-paulinien (Kol - Eph)», EvT 37 (1977) 508-536.

*b*17136 BRUCE, F.F., «'All Things to All Men': Diversity in Unity and Other Pauline Tensions», dans *Unity and Diversity in New Testament Theology* (en collab.) (1978), 82-99.

*b*17137 DASSMANN, E., *Der Stachel im Fleisch* (2 Kor 12,7). Paulus in der frühchristlichen Literatur bis Irenäus (Münster, Aschendorff, 1979), xi-335 pp.

*b*17138 LOHFINK, G., «Paulinische Theologie in der Rezeption der Pastoralbriefe», dans *Paulus in den neutestamentlichen Spätschriften* (en collab.) (1981), 70-121.

*b*17139 THEOBALD, M., «Verantwortung vor der Vergangenheit», BiKi 37 (1982) 13-20.

*b*17140 VAN DER MINDE, H.-J., «Wie geht Paulus mit der Tradition um», BiKi 37 (1982) ó-13.

Transcendance. Trancendence. Übersinnlichkeit. Trascendenza. Trascendencia.

*b*17141 COLLINS, J.J., «The Symbolism of Transcendence in Jewish Apocalyptic», BiRes 19 (1974) 5-22.

*b*17142 DAVIDSON, R., «The Old Testament - A Question of Theological Relevance», dans *Biblical Studies* (W. Barclay) (en collab.) (1976), 43-55.

Travail. Work. Arbeit. Lavoro. Trabajo.

*b*17143 HEINEMANN, J.H., «The Status of the Labourer in Jewish Law and Society in the Tannaitic Period», HUCA 25 (1954) 263-325.

*b*17144 SILVA, R., «San Pablo y el trabajo manual. ¿Por qué trabajó San Pablo?» CuBi 26 (1969) 131-138.

*b*17145 MARE, W.H., «The Pauline Work Ethic», dans *New Dimensions in New Testament Study* (en collab.) (1974), 357-369.

*b*17146 AGRELL, G., *Work, Foil and Sustenance. An Examination of the View of Work in the New Testament*, taking into Consideration Views found in Old Testament, Intertestamental and Early Rabbinic Writings (Lund, Hkon Ohlssons, 1976), x-261 pp.

*b*17147 GRANT, R.M., *Early Christianity and Society*, «Work and Occupations» (1977), 66-95.

*b*17148 ANTONINI, B., «Il Lavoro manuale di Paolo apostolo e le sue motivazioni», dans *Evangelizare pauperibus* (en collab.) (1978), 371-382.

*b*17149 DAUTZENBERG, G., «Biblische Perspektiven zum Problemfeld Arbeit», dans En collaboration, *Handbuch der christlichen Ethik* (Freiburg, Herder; Gütersloh, Mohn, 1978), II, 344-352.

*b*17150 HOWE, G.R., «The Christian Attitute to Work», ExpTim 90 (1979) 113-114.

*b*17151 PRATSCHER, W., «Der Verzicht des Paulus auf finanziellen Unterhalt durch seine Gemeinden: ein Aspekt seiner Missionsweise», NTS 25 (1979) 284-298.

*b*17152 WESTERMANN, C., «Travail et oeuvre culturelle dans la Bible», Conci n° 151 (1980) 95-106.

*b*17153 DE SIVATTE, R., «Perspectiva bíblica del trabajo», *Miscelánea Comillas* 41 (1983) 321-330.

Trinité. Trinity. Trinität. Trinità. Trinidad.

*b*17154 DHORME, É., «La religion primitive des Sémites. À propos d'un ouvrage récent», RHR 128 (1944) 5-27.

*b*17155 SCHELKLE, K.H., «Der Drei-Eine, als Vater, Sohn und Geist. Ein Kapitel aus der neutestamentlichen Theologie», BiKi 15 (1960) 117-119.

*b*17156 CRAWFORD, R.G., «Is the Doctrine of the Trinity Scriptural?» SJTh 20 (1967) 282-294.

*b*17157 SCHIERSE, F.J., «Die neutestamentliche Trinitätsoffenbarung», dans *Mysterium Salutis* (en collab.) (1967), II, 85-129.

*b*17158 SCHULTE, R., «Die Vorbereitung der Trinitätsoffenbarung: Die Gottesoffenbarung des Alten Testaments als vor-läufige Trinitätsoffenbarung», dans *Mysterium Salutis* (en collab.) (1967), II, 55-73.

*b*17159 PIKAZA, X., *Bibliografía trinitaria del Nuevo Testamento* (Salamanca, Ed. Estudios Trinitarios, 1978), 170 pp.

*b*17160 LAPIDE, P., MOLTMANN, J., *Jüdischer Monotheismus - christliche Trinitätslehre. Ein Gespräch* (München, Kaiser, 1979), 91 pp.

*b*17161 FRAIGNEAU-JULIEN, B., «Le Dieu vivant donne aux hommes sa Parole dans l'Esprit», NRT 104 (1982) 481-494.

*b*17162 FRITZSCHE, H., «Der christliche Gott als der trinitarische Gott», TLZ 107 (1982) 1-12.

*b*17163 SCHLINK, E., *Ökumenische Dogmatik*, «Der dreieinige Gott» (1983), 743-760.

Trône. Throne. Thron. Trono.

*b*17164   COPE, G., «Throne Symbolism in the New Testament», dans CROSS, F.L. (Ed.), *Studia Evangelica*, III (TU 88) (Berlin, Akademie Verlag, 1964), III, 178-182.
*b*17165   O'SHAUGHNESSY, T.J., «God's throne and the biblical symbolism of the Qur'ān», Numen 20 (1973) 202-221.

Union à Dieu. Union with God. Vereinigung mit Gott.
Unione a Dio. Unión a Dios.

*b*17166   HAGGENMÜLLER, O., «Erinnern und Vergessen Gottes und der Menschen», BiLeb 3 (1962) 193-201.
*b*17167   DE CATANZARO, C.J., «Fear, Knowledge, and Love: A Study in Old Testament Piety», CanJT 9 (1963) 166-173.
*b*17168   ASENSIO, F., «Una faceta bíblica del 'acercamiento humano-divino' en el Antiguo Testamento», EstB 36 (1977) 5-19.
*b*17169   WINLING, R., «Une manière de dire le salut: 'être avec Dieu'. Étude d'ordre linguistique et théologique», RevSR 51 (1977) 89-139.
*b*17170   MALATESTA, E., *Interiority and Covenant.* A Study of *einai en* and *menein en* in the First Letter of Saint John (Analecta Biblica, 69) (Rome, Biblical Institute Press, 1978), 358 pp.

Union au Christ. Union with Christ. Vereinigung mit Christus.
Unione al Cristo. Unión a Cristo.

*b*17171   SALGUERO, J., «Unión íntima de los cristianos con Cristo según S. Pablo», CuBi 24 (1967) 195-211.
*b*17172   MALATESTA, E., *Interiority and Covenant.* A Study of *einai en* and *menein en* in the First Letter of Saint John (Analecta Biblica, 69) (Rome, Biblical Institute Press, 1978), 358 pp.
*b*17173   BONNARD, P., «Mourir et vivre avec Jésus-Christ dans le paulinisme», dans *Anamnesis* (1980), 121-131.
*b*17174   BLOCHER, H., «L'union du croyant au Christ», Hok n⁰ 21 (1982) 1-9.

Unité. Unity. Einheit. Unità. Unidad.

*b*17175   DEMANN, P., «Le rassemblement des dispersés d'après la Bible», *Cahiers Sioniens* 4 (1950) 92-110.
*b*17176   EMERY, P.-Y., «L'unité des croyants au ciel et sur la terre», VC n⁰ 63 (1962) 240 pp. («La communion des saints, partie intégrante de la révélation», 9-16; «La communion des saints de la terre et du ciel dans sa réalité présente», 73-84).
*b*17177   RIBER, M., «San Pablo, maestro del unionismo», CuBi 20 (1963) 168-177.
*b*17178   BEA, A., «Eucharistie et Unité», VC n⁰ 80 (1966) 6-16.
*b*17179   NEUHÄUSLER, E., «Der Appell Jesu an die Einsicht des Menschen», BiLeb 10 (1969) 232-236.
*b*17180   BORGEN, P., *Paul preaches Circuncision and please Men* (1983), «Thoughts on Christian Unity in the New Testament», 131-153 [*Lumen* 17 (1974) 1-19].
*b*17181   DE ROBERT, F., «Un seul Seigneur, une seule foi», ETR 49 (1974) 529-534.

b17182 DESCAMPS, A., «Le Baptême, fondement de l'unité Chrétienne», dans *Battesimo e giustizia in Rom 6 e 8* (en collab.) (1974), 203-234.

b17183 APPOLD, M.L., *The Oneness Motif in the Fourth Gospel*. Motif Analysis and Exegetical Probe into the Theology of John (Wissenschaftliche Untersuchungen zum Neuen Testament: 2. Reihe, Band 1) (Tübingen, Mohr-Siebeck, 1976), x-313 pp.

b17184 LODS, M., *Le ministère d'unité* (Centre oecuménique, unité chrétienne) (Le Point théologique, 19) (Paris, Beauchesne, 1976), «À propos du ministère d'unité dans le Nouveau Testament», 9-32.

b17185 MINEAR, P.S., *To Die and to Live*, «The Bridge Between Generations / John 17:20-24» (1977), 107-122.

b17186 SANDERS, E.P., *Paul and Palestinian Judaism*, «One body, one spirit» (1977), 453-463.

b17187 CASALEGNO, A., «Da Israele alla Chiesa: un cammino di apertura al 'diverso'. Rivelazione biblica e inculturazione», CC 1 (1979) 116-132.

b17188 HÄRING, H., «Eine Kirche, eine Schrift - ein Evangelium?» BiKi 34 (1979) 122-132.

b17189 DE LA CHAPELLE, M., «Ensemble parce que différents», VS 134 (1980) 110-129.

b17190 DUPONT, J., «Réflexions de saint Paul à l'adresse d'une Église divisée», dans *Paolo a una chiesa divisa* (en collab.) (1980), 219-231.

b17191 ROWE, C., «One and Many in Greek Religion», ErJb 1976 45 (1980) 37-67.

b17192 RAMIREZ, B., RODRIGUEZ, J., RIOS, O., «Elementos de Comunión en la Iglesia», TXav 31 (1981) 35-48.

b17193 SCHLINK, E., *Ökumenische Dogmatik*, «Die Einheit der Kirche und die uneinige Christenheit» (1983), 673-708.

b17194 USAMI, K., *Somatic Comprehension of Unity*. The Church in Ephesus (Analecta Biblica, 101) (Rome, Biblical Institute Press, 1983), xii-219 pp.

Univers. Universe. Welt. Universo.

a) Études générales. General Studies. Allgemeine Studien. Studi generali. Estudios generales.

b17195 DESSAUER, F., «Mensch und Kosmos», ErJb 1947 15 (1948) 75-147.

b17196 NAGY, B., «La responsabilité de l'Église envers le monde d'après la Bible», ETR 23 (1948) 90-95.

b17197 RAMSEYER, J.-P., «Signification de la création», VC nᵒ 23 (1952) 97-107.

b17198 NILSSON, M.P., «Die astrale Unsterblichkeit und die kosmische Mystik», Numen 1 (1954) 106-119.

b17199 HINCKLEY, N.G., «Creation, Nature and History», AThR 41 (1959) 303-312.

b17200 CHALMERS, R.C., «Some Notes on the Biblical Doctrine of the World», CanJT 7 (1961) 222-231.

b17201 SOMVILLE, P., «Un témoignage de Varron sur la cosmologie pythagoricienne», RHR 166 (1964) 39-50.

b17202 SCHUBERT, K., «Endzeiterwartung und Weltbewältigung in biblischer Sicht», BiLit 40 (1967) 397-407.

b17203 GARCIA TRAPIELLO, J., «Valoración bíblica de las cosas terrenas», Ang 54 (1977) 3-23.

b17204 GESE, H., *Zur biblischen Theologie*, «Die Frage des Weltbildes» (1977), 202-222.

b17205 SCHLINK, E., *Ökumenische Dogmatik*, «Die Erhaltung der Welt» (1983), 175-190.

b) Ancien Testament. Old Testament. Altes Testament. Antico Testamento. Antiguo Testamento.

*b*17206   PITTENGER, W.N., «God and the World: Their Relationship as Seen in Jewish
           Prophecy», AThR 29 (1947) 57-61.

*b*17207   GROSS, H., *Weltherrschaft als religiöse Idee im Alten Testament* (BBB 6) (Bonn, Peter
           Hanstein, 1953), 157 pp.

*b*17208   RINALDI, G., «L'universo nei Salmi», BibOr 15 (1973) 229-238.

*b*17209   RINALDI, G., «Il mondo per l'uomo nei Salmi», BibOr 16 (1974) 163-176.

*b*17210   MARANGON, A., «Rapporti fra cosmo e storia della salvezza in alcuni momenti della
           tradizione anticotestamentaria», dans *La Cristologia in san Paolo* (en collab.) (1976),
           13-35.

*b*17211   REVENTLOW, H.G., «'Internationalismus' in den Patriarchenüberlieferungen», dans
           Beiträge zur Alttestamentlichen Theologie (en collab.) (1977), 354-370.

*b*17212   ROGERSON, J.W., «The Old Testament View of Nature: Some Preliminary Questions»,
           dans *Instruction and Interpretation* (en collab.) (1977), 67-84.

*b*17213   LOHFINK, N., «La stabilità del mondo secondo il codice sacerdotale», BibOr 20 (1978)
           17-25.

*b*17214   HALBE, J., «'Altorientalisches Weltordnungsdenken' und alttestamentliche Theologie.
           Zur Kritik eines Ideologems am Beispiel des israelitischen Rechts», ZTK 76 (1979)
           381-418.

*b*17215   SCHUNCK, K.-D., «Die Auffassung des Alten Testaments von der Natur», TLZ 104
           (1979) 401-412.

*b*17216   WEINBURG, J.P., «Die Natur im Weltbild des Chronisten», VT 31 (1981) 324-345.

*b*17217   PRATO, G.L., «L'universo come ordine e disordine», RivB 30 (1982) 51-77.

c) Nouveau Testament. New Testament. Neues Testament. Nuovo Testamento. Nuevo Testamento.

*b*17218   DAVIES, W.D., *Invitation to the New Testament*, «Man and the Universe» (1969),
           266-277.

*b*17219   ADINOLFI, M., «Ufficio cosmico dell'opera di Cristo», dans *La Cristologia in san Paolo*
           (en collab.) (1976), 378-381.

*b*17220   DUBARLE, A.-M., *La manifestation naturelle de Dieu d'après l'Écriture*, «La
           connaissance de Dieu par la nature visible» (1976), 19-47.

*b*17221   BEINERT, W., «Die Verantwortung des Christen für die Zukunft des Kosmos», Catho
           31 (1977) 1-16.

*b*17222   SANDERS, E.P., *Paul and Palestinian Judaism*, «Salvation of Mankind and the world»
           (1977), 472-474.

*b*17223   SPACCAPELO, N., «Da Israele alla Chiesa dell'età apostolica: unità, pluralità, rapporti
           Chiesa-mundo», ScuolC 106 (1978) 37-67.

*b*17224   SCHÜRMANN, H., «Eschatology and world involvement», TDig 27 (1979) 223-225.

*b*17225   ERNST, J., «'Welt' in der Sicht des Neuen Testaments», Catho 34 (1980) 111-127.

*b*17226   KEHNSCHERPER, G., «Romans 8:19 - On Pauline Belief and Creation», dans *Studia
           Biblica 1978* (en collab.) (1980), III, 233-243.

*b*17227   SCHÜRMANN, H., «Christliche Weltverantwortung im Lichte des Neuen Testaments»,
           Catho 34 (1980) 87-110.

*b*17228   COLLINS, J., «Cosmologie du Nouveau Testament», Conci no 186 (1983) 13-20.

Universalisme. Universalism. Universalismus. Universalismo.

a) Études générales. General Studies. Allgemeine Studien. Studi generali. Estudios generales.

*b*17229	SCHÜRMANN, H., «La salvación escatológica de Dios y la responsabilidad del hombre frente a la totalidad del mundo», Salm 24 (1977) 465-494.

*b*17230	CASALEGNO, A., «Da Israele alla Chiesa: un cammino di apertura al 'diverso'. Rivelazione biblica e inculturazione», CC 1 (1979) 116-132.

*b*17231	PUNT, N., *Unconditional Good News*. Toward an Understanding of Biblical Universalism (Grand Rapids, Eerdmans, 1980), x-169 pp.

b) Ancien Testament. Old Testament. Altes Testament. Antico Testamento. Antiguo Testamento.

*b*17232	BLANK, S.H., «Studies in Post-Exilic Universalism», HUCA 11 (1936) 159-191.

*b*17233	DAVIDSON, R., «Universalism in Second Isaiah», SJTh 16 (1963) 166-185.

*b*17234	GELSTON, A., «The Missionary Message of Second Isaiah», SJTh 18 (1965) 308-318.

*b*17235	REVENTLOW, H.G., «'Internationalismus' in den Patriarchenüberlieferungen», dans *Beiträge zur Alttestamentlichen Theologie* (en collab.) (1977), 354-370.

*b*17236	CAÑELLAS, G., «El universalismo en el Deuteroisaías», CuBi 35 (1978) 3-20.

*b*17237	GROSS, H., «Der Universalitätsanspruch des Reiches Gottes nach dem Alten Testament», dans *Kirche und Bibel* (en collab.) (1979), 105-119.

*b*17238	STUHLMUELLER, C., «The Painful Cost of Great Hopes: The Witness of Isaiah 40-55», dans *Sin, Salvation, and the Spirit* (en collab.) (1979), 146-162.

c) Nouveau Testament. New Testament. Neues Testament. Nuovo Testamento. Nuevo Testamento.

*b*17239	TORRANCE, T.F., «Universalism or Election?» SJTh 2 (1949) 310-318.

*b*17240	GRANT, R.M., «Nationalism and Internationalism in the Early Church», AThR 41 (1959) 167-177.

*b*17241	CERFAUX, L., «Le message des apôtres à toutes les nations», dans *Scrinium Lovaniense* (en collab.) (1961), 99-107.

*b*17242	DUPONT, J., «La portée christologique de l'évangélisation des nations d'après Luc 24,47», dans *Neues Testament und Kirche* (en collab.) (1974), 125-143.

*b*17243	VAWTER, B., «L'universalisme dans le Nouveau Testament», Conci n⁰ 121 (1977) 107-114.

*b*17244	ECKERT, J., «L'Évangile pour Israël et les nations. Le problème du caractère absolu du christianisme dans le Nouveau Testament», CHR n⁰ 155 (1980) 49-59.

*b*17245	BASSLER, J.M., *Divine Impartiality*. Paul and a Theological Axiom (SBL Dissertation Series, 59) (Chico, CA, Scholars Press, 1982), viii-302 pp.

Vengeance. Revenge. Rache. Vendetta. Venganza.

*b*17246	DIETRICH, W., «Rache. Erwägungen zu einen alttestamentlichen Thema», EvT 36 (1976) 450-472.

*b*17247	KELLER, C.-A., «Zum sogenannten Vergeltungsglauben im Proverbienbuch», dans *Beiträge zur Alttestamentlichen Theologie* (en collab.) (1977), 223-238.

*b*17248	DUHAIME, J., «Le Dieu *vengeur* des Psaumes», dans *Dieu, parole et silence* (en collab.) (1978), 63-73.

*b*17249	CARLSON, D.C., «Vengeance and Angelic Mediation in Testament of Moses 9 and 10», JBL 101 (1982) 85-95.

b17250   COLLINS, A.Y., «Persecution and Vengeance in the Book of Revelation», dans *Apocalypticism in the Mediterranean World and the Near East* (en collab.) (1983), 729-749.

Vent. Wind. Vento. Viento.

b17251   KEEL, O., *Jahwe-Visionen und Siegelkunst*, «Die Vier Winde im Tempel von Kom Ombo (Oberägypten). Beitrag von Adolphe Gutbub» (1977), 328-353.
b17252   LUYSTER, R., «Wind and Water: Cosmogonic Symbolism in the Old Testament», ZAW 93 (1981) 1-10.

Vérité. Truth. Wahrheit. Verità. Verdad.

a) Études générales. General Studies. Allgemeine Studien. Studi generali. Estudios generales.

b17253   BENOIT, P., «De indole veritatis in Sacra Scriptura», dans *Acta Congressus Internationalis de Theologia Concilii Vaticani II* (en collab.) (1968), 513-523.
b17254   BÖHL, F., «*Emeth* (Wahrheit), gnostischer Dualismus und die Erlaubtheit der Lüge in der rabbinischen Literatur», Or. 48 (1979) 163-175.
b17255   DE LA POTTERIE, I., «Storia e verità», dans *Problemi e prospettive di teologia fondamentale* (en collab.) (1980), 115-139.
b17256   DUMONT, C.-J., «Sur la pleine acception biblique du mot 'vérité' et ses implications en matière d'infaillibilité», RSPT 67 (1983) 87-96.

b) Ancien Testament. Old Testament. Altes Testament. Antico Testamento. Antiguo Testamento.

b17257   ALONSO SCHÖKEL, L., *Il dinamismo della tradizione*, «Verità del Vecchio Testamento» (1970), 17-65.
b17258   ARNALDICH, L., «La 'verdad' en el libro de Judit», dans *Homenaje a Juan Prado* (en collab.) (1975), 229-243.
b17259   DE LA POTTERIE, I., *La vérité dans saint Jean*, «L'arrière-fond juif du thème» (1977), 805-825.
b17260   BLOCHER, H., «Qu'est-ce que la vérité?» Hok nº 12 (1979) 2-13.

c) Nouveau Testament. New Testament. Neues Testament. Nuovo Testamento. Nuevo Testamento.

1. Études générales. General Studies. Allgemeine Studien. Studi generali. Estudios generales.

b17261   BEIERWALTES, W., «Deus est veritas. Zur Rezeption des griechischen Wahrheitsbegriffes in der frühchristlichen Theologie», dans *Pietas* (en collab.) (1980), 15-29.
b17262   BLOCHER, H., «Qu'est-ce que la vérité?» Hok nº 13 (1980) 38-49.

2. Jean. John. Johannes. Giovanni. Juan.

b17263   BULTMANN, R., «Untersuchungen zum Johannesevangelium. A. *Alêtheia*», ZNW 27 (1928) 113-163, dans *Exegetica* (1967), 124-173.
b17264   IBUKI, Y., *Die Wahrheit im Johannesevangelium* (BBB 39) (Bonn, Peter Hanstein, 1972), xxii-366 pp.
b17265   DE LA POTTERIE, I., *La vérité dans saint Jean* (1977), 1128 pp.

*b*17266 HOANG DAC-ANH, S., «La liberté par la vérité (Jn 8,32)», Ang 54 (1977) 536-565; 55 (1978) 193-211.
*b*17267 MARCHESI, G., «La verità nel Vangelo di san Giovanni», CC 1 (1978) 348-362.
*b*17268 REISER, W., «Truth and Life», Way 19 (1979) 251-260.
*b*17269 FERRARO, G., «Lo Spirito della verità nel Vangelo di Giovanni», dans *Parola, spirito e vita* 4 (1981) 130-141.

Vêtement. Clothes. Kleid. Vestito. Vestido.

*b*17270 MACDONALD, J., «Palestinian Dress», PEQ 83 (1951) 55-68.
*b*17271 BRENNER, A., «'White' Textiles in Biblical Hebrew and in Mishnaic Hebrew», HebAnR 4 (1980) 39-44.
*b*17272 BRONGERS, H.A., «Die metaphorische Verwendung von Termini für die Kleidung von Göttern und Menschen in der Bibel und im Alten Orient», dans *Von Kanaan bis Kerala* (en collab.) (1982), 61-74.
*b*17273 LEVINE, E., «The Wrestling-Belt Legacy in the New Testament», NTS 28 (1982) 560-564.

Veuve. Widow. Witwe. Vedova. Viuda.

*b*17274 OSIEK, C., «The Widow as Altar. The Rise and Fall of a Symbol», SeC 3 (1984) 159-169.

Vie. Life. Leben. Vita. Vida.

a) Études générales. General Studies. Allgemeine Studien. Studi generali. Estudios generales.

*b*17275 HASSENHÜTTL, G.,«Die neue Gott-Ist-tot Theologie», BiKi 25 (1970) 37-41.
*b*17276 SCHOLL, N., *Tod und Leben*. Biblische Perspektiven (Reihe Spielraum, 20) (München, Pfeiffer, 1974), 126 pp.
*b*17277 ZEDDA, S., *L'escatologia biblica*, «Le realtà escatologiche presenti: la vita eterna» (1975), II, 303-367.
*b*17278 KAISER, O., LOHSE, E., *Tod und Leben* (Kohlhammer Taschenbücher, 1001) (Stuttgart, Kohlhammer, 1977), 160 pp.
*b*17279 NODET, É., «Réflexions bibliques sur la vie et la mort», LV no 138 (1978) 53-65.
*b*17280 MARCHADOUR, A., «Mort et vie dans la Bible», CE (n.s.) no 29 (1979) 5-37.
*b*17281 MEVES, C., *Un sentido para la vida*. La respuesta bíblica desde la psicología profunda (Santander, Ed. Sal Terrae, 1979), 199 pp.
*b*17282 STAGG, F., *The Bible Speaks on Aging* (Nashville, TN, Broadman, 1981), 192 pp.
*b*17283 DUMAS, A., «Fondements bibliques d'une bioéthique», Supp no 142 (1982) 353-368.
*b*17284 KLEIN, H., «Leben - neues Leben. Möglichkeiten und Grenzen einer gesamtbiblischen Theologie des Alten und Neuen Testaments», EvT 43 (1983) 91-107.

b) Judaïsme. Judaism. Judentum. Giudaismo. Judaísmo.

*b*17285 RAPHAEL, F., «Symbolique de la vie et de la mort dans le judaïsme», dans C.I.S.R., *Actes, 14ème conférence internationale de sociologie des religions*, Strasbourg 1977 (Paris, Secrétariat C.I.S.R., 1978), 127-147.

c) Ancien Testament. Old Testament. Altes Testament. Antico Testamento. Antiguo Testamento.

*b*17286 VON RAD, G., *Gottes Wirken in Israel* (1974), «Alttestamentliche Glaubensaussagen vom Leben und vom Tod» (1938), 250-267.

*b*17287 EISING, H., «Das Menschenleben im Buche Ijob», dans *Memoria Jerusalem* (en collab.) (1977), 43-57.

*b*17288 PENNACCHINI, B., «Gli assurdi dell'esistenza umana in Qohelet», dans *Il fine ultimo dell'uomo secondo la S. Scrittura...* (en collab.) (1977), 45-58.

*b*17289 DUHAIME, J., «Le Dieu de la vie», LTP 36 (1980) 195-204.

*b*17290 FESTORAZZI, F., «La dimensione salvifica del binomio morte-vita (Qohelet e Sapienza)», RivB 30 (1983) 91-109.

*b*17291 KREUZER, S., *Der Lebendige Gott*. Bedeutung, Herkunft und Entwicklung einer alttestamentlichen Gottesbezeichnung (Beiträge zur Wissenschaft vom Alten und Neuen Testament, 116) (Stuttgart, Kohlhammer, 1983), viii-417 pp.

d) Nouveau Testament. New Testament. Neues Testament. Nuovo Testamento. Nuevo Testamento.

*b*17292 STRÄTER, C., «Christus, de levengevende Geest», Bijdr. 8 (1947) 183-193.

*b*17293 FRANQUESA, P., «El concepto de vida sobrenatural en S. Juan», CuBi 12 (1955) 241-249.

*b*17294 THOMAS, R.W., «The Meaning of the Terms 'Life' and 'Death' in the Fourth Gospel and in Paul», SJTh 21 (1968) 199-212.

*b*17295 RUSCHE, H., «Glauben und Leben nach dem Hebräerbrief. Einführende Bemerkungen», BiLeb 12 (1971) 94-104.

*b*17296 HEER, J., *Leben hat Sinn*. Christliche Existenz nach dem Johannesevangelium (Geist und Leben) (Stuttgart, Katholisches Bibelwerk, 1974), 228 pp.

*b*17297 TRUDINGER, L.P., «The Meaning of 'Life' in St. John: Some Further Reflections», BTB 6 (1976) 258-263.

*b*17298 MINEAR, P.S., *To Die and to Live* (1977), 162 pp.

*b*17299 STENGER, W., «Die Gottesbezeichnung 'lebendiger Gott' im Neuen Testament», TrierTZ 87 (1978) 61-69.

*b*17300 FRANKEMÖLLE, H., «Menschlichkeit. Impulse aus dem Evangelium zu einem Grundwert des Lebens», BiKi 34 (1979) 90-95.

*b*17301 MOLLAT, D., *La vie et la gloire*. Exégèse spirituelle, «Méditation sur la Vie» (1980), II, 11-17.

*b*17302 ZACHER, E., «Hoffnung auf ewiges Leben - Johanneische Fragmente», GeistL 53 (1980) 130-145.

*b*17303 SCHILLEBEECKX, E., *God among us*, «I Believe in Eternal Life» (1983), 139-143.

Vieillesse. Old Age. Alter. Vecchiaia. Vejez.

*b*17304 KIRK, G.S., «Old Age and Maturity in ancient Greece», ErJb 1971 40 (1973) 123-158.

Vigilance. Wachsamkeit. Vigilanza. Vigilancia.

*b*17305 CHARLIER, C., *Le christianisme*, «L'appel à la vigilance» (1979), I, 159-179.

Vigne. Vine. Weinstock. Vite. Viña.

*b*17306 GEORGE, A., «Gesù, la vite vera (Giov. 15,1-17)», BibOr 3 (1961) 121-125.
*b*17307 PROVERA, M., «La coltura della vite nella tradizione biblica ed orientale», BibOr 24 (1982) 97-106.

Ville. City. Stadt. Città. Ciudad.

*b*17308 WAECHTER, J., «The Beginnings of Civilization in the Middle East», PEQ 85 (1953) 124-131.
*b*17309 CELADA, B., «De señala con bastante precisión la fecha de origen de la cultura de ciudad en Palestina y en el resto del mundo», CuBi 16 (1959) 42-43.
*b*17310 BAMBERG, C., «Die unheilige und die heilige Stadt», BiLit 41 (1968) 308-319.
*b*17311 REVIV, H., «Urban Institutions, Personages and Problems of Terminology in Biblical Presentations of Non-Israelite Cities», ErIs 10 (1971) 258-263 (English summary).
*b*17312 TESTA BAPPENHEIM, I., LAMPUGNANI, F., *Bibbia e antropologia*, «Proto-Urbanesimo» (1976), 236-251.
*b*17313 FRICK, F.S., *The City in Ancient Israel* (SBL Dissertation Series, 36) (Missoula, Montana, Scholars Press, 1977), xiii-283 pp.
*b*17314 KEMPINSKI, A., *The Rise of an Urban Culture.* The Urbanization of Palestine in the Early Bronze Age (Israel Exploration Society Studies, 4) (Jerusalem, Ethnographical Society, 1978), x-80 pp.
*b*17315 ROST, L., «Die Stadt im Alten Testament», ZDPV 97 (1981) 129-138.

Vin. Wine. Wein. Vino.

*b*17316 PAUL, S.M., «Classifications of Wine in Mesopotamian and Rabbinic Sources», IsrEJ 25 (1975) 42-44.
*b*17317 AHLSTRÖM, G.W., «Wine Presses and Cup-Marks of the Jenin-Megiddo Survey», BASOR nº 231 (1978) 19-49.
*b*17318 DEMSKY, A., «A Note on 'Smoked Wine'», Tel Aviv 6 (1979) 163.
*b*17319 ROLL, I., AYALON, E., «Two Large Wine Presses in the Red Soil Region of Israel», PEQ 113 (1981) 111-125.
*b*17320 TSUMURA, D.T., «Twofold image of wine in psalm 46:4-5», JQR 71 (1981) 167-175.

Violence. Gewalt. Violenza. Violencia.

*b*17321 FERGUSON, J., *The Politics of Love.* The New Testament and Non-Violent Revolution (Greenwood, SC, Attic Press, no date), x-122 pp.
*b*17322 BRANDON, S.G.F., *Jesus and the Zealots.* A Study of the Political Factor in Primitive Christianity (New York, Harper & Row, 1962, 1968), 6-186 pp.
*b*17323 BAUMBACH, G., «Die Zeloten - ihre geschichtliche und religionspolitische Bedeutung», BiLit 4 (1968) 2-25.
*b*17324 CULLMANN, O., *Jésus et les révolutionnaires de son temps.* Culte. Société. Politique (Neuchâtel, Delachaux et Niestlé, 1970), 87 pp.
*b*17325 HENGEL, M., *War Jesus Revolutionär?* (Calwer Heft, 110) (Stuttgart, Calwer, 1970), 47 pp.

*b*17326 BAUMBACH, G., *Jesus von Nazareth im Lichte der jüdischen Gruppenbildung* (Aufsätze und Vorträge zur Theologie und Religionswissenschaft, 54) (Berlin, Evangelische Verlagsanstalt, 1971), 96 pp.

*b*17327 GNILKA, J., «War Jesus Revolutionär?» BiLeb 12 (1971) 67-78.

*b*17328 HENGEL, M., *Gewalt und Gewaltlosigkeit*. Zur 'politischen Theologie' in neutestamentlicher Zeit (Calwer Heft, 118) (Stuttgart, Calwer, 1971), 68 pp.

*b*17329 MERKEL, H., «War Jesus Revolutionär? Die jüdische Widerstandsbewegung zur Zeit Jesu», BiKi 26 (1971) 44-47.

*b*17330 WEBER, H.-R., «Libérateur ou Prince de la paix?» ETR 48 (1973) 317-349.

*b*17331 BEIRNAERT, L., «La violence homicide. L'histoire de Caïn et d'Abel», VSS 29 (1976) 435-444.

*b*17332 RAK, Y., ARENSBURG, B., NATHAN, H., «Evidence of Violence on Human Bones in Israel, First and Third Centuries C.E.», PEQ 108 (1976) 55-58.

*b*17333 A.A., «Un precedente biblico del terrorismo», BibOr 20 (1978) 241-244.

*b*17334 LOHFINK, N., PESCH, R., *Weltgestaltung und Gewaltlosigkeit*. Ethische Aspekte des Alten und Neuen Testaments in ihrer Einheit und ihrem Gegensatz (Schriften der Katholischen Akademie in Bayern, 87) (Düsseldorf, Patmos, 1978), 80 pp.

*b*17335 SCHWAGER, R., *Brauchen wir einen Sündenbock?* Gewalt und Erlösung in den biblischen Schriften (München, Kösel, 1978), 239 pp.

*b*17336 FURGER, F., «Bewaffnet - Gewaltos? Überlegungen zu Rüstung und Verteidigung angesichts der Gewaltlosigkeitsforderung des Evangeliums», IKZCommunio 8 (1979) 152-166.

*b*17337 GOURGUES, M., «Jésus et la violence», SE 31 (1979) 125-146.

*b*17338 LOHFINK, N., «The unmasking of violence in Israel», TDig 27 (1979) 103-106.

*b*17339 THIERING, B.E., «Are the 'Violent Men' False Teachers?» NT 21 (1979) 293-297.

*b*17340 DEMEESTÈRE, P., «Violence ou naissance», CHR 27 (1980) 166-180.

*b*17341 TRUBLET, J., «Violence et prière. Essai sur les Psaumes d'imprécation», CHR 27 (1980) 220-224.

*b*17342 ALONSO DIAZ, J., «Jesús de Nazaret ante la violencia opresora», Bibfe 7 (1981) 33-48.

*b*17343 QUELLE, C., «Violencia cristiana en la denuncia de Pablo», BibFe 7 (1981) 49-61.

*b*17344 SALAS, A., «Evangelio y violencia, ayer y hoy», BibFe 7 (1981) 62-84.

*b*17345 VILLAR, E., «El Dios de la biblia es ¿violento?» BibFe 7 (1981) 19-32.

*b*17346 HECHT, A., BAUER, D., «An ihren Früchten sollt ihr sie erkennen», BiKi 37 (1982) 104-106.

*b*17347 VILLAR, E., «Does the Bible portray a violent God?» TDig 30 (1982) 203-207.

Virginité. Virginity. Jungfräulichkeit. Verginità. Virginidad.

*b*17348 CAUBET ITURBE, F.J., «Superioridad de la virginidad sobre el matrimonio a la luz de los Evangelios», CuBi 18 (1961) 347-357.

*b*17349 RUSCHE, H., «Ehelosigkeit als eschatologisches Zeichen», BiLeb 5 (1964) 12-18.

*b*17350 ALONSO DIAZ, J., «La virginidad o celibato en contraposición al matrimonio y sexualidad a la luz de la Biblia», CuBi 31 (1974) 195-219.

*b*17351 ALVAREZ GOMEZ, J., *La virginidad consagrada, ¿Realidad evangélica o mito socio-cultural?* (Madrid, Ed. Instituto Teológico de Vida Consagrada, 1977), 186 pp.

*b*17352 LORENZO, B., «La virginité de Jésus Christ», CHR 24 (1977) 339-348.

*b*17353 QUELLE, C., «Celibato y virginidad a la luz de la reflexión evangélica», BibFe 5 (1979) 268-286.

*b*17354 SALAS, A., «María, La Virgen», BibFe 6 (1980) 205-225.

b17355 CAPORALE, V., «Celibato e verginità senza Cristo?» CC 3 (1982) 12-26.

Visions. Visionen. Visioni. Visiones.

b17356 MORGENSTERN, J., «Amos Studies 1», HUCA 11 (1936) 19-140 (pp. 68-130).
b17357 PATTE, D., *Early Jewish Hermeneutic in Palestine*, «The Visionary Texts: Anthological and Structural Uses of Scripture» (1975), 181-199.
b17358 LONG, B.O., «Reports of Visions among the Prophets», JBL 95 (1976) 353-365.
b17359 COLLINS, J.J., *The Apocalyptic Vision of the Book of Daniel* (Harvard Semitic Museum, Harvard Semitic Monographs, 16) (Missoula, Scholars Press, 1977), xx-239 pp.
b17360 BUCHANAN, G.W., «The Word of God and the Apocalyptic Vision», dans *Society of Biblical Literature. 1978 Seminar Papers* (en collab.) (1978), II, 183-192.
b17361 HANSON, J.S., «Dreams and Visions in the Graeco-Roman World and Early Christianity», dans *Aufstieg und Niedergang der römischen Welt* (en collab.) (1980), 23. Band, 2. Halbband, 1395-1427.
b17362 NIDITCH, S., «The Visionary», dans *Ideal Figures in Ancient Judaism* (en collab.) (1980), 153-179.
b17363 PRICE, R.M., «Punished in Paradise (An Exegetical Theory on II Corinthians 12:1-10)», JSNT no 7 (1980) 33-40.
b17364 AMSLER, S., «La parole visionnaire des prophètes», VT 31 (1981) 359-363.
b17365 EATON, J.H., *Vision in Worship*. The Relation of Prophecy and Liturgy in the Old Testament (London, SPCK, 1981), x-115 pp.
b17366 KOCH, K., «Vom profetischen zum apokalyptischen Visionsbericht», dans *Apocalypticism in the Mediterranean World and the Near East* (en collab.) (1983), 413-446.

Visite. Visit. Kommen. Venuta. Venida.

b17367 JENNI, E., «'Kommen' im theologischen Sprachgebrauch des Alten Testaments», dans STOEBE, H.J. (Hrsg.), *Wort - Gebot - Glaube* (ATANT 59) (Zürich, Zwingli, 1970), 251-261.
b17368 JAUBERT, A., «Visite et bonne nouvelle dans la Bible», Communion no 100 (1971) 3-10.

Vocation. Berufung. Vocazione. Vocación.

b17369 NEUHÄUSLER, E., «Berufung. Ein biblischer Grundbegriff», BiLeb 8 (1967) 148-152.
b17370 GARCIA-MORENO, A., «Cristo forjador de apóstoles», CuBi 25 (1968) 15-24.
b17371 RIBER, M., «Respuestas a la vocación de Dios en el Antiguo Testamento», CuBi 26 (1969) 341-347.
b17372 GOUDERS, K., «Zu einer Theologie der prophetischen Berufung», BiLeb 12 (1971) 79-93.
b17373 DEL OLMO LETE, G., *La vocación del líder en el antiguo Israel*. Morfología de los relatos bíblicos de vocación (Bibliotheca Salmanticensis III: Estudios, 2) (Salamanca, Institución San Jerónimo, Universidad Pontificia, 1973), 9-467 pp.
b17374 DAVIDSON, J.A., «The Making of a Disciple», ExpTim 87 (1976) 305-306.
b17375 GÖRG, M., «Der Einwand im prophetischen Berufungsschema», TrierTZ 85 (1976) 161-166.

*b*17376 DURRWELL, F.-X., «Vous avez été appelé...», dans *In libertatem vocati estis* (en collab.) (1977), 345-357.

*b*17377 SCHÜRMANN, H., «Die zwei unterschiedlichen Berufungen, Dienste und Lebensweisen im einen Presbyterium», dans *In libertatem vocati estis* (en collab.) (1977), 401-420.

*b*17378 ACHTEMEIER, P.J., «'And they followed him': Miracles and Discipleship in Mark 10:46-52», Semeia 11 (1978) 115-145.

*b*17379 RIEBL, M., «Dreimal: Berufung des Mose. Eine Bibelarbeit», BiLit 53 (1980) 213-218.

*b*17380 COULOT, C., «Recherches sur les récits bibliques de vocation», SemBib 24 (1981) 37-41.

*b*17381 MOTTU, H., «Aux sources de notre vocation: Jérémie 1,4-19», RTP 114 (1982) 105-119.

Voeu. Vow. Gelübde. Voto.

*b*17382 EMERY, P.-Y., «Le voeu, sacrifice d'action de grâce», VC n° 68 (1963) 443-472.

*b*17383 SCHELKLE, K.H., «Die eine Hingabe. Ansprache zu Kirchweihe und Ordensprofess», BiLeb 10 (1969) 146-151.

*b*17384 COX, D., «New Testament Sources and the Religious Life», Ant 51 (1976) 377-393.

*b*17385 STANLEY, D.M., «Experience in the Apostolic Church», Way 17 (1977) 204-216.

*b*17386 PARKER, S.B., «The Vow in Ugaritic and Israelite Narrative Literature», UF 11 (1979) 693-700.

*b*17387 MATURA, T., «Le radicalisme évangélique et la vie religieuse», NRT 103 (1981) 175-186.

*b*17388 MATURA, T., «Références bibliques de la vie religieuse», NRT 105 (1983) 47-68.

*b*17389 MATURA, T., *Suivre Jésus*. Des conseils de perfection au radicalisme évangélique (Problèmes de vie religieuse, 44) (Paris, Cerf, 1983), 118 pp.

Vol. Robbery. Diebstahl. Furto. Robo.

*b*17390 KLEIN, H., «Verbot des Menschendiebstahls im Dekalog? Prüfung einer These Albrecht Alts», VT 26 (1976) 161-169.

*b*17391 LITTLE, D., «Exodus 20:15, 'Thou shalt not steal'», Interpr 34 (1980) 399-405.

Volonté de Dieu. Will of God. Wille Gottes. Volontà di Dio. Voluntad de Dios.

*b*17392 SEGALLA, G., *Volontà di Dio e dell'uomo in Giovanni (Vangelo e Lettere)*. (Supplementi alla Rivista Biblica, 6) (Brescia, Paideia, 1974), 227 pp. (Cf. «Qumran», 40-44; «I vangeli sinottici», 65-81; «Paolo», 81-91).

*b*17393 ANTONINI, B., «La conoscenza della volontà di Dio in Col. 1,9b», dans *La Cristologia in san Paolo* (en collab.) (1976), 301-340.

*b*17394 BOURGEOIS, H., «Fils et serviteurs», CHR n° 99 (1978) 275-285.

Vue de Dieu. Seeing God. Schau Gottes. Vista di Dio. Visión de Dios.

*b*17395 MONTIZAMBERT, E., «St. Paul and the Vision of God», AThR 23 (1941) 147-153.

*b*17396 AMMASSARI, A., «Vedere Dio», BibOr 18 (1976) 87-93.

*b*17397 JONES, E., «Face to Face», ExpTim 87 (1976) 210-211.

b17398   ROWLAND, C., «The Visions of God in Apocalyptic Literature», JStJud 10 (1979) 137-154.
b17399   DE MONLÉON, A.-M., «Vue de Dieu, *vie de l'homme*», VS 134 (1980) 876-886.

INDEX

AUTEURS CITÉS
AUTHORS CITED
AUTORENREGISTER
AUTORI CITATI
AUTORES CITADOS

A

A.A., b17333.

A.C.É.B.A.C., a12715.

AALEN, L., a91.

AARTUN, K., a5541, a8288, a8290, a8292, a10354, a11111, a11114, a11133, a11216, a11222, a14068, a14090, a14182.

ABBA, R., a13613, a15742, a16182, a17357, a17390, b1305, b2468, b3785, b4077, b5004, b9343, b9672, b13089, b16268, b16367.

ABBADI, S., a1459.

ABBOTT, W.M., a12829.

ABD EL-KADER, D., a7915.

ABÉCASSIS, A., a5470, a17502, b13742.

ABEL, E.L., b10463.

ABERBACH, D., a17605.

ABERBACH, M., a5789, a5806, a13821.

ABIR, S., a13573.

ABOU ASSAF, A., a3222.

ABRAMOWSKI, L., a4395.

ABRAMSKY, S., a5187, a14462, a14548, a15054, a17081, b14078, b16524.

ABREGO, J.M., a17916.

ABU KHALAF, M.F., a1025, a4135.

ABÛ-L-FARAǦ AL-'UŠ, M., a3179.

ABUL-HAJJ, A., a9141.

ACHTEMEIER, E., a6099, a11662, a11703, a17016.

ACHTEMEIER, P.J., a195, a5012, b321, b322, b1659, b1981, b2083, b2479, b2556, b2688, b3149, b7991, b8025, b8592, b8800, b13933, b13944, b14005, b14012, b17378.

ACKERMAN, A.S., a611.

ACKERMAN, J.S., a14479, a17797.

ACKROYD, P.R., a5314, a5332, a5344, a12637, a14499, a14602, a14761, a14843, a15006, a15065, a15092, a15117, a15129, a17035, a17055, a17284, a17287, b8490, b11968, b11969.

ACQUARO, E., a1693, a1891, a3094, a7800, a7857, a7864, a7865.

ACQUISTAPACE, P., a12830.

ADAM, G., a4529.

ADAM, J.-P., a1793.

ADAMS, J.E., a12649.

ADAMS, W.Y., a6858.

ADAMSON, J.B., b7220.

ADAN-BAYEWITZ, D., a1346, a1687, a2457.

ADDINALL, P., b9647, b10434, b14544.

ADINOLFI, M., a4338, a5738, a7370, a7513, a9934, a13359, a15079, a16471, b1306, b1704, b2549, b4935, b5081, b5101, b5336, b5426, b5951, b6067, b6068, b6143, b6222, b6744, b6887, b6888, b6894, b8225, b9114, b9282, b9445, b9819, b9822, b10299, b11382, b11578, b11685, b11757, b11758, b11779, b12531, b13007, b13523, b13543, b13544, b13548, b13747, b14337, b16266, b16354, b16732, b17219.

ADKIN, N., a17276.

ADLER, N., a12567, b11315.

ADLER, W., b12151, b16711.

ADLOFF, K., b2388.

ADNÈS, P., b15094, b15136, b15137.

ADOVASIO, J.M., a1795.

AEJMELAEUS, A., a9848, a12808.

AFANASIEVA, V., a8402.

AGASSI, J., b13243.

AGBANOU, V.K., b1808.

AGGOULA, B., a3120, a8920, a8925, a9236, a9319, a9320, a9322, a9348, a10750, a10752.

AGNEW, F., a9728, b9590.

AGNEW, F.H., b7339.

AGNEW, P.W., b829, b946.

AGOURIDES, S., a67, a257, a3518, b8135.

AGRELL, G., b17146.

AGRELO, S., b9766, b13433.

AGUA PEREZ, A., a5615.

AGUIRRE, R., b16198.

AGUIRRE, R.L., b8925.

AGUIRRE MONASTERIO, R., b1907, b1908, b8617, b8618, b8619, b8851.

AGUS, A., a4389.

AHARONI, M., a1282, a1312, a1337, a1615, a1725, a1729, a1825, a10453.

AHARONI, Y., a695, a962, a1225, a1232, a1282, a1398, a1410, a1615, a1717, a1718, a1719, a1814, a1815, a1816, a1817, a1818, a1819, a1821, a2213, a2589, a2701, a2755, a2758, a2759, a2809, a2919, a2920, a4030, a4095, a4112, a4114, a4164, a4218, a10409, a10425, a10428, a10449, a10450, a10451, a10452, a14865.

AHERN, B.M., b11379, b12108, b13110, b14474, b14482, b16492.

AHITUV, S., a4217, a6683.

AHLSTRÖM, G.W., a1361, a2035, a2037, a2038, a2711, a4033, a5168, a11106, a14368, a14506, a14618, a14738, a14867, a14971, a16682, b10313, b17317.

AHMED, S., a8008.

AHR, P.G., b4522.

AHRONI, R., a15773, a16958.

AHSTON, J., b1348.

AHUIS, F., b15262.

AICHINGER, H., b1644, b2475, b3319.

AINLEY, I., a7726.

AIROLDI, N., a17290.

AISTLEITNER, J., a11021.

AIZPURUA, F., a11874, a16949, a16950, a16951.

'AJJAN, L., a11079, a11308.

AKPUNONU, P.D., b12294.

ALAND, B., a3668, a4391, a4418, a4426, a4434, a6342, b89, b10909.

ALAND, K., a12821, b57, b81, b89, b101, b126, b135, b145, b549, b612, b2004, b2777, b6743, b15319, b15326.

ALBENDA, P., a599, a984, a1449, a5267, a7291, a7553, b11700.

ALBERTI, A., a9483, a9488, a11627.

ALBERTON, M., b7289, b11637, b13474.

ALBERTZ, H., a13493, b15067.

ALBERTZ, R., a7648, a13969, a14086, a14257, a15291, a17306, b3162, b10145, b10339, b11659, b12442, b16875.

ALBREKTSON, B., a12967, a12976, a14655, a14669.

ALBRIGHT, F.P., a2561.

ALBRIGHT, W.F., a830, a883, a924, a925, a926, a1066, a3218, a3223, a10521, a11914, a13044, a15188, b14510.

ALDERINK, L.J., b12389.

ALEGRE, X., b4691, b4692, b4698, b16206.

ALEM, J.P., a4022.

ALEMANY BRIZ, J.J., a15639, b3549, b13798.

ALETTI, J.-N., a3335, a3389, a4644, a16227, a16250, b2285, b4054, b5991, b6792, b6801, b6803, b8582, b9919, b16493, b16494, b16495.

ALEXANDER, N., b5562, b6556.

ALEXANDER, P., a363, a3557, a3562.

ALEXANDER, P.S., a394, a5999, a9160, b428.

ALEXANDER, R.-L., a7241.

ALEXANDER, T.D., a13711, b9391.

ALEXANDER, W.M., b10414.

ALEXANDRE, J., a13638, b221.

ALFARIC, P., b2949, b4986.

ALFARO, J., b4147, b4702, b8866, b8867, b8910, b8914, b9110, b9112, b11005, b13619, b17025.

ALFONSI, L., b12385.

ALFRINK, B.J., a10236, b13920.

ALING, C.F., a5077, a7073.

ALKIM, B., a6629.

ALKIM, U.B., a6632.

ALLAM, S., a7048, a9515, b9277, b11654.

ALLAN, N., a13007, b13095, b16274, b16276.

ALLBERRY, C.R.C., b14388, b15930.

ALLDRIT, N.S.F., b13208.

ALLEGRETTI, S., a1563, a2497.

ALLEGRO, J.M., a11904, a11945, a12103, a12110, a12123.

ALLEN, L.C., a12731, a15039.

ALLENBACH, J., a3636.

ALLERHAND, J., a5665, a5868, b17107.

ALLIATA, E., a3083.

ALLIOT, M., a6985.

ALLISON, D.C., Jr., a12071, b828, b1803, b3483, b5887.

ALLISON, R.W., a9945.

ALLONY, N., a13040.

ALMEIDA, I., a4618, a4637, a4626, a4645, a4646,a4647, a4648, a4779, a4817, b234, b256, b2600, b5125.

ALON, A., a4005.

ALON, D., a812, a826, a1565, a1829, a2153, b16906.

ALONG, G., a5432.

ALONSO, J., a12467, a16467, a17772, b2187, b8668, b11635, b12948, b14654, b16387.

ALONSO DIAZ, J., a12673, a14399, a15023, a15144, a15224, a15364, a16740, a16772, a16828, a16841, a16974, b1271, b1420, b2382, b4274, b6040, b6296, b6973, b7230, b8015, b8355, b8460, b8574, b8848, b9059, b9434, b9633, b9909, b10324, b10634, b11013, b11033, b11179, b11674, b11675, b11676, b12028, b12947, b12951, b12952, b13103, b13105, b13217, b13338, b13714, b13757, b13789, b14023, b14214, b15320, b15347, b15538, b15619, b15765, b16000, b16167, b16627, b17342, b17350.

ALONSO SCHÖKEL, L., a24, a95, a3529, a4462, a4505, a4961, a6210, a12230, a12391, a12414, a12428, a12510, a12544, a12672, a12676, a12681, a12683, a12689, a12690, a12691, a12955, a13212, a13430, a14792, a15034, a15103, a15125, a15159, a15202, a15311, a15326, a15376, a15561, a15659, a15847, a15848, a15850, a16136, a16288, a16303, a16453, a16513, a16718, a16732, a17194, a17197, a17209, a17212,

a17816, b1161, b1377, b2113, b3136, b4108, b5197, b7254, b8309, b10099, b11608, b12437, b12982, b15419, b15596, b16031, b16571, b17056, b17257.

ALP, S., a10585.

ALPHANDERY, P., b12081.

ALSOP, J.R., a9717.

ALSTER, B., a8585, a8783, a8790, a8847, a8891, a8892, b14394.

ALSUP, J.E., b304, b2133, b7768, b9157.

ALT, A., a1769, a1834, a2150, a2745, a4062, a4090, a4093, a4107, a4113, a4261, a4282, a5228, a5346, a5348, a5485, a6814, a6836, a6837, a6964, a7144, a7146, a7657, a7658, a7659, a7805, a7959, a7960, a7962, a8569, a9617, a9883, a9908, a9930, a11012, a14414, b9185, b9615, b16509.

ALTBAUER, M., a10170.

ALTERMATH, F., a3654, b6229, b6279.

ALTHANN, R., a9502, a10030, a10103, a13852, a13962, a14637, a14664, a15914, a17096, a17585, a17640, a17846, b9926.

ALTIZER, T.J.J., b5453.

ALTMAN, A., a4078, a7367.

ALTMANN, A., b11569.

ALTPETER, G., a14784.

ALTSHULER, D., a5969.

ALVAREZ GOMEZ, J., b17351.

ALVAREZ MAESTRO, J., b12717.

ALVAREZ VERDES, L., b10046, b11584, b13127, b13139.

ALVIERO, N., b4595.

AMADON, G., b8784, b14746.

AMAIREH, K., a9107.

AMALORPAVADASS, D.S., b14952.

AMANDRY, P., a1581, a2001.

AMARU, B.H., a5859, b13671, b17010.

AMATO, A., b8436.

AMAYA, I.E., b16064.

AMBROZIC, A.M., b2147.

AMEIL, M., a5713.

AMER, G., a2893, a2894.

AMIET, P., a847, a1798, a3098, a3101, a3102, a6796, a7261, a7262, a7448, a7543, a7731, a7733, a7782, a7784, a7791, a8007.

AMIOT, F., a12712.

AMIR, Y., a5359, a5629, a5925, b13723, b14147.

AMIRAN, D.H.K., a4039, a4183.

AMIRAN, R., a813, a839, a871, a873, a887,
    a931, a1049, a1071, a1226, a1229, a1233,
    a1246, a1252, a1264, a1271, a1283, a1284,
    a1313, a1487, a1499, a1502, a1720, a1721,
    a1726, a1727, a1728, a1802, a1830, a1844,
    a1887, a2000, a2272, a2399, a2660, a2913,
    a2942, a3107, a3180, a6678.

AMIRAN, R.B.K., a800, a832.

AMMASSARI, A., a12847, a12964, a13469,
    a13982, a13983, a14002, a15523, a15590,
    a15756, a15769, a16153, a17748, b1068,
    b1779, b1882, b1923, b1943, b2607, b2731,
    b2928, b3578, b3664, b3742, b3783, b4181,
    b4734, b5122, b6246, b6260, b6697, b7217,
    b7769, b8967, b9025, b9038, b10195,
    b13198, b13496, b14934, b15786, b15995,
    b17396.

AMPHOUX, C.-B., b79, b130, b965, b7228,
    b7229, b7232, b7235, b7236, b7247, b7319,
    b7428.

AMSLER, S., a6270, a12424, a16573, a16584,
    a16614, a17763, a17785, a17832, a17930,
    a18023, b11717, b13821, b14222, b15492,
    b15602, b15626, b15634, b16118, b16260,
    b16444, b17364.

AMUSIN, J.D., a11790.

AMY, R., a7672, a7674, b16899.

ANATI, E., a731, a2273, a2802.

ANBAR (BERNSTEIN), M., a7255, a8403,
    a8978, a8984, a10037, a13721.

ANBAR, M., a11138, a13641, a16922, b14556.

ANCONA, A., b8178.

ANDEREGG, J., a12596.

ANDERSEN, F.I., a364, a10393, a10718,
    a14575, a15304, a17536, a17788, a17927.

ANDERSON, B., a13593.

ANDERSON, B.W., a88, a13353, a13415,
    a15689, a17699, b12409, b15024, b16652,
    b17072.

ANDERSON, C.P., b7055.

ANDERSON, G.W., a6268, a12285, a13085,
    a15581, a17892, b15256, b15902.

ANDERSON, H., a109, b1982, b1993, b8423.

ANDERSON, J.C., b1052.

ANDERSON, R.T., a12366.

ANDRÉ, G., a15630.

ANDREASEN, N.-E. A., a13628, b11707,
    b16222.

ANDRESEN, C., a4054, a6185.

ANDREW, M.E., a16274, b15555.

ANDREWS, M.E., b831, b6003, b12318, b17002.

ANDREWS, R.L., a1795.

ANDRIESSEN, P., a13807, b6548, b6936,
    b8637, b11118, b14456.

ANFRAY, F., a9693.

ANGERSTORFER, A., a10058.

ANN N. VO, T., b1948.

ANNAND, R., b697, b3787.

ANNEN, F., b2283, b10398, b11596.

ANSTOCK-DARGA, M., a10713.

ANTES, P., a5032.

ANTOINE, C., a6304.

ANTON, A., b10848.

ANTONINI, B., b6111, b6780, b9983, b17148,
    b17393.

ANUS, F., a7905.

ANZ, W., b5776.

AP NEFYDD ROBERTS, E., b2106.

AP-THOMAS, D.R., a14915, b15382.

APPEL, G., b10240, b15378.

APPLEBAUM, S., a1234, a2978, a4124, a5404,
    a5413, a5415.

APPLEYARD, D.L., a9672.

APPOLD, M.L., b17183.

ARAI, S., b3526, b14314.

ARANDA, G., a6159.

ARAUJO, A., a12674.

ARBEITMAN, Y., b12906.

ARBEL, G., a3079.

ARCARI, E., a9494.

ARCHI, A., a5112, a6764, a6771, a7172, a7173,
    a7215, a7216, a8577, a9022, a10604,
    a10641, b10603.

ARDEN-CLOSE, C.F., a4186, a13718, a14288.

ARDUSO, F., b8287.

ARENHOEVEL, D., a15220, b12864, b16827.

ARENHOEVEL, H., a15201.

ARENS, E., b270, b790.

ARENSBURG, B., a738, a751, a1187, a1190, a1540, a2551, b17332.

ARGYLE, A.W., a12845, b1005, b4498, b14142, b15350.

ARI, S., a6439.

ARIAS, M., a3716.

ARICHEA, D.C., Jr., b6401, b7312.

ARIEH, I.B., a3005.

ARIEL, D.T., a1170.

ARIEL, S., a10347.

ARMENTI, J.R., a5942, b12066.

ARMERDING, C.E., a14756, b16264.

ARMOGATHE, J.R., b5445.

ARMSTRONG, A.H., a4393.

ARMSTRONG, G.T., b10190.

ARMSTRONG, J.F., a13564.

ARNALDEZ, R., b8523.

ARNALDICH, J.L., a15164.

ARNALDICH, L., a5068, a11888, a13342, b7879, b17258.

ARNAUD, D., a2047, a2609, a2611, a2613, a2615, a2616, a2849, a7514, a8695, a8954, a9018, b11168.

ARNDT, W.F., a9714.

ARNOLD, G., b2103.

ARNOLD, J., b13588.

ARNOLD, W.R., a6010, b408.

ARNON, C., a2660, a2913, a3180.

ARO, J., a8492, a8507.

ARON, R., a5626.

ARRIBARD, P., b14190.

ARRIVÉ, M., a4839.

ARROYO, M.A., a16568.

ARTOLA, A.M., a72, a4999, a5000, a5020, a15229.

ARTZI, P., a7341, a8941, a8972.

ARTZY, M., a1272, a1301, a1327, a1338, a1677, a2712, a3015, a6255.

ASARO, F., a1272, a1301, a1338, a1677, a2712, a3015, a7302.

ASEN, B.A., b11796.

ASENDORF, U., b8661, b8973.

ASENSIO, F., a3655, a10211, a14098, a15390, a15597, a15657, a15658, a15686, a16125, b15416, b15783, b16362, b17168.

ASH, J.L., Jr., b15565.

ASHBEL, D., a4342.

ASHTON, J., b1351, b3407, b3408.

ASHTOR, E., a5403.

ASMUSSEN, H., b4637.

ASMUSSEN, J.P., a4376.

ASSAF, A., a755, a2620.

ASSMANN, J., a133, a6919, a6996.

ASTOUR, M., a7246.

ASTOUR, M.C., a4083, a5152, a6722, a7116, a7298, a7951, a8064, a8068, a8069, a8146, a10662, a11398, a11549, a16948.

ASURMENDI, J.-M., a16847, a17052, b12809.

ATAL SA ANGANG, D., b8558, b9097.

ATHANASSAKIS, A.N., a7102.

ATKINSON, C.W., b14751.

ATKINSON, D., a14569.

ATKINSON, P.C., a17766.

ATLAN, H., a12403.

ATLAS, S., b13315.

ATTRIDGE, H.W., a136, a255, a7819, b4365, b7135, b7151.

AUBEN, H., a6865.

AUBERT, A., a12892.

AUBERT, J.-F., a7033.

AUBERT, J.-M., b13352.

AUBERT, L., a171, a17226, a17813.

AUBIN, P., b11991, b13065.

AUDET, J.-P., b9784.

AUDET, L., b15272, b16156.

AUER, E.G., b4750, b8692.

AUER, J., b10059.

AUER, W., a4337, a11725, a11737, a11757, a11758, a11883, a11941, a12566, a13635, a15763, a15923, a16268, a17508, b1296, b3433, b4509, b6337, b6393, b8514, b8563, b14548, b14724, b16259.

AUF DER MAUR, H., a3619.

AUFFRET, P., a9564, a10725, a12175, a12179, a12180, a12184, a13078, a13607, a13900, a13901, a13932, a15562, a15565, a15625, a15655, a15701, a15716, a15746, a15798,

a15816, a15894, a15910, a15952, a15987,
a16014, a16051, a16053, a16088, a16099,
a16104, a16167, a16170, a16193, a17224,
a17802, b3027, b5241, b7115, b7130.

AUFRECHT, W.E., a9075, a9159, a9239.

AUGRAIN, C., a12712.

AUGUSTIN, M., a13622, a14779, a15032.

AUGUSTO TAVARES, A., b1079, b2939.

AULD, A.G., a13221, a14373, a14374, a14377,
a14378, a14417, a14427, a14431, a15058,
a15061, a17006, b13093, b15606, b15607.

AULEN, G., b8413.

AUNE, D.E., a553, a569, a5946, b661, b784,
b7718, b7719, b8933, b11520, b13447,
b14675, b14886, b15351, b15514, b15518,
b15519, b15557, b15573, b15574.

AUNEAU, J., b1967.

AURELIO, T., a12846, b2282, b12981.

AUS, R.D., a12271, a17481, b5365, b5891,
b5948, b6452, b6927, b6937, b7658, b14707.

AUSTIN, M.R., a5017.

AVANZINI, A., a9089, a10944.

AVENARY, H., a5600.

AVI-YONAH, M., a612, a615, a1880, a1912,
a1914, a2180, a2666, a2982, a3230, a4027,
a4040, a4119, a4165, a5393, a5414, a5416,
a10459, a10675, a12348, b12788.

AVIGAD, N., a1376, a1400, a1414, a1415,
a1420, a1421, a1433, a1434, a1450, a1451,
a1452, a1460, a1471, a1476, a1507, a1520,
a1532, a1875, a1876, a1878, a1879, a1883,
a1979, a2380, a2396, a2419, a2949, a3002,
a3122, a5468, a6312, a9054, a9063, a9286,
a9892, a10266, a10426, a10434, a10435,
a10437, a10471, a10486, a10536, a10720,
a10724, a10900, a16716, a17728.

AVINERY, I., a12870, a12873, a12876, a13283.

AVISHUR, Y., a1744, a8188, a8193, a8217,
a10051, a10127, a10772, a10780, a10793,
a11105, a11186, a11565.

AVISSAR, M., a1316, a2897, a3203, a3206.

AVNER, U., a3180.

AVNIMELECH, M., a4167.

AYALI, M., b16957.

AYALON, E., a916, a2948, b17319.

AYCOCK, D.A., a4738, b14501.

AYMARD, P., a12704.

AYNARD, J.M., a7286.

AZNAR SANCHO, J., a12669.

B

BAALBAKI, R., a14958.

BAARDA, T., b750, b802.

BAARLINK, H., b2081, b3168, b12683.

BAARS, W., a382, a16769.

BAASLAND, E., b7237.

BABCOCK-ABRAHAMS, B., a4601.

BACCHIOCCHI, S., a7120, b10545, b16210.

BACH, D., a10253, b7608, b10258.

BACH, R., a4242, a16697.

BACHELOT, L., a2614, a2616, a2849, a2850.

BACHI, G., a640.

BACHL, G., b13633.

BÄCHLI, O., a4148, a4288, a13067, a14408,
b344.

BACHMAN, J.W., b12082.

BACHMANN, H., b63.

BACHMANN, M., b6261, b9040, b12771,
b12820, b16969.

BACINONI, V., b16059.

BACKES, I., b16314.

BACKUS, I.D., a12654.

BACON, B.W., a3254, b7596, b9715.

BACQ, P., b1542.

BADAWY, A., a6797, a7027.

BADE, W.F., a2788.

BADER, E., b1223.

BADER, G., b5778, b8675.

BADHAM, P., b9140.

BADIA, L.F., a11906, b7843.

BADRE, L., a2207, a2208, a11308.

BAER, E., a2182.

BAER, K., a9570.

BAER, Y., a12037.

BAGATTI, B., a500, a501, a682, a1453, a1583,
a1853, a2151, a2449, a2458, a3083, a3117,
a9907, a13504, b2359, b7874, b8260, b8276,

BAR-EFRAT, S., a13114, a14770, a14841.

BAR-KOCHVA, B., a2266, a4283, a5363, b12115.

BAR-YOSEF, O., a713, a734, a760, a792, a1617, a1758, a2044, a2651, a2652, a2812, a2818, a3072, a3076, a3079, a3176.

BARABAS, S., b4197.

BARAG, D., a1179, a1535, a1765, a2404.

BARAS, Z., a5414.

BARASCH, M., a1067, a2104, a2209.

BARASH, M., a2792.

BARB, A.A., a9938.

BARBAGLIO, G., a12835, b1763, b16163.

BARBERO PECES, E., b15250.

BARBET, P., a13759.

BARBI, A., b5076.

BARBIERO, G., a16234.

BARBOUR, R.S., a56, a3848, b5594, b5990, b6769, b8247, b9082, b13336, b14831, b16487.

BARC, B., a6360, a6427, a6434, b16639.

BARCALE MUÑOZ, A., a3656.

BARCLAY, W., b667, b1957, b2817, b3833, b4816, b4884, b5463, b5538, b6608, b7062, b7221, b7306, b7534, b7908.

BARDTKE, H., a10337, a11730, a15543.

BARENZ, R., b10906.

BARISH, D.A., a5930.

BARKAY, G., a1158, a11623, a11634.

BARKER, M., a113, a358, a18029, b13464.

BARKLEY, J.M., b14665.

BARNARD, L.W., a11885, a12411, b511.

BARNAUD, J., a12629, b9503, b13826, b14049, b14860, b16279.

BARNES, W.E., a10039.

BARNETT, P.W., b3046, b15572.

BARNETT, R.D., a1227, a1241, a2828, a2907, a7730, a7845, a7851, a8126, a9332, a10545, a16931.

BARNHART, J.E., a4949.

BARNHOUSE, R.T., b11781.

BARNOUIN, M., a3250, b6938.

BARNS, J.W.B., a6879.

BAROCAS, C., a9542.

BARON, A.G., a2821.

BARR, A., a3772, b6205, b8409, b8502, b9480, b11200.

BARR, D.L., b1029.

BARR, J., a149, a350, a3271, a3279, a3348, a3364, a4942, a4943, a8247, a8253, a9746, a10041, a10060, a11164, a12408, a12476, a12483, a12495, a12524, a12554, a12767, a12777, a12941, a13029, a15127, a15382, b7978, b9344, b9618, b11960, b12181, b12192, b15280, b17093.

BARR, O.S., b8566, b8906.

BARRACLOUGH, R., a5926.

BARRAGLIO, G., b15096.

BARRÉ, L.M., a15569.

BARRÉ, M.L., a10389, a10786, a10828, a11202, a15411, a15989, a17900, a17973, a17974, b6372, b6391, b10103, b11642.

BARRECA, F., a10869.

BARRELET, M.-T., a7431, a7534, a7547, a7852, a8958.

BARRETO, J., b3858.

BARRETT, C.K., a3406, a3648, a9829, b878, b2586, b3916, b4352, b4590, b4852, b4933, b5083, b5146, b5557, b5872, b5899, b6290, b11046, b11325, b11935, b12196, b12705, b15894, b16864.

BARRICK, W.B., a10218, a12005, a16877, b1911.

BARRIOLA, M.A., b11805.

BARROIS, A., a3003.

BARROIS, A.-G., a2691.

BARROIS, G.A., b8310.

BARROW, H.T., b6332.

BARRS, J., b13870.

BARSOTTI, D., a15185.

BARSTAD, H.M., a6666, a10077, a16642, a16654, a16664, a16680, a16705.

BARTCZEK, G., a16625, a16686, a16699, a16706.

BARTELMUS, R., a10078, a13553.

BARTH, C., a16953.

BARTH, G., b1538, b1652, b6307, b6671, b9736, b12050.

BARTH, H., a17082, a17168, a17180, a17198, a17206, a17264, a17267, a17272, b23.

BARTH, K., a3256, b16040.

BARTH, M., a3779, b3560, b5850, b5863, b6412, b6573, b6620, b6626, b12706, b13410, b15190.

BARTHEL, P., a3773, b12090, b14527.

BARTHÉLEMY, D., a12789, a12968, a12978, a14665, a15731, a16103, a16994.

BARTHOLOMÄUS, W., a3435, a12942.

BARTHOLOMEW, G.L., b2801.

BARTINA, S., a3300, a4344, a6842, a7737, a12139, a12141, a13383, a13477, a15676, a16245, b95, b1617, b7373, b10147, b12347, b15259, b16458.

BÄRTLE, J., a6166.

BARTLETT, D.L., a17701, b7244, b15877.

BARTLETT, J.R., a2033, a2340, a5192, a5318, a5333, a6772, a6773, a6775, a14152, a14154, a14237, a14530, a14888.

BARTNICKI, R., b1737, b1740, b2575.

BARTOLOME, J.J., b3510.

BARTOLONI, P., a1314, a1966, a7803.

BARTON, G.A., b5619.

BARTON, J., a13195, a16636, b13296, b13332, b15605.

BARTSCH, H.-W., b114, b136, b2184, b2778, b3791, b6247, b6720, b7779, b7784, b8994, b8995, b9010, b13073, b14777.

BARUCQ, A., a7001, a13908, a13916, b12406, b15396.

BASS, D., b11690.

BASSER, H., b13254, b13446.

BASSER, H.W., a5755, b16028, b16549.

BASSET, J.-C., b1940, b6721, b10871.

BASSLER, J.M., b5654, b6190, b12067, b12694, b17245.

BASTIN, M., b1412, b2435, b2482, b2498, b8466, b8759, b13785.

BASTOMSKY, S.J., b14550.

BATTEN, L.W., a15465.

BATTENFIELD, J.R., a17434.

BATTO, B.F., a7263, b13706.

BAUCKHAM, R., a502, a5919, b289, b6463, b6550, b7677, b8173, b8344, b10279, b10934, b11093, b12150, b14895.

BAUCKHAM, R.J., a303, b10548, b16235.

BAUDOT, M.-P., a1461, a7941.

BAUER, D., b17346.

BAUER, J.B., a6541, a12601, a12617, a14558, a15870, b799, b2264, b2699, b4170, b4694, b5833, b7397, b7398, b17061.

BAUER, K.-A., b6698.

BAUER, T., a8618.

BAUER, W., a550.

BAUERNFEIND, O., b4831, b4944, b4975, b5078, b6434, b6473, b12322.

BAUM, H., b5464, b9565.

BAUM, J., b11546.

BAUMANN, R., b8182, b9785, b14907.

BAUMBACH, G., a5638, a5652, a5678, a5707, a6019, b5387, b6732, b7935, b7941, b9958, b10180, b10745, b11127, b12676, b14129, b15180, b17323, b17326.

BAUMERT, N., a12447, b6729.

BAUMGARTEN, A.I., a5676, b13911.

BAUMGARTEN, J., a205.

BAUMGARTEN, J.M., a3313, a3315, a3316, a3317, a5440, a11829, a11832, a11835, a11850, a11853, a11854, a11855, a11862, a11992, a12004, a12059, a12085, a12127, a12181, a12191, a16494, b10231, b11562, b11701, b12497, b13240, b13255, b15739, b16212, b16221, b16353, b16921, b16959.

BAUMGARTNER, J., a6073.

BAUR, J., b10664.

BAUSANI, A., a3292, a3578, b14139.

BAUTZ, F.J., a5065.

BAVANT, B., a1993.

BAVANT, S., a1993.

BAVAUD, G., a6580.

BAYNES, C.A., b15822.

BAYNES, N.-H., b599.

BAZES, M., b8433.

BEA, A., a15606, b12672, b17178.

BEALE, G.K., a278, b13809.

BEALE, T.W., a819, a1302.

BEARD, S., b6549.

BEARDSLEE, W.A., a4946, a15235, a16289, b245, b1460, b2440, b3317, b4499, b8190.

BEARE, F.W., a6194, b917, b1015, b6844, b7333, b8010, b8854, b13829, b13999.

BEARSLEY, P.J., b10589, b13595.

BEASLEY-MURRAY, G.R., a16805, b2641, b2740, b7518, b7542, b12577, b13718, b14893.

BEATRICE, P.F., a6413, b1764, b3494.

BEATTIE, D.R.G., a13440, a14560, a14566, a14577, a14588, a14590, b15828.

BEAUCAMP, É., a12705, a15410, a15481, a15501, a15519, a15547, a15574, a15588, a15944, a15993, a16129, a16131, a17050, a17379, b15829, b15831, b16573.

BEAUCHAMP, P., a110, a3333, a3361, a3733, a3737, a6581, a12939, a14242, a15252, a15257, a16468, a16474, b628, b8312, b9252, b9294, b10471, b12671, b13285, b13297, b15404, b15525, b16464.

BEAUDE, J., b16020.

BEAUDE, P.-M., a3749, a4535, a4880, a12245, a12450, a12496, b708, b7722, b8470, b9250, b9259, b16159.

BEAUDET, R., b11577.

BEAUDUIN, A., b2948.

BEAULIEU, A., a7961.

BEAUMONT, J., b1540, b4795.

BEAUVERY, R., a1174, b7680.

BECK, B., a10049.

BECK, B.E., b2876, b4917, b8817, b12561.

BECK, E., a3415, a9092, a9112, a9113, a9114, a9115, a9116, a12597, a17407, b1059, b9932, b10423, b13011.

BECK, N.A., b2410.

BECK, P., a906, a913, a914, a1056, a1273, a1422, a1435, a1696, a1701, a1706, a1846, a1898, a2239, a2879, a3018, a3135, a3211.

BECKER, J., a9990, a13970, a14258, a15537, b3826, b3857, b6402, b6563, b6753, b6852, b6918, b7033, b8095, b11186, b12847, b13762, b14192, b14259.

BECKERLEGGE, G., b8229.

BECKING, B., a17175, a17909.

BECKMAN, G., a10588.

BECKWITH, R.T., a3307, a3311, a3486, a3495, a5630, a5647, a6090, a16825, b8719, b10546, b12156, b13774.

BECQUET, G., a6108.

BEE, R.E., a13082, a13135, a14219, a16154, a16155, a16564, a17908.

BEEBE, H.K., a997, a1003, a4271, b584.

BEEK, M.A., a5347, b15775.

BEENTJES, P.C., a12249, a16488, a16509, a16517, a16525, a16912, a17054.

BEERNAERT, P., b12376.

BEESTON, A.F.L., a7891, a9079, a9105, a9108, a9154, a10228, a10310, a10348, a10916, a10928, a10940, a10946, a11599, a17395.

BEGG, C., a14247, a14336, a14338, a14752.

BEGG, C.T., a14220, a14286, a14342.

BÉGUERIE, P., a6066.

BEHLER, G.M., a16177.

BEHRENS, E.K., a3830, a17972.

BEHRENS, H., a7454.

BEIERWALTES, W., b17261.

BEIL, A., b12500, b14835.

BEILNER, W., a3725, a4506, a8235, a8238, b4029, b7914, b8985.

BEINART, H., a10470.

BEINERT, W., b10402, b11150, b17221.

BEINTKER, H., a3755, a3842.

BEIRNAERT, L., a13523, b2286, b9717, b10695, b13936, b14521, b17331.

BEISSER, F., b16091.

BEIT-ARIÉ, M., a12992.

BEIT ARIEH, I., a814, a822, a840, a845, a856, a857, a859, a918, a1713, a1788, a2085, a2531, a2552, a2773, a2777, a2916, a3006, a3007, a3008, a3069, a3073, a3080, a10547.

BEITZEL, B.J., a4126.

BEKER, J.C., b5551.

BELFER, A., a2044.

BELFER-COHEN, A., a756, a3077.

BELKNAP, D.F., a2994.

BELL, A.A., Jr., a5939, a12848, b7519.

BELL, D.L., b8410.

BELL, T., a15719.

BELLEFONTAINE, E., a14312, a14330, b13482.

BELLET, M., b15162.

BELLET, P., a6446, a9454, a13986, a13996, b4779, b7145, b7653.

BELLIA, A.M., a15430.

BELLIA, G., b3073.

BELLINGER, A., a1112, a5555.

BELLINI, E., a3669, b246.

BELLINZONI, A.J., Jr., b833.

BELO, F., a4572, a4576, b2350.

BEN-ARIEH, S., a1354, a2295, a2510.

BEN-ARIEH, Y., a4020, a4045, a4191.

BEN-ASHER, M., a10355.

BEN-BARAK, Z., a14656, a14718, a14768,
a14800, a14803, b9354, b11698, b12166,
b16111.

BEN-CHORIN, S., a5610, a6016, b5487, b10285,
b10343, b12668, b13568.

BEN-DAVID, A., a1139, a1144, a1145, a1164,
a11609, a11610, a11612, a11613, a11617,
a11618, a11619, a11624.

BEN-DOR, S., a1114, a1116, a2836.

BEN-DOV, M., a2391, a2400, a2790, a4074,
a10157.

BEN-ḤAYYIM, Z., a9179, a12359, a12362,
a13367, b14583.

BEN-TOR, A., a838, a848, a900, a1315, a1316,
a1436, a1437, a1454, a1653, a1773, a2131,
a2235, a2897, a2911, a2912, a3192, a3200,
a3201, a3202, a3203, a3206, a6686.

BEN YASHAR, M., a13535.

BEN-ZVI, I., a4139, a12982, a13282.

BENDER, W., b6019.

BÉNÉTREAU, S., b7188, b9210, b12033.

BENGREN, R.V., a13299, a16549.

BENITO, A., b2771.

BENJAMIN, H.S., a9796, b11340, b11375.

BENKO, S., b14692.

BENNETT, B.M., Jr., a2154.

BENNETT, C., a17554.

BENNETT, C.-M., a635, a1684, a1900, a1901,
a1902, a1903, a2004, a2864, a2868, a3132,
a10679, a10731.

BENNETT, F.M., a12655, a12662, a12665.

BENNETT, R.A., a15709, a15902.

BENNIE, A.P.B., a3783, b14533.

BENOIT, A., a6271.

BENOIT, P., a2420, a2498, a2499, a4955, a5981,
a6272, b1080, b2942, b3054, b3812, b4910,
b4996, b5017, b5547, b5851, b6789, b6804,

b8143, b8294, b8856, b8996, b9545, b10420,
b10738, b10841, b12340, b12707, b13555,
b15959, b16628, b17253.

BENSON, J.L., a1235, a1238, a2573.

BENTOR, Y., a4179.

BENVENISTE, E., b16667.

BENZ, E., a185, b9865, b9882, b10091, b11294,
b16975.

BERAN, T., a3194, a7531.

BÉRARD, J., a928, a7049, a13810.

BERCIANO, M., a3808.

BERG, S.B., a15048, a15181, b12271.

BERG, W., a12300, a15292, a16617, a16659,
a16669, a16708, b1571, b2348, b4322,
b12737.

BERGANT, D., a15310, a16310.

BERGER, K., a225, a391, a521, a4531, b149,
b6032, b9939, b10873, b10981, b11006,
b12998, b13241, b13916, b15205.

BERGER, P.-R., a8171, a8175, a8176, a8366,
a8912, a8916, a8917, a8966, a8967, a9009,
a9011, a9042, a9044, a11018, a11505,
a15694, a15782, b1280, b3066.

BERGER, R., a3974, a3999, a8623.

BERGERHOF, K., a7650, a8077.

BERGERON, R., b10509, b14268.

BERGLER, S., a16123, a17826.

BERGMAN, J., a134, a6957.

BERGMANN, E., a9036.

BERGMANN, W., b16188.

BERGMEIER, R., b7665, b10689, b15340,
b16410.

BERGREN, R.V., b13328.

BERKHOF, H., b13112.

BERLEV, O., a6806.

BERLIN, A., a10213, a10395, a11246, a16120,
a17350, b15597.

BERMAN, D., a5666, a5992, b12962.

BERMAN, R.A., a10372, a10380.

BERMANT, C., a6733, a6736.

BERNADICOU, P.J., b12848.

BERNAL, J.M., a17374.

BERNARD, É., a9874.

BERNARD, J., b4283, b4416.

BERNARD, P., a1657, a2839, a3185, a7781.

BERNARDI, J., a11889.

BERNARDIN, J.B., b10719.

BERNDT, I., b7889.

BERNER, U., b1215.

BERNHARDT, I., a8854.

BERNHARDT, K.-H., a4067, a8014.

BERNHARD VON CLAIRVAUX, a16428, b11267.

BERNINI, G., a12828, a15832, b6810, b12443, b14961, b15265.

BERRIDGE, J.M., a16623, a16663, a17540.

BERRY, P.J., b3775, b4588.

BERTHET, N., a6117, a6118.

BERTHOUZOZ, R., b13178.

BERTRAM, G., b10108, b10143, b14596.

BERTRAND, D., b6201, b7249, b8243, b10516, b11572, b11995, b15797, b16897.

BERTRAND, D.A., a516, a6468.

BESANCON SPENCER, A., a10250, b12609.

BESNARD, A.-M., a6135, a17347, b15781.

BEST, E., a3394, a11676, a12407, b2016, b2022, b2063, b2214, b2412, b2459, b2510, b6012, b6583, b6604, b6819, b9558, b10571, b10582, b10653, b10958, b12086, b15214, b15484, b15632, b15714, b17119, b17128.

BEST, J., a11096.

BEST, J.G.P., a9940.

BEST, O., b10596.

BEST, T.F., a4902.

BETHGE, H., a6438.

BETHGE, H.-G., a6488, b56.

BETLYON, J.W., a1175.

BETORI, G., a4539, b4903, b5005, b15169.

BETOULIÈRE, J., b10081.

BETTENZOLI, G., b9509, b9510, b16503.

BETTI, U., a6205, b17053.

BETTS, A., a2524, a2884.

BETZ, H.D., a137, a4392, b323, b1182, b1379, b1405, b2476, b2557, b6415, b13945.

BETZ, J., b11476, b11482, b15231, b15235.

BETZ, J.B., b12383, b12404, b12448.

BETZ, O., a6283, a11726, a11864, a11912, b1343, b2310, b4250, b8904, b9407, b10282, b13937, b13970.

BEUKEN, W., b16083.

BEUKEN, W.A.M., a10092, a14658, a14702, a15720, a15839, a15873, a16914, a17625, b15405, b15650.

BEUTLER, J., a15851, b3848, b4475, b4501, b4531, b4543, b4564, b4720, b8632, b10830, b11290, b11984, b12018, b13183, b14738, b16887.

BEVERLY, H.B., b3001.

BEYER, D., a2730.

BEYER, G., a4221, a4229, a7655, a15083.

BEYERLIN, W., a15681, a15857, a15900, a16069, a16141, a16152.

BEYLOT, R., a145, a9695, b9549.

BEYSCHLAG, K., a3657, b1208.

BEYSCHLAG, M., a4405, b5148.

BIANCHI, E., a14928, b12501, b14970.

BIANCHI, H., b12994.

BIANCHI, U., a482, a576, a4354, a4355, a4364, a4419, a4437, a4438, a6936, a7118, b9270, b10178, b10675, b10676, b10678, b15052, b15823.

BIČ, M., a14817.

BICKERMAN, E.J., a3227, a3310, a3484, a5320, a5337, a7751, a15119, b7058.

BICKERMANN, E., b8891.

BICKERSTETH, J.E., b14277.

BICKERT, R., a14600, a14795, b12234, b16034.

BIEDER, W., b7861.

BIEDERMANN, H., b1621.

BIELITZ, M., a8520.

BIELSCHOWSKY, A., a3919.

BIEMER, G., a11659, b16285.

BIENAIMÉ, G., a13942.

BIENKOWSKI, P.A., b14397.

BIER, L., a7188.

BIERBAUER, J., a3427.

BIERBRIER, M.L., a6866.

BIESINGER, A., b3623.

BIETAK, M., a1968.

BIETENHARD, H., a4161, b9903, b11011, b11045, b13810.

BIGA, M.G., a8680, a8927.

BIGANE, J.E., b1624.

BIGGER, S.F., a14079, b12599, b16729.

BIGGS, R., a9485.

BIGGS, R.D., a1441, a8264, a8332, a8843.

BIGUZZI, G., b2591, b2733, b12824, b15441.

BIKAI, P.M., a1303, a1304, a3172, a7863.

BIKERMAN, É., a5957, a5958, b16914.

BILDE, P., a5424, a5428.

BILEZIKIAN, G.G., b7631.

BILLIGMEIER, J.-C., a10693.

BIMSON, J.J., a5120, a5157.

BINDA, S., b8705.

BINDEMANN, W., b5920.

BINDER, H., b712, b5454, b6381.

BIRAN, A., a965, a967, a1736, a1737, a1738, a1980, a1981, a1983, a1984, a1985, a1986, a1988, a2185.

BIRD, P.A., a13423.

BIRDSALL, J.N., a12810, a12871, b11, b757, b7549.

BIRMINGHAM, J., a897, a1035, a6249.

BIRNBAUM, S., a10498, a10523.

BIRNBAUM, S.A., a9200, a9355, a9356, a10403, a10458, a10533, a10535, a11969, a11997, a12022.

BIROT, M., a2607, a7247, a7251, a8913, a8961, a8974, a8976, a8985.

BISCONTI, F., a1564.

BISCOP, J.-L., a1993.

BISER, E., a12592, a17808, b3378, b6254, b7785, b8535, b8736, b8792, b9044, b15151.

BISHAI, W.B., a9094.

BISHOP, E.F., b10872.

BISHOP, E.F.F., a16291, b1657, b2763, b3061, b3525, b5144, b8706, b9514.

BISHOP, J., a16126, a16147, b3112, b3167, b3481, b3714, b5829, b11207.

BISI, A.M., a2827, a6718, a7438, a7801, a7854, a10864, a10906.

BISSOLI, C., a4540, b7919, b7920.

BISSOLI, G., a10687, a13941, a17210.

BITTEL, K., a1043, a3092, a3928, a7184.

BITTER, S., b9435, b13515.

BIZER, E., b7860.

BJERKE, S., a6989.

BJERRE FINNESTAD, R., a6948.

BJØRNDALEN, A.J., a16691, a17140, b10501.

BLACHÈRE, R., a9077, a9122.

BLACK, D.A., b6116, b11646.

BLACK, M., a312, a318, a329, a335, a346, a9816, a12088, a12094, a16787, a16792, b137, b4857, b5515, b5586, b7560, b7733, b8373, b10132, b10213, b11012, b11329, b11874, b11885, b11888, b11893, b16683.

BLACKMAN, A.M., a9503, a9504.

BLACKMAN, E.C., a50, b558, b5844, b13048.

BLACKWOOD, A.G., Jr., a17521.

BLAIKLOCK, E.M., b54, b4814, b4951, b12323.

BLAIR, E.P., a16.

BLAIR, H.A., a6782.

BLAKE, I., a2580.

BLAKE, I.M., a14392, a14951.

BLAKE, R.P., a17527.

BLANC, C., b8353.

BLANCH, S., b11985, b13219.

BLANCKENHORN, M., a4178.

BLANCO, A., a3527.

BLANCY, A., a4590.

BLAND, L., a7019.

BLANDINO, G., b12580, b13908.

BLANK, J., a4523, a6186, b192, b561, b2597, b2701, b3849, b3862, b4033, b4312, b4329, b4586, b5338, b5363, b5480, b5558, b5769, b5783, b5909, b7992, b8845, b10585, b10667, b10769, b11052, b11511, b11544, b11748, b12162, b12462, b13038, b14273, b14299, b14704, b16402.

BLANK, R., b773.

BLANK, S.H., a14307, a17411, a17806, a18017, b1801, b10230, b13075, b14047, b14150, b15392, b15515, b16689, b16804, b17232.

BLANQUART, F., b5006.

BLAQUART, J.L., b14854.

BLÄSER, P., a3850, b13039.

BLASS, F., a9826.

BLAU, J., a2199, a8260, a8303, a9086, a9152, a9878, a10281, a10311, a10313, a10316, a10340, a10356, a10381, a10726, a11188, a11208, a11209, a11275.

BLAU, J.L., a14141.

BLAZQUEZ, R., b7909.

BOUCHER, M., b235, b2235, b2326, b2374, b2394, b16160.

BOUCHET, J.-R., b8269, b13983, b15417.

BOULET, J., b1359.

BOULTON, W.G., b14209.

BOUNNI, A., a2201, a2203, a2207, a2208, a7708.

BOURGEOIS, H., b8191, b14644, b17394.

BOURGOIN, H., b1367, b3413.

BOURGUET, D., a15563, a16305, a17503.

BOURS, J., a48, a13644, a13874, a17665, b17, b3595, b4663, b7620, b9930, b15780.

BOUS, M.R., b10646.

BOUSQUET, F., a4619.

BOUSQUET, G.-H., b15731.

BOUSSET, W., a5493.

BOUTIN, M., a3797, a4479, a4490.

BOUTTIER, M., a68, a3280, a3890, a9787, a11654, a12698, b197, b668, b1211, b5457, b5762, b6198, b6501, b6837, b7915, b8528, b8986, b10082, b11557, b14865, b15910, b16168, b16185, b16500, b16707.

BOUWMAN, G., a12381, a13475, a13478, a13508, a13517, b3322, b5104, b6083, b6110, b6467, b6651, b9820.

BOVER, J.M., a12687, b807, b1262, b15835.

BOVON, F., a524, a12296, a12311, b2811, b2813, b2826, b2827, b2832, b2962, b3687, b3813, b4809, b4867, b4936, b4982, b5128, b5264, b5443, b6423, b6733, b7799, b8045, b8622, b8814, b9151, b9584, b9960, b10524, b10765, b10767, b10782, b10849, b10866, b11095, b11320, b11461, b12046, b12305, b13407, b13875, b14057, b14113, b14307, b15007, b16331, b16615, b16619, b16622.

BOWDEN, J., b340.

BOWDER, D., a5296.

BOWEN, C.R., b6553.

BOWERS, P., b488, b5431.

BOWERS, W.P., b5224, b5378, b6818.

BOWKER, J., b11858.

BOWMAN, C.H., a11448.

BOWMAN, J., a3298, a12361, a12373.

BOWMAN, J.W., a3778.

BOWMAN, S., b13735.

BOWMAN, T.E., a17426.

BOXLER, K., b16431, b16511.

BOYARIN, D., a281, a5854, a9210.

BOYCE, M., a7771.

BOYD, D.G., b6182, b11401.

BOYD III, J.L., a8306, a8371, a9015.

BOYD, W.J.P., a9732, b2417.

BOYER, C., a7581, b17051.

BOYER, R., a10512.

BOYS, M.C., b290.

BRAATEN, C.E., b16599.

BRACKE, J.M., a17635.

BRADFORD, E., b5315.

BRADLEY, J., b6748.

BRADSHAW, J., b17073.

BRADY, D., a9155, b2706, b2746.

BRAGUE, R., b14437.

BRAIDWOOD, R.J., a3057, a3115.

BRAM, J.R., a3248, b10604.

BRAND, C., Jr., a13715.

BRAND, J., a1094, a4279.

BRAND, R.C., Jr., a14025, a14341, b6987.

BRANDENBURG, H., a2936.

BRANDENBURGER, E., a286, b1856, b12932, b14739.

BRANDES, M.A., a642, a6617.

BRANDFON, F.R., a2710, a5457.

BRÄNDLE, R., a3680, b1851, b1855.

BRANDON, S.G.F., a5705, b8830, b12284, b12346, b12942, b15301, b17322.

BRANDSCHEIDT, R., a17636.

BRANDT, R.W., a811.

BRANICK, V.P., b5989, b13596.

BRANIGAN, K., a2325.

BRASHINSKY, J.B., a11625.

BRASLAVI, J., a4298, a5394, a15122.

BRATCHER, R.G., a12645, b1016, b1994, b6293, b6569, b6755, b6955, b7014, b7036.

BRAUDEL, F., a4028.

BRAULIK, G., a14245, a14246, a14249, a14325, a14328, a15841, b9802, b11197, b12105, b12988, b13318, b14721, b14766.

BRAUMANN, G., b3554.

BRAUN, E., a1787, a2061.

BRAUN, F.-M., a4993, a12470, b1366, b3412, b3889, b3957, b4034, b4084, b4151, b4185, b4198, b4247, b4262, b4270, b4279, b4399, b4530, b4654, b4701, b7433, b7741, b7814, b8056, b8251, b8398, b8406, b8588, b8630, b8739, b9090, b10677, b12078, b12613, b12920, b13431, b14063, b15100, b16643, b16649, b16999.

BRAUN, H., b5969.

BRAUN, J.-P., a2614, a2616, a2849, a2850.

BRAUN, R., a15073, b16514.

BRAUN, R.L., a15029, a15046, a15097, b16002, b16135, b16950.

BRAUNSCHÖN, E., a11677, a14512.

BRAUNSCHWEIGER, H., a4913, a11680.

BRAUNSTEIN-SILVESTRE, F., a3981.

BRAVERMAN, J., a16735.

BRAVMANN, M.M., a8276, a8280, a8297, a9098, a10957.

BRAY, G., a3676, b17066.

BREAM, H.N., b15945.

BRÉCHET, R., a16851.

BRÉCHON, P., b15063.

BRECHT, M., a3756, b12949.

BRECHT, O., a6259.

BREECH, E., b247, b298, b16191.

BREGMAN, M., a5846, a11841.

BREIT, H., b14426.

BREITENSTEIN, U., a400.

BREKELMANS, C., a8172, a11181, a11250, a14215, a15609, a16159, a17642, b16475.

BREKELMANS, C.H.W., a14859, a17532.

BRELICH, A., b15336.

BREMOND, C., a4627, b313.

BRENNAN, J.P., a15618.

BRENNAN, M., b11792.

BRENNER, A., a14580, a15448, b10094, b14821, b17271.

BRESCIANI, E., a2943, a6907, a7032, a7753, a9358, a9623, a9631.

BRETON, S., a16297.

BREUER, M., a12970.

BREUNING, W., b14890, b15074.

BREUSS, J., b4140.

BREWER, R.R., b7567.

BRICE, W.C., a5073.

BRICHTO, H.C., a14016, a14110, b11622, b12518, b16645.

BRIDGE, W.H., b7121.

BRIEND, J., a2099, a2555, a2933, a4265, a4268, a6608, a13213, a13225, a14981, a17498, a17710, b9392, b14639, b15723.

BRIGGS, R.C., b18.

BRIGHT, J., a11681, a16577, b11196, b13759, b16084.

BRIMER, B., a3048.

BRIN, G., a3887, a3980, a10138, a13924, a14036, a14135, b15753.

BRING, R., a3257, b13212.

BRINGMANN, K., a5387.

BRINKMAN, B.R., b6806, b8245, b10167.

BRINKMAN, J.A., a7329, a7334, a7343, a7344, a7354, a7368, a7395, a8369, a8732, a8921, a9001.

BRINKMAN, M.E., a8921.

BRINKMANN, B., b4030.

BRISEBOIS, M., a4567.

BRIZZI, G., a7818.

BROCK, S., a10985, a13706, a14912, a14943, b104, b2992, b14125.

BROCK, S.P., a344, a388, a2421, a10197, a10969, a10970, a10971, a10986, a12719, b9233, b9613.

BROCKE, M., b15996.

BROCKE, M.D., b12721.

BROCKELMANN, C., a11175.

BROCKHAUS, U., b5912, b6175, b9861, b13881.

BROCKMEYER, N., b11165.

BRODIE, L., a13169, a14957, a17110, b3273, b17062.

BRODIE, L.T., a13770, a17694, b710, b775, b837, b2907.

BRODIE, T.L., a14938, a14964, b4422, b5121.

BRODMANN, B., b13638.

BROER, I., b1108, b1290, b1716, b1843, b5030, b7206, b7275, b9156, b11643, b13171, b13372.

BROMILEY, G.W., a3561, b9677.

BRON, B., b13897.

BRON, F., a3572, a10911, a10920, a10951, a10952, a11033.

BRONGERS, H.A., a10080, a10184, a10357, b12828, b17272.

BRONZNICK, N.M., a10396.

BROOKE, G., a11929.

BROOKE, G.J., a11488, a11986, b13731.

BROOKS, J.A., a9830.

BROOKS, O.S., b6502.

BROOKS, O.S., Sr., b1032, b1671.

BROOKS, R., a5761, a5762.

BROOME, E.C., a10728.

BROOTEN, B., b2508, b6087.

BROOTEN, B.J., a5614, b10618, b11797, b11799.

BROSHI, M., a2409, a2422, a2434, a2435, a2436, a4175, a4176, a5974, a11774, b12802.

BROSSIER, F., a12896.

BROVARSKY, E., a9525.

BROWER, K., b2447, b2663, b10944.

BROWN, C., b8414.

BROWN, E.L., a10123.

BROWN, J., b16208, b16209.

BROWN, J.E., b7597.

BROWN, J.F., b9611.

BROWN, J.P., a13120, b9313, b10480, b11699, b11859, b15512, b16351, b16375.

BROWN, P.D.C., a1258.

BROWN, R., a5844, b17082.

BROWN, R.E., a73, a5018, a12400, a12412, b538, b557, b617, b651, b1069, b1088, b1103, b2929, b2932, b2963, b3037, b3082, b3102, b3213, b3897, b6245, b7424, b8167, b8717, b8952, b10988, b11301, b13614, b13646, b13862, b14322, b14837, b15776.

BROWN, R.S., a3421, a3425.

BROWN, S., a4934, b1438, b1806, b1944, b2112, b2955, b4885, b4899, b4983, b9696, b12681, b14066, b14702.

BROWNE, G.M., a9457, a9461, a14829.

BROWNLEE, W.H., a11777, a11828, a11845, a11927, a12041, a12147, a13877, a16883, a16940, a16960, b9521, b14567.

BROWNRING, R., b10652.

BROX, N., a3496, a3745, a11719, a11723, b2, b6958, b6963, b7018, b7310, b7325, b7327, b8938, b9957, b10792, b10829, b12724, b15239, b15305, b17115.

BRUCE, F.F., a86, a3379, a3407, a3845, a3886, a11755, a11930, a12297, a12322, a12650, a13196, a13210, a16756, b342, b460, b522, b541, b546, b601, b754, b805, b2135, b3898, b3983, b4285, b4669, b4812, b4930, b4938, b5274, b5379, b5427, b5539, b5543, b5606, b5706, b6407, b6427, b6661, b6676, b6847, b6914, b7183, b7682, b8824, b8922, b9234, b9254, b10656, b11376, b11462, b12306, b12578, b13802, b15201, b15532, b16046, b17136.

BRUCE, G.E., a4620.

BRUCE, I.A.F., b10551.

BRUDER, G., a2007.

BRUEGGEMANN, W., a5054, a5453, a8239, a10255, a13200, a13670, a14444, a14868, a15327, a16221, a17504, a17882, b3124, b9355, b9356, b11173, b15294, b15599, b16832.

BRUEGGEMANN, W.A., a17612.

BRUGNATELLI, V., a9491.

BRUIN, P., b7213.

BRUN, J., b8690.

BRUNERS, W., b3597.

BRUNET, G., a5284, a10056, a14726, a14728, a17134, a17159, a17219, a17820, a17827.

BRUNNER, C.J., a8795.

BRUNNER, H., a6910.

BRUNNER, P., b11124.

BRUNOT, A., a6111.

BRUNS, B., b6081.

BRUNSCH, W., a9647.

BRUNT, J.C., b6102.

BRUSTON, C., a16272, a17431, a17432, b180, b1587, b1715, b2255, b5494, b6294, b6943, b7007, b8109.

BRUSTON, É., a5483, a6537, a10214, a12316, a16176, a16591, a16999, a17855, a17919, b1612, b5345, b9212, b9693, b9716, b11961, b12604, b13820, b14087, b14612, b15209.

BRUZZONE, G.B., a10038, a10129, a10194, a12782.

BRYANT, T.A., a3554.

BRYCE, G.E., a4628, a13442, a15234, a15247, a16270.

BRYCE, T.R., a10615, a10697.

BRYLINSKI, J.-D., a12451.

BUBER, M., b1209, b13256, b15617.

BUBY, B., b2224, b2312, b8026.

BUCCELLATI, G., a3138, a3139, a5188, a5305, a6599, a7646, a8524, a8546, a8782, a9008, b9269, b9788, b10298, b11963, b16416, b16657.

BUCHANAN, G.W., a125, a5542, a11838, a17366, a17537, b335, b425, b526, b572, b1253, b7056, b7667, b9795, b10274, b11523, b16395, b17360.

BUCHANAN, J.T., b3208.

BUCHELE, A., b3724, b8623.

BUCHER, T.G., b6228, b6262, b15961.

BUCHHEIM, F., b7123.

BUCHTHAL, U., a8002.

BUCK, C., b5320.

BUCK, E., b3729, b8818.

BUCK, F., b13628, b15385.

BUCK, H.M., b10246, b12183, b12507.

BÜCKEN, P., a6538, a6539, a13586.

BUCKEY, D.R., a4918.

BUCKLEY, J.J., a6428.

BUCKLEY, T.W., b5312.

BUDESHEIM, T.L., b5262, b5270.

BUETUBELA BALEMBO, P., a12264.

BUHL, M.-L., a1477.

BÜHLMANN, W., a16256.

BUHNER, J.-A., b8078, b8298, b9557, b13450, b15585.

BUIJS, L., b14304.

BUIS, P., a4725, a10981, a14820, a15957, a16903, a16924, a17265, b9306, b9339, b14099.

BULL, R.J., a1587, a1918, a1928, a2925, a9859, a10677, b4251.

BULLARD, R.A., a6431.

BULLARD, R.G., a691, a2124, a2126.

BULLOCH, J., b613.

BULLOCK, C.H., a4493, a15642.

BÜLOW, S., a961, a4330.

BULTEAU, M.-G., a220, a16786, b10496, b11952.

BULTMANN, R., a184, a3774, a3793, a3794, a6132, a12423, a12464, b618, b622, b1609, b1611, b2248, b2431, b3309, b3931, b3932, b4027, b4102, b4871, b5456, b5675, b5714, b5764, b5771, b5794, b6343, b6371, b6394, b6470, b7381, b7429, b7430, b7739, b7976, b8110, b8304, b8487, b8561, b9267, b12045, b12282, b12464, b13013, b13428, b14328, b14528, b14535, b17263.

BUNGE, J.G., a5371, a15219.

BUNIMOVITZ, S., a955, a2139.

BÜNKER, M., a5943.

BUONAIUTI, E., a7107, b8111, b8112, b8701, b10715, b10788, b12569, b13630, b13636, b14464, b15818, b15954.

BURCHARD, C., a366, a367, a372, a374, a5692, b687, b2760, b4931, b7265, b10821, b13066.

BURDICK, D.W., b5514, b9981.

BURGE, G.M., b7263.

BURGER, C., b6613, b6790.

BURGER, T., a11640, b184, b1444, b1896, b4603, b4614.

BURGESS, J.A., b1614.

BURGHARDT, W.J., b12536, b13113.

BURGMANN, H., a3320, a5373, a5660, a11798, a11843, a12042, a15228, b16253.

BURGOYNE, M., a2401.

BURGOYNE, M.H., a2392, a2405, a9141, a9148.

BURIAN, F., a782, a2159, a2617.

BURINI, C., b6983, b9486.

BURKARD, G., a9588.

BURKE, D.G.,, a16722.

BURKE, M.L., a8061.

BURKERT, W., a138, b10450.

BURKHARDT, H., b8476, b10033, b10062.

BÜRKI, H., b6951, b7011, b7032.

BURKILL, T.A., b2078, b7827, b9808, b9896, b11471, b12678.

BURMESTER, O.H.E., a9505, b14505.

BURNETT, F.W., b1718, b1811, b1812.

BURNEY, C., a593, a4029.

BURNIER-GENTON, J., a16849.

BURNS, P., a29.

BURNS, Y., a6104, b748.

BURRIDGE, K.O.L., b15494.

BURROWS, E., a6536, a7502, a10461, a10463, b16898.

BURROWS, E.W., b4113, b7743.

BURROWS, M., b13780.

BURTON, J., a9087.

BUSCEMI, A.M., b6465, b6488, b6508, b6544.

BUSCEMI, M., a9745.

BUSEMANN, R., b2496.

BUSH, F.W., a10659, a12932.

BUSINK, T.A., a2472, b16953.

BUSMANN, C., a4542.

BUSS, M.J., a4559, a13068, b5193, b15616, b15668, b15670.

BUSSBY, F., b1665.

BUSSE, U., b3158, b3177, b3180, b3198, b3200, b3211, b3248, b3252, b3257, b3258, b3285, b3286, b3288, b3299, b3318, b3423, b3473, b3480, b3489, b3598, b3641, b7985, b8570, b8679, b8918, b9094, b10403, b11601, b11916, b13938, b13971, b14010, b14025, b15976, b16239, b16614.

BUSSMANN, C., b11738.

BUSSMANN, M., b11737.

BUSSY, F., b3529.

BUSTO SAIZ, J.R., a16720, a16838, b7496.

BUTH, R., b2210.

BUTIN, R.F., a10532.

BUTLER, B.C., b11283.

BUTLER, R.F., a9720.

BUTLER, T.C., a13862, a15069, b14103.

BUTTE, A., b8673, b16338, b16443.

BUTTERFIELD, H., b12235, b12292.

BUTTERWECK, A., b13760.

BUTTERWORTH, R., b2093.

BÜTTNER, M., a4025.

BUTTRICK, D.G., a11704.

BUTZ, K., a8692, a8864, a9023, a9024, a9025.

BUZZETTI, C., a12541, b1765.

BYATT, A., a5410, a5961.

BYRNE, B., b5741, b6064, b11843, b14352.

C

CABA, J., b4373, b8471, b15430, b15452.

CADIER, J., b6010, b6338, b6348, b9292, b9504, b13827.

CADIOU, R., a11999.

CADIR, a4664, a4853.

CAEMMERER, R.R., Sr., a11705.

CAEN-NISSIM, J., a5667.

CAGLIO, A., a4883.

CAGNI, L., a7280, a7409, a7472, a7499, a8665, a8703, a8918, a9475, b12386.

CAHEN, C., a2985.

CAHILL, J., a4685, a4686, a13079, b4232.

CAHILL, P.J., a3810, a3825, a4497, a12434, b13204, b14537.

CAHN, W., b16894.

CAILHIER, Y., b14295.

CAILLAUX, J.-C., b9993.

CAIRD, G.B., a12747, a12805, b770, b6564, b6667, b6754, b7034, b8695, b11034, b15291, b15843.

CAIRNS, D., a3823, b8415.

CALCAGNINI CARLETTI, D., b9275.

CALDERINI, O., a10161, a10163, a10164, a13720, a13994, a14106.

CALDWELL, D.H., a1416.

CALLAN, T., a16091, b6491, b14892.

CALLAWAY, J.A., a643, a704, a837, a1518, a1650, a1652, a1655, a1656, a1730, a2121.

CALLENDER, J.B., a9547.

CALLOUD, J., a4649, a4687, a4739, a4755, a4783, a4838, b2168, b2287, b5233, b6151, b7318, b7344, b13939, b14868.

CALOZ, M., a12738, a15524.

CALVERT, D.G.A., a12477.

CALVET, Y., a2612, a2614, a2615, a2616, a2849, a2850.

CALVIN, A.D., a17894.

CALVO, J.P., b4235.

CAMBE, M., b2814, b4224, b9538, b9757, b15312.

CAMBEL, H., a6628.

CAMBIER, J.-M., b5670, b5671, b5828, b6070, b6242, b6641, b11202, b12930, b13182, b13552, b16625.

CAMBOUROPOULOS, P., b6772.

CAMELOT, P.-T., b9760, b9870, b11380, b11431, b11433, b11440, b12588, b15202.

CAMERON, B.J.R., b8505.

CAMERON, G.G., a644.

CAMILO DOS SANTOS, E., a12761.

CAMON AZNAR, J., b14827.

CAMP, C.V., a14793, a14804, b11720.

CAMPBELL, A.F., a14632, a14633, a14732, a15962.

CAMPBELL, D.H., b5785.

CAMPBELL, E.F., Jr., a629, a645, a1060, a1679, a3024, b16924, b16951.

CAMPBELL, E.L., Jr., a711.

CAMPBELL, E.R., Jr., a14559.

CAMPBELL, J., a1723.

CAMPBELL, J.C., b6693, b10845, b15898.

CAMPBELL, K.M., b1279, b12819.

CAMPBELL, R.J., b4180.

CAMPBELL, W.S., b5580, b5581, b5602, b5614, b5681, b5858, b5861, b5880, b5885, b12712, b13415, b16631.

CAMURI, G., a3799.

CANAAN, T., a5028, b14370, b14389, b16642, b16867.

CANBY, J.V., a7189.

CANCIAN, D., b4523.

CANCIANI, F., a14887, a15081, b16512.

CANCIK, Hildeg., a12582.

CANCIK, Hubert, a213, a12582, b484.

CANDELA, S., b3864.

CANDELMAN, C., a4689.

CAÑELLAS, G., a3703, b1250, b1360, b2161, b9399, b9685, b9827, b10013, b10391, b10615, b11580, b12782, b12877, b13106, b13990, b15697, b15791, b16143, b16269, b17236.

CANIVET, M.-T., a1100, a1697, a2268, a2269.

CANIVET, P., a1697, a2269.

CANNIZZO, A., b4012, b10644.

CANNON, G.E., b6768.

CANTALAMESSA, R., a3649, b6807, b8532, b11300, b12532.

CANTERA BURGOS, F., a10008.

CANTINAT, J., b2772, b6217, b9039.

CANTINEAU, J., a8261, a8278, a8279, a10736, a10739, a11173, a11178, b379, b8546.

CANTO RUBIO, J., a3726, a5842, a8231, a16450, a17920, b3381, b7956, b13494, b14942, b16938.

CANTORE, S., b7583, b7711.

CANTWELL, L., b785, b1117, b4196, b4245.

CAPDEVILA I MONTANER, V.-M., b9473.

CAPLICE, R., a3864, a8393, a8550, a8551, a8574.

CAPOMACCHIA, A.M.G., a11358.

CAPONE, D., b14177.

CAPORALE, V., b9836, b17355.

CAPPER, B.J., b5098.

CAQUOT, A., a316, a334, a483, a2217, a5528, a6223, a6654, a7704, a8079, a8098, a8099, a8100, a8104, a8955, a8956, a9119, a9288, a9314, a9354, a10150, a10792, a10814, a10877, a11017, a11281, a11306, a11407, a11443, a11466, a11581, a12142, a12193, a13637, a13828, a13834, a14303, a14357, a14750, a14900, a15070, a15806, a15891, a15927, a15943, a16018, a16037, a16077, a16512, a16783, a16785, a17442, b9324, b10387, b10390, b10557, b11619, b12051, b13203, b13690, b13749, b13770, b13777, b15749, b15881, b15885, b16247, b16418.

CARAGOUNIS, C.C., b6581, b14473.

CARATINI, R., a7619.

CARCOPINO, J., a7954.

CARDASCIA, G., b16876.

CARDELLINI, I., a17965.

CARDENAL, E., a11678.

CARL, III, W.J., b2529.

CARLEY, K.W., a16843.

CARLOYE, J., b14499.

CARLSON, D.C., a474, a12109, b17249.

CARLSTON, C., a5912, b15158.

CARLSTON, C.E., b217, b271, b853, b865, b8512, b11101.

CARMICHAEL, C.M., a14308, a14311, a14318, a14322, a14323, a14579, a16361, b4240, b13284, b13286, b13542, b14417, b15728.

CARMIGNAC, J., a178, a181, a5689, a5700, a11732, a11779, a11789, a11811, a11842, a12170, a15041, b1352, b3409, b6317, b11007, b11064, b12123, b16101.

CARMONA, A.R., a6161, b10899.

CARMONA, J., b15534.

CARMONA, J.P., a7741.

CARNEY, S., b9936.

CARPIGNANO, G., a7060.

CARR, W., b6027, b9543.

CARRE GATES, M.-H., a1642.

CARRERA PÉREZ, A., a4847.

CARRETTO, C., b10432.

CARREZ, M., b4520, b5544, b6297, b7367, b9553, b10859, b11167, b11355, b13924, b15844, b16498, b16528.

CARRIÈRE, J.-M., b1217, b13373.

CARRINGTON, P., a3235, b5967, b6295, b6439, b6956, b15276.

CARROLL, E.R., b13562.

CARROLL, M.P., b14520.

CARROLL, R., b15608.

CARROLL, R.P., a173, a3343, a4471, a5153, a17057, a17320, a17545, a17589, a17660, b9260, b9799, b9953, b12122, b13483, b15476, b15543, b15625, b15642, b15645, b16065.

CARROUÉ, F., a7458.

CARRUBA, O., a6643, a6872, a7133, a10553.

CARSON, D.A., a5905, b3941, b4557, b4621, b12321, b14789, b16099, b16100, b16242.

CARTER, C., a10558.

CARTER, E., a1317.

CARTER, M.G., a9101.

CASABO SUQUE, J.M., b11335.

CASALE MARCHESELLI, C., b2240, b6786, b6787.

CASALEGNO, A., b2270, b5254, b12190, b17187, b17230.

CASALINI, N., a14786.

CASALIS, G., a16698, b3164.

CASAS, V., b405, b1265, b1369, b2343, b2399, b3020, b9125, b13991, b15321,

CASAS GARCIA, V., b10415, b10635, b11291, b11597, b11603, b13143, b14989, b15110, b16082.

CASERTA, N., a5695.

CASETTI, P., a6311, a15880.

CASEY, J., b7066.

CASEY, J.M., b7201.

CASEY, M., a319, a16800, a16814, b11875, b11894, b11896.

CASEY, P.M., a16744, b11857.

CASPAR, R., a3336.

CASPARI, W., a7945.

CASPER, J., a13795, a15149, a15225, a15277, a16840, a16998, a17488, b1160, b2908, b6682, b8302, b9659, b13631.

CASSIDY, R.J., b1648, b8046, b8628, b8815, b10553, b15322.

CASSIEN, b4768, b5019, b7762, b11333.

CASSIN, E., a8712, a16777.

CASSUTO, M.D.U., b12796.

CASSUTO, U., a11177, a11288, a11519.

CASSUTO SALZMANN, M., a1606, a2437, a10489.

CASTEDO, J., b12878.

CASTELLINI, G.R., a17582, a17609, a17627, a17669.

CASTELLINO, G., a7481, a8824, a8828, a15862.

CASTELLINO, G.R., a2577, a6171, a8543, a8836, a15730, a15788, a15833, a15838, a15934, a15966.

CATCHPOLE, D., b862, b1385.

CATCHPOLE, D.R., b1547, b1852, b3418, b3444, b3617, b5215, b5268, b11917.

CATE, R.L., a12250.

CATHCART, K.J., a13107, a14500, a17889, a17907, b12130.

CATLING, H.W., a1259, a6698, a6700.

CAUBET, A., a8048.

CAUBET ITURBE, F.J., a3948, a11759, a11760, a11761, a11836, a11931, a11944, a11946, a11972, a12025, a12060, a12079, b744, a17348.

CAUSSE, M., b928.

CAVAIGNAC, E., a6840, a7147, a7308, a11735, a15205.

CAVALLETTI, S., a3954, a15770, a15967, b12393, b14753.

CAVALLIN, H.C., b8662, b8997.

CAVALLIN, H.C.C., a16987, b5655, b6227, b15683, b15984.

CAVE, C.H., b2156.

CAVEDO, R., b6627, b14962, b15113.

CAVIGLIA, G., b16047.

CAVIGNEAU, A., a7379.

CAVIN, R.G., a3534.

CAZEAUX, J., a4722, a4811, a5921, a13855, b4105.

CAZELLES, H., a1994, a3365, a5091, a5246, a5253, a5292, a5481, a5491, a5514, a6067, a6079, a7411, a8015, a8213, a9296, a10022, a10053, a11047, a11210, a11576, a12944, a13849, a13959, a14261, a14805, a15650, a16923, a17085, a17087, a17099, a17113, a17510, a17516, a17705, b8868, b9345, b9384, b10290, b10328, b10458, b10473, b11235, b11271, b11970, b13717, b13763, b14104, b14805, b15736, b15752, b16123, b16420.

CBA, b11790.

CECCHETTI, P.I., a6125, a10032, a15920, a17173, b16774.

CECCHINI, S.M., a3085, a7858, a11145, a11168.

CELADA, B., a53, a102, a587, a3530, a3861, a4017, a4954, a5037, a5038, a5099, a5234, a5447, a5706, a6200, a6228, a6407, a6408, a6595, a6603, a6658, a6758, a6767, a6820, a7064, a7641, a7740, a8227, a8246, a8449, a11718, a11870, a12671, a12809, a13038, a13060, a13161, a13206, a13207, a13492, a13582, a13725, a14040, a14525, a14595, a14661, a14992, a15146, a15157, a15243, a15244, a15419, a15472, a16290, a16536, a16842, a17191, a17351, a17913, b1319, b1342, b1696, b1710, b1713, b2515, b2516, b2524, b2528, b3634, b3638, b4275, b5890, b6645, b7959, b8947, b9695, b9778, b9839,

b9888, b10326, b10361, b10404, b10725, b10999, b11677, b12899, b12986, b13745, b15154, b15155, b15174, b15254, b15285, b15286, b15303, b15487, b15523, b15672, b15944, b16086, b16087, b16246, b16263, b16404, b16607, b16660, b16871, b17309.

CEPEDA, J.G., b2994, b7510, b7511.

CERBELAUD, D., a77, a13771, b3772, b11590, b11649.

CERESA-GASTALDO, A., a12843.

CERESKO, A.R., a13136, a15324, a15427, a15917, a16062, a16330.

CERETI, G., b10631, b13497, b13510, b13517, b13534.

CERFAUX, L., a12310, b4848, b16581, b17241.

ČERNÝ, J., a1859, a9597, a9634.

CERUTTI, M.V., a6506, b9987, b10682.

CHABROL, C., a505, a536, a4591, a4595, a4740, a4741, a4845, b201, b8757, b8758.

CHALMERS, R.C., b17200.

CHAMBERLAYNE, J.H., b11657, b14921.

CHAMPDOR, A., a2872.

CHANDON DE BRIAILLES, F., a7963, a10684.

CHANEY, M.L., a5221.

CHAPAL, R., b1578, b4737.

CHAPALAIN, C., a4665.

CHAPOUTHIER, F., a2683.

CHAPPUZEAU, G., a3650, a12409, a16427, a16431.

CHARBEL, A., a6086, a8148, a13485, a16434, b4761, b5349, b5711, b5712, b10047, b12031, b16347.

CHARBONNEAU, A., b4674, b4676.

CHARLESWORTH, J.H., a356, a427, a491, a554, a555, a557, a562, a565, a3070, a3251, a3518, a5619, a5701, a6469, a11799, a13002, a13004, b108, b176, b506, b9522, b15381.

CHARLET, J.-L., a3704.

CHARLIER, C., b365, b419, b3947, b4064, b4065, b8005, b8022, b8047, b8230, b8290, b8477, b8541, b8590, b8860, b8987, b9566, b10842, b11404, b12371, b13765, b14914, b17305.

b2545, b3870, b5409, b10234, b11043, b14698.

CLARK, S.B., b11669, b11683, b11793.

CLARK, W.J., a9706.

CLARK, W.M., a943, a5103, b14931.

CLARK KROEGER, C., b6141, b6220, b16749.

CLARK KROEGER, R., b6141, b6220, b16749.

CLARKE, E.G., a5618, a5775, a13742, a16452.

CLARKE, N.P., a2351, a2360.

CLARKE, T.E., b8202.

CLARKSON, M.E., b4554, b14316, b16301.

CLARYSSE, W., a9815.

CLAUDE, P., a6484, a6485.

CLAVEL-LÉVÊQUE, M., b4961, b12336.

CLAVIER, H., a3549, a3765, a6553, a12488, b663, b690, b765, b1709, b6213, b10505, b10517, b10855, b10877, b10954, b12605, b13386, b14859, b14906.

CLEAR, J., a15038.

CLEARY, F.X., b11768.

CLEMENTS, R.E., a3354, a3883, a5315, a6660, a13220, a13227, a13841, a16045, a17013, a17043, a17068, a17094, b9340.

CLEMONS, J.T., a3513.

CLERC, D., b4684.

CLÈRE, J.J., a9628.

CLERGET, J., a16764, a16804.

CLEUZIOU, S., a2612, a2614, a2850.

CLÉVENOT, M., a4573.

CLIFFORD, R., a14203.

CLIFFORD, R.J., a5364, a13144, a15963, a15996, a16055, a16061, a16831, a17326, b12513, b16911.

CLINES, D.J.A., a10204, a11078, a12946, a13073, a13300, a13350, a13354, a13554, a15134, a15357, a15393, a15396, a15397, a17421, a17647, a17651, a17952, b11822.

CLOSE, C., a1597.

CLOSS, A., b11852.

CLUTTON-BROCK, J., a773, a3972.

COATS, G.W., a5146, a13240, a13247, a13314, a13608, a13736, a13787, a13797, a13923, a14143, a14167, a14183, a14362, a14762, a14844, b13702.

COBB, J.B., Jr., a4495, a12520.

COCCHINI, F., b15142.

COCHE DE LA FERTÉ, É., a1037.

COCKERILL, G.L., b7106.

COCO, T., a10636.

CODDAIRE, L., a15591.

CODY, A., a14430, a14778, a15060, a16273, b9917.

COETZEE, J.C., b4503, b4593, b4624, b16650.

COGAN, M., a5259, a5285, a7385, a8342, a14819, a14989, a14993, a15003, a15113, a15128.

COGGINS, R.J., a12350, a12387, a15104, a17233, b12236.

COGNEUGNIOT, E., a8053.

COHEN, A.J.-J., b202.

COHEN, B., b1503, b3206.

COHEN, D., a8262, a8283, a9214.

COHEN, H.H., a13578, b14549.

COHEN, H.R., a9992, a11261.

COHEN, J.M., a12353, a13814, a15434, a16276.

COHEN, M., a5746, a13008, a13824, b1499, b1501.

COHEN, M.A., a6043, a14902, b10933, b14045.

COHEN, M.B., a13024, b10331.

COHEN, M.E., a7490, a8851, a8858.

COHEN, N., a10513.

COHEN, N.G., a5962, a6038, b9223, b14557.

COHEN, N.J., a4860, a5855, a5856.

COHEN, R., a977, a1626, a1736, a1737, a1738, a1811, a2072, a2216, a2534, a2568, a2813, a2814, a2815, a2816, a2820, a2926.

COHEN, S., a10383.

COHEN, S.J.D., a2677, a5931, a5975, a5998.

COHEN, Y., b14680.

COHN, E.W., a2462, a2501.

COHN, H., b8600, b8900, b10188.

COHN, R.L., a13335, a14905, a14962, b10435, b12786, b14173, b16783.

COHN-SHERBOK, D., a6227, b5420, b6130, b7844.

COHN-SHERBOK, D.M., b1502, b2196, b3205, b15970, b16241.

COHN-SHERBOK, R.D., b6457.

COHON, S.S., a3255, b14146, b15047, b17074.

COKE, P.T., b9539, b11902.

COLAS, G., b7803.

COLDINGAY, J., a15855.

COLE, D.P., a2124, a2126.

COLE, R.G., a17958, b4094.

COLECCHIA, L.F., b7356.

COLELLA, P., a10543.

COLEMAN, P., b6164.

COLEMAN, W.L., a5657.

COLLADO BERTOMEU, V., b11031.

COLLANGE, J.-F., b4223, b5488, b7910, b9489, b9967, 11731, 11731, b12000, b12563, b13157, b13351, b14269.

COLLART, P., a2890.

COLLEDGE, E., b9411.

COLLESS, B.E., a15230, b16016.

COLLINS, A.Y., a189, a190, a473, b166, b3899, b7525, b7526, b7659, b7676, b7681, b7715, b11565, b11754, b15173, b15315, b17250.

COLLINS, J., b17228.

COLLINS, J.J., a121, a126, a135, a140, a152, a157, a167, a300, a308, a330, a332, a351, a414, a418, a467, a4532, a5374, a12052, a15203, a15265, a16724, a16738, a16748, a16752, a16779, a16794, b164, b165, b10687, b11019, b11023, b11878, b11879, b12237, b14404, b14518, b16368, b17141, b17359.

COLLINS, R.F., a3385, b573, b4148, b4553, b6079, b6860, b6863, b6890, b6891, b6896, b6905, b6912, b8082, b10275, b14022, b16719, b16740.

COLLINS, T., a13137, a13138, a16561.

COLLINS, T.A., a4965.

COLLISON, J.G.F., b2860, b11103.

COLLON, D., a1050, a1052, a7944.

COLOMBO, D., b13579, b13615.

COLOMBO, G., b14978.

COLPE, C., a1527, a3892, a6330, b11855, b11863, b16325, b17069.

COLSON, J., b578, b9581, b10648, b16283.

COLT, D., a9857.

COLUNGA, A., a17135, b187, b1815, b3619, b7746, b8396, b8778, b13569.

COLWELL, E.C., b738, b741, b6468.

COMAY, J., a5049, a5239, a12921.

COMBER, J.A., a9752, b1044, b1483.

COMBET, G., a4755, b2287, b13939.

COMBET-GALLAND, C., b5088.

COMBRINK, H.J.B., a12318, b5118, b7075, b7231.

COMBS, E., a13355, b14427.

COMFORT, H., a1212, a1858.

Commission théologique internationale, b13536.

COMSTOCK, S.T., a255.

CONDON, K., b15030.

CONE, J.H., b13179.

CONGAR, Y., a17562, b8203, b9910, b11416, b11453, b13825, b14253, b14327, b14948.

CONLEY, T.M., a5898.

CONNOLLY, R.H., a538.

CONRAD, D., a1070, a1669, a5510, a10087.

CONRAD, E.W., a17040, a17329.

CONRAD, J., a4207, a14766, b11661.

CONROY, C., a13115, a13331, a14787, b9852, b15603.

CONSTANTELOS, D.J., b5423.

CONTENAU, G., a3137, a6234, a7530.

CONTI, G., a9554.

CONTI, M., a3681, b7446, b15809.

CONTI ROSSINI, C., a9429.

CONTRERAS, C.A., b14693.

CONZELMANN, H., a541, b5, b32, b660, b5568, b6402, b6563, b6753, b6852, b6918, b7033.

COOGAN, M.D., a656, a2252, a6650, a8293, a14490.

COOK, D., b6680, b7003, b7390.

COOK, J., a5839, a12748, a13402.

COOK, J.I., b9279, b12677.

COOK, M.J., a5661, b1971, b8801, b12662, b12682, b12686.

COOK, M.L., b7928, b8498, b12289.

COOK, R.B., b5452.

COOK, S.A., a4087, a9905.

COOK, W.R., b4010.

COOKE, B., b12144.

COOPER, A., a15354, a15781.

COOPER, J.S., a8318, a8382, a8575, a8791, a10627.

COOPER, R.M., b5947.

COOTE, R.B., a416, a1285, a10834, a11150, a11448, a11507, a13165, a16626, a16631, b10941, b17095.

COPE, G., b17164.

COPE, L., b947, b1562, b6138, b12766.

COPE, O.L., a16235, a17266, a17370, a17848, a17898, a17976, b1039, b1423, b1430, b1455, b1473, b1496, b1516, b1577, b1638, b1712, b1894.

COPELAND, L., a2519.

COPESTAKE, D.R., b3445, b5455.

COPP, D.M., a14031.

COPPENS, J., a122, a174, a3868, a3876, a6206, a11824, a11899, a13960, a14751, a16084, a16321, a16745, a16751, a16778, a16784, a16796, a16808, a16815, a16818, a17146, a17305, a17369, a17468, b6939, b7119, b7288, b7675, b8375, b9823, b10921, b11032, b11479, b11871, b11880, b11882, b11886, b11905, b11906, b11924, b11939, b11942, b11943, b11944, b11947, b11950, b12589, b14186, b14662, b16101, b16129, b16136, b16169, b16692, b16694.

COQUET, J.-C., a4585.

COQUEUGNIOT, É., a952.

COQUIN, R.-G., a9447, a9453, a9459, a9460, a9462.

CORBIN, H., b14143, b15933, b16977.

CORBIN, M., a3719, b1272, b3303, b3304, b3727, b3748, b4298, b14171.

CORBO, V.C., a1848, a1943, a1945, a1946, a1948,a1949, a1954, a1956, a1957, a1969, a2463, a2506, a2621, a2622, a2624, a2627, a2647, a2649.

CORDERO, M., a15889.

CORDIER, L., b4680, b6094, b10714.

CORDIS, R., a10192.

CORNELIUS, F., a7142, a7143, a7561, a10635.

CORNELIUS, I., a8166.

CORNEY, R.W., a17072.

CORNFELD, G., a666, a3552.

CORNIL, P., a10600, a10612.

CORNWALL, I.W., a1514, a2317.

CORREA, A., b10852.

CORRENS, D., b12860, b16523.

CORRIENTE, F., a9090, a9102, a9104.

CORRIVEAU, R., b7215, b7253.

CORSANI, B., b51, b163, b4819, b10679, b12459.

CORSINI, E., b7540.

CORTES, E., a13094, b173.

CORTESE, E., a6687, a13261, a13265, a13268, a13297, a14073, a14083, a14119, a14189, a14216, a14834, a15100, b15756, b17015, b17026.

COSTA, A., b10022.

COSTACURTA, B., a15979.

COSTE, R., b12957, b14718.

COTHENET, É., a519, a5655, a11851, b5316, b5337, b5364, b5373, b6404, b7303, b7341, b7372, b7383, b9050, b11213, b12762, b15759, b16101.

COTTIAUX, J., b13501.

COTTIER, G., b16741.

COÜASNON, C., a2406.

COUCHOUD, P.-L., a12981.

COUFFIGNAL, R., a13464, a13599, a13745, a13746.

COUGHENOUR, R.A., a352, a359.

COULOT, C., a14927, a16620, b1711, b2519, b3636, b10587, b17380.

COUNE, M., b3802.

COUNTRYMAN, L.W., b585, b608, b9662, b9945, b10990, b14990.

COUPEL, P., a1790.

COUROYER, B., a8263, a9186, a9285, a9514, a9516, a9529, a9557, a10074, a10156, a10212, a13864, a13949, a14712, a14713, a14982, a15459, a15460, a16239, a17447, a17637, b3117, b9931, b10953.

COURREAU, J., a3659, a12410.

COURT, J.M., a585, b1050, b7464, b12345.

COURTES, J., a4653, a4866.

COURTH, F., b8199, b8496, b12228, b12287, b16537.

COURTHIAL, P., b3210.

COURTOIS, J.-C., a944, a2063, a2064, a2140, a2889, a2937, a2938, a3012, a8021, a8022, a8040, a8041, a8043, a8044, a8047.

COURTOIS, L., a2616, a2849.

COUSAR, C.B., b6351.

COUSIN, H., b8902, b11798.

COUSINEAU, A., a9799, b8958, b13882, b15352.

COUTTS, J., b13803.

COUTURIER, G., b10345, b10465, b11662, b12976, b13299, b14618, b15354, b15646, b16382, b16447.

COWLEY, A.E., a10285.

COWLEY, R., a9692.

COX, C., a12755, a12774, a12888.

COX, D., a15370, a15428, a16216, b12546, b12983, b14852, b15540, b16557, b17384.

COXON, P., a9209.

COXON, P.W., a6220, a9197, a11809, a11812, a12148, a12149, a12152, a14785, a16749, a16767, a16776.

COYLE, J.K., b11668.

CRADDOCK, F.B., a11707, a11714.

CRADDOCK, J.G., b4363, b7238.

CRAGHAN, J.F., a13254, a15151, b11723.

CRAIG, W.L., b8998, b9163.

CRAIGIE, P.C., a74, a3542, a8212, a8218, a8224, a11002, a11264, a11482, a13939, a14491, a14504, a15801, a16606, b12129, b12135.

CRANE, T.E., b4013.

CRANFIELD, C.E.B., a12323, b2114, b2233, b2473, b2629, b2773, b3609, b5595, b5604, b5623, b5734, b5834, b5873, b5874, b7211, b7251, b7260, b7811, b8137, b8641, b9042, b11070, b11078, b11385, b13029, b13387, b13413, b15302.

CRAVEN, T., a15160, a15162, b11725.

CRAWFORD, B.S., b11071.

CRAWFORD, H., a849, a7975.

CRAWFORD, R.G., b11621, b17156.

CREAGER, H.L., b12424, b12528.

CREED, J.M., a5935.

CREHAN, J., b7320.

CREMER, F.G., b1433, b2192, b3204, b8462.

CRENSHAW, J., a4696, a15115, a15328.

CRENSHAW, J.L., a12484, a13111, a14539, a15253, a15254, a15260, a15266, a15269, a16238, a16618, a16660, a16670, a16709,

a17487, b11974, b12215, b12966, b12974, b14421, b16435, b16437.

CRESPO, M.C., b3019.

CRESPY, G., a3782, a4592, a4790, a4791, b3359, b3360, b5798, b6832, b8834, b14532, b15306, b15892.

CRESS, D.A., a17143, b11971.

CRIADO, R., a13830.

CRIM, K., a3553.

CRIM, K.R., a12546, a14654, a17199.

CRISLER, B.C., a4345.

CRISSEY, C.M., b1017.

CROATTO, J.S., a7459, b4296, b11581.

CROCKER, J., b9578.

CROCKER, R.L., a7554.

CROCKETT, W.V., b6270.

CRONBACH, A., a226, a5621, b9499, b9660, b12941, b14712, b14939, b16067.

CROSBY, M., b1248.

CROSS, F.M., a717, a958, a1909, a2484, a3581, a9260, a9327, a10789, a10808, a10898, a11917, a11921, a12182.

CROSS, F.M., Jr., a1401, a3570, a10427, a10799, a11920, a11922, a11942, a13045, a13131, a13820, a13935, a14352, a14498, a15728, a15755.

CROSSAN, J.D., a3539, a3734, a4533, a4742, a4743, a4744, a4745, a4760, a4792, a4809, a4814, a12288, a12395, a13443, b198, b203, b204, b205, b206, b224, b225, b257, b262, b314, b1326, b1552, b1553, b2057, b2578, b2606, b2704, b3361, b4299, b4308, b9122, b14810.

CROUSE, R.D., b454.

CROUWEL, J., a1052.

CROUWEL, J.H., a1592, a6245.

CROUZEL, H., a3689, a13489, b1700, b8880, b12549.

CROWE, J., b3733.

CROWFOOT, G.M., a1210, a1213, a1217, a1574, a1575, a1576, a2086, a3993, a7651.

CROWFOOT, J.W., a1595, a1810, a1893, a2114, a2298, a2349, a2359, a2363, a2693, a2959, a2960, a2961, a2962, a2963, a2965, a2966, a2967, a2971.

CROWN, A., a12376.

CROWN, A.D., a9235, a12374, a12379, a13284, a13288, a14372.

CROWNFIELD, D., b6385.

CRUDEN, A., a3505.

CRUELLS VIÑAS, A., a5, a13765.

CRÜSEMANN, F., a712, a2756, a2765, a5240, a13248, a14516, a14642, a14693, a14739, a15343, a16326, b12967, b16133.

CRUZ-URIBE, E., a9644.

CUADRADO MASEDA, G., a5351, b15049.

CUBILLO, L., b13570.

CUGNO, A., b10075.

CULBERTSON, P., a5673.

CULHANE, A., a3090, b16786.

CULIANU, I.P., a543, a4447, b9547, b10426, b10688, b11696.

CULICAN, W., a1249, a1255, a1274, a1412, a1439, a1584, a1663, a6802, a7785, a7802, a7842, a7855, a7878, a7939, a7943, b10384.

CULLEY, R.C., a13090, a13166, a13435, a13444, b12416, b13922, b17096.

CULLMANN, O., a3328, a3775, a3918, a4549, a5702, a5708, a6555, b434, b694, b3885, b3890, b4172, b5459, b5810, b8055, b8176, b8486, b8831, b9107, b9699, b9979, b10879, b12015, b14342, b14522, b15304, b15460, b15463, b15905, b15955, b16531, b16965, b17045, b17324.

CULPEPPER, R.A., a555, b2562, b2588, b3880, b3886, b4068, b4081.

CUMING, G.J., b6199.

CUMMING, J., a29.

CUMMINGS, J.T., a3638, a14966, b1308, b1436, b3291.

CUMONT, F., a3237, a7755, a7907, b16788.

CUNCHILLOS, J.-L., a96, a3420, a3422, a4502, a6662, a8117, a10144, a11055, a11282, a11369, a11370, a11372, a11567, a13163, a13867, a13909, a14048, a16598, a17922, b9532, b14850, b15524, b15796, b15832, b16556.

CUNLIFFE-JONES, H., a39.

CUNZ, M., a3606.

CÜPPERS, H., a2633, a4044, a4049.

CURRAN, C.E., b10053.

CURTIS, J., a7270.

CURTIS, J.B., a14653, a15406, a15456, a15462, b15600.

CURTO, S., a646, a1972, a2537, a6804, a6970, a7029.

CUSTANCE, A.C., a13570.

CUTLER, B., a11060, a11131, a11354, a11512.

CZAJKOWSKI, M., a6305, b15800.

CZECH, J., a5474.

CZERSKI, J., b8000.

D

D'A. WAECHTER, J., a2285.

DABELSTEIN, R., b14709.

DABROWA, E., a7752.

DACQUINO, P., b1341, b3403, b6209, b6656, b6704, b6793, b6809, b6815, b8144, b8244, b9414, b9840, b10799, b10844, b11220, b11371, b12358, b14329, b16312, b16641.

DADDI PEPCHIOLI, F., a10632.

D'AGOSTINO, F., a9470.

DAHL, N.A., a575, a4960, a4963, b158, b5496, b5501, b5698, b5716, b5727, b5788, b5797, b5852, b5999, b6298, b6358, b6557, b6625, b7896, b9249, b9560, b9940, b12708, b13014, b14170, b14585, b14597, b15481, b16074.

DAHLBERG, B.T., a13320.

DAHMS, J.V., b4098, b4217, b7471.

DAHOOD, M., a6739, a6751, a6753, a6760, a6761, a6765, a6766, a8179, a8208, a8209, a8284, a8299, a9468, a9469, a9476, a9497, a9498, a9499, a9501, a10017, a10189, a10256, a10271, a10339, a10384, a10782, a11028, a11125, a11163, a11182, a11190, a11257, a11265, a11272, a11274, a13654, a13683, a13737, a13863, a13938, a14037, a14360, a14466, a14719, a14755, a15322, a15407, a15412, a15440, a15544, a15747, a15774, a15792, a15812, a15907, a15908, a15939, a15955, a15965, a16002, a16017, a16146, a16148, a16173, a16186, a16189, a16244, a16261, a16264, a16265, a16275, a16282, a16372, a16387, a16389, a16442, a16443, a16446, a16447, a16529, a16681, a16939, a16993, a17073, a17080, a17204, a17218, a17225, a17250, a17285, a17409, a17429, a17438, a17458, a17459, a17588, a17594, a17628, a17677, a17688, a17695, a17821, a17899, a17912, a17914, a17978, a17992, b14578, b14600.

DAICHES, D., b14094.

DAL COVOLO, E., b6537, b16170.

DALEY, B., b16565, b16594.

DALGLISH, E.R., a13843.

DALMAIS, I.-H., a6085.

DALMAN, G., a5027, b3801.

DALMAN, K.O., a1505, a2354.

DALTON, W.J., b6677, b7388, b7393.

DALY, R.J., a13693, b8659, b11537, b16388, b16389, b16390, b16560.

DAN, R., a9.

DAN, Y., a5441.

DANA, H.E., b5330.

DANDAMAYEV, M., a7400.

DANELIUS, E., a4094.

DANESI, G., b3850.

D'ANGELO, M.R., b14114.

DANIEL, C., a5637, a5703, a11887.

DANIEL, J.L., b12651.

DANIELI, G., b991.

DANIÉLOU, J., a14335, b9710, b9920, b15195, b17111.

DANKER, F.W., a6098, b2836, b5084, b5179, b5220, b7404.

DAOUST, J., a2410, a2629, a2664, a2977, a2979, a3978, a5268, a5269, a7664, b615, b7219, b8776, b9237, b9290, b12761.

DAR, S., a2978, a3065, a4124, a4129, a7057.

D'ARAGON, J.-L., b3913, b8280, b9262, b9674.

DARAKI, M., a7122, b16352.

D'ARCY, M.C., b9500, b11219.

DARLAP, A., b5665, b8489, b12348, b16053.

DARRAULT, I., a4772, b236, b1520.

DART, J., a6318.

DARTON, M., b59.

DA SORTINO, P.M., b1190, b2137, b3186, b4119, b4800.

DA SPINETOLI, O., a4990, b1596, b8461, b11080, b14941.

DASSMANN, E., a1556, a3670, b5569, b5570, b9681, b10862, b10994, b11538, b13863, b17137.

DAUBE, D., a14783, b2674, b4484, b4914, b13269, b13304.

D'AUDIBERT-CAILLE DU BOURGUET, P., a7007.

DAUMAS, F., a4381, a6235, a6778, a6915, a7001, a7020, a7054, a9549, b16106.

DAUPHIN, C., a701, a1181, a1184, a2638, a2786, a3039, a3040, a5442.

DAUPHIN, C.M., a1183, a2011, a2012, a2167, a2170, a2778.

DAUTZENBERG, G., a9812, a10159, a12332, b609, b1318, b1963, b2079, b2084, b2095, b5481, b7285, b11774, b12457, b14274, b14950, b15576, b15590, b16068, b16171, b16605, b17149.

DAVENPORT, G.L., a408.

DAVEY, C.J., a6252.

DAVEY, F.N., b642.

DAVIAU, P., a4681.

DAVID, M., a7562, a10088, a10175, a14557, b16802.

DAVID-WEILL, J., a1093, a6793, a9118, a9120.

DAVIDOVIĆ, V., a9026.

DAVIDOVITCH, D., a5575.

DAVIDS, P.H., a12337, b420, b723, b7226, b7233, b7250.

DAVIDSON, J.A., a14058, a17850, b2265, b3150, b3394, b5721, b7343, b7400, b17374.

DAVIDSON, R., a3944, a13191, a13602, a17298, b137, b14212, b17142, b17233.

DAVIES, A.T., b9429, b13222.

DAVIES, D., b16369.

DAVIES, E.W., a10209, a14592, a16266, a17063, a17079, a17107, b12167, b13098, b14230.

DAVIES, G.H., a16605, b14513, b15297.

DAVIES, G.I., a211, a2036, a2265, a4128, a4154, a10084, a10349, a12749, a13298, a14233, a16575, a17805, b10430, b12186.

DAVIES, J.G., a4498.

DAVIES, J.H., b7060.

DAVIES, P., b5297.

DAVIES, P.R., a3321, a11753, a11990, a11995, a12048, a12050, a12053, a13696, a13698, a16761, b10686, b10690, b11024, b14764, b16373, b16929.

DAVIES, S., a6421, a6422, b291.

DAVIES, S.L., a523, b1892, b12763.

DAVIES, W.D., a6039, a12255, b355, b436, b623, b665, b699, b766, b809, b972, b981, b1292, b1958, b2819, b3831, b3879, b3936, b4023, b4036, b4555, b5334, b5348, b5468, b5517, b5888, b7880, b8115, b8430, b8754, b8945, b9248, b9838, b11334, b11412, b12079, b12286, b12473, b12709, b12812, b12813, b13123, b13238, b13388, b14269, b14705, b15107, b15958, b16154, b16183, b16964, b17009, b17030, b17031, b17218.

DAVIS III, C.T., 922, b2043.

DAVIS, J.J., a4970, b12260.

DAVIS, J.M., a5762.

DAVIS, M.C., a12998.

DAVIS, P.R., b9599.

DAVIS, S., a740, a2549.

DAVIS, S.T., a4967.

DAVIS, W.M., a7008.

DAVISON, J.M., a5316.

DAVY, M.-M., b10111, b15966.

DAWE, D.G., b11350.

DAWSON, S., a13964, a14021, b1567, b1821, b3170, b3379, b6044.

DAWSON, W.S., b1774.

DAY, J., a10073, a15807, a15959, a16836, a16901, a16910, a16991, a16992, a17118, a17139, a17249, a17427, a17601, b16702.

DAY, J.A., a17245, a17991.

DAY, P., b6923, b10984.

DAYAN, M., a5050.

DEARING, V.A., a3514, a3521.

DEARMAN, J.A., a5270.

DE ARMELLADA, B., b10983.

DE AUSEJO, S., a12684, a12685.

DE BACIOCCHI, J., b7729, b8226, b8281, b8494, b8515, b8660, b8960, b9192, b13815, b15048, b16245.

DE BEAUMONT, P., a12714.

DE BENEDETTI, P., b10291, b12720.

DEBERGH, J., a6779.

DE BOER, M.C., b5573.

DE BOER, P.A.H., a10376, a12877, a14118, a14268, a14622, a14646, a14681, a15673, a15764, b11655, b13489, b14908.

DE BOOR, W., b7307, b7498.

DE BREFFNY, B., a5550.

DE BRUIN, T., a5744.

DEBRUNNER, A., a9826.

DE BURGOS NUÑEZ, M., b2753, b8020.

DE CAPRONA, P., b14119.

DE CATANZARO, C., a12900.

DE CATANZARO, C.J., b10097, b17167.

DE CERTEAU, M., a12706.

DE CHALENDAR, X., a3428, b1719, b9612.

DECHAMBRE, G., a3456.

DECKER, H.W., a4658.

DE CLERMONT-TONNERRE, É., b12757.

DE COCK, J., b1169, b7812, b9949.

DE CONTENSON, H., a777, a778, a801, a3011, a3013, a7893, a7900, a8036, a8037, a8040, a8041, a8044, a8045, a10941.

DECOURTRAY, A., b15893.

DECROOS, M., b11548.

DE DOLMS, E., a3694.

DE DURAND, M.-G., b4776, b5037.

DEEGAN, D.L., b8503, b8504.

DEEKS, D.G., a3384, b707, b4043.

DEEM, A., a6667, a10190, a14686.

DE FEO, I., b4386.

DE FRAINE, J., a4548, a4982, a7110, a13835, a14008, a15645, a16515, b11818, b14847, b16114, b16117.

DE GAULMYN, M.M., a4827, b7028.

DEGEEST, A., a6112.

DEGEN, R., a9194, a9318, a10972.

DEGENHARDT, J.J., b13146.

DE GENOUILLAC, H., a8633.

DE GEUS, C.H.J., a663, a1588, a2533, a6646, a10066.

DE GRAEVE, M.-C., a7242.

DE GRANADA, M., a3623.

DE GRIJS, F.J.A., b5666, b16042.

DE GROOT, J., a13891.

DE HAAN, R.W., b7305.

DE HALLEUX, A., b13864.

DEHANDSCHUTTER, B., a6326, a6377, a6390, a6409, a6414, a6419, a6420, a6442, a12015, b1554, b2598, b15166, b16007, b16892.

DEIANA, G., a17824.

DEIDUN, T., b1682, b13164.

DEIDUN, T.J., b9491, b13403, b14353.

DEIMEL, A., a3462, a8434, a8470, a8488.

DEISS, L., a6163.

DEISSLER, A., a12444, a15760, a15831, a15877, a15942, a16049, a16612, a16788, a17089, a17762, a17928, a17947, b9326, b9329, b9331, b9367, b10462, b11889, b14153, b16828, b17034.

DEIST, F., a13101, a13228, a14617.

DEIST, F.E., a10314, a11152, a17735.

DE JONG, C., a17741.

DE JONGE, H.J., b124, b3108, b6731, b7481.

DE JONGE, M., a421, a424, a425, a433, a437, a438, a445, b3968, b3984, b4025, b7417, b7650, b7666, b7689, b8079, b8083, b8172, b8363, b8571, b8575, b8919, b9078, b10583, b11107, b11827, b11840, b14018, b14321, b14411, b16768.

DE KERGARADEC, Y., b4545, b8556.

DE KERGORLAY, C., a6293.

DE KRUIJF, T.C., a52, a8232, a9737, a9741, b4783, b7460, b12992, b14730, b15187.

DE KRUYF, T., b5775.

DE LA BONNARDIÈRE, A.-M., a3682, b7387, b8271.

DE LA CALLE, F., b676, b974, b1365, b2049, b3739, b7982, b8587, b10004, b12879, b14813, b15060, b15099, b15810.

DE LACEY, D.R., b16244.

DE LA CHAPELLE, M., a75, b4454, b15224, b17189.

DE LA DOLORASA, G., b9076.

DEL AGUA PEREZ, A., b2639, b3152, b3656.

DE LANGE, N., a231.

DE LANGE, N.R.M., a12822, a14874, a15312, a16355, a17835.

DE LANGHE, R., a12013, b14794, b17008.

DE LA POTTERIE, I., a4569, a9810, a12419, b2426, b3869, b4071, b4088, b4089, b4093, b4161, b4165, b4222, b4253, b4255, b4256, b4284, b4406, b4409, b4412, b4571, b4578, b4587, b4615, b4620, b4622, b4626, b4658, b4693, b4705, b4716, b6598, b6975, b7021, b7444, b7448, b7461, b7463, b7468, b7469, b7473, b7479, b7488, b7489, b7490, b7491, b7492, b7740, b8825, b8871, b8877, b9072, b9828, b9955, b9984, b10590, b10683, b10709, b10801, b10998, b11343, b11344, b11356, b11399, b11585, b12107, b12295, b12774, b12825, b12928, b13172, b13382, b13618, b13621, b13694, b13795, b14318, b14655, b14787, b14875, b14876, b15102, b15267, b15434, b16045, b16051, b16888, b16993, b17255, b17259, b17265.

DELAVAULT, B., a10749, a10850, a11427.

DE LAVERNETTE, G., b8740, b14462, b14645.

DEL CARMEN PORTELA, M., b14944.

DEL CASTILLO, A., b11729.

DEL CERRO CALDERON, G., a93, a94, b2952, b15486.

DELCLAUX, A., b2041.

DELCOR, M., a148, a221, a325, a405, a484, a3318, a4331, a4333, a6670, a7841, a7846, a7870, a7884, a9295, a10809, a10823, a10837, a10843, a10848, a11748, a11825, a11961, a11968, a11981, a12017, a12029, a12035, a12051, a12068, a12083, a12194, a12226, a12227, a12728, a13555, a14027, a14166, a14169, a14276, a14639, a15019, a15837, a15933, a16540, a16765, a17214, a17239, a17603, a17737, a17915, a18045, a18064, b9519, b10238, b10698, b11709, b12515, b13459, b14613, b15139, b15270.

DELCROIX, G., a1260.

DELEBECQUE, É., a9844, b2882, b2884, b3297, b4989, b4998, b5029, b5064, b5180, b5181, b5221, b5229, b5250, b5251, b5266, b5275, b5284, b7805.

DELEKAT, L., a2874, a4193, a9916, a10818, a11187.

DE LESTAPIS, S., b6944, b7016, b7019.

DELGADO, A.M., b1260.

DELGADO SANCHEZ, J., a5407, b3533.

DELHAYE, P., b1203, b16720.

DELHOUGNE, H., a12707, a15614.

DELITZSCH, F., a12957.

DELLER, K., a7592, a7595, a8284, a8317, a8348, a8362, a8367, a8380, a8420, a8446, a8500, a8501, a8502, a8515, a8564, a8565, a8660, a8666, a8667, a8769, a8857, a8869, a8907.

DELLING, G., a373, a3884, a3885, a3917, a5380, a9709, b4187, b5812, b5838, b5950, b6510, b11828, b14733.

DEL MONTE, G.F., a7153, a7174, a7176, a8558, a10616, a10617, a10640, a11432, a11632.

DEL NIÑO JESÚS, J.A., b12872.

DELOBEL, J., b131, b761, b967, b3873, b7550.

DEL OLMO LETE, G., a8016, a11022, a11154, a11235, a11307, a11382, a11383, a11628, b17373.

DELORD, R., a17187.

DE LORENZI, L., b5366, b5900, b5943, b5944, b9742, b10443, b13885, b15443.

DE LOREY, E., a7998.

DELORME, J., a3880, a4536, a4621, a4650, a4651, a4755, a4784, a4785, a4789, a12562, b680, b2032, b2169, b2287, b2791, b3188, b3366, b3719, b6240, b10591, b13939.

DEL RIEGO, A., b3251.

DELSMAN, W.C., a8461, a11030, a16331.

DELTOMBE, F., b1689, b3197, b10612.

DE LUBAC, H., a3712, a12390.

DEL VALLE RODRIGUEZ, C., a12993, a14108.

DEL VERME, M., a11846, a11847, b362, b592, b593, b4273, b5059, b5062, b5090, b5091, b5097, b5112, b14955, b14956, b14979, b15002, b15008.

DELZANT, A., a14270, b5023.

DE MAAT, P., a4692, b2183.

DE MAIGRET, A., a2193, a2774, a6745, a7895, a7896, a11631.

DEMAL, W., a15744.

DEMANGEL, R., a7024.

DEMANN, P., b17175.

DE MANNEVILLE, E., a2663.

DEMAREST, B., b7162.

DE MARGERIE, B., a3683, b9866, b16535.

DE MARTEL, G., a14570.

DE MEDINA, A., b15889.

DE MEESTER, P., b5154.

DEMEESTÈRE, P., b10072, b13128, b13424, b14736, b14869, b17340.

DE MENASCE, J., a7727, a7759, a10964.

DE MENASCE, P., b11436, b14466.

DE MÉRODE-DE CROY, M., b11719.

DE MERODE, M., a13482, b4451, b11769.

DE MERTZENFELD, C., a2692.

DE MEULENAERE, H., a3143, a6805, a6980, a9532.

DE MEYER, F., a4947, a10116, a15879, a16023, b14579.

DE MEYER, L., a11594.

DE MIROSCHEDJI, P., a860, a1347, a3193.

DEMKE, C., b14169.

DEMMER, K., b9408.

DE MONLÉON, A.-M., b17399.

DE MONTCHEUIL, Y., b11470.

DE MOOR, J.C., a8106, a8135, a8801, a10220, a10909, a11029, a11038, a11051, a11071, a11092, a11239, a11315, a11317, a11331, a11340, a11344, a11356, a11363, a11450, a11454, a11460, a11467, a11470, a11478, a11484, a11524, a11526, a11563, a13139, a13145, b10161.

DEMSKY, A., a3576, a4243, a6668, a10494, a10505, a15063, a15123, a18049, b10554, b13484, b17318.

DE MURALT, A., b15278.

DENAUX, A., b1397.

DE NICOLA, A., a4293, a16521, b10244, b13432, b13514, b14755.

DENIS, A.-M., a384, a5366, a13123, a15194, b10659.

DENIS, P., a11708.

DENKER, J., a506.

DENNISON, W.D., b13898.

DENTAN, R.C., a12425, a13178.

DENTON, D.R., b5825, b6687, b11211.

DENTZER-FEYDY, J., a2893.

DENTZER, J., a3051.

DENVER, W.G., a943, a5103, b14931.

DEONNA, W., b14387.

DE PATER, W.A., a4932.

DE PURY, A., a13594, a13610, a13740, a13768,
    b12139, b15473, b16032, b16440, b17021.

DEPUYDT, L., a9566.

DEQUEKER, L., a12265, a12618, a13425,
    a13572, a13604, a17714, b6323, b7169,
    b9229, b9366.

DERCHAIN, P., a4378, a7056.

DEREMIENCE, A., b2384.

DERFLER, S., a1503, a1831.

DeRIDDER, R.R., b14058.

DERMIENCE, A., b1585.

DE ROBERT, A., b12608.

DE ROBERT, F., b15271, b17181.

DE ROBERT, P., a12380, a17410, b9602,
    b12140.

DE ROCHE, M., a16567, a17568, a17570,
    a17606, a17668, a17967, a17968, a18007.

DE ROSA, G., b1072, b2933, b8437, b8497,
    b8842.

DEROW, P., a5378, a9953.

DEROY, L., b11802.

DERRETT, J.D.M., a4000, a6013, a11993,
    a14319, a17440, a17715, b207, b591, b813,
    b1045, b1398, b1416, b1426, b1555, b1629,
    b1673, b1676, b1722, b1739, b1747, b1749,
    b1761, b1796, b1823, b1879, b1893, b1969,
    b2066, b2138, b2288, b2291, b2300, b2317,
    b2345, b2356, b2372, b2376, b2383, b2416,
    b2493, b2512, b2574, b2584, b2599, b2603,
    b2623, b2650, b2690, b3030, b3045, b3049,
    b3050, b3051, b3196, b3287, b3419, b3435,
    b3448, b3472, b3478, b3504, b3524, b3571,
    b3592, b3610, b3662, b3708, b3721, b3734,
    b4131, b4437, b4529, b4777, b5094, b5149,
    b6098, b6146, b6148, b6189, b6361, b8715,
    b8716, b8718, b8953, b9055, b9609, b12165,

b12907, b13270, b13347, b13378, b15219,
    b15848.

DE SAINTE-MARIE, H., a12457.

DE SALVIA, F., a6904.

DE SANTA MARIA, M., b12503.

DE SANTOS, D., b5440.

DE SANTOS OTERO, A., a503, a580.

DE SAUSSURE, J., a6144.

DE SAVIGNAC, J., a16320, b4050, b16488.

DESCAMPS, A., b4455, b6005, b6126, b6196,
    b6500, b9743, b12557, b17182.

DESCAMPS, A.-L., a6178, a12856, b1218,
    b1311, b1691, b2504, b6069, b7868, b8204,
    b8696, b8968, b9062, b9064, b9567, b10736,
    b10783, b10832, b11834, b11907, b13541,
    b14297, b14429.

DESCHAMPS, P., a7906, a7956.

DESELAERS, P., a15139, a15140, b16574.

DESHAYES, J., a1197, a3103, a3165, a7749,
    a7777, a7780.

DE SILVA, C.G., a1019.

DE SIVATTE, R., b17153.

DESMOND CLARK, J., a741, a1200.

D'ESNEVAL, A., a12853.

DE SOLAGES, B., a6415, b822, b887, b4789.

DE SOLMS, É., a12251.

DE SOOS, T., b13160.

DES PLACES, É., a3639, a16470.

DESPLAND, J., b11634.

DESPLAND, M., a3935.

DESPLANQUE, C., a14625.

DES ROCHETTES, J., a15661, b10710, b11251.

DESSAUER, F., b12353, b12379, b17195.

DESSE, J., a1194, a2616, a2849.

DE STAGE, J., b8087, b8524.

DE STRYCKER, E., a512.

DE TARRAGON, J.-M., a14735, b9601, b10287.

DETIENNE, M., b10421.

DE TRYON-MONTALEMBERT, R., a13095,
    b226.

DE TUYA, M., a3997, b4710, b8750.

DETWEILER, R., a4629, a4927, a13445.

DEUSER, H., b5790.

DEUTSCH, C., a16538.

DE VAULX, J., b6278, b15856.

DE VAUX, R., a726, a2079, a5496, a7882, a12785.

DEVENISH, P.E., b9067.

DEVER, W.G., a591, a647, a652, a692, a696, a706, a714, a718, a879, a880, a890, a891, a896, a908, a912, a1328, a1626, a1628, a1811, a1845, a2122, a2123, a2124, a2125, a2126, a2138, a2228, a2566, a2815, a2820, a2886, a3053.

DEVESCOVI, U., a17839, a18041, b9325.

DE VILLALMONTE, A., b15069, b15092.

DE VILLAPADIERNA, C., b9470, b13085.

DE VILLIERS, J.L., b4430, b8062, b8828, b12842, b16861.

DE VILLIERS, P.G.R., a272.

DEVISCH, M., b847, b2018.

DE VISSCHER, F., a9868.

DE VOGEL, C.J., b6688.

DEVOS, P., a9448.

DE VRIES, B., a2514, a2515.

DeVRIES, C.E., b6529.

DE VRIES, J., a4061.

DE VRIES, S., b16976.

DE VRIES, S.J., a224, a14932, a14939, b12222, b16982, b16984.

DE WAARD, J., a12739, a12807, a16357, a16615, a16665.

DE WAELE, É., a7790.

DEWAILLY, L.-M., a12890, b1370, b3415, b11981, b13455, b14492.

DE WARD, E.F., b10665, b16868.

DEWERMANN, E., a13428, b13461.

DEWEY, J., b2166.

DEWEY, K.E., b888, b2722, b2745, b3961, b4675, b15223.

DE WILDE, A., a15308.

DE WIT, C., a6807.

DEXINGER, F., a111, a340, a3624, a4956, a5644, a5670, a6207, a12363, a13976, b10335, b12349, b13725, b16529.

DEY, J., b338.

DEY, L.K.K., a5903, b7092, b8157, b9516, b15156.

DHORME, É., a5093, a7465, a7474, a7492, a7643, a7831, a9004, a10690, a10803,

a10804, a11486, a11500, a12694, a13580, b9636, b10136, b14591, b16250, b16258, b17154.

DHÔTEL, J.-C., b14646.

DIAKONOFF, I.M., a7351.

DIANO, C., b12387.

DIAS, P.V., b10898.

DIAZ, J., b13580.

DIAZ ALONSO, J., b9847, b11644, b15718.

DIAZ ESTEBAN, F., a13018, a13021, b1374, b15692, b16357.

DIAZ FERNANDEZ, J.M., a2225.

DIBELIUS, M., b474, b4037, b7875, b7876, b8175, b15249.

DICHARRY, W.F., a9845.

DICK, M.B., a15424, a15432, a15433.

DICKINSON, H.G., b8720, b13650.

DIDEBERG, D., b2141, b2142.

DIEBNER, B., b16915, b16935.

DIEBNER, B.J., a487.

DIECKMANN, B., a3803, a3813.

DIEDRICH, F., a17987.

DIEHL, C., a7902.

DIEM, H., a3791, b14534.

DIEM, W., a9106.

DIETERLÉ, C., a12551, a12710.

DIETRICH, B.C., a7103.

DIETRICH, M., a1673, a8051, a8136, a8137, a8153, a8154, a8159, a8407, a8456, a8915, a8929, a9753, a10023, a10231, a10238, a10646, a10652, a10653, a10999, a11019, a11031, a11045, a11057, a11058, a11059, a11062, a11063, a11065, a11072, a11080, a11081, a11084, a11086, a11088, a11093, a11095, a11097, a11099, a11100, a11102, a11104, a11108, a11115, a11120, a11123, a11126, a11132, a11135, a11136, a11137, a11147, a11148, a11149, a11153, a11156, a11160, a11161, a11166, a11169, a11189, a11191, a11206, a11262, a11278, a11279, a11280, a11309, a11316, a11329, a11330, a11332, a11335, a11341, a11345, a11346, a11347, a11348, a11352, a11355, a11357, a11359, a11362, a11364, a11366, a11367, a11368, a11371, a11373, a11377, a11378,

a11381, a11384, a11392, a11393, a11394,
a11395, a11396, a11402, a11404, a11405,
a11409, a11410, a11411, a11412, a11413,
a11414, a11417, a11418, a11420, a11421,
a11422, a11440, a11445, a11453, a11456,
a11458, a11459, a11465, a11473, a11476,
a11477, a11479, a11485, a11492, a11531,
a11550, a11551, a11561, a11564, a11578,
a11580, a11585, a16676, b10608, b14395,
b14574, b14580, b14581.
DIETRICH, W., a5163, a5208, a13525, a14832,
a15014, b17246.
DIETZFELBINGER, C., b1303, b1729, b2201,
b4632, b12852, b16240.
DIEZ FERNANDEZ, F., a1348, a1355.
DIEZ MACHO, A., a5769, a5778, a5779, a5782,
a5804, a5832, a9157, a17022, b569, b583,
b1070, b2930, b7819, b7884, b7897, b8293,
b8518, b8551, b11493, b12460, b12875,
b13499, b13786, b15917, b16721.
DIEZ MERINO, L., a5372, a5805, a9188, a9219,
a10076, a12962, a13048, b732, b8256,
b8548, b10186, b10187, b10332, b13559,
b15787.
DIEZINGER, W., a6096, b2611.
DI GIOVANNI, A., b6794, b14178.
DIJKSTRA, M., a8128, a8194, a10548, a11069,
a11298, a11336, a11400, a11526, a11533,
a15780, a15947, a17389, a17689.
DIKAIOS, P., a766, a6710, a6716.
DIKIGOROPOULOS, A.I., a6698.
DI LELLA, A.A., a3942, a15145, a16501,
a16503, a16736, a16774, a16816, b16463.
DILLEMANN, L., a7297.
DILLEY, F.B., b12171, b15691.
DILLISTONE, F.W., a3872.
DILLON, J.T., a3451, b8852.
DILLON, R.J., b2828, b2958, b3744, b3809.
DIMANT, D., a309, a409, a17749, b12158.
DI MARCO, A., a13074, b349, b5590.
DI MARCO, A.S., b6643.
DINÇOL, A.M., a4162.
DINGWALL, A.S., b2139.
DINKLER, E., b5152, b5747, b9744, b10218,
b13017, b15300.

DI NOLA, A.M., a514.
DINTER, P.E., a12334, b5482, b15784.
DINUR, B., b15855.
DION, P.-E., a1786, a5559, a5589, a5775, a6974,
a9161, a9198, a9226, a9228, a9229, a9966,
a10251, a11810, a11905, a11977, a12202,
a14310, a15085, a15141, a15148, a15964,
b9530, b9531, b12540, b13323, b15295,
b15688.
DIP, G., a6298, b13590.
DI PINTO, L., b2136, b12558, b14179, b14336.
DIPLOCK, P.R., a1915, a1917.
DIRINGER, D., a2585, a3471, a10278, a10423,
a10467, a10500, a10524, a11603.
DIRK, K., a17938.
DIRKS, W., a6284.
DISCOP, J.-L., a2893.
DI SEGNI, R., b12541.
DI VITA, A., a2618.
DOBBIE, R., b16356.
DOBBIN, E.J., b11222.
DOBEL, A., a7302.
DOBLADEZ, J., a10065, a17314.
DOCKX, S., a3497, a13454, b1869, b1917,
b1960, b2683, b2685, b2686, b2779, b2829,
b3212, b3754, b4110, b4686, b4945, b5115,
b5188, b5321, b5322, b5324, b5362, b5384,
b5385, b6574, b6658, b6766, b7008, b7770,
b7845, b7859, b9193, b9591, b10441,
b11459, b12360, b15198.
DODD, C.H., a3258, b1228, b3230, b4878,
b9782, b13045.
DODS, M., a3326.
DOEVE, J.W., b2714, b12787, b16916.
DOHMEN, C., a9390, a12076, a15736.
DOIG, A., a6294.
DOIGNON, J., a3671, a3684, a3695, a3696,
a15142, b1146, b1802, b4207, b5163, b5243,
b5610, b5792, b6328.
DOLCE, R., a6724, a7555, a9479.
DOLLFUS, G., a775, a2008, a2173.
DOLTO, F., a4875, b2298, b2385, b2513, b2972,
b3111, b3253, b3367, b3519, b3544, b3581,
b3626, b3749, b4159, b4238, b4381, b4471,
b4477, b4706.

DOLZANI, C., a6798.

DOMAGALSKI, B., b5114, b10445.

DOMBROWSKI, B.W.W., b16336.

DOMBKOWSKI HOPKINS, D., a12030.

DÖMER, M., b2898, b4972.

DOMMERSHAUSEN, W., a14572.

DOMNITZ, M., a5623.

DOMON, J., b2377.

DOMS, H., b13513, b13529.

DONADONI, S., a641, a1746, a1749, a1805, a2915, a2944, a6799, a6818, a9595, a9616.

DONADONI ROVERI, A.M., a6800, a9618.

DONAHUE, J.R., b248, b249, b2089, b8021, b13947, b13978, b14740.

DONALD, T., a996, b14954.

DONALDSON, J., b9147.

DONALDSON, M.E., a4711, a13601, b11721.

DONALDSON, T.L., b5130, b14115.

DONBAZ, V., a8628, a8741, a9001, a9002.

DONFRIED, K.P., a3632, b639, b2328, b2397, b5687, b10819, b12925, b12926, b13021, b13022.

DONKER, C.E., b7267.

DONNE, B.K., b7798, b7807.

DONNER, H., a2073, a2438, a2633, a4026, a4044, a4049, a4147, a4238, a5199, a5220, a5388, a7345, a9238, a9379, a14160, a15949, a17184, b9276, b15559, b16940.

DOOHAN, H., a17008, a17517.

DOORMANN, F., b7125.

DÖPFNER, J., b10649, b10791, b15246.

DORAN, R., a13103, a15198, a15200, a15222, b3660, b12269.

DORÉ, D., a14001.

DORÉ, J., b9011.

DORESSE, M., a6967.

DORET, E., a9562.

DORFF, E.N., b12639.

DÖRING, H., b8710, b13641.

DORMEYER, D., b2665, b3493, b8803.

DORNEICH, M., b1355.

DORNEMANN, R.H., a953, a956, a985, a1349, a2179, a3016, a3162.

DORNISCH, L., a4905, a4906, a4919, a15346.

DORON, P., b11594, b13292.

DORSEY, D.A., a4312.

DOSSIN, G., a7260, a7415, a7455, a7456, a8057, a8603, a8620, a8626, a8636, a8650, a8959, a8964, a8975, a8983, a9727.

DOTAN, A., a10296, a10305, a10477, a10478, a10777.

DOTHAN, M., a727, a939, a945, a1221, a1318, a1633, a1664, a1665, a1666, a1668, a1669, a1670, a1671, a1755, a1760, a1761, a1762, a1959, a2195, a2695, a2748, a2785, a3149, a3467, a4213, a4257, a9313.

DOTHAN, T., a938, a1053, a1230, a1236, a1490, a1496, a1553, a1773, a1997, a1998, a2588, a7879, a7888.

DOTY, L.T., a1463, a8928.

DOTY, W.G., a4746, b4, b153, b199, b208.

DOUGHTY, D.J., b2167.

DOUGLAS, J.D., a3563, a3565.

DOULIÈRE, R.F., b5588.

DOWDEN, K., a7123.

DOWN, M.J., b1106.

DOWNEY, G., a1919.

DOWNEY, S., a2218.

DOWNING, F.G., a5951, a5954, b777, b2608, b4896, b14325, b14681.

DOWNING, G., a12393.

DOWSON, J., b5286.

DOYON, J., b6892.

DOZEMAN, T.B., a14899, a14918, b421, b4398.

DRANE, J.W., a4409, b554, b626, b5326, b5388, b5532, b5979, b5983, b6286, b6397, b6414, b6425, b6482, b6522, b9564, b13390.

DRAPER, J.A., a12077, b7638.

DREHER, B., a16813, b3621, b13929, b15359.

DRENCKHAHN, F., a7623.

DRESDEN, M.J., b9990.

DRESSLER, H.H.P., a8115, a8189, a11077, a11534, a11538, a16900, a16934, a17765, b16227.

DREWERMANN, E., a4889, a13506.

DREYFUS, F., a97, a103, a104, a3747, a3748, a12233, a12398, a12430, a12433, b5866, b5886, b6095, b6592, b10925, b11296, b12710, b15903, b16049, b17067, b17120.

DRIJVERS, H.J.W., a564, a7413, a7500, a7709, a9158, a10729, a10751, a10961, a10973, a10975, b597, b12160.

DRINKARD, J.F., Jr., a10186.

DRISKILL, J.D., a5511, b15552.

DRIVER, G., a16121, b10699.

DRIVER, G.R., a1384, a3961, a3962, a6669, a8254, a8428, a8901, a10112, a10182, a13012, a13035, a13819, a14112, a14149, a14153, a14717, a14754, a14994, a15454, a15515, a16056, a17279, b14511.

DRUBBEL, A., a16426.

DRUMWRIGHT, H.L., a9836.

DRURY, C., a496, a3380.

DRURY, J., b781, b2863, b2895, b12303, b12325.

DRUWÉ, E., b5752.

DUBARLE, A.-M., a5966, a14861, a15152, a15255, a16478, a17156, b1112, b5170, b5236, b5661, b5674, b8454, b8728, b9994, b11446, b11759, b12508, b12586, b13609, b14703, b14935, b16054, b16522, b16874, b17220.

DUBOIS, J.-D., a6327, b2953, b3989.

DUBOIS, J.-J., b9758.

DUBOIS, M.J., b12660, b12669.

DU BOURGUET, P., a9550, a9563.

DUBUISSON, P., b13812.

DU BUIT, M., b1087, b1127, b1163, b1174, b1185, b1241, b1285, b1301, b1335, b1349, b1376, b1396, b2125, b2920, b2964, b2968, b3116, b3118, b3420, b3594, b4038, b4124, b4125, b4141, b8843, b12748, b15722.

DUCHESNE-GUILLEMIN, J., a4449, a7762, a7764, b10691.

DUCOS, P., a1185.

DUCROS, X., a4980.

DUCROT, O., a4579.

DUDDINGTON, J.W., a3785, b8424.

DUESBERG, H., b7955, b9293, b11650, b12361.

DUFAY, R., b12428, b12533.

DUFORD, J.M., a4184.

DUGANDZIC, I., a12321, b5630, b5637, b5685, b5709, b5853, b5878, b5898, b5942, b6125,

b6303, b6316, b6478, b8123, b9230, b9253, b9372, b11810, b13411.

DUGMORE, C.W., b9801, b10540.

DUHAIME, J., a11769, a12049, a12065, a13707, a14345, a15897, a16531, b9998, b10488, b10489, b10684, b10685, b12984, b14228, b17248, b17289.

DUJARDIN, É., b7854.

DUKES, H.N., a30.

DULING, D.C., a480, b8327, b8329, b13995.

DUMAIS, M., a3395, a3398, a4565, a12261, b431, b448, b492, b640, b669, b826, b3547, b4890, b4897, b4915, b5191, b5192, b5199, b8050, b8104, b9871, b9884, b11322, b11330, b13059, b13876, b14136, b16738, b16742, b16745.

DUMARÇAY, J., a1243.

DUMAS, A., a11674, b11651, b12547, b14642, b16722, b17283.

DUMBRELL, W.J., a989, a14446, b1227, b13374.

DU MESNIL DU BUISSON, R., a2559, a2743, a5567, a5568, a6659, a7701, a7710, a7836, a9292, a9869, a10460, a10792, b14572.

DUMITRIU, P., b8032.

DUMM, D.R., b3803.

DUMONT, C.-J., b17256.

DUMONT, J.-P., a4840.

DUMORTIER, F., b5965.

DUNAND, F., a132, a6913, a6994.

DUNAND, M., a966, a3569, a4055, a10802.

DUNANT, C., a7719.

DUNAYEVSKY, I., a2702, a2703.

DUNCAN, G.S., b5485, b8420.

DUNCAN, J.G., a2141.

DUNCKER, P.G., a3515, a3851, a6169, a6212.

DUNFORD, J., a13871, b1886, b2523, b3757.

DUNGAN, D.L., b701, b910, b962, b2044.

DUNKERLY, R., b736.

DUNN, J., b5787, b10052.

DUNN, J.D.G., b792, b5314, b5751, b6421, b6458, b8438, b9694, b9697, b11288, b11454, b12597, b13362, b13807, b14172, b15567.

DUNN, R.P., a15347.

DUPLACY, J., b75, b118, b132, b3245, b3717, b6169, b7319.

DU PLAT TAYLOR, J., a1967, a2285.

DU PLESSIS, I.J., b8063, b8362.

DUPONT, J., b237, b1212, b1242, b1245, b1247, b1257, b1469, b1515, b1543, b1766, b1772, b2262, b2268, b2313, b2561, b2643, b3013, b3015, b3016, b3159, b3223, b3225, b3227, b3232, b3259, b3396, b3495, b3498, b3779, b3810, b4860, b4880, b4881, b4923, b4974, b5011, b5237, b5287, b5985, b6153, b8416, b9575, b9792, b9811, b10523, b10888, b10894, b12029, b14980, b15165, b15439, b15440, b16626, b17190, b17242.

DUPONT-SOMMER, A., a2922, a5486, a7717, a9248, a9249, a9250, a9251, a9254, a9297, a9343, a9347, a9351, a10455, a10512, a10861, a10879, a10880, a11736, a11781, a11788, a11849, a11970, a12023, a12024, a12034, a12044, a12055, a12056, a12080, a12104, a12163, a12164, a12220, a16462, a16473, a17205, b9265, b15738.

DU PREEZ, J., a9800, b4208.

DUPRET, M.-A., a8852.

DUPUIS, J., b8228, b11223.

DUPUY, B., b17068.

DUPUY, B.D., b13841.

DUQUOC, C., b1901, b2758, b7730, b7796, b8255, b8268, b8400, b8568, b8591, b8649, b8677, b8756, b8789, b8890, b8896, b8911, b8951, b9088, b10508, b11417, b12922, b12993, b13784, b14883, b15064, b15140, b15840.

DURAND, X., a13766, b16370.

DÜRIG, W., a16076.

DURKIN, M., b13537.

DURLESSER, J.A., a15735, a15853, a15856.

DURRWELL, F.-X., b14782, b17376.

DUS, J., a9872, a14526, a14549, b10243.

DUSS-VON WERDT, J., b13495.

DUSSAUD, R., a618, a1196, a1211, a1573, a1646, a1649, a1791, a1905, a2582, a3568, a5484, a6623, a6656, a6657, a6717, a6826, a7760, a7761, a7804, a7829, a7834, a7867, a7873, a7979, a7999, a8083, a8084, a8086,

a8088, a8089, a8143, a9629, a10496, a10995, a11227, a11289, a11571, a12693, b11259, b12378, b12401, b14503.

DUSSAUT, L., a4862, b7073.

DUSSEL, E., b9867.

DU T. LAUBSCHER, F., a12072, a14337.

DUTHEIL, J., b15862.

DUTHEIL, M., b6173.

DU TOIT, A.B., b4091, b5743, b8064, b13030.

DUVAL, B., b11784.

DYKEMA, F., a16630.

DYSON, J., a3423.

DYSON, S.L., a719.

E

E.F., b1233, b1924, b2092, b2172, b2308, b2334, b2363, b2386, b2421, b2455, b2478, b2678, b2807, b3002, b3121, b3128, b3153, b3172, b3189, b3218, b3235, b3329, b3340, b3368, b3390, b3398, b3449, b3457, b3462, b3468, b3536, b3611, b3624, b3645, b3665, b3676, b3682, b3737, b3793, b3805, b4044, b4382, b4447, b4549, b4582, b4660, b4723, b4741, b4763, b4769, b7651.

EAKINS, J.K., a1193.

EARLE, G., b10560, b11609.

EARLE, R., a9818, b823, b6679, b7048.

EASTON, B.S., b1033, b5525, b6554, b9668, b10624, b10721, b13134, b14234.

EATON, J., a14584.

EATON, J.H., a5533, a6313, a9963, a15520, a15579, a15594, b10262, b16125, b17365.

EATON, M.A., a16311.

EBACH, J., a6671, a10014, b16672, b16674.

EBACH, J.H., a11252, a16968.

EBEL, B., a15749, b8827.

EBELING, E., a2844, a7480, a7626, a7627, a8347, a8621, a8645, a8647, a8648, a8755, a8813, a8814, a8815, a8818, a8820, a8821, a8822, a8825, a8995, b9629, b13441, b16668.

EBELING, G., a78, a3841, a12525, b6406, b6483.

EBIED, R.Y., a9138, b14885.

EBLEN, J., a6214.

ECHEGARAY, H., b375.

ECHEGARAY, J.E., a13340.

ECHTERNACH, H., b13846, b15240.

ECKERT, J., b5522, b8130, b8647, b9948, b12057, b12670, b12711, b14026, b14029, b17244.

ECKERT, W.P., a6014.

ECKMAN, B., b6714.

ÉCOCHARD, M., a1675, a7675.

EDEL, E., a2952, a6819, a6856, a9401, a9518, a9530, a9533, a9607, a9608, a9610, a9636, a10605.

EDELSTEIN, G., a2485.

EDELSTEIN, M.G., a2786.

EDHEM, H., a2281.

EDMONDS, P., b3410, b15446.

EDWARDS, G., a112.

EDWARDS, J., a17128.

EDWARDS, O., a3502.

EDWARDS, O.C., b2830.

EDWARDS, O.C., Jr., a4903, b10627, b13531.

EDWARDS, P., b13865.

EDWARDS, R.A., a6497, b848, b849, b866, b1462, b11088, b15579, b15580, b16482.

EDWARDS, S.A., b102.

EDWARDS, T.H., Jr., b10549.

EDZARD, D.O., a2956, a6611, a6614, a7445, a8346, a8394, a8398, a8503, a8504, a8510, a8522, a8527, a8534, a8559, a8612, a8674, a8853, a9032, a9046.

EERDMANS, B.D., a5649, a10135, a10169, a10185, a15495, a15530, a15542, a15571, a15572, a15577, a15578, a15708, a15776, a15840, a15843, a15901, a15904, a15925, a16112, a16127, b10229, b10978, b14151.

EFIRD, J.M., a16726, b1631, b6558, b6579, b6773, b7573, b8131, b10809, b11134.

EFRON, Y., a6034.

EGAN, R.B., b6311, b6828.

EGELKRAUT, H.L., b2837, b3320.

EGENTER, R., b4403.

EGGER, W., a4541, a6289, a8236, b986, b1219, b2023, b2518.

EGGERMONT, P.H.L., a5355.

EHELOLF, H., a10550.

EHRENBERG, H., b14236.

EHRLICH, E.L., a5057, a6563, b10340, b13257, b17084.

EHRLICH, R.J., a6170.

EHRMAN, A., a9180, b12905.

EHRMAN, B.D., b3718, b4683.

EICHHOLZ, G., b5540.

EICHHORN, D., b15400.

EICHLER, A., b7158.

EICHLER, B., a8322.

EICHRODT, W., a92, a16650, a16921.

EICHTER, P., a209.

EILERS, W., a2855, a10755.

EINSPAHR, B., a10010.

EISELE, P., a1797.

EISENBERG, E., a2570, a2750, b16908.

EISENMAN, R., a11802.

EISING, H., a14170, b12436, b17287.

EISLER, R., b3877, b3935, b3963, b4289, b4572, b4596, b8054, b14784.

EISMAN, M.M., a1772, b12290, b12781.

EISS, W., a9156.

EISSFELDT, O., a2196, a5039, a5227, a6597, a6613, a7806, a7828, a9988, a10905, a11229, a12917, a14426, a15210, a17734, b10460, b10461, b11816, b12643.

EITAM, D., a1362, a4006.

EITAN, A., a1246, a1521, a2176, a2399.

EITAN, I., a15383, a15391, a15398, a16280, a16638, a16673, a16739, a17030, a17933.

ELANSKAYA, A.J., a9449.

ELAT, M., a7821, a16930.

ELATH, E., a622.

ELAYI, J., a4084, a7876.

ELAYI, P., a7379.

ELGAVISH, J., a1286, a3044, a3045, a3046.

ELIADE, M., b14489.

ELLIGER, K., a4099, a4263, a4287, a5444, a10242, a10499, a16582, a16979, a17361, a17420, a17830, a17854, a17904, a17997, a18021.

ELLIGER, W., b5232, b5374, b5428, b5973, b6659, b6846.

ELLINGER, W.W., a1656.

ELLINGWORTH, P., a13486, b2505, b5871, b6853, b6919, b7069, b7085, b7163, b7200.

ELLIOTT, C., a815, a820, a827, a2567.

ELLIOTT, J.H., b4959, b7299, b7302, b7317, b7330.

ELLIOTT, J.K., a9768, a9828, a9831, a9837, b76, b115, b125, b127, b138, b139, b758, b1471, b2008, b2154, b2160, b2857, b3199, b3402, b5954, b12814.

ELLIS, E.E., b350, b603, b2834, b3292, b5389, b6225, b9860, b15588, b16480.

ELLIS, F., b6000, b8642.

ELLIS, P.F., b2050.

ELLISON, H.L., a86, a5308, a13847, b5845, b6113, b12702, b13389.

ELLUL, D., a17758, a18055, b12141, b12891.

ELLUL, J., b1831, b7552, b9605, b13133.

ELORDUY, E., a3528, a4988.

EL-SAFADI, H., a7551, a8011.

EL SAYED, R., a6942.

ELSTER, E.S., a698.

ELSTER, J., a4041.

ELWELL, W., b8119, b8282.

ELWELL, W.A., b2203.

EMERTON, J.A., a558, a566, a3875, a9072, a10083, a11110, a11304, a12867, a13801, a13803, a14511, a14514, a15261, a15647, a15918, a16110, a16232, a16985, a17132, a17221, a17240, a17246, a17268, a17269, a17278, a17282, a17477, a17484, a17592, b15478.

EMERY, D.L., a16727.

EMERY, P.-Y., a46, b9363, b9619, b10883, b11808, b14435, b16796, b17176, b17382.

EMMERSON, G.I., a17781.

EMMINGHAUS, J.H., a11682, b11494, b13818, b13849.

EMMINGHAUS, J.M., b432, b13819.

EMRE, K., a2574.

ENDO, S., b9191.

ENDRES, J., b14176.

ENGBERG, R.M., a2690.

ENGEL, H., a1873, a5113, a5132, a5461, a6889, a8952, a9652, b4142.

ENGLANDER, H., a17860.

ENGLE, A., a1068.

ENGLERT, D.M.C., a13043, b16727.

ENGLEZAKIS, B., a6400, b5731, b8639.

ENSLIN, M.S., b1034, b3325, b5402, b10063.

ENTRICAN, W.R., b5164.

ENZ, J.J., b10681.

EPH'AL, I., a5271, a7371, a10240, a13729.

EPP, E.J., a12646, b73, b82, b83, b3815, b3883, b4040, b4995, b12663, b13180.

EPPEL, R., b1620.

EPSTEIN, C., a816, a821, a824, a875, a1244, a1275, a1638, a2162, a2163, a2164, a2165, a2166, a2168, a2169, a2704.

EPSTEIN, E., a2219, a4230.

EPSZTEIN, L., b12964, b12972, b13233.

Équipe nationale de la J.É.C., b6856.

ERBETTA, M., a513, a9625.

ERICKSON, M.J., b11151.

ERICSON, N.R., b7374.

ERKANAL-ÖRTÜ, A., a2117.

ERLANDSSON, S., a17195.

ERLENMEYER, H., a1237, a1387, a3219, a7181, a7526, a7533, a7880.

ERLENMEYER, M.-L., a1237, a1387, a3219, a7181, a7526, a7533, a7880.

ERNST, J., a3503, b1995, b2087, b2428, b2671, b2723, b2839, b2897, b3486, b6562, b6665, b7031, b8805, b9653, b10800, b11096, b12815, b13866, b14438, b15218, b17225.

ERNST, W., b9455, b14246.

ESCANDE, J., a4768, a12547, a12564, b1521.

ESCHLIMANN, G.A., b5505.

ESCOBAR, J., a3133.

ESCUDERO FREIRE, C., b2934, b14981.

ESH, S., a13039.

ESHBAUGH, H., b6410.

ESLINGER, L., a13556, a14324, a14644, b11823.

ESLINGER, L.M., a13772, a17990.

ESNAULT, R.-H., b6738, b6988.

ESPEJA PARDO, J., b13153.

ESPINEL, J.L., a12383, b827, b1346, b3324, b5429, b6653, b7832, b8569, b8915, b9418, b12482, b16161.

ESPINEL MARCOS, J.L., b8607, b11485.
ESTERSON, S.I., a15494, a15844.
ESTIN, C., a12863.
ESTRADA, J.A., b8023, b10588.
ETAIX, R., a3881.
ÉTIENNE, P., b4774.
ETTINGHAUSEN, R., a3510.
ETTORE, F., a4729, a17342.
EULENSTEIN, R., b3369, b9415.
EURINGER, S., a9432, a9682, a9683, a9684,
      a9685.
EVANS, C., b5907, b10272.
EVANS, C.A., a4414, a4421, a6513, a12305,
      a17129, a17130, b898, b2253, b2254, b2725,
      b2782, b3334, b3995, b4055, b4502, b4511,
      b4681, b5043, b9160.
EVANS, C.D., a5297.
EVANS, C.F., b238.
EVANS, D., b16036.
EVANS, H., b6370, b6841.
EVANS, L.E.L., a2383.
EVANS, O.E., a12651, b8258.
EVANS, S., a12443, b14244.
EVEN-SHOSHAN, A., a3506.
EVERSON, A.J., a17464, b12076.
EVRARD-DERRIKS, C., a7034.
EWERT, D., b11302.
EWING, W.B., a15367.
EXUM, J.C., a13121, a13858, a14535, a14540,
      a14542, a16432, a17041, a17254, a17263,
      a17271, a17275, b11726.
EYBERS, I.H., a10201, b7495.
EYPPER, S., a9178.
EZELL, D., b8170, b14442, b15918.

F

FABER, A., a10318.
FABER, W., a8397.
FABER VAN DER KEULEN, H.E., b16520.
FABRIS, R., a12835, b1019, b3138, b3143,
      b3310, b3499, b5963, b6291, b7223, b7252,
      b7259, b7313, b10814, b11395, b13199,
      b14982, b14998, b15097, b16591.

FABRY, H.-J., a10168, a10233, a10234, a10717,
      a11808, a15978, b10040.
FACKENHEIM, E.L., a6576.
FAESSLER, M., b14120.
FAGAL, H.E., b883, b3919, b12320, b12768.
FAHD, T., b10601.
FAHEY, M., b11781.
FAIERSTEIN, M.M., b1643, b2470.
FAIRHURST, A.M., b788, b9893.
FAJ, A., a17804.
FALES, F.H., a8686.
FALES, F.M., a7360, a8459, a8668, a9196.
FALK, M., a16418.
FALK, Z.W., b11158, b13452, b16670.
FALKE, J., b1816, b2400, b3348, b7107, b12840.
FALKENSTEIN, A., a6610, a7318, a7582,
      a7585, a8447, a8450, a8475, a8493, a8708,
      a8709, a8765, a8811, a8816, a9035, a9037,
      b13224.
FALLER, A., b1590.
FALLON, F.T., a216, a4359, a6344, b6292.
FANFONI BONGRANI, L., a2537, a6801,
      a6803, a6847, a9578, a9581.
FANIN, L., a12836.
FANTAR, M., a7844, a10811, a10872, b13699.
FANTAR, M.H., a1533.
FARAG, S., a2875, a2876, a6975.
FARAONE, J.J., b4820.
FARBER, W., a8392, a8401, a8532, a8865,
      a8870, a9659, a10658, b16676.
FARGO, V.M., a1319, a2256, a2258.
FARICY, R., b5713, b14132.
FARID, A., a1734, a2875, a2876, a6975.
FARMER, W.R., b842, b850, b901, b914, b923,
      b931, b948, b15098, b15707.
FARRAND, W.R., a742, a4211.
FARRAR, C., a10315.
FARRIS, S.C., b2940.
FARZAT, Ḥ., a9175.
FASCHER, E., b16152.
FASHOLE-LUKE, E., a3640.
FASOLA, U., a2787.
FAST, T., a4189.
FATTOVICH, R., a1305, a2197.
FAU, G., b11697.

FAUCOUNAU, J., a9394, a9395.

FAUQUET, Y., b12377.

FAUR, J., b12511.

FAUTH, W., a7165.

FAUX, J.-M., b11986.

FAVREAU-LILIE, M.-L., a4323.

FAZEKAŠ, L., a3275.

FECHT, G., a6501, a9407.

FEDELE, F., a4010.

FEDELE, L., b11201.

FEDER, J., a6113.

FEDERICI, T., a15741.

FEDERN, W., a6776, a6827.

FEE, G.D., a3540, a12969, a13069, b24, b99, b146, b751, b839, b2007, b3397, b3875, b4171, b4372, b5552, b6101, b6302, b6359.

FEELEY-HARNIK, G., b11525, b14778.

FEIGIN, S.I., b7855.

FEINBERG, C.L., a17525.

FEINER, J., b10728, b11636, b16037, b17113.

FEININGER, B., a15492.

FEISSEL, D., a7952.

FELD, H., a3720, b7833.

FELDER, C., b10912, b15771.

FELDMAN, E., a17814, b10438, b13216, b14419, b15754.

FELDMAN, L.H., a5367, a5955, a5963, b12068, b16515.

FELLMAN, J., a3879, a9166, a9968, a9978, a10312, a11195.

FEMIANO, S., b11366.

FENEBERG, W., b2097.

FENNELLY, J.M., a7489.

FENSHAM, F.C., a3909, a5300, a6241, a6544, a7256, a8102, a8168, a11054, a11103, a11310, a11311, a11312, a11474, a11546, a11548, a11554, a11555, a11559, a11890, a13776, a13980, a13984, a13989, a14026, a14904, a15101, a15106, a15131, a17042, b4570, b7090, b8065, b9308, b11586, b11639, b13279, b13319, b14953, b17014.

FENTON, J., a11663.

FENTON, J.C., b1121, b7102, b10024.

FENTON, T.L., a11301, a11438, a14708, a14710, a15909, a16675.

FENZ, A.K., a4460, b12256.

FERBER, S., a2423, b16966.

FERCH, A.J., a8216, a16801, b11897.

FEREMBACH, D., a762, a1188, a2370.

FÉRET, H.-M., b8664.

FERGUSON, E., b9706, b16397.

FERGUSON, J., a6582, a7086, b4388, b5047, b5050, b5247, b6006, b6271, b6526, b6540, b9202, b9460, b17321.

FERLAY, P., b14838.

FERLONI, G., b5753, b6356.

FERNANDEZ, J., b1432, b2404, b4291, b7376, b15153.

FERNANDEZ, J.F., a6145, b3201, b7787.

FERNANDEZ JIMENEZ, M., b1594.

FERNANDEZ MARCOS, N., a12722, a12779, b14128.

FERNANDEZ TEJERO, E., a12994.

FERRARA, A.J., a1440, a8848, a11462.

FERRARO, G., a3705, b4354, b4544, b8407, b10442, b11353, b11357, b11358, b11359, b11362, b11455, b17269.

FERRIER-WELTY, M., a6202, a8229, b9561.

FERRING, C.R., a1712.

FERRON, J., a10854, a10857, a10889.

FERWERDA, R., b16678.

FESTORAZZI, F., a5121, a5125, a12324, a13376, a14297, a15690, b11607, b14217, b14343, b14430, b16561, b17290.

FESTUGIÈRE, A.-J., b475, b3979, b16411.

FEUILLET, A., a3690, a5980, a15536, a16435, a16436, a16441, a16444, a16789, a17002, a17032, a17047, a17215, a17229, a17307, a17449, a17778, a17993, b771, b1724, b1857, b1877, b2104, b2636, b2709, b3316, b3333, b3557, b3566, b3582, b3603, b3628, b3709, b3710, b3769, b4492, b4747, b4748, b4756, b4990, b5585, b5626, b5629, b5684, b5777, b5862, b6418, b6476, b6965, b7020, b7108, b7116, b7149, b7150, b7516, b7603, b7621, b7623, b7625, b7633, b7636, b7637, b7639, b7655, b7661, b7749, b7750, b7751, b7824, b8044, b8455, b8457, b8621, b8926, b9143, b9158, b9159, b9376, b9469, b10176, b11099, b11760, b11890, b12933, b13195,

FLETCHER, V.H., b14216.

FLINDER, A., a1927.

FLOOR, L., b11336, b16318.

FLORENTIN-SMYTH, F., b11671.

FLORIS, É., b1900, b2757, b8597.

FLOROVSKY, G., b7738.

FLOSS, J.P., a17235.

FLURY, S., a2791, a9598.

FLUSSER, D., a581, a5679, a6028, a6035,
a6558, a11865, a11892, a11907, a12011,
a12105, a12133, a13971, a14259, a17405,
a17439, b272, b357, b368, b404, b430, b949,
b1246, b1381, b1404, b1789, b3202, b3226,
b3681, b3723, b3736, b7840, b7951, b7953,
b8259, b10456, b10650, b12789, b13664,
b14759, b16583.

FOCANT, C., b10577.

FOERSTER, G., a1063, a1548, a1920, a3147,
a5558, a5578.

FOERSTER, W., a4428, b8700.

FOHRER, G., a4228, a5046, a5476, a5497,
a9380, a13189, a14833, a14903, a14945,
a14996, a15008, a15027, a15246, a15299,
a15316, a15317, a15318, a15339, a15431,
a15435, a15449, a16546, a16579, a17034,
a17646, a17692, a17722, a17739, a17757,
a17828, a18019, a18053, b9598, b12407,
b12894, b15526.

FOI ET CONSTITUTION, b9720, b10107,
b10220, 12174, b15694, b15812.

FOKKELMAN, J.P., a4697, a4721, a13319,
a13590, a13726, a13743, a14705, a14711,
a14763, a14845, a17343.

FOLDA, J., a2507.

FOLGADO FLOREZ, S., a583.

FOLLIS, E.R., b13701.

FONTAINE, C.R., a14517, a14519, a14677,
a14695, a14931, b16422, b17108.

FONTAINE, G., a6127.

FONTANILLE, J., a4856.

FONTINOY, C., a10264.

FORBES, A.D., a14575, a17536, a17788.

FORD, D., b2644.

FORD, D.W.C., a57.

FORD, J.M., a3986, b2590, b2926, b5417, b7533,
b8257, b9906, b13298, b14819.

FORD, L.S., b13485.

FORDE, G.O., a3760, b13001, b13363.

FOREST, C., a1889.

FOREST, J.-D., a1889, a2612, a2614, a2616,
a2849, a2850.

FORESTELL, J.T., a6027, b14786.

FORESTI, F., a12120, a14619, a14949, a16662,
a16672, a16711.

FORRER, E., a7272.

FORRER, E.O., a7132, a7138.

FORREST, R.G., a64, a13470, a16151, a17408,
b1165, b1853, b3550, b4199, b6536, b8733.

FORREST, R.W.E., a15466.

FORSHEY, H.O., a10153.

FORSTER, A.H., a12717, a16542, b191, b15710.

FORTNA, R.T., b2720, b4000, b4677, b5809,
b11174, b11365, b12062.

FORTUNA, M.T., a7881.

FOSSION, A., a3432, a4666, a4720, a4758,
a11691, a13598, a14862, b1419, b2289,
b2292, b2390, b4421, b4441.

FOSTER, B.R., a7405, a8464, a8592, a8600,
a8696.

FOSTER, J.L., a7051.

FOSTER, R.F., a8697.

FOULON-PIGANIOL, C.-I., b8899.

FOWLER, M.D., a1832, a3035, a3155.

FOWLER, R.M., b2327, b2342, b2398.

FOX, M.V., a9576, a12246, a15451, a16317,
a16420, a16955, b9447.

FOXVOG, D.A., a8535.

FRAADE, S.D., a5860, a14240.

FRACZ, S., a6230.

FRAIGNEAU-JULIEN, B., b11456, b17161.

FRAIKIN, D., b6179, b9872, b12540, b13884.

FRAJZYNGIER, Z., a8271.

FRAME, J.M., a4499.

FRANCE, R., b8288, b8349, b8529.

FRANCE, R.T., a3498, a4968, a12302, b9,
b1081, b1129, b1150, b1151, b2086, b2721,
b8027, b8777, b8849, b12204, b12297,
b12310.

FRANCIS, F.O., a5863.

FRANCIS, J., b6036, b7355, b10962, b10963.

FRANCOIS, Frère, a15445.

FRANK, C., a8807, a8808.

FRANK, F., a3964, a4189, a4209, a7656.

FRANK, K.S., a17838.

FRANKEL, D., a1265, a1293, a6706, b10225.

FRANKEL, R., a823, a1005, a1329, a3049, b10555.

FRANKEMÖLLE, H., a3436, b195, b285, b776, b999, b1224, b2432, b7960, b13064, b13729, b13732, b13788, b14070, b17300.

FRANKEN, H.J., a703, a969, a970, a1266, a1973.

FRANKENA, R., a9960.

FRANKLIN, E., b2894, b4863, b4968, b7793, b11082, b11112.

FRANKLYN, P., a16283.

FRANKOWSKI, J., b7110.

FRANQUESA, P., b2979, b17293.

FRANSEN, P.F., b16752.

FRANSOS, M., a8677.

FRANXMAN, T.W., a12091.

FRANZMANN, M.H., b7535.

FRASER, J.G., a12349.

FRASER, J.W., b5486.

FRATTALLONE, R., b12489.

FREDE, H.J., a12854, b121, b7010.

FREE, J.P., a959.

FREEBORN, J., a5642, b381.

FREED, E.D., a9765, a12289, a12306, a15852, b4039, b4066, b4107, b4257, b4391, b4415, b14877.

FREEDMAN, D.B., a13024, a17851, b10331.

FREEDMAN, D.N., a3042, a3865, a6729, a6734, a9489, a10322, a11866, a11916, a13130, a13131, a13133, a13142, a13146, a13627, a13820, a13934, a13935, a14115, a14352, a14354, a14498, a14623, a15319, a15728, a15755, a16102, a17927, b9241, b12238.

FREEHOF, S.B., a17522.

FREEMAN, S.E., a867.

FRENCH, D., a4130.

FREND, W.H.C., a5425.

FRENDO, A., a16386.

FRETHEIM, T.E., a12958, b10497.

FREY, H., a17009, a17012.

FREY, J., b8178.

FREYDANK, H., a10650.

FREYNE, S., a5376, b400, b446, b9855, b10598, b12065.

FRÉZOULS, E., a7926, a10685.

FRIBERG, B., a9702.

FRIBERG, T., a9702.

FRICK, F.S., a668, a5114, b17313.

FRICKEL, J., a3641, b15708.

FRID, B., b5945.

FRIED, N., a13041, a14102, a14103.

FRIEDLANDER, A.H., b17104.

FRIEDLANDER, Y., a9958.

FRIEDMAN, E., a782, a2159, a2617.

FRIEDMAN, M.A., a17959.

FRIEDMAN, R.E., a10145, a11498, a13233, a13259, a17795, b16954.

FRIEDRICH, G., a9710, a11644, b629, b1941, b2337, b2401, b3332, b5386, b5516, b5649, b5696, b5736, b5978, b6402, b6563, b6655, b6753, b6852, b6872, b6906, b6918, b7033, b7133, b7862, b8040, b8609, b8949, b9022, b9482, b10704, b12038, b12040, b13194, b13794, b13834, b15429, b16739.

FRIEDRICH, H., a9191.

FRIEDRICH, J., a8388, a8477, a8478, a8745, a8768, a9591, a9662, a9663, a10563, a10564, a10569, a10576, a10621, a10625, a10634, a10656, a10775, a10827, a10851, a10874, a11176, a11588, a11589, a11592, b1849, b5921, b9468, b12929, b15314.

FRIEDRICH, J.H., a3838.

FRIES, H., a6172, a6182, b9246, b10141, b12172, b14626, b15483, b16014, b16038, b16990.

FRIGGENS, M.A., b1130.

FRITSCH, C.T., a1921, a12719, a12770.

FRITZ, R., a5436.

FRITZ, V., a940, a986, a1009, a1680, a1724, a2233, a2754, a2755, a2758, a2760, a2761, a2762, a2764, a2766, a2848, a2998, a4258, a10514, a13237, a13551, a14383, a14406, a14481, a14523, a14648, a14871, a15082, b10429, b16941.

FRITZSCHE, H., b12449, b17162.

FRIZZELL, L., a16770.

FRIZZI, G., b11089, b11114.

FROITZHEIM, F., b8128, b11131.

FROLOW, A., a15516.

FRONZAROLI, P., a4076, a8250, a8265, a9465, a9474, a9979.

FROST, G., b14872.

FROST, S.B., a12638, a15751, a16113, b11474.

FRUCHON, P., a117.

FRUTIGER, S., b6232.

FRYE, N., a31.

FRYE, R.M., b7988.

FRYMER-KENSKY, T., a5126, a13365, b10367, b13230, b13232, b14928, b15997.

FUCHS, A., a508, a515, a6393, b860, b908, b932, b1418, b2100, b2150, b2217, b3182, b10416.

FUCHS, C., b14975.

FUCHS, E., a4550, a6152, a6158, a12781, b1171, b1337, b1488, b3417, b5465, b5529, b5908, b6373, b7314, b7500, b9130, b9570, b11982, b13404, b14298, b16744.

FUCHS, Eric, b12074.

FUCHS, J., b9493.

FUCHS, O., a15761, b15263.

FUCHS, P.J., b9406.

FUENTE, A.G., b11442, b16332.

FUERST, W.J., a14564, a15170, a16304, a16406.

FUETER, P., a6299.

FÜGLISTER, N., a14075, b7957, b9529, b9624, b11623, b11870, b12374, b16121, b16261, b16554, b16647, b16691.

FUHS, H.F., a10090, a16633.

FUJITA, N.S., a32.

FUJITA, S., a4001.

FUKS, G., a2997, a5382.

FUKS, L., a9976.

FULCO, W.J., a1456, a1464, a2892, a6663, a9065, a9276.

FULLER, D.P., a12485, b6035, b11447.

FULLER, J.W., b6985.

FULLER, R.C., b1895.

FULLER, R.H., a3408, a11709, b645, b836, b933, b1073, b2935, b4771, b5165, b5273, b7878, b8073, b8624, b8724, b8881, b9099, b16600.

FUNG, R., b9741.

FUNG, R.Y.K., b5789.

FUNK, A., b13887.

FUNK, M.M., b8990, b13861.

FUNK, R.W., a3833, a4596, a4747, a9822, b172, b209, b210, b325, b3362, b4158, b13948.

FUNK, W.-P., a6521.

FURCHA, E.J., a3877.

FURGER, F., b17336.

FURLANI, G., b10674.

FURNISH, V.P., b5928, b10641, b11766, b12492, b14341, b14344, b15328.

FURSHPAN, A.M., a2124.

FUSCO, V., b292, b293, b646, b1536, b2090, b2158, b2238, b2256, b4904.

FUSTER, R., b13429, b16998.

FUSTER IBARRA, V., b11954.

G

G.C., b1109, b1133, b1136, b1139, b1140, b1156, b1166, b1179, b1187, b1231, b1234, b1277, b1283, b1321, b1380, b1403, b1428, b1440, b1458, b1464, b1487, b1525, b1565, b1586, b1593, b1639, b1667, b1678, b1727, b1743, b1750, b1760, b1767, b1777, b1782, b1790, b1818, b1827, b1835, b1929, b2098, b2120, b2126, b2148, b2174, b2299, b2318, b2335, b2367, b2422, b2456, b2489, b2500, b2553, b2610, b2621, b2645, b2655, b2669, b2680, b2808, b2967, b2995, b3003, b3068, b3109, b3122, b3129, b3133, b3144, b3154, b3173, b3193, b3219, b3301, b3306, b3313, b3349, b3375, b3393, b3400, b3463, b3470, b3476, b3487, b3502, b3511, b3515, b3558, b3579, b3590, b3599, b3613, b3627, b3648, b3667, b3677, b3683, b3770, b3794, b4111, b4120, b4143, b4173, b4213, b4216, b4280, b4314, b4333, b4345, b4350, b4355, b4383, b4419, b4436, b4439, b4468, b4538, b4551, b4562, b4577, b4583, b4604, b4608, b4627, b4649, b4655, b4661, b4670, b4689, b4742, b4764, b4770, b5034, b15247.

GABALLA, G.A., a6991, a6993, a9593, a9635.

GABEL, J.B., a14091.

GABOURY, A., b810, b7981.

GABUS, J.-P., a11660.

GADAMER, H.G., a4520.

GADD, C.J., a8938.

GADEGAARD, N.H., b16374.

GAETA, G., b3500.

GAFFIN, R.B., b11405, b15988.

GAFNI, I., a5312.

GAGÉ, J., a7121, a7743.

GAGER, J.G., a413, a4897, b456, b5357.

GAIDE, G., b3751, b3752.

GAL, Z., a2723, a2896, a2928, a5460.

GALAND, L., a10839.

GALBIATI, E., a3526, a4516, a5067, a5245, a5495, a6191, a6208, a11891, a12468, a12830, a12839, a13379, a13581, a13626, a15607, a17951, b154, b1063, b1131, b1172, b1297, b1402, b1427, b1466, b1527, b1591, b1602, b1605, b1634, b1681, b1721, b1738, b1762, b1814, b2775, b2806, b3005, b3035, b3044, b3077, b3081, b3110, b3119, b3250, b3356, b3422, b3488, b3497, b3563, b3596, b3620, b3640, b3685, b4106, b4134, b4311, b4353, b4413, b4581, b4619, b4633, b4721, b4762, b9131, b9169, b9922, b10370, b10955, b11001, b11026, b11142, b11464, b11465, b12621, b12626, b12775, b12830, b12886, b13677, b13778, b14218, b15025, b15725, b16130, b16358, b16758, b16797.

GALITIS, G., a3685.

GALIZZI, M., b1983, b2838.

GALLAND, C., a4593, a4602.

GALLEGO, E., b3023, b9350, b10621, b12410, b13287, b13359, b14971, b15061, b15659.

GALLI, G., b5257.

GALLING, K., a614, a1036, a1294, a1375, a1399, a1506, a1613, a1862, a2226, a4123, a4274, a5186, a5229, a5487, a5547, a6832, a7322, a7739, a7946, a9440, a9441, a9443, a9920, a15112, a16658, a17160.

GALLOPIN, M., b10433.

GALLOWAY, A.D., b10174, b14530.

GALOT, J., b1610, b2936, b3098, b8205, b8234, b8342, b8386, b8927, b9095, b9409, b9417, b9465, b9868, b11308, b12005, b12056, b13158, b13565, b13656, b15243, b15802, b15849, b16164, b16249, b16293, b16295, b16296, b16297, b16322, b16812, b16813, b16814.

GALSTON, M., b13260.

GALVIN, J.P., b8988, b9063, b15941.

GALY, A., a13694.

GAMBA, G.G., b731, b818, b843, b1702, b2195, b2202, b5065, b7403, b8794, b9834.

GAMBER, K., b6727.

GAMBERONI, J., a14130, a18042, b9856, b13334, b13824, b15528.

GAMBINO, G., b4337.

GAMBLE, H., b5609.

GAMMIE, J.G., a89, a15458, a16080, a16746, a16759.

GAMORAN, H., a5747, b9608.

GANCHO HERNANDEZ, C., b9431, b12839.

GANDER, G., b48, b1977, b3262, b3570.

GANGEMI, A., b7613, b7614, b7616, b7617, b13491.

GANNE, P., b10159.

GANOCZY, A., a12526.

GANOR, N.R., a10503.

GANTOY, R., a6117, a6118.

GARBINI, G., a1478, a2210, a2564, a2670, a3579, a4143, a5515, a7535, a7835, a7892, a7898, a8101, a9058, a10057, a10307, a10716, a10773, a10794, a10830, a10856, a10860, a10945, a10949, a11587, a13583, a14492, b12388, b16350.

GARCIA, D., b6489.

GARCIA, F., a500, a12154, a12192.

GARCIA, S., b28.

GARCIA AMOR, E., b9921.

GARCIA BARDON, S., b4456.

GARCIA BAZAN, F., a4441.

GARCIA BIEDMA, J., b15186.

GARCIA BURILLO, J., b1714, b2532, b3639.

GARCIA CORDERO, M., a5094, a12918,
a15889, a17125, a17786, b7360, b10920,
b11035, b13760, b14141, b14159, b15050,
b15309, b15522.

GARCIA DE LA FUENTE, O., a13183,
b15032.

GARCIA DEL MORAL, A., b8390.

GARCIA GOMEZ, A., b15566.

GARCIA LOPEZ, F., a13722, a14217, a14252,
a14253, a14265, a14274, a14278, a14282,
a14285.

GARCIA MARTINEZ, F., a396, a5735, a11968,
a12106, a12116, a12135, a12187.

GARCIA MARTINEZ, M.D., b5143.

GARCIA MORENO, A., b8151, b10651,
b17370.

GARCIA TRAPIELLO, J., a14746, b12969,
b14223, b14225, b16144, b16270, b16785,
b17203.

GARDINER, A.H., a6977.

GARELLI, P., a6624, a7338, a7357.

GARGANO, I., a3686.

GARI-JAUNE, L., b14376.

GARLAND, D.E., b1788.

GARNET, P., a10124, a12066, b2260, b7825,
b8317, b8376, b9951, b11624, b11922,
b15826, b16544, b16548, b16595.

GAROFALO, S., b6368, b7520, b7679, b9946,
b11730, b12753.

GARR, W.R., a13155.

GARRETT, T.S., a12465.

GARROD, D.A.E., a2770, a2771, a2772.

GARSCHA, J., a16858, a16866.

GARSIEL, M., a2284, a14607, a14773.

GARSTANG, J., a660, a1962, a2302, a2303,
a2304, a2305, a2306, a2307, a2309, a14474.

GÄRTNER, B., b1153, b12898.

GÄRTNER, B.E., b3743, b8508.

GASPARRO, G.S., a4356, b10120.

GASQUE, W.W., a3932, b345, b4886, b4913,
b4955,b4956, b12326, b12329.

GASTALDELLI, F., a3717.

GASTER, T.H., a3588, a8049, a8055, a8170,
a9329, a9376, a10401, a10462, a10464,
a11499, a13630, b14487.

GASTON, L., b2927, b5868, b6524, b9524,
b9544.

GATH, J., a1546, a2439.

GATTI, E., b14041.

GATTI, V., b5238.

GATZWEILER, K., b1336.

GAUBE, H., a1010, a1682, a2211, a2906.

GAUDET, P.P., b1686, b16746.

GAUDETTE, P., b14270.

GAUGER, J.-D., a5967, a5976, a15196.

GAUTHIER, L., b11285.

GAUVREAU, L.-P., b16289.

GAVENTA, B.R., a6029, b5419.

GAWLIKOWSKI, M., a7694, a7707, a10738,
a10746, a10747.

GAY, G., b1850, b14699.

GAYER, R., b11160.

GAYLORD, H.E., b16654.

GAYLORD, H.E., Jr., a251.

GAZIT, D., a1206.

GEDEN, A.S., b61.

GEERLINGS, J., b2001.

GEERLINGS, W., b12594.

GEFFRÉ, C., a4522, b12177, b14916.

GEHMAN, H.S., a12758, a12760.

GEIB, I.J., a8521.

GEIGER, A., b7532.

GEIGER, G., b4823, b5096.

GEIGER, R., b11739.

GEISCHER, H.-J., b2249.

GEISLER, N.L., a3353, a4978.

GEIST, H., b356, b12658.

GELB, I.J., a10694, b11166.

GELIN, A., b14089.

GÉLINEAU, J., a6049, a15592.

GELIO, R., a10108, a10391.

GELLER, M.J., a7649, a9051, a9273, a14057,
a14988, a17955, b10614, b10619, b13512.

GELLER, S.A., a13143, a14349.

GELSTON, A., a6101, a17299, b11854, b12128,
b16550, b17234.

GEMMELL, A., a17220, b4569.

GEMSER, B., a16219, a16339, b16417, b16434.

GENEST, O., a4667, a4780, a13708, b2718,
b8761, b8765, b8802, b9031, b10520.

GENGE, H., a8013.

GENINASCA, J., a4586, a4854.

GENOT-BISMUTH, J., b12124, b14722.

GENOVESI, P.E., b664.

GENTON-SUNIER, N., b7580.

GENUYT, F., a4652, a4798, a4813, a4815, a4835, a4836, a4838, b3556, b4137, b4525, b7274, b7278, b7282, b7318.

GEOLTRAIN, P., a316, a4759, a5885, a11837, b10021, b11744.

GEORGE, A., a3444, b2869, b2918, b3428, b4599, b8356, b8620, b8835, b8850, b8884, b9080, b9115, b9540, b10054, b11097, b11326, b12679, b12769, b13601, b13607, b13874, b13878, b13915, b13973, b14011, b14013, b15438, b16194, b16613, b17306.

GEORGE, A.R., b8402.

GEORGE, P.M., a5511, b15552.

GEORGE, S., b9433.

GEORGI, D., a16454, b458, b500, b7692, b8284, b9190, b12821.

GEORGIOU, H., a904, a6714.

GEPPERT, G., b6185, b6686.

GERATY, L.T., a2247, a2249, a2571, a9257, a9894.

GERBERT, P., b9215.

GEREST, C., b10412, b12831, b14815.

GERHARDSSON, B., b709, b713, b1784, b1881, b7605, b8011, b8169, b13997, b14204, b14210, b14312, b14324, b14356.

GERHARDT, W., Jr., b14593.

GERHART, E., b5116, b5166.

GERLACH, M., a13088.

GERLEMAN, G., a10018, a10027, a10096, a10154, a10196, a10273, a13201, a14781, a15408, a15541, a16087, b11866, b12432, b15899.

GERO, S., a274, a360, a4397, a13579, b1625, b2119, b11307, b11556.

GERRISH, B.A., a3260.

GERSHON, B., a3489, b12246.

GERSHUNY, L., a2223.

GERSTENBERGER, E., a8233, a12232, a15612.

GERSTENBERGER, E.S., b16734.

GERSTENBLITH, P., a909, a1330.

GERVAIS, M., a6533.

GERVAIS, P., b4384, b14816.

GESE, H., a62, a179, a1396, a4096, a15236, a15375, a15545, a16627, a16712, a16916, b4046, b7867, b11625, b13289, b13715, b14420, b14760, b17204.

GESSEL, W., a724.

GESTEIRA, M., b4580.

GETTY, M.A., b6408, b6673, b7040.

GEVA, H., a2464, a2486, a2508.

GEVA, S., a673, a915, a1320, a1339, a1870, a1872, a2345, a2921, a3032, a3175.

GEVARYAHU, C.M.J., a6048, a12027.

GEVIRTZ, S., a6545, a8341, a10227, a10385, a11277, a13764, a13823, a13829, a13832, a13833, a13838, a14361.

GEWALT, D., b3371.

GEWIESS, J., b6763.

GEYER, C.-F., b13468, b15637, b16815.

GEYER, H.-G., b10734.

GEYER, J.B., a14635, a16907, b9309, b12261.

GEYSELS, L., b6600.

GEYSER, A., a163, a6552.

GEYSER, A.S., a5454, b7216.

GHERARDINI, B., b606, b1616, b15233.

GHIBERTI, G., a3900, b1912, b2770, b3740, b4729, b4730, b4773, b4806, b7438, b7726, b7766, b8961, b8969, b8999, b9012, b9166, b11345, b15221.

GHIDELLI, C., a12832, b1597, b4882, b5041, b5042, b15106, b15192.

GHINI, E., b6857.

GHIRSHMAN, R., a1582, a1803, a1804, a3097, a3137, a7721, a7723, a7734, a7748, a7757.

GIANOTTI, C.R., a5876.

GIAVINI, G., a4883, a13373, b1164, b1199, b1216, b5549, b5958, b6071, b6492, b6668, b6777, b7035, b7822, b8192, b11653, b11686, b12362, b13553, b13847, b13988, b14288, b15114.

GIBBONS, J.A., a6473, b16710.

GIBBS, J.G., a3788, b9113, b13175.

GIBBS, J.M., b3781, b5157, b8008, b8028, b8212, b12375, b12454, b12484.

GIBERT, O., b12270.

GIBERT, P., a4500, a4979, a5209, a13112, a13325, a13338, a14601, a14821, b3741, b4962, b5556, b8962, b12266, b14547, b15685.

GIBLET, J., a3869, b439, b3821, b4006, b4304, b6026, b8347, b8576, b9727, b10064, b11514, b13353.

GIBLIN, C.H., b4164, b4266, b4324, b4366, b4472, b8088.

GIBSON, A., a14463.

GIBSON, G.S., a14925, a15700, a16072, b2805, b4610, b6257, b6601, b6739, b14856.

GIBSON, J., b1755.

GIBSON, J.C.L., a6669, a9240, a10406, a10721, a10901, a13310, a15467, b14383, b14393, b14511.

GIBSON, M., a1441.

GIBSON, S., a1356, a2264.

GICHON, M., a1080, a1085, a1267, a2053, a2731, a2806, a3123, a4100, a5433.

GIESEN, G., a10230, a10232, b16673, b16675.

GIESEN, H., b1627, b1669, b2451, b2583, b7570, b11407, b11561, b12934, b16203.

GIET, S., b13663.

GIGLIOLI, A., a3494, b8775.

GIGNAC, A., a6110.

GIGNAC, F.T., a9827.

GIGNOUX, P., a608.

GIGUÈRE, P.-A., b14960.

GIJSEL, J., b74.

GILBERT, B., b9458.

GILBERT, M., a3908, a12422, a13490, a13491, a15267, a15270, a16096, a16240, a16242, a16254, a16394, a16469, a16476, a16477, a16508, a16519, a17511, a17685, b9085, b9320, b11273, b11712, b13520, b16408, b16448, b16465, b16469.

GILBERT, P., a13173.

GILBOA, E., a2767.

GILEAD, D., a735, a743, a744, a1201, a1525, a2075, a2722.

GILEAD, I., a754, a825, a2083, a2686, a2818, a3075.

GILES, K.N., b10766.

GILL, D., b14199.

GILLARD, G.V., a13421, b10482.

GILLES, J., b8391.

GILLESPIE, T.W., b15591.

GILLET, C., a3141.

GILLET, E., a3141.

GILLIÉRON, B., b11415.

GILLIS, G., a10187.

GILLMAN, J., b6282.

GILMER, H.W., a13091, b13316.

GILMONT, J.-F., a12713.

GILMORE, A., b7858.

GILULA, M., a2590, a6995, a7009, a9526, a9555, a9613, a13914, a13918, a17259, b15342.

GIMENEZ, C.M., a14581.

GINGRICH, F.W., a9714, b337, b5512.

GINSBERG, H.L., a7213, a8090, a8091, a8093, a11285, a15794, a16036, a16038, a16195, a16397, a17171, a17378.

GIOIA, F., a11751.

GIRARD, M., a2616, a2849, a4861, a4863, a4864, a16029, a16806, b3946, b3951, b4058, b4307.

GIRARDET, G., a4574.

GIRARDIN, B., a3769, b5596.

GIRAUDO, C., a14326, a14348, a14439, a15132, a15133, b9299, b9805, b11469, b15425.

GIRONELLA, J.M., b12722.

GIROUD, J.-C., a12563.

GIROUD, M.C., a4857.

GISEL, P., a3895, a3896, a4907, a13357, b6041, b9066, b10162, b12194, b13114, b13354.

GISPEN, W.H., a15248, b12619.

GITAY, Y., a16647, a17062, a17327.

GITIN, S., a892, a2885.

GITTLEN, B.M., a954, a2602, a5079.

GITTON, M., a2924, a6874.

GIVEON, R., a1369, a1393, a1424, a1442, a1472, a1705, a2560, a2757, a3005, a3062, a4085, a6682, a6684, a6808, a6943, a6958, a7062, a7072, a8070, a9384, a9594, a9603, a9609, a9611, a9626.

GIVERSEN, S., a6518, b5497.

GJERSTAD, E., a957, a6693.

GLADIGOW, B., a214.

GLASER, G., a14030, b4760, b5024, b15147.

GLASER, O., a14475.

GLASS, J., a1313, a1342.

GLASSMAN, E.H., a12557.

GLASSON, T.F., a127, a16795, b7686, b11068, b11152, b11876, b12940, b13053, b16093.

GLASSWELL, M.E., b9923, b12307, b12311.

GLOBE, A., b762, b1090, b2107, b3031.

GLOCK, A.E., a1276, a3112.

GLOCKNER, R., b13905, b16609.

GLOER, W.H., b657.

GLUECK, A., a4168.

GLUECK, N., a796, a797, a868, a870, a930, a1061, a1253, a2041, a2076, a2769, a2801, a2803, a3127, a4088, a4222, a7666, a15055, b12576.

GLUSMAN, E.F., Jr., b884, b889, b2568, b3948, b4449.

GNIDOVEC, F., b4753.

GNILKA, J., a4463, b412, b1604, b1985, b1988, b2171, b5447, b6750, b6757, b6802, b6843, b7045, b8057, b8058, b8478, b8593, b8651, b8836, b8879, b9452, b9648, b9680, b9750, b9858, b9961, b10708, b11627, b11666, b11908, b12743, b13554, b13666, b13796, b13856, b14064, b14350, b17327.

GNUSE, R., a3281, a14628, a17979.

GODARD, A., a2854.

GÖDECKEN, K.B., a7446.

GODIN, A., a4888, b4824.

GODRON, G., a9601.

GODSEY, J.D., b5584.

GODWIN, J., a7087.

GOEDICKE, H., a6898, a9642, b14390.

GOEKE, H., a15480, a16137, b12441.

GOETTMANN, J., b3865.

GOETZ, S.C., b8450.

GOETZE, A., a8094, a8395, a8437, a8440, a8481.

GOGUEL, M., b532, b743, b913, b1734, b2542, b2724, b6572, b7587, b7969, b8174, b9738, b11042, b11044, b11279, b11505.

GOHARY, S.G., a2720.

GOITEIN, S.D., a3215, a5572, a5574, a10447.

GOLD, V., a6319.

GOLDBERG, A., a5612, a6008, a12262, b12855.

GOLDBERG, A.M., b12865.

GOLDBERG, M., a13859.

GOLDBERG, P., a756, a946, a1590, a3077.

GOLDBRUNNER, J., a17774.

GOLDENBERG, D., a5940.

GOLDENBERG, R., b10002, b12793, b13248.

GOLDIN, J., a13802, b13445.

GOLDINGAY, J., a3758, a15551, a15899, a17076, a17360, b14926, b15418.

GOLDINGAY, J.E., a16236, a16253.

GOLDMAN, B., a7787.

GOLDMAN, E.A., a5745.

GOLDSCHMIDT, H.L., a6566, a15284, b12904.

GOLDSCHMIDT, S., a2895.

GOLDSTEIN, B.R., a3249.

GOLDSTEIN, D., a13311, a15510, a16213.

GOLDSTEIN, H., b5919, b7351, b7369, b7382, b12666.

GOLDSTEIN, J.A., a15204.

GOLDWASSER, O., a2603, a7018.

GOLKA, F.W., a13096, a13529, a13688, b9815, b12512, b14158, b16454.

GOLLINGER, H., b1817, b7513.

GOLOMB, D.M., a9222.

GOLUB, I., a3537, b14833.

GOMA CIVIT, I., b1008, b1531, b1532, b1533, b1537.

GOMEZ, F., b16963.

GOMEZ, I.M., b11815.

GOMEZ, J., b4438, b5082, b7452.

GOMEZ DE MORALES, M.V., b539, b4841, b10014.

GOMI, T., a8597.

GONEN, R., a1639, a2042.

GONZALEZ, A., a15621, a16161, b3819, b10375, b11281, b12834, b14050, b14958, b16811.

GONZALEZ, B., b5392.

GONZALEZ, G., b10378.

GONZALEZ, S., b12703.

GONZALEZ BLANCO, A., b4019.

GONZALEZ DE CARDEDAL, O., b7891, b16355.

GONZALEZ-ECHEGARAY, J., a793, a5078, a5421.

GONZALEZ FAUS, J., b16507, b16847.

GONZALEZ FAUS, J.I., b7881, b8267, b10405, b13954, b13992.

GONZALEZ GIL, M.M., b7898, b16588.

GONZALEZ LAMADRID, A., a4264, a11727, a12474, a12506, a13092, b15275, b17027, b17032.

GONZALEZ LUIS, J., a5147, a12823, b523.

GONZALEZ NUÑEZ, A., a17, a14722, a14723, b10301.

GONZALEZ RUIZ, J.M., b5541.

GONZALO MAESO, D., a42, a45, a3231, a3592, a3724, a3728, a3741, a4456, a5002, a6262, a8248, a9956, a9987, a9989, a12437, a12535, a12538, a12539, a12540, a12670, a12675, a13392, b973, b3976, b4138, b5135, b7079, b9638, b10262, b10323, b10327, b10913, b11672, b12716, b13312, b13571, b13581, b14555, b14592, b14849.

GOOD, E.M., a16349.

GOOD, R., a11144.

GOOD, R.M., a11142, a11245, a11386, a11490, a18036.

GOOD, R.S., b3203.

GOODBLATT, D., a3371, a5748, b17085.

GOODENOUGH, E.R., a5900, b16979.

GOODING, D.W., a12723, a12965, a14012, a14045, a14046, a14457, a14828, a14831, a14856, b1558.

GOODING, J.M., a12666.

GOODMAN, M., a5385.

GOODRICK, E.W., a3507, a9838, a10286.

GOODSIR, R., b16376.

GOODWATER, L., b11678.

GOPHER, A., a2212, a2279.

GOPHNA, R., a814, a823, a845, a850, a852, a878, a884, a898, a905, a906, a913, a914, a916, a965, a967, a1329, a1343, a1622, a1706, a1713, a1898, a2185, a2531, a2842, a2877, a2879, a2880, a2916, a3018, a3211, a6680.

GOPPELT, L., a12320, b630, b976, b4003, b5411, b7093, b7240, b7309, b7335, b7714,

b7771, b7899, b7961, b8001, b8341, b8371, b8760, b8970, b9149, b10048, b10748, b11377, b11901, b11983, b12995, b13340, b13934, b15084, b16157, b16589, b16610, b17133.

GORANSON, S., a5696.

GORDIS, R., a8423, a12229, a15179, a15186, a15239, a15240, a15305, a15348, a15417, a16217, a17936, a17941, b16429.

GORDON, A., a10386.

GORDON, A.H., a6813.

GORDON, C., a8017, a8990.

GORDON, C.H., a659, a1381, a5092, a8118, a8145, a8190, a8939, a8989, a9201, a9237, a9266, a9267, a9270, a9349, a9871, a9972, a10258, a10319, a10398, a10715, a10800, a10801, a10852, a11083, a11228, a11266, a11508, a13059, a13458, a15975, b4574, b4665, b11695, b14910, b16226.

GORDON, R.P., a566, a5783, a5837, a8372, a10098, a13822, a14777, a17901, a17918, b7644, b11018, b17011.

GOREN, A., a2044, a3079.

GOREN, N., a713, a2652.

GÖRG, M., a2708, a5100, a5158, a6648, a6890, a7372, a7847, a8947, a10020, a10061, a10146, a10252, a11463, a12815, a13097, a14009, a14055, a14881, b9303, b9600, b10469, b15356, b15613, b15702, b17375.

GORING-MORRIS, A.N., a2212, a2279, a2686.

GORIUS, A., a6113.

GORMAN, M.M., a3722.

GORRINGE, T., a69, a5010, b14834.

GORRINGE, T.J., b8222.

GOSHEN-GOTTSTEIN, M.H., a5784, a5807, a5826, a9211,a9227, a12165, a12730, a12790, a12980, a12983, a12985, a12988, a12989, a12995, a13000, a13037, a15174, a17179, a17403, b9334.

GOSSELIN, E.A., b10303.

GÖSSMANN, F., a16079.

GOTO, K., a3210.

GOTOR, J.L., b10105.

GOTTCENT, J.H., a10.

GOTTLIEB, H., a17822.

GREEN, A., a6006.

GREEN, A.R., a3492, a5261, a7069, a7071, a14830, a14836, a14884.

GREEN, A.R.W., b10957, b16348.

GREEN, B., a14562.

GREEN, F.P., b1147, b6911, b15343.

GREEN, H.B., b16525.

GREEN, J., a2097, a9879.

GREEN, J.P., a13053.

GREEN, M., a9404, a9560.

GREEN, M.W., a3987, a4077, a8396, a8866.

GREEN, T.M., b10606, b14664.

GREEN, W.S., a6000, a6046.

GREENBERG, M., a3615, a16185, a16188, a16853, a16881, a16890, b12808, b15370.

GREENE, W., b13252.

GREENEWALT, C.H., Jr., a2990, a2991, a2993, a2994, a2995.

GREENFIELD, J.C., a320, a357, a447, a4852, a7449, a8424, a8716, a9162, a9169, a9170, a9181, a9339, a9986, a10624, a10900, a11167, a11545, a12092, a16904, a17853.

GREENGUS, S., a7603, b9278, b13516.

GREENSPAHN, F.E., a9995, a14545, a14556.

GREENSPOON, L., a5896, a5944, a13005, a14376, b305.

GREENSPOON, L.J., b15927.

GREENSTEIN, E.L., a10143, a11041, a11203, a11586.

GREENWOOD, D.C., a5287.

GREENWOOD, D.S., b830.

GREER, R.A., a3625.

GREEVEN, H., b958, b966, b2446.

GREEVES, D., a17182, b2391, b4114.

GREEVES, F., b6617, b12534.

GREGO, I., a2487, a3651, b520, b527.

GRÉGOIRE, J.-P., a8593.

GRÉGOIRE-GRONEBERG, B., a11323.

GREGORY, J.W., a1596.

GREIFF, G., a10028.

GREIG, J.C.G., b8177.

GREIMAS, A.J., a4578, a4582, a4587, a4622, a4653, a4848, a12565.

GREISCH, J., a4468.

GREIVE, H., a10284.

GRELOT, P., a33, a156, a314, a322, a392, a446, a449, a3477, a3731, a4558, a5606, a5808, a5812, a5987, a6273, a9163, a9171, a9173, a9193, a9204, a9280, a9283, a9284, a9298, a9300, a9301, a9304, a9361, a10883, a11139, a11615, a11668, a11813, a12101, a12126, a12732, a13531, a13919, a13921, a16737, a16766, a16775, a16811, a17200, a17368, a17397, a17406, a17416, b358, b682, b1122, b1368, b3351, b3414, b3537, b5200, b5770, b6156, b7967, b8446, b8472, b8501, b9261, b10354, b10389, b10406, b10550, b11188, b11191, b11396, b12611, b13940, b14233, b14275, b14278, b14301, b14526, b14546, b16236, b16687, b16845.

GRESCHAT, M., b15281.

GRESE, W.C., b507.

GRESHAKE, G., b11055, b14377, b15813, b15919, b15921.

GRIBOMONT, J., a3697, b6877.

GRIESBACH, J.J., b902.

GRIESHAMMER, R., a9643.

GRIFFE, É., b586, b13850.

GRIFFITH, A.L., a15983, b4565.

GRIFFITHS, J.G., a139, a6916, a6952.

GRIFO, E., b16659.

GRIGSBY, B.H., b8634, b8674.

GRILL, S., a13577, a13660, a15531, a16031, b10484, b13751, b14688.

GRIMM, D., a14536, b11964, b12223.

GRIMM, W., a12270, a12275, a17308, a17330, b4478, b13937, b13970.

GRIMME, H., a10167.

GRIN, E., a3412, a3855, a3856, a11649.

GRIÑO, R., a5824, a5830, a10009.

GRINTZ, J.M., a5506, b12510, b16942.

GRITSCH, E.W., a3761.

GRITTI, J., a11669, b4457.

GROB, F., b4249, b4338, b10083.

GROB, R., b1956.

GROENEWALD, E.P., b4784, b8066.

GROH, D.E., a1623, a1930.

GROLL, S., a9551, a9622.

GROLLENBERG, L, a12922, b5317.

GROLLENBERG, L.H., a4048.

GROMACKI, R.G., b6674.

GROS LOUIS, K.R.R., a14598, b10306.

GROSS, E., a16754.

GROSS, G., b1866.

GROSS, H., a3262, a12258, a12571, a13370, a13639, a14177, a15509, a15881, a15892, a17149, b9346, b10030, b11014, b11036, b12101, b12970, b13754, b15666, b16030, b16115, b16137, b17207, b17237.

GROSS, W., a4718, a10341, a10346, a10378, a12619, a13269, a13575, a13658, a14158, a14898, b9351, b12433.

GROSSBERG, D., a13147, a15566, a16438.

GROSSFELD, B., a5771, a5789, a5806, a5809, a9182, a10062, a13821.

GROSSMANN, P., a2783.

GROSVENOR, M., a9703.

GROTANNELLI, C., b12871.

GROTHUES, D., b9892.

GROTTANELLI, C., a3170, a7101, a13800, b12868.

GROUPE BIBLIQUE DE GRENOBLE, b2325.

GROUPE D'ENTREVERNES, a4623, a4654, a4706, a4714, a4756, a4788, a13597, a13712, b239, b2324, b2728, b3190, b3370, b3507, b13974.

GROUPE DES DOMBES, b9377, b11444.

GRÖZINGER, K.E., a11752.

GRUBER, M.I., a8228, a8304, a10162, a10274, a13527, b10074, b10294, b10504.

GRUBER, W., b12780.

GRUDEM, W., b6191.

GRUDEM, W.A., b6181, b9885, b15593.

GRUENLER, R.G., b9073.

GRUENWALD, I., a5721.

GRUNDMANN, W., b6715, b8335, b11299, b11825, b11833, b16195, b16486, b16598.

GRYGLEWICZ, F., a5662, b3895, b4277, b11351.

GRYSON, R., a14138, b8315, b13096, b13685.

GUARDINI, R., b3974, b5439, b7212, b15194.

GUARDUCCI, M., a3571.

GUBLER, M.-L., a17422, b8572, b8686, b9123.

GUELICH, R., b1300.

GUELICH, R.A., b1232, b9789.

GUÉNEL, V., b10084.

GUÉRINOT, A., a11174.

GUERRA, M., a9713.

GUERRA GOMEZ, M., a9846.

GUERRERO, J.-R., b7900.

GUERRINI, L., a7030.

GUEUNIER, N., a4841.

GUEURET, A., a4803, a4805, b2905, b2943.

GUEY, J., a7742.

GUGENHEIM, M., a3611.

GUICHARD, J., a13500.

GUIGUI, A., a13716, b12612.

GUILBERT, P., b8963.

GUILLAUME, A., a5087, a6236, a14691, a15438, a16683, a17066, b1899, b7157, b10436.

GUILLAUME, J.-M., b2784, b3756, b3763, b3773, b3786, b3790, b3797, b3814, b4749, b4766, b4994, b4997, b7777, b7800, b9029, b9161, b13068, b15978.

GUILLAUME, O., a3104.

GUILLAUMIN, M.-L., a3642.

GUILLAUMONT, A., a6460, a6875, a10965.

GUILLEMETTE, P., a3821, b333, b2144, b2146, b11604, b13367, b16630.

GUILLEN, J., a10047, b10917, b11648.

GUILLEN TORRALBA, J., a10117.

GUILLET, J., a12290, a12445, b670, b3705, b4891, b4966, b5308, b6158, b6250, b6699, b6735, b7756, b7905, b7990, b8089, b8364, b8384, b8385, b8447, b8525, b8766, b8837, b8882, b8954, b9032, b9196, b10049, b10085, b10738, b11610, b11904, b11987, b13055, b15459, b15982, b16023, b16339.

GUILLOU, A., a10964.

GUILMOT, M., a7005, a9571, b9631, b12574.

GUINAN, M.D., b14994.

GUINDON, A., b16724.

GUIRAU, J., a567.

GUNDRY, R.H., b780, b1020, b6976.

GUNN, D.M., a14599, a14714, a14757, a14758, a14796, a14818, a14838, a14839, a17647, a17651, b10310, b16663, b17097.

GUNNEWEG, A.H.J., a3356, a3835, a4503, a5471, a10188, a12234, a12396, a12489, a12919, a13198, a13223, a15108, b9347, b9682, b12229, b13290, b16033, b16145, b16403.

GUNTHER, H.W., b11145.

GÜNTHER, J., a16587, b15395.

GUNTHER, J.J., a578, b3900, b3971, b7527, b10657, b16919.

GURNEY, O.R., a7183, a10566.

GÜRSAN-SALZMANN, A., a2659.

GUSMANI, R., a11598, a11600.

GÜTERBOCK, H.G., a4065, a7145, a9028, a10565, a10711.

GUTHRIE, D., a520, a3540, a12969, a13069, b24, b641.

GUTHRIE, H.H., b9264.

GUTHRIE, S.C., Jr., a8240, b12452.

GUTIERREZ, G., b14945.

GUTMANN, J., a3224, a5553, a5580, b9211, b16920.

GÜTTGEMANNS, E., a4614, a4753, a4926, b312, b343, b631.

GUTTMANN, A., a5862, b13909.

GUTWENGER, E., b9103.

GUYER, S., a7518, a8000.

GUZZO AMADASI, M.G., a626, a10836, a10853.

GWALTNEY, W.C., Jr., a8457, b14577.

GWYN GRIFFITHS, J., a6930.

H

HAACKER, K., a12478, b41, b1307, b1773, b3999, b5171, b5603, b5647, b5668, b5676, b5738, b5757, b5765, b10632, b10771, b12042.

HAAG, E., a13663, a15163, a15849, a16702, a16771, a16773, a16938, a17309, a17376, a17433, a17520, b8319, b9242, b10151, b10494, b12887, b13575, b14795, b14796, b15604, b15782, b16559, b16696.

HAAG, H., a14, a51, a3331, a3512, a4458, a4953, a4992, a6173, a6174, a6190, a6559, a12237, a12389, a12404, a12413, a12416, a12427, a12431, a12469, a12583, a12908,

a13086, a13159, a13431, a14441, a14461, a14467, a14471, a17150, a17385, a17415, b151, b8318, b10395, b10487, b11824, b12440, b12805, b12849, b13576, b14226, b14750, b15053, b16023.

HAAK, R.D., a10210, a14979.

HAARDT, R., a4349, a4400, a6376.

HAAS, C., b7417.

HAAS, G., a3960.

HAAS, N., a731, a839, a1887.

HAAS, V., a3989, a4219, a6754, a7177, a7180, a7182, a7509, a10559, a10598, a10648, a10654, a10657.

HAAS, V.D., b5622.

HAAS, Y., a6462, b15858.

HAASE, R., a7190, a7192, a7193, a8162, a10607, a11430, b13225.

HAASE, W., b493.

HABACHI, L., a3126, a6861, a6971.

HABEL, N., a15368, b9437.

HABEL, N.C., a13062, a13098, a15303, b12439, b17058.

HABERMANN, A.M., a10079, b10232.

HABETS, G., b11037.

HABETS, G.N.M., a17228.

HACHLILI, R., a1554, a1569, a1570, a2336, a2337, a2339, a2342, a2474, a4016, a5583, a7667, a9887, a9888, a9889, a10480, a10481.

HACHMANN, R., a3468.

HACKER, H., b6273.

HADAS-LEBEL, M., b392.

HADEY, J., a17600, a17673, b15654.

HADIDI, A., a2522.

HADIDIAN, D.Y., b6350, b14650.

HADOT, J., a241, a243, b7521.

HAEFNER, A.E., a11717.

HAENCHEN, E., a4428, b3860.

HAENDLER, G., a3672, a16205.

HAGAN, H., a14760, a14842, b10359.

HAGEMEYER, O., a3866, b10037, b13423.

HAGEN, K., b7067, b7089.

HAGEN, W.H., b5761, b5766.

HAGGENMÜLLER, O., a6056, a6133, b3026, b15181, b15690, b17166.

HAGNER, D.A., a3630, b7070, b7132.

HAHN, F., a3399, a4521, a12513, a12515,
a12584, b334, b568, b1057, b1295, b2245,
b2424, b2434, b2469, b2481, b2537, b2635,
b2689, b2713, b2912, b4117, b4428, b5077,
b7037, b7497, b7554, b7813, b7831, b7853,
b8101, b8306, b8325, b8336, b8369, b8560,
b8567, b8658, b8751, b8907, b9108, b9121,
b9170, b9263, b9853, b9877, b9962, b10889,
b10890, b11477, b11542, b11826, b11909,
b12011, b12695, b12744, b13409, b13419,
b13781, b13857, b14111, b14205, b14254,
b14276, b14879, b16333, b16706, b17124.

HAHN, J., a13659.

HAÏK VANTOURA, S., a6310.

HAILE, G., a9691.

HAILEY, H., b7538.

HAINZ, J., b6451.

HÁKLÁR, N., a7396.

HALBE, J., a5531, a13979, a14035, a14081,
a14395, a14396, a14470, b9336, b10668,
b12600, b12912, b17214.

HALDAR, A., a8508, a8511.

HALE, R., b8200.

HALL, D.R., b5683.

HALL, F.J., b13892.

HALL, J.R., Jr., a3533.

HALL, M., a7615, a8742.

HALL, S.G., b7968, b8929, b15570.

HALL, T., a3914.

HALLIGAN, J.M., a5181, a6649, a8156.

HALLO, W.W., a1707, a2237, a3303, a5058,
a5545, a7355, a7373, a7486, a8616, a8628,
a8885, a9048, b16215.

HALLOCK, R.T., a9668.

HALLOUN, M., a10987.

HALMO, J., a6157.

HALPERIN, D.J., a12750, a16856, a16895.

HALPERIN, J., b13120, b16213.

HALPERN, B., a5214, a5215, a11376, a14522,
a14697, a15405, a17795, a18034, b10288,
b10314, b13087, b16146.

HALS, R.M., a14292, a16117, b11975, b12103,
b13282.

HALTER, H., b5746, b5781, b6001, b6056,
b6123, b6197, b6300, b6469, b6497, b6533,
b6585, b6603, b6630, b6636, b6637, b6638,
b6650, b6784, b6821, b6833, b6836, b9725,
b9746, b9771, b10802, b11058, b11125,
b11381, b14255.

HAMBORG, G.R., a17193.

HAMEL, É., a12530, b3008, b14180.

HAMELINE, J.-Y., a6068.

HAMERTON-KELLY, R.G., a5887.

HAMILTON, R.W., a2348, a2365, a2642, a2643,
a2644, a2645.

HAMLIN, E.J., a13886, a17294.

HAMM, D., b15698.

HAMMAN, A., b15366.

HAMMAN, A.-G., a567.

HAMMER, J., b4594, b8744, b13201.

HAMMER, P.L., b5536.

HAMMER, R., a5849, a12552, a16733.

HAMMER, W., b1098.

HAMMERSCHMIDT, E., a9687.

HAMMOND, G., a12663.

HAMMOND, P.C., a1262, a1388, a2869, a2871,
a2873.

HAMMOND BAMMEL, C.P., a3691, b5779.

HAMP, V., a16094, a16145, a17713, b3010,
b9322.

HAMPE, J.C., b15251.

HAMRICK, E.W., a2440, a2488.

HANFMANN, G.M.A., a2992, a3966.

HANHART, K., a16802, b4123, b7668.

HANHART, R., a5357, a12355, a15155, a16832,
a17231, b12806.

HANIMANN, J., b8408.

HANKEY, V., a1250, a1268, a1340, a1681,
a2528, a3020.

HANN, R.R., a410.

HANNA, R., a9851.

HANNAY, T., b16931.

HANSACK, E., b3064, b5299.

HANSEN, D.P., a2989.

HANSON, A., b7385.

HANSON, A.T., a12247, a12252, a12307,
a12335, a12340, a12913, a12954, a14033,
b767, b1101, b4090, b5483, b5531, b5859,

b6320, b6946, b6962, b6968, b7078, b7192, b7193, b7209, b7272, b7574, b15772.

HANSON, J.S., b16009, b17361.

HANSON, P.D., a150, a176, a306, a310, a5190, a5324, a16578, a17412, a17450, a17451, a17462, a17483, a18018, a18052, b10247.

HANSON, R.P.C., b11065, b14694.

HANSON, R.S., a1166, a2175, a3174.

HAR-EL, M., a2489, a4121, a4198, a6250, a15056, a15124.

HARAN, M., a2010, a5142, a5508, a6274, a13009, a13054, a13177, a13275, a13997, a14038, a14300, a16963, b9597, b9899, b10259, b13331, b15544, b16271, b16943, b16948.

HARARI, A., b13244.

HARDEN, D.B., a7913.

HARDER, G., a5402.

HARDING, G.L., a2516, a3159, a3160, a9133, a11756, a11780.

HARDING, L., a2301, a4291.

HARDMEIER, C., a16562, a17045, a17120, b10439.

HARDY, G.W., a15702, a15724, a15811.

HARI, A., a12929.

HARI, R., a6862.

HARIF, A., a1013, a1016, a2221, a2713.

HÄRING, B., b14279.

HÄRING, H., a3396, b9864, b11448, b13858, b17188.

HARL, M., a3660.

HARLAND, J.P., a3089.

HARLÉ, P., b5281.

HARLÉ, P.-A., a6146, a6153, a12700, b5361, b9288, b9588, b11369, b12016, b13832, b14074, b16282.

HARMUTH, K., a8245.

HARNER, P.B., b1347.

HARNISCH, W., a210, a275, a276, a294, b1730, b12344.

HARNONCOURT, P., b12790.

HARPUR, T.W., b12083.

HARRELSON, W., a5306, a14808, a15114, a16011, a18039, b10333, b10346, b10672, b15750.

HARRINGTON, D.J., a234, a453, a3367, a4346, a6585, a9243, a16528, b9224.

HARRINGTON, W., a18.

HARRIS, J.G., a15994.

HARRIS, J.R., a9510.

HARRIS, M.J., b6341, b14457.

HARRIS, R., a7589, a8717, b13226.

HARRIS, S.L., a14645, a15425, a17563.

HARRIS, S.M., a16174.

HARRIS, T.L., b14235.

HARRISON, C.M., a1171.

HARRISON, E.F., a3561, b4095, b5271.

HARRISON, R.K., a3540, a3561, a12969, a13069, a14053, b24.

HARRISVILLE, R.A., a13671, b3399, b5597, b6530, b6822, b12088.

HARROP, G.G., a14933, b14848.

HARSCH, H., a4873, b4152.

HARTLICH, C., a4563, b2351.

HARTMAN, D., b11189, b11588, b16781.

HARTMAN, L., a130, a301, b7588, b7706, b9379.

HARTMAN, L.F., a16736.

HARTMAN, S.S., a141.

HARTMANN, K., a3560, b12296.

HARVEY, A.E., a9772, a12656, a17463, b49, b1741, b1744, b3345, b4004, b4667, b5198, b6984, b7929, b8289, b8654, b8822, b11073, b13271, b13955, b14475.

HARVEY, J., b12408, b14415, b15288.

HARVEY, J.H., a2353.

HARVEY, W., a1847, a2353.

HASEL, G.F., a177, a13202, a13650, a16762, b635, b15950, b16379.

HASENFRATZ, H.-P., b8964.

HASENHÜTTL, G., a3789, b10797, b17275.

HASLER, V., b8152.

HASPECKER, J., a13511, a17172, b14540, b15383, b16551, b16553.

HASSAN, F.A., a715, a2527, a6781.

HASSLBERGER, B., a16819.

HASSON, I., a2200, a9880.

HATCH, W.H.P., a3373, a9416, b92, b737, b1733, b7052, b14326.

HATT, J.-J., b10449.

HAUBECK, W., b1731.

HAUBST, R., b13154.

HAUDE, W., a4194, a4197.

HAUER, C., Jr., a159, a5211, a14429, a15059.

HAUER, C.E., b10697.

HAUERWAS, S., b14200, b15004.

HAUERWAS, S.M., b14294.

HAUFE, G., b9759, b10961, b11439, b11853.

HAUGE, M.R., b11566.

HAUGHTON, R., b11684, b16733.

HAULOTTE, E., a13129, b4829, b5728.

HAUPTMANN, P., a12883.

HAURET, C., a17460.

HAUSER, A.J., a5109, a5160, a5161, a14494.

HAUSER, H.J., b5293.

HAUSMAN, N., b3997.

HAUSMANN, M., b12889.

HAVENER, I., b6050, b6875, b7975.

HAWKIN, D.J., b3964, b3990, b4014.

HAWKINS, F., b14667.

HAWKINS, R.M., b5842.

HAWTHORNE, G.F., b6692.

HAY, D.M., a5892, a5970, a12280, a16082, b8955.

HAY, E.R., a3787.

HAY, L.S., b6532.

HAYES, J.H., a5047, a12925, a15483, a16553, b15497.

HAYES, Z., b10113.

HAYKIN, M.A.G., a3698, b6033.

HAYMAN, A.P., b13460.

HAYON, Y., a10315.

HAYS, R.B., a16191, b5680, b6479.

HAYWARD, C.T.R., b4049, b14605.

HAZARD, H.W., a1922.

HAZON, A., a1.

HEALEY, J.F., a6742, a7453, a8123, a10166, a11044, a11085, a11116, a11117, a11305, a11349, a11365, a17262.

HEATER, H., Jr., a12751.

HEBERT, A.G., a38.

HEBERT, G., a4939, b997, b2774.

HECHT, A., b17346.

HECHT, R., a5918.

HECKER, K., a7387, a8681.

HEDINGER, U., a9781.

HEDLEY, P.L., a12718.

HEDMAN, B., b4368.

HEDRICK, C.B., b3973, b3998.

HEDRICK, C.W., a6338, a6375, a6448, a6451, a6457, b294, b4946.

HEER, J., a17886, b10376, b11360, b13456, b17296.

HEERMA VAN VOSS, M.S.H.G., a6777, a6867, a7006.

HEGERMANN, H., b9116, b10705.

HEIDENREICH, R., a7271, a7516.

HEIL, J.P., b1573, b2357, b4320, b13998.

HEILER, F., b10020, b14480.

HEILIGENTHAL, R., a9743, b5930.

HEIMANN, D.F., a3643.

HEIMPEL, W., a8338.

HEINE, S., b2175, b5537, b17040.

HEINEMANN, I., b13237.

HEINEMANN, J., a5549, a5732, b15379.

HEINEMANN, J.H., b17143.

HEINEN, K., a16206, b15407.

HEINHOLD-KRAHMER, S., a7158.

HEINRICH, E., a7467, a7522.

HEINTZ, J.-G., a154, a8979, b12119, b12142, b15503, b15513.

HEISING, A., b2344.

HEITZ, J.J., b10542.

HELBLING, H., b3347.

HELCK, W., a4339, a6857, a6891, a6935, a6987, a7038, a8414, a9521, a9630, a10904.

HELD, H.J., b8029, b10759.

HELD, M., a9974, a10003, a11251.

HELDERMAN, J., a582, a6511, a6528, b4096.

HELFMEYER, F.J., a17248, b12543.

HELGELAND, J., b16994.

HELLER, H.L., a6275.

HELLER, J., a8119, b17109.

HELLHOLM, D., a191.

HELLWIG, M.E., b10203.

HELMBOLD, A.K., b15824.

HELMS, S.W., a842, a846, a2015, a2290, a2291, a2292, a2293, a2294, a2795.

HELTZER, M., a7374, a8065, a8157, a8163, a8164, a8357, a8736, a9061, a9328, a10846, a10847, a10890, a11053, a11082, a11128, a11151, a11236, a11385, a11406, a15150, a15187.

HELYER, L.R., a13623, b7113, b7202, b8863, b9245.

HEMELSOET, B., b2497, b10637.

HEMER, C.J., a9719, a10469, b7338, b12327.

HEMPEL, J., b13210, b16119.

HEMPELMANN, H., b9056.

HEMRAJ, S., b4221.

HENDRICK, C.W., b5358.

HENDRICKX, H., b1064, b1930, b2802, b2922, b3745, b8786, b9028.

HENDRICKX-BAUDOT, M.-P., a1256, a11614.

HENDRIKS, W.M.A., b2019.

HENDRIKSEN, W., b5598.

HENDRIX, S.H., a3762.

HENDRY, G.S., a12388.

HENGEL, M., a3499, a4159, a5358, a5400, a5711, a11794, a14315, b175, b438, b4963, b5639, b6215, b6696, b7626, b7921, b8213, b8265, b8338, b8671, b8688, b8832, b9084, b10183, b10276, b11628, b12121, b12293, b12736, b13743, b15307, b15850, b15851, b16489, b17325, b17328.

HENKE, O., a4266.

HENNESSY, J.B., a935, a1678, a1978, a2146, a2851, a2852, a2974.

HENNING, W.B., a3285.

HENNINGER, J., b12217, b15737.

HENREY, K.H., b17013.

HENRY, A.-M., b11227.

HENRY, C.F.H., b8201.

HENRY, D.O., a753, a763, a1202, a2527, a3213.

HENRY, K.C., a2527.

HENRY, M.-L., b11606.

HENRY, P., b33.

HENS-PIAZZA, G., b10706.

HENSEL, G., b12112.

HENSHAW, R.A., a12901.

HENSS, W., b3268.

HENTSCH, W., b13335.

HENTSCHEL, G., a14901.

HENTSCHKE, R., a4098.

HERBER, J., b12896.

HERBERT, A.S., a13083, a16100, a17010.

HERBERT, M., a6261.

HERBERT, S.C., a1691, a1692.

HERDNER, A., a8096, a11290, a11433, a11521.

HÉRING, J., b1660, b9701.

HERION, G.A., b12247.

HERKENRATH, J., b7484, b15077.

HERMAN, I.Z., a4819, b5056.

HERMAN, L.J., a8307.

HERMAN, Z.I., b6897, b8648, b9043.

HERMANN, I., b329, b2631, b3358, b3425, b4442.

HERMANN, S., a17546.

HERMANN, W., a6675, a11267, a11579, a17662, b14425, b15712.

HERMANS, R., b6600.

HERMISSON, H.-J., a17654, b10157, b15556, b15660, b16703.

HERNANDEZ, J.F., a16461, b5817, b7363, b7401, b9781, b13632, b13639.

HERNANDEZ, R., a3862.

HERNANDEZ ALONSO, J.J., b10749.

HEROLD, G., b13016.

HERON, A., b7973, b8533, b8745, b9150.

HERR, L.G., a1473, a3583.

HERR, M.D., a3924.

HERR, T., b10663.

HERRANZ, A., b186, b9423.

HERRANZ MARCO, M., b1113, b2153, b2173, b2442, b2749, b8473, b8897.

HERRENBRUCK, F., b15709.

HERRMANN, S., a5230, a17485, a17492, b15643.

HERRMANN, W., a6548.

HERSHBELL, J.P., b14396.

HERSHKOVITZ, I., a3079.

HERTZBERG, H.W., a4138, a18035.

HERZFELD, E., a7756.

HERZOG, F., b13150.

HERZOG, Z., a1018, a1826, a1833, a2733, a2737, a2738, a2823.

HESSE, B., a1982, a3982.

HESSE, F., a15306, b12630.

HESSION, R., b7095.

HESTER, D.C., b3145.

HESTRIN, R., a2604, a3153, a9614.

HETTLINGER, R.F., b6339.

HÉTU, J.-L., a4881, a6114.

HETZRON, R., a6546, a8268, a8285, a8287, a9675.

HEUBÜLT, C., b1291.

HEUFELDER, E.M., a17363, b9537.

HEUKENS, K.H., a17723.

HEUSCHEN, J.M., b12731.

HEUTEN, G., a6982.

HEUTGER, N., a1176, a12386.

HEWITT, J.W., b8248.

HEYDER, G., a12620.

HEYER, R., a11337.

HICK, L., b185.

HICKLING, C., b5301.

HICKLING, C.J.A., a12272, a12326, b867, b1221, b1668, b4939, b5280, b5477, b5553, b7122, b12691.

HICKS, R.L., a13209, a17727, b10722, b10827, b13779.

HIDAL, S., a14346.

HIERS, R.H., a19, b10396, b11100, b16088.

HIGGINS, A.J.B., b620, b1452, b2951, b3440, b11837, b11881, b11910, b11923, b13054, b15980.

HIGGINS, J.M., b11555, b11715.

HILGERT, E., a5878, a5882.

HILHORST, A., a15116, b4780.

HILL, A.E., a15068, a18056, b5470, b6195.

HILL, D., a17977, b1074, b1082, b1400, b1431, b1500, b2937, b6484, b7336, b7359, b8009, b8361, b8434, b8456, b9124, b15569.

HILL, J.S., b4490.

HILL, R., a5021.

HILLELSON, S., a4205.

HILLERS, D.R., a9324, a16197, a17375, a17402, a17818, b15821.

HILLMAN, R.J., b10910.

HILLMANN, W., b1467, b7087, b7111, b7138, b7186.

HILLYER, N., a3563, a3565.

HIMMELFARB, M., a353, b12152.

HINCKLEY, N.G., b12169, b17199.

HINDLEY, J.C., a317, b16886.

HINNELLS, J.R., a7769.

HINRICHER, G., b15410.

HINTZEN, G., b11551.

HINZ, W., a7078, a7747, a9656, a9657, a9658, a9664, a9665, a9667, a10757.

HIRSCH, H., a8329, a8358, a8399, a8451, a8525, a8536, a8726.

HIRSCHBERG, H.Z., a5395, a5576, a10539.

HIRSCHFELD, Y., a1363, a1365, a1842, a2052, a2096, a2198.

HIRUNUMA, T., b1592.

HOANG DAC-ANH, S., b4407, b13173, b17266.

HOBBIE, F.W., b3646.

HOBBS, E.C., b13963.

HOBBS, H.H., b7518.

HOBBS, T.R., a17541.

HOBERHUBER, K., a8788.

HOBERMAN, B., a3943, a6399, b9604.

HOBERMAN, M., a2441.

HOCK, R.F., a4761, b5341, b5342, b5343, b6112, b6115, b6379.

HOCKEN, P., b9873.

HODGSON, L., b4167.

HODGSON, R., b6382, b16859.

HODGSON, R., Jr., a12086, a12239, b6886, b7346.

HOECKMAN, R., b14056.

HOEHNER, H.W., a3500, b8684.

HOEKEMA, A.A., b11063, b12187.

HOENIG, S.B., a10133, a10259, a11743, b14552, b16224.

HOENS, D.J., a6917.

HOET, R., b1794, b12061.

HOFFKEN, P., a15977, a16637, a16956, a17105, a17136, a17742, a17746, b16563.

HOFFMAN, L.A., a5607, b14668, b14765, b16546.

HOFFMAN, M.A., a2263, a6896.

HOFFMAN, R.J., a537, a5013, b8273, b11386.

HOFFMAN, T.A., a3346, a5019, a11900, b7434.

HOFFMAN, Y., a11157, a15349, a15389, a16566.

HOFFMANN, A., a17384, b14713.

HOFFMANN, I., a10561.

HOFFMANN, J.G.H., b8562.

HOFFMANN, P., b1198, b1240, b1282, b1320, b1331, b1491, b3354, b8357, b10025, b10525, b15211, b16043.

HOFFMANN, R.-E., a15062, a15344.

HOFFMANN, Y., a16601, a16692, a16695, a17574, b12892.

HOFFNER, H.A., Jr., a10579, a10603.

HOFIUS, O., a6386, a12294, b3538, b6354, b6706, b7134, b7168, b13223, b15806, b15886.

HOFRICHTER, P., b4017, b4051, b4082.

HOFTIJZER, J., a7839, a8109, a8249, a9287, a9367, a10618, a11048, a11052, a11374, a14161, a14797.

HOGUTH, A., a13341, b10106.

HOHEISEL, K., b9634, b14405.

HOHLFELDER, R.W., a1937, a1938.

HOHMANN, M., a12259.

HOHNJEC, N., b9291.

HOHOFF, C., a12608, a12623.

HOKHMA, b12314.

HOLBERT, J.C., a15413, a15429, a17798, b12610.

HÖLBL, G., a6899.

HOLDSWORTH, J., b16863.

HOLE, F., a3116.

HOLLADAY, C.R., a5730, a7820, b7943, b8223, b14116.

HOLLADAY, J.S., Jr., a2124, b15673.

HOLLADAY, W.L., a3490, a5303, a15651, a17003, a17036, a17067, a17495, a17518, a17552, a17584, a17686, a17726.

HOLLAND, T.A., a1500, a3105, a3106.

HOLLANDER, H.W., a434, a444.

HOLLEMAN, A.W.J., b14493.

HOLLENBACH, B., b6830.

HOLLENBACH, P.W., b7826, b10065, b10418.

HOLLENSTEIN, H., a15020.

HOLLENWEGER, W.J., b6214.

HOLLERAN, J.W., b7748.

HOLLY, D., a9715.

HOLM-NIELSEN, S., a16060, a16292.

HOLMA, H., a8435, a11013.

HOLMAN, C.L., b2445, b2527, b2652, b2737, b14894.

HOLMBERG, B., b9683, b10810.

HOLMER, U., b7307, b7498.

HOLMES, III, U.T., b10627, b13531.

HOLMGREN, F., a15280, a16208, a17473.

HOLST, R., b1870, b3270.

HOLSTEIN, J.A., a10026.

HOLTZ, T., a12268, a12279, a12624, b6864, b6874, b8150, b8206, b9041, b9201, b10537, b11842, b14354, b14899.

HOLTZCLAW, B., a602.

HOLUM, K.G., a1935.

HOMARD, J.K., b14770.

HOMEAU, H.A., b1650.

HOMES, D., a7778.

HOMSKY, M., a971, a1822, a4002.

HONECKER, M., a6583.

HONEYMAN, A.M., a1215, a10229, a10511, a10765, a10825, a10935.

HONNAY, L., b17023.

HOOKE, S.H., a2021, a2023, a10465.

HOOKER, E.M., a7083.

HOOKER, M., b341.

HOOKER, M.D., a12329, b42, b637, b2640, b5309, b5479, b5542, b6705, b11626, b11862, b16843.

HOPKINS, C., a5586.

HOPKINS, D.C., a13703.

HOPKINS, I.W.J., a2525, a4239, a4299.

HOPPE, L.J., a14198, a14201, a17457, b9511.

HOPPE, R., b7242.

HOPPER, S.R., a17754.

HORBURY, W., a5997, b530, b5418, b6878, b9208, b13736, b16311, b16820.

HORGAN, M.P., a11928, a11965.

HORMAN, J., a6401, b2244.

HORMANN, I., a6777.

HORN, F.W., b9664, b14015, b14315.

HORN, S.H., a2245, a2246, a2248.

HORNER, T., b12491.

HORNING, E.B., b7195.

HORNUNG, E., a6825, a6883, a7011, a7040, b9632, b10123.

HOROWITZ, A., a745, a2594, a4163.

HOROWITZ, G., a2672.

HOROWITZ, M.C., b11718, b12537.

HORSLEY, R.A., a5434, a5904, a5971, b393, b5984, b6034, b6100, b6104, b6105, b6264, b6281, b10008, b13196, b13261, b15989, b16485.

HORSNELL, M.J.A., a3290, a7361, a8541.

HORST, F., b9783.

HORTELANO, A., b9818, b16317.

HORTON, E., Jr., a16340.

HORTON, F.L., Jr., a13632, a14080, b2878, b4907, b8870, b11708, b13314, b13680, b16305.

HORTON, W.M., b14237.

HORVATH, T., b7493, b8669.

HORWITZ, W.J., a8158, a11234, a11237, a11291, a11294, b15884.

HOSCHORKE, K., b5575.

HOSKYNS, E.C., b642.

HÖSLINGER, N., a3429, a6069, a6074, a6097, a6295, a11670, a12598, a12602.

HOSPERS, J.H., a8251, a8258, a9954, a9961, a12345, a12879.

HOSSFELD, F., a16846, a16860.

HOSSFELD, F.-L., b10355, b15287, b15686.

HOUDEBINE, J.-L., a4842.

HOUK, C.B., a9791, a15554, a16156, a16157, a16875, b1373, b3416, b17003.

HOULDEN, J.L., b4696, b5923, b6459, b6953, b7013, b7419, b7443, b10628, b14242, b14289, b14305, b14319, b14330, b16076, b17039.

HOULDEN, L., b8185, b8382.

HOULLIOT, R., a6115.

HOURS, F., a716.

HOUSTON, W., b12429.

HOUSTON, W.J., b6073.

HOUSTON SMITH, R., a1571.

HOUTMAN, C., a13294, a13747, a13761, a13893, a14626, a15109, a15384.

HOUWINK TEN CATE, P.H.J., a10582, a10596.

HOWARD, D.M., b10865.

HOWARD, G., a12792, a16616, b759, b820, b5367, b5390, b6422, b6430, b6435, b6477,

b6509, b6709, b8142, b8381, b13031, b13421, b14635.

HOWARD, I.K.A., b13505.

HOWARD, J.K., b11499.

HOWARD, R.E., b5533.

HOWARD, V., b814, b2539, b8601.

HOWE, G.R., a16352, b17150.

HOWELL, M., a4707, a13530.

HOWELL-JONES, D., a16054, b1362, b3651, b4078, b4203, b4630, b4636, b5651.

HOWLEY, G.C.D., a86.

HOWTON, J., b1510, b3431.

HOYER, G.W., b2612.

HROUDA, B., a1239, a2084, a2275, a2276, a2278, a7544, a9052.

HROZNY, B., a10698.

HRUBY, K., a5616, a5624, b9997, b10454, b13264, b13910, b14162, b16095.

HRYNIEWICZ, W., b16816, b16844.

HUARTE OSACAR, J., b9968, b11206.

HUBAUT, M., b7939, b13341, b13366.

HUBBARD, B.J., a5972, b1922, b2858, b2865, b4842, b4918, b4920, b7767, b14067.

HUBBARD, D.A., a12932, b6398.

HUBBARD, R.P.S., a2378.

HUBER, P., a7566.

HUBERFELD, M., a17847, b10050.

HUBERMAN SCHOLNICK, S,., a15355.

HUBMANN, F.D., a15723, a17281, a17620, a17631, a17645, a17650.

HÜBNER, H., a11893, a12501, b2364, b5554, b5611, b5700, b5702, b5933, b6416, b6535, b8577, b9924, b13027, b13215, b13379, b13395, b13412, b13420, b13792.

HUCK, A., b966.

HUDRY-CLERGEON, C., b3881, b4177.

HUERGO FERNANDEZ, J., a3417, a3531, a9957, a11656, a12536, a12537, b16015.

HUFFMAN, N.A., b250.

HUFFMON, H.B., a13995, b15500, b15505.

HUFTIER, M., b1785, b10003.

HUG, J., b2803.

HUGEDÉ, N., b6561.

HUGGER, P., a15024, a15546, a15601, a16019.

HUGHES, G., b7100, b7104, b8159, b8366, b8445, b12239, b15160.
HUGHES, J., a15127, a15382.
HUGHES, J.J., a9734, b6485, b7176, b9378.
HUGHES, P.E., b7064, b8550.
HUGUES, G., a12325, b7086.
HULIN, P., a8919, a8922.
HULL, J.M., a12472.
HULL, W.E., b6611.
HÜLSBUSCH, W., a6126, b1844, b3328, b3644.
HULSE, E.V., a14390, b13080.
HULST, A.R., a15679.
HULSTAERT, L., a7750, a10764.
HULTGÅRD, A., a142, a428, a439, b9895, b11016, b12635, b12944, b13084, b13097, b13728, b13733, b13748, b15034, b15938, b16254, b16256.
HULTGREN, A.J., b2875, b4539, b5335, b12037, b15167.
HUMBERT, A., b590, b14317, b14359, b14641, b14974, b15079, b16736.
HUMBERT, J.-B., a2556.
HUMMEL, H.D., a12926.
HUMPHREY, H.M., b1952.
HUMPHREYS, W.L., a14613, a14614, a14647, a16222, b16664.
HUMPHRIES, R.L., a1182.
HUNGER, H., a7352, a7568, a8880, a8881, a8882.
HUNT, I., a15488, a15489, a15490.
HUNTER, A., a14586.
HUNTER, A.M., b258, b5245, b5381, b5988, b16173.
HUNTER, A.V., b10042, b15665.
HUNTER, H., a13140, b11421.
HUNTINGFORD, G.W.B., a9686.
HUONDER, V., b10918, b12634, b12648.
HUOT, J.-L., a1260, a1577, a2612, a2614, a2615, a2616, a2849, a2850.
HUPPENBAUER, H.W., a4116.
HUPPER, W.G., a12895.
HURAULT, B., b963.
HURD, J.C., a9159, a9239.
HURLEY, J.B., b11687, b13500.
HURST, L.D., b7167, b7180.

HURTADO, L.W., b2009, b5955, b6440, b6543, b6551, b8207, b8218, b9947.
HURVITZ, A., a13279, a14589, a16108, a16140, a16865.
HURWITZ, A., a10178, a12168, a13262, a16967.
HUSER, T., b2697, b3696, b7838.
HUSS, W., a9731, a9948.
HUTCHINSON, A., Jr., a13446.
HUTCHINSON, A.M., Jr., b1550.
HUTCHISON, H., a16359, b1495, b3730, b5652, b7472, b11988.
HÜTTENMEISTER, F.G., a9277.
HUUHTANEN, P., b3635.
HUVET, R., b8672, b16398.
HUXTABLE, J., b15788.
HYATT, J.P., a13845, a14327, a17895.
HYLDAHL, N., a9951, b4810, b6900, b15990.
HYNES, W.J., a4896.

I

IBAÑEZ ARANA, A., a14050, a14410, a14459.
IBRAHIM, L., a1963.
IBRAHIM, M., a2518.
IBRAHIM, M.M., a2951.
IBUKI, Y., b3910, b4063, b4067, b12027, b17264.
IGLESIAS GONZALEZ, M., a15034, a15103, a15202, a16718, a16732, a17816, b15999.
IHROMI, a18013.
IKEDA, Y., a4294.
ILAN, Z., a4131.
ILG, N., a11752, b9319.
ILLMAN, K.-J., a15886, a15940.
IMHOF, P., b13165.
IMPARATI, F., a7202.
INCH, M.A., b4984.
IN DER SMITTEN, W.T., a5042, a16986, b16126.
INFANTE, R., a13520.
INGE, C.H., a2028.
INGELAERE, J.-C., b3823.
INGHOLT, H., a7671, a9912, a10740.
INHOFFEN, P., b14196.

INIZAN, M.-L., a2616, a2849.
INVERNIZZI, A., a3197.
IONA, H., a193, b11157.
IONEL MIHALOVICI, M., a6004.
IPPOLITONI STRIKA, F., a10953.
IRIARTE, M.E., b1422, b2278, b12880.
IRSIGLER, H., a18005, a18009.
IRVIN, D., a13790, b14098.
IRVINE, A.K., a10910.
IRWIN, J., b7190.
IRWIN, W.H., a11455, a17243, a17251.
ISAAC, B., a4127, a9893.
ISAAC, D., b10381.
ISAAC, E., a365, b3209.
ISAAC, J., b8635, b12661.
ISAACS, M.E., b11244, b11363.
ISBELL, C.D., a1287, a1306, a9268, a9269,
    a9271, a9832, a10280, a13879, a15016,
    a16634, a16679, a17597, a17724, b14586.
ISENBERG, S.R., b547.
ISERLOH, E., b9829.
ISHIDA, T., a5115, a5243, a5244, a10151,
    a14275, b10307, b16131.
ISRAEL, F., a1443, a3979, a9073, a11601,
    a17986.
ISRAEL, M., a735, a2722.
ISSAR, A., a2424.
ISSER, S., a5690.
ISSER, S.J., a5717, a12351.
ISSERLIN, B.S.J., a621, a2030, a4063, a4064,
    a4199, a5176, a15930, a16439.
ITALIENER, B., b15375.
ITTMANN, N., a17547, a17617.
ITURBE, J., b5007.
IWRY, S., a5354, a11821, a12000.
IZRE'EL, S., a2132, a8948, a11314.

J

J.B., b1601.
JACK, J.W., a2581, a5083, a5224, a10497.
JACKSON, B.S., a11983, a13991, b13245.
JACKSON, H.M., a6361.
JACKSON, J.J., a14730, a14946, a17255.

JACKSON, M., a17597.
JACOB, B., a13304.
JACOB, E., a3910, a6267, a8213, a11268,
    a11638, a11710, a11940, a16573, a16614,
    a17111, a17704, a17763, a17785, a17930,
    b8303, b12208, b12274, b12275, b12883,
    b14723, b15357, b15517, b16467, b16468,
    b17017, b17018, b17076.
JACOB, W., a6012.
JACOBS, E., b16837.
JACOBS, I., b7270.
JACOBS, T., b6266, b8097, b9035.
JACOBSEN, T., a6940, a7299, a7310, a7312,
    a7323, a7325, a7401, a7402, a7403, a7406,
    a7414, a7437, a7439, a7523, a8495, a8509,
    a8513, a8713, a8759, a8760, a8799, b10122.
JACOBSOHN, H., a6937, a6941, b12384,
    b14491, b14842.
JACOBSON, A.D., b868, b3341.
JACOBSON, D.M., a2240, a2475, a2509.
JACOBSON, H., a246, a5605, a11826, a13812,
    a13816, a16480, b11884.
JACOBSON, R., a4736, a15350.
JACOBY, Z., a2476.
JACQUEMONT, P., b11438, b15133, b15436,
    b15795.
JACQUES, X., a7022, a9444, b5659, b5673,
    b9933, b10010.
JACQUET, L., a15502.
JAFFÉ, H.L.C., a3228.
JAGERSMA, H., a5064, a13672, a14117,
    b10556.
JAKLITSCH, H., a17809.
JAKOB-ROST, L., a7171.
JAMES, E.O., a6596, b14369, b14486, b15904.
JAMES, F., b14149.
JAMES, J.M., b1124, b7643.
JAMME, A., a1838, a9082, a9083, a9084, a9097,
    a9142, a9362, a10915, a10917, a10929,
    a10930, a10931, a10932, a10936, a10938,
    a10939, a10948.
JANECKO, B., b12627.
JANKOWSKA, N.B., a8728.
JANOWSKI, B., a10125, a12160, a16066,
    b11630, b15816, b15834, b16377.

JANSEN, J.F., a3699, b3101, b9000.
JANSMA, T., a10974, a14769.
JANSSEN, F., b7911, b8785.
JANSSEN, J.J., a6777, a6892.
JANSSEN, J.M.A., a6777.
JANSSENS, G., a8295.
JANSSENS, Y., a217, a6345, a6357, a6481,
a6482, a6512, b4047.
JANZEN, J.G., a4930, a10115, a13882, a14630,
a16978, a16984, a17362, a17529, a17649,
a17981, a17982, b14620.
JANZEN, W., b16127.
JAPHET, S., a5164, a15030, a15045, a15102.
JARITZ, K., a8908.
JAROŠ, K., a1618, a2442, a2477, a3054, a4008,
a5210, a5503, a6688, a10410, a13252,
a13253, a13436, a13447, a14041, a14437,
a17756, b9225, b9644, b10935, b11965,
b14422.
JARRY, J., a3294, a10968, a10978, a10979.
JARRY, M., a8226.
JARVIS, C.S., a5135, b10427.
JAS, M., a679.
JASCHKE, H.-J., a3673, a4427, b3933.
JASON, H., a14682.
JASPER, F.N., b14215.
JASPERS, K., a3776, b14529.
JAUBERT, A., a3319, a3322, a5624, a11858,
b502, b1880, b2719, b3834, b3835, b7856,
b8892, b9262, b11297, b11785, b12024,
b17368.
JAUREGUI, J.A., b5009.
JAY, B., b442, b2194, b16233.
JAY, E.G., b10991.
JAY, P., a12401, a12864.
JEAN, C.-F., a7416, a8249, a8957.
JEAN-NESMY, C., a3694, a12251.
JEANNE D'ARC, Soeur, b3767, b3768, b3782,
b3784, b7772, b9026.
JEANNERET, E., a6154, b4785.
JEAUNEAU, É., a13413.
JEFFREY, D.L., a3738.
JELINEK, A.J., a746, a1203, a3119.
JELLICOE, S., a12719, a12729, a15518, b9642,
b10969.

JENDORFF, B., a5412, b13205.
JENKINS, A.K., a13615, a15001, b1920, b4757,
b14559.
JENKINS, F., a12341, b7571.
JENKS, A.W., a13255.
JENNI, E., a4097, a8460, a10270, a10350,
a10373, a13188, a13192, a14306, a14983,
a15031, a16119, b17367.
JENNINGS, J.E., a14706.
JENS, W., b12903.
JENSEN, J., a9798, a10254, a17007, a17071,
a17084, a17086, a17090, a17109, a17147,
a17166, a17270, b9812, b13327, b15761,
b16725.
JENSEN, J.I., a12502.
JENSEN, P., a8746, a10689.
JENSON, R.W., a3267, a15820, b9723.
JENTGENS, G., a12507, b11670.
JEPPESEN, K., a17167, a17856, a17868, a17870,
a18008.
JEPSEN, A., a4212, a9964, a15121, b13099.
JEREMIAS, C., a18025, b14924.
JEREMIAS, J., a345, a1159, a2357, a10672,
a14484, a17418, a17963, a17971, a18015,
b598, b977, b1183, b2589, b2867, b4035,
b5889, b6952, b7012, b7061, b10502,
b11020, b11083, b13202.
JEREMIAS, Jörg, a17931, b12244, b15703,
b15875.
JERONIMOS, M., a6052.
JERVELL, J., a12308, b528, b3079, b4940,
b5310, b5446, b12337, b14030.
JESCHOFNIG, P., a1712.
JESKE, R.L., a34, b6120, b10811.
JESSELSOHN, D., a1167.
JESTIN, H., a8490.
JESTIN, R.-R., a8763, b9630.
JEWETT, P.K., b11794, b16715.
JEWETT, R., b5607, b5625, b6845, b6913,
b7068, b9787.
JIMENEZ, F., a11955.
JIMENEZ, J., b1042.
JIRKU, A., a4255, a11121, a14039.
JOANNES, F., a4332.

JOBLING, D., a4700, a4702, a4716, a13426,
a13463, a13465, a14121, a14122, a14185,
a14432, a14611, a14663, a14667, a14906,
a17575.
JOCHIMS, U., a2080, a3154.
JÖCKEN, P., a16976, a16977.
JOEST, W., b9620, b10840, b11048, b14880.
JOHAG, I., a10099, b9304, b9348.
JOHANSON, B.C., b6218, b12092.
JOHNS, A.F., a9206.
JOHNS, C.N., a1602, a2355.
JOHNS, E., b1976.
JOHNSON, A.M., a4655.
JOHNSON, A.R., a15575, a15580, a15593,
b10263, b10459, b15655.
JOHNSON, B., a10199, a10364, a12793.
JOHNSON, B.L., a1321, a3071.
JOHNSON, E.S., b2414, b8030.
JOHNSON, E.S., Jr., b2558, b8354.
JOHNSON, J.H., a12632.
JOHNSON, L.T., a14084, b1974, b3654, b4843,
b4919, b5689, b7239, b7276, b8387, b15005,
b16078, b16081.
JOHNSON, P., a4031, a5055.
JOHNSON, P.F., b11496.
JOHNSON, R.E., a4603.
JOHNSON, S.E., a401, a3374, a3777, a11785,
a12631, b1975, b2014, b3471, b4909, b8059,
b8909, b9077, b14167.
JOHNSON, S.L., a5014.
JOHNSON, S.L., Jr., b5735.
JOHNSON, W.G., b15126.
JOHNSSON, W.G., b10269.
JOHNSTON, G., a3261, a3828, a3829, b5052,
b5072, b5103, b7124, b7199, b8372, b9153,
b11280.
JOHNSTON, J.O.D., a697.
JOHNSTON, L., a5051.
JOHNSTON, R.K., a16293, b11786.
JOHNSTON, R.M., a5733, b227, b240.
JOHNSTONE, T.M., a9095, a9096, a10919.
JOHNSTONE, W., a5169, a10086, a15822,
b11591, b12216, b14515.
JOIS, J., b12556.
JOLY, R., a9769.

JOMIER, J., b15506.
JONAS, H., a3826.
JONAS, R., a2393, a2973.
JONES, A.H., a3905, a7883.
JONES, B.E., b2514.
JONES, B.H., b10265, b10625, b13528.
JONES, B.W., a5377, a15190.
JONES, C.M., a3550.
JONES, C.P.M., b11521.
JONES, D., a17070.
JONES, D.K., b8038.
JONES, D.L., b489, b8041, b9111.
JONES, D.R., a17061, a17075, b12213.
JONES, E., a665, a11711, b15900, b17397.
JONES, G.H., a12652.
JONES, J.L., b12764.
JONES, M., a2527.
JONES, P.R., b286.
JONGELING, B., a10131, a11728, a11806,
a11807, a11956, a12021, a12153, a14587,
a16530.
JOSSA, G., b369, b8840, b12072.
JOSSUA, J.-P., b5545.
JOSUTTIS, M., b2755, b11530.
JOTHAM-ROTHSCHILD, J., a1510, a2984.
JOUBERT, H.L.N., b4362, b8067.
JOUHET, M., a12896.
JOÜON, P., a9172, a9190, a9779, a10055,
a10198, a10224, a10244, a10260, a10990.
JOURJON, M., b5566.
JOYCE, P.M., a16908, b15895.
JUCCI, E., a6690, a13967, a14255, b10347,
b12514.
JUDANT, D., b5896.
JUDGE, E.A., a6911, b443.
JUEL, D., a20, a15721, b2668, b2727, b2736,
b5027, b8798, b13800.
JULLIEN DE POMEROL, P., b1030.
JUNACK, K., b85.
JUNG, M.-M., a79, b9807, b14870.
JUNGE, F., a9546.
JÜNGEL, E., a12609, b5591, b5795, b8442,
b11238, b15794.
JÜNGLING, H.-W., a5462, a14552, a14553,
b10498.

JUNGMANN, J.A., a6063.
JUNKER, H., a13318, a13336, b14683.
JUNOD, É., a504, a525, a526, a533, b9585, b14121.
JUSTUS, C.F., a10573.
JUTZLER, K., a15612.
JUYNBOLL, G.H.A., a9153.

K

KACZYNSKI, E., b11397.
KADARI, M.Z., a5814.
KADDARI, M.Z., a10358.
KADMAN, L., a1126.
KADUSHIN, M., b12631.
KAEGI, W.E., Jr., a1931.
KAESTLI, J.-D., a522, a527, a533, a4372, a6416, b8242, b9586.
KAHLE, P., a5861.
KAHLE, P.E., a10291.
KAHLE, W., a6060.
KAHLEFELD, H., b1530, b3215, b3386, b7993, b12746.
KÄHLER, C., b1615.
KÄHLER, E., b11756.
KAHMANN, J., b2798.
KAHMANN, J.J.A., b2131.
KAHN, J.H., a15365.
KAISER, O., a3604, a4529, a5323, a8234, a11233, a12923, a15172, a16410, a17817, b17278.
KAISER, W.C., Jr., a11693, a11712, b6315, b13214, b13249, b13391.
KAKOSY, L., a6934, a7012.
KAKUSCHKE, R., b15922.
KALAÇ, M., a9002, a10704.
KALLAI, Z., a2056, a4101, a4117, a4144, a4155, a4253, a5060, a5095, a5182, a5200, a5257, a5260, a5949, a14145, a14190, a14367, a14409, a16970, b12265, b12779.
KALLAI-KLEINMANN, Z., a4206, a4262, a14420.
KALLNER-AMIRAN, R.B., a798.
KALLUVEETTIL, P., b9314.

KALSBEEK, J., a1322, a3209.
KAMAR, W., b13508.
KAMIL, M., a9688.
KAMLAH, E., b14239.
KAMMENHUBER, A., a7134, a7149, a7164, a7200, a7201, a7208, a7380, a10593, a10626, a10663, b12382.
KAMP, K.A., a910, a5075.
KAMPHAUS, F., b1630, b3036, b3518, b13958, b14436.
KANAEL, B., a11786.
KANE, J.P., a9923, a10417, a10490.
KANJUPARAMBIL, P., b5914.
KANNENGIESSER, C., a17751.
KANTER, S., b13265.
KAPELRUD, A.S., a7179, a8130, a8138, a11464, a17334, a18000, a18003, b10112, b10125, b10126, b10160, b10302, b11269, b15622, b16903.
KAPKIN RUIZ, D., b8214.
KAPLAN, B., a1096.
KAPLAN, C., b9512.
KAPLAN, E.H., a1096.
KAPLAN, H.R., a858, a1694, a2817, a6893.
KAPLAN, J., a770, a779, a799, a805, a806, a810, a893, a1028, a1029, a1032, a1087, a1223, a1245, a1632, a1757, a1781, a1782, a1783, a1784, a1785, a1809, a1884, a1964, a2152, a2286, a2287, a2288, a2344, a2619.
KAPLAN, L., a13894, b15516.
KAPLAN, L.J., a15464.
KAPLAN, M.F., a1426.
KAPLONY, P., a6849, a9573, a9586, a9589, a9590.
KAPP, A., a8826.
KAPPUS, S., a4215.
KARAGEORGHIS, V., a1228, a6694, a6695.
KARAVIDOPOULOS, J., a4.
KARL, R., a2478.
KARMON, Y., a4115.
KARNETZKI, M., b2027.
KARPP, H., a58, a81, b12182.
KARRER, O., b15237, b15252, b17055.
KARRIS, R.J., b542, b2840, b2859, b4821, b11787, b15003, b15009.

KARSTENS, K., a2275.
KÄSEMANN, E., b560, b624, b8439, b10413, b10884, b11602.
KASHER, A., a5368, a5417, a5964, a6884.
KASPER, W., a6203, b7808, b7887.
KASSEL, M., a4501.
KASSER, R., a9403, a9463, a12884, a16287.
KASSING, A., b7664.
KASSÜHLKE, R., a12543.
KASTNING-OLMESDAHL, R., b8595.
KATRIEL, T., a10347.
KATSH, A.I., a5750, a5756, a5794.
KATSIMBINIS, C., a1849, a2425, a2443.
KATZ, H., a10562.
KATZ, K., a3511.
KATZ, S., b7936.
KATZENSTEIN, H.J., a3171, a3173, a5281, a5334, a14998, a15136, a17744.
KAUFMAN, A.S., a2490, b16958.
KAUFMAN, D., a737, a2177.
KAUFMAN, S.A., a1975, a9049, a9205, a9290, a9307, a12209, a14221, a14294, a14995, b13322.
KAUFMANN, W., b8124.
KAUFMANN, Y., a5507, a15095, a16569, a16580, a17315, a17829, a18032, b15545.
KAUPEL, H., b10694.
KAUTZ, J.R., a6651.
KAYE, B., b13903.
KAYE, B.N., b5205, b5583, b5613.
KAZMIERSKI, C.R., b2085, b8359.
KEALY, S.P., a3341, b989, b1954, b1968, b2843.
KEARNEY, P.J., a13266, a14010, b6256, b7780, b10256.
KEARNS, R., b8377, b11895.
KECK, F., b3671.
KECK, L.E., b43, b5722, b5801, b8644, b14351.
KEDAR, B., a3545, a13075.
KEDAR, B.Z., a708, a1754.
KEDAR-KOPFSTEIN, B., a9959, a10351, a10379, a12841, a12842, a12865, a17023, a17208, a17528, a17770.
KEE, H.C., a288, a369, a378, a429, a440, a468, b263, b1949, b2564, b13206.
KEEGAN, T.J., b1051.

KEEL, O., a1372, a13567, a13675, a14272, a15452, a15461, a15929, a16163, a16390, a16871, a16893, a17126, a18043, b6065, b9900, b10250, b12913, b14161, b16787, b17251.
KEEL-LEU, O., b10979.
KEES, H., a6926, a6966, a6978.
KEGLER, J., a5201, a14759, a17740, b10308, b11198, b12133, b12230, b15292.
KEHL, M., a6137, b16849.
KEHNSCHERPER, G., a13907, b5822, b5823, b5824, b17226.
KEHRBERG, I., a6715.
KEIL, C.F., a12957.
KEITH, A., a2583.
KELBER, W.H., b2033, b2659, b11084, b16184, b17130.
KELL, O., a15447.
KELLER, B., a13019, a17538, b17019.
KELLER, C.-A., a222, a4435, a6459, a16259, a16277, a16573, a16614, a16640, a17763, a17785, a17930, b13462, b17247.
KELLERMAN, G., a7166.
KELLERMANN, D., a4079, a4153, a4204, a10771, a13052, a14066.
KELLERMANN, U., a5189, a15094, a15135, a15221, a15915, a16169, b9643, b13667, b15946, b15949.
KELLNER, D.H., a4038.
KELLNER, M.M., a13963.
KELLOGG, J.C., b3553.
KELLY, G.B., b10513.
KELLY, J.J., b15699.
KELLY, J.N.D., b6954.
KELLY, L.G., a12664.
KELLY, T., a11683.
KELLY-BUCCELLATI, M., a698, a853, a1323, a3138, a5074.
KELM, G.L., a1806, a1807, a1808.
KELSEY, D.H., a12498, a12527.
KELSO, J.L., a830, a927.
KEMMER, A., b273.
KEMMLER, D.W., b5228, b5519.
KEMP, B.J., a1251, a1295, a2536.

KEMPINSKI, A., a851, a861, a919, a2702, a2703, a2755, a2758, a2759, a2762, a2764, a2767, a6251, a6652, a10602, a10613, a10619, b17314.

KEMPTHORNE, R., b2729, b2738, b8799.

KENIK, H.A., a14860, a16040.

KENNA, V.E.G., a6720.

KENNARD, J.S., Jr., a1115, b996, b1798, b3725, b15808.

KENNEDY, C.A., a675.

KENNEDY, D., a8954.

KENNEDY, D.L., a10731.

KENNEDY, J., b4479.

KENSINGER, K.A., a9947.

KENT, H.A., b6288.

KENYON, K.M., a630, a631, a667, a687, a937, a1823, a2310, a2311, a2312, a2313, a2318, a2319, a2322, a2372, a2373, a2374, a2377, a2379, a2381, a2384, a2696, a2697, a2968.

KERÉNYI, K., a7093, a7094, a7095, a7096, a7099, a7111, a7124, a7125, b14506, b15344, b16789.

KERESZTES, P., b610.

KERLEN, E., a6567.

KERMODE, F., b2034.

KERN, W., b8443, b9330, b10142, b10901, b12034.

KERNAGHAN, R., b2165.

KERR, I., b1887, b3261.

KERR, I.F., b7441.

KERSTIENS, F., b1132, b2402, b11977.

KERTELGE, K., a186, b1613, b2547, b5347, b6429, b7790, b8179, b8493, b8638, b9874, b9963, b9969, b10785, b10889, b10895, b11539, b13015, b13838, b13853, b13960, b14241.

KERTESZ, T., a6997.

KESICH, V., b9013.

KESSLER, C.M., a1017, a2465.

KESSLER, H., b8940.

KESSLER, K., a7306.

KESSLER, M., a3727, a13565, a17626.

KESSLER, P.D., b6589.

KESTEMONT, G., a950, a6900, a7157, a7195, a7203, a7209, a7811, a10581, a10611, a11547, b9301.

KETTER, P., b3492, b15974.

KETTLER, F.-H., a3633, b811.

KEUCK, W., a11646, b7025.

KEVERS, P., a13777.

KEYLOCK, L.R., a3800, b704, b921.

KHAIRY, N.I., a1357, a1557, a2520, a2689, a2917, a10732, a10733.

KHLOPIN, I.N., a4195, a10763, b11806.

KHLOPINA, L.I., a3990.

KIDA, K., b16700.

KIDNER, D., a5122, a5455, a15499.

KIEFFER, R., a4469, a4800, a4937, b339, b473, b1243, b2352, b3224, b3374, b6466, b7989, b7996, b9045, b9790, b12488, b14697, b15992, b15994.

KIENAST, B., a2067, a6616, a7586, a7611, a8169, a8281, a8282, a8491, a8498, a8505, a8537, a8553, a8714.

KIESOW, K., a13851, a17037.

KIKAWADA, I.M., a13333, a13348, a13589.

KILEY, M., b7154.

KILGALLEN, J., b5132, b9459.

KILGALLEN, J.J., b1316, b1699, b2450, b3593, b5126, b10642, b13801.

KILIAN, R., a13605, a16179, a17053, a17127, a17138, a17152, b10950, b11192, b15610.

KILLEBREW, A., a1569, a1570, a2342.

KILLICK, A., a3177.

KILLY, W., a12611.

KILMARTIN, E.J., b12590, b13859, b14669.

KILMER, A.D., a7442, a7635, a8776.

KILPATRICK, G.D., a12312, b80, b86, b749, b819, b1184, b2177, b3194, b4260, b4872, b4906, b5015, b5046, b5070, b5137, b5138, b5141, b5212, b5498, b6431, b7178, b9461, b11534.

KILPATRICK, J.D., a9751.

KIM, S., b5471.

KIMBROUGH, S.T., Jr., a3860.

KIMELMAN, R., a5993, a16430, b397.

KIMURA, N., a12882.

KINBERG, N., a9091.

KIND, H.D., a6238, a6239.

KINDLER, A., a1140, a1153, a1162, a1667, a2734.

KINET, D., a1627, a8018, a8019, a8127, a15293, a15377, b10492, b12104, b15677, b16655.

KING, G.B., b1391, b3243.

KING, J.S., a3874, b3843, b3907.

KING, N., a12303, b10043.

KING, P.J., a592, a604, a5183.

KINGSBURY, J.D., b714, b911, b1046, b1055, b1411, b3804, b7994, b8002, b8033, b8035, b8328, b11311, b12559, b13996, b15216, b16608, b16617.

KINGSTON, M.J., b1581, b3305, b3376, b3602, b6813.

KINNIER WILSON, J.V., a7412, a8444, a8516, a8573, a10263.

KINYONGO, J., b14615.

KIPPENBERG, H.G., a118, a4367, a5475, a5509, a5596, a12369, b504.

KIRCHGÄSSNER, A., b4722.

KIRCHNER, D., a6391.

KIRCHSCHLÄGER, W., a11856, b724, b2152, b3181, b5288, b8885, b9046, b9533, b10152, b10380, b11598, b11605, b11959, b13122, b13904, b16880.

KIRK, A., b1010, b3863.

KIRK, G.E., a1598, a1601, a2799, a9909, a9928.

KIRK, G.S., b17304.

KIRK, H.E., b10296.

KIRK, M.E., a1600, a5035, a5036.

KIRKBRIDE, A.S., a1110, a1111, a4291.

KIRKBRIDE, D., a772, a774, a1835, a1836, a1837, a2323, a3009.

KIRKBRIDE, D.V.W., a3161.

KIRKLAND, J.R., a13631, b2252.

KIRSCH, E., b7727.

KIRSCHNER, B., a1127.

KIRSCHNER, R.S., b15942.

KIRSTE, R., a3831.

KISKER, H.-W., a11000.

KISLEV, M., a2485.

KISSINGER, W.S., b259.

KISTEMAKER, S.J., b264.

KISTER, M., a6031.

KITCHEN, K.A., a5249, a5310, a6821, a6873, a6991, a7808, a8063, a9587, a9615, a9619, a9627, a12937, a13065, a13214, a13303, a14365, a14442, a14597, a15026, b9310, b16414.

KITTEL, B., a3368, a12947.

KITTEL, B.P., a12031.

KITTLAUS, L.R., b885, b890, b3920, b4481.

KIZILYAY, H., a7585, a8570.

KJAER, H., a3047.

KLAIBER, W., a680, b10815.

KLAKOWICZ, B.E., a1555.

KLASSEN, W., b3344, b8833, b14737, b16748.

KLAUCK, H.-J., a9754, a11848, b196, b575, b576,b2176, b2595, b5063, b5953, b6284, b7850, b10280, b10599, b10740, b14817, b15872.

KLAUSNER, J., b7944.

KLEIN, G., b10204, b12450, b15117.

KLEIN, H., a13256, a17163, b8816, b10334, b12012, b13525, b17284, b17390.

KLEIN, J.-L., a59, a5004, b11224, b14832.

KLEIN, J.P., a13666.

KLEIN, M., a5780, a5819.

KLEIN, M.L., a5785, a5795, a5798, a5802, a5822, a5827, a5831, a5833, a5834, a10365, a13643, a14231.

KLEIN, P., b3234, b5325, b6444, b13147.

KLEIN, R.W., a11871, a12720, a12796, a13276, a15084, a17655.

KLEIN, S., a381.

KLEIN, W.C., a12899, a17519, b15563.

KLEIN, Y., a5742.

KLEMM, H.G., b2605, b3387.

KLEMM, M., a9742.

KLEMM, P., b9816.

KLENGEL, H., a7148, a7154, a7588, a8551, a8608, a8661, a8930, a10608, a10609, a11504, b9507.

KLENGEL-BRANDT, E., a1402, a7279, a8914.

KLIESCH, K., b4888, b5131, b5195, b13057.

KLIJN, A.F.J., a252, a266, a267, a338, b34, b755, b1490, b3353.

KLIMA, J., a7602, b13228.

KLIMKEIT, H.-J., b9645, b14444.

KLINE, M.G., a3263, a13536, b12539, b17038.

KLINGENBERG, E., b13258.

KLINGENHEBEN, A., a9676.

KLINK, J.L., a3457.

KLONER, A., a1558, a2479, a2491, a2665, a2805.

KLOOS, C.J.L., a13576, b10373.

KLOPPENBORG, J., b6251.

KLOPPENBORG, J.S., a14433, a16484, b1048, b7987.

KLOSTERMANN, R., b2835.

KNACKSTEDT, P.J., a15604.

KNAPP, A.B., a11375.

KNAUF, E.A., a2113, a9145, a10994, a14503, b6384.

KNEPPER, M., a17189, b1255, b3231, b11260, b14996.

KNIAZEFF, A., a12240, b6324.

KNIBB, M.A., a292, a326, a354, a11734, a11994, b11567, b11575.

KNIERIM, R., a2081.

KNIGHT, D.A., a13063, b14229.

KNIGHT, G.A.F., a13360, a13842, a15511, b11025, b14140.

KNIGHT, H., a15360.

KNOCH, O., a37, a6095, a6192, a6306, a6346, a6573, a12572, a12574, a12593, a12599, a12603, a12604, a12610, a15156, b10, b35, b1053, b1086, b1622, b1841, b5398, b5906, b7829, b8305, b8796, b10518, b10780, b10881, b11314, b11373, b11518, b12856, b14378, b14864, b15920, b16773, b17121.

KNOCKAERT, A., a3437, a3438, a3439, a3440, a3441, a3458, a3460, a4630, a4656, a4657, a15356, b1114, b1168, b2969, b3151, b3391, b9144, b15421.

KNOPP, M., a9673.

KNOR, J., b9552.

KNORZER, W., b1344, b1345, b3405, b9133.

KNOX, J., b6443, b6932.

KNOX, R., a2678.

KNOX, W.L., b9213, b15779.

KNUDSEN, E.E., a8506, a8560, a10320. a10619.

KOB, K., a2824, a4296.

KOBELSKI, P.J., a12159, b13689.

KÖBERT, R., a540, a559, a6543, a8277, a8284, a9076, a9078, a9080, a9088, a9093, a9123, a9125, a9126, a9131, a9134, a9135, a9136, a9151, a10331, a10956, a10958, a16523, a16757.

KOCH, D.-A., a4160, a12327, b2056, b7974, b14002.

KOCH, H., a7793, a7794, a9661.

KOCH, K., a116, a131, a172, a271, a341, a3482, a3558, a4244, a4556, a5262, a8131, a11523, a13757, a16820, b768, b12263, b14156, b14608, b15504, b15508, b16138, b17366.

KOCH, R., a13344, a13345, a13952, a13972, a14000, a14071, a14085, a14260, a14273, a15714, a15779, b1786, b3240, b9332, b9337, b9341, b10248, b10341, b11274, b12421, b12542, b14213, b14423, b15039, b15040, b15043, b15056, b15129, b15620.

KOCH, T., b8188.

KOCHAVI, M., a636, a637, a906, a914, a1699, a1701, a1706, a1708, a1898, a1992, a2283, a2879, a2918, a3018, a3211.

KÖCHER, F., a8819, a8830.

KOCHER, M., b9886, b11239.

KODELL, J., a13769, b1707, b3163, b8625, b9824.

KOEHNLEIN, H., b10787.

KOENIG, J., a5141, a7645, a9230, a12006, a12009, a13033, a13946, a17029, a17300, b5904, b9851, b10696, b12114, b15501, b16778, b17033.

KOESTER, H., a517, a6450, b796, b2494.

KOESTER, H.H., b698.

KOESTER, W., b9287, b10768.

KOHATA, F., a14144.

KOHL, K., a40, b497, b9186.

KOHLENBERGER, J.R., a3507.

KÖHLER, L., a10016, a10181, a10261, b1278, b3800.

KOHLER, M.E., b10824.

KOHLER, W., b1361, b11029.

KOIZUMI, T., a14701.

KOLB, C.C., a780.

KOLENKOW, A.B., a454, a455, a6529, b891,
    b2075, b2163, b4136, b4271, b4482, b9520,
    b13914, b13917, b15509, b16712.
KOLPATRICK, G.D., a12778.
KOLPING, A., b7773.
KOMOROCZY, G., a7450, a11321.
KON, M., a5617.
KONDON, K., a12438.
KÖNIG, A., b8698.
KONINGS, J., b4295.
KOOLE, J.L., a17349, a17388.
KOOY, V.H., b9176.
KOPP, C., b1195, b4290, b10931.
KÖPPEL, U., a14150, a14236.
KORN, S.H., a9053.
KÖRNER, J., b11972.
KORNFELD, W., a3969, a7068, a9195, a9299,
    a10001, a13566, a13568, a14061, a14299,
    b15748.
KORNFELD, W.J., b16326.
KOROŠEC, V., a7484, a7575.
KOROSTOVTSEV, M., a9552.
KORR, C.S., a6954.
KORTEWEG, T., a199, b4370.
KÖRTNER, U.H.J., b1966.
KOSAK, H., a4472.
KOŠAK, S., a6251, a7137, a7156, a10613,
    a10619.
KOSCHAKER, P., a7571, a7572, a7574, a7577.
KOSCHORKE, K., a6350, a6486, a6493, a6494,
    a6525, b5021, b11298, b13860.
KÖSTER, B., a3843.
KÖSTER, H., a6321, b19, b36, b548, b5466,
    b6848, b6915, b12395.
KÖSTER, H.M., b6989, b8711, b13642.
KOSTER, M.D., a12874, a14049, a14205,
    b10348.
KÖSTERS, R., a17380.
KOTANSKY, R.D., b686, b5869.
KÖTTING, B., a9755, b16291.
KOULOMZINE, N., b3991, b13069.
KOVACS, B.W., a4631, a13448.
KRAABEL, A.T., a3041, b14679.
KRAAY, C.M., a1163.
KRAELING, C.H., a572, b9183.

KRAFT, H., b8482, b10833, b12754.
KRAFT, R.A., a456, a469, a5913, a12762,
    a13050, a16482, a16543, b12153, b14673.
KRAHMALKOV, C., a9062, a9381, a10892,
    a10893.
KRAHMALKOV, C.R., a10776, a10778,
    a10784.
KRÄMER, M., b1275, b1401, b1508, b3246.
KRAMER, P.S., a4399.
KRAMER, S.N., a7440, a7443, a7464, a7512,
    a7582, a7616, a8570, a8709, a8760, a8796,
    a8837, a8854, a8867, a9031, b12200,
    b13224, b13234.
KRAPPE, A.H., a7089, b14088.
KRAŠOVEC, J., a13124.
KRATZ, R., b252, b1040, b1188, b1378, b1407,
    b1410, b1415, b1576, b1658, b1768, b1820,
    b1836, b1868, b2025, b2094, b2199, b2216,
    b2236, b2237, b2273, b2284, b2302, b2339,
    b2381, b2403, b2413, b2429, b2453, b2472,
    b2499, b2535, b2554, b2569, b2594, b2617,
    b2627, b2642, b2651, b2656, b2673, b3688,
    b4126, b4264, b4315, b4360, b4426, b7816,
    b8788, b9137, b9177, b10401, b11599,
    b12765, b13968, b15975.
KRAUS, A., b12052.
KRAUS, F.R., a3463, a7295, a7320, a7321,
    a7326, a7618, a7631, a8872.
KRAUS, H.-J., a2368, a3768, a4140, a5527,
    a12479, a12480, a12903, a15507, b11967,
    b12134, b12797, b13280, b14748.
KRAUS, S., a5594, a10111, a10200.
KRAUS REGGIANI, C., a5927.
KRAUSE, G., a12612.
KRAUSE, M., a218, a4428, a6316, a6369, a6435,
    a6449, a6470, a14780.
KRAUSS, S., a13717, a16822, a16823, b12795.
KRAUTTER, B., b16539.
KREBERNIK, M., a9492.
KRECHER, J., a7601, a7606, a8514, a8544,
    a8889, a9039, a9472, a11230.
KREMER, J., a4538, a7084, a16025, b1635,
    b2347, b2593, b4631, b4811, b5230, b6038,
    b6243, b6244, b6329, b6814, b8971, b8989,

b9034, b9956, b10109, b11347, b13060, b14071, b14716, b16854.

KRENTZ, E., a4557.

KRETSCHMAR, G., a3323, b7794, b11286, b12041.

KRETZER, A., b992.

KREUZER, M., a3442.

KREUZER, S., a10235, b17291.

KRINETZKI, G., a13537, a14537, a14544, a14688, a16408, a16506, a16928, a18002, b9442.

KRINETZKI, L., a15362, a15865, a17344, a17872, b15393.

KRISTENSEN, A.L., a11238.

KRISTEVA, J., a4843.

KRODEL, G., b4359, b4834.

KROEGER, C., b5959.

KROEGER, C.C., b11765.

KROEGER, R., b5959.

KROEGER, R.C., b11762, b11765.

KROEZE, J.H., a15315.

KRONENFELD, D., a4658.

KRONER, R., b6204.

KRONHOLM, T., a5740, b14800.

KROPF, R.W., b5826, b8241, b15268, b16052.

KRÜCKMANN, O., a3567.

KRUEGER, E.W., a2092.

KRUGER, P.A., a17957.

KRUPP, E.C., a3252.

KRUSCHE, W., a6276.

KRUSE, C.G., a11988, a12074, a17321, b16685.

KRUSE, H., a16160, b3514, b10407, b16651.

KSELMAN, J.S., a10394, a13080, a13134, a13148, a13270, a14132, a15842, a15896, a15936, a17455, a17696, a17917.

KUBAC, V., a14854.

KUBINA, V., a15340, a15446.

KUBO, S., a9716, a12639, a12667, b6090.

KUENTZ, C., a9522.

KUENY, J., a609.

KUGEL, J.L., a10114, a13150, a13937.

KUGELMAN, R., b7224.

KUGLER, F.X., a3236.

KUHLEWEIN, J., a13727.

KUHN, H.-W., a2160, b2783, b5870, b10211, b10592, b12553.

KÜHN, U., b11540.

KÜHNE, C., a8113, a8733, a9012, a9013, a9014, a10557, a10587, a10589, a10639, a11408, a11435.

KÜHNE, H., a7556, a7938.

KÜHNE, H.-J., a3272.

KUHNIGK, W., a17925, a17934.

KUHRT, A., a5342.

KÜHSCHELM, R., b7340.

KUIPER, G.J., a5817.

KÜLLING, H., b5240.

KULLING, S., a13271.

KUMAKI, F.K., a14745, a14880.

KÜMMEL, H.M., a7548, a10638.

KÜMMEL, W.G., a4529, b12, b1453, b2443, b2602, b3438, b5344, b5563, b5772, b5854, b5986, b7721, b7724, b7977, b11074, b12446, b12458, b12463, b12467, b16587.

KÜMPEL, R., a13667.

KÜNG, H., a4561, a12521.

KUNN, P., a5988, b10452, b15261.

KUNST, H., a3844.

KUNTZ, J.K., a12915, a15535, a15548, a15729, b16001.

KUNTZMANN, R., a4709, a6519, a17475.

KUNZ, E., b1595.

KUNZ, L., a15640, a15984, a16089.

KÜNZEL, G., b987, b10756.

KUPPER, J.-R., a8062, a8627, a8985.

KÜPPERBUSCH, H.P., b55.

KURFESS, A., a411, a412.

KURYLOWICZ, J., a8291.

KURZ, O., a3226.

KURZ, P.K., a11661.

KURZ, W.S., b4925, b4960, b5074, b8051, b11115, b12312.

KÜRZINGER, J., b715, b2067, b5742, b6147, b9740, b11763, b12480.

KUSCHKE, A., a1296, a1689, a4227, a4250, a4321, a7967.

KUSSNER, F., b8339.

KUSTERMANN, A.P., b13161.

L

LAROCHE, E., a7162, a7163, a7210, a7214,
　　a10586, a10623, a10664, a10692, a10701,
　　a11437, a11503.

LARRABE, J.L., b16298.

LARRAÑETA OLLETA, R., b14264, b15093.

LARREA, A., a4459, a5265, b15539.

LARSEN, M.T., a8453.

LARSON, S., b140.

LARSSON, E., b12342.

LARSSON, G., a3493, b10154, b10368.

LASH, C.J.A., a3644, b7386.

LASH, N., b13669.

LASIERRA, L., b15348.

LASOR, W.S., a3561, a5043, a8343, a9245,
　　a11242, a12415, a12932, a13149, b12623.

LASSUS, J., a2300.

LASSUS, L.-A., b9911, b10964.

LATEGAN, B.C., b4401, b6419, b8068.

LATOURELLE, R., b8419, b8474, b8480.

LATTANZI, H., b1809, b2632, b3674, b13076,
　　b13833.

LATTANZI, U., b12175.

LATTKE, G., b2946.

LATTKE, M., a563, a570, b3955, b4218, b4229,
　　b4278, b4287, b4410, b4445, b4540, b4552,
　　b4560, b4607, b4634, b4659, b8417, b9472,
　　b16620.

LAUB, F., b5926, b6092, b7205, b8160, b11171.

LAUER, J.-P., a6850, a6851, a6854, a7031.

LAUFEN, R., b941, b2039.

LAUGHLIN, J.C.H., a14059, b11804.

LAUHA, A., a10134, a15600, a16306, b12248,
　　b14048.

LAURENT, J.-P., a11694.

LAURENT, P.M., b8392.

LAURENTIN, R., b1083, b2944, b9848, b11743,
　　b12752, b12772.

LAURIN, R.B., a13595.

LAURIOL, É., b5526.

LAUTERBACH, J.Z., b7945, b10228, b14844,
　　b16219.

LAUTERJUNG, V., a17280.

LAUVERJAT, M., a4804, b2619, b3032.

LA VERDIÈRE, E., b2844.

LaVERDIÈRE, E.A., b10755, b10764.

LAWLESS, G., a16158.

LAWS, S., a187, b7225, b7684, b14362.

LAWSON, E.T., b14496.

LAYTON, B., a6372, a6380, a6381, a6432.

LAZZATI, G., b3766.

LEACH, E., a4738, b14501.

LEACH, P., a1899.

LEAHY, A., a6949.

LEAL, J., a4964, b808, b2980, b5949, b8484,
　　b8838, b9060.

LEANEY, A.R.C., a5422, a11957, b11631,
　　b12471, b16818, b16825.

LEASE, G., b490.

LEATEGAN, B.D., a4632.

LEB, G., a14454.

LE BAS, E.E., a16118, a17261, a18040, a18046,
　　a18047.

LEBEAU, P., b1876, b2700, b3698.

LE BOULLUEC, A., a4425, b6154.

LEBRAM, J.C.H., a168, b15258.

LEBRUN, R., a7136, a7217, a10600, a10612.

LECHEVALLIER, M., a764, a775, a1011,
　　a2173, a2661.

LECLANT, J., a1370, a2883, a3965, a6785,
　　a6787, a6789, a6790, a6791, a6795, a6816,
　　a6845, a6931, a6972, a9583, b16421.

LECLERCQ, H., a9712, a9823.

LECLÈRE, A., b9100.

LECOMTE, P., a15826, b1413, b4313, b7379.

LE DÉAUT, R., a5418, a5505, a5624, a5641,
　　a5796, a6030, a12266, b359, b361, b9927.

LEE, E.K., b12567.

LEE, G.M., a9704, a9782, a9793, a9898, a15931,
　　b2319, b2418, b2748, b2752, b2754, b2761,
　　b4473, b7022.

LEE, J.A.L., a9750, a12806.

LEE, J.R., a1796.

LEE, P., b1561, b2538, b4343, b6538, b7189.

LEEMAN, S., a3478.

LEEMHUIS, F., a9099, a9187.

LEENE, H., a17386.

LEENHARDT, F.-J., a4543, b159, b1598, b3380,
　　b5599, b8589, b8655, b8746, b9678, b9702,
　　b10654, b10720, b10735, b10805, b10831,

b10886, b10902, b11513, b11516, b11727, b13854, b14866, b15215, b17048.

LEENHARDT, H., b9505, b13828, b16280.

LEFORT, L.T., a9420.

LE FORT, P., b6972, b15310.

LE GALL, R., b9386, b11490.

LÉGARÉ, C., a4806, b3274.

LÉGASSE, S., a9749, b1748, b1800, b3271, b3436, b4226, b4242, b4341, b4561, b4617, b5269, b6660, b7041, b7823, b8586, b9416, b9419, b9712, b9734, b11510, b13941, b13994, b14891, b15329, b15687, b16069, b16955.

LEGAULT, A., a5640.

LEGGETT, D.A., b12095, b13086.

LEGIDO LOPEZ, M., b5836, b8862, b10816.

LEGRAIN, M., b10071, b12367.

LEGRAND, L., b2978, b3080, b12330, b14054.

LE GUILLOU, M.J., b11426.

LEHMAN, I.O., a12990.

LEHMANN, G.A., a4069, a5165, a7150, a11493.

LEHMANN, K., a12514, b9684, b9976, b13050.

LEHMANN, M., b8465, b8506.

LEHMANN, M.R., a11778, a12188, a12196, a16502.

LEHMANN, O.H., a11939.

LEHMANN, P., b10349, b14201.

LEHMANN, R., b7038.

LEIBOVICI, M., a8877.

LEIBOVITCH, J., a1242, a6794, a7015, a7026.

LEIBOVITZ, Y., a6655, a6988.

LEICHTY, E., a8832.

LEIDER, H., a12586, a14748.

LEIDIG, E., b4130.

LEINEWEBER, W., a5123.

LEISEGANG, H., a7098, a7108.

LEISTNER, R., b8820, b12687.

LEITCH, J.W., b2193, b16231.

LEITH, J.H., a12516.

LEITNER, A., a8241.

LEIVESTAD, R., a12067, b8235, b8580, b11883, b13739.

LEJOLY, R., b3872.

LEKO, M., b10070, b12474.

LELIÈVRE, A., a15951, a17864, b13698.

LELLO, G., a6885.

LELOIR, L., a545.

LEMAIRE, A., a 929, a1411, a1423, a1444, a1457,a1462, a1465, a1479, a1481, a1839, a2591, a2600, a2706, a2724, a2914, a3580, a4103, a4220, a4234, a5061, a5116, a5458, a7070, a7815, a8313, a8315, a9057, a9060, a9256, a9262, a9263, a9265, a9288, a9368, a9965, a10042, a10408, a10429, a10432, a10436, a10438, a10443, a10444, a10445, a10446, a10457, a10491, a10504, a10506, a10507, a10515, a10516, a10518, a10527, a10544, a10850, a10896, a11427, a11620, a11626, a13176, a14181, a14193, a14866, b10351, b13842, b14801, b16139.

LEMARIÉ, J., a3390.

LEMCHE, N.P., a3487, a5202, a7607, a10176, a13985, a14670, b10311, b10371, b11161, b12652.

LEMCIO, E.E., a3402, b2243, b2375, b2409.

LEMERLE, P., a10686.

LEMKE, W.E., a17661, a17711, b12197, b16062.

LÉMONON, J.-P., a5435, b3824.

LEMORDANT, D., a9670.

LEMY, J., a8363.

LENGSFELD, P., a3742, a6209, b17052, b17054, b17094, b17114.

LENHARD, H., a10132, b7410.

LENHARDT, P., b17086.

LENTZEN-DEIS, F., b156, b840.

LENZEN, H., a7281.

LENZEN, H.J., a3182, a7468, b16901.

LÉON-DUFOUR, X., a11671, b671, b681, b834, b985, b1875, b1962, b2687, b2759, b2821, b3608, b3690, b3695, b3700, b3701, b4527, b6043, b6159, b6168, b6170, b6171, b6689, b7752, b7753, b7847, b8468, b8598, b8602, b8603, b8605, b8606, b8608, b8645, b8663, b8680, b9001, b9656, b10086, b11210, b11449, b11487, b11491, b11497, b11512, b11744, b13899, b13901, b13935, b13942, b13943, b13987, b14019, b14445, b14449, b14450, b14451, b14459, b15118, b15845, b15857, b16769, b16771, b16839, b16852, b16856.

LIEBOWITZ, H., a1089, a3204, a3205, b12117.

LIEBOWITZ, H.A., a1189.

LIEBREICH, L.J., a5810, a16425, a17112.

LIEBREICH, Y.A., b10233.

LIEDKE, G., b11003, b13115.

LIEFELD, W.L., b1636, b2458, b3312, b9173.

LIENHARD, J.T., b10568.

LIEU, J.M., a4415, b3934, b7440, b8138.

LIF, Z., a4092, a4170, a4237.

LIFSHITZ, B., a1026, a1882, a3145, a5401,
a9696, a9698, a9699, a9811, a9861, a9863,
a9864, a11621.

LIGHTBOURN, F., a6076.

LIGHTBOURN, F.C., a14908, a14972, b16624.

LIGHTFOOT, N.R., b7063.

LIGHTSTONE, J.N., a3362, a5741, a5853,
a5994.

LIGIER, L., b15080, b16798.

LILLEY, J.P.U., a10054.

LILLIE, W., b6342, b8427, b9450, b9451,
b14240, b15724.

LIMBECK, M., a5714, a12579, a13102, a15538,
b1353, b2088, b4243, b8522, b8790, b8916,
b9136, b10397, b10927, b11182, b11457,
b12904, b14037, b15088, b17129.

LIMBURG, J., a16547, b10670.

LIMET, H., a7258, a7599, a8538, a8777, a8981,
b10693.

LIMME, L., a9523.

LINARD DE GUERTECHIN, H., a13713.

LINCOLN, A.T., a12333, b5460, b6387, b6577,
b6606, b11075, b11137, b14802, b16211,
b16237.

LINCOLN, B., a6392.

LIND, M.C., b12138.

LINDARS, B., a339, a5452, a12236, a14497,
a17700, b2444, b3926, b3927, b3940, b4204,
b4612, b8322, b8380, b8559, b9101, b9754,
b11501, b11864, b11930, b12157, b15170.

LINDEMANN, A., a6403, b32, b2787, b5571,
b5882, b6575, b6761, b6924, b10530, b10779,
b12339.

LINDENBERGER, J.M., a9373.

LINDER, E., a8071.

LINDESKOG, G., b363, b12664, b12758.

LINDIJER, C.H., b3771, b5153.

LINDLEY VANN, R., a1937.

LINDSAY, J., a5288.

LINDSTRÖM, B., a511.

LINMANS, A.J.M., b1421, b2275.

LINSKENS, J., b1322, b3237.

LINTON, O., b783, b825, b835, b1478, b3263.

LIPHSCHITZ, N., a2676, a3066, a3114, a4009.

LIPINSKI, E., a7444, a7451, a7491, a8072,
a8073, a8076, a8103, a8107, a8110, a8266,
a8310, a8311, a9241, a9364, a10165,
a10404, a10722, a10902, a11295, a11296,
a11390, a11391, a11441, a11444, a11451,
a11481, a11552, a11577, a13513, a14582,
a15064, a15534, a16097, a17177, a17222,
a17657, a17717, b11162, b13756, b17035.

LIPSCHÜTZ, L., a13036.

LIPSCOMB, W.L., b16423.

LITTAUER, M.A., a1052, a1592, a6245, a7552.

LITTELL, F.H., b604.

LITTLE, D., a13974, b17391.

LITTLE, J.C., b228.

LITTLE, P.E., b9589.

LIVER, J., a5235, a5304, a5687, a14156, b16252.

LIVERANI, B., b11653.

LIVERANI, M., a1759, a4003, a5104, a5124,
a6860, a7152, a7155, a7206, a7346, a7968,
a8067, a8165, a9638, a11098, a11429,
b12178.

LIVESLEY, A.G., a3920.

LIVINGSTONE, A., a9047.

LJUNG, I., a15553.

LLIMONA, J., b15914.

LLOYD, S., a1307, a1599, a7269.

LOADER, J.A., a5828, a12078, a13316, a15180,
a16314, a16322.

LOADER, W.R.G., a12281, a16090, b6782,
b7736, b8012, b8163, b8334, b9079, b11829,
b14000.

LOCHER, C., a12589, a15522, a17844.

LOCHET, L., b8923.

LOCHHEAD, D.M., a4480.

LOCHMAN, J.M., b8180, b8403, b10342,
b12073, b13131, b14569, b15717.

LODGE, J.G., b5695, b6454, b7271, b12044.

LODS, A., a16545.

LODS, M., a3110, a3330, a6568, b10985, b17184.

LOEWE, R., a1121.

LOEWE, R.J., a5729.

LOEWEN, H., a3847.

LOEWEN, H.J., a3692.

LOEWEN, J.A., a12558.

LOEWENSTAMM, S.E., a457, a8111, a8132, a8142, a8173, a8210, a8219, a11042, a11087, a11122, a11183, a11196, a11209, a11273, a11297, a11302, a11350, a11468, a11472, a11558, a13755, a13869, a13987, a14023, a14028, a14029, a14358, a15972, a16020, a16021, b13697, b14080, b14081.

LOEWINGER, D.S., a12984.

LÖFBERG, J., b14313.

LOFFREDA, S., a963, a1269, a1277, a1288, a1331, a1428, a1549, a1851, a1942, a1946, a1947, a1952, a1955, a1958, a2539, a2623, a2625, a2627, a2628, a2630, a2648, a2794, a2819, a3118, a11522, a14727, a15457.

LOGACHEV, K.I., a12887.

LOGAN, A.H.B., a13966, b12738.

LOGAN, N.A., b9637.

LOH, I.-J., b6670.

LOHFINK, G., a82, a12580, a14125, b562, b1191, b1325, b1409, b2793, b3127, b3238, b3534, b4979, b4992, b6969, b7789, b7791, b8769, b9051, b9573, b9732, b9733, b10446, b10750, b10751, b10763, b11055, b11800, b12564, b12850, b13657, b13883, b15362, b16857, b17138.

LOHFINK, N., a3930, a5131, a5463, a5520, a6196, a6269, a10109, a10110, a12242, a12432, a13109, a13272, a13397, a13943, a14199, a14244, a14266, a14279, a14284, a14304, a14733, a15012, a16298, a16307, a16328, a16377, a17401, a17672, a17693, a17725, a17730, a17985, b9327, b9432, b10166, b10336, b12232, b12257, b12264, b13320, b14194, b15074, b15719, b16566, b16575, b17213, b17334, b17338.

LÖHR, A., b4228.

LOHR, G., b6904.

LOHR, M., a16504.

LÖHRER, M., a6175, b10874.

LOHRMANN, W., b6183, b6539, b9875, b11403.

LOHSE, E., a3891, a5396, a5933, b29, b128, b10747, b10798, b10987, b10989, b11949, b11989, b11996, b12008, b12035, b13018, b13985, b14017, b14271, b14995, b16182, b17278.

LOIDI, F., a3426.

LOKKEGAARD, F., a6676.

LOMBARD, H.A., a9763, b7081.

LOMBARDI, G., a1607.

LONA, H.E., b4380, b9226.

LONDON, G., a1322, a3209.

LONG, B.O., a3535, a4898, a12953, a13066, a14788, a14850, a16555, a17512, a17513, a17576, b10318, b13923, b15667, b17060, b17358.

LONG, G.E., a18044, b2188, b6805.

LONG, R.D., a6863.

LONGACRE, R.E., a13560, b10365.

LONGENECKER, R., b7160, b13682.

LONGENECKER, R.N., a3617, b5518, b8432.

LONGMAN, T., a13153.

LONGSTAFF, T.R.W., b844, b903, b929, b930, b1919, b2028, b2071, b2149, b2151, b2200, b2491, b2587, b2682, b2780, b11780.

LÖNING, K., b3269, b4947.

LONNING, P., a11695.

LOPEZ, A., b13140.

LOPEZ, E., b6740.

LOPEZ, J., a2243, a2244.

LOPEZ AMAT, A., a13346.

LOPEZ DE LAS HERAS, L., b9722, b15081.

LOPEZ MELUS, F.M., b1204, b1267, b3828, b9793, b14999.

LOPEZ MILLAN, V., b10031, b15127.

LOPRIENO, A., a8305.

LORD, A.B., a13099, b17099.

LORENZ, B., b14428.

LORENZEN, T., a11696, b7264.

LORENZO, B., b17352.

LORENZO SALAS, G., b14247.

LORETZ, O., a1673, a5502, a8051, a8124, a8136, a8137, a8153, a8154, a8159, a8177,

a8178, a8180, a8182, a8183, a8184, a8185,
a8186, a8191, a8195, a8196, a8197, a8198,
a8199, a8200, a8201, a8202, a8211, a8381,
a8389, a8407, a8456, a8682, a8915, a8929,
a8945, a9064, a9753, a9996, a10023,
a10095, a10119, a10177, a10231, a10238,
a10646, a10652, a10653, a10655, a10999,
a11019, a11031, a11034, a11045, a11050,
a11057, a11058, a11059, a11062, a11063,
a11065, a11072, a11076, a11080, a11081,
a11084, a11086, a11088, a11093, a11095,
a11097, a11099, a11100, a11102, a11104,
a11108, a11115, a11120, a11123, a11126,
a11132, a11135, a11136, a11137, a11147,
a11148, a11149, a11153, a11156, a11160,
a11161, a11165, a11166, a11169, a11189,
a11191, a11197, a11206, a11254, a11255,
a11258, a11259, a11262, a11269, a11278,
a11279, a11280, a11309, a11316, a11329,
a11330, a11332, a11335, a11341, a11345,
a11346, a11347, a11348, a11352, a11355,
a11357, a11359, a11362, a11364, a11366,
a11367, a11368, a11371, a11373, a11377,
a11378, a11381, a11384, a11392, a11393,
a11394, a11395, a11396, a11402, a11404,
a11405, a11409, a11410, a11411, a11412,
a11413, a11414, a11417, a11418, a11420,
a11421, a11422, a11440, a11445, a11453,
a11456, a11458, a11459, a11465, a11473,
a11476, a11477, a11479, a11485, a11492,
a11531, a11550, a11551, a11561, a11564,
a11578, a11580, a11585, a13384, a13552,
a13645, a13653, a13775, a13818, a13890,
a14116, a14173, a14174, a14287, a14350,
a14573, a14576, a14620, a14882, a15386,
a15415, a15416, a15496, a15549, a15555,
a15623, a15677, a15682, a15734, a15768,
a15795, a15860, a15871, a15922, a15969,
a15974, a16022, a16027, a16033, a16065,
a16067, a16070, a16107, a16142, a16162,
a16229, a16237, a16248, a16337, a16356,
a16363, a16370, a16378, a16384, a16433,
a16676, a16684, a16694, a16933, a17058,
a17074, a17097, a17100, a17201, a17258,
a17345, a17596, a17607, a17643, a17887,

a17897, a18006, b9289, b10608, b11891,
b14395, b14574, b14580, b14581, b14603,
b14609, b14628, b15560.

LOSADA, J., a6195, b8771, b8972.

LÖSER, W., b45.

LOSIE, L.A., b2580, b6700.

LOSS, N.M., a9808, a13378, b9456, b14965,
b14966, b16717.

LOTZ, D.W., a3276, a3757.

LOUDEN, R.S., b9105.

LOUF, A., b15403.

LOUIS, B., b14839.

LOUTTIT, H.I., b6212, b15467.

LOUVEL, F., a6072, b12832.

LOUW, J.P., a9824, b4103, b7431, b8069, b9070.

LOVELACE, R., a4971.

LÖVESTAM, E., b1310, b1693, b2502, b2653,
b3575, b5055.

LOWE, H., b9571, b10812.

LOWE, M., a9758, a9759, b360, b949, b1758,
b2055, b12690.

LOWE, W.J., a4921, b9382.

LOWENSTEIN, S.M., a12621.

LOWENTHAL, E.I., a13785.

LÖWITH, K., b12285.

LOWLE, D.A., a7039.

LOWRIE, W., b14565.

LOWRY, C.W., Jr., b7579.

LOWY, S., a1030, a3598, a12364.

LOZACHMEUR, H., a1637, a9255, a9275,
a9368, a9854, a10753, a12356.

LUBETSKI, M., a10136, b13700.

LUBSCZYK, H., a12256, a13245, a13382,
b2804, b9323, b9751, b11956, b14606.

LUCAS, A., a5136, a13920, a14129, a14920.

LUCCHESI, E., a6504, a9460, a9462, a9527,
b4367, b4999, b6487, b6908.

LUCIANI, F., a1240, a1526, a2385, a2804,
a5920, a6089, a13542, a13543, a13562,
a16465, a16533, a16534, a16535, a16576,
b12155, b12159.

LUCK, U., a283, a347, b689.

LÜDEMANN, G., b563, b5244, b5327, b5574,
b5577, b6283, b6424, b6901.

LUDWIG, C., b459.

LUDWIG, O., a17227.

LÜHRMANN, D., a509, a3403, b2730, b4682, b6403, b6453, b6461, b6521, b7210, b11509, b14272, b15330.

LUJAN. J., b58.

LUKE, J.T., a5105.

LUKKEN, G., a4692, a4858.

LULL, D.J., a4476, a12520, b6417, b11312, b11391.

LUND, N.W., b806, b1027.

LUND, T.W., b1946, b4782, b7269.

LUNDBOM, J.R., a15015, a17534, a17935.

LUPIERI, E., b6713, b8646.

LURIE, B.-Z., a2394.

LUSSIER, E., b4519, b8869, b15363, b16304.

LUST, J., a3863, a5298, a14163, a14168, a14679, a14683, a15392, a16668, a16817, a16947, a16952, b7685, b10321, b10392, b10499, b10602, b11574, b15639.

LÜTHI, K., b7901, b12897.

LUTTIKHUIZEN, G.P., a6489.

LUTZ, H.-M., a12956.

LUX, U., a2090, a2397, a2634, a2635, a2909, a2929.

LUYSTER, R., a13409, b11275, b17252.

LUYTEN, J., a15946, b16456.

LUZ, U., a4511, a6516, b655, b1286, b1951, b13221, b13370.

LUZ OJEDA, J., a16718, a16732, a17816.

LUZARRAGA, J., a12291, b4008, b7962, b9141, b9691, b14069, b15023, b15450.

LYALL, F., b9396.

LYONNET, S., a3899, a6584, b5272, b5412, b5934, b6203, b6796, b8107, b8132, b9487, b9488, b9878, b10184, b10268, b10795, b12365, b16483.

LYONS, D., a13025.

LYS, D., a68, a3424, a4624, a4669, a12466, a12471, a12559, a12905, a12906, a14660, a16343, a16348, a16358, a16400, a16402, a17956, b1874, b7126, b7194, b9443, b10078, b12210, b12402, b14658, b16029, b16730, b16757.

M

M'INTYRE, J.E., a15883.

MAAS, W., b8274, b8277, b10977.

MABEE, C., a13754, a14704, a14720.

MacARTHUR, S.D., b6052, b11392.

MACCOBY, H., b1797, b12673, b15758, b16340.

MacDONALD, B., a2215, a2681.

MacDONALD, D., b11767, b11791.

MacDONALD, D.R., b6276.

MACDONALD, F.A.J., b3254, b5915, b6144, b6259, b6992, b6997, b8725, b11483.

MACDONALD, J., a6040, a8066, a11060, a11131, a11354, a11379, a11512, a12360, b14076, b17270.

MacDONALD, W.C., a15130, b2209, b4504, b6118, b7129, b12550, b12851.

MACDONALD, W.G., b8186, b8283.

MACGREGOR, R., a13629, a14412.

MACH, M., b9534, b13305.

MACHINIST, P., a5194, a7647.

MACHOLZ, C., a14924, a15670, a15804.

MACHOVEC, M., b8181.

MACINTOSH, A.A., a15648, a15671.

MACK, B.L., a5922.

MACKAY, C., a4324, a14191.

MACKAY, D.G.M., b6392.

MACKAY, T.W., b7716.

MacKENZIE, R., a15300.

MacKENZIE, R.A.F., a15287, a16489.

MacKENZIE, R.S., b110.

MACKEY, J.P., b8208.

MACKINTOSH, A.A., a17217.

MACKOWSKI, R.M., a4278, a4322, b4162, b12822.

MacLAURIN, E.C.B., a3163, a9801, a11532, b10411.

MacLEOD, C., a6017, a6569.

MacLEOD, I., b3552, b5292, b6165, b7834.

MacMULLEN, R., b494.

MACNICOL, J.D.A., b14861.

MACPHAIL, J.R., a3259.

MacRAE, G., a219, a258, a4454, a6452, a6520.

MacRAE, G.W., a6179, a6348, b3853, b5830, b5831, b5996, b11128, b15435, b16713, b16968.

MACUCH, R., a6221, a9220, a12378.

MADDIN, R., a1088, a1198, a1205, a2678, a2679, a6247, a6256.

MADDOX, R., b450, b555, b2831, b2887, b2903, b4870, b4927, b4950, b11102.

MADL, H., a10226, a14666, b15386.

MADROS, P., b5448.

MAERTENS, J.-T., b320, b9679, b12585, b13967.

MAFFUCCI, P., a5663.

MAGASS, W., b251.

MAGEN, I., a1353, a2887.

MAGGIONI, B., b1018, b1980, b7543, b15104.

MAGNANTE, A., a14719.

MAGNE, J., a12171, a12172, a12173, a12174, a12176, a12177, a12178, a15750, b9835, b14993.

MAGNE, J.-M., b7873.

MAGONET, J., a13690, a13902, a13903, a14137, a15567, a17775, a17789.

MAGRASSI, M., b15368.

MAHÉ, J.-P., a6337, a6339, a6341, a6465, a6466, a6467, b16716.

MAHER, M., a13313.

MAHNKE, H., b1176, b3146, b9142.

MAHONEY, M., b3679.

MAHONEY, R., b4738, b13603.

MAHR, F., b3632.

MAIBERGER, P., a13945.

MAIER, C., b11240.

MAIER, F., a12435.

MAIER, G., b896, b3928, b7257, b7281, b7528, b12392, b13124.

MAIER, J., a5338, a5499, a5628, a5715, a6023, a12197, a12205, a16964, a17471, b7949, b9333, b9904, b10293.

MAIER, P.L., b605.

MAIER, W.A., a15105, a17903.

MAILLOT, A., a12330, a17864, b3572, b5860, b6221, b6666, b16438.

MAINBERGER, G., a11657.

MAISCH, I., b1822, b13877.

MAISLER, B., a1874, a2089, a4201, a10413, a14478, a14480, a17170.

MAISONNEUVE, J.-P., b13425.

MAIWORM, J., a13625, a15143, b1680, b3277, b3385, b3567, b3576, b4028.

MAIZLER (MAZAR), B., a6645.

MAJOR, D., b1976.

MAJOR, W., b10114.

MAKKAY, J., a3128.

MALAMAT, A., a2229, a5080, a5166, a5222, a5278, a5286, a7249, a7267, a8962, a8968, a8972, a8988, a11119, a13782, a14513, a14547, a14749, a15022, b12137, b13422, b15495, b15496, b15498, b15510.

MALATESTA, E., b4532, b4726, b7418, b7435, b9295, b9375, b9477, b16801, b16944, b17170, b17172.

MALBON, E.S., a4694, a4776, a4828, a4831, b2053, b2068, b11752, b12071, b14524.

MALBRAN-LABAT, F., a8802.

MALCHOW, B.V., b12418, b12989.

MALEK, J., a7019.

MALFROY, J., a5816, a16741.

MALHERBE, A.J., a9770, b5523, b6865.

MALHERBE, J.-F., a4491, a4566, a4684, b4460.

MALINA, B., b9964, b12453, b12601.

MALINA, B.J., a4899, b461, b467, b516, b13181.

MALINGREY, A.-M., b6974.

MALINOWSKI, F.X., a5952, b433.

MALKA, V., a5626.

MALLET, J., a885, a1445, a2082, a7257, a8048.

MALLON, A., a2142.

MALLON, E.D., a17764.

MALLON, P.-A., a6232.

MALMBERG, F., b16010.

MALO MARTINEZ, J., b9623, b10363.

MALONE, D., b2526, b16079.

MALONEY, E.C., b2072.

MALUNOWICZ, L., a9705.

MALUSA, L., a13992, a14334, a16590, a16937.

MALY, E.H., a13260, a14970, b6791, b10172, b11750, b14804, b15026.

MAMOU, A., b440.

MANARANCHE, A., b14568.

MANCEBO, V., a6064, a6083, a15587.

MANCINI, I., a1611.

MANDER, P., a6737, a7488, a8900, a9466, a9467, a9493.

MANEK, J., b12300, b12324, b12921.

MANESCHG, H., a14147.

MANGAN, C., a15035, a15107.

MANICARDI, E., b8034.

MANIGNE, J.-P., b229, b14734.

MANKIN, J.H., a2387.

MANN, D., b8806.

MANN, J., a5841, a9127.

MANN, T.W., a14238, b11560, b14105, b15695.

MANN, U., b14525.

MANNATI, M., a15539, a15699, a15885, a15912.

MANNI PIRAINO, M.T., a9903.

MANNS, F., a488, a684, a1039, a1417, a1429, a3600, a4310, a4894, a5736, a6001, a6091, a7119, a9910, a9911, a9942, a10678, a11622, a13407, b332, b398, b401, b427, b429, b519, b524, b525, b1047, b1049, b1607, b1725, b1890, b2323, b2517, b3902, b3906, b4397, b4524, b4732, b5013, b5216, b5644, b6708, b6710, b6800, b6979, b7627, b10702, b11247, b14779, b14793.

MANNUCCI, V., a35, b14806, b15045, b15811.

MANRIQUE, A., b406, b1315, b1375, b2293, b3018, b7922, b9655, b9772, b10400, b10638, b10971, b10992, b12881, b13108, b14983, b15323, b15796, b15901, b16656.

MANSON, T.W., a106, b6654, b9700.

MANSON, W., b11849, b14303.

MANTEL, A., b9535.

MANTEL, H., b13308.

MANTEL, H.D., b13213.

MANTEL-NIEČKO, J., a9677.

MANZANERA, M., a9761, b5060.

MANZANO MARTIN, B., b7885.

MAON, P., b15897.

MARAGIOGLIO, V., a2537, a6822, a9572.

MARANGON, A., b10153, b12224, b17210.

MARAVAL, P., b449.

MARAZZI, M., a7135.

MARBÖCK, J., a5343, a12940, a16524, a16527, a17051, a17752, b9358, b13333, b16564.

MARCH, W.E., a10130, a16557.

MARCHADOUR, A., a3391, a3601, a4560, a4633, a6180, a12298, b674, b711, b2785, b4973, b5475, b5509, b8475, b11488, b11504, b14384, b14767, b15924, b17280.

MARCHASSON, Y., a3921.

MARCHESELLI, C.C., b15457.

MARCHESI, G., b8232, b8233, b8743, b11427, b11467, b12368, b14446, b17267.

MARCONCINI, B., a4552, a12342, b7517, b7572.

MARCOS, N.F., a12825.

MARCUS, D., a8269, a8630, a9217.

MARCUS, J., b7245.

MARCUS, R., a5936, a12630.

MARE, W.H., b14887, b17145.

MARÉCHAL, E., a4769, a4770, b1522.

MARFOE, L., a1733, a7977.

MARGAIN, J., a1033, a5825, a5829, a9183, a9216, a10359, a10549, a11814, a12347, a12356, a15072.

MARGALIOT, M., a17614.

MARGALIT, B., a8141, a11043, a11198, a11211, a11240, a11299, a11351, a11360, a11535, a11536, a11537, a11539, a11540, a11556, a16753, b10127.

MARGALIT, S., a2461.

MARGALITH, O., a10118, a14014, a14636.

MARGOT, J.-C., a9185, a12553, a12711, b1649, b2321, b2711, b2957, b4988, b5634, b5816, b6520, b7342, b9579.

MARGUERAT, D., a12454, b1548, b1549, b8811, b10757, b12937, b13375, b14133, b16197.

MARGUERON, J., a1047, a2048, a2049, a2608, a2610, a2835, a3017, a8046.

MARGULIS, B., a11471.

MARIA, L.N., a16624, b12653, b14598.

MARIADASAN, V., b2572, b4488.

MARIANI, B., b2495, b12372.

MARICQ, A., a4340, a7327, a9315, a9932, a10673, a10966, b600.

MARIE-ABRAHAM, Soeur, b8270.

MARIE ITA OF SION, Sr., a2386.

MARIETTA, D.E., Jr., b10001.

MARIN, B., a15893, a16028, b10711, b11276.

MARIN, F., a3381, a13958, b1688, b1706, b6455, b6495, b6672, b6854, b6920, b6933, b6934, b13399.

MARIN, L., a4584, a4597, a4598, a4766, a4767, a4849, a12702, b211, b1528, b1529.

MARION, J.-L., b7809, b15431.

MARIUCCO MARUCCI, C., b10643.

MARKERT, L., a16621, b15527.

MARKS, A.E., a747, a748, a1204, a1712, a1776, a2811.

MARKS, R.G., b12126.

MARKWART, J., a6815.

MARKWEI, M., b2520.

MARLÉ, R., a3784, a3836, a4492, a4517, a6263, b8193, b8425, b14862.

MARMORSTEIN, A., a3587, a10517.

MARMORSTEIN, E., a4169.

MARQUARDT, G., a6189, b1196.

MARQUARDT, P.G., a3780, b11741, b14531.

MARQUET, C., b1795.

MARQUET-KRAUSE, J., a1647.

MARRANZINI, A., b10408.

MARRASSINI, P., a6743, a7250, a9680.

MARRATT, H.W., b1556.

MARROU, H.-I., a4575, b150.

MARROW, S.B., a3, a4941, a5011, a9788, b794, b10095, b15720.

MARSH, J., b1155, b1236, b1439, b11920.

MARSH, T., b11310, b11323, b11383.

MARSHALL, I.H., b2842, b2893, b4832, b4967, b7421, b7837, b7902, b11002, b15144, b15789, b15981.

MARSHALL, J.L., a14019, b13691.

MARSHALL, J.S., a12508, b7358.

MARSHALL, P., b6312.

MARSTON, C., a2024.

MARTELET, G., b7350, b7745, b7763, b9582, b10175, b10790, b14807.

MARTENSEN, H.L., a6591.

MARTI BAGUE, J.-A., b3841, b13155.

MARTIN, B., a3350, a4987, b7476, b12943, b17110.

MARTIN, B.L., b652, b5791, b8013, b13376.

MARTIN, E., b16075.

MARTIN, F., b1807, b2205, b11926, b12455, b14281.

MARTIN, G.M., b11530.

MARTIN, G.T., a6809.

MARTIN, H., a11664.

MARTIN, J.P., b3000, b4434, b4470.

MARTIN, L.H., a7126.

MARTIN, L.H., Jr., a6378.

MARTIN, M., a10805, a11007.

MARTIN, P., b10101.

MARTIN, R.A., a458, a9833, b4976.

MARTIN, R.C., b13906.

MARTIN, R.P., b37, b177, b567, b705, b983, b1389, b1417, b1959, b2820, b3249, b3832, b5555, b6669, b6756, b7039, b7218, b7863, b9607, b9721, b9937, b10237, b10266, b10578, b10739, b11475, b14863, b15427, b15798, b15807, b16612.

MARTIN, W.J., b6136.

MARTIN-ACHARD, R., a155, a6124, a12473, a12490, a12902, a13199, a13400, a13609, a13956, a15443, a15836, a16034, a16035, a16594, a16844, a17088, a17339, a17394, a17424, a17437, b1159, b10493, b12641, b12810, b13306, b13488, b13674, b14100, b15951, b15952, b16316.

MARTIN NIETO, E., b3829, b10671, b12958.

MARTIN SANCHEZ, B., a3329, a3376, a4983, a4984, a4994, a12440, a15478, a15620, a15636, a15654, a15675, a15693, a15696, a15698, a15752, a15830, a15861, a15866, a15875, a15890, a15905, a15926, a15932, a15935, a15948, a15961, a15990, a15991, a16008, a16026, a16041, a16043, a16046, a16059, a16064, a16071, a16075, a16078, a16101, b5843, b6884, b8702, b9058, b10967, b12099, b12498, b14940, b15018, b16644, b16809, b17055.

MARTINELLI, A., b11264, b12843, b12844, b13586, b13761.

MARTINEZ, E.R., a11039.

MARTINEZ, G.B., b12070.

MARTINEZ, N.L., b2986.

MARTINEZ, R., a3375.

MARTINEZ BOROBIO, E., a5791, a13817.

MARTINEZ FAZIO, L., b15207.

MARTINEZ SIERRA, A., b15138.

MARTINI, C.M., a15, a3620, a4972, a5015,
    a6187, a6215, a11697, b75, b84, b96, b98,
    b111, b564, b752, b760, b1024, b1916,
    b2185, b2427, b3798, b3954, b4849, b4853,
    b4854, b4941, b5080, b5214, b5267, b5356,
    b6331, b8099, b8974, b9551, b9559, b10060,
    b10658, b10760, b11526, b12001, b12335,
    b14695, b14984, b15225.

MARTORELL, J., b13950.

MARTUCCI, J., b6192, b8734, b9675, b9876,
    b10539, b10562, b11181, b13932, b14977,
    b15311, b16036, b16063, b16776.

MARTYN, J.L., b3892, b8311, b10936.

MARX, A., a14384, a14388, a17543, b15774.

MARX, W.G., b2825.

MARXSEN, W., b46, b47, b6855, b6922, b7296,
    b8495, b13061, b15229.

MARZ, C.-P., b2576, b2676, b4489.

MARZAL, A., a7259, a8893, a8973, a8982,
    a15232.

MARZOTTO, D., a13954, b4444, b4639, b9830,
    b9837.

MAS, J., a16721, b3120, b6683.

MASCALL, E.L., b16384.

MASCHERONI, L.M., a7196, a10584.

MASEDA, G.C., a13496.

MASER, P., a2018, a5584.

MASON, R.A., a16585, a16588, a18054, a18057.

MASSART, A., a6839.

MASSAUT, J.-P., a3751.

MASSAUX, É., b7494.

MASSET, P., a6231.

MASSIGNON, L., b9221, b15389.

MASSO, R., a6148, b11262.

MASSON, A., a10700, a10714.

MASSON, É., a2060, a10705, a11581.

MASSON, O., a6719, a7822, a9391, a9392,
    a9393, a9867, a10267, a10814, a10897,
    b15732.

MASTERMAN, E.W.G., a2118, a4035.

MASTIN, B.A., a807, a1519, a10239, a14692,
    a18050, b1780, b2694, b3697, b5249, b6167.

MASUDA, S., b2338.

MASUMBUKO RENJU, P., a12909.

MATEOS, C., b8787.

MATEOS, J., a24, a12679, a12683, a12690,
    a12691, a12955, a16718, a16732, a17816,
    b1377, b3858.

MATERN, G., a4448.

MATHER, P.B., b1926.

MATHIAE, P., a907.

MATHIEU, J.-P., a16218.

MATHIOT, É., b4261.

MATOUŠ, L., a7471.

MATSUDA, I., a9962.

MATSUNAGA, K., b8092, b12063, b16334.

MATT, H., a6018.

MATTA-EL-MESKÏN, P., a5536, b15145.

MATTHERS, J.M., a1278.

MATTHEWS, V.H., a5127, a7252, a7253, a7265,
    b14929.

MATTHEY, J., b3807, b5002, b10870.

MATTHIAE, K., a5370.

MATTHIAE, P., a1395, a6721, a6725, a6726,
    a6730, a6735, a6740, a6748, a7987.

MATTHIAE SCANDONE, G., a1368, a1371,
    a6938, a6969.

MATTILL, A.J., Jr., b1399, b4862, b4866,
    b4929, b4937, b8048, b8102, b11108.

MATTIOLI, A., b15293.

MATTIOLI, U., a584.

MATURA, T., a12452, b9821, b10586, b14985,
    b15159, b17387, b17388, b17389.

MAURER, C., a2361.

MAURIN, B., a12243, b394.

MAURIN, L., a7807.

MAUSER, U., a17479.

MAVROFIDIS, S., b6449.

MAXWELL-HYSLOP, K.R., a1088, a2034.

MAXWELL HYSLOP, R., a2285.

MAXWELL-STUART, P.G., b1393.

MAY, G., b10179.

MAY, H.G., a83, a2969, a12640.

MAYARE, A., b9898.

MAYEDA, G., a206.

MAYENCE, E., a3461.

MAYER, B., b2311, b10928.

MAYER, G., a233, a5727, a5731, b505.

MAYER, L.A., a995, a1580, a2362, a7908, a10482, a12343, a12344.

MAYER, R., a5562, a5671, b12069.

MAYER, W., a7375, a7384, a7637, a8418, a8582, a8688, a8945, a8999, a10651, a10655, a11113, b12116.

MAYER, W.R., a8859, a8862, a8863.

MAYER-OPIFICIUS, R., a1466, a1674, a7159, a14543.

MAYERSON, P., a3067, a4134, b116.

MAYES, A.D.H., a5203, a14202, a14226, a14243, a14643, b13325.

MAYNARD, A.H., b886, b3949.

MAYNARD, J.A.F., b12566.

MAYOR, S., b7864.

MAYR, H., a6290, a6308, a12590.

MAYRHOFER, M., a9518, a10758, a10762.

MAYS, J.L., a15684, a15706, a17865, a17873, a17983, b2420, b12980.

MAZAR, A., a980, a982, a983, a1076, a1091, a1806, a1807, a1808, a2156, a2157, a2426, a2673, a2898, a2899, a2900, a2901, a2981, a3166, a3167, a3168, b16909, b16913.

MAZAR, B., a839, a1715, a1881, a1887, a2388, a2389, a2395, a2452, a3953, a4275, a4280, a5069, a5173, a5177, a7850, a14465, a14916, a17141.

MAZAR-MAISLER, B., a5279.

MAZARS, P., a10334.

MAZOR, E., a14952.

MAZZA, F., a10903.

MAZZONI, S., a7243.

MAZZUCCO, C., b7508.

McALPINE, T.H., b14684.

McBRIDE, A., b4828.

McC. HARRIS, S., a17733, b3115.

McCARTER, P.K., a9640, a14847, a16574.

McCARTER, P.K., Jr., a1976, a9291, a14603, a14608, a14678, a14703, b10315.

McCARTHY, C., a13030, b14651.

McCARTHY, D.J., a10085, a13880, a14251, a14438, a14659, a15985, b9307, b9311,

b9315, b9352, b9387, b11611, b13291, b14726, b16132, b16782.

McCARTHY, J.J., a16171.

McCAUGHEY, T., b3272, b3290, b3600, b3642, b12006.

McCLELLAN, T.L., a5237, a5264.

McCLELLAND, S.E., b6378.

McCLIVE GOOD, R., a11219.

McCONNACHIE, J., b14825.

McCONVILLE, J.G., a14225, b13324.

McCORMICK, M., b2263, b2280.

McCOWN, C.C., b693.

McCREADY, W.O., a12213.

McCREERY, D.W., a648.

McCULLOUGH, J.C., a12328, b7076.

McCULLOUGH, W.S., a5307, a5325, a5723.

McCURLEY, F.M., b14502.

McCURLEY, F.R., b9843, b14175, b16726.

McCURLEY, F.R., Jr., a14210.

McDERMOTT, J.M., b3441, b3443, b8351, b11921.

McDONALD, H.D., b6758, b7042.

McDONALD, J.I.H., b638, b1654, b2483, b6309, b6442, b8418, b13074, b13708, b15571, b16006, b17125.

McDONALD, M.V., a9100.

McEACHERN, V.E., b3126.

McELENEY, N.J., a6547, b1249, b1288, b1298, b1647, b3228, b4803, b14677.

McEVENUE, S.E., a5339, a12951, a13651, a13684.

McEWAN, G.J.P., a7494, a7510, a8694, b10609, b16680.

McFAGUE, S., b5355, b10056.

McGARRY, M.B., b14060.

McGAUGHY, L.C., b241.

McGINTY, P., a7128.

McGONIGAL, T.P., a5007, b7001.

McGRATH, A.E., b13002.

McGUIRE, E., a13811.

McHARDY, W.D., a14610, a16493, a16510, b2370.

McHUGH, J., a3923, b2924, b6045, b7656, b13587.

McKANE, W., a10147, a10249, a14111, a16223,
a16257, a17548, a17577, a17622, a17624,
a17652, a17664, b14932, b15490, b15529,
b15729.

McKAY, J.W., a15021, a15436, a15504, a15505,
a15506, a15540, a15888, b9622, b15409,
b16568.

McKAY, K.L., a9847.

McKEATING, H., a11716, a15631, a16608,
a17861, a17924, b9283, b9285, b14032.

McKENZIE, J., b13604.

McKENZIE, J.L., a4991, a12927, a13187,
a13347, b5302.

McKENZIE, S.L., b9393.

McKIBBENS, T.R., a3700.

McKINNIS, R., b2533.

McKNIGHT, E.V., a4553, a4634, a4659, a4928,
a4950, b346, b3192.

McL. WILSON, R., a4351, a4387, a4396, a4401,
a4416, a5726, a6314, a6328, a6329, a6340,
a6352, a6365, a6367, a6387, a6447, a6509,
a6510, a6531, a9775, a9802, a13418, b5147,
b6678, b12640, b13211, b16580.

McLELLAN, A.R.C., a17572, b1123, b1149,
b3089.

McLEMAN, J., b3914.

McNALLY, R.E., a3718, a3834.

McNAMARA, M., a5770, a6024, a6287, b10563,
b15682.

McNEIL, B., a568, a6426, a15971, b2879, b4506,
b16821.

McNICHOLL, A., a4670.

McNICOLL, A.W., a2851, a2852.

McNULTY, T.M., a11684, b4942.

McPOLIN, J., b3859, b8093, b11324, b11348,
b14483, b14741.

McREYNOLDS, P., b72.

McREYNOLDS, P.R., b4104.

MEADOW, R.H., a725.

MEADOWS, F., a14124, b2487.

MEAGHER, J.C., a12522, b2035.

MEALAND, D.L., b3456, b5018, b6357, b8084,
b15006, b15704, b16070.

MEARNS, C.L., a321, a327, a12093, b11138.

MÉCHOULAN, H., a16729.

MEEHAN, C., a2112, a9308.

MEEKS, D., b15734.

MEEKS, M.D., b11231.

MEEKS, W.A., a208, a4900, b385, b413, b3887,
b4953, b5403, b5405, b5407, b5432, b6122,
b8071, b8297, b12593, b12689.

MEES, M., b2853, b4408, b16307.

MEGIVERN, J.J., a6181, b7506, b7544.

MEHAT, A., b6186.

MEHL, R., b9075, b10897.

MEIER, G., a8431, a8604.

MEIER, J.P., b617, b990, b1013, b1056, b1281,
b1289, b1408, b1461, b1557, b1684, b1867,
b1927, b1942, b6139, b12773, b14700.

MEILE, E., a13704, b5839.

MEIMARIS, Y.E., a2910, a9952.

MEINARDUS, O.F., b5359.

MEINARDUS, O.F.A., a2412, b5289, b5375.

MEINERTZ, M., b7512, b12655.

MEINHOLD, A., a13786, a14583, a15173,
a15178, a15183, a15184, a15737, b12417.

MEINHOLD, P., b13592.

MEISELMAN, M., b11704.

MEISSNER, B., a3217, a8349, a8375, a8376,
a8483.

MEJIA, J., a17709, b9383.

MELAMED, E.Z., a5811.

MELCHERT, H.C., a8739, a10614.

MELCHIN, K.R., a13798.

MELE, M., a8805.

MELIA, J., a1619.

MELIKISVILI, G.A., a8834.

MELLAART, J., a6639.

MELLINKOFF, R., b9817.

MELLO, A., a14022, b10712, b14855, b15390.

MELLON, C., b212.

MELLOR, R., b482.

MELNICK, R., b12397.

MELONI, P., b1263, b3233.

MELUGIN, R.F., a16552, a16622, a17310,
a17413.

MELUS, F.L., b3828.

MÉNARD, C., b11398.

MÉNARD, J.-E., a215, a4352, a4361, a4436,
a4450, a4452, a6320, a6362, a6379, a6382,

MEYERS, C.L., a1074, a1418, a2175, a2779, a2780, a2781, a2782, b9603, b16960, b16961.

MEYERS, E., a605.

MEYERS, E.M., a681, a1074, a1418, a1529, a1623, a2175, a2333, a2719, a2779, a2780, a2781, a2782, a3041, a4216, a5564, b374, b9603, b12064.

MEYNELL, H., b11236.

MEYNET, R., a4867, a4868, b2906, b3424, b3643, b3686, b3746.

MEYSHAN, J., a1124, a1128, a1134, a1141, a5397.

MEZGER, E., b3207.

MICHAEL, J.P., a6264, a6557.

MICHAELI, F., a3351, a3904, b10100, b16439.

MICHAELS, J.R., a4973, b1793, b4099, b4364, b7995, b15581.

MICHAELSON, S., b5617.

MICHALOWSKI, P., a7303, a7369, a8344, a8352, a8596, a8601.

MICHAUD, H., a9971, a10502.

MICHAUD, J.-P., a12336, b7103, b11753, b11788.

MICHAUD, R., a5178, a13788, b9359, b14106.

MICHEL, H.V., a7302.

MICHEL, M., b4193.

MICHELINI TOCCI, F., a9344, b1661.

MICHL, J., a3941, b1105, b1107, b2966, b4168, b7293, b7445, b7697, b9134, b11316, b12740, b13583, b13643.

MICKELSEN, A.B., a4518.

MIDANT-REYNES, B., a3981.

MIDDLEBURGH, C.H., a16063.

MIEGGE, G., b1339, b3404, b11077.

MIELGO, C., b10005, b16799.

MIESNER, D.R., b3160, b4893, b4901, b5295, b5376.

MIESSEN, H., b8209.

MIGEON, G., a2281.

MIGLIASSO, S., a4922, b4546.

MIGLIORISI, V., b5260, b15010.

MIGLUS, P.A., a1768.

MIGSCH, H., a17716, a17719, a17732.

MIGUELEZ, S., b11292, b12946, b13392, b15766.

MIGUENS, M., b1514, b2227, b3281, b7485, b8703, b13593, b13647, b13648, b13848.

MIGUENS ANGUEIRA, M., b4371, b11338.

MIHALIK, I., a8220.

MIHLENBERG, E., b12188.

MIKAT, P., b14714.

MILANO, L., a11399.

MILAVEC, A., b1089, b8003, b8726, b12876.

MILAVEC, D.A., a60, a5005.

MILES, G.B., b5282, b16005.

MILES, G.C., a1146, a11606.

MILES, J.A., Jr., a5466, a6292, a15329, b778.

MILGROM, J., a5501, a10174, a10237, a12198, a12199, a12204, a12206, a13258, a14076, a14088, a14140, a14192, a14212, a17604, b9617, b10044, b10227, b10251, b10252, b10253, b13091, b13101, b13309, b15036, b15876, b15878, b16216, b16272, b16278, b16361, b16364, b16365, b16366, b16371, b16380, b16424, b16922.

MILIK, J.T., a958, a9293, a9294, a9870, a10727, a10733, a11796, a11958, a11962, a12089.

MILIKOWSKI, C., a11991.

MILLAR, W.R., a8798, a17230.

MILLARD, A., a1394, a2859.

MILLARD, A.R., a3525, a3575, a3582, a3602, a5242, a6759, a8174, a8416, a8455, a8656, a8934, a9233, a9374, a9975, a10101, a10268, a10540, a11212, a13055, a14329, a14709, a15175, a15400, b9364, b11506, b14933.

MILLAUER, H., b16862.

MILLER, C.H., a15182, b13342.

MILLER, D.E., b3307.

MILLER, D.G., a11643, b4194.

MILLER, D.L., b8275.

MILLER, E.C., Jr., b6691.

MILLER, E.L., b4052, b4059, b4072, b4392, b8090.

MILLER, G., a3415, b1059, b9932, b13011.

MILLER, J.A., a6050.

MILLER, J.I., b6062.

MILLER, J.M., a645, a711, a2746, a3473, a4072, a4086, a5044, a5106, a5154, a5155, a5270, a14413, a14421, a14423, a14554, b12226.

MILLER, J.S., b2276.

MILLER, L., b15331, b16174.

MILLER, M., a10723.

MILLER, P.D., Jr., a3971, a8080, a9997, a10019, a10366, a10719, a11064, a13125, a13416, a13501, a13518, a13528, a13546, a13596, a15556, a15559, a15564, a15704, a15715, a16144, a16150, b10163, b12918, b13487, b15044.

MILLER, P.E., a3915.

MILLER, S.G., a3543.

MILLS, F.V., b3065.

MINEAR, P.S., a192, a9767, a9780, b347, b2488, b2649, b3965, b4650, b4662, b4704, b4746, b4792, b5071, b5319, b5354, b6545, b6546, b6622, b7117, b7963, b8917, b8975, b9474, b9554, b9673, b9907, b10199, b10576, b10937, b14112, b14460, b14947, b15577, b15644, b15678, b16508, b16989, b17185, b17298.

MINGIOLI, R., b14672.

MINGUEZ, D., b3014, b5020, b5053, b5150, b10057.

MINK, H.A., a12214.

MIRANDA, J.P., b8300, b14065.

MIRRO, J.A., a3952.

MIRSKY, A., a13128.

MISCALL, P.D., a13323, a13617, a13681, a13733, a14774.

MITCHELL, R.A., a961.

MITTMANN, S., a841, a1413, a1960, a2091, a2830, a2930, a4110, a4111, a4152, a4223, a4240, a4259, a4273, a4315, a6812, a8610, a9919, a10418, a12352, a14464, a14518, a14531, a15772, a15799, a16653.

MITTON, C.L., b6565, b16166.

MITTWOCH, E., a10921, a10922, a10923, a10924.

MIYOSHI, M., b3087.

MOBERLY, R.W.L., a14017.

MODRAS, R., b11992.

MOEHRING, H.R., a5890, a5893.

MOESSNER, D.P., b3296.

MOHR, T.A., b2570, b2661, b4513, b8810.

MOHRLANG, R., b2024.

MOINGT, J., b8681, b16294.

MOIOLI, G., b8192.

MOIR, I.A., b103, b141, b5719, b6762, b6829.

MOIR, J.S., a6309.

MOISER, J., b6075, b13556.

MOITEL, P., a4671.

MOLÉ, M., a7765.

MOLIN, G., b9842, b10124, b10155, b12390.

MOLINA, J.-P., a13544, b3559.

MOLINA FAJARDO, F., a1676.

MOLINA PALMA, M.A., b6322.

MOLINSKI, W., b10358.

MOLLA, C.F., b3851.

MOLLAND, E., a6139.

MOLLAT, B., a3911.

MOLLAT, D., a6057, a6087, b3011, b3028, b3093, b4015, b4300, b4414, b4640, b4731, b4744, b4767, b4772, b7530, b7582, b7589, b7624, b7645, b7652, b7672, b7696, b8285, b8405, b8883, b9794, b9883, b10058, b11175, b11215, b11354, b11406, b11419, b11432, b11437, b11486, b11595, b12022, b12595, b12823, b14836, b15172, b15191, b15433, b15448, b15453, b15465, b16409, b16540, b16755, b16770, b17301.

MOLLEGEN, A.T., b15076.

MÖLLEKEN, W., a15226.

MÖLLER, C., a11679.

MÖLLER, H., a13730, a16086.

MØLLER-CHRISTENSEN, V., a2158.

MOLNAR, A., b5918, b5922.

MOLONEY, F.J., a6015, a15680, a15687, b1690, b3825, b4135, b4643, b8074, b9005, b9831, b10593, b10597, b11735, b11898, b11940, b12021, b15451.

MOLONEY, R., b11468, b11481.

MOLTMANN, J., b1220, b7912, b10514, b11993, b14148, b15909, b17160.

MOLTMANN-WENDEL, E., b11693.

MONAT, P., a3701.

MONDÉSERT, C., a7929, a9877.

MONDIN, B., a4482, b8194.

MONFORT, F., b9975.

MONGILLO, D., b14181, b14818.

MONLOUBOU, L., a15560, a17499, b2306, b7558, b10490, b11688, b14123, b15408, b15420, b15422, b15423, b15447, b15464, b15533, b15817, b15864, b16381.

MONNERET DE VILLARD, U., a1117.

MONSARRAT, V., a4672, b5067.

MONSENGWO PASINYA, L., a13398, a13831, a16920, b13766, b16060.

MONSON, J., a4052.

MONTAGNINI, F., a16199, a17017, b1225, b5631, b5732, b5867, b6587, b6797, b10926, b12109, b12475, b13189, b14248, b14249, b15332, b15338.

MONTAGUE, G.T., a4483, b4978, b5534, b6178, b11248, b11265, b11293, b11317.

MONTANTI, C., b3666.

MONTEAU, R., b10645, b14812.

MONTEFIORE, H., b5449.

MONTET, P., a6979, a7050.

MONTGOMERY, J.A., a15484, b4847, b13209.

MONTGOMERY WATT, W., a5031.

MONTIZAMBERT, E., b17395.

MOO, D.J., a12309, b1891, b8783.

MOODY, R.M., a12331, a16988, b5657.

MOOK, W.G., a708, a1754.

MOORE, A.M.T., a776, a795, a2005.

MOORE, C.A., a15169, a15189, b2257.

MOORE, F.J., b3565.

MOORE, G.C., a7197.

MOORE, M.S., a16833, b7710, b15953, b16838.

MOORE, R.D., a12136, a15379.

MOORE, W.E., b4494.

MOOREN, L., a9917.

MOOREY, P.R.S., a649, a1051, a1492, a1494, a2032, a7974.

MOOREY, R., a720.

MOORS, H., a10976.

MOORTGAT, A., a7185, a7212, a7520.

MOORTGAT-CORRENS, A., a7527.

MOORTGAT-CORRENS, U., a1397, a1488, a2572, a7080.

MORA, C., a1446, a1480, a7198.

MORA, G., b7091.

MORA, V., a15294, b12861, b12862.

MORAG, S., a9973, a9984, a9993, a10290, a11803, a14956.

MORALDI, L., a497, a11830, a11973, a12063, b11492, b14957, b16541, b16640.

MORAN, A., b11208, b16286, b16319.

MORAN, V.G., a3906.

MORAN, W.L., a8409, a8497, a8894, a8909, a8943, a8960.

MORARD, F., a528, a6454, a6455, a6458, b9779, b13670.

MORARDET, B., a6976, a9535.

MORDTMANN, J.H., a10921, a10922, a10923.

MOREAU, E., b8544.

MOREAU, P.-F., a3750.

MOREL, B., b10219.

MOREN, S.M., a8598.

MORENO, A.G., a15468.

MORENO MARTINEZ, J.L., a13411.

MORENZ, S., a7004, b14392.

MORETON, M.B., b3967, b4542, b4745.

MORETON, M.J., b9767, b12554.

MORETTI, L., a9933.

MORGAN, C.S., b2197.

MORGAN, D.F., b16450, b16471.

MORGAN, F.A., b5759.

MORGAN, P., b7618.

MORGAN, R., a3662, a3937, a3939, b495, b550, b633, b717, b5567.

MORGAN-WYNNE, J.E., b4394, b4579, b4873, b6369.

MORGENSTERN, J., a3295, a3297, a5226, a5525, a5526, a5593, a13032, a14082, a14896, a14909, a14986, a15674, a15733, a15874, a15973, a16592, a16632, a16646, a16649, a16688, a16704, a17274, a17358, a17445, a17456, b9596, b10295, b10930, b10945, b13311, b17006, b17356.

MORIARTY, F., b16451.

MORIARTY, F.L., a11698, b14843, b15621, b15657.

MORIN, É., b390.

MORODER, R.J., a8187, a12577, a15610.

MORRIS, H.M., a13351.

MORRIS, L., b733, b3950, b8085, b8250, b9404, b9475, b10192, b10528.

MORRISON, C., b62.

MORRISON, I., a2546.

MORRISON, M.A., a13749.

MORRISSON, C., a1993.

MORTON, A.Q., b3914, b5617.

MORTON, H.O., b6619.

MOSCATI, S., a627, a1610, a2271, a2752, a3121, a3130, a3131, a7540, a7810, a7813, a7837, a7848, a7856, a7859, a8050, a8244, a8368.

MOSCATI STEINDLER, G., a15075, b16265.

MOSHKOVITZ, S., a971, a1822, a1826, a2733, a4002.

MOSIS, R., a13957, a16850, b11570.

MOSS, L.W., a1097.

MOST, W.G., b2888.

MOTT, S.C., b7023.

MOTTE, A.R., b1493.

MOTTE, G., a6109.

MOTTÉ, M., b12874.

MOTTU, H., a15469, a17559, b17381.

MOULDER, W.J., b2548.

MOULE, C.F.D., a9794, b5799, b6695, b7906, b7933, b11228, b11372, b11856, b13019, b13797, b15264, b15562.

MOULTON, W.F., b61.

MOUNCE, R.H., b7536.

MOURLON BEERNAERT, P., b2141, b2142, b2215, b2226, b2314, b2684, b3522, b4450, b12376.

MOUSON, J., b7930.

MOUSSA, A.M., a2721.

MOUTERDE, R., a4105, a7684, a9877.

MOWRY, M.L., b6177, b9862.

MOXNES, H., a5916, a13647, b5133, b5703, b5708, b5920, b10532, b15471, b15482, b15991.

MOZEL, I., a786, a1206, a1325, a2735, a2878.

MUDAR, K., a2262, a3991.

MUDARRES, J., a11308.

MUDDIMAN, J., b3758, b3929.

MUDGE, L.S., a4914, b9119, b16705.

MUELLER, J.R., a290, a297, a492, b10617.

MUELLER, T.H., a9834.

MUESS, C.-R., b8772.

MUFFS, Y., a7410, a14018, a14134, b15651.

MUHLACK, G., b2881, b13070, b14014, b14027.

MÜHLBERGER, S., a98, b15967.

MÜHLEN, H., b9850, b13835.

MÜHLENBERG, E., a15503.

MÜHLSTEIGER, J., a3386, b13851.

MUHLY, J.D., a1088, a1198, a1205, a2678, a2679, a6254, a6256.

MUIRHEAD, I.A., b10835.

MULDER, H., b4687, b8261.

MULDER, J.M., a6673.

MULDER, J.S.M., a16332.

MULDER, M.J., a3245, a10121, a14870, a14876, a14990.

MULLEN, E.T., Jr., a16006, b12272.

MÜLLER, A., b13584.

MÜLLER, C.D., b5995.

MÜLLER, D., a6855, a7016.

MÜLLER, G., a3916, b10356, b14260.

MÜLLER, H., a4307.

MÜLLER, H.-P., a1996, a6752, a6755, a6768, a8792, a9289, a10392, a10473, a10815, a13884, a15245, a15281, a15470, a15474, a16344, a16414, a16742, a16747, b13443, b14516, b14623, b16461.

MÜLLER, H.M., a3763.

MÜLLER, K., a250, a12811, a16790, b609, b3728, b11775, b11892, b14884, b16155.

MÜLLER, L., a13459, b16974.

MÜLLER, M., b8435, b11918, b13062.

MÜLLER, P.-G., a108, a3387, a3824, a12523, b2873, b4948, b9098, b12628, b12700, b14841.

MÜLLER, U., a2698.

MÜLLER, U.B., b170, b800, b3350, b8920, b10177, b11059, b13475, b17126.

MÜLLER, W.W., a10912, a11091.

MÜLLER, Z., a10918.

MULLINS, T.Y., b330, b4916, b13200.

MÜNCHOW, C., a162.

MUNCK, J., b171, b5253, b6981, b7000.

MUNDAY, F., a1712.

MÜNDERLEIN, G., b10566, b15684.

MUNNICH, O., a12752, a12756.

MUÑOZ, D., b4326.

MUÑOZ IGLESIAS, S., b2945, b3048, b8727, b9879, b13608.

MUÑOZ LEON, D., a263, a270, a4424, a5781, a5835, a5836, a13961, b2452, b3911, b4254, b4306, b8219, b10718, b15184, b16320.

MUNRO, W., b892, b2675, b4486, b5400, b7332, b11751.

MUNSEY, B., b14202.

MUNTINGH, L.M., a7264.

MURAOKA, T., a9967, a10342, a10352, a10360, a10367, a10962, a12150, a12803, a16539, a17964, b16731.

MURPHY, F., b10069.

MURPHY, R., a15276, a16422, b9444, b10026, b14187, b14686.

MURPHY, R.E., a3693, a3721, a12936, a12949, a13238, a14561, a14568, a15168, a15171, a15250, a15271, a15295, a15309, a15533, a16210, a16214, a16294, a16295, a16301, a16302, a16309, a16373, a16401, a16405, a16409, a16413, a16416, b14851, b15412, b16405, b16455, b16459, b16569.

MURPHY-O'CONNOR, J., a600, a1965, a5694, a11791, a11844, a15212, b1560, b5369, b5961, b6051, b6059, b6086, b6088, b6103, b6106, b6107, b6119, b6133, b6134, b6137, b6140, b6248, b6275, b6445, b6707, b8133, b8141, b8161, b8872, b9272, b11508, b11641, b11770, b13197.

MURRAY, C., a3234.

MURRAY, D., b13163.

MURRAY, D.F., a14483.

MURRAY, R., a3674, b376.

MUSCHALEK, G., b12098.

MUSSIES, G., a6959, a9707, a9839, b821, b3657, b7563, b8552.

MUSSNER, F., a3262, a6564, a11721, a12258, b418, b684, b970, b971, b1618, b2648, b2735, b2959, b2960, b3187, b4786, b5119, b5167, b5528, b5879, b5892, b5893, b6252, b6528, b6570, b6602, b7094, b7241, b7324, b7399, b7406, b8246, b8579, b8846, b10171, b10579, b10732, b11945, b12106, b12338,

b12629, b12674, b12704, b12996, b13023, b13177, b13793, b14523, b15212, b15222, b15227, b15248, b16633.

MUSZYNSKI, H., a11896.

MUSZYNSKI, M., a6912, a9621.

MYERS, J.L., a5280.

MYERS, J.M., a15033.

MYOSHI, M., b3337.

MYRE, A., b7907, b9148, b10521, b13253, b14636, b14691, b14701, b14986, b14997.

MYRES, J.L., a993, a16957.

N

NA'AMAN, N., a1644, a4235, a4329, a4341, a5216, a5252, a5293, a5294, a6685, a7973, a8632, a8932, a8951, a14133, b17029.

NAGATA, T., b6722.

NAGEL, G., a6924, a6925, a6984, a13302, b16790.

NAGEL, W., a3968, a7328, a7536.

NAGY, B., b17196.

NAIDOFF, B.D., a13437, a17354, a17387.

NAISH, J.P., a2299, a2789, a10996.

NAKAZAWA, K., a17435.

NAMAKI, K., a5448.

NAMITOK, A., a7161.

NAOR, M., a4066, a14416.

NARDONE, R.M., a3325.

NARDONI, E., b2449, b2462.

NARKISS, M., a1057, a2964.

NASH, P., b3789.

NASRALLAH, J., a831, a2220, a4071, a7930, a7970.

NASSEN, P.J., b299.

NASTER, P., a1143, a6620, a7605, a7788, a8579, a9264, b10965.

NATAF, G., a5470.

NATHAN, H., b17332.

NAUMANN, R., a994.

NAUTIN, P., a3677, a3706, b5504.

NAVEH, J., a1034, a1828, a2655, a2833, a7018, a9069, a9140, a9170, a9259, a9272, a9325, a9331, a9369, a9371, a9386, a9840, a9986, a10409, a10476, a10492, a10993, a12377.

NAVONE, J., a12446, b672.

NAYIR, K., a2995.

NDIAYE, B., b13993, b14871.

NEARY, M., b10181.

NEBE, G., a17470, b11141, b11216.

NEBE, G.-W., a11752, a12107, a12114, a12215, a16057, a17932, b14588.

NECKEBROUCK, V., b6066.

NEEF, H.-D., a4132.

NEGAHBAN, E.O., a1447.

NEGBI, O., a882, a941, a1489, a2733, a6647, a6701, a7872.

NEGEV, A., a594, a1172, a1403, a1775, a1778, a2043, a2045, a2181, a2192, a2578, a2810, a3466, a4120, a5595, a7652, a7653, a7660, a7663, a7665, a9311, a9312, a9345, a9346, a9604, a9858, a9922, a10730, a10734, a10735.

NEGRI SCAFA, P., a9003.

NEHER, A., a3595, a5472, a5626, a5627, b12636, b14479.

NEIDERHISER, E.A., a17878.

NEIDINGER, W., a1104.

NEIL, W., a84, b1327, b1457, b1646, b2506, b2525, b4827, b6400.

NEILL, S., b632.

NEIRYNCK, F., a12857, b60, b64, b66, b133, b327, b675, b746, b747, b763, b854, b856, b857, b861, b870, b871, b875, b876, b880, b881, b882, b893, b904, b909, b915, b916, b919, b920, b942, b950, b960, b968, b1028, b1036, b1038, b1206, b1317, b1608, b1641, b1698, b1915, b1984, b1989, b1991, b1996, b2006, b2010, b2020, b2021, b2060, b2061, b2065, b2109, b2110, b2170, b2198, b2206, b2419, b2485, b2509, b2634, b2637, b2667, b2717, b2788, b2794, b2861, b2862, b3179, b3574, b3750, b3759, b3760, b3761, b3762, b3852, b3874, b3917, b3918, b3922, b3969, b3985, b3992, b4121, b4127, b4128, b4163, b4179, b4265, b4268, b4276, b4317, b4483, b4635, b4678, b4679, b4717, b4718, b4735, b4739, b4752, b4755, b4797, b4838, b5073,

b8804, b11008, b12020, b12023, b14020, b14028.

NEITZEL, H., b6456, b7268.

NEL, P., a3277, b14911.

NEL, P.H., a16225.

NEL, P.J., a15272, a15273.

NELIS, J., a14007, a16048, a16879, b9918.

NELIS, J.T., a15223, a16526, a16760, a16782.

NELLESSEN, E., b1126, b1229, b5201, b5202, b5382, b6859, b7641, b8537, b9555, b10580, b11318, b11460, b14051, b16883, b16890.

NELSON, R.D., a5299, a14213, a14227, a14455, a14835.

NEMO, P., a15285.

NEMOY, L., b12598.

NEREPARAMPIL, L., b4182.

NESTI, P.G., b10215.

NETZER, E., a1653, a2329, a2330, a2332, a2333, a2492, a2510.

NETZER, K., a61.

NEUDORFER, H.-W., b5107.

NEUENZEIT, P., a4464, b6515, b6702, b7628, b10793, b11472.

NEUFELD, E., a968, a3983, a5096, a13993, a13998, a14093, a14277, a14321, a14440, a17158, b9606, b12118.

NEUFELD, K., b5927.

NEUGEBAUER, F., b3909, b7297.

NEUGEBAUER, O., a336, a3242, a7621, a9671.

NEUHAUS, G.O., a15207.

NEUHÄUSLER, E., b1390, b1834, b3047, b3125, b3622, b6525, b6649, b10572, b10908, b10949, b11178, b14039, b16232, b16991, b17179, b17369.

NEUMANN, F., a85.

NEUMANN, M., b8990, b13861.

NEUMANN, P.H.A., a15487, b15601.

NEUNHEUSER, B., a6062, b9728, b9978.

NEUSER, W., a235.

NEUSNER, J., a3547, a3609, a3610, a5422, a5519, a5654, a5668, a5674, a5743, a5764, a5864, a5865, a5867, a5869, a5870, a5871, a5872, a5873, a5874, a5875, a5982, a5983, a5995, a6002, a6005, a6033, a11834, a11984, b426, b12207, b13220, b13267,

b15740, b15741, b15743, b17087, b17088, b17089.

NEUVILLE, R., a6232.

NEVIUS, R.C., b8037.

NEW, S., a6963, b739, b2001.

NEWBIGIN, L., b3866.

NEWELL, E.T., a1112, a5555.

NEWLANDS, D.L., a1888.

NEWMAN, B.M., b3861, b4826, b5587.

NEWMAN, L., a5765, a5766.

NEWMAN, T.D., a1916.

NEWSOME, J.D., Jr., a5317.

NEWSON, C.A., a304.

NEYREY, J.H., a17372, b1497, b1582, b3711, b3732, b4133, b4188, b4248, b7328, b7348, b7754, b8094, b9179, b11133, b12733.

NGALLY, J., a9185, a12711, b2711, b5816, b6520.

NIBBI, A., a6876, a6901.

NICCACCI, A., a685, a1373, a3134, a7075, a9579, a9584, a9650, a15421, a16271, a16507, b4075, b4259, b4733, b11041.

NICHOLLS, W., b8426.

NICHOLS, A., b8323.

NICHOLSON, E.W., a115, a10193, a10205, a14003, a14004, a14241, b9388, b9667, b10337.

NICHOLSON, G.C., b4020.

NICKELSBURG, G.W.E., a169, a237, a307, a311, a313, a342, a343, a450, a5728, a5924, a11966, a12096, b1603, b2672, b3452, b8807, b16080.

NICKELSBURG, G.W.E., Jr., a441, a459, a460, a461, a462, a12038, b11015.

NICKLE, K.F., b841, b5784.

NICOL, G.G., a13519, a13751, a13780, a14794, a16780, a17119, b7707.

NICOL, W., b7262, b12043, b14653.

NICOLAS, J.-H., b10292, b11813, b15091, b15846.

NICOLAS, M.-J., b8976, b15925, b15972, b16391.

NICOLAU, M., b11524.

NICOLE, É., b10110.

NICOLE, R., a4974, b7155.

NICOLET, P., b6009.

NIDA, E.A., a4604, a4605, a12555, a12560, a12561, b142, b352, b3861, b4826, b5587, b6401, b6569, b6670, b6755, b6853, b6919, b7036, b7069, b7312.

NIDITCH, S., a9184, a13103, a13804, a14550, a17060, b10386, b17362.

NIEDERLAND, W.G., b10700.

NIEDERWIMMER, K., b10741.

NIEHAUS, J., a13738, a14403, a14699, a17234, a17482.

NIELEN, J.M., a15583, b14, b1947, b3764, b4452, b8308, b8878, b10724, b10727, b11519, b12545, b14846, b15428, b15456.

NIELSEN, C.M., a3377, b5502.

NIELSEN, E., a14218, a14267, b10325, b14110, b14157.

NIELSEN, H.K., b795, b10207, b13979, b15715.

NIELSEN, K., a17038, a17056, b12914, b12916.

NIEMANN, F.-J., b2786, b9162.

NIEMÖLLER, M., b8937.

NIETO, E.M., b3829.

NIKIPROWETZKY, V., a5709, a5877, a5902, a7357, b9517, b13250, b15777.

NILSSON, M.P., b12571, b17198.

NINEHAM, D., a4891.

NINEHAM, D.E., a3732, a3735, b22, b1093, b17063.

NISBET, R., a4010.

NISHIMURA, T., a17800, b10102.

NISSEN, A., b9426.

NISSEN, H.J., a7335.

NISSEN, J., b16842.

NISSIM, G.-M., a16954, b11234, b11272.

NOACK, B., a415, b677, b5491.

NOAKES, K.W., a6054.

NOBERASCO, G., a6955.

NOBILE, M., a16892.

NOCE, C., a13878.

NOCENT, A., a3430.

NOCK, A.D., a9697, b10034.

NODET, É., b14379, b17279.

NOHRNBERG, J., a63, b14108.

NOJA, S., a8314.

NOLAN, A., b25, b8444, b9199.

NOLAN, B.M., b1077, b8006, b8330, b8360, b10319.

NOLLAND, J., a417, a5698, b3175, b4252, b5210, b16923.

NOLLI, G., a12833.

NOMOTO, S., a13619.

NOORDA, S.J., b3176, b5087.

NOORT, E., b13470, b15507.

NORDIO, M., a2565, a10495.

NORDSIECK, R., b16175.

NORIN, S., a10102, a10555, a15002, a16164.

NORIN, S.I.L., b11587.

NORMAND, J., b11434.

NORRIS, C.T., a2364.

NORRIS, F.W., b472.

NORRIS, H.T., a1741.

NORTH, C.R., a5488, a13180, a17297, b16690.

NORTH, J.L., b5209.

NORTH, R., a590, a683, a1624, a1950, a2143, a3184, a4053, a4270, a4901, a5236, a6233, a6606, a7545, a8042, a11971, a12058, a13250, a14673, a14892, a15042, b16220.

NORTHEDGE, A., a1685.

NOTH, M., a661, a2017, a2636, a4057, a4058, a4059, a4108, a4137, a4141, a4173, a4188, a4289, a5040, a5081, a5225, a5232, a5282, a5445, a5548, a6644, a6828, a6830, a6831, a6834, a8033, a9338, a9900, a10195, a11782, a14364, a14418, a15051, a15086.

NÖTSCHER, F., a5681, a8871, a11804, a11882, b14126.

NOUAILHAT, R., b4961, b12336.

NOUGAYROL, J., a1391, a7404, a7628, a7633, a8060, a8605, a8651, a8906, a8910, a9007, a9034, a9038, a10661, a11388, a11503.

NOVAK, D., b13246.

NOVICKI, H., a7135.

NOY, T., a781, a789, a794, a2155, a2617.

NOYEN, C., b6578, b6657, b6770, b9483, b11203.

NÜBEL, H.-U., a4319.

NUBEL, U., a12614.

NUNES CARREIRA, J., a17859, a17871.

NUÑEZ ALBACETE, H.M., b14959.

NUÑEZ REGODON, J., b16704.

NUNNALLY-COX, J., b11689.

NUR-EL-DIN, M.A., a6897.

NUTTALL, G.F., b2880.

NÜTZEL, J.M., b2454, b7647, b8052, b8105, b15542.

NÜTZEL, W., a7268.

NYEME TESE, J., a12910.

NYGREN, A., b11149, b15078.

NYSTROM, B.P., a3144, a9925.

O

OBACH, R.E., b1010, b3863.

OBAYASHI, H., b12195.

OBBINK, H.T., b15618.

OBERFORCHER, R., a15288, a17493, b9236, b10372.

OBERHUBER, K., a8659.

OBERLINNER, L., b7720, b8153, b8389, b8697, b9167, b12548.

OBITTS, S.R., b9061.

O'BRIEN, J., b10114.

O'BRIEN, P., a650.

O'BRIEN, P.T., b6582.

O'BRIEN WICKER, K., b13532.

O'CALLAGHAN, J., a3516, a9946, a11923, a12140, a12687, a12692, a15527, a16003, b1414, b1435, b2441, b5175.

O'CALLAGHAN, M., a13805.

O'CALLAGHAN, R.T., a2543, a10826, b14138, b14509.

OCERINJAUREGUI Y URÍA, B., a12850.

O'COLLINS, G., b7732, b8981, b15206, b15801.

O'CONNELL, K., a658, a10475.

O'CONNELL, K.G., a2254, a2255, a2256, a2257, a2260.

O'CONNELL, L.J., b934.

O'CONNOR, D., b1042.

O'CONNOR, E.D., b9845.

O'CONNOR, M., a10831.

OCVIRK, D., a6216.

ODASSO, G., b3817, b7795.

ODED, B., a4122, a5256, a5311, a5313, a7376, a7812, a14186.

ODELAIN, O., a3559, a16207, b14560.

ODELL-SCOTT, D.W., b6223.

ODELMAN, E., a12858, a15859.

ODEN, R.A., Jr., a6664, a7074, a7816, a7819, a8078, a13361, b12193, b12735, b14604.

ODENT, G., a705, a11770.

O'DONNELL, J., b11241.

O'DWYER SHEA, M., a1078.

OEING-HANHOFF, L., a12615.

OELSNER, J., a7333, a7389, a7452.

OEMING, M., a13648.

OESTERREICHER, J., b9316, b12644.

Ó FEARGHAIL, F., a16537.

OGAWA, A., b1054, b1745, b8007, b11098, b12308, b13008, b13371.

OGDEN, G.S., a13897, a16172, a16318, a16323, a16366, a16382, a16383, a16391, a17383, a17767, b14101, b16462.

OGDEN, S.M., a3265, a12517.

OGILVY, A., a1982, a3982.

OGILVY, A.C., a6727.

OGLESBY, W.B., Jr., a8242, b12373.

O'GRADY, J.F., b718, b940, b2036, b3827, b3970, b4429, b4605, b4790, b8808, b10774, b13071.

OGSTON, D., b3072.

OGUSHI, M., b9897, b12919.

O'HANLON, J., b3649, b14310.

OHEL, M.Y., a736, a755, a2007, a2620, a2939, a3199.

OHLER, A., a15810, a16481, a16870, a16880, b17028.

OHLIG, K.-H., a3378, b8348.

OHLMEYER, A., a13870, b13451.

OITANA, L., b6366, b6450, b9943, b15013.

OKAMOTO, A.O.H., a5820.

OKEKE, G.E., b6879, b12713.

OLAMI, J., a1926, a10669.

OLAMI, Y., a782, a788, a1929, a2159, a2843.

O'LEARY, A., b5981, b6718, b6980, b8266, b10208.

O'LEARY, D.L., a9405, a9417.

O'LEARY, J.S., b3993.

OLESON, J.P., a1430, a1937, b7503.

OLIVIER, J.P.J., a3289, a5277, a15231, a15863, a17176, a18011, b12985.

OLLENDORFF, F., a1566, a2502.

OLLEY, J.W., a10064, a17277, a17392, a17474, b12977.

OLLROG, W.H., b5952.

OLMSTEAD, A.T., b9184.

OLSON, A.M., a15352.

OLSSON, T., a143.

OLSTHOORN, M.K., b1383, b3454.

OLYAN, S., b16277.

OMBRES, R., b15769.

OÑATE, J.-A., a6147, a11645, a13380, a13405, a13410, a13412, a13467, a13473, a13484, b1173, b1468, b1541, b1778, b1872, b4433, b8749, b9033.

O'NEIL, J.C., b5589.

O'NEILL, J., b6779, b6823, b8145.

O'NEILL, J.C., a436, b1507, b2221, b3063, b5499, b6274, b7744, b8689, b9106.

ONG, W.J., a4473.

ONUKI, T., b4518.

OOSTERHOFF, B.J., a17610.

OPHEL, A., a2604, a9614.

OPIFICIUS, R., a8009.

OPITZ, D., a7517.

OPPENHEIM, A.L., a7629, a7634, a8433, a8753, a11616, b10117, b14507.

OPPENHEIM, L., a7573, a8432, a8873, a8895.

OPPENHEIMER, A., b13288.

OPSAHL, P.D., b11425.

ORAISON, M., a4882.

ORAM, B., b11781.

ORBE, A., a4410, a13481, b1481, b3265, b11919.

ORCHARD, B., b838, b899, b905, b959, b6441, b6931.

ORCHARD, J., a3198.

ORCHARD, J.B., b845, b924, b964, b969, b6447.

ORELLA, J.L., b15911.

OREN, E.D., a825, a881, a1280, a1534, a1661, a1863, a2904, a3075, a3212, a3970.

ORGOGOZO, J.J., a7097.

ORIGÈNE, a3707.

ORLANDI, T., a6535.

ORLINSKY, H.M., a5446, a10330, a12725, a12804, a12812, a17020, a17400, a17745, b15537.

O'ROURKE, J.J., b3987, b16737.

ORR, J.M., a15834, b2579, b2750.

ORR, N.B., b50.

ORR, W.F., b5956.

ORSATTI, M., b1099, b2988.

ORSAUD, D., a1993.

ORT-GEUTHNER, G., a10691.

ORTEGA MONASTERIO, M.T., a13028.

ORTIGUES, E., b5628.

ORTIZ MUÑOZ, L., b8650.

ORTKEMPER, F.-J., b5901, b8113, b10193, b14331.

OSBORN, E., b1783, b14250.

OSBORN, G., a4184.

OSBORNE, G.R., b4791.

OSBORNE, P., a12339, b7331.

OSBORNE, R.E., a11886.

OSBORNE, T.P., b7371.

OSBURN, C.D., a302, b2012, b5500, b6129, b7501, b7504.

OSCULATI, R., b4183.

OSEN-AYALON, M., a2923.

O'SHAUGHNESSY, T.J., b10121, b17165.

OSIEK, C., b6405, b17274.

OSING, J., a6992, a9558.

OSSWALD, E., b11973.

OSTER, R., a1173, b483, b4830, b12509.

OSWALD, J., a15758, b2670, b8782.

OSWALD, N., a5651.

OSWALT, J., b10662.

OTA, M., a14741.

O'TOOLE, R.F., a14753, b2890, b4864, b4928, b5048, b5079, b5151, b5190, b5234, b5277, b5279, b7781, b7801, b8049, b8108, b8404, b9030, b9048, b10283, b12560, b13867, b15333.

OTTEN, H., a3195, a5089, a6612, a7151, a7170, a7194, a10551, a10554, a10577, a10591, a10594, a10597, a10601, a10620, a10628, a10630, a10637, b10223.

OTTO, E., a2289, a3558, a5479, a5537, a6691, a6922, a6965, a9521, a13193, a13744,

a13815, a13912, a14419, a16995, b10254, b10474, b12434, b12784, b12803, b12845.

OTTO, H., a864, a7722.

OTTO, W.F., a7109, b14465.

OTTOSSON, M., b16927.

OTWELL, J.H., b11713.

OTZEN, B., a5250.

OUELLE, C., b13597.

OUELLETTE, J., a2427, a10374, b370, b16939.

OUTKA, G., b9420, b14203.

OUTLER, A.C., b614, b2073.

OVADIAH, A., a1019, a1458, a2105, a2108, a2403, a3146, a5361, a5504, a9860, a9949, a9950.

OVERBECK, J.C., a2535.

OVERFIELD, P.D., a9795.

OVERHOLT, T.W., a16602, a16644, a16690, a17566, a17753, b10997, b13692, b15627, b15628, b15647, b15671.

OWEN, D.I., a1709, a7609, a8576, a8615, a8617, a8699, a8704, a8933.

OWEN, H.P., b619, b8195, b11047, b14238, b14897.

OWINGS, T., a9852.

P

PABST, H., a11752, a12132, a17823.

PACE, D., a4606.

PACE, G., a2453, b1544, b1568, b1645.

PACE, G.M., a2511.

PACKER, J., a3268.

PACKER, J.I., a11699.

PACOMIO, L., a15.

PAGANELLI, L., a12837.

PAGANI, S., b1454.

PAGE, S., a9041.

PAGE, S.H.T., b2550, b5884, b17131.

PAGELS, E., a4417, a6450, b8767, b15168.

PAGELS, E.H., a4403, a4442, b3844, b5492, b7775.

PAILIN, D.A., b7380.

PAINCHAUD, L., a6475, a6476, a6477, a6523.

PAINTER, J., b4129, b4558, b10776, b12692.

PATRIQUIN, A., a4923.

PATTE, A., a4639, b2747.

PATTE, D., a151, a228, a3596, a4607, a4638,
a4639, a4660, a4674, a4703, a4748, a4762,
a4793, a4795, a4830, a5601, a11873,
a11976, a12028, a12047, a12064, a13110,
a13438, a13449, b315, b2747, b3363, b3364,
b3535, b8950, b13251, b17357.

PATTEN, P., a202, b2231.

PATTERSON, D., b13247.

PATTIE, T.S., a3519.

PAUKNER, G., a3452.

PAUL, A., a22, a194, a3363, a3372, a3409,
a5418, a6183, a6300, a12859, b361, b407,
b11563.

PAUL, R.J., b7474.

PAUL, S.M., a591, a13687, a13756, a14651,
a14721, a15126, a15394, a15399, a15402,
a15633, a15789, a16286, a16445, a16643,
a16657, a16685, a16768, a16943, a17581,
b9280, b9281, b17316.

PAULING, R.D., a8613.

PAULME, D., b16342.

PAULSEN, H., a3388, a13170, b106, b537,
b2789, b6152, b6498, b11844, b12164.

PAULUS, J., b16681.

PAURITSCH, K., a17676.

PAUTREL, R., b15384.

PAVELSKY, R.L., b2615, b9453.

PAVONCELLO, N., a5996, b10942.

PAWLIKOWSKI, J., a6586.

PAX, E., a589, a1608, a5597, a6134, a7662,
b1061, b3053, b3577, b6866, b7602, b14630,
b14690, b15865.

PAYNE, D.F., a5217, a14605, a17812, b4905.

PAYNE, E.A., b9769.

PAYNE, M., a605.

PAYNE, P.B., a6404, b157, b275, b2247, b2250,
b2259, b2261, b12316.

PAYOT, C., b12747.

PEABODY, D., b935, b952.

PEARLMAN, M., a670.

PEARSON, B.A., a348, a5908, a6433, a6495,
a6524, a6530, a13472, b6020, b6176, b6226,
b15825, b16714.

PEASTON, M., b7004.

PECK, W.J., a13691.

PECKHAM, B., a10833, a10849, a14281.

PÉCRIAUX, F., b1990.

PÉDECH, P., b479.

PEDERSEN, J., b11257.

PEDERSEN, S., a3337, b1633, b6207, b6728,
b9490, b11135.

PEDRO, J.S., b2909.

PEIFER, C., b11229, b15027.

PEINADOR, M., a4515, a13127, a15608, b5710,
b13572, b16806.

PEKARY, T., a7742.

PELEG, Y., a1929.

PELI, P., a3888.

PELLA, G., a4948, a13326, a13367, a13621,
a13682, a13734.

PELLAND, G., a3708, a13487, b16096.

PELLAUER, D., a4924, a15353.

PELLEGRINO, M., a3678, a11685.

PELLETIER, A., a2847, a5973, a5977, a15208,
b9427, b9688, b16449, b16933.

PELON, O., a2064, a2066, a2881, a2882.

PELSMAEKERS, J., a9464.

PELTENBURG, E.J., a787, a1254, a1493,
a2739, a6703, a6705, a6707, a6709, a6713,
a7287.

PELZEL, S.M., a7081.

PELZIL, B., a8192.

PELZL, B., a8192, a8204, a10560, a14011,
b17007.

PENAR, T., a16492, a16499.

PENKOWER, J.S., a13006.

PENNA, A., a3653, a10298, a14563, b2181,
b2212, b6842, b7295, b9398, b10330,
b14219, b14967.

PENNA, R., a230, a279, a333, a406, a426, b402,
b5304, b5421, b5425, b5641, b5808, b6096,
b6280, b6327, b6336, b6519, b6591, b6685,
b6940, b7026, b11245, b11249, b11255,
b11266, b11378, b11420, b12476, b13040,
b13044, b14735.

PENNACCHIETTI, F.A., a8301.

PENNACCHINI, B., a13808, a16932, b17288.

PENNELLS, E., a920, a1092, b12120.

PENNELLS, S., b1903, b4727.

PÉPIN, J., a6951, b5827.

PERANI, M., a15372, b15785, b16985.

PERCE, M., b1769, b3496.

PERDRIZET, P., a7909, a7980.

PERDUE, L.G., a6998, a15274, b10226, b10257, b14361.

PERELMUTER, H.G., b11706.

PEREMANS, W., a6868.

PERETTO, E., a6412, b791, b4115.

PEREZ, G., a6145, a15262, a16461, b2899, b4805, b5817, b6584, b6701, b7080, b7363, b7401, b12438, b13527, b15837.

PEREZ CASTRO, F., a13026, a13046, a14375, a14451.

PEREZ FERNANDEZ, M., a379, a398, b5730, b6494, b13737.

PERI, I., b6634.

PERKINS, P., a4407, a4422, a6374, a6405, a6444, a6453, a6456, b276, b3854, b7277, b7423, b7442, b9462, b10867, b15199, b16066.

PERLITT, L., a13358, a14280, b9421, b12058, b16780.

PERLMAN, I., a790, a1272, a1301, a1338, a1677, a2712, a3015.

PERNIGOTTI, S., a2955, a9445, a9577, a9639, a9648.

PERNOT, H., b742, b4061.

PEROWNE, S., a14885.

PERRENCHIO, F., a6302, a16459, a16460, a16466.

PERRET, J., b6681.

PERRIN, A., a4859.

PERRIN, J.-M., b9065, b15926.

PERRIN, N., a197, a3795, b230, b816, b2080, b7774, b8019, b9027, b15977, b16158, b16190, b16479, b16761.

PERRON, J., a6119, a6120.

PERRONI, M., b9810.

PERROT, C., a5599, a5603, a5772, b366, b370, b395, b414, b1071, b1474, b2931, b3780, b4817, b5213, b5223, b6128, b6150, b7389, b7394, b7869, b8272, b8345, b8924, b9753, b9768, b9887, b10284, b11484, b11517,

b11903, b12309, b12750, b13350, b13889, b13949, b13986, b14207, b15334, b15868, b16971.

PERROT, J., a607, a757, a768, a783, a1484, a1522, a1604, a1620, a1812, a1813, a1841, a2145, a2172, a2334, a2662, a2684, a2775, a2776, a2950, a3099.

PERRY, M., b8959.

PERUGINI, C., a16421.

PERUMALIL, A.C., a3634, b702, b725.

PERVÈS, M., a7964.

PERVO, R.I., a370.

PESCE, G., a7853.

PESCE, M., b5368, b6008, b6028, b8839, b9568, b9747, b10600, b15324.

PESCH, O.H., a3715, b11550, b14439, b14443.

PESCH, R., b252, b659, b1040, b1188, b1378, b1407, b1410, b1415, b1449, b1658, b1768, b1810, b1820, b1836, b1868, b1965, b1997, b2025, b2094, b2143, b2199, b2216, b2236, b2237, b2273, b2284, b2302, b2339, b2381, b2403, b2413, b2429, b2453, b2472, b2499, b2535, b2554, b2569, b2594, b2617, b2627, b2638, b2642, b2651, b2656, b2673, b2679, b2693, b2703, b2744, b2767, b3442, b3539, b3688, b3994, b4126, b4139, b4264, b4315, b4360, b4426, b5054, b5116, b5124, b5139, b5166, b5172, b5185, b5208, b6085, b6163, b6438, b7315, b7590, b7816, b7836, b7851, b7852, b8491, b8656, b8657, b8764, b8788, b8797, b8966, b9015, b9137, b9168, b9177, b9763, b10401, b10575, b11599, b11911, b12765, b13148, b13530, b13968, b14061, b14194, b14373, b15203, b15228, b15975, b17334.

PESCH, W., b1775, b5346, b9463.

PETER, J., b4589, b16533.

PETER, M., a13634, a14271.

PÉTER, R., b12587.

PETERCA, V., b16526.

PETERS, F.E., b452.

PETERS, J., a9149.

PETERS, M.K.H., a14209.

PETERSEN, C., a15568, b14519.

PETERSEN, D.L., a6600, a13550, a13557, a13649, a15028, a17256, a17316, a17720, b9349, b10366, b13090, b15546, b15662, b16372.

PETERSEN, J.E., a14407.

PETERSEN, N.B., b2232.

PETERSEN, N.R., b213, b316, b2030, b2790.

PETERSEN, S., b9071.

PETERSEN, W.L., a6418, b764, b1664, b3527.

PETERSON, D., b15163.

PETIT, M., a5911, b14082.

PETIT, P., a4608.

PETITJEAN, A., b16983.

PETOFI, J.S., b5258.

PETRE, F.T., a2558.

PÉTREMENT, S., a4370.

PÉTRIN, J., b13610.

PETSCHOW, H., a7191, a7587, a7590, a7596, a7598, a8723.

PETSCHOW, H.P.H., b11172.

PETTAZZONI, R., a7477, b10119, b10538.

PETTINATO, G., a1910, a3291, a3984, a4050, a6728, a6731, a6738, a6741, a6744, a6749, a6750, a6769, a6770, a7340, a7350, a7472, a8139, a8586, a8625, a8631, a8662, a8700, a8772, a9477, a9478, a9480, a9482, a9483, a9484, a9500, a11163, a14887, a15081, a17093, b10362, b16512, b16793.

PETUCHOWSKI, J., b13738.

PETUCHOWSKI, J.J., a5549, a5613, a6009, a15797, b13683, b13686, b14477, b16026, b17090.

PETZKE, G., b2474, b8469, b13969.

PEUKERT, H., a4547, b15277.

PFAMMATTER, J., b6238, b8942, b9036, b10507, b10519, b10527, b10536, b11955, b15983, b16315.

PFEIFER, G., a16635, a16648, a16652, a17391.

PFEIFFER, C.F., a4046, a11875.

PFEIFFER, R.H., a12897, a13978, a15238, b10096, b16428.

PFEIL, H., b14629.

PFIFFIG, A.J., a10858.

PFIRRMANN, C., a15815.

PFITZNER, V.C., b9576, b11328.

PFLAUM, H.G., a1635, a1895, a9853, a10671, a10682.

PFNÜR, V., b13816.

PHIFER, K.G., b7256.

PHILENENKO, M., a5682.

PHILIPPE, M.D., b10543.

PHILIPS, A.K., a6877.

PHILLIPS, A., a13362, a14320, a14689, a17323, a17960, b9286, b11663, b13524, b16701.

PHILLIPS, G., a4810, a13450, b4301.

PHILLIPS, G.A., a4816, b4309.

PHILLIPS, J.L., a2651.

PHILONENKO, M., a182, a238, a239, a277, a368, a420, a448, a465, a466, a481, a551, a5684, a5685, a5686, a5886, a10967, a12036, a12046, b14601.

PHILONENKO-SAYAR, B., a238, a239.

PHIPPS, W.E., b6080.

PHYTHIAN-ADAMS, W.J., a1648, a2308, a3058, a4203, a5134, a14401.

PICARD, C., a1911, a2632, a3055, a6640, a7090, a7091, a7105, a7106, a7112, a7115, a7843, b15373.

PICARD, J.-C., a244.

PICARD, L., a4180.

PICCA, J.V., b5929.

PICCHIONI, S.A., a7498, a8583, a9486, a9490.

PICCIRILLO, M., a901, a1168, a1341, a1474, a1542, a1550, a1683, a1852, a2242, a2521, a2526, a2626, a2639, a2640, a2641, a2646, a2654, a2682, a2796, a2797, a2798, a2931, a3081.

PICKERING, S.R., a6911.

PIDOUX, G., b13752.

PIENAAR, D.N., a5272.

PIEPER, J., a4484.

PIET, J.H., a36.

PIETERSMA, A., a255, a12733, a12740, a15525, a15526, b10316.

PIETRI, C., a3445, a3538.

PIKAZA, J., b974, b5640, b5662, b7660, b7886, b7982, b10388, b11667, b12143, b14719.

PIKAZA, X., a6229, b683, b1846, b1854, b1860, b1862, b1863, b3017, b7903, b8721, b9803,

b10972, b11807, b12935, b13623, b15854, b17159.

PILCH, J.J., a12657, b10076, b13083.

PILGRIM, W.E., b15011.

PILI, F., a10871.

PILKINGTON, J.R., b1732.

PILLAI, C.A.J., b5187, b5194.

PILZ, W.B., b15488.

PINCKAERS, S., b13356.

PINES, S., a5658.

PINI, M.G., a11023.

PINKERFELD, Y., a5571.

PINTO DA SILVA, A., b4374.

PINTO DE OLIVEIRA, C., b13357.

PINTORE, F., a7971, a7972, a8609, a8969.

PIOTTI, F., a16319, a16351, a16354, a16362, a16367, a16374, a16375, a16379, a16381, a16393.

PIPER, J., a11895, a13420, a14087, b1328, b5682, b5692, b5865, b5917, b7377, b7378, b9425, b9428, b9497, b10533, b10980, b11212, b12359, b12527, b13033, b13034, b14814.

PIPER, O.A., b364.

PIPER, R., b1394.

PIRENNE, J., a7890, a7899, a10913, a10933, a10937, a10960.

PIRONIO, E., b13137.

PISANO, S., a16096.

PITARD, W.T., a10160, a11489.

PITCHER, E.H.V., b9935.

PITT-WATSON, I., a3269.

PITTENGER, N., b1425, b4101, b5291.

PITTENGER, W.N., a11647, a17000, a17296, b7877, b8421, b16579, b17206.

PIXNER, B., a2428, a2467, a12084, b8901.

PIZIVIN, D., b1990.

PLAG, C., b5847.

PLAMONDON, P.-H., a17335, b16576.

PLANAS, F., a13947, a14013, a15906, a16114, a16122, a16138, a16143, a16475, a16886, a16899, a17703, b189, b4236, b7136, b9217.

PLATAROTI, D., a10142.

PLATHOW, M., b15437.

PLATT, E.E., a1038, a1192.

PLAUT, W.G., a13305.

PLAUTZ, W., b13673.

PLÉ, A., b11435, b14034.

PLEVNIK, J., b3788, b6899, b6907, b9037, b12009, b15372.

PLÖGER, J.G., a12603, a12604.

PLÖGER, O., a3912, a5349, a5350, a5352, a16215, b9646, b14424, b15631.

PLOIX DE ROTROU, G., a2983.

PLOMMER, H., a1358.

PLÜMACHER, E., b4813, b4900, b12328, b12331.

PLUMLEY, J.M., a6843, b2005.

PLUNKETT, M.A., b3718.

POEBEL, A., a8427.

POETTO, M., a10707, a10708, a10709.

POHIER, J., b14256.

POHL, A., a1641, a6593, a7141, a7293, a8316, a8707, a8904, a11520.

POHLMANN, K.-F., a269, a15009, b14678.

PÖHLMANN, W., b3551, b5921, b15314.

POHOMANN, K.-F., a17539, a17729.

POIDEBARD, A., a1896, a2009, a2953, a3169, a4105, a4106, a7684.

POIRIER, P.-H., a6363, a6496, a6498, a6499, a6505, a6527, b16997.

POKORNY, P., a4350, a4365, a12503, b411, b787, b2052, b2105, b2799, b8220, b9737, b12756.

POLAG, A., b852, b7986, b11478.

POLISH, D.F., b13740.

POLJAKOV, F., a8081.

POLK, T., a13126, b12606, b13094.

POLLARD, T.E., b3958, b4573, b6783.

POLLATSCHEK, M.A., a13296, a16586, a17833, a18028.

POLLEY, M.E., b15511.

POLOTSKY, H.J., a9408, a9409, a9410, a9421, a9439, a9538, a9543.

POLOTSKY, J.J., a10959.

POLZIN, R., a13226, a13616, a13618, a13678, a13731, a14224, a14228, a14379, a14456, a14775, a15330.

POLZIN, R.M., a4733, a15331.

POMILIO, M., a518.

POMPONIO, F., a7362, a7550, a8683, a9473, a9496, a11633, a13646, b14582.

PONS, J., a12716, b12147, b15171.

PONSOT, H., b5894.

PONTHOT, J., a3509, b4461.

POOLE, J.B., a2087.

POPE, M.H., a657, a8108, a8150, a11061, a11353, a11452, a13911, a16187, a16404.

POPKES, W., b295, b5664, b7610.

POPLIN, F., a1993.

POPPI, A., b7820, b9139.

POQUE, S., b5183.

PORADA, E., a1377, a1907, a7273.

PORATH, Y., a2050.

PORRO, C., b10216.

PORSCH, F., b647, b2900, b4559, b11237, b11361.

PORTELA, C., b13649.

PORTEN, B., a7077, a8743, a9231, a9232, a9244, a9303, a9305, a9306, a9372, a9375.

PORTEOUS, N.W., a13179, a13181.

PORTER, H.B., b12583.

PORTER, J.R., a10043, a14051, b12240, b12723.

PORTER, L., a9748.

PORTER, P.A., a16781.

PORTON, G.G., a5739.

PORTUGALI, Y., a721, a1316, a2897, a3203, a3206.

PORUBČAN, S., a16149.

POSE, E.R., b1128.

POSEN, J., b12632, b16543.

POSENER, G., a2740, a6829, a6844, a6956, a7013, a9506, b14145.

POST, K., b14427.

POSTGATE, J.N., a8735, a8841.

POTOK, C., a5052.

POTRATZ, H., a1046.

POTRATZ, J., a7538, a7539, a7541, a7542.

POTRATZ, J.A.H., a3220.

POTTER, H.D., a17712.

POTTIER, E., a617.

POTTS, D., a7397.

POUILLOUX, J., a2116, a9875, a9876.

POUILLY, J., a11831.

POULOS, P.N., b306.

POULSEN, F., a1731, a7130.

POULSSEN, N., a14737, a14806.

POUPON, G., a529, b13448.

POUSSET, E., b1986, b2696, b12010, b12184, b16018.

POWELL, D.L., b8876.

POWELL, J.E., b1387.

POWELL, M.A., a7307, a7485, a7624, a8547, a8561, a8599, a8684, a11635.

POWELL, M.A., Jr., a7359, a8614.

POWER, D.N., b11535.

POWLEY, B.G., a3902, b3330, b13805, b13808.

POYTHRESS, V.S., a4485, a4935, a16793, b5642.

POZNANSKI, L., b14561.

POZO, C., b13564.

PRADO, J., a13224, a13290, a13837.

PRAEDER, S.M., b2885, b4926.

PRAG, K., a632, a888, a2214, a3186, a3188.

PRAGER, M., a4998, a6176.

PRANG, E., a7610, a8675, a8678.

PRAST, F., b5256.

PRATO, G.L., a5128, a5170, a16495, b12198, b17217.

PRATSCHER, W., b5401, b6109, b6380, b7465, b17151.

PRAUSE, G., a5423.

PRAUSNITZ, M., a1247, a1659, a1660, a1780.

PRAUSNITZ, M.W., a733, a784, a872, a1224, a1297, a1390, a1662, a2529, a2687, a2825, a7799.

PRAWER, J., a4042, a4260.

PRÉAUX, C., a5362.

PREGEANT, R., b5672, b8004, b12111, b13032.

PREISS, T., b4294, b4395, b7050, b8367, b9266, b11104, b11428, b11933, b12468, b14785, b16477, b16881.

PRESS, I., a17690.

PRESTON, R.H., a70, a6570.

PRESTON, T.R., b16665.

PRETE, B., b1004, b1978, b2833, b2911, b3395, b3479, b3706, b4074, b4485, b4487, b4638, b5294, b6076, b7669, b12301, b15012.

PRETORIUS, F.A.C., a9735, b9365.

PREUSCHEN, E., a9711.

QUINTENS, W., a15718, a15745, b16134.

QUINZA, X., b5235.

QUINZIO, S., b53.

QUISPEL, G., a539, a4383, a4402, a4404, a6333, a6383, a6384, a6397, b120, b514, b703, b745, b789, b9711, b12283, b12398, b12399, b12526, b16988.

R

RABAN, A., a1670, a1937.

RABANOS, P., b10626, b13573.

RABANOS, R., b4567, b13104, b16303.

RABE, V.W., b15598.

RABIN, C., a9203, a9970, a10332, a10335, a10552, a12791, a14155, a14229, a17586, a17698.

RABINO MASSA, E., a7060.

RABINOVITCH, N.L., a11978.

RABINOWITZ, I., a13685.

RADDAY, Y.T., a13296, a13885, a13913, a14454, a16586, a17833, a18028.

RADER, W., b6609.

RADERMAKERS, J., b994, b1979, b2047, b2076, b2846.

RADFORD RUETHER, R., a5129.

RADL, W., a37, b10, b296, b4932, b4970, b7663, b8610, b9977, b11408, b14900.

RADWAN, A., a9641.

RAFFIN, P., b2999, b3629, b13476.

RAGOZZINO, G., b14919.

RAGUIN, Y., b15890.

RAHMANI, L.Y., a1069, a1072, a1075, a1077, a1135, a1359, a1517, a1523, a1546, a1561, a1589, a1591, a1932, a1934, a2068, a2069, a2109, a2110, a2382, a2429, a2439, a2493, a2605, a2667, a9359, b10440, b13440.

RAHNER, H., b13436, b14468, b16791.

RAHNER, K., a6211, b7883, b10506, b13050, b14440.

RAHTJEN, B.D., a10472.

RAIKES, R., a4249.

RAIKES, T.D., a791, a1714.

RAINEY, A.F., a1700, a1702, a1725, a1826, a2631, a4073, a4080, a4246, a4248, a4285, a4335, a8152, a8296, a8386, a8528, a8539, a8670, a8898, a8946, a8949, a8950, a8980, a9383, a9388, a9556, a10036, a10191, a10453, a10525, a10526, a10529, a10546, a11184, a11436, a11506, a14505, a15088, b14562, b16124.

RAISANEN, H., a9747, b200, b2378, b2379, b5697, b5803, b10068, b11389, b13268, b13401, b13402, b13414, b13799, b15119, b16632.

RAITT, T.M., a6080, a17533.

RAJAK, T., a5934, a5978.

RAK, Y., a1540, b17332.

RAMAGE, A., a2995.

RAMAGE, N.H., a2992.

RAMAROSON, L., b3383, b3509, b4045, b6588, b6594, b6614, b6776, b8238, b9467, b10806.

RAMAZZOTTI, B., b15115.

RAMING, I., b11732.

RAMIREZ, B., b17192.

RAMIREZ, N.G., b10868.

RAMMANT-PEETERS, A., a7035, a9548.

RAMOS, F.F., b3901, b10777, b11105, b11352, b14188.

RAMOS-REGIDOR, J., b15130.

RAMSAY, W.M., b44.

RAMSEY, G.W., a5062, a16558, b13329.

RAMSEYER, J.-P., a15118, b13837, b17197.

RANDELLINI, L., b512, b9188.

RANKE, H., a7025, a8757, b14385.

RANKE-HEINEMANN, U., a12509.

RANON, A., b14968, b14969.

RANQUET, J.-G., b3774.

RAO, S.P., a15473, b10393.

RAPAPORT, I., a8794, a13401, b13276.

RAPHAËL, F., a123, b14406, b17285.

RAPPAPORT, U., a988, a1178, a1764.

RASCO, E., b2896, b4971, b10786, b11332.

RASHID, S.A., a7549.

RASMUSSEN, L., b3702.

RAST, W.E., a974, a1309, a3113, a17602, a17738.

RASTIER, F., a4588, a4599, b201.

RATHJE, A., a1289.
RATZABI, Y., a13020.
RATZAHBI, Y., a14488.
RATZINGER, J., b8393.
RAUCH, F., b4149.
RAURELL, F., a128, a9739, a11745, a15263,
　　a15374, a15475, a17486, b168, b3836,
　　b4005, b10491, b12077, b12363, b15070.
RAVANELLI, V., a15997, a15998.
RAVAROTTO, E., b5145.
RAVEH, K., a2267.
RAVEN, J.H., a5512.
RAVINI, G., b3088, b9209.
RAVIOLO, S., a7889.
RAY, R.R., a4562.
RAZ, S., a9681.
READ, D.H.C., a6141, a13872, a15821, a16016,
　　a16073, a16198, b1148, b1293, b1329,
　　b1512, b1754, b2225, b2543, b2985, b4069,
　　b4122, b4195, b4357, b4541, b4585, b4652,
　　b4657, b4781, b4801, b5016, b5057, b5296,
　　b5916, b6210, b6211, b6258, b6333, b6599,
　　b6607, b6623, b6737, b7128, b7141, b7455,
　　b7462, b9092, b9908, b9916, b11341,
　　b13687, b14725, b15963.
READE, J.E., a3469, a5289.
READER, W., b112, b7646.
READER, W.W., b7704.
REBUFFAT, R., a5965.
REDDITT, P.L., b13274.
REDDY, M.P., a15337, a15473, b10393.
REDFORD, D.B., a6859, a13861.
REDFORD, J., b13768.
REDPATH, A., a17293.
REED, R., a2087.
REEKMANS, T., a9899.
REES, L.W.B., a5139.
REESE, J.M., a12534, a16412, a16457, a16483,
　　b6898, b9086, b9676, b10206, b10512,
　　b16490.
REFOULÉ, F., a3729, a4465, a12455, b7731,
　　b8419, b8902, b12447, b12551, b14364,
　　b15956.
REGAN, A., a11648, b14828.
REGAN, P., b15150.

REGEARD, P., b8320.
REGLI, S., b9974.
REHKOPF, F., a4207, b351.
REHM, M., a14824, a14825, a14858, a18059.
REICH, R., a1789, a2136, a3093.
REICKE, B., a3870, a5322, a12238, a17428,
　　b900, b906, b1078, b1445, b1781, b1813,
　　b2938, b3076, b5395, b6945, b6949, b8729,
　　b9255, b12291, b16003, b16686, b16688.
REID, G.T.H., b5040.
REID FERRING, C., a747, a1204, a1776.
REIDER, J., a10139, a14668.
REIF, J.A., a11180.
REIF, S.C., a3926, a5858, a10011, a13194,
　　a16333.
REIFENBERG, A., a1108, a1113, a1374, a1580,
　　a10420, a10421, a10422.
REIM, G., a6032, b4263, b4420, b4517, b12698,
　　b12699.
REINDI, J., a15576.
REINELT, H., a15509, b10932, b16248.
REINER, E., a7630, a8529, a8767.
REINHARDT, K., b7958, b8184.
REISER, W., b4076, b17268.
REITERER, F.V., a16532, a17312, b12975.
REITLER, R., a2103.
REMAUD, M., a5467, b9126, b10847, b12625,
　　b12659, b16708.
REMBAUM, J.E., a17425.
REMUS, H., b13449, b13919.
REMUS, H.E., b556.
RÉMY, P., b15028.
RENAUD, B., a16050, a16052, a16105, a16651,
　　a17454, a17553, a17943, a17945, a17953,
　　a17954, b14195.
RENAUD, M., b4462.
RENCKENS, H., a5492, a5494, a13876, a15605,
　　b14614, b16666.
RENDSBURG, G., a10216, a13827, a13836,
　　a14355, a15388.
RENDSBURG, G.A., a10387, a10388.
RENDTORFF, R., a4297, a11325, a12253,
　　a12934, a13218, a13229, a13241, a13292,
　　a13640, a13748, a15258, b10922, b16441,
　　b17020.

RENEHAN, R., a9708.

RENGER, J., a8331, b13504, b16251.

RENGSTORF, K.H., a422, a5929, a11949.

RENICH FRASER, E., b15640.

RENKER, A., b13293, b13330.

RENNES, J., a13160, a14032, b1842, b7416.

RENNINGER, J.B., a12578.

RENNINGS, H., a6093, b11522.

RENSBERGER, D., b6363.

RENWART, L., b8053.

REPLOH, K.-G., b2074, b2130.

REPO, E., b1588, b2396.

RESCHID, F., a8671.

RESE, M., a12313, b616, b2815, b4874, b5318, b12667, b12714.

RESENHÖFFT, W., a5107, a5117, b2921.

RESENHÖFT, R.W., b1770, b1837, b3501, b3652.

RESPLANDIS, C., a13509, b9985, b15065.

RESSEGUIE, J.L., b2810, b3321, b8042.

REUMANN, J., a6102, b2127, b7872, b8513, b9203.

REUSS, J., a3635, a3663, b2872, b2947, b3012, b3029, b3094.

REVEL-NEHER, É., b515.

REVELL, E.J., a3574, a9103, a10295, a10300, a10309, a10375, a13027, a13047, a13049, a13151, a15037, a15050.

REVENTLOW, H.G., a105, a4091, a13197, a13203, a13205, a16593, a17174, b7966, b17211, b17235.

REVIV, H., a5456, a5459, a7636, a8155, a9991, a13950, a13951, a14127, a14128, a14234, a14235, b9508, b13294, b17311.

REY, B., b6512, b11845.

REY-COQUAIS, J.-P., a1794, a2205, a9881.

REYBURN, W.D., a12561.

REYERO, A., b9889, b9890, b15360.

REYERO, S., b14826.

REYMOND, B., b12049.

REYMOND, E.A.E., a6879, a7053.

REYMOND, P., a6146, a6153, a12696, a17565, a17731, b7314, b7500, b12016, b13278.

RHOADS, D., b2064.

RHOADS, D.M., a5419.

RHODES, A.B., b15648.

RHODES, E.F., b87.

RHYNE, C.T., b13405.

RHYS, H., b14287.

RHYS, J.H.W., b15037.

RI, S.-M. (Andreas), b14079, b14083.

RIAUD, J., a248.

RIBER, M., a3413, a3416, b7321, b12656, b14769, b16085, b17177, b17371.

RIBERA, J., a16969.

RIBERA FLORIT, J., a18016.

RIBICHINI, S., a16961.

RICCIOTTI, G., a573.

RICE, D.G., a7085.

RICE, G., a17155, a17157.

RICHARD, E., a12314, a12315, a12384, b2816, b4876, b4877, b4894, b5108, b5127, b5134, b5207, b6314, b12869.

RICHARD, J., a4996, a7965, b8730, b11232, b11418, b13624.

RICHARD, S., a855, a1845.

RICHARDEAU, J.L., b13493.

RICHARDS, H., b5311.

RICHARDS, J.R., a6177.

RICHARDS, K.H., a14096.

RICHARDS, W.L., b78, b107, b1751, b2856, b3339, b7427.

RICHARDSON, A., b14211, b16012.

RICHARDSON, C.C., b1742, b7466, b8773, b9972, b15836.

RICHARDSON, H.N., a16645.

RICHARDSON, M.E.J., a11025.

RICHARDSON, P., b6055, b6057, b6114, b6462, b6504, b9572, b14346, b16751.

RICHARDSON, R.D., b1338, b15397.

RICHES, J., b371.

RICHMOND, J., a2077.

RICHTER, F., a41, b15536.

RICHTER, G., b4671, b8631.

RICHTER, H.-F., a13752, a13840, b9439, b11660, b13102, b16728.

RICHTER, W., a10343, a13186, b10428, b11579, b13051.

RICKENBACHER, O., a16111, b16466.

RICOEUR, P., a80, a4544, a4908, a4909, a4910,
    a4911, a4915, a4916, a4925, b231, b260,
    b318, b5715, b5725, b12189, b16019,
    b16201, b16878.
RICOTTI, A.L., b10236.
RIDDERBOS, H., b8086.
RIDDERBOS, N.H., b15611, b15641.
RIDDLE, D.W., a12959.
RIDING, C.B., a16030.
RIDOUARD, A., a17505, b3802.
RIDOUT, G., a14790.
RIEBL, M., a13873, a13904, b1424, b1906,
    b8616, b14107, b17379.
RIEDL, J., b3033, b3062, b3430, b4393, b4625,
    b4980, b8708, b8941, b9154, b10772,
    b11337, b11936, b14771.
RIEDLINGER, H., a12417, b8731, b13658.
RIEGEL, S.K., b521.
RIEGER, J., b6305, b6593.
RIEKERT, S.J.P.K., a13327.
RIEMSCHNEIDER, K.K., a8879.
RIEMSCHNEIDER, M., a8657, a10572, a11590.
RIENECKER, F., a9701.
RIES, G., a7612.
RIES, J., a4371, a4373, a4394, a4420, a4443,
    b447, b8215, b9152, b10965, b14399,
    b16638.
RIESENER, I., a10173.
RIESENFELD, H., a12556, b5178, b14434,
    b14656.
RIESENHUBER, K., a4936.
RIESNER, R., b372, b540, b726, b729, b8452,
    b8853, b17091, b17127.
RIETSCHEL, E., b7849.
RIFE, J.M., b20.
RIGALI, N., b14257.
RIGAUX, B., b3606, b11090, b12997.
RIGBY, P., b16378, b16383.
RIGNELL, L.G., a15471.
RIJK, C.A., a6088, a6565, a6571.
RIJKHOFF, M., a4692.
RIMBACH, J.A., a15395, a16797.
RIMBAULT, L., b6590, b6595.
RIMOLDI, A., a3626, b15236.
RIMON, M., a2338.

RINALDI, B., b3169, b9669, b9670, b10731,
    b10875, b13170, b13557, b14035, b15313.
RINALDI, C., a2537, a6822, a9572.
RINALDI, G., a1974, a4150, a4254, a5059,
    a5788, a7887, a10071, a10344, a11744,
    a11951, a12062, a12974, a12996, a14680,
    a15603, a15622, a15691, a15767, a15775,
    a16204, a16516, a16541, a16687, a17064,
    b65, b144, b1485, b2362, b3389, b4598,
    b5560, b7411, b11022, b11458, b11803,
    b12811, b15747, b17208, b17209.
RINALDI, R., a3552.
RINGE, S.H., b3315.
RINGEL, J., a1926, a10669.
RINGGREN, H., a146, a6601, a8214, a8602,
    a11270, a12904, a13081, a13190, a15172,
    a15596, a16212, a16410, a17396, a17817,
    b10164, b13207.
RIOS, O., b17192.
RIPPIN, A., a9143.
RISSI, M., b3953, b4798, b7683.
RIST, J.M., b936, b2031.
RIST, M., b2002.
RITT, H., a12587, b1572, b1913, b2349, b2792,
    b3753, b4220, b4323, b4642, b4736, b10526,
    b14008.
RITTER, W.H., a3459.
RITTER-KAPLAN, H., a7390.
RITTERSPACH, A.D., a14621.
RITTGEN, P., a3446.
RITTIG, D., a1482.
RIVA, F., a4763.
RIVA, R., a4675, a4676.
RIVARD, R., a4712, a13955.
RIVAS, L.H., b1350.
RIVKIN, E., a395, a5653, a5664, a5718, a16486,
    b384, b8898.
RIZZI, A., b14720, b16986.
RIZZO, F.P., a10681.
ROACH, C.C., a11641.
ROBBINS, C.J., b6716.
ROBBINS, G.A., a297.
ROBBINS, R.F., b7518.

ROBBINS, V.K., a4869, b307, b2054, b2058, b2128, b2436, b2886, b2956, b4902, b4987, b5186, b5372, b5377.

ROBECK, C.M., Jr., a9757, b5044, b5184, b5265, b5694, b9863, b15589, b15592.

ROBERGE, M., a6471, b4327, b4330, b4331.

ROBERSON, J.W., a15506.

ROBERT, J., a5796.

ROBERT, R., b3930, b4700.

ROBERTS, B.J., a12971.

ROBERTS, C.H., b2005.

ROBERTS, J.H., b4112, b7742, b8070.

ROBERTS, J.J., a17260.

ROBERTS, J.J.M., a11686, a15283, a15418, a15872, a15954, a17049, b12351, b14494, b15656.

ROBERTS, J.W., b7222.

ROBERTS, P., b6219.

ROBERTS, R., a3805, b14251.

ROBERTS, R.C., a3806, a3812.

ROBERTSON, B.L., b3130.

ROBERTSON, D., a4615, a15332, a15369, a16012.

ROBERTSON, E.H., b7705.

ROBERTSON, J.C., a4486, a4487.

ROBERTSON, O.P., b9298.

ROBILLARD, E., a4444.

ROBILLIARD, J.A., b6644.

ROBIN, C., a1150, a2224, a3572, a7894, a10920, a10947, a10950, a10952.

ROBINSON, A., a13603, a14458, a15649, a15953.

ROBINSON, B.P., a14953, b4267.

ROBINSON, D.F., a15093, b1564, b2329, b10647.

ROBINSON, G., a14044, a14136, a14978, a17453, b15891, b16225, b16228.

ROBINSON, I., a11979, a13809.

ROBINSON, J., a14822, a14823.

ROBINSON, J.A.T., b6632, b9719.

ROBINSON, J.M., a4412, a6317, a6322, a6325, a6366, a6368, a6371, a6483, b648, b803, b2048, b9786, b12003, b12298, b12315, b16527.

ROBINSON, P.A., a435, b14407.

ROBINSON, R.B., b13092.

ROBINSON, R.F., a18030.

ROBINSON, S.E., a476, a492.

ROBINSON, W.D., a13471.

ROBINSON, W.H., b6730.

ROBLEDA, O., b11163.

ROCCATI, A., a1524, a1750, a1751, a6902, a7043, a9553, a9574, a9596, a9620.

ROCCO, B., a2751, a7067, a10844, a10868.

ROCHAIS, G., b1434, b2303, b3255, b3289, b4467, b5168, b8370, b15971.

ROCHBERG-HALTON, F., a7569.

RODD, C.S., a6044, a15921, a16044, b1736, b6518, b6824, b8978.

RÖDEL, F., a11639.

RODENAS, A., b5442, b6091, b6155, b10197.

RODGERS, P.R., b7396.

RODINSON, M., a7931, a10742.

RODRIGUEZ, J., b17192.

RODRIGUEZ, M., b9912.

RODRIGUEZ CARMONA, A., a6161, a13633, a16095, b937, b1950, b9024, b10899, b13684, b14412, b15939, b15940, b16177.

RODRIGUEZ LARA, R., b5739, b7207, b12568.

ROES, A., a1044, a1045, a7140.

ROETZEL, C., b6909.

ROETZEL, C.J., b6616.

ROFÉ, A., a12122, a13723, a14164, a14343, a16368.

ROGERS, E.R., b6200.

ROGERS, J., a3853.

ROGERS, P., b6960, b7017, b9129, b10594, b16850.

ROGERS, P.V., b6759, b16858.

ROGERS, T., a9820.

ROGERSON, J., a4625.

ROGERSON, J.W., a3867, a5477, a15504, a15505, a15888, b12415, b13903, b14498, b14541, b17212.

ROGUET, A.-M., a3453, b277, b11531.

ROHEN, R., a1779.

RÖHRIG, F., b9165.

ROKÉAḤ, D., a9918, a12216.

ROLL, I., b17319.

ROLLA, A., a5171, b5406.

ROLLAND, B., a4032, a5608, a5645, b396, b463, b10221.

ROLLAND, P., b734, b953, b2190, b5612, b5621, b13871.

ROLLEFSON, G.O., a1763.

ROLLER, D., a1936.

ROLLER, D.W., a1332, a1933, a1939, a4245.

RÖLLI, A., b5968.

RÖLLIG, W., a8359, a8443, a9238, a9379, a9813, a10775.

ROLLMANN, H., b774.

ROLOFF, J., a3558, b4836, b4943, b4949, b12332.

ROMANIUK, K., b2069, b2258, b5925, b6063, b6493, b7475, b10098, b11030, b14663, b16425, b16585.

ROMEO, J.A., b4804.

RÖMER, W.H.P., a7617, a8320, a8530, a8779, a8838, a14317, b13526.

ROMERO, A., b10852.

RONDEAU, M.-J., a3664, a16081, a16203.

RONEN, A., a737, a744, a749, a755, a1201, a2075, a2177, a2620, a3059, a4211.

RONEN, Y., b2368.

RONSECCO, P., a7036.

RONZE, B., b14302.

RONZEVALLE, S., b14570.

ROOK, J.T., a3312, b2211.

ROOP, E.F., a6301.

ROOSEN, A., b3311, b3392, b6871.

ROQUEFORT, D., b12908.

ROQUES, R., a6388.

RORDORF, W., a548, b160, b1371, b10270, b10547.

ROS GARMENDIA, S., b14763.

ROSATI, G., a9582.

ROSAZ, M., b1826.

ROSE, A., a15980, a16132.

ROSE, A.S., a14674, b16474.

ROSE, D.G., a2253, a2255, a2257, a2260.

ROSE, M., a6774, a13234, a13321, a14502, a15011, a18010, b12132, b12267, b14619.

RÖSEL, H., a4151, a5143, a14366, a14397, a14443.

RÖSEL, H.N., a5218, a14436, a14445, a14460, a14476, a14524, a14528.

RÖSEL, N., a2767.

ROSEN, H.B., a9202.

ROSEN, S.A., a863, a1207, a1208, a1209.

ROSEN-AYALON, M., a1263, a3221.

ROSENAN, N., a4187.

ROSENAU, H., a5554, b16893.

ROSENBAUM, J., a5295, a14997, a15000, a15091.

ROSENGARTEN, Y., a7434, a7493, a7507, b16413.

ROSENKRANZ, B., a10578, a10595, a10610.

ROSENSTIEHL, J.-M., a253.

ROSENTHAL, F., a5524, a9124, a9164, a9199, a9330, a10105, a11573.

ROSENTHAL, R., a1101, a1186, a3202, a3976, a7668.

ROSENTHALER, M., a10416, a10488.

ROSS, J.F., a854, a2259, a15439, a15945, b15502.

ROSS, J.M., b123, b148, b1840, b2371, b5835.

ROSS, W., a1840, a2358.

ROSSANO, P., a11687, b6798, b9569, b14332.

ROSSETTO, G., a12394, b4202, b4600, b9756, b14320.

RÖSSLER, D., b5591, b5795.

RÖSSLER, O., a8486, a11006, a11597.

ROSSO, L., a11876, a14314.

ROSSO-UBIGLI, L., a11985, b9635.

ROST, H., a2934, a3713, a12840.

ROST, L., a5523, a11738, a14162, b17315.

ROSTOVTZEFF, M., a1042, a1572, a3955.

ROTH, A.M., a9612.

ROTH, C., a1119, a5398, a5473, a11787, a14176, b1791, b7674, b13709, b14752.

ROTH, G., a99.

ROTH, W., a4701, a4715, a13767, a14771, a16500, b15887.

ROTHENBERG, B., a1342, a3060, a3064, a3150, a3152, a3207, a6237, a6240, a6246.

ROTHSCHILD, J.J., a2576, a2680, a4214.

ROUALI, O., a8594.

ROUAULT, O., a8985, a8986.

ROUET, A., a12931, b7870, b9708, b12369, b15364.

ROUILLARD, H., a14171.

ROUILLARD, P., b7778, b11528, b12837, b15867, b15869.

ROUILLER, G., b278.

ROULEAU, D., a6373.

ROUQUETTE, J., a4594, a4609, b10081, b10087.

ROUSÉE, J.M., a1.

ROUSSEAU, F., a16353, b4378.

ROUSSEL, B., a16996.

ROUSSEL, P., a7955, a9868, a9897.

ROUX, J.-P., a2542, a5029.

ROVERI, A.M., a2945.

ROVIRA BELLOSO, J., b9089, b16504.

ROVIRA TENAS, J., b9556.

ROWE, A., a2119, a3465, a6653, a6788, a6817.

ROWE, C., a7127, a7129, b10092, b17191.

ROWLAND, C., a165, b7600, b8148, b9049, b9542, b11951, b16218, b17398.

ROWLEY, H.H., a5084, a5086, a5137, a11784, a15301, a15307, b9709, b10255.

ROWLINGSON, D.T., b5391.

ROWSTON, D.J., b6555.

ROWTON, M.B., a5102, a5140, a7356, a7363.

ROY, M., b1858, b3548, b3586, b12938.

ROYSE, J.R., b91, b129, b3388, b4856, b7649, b12579.

ROZENBERG, M.S., a5602, a10248.

RUBIN, R., a10987.

RUBINKIEWICZ, R., a240.

RUCKSTUHL, E., b2117, b2695, b3959, b4092, b4210, b4788, b7764, b7765, b7792, b8399, b8943, b8944, b9021, b9155, b11495, b11937.

RÜD, A., a3622, a6167, b9526.

RUDHARDT, J., a6598, b14500.

RUDIN-O'BRASKY, T., a13664.

RUDOLPH, K., a119, a4357, a4360, a4362, a4386, a4411, a5646, a6225, a7766, b14536.

RUDOLPH, W., a14987, a15090, a15688, a16583, a16980, a17469, a17831, a17845, a17863, a17875, a17905, a17998, a18022, a18031.

RUDOLPHI, P., a6165.

RÜESCH, P., b11716.

RUETHER, R.R., b13594.

RUFFLE, J., a6780.

RÜGER, H.P., a6551, a9774, a11469, a15275, b12478.

RUGGIERI, G., b12059.

RUHL, W.J., b10444.

RUIZ, G., a5478, a12680, a12907, a16667, a17033, a17336, b15674.

RUIZ, R., b5394.

RUMSCHEIDT, H.M., a4577.

RUNDGREN, F., a10063.

RUNIA, K., a71, b7725, b16176.

RUNNALLS, D., b13769.

RUNZO, J., a3819.

RUPP, E.G., b3021.

RUPPERT, H.-J., b8196.

RUPPERT, L., a13307, a13356, a13813, a15138, a15147, a17944, b8263, b10191, b11559, b12075, b12412, b13790, b16695, b16840.

RUPPRECHT, A.A., b6335.

RUPRECHT, E., a13611, a13614, a14005, a14863, a14969, a15455, b15477, b16830.

RUPRECHT, K., a14872, b16518, b16936, b16945, b16946.

RUSCHE, H., a16610, a16703, b1274, b1441, b3060, b4536, b7246, b7258, b7266, b7279, b7788, b8368, b9219, b9220, b9929, b11177, b11576, b12030, b12054, b12495, b12841, b14715, b14943, b15124, b17295, b17349.

RUSS, M., a15825, b6046.

RUSS, R., a17776, b1938, b5111.

RUSSELL, D.S., a114, a147, a227, a5635, a13157, b435, b9639, b11869, b13236, b13719, b15906, b16255, b17077.

RUSSELL, E.A., b1580, b12685, b15318.

RUSSELL, J., a1095.

RUSSELL, J.B., b10419.

RUSSELL, K.W., a4185.

RUSSELL, L.M., b11691.

RUSSELL, N., b10863.

RUSSELL, S.H., b13776.

RÜSTER, C., a10628, a10630.

RÜTERSWORDEN, U., a6671, a10014, b16672, b16674.
RUTHILD, G., b11091.
RUTTEN, M., a7418, a7519.
RYCKMANS, G., a3589, a10908.
RYCKMANS, J., a3246, a7897, a10914, a10942.
RYDBECK, L., b473, b14697.

S

SAAS, B., a3005.
SABAR, Y., a9221, a9365.
SABATINI, L., a6723, a8012.
SABBE, M., b894, b1489, b3355, b3924, b4526, b4673, b5142, b11946.
SABLOFF, J.A., a1631.
SABOTTKA, L., a16184.
SABOURIN, L., a200, a203, a6587, a9762, a12267, a12299, a12402, b232, b518, b1007, b1012, b1207, b1287, b1330, b1446, b1448, b1477, b1517, b1535, b1805, b2941, b2991, b3139, b3171, b4086, b5300, b5467, b7156, b7913, b7954, b7965, b8236, b8321, b8324, b8667, b9256, b9574, b10241, b11094, b11620, b11912, b12617, b12956, b13902, b13925, b14783, b14845, b14857, b15029, b15075, b15135, b15176, b15839, b16299, b16928.
SABUGAL, S., a11901, b1356, b1463, b1470, b3260, b4417, b4418, b5161, b5350, b5351, b6383, b6433, b13116.
SACCHI, A., b6812, b13408, b14333, b15804.
SACCHI, P., a236, a5328, a12960, a13042, a15256, b13239, b13471.
SACK, R.H., a7364, a7377, a8679, a8689.
SACKSTEDER, W., b14490.
SACON, K.K., a14578, a17341.
SADEK, A.I., a1735.
SADGROVE, M., a16403, b16476.
SAEBØ, M., a4149, a13277, a13875, a15938, a16004, a18060, b12249, b14624, b16035, b16061.
SAENZ BADILLOS, A., b10134.

SAENZ DE SANTA MARIA, M., b373, b1363, b7759, b8227, b8526, b9087, b9402, b9833, b9913, b10015, b10148, b10742, b13078, b15021, b15244, b15986.
SAENZ GALACHE, M., a5675, b8841, b9454, b9689, b9825, b9914, b10017, b13079, b13141, b13344, b13566, b13598, b14991, b15000.
SAFFREY, H.D., b7713.
SAFOUAN, M., a4579.
SAFRAI, S., a5331, a5579, b1381, b10456, b16918.
SAFRAI, Z., a2978, a5437, a10541.
SAFREN, J.D., a7266, a8383.
SAGNE, J.-C., b1897.
SAGONA, A.G., a1041.
SAGONA, C., a911, a1333.
SAHAGIAN, S., b5032.
SAHLIN, H., b147, b1323, b1479, b2082, b5012, b7566, b11899, b12909.
SAILLARD, M., b13006.
SAINT-ARNAUD, I., a15584.
SAINT-LAURENT, G.E., a14917.
SAINTE-FARE-GARNOT, J., a6908, a6921, a9567.
SAINTYVES, P., a510.
SAKENFELD, K.D., a10097, a16911, b9440, b11724.
SAKISIAN, A.B., a2282, a5023, a5026, a7773, a7776.
SALAFRANCA, S.G., b4666.
SALAS, A., a3431, a3454, a12459, b1066, b1269, b1372, b3022, b3680, b4206, b4474, b5036, b5723, b7886, b8286, b8292, b8527, b8737, b9400, b9625, b9686, b9915, b10006, b10018, b10385, b10424, b10611, b10813, b10905, b10974, b10975, b11600, b11747, b12499, b12882, b13159, b13168, b13345, b13634, b13659, b14024, b14038, b14820, b14946, b15082, b15134, b15325, b15726, b15768, b15805, b17344, b17354.
SALDARINI, A.J., a158, a3599, a5734, a5866, a5984, a5986, b14403.
SALDARINI, G., a6075.
SALEM, A., a1407, a9055, a9261.

SALERNO, A., b1442, b1619, b15217.

SALES, M., a4884.

SALEY, R.J., a15096.

SALGUEIRO, J.A., b15022.

SALGUERO, J., a43, a44, a3591, a3616, a3739,
a3740, a3997, a4551, a4985, a4986, a4995,
a6168, a12439, a12511, a13369, a16834,
a17419, b533, b1230, b2609, b2993, b3216,
b6285, b7712, b8114, b9300, b9397, b9640,
b9641, b12170, b12403, b12827, b13109,
b13611, b16536, b16807, b16808, b16823,
b16824, b16826, b17041, b17050, b17171.

SALIBY, N., a2201, a2203, a2207, a2208.

SALIN, É., a7311.

SALLER, P.S., a933.

SALLER, S., a964.

SALLES, J.-F., a1551, a2238.

SALMON, F.J., a4036, a4236.

SALMON, V., b3871.

SALOMONSEN, B., a5704.

SALONEN, A., a8384, a8439.

SALTERS, R.B., a16315, a16364, a16369,
a16371, a16388, a16429.

SALTET, L., b2705, b15210.

SALTZ, D.L., a902, a1310, a2729.

SALVATORI, S., a7789.

SALVINI, M., a7175, a10647, a11591, a11593.

SAMIR, K., a5033, a5034, a9139, b9243, b9274,
b14124.

SAMPLEY, J.P., b5433, b6436.

SAN NICOLO, M., a7466, a7579, a7580, a7583,
a7632, a8474, a8641, a8646, a9021.

SANCHEZ, B.M., b17055.

SANCHEZ, E., b10852.

SANCHEZ, S., b10425.

SANCHEZ BOSCH, J., a5, b5913, b9880,
b13886, b14905.

SANCHEZ CARO, J.M., a3405, a5799, a14232.

SANCHO-GILI, J., a17153.

SAND, A., a3332, a6020, b581, b1703, b5503,
b13840, b15074, b16204.

SANDARS, N.K., a8038.

SANDBACH, R.G.E., a15771.

SANDEEN, E.R., a4940.

SANDELIN, K.-G., a6041, a16479.

SANDERS, B., b6047.

SANDERS, E.P., a170, a284, a349, a385, a407,
a464, a6021, a11746, a16487, b416, b5414,
b5422, b8237, b9317, b9318, b9373, b10924,
b11017, b11126, b12950, b12960, b13259,
b13360, b13364, b13393, b13707, b14643,
b14706, b15095, b15111, b15339, b15727,
b15842, b16629, b16819, b17186, b17222.

SANDERS, H.A., b67, b740, b4845.

SANDERS, J., a10989.

SANDERS, J.A., a3342, a3345, a12277, a12972,
a17441, a17466, b3156, b16423.

SANDERS, J.K., b5815.

SANDERS, J.T., a552, a16511, b3653, b12684,
b14245, b15706.

SANDEVOIR, P., b7361, b10822, b16313.

SANDMEL, S., a66, a3304, a5560, a5643, a5880,
a5883, a6025, a11963, a12641, b367, b391,
b678, b988, b1964, b2823, b3838, b4957,
b5416, b7946, b7950, b8440, b9216, b9593,
b10453, b12394, b12665, b12961, b13321,
b14408, b15035, b15128, b15705.

SANDYS-WUNSCH, J., a4474, a12499, a13236.

SÄNGER, D., a375, a376, a377.

SANLAVILLE, P., a2206.

SANMARTIN, J., a8051, a10023, a10238,
a11024, a11035, a11045, a11046, a11049,
a11056, a11057, a11063, a11068, a11072,
a11075, a11080, a11086, a11093, a11099,
a11104, a11108, a11123, a11129, a11130,
a11137, a11140, a11146, a11149, a11158,
a11159, a11160, a11162, a11185, a11191,
a11205, a11278, a11279, a11329, a11330,
a11333, a11338, a11339, a11343, a11392,
a11393, a11394, a11395, a11396, a11402,
a11404, a11405, a11409, a11410, a11411,
a11412, a11413, a11414, a11417, a11418,
a11421, a11422, a11440, a11445, a11453,
a11456, a11458, a11459, a11465, a11473,
a11476, a11477, a11479, a11485, a11578,
a11580, b14574.

SANSOM, M.C., b12592.

SAPHRAI, S., a1877.

SAPIN, J., a921, a1614, a7978, a14394.

SAPORETTI, C., a8339, a8551, a8663, a8664,
    a8666, a8667, a8727, a8729, a8730.
SARACINO, F., a11276, a11361, a11483,
    a16505, a17891, b6426, b6505, b7609,
    b11400.
SARDA, O., a13695.
SARFATTI, G.B., a2414, a10412, a10433,
    a10676.
SARNA, N.M., a5291, a17679.
SARTORI, L., b9869.
SARTORY, T., a12231.
SARTRE, M., a4210, a4292, a9856, a10666.
SASOWSKI, R., a16595.
SASS, B., a2604, a3208, a9614.
SASSON, J.M., a4015, a5219, a6602, a8977,
    a8987, a10649, a11243, a13324, a13364,
    a13585, a14567, a14591, a16407, a17480,
    b12250, b15830.
SASSON, V., a9067, a10243, a10257, a10493,
    a11170, a14851, a17273.
SASTRE, J.M., b7514.
SATAKE, A., b7562, b7657, b10581, b10823,
    b12461, b14135, b16848.
SATRAN, D., a16730.
SATZINGER, H., a6961.
SAUER, G., a5321, a5538, a11260, a11700,
    a15486, a16498, b8930, b15663.
SAUER, J., b2204, b2511.
SAUER, J.A., a1290, a1995, a2133, a2518,
    a2523, a3109.
SAUER, V.J., b11009.
SAUGET, J.-M., a10983, a13010.
SAULNIER, C., a4032, a5386, a5431, a5438,
    a5443, b444, b463, b468.
SAUM, F., b5298.
SAUREN, H., a7600, a8330, a8340, a8548,
    a8579, a8588, a8780, a8839, a8860, a8896,
    a11547, a14852, a14980, b16107, b16109,
    b16112.
SAUSER, E., b4463.
SAUTER, G., a6588, b8581, b11277, b11589,
    b13117, b13162.
SAUVAGET, J., a1970, a1971, a2853, a7904,
    a7910, a7914, a7948, a9110, a9111.
SAUZÈDE, J.-P., b3275, b3300, b3587.

SAVAGE, M., a13793.
SÄVE-SÖDERBERGH, T., a4429, a6334.
SAVOCA, G., a4546, a16845.
SAVON, H., a3710, a5884.
SAWATZKY, H., a13548, b1158, b1914, b3450,
    b3520.
SAWYER, J.F.A., a10207, a10282, a12920,
    a14402, a14507, a15342, a17638.
SAWYERR, H., b2046.
SAYDON, P.P., a9081, a10303.
SCAFELLA, F., a15289.
SCAMMON, J.H., a12898, b3818.
SCARCIA, G., a7770.
SCATTOLON, A., a9725, b1170, b1642, b3439,
    b3659.
SCAZZOSO, P., b13442, b13913.
SCHABERG, J., a16458.
SCHABES, L., a15193, a16723, a16997, b10929,
    b15520.
SCHADE, H., b4155, b13893.
SCHADE, H.-H., b5328, b5360, b6233, b6719,
    b6868, b6902, b7737, b8134, b8379, b11139,
    b12487, b12893, b12939, b14355, b14901,
    b16634.
SCHAEFFER, C.F.-A., a771, a829, a869, a992,
    a1770, a2062, a2063, a2064, a2513, a6697,
    a6711, a7932, a8024, a8025, a8026, a8027,
    a8028, a8029, a8030, a8031, a8032, a8034,
    a8035, a8039, a8059, a8147, a11503.
SCHÄFER, K., a6389.
SCHÄFER, P., a5369, a5384, a5628, a5989,
    a6184, b7916, b9518, b10130, b16917.
SCHÄFER-LICHTENBERGER, C., b15299.
SCHÄFERDIEK, K., a535.
SCHÄFKE, W., b611.
SCHALL, J.V., b12148, b14803.
SCHALLER, B., a470, a471, a5894, a12744,
    a15313, a15314, b5478.
SCHARBERT, J., a37, a5174, a10052, a12569,
    a12573, a12627, a12759, a13363, a13922,
    a17514, b10, b9798, b10620, b12214,
    b12254, b12423, b13479, b13518, b13921,
    b14220, b16552, b16795, b16822.
SCHARFENBERG, J., a8237.
SCHATTENMANN, J., b464.

b4875, b5239, b7925, b8857, b8858, b8859, b8895, b10522, b11913, b12333, b14072, b14182.

SCHNEIDER, H., a12838, a13848, a14047, a14107, a15532, b786, b8307, b8458, b12255, b14090, b14091, b14092.

SCHNEIDER, J., b3846.

SCHNEIDER, N., a1378, a1379, a3282, a3283, a3284, a7274, a7275, a7276, a7313, a7317, a7420, a7425, a7427, a7469, a7476, a7578, a8324, a8325, a8364, a8365, a8479, a8480, a8634, a8637, a8638, a8639, a8640, a8642, a8643, a8649, a9020, b14571.

SCHNEIDER, S., b15414.

SCHNEIDER, W., a10279.

SCHNEIDERS, S.M., a4512, a12406, b4534, b4740, b11755, b11812, b12319, b16765, b16766.

SCHNELLBACHER, E.L., b2467, b2796.

SCHNELLE, U., b6061, b9749, b13042.

SCHNIDER, F., a4801, b1097, b1116, b1570, b1662, b1728, b3508, b3512, b3528, b3583, b3633, b5003, b8912, b8935.

SCHNIEWIND, J., b10029.

SCHNITZLER, T., b4032.

SCHNUTENHAUS, F., a12911.

SCHOBER, L., a7391.

SCHOEDEL, W.R., a571, a6508.

SCHOEPS, H.-J., a4431, b8573.

SCHOFIELD, J.N., a12358, b14745.

SCHOLDER, K., a3871.

SCHOLEM, G., a5622, a5636, b10093, b10129, b10447, b12959, b13720, b13722, b14484, b14566, b15255, b15345, b17078, b17081.

SCHOLER, D.M., a4347, b7483, b15101.

SCHOLL, N., a3452, b14374, b17276.

SCHÖNDORF, H., b13567.

SCHONFIELD, J.J., a2170.

SCHOONENBERG, P., b8908, b15019, b15051, b15054.

SCHOONENBERG, P.J.A.M., b11346.

SCHOONHEIM, P.L., a188.

SCHOONHOVEN, C.R., b7099.

SCHOONOVER, K., a837, a1656.

SCHOORS, A., a10113, a13061, a13656, a16334, a16551, a17031, a17115, a17301, a17303.

SCHOTT, A., a3239, a7417, a8419.

SCHOTTROFF, L., a204, b2766, b3007, b7786, b13190, b13191, b14987, b15120, b15122.

SCHOTTROFF, W., a4226.

SCHOVILLE, K.N., a597, a710.

SCHRAGE, W., a254, a6590, b649, b5758, b6077, b6078, b8120, b9478, b12675, b13545, b13550, b14280, b14282, b14357, b14363, b14367, b15308.

SCHRAMM, T., a5537, b23, b12845.

SCHRAMM, W., a6615, a8361, a8415, a8784, a8842.

SCHRECKENBERG, H., a5928, a5932, a5953, b2883.

SCHREIBER, J., b2769.

SCHREINER, G., b8488.

SCHREINER, G.W., b12185.

SCHREINER, J., a291, a4530, a4957, a12726, a12772, a13917, a14594, a15786, a15809, a15846, a15968, a16139, a16763, a16941, a17117, a17137, a17192, a17496, a17557, a17558, a17598, a17611, a17619, a17630, a17675, a17697, a17773, a17946, a17961, b625, b5246, b5472, b7185, b9980, b10914, b11027, b11194, b12496, b14093, b14372, b14517, b14539, b14761, b15612.

SCHREINER, S., a16013, a16085, a17843, b10352, b10623, b13522, b16267.

SCHROEDER, R., b13713.

SCHROGER, F., b7101, b7301.

SCHUBERT, K., a3229, a3233, a4384, a5030, a5041, a5565, a5581, a6037, a13860, b2726, b6325, b8893, b9621, b10377, b11004, b12179, b12622, b12646, b12657, b13326, b13721, b13912, b15059, b15636, b17004, b17202.

SCHUBERT, U., a13860, b9271, b10131, b12411.

SCHUHL, P.M., b457.

SCHULDENREIN, J., a789, a2155.

SCHULER, P., b846.

SCHULMAN, A., a1343.

SCHULMAN, A.R., a2736, a3037, a6894.

SCRANTON, R., a1963.

SCROGGS, R., a4895, b5627.

SCULLARD, H.H., b469.

SCULLION, J.J., a11256, a17018, a17291, a17448, b12973.

SEARLE, J.D., b5182, b7477.

SEARS, R.T., b11450.

SEASOLTZ, R.K., b8992, b15432.

SÉBIRE, B.-D., a15602.

SECCOMBE, D., a12276, a12304, b3132, b9944.

SÉD, N., a6540, a6549.

SED-RAJNA, G., a3593.

SEEBASS, H., a1871, a4081, a5450, a10046, a12505, a13246, a13792, a14123, a14180, a14290, a14332, a14353, a14891, b10476, b12413, b15475, b15480, b17024.

SEELIGMANN, I.L., a14197, b9996, b12231, b12258, b15549.

SEEMANN, M., b9527, b9528, b9536, b11547.

SEETHALER, P., a6123, a17211, b9950, b11305, b11850.

SEETHALER, P.-A., a13507.

SEGAL, A., a1004.

SEGAL, A.F., b7802, b14585, b14597.

SEGAL, E.L., a5749, a5752, a5753, a10368.

SEGAL, J.B., a3301, a3302, a5529, a9323.

SEGAL, M.H., a14105.

SEGALLA, G., a423, a4837, a5910, b3, b656, b4079, b4258, b4281, b4286, b4297, b4344, b4369, b4396, b4405, b4427, b4644, b4646, b6799, b7334, b7447, b7450, b7456, b7467, b7482, b8611, b11502, b14021, b14266, b16767, b17392.

SEGATTI, E., b594.

SEGELBERG, E., a6224, a6226, a6354, a6423, b15374.

SEGER, J.D., a894, a2124, a2126, a2127, a2128, a2129, a2130, a2187, a2188, a2189, a2191, a3027, a3028, a6248.

SEGERT, S., a3533, a9207, a9212, a10770, a10781, a11008, a11225, a11241, a17796.

SEGOVIA, F.F., a9723, b4535, b4602, b4613, b9479, b9498, b9502.

SEGRE, A., a17779, b12624, b16214.

SÉGUINEAU, R., a3559, a16207, b14560.

SEIBEL, F., b15770.

SEIBEL, W., b12405, b12422, b12525, b15055.

SEIDEL, H., a15595.

SEIDENSTICKER, P., a2369.

SEIDL, T., a3479, a17542, a17678, a17681, a17682.

SEIGNE, J., a2614, a2616, a2849, a2850.

SEILHAMER, F.H., b9335.

SEISER, S., b4342, b4390, b16539.

SEITERICH. E., a12462.

SEITZ, O.J.F., b2013, b2437, b2471.

SEKINE, M., a8259, a11933, a12938, a14922, a14948.

SELB, W., b5864, b6486, b7177, b9368.

SELBY, P., b15962.

SELIGMANN, Y.A., b15535.

SELIS, C., a4812, b4464.

SELL, J., a6349, a6364, a6461, b1600.

SELLICK, M.D.L., b4496, b5173.

SELLIN, E., a3052, a14187.

SELLIN, G., b242, b253, b2241, b2877, b3323, b5750, b5987, b6825, b6998, b7586.

SELMAN, M.J., b14927.

SELVIDGE, M.J., b2536.

SEN, F., a495, a5639, a5688, a5960, a11741, a11775, a11894, a11950, a11974, a12082, a12111, a12124, a12158, a12677, a13432, a14811, a16178, a16192, a16200, a17027, a17365, a17616, b7054, b7182, b8549, b10574, b11000, b11702, b11711, b13679, b13746, b14127.

SENFT, C., b5962.

SENG, E.W., b3453.

SENIOR, D., b1009, b1888, b1904, b1905, b7316, b7895, b8615, b8694.

SENIOR, D.P., b8795.

SENTUCQ, D., b10338, b10666.

SEOW, C.L., a17996.

SEPHIHA, H.V., a12682.

SEQUERI, P.A., b8192.

SERENTHA, M., b8192.

SERGENT, B., a7167, b16110.

SERINA, A., a16093.

SERRA, A., b4144, b4707.

SERRAIMA, J., b10483.

SERRANO, A., b10976.
SERRANO, V., a6004, b14774.
SESBOÜÉ, B., b8189, b8216, b8221, b8499,
 b9017, b10986, b11489.
SESSOLO, P., b13406.
SETON-WILLIAMS, M.V., a2285.
SEUX, M.-J., a6608, a8417, b15735.
SEVERAL, M.W., a1281, a5097.
SÉVÉRIN, G., a4875, b2298, b2385, b2513,
 b2972, b3111, b3253, b3367, b3519, b3544,
 b3581, b3626, b3749, b4159, b4238, b4381,
 b4471, b4477, b4706.
SEVIN, M., a6116, a6121.
SEVRIN, J.-M., a4394, a6353, a6358, a6443,
 b287, b447.
SEYBOLD, K., a10091, a13591, a14114, a14175,
 a15493, a15805, a15911, a16128, a16130,
 a17083, b12444, b13473, b13475.
SEYBOLD, M., b16017.
SEYNAEVE, J., b1284, b3960, b4778, b13005.
SEYRIG, H., a1106, a1107, a1109, a1118, a1120,
 a1122, a1125, a1132, a1137, a1257, a1508,
 a1509, a1732, a1792, a1854, a1894, a1977,
 a2544, a2545, a2983, a3125, a3158, a4109,
 a4277, a6609, a6619, a6642, a6933, a7088,
 a7673, a7674, a7676, a7677, a7678, a7680,
 a7686, a7687, a7688, a7689, a7695, a7696,
 a7697, a7698, a7699, a7700, a7702, a7703,
 a7705, a7706, a7714, a7715, a7716, a7786,
 a7796, a7797, a7832, a7833, a7868, a7911,
 a7917, a7918, a7921, a7923, a7924, a7925,
 a7927, a7928, a7933, a7934, a7935, a7940,
 a7953, a7958, a7969, a7981, a7982, a7983,
 a7984, a7985, a7986, a7988, a7989, a7990,
 a7991, a7992, a7993, a7994, a7995, a8003,
 a8005, a8006, a8010, a9866, a9901, a9913,
 a9914, a9927, a9929, a9931, a9935, a10667,
 a10741, a11604, a11605, b9614, b9616.
SFAMENI GASPARRO, G., a6429.
SFORZA BARCELLONA, F., a577.
SGHERRI, G., a12814.
SHAFAAT, A., b11252, b14792.
SHAFER, B.E., a10045, b10919.
SHAFFER, A., a2123, a8518, a8770, a10645,
 a16365, a17825.

SHAHEEN, N., a2444, a2468.
SHAHÎD, I., a9144.
SHAKED, S., a7754, a7772.
SHALEM, N., a4343.
SHANKS, H., a5587.
SHANY, E., a11608.
SHARABANI, M., a1169.
SHARP, D.B., b15778.
SHARVIT, B., b16217.
SHAW, B.A., a13386.
SHAW, J.W., a1963.
SHAW, R.H., b2630, b6930.
SHAY, T., a922, a2343, b14400.
SHEA, M., a2034.
SHEA, W.H., a947, a2190, a2598, a2714, a3019,
 a5248, a6824, a7061, a7365, a9066, a9068,
 a9071, a9366, a9370, a10528, a14707,
 a16417, a17819.
SHEDD, R., b3956, b16764.
SHEEHAN, J.F.X., a13267.
SHEFFER, A., a1021, a1578, a2763.
SHELP, E.E., b13817.
SHELTON, R.M., b3589.
SHEPHERD, J.J., b14231, b16022.
SHEPHERD, M.H., Jr., a15589, b12688.
SHEPHERD, N.L., b15369.
SHEPPARD, G.T., a3347, a3352, a14356,
 a14809, a15268, a15629, a15641, a16398,
 a16399, a16514, a16520, a16522, a16719,
 a17106, a17995.
SHERIFFS, D.C.T., b9360.
SHERLOCK, C., a16884, a16942.
SHERRATT, A., a616, a5076.
SHERRIFF, J.M., b1829.
SHERWIN, B.L., b9430, b13272.
SHERWIN-WHITE, A.N., b8584.
SHERWIN-WHITE, S.M., a7398.
SHEWELL-COOPER, W.E., a3996, a4004.
SHIBATA, Y., a6502.
SHILOH, Y., a976, a978, a981, a1000, a1007,
 a1012, a1014, a2469, a2470, a2496, a2709,
 a2715, a2975, a4177, b16912.
SHIMADA, K., b7345, b7384.
SHINAN, A., a5845.
SHIPTON, G.M., a2690.

SHIRES, H.M., a9773.

SHISHA-HALEVY, A., a8312, a9412, a9413, a9451, a9559.

SHORE, H., a13296.

SHORTER, M., b4751.

SHROER, S., b13454.

SHUNAMI, S., a2.

SHUNARY, J., a5815, a14489.

SIBINGA, J.S., b5495, b6231.

SIBLEY TOWNER, W., a3613, a16807, b2646.

SICARI, A., b7810.

SICARI, A.M., b10019, b16853.

SICKENBERGER, J., b2405.

SICRE, J.L., a12283, a12689, a15034, a15103, a15202, a15301, a15586, a16115, a16116, a17939, b8313, b13775, b15713, b16073.

SIDEBOTTOM, E.M., b817, b4212, b11934.

SIDER, J.W., b281, b297.

SIDER, R.J., b6236, b15987.

SIDERSKY, D., a5022, b1898.

SIEBEN, H.-J., a3665, a15598.

SIEBER, J.H., b3811, b11327.

SIEDL, H., a3714.

SIEGEL, J.P., a11839, a11996, a11998, a12008, a12012.

SIEGELMANN, A., a1008.

SIEGELMANN, E., a2178.

SIEGERT, F., a6324, b4379, b7551.

SIEGWALT, G., a12491, a12492, a12504, b4056, b15365.

SIEVERS, J., a15214, b1677.

SIEVI, J., a16596, a17302, a17921.

SIEZLER, J.A., b5578.

SIGAL, G., b14043.

SIGAL, P., b954, b6131.

SIGRIST, M., a7487, a8595.

SIGRIST, R.M., a2016, a2557, a6253, a7304, a7639, a9050.

SIKER-GIESELER, J.S., b10595, b16229.

SILBERMAN, L.H., a5990, a12057, a12185, a16563, b859, b7077, b13744.

SILVA, M., a9817, a9821, a9841, a10007.

SILVA, R., b1746, b3382, b3532, b5340, b5462, b10864, b12900, b14829, b17144.

SILVA COSTOYAS, R., b1757, b2596, b3658.

SILVER, A.H., b7947.

SILVERMAN, M.H., a9302, a10002.

SIMIAN-YOFRE, H., a17331, b11592, b13118.

SIMMONS, A.H., a2822.

SIMOENS, Y., b4521.

SIMON, J., a4056, a9396, a9397, a9399, a9418, a9422, a9427, a9428, a9430, a9434.

SIMON, L., b2546, b2624.

SIMON, M., a419, a3907, a4870, a5409, a5517, a5633, a5634, a5906, a11967, a14740, b382, b415, b422, b455, b470, b496, b529, b595, b5123, b5218, b5219, b5559, b9268, b9515, b10455, b12163, b12516, b14044, b14164, b14368, b14632, b14685, b14878, b15066, b15762, b16582, b16586, b16743, b16872, b16932, b16962, b17071, b17080.

SIMON, M.L., b1258, b15001.

SIMON, R., b11652, b16723.

SIMON, U., a14897, b8187.

SIMONIS, W., a3349.

SIMONS, J., a2694, a4136, a5138, a13677, a14239, a14387.

SIMONSEN, H., b8154, b12317, b13369.

SIMOONS-VERMEER, R.E., a8785, b10364.

SIMPSON, C.A., a14295.

SIMPSON, W.K., a6929, a6932.

SINCLAIR, L.A., a11881, a12108, a17949.

SINGER, I., a1448, a1475, a1703, a8074, a10622, a10696.

SINGLETON, N., a1712.

SINT, J., b11028, b13711.

SINT, J.A., a493.

SINTAS, L., b10035, b11180.

SIOTIS, M.A., b9814, b10531.

SIRAT, C., b14077.

SIRAT, R.-S., a11544.

SIROUX, M., a1771.

SIST, L., a1752, a1753, a9600, a9653.

SISTI, A., a16463, a16464, b5897, b5905, b5932, b5940, b5997, b6015, b6042, b6054, b6117, b6127, b6237, b6624, b6684, b6694, b6745, b6889, b7173, b7364, b7395, b8106, b13049, b13836, b14431, b14432, b14433, b14888, b15014, b15164, b16386.

SISTI, P.A., a13371, b7458, b16555.

SOBELMAN, H., a9378.

SOBOLEWSKI, R., a2834.

SOBRINO, J., b10565, b14992.

SODINI, J.-P., a1993, a2893.

SOE, N.H., a12463.

SOGGIN, J.A., a166, a2335, a3410, a3913,
a4145, a5053, a5144, a5172, a5204, a5274,
a10089, a10120, a10171, a10172, a10333,
a10859, a11964, a12916, a13158, a13393,
a13417, a13456, a13498, a13778, a14382,
a14386, a14389, a14404, a14434, a14448,
a14477, a14485, a14495, a14521, a14527,
a14534, a14694, a15667, a15713, a15739,
a15753, a15754, a15827, a16929, a17181,
a17183, a17430, a17571, a17580, a17587,
a17590, a17608, a17687, a17984, b10144,
b10300, b10309, b11722, b12127, b12176,
b12279, b12426, b14414, b16120, b16359,
b16360, b16513, b16519, b16658, b16677,
b16870.

SÖHNGEN, G., a12575, a13419, b6030, b12357,
b12524, b14469, b16478.

SOISALON-SOININEN, I., a12775, a12776,
a12786, a12817.

SOKOLOFF, M., a6222, a9165, a9234, a9310,
a10542, a12095, a12143, a12169, a16812.

SOLA I SOLÉ, J.M., a10891.

SOLA SOLÉ, J.-M., a10822.

SOLAR, G., a2096, a2198, a2451, a2461.

SÖLL, G., a494, b13585, b13627.

SOLLAMO, R., a12787.

SOLLBERGER, E., a3088, a7593, a8321, a8327,
a8622, a8715, a8721, a8905, a9033, a9487.

SOLOMON, A.A., b10923.

SOMMER, F., a10570.

SOMMERFELD, W., a7460.

SOMVILLE, P., b17201.

SONNE, I., a5570, a15635.

SONNEK, F., a8751.

SONSINO, R., b13231, b13301.

SOREN, D., a1299.

SORIA, V., b3024, b10140.

SOUČEK, J.B., b7214.

SOUČEK, P., b16895.

SOULEN, R.N., a3517, a3536, a3546.

SOURDEL, D., a7966.

SOURDEL-THOMINE, J., a9128.

SOUTHWELL, P.J.M., a13403.

SOUTHWOOD, C.H., a17623.

SPACCAPELO, N., b10887, b17223.

SPADAFORA, F., a13404, b3114.

SPAEMANN, H., b1252, b1579, b3460, b4116,
b4227, b4495, b10032.

SPAER, A., a1161, a1165, a11636.

SPALINGER, A., a6864, a6886, a6887, a6895.

SPANOS, P.Z., a1743, a3164.

SPANUTH, J., a7886.

SPARKS, H.F.D., b879, b957, b6031.

SPECHT, W.F., a12639, a12667.

SPEDALIERI, F., b13561.

SPEIDEL, K., a6265, a16701.

SPEIDEL, M.P., a7104.

SPEIGEL, S., a16857.

SPEISER, A., a7092.

SPEISER, E.A., a2845, a8387, a8391, a8489,
a8762, a8996, a11179, a13584, a13587,
b9690.

SPENCER, A.J., a6823, b14398.

SPENCER, R.A., b302.

SPERBER, A., a10302, a10328, a10329, a13011.

SPERBER, D., a1138, a1142, a1151, a4579.

SPERL, G., a9040.

SPERLING, D.S., a9274.

SPICQ, C., a9721, a9724, a9730, a9740, a9804,
a9806, a9807, b3384, b5370, b5977, b6991,
b7065, b7096, b8155, b8864, b8865, b9403,
b9466, b9471, b9476, b9481, b9494, b9813,
b11164, b13681, b15257, b15763, b16302,
b16306.

SPIECKERMANN, H., a5301.

SPIEGEL, J., a7506, a9568, a9569.

SPIEGEL, S., a15712, a15778, a17975.

SPIEGEL, Y., a4504.

SPIJKERMAN, A., a1129, a1156, a1157, a1940,
a1944, a2115.

SPINA, F.A., a5449.

SPINKS, B.D., a6092, a11827.

SPINSANTI, S., b9810, b14808.

SPIRO, S.J., a5469.

SPITAL, H.J., a15960, b6839.

SPITERI, D., a6288.

SPITTLER, R.P., a479, b6386.

SPLETT, J., b9446, b12954.

SPORTY, L.D., a1177.

SPOTTORNO, V., a9849.

SPREAFICO, A., a16628, b6717, b11593.

SPRENGER, N., a12872, a15521.

SPRIGGS, D.G., a13208.

SPRONK, K., a8801.

SPROSTON, W.E., b10417, b16653.

SPROUL, R.C., a4975.

SPYCKET, A., a7079.

SPYKERBOER, H.C., a17313.

STAAB, K., b6560, b6664, b6752, b6851, b6917, b7030.

STACEY, W.D., a23, b12125.

STACHOWIAK, L., a13571.

STADLER, K., b9583.

STAEHELIN, J., b7509.

STAGER, L.E., a972, a1364, a1987, a2504, a4196, a5071.

STAGG, F., b2855, b4850, b17282.

STÄHLIN, G., b8553, b13430.

STÄHLIN, W., a9785.

STALDER, K., b1226.

STALLEY, F.E., a13427.

STAMBAUGH, J.E., a7085, b466.

STAMM, J.J., a9377, a10012, a10069, a10183, a10247, a10265, a11215, a11457.

STANCLIFFE, C., a3646.

STANDAERT, B., a6503, b2000, b2059.

STANDAERT, B.H.M.G.M., a15161, b1972, b2124, b2155, b2274, b2320, b2415, b2477, b2559, b2566, b2625, b2715, b2768, b9752.

STANGL, R., a8243.

STANLEY, D.M., a12458, a12460, b1878, b2091, b2702, b3712, b4491, b4648, b5490, b6193, b7755, b9413, b9959, b10569, b11140, b11612, b12002, b13184, b13980, b17385.

STANLEY PRICE, N.P., a6704, a6712.

STANTON, G., a3820, b769, b5110, b11463.

STANTON, G.N., a268, b1494.

STAPLES, W.E., a10441.

STARCKY, J., a2864, a7718, a9357, a9939, a10679, a10744, a10748, a10749, a11750, a11840, a11903.

STARK, K.J., a10737.

STARKE, F., a10643, b16140.

STARKEY, J.L., a2020, a2022, a2025, a2026, a2027.

STAROBINSKI-SAFRAN, E., a5914, b10996, b12792, b14084, b14085.

STARR, J., b2145.

STAUB, U., a16810.

STAUDE, W., a5024.

STAUDINGER, F., b52.

STAUDINGER, H., b9057.

STAUFFER, E., b7932, b8530, b8770, b9204.

STAUFFER, H., a3945.

STAUFFER, R., a3770, a3919.

STAWELL, F.M., a10466.

STCHOUKINE, I., a2841.

STEAD, G.C., a534.

STECH, T., a2678, a2679, a6256.

STECH WHEELER, T., a1088, a6247.

STECK, O.H., a161, a273, a386, a13388, a13399, a15738, a16047, a17144, a17161, b5160, b5352, b9207, b10156, b12280, b14109, b14542, b15185.

STECKER, A., b955.

STECKEWEH, H., a3052.

STEENSGAARD, P., b5508, b5760, b6365, b7051.

STEGEMANN, E., b12341, b17135.

STEGEMANN, H., a183, a11733, b14587.

STEGEMANN, V., a3238.

STEGEMANN, W., a3815, b588, b14987.

STEGMÜLLER, F., a17095.

STEGNER, W.R., b243, b1566, b2341, b3298.

STEHLY, R., b634.

STEIN, D., a4886, b2355, b11764.

STEIN, R.H., b282, b2461, b3372, b8448.

STEIN, S.J., a12418.

STEINBECK, J., b7828.

STEINER, A., a11742, a12594, b13981.

STEINER, G., a8556, a10599.

STEINER, R., a12581.

STEINER, R.C., a10369.

STEINGRIMSSON, S.O., a13905.

STEINHART, E., b13894.

STEINHAUSER, M.G., b2563.

STEINHERR, F., a10710.

STEINKELLER, P., a7461, a7558, a7738,
a8335, a8336, a8354, a8549, a8701.

STEINMETZ, D.C., a17121, b1838, b11553.

STEINMETZ, F.-J., b1134, b3056, b4556, b6631,
b11997, b14004, b16775.

STEINWENTER, A., a9423.

STEKELIS, M., a750, a758, a767, a802, a808,
a2550, a4232.

STELLA, L.A., a7082.

STEMBERGER, B., b16008.

STEMBERGER, G., a3357, a3977, a5582,
a5725, a5759, a5760, a5850, a6003, a11959,
b388, b399, b10911, b14923, b15937,
b16545.

STENDAHL, K., b386, b5203, b5353, b5413,
b5424, b5469, b5564, b6437, b9484, b11640,
b12089, b12927, b13024, b14036, b15108,
b15461.

STENDEBACH, F.J., a13395, a14078, a15491,
a17452, a17787, b9666, b12218, b12414,
b12968, b13457, b14184, b15489, b15664,
b16057, b16905.

STENGER, W., a4801, a4825, a9736, b403,
b1097, b1116, b1570, b3583, b4358, b4623,
b5038, b6428, b6957, b6977, b7015, b11342,
b14627, b17299.

STENICO, A., a2946.

STENTA, N., a6142, a15477, a15652, a15656,
a15662, a15664, a15669, a15672, a15692,
a15695, a15697, a15703, a15705, a15707,
a15711, a15717, a15726, a15727, a15732,
a15740, a15743, a15748, a15766, a15777,
a15783, a15784, a15785, a15790, a15793,
a15814, a15819.

STENZEL, A., b10245, b10267.

STENZEL, M., b15630.

STEPHENS, S., b11733.

STEPHENSON, F.R., a3247.

STEPIEN, J., b10009, b12485.

STERN, E., a615, a902, a990, a991, a1001,
a1291, a1310, a1311, a1352, a1353, a1404,

a1498, a1560, a1562, a1820, a2013, a2014,
a2106, a2552, a2688, a2725, a2726, a2727,
a2728, a2729, a2887, a3033, a3034, a5329,
a5341, a5345, a7862, b16910.

STERN, H., b16900.

STERN, M., a5408.

STERNBERG, M., a14671.

STERUD, E.L., a2994.

STEVE, M.-J., a9666.

STEVENS, B.A., b8585.

STEVENS, C.T., b3986, b8080.

STEVENSON, E., b487, b544.

STEWART, J.L., b4820.

STEWART, J.R., a1216.

STEWART, J.S., a16882, b1910, b9371.

STEWART, J.V., b16102.

STEYL, C., a15913.

STIASSNY, J., b535.

STIEBING, W.H., a949, a979.

STIEBING, W.H., Jr., a5184.

STIEGLITZ, R.R., a9534.

STIER, F., a12568, b10464, b15633.

STIGERS, H.G., a13308.

STIKER, J., a4771, b1523.

STILLMAN, N.A., a13522.

STINESPRING, W.F., a477, a478.

STINSON, C., b11061.

STIRN, M., a4773, b1685.

STOCK, A., a4570, b10639, b15815.

STOCK, H., a6968.

STOCK, K., b1953, b2567, b2765, b2976, b2977,
b12936, b12955, b14073.

STÖCKLE, B., b14189.

STOCKMEIER, P., b491, b15208.

STOCKTON, E.D., a730, a732, a2148, a6242.

STOCKTON, I., b10966, b16104.

STOEBE, H.J., a5205, a10487, a13185, a13502,
a14725, a14772, b15071.

STOFFEL, E.L., b2555.

STÖGER, A., a47, a12442, a12607, a12622, b52,
b587, b1655, b1656, b1670, b1675, b2974,
b3352, b3796, b4192, b4231, b4292, b4303,
b4576, b5307, b6099, b7311, b8358, b8813,
b9610, b11187, b11835, b12846.

STOLDT, H.-H., b938.

STOLPER, M.W., a653, a7394, b14558.

STOLZ, F., a14604, a15759, b12727, b16141.

STOLZ, J., a11325.

STONE, M.E., a259, a262, a264, a265, a293, a296, a299, a320, a355, a357, a431, a442, a447, a452, a3078, a4852, a5336, a11602, a12092, a17024, b16521.

STOOP, F., a6124, a17509, b10486.

STORME, A., a639.

STORR, R., a14815.

STORY, C.I.K., a16661, a16671, a16710.

STOTT, W., b10546.

STOWE, D.M., b14062.

STOWERS, S.K., b5510, b5618.

STRACK, H.L., a5760.

STRADLING, L.E., a15599.

STRAMARE, T., a55, a3524, a12292, a12855, a12861, a12862, a12866, a16496, a16497, b1314, b1697, b3085, b3090, b3091, b9069, b9251, b10629, b16041.

STRANGE, J.F., a681, a686, a722, a1074, a1543, a1623, a1951, a1953, a2175, a2446, a2779, a2780, a2781, a2782, a3041, b374, b6374.

STRANGE, K.H., a15771.

STRÄTER, C., b11409, b16987, b17292.

STRÄTER, U., a12616.

STRATON, H.H., b14728.

STRAUSS, H., a16395, b10235.

STRAUSS, J., a6574.

STRAUSS, L., b1519, b7607.

STRAWSON, W., b7797.

STRECKER, G., a3675, a3849, a3873, a12500, b88, b627, b753, b1302, b1357, b5561, b12014, b12494, b14261, b14262, b14348.

STREETER, B.H., b1022, b4846.

STRELCYN, S., a9678, a12183.

STRICKMAN, H.N., a5821.

STRINGFELLOW, W., b10882.

STROBEL, A., a1961, a4133, a4302, a4303, a4308, a4309, a5150, a11765, a11767, a17573, b5211, b6952, b7012, b7061, b8903.

STROH, H., a3837.

STROKER, V.K., b301.

STROKER, W.D., b308.

STRÖLE, B., b10982.

STROLZ, W., a15476, b14165, b16026.

STRÖMBERG KRANTZ, E., b13705.

STROMMENGER, E., a688, a1485.

STROUMSA, G.G., b5290, b9523, b11155.

STRUGNELL, J., a2674, a16491.

STRUS, A., a13328, a13750, a16136, a17497, b2294, b15394.

STRUTHERS MALBON, E., a4694, b11752.

STUART, D., a3522, a4976, a11701, b12888.

STUCKY, R., a7682, a7683, a7997, a8037, a8040, a8041, a8044.

STUHLMACHER, P., a3832, a3840, a3931, a4507, a4510, a4519, a4528, a4951, a12475, a12482, b30, b1735, b2551, b5530, b5690, b5921, b6612, b8125, b8699, b8956, b13218, b13348, b13383, b13397, b15314.

STUHLMUELLER, C., a15513, a15514, a17325, a17328, b11789, b14727, b15401, b15493, b16273, b16833, b17238.

STUPPERICH, R., b134.

STURCH, R.L., a9790, b254, b3944, b11867, b14007.

STURDY, J., a14099.

STURDY, J.V.M., a17544.

STUTCHBURY, H.E., a2371.

STYLER, G., b8819.

STYLER, G.M., b8774.

SUAREZ, P.L., b4031, b7053.

SUASSO, H., a13156, b3765, b17092.

SUBILIA, V., a5003.

SUDBRACK, J., b2207, b4219, b4758, b6615, b7701, b13660.

SUENENS, L.-J., b15242.

SUGGIT, J., b4697.

SUGGS, M.J., a12641.

SUHL, A., b1509, b5323, b5601, b7044, b7046, b7998, b8326, b13951.

SUKENIK, E.L., a1214, a1218, a1504, a1636, a2029, a2350, a2362, a2970, a5566, a9247, a9282, a9309, a9336, a9885, a10415, a10439, a10440, a10442, a10484, a10519, a10520, a10522, a10531, a14509, a14515.

SULLIVAN, D.G., a2995.

SULLIVAN, F., a15617.

SULLIVAN, F.A., b12091.

SUMMERS, R., b4011.

SUNDBERG, A.C., Jr., b8075.

SUNDERLAND, R., b13817.

SURBURG, R.F., a229.

SUSSMAN, V., a1098, a1102, a1105, a1334, a1710, a3216.

SUTER, D., a305, b15744.

SUTER, D.W., a323, a328, a331, a17236, b283.

SUTHERLAND, D., a13636.

SUYS, E., a6983, a9624.

SUYS, P., a7014.

SUZUKI, Y., a14269.

ŠVEDA, S., a6094, a14926, b9328, b11261, b13959.

SWADLING, H.C., b15105.

SWAIM, G.G., a17923.

SWAIN, L., b3855, b6567.

SWANSON, R.J., b956.

SWANSTON, H., a3940, a3946, a3947.

SWANSTON, H.F.G., a3897.

SWARTLEY, W.M., b14744.

SWEENEY, M.A., a12217.

SWEET, J.P.M., b7539, b16865.

SWEET, R.F.G., a8840.

SWEETLAND, D.M., b3693.

SWELLENGREBEL, J.L., b7417.

SWETNAM, J., b4404, b5707, b7118, b7137, b7147, b7191, b8748, b12618, b16400.

SWEZEY, C.M., a13975, b3637, b14822.

SWIDLER, L., b11703.

SWIERZAWSKI, W., a12512.

SWIFT, L.J., b12145.

SWIGGERS, P., a8274, a8334, a8552, a9982, a10795, a10796, a14533.

SWINY, S., a2535, a6708.

SYKES, C., b2466.

SYKES, S.W., b11554.

SYLVA, D., b7304.

SYLVA, D.D., b2891.

SYNDER, E.H., b6224.

SYNGE, E.F., b5339, b14711.

SYNGE, F.C., b2029.

SZAREK, G., b2708.

SZEMERENYI, O., a8273.

SZEMLER, G.J., b481.

SZLECHTER, É., a7597, a7608, a8911.

SZNYCER, M., a2837, a2838, a3573, a7869, a8079, a9252, a10768, a10774, a10779, a10788, a10797, a10798, a10812, a10820, a10839, a10866, a10875, a10894, a11040, a11293, a11583.

SZOLC (SCHOLZ), P.O., a1065.

SZUBIN, H.Z., a8743, a9305, a9306.

SZYSZMAN, E., a11797.

T

TABER, C.R., a12548.

TABORY, J., b14768.

TADMOR, H., a1756, a2237, a5095, a5118, a5259, a5283, a7385, a7644, a8342, a8899, a14819, a14989, a15003, b12779.

TADMOR, M., a886, a896, a951, a1071, a1502, a1537, a1830, a2908.

TAEGER, J.-W., b10066, b12486.

TAEUBLER, E., a14473.

TAFT, R., a6059.

TAGAWA, K., b389, b1970, b12304.

TAGLIACOZZO, M., a5604.

TAJRA, H.W., b5278.

TAKEMORI, M., a3392.

TAKIZAWA, K., b13000.

TAL, A., a5757, a5803, a5823, a12372.

TALAVERO, S., b8076, b8823, b15979.

TALBERT, C.H., b782, b978, b2812, b2874, b2961, b4912, b8043, b8100, b13672, b15820.

TALLEY, T., b16995.

TALLEY, T.J., b11466, b15377.

TALMON, S., a3586, a4068, a4871, a4872, a5191, a6026, a10033, a11263, a11867, a11918, a11921, a11924, a11954, a12003, a12166, a12368, a12961, a12977, a12987, a12991, a13013, a13051, a13892, a14415, a14454, a15053, a16859, a17026, a17555, a17564, a17634, b11039, b11571, b15283, b15380, b16669.

TALSTRA, E., a10122.

THEXTON, S.C., a16360, b1294, b5049, b6618, b9093, b17005.

THIEL, H.J., a10654.

THIEL, W., a11112, a17670.

THIELE, E.R., a3474, a3480, a5241, b14747.

THIELE, W., a12844, a12851.

THIELSCHER, P., b2406.

THIEME, K., b3555.

THIERING, B.E., a11860, a11861, a11908, a11910, a11911, a11913, a12040, a12113, a16830, b1475, b3178, b3573, b7292, b9713, b9714, b10993, b15746, b17339.

THISELTON, A.C., a3822, a3938, a4514, a4640, b194, b5572, b6180, b11130, b12093, b13041.

THISSEN, W., b2164.

THOMA, C., a242, a280, a5406, a5672, a5959, a13709, b288, b437, b12633, b12637, b12646, b12719, b14409, b15178, b17042.

THOMAS, D.R., b4566.

THOMAS, D.W., a2054, a2584, a10081, a10148, a10158, a10468, a10501, a14425, a17507, b12794.

THOMAS, I., a12658.

THOMAS, J., b1936, b2710, b4411, b6734, b8383, b8520, b8993, b11998, b12036, b13349, b14263, b14638, b15089.

THOMAS, J.D., a160.

THOMAS, J.H., a15264.

THOMAS, K.J., a12269, a12293, a12295, b2614.

THOMAS, R.W., b14453, b14455, b17294.

THOMAS, S.J., b13695.

THOMAS, W.D., b5092.

THOME, A., a3414.

THOMPSON, A.L., a285, b13463, b15896.

THOMPSON, G.H.P., b6559, b6751, b7029.

THOMPSON, H.O., a999, a1586, a2183, a2940, a3087.

THOMPSON, J.A., a10021, a10225, a17524, a17768, b9438.

THOMPSON, J.D., b5617.

THOMPSON, J.W., b7059, b7112, b7159, b7170, b7208, b16392.

THOMPSON, L., b174.

THOMPSON, L.L., a21, a14381.

THOMPSON, M.C., b1583.

THOMPSON, M.E.W., a17145, a17169.

THOMPSON, N.H., b9321, b9389.

THOMPSON, T.L., a843, a942, a2699, a2807, a5110, a5162, a13337, a13735, a13790, b12245, b14098.

THOMPSON, W.D., a11713.

THOMPSON, W.G., b10755, b10764.

THOMSEN, P., a2356, a5390, a7947, a7949, a9890, a10674.

THOMSON, H.C., a14875.

THOMSON, J.G.S.S., b14902.

THOPMAS, J., b4328.

THORION, Y., a11819, a12032, a12075, a12218, a12219.

THORION-VARDI, T., a12033.

THORLEY, J.P., a830, a927.

THORNTON, M., a12449, b13675.

THORNTON, T.C.G., b5001, b17001.

THOROGOOD, B., a16599.

THRAEDE, K., b6642, b6840, b7366.

THRALL, M., b11990.

THRALL, M.E., b6308, b6346, b6360, b6377, b8117, b8343.

THREATTE, L., a9842.

THROCKMORTON, B.H., b961.

THROCKMORTON, B.H., Jr., b2070, b3699, b16973.

THRONTVEIT, M.A., a15044, a15110.

THÜMMEL, H.G., a2637, a2744, a4047, a9904.

THUNUS, J., a11702.

THUREAU-DANGIN, F., a7515, a8422, a9005, a11010, a11011, a11415, a11569.

THURIAN, M., a6151, b16497, b16805, b17049.

THURUTHUMALY, J., b9806.

THÜSING, W., b644, b4641, b7153, b7611, b7883, b8118, b8397, b8886, b10861, b13020, b13843, b16385.

THYEN, H., b328, b3820, b3966, b4611, b4787, b8633, b12693.

THYSMAN, R., b10754, b13337, b14306.

TIBILETTI, G., a10668, a10680.

TIDHAR, A., a1579, a1777.

TIDWELL, N.L., a14729.

TIEDE, D.L., b5025, b12313.

TREVIJANO ETCHEVERRIA, R., a6398, a6402, b7606, b7708, b9776, b10869, b11156, b15466.

TRIBLE, P., b11692.

TRILLHAAS, W., b10956.

TRILLING, W., a3746, a4461, b975, b980, b1717, b1933, b2208, b3704, b6255, b6921, b6926, b8412, b8441, b8492, b10655, b12742, b13873.

TRIMAILLE, M., b6849, b6858.

TRINICK, J., a13422, a13497, b12420.

TRINQUET, J., a13, a3922.

TRIOMPHE, R., a3992.

TRIPP, D.H., a6396, b7391.

TRISOGLIO, F., a3711, a5923.

TRITES, A.A., a12766, a17317, b10023, b15442, b15444, b15454, b15455, b16879, b16885, b16889, b16891.

TROCMÉ, É., a3736, a4945, a12531, b233, b536, b2230, b5450, b7926, b8793, b9194, b10737, b11979, b12752, b12772, b12777.

TRÖGER, K.W., a4390, a6355, a6522, b8197, b8932, b12400.

TROKAY, M., a2541.

TROMP, N., a4692, b12734.

TROMP, N.J., a10040, a14919, a16449, a16485, a16666.

TROMPF, G., b5282, b16005.

TROMPF, G.W., b6142, b11771, b12241.

TRONCHON, L., b15063.

TROTTI, J.B., b2654.

TROWITZSCH, M., b3669.

TRUBLET, J., a14060, a14298, b17341.

TRUDINGER, L.P., b17297.

TRUMMER, P., a3501, b5159, b6093, b6184, b6216, b6967, b6970, b12816.

TRÜTSCH, J., b11955.

TSAFRIR, Y., a1842, a2097, a2415, a2435, a2447, a2902, a2905, a2927, a3061, a3068, a4125, a4267, a9335, a9879.

TSEVAT, M., a8963, a10025, a11020, a11446, a11510, a11515, a11525, a13476, a13479, a14043, a14501, a14627, a14744, a14930, a15004, a15279, a15373, a15423, a15644,

a15818, a15835, a15916, a15976, a16262, a17980, a18014, b14622.

TSORI, N., a818, a895, a1248, a1300, a1544, a1866, a1867, a1868.

TSUCHIDO, K., b4184, b4389.

TSUCHIYA, H., b3034.

TSUKIMOTO, A., a13516, a13558.

TSUMURA, D.T., a8114, a10399, a11073, a11322, a11509, a15868, a15869, a16166, a16285, a17911, b17320.

TUBB, J.N., a923, a1090, a1335, a1593, a2134, a3140.

TUCKER, G.M., b15614.

TUCKETT, C., b7927, b11838, b11865, b11927.

TUCKETT, C.M., b907, b912, b943, b1251, b3161, b3229, b5976.

TUFNELL, O., a619, a620, a623, a654, a833, a1366, a1405, a1409, a2030, a2031, a2227, a2586, a2705, a2972, a6852, a7337.

TUGWELL, S., b12084.

TULGA, A., a2995.

TUNI, J.O., a12461.

TUPPY, H., b10109.

TUR-SINAI, N.H., a15057, a17142, a17969, a17970, a17989, b14607.

TURBESSI, G., b5444.

TURDEANU, É., a490.

TURIOT, C., a4719, a14963.

TURKOWSKI, L., a4172.

TURNER, G., a3801, a4508.

TURNER, G.A., a4023.

TURNER, H.W., b10222, b16926.

TURNER, J.D., a6359.

TURNER, J.M., a17122, b1476, b7353.

TURNER, M.M.B., b16243.

TURNER, N., a451, a9819, a9850.

TURNER, P., b13502.

TURNER, P.D.M., a12771, a12784, a16267, a16281, a16707, a16888, a17579, a17653, a17666.

TURNER, W., b4443.

TURQUETY-PARISET, F., a1890.

TURRADO, L., b11123, b13169, b13339, b13626, b15245, b15847, b16393.

TUSA, V., a7874, a10867.

TUSA CUTRONI, A., a2753.

TUSHINGHAM, A.D., a4166, a4300, a9921.

TUSTIN, D., b8939, b10544.

TUTTLE, G.A., a11067, a11207, a16975, b16473.

TVEDTNES, J.A., a9803.

TYLECOTE, R.F., a1344.

TYSON, J.B., b925, b926, b2864, b2866, b4924, b5113, b9954, b10028, b14633.

TYSON, K.H., b3618.

TZAFERIS, V., a877, a1850, a2650, a5591.

TZORI, N., a769, a803, a1130, a1483, a1860, a1861, a1864, a1865, a2046, a2057, a9862, a13724, a16918, a17702.

U

UBBIALI, S., b8192, b15068.

UBERTI, M.L., a1345, a7860.

UBROCK, W.J., a15320.

UDD, S.V., a10137.

UEDING, G., a4865.

UFFENHEIMER, B., a3594, a3859, a3889, a3903, a13211, a13662, a17332, a17490, b14154, b14166.

UHLIG, C., a3843.

ULECIA, A.G., b13574.

ULEYN, A., a4878.

ULLENDORFF, E., a8255, a11014, a11026, a12885.

ULLMANN, W., b5506.

ULLRICH, W., a6279.

ULRICH, E.C., a12119, a14791.

ULRICH, E.C., Jr., a5950, a12117, a14609, a14734.

ULRICH, F., b16499.

ULRICHSEN, J.H., a10141.

UÑA JIMENEZ, A., b10007.

ÜNAL, A., a10556.

UNDERHILL, H.W., a4192.

UNGER, E., a2144.

UNGNAD, A., a7309, a7314, a7315, a8429, a8471, a8472, a8635, a8812, a8874.

UNTERGASSMAIR, F.G., a6129, a12628, b3689, b3731, b8626, b8627.

UNTERMAN, J., a13705, a14551.

URBACH, E.A., b12506.

URBACH, E.E., a13773, b12206.

URBAN, A., a15791, a16042.

URBROCK, W.J., a15325, a15333, a16009, b17083.

URICCHIO, F., b8077, b10067.

URIE, D.M.L., a8144, b16343.

USAMI, K., b6277, b10818, b15985, b17194.

USSISHKIN, D., a603, a809, a1062, a1073, a1292, a1432, a1530, a1539, a1547, a2058, a2059, a2074, a2390, a2430, a2592, a2593, a2595, a2596, a2597, a2601, a2716, a2741, a2957, a4301, a5290, a7187, a7300, b16907.

UWRY, S., a17286.

V

VACCARI, A., a10152, a12317, b7074.

VACHEROT, J.-M., b4789.

VAHANIAN, G., a4962, a4966.

VAILLANT, A., a5683, a5937, a5938.

VAJDA, G., a5720, a16396, b12826, b14478.

VALADIER, P., b13152.

VALENTIN, F., a4944.

VALENTIN, G., b5156.

VALENTIN, H., a13887, a13948, a14020, a14131, a14283, b9206.

VALETTE, J., b2573, b4575.

VALLA, F.R., a761, a2662, a2812, a2818, a5070.

VALLAT, F., a3100.

VALLAURI, E., b5767, b7347, b8332, b8735, b11390.

VALORI, P., b14183.

VALVERDE, C., b12726.

VALVERDE, J.M., a16453.

VAN 'T DACK, E., a6869.

VAN AALDEREN, C.T., a8557.

VAN BAAL, J., b16337.

VAN BAAREN, T.P., b16335.

VAN BAVEL, T.J., b8983, b15964.

VAN BEEK, G., a1022.

VAN BEEK, G.W., a2296, a2297, a2671, a4328, a10932, a10934, a10948.

VAN BEEK, O., a1022.

VAN BEKKUM, W.J., a10005.

VAN BELLE, G., b3876.

VAN BERCHEM, D., a7285, a7809, a7922.

VAN BERCHEM, M., a3000.

VAN BOXEL, P., b4510, b4653, b8072, b8401.

VAN BREEMEN, P., b8540.

VAN BRUGGEN, J., a12647, b1152, b6947.

VAN BUREN, E.D., a1027, a1380, a1383, a1386, a1389, a1640, a1711, a1897, a2070, a2071, a3136, a3178, a3183, a3957, a7277, a7278, a7294, a7421, a7422, a7423, a7428, a7429, a7432, a7470, a7478, a7479, a7482, a7496, a7503, a7504, a7505, a7511, a7524, a7525, a7528, a7529, a8571, a8758, b9665, b10660, b10661, b13503, b16344.

VAN CANGH, J.M., b1505, b1606, b2330, b2395, b3429, 3918.

VAN DAALEN, D.H., a16989, b5656, b5658, b10534, b13035.

VAN DAMME, D., b15188.

VAN DE MIEROOP, M., a7557.

VANDEN BERGHE, L., a7735.

VAN DEN BOGAARD, L., a12211.

VAN DEN BOORN, G.P.F., a9585.

VAN DEN BRANDEN, A., a1742, a2538, a2569, a3095, a6903, a7814, a7849, a9264, a9387, a9389, a10222, a10534, a10791, a10810, a10817, a10819, a10824, a10829, a10832, a10835, a10838, a10842, a10845, a10865, a10870, a10887, a10895, a10899, a10991, a10992, a14877, a17658.

VANDENBROUCKE, F., b9992, b14481.

VANDEN BUSCH, R., a17494, a17708.

VAN DER HEIDE, A., a12997.

VAN DER HORST, P.W., a6981, a17108, b471, b508, b3105, b4981, b5100, b6639, b10960.

VANDERKAM, J., a15643.

VANDER KAM, J.C., a337, a362, a387, a389, a393, a472, a3308, a3314, a3324, a12018, a12019, a12097, a14715, a15218, b300, b311, b10317, b12154, b14554.

VAN DER KOOIJ, A., a12757, a17028.

VAN DER KOOIJ, G., a9287.

VAN DER LEEUW, G., b12570.

VANDERLIP, D.G., b4009.

VAN DER LOF, L.J., b5565.

VANDER LUGT, H., b7305.

VANDERMARCK, W., a54, a3798.

VANDERMEERSCH, B., a752, a1191, a2888.

VAN DER MERWE, C.H.J., a10288.

VAN DER MEULEN, H.E.F., b2984.

VAN DER MINDE, H.-J., a676, a12319, b5473, b5615, b5636, b5679, b5701, b5875, b5971, b5980, b6161, b6249, b6413, b6480, b10209, b11393, b13063, b17134, b17140.

VAN DER NOLLE, H.C., a3816, b16055.

VAN DER PLANCKE, C., a3433, a3437, a3438, a3439, a3440, a3441, a3458, a4656, a4657, a15356, b1114, b1168, b2969, b3151, b9144.

VAN DER PLOEG, J., a10245, a12221.

VAN DER PLOEG, J.P.M., a12045, a13064, a15950, a15999, a16124, b10289, b15388, b16457.

VANDERSLEYEN, C., a6945, a7041.

VAN DER SLUIS, D., a4542.

VAN DER WAAL, C., b15189.

VAN DER WAERDEN, B.L., a7563.

VAN DER WAL, A., a16607, a16629.

VAN DER WOUDE, A.S., a11956, a12043, a12102, a12222, a16677, a16983, a17801, a17849, a17881, a17890, a17902, a17910, a17994, a18012, a18033, a18037, a18048.

VAN DE SANDT, H.W.M., a9738, b5807.

VAN DE WALLE, B., a9605.

VANDIER, J., a3157.

VAN DIJK, J., a7591, a8562, a8719, a8731, a8744, a8775, a8856, a8890, a11172.

VAN DIJK, T.A., a4589.

VAN DODEWAARD, J.A.E., a12286.

VAN DYKE PARUNAK, H., a3548, a10155, a10326, a13076, a14472, a16863, a16869, a16889, a16965, b16949.

VANEL, A., a6280.

VAN ELDEREN, B., a2002, a2784, a6323, b214, b1534, b3373, b5189.

VAN ESBROECK, M., a9452, a12813, b1606, b6826, b13661.

VAN EYS, W.J., a12695.

VAN GOUDOEVER, J., a383, b16981.

VAN GROL, H.W.M., a13152, a15570, a15668, a16133, a17046, a17550, a17625.

VAN GRONINGEN, G., a4366.

VAN HARTINGSVELD, L., b7670.

VAN HATTEM, W.C., a2171, a3091.

VAN HEMERT, G., b12211.

VAN HENTEN, J.W., a15211.

VANHOYE, A., a6281, b6490, b6517, b6576, b7072, b7084, b7097, b7131, b7142, b7143, b7144, b7146, b7148, b7161, b7164, b7166, b7172, b7175, b7181, b7204, b7337, b7354, b7594, b7690, b8161, b8791, b8872, b8873, b8874, b8889, b9272, b10281, b10904, b13625, b13688, b13869, b16275, b16288, b16292, b16308, b16321, b16399, b16401.

VAN HULSE, B., a17190.

VAN IERSEL, B.M.F., a8252, b1421, b2275, b8742, b9687, b11832, b14649.

VAN LAERE, R., a7604, a7638.

VAN LEEUWEN, R.C., a17203.

VAN LERBERGHE, K., a8690.

VAN MOORSEL, P., a6779.

VAN NESS GOETCHIUS, E., a12635, b688, b11999, b13072.

VANNESTE, A., b15057, b15058, b15062, b15072.

VANNI, U., a9778, a12829, a12834, b5474, b5653, b5667, b5737, b5756, b5804, b6725, b6808, b7505, b7507, b7556, b7568, b7569, b7581, b7591, b7598, b7634, b7673, b8171, b8534, b11076, b11394, b12535, b12890, b13185, b15015, b15090, b16484, b16762.

VAN NIFTRIK, G.G., b10857.

VANNORSDALL, J., b2178.

VANONI, G., a17792.

VAN OYEN, H., b10723.

VAN PARYS, M., b1674, b15445.

VAN ROEY, A., a10976, a10988.

VAN ROMPAY, L., a9689, a10977, a10980, a10984, b3663, b6448.

VAN ROOY, H.F., a8133.

VAN SCHAIK, A.P., b7671.

VAN SEGBROECK, F., b871, b904, b968.

VAN SELMS, A., a2471, a4082, a8356, a9805, a10104, a10149, a10208, a11101, a11300, a11303, a11326, a11513, a11514, a17535.

VAN SETERS, J., a5546, a6905, a7131, a7160, a7399, a8075, a8787, a13168, a13243, a13251, a14151, b9222, b10305, b12203, b12205, b12251, b12253, b12273, b13490, b14937, b17100.

VANSTIPHOUT, H., a7347, a10580.

VAN TENTE, M., b8507.

VAN TILBORG, S., a4661.

VAN TRIGT, F., a14380.

VAN UCHELEN, N.A., a17069.

VAN UDEN, D.J., a15725.

VAN UNNIK, W.C., a3327, a3401, a4388, a5722, a5941, a6285, a6297, a9733, a9789, a12287, a14178, a14316, b13, b498, b499, b1884, b1889, b2015, b2741, b2950, b3070, b3239, b3720, b3882, b4505, b4815, b4861, b4965, b5000, b5158, b5174, b5177, b5227, b5331, b5332, b5513, b5931, b6301, b6321, b7294, b7349, b7365, b7368, b7601, b7979, b8565, b9068, b9362, b9424, b11284, b11410, b12334, b12469, b12901, b13135, b14652, b14659, b14689, b15587, b15852, b16604, b16621, b16800.

VAN VEENEN, S.F., b15284.

VAN VOSS, M.H., a9606.

VAN ZIJL, J.N., a5800, a5818.

VAN ZIJL, P.J., a11134, a11423, a11424, a11425, a18058.

VARA, J., b3421.

VARGAS-MACHUCA, A., b2116, b2122, b8264, b8652, b8653, b10613.

VARGYAS, P., a8160.

VARRO, R., b16179.

VASHOLZ, R.I., a11817, a11818, a12020, a12098, a12156, a12157, a12161.

VASSEROT-MERLE, P., b11994, b12451, b14191.

VASSILIADIS, P., b855, b873.

VATEISHVILI, D., a12891.

VATER, A.M., a13116, a13175, b12242.

VATTIONI, F., a9174, a10955, a14305.

VAUGHAN, C., b6566, b6760, b7043.

VAWTER, B., a13164, a13309, a15420, a16252, a16613, a17867, a17929, b10477, b10633, b12219, b13056, b16570, b17243.

VAZQUEZ, G., a13394.

VEENHOF, K.R., a10907.

VEENKER, R.A., a8800.

VEGAS MONTANER, L., a11935.

VEGAZO SANCHEZ, V., a6155.

VEIGEL, R., a6303.

VEIJOLA, T., a10082, a14596, a14612, a16000, a16001, b1104.

VEILLE, M., b5226.

VEISSIÈRE, M., a3858.

VELASCO, J.M., b518.

VELIKOVSKY, I., a6888.

VELLANICKAL, M., b4080, b4201, b4400, b4402, b7449, b7453, b7457, b7459, b7470, b7478, b7486, b9496, b11821, b11836, b11839, b11841, b11846, b12047, b15103.

VELLMER, E., b13477.

VELTEN, G., b12867.

VELTMAN, F., b4892, b4895.

VEN DER HORST, P.W., a15663.

VENETZ, H., b1304, b2521, b3377.

VENETZ, H.-J., b552, b4724, b7480, b10027.

VENTURA, R., a3151, a6906.

VENTURI, G., a12549.

VERA ARRECHEA, M., a13488, b1708.

VERBEECK, P., a8360.

VERCOUTTER, J., a3181.

VERD, G.M., a12678.

VEREECKE, L., b13358.

VERENO, M., b5410, b10846.

VERGER, A., a4318, a7047, a7838.

VERGOTE, A., a4874, b8682, b10073, b14912.

VERGOTE, J., a6882, a9411, a9511, a9536, a9539, a9544.

VERHEUL, A., b9707, b9765.

VERMES, G., a4513, a11747, a11792, a11823, a11857, a11877, a11898, a11960, a11975, b7938, b11860, b13273, b13506.

VERMEYEN, H., b2965, b13989.

VERMEYLEN, J., a13216, a13235, a13474, a13503, a17039, a17500, a17560, a17618, b15652, b16472, b17106.

VERNER, D.C., b6950.

VERNUS, P., a7070, a9645, a11626.

VERREET, E., a11009, a11226.

VERVAECK, B., a4695.

VERWEYEN, H., b7783, b8483, b11010.

VESCI, M.U., a7768.

VESCO, J.-L., a12699, a12703, a13700, a16604, b12614.

VESTRI, L., a1059, a1843, a4317, a14148, a14188.

VETTER, D., a13117.

VIA, D.O., Jr., a4610, a4750, a4751, a4752, a4786, a4796, a4879, b215, b319, b1075, b2534, b3543, b3616, b10752, b10770, b10838.

VIA, E.J., b5136, b8629.

VIALLANEIX, N., a3898, b12654.

VIARD, A., b565, b3184, b3191, b3217, b3236, b3294, b3338, b3437, b3516, b3806, b4448, b4550, b4584, b4628, b4793, b5035, b5633, b5717, b5729, b5754, b5883, b5992, b6002, b6017, b6023, b6053, b6124, b6188, b6202, b6253, b6263, b6304, b6352, b6471, b6499, b6534, b6596, b6605, b6621, b6712, b6723, b6736, b6741, b6834, b6838, b6867, b6994, b7024, b7105, b7283, b7409, b7414, b7642, b7703, b12039, b16636.

VIARD, C., b5648, b11214, b14647, b14780.

VICENT, R., a14340, a14347, a17232, b5857.

VICENT CERNUDA, A., b4083, b5805, b6726, b7114, b7451, b7454, b8521, b11847.

VICKERY, J., a14541.

VIDAL, M., b15790.

VIDAL, S., b9047.

VIDAL GARCIA, S., b9023.

VIDAL-NAQUET, P., b16978.

VIDALI, E., a3189.

VIDALI, M.L., a3189.

VIDLER, A.R., b1992.

VIELHAUER, P., a499, a561, b8, b27.

VIEYRA, M., a7178, b15730.

VIEYRA, M.M., a7560.

VIGANO, L., a8121, a8122, a16861, b14576, b14595.
VIKAN, G., a371.
VILAR, V., a2324.
VILAR HUESO, V., a14546, a14675.
VILCHEZ, J., b11304.
VILLAPADIERNA, C., b7654, b16430.
VILLAR, E., b1259, b7761, b13478, b13599, b17345, b17347.
VILLEGAS, M., b9464, b13346.
VILLUENDAS, L., b5895.
VILLUENDAS, P., a12881.
VILNAY, Z., a4043, b12798.
VILSKER, L.H., a9218.
VINCENT, J.J., a6578, a9764, b13047, b14055, b15274.
VINCENT, J.M., a15823, a17318.
VINCENT, L.H., a2304, a6653.
VINCENTELLI, I., a7207.
VIRGOULAY, R., b9009, b10080, b15929.
VIRGULIN, S., a17091, a17188, a17371, a17393, a17467, b9238, b12544, b15426, b15943.
VIRKLER, H.A., a4494.
VIROLLEAUD, C., a3956, a4011, a6923, a7419, a7424, a7758, a7824, a7825, a7826, a7827, a8058, a8085, a8087, a8092, a8566, a8747, a8748, a9006, a11005, a11283, a11284, a11286, a11287, a11318, a11387, a11389, a11416, a11419, a11426, a11494, a11495, a11496, a11497, a11501, a11502, a11503, a11516, a11517, a11518, a11541, a11542, a11568, a11570, a11572, a11574, a11575, b15931, b15932.
VISCHER, L., b566.
VISCHER, W., a3766, a4466, a8230, a9185, a9700, a11938, a12711, a13182, a13758, a14146, a14731, a15242, a15824, a16249, a16600, a16902, a17123, a17367, a17472, a17780, b1085, b2711, b3006, b5816, b6520, b8547, b11067, b11221, b12505, b12522, b12873, b13046, b13822, b14584, b14617, b14903.
VISICATO, G., a8465.
VISSER, A.J., b11050.
VITA-FINZI, C., a2517, a2519.

VITALE, R., a7559, a11308.
VITKUS, S.N., a7366.
VITTI, A.M., b5393.
VITTMANN, G., a6870, a9520, a9580.
VITTO, F., a2107, a2174.
VIVIAN, A., a9208, a11815, a12975, a13001, a16959, b7691, b12096.
VIVIANO, B.T., b1001, b9986, b13263.
VOELTZEL, R., a3419, b12971.
VOGEL, C., a1552.
VOGEL, E.K., a602, a2808.
VOGEL, H., a11688, a12570, b9770.
VOGEL, M.H., b10242, b12620.
VOGEL, P.H., a12880.
VOGELS, H.-J., b9826.
VOGELS, W., a4564, a4707, a4713, a4734, a4735, a4807, a5258, a11715, a13118, a13483, a13495, a13530, a13624, a13710, a14184, a14363, a14889, a15296, a15345, a15359, a15627, a17103, a17216, a17942, b3256, b3647, b9361, b12591, b14564, b14840, b15296, b15554, b15675, b15681, b16777.
VOGLER, H., b424.
VOGLER, W., b577.
VOGT, E., a16867, a16874, a16876, a16878, a16885, a16891, a16894, a16896, a16897, a16915, a16926, a16946, a16966, a16973, a17213, a17257, b9901, b9902.
VOGT, H.J., a3688, a4488, a12912, b1025.
VOGT, J., b10196.
VÖGTLE, A., a11652, b1125, b1925, b1934, b2734, b2776, b2919, b3038, b3406, b5259, b5261, b5399, b5935, b7203, b7547, b7983, b8224, b8685, b8709, b8957, b8966, b9096, b9104, b10729, b11086, b11087, b11132, b11928, b13852, b13855, b13891, b13957, b15230.
VOIGT, R.M., a9147.
VOIGT, S., a579, b12776.
VOKES, F.E., b16300.
VOLF, M., b6011, b16491.
VOLK, H., b16284.
VÖLKEL, M., b1482, b2186, b3266, b3523.
VOLKMAR, F., a2759, a2768, a5179.

VOLLENWEIDER, M.-L., a610.

VOLZ, H., a12595.

VON ALLMEN, D., b5451, b5520, b5524, b5704, b5782, b5813, b6376, b6496, b6648, b7408, b8352, b11169, b11665, b11831, b12060, b14917.

VON ALLMEN, J.-J., a11642, a11673, b1939, b4200, b9506, b9703, b9704, b9705, b9726, b9735, b9761, b9764, b9773, b10743, b10876, b11443, b12048, b12931, b13830, b16884.

VON BALTHASAR, H.U., a12518, b658, b673, b5849, b6475, b7747, b7830, b8231, b8252, b8253, b8295, b8676, b8691, b8755, b8894, b8946, b9091, b9995, b10045, b10379, b10559, b10896, b11613, b11809, b13111, b15361, b15853, b16532, b16584.

VON BISSING, F.W., a1766.

VON BRANDENSTEIN, C.-G., a3286, a7199, a8406, a10644.

VON CAMPENHAUSEN, H., b12573, b14371, b15908.

VON CAMPENHAUSEN, H.F., b4377, b15449.

VONCK, P., b9971.

VON DER OSTEN, H.H., a1222, a7141.

VON DER OSTEN-SACKEN, P., a207, a11980, a14042, a16678, b5796, b5998, b6319, b10198, b10205, b11811, b13394.

VON GRUNEBAUM, G.E., a9117.

VON JÜCHEN, A., b284.

VON LIPS, H., b6982, b6990, b14670.

VON LÖWENCLAU, I., a14782, a13533.

VON MEDING, W., b6172, b11507.

VON MOORSEL, P., a2987.

VON MUTIUS, H.G., a5251, a14262, a17244.

VON NORDHEIM, E., a5737, a14742, a14923, b10938, b16947.

VON OPPENHEIM, M., a2184.

VON RABENAU, K., a4208.

VON RAD, G., a3950, a12935, a13184, a13368, a13783, a13784, a13789, a14157, a14159, a14532, a14538, a14961, a15361, a15363, a16010, a17771, b9410, b10138, b12055, b12209, b12276, b12647, b12863, b14130,

b14155, b14413, b14930, b15689, b16436, b17012, b17286.

VON RAFFLER ENGEL, W., a4615.

VON ROHR SAUER, A., b10703.

VON SCHULER, E., a8494, a10574, a10606, a11431.

VON SODEN, W., a2277, a6625, a7290, a7339, a7433, a7441, a7462, a7495, a7594, a7613, a8222, a8225, a8257, a8267, a8308, a8345, a8351, a8355, a8370, a8404, a8412, a8436, a8441, a8448, a8458, a8469, a8485, a8487, a8499, a8512, a8519, a8531, a8563, a8567, a8572, a8766, a8771, a8774, a8778, a8793, a8804, a8823, a8827, a8829, a8846, a8868, a8875, a8888, a8924, a8970, a9010, a9017, a9192, a10013, a11032, a11074, a11155, a11231, a13588, a16039, b9627, b10382, b10383, b10968, b13558, b15934, b16324.

VON WAHLDE, U.C., b2272, b3912, b3981, b4282, b4339, b4351, b12025, b12697, b14009.

VON WALDOW, H.E., a5561, b17016.

VON WEIHER, E., a7614, a8781, a10629.

VÖÖBUS, A., a7976, a12999, a13285, b7548.

VOORDECKERS, E., a1048.

VORBICHLER, A., b17064.

VORGRIMLER, H., a6204, b10900, b15085, b15131, b15132.

VORLANDER, H., b10448, b10467.

VORSTER, W.S., a9786, b336, b804, b7082, b7436, b14674.

VOS, H.F., a595.

VOSBERG, L., b10149.

VOSS, G., b2915, b4664, b5045, b8098.

VOSTÉ, J.-M., a3929.

VOUGA, F., a12278, a12301, b3894, b3903, b5437, b7287, b7415, b7577, b9258.

VRIEZEN, K., a2448, a2554.

VRIEZEN, K.J.H., a2092, a2094, a2095, a2454, a2553.

VRIEZEN, T.C., a17988, b12519, b12728.

VRIEZEN-VAN DER FLIER, T., a2092.

VROMAN, J.A., a4182.

VUILLEUMIER, R., a16584, a17832, a18023.

VUILLEUMIER, S., b8811.

WARD, K., a17356.

WARD, R.B., b7261, b9227.

WARD, W., a7937.

WARD, W.A., a833, a1367, a3985, a6846,
a6852, a6871, a6950, a7017, a7058, a7059,
a7065, a7337, a8052, a8105, a9512, a9513,
a9524, a9528, a9531, a9646, a9651.

WARMENBOL, E., b10451.

WARMUTH, G., a16556.

WARNACH, V., a4457, b11367.

WARNER, S., a3585.

WARNER, S.M., a3481, a5108, a5196, a5207,
a13329.

WASHBOURN, R., a2270.

WÂSIF, F.M., a2954.

WASZINK, J.H., a3679.

WATANABE, K., a8420, a8704.

WATERMAN, G.H., a9825.

WATKINS, E., a4611.

WATKINS, K., b10271.

WATKINS, T., a699, a1055, a1086, a2546.

WATKINS, T.F., a2747.

WATSON, N.M., b6299, b13003, b13026.

WATSON, P.S., a13965, a16183, b1111, b1945,
b2132, b2582, b5820, b6610, b7196.

WATSON, W., a9481.

WATSON, W.G.E., a8205, a8223, a9016,
a10128, a10397, a10400, a11036, a11094,
a11107, a11201, a11218, a11220, a11221,
a11244, a11247, a11248, a11334, a11403,
a11527, a11529, a11582, a13154, a13826,
a15988, a16165, a16194, a17223, a17567.

WATT, R.J.G., b8979.

WATTERS, W.R., a13132.

WATTIAUX, H., b14206, b16720.

WATTS, G., a3854.

WATTS, J.D.W., a16571, a16655, a16981,
a17059, a17760, a17783, a17906, a17999.

WATTY, W.W., b3988.

WAY-RIDER, R., b2011.

WCELA, E.A., b9239, b12262.

WEAD, D.W., b3978, b14040.

WEBB, P., b13144.

WEBB, P.M., b3738.

WEBB, V., a1261, a1336.

WEBER, H.-R., a3455, a5710, b8687, b10202,
b13138, b14732, b17330.

WEBER, R., b8036.

WEBLEY, D., a1634, a2147.

WEBSTER, A., b3058, b4759.

WEBSTER, E.C., a15385, a16419.

WEDDERBURN, A.J.M., a101, a3393, b5329,
b5605, b5663, b5745, b5786, b5832, b6235,
b6399, b9273, b10089, b12087, b15993.

WEDEL, T.O., a3781.

WEDELL, H., b13174.

WEDER, H., a4952, b255, b269, b1192, b1524,
b1539, b1663, b1683, b1726, b1752, b1771,
b1830, b1839, b2108, b2134, b2239, b2251,
b2269, b2601, b2657, b3282, b3474, b3530,
b3546, b3561, b3614, b5964, b10210.

WEDER-ALTHERR, H., b39.

WEEDEN, T.J., b16186.

WEEDEN, T.J., Sr., b720, b2246, b2281.

WEEKS, N.K., a7501.

WEFING, S., a14142.

WEGENAST, K., b10784.

WEGMAN, H., a6149, b8780.

WEGNER, I., a7204.

WEGNER, J.R., a5767.

WEHNERT, J., a586.

WEHRLI, E.S., b3580.

WEIDNER, E., a3240, a8878.

WEIDNER, E.F., a8810.

WEIGER, J., a17506, b12097.

WEIL, A., b10673.

WEIL, G.E., a5008, a5776, a5777, a6286,
a13015, a13016, a13017, a13022, a13172,
a13289, a13676, a13714, b16025.

WEIL, H.M., a15441, a15924, a17663, a17877.

WEIL, L., a15591.

WEILL, R., a7002, a8056, b14386.

WEIMAR, P., a13263, a13293, a13322, a13460,
a13545, a13620, a13680, a13732, a13854,
a13856, a13865, a13866, a13895, a13898,
a13930, a14398, a14482, a14638, a16791,
b11583, b13132.

WEINBERG, J.P., a5326, a15043, a15049,
b10077, b12435.

WEINBERG, M., a17025.

b12838, b12915, b13295, b14033, b15041, b15387, b15474, b16567, b16831, b17152.

WESTERN, A.C., a651, a2326, a3995.

WESTPHAL, C., b10726.

WETZEL, F., a7316.

WEVERS, J.W., a12735, a12736, a12742, a12753, a12754, a12799, a13315, a14104, a14206, a14207, a14208, b12202.

WEWERS, G.A., a5758, b504.

WEYMANN, V., b13981.

WHARTON, J.A., a14765, a14848, a17966.

WHEALON, J.F., b7529.

WHEDBEE, J.W., a16589.

WHEDBEE, W., a15335.

WHEELER, C.B., a14091.

WHEELER, T.S., a1198, a1205.

WHITAKER, R.E., b17101.

WHITE, H.C., a4704, a4737, a13093, a13439, a13453, a13652, a13686, a13701, b12615.

WHITE, J.B., a16415, b9441, b12281.

WHITE, J.L., a9947, b179, b5511.

WHITE, L.J., a4571, b13121.

WHITE, R.E.O., b11830, b12552, b14197, b14208, b14227, b14267, b14323, b14349, b14365, b14648, b16098.

WHITE, R.J., b10607.

WHITEHEAD, J.D., a9213, a9228, a9966.

WHITELEY, D.E.H., b14461.

WHITELOCKE, L.T., a232.

WHITING, R.M., a3293, a8462.

WHITLEY, C., a16015.

WHITLEY, C.F., a8215, a10093, a10345, a11271, a16296, a16324, a16325, a16335, a16990, a17165.

WHITTAKER, M., a9843.

WHITTON, J., b6893.

WHYBRAY, R.N., a13231, a16211, a16246, a16260, a16329, a16346, a16376, a17011, a17304, a17355, a17423, b12854, b16406.

WIBBIN, S., a5353.

WICKE, D.W., a13857.

WICKHAM, P., b6568.

WICKINGS, H.F., b8722.

WICKMANN, D., a13296, a14454.

WIDENGREN, G., a144, a4375, a5330, a7763, b9774, b16902, b17079, b17112.

WIDLA, B., a6305.

WIDMANN, M., b6025.

WIEDEMANN, T., b11170.

WIEDERKEHR, D., b11054.

WIEFEL, W., a4157, b4109, b5535, b10778, b13481, b14134, b16873.

WIEMKEN, R.C., a1935.

WIENCKE, M.H., a3030.

WIENER, A., b10939.

WIÉNER, C., a17005, a17319, b2662, b6060, b16697.

WIENS, D.H., b14476.

WIERTZ, R.P., a3411.

WIESENBERG, E.J., a10217.

WIET, G., a5025, a7023, a7774, a7775, a9130, a9632.

WIFALL, W., a13406, a13928, b10472, b13703, b14599, b14611, b15658, b15948.

WIFALL, W., Jr., a6732.

WIFALL, W.R., a5464.

WIFALL, W.R., Jr., a5130.

WIGODER, G., a3555, a5473.

WIGTIL, D.N., a12189.

WIKGREN, A.P., b5225.

WILCH, J.R., b8636, b12701.

WILCKE, C., a7348, a8374, a8421, a8671, a8685, a8705, a8706, a8737, a8789, a8849, a8926, a10567.

WILCKENS, U., a6575, a6579, b1848, b4348, b4887, b5593, b5600, b5740, b5744, b5924, b6021, b6022, b7735, b8121, b10892, b11541, b11543, b13025, b13186, b14790, b16181, b16496.

WILCOX, M., a5648, a9809, a12244, a12263, a13514, a14313, b377, b2304, b4476, b4855, b4889, b7702, b8331, b9235, b10104, b10200, b13730, b13791.

WILCOXEN, J.A., a17599, a17674.

WILD, R.A., a6497, a7000.

WILDBERGER, H., a10034, a10044, a13414, a14034, a14640, a15278, a17178, a17241, a17283, b10481, b10495, b10916, b11962, b12278, b12430, b12538, b13313, b13771, b13773, b14160, b14594, b15863, b16116.

WILDE, J.A., a4892, b1973.

WILDER, A.N., b216, b2267.

WILDER, F., b10088.

WILES, M., a3264, a3383.

WILES, M.F., a3590, b188, b409, b14495.

WILFORD, F.A., b10422.

WILHELM, G., a1031, a7211, a8426, a8523, a8582, a8944, a10648, a10660, a11553, a11595.

WILHELM-HOOIJBERGH, A.E., b6996, b15204.

WILHELMI, G., a15646.

WILI, H.-U., b6089, b10640, b13551.

WILI, W., a7114, b11218, b11254.

WILKEN, R.L., a3627, a13692, a15251, b387, b653, b16481.

WILKENS, G., a12456.

WILKENS, W., b1180, b2358, b2870, b3293, b4347.

WILKINSON, E., a14487.

WILKINSON, J., a1023, a2327, a2404, a2408, a2417, a2455, a2456, a4174, a10206, a14062, a14063, a14634, b1443, b2756, b3735, b4712, b4725, b7286, b8707, b8752, b13081, b13082, b13640, b14016, b14031, b14052.

WILKINSON, T.J., a2005.

WILL, E., a633, a634, a655, a1512, a1993, a3056, a4272, a6619, a7117, a7679, a7681, a7690, a7779, a7916, a7920, a7996, a9941, b478, b16792.

WILLER, A., b5660.

WILLI, T., a3839, a10075, a10094, a10180, b13130.

WILLI-PLEIN, I., a124, a175, a16725, a16750, a16758, a18051.

WILLIAMS, A.J., a13515, a16656, a16935, b11714, b16679.

WILLIAMS, B., a2999.

WILLIAMS, C.G., b12094.

WILLIAMS, J., b11233.

WILLIAMS, J.G., a6550, a13105, a13122, a13466, a13505, a13839, a15336, a15338,

a16209, a16224, a16269, a16279, a16347, a16560, a17815, b12607, b12870, b16452, b16460, b17037.

WILLIAMS, J.T., b10278.

WILLIAMS, N.E., b6013.

WILLIAMS, R.B., a3667.

WILLIAMS, R.J., a10283.

WILLIAMS, S.K., a15227, b5691, b8678, b13036, b13665, b14402, b14416, b16829.

WILLIAMSON, H.G.M., a4014, a5302, a5968, a10072, a12039, a15036, a15052, a15066, a15074, a15080, a15111, a17381, a17436, a17443, b12650, b15609, b16517.

WILLIAMSON, L., Jr., a12550, b2096, b2099, b2331, b6481.

WILLIAMSON, M.C., a7254.

WILLIAMSON, R., a5915, a5917, b7057, b7088, b7952, b8164, b14086.

WILLIS, J.T., a12928, a14616, a15558, a15628, a17014, a17077, a17101, a17869.

WILLS, L., a12212.

WILLSHAW, T.M., a14015, b2571, b2616, b16223.

WILMS, F.-E., b12853, b13926.

WILSON, A.M., a12212.

WILSON, F.M., a324, a16798, b11877.

WILSON, G.H., a9215, a11224, a12190, a15528.

WILSON, J., b4225.

WILSON, J.D., a13510.

WILSON, R.R., a129, a4012, a4013, a4904, a5482, a13106, a13113, b10952, b15491, b15550, b15624, b15649, b15669.

WILSON, S.G., b4934, b5441, b7009, b12425, b12530, b13381, b13384, b13385.

WILSON, T.E., b14471.

WILSON, V., a6702, a6947.

WIMMER, D.H., a17621, a17632, a17639, a17644, a17648.

WINANDY, J., b2316, b4087, b6513, b13653, b13662.

WINBERY, C.L., a9830.

WINJGAARDS, J.W., a12453.

WINK, W., b1181, b2465.

WINKLER, C., a15817, b13453.

WINKLER, E., b16841.

WINLING, R., b553, b7723, b16538, b17169.

WINN, A.C., b11430.

WINNETT, F.V., a10926.

WINSTON, D., a5879, a5909, a16455.

WINTER, M., b6024.

WINTER, P., a11739, a11805, b2910.

WINTERMUTE, O.S., a256, a260.

WIRE, A.C., b326, b13982.

WIRGIN, W., a1147, a1149, a3299, a15213, a15215, a15216.

WIRSCHING, J., a3894, b8511.

WIRTH, M., a3857.

WISCHMEYER, O., a9722, b6208, b9492, b9501.

WISCHNITZER, R., a3225.

WISEMAN, D.J., a671, a1672, a7330, a8323, a8720, b9240, b9390, b13227, b14925.

WISKIRCHEN, W., b3096.

WISSE, F., a4380, a4423, a6332, a6351, a6437, a6445, a6472, b16709.

WISSER, L., a17501, b12979.

WITHERINGTON III, B., b3278, b6506, b11773.

WITT, R.E., b13635.

WITTIG, S., a4612, a4616, a12397, a13100, b17102.

WITTON-DAVIES, C., a6045.

WITTSTRUCK, T., a12764, a14214, a16799.

WITZEL, M., a6920, a7426, a8337, a8377, a8385, a8405, a8410, a8411, a8568, a8749, a8750, a8752, a8754, a8756, a8886, a8887, a9019, a10590, b14508.

WITZENRATH, H., a4727, a16392, a17793.

WITZENRATH, H.H., a14565, a14574.

WODECKI, B., b16577.

WOLBERT, W., b6072, b12565.

WOLD, D.J., a13661, b10264, b11564, b14972, b15757.

WOLF, A., a13332.

WOLF, G., b4497.

WOLF, H.M., a16231, a16251.

WOLFF, C., b5966, b7593, b12767.

WOLFF, H.W., a27, a4202, a13674, a16570, a16572, a16603, a16611, a17761, a17784,

a17857, a17858, a17866, a17874, a17880, b15521, b15551, b15561, b15653.

WOLFF, S.R., a1364, a1987.

WOLFINGER, F., b16817.

WOLL, D.B., b4547, b4548.

WOLLER, U., a13429, a13534, a13569, a13574.

WOLSKI, J., a7744.

WOLVERTON, W.I., a10246, a11650, a15479, a17148, a17162, b10485, b12391, b12799, b12910, b14514, b15346.

WONNEBERGER, R., a13058, b5688, b6344, b6345.

WOOD, A.S., b5620.

WOOD, B., a2718.

WOOD, C.M., a4478.

WOOD, L.J., a5212.

WOODARD, D., a6065.

WOODBRIDGE, A., a12520.

WOODBRIDGE, B.A., a4929, a4931.

WOODHOUSE, H.F., a12441, b11411.

WOOLLEY, L., b10139, b10360.

WOOWARD, M., a6600.

WORDSWORTH, W.A., a10485.

WORGUL, G.S., Jr., a4893, a12494, b5855, b8747, b10804, b10817.

WORREL, J.E., a2251.

WORRELL, W.H., a9426.

WOSCHITZ, K.M., a4489, b7152, b8875, b11183, b11185, b16309.

WOUDSTRA, M.H., a14369.

WOUTERS, A., a9944.

WOZNIAK, J., a14615, b9394.

WREGE, H.-T., b730, b3447.

WRESCHNER, E.E., a765, a785, a2826.

WRIGHT, A.G., a16316, a16327, a16336, b2628, b3673.

WRIGHT, D., a3764.

WRIGHT, G.E., a625, a690, a693, a700, a804, a836, a865, a960, a1060, a1219, a1231, a1654, a1679, a2120, a2123, a3024, a4146, a4305, a12254, a14864, b10000.

WRIGHT, G.R.H., a689, a834, a1083, a1084, a1360, a1801, a2860, a2861, a2865, a2866, a2867, a2870, a3021, a3022, a3025, a3026, a3036, a3156, a3196, a4320, a6661, a6962, a7736, a7745, a13806, a14698, a14789, b16904.

WRIGHT, J.H., a12532, b10353, b11664.

WRIGHT, M., a16385, b7197.

WRIGHT, N.T., b5806.

WRIGHT, R.B., a2124.

WRIGHT, T.J., a16619.

WRITHT, J.S., a16299.

WUELLNER, W., b5430, b5616, b6018.

WUELLNER, W.H., b5476, b13398.

WÜEST, F., b14122.

WULF, F., a6128, a6140, b2626, b4146, b4708, b6640, b10775, b13616, b13654.

WÜRTHWEIN, E., a14196, a14827, a14837, a14935, a15010, b16415.

WURZ, H., b13734, b13767.

WURZINGER, A., b1804, b2633.

WÜST, M., a14529.

WYATT, N., a5111, a7457, a8054, a8140, a8207, a11127, a11324, a11560, a13215, a13455, a13868, b12201, b12243, b14936.

WYBO, G., a3448, b2333.

WYSCHOGROD, M., b10011.

X

XELLA, P., a6757, a7447, a8082, a8149, a8151, a9937, a11027, a11037, a11066, a11358, a11434, a13669, a14652, a16961, b16349.

Y

Y.B., a6164, a17399, b1115, b1135, b1138, b1141, b1142, b1144, b1157, b1177, b1186, b1235, b1237, b1238, b1239, b1276, b1450, b1459, b1465, b1486, b1526, b1575, b1584, b1599, b1640, b1666, b1679, b1723, b1753, b1759, b1776, b1819, b1825, b1832, b1935, b2101, b2111, b2121, b2129, b2140, b2189, b2279, b2295, b2297, b2336, b2369, b2387, b2423, b2457, b2480, b2490, b2501, b2541, b2560, b2577, b2613, b2622, b2647, b2658, b2681, b2975, b2997, b3004, b3041, b3042,

b3043, b3083, b3084, b3104, b3107, b3123, b3131, b3134, b3135, b3147, b3155, b3174, b3221, b3267, b3276, b3302, b3308, b3314, b3331, b3357, b3401, b3451, b3458, b3464, b3477, b3491, b3503, b3517, b3562, b3585, b3591, b3601, b3615, b3631, b3650, b3668, b3678, b3684, b3691, b3777, b3795, b3799, b4048, b4073, b4145, b4174, b4176, b4209, b4214, b4215, b4244, b4318, b4334, b4340, b4346, b4349, b4356, b4385, b4423, b4435, b4440, b4469, b4493, b4537, b4563, b4606, b4609, b4629, b4651, b4656, b4668, b4690, b4719, b4743, b4765, b4794, b4799, b4985, b5033, b5176, b5635, b5718, b5755, b5814, b5936, b5941, b5993, b6160, b6187, b6511, b6742, b6747, b6870, b7284, b7592, b7595, b7640, b7699, b7709, b8829, b12751.

YADIN, Y., a899, a903, a1079, a1406, a1704, a1722, a1824, a1827, a2230, a2232, a2234, a2236, a2418, a2433, a2587, a2700, a2707, a2717, a2829, a5119, a5356, a9129, a9278, a9333, a9352, a9926, a10424, a10479, a10943, a12167, a12201, a12223, a13317, a14405, a14684, a14685, a14776, a14929, a14944, a15007, a16490, a17288.

YAGI, S., b348, b5774.

YAHALOM, J., a5551.

YAKAR, J., a844, a1695, a2659, a4162, a5072.

YAMAUCHI, E.M., a664, a671, a674, a677, a694, a4368, a4408, a5223, a11766, a15099, a15120, b15936.

YAMAUCHI, I., b8855.

YARBRO COLLINS, A., a189, a190, a473.

YARCHIM, W., a13612.

YARNOLD, E., a3278, b11614, b15086.

YARNOLD, E.J., b9775.

YARON, R., a8724, a8884, a9223, a9224, a11397, b13507.

YASSINE, K., a2518.

YATES, R., b6774, b8146, b9541, b10409, b13976.

YEE, G.A., a17104.

YEIVIN, E., a786, a788, a2843.

YEIVIN, I., a10292, a10293, a10294, a10304, a13014, a13023, a13031, a13034, a15517, a16550, a16917.

YEIVIN, S., a828, a1064, a1392, a1419, a2102, a2231, a5088, a5233, a5451, a6677, a6679, a6841, a10402, a10431, a10474, a10508, a11611, a14878, a14985, b16934.

YEIVIN, Z., a2563, a2653, a3153.

YELLE, V., b13758, b15273.

YELLIN, J., a790.

YERKES, R.K., b11617.

YILDIZ, F., a8467, a8740.

YIZRAELI, T., a759, a2685.

YODER, J.H., a13973.

YOFFEE, N., a910, a5075.

YON, B., a3014.

YON, M., a8048.

YORK, A.D., a5609, a12151, a15437, a16872.

YOSHIKAWA, M., a8302, a8517, a8533, a8542, a8545.

YOUNG, D.W., a7265, a8125, a8134, a9402, a11447, a13825.

YOUNG, E.M., b6542.

YOUNG, F.M., b5974, b6004, b16394, b16603.

YOUNG, F.W., b3469.

YOUNG, G.D., a8020.

YOUNG, M.J.L., a9138, b14885.

YOUNG, N.J., a3792.

YOUNG, N.H., b7171, b7179.

YOUNG, W.G., a4989.

YOUNGBLOOD, R., b15042.

YOYOTTE, J., a609, a6838, a6853.

YUBERO, D., a6218, a6560, a6561, a17154, b1563, b2322, b2981, b3052, b5705, b5733, b8779, b10457, b14830, b17057.

Z

ZAAS, P., b6058, b12493.

ZABLOCKA, J., a8916.

ZACCAGNINI, C., a1643, a2846, a6243, a6244, a7625, a8161, a8454, a8998, a9000, a11629, a11630.

ZACHER, E., b17302.

ZACHMANN, L., a13539.

ZADOK, R., a4295, a4311, a5319, a7378, a7381, a7817, a7885, a8270, a8468, a8936, a9998, a10269, a10759, b14563.

ZAFREN, H.C., a13056.

ZÄHRINGER, D., b10374.

ZAKHAROV, A.A., a2668.

ZAKOVITCH, Y., a9999, a10000, a13753, a14486, a14508.

ZALCMAN, L., a16674, a16696, a16982.

ZAMBARBIERI, A., a6296.

ZANANIRI, G., b3067.

ZANDEE, J., a4432, a6478, a6479, a6928, a7066, b13712, b16108.

ZANI, A., a14070.

ZASLAWSKY, D., a4527.

ZATELLI, I., b15755.

ZAYADINE, F., a1531, a1545, a1686, a2003, a9059.

ZECK, P.-R., b2743.

ZEDDA, C., a4997.

ZEDDA, S., b2982, b6367, b6395, b6724, b6816, b6903, b7599, b7604, b7630, b7678, b7693, b9649, b9894, b9952, b10173, b10680, b11056, b11113, b11121, b11143, b11144, b11146, b11147, b11148, b11424, b12180, b12924, b14131, b14339, b14375, b14454, b14889, b15016, b15462, b15913, b16004, b16534, b16558, b17000, b17277.

ZEEGERS-VANDER VORST, N., a3647.

ZEHRER, F., b12817.

ZEILINGER, F., a11689, b52, b5263, b6778, b12818.

ZEITLIN, S., a5427, a5659, b417, b9198.

ZELLER, D., a4787, b793, b874, b1178, b1480, b2115, b2123, b2660, b3148, b3264, b3484, b4022, b5579, b5848, b8555, b8921, b9146, b13037, b13418, b13953, b14075, b14918, b15123.

ZELZER, K., a542, b4754.

ZENGER, E., a13217, a13844, a13895, a13936, a15165, a15995, b10261, b10329, b10701, b11583, b11615.

ZERFASS, R., a6051, a17896.

LISTE DES RUBRIQUES

Tomes I, II, III

B

E

N

P

Q

S

T

U

Y

Z

TABLE OF HEADINGS

Volumes I, II and III

F

H

K

N

Q

R

S

T

U

V

VERZEICHNIS DER VERWENDETEN RUBRIKEN

Bände I, II und III

B

C

D

I

K

T

U

V

W

Z

INDICE DELLE RUBRICHE

Volumi I, II e III

B

D

I

P

Q

S

SABA (REGINA DI), 20091
SABATO, 20092, 53217, b16208
   Giudaismo, b16212
   Qumran, 26112
   Antico Testamento, 53217, b16219
   Nuovo Testamento, 53241, b16230
SACERDOTALE (CODICE), 28855
SACERDOZIO, 13038, 20114, 53250, b16245
   Antico Testamento, 20114, 29969, 53272, b16258
   Giudaismo, Qumran, 53261, b16252
   Nuovo Testamento, 9976, 11521, 13038, 20140, 44037, 44657, 53314, b16279
   Sacerdozio dei fedeli, b16314
SACRAMENTI, 20237, 53375, b16328
   Nuovo Testamento, 6065
      Giovanni, 8563, 39750
      Chiesa, 15287, 48382
   Escatologia, 15616
   Spirito, 15851, b11439
SACRIFICIO, 13297, 20244, 49027, 53402, b16335
   Oriente, 53402, b16341
   Giudaismo, b16353
   Antico Testamento, 20244, 53412, b16356
   Nuovo Testamento, 16006, 20274, 20337, 53454, b8667, b11533, b16384
SACRO (IL), 53368, b16323
SADDUCEI, 24491, a5677
SADOC, 53469, b16403
SAGGEZZA, 3614, 4587, 20306, 31139, 48012, 53471, b16404
   Saggezza biblica e extrabiblica, 3614, 31139, a15230
   Saggezza di Dio, 48012
   Oriente, 53471, b16411
   Antico Testamento, 20306, 53488, b16426
      Proverbi, b16458
      Qohelet, b16460
      Salmi, b16455
      Sapienza, b16463
      Siracide, b16466
   Giudaismo, 53476, b16423

Nuovo Testamento, 13303, 45971, 53532, b16477
   Testi di saggezza, a8883
SAGRADO (IL), 53368, b16323
SALE, 53763
SALMI, 3721, 31389, a15477
   Commenti, 3721, 31405, a15494
   Esegesi (Storia dell'), 3733
   Ricerca sui Salmi, a15484
   Formazione dei Salmi, a15571
   Critica testuale, a15515
   Giudaismo, 3749, 31485, a15577
   Nuovo Testamento, 3811, 31518, a15583
   Letterari (problemi), 3762, 31437, a15529
      Generi letterari, 3762, 31437, a15529
      Altri problemi letterari, 3780, 31457, a15542
   Liturgia, 3799, 31494, a15587
   Pastorale, 3824
   Traduzioni, 3894, 31563, a15604
   Testi, 3954, 31587, a15618
   Teologia, 3829, 31523
      Dio, 3829, 31528
      Escatologia, 3841
      Messianismo, 3845, 17848, 31530, 51194, b13776
      Preghiera, 3849, 31534, b15395
      Spiritualità, 3871, 31541, a15596
      Temi diversi, 3882, 31547
SALMI DI SALOMONE, 27703, a405
SALOMONE, 20401, 53565, b16509
SALUTI, b16641
SALVATORE, 13314, 45977, 48018, b9090
SALVEZZA, 9296, 20409, 53572, b16527
   Antico Testamento, 20409, 32778, 33455, 53598, b16550
   Giudaismo, 53590, b16543
   Nuovo Testamento, 6070, 15294, 20440, 40706, 48385, 53628, b8676, b16579
      Vangeli, 6458, 8567, 20440, 35812, 39756, 53654, b16604
      Giovanni, 53670, b16620
      Atti, 9296, 53677, b16621
      Paolo, 9983, 10189, 20450, 41768, 53681, b16624

TEOLOGIA DEL NUOVO TESTAMENTO, 6024, 6071, 35651, b618

U

Y

Z

TABLAS DE LAS RÚBRICAS

Volumenes I, II y III

B

C

G

MUERTE DE JESUCRISTO, 12722, 45464,
   b8593
   Judaísmo, b8593
   Nuevo Testamento, b8596
   Causa, b8649
   Cena, b8656
   Resurrección, b8660
   Sacrificio, b8667
   Salud, b8676
   Significación, b8683
   Diversos, b8690
MUJER, 16139, 49134, b11670
   Oriente, b11695
   Judaísmo, b11701
   Antiguo Testamento, 16139, 49140, b11708
   Nuevo Testamento, 16156, 49147, b11727
   Sinópticos, b11749
   Juan, b11753
   Pablo, 41560, b11756
   Apocalipsis, 16156
   Ministerio, 51248, b11779
MUNDO, 15262, 18178, 48362, 51536, 54301,
   b14129
MÚSICA, 18283, 51727, a6310

N

NABATEO, a10727
NABATEOS, a7651
   Arqueología, a7651
   Geografía, a7655
   Historia, a7660
   Religión, a7666
NACIMIENTO, 12760, b8700, b14539
NAG HAMMADI, 5585, 35733, a6314
   Introducción, a6314
   Investigación, a6326
   Medio, a6330
   Crítica literaria, a6340
   Nuevo Testamento, a6346
   Teología, a6354
   Textos, comentarios, a6365
NAHUM, 5500, 34422, a17903
NARRACIÓN N.T., b312

NATANAEL, 18370
NATIVIDAD, 1183, 24883, 45548, a6131
NATURALEZA, 18371, 51900, b14540
NAVE, 51903
NEGACIONES DE PEDRO, 13144
NEHEMÍAS, cf. ESDRAS.
NEOLÍTICO, a766
NICODEMO, 18373
NOCHE, 18433
NOÉ, 18376, 51906, b14548
NOMBRE, 18383, 51914, b14555
   de Jesús, 12795, 18419, 45561
NOMBRE DE DIOS, 18383, 47685, b14565
   Oriente, b14570
   Judaísmo, b14583
   Antiguo Testamento, b14590
      'El, b14603
      Shadday, b14607
      Yahweh, b14612
NOVEDAD, 51936, b14635
NUBE, 18429, 51937
NUEVO TESTAMENTO, 1741, 5585, 34669, b1
   Bibliografía, 5653, 34669, b1
   Studios generales, 5585, 34682, b13
   Medio cultural y religioso, 5783, 9575, 12688,
   35083, 41208, 45422, b353
      Judaísmo, b353
      Helenismo, b434
      Judeo-cristianismo, b509
   Historia, b598
   Unidad del N.T., b651
   Comentarios generales, 34712, b48
   Crítica textual, 34722, b67
   Manuscritos, 34773, b92
   Crítica literaria, 34924, b149
   Apocalíptica, a184
   Gnosis, 49553, a4399
   Hermenéutica, a4506
   Textos y traducciones, 6004, b122
   Teología, Cf. TEOLOGÍA DEL N.T.
NÚMEROS, 1514, 25006
NUMEROS (LIBRO), 3173, 29809, a14098
   Comentarios, 3173, 29811, a14098
   Crítica textual, 29817, a14102
   Crítica literaria, 29819, a14105

S

TABLE DES MATIÈRES

CONTENTS

INHALT

SOMMARIO

CONTENIDO

PHOTOCOMPOSÉ
PAR LOGIDEC INC.
MONTRÉAL

ACHEVÉ D'IMPRIMER
EN NOVEMBRE 1985
PAR L'IMPRIMERIE L'ÉCLAIREUR
BEAUCEVILLE